Das
Bürgerliche Gesetzbuch

mit besonderer Berücksichtigung
der Rechtsprechung des Reichsgerichts

erläutert von

Dr. Busch, Erler, Dr. Lobe, Michaelis, Degg,
Sayn, Schliewen und **Seyffarth**
Reichsgerichtsräten und Senatspräsidenten am Reichsgericht

Siebente, unveränderte Auflage

II. Band:

Recht der Schuldverhältnisse II (einzelne Schuldverhältnisse)

bearbeitet von

Dr. Lobe, Degg, Sayn, Schliewen, Seyffarth

Berlin und Leipzig 1929.
Walter de Gruyter & Co.
vormals G. J. Göschen'sche Verlagshandlung — J. Guttentag, Verlagsbuchhandlung —
Georg Reimer — Karl J. Trübner — Veit & Comp.

Roßberg'sche Buchdruckerei, Leipzig.

Inhaltsverzeichnis

Auszug aus dem Vorwort zur sechsten Auflage

Nunmehr haben bearbeitet:

Band 2 (Recht der Schuldverhältnisse II [einzelne Schuldverhältnisse]).

§§ 433—534: Senatspräsident Dr. Lobe,
§§ 535—606: Senatspräsident Oegg,
§§ 607—610: RGR Seyffarth,
§§ 611—661: Senatspräsident Oegg,
§§ 662—687: Senatspräsident Dr. Lobe,
§§ 688—704: RGR Schliewen,
§§ 705—740: RGR Sayn,
§§ 741—764: Senatspräsident Oegg,
§§ 765—822: Senatspräsident Dr. Lobe, ausgenommen
§ 779 (Vergleich): RGR Schliewen,
§§ 823—853: Senatspräsident Oegg.

Abkürzungen

(Nach Maas-Magnus, Abkürzungsverzeichnis der Rechtssprache. Berlin 1929)

AG . . . . Ausführungsgesetz.
ALR . . . Allgemeines Landrecht für die Preußischen Staaten v. 5. 2. 1794.
AnfG . . . Gesetz, betr. die Anfechtung von Rechtshandlungen eines Schuldners außerhalb d. Konkursverfahrens v.21.7.79/20.5.98.
ArbGG . . Arbeitsgerichtsgesetz v. 23. 12. 26.
AufwG . . Gesetz v. 16. 7. 25 über die Aufwertung von Hypotheken und anderen Ansprüchen.
BayObLG . Sammlung von Entscheidungen des Bayerischen Obersten Landesgerichts in Gegenständen des Zivilrechts.
BayRpflZ . Zeitschrift für Rechtspflege in Bayern.
DJZ . . . Deutsche Juristenzeitung.
EG . . . . Einführungsgesetz zum Bürgerlichen Gesetzbuch.
E I . . . . Entwurf zum Bürgerlichen Gesetzbuch in der Bearbeitung der I. Kommission.
E II . . . Derselbe Entwurf in der Bearbeitung der II. Kommission.
FGG . . . Gesetz über die Angelegenheiten der freiwilligen Gerichtsbarkeit v. 17. 5. 98.
GBO . . . Grundbuchordnung v. 24.3.97/20.5.98.
GenG . . . Gesetz betr. die Erwerbs- und Wirtschaftsgenossenschaften v.1.5.89/20.5.98.
GewGG . . Gewerbegerichtsgesetz v. 29. 9. 01.
GewO . . . Gewerbeordnung.
GmbHG . Gesetz betr. die Gesellschaften mit beschränkter Haftung v. 20. 4. 92/20. 5. 98.
Gruch . . . Beiträge zur Erläuterung des Deutschen Rechts, begründet von Gruchot.
GVG . . . Gerichtsverfassungsgesetz.
HGB . . . Handelsgesetzbuch.
JFG . . . Jahrbuch für Entscheidungen in Angelegenheiten der freiwilligen Gerichtsrichtsbarkeit und des Grundbuchrechts.
JRdsch . . Juristische Rundschau
JMBl. . . Justizministerialblatt.
JW . . . . Juristische Wochenschrift.
JWG . . Jugendwohlfahrtgesetz v. 9. 7. 22.
KfmGG . . Gesetz betreffend Kaufmannsgerichte v. 6. 7. 04.
KGJ . . . Jahrbuch für Entscheidungen des Kammergerichts in Sachen der freiwilligen Gerichtsbarkeit.
KO . . . . Konkursordnung v. 10. 2. 77/20. 5. 98.
LZ . . . . Leipziger Zeitschrift für deutsches Recht.
M. . . . . Motive zu dem von der ersten Kommission ausgearbeiteten Entwurfe des BGB.
OLG . . . Rechtsprechung der Oberlandesgerichte auf dem Gebiete des Zivilrechts, herausgegeben von Falkmann und Mugdan.
P oder Prot Protokolle der Kommission für die zweite Lesung des Entwurfs eines Bürgerlichen Gesetzbuchs, herausgegeben von Achilles, Gebhard und Spahn.
PStG . . Gesetz über die Beurkundung des Personenstandes und der Eheschließung v. 6. 2. 75/11. 6. 20.
RAO . . . Rechtsanwaltsordnung v. 1. 7. 78.
RBG . . . Gesetz, betr. die Rechtsverhältnisse der Reichsbeamten, v. 18. 5. 07.
Recht . . . Das Recht, Rundschau für den deutschen Juristenstand.
RFinH . . Sammlung von Entscheidungen und Gutachten des Reichsfinanzhofs.
RG . . . . Entscheidungen des Reichsgerichts in Zivilsachen, herausgegeben von den Mitgliedern des Gerichtshofs. — Die nicht in dieser Sammlung, sondern in anderen Zeitschriften veröffentlichten Entscheidungen sind mit dem Zusatze „RG" aus 1. der Juristischen Wochenschrift, 2. Warneyers Jahrbuch, s. unten Warn, 3. Gruchots Beiträgen, 4. Seufferts Archiv, 5. Leipziger Zeitschrift für deutsches Recht, 6. „Das Recht", in der angegebenen Reihenfolge, mehrfach abgedruckte Entscheidungen aber nur **einmal** angeführt. Andere Sammlungen sind nur ausnahmsweise berücksichtigt. Die bisher überhaupt noch nicht abgedruckten Entscheidungen sind mit „RG" nebst Datum und Aktenzeichen angeführt.
RGSt . . Entscheidungen des Reichsgerichts in Strafsachen.
RGBl . . . Reichsgesetzblatt.
RJA . . . Entscheidungen in Angelegenheiten der freiwilligen Gerichtsbarkeit und des Grundbuchrechts, zusammengestellt im Reichsjustizamt, jetzt Reichsjustizministerium.
ROHG . . Entscheidungen des Reichsoberhandelsgerichts.
RVerf . . Verfassung des Deutschen Reichs v. 11. 8. 19.
RVO . . . Reichsversicherungsordnung v. 19. 7. 11/15. 12. 24.
SeuffA . . Seufferts Archiv für Entscheidungen der obersten Gerichte in den deutschen Staaten.
StGB . . Strafgesetzbuch für das Deutsche Reich.
StPO . . Strafprozeßordnung.
UnlWG . . Gesetz gegen den unlauteren Wettbewerb v. 7. 6. 09.
UWG . . . Gesetz über den Unterstützungswohnsitz v. 30. 5. 08.
VerlG . . Gesetz über das Verlagsrecht v. 19. 6. 01.
VersVG . . Gesetz über den Versicherungsvertrag v. 30. 5. 08.
Vf . . . . Verfügung.
VO . . . . Verordnung.
Warn . . . Warneyers Jahrbuch der Entscheidungen, Ergänzungsband 1908 ff., von 1919 ab Rechtsprechung des Reichsgerichts.
WO . . . Wechselordnung.
ZPO . . . Zivilprozeßordnung.
ZVG . . . Gesetz über die Zwangsversteigerung und Zwangsverwaltung v. 24. 3. 97/20. 5. 98.

Siebenter Abschnitt

Einzelne Schuldverhältnisse

Erster Titel

Kauf Tausch

I. Allgemeine Vorschriften

§ 433

Durch den Kaufvertrag[1–5]) wird der Verkäufer einer Sache[6]) verpflichtet, dem Käufer die Sache zu übergeben und das Eigentum an der Sache zu verschaffen[8]). Der Verkäufer eines Rechtes[6]) ist verpflichtet, dem Käufer das Recht zu verschaffen und, wenn das Recht zum Besitz einer Sache berechtigt, die Sache zu übergeben[8]).

Der Käufer ist verpflichtet[9]), dem Verkäufer den vereinbarten Kaufpreis[7]) zu zahlen und die gekaufte Sache abzunehmen[10–12]).

E I 370, 459 II 375; M 2 316; P 2 50.

1. **Wesen des Kaufes.** Der Kauf ist wirtschaftlich Umtausch von Gütern (Waren) gegen Geld (Preis). Daß der Kaufpreis in Geld bestehen muß, ist für den Begriff wesentlich. Das schließt die entsprechende Anwendung der Vorschriften über den Kauf bei andersartigem Entgelt nicht aus, vgl. § 515. Eine entsprechende Anwendung ist ferner in § 915 vorgeschrieben. Der Begriff des Umtauschs fordert, daß es sich um Gegenstände eines Dritten, nicht des Käufers selbst, handeln muß. Ein Kaufvertrag über eigene Sachen und Rechte enthält in der Regel einen Vertrag über unmögliche Leistung, §§ 306ff. Wirksam aber ist der Kauf des Besitzes der eigenen Sache. Ein Recht zur Sache, wie es frühere deutsche Partikularrechte kannten, z. B. preuß. ALR, wird durch den Kaufvertrag nach BGB nicht begründet (Mot 2, 2; RG 57 S. 356, 357; 103, 420; Warn 1913 Nr 322). Rechtlich ist er

a) zunächst ein verpflichtendes Rechtsgeschäft. Daher ist erforderlich die Absicht, Rechtswirkungen zu erzeugen. Diese fehlt beim Bewußtsein, daß ein nicht formgerecht erklärter Wille nichtig sei (RG 68, 322; Warn 1919 Nr 155). Als Rechtsgeschäft untersteht er den allgemeinen Vorschriften über Geschäftsfähigkeit nach §§ 104ff., über Willenserklärungen nach § 116, über deren Auslegung nach § 133, bei Kaufleuten in Verbindung mit HGB § 346, über Anfechtbarkeit nach §§ 119ff., 123 (RG 107, 208, Bestechung kaufmännischer Angestellter; RG 104, 1, Anfechtung beim Gattungskauf), über Nichtigkeit nach §§ 134ff., worunter nur Verbote von deutscher gesetzgebender Gewalt zu verstehen sind (RG 107, 173); über Zumutbarkeit nach § 242.

Die Geschäftsfähigkeit ist maßgebend für den Zeitpunkt des Vertragsschlusses, nicht der Urteilsfällung, wenn der Verkäufer zur Auflassungserklärung verurteilt ist. Über das Verhältnis der Anfechtung wegen Irrtums oder Täuschung nach §§ 119 Abs 2 u. 123 zu den Wandlungsansprüchen nach §§ 459, 463, 480 vgl. daselbst.

Durch Art 119 Nr 1, Art 3 EGBGB können Landesgesetze die Veräußerung eines Grundstücks beschränken. Das Preuß. Ges v. 10. 2. 23 bringt solche Beschränkung sachlicher Art (RG 108, 357). Nicht jeder Verstoß gegen ein Verbot macht den Kaufvertrag nichtig. Es muß aber aus den übertretenen Gesetze selbst hervorgehen, daß es entgegen der Regel des § 134 auf die Gültigkeit rechtswidrig abgeschlossener Geschäfte keinen Einfluß ausüben wolle. Das Gegenteil ist anzunehmen, wenn sich das Verbot gleichmäßig gegen beide Teile, den Verkäufer und den Käufer, wendet und sowohl das Veräußerungs- als das Erwerbsgeschäft untersagt (RG 60, 276; 78, 353; 100, 239; 102, 321). Nicht nichtig sind so z. B. Verkäufe, bei denen gegen gewerbepolizeiliche Vorschriften und ähnliche verstoßen wird, Verkäufe ohne die erforderliche Erlaubnis zum Handel (RG 96, 343; 100, 240; 105, 65); gegen Einfuhrverbote (JW 1922, 797[1]), sofern die Einfuhr nicht nach den Umständen des Falles sittenwidrig ist, (RG in JW 1923, 287[4]). Ein Kaufgeschäft ist auch nicht deshalb nichtig, weil der Kaufpreis in ausländischen Zahlungsmitteln bedungen ist, RGes v. 2. 2. 22 (RGBl I 195) §§ 1, 4; (**RG** I 14. 4. 24; Recht 1924 Nr 810; vgl. jedoch **jetzt** VO über Wuchergerichte v. 27. 11. 19 Art III (RGBl 1909), wonach das Geschäft nichtig ist **RG** 105 S. 288, 367 (auch bei arglistigem Verhalten des Käufers), 410, mit verdorbenen Nahrungsmitteln (RechtsprOLG 22, 219); von Waren mit verbotenen Bezeichnungen (RechtsprOLG 22, 220); unter Überschreitung von Höchstpreisen (**RG** 88, 250; 89, 196; 98, 293; 103, 108; Warn 1919 Nr 50); von Richtpreisen (**RG** 24. 10. 19 II 192/19; 97, 82; 101, 46); von Waren, die Gegenstände des täglichen Bedarfs sind, bei Fordern übermäßiger Preise (**RG** 93, 107), sofern nicht in der Ausnutzung der Kriegsnot im besonderen Fall noch etwa Unsittliches hinzukommt (**RG** 90 S. 305, 400; 93 S. 27, 134). Dagegen macht Kettenhandel als unwirtschaftlicher Zwischenhandel das Rechtsgeschäft nichtig (LZ 1919 Sp 428). Dies ist von Amts wegen zu prüfen (JW 1922, 1195[2]). Und zwar ist er ein in sich unerlaubtes, seinem Gegenstand und Inhalt nach rechtswidriges Geschäft, das nicht erst wegen der inneren Gesinnung des Handelnden als rechtsunwirksam hingestellt wird (vgl. **RG** 78, 353; 99, 109). Es genügt daher, daß das Kaufgeschäft objektiv als unwirtschaftliche Einschiebung in den Verteilungsprozeß sich darstellt und damit wider die Rechtsordnung verstößt. A. M. **RG** 98, 1, das Verschulden auf beiden Seiten der Vertragschließenden für die Nichtigkeit verlangt. Wegen des Einwandes des Verkäufers, der Käufer wolle mit der gekauften Ware verbotenen Kettenhandel treiben, vgl. **RG** 99, 156; 98, 62; 102, 294; 107, 11; 106, 316; **RG** VI in JW 1924, 1339[4]. Nicht zu billigen ist dagegen die Ansicht des Reichsgerichts, daß der Käufer zur Abnahme und Bezahlung nicht verpflichtet sei, weil der Verkäufer sie durch Kettenhandel erworben habe (**RG** 105, 176; JW 1923, 593[2]). Zutreffend hierzu Bloch ebenda. Nichtig ist ferner jedes Schleichhandelsgeschäft. Auch der schleichhändlerische Ankauf vermeintlichen Sacharins, das in Wahrheit Zucker ist (**RG** 105, 65), Wirkung der Aufhebung des Verbots vor Beginn der Leistung aus dem Vertrag (**RG** 105, 137). — Nichtig ist auch der nach § 456 verbotene Verkauf nur dann, wenn er ohne die in § 458 zulässige Genehmigung bleibt. Nichtig der Verkauf gegen Devisen-Verordnung (**RG** 98, 254). Der Verkauf einer ärztlichen oder zahnärztlichen Praxis ist nicht notwendig unsittlich (**RG** 66, 139; 75, 120; 78, 120). Der Verkauf einer zahnärztlichen Praxis nach dem Tode des Zahnarztes verstößt nicht gegen die guten Sitten (**RG** JW 1927, 1463[1]), ebensowenig die einer rechtsanwaltlichen Praxis, obwohl die Ehrengerichtshöfe zuweilen andere Auffassungen haben. — Vgl. aber bei Wettbewerbsverbot **RG** 90, 437; 68, 190; 66, 150; hinsichtlich des Verkaufs der Praxis von Zahntechnikern **RG** 80, 222. Entscheidend ist, ob die Höhe und Art der bedungenen Zahlung und sonstige Nebenabreden die freie Berufsausübung wie das Gesetz sie auffaßt, unangetastet läßt.

b) Der Kauf ist weiter ein Vertrag, also untersteht er den allgemeinen Vorschriften über Formfreiheit und Schriftlichkeit nach §§ 311, 313, **RG** in JW 1923, 754[7] (Grundstücks- und Inventarverkaufsvertrag), GmbHG § 15, über Antrag und Annahme nach §§ 145ff., 305ff., 315, 316, über Auslegung nach § 157 und Bestimmung des Inhalts der Schuldverpflichtung nach § 242. Einseitige nach Abschluß festgesetzte abändernde Bestimmungen sind unwirksam, wenn sie nicht noch nachträglich vom Gegner angenommen werden. So sind Frakturvermerke nicht bindend (**RG** 65, 329; 52, 133). Unter Kaufleuten ist dabei nach HGB § 346 auf die im Handelsverkehr üblichen Gebräuche und Gewohnheiten Rücksicht zu nehmen. Doch ist dem Mißbrauch entgegenzutreten, durch unklare Worte unklare Rechtsverhältnisse zu schaffen, um daraus je nach der Entwicklung der Dinge für sich Nutzen zu ziehen. Auf den Handelskauf finden außerdem HGB §§ 373—382 Anwendung. Den gesetzlichen Vorschriften geht immer die Sonderabrede vor, da jene nur nachgiebiges Recht enthalten. Kaufverträge gehören regelmäßig nicht zu denjenigen Rechtsverhältnissen, die ein besonderes persönliches Vertrauensverhältnis zwischen den Parteien voraussetzen (**RG** 27. 10. 16 II 201/10; **RG** 51, 954; Warn 1910 Nr 422; **RG** 102, 408). Doch kann namentlich bei den auf längere Zeit eingegangenen Verhältnissen, die auf einem verständnisvollen Zusammenwirken beider Teile beruhen, ausnahmsweise das persönliche Moment eine Rolle spielen (**RG** 24. 4. 08 II 522/07; 2. 1. 20 II 294/19). Bei Abschluß des Vertrags muß insbesondere der Verkäufer dem Käufer alle Mitteilungen über den Gegenstand des Kaufes machen, von denen er nach der Auffassung des Verkäufers annehmen muß, daß sie ihm für den Abschluß von Gewicht sind. — Zwei bestimmte Personen müssen sich einigen. Über Verkauf durch Angestellte im Laden HGB § 56; JW 1924, 1040[2].

Einzelnes: Ist ein Angebot „freibleibend" gemacht, so kann dies bedeuten, daß es auch innerhalb der Frist des § 145 widerrufen werden kann oder daß überhaupt kein annahmefähiges Angebot, sondern nur eine Anregung an die Gegenseite, ihrerseits ein Angebot zu machen, vorliegen soll. Ein Vertragsangebot mit Bindung auf bestimmte Zeit kann die Abmachung enthalten, daß ein auf den Kaufpreis anzuzahlender Betrag bei Nichtannahme des Angebots als Entgelt für die Bindung des Antragenden verfällt (**RG** 95, 144). Das

Angebot eines Verkaufs einer Sache, bei der der Vertrag sofort aus Gewährleistungsgründen wieder rückgängig gemacht werden kann, ist kein annahmefähiger Verkaufsantrag (RG 87, 256). Wird auf ein „freibleibendes“ Angebot ein Kaufangebot abgegeben, so muß im Regelfalle der Verkäufer seine Ablehnung ohne Zögern erklären. Ausweichende oder hinhaltende Antworten stehen einer Ablehnung nicht ohne weiteres gleich; aus besonderen Gründen kann er die Entscheidung hinausschieben (RG in JW 1923, 118[1]). — Im Verlangen des Verkäufers nach einer Akkreditiveröffnung liegt noch nicht notwendig ein Einverständnis mit dem Kaufabschluß (OLG Hamburg DJZ 1918, 264). — Die Zusendung unbestellter Waren enthält ein Kaufsangebot unter Verzicht auf Zugang der Annahmeerklärung. Das Schweigen enthält noch keine Annahme dieses Angebots (ROHG 3, 47; 16, 132). Wenn die freie Entschließung des Käufers vorbehalten ist, kann ein bloßer Vorvertrag oder ein suspensiv bedingter Kaufvertrag si voluerim vorliegen (RG 27. 11. 16 VI 369/16; RG 67, 45; 69, 283; 72, 385; 77, 417; 94, 297; 104, 100). Grundsätzlich hat jeder Verkäufer in der Aufstellung von Bedingungen freie Hand, sofern sie nicht gegen die guten Sitten verstoßen (RG 104, 306). Die Erfüllung kann ganz in die Willkür des andern Vertragschließenden gesetzt sein, er kann aber auch gehalten sein, die Entscheidung über den Ausfall der Bedingung nach Treu und Glauben zu fällen. Letzterenfalls kommt bei Unterlassung der Entscheidung § 162 Abs 2 in Betracht (RG 79, 97). Die Erklärung: „Wir werden schon einig werden“ in bezug auf den Preis ist mehrdeutig. Ist die Ware gegeben und genommen, bedeutet sie im Zweifel Bezugnahme auf einen angemessenen Preis, andernfalls kann auch der Abschluß eines Vertrags ermangeln. — Zum Zustandekommen gehört die Einigung über den Kaufgegenstand und den Preis. Ein Kauf mit vorbehaltener Einigung über die Zahlungsweise ist noch nicht zustande gekommen (ROHG 16, 384). Dieser Grundsatz ist freilich durch die Not der wirtschaftlichen Lage in den Freizeichnungsklauseln hinsichtlich des Preises völlig durchbrochen worden (JW 1922, 1319[5]). Auch ein Übereinkommen zwischen Verkäufer und Käufer, nach dem „Abschlüsse freibleibend und unverbindlich“ sein sollen, ist trotz der darin liegenden einseitigen Bindung des Käufers für rechtlich möglich angesehen worden (RG 12. 1. 22 VI 468/529; RG 104, 116). Dagegen darf nicht nach Belieben auf Kosten des Käufers spekuliert werden, so wenn „freibleibend“, „gleitende Preise“, „Lieferungsmöglichkeit“, „Unverbindlichkeit der festgesetzten Lieferzeit“ ausbedungen wird (RG 105, 368). — Ist eine Probe vorbehalten worden, so muß der Verkäufer das Ergebnis abwarten und macht sich schadensersatzpflichtig, wenn er vorher über die Ware verfügt, gleichviel ob ein auflösend oder aufschiebend bedingter Kauf, ein Vorbehalt des Rücktrittsrechts oder eine bis zur Probe bindende Offerte anzunehmen ist (RG in JW 1923, 605[14]). Beim Spezieskauf ist Bestimmtheit oder Bestimmbarkeit des Gegenstandes, beim Gattungskauf nur Bestimmbarkeit der Gattung erforderlich (§§ 315, 241, 243; Gruch 51, 956). Liegt reiner Gattungskauf vor und ist die Möglichkeit gegeben, die Ware aus einer beliebigen Anzahl von Quellen zu beziehen, so kann sich der Verkäufer nicht schon um deswillen vom Vertrage lossagen, weil er von demjenigen Lieferanten, bei dem er sich eingedeckt hatte, die Ware nicht erhalten hat, auch nicht bei Vorbehalten wie „Lieferungsmöglichkeit vorbehalten“ (RG I 26. 3. 24 im Recht 1924 Nr 794). Bestimmbarkeit nach dem Bedarf des Käufers genügt (§§ 315, 316; RG 60, 174; 64, 114; 66, 121). Fehler in der Preisberechnung sind regelmäßig unbeachtlich (RG 64, 269; 82, 195). Der Kauf einer künftigen Sache ist keineswegs ohne weiteres Gattungskauf. Genügend für die Bestimmbarkeit ist auch die „Zirka-Klausel“, die eine nach Ermessen des Gerichts unbedeutende Abweichung von der angesetzten Ziffer gestattet (ROHG 1, 57; 9, 129). Ebenso Verkauf „eines Pöstchens“ SeuffA 50, 205), bei Vereinbarung von 3—4 Waggons genügen 3 Waggons (JW 1918, 262[4]). Dagegen nicht genügend: „mehrere hundert Dutzend“ (ROHG 11, 3). Beim Kauf mit Spezifikation muß jedenfalls der Grundstoff bestimmt sein, sonst liegt Wahlkauf vor (RG 37, 26). Die Person des Vertragsgegners braucht beim Angebot oder Vertragsschluß weder dem Verkäufer noch dem Käufer bekannt zu sein, es genügt die objektive Bestimmbarkeit (RG 22. 1. 16 V 223/15). Dieser Fall liegt vor, wenn für die Gegenpartei jemand offen als Vertreter handelt, diese aber noch offen läßt, sei es, weil er sie kennt, aber nicht nennen will, sei es, weil er sie selbst noch nicht kennt. Zustande gekommen ist der Kauf auch dann im Augenblick des Abschlusses durch den Vertreter für den erst noch zu benennenden Dritten (RG 38, 187; Gruch 48, 337). Über Unbestimmtheit des Käufers („Aufgabe des Käufers vorbehalten“) vgl. RG 20, 237; 24, 64; JW 1914, 350[3]; LZ 1919 Sp 1358[6]. Über Unbestimmtheit des Verkäufers („Aufgabe vorbehalten“) vgl. RG 33, 132; 38, 188. Bei Warenbestellung bei einem Verteilungskartell tritt dieses im Zweifel als Vertreter des noch zu bestimmenden Lieferers auf (RechtsprOLG 8, 58). Bei Vereinbarung „Prima Ablader“ ist die entsprechende Eigenschaft Bedingung des wirksamen Abschlusses (RG 35, 132; 38, 188). — Wer von Zwischenhändler kauft, schließt mit dem Hersteller auch dann keinen Kauf ab, wenn es sich um Ware in Originalverpackung handelt. Doch kann in dieser Verpackung die Übernahme einer Gewährleistung des Herstellers auch dem Verbraucher gegenüber liegen

(RG 87, 1). Der Lieferant des Verkäufers ist auch nicht dessen Erfüllungsgehilfe nach § 278, wenn er zuvor dem Verkäufer die Ware geliefert hat (RG 12. 5. 08, II 548/07). — Wegen Schadensersatzpflicht bei Vertragsverletzung vgl. bei § 276. Über **culpa in contrahendo** RG 88, 105; 95, 58; JW 1912, 743[5]; Recht 1919 Nr 401, 1938. — Grundsätzlich braucht Verkäufer seinem Abnehmer beim Lieferungskauf nicht mitzuteilen, unter welchen Vertragsbedingungen er sich eingedeckt hat. Wenn diese aber derart sind, daß sie seine eigene Lieferungsmöglichkeit gefährden, ist er zur Offenbarung verpflichtet oder muß die Nichtlieferung vertreten (Gruch 63, 735). Ob infolge der durch den Krieg und die Revolution eingetretenen Veränderungen Unzumutbarkeit oder wirkliche Unmöglichkeit der Vertragserfüllung eingetreten ist, ist nach §§ 242 u. 275 zu entscheiden. Der Kriegszustand als solcher läßt die Lieferungsverträge unberührt. In Kriegsklauseln wird dagegen häufig der Krieg schlechthin als „höhere Gewalt" behandelt (RG 89, 345). Bewirkte der Krieg und die nach ihm ausgebrochene Revolution eine völlige Umgestaltung der wirtschaftlichen Verhältnisse auf dem Gebiete, dem das Kaufgeschäft angehört, kann Nichtzumutbarkeit der Erfüllung nach § 242 vorliegen (RG 90, 102; 93, 341; 94 S. 46, 68). Die unbedingte Übernahme der Gefahr für Lieferungen nach dem Kriege ist als seltene Ausnahme nicht zu vermuten (RG JW 1917, 899[2]; RG 26. 10. 19 II 175/19). Unter besonderen Umständen steht nach früherer Ansicht des RG außergewöhnliche Schwierigkeit der Leistung ihrer Unmöglichkeit auch nach § 275 gleich (RG 57, 116; 92, 87; Gruch 63, 731; JW 1919, 44[10]). Jetzt zugunsten der Anwendung von § 242 aufgegeben, JW 1919, 673[19]; 1921, 24; RGZ I 302/21 8. IV. 22. Mehraufwand und Steigerung der Preise werden vom Reichsgericht nicht als solche Umstände anerkannt, selbst wenn der Verkäufer erheblichen Schaden dadurch erleidet (RG 88, 172; 92, 322). Für das Gebiet des Großhandels mit marktgängiger Gattungsware übernimmt der Verkäufer schlechthin die Gefahr der Preisschwankungen und es entfällt für ihn die Vermutung auch einer stillschweigenden Vereinbarung einer Kriegsklausel (RG 92, 322). Im übrigen vgl. zu § 459 über das Verhältnis der Unmöglichkeitsvorschriften zu den Gewährleistungsvorschriften.

c) Der Kauf ist endlich ein gegenseitiger Vertrag, daher finden auf ihn Anwendung die Vorschriften der §§ 320ff., worauf in § 440 für den Fall der Nichterfüllung durch den Verkäufer noch ausdrücklich hingewiesen wird. Aber auch §§ 249, 283 sind anwendbar. Daher kann der Käufer einer Spezialsache als Schadensersatz wegen Nichtlieferung auch die Lieferung einer Sache gleicher Art und Güte verlangen (KG in JW 1924, 1441[5] und hierzu Kipp ebenda). Zum Begriff des gegenseitigen Vertrags gehört nur, daß auf zwei Seiten Verpflichtungen begründet werden und Leistung und Gegenleistung in Abhängigkeit voneinander stehen. Nicht erforderlich ist, daß die Gegenleistung an den zu bewirken ist, dem die Leistung obliegt (RG 65, 48). Daher wird dem Kaufvertrag die Eigenschaft eines gegenseitigen Vertrags nicht dadurch entzogen, daß das Eigentum an der Kaufsache nicht dem Käufer, sondern einem Dritten verschafft werden soll (RG Warn 1917 Nr 129), daß der Kaufpreis nicht dem Verkäufer, sondern einem Dritten zu zahlen ist (RG 6. 7. 15 II 199/15). Wichtig werden hier besonders die Vorschriften über den Verzug nach § 326 und die Grundsätze über den Rücktritt bei positiver Vertragsverletzung. Auch die endgültige Aufwertungsweigerung, wenn sie schuldhaft ist, kann als solche positive Vertragsverletzung angesehen werden (RG 103, 333; JW 1924 S. 1138[3], 1245[1]; dagegen RG 16. 4. 24 I 289/23 in JW 1924, 1425[2]; 1926, 788[3]). Auch ein Verhalten des Käufers, das nach § 826 zu beurteilen ist, kann den Verkäufer von seiner Erfüllungspflicht entbinden (RG 101, 1). Für den Verkäufer besteht aber gleichwohl insofern eine Vorleistungspflicht, als der Käufer den Kaufpreis erst nach Empfang und Untersuchung der Ware zu bezahlen braucht (RG 30, 412; RG 4. 4. 22 VII 337/21).

2. Zu unterscheiden vom Kaufvertrag ist das auf Grund der übernommenen Verpflichtung betätigte **Erfüllungsgeschäft** durch Übergabe der Ware oder Abtretung der verkauften Forderung. Nicht jener, sondern erst dieses erzeugt die dinglichen Wirkungen. Dies tritt besonders deutlich bei dem Verkauf von Grundstücken hervor, bei dem erst die Auflassung die dingliche Wirkung bringt. Bis dahin kann auch eine etwa erforderliche behördliche Genehmigung widerrufen werden. VO über den Verkehr mit landwirtschaftlichen Grundstücken v. 15. 3. 18; RG 106, 142; 108, 357; preuß. BodensperrG v. 10. 2. 23; Baumert in JW 1923, 1016 und preuß. GrundstücksverkehrsG v. 26. 1. 23, dessen Gültigkeit von Wolffsohn in JW 1923, 278 bestritten wird. Das Gesetz ist am 1. 7. 26 außer Kraft getreten. Damit sind aber nicht die vor dem 1. 7. 26 genehmigungspflichtigen Rechtsgeschäfte vom Genehmigungszwang befreit worden (RG 114, 235; sehr bestritten). Über „Schwarzkäufe" RG JW 1927, 1408[4]. Ein gemeinschaftlicher Kauf begründet ferner noch nicht den gemeinschaftlichen Eigentumserwerb (JW 1926, 246). Auch bei Forderungskäufen ist zwischen dem Abtretungsversprechen und der Abtretungserklärung zu unterscheiden. Der bloße Kaufvertrag erzeugt daher auch kein Ab- oder Aussonderungsrecht im Konkurse. Beim Hand- oder Realkauf fällt das Erfüllungsgeschäft mit dem Abschluß des obligatorischen Kaufvertrags zusammen,

auch er ist aber richtiger Ansicht nach ein gegenseitiger Vertrag. Beim Ladengeschäft liegt meist kein eigentlicher Handkauf vor, da der Leistung ein obligatorischer Vertrag vorauszugehen pflegt. Dagegen wird beim Automatenkauf, oft auch beim Kauf von Theaterbilletts der obligatorische Vertrag erst durch den unmittelbaren Austausch der Leistungen geschlossen. Das Bestreiten einer der Gegenleistungen enthält damit zugleich das Leugnen des Zustandekommens eines Kaufes überhaupt, was für die Beweislast von Bedeutung wird. Auch für den Handkauf gelten die Gewährleistungsvorschriften.

3. Aus dem Wesen des Kaufvertrags als eines Umtauschs von Ware gegen Geld ergibt sich seine **Abgrenzung** von andern Vertragsarten. Bei einer Klage auf Schadensersatz kann das Gericht die Frage nach der Vertragsart offen lassen, wenn für jedes Verschulden nach § 276 Abs 1 gehaftet wird (**RG** 28. 1. 21 VII 438/20).

a) Tauschvertrag (§ 515), der ein Umsatz von Ware gegen Ware ist. Hier schuldet jede Partei Ware, die Parteirollen und ihre Verpflichtungen sind also nicht verschieden. Ob Kauf oder Tausch vorliegt, entscheidet sich nicht nach der Absicht und Ansicht der Vertragschließenden, sondern danach, wie das Vereinbarte rechtlich zu beurteilen ist (**RG** 88, 364; JW 1897, 69[66]). Tauschvertrag liegt vor, wenn eine unmittelbare Ausgleichung individualisierter Sachleistungen gegeneinander gewollt ist (**RG** 50, 285; 57, 266; JW 05, 326[15]). Ist vereinbart, daß ein Grundstück gegen Geld hingegeben werde, und sind in Berichtigung des so vereinbarten Kaufpreises Interimsscheine und eine auf dem Grundstück ruhende Hypothek übernommen worden, so liegt Kauf vor (**RG** 22. 11. 07 II 224/07). Der als wirtschaftliches Endziel bezweckende Umtausch von Ware gegen Ware kann aber auch durch die Rechtsform des Doppelkaufs als Mittel herbeigeführt werden, mit gänzlicher oder teilweiser Aufrechnung der vereinbarten beiderseitigen Preise (ROHG 5, 418; 18, 384; **RG** Gruch 49, 1154; SeuffA 68, 397). Daß beim Umsatzgeschäft der eine oder beide Gegenstände mit bestimmtem Wertbetrage angesetzt werden, kann bloße Schätzung bedeuten und braucht nicht Bestimmung des Preises als Leistungsgegenstand zu sein. Dies allein macht daher den Tausch noch nicht zum Doppelkauf (**RG** 73, 153), ebensowenig die bloße Einkleidung in zwei Kaufverträge (**RG** 50, 288; JW 05, 326[15]), wenn auch die gebrauchten Ausdrücke für die Feststellung des Willeninhalts von Bedeutung sind (**RG** 73, 90). Durch Zugabe von Geld oder Ware wird die Natur des Geschäfts nicht geändert. Wesentliche Merkmale sind dagegen zeitliches Auseinanderfallen, besonderer Umsatzzweck für jede Warenveräußerung, Preisbestimmung als Inhalt der Gegenleistung. Im Unterschied vom Tausch wirkt Verzug, Nichtlieferung, Mangel der Kaufsache nur für den einen Kauf, die Wandlung und Minderung läßt den andern unberührt. Bei der Minderung ist der Wert des Gegenstücks beim Tausch, der angesetzte Wert beim Doppelkauf maßgebend (**RG** 73, 153). Die Vorschriften des HGB finden auch auf den Handelstausch Anwendung.

b) Vom Geldwechselgeschäft. Dies stellt bei inländischem Geld ein eigenartiges Geschäft dar, ist ebensowenig Tausch wie Kauf, da Geld gegen Geld, nicht Ware gegen Geld oder Ware gegen Ware eingetauscht wird. Nach allgemeiner Meinung jedoch liegt Tausch vor (Planck A 3). Bei Auswechslung inländischen Geldes in ausländisches oder umgekehrt dagegen liegt Kauf vor. Die Diskontierung von Wechseln ist Kauf (**RG** 93, 23; OLG 16, 385).

c) Vom Werkvertrag (§ 631). Bei diesem ist Inhalt der Hauptverpflichtung die Herstellung eines Werkes, nicht die Herstellung einer Sache (**RG** 97, 90), nach Abs 2 auch die Herstellung einer Sache aus einem dem Unternehmer nicht gehörigen Stoff. Ist der Anspruch auf eine Werkleistung in einem Inhaberpapier verkörpert (Theaterbillett, Eisenbahnfahrkarte), liegt Kauf dieses Papiers vor. — Bei einem Maschinenlieferungsvertrag ist die Montage regelmäßig nur Nebenleistung, bloßes Anhängsel des Lieferungsvertrags. Nur ausnahmsweise kann die Vereinbarung der Montage eine selbständige Bedeutung haben, insbesondere eines dem Hauptvertrag beigefügten Werkvertrags (**RG** 66, 279). Soll darüber hinaus der Vertrag im ganzen mit Rücksicht auf die Montagevereinbarung kein Kauf und auch kein Werklieferungsvertrag nach § 651, sondern ein Werkvertrag nach § 631 sein, so müssen ganz bestimmte Umstände hierfür vorliegen (**RG** 23. 10. 17 VII 178/17), etwa die Maschinen einem bestimmten Raum oder Betriebe oder sonstigen Verhältnissen besonders angepaßt werden müssen (**RG** 16. 2. 04 II 318/03). Der Vertrag über Lieferung von Herden für einen Neubau ist Kaufvertrag, auch wenn die Aufstellung und Einfügung übernommen wird (Warn 09 Nr 70). Dagegen Versehen einer Wohnung mit Zentralheizungsanlage ist Werkvertrag (**RG** 45, 63; **RG** 14. 1. 19 VII 288/18).

d) Vom Werklieferungsvertrag (§ 651). Auch diesem ist wesentlich die Herstellungspflicht, aber aus einem dem Unternehmer gehörigen Stoff, mit dem Kauf hat er aber noch die hinzutretende Pflicht zur Eigentumsverschaffung gemein. Handelt es sich um Herstellung vertretbarer Sachen, so finden zwar die Vorschriften über den Kauf Anwendung, der Werklieferungsvertrag ist aber darum noch kein Kauf, denn der Vertrag enthält die dem Wesen des Kaufes sonst fremde Verpflichtung zur Herstellung, auf die auch — entgegen der ge-

gem. M. — geklagt werden kann. Die Vorschriften des Kaufes finden daher nur insoweit Anwendung, als sich nicht aus der Herstellungsverpflichtung noch ein Besonderes und hiervon Abweichendes ergibt und darum ergänzende Vorschriften eintreten. Bei Herstellung unvertretbarer Sachen tritt diese Pflicht noch deutlicher hervor. Reiner Kauf ist dagegen der einer erst herzustellenden, nicht schon hergestellten Sache, ohne daß die Herstellung mit übernommen ist, so beim Verkauf einer erst vom Produzenten zu beziehenden Sache, dem reinen Lieferungskauf (vgl. unter 5b; **RG** LZ 1912, 311). Beim Kauf einer halbfertigen Sache kann als Nebenverpflichtung die Fertigstellung übernommen werden. Es liegt dann ein mit Werkvertrag gemischter Kaufvertrag vor (**RG** 21, 313; 19, 333). Der Verkauf eines Grundstücks, bei dem die Erbauung eines Wohnhauses bereits begonnen war, stellt auch dann lediglich einen Kaufvertrag dar, wenn der Verkäufer sich zur Fertigstellung des Hauses verpflichtet, eine besondere Vergütung jedoch hierfür nicht ausbedungen wird (**RG** Warn 1910 Nr 236; 1912 Nr 204).

e) Vom Auftrag und der Kommission. Nicht entscheidend ist auch hier der Wortlaut. Eigenhandel und Kommission gehen überhaupt ineinander über, in der Ausdrucksweise des Kaufmanns wird nicht scharf geschieden (ROHG 20, 314; Warn 1918 Nr 230). Auch Vereinbarung von „Provision" statt „Preis" deutet nicht mit Sicherheit auf Kommission (**RG** 101, 380). Es ist zulässig, daß jemand, der wirtschaftlich bloß Vermittler ist, daher von den Parteien auch als solcher bezeichnet wird, doch dem Erwerber selbst gegenüber als Verkäufer und Eigenhändler auftritt (**RG** 11. 5. 07 I 520/06). Es ist auch mit der Natur des Kommissionsgeschäfts anderseits vereinbar, daß derjenige, der die Ware im eigenen Namen für den andern, aber für dessen Rechnung zu vorgeschriebenem Preise einkauft, sein Entgelt für die Geschäftsbesorgung in einem etwa von ihm erzielten billigeren Einkaufspreise zu finden hat (**RG** 94, 289). Entscheidend ist auch nicht unbedingt, wem der wirtschaftliche Erfolg des Weiterverkaufs zufällt (**RG** 110, 123). Maßgebend ist dagegen in der Regel, ob fester Preis vereinbart ist, der aber nicht in festen und bestimmten Zahlen ausgedrückt zu sein braucht, aber immer objektiv feststellbar sein muß (**RG** 3, 110; 94 S. 66, 289; 101, 380); sodann, ob die Absicht der Parteien auf bloße Vermittlung oder auf festen Abschluß gerichtet war. Wird verlangt „möglichst günstig", liegt Auftrag vor (ROHG 18, 119; **RG** 3, 110; Warn 1918 Nr 230; OLG 10, 340). Für eine Verkaufskommission spricht auch, wenn trotz Übersendung die Gefahr beim Geber bleiben soll (SeuffA 57, 55). Entsprechendes gilt für den gewöhnlichen Auftrag (SeuffA 35, 288).

f) Vom Vinkulationsgeschäft (Breit, Das Vinkulationsgeschäft, 1907). Durch dieses entsteht ein eigenes vom Kauf verschiedenes Schuldverhältnis, kraft dessen der Empfänger der Ware dem Hingeber, der nicht Verkäufer ist, zur Zahlung des Preises verpflichtet ist (**RG** 54, 213; 88, 70; 94, 94; 99, 20; JW 1921, 679[2]; LZ 1912 Sp 573; 08 Sp 167; OLG 23, 23). Der Vinkulant ist regelmäßig nur Kreditgeber, im übrigen geht das Geschäft auf Rechnung und Gefahr des Verkäufers. Nimmt der Käufer das Angebot an, so entsteht ein neuer Vertrag zwischen ihm und dem Vinkulanten. Derartiges kann übrigens auch außerhalb der typischen Geschäftsform des Vinkulationsvertrags vorkommen (**RG** 101, 321). Es liegt eine vom Verkäufer ausgehende Doppelanweisung vor, kraft deren der eine Angewiesene ermächtigt wird, gegen Zahlung der Vinkulationssumme, in der Regel ein auf die Ware gegebener Vorschuß, dem Käufer die Ware auszuhändigen, der andere Angewiesene aber ermächtigt wird, den Preis an den Dispositionsbefugten statt an den Verkäufer Zug um Zug gegen Empfang der Ware zu zahlen. Entwickelt hat sich dieses Geschäft dadurch, daß zwischen den Verkäufer in Galizien, Rußland usw. sich eine Bank einschob, die dem Verkäufer zum Aufkauf der Ware Kredit gab und sich dafür diese zu Eigentum übertragen ließ (vgl. auch **RG** 99, 21).

g) Vom Darlehen. Erwerb eines Wechsels zwecks Diskontierung ist Kauf, wenn aber jemand einem andern Geld gibt gegen Ausstellung oder Akzept eines Wechsels, wird dieser nicht als Gegenleistung übertragen, sondern zur Sicherung einer schon bestehenden oder zu begründenden Darlehnsforderung gegeben. Nach **RG** 21. 9. 07 I 68/07 soll ein Darlehen und daneben ein Wechselkauf vorliegen, was abzulehnen ist.

h) Von der Zahlung einer Schuld eines Dritten als Intervenient, wie bei der Einlösung von Zinsscheinen durch den Bankier, sofern die Einlösungspflicht übernommen ist. Es kann aber auch Kauf der Zinsscheine vorliegen (BHR 23, 509).

i) Von der Verpfändung, mit der sich namentlich der Sicherungskauf nahe berührt (**RG** 43, 394; SeuffA 58, 237; 62, 6), der regelmäßig kein Scheingeschäft ist (SeuffA 62, 6).

k) Vom Pachtvertrag. Dieser liegt namentlich vor, wo der Eigentümer einem andern die Einräumung von schuldrechtlichen Befugnissen zum Abbau und zur Gewinnung von Torf, Kohlen, Kies oder andern Mineralien auf einem Grundstück überläßt. Hier verpflichtet sich der Grundstückseigentümer nicht zur Überlassung bestimmter Sachen und erfüllt vollständig, ohne daß irgendeine Ausbeutung stattfindet (**RG** 6, 7; 27, 279; 94, 280; JW 01, 266[38]; 03, 131[24]; 09, 451[2]; Gruch 53, 964). Im wesentlichen Auslegungsfrage (**RG** 23. 11. 03

VI 512/02). Wird bei einem Pachtvertrag zur Gewinnung von Kohlen dem Pächter gestattet, Tiefbohrungen vorzunehmen, und sind sie vom Pächter vorgenommen worden, so liegt hierin noch nicht die Einräumung des Pachtbesitzes am Grundstück (**RG** JW 1919, 379[6]). Bei Pacht erwirbt der Berechtigte die Früchte unmittelbar nach § 953, bei Kauf ist noch ihre Übereignung erforderlich. Bei Pacht ist dem Berechtigten Besitz an der nutzbaren Sache selbst einzuräumen (§§ 581, 536), beim Kauf nicht (**RG** 26, 219).

l) Vom Gesellschaftsvertrag, bei dem die Verfolgung eines gemeinschaftlichen Zweckes wesentlich ist (**RG** Gruch 51, 956). Daß der Vorteil bei beiden Teilen Hand in Hand geht reicht noch nicht aus (**RG** JW 07, 103[5]). So ist das Conto-a-metà-Geschäft ein Ankauf auf eigenen Namen, wenn schon auf gemeinsame Rechnung. Die Beteiligung des andern tritt aber nicht hervor (**RG** Warn 1916 Nr 209; JW 05, 719[10]).

m) Vom Speditionsvertrag. Besondere Anweisungen des Käufers an den Verkäufer wegen Versendung der Ware begründen nur unter besonderen Umständen einen Speditionsvertrag neben dem Kaufvertrag, in der Regel sind sie Nebenbestimmungen im Rahmen des Kaufvertrags (ROHG 8, 10; 13, 325). Letztenfalls haftet daher der Verkäufer nur für Anwendung allgemeiner kaufmännischer Sorgfalt, nicht nach den strengeren Grundsätzen der Spedition.

n) Vom Differenzgeschäft nach § 764. Auch hier sind gültige Sicherungs- und Deckungsgeschäfte möglich (**RG** in JW 1923, 1024[3]).

o) Keine Verkäufe, sondern öffentliche Ausspielungen nach StGB § 286 sind der Warenvertrieb in Form des Gella-, Hydra- oder Schneeballensystems oder ähnlichen (**RG** 60, 379).

p) Von der Leihe. Vgl. jedoch bezüglich des Möbelleihgeschäfts unten unter 5.

q) Vom Börsentermingeschäft in Waren im Gegensatz zum handelsrechtlichen Lieferungsgeschäft (**RG** 101, 361; 107, 22).

r) Vom Auszahlungsgeschäft im Bankverkehr, wenn die Auszahlung an einem ausländischen Ort erfolgen soll (**RG** 107, 136).

4. Die Form des Kaufvertrags ist frei (§ 125). Im Handelsverkehr ist aber schriftliche Bestätigung üblich. Ausnahmen, die gerichtliche oder notarielle Beurkundung erfordern (§ 128), bestehen für Kaufverträge über:

a) das gegenwärtige Vermögen des Verkäufers in seiner Gesamtheit (§ 311; vgl. hierzu **RG** 69, 420; 76, 1; Warn 1917 Nr 49). Daß das verkaufte Geschäft das ganze Vermögen bildet, macht § 311 noch nicht anwendbar,
b) den gesetzlichen Erbteil oder Pflichtteil unter den künftigen gesetzlichen Erben (§ 312),
c) Grundstücke (§ 313). Wegen der Kosten der Beurkundung (§ 449),
d) den Pfandverkauf (§§ 1233, 1273; ZPO §§ 816ff., ZVG §§ 66ff.),
e) den Erbschaftskauf (§ 2371),
f) den Anteil bei Gesellschaften m. b. H. (RGes. v. 20. 4. 92 § 15).

5. Arten des Kaufes. Vom BGB besonders geregelt sind der Kauf nach Probe (§ 494), Kauf auf Probe (§ 495), Wiederkauf (§ 497), Vorkauf (§§ 504ff.), der Gattungskauf (§ 480), Viehkauf (§ 481), der Kauf mit Eigentumsvorbehalt (§ 455), der Erbschaftskauf (§§ 2371—2385). Vom HGB § 375 geregelt ist der sog. Spezifikationskauf, besonders in der Eisen- und Textilindustrie, sowie im Holz-, Papier- und Brikitthandel. Bei dem Spezifikationskauf fehlt es noch an genauer Bestimmung des Leistungsinhalts, nicht zu verwechseln mit dem „Kauf auf Abruf", wo nur die Leistungszeit noch bestimmt wird, immer aber ist jedenfalls die Vereinbarung eines bestimmten Grundstoffs erforderlich. Das Abzahlungsgeschäft wird vom RGes. v. 16. 5. 94 geregelt. Darin sind den Abzahlungsgeschäften die Möbelleihverträge gleichgestellt. Für die Anordnung freihändigen Verkaufs oder Versteigerung einer gepfändeten Forderung gelten die Vorschriften des Kaufs (**RG** 29. 5. 07 I 456/06). Der Kauf von „Holz auf dem Stamme" kann nicht durch Eintragung eines Abholzungsrechts dinglich geschützt werden (**RG** 60, 317).

Daneben sind noch hervorzuheben der einer besonderen gesetzlichen Regelung entbehrende

a) Kauf zur Probe. Das alte HGB Art 341 bestimmte: „Ein Kauf zur Probe ist ein unbedingter Kauf unter Hervorhebung des Beweggrunds." Er enthält jedoch häufig mehr: der Verkäufer verpflichtet sich zugleich zu einer besonderen Nebenleistung, nämlich dem Käufer die Gelegenheit zur Erprobung auf bestimmte und als ungewiß behandelte Eigenschaften zu gewähren. Er hat daher den Probegegenstand nicht nur frei von Rechten Dritter zu verschaffen, sondern alle Maßnahmen zu treffen, die die Erprobung für den Käufer ermöglichen. Im Sprachgebrauch werden häufig Kauf „zur Probe" und „auf Probe" miteinander verwechselt (ROHG 2, 188).

b) Kauf auf Kondition (im Buchhandel). Hier kauft der Käufer die Ware unter der aufschiebenden Bedingung, daß er sie entweder weiterverkauft oder bis zum Ablauf einer bestimmten Frist nicht zurückgibt. Der Sortimenter ist nicht Trödler, sondern verkauft das Buch als eigenes, er erwirbt auch unmittelbar mit Ablauf der Rückgabefrist ohne Zahlung des Kaufpreises das Eigentum.

c) Der Lieferungskauf ist vom Werklieferungsvertrag zu unterscheiden. Er hat zum Inhalt die Verpflichtung, einem andern eine Sache zu beschaffen, die er selbst zu diesem Zweck sich erst anschafft, gleichviel ob der Dritte, von dem er sie bezieht, sie erst herstellt oder nicht. Die Herstellung selbst aber ist nicht in obligatione, daher ein reiner Kauf.

d) Sukzessivlieferungsvertrag. Er ist ein einheitlicher Vertrag auf Lieferung einer festbestimmten Menge gegen ein festbestimmtes Entgelt, bei dem in Abweichung von § 266 gerade vereinbart ist, daß die Erfüllung in zeitlich getrennten bestimmten Raten erfolgen und für jede Rate eine abgesonderte Zahlung geleistet werden soll. Dadurch wird die Teilleistung, die in Hinblick auf das Ganze und die Zukunft noch eine unvollständige Gesamtleistung ist, doch in Hinblick auf die Gegenwart und als Rate zur Volleistung (ROHG 13, 78; **RG** 61, 130). Bei nichtpünktlicher Einhaltung der Ratenzahlungen ist Rücktritt vom ganzen Vertrag zulässig (**RG** 104, 41; 96, 255; 92, 209). Der „Kauf auf Abruf" ist häufig, aber nicht notwendig ein Sukzessivlieferungsvertrag (**RG** Recht 09 Nr 2925). Es genügt überall statt der Bestimmtheit die Bestimmbarkeit, „Kauf nach Bedarf". Die Grenze, wo diese aufhört und dann bei völliger Unbestimmbarkeit nur noch ein Vorvertrag anzunehmen ist, ist flüssig. So kann die Biermenge durch den objektiv feststellbaren Bedarf des Wirtes genügend bestimmbar sein. Ist sie dagegen der bloßen Willkür des Wirtes überlassen, liegt nur ein Vorvertrag vor. Bei einem Milchlieferungsvertrag ist die Menge der Lieferung in den einzelnen Zeitabschnitten, aber häufig nicht deren Zeitpunkt bestimmbar. Übernimmt nur eine Partei die Verpflichtung zur Lieferung und hat die andere nur das Recht der Abnahme, wie bei Gaslieferungsverträgen, liegt meist nur Vorvertrag vor, dagegen bei Bestimmbarkeit der Menge und Verpflichtungsübernahme, wie etwa die Gasverträge mit Fabriken, ein fester Lieferungsvertrag. Ebenso bei Wasser- und Elektrizitätslieferungsverträgen.

e) Bezugsvertrag ist ein dem Sukzessivlieferungsvertrag ähnlicher Vertrag, der sich von diesem aber dadurch unterscheidet, daß der Käufer seinen ganzen, im einzelnen jetzt noch nicht feststellbaren Bedarf oder die gesamte Produktion des Lieferers kauft. Immerhin ist die Warenmenge dann künftig feststellbar. Der Bierlieferungsvertrag ist ein Beispiel für die Bestimmung nach dem eigenen Bedarf. Verbunden damit ist dann die Verpflichtung des Beziehers, keine andere Ware gleicher Art von dritten Seite zu beziehen. Für Bayern vgl. hierzu AG.BGB Artt 13, 14. Bei den Produktionsabnahmeverträgen darf der Verkäufer an niemand andern als den Bezieher liefern (ROHG 19, 331; **RG** 78 S. 14, 385; LZ 07, Sp 428; OLG 13, 410; 17, 380). Gaslieferungsvertrag (Witthof, DJZ 1903, 149; Wasserversorgungsvertrag (SeuffA 75, 7), Elektrizitätslieferungsvertrag s. unten unter 6a.

f) Hand- oder Realkauf. Hierzu vgl. zu 2.

g) Vinkulationskauf vgl. zu 3f.

h) Sicherungskauf. Er ist ein wirklicher Kauf mit Rückkaufsrecht oder Rückkaufspflicht.

i) Hoffnungskauf vgl. unten zu 6a.

k) Kauf in Bausch und Bogen vgl. unten zu 6a.

l) Kreditkauf und Vorzahlungskauf vgl. unten zu 9b bb.

m) Kauf auf Abruf vgl. zu 5c und unter 9b bb.

n) Deckungskauf.

o) Fixhandelskäufe als Abart des Fixgeschäfts nach § 309 im Sinne von HGB § 376. Durch die Nichterfüllung am Stichtage ist das Recht des Gläubigers auf Erfüllung zurückgetreten gegen das Recht auf Schadensersatz.

p) Kauf auf Umtausch ist ein Kauf mit facultas alternativa des Käufers als Gläubiger. Vgl. hierzu die eingehende Studie von Riebow, Rechtswiss. Studien, Heft 21 (1924).

q) Akkreditiv ist Auftrag des Käufers an eine vom Verkäufer bestimmte Bank, dem Verkäufer gegen Aushändigung bestimmter Dokumente eine Zahlung zu leisten. Reichardt, Ztschr. f. ges. Handelsr. 88 (1924) S. 1ff.

r) Kauf unter Vorbehalt eines besseren Käufers (in diem addictio). Ursprünglich im Entwurf I berücksichtigt.

s) Kauf unter Vorbehalt des Rücktritts für den Fall nicht rechtzeitiger Entrichtung des Kaufpreises (lex commissoria; **RG** 54, 340).

6. Gegenstand des Kaufvertrags ist alles, was in Umtausch gegen Geld gegeben werden kann. Wenn das BGB nur Sachen und Rechte erwähnt, so hat es dadurch den Umsatz von Dingen, die wirtschaftlich als selbständige Substrate und Gegenstände des Umtauschs behandelt werden, von der gleichartigen Regelung nicht ausschließen wollen. Hierfür spricht schon, daß es den Erbschaftskauf als Kauf anerkennt. Das erhellt ferner aus Prot 2, 51, wo anerkannt wird, „daß auch all die Werte als Sachen und Rechte Gegenstand des Kaufes sein können (insbesondere der Verkauf eines Geheimnisses, einer Kundschaft, die Gewinnchance bei der emtio spei". In derartigen Fällen sind daher die Bestimmungen vom Kauf gleichfalls anzuwenden, nach RG 63, 59; 67, S. 86, 386 entsprechend, nach Gierke unmittelbar.

a) Sachen sind körperliche Gegenstände beweglicher und unbeweglicher Art nach § 90, einschließlich ihrer Bestandteile (§ 93) und im Zweifel ihres Zubehörs (§ 314). Auch Wasser (RGSt 14, 121), Dampf (RGSt 44, 335) und Gas (RGSt 11, 117) sind Sachen, nicht „Kräfte" wie Elektrizität. Lieferungsverträge über Licht sind Werkverträge (RG 17, 269; 86, 12), es handelt sich um Lieferung eines Erfolgs von Arbeit, der Licht- oder Kraftwirkung, die Mitlieferung der Zähler geht im Hauptvertrag auf. Wie Verträge über Elektrizität sind auch Verträge über Lieferung von Wärme zu beurteilen. Bei diesen Lieferungsverträgen steht der Beurteilung als Kaufverträge der Umstand nicht entgegen, daß häufig der Abnehmer nicht zur Abnahme verpflichtet ist. Vgl. auch VO des Reichskommissars für Elektrizität und Gas v. 26. 7. 17 nebst Ausführungsbestimmungen. Wertpapiere, Kuxe (RG 54, 351) sind Gegenstände des Kaufes als Sachen, gleichviel, ob gültig ausgestellt oder nicht. Nach anderer Ansicht sind sie Gegenstand eines Sach- und Rechtskaufs gleichzeitig (Jacobi). Ebenso Wechsel beim Diskontierungsgeschäft. Dieses ist in der Regel Kauf eines noch nicht fälligen Wechsels gegen ein Entgelt, das durch die um den Zwischenzins nebst einer Provision gekürzte Wechselsumme bestimmt wird (RG 93, 23). Vgl. auch zu 3b. Geld ist als solches Mittel, nicht Gegenstand des Güterumsatzes, es können aber Geldstücke und Geldsorten auch Gegenstände des Kaufes sein (Jubiläumsmünzen, Sterbetaler, ausländisches Geld, RG 38, 2; 15, 44). Über Geldwechseln vgl. zu 3b. Auch Sachgesamtheiten können Gegenstand eines einheitlichen Kaufes sein, wie Inventar eines Geschäfts, eines Gasthofs (ROHG 21, 204), insbesondere bei „Kauf in Bausch und Bogen" („en bloc"). Die Bestimmung der Sache als Kaufgegenstand erfolgt derart, daß nur mit dem Einzelgegenstand und nicht mit einem andern erfüllt werden kann (RG 70, 423), Spezieskauf, oder so, daß alle Sachen gleicher Gattung zur Erfüllung der Verpflichtung geeignet sind, Gattungskauf (§§ 243, 480). Dazwischen steht der beschränkte Gattungskauf (Milch aus bestimmtem Gut, Zinn von Insel Banga), JW 01, 209, und der Ausscheidungskauf: aus einem speziell bestimmten größeren Ganzen wird ein durch Messen, Wägen oder Zählen bestimmbarer Teil verkauft. — α) Die Sache braucht zur Zeit des Kaufabschlusses noch nicht vorhanden zu sein, sie kann als eine künftige verkauft werden (emtio rei speratae). Der Kauf ist dann von Rechts wegen durch ihre künftige Entstehung bedingt. Hierher gehört der Kauf von wesentlichen Bestandteilen eines Grundstücks, Holz auf dem Stamme (RG 72, 312), Früchten einer Ernte, der Ausbeute eines Steinbruchs, der Milcherzeugung (JW 03, 131[24]), eines Hauses auf Abbruch. Letzterer ist kein Grundstücksveräußerungsvertrag (RG 60, 317; 62, 137), bedarf daher nicht der Form des § 313. Verkauf der „nächsten 35 Tonnen Erz einer Grube" ist kein beschränkter Gattungskauf, sondern Spezieskauf einer erst zu erzeugenden zukünftigen Sache. Sobald die Tonnen gefördert sind, treten sie als der von vornherein vorgestellte Kaufgegenstand in die Erscheinung, ohne daß es noch einer Ausscheidung bedürfte (RG 92, 371). Der Verkauf einer künftigen Sache ist nicht mit einem Lieferungskauf zu verwechseln, bei dem sich der Verkäufer zur Herstellung verpflichtet; vielmehr geht hier die Verpflichtung des Verkäufers nur dahin, der Entstehung der künftigen Ware nicht entgegenzuwirken (ROHG 1, 141). Beim Verkauf eines Waldbestandes hat der Käufer zwar das Recht, das Holz zu schlagen, das „Holzungsrecht" läßt sich aber nicht dinglich durch Eintragung sichern (RG 60, 317; 78, 36). Es bedarf auch nicht der Form des § 313. Etwas anderes als der Kauf einer künftigen Sache ist auch der Kauf einer Gewinnchance (emtio spei, Hoffnungskauf), wenn vereinbart wird, daß der Preis auch zu zahlen ist, wenn die Sache nicht entsteht (RG 77 S. 224, 344), so beim Kauf eines noch nicht gezogenen Loses, eines Fischzugs. Ist das Los tatsächlich schon gezogen, liegt kein Hoffnungskauf vor (RG 6, 290). Der sog. Hoffnungskauf kann aber auch nur ein wirklicher Sachkauf als gewagtes Geschäft sein (RG 77, 344). — β) Die Sache braucht dem Verkäufer nicht zu gehören, die ihm obliegende Verschaffungspflicht kann er an sich auch beim Verkauf einer fremden Sache erfüllen, wenn er das fremde Eigentum beseitigt, dazu bedarf es auch nicht erst des Durchgangs durch das Eigentum des Verkäufers, die Übertragung kann unmittelbar durch den dritten Eigentümer erfolgen (RG 54, 213; 74, 354). Ein Kaufvertrag über die eigene Sache kann als Vereinbarung unter andern rechtlichen Gesichtspunkten bestehenbleiben und nur die Verpflichtung zur Eigentumsübertragung als gegenstandslos entfallen (Planck zu § 306 und §§ 275—292; RG 1. 4. 24 im Recht 1924 Nr 811).

b) Rechte im weitesten Sinn, hierunter fallen namentlich auch Forderungen. Ferner Erbbaurechte, alle Rechte auf Nutzungen, auch wenn sie nur ihrer Ausübung nach übertragbar sind, gewerbliche Gerechtigkeiten (Apotheker-, Schankgerechtigkeit, Bohrgerechtigkeit, Berggerechtigkeit), dingliche Rechte an Sachen, wie Hypotheken, alle gewerblichen Schutzrechte (Namen, Firma, Geschäftsbezeichnung, Warenzeichen, Patente usw., RG 45, 147; Recht 05, 317), sowie alle Urheberrechte. Wiederkauf von Renten, die auf dem Grundstück lasten, kann ebenfalls Kauf sein. Das verliehene Recht, den Titel als Hofapotheke zu führen, kann

Gegenstand eines Kaufes sein (RG Warn 1914 Nr 283). Die Übertragung der gewerblichen Verwertung eines Patents durch einen Lizenzvertrag ist kein Kauf, sondern ein Vertrag eigener Art (RG 54, 272; 57, 38; 78, 363), der dem Lizenznehmer in der Regel nur ein persönliches Forderungsrecht auf Benutzung des Patents verleiht. Doch kann er zum Kauf werden, wenn in der Person des Lizenznehmers ein besonderes absolutes Recht entstehen soll und dieses Gegenstand der Übertragung ist, nicht bloß die gewerbliche Ausnutzung gewährt wird (JW 07, 136[17]). Die Patenturkunde ist nur Beweisurkunde. Bei Geschäftsanteilen ist zwischen dem Recht und der wirtschaftlichen Beteiligung zu unterscheiden (RG 83, 180; 86, 48). Der Rechtskauf hat zum Teil eine besondere Regelung in § 437 erfahren. Das BGB behandelt den Sachkauf und den Rechtskauf als zwei gesonderte Arten des Kaufes, für die es zum Teil besondere Vorschriften gibt (RG 56, 255; 63, 60; 90, 243).

c) Wirtschaftliche und rechtliche Lagen und Zustände, sowie immaterielle Güter, sofern sie einer Überleitung vom Verkäufer auf den Käufer, also eines Umsatzes fähig sind. Mit Unrecht deren Eigenschaft als Kaufsache bestritten. Das Gesetz selbst hebt den Erbschaftskauf hervor (§ 2371), es kommen auch sonst einheitliche Vermögensmassen (universitates iuris) in Betracht, ferner kaufmännische und gewerbliche Unternehmungen, wie schon aus HGB § 25 folgt, oder Erwerbsgeschäfte schlechthin in ihrer Eigenschaft als organisierte Substrate einer gewerblichen Tätigkeit, als „Betriebe" (RG 63, 57; 68, 54), so z. B. ein Pensionat (RG 67, 86), Zeitungsunternehmen (RG 70, 220), eine ärztliche Praxis (RG 66, 39). Vgl. hierzu unter 1. Bei diesen ist zu unterscheiden, ob Gegenstand des Kaufes ist das im Geschäft steckende Betriebsvermögen allein (Grundstücke, Kapitalien, Warenvorräte, Inventar) oder das Unternehmen als immaterielles, durch Arbeit geschaffenes Gut, als organisierter Betrieb, zu dem als Bestandteile gehören Firma, Warenzeichen und andere gewerbliche Schutzrechte, wie z. B. auch eine bestehende Wettbewerbsklausel (RG 102, 129), geschäftlicher Ruf, Kundschaft, Geschäfts- und Betriebsgeheimnisse usw. (RG 70, 22; 68, 53). Das Unternehmen und das Geschäftsvermögen können je selbständig veräußert werden (RG 70, 224; 68, 49; 82, 155; RGSt 28, 277), ebensogut aber als ein zusammengehöriges Ganzes (RG 78, 270). Auch bei einer G. m. b. H. ist zwischen den einzelnen Geschäftsanteilen und dem Geschäftsvermögen als Objekt der in jenen enthaltenen rechtlichen Verfügungsmacht zu unterscheiden, es können daher als Kaufgegenstand nicht nur die einzelnen Geschäftsanteile, sondern auch das Geschäftsunternehmen in Betracht kommen, worauf dann die Grundsätze von § 459 Anwendung finden (RG 98, 289). Etwas anderes ist auch nicht in RG 86, 147 ausgesprochen. Auch besondere kaufmännische und gewerbliche Kenntnisse und Gedanken können als immaterielle Güter übertragen werden, a. M. RG Gruch 58, 655, wie (unpatentierte) Erfindungen, Fabrikations- und Geschäftsgeheimnisse, Rezepte (OLG 28, 106); ihre Veräußerung ist ein Kauf, keineswegs ein Vertrag eigener Art, wie RG in Warn 1914 Nr 214 meint. Der Gedanke muß sich freilich mit festem Inhalt gefüllt haben, nicht bloß unbestimmte vage Pläne enthalten (Gruch 58, 655; Recht 1913 Nr 3227). Eine andere Frage ist dagegen, inwieweit die Gewährleistungsansprüche entsprechende Anwendung finden (vgl. hierzu bei § 459 und RG JW 1914, 674[2]). Die „Kundschaft" als solche ist allerdings kein Gegenstand, der übertragen werden könnte, wohl aber die gewerbliche Stellung, die jemand einnimmt und an die sich natürliche Beziehungen zu dem Kundenkreis knüpfen. Diese Stellung kann aufgegeben und einem andern eingeräumt werden, was einer Übertragung wirtschaftlich gleichkommt (RG 95, 57; JW 05, 389[7]). Die gewerbliche Stellung ist im gewerblichen Unternehmen verkörpert und lokalisiert und wird daher gleichzeitig in der Regel mit diesem übertragen (RG 63, 57; 67, 86; 69, 429; Gruch 51, 901). Arbeit und Dienste sind natürlich nicht Gegenstand des Kaufvertrags. Im übrigen aber vgl. § 445.

Was von künftig erst entstehenden und dem Verkäufer nicht gehörigen Sachen unter a gesagt ist, gilt gleichermaßen auch für die unter b und c genannten Kaufgegenstände.

d) Waren im engeren Sinne des Handelsrechts als Gegenstände des Handelskaufs sind nur bewegliche körperliche Sachen (HGB § 1 Abs 2 Nr 1), denen die Wertpapiere ausdrücklich an die Seite gestellt werden, also namentlich nicht Grundstücke. HGB §§ 373ff. haben nur diese im Auge (RG 26, 43).

e) Die Verpackung („Tara") ist im Zweifel nicht Gegenstand des Kaufes (ROHG 13, 167; OLG 14, 381). Dies gilt auch für Säcke.

7. Der Preis muß in Geld bestehen. Über Vereinbarung in ausländischer Währung nach § 244 Abs 1 RG 107, 110. Entw I enthielt noch folgende Vorschrift: „Der Kaufpreis muß in Geld bestehen; neben dem in Geld festgesetzten Kaufpreise können Leistungen anderer Art bedungen, z. B. daß der Käufer seinen Bedarf nur beim Verkäufer deckt (RG JW 1907, 103), auch kann vereinbart werden, daß solche Leistungen zu einem bestimmten Geldanschlage an die Stelle des Kaufpreises treten sollen." Sie ist in der 2. Lesung weggefallen. Der Satz gilt jedoch als selbstverständlicher Rechtssatz, die Abrede macht das Geschäft nicht zum Tausch. Daß aber Geld unter Kaufpreis verstanden wird, folgt schon aus dem

Ausdruck „zahlen". Vgl. aber §§ 473, 507. Hieraus erhellt, daß die Vereinbarung von Nebenleistungen anderer Art noch nicht notwendig die Natur des Geschäfts als Kauf ändert. Geld können sein die Währungsmünzen und die mit Annahmezwang versehenen Banknoten, ebenso andere Münzen und Scheine, soweit diese, wie ausländische, nicht Ware sind. Bei Doppelwährung ist Goldklausel von Bedeutung. Über Unverbindlichkeit von Zahlungsvereinbarungen in Gold während des Krieges BVO v. 28. 9. 14 (RGBl 417). Über Ersatz der Goldmünzen durch Reichskassenscheine und Reichsbanknoten während des Krieges RGes. v. 4. 8. 14 (RGBl 326). Zulässig ist die Vereinbarung, daß der festgesetzte Kaufpreis durch Hingabe eines Gegenstandes an Erfüllungs Statt gewährt werde, sowohl bei als nach Abschluß des Vertrags (ROHG 11, 226). Grenzfall mit Tausch (RG LZ 07 Sp 235). Wird zahlungshalber ein Wechselakzept gegeben, so hat der Verkäufer den Erlös, den er aus der Diskontierung erzielt, auf den Kaufpreis zu verrechnen (RG 7. 12. 26 VI 266/26). Erst sobald die Möglichkeit einer Inanspruchnahme des diskontierenden Verkäufers ausgeschlossen ist, gilt der Kaufpreis für beglichen (RG 12. 3. 26 VI 525/25; RG 109, 35). Auch Gestattung der Abarbeitung des Preises beläßt es bei Kaufvertrag (SeuffA 59, 56). Der Preis muß bestimmt oder wenigstens bestimmbar sein (§ 315). Bestimmbar ist er auch, wenn er z. B. nach einer bestimmten Quote der Einnahmen des verkauften Geschäfts während einer bestimmten Zeitdauer bemessen wird. Das Geschäft wird dadurch noch nicht zu einer Gesellschaft. Ob der Käufer vor der vereinbarten Zeit den Betrieb aufgeben kann und dann noch Zahlungen zu leisten hat, richtet sich nach Treu und Glauben im Einzelfall (RG 95, 37). Die **Preisbestimmung** erfolgt

a) als fester Preis bei Vereinbarung. Dieser kann berechnet werden als Einheitspreis für die Wareneinheit, so daß sich die Summe aus Zahl, Maß und Gewicht der Ware ergibt (vgl. hierzu HGB § 380 Abs 1), oder als Gesamtpreis, wie namentlich beim Kauf in Bausch und Bogen. Es können dabei verschiedene Umstände berücksichtigt werden, wie Zölle beim Transitpreis (RG 94, 247 u. a.). Die Angabe über die Größe des Bestandes an Gummibäumen bei einer Plantage, der Größe eines Grundstücks kann so nur zu dem Zweck erfolgen, eine Unterlage für die Berechnung des Kaufpreises und seine vorläufige Feststellung zu schaffen, die endgültige Feststellung aber nachträglicher genauer Abmessung vorzubehalten (RG 101, 69; JW 1918, 471[5]). Wann in solchen Fällen dagegen Zusicherung einer Eigenschaft vorliegt, ist Auslegungsfrage. Fehler in der Preisberechnung (Kalkulation) sind in der Regel unbeachtlich. Anders, wenn die Kalkulationsgrundlagen erörtert sind und hierbei ein Irrtum besteht (RG 16. 5. 24 III 679/23). Die Bestimmung kann auch einem Dritten überlassen werden, so auch bei Arbitrageabrede wegen Preisminderung (RG 73, 259); ferner dem Vertragsgegner selbst (§§ 315, 316). Unter Selbstkostenpreis sind die gesamten Gestehungskosten zu verstehen, die sich zusammensetzen aus dem Einstandspreis, den besonderen Betriebsunkosten und dem Anteile an den allgemeinen Betriebsunkosten, Kapitalzinsen, Risikoprämie und Unternehmerlohn. Unter Fabrikpreisen, Originalfabrikpreisen sind die Preise zu verstehen, die die Fabrik dem Zwischenhändler beim Verkauf im großen berechnet, ohne Zuschlag der Kosten eines etwaigen eigenen Vertriebs an das Publikum in Verkaufsstellen (RG Warn 1914 Nr 201). Syndikatspreise sind die Preise, die das betreffende Syndikat jeweilig festsetzt (RG LZ 1912, 863[3]). Beim Kauf nach Gewicht ist das Nettogewicht maßgebend, d. h. das Gewicht der Ware ohne Verpackung (= Tara), also Brutto abzüglich Tara. Der Käufer kann Vorwiegen verlangen (OLG 20, 167). „Netto ab hier" bedeutet den Abzug aller Spesen (ROHG 8, 120); „brutto für netto" bedeutet Mitverkauf der Verpackung und Berechnung des Preises so, als wäre Verpackung Ware. — Vgl. HGB § 380.

b) Als Markt- oder Börsenpreis (§§ 385, 453). Marktpreis ist der allgemein vorhandene Durchschnittspreis zur Erfüllungszeit am Erfüllungsort. Es ist aber zwischen dem normalen Marktpreis des Friedens und dem Preis infolge der Notmarktlage des Krieges zu unterscheiden. Letztere ist keine Grundlage mehr für die Bildung eines angemessenen Preises (RGSt 51, 259; 52, 30). Soll der Preis nach künftiger schwankender Marktlage bestimmt werden und ist ein Höchst- oder Mindestpreis festgesetzt worden, dann hat die Abrede den Zweck, das Geschäftsrisiko der Parteien zu begrenzen (RG 94, 339). Der Börsenpreis ist eine Unterart vom Marktpreise, der in der Regel, aber nicht notwendig durch amtliche Ermittlung (Kursmäkler) festgestellt wird. Bei Wertpapieren wird der Börsenpreis im „Kurs" ausgedrückt, sofern sich dieser nicht nur auf Angebot (B = Brief) oder Nachfrage (G = Geld), sondern den wirklich stattgehabten Umsatz bezieht („bez.").

c) Der laufende oder ortsübliche Preis des HGB §§ 385, 373 Abs 2 ist im Gegensatz zum Marktpreis der jeweilige Durchschnittspreis an einem bestimmten Ort zu einer bestimmten Zeit. Der „bei Lieferung gültige Preis" ist der zur Zeit der Versandbereitschaft gültige Preis, nicht notwendig der zur wirklichen Absendungszeit geltende, wenn diese durch Transportschwierigkeiten usw. verzögert wurde.

d) Der Ladenpreis oder kundenübliche Preis ist im Zweifel der besondere Preis des bestimmten Einzelladens, in dem die Ware feilgeboten wird, der Preis, den auch andere Kunden des Verkäufers zahlen (JW 05, 436[16]), nicht der allgemeine in den Läden des Ortes sonst übliche. Das schließt nicht aus, daß abnorme Abweichungen von den sonst in den Läden des Ortes üblichen Preisen die Anfechtung wegen Irrtums, arglistiger Täuschung usw. begründen können.

e) Der angemessene Preis bei Waren ohne Markt- oder Ladenpreis wird nach BGB §§ 315ff. bestimmt. Über einseitige Preisfestsetzungen durch Interessengruppen **RG** JW 1927, 1143[5]. Vgl. auch **RG** 99, 105 und SeuffA 60, 89; §§ 315—399. Nach § 316 gilt die Vereinbarung als zugunsten des Verkäufers getroffen. Die Beweislast der Angemessenheit trifft den Verkäufer (**RG** 57, 49).

f) Gesetzliche Normierung des angemessenen Preises findet statt in den behördlichen Preistaxen (RGewO § 80 Abs 1, z. B. für Apothekerwaren) und den damit wesensverwandten Höchstpreisen und Richtpreisen (BVO v. 11. 11. 15 und v. 8. 5. 18). Vgl. zu A 1. Davon zu unterscheiden sind die Selbsttaxen, zu deren Aufstellung einzelne Gewerbetreibende verpflichtet sind (RGewO §§ 73—75, z. B. Bäcker, Gastwirte). Die Vereinbarung eines niedrigeren Preises ist bei beiden Arten zulässig, die Vereinbarung eines höheren nichtig RGewO § 79).

g) Wenn der Preis mit „zirka", „etwa", „gegen" und ähnlichen Ausdrücken umschrieben wird, ist in der Regel anzunehmen, daß die Grenze der Angemessenheit den Ansatz nicht nach oben und unten wesentlich übersteigen darf, aber doch auch preismindernde Umstände zu berücksichtigen sind. Im Einzelfall kann die Bestimmung auch besagen, daß der Ansatz als Mindestpreis immer gefordert werden, nötigenfalls aber ein mäßiger Zuschlag gemacht werden kann.

h) „Preis freibleibend". Die Unbestimmtheit der Preisabrede tut der bindenden Kraft des Vertrags und dem unveränderten Festhalten der Parteien an seinem Inhalt im übrigen keinen Abbruch. §§ 315 u. 317 kommen nötigenfalls zur Anwendung (**RG** 103, 414). Jedenfalls ist die Vereinbarung, daß der Verkäufer eine Verbindlichkeit in bezug auf Preise nicht übernehme, dann nicht zu beanstanden, wenn sie dahin auszulegen ist, daß die Preise nur nach billigem Ermessen und unter Berücksichtigung der Verhältnisse erhöht werden sollen (**RG** 104, 306; **RG** 9. 3. 22 VI 608/21). Über „gleitende Preise" **RG** in JW 1924, 1140[5]. Vereinbarung, daß man sich über den Preis nachträglich einigen werde, enthält eine aufschiebende Bedingung (**RG** 2. 4. 24 I 285/23).

i) Die Hausse-Klausel bedeutet die Zulässigkeit angemessener Erhöhung des Preises bei langdauernden Bezugsverträgen infolge Erhöhung der Rohstoffpreise usw. Das Umgekehrte besagt die Baisse-Klausel. Zuweilen wird eine zeitliche Grenze gesetzt (**RG** 73, 436).

k) Preis „in Gold berechnet nach dem Stand der Goldmark" bedeutet die Berechnung nach dem Stande der Goldmark gemäß dem Goldankaufspreise der Reichsbank, nicht nach der davon verschiedenen inneren Kaufkraft der Goldmark (**RG** JW 1927, 1082[2]).

Ein angemessenes **Wertverhältnis** zwischen Preis und Ware wird bei der Vertragsfreiheit im allgemeinen nicht erfordert, einen Rechtsbehelf der laesio enormis kennt das Gesetz nicht mehr. Ausnahme: § 4 Nr 4 des preuß. BodensperrG v. 10. 2. 23. Die Anwendung der Vorschriften wegen Wuchers (§ 138) und bei Gegenständen des täglichen Bedarfs wegen übermäßigen Gewinns nach BRV v. 13. 7. 23 (RGBl. I 700) — jetzt aufgehoben— gegen Preistreiberei liegt auf anderem Gebiete. Dagegen hat der Verkäufer bei verändertem sinkendem Geldwerte ein Aufwertungsrecht nach BGB § 242, wie umgekehrt der Käufer ein Abwertungsrecht bei steigendem Geldwert (**RG** 103 S. 177, 333; 107 S. 20, 124, 142). **RG** 111, 259 hält die Kaufkraft des Geldes nicht für eine Eigenschaft des Geldes und versagt deshalb die Anfechtung nach § 119 Abs 2. Sehr bedenklich! Die Kaufkraft des Geldes ist etwas anderes als die Wertbemessung oder der Preis einer Sache (**RG** 59, 242; 61, 86; 64, 269; 103 S. 22, 149 [Geltendmachung in Revisionsinstanz]; 156, 180 [bei Nichtigkeit des Kaufvertrags]; 183, 240; **RG** 106, 11). Der Verkäufer ist für die Vereinbarung des Kaufpreises nach a—i und seine Bestimmtheit oder Bestimmbarkeit beweispflichtig (**RG** 68, 305; JW 07, 175).

8. Die **Verpflichtungen des Verkäufers** gehen schon nach dem Kaufvertrag und abgesehen von besonderen Zusicherungen (**RG** 69, 355)

I. beim Kauf von **Sachen** auf die beiden selbständig nebeneinanderstehenden Leistungen der Übergabe, d. h. Besitz und Genußverschaffung und der Eigentumsverschaffung. Erst wenn beide Leistungen erfüllt sind, liegt vollständige Erfüllung des Kaufvertrags vor; solange nur die eine Leistung gewährt worden ist, ist lediglich Teilerfüllung vorhanden, und mit jeder von ihnen kann der Verkäufer in Verzug kommen (**RG** 85, 322; 95 S. 106, 322), Unmöglichkeit der Erfüllung eintreten usw. Es liegt nicht nur eine einheitliche Verpflichtung vor, die sich nach zwei Richtungen hin äußert, vielmehr werden dem Verkäufer nebeneinander aber getrennt voneinander die Pflichten auferlegt (**RG** 95, 105). So soll bei Übergabe der Sache unter Eigentumsvorbehalt die vollständige Erfüllung des Kaufvertrags erst in der Zukunft eintreten (RG 64 S. 209, 334; 66, 344; 95, 107). Voraussetzung ist vollwirksamer Vertrag (RG 98, 246). Der Verkäufer einer fremden individuell bestimmten Sache haftet für ihre Beschaffung nicht ohne weiteres, wie ein Garant. Hierzu gehört besondere, ausdrückliche oder stillschweigende Vereinbarung (RG 12. 5. 22 II 695/21).

a) Die Verpflichtung zur **Übergabe** enthält die Verpflichtung, dem Käufer den unmittelbaren, körperlichen Besitz an der Sache mit Zubehör zu verschaffen (§ 854). Wird diese körperliche Übergabe durch einen Besitzvertrag ersetzt, der nur mittelbaren Besitz schafft (§ 930), **constitutum possessorium** (LZ 1917, 1279), so liegt darin ein Erlaß auf unmittelbare Besitzverschaffung seitens des Käufers, der von dessen freiem Willen abhängt. Das gleiche gilt für die Abtretung des Herausgabeanspruchs (§§ 870, 931). Ist der Herausgabeanspruch mit Rechtsbeschränkungen für den Erwerber verbunden, so genügt die Abtretung nicht (RG JW 1927, 1087[5]). Ist dem Käufer die Verpflichtung auferlegt worden, die Sache bis zur Vollbezahlung des Kaufpreises nicht von einer bestimmten Stelle fortzuschaffen, so ist bis zum Wegfall dieser Unterlassungspflicht die Verpflichtung des Verkäufers aus § 433 noch nicht erfüllt. Ebensowenig wenn sich der Verkäufer bis zur Zahlung des Kaufpreises das Eigentum vorbehalten hat (RG LZ 1927, Sp 1213). Zu unterscheiden ist jedoch, ob etwa der Abtretungsanspruch selbst Gegenstand des Kaufes ist. Die Übergaben durch Dispositionspapiere (Konnossemente der Seeschiffer, HGB § 647, Ladeschein der Frachtführer HGB § 450; indossierte Ladescheine der staatlich zur Ausstellung solcher Urkunden ermächtigten Anstalten, HGB § 424) sind keine Ersatzübergaben wie im Falle BGB §§ 930, 931, sie verschafft dieselben dinglichen Rechte an dem Gut wie die Übergabe des Gutes selbst (RG 52, 354; 57, 62; 98, 166; JW 04, 215[33]). Immerhin bezieht sich die Pflicht des Verkäufers aus § 433 auf die Verschaffung des körperlichen Besitzes der Sache selbst, es ist daher zu unterscheiden, ob ein Kauf gegen Dispositionspapiere abgeschlossen ist oder nicht. Letzterenfalls braucht sich der Käufer mit dem Anbieten eines solchen Dispositionspapiers nicht zu begnügen und kann körperliche Übergabe der Sache selbst verlangen (RG JW 01, 654[14]), ersterenfalls aber enthält vertraglich die Übergabe des Dispositionspapiers die Übergabe der Kaufsache und es knüpfen sich an die Übergabe dieses Papiers dann auch alle gesetzlichen Folgen der Übergabe der Sache selbst, z. B. Gefahrübergang (RG 52, 354). Vgl. § 446. Beim Versendungskauf ist die Besitzverschaffungspflicht durch § 447 begrenzt (RG 49, 76; 59, 23). Die Pflicht zur Übergabe wird auch dadurch erfüllt, daß der Verkäufer die Ware auf Anweisung des Käufers einem Dritten, etwa dem Abkäufer des Erstkäufers, übergibt (RG 74, 354; Gruch 60, 992); selbstverständlich steht dem auch die Übergabe an den Vertreter des Käufers gleich. Bei Übergabe an den Spediteur ist zu prüfen, ob dieser Vertreter des Verkäufers oder des Käufers sein soll. Die körperliche und unmittelbare Besitzübertragung ist ein zweiseitiger Akt; der Übergabe entspricht die Annahme, erstere ist eine Tätigkeit des Verkäufers, letztere eine solche des Käufers. Beide aber bilden ein zusammengehöriges Ganzes derart, daß der eine Akt ohne den andern nicht möglich ist. Bei diesem Zusammenwirken also, dessen Erfolg der Übergang des Besitzes ist, hat der Verkäufer seiner übernommenen Verpflichtung gemäß mittätig zu sein. Verschieden von der Übergabe ist die Ablieferung. Diese ist nicht Teil eines Gesamtaktes, nicht Teil eines Zusammenwirkens von Verkäufer und Käufer, sondern lediglich ein selbständiger und einseitiger Akt des Verkäufers, durch den er den Käufer in die Lage setzt, nunmehr seinerseits wiederum durch einen selbständigen und einseitigen Akt über die Ware zu verfügen und ihre Beschaffenheit zu untersuchen (HGB § 377; ROHG 3, 392; 6, 167; RG 73, 379; 91, 290; JW 08, 431[2]). Die Ablieferung ist also ein rein tatsächlicher Vorgang, der sich durch irgendwelche Verabredungen nicht ersetzen und ummodeln läßt, er hat nicht notwendig den Besitzerwerb im Sinne des Rechtes zur Voraussetzung (OLG 10, 411; Gruch 43, 760). Bei Übergabe von Grundstücken ist die Räumung und Besitzaufgabe ein Bestandteil des Übergabeaktes. Auch bei Versendungskäufen erfolgt die Ablieferung daher regelmäßig erst am Bestimmungsort, wo der Käufer die Sache abnimmt (Warn 1911 Nr 230), der vom Erfüllungsort der Vertragsleistung verschieden sein kann; a. M. RG 30. 10. 24 II 706/23, wonach beim Versendungskauf der Verkäufer regelmäßig seiner Übergabepflicht schon durch Übergabe an den Spediteur genügt. Der Verkäufer darf aber die Ware nicht einseitig mit Nachnahme belasten. Verschieden ist endlich sowohl von der Übergabe wie von der Ablieferung die Ankunft der Ware, worunter lediglich das Eintreffen am Bestimmungsort zu verstehen ist („Zahlung des Kaufpreises bei Ankunft der Ware", JW 04, 46[16]). Bestritten ist, ob der Verpflichtung zur Übergabe aus dem Kaufvertrag die weitere Verpflichtung zur Seite steht, die Sache **frei von Fehlern zu übergeben,** oder ob lediglich eine Haftung nach § 459 eintritt, wenn die Sache Fehler hat. In § 433 ist ein Grundsatz für die Beantwortung der Frage nicht aufgestellt. Aber soweit Gattungssachen als Gegenstände des Kaufes in Frage kommen, ist in § 480 ausdrücklich bestimmt, daß der Käufer nicht nur die Wandlung oder Minderung verlangen kann, sondern anstatt ihrer Nachlieferung einer mangelfreien Sache. Für Käufe von Gattungssachen besteht sonach nach der Meinung des Gesetzes die Verpflichtung des Verkäufers, mangelfreie Sachen zu liefern. Durch Ausscheidung einer Sache mittlerer Art und Güte aus der Gattung und Bestimmung zum Erfüllungsgegenstand ist aber die Konzentration und damit die Verwandlung in den Spezieskauf eingetreten. Gleichwohl braucht der Käufer dies nicht anzuerkennen und kann Lieferung einer mangelfreien Sache verlangen.

Aus § 480 ist aber nicht im Gegenschluß zu entnehmen, daß beim Spezieskauf die den Kaufgegenstand bildende Sache nicht mangelfrei zu sein brauche und die Verpflichtung des Verkäufers sich nicht auf Übergabe einer solchen erstrecke. Sicher ist Gegenstand des Kaufes die Sache in dem Zustand, wie sie sich zur Zeit des Kaufabschlusses in ihrer konkreten Körperlichkeit befindet (§ 450), aber es entspricht der zu unterstellenden Parteiabsicht und dem Geschäftszweck, daß diese mangelfrei und zu dem ihrer Art nach dienlichen Genuß zufolge ihrer Beschaffenheit geeignet sei. Die Freiheit von Mängeln ist daher Inhalt der Verkäuferpflichten, andernfalls wäre eine Anfechtung nach § 119 Abs 2 nicht denkbar und der Ausschluß der Haftung im Falle des § 460 nicht begründet. Die Übergabe einer mangelhaften Sache enthält daher immer zugleich eine mangelhafte Vertragserfüllung (RG 53, 70; 66, 76; SeuffA 59 Nr 197), die zur Zurückweisung und Verweigerung der Annahme berechtigt und daher den Verkäufer in Verzug setzen kann, so daß § 326 anwendbar wird (RG 52 S. 2, 355; 53, 92; 86, 92). Bei Ablehnung der Annahme wegen Geringfügigkeit der Mängel kann jedoch gegen Treu und Glauben verstoßen werden (RG 53, 73; JW 05, 426[3]). Ist der Mangel nicht heilbar, liegt für den Teil, der in der Übergabe einer mangelfreien Ware besteht, Unmöglichkeit der Erfüllung vor (RG 53, 90; JW 00, 856[13]). Hat der Verkäufer die Übergabe einer mangelhaften Sache verschuldet, hat der Käufer Anspruch auf Schadensersatz (§ 276). Die Verpflichtung zur Übergabe einer mangelfreien Sache bedeutet aber nicht die Verpflichtung, eine solche herzustellen und einen etwa der Sache anhaftenden Mangel zu beseitigen. Dieses Tun ist nicht in der Verpflichtung zum Übergeben inbegriffen.

Beim Verkauf von Holz auf dem Stamme oder von Bäumen eines Grundstücks kann eine Übergabe erst nach Trennung der Bäume vom Grundstück stattfinden, die, wenn nichts anderes vereinbart, dem Verkäufer obliegt (vgl. § 956 Abs 1).

b) Die Verpflichtung zur **Verschaffung des Eigentums** geht weiter als das bloße Haften für habere licere. Sie geht auch nicht auf bloße Gewährleistung, sondern umfaßt die Verpflichtung, mit äußerster Sorgfalt das seine zu tun zur Herbeiführung des rechtlichen Erfolges dahin, daß der Käufer Eigentümer wird. Der Verkäufer hat demgemäß die zur Verschaffung des Eigentums erforderlichen formgültigen Erklärungen und Handlungen vorzunehmen (§§ 929, 931, 873, 925), also Eigentumsverschaffungshandlungen, namentlich bei Auflassungen von Grundstücken (vgl. auch GBO §§ 40, 41), sowie alles das zu beseitigen, was dem Eigentumserwerb des Käufers infolge mangelnder Berechtigung des Verkäufers hindernd im Wege steht. Das folgt aus § 434, wonach das Eigentum zugleich frei von es belastenden Rechten verschafft werden muß, und zwar zur Zeit des Eigentumsübergangs (RG 83, 214). Das Recht des Käufers aus § 433 wird dadurch nicht beeinträchtigt, daß beim Kauf von Holz auf den Stämmen der Verkäufer die Gestattung aus § 956 widerruft (RG 22. 5. 22 VI 817/21). Daß die Sache zur Zeit des Vertragsschlusses in **fremdem Eigentum** stand, macht die Erfüllung noch nicht unmöglich. Dies geschieht erst, wenn es für den Verkäufer objektiv ausgeschlossen ist, sich den Kaufgegenstand zwecks Übereignung zu verschaffen oder den Eigentümer unmittelbar zur Übereignung an den Käufer zu veranlassen (RG 68, 293; 73, 210; 86, 213; Warn 1918 Nr 158). Ebenso ist die Eigentumsverschaffung unmöglich, wenn die Sache als Kriegsbedarf beschlagnahmt oder ihre Übereignung sonst rechtlich unmöglich ist (RG 61, 76; 59, 361). Denn sie würde dann rechtsunwirksam sein (§ 134; RG 9. 1. 20 II 223/19). Selbstverständlich darf der Verkauf einer fremden Sache auch nicht unsittlich sein nach §§ 138 Abs 1 u. 826 (RG 62, 137). Bei einer Pfandversteigerung darf auch der Eigentümer der Pfandsache mit bieten (1239). Die Verpflichtung, Eigentum zu verschaffen, kann von einem Nichteigentümer auch durch eigene Abgabe etwa einer Auflassungserklärung wirksam erfüllt werden, wenn er dabei kraft einer Vertretungsmacht im Namen des Eigentümers handelt (§ 164) oder die Erklärung mit Einwilligung des Eigentümers abgibt oder endlich dieser sie nachträglich genehmigte (§ 185; ZBlFG 15, 35). Die Verpflichtung „aufzulassen" kann auch Inhalt einer Verurteilung sein. Damit ist der Verpflichtung aber nur dann genügt, wenn durch die bloße Rechtskraft des Urteils die als abgegeben erachtete Willenserklärung des Verurteilten zur Eigentumsverschaffung ausreicht. Andernfalls bedarf es einer weiteren Vollstreckung nach ZPO §§ 887, 888 (ZBlFG 14, 54). Im Handelsverkehr kommen als Ersatzmittel die kaufmännischen Auslieferungspapiere in Betracht. — Wissen die Vertragschließenden, daß die Kaufsache eine fremde ist, so kommt es darauf an, wie die Parteien den Vertrag gewollt haben. Im Zweifel übernimmt der Verkäufer hier eine Garantie dahin, das Eigentum zu verschaffen. Vgl. hierzu RG 22, 284. Bei zweimaligem Verkauf derselben Sache haftet der durch Übergabe Besitzer gewordene spätere Käufer, der durch planmäßiges Zusammenwirken mit dem Verkäufer das Recht des ersten Käufers vereitelt und sich nach § 826 schadensersatzpflichtig gemacht hat, dem ersten Käufer auf Herausgabe der Sache nach § 249 (RG 108, 58 gegen 103, 419).

Hat der Verkäufer das seine getan, was ihm zur Eigentumsverschaffung oblag, ist aber trotzdem der Erfolg des Eigentumsübergangs nicht eingetreten, so hat gleichwohl der Verkäufer seiner Leistungspflicht nach § 433 zunächst genügt und der Käufer hat die in § 440 Abs 2 genannten Rechtsbehelfe. Umgekehrt kommt die Erlangung des Eigentums dem Verkäufer auch dann zugute, wenn der Käufer es nur vermöge seines guten Glaubens erworben hat (§ 932). Aber die Erlangung des Eigentums durch Ausübung eines Hoheitsrechts (Beschlagnahme) ist keine Übergabe als privatrechtlicher Akt (RG 1. 7. 19 II 176/19). Ist der Eigentumsübergang betagt oder bedingt, wie bei Eigentumsvorbehalt, ist der Kaufvertrag noch nicht vollständig erfüllt (RG 83, 214; 64, 206). Der vom Verkäufer beauftragte Spediteur oder Frachtführer ist an sich nicht Vertreter des Käufers. Die Ware geht also nicht bereits durch Ablieferung an jene auf den Käufer über, es sei denn, daß dieser oder in seinem Auftrage oder Einverständnis der Verkäufer ihn zu seinem Vertreter zwecks Empfangnahme und Weitersendung der Ware bestellt hatte (RG 84, 320; 102, 39). Beim Versendungskauf ist zwar beim Verkäufer in der Regel der Wille anzunehmen, das Eigentum an der Ware auf den Käufer zu übertragen. In der Annahme durch den Käufer kommt jedoch zunächst nur sein Wille zum Ausdruck, die Ware in Gewahrsam zu nehmen und seiner Übernahmepflicht zu genügen, um festzustellen, ob die Ware vertragsmäßig empfangbar ist. Eigentum geht auf ihn erst dann über, wenn er zugleich zu erkennen gibt, daß er die Ware als sein Eigentum behalten will, was auch stillschweigend geschehen kann (RG 12, 78; JW 1904 62[21]). Der Umstand, daß die Mängelrüge verspätet nach HGB § 477 erfolgt, reicht noch nicht aus, darin notwendig eine Eigentumsübernahme zu finden (RG JW 1924, 676[10]). Die Verpflichtung des Verkäufers kann dieser auch durch einen Erfüllungsgehilfen erfüllen, z. B. durch einen Lieferanten des Verkäufers. Daß dessen Lieferant grundsätzlich nicht als Erfüllungsgehilfe anzusehen sei, läßt sich nicht sagen. Ausschlaggebend ist allein, wie dieser dem Berechtigten gegenübertritt. Es genügt, daß er bei der Vertragserfüllung als Hilfsperson des Verkäufers mitwirkt. Anders in der Regel nur, wenn der Lieferant zunächst dem Verkäufer die Ware liefert (RG 101, 152; RG 12. 5. 08 II 548/07). Wenn aber der Lieferant dem Käufer die Ware unmittelbar liefert, sind die Voraussetzungen für § 278 gegeben (RG 108, 223).

Kauf der eigenen Sache braucht nicht schlechthin ungültig zu sein, z. B. bei Versteigerung. In der Regel aber handelt es sich um eine unmögliche Leistung.

c) Aus den Verpflichtungen unter **a** und **b** ergeben sich ohne besondere Vereinbarung ferner eine Reihe von **Nebenpflichten** für den Verkäufer auf Grund des **abgeschlossenen** Kaufvertrags schon aus dem Grundsatz des § 242, von denen nur einige ausdrückliche Regelung und Hervorhebung im Gesetz gefunden haben. Die Pflichten des Verkäufers sind mit Vornahme des dinglichen Erfüllungsgeschäfts noch nicht durchaus erfüllt. So hat z. B. der Zedent es zu unterlassen, die abgetretene Forderung in einer dem andern Gläubiger nach § 407 noch wirksamen Weise einzuziehen (Oertmann JW 1926, 982). Hierher gehören

aa) die Auskunftspflicht über die den Gegenstand betreffenden rechtlichen Verhältnisse und die Herausgabepflicht bezüglich der den Gegenstand betreffenden Urkunden (BGB § 444). Zu diesen gehören nicht nur die Beweisurkunden, sondern auch die Dispositionsurkunden. Dagegen ist der Verkäufer einer individuell bestimmten Ware grundsätzlich nicht verpflichtet, die Ware auf ihre Tauglichkeit für den ihm bekannten Verwendungszweck des Käufers näher zu prüfen, auch wenn er Sachverständiger ist. Vielmehr ist diese Prüfung Sache des Käufers (JW 1910, 749). Ebensowenig besteht eine Verpflichtung des Verkäufers, etwaige Mängel auszubessern. Diese folgt auch nicht aus der Verpflichtung, mangelfreie Ware zu liefern; denn die Verpflichtung, zu liefern, ist von der Verpflichtung, herzustellen, verschieden. Davon zu unterscheiden ist, ob der Verkäufer das Recht zu freiwilliger Nachbesserung hat, was jedenfalls für die Zwischenzeit zwischen Abschluß des Vertrags und Übergabe der Kaufsache zu bejahen ist. Als Nebenleistung wird zuweilen auch die Herstellung der Betriebsfähigkeit bei einer Maschine übernommen (JW 1901, 106[26]).

bb) Die Anzeigepflicht in bezug auf Ansprüche, die Dritte an dem Kaufgegenstand erheben, und in bezug auf Mängel der Sache zum Zweck ihrer Beseitigung durch den Käufer gerade dann, wenn der Verkäufer ihretwegen nicht haftet (OLG Braunschweig in SeuffA 54, 31).

cc) Die Verwahrungspflicht der noch nicht übergebenen Kaufsache (Recht 1914 Nr 601), wozu bei Tieren auch ihre Fütterung und sonstige Fürsorge gehört. Zuweilen wird auch ein besonderer Verwahrungsvertrag abgeschlossen und dann ist besondere Vergütung hierfür zu zahlen, z. B. wenn Bank ein Nummerverzeichnis der gekauften Stücke übersendet. Bei Gattungsschulden besteht keine Verwahrungspflicht (§§ 262—265; RG 27. 2. 23 III 259/22).

dd) Die Erhaltungspflicht. Aus der Verpflichtung, die Sache so zu übergeben, wie sie zur Zeit des Kaufabschlusses war, und der Gefahrtragung bis zur Übergabe, ergibt sich ohne weiteres die Pflicht, sie so zu behandeln, daß sie erhalten und nicht beschädigt wird (RG 25. 3. 04 III 371/03). Diese Pflicht hat mit der Gewährleistungspflicht nichts gemein (RG 52, 18). Ein Anwendungsfall dieser allgemeinen Verpflichtung wird in § 450 behandelt. Diese Verpflichtung wird eingeschränkt in § 300. Sie kann sich steigern im Einzelfall zur Verpflichtung, die Sache zu versichern (RG 50, 169).

ee) Die Löschungspflicht hinsichtlich nicht bestehender, aber noch im Grundbuch eingetragener Rechte (§ 435).

ff) Die Pflicht, dafür zu sorgen, daß Rechte anderer an der Kaufsache gegen den Käufer nicht nur tatsächlich, sondern auch rechtlich nicht geltend gemacht werden können (§ 434).

gg) Die Ausscheidungs- und Konzentrierungspflicht bei Gattungskauf (§ 243).

hh) Das Abmessen und Abwägen und Bereitstellen der gehörig geordneten Ware als Vorbereitung der Übergabe (§ 448; Warn 1912 Nr 200). Der Käufer kann auch Vorwiegen der Ware verlangen (OLG 20, 167), ebenso Herbeiholen zur Spezifikation, Gestattung der Untersuchung zwecks Entscheidung über die Annahme der Ware als Erfüllung (Recht 07 Nr 1628; 1910 Nr 1234).

ii) Vor allem auch die Ermöglichung einer gefahrlosen Wegnahme seitens des Käufers (RG 78, 239; RG 6. 7. 21 VI 805/21). Wegen Verletzung dieser Pflicht haftet der Verkäufer aus § 276. Der bloße Betrieb in einem Hause läßt aber aus Vertrag noch nicht für die Beschaffenheit der Zugänge haften, es kommt hier nur die Haftung für unerlaubte Handlung in Betracht (RG 74, 124). Der Verkäufer muß auch alle Hindernisse beseitigen, die der Übergabe entgegenstehen (OLG 16, 384). Auch für gefahrlose Kaufsverhandlungen haftet der Verkäufer, wenn sie in seinem Geschäft stattfinden (RG 73, 148; 78, 239).

d) Nach der besonderen Gestaltung des Falles und der im Verkehr üblich gewordenen Gewohnheit gelten weiter im Zweifel noch folgende Nebenpflichten als stillschweigend in besonderer Nebenverabredung mit übernommen. Diese sind nicht Nebenverpflichtung aus dem Kaufvertrag an sich, sondern aus einem verkehrsüblich mit ihm zusammen stillschweigend abgeschlossenen **Nebenvertrag.**

aa) Die Versendungspflicht beim Distanzkauf (BGB § 447) und die Überbringungspflicht auch beim Ortskauf (RG 34, 66; Recht 1911 Nr 3086), in der Regel aber auf Kosten des Käufers (RG 11. 4. 21 II 461/21 in LZ 1921 Sp 628). Dadurch wird die Schuld nicht zur Bringschuld und der Verkäufer übernimmt auch nicht die Gefahr der Übermittlung (RG 34, 66). Anders jedoch häufig nach der Verkehrssitte, wenn der Verkäufer durch seine eigenen Angestellten die Überbringung freiwillig übernimmt. Dann wird vereinbarungsgemäß diese Überbringung auf Gefahr des Geschäftsherrn erfolgen, weil dieser allein auch die Auswahl unter den Angestellten trifft und ihre Zuverlässigkeit zu beurteilen vermag. Der versendende Verkäufer muß rechtzeitig dem Spediteur gegenüber etwaige Ersatzansprüche geltend machen (RG 21. 6. 21 II 56/21 in LZ 1921 Sp. 762).

bb) In Zusammenhang hiermit steht die Pflicht zur Verpackung (§ 448) und ordnungsmäßigen Verladung (JW 1922, 287[5]).

cc) Bei Lieferungsverträgen, bei denen der Verkäufer erkennbar macht, daß deren Aushaltung von der Durchführbarkeit eines vorausgehenden Deckungskaufs abhängt, übernimmt der Verkäufer stillschweigend seinem Vertragsgegner gegenüber die Garantie, daß die Lieferungsverpflichtungen seines Vormanns ihm gegenüber mindestens die gleiche Sicherheit für die Lieferung bieten, wie er selbst sie seinem Abkäufer im Lieferungsvertrage gewährleistet (RG 2. 1. 20 II 271/19).

dd) Grundsätzlich hat der lieferungspflichtige Verkäufer die der Warenlieferung entgegenstehenden Hindernisse zu beseitigen, während der Käufer, soweit nötig, auf Verlangen mitwirken muß (RG 98, 260). Es gibt aber Ausnahmen in besonderen Fällen (RG 97, 257; Warn 1916 Nr 155; 1918 Nr 216).

ee) Rechnungen dienen nur zur Angabe der zum Versand gebrachten Warenmengen, nicht zur Aufnahme anderer rechtserheblicher Mitteilungen und neuer Anträge (RG 17. 3. 22 III 449/21).

II. Beim Kauf von **Rechten** geht die Verpflichtung dahin, zunächst dem Käufer ein bestehendes Recht zu **verschaffen.** Soll ein Recht erst durch Ausstellung einer Urkunde geschaffen werden, so liegt kein Kauf vor. Aus der Eigenart des auf den Verkauf einer Forderung oder sonstigen Rechts gerichteten Vertrags ist die Bindung des Verkäufers noch darüber hinaus zu folgern, er haftet auch für die Verfolgung des abgetretenen Anspruchs (RG 111, 302). Auch hier ist diese Verschaffungspflicht von der andern Pflicht, Garantie zu leisten für den Fall, daß das Recht nicht verschafft worden ist, zu unterscheiden. Die Folgen der Nichtverschaffung sind dieselben wie bei der Nichtverschaffung des Eigentums an Sachen, wie sich aus § 440 ergibt. Der Ausdruck „haften" ist daher in § 437 ungenau, insofern damit nicht die Haftung aus der Gewährleistungspflicht gemeint ist. Als Erfüllungshandlungen kommen namentlich in Betracht die Übertragung von Forderungen (§§ 398, 413), die Indossierung von Orderpapieren, die Erklärungen vor dem Grundbuchamt (§ 873); bei Rechten, bei denen die Verfügungsmöglichkeit an eine Urkunde gebunden ist, gehört zur Erfüllung auch die Übergabe der Urkunde (RG 63, 424; §§ 1154, 1192). Bei Rechten, die an eine Urkunde gebunden sind (Wertpapiere, Inhaberpapiere), stellt die Verpflichtung zur Übergabe der Papiere die Hauptverpflichtung dar. Der Verkäufer haftet dafür, daß dem Käufer die Befugnis zur Geltendmachung des verbrieften Rechts verschafft wird (RG 1, 292; 10, 170; 30, 158; 108, 318; 109, 297). Auch beim Rechtskauf können die Grundsätze vom gutgläubigen Erwerb durchgreifen (§ 437). Ist das verkaufte Recht nicht vorhanden, so ist darum der Kaufvertrag nicht nichtig. Der Verkäufer kann es noch begründen, wie er auch eine noch nicht vorhandene Sache, die er verkauft hat, noch herstellen kann. Nur wenn dies von vornherein unmöglich ist, ist der Vertrag nichtig. Im übrigen s. zu § 437.

Bei **Rechten, die zum Besitz einer Sache berechtigen,** hat der Verkäufer außer der Beschaffung des Rechtes auch die **Sache zu übergeben.** Hierfür gelten die für sie bestehenden Grundsätze. In Betracht kommen das Erbbaurecht (§§ 1012, 1017 Abs 2), das Nießbrauchsrecht (§§ 1036 Abs 1, 1059), das Wohnungsrecht (§§ 1093 Abs 1, 1092), pfandrechtlich gesicherte Forderungen (§§ 1250, 1251 Abs 1).

9. Die **Verpflichtungen des Käufers** werden als gleichwertig nebeneinander hingestellt und bestimmt als Zahlungspflicht und Abnahmepflicht.

a) Die **Zahlungspflicht.** Auch sie steht unter der allgemeinen Regel der §§ 242 (Aufwertung!), 244, 245, 267, 268, 270, 362, 387, 1142, 1249; HGB § 361. Über die Rechtsnatur der Zahlung s. zu § 362. Bezahlt ist der Kaufpreis im Falle vereinbarter oder dem Käufer freigestellter Überweisung des Betrags auf eine vom Verkäufer bezeichnete Bank, wenn er bei dieser so zeitig eingeht, daß die Buchung auf das Konto des Verkäufers bei normaler Erledigung noch an demselben Tage erfolgen kann. Dagegen ist für den Fall der Akkreditivstellung noch eine Erklärung der Bank an den Verkäufer über den Eingang des Geldes zu erfordern, weil ein Verhältnis zwischen dem Verkäufer und der Akkreditivbank geschaffen werden muß (RG 105, 269; 103, 376; 102, 155; JW 1922, 770; 1923, 500[3]).

aa) Bei Barzahlung ist mit Geld oder gleichwertigen Zahlungsmitteln (vgl. VO über Verpflichtung zur Annahme von Reichsmark bei Inlandsgeschäften v. 7. 11. 23, RGBl I 1081). Vgl. hierzu Frank in JW 1924, 160. Bedingung der Zahlung in ausländischer Währung, § 244 Abs 1; RG JW 1924, 172[8]; marktgängige Umlaufmittel und Schuldverschreibungen bekannter Körperschaften, LZ 1912, 458[24]), bei Empfang der Ware Zug um Zug zu leisten (§§ 271, 320). Dies gilt nicht nur für den Tageskauf, sondern auch für den Zeitkauf und den Ratenkauf. Bei Vereinbarung per comptans, sofortiger Bezahlung ist namentlich die Aufrechnung ausgeschlossen (RG 60, 356), sofern die Gegenforderung nicht aus dem Kauf selbst entstanden ist (RG 60, 294). Anders „sofortige rein netto Kasse bei Empfang der Faktura" (RG LZ 1917, 853). Nach sofortiger Zahlung bleibt die spätere Geldentwertung unberücksichtigt (RG JW 1923, 285; 1924, 175[12]; 675[8]; RG 107, 124). Bei Versendungskäufen gilt die Regel, daß der Käufer den Preis erst nach Empfang der erst von ihm zu prüfenden Ware zu zahlen braucht. Daher ist der Verkäufer nicht berechtigt, ohne weiteres die Ware mit Nachnahme zu belegen. Denn dadurch wird der Kauf zum Pränumerationskauf. Die Vereinbarung einer Nachnahme berührt im übrigen die gesetzlichen Regeln über Tragung der Gefahr und Kosten nicht, sie soll nur den Verkäufer sichern (RG 16. 9. 21 III 54/21). Die Regel greift aber nicht Platz, wenn etwas anderes vereinbart, z. B. die Ware abredegemäß auf dem Lagerplatz des Verkäufers zu prüfen war (RG 10. 5. 07 II 12/07).

bb) Die Vorauszahlung enthält einen auflösend bedingten Verzicht auf Nachforderung des Vorausgezahlten für den Fall, daß die Kaufpreisforderung entsteht. Sie kann im übrigen verschiedenen Zwecken dienen und namentlich bei Kontokorrent verschiedene Wirkung haben (RG 38, 236; 56, 23). Der Verkäufer darf im Zweifel die Vorauszahlung nicht zurückweisen (§ 271 Abs 2, aber § 299). Vorleistung findet namentlich statt bei der Vereinbarung „Kasse gegen Faktura", „Kasse bei Faktura" (RG 30. 5. 22 II 593/21; Gruchot 1924, 208). Der Verkäufer hat die Ware fertig zum Versand zu machen, bevor er die Faktura dem Käufer schickt, darf aber mit der Absendung der Ware warten, bis der Kaufpreis bei ihm eingeht (RG 69, 125). Dieses Rechtes begibt er sich auch nicht durch die Formel der Faktura „Sandte Ihnen". Hat er dennoch vor Eingang des Kaufpreises die Ware abgehen lassen, kann der Verkäufer ihre Aushändigung an den Käufer bis zum Eingang des Kaufpreises verbieten, und der Käufer gelangt in Zahlungsverzug, wenn er nicht nach Empfang der Faktura zahlt, es sei denn, daß die Ware zu der Zeit tatsächlich noch nicht versandbereit war, was er beweisen muß (RG 30. 5. 21 III 593/21). Sind bestimmte Lieferfristen vereinbart und werden diese nicht eingehalten, bleibt an sich in der Regel die Vorleistungspflicht dadurch unberührt (Gruch 1919, 220).

Kommt der Verkäufer mit der Fakturasendung in Verzug, erhält der Käufer die Rechtsstellung, als habe er den Kaufpreis vergeblich angeboten. Die Vereinbarung: „Kasse gegen Dokumente" enthält ebenfalls eine Vereinbarung der Vorauszahlung. Der Käufer muß zahlen, ehe er die Ware prüfen kann. Ist diese Prüfung aber ausnahmsweise möglich, darf er sie auch vor der Zahlung vornehmen (RG 30, 100; 47, 142). Über Vereinbarung „Kasse gegen Dokumente bei Ankunft des Schiffes" RG 90, 1; JW 1916, 1194). Ohne solche Vereinbarung: „Kasse gegen Faktura" ist jedoch nach feststehendem Handelsbrauch der Kaufpreis nicht eher zu bezahlen, als bis nach Ankunft der Ware am Bestimmungsort ihre Untersuchung auf die vertragsmäßige Beschaffenheit möglich ist. Insoweit besteht für den Verkäufer eine **Vorleistungspflicht** (RG 30, 412; RG 4. 4. 22 VII 337/21). Bestellung eines Akkreditivs bedeutet Vorleistung (RG 30. 1. 22 VI 522/21). Über die Bedeutung der Akkreditivstellung und über die Vertretungspflicht des Akkreditierenden für Versehen der Bank auch dann, wenn es die des Käufers ist (RG 102, 155; 103, 376; 105, 34; ferner Kanoldt in JW 1924, 163; dagegen Wieluner das. S. 1136). Akkreditiv ist der Auftrag des Käufers an eine vom Verkäufer bestimmte Bank, dem Verkäufer gegen Aushändigung der Dokumente eine Zahlung zu leisten; Reichardt, Ztschr. f. ges. Handels- u. Konkursrecht 1924 (88) S. 1. — Macht der Käufer geltend, daß er berechtigt sei, die Einlösung der Papiere und die Vorleistung zu verweigern, etwa weil die Ware nicht versandbereit sei, so trifft ihn die Beweislast (RG 47, 132, 145; 59, 25; 61, 349; RG JW 1923, 685[2]).

cc) Bei Zahlung mit Wechseln kann die Vereinbarung bedeuten, daß der Käufer ein Akzept geben soll oder daß Kundenwechsel zu geben sind. Letztenfalls müssen diese so gut sein, daß sie der Verkäufer bei seiner Bank ohne weiteres diskontieren kann. Die Annahme der Wechsel erfolgt im Zweifel nicht an Zahlungs Statt, so daß mit der Hingabe die Kaufpreisforderung erloschen wäre (§ 364), sondern zahlungshalber, so daß erst mit der Einlösung des Wechsels und nur in dem Betrag, den der Verkäufer bei der Diskontierung dafür erhält, die Kaufpreisforderung beglichen ist (RG 31, 109; 35, 196; ROHG 5, 256). Eine Prolongation des Wechsels ändert daran nichts (RG Warn 09 Nr 397). Die Annahme des Wechsels oder Schecks verpflichtet aber den Verkäufer, das seine dazu zu tun, um Wechsel und Scheck einzulösen. Vor deren Fälligkeit darf er auf die Kaufpreisforderung nicht zurückgreifen, da die Annahme des Wechsels eine Stundung bis zu dessen Fälligkeit enthält (SeuffA 54 Nr 142). — Der Verkäufer ist im übrigen nicht befugt, nach Lieferung der Ware Wechsel auf den Käufer zu ziehen, falls er diese Befugnis nicht durch besondere Vereinbarung oder stillschweigend durch Verkehrsübung erhalten hat. Bei Hingabe von gefälschten Wechseln vgl. RG 82, 337; JW 1910, 470[7]; 1914, 192[9]. — Eine besondere Form ist das Wechselremboursgeschäft, namentlich bei überseeischen Geschäften (RG 92, 225). — Es vollzieht sich so, daß der Importeur den Exporteur anweist, in Höhe des Kaufpreises auf des Importeurs Bank, die Remboursstelle, zu ziehen (Wechselrembours zu nehmen), und dieser Tratte dann die Verschiffungspapiere (Konnossement, Seeversicherung usw.) beizufügen („dokumentierte Tratte"). Die Auslandsbank des Exporteurs schickt die Tratte mit den Dokumenten meist in zwei Ausfertigungen an die Remboursstelle zur Akzeptation, belastet den Importeur und übergibt ihm die Dokumente. In den Kaufvertrag aber tritt weder die Bank des Exporteurs noch des Importeurs ein. — Zahlung mittels ungedeckten Schecks ist positive Vertragsverletzung (RG BankA 1924, 62).

dd) Über Stundung bei Kreditkauf s. § 452.

ee) Die Vereinbarung, den Kaufpreis zu verrechnen, muß bestimmt erkennen lassen, worauf der Kaufpreis verrechnet werden soll. Es bleibt bei der Barzahlung, wenn keine zur Gegenrechnung geeignete Forderung entsteht. Möglicherweise können zwei Kaufverträge mit der Abrede gegenseitiger Aufrechnung vorliegen (RG 50, 285).

b) Die **Abnahmepflicht** ist in § 433 Abs 2 neben die Verpflichtung zur Zahlung des Kaufpreises gesetzt.

aa) Die Gesetzesfassung sowohl als die Beratungen in der Kommission (Prot 2, 1170) lassen erkennen, daß damit gerade für den Kauf die Abnahmepflicht als klagbare (RG 53, 162; 56, 191; 57, 109) Hauptverpflichtung begründet werden sollte. Vom Reichsgericht wird dies im allgemeinen verneint, aber doch in RG 11. 7. 23 I 320/22 in JW 1924, 537[6] zugegeben, daß „die Natur der Sache" zuweilen eine andere Beurteilung, nämlich im Sinne einer Hauptverpflichtung erfordere. Ebenso namentlich bei Verkauf von Holz auf dem Stamme als Hauptverpflichtung anerkannt von RG 23. 10. 25 VI 243/25. Ihre Vollstreckung erfolgt nach ZPO §§ 887, 888. Freilich ist sie insofern nur ein naturale negotii, als sie vertragsmäßig ausgeschlossen werden kann, ohne das Wesen des Vertrags als eines Kaufvertrags zu beeinträchtigen (RG 57, 110). Auch ist sie nicht durchweg gleichwertig mit der Zahlungsverpflichtung. Das alles macht sie aber noch nicht zu einer bloßen Nebenverpflichtung des Kaufvertrags. Der Verzug der Abnahme begründet die Verpflichtung zu Schadensersatz nach §§ 283, 286 (RG 53, 162; 57, 105; 60, 162). Ebenso sind die Vorschriften der §§ 325 Abs 1 u. 326 Abs 1 Satz 3 anwendbar. Dagegen wird die Anwendung des § 287 bei Annahmeverzug verneint (RG 57, 406). Bei Gattungskauf hat der Verkäufer auch im Falle des Abnahmeverzugs sein durch Zufall verursachtes Unvermögen zur Leistung zu vertreten, wenn nicht die Voraussetzungen für den Gefahrübergang auf den Käufer nach § 300 Abs 2 gegeben sind (RG 57, 402). Die Anwendung des § 326 im übrigen wird für unzulässig gehalten von RG 51, 110; 53, 164; 56, 171; 57, 108; 69, 107; 92, 270; RG 13. 10. 21 VI 358/21 in LZ 1922 Sp 117. Dem ist beizustimmen, weil diese weite Ausdehnung des Rücktrittsrechts auf diese Art von Verzug in der Regel nicht im Sinne des Gesetzes liegt. Damit wird aber die Abnahmepflicht selbst noch nicht zu einer bloßen Nebenverpflichtung. In besonderen Fällen kann die Anwendung auch dieser Vorschriften gerechtfertigt sein, nämlich dann, wenn auf die Abnahme dasselbe Gewicht gelegt wird wie auf Bezahlung des Kaufpreises und sie zu einer wesentlichen Voraussetzung des Vertrags gemacht worden ist. Gewöhnlich wird gesagt, die Nebenpflicht werde dann zur Hauptpflicht erhoben (RG 69, 107; 92, 270; JW 1918, 506[5]). Wird durch das Verhalten des Käufers die Abnahme unmöglich gemacht, so kann der Verkäufer vom Vertrage zurücktreten (RG Gruch 1924, 297). Da Abnahmepflicht und Zahlungspflicht selbständige Pflichten aus dem Kaufvertrag sind, so muß der Klagantrag gegebenenfalls auch auf Zahlung und auf Abnahme lauten, nicht auf Abnahme gegen Zahlung (RG 5. 2. 04 II 274/03). Eine Verpflichtung zur Abnahme besteht übrigens nur dann, wenn die Sache zur körperlichen Wegnahme bereit steht (RG 53, 161; 56, 173; RG JW 1905, 78), vertragsmäßig angeboten wird (RG 53, 74) und der Verkäufer imstande ist, die Sache so zu übergeben (RG 56, 173; 57, 108), daß sie die vertragsmäßigen Eigenschaften hat (RG 54, 80; 63, 298). Über die Beweislast des Verkäufers, wenn der Käufer die Empfangbarkeit bestreitet, RG 66, 281. Vgl. auch bei § 320.

bb) Den Inhalt der Abnahmepflicht bildet die tatsächliche körperliche Wegnahme, die für den Käufer die Verfügungsgewalt begründet, dem Verkäufer aber Besitz und Verfügung abnimmt und ihn dadurch, und das ist gerade der Zweck der Verpflichtung, von den Pflichten dieses Besitzes entlastet (RG 53, 162; 56, 175; 57, 105, 401); auch die Entgegennahme der Auflassung bei Grundstücken (RG 69, 103); a. M. Staudinger Erl. IX 2a. Zutreffender wäre der Ausdruck „an sich nehmen", weil der Kaufmann unter „Abnahme" die sämtlichen Erfüllungshandlungen des Käufers versteht (RG 56, 177; 57, 109). Die Pflicht zur bloßen tatsächlichen Abnahme ist daher zu unterscheiden von der Annahme der Leistung als Erfüllung im Sinne von § 363. Erstere schafft lediglich Inhabung, diese Eigenbesitz an der Sache. In der Abnahme liegt vollends auch keine Billigung der Ware. Die Abnahme erfolgt häufig, ohne überhaupt prüfen zu können, wie bei Postpaketen (RG 30, 117; 32, 112). Beim Versendungskauf von Gattungssachen erfolgt die Abnahme der Ware im Zweifel nur mit dem Willen, der Abnahmepflicht zu genügen und um die Untersuchung der Ware zu ermöglichen (JW 04, 62[21]). Zum Begriff der Übernahme gehört nicht, daß der Übernehmende die vorhandenen Mängel erkannt hat (RG JW 1927, 43[6]). Wenn teils bestellte, teils unbestellte Waren geliefert werden und die Ausscheidung zeitraubend ist, kann die ganze Sendung zurückgewiesen werden (RG 20. 10. 03 II 92/03). — Verschieden von der Abnahme ist auch der **Abruf.** Er ist kein Teil der Abnahmepflicht, sondern eine neben ihr stehende selbständige Verpflichtung. Mangels besonderer Vereinbarung muß sofort unter Berücksichtigung des gewöhnlichen Geschäftsgangs abgenommen werden, wobei jedoch persönliche Behinderungen oder Raummangel nicht entschuldigen. Zuweilen wird aber die Abnahmeverpflichtung befristet bis zum Abruf, d. h. bis zu dem Zeitpunkt, wo die Ablieferung vom Verkäufer auf seiten des Käufers verlangt wird. Damit wird notwendig mittelbar auch die Pflicht zur Übergabe befristet. Diese Zeit kann festbestimmt oder nach Treu und Glauben gemäß § 242 zu bemessen sein. Nach so bestimmter Fälligkeit des Abrufs kann auf ihn geklagt werden, es treten auch die Verzugsfolgen nach § 326 ein, wenn die Pflicht zum Abruf wesentlicher Bestandteil des Kaufvertrags geworden ist (SeuffA 63 Nr 6). Das Abrufen bedeutet sonach die Beseitigung der Hemmung, die bis dahin der Abnahme und der Übergabe entgegenstand. Durch Unterlassung dieser Beseitigung wird an sich die Pflicht des Verkäufers zur Übergabe und die des Käufers zur Abnahme nicht berührt, sie bleibt in Kraft, auch wenn der Käufer durch Nichtausübung des Abrufs mit der Abnahme in Verzug kommt. Ebensowenig wird beim unbenutzten Ablauf der Abruffrist die Lieferung sofort fällig (RG Recht 1918 Nr 477). A. M. Zander, Der Kauf auf Abruf (Gruchot 52, 30), wonach der Verkäufer liefern darf, nachdem er dem Käufer die Lieferung angekündigt hat. Es kann aber dann auf Ausübung des Abrufs vom Verkäufer geklagt werden (RG 57, 109; Warn 1916 Nr 190). Einen Abruf zu unangemessener Zeit und vor allem nach Ablauf einer langen Zeit braucht der Verkäufer als wider Treu und Glauben verstoßend nicht gelten zu lassen (Warn 1916 Nr 221, SeuffA 72, 184). Gab der Käufer zu erkennen, daß er an den Lieferungen kein Interesse habe, kann der Verkäufer erwarten, daß der Käufer bis zum Schluß der Abruffrist noch kundtut, daß er beim Vertrag trotzdem stehen bleiben wolle (RG 88, 263). Wenn sich bei einem Vertrag auf wiederkehrende Teillieferungen die Abwicklung des Geschäfts durch die Schuld des Verkäufers hinzieht, kann er nicht verlangen, daß der Käufer die Ware jetzt auf einmal abruft und abnimmt (RG Warn 09 Nr 70). Im allgemeinen besteht bei Sukzessivlieferungsverträgen nur für den Verkäufer die Pflicht, sukzessiv zu liefern, nicht aber die entsprechende Pflicht des Käufers, abzurufen. Dies bedarf besonderer — ausdrücklicher oder stillschweigender — Vereinbarung. Eine besondere Art des Abrufs findet sich beim Spezifikationskauf (HGB § 375), bei einer Wahlschuld (BGB § 264; RG 56, 178). Durch einstweilige Verfügung kann der Erwerb verboten werden. Dieses Verbot steht den Veräußerungsverboten des BGB §§ 135, 136 gleich und hat die Wirkung eines relativ wirkenden Erwerbshindernisses und die Fähigkeit, im Grundbuche eingetragen zu werden, § 892 (RG JW 1927, 2454[1]).

cc) Die Zwangsvollstreckung aus dem auf Abnahme lautenden Urteile erfolgt nach ZPO §§ 887, 888. Die Klage auf Abnahme kann mit der Klage auf Zahlung verbunden werden.

c) Als weitere, teils besonders hervorgehobene, teils nicht ausdrücklich hervorgehobene, aber aus dem Kaufvertrag folgende **Nebenpflichten des Käufers** kommen auch ohne besondere Abrede in Betracht:

aa) Die Verzinsung des Kaufpreises vom Zeitpunkt des Übergangs der Nutzungen (§ 452).

bb) die Pflichten des Käufers zum Ersatz von Verwendungen, die der Verkäufer auf die Sache macht (§ 450).

cc) Tragung der Lasten der Sache von ihrer Übergabe an (§ 446).

dd) Tragung der Kosten der Abnahme und der Versendung (§ 448). Wegen der Sonderabreden gerade hier vgl. unter 10. Die nicht zu bezahlende Verpackung (Tara) muß, wenn sie nicht ganz wertlos ist oder nicht von vornherein in den Kaufpreis der Ware kalkuliert ist, der Käufer auf seine Kosten an den Verkäufer zurücksenden, die Gefahr der Rücksendung trägt aber der Verkäufer (ROHG in SeuffA 25, 224), sofern nicht ein entgegenstehenden Handelsbrauch besteht. Ist die Ware wegen Mangelhaftigkeit zur Verfügung gestellt, kann der Käufer die Verpackung mit der zur Verfügung gestellten Ware an seinem Wohnort zurückgeben (ROHG 9, 208). Wegen „Sackmiete" unter 10g. Die Beschaffung der Einfuhrerlaubnis bei Käufen aus dem Auslande zu liefernder Waren liegt im Zweifel dem Käufer als Ausfluß seiner Abnahmepflicht ob (RG Gruch 1918, 83; JW 1921, 1453[1]).

ee) Die Aufbewahrungspflicht der übersandten, aber bemängelten Ware. Diese Pflicht ist für den Handelskauf in HGB § 379 noch besonders hervorgehoben, muß aber bei jedem Kauf angenommen werden. Die Aufbewahrungspflicht ist aber nur eine einstweilige (RG 43, 32). Eine Pflicht, die Ware zurückzusenden, hat der Käufer nicht. Nach Handelsbrauch kann Abweichendes gelten. Der Käufer braucht aber die Ware nicht selbst in Aufbewahrung zu nehmen, sondern kann sie bei verläßlicher Stelle einlagern. Die Geltendmachung des Zurückbehaltungsrechts verschärft diese Aufbewahrungspflicht nicht, insbesondere entsteht nicht durch sie ein Pfandbesitz (RG 98, 69). Dagegen besteht für den Käufer zwar das Recht, aber nicht die Pflicht zum Notverkauf bei Handelsware, die dem Verderben ausgesetzt ist. Er darf nur unter Beobachtung der Formen des HGB § 373 stattfinden. Bei Zusendung unbestellter Ware ist der Käufer nicht zur Annahme und einstweiligen Aufbewahrung verpflichtet. In Ausnahmefällen, z. B. wenn der Verkäufer sich der Ware nicht annehmen kann, wenn erkennbar eine irrige Annahme einer Bestellung vorliegt, bei bestehender Geschäftsverbindung, kann jedoch Treu und Glauben ein ähnliches Verhalten fordern, wie bei Zusendung bestellter Ware, deren Annahme abgelehnt wird (RG 23, 127; ROHG 17, 172). Nimmt er sie aber an, kann er sie zurücksenden, braucht aber nicht für einstweilige Aufbewahrung zu sorgen, es sei denn, daß die Parteien verkehrsüblich unbestellte Ware als Kaufangebot zuzusenden und zu empfangen pflegen.

ff) Bei Handelskauf besteht als Besonderheit die Pflicht, den Mangel rechtzeitig zu rügen (HGB § 377), sonst tritt von Rechts wegen die Annahme der Billigung ein. Eine Pflicht, die Ware zu untersuchen, besteht dagegen nicht (RG 73, 169). Eine gleiche Rechtsvermutung der Billigung der Ware aus unterlassener Rüge besteht für den gewöhnlichen Kauf nicht, das BGB kennt keine Rügepflicht. Wegen der Verjährung der Ansprüche aus der Gewährleistungspflicht des Verkäufers § 477. Wie die Abnahme, so kann auch die Untersuchung zur besonderen Verpflichtung gemacht werden (RG JW 1918, 506[5]).

gg) Schon vor der Annahme der Ware hat der Käufer die Pflicht, äußerlich erkennbare Mängel der übersendeten Ware durch amtlich bestellte Sachverständige feststellen zu lassen, um dem Verkäufer die Ansprüche an den Frachtführer nötigenfalls zu wahren (HGB § 438 Abs 1; ROHG 6, 107). Der Käufer darf die Ware nicht einfach ihrem Schicksal überlassen (JW 03 Beil 6[14]).

hh) Beibringung eines Freigabescheins für die Ware. Diese Verpflichtung kann jedoch gegebenenfalls auch einen Teil der Abnahmepflicht als Hauptverpflichtung bilden (JW 1924, 537[6]).

ii) Bei Abtretung von Rechten hat der Verkäufer alles zu unterlassen, was den Erfolg der Abtretung wirkungslos machen kann, z. B. die dem andern Gläubiger gegenüber noch wirksame Einziehung, § 407 (RG 111, 302; Oertmann JW 1926, 982).

10. Pflichten aus besonderen Nebenabreden beim Kauf können sowohl die Pflichten des Verkäufers als des Käufers oder beide gemeinsam erweitern oder beschränken. Werden ihm Bestimmungen beigefügt, die für sich allein schon die wesentlichen Erfordernisse eines andersartigen Rechtsgeschäfts enthalten, so entsteht das Rechtsgebilde des gemischten Vertrags. Entscheidend für die rechtliche Bedeutung eines solchen gemischten Vertrags bleibt aber immer sein Hauptzweck, und es kommt darauf an, ob die Bestimmungen des einen oder des andern Vertragselements im Dienste dieses Hauptzwecks stehen. Dann müssen sie sich auch im Zweifel den hierfür bestimmten Regeln anbequemen, wobei nicht ausgeschlossen ist, daß sie diese auch entsprechend abändern können. So wird auch beim Versendungskauf der Verkäufer nicht zum Spediteur (Recht 1911 Nr 3086).

Von **häufigen Nebenabreden** (typische Vertragsbestimmungen bei Hellauer, Kaufverträge, Konsignations- und Leihverträge in Warenhandel und Industrie, 1927, ferner Stern, Die kaufm. Lieferungspflicht und die gebräuchlichsten Klauseln beim Handelskauf, 1924) sind folgende hervorzuheben:

a) Der Verkäufer übernimmt die Herstellungs- und Ausbesserungspflicht. Durch die Übernahme der ersteren wird der Kauf zum Werkvertrag und unterliegt dessen besonderer Regelung. Damit verbunden ist zuweilen die Übernahme der Garantie für die Güte des festgestellten Wertes (RG 107, 140). Die Übernahme der Ausbesserungspflicht aber nimmt dem Vertrag nicht die Natur eines Kaufes.

b) Die Montage kann nicht nur Nebenleistung, sondern Hauptverpflichtung sein (vgl. oben 3d). Hierzu tritt oft die Verpflichtung zur Unterweisung und zum Anlernen, die auch stillschweigend vereinbart sein kann (SeuffA 29 Nr 19; OLG 13, 403).

c) Zahlung einer Prämie an den Käufer als Entgelt für ein dem Verkäufer bewilligtes Rücktrittsrecht (ROHG 19, 6).

d) Zahlung einer Vertragsstrafe bei Lieferung mangelhafter Ware, die bestimmt ist, den Nachweis der Höhe des eingetretenen Schadens zu ersetzen.

e) Verpflichtung des Verkäufers, nicht an Dritte oder an bestimmte Dritte, z. B. Privatleute, überhaupt oder innerhalb eines bestimmten Bezirks zu verkaufen, ebenso Verpflichtung des Käufers, eine bestimmte Ware nur vom bestimmten Verkäufer zu beziehen und sie nur innerhalb eines bestimmten Bezirks weiter zu verkaufen: die Klausel des Alleinverkaufs.

f) Bei Verkäufen von ganzen Geschäftsunternehmungen findet sich häufig auch die sog. Konkurrenzklausel. Diese kann auch stillschweigend aus der Natur der Sache für vereinbart gelten.

g) Wenn Säcke und ähnliche Behältnisse der Ware, wie Bierflaschen, Kohlensäureflaschen, die vom Käufer nicht mit gekauft sind, von diesem nicht oder verzögerlich zurückgesandt werden, ist der Verkäufer an sich nur berechtigt, Schadensersatz, nicht Leihgebühren zu fordern, da es sich nicht um eine neben dem Kauf einhergehende Miete handelt, sondern um Ausführung der Versendungspflichten. Häufig werden jedoch hierüber besondere Vereinbarungen getroffen oder sind als verkehrsüblich getroffen anzusehen. Die gewöhnliche Vereinbarung ist die eines „Mietzinses" für die nicht rechtzeitig zurückgegebenen Säcke. Die rechtliche Natur dieser Abrede ist bestritten, am einfachsten wird sie als eine Nebenabrede eigener Art zum Kaufvertrag aufgefaßt, ein Entgelt für die länger als notwendig dem Verkäufer entzogene Nutzung der Säcke, die den Regeln des Kaufvertrags unterfällt. Für zufälligen Untergang haftet der Käufer nicht, aber auch bei Rückgabeverzug entfällt für ihn eine solche Haftung, da der Verkäufer durch den Mietzins entschädigt wird. Der Mietzins kann in seiner Gesamtheit auch über den Wert der ganzen Sache hinausgehen (ROHG 19, 304). Es kann sodann auch vereinbart werden, daß der Käufer die Säcke bei Nichtzurückgabe zu bezahlen habe. Es liegt solchenfalls ein aufschiebend bedingter Kauf der Säcke vor. Endlich kann die Vereinbarung dahin gehen, daß für die nicht zurückgegebenen Säcke zunächst ein Mietzins, nach Ablauf einer weiteren Frist aber ein Kaufpreis zu bezahlen ist.

h) Abreden über die Erfüllungszeit finden sich

aa) bei der sog. Erwartungsklausel, etwa: Januar bis Ende März 1920 Erwartung. Der Käufer kann dann eine Lieferung verlangen, deren Ankunft am Bestimmungsort nach Lage der Umstände spätestens Ende März 1920 zu erwarten ist. Diese „Erwartung" wird wie eine objektive Eigenschaft der Ware angesehen, für die der Verkäufer haftet (OLG 13, 418).

bb) Ähnliches gilt für das überseeische **Abladegeschäft** (RG 30, 59; 71, 307; Abladung = Einladung ins Schiff). Bei ihm ist es Bestandteil des Vertrags, daß die verkaufte Ware als überseeische Abladung zu einer bestimmten Abladezeit zu liefern ist. Zeit der Verschiffung ist wesentlich (RG 88, 72; Warn 1917 Nr 197). Liegt Unmöglichkeit der Lieferung am Ende der Abladezeit vor, wird dies als Unmöglichkeit der Abladung schlechthin angesehen

(**RG JW 1917, 927**). **Beim Abladegeschäft gilt im Zweifel der Abladeort als Erfüllungsort für den Verkäufer. Bis dorthin trägt dieser, von der Abladung an der Käufer die Gefahr (RG LZ 1916, 1139). Daher ist der Preis zu zahlen, auch wenn der Dampfer nicht ankommt.** Es kann aber auch der Bestimmungshafen erst als Erfüllungsort vereinbart werden (**RG** 96, 230). Eine Abladung außerhalb der bestimmten Zeit gilt nicht als Vertragserfüllung (Warn 1916 Nr 216). Eine Garantie für rechtzeitiges Eintreffen der rechtzeitig abgeladenen Ware übernimmt aber der Verkäufer nicht. Bei Verträgen, bei denen der Zeitpunkt der Verladung nicht nur für die Rechtzeitigkeit der Lieferung, sondern auch für die Vertragsmäßigkeit der Ware (Getreide) wesentlich ist, muß regelmäßig zwischen Verladung und Ausstellung des Konnossements oder Ladescheins unterschieden werden. Verladung kann auch Übernahme zur Beförderung bedeuten (**RG** 104, 4)

cc) **Der Abladeklausel wird häufig die „Cif"-Klausel beigefügt, Cif-Geschäft und Abladegeschäft sind aber an sich keineswegs identisch.** Holländer, Die Sorgfalt des Cif-Verkäufers HansRechtZ 1927, 361. **Es ist Handelsbrauch, daß der Verkäufer auch ohne ausdrückliche Vereinbarung zur Versendung der Ware, der Käufer aber zur Tragung der Kosten der** Versendung **verpflichtet ist (§ 448). Da der Käufer jedoch die Höhe der Kosten nicht kennt, gleichwohl durch Konnossement über die Ware verfügen will, zahlt er dem Verkäufer einen höheren Preis für die Ware und gilt ihm damit zugleich die nun vom Verkäufer zu übernehmenden Kosten der** Abladung, Fracht und Seeversicherung **ab.** Die Kosten der Ausladung im Bestimmungshafen fallen hierunter nicht. Die Klausel, mit der der Verkäufer diese bezeichneten Kosten übernimmt, ist die Cif-Klausel: c = cost, Kosten; i = insurance, Seeversicherung; f = freight, Fracht (ROHG 13, 438). Will der Käufer die Seeversicherung selbst tragen, bedient er sich der Klausel „c. u. f.", „Kostfracht" (Kosten und Fracht). Die Franzosen gebrauchen auch die Klausel „caf" = cout, assurance, frêt. Die Beifügung der Cif-Klausel zum Abladegeschäft läßt im allgemeinen erkennen, daß es bei der Regel sein Bewenden haben soll, wonach der Abladehafen für den Verkäufer der Erfüllungsort ist, er dort seiner Übergabepflicht genügt und der Käufer die Gefahr der Reise trägt (**RG** 87, 134; 90, 1; 96, 230; Warn 1916 Nr 159; 1918 Nr 27). — Auch die Klausel „Cif Bestimmungshafen" ändert daran nichts, daß der Abladeort Erfüllungsort bleibt, besagt nur, daß Kosten, Versicherung und Fracht bis zum Bestimmungshafen inbegriffen sind in den Preis der Ware (**RG** 87, 134; 90, 1). Abweichende Bestimmungen sind jedoch nicht ausgeschlossen. Über den sog. La-Plata-Grain-Vertrag **RG** 93, 166; 96, 230. Die Verzollung gehört nicht zu den Versendungskosten, sie ist Sache des Käufers. Die Cif-Klausel verpflichtet den Verkäufer nicht, die Sendung zu frankieren (OLG 9, 271). Der Käufer ist verpflichtet, die Ware gegen Verauslagung der Fracht abzunehmen, er kann aber die Frachtsumme vom Verkäufer einziehen. Praktisch wird es so gehandhabt, daß der Verkäufer die Frachtsumme gleich vom Preise in Abzug bringt. Daher kann der Verkäufer zur Erfüllung des vollen Kaufpreises die abgesetzte Frachtsumme dann vom Käufer noch verlangen, wenn das Schiff untergeht, da die Ware auf Gefahr des Käufers reist (OLG 13, 410). Zur Seeversicherung gehört nicht die Kriegsversicherung, auch nicht die Aufenthaltsortsversicherung. Wenn der Verkäufer die Versicherung auf seine laufende Versicherung übernimmt, muß er dem Käufer ein Zertifikat übersenden, als Selbstversicherer darf er nicht eintreten (**RG** in HansGZ 1917 Nr 37). Die vom Verkäufer genommene Seeversicherung „für Rechnung, wen es angeht" ist im Preise als zur Deckung seines Eigentümerinteresses bestimmt anzusehen (**RG** 89, 68). Lieferungsgegenstand ist nur die abgeladene Ware, nur sie erfüllt den Vertrag, der Verkäufer ist nicht berechtigt, Abnahme noch nicht abgeladener Ware am Abladeplatz zu verlangen. Dagegen hat der Käufer das Recht, die Auslieferung der Ware schon am Abladeplatz zu verlangen. Der Verkäufer hat veränderten Anweisungen des Käufers nachzukommen und kann nur verlangen, schadlos gehalten zu werden (JW 1917, 927; LZ 1917 Sp 596; HoldheimsMSchr 18, 31 steht nicht entgegen. Die Abnahme und Untersuchung der Ware erfolgt nicht im Abladehafen, sondern an dem Ort, nach dem cif verkauft worden ist. Wußte der Verkäufer, daß die Ware vom Bestimmungshafen nach dem Binnenland gleich weitergeschafft werden sollte und war er hiermit einverstanden, erfolgt Abnahme und Untersuchung erst am Ort des Binnenlandes. — Die Cif-Klausel mit der Beifügung „Glückliche Ankunft des Dampfers vorbehalten" ist sinnlos. Ebenso ist von einem Cif-Geschäft beim Kauf schwimmender Ware keine Rede, da kein Abladegeschäft vorliegt.

dd) **Die Klausel „fob" = free on bord besagt, daß der Verkäufer die Einladungskosten** an Bord des Schiffes trägt, was sich bei einem Abladegeschäft von selbst versteht. Sie ist aber mehr als eine solche Spesenklausel. Der Verkäufer ist verpflichtet, die Ware an das Schiff zu bringen, auch unter Beförderung der Ware aus dem Binnenlande. Seine Verpflichtung ist also nicht schon damit erfüllt, daß er die Ware einem Spediteur oder Frachtführer im Binnenland ausliefert, denn es ist kein Fall von § 447 (**RG** 106, 212; 92, 130; 88, 74). Im Verhältnis des Abladers zum Schiffer bedeutet die Klausel, daß der Ablader die zu Wasser herangeschaffte Ware längs Schiffseite zu liefern, der Schiffer sie aber auf seine Kosten in sein Schiff zu laden hat (OLG 19, 354). Der Erfüllungsort ist an den Fobort verlegt. Heuer LZ 1925, 26. Ritter ArchBürgR 37, 171; 38, 387; 40, 433. A. M. Hamburg, Rechtspr. OLG 1901, 92.

ee) „Kasse gegen Dokumente" verpflichtet den Käufer, wenn die Ware noch nicht angekommen ist, nicht erst bei Ankunft der Ware, sondern schon bei Andienung der Dokumente vorschußweise zu zahlen, also ohne die Ware besichtigen zu können (RG 59, 23). Zahlt er nicht, kommt er in Zahlungsverzug, sofern er die Nichtempfangbarkeit der Ware nicht nachweisen kann. Eine vom Käufer mit Einlösung der Dokumente beauftragte Bank braucht die Ware überhaupt nicht zu untersuchen, sondern hat die Dokumente einzulösen, wenn sie äußerlich in Ordnung sind und sonst keine Bedenken bestehen. Ist jedoch die Ware schon angekommen, muß dem Käufer die Untersuchung der Ware vor der Zahlung nach Andienung der Dokumente gestattet werden (RG 30, 100; 47, 142). Immer braucht der Käufer jedenfalls nur gegen Dokumente zu zahlen. Gehen die Konnossemente, ohne daß dies der Verkäufer zu vertreten hat, verloren, wird dieser zwar von der Lieferung frei, kann aber auch den Kaufpreis nicht verlangen. Daß die Dokumente wertlos und die Ware nicht mehr vorhanden sei, kann der Käufer dann nicht geltend machen, wenn, wie beim Abladegeschäft, die Gefahr der Reise bereits auf ihn übergegangen war (RG 88, 37). Auf den Erfüllungsort hat die Klausel keinen Einfluß (RG 46, 195). Das Frachtbriefduplikat hat allerdings nicht die gesetzliche Bedeutung eines Lagerscheins, Ladescheins oder Konnossements (vgl. Intern. Übereinkommen über den Eisenbahnfrachtverkehr Art 8 Abs 6 und Eisenbahnverkehrsordnung v. 1909 § 61 Abs 6). Es kann aber in der Übergabe an den Käufer der Ausdruck beiderseitigen Willens liegen, daß damit der Anspruch des Verkäufers gegen die Eisenbahn auf Herausgabe des Frachtguts und das Eigentum am Frachtgut auf den Käufer übergehen soll (§§ 931, 929). Dahin geht die neuere Verkehrsentwicklung (Warn 08 Nr 584; JW 1919, 182; RG 102, 97; 103, 152).

ff) „Kasse gegen Dokumente bei Ankunft des Schiffes" bezieht sich lediglich auf den Zeitpunkt der Zahlung, nicht auf die Frage, ob zu zahlen ist. Die Zahlung soll solange hinausgeschoben werden, bis das Schiff angekommen oder feststeht, daß es überhaupt nicht mehr ankommen wird (RG 87, 136; 90, 1; LZ 1919, 254; HoldheimsMSchr 18, 30). Ist die Ware verladen, kann aber die Reise wegen Kündigung des ursprünglichen Kaufvertrags nicht zu Ende geführt werden, hat Käufer trotzdem den Kaufpreis zu zahlen. Die etwaige Weiterbeförderung ist seine Sache (RG Warn 1918 Nr 27; JW 1916, 1194).

gg) „Glückliche Ankunft des Schiffes vorbehalten." Die Bedeutung trifft nur das Lokogeschäft, beim Cif-Abladegeschäft sinnlos. Der Verkäufer verkauft nur unter dem Vorbehalt der glücklichen Ankunft des Schiffes, in dem sich die zur Erfüllung in Aussicht genommene Ware befindet. Das bedeutet eine auflösende Bedingung des Kaufvertrags für den Fall, daß die Ware nicht glücklich ankommt. Daher muß die Identität der Ware als Gegenstand des Verkaufs bereits feststehen, eine bloße innere Bestimmung seitens des Verkäufers genügt nicht. Es muß entweder von vornherein ein Spezieskauf vorliegen oder beim Gattungskauf bereits eine Spezialisierung der Ware nach § 243 Abs 2 erfolgt sein oder beschränkter Gattungskauf vorliegen. Z. B. kann die Lieferung aus einer bestimmten Fabrik in Frage kommen und Befreiung gewollt sein, wenn diese dem Verkäufer nicht liefert. Auf diese Fälle beschränkt sich das Anwendungsgebiet der Klausel, auf einen reinen Gattungskauf findet sie keine Anwendung (Warn 1918 Nr 219; RG 93, 171; 95, 246; JW 1913, 683[1]). Durch diese Vereinbarung wird aber vom Verkäufer auch keine Gewähr dafür übernommen, daß bereits bei Vertragsschluß die von ihm verkaufte Ware abgeladen sei. Abwälzung der Versendungsgefahr und Einstehen für eine bereits erfolgte Abladung sind verschiedene Dinge, das eine schließt das andere nicht notwendig ein; RG 95, 246 erfordert dafür besondere Zusagen (RG 98, 141). Für widerrechtliche Beschlagnahme ist der Verkäufer nicht verantwortlich (RG 96, 80; JW 1925, 49[1]).

hh) Gleiche Bedeutung hat die Klausel „Lieferungsmöglichkeit vorbehalten". Es ist hier jedoch nach dem Willen der Vertragsparteien besonders zu prüfen, welche Unmöglichkeit der Lieferung frei machen sollte. Ebensowenig hindert die Klausel: „Verkäufer liefern nur, wenn ihnen Ware selbst geliefert wird", die Annahme des Abschlusses eines festen Kaufvertrags. Sie ist als auflösende Bedingung zu verstehen. Über die verschiedenen möglichen Bedeutungen dieser Befreiungsklausel RG 95, 102; 102, 227. Letztere Entscheidung betont mit Recht, daß der im Geschäftsleben sich zeigenden Neigung, durch die Wahl unklarer Worte unklare Verhältnisse zu schaffen, um je nach der Entwicklung der Dinge die dem Erklärenden günstigere Auslegung sich anzueignen, entgegengetreten werden müsse. Es muß daher klar erkennbar sein, ob sich freibleibend nur auf das Vertragsangebot bezieht oder zum Bestandteil des Vertrags selbst werden soll. Alle diese Klauseln stehen unter der Vorschrift des § 157. Vgl. auch RG 103, 182; 1925, 49[4], dazu Bemerkung von Plum. — Sie berechtigen im Zweifel nur zum Rücktritt vom ganzen Vertrag (RG 19. 10. 21 I 63/21). Der Verkäufer hat für die Vertragstreue seines Unterlieferers einzustehen, sofern er eine solche

Haftung im besonderen Falle nicht ausgeschlossen hat. Diese Haftung ist ausgeschlossen durch die Formel: „Falls durch Umstände, die wir nicht verschuldet haben, eine Lieferung durch den von uns vorgeschriebenen Lieferanten nicht erfolgen kann, sind wir nicht verpflichtet, Material von anderer Stelle zu verschaffen. Wir sind nur so weit verpflichtet, als wir die Ware selbst vom Vorverkäufer erhalten (RG JW 1925, 239[26]). Über die Wirkung der sofortigen Annahme eines „freibleibenden" Angebots RG 103, 312; JW 1921 S. 51[8], 1234[11]; 1922, 23[3]. Über Preisfreizeichnungsklauseln RG JW 1922, 1319[5] und RG 104 S. 101, 114, 306. Bei ihr muß der Verkäufer gleichwohl pünktlich zur vereinbarten Zeit liefern. Über Vorbehalt: „Die Lieferung hinausschieben zu dürfen", „Lieferungszeit vorbehalten" RG 94, 80. Dies darf aber nicht willkürlich geschehen (§ 315), sondern immer nach Treu und Glauben (RG 9. 3. 21 VI 608/21).

ii) „Ex ship in", „ab Kai" besagen, daß durch sie der Bestimmungshafen zum Erfüllungsort wird, sonach der Verkäufer die Gefahr der Reise trägt. Wird damit die Cif-Klausel verbunden, so hat diese nur noch die Bedeutung einer bloßen Preisbemessung.

kk) „Ausgeliefertes Gewicht", „sound delivered" = „gesund ausgeliefert" wird vereinbart, weil sich oft bei Abladung schwer feststellen läßt, wieviel das Gewicht ist, auch der Schwund auf der Reise nicht sicher ist. Daher soll die im Abladehafen vorläufig und allgemein getroffene Bestimmung des Gewichts für die Preisberechnung im Bestimmungshafen berichtigt werden. Daß damit, wie RG in HansGZ 1917 Nr 145 meint, dieser zum Erfüllungsort werde, kann nicht zugegeben werden. Vgl. auch RG 90, 1.

ll) „Beschlagnahmefrei und verwendungsfrei" bezieht sich im Zweifel auf den Zeitpunkt, wo die Ware in die Hand des Käufers gelangt (RG 93, 333), und dieser Ort kann verschieden von dem Erfüllungsort sein. Der Verkäufer übernimmt damit eine Garantie auch für die Zeit nach der Erfüllung und Übergabe der Kaufsache. Die „Verwendung" setzt notwendig voraus, daß der Käufer in einen solchen Besitz der Ware gelangt, daß ihm die Verwendung zu den vorausgesetzten Zwecken möglich ist (RG JW 1918, 767[3]). Die Versicherung, daß die Zollpapiere einer ausländischen Ware in Ordnung seien, enthält eine Garantieübernahme gegen Beschlagnahme (OLG Düsseldorf JW 1926, 2002).

mm) „Frei Bestimmungsort" besagt, daß die Frankatur nur als eine für den Käufer gemachte Auslage zu gelten habe. Ist die Lieferung an den Bestimmungsort unmöglich, ist der Preis um die Frachtersparnis zu mindern (RG 92, 225). Ebenso „bahnfrei Berlin netto Kasse Zug um Zug". Alles dies hat namentlich keine Bedeutung für den Erfüllungsort des Verkäufers.

nn) Vereinbarung, „Kaufpreis durch Akkreditiv bei Bank sicherzustellen", ist Vereinbarung eines Bankrembourses. Bei Vereinbarung, daß Bank dem Verkäufer die Akkreditierung in bestimmter Frist zu bestätigen hat, ist auch eine geringfügige Fristüberschreitung wesentlich (RG 92, 208; 96, 255; JW 1921, 1312[7]). Vgl. auch Rittler, Vom Akkreditiv, HansGZ 1921, 609. Nach ständiger Rechtsprechung des Reichsgerichts hat der Käufer, der ein Akkreditiv bei der Bank des Verkäufers zu dessen Gunsten gegen Duplikatfrachtbrief stellt, dafür zu sorgen, daß das Akkreditiv rechtzeitig gestellt wird, was erst geschehen ist, wenn die Bank den Verkäufer benachrichtigt, daß das Geld zu seiner Verfügung stehe. Versehen der Bank hat der Akkreditierende zu vertreten, auch wenn er das Akkreditiv auf Verlangen des Käufers bei dessen Bank gestellt hat (RG 102, 155; 103, 376; 105, 33; JW 1921, 312). Die gleichen Grundsätze gelten bei der Formel gleichen Sinnes: „Banküberweisung gegen Duplikatfrachtbrief" bei Zusammenwirken mehrerer Banken (RG 105, 48). „Kasse gegen Akkreditiv" bedeutet Gleichstellung des Akkreditivs mit Kasse (= Barzahlung) und demnach Unwiderruflichkeit des gestellten Akkreditivs (RG 103, 376).

oo) Die „Promptklausel" verpflichtet zu möglichst schneller Lieferung, hat aber keinen festen Stichtag wie das Fixgeschäft, der Verkäufer verpflichtet sich damit auch nur zur prompten Absendung, übernimmt nicht, wie beim Fixgeschäft, Gewähr für rechtzeitiges Eintreffen (SeuffA 38 Nr 247; Recht 1911 Nr 471). Aber der Verkäufer kann hier nach der Natur des Geschäfts, wie beim Fixgeschäft, auch ohne Mahnung in Verzug kommen.

pp) Vereinbarung eines Skontos. Man unterscheidet Zahlungsskonto und Warenskonto. Das Zahlungsskonto kann eine Prämie für vorzeitige oder für pünktliche Leistung bedeuten. Vorzeitige: „Ziel 3 Monate, 2% Kasse"; pünktliche: „Ziel 3 Monate, 2%" oder „Ziel 3 Monate Kasse mit 2%". Beim Warenskonto kommt der Abzug ohne Rücksicht auf die Zahlungszeit zur Ausführung: „Ziel 3 Monate 2%" kann daher auch nur heißen, dem Käufer ist ein 3-Monatsziel und unabhängig davon ein Abzug von 2% bewilligt. „Kasse 2%" bedeutet, daß der Käufer nur bei sofortiger Zahlung das Skonto abziehen darf (LZ 07, 741). Wird nicht pünktlich gezahlt, fällt das Zahlungsskonto weg. Das Zahlungsskonto muß der Käufer beweisen, das Warenskonto bedeutet nur eine Preisbestimmung und die Höhe des Preises muß der Verkäufer beweisen.

qq) „Netto Kasse", „rein netto" schließt einen sonst etwa verkehrsüblichen Abzug ausdrücklich aus (ROHG 8, 120).

rr) „Force majeur"-Klausel muß in angemessener Zeit geltend gemacht werden, der Verkäufer darf sie nicht beliebig hinausschieben (RG 91, 108). Wenn die Befreiungsklausel auf Betriebsstörung abstellt, muß namentlich erforscht werden, was darunter im einzelnen Fall zu verstehen sei (RG 94, 81; 100, 262).

ss) Auf die Kriegsklausel, die den Verkäufer zur Einschränkung oder Aufhebung der Lieferung berechtigt, sind dieselben Grundzüge wie zu rr anzuwenden. Der Verkäufer kann sich auf sie auch dann noch berufen, wenn die Ware infolge Kriegsausbruchs auf der Reise angehalten wird (RG 92, 271).

tt) In der Inflationszeit spielte auch die Repartierungsklausel (hinsichtlich der Zuteilung von Devisen) eine Rolle (RG JW 1927, 177[9]).

i) Arbitrageabrede geht dahin, daß der Käufer die Ware abnehmen muß und nach dem Spruch der gewählten Arbitratoren den Minderwert verlangen kann.

11. Ort der Erfüllung. Es gelten die allgemeinen Vorschriften des § 269 und HGB § 361, sofern nicht aus besonderen Abreden, der Art der Leistung, nach Treu und Glauben gemäß § 242, etwas anderes zu entnehmen ist. Fakturenvermerke des Verkäufers über den Erfüllungsort sind für den Käufer nicht bindend, auch wenn er schon früher vom Verkäufer Rechnungen mit denselben Vermerken erhalten hatte (RG 52, 133). Danach ist Erfüllungsort für den Verkäufer sein Wohnsitz oder seine gewerbliche Niederlassung, für den Käufer dessen Wohnsitz oder gewerbliche Niederlassung zur Zeit des Abschlusses des Kaufvertrags. Das gilt für den Platzkauf wie für den Versendungskauf. Auch beim Versendungskauf erfüllt der Verkäufer am Ort seiner Niederlassung (RG 14, 114). Es kann natürlich der Bestimmungsort zum Erfüllungsort erhoben werden (Fernkauf). Da die Ablieferung und folglich auch die Abnahme aber an dem Bestimmungsort zu erfolgen hat, ist für letztere des Käufers Wohnort der Erfüllungsort (RG 49, 72). Der Umstand, daß die Ware an einen andern als den Wohnort des Käufers zu schicken ist, macht den Ort der Ablieferung noch nicht zum Ort der Zahlung für den Kaufpreis (RG 30, 379). Auch eine Vertragsbestimmung, daß der Kaufpreis durch Akzept einer an einem andern Ort wohnenden Person zu decken sei, ändert nichts am Erfüllungsort (RG 50, 270; RG in JW 1922, 484[4]). Über Bedeutung der Klausel: „netto Kasse bei Empfang der Ware loco Fabrik. Die Ware geht mit Ausstellung der Faktura in Ihren Besitz über" vgl. RG 102, 40. — Der Ort der Erfüllung ist auch entscheidend für das zur Anwendung kommende Recht (RG 73, 387; 74, 173). Wenn dieser für beide Teile auseinanderfällt, kann es kommen, daß für das einheitliche Rechtsverhältnis zwei verschiedene Rechte anzuwenden sind. Deshalb wird oft zu fragen sein, ob die Parteien, wenn sie sich die Frage vorgelegt hätten, nicht ein einziges Recht und welches haben maßgebend sein lassen wollen, und danach ist dann die Lücke im Vertrag zu ergänzen (RG 68, 205; 74, 174). Ist ein einheitlicher Erfüllungsort für das ganze Vertragsverhältnis anzunehmen, ist auch die minder bedeutsame Abnahmepflicht an dem für die Zahlung bestehenden Erfüllungsort zu erfüllen (RG 56, 138).

12. Die **Zeit der Erfüllung** bestimmt sich mangels anderer Verabredung ebenfalls nach § 271. Tageskauf, Kassageschäft — Zeitkauf, Lieferungskauf, Termingeschäft. Ist die Leistungszeit fest bestimmt, liegt ein Fixgeschäft vor, für das beim Handelskauf die Regeln des HGB § 376 gelten. Börsentermingeschäfte gehören zu den Fixkäufen (BörsenG §§ 50ff.). Zu beachten ferner § 186, HGB §§ 358, 359ff. Mit Ablauf der Zeit tritt Fälligkeit der Forderung ein und von da ab beginnt die Verjährung des Anspruchs (§§ 284, 198, 202), die Möglichkeit der Aufrechnung (§ 387), der Zurückhaltung (§ 273). Verzug aber tritt in der Regel erst mit der nach der Fälligkeit zulässigen Mahnung ein.

§ 434

Der Verkäufer ist verpflichtet[1, 2, 5—7]), dem Käufer den verkauften Gegenstand frei von Rechten zu verschaffen, die von Dritten gegen den Käufer geltend gemacht werden können[3])[4])[8]).

E I 371·II 376; M 2 214; P 1 653.

1. Die in §§ 434—436 niedergelegten Haftungsgrundsätze sind dispositiver Natur. § 434 enthält eine nähere Erläuterung und Ergänzung des § 433, der die Verschaffung des Eigentums oder Rechtes bestimmt: der Kaufgegenstand ist so zu gewähren, daß das Recht an ihm **unangefochten von Ansprüchen Dritter** bleibt. Wie der Verkäufer verpflichtet ist, die Sache frei von Sachmängeln zu gewähren, so muß er den Kaufgegenstand auch frei von Rechtsmängeln gewähren. Diese Freiheit ist Inhalt seiner Leistungspflicht, abgesehen von der Gewährhaftung bei nicht rechtsfreier Verschaffung. Es kommen daher auch nur solche Rechte in Frage, die schon zur Zeit des Kaufabschlusses be-

standen (RG 83, 314). Es ist jedoch nicht erforderlich, daß die Rechte Dritter schon in dem maßgebenden Zeitpunkte der Eigentumsübertragung wirksam geltend gemacht werden können, sondern es genügt, wenn sie nur ihre Grundlage finden in Rechtsverhältnissen, wie sie schon zur Zeit des Eigentumsübergangs oder des Angebots der Leistung bestanden haben. So schließt auch eine Einwilligung, deren Wirkung auch nicht in Zukunft in Frage gestellt wird, die Verfallerklärung aus, andernfalls ist die Ware mit Rechtsmangel behaftet (RG 111 S. 89, 303). Als Inhalt der bereits nach § 433 begründeten Verpflichtung besteht sie von vornherein mit dem Kaufabschluß, sie entsteht nicht erst dann, wenn das Recht eines Dritten geltend gemacht wird (OLG 8, 60). Aber zu erfüllen ist die Pflicht erst bei der Übergabe, so bei Grundstücken erst im Auflassungstermin. Weitere Belastungen des Grundstücks zwischen Verkauf und Auflassung sind daher nicht schlechthin verboten (RG 10. 6. 02 V 119/02; RG 83, 214). Im Gegensatz zu den Sachmängeln, die zu beseitigen keine Leistungspflicht besteht, wird hiernach eine besondere Leistungspflicht dahin begründet, zur Ermöglichung der Eigentumsverschaffung alle die es hindernden und beschränkenden Rechte Dritter zu beseitigen. Das ergeben die Prot 1314. Die Nichtverschaffung eines Gegenstandes frei von Rechten Dritter enthält, wie die Nichtverschaffung des Eigentums oder Rechtes selbst, eine teilweise Nichterfüllung der dem Verkäufer nach § 433 obliegenden Verpflichtungen, beruht sie auf Verzug, ist § 326 Abs 1 Satz 3 anwendbar, im übrigen §§ 320ff. u. 440 und die besondere Vorschrift des § 437 beim Verkauf einer Forderung (RG 28. 9. 21 V 103/21). Bei einem Verkauf unter Eigentumsvorbehalt braucht die Verpflichtung erst im Zeitpunkt des Eintritts der Bedingung für den Eigentumsübergang erfüllt zu werden (RG 83, 215). War der Verkäufer von vornherein dauernd unvermögend, seiner Verpflichtung aus § 434 nachzukommen, haftet er ohne weiteres auf Schadensersatz wegen Nichterfüllung, weil er mit der Pflicht zur Leistung zugleich die Haftung für seine Leistungsfähigkeit übernommen hat (RG 69, 356). Der Käufer kann verlangen, so gestellt zu werden, wie er stünde, wenn er den Kaufgegenstand frei von Rechten Dritter erworben hätte (RG 59, 336; JW 1914, 922[8]). — Die Vorschrift ist dispositiver Natur, ebenso wie § 439. Auf das Recht aus § 434 kann schon im Kaufvertrag verzichtet werden (RG 16. 3. 12 V 442/11), ebenso bei der Annahme (RG 8. 11. 05 V 138/05). So kann ein „spekulativer Einschlag" die Anwendung von § 434 ausschließen (RG 112, 329), so, wenn er mit der Möglichkeit der Aufwertung einer Hypothek rechnet. Vgl. aber auch RG 21. 4. 26 V 416/25. Eine Ausdehnung der Verpflichtung aus § 434 findet durch § 365 nicht statt (RG 26. 10. 11 VI 532/10). Von ihr wird gemeinhin dort abgewichen, wo der Käufer bei Vertragsschluß die Rechte Dritter nicht nur **kennt** (vgl. aber § 439), sondern wo auch der Kaufpreis durch **Übernahme einer Hypothek** als eigene Schuld getilgt werden soll. Diese abändernde Vereinbarung unterliegt der Formvorschrift des § 313. Der Inhalt der Verkäuferpflicht hat dadurch keine Änderung erfahren, daß die Genehmigung des Gläubigers zur Schuldübernahme nicht erteilt wird. § 416 enthält keine Verpflichtung des Verkäufers aus dem Kaufvertrag, die Genehmigung herbeizuführen. Es bewendet dann bei § 415. Es ist nicht der Wille der Vertragschließenden, daß in solchem Falle der Verkäufer dem Käufer ein hypothekenfreies Grundstück zu verschaffen habe (Warn 1914 Nr 246), daher ist auch die Unkündbarkeit einer vom Käufer in Anrechnung auf den Kaufpreis übernommenen Hypothek kein Rechtsmangel (RG Warn 09 Nr 134). — Grundsätzlich leidet § 434 überhaupt keine Anwendung überall dort, wo der Käufer die Sache nach § 936 auf Grund seines guten Glaubens ohnehin frei von den Rechten Dritter erwirbt oder wo anderseits der Erwerber eines auf Grund einer Pfändung veräußerten Gegenstandes Gewährleistung wegen Mangel im Recht nicht zu beanspruchen hat (ZPO § 806 und ZVG § 56).

2. Die Vorschrift ist nicht nur auf den Sachkauf abgestellt, wie § 433, sondern beim Kauf jedes Gegenstandes schon nach dem Wortlaut anwendbar (RG 88, 106); vgl. zu § 433 A 6c, insbesondere also auch den Rechtskauf, für den außerdem die Vorschriften des § 437 gelten.

3. Als **Rechte,** die von einem Dritten geltend gemacht werden können, kommen in Betracht nur solche, die schon ihrer Beschaffenheit nach die Geltendmachung auch dem Käufer gegenüber gestatten (RG 52, 275). Deshalb RG 88, 103 bedenklich, da hier das Recht des Käufers lediglich in HGB § 25 seinen Grund hat. § 434 bezieht sich nur auf solche Belastungen, deren Grund außerhalb des verkauften Grundstücks liegt und die den Rechten Dritter entsprechen. Da der Geschäftsanteil an einer Gesellschaft m. b. H. die aus der Mitgliedschaft fließenden Einzelrechte und Verpflichtungen in sich umfaßt, die Gesellschaft dem Inhaber des Anteils auch nicht als Dritter gegenübersteht, so trifft dies auf Einlagerückstände nicht zu (RG 16. 2. 15 II 553/14). Zu den **Dritten** gehört auch der Käufer selbst, wenn für ihn ein Recht im Sinne des § 434 auf dem Grundstück haftet (RG 59, 400). — Dem Wortlaut nach fallen auch die nach dem Vertragsschluß begründeten Rechte unter § 434. Entscheidend ist der Zeitpunkt des Eigentumsübergangs (RG 83, 214). Abweichend mit Unrecht RG 99, 60.

Außerdem kommen § 440 zur Anwendung und die Grundsätze über die Haftung wegen positiver Vertragsverletzung (RG 9. 3. 07 II 322/06).

a) In erster Linie dingliche: Eigentumsansprüche, wenn ein Nichteigentümer eine fremde Sache verkauft hat; Pfandrechte, Hypotheken, Dienstbarkeiten (RG 66, 328), rheinisches Kellerrecht (RG 56, 258), dingliches Vorkaufsrecht, Vormerkungen zur Sicherung des Anspruchs auf Bestellung eines Rechtes an einem Grundstück oder einem eingetragenen Recht (RG 23. 11. 18 V 188/18; OLG Breslau JW 1926, 2706), Reallasten, das Recht des Nacherben nach §§ 2113—2115 (Warn 1912 Nr 59). Veräußerungsverbote nach §§ 135, 136; Duldung eines Notwegs (RG 3. 5. 11 V 64/16), Recht des Ehemanns auf Verwaltung und Nutznießung (RG Recht 1921 Nr 521). Die Verpflichtung des Verkäufers, eine Hypothek zur Löschung zu bringen wird nicht dadurch unmöglich, daß das verkaufte Grundstück dem Käufer aufgelassen ist (RG 3. 11. 06 V 109/06). Der Verkäufer beweglicher Sachen, die als Zubehör eines Grundstücks dem Hypothekengläubiger haften, hat die Hypothek insoweit zu beseitigen, als sie die Zubehörstücke belastet (RG 57, 1; strittig). Immer muß es sich um subjektive Rechtsbefugnisse handeln, die in einem besonderen zivilrechtlichen Titel ihre Grundlage haben, nicht um Beschränkungen auf Grund gesetzlicher Vorschrift selbst, insbesondere des öffentlichen Rechtes. Denn solche gesetzliche Beschränkungen vermag der Verkäufer nicht zu beseitigen, da er die Gesetze nicht ändern kann. Daher fällt auch nicht unter § 434 das Bestehen eines Notwegs (Warn 1916 Nr 161). Beruhen Baubeschränkungen auf öffentlichrechtlicher Grundlage von Bauordnungen, so handelt es sich um eine nicht eintragungsfähige öffentliche Last und es greift nicht § 434, sondern § 436 Platz (RG JW 1907, 478[9]). Es kann solchenfalls auch ein Sachmangel angenommen werden (RG 69, 356; JW 06, 57[9]; 07, 478[9]; 08, 712[7]), so z. B. bei baupolizeiwidrigem Zustand des Gebäudes (RG JW 07, 478[9]; SeuffA 63 Nr 39). Baubeschränkungen, die durch einen Fluchtlinienplan geschaffen werden, sind wirksam schon im Zeitpunkt der Einigung über den Fluchtlinienplan (§ 1 FluchtlinienG; RG 11. 2. 14 V 411/13). Dagegen sind Baubeschränkungen infolge einer Grundgerechtigkeit (RG 69, 356), eines Altenteils Mängel im Recht. Ein auf dem Grundstück eingetragener Auszug ist ein Mangel im Recht (Warn 1918 Nr 114). Für nicht eingetragene Ablösungsrenten hat der Verkäufer Gewähr zu leisten (Gruch 47, 396; RG 25. 11. 16 V 226/16; 11. 12. 01 V 283/01); desgl. für Grundsteuerentschädigungsrenten, die nach preußischem Recht zwar als öffentliche, aber als eintragungsfähige Lasten gelten (RG 59, 404). Ein mit rückständiger Zubuße belasteter Kux ist mit einem Mangel im Recht belastet (RG 6. 5. 03 I 25/03), ebenso eine Maschine, die wegen eines entgegenstehenden Patents unbenutzbar ist (Warn 1911 Nr 366) oder durch ein Gebrauchsmusterrecht beschränkt wird (OLG 23, 24). Der Anspruch der Gemeinde auf Leistung der Anliegerbeiträge ist öffentlichrechtlicher Natur (RG 26. 4. 11 V 472/19; OLG Köln JW 1927, 1436[4]), ebenso die Seuchensperre über verkauftes Vieh (RG Warn 08 Nr 29; SeuffA 63 Nr 153), Veräußerungsverbote und Beschlagnahmen auf Grund von Kriegsverordnungen. Abweichend RG 96, 80. Der polizeiwidrige Zustand eines Grundstücks ist kein Rechtsmangel (RG 24. 1. 23 V 235/22).

b) Aber auch persönliche Rechte sind sinngemäß dem § 434 zu unterstellen, falls sie auch dem Käufer gegenüber wirksam sind (RG 52, 275; 59, 404; 88, 107); so namentlich das Recht zum Besitz aus Miete, Pacht (RG Warn 1910 Nr 106; 3. 6. 05 V 604/04; JW 1914, 922); das einseitige Recht des Mieters auf Verlängerung des Mietverhältnisses (JW 1914, 922[3]) oder auf Ausbesserung der Mieträume (SeuffA 73, 188). Weiter das persönliche Zurückbehaltungsrecht insofern, als der im Besitz der Sache befindliche Berechtigte die Einwendungen, die er gegenüber dem Verkäufer hat, auch gegen den Käufer geltend machen kann (§ 986 Abs 2); dies ist nicht der Fall, wenn der Spediteur ohne Wissen des Verkäufers die Ware versichert hat und der Käufer die Erstattung weigert (RG 99, 56); ferner Verlagsrechte, Lizenzrechte, die Zahlungssperre zugunsten des Antragstellers; die beschränkten Veräußerungsverbote nach § 135. Auch der schuldrechtliche Anspruch gegen den Verkäufer eines Fabrikgeschäfts, daß Betrieb und Herstellung gewisser Waren in einem bestimmten Bezirk unterbleibe, wie andere Konkurrenzklauseln (RG 88, 103). Dagegen nicht die das Geschäft nichtig machenden Verbote im Sinne von § 134. — Das persönliche Vorkaufsrecht fällt nicht unter § 434 (RG 12. 3. 09 II 470/08). — Bei Veräußerung nicht voll eingezahlter Geschäftsanteile einer G. m. b. H., die Verkäufer und Käufer wegen des rückständigen Teiles nach § 16 Abs 3 d. Ges. haften läßt, findet § 437 Anwendung, da die Gesellschaft nicht Dritter nach § 434 ist (RG 10. 4. 08 II 621/07 und LZ 08 Sp 950[7]).

c) Ebenso fallen öffentlich-rechtliche Veräußerungsverbote und Beschlagnahmerechte hierunter, die geeignet sind, dem Käufer die Sache zu entziehen oder seinen Besitz zu schmälern; Einziehung, Verfallerklärung (RG 111, 88; 105 S. 273, 590; RG 24. 1. 25 I 234/24). Immer muß es sich aber um Rechte handeln. Nicht die Beschlagnahme als solche, sondern nur die zu Recht ergangene Beschlagnahme ist ein Mangel im Recht. Die zu Unrecht erfolgte Beschlagnahme ist ein Zufall, den der Käufer zu tragen hat (RG 96, 77).

Die berechtigte Kriegsbeschlagnahme einer Besatzungsbehörde beseitigt das frühere Eigentum und alle daran haftende Rechte (RG JW 1926, 2842[6]), so wenn die Reichsstelle die unerlaubt vom Ausland eingeführte Ware in Anspruch nimmt (RG 59, 406; 96, 77; 102, 292), ebenso wegen eines auf der Ware lastenden Zugriffsrechts des Fiskus wegen unterbliebener Versteuerung (RG 105, 390). Die Sondervorschrift von § 436 ist auf bewegliche Sachen nicht auszudehnen.

4. Ist in einem Kaufvertrage bestimmt, daß das Grundstück „mit allen Rechten und Lasten" verkauft werde, so kann nicht ohne weiteres angenommen werden, daß unter dem Ausdruck „Lasten" nach dem Sprachgebrauch des BGB auch eine Grunddienstbarkeit verstanden sei (RG 66, 316; 69, 355; Warn 1911 Nr 367). Unter „Lasten" wird in der Regel nur „Belastung" verstanden, vermöge der Leistungen aus dem Grundstück zu entrichten sind, nicht iura aliena zugunsten Dritter (ZBlFG 19, 96). Bei so allgemeiner Bestimmung werden ferner darunter bekannte und unbekannte Grunddienstbarkeiten mitbegriffen. Doch kann, abgesehen von Arglist des Verkäufers, es dann anders liegen, wenn die Verkehrssitte unter jener Formel nur bekannte Grunddienstbarkeiten versteht (ZBlFG 16, 96). Beim Verkauf schlechthin „lastenfrei" kann auch eine Verpflichtung nach § 434 gemeint sein (Warn 1916 Nr 131). Die Verpflichtung des Verkäufers, Rechte Dritter zu beseitigen, braucht beim Grundstückskauf erst im Zeitpunkt der Auflassung erfüllt zu werden (RG 9. 2. 21 V 359/20). Auch im Falle des § 455 erst im Zeitpunkt des Eigentumsübergangs (RG 83, 214). Über Abgrenzung öffentlich rechtlicher Eigentumsbeschränkungen von den Fällen der Enteignung vgl. Martin Wolff, Festgabe f. Kahl IV S. 24.

5. Wenn eine veräußerte Sache dem Erwerber durch einen Dritten entwehrt ist, so ist der vom Erwerber gegen den Veräußerer neben dem Gewährleistungsanspruch geltend gemachte Anspruch auf Erstattung der ihm durch die Prozeßführung mit dem Dritten erwachsenen Kosten eine Nebenforderung nach ZPO § 4 (RG 55, 80).

6. Die Annahme der Sache in Kenntnis der Rechtsmängel schließt deren Geltendmachung nicht aus. Der Käufer braucht sie sich nicht vorzubehalten. Sie ist nur dann ausgeschlossen, wenn aus der Annahme ein Verzicht zu folgern ist (RG 8. 11. 05 V 138/05).

7. Wenn der Verkäufer den Mangel im Recht bestreitet, gilt § 442.

8. Hat der Verkäufer 1923 die Beseitigung einer Vorkriegshypothek übernommen, so steht bei Aufwertung der Hypothek auch diese Verpflichtung unter der Regel des § 242, RG 112, 333. Nach OLG München JW 1926, 202, soll die Auslegung des Vertrags nur die Haftung nach Papiermarkbetrag ergeben. Nach OLG München JW 1926, 266 darf ein Grundstücksveräußerer die 1923 übernommene Tilgung der eingetragenen Hypothek verweigern. Vgl. hierzu Matthiessen in JW 1926, 1803.

§ 435

Der Verkäufer eines Grundstücks oder eines Rechtes an einem Grundstück ist verpflichtet[1]), im Grundbuch eingetragene Rechte, die nicht bestehen, auf seine Kosten zur Löschung zu bringen[2]), wenn sie im Falle ihres Bestehens das dem Käufer zu verschaffende Recht beeinträchtigen würden.

Das gleiche gilt bei dem Verkauf eines Schiffes oder eines Rechtes an einem Schiffe für die im Schiffsregister eingetragenen Rechte[1]).

E I 378 II 377; M 2 222; P 1 664.

1. Die Vorschrift **erweitert die Verschaffungspflicht** des Verkäufers aus §§ 433 u. 434 dahin, daß auch **materiell nicht mehr bestehende Rechte** Dritter, sofern sie nur noch im Grundbuch oder im Schiffsregister formell eingetragen sind (§§ 1259ff.), und dadurch jedenfalls noch das Eigentumsrecht gefährden, vom Verkäufer aus dem Grundbuch oder Schiffsregister zu beseitigen sind, und zwar, wie sich von selbst nach dem Verschaffungsprinzip versteht, auf eigene Kosten. Die Löschungspflicht ist daher eine Hauptleistung, bis zur Löschung hat der Verkäufer noch nicht voll erfüllt, und der Käufer braucht die angebotene Auflassung nicht entgegenzunehmen (SeuffA 55 Nr 10). Hat er es getan, findet § 320 Abs 2 Anwendung. Der Verzug des Verkäufers rechtfertigt auch die Anwendung des § 326 (RG 26. 6. 08 II 574/07). Die Vorschrift kann sich der Käufer auch dann zunutze machen, wenn die eingetragenen Rechte nur zweifelhaft sind, da sie ihn von der Verpflichtung nach § 442 befreit; ferner wenn sie im Falle der Auflassung des Grundstücks an den Käufer materiell hinfällig werden, wie z. B. eine für einen Dritten eingetragene Vormerkung (RG Warn 08 Nr 200; 31. 1. 08 II 464/07); auch dann, wenn es sich um eine unzulässige und daher nichtige Eintragung handelt, die der Erwerber ohne weiteres selbst beseitigen könnte. Denn dem Verkäufer fällt die Kostenpflicht zur Last (RG 88, 28). Voraussetzung ist, daß der Verkäufer die rechtliche Möglichkeit hat, das eingetragene Recht löschen zu lassen.

2. Zur **Löschung bringen** kann der Verkäufer das eingetragene nicht bestehende Recht mittels des Berichtigungsanspruchs nach § 894, und zwar auch noch nach erfolgter Auflassung des Grundstücks an den Käufer und dessen Eintragung als Eigentümer. Dies gilt nicht nur bei vertragsmäßig übernommener Verpflichtung zur Löschung (**RG** 59, 289; 64, 165), denn darin liegt zugleich die Ermächtigung zur Geltendmachung des dem Käufer an sich zustehenden Berichtigungsanspruchs (**RG** 53, 411), sondern auch, wenn die Verpflichtung nur nach § 435 besteht. In dem Verlangen des Käufers gegenüber dem Verkäufer, den Berichtigungsanspruch auf Grund der Verpflichtung des § 435 geltend zu machen, liegt stillschweigend dieselbe Ermächtigung ausgesprochen (**RG** 3. 11. 09 V 595/08). Wegen Stellung des Löschungsantrags des Verkäufers GBO §§ 19, 22, 27, § 13 Abs 2.

§ 436

[1]) **Der Verkäufer eines Grundstücks haftet**[4]) **nicht für die Freiheit des Grundstücks von öffentlichen Abgaben und von anderen öffentlichen Lasten, die zur Eintragung in das Grundbuch nicht geeignet sind**[2])[3])[5]).

E I 372 II 378; M 2 215; P 1 656.

1. Der **Zweck** der Vorschrift ist, die Tragweite der §§ 434 u. 435 klarzustellen und die daraus etwa zu ziehenden Folgerungen zu beschränken. Sie ist auch auf den Verkauf eines Rechtes an einem Grundstück entsprechend anzuwenden, bezieht sich dagegen nicht auf Verkäufe von beweglichen Sachen und andern Gegenständen, bei denen gleichfalls öffentliche Abgaben vorkommen können, ebensowenig auf Käufe von Schiffen (**RG** 105, 391). Gegen diese enge Beschränkung Heck in JW 1923, 176 allerdings mit beachtlichen Gründen. § 436 wiederholt die Bestimmung des § 435 Abs 2 nicht. Die Vorschrift ist nur dispositiv (**RG** BayZ 1906, 361).

2. Welche **Lasten** als **öffentliche** zu gelten haben, bestimmt sich nach Landesrecht. Nach BGB sind solche nur Leistungen, die aus dem Grundstück zu entrichten sind und daher dessen Nutzungen mindern (**RG** 66, 316), wie Abgaben und sonstige fortdauernd gleichmäßig zu entrichtende Leistungen öffentlichrechtlicher Art, nicht aber Ausgaben zu rein privatwirtschaftlichen Zwecken (JW 1914, 868[8]). Dagegen ist nicht immer für den öffentlichen Charakter der Abgaben entscheidend, daß sie auch öffentlichrechtlichen Ursprungs sind (**RG** in BayZ 68, 277). Der Ausdruck „Belastungen" umfaßt dagegen alle Rechte Dritter am Grundstück (§ 434; **RG** JW 1915, 241[4]). Im übrigen ist es Sache der Auslegung, festzustellen, was die Parteien unter dem Ausdruck „Lasten" oder „Lastenfreiheit" verstanden haben (Warn 1916 Nr 131).

3. Im einzelnen **gehören hierher**: Grundsteuern, kommunale Abgaben, dagegen über Grundsteuerentschädigungsrente **RG** 59, 100. Die an sich nicht eintragungsfähigen Baubeschränkungen auf Grund örtlicher Bauordnungen (Warn 08 Nr 201; **RG** 5. 3. 21 V 411/20), Straßenanliegerbeiträge (**RG** 42, 276; 70, 263; **RG** 26. 4. 11 V 472/10; **RG** 25. 3. 16 V 226/16), Straßenbaukosten (OLG Köln JW 1927 1436[4], Straßengrunderwerbskosten (**RG** 67, 244), Kirchen- und Schulbaulast (**RG** 43, 206), Patronatslast (**RG** 65, 1). **Nicht gehören hierher**: die preußischen Rentenbankrenten (**RG** JW 02, 69), die sächsische Landeskulturrente (SeuffA 73, 9), die Umsatzsteuer aus dem preuß. KommunalabgabenGes. v. 14. 7. 93 (**RG** 40, 264; JW 1898, 89; abweichend **RG** 72, 306), die Wertzuwachssteuer (**RG** 72, 395; 75, 208; **RG** 26. 6. 11 V 13/11), die Ablösungsrenten der Rentenbanken (**RG** 59, 100; Gruch 47, 396), der Domänenzins (Neumanns Jahrb 7, 196).

4. Über **Verteilung der Lasten** zwischen Verkäufer und Käufer §§ 446, 103.

5. Auf rückständige öffentliche Abgaben bezieht sich die Vorschrift nicht (Mot zu Entw I § 372).

§ 437

[1]) **Der Verkäufer**[6]) **einer Forderung oder eines sonstigen Rechtes haftet für den rechtlichen Bestand der Forderung oder des Rechtes**[2–5]).

Der Verkäufer eines Wertpapiers haftet auch dafür, daß es nicht zum Zwecke der Kraftloserklärung aufgeboten ist[7])[8])[9]).

E I 298 II 379; M 2 125; P 1 386, 669.

1. Die Vorschrift bringt eine **Sonderregelung** für den Verkauf einer Forderung oder eines sonstigen Rechtes sowie Wertpapiers. Nach § 433 Satz 2 ist der Verkäufer verpflichtet, dem Käufer das Recht zu verschaffen, und zwar nach § 434 frei von Lasten Dritter. Dabei wird nicht vorausgesetzt, daß das Recht überhaupt schon besteht, denn es kann auch ein künftig erst zur Entstehung kommender Gegenstand verkauft werden (§ 433 A 6 a), der Verkäufer

muß sich dann nur, um seiner Verpflichtung zu genügen, die Forderung oder das Recht noch verschaffen (Warn 1914 Nr 150; RG 3. 4. 09 V 375/08). Diese Verschaffungspflicht gründet bereits in § 433, nicht erst in § 437. Die Verschaffungspflicht fällt fort, wenn der andere Teil nicht imstande oder bereit ist, auch seinerseits zu erfüllen (Warn 1914 Nr 150). Aber der Kauf ist doch bedingt durch das Entstehen des Gegenstandes, das jedenfalls an sich möglich sein muß. Und steht von vornherein fest, daß dies ausgeschlossen ist, so liegt ein Vertrag über eine unmögliche Leistung vor, der nichtig ist (§ 306). Beim Verkauf eines nicht bestehenden und nicht zu begründenden Rechtes würde an sich das gleiche gelten. Abweichend hiervon läßt § 437 einen solchen Kauf über ein nicht schon bestehendes, aber zur Entstehung zu bringendes Recht aber nicht nur bedingt, sondern bereits unbedingt als abgeschlossen gelten und läßt weiter den Kauf über ein in concreto nicht begründbares Recht, z. B. über nichtige Kuxe, auch als gültig erscheinen, indem es den Verkäufer in beiden Fällen schlechthin auf das Erfüllungsinteresse für den Bestand des Rechtes oder der Forderung haften läßt (RG 68, 293; 73, 210; 92, 73). Der Nachweis des Kausalzusammenhanges für den Schaden wird selbstverständlich auch hier erfordert (RG Recht 1917 Nr 1975). Nur wenn das nicht bestehende Recht nicht bloß in concreto, sondern seiner Art nach überhaupt rechtlich nicht zur Entstehung gelangen kann, greift die Vorschrift des § 437 nicht, sondern nur § 306 Platz (RG 68, 292; 86, 213; 90, 244; 92, 76; Verkauf eines bereits bei Vertragsschluß nicht geschützten und rechtlich überhaupt nicht schutzfähigen Gebrauchsmusters; RG 90, 244).

2. Der Verkäufer haftet für den **Bestand** des Rechtes oder der Forderung. Das bedeutet ein Einstehen dahin, daß eine Forderung oder ein Recht so wie sie verkauft sind, rechtlich bestehen; der Einwand, daß sie nie entstanden, erloschen, durch Einrede entkräftet, durch Aufrechnung nichtig und unwirksam geworden seien, kann also nicht erhoben werden (RG LZ 1910, 464). Dem Mangel am rechtlichen Bestand kommt gleich der Mangel an der Möglichkeit der Geltendmachung des Rechts, so z. B. eine über ein Wertpapier verhängte Zahlungssperre (RG 109, 297). Ist eine Forderung als zweifelhaft abgetreten, so kommt es darauf an, ob sich der Zweifel auf das Recht bezieht, dann ist die Haftung ausgeschlossen (Warn 1911 Nr 171); oder auf die bloße Güte und Eintreibbarkeit der Forderung, dann bleibt die Haftung für den Rechtsbestand bestehen. Wer daher z. B. statt der verkauften 5%-Hypothek nur eine zu $4^1/_2$% abtritt, haftet nach § 437, denn die Hypothek besteht nicht in der Art wie sie verkauft wurde (RG 12. 12. 06 V 205/06). Der Verkäufer eines Wechsels haftet aus dem der Diskontierung zugrunde liegenden Kausalgeschäft für den rechtlichen Bestand des Wechsels oder der in ihm verkörperten, durch Indossament übertragenen Rechte (RG 93, 26); dies gilt auch dann, wenn einer der Wechselverpflichteten den Wechsel veräußert hat (RG 9. 11. 18 V 205/18). Eine besondere zivilrechtliche Haftung für Eingang der Schecksumme übernimmt der Verkäufer, der zugleich Aussteller ist, nicht (RG 112, 46); der Gesellschafter, der ein Recht als Sacheinlage einbringen soll, haftet, wenn das Recht nicht besteht (RG 94, 210); der Verkäufer eines Patents haftet für die richtige Erteilung des Patents durch das Patentamt; entsprechende Haftung tritt ein für ein immaterielles Gut, das wirtschaftlich einem patentrechtlich geschützten gleichsteht (JW 1913, 86[6]). Verleiht der Patentinhaber einem andern eine ausschließliche Lizenz, dann wird der Bestand des Patents selbst dadurch nicht beeinträchtigt, sondern nur die Ertragsfähigkeit (RG 78, 365). Wenn mit einem Grundstück ein damit verbundenes Recht verkauft ist, haftet der Verkäufer für das Vorhandensein des Rechtes (RG 83, 198: Mitverkauf einer Abdeckereigerechtigkeit; RG 4. 7. 14 V 91/14: Mitverkauf einer Flößereigerechtigkeit; RG Warn 1914 Nr 283: Fortführung des Rechtes der Bezeichnung „Hofapotheke": RG 96 S. 89, 227; LZ 08 Sp 950. Wird beim Verkauf eines Gutes das Recht, auf einem Nachbargut eine Feldbahn zu halten, als fortdauernd bestehend mitverkauft, so haftet der Verkäufer auf das Erfüllungsinteresse (RG 73, 210; 83, 200; 93, 73; RG 7. 5. 21 V 46/21). Erwerbung eines Geschäftsanteils einer Genossenschaft und einer Gesellschaft m. b. H., der durch die Möglichkeit der Ausschließung bei Nichteinzahlung in seinem rechtlichen Bestand gefährdet ist (RG 93, 71: Verkauf eines Grundstücks mit als vorhanden angegebenen Grunddienstbarkeiten). Die Haftung erstreckt sich auch auf **Nebenrechte** (Bürgschaften, Pfandrechte, Hypotheken: § 401; RG 56, 253; 68, 293; 90, 244). Bei der Veräußerung von Aktien begründet die Zusicherung von Nebenrechten, z. B. eines Pfandrechts für die Gewinnanteile, daher eine Haftung aus § 437, es handelt sich hier nicht um Zusicherung einer Eigenschaft (RG 56, 255). Der Gewährleistungsanspruch ist nicht in dem Sinne mit einer Forderung verbunden, daß er ohne weiteres mit übergeht. Aber eine besondere Abtretung ist möglich, und dann tritt dafür die Haftung nach § 437 ein (RG 25. 3. 05 V 74/05). Auch die Abtretung nach bereits eingetretener Haftungspflicht ist möglich (RG 72, 138; Gruch 49, 906).

3. Dagegen erstreckt sich die Haftung **nicht auf** die **Güte der Forderung** oder auf die **Verwertbarkeit** des Rechtes. Eine Haftung für Eigenschaften eines Rechtes oder einer Forderung ist im Gesetz nicht anerkannt, anders als beim Sachkauf (§ 459; RG 56, 255;

73, 116; Warn 09 Nr 134; JW 1912, 74[24]). Auch eine entsprechende Anwendung des § 459 findet nicht statt, da das Gesetz den Sachkauf und den Rechtskauf besonders geregelt hat (RG 63, 60). Wohl aber kann die Haftung durch besonderen Vertrag über die Garantieleistung übernommen werden. Dazu gehört, daß beide Teile sich bewußt waren, daß das Einstehen für die zugesicherte Eigenschaft einen Teil der vertragsmäßigen Leistung bildet. Der Zedent haftet nicht für die Zahlungsfähigkeit des Schuldners, es sei denn, daß er die Haftung ausdrücklich übernommen hätte (§ 438), der Verkäufer eines Patents zwar dafür, daß es nicht ganz oder teilweise nichtig ist, aber nicht für die Brauchbarkeit der Erfindung; der Verkäufer eines Mitgliedschaftsrechts haftet für den Bestand, nicht für den Ertrag aus dem Recht. Die Zusicherung: „die Hypothek ist gut" legt der Hypothek die Eigenschaft bei, daß sie innerhalb des Wertes des belasteten Grundstücks ausgeht (RG 25. 11. 03 V 228/03; Gruch 48, 343); für die persönliche Zahlungsfähigkeit des Schuldners wird dadurch keine Haftung übernommen (OLG 36, 35). Nach RG JW 1912, 74[24] soll nicht nur § 495, sondern auch die Anfechtung nach § 119 wegen Irrtums über die vorgenannten Eigenschaften ausgeschlossen sein, weil in § 119 nur von Eigenschaften der „Person" oder der „Sache" die Rede sei. Dagegen aber mit Recht Kiehl JW 1914 Nr 14.

4. Die Haftung bezieht sich auf den **Zeitpunkt des Abschlusses des Kaufvertrags.** Denn nach § 439 hat der Verkäufer den Mangel im Recht nur dann nicht zu vertreten, wenn der Käufer ihn beim Abschluß des Vertrags kennt. Vgl. auch § 438. Dieser Zeitpunkt ist auch dann entscheidend, wenn etwa durch Anfechtung oder Nichtigkeitserklärung eine Forderung oder ein Recht rückwirkend zur Aufhebung gelangt (§§ 141, 202, 222, 853). Damit soll jedoch nur gesagt sein, daß der Inhalt und der Umfang der Vertretungspflicht, die der Verkäufer durch Abschluß des Kaufvertrags übernimmt, nach dem Zeitpunkt dieses Abschlusses bestimmt wird. Nach ihm bemißt sich die in § 433 geregelte und in § 437 weiter ausgebaute Verschaffungspflicht. Die Eigenart des auf den Verkauf eines Rechts gerichteten Vertrags läßt jedoch den Verkäufer auch noch über die unmittelbare Erfüllung hinaus haften. Die Vertragspflicht des Zedenten erreicht mit dem Vollzug der Abtretung nicht notwendig ihr Ende (RG 111, 302). Die Folgen der Nichtverschaffung, der Nichterfüllung der in § 437 übernommenen Vertretungspflicht für den Bestand regeln sich nach § 440. Nicht soll in § 437 eine dem § 459 entsprechende Gewährleistungspflicht für den Zustand des Rechtes oder der Forderung begründet werden. Beim Verkauf einer künftigen Forderung erstreckt sich die Haftung im Zweifel nach dem Parteiwillen auf den Bestand zur Zeit der Fälligkeit (RechtsprOLG 20, 173). Der **Erfüllungsort** bestimmt sich für die etwaigen Schadensansprüche nicht nach dem Erfüllungsort der abgetretenen Forderung, sondern nach allgemeinen Grundsätzen (JW 01, 640).

5. Wenn einzelne Rechte und Forderungen als Bestandteile einer ganzen Vermögensmasse oder eines einheitlichen geschäftlichen Unternehmens mit diesem zusammen abgetreten sind, so schließt das die Anwendung von § 437 für die Rechte und Forderungen nicht aus. Denn nur die rechtlich bestehenden bilden einen Bestandteil des Unternehmens und der Vermögensmasse. Auf das ganze Unternehmen und die Vermögensmasse selbst ist § 437 nicht entsprechend auszudehnen. Der Rechtsmangel eines Bestandteils kann aber einen Eigenschaftsmangel des Unternehmens nach § 459 darstellen. Regelmäßig wird der Wille der Parteien dahingehen, daß bei Veräußerung sämtlicher Aktien eine Veräußerung des Unternehmens selbst gemeint ist (Friedländer JW 1926, 2892; hierzu RG 86, 146; 100, 201).

6. Auf andere entgeltliche Veräußerungsverträge über Forderungen und Rechte ist § 437 entsprechend anwendbar, insbesondere auch auf Nebenrechte, die mit anderen Gegenständen verkauft sind (RG 56, 253; 93, 71).

7. Für **Wertpapiere** gelten nach der bisherigen Auffassung des Reichsgerichts dieselben Rechtsgrundsätze, wie sie in **Abs 1** für andere Rechte und Forderungen aufgestellt worden sind. Denn Kaufgegenstand ist nicht nur das Papier als körperliche Sache, sondern vor allem das in ihm verkörperte Recht (RG 59, 244; 56, 255; JW 09, 492[14]). Es finden daher nebeneinander Anwendung die Vorschriften über Sachmängel, die zur Urkunde als solcher in Beziehung stehen (RG 59, 243), wie die Vorschriften nach § 437 über Rechtsmangel. Namentlich haftet der Verkäufer dem Käufer auch dafür, daß er ihm die Befugnis zur Geltendmachung des verbrieften Rechtes verschafft (RG 1, 292; 10, 170; 38, 158; RG 108, 317; 109, 297; Gruch 67, 199; RG 23. 9. 23 I 408/22); Haftung für gefälschte Banknoten vgl. auch JW 1923, 179. Dagegen ist Sachmangel angenommen beim Verkauf bestimmter ausländischer Banknoten (RG 108, 280). Ebenso dafür, daß das im Wertpapier verbriefte Recht entstanden ist. Der Mangel staatlicher Genehmigung nach § 795, die Zahlungssperre bei einem Wertpapier (ZPO § 1019), ausgeloste und gekündigte Wertpapiere, Nichtbeobachtung wesentlicher Formvorschriften des Warenzeichenrechts, des Wechselrechts u. a., die Ausgabe einer Aktie vor Eintragung der Aktiengesellschaft (HGB § 209) hindern z. B. die Entstehung des Rechtes. Dagegen können Vorgänge, die das Schuldverhältnis, das in der Urkunde verkörpert ist, zum Erlöschen bringen, dem berechtigten Inhaber gegenüber nur dann geltend gemacht werden, wenn sie aus der Urkunde selbst hervorgehen (§ 793). Die mangelnde Ertragsfähigkeit des Wertpapiers (Kurs), etwa einer Aktie, betrifft weder einen Mangel im Recht noch einen Sachmangel (**RG** 59, 243; Warn 09 Nr 502). Sie kann aber durch besondere Zusicherung garantiert werden. Ebenso Börsenfähigkeit, mangelnde Umlaufsfähigkeit (**RG** 4, 195). — Über den Begriff des Wertpapiers vgl. § 793. Die moderne Rechtsentwicklung geht allerdings mehr und mehr dahin, Wertpapiere durchweg wie bewegliche Sachen zu behandeln. So übrigens schon ROHG 18, 180; Bolze 17 Nr 316; **RG** 30, 154. Im übrigen kann sich gerade beim Verkauf von Wertpapieren aus den Umständen ergeben, daß der Käufer den Verkäufer nicht wegen Mängel verantwortlich machen kann. Das ist z. B. der Fall, wenn eine Gewerkschaft einem Bohrunternehmer Bohrungen unter der Bedingung übertragen hat, daß er eine Anzahl ihrer Kuxe aufkauft, und der Unternehmer dann Kuxe, die an einem Mangel leiden, von einem Bankier erworben hat (**RG** 99, 218). Der Verkäufer eines Schecks haftet auch nach § 437 dafür, daß der Scheck nicht zum Zwecke der Kraftloserklärung aufgeboten ist, er haftet im übrigen aber nur, wenn in rechtsgültiger Form scheckrechtliche Ansprüche begründet worden sind (**RG** 112, 48). Nicht ist aber jede Schecküberlassung gegen Zahlung Kauf, sondern nur, wenn aus dem Scheck neben dem Aussteller noch ein Dritter haftet (Bernstein WO S. 346, a. M. Staub-Stranz WO Art 83 A 33 und **RG**). Jedenfalls haftet Verkäufer nur für den Bestand, nicht für die Güte des Schecks.

Abs 2 will die früher bestrittene Frage zur Entscheidung bringen, daß der Verkäufer für ein dem Inhaber abhanden gekommenes und zum Zweck der Kraftloserklärung aufgebotenes Wertpapier nach den Grundsätzen des Rechtsmangels, nicht des Sachmangels haftet, und zwar schon für die Gefahr des Rechtsmangels, den das Aufgebot vorerst bringt (ZPO § 1017). Im übrigen will Abs 2 die Frage, ob die Wertpapiere wie körperliche Sachen oder wie Rechte zu behandeln seien, nicht zur Entscheidung bringen, wie aus den Protokollen der II. Kommission erhellt.

8. Die **Verjährung** der Schädenansprüche wegen Nichtbestehen eines Rechtes erfolgt nach § 195 in dreißig Jahren (**RG** 93, 71; 108, 318; bei zugesicherter Grunddienstbarkeit).

9. Die Verpflichtung aus § 437 kann auch durch Handelsbrauch beseitigt oder beschränkt werden (Gruch 1924, 199; **RG** I).

§ 438

Übernimmt[2]) der Verkäufer einer Forderung die Haftung für die Zahlungsfähigkeit des Schuldners, so ist die Haftung im Zweifel nur auf die Zahlungsfähigkeit zur Zeit der Abtretung zu beziehen[1]).

E I 299 II 380; M 2 126; P 1 387.

1. Die Vorschrift fällt aus der Ordnung über die Regelung der Haftung für Mängel im Rechte heraus und hat ausschließlich den Fall im Auge, daß die Gewähr für die **Zahlungsfähigkeit** des Schuldners **vertraglich** übernommen wird. Eine gesetzliche Haftung des Verkäufers einer Forderung besteht zwar für den Bestand der Forderung (§ 437), nicht aber auch für ihre Güte oder für die Leistungsfähigkeit des Schuldners. Die Vorschrift stellt zugunsten des Verpflichteten die widerlegbare Vermutung auf, daß sich sein Gewährschaftsversprechen nach der Parteiabsicht nur auf den Zustand **zur Zeit der Abtretung** beschränken soll. Im übrigen gelten hier folgende Grundsätze: Der Erwerber der Forderung kann den Verkäufer gegebenenfalls erst dann in Anspruch nehmen, wenn er zunächst in gehöriger Weise versucht hat, die Forderung vom Schuldner beizutreiben. Er hat dabei nach Treu und Glauben zu handeln und ist sonach auch gehalten, die Forderung rechtzeitig zu kündigen sowie die Zwangsvollstreckung zu betreiben (**RG** Warn 1910 Nr 107). Nach der allgemeinen Fassung der Bestimmung, die auf dem Gedanken beruht, daß der Verkäufer einer Forderung für nachträgliche Veränderungen in der Lage des Schuldners nicht einzustehen braucht, muß die Vermutung auch für den Fall Platz greifen, daß die Kündbarkeit der Forderung zur Zeit der Abtretung noch ausgeschlossen, vielmehr auf eine spätere Zeit hinausgeschoben war. Es wird unter solchen Umständen jedoch der Parteiwille oftmals dahin gehen, daß für die Haftung des Verkäufers nicht der Zeitpunkt der Abtretung, sondern erst der der Kündbarkeit entscheidend sein soll. Gegebenenfalls werden hier daher auch an die Beweispflicht des Käufers, der diesen Ausnahmefall behauptet, nicht zu hohe Anforderungen zu stellen sein. Welcher Zeitpunkt für die Begrenzung der Haftung des Käufers als maßgebend gedacht worden, ist schließlich von Fall zu Fall nach den obwaltenden Umständen unter Anwendung des § 157 zu ermitteln (**RG** 7. 5. 13 V 502/12). Ist die Haftung nur für eine bestimmte Zeit übernommen, so fällt sie fort, wenn die Schuld nicht innerhalb der Gewährsfrist fällig gemacht worden und eingefordert ist, wobei es auf die Fälligkeit dem Schuldner gegenüber ankommt (**RG** 27. 5. 08 V 382/07). Auf die zeitliche Beschränkung der Haftung gemäß § 438 hat anderseits der Verkäufer dann überhaupt kein Anrecht, wenn er die Haftung für den Eingang der Forderung übernahm (**RG** 23. 10. 12 V 179/12; JW 1910, 231[8]). Aber auch hier muß der Käufer zunächst gegen den Schuldner vorgehen, um nicht den Gewährsanspruch zu verwirken. Hat indessen der Verkäufer nicht nur für den vollständigen, sondern auch für den pünktlichen Eingang der Forderung Gewähr geleistet, dann ist die Abrede dahin zu verstehen, daß der Käufer bei Säumigkeit des Schuldners zur Inanspruchnahme des Verkäufers ohne weiteres berechtigt sein soll (**RG** 72, 140; Warn 1910 Nr 107). Vgl. auch **RG** 37, 290 (für preuß. Recht); **RG** 8. 5. 18 V 17/18. Auf die zeitliche Beschränkung der Haftung gemäß § 438 wird sich übrigens der Verkäufer auch dann nicht berufen können, wenn er gewußt hat, daß die Zahlungsunfähigkeit des Schuldners bevorstehe, die ihm bekannten Umstände aber arglistig verschwieg (Mot 2, 127). Über die mangelnde Güte einer Hypothek entscheidet nicht immer ihr Ausfall bei der Zwangsversteigerung, zumal dann nicht, wenn der Gläubiger selbst das Grundstück billig erstanden hat (**RG** JW 1912, 237[5]). — Die Bestimmung des § 438 findet entsprechende Anwendung bei Abtretung einer Forderung an Erfüllungs Statt (**RG** Gruch 47, 642). Anderseits auch dann, wenn Gegenstand des Kaufes und der Abtretung nicht eine Forderung, sondern eine Hypothek oder eine Grundschuld ist und für deren Güte die Gewähr übernommen wird (**RG** 7. 5. 13 V 562/12).

2. **Rechtsnatur des Versprechens.** Die Übernahme der Gewähr stellt kein bürgschaftliches Versprechen dar, weil der Verkäufer für seine eigene, nicht aber für eine fremde Verbindlichkeit zu haften verspricht, und die Haftung ist demgemäß auch nicht vom Bestehen der verkauften Forderung abhängig (**RG** 60, 371 u. 72, 140; JW 1912, 239[6]; Gruch 54, 926). Das Versprechen unterliegt daher auch nicht der Schriftform nach § 766; der Käufer darf aber ebensowenig wie bei der Bürgschaft arglistig Sicherheiten aufgeben, wie für ihn anderseits auch nicht die Pflicht zur Sorgfalt besteht (**RG** JW 07, 165[2]).

§ 439

Der Verkäufer hat einen Mangel im Rechte[1]) nicht zu vertreten, wenn der Käufer den Mangel bei dem Abschlusse des Kaufes kennt[2])[3]).

Eine Hypothek, eine Grundschuld, eine Rentenschuld oder ein Pfandrecht hat der Verkäufer zu beseitigen, auch wenn der Käufer die Belastung kennt. Das gleiche gilt von einer Vormerkung zur Sicherung des Anspruchs auf Bestellung eines dieser Rechte[4]).

E I 373 II 381; M 2 215; P 2 658.

1. Die Vorschrift bezieht sich nur auf die Kenntnis von **Rechtsmängeln** und verfügt eine Ausnahme von der Regel, daß der Verkäufer solche zu vertreten hat. Bei andern Mängeln als denen im Recht findet daher § 439 keine Anwendung, so nicht auf das persönliche Vorkaufsrecht (**RG** 12. 3. 09 II 470/08; SeuffA 56 Nr 99; OLG 1, 83) oder sonstige obligatorische Verbindlichkeiten des Verkäufers, wo Haftung für Schadensersatz nach § 275 stattfindet; nicht bei Sachmängeln (vgl. § 460). Die Vorschrift bezieht sich jedoch nicht nur auf die Fälle des § 434, sondern auch auf die des § 433 (**RG** 52, 276; **RG** 10. 11. 20 V 102/20). Ferner bezieht sich die Vorschrift nur auf die Befreiung von **gesetzlicher Haftung,** nicht auch auf die durch besondere Zusicherung begründete (**RG** 88, 160; **RG** 23. 11. 18 V 158/18). Hat der Käufer in Kenntnis des Rechtsmangels gekauft, so ist nicht Verkauf eines unsicheren Rechts vereinbart, vielmehr eine bestimmte Sache verkauft. Die Kenntnis hat nur die in § 439 angeordnete Folge, daß die gesetzliche Haftung ausgeschlossen ist, eine besondere vertragsmäßige Zusage kann bestehenbleiben und z. B. zur Beseitigung des Mangels verpflichten. Ist wegen des Mangels gleichzeitig die Sache beiden Teilen entzogen, so liegt ein Fall des § 323 vor (**RG** 88, 165). Zu der gesetzlichen Haftung gehört auch die Pflicht aus § 435. Dagegen bezieht sich die Vorschrift nicht nur auf § 434, sondern auch auf § 433, findet also auch Anwendung, wenn der Verkäufer nicht Eigentümer der verkauften Sache war (**RG** 52, 276; 10. 11. 20 V 102/20). Beim Hypothekendarlehn ist der Darlehnsnehmer im Zweifel nicht verpflichtet, dem Darlehnsgeber die Hypothek an erster Stelle zu gewähren, wenn dieser das Vorhandensein von Vorbelastungen nicht kennt. § 439 ist auf die Bestellung einer Darlehnshypothek nicht entsprechend anwendbar (**RG** 55, 128).

2. Die **Kenntnis des Käufers** muß sich auf das Nichtvorhandensein des Rechtes oder dessen Beschränkungen beziehen. Auf einen etwaigen Irrtum über die rechtliche Tragweite des Mangels kann sich der Käufer nicht stützen (**RG** 52, 167; Warn 09 Nr 501; 1914 Nr 42). Doch ist immer die Kenntnis von einem Recht erforderlich. Wenn daher jemand nur das Vorhandensein von Fenstern kennt, so braucht er damit noch nicht notwendig zu wissen, daß diese auf dem Vorhandensein der Rechtsbefugnis eines Dritten beruhen (unrichtig OLG 8, 62).

Die Kenntnis vom Mangel des Eigentums beim Verkäufer macht den Kauf noch nicht zu einer **emtio spei** (RG 88, 165). Auf welche Weise der Käufer zur Kenntnis gekommen ist, ist gleichgültig, er braucht sie auch nicht durch den Verkäufer und bei Gelegenheit der Vertragsverhandlungen erworben zu haben (**RG** 52, 276), noch braucht sie aus der Vertragsurkunde sich zu ergeben. Die Kenntnis von einem Teil des Rechtes läßt bei Teilbarkeit der Befugnisse die Haftung für den unbekannten Teil bestehen (SeuffA 61 Nr 198). — Das Kennenmüssen (§ 122) steht dem wirklichen Kennen nicht gleich, auch wenn es auf Verschulden beruht (**RG** 59, 408; JW 06, 10[4]; 1911 S. 645[11], 646[12]; **RG** 8. 7. 19 II 30/19). Auch wenn jemand weiß, daß ein Dritter ein Patentrecht für sich in Anspruch nimmt, so bedeutet das noch nicht Kenntnis vom Bestehen des Patents (Warn 1911 Nr 366). Auch wenn ein Widerspruch gegen das Recht des Verkäufers (§ 899) oder eine Vormerkung (§ 883) eingetragen ist, kommt es doch auf die Kenntnis vom wirklichen Mangel an. Die Kenntnis davon, daß Eigentumsansprüche behauptet werden, ist daher nicht stets der Kenntnis vom Bestehen eines Rechtes gleichzustellen (**RG** 27. 4. 11 II 472/10; dagegen Recht 07 Nr 762). Immer kommt nur ein solches sicheres Kennen in Betracht, aus dem ein Verzicht auf die Gewährleistung anzunehmen ist. Dagegen muß sich derjenige, der erklärt, die Mängel im Rechte zu kennen, so behandeln lassen, als wenn dies der Fall wäre, auch wenn er die Kenntnis in Wahrheit nicht besitzt. So bei der Abrede im Vertrag über ein Grundstück: „Dem Käufer sind die Mietverträge bekannt" (**RG** 8. 4. 16 V 36/16).

3. Die Kenntnis muß **beim Abschlusse** des Vertrags vorliegen. Bei Grundstückskäufen erfolgt der Abschluß erst mit der gerichtlichen oder notariellen Beurkundung (**RG** JW 1902 Beil. 262). Bei einer erst zur Zeit der Erfüllung erlangten Kenntnis kommt § 439 nicht zur Anwendung. Wenn wissentlich eine fremde Sache verkauft wird, kann darin ebensowohl eine besondere Gewährleistung des Verkäufers als Verzicht des Käufers auf den Rechtsmangel liegen. Es ist Auslegungsfrage. Auch die Vorschrift des § 439 Abs 1 ist nachgiebigen Rechtes und kann durch besondere Abreden abgeändert werden. Der Verkäufer haftet für Erfüllung des Kaufvertrags jedenfalls dann, wenn der Käufer nach den Umständen davon ausgehen durfte, daß der Verkäufer im Einverständnis mit dem dritten Eigentümer handelte (Recht 1918 Nr 216). Hat z. B. der Dritte beim Abschluß des Kaufvertrags Kenntnis davon, daß das gekaufte Grundstück mit einem dinglichen Vorkaufsrecht belastet ist, so hat der Verkäufer diesen Mangel im Recht nicht zu vertreten. Im übrigen ist als Inhalt des Kaufgeschäfts anzunehmen, daß der Verkauf nur unter der Bedingung erfolge, daß der Vorkaufsberechtigte sein Vorkaufsrecht nicht ausüben werde (**RG** JW 1922, 576[2]).

4. In **Abs 2** wird von der Regel des Abs 1 eine **Ausnahme** in Übereinstimmung mit der Verkehrssitte dann begründet, wenn der Mangel im Recht im Bestehen einer Hypothek, Grundschuld, Rentenschuld oder eines Pfandrechts beruht. Hier kann der Käufer die Befreiung von solchen Belastungen stets verlangen, wenn nichts anderes vereinbart ist. Nach § 1107 gilt die Vorschrift auch wegen Rückständen von Reallasten. Die Reallast nach § 1105 (sächs. Landeskulturrente) fällt nicht unter § 439 Abs 2, sie ist nicht der Hypothek gleichgestellt (OLG 36 Nr 314). Es wird verordnet, daß es wieder bei der Regel der §§ 434 u. 435 verbleibt, auch wenn der Käufer diese Rechte kennt. Auch diese Verpflichtung aber steht unter der Regel des § 242, wenn der Käufer durch die Aufwertungsgesetze zu anderen Leistungen für die Bewirkung der Beseitigung der Hypothek verpflichtet wird, als bei Kaufabschluß vorausgesehen war (**RG** 112, 333). Schon die Erwähnung des Pfandrechts weist darauf hin, daß hier nicht bloß Rechte an Grundstücken, sondern auch an beweglichen Sachen in Frage kommen, auch bewegliches Zubehör zu Grundstücken (**RG** 57, 1). Auch diese Vorschrift aber ist wieder nachgiebigen Rechtes. Wenn namentlich der Käufer eines Grundstücks die Hypothek oder die Grundschuld in Anrechnung auf den Kaufpreis übernommen hat oder der Verkäufer sonst die Gewähr dafür übernimmt, daß das aufhaftende Recht dem Käufer kein Hindernis bereitet (Warn 1919 Nr 95), kann die Beseitigungspflicht entfallen. Hat sich der Grundstücksverkäufer dem Käufer gegenüber verpflichtet, die auf dem Grundstück ruhende Rente selbst zu tragen und zur Löschung zu bringen, so muß er im Fall der Zwangsversteigerung von seinem Liquidate aus der Restkaufgeldhypothek so viel in Abzug bringen, als das zur Hebung kommende Rentenkapital beträgt (**RG** 11. 6. 10 V 475/09). Der Erwerber einer Hypothek, der das Nichtbestehen der Forderung kennt, kann den Verkäufer auch nicht wegen Rechtsunbeständigkeit der Hypothek haftbar machen, da Forderung und Hypothek untrennbar zusammenhängen (**RG** 81, 266). Kennt der Käufer ein für einen Dritten bestehendes dingliches Vorkaufsrecht, kann der Verkäufer, wenn es der Dritte ausübt, dem Käufer gegenüber Schadensansprüche ablehnen. Anders dagegen bei nur persönlichem Vorkaufsrecht, das die Kaufsache nicht belastet und nur Pflichten zwischen den Beteiligten begründet. Erfüllt der Verkäufer dem Vorkaufsberechtigten und macht er dadurch dem Käufer gegenüber die Leistung unmöglich, haftet er nach den gewöhnlichen Grundsätzen (SeuffA 56 Nr 99).

§ 440

Erfüllt der Verkäufer die ihm nach den §§ 433 bis 437, 439 obliegenden Verpflichtungen nicht, so bestimmen sich die Rechte des Käufers nach den Vorschriften der §§ 320 bis 327[1])[3]).

Ist eine bewegliche Sache verkauft und dem Käufer zum Zwecke der Eigentumsübertragung übergeben worden, so kann der Käufer wegen des Rechtes eines Dritten, das zum Besitze der Sache berechtigt, Schadensersatz wegen Nichterfüllung nur verlangen, wenn er die Sache dem Dritten mit Rücksicht auf dessen Recht herausgegeben hat oder sie dem Verkäufer zurückgewährt oder wenn die Sache untergegangen ist.

Der Herausgabe der Sache an den Dritten steht es gleich, wenn der Dritte den Käufer oder dieser den Dritten beerbt oder wenn der Käufer das Recht des Dritten anderweit erwirbt oder den Dritten abfindet.

Steht dem Käufer ein Anspruch auf Herausgabe gegen einen anderen zu, so genügt an Stelle der Rückgewähr die Abtretung des Anspruchs[2]).

E I 374 II 382; M 2 216; P 1 660; 6 170.

1. Die **Rechtsfolgen der Nichterfüllung** der in § 433ff. begründeten Vertragspflichten sind im allgemeinen sowohl für den Verkäufer als für den Käufer die Folgen der Nichterfüllung bei gegenseitigen Verträgen überhaupt. In § 440 wird dies für den Verkäufer noch ausdrücklich hervorgehoben und damit klargestellt, daß jede einzelne der in §§ 433 bis 437 u. 439 dem Verkäufer obliegende Verpflichtung einen Teil der gesamten Verpflichtungen ausmacht, er also teilweise nicht erfüllt und wegen jedes dieses Teiles die Rechtsbehelfe deshalb zulässig sind, wenn er eine der genannten Verpflichtungen unterläßt. Nur bei Entwehrung beweglicher Sachen wird die Befugnis in Abs 2—4 beschränkt.

a) Der Käufer hat daher nach §§ 320, 322 die Einrede des nicht erfüllten Vertrags, wenn ihm nur die Sache übergeben, aber nicht das Eigentum an ihr verschafft ist, ebenso wenn ein nicht bestehendes Recht verkauft und vom Verkäufer noch nicht begründet worden ist (§ 437; **RG** 73, 210; 108, 318; Warn 1916 Nr 161), nicht minder, wenn ihm eine mangelhafte Sache angeboten wird (**RG** 86, 93; JW 1912, 461[2]).

b) Der Käufer hat die Klage auf Erfüllung, und zwar auch dann, wenn dem Verkäufer durch sein Verschulden nach Abschluß des Vertrags die Leistung unmöglich geworden ist (§ 324).

c) Der Käufer hat die Klage auf Schadensersatz bei subjektivem Unvermögen nach § 275 Abs 2 (**RG** 69, 355; 73, 211; SeuffA 65, 96); bei positiver Vertragsverletzung des Verkäufers nach § 276, wenn durch sein Verschulden die Leistung unmöglich geworden ist; nach § 325, wenn die Erfüllung durch einen Umstand, den er zu vertreten hat, nach Abschluß des Vertrags unmöglich wurde; bei Gattungssachen wegen des Fehlens zugesicherter Eigenschaften zur Zeit des Gefahrübergangs nach § 480 Abs 2 (**RG** 52, 355); bei Speziessachen wegen des Fehlens zugesicherter Eigenschaften zur Zeit des Kaufs nach § 463. — **Bei Verzug** des Verkäufers mit einer der ihm obliegenden Verpflichtungen hat der Käufer das Recht, Schadensersatz wegen verspäteter Erfüllung nach § 286 zu verlangen oder, nachdem er bei vergeblicher Fristsetzung zur Ablehnung der Leistung berechtigt worden ist, Schadensersatz wegen Nichterfüllung nach § 326. Dies gilt auch, wenn der Verzug darin besteht, daß bisher nur mangelhafte Ware geliefert worden ist, zu deren Annahme (im Unterschied zur Abnahme) der Käufer nicht verpflichtet ist, so daß dann der Verkäufer auch mit der Übergabe in Verzug kommt (JW 03, Beil 1, 8).

d) Der Käufer hat weiter das Recht zum Rücktritt vom Vertrag nach Maßgabe der §§ 325, 326, 327 (JW 08, 35[9]), z. B. weil der Verkäufer eine nicht bestehende Hypothek nicht löschen läßt. Dieses Rücktrittsrecht ist eine einseitige, von der Zustimmung des Verkäufers unabhängige Befugnis, so daß nicht auf dessen Einwilligung geklagt werden kann. Feststellungsklage ist zulässig, wenn deren Voraussetzungen sonst vorliegen (**RG** JW 03 Beil 68[157]). Verschieden davon ist die Wandlung, auf die die Vorschriften des vertragsmäßigen Rücktrittsrechts Anwendung finden (§ 467). Die besonderen Gewährleistungsansprüche der §§ 459ff. schließen den Rücktritt wegen Verzugs nach § 326 aus. Im übrigen leiden aber nach § 327 die Vorschriften der §§ 346—356 über das vertragsmäßige Rücktrittsrecht auch hier Anwendung. So hat der zur Rücknahme des Grundstücks verpflichtete Verkäufer, der es nach dem Rücktritt des Käufers nicht zurückgenommen und nicht für die Abwendung der Zwangsversteigerung gesorgt hat, an dieser schuld (**RG** 4. 2. 05 V 350/04). Das Rücktrittsrecht des Käufers ist nach § 351 ausgeschlossen, wenn sich der Käufer zur Rückgewähr außerstand gesetzt hat, insbesondere wenn er das Grundstück unter solchen Umständen weiterveräußerte, daß der Nachfolger nicht verpflichtet wurde, seinen Erwerb zurückzugewähren (§ 353; **RG** 56, 260).

e) War die Erfüllung des Kaufvertrags von Anfang an unmöglich, greifen die Vorschriften der §§ 306—308 Platz. Wegen Unmöglichkeit bei Mangel im Recht vgl. zu § 437 A 1.

2. Der Grundsatz des Abs 1 findet im allgemeinen bei allen Käufen gleiche Anwendung, mag der Kaufgegenstand ein Grundstück, eine bewegliche Sache oder sonst ein immaterielles Rechtsgut oder ein Recht sein. Für den **Kauf einer beweglichen Sache** jedoch und den eines **Rechtes an einer beweglichen Sache,** das zum Besitz der Sache berechtigt (§ 441), hat das Gesetz eine Änderung in **Abs 2** insofern getroffen, als hier der **Anspruch auf Schadensersatz wegen Nichterfüllung** zufolge des Entgegenstehens Rechte Dritter, die zur Entwehrung der Kaufsache befähigen, vom Käufer nicht sofort, sondern erst dann geltend gemacht werden darf, wenn er den Besitz der Sache verloren oder aufgegeben hat. Voraussetzung ist also immer, daß ihm die Sache bereits vom Verkäufer übergeben war. Der Anspruch geht auf vollen Ersatz des durch die Nichterfüllung entstandenen Nachteils (**RG** 50, 262). Die sonstigen Rechte wegen Nichterfüllung kann der Käufer sofort auf Grund des Nachweises, daß der Rechtsmangel besteht, geltend machen, den Anspruch wegen Eviktion aber nicht, solange er noch tatsächlich im Genuß des Kaufgegenstandes ist. Dann ist sein Schaden noch nicht verwirklicht, dieser muß erst infolge der Eviktion ein endgültiger geworden sein. Durch die Vorschrift des Abs 2 soll vermieden werden, daß der Käufer eine Entschädigung wegen des Rechtsmangels erhält und gleichzeitig im Genuß der Sache verbleibt (Prot I, 663). Diese Billigkeitserwägung versagt aber, wenn der Käufer das Recht des Dritten erwirbt oder den Dritten abfindet; daher die Vorschrift des Abs 3. Diese trifft nicht den Fall, daß das Eigentumsrecht des Dritten vom Käufer nicht erworben wird, sondern bestehenbleibt, der Käufer den Dritten auch nicht abfindet, sondern mit ihm nur einen Leihvertrag schließt (**RG** 105, 350). Vgl. auch 115, 34. Der Käufer ist aber nicht verpflichtet, sondern nur befugt, es mit dem Dritten, der den Eviktionsanspruch erhebt, auf einen Prozeß ankommen zu lassen und dem Verkäufer den Streit zu verkünden. Kann der Rechtsmangel außergerichtlich nachgewiesen werden, genügt es, daß der Käufer infolgedessen die Sache freiwillig herausgegeben hat oder dem Dritten einen ihm zustehenden Herausgabeanspruch gegen einen andern abtritt (**Abs 4**; §§ 867, 870). Diesem Fall ist nach **Abs 3** der gleichzusetzen, daß der Käufer den Besitz nur um deswillen behält, weil er den Dritten auf seine Kosten abgefunden oder diesen beerbt hat. Dies und die Rückgabe braucht nicht zugleich einen Rücktritt vom Vertrag zu bedeuten. Trotz § 446 trägt der Verkäufer unter den Voraussetzungen des § 440 Abs 2 auch noch nach der Übergabe die Gefahr, so daß der Schadensanspruch vom Käufer auch dann geltend gemacht werden kann, wenn die Sache ohne Verschulden des Verkäufers untergegangen ist.

3. Die Vorschrift des § 440 findet auch noch Anwendung, wenn die Entwehrung gegenüber einem Nachmann des Käufers erst stattfindet (**RG** 2. 1. 22 VI 572/21).

§ 441

Die Vorschriften des § 440 Abs 2 bis 4 gelten auch dann, wenn ein Recht an einer beweglichen Sache verkauft ist, das zum Besitze der Sache berechtigt.

E I 374 II 382; M 2 216; P 1 660; 6 170.

Solche Rechte sind §§ 1012, 1017, 1036, auch §§ 1059 u. 1251. Nicht das Mietrecht.

§ 442

Bestreitet¹) der Verkäufer den vom Käufer geltend gemachten Mangel im Rechte, so hat der Käufer den Mangel zu beweisen²).

E I 379 II 383; M 2 222; P 1 665.

1. Die Vorschrift hat nur den Fall im Auge, daß der vom Käufer behauptete Rechtsmangel als solcher vom Verkäufer bestritten wird und die Sache als Erfüllung schon angenommen worden ist (**RG** 27. 10. 06 V 100/06). Wenn der Käufer bestreitet, daß die Handlungen der Rechtsverschaffung vom Verkäufer vorgenommen worden seien, z. B. die Abtretung der Forderung, die Auflassungserklärung, muß nach den allgemeinen Grundsätzen der Verkäufer beweisen, daß er seiner Verschaffungspflicht genügt habe.

2. Die Beweisregel umfaßt alle Streitfälle im Rahmen des § 434 ohne Unterschied, ob der Verkäufer seiner Verschaffungspflicht äußerlich schon durch Übergabe der Kaufsache genügt hatte oder nicht (Warn 1911 Nr 395), ferner ohne Unterschied, von welchem Rechtsbehelf aus § 440 der Käufer Gebrauch macht (Warn 1916 Nr 162). Es greift § 442 auch Platz, wenn der Käufer unter der Behauptung, daß der Verkäufer wegen des Vorhandenseins eines Mangels im Recht nicht gehörig leisten könne, nach § 320 vom Zurückhaltungsrecht Gebrauch macht; z. B. die Auflassung nicht entgegennimmt, denn ihre Entgegennahme ist keine Leistung des Käufers, die er zurückhalten kann (RG 69, 107); auch dann, wenn ein Dritter sein angebliches Recht bereits geltend macht. Der Beweispflicht genügt letztenfalls der Käufer nicht schon dadurch, daß er nachweist, daß der Dritte ein Recht geltend macht, sondern nur dadurch daß er nachweist, daß das Recht des Dritten und damit der Rechtsmangel wirklich besteht (Warn 1916 Nr 162; RG 3. 5. 16 V 64/16). Es kann natürlich vereinbart werden, daß der Verkäufer den Käufer schon gegen die bloße Geltendmachung eines Rechtes schützen solle. Eine Abmachung, daß der Verkäufer „in jeder Beziehung" für das Nichtbestehen einer Last aufzukommen habe, braucht indes noch nicht in jenem Sinne verstanden zu werden (RG 27. 10. 06 V 100/06).

§ 443

Eine Vereinbarung, durch welche die nach den §§ 433 bis 437, 439 bis 442 wegen eines Mangels im Rechte dem Verkäufer obliegende Verpflichtung zur Gewährleistung erlassen oder beschränkt wird[1])[5]), ist nichtig, wenn der Verkäufer den Mangel arglistig verschweigt[2–4]).

E I 380 II 384; M 2 223; P 1 667.

1. Grundsätzlich herrscht auch hinsichtlich der Gewährleistung wegen Mangels im Recht Vertragsfreiheit, so daß **Abreden** über Ausschluß, Beschränkung oder Erweiterung zulässig sind. Dies kann auch durch stillschweigende Vereinbarung geschehen oder sich ohne weiteres aus der Besonderheit des Vertrags ergeben. Eine Abrede, die sich nur auf einen bestimmten Fehler bezieht, ist im allgemeinen nicht dahin zu deuten, daß die Gewährleistung wegen aller Fehler erlassen sei. Denn der Erlaß ist nicht ausdehnend auszulegen (RG 62, 122).

2. Der Grundsatz der Vertragsfreiheit über die Gewährleistung wegen Mängel im Recht findet seine Grenze an der **Arglist des Verkäufers.** Wenn dieser den Mangel beim Vertragsabschluß arglistig verschweigt, ist die Abrede nichtig. Das gleiche ordnet § 476 hinsichtlich der Vereinbarung über die Gewährleistung wegen Mängel der Sache im Sinne von § 459. Die Nichtigkeit tritt ohne Anfechtung ein, bleibt aber auf den Erlaß beschränkt und läßt die Rechtsbeständigkeit des Vertrags im übrigen unberührt (RG 62, 125; Warn 1914 Nr 115). Auf den ursächlichen Zusammenhang zwischen der Arglist und dem Erlaß der Gewährleistung kommt es nicht an (RG 55, 214). Für Arglist ist erforderlich, daß der Verkäufer erstens das Vorhandensein des Fehlers kannte oder wenigstens mit der Möglichkeit des Vorhandenseins rechnete (RG JW 1913, 1153, DJZ 1916 Nr 990), bloßes Zweifeln allein ist aber nicht ausreichend (mißverständlich SeuffA 58, 314), daß er zweitens wußte, dem Käufer sei der Mangel nicht bekannt, könne ihm wenigstens unbekannt sein, und daß er drittens sich bewußt war, der Käufer würde bei Kenntnis der wahren Sachlage den Vertrag nicht abschließen oder gegebenenfalls die angebotene Ware als Erfüllung nicht annehmen (RG 62 S. 150, 300; JW 1913, 684[2]). Hiernach liegt namentlich arglistiges Verschweigen vor, wenn der Verkäufer schweigt, um den Käufer zu täuschen (RG 55, 213), z. B. falls dieser einen Preis bietet, der zum Wert der Sache außer Verhältnis steht und dieser erkennbar aus Irrtum abgegeben ist (Warn 08 Nr 186); wenn er durch sein Verhalten zu verhüten sucht, daß der Käufer den Fehler erfährt (Gruch 48, 336), sich etwa wahrheitswidrig den Anschein gibt, als halte er das Bestehen des Rechtes für zweifelhaft, während er dessen Nichtbestehen sicher weiß (RG 75, 436) oder sonst in böser Absicht die bei ihm vorhandenen Zweifel dem Käufer nicht mitteilt (RG 62, 149; 75, 436; JW 04, 359[13]; 09, 48[11]; Warn 1912 Nr 300; 1915 Nr 110). Dagegen sind besondere Veranstaltungen zur Unterdrückung des Fehlers nicht erforderlich. Nur die Kenntnis des Käufers — nicht auch schuldhaftes Nichtkennen — vom Vorhandensein des Mangels zur Zeit des Vertragsschlusses entzieht ihm das Recht, sich auf die Arglist des Gegners zu berufen (RG 8. 5. 07 V 468/06). Hat aber der Käufer die Kenntnis erst nach dem Vertragsschluß erlangt, so schließt die Annahme der Sache die spätere Geltendmachung eines Mangels im Recht nicht aus, es sei denn, daß ein Verzicht vorliege (JW 06, 10[4]). — Bei § 464 handelt es sich um Arglist nicht bei Vertragsschluß, sondern bei Erfüllung (RG 55, 213).

3. Nur die arglistige Herbeiführung des Erlasses der Gewährleistungspflicht macht diese Vereinbarung nichtig. Hat der Verkäufer gutgläubig durch unrichtige Angaben den Käufer in Irrtum versetzt, so kann dieser die Erklärung anfechten, sie ist aber nicht nichtig (JW 03 Beil 33[67]).

4. **Beweislast.** Der Käufer, dem sein etwaiger Erlaß entgegensteht, hat die Arglist des Verkäufers zu beweisen, und der letztere hat alsdann diesen Einwand durch den Nachweis der Kenntnis des Käufers im Zeitpunkte des Vertragsschlusses zu widerlegen.

5. **Haftung für Gehilfen.** Vgl. § 166 A 2 und **RG** 61, 207, betreffend die Arglist des Stellvertreters. Die Arglist eines bloßen Erfüllungsgehilfen, der kein Stellvertreter ist, kann dem Verkäufer um deswillen nicht zugerechnet werden, weil es sich beim Vertragsschlusse nicht um die Erfüllung einer Verbindlichkeit handelt und der § 278 sonach außer Anwendung bleiben muß (§ 278 A 3). Möglich wäre es nur, den § 831 heranzuziehen, falls der Verkäufer den Dritten zu einer bestimmten Verrichtung, beispielsweise zur Auskunftserteilung bestellt und der andere dabei arglistig gehandelt hätte.

§ 444

Der Verkäufer ist verpflichtet, dem Käufer über die den verkauften Gegenstand betreffenden rechtlichen Verhältnisse, insbesondere im Falle des Verkaufs eines Grundstücks über die Grenzen, Gerechtsame und Lasten, die nötige Auskunft zu erteilen[1])[3]) und ihm die zum Beweise des Rechtes dienenden Urkunden, soweit sie sich in seinem Besitze befinden, auszuliefern[1]). Erstreckt sich der Inhalt einer solchen Urkunde auch auf andere Angelegenheiten, so ist der Verkäufer nur zur Erteilung eines öffentlich beglaubigten Auszugs verpflichtet[2]).

E I 462 II 385; M 2 322; P 2 58.

1. **Diese Auskunftspflicht** ist nicht zu verwechseln mit der etwaigen Anzeigepflicht des Verkäufers beim Vertragsschlusse (§ 443). Sie betrifft den „verkauften" Gegenstand, setzt daher einen Kaufvertrag als bereits gegeben voraus und begründet somit eine weitere selbständige Verkäuferpflicht, deren Verletzung den Käufer zu den im § 440 vorgesehenen Rechtsbehelfen berechtigt (**RG** 52, 168; JW 1912, 745[2] betrifft den Fall eines besondern Vertrauensverhältnisses, **RG** LZ 1916 Sp 222[8]). Sie trifft auch den Vorkaufsverpflichteten, §§ 505, 510 Abs 1 (**RG** 108, 68). Die bezeichnete Verpflichtung bezieht sich nur auf die das rechtliche Verhältnis begründenden Unterlagen, umfaßt dagegen nicht auch die Pflicht zu Rechtsbelehrungen (**RG** a. a. O.). Die Möglichkeit für den Käufer, sich aus dem Grundbuch zu unterrichten, entbindet den Verkäufer von seiner Auskunftspflicht nicht. Bei Verkauf von Forderungen kommt auch § 402 in Frage. **Die Verpflichtung zur Auslieferung von Urkunden** erstreckt sich nur auf solche im mittelbaren oder unmittelbaren Besitze des Verkäufers befindliche Urkunden, aber nicht nur auf solche, die den Rechtsbestand selbst betreffen, sondern auch auf diejenigen, die zum Beweise von rechtlichen Verhältnissen betreffs des Kaufgegenstandes dienen (z. B. Mietverträge und Bescheinigungen über das Eigentumsrecht des Mieters an den eingebrachten Sachen). Daher handelt es sich beim Forderungskaufe auch dann um eine Beweisurkunde im Sinne des § 444, wenn sie nur den Nachweis einer besonderen Beschaffenheit der Forderung (z. B. ihrer Sicherung durch Hypothek) erbringt (**RG** 3. 4. 09 V 375/08). — Unter die Bestimmung fallen dagegen nicht Urkunden, deren Übergabe zur Rechtsverschaffung selbst erforderlich ist, so daß nicht bloße Beweiszwecke in Frage stehen (§ 433).
2. Um sich über die Vollständigkeit des Auszugs vergewissern zu können, kann der Käufer vom Rechte auf Einsicht in die Urkunde gemäß § 810 Gebrauch machen.
3. Auf Auskunfterteilung kann geklagt werden. Vollstreckung nach ZPO § 888.

§ 445

Die Vorschriften der §§ 433 bis 444 finden auf andere Verträge, die auf Veräußerung oder Belastung eines Gegenstandes gegen Entgelt gerichtet sind[1]), entsprechende Anwendung[2])[3]).

E II 386; P 1 653.

1. Für die **entsprechende Anwendung** kommen als sonstige **entgeltliche Veräußerungsgeschäfte** in Betracht: der Vergleich (**RG** 54, 167; JW 03 Beil 56) und alle solche, bei denen das Entgelt nicht in Geld, sondern in Handlungen besteht. Ferner der Trödlervertrag, der Vertrag zwischen Verleger und Sortimenter, die Auslobung. Dagegen kommen die Gewährleistungsansprüche überall nur dem Erwerber, nicht auch dem Vermittler zu (**RG** 16. 10. 14 III 209/14). Die Abtretung einer Forderung erfüllungshalber ist weder Kauf noch ein kaufähnlicher Vertrag (**RG** 65, 79). Als **entgeltliche Belastung** ist der Verpfändungsvertrag und die Hypothekenbestellung hervorzuheben. Die entsprechende Anwendung führt bei letzterer dahin, daß der Verpfänder nur dem Verleiher das Hypothekenrecht gewähren und die diesem Erfolg entgegenstehenden Rechte Dritter beseitigen muß, dagegen braucht der Verpfänder nicht Rechte am Grundstück, die der Hypothek

vorgehen, zu beseitigen, da nicht das Grundstück selbst zu gewähren ist. In Betracht kommen kann daher auch nicht, ob der Darleiher von dem Vorhandensein solcher Rechte Kenntnis gehabt hat oder nicht. Für eine entsprechende Anwendung von § 439 ist kein Raum (**RG** 55, 131). Eine Haftung des Veräußerers einer Hypothek für deren Rang besteht nur bei ausdrücklicher Übernahme. Den Anspruch auf Einordnung eines Vorrangs muß der Verkäufer dem Käufer übertragen (**RG** 85, 225).

2. In einigen Fällen entfällt die entsprechende Anwendung, weil die Anwendung der Vorschriften über den Kauf **in besonderer Weise** schon durch **Einzelvorschriften** angeordnet worden ist, so bei Hingabe an Zahlungs Statt (§ 365), Tausch (§ 515), Werklieferungsvertrag (§ 651), Gemeinschaft (§ 757), Miete und Pacht (§§ 541, 581 Abs 2), Vermächtnissen (§ 2182), Erbschaftskauf (§ 2374) usw.

3. Ausgeschlossen ist die entsprechende Anwendung

a) bei **unentgeltlichen Verträgen,** für die meist besondere Bestimmungen gelten, Schenkung (§ 523), Ausstattung (§ 1624), Schenkung einer Erbschaft (§ 2385 Abs 2), Gemeinschaftsteilung (§ 757);

b) bei Veräußerungen kraft **Gesetzes** oder **staatlicher Verfügungsmacht,** wie bei Zwangsversteigerung nach ZVG § 156 Abs 3, bei der Enteignung;

c) bei Überlassung von Gegenständen und Rechten **aus zum Gebrauch.**

§ 446

Mit der Übergabe der verkauften Sache[2]) geht die Gefahr des zufälligen Unterganges und einer zufälligen Verschlechterung[1]) auf den Käufer über[3])[4]). Von der Übergabe an gebühren dem Käufer die Nutzungen und trägt er die Lasten der Sache[6]).

Wird der Käufer eines Grundstücks vor der Übergabe als Eigentümer in das Grundbuch eingetragen, so treten diese Wirkungen mit der Eintragung ein[5]).

E I 463 II 387; M 2 322; P 2 58.

1. Eißer, Die Gefahrtragung beim Kaufvertrag in rechtsvergleichender Darstellung. Rechtsvergl. Abh. 4 (1927). Die Vorschrift schränkt die allgemeine des § 323 für den Kauf erheblich zugunsten des Verkäufers ein. Beim Kauf geht die Gefahr des zufälligen Untergangs schon vor der Erfüllung auf den Käufer über: mit der Übergabe und mit der Eintragung beim Grundstück. Unter **Gefahr** ist die Lage zu verstehen, die in einen Nachteil für jemand umschlagen kann, für den dem Geschädigten kein anderer haftet, den er also im Rechtssinne durch bloßen Zufall erlitten und somit selbst zu tragen hat (§§ 323, 276). Um **zufälligen** Untergang und zufällige Verschlechterung handelt es sich nur dann, wenn weder die eine noch die andere Vertragspartei für sie verantwortlich ist (§ 323). Fälle entgegengesetzter Art regeln §§ 324 u. 325. **Verschlechterung** ist nicht schon jede Verminderung einer vorteilhaften Eigenschaft, sondern die wirtschaftlich für das Kaufgeschäft bedeutsame Beeinträchtigung. § 446 umfaßt also die Unmöglichkeit der Leistung wie die Mangelhaftigkeit des Kaufgegenstandes.

2. Nur der Untergang und die Verschlechterung einer **Sache** als Kaufgegenstand kommt in Frage. Der Begriff der Sache ist im technischen Sinne des § 90 zu verstehen, es kommen bewegliche und unbewegliche in Betracht, Genus- und Speziessachen. Bei Genuskauf ist Konzentration erforderlich (§ 243; **RG** 92, 128). Dementsprechend ist auch nur an körperliche Veränderungen dabei zu denken. Für Entwertungen infolge Mängel im Rechte greifen §§ 434ff. Platz. Soweit jedoch bei andern Gegenständen immaterieller Art, Sachgesamtheiten usw., eine dem Herrschaftsverhältnis an körperlichen Sachen gleichkommende Verfügungsgewalt durch einen der Übergabe entsprechenden Vorgang begründet werden kann, wie bei den zu § 433 unter 6c erwähnten Gegenständen, muß auch eine entsprechende Anwendung des § 446 für zulässig gehalten werden. Dies folgt auch aus § 2380. Nach § 451 sind außerdem den Sachen die dort bezeichneten **Rechte** gleichgestellt. Bei Verkauf von Wertpapieren ist zwischen der Urkunde als körperlicher Sache und dem in ihr verkörperten Recht zu unterscheiden. Nur in bezug auf erstere findet § 446 Anwendung, in bezug auf letztere §§ 433, 437—439, evtl. 451. Auch der abstellbare Mangel ist ein Mangel, der zu vertreten ist, wenn er zur Zeit der Übergabe vorhanden ist. Es kann allerdings sein, daß ein Fehler, der seiner Natur nach nur ganz vorübergehend ist, unter Umständen als Mangel nicht anzusehen ist (**RG** 9. 3. 22 V 395/21).

3. Die **Wirkung** des Gefahrübergangs bestimmt sich ausschließlich nach § 323. Wie der Gefahrübergang vom Eigentum unabhängig ist, so bewirkt er insbesondere nicht selbst auch einen Übergang des Eigentums (**RG** 108, 27). Nach § 446 kommt nur diejenige Leistungsunmöglichkeit in Betracht, die eine Wirkung des Untergangs oder der Verschlechterung der Sache ist. Ist die Leistungsunmöglichkeit die Folge anderer Ursachen, beruht sie auf objektiver oder subjektiver Unmöglichkeit zufolge von Umständen, die schon vor dem Untergang oder Verschlechterung wenigstens im Keime vorhanden waren, so bleibt die Haftung hierfür aus § 323 unberührt und hängt nicht von dem Gefahrübergang im Sinne von § 446 ab (**RG** 6. 12. 05 V 210/05).

4. Der **Zeitpunkt des Gefahrübergangs** ist auf die **Übergabe** der **verkauften** Sache festgesetzt. Der Begriff der Übergabe ist der des § 433. Die Vorschrift trifft daher unmittelbar nur den der körperlichen Übergabe. Wenn aber nach dem Vertrage die Leistung des Verkäufers als erfüllt anzusehen ist, sofern er dem Käufer nur den mittelbaren Besitz verschafft (§§ 930, 931), oder mit Übergabe von Dispositionspapieren, wie es z. B. beim Verkauf „gegen Konnossement" der Fall ist, so ist anzunehmen, daß auch die in § 446 geordneten Folgen sich an die Verschaffung des mittelbaren Besitzes und an die Übergabe der Dispositionspapiere knüpfen (**RG** 52, 354). Ist nicht gegen Dispositionspapiere gekauft, so braucht der Käufer sie nicht anzunehmen. Tut er es doch, so ist es Auslegungsfrage, ob er damit auch die Gefahr nach § 446 hat übernehmen wollen, was im Zweifel anzunehmen ist. — Bei der Versteigerung von geschlagenem Holz geht die Gefahr nicht schon mit dem Zuschlag auf den Ersteher über, sondern erst mit der Besitzeinräumung, die auch durch Aushändigung des Verabfolgzettels geschehen kann. Beim Verkauf von Holz auf dem Stamme tritt der Gefahrübergang schon mit Übergabe zum Holzen, nicht erst mit dem Eigentumsübergang ein. An sich liegt es in der Natur der Dinge, daß der Eigentümer einer Sache den Nachteil, der durch den zufälligen Untergang oder durch die zufällige Verschlechterung der Sache entsteht, das **periculum rei**, selbst zu tragen hat, **casum sentit dominus**. Im Gebiet der Verträge hat jedoch der Untergang und die Verschlechterung einer Sache, wenn sie Leistungsgegenstand ist, zugleich Bedeutung für die Leistungsmöglichkeit, und so kommt hinzu die Frage, wer die Gefahr der Leistungsunmöglichkeit, das **periculum obligationis**, zu tragen hat. Nach deutschem Recht blieb diese Gefahr auch nach Abschluß eines Kaufvertrags so lange beim Verkäufer, als er noch die „Gewere" an der Sache hatte, während nach römischem Recht mit dem vollständigen Abschluß des obligatorischen Vertrags auch die Gefahr der Erfüllungsmöglichkeit auf den Käufer überging. Das BGB ist zur alten deutschen Rechtsanschauung zurückgekehrt, wonach erst mit der Erlangung der tatsächlichen Verfügungsgewalt über die Sache die Gefahr auf den Käufer übergeht. Voraussetzung ist aber immer, daß auch ein Kaufvertrag in Kraft steht; ohne einen solchen ist die Übergabe einer Sache noch keine Erfüllung. Diese liegt zwar vor bei einer zugefügten auflösenden Bedingung (**RG** 8. 1. 21 I 253/20), nicht aber während des Schwebens einer aufschiebenden Bedingung, z. B. einer ausstehenden vormundschaftlichen Genehmigung, die trotz der Rückwirkung nach § 184 die Tatsache nicht ändern kann, daß zur Zeit der Übergabe noch kein fester Kauf vorlag. Daher ist dies auch ohne Einfluß auf die Berechnung der Verjährung nach § 477 (**RG** 65, 247). In diesem Fall trifft daher den Verkäufer bis zum Eintritt der Bedingung die Gefahr des Untergangs und der Verschlechterung trotz etwa vorausgegangener Übergabe an den Käufer, vgl. hierzu auch Kluckhohn in Iher. Jhrb. 64 (1914) 114ff. Im übrigen aber entscheidet bei wirklich zustande gekommenem Kaufvertrag dann lediglich das tatsächliche Herrschaftsverhältnis über die Sache. Dessen Wechsel ist der Grund, daß nun auch die Gefahr auf den Inhaber übergeht, da er allein noch in der Lage ist, für die Sache zu sorgen, sie zu überwachen (Denkschr 60). Daher ist der Gefahrübergang insbesondere unabhängig vom Übergang des Eigentums (**RG** 93, 33; 85, 320). Daher geht die Gefahr auch über, wenn sich der Verkäufer das Eigentum vorbehalten hat bis zur Bezahlung des Kaufpreises (**RG** 85, 321), obwohl hier im Zweifel das Eigentum auf den Käufer unter der aufschiebenden Bedingung der vollständigen Bezahlung des Kaufpreises übertragen worden ist (**RG** 95, 105); bei Cif-Verkäufen schon mit der Abladung der Ware im Absendungshafen (**RG** 87, 1134). Die ganze Frage, wie aufschiebende und auflösende Bedingungen für die Gefahrtragung wirken, ist äußerst bestritten. Näheres bei Klasen, Die Gefahrtragung bei auflösend bedingten Käufen (1914). Zu beachten ist überdies, daß die Parteien ausdrücklich oder stillschweigend Abweichendes über die Gefahrtragung vereinbaren können. Es handelt sich hier nicht um die Wirkung der Verschlechterung der Sache auf die aus dem Eigentum fließenden Befugnisse, sondern um die Wirkung auf die Leistungsmöglichkeit, nicht das **periculum domini**, sondern das **periculum obligationis**. Die Regel des § 300 Abs 1, daß bei Annahmeverzug des Käufers der Verkäufer nunmehr nur noch für Vorsatz und Fahrlässigkeit haftet (**RG** Recht 1920 Nr 2349) und die Regel des Gattungskaufs nach § 300 Abs 2, steht mit diesem Grundsatz nicht in Widerspruch.

5. In drei Fällen **durchbricht das BGB** die Regel des Abs 1 und läßt den **Gefahrübergang vor der Übergabe** stattfinden, nämlich beim Grundstückskauf (§ 446 Abs 2), beim Übersendungskauf (§ 447) und beim Erbschaftskauf (§ 2380). Außerdem kann selbstverständlich durch Parteivereinbarung eine Abweichung getroffen werden. So trifft bei einem unter der Cif-Klausel geschlossenen überseeischen Abladegeschäft die Transportgefahr ausnahmsweise dann den Verkäufer, wenn dieser die Gewähr für die Beschaffenheit der Ware übernommen und sich zugleich verpflichtet hat, dem Käufer für Beschädigung der Ware Vergütung zu leisten. Dann ist der Bestimmungsort Erfüllungsort für die Verpflichtungen des Verkäufers (**RG** 96, 230). Diese wird häufig als stillschweigend vereinbart angenommen werden können, wenn ein Sachinbegriff (Inventar) oder eine andere Sachgesamtheit, ein Vermögen als Ganzes, ein Handelsunternehmen usw. verkauft wird. Diese Fälle sind dem Erbschaftskauf ähnlich. — Sonderbestimmungen noch beim Werkvertrag (§§ 644, 651) und bei der Zwangsversteigerung (ZVG § 56). Beim **Grundstückskauf** erfolgt der Gefahrübergang schon vom Eintrag ins Grundbuch an, auch wenn die Übergabe erst später erfolgt, das Grundstück also noch nicht in den tatsächlichen Herrschaftsbereich des Käufers gelangt ist, und zwar auch dann, wenn er durch die Eintragung nicht Eigentümer geworden sein sollte. Ist dagegen die Übergabe vor der Auflassung und Eintragung tatsächlich geschehen, so ist der Gefahrübergang schon mit der Übergabe an erfolgt. Wenn mit dem Grundstück bewegliche Sachen verkauft worden sind (Warenvorräte — Zubehör — Bestandteil), gelten für beide die Grundsätze über den Gefahrenübergang gesondert, sofern nichts anderes gewollt ist. Wird bei einem Doppelverkauf das Grundstück dem einen Käufer übergeben, dem andern Käufer aber aufgelassen und eingetragen, so liegt für den ersten Käufer Nichterfüllung wegen unterlassener Eigentumsverschaffung vor, er hat daher den Anspruch auf § 440; der zweite kann den Kaufpreis bis zur körperlichen Übergabe zurückhalten. Die Frage, von welchem der Doppelkäufer der Verkäufer den Kaufpreis verlangen kann, wenn das verkaufte Grundstück nach der Übergabe an den einen und nach der Eintragung des andern zufällig untergegangen ist, ist bestritten. Die einen meinen, von beiden, andere von dem, in dessen Person zuerst der Gefahruntergang eintrat, noch andere, von keinem, wieder andere nur von dem Eingetragenen. Letzteres ist zutreffend und auch die Meinung der Motive. Vgl. über die Streitfrage Herrmann, Zwei Rechtsfälle aus dem Gebiete des mehrfachen Verkaufs derselben Sache durch denselben Verkäufer (1912).

6. **Übergang der Nutzungen** auf den Käufer ist die Gegenleistung für die Tragung der Gefahr; dies geschieht daher in demselben Zeitpunkt wie diese. Cuius est periculum eius est commodum. Er greift auch dann durch, wenn der Gefahrübergang abredegemäß an ein anderes Ereignis geknüpft ist. Die Folge des Genusses der Nutzungen ist dann auch die **Tragung der Lasten.** Über Nutzungen § 100, über Lasten § 436. Diese sind öffentliche und privatrechtliche. Zu den Lasten gehören nicht Leistungen, zu denen sich der Verkäufer auf Grund eines Vertrags persönlich verpflichtet hat, insbesondere nicht die zu zahlenden Versicherungsbeiträge. Wegen der Verteilung von Nutzungen und Lasten §§ 101, 103 (**RG** 26. 4. 11 V 472/10). Auf das Verhältnis zu Dritten, die die Nutzungen zu gewähren haben oder an die als Lasten Beträge abzuführen sind, hat die Regelung des § 446 keinen Einfluß. Vgl. aber § 573. Nur die von § 446 selbst geregelten Fälle kommen in Betracht, sonach auch die in Abs 2 geordnete Ausnahme, nicht aber die des § 447. Beim Übersendungskauf bleibt für den Übergang der Nutzungen und Lasten der Zeitpunkt der tatsächlichen Übergabe trotz des früheren Gefahrübergangs maßgebend. In § 2380 wird die Frage besonders geregelt, ebenso in ZVG § 56. Von der Eigentumsverschaffung hängt der Gewinn der Nutzungen für den Käufer nicht ab. Die Vorschriften sind dispositiv.

§ 447

Versendet der Verkäufer[1]) auf Verlangen des Käufers[2]) die verkaufte Sache[7]) nach einem anderen Orte als dem Erfüllungsorte, so geht die Gefahr[4])[6]) auf den Käufer über, sobald der Verkäufer die Sache dem Spediteur, dem Frachtführer oder der sonst zur Ausführung der Versendung bestimmten Person oder Anstalt ausgeliefert hat[3]).

Hat der Käufer eine besondere Anweisung über die Art der Versendung erteilt und weicht der Verkäufer ohne dringenden Grund von der Anweisung ab, so ist der Verkäufer dem Käufer für den daraus entstehenden Schaden verantwortlich[5]).

E I 435 II 388; M 2 326; P 2 67.

1. Der **Versendungskauf** (Distanzkauf, Fernkauf) — Gegensatz: Platzgeschäft — ist ein gewöhnlicher Kauf, bei dem lediglich die Besonderheit besteht, daß der Verkäufer als Nebenleistung die Versendung vom Erfüllungsort nach dem Bestimmungsort übernimmt (ROHG 19, 245), aber als ein Geschäft des Käufers. Hierher gehören besonders die Käufe mit cif- und fob-Klausel. Die Vorschrift des § 447 Abs 1 setzt voraus, daß eine Versendung

vom Erfüllungsort aus vorliegt, nicht von einem andern vom Verkäufer einseitig bestimmten Orte (RG 106, 213; 111, 25). Dann soll die Auslieferung an die Beförderungsperson der Übergabe an den Käufer in Ansehung auf die Gefahrtragung gleichstehen. Die Vorschrift bezieht sich nur auf die Kaufsache. Die nicht mitverkaufte Emballage reist auf Gefahr des Verkäufers. Der hiervon zu unterscheidende Fall, daß der Verkäufer die Sache an den Erfüllungsort selbst erst zu verbringen hat, kommt bei § 447 überhaupt nicht in Frage, denn die Versendung an diesen bildet einen Teil der dem Verkäufer obliegenden Hauptverpflichtung zur Übergabe. Die Vorschrift ist selbstverständlich dispositiver Natur, es kann vereinbart werden, daß abweichend von der Regel des § 447 der Verkäufer die Gefahr der Versendung tragen solle. Darin liegt noch keine Abänderung des Erfüllungsorts. An den sonstigen Rechten und Verbindlichkeiten der Parteien ändert § 447 nichts. **Erfüllungsort** ist der „Ort der Leistung" im Sinne von § 269, also für den Verkäufer der Ort, wo er seinen Wohnsitz, bei gewerblichen Verkäufen, wo er seine gewerbliche Niederlassung hat zur Zeit des Abschlusses des Kaufvertrags. Die Klausel „der Preis versteht sich franco Hamburg Freihafen" ändert am Erfüllungsort nichts (RG 111, 24). Ein späterer Wechsel darin ändert an dem einmal begründeten Erfüllungsorte nichts. § 269 bezieht sich zunächst nur auf die Ortschaft im geographischen Sinne. Innerhalb der Ortschaft liegt die Wohnung und das Geschäft, es ist daher sinngemäß weiter zu sagen, daß der Verkäufer auch nur in seiner Wohnung und in seinem Geschäft zu erfüllen braucht. An diesen Vorschriften des § 269 ändert § 447 nichts. Daher ist auch eine abweichend von § 447 getroffene Vereinbarung dahin, daß der Verkäufer die Gefahr (und Kosten) der Versendung tragen soll, ohne Einfluß auf den Erfüllungsort (RG 68, 78; 106, 213; 111, 25). Sofern nun der Käufer in einem **andern Ort** als dem Erfüllungsort, sei es an einer andern Ortschaft oder wenigstens an anderer Stelle innerhalb der Ortschaft, seine Wohnung oder sein Geschäft hat, braucht auch er nur dort seine Leistung, das ist die Zahlung des Kaufpreises, zu erfüllen. Sein Erfüllungsort ist sonach ein anderer als der des Verkäufers. Da nun an sich jeder nur Zug um Zug zu erfüllen braucht, wäre, wenn jeder bei seinem Rechtsstandpunkt verharrte, überhaupt die Abwicklung des Geschäfts ausgeschlossen. Der Käufer muß die Ware beim Verkäufer, der Verkäufer beim Käufer den Kaufpreis holen, keiner aber braucht ohne Gegenleistung im Zuge seinerseits zu erfüllen. Es muß sonach der eine oder der andere nachgeben. Ist beim Versendungskauf Leistung „Zug um Zug" vereinbart, so kann der Käufer verlangen, daß ihm vorher die Besichtigung der Ware ermöglicht wird (RG 16. 10. 26 I 19/26).

2. § 447 nun behandelt den Fall, wo der Verkäufer der Nachgiebige ist und die Kaufsache dem Käufer zuführt, um die tatsächliche Übergabe an ihn zu bewirken, aber von diesen Fällen wiederum nur den, daß dies

a) **auf Verlangen des Käufers** geschieht. Der dem § 447 zugrunde liegende Gedanke ist, daß der Verkäufer, der die Versendung betreibt, im Interesse des Käufers tätig wird und dessen Geschäfte führt (RG 88, 38). Deshalb ist er für das weitere Schicksal des dem berufsmäßigen Versender übergebenen Kaufgegenstandes nicht verantwortlich (RG 99, 58). § 447 ist eine Ausnahme von der in § 446 aufgestellten Regel. Erfolgt die Versendung vom Erfüllungsort an einen andern vom Käufer bestimmten oder ihn zur Zug-um-Zug-Leistung veranlassenden Erfüllungsort für seine Leistung aus eigenem völlig freien Belieben oder bloßer Gefälligkeit des Verkäufers, so kann dieser einseitige, nicht im Einverständnis mit dem Käufer ausgeführte Akt nicht dazu führen, diesem die Tragung der Gefahr vorzeitig und abweichend von der Regel des § 446 aufzubürden. Selbstverständlich braucht das Verlangen nicht ein ausdrückliches zu sein, sondern kann sich aus den Umständen und der Übung ergeben. Eine gesetzliche Verpflichtung, dem Verlangen des Käufers nachzukommen, besteht nicht. In vielen Handelszweigen besteht aber der allgemeine Handelsgebrauch, daß bei allen Distanzkäufen der Verkäufer die Ware zu übersenden hat und der Käufer erst zu zahlen braucht, wenn sie am Bestimmungsort angelangt ist. Damit wird tatsächlich eine Vorleistungspflicht für den Verkäufer begründet (RG 18. 1. 07 II 303/06). Da die Versendung der gekauften Ware nach dem Bestimmungsort an sich nicht zu den Pflichten des Verkäufers gehört, er vielmehr damit regelmäßig nur die Geschäfte des Käufers besorgt, so hat er die Versendung auch statt des Käufers und in dessen Interesse, aber in eigenem Namen zu treffen (RG 26, 106). Die Folge davon, daß er des Käufers Geschäfte besorgt, ist aber, daß nun diesen die Gefahr der Versendung trifft, und zwar „ganz abgesehen von Tradition, Besitz und Eigentumserwerb" (M 326ff.). Ist der Verkäufer aus irgendeinem Grunde außerstande, diese Nebenverpflichtung zu erfüllen und die Versendung zu bewirken, so bedeutet dieses noch nicht Nichterfüllung der Übergabepflicht aus § 433, die am Erfüllungsort zu erfolgen hat; der Käufer kann daher auch um deswillen nicht die Zahlung des Kaufpreises überhaupt verweigern, wenn es auch bei seiner Pflicht, dies nur Zug um Zug tun zu müssen, verbleibt. Anders liegt es nur, wenn die Versendungspflicht zum wesentlichen Bestandteil des Geschäfts gemacht worden ist (RG 88, 37). Ungewöhnliche Transportschwierigkeiten stehen der Unmöglichkeit der Versendung gleich, ungewöhnliche Anstrengungen braucht der Verkäufer nicht zu machen (OLG 36, 40). Eine Verpflichtung des Verkäufers, die Versendung zu versichern, besteht an sich nicht, sie kann sich aber aus Vereinbarung oder Handelsbrauch ergeben.

b) Durch das Mittel der **Versendung.** Versendung setzt nicht begrifflich eine Verschiedenheit von Ortschaften im geographischen Sinne voraus. Auch innerhalb einer Ortschaft kann von dem Erfüllungsort (Wohnung, geschäftlicher Betriebsstelle des Verkäufers) aus nach einem andern Bestimmungsort (der Wohnung des Käufers oder eines Dritten, dem Bahnhof) eine „Versendung" stattfinden. Das ist namentlich bei ausgedehnten großen Städten der Fall (OLG 2, 218). Versenden ist aber vom Überbringen zu unterscheiden und setzt voraus, daß die Beförderung durch eine vom Verkäufer verschiedene und von ihm unabhängige Person ausgeführt wird. Dafür spricht schon die Hervorhebung der besonderen Beförderungspersonen in § 447. Darin liegt gerade der Grund für den Gefahrübergang vom Verkäufer auf den Käufer. Der Verkäufer entläßt mit der Auslieferung der Kaufsache an den zur Ausführung der Versendung bestimmten Dritten diese aus seiner Gewere, aus seiner Obhut; der die Versendung Ausführende hat nunmehr die Verfügungsgewalt über sie, und da er dies im Interesse des Käufers tut, trägt nun auch nicht mehr der Verkäufer, sondern der Käufer die Gefahr. Daher findet die Vorschrift des § 447 nicht auf Platzgeschäfte Anwendung, wo der Verkäufer die verkaufte Sache selbst oder durch seine Leute (sein Fuhrwerk, seine Ausläufer) ins Haus bringt oder bringen läßt. Diese erhalten in der Regel nicht einmal selbständigen Gewahrsam an den Sachen, sondern sind bloße Besitzdiener (§ 855), die Sachen sind dem Herrschaftsbereich und der Verfügungsgewalt des Verkäufers damit noch nicht entzogen, und es liegt daher kein Grund vor, ihm die Tragung der Gefahr vorzeitig abzunehmen (bestritten; a. M. **RG** in JW 1919, 992[1] und **RG** 96, 258). Der Verkäufer haftet für diese Personen auch nach § 278. Sofern aber auch innerhalb der Ortschaft die Versendung durch selbständige Beförderungsmittel geschieht (Spediteur Frachtführer, Eilboten, Dienstmann, Gepäckträger), liegt eine Versendung im Sinne von § 447 vor. Dann findet jedoch § 278 keine Anwendung, der Spediteur ist nicht der Erfüllungsgehilfe des Verkäufers (**RG** 99, 56), vielmehr muß er nur bei der Auswahl der Beförderungsperson die im Verkehr erforderliche Sorgfalt nach § 242 beobachten und haftet dafür nach § 276. Er haftet also nicht ohne weiteres für Mißgriffe und Versehen der mit der Versendung beauftragten Person, wie z. B. die Aushändigung an einen Unberechtigten (**RG** 62, 333; **RG** 4. 5. 20 II 511/19). Demgemäß hat der Verkäufer zu beweisen, daß er eine geeignete Person mit der Beförderung betraut hat, und falls er die Verladung übernommen hat, daß er auch sie sorgfältig ausgeführt hat (JW 01, 725[12]). Der Vertrag mit der Beförderungsperson ist, da der Verkäufer der Versender ist, wenn schon dabei die Geschäfte des Käufers führend und in dessen Interesse handelnd, auch vom Verkäufer in seinem Namen abzuschließen. Doch ändert es nichts an der von § 447 getroffenen Regelung über den Zeitpunkt des Gefahrübergangs, wenn der Verkäufer den Vertrag im Namen des Käufers abschließt. Es kann sogar der Käufer in eigenem Namen den Beförderungsvertrag abschließen, sofern er damit nur die vom Verkäufer nach § 447 übernommene Versendung ausführen, nicht selbst diese für sich bewirken will (**RG** 6, 60; 62, 334). Vgl. § 251 A 4. Der vom Verkäufer beauftragte Spediteur oder Frachtführer ist an sich nicht der Vertreter des Käufers (**RG** 84, 320; 102, 39). Wenn aber der Spediteur das für den Schaden ursächliche Versehen in Ausführung einer Weisung des Verkäufers begangen hat, die dieser in eigenem Interesse, nicht im Interesse des Käufers erteilte, so ist die Anwendung von § 278 gerechtfertigt (**RG** 115, 164).

3. Der **Zeitpunkt des Gefahrübergangs** ist die **Auslieferung** an die Beförderungsperson.

a) Die Auslieferung ist ein tatsächlicher Vorgang, der im Sinne des kaufmännischen Verkehrs die gesamten Vorgänge umfaßt, die notwendig sind, um die Ablieferung zu bewirken (**RG** 92, 273). Auch wenn die Abholung der Ware durch Leute des Käufers erfolgt, liegt dem Verkäufer noch die Anweisung bei der Entnahme vom Lager ob (Recht 1918 Nr 1139). Sie begründet an und für sich dingliche Rechtsveränderungen noch nicht, sie enthält nicht schon die Übergabe nach § 433, die erst mit der Ablieferung an den Käufer erfolgt, und ebenso geht das **Eigentum** erst dann über, wenn der Käufer die Ware tatsächlich erhält und annimmt (**RG** 99, 57). Nur wenn der Spediteur vom Käufer oder in dessen Auftrag vom Verkäufer zum Vertreter des Käufers behufs Empfang und Weitersendung der Ware bestellt worden ist, kann Eigentumsübergang nach § 929 angenommen werden (**RG** 84, 320; 102, 41; 103, 31). Die Übergabe des Frachtbriefduplikats vom Verkäufer an den Käufer hat nach der neueren Verkehrsentwicklung ebenfalls in der Regel die Bedeutung, daß damit das Eigentum auf den Käufer übergehen solle (**RG** 102, 97). Ist der Verkäufer nach dem Vertrage zur „Aufhebung der Lieferung im Kriegsfall" berechtigt, so kann er sogar als Eigentümer über die noch rollende Ware vor Ankunft am Niederlassungsort des Käufers selbst dann verfügen, wenn als Erfüllungsort der Niederlassungsort des Verkäufers vereinbart ist (**RG** 92, 271). Eine während des Transports eintretende Beschlagnahme geht daher zu Lasten des Verkäufers, auch wenn der Absendungsort als Erfüllungsort vereinbart ist. Die Zusage „beschlagnahme- und verwendungsfrei" insbesondere bezieht sich nicht nur auf die Zeit des Kaufabschlusses, sondern auf die Zeit des Eigentumserwerbs (RG 93, 333; 1918, 218[5]). Etwas anderes trifft nur dann zu, wenn die Beförderungsperson bei Empfangnahme der Sache zugleich als Vertreter des Käufers handelt und sich sonach mit der Empfangnahme durch diesen bereits die Übergabe verbindet (§ 929). Anderseits aber hat der Verkäufer seiner Verpflichtung zur Übergabe nach § 433 immer schon mit der Auslieferung an die Beförderungsperson genügt (Warn 1911 Nr 230). Ob die Auslieferung stattgefunden hat, richtet sich danach, wer die Beförderungsperson ist, und nach den konkreten Umständen. Bei Verkäufen „franko Waggon", „frei Bahnhof" beginnt die Versendungspflicht erst mit Auslieferung in den Waggon, auf dem Bahnhof, die Beförderung bis dorthin gehört noch zu den Übergabepflichten des Verkäufers, die deshalb auch dann auf seine Gefahr geht, wenn er diese Beförderung nicht durch seine Leute, sondern durch einen Frachtführer oder sonstige selbständige Dritte vornehmen läßt. Lautet dagegen der Verkauf „ab Lager", „ab Magazin", so beginnt die Versendung bereits im Zeitpunkt der Fortschaffung aus dem Lager, sofern sie von einer selbständigen Beförderungsperson ausgeführt wird. Erfolgt die Fortschaffung jedoch durch die eignen Leute des Verkäufers, so hat die Versendung auch dann noch nicht begonnen, es sei denn, daß diese nicht mehr in ihrer Eigenschaft als Angestellte und nach den Weisungen ihres Dienstherrn, sondern selbständig dabei handelten (a. M. RG JW 1919, 992[1]). — Über Abladegeschäft s. bei § 433.

b) Die Bestimmungen des § 447 gelten sowohl für den Spezieskauf als den Genuskauf. Bei Gattungsschulden muß aber die Sache, bevor der Gefahrübergang eintreten kann, erst ausgeschieden und nunmehr als konkretisierte versendet werden (§ 243). Die Konzentration ist eine einseitige Handlung des Verkäufers und es bedarf nicht hierzu der Benachrichtigung des Käufers. Sie liegt aber nicht vor, wenn nur im Innern des Verkäufers die Bestimmung getroffen wird, sondern es muß eine äußerlich erkennbare, tatsächliche Ausscheidung stattgefunden haben. Hierzu genügt unter Umständen schon die Absendung der Verladungsanzeige, die bloße Einladung ins Schiff bewirkt den Übergang der Gefahr regelmäßig noch nicht (RG 88, 392), ebensowenig die Benennung des Dampfers (RG 92, 128). Anderseits hindert die Absendung in einer Sammelladung den Gefahrübergang an sich nicht, sofern die für den Käufer bestimmte Ware aus der Sammlung genügend konkretisiert ist. Der bloße Umstand, daß die Ware dann zugleich mit andern versendet wird, steht nicht entgegen. Wenn vorgesehen ist, daß der Verkäufer von Gattungssachen (Getreide) zum Zwecke der Vertragserfüllung den Bruchteil einer größeren Menge anbieten darf und der Käufer dann in eine Gemeinschaft mit den übrigen beteiligten Empfängern eintreten muß, so genügt der Verkäufer seiner Verbindlichkeit nicht erst durch Verschaffung des Eigentums an der im Vertrag bestimmten Menge, sondern schon durch Verschaffung des Miteigentums zu entsprechendem Bruchteil an der größeren Menge. Diese größere Menge ist aber dann auch die bestimmte Sache, auf die sich das Schuldverhältnis nach § 243 beschränkt (RG 88, 391). Das gleiche gilt bei Zuvielsendung. Ist der unbestellte Teil besonders ausgeschieden, so bleibt der bestellte konkretisiert. Nur wenn dies nicht der Fall ist, fehlt es daran, und es kann dann ein Gefahrübergang mangels Bestimmtheit der Sache nicht stattfinden.

c) Die Übergabe eines kaufmännischen Dispositionspapiers kann vereinbarungsgemäß zwar als Übergabe der Ware im Sinne von § 433 gewollt sein, sie ist aber noch nicht die Auslieferung der Ware selbst an die Beförderungsperson. Daher geht die Gefahr des Transports der Ware bei Aushändigung des Dispositionspapiers an den Beförderer noch nicht auf den Käufer über. Die Gefahr des Transports des Dispositionspapiers aber trägt der Käufer nur, wenn dieses selbst Gegenstand des Kaufes ist. Demnach verbleibt es in beiden Fällen bei der Regel des § 446. Es ist zwar regelmäßig zwischen Verladung und Ausstellung des Konnossements oder Ladescheins zu unterscheiden, die Verladung hat aber zugleich die Bedeutung der Übernahme der Ware zur Beförderung (RG 104, 4).

d) Die Übernahme der Versendungskosten durch den Verkäufer — abweichend von § 448 — hat auf den Übergang der Transportgefahr nach § 447 ebensowenig Einfluß wie auf den Erfüllungsort (RG in Gruch 48, 1014). Vgl. insbes. das „Cif-Geschäft" bei § 433 A 10h cc. Kein Fall des § 447 ist die Vereinbarung einer Fob-Klausel, insbesondere auch für den Übergang der Gefahr des Transportes (RG 106, 212). Auch die Klausel „ausgeliefertes Gewicht" enthält keineswegs die Abwälzung der Gefahr auf den Verkäufer (Warn 1918 Nr 27). Die Klausel „frei Waggon" hat auf die Übersendungspflicht und wer die Eisenbahnwagen beschaffen soll, keinen Bezug. Sie regelt nur die Verteilung der durch den Transport veranlaßten Kosten. Dagegen besteht ein Handelsbrauch dahin, daß der Verkäufer auch hier die Versendung der Ware zu bewirken habe (RG 103, 129). Der Verkäufer wird aber dabei regelmäßig nur als Beauftragter des Käufers tätig (RG 11. 4. 22 II 461/21).

4. Die **Gefahr,** deren Übergang in § 447 geregelt wird, beschränkt sich ausschließlich auf die **Beförderungsgefahr,** d. h. die Schäden, für die die Tatsache der Versendung ursächlich wird, wenn auch nur als Mitursache (RG Warn 1918 Nr 27). Sie betrifft aber nicht nur eine körperliche Veränderung der Sache, wie RG 93, 333 annimmt, sondern auch eine rechtliche, insofern sie nur eben in der Versendung ihre Mitursache hat. Dies ist allerdings regelmäßig nicht der Fall bei einer Beschlagnahme, die verhindert, daß der Verkäufer seiner Eigentumsübertragungspflicht nicht mehr nachkommen kann (RG 106, 17). Hier greifen die Grundsätze von der Unmöglichkeit der Leistung Platz. Zu unterscheiden von kriegswirtschaftlicher Beschlagnahme ist jedoch die Beschlagnahme durch Feindeshand (im Ruhrgebiet), die durch die Übergabe zur Bahn und Zuführung in das Gebiet erst ermöglicht wurde (RG 114, 407). Diese ist eine echte Beförderungsgefahr. Es fallen daher darunter Beschädigungen durch Einwirkungen und Einflüsse der Reise und der ihr dabei gewordenen Behandlung, ferner auch der Verlust und das Fehlgehen der Sache, ihr Verfehlen des Empfangsberechtigten und des Bestimmungsorts. Hierzu gehören auch Mißgriffe und Versehen der Beförderungspersonen, die die Aushändigung der Sache an einen Unberechtigten vornehmen (RG 62, 332), ihre Verpfändung durch solche usw. Der Gefahrübergang umfaßt also nicht bloß die in § 446 Abs 1 ausdrücklich erwähnten Veränderungen im Bestand der Sache. Es ist kein vernünftiger Grund denkbar, warum der Käufer nicht auch dann die Gefahr der Versendung tragen soll, wenn der ordnungsmäßig ausgesuchte Spediteur aus eigner Entschließung die Ware mit einer Versicherung belastet, von deren Bezahlung die Auslieferung der Ware an den Käufer abhängig ist (RG 99, 56). Wenn jedoch die Sache während der Beförderung aus andern Gründen, etwa wegen der ihr schon vorher anhaftenden Mängel, sich verschlechtert oder zugrunde geht, so haftet hierfür der Verkäufer nach den Grundsätzen über Gewährmangel weiter, der Schaden trifft nicht den Käufer (RG 62, 334). Verzögerung kann auf Umständen der Beförderungsweise beruhen, es kommt hier auf den einzelnen Fall an, RG 87, 134 verneint dies. Bei Unterbrechung der Versendung bewendet es bei dem einmal erfolgten Gefahrübergang. Beruht die Unterbrechung aber auf einem vom Verkäufer zu vertretenden Umstand, so kann der Käufer dafür Schadensersatz verlangen.

5. Ein **Zuwiderhandeln gegen die Anweisungen des Käufers** ändert grundsätzlich nichts am Übergang der Gefahr nach Abs 1. Es begründet nur eine Haftung des Verkäufers für den gerade aus der Abweichung entstandenen Schaden. Dem Käufer liegt somit der Beweis ob, daß die Abweichung für den Schaden ursächlich geworden ist. Daß die Abweichung die ausschließliche Ursache war, ist nicht erforderlich, es genügt der Nachweis, daß der Schaden nicht eingetreten wäre, wenn der Verkäufer die getroffenen Anordnungen des Käufers nicht verletzt hätte (RG 11. 4. 05 III 475/04). Der Nachweis einer dringenden Veranlassung für die Abweichung (Tatfrage) dient aber dem Verkäufer als Befreiungsgrund, und im allgemeinen ist anzunehmen, daß der Verkäufer von der ihm angewiesenen Versendungsart dann abzugehen befugt ist, wenn ihm wegen der damit verbundenen Schwierigkeiten die Befolgung nach Treu und Glauben nicht mehr zugemutet werden kann (RG JW 1917, 215[3]). Grundsätzlich steht die Bestimmung darüber, wie und wohin die verkaufte Ware zu versenden ist, dem Käufer zu. Der Verkäufer muß sich regelmäßig auch einer nachträglichen Änderung der ihm gegebenen Versendungsanweisung fügen, indes er braucht es dann nicht, wenn er an der Einhaltung der früheren Anweisung ein besonderes Interesse hat (RG JW 1917, 283[2]; RG 15. 12. 21 VI 492/21). — Wenn eine große Export betreibende Handelsmühle mit der Fobklausel verkauft hat, kann nicht von ihr verlangt werden, daß sie nach einem andern als dem ursprünglich bestimmten Ort des Inlands liefere.

6. Für den Übergang von **Nutzungen** und **Lasten** bewendet es bei der Vorschrift des § 446, er wird in § 447 nicht vorausgenommen. Die Früchte eines Tieres behält sonach der Verkäufer trotz der Ablieferung zur Versendung.

7. Über Gefahrübergang beim Rechtskauf § 451, beim Werkvertrag § 644 Abs 2. Aufbewahrungspflicht des Käufers nach HGB § 379 auf Kosten und Gefahr des Verkäufers bleibt bestehen.

§ 448

Die Kosten der Übergabe der verkauften Sache, insbesondere die Kosten des Messens und Wägens¹), fallen dem Verkäufer¹), die Kosten der Abnahme und der Versendung der Sache nach einem anderen Orte als dem Erfüllungsorte²) fallen dem Käufer zur Last.

Ist ein Recht verkauft, so fallen die Kosten der Begründung oder Übertragung des Rechtes dem Verkäufer zur Last³).

E I 463 II 390; M 2 328; P 2 68.

1. Das Gesetz unterscheidet drei Arten von Kosten:

a) Die **Übergabekosten,** die durch die Leistung des Verkäufers entstehen. Hierzu gehören beim Versendungskauf die Kosten, die durch die Übergabe an die Transportperson erwachsen. Die Kosten des Transports selbst sind keine Übergabekosten mehr, sie trägt der Käufer. — Die Kosten des Messens und Wägens sind nur dann Übergabekosten, wenn es zur Ausscheidung der Ware aus einer größeren Menge vorgenommen wird oder zur Preisberechnung nötig wird. Wenn das Messen und Wägen zur Nachprüfung vom Käufer vorgenommen wird, gehört es zu den Abnahmekosten. Kosten des Messens können auch bei Grundstücksverkäufen entstehen. Für die Kosten der Auflassung § 449. Die Kosten der Verpackung sind bei Versendung nach dem Erfüllungsort ebenfalls Übergabekosten, auch die Ausfuhrsteuer (HansGZ 17, 292), die Zuckersteuer (**RG** LZ 1918 Sp 418[3]). Von den Verpackungskosten sind die Kosten der Aufmachung zu unterscheiden. Die Gefahr der Rücksendung der Verpackung trägt der Käufer (**RG** Gruch 48, 1015). Die Zulassung der „Nachnahme" soll den Verkäufer dagegen sichern, daß die Ware vor Zahlung des Preises aus seiner Verfügungsgewalt kommt, die gesetzlichen Regeln über Tragung der Gefahr und Kosten bleiben unberührt (**RG** 16. 9. 21 III 54/21).

b) Die **Abnahmekosten** sind diejenigen Kosten, die entstehen, wenn der Käufer die Sache in seine Verfügungsgewalt übernimmt.

c) Die **Kosten der Versendung** nach einem **andern Ort** als dem Erfüllungsort. Hierher gehören auch Zölle und Steuern. Die Transportversicherungsprämie zählt nicht zu den Transportkosten.

Diese vom Gesetz vorgenommene Kostenlastverteilung wird häufig durch **Klauseln im Handelsverkehr** geändert:

a) „ab Lager", „frei ab Fabrik" und ähnliche. Der Käufer hat sämtliche Transportkosten, nach Handelssitte häufig auch die des Heruntertragens vom Lager, zu tragen

b) „frei Bahn", „frei Ufer". Der Verkäufer trägt die Kosten bis zur Bahn, von da ab der Käufer.

c) „frei Waggon" (= fow) und „frei Kahn" (= fok) sind der Klausel „fob" nachgebildet. Vgl. zu § 433 A 10dd und zu § 447.

d) „franko" vgl. zu § 433 A 10.

e) „Frachtbasis", „Frachtparität" eines bestimmten Ortes zur Berechnung der Kosten.

f) „frei Haus". Hier ist zweifelhaft, ob auch die Kosten des Hineinschaffens darunterfallen („frei hinter Käufers Speicher").

Der gesetzliche **Erfüllungsort** wird durch derartige Vereinbarungen über die Kostenlast nicht geändert, ebensowenig der Zeitpunkt des **Gefahrübergangs.** Immerhin kann nach Parteiwille oder Handelsbrauch auch diese Änderung damit verbunden sein; so bei Klausel „frei ab" (**RG** 34, 63). Die Kosten des Gas- und Wassermessers fallen an sich dem **Verkäufer von Gas und Wasser zur Last.** Durch besondere Abrede kann natürlich Abweichendes vereinbart werden und geschieht gerade hier vielfach ortsüblich durch Auferlegung eines vom Käufer zu zahlenden „Mietzinses" für diese Messer.

2. Beim **Versendungskaufe** treffen die **Abnahme- und Versendungskosten** den Käufer deshalb, weil diese Aufwendungen im besonderen Interesse des Käufers liegen und auf seine besondere Veranlassung erforderlich werden (§ 447 A 2). — Auch der Frachturkundenstempel gehört zu den Beförderungskosten (**RG** 68, 43). Die Zulässigkeit der Nachnahme soll den Verkäufer dagegen schützen, daß die Ware vor der Zahlung des Preises aus seiner Verfügungsgewalt kommt, läßt aber die gesetzlichen Regeln über die Tragung von Gefahr und Kosten unberührt (**RG** 16. 10. 21 III 54/21).

3. Ist zur Begründung und Übertragung eines **Rechtes** gerichtliche oder notarielle Beurkundung notwendig, so treffen diese den Verkäufer, ebenso die Stempelgebühren. Will der Verkäufer sich dabei durch einen Bevollmächtigten vertreten lassen, so hat diese Kosten der Vollmachtserteilung der Verkäufer im Zweifel auch dann zu tragen, wenn abweichend von § 448 der Käufer die Kosten der Begründung oder Übertragung übernommen hat, da die Bevollmächtigung nicht zum eigentlichen Akt der Begründung des Rechtes selbst gehört. Abs 2 gilt nicht für den Verkauf eines Rechtes an einem Grundstück; vgl. § 449.

§ 449

Der Käufer eines Grundstücks hat die Kosten der Auflassung und der Eintragung, der Käufer eines Rechtes an einem Grundstücke hat die Kosten der zur Begründung oder Übertragung des Rechtes nötigen Eintragung in das Grundbuch, mit Einschluß der Kosten der zu der Eintragung erforder-

lichen Erklärungen, zu tragen. Dem Käufer fallen in beiden Fällen auch die Kosten der Beurkundung des Kaufes zur Last.

E I 466 II 390; M 1 328; P 2 68.

Kosten beim Kaufe eines Grundstücks. Geregelt wird hier die Kostenpflicht allein im Verhältnisse der Parteien untereinander, dagegen nicht auch dem Fiskus gegenüber (**RG** 96, 48). — Unter den „Kosten" sind nur die durch den Veräußerungsakt selbst veranlaßten Gebühren und Auslagen zu verstehen (**RG** JW 1911, 363[13]), etwa notwendige vorgängige Bereinigungen des Grundbuchs, nach GBO §§ 40, 41 erforderliche vorgängige Eintragungen des Verkäufers selbst gehören nicht darunter, § 435). Zu den Kosten der Beurkundung gehören hier auch die nicht nach § 313 notwendigen. Die an die Gemeinde zu entrichtende **Umsatzsteuer** fällt daher (**RG** a. a. O.) an sich nicht unter diejenigen Kosten, die der Paragraph im Auge hat (streitig); denn sie wird nicht durch ein der Übertragung des Eigentums dienendes Rechtsgeschäft begründet. Ihr rechtlicher Grund ist vielmehr die Tatsache der Eigentumsveränderung (**RG** 75, 208). Falls über Haftung für die Umsatzsteuer Streit besteht, werden in erster Linie die einschlägigen Vertragsbestimmungen auszulegen sein, und zwar unter Berücksichtigung einer hier etwa schon entstandenen Verkehrssitte. Eine Vertragsbestimmung, wonach der Käufer, „den Stempel und die sämtlichen übrigen Kosten zu tragen hat", läßt die Auslegung zu, daß dem Käufer auch die Umsatzsteuer zur Last fällt, selbst wenn beide Teile von ihrem Bestehen beim Vertragsabschlusse keine Kenntnis gehabt haben (**RG** 12. 12. 10 V 232/10). Hat der Käufer die Umsatzsteuer übernommen und hat er die Entgegennahme der Auflassung verzögert, dann muß er, wenn inzwischen die Steuer erhöht worden, auch die Erhöhung tragen (**RG** 2. 3. 10 V 204/09), und zwar infolge des zu vertretenden Verzugs. Falls beide Teile der Gemeinde gegenüber verpflichtet sind, müssen die Grundsätze der §§ 420 ff., insbesondere § 426 herangezogen werden. Übernimmt der Erwerber vertragsmäßig die Entrichtung der Umsatzsteuer, dann hat der Verkäufer das Interesse des Erwerbers dahin wahrzunehmen, daß nicht eine zu hohe Steuer berechnet wird (**RG** 2. 12. 14 V 308/14). — Die den Verkäufer nur persönlich belastende **Wertzuwachssteuer** (vgl. § 436) hat der Käufer im Zweifel sogar dann nicht zu tragen, wenn im Kaufvertrage vereinbart ist, daß der Käufer die Umsatzsteuer zu tragen hat. Die Wertzuwachssteuer soll im wesentlichen den unverdienten Gewinn und daher aus volkswirtschaftlichen Gründen den Verkäufer treffen; um die Haftung auf den Käufer abzuwälzen, bedarf es somit auch einer zweifelsfreien Vertragsbestimmung (**RG** JW 1911, 749[4]; Warn 1912 Nr 297), und es ist ein zweifelsfreier Beweis erforderlich (**RG** 72, 395; Gruch 1912, 108). Die Veräußerung spielt betreffs der Wertzuwachssteuer nur insofern eine Rolle, als bei ihr zutage tritt, daß der Veräußerer den Gewinn gemacht hat. Über die Begriffe „Umsatzsteuer" und „Wertzuwachssteuer" vgl. noch § 436 A 1 und **RG** JW 1910, 228[3]. — Die Kosten des Zuschlags bei der Zwangsversteigerung hat der Ersteher zu tragen (ZVG § 58).

§ 450

[1])[4]) **Ist vor der Übergabe der verkauften Sache die Gefahr auf den Käufer übergegangen**[3]) **und macht der Verkäufer vor der Übergabe Verwendungen auf die Sache, die nach dem Übergange der Gefahr notwendig geworden sind, so kann er von dem Käufer Ersatz verlangen, wie wenn der Käufer ihn mit der Verwaltung der Sache beauftragt hätte.**

Die Verpflichtung des Käufers zum Ersatze sonstiger Verwendungen bestimmt sich nach den Vorschriften über die Geschäftsführung ohne Auftrag[2]).

E I 464 II 389; M 2 325; P 2 64; 6 170.

1. Die Vorschrift will nicht eine Verpflichtung des Verkäufers zu Verwendungen auf die Sache aufstellen. Inwieweit der Verkäufer zu solchen Verwendungen noch nach Abschluß des Kaufvertrags verpflichtet ist, ist ausdrücklich im BGB nicht bestimmt, es ergibt sich aber eine solche aus der Verpflichtung zur Übergabe der gekauften Sache nach § 433 (vgl. A 8cdd), die auch nicht notwendig mit dem Übergang der Gefahr auf den Käufer vollständig erlischt, z. B. bei Unterbrechung der Versendung im Falle des § 447 wieder wirksam werden kann.

2. Die Vorschrift behandelt vielmehr nur die Fälle, in denen tatsächlich **nach Abschluß** des Kaufvertrags und **vor der Übergabe** der Sache vom Verkäufer Verwendungen gemacht worden sind, und unterscheidet hierbei, daß das geschehen ist.

(**Abs 2**) a) auch vor dem Übergang der Gefahr (der ja mit der Übergabe nicht zusammenzutreffen braucht). Für diesen Fall hat der Verkäufer, wenn die Verwendungen einer **Geschäftsführung ohne Auftrag** nach § 677 entsprechen, nach den Vorschriften des § 683 (ohne daß er geradezu ein Geschäftsführer wird) Ersatz der Aufwendungen wie ein

Beauftragter zu beanspruchen, also nach § 670, soweit sie den Umständen der Meinung des Verkäufers nach erforderlich waren. Ausgenommen sind jedoch die zur Erhaltung der Kaufsache notwendigen Verwendungen, da diese der Verkäufer nicht als Geschäftsführer des Käufers und in dessen Interesse, sondern zufolge der unter 1 bezeichneten Verpflichtung im eigenen Interesse macht. Der in Abs 2 vorgesehene Fall liegt hier also gar nicht vor. Geringfügige Leistungen bei Erfüllung des Vertrags werden als durch den Kaufpreis mit abgegolten angesehen und daher nicht besonders vergütet, wie in der Regel die Verpackung. Wenn jedoch die Verpackung besondere Aufmerksamkeit und Aufwendungen erfordert (bei Glaswaren), kann auch eine besondere Vergütung beansprucht werden (ROHG 3, 115). Mit fortschreitender Verteuerung der Verpackungsmittel überhaupt schwindet die Vermutung, daß sie durch den Kaufpreis mit gedeckt werden sollen.

(**Abs 1**) b) Nach dem Übergang der Gefahr, welcher Fall nach § 446 Abs 2, nach § 447 und bei besonderer Vereinbarung eintreten kann. Dann hat der Verkäufer wie ein **Beauftragter** nach §§ 669, 670 Ersatz vom Käufer zu verlangen, jedoch mit den Einschränkungen, daß die Aufwendungen einmal auch objektiv notwendig waren (im Gegensatz zu § 670), sodann daß diese Notwendigkeit für die Aufwendungen nach dem Gefahrübergang eingetreten ist. Auch hier finden diese Vorschriften nur entsprechende Anwendung, der Verkäufer wird behandelt, „wie wenn" er Beauftragter wäre, nicht wird er direkt zum Beauftragten gestempelt. Diese Vorschriften sind daher immer nur sinngemäß im Rahmen der Pflichten aus einem Kaufvertrag anzuwenden.

3. Kommt der Verkäufer ausnahmsweise in die Lage, nicht nur nach Abschluß des Kaufvertrags und nach Übergang der Gefahr auf den Käufer, sondern auch noch nach Übergabe der Kaufsache Verwendungen auf sie zu machen, was z. B. in Fällen der Ersatzübergabe, der Übergabe durch Dispositionspapiere, aber auch sonst möglich ist, so richtet sich die Ersatzpflicht entweder nach dem zugrunde liegenden Rechtsverhältnis, kraft dessen der Verkäufer in die Lage kommt, noch Aufwendungen auf die Sache zu machen, wie etwa im Fall des § 930, oder es finden unmittelbar die Vorschriften über Geschäftsführung ohne Auftrag Anwendung.

4. Die Ansprüche aus § 450 geben dem Verkäufer ein Zurückhaltungsrecht nach § 273.

§ 451

Ist ein Recht an einer Sache verkauft, das zum Besitze der Sache berechtigt, so finden die Vorschriften der §§ 446 bis 450 entsprechende Anwendung.

E I 463 II 391; M 2 325; P 2 62.

Auch bei dem **Verkaufe von Rechten, die zum Besitze berechtigen** (§ 433), ist für den Gefahrübergang die Übergabe der Sache und im Falle einzutragender Rechte die Übergabe oder die zuvor erfolgte Eintragung (§ 446 Abs 2) entscheidend.

§ 452

Der Käufer ist verpflichtet, den Kaufpreis von dem Zeitpunkt an zu verzinsen[1]), von welchem an die Nutzungen des gekauften Gegenstandes ihm gebühren, sofern nicht der Kaufpreis gestundet ist[2])[3]).

E I 467; M 2 329; P 2 69.

1. Vgl. § 446. **Die Verzinsungspflicht des Käufers** beruht auf dem Grundsatze, daß niemand die Sache und zugleich den Kaufpreis nutzen soll. Entscheidend ist für den Beginn der Verzinsungspflicht regelmäßig der Übergang des Nutzungsrechts auf den Käufer, nicht die Übergabe. Die Nutzungen können namentlich auch vor Eintrag des Käufers in das Grundbuch von diesem gezogen werden. Es genügt, daß die Nutzungen dem Käufer ferner rechtlich gebühren. Daß er tatsächlich solche gezogen hat oder ziehen konnte, ist nicht Voraussetzung. Bei Kaufleuten untereinander abweichend HGB § 353. Nach § 246 betragen die Zinsen 4 v. H., für beiderseitige Handelsgeschäfte nach HGB § 352 5 v. H. Die Zinsen sind nicht Verzugszinsen oder Vertragszinsen, sondern gesetzliche Zinsen (**RG** 80, 373). Anwendung des § 452 setzt voraus, daß keine Vereinbarung hierüber getroffen. Wenn dies geschehen, ist für § 452 kein Raum. Wenn Verzinsung des gestundeten Restes ausgemacht, findet § 452 keine Anwendung (Warn 1916 Nr 13). Dann kann der Verkäufer die Verzinsung auch insoweit verlangen, als er die Nutzungen der Sache nach dem Tage des Beginns der Verzinsung noch bezogen hat (**RG** 12. 6. 20 V 17/20). Nutzungsentgelt nach § 36 PrEnteignGes ist etwas anderes (**RG** 98, 43).

2. Vgl. § 433. Eine **Stundung** liegt nur dann vor, wenn abredegemäß der Kaufpreis erst nach (im wesentlichen) vollendeter Leistung des Verkäufers fällig sein soll, sie hat

der Käufer zu beweisen (KG DJZ 1903, 250); sie liegt nicht vor, wenn wie der Zahlungstermin so auch der wesentliche Teil der dem Verkäufer obliegenden Leistungen hinausgeschoben sind und entweder beide Leistungen Zug um Zug erfüllt werden sollen oder die Zahlung vor der Leistung des Verkäufers fällig sein soll (RG 50, 138, wo Stundung verneint wird, falls der Kaufpreis zwar nach der Übergabe aber vor oder nach der Auflassung des verkauften Grundstücks fällig ist). Kein Hinausschieben der Fälligkeit, also keine Stundung, wenn der Gläubiger dem Schuldner eine unbestimmte Frist zur Anschaffung von Geld einräumt (RG 83, 181). Jedenfalls muß die Stundung dem Käufer ein Recht auf Vorleistung des Verkäufers geben, während aus einer ihm bisher bloß erwiesenen Nachsicht kein Recht und keine Verpflichtung erwachsen kann. Ist dem Käufer anstatt der Barzahlung die Regelung mittels eines Akzepts nachgelassen, so wird der Kaufpreis sofort fällig, wenn der Käufer sich weigert, das Akzept zu geben (RG SeuffA 63 Nr 391). § 452 überhaupt nicht anwendbar, wenn Kaufpreis nicht in bar gezahlt, sondern durch Übernahme von Hypotheken gedeckt werden soll. — Über die Beweislast, falls der Käufer Stundung einwendet, vgl. § 433. Bestritten ist, ob mit Ablauf der Stundung die Zinspflicht aus § 452 ohne weiteres beginnt oder Verzugsetzung erfordert wird. Ersteres ist zu bejahen, da es sich bei § 452 nicht um Verzugs-, sondern um gesetzliche Zinsen handelt.

3. **Einseitige Rückgängigmachung der Stundung** ist nach § 321 möglich, auch § 610; sie kann auch als stillschweigend vereinbart gelten (§ 242; RG 66, 389). Der Konkurs des Nachleistungspflichtigen gibt an sich kein Recht aus § 321 (RG 56, 240).

§ 453

Ist als Kaufpreis der Marktpreis bestimmt[1]), so gilt im Zweifel[2])[3]) der für den Erfüllungsort zur Erfüllungszeit maßgebende Marktpreis als vereinbart[2]).

E I 461 II 392; M 2 322; P 2 57.

1. Über den Begriff **„Marktpreis"** vgl. zu §§ 433 u. 385 und RG 34, 119. Er ist der Durchschnittspreis, wie er sich auf Grund der Marktlage für die in größerem Umfang abgesetzten Waren bildete, unabhängig von börsenmäßiger oder amtlicher Festsetzung, die jedoch ein wichtiges Beweismoment abgeben. Der Marktpreis ist nicht notwendig dasselbe wie der „angemessene Preis". Die Bestimmung des Marktpreises kann ausdrücklich oder stillschweigend getroffen werden (Prot 1, 466), was insbesondere bei marktgängiger Ware zutrifft, dagegen auf den Kleinhandel überhaupt nicht paßt (Prot 2, 57). Hier wird der übliche Ladenpreis als vereinbart gelten. Unter Umständen greift die Bestimmung des § 306 Platz (Prot a. a. O.).

2. **Bloße Vermutung für eine Vereinbarung,** die durch den Nachweis einer andern Parteiabsicht entkräftet werden kann. Die Beweislast in dieser Hinsicht liegt dem Behauptenden ob. Läßt sich ein Marktpreis am Erfüllungsorte nicht ermitteln (RG 34, 119), so ist als Parteiwille weiter anzunehmen, daß gelten soll der „zur Zeit der Erfüllung für den Erfüllungsort maßgebende Marktpreis" (Prot 2, 58), mithin der Preis desjenigen Ortes, der auch den Markt des Erfüllungsorts beherrscht. Läßt sich der Marktpreis des bezeichneten Ortes nicht mehr bestimmen, weil die Notierungen dort aufgehört haben, so ist gemäß § 242 zu erwägen, ob nicht andere Preisfestsetzungen an eben jenem Orte als Ersatz für die Preisnotierungen zu gelten haben (RG JW 07, 5[5]). — Als **Erfüllungsort** (§ 269) kommt hier der für den Verkäufer maßgebliche in Betracht (Prot 2, 57). Besteht am Erfüllungsort kein Marktpreis, kann der des nächsten größeren Ortes maßgebend sein. Die **Erfüllungszeit** bestimmt sich nach § 271. Bei Sukzessivlieferungsverträgen wirkt nicht ohne weiteres die spätere Preiserhöhung für die späteren Lieferungen (LZ 2, 455; 3, 682).

3. **Die Beweislast** regelt sich wie folgt: Fordert der Verkäufer den Marktpreis, so muß er beweisen, daß dieser (ausdrücklich oder stillschweigend) verabredet worden ist, während der Käufer gegebenenfalls zu beweisen hätte, daß der Preis in anderer Art bestimmt worden sei. Fordert der Kläger den üblichen Ladenpreis oder einen allgemein angemessenen Preis, und macht der Käufer demgegenüber geltend, daß der Preis in dieser oder jener Art bestimmt worden sei, so muß der Kläger den Beweis dafür erbringen, daß der Preis abredegemäß auf die von ihm geltend gemachte Art habe berechnet werden sollen (RG SeuffA 58, 266; Recht 07, 376).

§ 454

Hat der Verkäufer den Vertrag erfüllt und den Kaufpreis gestundet[2]), so steht ihm das im § 325 Abs 2 und im § 326 bestimmte Rücktrittsrecht nicht zu[1]).

E II 393; P 2 69.

1. **Beschränkung des Rücktrittsrechts beim Kaufe** gegenüber den §§ 325, 326. Voraussetzung hierfür ist erstens, daß der Verkäufer bereits erfüllt hat, und zweitens, daß ein Kreditkauf vorliegt. In § 454 handelt es sich um eine Ausnahmevorschrift, die streng auszulegen ist (Warn 1915 Nr 259). Was zur Erfüllung gehört, besagt § 433. Da der § 454 im übrigen voraussetzt, daß der Verkäufer „erfüllt" hat, so ist seine Bestimmung im Falle nur teilweiser Erfüllung regelmäßig nicht anwendbar (RG 10. 12. 07 II 310/07; RG 50, 139; Gruch 60, 310). Eine nur teilweise Erfüllung liegt in diesem Sinne jedoch nicht mehr vor, falls in der Hauptsache schon erfüllt ist und nur noch verhältnismäßig unerhebliche Erfüllungsteile ausstehen (RG 50, 140), wie etwa die Lieferung von Zubehörstücken. Sonst handelt es sich um Teilerfüllung (als solche) ebensowohl, wenn es nach dem Umfange wie dann, wenn es nach der Beschaffenheit der Leistung an der Vollerfüllung mangelt (z. B. es ist das verkaufte Grundstück zwar übergeben, aber noch nicht aufgelassen, RG 50, 139; RG 15. 1. 21 V 205/20). In der ersteren Hinsicht ist jedoch anzunehmen, daß, wenn Lieferung in Teilleistungen abgemacht und der für jede Teilleistung besonders zu berechnende Betrag gestundet worden ist, die Bestimmung des § 454 in Ansehung der bereits erfüllten Teilerfüllung Platz greift, ungeachtet dessen, daß der Vertrag im ganzen als ein einheitliches Geschäft anzusehen ist (RG Warn 08 Nr 137; streitig). Hinsichtlich des noch nicht erfüllten Teiles kann das Rücktrittsrecht ausgeübt werden (RG Gruch 52, 976; 60, 310). Die den Käufer begünstigende Sonderbestimmung beruht eben auf dem Gedanken, daß der Käufer, der die Sache zur Verwendung oder zum Verbrauche erwirbt, durch die Rückgängigmachung des Kaufes unbillig belastet werden kann, und überdies ist erwogen, daß es nahe liege, in der Stundung des Kaufpreises einen Verzicht des Verkäufers auf das Rücktrittsrecht zu erblicken, weil sie den bei Zug-um-Zug-Leistungen sonst bestehenden Zusammenhang zwischen Leistung der Ware und Zahlung des Preises auflöse (Prot 2, 71). Die Beschränkung des Verkäufers tritt ferner insoweit nicht ein, als sich der Käufer außer zur Zahlung des Preises noch zu andern Nebenleistungen (Bebauung des gekauften Grundstücks) verpflichtet hat und in dieser Hinsicht in Verzug geraten ist. Solchenfalls hat Verkäufer Rechtsbehelfe aus §§ 325, 326 (RG JW 1915, 1190[2]). Nur das **gesetzliche Rücktrittsrecht** aus dem § 325 Abs 2 wegen fruchtlosen Ablaufs der dem Käufer gemäß § 283 gestellten Frist, sowie dasjenige aus § 326 wegen Verzugs, büßt der Verkäufer ein, falls die beiden Voraussetzungen des Gesetzes gegeben sind; mithin aber nicht auch das vertragsmäßige Rücktrittsrecht im Sinne des § 346 oder des § 360 und ebensowenig das Recht auf Schadensersatz wegen Nichterfüllung aus den §§ 325, 326 (Warn 1915 Nr 259).

2. In der Stundung liegt ein Verzicht auf das Rücktrittsrecht (RG 83, 179), aber nur so weit, als die Stundung reicht. Wegen des nicht gestundeten Teils bleibt das Rücktrittsrecht bestehen (RG 15. 6. 25 V 430/24). Die Stundung kann durch Gewährung eines Zahlungsziels auch handelsüblich sein. Eine Stundung liegt nur vor, wenn der Kaufpreis vereinbarungsgemäß erst nach vollendeter Erfüllung des Verkäufers fällig werden soll, nicht Zug um Zug zu zahlen ist (RG 50, 140). In dem bloßen Zeitlassen zur Beschaffung des Geldes liegt noch kein Hinausschieben der Fälligkeit der dem Beklagten obliegenden Leistung (Prot 2, 71; RG 83, 179). So liegt Barkauf vor, wenn nicht bezahlt wird lediglich, weil der Käufer nicht genügendes Geld bei sich hat und sofortige Zahlung verspricht. Dann können Rechte aus § 326 geltend gemacht werden (RG 97, 2). Wer auf Vorstellung des Käufers auf besondere Umstände Rücksicht nimmt, stundet nicht, sondern macht die Fälligkeit der Gegenleistung von gewissen Umständen abhängig (RG 8. 3. 26 V 307/25).

§ 455

[1]) Hat sich der Verkäufer einer beweglichen Sache[2])[7]) das Eigentum bis zur Zahlung des Kaufpreises vorbehalten, so ist im Zweifel[4]) anzunehmen, daß die Übertragung des Eigentums unter der aufschiebenden Bedingung[3]) vollständiger Zahlung des Kaufpreises erfolgt und daß der Verkäufer zum Rücktritte von dem Vertrage berechtigt ist, wenn der Käufer mit der Zahlung in Verzug kommt[5])[6]).

E II 394; P 2 79.

1. Der **Vorbehalt des Eigentums** (der nicht ausdrücklich erklärt zu werden braucht; Marktverkehr, Geldwechseln; RG 64, 337), hat nach der Auslegungsregel des Gesetzes eine dingliche und zugleich eine eigentümliche persönliche Wirkung. Denn einmal macht er das dingliche Übereignungsgeschäft (aufschiebend) bedingt, während der Kaufvertrag unbedingt bleibt, und zweitens gibt er dem Verkäufer ein persönliches Rücktrittsrecht (§ 360). Beide Wirkungen bestehen unabhängig nebeneinander. Dies zeigt sich beim Eintritt und beim Ausfall der Bedingung (A 5). Der Vorbehalt kann rechtsgültig auch im voraus, in Erwartung des demnächst erfolgenden Eigentumserwerbs gemacht werden mit der Wirkung,

daß er erst mit Befriedigung des früheren Verkäufers in Geltung tritt (RG 23. 10. 10 II 599/09). Ein nach erfolgter Eigentumsübertragung erst nachträglich vereinbarter Eigentumsvorbehalt hat jedoch keine dingliche Wirkung (RG 54, 396). Eine persönliche Wirkung kann die Vereinbarung insofern haben, als dem Verkäufer ein Recht eingeräumt wird, die Sache bei Nichtzahlung des Kaufpreises zurückzuverlangen, ohne vom Vertrag selbst zurückzutreten (RG JW 1905, 18). Da im Zweifel der Eigentumserwerb bis zur restlichen Erfüllung des Kaufpreises hinausgeschoben werden soll, so muß der Wille des Verkäufers, Eigentum zu übertragen, noch in diesem Zeitpunkte vorhanden sein, also in dem Augenblick, wo der letzte Kaufgelderrest bezahlt wird (RG 64 S. 204, 334; 66, 345; 95, 105). A. M. Planck A 2a.

2. Der Vorbehalt ist nur **beim Verkauf beweglicher Sachen** zulässig, die auch verbrauchbare sein können (OLG. 2, 343). Mit dem Verbrauch wird der Vorbehalt freilich gegenstandslos. Auch bei Gesamtheiten körperlicher Sachen, wie Warenlager, zulässig (Warn 09 Nr 198; RG Gruch 53, 954). Dadurch sind Einzelveräußerungen nicht notwendig ausgeschlossen. Der Vorbehalt kann auch erst künftig hinzutretende Sachen ergreifen (RG BayZ 2, 381) und für sie im voraus vereinbart werden (RG 9. 7. 09 VII 478/08). Gegenüber der sachenrechtlichen Wirkung der Verbindung, Vermischung, Verarbeitung hat der Vorbehalt keine Wirkung. Ob eingebaute Maschinen Bestandteil werden, ist Tatfrage (RG 69, 121). Bei unbeweglichen Sachen ist er ausgeschlossen (vgl. § 158 A 6); desgleichen bei allen Verkäufen, die überhaupt nicht eine körperliche (bewegliche) Sache zum Gegenstande haben, wie z. B. beim Verkaufe eines Erwerbsgeschäftes, wenn dabei das Geschäft als solches die Hauptsache ist, die mitverkauften Sachen (§ 90) dagegen nur von nebensächlicher Bedeutung sind (RG 67, 385; Gruchot 53, 954). Bei **Grundstückskauf** kann nur entweder für den Käufer ein durch vollständige Preiszahlung bedingter persönlicher Anspruch auf Übereignung oder für den Verkäufer ein durch Nichtzahlung bedingter persönlicher Anspruch auf Rückübereignung begründet werden. Diese Ansprüche können auch durch Vormerkung dinglich gesichert werden. Das Gesetz hat auch nur den **vor oder bei der Übergabe** ausgesprochenen Vorbehalt im Auge. Ein nach bedingungslos erfolgter Übergabe erklärter Vorbehalt entbehrt der dinglichen Wirkung deshalb, weil das auf den Käufer bereits übergegangene Eigentumsrecht überhaupt nicht im Wege bloßer Vereinbarung zurückübertragen werden kann (RG 54, 396; SeuffA 67 Nr 108). Es bedarf dazu vielmehr noch des dinglichen Vollzugsgeschäfts. — Die Vermutung sodann, die das Gesetz an den Vorbehalt knüpft, ist die einer aufschiebend bedingten Eigentumsübertragung (RG 95, 105). Die Voraussetzung des Gesetzes ist endlich, daß die zur Übereignung an sich erforderlichen Rechtshandlungen (Übergabe und Einigung, § 929) spätestens schon bei Erklärung des Vorbehalts vorgenommen sind, wenn auch aufschiebend bedingt.

3. Die **Rechtslage während schwebender Bedingung.** Der Käufer ist unmittelbarer Besitzer der Sache, der Verkäufer mittelbarer (§ 868; RG 54, 397; 69, 197). Das Eigentum bleibt beim Verkäufer, der daher auch das Aussonderungsrecht im Konkurse des Käufers hat. Er hat den Kaufvertrag noch nicht vollständig erfüllt (RG 64 S. 204, 334; 66, 347; RG 7. 12. 26 II 148/26). Der Käufer aber erlangt außer dem Besitz auch ein anwartschaftliches Recht auf das Eigentum (RG 67 Nr 7). Da die Sache bereits in seine tatsächliche Herrschaft gelangt, trägt er auch die Gefahr (RG 85, 320). So auch die überwiegende Meinung. RG 74, 129 läßt die Entscheidung noch dahingestellt. Das anwartschaftliche Recht auf das Eigentum geht gegen den Verkäufer auch dahin, daß er noch im Augenblick des Eintritts der Bedingung, der Zahlung des letzten Kaufpreises, den Eigentumsübertragungswillen hat. Bis dahin kann der Käufer dieses selbständige Anwartschaftsrecht auch weiter übertragen (RG 95, 106). Das Gebrauchsrecht steht dem Käufer während der Schwebezeit in der Regel nicht zu. Aber möglich ist auch die Abrede, daß dem Käufer die Befugnis zum Verbrauche oder zur Veräußerung der ihm bedingungsweise übergebenen Sachen zustehen soll. Alsdann beschränkt sich der Eigentumsvorbehalt auf die nicht veräußerten Sachen (RG Warn 09 Nr 198, hinsichtlich des Verkaufs eines Warenlagers). — Im übrigen besteht gegenseitige Haftung, falls der eine oder der andere Teil während der Schwebezeit die Verschaffung des Eigentums in vertretbarer Weise unmöglich macht, und zwar die Haftung des Käufers nach § 324, so daß er zutreffendenfalls trotzdem den Kaufpreis zahlen muß, und anderseits die des Verkäufers gemäß § 325, so daß der Käufer von den dort gegebenen Rechtsbehelfen (§ 325 Satz 1) Gebrauch machen kann. Die Haftung des Käufers tritt z. B. ein, wenn er sich verpflichtet hatte, eine Schuld des Verkäufers (namentlich eine in Verrechnung auf den Kaufpreis übernommene) zu bezahlen, und demnächst zufolge vertretbarer Unterlassung der Zahlung die Kaufsache durch den Gläubiger des Verkäufers gepfändet und zur Versteigerung gebracht wird. Dagegen würde der Verkäufer haften, wenn die zwangsweise Versteigerung des Grundstücks ohne Verschulden des Käufers infolge Verschuldens des Verkäufers eingetreten wäre (RG 66, 347). Zutreffendenfalls käme bei beiderseitigem Verschulden der § 254 zur Anwendung. — Zu wirksamen Verfügungen ist der Käufer in der Zwischenzeit regel-

mäßig nicht befähigt. Der Rechtserwerb durch Dritte ist jedoch trotzdem möglich nach den Grundsätzen vom gutgläubigen Erwerbe (§§ 161, 932) oder von der Heilung unwirksamer Verfügungen eines Nichtberechtigten (§ 185; vgl. **RG** Warn 09 Nr 198). Wird die Ware einem Dritten geliefert, so muß, wenn dieser gutgläubig erwirbt, der Eigentumsvorbehalt dem Sicherungseigentum weichen (**RG** 113, 61), sonst hindert der Eigentumsvorbehalt den Erwerb eines Sicherungseigentums von demjenigen, dem gegenüber das Eigentum vorbehalten wurde (Hoeniger, JW 1927, 627). Verfügungen vor Eintritt der Bedingung über die vorbehaltene Sache durch den Käufer können jedoch nach § 185 mit Eintritt der Bedingung wirksam werden (Planck A 2b). Nimmt der Käufer derartige Veranstaltungen mit der Kaufsache vor, daß diese zum wesentlichen Bestandteile einer andern Hauptsache wird, so geht damit der Verkäufer seines Eigentums verlustig (§ 946, **RG** JW 00, 889), aber zu seinen Gunsten wären gegenüber dem Käufer wiederum der § 324 und dem Eigentümer der Hauptsache gegenüber die §§ 951, 812 anwendbar. Ist die Übergabe einer Sache nach § 930 durch constitutum poss. erfolgt, etwa zur Sicherung, so umfaßt die Einigung und die die Übergabe ersetzende Vereinbarung nicht solche Stücke, die nur unter Eigentumsvorbehalt erworben worden waren, solange dieser Vorbehalt besteht. Es wird dann auch kein mittelbarer Besitz an ihnen erworben (**RG** 81, 141).

4. Der **Verzicht des Verkäufers auf die Bedingung** hat in dinglicher Hinsicht den sofortigen Eigentumsübergang zur Folge, auch bedarf es dazu keiner Annahme des Verzichts seitens des Käufers (§ 397 A 1 a. E.; **RG** 66, 344). Das Schuldverhältnis dagegen wird durch den bezeichneten Verzicht nicht beeinflußt; um den Verkäufer auch des Rücktrittsrechts verlustig zu machen, bedarf es vielmehr eines Vertrags (vgl. A 1 a. a. O.). — Ob ein Verzicht anzunehmen ist, falls der Verkäufer während schwebender Bedingung die Kaufsache beim Käufer gegen diesen pfänden läßt, läßt sich nur von Fall zu Fall entscheiden (**RG** 66, 348; 79, 241; Warn 1911 Nr 71).

5. Die Folgen der Nichtzahlung sind doppelte: dinglich wird die Übereignung hinfällig, gleichviel, ob der Käufer in Verzug ist oder nicht. Der Verkäufer kann daher die Sache als sein Eigentum zurückfordern, auch wenn der Kaufvertrag selbst bestehen bleibt. Denn dieser ist von der Nichtzahlung und dem Hinfälligwerden des Eigentumsübergangs zunächst unberührt. Forderungsrechtlich erlangt der Verkäufer, wenn die Nichtzahlung auf Verzug beruht (§ 284) ein Rücktrittsrecht (§ 346; **RG** JW 1927, 1037[5]).

6. Die Folgen der Zahlung sind, daß die vorgesehene Bedingung eingetreten ist. Da bedingte Übereignung nach den Grundsätzen des BGB überhaupt möglich ist, so folgt, daß zum Wirksamwerden des dinglichen Übereignungsgeschäfts nichts anderes mehr erforderlich ist als die Erfüllung der Bedingung (**RG** 64, 206). Mit dieser Tatsache erlangt demgemäß der Käufer das Eigentum an der ihm übergebenen Kaufsache ohne weiteres und endgültig (§ 158 A 4), ohne daß es einer neuen auf die Übertragung des Eigentums gerichteten Willenseinigung bedürfte (**RG** 66, 349). Weiter aber folgt hieraus nicht, daß der Verkäufer schon mit der vollzogenen bedingten Eigentumsverschaffung, nicht erst im Augenblick des Eigentumsübergangs vollständig erfüllt hat (**RG** 64, 206 u. 334). Der Verkäufer hat vielmehr die ihm nach § 433 obliegende Leistung nicht vollendet, wenn er dem Käufer zwar die Sache übergeben, aber noch nicht übereignet hat (**RG** 85, 321). Bis zu diesem Zeitpunkt besteht seine obligatorische Verpflichtung, Eigentum zu verschaffen, immerhin fort (**RG** 64, 207). Die Verpflichtung zur Beseitigung etwaiger Rechte Dritter ist erst mit Bezahlung des Kaufpreises, wenn das Eigentum übergeht, zu erfüllen (**RG** 83, 214). Auch die Verpflichtung zur Gewährleistung nach § 434 braucht erst im Zeitpunkt erfüllt zu werden, in dem sich die den Eigentumsübergang bewirkende Bedingung erfüllt (**RG** 83, 315).

7. Bei **Abzahlungsgeschäften** ist auf die Geltendmachung des Eigentumsvorbehalts der § 5 des Ges. v. 16. 5. 94 anwendbar (**RG** JW 05, 18[14]), vgl. auch § 360 A 1. Auch im Sinne des § 5 a. a. O. ist der Vorbehalt des Eigentums nur bei beweglichen körperlichen Sachen zulässig (**RG** 67, 386). Abzahlungsgeschäfte in Lotterielosen und Inhaberpapieren mit Prämien sind nach § 7 d. Ges. strafbar. Über Wirkung des Eigentumsvorbehalts im Konkurs nach KO § 17 **RG** 64, 204, hinsichtlich § 193 **RG** 7. 12. 12 V 302/12. Ein Verkauf mit Vorbehalt des Eigentums gilt nicht als eine Veräußerung im Sinne der §§ 69ff. des RGes. über den Versicherungsvertrag v. 30. 5. 1908 (**RG** 114, 316).

§ 456

Bei einem Verkauf im Wege der Zwangsvollstreckung[1]) dürfen der mit der Vornahme oder Leitung des Verkaufs Beauftragte und die von ihm zugezogenen Gehilfen, mit Einschluß des Protokollführers, den zum Ver-

kaufe gestellten Gegenstand weder für sich persönlich oder durch einen anderen noch als Vertreter eines anderen kaufen[2]).

E I 468 II 395; M 2 330; P 2 72.

1. Die Vorschrift will die Unparteilichkeit des Verfahrens schützen. In Betracht kommen Verkäufe im Wege der Zwangsvollstreckung nach ZPO §§ 814—817, 821, 857, also sowohl bei öffentlicher Versteigerung als bei Verkäufen aus freier Hand. Die Vorschrift bezieht sich auch auf Zwangsvollstreckung in Forderungen. Ob hierzu auch die zwangsweise Versteigerung von Grundstücken gehört und mithin der § 456 auch hier unmittelbar Anwendung finden kann, hängt davon ab, ob man diese Versteigerungen überhaupt unter den Begriff Kauf bringen kann (§ 156 A 1 u. 3, wo die Frage verneint wird). Auch sind solche Beamte schon nach § 41 Nr 1 u. 4 ZPO von der Leitung ausgeschlossen, die Gegenstände in der Zwangsversteigerung kaufen wollen. Es bedarf hier also gar nicht erst der Vorschrift des § 456. Jedenfalls wäre aber eine entsprechende Anwendung statthaft, wie sie nach den M 2, 332 überall da zulässig ist, wo ohne die Voraussetzung der Zwangsvollstreckung der Auftrag zum Verkaufe auf Grund einer gesetzlichen Bestimmung erteilt wird (§ 457).

2. Wird dem **Verkaufsverbot** zuwidergehandelt, so ist der Kauf nicht nichtig, vielmehr genehmigungsfähig (§ 458). Denn es soll die Vorschrift nur zum Schutze der beim Kaufe Beteiligten dienen (M 2, 331), und es liegt die Sache hier sonach ähnlich wie beim § 135. — Das Verbot des Verhandelns mit sich selbst nach § 181 greift neben § 456 Platz; beide Verbote sind miteinander verwandt (RG 56, 108). — Das Kaufen „durch einen andern" umfaßt auch den Fall des Erwerbs durch einen mittelbaren (indirekten) Stellvertreter (Vorbem 1 vor § 164). — Über die Verpflichtung des Käufers zum Schadensersatze vgl. § 458. Als Hilfspersonen kommen namentlich die nach § 825 ZPO Beauftragten in Betracht. Öffentlichrechtliche Verbotsbestimmungen, namentlich die landesrechtlichen Disziplinarbestimmungen, bleiben daneben in Kraft (vgl. preuß. Geschäftsordnung für Gerichtsvollzieher v. 24. 7. 79 § 75).

§ 457

Die Vorschrift des § 456 gilt auch bei einem Verkauf außerhalb der Zwangsvollstreckung, wenn der Auftrag zu dem Verkauf auf Grund einer gesetzlichen Vorschrift erteilt worden ist, die den Auftraggeber ermächtigt, den Gegenstand für Rechnung eines anderen verkaufen zu lassen, insbesondere in den Fällen des Pfandverkaufs und des in den §§ 383, 385 zugelassenen Verkaufs, sowie bei einem Verkaufe durch den Konkursverwalter.

E I 469 II 395; M 2 332; P 2 72.

Das Verbot des § 456 wird auf rechtsähnliche Fälle ausgedehnt, aber abschließend nur auf die bestimmten aufgezählten §§ 753 (Gemeinschaft), 966, 979, 983 (Versteigerung von Fundsachen), 1003 (Befriedigung des Besitzers wegen Verwendungen aus dem Erlöse für die Sache), 2042 (Auseinandersetzung der Miterben); ferner HGB §§ 290, 371, 373, 376, 379, 388, 391, 437, 440; §§ 1233ff. (Verkaufsrecht des Schuldners im Falle des Gläubigerverzugs); KO §§ 117, 127 (Recht des Konkursverwalters zur Verwertung von Bestandteilen der Masse durch Veräußerung).

§ 458

Die Wirksamkeit eines den Vorschriften der §§ 456, 457 zuwider erfolgten Kaufes und der Übertragung des gekauften Gegenstandes hängt von der Zustimmung der bei dem Verkauf als Schuldner, Eigentümer oder Gläubiger Beteiligten ab[1]). Fordert der Käufer einen Beteiligten zur Erklärung über die Genehmigung auf, so finden die Vorschriften des § 177 Abs 2 entsprechende Anwendung[2]).

Wird infolge der Verweigerung der Genehmigung ein neuer Verkauf vorgenommen, so hat der frühere Käufer für die Kosten des neuen Verkaufs sowie für einen Mindererlös aufzukommen[3]).

E I 468 II 396; M 2 332; P 2 72.

1. An sich ist ein verbotswidrig erfolgter Kauf nach § 134 nichtig. § 458 macht aber hiervon eine Ausnahme. Von der **Zustimmung der Beteiligten** hängt sowohl die Wirksamkeit

des Schuldverhältnisses als auch die des dinglichen Vollzugsgeschäfts ab. Ist die Zustimmung im voraus erteilt (Einwilligung, §§ 182, 183, 185 Abs 1), dann sind das Schuldverhältnis sowie das dingliche Rechtsgeschäft von Anfang an wirksam; fehlte es bei ihrer Vornahme an der Einwilligung, dann sind beide Geschäfte bedingt wirksam, und bis zur Entscheidung, d. h. bis zur Erteilung oder Versagung der Genehmigung, besteht der Schwebezustand. Der Käufer ist jedoch (anders als in den Fällen der §§ 108, 109 u. 177, 178) bis zur Entscheidung unbedingt gebunden, und es liegt hier daher ein hinkendes Geschäft vor (§ 108 A 1). Da die Zustimmung der „Beteiligten" gefordert wird, so ist die Einwilligung oder Genehmigung aller Beteiligten erforderlich, und beim Widerspruche auch nur eines von ihnen fällt die Bedingung aus.

2. Eine erschöpfende Regel über die **Beendigung des Schwebezustandes** gibt das Gesetz nicht. Insbesondere gibt es dem einzelnen Beteiligten kein Mittel, die übrigen Beteiligten zur Erklärung zu nötigen. Nur den Käufer befähigt es, den endgültigen Zustand dadurch herbeizuführen, daß er denjenigen Beteiligten, um dessen Genehmigung es sich handelt, zur Erklärung mit den Folgen des § 177 Abs 2 auffordert. Ein Widerruf der Genehmigung, § 178, ist nicht zulässig.

3. Diese **Haftung des Käufers** besteht zunächst nach Maßgabe des Abs 2 kraft Gesetzes. Vgl. § 817 Abs 3 ZPO. Die Frage nach der Geschäftsfähigkeit des Käufers (Oertmann A 5) kann in Ansehung seiner Haftung nach Abs 2 überhaupt keine wesentliche Rolle spielen. Der Kauf eines Geschäftsunfähigen ist an sich nichtig (§ 105), und der Kauf eines beschränkt Geschäftsfähigen bleibt unwirksam, wenn ihn der gesetzliche Vertreter nicht genehmigt (§§ 107, 108). Gegebenenfalls würde mithin ein wiederholter Verkauf lediglich infolge der Nichtigkeit oder Unwirksamkeit des ersten Verkaufs vorgenommen werden müssen, während die Zustimmung der Beteiligten gar nicht in Frage kommen könnte. Demnach fehlte es aber im vorausgesetzten Falle überhaupt an der entsprechenden Voraussetzung für die Anwendbarkeit des Abs 2 § 458. Hat anderseits der gesetzliche Vertreter den Kauf des beschränkt Geschäftsfähigen genehmigt, so muß dieser auch aus § 458 haften. — Eine weitere Haftung des verbotswidrig handelnden Käufers über die vorliegend vorgesehene hinaus würde sich im allgemeinen nach § 823 Abs 2 regeln, da dem in § 457 enthaltenen Verbote die Bedeutung eines Schutzgesetzes zukommt.

II. Gewährleistung wegen Mängel der Sache

§ 459

[1]) **Der Verkäufer einer Sache haftet[2])[3])[6]) dem Käufer dafür, daß sie zu der Zeit, zu welcher die Gefahr auf den Käufer übergeht[4]), nicht mit Fehlern behaftet[5]) ist, die den Wert oder die Tauglichkeit zu dem gewöhnlichen oder dem nach dem Vertrage vorausgesetzten Gebrauch aufheben oder mindern. Eine unerhebliche Minderung des Wertes oder der Tauglichkeit kommt nicht in Betracht.**

Der Verkäufer haftet auch dafür, daß die Sache zur Zeit des Überganges der Gefahr die zugesicherten Eigenschaften hat[4]).

E I 483 II 397; M 2 224—227; P 1 670 ff.

1. Allgemeines. Die Gewährleistungspflicht ist nichts dem Kaufvertrag Eigentümliches, wie denn auch BGB in § 493 selbst die entsprechende Anwendung auf andere Veräußerungsverträge bestimmt, z. B. §§ 515, 365, 757. Dagegen nicht bei Schenkung, Ausstattung, Miete, Pacht, Leihe. Sie hat sich aber historisch beim Kauf herausgebildet und wird auch vom BGB bei diesem behandelt. Es unterscheidet streng, im Gegensatz zum preußischen Recht, zwischen Rechtsgewährleistung und Sachgewährleistung (Gewährleistung wegen Mängel der verkauften Sache). Erstere behandeln §§ 434 ff., letztere §§ 459 ff. Die besondere Regelung der Sachgewährung in §§ 459 ff. bezieht sich grundsätzlich nur auf physische Mängel einer Sache (JW 04, 403; unbeweglicher: JW 1912 S. 461[7], 747[10]) oder beweglicher körperlicher, auch Wertpapiere (**RG** 59, 240), insbesondere beim Verkauf bestimmter ausländischer Noten (**RG** 108, 280); nicht auf Mängel von Rechten (**RG** 16. 5. 17 V 30/17), Forderungen (JW 09, 655[4]), Hypotheken (JW 09, 684[4]; 1912, 137[10]), Grundschulden (JW 04, 403[2]). Wenn ein Recht an einer Sache verkauft ist, das zum Besitz und Genuß der Sache berechtigt (§ 451), so wird, falls die Sache Mängel zeigt, auch hier die Sachgewährleistungspflicht nach § 459 anerkannt. Hierher gehört jedoch nicht die Abtretung des Rechtes aus dem Meistgebot (Warn 08 Nr 455). Auch auf den Verkauf anderer Rechte ist § 459 nicht anzuwenden. Ferner werden in der Rechtsprechung unkörperliche (immaterielle)

Güter, wenn sie im Verkehr wie Sachen behandelt werden, auch in Hinblick auf die Gewährleistungspflicht diesen gleichgestellt, so namentlich auch ein ganzes Handelsgeschäft und ähnliche Geschäftsbetriebe (**RG** 63, 57; 67, 86; 69, 429; 98, 289; JW 08, 8[8]; 09 S. 15[9], 684[9]; 1912, 288[8]), Patente und Lizenzen (Warn 1911 Nr 396). Auf Fabrikationsgeheimnisse und Geschäftsgeheimnisse läßt sich jedoch § 459 nicht anwenden (Warn 1914 Nr 214). Wenn in einem Grundstück ein Handelsgeschäft betrieben und beide zusammen verkauft werden, bilden nach der Verkehrsauffassung beide zusammen den untrennbaren Kaufgegenstand. Der Wandlungsanspruch wegen der Grundstückmängel trifft daher auch das Geschäft mit (**RG** 16. 10. 14 V 179/14). Wegen der Gewährleistung beim **Erbschaftskauf**: § 2376.

2. Über das **Wesen der Gewährleistungspflicht** ist Streit. An sich sind Leistungspflicht und Gewährleistungspflicht voneinander zu unterscheiden. Aber die Leistungspflicht ist die Voraussetzung für die Gewährleistungspflicht. Wofür der Verkäufer nach § 459 haftet, das ist der Inhalt seiner Leistungspflicht. Aus § 433 ist Gegenteiliges auch für den Spezieskauf nicht zu entnehmen. Wenn dort besonders die Verpflichtung zur Übergabe der gekauften Sache, zur Besitzverschaffung als Leistungsinhalt neben dem der Rechtsverschaffung hervorgehoben worden ist, so folgt daraus noch nicht, daß hinsichtlich der Beschaffenheit der zu übergebenden Sache Leistungspflichten aus dem Kaufvertrag nicht vorhanden seien. Vielmehr geht die Verpflichtung des Verkäufers nicht bloß auf die körperliche Übergabe der bestimmten Sache, sondern auf Lieferung dieser Sache als einer mangelfreien oder solchen Sache, die die zugesicherten Eigenschaften hat (**RG** 53, 70). Deshalb wird auch in § 463 ganz zutreffend der Schadensersatz „wegen Nichterfüllung" zugesprochen (Planck bezeichnet von seinem gegenteiligen Standpunkt aus den Ausdruck als nicht glücklich gewählt, § 463 A 4). Der Verkäufer hat auch beim Spezieskauf die Sache dem Käufer in derjenigen Beschaffenheit zu übergeben, wie dieser sie nach dem Kaufvertrag und der damit nach dem Verkehr begründeten Pflicht zu beanspruchen hat. Sofern es sich um einen Gattungskauf handelt, also die Lieferungs- und Erfüllungspflicht nicht von vornherein auf eine bestimmte Spezies konzentriert ist, folgt daraus, daß eine mangelhafte Sache vom Käufer überhaupt zu keinem Teil als Erfüllung angesehen zu werden braucht und er deshalb eine andere, der Leistungspflicht entsprechende Sache verlangen kann (§ 480). Soweit es sich jedoch um einen Spezieskauf handelt, konzentriert von vornherein sich die Leistungspflicht zwar auf diese eine bestimmte Sache, und die Lieferung einer andern Sache wäre nicht mehr Erfüllung des Kaufvertrags. Eine andere Sache kann daher der Käufer naturgemäß nicht verlangen. Daraus folgt aber noch nicht, daß auch mit der Lieferung der mangelhaften Sache die Leistungspflicht des Verkäufers schon erschöpft ist. Vielmehr hat er seiner Verpflichtung aus dem Kaufvertrage nur dann voll Genüge getan, wenn er die Sache eben in dem Zustand übergibt, wie er nach dem Vertrage gewollt und vom Verkäufer zugesagt, also Inhalt seiner Leistungspflicht geworden ist. Sie muß demnach nicht nur die konkrete gekaufte Spezies überhaupt sein, sondern auch die zugesicherten Eigenschaften haben oder falls solche nicht besonders zugesichert, diejenigen Eigenschaften, die im Verkehr als gewöhnlich vorhanden vorausgesetzt werden und die deshalb vom Gesetz ohne weiteres gleichfalls als Inhalt der Lieferungspflicht, als gesetzlich präsumierter Vertragsinhalt angesehen werden. Daß die Verpflichtung zur Leistung die zugesicherten Eigenschaften ergreift, ist ohne weiteres klar. Die zugesicherten Eigenschaften werden aber mit den gewöhnlich vorausgesetzten, verkehrsüblich erwarteten in § 459 durchaus gleich behandelt. Auch diese sind zum Leistungsinhalt geworden. Verfehlt ist gegen die Annahme, daß auch die in § 459 hervorgehobenen Eigenschaften in obligatione und Inhalt der Leistungspflicht seien, der Einwand, der Verkäufer sei nicht zur Herstellung einer Sache mit solchen Eigenschaften verpflichtet. Allerdings ist er dies nur nach dem Werkvertrag, niemals nach dem Kaufvertrag. Daß er aber nicht verpflichtet ist, eine mangelfreie Sache oder eine solche mit den zugesicherten Eigenschaften herzustellen, schließt in alle Wege noch nicht aus, daß er verpflichtet ist, solche Sache zu liefern und dem Käufer zu übergeben. Unterläßt er die Lieferung, so kann dann der Käufer natürlich nicht Herstellung dieser Sachen, aber Haftung wegen Nichtlieferung verlangen. Grundsätzlich hat deshalb auch der den Kaufpreis einklagende Verkäufer beim Gattungs- wie beim Spezieskauf zu beweisen, daß die Sache die vertrags- oder gesetzmäßigen Eigenschaften besitze, wenn der Käufer bestreitet, daß der Verkäufer durch Lieferung der gekauften Sachen erfüllt habe. Dieser Pflicht genügt der Verkäufer regelmäßig durch den Nachweis der Absendung der Ware in vertragsmäßigem Zustande (§ 447). Eine Umkehrung der Beweislast findet nur statt, wenn der Käufer zur Vorleistung verpflichtet ist („Kasse gegen Faktura" usw.); denn danach soll der Vertrag mit der Ablieferung der Ware nach dem Willen der Vertragschließenden vorläufig als erfüllt gelten (**RG** 106, 299). Der Grund für die Haftung aus der Lieferungspflicht entsteht daher mit dem Abschluß des Kaufvertrags. Der Haftungsfall aber, die Haftung, tritt regelmäßig erst bei dem Übergang der Gefahr für die Sache auf den Käufer ein, denn dies ist der Zeitpunkt, an dem die

Erfüllung aus dem Kauf stattzufinden hat und an dem sich ergibt, ob der Pflicht genügt wird oder wegen Nichterfüllung in der vom Gesetz vorgesehenen Weise zu haften ist. Die aus der Gewährpflicht erwachsenden Ansprüche entstehen sonach allerdings erst mit der Übergabe der mangelhaften Sache (**RG** Gruch 53 Nr. 50). Das Eigenartige der Vorschriften des BGB. über die Gewährleistung besteht nur darin, daß es die Haftung wegen Nichterfüllung der Verkäuferpflichten aus dem Kaufvertrag in besonderer Weise und abweichend von den allgemeinen Vorschriften über Nichterfüllung von Verträgen regelt. Insoweit dies geschieht, geht die Sonderregelung der §§ 459ff. diesen allgemeinen Vorschriften vor und beseitigt deren Anwendbarkeit, so daß diese auch nicht neben den Vorschriften oder subsidiär zur Anwendung kommen. Das von § 459 geregelte Gebiet ist ausschließlich diesen Vorschriften vorbehalten; schließen diese aus ihm einen Rechtsbehelf aus, darf auch nicht aushilfsweise der nach allgemeinen Grundsätzen zulässige Rechtsbehelf eintreten (s. unten unter 6). Soweit diese dagegen außerhalb des von § 459 geregelten Umkreises liegen, bleiben sie auch für den Kauf selbstverständlich anwendbar. Daraus ergeben sich die unten gezogenen Folgerungen. Immerhin aber sind die Vorschriften über die Gewährleistung in §§ 459ff. **nachgiebiges Recht.** Sie können — unbeschadet des § 476 allerdings — erweitert, beschränkt, ausgeschlossen oder sonst anders geordnet werden, als es das Gesetz vorsieht. Das geschieht oft durch verkehrsübliche kurze Formeln und Klauseln, z. B. „in Bausch und Bogen", „nach Besicht", „wie besehen", „wie es steht und liegt". Mit letzterer Formel wird oft von vornherein die Lieferungspflicht aus dem Kauf auf die vorliegende Sache abgestellt, gleichviel welche Eigenschaften sie hat. Daraus folgt dann notwendig auch die Beschränkung der Haftpflicht und die Unanwendbarkeit der Haftung aus § 459 (**RG** 31, 162; 62, 49; JW 06, 549[47]; Warn 1913 Nr 281; **RG** 24. 4. 09 V 300/08; 12. 10. 18 V 163/18; 8. 1. 18 II 377/17; OLG Stettin JW 1926, 2003). Die Formel „wie besehen" kann ferner nur die Bedeutung haben, daß die Haftung für alle erkennbaren Mängel ausgeschlossen sein soll, einerlei, ob sie der Käufer tatsächlich erkennt oder nicht, nicht dagegen für später noch hervortretende (für die dann Rüge notwendig wird — **RG** 14. 3. 19 III 435/18; 22. 6. 14 V 47/14). Bei Grundstückskäufen „ohne jede Garantie" vgl. OLG. Stuttgart im Recht 1912 Nr. 1592. — Die Vereinbarung einer Arbitrageklausel ist keine Einschränkung der Haftung an sich, sondern nur eine Beschränkung der aus ihr sich ergebenden Folgen. Sie besagt, daß aus der Gewährleistungspflicht nur Minderung des Preises nach der Feststellung von Gutachtern, keine Wandelung verlangt werden kann (**RG** 73, 257). Es kann ferner auch vereinbart werden, daß die Sache schon zur Zeit des Vertragsschlusses, nicht erst zur Zeit des Gefahrübergangs, die verkehrsüblichen oder zugesicherten Eigenschaften haben muß (**RG** 8. 1. 18 II 377/17).

3. **Voraussetzung** für die Haftung nach § 459 ist

A. Vorliegen einer Leistungspflicht, sonach vor allem das Vorhandensein eines gültigen Verkaufs (**RG** 71, 433; 74, 3; 87, 259), d. h. eines in gehöriger Form abgeschlossenen (§ 313), nicht verbots- oder sittenwidrigen Kaufs (Bordellkaufs, **RG** 71, 433). Wenn ein Kauf angefochten wird, ist zunächst die Berechtigung der Anfechtung zu erörtern, auch wenn gleichzeitig die Wandelung geltend gemacht wird. Es darf nicht die Nichtigkeit oder die Berechtigung der Anfechtung dahingestellt bleiben (**RG** 49, 422; 87, 256; Warn 1913 Nr 83, 190; 1916 Nr 81). Ist der Kauf angefochten, kann die Wirkung der Anfechtung auch nicht durch Einverständnis der Parteien mehr beseitigt werden (LZ 1916 Sp 304[12]). Die Leistungspflicht fehlt auch, wenn der Käufer beim Abschluß des Vertrags den Mangel kannte. Denn dann geht die Absicht von vornherein auf Erwerb der mangelhaften Sache (§ 460).

B. Nichterfüllung der Leistungspflicht. Die Pflicht des Verkäufers entsteht zwar mit dem Vertragsschluß, geht aber auf eine in Zukunft zu bewirkende Leistung, nämlich auf Übergabe einer bestimmten Sache von bestimmten Eigenschaften.

1. Nur zu diesem Zeitpunkt braucht daher die Sache auch die vertraglichen Eigenschaften zu haben; ob sie diese schon zur Zeit des Vertragschlusses hatte oder nicht, ist in Hinblick auf die Leistungspflicht an sich belanglos und nur von Bedeutung insofern, als sie künftig die rechte Erfüllung möglich oder unmöglich macht. Nur für die Geltendmachung des Schadensanspruchs nach § 463 ist dies von Bedeutung, nicht aber für die Gewährleistungsansprüche. Nach § 459 wird dieser Zeitpunkt, an dem die vertragsmäßigen Eigenschaften bei der verkauften Sache vorhanden sein müssen, als der des Gefahrübergangs auf den Käufer (§ 446) kennzeichnet. Die Mangelhaftigkeit der Sache bedeutet zwar, daß der Kaufvertrag nicht richtig erfüllt ist, hindert aber den Gefahrübergang der übergebenen Sache nicht, weder beim Spezies- noch beim Gattungskauf. Bei Grundstücken genügt bereits die Eintragung des Käufers als Eigentümers im Grundbuch (JW 1911, 539[12]). Auch bei Eigentumsvorbehalt geht die Gefahr schon mit der Übergabe über, nicht erst mit der Zahlung des Kaufpreises a. M. **RG** 64, 337; 66, 347, das aber gleichwohl die Gewährleistungsansprüche schon mit der Übergabe zuläßt (Warn 1912 Nr 204). Hieraus ergibt sich folgendes:

a) Bis zur Übergabe hat der Verkäufer das Recht, nachzubessern, um seiner Leistungspflicht bei Übergabe der Sache genügen zu können. Da er aber nur zur Lieferung, nicht zur Herstellung der Sache verpflichtet ist, besteht für ihn nicht die Pflicht, nachzubessern. Dem Verkäufer dieses Recht ausdrücklich erst zu verleihen, dafür lag bei der zeitlichen Festsetzung des Haftungsfalls kein Anlaß vor. Der Käufer hat doch kein Recht darauf, daß eine Sache, die fehlerhaft beim Kaufschluß war, auch fehlerhaft bleibt, um ihm die Wandlung zu ermöglichen! Die Ausführungen in **RG** 3. 10. 11 II 372/10 und **RG** 1. 11. 11 II 213/11 können daher nicht gebilligt werden. Nach der Übergabe hat der Verkäufer keinen Anspruch darauf, daß ihm der Käufer Nachbesserung gestatte, es sei denn, daß nach Lage der Sache die Ablehnung des Erbietens, nachzubessern, gegen Treu und Glauben im Verkehr oder gegen § 226 verstößt (**RG** 52, 357; 61, 92; 87, 337; JW 04, 198[7]; 05, 488[8]; 07, 300[2]; Warn 1912 Nr 18, 299; SeuffA 67 Nr 109). Der Vertrag kann namentlich Abreden über Nachbesserungen enthalten. Der Verkäufer verliert aber das etwa begründete Nachbesserungsrecht und kann Wandlung nicht mehr abwenden, wenn ihm Gelegenheit zur Beseitigung geboten war und dem Käufer die Fortsetzung der Beseitigungsversuche nicht zuzumuten ist (**RG** 87, 335).

b) Vor der Übergabe kann im allgemeinen vom Käufer ein Gewährleistungsanspruch nicht geltend gemacht werden (**RG** 53, 70; Warn 1917 Nr 83; JW 1905, 230 **RG** 23. 2. 12 II 470/11), wenigstens dann nicht, wenn nicht feststeht, daß auch später nur fehlerhaft geliefert werden wird. Die Sache muß übergeben sein. Wird nicht geliefert, so liegt Nichterfüllung vor und § 326 findet Anwendung. Ebenso, wenn nicht vertragsmäßige Ware geliefert wird. Nur wenn erweislich der Mangel offenbar sich bis zur Übergabe nicht beseitigen läßt, wird dem Käufer nicht zuzumuten sein, sich die Sache erst übergeben zu lassen, er vielmehr berechtigt sein, vorher schon die Gewährleistungsansprüche geltend zu machen (Warn 1911, 358; JW 1912, 461; **RG** 23. 4. 20 II 525/19). Dem steht es gleich, wenn der Verkäufer vorher bestimmt und endgültig erklärt, die Beseitigung des Mangels nicht vornehmen zu wollen (**RG** 23. 4. 20 II 525/19). Ob die Fehler schon zur Zeit des Vertragsschlusses oder nachher, aber vor dem Gefahrübergang entstanden sind, ist für die Geltendmachung der Gewährleistungsansprüche ohne Belang. Die Geltendmachung der Gewährleistungsansprüche in diesen Fällen ist aber eine Begünstigung des Käufers, nicht ist er zu ihr verpflichtet oder auf sie beschränkt. Vielmehr kann bis zur Übergabe der Käufer wahlweise auch die Rechte aus § 320 geltend machen und die Einrede des nicht erfüllten Vertrags erheben. Denn die Lieferung mangelhafter Sachen wäre keine Vertragserfüllung (**RG** 53, 70). Die Übergabe des Ausfallmusters kann nicht als Übergabe der Ware angesehen werden, seine Mangelhaftigkeit berechtigt daher nicht ohne weiteres zur Wandelung (Warn 1917 Nr 83).

II. Nur wegen des Fehlens **der in § 459** Abs 1 u. 2 und noch enger der in **§ 482 besonders hervorgehobenen** vertraglichen Eigenschaften (Mängel) tritt die Haftung nach dieser Vorschrift als einer eigenartigen Rechtsfolge der Nichterfüllung des Kaufvertrags, wie sie in §§ 462, 483ff. geregelt ist, ein. Das Gesetz knüpft diese seine Rechtsfolge schlechthin an die objektive Tatsache des Ausbleibens der Vertragserfüllung, also an die Fehlerhaftigkeit der übergebenen Sache an sich, gleichgültig, ob den Verkäufer hierbei ein Verschulden trifft oder nicht. Ohne Belang ist daher auch, ob der Verkäufer die Fehler gekannt hat. Besonderes gilt nur bei Arglist.

4. Als solche **„gesetzlichen Mängel"**, für die nach § 459 gehaftet wird, kommen nun in Betracht:

I. **Fehler,** die den Wert oder die Tauglichkeit einer Sache aufheben oder mindern.

a) Das Gesetz spricht in Abs 1 von „Fehlern", in Abs 2 von „Eigenschaften" der Kaufsache. Da es sich beide Male zunächst um eine **körperliche Sache** handelt, ist damit deren **natürliche Zuständlichkeit,** wie sie sich der sinnlichen Wahrnehmung darstellt, ins Auge gefaßt. Sie ist der Sache „eigen", ihre Eigenschaft. Immer kommen nur **physische Eigenschaften** der Sache in Betracht, nicht Rechte in bezug auf sie, wie z. B. die Befugnis, den Hoftitel zu führen (**RG** 10. 6. 14 V 64/14). Das gilt auch hinsichtlich der „Fehler", mit denen die Sache behaftet ist. Auch hier handelt es sich allein um eine natürliche Zuständlichkeit der Sache, um ihre physischen Eigenschaften. Zu „Fehlern" werden diese erst vom besonderen Standpunkt menschlicher Beurteilung aus. Der Mensch schafft sich eine Vorstellung von der gewöhnlichen, allgemein wahrgenommenen Beschaffenheit einer Sache und bewertet diese entweder allein auf ihre Verwendbarkeit für menschliche Zwecke hin — so bei organischen und unorganischen Stoffen — oder in objektiverer Beurteilung, bei Organismen (Tieren, Pflanzen) auf ihren Einfluß auf das naturgemäße Wachstum und Leben als dem von der Natur gesetzten Daseinszweck. Was außerhalb der gewöhnlichen diesen beiden Zwecken adäquaten Beschaffenheit ist, sie aber besonders fördert, wird als Vorzug, was sie hindert, als Mangel oder Fehler bewertet. Der Wegfall oder das Fehlen von Vorzügen begründet keine Haftung wegen Fehler im Sinne von § 459 Abs 1. Von einer Sache, die überhaupt nicht menschlichen Zwecken dient, kommt ein Abweichen von der gewöhnlichen

Beschaffenheit weder als Vorzug noch als Fehler in Betracht. Dasselbe gilt von Eigenschaften unorganischer Sachen ohne eigenes Leben als Selbstzweck. Denn der Begriff des Fehlers setzt den Begriff des Zweckes voraus. Der Umstand, daß schon die gewöhnliche und normale Beschaffenheit der Sache gewissen menschlichen Zwecken nicht oder schlecht dient und sie hinter andersartigen normalen Sachen hierbei zurückstehen läßt, ist darum noch kein Fehler der Sache. Denn diese Beschaffenheit liegt in ihrer Art. Vielmehr muß ein von dem Normalen und Artgemäßen Abweichendes vorliegen (**RG** 97, 351; JW 1927, 2624[3]). Die Abweichung kann in der physischen, technischen, chemischen und physikalischen Natur der Sache liegen, ebenso auch in nationalökonomischer und ästhetischer Art. Mängel der Verpackung können unter Umständen Mängel der Ware sein (Originalverpackung, Tropenverpackung; JW 1911, 158[22]; **RG** 59, 120). Entscheidend ist aber auch hier der Vertragsinhalt. So bildet der Bestand von Gummibäumen eine Eigenschaft einer Gummiplantage und der größere oder geringere Bestand an Bäumen einen Vorzug oder Mangel (**RG** 101, 68). Sind Gemälde, die unter der Zusicherung, sie seien Originalwerke eines bestimmten Malers, verkauft, nicht echt, so sind sie mit einer wertmindernden Eigenschaft behaftet (**RG** 115, 287; 114, 239). Ist lediglich hartes Holz verkauft, so kann Birkenholz für weiches Holz gegenüber Buchenholz als hartem Holz einen Fehler des Holzes als Kaufgegenstand bedeuten. Ist dagegen Eichenholz unmittelbarer Kaufgegenstand, so ist die Lieferung von Birkenholz die Lieferung eines aliud, denn Birke ist niemals mangelhafte Eiche. Ebenso kann nach dem Vertrag Haifischfleisch gegenüber Walfischfleisch mangelhaftes Fleisch sein (**RG** 99, 147; 19, 147; 61, 171). Maßgebend für die Frage, ob eine Sache mangelhaft ist oder ob sie rechtlich als eine andere zu gelten hat, ist die Anschauung des Verkehrs (**RG** 99, 38). So sehr daher der Begriff des Fehlers davon abhängig ist, daß die Sache eine Beschaffenheit hat, die ihre Brauchbarkeit und Förderung bestimmter Zwecke, namentlich menschlicher Zwecke, mindert und dadurch weiter auch von Einfluß auf ihre Wertschätzung bei Menschen ist, so unrichtig ist es doch, wenn der Begriff der Eigenschaft schlechthin, insbesondere nach Abs 2, von dieser Wertschätzung abhängig gemacht wird, wie es auch vom Reichsgericht (z. B. Recht 1913 Nr 2986) geschieht. Ob etwas als Eigenschaft einer Sache anzusprechen sei, das ist vielmehr selbständig und unabhängig von einem solchen Einfluß auf die Wertschätzung festzustellen. Es kann sein, daß ein Fehler, der seiner Natur nach nur ganz vorübergehend ist, unter Umständen deshalb überhaupt nicht als Mangel anzusprechen ist (**RG** 9. 3. 22 V 395/21). Der Umstand, daß er abstellbar ist, hindert aber an sich die Vertretbarkeit nicht.

b) Da von der Rechtsprechung in Ausdehnung der Vorschrift des § 433 nicht nur körperliche, sondern auch **unkörperliche Sachen,** wie Geschäftsunternehmungen usw. als mögliche Gegenstände eines Kaufes angesehen werden, soweit sie im Verkehr diesen gleich behandelt werden, so ist auch der Begriff der Eigenschaft auf diese unkörperlichen Sachen entsprechend auszudehnen, was dann zur Anwendung der Vorschriften der §§ 459ff. führt (**RG** 24. 4. 13 II 631/12; 98, 289; 100, 203). Alles das, was **begrifflich das Wesen eines solchen unkörperlichen Gegenstandes ausmacht** und als zu ihm gehörig angesehen wird, um sich als selbständige Einheit in der Art der Erscheinungen zu erweisen, ist seine Eigenschaft. Daher können reine Quantitätsmängel bei Betriebsmitteln, wie z. B. ein geringes Warenlager, Inventar, geringer Vermögensbestand, recht wohl zugleich Qualitätsmangel eines Geschäftsbetriebs als unkörperlichen Gegenstandes sein (**RG** 98, 289). In der Zusicherung, daß die vorhandenen Schulden einen gewissen Höchstbetrag nicht übersteigen, kann die Zusicherung einer Eigenschaft liegen (**RG** 100, 204). Als Eigenschaft eines Ladengeschäfts kann auch die Unkündbarkeit des den Betrieb ermöglichenden Mietverhältnisses gelten (**RG** 17. 3. 22 III 446/21). Ebenso kann der geringe Umfang einzelner Hefte einer Zeitschriftenreihe (zunächst reiner Quantitätsmangel) hinsichtlich der ganzen Reihe als Qualitätsmangel wirken (SeuffA. 71, 57). Auch das Bestehen von Arbeitsverträgen mit den Arbeitern kann als eigenartige Organisation des Betriebs recht wohl Eigenschaft und gegebenenfalls Mangel eines Fabrikgeschäfts sein, was von **RG** 13. 5. 14 V 39/14 dahingestellt gelassen wird. Dagegen sieht **RG** 13. 1. 14 V richtig die Art der Kundschaft, der Fabrikate als solche Eigenschaft des Geschäfts an, ebenso **RG** 69, 429 das den Betrieb hindernde Entgegenstehen fremder Patente. Das Warenzeichen ist dagegen keine Eigenschaft eines Geschäftsbetriebs (**RG** 24. 11. 10 II 169/10).

c) Schließlich sind auch schon tatsächliche, insbesondere wirtschaftliche und soziale und sogar rechtliche **Beziehungen einer Sache zu ihrer Umwelt** als ihre Eigenschaften angesehen worden. Dies ist jedoch nur dann zulässig, wenn diese Beziehungen in der Beschaffenheit der Sache selbst ihren Grund haben, von ihr ausgehen, ihr auch für eine gewisse Dauer anhaften und nach der Verkehrsanschauung einen Einfluß auf die Wertschätzung der Sache haben (**RG** 52, 2; 61, 84; SeuffA 61, 433). Letzterer Umstand bildet namentlich ein Indiz dafür, daß die Beziehungen von der Sache selbst ausgehen. Bloß von außen her an sie herantretende, außer der Sache liegende Umstände und Beziehungen, namentlich nur vorübergehender und zufälliger Natur, die ebensogut ohne weiteres jede andere Sache ergreifen könnten, sind noch keine der Sache anhaftende Eigenschaften. So sind z. B. Beschränkungen oder Freiheiten in bezug auf die rechtliche Verfügungsmacht der Sache, die im Recht ihren Grund haben, solche von außen her an sie herantretende Umstände, keine Eigenschaften der Sache. Vgl. hierzu RG 52, 2; 59, 243; 61, 86; JW 06, 379[5]; 5. 11. 11 V 168/11; 27. 4. 18 V 368/17; 21. 2. 12 II 414/11; 19. 4. 12 IV 520/11. Zu betonen ist insbesondere, daß nur solche Beziehungen der Sache zur Umwelt als ihre Eigenschaften angesehen werden können, die in der *Gegenwart*, zur Zeit des Gefahrübergangs, vorhanden sind oder in der *Vergangenheit bestanden haben* (RG 3. 2. 09 V 171/08). Zusicherungen, daß eine zur Zeit des Gefahrübergangs vorhandene Eigenschaft auch in *Zukunft* fortdauern werde, oder nicht vorhandene in Zukunft vorhunden sein werden, sind nicht Zusicherungen *von Eigenschaften* einer Sache, sondern es handelt sich hier nur um Erwartungen, daß künftig gewisse Verhältnisse eintreten werden. So z. B. Zusicherung, daß sich für die verkaufte Sache alsbald ein Mieter finden werde (JW 1912, 747[10]). Auch der Umstand, daß in — wenn auch naher — Zukunft ein Dritter eine gewisse Handlung in bezug auf die Sache vornehmen, etwa sie mieten werde, kann nicht als Eigenschaft der Sache angesehen werden.

Im einzelnen ist es gerade hier schwer zu entscheiden, ob die hervorgehobenen Beziehungen als Eigenschaften der Sache selbst nach der Anschauung des Verkehrs anzusehen sind oder nicht. Namentlich bei den rechtlichen Beziehungen ist nicht immer Folgerichtigkeit in der Rechtsprechung vorhanden. Hervorzuheben aus der reichen Judikatur ist folgendes:

Die mangelhafte Beschaffenheit der einer Aktiengesellschaft gehörigen Grubenfelder und Erze sind keine Eigenschaft der *Aktien* dieser Gesellschaft (RG 59, 243). Auch der *Kurs eines Wertpapiers* gehört nicht zu den Eigenschaften einer Sache (JW 06, 378[5]; 09, 492[14]), ebensowenig die Zusicherung von Nebenrechten (RG 56, 255), was allerdings bestritten ist. Nicht einen Sachmangel, sondern einen Mangel im Recht enthält die Belastung des verkauften Grundstücks mit einer Grunddienstbarkeit (RG 69, 356; 93, 73). Daher Haftung nach § 437, nicht nach § 468. Ebenso das Fehlen mitverkaufter Sigelschlagrechte (OLG 27, 321), Verpachtetsein des verkauften Grundstücks (OLG 22, 220), Unkündbarkeit aufhaftender Hypothek (Warn 09 Nr 134), das Recht, die Bebauung des Nachbargrundstücks zu verbieten (RG 93, 74). Mietfreiheit von Räumen (Warn 1917 Nr 100; Recht 1916 Nr 1869); Nichtfreisein von Rechten, die ein Dritter gegen den Käufer geltend machen kann (RG 59, 404; Warn 1917 Nr 100). Ein Warenzeichen ist ebenfalls keine Eigenschaft eines Geschäftsbetriebs (RG 24. 11. 10 II 169/10). Nicht zu billigen ist daher Warn 1918 Nr 70, wonach Umstand, daß Sache in feindlichem Eigentum steht, Sacheigenschaft sein soll, ebensowenig RG 16. 11. 17 II 227/17; 10. 5. 18 II 21/18, daß Beschlagnahmefreiheit und Beschlagnahmegefahr der Ware als eine Eigenschaft von ihr behandelt (Warn 1918 Nr 185), was natürlich nicht Haftung für Zusage von Beschlagnahmefreiheit aus Vertrag ausschließt (LZ 1918 Nr 226), ferner RG 85, 106 über vergällungspflichtigen Spiritus. Die bloße Einziehungsmöglichkeit nach VZG § 134 ist jedoch auch vom Reichsgericht nicht als solche anerkannt worden (RG 101, 416; RG 11. 3. 21 II 482/20 in LZ 1922 Sp 568).

Nicht eine Eigenschaft der Sache, sondern ein *außer der Sache liegender Umstand* ist der *Geldwert* einer Ware (RG 64, 266; 98, 292; 111, 260), beim Verkauf eines vermieteten Hauses die *Zahlungsunfähigkeit* eines Mieters (JW 1912, 910[5]). Die *Ertragsfähigkeit* eines Geschäfts (Bierumsatz einer Gastwirtschaft: RG 52, 1; 63, 61; 67, 86; 93, 74; Warn 1913 Nr 87, 310), der Mietertrag eines Grundstücks, dessen Unkosten, die Feuerversicherung eines Wohnhauses (RG 54, 222; JW 08, 549[9]; RG 2. 11. 07 V 108/97), Geeignetsein eines Grundstücks zum Gastwirtschaftsbetrieb (RG Recht 1914 Nr 1819), Bebauung mit bestimmter Getreideart (RG Recht 1913 Nr 2987) können dagegen als deren Eigenschaft angesehen werden, wenn dabei eine *längere Dauer* in Betracht kommt (RG 83, 242; RG 13. 10. 10 II 46/10). Eine Eigenschaft des Grundstücks kommt auch nicht in Frage, wenn aus einem früher erzielten Mietertrag für die Zukunft der Mietertrag gleich hoch geschätzt wird, obschon die Verhältnisse umgestaltet sind (RG 1. 12. 15 V 298/15). Guthaben am angesammelten Tilgungsfonds bei Amortisationshypothek bildet keine Eigenschaft des Grundstücks (RG 74, 402; 21. 2. 20 V 367/19). Die Zusicherung, daß keine *Straßenbaukosten* zu zahlen seien, enthält keine Zusicherung einer Eigenschaft des Grundstückes (RG 4. 6. 21 V 499/20). — Beim Umsatz eines Geschäfts darf der eigene Verbrauch auch nicht stillschweigend eingerechnet werden (RG 4. 10. 16 V 159/16), ein bloß *einjähriger Umsatz* braucht noch keine Eigenschaft eines Geschäfts zu bilden, es fehlt die dauernde Zuständlichkeit (JW 1915, 1117[2]; LZ 1916 Sp 804[12]). Wenn die widerrufliche Erlaubnis zur Benutzung einer bestimmten Menge Betriebswasser für eine verkaufte Mühle später eingeschränkt wird, die Unkündbarkeit einer das Grundstück belastenden Hypothek, ein aufhaftender Auszug, so ist das ein außer der Sache liegender Umstand (Warn 1912 Nr 240; RG 27. 4. 18 V 368/17), ebenso wenn keine Erlaubnis zum Gastwirtschaftsbetrieb in einem Grundstück erteilt worden ist (RG 13. 5. 08 V 337/07). Dagegen wurde ausgesprochen, daß die Nichtverwendbarkeit eines Grundstücks für einen Gewerbebetrieb infolge gewerbepolizeilicher Beanstandung, die Beschränkung der Bebauung auf Grund des preuß. Ansiedlungsgesetzes v. 10. 8. 04 einen Mangel darstellen kann (RG 7. 10. 11 V 113/11; Warn 1914 Nr 215). Der Grund für die verschiedene Behandlung in beiden Fällen liegt darin, daß in dem einen Fall die Eigenart des Grundstücks, in dem anderen aber andere Umstände die Ursache der ablehnenden Haltung der Gewerbepolizeibehörde bildeten. Aus dem gleichen Grunde ist mangelnde Baureife, Bebaubarkeit, die Unverwendbarkeit eines als Bauland verkauften Grundstücks infolge öffentlichrechtlicher Baubeschränkungen oder privaten Verbietungsrechts in einer Reihe von Entscheidungen als Sachmangel des Grundstücks angesehen worden (RG 61, 84; 69, 356; JW 07, 478[9]; 1911, 322[13]; Warn 1913 Nr 224; 1914, 18; RG 14. 5. 18 V 31/18; 10. 1. 21 IV 527/20 in LZ 1922 Sp 221). Auch die Lage eines Grundstücks, die dessen Ungestörtheit und Benutzbarkeit beeinträchtigt (Warn 1911 Nr 368; 1912 Nr 205), dauernd hoher Grundwasserstand (RG 19. 4. 13 V 531/12), Nähe der Eisenbahn mit Anschlußgleis (RG 17. 9. 19 V 146/19; RG 61, 85) sind Eigenschaften eines Grundstücks. Ferner Bestellung einer bestimmten Fläche mit bestimmter Getreideart Eigenschaft eines Grundstücks (RG 17. 9. 13 V 134/13), sonstiges Geeignetsein zu einem Gewerbebetrieb (RG 25. 3. 14 V 482/13). Ein Fehler des Grundstücks selbst nach § 459 kann auch in Mängeln des Zubehörs gefunden werden (RG Gruch 36, 940 und 16. 2. 21 V 398/20). Sofern bei Vieh nicht Gewährleistung wegen Mangelhaftigkeit des einzelnen Viehstückes, sondern der weiteren dadurch verursachten Mangelhaftigkeit des Grundstücks begehrt wird, kommt § 481 nicht zur Anwendung (RG 102, 309). Die Lage kann auch bei beweglichen Sachen ein Verhältnis schaffen, das als deren Eigenschaft anzusehen ist, z. B. die Herkunft einer Ware (RG 8. 1. 19 I 254/18. Mit Unrecht ist aber schon die erfolgte Ankunft einer schwimmenden Ware in einem bestimmten Ort als solche Eigenschaft angesehen vom RG 20. 10. 16 II 287/16, ferner Warn 1917 Nr 28 und OLG Hamburg in Recht 1917, 402[870], weil die dauernde Beziehung zur Sache fehlt. Läßt man schon eine vorübergehende Beziehung genügen, wie es unter Umständen RG in Recht 1913 Nr 2986 gestattet, tritt eine vollständige Verflüchtigung des Begriffs der Eigenschaft als etwas der Sache Anhaftendes ein. Das Reichsgericht kommt hierzu auch nur durch die verfehlte Identifizierung mit dem Wertbegriff. Richtig dagegen erachtet die bloße Vereinbarung einer Abladezeit nicht als Vereinbarung über eine Eigenschaft RG 71, 307). Dagegen mit Recht z. B. ungenügende Sortierung einer Mengeneinheit, Ausfuhrfähigkeit einer Ware, wenn diese auf bestimmten, ihr beiwohnenden Eigenschaften beruht (SeuffA 71, 59). Unter die tatsächlichen Beziehungen einer Sache zu Personen, die als jener anhaftende Eigenschaften angesehen werden können, gehört nicht schon die ihr von diesen Personen zuteil werdende bloß subjektive Beurteilung über das Vorliegen oder Fehlen von Vorzügen oder Mängeln, vielmehr müssen objektive Tatsachen und Umstände vorliegen, die als Hinweise auf das Vorhandensein bestimmter Eigenschaften zu deuten sind, wenn diese auch noch verborgen und nicht nachweisbar sind.

Unter den Sachmängeln der Gebäude nimmt der Hausschwamm eine hervorragende Stellung ein (RG JW 1904, 359; 1905, 339). Ihm gegenüber ist die Rechtsprechung besonders streng. Zwar ist noch verneint worden, daß ein Gewährfehler vorliegt, wenn nur die künftige Möglichkeit von Schwammbildung besteht (RG 11. 1. 11 V 71/10), aber nicht nur wirklich vorhandener Hausschwamm wird als Sachfehler betrachtet (RG 4. 5. 11 V 454/11; JW 05, 339[8]; 08, 742[10], [11]; Warn 1913 Nr 313), sondern auch schon die nach Beseitigung des Schwamms noch bleibende Schwammverdächtigkeit (RG 85, 252; JW 1912, 1103[4]). Außer dem eigentlichen Hausschwamm (merulius lacrimans) ist auch die sog. Trockenfäule (polyporus vaporarius) als Mangel anerkannt (RG JW 1908, 742). — Beim Verkäufer oder Käufer vorhandener Schwammverdacht im subjektiven Sinne ist nicht mit Schwammverdächtigkeit im objektiven Sinne als ein dem Gebäude anhaftender Verdacht der Wiederkehr zu verwechseln. Letzterer muß auf tatsächlichen Umständen beruhen, die den objektiven Schluß der Wiederkehr gestatten, sonach eine gegenwärtige Gefahr bringen. Der bloße Verdacht einer Partei ist noch kein Mangel der Kaufsache (Warn 1914 Nr 297; 1918 Nr 180). Wie lange die Schwammverdächtigkeit im einzelnen Falle fortdauert, ist eine Tatsache, die von den Fortschritten der Erkenntnis des Übels und der Mittel dagegen abhängt. Wenn auch wissenschaftlich die Gefahr der Wiederkehr eines gründlich beseitigten Hausschwamms zu verneinen ist, so kann gleichwohl fortdauernde Verdächtigkeit angenommen werden, wenn in den für das fragliche Geschäft in Betracht kommenden Verkehrskreisen noch die gegenteilige ältere Ansicht besteht (RG Recht 1914 Nr 2639). Über die Frage der Lüftung beim Hausschwamm Mahlke in JW 1923, 1019. Mängel bei Holzkäufen: Weygand, Mängel und Mängelansprüche nach Recht und Brauch des Holzes.

d) Nicht jeder Fehler im vorbezeichneten Sinne begründet die besondere Gewährleistungspflicht des § 459, sondern nur solche, die den Wert einer Sache oder die Tauglichkeit zu dem gewöhnlichen oder dem nach dem Vertrag vorausgesetzten Gebrauch aufheben oder mindern.

α. Der Wert ist der **Tauschwert.** Der Käufer muß im Zweifel mit der Möglichkeit der Weiterveräußerung rechnen können. Daher kommen unter Umständen auch Abweichungen von den Normen der Mode und des Geschmacks in Betracht, sofern sie die Verkäuflichkeit beeinträchtigen, obwohl sie an sich den Wert nicht mindern (Warn 1910 Nr 429; OLG 23, 24).

β. Die Tauglichkeit ist vom Tauschwert unabhängig, ihr Mangel braucht diesen nicht zu beeinflussen (Warn 1912 Nr 422; **RG** 18. 10. 10 II 649/09; 12. 10. 12 V 133/12; 3. 10. 11 II 372/10). Es ist zu unterscheiden einmal zwischen der **Tauglichkeit zum gewöhnlichen Gebrauch,** d. h. zu einem Gebrauch, wie er allgemein mit Sachen gleicher Art geübt wird, z. B. ein Reitpferd wird zum Reiten, nicht zum Ziehen verwendet, ein Haus zum Bewohnen, muß also heizbar sein in seinen Wohnräumen (JW 03 Beil 140). Entscheidend ist die Verkehrsanschauung mit Rücksicht auf die örtliche und sonstige Lebensauffassung (**RG** 70, 85). — Sodann zwischen dem nach **dem Vertrag vorausgesetzten Gebrauch.** Darunter ist nicht die einseitige Voraussetzung nur einer Vertragspartei, insbesondere des Käufers zu verstehen, auch wenn der Verkäufer die Zweckbestimmung der Kaufsache, die ihr der Käufer zu geben beabsichtigt, erkennt (**RG** 70, 86). Vielmehr muß der vorausgesetzte Gebrauch die Voraussetzung (nach Oertmann: „Geschäftsgrundlage") beider Teile geworden sein (**RG** 67, 87; Recht 09 Nr 3542). Von dieser Beschaffenheit der Ware hängt es namentlich ab, ob eine Abweichung als Fehler anzusehen ist oder nicht. Wer eine Uhr für 20 Mark kauft, kann nur erwarten eine Uhr zu erhalten, wie sie in jener Preislage sind, also ohne Eigenschaften, wie sie eine Glashütter Uhr für 300 Mark besitzt. Wer eine Geige für 1000 Mark kauft, erwartet dagegen eine hervorragende Sologeige, keine bloße „Orchestergeige". Vgl. hierzu jedoch **RG** 97, 351. Bei Beurteilung der zu erwartenden Beschaffenheit der Kaufsache kommt auch der sog. „Freundschaftspreis" in Betracht (**RG** Recht 1914 Nr 2638). Vgl. auch **RG** LZ 1916 Sp 222[9] (Samen für die Provinz Posen). Maßgebend ist insbesondere beim Kauf nach Probe das Muster und dessen Brauchbarkeit (**RG** 95, 45).

e) Die Fehler dürfen den Wert oder die Tauglichkeit im vorbezeichneten Sinne **nicht bloß unerheblich mindern.** Dies ist in erster Linie Tatfrage. Die Unerheblichkeit kann z. B. auch auf der kurzen Dauer eines Mangels beruhen. Die Frage ist aber in zweiter Linie auch Rechtsfrage und daher der Revision nicht entzogen (JW 07, 173[11]; Warn 1912 Nr 206; 1913 Nr 378; 1914 Nr 284), weil die Geringfügigkeit auch nach bestimmten Rechtsgrundsätzen zu beurteilen ist. So kommt es z. B. auf die Geringfügigkeit des Fehlers als solchen, nicht auf die Geringfügigkeit der durch den Fehler etwa verursachten Wertminderung der Sache an (JW 1914, 827[3]; Warn 1914 Nr 284) oder der Preisminderung, die der Käufer wegen des Mangels verlangen kann (**RG** 2. 5. 19 VII 8/19). Ein Sachmangel, der an sich nicht unerheblich ist, kann ferner unter Umständen dadurch zu einem unerheblichen werden, daß er entweder bald von selbst verschwindet oder daß zu seiner Beseitigung ein verhältnismäßig geringerer Zeit- und Kostenaufwand erforderlich ist (Warn 09 Nr 135). Doch ist auch der Kostenaufwand nicht unbedingt maßgebend (JW 05, 426[3]; Warn 1914 Nr 284); immer kommt es auf die gesamten Umstände nach Treu und Glauben an.

f) Von der Lieferung einer mangelhaften Sache ist die Lieferung einer **andern Sache,** eines aliud zu unterscheiden. Auf sie finden die Gewährleistungsansprüche des § 459 keine Anwendung (Warn 1914 Nr 271; 1918 Nr 8). Ob eine andere Sache vorliegt, läßt sich nur nach dem beurteilen, was Inhalt des Kaufvertrags ist. Neben der natürlichen Beschaffenheit der Ware ist auch die Verkehrsauffassung von Bedeutung, die die Grenzen der Gattung auch einengen kann (ROHG 24, 405; Warn 1918 Nr 8). Ist die Gattung Holz in der Beschaffenheit hart zu liefern, so kann die Lieferung weichen Holzes Lieferung eines mangelhaften Holzes sein. Ist dagegen die Gattung Eichenholz Vertragsinhalt, so ist die Lieferung Birkenholz die Lieferung eines aliud, denn Birkenholz ist niemals mangelhaftes Eichenholz. Ist eine „Stradivariusgeige" in dem Sinne Gegenstand des Kaufes, daß damit eine alte Geige gemeint ist, bei der die Herkunft von Stradivarius in Frage kommt, dann ist die Lieferung einer aus neuerer Zeit stammenden Geige die Lieferung einer fehlerhaften (Warn 1916 Nr 244). Ist eine Sologeige Vertragsinhalt, dann ist die Lieferung einer Orchestergeige die Lieferung eines aliud, denn eine Orchestergeige ist an sich noch keine fehlerhafte Sologeige. Ist aber nur die Lieferung einer hervorragend guten Geige nach dem angelegten Preis bedungen, so kann die Lieferung einer minderguten — zum Spiel im Orchester noch geeigneten — recht wohl Lieferung einer mangelhaften Sache sein. Vgl. dagegen **RG** 97, 371, aber **RG** 115, 287. Eine Übersicht bei Pörtner, Rechte des Käufers bei Lieferung einer andern Sache (1919) S. 20.

g) Keine Fehler sind **Quantitätsmängel.** Diese können nur mittelbar einen Qualitätsmangel bewirken. Auch **sonstige Vertragswidrigkeiten** hinsichtlich der Leistung (Verspätung, Abwendung vom billigen Verkehrswege, Nichteinhaltung des Alleinverkaufs usw.) gehören nicht hierher. Ebensowenig Abweichung vom vereinbarten Preise.

II. Das Fehlen zugesicherter Eigenschaften. Die Haftung hierfür beruht auf demselben Grund wie nach Abs 1 die Haftung für Abwesenheit von Fehlern. Das Wesen der Eigenschaften, die der Kaufsache fehlen, ist hier wie dort dasselbe. Danach sind

a) **Eigenschaften** nicht nur physische Zustände von körperlichen Sachen, sondern auch Merkmale unkörperlicher Sachen und Beziehungen und Verhältnisse von Sachen zur Umwelt (vgl. I a—c). Alles, was nach Abs 1 als Eigenschaft in Frage kommen kann, kann auch Inhalt der Zusicherung nach Abs 2 sein. Ohne Grund wird die Zusicherung insbesondere nur auf diejenigen Eigenschaften beschränkt, für deren Fehlen nicht schon nach Abs 1 gehaftet wird. Nur das ist richtig, daß es nach Abs 2 nicht darauf ankommt, ob der Mangel der zugesicherten Eigenschaft zugleich auch einen Mangel nach Abs 1 bildet. Dies ist vielmehr nicht erforderlich, aber doch auch möglich (a. M. SeuffA 62, 53). Ist eine bestimmte Farbe des Hengstes ausgemacht, so haftet der Verkäufer dafür, trotz aller Tauglichkeit des Hengstes im übrigen. Auch das Nichtvorhandensein eines Fehlers kann eine Eigenschaft sein, die zugesichert werden kann. Echtheit eines Bildes kann eine Eigenschaft des Bildes sein (RG 114, 240; 115, 286; RG 19. 11. 26 124/26).

b) Was unter **Zusicherung** im Sinne der Vorschrift zu verstehen sei, ist bestritten. Zweifellos gehören darunter nicht bloß allgemeine Anpreisungen oder Schätzungen (RG 54, 233; Warn 1911 Nr 231; RG 9. 11. 11 V 168/11). Entscheidend ist die Auffassung des Verkehrs. Bei der Prüfung, ob eine allgemeine Anpreisung vorliegt oder nicht, kann auch auf die Sachkunde des Käufers Gewicht gelegt werden (RG Recht 1914 Nr 2053). Darf danach der Käufer in ihnen mehr erblicken und eine ernstlich gemeinte Zusage über die Eigenschaften annehmen, so z. B. beim Pferdehandel die Zusicherung „völliger Gesundheit" (SeuffA 58 Nr 4), so gehen sie über bloße Anpreisungen hinaus. Zusicherung einer Eigenschaft ist auch die Zusicherung der Abwesenheit eines Fehlers (OLG 10, 174; 22, 236; SeuffA 62, 140). Unfruchtbar ist der Streit, ob die Haftung auf einer einseitigen Garantieübernahme des Verkäufers beruht oder auf einer zweiseitigen Nebenverabredung. Denn immer muß die Zusicherung Vertragsbestandteil geworden sein, sonach von beiden Teilen als Recht und Pflicht aus dem Kaufvertrag gewollt sein (Warn 1914 Nr 487; 1916 Nr 100; RG 8. 1. 19 I 254/18). Die Angabe des Zweckes einer vom Käufer geforderten Zusicherung ist natürlich nicht nötig (RG Recht 1918, 505). Daher bedarf es namentlich auch für die Zusicherung bei Grundstückskäufen der durch § 313 gebotenen Form (RG 52, 3; 54, 223; 56, 50; Warn 08 Nr 30; JW 1913, 370[2]; RG 9. 2. 11 II 309/10). Die Heilung des Formmangels ist auch hier durch Auflassung und Eintragung natürlich möglich. Nicht jede bei Gelegenheit von Kaufsverhandlungen über die Kaufsache abgegebene Erklärung wird aber ohne weiteres zum verpflichtenden Vertragsinhalt erhoben, noch weniger Angaben in vorausgehenden Zeitungsanzeigen (SeuffA 68 S. 16, 440), beide Teile müssen sich bewußt sein, daß der Erklärende dafür einstehen und sich daraufhin im Vertrag auch verpflichten will (RG 54, 223; 70, 82; JW 09, 71). **Die Zusicherung ist eine Modalität des Kaufangebots selbst und wird mit diesem im ganzen angenommen, ein besonderer Nebenvertrag liegt jedoch nicht vor** (a. M. Gruch 48, 593; 53, 957). Jedenfalls liegt in der Zusicherung einer Eigenschaft der Kaufsache die Übernahme der Garantie für das Vorhandensein der Eigenschaft und das Versprechen, für alle Folgen einstehen zu wollen, wenn diese Eigenschaft fehlt (Mot II 228; Denkschr. S. 63; RG II in Gruchot 1924, 313). Nicht einzusehen ist, warum die Zusicherung nicht auch stillschweigend und durch konkludente Handlungen soll erfolgen können (a. M. RG DJZ 03, 31; dagegen JW 1910, 748[5]). Immerhin sind stillschweigende Zusicherungen doch nur in seltenen Fällen anzunehmen. „Vertragsmäßig vorausgesetzte" Eigenschaften gelten nicht schon als zugesicherte da das Gesetz zwischen beiden unterscheidet (RG 114, 241; Oertmann JW 1926, 253[32]). Ebenso kann die Annahme der Zusicherung wie die des ganzen Verkaufsangebots auch stillschweigend erfolgen. Es bedarf auch nicht einer ganz genauen Bezeichnung der Eigenschaften und der Verwendung der Worte „Zusicherung" oder „Garantie". Unter Umständen kann die Verwendung eines bloßen Warennamens genügen, um die dieser Ware beiwohnenden Eigenschaften zu garantieren (LZ 1919, 921; RG 47, 124; 103, 77 und die dort angezogenen Urteile). Erklärt der Verkäufer eine vom Käufer als für seine Zwecke unentbehrlich bezeichnete Eigenschaft als vorhanden, so liegt darin gleichfalls eine Zusicherung (RG 11. 5. 18 II 31/18). Bei einer Mehrheit von Verkäufern ist die Zusicherung von allen zu erteilen. Die nur von einem erteilte Zusicherung ist auch für ihn unverbindlich, solange nicht die Mitverkäufer sie genehmigt haben (RG 7. 5. 04 V 490/03). Zuzugeben ist freilich, daß die Grenze zwischen den zugesicherten Eigenschaften und solchen, die nach dem im Vertrag vorausgesetzten Gebrauch der Sache vorliegen müssen, flüssig ist. Es kann nur darauf abgestellt werden, daß in Abs 2 die Zusicherung unmittelbar durch Bezeichnung der Eigenschaften, in Abs 1 dagegen mittelbar durch Beziehung auf einen diese Eigenschaften voraussetzenden aber nicht näher bestimmenden Gebrauch erfolgt. Vgl. auch zu § 492 A 2. Der Umstand, daß mit dem Fehlen der Eigenschaft vom Käufer gerechnet wird, schließt die Zusicherung nicht aus (RG 101, 64).

c) Ein Verschulden oder gar eine Kenntnis des Verkäufers vom Fehlen der zugesicherten Eigenschaft wird für die Haftung ebensowenig erfordert wie nach Abs 1. Die Haftung ist umfassender als nach Abs 1 insofern, als sie nicht durch Unerheblichkeit des Mangels (RG 66, 167; 47, 135; JW 07, 300) ausgeschlossen wird, und außerdem im Falle des § 463 auch auf Schadensersatz geht. Ganz geringfügige, im Verkehr nicht beachtete Fehler kommen aber auch hier nicht in Betracht (OLG 22, 224). Durch den Umstand, daß dem Käufer der Fehler zufolge grober Fahrlässigkeit unbekannt blieb, wird die Haftung ebenfalls nicht beseitigt (§ 460).

d) Die Zusicherung erfolgt meist bei Abschluß des Kaufvertrags. Sofern sie nachträglich noch gegeben wird, kann eine Abänderung des bisherigen Kaufvertrags vorliegen oder eine selbständige neue Verpflichtungsübernahme (RG 67, 146; 95, 120).

e) Die Zusicherung kann sich beziehen auf Eigenschaften, die in der Gegenwart (zur Zeit des Kaufabschlusses, Warn 1917 Nr 28, oder des Gefahrübergangs) vorhanden sein oder in der Vergangenheit bestanden haben sollen (RG 3. 2. 09 V 171/08). Im Zweifel ist die Zusicherung auf die Zeit des Kaufabschlusses zu beziehen, wie sich aus § 460 Satz 1 ergibt. Aus dieser Zusicherung folgt dann aber die Haftung für den zugesicherten Zustand auch zur Zeit des Gefahrübergangs. Eine abweichende Regelung ist aber bei der dispositiven Natur der Vorschrift möglich (RG Recht 1918, 504). Zusicherungen, daß eine zur Zeit des Gefahrübergangs vorhandene Eigenschaft auch in Zukunft fortdauere oder daß eine nicht vorhandene Eigenschaft in Zukunft vorhanden sein werde, sind nicht Eigenschaftszusicherungen nach § 459 Abs 2. Sie sind Gegenstand eines besonderen Garantievertrags, der andern Regeln folgt und in der Übernahme der Verpflichtung besteht, dafür einzustehen, daß ein gewisser Zustand oder Erfolg später vorhanden sein, fortdauern oder eintreten werde (RG 51, 926; vgl. auch RG 91, 306; JW 06, 712[2]; 1918, 36[11]; Warn 09 Nr 201; 1911 Nr 172; 1913 Nr 11; 1914 Nr 154; SeuffA 62 Nr 5; Gruch 51 S. 935, 942; RG 22. 12. 08 II 274/08; 21. 4. 11 II 479/10; 3. 2. 09 V 171/08). Insbesondere kann dem Ausdruck „daß für eine bestimmte Zeit Garantie geleistet werde", eine verschiedene Bedeutung beigelegt werden; entweder dahin, daß der Verkäufer Mangel des verkauften Gegenstandes innerhalb der Garantiefrist unentgeltlich beseitigen werde, oder dahin, daß der Verkäufer auch nach Ablauf der gesetzlichen Verjährungsfrist für die bis zum Ablauf der Garantiefrist entdeckten Fehler haften wolle (RG 37, 79; 65, 121).

5. **Ausgeschlossen** ist die Haftung in folgenden Fällen:

a) wenn der Käufer den Mangel beim Abschluß des Vertrags gekannt hat (§ 460);

b) wenn eine verpfändete Sache in öffentlicher Versteigerung als Pfand verkauft wird (§ 401; ZPO § 806; ZVG § 56);

c) im Falle des § 2376 Abs 2; vgl. auch § 2385 Abs 2;

d) wenn die Haftung des Verkäufers durch Vereinbarung mit dem Käufer erlassen oder beschränkt ist. Ein Kauf „wie besehen" schließt im Zweifel nur die Haftung für sichtbare Mängel aus (RG 94, 287; Recht 1914 Nr 2637; JW 06, 549[17]; Warn 1913 Nr 281; 1919 Nr 114; RG 24. 4. 09 V 300/08; 14. 3. 19 III 435/18). Ebenso Kauf eines Grundstücks „wie seither besessen" (Gruch 63, 222). Ist der Kaufpreis durch das sachverständige Ermessen eines Dritten zu bestimmen, gilt gleichfalls Gewährleistung für ausgeschlossen (RG Recht 08 Nr 46). Auch bei Arbitrageklausel. Die Vereinbarung ist jedoch nichtig, wenn der Verkäufer den Mangel arglistig verschweigt (RG 5. 10. 18 V 156/18). Der Erlaß der Haftung kann auch stillschweigend erfolgen oder sich aus der Natur des ganzen Vertrags ergeben (RG 87, 336 zu eng). So kann die Verabredung über Nachbesserungsarbeiten den Ausschluß der Gewährleistung bedeuten (RG LZ 1916 Sp 147[12]). Ebenso kann bei gewagten Geschäften, bei Käufen in Bausch und Bogen stillschweigend die Gewährleistung als ausgeschlossen gewollt sein. Über Vereinbarung, „nur nachzubessern, ohne für weiteren Schaden zu haften", vgl. RG 96, 266.

e) Der Käufer kann der Gewährleistungsansprüche später verlustig gehen, wenn er durch sein Verhalten kundgibt, daß er auf sie verzichtet. Dabei ist aber sein Gesamtverhalten zu berücksichtigen (RG 54, 80; 98, 231; RG 16. 3. 20 II 351/19; 19. 11. 07 II 257/07).

6. **Verhältnis der Gewährleistungsansprüche zu anderen Rechtsbehelfen,** sowohl bei Fehlern als beim Mangel zugesicherter Eigenschaften (RG 5. 4. 07 III 322/06). Hier ist zunächst zu unterscheiden der Zeitpunkt vor und nach dem Gefahrübergang.

A. **Vor der Übergabe** können die allgemeinen Rechtsbehelfe wegen Nichterfüllung eines Vertrags schlechthin geltend gemacht werden. Denn hier kann von einer Behinderung dieser Rechtsbehelfe durch den Gewährleistungsanspruch um deswillen nicht die Rede sein, weil dieser selbst, von besonderen Umständen abgesehen, noch gar nicht entstanden, der Gewährleistungsfall noch nicht eingetreten ist (RG 53, 73; 70, 429; 96, 156). Daher kann der Käufer den Vertrag bis dahin wegen Irrtums oder arglistiger Täuschung anfechten, die Einrede des nichterfüllten Vertrags geltend machen, sich auf ursprüngliche und nachträgliche Unmöglichkeit berufen, Schädenansprüche geltend machen usw. (RG 20. 1. 09 V 144/08).

B. **Nach der Übergabe** der Kaufsache ist jedoch die Geltendmachung irgendwelcher Ansprüche wegen der in § 459 und § 463 genannten Mängel aus anderen Rechtsvorschriften insoweit ausgeschlossen, als dem Käufer besondere Gewährleistungsansprüche gegeben sind, von denen anzunehmen ist, daß sie allein die Beziehungen der Parteien nun regeln sollen. Darüber freilich herrscht keineswegs Einverständnis.

a) Der Käufer bleibt berechtigt, die angebotene mangelhafte Sache nach seinem Belieben abzulehnen (JW 1912, 46[17]; 1915, 1003[9]). Auch durch die Annahme als Erfüllung wird gemäß § 363 die Geltendmachung der **Einrede des nichterfüllten Vertrags**, dessen Nichterfüllung auch in der Lieferung einer mangelhaften Sache beruhen kann (**RG** 57, 399; 64, 240; 66, 282), dem Käufer vorbehalten. Dadurch kann er den Verkäufer in **Verzug** setzen und schließlich gemäß § 326 vom Vertrage zurücktreten. Der weitere wirtschaftliche Grund des Rücktritts liegt dann allerdings in der Mangelhaftigkeit der Sache; der rechtliche Grund ist aber allein der eingetretene Verzug, der nicht notwendig eintreten muß und ausbleiben kann, wenn etwa der Verkäufer den Mangel beseitigt, wozu er das Recht hat. In diesem Fall hat daher der Käufer die Wahl, ob er wegen der mangelhaften Sache nur die Einrede des nichterfüllten Vertrags geltend machen will oder die Gewährleistungsansprüche. Erstere wird durch die Möglichkeit, letztere geltend zu machen, nicht ausgeschlossen.

b) Fehlt der Kaufsache **von vornherein** die Eigenschaft, die nach § 459 Abs 1 vorausgesetzt wird oder nach Abs 2 ausdrücklich zugesichert ist, und ist der Fehler derart, daß er nicht behoben werden kann, somit die Lieferung einer vertragsmäßigen Sache unmöglich macht, so liegt an sich ein auf eine **unmögliche Leistung** gerichteter nichtiger Vertrag gemäß § 306 vor. Da aber diese Unmöglichkeit, eine mangelfreie Sache zu liefern, bei ihrer Übergabe zugleich den Garantiefall begründet, so kann, wenn diese erfolgt ist, nunmehr nicht mehr die ursprünglich vorhandene Unmöglichkeit als Nichtigkeitsgrund geltend gemacht werden — wie es vor der Übergabe zulässig war —, sondern der Käufer ist jetzt ausschließlich auf die Gewährleistungsansprüche angewiesen (**RG** 11. 1. 18 II 389/17; Warn 1918 Nr 185).

c) Bekommt die verkaufte Sache erst **nach Kaufabschluß**, aber vor Gefahrübergang die in § 459 erwähnten Mängel und wird dadurch ihre mangelfreie Lieferung **unmöglich**, so tritt in gleicher Weise nur die Gewährhaftung ein, wenn diese Mängel beim Gefahrübergang noch vorhanden sind. Denn die Haftung des Verkäufers geht darauf, daß bei Übergabe die Sache von den genannten Mängeln frei ist, hierfür aber ist es gleichgültig, ob diese Mängel vor oder nach dem Kaufabschluß entstanden sind. Ob die Unmöglichkeit keine der Parteien oder der Verkäufer zu vertreten hat, ist ohne Belang für den Ausschluß von § 324, denn nach § 459 hat stets der Verkäufer auch die objektive Tatsache des Vorliegens von Mängeln zu vertreten. Anders ist es aber dann, wenn der Käufer selbst die Unmöglichkeit verschuldet. Dann bleibt es bei der Vorschrift der §§ 324, 325, denn die Haftung des § 459 bezieht sich offensichtlich nicht auf diese Fälle. Es ist bestritten, ob die mangelhafte Lieferung überhaupt unter den Begriff der Unmöglichkeit (qualitative Unmöglichkeit) fällt. Die Fragestellung ist verfehlt. In Frage kommt nur, ob ein vorhandener Mangel eine mangelfreie Lieferung unmöglich mache oder nicht. Diese aber ist zu bejahen. Da aber der Grund der Unmöglichkeit der Mangel ist und die Folgen des Mangels von § 459 ausschließend geregelt werden, kommen die Rechtsregeln über die Unmöglichkeit der Lieferung eben nicht zur Anwendung, sie bestehen auch nicht nebeneinander (so **RG** 57, 400; **RG** 88, 105 noch dahingestellt gelassen). Unzulässig ist es jedoch, bei vorhandenen Mängeln von einer teilweisen Unmöglichkeit zu reden. Diese setzt eine teilweise Möglichkeit der Lieferung, d. h. im Sinne von §§ 307, 323, 325, der Leistungsteile voraus (dagegen Gruch 53, 938; JW. 1912, 72[10]). Eine unteilbare Leistung ist nur ganz unmöglich oder möglich. Auch wegen Fehlens zugesicherter Eigenschaften der Kaufsache ist die Anfechtung wegen Irrtums bz. einer verkehrswesentlichen Sacheigenschaft versagt (**RG** 14. 3. 22 II 492/21). Eine mangelhafte Lieferung ist als mangelfreie ganz unmöglich. Zu welchem Teile sollte sie möglich sein?

d) Die **Anfechtung** des Kaufes wegen **Irrtums** über Eigenschaften der Kaufsache, die im Verkehr als wesentlich angesehen werden (§ 119 Abs 2), ist für den Käufer ausgeschlossen, soweit wegen dieser Mängel die Geltendmachung von Gewährleistungsansprüchen möglich ist. Soweit es sich um andersartigen Irrtum handelt, steht der Anfechtung natürlich nichts entgegen. Dies ist die ständige Praxis des Reichsgerichts (**RG** 61, 171; 62, 282; 64, 269; 70, 429; JW 09 S. 655[4], 684[4]; Gruch 53, 940; Warn 1916 Nr 116; **RG** 5. 12. 11 II 646/10; 18. 3. 19 II 386/18; 10. 12. 13 V 352/13). Die zulässig und mit Recht erfolgte Anfechtung schließt dann die Gewährleistungsansprüche aus. Vgl. hierüber auch Wolzendorff in IheringsJ 64 (1914), 311ff. Der Verkäufer kann den Kauf nach § 119 Abs 2 selbstverständlich immer anfechten, auch das dingliche Erfüllungsgeschäft beim Gattungskauf (**RG** 70, 428). Keine Anfechtung wegen Irrtums über die Kaufkraft des Geldes nach **RG** 111, 259.

e) Die Anfechtung wegen **arglistiger Täuschung** nach § 123 kann sich beziehen auf eine beim Abschluß des Kaufes begangene Arglist und eine bei der Übergabe der Kaufsache begangene Täuschung. In beiden Beziehungen wird hier dem betrogenen Käufer der Anfechtungsanspruch aus § 123 neben dem ihm etwa wahlweise zustehenden Wandlungsanspruch oder dem in § 463 gegebenen Schadensanspruch erhalten, denn es würde eine ungerechtfertigte Begünstigung des Betrügers bedeuten, wenn der Käufer nur auf die Wandlung beschränkt würde. Das ist im Interesse der Sicherheit des Verkehrs zu fordern, wenn sich der Käufer ohne Verschulden des Verkäufers im Irrtum befand, nicht aber, wenn der Verkäufer diesen Irrtum selbst arglistig hervorgerufen hat (RG 62, 126; 96, 156; 104, 1; JW 1913, 197[8]; 1914, 189; SeuffA 70, 43). Der Umstand, daß in § 480 Abs 2 bei Gattungskäufen dem Käufer anstatt der Wandlung usw. auch ein Schadensersatzanspruch zugebilligt wird, läßt noch nicht den Schluß als notwendig erscheinen, daß hier die Anfechtung ausgeschlossen sein soll, wie RG 70, 423 annimmt. Auch bei Gattungskäufen liegt kein Anlaß vor, den betrügerischen Verkäufer günstiger zu stellen.

f) Der Anspruch auf **Schadensersatz aus unerlaubter Handlung nach § 826,** insbesondere wegen Betrugs, steht dem Käufer aus demselben Grunde wie die Anfechtung zu e neben dem in § 463 gewährten Schadensanspruch zu. Dieser unterliegt auch nicht der kurzen Verjährung des § 477. Er ist ferner auch zulässig, trotzdem der Kauf wegen arglistiger Täuschung angefochten worden ist, denn die unerlaubte Handlung des Betrugs ist selbständiger Klaggrund, das Bestehen eines Vertrags wird nicht vorausgesetzt. Daher kann an sich auch nach erfolgter Anfechtung noch der Schadensanspruch aus § 816 geltend gemacht werden (a. M. RG 74, 1). Es liegt freilich Klagänderung vor.

g) Im übrigen haftet der Verkäufer wie bei jedem gegenseitigen Vertrage auch beim Kauf für eine **schuldhafte Verletzung seiner Vertragspflichten** nach §§ 275, 276 auf Schadensersatz, insbesondere auch bei positiven Vertragsverletzungen und bei Fahrlässigkeit beim Vertragsschluß. Dieser Anspruch steht dem Käufer neben allen sonstigen Rechten zu, insbesondere auch neben der Wandlung oder Minderung (RG 52, 18; 53, 200; 56, 166; 66, 289; 68, 192; JW 09, 16[10]) oder neben dem Verlangen auf Lieferung einer anderen Gattungssache (§ 480). Nur soweit schon der Gewährleistungsanspruch auf Ersatz desselben Schadens geht, wie der nach §§ 275, 276 geltend zu machende, geht jene Sonderregelung der allgemeinen vor (RG 53, 202). Auch diese Schadensersatzansprüche unterliegen nicht der kurzen Verjährung des § 477 (bestr.; a. M. RG 53, 200).

h) In Betracht kommen nur Mängel und Eigenschaften der Sache selbst, nicht auch z. B. der Verpackung (RG 6. 10. 21 VI 345/21).

§ 460

Der Verkäufer hat einen Mangel der verkauften Sache nicht zu vertreten, wenn der Käufer den Mangel bei dem Abschlusse des Kaufes kennt[1]). Ist dem Käufer ein Mangel der im § 459 Abs 1 bezeichneten Art infolge grober Fahrlässigkeit unbekannt geblieben[2]), so haftet der Verkäufer, sofern er nicht die Abwesenheit des Fehlers zugesichert hat, nur, wenn er den Fehler arglistig verschwiegen hat[3])[4]).

E I 382 II 398; M 2 220; P 1 671 ff.

1. Die in § 459 geordnete Haftung bezieht sich nur auf verborgene Mängel. Die Vorschrift greift aber auch dann Platz, wenn der Käufer keinen Gewährleistungsanspruch geltend macht, sondern die Einrede des nicht erfüllten Vertrags (RG 12. 7. 22 III 622/21). **Ausgeschlossen** ist die Haftpflicht des Verkäufers zunächst bei **Kenntnis** des Käufers von den der verkauften Sache anhaftenden Mängeln (stillschweigender Verzicht), und zwar sowohl von den positiven Fehlern (§ 459 Abs 1), als von dem Mangel zugesicherter Eigenschaften (§ 459 Abs 2). Eine Untersuchungspflicht besteht nach bürgerlichem Recht nicht, nur bei Handelsgeschäften nach HGB § 477. Nach dem besonderen Fall kann aber in jedem Unterlassen einer Besichtigung grobe Fahrlässigkeit liegen. Die Kenntnis schließt auch die Haftung des Verkäufers für arglistig verschwiegene Mängel aus (RG 55, 214). Der Käufer muß den Mangel in seiner Gesamtheit kennen. Wußte der Käufer, daß unter der gekauften Ware ein verhältnismäßig geringer Bruchteil mangelhaft ist, so genügt dies nicht, um die Mängelrüge wegen der Gesamtheit auszuschließen (RG 6. 5. 19 III 525/18). Handelt es sich um den Kauf einer Menge, die erst nachträglich bestimmt werden kann, so ist der Kauf auf diese beschränkt, soweit sie nach der Verkehrsauffassung lieferungsfähig ist. Die Kenntnis des Käufers von der Mangelhaftigkeit eines Teiles der noch auf dem Felde stehenden Frucht führt daher überhaupt nicht zur Anwendung von § 460 (RG LZ 1919 Sp 867[16]). Die Kenntnis muß sich auf alle Voraussetzungen des § 459 beziehen (RG Gruch 50, 368). Dringender Verdacht steht der Kenntnis nicht gleich (RG LZ 1913, 837). Maßgebend ist dabei die Kenntnis zur Zeit des Vertragsschlusses; eine nach dieser Zeit erlangte Kenntnis ist nur dann von Einfluß, wenn der

Käufer mit solcher die verkaufte Sache vorbehaltlos annimmt (§ 464; **RG** 12. 10. 01 V 255/01). — Bei einem **Verkauf „auf Besicht“** jedoch ist in sinngemäßer Anwendung des § 460 nicht der Abschluß des aufschiebend bedingten Vertrags, sondern die Zeit der Billigung des Vertragsgegenstands durch den Käufer entscheidend (JW 1912, 858[13]; **RG** 94, 285). Der § 460 Satz 1 ist unanwendbar, wenn der Käufer trotz seiner Kenntnis der äußeren Fehler der Sache den Umstand nicht kennt, daß durch diese Fehler der Wert oder die Gebrauchstauglichkeit der Sache aufgehoben oder gemindert wird (**RG** 11. 6. 05 II 643/04). — Dagegen bleibt die Haftpflicht des Verkäufers für zugesicherte Eigenschaften auch bei Kenntnis des Käufers von deren Mangel in dem Falle bestehen, wenn der Verkäufer eine Eigenschaft in dem Sinne zusagt, daß er sie herzustellen verspricht oder für deren Beschaffung besondere Garantie übernimmt (M 2, 226).

2. Grob fahrlässige Unkenntnis des Käufers vom Mangel steht der Haftpflicht **im Falle des § 459 Abs 1** (nicht Abs 2) entgegen. Grobe Fahrlässigkeit ist eine besonders schwere Vernachlässigung der im Verkehr erforderlichen Sorgfalt. Vgl. § 932 A 5. Nicht jedes Unbeachtetlassen eines Bedenkens genügt. Sich verlassen auf das Gutachten eines glaubwürdigen Sachverständigen kann entschuldigen (**RG** 1. 12. 11 VII 221/11). Handelt es sich um verborgene Mängel, so ist der Käufer, selbst wenn er Mißtrauen gegen den Verkäufer hegt, nicht veranlaßt, vor dem Kaufabschluß Untersuchungen anzustellen (**RG** 7. 10. 10 V 589/09; **RG** 22. 5. 12 V 31/12; 17. 10. 17 V 143/17). Die Untersuchung ist nur so weit erforderlich, als nach den Umständen des Falles Treu und Glauben es gebieten (M 2, 226; **RG** Recht 1908 Nr 1162). Auch eine besondere Sachkunde des Käufers ist zu berücksichtigen (DJZ 1903, 405). Wird der Käufer durch einen andern vertreten, kommt § 166 in Betracht. Erhebliche Eingriffe in Baulichkeiten können nicht erfordert werden (**RG** BayZ 1917, 387).

3. Der **Verkäufer haftet** aber hier, auch bei grob fahrlässiger Unkenntnis des Käufers, unbeschränkt, wenn **er die Abwesenheit des Fehlers zugesichert** oder dessen Vorhandensein **arglistig verschwiegen hat.** Die §§ 460 Satz 2 u. 463 Satz 2 verlangen **arglistiges Verschweigen eines Fehlers im Sinne von § 459 Abs 1.** Ist daher festgestellt, daß näher bezeichnete Schwächen der Kaufsache keine Gewährleistungsmängel im Sinne von § 459 Abs 1 waren, so scheiden §§ 460 Satz 2 u. 463 Satz 2 vollständig aus (**RG** 67, 146). Arglistig handelt, wer sich bewußt ist, daß eine Tatsache für die Entschließung des Gegners von Erheblichkeit ist, nach Treu und Glauben demnach diese Tatsache mitzuteilen auch verpflichtet wäre und trotzdem diese Mitteilung unterläßt. Auch die Unterdrückung oder Vorenthaltung von bloßen Zweifeln kann aus solchen Gründen schon arglistig sein (**RG** 62, 149; 69, 15; 75, 436; 77, 314; Warn 1915 Nr 110; 1917 Nr 186). Insbesondere ist es arglistig, wenn der Verkäufer das Bestehen des Mangels vermutet (**RG** 4. 5. 12 V 454/11; 24. 6. 12 II 69/12). Über Schwammverdächtigkeit vgl. noch Warn 1912 Nr 300; 1914 Nr 297; 1915 Nr 110; 1919 Nr 31; JW 1912, 1103[4]. Zur Annahme eines arglistigen Verschweigens von Mängeln (**RG** 67, 146) genügt nicht die erweisliche Kenntnis des Verkäufers von denselben; vielmehr ist das Verschweigen nur dann arglistig, wenn der Verkäufer darauf rechnet, daß der Käufer die verschwiegenen Mängel nicht bemerken und deshalb die Ware bestellen werde. Vgl. auch § 123. Der Tatbestand des arglistigen Verschweigens deckt sich weder mit dem des Betrugs nach § 263 StGB, noch deckt er sich schlechthin mit den Erfordernissen des § 826 (**RG** 67, 146; **RGSt** 17. 1. 13 V 1167/12). Besonderer Veranstaltungen des Verkäufers, um den Käufer in Unkenntnis der Mängel zu erhalten, bedarf es nicht (**RG** JW 06, 86[5]; **RG** 30. 5. 08 V 414/07). — Bewußte Täuschung wird vorausgesetzt, fahrlässige genügt nicht (**RG** 16. 5. 03 V 12/03; 14. 3. 08 V 342/07). Vgl. auch § 463 A 6. Daß die Täuschung bezweckt war, ist nicht verlangt, es genügt bewußtes Schweigen auf die Gefahr der Täuschung hin (**RG** 62, 300). Eine solche Arglist ist selbst damit nicht unvereinbar, daß der Verkäufer bereitwillig die Untersuchung der Sache gestattet. Sie kann unter Umständen ohne weiteres daraus entnommen werden, daß der Verkäufer die Erheblichkeit des Mangels für den Käufer kannte (**RG** 19. 12. 11 II 412/11; 19. 4. 13 V 531/12) und wußte, daß dieser seine Abwesenheit annahm (**RG** 55, 213; 62, 300; 69, 15). Von Bedeutung kann hierbei auch die Art und der Grad des Mangels werden (**RG** 9. 12. 11 II 412/11). Stehen dem Käufer mehrere Verkäufer gegenüber, so ist der Wandlungsanspruch gegen alle Verkäufer begründet, wenn auch nur einer derselben einen Fehler arglistig verschwiegen hat (**RG** 20. 5. 08 V 385/07). Dagegen ist es arglistig, wenn der Verkäufer das Bestehen des Mangels vermutet. — Gegenüber der Arglist des Verkäufers kommt eine **Mitschuld des Käufers** nicht in Betracht, der Verkäufer kann sich nicht auf dessen Fahrlässigkeit berufen (**RG** 67, 281; 69, 277; 76, 313; JW 05, 717[6]; 08, 9[10]; 1911, 91[9]; Warn 1914 Nr 49; **RG** 15. 3. 12 II 510/11).

4. Die Beweislast trifft in den Fällen des § 460 den Verkäufer dafür, daß der Käufer den Mangel gekannt habe oder habe kennen müssen, den Käufer dafür, daß der Verkäufer die Abwesenheit des Fehlers (oder dessen Beseitigung) zugesichert oder arglistig verschwiegen habe. Macht der Käufer einen Ersatzanspruch geltend, weil ihm der Verkäufer einen Fehler der Ware arglistig verschwiegen habe, und beruft sich der Verkäufer demgegenüber darauf, daß der Gegner die Ware und deren Eigenschaften gekannt habe, so erscheint das erstere als selbständiges Angriffsmittel und das letztere als selbständiger Einwand. Daher kann über jedes durch Zwischenurteil entschieden werden (RG 55, 210; 102, 394).

§ 461

Der Verkäufer hat einen Mangel der verkauften Sache nicht zu vertreten[1]), wenn die Sache auf Grund eines Pfandrechts in öffentlicher Versteigerung unter der Bezeichnung als Pfand verkauft wird[2]).

E II 398 P 3 480 ff.

1. Die nach dieser Vorschrift **ausgeschlossene Haftpflicht des Verkäufers** kann durch Vereinbarung der Parteien auch hier begründet werden. Liegt eine solche Vereinbarung nicht vor, so kann der Verkäufer selbst bei arglistigem Verschweigen nicht auf Grund der §§ 459, 463, sondern höchstens aus §§ 823, 826 in Anspruch genommen werden. Auf den Mangel zugesicherter Eigenschaften dürfte § 461 jedoch nicht zu beziehen sein; zustimmend Planck A 1 b (bestr.). Wohl aber auf arglistiges Verschweigen. Die Haftung wegen Betrugs aus § 826 wird dadurch nicht ausgeschlossen.

2. Daneben ist nach der ZPO § 806 auch bei der auf Grund einer **Pfändung** bewirkten Veräußerung die Gewährleistungspflicht des Verkäufers ausgeschlossen. Bei dem freihändigen Pfandverkauf nach §§ 1221, 1235 Abs 2, 1245, 1246, wie auch bei dem Selbsthilfeverkauf durch einen Gerichtsvollzieher nach § 383 Abs 3 bleibt dagegen diese Gewährleistungspflicht bestehen (RG JW 02, 545[11], 1904, 561).

§ 462

[1]) Wegen eines Mangels, den der Verkäufer nach den Vorschriften der §§ 459, 460 zu vertreten hat, kann der Käufer Rückgängigmachung des Kaufes (Wandelung)[2]) oder Herabsetzung des Kaufpreises (Minderung)[3]) verlangen[4—10]).

E I 383 II 399; M 2 227; P 1 673, 697.

1. **Mit dem Eintritt des Gewährleistungsfalls,** nämlich dem objektiven Vorliegen eines vom Verkäufer zu vertretenden Fehlers der verkauften Sache zum Zeitpunkte des Gefahrübergangs — nicht schon mit dem Kaufabschluß (a. M. SeuffA 64, 117) — **entstehen** die **Ansprüche** des Käufers auf die Folgen der dem Verkäufer obliegenden Haftung. Wandlung und Preisminderung entstehen nicht automatisch von selbst, es wird vielmehr nur dem Käufer ein Anspruch darauf gegeben, den geltend zu machen in seinem Belieben steht. Sie stellen sich als besondere Folgen der Nichterfüllung des Vertrags dar und bestehen in der Rückgängigmachung des Kaufes (Wandlung) oder Herabsetzung des Kaufpreises (Minderung). Dies sind die eigentlichen Gewährleistungsansprüche. Daneben werden in besonderer Weise auch die Ansprüche auf Schadensersatz vom BGB in § 463 u. a. als weitere eigenartige Gewährleistungsansprüche geregelt. — Die Ansprüche auf Wandlung und auf Minderung sind je selbständige Ansprüche, es liegt nicht ein einheitlicher Anspruch mit alternativem Inhalt vor (RG 66, 332). Der Käufer hat die Wahl, welchen er geltend machen will, so lange, bis der eine oder andere verwirklicht (vollzogen) ist. § 263 ist hier nicht anwendbar. Daher ist auch der Übergang von einem Anspruch auf den andern im Prozeß Klagänderung (RG 64, 374; JW 07, 46). Abweisung des Wandlungsanspruchs schließt den Minderungsanspruch nicht aus (JW 07, 708; 1911, 592; SeuffA 67, 91) und umgekehrt. Das durch Vollziehung erloschene Wahlrecht lebt auch dann nicht wieder auf, wenn die Wandlung infolge eines später eingetretenen Umstandes unwirksam wird (RG 20. 9. 19 I 58/19). Wem nach § 463 rechtskräftig ein Schadensersatz zugesprochen ist, kann nicht noch Preisminderung verlangen (RG 14. 1. 14 V 401/13). Die in §§ 462, 463 geregelten Ansprüche auf Wandlung, Minderung und Schadensersatz wegen Nichterfüllung, die auf einer besonderen gesetzlichen Garantiepflicht beruhen, gehören unmittelbar zur Erfüllung des Kaufvertrags und stellen im Sinne KO § 17 Ansprüche aus dem zweiseitigen Vertrag dar. Der Käuferanspruch ist dann aber mit einem Zahlungsanspruch des Konkursverwalters nicht vereinbar. Daher enthält dieser kein Erfüllungsverlangen nach KO, Mansfeld LZ 1927 Sp 873; RG LZ 1927 Sp 390 = JW 699. — RG 32, 1. A. M. Jaeger, KO zu § 17 und „Konkurs- u. Treuhandwesen" 1 S. 1.

2. Die **Wandlung** ist Rückgängigmachung des Kaufes. Auf diese Folge entsteht aus dem Kauf und der dem Verkäufer obliegenden Haftung ein unmittelbarer Anspruch (Herstellungstheorie), nicht entsteht ein Anspruch auf Schließung

eines den Kaufvertrag aufhebenden Vertrags (sog. Vertragstheorie). Die Frage ist freilich bestritten und der Standpunkt der Motive nicht klar, § 465 zwingt aber nicht zu dieser umständlichen Konstruktion. Vgl. Näheres dort. Anderseits tritt die Wandlung aber auch nicht, wie bei der Anfechtung, durch einseitige Erklärung des Käufers ein, vielmehr geht der Anspruch auf eine Leistung des Verkäufers, die Rückgängigmachung. Bei der Anfechtung ist der Kauf von Anfang an nichtig, hier wird ein an sich bestehender Vertrag rückgängig gemacht (JW 01, 864). Die gegenseitige Rückgewähr vollzieht sich bei der Anfechtung nach den Bestimmungen der §§ 872, 985, bei der Wandlung nach § 467. Die Wandlung hat an sich nicht die Wirkung, daß an Stelle des rückgängig gemachten Kaufvertrags ein anderer gegenseitiger Vertrag tritt (RG 93, 49). Es findet kein Austausch von Leistung und Gegenleistung statt, wie bei gegenseitigen Verträgen, sondern lediglich Beseitigung des früheren, auf einen solchen Austausch gerichteten Kaufvertrags. Die Folgen nach §§ 467, 346, 345, 320, 322 sind gesetzliche, die je nach dem Stand der Leistungen auch ausbleiben können. Möglich ist natürlich auch der Abschluß eines besonderen Vertrags auf diese Leistungen (JW 1918, 610[1]; vgl. auch RG 66, 69). Die Rückgängigmachung ist insbesondere kein Rückkauf. Wenn eine gesetzliche Verpflichtung zur Rückgängigmachung besteht, ist in dem die Erfüllung dieser Pflicht dienenden Vertrage ein lästiges Veräußerungsgeschäft nicht enthalten. Daher begründet die Anerkennung der aus der Wandlung sich ergebenden Verbindlichkeiten auch z. B. keine Stempelpflicht (RG 47, 303; 60, S. 143, 398; Gruch 60, 310). — In § 465 wird bestimmt, wann der Anspruch auf Wandlung vollzogen ist, der Kauf also rückgängig gemacht ist, in §§ 467ff. wird die Wirkung dieser Rückgängigmachung, ihre Durchführung geordnet.

3. Die **Minderung** läßt im Gegensatz zur Wandlung den Kaufvertrag bestehen und gibt nur einen Anspruch gegen den Käufer auf Herabsetzung des Kaufpreises. Für diesen Anspruch gilt dasselbe wie für den Wandlungsanspruch. Wie die Minderung durchzuführen ist, wird in § 472 bestimmt.

4. Dem **Bürgen** des Käufers steht, wenn er auf Bezahlung des Kaufpreises belangt wird, der Wandlungsanspruch nicht zu, wohl aber der Minderungsanspruch nach § 768 (RG 66, 332). Er hat aber die Befugnis, dem Verkäufer solange die Befriedigung zu versagen, als der Käufer wandeln kann.

5. Beim **Sukzessivlieferungsvertrag** und bei teilbaren und in Teilen erfolgenden Lieferungen beschränkt sich grundsätzlich die Wandlung auf die einzelne mangelhafte Rate (ROHG 4, 224; RG 57, 115; 65, 54; 104, 382; 22. 3. 18 III 517/17). Wenn die mangelhafte Rate auch für die Zukunft mangelhafte Leistungen befürchten läßt, so findet keine Erstreckung der Wandlung auf diese zukünftigen Leistungen statt, wohl aber treten die Grundsätze über positive Vertragsverletzung in die Erscheinung. Vgl. im übrigen aber § 469.

6. Von einer vorausgegangenen **Mangelrüge** ist im bürgerlichen Verkehr die Geltendmachung des Wandlungs- und Minderungsanspruchs nicht abhängig. Vgl. jedoch die Präsumtion des Verzichts nach § 464 und bei Handelsgeschäften nach HGB § 477. HGB § 477 kann zwar nicht entsprechend Anwendung auf andere als zweiseitige Handelskäufe finden. Immerhin erfordert der Grundsatz von Treu und Glauben im Verkehr, daß der Käufer, der die ihm abgelieferte Ware als mangelhaft beanstanden will, die Mängelrüge nicht ungebührlich verzögert, sonst muß er sich so behandeln lassen, als ob er die Ware gebilligt habe und behalten wolle (RG 104, 96). Insbesondere gilt die Mängelrüge als noch rechtzeitig erhoben, wenn sich der Verkäufer sachlich auf sie einläßt (RG 106, 297). Im übrigen wohnt der fristgerechten Rüge keine rechtsbegründende, sondern nur eine rechtserhaltende Kraft inne (RG 106, 361).

7. Über **Abtretung** der Gewährleistungsansprüche vgl. RG 59, 238.

8. Bei Wandlung und Minderung **trifft stets den Käufer die Beweislast** für die Mängel der Sache, sowohl nach § 459 Abs 1 wie nach Abs 2 (RG 66, 280). Denn diese bilden den Rechtsgrund für die Ansprüche. Dabei macht es keinen Unterschied, ob es sich um einen Spezies- oder Gattungskauf handelt (RG 95, 119); gleichgültig ist auch, ob er die Annahme abgelehnt oder die Ware angenommen hat. Nur wenn der Käufer bei Ablehnung der Annahme sich darauf beschränkt, die Einrede des nichterfüllten Vertrags vorzuschützen, trifft den Verkäufer die Beweislast für die Erfüllung, wobei wiederum § 363 zu berücksichtigen ist (RG 57, 399; JW 07, 509[8], [9]).

9. **Vertraglich** kann die **Wandlung ausgeschlossen** und nur **Nachbesserung** oder **Ersatz** zugelassen werden (RG 87, 336; RG 21. 4. 21 VI 527/20 in LZ 1922 Sp 449). Wird im Kaufvertrag bedungen, daß der Verkäufer die gelieferte Sache, wenn sie mangelhaft sein sollte, nur nachzubessern habe, „ohne für weiteren Schaden zu haften", so ist damit im Zweifel der Anspruch auf Schadensersatz wegen Nichterfüllung dann nicht ausgeschlossen, wenn Nachbesserung vergeblich versucht worden ist (RG 96, 266). An sich ist der Anspruch auf

Wandlung oder Minderung nicht davon abhängig, daß die Beseitigung des Mangels ausgeschlossen ist. Der Käufer wird aber unter Umständen nach § 242 dem Verkäufer die Ausbesserung gestatten müssen (**RG** 61, 92; JW 1914, 145; Recht 1917 Nr 367; Planck A 4).

10. Zweckmäßig ist es, die hervorgetretenen **Mängel** gemäß ZPO § 488 **feststellen** zu lassen. Das Recht hierzu steht sowohl dem Käufer wie dem Verkäufer zu. Der Antrag auf Sicherung des Beweises unterbricht auch die Verjährung.

§ 463

Fehlt der verkauften Sache zur Zeit des Kaufes[1]) eine zugesicherte Eigenschaft[2]), so kann der Käufer statt der Wandelung oder der Minderung[4]) Schadensersatz wegen Nichterfüllung[3]) verlangen. Das gleiche gilt, wenn der Verkäufer einen Fehler arglistig verschwiegen hat[5—10]).

E I 385 II 400; M 2 228, 229; P 1 686.

1. Die Klagen aus § 463 haben als **Vertragsklagen aus dem Rechte der Gewährleistung** zu gelten (**RG** 66, 86; 67, 146; 78, 58; 83, 244). Auch die aus Satz 2 soll wenigstens als solche behandelt werden (**RG** 16. 9. 14 V 144/14; 7. 1. 22 V 410/21). Auf einen ursächlichen Zusammenhang zwischen der Zusicherung oder arglistigen Vorspiegelung und dem Entschlusse des Käufers kommt es nicht an; der Verkäufer muß für seine Erklärung schlechthin einstehen (**RG** 102, 295). Die Vorschrift trifft nur den Kauf einer bestimmten einzelnen Sache (species **RG** Recht 1918 Nr 38). Die Fassung des § 463 ist verfehlt. Ob der verkauften Sache zur Zeit des Kaufes die zugesicherte Eigenschaft fehlt, ist für die Wandlung oder Minderung gleichgültig. Für diese kommt es lediglich auf die Zeit des Gefahrübergangs an, die den kritischen Zeitpunkt für den Gewährleistungsfall bildet. Wenn daher § 463 anordnet, daß statt dieser Ansprüche auch Schadensersatz wegen Nichterfüllung verlangt werden kann, so wird dabei stillschweigend vorausgesetzt, daß der Gewährleistungsfall überhaupt vorliegt, also auch zur Zeit des Gefahrübergangs noch die zugesicherten Eigenschaften fehlen. Das ergibt auch die Natur des Schadensanspruchs als eines solchen wegen Nichterfüllung. Hiermit ist dieser Schadensanspruch des § 463 gleich dem Wandlungs- und Minderungsanspruch als reiner **Gewährleistungsanspruch** ausgestattet (**RG** 67, 146; 78, 58; Gruch 59, 359), so daß es eines Verschuldens des Verkäufers nicht bedarf (**RG** Gruch 67, 313), nur daß als **weiteres Erfordernis** hinzutritt, daß der Mangel der verkauften Sache **bereits zur Zeit des Kaufes** vorhanden gewesen sein muß (**RG** 8. 11. 10 II 23/10). Es ist ein Fall der Haftung für Verschulden bei Vertragsschluß (**RG** 95, 60). Der Käufer kann unter den nämlichen Voraussetzungen im übrigen Schaden fordern, wie er wandeln kann. War also zur Zeit des Kaufabschlusses der Mangel noch nicht vorhanden, sondern trat er erst nachher ein, so kann der Verkäufer nicht nach § 463, wohl aber nach anderen Grundsätzen, z. B. § 325, in Anspruch genommen werden. Auch hier wird vom Gefahrübergang abgesehen, wenn sich der Mangel offenbar nicht beseitigen läßt (**RG** 33. 4. 20 II 525/19). Wenn ferner der Verkäufer nicht zur Zeit des Kaufabschlusses, sondern erst nachträglich sich eines arglistigen Verhaltens schuldig macht, kommt § 463 nicht zur Anwendung (Recht 1915 Nr 2471). Für **die beiden in § 463 geregelten Schadensersatzansprüche gelten daher,** abgesehen von den hier aufgestellten besonderen Erfordernissen, **auch die nach §§ 459, 460 in Betracht kommenden Voraussetzungen.** Insbesondere ist § 463 nur anwendbar beim Verkauf oder kaufähnlichen Geschäften und von Sachen und den ihnen gleichgestellten unkörperlichen Gütern, z. B. Handelsgeschäften (**RG** 63, 59; 98, 292; Warn 1915 Nr 14, 272; 1917 Nr 100; LZ 1919, 691). Auf Verkäufe von Rechten ist § 463 nicht anwendbar, z. B. nicht auf Hypotheken (JW 1910, 9[34]; 1912, S. 137[10], 742[4]; **RG** 65, 90; 83, 245; Warn 1915 Nr 275; LZ 1916 Sp 305[15]). Ferner gilt bezüglich des Einflusses der Kenntnis des Käufers vom Mangel § 460 Satz 1, sodann der Grundsatz über ein mitwirkendes Verschulden des Käufers, mangelhafte Untersuchung u. dgl. (**RG** 18. 2. 08 II 485/07). Auf die Erheblichkeit der Wertminderung kommt es hier nicht an. Die Vorschrift gilt nur für das Verhältnis zwischen Verkäufer und Käufer, nicht bei einem Vertrag, durch den sich jemand gegenüber einem Hypothekengläubiger verpflichtet hat, ein Grundstück in der Zwangsversteigerung zu erwerben (**RG** 16. 10. 15 V 191/15; vgl. auch Recht 1915 Nr 1763). — Der Auktionator kann unter Umständen für den Anspruch aus § 463 dem Käufer gegenüber als Selbstverkäufer behandelt werden, wenn er ohne Nennung seines Auftraggebers verkauft und der Käufer vor oder bei dem Kaufabschluß auch nicht auf andere Weise erfahren hat, wer als Auftraggeber hinter jenem steht (**RG** 4. 7. 05 II 629/04). Denkbar ist auch, daß die in der Zusicherung liegende Garantieübernahme nicht auf den Zeitpunkt des Vertragsschlusses, sondern auf den Zeitpunkt der Vertragserfüllung bezogen wird (so z. B. die „Maschine soll am Lieferungstage vollständig betriebsfähig sein“). Dann hat der Verkäufer nur dafür schlechthin einzustehen, daß die zugesicherte Eigenschaft zur Zeit der Vertragserfüllung vorhanden ist. Es steht nichts entgegen, für diesen Fall § 463 entsprechend anzuwenden (Planck A 2; Oertmann A 2a; RG Gruch 67, 313).

2. Wie zwischen dem Wandlungs- und Minderungsanspruch einerseits, so hat der Käufer auch anderseits zwischen diesen und dem Schadensersatzanspruch die **Wahl** (RG 11. 10. 10 II 23/10; RG 56, 81). Er kann aber nicht neben der Wandlung die Minderung und nicht neben diesen den hier in Betracht kommenden Schadensanspruch erheben, sondern nur entweder diesen oder jenen (RG 14. 1. 14 V 401/13). Solange aber der eine oder der andere Anspruch noch nicht verwirklicht, die Wandlung, Minderung nicht vollzogen, der Schadensanspruch nicht anerkannt ist, kann der Käufer von der getroffenen Wahl noch abgehen (RG 1. 11. 11 II 157/10; 16. 11. 11 II 624/10). Andere Schadensansprüche als Gewährleistungsansprüche können auch nach vollzogener Wahl erhoben werden (Recht 1915 Nr 2254). Die gleichzeitige Erhebung aller drei Ansprüche ist nur in der Form der Eventualität möglich (RG 93, 163; LZ 1916 Sp. 382[9]). Gibt der gewährleistungsberechtigte Käufer die Ware gegen Rückzahlung des Kaufpreises unter Vorbehalt weiterer Schadensansprüche zurück, so ist die Rückgabe nicht als Wandlung anzusehen (Gruch 62, 789). Ebenso wenn der Käufer auf Rückzahlung des Preises unter Vorbehalt der Schadensansprüche klagt. — Der Vollzug der Minderung schließt die spätere Wandlung oder weitere Minderung wegen eines anderen Mangels nicht aus. Die Bezeichnung als Schadensersatz schließt nicht notwendig aus, daß der Käufer in Wahrheit eine Minderung meint. Es ist auch hier der wahre Wille zu erforschen.

3. Schadensanspruch bei zugesicherter Eigenschaft. Hinsichtlich der Zusicherung vgl. § 459. Werden dem Käufer besondere Vorzüge der Kaufsache vorgespiegelt, oder wird der Irrtum des Käufers arglistig ausgenutzt durch betrügerische Manipulationen an der Sache oder durch positive Veranstaltungen, die nicht als zugesicherte Eigenschaften der Sache aufgefaßt werden können, so kommen nur § 823 Abs 2 und § 826 in Frage. Aber sie dürfen nicht zu dem Zweck angewendet werden, um zwingend gedachte Einschränkungen des Gewährleistungsrechts (§ 464) illusorisch zu machen (JW 1913, 88). Den Beweis dafür, daß die Kaufsache die zugesicherte Eigenschaft nicht hat, also für die Grundlage seines Schadensanspruchs, hat der Käufer zu führen (RG 66, 285). Bei Saatgetreide liegt dem Verkäufer die unbedingte Garantie für die Saatguteigenschaft ob. Wird z. B. Weizen als Sommersaatgut verkauft, so kann sich der Käufer, wenn sich nach der Aussaat herausstellt, daß die Ware zum Teil aus Winterweizen besteht, an den Verkäufer auch dann halten, wenn dieser nicht Züchter, sondern nur Zwischenhändler war. Der Verkäufer handelt schon dann schuldhaft, wenn er eine Ware, von der er selbst nicht weiß, von welcher Beschaffenheit sie ist, liefert (RG 20, 92; 103, 77). Die Zusicherung des Verkäufers, bis zur Vertragserfüllung eine besondere Eigenschaft der Sache herzustellen, verpflichtet beim Fehlen der Eigenschaft ebenfalls zum Schadensersatz wegen Nichterfüllung nach § 463 (RG 29. 2. 24 II 290/23).

4. Bei der **Einforderung des Schadensersatzes wegen Nichterfüllung** kann der Käufer zunächst, wie die allgemeine Fassung dieses Ausdrucks ergibt, ohne Nachweis eines fehlenden Interesses den Vertrag als gänzlich unerfüllt behandeln, also die Annahme der Kaufsache ablehnen und den ihm durch die Nichterfüllung des Vertrags schlechthin erwachsenen (positiven) Schaden berechnen (RG 52, 355; 62, 149; JW 1914, 189[5]; RG 103, 160). Der Schadensersatz wegen Nichterfüllung kann sowohl nach § 635 als nach § 276 nicht bloß beim Mangel einer zugesicherten Eigenschaft, sondern auch bei jeder schuldhaft mangelhaften Leistung beansprucht werden. Ist das Gelieferte gänzlich unbrauchbar, so steht ein zugleich geltend gemachter Anspruch auf Wandlung zu dem Schadensersatzanspruch im Wahlverhältnis (RG 56, 81; 58, 178; RG 18. 11. 21 VII 248/21). Der Nachweis ursächlichen Zusammenhangs ist nicht nötig. Der Anspruch aus § 463 ist gegeben ohne Rücksicht darauf, daß der Käufer in seinen Willenserklärungen durch das Verhalten des Verkäufers bestimmt worden ist (JW 1915, 119; RG 102, 394). Dem Verkäufer steht dagegen die von ihm zu beweisende Einrede aus § 460 zu. Der Nachweis des Bestimmtseinkönnens genügt (LZ 1916 Sp 306[17]; Warn 1915 Nr 230). Der Käufer eines Grundstücks, der betrogen wurde, kann das Erfüllungsinteresse als Schadensersatz auch dann verlangen, wenn er vor der Auflassung den wahren Sachverhalt erfahren hat. So entgegen RG 56, 51 nunmehr RG 63, 113 und RG 30. 6. 11 II 19/11, auch die Rückzahlung des gezahlten Kaufpreises fordern (RG 50, 190). Der Käufer, der seinen Schaden abstrakt berechnet, muß dies innerhalb der zulässigen Grenzen (ohne übermäßigen Gewinn) tun (RG 90, 305). Es ist ihm aber auch nicht verwehrt, die Kaufsache zu behalten und den ihm aus der nicht gehörigen Erfüllung erwachsenen Schaden ersetzt zu verlangen (RG 52, 356; 53, 92; 59, 157; 63, 338; RG 29. 3. 12 II 510/11). Will der Käufer nur den Preis herabsetzen und die Sache behalten, muß er dartun, daß der Verkäufer den Gegenstand auch zu dem geringeren Preise hergegeben haben würde (RG 83, 246; JW 1910, 934; 1911, 213; 1912, 863; RG 27. 2. 20 II 378/19). Dieser Schaden kann sich auf die objektive Wertdifferenz zwischen der mangelfreien und mangelhaften Sache beschränken und neben dem Leistungsanspruch bestehen. Er deckt sich nicht mit dem Verzugsschaden (RG 20. 1. 11 II 157/10). Auszugleichen ist der Minderwert der Sache bei der Erfüllung. Der Käufer braucht sich nicht auf die spätere Werterhöhung durch Beseitigung des Mangels verweisen zu lassen (RG JW 1911, 647[14]). Zu ersetzen sind auch die Kosten eines Rechtsstreits, den der Käufer infolge des Mangels im Interesse des Verkäufers gegen seinen Abnehmer hat führen müssen (OLG 22, 230). Auch die Aufwendungen, die der Käufer in Erwartung der Erfüllung gemacht hat und die infolge der Nichterfüllung vergeblich geworden sind, sind zu ersetzen (RG 12. 4. 12 II 481/11). Die ihm zukommende Geldentschädigung kann der Käufer, wenn der Verkäufer die Sache sofort zu leisten hatte, ebenfalls ungekürzt sofort verlangen (RG 66, 340). Die nicht rechtzeitig gerügten, aber gleichfalls mangelhaften Sendungen können, wenn sie für den Schadensanspruch auch keine mittelbare Stütze abgeben, doch zur Rechtfertigung des Gesamturteils, namentlich zur Begründung der Annahme, es werde künftig nicht vertragsmäßig geliefert werden, mit herangezogen werden (RG 65, 54; RG 27. 2. 13 II 501/12). — Was der Käufer durch den Weiterverkauf der eingedeckten Ware erhält, braucht er bei der Schadensaufmachung dem Verkäufer nicht gutzuschreiben (RG 52, 154; JW 1917, 709[5]). Das gilt auch beim Weiterverkauf der behaltenen mangelhaften Sache. Gegenüber arglistig vorgespiegelten Eigenschaften kann sich der Verkäufer nicht auf die Angemessenheit des Preises zufolge anderweiter Vorzüge der Kaufsache berufen (Recht 1914 Nr 2421).

5. **Haftpflicht für arglistiges Verschweigen von Fehlern.** Vgl. hierzu auch Geppert in JheringsJ 64 (1914) S. 437ff. Auch hier handelt es sich um einen vertraglich übernommenen Gewährleistungsanspruch, nicht um Ersatz eines durch eine unerlaubte Handlung zugefügten Schadens im Sinne von §§ 823, 831 (RG 83, 244). Der Anspruch ist also ein vertraglicher (RG 67, 146; 78, 58; 83, 242; Warn 1913 Nr 198, 282; 1914 Nr 180; 1915 Nr 109; JW 1913, 197[8]; RG 15. 10. 19 V 165/19; a. M. RG 16. 9. 16 V 144/14 im Recht 1914 Nr 2990). Immerhin beruhen die Ansprüche aus Abs 1 und aus Abs 2 auf verschiedenen Tatbeständen (Warn 1914 Nr 285). Nach dem Wortlaut des § 463 Satz 2 ergibt sich zunächst, daß im Falle des arglistigen Verschweigens eines Fehlers der Käufer die Wahl zwischen Wandlung, Minderung und Schadensersatzanspruch hat (RG JW 1913, 197[8]). Sodann läßt sich der Schluß nicht abweisen, daß diese Wahl nicht nur dem zustehen muß, der nicht durch Verschweigen, sondern auch dem, der durch betrügliche Vorspiegelungen über das Nichtvorhandensein von Mängeln oder das Vorhandensein von Eigenschaften getäuscht und dadurch zum Kaufe bewogen ist. Der Verkäufer muß sich so behandeln lassen, wie wenn er zugesichert hätte, was er vorgespiegelt hat. Dies ist in nun feststehender Rechtsprechung anerkannt (RG 63, 112; 66, 335; 83, 242; 92, 295; 96, 156; 99, 121; 103, 154; RG JW 1910, 934[4]; 1911, 808[13]; 1912, 137[10]; 1913, 197[8]; 1915, 444; RG Warn 1913 Nr 282; SeuffA 67 Nr 282). Das Schrifttum überwiegend zustimmend. Über die gegenteilige Ansicht vgl. Matthießen in JW 1913, 516 und Planck A 8. Wegen der Natur der Klage als einer Vertragsklage ist es unzulässig, diese auf Vorgänge zu stützen, die sich erst nach dem Vertragsschlusse zugetragen haben. Daher ist auch ein Anspruch hinfällig, wenn nur geltend gemacht wird, daß der Verkäufer oder sein Vertreter bei der Auflassung einen Fehler des Grundstücks arglistig verschwiegen haben (RG 3. 12. 21 V 218/21).

6. Erfolgt die Vorspiegelung und das arglistige Verschweigen durch einen mit vorbehaltloser Vollmacht ausgestatteten **Vertreter,** so verneint RG 61, 207; 63, 146, daß der Anspruch gegen den Vertretenen gerichtet werden kann, wenn es sich um außerhalb des Vertragsverhältnisses vom Vertreter begangene unerlaubte Handlungen handelt, zu denen aber betrügerische Vorspiegelungen nicht zu rechnen seien (culpa in contrahendo). Für den Fall, daß der Vertreter aber innerhalb der Vollmacht handelt, läßt RG 83, 242 den Anspruch auch gegen den Vertretenen zu. Der Vertreter seinerseits haftet nur nach § 249, insbesondere nicht nach § 472. Er haftet aber nicht nur subsidiär nach dem Vertretenen. Sind die unrichtigen Angaben weder vom Verkäufer, noch seinem Vertreter, sondern von einem **Dritten** gemacht worden, so haftet der Verkäufer an sich nicht (Recht 1916 Nr 35). Betont muß übrigens werden, daß es sich auch hier, wie überhaupt in allen Fällen der §§ 459ff., um das Fehlen einer Eigenschaft der Kaufsache handeln muß (RG 26. 10. 11 V 532/10; RG 103, 160; vgl. auch § 459 A 5). Handelt es sich nicht um einen derartigen Sachmangel oder handelt es sich um einen außervertraglichen Schadensanspruch, wie in dem Falle, in dem die falschen Vorspiegelungen nicht vom Verkäufer, sondern von einem Dritten ausgehen, so findet § 463 Abs 2 keine Anwendung (RG JW 1911, 486[5]; RG 7. 10. 11 V 113/11; 4. 11. 11 V 168/11; 24. 4. 12 V 62/12). Haftung des Vertretenen dann nur nach § 831 möglich (RG 61, 212; 73, 437). Arglistiges Verschweigen beim Verkauf eines zum Gesamtgut der Gütergemeinschaft gehörenden Grundstücks nur seitens des Ehemanns läßt Schadenanspruch gegen diesen bestehen. BGB § 1445 kommt nicht in Frage, eine Mitwirkung der Ehefrau an der Arglist ist nicht nötig (RG 99, 121). Über den **Begriff des „arglistigen Verschweigens"** vgl. § 460 A 3.

7. Wenn der getäuschte Käufer nur §§ 823, 826 zur Begründung heranzieht, hat das Gericht von Amts wegen auch § 463 zu beachten (Recht 1914 Nr 605).

8. Eine Gewährleistungspflicht nach § 463 ist auch nicht **ausgeschlossen,** soweit §§ 481 ff. zur Anwendung kommen, wie **RG** 102, 308 annimmt. Vielmehr wird ein Verkäufer von Vieh nach § 463 auch dann schadensersatzpflichtig, wenn er einen Mangel arglistig verschweigt, der nicht Hauptmangel ist. Auch durch Zusicherung der Freiheit des Tieres von einem Nebenmangel wird die Haftung aus § 463 Satz 1 und bei arglistigem Verschweigen aus Satz 2 begründet (**RG** 60, 236).

9. Wenn an der arglistigen Täuschung des Verkäufers Dritte als **Mittäter** oder **Gehilfen** teilgenommen haben, müssen diese sich die Handlungen des Verkäufers zurechnen lassen, und sie haften, wie dieser, auf das volle positive Erfüllungsinteresse (**RG** 103, 161; **RG** 22. 3. 07 II 466/06).

10. Wegen **Verjährung** §§ 476, 477, 479, wegen **internationalen Privatrechts RG** LZ 08 Sp 308.

§ 464

[1]) Nimmt der Käufer eine mangelhafte Sache an[2]), obschon er den Mangel kennt[3]), so stehen ihm die in den §§ 462, 463 bestimmten Ansprüche[4]) nur zu, wenn er sich seine Rechte wegen des Mangels bei der Annahme[5]) vorbehält[6])[7]).

E I 386 II 401; M 2 229, 230; P 1 690 ff.

1. Die Vorschrift regelt die Wirkung vorbehaltloser Annahme einer mangelhaften Sache. Sie gilt nur für Sachmängel. Eine entsprechende Vorschrift für Rechtsmängel gibt es nicht (**RG** 25. 11. 16 V 226/16). Während § 460 bestimmt, daß die Kenntnis des Käufers beim Abschluß des Kaufvertrags von Rechts wegen als Verzicht der Geltendmachung der Gewährleistungsansprüche, weil als Kauf einer mangelhaften Sache, anzusehen ist, verordnet § 464 die **gesetzliche Präsumtion des Verzichts** bei Annahme der mangelhaften Sache trotz Kenntnis der Mängel, sofern die Gewähransprüche nicht vorbehalten worden sind (**RG** 101, 73; Mot I. Entw § 386 Bd. 2 S. 220). Diese gesetzliche Präsumtion bezieht sich jedoch nur auf die in §§ 462 u. 463 bestimmten Ansprüche. Insoweit namentlich neben § 463 noch Schädenansprüche aus §§ 823, 826 in Betracht kommen, gilt sie nicht (bestr.); **RG** 63, 113, JW 1911, 756 unter Aufgabe des gegenteiligen Standpunkts von **RG** 59, 104. Die Kenntnis des Vertreters eines Käufers von dem Mangel der Sache ist nach § 166 auch bei Annahme der Sache durch ihn dem Vertretenen zuzurechnen. Liegt jedoch ein Mißbrauch der übertragenen Vertretungsmacht beim Vertreter vor und kennt der Vertragsgegner diesen Mißbrauch zum Nachteile des Vertretenen, so kann er bei einem durch den Vertreter abgeschlossenen Rechtsgeschäfte aus jenem erkannten Mißbrauch keine Rechte gegen den Vertretenen herleiten (**RG** 52, 99; 71, 219; 75, 301; 101, 73). Schließt sich an den Kaufabschluß die Annahme der gekauften Sache unmittelbar an, so deckt sich die Vorschrift des § 464 mit der des § 460 (**RG** 12. 10. 01 V 225/01). Sind mehrere Sachen als zusammengehörend verkauft (§ 469 Satz 2), so läßt sich das Vorliegen der Voraussetzung des § 464 nur mit Bezug auf die einzelnen Sachen feststellen; doch schließt dies nicht aus, daß in der vorbehaltlosen Annahme einer einzelnen von dem Mangel betroffenen Sache nach erlangter Kenntnis von diesem Mangel ein stillschweigender Verzicht auf das Wandlungsrecht überhaupt gefunden wird (**RG** 27. 10. 09 V 356/09). — In der nach § 377 HGB dem Käufer obliegenden Mängelanzeige ist nicht ohne weiteres ein Vorbehalt, welcher einen Verzicht auszuschließen vermöchte, zu erblicken (**RG** 64, 237; **RG** JW 1911, 486[6]; Recht 1918 Nr 1689). Die lediglich aus der übermittelten Faktura erkennbaren Mängel unterliegen nicht der Rügepflicht nach HGB § 377 (**RG** in JW 1923, 48[9]). Dagegen bedarf es einer **Mängelanzeige** bei Nichthandelsgeschäften nicht.

2. Annahme ist gleichbedeutend mit Abnahme nach § 640 Abs 2. Für die Annahme ist nicht erforderlich, daß der Empfänger die Erfüllung als eine tadellose angenommen hat; vielmehr genügt es, wenn er die als Leistung aus dem Vertrage angebotene Leistung körperlich hinnimmt und dabei zu erkennen gibt, daß er die Leistung als eine in der Hauptsache dem Vertrag entsprechende Erfüllung anerkenne (**RG** 64, 240; **RG** JW 1911, 486[6]; OLG 24, 329). Bei Grundstücken steht der Übergabe auch die Auflassung gleich (**RG** 58, 263; JW 04, 406[10]; 08, 137[7]; Warn 09 Nr 136; LZ 1919, 691). Der Vorbehalt ist zu erklären, sobald entweder die Übergabe oder die Auflassung erfolgt ist; entscheidend ist der zeitlich frühere Akt (**RG** 18. 12. 18 V 231/18; a. M. **RG** 63, 110; JW 1911, 756[12]). — Der Käufer geht, wenn er den Mangel kennt, des Anspruchs auf Wandlung auch durch einen solchen Gebrauch der Sache verlustig, welcher auf den Willen, sich dieselbe ohne Rücksicht auf etwaige Fehler zuzueignen, schließen läßt (**RG** 19. 11. 07 II 257/07). Ein solcher Wille liegt oft in der **Veräußerung der Ware** (**RG** 54, 80), doch kommt es auf die konkreten Umstände an (**RG** 98, 232), noch nicht ohne weiteres in der Hingabe der fehlerhaften Sache zur Reparatur, insbesondere nicht in einem solchen Gebrauche, der wesentlich im Interesse des Verkäufers geschieht (RG JW 04, 290[1]) oder durch besondere Umstände entschuldigt wird (RG JW 09, 685[5]). Mit Rechtsnotwendigkeit liegt ein solcher Wille auch weder in der Billigung beim Kauf auf Besicht (RG Warn 1912 Nr 381), noch in der Bestätigung des anfechtbaren Kaufes nach § 144 (RG JW 1911, 398[4]); selbst in einem Vertrag, durch den der Käufer gegen die Übernahme der Pflicht zur Beseitigung des Mangels auf das Wandlungsrecht verzichtet, muß sie nicht liegen (RG 22. 1. 13 V 304/12). Dagegen erklärt RG 68, 399: Weiß der Käufer beim Weiterverkauf um den Anfechtungsgrund, so verzichtet er damit auf die Anfechtung. — Die Annahme erfolgt in dem Falle, wenn der Verkäufer die verkaufte Sache behufs Übertragung des Eigentums dem Käufer übersendet, schon durch eine dementsprechende Verfügung des Käufers und bedarf in solchem Falle nicht der ausdrücklichen Erklärung des Annahmewillens dem Verkäufer gegenüber (RG 64, 145).

3. Es wird **wirkliche Kenntnis** vom Mangel erfordert. Die Kenntnis eines Teils des Mangels steht der Kenntnis des ganzen Mangels nicht gleich (RG 3. 7. 15 V 103/15). Grob fahrlässige Unkenntnis genügt hier nicht (Warn. 1918 Nr. 185), ebensowenig bloße Vermutung des Mangels (RG 18. 1. 08 V 210/07). Im übrigen liegt dem Käufer, abgesehen von dem Fall eines beiderseitigen Handelsgeschäfts nach § 377 HGB (RG JW 06 S. 91[13] 119[25]), eine Pflicht zur alsbaldigen Untersuchung und Mängelanzeige nur insoweit ob, als Treu und Glauben dies erfordert.

4. Auch die **auf Arglist des Verkäufers** beruhenden Ansprüche des Käufers gehen durch vorbehaltlose Annahme der Kaufsache mit Kenntnis vom Mangel verloren (RG 59, 104; 20. 4. 07 V 92/07; RG 10. 2. 12 V 354/11; Warn 09 Nr 136; 1915 Nr 108; RG 101, 73). Auch hier wird in der Annahme ein Verzicht erblickt.

5. **Der Vorbehalt** muß unter Bezeichnung des bekannten Mangels geschehen. Ein allgemeiner Vorbehalt genügt nicht (RG 13. 5. 10 III 303/09). Auch genügt nicht die Erklärung einem gewöhnlichen Boten gegenüber, sofern dieser nicht wirklich zum Übermittler des Vorbehalts wird (OLG 24, 329).

Auch vor der Annahme kann der **Vorbehalt** erklärt werden, wenn nur das spätere Verhalten des Käufers damit im Einklang steht (RG 58, 263).

6. Der Fall, wenn ein Mangel erst **nach** der Annahme entdeckt wird, fällt nicht unter § 464. Setzt aber der Käufer nach solcher Entdeckung den Gebrauch der Sache fort oder trifft er eine Verfügung darüber, ohne den Vorbehalt zu wiederholen, so kann hierin ein Verzicht auf die Wandlung, dagegen nicht ohne weiteres auf die Minderung gefunden werden (RG 39, 172). So insbesondere darin, daß der Käufer sich erfolgreiche Ausbesserung gefallen läßt (RG 12. 2. 13 V 456/12).

7. Der **Beweis** für die Annahme der Sache und die Kenntnis des Käufers vom Mangel trifft den Verkäufer, der für die Stellung des Vorbehalts den Käufer (RG 29, 116).

§ 465

[1]) **Die Wandelung oder die Minderung ist vollzogen, wenn sich der Verkäufer auf Verlangen des Käufers mit ihr einverstanden erklärt[2]) [3])[4]).**

E I 384 II 402; M 2 228; P 1 685.

1. Die **Bedeutung des § 465** ist in Rechtslehre und Rechtsprechung überaus bestritten. Die eine, in der II. Kommission vertretene (Prot S. 680, 709, 710), Ansicht (Vertragstheorie) findet, daß darin der Inhalt und die Verwirklichung des Wandlungs- und Minderungsanspruchs ausgedrückt, dieser Anspruch des Käufers zunächst nur auf Herbeiführung der vertragsmäßigen Einwilligung des Verkäufers zu den angeführten Maßnahmen gerichtet sei und erst auf Grund dieses Vertrags die Rückgängigmachung des Kaufes mit seinen Folgen, insbesondere die Rückgabe oder Minderung des vom Käufer gezahlten Kaufpreises oder die entsprechende Befreiung gefordert werden könne. So insbesondere Oertmann zu §§ 462 u. 465; im wesentlichen auch Dernburg II § 186 A 11 und in Einzelausführungen Seidlmayer bei Gruch 57, 343. Die andere Ansicht (Herstellungstheorie) findet die Bedeutung der auf Verlangen des Käufers erfolgten „Vollziehung" der Wandlung oder Minderung wesentlich darin, daß damit der Käufer die Wahl auf Wandlung vollzogen habe und nun in seiner Wahl zwischen beiden gebunden werde, während im übrigen der Wandlungs- oder Minderungsanspruch sich, wie im gemeinen Recht, unmittelbar auf die Rückgängigmachung des Kaufes oder die Herabsetzung des Kaufpreises mit ihren Folgen richte. So Eccius bei Gruch 43, 306; Staub zum HGB § 377 A 60ff.; Staudinger § 462 2 1 V; Neumann zu § 462 A 2; jetzt auch Planck zu § 462 A 3 und zu § 465 A 1, sowie in Einzelausführungen Lobe im SächsArch 9, 104; Haymann bei Gruch 46, 509; Müller in SeuffBl 69, 46; Thiele im ArchZivPrax 93, 397ff.; Langheineken, Anspruch und Einrede S. 215; Enneccerus § 313 I; Biermann im ArchZivPrax 14, 315ff.; Crome § 322 I 1; Gierke, Deutsches

Privatrecht 3, 473. Über den Stand der Streitfrage besonders Raape bei Dernburg IV § 185. Das Reichsgericht hat nach kurzem Schwanken eine neutrale und vermittelnde Stellung eingenommen. Es geht von folgendem Gedankengange aus: Nicht wie die Anfechtung, der Vorkauf, der Wiederkauf vollzieht sich die Wandlung oder Minderung durch die einseitige Erklärung des Käufers. Auf rechtsgeschäftlichem Wege gelangt vielmehr die Wandlung und Minderung nur dadurch zur Verwirklichung und Vollziehung, daß sich auf das Verlangen des Käufers der Verkäufer damit einverstanden erklärt (RG 59, 97; 108, 26; JW 1913, 736). Darin liegt aber noch nicht mit Notwendigkeit auch der Satz, daß der Käufer seine Gewährleistungsansprüche nur in der Weise gerichtlich geltend machen könnte, daß er den Verkäufer auf Einwilligung in die Wandlung oder Minderung verklagt. Er kann seinen Klagantrag auch unmittelbar auf Rückgängigmachung des Kaufvertrags oder auf Minderung durch das Urteil und auf die Leistungen richten, die sich aus dieser Rückgängigmachung oder Minderung ergeben (RG 58, 423; 66, 75; 69 S. 385, 389; 70 S. 198, 199; 94, 331; JW 1913, 736[5]). Will aber der Käufer auf halbem Wege stehenbleiben und nicht Ausführung der Rückgängigmachung oder Minderung, sondern nur Verurteilung des Verkäufers zur Einwilligung in die Wandlung oder Minderung begehren, so bleibt ihm auch dies unverwehrt (RG Warn 1913 Nr 314). Klagt er auf Minderung, so kann er den Betrag angeben oder in das richterliche Ermessen stellen (RG 13. 4. 13 V 520/12). Man mag dieses Vorgehen des Reichsgerichts vielleicht vom Standpunkt der Theorie aus unbefriedigend nennen, vom Standpunkt der Praxis aus wird man sich ihm anschließen dürfen. Im Ergebnis kommt es auf die Anerkennung der Herstellungstheorie hinaus. So auch Planck § 462 A 3. — Die Wandlung ist auch dann dem ursprünglichen Verkäufer gegenüber zu erklären, wenn dieser seine Rechte aus dem Verkauf einem andern abgetreten hat (Recht 1914 Nr 474).

2. Der Käufer muß Wandlung oder Minderung verlangen, was gerichtlich und außergerichtlich geschehen kann. Eine alternative Geltendmachung widerspricht der Natur des Anspruchs, dagegen kann sie subsidiär erfolgen. Das Verlangen braucht nicht auf Einverständniserklärung des Verkäufers zu gehen, sondern kann unmittelbar Wandlung oder Minderung enthalten. Das außergerichtliche Verlangen bedarf auch keiner Form, wenn es sich um Wandlung eines Grundstückskaufs handelt (Planck A 2a; a. M. Staudinger Erl III 1c). Gerichtlich kann das Verlangen namentlich durch Einrede geltend gemacht werden. Bis zur **Einverständniserklärung des Verkäufers,** die auch formlos erfolgen kann (RG 6. 5. 08 II 426/07) oder bis zu dessen rechtskräftiger Verurteilung ist der Käufer an die von ihm etwa vorher erklärte Wandlung oder Minderung nicht gebunden, kann vielmehr von einer zur andern übergehen (Prot S. 711; ebenso RG JW 05, 492[16]). Er kann sogar noch nach rechtskräftiger Abweisung der Wandlungsklage auf Kaufpreisminderung klagen (RG Warn 1911 Nr 322). Solange er die Wahl noch ändern kann, braucht er auch bei Geltendmachung der Wandlung die Sache noch nicht zurückzugeben. Erst mit dem Vollzug der Wandlung entsteht für den Verkäufer der Anspruch auf Rückgewähr (RG 94, 331). Wird die Wahl nach der Klagerhebung geändert, so ist dies an sich Klagänderung, die aber in der Regel — wenigstens für die I. Instanz, vgl. ZPO § 527 — nach ZPO § 264 zuzulassen sein wird, da die Verteidigung des beklagten Verkäufers dadurch nicht wesentlich erschwert wird. Wird die Wandlung oder Minderung einredeweise vorgeschützt, so wird das Wahlrecht des Käufers mit der darauf erfolgten rechtskräftigen Abweisung der Klage oder mit der Befriedigung des Käufers, worin eine Vollziehung zu finden ist, ausgeschlossen (Staudinger § 478 A 2c). Immerhin aber muß der Käufer, wenn er nach solcher Abweisung des Verkäufers eine vorher geleistete Anzahlung zurückfordert, auf die Mangelhaftigkeit der Sache zurückkommen und die im Vorprozesse nur als Entscheidungsgrund berücksichtigte Berechtigung seines Wandlungsverlangens dartun; er ist daher dabei auch der Verjährungseinrede des Verkäufers aus § 477 ausgesetzt (RG 69, 388).

Die Erklärungen des Käufers und Verkäufers über die Wandlung sind rechtsgeschäftliche Willenserklärungen, daher von beiden Seiten aus wegen Irrtums anfechtbar (OLG 22, 47). Nicht zu verwechseln ist das Einverständnis über die Wandlung mit dem Einverständnis über die Richtigkeit des Kaufes, die ganz andere Folgen hat (RG Warn 1912 Nr 68). Mit der Wandlungserklärung des Käufers gerät der Verkäufer, wenn das Wandlungsbegehren begründet ist, in Annahmeverzug, falls er die Ware nicht rechtzeitig zurücknimmt. Der Käufer hat von da an gemäß § 300 nur mehr Vorsatz und grobe Fahrlässigkeit zu vertreten (RG Warn 1912 Nr 376). Wenn Beanstandung der Ware nicht anerkannt, sondern Ware bloß aus Entgegenkommen zurückgenommen wird, ist dies kein Vollzug der Wandlung, d. h. der Rückgängigmachung des Kaufes, sondern nur ein Rückgängigmachen des Erfüllungsgeschäfts (RG 91, 110). Das Einverständnis mit der Wandlung bedeutet noch nicht die selbständige vertragsmäßige Verpflichtung zur Rückgabe der Sache. Durch die vollzogene Wandlung wird auch kein gegenseitiges Vertragsverhältnis begründet, daher § 326 nicht anwendbar (RG 93, 49).

3. Auf den **Schadensersatzanspruch** aus § 463, der nur von dem Verlangen des Käufers, nicht von der Einwilligungserklärung des Verkäufers abhängt, bezieht sich § 465 nicht. Dieser Anspruch wird vielmehr unwiderruflich mit der Erfüllung oder mit der Verurteilung zu solcher. Ist der Anspruch auf Wandlung oder Minderung unwiderruflich geworden, so kann natürlich (vgl. § 463: „statt der Wandlung oder Minderung") von Schadensersatz nicht weiter die Rede sein.

4. **Erfüllungsort.** Wird bei der Wandlung Zug-um-Zug-Leistung angeboten, so ist beiderseitiger gesetzlicher Erfüllungsort der Ort, an dem sich die Ware dem Vertrage gemäß befindet.

§ 466

Behauptet der Käufer dem Verkäufer gegenüber einen Mangel der Sache, so kann der Verkäufer ihn unter dem Erbieten zur Wandelung und unter Bestimmung einer angemessenen Frist[1]) zur Erklärung darüber auffordern, ob er Wandelung verlange. Die Wandelung kann in diesem Falle nur bis zum Ablaufe der Frist verlangt werden[2]).

E II 402 Abs 2 III 460; P 1 800 ff.

1. Die Vorschrift bietet ein Mittel, um den Schwebezustand zu beseitigen, ähnlich wie bei § 634. Auch die Verjährungsfrist des § 477 kann schon einen solchen lästigen langen Schwebezustand bringen. Wenn die gesetzte Frist eine unangemessen kurze ist, so bleibt zwar dem Schuldner gegenüber die allgemeine Wirkung der Fristsetzung bestehen; aber die Dauer der Frist verwandelt sich in einen angemessenen, vom Richter zu bemessenden Zeitraum (**RG** 56, 234). S. auch § 250 A 2.

2. **Verlangt der Käufer die Wandlung,** geht er also auf das Erbieten zur Wandlung ein, so ist diese mit seiner Erklärung vollzogen; andernfalls ist sie mit Ablauf der Frist ausgeschlossen, dagegen die Geltendmachung der sonstigen Rechte (Minderung, Schadensersatz) gestattet. Wegen des Gattungskaufs § 480.

§ 467

[1]) Auf die Wandelung finden die für das vertragsmäßige Rücktrittsrecht geltenden Vorschriften der §§ 346 bis 348, 350 bis 354, 356 entsprechende Anwendung[2]); im Falle des § 352 ist jedoch die Wandelung nicht ausgeschlossen, wenn der Mangel sich erst bei der Umgestaltung der Sache gezeigt hat. Der Verkäufer hat dem Käufer auch die Vertragskosten zu ersetzen[3—6]).

E I 387 II 403; M 2 230 ff.; P 1 692 ff., 801 ff.; 6 158, 172.

1. In den §§ 467—471 ist die **Durchführung** der in § 462 wegen eines Mangels der Kaufsache in erster Linie zugelassenen Wandlung geregelt.

2. § 467 schreibt nur die **„entsprechende Anwendung"** der hauptsächlichsten Vorschriften über das **vertragsmäßige Rücktrittsrecht** vor. Der Abschluß eines besonderen, selbständige Rechte und Pflichten begründenden Umtauschvertrags ist jedoch an sich möglich, aber nicht zu vermuten. Die Vorschrift ergibt im einzelnen folgendes:

Zunächst in betreff der **Zulässigkeit** der Wandlung. Diese ist nicht dadurch ausgeschlossen, daß die Kaufsache beim Käufer durch Zufall untergegangen ist (§ 350). Sie ist aber **ausgeschlossen:** a) wenn der Berechtigte eine wesentliche Verschlechterung, den Untergang der Kaufsache oder eines erheblichen Teiles derselben oder die anderweitige Unmöglichkeit der Herausgabe entweder selbst oder durch einen nach § 278 von ihm zu vertretenden (mit der wirtschaftlichen Behandlung der Sache betrauten) Dritten (**RG** 28. 6. 07 II 37/07) verschuldet hat (§ 351). Die schuldhaft herbeigeführte wesentliche Verschlechterung usw. muß jedoch vor Vollziehung der Wandlung gemäß § 465 stattgefunden haben (**RG** 59, 97; SeuffA 62 Nr 206; **RG** SeuffA 67 Nr 312; 71, 60). Ist sie erst nachher erfolgt, so tritt nicht Ausschluß der Wandlung, sondern Schadensersatzpflicht des Käufers ein. Der Ausschluß der Wandlung erfordert nicht, wie der Ausschluß des Rücktrittsrechts (**RG** 71, 277) eine solche schuldhafte Verschlechterung der Sache, die vor der Wandlung erfolgt ist. Denn die Wandlung vollzieht sich nicht durch einseitige Willenserklärung, wie der Rücktritt, erst vom Vollzug ab kann daher von Ausschluß der Wandlung keine Rede mehr sein, während kein Grund vorliegt, Umständen, die vorher, wenn auch nach der einseitigen Erklärung, wandeln zu wollen, eingetreten sind, die Bedeutung abzusprechen (**RG** 59, 87; Warn 1915 Nr 204; vgl. auch Recht 1914 Nr 1256; 1915 Nr 2257; LZ 1915 Sp 1377[4]). Die Verschlechterung muß die Sache selbst treffen und ihre Brauchbarkeit für den andern beeinträchtigen, es genügt nicht eine durch ein äußeres Ereignis herbeigeführte ungünstige Auffassung beteiligter Kreise über den Wert und die Brauchbarkeit (RG 64, 375). Im übrigen ist die Frage, ob Verschlechterung und wesentliche Verschlechterung vorliegt, zumeist Tatfrage (OLG 24, 329). Steht die Verschlechterung oder der Untergang fest, so hat der Käufer, der wandeln will, um dem Ausschluß der Wandlung zu begegnen, darzulegen, daß er daran nicht schuld sei (RG JW 08, 478[8]; RG 10. 1. 11 II 129/10). Verneint ist, daß der Käufer den durch Brand eingetretenen Untergang verschuldet, wenn er es unterläßt, die Sache zu versichern (RG JW 1911, 321[12]). — Ist die Unmöglichkeit der Herausgabe zu einer Zeit erfolgt, zu welcher der Verkäufer sich dem Rücknahmeverlangen des Käufers gegenüber im Rücknahmeverzug befand, so hat damit die Vertretungspflicht des Käufers für schuldhaftes Verhalten nicht aufgehört, sondern sich nur auf Vorsatz und grobe Fahrlässigkeit beschränkt (RG 56, 267; RG Warn 1912 Nr 376). Hat der Käufer die Verschlechterung oder den Untergang verschuldet, so hat er sein Wandlungsrecht verwirkt, selbst wenn es auf Arglist des Verkäufers gegründet war (RG 8. 10. 10 V 198/10). — Die Wandlung ist ferner ausgeschlossen: b) wenn der Berechtigte die Kaufsache durch Bearbeitung oder Umbildung in eine Sache anderer Art umgestaltet hat, es sei denn, daß sich der die Wandlung begründende Mangel erst bei dieser Umgestaltung gezeigt hat (§§ 352, 467 Satz 2); Aussaat von Samen ist Umgestaltung der Sache; c) wenn der Berechtigte den empfangenen Gegenstand oder einen erheblichen Teil desselben veräußert oder mit dem Recht eines Dritten belastet und in der Folge sein Abnehmer darauf eine wesentliche Verschlechterung oder den Untergang des Gegenstandes oder eines erheblichen Teiles desselben oder die anderweitige Unmöglichkeit der Herausgabe des Gegenstandes verschuldet hat. Einer freiwilligen Veräußerung oder Belastung von seiten des Berechtigten steht eine Verfügung gleich, die im Wege der Zwangsvollstreckung oder der Arrestvollziehung oder durch den Konkursverwalter erfolgt (§ 353). Dem steht jede unzulässige Verfügung über die Ware, z. B. ein unzulässiger Notverkauf, gleich (RG 101, 19). Die bloße Abmontierung einer Maschine läßt das Wandlungsrecht noch nicht verloren gehen (RG 21. 4. 21 VI 527/20). — Auch das verschuldete Unvermögen des Käufers zur Herausgabe schließt die Wandlung aus, z. B. wenn der Käufer die von ihm weiterveräußerte Sache nicht wiederzuerlangen und daher nicht zurückzuerstatten vermag (RG 102, 315). Die Wandlung ist dagegen **nicht ausgeschlossen,** wenn der Berechtigte den veräußerten Gegenstand von dem dritten Erwerber zurückerworben hat oder zurückerwerben kann und dem Verkäufer zurückgeben kann und will. Ebenso schließt der Umstand, daß ein zu wandelndes Grundstück zur Zwangsversteigerung gekommen ist, die Wandlung an sich nicht aus, sondern nur dann, wenn der Wandlungsberechtigte die Zwangsversteigerung verschuldet hat und infolge davon nicht mehr in der Lage ist, das Grundstück dem Verkäufer zurückzugeben (RG 50, 190; s. auch 54, 219; 56 S. 261, 267; 59, 92; SeuffA 62 Nr 206; RG Warn 1913 Nr 190). Kündigung einer Hypothek und infolgedessen Versteigerung des Grundstücks begründet Unmöglichkeit der Rückgabe (Recht 1914 Nr 1821). Hat der Käufer auf Wandlung geklagt, so kann darin, daß er demnächst in einer zweiten Klage die Beseitigung der Mängel fordert, nicht ohne weiteres ein Verzicht auf die Wandlung gefunden werden (Recht 1913 Nr 2401).

Den im Gesetz ausdrücklich angeführten Fällen einer Verwirkung des Wandlungsrechts ist d) noch der weitere, auf allgemeinen Gründen beruhende beizufügen, wenn der Berechtigte in Kenntnis des Mangels nach Erklärung der Wandlung mit der Sache in einer Weise verfährt, die nach Treu und Glauben auf seinen Willen, sie zu behalten, schließen läßt, insbesondere, wenn er durch Veräußerung oder Verbrauch seinen Willen, auf das Wandlungsrecht zu verzichten, kundgibt (RG 43, 68; 54, 80; RG 9. 11. 07 II 257/07; RG 18. 10. 12 II 261/12). Verzicht ist namentlich anzunehmen, wenn der Käufer trotz Kenntnis des Mangels die Ware bezahlt (RG SeuffA 74, 43); Abschlagszahlung braucht aber nicht immer einen Verzicht zu enthalten (RG Recht 1915 Nr 1063), die Sache veräußert (RG 54, 80; 98, 231; 101, 18). Dies gilt jedoch dann nicht mehr, wenn die Wandlung nach § 465 durch Einwilligung oder rechtskräftige Verurteilung des Gegners vollzogen ist.

3. Für die **Art der Vollziehung der Wandlung und deren Wirkungen** sind, da § 465 nach dem dort A 1 Ausgeführten im wesentlichen nur für das Wahlrecht des Käufers von Bedeutung ist, vor allem die §§ 462, 466, 467 maßgebend. Danach wird die Wandlung herbeigeführt durch das auf die Rückgängigmachung des Kaufes gerichtete Verlangen des Käufers (RG 58, 423; 66, 75), dessen Erklärung jedoch, da § 349 im § 467 nicht wiederholt ist, sich nicht als eine unwiderrufliche darstellt, sondern bis zu dem nach § 465 gehenden Einverständnis des Verkäufers abgeändert werden kann. Die Wandlung erfolgt nicht wie die Anfechtung und der Rücktritt vom Vertrag, schon durch die einseitige Erklärung des Käufers. Die Wandlung darf sich nicht bloß auf Teile der Sache erstrecken (JW 1914, 467[7])

4. Die **Wirkung der Wandlung.** Die Anfechtung ermöglicht es dem Käufer, den Vertrag in den Grenzen des § 142 mit dinglicher Wirkung gegen jedermann zu vernichten, während der Anspruch auf Wandlung ihn nur in den Stand setzt, die schuldrechtliche Aufhebung des Vertrags nach Maßgabe gewisser Vorschriften herbeizuführen (RG 96, 157), eine ding-

liche Wirkung hat die Wandlung nicht, nicht wird etwa durch das beiderseitige Einverständnis das Eigentum ohne weiteres auf den Verkäufer zurückübertragen (RG in JW 1924, 677[10]). Es liegt nur ein schuldrechtliches Abkommen vor (RG 108, 27). Das ursprüngliche Schuldverhältnis ist beseitigt und an seine Stelle tritt das Schuldverhältnis aus § 346, nämlich die Verpflichtung der Parteien, einander die empfangenen Leistungen zurückzugeben (RG 71, 277). Die Parteien sind verpflichtet, einander die empfangenen Leistungen zurückzugewähren. Dies hat Zug um Zug zu geschehen. Es tritt aber nicht an Stelle des rückgängig gemachten Kaufes ein anderer gegenseitiger Vertrag auf Austausch von Leistung und Gegenleistung, sondern die Wandlung geht lediglich auf Beseitigung des ursprünglichen Kaufvertrags. Es ist nur eine Folge der Rückgängigmachung, daß nach § 346 die beiderseitigen Leistungen zurückzugewähren sind. Das Empfangene ist nach seinem wirtschaftlichen Werte zurückzugeben (§ 242), auch die Nutzungen, die er inzwischen gezogen hat oder ziehen konnte (RG 108 S. 281, 120). Die Rechte des § 326 aber sind auf diese Rückgängigmachung nicht anwendbar (RG 93, 47). Abweichend RG 66, 61 für Schädenansprüche aus § 283 Abs 1). Demgemäß gelangen, wenn der Vertrag noch von keiner Seite erfüllt ist, die beiderseitigen Verpflichtungen zum Erlöschen. Ist er dagegen erfüllt, so hat der **Verkäufer** den Kaufpreis mit Zinsen zu 4 v. H., bei zweiseitigen Handelsgeschäften 5 v. H., vom Empfang ab zurückzuzahlen (§§ 346 Satz 1, 347 Satz 3, 246) und den Wert der etwa neben dem Kaufpreis vom Käufer erhaltenen Dienste zu vergüten (§ 346 Satz 2). Hat der Verkäufer Wertpapiere als Kaufpreis erhalten, so hat er im Falle der Wandlung nur den Kurswert, nicht den Nennwert zu ersetzen (RG JW 05, 137[14]). Die auf die Sache vom Käufer gemachten notwendigen Verwendungen hat der Verkäufer nach den Vorschriften über die Geschäftsführung ohne Auftrag zu erstatten (§ 347 Satz 2, § 994 Abs 2; RG 4. 2. 08 II 469/07; OLG 24, 330). Endlich hat er die Vertragskosten, nämlich die auf den gewandelten Kauf erwachsenen Vertragskosten (RG JW 1913, 27[13]), zu ersetzen (§ 467 Satz 2). Der Käufer kann auch Erstattung der Kosten eines Privatgutachtens zur Feststellung der Mängel erstattet verlangen (OLG Braunschweig im Recht 1914 Nr 758). Eine Pflicht, die Sache zurückzunehmen, wird der Verkäufer nur dann haben, wenn daran der Käufer ein besonderes Interesse hat (RG 3. 5. 10 III 224/10). Der **Käufer** hat dem Verkäufer die empfangene Sache — frei von etwa inzwischen aufgelegten Lasten — zurückzugewähren (§ 346 Satz 1), und zwar bei Grundstücken in der für die Übertragung des Eigentums an solchen erforderlichen Form (§ 313). Hat der Käufer vor der Vollziehung der Wandlung eine unwesentliche Verschlechterung oder nach der Vollziehung eine Verschlechterung oder den Untergang der Sache oder die anderweitige Unmöglichkeit der Rückgewähr verschuldet, so ist er zum Ersatz des daraus entstehenden Schadens verpflichtet (§ 347 Satz 1, § 989). Der Käufer hat endlich dem Verkäufer die gezogenen Nutzungen herauszugeben und für schuldhaft nicht gezogene Nutzungen Ersatz zu leisten (§ 347 Satz 2, § 987; vgl. hierzu Warn 1914 Nr 70). — c) Die beiderseitigen, vorstehend angegebenen Verpflichtungen sind Zug um Zug zu erfüllen (§ 348). Eine Verurteilung auf Zug-um-Zug-Leistung kann jedoch nur erfolgen, wenn der Zurückbehaltungseinwand wirklich erhoben wird (RG 4. 5. 12 V 454/11). Die Verpflichtung zur Rückgabe Zug um Zug setzt aber eine vollzogene Wandlung voraus. Der Käufer braucht jedoch eine mangelhafte Ware so lange nicht zurückzugewähren, als er eine Wahl noch ändern kann. Er kann daher nach § 480 mangelfreie Ware ohne Rückgabe der mangelhaften Zug um Zug verlangen (RG 94, 331). Der Wandlungsanspruch verwandelt sich im Falle der Konkurseröffnung über das Vermögen des Beklagten (Verkäufers) gemäß § 69 KO in eine Geldforderung und ist als solche im Konkurse geltend zu machen. Die vor der Konkurseröffnung rechtskräftig gewordene Entscheidung über den Grund des Anspruchs, d. h. über die Berechtigung der Wandlung, bildet auch für die an Stelle dieses Anspruchs tretende Geldforderung die unverrückbare Grundlage (RG 65, 132). — d) Sind auf der Verkäufer- oder Käuferseite mehrere beteiligt, so kann die Wandlung nur von allen oder gegen alle ausgeübt werden. Erlischt der Wandlungsanspruch für einen der Berechtigten, so erlischt er auch für die übrigen (§ 356). Anders bei der Minderung (§ 474). — e) Kommt der Käufer nach Vollziehung der Wandlung mit der Rückgewähr der Sache oder eines erheblichen Teiles derselben in Verzug, so kann ihm der andere Teil eine angemessene Frist bestimmen mit der Erklärung, daß er die Annahme nach dem Ablauf der Frist ablehne. Mit dem erfolglosen Ablaufe der Frist wird die erklärte Wandlung unwirksam und der Käufer kann nicht von neuem Wandlung verlangen (§ 354); auch der Anspruch auf Minderung ist in diesem Falle ausgeschlossen, da der Käufer durch den Vollzug der Wandlung sein Wahlrecht eingebüßt hat.

5. Erfüllungsort. Der Erfüllungsort für die Wandlung, der nach § 29 ZPO auch für die Wandlungsklage maßgebend ist, fällt nicht mit dem Erfüllungsort für die ursprünglichen Verpflichtungen des Verkäufers aus dem Kaufvertrage und ebensowenig mit dem Erfüllungsort bei vereinbartem Rücktritt zusammen, unterliegt vielmehr nachstehenden Grundsätzen (RG 55, 110; 57, 14). Ist der Kauf vom Verkäufer, nicht aber vom Käufer erfüllt, so ist der Erfüllungsort für dessen Anspruch auf Befreiung von den daraus entspringenden Verpflichtungen am Erfüllungsorte des Käufers gegeben. Ist der Kauf schon von beiden Teilen vollzogen, so ist gemeinsamer Erfüllungsort für die Rückgewähr der Sache und für die Rückzahlung des Kaufpreises der Ort, an dem der Käufer Zug um Zug gegen Rückempfang des Kaufgeldes die Kaufsache zurückzugeben hat, d. h. an dem Orte, an dem sie sich dem Vertrage gemäß befindet (Recht 1918 Nr. 980; LZ 1908, 471; **RG** 26. 5. 00 I 105/00; vgl. auch **RG** JW 07, 359[7] und § 269 A 7). Der Käufer ist nicht verpflichtet, die Sache an den Ort der Übergabe auf seine Kosten zurückzubringen (**RG** 55 S. 112, 113; 57, 15).

4. Das Recht des Erfüllungsortes ist auch für die Geltendmachung des von einem inländischen Käufer gegen einen ausländischen Verkäufer nach dem BGB erhobenen Wandlungsanspruchs nebst den damit zusammenhängenden Nebenansprüchen auf Zurücknahme der Ware und auf Ersatz der Fracht, der Versicherungs- und Lagerkosten maßgebend, einerlei, ob der Kaufpreis bezahlt ist oder nicht (**RG** 55, 107).

5. Beweislast in dem Streit über die Durchführung der Wandlung. Der Verkäufer hat die — die Wandlung ausschließende — Verschlechterung oder die Unmöglichkeit der Herausgabe der Kaufsache, der Käufer das Nichtvorhandensein eigenen Verschuldens oder das Vorhandensein überwiegenden Verschuldens beim Verkäufer zu erweisen (**RG** 56 S. 258, 270; JW 04, 140[6]; **RG** Warn 08 Nr 621; 1910 Nr 148; **RG** 3. 6. 08 V 597/07; 10. 1. 11 II 129/10).

6. Anwendbarkeit des § 467 auf Werkvertrag nach § 651 (**RG** 87, 305; 93, 159).

§ 468

Sichert der Verkäufer eines Grundstücks dem Käufer eine bestimmte Größe des Grundstücks zu, so haftet er für die Größe wie für eine zugesicherte Eigenschaft[1]). Der Käufer kann jedoch wegen Mangels der zugesicherten Größe Wandelung nur verlangen, wenn der Mangel so erheblich[2]) ist, daß die Erfüllung des Vertrags für den Käufer kein Interesse hat.

E I 388 II 804; M 2 232 ff.; P 1 693.

1. Beim Verkauf von Grundstücken gilt die **Zusicherung einer bestimmten Größe** — zu unterscheiden von der an sich unverbindlichen bloßen Flächenabgabe zum Zwecke der Beschreibung (OLG 22, 238; 24, 332) — als **Zusicherung einer Eigenschaft** im Sinne von § 459 Abs 2. Die Vorschrift stellt aber nicht etwa eine Vermutung dahin auf, daß die Größenangabe eine solche Zusicherung enthalte (**RG** JW 1905, 530; LZ 1910, 1173; OLG 40, 300; ZBlFG 5, 182. Deshalb ist auch die Anfechtung wegen Irrtums über die Größe nicht zulässig (**RG** 3. 3. 08 II 556/7). Die Sondervorschrift läßt sich nicht auf zugesicherte Rechte übertragen, hier ist nur § 437 anwendbar (**RG** 93, 73). Dies ist auch für die Verjährungsfrist von Bedeutung. Ebensowenig auf Quantitätsverhältnisse **beweglicher Sachen,** worüber BGB keine Bestimmung getroffen hat (JW 08, 477[5]). Hier kommen dann die Vorschriften über teilweise Nichterfüllung zur Anwendung (§ 326). Wegen der Rügepflicht nach HGB § 378. Bei Kauf von Holz einer bestimmten Waldfläche vgl. OLG 38, 82. Zu einer verbindlichen Zusicherung ist eine Erklärung erforderlich, welche ergibt, daß der Verkäufer für die von ihm angegebene Größe einstehen will und welche auch vom Käufer in diesem Sinne aufgefaßt wird (**RG** JW 05, 530[9]). Es bleibt dabei der Auslegung des Vertragswillens überlassen, festzustellen, welche Bedeutung im einzelnen Falle die Angabe einer bestimmten Größe hat (**RG** 29. 11. 03V 233/03). Im Zweifel gilt die Größenangabe als Zusicherung (**RG** 3. 3. 08 II 556/07). Die arglistige Versicherung der Größe eines Grundstücks steht der Zusicherung gleich (**RG** 16. 9. 14 V 144/14). — Für den Gewährleistungsanspruch nach §§ 459, 462 kommt es lediglich auf die Größe an, welche die Sache zur Zeit des Gefahrübergangs auf den Käufer hat (Recht 07 Nr 3477). Beim Schadensersatzanspruch wegen arglistiger Täuschung nach § 463, der sinngemäß anzuwenden ist, Warn 1914 Nr 115, dagegen können unrichtige Angaben über die Größenverhältnisse beim früheren käuflichen Erwerb des jetzigen Verkäufers dann von Bedeutung sein, wenn sie auf den Kauf oder die Preisbewilligung des jetzigen Käufers von Einfluß gewesen sind (**RG** 18. 9. 07 V 531/06).

2. Die hier für die **Wandlung** (nicht Minderung oder Schadensersatz) vorausgesetzte **Erheblichkeit des Mangels (RG** 53, 74) enthält eine **Einschränkung der in §§ 459, 462 gegebenen Vorschriften.** Die Erheblichkeit (sowie die Zusicherung einer bestimmten Größe) hat der Käufer zu erweisen. Vermag er das fehlende Interesse nicht darzutun, so kann er nur Minderung oder Schadensersatz geltend machen. Es kommt aber nur auf die Erheblichkeit des Mangels, nicht auf die erhebliche Minderung des Wertes oder der Tauglichkeit an. — Diese Vorschrift in § 468 Satz 2 findet auch Anwendung bei dem Verkauf eines Inbegriffs von einzelnen Grundstücken, wobei jedoch die als ein Ganzes zusammengefaßten

Grundstücke für die Anwendung des Gesetzes in der Regel als ein Grundstück anzusehen sind, so daß bei Beurteilung der Frage nach dem Vorhandensein der zugesicherten Größe ihr gesamter Flächengehalt in Betracht kommt (M 2, 234). §§ 460, 464, 477 finden Anwendung.

§ 469

Sind von mehreren verkauften Sachen nur einzelne mangelhaft, so kann nur in Ansehung dieser Wandelung verlangt werden, auch wenn ein Gesamtpreis für alle Sachen festgesetzt ist. Sind jedoch die Sachen als zusammengehörend verkauft, so kann jeder Teil verlangen, daß die Wandelung auf alle Sachen erstreckt wird[1]), wenn die mangelhaften Sachen nicht ohne Nachteil für ihn von den übrigen getrennt werden können[2])[3]).

E I 389 II 405; M 2 285; P 1 693.

1. **Sind mehrere Sachen** verkauft, die nicht im Verhältnis von Haupt- und Nebensachen stehen (§ 470), so ist die Wandlung grundsätzlich nur wegen der einzelnen mangelhaften Sachen zulässig. Die Vorschrift findet keine Anwendung auf den Fall, daß nur eine einzelne Sache verkauft ist, aber deren Bestandteile mangelhaft sind (JW 07, 300[2]). Sie darf sich aber auf alle Sachen erstrecken, wenn a) die Sachen nach der Absicht und dem rechtlichen Interesse beider Vertragschließenden als zusammengehörend verkauft worden sind, wobei auf die Art der Preisbestimmung kein wesentliches Gewicht zu legen ist und wenn b) die mangelhaften Sachen nicht ohne Nachteil für die Vertragsparteien von den übrigen getrennt werden können (RG 66, 156; 87, 338; Recht 1914 Nr 469; 1918 Nr 507; 1919 Nr 736; SeuffA 59, 268; 62, 32; Warn 1916 Nr 306). Staffelweise Lieferungen sind im Zweifel nicht zusammengehörig (Recht 1917 Nr 32). Beim Vorhandensein dieser beiden Voraussetzungen kann der Käufer, wenn er durch die Trennung Nachteil erleiden würde, anderseits, wenn der Käufer nur bezüglich der mangelhaften Stücke die Wandlung begehrt, auch der Verkäufer, dem durch die Trennung ein solcher Nachteil droht, Erstreckung der Wandlung auf alle Sachen verlangen. Im Falle von Tausch und Doppelkauf wird wegen der wechselseitigen Abhängigkeit die Wandlung ohnehin in der Regel beide Sachen ergreifen müssen (RG 22. 10. 10 V 17/10). Berechnung nach § 471. — Konserven in verlöteten Dosen sind als zusammengehörend verkauft, wenn für sie Gesamtpreis vereinbart (RG 7. 2. 19 III 348/18).
2. In betreff der bei sog. Sukzessivlieferungsgeschäften wegen andauernd mangelhafter Lieferung dem Käufer zustehenden Rechtsbehelfe (außer Wandlung und Minderung wegen der gemachten Lieferungen auch Rücktritt vom Vertrage nach § 326 für die Zukunft) s. RG 57, 115; JW 07, 149[35]; JW 1918, 555. Anders (wenigstens in der Begründung) die Rechtsprechung der Oberlandesgerichte 4, 224; 8, 71; 9, 32; s. unten § 476.
3. § 469 findet auch dann Anwendung, wenn der Käufer nach § 480 Abs 2 Schadensersatz wegen Nichterfüllung verlangt (RG 73, 379). Der allgemeine Rechtsgedanke des § 469 findet auch auf Teilkündigungen nach § 543 Abs 1 Anwendung (RG 114, 246).

§ 470

Die Wandelung wegen eines Mangels der Hauptsache erstreckt sich auch auf die Nebensache[1]). Ist die Nebensache mangelhaft, so kann nur in Ansehung dieser Wandelung verlangt werden.

E I 390 II 406; M 2 236; P 1 694.

1. Für den Begriff der **Nebensache** ist regelmäßig der Parteiwille und der Vertragszweck maßgebend und von diesem Gesichtspunkte aus fällt auch in der Regel das Zubehör §§ 97, 98 mit darunter. In der Regel ist entscheidend, ob die (Neben-) Sache ohne eine andere nicht gekauft worden wäre. Beispiel z. B. Recht 1914 Nr 334.

§ 471

Findet im Falle des Verkaufs mehrerer Sachen für einen Gesamtpreis die Wandelung nur in Ansehung einzelner Sachen statt, so ist der Gesamtpreis in dem Verhältnisse herabzusetzen, in welchem zur Zeit des Verkaufs der Gesamtwert der Sachen in mangelfreiem Zustande zu dem Werte der von der Wandelung nicht betroffenen Sachen gestanden haben würde.

E I 391 II 407; M 2 236; P 1 694.

Die hier vorgeschriebene **Verhältnisrechnung** findet sowohl im Falle des § 469 Satz 1 als im Falle des § 470 Satz 2 Anwendung, wenn für einen **Gesamtpreis** verkauft ist. Die Herabsetzung muß möglich sein. Zur Ergänzung dient § 473. Sie stellt sich, wenn man z. B. a) den Gesamtwert der Sachen in mangelfreiem Zustande zur Zeit des Verkaufs mit 800 M., b) den Wert der von der Wandlung nicht betroffenen Sachen mit 400 M., c) den Gesamtpreis mit 600 M. annimmt, dahin: $800 : 400 = 600 : x$ oder $x = \frac{400 \cdot 600}{800} = 300$ M., so daß der Verkäufer, wenn er den Kaufpreis mit 600 M. bereits erhalten hat, den Betrag von 600 — 300 M. = 300 M. an den Verkäufer herauszuzahlen hat. Bei Geschäftsverkäufen unter Zugrundelegung des Geschäftsinventars **RG** 24. 3. 08 II 593/07.

§ 472

[1]) **Bei der Minderung ist der Kaufpreis in dem Verhältnisse herabzusetzen, in welchem zur Zeit des Verkaufs der Wert der Sache in mangelfreiem Zustande zu dem wirklichen Werte gestanden haben würde**[2]).

Findet im Falle des Verkaufs mehrerer Sachen für einen Gesamtpreis[3]) **die Minderung nur wegen einzelner Sachen statt, so ist bei der Herabsetzung des Preises der Gesamtwert aller Sachen zugrunde zu legen**[4])[5])[6]).

E I 392 II 408; M 2 236; P 1 694

1. §§ 472—475 enthalten die Vorschriften über die Durchführung der **Minderung**. Auf den Minderungsanspruch hat es keinen Einfluß, wenn der Käufer inzwischen die Sache mit Gewinn weiterveräußert oder sie durch Gebrauch entwertet hat (**RG** 66, 115; 17, 68; 25, 30; 43, 67; SeuffA 73, 11; LZ 1917 Sp 1113[4]; 1918, 869). Er kann ihn auch geltend machen, obwohl er die Ware vorher dem Verkäufer zur Verfügung gestellt hat (**RG** 43 S. 37, 67). — § 472 findet gemäß § 323 auch auf teilweise Unmöglichkeit der Leistung entsprechende Anwendung (**RG** 92, 17). Das gilt auch für die abzuziehende Fracht, die erspart wird, wenn beim cif-Geschäft die vereinbarte Übersendung unterbleibt. Vgl. auch § 537. Für Schadensberechnungen außerhalb eines Vertragsverhältnisses gilt § 472 nicht, wenn auch das Ergebnis der Berechnung dasselbe sein kann (**RG** 62, 384). — Während das Recht zu wandeln unteilbar ist (§ 467), kann jeder Verkäufer für sich allein Minderung verlangen. Bei **Tausch** vgl. **RG** 73, 152; Warn 1910 Nr 201.

2. **Allgemeiner Grundsatz**: Herabsetzung des Kaufpreises nach dem Verhältnis, in welchem zur Zeit des Verkaufs der (objektive) Wert der Sache in mangelfreiem Zustande zu dem wirklichen (objektiven) Wert der mangelhaften Sache gestanden haben würde. (Relative Methode, also keine Schadensersatzberechnung, **RG** Warn 09 Nr 81; 1915 Nr 111, und keine Schätzung nach dem Ertrag der Kaufsache, **RG** 22. 1. 09 II 322/08, und keine freie Schätzung seitens des Gerichts.) ZPO § 287 ist nicht anwendbar (Recht 1915 Nr 1057). Der Minderungsanspruch kann aber auf Zurückerstattung des ganzen Kaufpreises gehen, wenn die Mängel die Kaufsache völlig wertlos machen. Unter **Wert der Sache** ist der allgemeine Verkaufswert zu verstehen, wie er ohne die vorhandenen Mängel wäre und zu untersuchen, wie er sich mit den Mängeln stellt (Warn 1912 Nr 69; JW 03 Beil 113; 09, 191[71]; **RG** 20. 1. 6 V 289/05; 15. 12. 11 II 276/11). War zu angemessenem Preise verkauft, ist zunächst dieser zu bestimmen. Bei Ratenzahlungen ist die Minderung auf die einzelnen Raten gleichmäßig zu verteilen. Der Berechnung des Minderwerts ist der Fehler so, wie er sich nach voller Aufklärung als zur Zeit des Kaufes wirklich vorhanden herausstellt, zugrunde zu legen (**RG** 25. 9. 12 V 87/12). Wenn hiernach der Wert bei mangelfreiem Zustande 1000 M., der wirkliche Wert 500 M. und der Kaufpreis 800 M. beträgt, der zu suchende abgeminderte Kaufpreis aber durch x bezeichnet wird, so ergibt sich nach der Verhältnisrechnung $1000 : 500 = 800 : x$ für $x = \frac{500 \cdot 800}{1000}$ der Betrag von 400 M.; es hat mithin der Verkäufer von den ihm bereits bezahlten 800 M. den Betrag von 400 M. zurückzuerstatten. Die Anwendung dieser „relativen Berechnungsart" wird auch bei Übereinstimmung des vereinbarten Preises mit dem objektiven Werte der Sache zur Zeit des Vertragsabschlusses nicht ausgeschlossen (**RG** JW 97, 197[36]; **RG** 12. 2. 09 III 213/08). — Sind beim Verkauf eines Miethauses bestimmte Mieterträge zugesichert, so ist die Preisänderung wegen Nichteinhaltung dieser Erträge zu berechnen nach dem Verhältnis der vereinbarten Kaufsumme, die für die zugesicherte Mieteinnahme bewilligt worden ist, zu demjenigen Kaufpreise, der bei gleicher Berechnungsweise für die wirkliche, geringere Mieteinnahme bewilligt worden wäre (**RG** 22. 10. 04 V 89/04). In gleichartiger Weise ist in den anderen Fällen zu verfahren, in denen der Mangel einer zugesicherten Eigenschaft den Preisminderungsanspruch begründet (**RG** JW 03 Beil 113[249]; **RG** JW 09, 191[71]; **RG** Warn 1912 Nr 69). Ist die Sache infolge des Mangels völlig wertlos,

so stellt sich der herabgesetzte Preis auf Null und es tritt dasselbe Ergebnis wie bei der Wandlung ein, so daß der Käufer nichts zu bezahlen, aber auch die Sache zurückzugeben hat. Die Wertlosigkeit ist vom Käufer zu beweisen (RG 30. 1. 03 II 326/02).

3. Bei dem **Verkaufe mehrerer Sachen zu einem Gesamtpreise** ist die Verhältnisrechnung die gleiche, wie im Falle des Abs 1 und in dieselbe nur der Gesamtwert sowie der Gesamtpreis der einzelnen Sachen einzustellen, ein Grundsatz, der auch auf den Fall auszudehnen ist, wenn die mehreren Sachen als zusammengehörend verkauft worden sind.

Ist der Kaufpreis teils bezahlt, teils gestundet, so tritt die Kaufpreisminderung an jedem dieser Teilbeträge verhältnismäßig ein. Entfällt dabei eine Minderung auf eine Hypothek, so geht der Anspruch nicht auf Herauszahlung, sondern nur auf Befreiung von der Belastung nach dem ermittelten Verhältnis (SeuffA 67 Nr 247; RG 21. 6. 12 II 152/12). Bei verschiedenartig gestundeten Kaufpreisbeträgen tritt auf Verlangen des Minderungspflichtigen eine gleichartige Minderung ein; ohne ein solches Verlangen ist der Minderwert ausschließlich an dem baren Forderungsbetrage abzurechnen (RG 22. 6. 05 V 595/04).

4. Hat ein Dritter (nicht der Verkäufer) den Käufer über Eigenschaften der Kaufsache arglistig getäuscht, so ist bei dem Schadensanspruch des Käufers, der die gekaufte Sache behält, dem Dritten gegenüber nicht § 472 Abs 1, sondern § 249 zugrunde zu legen (RG 61, 250). Vgl. jedoch RG 62, 384.

5. Als **Erfüllungsort** für die Minderung, der nach § 29 ZPO auch für die Minderungsklage maßgebend ist, kommt — da es sich bei der Minderung wesentlich um teilweise Befreiung des Käufers von der Verpflichtung zur Zahlung des Kaufpreises handelt und die hieran sich anknüpfende Verpflichtung des Verkäufers zur Rückerstattung des zuviel Gezahlten nur als Folge jener Hauptverpflichtung erscheint — nach § 269 regelmäßig der Wohn- oder Niederlassungsort des Käufers in Betracht (RG 46, 195; 66, 73; a. M. RG bei Gruch 47, 1150). — Dieser Grundsatz hat in der Rechtsprechung des Reichsgerichts namentlich für den Minderungsanspruch eines inländischen Käufers gegen einen auswärtigen Verkäufer Anwendung gefunden (RG 66, 73; RG JW 08, 192[5]).

6. Den **Beweis** für die Höhe der Minderung hat der Käufer zu führen.

§ 473

Sind neben dem in Geld festgesetzten Kaufpreise Leistungen bedungen, die nicht vertretbare Sachen zum Gegenstande haben, so sind diese Leistungen in den Fällen der §§ 471, 472 nach dem Werte zur Zeit des Verkaufs in Geld zu veranschlagen. Die Herabsetzung der Gegenleistung des Käufers erfolgt an dem in Geld festgesetzten Preise; ist dieser geringer als der abzusetzende Betrag, so hat der Verkäufer den überschießenden Betrag[1]) dem Käufer zu vergüten[2]).

E II 439 III 467; P 1 696.

1. Die Preisminderung nach §§ 471, 472 erfolgt in den Fällen, in welchen der **Kaufpreis** nicht bloß in Geld, sondern daneben auch **nicht in vertretbaren Sachen** sondern ganz allgemein in Leistungen anderer Art (Diensten und sonstigen Leistungen) besteht, in der Weise, daß a) der Wert dieser Nebenleistungen und damit die Gesamtleistung des Käufers zur Zeit des Kaufabschlusses in Geld festgesetzt, b) hiernächst nach der in §§ 471, 472 angegebenen Verhältnisrechnung der an der Gegenleistung des Käufers abzusetzende Betrag ermittelt, c) letzterer zunächst von dem in Geld festgesetzten Preise abgezogen und, insoweit er diesen übersteigt, dem Käufer vom Verkäufer vergütet wird. Besteht die Nebenleistung des Käufers in **vertretbaren** Sachen, so hat der Käufer die Wahl, ob er die Preisherabsetzung durch Kürzung am Geldpreis oder an der Nebenleistung durchführen will (a. M. Planck § 473 A 3, der dem Käufer gleichmäßige Kürzung an beiden auferlegt). Wird dem Grundstückskäufer ein nicht in Geld bestehender Teil der ihm obliegenden Leistung (z. B. Verschaffung eines Wohnungsrechts) unmöglich, so kann er die Auflassung nicht schlechthin, sondern nur gegen eine dem verhältnismäßigen Werte des unmöglich gewordenen Teils der Leistung entsprechenden Zusatzvergütung in Geld verlangen (RG 88, 37; RG 21. VI. 22 V 64/22).

2. Diese Vorschrift des § 473 gilt auch für den **Tausch** und vollzieht sich hier in der Weise, daß der, welcher eine fehlerhafte Sache gegen eine fehlerfreie vertauscht hat, dem Minderungsberechtigten — insoweit sich dieser nicht durch Minderung einer ihm obliegenden Leistung an Geld oder vertretbaren Sachen schadlos halten kann — den Betrag zahlen muß, der sich ergibt, wenn man den Wert, den die fehlerfreie Sache zur Zeit des Tausches hat, im Verhältnis des Wertes der fehlerhaft gelieferten Sache ohne den Fehler zum Werte derselben mit dem Fehler herabsetzt. Also z. B. 800 M. Wert der fehlerfreien Sache; 900 M. Wert der fehlerhaft gelieferten Sache ohne den Fehler; 450 M. Wert derselben Sache mit dem Fehler; hiernach

400 M. verhältnismäßig herabgesetzter Wert der fehlerfreien Sache, so daß deren seitheriger Inhaber mit ihrem wirklichen Werte von 800 M. den Betrag von 400 M. zuviel leistet und denselben von dem andern Teil noch bar herauszubekommen hat. Die Tauschanschlagsummen werden nicht herangezogen (**RG** 72, 301; **RG** 16. 3. 10 V 241/09; **RG** 73, 152).

§ 474

Sind auf der einen oder der anderen Seite mehrere beteiligt, so kann von jedem und gegen jeden Minderung verlangt werden[1]).

Mit der Vollziehung der von einem der Käufer verlangten Minderung ist die Wandelung ausgeschlossen[2]).

E I 394 II 400; M 2 237; P 1 700.

1. **Bei Beteiligung mehrerer,** sei es als ursprünglich Berechtigte, sei es als deren Rechtsnachfolger, kann, abweichend von der Wandlung (§§ 467, 356), von jedem und gegen jeden die Minderung verlangt werden. Der Käufer kann aber deshalb, weil ihn einer der mehreren Verkäufer beim Abschluß des Kaufvertrags betrogen habe, eine Herabminderung des Kaufpreises nicht verlangen, da diese zugleich die anderen, am Betruge nicht beteiligten Vertragsteile treffen würde. Will er beim Vertrage stehenbleiben, so kann er von demjenigen der mehreren Verkäufer, dem die Täuschung zur Last fällt, nur Schadensersatz nach §§ 823 Abs 1, 826 fordern; der § 472 ist auf diesen Anspruch nicht anwendbar (**RG** 14. 12. 04 V 255/04).

2. **Ausschluß** der Wandlung als Folge der Unteilbarkeit derselben. Es kann hiernach ein jeder von mehreren Käufern das Wandlungsrecht der übrigen ausschließen.

§ 475

Durch die wegen eines Mangels erfolgte Minderung wird das Recht des Käufers, wegen eines anderen Mangels Wandelung oder von neuem Minderung zu verlangen, nicht ausgeschlossen.

E I 393 II 411; M 2 236; P 1 698 ff.

Das Recht des Käufers, wegen **eines andern Mangels** an derselben Sache Wandlung oder Minderung zu verlangen, ist auch dann nicht ausgeschlossen, wenn die Minderung wegen des ersten Mangels bereits vollzogen (§ 465) und der andere Mangel zu dieser Zeit bereits entdeckt war. Nur wird in diesem Falle in Frage kommen, ob nicht der Käufer durch die Nichtgeltendmachung des andern Mangels auf dessen Verfolgung verzichtet hat (OLG 12, 268). Wird nach einer vorausgegangenen Minderung die Wandlung oder Minderung wegen eines zweiten Mangels begehrt, so ist der Preis zugrunde zu legen, der sich infolge der ersten Minderung herausgestellt hat; a. M. Planck, wonach der Wert ohne die Minderung zur Zeit des Kaufs zugrunde zu legen ist. Ob die Geltendmachung im selben Prozesse als Klagänderung anzusehen ist, ist eine Prozeßfrage.

§ 476

Eine Vereinbarung, durch welche die Verpflichtung des Verkäufers zur Gewährleistung wegen Mängel der Sache erlassen oder beschränkt wird[1]), **ist nichtig, wenn der Verkäufer den Mangel arglistig verschweigt**[2])[3]).

E I 396 II 412; M 2 396; P 1 701.

1. Eine **Vereinbarung,** durch welche die Verpflichtung des Verkäufers zur Gewährleistung wegen Mängel der Sache **erlassen** oder **beschränkt** wird, ist an sich zulässig und kann sowohl ausdrücklich (z. B. durch die Klausel: „wie besehen") als auch stillschweigend (z. B. bei gewagten Geschäften, bei Verkauf in Bausch und Bogen) erfolgen (M 2, 238; OLG 28, 128; **RG** JW 1906, 549). Nur bedarf ein solcher Ausschluß der Gewährleistung für Mängel eines verkauften Grundstücks nach § 313 der gerichtlichen oder notariellen Form (**RG** JW 05, 426), sofern er beim Vertragsschluß selbst vereinbart ist. Die Gewährleistung kann insbesondere auch durch Vertrag auf Nachbesserung eingeschränkt werden (SeuffA 68 Nr 55). Diese Beschränkung ist aber eng auszulegen (**RG** 87, 335; 96, 266). Enthält ein schriftlicher formularmäßiger Kaufvertrag neben dem Ausschluß jeglicher Garantie noch die Aufzählung bestimmter Mängel, für die nicht gehaftet wird, so kann dies dahin ausgelegt werden, daß die gesetzliche Mängelhaftung nicht ausgeschlossen ist (**RG** 22. 6. 14 V 47/14). — Die Vorschrift regelt nur den Fall, daß die Haftung für Sachmängel von vornherein beschränkt oder ausgeschlossen werden soll; sie trifft nicht auch den Fall, daß nach dem Kauf eine derartige Vereinbarung getroffen werden

soll. Es besteht aber kein Bedenken gegen die Gültigkeit des nachträglichen Ausschlusses der Haftung für Mängel, die ursprünglich arglistig verschwiegen wurden. Dies insbesondere dann nicht, wenn bei der nachträglichen Vereinbarung der Käufer den Mangel kennt (**RG** 3. 6. 10 II 532/09; 20. 10. 13 V 204/13; Recht 1913 Nr 3232). Steht freilich auch diese nachträgliche Vereinbarung selbst wieder unter dem Zeichen der Arglist, so ist sie anfechtbar, wenn nicht wegen Verstoßes wider die guten Sitten nichtig.

2. Diese Vereinbarung ist aber wie im Falle des § 443 **nichtig,** wenn der Verkäufer den Mangel **arglistig** — vgl. § 460 A 3 — (**RG** 55, 214), nicht bloß fahrlässig (**RG** JW 04, 359[13]) **verschweigt,** wovon natürlich keine Rede sein kann, wenn der Käufer den Mangel ohnehin kennt. Der Verkäufer handelt auch schon dann arglistig, wenn er einen beim Verkaufe eines Hauses gehegten Schwammverdacht dem Käufer nicht mitteilt (JW 05, 79[16]; **RG** Warn 1912 Nr 300; **RG** 19. 3. 13 V 485/12). Der Verkäufer kann sich gegenüber einem solchen Vorwurf der Arglist nicht darauf berufen, daß der im Gebäude vorhandene Schwamm nicht der echte Hausschwamm — merulius lacrymans —, sondern der holzzerstörende Pilz polyporus vaporarius sei (**RG** JW 08, 742[11]). Wer vor dem Abschluß falsche Angaben über eine Eigenschaft der Sache macht und seine Angaben beim Vertragsschluß nicht richtigstellt, verschweigt nicht einen Mangel, wie JW 1911, 808[13]; Warn 1914 Nr 16 annehmen, sondern macht falsche Vorspiegelungen. — Die Nichtigkeit trifft nur die Vereinbarung über den Erlaß, nicht die ganze Vereinbarung hinsichtlich sonstiger Fehler, und nur soweit sie vom arglistigen Verschweigen betroffen wird (**RG** 62, 125). § 139 findet auf die Sondervorschrift des § 476 keine Anwendung. Der Verkäufer haftet auf das Erfüllungsinteresse nach § 463. Zur Herbeiführung dieser Nichtigkeit bedarf es keiner Anfechtung nach § 123, die Wirkung tritt ohne weiteres ein (Warn 1914 Nr 115). — Über Begriff der Arglist vgl. zu § 460.

Sind mehrere Mängel vorhanden und nur einige derselben arglistig verschwiegen, so wird dadurch der vertragsmäßige Ausschluß der Gewährleistung bezüglich der anderen Mängel, bei denen dem Verkäufer arglistiges Verhalten nicht nachzuweisen ist, nicht aufgehoben (**RG** 62, 125). Hat auch nur einer von mehreren Verkäufern einen Mangel arglistig verschwiegen, so werden die anderen Verkäufer nicht dadurch frei, daß sie jede Gewährleistung im Kaufvertrag ablehnen (Recht 1915 Nr 1058).

Die Vorschrift des § 476 findet auch in den Fällen Anwendung, in denen nicht Fehler verschwiegen, sondern Eigenschaften arglistig **vorgespiegelt** sind (**RG** 66, 338; 83, 242; JW 1911, 808[13]). Vgl. § 463 A 6. — Der Käufer, der sich auf § 476 beruft, hat nicht nur die Kenntnis des Verkäufers vom Mangel, sondern auch das Verschweigen nachzuweisen (**RG** 4. 5. 10 V 382/09).

3. Die **Verjährung** ist die 30jährige nach § 195 (**RG** 83, 242; Warn 1914, 180; **RG** 15. 10. 19 V 165/19).

§ 477

Der Anspruch auf Wandelung oder auf Minderung, sowie der Anspruch auf Schadensersatz wegen Mangels einer zugesicherten Eigenschaft[1]) verjährt, sofern nicht der Verkäufer den Mangel arglistig verschwiegen hat, bei beweglichen Sachen in sechs Monaten von der Ablieferung, bei Grundstücken in einem Jahre von der Übergabe an[2]). Die Verjährungsfrist kann durch Vertrag verlängert werden[3]).

Beantragt der Käufer gerichtliche Beweisaufnahme zur Sicherung des Beweises, so wird die Verjährung unterbrochen. Die Unterbrechung dauert bis zur Beendigung des Verfahrens fort. Die Vorschriften des § 211 Abs 2 und des § 212 finden entsprechende Anwendung.

Die Hemmung oder Unterbrechung der Verjährung eines der im Abs 1 bezeichneten Ansprüche bewirkt auch die Hemmung oder Unterbrechung der Verjährung der anderen Ansprüche[4]).

E I 397 II 413; M 2 238; P 1 674; 2 312, 314.

1. Der hier angegebenen **kurzen Verjährung** unterliegen: a) die Ansprüche auf Wandlung oder Minderung (§§ 462, 467, 472), und zwar ohne Rücksicht darauf, ob sich der Verkäufer auf Verlangen des Käufers mit der Wandlung oder Minderung einverstanden erklärt hat oder nicht (§ 465) und auch dann, wenn sie durch Vertrag abweichend geregelt sind (**RG** Recht 1920 Nr 2354). Wenn jedoch ein Vergleich über die Preisminderung vorliegt, ist der Anspruch aus dem Vergleich, zu mindern, nicht der nach § 462 (**RG** 90, 169; **RG** Recht 1917 Nr 1023; JW 1917, 765[5]); b) der Anspruch auf Schadensersatz wegen Mangels einer zugesicherten Eigenschaft (§ 463 Satz 2), dagegen nicht der Anspruch wegen arglistigen

Verschweigens eines Mangels oder wegen arglistiger Zusicherung einer nicht vorhandenen Eigenschaft (§ 463 Satz 2; s. auch RG 55, 215; 62, 300; 63, 112; 83, 242; 101, 72; RG Warn 1913 Nr 282; 1914 Nr 180), auch nicht der Anspruch auf Schadensersatz wegen Lieferung einer andern, als der vereinbarten Kaufsache, also wegen nicht erfüllten Vertrags (ROHG 24, 405; Gruch 1919, 226; SeuffA 58 Nr 72; 66 Nr 45; RG 14. 3. 13 II 569/12; RG Warn 1912 Nr 372; 1919 Nr 8; RG 25. 10. 18 III 93/18); c) nach § 480 der Anspruch auf Nachlieferung einer mangelfreien an Stelle einer nur der Gattung nach bestimmten mangelhaften Sache (RG 53, 204; vgl. aber 96, 169); d) nach RG 53, 203; 56, 169; 93, 161; JW 1927 S, 2624[3] auch der auf § 276 gestützte Schadensersatzanspruch wegen schuldhaft mangelhafter Erfüllung des Kaufvertrags seitens des Verkäufers (s. o. § 459; RG 16. 6. 08 II 12/08), insbesondere auch wegen schuldhafter Lieferung einer andern, als der bedungenen Sorte derselben Ware (RG 24. 6. 04 II 534/03; 27. 10. 05 II 86/05). Dieser Satz bezieht sich aber nicht auf Fälle, in denen überhaupt nur ein Teil der Ware geliefert wird (RG 12. 3. 27 I 307/26); e) der Anspruch auf Rückerstattung des gezahlten Kaufpreises. — Trifft ein vertraglicher Anspruch wegen arglistigen Verschweigens unter b mit einem Anspruch aus unerlaubter Handlung (§§ 823, 826) zusammen, so unterliegt bezüglich der Verjährung jeder dieser Ansprüche seinen besonderen Bestimmungen. Der in § 463 geregelte vertragliche Anspruch wegen arglistigen Verschweigens unterliegt daher der dreißigjährigen Verjährung, nicht der kurzen Verjährung nach § 852, selbst wenn neben diesem vertraglichen Anspruch aus dem in dem arglistigen Verschweigen enthaltenen Verstoß nach § 826 zugleich ein selbständiger außervertraglicher Schadensanspruch aus unerlaubter Handlung besteht, der an sich der kurzen Verjährung nach § 852 unterliegt (RG 66, 86). Ebenso unterliegen die Rechtsbehelfe des Unmöglichkeitsrechts nach §§ 323, 325, soweit sie neben den Gewährschaftsansprüchen in Betracht kommen, der 30jährigen Verjährung. — Bei arglistigem Verschweigen läuft die Verjährungsfrist vom Zeitpunkt des Vertragsschlusses, nicht von der Übergabe ab (Warn 1919 Nr 30). Wenn es sich nur um den Verzug in der Erfüllung des durch die Rückgängigmachung des als wiederhergestellten ursprünglichen Lieferungsanspruchs handelt, greift § 477 nicht Platz (RG 96, 171).

2. Die **Verjährungsfrist** beträgt: a) bei beweglichen Sachen sechs Monate von der Ablieferung ab, bei mehreren fortlaufenden Lieferungen für jede Lieferung gesondert. Die Verjährung läuft von der Ablieferung an selbst dann, wenn die Untersuchung weder bei der Ablieferung noch längere Zeit nachher möglich ist (RG Warn 1911 Nr 369). Die Ablieferung ist auch vollzogen, wenn es zu der — für den Käufer zur Besitzübertragung genügenden Einigung mit dem Verkäufer (brevi manu traditio § 854 Abs 2) kommt, nicht aber im Falle der Vereinbarung eines den mittelbaren Besitz herbeiführenden Rechtsverhältnisses (constitutum possessorium § 930) sowie im Fall einer Abtretung des Eigentumsanspruchs oder der Übergabe geschäftlicher Papiere (Lager-, Ladescheine, Konnossemente, Frachtbriefe, RG JW 05, 79[17]). Über den Unterschied dieser „Ablieferung" von der „Übergabe" und von der „vertragsmäßigen Lieferung" der Kaufsache s. RG JW 05, 79[17], RG 5. 5. 08, II 505/07. Um einen späteren Zeitpunkt als den der Ablieferung zum Anfangspunkte der Verjährung zu machen, bedarf es besonderer Umstände (LZ 07 Sp 289[7]; RG 22. 5. 11 II 585/10; b) bei Grundstücken ein Jahr von der Übergabe ab (RG 10. 1. 06 V 270/05), welche hier nicht nur in der § 854 Abs 2, sondern auch in der § 930 angegebenen Weise bewirkt werden kann. Wurde der Kaufvertrag über ein Grundstück formlos abgeschlossen, so beginnt die Verjährung erst mit der Auflassung zu laufen (RG 75, 114). Jedenfalls beginnt die Verjährung nicht vor der Entstehung des Anspruchs aus dem Kaufvertrage. Bedarf also der betreffende Kaufvertrag der vormundschaftsgerichtlichen Genehmigung, so beginnt erst mit dieser Verjährungsfrist (RG JW 07, 248[9]; SeuffA 63 Nr 112). Ist der Lauf aufschiebend bedingt, beginnt die Verjährungsfrist immer erst mit Eintritt der Bedingung.

In den beiden Fällen unter a und b ist es für den Fortgang der Verjährungsfrist ohne Einfluß, ob der Käufer den Mangel gekannt oder erst später entdeckt hat und ob der Mangel innerhalb der Frist überhaupt erkennbar gewesen ist (RG Warn 08 Nr 139; 1911 Nr 369). Aus dem Grundgedanken und Zweck der kurzen Verjährung folgt aber, daß die Geltendmachung eines dem Verkäufer innerhalb der Frist nicht bekanntgegebenen Mangels im Wege der Klage nach Ablauf der Frist ausgeschlossen sein soll. Der Käufer, der die Wandlungsklage wegen einzelner innerhalb der Frist geltend gemachter Ansprüche erhoben hat, kann nach Ablauf der Frist die in der Klage nicht gerügten Mängel nicht mehr zum Zweck der Wandlung geltend machen (RG 6. 2. 12 II 413/11).

3. Die hier, abweichend von § 225, zugelassene **vertragsmäßige Verlängerung** der kurzen Verjährungsfrist kann sich aber, wenn auch die allgemeine Fassung, sowie die in der Beratung Prot 1, 706 kundgegebene Auffassung der Kommission Zweifel ergibt, nicht über die Dauer der ordentlichen Verjährungsfrist von 30 Jahren (§ 195) hinauserstrecken, da diese nach § 225 durch Vertrag nicht verlängert werden kann (Warn 1914 Nr 11). Im übrigen kann die Verlängerung auch durch die Vereinbarung bewirkt werden, daß die Frist erst vom Ablauf eines

künftigen Ereignisses — z. B. von der Ankunft der Ware an ihrem überseeischen Bestimmungsort — ab laufen soll (RG 62, 431). — Ebenso kann eine solche Verlängerung durch Vereinbarung von Probevorführungen (SeuffA 67 Nr 110) und von Garantiefristen herbeigeführt werden (RG 37, 81; 65, 121). Wird die Verjährungsfrist des § 477 ohne Bestimmung einer andern ausgeschlossen, so tritt die regelmäßige Frist des § 195 ein (RG 7. 2. 05 II 225/04). Bei Garantiefristen ist dies aber nur anzunehmen, wenn diese länger als von sechsmonatiger Dauer sind, dagegen nicht, wenn die handelsgebräuchliche Garantiezeit nicht über die Verjährungsfrist hinausreicht. BGB bezweckt, eine klare Rechtslage zu schaffen. Der Handelsverkehr neigt wenig dazu, entgegenstehende Abmachungen zu treffen (RG 91, 306). Wenn die Vereinbarung einer Garantiezeit von mehr als sechsmonatiger Dauer regelmäßig zugleich die Hinausschiebung des Beginns der Verjährungsfrist bedeutet, so hat das seinen Grund darin, daß bei gleichzeitigem Beginn der sechsmonatigen Verjährung und einer oft mehrjährigen Garantiezeit der Käufer trotz der Garantie überhaupt nicht in der Lage sein würde, seine Ansprüche wegen eines erst nach sechs Monaten entdeckten Mangels geltend zu machen (RG 65, 121; vgl. ferner LZ 1913 Sp 935[3], [8]). Eine Verlängerung der Verjährungsfrist kann auch in der Weise erfolgen, daß eine Unterbrechung vereinbart wird (Warn 1914 Nr 11). Aus der Zurücknahme der Ware allein kann nicht ohne weiteres gefolgert werden, daß die gesetzliche Verjährung des § 477 nicht Platz greifen soll (RG 12. 12. 19 II 308/19; vgl. auch RG 96, 169).

4. Eine **Unterbrechung der Verjährung** durch Wandlungsklage wegen eines bestimmten Mangels ist nicht auch für den auf einen andern Mangel gestützten Wandlungsanspruch wirksam (s. Recht 06, 243[447]; RG 78, 295; 57, 372; 65, 398; 66, 365; 93, 160). Eine **Hemmung** der Verjährung entsprechend der Vorschrift von § 639 Abs 2 findet statt, wenn dem Verkäufer ein Nachbesserungsrecht eingeräumt wird (RG 96, 266). — Abs 3 ist nur für den Fall zutreffend, wo die drei bezeichneten Ansprüche zueinander in einem sich gegenseitig ausschließenden Verhältnis stehen. Nur diesen Fall hat der Gesetzgeber im Auge gehabt (Prot II 2, 311). Die Ausnahmebestimmung paßt aber nach Grund und Zweck nicht auf den Fall, wo der Berechtigte in der Lage war, mit einer tatsächlich erhobenen Wandlungsklage einen infolge Sachmangels erwachsenen Schadensanspruch zu verbinden (RG 93, 160). — Über Unterbrechung durch Aufrechnung vgl. Recht 1915 Nr 35. Ein Beweissicherungsverfahren auf sachverständige Begutachtung endet mit der Einreichung des schriftlichen Gutachtens; von da läuft neue Verjährungsfrist (Recht 1916 Nr 2083).

5. Über den **Begriff des Sachmangels** vgl. § 459. Auch auf die einer Sache gleichgestellten unkörperlichen Sachen ist § 477 anwendbar, z. B. auch bei einem Geschäftskauf (RG 98, 289). Dagegen nicht z. B. auf Verkauf von Geschäftsgeheimnissen (RG 82, 36), auch nicht auf den Verkauf eines Rechts (§ 437). Die kurze Verjährung des § 477 bezieht sich nur auf Gewährleistungsansprüche wegen Mängel an körperlichen Sachen (RG 108, 318).

§ 478

Hat der Käufer den Mangel dem Verkäufer angezeigt oder die Anzeige an ihn abgesendet, bevor der Anspruch auf Wandelung oder auf Minderung verjährt war, so kann er auch nach der Vollendung der Verjährung die Zahlung des Kaufpreises insoweit verweigern, als er auf Grund der Wandelung oder der Minderung dazu berechtigt sein würde[1]). Das gleiche gilt, wenn der Käufer vor der Vollendung der Verjährung gerichtliche Beweisaufnahme zur Sicherung des Beweises beantragt oder in einem zwischen ihm und einem späteren Erwerber der Sache wegen des Mangels anhängigen Rechtsstreite dem Verkäufer den Streit verkündet hat[2]).

Hat der Verkäufer den Mangel arglistig verschwiegen, so bedarf es der Anzeige oder einer ihr nach Abs 1 gleichstehenden Handlung nicht[3])[4]).

E II 414 Abs 1 Satz 1, Abs 2 III 472; P 1 674 ff., 678 ff.

1. **Erhaltung (Perpetuierung) der Mängeleinrede.** Die **einredeweise Geltendmachung** des Anspruchs auf Wandlung oder Minderung kann auch für die Zeit nach Ablauf der Verjährung gegenüber der Klage des Verkäufers auf Zahlung des Kaufpreises dadurch erhalten werden, daß vor Ablauf der Verjährung der betreffende Mangel dem Verkäufer angezeigt oder die Anzeige abgesendet hat oder eine der in Satz 2 angeführten prozessualen Maßnahmen ausgeführt wird. Der angezeigte Mangel muß derselbe sein, der später geltend gemacht wird (Recht 1915 Nr 1059). Die **Anzeige** kann mündlich oder schriftlich, auch durch Erhebung der Wandlungsklage, bewirkt werden, in deren Rücknahme nicht auch ohne weiteres eine Rücknahme der Anzeige zu finden ist (RG 59 S. 151, 154). Es

muß aus ihr hervorgehen, daß der Käufer Rechte aus dem Mangel herleiten will, allgemeine Redensarten genügen nicht (**RG** 54, 67). Die Anzeige ist keine empfangsbedürftige Willenserklärung. Sie kann auch von einem beschränkt geschäftsfähigen Käufer vorgenommen werden (bestr.). Die Anzeige kann auch widerrufen werden. Im übrigen braucht die Anzeige nicht sofort nach der Entdeckung des Mangels zu erfolgen; aus einer erheblichen Verzögerung derselben kann jedoch ein Verzicht auf die Geltendmachung des Mangels entnommen werden. Die gemäß § 478 nach Verjährung des Wandlungs- und Minderungsanspruchs verbleibende Einrede kann durch Feststellungsklage geltend gemacht werden (**RG** 74, 292; 92, 7). Als weitere Folge der Perpetuierung der Mängeleinrede kann der Käufer, dessen an sich begründetes Recht zur Minderung nach § 477 verjährt ist und nur noch im Sinne des § 478 besteht, auf Grund des § 1169 klagend verlangen, daß der beklagte Verkäufer nach der Tragweite der Minderungseinrede die Löschung der Kaufpreishypothek bewillige (**RG** 71, 12). Die Einrede aus § 478 ist dem wandlungsberechtigten Käufer auch gegenüber dem Anspruch auf Abnahme oder Entgegennahme der Auflassung entsprechend zuzulassen. Die Einrede ist nur Entscheidungsgrund in einem Urteil, das die Klage auf Zahlung des Kaufpreises abweist. Damit ist dem Käufer kein selbständiger Anspruch auf Rückzahlung eines bereits gezahlten Kaufpreisteils zugesprochen. Zur Begründung eines solchen Rückzahlungsanspruchs muß daher der Käufer von neuem die Mangelhaftigkeit und Berechtigung des Wandlungsverlangens dartun, er kann sich nicht auf die Rechtskraftwirkung jenes Urteils berufen (**RG** 58, 423; 69, 385).

2. **Sicherung des Beweises** ZPO §§ 485—494. **Streitverkündung** ZPO §§ 72—75. Über die Frage, ob auch der Bürge des Käufers eine dem letzteren zustehende, aber noch nicht geltend gemachte Wandlungs- oder Minderungseinrede für sich verwerten kann, s. oben § 462 A 3 u. § 768.

3. Zum Begriff des **arglistigen Verschweigens** s. auch **RG** 55, 215 u. § 460.

4. Über entsprechende Anwendung beim Werklieferungsvertrag über unvertretbare Sachen **RG** 87, 305.

5. Eine Feststellungsklage auf das Bestehen der perpetuierten Einrede ist zulässig (**RG** 71, 12).

§ 479

Der Anspruch auf Schadensersatz kann nach der Vollendung der Verjährung nur aufgerechnet werden, wenn der Käufer vorher eine der im § 478 bezeichneten Handlungen vorgenommen hat. Diese Beschränkung tritt nicht ein, wenn der Verkäufer den Mangel arglistig verschwiegen hat.

E II 414 Abs 1 Satz 2 III 473; P 1 704 ff.

Auch die **einredeweise Aufrechnung** des Schadensersatzanspruchs nach Ablauf der Verjährung wird durch diese Zusatzbestimmung zu § 390 Satz 2 von der Vornahme einer der in § 478 bezeichneten Handlungen abhängig gemacht, der Fall des arglistigen Verschweigens ausgenommen (Warn 1914 Nr 46). Diese Aufrechnung kann jedoch nur gegenüber dem Anspruch des Käufers aus demselben Rechtsgeschäft, also gegenüber der Klage auf Zahlung des Kaufpreises, geltend gemacht werden (**RG** 56, 171; Recht 1914 Nr 336, bestr.). — Eine entsprechende Anwendung auf den verjährten Anspruch des Käufers auf Rückzahlung des Kaufpreises ist nicht angängig (bestr.; a. M. Planck A 2). § 479 findet aber auch auf den Schadensersatzanspruch des Käufers wegen schuldhafter Lieferung einer mangelhaften Gattungssache Anwendung (**RG** 56, 106).

§ 480

Der Käufer einer nur der Gattung nach bestimmten Sache kann statt der Wandelung oder der Minderung[1]) verlangen, daß ihm an Stelle der mangelhaften Sache eine mangelfreie geliefert wird[2]). Auf diesen Anspruch finden die für die Wandelung geltenden Vorschriften der §§ 464 bis 466, des § 467 Satz 1 und der §§ 469, 470, 474 bis 479 entsprechende Anwendung[3]).

Fehlt der Sache zu der Zeit, zu welcher die Gefahr auf den Käufer übergeht, eine zugesicherte Eigenschaft oder hat der Verkäufer einen Fehler arglistig verschwiegen, so kann der Käufer statt der Wandelung, der Minderung oder der Lieferung einer mangelfreien Sache Schadensersatz wegen Nichterfüllung[4]) verlangen[5]).

E I 398 II 415; M 2 241 ff.; P 1 711 ff.

1. Auch der Käufer einer **nur der Gattung nach bestimmten** Sache (§ 243) kann nach seiner Wahl Wandlung oder Minderung (allerdings erst nach der Ablieferung — **RG** 23. 2. 12 II 470/11 —) verlangen und der Verkäufer hat an sich kein Recht, diese Ansprüche durch Lieferung einer mangelfreien Sache abzuwenden (M 2, 242; Prot 1, 717), sofern nicht etwa der Käufer nach Treu und Glauben sowie mit Rücksicht auf die Verkehrssitte zur Annahme einer derartigen Nachlieferung verpflichtet erscheint (§§ 226, 157, 242; **RG** 61, 92; 91, 112). Die Vorschrift findet auch bei **beschränkten Gattungskäufen** Anwendung (Recht 1917 Nr 372). Die Seltenheit oder Geringfügigkeit des Angebots steht der Annahme eines Gattungskaufs nicht entgegen (**RG** 14. 12. 17 II 189/17). Zur Annahme eines Spezieskaufs reicht es nicht hin, daß der Verkäufer schon bei Vertragsschluß die Lieferung einer bestimmten Sache ins Auge gefaßt und hiervon gelegentlich der Verhandlungen gesprochen hat, sondern es ist erforderlich, daß die Lieferung einer bestimmten Sache zum Vertragsinhalt gemacht wird, derart, daß nur sie und keine andere als Vertragserfüllung verlangt werden kann und geliefert werden muß (**RG** 9. 1. 12 II 250/11). Beschränkte Gattungsware ist z. B. „Stroh aus der Ernte 1919" (JW 1924, 807[16]). War eine Sache anderer Art als die geschuldete geliefert, so kommen die Gewährschaftsansprüche des § 480 nicht in Frage, **RG** 86, 90 gibt sie auch hier gleichwohl bei beiderseitigen Handelsgeschäften.

2. Wohl aber **kann** der **Käufer statt der Wandlung oder Minderung** verlangen, daß ihm an Stelle der mangelhaften Sache, durch deren Lieferung der Vertrag nicht erfüllt ist, eine **mangelfreie geliefert** werde. Hiervon zu unterscheiden ist ein Umtauschvertrag (**RG** 94, 327). Der Verkäufer kann ihm eine solche jedoch nicht aufdrängen. Es wird dadurch nicht der Kaufvertrag rückgängig gemacht, also auch für den Verkäufer nicht die Verpflichtung zur Rückzahlung des Kaufpreises, sondern nur diejenige zu einer anderweiten Vertragserfüllung begründet. Es liegt Nichterfüllung der noch als unkonkretisiert behandelten Gattungsschuld vor (**RG** 53, 204). Aber der Käufer kann auch bei einer bereits gemäß § 243 Abs 2 konkretisierten Lieferung eine Ersatzlieferung der zurückgewiesenen Ware dann nicht ablehnen, wenn sich der Verkäufer unverzüglich hierzu erbietet und der Käufer kein Interesse daran hat, gerade die Ware zu bekommen, auf die sich das Schuldverhältnis durch Lieferung der ersten Ware beschränkte (**RG** 91, 110). Beim Gattungskauf bleibt eben eine gehörige Erfüllung begrifflich so lange möglich, als die Gattungssache von der zugesagten Eigenschaft überhaupt noch vorhanden ist. Daher ist hier, im Gegensatz zur Lieferungsverpflichtung bestimmter Sachen, der Vertrag erst dann erfüllt, wenn solche Gattungssachen geliefert sind. Vorher liegt nur ein Versuch der Erfüllung vor. Das Schuldverhältnis erlischt auch beim Gattungskauf erst, wenn die geschuldete Leistung geliefert ist (**RG** 93, 98; OLG 33, 218). Der Verkäufer gerät daher, wenn der Käufer die mangelhafte Sache zurückweist und Nachlieferung einer mangelfreien verlangt, in Leistungsverzug, der ihn neben der Nachlieferung auch zum Schadensersatz verpflichten kann (**RG** JW 04, 198[7]; 05, 17[10]). Hat der Käufer einer nur der Gattung nach bestimmten Ware verlangt, daß ihm an Stelle der mangelhaften eine mangelfreie Sache geliefert werde, so ist er zur Rückgewähr der mangelhaften Sache erst dann verpflichtet, wenn sich der Verkäufer auf sein Verlangen mit der Lieferung mangelfreier Sachen einverstanden erklärt hat und damit die vom Käufer getroffene Wahl unwiderruflich geworden ist. Nicht verhält es sich so, daß die mangelfreie Ware nur Zug um Zug gegen Rückgabe der mangelhaften verlangt werden kann (**RG** 94, 327). Ebenso begründet bei Sukzessivlieferungen der Verzug mit der Leistung mangelfreier Ware an Stelle der gelieferten mangelhaften nach § 480 Abs 1 auch bezüglich der noch ausstehenden Lieferungen die Rechte aus § 326 Abs 1 (**RG** 8. 11. 04 II 249/04). Verkauft der Käufer die ihm zuerst gelieferte Sache anderweit, so wird hierin in der Regel nach Treu und Glauben ein Verzicht auf die Nachlieferung einer mangelfreien Sache zu finden sein (vgl. **RG** 54, 82). Vorbehaltlose Annahme der mangelhaften Sache in Kenntnis des Mangels schließt den Anspruch auf Nachlieferung aus.

3. Für den **Nachlieferungsanspruch** kommen aus dem Wandlungsrecht die Vorschriften der §§ 464, 465, 466, 467 Satz 1, 469, 470, 474 Abs 2, 475, 476, 477, 478 zur entsprechenden Anwendung, während § 467 Satz 2 — Ersatz der Vertragskosten — mit Rücksicht darauf, daß der Vertrag an sich bestehen bleibt, § 474 Abs 1, weil auf die Minderung sich beziehend und § 479, der sich nicht auf die Wandlung (oder Nachlieferung) bezieht, vielmehr nur irrtümlich in § 480 angezogen ist, nicht anwendbar erscheinen. — Ist wegen der Mangelhaftigkeit der Ware das beanstandete Erfüllungsgeschäft vollständig wieder rückgängig gemacht worden, einerlei, ob die Ware wirklich mangelhaft war oder nicht, behält aber nach der Vereinbarung der Parteien der Käufer noch das Recht, Lieferung anderer Waren zu verlangen und ist nicht, wie bei der Wandlung, auch der obligatorische Kaufvertrag beseitigt worden, so ist dieses verbleibende Recht nicht der gesetzliche Nachlieferungsanspruch nach § 480, sondern der durch die Rückgängigmachung des Erfüllungsgeschäfts wieder hergestellte ursprüngliche Lieferungsanspruch (**RG** 93, 100; vgl. auch 96, 169; dagegen aber auch **RG** 12. 12. 19

II 308/19). Auch der Nachlieferungsanspruch wird erst mit der Erklärung des Einverständnisses des Verkäufers oder durch rechtskräftiges Urteil unwiderruflich, bis dahin kann der Käufer seine Wahl ändern (RG JW 1905, 492). Er ist daher auch nicht verpflichtet, die als mangelhaft zurückgewiesene Ware zurückzugewähren, solange es ihm freisteht sie in Abänderung seiner Wahl zu behalten. Der Anspruch des Verkäufers auf Rückgewähr entsteht erst mit dem Vollzuge der Wahl nach § 465 (RG 94, 331). Ein Wahlschuldverhältnis im Sinne von § 263 liegt aber bei den im Falle der Mangelhaftigkeit der Kaufsache gewährten mehrfachen Rechtsbehelfen nicht vor. Es werden nicht aus demselben Schuldverhältnisse mehrere Leistungsgegenstände alternativ geschuldet, sondern der Käufer hat die Wahl zwischen mehreren Ansprüchen, die zudem von verschiedenen Voraussetzungen abhängig sind. Deshalb schließt das bloße Verlangen von Schadensersatz die spätere Geltendmachung der Wandlung nicht aus (RG 16. 6. 11 II 624/10).

4. Schadensersatz wegen Nichterfüllung und Ersatz des entgangenen Gewinns. Es gelten für diesen Anspruch des Käufers die oben bei § 463 erörterten Grundsätze (vgl. RG 52, 352; 53 S. 91, 92), insbesondere unterliegt die Verjährung der Vorschrift in § 477 (RG 53, 203); ebenso § 254 mit der Abweichung, daß für den Mangel der Eigenschaft oder für das Vorhandensein des Fehlers nicht, wie nach § 463, die Zeit des Kaufabschlusses, sondern die **Zeit des Gefahrübergangs** in Betracht kommt, da hier erst mit deren Eintritt eine bestimmte Sache geschuldet wird (M 2, 243). Auch § 469 ist anwendbar (RG 73, 382). Der Käufer, der behauptet, die gelieferte Gattungsware sei wegen Fehlens zugesagter Eigenschaften vertragswidrig beschaffen, kann die Ware auch als Nichterfüllung zurückweisen (vgl. RG 53, 73; Recht 1918 Nr 41). Zwischen dem Wandlungs- und Minderungsanspruch und dem Schadensersatzanspruch hat der Käufer die Wahl und er kann nur im Falle des § 463 A 4 mit dem Verlangen wechseln (RG 16. 6. 11 II 624/10). Nimmt der Käufer die Sache an, so wird auch hier sein Anspruch ausgeschlossen, wenn er den Mangel kennt und sich seine Rechte nicht bei der Annahme vorbehält (RG 55, 214 ff.). Maßgebender Zeitpunkt für das arglistige Verschweigen ist beim Gattungskauf der Zeitpunkt der Lieferung (RG Warn 1912 Nr 159). Der Anspruch auf Schadensersatz wegen Nichterfüllung nach Abs 2 ist vom Verschulden des Verkäufers unabhängig. Der Käufer kann den Vertrag als gänzlich unerfüllt behandeln und die Zurücknahme der mangelhaften Sache verlangen. Läßt er sich den nutzlos aufgewandten Kaufpreis zurückzahlen, so ist das nur eine teilweise Verwirklichung seines Schadensanspruchs (RG 52, 392; 90, 334; JW 1917, 902[5]). — Der Ausverkauf der beschränkten Gattung, aus der verkauft wurde, steht dem Ersatzanspruch entgegen (Recht 1917 Nr 373). Wenn der Käufer ablehnt, die mangelhafte Ware als Erfüllung anzunehmen und Nachfrist zur Lieferung von Ersatzware stellt, leitet er das Verhältnis vom Gebiet der Gewährleistungsansprüche auf das Gebiet des Schuldnerverzugs über. Dann kann er nur noch vom Vertrag zurücktreten oder Schadensersatz wegen Nichterfüllung fordern, der ein anderer ist, als der Schadensersatz wegen Nichterfüllung nach § 480 Abs 2. Dann ist für eine nachträgliche Annahme der Ware und ein Einverständnis nach §§ 480, 465 kein Raum mehr (RG II 15. 4. 24; Recht 1924 Nr 812).

5. Beim Fehlen einer zugesicherten Eigenschaft der gelieferten Gattungssache kann neben dem Anspruch auf Schadensersatz wegen Nichterfüllung oder auf Wandlung oder auf Minderung aus einer schuldhaften Verletzung des abgeschlossenen Vertrags aus § 276 auf Schadensersatz geklagt werden (a. M. RG 53, 202; RG 23. 4. 08 II 525/06). — Ebenso ist die gemäß § 123 beabsichtigte **Anfechtung** der in Erfüllung eines Gattungskaufs erfolgten Lieferung wegen arglistigen Verschweigens eines unter § 459 fallenden Sachmangels statthaft, auch wenn zugleich die Voraussetzungen eines Gewährleistungsanspruchs aus § 480 Abs 2 gegeben sind (a. M. RG 70, 423, wonach wie die Anfechtung wegen Irrtums nach § 119 Abs 2 so die Anfechtung wegen arglistiger Täuschung durch den Wandlungsanspruch ausgeschaltet sein soll) Eine Anfechtung aus § 123 gegen arglistige Täuschung bei Abschluß des Kaufvertrags läßt für Gattungssachen auch RG 104, 1 zu. Bei § 480 Abs 2 handelt es sich nicht um eine Anfechtung des Vertrags, sondern um Schadensansprüche wegen Nichterfüllung eines Gattungskaufs. Bei diesem kommt das arglistige Verschweigen regelmäßig erst bei der Lieferung vor (RG 19. 1. 12 II 407/11).

Die Vorschrift des § 469 ist auch auf die Fälle des § 480 Abs 2 anwendbar (RG 73, 379).

Der Anspruch aus § 480 Abs 2 findet übrigens nur bei Sachmängeln, nicht auch bei Lieferung einer ganz andern als der gekauften Ware Anwendung (RG JW 1923, 44[2]).

§ 481

Für den Verkauf von Pferden, Eseln, Mauleseln und Maultieren, von Rindvieh, Schafen und Schweinen[1]) gelten die Vorschriften der §§ 459 bis

467, 469 bis 480 nur insoweit, als sich nicht aus den §§ 482 bis 492 ein anderes ergibt[2][3][4]**.**

E I 399 II 416; M 2 243 ff.; P 1 718 ff.

1. Die Vorschrift findet nur Anwendung, wenn es sich um Mängel einzelner Viehstücke handelt. Soweit diese zugleich die Wirkung hat, daß das mangelhafte Vieh als Zubehör eines Grundstücks auch die Tauglichkeit des Grundstücks selbst beeinträchtigt, kommt für diesen Mangel § 459 allein zur Anwendung (RG 102, 309). Vgl. übrigens A 8 zu § 463.

2. **Nur für die hier angegebenen Tiergattungen,** die für Landwirtschaft und Viehhandel besonders wichtig sind, gelten die Sondervorschriften der §§ 482—492; für andere Tiere (insbesondere Hunde, Katzen, Ziegen, Kaninchen, Sing- und andere Vögel, auch wilde Tiere) sind nur die allgemeinen Gewährleistungsvorschriften maßgebend. Innerhalb der hier hervorgehobenen Tiergattungen kann die Zugehörigkeit zu einer bestimmten Artklasse oder Rasse als eine besondere Eigenschaft des betreffenden Tieres in Betracht kommen. Sie Sondervorschriften beziehen sich nur auf Wandlung.

3. **Die Sondervorschriften der §§ 482—492,** in welchen im wesentlichen das **deutschrechtliche System** mit bestimmten Tiergattungen, Hauptmängeln, Gewährfristen, Beschränkung auf Wandlung und mit kurzer Verjährungsfrist zum Ausdruck kommt, gehen den allgemeinen Gewährleistungsvorschriften vor. Letztere kommen daher zum Teil (so §§ 460, 461, 464, 466, 469—471, 476) nur aushilfsweise zur Anwendung, zum Teil (nämlich die von der Minderung handelnden §§ 472—475) sind sie überhaupt unanwendbar. — Auch den Bestimmungen des HGB über den Handelskauf gehen diese Sondervorschriften beim Viehhandel vor (HGB § 382) und schließen hier namentlich die Anwendung des § 377 HGB bezüglich der Verpflichtung des Käufers zur alsbaldigen Rüge und Anzeige aus OLG 12, 268; SeuffA 61 Nr 153). — Eine vertragsmäßige Regelung, insbesondere eine Verschärfung der Haftung beim Verkauf der in § 481 erwähnten Tiergattungen ist dagegen nicht ausgeschlossen (s. § 482 A 2 a. E.). Über „Umtauschklausel im Pferdehandel" RG 18. 10. 07 II 189/07; Zusicherung der Vollbluteigenschaft RG 18. 12. 06 II 227/06. Auch wenn Vieh als Zubehör eines Grundstücks verkauft wird, finden die Sondervorschriften Anwendung. Ebenso Staudinger Erl 1e. A. M. Planck A 1; OLG 28, 128. Nach RG 101, 307 ist die Vorschrift nicht anwendbar, wenn wegen Mangelhaftigkeit des Inventars die Mangelhaftigkeit des Grundstücks selbst geltend gemacht wird (RG 102, 307).

4. Zu den §§ 482—492 sind, da nach § 23 GVG Streitigkeiten wegen Viehmängel zur Zuständigkeit der Amtsgerichte gehören, Entscheidungen des RG nur in geringer Zahl ergangen. Dagegen sind zahlreiche Entscheidungen der Amts-, Land- und Oberlandesgerichte enthalten in den „Gerichtlichen Entscheidungen des ersten Jahrzehnts des BGB über den Viehkauf, gesammelt und herausgegeben von Dr. Hans Stölzle" 1910. Siehe auch dessen Werk über den Viehkauf (Viehgewährgeschäft) nach dem BGB, 5. Aufl., 1913. Ferner Meißner, Das Viehgewährschaftsrecht (1927). Leider ist durch die Einführung der Schiedsgerichte in Viehhandelssachen, bei denen der Jurist ausgeschaltet ist, die Weiterentwicklung des Rechts gefährdet.

§ 482

Der Verkäufer hat nur bestimmte Fehler (Hauptmängel) und diese nur dann zu vertreten, wenn sie sich innerhalb bestimmter Fristen (Gewährfristen) zeigen[1]**.**

Die Hauptmängel und die Gewährfristen werden durch eine mit Zustimmung des Bundesrats zu erlassende Kaiserliche Verordnung bestimmt[2]**. Die Bestimmung kann auf demselben Wege ergänzt und abgeändert werden**[3]**.**

E I 400 II 417; M 2 252 ff.; P 1 727 ff.

1. Die Vorschrift schränkt die Haftung aus § 459 ein. Nur für **Hauptmängel,** und nur für diese auch, wenn sie sich innerhalb der **Gewährfristen** (Ausschlußfristen) zeigen und daher als bereits zur Zeit des Gefahrübergangs vorhanden anzusehen sind, haftet der Verkäufer, ohne daß ein Nachweis ihrer Erheblichkeit oder der von ihnen herbeigeführten Wertminderung erforderlich wäre. Unter Gewährfristen sind solche von bestimmter Dauer zu verstehen (RG 18. 12. 06 II 227/06). — Wegen anderer Mängel bleibt der Verkäufer schadensersatzpflichtig aus § 463, wenn er einen Mangel arglistig verschweigt. Der Ansicht in RG 102, 308 kann nicht beigetreten werden, daß die Gewährleistungspflicht aus § 463 für andere als Hauptmängel durch § 481 ausgeschlossen werde (a. M. Planck A 1b). Ebenso wird die Haftung durch Zusicherung der Freiheit von einem Nebenmangel aufrechterhalten (RG 60, 236). Selbstverständlich bleiben auch die Schädenansprüche aus §§ 823, 826 bei allen Mängeln bestehen und beschränken sich nicht nur auf die Haupt-

mängel. Ebenso ist eine Anfechtung des Vertrags wegen arglistiger Täuschung nach § 123 auch wegen anderer Mängel zulässig. Dasselbe gilt auch für die Anfechtung wegen Irrtums nach § 119 Abs 2. Allgemein wird allerdings zu letzterem Punkt behauptet, daß beim Viehhandel nur Hauptmängel den Wert oder die Tauglichkeit des Tieres zu dem gewöhnlichen Gebrauch aufheben und mindern, und daraus wird gefolgert, daß auch nur ein Irrtum über Hauptmängel als wesentlich nach § 119 Abs 2 angesehen werden dürfe, dessen Geltendmachung freilich durch die besonderen Regeln über die Wandlung versagt sei. Wenn andere Mängel also unwesentlich seien, könnten sie nicht aus § 119 Abs 2 wegen Irrtums geltend gemacht werden (vgl. Gierke, Dtsch. Privatrecht III S. 483 und das bei Staudinger und Planck a. a. O. zu § 482 A 5c angegebene Schrifttum). Diese Auffassung ist jedoch nicht zu billigen. In § 481 sollen nur die Gewährleistungsansprüche des § 459 auf bestimmte Mängel, die sog. Hauptmängel, beschränkt werden, etwas anderes ergeben auch die Materialien nicht, wo immer nur auf die Gewährleistung wegen dieser Mängel abgestellt wird (Mot 2 S. 247, 252). Irgendein Anhalt, diese Beschränkung auch auf die Anfechtung eines Vertrags wegen Irrtums in § 119 Abs 2 zu beziehen, fehlt gänzlich. So wenig wie die in § 459 Abs 1 in Betracht kommenden Eigenschaften sich notwendig mit den in § 119 Abs 2 bezeichneten decken, ebensowenig bedeutet die Einschränkung des § 429 Abs 1 durch § 481 eine Einschränkung des § 119 Abs 2. Der Gesetzgeber behandelt Anfechtung und Wandlung als völlig selbständige Rechtsbehelfe und erst die neuere Rechtsentwicklung hat die Anfechtung gegenüber der Wandlung in eine subsidiäre Stelle gerückt. Will man aber schon annehmen, daß die Anfechtung wegen Irrtums ausgeschlossen sei, soweit wegen eben dieser Mängel Wandlung zulässig ist, so muß doch dort, wo diese Wandlung aus irgendwelchen Gründen, hier gemäß § 481, versagt ist, dann die Anfechtung nach § 119 Abs 2 wieder möglich bleiben. Der Umfang des Wandlungsrechts ist eben nach § 481 geringer und deckt nicht mehr den Umfang des Anfechtungsrechts, verdrängt dieses demnach auch nicht ganz. Auch § 460 wird nicht ausgeschlossen. Kenntnis des Mangels oder auf grober Fahrlässigkeit beruhende Unkenntnis schließt die Haftung aus.

2. Die **Hauptmängel und die Gewährfristen** sind, um den einschlagenden Vorschriften die durch die wechselnden Verkehrsverhältnisse und durch den jeweiligen Stand der tierärztlichen Wissenschaft erforderliche Beweglichkeit zu geben, durch eine mit Zustimmung des Bundesrats zu erlassende Kaiserliche Verordnung, nunmehr durch die Reichsregierung nach Anhörung des Reichsrats (nicht durch den Präsidenten) festzustellen. Die noch jetzt gültige Verordnung v. 27. 3. 99 (RGBl 219ff.) unterscheidet zwischen dem Verkauf von Nutz- und Zuchttieren und dem Verkauf von Schlachttieren, die dazu bestimmt sind, als Nahrungsmittel für Menschen zu dienen. Der Verwendungszweck ist im Streitfalle vom Käufer zu erweisen. Maßgebend ist wesentlich der Kaufzweck. Schlachttiere sind solche, die alsbald geschlachtet werden sollen, ohne daß dazwischen ein Zeitraum für anderweite Benutzung liegt. Daß sie inzwischen noch aufgefüttert und gemästet werden sollen, hindert nicht den Begriff als Schlachttier (a. M. Planck A 3).

Die Verordnung hat folgenden Wortlaut:

§ 1.

Für den Verkauf von Nutz- und Zuchttieren gelten als Hauptmängel:

I. Bei Pferden, Eseln, Mauleseln und Maultieren:

1. Rotz (Wurm) mit einer Gewährfrist von 14 Tagen;

2. Dummkoller (Koller, Dummsein) mit einer Gewährfrist von 14 Tagen; als Dummkoller ist anzusehen die allmählich oder infolge der akuten Gehirnwassersucht entstandene, unheilbare Krankheit des Gehirns, bei der das Bewußtsein des Pferdes herabgesetzt ist;

3. Dämpfigkeit (Dampf, Hartschlägigkeit, Bauchschlägigkeit) mit einer Gewährfrist von 14 Tagen; als Dämpfigkeit ist anzusehen die Atembeschwerde, die durch einen chronischen, unheilbaren Krankheitszustand der Lungen oder des Herzens bewirkt wird;

4. Kehlkopfpfeifen (Pfeiferdampf, Hartschnaufigkeit, Rohren) mit einer Gewährfrist von 14 Tagen; als Kehlkopfpfeifen ist anzusehen die durch einen chronischen und unheilbaren Krankheitszustand des Kehlkopfs oder der Luftröhre verursachte und durch ein hörbares Geräusch gekennzeichnete Atemstörung;

5. periodische Augenentzündung (innere Augenentzündung, Mondblindheit) mit einer Gewährfrist von 14 Tagen; als periodische Augenentzündung ist anzusehen die auf inneren Einwirkungen beruhende, entzündliche Veränderung an den inneren Organen des Auges;

6. Koppen (Krippensetzen, Aufsetzen, Freikoppen, Luftschnappen, Windschnappen) mit einer Gewährfrist von 14 Tagen.

II. Bei Rindvieh:

1. Tuberkulöse Erkrankung, sofern infolge dieser Erkrankung eine allgemeine Beeinträchtigung des Nährzustandes des Tieres herbeigeführt ist, mit einer Gewährfrist von 14 Tagen;
2. Lungenseuche mit einer Gewährfrist von 28 Tagen;

III. Bei Schafen:

Räude mit einer Gewährfrist von 14 Tagen;

IV. Bei Schweinen:

1. Rotlauf mit einer Gewährfrist von 3 Tagen;
2. Schweineseuche (einschließlich Schweinepest) mit einer Gewährfrist von 10 Tagen.

§ 2.

Für den Verkauf solcher Tiere, die alsbald geschlachtet werden sollen und bestimmt sind, als Nahrungsmittel für Menschen zu dienen (Schlachttiere), gelten als Hauptmängel:

I. Bei Pferden, Eseln, Mauleseln und Maultieren:

Rotz (Wurm) mit einer Gewährfrist von 14 Tagen;

II. Bei Rindvieh:

Tuberkulöse Erkrankung, sofern infolge dieser Erkrankung mehr als die Hälfte des Schlachtgewichts nicht oder nur unter Beschränkungen als Nahrungsmittel für Menschen geeignet ist, mit einer Gewährfrist von 14 Tagen;

III. Bei Schafen:

Allgemeine Wassersucht mit einer Gewährfrist von 14 Tagen; als allgemeine Wassersucht ist anzusehen der durch eine innere Erkrankung oder durch ungenügende Ernährung herbeigeführte wassersüchtige Zustand des Fleisches;

IV. Bei Schweinen:

1. Tuberkulöse Erkrankungen unter der in der Nr II bezeichneten Voraussetzung mit einer Gewährfrist von 14 Tagen;
2. Trichinen mit einer Gewährfrist von 14 Tagen;
3. Finnen mit einer Gewährfrist von 14 Tagen.

3. Zur Kaiserl. Verordnung vom 27. 3. 99 ist noch zu bemerken: a) Eine vertragsmäßige Verlängerung oder Abkürzung der Gewährfrist ist nach § 486 zulässig und ebenso ist nach § 492 eine vertragsmäßige Übernahme der Gewährpflicht auch wegen eines nicht zu den Hauptmängeln gehörenden Fehlers, sowie die Zusicherung einer bestimmten Eigenschaft des Tieres gestattet. b) Der Verkäufer steht gesetzlich in einem Haftungsverhältnis nur zu demjenigen, dem er das Tier verkauft hat. Hat **mehrmaliger Verkauf** stattgefunden, so greift ein sog. Sprungregreß nicht Platz. c) Die gegen Vieh aus verseuchten Gegenden auf Grund des Viehseuchengesetzes durch polizeiliche Schutzmaßregeln eingeführte Seuchensperre und die dadurch bewirkte Nichtmarktfähigkeit begründet keinen Gewährsmangel (**RG** Warn 08 Nr 29). d) Zu § 1 Nr I 2 ist zu bemerken, daß es nur auf einem Redaktionsversehen beruht, wenn dort nur das Pferd genannt ist; zu § 2 II der Verordnung ist unter Schlachtgewicht dasjenige Gewicht zu verstehen, welches das Tier sogleich nach erfolgter Schlachtung gehabt hat. — Im Falle des § 2 II ist bei tuberkulösem Rindvieh in der Überweisung des Fleisches an eine Freibank eine „Beschränkung als Nahrungsmittel für Menschen" zu erblicken (Stölzle, Entsch. S. 61 ff., Viehkauf S. 125). S. auch die für den Beschluß d. Bundesr. bei Erl der Verordn. vom 27. 3. 99 maßgebende Erwägung im RAnz. Nr 130 vom 5. 6. 99.

§ 483

Die Gewährfrist beginnt mit dem Ablaufe des Tages, an welchem die Gefahr auf den Käufer übergeht.

E I 401 II 418; M 2 254; P 1 735 ff.

Für den **Beginn** der Gewährfrist ist § 187 Abs 1 in Verbindung mit § 459 Abs 1, für das **Ende** § 188 maßgebend. Der Ablauf ist von Amts wegen zu berücksichtigen. — Über den Übergang der Gefahr bei einem mit Eigentumsvorbehalt des Verkäufers erfolgten Verkauf einer beweglichen Sache s. § 459.

§ 484

Zeigt sich ein Hauptmangel innerhalb der Gewährfrist, so wird vermutet, daß der Mangel schon zu der Zeit vorhanden gewesen sei, zu welcher die Gefahr auf den Käufer übergegangen ist.

E I 402 Satz 1 II 419; M 2 252 ff.; P 1 735 ff.

Hat sich der Mangel **innerhalb der Gewährfrist** — oder schon vor ihrem Beginn — gezeigt, so steht gegen die alsdann begründete Vermutung dem Verkäufer der Gegenbeweis offen, daß der Mangel erst nach dem maßgebenden Zeitpunkt entstanden sei.

§ 485

Der Käufer verliert die ihm wegen des Mangels zustehenden Rechte[1]**, wenn er nicht spätestens zwei Tage nach dem Ablaufe der Gewährfrist oder, falls das Tier vor dem Ablaufe der Frist getötet worden oder sonst verendet ist, nach dem Tode des Tieres den Mangel dem Verkäufer anzeigt**[2]**) oder die Anzeige an ihn absendet oder wegen des Mangels Klage gegen den Verkäufer erhebt oder diesem den Streit verkündet oder gerichtliche Beweisaufnahme zur Sicherung des Beweises beantragt. Der Rechtsverlust tritt nicht ein, wenn der Verkäufer den Mangel arglistig verschwiegen hat**[3]).

E I 402 Satz 2 II 420; M 2 254 ff.; P 1 757 ff.

1. Die **Verpflichtung des Käufers zur Anzeige des Mangels** oder zu einer dem gleichstehenden Rechtshandlung innerhalb zweitägiger Ausschlußfrist ist beim Viehhandel abweichend von dem für die allgemeine Gewährleistung bestehenden Grundsatz (s. § 464 A 3) vorgeschrieben, und zwar bei Verlust der dem Käufer wegen des Mangels zustehenden Rechte. Der Verkäufer, dem auf solche Weise die Führung des ihm nach § 484 obliegenden Gegenbeweises erleichtert werden soll, hat hiernach den Ablauf der Ausschlußfrist, der Käufer die fristgemäße Erstattung oder Absendung der Anzeige oder die rechtzeitige Vornahme der sonstigen Handlung zur Wahrung der Frist oder auch das arglistige Verschweigen des Mangels durch den Verkäufer nachzuweisen. Aus der Erwähnung der Klagerhebung ist nicht der Schluß zu ziehen, daß diese zu den in § 478 Abs 1 vom Käufer vorzunehmenden Handlungen als selbständige Handlung hinzutreten müsse (**RG** 59, 150).

2. In dieser **Anzeige** ist die bestimmte Angabe des Mangels oder wenigstens der zur Zeit erkennbaren, auf einen Gewährschaftsmangel hindeutenden Merkzeichen der dem Tiere anhaftenden Krankheit erforderlich, während die allgemeine Angabe: das Tier sei krank oder es leide an einem Gewährschaftsmangel, nicht ausreicht (Stölzle, Entsch. S. 78 ff.). Eine bestimmte Form ist nicht erforderlich. — In der Zurücknahme der wegen des Mangels erhobenen Klage liegt nicht ohne weiteres die Zurücknahme der Anzeige (**RG** JW 05, 46[12])

3. **Arglistiges Verschweigen des Mangels.** Als solcher Mangel kommt auch hier nur ein **Hauptmangel** oder ein ihm nach § 492 gleichgestellter Mangel in Betracht, dessen Nachweis dem Käufer obliegt.

Auf Grund solcher Arglist kann übrigens der Käufer auch nach §§ 823, 826 innerhalb der in § 852 bestimmten Frist vorgehen.

§ 486

Die Gewährfrist kann durch Vertrag verlängert oder abgekürzt werden[1]**). Die vereinbarte Frist tritt an die Stelle der gesetzlichen Frist**[2]).

E I 410 II 421; M 2 263 ff.; P 1 748.

1. Der auf **Verlängerung oder Abkürzung** der Gewährfrist gerichtete Vertrag bedarf keiner besonderen Form, kann sich aber wegen Verstoßes gegen die guten Sitten, insbesondere bei unangemessener Abkürzung der Frist, als nichtig (§ 138) herausstellen. Nur vertragsmäßige Verlängerung oder Abkürzung der Gewährfrist ist zulässig, nicht aber die gänzliche Ausschließung, da das Bestehen einer solchen Frist bei der gesetzlichen Haftpflicht für Hauptmängel nach §§ 482 Abs 1, 486, 490 Abs 1 Satz 1 vorauszusetzen ist. Auch durch Handelsgebräuche und Marktregeln oder durch Gewohnheitsrecht können die gesetzlichen Vorschriften über die Gewährfrist nicht geändert werden. § 476 ist anwendbar. In der Gewährleistung für Trächtigkeit liegt noch keine stillschweigende Vereinbarung über ein entsprechendes Hinausschieben des Beginns der Verjährung um die

Höchstträchtigkeitsdauer. A. M. Meißner, Das Viehgewährschaftsrecht. Dagegen mit Recht Stölzle JW 1927, 2489. Vgl. zu § 492 A 4.

2. Die Vertretung der **gesetzlichen** Frist durch die **vertragsmäßige** gilt insbesondere im Falle des § 485.

§ 487

Der Käufer kann nur Wandelung, nicht Minderung verlangen[1]).

Die Wandelung kann auch in den Fällen der §§ 351 bis 353, insbesondere wenn das Tier geschlachtet ist, verlangt werden[2]); an Stelle der Rückgewähr hat der Käufer den Wert des Tieres zu vergüten[3]). Das gleiche gilt in anderen Fällen, in denen der Käufer infolge eines Umstandes, den er zu vertreten hat, insbesondere einer Verfügung über das Tier, außerstande ist, das Tier zurückzugewähren.

Ist vor der Vollziehung der Wandelung eine unwesentliche Verschlechterung des Tieres infolge eines von dem Käufer zu vertretenden Umstandes eingetreten, so hat der Käufer die Wertminderung zu vergüten[4]).

Nutzungen hat der Käufer nur insoweit zu ersetzen, als er sie gezogen hat[5])[6]).

E I 404 II 422; M 2 256 ff.; P 1 739 ff., 802 ff.

1. Der gesetzliche Anspruch auf **Minderung** ist beim Viehverkauf ausgeschlossen, nicht aber der gesetzliche Anspruch auf **Schadensersatz** wegen eines Hauptmangels gemäß § 463 (welcher Ersatz auch in dem durch das Fehlen der zugesicherten Eigenschaften herbeigeführten Minderwert des Tieres bestehen kann, § 472 greift dann nicht Platz, **RG** 60, 235) und nicht ein etwaiger, auf besonderer vertragsmäßiger Abmachung beruhender Minderungsanspruch (**RG** 60, 236; JW 05, 285[9]).

2. Die zugelassene **Wandlung** ist dadurch erleichtert, daß sie a) auch in den Fällen der §§ 351—353, also namentlich bei wesentlicher Verschlechterung oder beim Untergang des Tieres, insbesondere wenn dasselbe geschlachtet ist, bei sonstiger verschuldeter Unmöglichkeit der Herausgabe, sowie bei den in § 353 angeführten Veräußerungen, b) in anderen Fällen, in denen der Käufer infolge eines von ihm zu vertretenden Umstandes, insbesondere einer Verfügung über das Tier, außerstande ist, dasselbe zurückzugeben, verlangt werden kann und in den Fällen unter b namentlich nicht auf Grund des § 354 ausgeschlossen werden kann. — In dem Falle, wenn von mehreren gleichzeitig verkauften Viehstücken einzelne mangelhaft sind (Kauf einer Herde) oder wenn eine Kuh und ihr Kalb zusammen verkauft sind, gelten die Vorschriften in § 469 (Stölzle, Entsch. S. 101ff., 103ff.). Verzicht auf den Wandlungsanspruch ist anzunehmen, wenn nach dessen Geltendmachung der Käufer mit Kenntnis des Mangels das Tier zum Schlachten veräußert und dadurch die Unmöglichkeit der Rückgabe an den Verkäufer herbeiführt (Stölzle, Entsch. S. 96ff.).

3. **Bei Durchführung der Wandlung** ist in den Fällen der A 2 a und b dem Käufer die Rückgewähr des Tieres nicht angesonnen, dafür vielmehr die Vergütung des objektiven Wertes des Tieres (anstatt des Schadensersatzes nach § 347) auferlegt. Es ist hierbei der (objektive) Wert zugrunde zu legen, den das Tier im Zeitpunkt des Vollzugs der Wandlung gehabt hat.

4. Abgesehen von den in A 3 aufgeführten Fällen kann der Käufer, wenn vor der Wandlung eine **unwesentliche Verschlechterung** des Tieres infolge eines von ihm zu vertretenden Umstandes eingetreten ist, zwar auf der Wandlung bestehen, hat aber die Wertminderung zu vergüten. Schadensersatz hat der Käufer dagegen zu leisten, wenn eine derartige Verschlechterung nach Vollziehung der Wandlung infolge eines von ihm zu vertretenden Umstandes erfolgte (OLG 16, 404).

5. Auch bezüglich des Ersatzes der **Nutzungen** ist gegenüber der in § 467 angeführten Vorschrift des § 347 eine Erleichterung der Wandlung dadurch gegeben, daß Nutzungen vom Käufer nur insoweit zu ersetzen sind, als er sie wirklich gezogen hat. Er ist nicht verpflichtet, Nutzungen aus dem fehlerhaften Tiere zu ziehen.

6. Auch bei dem mangelfreien Tauschobjekt kommt § 487 zur Anwendung (bestr.; a. M. Planck A 5).

§ 488

Der Verkäufer hat im Falle der Wandelung[1]) dem Käufer auch die Kosten der Fütterung und Pflege, die Kosten der tierärztlichen Untersuchung und

Behandlung sowie die Kosten der notwendig gewordenen Tötung und Wegschaffung des Tieres zu ersetzen[2]).

E I 405 II 423; M 2 259 ff; P 1 743 ff.

1. Als **Nebenforderungen** zum Wandlungsanspruch sind hier dem Käufer außer den ihm nach §§ 467, 347, 683 994 zu ersetzenden Aufwendungen noch eine Reihe von Ersatzposten ausdrücklich zugesprochen (RG 52, 166). Der Verkäufer kann hiergegen die von dem Käufer bis zur Wandlung aus dem Tier etwa gezogenen Nutzungen aufrechnen. Nur die bei ordnungsmäßiger Wirtschaft angemessenen Kosten kommen in Betracht. Die Nebenforderungen des § 488 sind solche im Sinne von ZPO § 4 Abs 1 (RG 52, 164).

2. **Weitere Kosten,** insbesondere diejenigen für notwendige Schutzmaßregeln gegen Seuchengefahr, kann der Käufer nicht als gesetzliches Zubehör des Wandlungsanspruchs, sondern nur dann verlangen, wenn der Verkäufer, insbesondere auch wegen Verschuldens, zum Schadensersatz verurteilt worden ist oder sich vertragsmäßig zu deren Ersatz verpflichtet hat, oder wenn die Voraussetzungen auftragsloser Geschäftsführung vorliegen. Die gleichen Grundsätze gelten auch bezüglich des Anspruchs des Käufers auf Ersatz von Aufwendungen für ein Junges (OLG 8, 74). § 488 ist Ausnahmevorschrift und darf nicht ausdehnend ausgelegt werden. Über Transportkosten vgl. RTKommBer S. 40; Stölzle a. a. O. S. 229; RG 52, 164; 55, 105. Auch Fütterungskosten sind Nebenforderung. Die Kosten der Mängelanzeige kann der Käufer ohnehin ersetzt verlangen.

489

Ist über den Anspruch auf Wandelung ein Rechtsstreit anhängig, so ist auf Antrag der einen oder der anderen Partei die öffentliche Versteigerung des Tieres und die Hinterlegung des Erlöses durch einstweilige Verfügung anzuordnen[1]), **sobald die Besichtigung des Tieres nicht mehr erforderlich ist**[2])[3]).

E I 406 II 424; M 2 261; P 1 744.

1. **Voraussetzung** für die vom Prozeßrichter zu erlassende Anordnung der **öffentlichen Versteigerung und der Hinterlegung des Erlöses** ist hiernach nur, daß a) ein Rechtsstreit über die Wandlung des Tieres (auch infolge einredeweiser Geltendmachung dieses Rechtes) anhängig (LZ 1915 Sp. 1539[10]), b) in diesem die Besichtigung des Tieres nicht mehr notwendig und c) von der einen oder andern Partei ein Antrag solcher Art gestellt ist. Im übrigen kommen die allgemeinen Voraussetzungen für den Erlaß einer einstweiligen Verfügung (ZPO § 935) hier nicht in Betracht, für andere Fälle ist § 489 nicht anwendbar (OLG 20, 183).

2. **Nach Hinterlegung des Erlöses** tritt dieser an die Stelle des Tieres, so daß dem Verkäufer im Falle der Wandlung anstatt der Rückgabe des Tieres der hinterlegte Erlös anzurechnen oder auszuzahlen ist.

3. § 461 ist nicht anwendbar (bestr.; insbesondere von Stölzle S. 111; dagegen auch Planck).

§ 490

Der Anspruch auf Wandelung sowie der Anspruch auf Schadensersatz wegen eines Hauptmangels, dessen Nichtvorhandensein der Verkäufer zugesichert hat, verjährt in sechs Wochen von dem Ende der Gewährfrist an[1]). **Im übrigen bleiben die Vorschriften des § 477 unberührt.**

An die Stelle der in den §§ 210, 212, 215 bestimmten Fristen tritt eine Frist von sechs Wochen.

Der Käufer kann auch nach der Verjährung des Anspruchs auf Wandelung die Zahlung des Kaufpreises verweigern. Die Aufrechnung des Anspruchs auf Schadensersatz unterliegt nicht der im § 479 bestimmten Beschränkung[2]).

E I 407 II 425; M 2 261 ff.; P 1 745 ff.

1. Abweichend von § 477 ist die **Verjährungsfrist** für den Anspruch auf Wandlung und für den Anspruch auf Schadensersatz wegen eines Hauptmangels und der Ansprüche aus § 488, dessen Nichtvorhandensein der Verkäufer zugesichert hat, §§ 481, 463, auf sechs Wochen (anstatt sechs Monate) und der Beginn dieser Frist vom Ende der Gewährfrist (anstatt von der Ablieferung) ab festgesetzt, während es für den Anspruch auf Schadensersatz wegen arglistiger Verschweigung eines Hauptmangels bei der gewöhnlichen dreißig-

jährigen Verjährung verbleibt. Im übrigen gilt § 477, aber keine Aufrechnung, wenn nicht nach § 478 Anzeige erfolgte (SeuffA 65, 147). In § 492 handelt es sich um Nichthauptmängel.

2. Die **einredeweise Geltendmachung** des Wandlungsanspruchs gegenüber der Klage des Verkäufers auf Zahlung des Kaufpreises, sowie die Aufrechnung des Schadensanspruchs wegen eines Hauptmangels gegen dieselbe Klage ist hiernach auch nach Ablauf der Verjährungsfrist nicht von der vorher erfolgten Anzeige oder den sonstigen, ihr gleichgestellten Maßnahmen im Sinne von §§ 478, 479, sondern nur davon abhängig, daß der Käufer rechtzeitig Anzeige nach § 485 gemacht hat. So kann der mit seiner Wandlungsklage wegen Verjährung rechtskräftig abgewiesene Käufer eines Pferdes die Zahlung des Kaufpreises verweigern, wenn er rechtzeitig (§ 485) den Mangel der zugesicherten Eigenschaft angezeigt hat (**RG** 18. 12. 06 II 227/06). — Anders bei Nichtvereinbarung einer Gewährfrist im Falle des § 492.

§ 491

Der Käufer eines nur der Gattung nach bestimmten Tieres kann statt der Wandelung verlangen, daß ihm an Stelle des mangelhaften Tieres ein mangelfreies geliefert wird. Auf diesen Anspruch finden die Vorschriften der §§ 488 bis 490 entsprechende Anwendung.

E I 408 II 426; M 2 263; P 1 748.

Beim Verkaufe eines **nur der Gattung nach bestimmten** Tieres ist im Falle der Mangelhaftigkeit des gelieferten Tieres nicht nur der in § 480 Abs 1 zugelassene Anspruch auf Nachlieferung einer mangelfreien Kaufsache, sondern auch der daselbst Abs 2 geregelte Anspruch wegen Nichterfüllung gegeben. Freiheit von Hauptmängeln genügt nicht. Außerdem kommen in diesen Fällen die Vorschriften der §§ 488—490 (Ersatz der Kosten der Fütterung und Pflege des fehlerhaften Tieres, Versteigerung desselben und Verjährung des Anspruchs auf Wandlung und auf Schadensersatz) zur entsprechenden Anwendung.

§ 492

Übernimmt der Verkäufer die Gewährleistung wegen eines nicht zu den Hauptmängeln gehörenden Fehlers[1]) oder sichert er eine Eigenschaft des Tieres zu[2]), so finden die Vorschriften der §§ 487 bis 491 und, wenn eine Gewährfrist vereinbart wird[3]), auch die Vorschriften der §§ 483 bis 485 entsprechende Anwendung. Die im § 490 bestimmte Verjährung beginnt, wenn eine Gewährfrist nicht vereinbart wird, mit der Ablieferung des Tieres[4]).

E I 411 II 427; M 2 264 ff.; P 1 748.

1. Beim Verkauf der in § 481 aufgeführten Tiergattungen kann zunächst die Gewährleistung wegen eines **nicht zu den Hauptmängeln** (§ 482) **gehörenden Fehlers** im Sinne von § 459 Abs 1 **übernommen** werden (**RG** SeuffA 58 Nr 4). In diesem Falle gelangen die für die Hauptmängel geltenden §§ 487—491 zur entsprechenden Anwendung. Wann eine Übernahme anzunehmen sei, ist bestritten. Schneider, Rechtsregeln des Viehhandels S. 160 und Oertmann Kom. zu § 492 A 4 wollen bei Vereinbarung über einen bestimmten Gebrauchszweck schon diese Übernahme erblicken; mit der Mehrheit ist aber anzunehmen, daß § 492 eine unmittelbare Übernahme und Bezeichnung der Eigenschaften verlangt, da es andernfalls der Vorschrift überhaupt nicht bedurft hätte und mit derselben Begründung eine Übernahme der Eigenschaften gefunden werden könnte, die zu dem gewöhnlichen Gebrauch notwendig und vorausgesetzt sind, womit § 482 hinfällig gemacht wäre. Wird Gewährleistung für alle Mängel übernommen, so ist, wie die Entstehungsgeschichte des § 492 ergibt, im Wege der Auslegung zu bestimmen, ob diese Gewährleistung nur die Hauptmängel im Sinne des § 482 oder auch die Mängel im Sinne des § 459 Abs 1 oder auch minder erhebliche Mängel umfassen soll (SeuffA 58 Nr 4; **RG** Warn 1922, 12). Es gelten die Regeln über die gesetzliche Haftung oder die über die vertragsmäßige Haftung des § 492 (**RG** 60, 55). Es ergibt sich sonach für Viehkäufe folgendes Bild der Haftung: 1. von Gesetzes wegen a) für Hauptmängel, b) für Fehlen zugesicherter Eigenschaften; 2. auf Grund vertraglicher Übernahme: für andere als Hauptmängel.

2. Bei **Zusicherung** einer (mit den Hauptmängeln nicht zusammenhängenden) **Eigenschaft des Tieres** im Sinne von § 459 Abs 2 gelten ebenfalls die in A 1 erwähnten Vorschriften. Doch muß diese Zusicherung, um wirksam zu sein, die bestimmte Bezeichnung der Eigenschaft (wozu auch Trächtigkeit einer Kuh gehört), oder die bestimmte Angabe der als abwesend zugesicherten Mängel enthalten (**RG** Recht 07 Nr 33). Eine allgemeine Anpreisung, wie z. B.:

die verkaufte Kuh sei fehlerfrei und reell oder: sie sei gesund, ist regelmäßig ohne Wirkung (Stölzle, Entsch. S. 143ff.). Die Erklärung, das Pferd sei „völlig gesund", kann dagegen die Zusicherung einer Eigenschaft enthalten (**RG** 16. 5. 02 II 62/02; SeuffA 58, 8). Dagegen enthält das Versprechen, daß, wenn die verkaufte Kuh nicht innerhalb bestimmter Frist kalbe, eine ziffermäßige Minderung am Kaufpreise oder eine näher angegebene Entschädigung des Käufers eintreten solle, nicht die Zusicherung einer Eigenschaft, sondern eine Nebenabrede, für welche auch die gewöhnliche Verjährung gilt (Stölzle a. a. O. S. 151ff., 158ff.). Es gilt eine Grenze zu ziehen zwischen den zugesicherten Eigenschaften nach §§ 459 Abs 2 und 492 einerseits und den Eigenschaften, die nach dem im Vertrag vorausgesetzten Gebrauch vorliegen müssen und deren Fehler einen Fehler nach § 459 Abs 1 — möglicherweise nicht zu den Hauptmängeln gehörigen — darstellt. Die Grenze ist um so flüssiger, als die Zusicherung von Eigenschaften auch stillschweigend gegeben und aus den Umständen gefolgert werden kann (**RG** 8. 1. 19 I 254/18; 8. 1. 18 II 377/17); dagegen auch der Gebrauchszweck Vertragsinhalt geworden ist, aber als Geschäftsgrundlage kraft positiver Vorschrift (**RG** 70, 85). Müssen die Parteien aber einig sein, daß die Sache zu einem bestimmten Gebrauch geeignet sein muß, so liegt mittelbar darin die Vereinbarung, daß sie die hierzu nötigen Eigenschaften haben muß. Der Gesetzgeber scheidet aber, ob die Eigenschaften unmittelbar durch Benennung oder nur mittelbar durch Beziehung auf einen bestimmten Gebrauchszweck zum Vertragsinhalt erhoben worden sind. Ersteres liegt bei § 459 Abs 1, letzteres bei § 459 Abs 2 und damit auch § 492 vor.

3. Bei **Vereinbarung einer Gewährfrist in Verbindung mit der Gewährleistung** kommen außer den §§ 487—491 noch die §§ 483—485 zur entsprechenden Anwendung. Auch die Anzeige nach § 485 wird erfordert (**RG** 60, 237; OLG 22, 236). Die Verjährungsfrist insbesondere ist vom Ablauf der Gewährfrist ab zu berechnen, die aber auch bestimmt angegeben sein muß. So läuft in dem Falle, wenn die Trächtigkeit eines Viehstücks mit einem bestimmten Endtermin zugesichert ist, die Verjährung von diesem Endtermin (Gewährfrist) an. Ist dagegen nur im allgemeinen Trächtigkeit oder Trächtigkeit von einer bestimmten Anzahl Wochen oder sog. „Kalbgriffigkeit", d. h. Trächtigkeit von einer seitherigen Dauer von 24—25 Wochen, zugesichert, so ist hierin die Vereinbarung einer Gewährfrist nicht zu finden (JW 06, 374), und es gilt die folgende A 4 (Stölzle a. a. O. S. 161ff., 183ff.). Vgl. auch Recht 1917 Nr 33. Zur Vereinbarung einer Gewährfrist gehört, daß die Parteien eine Frist vereinbaren, innerhalb deren die Fehler sich zeigen müssen, andernfalls eine Gewährleistung ihrethalben ausgeschlossen sein soll.

4. Ist eine besondere Gewährfrist **nicht vereinbart,** so beginnt ohne Rücksicht auf die Zeit der Entdeckung des Mangels die in § 490 angeführte Verjährung des Anspruchs auf Wandlung und auf Schadensersatz mit der **Ablieferung des Tieres** (§ 477; Planck A 2a; **RG** JW 06, 86). In diesem Falle sind zur Erhaltung der einredeweisen Geltendmachung des Anspruchs auf Wandlung, sowie zur Erhaltung der Aufrechnung des Anspruchs auf Schadensersatz für die Zeit nach Ablauf der Verjährung die in §§ 478, 479 vorgeschriebene Anzeige und die ihr gleichgestellten Maßnahmen nicht entbehrlich (vgl. **RG** JW 05, 285[9]; OLG 16, 409 und oben § 490 A 2). — Ist beim Verkauf eines Pferdes die Vollbluteigenschaft zugesichert und vereinbart, daß, solange der Käufer nicht durch die dem Verkäufer obliegende Lieferung des Pedigrees — der die Vollbluteigenschaft beweisenden Urkunde — in die Lage versetzt sei, das Vorhandensein der zugesicherten Eigenschaft zu prüfen und einen Mangel dieser Eigenschaft geltend zu machen, ihm seine Gewährleistungsansprüche erhalten bleiben und bis zur Lieferung des Pedigrees bezüglich dieser Ansprüche keine Gewährleistungsfrist laufen solle, so ist eine solche Vereinbarung nach §§ 477, 490 Abs 1 u. 492 BGB gültig. Sie ist zwar nicht als eine solche über die Gewährfrist im Sinne der §§ 490, 492 anzusehen, wohl aber als eine Vereinbarung, daß die durch §§ 490, 492 bestimmte Verjährungsfrist von sechs Wochen vom Tage der Lieferung des Pedigrees an zu berechnen sei (**RG** 18. 12. 06 II 227/06; s. auch § 477 A 3). Stillschweigende Vereinbarung der Hinausschiebung des Beginns der sechswöchigen Verjährungsfrist nach Treu und Glauben bei bestimmtem Vertragsinhalt (Hengst soll decken — JW 1914, 589[6]; Warn 1914 Nr 154). Vgl. hierzu Stölzle JW 1925, 2223 und Hirsch JW 1926, 973. — LG Frankenthal 4. 3. 26, JW 1926, 1058.

§ 493

Die Vorschriften über die Verpflichtung des Verkäufers zur Gewährleistung wegen Mängel der Sache finden auf andere Verträge, die auf Veräußerung oder Belastung einer Sache gegen Entgelt gerichtet sind, entsprechende Anwendung.

E II 429 III 488; B 1 748.

Im Einklang mit § 445 finden auch die von §§ 459—492 gegebenen Vorschriften auf **andere Verträge, welche auf Veräußerung oder Belastung** einer Sache gegen Entgelt gerichtet sind, also einerseits namentlich Hingabe an Erfüllungs Statt (§ 365), Tausch (§ 515), Schenkung (§ 524 Abs 2), Gesellschaft (§ 705), Gesellschaftsauseinandersetzung (OLG 22, 237; **RG** 4. 10. 11 I 69/11), Gemeinschaftsteilung (§ 757), Vergleich (§ 779; **RG** 54, 166) und anderseits auf den entgeltlichen Verpfändungsvertrag (§§ 1113, 1204; **RG** 9, 103), entsprechende Anwendung. Vgl. im übrigen § 445. — Hat sich insbesondere in einem Vergleiche der eine Teil verpflichtet eine vom andern Teile käuflich gelieferte Maschine gegen einen Preisnachlaß fest zu übernehmen, der andere Teil dagegen die Lieferung gewisser Maschinenteile versprochen, so kann nur wegen der vergleichsweise gelieferten Ersatzteile gewandelt oder gemindert werden, nicht aber begründen Mängel dieser Teile das Recht auf Rücknahme der Maschine (**RG** 54, 165). Eine Sonderregelung ist bei Miete und Pacht (§§ 537ff.), beim Werkvertrag (§§ 633ff.) und beim Werklieferungsvertrag (§ 651) getroffen. — Auf den Fall der Veräußerung eines künftigen aus dem Meistgebot in einer Zwangsversteigerung entstehenden Rechtes gegen Entgelt ist § 459 nicht entsprechend anwendbar. Die Anfechtung eines solchen Vertrags wegen Irrtums daher zulässig (**RG** 11. 11. 10 II 526/10; **RG** Warn 1915, 10).

III. Besondere Arten des Kaufes

1. Kauf nach Probe Kauf auf Probe

§ 494

[1]) Bei einem Kaufe nach Probe oder nach Muster[2]) sind die Eigenschaften[3]) der Probe oder des Musters als zugesichert anzusehen[4])[5]).

E I 470 II 430; M 2 332, 333; P 2 77

1. Allgemeines. Es handelt sich um eine besondere Art der Zusicherung von Eigenschaften des Kaufgegenstandes (§ 459 Abs 2), die Vereinbarung, daß die Eigenschaften der Probe oder des Musters zugesichert sein sollen. Der Kauf selbst ist ein unbedingter. Die Vorschrift ist HGB Art. 340 nachgebildet, die Rechtsprechung hierzu also noch maßgebend. Der Kauf „unter Bedingung der Probemäßigkeit" ist kein Kauf im Sinne von § 494 (ROHG 2, 418). Die Vereinbarung kann Sachen aller Art betreffen: bewegliche und unbewegliche, vertretbare und nicht vertretbare, bestimmte Einzelsachen oder nur der Gattung nach bestimmte Sachen. Ob wirklich Kauf nach Probe geschlossen wurde, ist nach den Umständen des Falles zu beurteilen. Die Hingabe einer Probe oder eines Musters nötigt nicht unter allen Umständen zur Annahme eines Kaufes nach Probe. Die Hingabe eines Abschnitts von dem Kleiderstoff, aus dem ein Kleidungsstück geliefert werden soll, kann auch in dem Sinn erfolgen, daß dem Käufer die Anfertigung aus ebendemselben Tuch zugesichert werden soll, von dem das Muster abgeschnitten wurde, nicht aber zugesichert werden soll, daß der zu liefernde Stoff alle einzelnen Eigenschaften des Musters haben solle. Dann liegt kein Kauf nach Probe vor. Ebenso können Kostproben, Ausfallproben, Orientierungsmuster ohne die Absicht der Zusicherung ihrer Eigenschaften für die zu liefernde Ware gegeben werden (**RG** 47, 129; 94, 336; **RG** JW 02 Beil 230[96]). Die Probe muß vertragsmäßig dazu bestimmt sein, die Eigenschaften der Kaufsache zu kennzeichnen (**RG** 94, 336). Ist eine Ware unter einer landesüblichen Bezeichnung, aber ausschließlich nach Muster verkauft, so genügt der Verkäufer der Vertragspflicht durch Lieferung einer dem Muster entsprechenden Ware auch dann, wenn mit der Musterware tatsächlich die Bezeichnung handelsüblich nicht verbunden ist (**RG** 8. 1. 18 II 299/17). Neben den Eigenschaften des Musters können auch noch andere Eigenschaften zugesichert werden (**RG** 27, 19; ROHG 14, 290). Ebenso können die Vertragsteile die Maßgeblichkeit des Musters auf bestimmte einzelne Eigenschaften beschränken (**RG** 20. 3. 26 I 138/25). Die Beweislast dafür, daß „nach Probe" verkauft worden sei, trifft denjenigen, der einen Kaufvertrag solchen Inhalts behauptet (**RG** 68, 308; JW 03, 47[8]; 1923, 457[4]), woselbst auch die abweichenden Meinungen aufgeführt sind.

2. Nach Probe oder nach Muster. Daß die Probe beim Kaufabschlusse vorliegt oder dem Käufer behändigt wird, ist nicht erforderlich und nicht ausreichend. Die Worte des Gesetzes haben nicht den Sinn: „nach der in den Händen des Käufers befindlichen Probe". Die Möglichkeit, daß nach einem nicht mehr vorhandenen Muster gekauft wird, ist nicht auszuschließen. So insbesondere dann, wenn zuerst ein Probestück gekauft und verbraucht und sodann nach dieser Probe („wie gehabt") die größere Bestellung gemacht wird (**RG** 23. 2. 04 II 298/03). Die Nichtaushändigung eines Musters wird oft, wenn schon nicht immer, gegen die Annahme eines Kaufes nach Probe sprechen.

3. **Die Eigenschaften,** also alle Eigenschaften. Das ist indessen nicht buchstäblich zu nehmen. Fast jede Sache hat eine außerordentlich große Menge von — bekannten und unbekannten — Eigenschaften; eine „absolute", ausnahmslose Übereinstimmung von Probe und Ware in allen Eigenschaften liegt ebenso außerhalb des Bereichs der Möglichkeit wie außerhalb des Willens der Beteiligten. Sonst müßten auch verborgene üble Eigenschaften (Mängel) der Probe als mitzugesichert gelten, während doch in Wirklichkeit für deren Abwesenheit gewährleistet werden muß (RG 5. 2. 04 II 300/03). Welche Eigenschaften im einzelnen als die Eigenschaften der Probe zu gelten haben, kann nur unter Würdigung der gesamten Sachlage bestimmt werden. Gesteht der Verkäufer zu, daß nach Probe verkauft ist, behauptet aber eine nur beschränkte Bedeutung des Musters, so ist er beweispflichtig (RG JW 1910, 938[12]). Einer gleichen Prüfung bedarf es für die Frage, ob bei Veränderlichkeit einer Probe ihre Eigenschaften im Augenblicke des Kaufabschlusses oder in einem früheren oder späteren Zeitpunkt als zugesichert gelten sollen. Sobald hiernach feststeht, welche Eigenschaften als zugesichert zu gelten haben, kann es noch weiter zu der Frage kommen, wie genau diese Eigenschaften bei der Ware mit denen der Probe übereinstimmen müssen, ob insbesondere geringfügige Abweichungen in diesen Eigenschaften nach dem wirklichen Willen der Beteiligten, nach Treu und Glauben und nach Verkehrssitte (§§ 133, 157, 242) gestattet sind (RG 20, 32; 19. 12. 02 II 270/02; 31. 5. 18 II 34/18; RG Warn 08 Nr 140; RG 13. 12. 07 II 301/07; OLG 3, 206). So sind z. B. beim Kauf nach „Typ", wenn er Kauf nach Probe ist, zumeist ziemlich weitgehende Abweichungen gestattet. Wenn ein Muster als „Typ" bezeichnet wird, so heißt das, daß es eben nur die typischen Eigenschaften der Ware wiedergibt und die Ware dem Muster nicht in jeder Beziehung zu gleichen braucht (LZ 1915 Sp 354[3]; Recht 1916, 352 Nr 588; OLG 28, 132). Wenn Kalbfelle und nicht Ziegenfelle verkauf sind, schadet es nicht, wenn die vorgelegten Muster Ziegenfelle waren und die Parteien es nicht wußten. Diesen Mustern kommt dann nur die Bedeutung zu, daß nach Art der Muster Kalbfelle gekauft wurden (JW 1917, 710[6]). In der Regel gelten jedoch die Eigenschaften des Musters als zugesichert. Weicht die gelieferte Ware vom Muster ab, so kommt es für den Wandlungsanspruch daher auf die Erheblichkeit des Mangels nicht an (RG 23. 6. 08 III 616/07). Der Käufer kann beim Kauf nach Probe nachträglich heimliche Mängel der Ware rügen (RG 20, 39; 95, 47; 99, 247), da § 494 unter der Herrschaft des in § 459 ausgesprochenen allgemeinen Grundsatzes der Haftung für Vertragsmäßigkeit steht. Der Verkäufer haftet für heimliche Mängel der Probe. Es kann aber auch ausdrücklich vereinbart werden, daß das Einstehen für heimliche Fehler ausgeschlossen und das Muster schlechthin maßgebend sein soll („nur nach Muster": RG 95, 45). „Genau wie beifolgende Muster" (LZ 1914 Sp 277[2]; Recht 1916 Nr 1091). — Die Hingabe des Musters kann auch die Gattung der gekauften Ware bezeichnen sollen. — Bei einem offensichtlich gewagten Geschäft ist eine vorgelegte Probe nicht schlechthin maßgebend, soll oft nur ungefähren Anhalt geben (RG 94, 336). Es ist auch rechtlich zulässig, daß der Verkäufer neben den Eigenschaften der Probe noch andere bestimmte Eigenschaften zusichert (RG 13. 2. 06 II 281/05)

4. **Als zugesichert anzusehen.** Hiernach gelten weiterhin die §§ 459 Abs 2, 460ff. Die Vorschrift ist nicht zwingend, sondern nachgiebig gegen den Willen der Beteiligten. Diese können einzelne Eigenschaften der Probe von der Zusicherung ausnehmen, anderseits kann sich der Käufer neben den Eigenschaften der Probe noch andere Eigenschaften besonders zusichern lassen (RG 27, 165; RG 13. 2. 06 II 281/05; OLG 22, 238).

5. **Für den Beweis der Probemäßigkeit** oder der Probewidrigkeit gilt im allgemeinen das zu § 459 über den Beweis des Vorhandenseins oder des Nichtvorhandenseins der zugesicherten Eigenschaften Gesagte. Ist die Probe ausgehändigt, muß der Käufer beweisen, daß nicht nach Probe gekauft sei (ROHG. 15, 171). Behauptet der Käufer, der die Ware wegen Probewidrigkeit zurückgewiesen hat, das vom Verkäufer vorgelegte Muster sei nicht das vereinbarte, so trifft den Verkäufer die Beweislast (RG 4. 1. 10 II 161/09). Ob ein Beteiligter die Pflicht zur Aufbewahrung der Probe für den Streitfall im Sinne der Übernahme der Beweislast bei Verlust durch seine Schuld übernommen hat, ist nach den Umständen des Falles festzustellen. Die Probe kann dem Verkäufer, Käufer oder einem Dritten zur Aufbewahrung anvertraut werden. Eine Verpflichtung zur Aufbewahrung besteht nur bei vertragsmäßiger Übernahme (SeuffA 39 Nr 206; 51 Nr 123). Für den Handelsmäkler nach HGB § 96. Es liegt aber im eigenen Interesse des Käufers, die Probe aufzubewahren, sonst muß er anderweit den Beweis ihrer Beschaffenheit bringen. Hat der Verkäufer den Untergang der Probe verschuldet, trifft ihn der Beweis für die gegenteilige Beschaffenheit der Probe. An der Beweislast des Verkäufers für die Probemäßigkeit der Ware wird nichts geändert (ROHG 12, 17; vgl. aber § 363). Über Beweis der Identität der Probe und die Folgen ihres Verlusts vgl. RG 11, 36; 29, 88; JW 1921, 1360[2]; ROHG 6, 339; 12, 9; RG bei Bolze 10 Nr 461; LZ 1910, 215[18]. Das Reichsgericht hält daran fest, daß der Verkäufer, der die Identität der Probe bestreitet, den Nachweis erbringen muß, daß die vom Käufer vorgelegte Probe nicht die richtige ist. Die Frage ist bestritten. Wie Reichsgericht neuerdings auch Staub, Kom. z. HGB 10. Aufl. Anhang zu § 382 A 10 (Bd. 2 S. 1166). A. M. Düringer-Hachenburg III S. 236, Staudinger § 494 A 5b; besonders Oertmann § 494 A 4d.

§ 495

Bei einem Kaufe auf Probe oder auf Besicht[1]) steht die Billigung des gekauften Gegenstandes im Belieben des Käufers[2]). Der Kauf ist im Zweifel unter der aufschiebenden Bedingung der Billigung geschlossen.

Der Verkäufer ist verpflichtet, dem Käufer die Untersuchung des Gegenstandes zu gestatten[3])[4])[5])[6]).

E I 471, 472 II 431; M 2 333, 335; P 2 77, 78.

1. **Kauf auf Probe oder auf Besicht** ist Kauf unter der aufschiebenden Bedingung, daß der Käufer späterhin das Beharren beim Kauf nochmals erklärt. Es ist aber auch eine Vereinbarung unter der auflösenden Bedingung der Mißbilligung denkbar. Probieren oder Besichtigen ist — in der Regel — Zweck der Bedingung, aber nicht Voraussetzung für die Wirksamkeit der Erklärung des Käufers (RG 104, 276). Wesentlich jedoch ist dem Kauf auf Probe, daß ein Kaufvertrag zwischen den Beteiligten überhaupt schon zustande gekommen ist (RG 94, 287). Der Verkäufer ist während des Schwebens der Bedingung bereits einseitig gebunden. Der Käufer hat die Rechte und Pflichten aufschiebend bedingt übernommen. Daß die Billigung aufschiebende Bedingung sei, ist zwar im Zweifel anzunehmen, sie kann aber auch als auflösende Bedingung gewollt sein, etwa wenn der Käufer schon den Kaufpreis bezahlt hat. Vgl. unter 6. Auch der Kauf auf Besicht erfordert die Einigung der Parteien über alle wesentlichen Punkte eines Kaufes. Er ist zu unterscheiden von einem „festen Angebot" RG 104, 275; 4. 11. 19 II 141/19). Würde ein Bevollmächtigter einen Kaufvertrag für seinen Vollmachtgeber unter der Bedingung abschließen, daß dieser die entnommene Probe und damit den Kauf selbst ausdrücklich billigt, so würde darin allein ein „Kauf auf Probe" noch nicht liegen. Die Auffassung, daß der Kauf auf Probe lediglich die Natur eines Vorvertrags zu einem späteren Kaufvertrag habe, widerspricht dem Wortlaute des Gesetzes. Ob ein Kauf auf Probe von den Parteien gewollt und geschlossen ist, muß nach den Umständen des Falles entschieden werden, zumal der Gebrauch der Worte: zur Probe, auf Probe, als Probe usw. im Verkehr schwankend ist (RG JW 1912, 28[9]). Über „Kauf zur Probe" vgl. bei § 433. Wegen der Beweislast vgl. § 433. Ein Kauf auf Probe liegt nicht vor, wenn der Käufer nur für den Fall, daß die gelieferten Maschinen den bedungenen Anforderungen nicht entsprechen würden, berechtigt sein sollte, die Annahme abzulehnen (RG 9. 4. 01 VII 48/01). Auch beim Kauf auf Besicht ist der Verkäufer nicht ohne weiteres von jeder Gewährleistungspflicht für etwaige Sachmängel befreit (JW 06, 549[7]). Maßgebend ist aber nicht der Abschluß des Vertrags, sondern die Zeit der Billigung durch den Käufer (JW 1912, 858[13]). Daher hat der Verkäufer nur solche Sachmängel zu vertreten, die der Käufer zur Zeit der Billigung weder kannte noch infolge grober Fahrlässigkeit nicht kannte (RG 94, 287).

2. **Belieben des Käufers,** d. i. volle Freiheit, die Billigung zu erklären oder zu versagen. Der Käufer kann die Billigung auch dann versagen, wenn die gekaufte Sache mangelfrei ist. Ist vereinbart, daß die Billigung nur beim Vorliegen von Mängeln versagt werden darf, so liegt kein Kauf auf Probe im Sinne der §§ 495, 496 vor (RG 9. 4. 01 VII 48/01). Gründe für die Versagung der Billigung braucht der Käufer nicht anzugeben. Fügt er Gründe bei, so ist dies bedeutungslos selbst dann, wenn sie nicht stichhaltig sind oder sich nicht auf „den gekauften Gegenstand" beziehen. So z. B. wenn der Käufer die Billigung mit der Begründung versagen sollte, daß ihm augenblicklich die Mittel zur Bezahlung fehlten. Für die Anwendung des § 226 auf die Versagung der Billigung wird in der Regel, für die Anwendung des § 226 auf die Erklärung der Billigung überhaupt kein Raum sein.

3. **Gestatten der Untersuchung.** Inwieweit hierzu Übergabe zur Probe und Besichtigung nötig ist, richtet sich mangels Vereinbarung nach den Umständen des Falles. Der Anspruch auf Gestattung ist im Klagewege selbständig verfolgbar, seine Erfüllung im Zwangsvollstreckungsweg erzwingbar. Der Annahme, daß Zwang zur Gestattung nur auf dem Wege des § 888 ZPO möglich sei, kann nicht beigetreten werden. Soweit insbesondere der Verkäufer verpflichtet ist, Sachen zur Probe zu übergeben, besteht die Möglichkeit, ihm die Sache zur Übergabe an den Käufer behufs Untersuchung durch den Gerichtsvollzieher wegnehmen zu lassen. Frei steht dem Käufer daneben auch noch der Weg der §§ 283 u. 326 (OLG 20, 183). Der Verkäufer einer Gattungsware, der die Mustersendung verweigert, kann nicht mit dem Einwand gehört werden, daß die Ware so schlecht gewesen sei, daß sie die Billigung des Käufers nicht gefunden haben würde. Der Verkäufer muß sich dann so behandeln lassen, als ob er Ware mittlerer Art und Güte geliefert und der Käufer die Ware gebilligt hätte (RG 93, 254; LZ 1919 Sp 868[17]).

4. **Kauf auf Umtausch.** Der dem Verkäufer vom Käufer eingeräumte Vorbehalt, den gekauften Gegenstand, wenn er nicht passen oder gefallen sollte, umzutauschen, kann einen

Kauf auf Probe in sich bergen. Die Vereinbarung kann den Sinn haben, daß die Ausübung der Befugnis, die Billigung nach §§ 495, 496 zu versagen, an die Bedingung geknüpft sein soll, daß der Käufer vom Verkäufer aus dessen Vorräten einen andern Gegenstand zu gleichem oder höherem Preise kauft. Ob bei einer auf Bestellung gemachten **Auswahlsendung** oder **Mustersendung** ein Kauf auf Probe zugrunde liegt, kann zweifelhaft, wird aber in der Regel zu verneinen sein. Dem Kauf **„auf Abruf"** liegt stets ein festes Kaufgeschäft zugrunde. Beim Kauf auf Umtausch trägt der Käufer die Gefahr.

5. Auch beim Kauf auf Probe geht die **Gefahr** mit der Übergabe auf den **Käufer** über, denn von da an hat nur er allein die Möglichkeit, über die Sache zu wachen und über sie zu verfügen. Der Übergang ist aber abhängig vom Vorliegen eines unbedingten Kaufvertrags. Erst wenn der bedingte Vertrag unbedingt geworden ist, ist daher auch der Gefahrübergang unbedingt. Bis dahin ist er durch den bedingten Kauf bedingt.

6. Folgen der Billigung. Hat der Käufer gebilligt, so ist die Bedingung des Kaufvertrags eingetreten, der Kauf zu einem unbedingten geworden, auch wenn die Billigung vor Ablauf der vereinbarten Erklärungsfrist erfolgte (SeuffA 48 Nr 16). Dies und nicht mehr ist aus § 495 abzuleiten. Billigung und Mißbilligung sind darum doch immerhin rechtsgeschäftliche (gestaltende) Willenserklärungen, nicht bloße tatsächliche Willenskundgebungen. Die Billigung enthält das ins freie Belieben gesetzte Wollen, daß nunmehr der bisher bedingte Kauf zu einem unbedingten werde, also das Wollen eines Rechtsakts. So auch Planck A 2. A. M. frühere Auflage. Die Wirkung tritt ein, auch wenn keine Besichtigung erfolgte (**RG** 94, 287). Ob in der Billigung eine „Billigung des Kaufgegenstandes" in dem Sinne liegt, daß der Käufer ihn so, wie er ist, als vertragsgemäß anerkennt und auf das Recht verzichtet, Mängel zu rügen und Gewährleistung wegen solcher zu verlangen, ist eine andere Frage, zu deren Lösung § 495 nichts beiträgt. Nach den Umständen des einzelnen Falles ist zu beurteilen, ob die Beteiligten über § 495 hinaus bestimmt haben, daß die Billigung auch die Nebenwirkung des Verlustes des Gewährleistungsanspruchs haben soll, und ob die Billigungserklärung auch eine Verzichtserklärung solchen Inhalts umfaßt. Dabei kann die Dauer der Probefrist, die Erkennbarkeit der Mängel von entscheidendem Einflusse sein. Ein Rechtssatz aber des Inhalts, daß durch die Billigung in jedem Falle auf spätere Geltendmachung der Mängel verzichtet werde, die im Augenblicke der Abgabe der Erklärung erkennbar waren, ist nirgends ersichtlich (**RG** JW 1912, 858[13]; **RG** 22. 6. 12 I 39/12; a. M. Crome 1, 485). Er kann auch nicht aus § 460 abgeleitet werden; denn § 460 findet beim Kauf auf Probe unmittelbare Anwendung, beschränkt aber den Verlust der Mängelrüge auf den Fall, daß der Mangel dem Käufer beim Kaufabschlusse bekannt oder infolge grober Fahrlässigkeit unbekannt war. Zuzugeben ist als notwendige Folge des im § 460 liegenden Gesetzesgedankens nur so viel, daß der Probekäufer nicht nur dann der Rüge verlustig ist, wenn die Kenntnis oder grob fahrlässige Unkenntnis des Mangels im Augenblicke des Kaufabschlusses bestand, sondern auch dann, wenn sie im Augenblicke der Billigungserklärung bestand. Kein Bedenken ist anderseits zu erheben gegen die Annahme, daß in Gewährschaftsfällen die Gewährfrist nach der Übergabe des auf Probe verkauften Tieres neben der Probefrist laufen kann, und daß die durch § 377 HGB bei beiderseitigen Handelsgeschäften dem Käufer auferlegte Pflicht zur unverzüglichen Untersuchung nicht erst nach dem Ablaufe der Probefrist eintritt. Der Käufer wird also im letzteren Falle, wenn er die Probefrist nicht zur Untersuchung benutzt hat, nach der Billigungserklärung eine wirksame Mängelanzeige nicht mehr machen und im ersteren Falle nach der Billigungserklärung den Hauptmangel nur dann rügen können, wenn die Gewährfrist sich über die Probefrist hinaus erstreckt. Bei **Versagung der Billigung** hat der Käufer den ihm zur Probe übergebenen Gegenstand zurückzugeben. Die Kosten der Rückgabe und Rücksendung wird der Käufer zu tragen haben, wenn nicht der Verkäufer es im Vertrag übernommen hat, den Gegenstand im Falle der Mißbilligung auf seine Kosten zurückzuholen.

§ 496

Die Billigung eines auf Probe oder auf Besicht gekauften Gegenstandes kann nur innerhalb der vereinbarten Frist[1]) und in Ermangelung einer solchen nur bis zum Ablauf einer dem Käufer von dem Verkäufer bestimmten angemessenen Frist erklärt werden[2]). War die Sache dem Käufer zum Zwecke der Probe oder der Besichtigung übergeben, so gilt sein Schweigen als Billigung[3])[4]).

E I 473 II 432; M 2 335, 336; P 2 77, 78; 6 172.

1. Billigungsfrist. Vgl. §§ 187—193. Zu beachten ist, daß bei Gebrauchsgegenständen die vereinbarte Frist auch als Gebrauchsfrist gemeint sein kann derart, daß dem Käufer zur

Erprobung der Sache die gesetzte Frist voll bleiben und die Pflicht zur Erklärung erst nach Ablauf dieser Frist obliegen soll. Anderseits kann nach dem Willen der Beteiligten auch eine Verkürzung der Gebrauchsfrist sich z. B. daraus ergeben, daß der Käufer die Pflicht übernimmt, im Falle der Versagung der Billigung den gekauften Gegenstand noch innerhalb der Frist an den Verkäufer zurückgelangen zu lassen (**RG** 22. 11. 07 II 297/07). Solange der Verkäufer die Untersuchung nicht gestattet, läuft die Frist zur Erklärung nicht. Es hängt nicht vom Willen des Verkäufers ab, ob er die ihm verspätet zugegangene Billigungserklärung gelten lassen will. § 149 ist nicht entsprechend anzuwenden, wohl aber § 150.

2. Billigungserklärung. Einseitig mitteilbare, mangels besonderer Vereinbarung einer Form nicht bedürftige Erklärung (vgl. §§ 130—132). Bei einem Kauf auf Probe greift die Rechtsfolge des Satz 2 nur hinsichtlich der übergebenen Sache selbst Platz, sie gilt nicht für Sachen gleicher Art, die nicht übergeben sind (**RG** 18. 5. 22 VI 701/21). Die Bitte des Käufers um Verlängerung der Probefrist enthält noch keine Ablehnung des Kaufes (OLG Düsseldorf JW 1926, 2935). In der Regel wird das Schweigen des Verkäufers auf diese Bitte nicht seine Zustimmung bedeuten.

3. Schweigen als Billigung. Doch kann im Zurücksenden des zur Probe übergebenen Gegenstandes unter Umständen die Erklärung der Mißbilligung erblickt werden.

4. Wer die Kosten der Zurückgabe zu tragen hat, ist aus dem Vertrag oder der Verkehrssitte zu entnehmen (ROHG 24, 48).

2. Wiederkauf

§ 497

[1]) **Hat sich der Verkäufer in dem Kaufvertrage[2]) das Recht des Wiederkaufs vorbehalten[3]), so kommt der Wiederkauf mit der Erklärung des Verkäufers gegenüber dem Käufer, daß er das Wiederkaufsrecht ausübe, zustande[4]). Die Erklärung bedarf nicht der für den Kaufvertrag bestimmten Form[5]).**

Der Preis[6]), zu welchem verkauft worden ist, gilt im Zweifel auch für den Wiederkauf.

E I 476, 477 II 433; M 2 339—341; P 2 81, 82.

1. Allgemeines. Klemp, Der Kauf auf Wiederkauf, Rechtsw. Studien 1925, 25; Gerstlauer, BayRpflZ 1927, 249. Die Form des Wiederkaufs wird oft gewählt, um denselben wirtschaftlichen Zweck zu erreichen, wie mit einem Faustpfand und der Sicherheitsübereignung. Deshalb ist er aber noch keine unzulässige Verschleierung einer Pfandbestellung. Gleichwohl hat GewO § 34 Abs 2 den gewerbsmäßigen Ankauf beweglicher Sachen mit Rückkaufsrecht dem Pfandleihgewerbe gleichgestellt, § 38 Abs 2 GewO. Damit ist ein Sonderrecht hier geschaffen, dem das BGB nachsteht. Auch Landesrecht kann nach EGBGB Art 94 für das Pfandleihgewerbe abweichende Vorschriften erlassen. Hiernach bezieht sich § 497 nur auf den nichtgewerbsmäßigen Rückkauf. Es gibt verschiedene Theorien über das Wiederkaufsrecht (Hohmann, Wiederkaufsrecht, 1908). Nach der einen Meinung ist der Vertrag darüber ein Vorvertrag als pactum de vendendo. Dies steht aber in Widerspruch mit § 497, wonach durch die einseitige Erklärung des Berechtigten der Kauf zustande kommt. Nach anderen liegt ein suspensiv bedingter Rückkauf vor. Wieder andere sehen im Wiederkauf überhaupt keinen Kaufvertrag, sondern ein einseitiges Rechtsgeschäft, durch das der Verkäufer ein Schuldverhältnis begründet, das ihn als Käufer und den anderen Teil als Verkäufer berechtigt und verpflichtet (nach Schollmayer, Schuld S. 40, ein „Einlösungsrecht"; vgl. auch Gierke, Deutsches Privatrecht 3, 499). — Der Verkäufer hat das Recht, durch einseitige Willenserklärung die „Einlösungserklärung", einem bereits im Verkauf abgeschlossenen Wiederkaufsvertrag rechtliche Wirksamkeit zu verleihen. Der Wiederkauf ist bereits Inhalt des Hauptvertrags. Der Vorgang zerfällt in zwei Rechtsgeschäfte uno actu: den ursprünglichen Kauf und den angeschlossenen Wiederkauf, der unter der aufschiebenden Bedingung steht, daß der Wiederkäufer die Wiederkaufserklärung abgibt. Die Erklärung bedarf nicht der Annahme, durch sie kommt unmittelbar und automatisch der Wiederkauf zustande (**RG** 107, 406). Sie ist auch nicht Annahme eines früheren Kaufangebots des Käufers. Der ursprüngliche Kaufvertrag muß gültig sein, sonst ist kein Anschluß möglich (**RG** 74, 1). Der innere Zusammenhang zwischen Kauf und Abrede des Wiederkaufs ist rechtlich ein anderer, als bei der Bedingung und Befristung. Das rechtfertigt, die Abrede des Wiederkaufs als eine wirkliche Nebenabrede zu betrachten, die von demjenigen zu beweisen ist, der aus ihr Rechte herleiten will (**RG** 107, 406). Nach den Motiven bedeutet das Wiederkaufsrecht ein Reurecht, den Vorbehalt des Rücktritts. Eine Befristung und Bedingung des Wiederkaufsrechts selbst ist ebenfalls möglich. Dann entsteht es erst mit der Bedingung. Auseinanderzuhalten sind zwei Rechtsvorgänge: die Vereinbarung, daß der Verkäufer berechtigt sein soll, den Kaufgegenstand wieder zu kaufen, der Käufer aber verpflichtet, dem Verkäufer auf Verlangen die gekaufte Sache wieder zu verkaufen (Wiederkaufsvorbehalt), und die Ausübung des Wiederkaufsrechts (Wiederkauf). Die in dem Wiederkaufsvorbehalte dem Käufer auferlegte Verpflichtung ist bedingt durch das Wollen des Verkäufers, also des Berechtigten. Die Verpflichtung zum Wiederverkauf würde, strenggenommen, lediglich eine Verpflichtung enthalten, mit dem Verkäufer einen Vertrag über den Rückverkauf erst noch abzuschließen. Das Gesetz geht jedoch weiter. Es vermeidet den Umweg, daß durch die Erklärung des Berechtigten, er übe sein Wiederkaufsrecht aus, nur erst die Verpflichtung des Käufers zum Abschlusse des Wiederverkaufs eintritt, und läßt unmittelbar den Rechtszustand eintreten, der aus der Erfüllung der Wiederverkaufsverpflichtung entspringt. Durch die Erklärung des Berechtigten wird so der Wiederkauf selbst unmittelbar verwirklicht. Da auf diese Weise der Abschluß des Wiederverkaufsvertrags erspart wird, so ergibt sich, daß schon der Vorbehaltsvertrag dem Käufer eine bedingte Verpflichtung auferlegt, das Eigentum an der Sache dem Verkäufer zurückzugewähren (**RG** 69, 281; **RG** JW 1911, 320[7]). Es steht also in der Macht des Wiederkaufsberechtigten, die Rückkaufsbedingungen im voraus festzulegen (**RG** 108, 218). Was sich nicht aus den Abreden des Wiederkaufsberechtigten und Wiederkaufsverpflichteten ergibt, gehört im Einzelfall nicht zum Inhalt des Wiederkaufsrechts. Dieser Grundsatz ist auch im SiedlGes § 20 Abs 2 Satz 1 anerkannt worden.

Das Wiederkaufsrecht ist Vermögensrecht, kann sich auf Kaufgegenstände jeder Art beziehen, und seinem Inhalte nach in der Regel im Gegensatz zum Vorkaufsrecht vererblich und veräußerlich, pfändbar und geeignet, zur Konkursmasse zu gehören. Der Konkursverwalter kann das Recht ausüben. Dies ergibt sich daraus, daß das Gesetz, das bei dem gleichartigen Falle des Vorkaufsrechts die Übertragbarkeit und Vererblichkeit im Zweifel für ausgeschlossen erklärt, beim Wiederkaufsrechte schweigt. Anderseits ist es nach der Natur des Wiederkaufsrechts möglich, durch Vereinbarung die Übertragbarkeit und Vererblichkeit auszuschließen; die Unpfändbarkeit eines solchen Wiederkaufsrechts ergibt sich aus § 857 ZPO.

2. Das BGB kennt nur ein durch Vorbehalt **im Kaufvertrag** begründetes Wiederkaufsrecht. Die Vereinbarung eines Wiederkaufsrechts bezüglich eines Grundstücks bedarf der Form des § 313. Mündliche Vereinbarung wird durch die Auflassung gültig (**RG** 56, 386; **RG** 13. 7. 21 V 58/21). Der Wortlaut zwingt nicht dazu, die Einräumung des Wiederkaufsrechts auf den Fall des Vorbehalts im Kaufvertrage selbst zu beschränken. Ein sachlicher Grund dazu würde fehlen. Auch M 2, 339 ist angenommen, daß der Vorbehalt in Ergänzung des Kaufvertrags nachher vereinbart werden kann. Man wird noch weitergehen und auch die Rechtsnachfolger der Kaufvertragschließenden zur Vereinbarung des Wiederkaufsvorbehalts zulassen dürfen. Immer aber muß dann das Wiederkaufsrecht nachträglich zum Inhalt des ursprünglichen Kaufvertrags erhoben werden. Was sich aus den Abreden des Wiederkaufsberechtigten und des Wiederkaufsverpflichteten in dem Urvertrage oder aus §§ 497—503 nicht ergibt, gehört im Einzelfalle auch nicht zum Inhalt des Wiederkaufsrechts. Eine Bestimmung des § 506 gibt es beim Wiederkauf nicht, da es Sache des Wiederkaufsberechtigten ist, sich entsprechend vertraglich zu sichern (**RG** in JW 1923, 1024[2]). Sofern ein völlig selbständiger Vertrag vorliegt, finden die Regeln des § 497 unmittelbar jedenfalls keine Anwendung. Dagegen ist auf alle Fälle ein Vertrag als Entstehungsgrund für das Wiederkaufsrecht nötig. Gesetzliche Wiederkaufsrechte kennt das BGB nicht. Sie können nur kraft Landesrechts auf den der Landesgesetzgebung vorbehaltenen Rechtsgebieten bestehen. Es gibt also nur ein persönliches obligatorisches Wiederkaufsrecht, kein dingliches. Der Wiederkaufsanspruch kann aber durch eine Vormerkung dinglich gesichert werden, wenn er auf ein Grundstück oder Recht an einem Grundstück geht (**RG** 69, 281; **RG** 15. 1. 27 V 286/26). Sonst wirkt es gegen einen Dritten selbst dann nicht, wenn er beim Erwerb der Sache das Wiederkaufsrecht gekannt hat. Unter Umständen kann jedoch ein Schadensersatz nach § 826 begründet sein.

3. Ein Wiederkaufsvorbehalt im eigentlichen Sinne ist dann nicht gegeben, wenn die Vereinbarung dahin geht, daß der Käufer die Kaufsache auf Verlangen nicht an den Verkäufer oder seine Rechtsnachfolger, sondern an einen Dritten im Wiederverkaufswege zurückzugewähren verpflichtet sein soll. Nach dem allgemeinen Grundsatze der Vertragsfreiheit auf dem Gebiete des Rechtes der Schuldverhältnisse und nach der Bestimmung des § 328 ist es jedoch möglich, dem Dritten die gleichen Rechte einzuräumen, die sich der Verkäufer durch den Wiederkaufsvorbehalt sichern kann. Ergibt sich dies als der Wille der Vertragschließenden, so werden auf das Rechtsverhältnis außer den §§ 328ff. auch die §§ 497 ff. anzuwenden sein (RJA 9, 263). Überhaupt kein Wiederkauf kommt dann in Frage, wenn der Gegenstand, der dem Berechtigten zu gewähren ist, nicht der verkaufte Gegenstand ist. Ist ein Inbegriff von Gegenständen verkauft und dabei ein Wiederkaufsrecht derart bedungen, daß Einzelstücke, die inzwischen vom Käufer als Ersatz für abgegangene oder sonst zur Ergänzung nachgeschafft sind, im Falle der Geltendmachung des Wiederkaufsrechts dem Wiederkäufer zum Ankaufs- oder Schätzungspreis mit übergeben werden sollen, so kann von einem Wiederkauf jedenfalls dann nicht gesprochen werden, wenn der ganze Bestand sich derart geändert hat, daß von den ursprünglich verkauften Stücken keines mehr vorhanden ist. Einer entsprechenden Anwendung der Grundsätze über den Wiederkauf steht jedoch, wenn sie sich als im Willen der Beteiligten gelegen erweist, kein Hindernis im Wege (**RG** 20. 4. 06 IV 380/05). Auch dem Käufer kann ein Wiederverkaufsrecht vorbehalten werden. Es ist im BGB nicht geregelt, die Vorschriften des § 497 sind aber entsprechend anzuwenden.

4. Durch die **Erklärung,** die als einseitig mitteilbare Erklärung einer Annahme nicht bedarf, erhält der bisherige Wiederkaufsberechtigte die Stellung des Wiederkäufers, sein Gegner die des Wiederverkäufers, der früher verkaufte Gegenstand ist zurückverkauft. Das Zustandekommen des Wiederkaufs hängt lediglich vom Willen des Käufers ab, während beim Vorkauf Voraussetzung für die Ausübung des Vorkaufsrechts der Abschluß eines Kaufvertrags mit einem Dritten ist (**RG** 110, 335). Die Erklärung braucht nicht tempore opportuno zu geschehen (**RG** 37, 281). Sie kann auch eventuell mit der Anfechtung des ursprünglichen Kaufes abgegeben werden (**RG** 97, 273).

5. Die Vorschrift tritt der Annahme entgegen, daß die **Erklärung,** das Wiederkaufsrecht **ausüben** zu wollen, den **Formbestimmungen** für den Kaufvertrag unterliege, weil sie den Wiederkauf verwirklicht. Der Hauptfall, den das Gesetz im Auge hat, ist der des § 313. Handelt es sich um ein Grundstück, so soll die Erklärung über die Ausübung des Wiederkaufsrechts dem Zwange des § 313 nicht unterliegen. Mitgetroffen sind aber auch die Fälle, in denen für den Kaufvertrag durch Parteivereinbarung eine besondere Form bestimmt ist. Haben die Beteiligten für die Erklärung der Ausübung des Wiederkaufsrechts selbst eine besondere Form bestimmt, so ist deren Beobachtung erforderlich.

Welcher Form die **Vereinbarung** über den Wiederkaufsvorbehalt bedarf, sagt das Gesetz nicht ausdrücklich. Soweit der Vorbehalt in dem ursprünglichen Kaufvertrag als dessen Bestandteil enthalten ist, erstrecken sich die Formbestimmungen für den Hauptvertrag ohne weiteres auch auf den Vorbehalt. Ist der Vorbehalt aber nachträglich selbständig vereinbart, so muß auch die Frage der Form für ihn selbständig gelöst werden. Bezieht er sich auf ein Grundstück, so ist § 313 anzuwenden; denn durch die Vorbehaltsvereinbarung übernimmt der Käufer die nur durch das Verlangen des Verkäufers bedingte Verpflichtung, das Eigentum an dem Kaufgegenstande zurückzuübertragen (**RG** 21. 1. 11 V 252/10; **RG** JW 1911, 320). Fraglich kann sein, inwieweit ein ohne die Beobachtung der Form des § 313 Satz 1 geschlossener Vertrag über die Einräumung des Wiederkaufsrechts nach § 313 Satz 2 durch die Auflassung und Eintragung in das Grundbuch gültig wird. Daß die Heilung jedenfalls eintritt, wenn nach Ausübung des Wiederkaufsrechts der Wiederkäufer zur Eintragung gelangt, kann keinem Zweifel unterliegen (**RG** 10. 5. 22 V 455/22). Zweifelhafter ist, ob auch schon die Eintragung des Käufers und Wiederverkaufsverpflichteten die gleiche heilende Wirkung hat. Die Frage wird zu verneinen sein für den Fall, daß die Wiederverkaufsvereinbarung erst nach der Eintragung des Käufers in das Grundbuch getroffen wird, weil in diesem Falle die Heilung dem Wortlaute des § 313 Satz 2 widerstreitet (**RG** JW 1911, 320[7]), dagegen zu bejahen, wenn die Vereinbarung vor Eintragung und Auflassung des Käufers erfolgte. Im übrigen wird die Heilung auch dann anzunehmen sein, wenn die Wiederkaufsvereinbarung lediglich als Nebenabrede des Kaufvertrags erscheint. Für das dingliche Wiederkaufsrecht werden in Art 29 § 5 Abs 1 des preuß. AGBGB die Vorschriften des § 497 Abs 1, §§ 498—502 für anwendbar erklärt (**RG** 110, 334).

6. Nicht der vereinbarte, sondern der wirklich empfangene **Preis** ist maßgebend (**RG** 5, 199: für preußisches Landrecht). Auch der Schätzungswert zur Zeit des Wiederkaufs kann als Preis des Gegenstandes vereinbart werden (§ 501). Der Wuchereinwand gegen den Wiederkaufspreis ist nicht möglich, wenn die gesetzliche Präsumtion zutrifft, wohl aber, wenn er abweichend von der Vermutung des Abs 2 vereinbart worden ist. Eine Verschlechterung oder Verbesserung des Geldwertes ist dabei in vollem Umfange derart zu berücksichtigen, daß die verschiedenen Markbeträge dieselbe Kaufkraft haben (**RG** 1. 10. 24 V 209/23; **RG** 109, 159; **RG** JW 1927, 979[12]).

§ 498

Der Wiederverkäufer ist verpflichtet[1]), dem Wiederkäufer den gekauften Gegenstand nebst Zubehör[2]) herauszugeben[3]).

Hat der Wiederverkäufer vor der Ausübung des Wiederkaufsrechts eine Verschlechterung, den Untergang oder eine aus einem anderen Grunde eingetretene Unmöglichkeit der Herausgabe des gekauften Gegenstandes verschuldet oder den Gegenstand wesentlich verändert, so ist er für den daraus

entstehenden Schaden verantwortlich. Ist der Gegenstand ohne Verschulden des Wiederverkäufers verschlechtert oder ist er nur unwesentlich verändert, so kann der Wiederkäufer Minderung des Kaufpreises nicht verlangen[4]).

E I 478 II 434; M 2 342, 343; P 2 82—86.

1. **Die Verpflichtung des Wiederverkäufers** ist nur persönliche Verpflichtung, sie hindert an sich die Veräußerung des von ihm betroffenen Gegenstandes nicht. Aber der Wiederverkaufsverpflichtete handelt auf seine Gefahr (RG 10. 5. 22 V 455/22). Dingliche Wiederkaufsrechte können im Anwendungsbereiche des BGB seit dessen Inkrafttreten nicht mehr bestellt werden (EG Art 189). Vor dem Inkrafttreten des BGB entstandene dingliche Wiederkaufsrechte bleiben mit dem früheren Rang und Inhalt bestehen (EG Art 184). Ist hinsichtlich eines verkauften Grundstücks das Wiederkaufsrecht vorbehalten, so kann zur Sicherung des Anspruchs des Wiederkäufers auf Herausgabe nach § 883 eine Vormerkung in das Grundbuch eingetragen werden, und zwar nicht erst nach Ausübung des Wiederkaufsrechts, sondern schon nach der Vereinbarung über den Wiederkaufsvorbehalt (RG 69, 281; RJA 9, 263).

Die Aufzählung der Verpflichtungen des Wiederverkäufers im § 498 ist nicht erschöpfend. Hilfsweise sind die allgemeinen Vorschriften über die Verbindlichkeiten des Verkäufers beim Kauf heranzuziehen, soweit nicht die besonderen Verhältnisse des Wiederkaufs entgegenstehen.

2. **Zubehör.** Alles, was im Augenblick der Geltendmachung des Wiederverkaufsrechts Zubehör ist (§§ 97, 98). Damit ist der Wiederverkäufer indessen der Verantwortlichkeit für die im Augenblick seines Erwerbs der Sache vorhandenen Zubehörstücke nicht entbunden. Hat er solche ohne genügenden Ersatz beseitigt und dadurch den Gegenstand verschlechtert, so ist er nach Abs 2 schadensersatzpflichtig. Nicht mit herauszugeben ist solches Zubehör, das zu einer Einrichtung gehört, die der Wiederverkäufer nach § 500 Satz 2 vor der Herausgabe des verkauften Gegenstandes wieder wegnimmt. Die Nutzungen sind nicht herauszugeben, aus dem vergüteten Kaufpreis sind auch keine Zinsen zu entrichten.

3. **herauszugeben:** in der Fassung abweichend vom § 433, der den Verkäufer für verpflichtet erklärt, dem Käufer die Sache zu übergeben, und das Eigentum zu verschaffen; gemeint ist aber auch hier dasselbe, wie sich aus § 499 ergibt. Ebenso versteht es sich von selbst, daß der Wiederkäufer den Preis zu zahlen hat. Die beiderseitigen Leistungen sind Zug um Zug zu erfüllen.

4. **Haftung für Sachmängel und Herausgabeunmöglichkeit.** Die Vorschrift des Abs 2 zieht der Haftungsverbindlichkeit des Wiederverkäufers wesentlich engere Schranken als sie in den allgemeinen Vorschriften über die Haftungsverbindlichkeiten des Verkäufers gesetzt sind. Frei ist der Wiederverkäufer vor allem von der Haftung für alle Mängel, die der Gegenstand schon hatte, als er ihn vom Verkäufer bekam. Aber auch die von da ab bis zur Ausübung des Wiederkaufsrechts eingetretenen Verschlechterungen hat er nur dann zu vertreten, wenn sie nicht unwesentlich sind und er sie verschuldet hat. Daraus, daß das Gesetz dem Wiederverkäufer im Falle unverschuldeter Verschlechterung des Kaufgegenstandes das Recht auf Schadensersatz und auf Kaufpreisminderung versagt, wird nicht geschlossen werden dürfen, daß es ihm in diesem Falle doch die Wandlung gestatten will. Man wird vielmehr anzunehmen haben, daß für diesen Fall die Vorschriften der §§ 459—493 über die Gewährleistung wegen Mängel der Sache überhaupt nicht anzuwenden sind und daß der Wiederkäufer gegebenenfalls auf die Anfechtung seiner Wiederkaufserklärung gemäß §§ 119 ff. angewiesen ist.

Ist die Unmöglichkeit der Herausgabe des gekauften Gegenstandes in der Zeit von der Übergabe an den Käufer bis zur Ausübung des Wiederkaufsrechts ohne Verschulden des Wiederverkäufers eingetreten, so sind die §§ 323, 281 anzuwenden. Für den Fall des Eintritts der Verschlechterung oder der Unmöglichkeit der Herausgabe in der Zeit nach der Ausübung des Wiederkaufsrechts gelten die allgemeinen Grundsätze uneingeschränkt.

§ 499

Hat der Wiederverkäufer vor der Ausübung des Wiederkaufsrechts über den gekauften Gegenstand verfügt, so ist er verpflichtet, die dadurch begründeten Rechte Dritter zu beseitigen[1]). **Einer Verfügung des Wiederverkäufers steht eine Verfügung gleich, die im Wege der Zwangsvollstreckung oder der Arrestvollziehung oder durch den Konkursverwalter erfolgt**[2]).

E I 478 II 434; M 2 343; P 2 85, 86.

1. **Rechte Dritter.** Der Wiederkaufsvorbehalt hindert den Käufer weder rechtlich, über den gekauften Gegenstand durch Veräußerung oder Belastung zu verfügen, noch verpflichtet er ihn, solche Verfügung zu unterlassen. Anderseits wird aber auch der Käufer durch die Verfügung über den gekauften Gegenstand von seiner Verpflichtung, den Gegenstand im Falle der Geltendmachung des Wiederkaufsrechts dem Wiederkäufer herauszugeben, nicht befreit. Er verfügt auf seine eigene Gefahr. Seine Sache ist es, bei der Verfügung dafür zu sorgen, daß ihm die Erfüllung der Verbindlichkeit, im Falle der Geltendmachung des Wiederkaufsrechts die von ihm begründeten Rechte Dritter zu beseitigen, nicht unmöglich wird. Er hat darum die etwa durch die Verfügung entstandene Unmöglichkeit der Leistung zu vertreten und den daraus entstehenden Schaden zu ersetzen (§ 498).

2. **Zwangsvollstreckung.** Nicht jede Verfügung im Wege der Zwangsvollstreckung fällt unter Satz 2. Wird dem Käufer im Entwehrungsstreite die gekaufte Sache entzogen, so kann der Verkäufer sich nicht auf Satz 2 berufen. Das gleiche gilt für den Fall der Zwangsenteignung und der zwangsweisen Belastung aus öffentlichrechtlichen Gründen. Es muß aber auch für den Fall gelten, daß bei Gemeinschaft nach Bruchteilen ein Anteil unter Wiederkaufsvorbehalt verkauft ist und daß hinterher auf den Antrag eines andern der gemeinschaftliche Gegenstand zum Zwecke der Aufhebung der Gemeinschaft nach den Vorschriften des Pfandverkaufs oder im Wege der Zwangsversteigerung veräußert wird. Denn in allen diesen Fällen ist die Veräußerung (oder Belastung) überhaupt nicht auf den Käufer zurückzuführen; er kann darum auch nicht gehalten sein, sie zu vertreten.

§ 500

Der Wiederverkäufer kann für Verwendungen[1]), die er auf den gekauften Gegenstand vor dem Wiederkaufe gemacht hat, insoweit Ersatz verlangen, als der Wert des Gegenstandes[2]) durch die Verwendungen erhöht ist. Eine Einrichtung, mit der er die herauszugebende Sache versehen hat, kann er wegnehmen[3]).

E I 479 II 435; M 2 344; P 2 84, 87, 88; 6 173, 174.

1. **Verwendungen.** Im Gegensatze zu E I 479 unterscheidet das Gesetz nicht zwischen notwendigen und nicht notwendigen Verwendungen. Da der Wortlaut klar ist und auch der Zusammenhang mit den übrigen Gesetzesvorschriften keinen Zweifel bringt, ist für eine Auslegung dahin, daß werterhöhende Verwendungen keinen Ersatzanspruch begründen, wenn die notwendig waren, kein Raum. Die Auslegung ist um so mehr abzulehnen, als sie zu unangemessenen Ergebnissen führen müßte. Wer das Dach des unter Wiederkaufsvorbehalt gekauften Hauses neu decken läßt und dadurch den Wert des Hauses um 1000 Mk. erhöht, sollte Ersatzanspruch haben, wenn die Maßregel nicht notwendig war, nicht aber, wenn sie notwendig war? Diese Annahme kann auch nicht durch den Hinweis darauf gerechtfertigt werden, daß nach § 498 Abs 2 der Wiederverkäufer verpflichtet sei, den gekauften Gegenstand vor Untergang und Verschlechterung zu schützen. § 500 bezieht sich nur auf Verwendungen **vor** der Ausübung des Wiederkaufs. Für spätere vgl. § 450 (bestr.); a. M. Planck A 1.

2. **Wertmaßstab.** Die Frage der Werterhöhung ist nach sachlichem Maßstabe zu prüfen. Dem Wiederverkäufer kann der Ersatz von Verwendungen nicht versagt werden, die den Wert der Sache für jedermann erhöhen, wenn auch der Wiederkäufer nach seinen besonderen Verhältnissen daran kein Interesse haben sollte. Anderseits kann dem Wiederkäufer der Ersatz von Verwendungen nicht zugemutet werden, die den Wert einzig nur in der Hand des Wiederverkäufers erhöhen. Zu vergleichen ist der Wert, den der Gegenstand im Augenblicke der Hingabe an den Käufer hatte, mit dem Werte, den er infolge der Verwendungen im Augenblicke der Herausgabe an den Wiederkäufer hat. Ein in der Zwischenzeit vorhanden gewesener, bei der Herausgabe aber nicht mehr vorhandener Mehrwert kommt nicht in Betracht. Nach Prot 2, 88 soll für die „Frage der Bereicherung des Wiederkäufers" maßgebend sein nicht der Zeitpunkt der Herausgabe der Sache, sondern der Zeitpunkt des Abschlusses des Wiederkaufs. In den Gesetzesworten hat diese Absicht der Kommission II. Lesung keinen Ausdruck gefunden. Die Natur des in Frage kommenden Ersatzanspruchs aber deutet auf den Zeitpunkt der Herausgabe. Der Ersatzanspruch des § 500 ist seiner Natur nach Bereicherungsanspruch im Gegensatze zu dem des § 450, dem der Bereicherungsgedanke fern liegt. Die Bereicherung aber ist erst im Augenblicke der Leistung vorhanden, wenn der Wiederkäufer mehr erhält, als er hingegeben und als er zu beanspruchen hat. Den Zeitpunkt der Abgabe der Wiederkaufserklärung als maßgebend anzunehmen ist aber auch kaum vereinbar mit Satz 2 des § 500; a. M. Planck a. a. O.

3. **Wegnahme von Einrichtungen.** Vgl. § 258. Zur Wegnahme von Einrichtungen ist der Wiederverkäufer nur berechtigt, nicht verpflichtet. Ist infolge der Einrichtung der Gegen-

stand verschlechtert oder wesentlich verändert, so kommt § 498 Abs 2 zur Anwendung. Hat die Einrichtung eine Verbesserung und Werterhöhung zur Folge, so kann der Wiederverkäufer für seine Verwendungen darauf nach Abs 1 Ersatz verlangen; der Wiederkäufer kann die Ersatzleistung nicht mit dem Hinweise auf das Recht zur Wegnahme verweigern.

§ 501

[1]) Ist als Wiederkaufpreis der Schätzungswert vereinbart, den der gekaufte Gegenstand zur Zeit des Wiederkaufs hat, so ist der Wiederverkäufer für eine Verschlechterung, den Untergang[2]) oder die aus einem anderen Grunde eingetretene Unmöglichkeit der Herausgabe[3]) des Gegenstandes nicht verantwortlich, der Wiederkäufer zum Ersatze von Verwendungen nicht verpflichtet[4]).

E I 480 II 436; M 2 344; P 2 12.

1. **Wiederkauf zum Schätzungswert.** Während die §§ 498 Abs 2, 500 von der Unterstellung ausgehen, daß die Vertragschließenden durch Bestimmen des Verkaufspreises zum Wiederkaufspreise ausdrücken wollen, der verkaufte Gegenstand solle im Falle des Wiederkaufs so herausgegeben werden, wie ihn der Käufer erhalten hat, unterstellt § 501 für den Fall des Wiederkaufs zum Schätzungswert, daß die Sache in dem Zustande wiedergekauft sein soll, in dem sie sich bei der Ausübung des Wiederkaufsrechts befindet. Den Beteiligten steht selbstverständlich im einen wie im andern Falle frei, anders zu bestimmen.

2. **Keine Haftung für Verschlechterung und Zerstörung.** Der Gegensatz, in den sich § 501 zu § 498 Abs 2 hinsichtlich der Verschlechterung und des Untergangs stellt, läßt keinen Zweifel, daß der Wiederverkäufer dem Wiederkäufer gegenüber auch dann nicht für den Schaden haften soll, wenn die Verschlechterung oder Zerstörung durch unvorsichtiges oder absichtliches Handeln des Wiederverkäufers herbeigeführt ist. Von einem Verschulden kann hier überall nicht die Rede sein, weil der Wiederverkäufer, anders als im Regelfalle des § 498, von vornherein nicht verpflichtet ist, den Kaufgegenstand unversehrt herauszugeben. Abweichendes können natürlich die Parteien vereinbaren. Nur für den Fall wird man eine Ausnahme machen müssen, daß der durch den Wiederkaufsvorbehalt Verpflichtete die Verschlechterung oder Zerstörung arglistig gerade zu dem Zwecke herbeiführt, um den Wiederkauf unmöglich zu machen. Denn, daß auch dies im Sinne beider Beteiligter gelegen sein sollte, kann unmöglich unterstellt werden.

3. **Unmöglichkeit der Herausgabe.** Die Veräußerung des Kaufgegenstandes an einen Dritten macht an sich die Erfüllung der Wiederverkaufsverpflichtung nicht unmöglich. Das Gesetz hat in § 499 bestimmt, daß der Käufer, wenn er vor der Ausübung des Wiederkaufsrechts über den gekauften Gegenstand verfügt, im Falle des Wiederkaufs die dadurch begründeten Rechte Dritter zu beseitigen hat. Diese Bestimmung ist auch auf den Vorbehalt des Wiederkaufs zum Schätzungspreise anzuwenden. Denn weder der Wortlaut des § 499 und seine Stellung im Gesetz, noch sein Grundgedanke zwingen zur Beschränkung auf den Fall des Wiederkaufs zum Verkaufspreise.

4. **Verwendungen.** Werterhöhende Verwendungen sind im Schätzungspreise schon mitvergütet, der Ersatz anderer aber ist beim Wiederkauf ohnehin grundsätzlich ausgeschlossen. Auch hier handelt es sich aber wieder nur um solche Verwendungen, die vor der Ausübung des Wiederkaufsrechts gemacht sind. Der Ersatz der nachher vom Wiederverkäufer gemachten Verwendung richtet sich nach § 450. — Einrichtungen, mit denen er die Sache versehen hat, kann der Wiederverkäufer auch im Fall des Wiederkaufs zum Schätzungspreise wegnehmen (§ 500 Satz 2).

§ 502

Steht das Wiederkaufsrecht mehreren gemeinschaftlich zu, so kann es nur im ganzen ausgeübt werden[1]). Ist es für einen der Berechtigten erloschen oder übt einer von ihnen sein Recht nicht aus[2]), so sind die übrigen berechtigt, das Wiederkaufsrecht im ganzen auszuüben[3])[4])[5]).

E II 437; M 2 341; P 2 91; 6 174.

1. **Gemeinschaftliches Wiederkaufsrecht.** Ausnahme von § 420, die nicht der Ausdehnung fähig ist, **RG** 4. 12. 08 III 96/08. Gleichviel, ob die Gemeinschaft von vornherein durch Einräumung des Wiederkaufsrechts an eine Mehrheit von Personen oder späterhin durch Abtretung oder Vererbung entstanden ist, gleichviel ferner, ob es sich um eine Gemeinschaft zur gesamten Hand oder eine Bruchteilgemeinschaft handelt, gleichviel endlich, ob der heraus-

zugebende Kaufgegenstand teilbar ist oder nicht, — der Wiederverkäufer soll nicht gezwungen sein, in die Gemeinschaft einzutreten. Von Gemeinschaftlichkeit des Wiederkaufsrechts ist dann keine Rede, wenn das Recht einer Mehrzahl von Personen, aber jedem für sich vorbehalten ist, z. B. wenn ein Vater beim Verkaufe des Anwesens bestimmt, daß jedem einzelnen seiner Kinder nach einer bestimmten Reihenfolge das Recht des Wiederkaufs zustehen soll. Auch dann liegt Gemeinschaftlichkeit des Wiederkaufsrechts nicht vor, wenn von mehreren in Bruchteilgemeinschaft befindlichen Verkäufern eines Gegenstandes beim Verkauf jeder sich für seinen Teil das Wiederkaufsrecht vorbehalten hat.

2. **Erlöschen oder Nichtausübung.** Der Wiederverkäufer kann nicht ohne weiteres das Wiederkaufsrecht als ausgeübt betrachten, wenn nur ein Teil der gemeinschaftlich Berechtigten die Ausübungserklärung abgibt. Denen, die die Erklärung abgeben, liegt vielmehr ob, darzutun, daß die übrigen ihr Recht durch Erlöschen verloren haben oder nicht ausüben. Die „Nichtausübung" muß im Sinne der endgültigen Verweigerung der Ausübung erfolgen. Nicht jedes Zögern kann in diesem Sinne gedeutet werden. Schwierigkeiten können insbesondere dann entstehen, wenn die Teilhaber zwar übereinstimmend gewillt sind, das Wiederkaufsrecht auszuüben, aber über den Zeitpunkt der Ausübung verschiedener Meinung sind. Es muß verneint werden, daß alle diejenigen, die nicht dem frühesten Zeitpunkte zustimmen, als nichtausübend zu betrachten sind (vgl. übrigens die §§ 741ff.).

3. **Ausübung durch die übrigen Berechtigten.** Es handelt sich hier nicht um die formelle Berechtigung zur Abgabe der Erklärung, daß das Wiederkaufsrecht ausgeübt werde, sondern um die materielle Wiederkaufsberechtigung. Nur die Übriggebliebenen kommen als nunmehr allein auf das Ganze berechtigte Wiederkäufer in Betracht, nur zwischen ihnen und dem Wiederverkäufer entstehen die Rechte und Verbindlichkeiten aus dem Wiederkauf.

Die Frage, ob dann, wenn ein Wiederkaufsrecht von mehreren im ganzen ausgeübt ist, einer der Wiederkäufer die Wiederkaufserklärung, soweit sie ihn betrifft, nach §§ 119ff. anfechten kann, wird zu bejahen sein. Denn die Ausübung im ganzen vereinigt die mehreren zu diesem Behuf abgegebenen Willenserklärungen nicht zu einer so untrennbaren Einheit, daß der Wille des einzelnen nicht mehr in Betracht käme (**RG** 65, 405). Dies selbst dann nicht, wenn etwa die Willenserklärungen der mehreren Wiederkäufer durch einen Bevollmächtigten äußerlich einheitlich abgegeben wären. Freilich wird man die Übrigbleibenden nach dem Ausscheiden des Anfechtenden an ihre Wiederkaufserklärung ebenfalls nicht für gebunden erachten können, da sie nur mit dem Ausgeschiedenen, nicht für sich allein, Wiederkäufer sein zu wollen erklärt haben. Man wird ihnen aber mit Rücksicht auf § 502 Satz 2 das Recht zugestehen müssen, ihre Wiederkaufserklärung auch für sich allein aufrechtzuerhalten. Gleiches wird dann anzunehmen sein, wenn sich die Erklärung eines der Wiederkäufer hinterher als nichtig erweisen sollte.

4. **Mehrheit von Wiederverkaufsverpflichteten.** Der Fall hat im Rahmen der Vorschriften über den Wiederkauf keine Regelung erfahren. Von entsprechender Anwendung des § 502 kann bei der Grundverschiedenheit der Lage keine Rede sein. Für die einzelnen in Betracht kommenden Fragen wird neben dem Inhalte des Wiederkaufsvorbehalts stets die besondere Art der Gemeinschaft unter den Verpflichteten zu berücksichtigen sein. Im Zweifel ist gemäß § 356 anzunehmen, daß das Wiederkaufsrecht gegenüber mehreren Verpflichteten nur gemeinsam ausgeübt werden kann.

5. **Rechtsverhältnis nach der Ausübung des Wiederkaufsrechts.** Mit der Ausübung des Wiederkaufsrechts sind die Rechte und Verbindlichkeiten aus dem Wiederkauf endgültig entstanden. Wie nunmehr zu erfüllen ist, wenn auf der einen oder andern Seite oder auf beiden Seiten eine Mehrheit von Berechtigten oder Verpflichteten vorhanden ist oder noch eintritt, ergibt sich aus den allgemeinen Gesetzesvorschriften, insbesondere aus den §§ 420ff.

§ 503

Das Wiederkaufsrecht kann bei Grundstücken nur bis zum Ablaufe von dreißig, bei anderen Gegenständen nur bis zum Ablaufe von drei Jahren nach der Vereinbarung des Vorbehalts ausgeübt werden. Ist für die Ausübung eine Frist bestimmt, so tritt diese an die Stelle der gesetzlichen Frist[1][2][3].

E II 438; M 2 341, 342; P 2 82, 88—90.

1. **Befristungszwang.** Das Gesetz läßt den Wiederkaufsvorbehalt im Gegensatz zum Vorkaufsrecht nur auf Zeit zu. Bestimmen die Vertragschließenden eine Frist, so gilt diese. Bestimmen sie keine Frist, so gilt die gesetzliche Frist. Nach Wortlaut, Sinn und Zweck des § 503 ist zweifellos, daß die gesetzlichen Fristen für den Fall Zwangsfristen sind, daß die Parteien dem Verkäufer und seinen Rechtsnachfolgern das Wiederkaufsrecht für immer einräumen. Der Wille der Beteiligten ist insoweit eingeschränkt, daß ihnen unmöglich gemacht ist, unbefristete Wiederkaufsrechte einzuräumen. Sie können anderseits nicht nur

kürzere, sondern auch längere Fristen bestimmen als die gesetzlichen. Wird die Frist jedoch so weit erstreckt, daß nach den Umständen die Einräumung des Wiederkaufsrechts auf unbeschränkte Zeit vorliegt, so treten die gesetzlichen Fristen in Kraft. Auch bei Grundstücken ist das Wiederkaufsrecht kein dingliches.

2. Berechnung der Fristen, §§ 187 ff. Die Frist ist eine Ausschlußfrist und beginnt mit dem Tage, der auf die Einräumung des Vorbehalts folgt, gleichviel ob das Wiederkaufsrecht im Kaufvertrage selbst oder späterhin durch eine neue Vereinbarung eingeräumt wird. Fraglich kann sein, wann sie beginnt, wenn der Kaufvertrag, dem der Vorbehalt beigefügt ist, selbst aufschiebend bedingt oder befristet ist. Der Wortlaut scheint auch für diesen Fall auf den Vereinbarungstag zu deuten. Der Zweck der Fristsetzung führt jedoch zu der Annahme, daß die Frist erst von dem Ablaufe des Tages an zu laufen beginnt, an dem der Kauf infolge des Eintritts der Bedingung oder des Ablaufs der gesetzten Frist in Wirksamkeit tritt. Denn die gesteckte Frist ist die Zeit, innerhalb deren der Wiederkauf zustehen soll. Solange aber der Kauf noch nicht in Wirksamkeit tritt, ist der Wiederkauf begrifflich ausgeschlossen. Dies gilt sowohl für die vereinbarte, wie für die gesetzliche Frist. Ohne Belang für den Lauf der Frist dagegen ist die Übergabe der Kaufsache an den Käufer. Die Frist läuft selbst dann, wenn vereinbarungsgemäß die verkaufte Sache dem Käufer überhaupt nicht übergeben wird, wie in den Fällen, in denen an Stelle der Verpfändung der Verkauf mit Wiederkaufsvorbehalt gewählt wird.

3. Verjährung. Die Fristen des § 503 sind keine Verjährungsfristen. Die Grundsätze über die Hemmung der Verjährung finden auf sie auch nicht entsprechende Anwendung. Das Wiederkaufsrecht selbst unterliegt, weil kein Anspruch, nicht der Verjährung. Die durch die Geltendmachung des Wiederkaufsrechts entstandenen gegenseitigen Ansprüche des Wiederverkäufers und Wiederkäufers aber verjähren nach den gewöhnlichen Vorschriften der §§ 194 ff.

3. Vorkauf

§ 504

Wer in Ansehung eines Gegenstandes zum Vorkaufe berechtigt ist, kann das Vorkaufsrecht ausüben[1]), sobald der Verpflichtete mit einem Dritten einen Kaufvertrag[2]) über den Gegenstand geschlossen hat[3])[4])[5]).

E I 481 II 439; M 2 345, 346; P 2 93—97.

1. Wesen des Vorkaufsrechts. Das Vorkaufsrecht ist nur ein bestimmter Fall des allgemeinen Einlösungsrechts. Das Besondere bei ihm ist, daß es in seiner Ausübung durch den Abschluß eines Vertrags des Verpflichteten mit einem Dritten auf Übereignung der nämlichen Sache bedingt ist und daß dieser Vertrag zugleich den Inhalt für das Vertragsverhältnis zwischen dem Vorkaufsberechtigten und dem Vorkaufsverpflichteten abgibt, auf Grund dessen dann die Einlösung der Sache erfolgen kann. In der Vereinbarung eines Vorkaufs liegt ausgedrückt, daß die Bedingung seines Eintritts eben der Kauf des Verpflichteten mit einem Dritten sein muß. Daher erklären auch M 2, 345 ganz folgerichtig: „Ist auf Grund eines andern Vertrags veräußert worden (nämlich vom Verpflichteten an einen Dritten), so ist das obligatorische Vorkaufsrecht vereitelt worden." Richtiger gesagt: es ist dann die Bedingung für das Einlösungsrecht nicht eingetreten. Aus dem gleichen Grunde ist es richtig, wenn **RG** 101, 101 und im Schrifttum gesagt wird, ein Vorkaufsrecht entsteht nur bei Abschluß eines Kaufes zwischen dem Verpflichteten und einem Dritten. Verfehlt aber wäre es, das Einlösungsrecht nur in der Form des Vorkaufs als rechtlich möglich anzuerkennen. Wie der Kaufvertrag, so kann jeder andere Veräußerungsvertrag Bedingung für die Ausübung eines Einlösungsrechts werden, Voraussetzung bleibt nur, daß dieser Veräußerungsvertrag auch für das zwischen dem Einlösungsberechtigten und Verpflichteten entstehende Vertragsverhältnis zum Inhalt erhoben werden kann, was namentlich bei Gegenleistungen der Fall ist, die in vertretbaren Sachen bestehen. Auch ein Vortauschsrecht ist sonach möglich (**RG** V 13. 10. 20). Vgl. hierzu Lobe in RechtuWirtsch 1922, 418. — Wenn das BGB nur den Vorkauf behandelt, so liegt das in der geschichtlichen Entwicklung und wirtschaftlichen Bedeutung. — Um nicht beim Kaufbewerb durch andere verdrängt zu werden, kann der Kaufliebhaber mit dem künftigen Verkäufer eines Gegenstandes vereinbaren, daß er ihm die Gebote der anderen mitteilt, und ihn im Falle gleich hohen Gebots vor den andern als Käufer annimmt. Wenn nur die Vorhand vor anderen Kauflustigen zugesichert wird derart, daß der Verkäufer die Ware dem Kauflustigen zu einem bestimmten Preise anbieten soll, dann ist noch kein Vorkaufsrecht begründet (**RG** 31. 5. 07 III 505/06). Die Annahmefrist für dieses Angebot bestimmt sich nach den allgemeinen Vorschriften, nicht nach § 510 (Warn 1919 Nr 157). Das Vorkaufsrecht geht erheblich weiter. Es gibt dem Berechtigten nicht nur einen Anspruch darauf, daß der Kaufvertrag mit ihm abgeschlossen wird, sondern eröffnet ihm — in gleicher Weise wie das Wiederkaufsrecht — die Möglichkeit, von sich aus den Rechtszustand herbeizuführen, der dem Verkauf an ihn entspricht, die Möglichkeit, unmittelbar ohne weitere rechtsgeschäftliche Tätigkeit des Verkäufers ihm gegenüber in die Rechtsstellung als Käufer einzutreten, § 505 Abs 2. Das Vorkaufsrecht ist insofern ebenfalls ein bedingtes Einlösungsrecht wie das Wiederkaufsrecht. Das Vorkaufsrecht ist also das Recht, in einen zwischen dem Veräußerer und einem Dritten abgeschlossenen Kaufvertrag unter den zwischen ihnen vereinbarten Bedingungen einzutreten. Der Vorkaufsberechtigte darf vor jedem Dritten kaufen, muß sich aber den von diesem dem Verkäufer zugestandenen Bedingungen fügen (RG 108, 228). Der Berechtigte kann also, im Gegensatz zum Wiederkaufsberechtigten, keinen Einfluß auf die Erwerbsbedingungen ausüben. § 506 findet daher auch keine entsprechende Anwendung. Auch die Vereinbarung eines Vorkaufsrechts zu einem bestimmten Preise ist nicht unzulässig, weil auf dem Gebiete des Rechtes der Schuldverhältnisse grundsätzlich Vertragsfreiheit herrscht, die durch § 505 Abs 2 keine Einschränkung erleidet (RG 104, 123). Gleich dem Wiederkaufsrechte kann das Vorkaufsrecht durch Vereinbarung beim Verkauf dem Verkäufer vorbehalten werden und kommt alsdann dem Wiederkaufsrechte sehr nahe (SeuffA 39 Nr 100). Es kann aber auch zugunsten eines jeden anderen selbständig bestellt werden. Die Bestellung kann durch Vertrag, insbesondere als Nebenabrede eines anderen Vertrags (Miete, Pacht, Schenkung), sie kann aber auch durch Vermächtnis erfolgen (SeuffA 69 Nr 127), bez. der Aufwertung RG JW 1924, 1970[6]. Der Vertrag über die Bestellung eines Vorkaufsrechts in Ansehung eines Grundstücks bedarf der gerichtlichen oder notariellen Beurkundung nach § 313, da durch ihn sich der eine Teil verpflichtet, das Eigentum an dem Grundstücke dem anderen zu übertragen, wenn er darüber mit einem Dritten einen Kaufvertrag schließen und der andere das Vorkaufsrecht ausüben sollte (RG 72, 385). Das BGB unterscheidet scharf zwischen dem persönlichen schuldrechtlichen Vorkaufsrecht, das es in §§ 504—514 regelt, und dem dinglichen Vorkaufsrecht in §§ 1094—1104 (RG JW 1922, 576[2]). Ein Vertrag über die Einräumung eines dinglichen Vorkaufsrechts bedarf der Form des § 313 (RG 110, 333). Für Anwendung des § 313 Satz 2 auf den persönlichen Vorkaufsvorbehalt gilt das gleiche, wie bei dem ganz ähnlichen Falle des Wiederkaufsvorbehalts (vgl. § 497). Das schuldrechtliche Vorkaufsrecht wieder kann ein vertragliches und ein gesetzliches sein, z. B. bei Miterben (§§ 2034 ff. durch Vermächtnis, [§ 1939]; OLG 9, 387) und nach Landesrecht (EGBGB Artt 65—69, 109). Ob die landesrechtlichen gesetzlichen Vorkaufsrechte mit dem Reichsrechte vereinbar sind, ist bestritten. Tatsächlich hat eine Reihe von Ländern öffentlichen oder gemeinnützigen Verbänden ein gesetzliches Vorkaufsrecht an Grundstücken eingeräumt. Die Gültigkeit wird bejaht für Sachsen vom OLG Dresden auf Grund von EGBGB Art 119 Nr 1 (SächsArch 1923, 28). Vgl. hierzu RG 107, 261. Verneint dagegen von Smoschewer, Gruch 67, 57 und Recht 1924 S. 234, 286. Denn Zwangsvorkaufsrecht sei ein Enteignungsfall. Dort werden auch die verschiedenen Landesgesetze aufgeführt. Ferner Stillschweig JW 1926, 167. Ein reichsrechtliches Vorkaufsrecht wird geschaffen in § 4 Reichssiedlungsgesetz v. 11. 8. 19 (RG 106, 320); Ponfick in JW 1923, 278). Vgl. hierzu auch 108, 329; Flitner, Das Vorkaufsrecht an der Heimstätte in der Zwangsversteigerung, Gruch 67 (1924), 131 ff. Ein gesetzliches Vorkaufsrecht tritt nur in Wirksamkeit, wenn zwischen dem Verkäufer als Vorkaufsverpflichteten und dem Dritten ein rechtsgültiger Kaufvertrag geschlossen worden ist (RG 98, 47; RG 12. 10. 21 V 158/21). Auch beim dinglichen Vorkaufsrecht wird durch die Ausübung des Vorkaufs der Eigentumserwerb des Verpflichteten nicht hinfällig und der Berechtigte wird nicht ohne weiteres Eigentümer, vielmehr erhält er nur einen Anspruch auf Eigentumsübertragung (RG 21. 5. 22 V 204/2 1in LZ 1921 Sp 286). Er kann vom Vorkaufspflichtigen Auflassung verlangen, der Dritte ist gehalten, seine Zustimmung zur Eintragung als Eigentümer zu geben. Wenn der Vorkaufsberechtigte infolge Fristsetzung nach Ausübung seines Vorkaufsrechts seinen Erfüllungsanspruch verloren hat, eine Übertragung des Grundstücks an ihn also nicht mehr in Frage kommt, bleibt das Eigentum beim Dritten, der es vom Vorkaufsverpflichteten erhalten hat.

Vormerkung im Grundbuche zur Sicherung des persönlichen Vorkaufsrechts ist ebenso wie beim Wiederkaufsrechte möglich (RG 67, 48; 69, 282; 72, 392). Das vorgemerkte Vorkaufsrecht ist aber von dem dinglichen Vorkaufsrecht wesentlich verschieden. Es kann namentlich einen bei dinglichem Vorkaufsrecht unzulässigen Inhalt, z. B. festen Preis, haben (RG 104, 123). Es ist auch die Vormerkung eines persönlichen Vorkaufsrechts an einem Recht an einem Grundstück zulässig, das nicht selbst einem Grundstücke gleichsteht. Weiter kann das persönliche Vorkaufsrecht als Realrecht mit dem Eigentum an einem Grundstück verbunden werden. Ein dingliches Vorkaufsrecht mit festbestimmtem Preise kann weder begründet noch vorgemerkt werden (RG 104, 123; Warn 1914 Nr 50; LZ 1914, 475[6]). Gegenüber dem Erwerber eines Grundstücks wirkt ein vom Vorbesitzer einem Dritten eingeräumtes Vorkaufsrecht nur dann, wenn es zur Zeit des Kaufvertrags bereits entstanden war; das dingliche Vorkaufsrecht also nur, wenn es im Grundbuch eingetragen war. Auf den guten Glauben des Erwerbers über die Einräumung des Vorkaufsrechts kommt es nicht an (RG JW 1927, 1415[10]).

2. Kaufvertrag. Unerläßliche Voraussetzung für den Vorkauf ist der formrichtige und rechtsgültige Kaufvertrag zwischen dem Verpflichteten und dem Dritten (RG 10. 3. 06 V 497/05). Die Ausübung des Vorkaufsrechts hängt also nicht, wie beim Wiederkauf, vom bloßen Belieben des Berechtigten ab. Tauschverträgen gegenüber kann das Vorkaufsrecht auch dann nicht ausgeübt werden, wenn eine größere Barzulage ausbedungen ist (RG 88, 361). Tauschverträge zur Umgehung des Vorkaufsrechts sind sittenwidrig. Es ist aber häufig zu fragen, ob das Einlösungsrecht sich nicht auch auf Tauschverträge beziehen soll. Die Einräumung eines Ankaufsrechts ohne die Voraussetzung eines Kaufvertrags zwischen dem Verpflichteten und einem Dritten erzeugt kein Vorkaufsrecht im Sinne des § 504 (RG 31. 5. 07 III 505/06), die Ausübung des Vorkaufsrechts hat ohne solchen anderweitigen Kauf nicht statt. Die Übernahme der Verpflichtung, dem Berechtigten beim künftigen Abschluß von anderen Rechtsgeschäften als Vorkäufer die Vorhand zu lassen, kann nicht als Einräumung eines Vorkaufsrechts bezeichnet und behandelt werden. So nicht die Verpflichtung eines Komponisten, seinem jetzigen Verleger auch das Vorrecht auf seine künftigen Kompositionen zu lassen (RG 79, 156). Auch eine „entsprechende Anwendung" der Grundsätze über das Vorkaufsrecht auf solche Fälle ist nicht möglich. Wird der Gegenstand durch Tausch oder Schenkung, Einbringen in eine Gesellschaft, veräußert, so tritt das Vorkaufsrecht nicht in Wirksamkeit; ein etwa vertragsmäßig eingeräumtes Recht, in solchen Fällen als Käufer einzutreten, kann nicht als Vorkaufsrecht angesehen und den §§ 504ff. unterstellt werden (RG 101, 101). — Das den Siedlungsgesellschaften durch die preuß. VO v. 23. 12. 18 verliehene gesetzliche Vorkaufsrecht setzt gleichfalls einen gültigen Kaufvertrag voraus (RG JW 1922, 218[2], ferner 1198[5]; RG 98, 44; 104 S. 43, 324; 106, 323).

3. Geschlossen. Es genügt nicht, daß das Angebot des Dritten vorliegt, und daß der Verkäufer seine Absicht, das Angebot anzunehmen, dem Vorkaufsberechtigten zur Erklärung mitteilt, ob er eintrete. Geschieht dies, und der Vorkaufsberechtigte erklärt, daß er das Vorkaufsrecht ausübe, so ist damit der Vorkauf im Sinne der §§ 504ff. nicht zustande gekommen. (Vgl. auch hierzu RG 79, 156.) Wohl aber kann auf solche Weise Kauf zwischen dem Vorkaufsberechtigten und dem Vorkaufsverpflichteten an Stelle des Vorkaufs zustande kommen. Der Unterschied ist wichtig für die Frage der Form, wenn Grundstücke Kaufgegenstand sind. Denn dieser Kauf zwischen Vorkaufsberechtigten und Vorkaufsverpflichteten bedarf dann der Beurkundung durch Gericht oder Notar, während die Ausübung des Vorkaufsrechts durch Erklärung dieser Form nicht bedarf. Die Mitteilung des Angebots kann aber auch nach anderer Seite von Wichtigkeit sein. Erklärt darauf der Vorkaufsberechtigte, daß er von der Ausübung des Vorkaufsrechts keinen Gebrauch machen wolle, so wird dieser Erklärung die rechtliche Wirkung eines Verzichts auf die Vorkaufsausübung nicht versagt werden können. Der Verzicht bedarf jedoch der Annahme (RG JW 1912, 858[14]). Über Anfechtung der Ausübung des Vorkaufsrechts SeuffA 59 Nr 200. Es kann endlich auch von den Parteien vereinbart werden, daß schon Vorverhandlungen mit dem Dritten das Kaufrecht des Berechtigten auslösen (RG 26. 3. 15 III 507/14).

Als geschlossen kann der Kaufvertrag zwischen dem Vorkaufsverpflichteten und dem Dritten nur dann gelten, wenn er gültig zustande gekommen ist. Ein nichtiger Kaufvertrag bietet keine Unterlage für die Ausübung des Vorkaufsrechts. Dagegen hindert die Anfechtbarkeit des vom Vorkaufsverpflichteten mit dem Dritten geschlossenen Kaufvertrags die Ausübung des Vorkaufsrechts jedenfalls insoweit nicht, als die Anfechtung dem Dritten zusteht. Inwieweit ein Anfechtungsgrund, der dem Vorkaufsverpflichteten in der Richtung gegen den Dritten zusteht, auch das Rechtsverhältnis zum Vorkaufsberechtigten beeinflußt, ist nach den besonderen Umständen des Falles zu beantworten. Geschlossen ist der Kaufvertrag, auch wenn er an eine Bedingung geknüpft ist. Es besteht kein innerer Grund, den Vorkaufsfall bei bedingtem Kaufabschluß nicht zuzulassen. Das ist bei der auflösenden Bedingung ohne weiteres einleuchtend, muß aber auch für die aufschiebende gelten. Allerdings kann die Bedingung derart sein, daß nur der Käufer, nicht auch der Vorkaufsberechtigte sie erfüllen kann und für diesen Fall, aber auch nur für diesen, wenn die Bedingung ernsthaft und nicht nur zur Umgehung des Rechtes gesetzt ist, mag man die Ausübung des Vorkaufsrechts wie im Fall des § 507 Satz 2 für ausgeschlossen erachten. Ist zur Wirksamkeit des Kaufvertrags noch die Genehmigung einer Behörde erforderlich, liegt noch kein rechtswirksamer Vertrag vor (RG 98, 44). Bis dahin kann der Vertrag also rückgängig gemacht werden, ohne daß der Vorkaufsberechtigte daraus Rechte herleiten könnte (RG 106, 323). Bis zur Erteilung der Genehmigung besteht ein Schwebezustand. Die Bindung der Vertragsparteien wird durch Versagung der Genehmigung aufgehoben, das Gesetz erzeugt Ansprüche erst von der Genehmigung ab (RG 98 S. 48, 244; 102, 3; 103, 106; 106, 324; 108, 94; 114, 158).

Im übrigen aber wird die Ausübung des Vorkaufsrechts durch den Berechtigten dadurch nicht behindert, daß die Vertragschließenden nachträglich den Vertrag durch eine Vereinbarung rückgängig machen. Dies selbst dann nicht, wenn die neue Vereinbarung erfolgte, bevor der Vorkaufsberechtigte von dem Abschlusse des Verkaufs Kenntnis erhalten hatte. Das gleiche gilt für den Fall der Auflösung des Kaufvertrags durch Rücktritt. Vgl. hierzu § 506. Damit steht nicht ganz in Einklang **RG** JW 1927, 2413[3a], wonach der Vorkaufsberechtigte an Änderungen des Kaufvertrags gebunden sein soll, die vor Ausübung des Vorkaufsrechts vorgenommen worden sind. Hierzu auch Oertmann ebenda.

4. Das Vorkaufsrecht **erlischt** nicht durch einseitige Verzichterklärung des Vorkaufsberechtigten, vielmehr ist dazu erforderlich eine vertragliche Vereinbarung, also ein Erlaßvertrag nach § 397 (**RG** 14. 6. 12 II 145/12).

5. Das Vorkaufsrecht ist **ausgeschlossen** a) im Falle von § 507 Satz 2, b) von § 511, c) von § 512. Für das dingliche Vorkaufsrecht vgl. § 1058 Abs 1. In diesen Fällen erlischt das Vorkaufsrecht, ohne daß dem Berechtigten ein Entschädigungsanspruch gegen den Verpflichteten zustünde.

§ 505

Die Ausübung des Vorkaufsrechts erfolgt durch Erklärung gegenüber dem Verpflichteten. Die Erklärung bedarf nicht der für den Kaufvertrag bestimmten Form[1]).

Mit der Ausübung des Vorkaufsrechts kommt der Kauf zwischen dem Berechtigten und dem Verpflichteten unter den Bestimmungen zustande, welche der Verpflichtete mit dem Dritten vereinbart hat[2]).

E I 482 II 439; M 2 346, 347; P 2 97—100.

1. Ausübung des Vorkaufsrechts. Vgl. hierzu § 497 A 4, 5.

2. Inhalt des Vorkaufs. Durch die Ausübung des Vorkaufsrechts tritt der Berechtigte an Stelle des dritten Käufers in den Vertrag des Vorkäufers mit diesem ein (**RG** 67, 62; 72, 385). Es entstehen zwischen dem Vorkaufsberechtigten und dem Vorkaufsverpflichteten ganz die gleichen Rechte und Verbindlichkeiten, wie sie aus dem Kaufvertrage zwischen dem Verpflichteten und dem Dritten entspringen. Dem Vorkaufsberechtigten, dem der Käufer das vom Verpflichteten gekaufte Grundstück herauszugeben hat, steht der Käufer nicht als Verkäufer gegenüber (**RG** JW 1927, 1415[11]). Dies erstreckt sich auf alle Bedingungen, Zeitbestimmungen und sonstigen Haupt- und Nebenverabredungen vorbehaltlich allein der Ausnahmen in den §§ 506, 507 (**RG** in JW 1923, 1024[2]). Ist dem Dritten nur auf Probe verkauft, so ist auch der Vorkauf nur Kauf auf Probe, ist mit dem Dritten ein Rücktrittsrecht bedungen, so haftet es auch dem Vorkauf an. Die Vorschrift ist, soweit sie das persönliche Vorkaufsrecht regelt, nicht zwingend (RJA 5, 120; **RG** 10. 5. 07 II 19/07). Bei der Einräumung des Vorkaufsrechts können also die Beteiligten anders bestimmen. Sie können insbesondere auch einen festen Vorkaufspreis sowie den Ausschluß von Bedingungen vereinbaren (**RG** 10. 5. 07 II 19/07; **RG** JW 08, 68[2]). Der Vorkaufspreis ist bei Veränderung des Geldwertes dieser Veränderung entsprechend zu erhöhen oder zu ermäßigen, wenn die Parteien bei seiner Festsetzung von dem gleichbleibenden Wert des Geldes als Wertmesser ausgingen, wie anzunehmen ist. Auf das Vertragsverhältnis zwischen dem Vorkaufsverpflichteten und seinem Käufer hat die Ausübung des persönlichen Vorkaufsrechts keinen Einfluß (**RG** JW 1911, 448[14]). Es ist Sache des Vorkaufsverpflichteten, den Verkauf so einzurichten, daß ihm im Falle der Ausübung des Vorkaufsrechts keine Schwierigkeiten entstehen. Zwischen dem Vorkaufsberechtigten und dem Käufer, der durch die Ausübung des persönlichen Vorkaufsrechts ausgeschlossen werden soll, bestehen auf Grund dieses Vorkaufsrechts überhaupt keine unmittelbaren Rechtsbeziehungen (**RG** 4. 3. 11 V 209/10). Vgl. hierzu § 506. Der Vorkaufsberechtigte hat sonach auf die Fassung der Erwerbsbedingungen keinen Einfluß, im Gegensatz zum Wiederkaufsberechtigten, der die Rückkaufsbedingungen im voraus festlegen kann (**RG** in JW 1923, 1024[2]; 108, 208). Dem Dritten gegenüber gewährt das persönliche Vorkaufsrecht namentlich keinen Herausgabeanspruch, auch nicht, wenn er beim Erwerb des Gegenstandes das Bestehen eines Vorkaufsrechts kannte. Nur wenn das Vorkaufsrecht im Grundbuch eingetragen ist, gelten dem Dritten gegenüber die §§ 883 Abs 2 u. 888 Abs 1. Auch beim dinglichen Vorkaufsrecht kann der Berechtigte gegen den Verpflichteten nach § 326 vorgehen, gleichviel ob er auch gegen den Dritten auf Grund des dinglichen Vorkaufsrechts Ansprüche hätte geltend machen können (**RG** 17. 5. 22 V 599/21 in JW 1922, 1576[2]).

Ist in einem Gesellschaftsvertrag einer G. m. b. H. die freie Veräußerlichkeit des Geschäftsanteils nur insoweit beschränkt, als bei dessen Veräußerung den übrigen Gesellschaftern ein Vorkaufsrecht nach § 505 gegeben ist, so kann nicht darüber hinausgehend ein

Gesellschaftsbeschluß die G. m. b. H. berechtigen, gerade den veräußerten Geschäftsanteil, dem gegenüber sie das Vorkaufsrecht nicht ausgeübt hat, zum Nennwert einzuziehen. Die freie Veräußerlichkeit des Geschäftsanteils ist ein Sonderrecht des neu eingetretenen Gesellschafters, das ihm nicht gegen seinen Willen genommen werden kann (ZBlFG 14, 480).

3. Die Grundsätze über die Notwendigkeit der Aufwertung gelten auch für den Fall, daß der Kaufvertrag durch Ausübung des Vorkaufsrechts zustande kommt (**RG** 106, 7; 107 S. 127, 186; 109, 159).

§ 506

Eine Vereinbarung des Verpflichteten mit dem Dritten, durch welche der Kauf von der Nichtausübung des Vorkaufsrechts abhängig gemacht oder dem Verpflichteten für den Fall der Ausübung des Vorkaufsrechts der Rücktritt vorbehalten wird, ist dem Vorkaufsberechtigten gegenüber unwirksam.

E I 481 II 440; M 2 346; P 2 97.

Wirkung von Rücktrittsvorbehalten. Die Gefahr, infolge der Ausübung des Vorkaufsrechts von zwei Käufern auf dieselbe Sache in Anspruch genommen zu werden, legt dem Vorkaufsverpflichteten nahe, im Kaufvertrage mit dem Dritten für den Fall der Ausübung des Vorkaufs das Rückgängigwerden des Kaufs oder den Rücktritt vorzubehalten. Das ist zum Schutze des Verkäufers zulässig, gegenüber dem Vorkaufsberechtigten aber selbst dann wirkungslos, wenn der Vorbehalt zu dem Zwecke gemacht sein sollte, die Ausübung des Vorkaufs auszuschließen. Die Vorschrift will verhindern, daß der hinsichtlich der Fassung der Kaufbedingungen machtlose Vorkaufsberechtigte durch diese Abreden um sein Vorkaufsrecht gebracht werde. Eine gleiche Bestimmung ist für den Wiederkauf nicht nötig (**RG** in JW 1923, 1024[2]; **RG** 108, 228). § 506 stellt eine Ausnahme von § 505 dar, hängt mit dem Wesen des Vorkaufsrechts zusammen und findet keine entsprechende Anwendung auf das andersartige Wiederkaufsrecht. Andere Rücktrittsvorbehalte gehen nach § 505 in den Vorkauf über.

§ 507

Hat sich der Dritte in dem Vertrage zu einer Nebenleistung verpflichtet, die der Vorkaufsberechtigte zu bewirken außerstande ist, so hat der Vorkaufsberechtigte statt der Nebenleistung ihren Wert zu entrichten[1]). Läßt sich die Nebenleistung nicht in Geld schätzen, so ist die Ausübung des Vorkaufsrechts ausgeschlossen; die Vereinbarung der Nebenleistung kommt jedoch nicht in Betracht, wenn der Vertrag mit dem Dritten auch ohne sie geschlossen sein würde[2]).

E I 484 II 441; M 2 348, 349; P 2 100—104.

1. **Ausgleich von Nebenleistungen des Drittkäufers** in Geld nach dem Schätzungswerte zur Zeit der Erfüllung (M). Abweichende Vereinbarung ist bei der Einräumung des Vorkaufsrechts zulässig. Die Vorschriften des § 507 sind nicht zwingend. Es kann insbesondere bestimmt werden, daß für den Vorkaufsberechtigten solche Nebenleistungen überhaupt nicht in Betracht kommen.

2. **Ausschluß der Übernahme von Nebenleistungen,** insbesondere bei geringfügigen, rein persönlichen Nebenleistungen.

§ 508

Hat der Dritte den Gegenstand, auf den sich das Vorkaufsrecht bezieht, mit anderen Gegenständen zu einem Gesamtpreise gekauft, so hat der Vorkaufsberechtigte einen verhältnismäßigen Teil des Gesamtpreises zu entrichten[1]). Der Verpflichtete kann verlangen, daß der Vorkauf auf alle Sachen erstreckt wird, die nicht ohne Nachteil für ihn getrennt werden können[2]).

E I 4 4 II 442 M 2 349, 350; P 2 105.

1. **Verhältnismäßiger Teil.** Es handelt sich lediglich um die rechnerische Ermittlung des nicht ausgeworfenen Einzelpreises aus dem Gesamtpreis durch Vergleichung des (zu schätzenden) Einzelwerts mit dem ebenfalls zu schätzenden Gesamtwert. Die Formel ist danach: Unbekannter Einzelpreis : bekanntem Gesamtpreis = Geschätzter Einzelwert: geschätztem Gesamtwert. Kommt der Gesamtpreis dem wirklichen Gesamtwerte gleich, so

vereinfacht sich die Arbeit zur unmittelbaren Schätzung des Einzelwerts und dieser hat als Einzelpreis zu gelten.

2. **Zwangsausdehnung des Vorkaufs.** Hier ergibt sich zunächst die Frage, ob der Zwang gegen den Vorkäufer nur dann zulässig ist, wenn die Angabe von Einzelpreisansätzen beim Verkauf der Gegenstände unterblieben ist, oder ob es lediglich darauf ankommt, daß die zusammenverkauften Gegenstände ohne Nachteil für den Verpflichteten nicht getrennt werden können. Der Wortlaut deutet auf erstere Annahme, Sinn und Zweck zwingen aber zur letzteren. Streit ist ferner darüber, ob der Vorkaufsberechtigte, wenn er in einem Falle dieser Art das Vorkaufsrecht auszuüben erklärt hat und nachträglich vom Verpflichteten auf Ausdehnung des Vorkaufs in Anspruch genommen wird, sich davon durch Verzicht auf die Ausübung des Vorkaufsrechts befreien kann. Die Mehrzahl der Schriftsteller verneint die Frage, weil die Erklärung, das Vorkaufsrecht auszuüben, unwiderruflich, einseitiger Rücktritt nicht statthaft sei. Das letztere ist zuzugeben, nicht aber die daraus gezogene Folgerung. Der Wortlaut, daß der Verpflichtete „verlangen kann, daß der Vorkauf auf alle Sachen erstreckt wird, die nicht ohne Nachteil für ihn getrennt werden können", erweckt allerdings den Anschein, als ob dem Verpflichteten der Erstreckungsanspruch einfach und unbedingt gewährt sei. So wörtlich wird aber die Bestimmung nicht aufgefaßt werden dürfen. § 508 Satz 2 soll lediglich den Verpflichteten davor schützen, daß er gezwungen wird, zu seinem Schaden Untrennbares auseinanderzureißen. Dazu genügt es, wenn er in der Lage ist, den Vorkaufsberechtigten vor die Wahl zu stellen, daß er entweder von der Ausübung des Vorkaufsrechts oder — wenn dieses schon ausgeübt ist — von der Geltendmachung der daraus entstandenen Rechte Abstand nimmt, oder den Vorkauf auf alle untrennbaren Sachen erstreckt. Diesen Sinn hat — näher besehen — der Ausdehnungsanspruch. Wird er so, wie er hiernach gegeben ist, geltend gemacht und nimmt daraufhin dann der Berechtigte vom Vorkauf Abstand, so kann von einem einseitigen Rücktritt oder einem einseitigen Verzichte nicht die Rede sein. Die Abstandnahme erfolgt vielmehr im beiderseitigen Einverständnisse und ist deshalb gültig ohne Rücksicht darauf, ob sie vor der Ausübung des Vorkaufsrechts erklärt wurde oder nachher.

Die Vorschrift bedeutet nicht eine Erstreckung des Vorkaufs seiner dinglichen Wirkung nach auf ein mitverkauftes, nicht mit dem Vorkauf belastetes Grundstück (SeuffA 66 Nr 205). Ist ein mit einem Vorkaufsrecht belastetes Grundstück zusammen mit einem nichtbelasteten für einen Gesamtpreis verkauft worden und ist die Auflassung erfolgt, so bleibt der Erwerb des Käufers, wenn der Verkauf auf Verlangen des Vorkaufsverpflichteten vom Berechtigten auf das nichtbelastete Grundstück erstreckt wird, hiervon in Ansehung des nichtbelasteten Grundstücks unberührt (**RG** 4. 3. 11 V 109/20). § 508 Satz 2 enthält zwar nachgiebiges Recht, sein Ausschluß durch Parteivereinbarung kann aber nicht schon daraus hergeleitet werden, daß die sämtlichen Grundstücke früher eine wirtschaftliche Einheit bildeten und daß dann an einzelnen zeitlich begrenzte Miets- und Vorkaufsrechte eingeräumt worden sind, ohne daß die Absicht des Gesamtvorkaufs aufgegeben worden ist (**RG** 97, 282).

§ 508 ist auch auf das Vormietungsrecht entsprechend anzuwenden (OLG 17, 26). — Satz 2 des § 508 enthält nachgiebiges Recht, das durch Parteivereinbarung ausgeschlossen werden kann (**RG** 97, 283).

§ 509

Ist dem Dritten in dem Vertrage der Kaufpreis gestundet worden, so kann der Vorkaufsberechtigte die Stundung nur in Anspruch nehmen, wenn er für den gestundeten Betrag Sicherheit leistet.

Ist ein Grundstück Gegenstand des Vorkaufs, so bedarf es der Sicherheitsleistung insoweit nicht, als für den gestundeten Kaufpreis die Bestellung einer Hypothek an dem Grundstücke vereinbart oder in Anrechnung auf den Kaufpreis eine Schuld, für die eine Hypothek an dem Grundstücke besteht, übernommen worden ist.

E II 443; M 2; P 2 105—107.

Stundung. 1. Die Vorschrift des Abs 1 bildet eine weitere Ausnahme von dem Satze, daß der Vorkäufer in den Kaufvertrag so eintritt, wie er mit dem Dritten geschlossen ist. Da die Stundung ohne Sicherheit Sache des persönlichen Vertrauens ist, kann der Vorkäufer sie nicht beanspruchen. Er muß vielmehr entweder Zug um Zug erfüllen oder nach §§ 232 bis 240 Sicherheit leisten.

2. Bei Grundstücken erleidet die Vorschrift des Abs 1 eine Einschränkung insofern, als der Berechtigte Stundung ohne Sicherheit in Anspruch nehmen kann, wenn es sich um die daselbst genannten Fälle handelt.

§ 510

Der Verpflichtete hat dem Vorkaufsberechtigten den Inhalt des mit dem Dritten geschlossenen Vertrags unverzüglich mitzuteilen[1]). Die Mitteilung des Verpflichteten wird durch die Mitteilung des Dritten ersetzt[2]).

Das Vorkaufsrecht kann bei Grundstücken nur bis zum Ablaufe von zwei Monaten, bei anderen Gegenständen nur bis zum Ablauf einer Woche nach dem Empfange der Mitteilung ausgeübt werden. Ist für die Ausübung eine Frist bestimmt, so tritt diese an die Stelle der gesetzlichen Frist[3]).

E I 483 II 444; M 2 348, 351, 352; P 2 100, 111, 112.

1. **Mitteilungspflicht.** Die Pflicht entsteht erst mit dem Abschlusse des Vertrags. Bei einem formungültigen Vertrag besteht keine Mitteilungspflicht. Sie entsteht erst, wenn er rechtsgültig geworden ist (**RG** JW 1927, 1516[2]). Ihm zugegangene Kaufangebote mitzuteilen, ist der Vorkaufsverpflichtete nach dem Gesetze nicht verbunden. Teilt er sie freiwillig mit, so hat diese Mitteilung nicht die im Abs 2 bestimmte Wirkung und befreit den Vorkaufsverpflichteten nicht von der Mitteilung nach Abschluß des Vertrags, es sei denn, daß der Berechtigte schon auf die Mitteilung des Angebots hin in bindender Weise auf die Ausübung des Vorkaufsrechts verzichtet hat (vgl. § 504 A 3). Der Vertragsinhalt muß so mitgeteilt werden, daß der Vorkaufsberechtigte genau erkennt, in welche Rechte und Verbindlichkeiten er durch die Ausübung des Vorkaufsrechts eintritt. Andrerseits ist aber auch nur der Vertragsinhalt mitzuteilen. Dadurch wird die Ausschlußfrist in Lauf gesetzt (**RG** 58, 157). Die Pflicht zur unverzüglichen Mitteilung des Vertragsinhalts an den Vorkaufsberechtigten begreift auch die Verpflichtung zur Mitteilung von dem Vertragsschluß selbst in sich, denn nur ein solcher löst das Vorkaufsrecht aus. Ebenso §§ 7 u. 8 des Reichssiedlungsges v. 11. 8. 1919 (**RG** 106, 323; 108, 66). Ein nichtiger Kaufvertrag verpflichtet nicht zur Mitteilung (**RG** 15. 11. 26 V 145/26). Erhält der Käufer von dritter Seite Zuwendungen, die ihn zum Kauf bestimmen sollen, so braucht darüber nichts mitgeteilt zu werden (**RG** 12. 1. 1911 VI 599/09). Auch der Name des Drittkäufers ist mitzuteilen. War schon vorher das Kaufangebot mitgeteilt, so kann zur Mitteilung des Inhalts des Vertrags der Satz genügen, daß das Angebot angenommen worden ist. Eine besondere Form ist für die Mitteilung nicht erforderlich. Schuldhafte Verzögerung macht schadensersatzpflichtig. Ändern Verkäufer und Käufer nachträglich den Vertrag in einem wesentlichen Punkte, so ist die Mitteilung zu berichtigen. Dies selbst dann, wenn die Änderung erst nach Ablauf der Frist des Abs 2 seit der ersten Mitteilung vorgenommen wird. Denn die Frist für den geänderten Vertrag, die nunmehr allein in Betracht kommt, ist erst durch die neue Mitteilung in Lauf zu bringen. Vorausgesetzt ist dabei, daß es sich wirklich um eine Änderung des ursprünglichen Vertrags handelt und nicht etwa um eine Neuregelung der Verhältnisse zwischen Käufer und Verkäufer, die nach der Erfüllung des Kaufvertrags durch später eintretende Umstände veranlaßt worden ist. — Bei bloßer Vorhandeinräumung besteht keine Mitteilungspflicht im Sinne von § 510 (Recht 07 Nr 1807).

2. **Mitteilung durch den Dritten.** Der Dritte hat dem Vorkaufsberechtigten gegenüber keine Mitteilungspflicht. Seine Mitteilung wirkt jedoch ebenso wie die des Verpflichteten.

3. **Ausübungsfrist.** Das Vorkaufsrecht kann schon vor der Mitteilung ausgeübt werden, sobald der Kauf zwischen dem Verpflichteten und dem Dritten geschlossen ist. Im übrigen gilt auch für diese Frist das zu § 503 Gesagte. Der Verjährung ist das Vorkaufsrecht selbst nicht unterworfen aus den gleichen Gründen wie das Wiederkaufsrecht (vgl. § 503 A 3).

§ 511

[1]) Das Vorkaufsrecht erstreckt sich im Zweifel nicht[2]) auf einen Verkauf, der mit Rücksicht auf ein künftiges Erbrecht an einen gesetzlichen Erben erfolgt[3]).

P 2 104; 6 245, 246.

1. **Kindskauf.** Hierunter fallen insbesondere die im Verkaufsweg erfolgenden Gutsübergaben von Eltern an Kinder. Die Vorschrift ist auch dann anwendbar, wenn als Käufer nicht nur der gesetzliche Erbe, sondern neben ihm auch sein nichterbberechtigter Ehegatte auftritt.

2. **erstreckt sich nicht.** Zumeist wird angenommen, daß im Fall des Kindskaufs das Vorkaufsrecht erlischt. Für den Fall des nicht dinglichen Vorkaufsrechts läßt sich dies nach dessen Wesen auch nicht in Abrede stellen. Es kann sich deshalb hier nur darum handeln, ob nicht bei der Vorkaufsbestellung vereinbart ist, daß der Käufer verpflichtet sein soll, beim Kindskauf zu bewirken, daß der kaufende nächste Erbe das Vorkaufsrecht auch für seine Person erneuert, und ob eine solche Erneuerung stattgefunden hat.

3. **Gesetzlicher Erbe** im obigen Sinne ist derjenige, der gesetzlicher Erbe des Verkäufers wäre, wenn dieser zur Zeit des Verkaufs stürbe. Fraglich kann sein, ob § 511 auch dann Anwendung findet, wenn Großeltern mit Rücksicht auf künftiges Erbrecht unter Umgehung ihres Kindes an ihren Enkel verkaufen. Bedenkenfrei ist dies jedenfalls dann, wenn die Eltern als Zwischenglieder durch Erbverzichtsvertrag aus der Reihe der gesetzlichen Erben schon ausgeschieden sind. Die Erstreckung liegt wohl auch sonst im Sinne des Gesetzes.

§ 512

Das Vorkaufsrecht ist ausgeschlossen[1]), wenn der Verkauf im Wege der Zwangsvollstreckung[2]) oder durch den Konkursverwalter[3]) erfolgt.

E I 485 II 445; M 2 350; P 2 107, 108.

1. **Das Vorkaufsrecht ist ausgeschlossen,** d. h. nicht nur: „es gilt als für diesen Fall nicht vereinbart", sondern auch: „es kann für diesen Fall nicht vereinbart werden". Folge der Ausschließung des Zwangsvollstreckungsfalls vom Vorkaufsrecht ist weiterhin, daß mangels besonderer Vereinbarung der Vorkaufsberechtigte auch keinen Ersatzanspruch wegen Beeinträchtigung seines Vorkaufsrechts durch die Zwangsvollstreckung erheben kann. Anders natürlich dann, wenn etwa der Vorkaufsverpflichtete, um sich seiner Pflicht zu entschlagen, im Zusammenspielen mit dem Dritten den Weg gewählt hätte, die Sache statt durch Kauf durch Zwangsvollstreckung an ihn gelangen zu lassen.

2. **Zwangsvollstreckung.** Zwangsvollstreckung jeder Art, gleichviel ob durch Gericht und Gerichtsvollzieher im Wege der ZPO oder des ZVG, gleichviel ob durch Zwangsversteigerung oder durch Zwangsverkauf aus freier Hand (§§ 820, 821 ZPO). Nicht dagegen bezieht sich § 512 auf den Fall, daß der Vorkaufsverpflichtete von dem Dritten auf dem Wege des § 894 Abs 1 ZPO zum Verkaufe gezwungen wird. In diesem Falle tritt das Vorkaufsrecht in Kraft. Wie im Falle der Zwangsvollstreckung wird das Vorkaufsrecht aber auch in anderen gleichartigen Fällen als ausgeschlossen erachtet werden müssen. So insbesondere dann, wenn der Gegenstand, für den das Vorkaufsrecht eingeräumt ist, von dem Vorkaufsverpflichteten verpfändet war und vom Pfandgläubiger im Wege des Pfandverkaufs veräußert wird (§§ 1228 ff.). Entscheidend dafür ist, daß der Gegenstand nicht vom Vorkaufsverpflichteten, sondern gegen ihn von einem Dritten verkauft wird. Ist das Vorkaufsrecht hinsichtlich eines Gegenstandes eingeräumt, der mehreren gemeinschaftlich zusteht, und wird dieser Gegenstand zum Zwecke der Aufhebung der Gemeinschaft — sei es selbst im Wege der Zwangsversteigerung nach § 753 — verkauft, so tritt das Vorkaufsrecht in Wirksamkeit. Denn hier sind es die Vorkaufsverpflichteten, die, gleichviel aus welchem Grunde, verkaufen. Erstreckt sich jedoch das Vorkaufsrecht nur auf einen Anteil an einem gemeinschaftlichen Gegenstande, so ist der Vorkaufsfall für den Anteil durch die Teilungsversteigerung des ganzen Gegenstandes nach § 753 nicht ohne weiteres gegeben.

3. **Ausnahme** für das dingliche Vorkaufsrecht § 1098 Abs 1 Satz 2.

§ 513

Steht das Vorkaufsrecht mehreren gemeinschaftlich zu, so kann es nur im ganzen ausgeübt werden. Ist es für einen der Berechtigten erloschen oder übt einer von ihnen sein Recht nicht aus, so sind die übrigen berechtigt, das Vorkaufsrecht im ganzen auszuüben.

E II 446; P 2 111.

Vgl. die Anmerkungen zu dem gleichlautenden § 502. Vgl. auch **RG** 24. 11. 17 V 221/17.

§ 514

Das Vorkaufsrecht ist nicht übertragbar[1]) und geht nicht auf die Erben des Berechtigten über, sofern nicht ein anderes bestimmt ist. Ist das Recht auf eine bestimmte Zeit beschränkt, so ist es im Zweifel vererblich[2]).

E I 486, 481, 487 II 447; M 2 351; P 2 108—110.

1. **Übertragbarkeit:** im Zweifel ausgeschlossen; mit ihr die Pfändbarkeit und Verpfändbarkeit (§ 1274; ZPO § 851). Die durch die Ausübung des Vorkaufsrechts entstandenen Rechte aus dem Kaufvertrag sind jedoch übertragbar (**RG** 108, 114). Das Reichssiedlungsgesetz hat über die Übertragbarkeit der in ihm eingeräumten Vorkaufsrechte nichts bestimmt. Die Übertragbarkeit des dem gemeinnützigen Siedlungsunternehmen zustehenden Vorkaufsrechts besteht.

2. Vererblichkeit: von Gesetzes wegen gewährt dem gesetzlichen Vorkaufsrechte des Erben (§ 2034), im Zweifel anzunehmen beim zeitlich beschränkten Vorkaufsrechte, im Zweifel zu verneinen im übrigen. Das galt schon für das gemeine Recht (**RG** 110, 186).

Die Erben des Vorkaufsverpflichteten treten, soweit nicht ein anderes bestimmt ist, in die Verpflichtung ihres Erblassers ein.

Durch Vertrag kann auf das Vorkaufsrecht verzichtet werden (**RG** JW 1912, 858).

IV. Tausch

§ 515

Auf den Tausch[1]) finden die Vorschriften über den Kauf entsprechende Anwendung[2]).

E I 502 II 462; M 2 366, 368; P 2 130.

1. Tausch. Das Gesetz gibt keine Begriffsbestimmung des Tauschgeschäfts. Nach dem Inhalte des § 515 und seiner Stellung im Gesetzbuche sowie nach dem Stande der deutschen Gesetzgebung, Rechtswissenschaft und Rechtsprechung beim Inkrafttreten des BGB kann jedoch nicht zweifelhaft sein, daß unter Tausch im Sinne des § 515 der Vertrag zu verstehen ist, durch den sich jeder Teil verpflichtet, dem andern Sachen oder Rechte gegen Sachen oder Rechte zu verschaffen. Ein Tausch setzt voraus, daß die Tauschobjekte von den Vertragschließenden selbst sich gegenseitig übertragen werden. — Es genügt nicht, daß die Vertragschließenden darüber einverstanden sind, daß der Veräußerer mit der ihm für sein Grundstück vom Erwerber zu zahlenden Geldsumme ein anderes, einem Dritten gehöriges Grundstück von diesem erwerben sollte (**RG** 1. 12. 11 II 233/11). Vom Kaufe, mit dem er hiernach in den übrigen wesentlichen Merkmalen übereinstimmt, unterscheidet sich der Tausch in dem einen Punkte, daß die Gegenleistung nicht in der Zahlung eines Preises (also regelmäßig Geld), sondern wiederum in der Verschaffung von Sachen oder Rechten besteht. Gegenstand des Tausches können alle Gegenstände sein, über die ein Kauf abgeschlossen werden kann. Zweifel, ob Tausch oder Doppelkauf vorliegt, kann dann entstehen, wenn im Vertrag für die Sachen, die seinen Gegenstand bilden, beiderseits Preise eingesetzt und gegeneinander verrechnet sind. Hierbei ist jedenfalls der Gebrauch des Wortes Tausch nicht unbedingt entscheidend. Denn das Wort Tausch wird im Geschäftsverkehr auch dann gebraucht, wenn zwei gegenseitige Kaufverträge zu einer Einheit zusammengefaßt sind. Auch die Veranschlagung in Geld ist für sich allein nicht maßgebend. Denn „ohne Reduktion auf den gemeinschaftlichen Nenner des Geldes kann ein Tausch von einigermaßen bedeutenden Objekten nicht leicht vorkommen" (Bechmann, System des Kaufes § 161). Entscheidend ist vielmehr, ob nach dem Inhalte der Vereinbarung die unmittelbare Leistung jedes Teiles in der Verschaffung einer Sache besteht und die Preisangabe nur anschlagshalber beigefügt ist oder ob ein unmittelbarer Sachaustausch überhaupt nicht vereinbart ist, sondern von jeder Seite Geldleistung gegen Sachhingabe gewollt war und die Preise nur im Endergebnisse durch Aufrechnung ausgeglichen sind (**RG** 57, 264; JW 02, 46[54]). Auch der Umstand, daß im Vertrage demjenigen, der die wertvollere Sache zu leisten hat, die Zahlung des Wertunterschiedes in Geld auferlegt wird (Tauschaufgabe), zwingt nicht zur Annahme zweier Kaufverträge. Über Frage, ob ein doppelter Kaufvertrag vorliegt: **RG** 50, 285; 57, 264; 73, 88; JW 1898, 307[89]; 1905, 326. Auf die gebrauchten Ausdrücke kommt es nicht an (JW 05, 326[15]). Immer aber muß die gegenseitige Bedingtheit zum Ausdruck gekommen sein (**RG** 51, 179; 52, 1; 56, 47; JW 06, 108[6]; Warn 08 Nr 24). Immerhin kann der Umstand, daß bei einem als Tauschvertrag bezeichneten Geschäfte einer hochwertigen Kaufsache auf der einen Seite eine ganz minderwertige auf der andern gegenübersteht und der bedeutende Unterschied in Geld ausgeglichen wird, darauf hindeuten, daß in Wirklichkeit Kauf vorliegt (BayObLGZ 12, 451). Wiederholt hat ferner das Reichsgericht ausgesprochen, daß ein Tauschvertrag dann nicht vorliegt, wenn von der einen Seite ein Grundstück lediglich gegen Übernahme der seinen Wert ganz erschöpfenden Hypothekenlast, von der andern Seite ein Grundstück gegen einen Geldpreis gegeben wird (**RG** 28. 6. 04 VII 52/04; **RG** JW 05, 326[15]). Ebenso verliert ein Vertrag nicht schon dadurch die Eigenschaft eines Kaufvertrags und wird zum Tauschvertrage, daß neben dem Kaufpreis auch Sachleistungen bedungen werden oder daß der in Geld bestimmte Kaufpreis nicht in Bargeld, sondern in anderen Umlaufwerten (Aktien, Interimsscheinen usw.) zu entrichten ist (**RG** 22. 11. 07 II 224/07). Ein Tausch liegt endlich nicht vor, wenn nur von der einen Seite eine Sache übertragen und bestimmt wird, daß der Veräußerer für die dafür von dem Erwerber zu leistende Summe von einem Dritten eine andere Sache erwerben soll. Nötig ist, daß die Vertragschließenden selbst gegenseitig Sachen austauschen (**RG** 1. 12. 12 II 233/11). Der Wohnungstausch kann sich in der Weise vollziehen, daß a) die Tauschenden mit Zustimmung ihrer Vermieter und des Wohnungsamts ihre Ansprüche aus dem Mietvertrag und auf den Mietzins sich gegenseitig abtreten; b) daß jeder Mieter die Aufhebung des laufenden Mietvertrags mit seinem Vermieter vereinbart und dieser mit dem Tauschvertragsgegner seines bisherigen Mieters mit Genehmigung des Wohnungsamts einen neuen Mietvertrag eingeht, c) daß die Tauschenden Untermietverträge miteinander schließen (RG 1. 12. 25 III 102/25).

2. **Entsprechende Anwendung.** Hiernach sind alle Vorschriften über den Kauf anzuwenden, deren Anwendung nicht der Wesensunterschied zwischen Kauf und Tausch entgegensteht. Unanwendbar werden alle Vorschriften sein, die den Kaufpreis betreffen, insbesondere die Vorschriften in §§ 452—458. Aus anderen Gründen eignen sich dazu nicht die Vorschriften der §§ 461, 497—514. — Die Vorschriften über den Vorkauf finden wenigstens dann keine Anwendung, wenn der Vorkaufsberechtigte die Tauschleistung nicht gewähren kann (RG 88, 361).

Über die Art der „entsprechenden Anwendung" ist zu sagen, daß im allgemeinen jeder der Vertragschließenden hinsichtlich der eingetauschten Sachen als Käufer, hinsichtlich der weggetauschten als Verkäufer zu behandeln ist. Für den Vollzug des ganzen Tauschgeschäfts aber muß, soweit nicht anders vereinbart, der Satz gelten, daß Zug um Zug zu erfüllen ist (RG 51, 367). Auch die Vorschriften über die Wandlung und Minderung beim Kauf finden im allgemeinen auf den Tausch entsprechende Anwendung (RG 72, 299). Bei der Berechnung der Preisminderung ergibt sich eine Besonderheit für den Tauschfall. Es steht nämlich bei Tauschgeschäften der von den Vertragschließenden für die einzelnen Tauschobjekte vereinbarte Annahmepreis nicht dem Kaufpreis im Sinne des § 472 gleich. Es sind darum zum Zwecke der Berechnung der Preisminderung zunächst unter Außerachtlassung des Mangels die wahren Werte der Tauschobjekte zu ermitteln und an Stelle der Anschlagspreise in die Berechnung einzusetzen. Alsdann erst ist die Minderung nach dem Verhältnis des Wertes, den die beanstandete Sache ohne den Mangel gehabt haben würde zu dem Werte, den sie mit dem Mangel hat, vorzunehmen (RG 73, 152).

Falsche Wertangaben: RG 64, 58; Warn 1911 Nr 13. Wieweit eine Aufklärung zu erwarten ist nach Treu und Glauben, richtet sich nach dem einzelnen Fall. Gerade beim Kauf und Tausch darf diese Aufklärungspflicht aber nicht zu weit ausgedehnt werden. Wegen der widerstreitenden Interessen können die Vertragschließenden nach den Anschauungen des Verkehrs voneinander regelmäßig keine Aufklärung über die für die Preisbildung in Betracht kommenden Verhältnisse des Marktes erwarten (RG 111, 234).

Zweiter Titel

Schenkung

1. **Der zweite Titel enthält die Hauptregeln des Schenkungsrechts.** Die §§ 516, 517 grenzen den Begriff der Schenkung ab, § 518 bestimmt die Form des Schenkungsversprechens, §§ 519—524 beziehen sich auf die Haftung des Schenkers, §§ 525—527 handeln von der Schenkung unter Auflage, §§ 528, 529, 534 von der Rückforderung wegen Notbedarfs, §§ 530—534 von dem Widerruf wegen Undanks. Dazu kommen zahlreiche sonstige Vorschriften; vgl. über die Rückforderung von Geschenken unter Verlobten § 1301, über die Wirkung der Schenkung im ehelichen Güterrecht §§ 1406, 1446, 1453, 1477, 1521, 1551, 1556, über ihren Widerruf nach Scheidung der Ehe § 1584, über Schenkungen aus dem Vermögen eines Kindes oder Mündels §§ 1641, 1804, über Schenkungen auf dem Gebiet des Erbrechts §§ 2207, 2287, 2288, 2325 ff. Besondere Arten von Schenkungen, außer den in §§ 525 ff. (Auflageschenkung) und in § 534 erwähnten (§ 534 Pflicht- und Anstandsschenkung; vgl. dort A 1 die hierauf bezüglichen weiteren Vorschriften), sind die gemischte Schenkung (§ 516 A 7), die Schenkung von Todes wegen (§ 2301) und die Schenkung einer Erbschaft (§ 2385). — Nach Art 86 EG haben verschiedene Landesgesetze Schenkungen an juristische Personen, wenn sie Gegenstände im Werte von mehr als 5000 Mark betreffen, von staatlicher Genehmigung abhängig gemacht; über den Schwebezustand, der dann bis zur Genehmigung besteht, vgl. (zum preuß. AG Art 6) RG 75, 406; 76, 385; 88, 340; JW 1916, 843[15]. Art 87 EG hält die landesgesetzlichen Beschränkungen von Schenkungen an Religiose aufrecht. Für die Versteuerung von Schenkungen ist jetzt das Erbschaftssteuergesetz v. 20. 7. 1922 maßgebend.

2. Die Schenkung ist eine Unterart der **unentgeltlichen Zuwendung** oder, wie es an andern Stellen heißt, der unentgeltlichen Verfügung unter Lebenden. Über den Gattungsbegriff vgl. § 516 A 4. Sie ist nicht etwa nur die unentgeltliche Gestaltung eines Kaufvertrags. Es braucht keine Veräußerung in der Zuwendung zu liegen, z. B. Verzicht auf ein gegen den Beschenkten gerichtetes Recht. Jede Schenkung besteht aus zwei Merkmalen: einmal der Zuwendung, sodann der Einigung über deren Unentgeltlichkeit. Letztere als causa donandi ist stets Vertrag. Unentgeltlichkeiten kommen selbständig vor, wenn eines der übrigen

Merkmale der Schenkung, namentlich die Einigung über die Unentgeltlichkeit oder die Bereicherung fehlt; z. B. sind unentgeltlich die Vermögenswidmung an die gleichzeitig gegründete Stiftung (vgl. § 84), die Abführung der Stiftungsbezüge an die Stiftungsinteressenten, die wissentliche Zahlung einer Nichtschuld an den, der die Schuld als bestehend ansieht. Allen unentgeltlichen Zuwendungen ist gemeinsam a) die Regel, daß die Ansprüche der Gläubiger dem Rechte dessen, der unentgeltlich erworben hat, vorzugehen haben. Darauf beruhen die Erweiterung der Bereicherungshaftung nach § 816 Abs 1 Satz 2 und § 822 (vgl. dort A 1), die gesteigerte Fruchterstattungspflicht nach § 988, die Zurückstellung im Konkurs (§ 63 Nr 4, § 226 Abs 2 Nr 3 KO) sowie die Konkurs- und Einzelanfechtung nach § 32, § 37 Abs 2 KO, § 3 Nr 3, 4, § 7 Abs 2 AnfG. b) Für alle unentgeltlichen Zuwendungen gilt die Verfügungsbeschränkung des Vorerben (§ 2113 Abs 2) und des Testamentsvollstreckers (§ 2205). Diese Personen können unentgeltliche Verfügungen über den Nachlaß nur insoweit vornehmen, als sittliche Pflicht oder Anstandsrücksichten es gebieten (vgl. darüber § 534 A 1). c) Gemeinsam ist, daß der Zuwendende bei Vornahme der unentgeltlichen Zuwendung gewisse Anordnungen über das künftige Schicksal der Gabe treffen kann. So kann er bestimmen, daß sie Vorbehaltsgut (§§ 1369, 1440, 1526, 1549) oder bei der Fahrnisgemeinschaft auch eingebrachtes Gut (§ 1553) werden soll; er kann die elterliche Nutznießung ausschließen (§ 1651 Abs 1 Nr 2); wenn der Empfänger unter elterlicher Gewalt oder Vormundschaft steht, kann er das Zugewendete der Verwaltung des Gewalthabers oder Vormundes entziehen (§§ 1638, 1909) oder eine bestimmte Art der Verwaltung anordnen (§§ 1639, 1803, 1917). d) Die milde Haftung des Schenkers (§§ 521—524, dazu §§ 519, 528) muß auch bei sonstigen unentgeltlichen Zuwendungen Platz greifen; vgl. wegen der Haftung des Stifters § 81 A 2. e) Für die Schenkungssteuer stehen unentgeltliche Zuwendungen im engeren Sinne („jede andere freigebige Zuwendung unter Lebenden, soweit der Bedachte durch sie auf Kosten des Zuwendenden bereichert wird") den Schenkungen gleich (§ 3 Abs 1 Nr 2 ErbschStG).

§ 516

Eine Zuwendung[1]), durch die jemand aus seinem Vermögen[2]) einen anderen bereichert[3]), ist Schenkung, wenn beide Teile darüber einig sind, daß die Zuwendung unentgeltlich erfolgt[4—7]).

Ist die Zuwendung ohne den Willen des anderen erfolgt, so kann ihn der Zuwendende unter Bestimmung einer angemessenen Frist zur Erklärung über die Annahme auffordern. Nach dem Ablaufe der Frist gilt die Schenkung als angenommen, wenn nicht der andere sie vorher abgelehnt hat. Im Falle der Ablehnung kann die Herausgabe des Zugewendeten nach den Vorschriften über die Herausgabe einer ungerechtfertigten Bereicherung gefordert werden[8—10]).

E I 437, 43 II 463; M 2 2—290; P 2 1—8, 25.

1. Unter **Zuwendung** sind alle erlaubten Handlungen zu verstehen, durch die jemand einem andern beabsichtigterweise einen Vermögensvorteil verschafft, sei es, daß das Vermögen vergrößert oder daß eine ihm drohende Verminderung abgewendet wird. Meist liegen Verfügungen vor, wie die Übertragung oder Belastung von Rechten, der Erlaß einer Forderung, Verzicht auf ein sonstiges Recht; so auch die Einwilligung, die eine mit ihrem Mann in Gütergemeinschaft lebende Ehefrau zu einer Schenkung des Mannes aus dem Gesamtgut erteilt (§ 1446, **RG** 91, 40). Ferner gehören Überlassung des Gebrauchs einer Sache und Eingehung einer Verpflichtung hierhin. Wird für den Schenknehmer eine Forderung gegen den Schenker begründet, so handelt es sich um ein Schenkungsversprechen (das schenkweise Versprechen einer Leistung, § 518) im Gegensatz zu der die Verfügung enthaltenden Handschenkung. Das Rechtsgeschäft, das die Zuwendung bewirkt, braucht nicht unmittelbar zwischen Schenker und Beschenktem vorgenommen zu sein (z. B. Zahlung oder Übernahme einer fremden Schuld). Es ist auch nicht erforderlich, daß die Zuwendung überhaupt durch Rechtsgeschäft erfolgt. Sie kann sich durch Unterlassungen vollziehen, z. B. durch Nichtanfechtung eines Urteils, Nichtprotestierung eines Wechsels; desgleichen durch tatsächliche Handlungen, wie die Reparatur eines Hauses usw.

2. **Aus dem Vermögen des Zuwendenden** muß die Zuwendung herrühren. Der Schenker muß ärmer, sein Vermögen vermindert werden. Das kann auch durch unentgeltliche Gebrauchsüberlassung geschehen (Leihe, unverzinsliches Darlehn), sofern dadurch ein Ertrag aufgeopfert wird, den man sonst gewonnen haben würde. Unter der gleichen Voraussetzung kann auch die unentgeltliche Leistung von Diensten oder Arbeiten eine Schenkung darstellen. Daß die Arbeitskraft als solche nicht zum Vermögen gehört, fällt gegenüber

der Schmälerung einer Einnahmequelle nicht ins Gewicht. Die Übertragung eines Gegenstandes an einen andern ist keine Vermögensverminderung, wenn sie unmittelbar in sich selbst einen entsprechenden Wertzuwachs für den Übertragenden enthält, **RG** 59, 423 (nachträgliche Übernahme der Gründungskosten durch die Aktionäre, wodurch der Wert ihrer Aktien gesteigert wird). Nur die Zuwendung aus dem Vermögen des Zuwendenden ist Schenkung. Keine Schenkung wird daher bewirkt durch das, was ein Elternteil dem Kinde aus dem Vermögen des andern Elternteils zuwendet (**RG** 94, 241); ebenso bedeutet die Zuwendung von Todes wegen keine Schenkung, da sie den Zuwendenden, solange er überhaupt Rechtssubjekt ist, nicht ärmer macht. Die Worte „aus dem Vermögen" sollen nicht besagen, daß nicht auch das ganze Vermögen verschenkt werden könnte; doch ist Schenkung des künftigen Vermögens oder eines Bruchteils davon nach § 310 nichtig. Gewisse Vermögensverminderungen werden durch die positive Vorschrift des § 517 vom Schenkungsbegriff ausgeschlossen.

3. Die Zuwendung muß eine **Bereicherung** des Empfängers mit sich bringen. Unentgeltliche Gebrauchsgewährungen und Dienstleistungen bereichern ihn nur dann, wenn sie ihm Ausgaben ersparen (Zusage eines zinslosen Darlehns, OLG Jena DJZ 1921, 568). Keine Bereicherung und daher keine Schenkung ist die Erfüllung einer rechtsverbindlichen Forderung, auch nicht die Erfüllung eines Schenkungsversprechens, obgleich die hierin liegende Zuwendung unentgeltlich erfolgt (A 4). Keine Bereicherung ist die Sicherstellung des Gläubigers durch den Schuldner oder einen Dritten (vgl. hierüber und über ähnliche Fragen A 4). Keine Schenkung findet statt, wenn jemand etwas nur als Treuhänder erhält, um es in vollem Umfang an einen Dritten herauszugeben. Ein Versprechen dieses Inhalts ist formlos gültig, es sei denn, daß der Geber eine eigene Schenkung an den Dritten beabsichtigt und die Schenkungsform nur umgehen will (**RG** 62, 390). Ist dagegen der Erstempfänger eine juristische Person, deren Satzung die Verwendung des Erlangten in der vom Geber gewünschten Richtung vorschreibt, so liegt Schenkung schon an den Erstempfänger vor. Hier werden die eigenen, bestimmungsgemäß gemeinnützigen Zwecke der juristischen Person durch die Zuwendung gefördert; die juristische Person aber ist von ihren Zwecken nicht zu trennen (vgl. **RG** 70, 15; 71, 140; JW 09, 397[20]; 1913, 640[3]; Warn 1921 Nr 120). In einem solchen Falle ist es auch gleichgültig, ob die Pflicht, das Empfangene der Satzung gemäß zu verwenden, vom Geber bei der Zuwendung noch besonders hervorgehoben wird. Ein derartiger Hinweis macht die Zuwendung zur Schenkung unter Auflage (vgl. dazu § 525 A 1), ändert aber nichts an ihrem Schenkungscharakter (a. M. **RG** 62, 386). Die sog. unselbständige Stiftung (§ 80 A 1) kann hiernach, wenn unter Lebenden vorgenommen, donatio sub modo oder datum ob causam sein, je nachdem sie dem satzungsmäßigen Zwecke der juristischen Person oder andern Zwecken dienen soll (wichtig, wenn die vorgeschriebene Verwendung ohne Verschulden des Empfängers unmöglich wird, vgl. § 527 und **RG** 105, 305).

4. **Unentgeltlich** ist die Zuwendung, bei der der Verminderung des Vermögens keine Gegenleistung gegenübersteht. Unentgeltlich ist nicht identisch mit freiwillig. Bei der Abgrenzung gegen die entgeltlichen Zuwendungen können namentlich gewisse Fälle des Austausches von Leistung gegen Leistung Schwierigkeiten bereiten. Es ist zu beachten, daß Entgeltlichkeit nicht nur dann vorliegt, wenn beide Leistungen durch gegenseitigen Vertrag versprochen werden (synallagmatische Verknüpfung von Leistung und Gegenleistung), sondern auch dann, wenn die Gegenleistung Bedingung der Leistung ist (konditionale Verknüpfung; vgl. den Mäklervertrag, die Auslobung, ferner **RG** JW 1911, 278[6]; Warn 1920 Nr 38; **RG** LZ 1921, 173; **RG** Recht 1918 Nr 1522; 1919 Nr 1940) oder als Zweck derselben vereinbart wird (kausale Verknüpfung; vgl. z. B. **RG** Recht 07 Nr 2538; 1917 Nr 1810: Abtretung von Grundflächen für Straßenbauten oder zur Ermöglichung der Gründung eines Gemeindeverbandes). Stets ist aber ein rechtlicher, nicht bloß ein tatsächlicher, wirtschaftlicher Zusammenhang der beiden Leistungen erforderlich. Gegenleistung und Beweggrund zur Zuwendung sind begrifflich auseinanderzuhalten (**RG** Recht 1919 Nr 2102). Es steht auch nicht in der Macht der Parteien, einer unentgeltlichen Leistung, die abgeschlossen der Vergangenheit angehört, rückwirkend die Eigenschaft der Entgeltlichkeit zu verleihen, und ebensowenig ist es richtig, daß für die Frage der Entgeltlichkeit oder Unentgeltlichkeit schlechthin der subjektive Standpunkt der Parteien maßgebend wäre (a. M. **RG** 62, 275; 94, 322). Ist ein Entgelt nicht vorhanden, so kann es durch den Glauben der Parteien nicht ersetzt werden (**RG** 105, 249). Wegen der nachträglichen Entlohnung geleisteter Dienste vgl. A 5. — Gleichwertigkeit der beiden Leistungen ist keine Voraussetzung der Entgeltlichkeit; es genügt, wenn die Parteien sie für die von ihnen verfolgten Zwecke einander gleichstellen (vgl. A 7). Verträglich mit der Entgeltlichkeit der Zuwendung ist es auch, wenn eine der Leistungen nicht geldwerter Art ist (Abfindung des geschiedenen schuldlosen Ehegatten für Belassung der Kinder beim schuldigen, **RG** Warn 1915 Nr 102; Zusicherung eines Dritten an den Ehemann, für den Fall der Scheidung ihm die Abfindung für die Frau zu gewähren, **RG** Recht 1918

Nr 1522; Entschädigung der Braut für Aufgabe einer gesicherten Lebensstellung, RG Recht 1919 Nr 1949; vgl. auch RG 98, 177). Die Gegenleistung kann ferner einem Dritten gewährt werden (RG 112, 368), weshalb es z. B. keine Schenkung ist, wenn ein Fremder oder auch der künftige Schwiegervater dem Bräutigam so, daß dieser einen eigenen Anspruch darauf erwirbt, eine Mitgift verspricht; das Entgelt besteht in der Übernahme der Ehelasten, RG 62, 276; JW 08, 71[6]; RG SeuffA 74 Nr 69; Gruch 51, 376; 55, 920; RG Recht 1911 Nr 1276, 1277, 1285; 1917 Nr 593 (anders die ebenfalls als Mitgift bezeichnete Ausstattung, die dem heiratenden Kinde gegeben und mitunter dem Bräutigam zugunsten der Tochter versprochen wird; sie ist unentgeltliche Zuwendung und gilt nur nach positiver Vorschrift in den Grenzen der Angemessenheit nicht als Schenkung; vgl. dazu auch, teilweis abweichend, § 1624 A 2, 3). Entgeltlich ist auch der Vertrag, wodurch sich Geschwister gegenseitig zur Unterstützung ihrer bedürftigen Mutter verpflichten (RG Warn 1914 Nr 243). — Zuwendungen, die durch Erfüllung einer Schuld oder durch Hingabe an Erfüllungs Statt geschehen, sind entgeltlich, da die Befreiung von der Schuld einen Vermögensvorteil für den Schuldner bedeutet (vgl. RG 50, 137; 51, 76; 62, 45). Setzt der Leistende eine Schuld irrig voraus, während in Wirklichkeit keine besteht, so ist die Leistung unentgeltlich (RG 105, 248). Eine Ausnahme von der Entgeltlichkeit der Schulderfüllung findet nur insofern statt, als die Erfüllung eines Schenkungsversprechens oder eines Vermächtnisses trotz der Fassung des § 2113 Abs 2 praktisch als unentgeltlich behandelt werden muß, wenn angemessene Ergebnisse erzielt werden sollen; so mit Bezug auf § 107 (beschränkte Geschäftsfähigkeit des Schenknehmers genügt), §§ 816 Abs 1, 822 (die Vorschriften finden Anwendung, auch wenn der Gegenstand in Erfüllung eines voraufgegangenen Schenkungsversprechens geleistet wird) sowie namentlich mit Bezug auf § 32 KO, § 3 Nr 3, 4 AnfG (besondere Anfechtung, und zwar mit Fristbeginn von der Erfüllung an). Das gilt auch von der vorweggenommenen Vermächtniserfüllung, wie sie vorliegt, wenn der Erblasser den vermachten Gegenstand dem Vermächtnisnehmer bei Lebzeiten zuwendet, vgl. (mit abweichender Begründung) RG 95, 12; RG 2. 12. 18 IV 264/18. Dagegen ist die Erfüllung einer unvollkommenen (natürlichen) Verbindlichkeit (z. B. §§ 656, 762, 764, Befriedigung der Gläubiger nach konkursmäßigem Zwangserlaß) ebenso entgeltlich, wie wenn die Schuld klagbar wäre; auch hier wird der Leistende von einer rechtlichen Verpflichtung befreit. Anders wieder die Erfüllung einer bloß sittlichen Pflicht, die ja in § 534 (§§ 1446, 1641 usw.) auch ausdrücklich als Schenkung bezeichnet wird (RG 22. 2. 23 IV 200/22). Die Gewährung einer Ausstattung mag, soweit sie das den Umständen entsprechende Maß nicht übersteigt, als Sittenpflicht erscheinen und wird daher durch § 1624 Abs 1 dem Schenkungsrecht entzogen (Formfreiheit des Versprechens, RG 62, 275; 63, 323; kein Widerruf wegen Undanks usw.). Unentgeltliche Zuwendung bleibt sie gleichwohl; der Zuwendende kann deshalb nach § 1369 die Vorbehaltseigenschaft bestimmen (RG 80, 271), es gelten die Anfechtungsvorschriften des § 32 Nr 1 KO, § 3 Nr 3 AnfG sowie (a. M. RG JW 1916, 588[13]) die Zurückstellung im Konkurse nach § 63 Nr 4, § 226 Abs 2 Nr 3 KO. Erfüllt ein Dritter die Schuld, so geschieht das entgeltlich oder unentgeltlich je nach seinen Kausalbeziehungen zum Schuldner. Eine unentgeltliche Zuwendung des Leistenden an den Gläubiger liegt darin niemals, auch wenn der Schuldner mittellos ist, denn der Gläubiger erhält nur, was er zu beanspruchen hat und verliert durch die Erfüllung seine Forderung (a. M. RG 38, 8; 51, 416). Anders wenn der Dritte nicht erfüllt, sondern dem Gläubiger den Betrag, den er durch Mittellosigkeit des Schuldners verlieren könnte, schenkt. — Leistet der Schuldner Sicherheit, ohne eine Gegenleistung, z. B. durch Stundung, Herabsetzung des Zinsfußes, dafür zu erlangen, so wendet er dem Gläubiger, der nur auf Erfüllung, nicht auf Sicherung Anspruch hat, unentgeltlich etwas zu. Eine Schenkung nimmt er aber nicht vor, denn der Gläubiger ist nicht bereichert, und zwar auch dann nicht, wenn der Schuldner insolvent ist. Auch dann muß durchschlagen, daß der Gläubiger mit Hilfe der Sicherheit nur erhält, was ihm gebührt, und seiner Forderung verlustig geht; er würde auch nicht bereichert sein, wenn sich der Wert seiner Forderung durch späteren Vermögenszuwachs des Schuldners gesteigert hätte. Ebenso verhält es sich, wenn ein Dritter, ohne dem Schuldner durch Vertrag verpflichtet zu sein oder dessen Geschäfte zu führen, dem Gläubiger unentgeltlich (vgl. dazu RG JW 05, 442[28]; 1913, 608[23]) durch Verbürgung oder Pfandbestellung Sicherheit leistet. Für eine Schenkung des Interzedenten fehlt es an dem Erfordernis der Bereicherung des Gläubigers (a. M. RG 54, 284; 90, 181; etwas anderes ist es, wenn für einen überschuldeten Nachlaß die Bürgschaft übernommen wird, vgl. Prot 2, 8). Entsprechend sind der Erlaß der Bürgschaftsforderung und der Verzicht auf das Pfandrecht zwar unentgeltliche Zuwendungen an denjenigen, gegen den sich das Recht richtet, aber keine Schenkungen an den Schuldner, da der Gläubiger seine Forderung behält. Auch die unentgeltliche Vorrangseinräumung eines Hypothekengläubigers an einen andern ist mangels Bereicherung keine Schenkung (OLG 8, 75; a. M. RG 48, 136).

5. Die Einigung der Parteien muß sich nicht nur auf die Zuwendung selbst, sondern auch auf deren Unentgeltlichkeit beziehen. Eine Schenkungsabsicht (animus donandi) wird vom Gesetze nicht gefordert (RG 70, 17; 72, 191; 73, 48; 94, 322; 95, 14; JW 03 Beil 131[290]; 1913, 855[2]; Warn 1916 Nr 132; RG Recht 1917 Nr 716). Damit ist nicht nur gesagt, daß die Einigung nicht auch die Bereicherung zu umfassen braucht und daß die letzten Beweggründe des Zuwendenden (Menschenliebe, Prahlerei, Haschen nach Gunst) gleichgültig sind. Vor allem bedeutet der Satz, daß die objektive Beurteilung entscheidet, daß es mit anderen Worten genügt, wenn die Parteien über den hiernach entgeltliche Leistungen nicht aufweisenden Sachverhalt einig sind, mögen sie auch beide oder mag eine von ihnen irrtümlich Entgeltlichkeit annehmen. Das hat das Reichsgericht in JW 1913, 855[2]; 1917, 848[3] anerkannt. Dagegen finden sich abweichende Ausführungen in den vielfachen Urteilen, die sich mit der Zahlung einer nachträglichen Vergütung für geleistete Dienste beschäftigen (vgl. RG 72 191; 74, 141; 75, 327; 94 S. 159, 322; JW 1911, 94[16]; 1917 S. 103[5], 710[7]; Warn 1914 Nr 317; RG SeuffA 70 Nr 212; 76 Nr 138; RG Recht 09 Nr 1984; 1915 Nr 488; 1919 Nr 1950). Teils wird diese Vergütung schon deshalb für entgeltlich erklärt, weil die Vertragschließenden es so auffassen (vgl. dagegen A 4), teils wird aus solchem Grunde wenigstens die Einigung über die Unentgeltlichkeit verneint. Indessen ist hier vorwiegend, wenn nicht ausschließlich, nur die Begründung zu beanstanden, während die Entscheidung selbst gebilligt werden darf. Der richtige Gesichtspunkt war schon in der 3. Aufl. A 4 angegeben. Es ist nichts Seltenes, daß Dienste zunächst unentgeltlich, aber doch in der erkennbar gemachten oder als selbstverständlich zu unterstellenden Absicht geleistet werden, daß unter bestimmten Umständen ein Lohn dafür gezahlt werden soll. Es handelt sich dann um vorweggenommene Erfüllungshandlungen auf einen abzuschließenden entgeltlichen Vertrag; durch die nachträgliche Entlohnung kommt der Vertrag zustande. Hieraus ergibt sich die Abgrenzung dieser Fälle von denen der belohnenden Schenkung (§ 534), mithin die Beantwortung der Fragen, ob das Zahlungsversprechen der Form bedarf, ob die Zuwendung wegen Undanks des Empfängers widerrufen werden kann usw. Nicht darauf kommt es an, ob die geleisteten Dienste in dem Zuwendenden „nur ein Dankgefühl" oder „das Gefühl einer wirklichen Schuld" hervorgerufen haben (so RG 94, 324), vielmehr ist abzustellen auf die Auslegung der von dem Empfänger der Zuwendung bei der Dienstleistung stillschweigend abgegebenen Willenserklärung. Vgl. hierzu besonders Oertmann, Entgeltliche Geschäfte 40ff., v. Tuhr Allg. Teil II 2, 91f.; anders neuestens wieder Siber in JheringsJ 70, 254ff.

6. Die Schenkung ist stets ein **Vertrag**; die Ausdrucksweise in § 1406 Nr 2, § 1453 Abs 1 ist ungenau. Maßgebend für das Zustandekommen durch Angebot und Annahme sind daher die §§ 145ff. (RG Warn 1921 Nr 120). Um Vertrag handelt es sich auch dann, wenn die Zuwendung als solche ohne Mitwirkung des Beschenkten vonstatten geht; erst die Einigung über den Zweck, den Rechtsgrund der Zuwendung, macht das Geschäft zur Schenkung. Für solche Fälle gibt Abs 2 eine erleichternde Bestimmung über die Annahme des Angebots. Nach § 107 genügt auf seiten des Schenknehmers beschränkte Geschäftsfähigkeit, jedoch nur bei reinen Schenkungen, nicht bei gemischten oder bei Schenkungen unter Auflage. Das Geschäft kann auch bedingt vorgenommen werden, auch so, daß von der Bedingung abhängt, ob es Schenkung oder entgeltlicher Vertrag sein soll (vgl. RG Recht 1917 Nr 1025). Doch darf die Bedingung nicht in einem Handeln des Empfängers bestehen, an dem der Zuwendende ein Interesse hat, sonst liegt allemal ein entgeltlicher Vertrag vor (RG Recht 1918 Nr 1522; vgl. A 4). Bei der ohne vorgängiges Versprechen vollzogenen Schenkung (Handschenkung) übernimmt der Schenker keinerlei Verpflichtung. Aber auch bei ihr liegt in der zum Begriff des Schenkens erforderlichen Einigung der Beteiligten darüber, daß die Zuwendung unentgeltlich erfolgt, ein schuldrechtlicher Vertrag in dem Sinne vor, daß die Einigung den Rechtsgrund schafft, der die durch die Zuwendung bewirkte Bereicherung schuldrechtlich rechtfertigt. Die Einigung kann beiderseits auch stillschweigend erklärt werden (RG 111, 153).

7. Ein Geschäft mit Leistung und Gegenleistung ist nicht einfach deshalb, weil objektiv ein auffallendes Mißverhältnis zwischen beiden obwaltet, in einen entgeltlichen und einen unentgeltlichen Teil zu zerlegen. Es ist Sache der Parteien, wie hoch sie die Leistungen einschätzen (RG 81, 365; JW 1898, 619[65]; RG Recht 1918 Nr 850). Da der Minderwert der einen Leistung durch die besondere Art ihrer Verwendung oder durch andere Umstände ausgeglichen werden kann, ist es möglich, daß das ganze Geschäft als entgeltliches gewollt ist (RG Recht 07 Nr 3789; 1916 Nr 925; RG 11. 12. 16 IV 273/16; BayObLG Recht 1922 Nr 1550). Möglich ist auch der entgegengesetzte Fall. Vereinbaren Ehegatten, von denen der eine reich, der andere fast mittellos ist, die Eingehung der allgemeinen Gütergemeinschaft, so wird dadurch zwar an sich nur eine besondere Art des familienrechtlichen Verhältnisses begründet; unter Umständen aber kann die darin liegende Verfügung über das gegenwärtige und zukünftige Vermögen des reichen Gatten auch sehr wohl eine reine Schenkung enthalten (so RG 87, 301; RG Recht 08 Nr 2549; OLG 32, 78; vgl. dazu JW 1921 S. 599,

602). Mitunter wird absichtlich der Schein der Entgeltlichkeit hervorgerufen, um die Schenkung zu verhüllen (verschleierte Schenkung; vgl. RG 15, 2?3; 22, 191; 29, 266; 98, 124; RG Recht 07 Nr 3790). So kann, wenn als Zweck der Zuwendung die Vergütung angeblich geleisteter Dienste genannt wird, eine auffallende Höhe die Annahme rechtfertigen, daß in Wahrheit nichts als Schenkung vorliegt (RG JW 1888, 431[20]; RG 21. 11. 04 IV 208/04). Neben diesen beiden Möglichkeiten gibt es noch die dritte, daß dasselbe einheitliche und untrennbare Geschäft — der Fall der Trennbarkeit, z. B. Verkauf eines Grundstücks unter schenkungsweiser Überlassung des Inventars, gehört nicht hierhin — nach dem erklärten Willen der Parteien beides, sowohl eine entgeltliche Zuwendung wie eine unentgeltliche, umfaßt. Das ist die **gemischte Schenkung** (negotium mixtum cum donatione). Eine Schenkung mit Auflage macht jene aber noch nicht zu einem entgeltlichen Vertrage (RG 60, 238; 112, 211: Unterschied von Schenkung unter Auflage). Ebensowenig verliert die Schenkung ihren Charakter, daß sie auf Grund einer sittlichen Pflicht oder aus Anstand erfolgt, aber § 534. Wird eine Sache schenkungsweise unter dem Wert verkauft (sog. Freundeskauf), so ist das Geschäft teils Kauf, teils Schenkung, jenes insoweit, als die Sache die Gegenleistung gegen die Preiszahlung bilden soll, dieses in Höhe der gewollten Unentgeltlichkeit. Regelmäßig werden die Parteien, wenn sie in solcher Weise unterscheiden, zugleich über die Höhe der entgeltlichen und der unentgeltlichen Zuwendung einig sein. Ist das Einverständnis hierüber nicht zum Ausdruck gelangt, während die Absicht, sowohl schenken wie entgeltlich zuwenden zu wollen, feststeht, so muß der Wert der beiderseitigen Leistungen, aber nur als Beweismittel für den Parteiwillen, den Ausschlag geben (RG 68, 328; vgl. Warn 08 Nr 205). Aber nicht jeder Kaufvertrag, bei dem der Wert größer ist als der Preis der Ware, ist darum schon ein gemischtes Geschäft. Es kommt auf den Parteiwillen an. — Einzelfragen der gemischten Schenkung: a) § 516 Abs 2 findet keine Anwendung (vgl. A 8). b) Die Form des § 518 ist zu beobachten (RG Bolze 21 Nr 398), d. h. das Leistungsversprechen als solches, nicht auch seine teilweis unentgeltliche Natur, muß gerichtlich oder notariell beurkundet werden (vgl. § 518 A 2). Fehlt die Form, so wird durch die Bewirkung der Leistung das ganze Geschäft geheilt. c) Widerruf wegen Undanks und Rückforderung wegen Notbedarfs. Grundsätzlich empfiehlt es sich, dem Beschenkten die Wahl zu lassen, ob er seine Leistung bis zur Höhe der Gegenleistung ergänzen oder den ganzen Vertrag rückgängig machen will (RG 29, 267; 54, 110). In einem Falle, wo der Vertrag zu einem stark überwiegenden Teile entgeltlich war, hat RG 68, 326 den Widerruf auf den geschenkten Mehrwert beschränkt; so auch RG 10. 6. 22 V 525/21. d) Ob das Geschäft als entgeltliche oder als unentgeltliche Verfügung angefochten werden muß (vgl. einerseits §§ 31, 38 KO, § 3 Nr. 1, 2, § 8 AnfG, anderseits § 32, § 37 Abs 2 KO, § 3 Nr 3, 4, § 7 Abs 2 AnfG), ist nach dem Hauptzweck zu beurteilen, um den es den Parteien zu tun war. e) Die gegenüber dem Schenkungsrecht strengere Verkäuferhaftung ist insoweit anzuwenden, als infolge eines Verschuldens des Verkäufers oder infolge eines Sach- oder Rechtsmangels der Wert des Kaufgegenstandes hinter dem Entgelt zurückbleibt (vgl. auch die Analogie der Auflageschenkung in § 526). f) Das Vorkaufsrecht kann einer gemischten Schenkung gegenüber nicht ausgeübt werden (RG 101, 99; vgl. § 504 A 2).

8. Der Abs 2 bezieht sich auf die Fälle, in denen die Zuwendung **ohne den Willen des zu Beschenkenden,** d. h. durch schenkungshalber vorgenommene Geschäftsführung (§ 685) erfolgt (Bezahlung seiner Schulden; Ausbedingung eines Rechtes für ihn durch Vertrag mit einem Dritten nach § 328). Der Empfänger hat sich hier zu erklären, ob er die Zuwendung als Schenkung annehmen will. Lehnt er ab — wozu eine Ehefrau der Zustimmung des Mannes nicht bedarf (§ 1406 Nr 2, § 1453 Abs 1) —, so ist der Tatbestand der cond. ob causam datorum gegeben (vgl. § 812 A 9). Er haftet alsdann von dem Augenblick des Empfangs an auf Herausgabe des Zugewendeten nach § 819 Abs 1; war Befreiung von einer Schuld zugewendet, so hat er die dazu verbrauchten Mittel zu erstatten (§ 818 A 5). Um aber den Schwebezustand nicht allzusehr zu verlängern, soll der Zuwendende berechtigt sein, ihm eine angemessene Frist zur Erklärung zu bestimmen; unbenutzter Ablauf der Frist gilt als Annahme. Ist die bestimmte Frist zu kurz, so setzt sie die längere angemessene Frist in Lauf (vgl. § 250 A 2), so daß dann auch noch später abgelehnt und Widerruf wegen Undanks vermieden werden kann. — Vor der Ablehnung ist eine Rückforderung nicht möglich. Der E I (§ 438) erklärte die Zuwendung deutlich für ein Vertragsangebot, an das der Zuwendende abweichend von der Regel (§ 147) bis zur Ablehnung der Schenkung gebunden war. Daß es hierbei verblieben ist, ergeben nicht nur Prot 2, 1ff., sondern auch Satz 3, der bei ungezwungener Auslegung die Kondiktion erst nach der Ablehnung zuläßt. Es steht daher dem Zuwendenden nicht frei, durch Unterlassung der Aufforderung des Satzes 1 das Zustandekommen der Schenkung zu verhindern. — Wie der Fall der ohne Willen des andern erfolgten Zuwendung muß auch der andere Fall behandelt werden, wenn sich die Parteien zwar über die Zuwendung, aber noch nicht über deren Causa geeinigt haben (Übersendung einer Geldsumme mit dem Zusatze:

Brief folgt). Dagegen ist die Vorschrift auf gemischte Schenkungen nicht anwendbar; hier greifen die §§ 145ff. ohne Einschränkung Platz. Ebenso verhält es sich mit Auflageschenkungen schon wegen ihrer nahen Verwandtschaft mit den gemischten (zweifelnd **RG** Warn 1921 Nr 120). Freilich wäre die Fristsetzung ohne Mitteilung der Auflage unwirksam; aber dies allein würde, selbst wenn man § 1956 entsprechend anwenden wollte, den Empfänger nicht genügend schützen.

9. Vielfach erscheint der **Vertrag zugunsten Dritter** im Zusammenhang mit einer unentgeltlichen Zuwendung, die erst nach dem Ableben ihres Urhebers wirksam werden soll. Ein Verwahrungsvertrag, ein Auftrag, ein Darlehn wird mit der Abrede vereinbart, daß mit dem Tode des Hinterlegers (Auftraggebers, Darleihers) ein Dritter den Anspruch gegen den Verwahrer (Beauftragten, Darlehnsempfänger) erwirbt (§§ 328, 331). Derartige Geschäfte haben die Eigentümlichkeit, daß sich der wirtschaftliche Zweck, der verfolgt wird, mit der gebrauchten Rechtsform nicht deckt. Sachlich kommt es dem Verfügenden darauf an, einer ihm nahestehenden Person nach seinem Tode einen Vermögensvorteil durch Begründung einer Forderung zu verschaffen; der wirtschaftliche Zweck ist also der des Vermächtnisses (vgl. §§ 1939, 2174). Ein Vermächtnis im Sinne des Gesetzes wird aber nicht angeordnet; auch eine sonstige Verfügung von Todes wegen liegt nicht vor, da sich das Geschäft nicht auf den Nachlaß bezieht. Vielmehr handelt es sich auch im Verhältnis zwischen Stipulanten und Dritten um ein Rechtsgeschäft unter Lebenden, und zwar hier — eine andere Causa ist nicht denkbar — um eine Schenkung (a. M. **RG** 106, 2). Der für diese erforderliche Vertrag wird so geschlossen, daß der Verwahrer (Beauftragte usw.) dem Dritten nach dem Tode des Stipulanten von der Zuwendung Mitteilung macht und ihm dadurch kraft einer jetzt nicht mehr widerruflichen Vollmacht die Schenkung anbietet, die der Dritte nicht ablehnt; erklärt zu werden braucht die Annahme nach § 151 nicht. Da die Leistung sofort bewirkt ist, bedarf es auch keiner Form (§§ 331, 518). Nun läßt sich freilich nicht verkennen, daß diesem Geschäftstypus erhebliche Bedenken entgegenstehen. Die Formen, an die der Gesetzgeber aus wohlerwogenen Gründen die zur Wirkung über den Tod hinaus bestimmten Verfügungen geknüpft hat, werden auf solche Weise beiseite geschoben; die Rechte der Nachlaßgläubiger sind gefährdet. Vom rechtspolitischen Standpunkt aus wäre es daher wünschenswert gewesen, wenn die Gerichte den Anwendungsbereich des § 331 trotz seines allgemeinen Wortlauts auf die Fälle des § 330, insbesondere die Lebensversicherung und den Leibrentenvertrag zugunsten Dritter, beschränkt hätten. Das hätte um so eher geschehen können, als die Entstehungsgeschichte der Paragraphen einen Anhalt dafür bot (vgl. Prot 1 S. 759ff., 765ff.). Als indes der IV. ZS des Reichsgerichts in Bd. 98, 281 auf die bezeichneten Gefahren hinwies, war es für eine einschränkende Auslegung zu spät. Unterstützt und befürwortet durch Hellwig (Verträge auf Leistung an Dritte 350ff.: sog. fideicommissum a debitore relictum) hatte der Verkehr die Grenze des § 330 längst überschritten (vgl. den II. und III. ZS **RG** 80, 177; 88, 137). Daher hat der IV. ZS in dem angeführten neuesten Urteil **RG** 106, 1 seine Bedenken fallen lassen und sich der Ansicht angeschlossen, daß die Zwecke eines Vermächtnisses nach den Regeln des Vertrags zugunsten Dritter durch Begründung eines Leistungsanspruchs gegen den Versprechenden erreicht werden können. Alsdann wird man aber entgegen **RG** 98, 279 auch die Möglichkeit zugeben müssen, den Dritten unbekümmert um den Widerspruch der Erben des Stipulanten zum Eigentümer einer ihm zugedachten Sache zu machen. Die Unterscheidung, daß die Zuwendung eines Sparkassenbuchs an ihn ohne Einwilligung der Erben durchführbar sein soll, nicht aber die Zuwendung eines Wertpapiers, wird niemandem einleuchten; die dafür beigebrachten Gründe sind auch nicht zwingend. Kennt das Gesetz auch keinen dinglichen Vertrag zugunsten Dritter, so kann doch der Stipulant die Sache dem Beauftragten fiduziarisch übereignen. Und wenn er das nicht tut, hat der Beauftragte namens und in Vollmacht des Stipulanten dem Dritten das Eigentum zu übertragen. Wie oben schon angedeutet ist und durch § 331 Abs 2 bestätigt wird, ergibt sich aus der Natur des Verhältnisses, daß ein Widerruf der Vollmacht durch die Erben des Stipulanten ausgeschlossen sein soll (vgl. § 168 Satz 2 Halbs 2 verb. mit § 672 Satz 1). — Hinzugefügt mag werden, daß die Schenkung, sofern binnen einem oder zwei Jahren nach dem Tode des Stipulanten der Nachlaßkonkurs eröffnet wird, nach KO §§ 32, 214ff. angefochten werden kann. Ist der Beauftragte nicht fiduziarischer Eigentümer und hat er den Auftrag noch nicht ausgeführt, so erlischt seine Vollmacht mit der Eröffnung des Verfahrens (KO § 23, BGB § 168 Satz 1). Pflichtteilsberechtigten steht unter den Voraussetzungen des unmittelbar anwendbaren § 2329 der Herausgabeanspruch gegen den Dritten zu (dahingestellt gelassen in **RG** 106, 2 von der irrigen Annahme aus, daß Schenkung nicht vorliege). Für die Erbschaftsteuer gilt „der Erwerb von Vermögensvorteilen, der auf Grund eines vom Erblasser geschlossenen Vertrags unter Lebenden von einem Dritten mit dem Tode des Erblassers unmittelbar gemacht wird", als Erwerb von Todes wegen (ErbschStG § 2 Abs 1 Nr 4).

10. Beweisfragen. Die in der Vertragsurkunde enthaltene Wertangabe darf bei der Prüfung, ob eine Schenkung vorliegt, nicht schlechthin als maßgebend behandelt werden;

es kommt immer auf die wirkliche Sachlage an (RG Warn 1916 Nr 132). Eine Vermutung für den Schenkungscharakter von Leistungen unter nahen Verwandten kennt das Gesetz nur in den engen Grenzen der §§ 685 und 1618 (vgl. dazu RG Warn 1912 Nr 382); auch wenn bei der Leistung die Rücksicht auf das Verwandtschaftsverhältnis mitspielt, wird dadurch die gewollte Entgeltlichkeit nicht ausgeschlossen (RG 74, 140; JW 09, 670[26]). Doch entspricht es der Lebenserfahrung, wenn RG JW 1919, 242 und RG Warn 1920 Nr 105 bei Geld- oder Sachhingaben zwischen Eheleuten, selbst wenn sie in Gütertrennung leben, eine tatsächliche Vermutung für die Schenkung annehmen. — Sind Schenkungen im allgemeinen nicht zu vermuten, so folgt doch daraus nicht, daß der Kläger, der Rückzahlung eines angeblichen Darlehns verlangt, während der Beklagte Schenkung behauptet, von dem Beweise des Darlehns befreit wäre; erheblich ist hier an der Einlassung des Beklagten nur die Bestreitung der Darlehnsvereinbarung (RG JW 06, 462[18]). Tritt ferner die Schenkungsbehauptung eines verklagten Besitzers dem Eigentumsanspruch des Klägers auf Herausgabe gegenüber, so hat nach § 1006 Abs 1 der Kläger zu beweisen, daß Schenkung nicht vorgelegen habe (vgl. § 985 A 6 unter b). Zu beachten ist auch die legitimierende Kraft des Grundbucheintrags. Auch wenn die Nichtvalutierung der Darlehnshypothek feststeht, dringt nach §§ 891, 1138 der Eigentümer mit seiner Löschungsklage nur durch, wenn er die Behauptung des Gläubigers, die Schuld sei schenkweise begründet worden, widerlegt (RG 98, 124). Handelt es sich dagegen um ein Sparkassenbuch, dessen Herausgabe der Beklagte weigert, weil ihm der Erblasser des Klägers das Guthaben geschenkt habe, so trifft ihn die Beweislast, der er jedoch schon durch den Hinweis darauf genügt, daß das Buch auf seinen Namen umgeschrieben ist (a. M. RG 24. 2. 19 IV 396/18, vgl. dazu § 518 A 1). — Die Person des Beschenkten kann zweifelhaft sein bei Hochzeitsgeschenken. An wen die Übergabe erfolgt, ist gleichgültig. Sofern ein Stück nicht erkennbar für den persönlichen Gebrauch eines der Ehegatten bestimmt ist, muß angenommen werden, daß beide beschenkt sein sollen, mag auch der Schenker nur dem einen nahestehen (SeuffA 62 Nr 181).

§ 517

Eine Schenkung liegt nicht vor, wenn jemand zum Vorteil eines anderen einen Vermögenserwerb unterläßt[1]) oder auf ein angefallenes, noch nicht endgültig erworbenes Recht verzichtet[2]) oder eine Erbschaft oder ein Vermächtnis ausschlägt[3]).

E I 439 II 464; M 2 290, 291; P 2 8, 9.

1. **Unterlassen eines Vermögenserwerbes zum Vorteil eines andern.** Dieses setzt voraus, daß ein Vermögenserwerb noch nicht stattgefunden hat; er liegt nicht vor, wenn die bereits gemachte Erwerbung einem andern zugewendet war (RG JW 1906, 161[5]). Daß es keine Schenkung ist, wenn jemand eine rein tatsächliche Erwerbsgelegenheit nicht wahrnimmt und ein anderer sie infolge davon benutzen kann, folgt schon aus § 516, weil damit nichts aus dem Vermögen zugewendet ist. Durch § 517 wird aber auch die Nichtausbeutung besonderer Rechtslagen, wie sie z. B. die Nichtannahme eines Vertragsantrags, die Nichtgenehmigung eines Rechtsgeschäfts, die Unterlassung der Anfechtung wegen Willensmängel oder die Versäumung einer Frist darstellen, von dem Recht der Schenkung ausgeschlossen. Nicht hierhin gehören die Fälle indirekter Vermögenszuwendung. Leistet der Schuldner auf Weisung des Gläubigers einem Dritten, dem der Gläubiger schenken will, so hat dieser nicht bloß auf den Erwerb des Gegenstandes verzichtet, sondern zugleich sein Forderungsrecht aufgeopfert, weshalb es so angesehen wird, als ob er den Gegenstand erworben und auf den Dritten übertragen hätte. Das traf auch auf den früher häufig vorgekommenen sog. Fünfzehnhundertmarkvertrag zu. Die auf Vermeidung einer Pfändung berechnete Vereinbarung des Angestellten mit seinem Dienstherrn, daß ihm selbst nur 1500 Mark, seiner Ehefrau aber 4500 Mark gezahlt werden sollen, war rechtlich nichts weiter als Ausbedingung eines Dienstlohns von 6000 Mark, verbunden mit schenkweiser Zuwendung des Teilbetrags von 4500 Mark an die Frau. Daher konnten die Gläubiger des Mannes die Schenkung nach § 3 Nr 2, 4 AnfG anfechten und die Frau zur Abtretung ihrer Forderung gegen den Dienstherrn oder zur Herausgabe des darauf empfangenen Betrags zwingen (anders die Rechtsprechung RG 69, 59; 81, 46; RG LZ 1912 S. 560, 686; 1915, 542, die die Anfechtbarkeit verneinte). Nicht unter § 517 gehört es ferner, wenn jemand einen Anspruch auf Übereignung einer beweglichen Sache hat und mit einem Dritten, dem er schenken will, vereinbart, daß sofort mit der Übergabe an ihn das Eigentum durch Besitzkonstitut auf den Dritten übergeht (vgl. RG JW 06, 161[5]).

2. **Verzicht auf angefallene, noch nicht endgültig erworbene Rechte.** Soll die Vorschrift neben den Fällen der A 1 und 3 zur Geltung kommen, so muß darunter der Verzicht

auf Anwartschaften verstanden werden, namentlich auf aufschiebend bedingte Rechte. Befristete Rechte sind nicht gemeint. Der Erlaß künftiger Miets- oder Darlehnszinsen kann sehr wohl Schenkung sein.

3. Obgleich **Erbschaft** und **Vermächtnis** kraft Gesetzes erworben werden (§§ 1942, 2176), läßt sich der Erwerb doch durch einseitige Erklärung (Ausschlagung) mit rückwirkender Kraft wiederaufheben (§§ 1953, 2180). Daher wird die Ausschlagung nicht als Schenkung behandelt (vgl. **RG** 54, 293). Dasselbe muß aber auch für den Pflichtteil angenommen werden. § 2317 ist dahin auszulegen, daß der Pflichtteilsanspruch zwar mit dem Erbfall entsteht, aber auflösend bedingt durch den Verzicht des Berechtigten. Daß das Gesetz diesen Standpunkt teilt, beweisen außer § 852 Abs 1 ZPO namentlich die §§ 1643 Abs 2, 1822 Nr 2, wonach Vater und Vormund, die doch nach §§ 1641, 1804 nicht in Vertretung des Kindes schenken können, mit Genehmigung des Vormundschaftsgerichts imstande sind, für das Kind auf den Pflichtteil zu verzichten (a. M. **RG** 77, 238). Die aus der Gegenmeinung gezogene anstößige Folgerung, daß ein Pflichtteilsberechtigter die Erbschaftssteuer auch dann zu zahlen habe, wenn er den Pflichtteil nicht geltend machen will, und daß er für den unentgeltlichen Verzicht auf den Pflichtteil überdies auch noch Schenkungssteuer schulde, ist schon durch das ErbschStG v. 10. 9. 19 beseitigt worden; vgl. jetzt Ges. v. 20. 7. 22 § 2 Abs 1 Nr 1, § 22 Abs 1 Nr 12.

§ 518

Zur Gültigkeit eines Vertrags, durch den eine Leistung schenkweise versprochen wird, ist die gerichtliche oder notarielle Beurkundung des Versprechens erforderlich[1])[2]). Das gleiche gilt, wenn ein Schuldversprechen oder ein Schuldanerkenntnis der in den §§ 780, 781 bezeichneten Art schenkweise erteilt wird, von dem Versprechen oder der Anerkennungserklärung[3]).

Der Mangel der Form wird durch die Bewirkung der versprochenen Leistung geheilt[4]).

E I 440, 441 II 465; M 2 291—295; P 2 9—21.

1. Das Gesetz hat **keine allgemeine Schenkungsform** aufgestellt, sondern dem Beurkundungszwang nur diejenige Schenkung unterworfen, die darin besteht, daß der Schenker dem Beschenkten eine Leistung verspricht. Die vollzogene Schenkung ist auch ohne Form gültig. a) Was zur Vollziehung gehört, bestimmt sich nach dem Schenkungsgegenstand. Bewegliche Sachen, insbesondere auch Inhaberpapiere (**RG** 77, 335), müssen übergeben werden, doch läßt sich die Übergabe nach Maßgabe der §§ 929—931 ersetzen (Besitzkonstitut, **RG** JW 06, 161[5]; Abtretung des Herausgabeanspruchs, **RG** Warn 09 Nr 33; OLG 16, 50; dagegen unzureichend die Einräumung des Mitbesitzes, sofern nicht ein Konstitut damit verbunden ist, **RG** Gruch 62, 614). Die Schenkung von Wertpapieren aus einem Depot ist erst mit erkennbarer Aussonderung bestimmter Papiere vollzogen (**RG** Recht 1918 Nr 1523). Durch die Verwaltung und Nutznießung, die dem Ehemann nach gesetzlichem Güterrecht auch an den von ihm der Frau geschenkten Sachen zusteht, wird die Vollziehung der Schenkung nicht gehindert (**RG** Warn 1915 Nr 142, vgl. aber 1920 Nr 105). Bei Grundstücken ist Auflassung notwendig, aber nach § 873 Abs 2 auch schon vor der Eintragung im Grundbuch genügend. Soll eine Forderung schenkweise erlassen werden, so genügt formloser Abschluß des Erlaßvertrags (**RG** 53, 296; 76, 61; **RG** SeuffA 69 Nr 121), wogegen eine mit Aufhebung des Erlasses verbundene schenkweise Wiederherstellung der Forderung der Form bedarf (**RG** 76, 61). Ebenso genügt formlose Abtretung, um eine Forderung schenkweise einem Dritten zuzuwenden (**RG** JW 07 S. 73[3], 329[5]; Warn 09 Nr 33; **RG** SeuffA 69 Nr 121); sie kann in der Aushändigung der Schuldurkunde an den Schenknehmer zu finden sein (vgl. **RG** JW 04, 337[3]). Zur Abtretung einer Wechselforderung muß aber die Übergabe des Wechsels oder, bei Teilabtretung, die Einräumung des Mitbesitzes hinzukommen (**RG** Warn 1921 Nr 123). Abtretung der Forderung auf das Guthaben ist das entscheidende bei Sparkassenbüchern, da bei ihnen wie bei allen Legitimationspapieren das Papier der Forderung (§ 952), nicht umgekehrt die Forderung dem Papier folgt (vgl. § 808 A 3). Die Abtretung kann auch ohne Übergabe des Buches stattfinden, ist aber regelmäßig darin enthalten (**RG** 89, 402; JW 1910, 329[2]; 1916, 37[3]; Gruch 50, 651). Zahlt der Schenker Geld auf ein Sparkassenbuch ein, das auf den Namen des Schenknehmers ausgestellt ist oder ausgestellt wird, so vollzieht er die Schenkung, denn da ein anderer Wille für die Sparkasse nicht erkennbar ist, entsteht die Forderung gegen sie in der Person des Schenknehmers (anders das Reichsgericht, das auf die innere Absicht des Einzahlenden abstellt und diese daraus erschließen will, aus wessen Mitteln das Geld herrührt, vgl. **RG** 73, 220; **RG**St 43, 17 Warn 1912 Nr 197; 1915 Nr 142; 1916 Nr 75; **RG** LZ 1914, 929). Das gleiche gilt, wenn jemand bei einer Bank ein Depositenkonto auf den Namen eines Dritten anlegen läßt und

Einzahlungen darauf macht (vgl. dazu RG JW 07, 73[3]; Warn 08 Nr 204). Die bloße Anweisung an einen andern, dem Schenknehmer zu zahlen, bedeutet zweifellos noch keine Vollziehung der Schenkung. Trotz § 788 aber, wonach es schlechthin auf die Leistung des Angewiesenen ankommen soll, wird die Schenkung auch schon durch Annahme der Anweisung bewirkt, da hiermit dem Schenknehmer eine Forderung gegen den Angewiesenen zugewendet wird (vgl. § 784). Übrigens ist mitunter zu prüfen, ob der Schenker, der nur von Anweisung sprach, nicht doch in Wahrheit eine Abtretung vorgenommen hat (RG JW 07, 73[3]). b) Handlungen, die die Vollziehung nur sichern oder sie vorbereiten sollen, machen die Form des Schenkungsversprechens nicht überflüssig. Ungenügend ist daher die bloße Gutschrift in den Geschäftsbüchern des Schenkers (RG Warn 1912 Nr 101) oder die Bestellung einer Hypothek zur Sicherung des schenkweise Versprochenen (RG 88, 366). Auf der andern Seite ist der Begriff der Vollziehung vereinbar mit dem Vorbehalt jederzeitigen Widerrufs (RG 18. 6. 07 III 6/07). Auch kann eine Schenkung ihrer Vollziehung ungeachtet bedingt oder befristet sein (RG Warn 1921 Nr 95). Bedingte Abtretungen zu Schenkungszwecken s. z. B. in RG Warn 08 Nr 141; 09 Nr 33; OLG 16, 50. Die am häufigsten vorkommende Bedingung ist die der Schenkung von Todes wegen, daß der Beschenkte den Schenker überlebt. Auf dieses Geschäft (nicht auf ein Versprechen, dessen Erfüllung, ohne an die Bedingung des Überlebens geknüpft zu sein, auf den Todestag des Schenkers hinausgeschoben ist, RG 53, 296; RG 9. 11. 21 V 23/21) finden nach § 2301 die Vorschriften über Verfügungen von Todes wegen Anwendung; doch gilt Schenkungsrecht, wenn der Schenker die Schenkung durch Leistung des zugewendeten Gegenstandes vollzieht. Stets muß im Einzelfall geprüft werden, ob trotz der Bedingung oder Befristung die Leistung selber (die Abtretung, der Erlaß) sofort vorgenommen ist oder ob einstweilen nur versprochen wurde, unter der bestimmten Bedingung oder an dem künftigen Tage leisten zu wollen. Die Erklärung des Darlehnsgebers in RG JW 1910, 938[13], nach seinem Tode solle seine Enkelin die Darlehnssumme bekommen, war ein formbedürftiges Schenkungsversprechen. Ebenso wurde in RG Warn 08 Nr 302, wo der Gläubiger dem Schuldschein nachträglich die Worte hinzugefügt hatte, „dieser Schein wird mit meinem Tode ungültig", nur ein Schenkungsversprechen angenommen, und zweifellos handelte es sich um nichts weiter in RG 5. 3. 15 II 250/14, wo das Schreiben des Gläubigers an den Schuldner dahin lautete, er verpflichte sich, falls eine vom Schuldner geplante Heirat bis zum 1. Oktober des nächsten Jahres nicht zustande kommen würde, nach diesem Termine auf die Forderung zu verzichten (vgl. ferner RG Recht 1916 Nr 926). Eine vollzogene Schenkung liegt auch dann nicht vor, wenn ein dem Tode naher Erblasser eine Person, der er Wertpapiere zuwenden will, formlos ermächtigt, sie nach seinem Tode abzuheben (RG JW 04, 337[3]; vgl. RG LZ 1919, 692; OLG Dresden LZ 1919, 444), oder wenn er die Papiere einem Boten behändigt, der sie erst nach seinem Tode jener Person übergibt (RG 83, 223). Auch der Auftrag an einen Treuhänder, die Sache nach dem Tode des Auftraggebers einem Dritten herauszugeben, enthält noch keine vollzogene Schenkung (RG JW 1917, 924[1]). Geht die Abmachung nicht dahin, daß mit dem Tode ein unmittelbares Recht auf Herausgabe für den Dritten begründet werden soll (vgl. § 516 A 9), so hat dieser nichts erlangt. Das Ausstattungsversprechen unterliegt der Form des § 518 nicht (RG 111, 286).

2. **Gerichtliche oder notarielle Beurkundung** (vgl. §§ 167ff. FGG, Art 141 EG). Die Vorschrift gilt auch für Schenkungsversprechen von Kaufleuten, obwohl sie nach §§ 343, 344 HGB Handelsgeschäfte sein können (vgl. § 350 HGB, RG Holdheim 04, 128). Nur das Versprechen des Schenkers ist an die Form gebunden; die Annahmeerklärung des Beschenkten kann formlos, auch stillschweigend erfolgen und wird unter den Umständen des § 516 Abs 2 fingiert. Wie sich ferner aus Satz 2 des Abs 1 ergibt, unterliegt dem Formzwang auch nur das Leistungsversprechen schlechthin. Die Tatsache, daß es schenkweise erfolgt, braucht nicht urkundlich gemacht, kann vielmehr verschleiert werden (RG 98, 124; 101, 101; s. auch § 516 A 7 und aus früherem Recht RG 15, 293; 22, 191). Die Beurkundung muß aber auch wirklich das Versprechen, nicht eine bloße Vollmacht zum Inhalt haben (RG JW 1920, 490[1]: Auflassungsvollmacht mit Ermächtigung, an sich selbst aufzulassen). Neben der Schenkungsform finden die sonstigen Formvorschriften Anwendung. So nach §§ 311, 313, 2371, 2385 bei Schenkung eines ganzen Vermögens, eines Grundstücks (RG 82, 152), einer Erbschaft; vgl. ferner § 312 Abs 2, GmbHG § 15 Abs 3, 4.

3. Da das Gesetz durch den Formzwang übereilte Schenkungsversprechen verhüten will, faßt es auch ein **abstraktes Versprechen, das schenkweise erteilt ist,** nicht als Vollziehung der Schenkung auf. Auch ein solches Versprechen muß vielmehr gerichtlich oder notariell beurkundet werden, wobei dem Wesen der Sache entsprechend die causa donandi in der Urkunde nicht erwähnt wird (RG 98, 128). Unterbleibt die Beurkundung, so ist es ebenso nichtig wie ein Versprechen, das den Schuldgrund der Schenkung in sich aufgenommen hat; es tritt nicht bloß Entkräftbarkeit durch eine Bereicherungseinrede (§ 821) ein. Die Regelung ist mithin dieselbe wie in den Fällen der §§ 656 Abs 2, 762 Abs 2 (Ehemäkler-

lohn, Spiel und Wette): Berücksichtigung durch den Richter, auch wenn der Mangel nur durch den Vortrag des Beschenkten kundbar wird; kein einseitiger und formloser Verzicht des Schenkers auf die Einwendung. Statt von abstraktem Versprechen spricht das Gesetz nur von dem Schuldversprechen des § 780 und dem Schuldanerkenntnis des § 781 (mit letzterem ist der Fall gemeint, wenn das Anerkenntnis ohne Gegenleistung und im Einverständnis darüber erteilt ist, daß die anerkannte Schuld nicht besteht, vgl. § 812 A 11 unter 1c). Gedacht ist die Vorschrift aber allgemein und muß daher auch auf das Anweisungsakzept des Schenkers (§ 784) sowie namentlich auf seine wechsel- und scheckmäßigen Versprechen (vgl. **RG** 71, 289; Warn 1918 Nr 165) bezogen werden. Die Heilung nach Abs 2 findet bei indossablen Papieren immer erst dann statt, wenn der Beschenkte nichts mehr zu fordern hat. Solange sich das Papier in dessen Hand befindet, kann ihm der Schenker die Einwendung der formlosen Schenkung entgegenhalten. Mit dem Indossament hört diese Möglichkeit auf (vgl. Art 82 WO, § 364 HGB), die Schenkung ist nunmehr vollzogen. — Auch durch Einkleidung eines formlosen Schenkungsversprechens in ein Darlehen (§ 117 Abs 2) oder durch Umwandlung in ein solches (§ 607 Abs 2) wird an der Ungültigkeit nichts geändert (**RG** SeuffA 69 Nr 121).

4. **Heilung des Formmangels durch Bewirkung der Leistung.** Selbstverständlich ist eine vollzogene Schenkung als Handgeschenk gültig, mag ein formloses Schenkungsversprechen vorausgegangen sein oder nicht (**RG** Warn 1913 Nr 249). Der Abs 2 ordnet aber, hierüber hinausgehend, eine Heilung des formlosen Versprechens an. Auch wenn die Leistung in Unkenntnis der Nichtigkeit des Schenkungsversprechens erfolgt, ist die cond. indebiti ausgeschlossen, weil durch die Leistung selbst eine gültige Verpflichtung entsteht (a. M. anscheinend **RG** Warn 1915 Nr 142). Ändern die Parteien das Versprechen bei der Leistung nicht ab, so wird dieses auch so gültig, wie es erteilt war, also mit denselben Bedingungen, Auflagen oder sonstigen Nebenbestimmungen (Ausschließung des ehemännlichen oder elterlichen Rechtes, §§ 1369, 1440, 1526, 1638, 1651), und, sofern es sich um eine gemischte Schenkung handelt, in der vereinbarten Verbindung mit dem entgeltlichen Teil des Geschäfts. Die Worte „Bewirkung der versprochenen Leistung" nötigen nicht dazu, der Hingabe an Erfüllungs Statt (§ 364) die heilende Wirkung zu versagen. Die Schenkung ist auch dann vollzogen, wenn der Versprechende, der sich irrtümlich für verpflichtet hält, mit Zustimmung des angeblichen Gläubigers eine andere als die vermeintlich geschuldete Leistung bewirkt, wogegen ein Dritter, der ohne Auftrag des Versprechenden leistet, keine Heilung herbeiführt. Stets muß die Leistung freiwillig erfolgt sein; Beitreibung auf Grund eines fehlgehenden vorläufig vollstreckbaren Urteils würde nicht genügen. Teilweise Erfüllung macht das Versprechen insoweit gültig, als sie reicht. Während die Gültigkeit des erfüllten Teiles durch die Ungültigkeit des nicht erfüllten nicht beeinträchtigt wird, kann anderseits Vollendung der Erfüllung kraft der formlosen Zusage nicht beansprucht werden, **RG** 77, 335; Gruch 60, 1002 (Dividendenscheine ohne Mäntel, Mäntel ohne Zinsscheine). Mangelhafte Erfüllung hat Heilung überhaupt nicht zur Folge. Daher nach Eviktion der vom Schenker geleisteten Sache keine Haftung nach § 523 Abs 2, wohl aber bei arglistigem Verschweigen des Mangels Haftung nach § 523 Abs 1. Nur der Formmangel des Schenkungsversprechens wird durch Vollziehung der Schenkung geheilt. Leidet das Geschäft noch an andern Mängeln, etwa an Verstößen gegen andere Formvorschriften, so bleibt es unwirksam. Umgekehrt tritt keine Heilung der Form des § 518 ein, wenn nur andere Formfehler geheilt werden. Ein Schenkungsversprechen, wodurch der Grundstücksverkäufer dem Käufer formlos zusichert, eine in Anrechnung auf den Kaufpreis zu übernehmende Hypothek, falls sie dem Verkäufer abgetreten werden sollte, löschen zu lassen, gewinnt durch Auflassung und Umschreibung des Grundstücks keine Kraft (vgl. **RG** Warn 1911 Nr 12; § 313 A 6 Abs 5). Eine Schenkung unter Lebenden kann zwar auch vom Erben des Schenkers vollzogen werden. Wird aber der Auftrag des Erblassers, geschenkte Sachen zu überbringen, durch Dritte ausgeführt, so liegt darin keine Vollziehung der Schenkung, da diese, auch wenn der Auftrag über den Tod des Erblassers hinaus wirkte, durch die Erben zu erfolgen hat (**RG** 83, 23; **RG** 10. 11. 23 VII 44/23).

§ 519

Der Schenker ist berechtigt, die Erfüllung eines schenkweise erteilten Versprechens zu verweigern, soweit er bei Berücksichtigung seiner sonstigen Verpflichtungen außerstande ist, das Versprechen zu erfüllen, ohne daß sein standesmäßiger Unterhalt oder die Erfüllung der ihm kraft Gesetzes obliegenden Unterhaltspflichten gefährdet wird[1])[2]).

Treffen die Ansprüche mehrerer Beschenkten zusammen, so geht der früher entstandene Anspruch vor[3])[4]).

E II 466; P 2 21, 22; KB 66.

1. Die Vorschrift gehört nicht zu den Bestimmungen prohibitiven Charakters, die entgegen der allgemeinen Regel EGBGB Art 170 rückwirkende Kraft haben. Er ist daher auf vor Inkrafttreten des BGB geschlossene Schenkungsverträge nicht anwendbar (**RG** 14. 4. 13 IV 654/12).

2. Befindet sich der Schenker in dürftiger Lage, so kommt ihm das Gesetz mit der **Rechtswohltat des Notbedarfs** (beneficium competentiae) zu Hilfe. Gewährt wird eine Einrede gegen den noch unerfüllten Anspruch (§ 519) und, unter schwereren Voraussetzungen, ein Anspruch auf Herausgabe nach Vollziehung der Schenkung (§§ 528, 529). Beiden Rechtsbehelfen ist gemeinsam, daß es nicht darauf ankommt, ob der Schenker schon zur Zeit der Schenkung bedürftig war oder ob er es erst später geworden ist. Auch der Fall, wenn mehrere Schenkungen desselben Schenkers zusammentreffen, ist in § 519 Abs 2 und in § 528 Abs 2 übereinstimmend geregelt. Ebenso gilt für beide Rechtsbehelfe, daß sie den Schenker gegen seinen eigenen Leichtsinn schützen sollen und daß er deshalb nicht im voraus auf sie verzichten kann.

3. Die **Einrede des Notbedarfs** richtet sich gegen den Anspruch auf Erfüllung eines Schenkungsversprechens oder eines schenkweise erteilten abstrakten Versprechens. Sie ist im Hauptprozeß, nicht erst bei der Vollstreckung, vorzubringen und zu verhandeln, wirkt aber nur soweit als, gegenständlich und zeitlich genommen, die Bedürftigkeit des Schenkers reicht. Die Klage kann teilweise abgewiesen werden; wird sie ganz abgewiesen, so kann sie der Beschenkte doch von neuem erheben, falls es ihm gelingt, eine Besserung der Umstände des Schenkers darzutun. Gegen den durch Urteil festgestellten Anspruch findet eine Einrede auf Grund späterer Vermögensverschlechterung nur nach Maßgabe des § 767 ZPO statt. Zweifelhaft ist, inwiefern die Einrede auch Bürgen, Schuldübernehmern oder Schuldmitübernehmern zugute kommt. Da der Gläubiger gegen die Vermögensunzulänglichkeit des Schenkers durch den Beitritt jener Personen gerade geschützt werden soll, werden sie sich hierauf nicht berufen können (vgl. auch § 768 Abs 1 Satz 2, § 193 KO). Dagegen steht es, wenn auch nicht dem Bürgen, so doch den Nach- und Mitschuldnern frei, die eigene Bedürftigkeit geltend zu machen, denn auch sie haften aus dem Rechtsgrund der Schenkung. — Vorausgesetzt ist entweder G e f ä h r d u n g (nicht: Beeinträchtigung; naheliegende Besorgnis einer solchen genügt) d e s e i g e n e n s t a n d e s m ä ß i g e n (nicht: notdürftigen) U n t e r h a l t s (§ 1610) o d e r G e f ä h r d u n g d e r d e m S c h e n k e r k r a f t G e s e t z e s, also nicht lediglich kraft Vertrags, o b l i e g e n d e n U n t e r h a l t s p f l i c h t e n. Als gesetzliche Unterhaltspflichten kommen in Betracht: die der Ehegatten, §§ 1360ff. (§§ 1345, 1351), auch der geschiedenen (§§ 1578ff.), der Verwandten (§§ 1601ff.), des Vaters gegen das Kind aus nichtiger Ehe (§§ 1700, 1703), des Vaters des unehelichen Kindes (§§ 1708ff.; vgl. auch §§ 1739, 1766). Bei der Frage, ob Gefährdung vorliegt, sind die sonstigen Verpflichtungen des Schenkers zwar nicht schlechthin vom Vermögen abzuziehen, aber doch sämtlich zu „berücksichtigen", mithin, wenn sie erst später fällig werden, zu einem angemessenen Betrage in Ansatz zu bringen.

4. **Bei mehrfachen Schenkungen desselben Schenkers geht die ältere der jüngeren vor** (ähnlich § 2329 Abs 3). Entscheidend ist die Entstehung des Anspruchs, also der Zeitpunkt der Annahme der Schenkung, auch wenn der Anspruch bedingt oder betagt ist und vor Eintritt der Bedingung oder des Termins eine neue Schenkung erfolgt; die früher vorgenommene Schenkung soll durch eine spätere nicht beeinträchtigt werden. Gegenüber dem Anspruch des später Beschenkten darf sich der Schenker auf die frühere berufen, nicht steht ihm umgekehrt gegen den früher Beschenkten eine Einrede wegen der späteren Schenkung zu. Hat er dem zweiten Beschenkten gegenüber die Geltendmachung der Einrede absichtlich unterlassen, um den ersten zu schmälern, so kann dieser verlangen, daß dasjenige, was mit Rücksicht auf ihn dem zweiten hätte abgezogen werden müssen, als noch vorhanden gerechnet wird. Mehrere gleichzeitige Schenkungen sind gleichmäßig zu kürzen.

5. **Über § 519 hinaus wird ein Weigerungsrecht auch aus dem Grunde der Geldentwertung anzuerkennen sein.** Verspricht jemand schenkweise die Leistung eines Gegenstandes, den er noch nicht in seinem Vermögen hat, und schnellt, ehe er ihn verschaffen konnte, der Wert des Gegenstandes infolge eines zur Zeit des Versprechens nicht voraussehbaren Marktsturzes übermäßig in die Höhe, so entspricht es der Billigkeit und § 242, die Leistungspflicht zu streichen oder herabzusetzen.

§ 520

Verspricht der Schenker eine in wiederkehrenden Leistungen bestehende Unterstützung, so erlischt die Verbindlichkeit mit seinem Tode, sofern nicht aus dem Versprechen sich ein anderes ergibt[1]).

E I 447 II 467; M 2 298, 299; P 2 30.

1. Das **schenkweise Versprechen einer in wiederkehrenden Leistungen zu entrichtenden Unterstützung** (Renten, Lebensunterhalt, nicht aber Teilzahlungen eines geschenkten Kapi-

tals) erlischt mangels gegenteiliger Abrede mit dem Tode des Schenkers, geht also auf dessen Erben nicht über. Tritt jemand als Mitschuldner neben den Schenker, so wird im Zweifel der Tod des Erstversterbenden maßgebend sein. Auch der Anspruch des Beschenkten ist nach dem Sinne des Vertrags regelmäßig unvererblich; vgl. wegen der Leibrente § 759, wegen des Unterhaltsanspruchs §§ 1615, 1713. Bereits fällig gewordene Ansprüche (Rückstände) werden durch den Tod des einen oder des andern Teiles nicht berührt.

§ 521

[1]) **Der Schenker hat nur Vorsatz und grobe Fahrlässigkeit zu vertreten**[2]).

E I 442 II 468; M 2 296; P 2 21.

1. Die §§ 521—524 bringen den Gedanken zum Ausdruck, daß der Schenker **wegen Verschuldens, Verzugs und wegen Rechts- und Sachmängel möglichst milde zu haften hat.** Weitere Milderungen können sich aus dem Wesen der Sache ergeben. Namentlich wird meistens anzunehmen sein, daß der Beschenkte das Geschenk — entgegen § 270 auch ein Geldgeschenk — beim Schenker abzuholen hat, so daß dessen gewöhnlicher Aufenthaltsort der Leistungsort ist. Doch liegt die allgemeine Pflicht eines Schuldners, die Kosten der Erfüllung zu tragen (z. B. Auflassungskosten), auch dem Erteiler eines Schenkungsversprechens ob (Mot 5, 193; vgl. RFinHof 1, 59). Die Abmilderungen der Haftung folgen aus der Natur des Schenkungsversprechens und kommen daher auch den Erben des Schenkers sowie seinem Schuldübernehmer oder Schuldmitübernehmer zustatten.

2. Abweichend von der Regel des § 276 Abs 1 hat der Schenker **nur Vorsatz und grobe Fahrlässigkeit zu vertreten.** Es gilt das sowohl für die Haftung wegen Nichterfüllung, also besonders bei Beschädigung des verschenkten Gegenstandes, wie auch für den Fall, daß schuldhaft eine unmögliche oder gesetzlich verbotene Leistung versprochen wird (§§ 307, 309). Der Schenker gerät auch nur bei vorsätzlicher oder grobfahrlässiger Versäumung rechtzeitiger Leistung in Verzug (§ 285); erst wenn er sich im Verzuge befindet, steigert sich seine Haftung gemäß § 287. Dagegen bleibt er zur Leistung der Surrogate nach § 281 verpflichtet. Bedient er sich eines Erfüllungsgehilfens (§ 278), so vertritt er auch in Ansehung von dessen Verfehlungen außer Vorsatz nur grobe Fahrlässigkeit (**RG** 65, 20). Die Haftung des Schenkers kann durch Vertrag verschärft wie auch weiter gemildert werden; nur das pactum de dolo non praestando ist nach § 276 Abs 2 auch hier unwirksam.

§ 522

Zur Entrichtung von Verzugszinsen ist der Schenker nicht verpflichtet[1]).

E I 445 II 469; M 2 297, 298; P 2 29, 30.

1. Nach § 521 kommt der Schenker nur bei grober Fahrlässigkeit in Verzug. § 522 macht von den gewöhnlichen Folgen des Verzuges nur die eine Ausnahme, **daß der Beschenkte nicht ohne weiteres die 4% des § 288 verlangen kann.** Dagegen bleiben die §§ 286, 287 bestehen; der Beschenkte kann Ersatz des Verzugsschadens fordern, wenn er ihn im Einzelfall beweist. Anwendbar bleiben auch die §§ 291 (Prozeßzinsen) und 292 (gesteigerte Haftung bei Verpflichtung zur Herausgabe eines Gegenstandes).

§ 523

[1]) **Verschweigt der Schenker arglistig einen Mangel im Rechte, so ist er verpflichtet, dem Beschenkten den daraus entstehenden Schaden zu ersetzen**[2]).

Hatte der Schenker die Leistung eines Gegenstandes versprochen, den er erst erwerben sollte, so kann der Beschenkte wegen eines Mangels im Rechte Schadensersatz wegen Nichterfüllung verlangen, wenn der Mangel dem Schenker bei dem Erwerbe der Sache bekannt gewesen oder infolge grober Fahrlässigkeit unbekannt geblieben ist. Die für die Gewährleistungspflicht des Verkäufers geltenden Vorschriften des § 433 Abs 1, der §§ 434 bis 437, des § 440 Abs 2 bis 4 und der §§ 441 bis 444 finden entsprechende Anwendung[3]).

E I 443 II 470; M 2 296, 297; P 2 25—28; 6 183.

1. Bei der Frage der **Gewährleistung für Mängel im Recht** unterscheidet das Gesetz, ob der verschenkte Gegenstand schon zum Vermögen des Schenkers gehört oder ob er erst erworben werden soll. Im ersten Falle haftet der Schenker nur bei arglistigem Verschweigen, im zweiten bei Kenntnis oder grobfahrlässiger Nichtkenntnis des Mangels. Für beide Fälle

läßt sich die Haftung durch Vertrag steigern. Ein Gewährleistungsversprechen verpflichtet nach den allgemeinen Vorschriften, so daß § 276 Abs 1, nicht § 521 Anwendung findet. Das Versprechen bedarf aber der in § 518 bestimmten Form.

2. **Schenkungsversprechen und Handgeschenke, deren Gegenstand sich bereits im Vermögen des Schenkers befindet,** verpflichten ihn nach dem Gesetze, den Gegenstand so zu leisten, wie er ihn hat. Ein Recht, das ihm selbst nicht zusteht, braucht er dem Beschenkten nicht zu verschaffen. Das ändert sich auch dadurch nicht mit Notwendigkeit, daß er den Mangel im Rechte kennt; er darf vielleicht annehmen, daß auch der Beschenkte Kenntnis haben wird. Nur wenn er den Mangel arglistig verschweigt, soll er haften, aber auch nur auf Ersatz des gerade dadurch — durch das Verschweigen — entstehenden Schadens, d. h. auf das negative Vertragsinteresse. Es liegt ein Fall des Verschuldens beim Vertragsschluß vor (dolus in contrahendo), wie er auch in § 463 Satz 2, § 600 und bei bloßer Fahrlässigkeit in § 694 als Grund einer Ersatzpflicht anerkannt ist. Daraus, daß sich das Verschulden nicht auf die Erfüllung des Vertrags bezieht, folgt aber nicht, daß das Recht der unerlaubten Handlungen anwendbar wäre. In Frage steht die Nichterfüllung einer vom Gesetz an das Stadium der Vertragsverhandlung geknüpften Aufklärungspflicht (vgl. **RG** 95, 60); daher Haftung für den Erfüllungsgehilfen nach § 278 und keine Verjährung nach § 852.

3. **Schenkungsversprechen, dessen Gegenstand der Schenker erst erwerben soll.** Darauf, ob es sich um eine Sache im Sinne des § 90 oder um einen andern Gegenstand handelt (das Wort „Sache" in Abs 2 Satz 1 ist ungenau), ferner darauf, ob der Gegenstand der Gattung nach oder individuell bestimmt ist, endlich darauf, ob seine Nichtzugehörigkeit zum bisherigen Vermögen des Schenkers aus der Schenkungsurkunde hervorgeht oder nicht, kommt es nicht an. Da hier überall schon der Erwerb zur Erfüllung gehört, haftet der Schenker gemäß § 521, wenn er sich behufs Verschaffung des Rechts bewußt oder grobfahrlässig an die nichtberechtigte Person wendet. Dabei kommen alle Rechtsmängel in Betracht, für deren Beseitigung nach § 433 Abs 1, §§ 434—437 ein Verkäufer einstehen muß. Der Beschenkte kann, wenn der Schenker beim Erwerb in dem bezeichneten Maße schuldhaft verfahren ist, Nachholung des Versäumten (§ 433 Abs 1) sowie unter den ferneren Voraussetzungen der §§ 280 Abs 2, 283, 286 und §§ 440 Abs 2—4, 441 Schadensersatz wegen Nichterfüllung (positives Erfüllungsinteresse) verlangen. Auch die §§ 442—444 (Beweislast des Käufers, vertragsmäßige Haftungsbeschränkung, Auskunftspflicht des Verkäufers) sollen entsprechend angewendet werden.

§ 524

[1])**Verschweigt der Schenker arglistig einen Fehler der verschenkten Sache, so ist er verpflichtet, dem Beschenkten den daraus entstehenden Schaden zu ersetzen**[2]).

Hatte der Schenker die Leistung einer nur der Gattung nach bestimmten Sache versprochen, die er erst erwerben sollte, so kann der Beschenkte, wenn die geleistete Sache fehlerhaft und der Mangel dem Schenker bei dem Erwerbe der Sache bekannt gewesen oder infolge grober Fahrlässigkeit unbekannt geblieben ist, verlangen, daß ihm an Stelle der fehlerhaften Sache eine fehlerfreie geliefert wird. Hat der Schenker den Fehler arglistig verschwiegen, so kann der Beschenkte statt der Lieferung einer fehlerfreien Sache Schadensersatz wegen Nichterfüllung verlangen. Auf diese Ansprüche finden die für die Gewährleistung wegen Fehler einer verkauften Sache geltenden Vorschriften entsprechende Anwendung[3]).

E I 444 II 471; M 2 297; P 2 28, 29; 6 183.

1. Auch bei der **Gewährleistung für Mängel der Sache** ist zu unterscheiden zwischen einer gewöhnlichen Haftung nur wegen arglistigen Verschweigens und einem Einstehen für Vermeidung wenigstens grober Fahrlässigkeit. Doch gilt hier die regelmäßige Beschränkung auf Arglist nicht nur in dem Fall, wenn die Sache einen Bestandteil des Vermögens des Schenkers bildet, sondern auch in dem andern, wenn er sie erst erwerben soll und sie individuell bestimmt ist. Die Abweichung von § 523 ist darin begründet, daß dem Schenker zwar zugemutet werden darf, sich zur Beseitigung von Rechtsmängeln einer individuellen Sache an die richtige Adresse zu wenden, daß er die Sache aber in tatsächlicher Beziehung doch nur so verschenken soll, wie sie ist. Die Haftung nach Abs 2 des § 524 gilt daher lediglich für den Erwerb von Gattungssachen. Stets haftet der Schenker kraft Gesetzes nur wegen Fehler im Sinne des § 459 Abs 1. Die Zusicherung von Eigenschaften ist hier gleichbedeutend mit dem Abschluß eines Garantievertrags. Erforderlich dafür ist die Form des § 518; die

Haftung aus dem Vertrage richtet sich nach den allgemeinen Vorschriften, so daß § 521 nicht eingreift.

2. **Arglistiges Verschweigen,** dolus in contrahendo, gerade bei tatsächlichen Mängeln nicht ohne weiteres mit Kenntnis gleichzusetzen. Die Verpflichtung geht auf Ersatz des Schadens, den der Beschenkte durch sein Vertrauen auf die Fehlerlosigkeit der Sache erlitten hat, mithin auf das negative Vertragsinteresse (z. B. das geschenkte Tier war krank und hat die Tiere des Beschenkten angesteckt).

3. **Schenkungsversprechen in Ansehung von Gattungssachen, die erst erworben werden sollen.** Nach § 243 Abs 1 muß der Schenker eine Sache mittlerer Art und Güte leisten; doch wird er durch Leistung einer fehlerhaften Sache befreit, sofern er den Fehler ohne grobe Fahrlässigkeit beim Erwerb übersehen hat. Beruhte dagegen seine Unkenntnis auf grober Fahrlässigkeit oder wußte er geradezu um den Fehler, so hat der Beschenkte Anspruch darauf, daß ihm an Stelle der mangelhaften eine fehlerfreie Sache geliefert wird. Auf diesen Nachlieferungsanspruch finden die in § 480 Abs 1 und § 491 angezogenen Vorschriften entsprechende Anwendung. Auf bloßes Unvermögen zur Leistung kann sich der Schenker, solange die Leistung aus der Gattung möglich bleibt, nach § 279 nicht berufen. Statt solcher Nachlieferung darf der Beschenkte dann, wenn der Schenker einen ihm beim Erwerb der Sache schon bekannten oder später zur Kenntnis gelangten Fehler sogar arglistig verschwiegen hat, Schadensersatz wegen Nichterfüllung (positives Erfüllungsinteresse) verlangen. Hierfür gelten entsprechend die §§ 464, 476—479 (Annahme der Sache durch den Käufer in Kenntnis des Mangels, vertragsmäßige Haftungsbeschränkung, Verjährung).

§ 525

Wer eine Schenkung unter einer Auflage macht[1]), kann die Vollziehung der Auflage verlangen[2]), wenn er seinerseits geleistet hat[3]).

Liegt die Vollziehung der Auflage im öffentlichen Interesse, so kann nach dem Tode des Schenkers auch die zuständige Behörde die Vollziehung verlangen[4]).

E I 448 Abs 1 II 472; M 2 299—301; P 2 30, 31; 6 183.

1. Unter **Auflage** (modus) ist **die einer Freigebigkeit hinzugefügte Verpflichtung zu einer Leistung** zu verstehen. Es handelt sich um eine Nebenbestimmung des Geschäfts, die eine wirtschaftliche Minderung der Freigebigkeit enthält und zugleich darin besteht, daß der Empfänger etwas leisten muß. Außer der in den §§ 525—527 geregelten Schenkung unter Auflage kommt die Auflage auch als Verfügung von Todes wegen vor (§§ 1940, 1941, 2192—2196). Doch weicht deren Recht darin ab, daß der durch die Auflage Begünstigte kein Forderungsrecht auf die Leistung hat (§§ 1940, 2194), wogegen aus der Schenkung unter Auflage ein Anspruch des Begünstigten auf Erfüllung, allerdings erst nach Vollziehung der Schenkung, erwächst (§ 525 Abs 1). — Die dem Beschenkten auferlegte Leistung kann gemäß § 241 jedes Tun oder Unterlassen zum Inhalt haben. Sie kann darin bestehen, daß er das Zugewendete ganz oder zum Teil in bestimmter Weise verwendet oder daß er aus seinem sonstigen Vermögen etwas leistet oder eine Leistung nicht geldwerter Art bewirkt. Bei den Anordnungen über die Verwaltung des Zugewendeten, die in den §§ 1369, 1440, 1638, 1639, 1651, 1803, 1917 erwähnt werden (vgl. Vorbem 2 unter c), handelt es sich nicht um eine Leistung des Beschenkten und daher nicht um Auflagen. Die Auflage kann sowohl zugunsten des Schenkers beigefügt sein (vgl. **RG** 60, 240) wie zugunsten eines Dritten und grundsätzlich auch zu eigenen Gunsten des Beschenkten (z. B. Schenkung einer Summe mit der Auflage, ein bestimmtes Studium zu ergreifen). Doch wird bei einer nur den Interessen des Beschenkten dienenden Leistung meist nichts als ein unverbindlicher Rat oder Wunsch vorliegen. Die Feststellung der Auflageschenkung im Einzelfall kann Schwierigkeiten bereiten. Vor allem ist stets an dem Erfordernis einer Schenkung festzuhalten. Soll der Empfänger den ganzen zugewendeten Betrag weitergeben, so ist er nur Treuhänder und kann mangels Bereicherung nicht Schenknehmer sein. Er ist nur Durchgangsperson (**RG** 105, 305). Der Hauptzweck der Schenkung unter Auflage braucht aber nicht die Bereicherung des Beschenkten zu sein (**RG** 60, 238; 111, 212). Die Vollziehung der einer Schenkung gemachten Auflage kann der Beschenkte verweigern, wenn sie ihn infolge unverschuldeter Entwertung des Geschenkten ärmer machen würde, als er ohne die Schenkung gewesen wäre (**RG** 112, 210). Schenkung ist aber gegeben, wenn es sich um eine juristische Person handelt, die die Gabe zu einem satzungsmäßigen Zwecke zu verwenden hat (vgl. § 516 A 3). Wird letzterenfalls die Verwendung bei Vornahme der Zuwendung ausdrücklich vorgeschrieben, so tritt zu dem satzungsmäßigen Zwang eine Verpflichtung kraft Rechtsgeschäfts hinzu, die die Schenkung zur Auflageschenkung macht und die Erfüllung der Pflicht

durch den Leistungsanspruch des § 525 sichert (a. M. RG JW 1913, 640[3]). Sodann ist festzuhalten an dem Erfordernis, daß dem Empfänger der Zuwendung eine Leistung auferlegt werden muß. Die Schenkung eines Grundstücks „mit dem im Grundbuch verzeichneten Hypothekenstande" ist reine Schenkung, da der Empfänger nichts anderes leisten soll, als was sich für ihn als neuen Eigentümer schon aus dem Gesetze ergibt (RG Warn 1916 Nr 132). Auch die Abgrenzung gegen den entgeltlichen Vertrag kann im einzelnen Fall zu Zweifeln Anlaß geben. Die Begriffsbestimmung in RG 60, 241; 112, 211 (vgl. auch JW 1915, 513[11]), daß hier eine wechselseitige Abhängigkeit der beiden Leistungen voneinander bestehe, dort nur die eine Leistung von der andern, nicht auch diese von jener abhängig sei, verwechselt den entgeltlichen Vertrag mit seiner Unterart, dem gegenseitigen (vgl. § 516 A 4, § 527 A 1). Vielmehr kommt es darauf an, ob die Parteien Leistung und Gegenleistung einander gleichstellen oder ob sie die eine als Hauptsache, die andere als Nebensache behandeln. Der Wert der Leistungen wird hierfür das wichtigste und in der Regel zutreffende Kennzeichen bilden. Übernimmt der Erwerber eines hypothekarisch belasteten Grundstücks die persönliche Schuld, so wird Schenkung vorliegen (RG 60, 238), es sei denn, daß die Schulden dem Wert des Grundstücks gleichkommen oder ihn übersteigen (RG JW 1915, 513[11]). Daß andrerseits die Gleichwertigkeit der beiden Leistungen das Vorhandensein einer Schenkung unter Auflage nicht notwendig ausschließt, wird bestätigt durch § 526 (vgl. RG 60, 240; JW 1910, 491[41]; RG Recht 08 Nr 1778; a. M. RG 62, 389f.) und ergibt sich schon aus der Erwägung, daß die Parteien über den Wert irren können. Denkbar wäre sogar eine Auflageschenkung, bei der sich jede Partei insgeheim der völligen Erschöpfung der Zuwendung bewußt wäre. Nur als Inhalt des Vertrags muß erkennbar sein, daß die beiden Leistungen einander nicht gleichgesetzt werden, vielmehr die Leistung der einen Partei einen Nebenzweck darstellen soll. Von der gemischten Schenkung unterscheidet sich die Auflageschenkung dadurch, daß sich der Vertrag nicht aus einem unentgeltlichen und einem entgeltlichen Teil zusammensetzt. Der Gegenstand der Zuwendung wird in vollem Umfange geschenkt, auch soweit sein Wert durch den der Auflage aufgewogen wird (RG 60, 242). — Daß die Auflage nur einen Nebenzweck des Geschäfts bildet, gewinnt Bedeutung, wenn sie wegen Verletzung eines Verbotsgesetzes (§§ 134, 309) oder wegen tatsächlicher Unmöglichkeit (§ 306) nichtig ist. Es greift dann nicht die Regel, sondern die Ausnahme des § 139 Platz: entsprechend der Vorschrift für erbrechtliche Auflagen (§ 2195) bleibt, wenn nicht ein gegenteiliger Wille erhellt, die Schenkung bei Bestand. Das gleiche gilt bei Unsittlichkeit der Auflage (§ 138), doch ist hier stets zu prüfen, ob nicht der ganze Vertrag unsittlich ist. Wird die Leistung des Beschenkten ohne sein Verschulden nachträglich unmöglich, so behält er das Geschenk und wird nach § 275 von der Last frei, während er bei Verschulden auf Rückgabe nach § 527 haftet. Umgekehrt macht Unmöglichkeit der Erfüllung des Schenkungsversprechens auch die Auflage unwirksam. Ist die Erfüllung des Versprechens teilweise unmöglich geworden, so muß die Auflage noch insoweit vollzogen werden, als sich der Beschenkte auch ohne den weggefallenen Teil zur Vollziehung verpflichtet haben würde. Eine Befreiung von der Auflage tritt auch dann ein, wenn das Geschenk wegen Notbedarfs zurückgefordert (§§ 528, 529) oder wegen Undanks des Beschenkten widerrufen ist (§ 530); ebenso nach Anfechtung des Geschäfts wegen Gläubigerbenachteiligung (§ 32 KO, § 3 Nr 3, 4 AnfG).

2. Außer dem **Schenker** selber können auch seine **Erben** die Vollziehung der Auflage verlangen. Wurde dem Beschenkten die Leistung an einen Dritten auferlegt, so hat nach § 330 Satz 2 im Zweifel der Dritte einen eigenen Anspruch auf Erfüllung. Doch wird hierdurch nach § 335, sofern nicht ein gegenteiliger Wille anzunehmen ist, das Recht des Schenkers, auf Leistung an den Dritten zu klagen, nicht berührt. Die beiden Berechtigten verhalten sich zueinander wie Mitgläubiger bei unteilbarer Leistung (§ 432); die Leistung an den Dritten ist notwendig zugleich Leistung an den Schenker (vgl. RG 66, 161). Natürlich kann auch der Dritte Erfüllung der Auflage erst nach Vollziehung der Schenkung fordern (§ 334); auch ihm steht die Einrede aus § 526 Satz 1 entgegen, während der Ersatzanspruch nach Satz 2 nur gegen den Schenker gerichtet werden kann. Die Kondiktion des Schenkers nach § 527 wird durch den Erfüllungsanspruch des Dritten ausgeschlossen. Ob die Vertragsparteien das dem Dritten zustehende Recht ohne seine Zustimmung aufheben oder abändern können, ist nach den Umständen des Falles zu beurteilen (§ 328 Abs 2). — Über Auflagen von öffentlichem Interesse s. A 4.

3. **Die Vollziehung der Auflage kann erst verlangt werden, wenn der Schenker seinerseits geleistet hat**; der Modus zwingt, aber suspendiert nicht. Der Satz ist nachgiebigen Rechtens, so daß Leistung Zug um Zug oder Vorleistung des Beschenkten vereinbart werden kann. Kraft Gesetzes aber ist der Schenker vorleistungspflichtig, und zwar nicht nur in der Art, daß seine Forderung erst durch Bewirkung der eigenen Leistung fällig würde, sondern so, daß sie hierdurch bedingt ist. Daher gehört der Nachweis des Schenkungsvollzugs für den Auflageanspruch zur Klagbegründung; die vorher erfüllte Auflage ist als Nichtschuld kondizierbar. Anderseits kann die auferlegte Leistung schon in der Zwischenzeit zwischen

Annahme und Erfüllung des Schenkungsversprechens durch einstweilige Verfügung gesichert werden. Hat der Schenker die versprochene Sache unter Verzicht auf das Rücknahmerecht berechtigterweise hinterlegt, so steht das der Erfüllung gleich (§ 378). Ein abstraktes Versprechen gilt auch in dieser Hinsicht nicht als Leistung (vgl. § 518 A 3). — Auch in dem besondern Falle, wenn der Beschenkte nach Abschluß des Schenkungsvertrags in Vermögensverfall gerät (vgl. § 321), steht dem Schenker ein Zurückbehaltungsrecht nicht zu; auch hier ist er auf den Weg der einstweiligen Verfügung angewiesen.

4. Berührt die Schenkungsauflage das Gemeinwohl — liegt ihre **Vollziehung im öffentlichen Interesse** —, so kann, wie dies bei der erbrechtlichen Auflage vorgesehen ist (§ 2194), auch die zuständige Behörde die Vollziehung verlangen. Von öffentlichem Interesse ist die Auflage, wenn sie den Aufgaben der Gemeinschaft dient, mag es sich um Aufgaben der Reichs-, Staats-, Kirchen-, Schulverwaltung oder etwa einer Berufsgenossenschaft handeln. Die zuständige Behörde wird durch das Landesrecht bestimmt; vgl. für Preußen die AusfVO v. 16. 11. 99 Art 7 (Ressortminister oder von ihm beauftragte Unterinstanz). Das Recht der Behörde ist von anderer Art als das des Schenkers, seines Erben oder des begünstigten Dritten; es ist ein Recht ohne eigenes Interesse, nur darauf berechnet, die Durchsetzung der Auflage zum Besten des Gemeinwohls zu sichern. Vorausgesetzt wird immer, daß der Schenker gestorben ist. Solange er lebt, kann die Behörde nicht eingreifen, vielmehr steht es ihm frei, die Auflage zu erlassen. Dieser Befugnis entbehrt sein Erbe, mit dessen Forderungsrecht das behördliche Klagrecht konkurriert. Der Zweck der Bestimmung ist gerade der, daß die Behörde die dem Gemeinwohl förderliche Auflage auch gegen den Willen des Erben zur Geltung bringen soll.

§ 526

Soweit infolge eines Mangels im Rechte oder eines Mangels der verschenkten Sache der Wert der Zuwendung die Höhe der zur Vollziehung der Auflage erforderlichen Aufwendungen nicht erreicht, ist der Beschenkte berechtigt, die Vollziehung der Auflage zu verweigern, bis der durch den Mangel entstandene Fehlbetrag ausgeglichen wird[1])[2]). Vollzieht der Beschenkte die Auflage ohne Kenntnis des Mangels, so kann er von dem Schenker Ersatz der durch die Vollziehung verursachten Aufwendungen insoweit verlangen, als sie infolge des Mangels den Wert der Zuwendung übersteigen[3]).

E I 448 Abs 2 II 473; M 2 301; P 2 30—32.

1. Der Vorschrift liegt der Gedanke zugrunde, der über die in ihr ausdrücklich geregelten Fälle hinausgreift und keine Ausnahmeregelung gibt: der Grundgedanke ist, daß die Vollziehung der einer Schenkung beigefügten Auflage die Schenkung nicht gegen den Willen des Beschenkten in ihr Gegenteil verkehren und ihn nicht ärmer machen dürfe, als er ohne die Schenkung gewesen war. Ist die verschenkte Sache mit einem **tatsächlichen oder rechtlichen Mangel** behaftet, für den der Schenker nach §§ 523, 524 haften muß, so wird dem mit der Auflage beschwerten Schenknehmer, der hiervon keine Kenntnis hatte, ein doppelter Rechtsbehelf gewährt: eine Einrede gegen die Forderung auf Vollziehung der Auflage und ein Ersatzanspruch, wenn er diese bereits vollzogen hat. Beide Rechtsbehelfe richten sich auf den Fehlbetrag, der durch den Mangel an dem Wert der Zuwendung verursacht wird, auf den Fehlbetrag aber nicht etwa gegenüber dem mangelfreien Zustande, so daß der ganze Minderwert der Schenkung ausgeglichen würde, sondern nur gegenüber den Kosten der Auflage. — Den Fall, daß infolge eines andern, dem Beschenkten unbekannt gebliebenen Umstandes die Vollziehung der Auflage ihn ärmer machen würde, als er ohne die Schenkung war (Überschätzung des zugewendeten Gegenstandes, Unterschätzung der Auflage), behandelt das Gesetz nicht. Daraus darf aber nicht geschlossen werden, daß hier der Schenker unbekümmert um die Mehrbelastung Erfüllung verlangen könnte. Es entspricht dem Grundgedanken des Geschäfts, wonach die Auflage nur Nebensache ist, wenn man den Beschenkten nicht über den Wert des Empfangenen hinaus haften läßt. Bei der Beratung des Gesetzes ist der Fall übersehen worden. Die II. Kommission bemerkte aber doch zur Begründung der Abweichungen vom Entwurf, es sei innerlich gerechtfertigt, daß der Beschenkte, wenn ihm die Schenkung nicht den Gegenwert verschaffe, gegen dessen Empfang er sich zur Vollziehung der Auflage verpflichtet habe, die übernommene Leistungspflicht ablehnen könne (vgl. Prot 2, 31). Danach kann er, auch wenn er sich über das Wertverhältnis von Schenkung und Auflage geirrt hat, geltend machen, daß er nach Treu und Glauben nur nach Kräften der Schenkung zu erfüllen brauche (§ 242; RG 112, 213). Die Geldentwertung ist kein Mangel der Sache im Sinne von § 526 (RG 108, 156).

2. Die **Einrede des § 526** ist aufschiebender Natur; sie kann durch Nachzahlung des Fehlbetrags abgewendet werden und hemmt den Erfüllungsanspruch nur so lange, bis die Nachzahlung erfolgt. § 274 (Verurteilung Zug um Zug) findet Anwendung. Auch der Dritte, der ein Recht auf Vollziehung der Auflage hat, wird hiervon betroffen (§ 334). Hat aber der Beschenkte die Schenkung in Kenntnis des Mangels angenommen, so steht ihm **arg.** §§ 439, 460 die Einrede nicht zu. Der Umstand, daß Satz 2 die Unkenntnis des Mangels als Voraussetzung des Ersatzanspruchs nennt, bietet für einen Umkehrschluß keine Stütze, da dort eine noch zur Zeit der Vollziehung der Auflage fortdauernde Unkenntnis verlangt wird. Um die Einrede zu beseitigen, muß der Schenker beweisen, daß der Mangel dem Beschenkten bei Abschluß des Vertrags bekannt war.

3. Ist die Auflage bei Entdeckung des Mangels schon vollzogen, so wird dem Beschenkten gegen den Schenker — nicht auch gegen den dritten Empfänger — ein **Anspruch auf Nachzahlung des Fehlbetrags** gewährt. Der Grund des Anspruchs liegt in der bei Vollziehung der Auflage bestehenden Unkenntnis des Mangels, die daher vom Beschenkten bewiesen werden muß. Fahrlässigkeit, auf der die Unkenntnis beruht, schadet nichts. Der Anspruch ist kein Bereicherungsanspruch, da er eine Bereicherung des Schenkers nicht voraussetzt, die Einrede des Satz 1 auch nur aufschiebend wirkt (vgl. § 813). Er ist vielmehr ein gesetzlicher Anspruch auf Ersatz von Aufwendungen, für welchen § 256 (Zinspflicht) und § 257 (Anspruch auf Befreiung oder Sicherheitsleistung, wenn der Beschenkte behufs Vollziehung der Auflage eine Verbindlichkeit einging) maßgebend sind. Ist der Mangel schon bei Vollziehung der Schenkung vorhanden, findet § 526 unmittelbare Anwendung. Die entsprechende Anwendung ist aber auch dann nicht zu versagen, wenn die nachträgliche Verschlechterung von dem Beschenkten nicht abgewendet werden konnte, sondern gleichsam zwangsläufig eintrat (**RG** 112, 214).

§ 527

Unterbleibt die Vollziehung der Auflage[1]**, so kann der Schenker die Herausgabe des Geschenkes unter den für das Rücktrittsrecht bei gegenseitigen Verträgen bestimmten Voraussetzungen**[2]**) nach den Vorschriften über die Herausgabe einer ungerechtfertigten Bereicherung insoweit fordern, als das Geschenk zur Vollziehung der Auflage hätte verwendet werden müssen**[3]**).**

Der Anspruch ist ausgeschlossen, wenn ein Dritter berechtigt ist, die Vollziehung der Auflage zu verlangen[4]**)**[5]**).**

E II 474; P 2 32, 33.

1. Unterbleibt die Vollziehung der Auflage, so kann der Schenker auf Erfüllung klagen und das Zögerungsinteresse geltend machen (§ 286); in den Fällen der §§ 280, 283 steht ihm auch Schadensersatz wegen Nichterfüllung zu. Ein Widerruf der Schenkung nach § 530 wird dann gestattet, wenn sich das Verhalten des Beschenkten als schwere Verfehlung und grober Undank darstellt. Hierzu tritt § 527, der dem Schenker, um ihm die eigene Verwirklichung der Auflage zu ermöglichen, unter gewissen eng begrenzten Voraussetzungen ein **Rückforderungsrecht** verleiht. Erfordert wird hierfür, daß die Auflage einen Vermögensaufwand bedingt, daß ferner nach den Vorschriften über gegenseitige Verträge der Rücktritt begründet sein würde (A 2) und daß nicht ein Dritter die Erfüllung verlangen kann (A 4). Liegt alles dies vor, so ist das Geschenk zurückzugeben, aber nur nach den Regeln der ungerechtfertigten Bereicherung und auch nur in dem Maße, wie es für die Ausführung der Auflage notwendig ist (A 3). — Von der Erwägung aus, daß ein so beschränktes Rückforderungsrecht, namentlich bei nicht geldwerten Leistungen, dem Bedürfnis nicht genüge, wird mitunter die Möglichkeit einer sog. Zweckschenkung behauptet. Danach soll die Leistung des Beschenkten, anders als bei der Auflageschenkung, nicht Gegenstand einer Verpflichtung sein, sondern den nach dem Inhalt des Rechtsgeschäfts bezweckten Erfolg darstellen, so daß bei ihrem Ausbleiben ohne weiteres die Kondiktion nach § 812 Abs 1 Satz 2 gegeben wäre. Allein Schenkung und datum ob causam sind Gegensätze, jene ein unentgeltliches, dieses ein entgeltliches Geschäft, s. § 516 A 4 (kausale Verknüpfung von Leistung und Gegenleistung). Es ist daher ausgeschlossen, daß beides in demselben Rechtsgeschäft zusammentreffen könnte (a. M. **RG** JW 1917, 848[3]). Ist es wirklich die nicht pekuniäre, von dem Zuwendungsempfänger nur in Aussicht gestellte Leistung, die nach der Vereinbarung den Zweck der Zuwendung bildet, so fassen die Parteien die Leistung als Entgelt für die Zuwendung auf, und Schenkungsregeln finden dann überhaupt keine Anwendung. Sind dagegen die Parteien über die Unentgeltlichkeit der Zuwendung, d. h. über die Nebensächlichkeit der Leistung einig, nehmen sie mithin eine Schenkung vor, so ist der nach dem

Inhalt des Rechtsgeschäfts bezweckte Erfolg eingetreten und kann nicht mehr ausfallen. Ein gegenüber § 527 verstärktes Recht der Schenkungsrückforderung kann nur dadurch begründet werden, daß sich der Schenker für den Fall der Nichtvollziehung der Auflage den Rücktritt vorbehält (§ 346) oder daß er die Leistung des Beschenkten zur Bedingung der Schenkung macht. In dem Falle RG 105, 305, in dem es sich um eine unselbständige Stiftung durch Zuwendung eines Kapitals an den Reichsmilitärfiskus handelte, der dauernd verpflichtet sein sollte, die Zinsen zum Besten der Angehörigen eines bestimmten Offizierkorps zu verwenden, ist mit Recht ein datum ob causam angenommen.

2. **In Betracht kommen nach §§ 325, 326 folgende Fälle:** a) Unmöglichkeit der Vollziehung der Auflage infolge eines vom Beschenkten zu vertretenden Umstandes. Unmöglichkeit schlechthin genügt nicht, da sie ein Rücktrittsrecht nicht begründet; hat sie der Beschenkte nicht zu vertreten, so behält er das Geschenk lastenfrei (RG JW 1915, 1117[3]). Bei teilweiser Unmöglichkeit findet teilweise Rückforderung statt; den zur Vollziehung der ganzen Auflage nötigen Betrag kann der Schenker dann zurückfordern, wenn er an der teilweisen Vollziehung nicht interessiert ist. b) Rechtskräftige Verurteilung des Beschenkten und Mißachtung einer ihm nach § 283 gesetzten Nachfrist. c) Verzug des Beschenkten, wenn eine Nachfrist abgelaufen ist oder wegen endgültiger Erfüllungsweigerung nicht gesetzt zu werden braucht oder wenn der Schenker infolge des Verzugs an der Vollziehung der Auflage kein Interesse hat.

3. Anders als nach § 327 sollen nicht die Regeln über den vertragsmäßigen Rücktritt (§§ 346—356), sondern die milderen Vorschriften des **Bereicherungsanspruchs** zur Anwendung kommen. Herauszugeben ist das „Geschenk", d. h. je nach Lage des Falles der geschenkte Gegenstand oder dessen Wert. Zu den Sätzen des § 818 treten aber diejenigen des § 819 hinzu, denn von dem Augenblick an, wo der Beschenkte die Auflage zu vollziehen hatte, war er sich der Rechtlosigkeit seines Habens bewußt. Anderseits ist nicht die ganze Bereicherung des Beschenkten herauszugeben, sondern nur so viel, als zur Vollziehung der Auflage hätte verwendet werden müssen. Was darüber hinausgeht, soll der Beschenkte behalten. Erfordert die Auflage überhaupt keinen Vermögensaufwand, so greift die Rückforderung nicht Platz. Neben dem Anspruch auf Schadensersatz wegen Nichterfüllung (s. A 1) kann sie nicht geltend gemacht werden.

4. Nur der Schenker und sein Erbe sind zur Rückforderung befugt. **Ihr Recht entfällt aber, wenn nach § 330 ein Dritter die Vollziehung der Auflage verlangen darf.** Vorausgesetzt wird hierbei, daß die Vertragsparteien das Recht des Dritten nicht wirksam aufgehoben haben (vgl. § 525 A 2) und daß es nicht anderweit, insbesondere durch Unmöglichwerden der Auflage, untergegangen ist. Ob alsdann der Dritte von seinem Recht Gebrauch macht oder nicht, ist gleichgültig. Bei dem Bestreben des Gesetzes, die Durchführung der Auflage möglichst sicherzustellen, muß unter dem „Dritten" auch die zuständige Behörde verstanden werden, die nach dem Tode des Schenkers im öffentlichen Interesse einschreiten kann.

5. Für den **bäuerlichen Gutsübernahmevertrag,** der nicht selten Schenkung unter Auflage ist, erscheint eine Rücknahme des Grundstücks durch den Auszügler wegen Säumnis des Hofannehmers mit dem Leibgeding unangebracht. Das PrAG (Art 15 § 7) bestimmt daher, daß der Anspruch nach § 527 ausgeschlossen sein soll.

§ 528

Soweit der Schenker nach der Vollziehung der Schenkung außerstande ist, seinen standesmäßigen Unterhalt zu bestreiten und die ihm seinen Verwandten, seinem Ehegatten oder seinem früheren Ehegatten gegenüber gesetzlich obliegende Unterhaltspflicht zu erfüllen[1]), kann er von dem Beschenkten die Herausgabe des Geschenkes nach den Vorschriften über die Herausgabe einer ungerechtfertigten Bereicherung fordern[2]). Der Beschenkte kann die Herausgabe durch Zahlung des für den Unterhalt erforderlichen Betrags abwenden. Auf die Verpflichtung des Beschenkten finden die Vorschriften des § 760 sowie die für die Unterhaltspflicht der Verwandten geltende Vorschrift des § 1613 und im Falle des Todes des Schenkers auch die Vorschriften des § 1615 entsprechende Anwendung[3]).

Unter mehreren Beschenkten haftet der früher Beschenkte nur insoweit, als der später Beschenkte nicht verpflichtet ist[4]).

P 2 22—25; KB 66, 67.

1. Über die **Rechtswohltat des Notbedarfs** im allgemeinen vgl. § 519 A 1. Der Rückforderungsanspruch, den § 528 gewährt, findet nach Vollziehung der Schenkung statt, mag ein Schenkungsversprechen vorausgegangen sein oder nicht. Vorausgesetzt wird, daß der Schenker außerstande ist, seinen standesmäßigen Unterhalt (§ 1610 Abs 1) zu bestreiten und zugleich seine gesetzlichen Unterhaltspflichten gegen Verwandte, Ehegatten und frühere Ehegatten zu erfüllen. Die bloße Gefährdung des standesmäßigen Unterhalts reicht nicht aus (**RG** SeuffA 61 Nr 102). Nur die gesetzlichen, nicht die ausschließlich auf Vertrag beruhenden Unterhaltspflichten finden Beachtung; nur die Unterhaltspflichten gegenüber Verwandten und Gatten, also (vgl. § 1589 Abs 2) nicht die des außerehelichen Vaters nach § 1708; der Tatbestand ist schon dann verwirklicht, wenn die Mittel des Schenkers nur zu einem von beiden, entweder zur eigenen standesmäßigen Unterhaltung oder zur Ernährung der Verwandten und Gatten hinreichen. Daß das Unvermögen gerade durch die Schenkung herbeigeführt wäre, wird nicht erfordert; es genügt sogar, wenn es schon vor Vollziehung der Schenkung eingetreten ist. Enthält es gegenüber der Einrede des Notbedarfs (§ 519) schon eine Erschwerung, daß eine Unterhaltspflicht nach § 1708 außer Betracht bleibt, so liegt eine allgemeine Verschärfung der Voraussetzungen für die Rückforderung darin, daß das Unvermögen schlechthin, nicht bloß unter Berücksichtigung der sonstigen Verpflichtungen gegeben sein muß und daß es auf ein wirkliches Unvermögen, nicht nur auf bloße Gefährdung ankommt (vgl. **RG** SeuffA 61 Nr 102). Bei Prüfung der Frage des Unvermögens ist nach Lage des Falles auch darauf zu sehen, ob dem Schenker zugemutet werden kann, sich die fehlenden Mittel durch Arbeit zu erwerben. Zeitlich entscheidend ist stets die letzte mündliche Verhandlung vor der Urteilsfällung.

2. **Der Rückforderungsanspruch ist ein Anspruch wegen ungerechtfertigter Bereicherung.** Das Gesetz geht davon aus, daß der Beschenkte nach Verarmung des Schenkers das Empfangene ohne rechtfertigenden Grund besitzt (§ 812). Den Gegenstand der Rückforderung bildet das Geschenk mit Nutzungen und Surrogaten (§ 818 Abs 1), jedoch nur so weit, als es zur Deckung des eigenen Unterhalts des Schenkers und der maßgebenden Unterhaltspflichten erforderlich ist. Bedarf der Schenker nicht des ganzen Geschenks und handelt es sich um einen unteilbaren Schenkungsgegenstand, so ist die Klage gemäß § 818 Abs 2 auf Ersatz des Wertes des betreffenden Geschenkteils zu richten (ähnlich § 527 A 3). Die Verpflichtung des Beschenkten ist ausgeschlossen, soweit er zur Zeit der Rechtshängigkeit nicht mehr bereichert ist, während von da an die gewöhnlichen Vorschriften der §§ 291, 292 Anwendung finden (§ 818 Abs 3, 4). Hat der Beschenkte das Geschenk unentgeltlich einem Dritten zugewendet und ist dadurch seine Herausgabepflicht erloschen, so trifft nach § 822 die Verpflichtung den Dritten (a. M. wegen der Worte „von dem Beschenkten" SächsArchR. 08, 480). Pflicht- und Anstandsschenkungen unterliegen der Rückforderung nicht (§ 534); weitere Verteidigungsbehelfe werden dem Gegner durch § 529 eingeräumt. Da es der freien Entschließung des Schenkers vorbehalten bleiben soll, ob er die Rückforderung geltend machen will, läßt § 852 Abs 2 ZPO die Pfändung nur in den Fällen zu, wenn der Anspruch durch Vertrag anerkannt oder rechtshängig geworden ist. Wird aber der Schenker von unterhaltsberechtigten Verwandten belangt und bestreitet er, zur Leistung des Unterhalts imstande zu sein (vgl. § 1603), so muß der Anspruch aus § 528 seinem Vermögen hinzugerechnet werden (**RG** SeuffA 70 Nr 222). Eine Vereinbarung, wonach von vornherein auf die Rückforderung verzichtet wird, ist unwirksam (vgl. § 519 A 1). — Satz 3 des § 528 Abs 1 bezieht sich nicht auf den Rückforderungsanspruch des Schenkers, sondern auf die in Satz 2 angeordnete Ersetzungsbefugnis des Beschenkten. Gegenüber der sachlichen Erwägung, daß andernfalls Satz 2 überflüssig sein würde, tritt der Hinweis auf den Wortlaut des Gesetzes (Satz 2 „Zahlung des . . . Betrags", Satz 3 „auf die Verpflichtung des Beschenkten" . . .) um so mehr zurück, als die Fassung der erst von der Reichstagskommission aufgenommenen §§ 528, 529 auch sonst ungenau ist (vgl. § 529 A 1).

3. Satz 2 u. 3, die zusammengehören (vgl. A 2), enthalten eine **alternative Ermächtigung.** Der Beschenkte kann den Rückforderungsanspruch abwenden, wenn er sich verpflichtet, den für den Unterhalt (vgl. A 1) erforderlichen Betrag in Form einer fortlaufenden Rente an den Schenker zu zahlen. Wie bei der Leibrente (§ 760) sind die einzelnen Beträge vierteljährlich im voraus zu entrichten; hat der Schenker den Beginn eines Vierteljahrs erlebt, so ist der ganze Quartalsbetrag verfallen. Für die Vergangenheit kann die Rente nur seit Eintritt des Verzugs oder der Rechtshängigkeit gefordert werden (in praeteritum non vivitur, § 1613). Über den Tod des Schenkers reicht sie grundsätzlich nicht hinaus, nur daß die dann etwa vorhandenen Rückstände gezahlt und nötigenfalls die Beerdigungskosten getragen werden müssen (§ 1615). Dagegen geht die Rentenpflicht mit dem Tode des Beschenkten nicht unter; auch erlischt sie nicht dadurch, daß der Gesamtbetrag der geleisteten Renten den Wert des Geschenkes erreicht oder übersteigt. Wegen der Klage auf die künftigen Renten vgl. § 258 ZPO, wegen der Abänderung des Urteils bei veränderten Umständen § 323 ZPO. Der Anspruch auf die einzelne Rente ist abtretbar und pfändbar; weder § 399 Fall 1 BGB noch § 850 Abs 1 Nr 2 oder § 852 Abs 2 ZPO greift Platz. — Macht der Beschenkte von der Abwendungs-

befugnis Gebrauch, so wird ihm, geradeso wie wenn er das Geschenk wegen eines Rückforderungsrechts hätte herausgeben müssen, die Schenkungssteuer erstattet (§ 45 ErbschStG).

4. **Sind mehrere Schenkungen hintereinander vollzogen,** so hat der verarmte Schenker sich zunächst an den zuletzt Beschenkten zu wenden. Jeder früher Beschenkte haftet nur insoweit, als die später Beschenkten durch Herausgabe des Empfangenen oder durch Wegfall der Bereicherung befreit sind. Bei bedingten Schenkungen kommt es auf die Vornahme des Rechtsgeschäfts, nicht auf den Eintritt der Bedingung an. Das bloße Bestehen der Verpflichtung des Zweitbeschenkten schließt die Verpflichtung des Erstbeschenkten auch dann aus, wenn jener infolge Andrangs sonstiger Gläubiger die Bereicherung nicht herauszugeben vermag.

§ 529

Der Anspruch auf Herausgabe des Geschenkes ist ausgeschlossen[1]), wenn der Schenker seine Bedürftigkeit vorsätzlich oder durch grobe Fahrlässigkeit herbeigeführt hat oder wenn zur Zeit des Eintritts seiner Bedürftigkeit seit der Leistung des geschenkten Gegenstandes zehn Jahre verstrichen sind.

Das gleiche gilt, soweit der Beschenkte bei Berücksichtigung seiner sonstigen Verpflichtungen außerstande ist, das Geschenk herauszugeben, ohne daß sein standesmäßiger Unterhalt oder die Erfüllung der ihm kraft Gesetzes obliegenden Unterhaltspflichten gefährdet wird[2]).

P 2 22—25; KB 66, 67.

1. Der § 529 gibt gegen die Rückforderungsklage **drei Verteidigungsbehelfe,** die nach den Worten „der Anspruch . . . ist ausgeschlossen" Einwendungen im engeren Sinne zu sein scheinen, so daß sie der Richter auch dann berücksichtigen müßte, wenn der Beklagte sich nicht darauf beruft. Dies trifft nun aber bei dem dritten Behelf, dem Einwand der eigenen Bedürftigkeit, sicherlich nicht zu, denn insoweit soll die Verteidigung offenbar ebenso geregelt werden wie im Falle des § 519. Da mithin der Wortlaut des Gesetzes nicht schlechthin aufrechterhalten werden kann, für eine verschiedene Behandlung des Einwandes nach Abs 2 und der beiden Einwände nach Abs 1 aber kein Grund vorliegt, im Gegenteil auch für die Einwände des Abs 1 die Behandlung als Einrede sachlich angemessener ist, muß angenommen werden, daß es sich durchweg um Einreden handelt.

2. Die drei Einreden des Beschenkten sind: a) **die Einrede des Verschuldens,** wenn der Schenker seine Bedürftigkeit durch Vorsatz oder grobe Fahrlässigkeit, z. B. Verschwendung, Spiel, Börsenspekulationen, herbeigeführt hat; b) **die Einrede des Fristablaufs,** wenn 10 Jahre verstrichen sind von der Vollziehung der Schenkung (wozu ein abstraktes Versprechen nicht genügt) bis zum Eintritt der Bedürftigkeit (nicht: bis zur Geltendmachung des Rückforderungsanspruchs; der Schenker kann dartun, daß er schon früher bedürftig wurde); c) **die Einrede der eigenen Bedürftigkeit des Beschenkten,** wenn bei ihm die Voraussetzungen des § 519 vorliegen. Diese dritte Einrede steht dem Beschenkten auch gegenüber einer von ihm übernommenen Rentenverpflichtung zu (§ 528 A 3).

§ 530

[1])Eine Schenkung kann widerrufen werden, wenn sich der Beschenkte durch eine schwere Verfehlung gegen den Schenker oder einen nahen Angehörigen des Schenkers groben Undankes schuldig macht[2]).

Dem Erben des Schenkers steht das Recht des Widerrufs nur zu, wenn der Beschenkte vorsätzlich und widerrechtlich den Schenker getötet oder am Widerrufe gehindert hat[3])[4]).

E I 449, 450 II 475; M 2 302, 303; P 2 35—38.

1. Die §§ 530—534 handeln von dem **Widerruf der Schenkung wegen groben Undanks des Beschenkten.** § 530 regelt die Voraussetzungen, § 531 die Vollziehung und die Wirkungen des Widerrufs, während die §§ 532, 533 den Verlust des Widerrufsrechts betreffen. Dazu kommt § 534, der den Widerruf wegen Undanks wie die Rückforderung wegen Notbedarfs bei Pflicht- und Anstandsschenkungen ausschließt. — Die Widerrufbarkeit der Schenkung wegen Undanks ist zwingendes Recht (vgl. auch § 533) und wird daher durch die Landesgesetze über den Altenteilsvertrag, die auf Grund des Art 96 EG ergangen sind, nicht berührt (**RG** 54, 110). — Dem schuldlos geschiedenen Ehegatten gewährt § 1584 ein selbständiges Wider-

rufsrecht, das groben Undank nicht voraussetzt und sich auf Pflicht- und Anstandsschenkungen miterstreckt. Daneben greift das Widerrufsrecht des § 530 auch unter Ehegatten vor wie nach der Scheidung Platz (vgl. **RG** Warn 1920 Nr 169; **RG** Gruch 66, 473). Über Widerruf der Schenkung nach Auflösung des Verlöbnisses s. § 1301.

2. **Jede Schenkung** unterliegt dem Widerruf, mag sie vollzogene Schenkung oder Schenkungsversprechen sein; auch die belohnende Schenkung, soweit sie nicht unter § 534 fällt. Wegen der gemischten Schenkung vgl. § 516 A 7, wegen der Schenkung unter Auflage § 525 A 1. — Erfordert wird eine **schwere Verfehlung** gegen den Schenker oder einen nahen Angehörigen desselben. Um dem richterlichen Ermessen freien Spielraum zu lassen, hat das Gesetz von einer näheren Bestimmung, was schwere Verfehlung ist, abgesehen. Die vom E I § 449 aufgezählten Handlungen (Bedrohung des Lebens oder der Freiheit, vorsätzliche körperliche Mißhandlung, schwere Beleidigung, vorsätzliche erhebliche Vermögensbeschädigung) wurden weder für erschöpfend noch für jedesmal unbedingt durchschlagend erachtet (vgl. Prot 2, 36). Hinzukommen können z. B. grundlose Entmündigungsanträge, unlauterer Wettbewerb, Strafanzeigen. Stets muß die Würdigung aller Umstände des Einzelfalls maßgebend sein. Allgemein läßt sich nur sagen, daß objektiv eine gewisse Schwere der Verfehlung sowie subjektiv eine tadelnswerte Gesinnung vorliegen müssen (vgl. **RG** JW 07, 744[12]; 1916, 833[5]; **RG** BayZ 05, 203); aus dem letzteren Grunde werden Handlungen, die in Notwehr, erlaubter Selbsthilfe oder zur Wahrnehmung berechtigter Interessen vorgenommen werden (vgl. §§ 227, 230, 904, 824 Abs 2), nicht hinreichen (vgl. **RG** 11. 11. 20 IV 209/20). Auch eine körperliche Mißhandlung braucht keine schwere Verfehlung zu sein, wenn starke Reizungen vorausgingen (**RG** a. a. O.); anderseits genügen hierzu, wenn dies nicht der Fall war, auch leichtere Handgreiflichkeiten (**RG** Recht 1913 Nr 2862). Schwere Verfehlung ist es z. B., wenn die beschenkte Ehefrau ein Liebesverhältnis mit einem andern Manne unterhält (**RG** JW 1910, 148[9]); nicht dagegen, wenn sie unter Umständen, die sie zu zeitweiligem Getrenntleben berechtigen, ihrem Ehemann gehörige Haushaltungsgegenstände mitnimmt (**RG** JW 1914, 301[8]). Eine schwere Verfehlung muß nicht gerade in einer einzelnen Handlung des Beschenkten bestehen, sondern kann auch in einem fortgesetzten Verhalten oder in einer Mehrheit von Handlungen enthalten sein, insbesondere so, daß eine bestimmte Handlung im Zusammenhange mit andern Vorfällen den Tatbestand erfüllt (**RG** Warn 1915 Nr 281). — Daß sich die schwere Verfehlung als **grober Undank** darstellen muß, bedeutet zwar nicht die Notwendigkeit einer besondern Beziehung zwischen Verfehlung und Schenkung (**RG** Gruch 52, 984; Warn 1920 Nr 169; **RG** 14. 2. 24 IV 38/23). Doch würde der Widerruf unbegründet sein, wenn der Beschenkte bei Begehung der Verfehlung das Vorhandensein der Schenkung oder die Eigenschaft des Verletzten als Schenker oder naher Angehöriger des Schenkers nicht gekannt haben würde. Voraussetzung für die Annahme eines groben Undanks ist in objektiver Hinsicht, daß eine schwere Verfehlung des Beschenkten vorliegt, die ein gewisses Maß erreicht hat, und in subjektiver Beziehung ist die Gesinnung in Betracht zu ziehen (**RG** 6. 3. 22 IV 690/21). — Auch der Kreis der in Betracht kommenden **Angehörigen** ist nicht fest begrenzt. Nicht die Gradesnähe als solche, sondern das tatsächliche persönliche Verhältnis soll entscheiden. Immerhin kann § 52 Abs 2 StGB einen Anhalt bieten.

3. Das **Widerrufsrecht** ist ein höchstpersönliches Recht des Schenkers, nicht abtretbar, nicht pfändbar und der Regel nach auch nicht vererblich. Nur in den beiden im Text genannten Fällen (vgl. ähnlich § 2339 Nr 1, 2), in denen der Beschenkte gerade durch die den Undank verkörpernde Handlung den Widerruf des Schenkers unmöglich macht, steht das Widerrufsrecht auch dessen Erben zu, und zwar mehreren Erben gemeinschaftlich (vgl. § 2040). Dieses Erbenwiderrufsrecht aber wird als vererblich anzusehen sein, so daß also der Erbeserbe widerrufen kann, wenn erst ihm der Widerrufsgrund bekannt wurde. Ist der Widerruf einmal rechtswirksam erklärt worden, so ist dadurch eine Forderung ins Leben gerufen (§ 531 Abs 2), die nach den gewöhnlichen Regeln übertragen und vererbt wird.

4. **Haben mehrere zusammen geschenkt**, so kann jeder Schenker die Schenkung selbständig zu seinem Anteil widerrufen. Ist der geschenkte Gegenstand unteilbar, so widerruft jeder die ganze Schenkung mit der Wirkung, daß jeder Rückgabe an alle verlangen kann (§ 432). Sind mehrere zusammen beschenkt, so richtet sich der Widerruf gegen den Undankbaren auf Rückleistung seines Anteils. Bei Unteilbarkeit des Gegenstandes ist der Widerruf nur möglich, wenn alle Beschenkten undankbar sind.

§ 531

Der Widerruf erfolgt durch Erklärung gegenüber dem Beschenkten[1]).

Ist die Schenkung widerrufen, so kann die Herausgabe des Geschenkes nach den Vorschriften über die Herausgabe einer ungerechtfertigten Bereicherung gefordert werden[2]).

E I 449, 452 II 477; M 2 303—305; P 2 37, 40, 41.

1. Der Widerruf erfolgt durch **einseitige empfangsbedürftige Willenserklärung** nach §§ 130ff.; auch die Form der Klageerhebung ist dazu geeignet. Die Erklärung kann vom gesetzlichen Vertreter des Schenkers abgegeben werden. Adressat ist der Beschenkte; ist eine im gesetzlichen Güterstande lebende Ehefrau beschenkt und gehört der Schenkungsgegenstand zum eingebrachten Gut, so geschieht der Widerruf gegenüber ihrem Mann (§ 1403).

2. Durch den Widerruf erlischt das Schenkungsversprechen. War die Schenkung bereits vollzogen, so entsteht eine **condictio ob causam finitam** (§ 812 A 8). Über die Herausgabepflicht des Beschenkten bestimmen §§ 818, 819 Abs 1. Doch tritt die Haftung nach den allgemeinen Vorschriften arg. § 142 Abs 2 schon mit der Begehung des Undanks, nicht erst mit der Erlangung der Kenntnis vom Widerruf ein (vgl. § 819 A 2). Auch § 822 ist anwendbar. Gegenüber einem schenkweise erteilten abstrakten Versprechen begründet der Widerruf außer der cond. liberationis (§ 812 A 10) eine Einrede nach § 821. — Jede Verfehlung, die für sich genommen den Tatbestand des § 530 erfüllt, stellt einen selbständigen Klaggrund dar. Zwar gestattet § 268 Nr 1 ZPO, zur näheren Beleuchtung oder Unterstützung eines in der Klage dargelegten Verhaltens des Beschenkten nachträglich auf anderweite Vorfälle zurückzugreifen (vgl. § 530 A 2). Wird aber an Stelle einer fallengelassenen, bisher allein geltend gemachten Verfehlung eine damit in keinem Zusammenhange stehende anderweite Verfehlung als Widerrufsgrund in den Prozeß eingeführt, so liegt Klagänderung vor (**RG** Warn 1915 Nr 281).

§ 532

[1])Der Widerruf ist ausgeschlossen, wenn der Schenker dem Beschenkten verziehen hat oder wenn seit dem Zeitpunkt, in welchem der Widerrufsberechtigte von dem Eintritte der Voraussetzungen seines Rechtes Kenntnis erlangt hat, ein Jahr verstrichen ist. Nach dem Tode des Beschenkten ist der Widerruf nicht mehr zulässig[2]).

E I 451 Abs 1 II 478; M 2 303, 304; P 2 39, 40.

1. Der § 532 ordnet drei **„Ausschließungsgründe"** für den Widerruf an, über deren rechtliche Bedeutung sich ähnliche Zweifel erheben können wie in § 529 A 1. Sachlich liegt es nahe, die Geltendmachung der Verzeihung als Einrede im materiellen Sinne, die Berufung auf die andern beiden Tatbestände als rechtsvernichtende Einwendung aufzufassen. § 533 fügt die Einrede des Verzichts hinzu.

2. Die drei Verteidigungsbehelfe des § 532 sind: a) **Verzeihung.** Darunter ist, wie in den Fällen der §§ 1570 (Ehescheidung), 2337 (Entziehung des Pflichtteils), 2343 (Erbunwürdigkeit), ein Verhalten zu verstehen, woraus hervorgeht, daß die durch das Benehmen des Gegners hervorgerufene Kränkung nicht mehr empfunden wird. Ein Rechtsgeschäft wie in § 533 (Verzicht) steht nicht in Frage. Der Schenker braucht nur die Verfehlung des Beschenkten gekannt, aber weder um sein Widerrufsrecht gewußt noch den Verlust dieses Rechtes als Folge der Verzeihung gewollt zu haben. Auch einer besondern Erklärung der Verzeihung bedarf es nicht. Über die Frage, inwiefern gewisse Regeln über Rechtsgeschäfte entsprechende Anwendung finden, vgl. § 1570 A 3. Das durch den Widerruf begründete Rückforderungsrecht (§ 531 Abs 2) erlischt nicht durch Verzeihung, sondern durch Erlaß (§ 397). b) **Einjährige Ausschlußfrist.** Für das Widerrufsrecht des Schenkers selber beginnt die Frist mit seiner Kenntnis von der Verfehlung, für das Widerrufsrecht des Erben des Schenkers mit dem Zeitpunkt, wo der Erbe über seine Erbeneigenschaft und die betreffende unter § 530 Abs 2 fallende Handlung des Beschenkten unterrichtet ist. Ablauf der Frist nach § 187 Abs 1, § 188 Abs 2. Die Kondiktion, die durch den Widerruf entsteht, unterliegt der gewöhnlichen Verjährung. c) **Tod des Beschenkten.** Der Widerruf ist nur wirksam, wenn er dem Beschenkten noch bei Lebzeiten zugegangen ist. Die dann erwachsene Kondiktion geht auch gegen die Erben des Beschenkten.

§ 533

Auf das Widerrufsrecht kann erst verzichtet werden, wenn der Undank dem Widerrufsberechtigten bekannt geworden ist[1]).

E I 451 Abs 2 II 479; M 2 304; P 2 39.

1. Die Vorschrift enthält zwingendes Recht und ist daher auch auf Schenkungen vor 1. 1. 00 anzuwenden (**RG** 62, 328). Im Gegensatz zur Verzeihung (§ 532 A 2 unter a) ist der **Verzicht auf das Widerrufsrecht** Rechtsgeschäft, daher auch den Erben und Vertretern des Schenkers möglich. Wie beim Verzicht auf Einreden (**RG** 78, 131) genügt einseitige Erklärung, für welche die §§ 130ff. gelten. Eines Vertrags (Erlaßvertrags, § 397) bedarf es nur zur Aufhebung der durch einen Widerruf begründeten Kondiktion.

Natürlich werden Verzeihung und Verzicht tatsächlich meistens zusammenfallen. Die Zulässigkeit des Verzichts wird durch § 533 dahin eingeschränkt, daß ein Vorausverzicht für Fälle künftigen Undanks unwirksam ist und auch ein bereits zutage getretener Undank dem Verzichtenden bekannt sein muß.

§ 534

Schenkungen, durch die einer sittlichen Pflicht oder einer auf den Anstand zu nehmenden Rücksicht entsprochen wird, unterliegen nicht der Rückforderung und dem Widerrufe[1])[2]).

E II 476; P 2 35—37; RB 67.

1. Schenkungen, die einer **sittlichen oder Anstandspflicht** entsprechen, werden durch § 534 gegen den Widerruf wegen Undanks (§ 530) sowie gegen die Rückforderung wegen Notbedarfs (§ 528) — nicht, wenn es sich um ein Schenkungsversprechen handelt, auch gegen die Einrede des Notbedarfs (§ 519) — geschützt. Außerdem werden sie noch in andern Beziehungen vom Gesetze ausgezeichnet. So namentlich dadurch, daß sie den gesetzlichen Vertretern geschäftsunfähiger oder beschränkt geschäftsfähiger Personen erlaubt sind (§§ 1641, 1804); daß auch der Vorerbe und der Testamentsvollstrecker sie vornehmen dürfen (§ 2113 Abs 2, §§ 2205, 2207); daß im Falle der Gütergemeinschaft der Ehemann nicht an die Einwilligung der Frau gebunden ist (§§ 1446, 1519, 1549) und daß der Pflichtteilsberechtigte nicht um ihretwillen eine Ergänzung des Pflichtteils verlangen kann (§ 2330). Dazu kommt die Unanfechtbarkeit gebräuchlicher Gelegenheitsgeschenke (A 2). Nach Scheidung der Ehe können aber auch Pflicht- und Anstandsschenkungen von dem nicht schuldigen Gatten widerrufen werden (vgl. § 1584 A 3). — Eine besondere Begünstigung der belohnenden (remuneratorischen) Schenkung ist dem Gesetze fremd. Die Absicht des Schenkers, dem Beschenkten für eine Diensterweisung erkenntlich zu sein, hat nur insoweit Bedeutung, als Sitte und Anstand dies gebieten; im übrigen finden die allgemeinen Schenkungsregeln Anwendung. Verlangt die Sitte eine mäßige Belohnung, geht aber die Gabe über das Maß hinaus, so ist ein und dieselbe Schenkung, je nachdem sie Pflicht- oder gewöhnliche Schenkung ist, verschieden zu behandeln. Über die Abgrenzung der belohnenden Schenkung vom nachträglichen Entgelt vgl. § 516 A 5. — Sind die Voraussetzungen des § 534 gegeben, so müssen sie vom Gericht von Amts wegen berücksichtigt werden, auch wenn sich die Partei, der sie zum Vorteil gereichen, nicht darauf beruft (**RG** JW 1916, 119[6]).

2. Unter **sittlicher Pflicht** ist nicht die Betätigung der allgemeinen Nächstenliebe zu verstehen, vielmehr wird eine besondere, aus den konkreten Umständen des Einzelfalls erwachsene, in den Geboten der Sittlichkeit wurzelnde Verpflichtung verlangt (**RG** 70 S. 19, 386; **RG** 29. 1. 23 IV 170/22). Z. B. die Unterstützung notleidender Geschwister oder sonstiger nach dem Gesetz nicht unterhaltsberechtigten Verwandten (vgl. § 814 A. 3); die Schenkung an eine dem Schenker durch jahrelangen vertrauten Verkehr nahestehende Frauensperson zum Zweck der Wiederherstellung ihrer Gesundheit oder zur Sicherung ihres Unterhalts (RFinHof 1, 35; **RG** 29. 1. 23 IV 170/22). Während hierüber die Überzeugung des ganzen Volkes entscheidet, kommt es bei der **Anstandspflicht** auf die Anschauungen eines bestimmten Gesellschaftskreises an. Und zwar sind es nicht die Bekannten und Verwandten des Schenkers, die den Maßstab liefern (**RG** SeuffA 71 Nr 205), sondern seine Standesgenossen im allgemeinen. Die Schenkung entspricht einer Anstandspflicht, wenn ihr Unterbleiben gegen die Empfindung der sozial Gleichgestellten verstoßen würde, so daß der Handelnde bei diesen eine Einbuße in der Achtung und Anerkennung erführe (**RG** 73, 49; 98, 326; Warn 1910 Nr 379). Zu den Anstandspflichten gehören die Gaben, die in § 32 Nr 1 KO, § 3 Nr 3 AnfG „gebräuchliche Gelegenheitsgeschenke" genannt werden, z. B. Gaben zu Weihnachten, Neujahr, Ostern, zum Geburtstag, zur Hochzeit. Doch kommt es niemals allein auf die Gelegenheit an, die die Schenkung veranlaßt, vielmehr spielen daneben die persönlichen Beziehungen zwischen Schenker und Beschenktem sowie die gesellschaftlichen und wirtschaftlichen Verhältnisse der Beteiligten eine Rolle (**RG** JW 1916, 119[6]). Weihnachts- oder Neujahrsgelder für Angestellte sind häufig im Dienstvertrag ausdrücklich oder stillschweigend vereinbart und stellen dann Lohnzuschläge dar. Anstandsgeschenk ist die Spende zu einer öffentlichen Sammlung, desgleichen das Trinkgeld, das der Gast dem Kellner gibt (während der Wirt dadurch, daß er dem Kellner die allgemeine Gelegenheit bietet, Trinkgelder einzunehmen, ihm ein Entgelt gewährt). — Handelt es sich um große Summen, so erachtet die Rechtsprechung den Tatbestand des § 534 nicht leicht für gegeben. So pflegt das Reichsgericht namentlich zu verneinen, daß Schenkungen des Arbeitgebers zugunsten seiner Arbeiter, die mit ihm durch keine Beziehungen persönlicher Art verbunden sind, durch Sitte oder Anstand geboten seien; vgl. **RG** 70, 15; 75, 132; 78, 412 (Kruppsche Arbeiterstiftung); Warn 1913 Nr 409 (ebenso). Nur in dem Falle **RG** 73, 46, wo die seit langem bestehende Pensionskasse auf die Zuschüsse des Arbeitgebers

angewiesen war und die Angestellten hiermit rechnen durften, wurde eine Anstandspflicht zur Leistung der Zuschüsse anerkannt. In RG 70, 383 hatten jüdische Erben eines bedeutenden Nachlasses Schenkungen an Wohltätigkeitsanstalten gemacht; das Reichsgericht nahm Pflichtschenkungen auch dann nicht an, wenn ihre Religion dies verlangt haben sollte.

Dritter Titel

Miete Pacht

1. **Rechtliche Natur von Miete und Pacht.** Beide sind gegenseitige Verträge (§§ 320 bis 327), welche auf die zeitweise Gewährung des Gebrauchs oder der Benutzung eines Gegenstandes gegen Entgelt gerichtet sind. Die Miete (§ 535) setzt eine Sache, d. h. einen körperlichen Gegenstand im Sinne von § 90 voraus und gewährt den Gebrauch der Sache (oder eines Teiles § 580); die Pacht (§ 581) betrifft Gegenstände überhaupt, also nicht nur Sachen, sondern auch Rechte, und verleiht nicht nur den Gebrauch, sondern auch den Genuß der Früchte (§ 99), soweit sie nach den Regeln einer ordnungsmäßigen Wirtschaft als Ertrag anzusehen sind. Die Pacht ist also „eine nach Gegenstand und Zweck erweiterte Abart der Miete" (Mittelstein, Die Miete, § 6 Nr 1; a. M. Kohler 2 § 122 III S. 313). Gegenstand der Pacht sind in erster Linie landwirtschaftliche Grundstücke. Sie brauchen noch nicht mit dem zur Bewirtschaftung erforderlichen Inventar versehen zu sein; denn sie sind von Natur geeignet, Bodenerzeugnisse (Gras, Holz usw.) auch ohne menschliches Zutun hervorzubringen (RG 81, 25; Gruch 57, 681). Miete liegt nur vor, wenn das Grundstück ausnahmsweise nur zum Gebrauch, z. B. als Lagerplatz, zur Errichtung eines Ausstellungsgebäudes überlassen wird. — Verpachtungsfähige Rechte: Recht zum Betrieb eines Handelsgeschäfts (HGB § 22 Abs 2) oder eines Gewerbes (GewO § 48; vgl. § 1822 Nr 4) — Apothekengeschäft (OLG 25, 37, auch RG JW 03, 5[11]) —, auch eines Teiles von einem Gewerbe, insbesondere des Betriebs des Anzeigenteils einer Zeitung (RG 70, 20), das öffentliche Anschlagswesen einer Großstadt (RG 82, 340), Garderobenpacht (RG 97, 166), das Recht aus einem Patent — der Lizenzvertrag, § 6 des PatG v. 7. 4. 91, ist jedoch regelmäßig als ein Vertrag eigener Art anzusehen (vgl. RG 75, 405; 76, 235; RG JW 1916, 271[14]) —; Jagdrecht (RG 51, 279; 52, 128; Warn 1910 Nr 381; vgl. § 581 A 3), Fischereirecht (SeuffA 60 Nr 229), nicht aber die Rohrnutzung aus einem See, da der Vertrag hier das Grundstück selbst betrifft (RG 56, 83), anders auch für Fischereipacht bei geschlossenen Privatgewässern OLG 38, 93 (Grundstückspacht). Grundstücksverpachtung ist die entgeltliche Überlassung eines Grundstücks behufs Benutzung der Wasserkraft, Gewinnung von Mineralien und sonstigen Bodenbestandteilen, z. B. von Quarzitsteinen, Schwerspat, Erdöl, Erde (RG JW 09, 451[2], RG 16. 2. 17 II 513/16, 26. 10. 20 III 189/20; BayObLGZ 10, 280), Überlassung einer Ziegelei mit Ausnutzung eines Sand- oder Tonlagers (RG Warn 09 Nr 137), Überlassung der Ausnutzung eines Kiesberges (RG 94, 279). Verpachtung einer zahnärztlichen Praxis s. RG SeuffA 79 Nr 97. Pacht kann auch die entgeltliche Überlassung der Ausnutzung von Befugnissen sein, die das Urheberrecht verleiht, so z. B. zur Aufführung von Theaterstücken; die Auferlegung einer Aufführungspflicht steht der Annahme eines Pachtvertrages nur entgegen, wenn sie vertraglich als Hauptleistung aufgestellt ist (RG 115, 17). — Wird eine zu einem Gewerbebetrieb bestimmte Räumlichkeit, eine Mühle, eine Fabrik (Zementwerk RG JW 1919, 455[18]) oder Werkstätte, ein Zigarren- oder Friseurladen, ein Gasthof oder eine Schank- und Speisewirtschaft oder ein Theater zur entgeltlichen Benutzung überlassen, so berechtigt der Umstand allein, daß sie zu gewerblichen Zwecken und damit zur Erlangung wirtschaftlicher Erträge dienen sollen, noch nicht, Pacht anzunehmen, vielmehr ist für die Vertragsart maßgebend, ob der betreffende Raum beim Vertragsabschluß bereits so beschaffen ist, daß er bürgerliche Früchte abwerfen kann (vgl. M 2, 439). In diesem Falle wird — mag auch ein an die Räume geknüpftes wirtschaftliches Unternehmen (z. B. Hotel- oder sonstiges Handelsgeschäft) nicht mit überlassen werden, sondern erst neu zu schaffen sein — regelmäßig Pacht vorliegen. Erforderlich ist nur, daß die überlassenen Räume schon durch ihre bauliche Eigenart, ihre innere Einrichtung und Ausstattung im wesentlichen dazu geeignet sind, die Gewinnung bürgerlicher Früchte aus den so eingerichteten Räumen und dem darauf zu stützenden Gewerbebetriebe zu ermöglichen, also als die unmittelbare Quelle von Erträgen zu dienen. S. RG 81, 24; 87, 277; 91, 310; 102, 186 (Erholungsheim); RG JW 03, 34[48]; 1924, 803[11] (Hotel); Warn 09 Nr 137; 1914 Nr 78 (Theatergebäude), Nr 116 (Stehbierhalle); 1915 Nr 48 (Privatkrankenanstalt); 1922 Nr 38 (Pensionat); 1923/24 Nr 103 (Hotel), 160 (Kaffeehaus); 1926 Nr 117 (Schankwirtschaft), Nr 182 (Kaffeehaus mit Wohnung); SeuffA 78 Nr 182 (Fabrikräume); LZ 1927, 529[3] (Schankwirtschaft); RG Gruch 57, 681. Ist der zur Ausnutzung überlassene Raum für einen bestimmten Gewerbebetrieb eingerichtet und ausgestattet, so ist Pacht anzunehmen,

mag der Pächter die Ausstattung mitpachten oder vom Verpächter oder einem Dritten zu Eigentum erwerben (**RG** 91, 310; 114, 243; **RG** 5. 3. 18 VII 428/17, vgl. **RG** Warn 1915 Nr 217; 1923/24 Nr 103; 1926 Nr 45 und dort erwähnte Urteile; ferner **RG** Warn 1926 Nr 117, 183; **RG** SeuffA 79 Nr 24; **RG** JW 1927 S. 582[7], 1469; aber auch **RG** Warn 1927 Nr 51). Der Annahme eines Pachtvertrages steht daher auch der Umstand nicht entgegen, daß dem Inhaber einer Schankwirtschaft der zum Gewerbebetrieb eingerichtete Raum vom jetzigen, das Wirtschaftsinventar aber vom früheren Grundstückseigentümer gegen Entgelt überlassen wird (**RG** 114, 243). Dagegen ist an Räumen, die mit einer zur Ausnutzung erforderlichen Einrichtung nicht versehen sind, zunächst nicht die Erzielung von Früchten, sondern nur Gebrauch, also Miete, möglich (vgl. Warn 1915 Nr 47: noch nicht betriebsfähiges Theatergebäude). Überlassung von Räumen eines Bahnhofs zum Lager- und Speichereibetrieb Miete, nicht Pacht s. **RG** Warn 1925 Nr 22. Bei Gastwirtschaftsräumen kommt es namentlich auf die Einrichtung der Haupträume, d. h. der für das Verweilen der Gäste bestimmten, an (**RG** 81 S. 26, 29). Sind die in Betracht kommenden Räumlichkeiten noch nicht zum Betrieb eingerichtet, vielmehr erst auf Kosten des Übernehmers einzurichten, dann liegt Miete, nicht Pacht vor (**RG** 109, 206; JW 1918, 88[8]). Sind sie nur zum Teile mit der erforderlichen Einrichtung versehen, so daß der Übernehmer noch das Fehlende selbst anschaffen muß, ehe er den der beiderseitigen Vertragsabsicht entsprechenden Gewerbebetrieb beginnen kann, so liegt ein Grenzfall vor. Für die Frage, ob Miete oder Pacht anzunehmen ist, wird entscheidend sein müssen, ob die Einrichtung so weit vorgeschritten ist, daß durch sie die Räume in der Hauptsache für den Gewerbebetrieb geeignet sind, und daß es sich bei der Beschaffung des Fehlenden wesentlich nur um eine Ergänzung und Vervollständigung handelt. Ist dies der Fall, so liegt Pacht vor, sonst Miete (**RG** Gruch 57, 681). Die Annahme eines Pachtverhältnisses ist also nicht ausgeschlossen, wenn die Einrichtung der Haupträume noch der Ergänzung durch den Übernehmer bedarf und die Nebenräume (Küche, Keller) ganz uneingerichtet sind (**RG** JW 1913, 982[10], vgl. OLG 36, 72; SeuffA 73 Nr 223). Dagegen genügt die bauliche Eignung zum Betriebe des Gewerbes ohne Einrichtung nicht, um die Annahme eines Pachtvertrages zu rechtfertigen (**RG** 109, 206; vgl. **RG** Warn 1923/24 Nr 105). Beim Fehlen jeder weiteren Ausstattung ist daher auch die entgeltliche Überlassung von Räumen mit Backofen zum Betriebe einer Bäckerei Miete, nicht Pacht (**RG** 15. 2. 27 III 421/26; s. auch 30. 6. 24 III 29/24; 12. 6. 25 III 606/24). — Die entgeltliche Überlassung des Betriebs der gesamten Anlagen eines Elektrizitätswerks und einer Straßenbahn ist auch dann Grundstückspacht, nicht Stromlieferungsvertrag, wenn die Lieferung von Elektrizität den Zweck des Vertrags bildet (**RG** 19. 10. 17 VII 200/17). — Die entgeltliche Überlassung eines Wohnrechts (§ 1093) ist Verpachtung. — Wird in einem Vertrage — z. B. über ein Wohngebäude und ein Ackergrundstück — die eine Sache nur zum Gebrauch, die andere auch zum Fruchtgenuß überlassen, so ist entscheidend, welche Sache nach Sinn und Zweck des Vertrags die Hauptsache ist. OLG 38, 93 (Pacht eines Fischereigewässers mit Geräten und Schlafräumen). Ist ein Haus, in dem sich eingerichtete und ausgestellte Schankräume, sowie eine Reihe von Wohnungen befinden, durch einen Vertrag zur Ausübung des Schankgewerbes und zur Vermietung der Wohnungen überlassen worden, so kann Verbindung eines Pachtvertrages mit einem selbständigen Mietvertrage vorliegen; die Überlassung der Mietwohnungen zur Untervermietung kann aber auch Pacht sein (**RG** 17. 9. 26 III 279/26). Wird mit einer Schankwirtschaft eine Wohnung für den Wirt, seine Angehörigen und Angestellten überlassen, so ist in der Regel die Wirtschaft die Hauptsache, die Wohnung Nebensache, und das ganze Vertragsverhältnis als Pacht anzusehen und demgemäß auch nicht dem Mieterschutz unterstellt (**RG** 23. 2. 23 III 673/22; vgl. § 553 A 1). Die Überlassung der Geschäftsräume eines Rechtsanwalts nebst Einrichtung an einen andern Rechtsanwalt ist nicht Pacht, sondern Miete (**RG** JW 1925, 472[14]).

2. Der Unterschied von Miete und Pacht (Vorbem 1), auf welch letztere im allgemeinen die Vorschriften über Miete entsprechende Anwendung finden (§ 581 Abs 2), tritt im einzelnen hervor bei der Erhaltungspflicht (§§ 536, 582, 586), bei der Kündigung infolge von Nichtgestattung der Weitervermietung oder Verpachtung (§§ 549, 596 Abs 1), den gesetzlichen Zahlungsterminen (§§ 551, 584), der Rückgewähr des Miet- oder Pachtgegenstandes (§ 556 Abs 1, §§ 591 bis 594), der Entschädigung des Vermieters oder Verpächters bei nicht rechtzeitiger Rückgewähr (§§ 557, 597), dem gesetzlichen Pfandrecht des Vermieters und Verpächters (§§ 559, 563, 585) sowie des Pächters (§ 590), bei der gesetzlichen Kündigungsfrist (§§ 565, 595), dem Kündigungsrecht infolge Todes des Mieters oder Pächters sowie bei der Versetzung eines im Mietverhältnis stehenden Beamten (§§ 569, 570, 596) und bei der Gerichtszuständigkeit (GVG § 23 Nr 2). — Von der **Leihe** (§ 598) unterscheidet sich die Miete durch die bei ersterer stattfindende Unentgeltlichkeit der Überlassung (nicht Gewährung), vom **Kauf** (§ 433) dadurch, daß bei ihm die Sache nicht zum zeitweisen Gebrauch, sondern zum dauernden Eigentum überlassen wird. Verpachtung von Feldern statt Kauf des abzuerntenden Getreides OLG 36, 68. Nicht um Pacht, sondern um käufliche Lieferung handelt es sich in der Regel bei den sog.

Milchpachtverträgen (Kündigung s. **RG** Gruch 63, 609). Anwendung der Vorschriften über den Kauf bei der entgeltlichen Überlassung von verbrauchbaren Sachen (Gas und Wasser M 2, 371), sofern sie nicht ausnahmsweise nur zum Gebrauch (Schaustellung usw.) überlassen sind. Dagegen kein Kauf und auch keine Miete bei Überlassung von Arbeitskräften, wie Dampfkraft, Elektrizität, deren Überlassung, da es sich dabei nicht um Sachen im Sinne von § 90 handelt, sich als Werkverdingung oder auch als Pacht des Rechtes auf die Naturkraft darstellen kann (s. BayObLGZ 4, 348; vgl. auch das RGes., betr. die Bestr. der Entz. elektr. Arb. v. 9. 4. 00 und Mot dazu in den Drucks. des RT 10. Legislaturper. I. Sess 1898/1900 Nr 612, sowie **RG** 17, 269; **RG**St 29, 111). — Unterschied zwischen Gesellschaft (gemeinsame Zweckverfolgung der Gesellschafter) und Teilpacht (verschiedene Zwecke bei Verpächter und Pächter). Nicht Miete, sondern eigenartige organisatorische Verträge mit gesellschaftsähnlichem Zusammenwirken sind die Verträge zwischen einem Ausstellungsunternehmen und den Ausstellungswirten (**RG** 88, 108). Übergang eines Pachtverhältnisses in Dienstmiete s. SeuffA 60 Nr 73. Miete eines Schiffes mit Besatzung (**RG** 48, 89; 69, 129; **RG** 11. 11. 16 I 85/16 [Abgrenzung gegenüber Werkvertrag], auch JW 06, 463; 09, 467). Vgl. ferner Vorbem 1 vor § 611 (Miete in Verbindung mit Dienstverschaffung). Miete mit untergeordneter Dienstleistung ist in der Regel auch die entgeltliche Überlassung einer Dampfdreschmaschine mit Bedienungsmannschaft **RG** Gruch 61, 633; SeuffA 58 Nr 168. Die Übernahme von Diensten und anderen Leistungen bei der Vermietung eingerichteter Zimmer beeinträchtigt den Vertrag in seiner Eigenschaft als Mietvertrag nicht, wenn es sich dabei um nebensächliche, unselbständige Leistungen handelt. Werden umgekehrt Leistungen übernommen, hinter denen der Gebrauch der Räume zurücksteht, wie bei Übernahme der Verpflegung und Erziehung, dann liegt nicht mehr Miete vor (OLG 26, 392). S. auch § 535 A 2 a. E. Über den Gastaufnahmevertrag s. § 538 A 5. — Das Rechtsverhältnis zwischen dem Teilnehmer eines Fernsprechnetzes und dem Deutschen Reich ist nicht Miete, Dienst- oder Werkvertrag, auch nicht ein hieraus gemischter Vertrag, sondern ein Vertrag eigener Art, der zudem wesentlich dem Gebiete des öffentlichen Rechtes angehört (**RG** 98, 341); über die Zulässigkeit des Rechtsweges für den Anspruch eines Teilnehmers auf Verlegung eines Fernsprechanschlusses s. **RG** 109, 100. Die Überlassung von Bahnhofsräumen zum Betriebe eines Wechselgeschäfts begründet nicht Miete oder Pacht, sondern ein aus Elementen beider, sowie des Dienstvertrags gemischtes Vertragsverhältnis (**RG** 108, 389). Ähnlich ist die Übertragung des Betriebs einer Bahnhofswirtschaft mit Überlassung der hierzu ausgestatteten Räume zu beurteilen; sie fällt jedenfalls nicht unter den Begriff der Miete und entbehrt daher des Mieterschutzes (**RG** 7. 12. 26 III 308/26: dahingestellt blieb, ob Pacht oder ein gemischter Vertrag anzunehmen sei). Vgl. auch **RG** Gruch 68, 310 (Buch- und Zeitungsverkauf in einem Hotel) und OLG 45, 168 (besonderer Stand in einer Vergnügungsdiele). — Verträge, die nach § 6 PrGes. vom 28. 7. 92 über Kleinbahnen usw. zwischen dem Unternehmer und dem zur Unterhaltung des öffentlichen Weges Verpflichteten geschlossen werden, sind nicht Mietverträge, sondern besondere Verträge öffentlich-rechtlicher Art (**RG** 68, 370; 92, 310, anders für die Frage des Mietstempels **RG** 88, 14; 97, 22; 108, 204). — Verträge zwischen Filmherstellern und sog. Filmverleihern fallen nicht unter den Begriff der Miete, haben vielmehr, ähnlich wie Lizenzverträge über patentrechtlich geschützte Erfindungen, die Übertragung urheberrechtlicher Befugnisse zum Gegenstande (**RG** 106, 362).

3. **Die Miete (wie die Pacht) ist ein Schuldverhältnis**, so daß zwar dem Mieter Besitz und Besitzesschutz (auch gegen den Vermieter **RG** LZ 1924, 169[1]; Schutz gegen unerlaubte Handlungen s. § 823 A 9), aber weder hierdurch noch durch Eintragung oder Vormerkung im Grundbuche Dinglichkeit seines Rechts erwirkt wird (vgl. **RG** Gruch 67, 77). Nur Eintragung einer Vertragsstrafe für den Fall der Verletzung ist zulässig. Da der Mieter eines Grundstücks kein Recht am Grundstücke erwirbt, kann er sich für die Berechtigung des Vermieters nicht gemäß § 892 auf den öffentlichen Glauben des Grundbuchs berufen; auch § 893 ist nicht anwendbar (**RG** 106, 109). Über den Unterschied von dem dinglichen Wohnungsrecht, durch welches der gleiche wirtschaftliche Erfolg erzielt werden kann, s. **RG** 54, 233; **RG** Warn 1927 Nr 54; JW 1927, 1406[1]; OLG 43, 8. Vgl. auch **RG** 59, 326. Erbpacht s. EG Art 63. Ausnahmsweise dauert die nach den früheren Gesetzen durch die Eintragung begründete Wirksamkeit eines Mietanspruchs gegen Dritte (Dinglichkeit) fort gemäß EG Art 179 (vgl. SeuffA 80 Nr 43). Vgl. auch EG Art 188 Abs 2. Enteignungsentschädigung des Mieters s. **RG** 74, 367; 101, 148. — Unter Vormieterecht ist im allgemeinen die Befugnis zu verstehen, in einen anderweit geschlossenen Mietvertrag einzutreten; vertraglich kann aber auch eine andere Gestaltung des Rechts vereinbart werden (**RG** 31. 3. 25 III 174/24). Im BGB sind Vormiete und Vorpacht nicht geregelt. — Da Miet- und Pachtvertrag gegenseitige Verträge sind, so gelten, soweit sich nicht aus den besonderen Vorschriften dieses Titels (oder aus dem Vertrag selbst bei Auslegung nach Treu und Glauben OLG 36, 65) etwas anderes ergibt, für sie auch die allgemeinen Bestimmungen

über gegenseitige Verträge (§§ 320 ff.), so § 323 neben §§ 536—538 **RG** 89, 203; **RG** SeuffA 76 Nr 157, ferner SeuffA 74 Nr 168, und neben § 542 **RG** 62, 225, nicht neben § 552 **RG** 79, 95; auch ist die Anwendung der §§ 325, 326 neben §§ 542, 553, 554 nicht ausgeschlossen (**RG** 105, 167).

Die Vorschriften dieses Titels setzen einen Vertrag der Beteiligten voraus und sind daher auf Miet- oder Pachtverhältnisse, die durch behördliche Anordnung begründet werden, wie z. B. eine nach den Vorschriften gegen den Wohnungsmangel (unten Vorbem 9) vom Mieteinigungsamt festgesetzte Zwangsmiete (polizeiliche Verfügung s. LZ 1922, 298), nicht schlechtweg, sondern nur insoweit anzuwenden, als dies mit der Eigenart des Verhältnisses, insbesondere der Unfreiwilligkeit auf Seite des Vermieters zu vereinbaren ist. Vorschriften, die den Mieter für Handlungen eines Untermieters verantwortlich machen (§§ 549 Abs 2, 553), setzen die freiwillige Überlassung des Mietgegenstandes an den Untermieter voraus und sind daher nicht anzuwenden, wenn die Untermiete zwangsweise begründet worden ist (vgl. Genzmer DJZ 1922, 346, auch Siber JheringsJ 70, 224). In gleicher Weise kann nur eine beschränkte Anwendung der Vorschriften des BGB in Betracht kommen für die nach §§ 5, 6 der Kleingarten- und Kleinpachtlandordnung v. 31. 7. 19 (RGBl 1371) von der unteren Verwaltungsbehörde oder dem Einigungsamt festgesetzten Pachtverhältnisse und für eine Zwangspachtung nach § 6 der VO zur Behebung der dringendsten Wohnungsnot v. 9. 12. 19 (RGBl 1968).

4. Eine **Form** ist, abgesehen von der Vorschrift in § 566, für den Miet- und den Pachtvertrag nicht vorgeschrieben; der Abschluß kann auch durch schlüssige Handlungen geschehen (**RG** Gruch 68, 62: Umwandlung der früheren Dienstwohnung in eine Mietwohnung). Ein vom Vermieter unterschriebener Mietvertrag, an welchem der Mieter vor Hinzufügung seiner Unterschrift mit Bewilligung des Vermieters Änderungen vorgenommen hat, bedarf zu seiner Formgültigkeit nicht nochmaliger Unterschrift des Vermieters (**RG** SeuffA 64 Nr 123). Wird dem Mieter im Mietvertrag ein Vorkaufsrecht bezüglich des Grundstücks eingeräumt, so ist § 313 zu beobachten (§ 504 A 1), bei Nichtbeobachtung § 139 anzuwenden. Vgl. OLG 25, 15. Wird mit einem Grundstückskauf ein Mietvertrag verbunden, so ist die Form des § 313 auch für den Mietvertrag erforderlich, wenn beide Verträge im Sinne der Vertragsteile eine Einheit bilden (**RG** 97, 219). Über die Form eines im Auslande geschlossenen Miet- oder Pachtvertrags s. EG Art 11 Abs 1, auch Art 30. — Vereinbarte Schriftform § 127. Übliche Schriftform OLG 39, 176 (Berlin). Gültigkeit mündlicher Abrede neben einem schriftlichen Mietvertrag, wonach Änderungen und Zusätze der schriftlichen Abfassung und der Unterschrift beider Teile bedürfen s. **RG** 95, 175. Wegen der vormundschaftsgerichtlichen Genehmigung für den Vater s. § 1643, für den Vormund § 1822 Nr 4 u. 5, § 1902 Abs 2, 1915. Anwendung des § 139 bei Versagung der vormundschaftsgerichtlichen Genehmigung **RG** 82, 124; 114, 35 (§ 1822 Nr 5). Erfordernis der behördlichen Genehmigung bei der Verpachtung von Grundstücken, die der Landwirtschaft, einschließlich der Forstwirtschaft, dienen s. BRVO über den Verkehr mit landwirtschaftlichen Grundstücken vom 15. 3. 18 (Vorbem 9).

5. In Ansehung des **Inhalts** sind die Vertragsparteien in ihren Abreden, die im übrigen gemäß §§ 157, 242 nach Treu und Glauben auszulegen und zu erfüllen sind, nur insoweit beschränkt, als die Abreden nicht gegen die guten Sitten (§ 138) und nicht gegen zwingende Gesetzesvorschriften verstoßen dürfen, die aus sozialpolitischen Gründen im Interesse des Mieters gegeben sind (BGB §§ 540, 544, 559 Satz 3, 560 Satz 2, 566, 567; KO §§ 19, 21; GewO § 33 Abs 1, §§ 45, 147 Nr 1; **RG** 16. 9. 04 III 212/04). Miete eines Bordellgrundstücks OLG 33, 291. Nichtigkeit eines Mietvertrags, durch den Räume einem Spielklub zur Veranstaltung gewerbsmäßigen Glücksspiels überlassen werden (**RG** SeuffA 78 Nr 4). Nichtigkeit eines Mietvertrags wegen eines darin enthaltenen Wettbewerbsverbots zwischen Ärzten (**RG** 90, 436), wegen besonderer Härten gegen den Mieter (**RG** 20. 5. 13 III 538/12; **RG** JW 1917, 967; **RG** Warn 1919 Nr 10). Nichtigkeit des zur Umgehung der Schankerlaubnis (GewO §§ 33, 147) geschlossenen sog. Kastellanvertrags (**RG** 63, 145; 67, 322; **RG** JW 05, 742; 08, 139; 12, 456; 17, 654; **RG** Gruch 50, 919; s. auch **RG** Warn 1920 Nr 32). Ein Mietvertrag, bei dem die Kündigung des Vermieters dauernd ausgeschlossen sein soll, ist deshalb noch nicht sittenwidrig (**RG** Gruch 59, 469; vgl. § 567). Die Vermietung eines Kellers zu Wohnzwecken ist noch nicht deshalb nichtig (§ 134), weil er nach den baupolizeilichen Vorschriften nicht dazu eingerichtet werden durfte (OLG 38, 85). Über die allgemeinen Mietbedingungen des Verbandes Deutscher Lokomobilvermieter s. **RG** 12. 6. 17 III 18/17 (nicht sittenwidrig). Bezüglich des Raumwuchers s. die Strafvorschriften der §§ 49 a, 49 b des Mieterschutzgesetzes, die insoweit an die Stelle der §§ 4, 5 der PreistreibereiVO getreten sind (**RG**St JW 1927, 1155[23]; auch LZ 1927, 553[6], 1143[10], 1144[11]). Über die Anwendung des Ges. betr. die Abzahlungsgeschäfte s. § 6 des Ges., **RG** Warn 1918 Nr 4 und OLG 40, 297. Gegen den Mietwucher richten sich die Strafbestimmungen in §§ 49a, 49b des Mieterschutzgesetzes, die einschlägigen Vorschriften der PreistreibereiVO v. 13. 7. 23, RGBl I 700, sind mit dieser gemäß VO v. 19. 7. 26, RGBl I 413, seit dem 24. 7. 23 außer Kraft. Eine Zuwiderhandlung gegen

§§ 49a, 49b a. a. O. macht nicht den ganzen Vertrag, sondern nur die Festsetzung der übermäßigen Vergütung nichtig; die Vergütung ist wie früher in den Fällen der Preistreiberei, auf das angemessene Maß herabzusetzen (vgl. § 134 A 2). Im übrigen gilt Vertragsfreiheit. Auslegung im Zweifel nicht (wie nach früherem Recht) gegen den Vermieter, sondern lediglich nach Treu und Glauben mit Rücksicht auf die Verkehrssitte. Daher sind Verwirkungsbestimmungen nicht immer zugunsten des Mieters auszulegen (RG 82, 50 [54]). Dagegen verlangen Treu und Glauben, daß strenge Haftungsbestimmungen, die ohne jede Rücksicht auf den Mieter formularmäßig von den Vermietern als dem wirtschaftlich stärkeren Teil den Verträgen eingefügt werden, in einer die Interessen des Mieters möglichst schonenden Weise ausgelegt werden (RG JW 1911, 400[7]; RG LZ 1916, 1187). Auslegung bei widerspruchsvoller Ausfüllung eines Mietvertragsformulars bezüglich der Mietdauer (SeuffA 71 Nr 137). Gültigkeit des Mietvertrages bei Abweichung beider Vertragsexemplare (RG Warn 1918 Nr 43). Mündliche Abreden als Auslegungsmittel (RG Warn 1919 Nr 49).

6. **Die privatrechtlichen Vorschriften der Landesgesetze** sind beseitigt bis auf den Vorbehalt bezüglich der Räumungsfristen im EG Art 93. Von Bedeutung ist dagegen in mehrfachen unten anzugebenden Beziehungen der Ortsgebrauch.

7. **Übergangsvorschriften. Regel des EG Art 170:** Fortgeltung der bisherigen Gesetze für ein vor dem 1. 1. 00 entstandenes Schuldverhältnis, so insbesondere in bezug auf Formvorschriften (RG 55, 37), in bezug auf Schadensersatz wegen vertragswidriger Beschaffenheit der Mietsache (RG 52, 123), in bezug auf die früher begründeten Pfandrechte des Vermieters und Verpächters (RG 49, 56), in bezug auf den nach dem 1. 1. 00 eingetretenen Leistungsverzug (RG 52, 262) — jedoch Bestimmung der Höhe der Verzugszinsen für die Zeit vom 1. 1. 00 ab, weil von der Fortdauer der Verzugstatsachen abhängig, nach neuem Recht (RG 46, 82; 52, 265). — Auch diejenigen Vorschriften des BGB, welche zwingender Natur sind, greifen nicht durchweg (so z. B. nicht § 567, RG 66, 221), sondern nur dann Platz, wenn sie nach Inhalt und Zweck in bereits bestehende Schuldverhältnisse eingreifen sollen, wie namentlich § 138 Abs 2 (RG 47 103). — Dagegen unterliegt ein unter der Herrschaft des BGB geschlossener Vertrag, durch welchen ein unter altem Recht eingegangener Pachtvertrag abgeändert wird, in jedem Falle den Vorschriften des BGB (RG 16. 3. 09 III 577/08).

Ausnahmen von der Regel des Art 170: a) durch Art 171 EG: Anwendung der Vorschriften des BGB auf ein Mietverhältnis, das nicht für den ersten nach dem Vertrag oder nach den bisherigen Gesetzen zulässigen Termin seit dem 1. 1. 00 gekündigt ist, für die Zeit von diesem Termine ab. Dabei wird jedoch ein beiden Teilen in gleicher Weise zustehendes Kündigungsrecht vorausgesetzt, und die Anwendung des neuen Rechtes ist sowohl dann ausgeschlossen, wenn der eine Teil unkündbar auf bestimmte Zeit gebunden und nur der andere kündigungsberechtigt ist (RG 53, 170), als auch dann, wenn das auf bestimmte Zeit eingegangene Vertragsverhältnis durch einseitige Erklärung des einen Teils auf einen neuen Zeitraum erstreckt werden kann (RG 95, 108). Unanwendbar ist Art 171, insoweit durch den früher abgeschlossenen Vertrag das Mietverhältnis auf eine bestimmte Dauer in die Zeit der Wirksamkeit des BGB hinein erstreckt ist (RG 52, 123), so daß bis zum Ablaufe dieser Dauer das alte Recht, von da ab aber bei stillschweigender Fortsetzung das neue Recht gilt. In jedem Falle bleiben übrigens auch für die Geltungszeit des neuen Rechtes die in dem ursprünglichen Mietvertrage vereinbarten Bestimmungen, insbesondere bezüglich der Zahlungsfristen und der Kündigungstermine, bestehen. b) durch Art 172 EG: Für den Fall der nach dem 1. 1. 00 erfolgten Veräußerung oder Belastung einer vor diesem Zeitpunkt vermieteten oder verpachteten Sache bestimmen sich die Rechte des Mieters oder Pächters dem Erwerber gegenüber nach dem BGB (vgl. RG 53, 250). Dabei findet jedoch bei einer nach dem 1. 1. 00 eingeleiteten **Zwangsversteigerung** eines vor diesem Zeitpunkt überlassenen Grundstücks die entsprechende Vorschrift des § 57 ZVG gegenüber dem Ersteher keine Anwendung (RG 48, 38; 55, 255), weshalb eine Reihe der zum ZVG ergangenen Ausführungsgesetze einzelner Bundesstaaten für den Fall, daß das Miet- oder Pachtgrundstück dem Mieter oder Pächter vor dem 1. 1. 00 überlassen worden ist, den § 57 ZVG auf das frühere Miet- oder Pachtverhältnis ausdrücklich für anwendbar erklären.

8. **Aus dem Prozeßrechte** kommen für Miete und Pacht die nachstehenden Vorschriften in Betracht: a) GVG § 23 Nr 2: Zuständigkeit der Amtsgerichte für die dort bezeichneten Wohnungsmietstreitigkeiten, während für andere Ansprüche aus dem Mietverhältnis, für Ansprüche aus dem Pachtverhältnis, sowie für die Klage des Eigentümers als solchen, weil der Beklagte kein Recht zum Wohnen habe (RG JW 91, 245[1]), die Zuständigkeitsregel des § 23 Nr 1 gilt (RG JW 86, 37[1]; RG Gruch 35, 1175; 38, 1066); b) GVG § 202 Abs 2 Nr 4, wonach die unter a bemerkten Wohnungsmietsachen (nicht Pachtstreitigkeiten SeuffA 70 Nr 20) Feriensachen sind; c) ZPO § 257: Zulässigkeit der Klage auf künftige Räumung (RG JW 03, 238[8]; RG Gruch 48, 817). § 258 ZPO ist auf die Geltendmachung künftig fällig werdender Mietzinsen nicht anwendbar; denn der Anspruch des Vermieters bleibt von vertrags-

mäßiger Überlassung des Gebrauchs der Mietsache abhängig, während § 258 (anders § 259) einen Anspruch voraussetzt, der nicht von einer Gegenleistung abhängig ist (RG 61, 333). d) ZPO § 709 Nr 1: **Vorläufige Vollstreckbarkeit des Urteils bei den dort erwähnten Streitsachen; e) ZPO § 721, betr. die Befugnis des Gerichts zur Gewährung einer Räumungsfrist.** — Prozeßrechtliche Vorschriften enthält auch das Mieterschutzgesetz v. 1. 6. 23, RGBl I 353ff., neue Fassung v. 30. 6. 26, RGBl I 347, dazu die Änderung durch Ges. v. 17. 3. 27, RGBl I 71. — Vgl. ferner ZVG § 9 Nr 2, §§ 21, 57, 180, 183 (s. § 571 A 6); KO §§ 19, 20, 21 (Einfluß des Konkurses des Vermieters oder des Mieters auf Mietverhältnisse, dazu RG 115, 271 und MieterschutzGes. § 26); BRVO über die Geschäftsaufsicht zur Abwendung des Konkurses vom 14. 12. 16, RGBl 1363 §§ 9, 10 (Einfluß der Anordnung der Geschäftsaufsicht auf Mietverhältnisse), an deren Stelle seit dem 1. 10. 27 das Gesetz über den Vergleich zur Abwendung des Konkurses (Vergleichsordnung) vom 5. 7. 27, RGBl I 139 (vgl. dessen §§ 29, 30) getreten ist.

9. Kriegs- und Übergangsrecht. Für **Mietverhältnisse** ist die Anwendung der Grundsätze des BGB weitgehend eingeschränkt durch Sondervorschriften, die aus der Not der Zeit entstanden, nur vorübergehende Bedeutung haben, bei dem herrschenden Raummangel aber voraussichtlich noch längere Zeit nicht zu entbehren sein werden. Hierher gehören namentlich: BRVO betr. Einigungsämter v. 15. 12. 14, RGBl. 511; ferner BRVO zum Schutze der Mieter v. 23. 9. 18, RGBl 1140, und BRVO über Maßnahmen gegen Wohnungsmangel v. 23. 9. 18, RGBl 1143 (dazu RG 105, 251; 106, 149; RG Warn 1923/24 Nr 91, 105, 188; BayObLG JW 1921, 345[1]), zu beiden die Anordnung für das Verfahren vor den Einigungsämtern v. 23. 9. 18, RGBl 1146, die Änderung durch VO v. 22. 6. 19, RGBl 591, das Gesetz über Maßnahmen gegen Wohnungsmangel v. 11. 5. 20, RGBl 949 (über die Rechtswirksamkeit der VO v. 23. 9. 18 und der daraufhin erlassenen behördlichen Anordnungen s. RG 102, 161, über die Gültigkeit der preuß. Höchstmietenverordnung v. 9. 12. 19 s. RG 103, 306, und die Gesetze über die Verlängerung der Geltungsdauer des Wohnungsmangelgesetzes v. 11. 7. 21, RGBl 933, v. 28. 6. 22, RGBl 529, v. 26. 3. 23, RGBl I 217, v. 26. 6. 23, RGBl I 419, endlich das Reichsmietengesetz v. 24. 3. 22, RGBl 273. Über das letztere Gesetz s. § 535 A 5; zu den andern Vorschriften s. § 549 A 1, § 553 A 1 a. E., § 554 A 1 a. A., § 564 A 1 a. E. Auf Pachtverhältnisse (s. unten) sind diese Vorschriften nicht anzuwenden; s. jedoch RG 102, 186. Die VO über Sammelheizung und Warmwasserversorgungsanlagen in Mieträumen v. 22. 6. 19, RGBl 595, deren Geltungsdauer durch VO v. 29. 10. 20, RGBl 1846, und Gesetze v. 16. 7. 21, RGBl 941, und v. 20. 3. 22, RGBl 279, bis zum 30. 6. 22 verlängert worden war, ist durch § 24 des Reichsmietengesetzes außer Kraft gesetzt worden. Ferner kommen in Betracht BRVO über das Kündigungsrecht der Hinterbliebenen von Kriegsteilnehmern v. 7. 10. 15, RGBl 642, BRVO über den Verkehr mit landwirtschaftlichen Grundstücken v. 15. 3. 18, RGBl 123 (Begründung: PrJMBl 1918, 72), dazu RG Warn 1926 Nr 164; VO gegen den Wucher bei Vermittlung von Mieträumen v. 31. 7. 19, RGBl 1364, verlängert durch VO v. 31. 5. 20, RGBl 1201, die VertragsablösungsVO v. 8. 8. 19, RGBl 1375, und VO betr. Nichtigkeitserklärungen von Verträgen durch das Reichswirtschaftsgericht v. 18. 9. 19, RGBl 1700. Der Mieterschutz wurde neu geregelt durch das Gesetz über Mieterschutz und Mieteinigungsämter v. 1. 6. 23 (RGBl I 353ff.) und die an die Stelle der Anordnung für das Verfahren vor den Einigungsämtern v. 23. 9. 18 getretene Anordnung für das Verfahren vor dem Mieteinigungsamt und der Beschwerdestelle v. 19. 9. 23 (RGBl I 889). Die gegenwärtige Regelung ergibt sich aus der neuen Fassung des Mieterschutzgesetzes v. 30. 6. 26, RGBl I 347, dazu die Änderung durch Ges v. 17. 3. 27, RGBl I 71. Die Bestimmungen über Maßnahmen gegen den Wohnungsmangel sind auf Grund des Änderungsgesetzes v. 26. 7. 23 in neuer Fassung als Wohnungsmangelgesetz v. 26. 7. 23 (RGBl I 754ff) veröffentlicht worden. Anwendung der Mieterschutz- und Wohnungsmangelgesetze im besetzten Gebiet s. RG Warn 1925 Nr 24. Zum Begriff des Wohnungstausches nach § 8 des Wohnungsmangelgesetzes s. RG Gruch 68, 655; JW 1926, 977[1]; zu § 16 des Ges. RG LZ 1927, 642[23]. Versprechen einer Abfindung beim Wohnungstausch s. JW 1924, 2032; OLG 44, 125. Für Ansprüche auf Aufhebung oder Änderung von Beschlagnahme und anderen Eingriffen zur Behebung des Wohnungsmangels seitens der Wohnungsämter und anderer zuständiger Behörden ist der Rechtsweg ausgeschlossen (RG Warn 1923/24 Nr 90; RG 4. 12. 25 III 630/24); dies auch dann, wenn eine Verpflichtung zur Freihaltung oder Freistellung beschlagnahmter Räume gegen Entrichtung einer Vergütung, z. B. auch eines Baukostenzuschusses, seitens der beteiligten Gemeinde übernommen worden ist (RG 109, 294; 111, 48; vgl. LZ 1926, 599[7]). Anders wenn es sich um die Rückforderung eines von dem öffentlich-rechtlichen Eingriff (Beschlagnahme) völlig losgelösten Schuldanerkenntnisses (§ 781) handelt (RG 116, 336). Der von den behördlichen Maßnahmen Betroffene kann, falls Amtspflichtverletzungen der beteiligten Beamten vorliegen, Schadensersatz nach den Grundsätzen über Beamten-, Staats- und Körperschaftshaftung verlangen, so z. B. von einer Stadtgemeinde wegen Amtspflichtverletzungen des Leiters des städtischen Wohnungsamtes bei Inanspruchnahme einer angeblich unbenutzten Wohnung (RG 104, 159; RG 29. 10. 25 III 571/24); sonst nur eine Entschädigung unter dem Gesichtspunkt der Enteignung (RG 111, 224; 112, 189; vgl. RG 105, 251; 108, 252; SeuffA 79 Nr 111; 80 Nr 84; JW 1925, 1394[24]; Warn 1925 Nr 137; über die Zulässigkeit des Rechtsweges in solchen Fällen RG JW 1923, 800[7]; Warn 1926 Nr 51. — Was **Pachtverhältnisse** betrifft, so ist die BRVO über die Festsetzung von Pachtpreisen für Kleingärten v. 4. 4. 16/12. 10. 17 ersetzt durch die (nicht nur für die Übergangszeit geltende) Kleingarten- und Kleinpachtlandordnung v. 31. 7. 19, RGBl 1371. Für die Pacht von Grundstücken, die landwirtschaftlicher, obstbaulicher oder gewerbsmäßiger gärtnerischer Nutzung dienen, enthält besondere Vorschriften die nur als Übergangsnorm erlassene Pachtschutzordnung v. 9. 6. 20, RGBl 1193, neueste Fassung v. 23. 7. 25, RGBl I 152. Über beide Regelungen s. § 581 A 1. — Von Bedeutung für Mieter und Pächter sind auch die BRVO über die gerichtliche Bewilligung von Zahlungsfristen v. 7. 8. 14, RGBl 359, in der Fassung v. 20. 5. 15, RGBl 290, dazu RGBl 1916, 451, über die Bewilligung von Zahlungsfristen an Kriegsteilnehmer v. 8. 6. 16, RGBl 452, über die Folgen der nicht rechtzeitigen Zahlung einer Geldforderung v. 18. 8. 14, RGBl 377, in der Fassung v. 20. 5. 15, RGBl 290, dazu RGBl 1916, 451, und das Gesetz zum Schutze gegen die Folgen der Verkehrserschwerung v. 3. 3. 19, RGBl 281 (dazu 283). — Für die sog. Kriegsverträge vgl. VO des Reichsamts für die wirtschaftliche Demobilmachung v. 21. 11. 18, RGBl 1323 (dazu Ges. v. 30. 3. 22, RGBl 285. Art I vorl. Abs), VO über die Abgeltung von Ansprüchen gegen das Reich v. 4. 12. 19, RGBl 2146, und VO über die Erweiterung des Abgeltungsverfahrens v. 24. 10. 23, RGBl I 1010; dazu RG 101 S. 370, 423; 102, 201; 105, 395; 107 S. 315, 320 (Verein. ZS.); RG JW 1921, 1078[2]; 1927, 439[4]; RG Warn 1921 Nr 110; über das Verhältnis zur Ablösungsverordnung v. 8. 8. 19 s. RG 102, 36.

I. Miete

§ 535

Durch den Mietvertrag wird der Vermieter verpflichtet[1]), dem Mieter den Gebrauch der vermieteten Sache[2]) während der Mietzeit zu gewähren. Der Mieter ist verpflichtet, dem Vermieter den vereinbarten Mietzins zu entrichten[3])[4])[5]).

E I 503 II 480 Abs 1; M 2 369; P 2 130.

1. **Die Verpflichtung des Vermieters zur Gewährung des vertragsmäßigen Gebrauchs während der Mietzeit** ist, wenn nichts anderes im Vertrage bestimmt ist, Vorleistung (RG JW 03, 35[49]), vor deren Beginn der Vermieter auch dann keinen Mietzins beanspruchen kann, wenn Vorauszahlung bedungen ist (RG 8. 11. 04 III 260/04; vgl. auch RG 52, 286). Jedenfalls kann in letzterem Falle der Mieter Erfüllung Zug um Zug verlangen (RG JW 06, 333[8]; vgl. jedoch § 321). Greifen zwei an sich selbständige Mietverträge gegenständlich ineinander, indem sie sich z. B. nur durch den Umfang der Mietsache und die Höhe des Mietzinses sowie die Mietzeit unterscheiden, so werden die Verträge zwar regelmäßig keine rechtliche Einheit bilden, so daß § 320 nicht angewendet werden kann; wohl aber wird meistens der für die Anwendung des § 273 Abs 1 erforderliche natürliche und wirtschaftliche Zusammenhang (§ 273 A 1) gegeben sein (vgl. Warn 1913 Nr 5). Willigt der Vermieter in einen vorzeitigen Einzug des Mieters, so tritt seine Verpflichtung, die Wohnung in einem gebrauchsfähigen, insbesondere Leben und Gesundheit des Mieters nicht gefährdenden Zustande zu gewähren, mit dem Einzug auch dann ein, wenn er sich eine besondere Gegenleistung nicht bedungen hat (RG 20. 2. 23 III 785/22). — Ist dieselbe Sache an zwei verschiedene Personen vermietet, so sind dem Vermieter gegenüber beide Verträge gültig; im Verhältnis der Mieter untereinander hat derjenige den Vorrang, der zuerst in den Besitz der vermieteten Sachen gelangt, während dem andern nur ein Schadensersatzanspruch an den Vermieter verbleibt. — Die Gebrauchsgewährung verpflichtet den Vermieter namentlich, seinerseits den Mieter nicht im Gebrauche zu stören (verbotene Eigenmacht durch Aussperrung des Mieters s. LZ 1924, 169[1]), eine vermietete Wohnung nicht ohne rechtfertigenden Grund und nicht zu unangemessener Zeit (§§ 157, 242, Prot 2, 216) zu betreten, den Mieter auch gegen unberechtigte Störungen und Angriffe von seiten anderer Mieter (RG 5. 10. 06 III 61/06) oder Dritter zu schützen, während der Mieter zu eigenem Vorgehen gegen derartige Angriffe nicht verpflichtet ist. Über die Verpflichtung des Mieters einer Wohnung, nach Kündigung des Mietverhältnisses eine Besichtigung durch Mietlustige zu gestatten, s. § 564 A 3. In gleicher Weise muß er auch eine Besichtigung durch Kaufliebhaber gestatten, wenn sie sich nach Zeit und Umfang in angemessenen Grenzen hält (RG 106, 270). Der Vermieter, der auf einem Grundstücke selbst Räume

benutzt und andere vermietet hat, ist den Mietern gegenüber verpflichtet, dafür zu sorgen, daß das den gemeinsamen Zugang bildende Hoftor verschließbar ist und abends verschlossen wird; dabei haftet er dem einzelnen Mieter gegenüber nach § 278 für die Nachlässigkeit der von ihm mit der Sorge für den Abschluß betrauten Personen, dagegen nicht für die der übrigen Mieter (**RG** 103, 372). Die Frage, ob und inwieweit der Vermieter für die Vornahme von Arbeiten am Mietgrundstück der Einwilligung des Mieters bedarf, ist unter Abwägung aller Umstände des einzelnen Falles zu beantworten (**RG** Gruch 68, 652). Über Vornahme baulicher Änderungen durch den Vermieter s. OLG 33, 299. Über den Anspruch des Mieters auf Wiederherstellung des früheren Zustandes, wenn gegen seinen Willen der Vermieter Umbauten vorgenommen hat, s. **RG** LZ 1924, 459[3]. Wer Räume seines Hauses zum Betriebe eines Geschäfts, z. B. einer Schankwirtschaft, vermietet hat, darf nicht andere Räume des nämlichen Hauses an ein Wettbewerbsunternehmen vermieten, insofern dies gegen den vorausgesetzten Zweck des ersten Mietvertrags verstößt (**RG** 19. 1. 06 III 372/05; OLG 28, 142). Ein grundsätzliches Recht, daß ihm jeder Wettbewerb ferngehalten werde, hat der Mieter nicht (**RG** LZ 1914, 1028[3]). Hat der Vermieter im Interesse eines Mieters vertraglich einem andern Mieter ein Wettbewerbsverbot auferlegt, so kann er gegen diesen Mieter den Schaden, den der erstere durch eine Verletzung des Verbots erleidet, geltend machen (**RG** LZ 1922, 525[2]). Der Vermieter muß dulden, daß der Mieter sich auf eigene Kosten elektrischen Strom zur Erleuchtung der Mieträume zuführen läßt, wenn dies ohne Schaden und Belästigung für den Vermieter geschehen kann (OLG 33, 296). Eine bestimmte Gebrauchsmöglichkeit kann zur ausdrücklichen oder stillschweigenden Bedingung des Mietvertrags gemacht werden. Auch kann ausgemacht werden, der Vermieter habe zu gewährleisten, daß der Mieter die Mietsache, insbesondere die Mieträume für einen bestimmten Zweck gebrauchen könne, z. B. ohne daran durch gesetzliche oder behördliche Vorschriften gehindert zu werden. Eine solche Gewährleistungspflicht oder eine stillschweigende Bedingung kann aber noch nicht allein daraus entnommen werden, daß der Mieter es auf einen bestimmten Gebrauch abgesehen hatte und diese Absicht dem Vermieter bekannt war (**RG** 79, 94). Eine Verpflichtung des Vermieters zur Fürsorge für die vom Mieter eingebrachten Sachen ist aus dem bloßen Vermieten von Räumen nicht abzuleiten (vgl. **RG** 103, 9); für Gastwirte s. § 701. Ob der Vermieter dem Mieter gegenüber zu einer Überwachung des Verkehrs im Hause und zum Einschreiten gegen Unbefugte verpflichtet ist, und welchen Inhalt eine solche Verpflichtung hat, ist im einzelnen Falle nach der örtlichen Verkehrsauffassung zu entscheiden. Hierher gehört die Frage, ob der Vermieter von Wohnungen eines herrschaftlichen Hauses nicht nur einen Hauswart zu bestellen, sondern gemäß § 278 auch dafür einzustehen hat, daß der Hauswart den Verkehr überwacht und gegen verdächtige Personen einschreitet (**RG** 103, 140: Groß-Berlin). — Der Mieter wird von der Übergabe ab (unmittelbarer) Besitzer der gemieteten Sache und erlangt Besitzesschutz gegen den Vermieter (den mittelbaren Besitzer, §§ 868, 869) und gegen Dritte (§§ 865, 868), darf sich verbotener Eigenmacht (§ 858) mit Gewalt erwehren, ist zur Besitzklage berechtigt (§ 862, **RG** 80, 281), und kann in seiner Eigenschaft als Besitzer eines ihm vermieteten Grundstücks auch die diesem zustehenden Grunddienstbarkeiten geltend machen (§ 1029). Die Klage des Eigentümers auf Unterlassung von schädlichen Eingriffen (§§ 906ff., 1004) steht ihm nicht zu, wohl aber die Schadensersatzklage nach §§ 823, 826 wegen Beeinträchtigung seines Besitzes (**RG** 57, 239; 59, 326), jedoch nicht wegen einer vor Eingehung des Mietvertrags erfolgten Beschädigung der vermieteten Sache (**RG** 59, 328). — Die Ehefrau ist befugt zum Vermieten der zu ihrem Vorbehaltsgute und auch der zu ihrem eingebrachten Gute gehörigen Grundstücke, für welche letztere Vermietung es jedoch, um dem Ehemanne gegenüber wirksam zu werden, seiner Zustimmung bedarf (§§ 1365, 1399 Abs 2).

2. Die **vermietete Sache** kann sowohl eine bewegliche als eine unbewegliche sein. So auch ein Schrankfach in der Stahlkammer eines Bankhauses als unbewegliche Sache (**RG** JW 95, 399[63]). Gegen die Annahme eines Verwahrungsvertrags kommt hier in Betracht, daß der Inhaber der betr. Wertsachen diese nicht gemäß § 688 dem Bankhause übergibt, dieses sie auch nicht zur Aufbewahrung übernimmt, sondern nur die Bewachung der Stahlkammer zusagt, und das Verhältnis auch besteht, wenn während seiner ganzen Dauer sich keine Wertsachen im Fach befinden. In jedem Falle ist die Bank verpflichtet, dem Kunden die Benutzung des Schrankfaches zur Aufbewahrung von Gegenständen zu gestatten und darüber zu wachen, daß Unbefugte keinen Zugang erlangen, und sie ist bei Verletzung dieser Pflichten für den Schaden haftbar (**RG** 94, 74). Rechte des Ehemannes bei Miete eines Schrankfaches durch die Frau s. OLG 38, 89. Miete eines Schrankfaches auf den Namen eines Dritten (**RG** Warn 1919 Nr 7). Überlassung eines Postschließfachs s. **RG** 63, 337, eines Schließfachs für Frachtbriefe bei Güterabfertigungsstellen der Eisenbahn s. **RG** 103, 146. Auch verbrauchbare Sachen können (z. B. zur vorübergehenden Ausstellung) mietweise überlassen werden; geschieht die Überlassung zum Verbrauch (Wasser, Gas), so liegt Kauf vor. Daß die Sache im Eigentum des Vermieters steht, ist

zur Gültigkeit des Vertrags nicht erforderlich; auch fremde Sachen können vermietet werden, so insbesondere von einem dinglich Gebrauchsberechtigten (Nießbraucher § 1056) oder — unter bestimmten Voraussetzungen s. § 549 — vom Mieter selbst. In diesen Fällen steht auch der Umstand, daß der Mieter seine eigene Sache von dem Gebrauchsberechtigten gewährt erhält, der Wirksamkeit des Vertrags nicht entgegen (RG 11. 5. 06 III 452/05; RG Warn 1913 Nr 315), ausgenommen den Fall des Irrtums nach §§ 119, 121, 142, 143 Abs 1 u. 2. Erwirbt der Mieter nachträglich das Eigentum, so erlischt das Mietverhältnis (RG 49, 285). Käufliche Übernahme der gemieteten Sache und Fortsetzung des Mietverhältnisses schließen sich daher aus (RG 4. 11. 19 III 140/19). Wirksamkeit eines Mietvertrages über fremde Sachen bei mittelbarer Stellvertretung s. RG 80, 399. — Neben der Sache selbst gelten auch deren wesentliche Bestandteile (§§ 93, 94; RG 50, 241) und im Zweifel auch die Zubehörungen (§§ 97, 98, RG 47, 197) als mitvermietet (RG 39, 293; RG 5. 3. 02 V 413/01). Besondere Vorschriften über die Pacht eines Grundstücks mit Inventar §§ 586 ff. Nicht minder umfaßt der vertragsmäßige Gebrauch die Mitbenutzung anderweiter, nicht ausdrücklich mitvermieteter Teile der Sache, namentlich bei vermieteten Gebäuden der Hofräume (RG 6. 6. 05 III 149/05) und Durchfahrten (LZ 1922, 230[6]), der Zugänge, Fluren, Treppen und anderer Hausteile, die dem Mieter zur Ausübung seines Mietrechtes zur Verfügung stehen und von ihm betreten werden müssen (RG Gruch 48, 901; 15. 11. 04 III 177/04) — auch auf sie erstreckt sich daher die vertragliche Pflicht des Vermieters zur Erhaltung in einem eine Gefährdung des Mieters ausschließenden Zustande (RG 6. 2. 17 III 322/17) —; ferner der Hauswände, der letzteren insbesondere zur Anbringung von Firmenschildern, nicht aber von Geschäftsanpreisungen beliebigen Inhalts, insbesondere nicht für hausfremde Geschäftsbetriebe (JW 05, 367[5]), unter Umständen auch zur Anbringung von Fernsprechleitungen (RG 37, 212; 49, 306, aber auch LZ 1920, 868[1]). Der Rundfunk ist dem Fernsprecher nicht gleichzustellen. Die Anbringung einer Zimmerantenne wird dem Mieter regelmäßig zu gestatten sein. Die Frage ob dem Mieter ein Anspruch auf eine Hochantenne auf dem Dache des Miethauses zusteht, ist mangels einer vertraglichen Regelung von Fall zu Fall nach Treu und Glauben unter Berücksichtigung der Umstände und unter Abwägung der beiderseitigen Interessen zu entscheiden (RG 116, 93). Anschließung an eine Elektrizitätsleitung (LZ 1916, 255[9]). Bei großstädtischen Geschäftshäusern darf man annehmen, daß die Miete von Geschäftsräumen, mögen sie nun im Erdgeschoß oder in den oberen Stockwerken liegen, beim Mangel besonderer Vertragsbestimmungen regelmäßig die Außenwand des Hauses mitumfaßt; und zwar soweit die Wand den gemieteten Räumen entspricht und sich zu dem Geschäfte entsprechenden Anpreisungszwecken eignet, in den oberen Stockwerken in einer Erstreckung von der Unterkante der Fenster bis zur Unterkante der darüber befindlichen Fenster. Soweit erstreckt sich dann auch regelmäßig der Mietbesitz (RG 80, 281). Über die Anbringung von Werbungsmitteln an einem Miethaus s. auch OLG 45, 183. Mitbenutzung des Fahrstuhls (OLG 33, 306). — Enthält der Vertrag Bestimmungen über die Gewährung einer bestimmten Eigenschaft neben der Gewährung des Raumgebrauchs, so ist der Vertrag trotzdem als einheitlicher Mietvertrag (Pfandrecht § 559 A 3) zu beurteilen. So ist bei der Vermietung einer Wohnung mit Sammelheizung, Warmwasserversorgung oder elektrischem Licht oder Wasserleitung (SeuffA 62 Nr 36), eines möblierten Zimmers (SeuffA 64 Nr 1), eines Fabrikraumes mit Dampfkraft, eines Raumes mit künstlicher Kühlung die Gewährung der bezeichneten Eigenschaft als eine nach dem Vertragswillen mit der Gewährung des Raumes untrennbar verbundene Nebenleistung aufzufassen und deren Vereinbarung als ein Bestandteil des einheitlichen Mietvertrags anzusehen (vgl. RG 33, 47; 75, 354; JW 97, 588[74]; 1913, 640[2]; 1922, 815[4]; RGSt 20, 417; OLG 30, 125; 39, 151; Vollstreckung gegen den Vermieter bei Sammelheizung, OLG 31, 130; 39, 86, 87). Dagegen enthält eine Vereinbarung, durch die ein Wohnzimmer vermietet und gleichzeitig die Beköstigung versprochen wird, zwei gesonderte Verträge. Eine solche Vereinbarung unterscheidet sich von den vorerwähnten Verträgen dadurch, daß die Lieferung der Beköstigung nicht von der Raumgewährung abhängig ist, vielmehr auch gesondert von ihr und auch ohne sie vereinbart werden kann (RG JW 1913, 640[2]). Vgl. Vorbem 2 vor § 535. — Dem Mieter eines Wohnhauses kommt auch das servitutische Recht des Eigentümers an der das Haus berührenden städtischen Straße zustatten (RG 36, 273; vgl. oben A 1). — Die Rechtsverhältnisse in bezug auf Sammelheizungs- und Warmwasserversorgungsanlagen in Mieträumen erfuhren eine besondere Regelung durch die VO v. 22. 6. 19 (Vorbem 9 vor § 535). Soweit der Vermieter die Anordnungen der zuständigen Behörde und die Bestimmungen der Schiedsstelle über die Verwendung der Heizstoffe und den Betrieb der Anlagen erfüllte, waren danach (§ 8 Satz 2) weitergehende Ansprüche des Mieters ausgeschlossen. Jetzt sind Bestimmungen über die Kosten der Heizstoffe für Sammelheizung und Warmwasserversorgung in §§ 12, 13 des Reichsmietengesetzes getroffen; die VO v. 22. 6. 19 ist durch § 24 a. a. O., und zwar auch für Mietverhältnisse, in denen nicht die „gesetzliche Miete" gilt, aufgehoben (A 5). Der Rechtsweg für den Anspruch des Mieters gegen den Vermieter auf Inbetriebsetzung der Sammelheizung wird durch §§ 12ff. RMietG nicht ausgeschlossen, unbeschadet des Einflusses einer Einstellungsanordnung nach § 13 auf die sachliche Begründung des Anspruchs (**RG** JW 1924, 802[9]). Wer Räume eines nur für Sammelheizung eingerichteten Hauses vermietet, hat mangels entgegenstehender Abrede die Sammelheizung in Gang zu setzen und zu erhalten (**RG** 5. 1. 26 III 325/25). Über die Verpflichtungen des Mieters und des Vermieters in bezug auf Sammelheizung s. auch JW 1921, 769[3]; 1922 S. 231[7], 822[2]; OLG 43, 247; 44, 277. Vergütung für Sammelheizung und Wasserversorgung als Mietzins s. **RG** JW 1924, 801[8].

3. Verpflichtung des Mieters zur Entrichtung des vereinbarten Mietzinses. Die Vereinbarung über den Mietzins gehört zu den wesentlichen Bestandteilen des Mietvertrags. Ist er für die erste Zeit des Vertrags bestimmt, im übrigen aber einer besonderen Vereinbarung vorbehalten, so ist zwar nicht der ganze Vertrag ungültig, ein Mietverhältnis für die spätere Zeit aber nicht begründet, und die Entschädigung des Vermieters nach § 557 zu bemessen (**RG** SeuffA 69 Nr 30). Über den wirksamen Abschluß eines Mietvertrages bei Vorbehalt späterer Vereinbarung über die Höhe des Mietzinses s. **RG** LZ 1914, 1027[2]. Der Mietzins kann nicht nur in Geld (Mietzins in Hundertteilen der Geschäftseinnahmen des Mieters, **RG** JW 1914, 403[4]) und anderen vertretbaren Sachen, sondern in Leistungen jeder Art, insbesondere auch in Diensten oder in der Hervorbringung eines bestimmten Erfolgs bestehen (M 2, 372), in welchen Fällen die Grundsätze des Dienstvertrags (oder Werkvertrags) neben denjenigen des Mietvertrags zur teilweisen, oder, wie z. B. bei der Anstellung eines Hausmeisters gegen freie Wohnung oder eines sog. Zapfenwirts mit Wohnung durch eine Brauerei, zur überwiegenden oder alleinigen Anwendung gelangen (BayObLG 4, 316). Der Annahme eines Mietvertrags steht es nicht entgegen, wenn der Mietzins für die ganze Mietzeit vorausbezahlt wird, oder falls er in Diensten besteht, diese fortlaufend geleistet werden (**RG** SeuffA 80 Nr 29). Der Mietzins kann statt in regelmäßig wiederkehrenden Leistungen auch in einer einmaligen Leistung bestehen; so auch in der Überlassung eines Hauses oder in der niedrigeren Bemessung des Kaufpreises für ein Hausgrundstück, in dem der Verkäufer wohnen bleiben soll (**RG** Warn 1927 Nr 52; **RG** 30. 10. 25 III 231/25). Einen besonderen Fall des Mietentgelts bei gegenseitiger Vermietung behandelt **RG** SeuffA 80, 181). — Einrede der Rechtskraft seitens des Mieters, wenn in einem Vorprozeß der Parteien die Beendigung der Miete für einen bestimmten Zeitpunkt rechtskräftig festgestellt worden ist, und dann der Mietzins für eine spätere Zeit in einem neuen Prozesse verlangt wird (**RG** SeuffA 60 Nr 130). — Über die Erfüllungszeit für die Zahlung des Mietzinses s. § 551. Der Erfüllungsort bestimmt sich gemäß § 269 zunächst nach dem erklärten oder unter Berücksichtigung der Umstände anzunehmenden Willen der Parteien, insbesondere bei Grundstücken nach dem Orte, wo dem Mieter der Gebrauch gewährt wird (**RG** 23. 12. 04 III 196/04, JW 1919, 939[5]), mangels solcher Festsetzung aber nach dem Orte, an dem der Mieter zur Zeit der Entstehung des Mietverhältnisses seinen Wohnsitz oder seine gewerbliche Niederlassung hatte. Daneben besteht die Überbringungs- oder Übersendungspflicht des Mieters für Geldzahlungen nach § 270 (Bringschuld). Über die Hinterlegung geschuldeten Mietzinses s. § 372. Verjährung s. § 196 Nr 6, § 197. Das Vermieten von Wohnungen durch den Hauseigentümer ist in der Regel kein Gewerbebetrieb im Sinne von § 196 Nr 1 (**RG** JW 1919, 105). — Wegen der Beschlagnahme von Mietzinsen vgl. §§ 1123, 1124.

Besondere Fälle: Über die ausnahmsweise Wirksamkeit des von einem Minderjährigen ohne Zustimmung des gesetzlichen Vertreters abgeschlossenen Mietvertrags s. § 110. Über die Haftpflicht Dritter für den rückständigen Mietzins aus dem von einem Minderjährigen (Handlungsgehilfen, Studenten usw.) selbständig abgeschlossenen Mietvertrag nach den Grundsätzen der Geschäftsführung ohne Auftrag s. § 683 und der Unterhaltspflicht s. §§ 1601, 1602, 1610. — Mehreren Vermietern, insbesondere den vermietenden Miteigentümern eines Grundstücks, stehen die Mietzinsen gemeinsam zu. Die Mietzinsen können daher von ihnen nur gemeinsam eingezogen und nicht (auch nicht anteilig) von einem Miteigentümer abgetreten, auch nicht vom Gläubiger nur eines Miteigentümers gepfändet werden (**RG** 89, 176; OLG 17, 1; 20, 107; 31, 98; SeuffA 68 Nr 8; a. M. OLG 5, 26; 12, 66 [§ 420]). — Mehrere Mieter, die gemeinschaftlich ein Grundstück gemietet haben, auch Ehegatten, sind in ihren Rechten Mitgläubiger im Sinne des § 432, in ihren Pflichten Gesamtschuldner. Aus der Unteilbarkeit des Mietverhältnisses folgt, daß, wenn die Mieter gemeinschaftlich klagen, über die Dauer des Mietverhältnisses nur einheitlich entschieden werden kann, nicht aber, daß sie nur gemeinschaftlich klagen können (**RG** Gruch 59, 469). Auch die Rückgabepflicht mehrerer Mieter ist eine Gesamtschuld (§ 431), die gegen jeden Schuldner besonders geltend gemacht werden kann (**RG** 89, 207; OLG 30, 4: Räumungspflicht der Ehefrau); vgl. auch SeuffA 75 Nr 175 (Räumung einer von beiden Eheleuten gemieteten Wohnung auf Grund eines nur gegen den Mann lautenden Titels). Anwendung des § 139 bei Geschäftsunfähigkeit eines Mitpächters **RG** 99, 52. Über das Rechtsverhältnis zwischen dem Vermieter und dem Mieter, an dessen Stelle unter Fortdauer seiner Haftung ein neuer Mieter in den Mietvertrag eingetreten ist, s. **RG** 102, 398. — Die Ehefrau des **Mieters**, die den Mietvertrag mit unterschrieben hat, haftet als Gesamtschuldnerin, kann aber, je nach den Umständen (OLG 33, 316), auch Mieterin mit allen Rechten und Pflichten einer solchen sein, was wegen des Pfandrechts an ihren eingebrachten Sachen von besonderer Bedeutung ist. Vgl. auch OLG 33 S. 316, 317.

Für die Bemessung des Mietzinses ist nach § 535 ebenso wie für den Pachtzins nach § 581 Abs 2 grundsätzlich die Vereinbarung der Vertragsteile maßgebend; von ihr hängt auch eine Änderung, insbesondere Erhöhung ab. Die **Veränderung der wirtschaftlichen Verhältnisse** in der Kriegs- und Nachkriegszeit machte weittragende Ausnahmen von diesem Grundsatze erforderlich. Eine anderweite Bestimmung konnte namentlich durch die Miet- und Pachteinigungsämter vorgenommen werden, so durch das Mieteinigungsamt eine Erhöhung des Mietzinses bei der Entscheidung über die Fortsetzung eines gekündigten und über die Verlängerung eines ohne Kündigung ablaufenden Mietverhältnisses nach § 2 (nicht bei laufenden Verträgen, SeuffA 78 Nr 122), eine Herabsetzung des den üblichen und angemessenen Betrag übersteigenden Mietzinses bei neuen Vertragsschlüssen nach § 5 der Mieterschutzverordnung, die Festsetzung des Mietzinses nach § 3 ebenda und nach §§ 4, 5 der Wohnungsmangelverordnung, durch das Pachteinigungsamt eine anderweite Festsetzung des Pachtzinses nach § 1 der Pachtschutzordnung (Vorbem 9). Daneben und hiervon unabhängig aber machte die ungeahnte Umwälzung aller wirtschaftlichen Verhältnisse, die durch den Krieg und seinen unglücklichen Ausgang hervorgerufen worden ist, ein Eingreifen der Gerichte überall da erforderlich, wo eine unveränderte Durchführung bestehender, insbesondere langfristiger Verträge zu einem gegen Treu und Glauben verstoßenden Mißverhältnisse zwischen Leistung und Gegenleistung, also zu dem Gegenteil dessen geführt haben würde, was von den Vertragsteilen ursprünglich beabsichtigt war. Auf diesem Gedanken beruhte auch die Entscheidung des III. ZS des Reichsgerichts v. 21. 9. 20 in **RG** 100, 129, worin der Standpunkt eines Vermieters für berechtigt erklärt wurde, der sich in einem mehrjährigen Mietvertrage zur Abgabe von Wasserdampf für gewerbliche Zwecke verpflichtet hatte, wegen der wesentlich veränderten Verhältnisse auf dem Kohlen- und Arbeitsmarkt aber eine angemessene Erhöhung des Dampfpreises verlangte. Die Entscheidung stellte, insofern von der bisherigen Rechtsprechung abweichend und sie erweiternd, unter dem Gesichtspunkt einer beschränkten clausula rebus sic stantibus der Möglichkeit einer Vertragsaufhebung eine Änderung einzelner Vertragsbestimmungen bei Fortbestand des Vertrags an die Seite, hielt aber im übrigen an dem Grundsatze, daß Verträge zu wahren sind (vgl. **RG** 99, 258) fest und erklärt deshalb eine Ausnahme nur unter der dreifachen Beschränkung für zulässig, daß beide Vertragsteile das Vertragsverhältnis mit ihrem Willen fortsetzen, daß es sich um eine ganz besonders ausnahmsweise Neugestaltung und Änderung der Verhältnisse handle, und daß ein Ausgleich der beiderseitigen Interessen stattfinden müsse. Diese Beschränkung eines richterlichen Eingreifens wurde in **RG** 100, 134 nochmals besonders hervorgehoben und bildete auch die Richtlinie für spätere Entscheidungen; s. für Miete **RG** Gruch 65, 469, für Pacht **RG** 104, 218. Darüber hinaus ist dann aber für Pachtverhältnisse in der neueren Rechtsprechung als Grundsatz anerkannt worden, daß der Verpächter eine Lösung des Vertrags wegen Veränderung der wirtschaftlichen Verhältnisse nicht verlangen kann, solange noch ein billiger Ausgleich der beiderseitigen Interessen im Wege der Erhöhung des Pachtzinses durch Pachteinigungsamt oder Gericht möglich ist (**RG** 107, 151). Gegenüber der durch die Mieterschutzvorschriften gegebenen Möglichkeit einer Ausgleichung der beiderseitigen Interessen war dem Vermieter schon für die Zeit vor dem Reichsmietengesetz eine Lösung des Mietverhältnisses aus dem Gesichtspunkt der clausula rebus sic stantibus versagt worden (**RG** 26. 6. 23 III 816/22). Erst recht muß dies gelten für den Bereich des Reichsmietengesetzes mit seiner allgemeinen Anpassung des Mietzinses an die veränderten wirtschaftlichen Verhältnisse durch die Einführung einer gesetzlichen Miete; darüber A 5.

Über Raumwucher s. Vorbem 5 vor § 535.

4. Der Mieter ist ohne (ausdrückliche oder stillschweigende) Vereinbarung nicht zur **Abnahme** und zum **Gebrauch** der Mietsache verpflichtet. Ablehnung der Annahme begründet daher in der Regel nur Annahmeverzug (§§ 293 ff.). Nimmt der Mieter die Mietsache aber in Gebrauch, dann muß er sich dabei in den vertraglichen Grenzen halten. Er ist zur **Obhut** und damit auch zu einer schonenden und pfleglichen Behandlung der Mietsache verpflichtet (**RG** 84, 222; 87, 276; 93, 40). Ist eine Wohnung gemietet, so erstreckt sich die Obhut des Mieters nicht nur auf die Wohnung selbst, sondern auch auf ihre Zugänge, überhaupt auf alle Räume, an denen ihm vertraglich die Benutzung oder auch nur Mitbenutzung zusteht, einschließlich der Treppe und des Treppenflurs; er ist daher z. B. für eine Beschädigung dieser letzteren Räume beim Fortschaffen von durch ihn verkauften Sachen im Verhältnis zum Vermieter verantwortlich, mag auch das Fortschaffen nicht durch den Mieter, sondern durch den Käufer und dessen Beauftragte geschehen sein

(RG 106, 133). Verletzt der Mieter die aus der Obhut sich ergebenden Pflichten, so ist der Vermieter zum Anspruch auf Unterlassung (§ 550), zur Kündigung (§ 553) und bei Verschulden (§§ 276, 278) zum Anspruch auf Schadensersatz (§ 548 A 1) berechtigt. Der Mieter haftet dabei nach § 278 für das Verschulden seiner Angehörigen, Dienstboten, Angestellten, gewerblichen Arbeiter, wenn sie in Ausübung des ihnen anvertrauten (unselbständigen) Mitgebrauches, nicht nur bei Gelegenheit dieser Ausübung, Schaden verursachen, für ein pflichtwidriges Verhalten seiner Angestellten daher nur, wenn es in einem ursächlichen Zusammenhang mit den ihnen übertragenen Arbeitsleistungen steht (RG 84, 222; 87, 276 [auch 63 341], OLG 16, 423; 20, 110; 27, 146; 33, 309). Das gleiche muß für ein Verschulden der Gäste des Mieters und aller Personen gelten, durch die er eine Verrichtung in den Mieträumen vornehmen läßt. Seine Haftung für Personen, denen er den selbständigen Gebrauch der Mietsache oder eines Teiles überläßt, ergibt sich aus § 549 Abs 2. Eine Folge der Obhutspflicht s. § 545. — Über die Verpflichtung des Mieters zur Rückgabe der Mietsache s. §§ 556, 557.

5. Einen erheblichen Eingriff in die vertragliche Regelung des Mietzinses bedeutet für die Miete von Gebäuden und Gebäudeteilen das **Reichsmietengesetz** v. 24. 3. 22, RGBl 273 (Entw. mit Begr. Reichstag 1920/21 Druck Nr 2052), dazu die Änderungen durch Ges. v. 29. 6. 26, RGBl I 317 Art VIII; Ges. v. 10. 7. 26, RGBl I 403). Das Gesetz, dessen Geltungsdauer durch Ges. v. 30. 6. 27, RGBl I 131 bis zum 31. 12. 27 verlängert ist, geht zwar von der grundsätzlichen Vertragsfreiheit der Beteiligten aus, spricht aber jedem Vertragsteil das nach § 19 (dazu auch RG JW 1927, 1406[1]) unverzichtbare Recht zu, jederzeit dem andern schriftlich zu erklären, daß die Höhe des Mietzinses nach den Vorschriften dieses Gesetzes berechnet werden solle, und dadurch zu bewirken, daß diese gesetzliche Miete von dem ersten Termin ab, für den die Kündigung nach § 565 BGB zulässig sein würde, an die Stelle des vereinbarten (auch eines wertbeständig festgelegten, RG Warn 1926 Nr 108, nicht eines im voraus gezahlten, RG 18. 11. 24 III 624/23) oder durch das Mieteinigungsamt festgesetzten oder auf Grund landesrechtlicher Vorschriften zu berechnenden Mietzinses tritt (§ 1 Abs 1, 5). Wird die Erklärung von dem Mieter nach dem 15. 7. 26 abgegeben, so hat sie ferner die Wirkung, daß der Vertrag als auf unbestimmte Zeit verlängert gilt (§ 1 Abs 1 Satz 3 in der Fassung des Ges. v. 10. 7. 26). Danach steht es im Belieben der Vertragsteile (des Mieters wie des Vermieters), ob sie von der gesetzlichen Miete Gebrauch machen oder bei der vertraglichen Regelung bleiben wollen (RG Warn 1926 Nr 108). Den Vertragsteilen bleibt auch unbenommen, neue Vereinbarungen über den Mietzins zu treffen. Alle Vereinbarungen sind aber nur so lange wirksam, als beide Teile daran festhalten wollen; verlangt ein Teil die gesetzliche Miete, so muß der andere sich diesem Verlangen fügen (RG 108, 312). Dies gilt auch, wenn eine „Friedensmiete" vereinbart ist; auch sie ist eine vereinbarte Miete, ihre Nachprüfung und Zurückführung auf die gesetzliche Miete bleibt jedem Vertragsteil jederzeit freigestellt (RG 23. 4. 26 III 612/25); OLG 44 S. 266, 267). Doch hat das Mieteinigungsamt auf Verlangen der Gemeindebehörde Mietzinsvereinbarungen nachzuprüfen und, wenn der vereinbarte Mietzins eine schwere Unbilligkeit darstellt, an seiner Stelle die gesetzliche Miete festzusetzen; es kann auch durch die oberste Landesbehörde ermächtigt werden, solche Nachprüfungen und Festsetzungen von Amts wegen vorzunehmen (§ 1 Abs 3, 4). Ferner kann die oberste Landesbehörde nach Anhörung des Reichsarbeitsministers anordnen, daß für das Land oder für bestimmte Gemeinden oder Gemeindeteile die gesetzliche Miete für alle (überhaupt unter das Gesetz fallenden) Mietverhältnisse gelten soll (§ 22 a. E.). Die gesetzliche Miete, über deren Höhe im Streitfalle das Mieteinigungsamt entscheidet (§ 1 Abs 2, § 15), setzt sich zusammen aus einer Grundmiete, die mit gewissen Abzügen nach der für den 1. Juli 1914 maßgebenden Friedensmiete berechnet wird, und aus Zuschlägen für die Steigerung der Zinsen der üblichen Belastung des Grundstücks sowie der Kosten der Erneuerung dieser Belastung, ferner für die Betriebskosten und für die Kosten der laufenden Instandsetzungsarbeiten (§§ 2—6), wozu unter Umständen noch besondere Zuschläge für gewerbliche Betriebe kommen (§ 10). Zur Schaffung von Mitteln für die sog. großen Instandsetzungsarbeiten (§ 5) sind weitere Zuschläge vorgesehen (§§ 7, 9; zu § 9 s. RG JW 1924, 1962[3]); dazu die allgemeine Zwangsbefugnis der Gemeinde, notwendige große Instandsetzungsarbeiten bei Säumnis des Vermieters selbst vorzunehmen (§ 8; zu §§ 8, 9 s. RG Warn 1923/24 Nr 154). Die Friedensmiete ist ein gesetzlich feststehender Begriff (§ 2); die Vertragsteile sind nicht in der Lage, eine „Friedensmiete" mit der Wirkung zu vereinbaren, daß sie als solche im Sinne des Gesetzes für beide Teile bindend ist und deren Recht aus § 1 ausschließt (RG Warn 1926 Nr 108). Die Kosten der Heizstoffe für Sammelheizung und Warmwasserversorgung, sowie für andere von der obersten Landesbehörde bestimmte Nebenleistungen sind getrennt zu berechnen (§ 12); über vollständige oder teilweise Einstellung der Sammelheizung oder Warmwasserversorgung, gleichviel ob ein Mietzins vereinbart oder die gesetzliche Miete zu zahlen ist, s. § 13. Die Verordnung über Sammelheizung und Warmwasserversorgungsanlagen (Vorbem 9 vor § 535) ist, und zwar auch für Mietverhältnisse, in denen nicht die gesetzliche Miete gilt, aufgehoben (§ 24). Über eine Zusatzmiete bei baulichen Veränderungen, die nach dem 1. 7. 26 mit Zustimmung des Mieters oder der Mehrheit der beteiligten Mieter an einem Gebäude oder Gebäudeteile vorgenommen sind, s. § 13a (eingefügt durch Ges v. 10. 7. 26). Auch bei der Untermiete kann die vereinbarte Miete durch die gesetzliche ersetzt werden; nur geschieht ihre Berechnung nicht nach §§ 2ff., sondern nach § 14. Die Entscheidungen des Mieteinigungsamts gelten als vereinbarte Bestimmungen des Mietvertrags (§ 15). Sie können daher regelmäßig auch durch Vereinbarung geändert werden. Ohne solche Änderung bleiben sie für die Beteiligten maßgebend und ebenso für das Gericht, das im Streitfalle über eine von der Entscheidung des Mieteinigungsamts berührte Frage zu entscheiden hat. Voraussetzung ist dabei allerdings, daß das Mieteinigungsamt die Grenzen seiner Zuständigkeit eingehalten hat. Ob dies zutrifft, hat das Gericht zu prüfen; eine weitere Nachprüfung, insbesondere in bezug auf die Ordnungsmäßigkeit des Verfahrens und die Besetzung des Mieteinigungsamts steht ihm nicht zu (vgl. **RG** 101, 115, auch S. 53 und § 553 A 1). Über Aufhebung und Änderung von Entscheidungen des Mieteinigungsamts durch dieses selbst s. **RG** 103, 314. Von besonderer Bedeutung ist noch, daß, zunächst als freiwillige Einrichtung gedacht und auch für Mietverhältnisse mit vereinbarter Miete zulässig, Mietervertretungen vorgesehen sind, die das Einvernehmen zwischen den Mietern und dem Vermieter fördern, sowie Forderungen und Maßnahmen, die den gemeinsamen Interessen der Vertragsteile oder dem Gemeininteresse nachteilig sind, verhüten sollen und zu diesem Zwecke gewisse Antrags-, auch Mitwirkungs- und Aufsichtsrechte haben (§ 17). Für die Einzelheiten muß hier auf das Gesetz selbst und die sehr wichtigen (landesrechtlichen) Ausführungsvorschriften verwiesen werden. Eine Aufwertung nach allgemeinen Aufwertungsgrundsätzen ist, soweit die gesetzliche Miete Platz greift, ausgeschlossen (**RG** JW 1927, 580[5]). Zur Frage, in welchem Umfang die gesetzliche Miete gepfändet werden kann, s. Stein ZPO § 851 II, SeuffA 81 Nr 38, SächsA 1926, 196, auch LZ 1926, 347[2]; JW 1927, 1392ff; gegen KGBl 1924, 115; 1925, 89; 1926, 39.

Was sein Verhältnis zu den Vorschriften des BGB über die Miete betrifft, so regelt das Gesetz, das spätestens am 1. Juli 1922 in Kraft getreten ist und mit dem 1. Juli 1926 außer Kraft treten soll (§ 24), in der Hauptsache die Bildung des Mietzinses und läßt deshalb auch innerhalb seines Anwendungsgebiets die sonstigen Rechte und Pflichten aus dem Mietvertrag an sich unberührt. Da jedoch der Vermieter in der gesetzlichen Miete Zuschläge für Betriebskosten und für Instandsetzungsarbeiten erhält, besteht kein Grund, insoweit Belastungen des Mieters aufrechtzuerhalten. Tritt also die gesetzliche Miete an die Stelle des vereinbarten Mietzinses, so richtet sich, wie § 20 bestimmt, die Verpflichtung zur Tragung der Betriebskosten und zur Instandhaltung des Mietraums nur nach den Vorschriften des BGB, das (vgl. §§ 536, 546, 548) die Sorge hierfür grundsätzlich dem Vermieter zuweist. Die nach dem BGB begründete Instandsetzungspflicht trifft den Vermieter auch dann, wenn sie Aufwendungen erfordert, die durch die Mietvergütung und die Zuschläge für Instandsetzungsarbeiten nicht gedeckt werden (**RG** 114, 277; **RG** BayZ 1923, 209). Vertragliche Verpflichtungen, die der Mieter in dieser Beziehung übernommen hat, z. B. zur Vornahme der nötigen Ausbesserungen, erlöschen ohne weiteres. Außerdem erlischt aber auch jede andere nach dem BGB nicht begründete Verpflichtung des Vermieters oder Mieters, z. B. die des Mieters zum Reinigen der Hof- und Treppenräume oder des Bürgersteigs, sofern sie auf die Festsetzung des Mietzinses offenbar von Einfluß war. Im übrigen bleiben die beiderseitigen Rechte und Pflichten, mögen sie auf Gesetz oder Vertrag beruhen, auch nach Einführung der gesetzlichen Miete bestehen. Zu beachten ist auch, daß § 20 nur solche Nebenleistungen erfaßt, die sich aus dem Verhältnis der Beteiligten als Vermieter und Mieter ergeben und in unmittelbarer Beziehung zur Überlassung und zum Gebrauch der Mietsache stehen, nicht z. B. eine, wenn auch unter den nämlichen Beteiligten vereinbarte Beschlagnahmeentschädigung (**RG** 115, 47).

Das Reichsmietengesetz gilt aber überhaupt nur für die Miete von Gebäuden und Gebäudeteilen (§ 1), nicht für die Miete anderer Gegenstände, noch weniger (s. übrigens § 19 Abs 2) für Vertragsverhältnisse, die nicht unter den Begriff der Miete fallen, so nicht für die Pacht, auch nicht für Dienstverhältnisse mit Überlassung von Wohnräumen an den Dienstpflichtigen, wie z. B. einen Hausmeister (s. oben A 3). Die Benutzung von Dienstwohnungen durch öffentliche Beamte bestimmt sich nach dem öffentlichen Dienstrecht (vgl. **RG** 105, 46). Darüber hinaus geht die Ausschließung der Anwendung des Gesetzes für Räume in Gebäuden des Reiches, eines Landes oder einer sonstigen Körperschaft des öffentlichen Rechtes (§ 16 Satz 2, dazu **RG** 111, 8; **RG** BayZ 1927, 322; SeuffA 78 Nr 123). Für Gesellschaften und Genossenschaften, deren Zweck ausschließlich darauf gerichtet ist, minderbemittelten Familien und Personen Wohnungen in eigens erbauten oder angekauften Häusern zu billigen Preisen zu verschaffen, s. § 16 Satz 3. Nach § 16 Satz 1 in der Fassung des Ges. v. 29. 6. 26 (RGBl I 317) Art VIII endlich findet das Gesetz keine Anwendung auf Neubauten oder durch Um- und Einbauten neugeschaffene Räume, die nach dem 1. Juli 1918 bezugsfertig geworden, sowie auf Wohnungen, die in den Fällen der §§ 33a, 33b des Mieterschutzgesetzes neu gewonnen sind. Über den Begriff „durch Um- oder Einbauten neu geschaffene Räume" s. RG 115, 220 und OLG 44, 5. — Soweit hiernach eine Anwendung des Reichsmietengesetzes nicht von vornherein ausgeschlossen ist, kann die gesetzliche Miete auch ein Grundstückskäufer fordern, der im Kaufvertrag die Verpflichtung übernommen hat, den Verkäufer während einer Reihe von Jahren gegen eine bestimmte Jahresvergütung in dem Grundstück wohnen zu lassen (RG 108, 312; RG Warn 1925 Nr 53; s. aber auch SeuffA 81 Nr 66); dies auch dann, wenn der Kaufpreis mit Rücksicht auf das Mietrecht besonders niedrig bemessen ist (RG JW 1926, 1949[4]; 1927 S. 579, 580; RG Warn 1927 Nr 36; s. jedoch auch RG SeuffA 80 Nr 150; OLG 46 S. 118, 119).

Von Bedeutung für die Bemessung der gesetzlichen Miete sind auch die Bestimmungen über den Geldentwertungsausgleich bei bebauten Grundstücken, s. 3. StNotVO v. 14. 2. 24, RGBl I 74 Art III B §§ 26ff. mit Änderungen (vgl. RGBl 1925 I 256ff.), jetzt das Gesetz über den Geldentwertungsausgleich bei bebauten Grundstücken in der Fassung vom 1. 6. 26 (RGBl I 251). Nach § 2 dieses Gesetzes sind, wie schon nach der 3. StNotVO, die Länder ermächtigt, die Mietzinsbildung abweichend von den Vorschriften des Reichsmietengesetzes zu regeln. Soll dabei vom bürgerlichen Rechte in anderer Weise abgewichen werden, als im Reichsmietengesetze vorgesehen ist, so bedarf es der Zustimmung der Reichsregierung, die insoweit mit Zustimmung des Reichsrats Grundsätze aufstellen kann. Nach § 3 setzt die Reichsregierung mit Zustimmung des Reichsrats die Mindesthöhe der gesetzlichen Miete im Reiche einheitlich fest (vgl. VO v. 11. 3. 27, RGBl I 72). Für den Fall, daß die dem Geldentwertungsausgleich dienende Besteuerung des bebauten Grundbesitzes in Form einer besonderen Aufwertungssteuer geschieht, stellt § 7 allgemein Grundsätze auf, die auch die Mietzinsbildung berühren. Das Reichsmietengesetz findet keine Anwendung, soweit die Miete im voraus für eine bestimmte Vertragsdauer gezahlt worden ist (RG SeuffA 79 Nr 23). Einfluß der Wiederaufhebung der preuß. VO v. 4. 8. 23, die das Reichsmietengesetz für Geschäfts- und Industriehäuser außer Kraft gesetzt hatte, auf die Anwendung dieses Gesetzes s. RG JW 1926, 1550[1].

§ 536

Der Vermieter hat die vermietete Sache dem Mieter in einem zu dem vertragsmäßigen Gebrauche[1]) geeigneten Zustande zu überlassen[2]) und sie während der Mietzeit in diesem Zustande zu erhalten[3]).

E I 504 II 481; M 2 372, 373; P 2 130.

1. **Zu dem vertragsmäßigen** (nicht dem gewöhnlichen) **Gebrauche.** Auf Überlassung und fortdauernde Gewährung der Mietsache in einem zu diesem Gebrauche geeigneten Zustande hat der Mieter ein Klagerecht (RG JW 06, 333[8]), neben dem beim Vorhandensein der weiteren Voraussetzungen auch die in §§ 537, 538, 547 festgestellten Ansprüche in Betracht kommen können. Der Mieter kann die Unterhaltung der Mietsache auch im Wege einstweiliger Verfügung erzwingen. Er ist befugt, bei mangelhafter Unterhaltung einen entsprechenden Teil des Mietzinses zurückzubehalten (RG 23. 3. 06 III 524/05). Wer Räume zum Betrieb einer Schankwirtschaft vermietet (verpachtet), muß sie in einem Zustand überlassen und erhalten, daß sie für diesen Betrieb geeignet sind, insbesondere auch den polizeilichen Anforderungen genügen. Er muß daher unter Umständen auch bauliche Änderungen vornehmen, von denen die Polizeibehörde die Erteilung der Schankerlaubnis an den Mieter abhängig macht (RG 94, 138). Durch die Vereinbarung, er vermiete die Räume so, wie er sie bisher benützt habe, wird nur die gesetzliche Haftung für solche Mängel erlassen, die beim Vertragsschluß für den Mieter ersichtlich waren (RG 94, 138). Der für den vertragsmäßigen Gebrauch geeignete Zustand ist im einzelnen Falle nach der Ortssitte, dem Zweck und dem Preise der Mieträume zu beurteilen. Jeder Mieter, auch der einer kleinen Dorfwohnung, kann aber verlangen, daß er durch die vertragsmäßige Benutzung der Räume, die er zur Ausübung seines Mietrechts betreten muß, nicht an Körper und Gesundheit gefährdet wird. Ortsgebräuche, wonach sicherheitsgefährliche Treppen, schadhafte Bodendielen usw. als erlaubt gelten, sind unbeachtlich (RG 90, 65). Hat der Mieter den gefährlichen Zustand gerügt, so bedeutet die Unterlassung eines Widerspruches gegen die Hinausschiebung der Beseitigung des Mangels keinen Verzicht, auch nicht einen einstweiligen, auf die aus der Ordnungswidrigkeit sich ergebenden Rechte des Mieters (RG 89, 384; 90, 65). Die Instandsetzungspflicht des Vermieters ist nicht auf die gesetzliche Miete oder die Instandsetzungszuschläge beschränkt; eine solche Einschränkung enthalten weder § 28 Mieterschutzges. noch § 6 Abs 2 RMietGes (RG 115, 277).

2. **„Zu überlassen"**, d. h. dem Mieter zum Besitz und zur Benutzung zu übergeben, während eine entsprechende besondere Abnahmepflicht des Mieters nicht besteht (§ 535 A 4).

Die Überlassung kann auch stillschweigend geschehen (RG Gruch 61, 928). Vielfach kommen abweichende Vertragsberedungen sowie Ortsgebräuche in Betracht. Über den Fall, wenn der Vermieter schon vor Beginn der Mietzeit die Instandsetzung der Mieträume verweigert, s. unten § 542 A 1. Der Vermieter ist gemäß § 536 auch verpflichtet, sich vor der Überlassung an den Mieter Gewißheit von dem gefahrlosen Zustande der Sache zu verschaffen, und zwar in erhöhtem Maße, wenn die Sache dem öffentlichen Verkehr zugänglich gemacht werden soll (RG 22. 2. 23 VI 770/22). Er braucht sich aber nicht um die Herstellung der Mieträume zu bemühen, wenn der Mieter vertragswidrige Anforderungen an die Einrichtung stellt und die Übernahme eines vertragsmäßig eingerichteten Raumes im voraus ablehnt (RG 17. 1. 18 III 387/18).

3. **Zur Erhaltung gehört** insbesondere die Vornahme der erforderlichen Ausbesserungen, auch bei den durch zufällige Ereignisse (z. B. Hagelschlag oder Einwirkung Dritter, für die der Mieter nicht verantwortlich ist) verursachten Schäden; desgleichen bei der Wohnungsmiete in der Regel die Reinigung und — bei Glatteis — das Bestreuen des zum Gebrauche des Mieters dienenden Hofes, der vor dem Hause gelegenen Straßenteile (RG Gruch 47, 643; LZ 1917, 1340[9]; OLG 12, 358; 14, 24), eines den Zugang zur Mietwohnung bildenden Ganges zwischen zwei Häusern (OLG 36, 50); die Entleerung der Abort- und Müllgrube, das Kehren der Essen, während die infolge des Gebrauchs nötig werdende Reinigung der Mieträume und der dazugehörigen Hausteile dem Mieter oder auch den Mietern gemeinschaftlich obliegt. Bei außergewöhnlich strenger Kälte muß der Vermieter auch dafür sorgen, daß auf Treppen und Vorplätzen des Miethauses nicht durch nasses Aufwischen gefährliche Eisbildungen entstehen; er muß nötigenfalls den Dienstboten besondere Anweisungen erteilen (RG LZ 1914, 1029[4]). Beleuchtung behufs Sicherung des Zuganges zu einem Hinterhause s. RG LZ 1914, 1900[4]. Haftung des Vermieters für den gefahrlosen Zugang zu einem von mehreren Mietern des Hauses zu benutzenden Abort s. RG LZ 1915, 832[15]. Für Räume, die den Mietern zugänglich, aber nicht vermietet, auch nicht zur gemeinschaftlichen Benutzung aller Mieter bestimmt sind, haftet der Vermieter nur wegen unerlaubter Handlung (RG Warn 1914 Nr 13). Auf Grund des Vertrages haftet der Vermieter für ein Verschulden seines Erfüllungsvertreters, z. B. des Hausverwalters (OLG 36, 50), dem Mieter, unter dem Gesichtspunkt des § 328 aber in der Regel auch den Familienangehörigen des Mieters (§ 538 A 4). Dem Mieter haftet der Vermieter auch für den Schaden, den die zur Ausführung von Ausbesserungsarbeiten in den Mieträumen von ihm angenommenen Arbeiter jenem verursachen (RG 30. 4. 09 III 438/08, s. auch unten Abs 2). Haftung des Vermieters einer Dampfdreschmaschine für Verschulden des Maschinisten RG Gruch 61, 633; RG LZ 1916, 235, anders bei Miete mit Dienstverschaffung (Vorbem 7 vor § 611). Dritten gegenüber, die infolge mangelhafter Beschaffenheit des Hauses einen Unfall erleiden, ist hierfür regelmäßig nur der Vermieter, als Eigenbesitzer, verantwortlich (vgl. § 908, RG 59, 9), ausgenommen, wenn er das Haus im ganzen oder einen abgeschlossenen Teil davon vermietet und von seinem Mieter keine Nachricht vom Vorhandensein des Mangels erhalten hat (RG 68, 161). — Zur Wiederherstellung der durch Zufall zerstörten Mieträume, insbesondere beim Abbrennen des vermieteten Hauses, ist der Vermieter nicht verpflichtet; vielmehr erreicht dadurch die Miete wegen Unmöglichkeit der Erfüllung ihr Ende (RG JW 05, 718[9]; OLG 45, 147). Ebenso wird der Vermieter von seiner Verpflichtung zur weiteren Gebrauchsgewährung befreit, wenn ihm die Räumung und Niederlegung des vermieteten Hauses wegen Einsturzgefahr polizeilich aufgegeben ist (§ 323; RG 19. 4. 04 III 38/04). Bei nur teilweiser Zerstörung der Mietsache ist der Vermieter zur Wiederherstellung verpflichtet, wenn sie während der Mietzeit möglich und der zerstörte Teil den unverletzten Teilen gegenüber wirtschaftlich von untergeordneter Bedeutung ist (Prot 2, 1860), auch die Wiederherstellung keinen unverhältnismäßigen Aufwand erfordert (RG Warn 1910 Nr 146). Der Verpächter muß ein auf dem Pachtgrundstück stehendes, abgebranntes Gebäude wiederherstellen und das dabei untergegangene Inventar durch neues ersetzen, wenn das Pachtgrundstück mit den wiederhergestellten Gebäuden und dem neuen Inventar wirtschaftlich als die nämliche Sache erscheint wie vor dem Brande und die Wiederherstellung nicht Kosten verursacht, deren Aufwendung dem Verpächter nach Treu und Glauben nicht zuzumuten ist. Dabei kann auch auf eine dem Pächter zustehende Brandentschädigung und auf die von ihm in das Grundstück gemachten Verwendungen Rücksicht genommen werden (RG SeuffA 74 Nr 29). — Würdigung nach §§ 275, 323 muß eintreten, wenn behördliches Verbot die vertragsmäßige Nutzung einer verpachteten Wirtschaft verhindert. Will der Pächter das Pachtverhältnis fortsetzen, der Verpächter es auflösen, dann muß nach Treu und Glauben unter billiger Erwägung der beiderseitigen Interessen festgestellt werden, wessen Interessen den Vorzug verdienen (RG 89, 203). — Haftung des Vermieters für den Zustand einer den alleinigen Zugang eines Hauses bildenden Brücke bei Eigentum des Vermieters (RG 18. 12. 12 III 216/12), trotz Eigentums der Gemeinde

(RG Warn 1910, 549; RG 18. 5. 20 III 83/20). Haftung des Vermieters für einen den Zugang vermittelnden, in den Bürgersteig eingelassenen Eisenrost nebst Einfassung bei Unterhaltungspflicht der Gemeinde bezüglich des ganzen Bürgersteigs (RG 19. 4. 18 III 478/17). Haftung des Vermieters für den verkehrssicheren Zustand des Hausflurs, woraus sich die Verpflichtung ergeben kann, bei Winterglätte abstumpfenden Stoff zu streuen, mag auch die Gefahr des Ausgleitens im Hause im Einzelfalle geringer sein als außerhalb des Hauses (RG 27. 1. 20 III 259/19). Haftung des vermietenden Hauseigentümers (neben dem Mieter) gegenüber den Kunden des Mieters für die Verkehrssicherheit der Zugänge zu den Geschäftsräumen des letzteren (RG 92, 359; 95, 61). Haftung des Mieters gegenüber Dritten für bauliche Mängel, nicht nur für Fehler der Instandhaltung, s. RG 83, 137. Haftung des Mieters eines Hauses, der dem Vermieter gegenüber die Sorge für den Fahrstuhlbetrieb einschließlich der Bedienung übernommen hat, für die Folgen von Unfällen, die Dritten in diesem Betriebe zustoßen, s. RG Gruch 63, 750.

Zur Erhaltung der vermieteten Sache in einem zum vertragsmäßigen Gebrauche geeigneten Zustande gehört es auch, daß der Vermieter nicht den Mieter durch Arbeiten am vermieteten Grundstück schädigt, vielmehr schädigende Arbeiten unterläßt und bei allen Arbeiten, mögen sie auch in andern als den dem Mieter zum Alleingebrauch oder zur Mitbenutzung überlassenen Räumen vorgenommen werden, darauf bedacht ist, unzulässige Beeinträchtigungen des Mieters zu vermeiden. Dabei haftet der Vermieter nach § 278 für Versehen bei der Vornahme baulicher Arbeiten nicht nur dann, wenn der von ihm beauftragte Bauhandwerker persönlich tätig wird, sondern auch dann, wenn dieser, wie nach den heutigen Wirtschaftsverhältnissen regelmäßig der Fall ist, im Einverständnis mit dem Vermieter die Arbeiten durch seine Angestellten ausführen läßt und von diesen einer schuldhaft handelt (RG 102, 231). Entsprechend ist die Haftung des Mieters für seine Angestellten bezüglich der Verpflichtung zur schonenden und pfleglichen Behandlung der Mietsache (§ 535 A 4).

Zur Beleuchtung der zu einem vermieteten Hausteil gehörigen Flure und Treppenaufgänge ist der Vermieter nach dem Vertrage, sofern nicht ausdrücklich oder stillschweigend oder durch Ortsgebrauch etwas anderes bestimmt ist, nicht verpflichtet. Eine allgemeine Rechtspflicht der Beleuchtung kann für den Vermieter begründet sein, wenn durch Polizeiverordnung die Beleuchtung für bestimmte Hausteile und Zeiten vorgeschrieben ist, oder wenn der Vermieter derartige Hausteile dem Verkehr geöffnet hat RG 33, 227; RGSt 14, 362; RG 21. 2. 07 III 38/06; s. auch RG 54, 56). So insbesondere für den vermietenden Eigentümer eines städtischen Hauses die Verpflichtung, für die Beleuchtung der Zugänge und Treppen zu sorgen, solange sie während der Dunkelheit einem regelmäßigen Verkehre dienen. Bei solcher Bestimmung der Räume für den Verkehr wird der Vermieter nicht nur seinen Mietern, sondern nach § 823 auch Dritten gegenüber im Falle mangelhafter Beleuchtung zum Schadensersatz verpflichtet. Der Verpflichtung, für die ordnungsmäßige Beleuchtung der Treppen zu sorgen, genügt der Vermieter nicht schon dadurch, daß er diese Sorge durch die Hausordnung den Mietern auferlegt; er muß auch die Befolgung der Hausordnung in geeigneter Weise überwachen (RG Gruch 60, 1012). Über die Verpflichtung des Schankwirts, die dem Verkehr geöffneten Räume für seine Gäste länger, als für gewöhnliche Passanten, zu beleuchten, s. RG 26. 2. 07 III 338/06.

Die vertragsmäßige Verpflichtung des Vermieters zur Erhaltung der Mietsache, insbesondere der Mieträume, in einem zum Gebrauche geeigneten Zustande besteht so lange, als die Verpflichtung des Vermieters dauert, dem Mieter den Gebrauch zu gewähren. Diese Zeit deckt sich nicht immer genau mit der ausgemachten Mietzeit. So ist der Vermieter verpflichtet, dem Mieter nach Ablauf der Mietzeit zum Zwecke des Auszugs die Benutzung der zu den Mieträumen führenden Treppen zu gestatten. Er ist daher auch verpflichtet, diese Treppen für die Zeit des Auszugs in gefahrlosem Zustande zu erhalten (RG Warn 1913 Nr 316). Überläßt anderseits der Vermieter gemietete Räume dem Mieter ohne besonderes Entgelt schon vor dem vereinbarten Beginn der Mietzeit, dann muß er kraft des Vertrages auch für diese frühere Zeit für einen ordnungsmäßigen, gefahrlosen Zustand der Räume sorgen.

Für die Pacht § 581 A 2, § 582, für die Leihe § 601.

§ 537

[1]) Ist die vermietete Sache zur Zeit der Überlassung an den Mieter mit einem Fehler behaftet, der ihre Tauglichkeit zu dem vertragsmäßigen Gebrauch[2]) aufhebt oder mindert, oder entsteht im Laufe der Miete ein solcher Fehler, so ist der Mieter für die Zeit, während deren die Tauglichkeit aufgehoben ist, von der Entrichtung des Mietzinses befreit, für die Zeit, während

derer die Tauglichkeit gemindert ist, nur zur Entrichtung eines nach den §§ 472, 473³) zu bemessenden Teiles des Mietzinses verpflichtet⁴).

Das gleiche gilt, wenn eine zugesicherte Eigenschaft fehlt oder später wegfällt⁵). Bei der Vermietung eines Grundstücks steht die Zusicherung einer bestimmten Größe der Zusicherung einer Eigenschaft gleich.

E I 505, 507 II 482; M 2 373—376; P 2 131 ff.

1. **Die rechtlichen Folgen von Mängeln der Mietsache** sind in diesem und in den folgenden Paragraphen teilweise abweichend von den allgemeinen Vorschriften der §§ 323 ff. geregelt, an deren Stelle insoweit die §§ 537 ff. treten (Vorbem 3 vor § 535). Wird aber dem Vermieter infolge von äußeren Umständen die Gewährung des Gebrauchs ganz oder teilweise unmöglich, kann er z. B. infolge einer schweren Krankheit in der Familie des seitherigen Mieters dem neuen Mieter die Mieträume nicht rechtzeitig gewähren, dann greifen §§ 323 ff. in Verbindung mit § 536 Platz. Nicht ausgeschlossen wird durch die Sondervorschriften der §§ 537 ff. eine Anfechtung des Mietvertrags wegen arglistiger Täuschung über Mängel der Mietsache nach § 123 (**RG** JW 1914, 591, vgl. für den Kauf **RG** 96, 156). Das gleiche muß (trotz § 539) für die Anfechtung wegen Irrtums nach § 119 gelten (vgl. jedoch für den Kauf die abweichende Rechtsprechung in § 119 A 7, § 459 A 6). Der über den Ertrag eines Wirtschaftsanwesens getäuschte Pächter kann Änderung der Vertragsbedingungen, insbesondere Ermäßigung des Pachtzinses verlangen (Differenzklage, **RG** 86, 334).

2. **Nur auf die Aufhebung oder Minderung des vertragsmäßigen Gebrauchs** kommt es an, nicht auf die Erheblichkeit des Mangels (M 2, 374, anders § 542 Abs 2) oder auf ein Verschulden des Vermieters oder auf dessen Kenntnis vom Fehler. Doch wird die Tauglichkeit eines Patentrechts nur durch völlige Unbrauchbarkeit, technische Unausführbarkeit, nicht aber durch geringe praktische Verwertbarkeit aufgehoben (**RG** 9. 11. 08 VI 199/07; **RG** 78, 367). Auch ist wegen eines ganz geringfügigen Fehlers an einem Teile der Mietsache die Zurückbehaltung des ganzen Mietzinses nicht berechtigt (**RG** 12. 10. 06 III 64/06). — Als ein *wesentlicher Fehler* gilt z. B. das Fehlen von Öfen in einem mit Öfen vermieteten Hause (**RG** 21. 3. 06 III 324/05), sowie auch der einer Schankwirtschaft anhaftende Ruf, ein Schlupfwinkel gewerbsmäßiger Unzucht zu sein (**RG** 20. 1. 06 III 474/05), ebenso die nachträgliche Errichtung eines Wettbewerbsgeschäfts neben einem vorher gerade zum ausschließlichen Gewerbebetrieb im gleichen Hause vermieteten Geschäftsraum (**RG** 19. 1. 06 III 372/06). Minderung des Mietzinses, wenn die Sammelheizung nur mit Hilfe der Mieter betrieben wird, s. OLG 40, 310. Als Fehler einer Sache, insbesondere eines Hauses, welche die Tauglichkeit zu dem vertragsmäßigen Gebrauche aufheben oder mindern, sind aber auch diejenigen zu betrachten, welche nicht geradezu den Gebrauch an sich verhindern, wohl aber ihn zu einem *die Gesundheit benachteiligenden oder gefährdenden* machen, z. B. Feuchtigkeit, ungenügende Verwahrung gegen atmosphärische Einflüsse, Behaftetsein mit Krankheitskeimen oder Ansteckungsstoffen, oder bewirken, daß die Mietsache nur in der *Befürchtung einer vermöge ihres Zustandes drohenden Gefahr* benutzt werden kann, vgl. **RG** 81, 202 (sachwidrige Befestigung der Klappe eines Rolladenkastens), **RG** Warn 1916 Nr 223 (Fäulnis einer Diele), **RG** 11. 5. 20 III 27/20 (ungenügende Sicherung einer zur Besteigung einer Speicherbühne dienenden Leiter). Vgl. auch **RG** LZ 1916, 1425⁷. Störung des Jagdpächters durch Anlegung eines Schießplatzes s. LZ 1918, 460⁸. S. auch § 538 A 4 u. 5. Festzuhalten ist, daß § 537 einen Fehler der Mietsache oder das Fehlen zugesicherter Eigenschaften der Sache voraussetzt, also im unmittelbaren Gegensatze zu den in der Person des Mieters liegenden Gründen (§ 552, s. A 1 dort) steht. — In ständiger Rechtsprechung hat das Reichsgericht nach dem geltenden wie nach früherem Rechte angenommen, daß unter den Begriff der für die Gewährleistungsansprüche wegen Sachmängel in Betracht kommenden Eigenschaften nicht nur die natürlichen, der Sache an sich zukommenden Eigenschaften, sondern *auch solche tatsächliche oder rechtliche Verhältnisse fallen, die zufolge ihrer Beschaffenheit und vorausgesetzten Dauer nach der Verkehrsanschauung wertbildend oder werterhöhend zu wirken pflegen* (vgl. für den Kauf **RG** 21, 308; 52, 1; 59, 240, auch 61, 86 und für die Miete 95, 175). Nach diesem Grundsatze muß die Unbrauchbarkeit der Sache zu dem vertragsmäßigen Gebrauche auch dann als ein Sachmangel angesehen werden, wenn sie auf Bestimmungen des öffentlichen Rechtes beruht. Der Fall eines gesetzlichen oder behördlichen Gebrauchsverbots kann hier allerdings nur dann in Betracht kommen, wenn es sich dabei um irgendwelche Beziehungen (z. B. die örtliche Lage) der Sache handelt (**RG** 79, 95). Eine die Benutzbarkeit eines Grundstücks (z. B. zu Fabrikzwecken) hindernde oder einschränkende Bestimmung des öffentlichen Rechtes hängt regelmäßig mit der örtlichen Lage des Grundstücks zusammen (**RG** JW 1913, 596¹⁰). Feindliche Besetzung einer Stadt, sowie die ernstliche, dringende Gefahr einer solchen oder

einer Beschießung als Fehler der Mietwohnung (§ 537) und zugleich als Grund der Unmöglichkeit für den Vermieter, den vertragsmäßigen Gebrauch zu gewähren (§ 323), s. OLG 31, 368. Einquartierungslast s. § 546 A 1. Die **Einwirkung behördlicher Maßnahmen, insbes. kriegsrechtlicher Verbote,** fällt aber keineswegs immer nur dann unter § 537, wenn sie durch die Beschaffenheit der gemieteten (gepachteten) Sache oder durch ihre örtliche Lage veranlaßt worden sind. Dabei ist zwischen Miete und Pacht zu unterscheiden. Bei der **Pacht** (§ 581), die auch den Fruchtgenuß gewährt, kommt es darauf an, ob ein Verbot nur den tatsächlichen Umfang des Fruchtbezugs beeinträchtigt oder die Möglichkeit des vertragsmäßigen Fruchtgenusses überhaupt nimmt und so den Pachtgegenstand selbst in seiner besonderen Eigenschaft als einer zu diesem Fruchtgenuß bestimmten und geeigneten Sache trifft. Eine bloße Minderung des Umfanges des Fruchtbezugs muß der Pächter tragen. Für die Möglichkeit der vertragsmäßigen Nutzung dagegen haftet der Verpächter. Wird letztere entzogen, so hat der Pächter — unbeschadet einer Anwendung des § 323 (SeuffA 74 Nr 168; OLG 39, 178), insbesondere einer Auflösung des Pachtverhältnisses nach §§ 275, 323 **RG** 89, 203; **RG** SeuffA 76 Nr 157 (Versagung der Spielerlaubnis bei Theaterpacht); vgl. auch **RG** Warn 1927 Nr 48 = JW 1927, 1363[14] (Unmöglichkeit der Gewährung des Pachtgegenstandes infolge Beschlagnahme der zum Betriebe eines Friseurgeschäfts eingerichteten Räume während des Ruhreinbruchs) — die Rechte aus §§ 537ff. (auch § 542), so für polizeiliche Tanzverbote bei Tanzwirtschaften (**RG** 87, 277; 89, 203; **RG** Warn 1918 Nr 110; **RG** SeuffA 73 Nr 223; OLG 36, 51), für Beschränkungen der Polizeistunde bei Nachtwirtschaften (**RG** 88, 96; **RG** JW 1918, 815[3], auch OLG 38, 123). Vorausgesetzt wird nur, daß auch wirklich die Sache in ihrer besonderen Eigenschaft (als Tanzwirtschaft, Nachtwirtschaft) betroffen, und nicht nur der Umfang des Fruchtbezugs beeinträchtigt wird. K e i n e n Anspruch auf Pachtzinsminderung hat daher der Pächter einer Bierwirtschaft, wenn die Biererzeugung eingeschränkt wird (**RG** 90, 374), es müßte denn sein, daß sie vollständig oder doch in einem Umfange untersagt wird, der in seinen Wirkungen für den Wirtschaftsbetrieb einem vollständigen Verbote gleichkommt; ferner der Pächter eines für den Tag- und Nachtverkehr bestimmten Kaffeehauses, der infolge der Herabsetzung der Polizeistunde und polizeilicher Beschränkung der Musikerlaubnis einen Einnahmeausfall erleidet (**RG** 93, 144; **RG** Warn 1919 Nr 32). Mit der allgemeinen Erwägung, daß die Wirschaftsverhältnisse durch den Weltkrieg völlig umgestaltet worden seien, läßt sich der Anspruch auf Zinsminderung noch nicht begründen. Die Gerichte sind, regelmäßig wenigstens, auch nicht in der Lage, in solchen Fällen einen billigen Ausgleich unter den Vertragsteilen zu schaffen, so noch grundsätzlich und ohne Einschränkung **RG** 86, 397; 90, 374; über das durch den weiteren Verlauf des Krieges, insbesondere seinen unglücklichen Ausgang und die daran sich anschließende Umwälzung der wirtschaftlichen Verhältnisse, notwendig gewordene ausnahmsweise Eingreifen der Gerichte s. jedoch § 535 A 3 a. E. Bei der **Miete,** die nur den Gebrauch der Mietsache gewährt, hat der Vermieter regelmäßig nur dafür einzustehen, daß die Mieträume zum vertragsmäßigen Gebrauch tauglich sind, daher keine Haftung wegen polizeilicher Tanzverbote und wegen Beschränkung der Polizeistunde bei Miete von — erst durch den Mieter einzurichtenden — Wirtschaftsräumen (**RG** JW 1918, 88[8]; auch SeuffA 71 Nr 6); ebenso keine Haftung wegen Unmöglichkeit des Bierausschanks und wegen Verbots bezüglich des Branntweinausschanks bei Miete von nicht eingerichteten Wirtschaftsräumen, die der Mieter erst auf seine Kosten umbauen muß (**RG** Warn 1918 Nr 8; vgl. auch SeuffA 73 Nr 224: behördliche Schließung von Lichtspielunternehmungen). Ist aber die Mietsache — sei es wegen ihrer örtlichen Lage, sei es wegen ihrer besonderen Einrichtung — vertragsgemäß nur in einer bestimmten Art zu benutzen und wird diese Benutzung durch behördliche Verbote unmöglich gemacht, dann ist der Mieter — unbeschadet einer Anwendung des § 323 (**RG** 94, 367; OLG 39, 178), insbesondere einer Auflösung des Mietverhältnisses nach §§ 275, 323 (**RG** 89, 203; **RG** SeuffA 76 Nr 157) — nach § 537 von der Entrichtung des Mietzinses befreit, so für die Einstellung des gesamten Kur- und Badebetriebs bei Miete eines Ladens zum Betriebe von Geschäften mit den Badegästen (**RG** 91, 54), bei Miete von Räumen zum Kuraufenthalt an einem Badeorte (LZ 1915, 1041[13]; anders für bloße Regelung der Benutzung einer Mietwohnung an einem Badeotre, militärisches Beleuchtungsverbot, OLG 31, 366), für Beschlagnahme und Veräußerungsverbot für Benzin bei Miete einer Benzintankanlage (**RG** 94, 367). Allgemeines Verbot der Jagdausübung als Grund für Befreiung von der Entrichtung der Jagdpacht (OLG 33, 320). Bei entgeltlicher Überlassung eines Gasthauses, dessen Einrichtung der Mieter vom Vermieter käuflich übernommen hat, sind, wenn nicht überhaupt Pacht anzunehmen ist (Vorbem 1 vor § 535), jedenfalls die für die Pacht entwickelten Grundsätze entsprechend anzuwenden (**RG** 91, 310). — Ergänzung eines Pachtvertrags durch Einfügung einer Kriegsklausel im Wege der Auslegung s. **RG** JW 1918, 216[2]. — Über einen Vertrag zwischen einem Ausstellungsunternehmen und den Ausstellungswirten s. **RG** 88, 108 (§§ 323ff., nicht §§ 537ff.).

3. Im Falle der Minderung der Tauglichkeit insbesondere verhältnismäßige Herabsetzung des Mietzinses, und zwar, wenn neben dem Geldbetrag noch andere Leistungen bedungen sind, zunächst Herabsetzung an dem in Geld festgesetzten Teile der Leistung des Mieters (vgl. § 473). Nach der in § 472 vorgeschriebenen „relativen Berechnung" ist also der vereinbarte Mietpreis nach dem Verhältnis herabzusetzen, in welchem zur Zeit des Abschlusses des Mietvertrags die Mietnutzung der Sache in mangelfreiem Zustand zur Mietnutzung der mangelhaften Sache gestanden haben würde (RG Warn 09 Nr 292), mithin bei 800 Mark vereinbartem Mietpreis, 900 Mark angemessenem Mietzins von der Sache in mangelfreiem Zustand, 450 Mark angemessenem Mietzins von der Sache in mangelhaftem Zustand, Herabsetzung des vereinbarten Mietzinses um 50 % bis auf 400 Mark. — Der Anspruch auf Minderung des Miet- (Pacht-) Zinses für die Zeit, in der die Tauglichkeit der Sache zum vertragsmäßigen Gebrauch (z. B. einer Tanzwirtschaft durch behördliches Tanzverbot) gemindert war, wird nicht dadurch beeinträchtigt, daß er zu anderer (auch späterer) Zeit einen besonders großen Nutzen aus der Sache gezogen hat (RG 15. 2. 21 III 326/20).

4. **Die Befreiung vom Mietzins oder die Minderung** tritt ohne weiteres (von Rechts wegen) ein, wobei der Beweis des behaupteten Mangels dem Mieter obliegt. Eine Vertragsbestimmung, wonach der Mieter Ansprüche auf Minderung nur im Wege besonderer Klage geltend machen kann, ist ungültig (JW 1918, 520[7]). Da der Minderungsanspruch keine Gegenforderung gegen den Mietzinsanspruch ist, schließt ihn ein vertragsmäßiges Aufrechnungsverbot nicht aus (RG LZ 1918, 621[15]). Nicht ausgeschlossen werden die Ansprüche aus § 537 ferner durch eine Vertragsbestimmung, wonach Beanstandungen irgendwelcher Art den Mieter nicht zur Zurückhaltung fälliger Forderungen berechtigen sollen (RG 23. 9. 21 III 71/21). Die sonstigen Rechte des Mieters auf Gewährung einer ordnungsmäßigen Mietsache (§ 536), sowie auf Kündigung des Vertrags (§ 542), bleiben daneben bestehen, während der Schadensersatzanspruch des § 538 nur statt der im § 537 bestimmten Rechte geltend gemacht werden kann. Über die Anfechtung des Vertrags wegen Irrtums und arglistiger Täuschung s. A 1. — Durch Stellung von Ersatzräumen kann sich der Vermieter in der Regel ohne Zustimmung des Mieters von seiner Verpflichtung nicht befreien; anders jedoch, wenn nach den Umständen des Falles in der Ablehnung der Ersatzräume seitens des Mieters eine Schikane zu erblicken ist. — Kein Minderungsanspruch des Mieters bei vorbehaltloser Zahlung des Mietzinses mit Kenntnis des vorhandenen Fehlers (RG 24. 3. 08 III 250/07). Kein Anspruch des Mieters auch dann, wenn der Fehler der Mietsache und damit die Beeinträchtigung ihrer Tauglichkeit zum vertragsmäßigen Gebrauch auf sein Verschulden zurückzuführen ist (RG LZ 1917, 189[4]). Vgl. § 324 Abs 1.

5. **Fehlen einer zugesicherten Eigenschaft** vgl. § 459 A 8. Bei mehreren Vermietern ist die Zusicherung nur dann verbindlich, wenn sie von allen erteilt ist (Planck § 537 A 4; a. M. Dernburg II § 217 A 8). Beispiele: Haftung für die Zusicherung, daß kein Wettbewerbsunternehmen für den vermieteten Fleischerladen bestehe (OLG 8, 139); ferner für die Zusicherung der Ertragsfähigkeit der Mietsache (RG 19. 9. 02 III 138/20). Eine Zusicherung, für die Benutzbarkeit einer Wohnung schlechthin — auch in Rücksicht auf alle Polizeiverbote — einzustehen, kann zwar unter Umständen in dem beiden Vertragsteilen bekannten Verwendungszwecke der Sache dann gefunden werden, wenn dieser Zweck in den Vertragsinhalt aufgenommen ist (vgl. für den Kauf RG JW 1910, 748[5]). Gerade bei der Miete aber wird die Bezeichnung des Verwendungszwecks der Mieträume in dem Vertrage, da sie regelmäßig stattfindet, im allgemeinen nicht genügen, um eine besondere, über das Maß des § 537 Abs 1 hinausgehende Zusicherung zu begründen (RG JW 1913, 597[10]). Ob im einzelnen Fall darin eine Zusicherung zu finden ist, bestimmt sich nach den Umständen (RG Warn 1918 Nr 138). In der Vereinbarung, der Saal einer vermieteten Wirtschaft stehe den Mietern für Vereine und Festlichkeiten zur Verfügung, liegt im Zweifel nur eine Erlaubnis, nicht eine Gewährleistung des Vermieters (RG JW 1918, 88[8]). Angaben über den Umsatz einer Wirtschaft enthalten eine Zusicherung des Verpächters, wenn der Pächter sie nach Treu und Glauben in diesem Sinne verstehen muß (RG 13. 11. 17 III 276/17). Zusicherung der Brauereifreiheit einer Schankwirtschaft RG 95, 175. Vgl. § 535 A 1.

§ 538

Ist ein Mangel der im § 537 bezeichneten Art bei dem Abschlusse des Vertrags vorhanden[1]) oder entsteht ein solcher Mangel später infolge eines Umstandes, den der Vermieter zu vertreten hat[2]), oder kommt der Vermieter mit der Beseitigung eines Mangels in Verzug[3]), so kann der Mieter, statt die im § 537 bestimmten Rechte geltend zu machen, Schadensersatz wegen Nichterfüllung verlangen[4])[5]).

Im Falle des Verzugs des Vermieters kann der Mieter den Mangel selbst beseitigen und Ersatz der erforderlichen Aufwendungen verlangen³).

E I 506, 514 Abs 3 II 483; M 2 376, 377; P 2 131.

1. **Anstatt** der in § 537 bestimmten Rechte kann der Mieter in drei Fällen **Schadensersatz wegen Nichterfüllung** verlangen. Die Vorschrift des § 538 gibt aber dem Mieter kein Wahlrecht im Sinne des § 262. Nicht schon durch die Wahl, sondern erst durch die Erfüllung des einen Anspruchs geht der andere verloren. Die Wahl bedeutet auch nicht einen Verzicht auf den nicht gewählten Anspruch (**RG** JW 1908, 550; **RG** LZ 1918, 621[15], OLG 39, 151). Hat aber der Mieter den Schadensersatzanspruch gewählt und ist er wegen dieses Anspruchs voll befriedigt, so kann er auf das Minderungsrecht aus § 537 nicht mehr zurückgreifen (**RG** Warn 1911 Nr 427). Der Schadensersatzanspruch ist ausgeschlossen nach § 545 Abs 2, wenn der Mieter der Anzeigepflicht nicht genügt hat. Einfluß der Kenntnis des Mangels § 539. — Erster Fall: Der Schadensersatzanspruch steht dem Mieter zunächst dann zu, wenn ein Mangel der in § 537 bezeichneten Art (Sachmangel oder Fehlen einer zugesicherten Eigenschaft) **bereits beim Abschlusse des Vertrags** vorhanden ist. Verschulden des Vermieters ist in diesem Falle nicht erforderlich, da auf Grund des Vertragsabschlusses eine stillschweigende Garantie des Vermieters für die ordnungsmäßige Beschaffenheit der Mietsache anzunehmen ist (M 2, 376; **RG** 52, 172). Die Ersatzpflicht tritt auch ein, wenn der Mangel nicht erkennbar war und nicht beseitigt werden konnte. Was den Zeitpunkt angeht, in dem der bezeichnete Mangel als vorhanden angesehen werden muß, so ist die Tauglichkeit zum vertragsmäßigen Gebrauche der Mietsache schon dann aufgehoben oder gemindert, wenn die Sache nur in der Befürchtung einer vermöge ihres Zustandes drohenden Gefahr benutzt werden kann (§ 537 A 2). Darauf, ob der Mieter im einzelnen Falle den ordnungswidrigen Zustand nicht kennt, kommt es nicht an, sofern nur objektiv die Gebrauchsuntauglichkeit besteht. Entscheidend für die Feststellung jenes Zeitpunkts ist das Dasein des Mangels, nicht sein Hervortreten, und die dadurch bewirkte Schädigung (**RG** 81, 200). Dabei genügt es unter Umständen schon, wenn auch nur die Gefahrenquelle beim Abschlusse des Vertrags vorhanden war; so haftet der Verpächter für Ertragsminderung infolge starker Versumpfung des Pachtgrundstücks schon dann, wenn ihre Ursache, die Einstellung des Betriebs und damit der Wasserhebung in dem unter und neben dem Grundstück befindlichen Bergwerk, zur Zeit des Vertragsschlusses vorhanden war (**RG** JW 1921, 334[3]). Über den Schadensersatzanspruch des Mieters oder Pächters gegen den Bergwerksbesitzer s. **RG** JW 1921, 1083[3]. Der Vermieter von Schankwirtschaftsräumen ist schadensersatzpflichtig, wenn er sich weigert, bauliche Änderungen vorzunehmen, von denen die Polizeibehörde die Erteilung der Schankerlaubnis an den Mieter abhängig macht (**RG** 94, 138). Bei der Miete einer nur der Gattung nach bestimmten Sache tritt an die Stelle der Zeit des Vertragsabschlusses die Zeit der Überlassung zum Gebrauche (vgl. § 480 Abs 2). — Der dem Mieter gewährte Schadensersatzanspruch (§§ 249 ff.) beschränkt sich nicht auf den Schaden, der daraus entsteht, daß der Mieter die Mietsache nicht nach ihrem vollen Vermögenswerte genießen kann. Der Anspruch umfaßt vielmehr auch den Schaden, der dem Mieter durch eine auf den Mangel der Mietsache zurückzuführende körperliche Beschädigung entsteht (bestr.). Ob eine Körperverletzung die Folge der Mangelhaftigkeit der Mietsache ist, muß nach den Grundsätzen über den ursächlichen Zusammenhang entschieden werden (**RG** 81, 200). Der Mieter kann aber nur Schadensersatz wegen Nichterfüllung, d. h. den Ersatz des besondern Erfüllungsinteresses wegen des Mangels, nicht das sog. negative Vertragsinteresse verlangen, nicht z. B. den Ersatz von Aufwendungen, die ihm auch bei Fehlerfreiheit der Mietsache entstanden wären (**RG** Warn 1918 Nr 138). Neben die vertragliche Schadensersatzpflicht tritt bei körperlichen Beschädigungen die Haftung aus unerlaubter Handlung wegen Verletzung der allgemeinen, durch den Mietvertrag nur verstärkten Rechtspflicht, niemand körperlich zu verletzen (**RG** 88, 433; 89, 384; 90, 68).

2. Zweiter Fall: Spätere Entstehung eines Mangels infolge von Nichteinhaltung einer **Zusicherung** oder von **Verschulden des Vermieters**. Es kommen also hier §§ 276, 278, 254 zur Anwendung. Keine Vertretungspflicht des Vermieters, wenn ohne seine Kenntnis ein Mitbewohner seines Hauses vorübergehend einen Gegenstand auf die Kellertreppe stellt und ein Mieter darüber hinstürzt (**RG** 16. 1. 08 VI 273/07). — Bei mangelndem Verschulden des Vermieters kann wegen eines solchen Mangels nach § 537 wenigstens die Verpflichtung zum Mietzinsnachlaß begründet sein.

3. Dritter Fall: **Verzug** (§§ 284, 285) des Vermieters mit der Beseitigung des Mangels, wenn der Mieter nicht gemäß Abs 2 Selbsthilfe angewendet hat. Hat der Vermieter sich zur Abwendung einer unmittelbar drohenden erheblichen Gefahr verpflichtet, so kann seine Haftung für den durch schuldhafte Verzögerung entstandenen Schaden auch ohne besondere Mahnung begründet sein (**RG** 100, 42). Jedoch keine Schadensersatzpflicht des Vermieters unter so unverhältnismäßigen Schwierigkeiten und Aufwendungen möglich wäre, daß ihm

die Leistung nach Treu und Glauben mit Rücksicht auf die Verkehrssitte nicht zugemutet werden kann (SeuffA 71 Nr 138). — Für den **Ersatz der Aufwendungen im Falle des Abs 2** s. §§ 256, 257; Verjährung § 558. Über die Aufrechnung einer Ersatzforderung aus Abs 2 gegen eine Mietzinsforderung s. auch Mieterschutzgesetz § 28. Ersatz der Aufwendungen kann der Mieter z. B. auch verlangen, wenn der Vermieter, der zu baulichen Zwecken ein Gerüst am Hause anbringen läßt, trotz Aufforderung keine Maßnahmen gegen die dadurch erhöhte Diebstahlsgefahr trifft (OLG 46, 128). Beim Mangel eines Verzugs bleiben dem Mieter die Rechte aus § 537. Ersatz von Aufwendungen zur Beseitigung des Mangels kann er in diesem Falle aus Geschäftsführung ohne Auftrag (§ 677) und wegen ungerechtfertigter Bereicherung (§§ 812ff.) verlangen. — Daß Abs 2 den Mieter zur Beseitigung des Mangels nur berechtigt, nicht verpflichtet, schließt nicht aus, daß in der Nichtausübung dieses Rechtes ein die Ersatzpflicht des Vermieters einschränkendes Mitverschulden des Mieters nach § 254 gefunden wird. Ein solches Mitverschulden kann namentlich auch dann begründet sein, wenn der Vermieter die alsbaldige Beseitigung des Mangels zugesagt, diese Zusage aber nicht erfüllt hatte, und die Beseitigung zur Abwendung einer unmittelbar drohenden erheblichen Gefahr notwendig war, so bei Nichtanbringung eines genügenden Verschlusses der Kelleröffnung (**RG** 100, 42).

4. Einzelne Beispiele: Haftpflicht des Vermieters für die auf die Fahrlässigkeit seiner Vertreterin zurückzuführende mangelhafte Beschaffenheit einer Treppe (**RG** 6. 3. 06 III 495/05) oder für den schwankenden Zustand einer Treppenleiter (**RG** 20. 4. 09 III 478/08); Haftpflicht einer Stadtgemeinde für den Schaden, der einem Besucher ihrer Badeanstalt durch von ihr verschuldete mangelhafte Beschaffenheit des sogenannten Laufbretts entstanden ist (**RG** 1. 5. 06 III 406/05); Haftpflicht des Vermieters für Herabfallen von Deckenstuck (**RG** Warn 1916 Nr 134), für schadhafte Dielen (**RG** Warn 1916 Nr 223), für den Bruch eines Wasserleitungsrohres (**RG** LZ 1917, 920[9], wegen ungenügender Erwärmung der mit Sammelheizung vermieteten Wohnräume (OLG 39, 151; s. jedoch § 535 A 2 a. E.), wegen Schutzlosigkeit des vermieteten Grundstücks gegen Hochfluten (OLG 38, 90). Dagegen keine Haftpflicht des Vermieters (Gastwirts) aus dem Mietvertrage für die Kosten der Beerdigung seines Mieters (Gastes), der durch einen Mangel der Wohnung (undichten Gasofen), jedoch ohne Verschulden des Vermieters ums Leben gekommen ist (SeuffA 64 Nr 127). Ebenso kann der Schadensersatzanspruch der Erben des auf einer mangelhaft unterhaltenen Treppe verunglückten Mieters wegen Verlustes des ihnen von dem Verstorbenen gewährten Lebensunterhalts nicht auf das Vertragsverhältnis, sondern nur auf § 823 gestützt werden (**RG** JW 08, 9[9]). Für diese Schadensansprüche gilt die regelmäßige Verjährungsfrist des § 195 (M 2, 377). — Der Mieter kann den verkehrssicheren Zustand der Mieträume auch für seine Angehörigen beanspruchen, daher, wenn seine Ehefrau infolge einer durch die mangelhafte Mietsache verursachten Körperverletzung in seinem Erwerbsgeschäfte keine Dienste mehr leisten kann, den ihm durch den Ausfall dieser Dienste erwachsenen Schaden gegen den Vermieter auf Grund des Mietvertrags (nicht nur nach § 845) geltend machen. Denn ihm selbst ist durch Verletzung der ihm gegenüber bestehenden Vermieterpflichten ein Schaden erwachsen, nämlich der Verlust der ihm von seiner Ehefrau geleisteten Dienste (**RG** 77, 99; 81, 200; 90, 65; **RG** Warn 1914 Nr 13). Das gleiche gilt für andere dem mietenden Ehemann entstandene Schäden (**RG** 90, 65). Dem Mieter kann aber in diesen Fällen ein mitwirkendes Verschulden seiner Ehefrau vom Vermieter entgegengehalten werden (**RG** 81, 214). Aber auch der Ehefrau und andern Familienangehörigen, die durch mangelhafte Beschaffenheit der vom Ehemann gemieteten Wohnräume eine Schädigung an Körper und Gesundheit erleiden, steht wegen des ihnen entstandenen Schadens neben Ansprüchen aus unerlaubter Handlung (§§ 823ff.) in der Regel ein Vertragsanspruch gegen den Vermieter unter dem Gesichtspunkt des § 328 zu, da dem Mieter einer Familienwohnung im Zweifel die auch für den Vermieter erkennbare Absicht zu unterstellen ist, den mit ihm lebenden Angehörigen bezüglich der gefahrfreien Beschaffenheit der Wohnräume die gleichen Rechte gegen den Vermieter zu verschaffen, die ihm selbst zustehen. Der Vermieter haftet daher auch diesen Personen für ein Verschulden seiner Leute (§ 278) und für einen beim Abschlusse des Vertrags vorhandenen Mangel auch ohne Verschulden (**RG** 91 S. 21, 24; 102, 231; **RG** Warn 1921 Nr 96). Die Rechte, die den Angehörigen zufolge des Vertragsschlusses des Familienhauptes entstehen, gehen aber nicht weiter als die Sicherung des eigenen Körpers, der eigenen Gesundheit erfordert; sie weiter auszudehnen, etwa den Kindern vertragliche Ersatzansprüche aus einer Verletzung oder Tötung der Eltern zu geben, besteht kein praktisches Bedürfnis, die Rechtsstellung der Angehörigen ist notwendig rechtlich schwächer als die des Mieters selbst (**RG** SeuffA 80 Nr 164). — Die Beweislast für die Voraussetzungen des Schadensanspruchs trifft den Mieter. Über mitwirkendes Verschulden des Mieters (§ 254) durch Nichtausübung des Rechtes zur fristlosen Kündigung und durch Unterlassung eigener Mängelbeseitigung (Abs 2) s. A 3 und § 544 A 5. Ein Verschulden des Mieters ist nicht darin zu finden, daß er, nachdem der Vermieter Abhilfe zugesagt, aber einen Aufschub der erforderlichen Änderungen für notwendig erklärt hat, sich vertrösten läßt und nicht mit allem Nachdruck gegen den Vermieter vorgeht (RG 89, 384). Kein Schadensanspruch des Mieters, der eine ihm vom Vermieter geleistete Teilrückzahlung des Mietzinses vorbehaltlos angenommen hat (RG JW 08, 549[10]). — Ersatz immateriellen Schadens (Schmerzensgeld usw.) kann nicht schon wegen Nichterfüllung des Mietvertrags, sondern nur wegen einer unerlaubten Handlung des Vermieters verlangt werden (RG 14. 4. 07 III 246/07; 20. 4. 09 III 300/09). Zur Begründung der Haftung wegen unerlaubter Handlung bedarf es aber nicht, wie früher gewöhnlich angenommen wurde, der Eröffnung eines mehr oder weniger allgemeinen Verkehrs an der Unfallstelle. Der Vermieter, der die Einwirkung seiner Sache auf den Körper eines andern gestattet, hat die Pflicht, die von ihr drohenden Gefahren, soweit er sie kennt oder bei Anwendung der im Verkehr erforderlichen Sorgfalt kennen muß, mit den ihm zu Gebote stehenden Mitteln abzuwenden, und haftet für die Verletzung dieser allgemeinen Rechtspflicht nach § 823 (RG 88, 433, auch 319; 89, 384; 90, 68). — Ersatzpflicht des Vermieters bei Kündigung des Mieters s. § 542 A 1.

5. Gastaufnahmevertrag: Das Verhältnis zwischen dem Gastwirt, der gewerbsmäßig Fremde zur Beherbergung aufnimmt und dem von ihm im Betriebe dieses Gewerbes aufgenommenen Gaste ist eigenartig und nicht nur nach den Vorschriften über die Miete zu beurteilen (RG 65, 11; RG 14. 3. 05 III 465/04; über den Begriff s. auch RG Warn 1920 Nr 198). Auch in diesem Vertragsverhältnis findet aber nach §§ 276, 278 ein Schadensersatzanspruch des Gastes gegen den Gastwirt statt, wenn der Gast durch die mangelhafte Beschaffenheit eines ihm vom Wirte überlassenen Raumes oder Einrichtungsgegenstandes zu Schaden gekommen und dieser Mangel auf ein Verschulden des Wirtes oder seiner Leute zurückzuführen ist. Unter dieser Voraussetzung hat der Gastwirt insbesondere für einen aus der nicht ordnungsmäßigen Beschaffenheit der Aborte und deren Zugänge erwachsenen Schaden einzustehen (RG 16. 10. 06 III 74/06; 21. 1. 10 III 86/09). Haftung bei Glätte eines nicht mit einem Läufer belegten Flurteils s. RG LZ 1917, 1065[7], bei Glätte des Marmorfußbodens einer Wandelhalle s. RG LZ 1914, 943[9]. Verpflichtung der Gäste zu eigener Sorgfalt beim Betreten von Marmorstufen s. RG LZ 1915, 829[11]. Über die weitergehende Haftpflicht des Gastwirts für Verlust oder Beschädigung der vom Gaste eingebrachten Sachen s. § 701 und Anmerkungen dazu. — Ähnlich ist die Haftpflicht des Schank- und Speisewirts (Restaurateurs) geregelt, welcher dem Gaste keine Beherbergung, sondern nur Speise und Trank gewährt. Auch hier liegt ein Vertragsverhältnis besonderen Inhalts vor. Es beruht auf einer Vereinbarung über die Benutzung der für die Gäste bestimmten Räume, die nicht erst mit der Bestellung von Speise und Trank, sondern (stillschweigend) schon mit dem Eintritt des zum Zwecke des Aufenthalts herankommenden Gastes zustande kommt (RG JW 1911, 360[6]). Auf Grund dieser Vereinbarung haftet der Schank- und Speisewirt, z. B., wenn der Zugang nach dem Abort oder wenn dessen Umgebung nicht ordnungsmäßig eingerichtet oder beleuchtet (RG 4. 10. 04 III 95/04; 11. 10. 04 III 189/04; 29. 11. 04 III 452/04; 16. 10. 06 III 230/06; s. auch LZ 1917, 288[4]), auch nach Eintritt der Polizeistunde, solange der Wirt den Betrieb aufrechthält und Gäste bei sich duldet (RG 103, 263); oder wenn ein zu den Gasträumen gehöriger Hof oder Garten bei Glatteis nicht gehörig bestreut ist (RG 21. 2. 07 III 358/06; vgl. auch RG JW 1910, 281[1]), wenn der Fußboden übermäßig glatt (RG LZ 1917, 1065[7]; OLG 38, 129) oder eine glatte Marmortreppe bei regem Verkehr nicht mit Läufern oder Linoleum belegt ist (RG Gruch 60, 856; RG LZ 1914, 143), oder wenn in den Gasträumen ein schußfertiges Gewehr unbeaufsichtigt dasteht (RG 11. 6. 09 III 12/09). Haftung für Mängel einer Kegelbahn s. RG 88, 433 und RG LZ 1914, 679[6]. Doch kann dem Wirt mangels besonderer Umstände nicht zugemutet werden, daß er mit dem Auslöschen von Gasflammen durch unbefugte Dritte rechne und Maßnahmen zur Verhinderung solcher Störungen treffe (RG JW 1919, 241[7]). Ferner besteht eine Haftpflicht des Wirtes für mangelhafte Beschaffenheit der zum Aufhängen der Hüte und Mäntel bestimmten Leisten oder der zur Verabreichung der Getränke dienenden Gefäße (RG 65, 12). Bei der Prüfung der Stühle, die der Wirt den Gästen zur Verfügung stellt, ist äußerste Sorgfalt Verkehrserfordernis (RG Warn 1916 Nr 245, auch RG LZ 1916, 1186[9]). Die vertragliche Haftung bezieht sich nicht nur auf die den Gästen offen stehenden Räume, sondern auch auf den Zugang zu ihnen (a. M. für den Zugang zum Hause RG 74, 126) und auf den Ausgang (RG 10. 2. 14 III 287/13; RG Gruch 60, 856). Anderseits beschränkt sich die Haftung gegebenenfalls auf die Räume, die zur Benutzung gerade des Gastes, der Vertragsgegner ist, bestimmt sind (RG 87, 128). Vertragshaftung des Gastwirts, der dem Gaste fahrlässig gesundheitsschädliche Stoffe an Stelle von Genußmitteln vorsetzt (RG 97, 116). Mitwirkendes Verschulden des Gastes ist nach § 254 zu beurteilen (RG 3. 3. 05 III 536/04). Über die Haftung des Schank- und Speisewirts für die Kleidungsstücke seiner Verkehrsgäste s. RG 104, 45; 105, 202; 109, 261; RG JW 1924, 1870[15]; RG LZ 1922, 680[3], auch JW 1921, 1372[4]; SeuffA 76 Nr 141; LZ 1920, 930[1]; 1921, 236[2];

vgl. ferner RG 103, 265 (Gesellschaftsräume eines Vereins) und JW 1924, 95². Haftung des Schankwirts für schuldhafte Verletzung eines Gastes durch den Kellner (§ 278) s. SeuffA 78 Nr 127; OLG 45, 174. — Neben die vertragliche Haftpflicht tritt unter den Voraussetzungen des § 823 eine Haftung der Gast-, Schank- und Speisewirte für die Verkehrssicherheit der Wirtschaftsräume und ihrer Zu- und Ausgänge aus unerlaubter Handlung (RG 89, 384; 103, 263). Diese Haftung besteht kraft allgemeiner Rechtspflicht nicht nur den Gästen, sondern allen Personen gegenüber, die berechtigterweise die Wirtschaftsräume aufsuchen, z. B. um den Gästen etwas mitzuteilen, sie zu holen oder ihnen etwas zu bringen (RG 85, 185; RG Warn 1916 Nr 106; RG LZ 1911, 218²³). Auch die Haftung des Wirtes wegen unerlaubter Handlung setzt die Eröffnung eines mehr oder weniger allgemeinen Verkehrs an der Unfallstelle nicht unbedingt voraus (RG 88, 433: Kegelbahn). Vgl. oben A 4. Gegenüber einem Anspruch aus unerlaubter Handlung steht dem Wirt bei Verschulden seiner Leute ein Entlastungsbeweis nach § 831 zu, während anderseits auch ein Anspruch auf Schmerzensgeld gegen ihn erhoben werden kann. — In ähnlicher Weise wie die Schank- und Speisewirte haften auch die Stallwirte für die ordnungsmäßige Beschaffenheit, Einrichtung und Überwachung des Stalles; sie sind im Falle ihres oder ihrer Leute Verschuldens für Verletzung der bei ihnen eingestellten Tiere, insbesondere auch für die durch die Tiere anderer Gäste herbeigeführten Schäden, ersatzpflichtig (OLG 34, 68). Haftung des Wirtes bei Einstellung von Pferden und Fuhrwerk durch vorübergehende Verkehrsgäste s. RG Warn 1910 Nr 265; RG JW 1910, 750⁶; OLG 28, S. 211, 213; 36, 97. — Auch das Rechtsverhältnis zwischen dem Unternehmer einer öffentlichen Vergnügungsanlage (Leipziger Palmengarten) und den einmaligen oder regelmäßigen Besuchern dieser Anlage ist nicht Mietvertrag im Sinne von § 535 und rechtfertigt es nicht, den Unternehmer über die Grenzen des § 836 hinaus auch ohne sein Verschulden für die Folgen fehlerhafter Einrichtung des Konzertgebäudes (Verletzung eines Besuchers durch einen sich von der Saaldecke lösenden Stuckreifen) auf Schadensersatz haften zu lassen (RG Warn 1910 Nr 202).

§ 539

Kennt der Mieter bei dem Abschlusse des Vertrags den Mangel der gemieteten Sache, so stehen ihm die in den §§ 537, 538 bestimmten Rechte nicht zu¹). Ist dem Mieter ein Mangel der im § 537 Abs 1 bezeichneten Art infolge grober Fahrlässigkeit unbekannt geblieben oder nimmt er eine mangelhafte Sache an, obschon er den Mangel kennt, so kann er diese Rechte nur unter den Voraussetzungen geltend machen, unter welchen dem Käufer einer mangelhaften Sache nach den §§ 460, 464 Gewähr zu leisten ist²)³).

E I 507 II 484; M 2 377; P 2 132, 133.

1. **Die Kenntnis des Mangels schadet dem Mieter, wenn sie beim Abschluß des Vertrags vorhanden war** (RG 19. 6. 06 III 542/05), aber auch in diesem Falle nicht, wenn vom Vermieter die Beseitigung des Mangels ausdrücklich zugesichert war (RG JW 09, 657⁷; RG 3. 4. 21 III 450/20). Weitere Ausnahme nach § 544. Daraus, daß die vertragliche Haftung nach § 539 ausgeschlossen ist, folgt nicht der Ausschluß eines Anspruchs aus unerlaubter Handlung (§§ 823ff.), mögen auch dieser Anspruch und der Vertragsanspruch auf dasselbe gerichtet sein. Dies gilt namentlich von der Verletzung einer sog. Verkehrspflicht, § 823 A 6a (RG JW 1911, 540¹³).

2 **Die Rechte bleiben also dem Mieter gewahrt:** a) **bei grobfahrlässiger Unkenntnis** (dazu RG Warn 1918 Nr 138), wenn der Vermieter die Abwesenheit des Fehlers zugesichert oder ihn arglistig verschwiegen hat (s. RG 29. 9. 08 III 568/07), b) **bei wissentlicher Annahme der mangelhaften Sache,** wenn der Mieter sich seine Rechte bei der Annahme vorbehalten hat, also nicht bei vorbehaltloser Annahme einer mangelhaften Mietsache (RG 1. 2. 07 III 257/06). Demgemäß liegt dem Vermieter der Beweis der erwähnten Ausschlußgründe (Kenntnis oder grobfahrlässige Unkenntnis des Mieters von den Mängeln beim Abschluß des Vertrags oder Kenntnis bei Annahme der Sache), dem Mieter der Beweis der sie ausnahmsweise beseitigenden Umstände (unter a und b) ob. Vgl. oben § 460 A 4.

3. Hat der Mieter nach Abschluß des Vertrags Mängel der Mietsache erfahren, gleichwohl aber das Mietverhältnis ohne Widerspruch fortgesetzt und den Mietzins voll bezahlt, so ist in entsprechender Anwendung des § 539 anzunehmen, daß er wegen des Mangels keine Ansprüche an den Vermieter erheben, vielmehr sich mit dessen Leistung begnügen wolle. Dagegen kann der Vermieter den Ausschluß oder eine Einschränkung seiner Haftung für Mängel, z. B. für den abgenutzten Zustand einer Treppe, nicht daraus ableiten, daß der Mieter einer vom Vermieter für erforderlich erklärten Aufschiebung der notwendigen Änderungen nicht widersprochen hat. In einem solchen Verhalten liegt weder

ein Verzicht des Mieters auf die Geltendmachung des Mangels überhaupt noch auch nur eine vertragliche Zustimmung des Inhalts, daß der vertragswidrige Zustand einstweilen als vertragsmäßig gelten solle. Der Vermieter haftet daher für den Schaden, der dem Mieter inzwischen aus der Benutzung der mangelhaften Sache entsteht (RG 89, 384).

§ 540

Eine Vereinbarung, durch welche die Verpflichtung des Vermieters zur Vertretung von Mängeln der vermieteten Sache erlassen oder beschränkt wird, ist nichtig, wenn der Vermieter den Mangel arglistig verschweigt[1]).

E I 407 II 485; P 2 132.

1. Vgl. § 476 A 2 (RG 62, 125). Arglistiges Verschweigen (RG JW 1914, 591) liegt vor, wenn der Vermieter den Mangel kennt und dem Mieter in der Absicht, ihn zu täuschen, nicht mitteilt, dagegen in der Regel nicht, wenn er annehmen durfte, daß der Mangel (z. B. ein polizeiliches Benutzungsverbot) auch dem Mieter bekannt sei (OLG 33, 301). Einfluß der Nichtigkeit auf den Bestand des ganzen Mietvertrags § 139. Bestätigung der nichtigen Vereinbarung § 141. Abgesehen von § 540 unterliegt die Haftung des Vermieters für Mängel der Mietsache freier Vereinbarung. Ausschluß der Haftung für Unfälle aus baulichen Schäden eines Pachtgutes SeuffA 70 Nr 174. Unwirksamkeit eines Verzichts des Mieters im Falle des § 544 s. dort.

§ 541

Wird durch das Recht eines Dritten dem Mieter der vertragsmäßige Gebrauch der gemieteten Sache ganz oder zum Teil entzogen[1]), so finden die Vorschriften der §§ 537, 538, des § 539 Satz 1 und des § 540[2]) entsprechende Anwendung[3]).

E I 508 II 486; P 2 133.

1. **Entwährung des Gebrauchs durch Rechte Dritter.** Der vertragsmäßige Gebrauch der Mietsache muß dem Mieter ganz oder teilweise entzogen sein. Das Bestehen eines Rechtes, das von Dritten gegen den Mieter geltend gemacht werden könnte (vgl. § 434) z. B. des Eigentums eines Dritten (vgl. RG JW 1925, 472[15]), genügt nicht. Fälle der Gebrauchsentziehung sind nicht nur dann gegeben, wenn der Vermieter von vornherein kein Recht an der Sache hat, also schlechthin eine fremde Sache vermietet, sondern auch dann, wenn er nur ein zeitlich beschränktes Recht an der von ihm ohne Rücksicht darauf vermieteten Sache hat, dieses während der Mietzeit erlischt, und der nunmehr Berechtigte auf Grund des ihm alsdann zustehenden Kündigungsrechts dem Mieter den Gebrauch entzieht, so im Falle des Nießbrauchs des Vermieters (§ 1056), der ehemännlichen Verwaltung und Nutznießung (§ 1423), der elterlichen Vermögensverwaltung (§ 1663) und der Vorerbschaft (§ 2135). Entziehung des Gebrauchs durch ein Patentrecht OLG 34, 32. Das Recht des Dritten kann, wie aus der allgemeinen Fassung des § 541 und aus der Verweisung auf § 537 hervorgeht, auch erst nach Überlassung der Mietsache an den Mieter entstanden sein (a. M. RG 65, 33). — Was im § 541 für die Entziehung des Gebrauchs bestimmt ist, muß nach Sinn und Zweck der Vorschrift auch dann gelten, wenn der vertragsmäßige Gebrauch dem Mieter wegen des entgegenstehenden Rechtes eines Dritten überhaupt nicht gewährt wird (RG 8. 4. 21 III 450/20: Anwendung des § 539 Satz 1).

2. a) Nach § 537 gänzliche oder teilweise Befreiung des Mieters vom Mietzins wegen Gebrauchsentziehung oder Störung auf Grund eines bei Abschluß des Mietvertrags oder später im Laufe der Miete hervortretenden Rechtes eines Dritten. b) Nach § 538 Recht auf Schadensersatz wegen Gebrauchsentziehung auf Grund des beim Vertragsabschlusse vorhandenen oder erst im Laufe der Miete unter Vertretungspflicht des Vermieters zur Geltung kommenden Rechtes eines Dritten oder wegen Gebrauchsentziehung durch das Recht des Dritten, wenn der Vermieter mit dessen Beseitigung in Verzug kommt. Im Verzugsfalle kann der Mieter das Hindernis selbst beseitigen, insbesondere den Dritten wegen seiner Ansprüche abfinden und den Ersatz der dazu erforderlichen, nicht unverhältnismäßig hohen Aufwendungen verlangen. c) Nach § 539 Satz 1 Ausschluß der in §§ 537, 538 aufgeführten Rechte des Mieters, wenn er bei Abschluß des Mietvertrags das ihm nachteilige Recht des Dritten kennt. Dagegen kein Ausschluß bei grobfahrlässiger Unkenntnis (RG 20. 6. 16 III 84/16) sowie in dem Falle, wenn der Vermieter oder Verpächter sich zur Beseitigung des Mangels verpflichtet hatte (RG JW 09, 657[7]; RG 8. 4. 21 III 450/20). Ob in der vorbehaltlosen Annahme der Mietsache in Kenntnis des Rechtsmangels ein Verzicht des Mieters auf seine

Vertragsrechte liegt, ist nach den Umständen des Falles zu beurteilen. d) Nach § 540 Nichtigkeit der dort erwähnten Vereinbarung bei arglistigem Verschweigen des Rechtes des Dritten durch den Vermieter.

3. Anstatt der in A 2 unter a und b angeführten Ansprüche kann der Mieter nach §§ 535, 536 vom Vermieter Vertragserfüllung, d. h. Beseitigung der dem Mieter nachteiligen Rechte Dritter, begehren. Auch steht ihm das außerordentliche Kündigungsrecht nach § 542 zu (RG 20. 6. 16 III 84/16). Wegen des Einflusses des Konkurses des Vermieters auf das Gebrauchsrecht des Mieters und wegen der Anordnung der Geschäftsaufsicht s. Vorbem 8 vor § 535. — Wegen der Rechtsverhältnisse bei Veräußerung oder Belastung eines vermieteten Grundstücks s. §§ 571 ff. Unverbindlichkeit eines Pachtvertrages für den Lehensfolger (RG 95, 108: gem. R.).

§ 542

[1]) Wird dem Mieter der vertragsmäßige Gebrauch der gemieteten Sache ganz oder zum Teil nicht rechtzeitig gewährt oder wiederentzogen, so kann der Mieter ohne Einhaltung einer Kündigungsfrist das Mietverhältnis kündigen. [2]) Die Kündigung ist erst zulässig, wenn der Vermieter eine ihm von dem Mieter bestimmte angemessene Frist hat verstreichen lassen, ohne Abhilfe zu schaffen[3]). Der Bestimmung einer Frist bedarf es nicht, wenn die Erfüllung des Vertrags infolge des die Kündigung rechtfertigenden Umstandes für den Mieter kein Interesse hat[4]).

Wegen einer unerheblichen Hinderung oder Vorenthaltung des Gebrauchs ist die Kündigung nur zulässig, wenn sie durch ein besonderes Interesse des Mieters gerechtfertigt wird[5]).

Bestreitet der Vermieter die Zulässigkeit der erfolgten Kündigung, weil er den Gebrauch der Sache rechtzeitig gewährt oder vor dem Ablaufe der Frist die Abhilfe bewirkt habe, so trifft ihn die Beweislast[6]).

E I 529 II 487 Abs 1, 2; M 2 418—420; P 2 129, 513 ff.

1. In Erweiterung der allgemeinen Vorschriften der §§ 323 ff. läßt § 542 die **vorzeitige Kündigung** schon bei **Nichtgewährung oder Aufhebung des vertragsmäßigen Gebrauchs** überhaupt zu, mag solche auf einem Verschulden des Vermieters — das jedoch nicht in dem Verschluß der Mieträume bei einer vom Mieter in Angriff genommenen Wegschaffung seiner eingebrachten Sachen zu erblicken ist (RG 6. 4. 09 III 285/08) —, auf dem Mangel gesetzlich zu gewährender oder besonders zugesicherter Eigenschaften, auf Rechten oder Störungen Dritter oder auf andern zufälligen Umständen, z. B. Abbrennen eines vermieteten Hauses (RG 62, 226, für den Fall einer teilweisen Zerstörung jedoch RG Warn 1914 Nr 216), Unbrauchbarkeit der Mieträume infolge notwendiger Reparaturen (OLG 9, 2), baupolizeilicher Verfügung (RG 30. 6. 05 III 48/05) beruhen. Vgl. dazu auch § 544. Der Mieter kann nach § 542 unter Umständen auch dann kündigen, wenn die Fortsetzung des Gebrauchs für ihn mit erheblichen Gefahren verbunden ist (RG 2. 1. 12 III 89/11), ferner, wenn der Vermieter oder seine Angehörigen oder Angestellten ihm den Gebrauch durch Beleidigungen, Tätlichkeiten verleiden (OLG 16, 421; 33, 303). Auf die Übernahme von Ersatzräumen braucht sich der Mieter nur einzulassen, wenn es sich um eine vorübergehende Benutzung während einer Ausbesserung oder Wiederherstellung handelt (RG 30. 6. 05 III 48/05; RG JW 05, 718[9]; RG Warn 1914 Nr 216). Infolge dieser weitergehenden Vorschrift des § 542 wird der Mieter regelmäßig auch keinen Anlaß haben, auf die allgemeinen Vorschriften der §§ 323 ff., soweit sie überhaupt anwendbar sind (dazu Vorbem 3 vor § 535), zurückzugreifen (RG 62, 225). Der Ausbruch eines Krieges berechtigt den Mieter eines zu gewerblichen Zwecken vermieteten Gebäudes nicht ohne weiteres zum Rücktritt vom Mietvertrage (RG 86, 397: Zirkusgebäude). Bei Nichtgewährung oder Aufhebung des vertragsmäßigen Gebrauchs und bei Pachtverhältnissen auch des vertragsmäßigen Fruchtgenusses infolge von behördlichen Maßnahmen, insbesondere kriegsrechtlichen Verboten, sind die in § 537 A 2 entwickelten Grundsätze entsprechend anzuwenden (vgl. namentlich RG 88, 96). Allgemeines Verbot der Jagdausübung im Bezirk des Jagdpächters als Kündigungsgrund s. RG 98, 101; LZ 1916, 897[10]. Vgl. § 552 A 1. — Neben der Kündigung hat der Mieter bei Hinderung oder Vorenthaltung des Gebrauchs auch das Recht auf Befreiung vom Mietzinse von der Zeit der Nichtgewährung bis zur Beendigung des Vertragsverhältnisses (RG JW 05, 718[9]), oder auf Rückzahlung des im voraus bezahlten Mietzinses (RG JW 09, 657[7]; 1912, 859[16]). Ferner kann der Mieter (Pächter), der nach § 542

gekündigt hat, bei Verzug des Vermieters (Verpächters) in der Beseitigung des Mangels Schadensersatz nach § 538 verlangen (RG 21. 5. 09 III 289/08, Verhältnis zur Zinsminderung RG 82 S. 363, 375). Der Mieter kann auch beim Vorliegen der dafür bestehenden Voraussetzungen (insbesondere Verschulden des Vermieters oder seiner Leute oder Verzug) auf Ersatz desjenigen Schadens Anspruch erheben, der durch den die Kündigung veranlassenden Umstand bewirkt wurde, mag auch der Betrag und Umfang dieses Schadens erst nach Beendigung des Mietverhältnisses hervorgetreten sein (RG 64, 381; 76, 369; RG 9. 1. 06 III 195/05; RG 21. 5. 08 III 289/08; RG Warn 1918 Nr 138). Vgl. § 554 A 1. Der Mieter, dem der vertragsmäßige Gebrauch ganz oder zum Teil entzogen worden ist, braucht, wenn er nach fruchtlosem Fristablauf kündigt, nicht seinerseits Vorkehrungen zur Minderung des Schadens zu treffen, dessen Ersatz er nach § 538 verlangen kann. Verzögert er aber die Kündigung über eine angemessene kurze Zeit nach Fristablauf, so kann er Schadensersatz nur insoweit verlangen, als ihm ein Schaden auch bei rechtzeitiger Kündigung entstanden wäre (RG 82, 363, 372, 373). Eine Schadensersatzpflicht nach allgemeinen Grundsätzen (§ 276) kann begründet werden durch ein Verbot des Verpächters an den Pächter, den Pachtgegenstand in einer bestimmten Weise zu benutzen (RG 18. 1. 18 III 417/17). Hat der Vermieter dem Mieter die Bezugsfähigkeit einer Wohnung zu einem bestimmten Zeitpunkte in Form eines Garantieversprechens zugesagt, so ist er bei Nichterfüllung der Zusage schadensersatzpflichtig, ohne daß es auf sein Verschulden ankommt (RG 15. 5. 07 III 438/06). — Die Vorschrift des § 542 bezieht sich unmittelbar nur auf den Fall, daß das Mietverhältnis begonnen hat, ist aber entsprechend anzuwenden, wenn schon vorher feststeht, daß seine Voraussetzungen zu Beginn des Mietverhältnisses vorhanden sein werden, so wenn die Beseitigung eines Mangels unmöglich ist (OLG 22, 289) oder der Vermieter die Instandsetzung der Mietsache ernstlich und endgültig verweigert. Es bedarf dann nicht eines Rücktritts nach § 325 oder (OLG 13, 360) nach § 326.

2. Rechtliche Natur der Kündigung. Die Kündigung ist eine einseitige, empfangsbedürftige Willenserklärung nach § 130. Einer Form bedarf sie nur, wenn dies vereinbart ist. Die Kündigung wirkt nur für die Zukunft (ex nunc), von dem Zeitpunkt ihrer Erklärung ab (M 2, 201) und unterscheidet sich dadurch begrifflich vom Rücktritte (§§ 346 ff.), den den Vertrag rückwirkend (ex tunc) aufhebt (RG 64, 381; RG Warn 1914 Nr 10). Kündigung durch einen Vertreter ohne Vertretungsmacht § 140, bei einer Mehrheit von Gläubigern oder Schuldnern §§ 425, 429, sowie bei Miterben §§ 2038, 2039, durch den Vormund § 1812, durch den Ehemann bei einer von ihm und seiner Ehefrau gemeinsam gemieteten Wohnung OLG 9, 302. Vgl. noch § 553 A 4.

3. Voraussetzung der Kündigung ist die fruchtlose Setzung einer angemessenen Frist zur Abhilfe, nicht die Androhung der Kündigung. Kann nach Lage der Sache unverzügliche Abhilfe verlangt werden, so genügt die Erklärung des Mieters, er werde die gesetzlichen Mittel gegen den Vermieter ergreifen, wenn der Mangel nicht unverzüglich abgestellt werde. Damit ist die Frist gestellt, ohne schuldhaftes Zögern (§ 121 BGB) für Abhilfe Sorge zu tragen. Eine genauere Bestimmung der Frist nach Tagen oder Stunden ist in einem solchen Falle nicht notwendig (RG 75, 354). In einer Klage auf Beseitigung eines den Gebrauch beeinträchtigenden Mangels kann das Verlangen der Abhilfe, nicht aber die zur Kündigung erforderliche Bestimmung einer angemessenen Frist gefunden werden (RG Warn 1918 Nr 74). Fristbestimmung im Urteil ZPO § 255. Vgl. auch RG Warn 1915 Nr 15. Liegen Erklärungen des Vermieters vor, die eine ernstliche und endgültige Verweigerung der Abhilfe darstellen (RG 51, 348; 64, 296; 67, 317), so bedarf es einer Fristsetzung nicht; dafür genügt aber nicht, daß der Vermieter in einem Schriftwechsel mit dem Mieter die Setzung einer Nachfrist nicht verlangt hat (RG Warn 1910 Nr 275). Vielmehr muß das Verhalten des Vermieters unzweideutig zum Ausdruck bringen, daß eine andere Entschließung von ihm auch bei förmlicher Fristsetzung nicht zu erwarten sei, so daß die Zwecklosigkeit einer Abhilfefrist außer Zweifel steht (RG 8. 3. 18 III 433/17; auch SeuffA 71 Nr 160). Hat der Vermieter nach Fristbestimmung die verlangte Abhilfe abgelehnt, so kann der Mieter schon vor Ablauf der Frist kündigen (RG 11. 12. 17 III 180/17). Der Bestimmung einer Frist bedarf es auch dann nicht, wenn eine Abhilfe von vornherein unmöglich oder mit Schwierigkeiten und Belästigungen für den Mieter verbunden ist, deren Duldung ihm nicht zugemutet werden kann. — Bei Setzung einer zu kurzen Frist gilt das zu § 466 A 1 Gesagte. — Der Mieter kann, statt mit sofortiger Wirkung, auch für einen angemessenen späteren Termin kündigen (RG 75, 354; 82, 373). Das Kündigungsrecht des Mieters besteht ohne Rücksicht auf Verzug oder Verschulden des Vermieters (A 1 und RG 98 S. 101, 286; RG Warn 1915 Nr 15; RG 11. 12. 17 III 180/17) und wird auch nicht dadurch ausgeschlossen, daß der Vermieter wegen Mietzinsrückstandes vom Mieter Räumung verlangen kann (RG 11. 12. 17 III 180/17), wohl aber dadurch, daß die Unmöglichkeit auf einem vom Mieter zu vertretenden

Umstande, insbesondere einem Verschulden oder auch nur Mitverschulden des Mieters beruht (RG. 98, 286; RG LZ 1917, 189[4]; vgl. auch § 552), so, wenn er schuldhaft verhindert, daß die Abhilfemaßnahmen des Vermieters Erfolg haben (RG JW 1911, 359[5]). Einem Verschulden des Mieters steht es nicht gleich, wenn er ein polizeiliches Gebrauchsverbot durch seinen eigenen Antrag veranlaßt hat (RG 23. 9. 13 III 184/13; a. M. OLG 28, 140). Der Mieter kann nicht mehr kündigen, wenn der Vermieter nach Fristablauf, aber vor erklärter Kündigung (vgl. § 554 Abs 1 S 2) abhilft (a. M. JW 1918, 107[5]). Ein Verzicht auf die durch die Kündigung begründeten Rechte ist nicht darin zu finden, daß der Mieter trotz der Kündigung vorläufig wohnen bleibt, weil er über ihre vom Vermieter bestrittene Wirksamkeit erst eine gerichtliche Entscheidung haben will (RG 17. 3. 16 III 386/15).

4. **Kein Interesse,** namentlich bei einem Fixgeschäft (vgl. § 361), wie z. B. bei nicht rechtzeitiger Gewährung eines zum Weihnachtsverkauf gemieteten Geschäftslokals (vgl. § 564 A 3).

5. So ist die Anwendung des § 542 Abs 2 namentlich da gegeben, wo sich der Mieter beim Vertragsabschluß eine besondere Eigenschaft der gemieteten Sache, z. B. größte Ruhe für ein als Sanatorium gemietetes Gebäude, ausbedungen hat, und durch unruhige Nachbarn diese Ruhe, wenn auch nicht in übermäßiger Weise, gestört wird (RG 4. 5. 09 III 368/02). Kündigungsrecht und Schadensersatzanspruch sind anerkannt worden, wo der Vermieter dem Mieter von einem Teile eines Platzes zum Betriebe eines Kinematographen den Platz als ruhig bezeichnet hatte, dann aber den gegenüberliegenden Teil einem andern zum Betriebe eines Hunde- und Affentheaters einräumte (RG 21. 1. 10 III 85/09). Das Kündigungsrecht ist von der Rechtsprechung weiter in einem Falle anerkannt worden, wo die (Sammel-) Heizung einer gemieteten Wohnung bei einer Außentemperatur unter 10° R bis Mitte Mai vereinbart war und die vertragswidrige Unterlassung der Heizung vom 1. bis 7. Mai unter Gefährdung der Gesundheit des Mieters andauerte (RG 75, 354; vgl. A 3).

6. **Beweispflichtig** ist im Streitfalle a) der Mieter für die Kündigung und die Fristsetzung, im Falle des Abs 2 auch für die sein besonderes Interesse ergebenden Tatsachen, b) der Vermieter für die rechtzeitige Gebrauchsgewährung oder Wiedergewährung, sowie im Falle des Abs 2 für die Unerheblichkeit der Hinderung oder Vorenthaltung.

§ 543

Auf das dem Mieter nach § 542 zustehende Kündigungsrecht finden die Vorschriften der §§ 539 bis 541[1]) sowie die für die Wandelung bei dem Kaufe geltenden Vorschriften der §§ 469 bis 471[2]) entsprechende Anwendung.

Ist der Mietzins für eine spätere Zeit im voraus entrichtet, so hat ihn der Vermieter nach Maßgabe des § 347[3]) oder, wenn die Kündigung wegen eines Umstandes erfolgt, den er nicht zu vertreten hat, nach den Vorschriften über die Herausgabe einer ungerechtfertigten Bereicherung zurückzuerstatten[4]).

E I 530 II 487 Abs 3; M 2 421; P 2 229, 230, 413.

1. Also **Ausschluß des Kündigungsrechts** a) wenn der Mieter beim Abschlusse des Vertrags die den Gebrauch der Mietsache ausschließenden oder störenden Mängel kennt oder, abgesehen von Zusicherung und Arglist des Vermieters, infolge von grober Fahrlässigkeit nicht kennt (RG 30. 3. 20 III 402/19); b) wenn er die mangelhafte Mietsache mit Kenntnis ihres Mangels vorbehaltlos annimmt oder vorbehaltlos den Mietpreis dafür zahlt (RG 19. 6. 06 III 542/05). Beruht die Kündigungsbefugnis auf einem Mangel im Recht, so wird sie nicht durch grobfahrlässige Unkenntnis des Mieters ausgeschlossen (§ 541 A 2c). Außerdem geht der Mieter wenigstens des ihm nach § 542 Abs 1 Satz 3 bei vorliegendem besondern Interesse zustehenden Rechtes, ohne Bestimmung einer Frist zu kündigen, bei Nichterfüllung der ihm in § 545 auferlegten Anzeigepflicht verlustig (§ 545 Abs 2).

2. Danach ist bei der **Miete mehrerer Sachen,** von denen nur einzelne mangelhaft sind, die Kündigung, abgesehen von der aus § 469 Satz 2 sich ergebenden Ausnahme, nur auf die mangelhaften zu erstrecken und dann ein für alle Sachen festgesetzter Gesamtmietzins in dem in § 471 angegebenen Verhältnisse herabzusetzen. Nach dem aus § 543 Abs 1 in Verbindung mit § 469 zu entnehmenden allgemeinen Rechtsgedanken ist bei einem einheitlichen, verschiedenartige Räume (z. B. Geschäfts- und Wohnräume) umfassenden Miet- oder Pachtverhältnis die Zulässigkeit einer Teilkündigung, auch abgesehen von dem Falle eines Mangels, zu beurteilen; jede Partei kann aber verlangen, daß die Kündigung auf alle Räume erstreckt wird, wenn die von ihr betroffenen Räume nicht ohne Nachteil für sie von den übrigen getrennt werden können (RG 114, 243). Vgl. auch § 4 Abs 2 des MieterschutzG.

3. Für die **Rückerstattung des im voraus entrichteten Mietzinses** gelten die Grundsätze, die nach § 347 im Falle des Rücktritts von einem Vertrage für die Haftpflicht des Empfängers einer bereits erfolgten Vertragsleistung gelten und sich nach den Verpflichtungen bestimmen, die nach § 987 dem mit der Eigentumsklage in Anspruch genommenen Besitzer einer Sache obliegen; insbesondere also Herausgabe der nach dem Eintritt der Rechtshängigkeit gezogenen und zu ziehen gewesenen Nutzungen.

4. Der Vermieter hat in diesem Falle nur denjenigen Betrag des Mietzinses herauszugeben, um welchen er zur Zeit der Rechtshängigkeit (oder der Kündigung) noch bereichert ist (§§ 818, 819).

§ 544

[1]) Ist eine Wohnung oder ein anderer zum Aufenthalte von Menschen bestimmter Raum[2]) so beschaffen, daß die Benutzung mit einer erheblichen Gefährdung[3]) der Gesundheit verbunden ist, so kann der Mieter das Mietverhältnis ohne Einhaltung einer Kündigungsfrist kündigen[4]), auch wenn er die gefahrbringende Beschaffenheit bei dem Abschlusse des Vertrags gekannt oder auf die Geltendmachung der ihm wegen dieser Beschaffenheit zustehenden Rechte verzichtet hat[5]).

E II 488 III 537; P 2 230 ff.

1. **Allgemeines.** Auf Grund obiger Vorschrift, die im öffentlichen Interesse gegeben und daher im Wege der Privatvereinbarung nicht abänderbar ist, steht dem Mieter bei gesundheitsgefährlicher Beschaffenheit einer Wohnung oder eines andern, zum Aufenthalt von Menschen bestimmten Raumes ein **erweitertes Kündigungsrecht** zu. Die Vorschrift gilt auch für die Pacht (§ 581 Abs 2).

2. **Als solcher anderer Raum** kann ein Kontor, Bureau, ein Laden, eine Werkstätte oder ein sonstiger Raum in Betracht kommen, auch wenn er, wie z. B. ein Bier- und Weinkeller oder ein Kellerraum für Sammelheizung, zu einem zwar wiederkehrenden, aber nur auf Stunden beschränkten Aufenthalte bestimmt ist (**RG** 21. 2. 05 III 503/04).

3. **Die Gefährdung der Gesundheit** muß eine naheliegende, nachhaltige und nicht bloß vorübergehende sein (**RG** 51, 211; Warn 1911 Nr 323; JW 1912, 288[9]). „Erheblich" bezieht sich einmal auf den Grad der Gefährdung und ist im Sinne von „nicht unbedeutend", „nicht gering" zu verstehen. Eine erhebliche Gefahr in diesem Sinne ist nur dann anzunehmen, wenn sie nahe liegt, d. h. wenn die Wahrscheinlichkeit des Eintritts einer Gesundheitsbeschädigung eine große, nicht eine nur geringe ist; denn der Grad der Gefahr wird danach bemessen, wie hoch die Wahrscheinlichkeit des Eintritts des befürchteten Ereignisses ist. Mit der herrschenden Meinung ist aber weiter anzunehmen, daß nicht nur die nahe liegende Gefahr einer Gesundheitsbeschädigung vorliegen, sondern auch die drohende Schädigung der Gesundheit selbst eine erhebliche sein muß. Die Gefahr einer nur unbedeutenden Gesundheitsbeschädigung genügt ebensowenig wie ein geringer Gefährdungsgrad. Das Urteil darüber, ob eine Einrichtung gesundheitsschädlich ist, muß sich nach den gegenwärtig auf dem Gebiete der Gesundheitslehre herrschenden Anschauungen richten. Eine gesundheitsschädliche Einrichtung verliert diese Eigenschaft nicht dadurch, daß sie nicht schon in früherer Zeit (man denke an langfristige Mietverträge) erkannt worden ist (**RG** Warn 1911 Nr 323). Mangels Wahrscheinlichkeit einer nachhaltigen Beeinträchtigung ist eine erhebliche Gefährdung der Gesundheit nicht anzunehmen, wenn ihre Beschädigung nur bei längerem Bestehen des Übelstandes zu befürchten, der Mangel aber leicht und in verhältnismäßig kurzer Zeit beseitigt werden kann. Ob aber letzteres zutrifft, ist nicht vom Standpunkt des späteren Beurteilers, der die wirkliche Sachlage kennt, sondern danach zu beurteilen, was zur Zeit der Ausübung des Kündigungsrechts bekannt war. Kennt der Mieter die Ursache eines Mangels (z. B. des Modergeruchs) nicht, so ist seine Lage ebenso zu beurteilen, wie wenn Ursache und Abhilfemittel feststehen, die Beseitigung selbst aber sehr schwierig oder mit beträchtlichem Zeitaufwand verbunden oder unmöglich ist (**RG** 88, 168). Unter Umständen wird man aber von dem Mieter, der nach § 544 kündigen will, ein Forschen nach der Ursache des Mangels verlangen müssen. — Das dauernde Eindringen unerträglicher übler Gerüche in die Mieträume kann den Tatbestand des § 544 verwirklichen (**RG** JW 1912, 288[9]), ebenso eine das Leben und die Gesundheit der Bewohner gefährdende Beschaffenheit des Fußbodens und der Kellertreppe (**RG** Gruch 60, 664). Die Gefährdung der Gesundheit kann auch darauf beruhen, daß der Mieter durch den von dem Mieter eines andern Hausteils (z. B. von einem Fleischer mit dem lärmenden Betriebe seiner Maschine) gemachten Gebrauch in seiner Gesundheit benachteiligt wird (**RG** JW 06, 713[9]); maßgebend sind dabei nicht die besonderen Gesundheitsverhältnisse des einzelnen Mieters (subjektiver

Standpunkt), sondern die allgemeinen, für die gesundheitsgemäße Beschaffenheit von Wohnungen überhaupt geltenden Grundsätze (objektiver Standpunkt, OLG 7, 17). — Über den sog. Berliner Hängeboden vgl. RG Warn 1911 Nr 323.

4. **Das Kündigungsrecht des Mieters** hat grundsätzlich das ganze Mietverhältnis zum Gegenstande (RG Warn 1911 Nr 323) und setzt demgemäß regelmäßig voraus, daß der Mietgegenstand (z. B. eine Wohnung) im ganzen von dem Mangel berührt wird. Die Gesundheitsgefährlichkeit eines einzelnen Raumes rechtfertigt die Kündigung nach § 544 nicht, wenn der Mangel die Tauglichkeit der gemieteten Wohnung nicht erheblich mindert, ihre Benutzbarkeit im Rahmen des Mietzwecks vielmehr durch die übrigen Räume ohne wesentliche Beeinträchtigung der persönlichen Bedürfnisse des Mieters gewährleistet wird (RG 21. 2. 05 III 503/04). Dem Mieter bleiben aber die Rechte aus §§ 537ff., 542. Kann das Mietverhältnis ausnahmsweise im einzelnen Falle als teilbar erachtet werden, so wird das Kündigungsrecht auf einzelne Räume zu beschränken sein, wenn nur diese von gesundheitsgefährlicher Beschaffenheit sind und der getrennte Gebrauch der übrigen Räume ohne Beeinträchtigung des Mieters möglich ist (vgl. auch § 543 A 2). — Das Kündigungsrecht des Mieters setzt kein Verschulden des Vermieters voraus, fällt aber weg, wenn der gesundheitsgefährliche Zustand durch ein Verschulden des Mieters selbst (unpflegliche Behandlung usw.) hervorgerufen wird (RG 51, 210; RG SeuffA 58 Nr 73; JW 1916, 1293[6]). Dagegen kann dem Mieter nicht entgegengehalten werden, er habe durch Anzeige bei der Polizei veranlaßt, daß die bis dahin unbeanstandete Benutzung eines Raumes untersagt worden sei (RG Warn 1911 Nr 323). Der Vermieter kann auch keine Schadensersatzansprüche daraus herleiten, daß der Mieter die polizeiliche Schließung der (baufälligen) Wohnung veranlaßt hat (RG LZ 1916, 594[10]). — Für die Beendigung des Mietverhältnisses im Falle des § 544 bedarf es weder der Bestimmung einer Frist zur Abhilfe wie nach § 542 noch einer Anzeige nach § 545 (RG Gruch 60, 664; a. M. OLG 33, 305), wohl aber einer Kündigung des Mieters, d. h. einer Erklärung des Inhalts daß er das Mietverhältnis auflösen wolle. Die Erklärung kann ohne Rücksicht auf eine etwa vereinbarte Kündigungsform, auch stillschweigend, z. B. durch den Auszug des Mieters (RG Warn 1916 Nr 46) geschehen, muß aber unzweideutig erkennen lassen, daß der Mieter ein Kündigungsrecht ausüben wolle (RG Gruch 60, 664).

5. Neben der fristlosen Kündigung bleibt die Geltendmachung der Rechte aus §§ 537, 538 insoweit bestehen, als der Mieter dieser Rechte nicht nach § 539 verlustig geworden ist oder auf ihre Geltendmachung verzichtet hat. Gegenüber einem Schadensersatzanspruche des Mieters wird der Vermieter nicht selten versuchen, eigenes Verschulden des Mieters nach § 254 geltend zu machen. Die fristlose Kündigung nach § 544 ist (ebenso wie die nach § 542) zwar nur ein Recht, keine Pflicht des Mieters. Aber auch die Nichtausübung eines Rechtes kann unter Umständen ein Verschulden darstellen, nämlich dann, wenn sie gegen die im Verkehr erforderliche Sorgfalt verstößt. Es kommt dabei namentlich in Frage, ob die Voraussetzungen des § 544 so zweifelsfrei vorliegen, daß dem Mieter die Übernahme der Gefahr von Umzugs- und Prozeßkosten zugemutet werden kann (vgl. RG Warn 1916 Nr 133). Ebenso ist die eigene Mängelbeseitigung nach § 538 Abs 2 nur ein Recht des Mieters. Aber die Unterlassung der Rechtsausübung ist auch hier schuldhaft, wenn sie der im Verkehr erforderlichen Sorgfalt zuwiderläuft (RG 100, 42, auch 103, 372). Der Vermieter, der sich auf mitwirkendes Verschulden des Mieters beruft, hat namentlich darzutun, daß diesem die Aufwendung der Kosten angesonnen werden konnte (RG Warn 1912 Nr 423).

§ 545

Zeigt sich im Laufe der Miete ein Mangel der gemieteten Sache oder wird eine Vorkehrung zum Schutze der Sache gegen eine nicht vorhergesehene Gefahr erforderlich, so hat der Mieter dem Vermieter unverzüglich Anzeige zu machen. Das gleiche gilt, wenn sich ein Dritter ein Recht an der Sache anmaßt[1]).

Unterläßt der Mieter die Anzeige, so ist er zum Ersatze des daraus entstehenden Schadens verpflichtet[2]); er ist, soweit der Vermieter infolge der Unterlassung der Anzeige Abhilfe zu schaffen außerstande war, nicht berechtigt, die im § 537 bestimmten Rechte geltend zu machen oder nach § 542 Abs 1 Satz 3 ohne Bestimmung einer Frist zu kündigen oder Schadensersatz wegen Nichterfüllung zu verlangen[3])[4]).

E I 519 II 589; M 2 400, 401; P 2 187; 6 184, 186.

1. **Obhutpflicht** des Mieters im Interesse des Vermieters. Diese Pflicht (vgl. § 535 A 4) besteht namentlich in dem Falle, wenn der Mieter ein ganzes Haus oder einen abgeschlossenen Teil davon gemietet hat (RG 68, 161), erstreckt sich aber auch auf die von dem Mieter mit anderen Mietern gemeinsam zu benutzenden Räume, wie Treppen, Flure (RG 59, 161; 75, 118), und kann insbesondere durch deren Nichtbeaufsichtigung, durch Nichtabgabe des Schlüssels zu einer Wohnung während einer Reise des Mieters verletzt werden. Kraft dieser Obhutpflicht ist der Mieter zur (unverzüglichen § 121) Anzeige eines Mangels (nicht nur eines solchen im Sinne von § 537) auch dann verbunden, wenn der Mangel sein Gebrauchsrecht nicht unmittelbar benachteiligt, sondern nur den Vermieter gefährdet. Eine Verpflichtung zur Vornahme notwendiger Ausbesserungen oder zur Abwehr störender Eingriffe Dritter liegt ihm nicht ob. Es bedarf keiner Anzeige, wenn eine Abhilfe durch den Vermieter von vornherein unmöglich ist. Da die Anzeigepflicht auf der Obhutspflicht beruht, fällt sie insoweit weg, als, wie z. B. bei Überlassung einer Dampfdreschmaschine mit Bedienung an einen technisch unerfahrenen Mieter, die (technische) Obhut nicht diesem, sondern dem als Erfüllungsgehilfen des Vermieters zu betrachtenden Maschinisten anvertraut ist (RG Gruch 61, 633). Die Anzeigepflicht erstreckt sich auch nicht auf Sachen, die zwar tatsächlich unter einer gewissen Obhut des Mieters (Pächters) stehen, aber nicht Gegenstand der Miete (Pacht) sind (RG 22. 2. 17 IV 436/16).

2. **Schadensersatzpflicht des Mieters.** Sie wird nicht schon dadurch ausgeschlossen, daß die Räume, wie z. B. Treppen, Flure und andere Zugänge zu den eigentlichen Mieträumen, auch der Prüfung des Vermieters offen liegen (RG 59, 162; RG Warn 1916 Nr 223), wohl aber dadurch, daß dieser auf irgendeine Weise von dem Mangel wirklich Kenntnis erhält (M 2, 401 und RG 103 S. 372, 374). Haftung des Mieters wegen eines Schadens, den ein Dritter infolge baulicher Mängel der Mieträume erleidet, s. RG 83, 137.

3. **Beweislast** a) für den Vermieter dahin, daß und zu welcher Zeit der Mieter den Mangel gekannt habe oder habe kennen müssen, b) für den Mieter dahin, daß er unverzüglich nach erlangter Kenntnis die Anzeige erstattet habe.

4. Nicht ausgeschlossen ist das im § 544 vorgesehene Kündigungsrecht. — Kommt die Frau eines Mieters infolge schadhaften Zustandes der Treppe im Miethause zu Falle, so kann ihr daraus, daß sie dem Vermieter gegenüber den schon lange bestehenden Mangel nicht anzeigte, zwar, wenn sie nicht Mitmieterin ist, nicht eine Verletzung des § 545, wohl aber ein dem Entschädigungsanspruch aus § 823 entgegenstehendes Verschulden (§ 254) entgegengehalten werden (RG 11. 1. 07 III 231/07).

§ 546

Die auf der vermieteten Sache ruhenden Lasten[1]) hat der Vermieter zu tragen[2]).

E I 515 II 490; M 2 395; P 2 178.

1. Verpflichtung des Vermieters zur Tragung **der öffentlichen wie der privatrechtlichen Lasten,** die auf der Mietsache ruhen (wie z. B. Grund- und Gebäudesteuern (RG Warn 1927 Nr 53), Wasserzins, Reallasten, auch Hypothekenzinsen) oder dem Inhaber eines Grundstücks als solchem obliegen (wie z. B. Kanalisationsabgaben, RG JW 1910, 105[2]; nicht Feuerversicherungsprämien LZ 1919, 821[7]), auch nicht die Vermögenssteuer (RG SeuffA 81 Nr 42); wohl aber die Landesabgabe im Sinne des Betriebssteuerges. v. 11. 8. 23 (RGBl I 769) und die Rentenbankzinsen im Sinne der VO v. 15. 10. 23 (RGBl I 963; RG 115, 209). Vgl. noch RG 116, 111 (Hauszinssteuer).

Was insbesondere die **Einquartierungslast** (Quartierleistung und Naturalverpflegung) anbelangt, so hängt a) die Natur der Einquartierung im Frieden davon ab, ob sie nach den gemäß reichsgesetzlicher Vorschrift (Bundesgesetz v. 25. 6. 68, betr. die Quartierleistung für die bewaffnete Macht während des Friedenszustandes, §§ 5, 7; RGes. v. 24. 5. 98 über die Naturalleistung für die bewaffnete Macht im Frieden, neue Fassung s. RGBl 1925, 44, §§ 4, 7) hierfür maßgebenden Ortsstatuten oder Gemeindebeschlüssen allen Inhabern bequartierungsfähiger Räume, also auch den Mietern oder nur den Grundbesitzern als solchen auferlegt ist, in welchem letzteren Falle sie als auf der vermieteten Sache ruhend anzusehen und vom Mieter nicht mit zu tragen ist. b) Für die Einquartierung im Kriege, insoweit es sich um eine Leistung an die Truppen des Deutschen Reiches und seiner Verbündeten handelt, war durch das RGes. über die Kriegsleistungen v. 13. 6. 73 den zu diesen Leistungen zunächst verpflichteten Gemeinden die Berechtigung erteilt, behufs Erfüllung der bei ihnen angeforderten Quartierleistung die zur Teilnahme an den Gemeindelasten Verpflichteten sowie die sonst in der Gemeinde sich aufhaltenden oder Eigentum in der Gemeinde besitzenden Angehörigen des Reiches zu Naturalleistungen und Diensten aller Art heranzuziehen. Die Last ruhte also, wenn hiervon Gebrauch gemacht wurde, nicht auf dem

Grundbesitz, war vielmehr (vgl. § 3 Nr 1 Ges. v. 13. 6. 73) als eine dem Gemeinde- oder Reichsangehörigen auferlegte persönliche Last grundsätzlich vom Mieter zu tragen, dem dafür auch die Quartiergelder gebühren (**RG** LZ 1919, 431[4]; OLG 33, 307; 38, 146). Militärische Inanspruchnahme eines verpachteten Grundstücks derart, daß das ganze Anwesen in Anspruch genommen (§ 3 Nr 4 des Ges.) und seine vertragsmäßige Benutzung zeitweise und ohne Aussicht auf Änderung in absehbarer Zeit unmöglich wurde, berechtigte den Pächter infolge dieser, einer dauernden gleichzustellenden Unmöglichkeit nach §§ 275, 323 zur Verweigerung des Pachtzinses für die ganze Vertragsdauer (**RG** JW 1919, 579[16]; vgl. auch OLG 40, 314). Das Kriegsleistungsges. v. 13. 6. 73 ist inzwischen durch Ges. v. 19. 3. 24 (RGBl I 285) aufgehoben worden. c) Quartiert sich im Kriege feindliches Militär in willkürlicher Weise in den Mieträumen ein, so kann der Mieter, insoweit ihm dadurch der Gebrauch durch einen vom Vermieter nicht verschuldeten Umstand entzogen ist, gemäß § 323 Abs 1 nach der Dauer und dem Maß der Entziehung Befreiung vom Mietzins oder Minderung beanspruchen.

2. Abänderung im Wege der vertragsmäßigen Vereinbarung zwischen Vermieter und Mieter ist zulässig, jedoch auf das Verhältnis des Vermieters, als Hauseigentümers, der Staats- oder Gemeindebehörde gegenüber ohne Einfluß. Bestimmungen in Pachtverträgen, die dem Pächter die auf dem Pachtgrundstücke ruhenden und ihm künftig aufzulegenden öffentlichen Lasten aufbürden, sind auf alle Lasten zu beziehen, die nach den Regeln einer ordnungsmäßigen Wirtschaft aus dem Ertrag des Grundstücks und nicht aus der Vermögenssubstanz bestritten werden (vgl. **RG** 115, 209: Rentenbankzinsen). S. auch SeuffA 77 Nr 127.

§ 547

Der Vermieter ist verpflichtet, dem Mieter die auf die Sache gemachten notwendigen Verwendungen zu ersetzen[1]). Der Mieter eines Tieres hat jedoch die Fütterungskosten zu tragen.

Die Verpflichtung des Vermieters zum Ersatze sonstiger Verwendungen bestimmt sich nach den Vorschriften über die Geschäftsführung ohne Auftrag[2]). Der Mieter ist berechtigt, eine Einrichtung, mit der er die Sache versehen hat, wegzunehmen[3]).

E I 513, 514 Abs 1 u. 2 II 491; M 2 393—395; P 2 174 ff., 273.

1. Die **notwendigen Verwendungen,** d. h. die zur Erhaltung der Sache, insbesondere auch zur Beseitigung von Mängeln und zur Herstellung zugesicherter Eigenschaften gemachten Ausgaben treffen den Vermieter. Der Mieter dagegen hat, abgesehen von den dem Mieter eines Tieres zur Last fallenden Fütterungskosten, den durch den Gebrauch der Mietsache verursachten Aufwand zu tragen. Über den Ersatz der Aufwendungen s. §§ 256, 257. Zurückbehaltungsrecht §§ 273, 556 Abs 2. Verjährung des Ersatzanspruches § 558. Vgl. auch § 538 Abs 2.

2. Für den Ersatz **sonstiger Verwendungen** kommt es nach §§ 683—685 namentlich darauf an, ob die Verwendung dem Interesse und dem Willen des Vermieters entsprach oder von ihm genehmigt worden ist (vgl. OLG 41, 113: bauliche Änderungen). Die Verpflichtung zur Ersatzleistung fällt weg, wenn der Mieter zu der Verwendung vertragsmäßig verpflichtet ist (Prot 5, 236). Besondere Bestimmungen bei der Pacht nach §§ 582, 586—589.

3. Das **Wegnahmerecht** des Mieters ist nach § 258 unter Herstellung des früheren Zustandes der Mietsache auszuüben (s. auch § 95 und OLG 41, 113: Kochmaschine). Unter dieser Voraussetzung ist der Mieter zur Wegnahme auch dann befugt, wenn der Vermieter die Einrichtung unter Ersatz ihres Wertes behalten will. Denn der Vermieter hat nach dem maßgebenden Schuldverhältnis nur Anspruch darauf, daß er die Mietsache in dem Zustande zurückerhält, in welchem sie sich bei der Überlassung an den Mieter befunden hat (M 2, 385; Prot 2, 177). Auch § 997 Abs 2 steht nicht entgegen, da dort dem mit der Eigentumsklage in Anspruch genommenen Besitzer ein weiteres obligatorisches Recht nicht zur Seite steht, ein Wegnahmerecht vielmehr im Falle des Wertsersatzes ausdrücklich ausgeschlossen ist. Nur eine schikanöse Ausübung des Wegnahmerechts aus § 547 würde nach § 226 unzulässig sein. — Hervorzuheben ist, daß § 547 Abs 2 Satz 2 dem Mieter nur das Recht der Wegnahme verleiht; er kann daher auch nur Duldung der Wegnahme, nicht Herausgabe verlangen, wenn der Vermieter den Besitz der Mieträume mit der Einrichtung erlangt hat (**RG** 109, 128).

§ 548

Veränderungen oder Verschlechterungen der gemieteten Sache, die durch den vertragsmäßigen Gebrauch[1]) herbeigeführt werden, hat der Mieter nicht zu vertreten[2])[3]).

E I 520 II 492; M 2 401; P 2 183.

1. Bei **vertragswidrigem Gebrauch** haftet der Mieter, dem die Obhut und damit die schonende und pflegliche Behandlung der Mietsache obliegt (§ 535 A 4), nach §§ 276, 278, so auch für Dienstboten und Familienangehörige (Besitzdiener), insoweit er diesen Personen die Obhut und Behandlung der Mieträume anvertraut oder überlassen hat (s. § 553), und zwar haftet er nicht nur für den Schaden an der Mietsache, z. B. an den gemieteten Räumen, sondern nach allgemeinen Grundsätzen für allen Schaden, den er durch Verletzung seiner Vertragspflichten dem Vermieter schuldhaft verursacht, so für die Beschädigung von nicht mitvermieteten Räumen und von Sachen des Vermieters, die sich nicht in den Mieträumen befinden (**RG** 84, 222; OLG 33, 309), auch für den entgangenen Gewinn (**RG** 14. 6. 15 IV 633/14). Die Haftpflicht des Mieters besteht insbesondere auch in dem Falle, wenn die Leute des Fuhrunternehmers beim Einzuge des Mieters (oder beim Zufahren von Waren, JW 1922, 230[6]) am Grundstücke des Vermieters Schaden anrichten, oder wenn Treppe und Treppenflur beim Abholen von Sachen beschädigt werden, die der Mieter verkauft hat, mag auch das Fortschaffen durch vom Käufer beauftragte Personen geschehen (**RG** 106, 133). Die nicht zweifellose Frage, ob der Mieter auch für den schuldhaft vertragswidrigen Gebrauch der Mietsache seitens eines Gastes haftet, dem er den Gebrauch überlassen hat, wird nach § 278 zu bejahen sein (vgl. § 535 A 4). Ein vertragswidriger Gebrauch darf nicht angenommen werden, wenn ein Gast im Wirtshaus plötzlich erkrankt oder stirbt, so daß dem Gastwirt durch die notwendige Wiederherstellung des Gastzimmers Kosten erwachsen (s. jedoch LZ 1916, 1504[7]). Umgekehrt ist der Fall zu beurteilen, wenn der Gast seinen Krankheitszustand gekannt und statt des gebotenen Aufenthalts in einem Krankenhause den Gasthof aufgesucht hat. Überanstrengung eines gemieteten Pferdes (OLG 39, 149). Der Mieter eines Fuhrwerks wird dadurch, daß der Vermieter den Kutscher stellt, nicht von der Verpflichtung frei, das Fuhrwerk nur so zu gebrauchen, daß eine Gefährdung des Gespanns, z. B. eine Überanstrengung der Pferde, vermieden wird (**RG** 31. 5. 21 III 506/20). Wegen des vertragswidrigen Gebrauchs s. ferner unten § 550 A 1; § 553 A 1. Auch der Nichtgebrauch der Mietsache (vgl. § 535 A 4) kann unter Umständen, nämlich dann, wenn dadurch die Mietsache (z. B ein Reitpferd) beschädigt oder gefährdet wird, vertragswidrig sein und den Mieter haftbar machen. — Der Schadensersatzanspruch wegen vertragswidrigen Gebrauchs durch den Mieter kann vom Vermieter auch schon vor Beendigung des Mietverhältnisses geltend gemacht werden (**RG** 105, 397). Der Vermieter kann insbesondere die alsbaldige Beseitigung von Schäden dann verlangen, wenn ein Aufschub die Beseitigung unmöglich machen oder größeren Schaden zur Folge haben würde. So auch für diesen Fall (anders für die Regel) SeuffA 74 Nr 103 und OLG 39, 239. Verjährung § 558. — Vertraglich kann die Haftung des Mieters abweichend vom Gesetze geregelt werden. Eine völlige Abwälzung der Erhaltung der Mietsache vom Vermieter auf den Mieter wird aber, namentlich bei formularmäßigen Verträgen, nur dann als vereinbart anzusehen sein, wenn festgestellt werden kann, daß der Mieter eine so weitgehende Last zugunsten des Vermieters bewußt übernehmen wollte (vgl. JW 1922, 822[3]). Auslegung eines Vertrags, der die Haftung des Mieters aus Veränderungen und Verschlechterungen der Mietsache ausschließt, s. LZ 1919, 921[7]; Bedeutung vertraglicher Übernahme der Ausbesserungspflicht durch den Mieter s. JW 1920, 1045[1]; Vertragshaftung für Glasschäden an Schaufenstern usw. s. JW 1922 S. 814[1], [2], 822[3]; OLG 41, 115. Die Haftung des Mieters gegenüber andern Mietern (z. B. für Wasserschäden, OLG 41, 115) bemißt sich nach §§ 823ff.

2. Der Grundsatz, daß der Mieter die durch den **vertragsmäßigen Gebrauch** herbeigeführten Veränderungen oder Verschlechterungen **nicht zu vertreten** habe, ist nach Treu und Glauben (§§ 157, 242) namentlich bei Auslegung der vielfach vorkommenden Vertragsbestimmung, daß die Mieträume in dem nämlichen Zustande zurückzugeben seien, in dem der Mieter sie übernommen habe, im Sinne des § 548 anzuwenden, sofern nicht der Vertrag ausdrücklich eine dem Vermieter günstigere Vorschrift enthält.

3. Die Beweislast dafür, daß Veränderungen oder Verschlechterungen auf einen von ihm nicht zu vertretenden Umstand zurückzuführen seien, trifft den Mieter. Dies gilt auch gegenüber Schadensersatzansprüchen, die der Vermieter gegen den Mieter während der Dauer des Mietverhältnisses (z. B. wegen eines Brandes) erhebt (**RG** BayZ 1922, 173). Vgl. im übrigen § 556 Abs 1 und A 1 dazu.

§ 549

Der Mieter ist ohne die Erlaubnis des Vermieters nicht berechtigt, den Gebrauch der gemieteten Sache einem Dritten zu überlassen[1]), insbesondere die Sache weiter zu vermieten[2]). Verweigert der Vermieter die Erlaubnis, so kann der Mieter das Mietverhältnis unter Einhaltung der gesetzlichen Frist kündigen[3]), sofern nicht in der Person des Dritten ein wichtiger Grund vorliegt[4])[5]).

Überläßt der Mieter den Gebrauch einem Dritten[6]), so hat er ein dem Dritten bei dem Gebrauche zur Last fallendes Verschulden zu vertreten, auch wenn der Vermieter die Erlaubnis zur Überlassung erteilt hat.

E I 516 II 493; M 2 395—397; P 2 178 ff.

1. **Verbot der eigenmächtigen Gebrauchsüberlassung an einen Dritten.** Die Übertragung der Mieterrechte ohne Zustimmung des Vermieters ist ausgeschlossen (**RG** 3. 7. 23 III 127/23). Die Überlassung des Gebrauchs im Sinne des § 549 erfordert nicht die Übertragung eines Rechtes, sondern nur die tatsächliche Einräumung des vollen Gebrauchs der ganzen Mietsache oder eines bestimmten Teiles, umfaßt aber nicht den unselbständigen Mitgebrauch der Mietsache durch Familienmitglieder, Dienstboten, Gäste usw., der vielmehr zum vertragsmäßigen Gebrauch des Mieters selbst gehört. Die Erlaubnis des Vermieters kann formlos, also mündlich, oder auch durch schlüssige Handlungen, erteilt werden, mag sie auch im voraus beim Abschlusse des Mietvertrags gegeben werden, und dieser selbst nach § 566 der schriftlichen Form bedürfen (**RG** SeuffA 77 Nr 125). Sie ist keine Zustimmung im Sinne der §§ 182ff., die Erlaubnis bewirkt nur, daß die Gebrauchsüberlassung an den Dritten nicht als eine Verletzung der dem Mieter gegenüber dem Vermieter obliegenden Verpflichtungen (§ 553) erscheint. Durch den Mangel der Erlaubnis des Vermieters wird die Rechtswirksamkeit des Untermietvertrags nicht berührt, da man eine fremde Sache vermieten kann; § 549 will nur das Verhältnis zwischen Vermieter und Mieter regeln. Ist die Erlaubnis des Vermieters zur Zeit des Vertragsabschlusses zwischen Mieter und Untermieter nicht erteilt, so kann sich der vermietende Mieter auf sein Unvermögen zur Leistung an sich gegenüber dem Untermieter nicht berufen (**RG** 69, 357), er hat vielmehr für seine Leistungsfähigkeit einzustehen (OLG 28, 149) und haftet dem Untermieter auf Schadensersatz wegen Nichterfüllung. Will er dies nicht, so mag er die Wirksamkeit des Vertrags von der Erteilung der Erlaubnis als einer Bedingung abhängig machen. Diese Bedingung kann selbstverständlich auch stillschweigend gesetzt werden. Eine stillschweigende Bedingung kann aber nicht allein aus dem Umstande entnommen werden, daß der Untermieter weiß, sein Vermieter sei nur Mieter und die zur Untervermietung erforderliche Erlaubnis des Hauptvermieters sei noch nicht erteilt; auch die Voraussetzung, die Erlaubnis werde erteilt werden, ist noch keine Bedingung (bestr.). Wer sich unbedingt verpflichtet, muß sich darüber vergewissern, ob ihm die Leistung möglich ist. Die Erlaubnis beizubringen ist allein Sache des vermietenden Mieters. **RG** 81, 59; OLG 28, 149; vgl. **RG** Gruch 33, 994; 35, 1027 (**RG** 41, 147 beruht auf abweichenden Bestimmungen des gemeinen Rechtes). — Auch der Mieter kann, als Untervermieter, den § 549 dem Untermieter gegenüber für sich geltend machen, wenn letzterer ohne des ersteren Erlaubnis den Gebrauch der Sache einem Dritten überläßt (**RG** 19. 2. 09 III 217/08). — Soweit die Untermiete nicht statthaft, ist auch **die Abtretung und Pfändung** des mit der Persönlichkeit des Mieters enge zusammenhängenden Mietrechts ausgeschlossen (M 2, 396; SeuffA 69 Nr 80). Dagegen ist die Pfändung ausnahmsweise zulässig, wenn die Gebrauchsüberlassung dem Mieter vom Vermieter gestattet ist (vgl. ZPO §§ 851, 857; **RG** 37, 421). In der Vereinbarung freier Übertragbarkeit des Mietvertrags liegt nur die Vorauserteilung der nach § 549 erforderlichen Erlaubnis, eine Entlassung des ursprünglichen Mieters aus dem Mietverhältnis läßt sich daraus nicht ableiten (SeuffA 71 Nr 8). — Über die rechtliche Natur eines sog. Wohnungstausches s. **RG** Warn 1926 Nr 49, 50. — Nach Mieterschutzgesetz (Vorbem 9 vor § 535) § 29 Abs 1 wird die Erlaubnis des Vermieters, den Gebrauch des Wohnraums einem Dritten zu überlassen, insbesondere ihn unterzuvermieten, durch die Erlaubnis des Mieteinigungsamtes ersetzt. Die Erlaubnis soll aber versagt werden, wenn der Vermieter sie aus einem wichtigen Grunde verweigert hat. Auf Pachtverhältnisse bezieht sich diese Vorschrift nicht. Ebenso nicht auf die Untervermietung von Räumen, in denen eine eigene Wirtschaft oder Haushaltung nicht geführt werden soll (§ 29 Abs 2).

2. Auch die **unentgeltliche Überlassung** des Gebrauchs an einen Dritten ist ohne Erlaubnis des Vermieters nicht gestattet. Dazu gehört indessen nicht die Überlassung an Familienangehörige, Gäste und Dienstboten des Mieters, der hierbei im Besitze der Mieträume verbleibt (A 1). Haftung des Mieters für diese Personen nach § 278, vgl. § 535 A 4, § 548 A 1.

3. **Die Kündigung des Mieters** (nach § 565) gilt im Zweifel auch dann nicht als ausgeschlossen, wenn die Weitervermietung im Mietvertrag ausdrücklich von der Erlaubnis des Vermieters abhängig gemacht, über ein bei ihrer Verweigerung eintretendes Kündigungsrecht aber nichts bestimmt ist (RG 64, 296; 74, 177). Eine Abtretung seiner Rechte durch den Mieter (vgl. § 399) kommt der Gebrauchsüberlassung gleich. Verweigert der Vermieter die Erlaubnis, so steht dem Mieter ein Kündigungsrecht nach Maßgabe des § 549 zu (RG JW 1911, 487[7]). — Der Pächter hat das im Abs 1 bestimmte Kündigungsrecht nicht (§ 596 Abs 1).

4. Das durch die Verweigerung der Erlaubnis begründete Kündigungsrecht ist nur dann ausgeschlossen, wenn **in der Person des Dritten ein wichtiger Grund** vorliegt. Es kommen namentlich in Betracht persönliche Eigenschaften (Beruf, Lebensweise), welche die Besorgnis begründen, daß die Mitbewohner erheblich belästigt oder in ihren berechtigten Interessen beeinträchtigt werden oder daß sonst (z. B. durch geschäftlichen Wettbewerb des Dritten mit dem Vermieter, RG 23. 11. 17 III 239/17) von der Mietwohnung ein den Vermieter schädigender Gebrauch gemacht werde. Unter Umständen ist ein wichtiger Grund schon dann gegeben, wenn an die Stelle eines Mieters eine große Zahl von Untermietern treten soll. Dagegen ist die Annahme, daß der Vermieter einen Untermieter nur für die ganze vermietete Sache, nicht für einen Teil, zuzulassen brauche, nicht gerechtfertigt. Der Vermieter hat regelmäßig kein berechtigtes Interesse daran, ob alle Räume oder nur einige davon weitervermietet werden. RG 74, 179. — Daß ein wichtiger Grund vorliegt, muß der Vermieter beweisen.

5. Daß der Vermieter die Gründe der **Erlaubnisverweigerung** angeben müsse, sagt das Gesetz nicht, eine solche Angabe ist deshalb kein notwendiges formelles Erfordernis der wirksamen Verweigerung. Anderseits ist aber unverkennbar, daß der Inhalt des § 549 Abs 1 Satz 2 auf billiger Interessenabwägung beruht. Treu und Glauben erfordern, daß der Vermieter die Gründe seiner Erlaubnisverweigerung dem Mieter nicht vorenthält, sie jedenfalls auf Befragen angibt. Verweigert der Vermieter ohne Angabe eines Grundes allgemein die Erlaubnis zur Gebrauchsüberlassung, so kann der Mieter kündigen (vgl. RG 35, 317; 41, 247). Gibt der Vermieter bei der Verweigerung Gründe dafür an, so darf der Mieter sie für seine Entschließung als maßgebend ansehen und Tatsachen, die nicht als Grund angegeben sind, außer Betracht lassen. Einen bei der Erlaubnisverweigerung nicht angegebenen Grund nach der Kündigung des Mieters geltend zu machen, ist der Vermieter nur dann befugt, wenn er bei der Verweigerung den Grund nicht gekannt hat, und die Unkenntnis entschuldbar ist. Sind die vom Vermieter angegebenen Gründe nicht geeignet, die Erlaubnisverweigerung zu rechtfertigen (wird sie z. B. vom Vermieter aus der Ablehnung verschärfter Mietbedingungen hergeleitet), so ist die Kündigung des Mieters berechtigt, und ihre Wirkung kann nicht dadurch wieder rückgängig gemacht werden, daß der Vermieter nachträglich andere Gründe geltend macht (RG 74, 176). Diese Grundsätze gelten auch in dem Falle, wenn der Vermieter Gründe für die Verweigerung unaufgefordert angibt (RG 92, 118). — Das Kündigungsrecht des Mieters kann durch Vertrag ausgeschlossen werden.

6. In diesem Falle ist zu unterscheiden: a) Im **Verhältnis zwischen Vermieter und Mieter** haftet der Mieter, wenn der Vermieter die Erlaubnis erteilt hat, für jedes dem Dritten beim Gebrauche zur Last fallende Verschulden (§ 549 Abs 2), bei Gebrauchsüberlassung ohne Erlaubnis auch für den Zufall, insofern der Schaden nicht auch ohne die Gebrauchsüberlassung eingetreten sein würde. Der Vermieter kann diesen Schadensanspruch schon während der Dauer des Mietverhältnisses geltend machen. Hierher gehört auch der Fall, daß der Verkäufer den Käufer Verpackungsmittel (z. B. Säcke) mietweise überläßt und auf Verlangen des Käufers Ware mit Verpackung unmittelbar an dessen Abnehmer schickt; bei Verlust des Mietgegenstandes haftet der Käufer hier für Verschulden seines Abnehmers (RG 8. 4. 21 III 449/20). Für den Fall der Zwangsmiete s. jedoch Vorbem 3 Abs 2 vor § 535. Im Falle der unbefugten Gebrauchsüberlassung Klagerecht des Vermieters auf Unterlassung nach § 550, sowie Kündigungsrecht nach § 553. b) **Verhältnis zwischen dem Vermieter und dem Dritten** (Untermieter): Der Vermieter hat gegen den Dritten keinen Anspruch auf Mietzins, auch kein Pfandrecht an den von ihm eingebrachten Sachen, wohl aber — außer der etwaigen Eigentumsklage — nach § 556 Abs 3 den Anspruch auf Herausgabe der Mietsache nach Beendigung des Mietverhältnisses und kann auch ein gegen den Mieter ergangenes Räumungsurteil gegen den Dritten vollstrecken lassen, wenn dieser nach Rechtshängigkeit der Klage gegen den Mieter den Besitz der Mietsache erlangt hat und damit „Rechtsnachfolger" des Mieters geworden ist (§§ 265, 325, 727 ZPO; a. M. Planck § 556 A 3 d). Widerruft der Vermieter grundlos die Erlaubnis zur Untervermietung, so kann der Untermieter der Eigentumsklage des Vermieters die Einrede der Arglist entgegensetzen (RG SeuffA 77 Nr 125). c) Das **Verhältnis zwischen dem Mieter und dem Dritten** wird an sich durch die Erlaubnisweigerung oder durch das klageweise Vorgehen des Vermieters gegen den Dritten nicht berührt, dies berechtigt vielmehr den Dritten nur im Falle seiner Austreibung zu

Schadensansprüchen gegen den Mieter, als seinen Vermieter. Diese sind jedoch wegen mangelnden Verschuldens des Mieters dann ausgeschlossen, wenn das vermietete Grundstück infolge nachträglichen Vermögensverfalls des Eigentümers und Hauptvermieters zur Zwangsversteigerung gelangt, und der Ersteher (ZVG § 57) den Dritten austreibt (RG 65, 29).

§ 550

Macht der Mieter von der gemieteten Sache einen vertragswidrigen Gebrauch[1]) und setzt er den Gebrauch ungeachtet einer Abmahnung des Vermieters[2]) fort, so kann der Vermieter auf Unterlassung klagen[3]).

E II 494 III 543; P 2 187 ff.

1. Unter dem **vertragswidrigen Gebrauch** ist ein solcher zu verstehen, der objektiv, vertragswidrig ist, während er nicht notwendig zugleich subjektiv vertragswidrig, also schuldhaft zu sein braucht (RG Warn 1920 Nr 75; a. M. Prot 2, 306; JW 1915, 1272). Entschuldbarer Irrtum des Mieters über seine gesetzlichen oder vertraglichen Befugnisse wendet also den Unterlassungsanspruch des Vermieters (ebenso die Kündigung nach § 553) nicht ab. Ein vertragswidriger Gebrauch kann (muß aber nicht) in der Benutzung gemieteter Wohnräume zu gewerblichen Zwecken (z. B. als Geschäftszimmer) liegen (SeuffA 69 Nr 140). Zur Erteilung von Gesangsunterricht ist der Mieter in einem herrschaftlichen Hause ohne vorherige Vereinbarung nicht befugt (OLG 33, 295). Auch das Zuwiderhandeln gegen eine bestehende **Hausordnung** gehört hierher, wenn diese vom Mieter anerkannt und vom Vermieter nicht etwa schikanös gefaßt ist. Dagegen liegt ein vertragswidriger Gebrauch in der Regel nicht vor, wenn der Mieter, nachdem eine ansteckende Krankheit in seiner Familie ausgebrochen ist, wohnen bleibt und das erkrankte Familienglied nicht in das Krankenhaus überführt. Verweigerung des Einzugs wegen ansteckender Krankheit des Mieters s. OLG 33, 302. Der vertragswidrige Gebrauch kann auch durch eine Handlung des Mieters gegeben sein, die gegen das Nachbarrecht verstößt, insofern für dessen Verletzung der Vermieter, als „der Störer", dem Nachbar verantwortlich ist (RG 47, 164; ferner RG JW 04, 142[11]; RG Gruch 48, 952). Das gleiche gilt für ein Verhalten des Mieters bei der Benutzung der Mietsache, wodurch ihren Eigenschaften und ihrer Eigenart entsprechend Leib und Leben Dritter, z. B. der Besucher gemieteter Wirtschaftsräume, gefährdet und eine Haftung des vermietenden Eigentümers gegenüber dem Dritten begründet wird (RG 92, 359). Ein vertragswidriger Gebrauch liegt auch in der unbefugten Überlassung des Gebrauchs an einen Dritten (§ 549 A 6 und § 553). Halten eines zu geringen Viehbestandes durch den Pächter s. RG Warn 1913 Nr 139.

2. Die vorgängige **Abmahnung**, die hier wie in anderen Fällen (§§ 542, 553) nach Treu und Glauben erfordert wird, begründet in der Regel zugleich ein Verschulden des Mieters. Die Abmahnung muß den vertragswidrigen Gebrauch bestimmt angeben (vgl. § 553 A 3).

3. Diese **Klage** kann auch während der Dauer des Vertragsverhältnisses erhoben werden (Prot 2, 177). Daneben steht dem Vermieter das Kündigungsrecht nach § 553 und bei Verschulden des Mieters ein Anspruch nach §§ 276, 823 auf Ersatz des etwa entstandenen Schadens zu (§ 548 A 1, s. auch § 1004). — Haftung des Mieters für das Verschulden Dritter s. oben § 548 A 1 und § 549 Abs 2. Die Abmahnung muß aber in jedem Falle an den Mieter gerichtet werden.

§ 551

Der Mietzins ist am Ende der Mietzeit zu entrichten. Ist der Mietzins nach Zeitabschnitten bemessen, so ist er nach dem Ablaufe der einzelnen Zeitabschnitte zu entrichten[1]).

Der Mietzins für ein Grundstück[2]) ist, sofern er nicht nach kürzeren Zeitabschnitten bemessen ist[3]), nach dem Ablaufe je eines Kalendervierteljahrs am ersten Werktage des folgenden Monats zu entrichten[4]).

E I 517 II 495; M 2 398; P 2 185 ff.

1. Grundsatz: **Vorleistung des Vermieters**, nachträgliche Zahlung von seiten des Mieters, sofern nicht, was hier gerade sehr häufig, Vertrag oder Ortsgebrauch ein anderes bestimmt. Bei vorzeitiger Endigung der Mietzeit (§§ 542, 544, 553, 554) wird der nach Verhältnis der Gebrauchszeit zu berechnende Mietzins sofort fällig. Über vereinbarte Vorauszahlung des Mietzinses § 535 A 1. — Zurückbehaltungsrecht jeden Teiles nach §§ 320, 321. — Über den Zahlungsort s. § 535 A 3. — Über die gesamtschuldnerische Verpflichtung mehrerer Mieter

s. § 427. Mehreren Vermietern, insbesondere den vermietenden Miteigentümern eines Grundstücks, steht der Anspruch auf den Mietzins gemeinsam zu (§ 535 A 3).

2. **Grundstück:** oder für Wohnräume und andere Räume in Gebäuden (§ 580). Besonderheit bei der Pacht eines landwirtschaftlichen Grundstücks in § 584. Bei Mietzinszahlung **für bewegliche Sachen** gilt Abs 1.

3. Bei kürzeren als vierteljährlichen Zinsterminen gilt Abs 1 Satz 2.

4. Die Schlußvorschrift ist namentlich auch dann anwendbar, wenn der Mietzins für ein Grundstück auf einen längeren, ein Vierteljahr übersteigenden Zeitraum bemessen ist, Zahlungstermine aber sonst nicht bestimmt sind. Vgl. auch § 30 des Mieterschutzgesetzes über die Zeitabschnitte der Zahlung, wenn die gesetzliche Miete zu zahlen ist.

§ 552

Der Mieter wird von der Entrichtung des Mietzinses nicht dadurch befreit, daß er durch einen in seiner Person liegenden Grund an der Ausübung des ihm zustehenden Gebrauchsrechts verhindert wird[1]. Der Vermieter muß sich jedoch den Wert der ersparten Aufwendungen sowie derjenigen Vorteile anrechnen lassen, welche er aus einer anderweitigen Verwertung des Gebrauchs erlangt[2]. Solange der Vermieter infolge der Überlassung des Gebrauchs an einen Dritten außerstande ist[3], dem Mieter den Gebrauch zu gewähren, ist der Mieter zur Entrichtung des Mietzinses nicht verpflichtet[4].

E I 518 II 496; M 2 399, 400; P 2 186 ff.

1. **Persönliche Verhinderungen des Mieters,** wie Krankheit, Versetzung (vgl. § 570), Reisen, veränderte Lebensweise **befreien ihn nicht** von der **Zahlung des Mietzinses.** Diese — mit dem alten Rechte im Einklang stehende — Vorschrift will im Hinblicke darauf, daß an sich der Zufall den Vermieter trifft, Zweifel darüber ausschließen, daß der Vermieter den Mietzins dann beanspruchen kann, wenn der Mieter nur aus einem in seiner Person liegenden Grunde an der Ausübung des Gebrauchs verhindert ist. Der Vermieter hat dem Mieter den vertragsmäßigen Gebrauch zu gewähren (§ 535) und nur für diese Leistung des Vermieters, nicht dafür, daß er für seine Person in der Lage ist, diesen Gebrauch zu machen, schuldet der Mieter den Mietzins. Zu den Fällen der persönlichen Verhinderung des Mieters im Sinne von § 552 gehören: das Verbot eines Zweigbetriebes bei Miete von Geschäftsräumen zur Stellenvermittlung (**RG** 79, 92), das kriegsrechtliche Verbot der Jagdausübung durch Ausländer für den ausländischen Jagdpächter (**RG** Warn 1917 Nr 196) — nicht das allgemeine Verbot der Jagdausübung im Bezirk mit Rücksicht auf den Kriegszustand (**RG** 98, 101; OLG 33, 320, auch LZ 1916, 897[10]) —, die behördliche Beschränkung der Zeit eines Erholungsaufenthaltes (OLG 39, 150) und der Fall, daß infolge einer durch die Kriegsverhältnisse veranlaßten behördlichen Anordnung Ortsfremden der Wegzug aus einem Ort auferlegt oder der Zuzug an den Ort, in dem sich die gemietete Wohnung befindet, verboten wird (JW 1915, 368; OLG 33, 302). Den Gegensatz zu den in der Person des Mieters liegenden Gründen bilden diejenigen, welche in der Person des Vermieters, und die, welche in objektiven, d. h. weder die Person des Vermieters noch die des Mieters betreffenden Umständen (vgl. §§ 537—539) liegen (**RG** 79, 92). — Der Ausbruch eines Krieges gibt dem Mieter eines zu gewerblichen Zwecken vermieteten Gebäudes nicht ohne weiteres das Recht zum Rücktritt vom Mietvertrage (**RG** 86, 397: Zirkusgebäude).

2. **Keine Verpflichtung des Vermieters** zu solcher anderweiten Verwertung im Interesse des Mieters; auch nicht zur unbedingten Annahme eines vom Mieter gestellten Ersatzmieters, vorausgesetzt, daß dem Vermieter hierbei nicht schikanöses Verhalten zur Last fällt. Schikane liegt aber nur dann vor, wenn der Vermieter den Ersatzmieter ohne einen anderen Grund als den, dem Mieter zu schaden, zurückweist (§ 226, **RG** 3. 10. 22 III 685/21).

3. Gleichzustellen ist der Fall, daß der Vermieter infolge von eigener Benutzung außerstande ist, dem Mieter den Gebrauch zu gewähren. Ist er aber bei einer zeitweisen eigenen Benutzung oder Überlassung des Gebrauchs an einen Dritten zur Gewährung des Gebrauchs an den Mieter nicht außerstande, so ist letzterer von seiner Verpflichtung zur Zahlung des Mietzinses nicht befreit, sondern nur zum Verlangen der **Anrechnung** berechtigt (**RG** 52, 286; JW 1912, 859[16]).

4. Die **Beweislast** bezüglich der ihn von der Entrichtung des Mietzinses befreienden Umstände trifft den Mieter (**RG** 3. 10. 22 III 685/21). — Kündigungsrecht und Schadensersatzansprüche des Mieters § 542 und A 1 dort, dazu § 286.

§ 553

1) Der Vermieter kann ohne Einhaltung einer Kündigungsfrist das Mietverhältnis kündigen2), wenn der Mieter oder derjenige, welchem der Mieter den Gebrauch der gemieteten Sache überlassen hat, ungeachtet einer Abmahnung des Vermieters einen vertragswidrigen Gebrauch der Sache fortsetzt, der die Rechte des Vermieters in erheblichem Maße verletzt, insbesondere einem Dritten den ihm unbefugt überlassenen Gebrauch beläßt, oder die Sache durch Vernachlässigung der dem Mieter obliegenden Sorgfalt erheblich gefährdet3)4).

E I 528 Nr 1 II 497 Abs 1 Nr 1; M 2 417; P 2 306, 513.

1. **Außerordentliches Kündigungsrecht des Vermieters** ohne Einhaltung einer Kündigungsfrist in den Fällen der §§ 553, 554. Anwendung auf Pachtverhältnisse nach § 581 Abs 2. Abtretung des Kündigungsrechts des Verpächters bei Weiterverpachtung der Pachtsache s. SeuffA 80 Nr 116. Die Bestimmung des § 553 schützt das Interesse des Vermieters an der Erhaltung der vermieteten Sache gegen ihren vertragswidrigen Gebrauch durch den Mieter, die des § 554 wahrt die Rechte des Vermieters auf die Gegenleistung für die Überlassung des Gebrauchs. Den persönlichen Beziehungen zwischen dem Vermieter (Verpächter) und dem Mieter (Pächter) und den daraus entstehenden Störungen ist darin nicht Rechnung getragen, da diese Beziehungen hier (anders wie z. B. bei Dienst- und Gesellschaftsvertrag) zurückzutreten pflegen. Bedingen aber im einzelnen Falle besondere vertragliche Beziehungen ein engeres verständiges, friedliches Zusammenwirken, und entwickelt sich unter den Vertragsteilen eine Feindschaft von derartiger Schärfe, daß ein solches Zusammenwirken unmöglich wird, dann ist ein Recht zur Kündigung ohne Einhaltung einer Kündigungsfrist auch für Miete und Pacht nach dem allgemeinen Grundsatze anzuerkennen, daß Rechtsverhältnisse von längerer Dauer, die ein persönliches Zusammenarbeiten der Beteiligten und daher ein gutes Einvernehmen erfordern, beim Vorliegen eines wichtigen Grundes jederzeit gekündigt werden können (**RG** 94, 234: Kündigung eines Pachtverhältnisses durch die verpachtende Kirchengemeinde wegen des feindseligen Verhältnisses zwischen dem Pächter von Pfarrländereien und dem an diesen nutzungsberechtigten Pfarrer). Vgl. §§ 626, 723; HGB §§ 70, 77 Abs 3, 92 Abs 2, 133, 161 Abs 2; GewO §§ 124a, 133b und **RG** 78, 385 (389). Eine Lösung des Miet- oder Pachtverhältnisses durch Rücktritt des Vermieters oder Verpächters nach §§ 325, 326 (s. Vorbem 3 vor § 535) wird durch die §§ 553, 554 nicht ausgeschlossen und ist in dem Falle nicht zu entbehren, daß der Mieter oder Pächter wesentliche, durch die §§ 553, 554 nicht betroffene Verpflichtungen, wie z. B. die Leistung einer Bürgschaft, nicht erfüllt. Die Zulässigkeit eines Rücktritts ist auch nicht auf die Fälle zu beschränken, die zu einer Übergabe der Miet- oder Pachtsache an den Mieter oder Pächter noch nicht geführt haben, wenngleich der Rücktritt mit seinen rückwärts gerichteten Folgen (§§ 327, 346, 347) nach solcher Übergabe leicht zu Schwierigkeiten bei der Auseinandersetzung führen kann (**RG** 105, 167).

Der Mieterschutz fand seine Regelung zunächst in der **BRVO zum Schutze der Mieter** v. 23. 9. 18 (Vorbem 9 vor § 535). Nach § 2 konnte im Falle einer Kündigung des Vermieters der Mieter das gemeindliche Mieteinigungsamt (die nach § 11 bestimmte andere Stelle oder das Amtsgericht) anrufen, das über die Wirksamkeit der Kündigung und über die Fortsetzung des gekündigten Mietverhältnisses jeweils bis zur Dauer eines Jahres bestimmen, aber, wenn es die Fortsetzung bestimmte, auch dem Mieter neue Verpflichtungen auferlegen, insbesondere den Mietzins erhöhen konnte, unter Umständen war auch eine Regelung zulässig, die dem Mieter nicht nur Pflichten auferlegte (**RG** 101, 115). Die Regelung beschränkte sich, dem Zwecke des Mieterschutzes entsprechend, auf das Mietverhältnis selbst und ließ andere in den Mietvertrag aufgenommene Verpflichtungen unberührt. Ordnete daher das Mieteinigungsamt eine Verlängerung des Mietverhältnisses an, so wurde damit nicht zugleich der im Mietvertrag für die Ausübung eines Ankaufsrechts festgesetzte Zeitraum verlängert (**RG** 107, 300). Die Entscheidungen des Mieteinigungsamts waren unanfechtbar, seine Bestimmungen galten als vereinbarte Bestimmungen des Mietvertrags. Sie konnten daher regelmäßig auch durch Vereinbarung geändert werden. Mangels solcher Änderung blieben sie für die Beteiligten maßgebend und ebenso für das Gericht, das im Streitfalle über eine von der Entscheidung des Mieteinigungsamts berührte Frage zu entscheiden hatte. Vorausgesetzt war dabei, daß das Mieteinigungsamt (selbst nicht Gericht, sondern Verwaltungsbehörde, RG 107, 284), sich in den Grenzen seiner Zuständigkeit gehalten hatte, und ob dies zutraf, war vom Gericht zu prüfen; eine weitere Prüfung, insbesondere der Ordnungsmäßigkeit des Verfahrens und der Besetzung des Mieteinigungsamts stand ihm nicht zu (RG 101, 115, auch S. 53; 103 S. 271, 314; 104 S. 153, 364; 105, 59; RG JW 1924, 1964[5]; 1925, 956[25]; RG Warn 1922 Nr 117; LZ 1922, 561[1], s. auch JW 1921, 1372[5] und SeuffA 78 Nr 122). Das Mieteinigungsamt war aber auch befugt, auf erneuten Anruf eines Beteiligten einen früheren Beschluß aufzuheben oder zu ändern; dann war die neue Entscheidung maßgebend, und es stand dem Gericht nicht zu, nachzuprüfen, ob das Mieteinigungsamt von seiner Befugnis mit Recht Gebrauch gemacht hatte (RG 103, 314). Nicht zuständig war das Mieteinigungsamt, bei Herabsetzung eines übermäßigen Mietzinses bindend über die Höhe des vereinbarten Mietzinses, insbesondere darüber zu entscheiden, ob ein Teil eines angeblich für die Einrichtung des gemieteten Ladens vereinbarten Kaufpreises in Wahrheit Mietzins sei (RG 104, 153). Über die Aufhebung eines vom Vermieter mit einem neuen Mieter abgeschlossenen Vertrags, wenn die Fortsetzung des alten Mietverhältnisses bestimmt wurde, s. § 2 a. a. O. Die Mieterschutzverordnung bezog sich nur auf die Miete (auch Untermiete) von Grundstücken (auch Lager- und Arbeitsplätze, RG 17. 6. 22 III 645/21) und ihnen gleichzustellenden Wohnräumen und andern Räumen in Gebäuden (vgl. § 580), nicht auf die Miete beweglicher Sachen, galt aber in dieser Beschränkung für Kündigungen aller Art, nicht nur für solche zum Zwecke einer Steigerung des Mietzinses, auch für die außerordentliche Kündigung nach §§ 553, 554 und für die Kündigung des Vermieters im Falle des § 569. Keine Anwendung fand die Mieterschutzverordnung auf Rechtsverhältnisse anderer Art, so z. B. nicht auf Pachtverhältnisse, mochten auch zum Pachtgegenstand Wohnräume für den Pächter und seine Angestellten gehören (RG 102, 186; RG Warn 1922 Nr 38; RG 22. 11. 21 III 515/21; s. auch JW 1920, 157[12]), doch konnte eine Zustimmung des Mieteinigungsamts zur Kündigung auf Grund von Maßnahmen gegen den Wohnungsmangel notwendig sein (RG 102, 186); ferner nicht auf Dienstverhältnisse des bürgerlichen und des öffentlichen Rechtes, so nicht bei Überlassung von Dienstwohnungen an öffentliche Beamte und Offiziere (RG 105, 46), an Hausmeister, Torwarte und sonstige Angestellte (JW 1921 S. 283[2], 418[2], 770[5], 771[10], 1371[2]; OLG 42, 1; s. jedoch auch JW 1921, 771[11]), auch nicht auf Pensionsverhältnisse, wenn die Beköstigung die Hauptsache bildete (JW 1922, 826[12]), auch in diesen Fällen unbeschadet der Vorschriften über Maßnahmen gegen den Wohnungsmangel, für deren Anwendung es belanglos ist, auf Grund welchen Rechtsverhältnisses jemand eine Wohnung innehat (s. außer RG 102, 186 auch OLG 42, 156). Anwendung der Vorschriften über den Mieterschutz auf die Wohnungsleihe (RG JW 1921, 1362[5]). — Über das Erfordernis einer vorherigen Zustimmung des Einigungsamts zur Kündigung des Vermieters bei Miete von Wohnräumen, Läden und Werkstätten s. § 6 der VO. Auf Räume, die zum Zwecke des Hotelbetriebs vermietet waren, bezog sich die letztere Vorschrift, wie überhaupt die Mieterschutzgesetzgebung, nicht (RG 103, 271). Bureauräume s. OLG 43, 56. § 5a MSchVO gab aber bei außergewöhnlichen Mißständen den Gemeindebehörden die Möglichkeit, über den Rahmen des § 6 hinaus die Wirksamkeit der Kündigung anderer Mieträume als Wohnräume, Läden oder Werkstätten von der vorherigen Zustimmung des Einigungsamts abhängig zu machen (RG 103, 309; 107, 221; RG JW 1924 S. 799[6], 1521[18]; RG Warn 1925 Nr 22). Die Kündigung, zu der das Mieteinigungsamt seine Zustimmung geben sollte, mußte sich auf einen bestimmten Grund stützen, und die so bestimmte Kündigung setzte, um wirksam zu sein, ein Doppeltes voraus: sie mußte nach bürgerlichem Recht begründet und nach den aus dem Mieterschutzrecht sich ergebenden öffentlich-rechtlichen Gesichtspunkten zu billigen sein. Über die zweite Voraussetzung entschied das Mieteinigungsamt, über die erste im Streitfalle das Gericht und nur dieses; die Zustimmung des Mieteinigungsamts konnte eine nach bürgerlichem Recht unwirksame Kündigung nicht wirksam machen (RG 103, 381; 104, 244; RG JW 1925, 956[25]). Von mehreren Kündigungsgründen durften diejenigen, denen das Mieteinigungsamt nicht zugestimmt hatte oder die ihm gar nicht zur Kenntnis gebracht worden waren, vor Gericht im Räumungsstreit nicht verwertet werden (RG 104, 244; RG 8. 2. 24 III 214/23; s. auch JW 1921, 1371[3]). Die Genehmigung des Mieteinigungsamts zur Kündigung auf einen bestimmten Zeitpunkt enthielt nicht ohne weiteres auch die Genehmigung zur Kündigung auf einen späteren Zeitpunkt (vgl. RG JW 1925, 956[25]). Das Mieteinigungsamt hatte über die soziale und wirtschaftliche Berechtigung der Kündigung nach Billigkeitsgründen zu entscheiden; alle Rechtsfragen, z. B. ob ein Mietverhältnis überhaupt zustande gekommen, wie lange es vertraglich dauerte, ob einer der gesetzlichen oder vertraglichen Endigungsgründe eingetreten war, seiner Entscheidung entzogen und den Gerichten vorbehalten (RG Warn 1922 Nr 118; s. auch RG 107, 284). Über Teilkündigung, wenn das Mieteinigungsamt die erforderliche Zustimmung nur für einen Teil der Wohnung gab, s. JW 1922 S. 235[1], 825[9]. Keine Kündigung im Sinne des § 6 MSchVO, daher auch nicht der Zustimmung des Mieteinigungsamts bedürftig, war eine Vereinbarung zwischen Mieter und Vermieter, wodurch sich der erstere verpflichtete, die Wohnung zu einem bestimmten Zeitpunkt zu räumen (RG 104, 308). Bei der häufigen Vertragsbestimmung, daß der auf bestimmte Zeit geschlossene Mietvertrag sich von selbst auf gewisse Zeit fortsetze, wenn er nicht bestimmte Zeit vor seinem Ablauf gekündigt werde, handelt es sich ebenfalls nicht um eine Kündigung im Sinne des BGB, diese sog. Kündigung bedurfte daher auch nicht der Zustimmung des Mieteinigungsamts (RG 107, 300; vgl. § 564 A 1). Verzichtete der Mieter im Mietvertrag auf Einholung der Zustimmung des Mieteinigungsamts zu einer Kündigung des Vermieters, so war zwar diese Vertragsbestimmung als gegen das zwingende Recht des Mieterschutzes verstoßend, nicht aber der Mietvertrag im ganzen nichtig (RG Gruch 68, 518). Versagte bei einem auf bestimmte Zeit unkündbaren Mietverhältnis das Mieteinigungsamt die nach § 6 MSchVO erforderliche Zustimmung zu einer nach bürgerlichem Recht, z. B. wegen Nichtzahlung des Mietzinses nach § 554, gerechtfertigten außerordentlichen Kündigung, so mußte der Vermieter den Mieter wohnen lassen; die Kündigung war aber gleichwohl nicht ohne rechtliche Wirkung, bewirkte vielmehr, daß die vertragliche Unkündbarkeit wegfiel und das Mietverhältnis von der Kündigung an nur auf unbestimmte Zeit bestand (RG Warn 1922 Nr 119; RG 2. 11. 23 III 825/22; s. auch JW 1921, 476[14]). Durch Anordnungen des Mieteinigungsamts, die das Mietverhältnis über das nach bürgerlichem Recht anzunehmende Ende hinaus verlängern, wurde nicht zugleich die vertragliche Frist für die Ausübung eines Ankaufsrechts bezüglich des vermieteten Grundstücks verlängert (RG 107, 300). — Auf Grund einer Ermächtigung im Sinne des § 5a MSchVO konnte vorgeschrieben werden, daß Klagen auf Räumung von Wohn- und Geschäftsräumen usw. nur mit Zustimmung des Mieteinigungsamts erhoben werden durften. Solche Vorschriften konnten aber, ebenso wie andere Mieterschutzvorschriften, nur auf Ansprüche aus gültigen Mietverträgen bezogen werden, nicht auf solche Räumungsansprüche, die aus der Nichtigkeit oder Hinfälligkeit des Mietvertrags abgeleitet werden; auch waren sie, ebenso wie andere Vorschriften des Mieterschutzes (s. oben), auf Pachtverhältnisse nicht anwendbar (RG 104, 365). Ein rechtskräftiges Räumungsurteil verpflichtet den Mieter auch dann zur Räumung, wenn es mangels Genehmigung des Mieteinigungsamts nicht vollstreckt werden kann, und der Mieter unterliegt den nach Gesetz oder Vertrag begründeten Rechtsfolgen der Nichterfüllung (RG JW 1927, 581[6]). — Für Pachtverhältnisse s. die Kleingarten- und Kleinpachtlandordnung v. 31. 7. 19, RGBl 1371, und die Pachtschutzverordnung v. 9. 6. 20, RGBl 1193, in der Fassung des Ges. v. 29. 6. 22, RGBl 529; über beide unten § 581 A 1. Über die Zulässigkeit einer Anordnung, daß die Kündigung einer Wohnung schlechthin, also auch bei Vorliegen eines Pachtverhältnisses, von der Zustimmung des Mieteinigungsamts abhängen solle, auf Grund der Vorschriften gegen den Wohnungsmangel (Vorbem 9) s. RG 102, 186 (Erholungsheim).

Die gegenwärtige Regelung des Mieterschutzes beruht auf dem am 1. 10. 23 in Kraft getretenen **Gesetz über Mieterschutz und Mieteinigungsämter v. 1. 6. 23,** RGBl I 353 (Fortdauer des Mieterschutzes im besetzten Gebiete während der Übergangszeit s. RG JW 1924, 1521; RG 30. 9. 24 III 955/23; 7. 10. 24 III 1063/23), dazu VO v. 24. 12. 23, RGBl I 1247 und v. 14. 2. 24, RGBl I 111, sowie das am 1. 7. 26 in Kraft getretene Ges. zur Abänderung des Mieterschutzes v. 29. 6. 26, RGBl I 317, neue Fassung des Mieterschutzgesetzes v. 30. 6. 26, RGBl I 347, dazu die Änderung durch Ges. v. 17. 3. 27, RGBl I 71 (eingefügt § 52 Abs 3, § 52a). Das Mieterschutzgesetz, dessen Geltungsdauer durch Ges. v. 30. 6. 27, RGBl I 131, bis zum 31. 12. 27 verlängert ist, bedeutet eine wesentliche Verstärkung des Mieterschutzes, wodurch für den Bereich und die Dauer seiner Geltung namentlich das aus dem BGB sich ergebende Kündigungsrecht des Vermieters in weitgehendem Maße ausgeschaltet und in dem sog. Mietschöffengericht (Amtsgericht mit Beisitzern aus dem Kreise der Vermieter und Mieter, kein Sondergericht, sondern eine besonders besetzte Abteilung des Amtsgerichts, RG 26. 11. 26 III 611/25) für die Entscheidung der auf die Aufhebung eines Mietverhältnisses gerichteten Klagen eine besondere gerichtliche Organisation mit besonderem Verfahren geschaffen worden ist. Nach § 1 können Mietverhältnisse über Gebäude und Gebäudeteile, vorbehaltlich der §§ 19—26, auf Verlangen des Vermieters gegen den Willen des Mieters nur aus den in den §§ 2—4 (vgl. auch §§ 34, 35) bezeichneten Gründen aufgehoben werden, und die Aufhebung geschieht auf Klage des Vermieters durch gerichtliches Urteil. Während also bisher die gegebenenfalls mit Zustimmung des Mieteinigungsamts ausgesprochene Kündigung des Vermieters die Beendigung des Mietverhältnisses zur Folge hatte, und der Vermieter unmittelbar auf Räumung klagen konnte, bedarf es jetzt einer Klage auf Aufhebung des Mietverhältnisses, die das Mietschöffengericht durch rechtsgestaltendes Urteil ausspricht — eine gleichwohl unmittelbar auf Räumung gerichtete Klage wäre vom ordentlichen Gericht als unbegründet, nicht wegen sachlicher Unzuständigkeit abzuweisen (RG 113, 51; RG 27. 4. 26 III 599/25) — und an die Stelle der nach Gesetz oder Vertrag dem Vermieter zustehenden Kündigungsgründe treten die im Mieterschutzgesetz bezeichneten Voraussetzungen. Den Zeitpunkt, für den das Mietverhältnis aufgehoben wird, bestimmt nach Maßgabe des § 5 das Gericht im Urteil, ebenso, unbeschadet § 721 ZPO, daß der Mieter zu diesem Zeitpunkt den Mietraum an den Vermieter herauszugeben hat; über Zwangsvollstreckung s. § 6 (dazu § 36). Leistet der Mieter einem gerichtlichen Räumungsurteil keine Folge, so treffen ihn die bürgerlich-rechtlichen Folgen des Verzugs auch dann, wenn das Mieteinigungsamt mangels Beschaffung eines Ersatzraums die Genehmigung zur Vollstreckung des Urteils versagt hat; die Unmöglichkeit der Sicherstellung von Ersatzraum begründet nicht den Tatbestand der §§ 275, 285 (RG 20. 10. 26 III 533/25). Ebenso ist der Mieter materiellrechtlich zur Räumung mit der Folge der Schadensersatzpflicht verpflichtet, wenn das Mietschöffengericht das Mietverhältnis gemäß § 5 Abs 1 Satz 2 mit sofortiger Wirkung aufgehoben hat, mag auch der Mieter Berufung einlegen; die Wirkung des seine Berufung zurückweisenden Urteils ist auf den Zeitpunkt zurückzubeziehen, auf den der erste Richter die Aufhebung ausgesprochen hat (RG 116, 382). Ein auf bestimmte Zeit eingegangenes Mietverhältnis wird fortgesetzt, wenn nicht der Mieter spätestens zu dem Zeitpunkt, zu dem nach BGB § 565 eine für den Ablauf der Mietzeit zulässige Kündigung zu geschehen hätte, sich auf die Beendigung des Mietverhältnisses beruft (§ 1 Abs 1 Satz 1). Der Vermieter kann auch ein vertraglich vorbehaltenes Rücktrittsrecht nicht gegen den Willen des Mieters ausüben (§ 1 Abs 2 Satz 2). Dem Vermieter steht gleich wer nach dem Abschluß des Mietvertrags das Eigentum am Grundstück erwirbt (§ 1 Abs 3). Das Kündigungsrecht des Mieters (vgl. BGB §§ 542ff, 564ff.) ist unberührt geblieben. Aber auch das Kündigungsrecht des Vermieters hat nicht jede Wirkung verloren, seine Kündigung kann nur nicht die Beendigung des Mietverhältnisses bewirken, weil dies dem Mieterschutzgesetz widersprechen würde. Kündigt z. B. der Vermieter unter den nach Gesetz oder Vertrag gegebenen Voraussetzungen einer außerordentlichen Kündigung ein für bestimmte Zeit eingegangenes Mietverhältnis, so besteht dieses von nun an nur noch auf unbestimmte Zeit weiter, und es entfällt insbesondere auch ein Optionsrecht des Mieters (RG 114, 135). Das Verfahren vor dem Mietschöffengericht behandeln die §§ 7—18, besondere Mietverhältnisse und sonstige Vorschriften die §§ 19—36. In den §§ 20ff. ist der Mieterschutz auf die sog. Werkwohnungen ausgedehnt, die im Zusammenhang mit einem Dienst- oder Arbeitsverhältnis überlassen zu werden pflegen; auf die Überlassung von Dienstwohnungen an öffentliche Beamte oder Militärpersonen sind die Vorschriften nicht zu beziehen (vgl. RG 105, 46). Auf Untermietverhältnisse erstreckt sich nach der jetzigen Fassung des § 24 der gesetzliche Mieterschutz nur, wenn sie sich ausschließlich auf Wohnräume beziehen, in denen der Untermieter eine eigene Wirtschaft oder Haushaltung führt. Vorübergehende Vermietung oder Untervermietung für besondere Zwecke s. § 25. Ansprüche auf Herausgabe eines Raumes, ohne daß eine Aufhebung des Mietverhältnisses im Sinne des Gesetzes verlangt wird, behandelt § 27. Unwirksamkeit der entgegen gemeindlicher Anordnung nicht angezeigten oder nicht zur Genehmigung mitgeteilten Mietverträge s. § 31 Abs 1. Ist die Anzeige erstattet oder die Genehmigung erteilt, so kann der Mieter die Herausgabe des Mietraums von demjenigen verlangen, der den Raum ohne Abschluß eines Vertrags oder auf Grund eines nicht angezeigten oder nicht genehmigten Mietvertrags innehat (§ 31 Abs 2). Auf die Mieteinigungsämter beziehen sich die §§ 37—47, die namentlich auch eine Rechtsbeschwerde gegen die Entscheidungen der Mieteinigungsämter vorsehen (§§ 41ff.). Schluß- und Übergangsvorschriften enthalten die §§ 48—54; dazu Ges. v. 17. 3. 27, RGBl I 71). Das MSchG erstreckt sich ebenso wie die bisherigen Vorschriften des Mieterschutzes nur auf Mietverhältnisse, nicht z. B. auf Pacht. Die Unterscheidung zwischen Miete und Pacht (Vorbem 1) hat damit verstärkte Bedeutung gewonnen. Sind mit verpachteten Wirtschaftsräumen auch Wohnräume überlassen worden, so bedarf es der Feststellung, ob die Wohnung als unselbständige nur den gewerblichen Zwecken der Wirtschaft dienende Nebensache anzusehen ist, bejahendenfalls handelt es sich nicht um Miete, auch nicht um eine Mischung aus Miete und Pacht, sondern um reine Pacht und die Mieterschutzvorschriften finden keine Anwendung (RG JW 1927, 582[7]; RG 26. 1. 26 III 385/25). Das Mieterschutzgesetz bezieht sich ferner nur auf Mietverhältnisse über Gebäude und Gebäudeteile, auch solche, die nicht dem Wohnen von Menschen, sondern gewerblichen Zwecken dienen, dagegen ist es nicht anzuwenden auf die Vermietung unbebauter Plätze, z. B. Lagerplätze, mögen selbst Baulichkeiten von nebensächlicher Bedeutung vorhanden sein, oder vom Mieter auf dem Platze Bauten errichtet worden sein, die gemäß § 95 nicht Bestandteile des Grundstücks geworden sind (RG JW 1926, 574[6]; OLG 44, 1). In jedem Falle, auch bei Ansprüchen im Sinne des § 27, wird ferner für die Anwendung des Mieterschutzes ein gültiges Vertragsverhältnis vorausgesetzt; andernfalls ist auf Räumung nach allgemeinen Grundsätzen vor den ordentlichen Gerichten zu klagen (RG 113, 159). Mangels eines zwischen ihnen bestehenden Mietverhältnisses kann auch der Untermieter gegenüber dem Hauptvermieter sich nicht auf das Mieterschutzgesetz berufen, die Klage des letzteren auf Herausgabe von Räumen fällt insbesondere nicht unter § 27 (RG 110, 124). Inwieweit auf Gebäude im Eigentum oder in der Verwaltung des Reiches oder eines Landes oder von Gemeinden, Körperschaften des öffentlichen Rechtes, gemeinnützigen Anstalten und Stiftungen, sowie gemeinnützigen, nicht auf Erwerb gerichteten Organisationen die Vorschriften der §§ 9—31 nicht anzuwenden sind, bestimmt § 32 (dazu

RG BayZ 1927, 322). Nach näherer Bestimmung des § 33 finden die fraglichen Vorschriften auch keine Anwendung auf Neubauten oder durch Um- oder Einbauten neugeschaffene Räume, wenn sie nach dem 1. Juli 1918 bezugsfertig geworden sind. Über die Nichtanwendung des ersten Abschnitts des Gesetzes im Falle der Wohnungsteilung und des Ausbaues gewerblicher Räume zu Wohnungen s. §§ 33a, 33b.

2. Neben diesem **Kündigungsrecht** und aus dem gleichen Grunde kann der Vermieter, wie nach § 554 (und wie im Falle des § 542 der Mieter, § 542 A 1), einen **Schadensersatzanspruch** geltend machen, und zwar auch für einen nach der Kündigung eintretenden, durch sie veranlaßten Schaden (bestr.). Vgl. § 554 A 1.

3. Voraussetzungen der Kündigung also: a) Fortsetzung eines vertragswidrigen Gebrauchs (Verschulden nicht erforderlich, **RG** JW 1920, 377[6] und § 550 A 1) seitens des Mieters oder desjenigen, dem der Mieter den Gebrauch der gemieteten Sache überlassen hat (für den Fall der Zwangsmiete s. jedoch Vorbem 3 Abs 2 vor § 535), b) Abmahnung seitens des Vermieters von dem vertragswidrigen Gebrauch, c) erhebliche Verletzung (**RG** SeuffA 79 Nr 68: Fischereipacht) der Rechte des Vermieters durch den vertragswidrigen Gebrauch. — Die „Abmahnung" ist in allen Fällen des § 553, auch in den am Schlusse der Vorschrift hervorgehobenen beiden Fällen und selbst bei erheblicher Gefährdung der Mietsache, notwendige Voraussetzung des Kündigungsrechts (**RG** 104, 26). Sie soll dem Mieter kundgeben, worin der Vermieter den Mißbrauch der Mietsache erblickt, damit der Mieter von dem Mißbrauch ablassen und so die fristlose Kündigung (und die Klage auf Unterlassung § 550) abwenden kann. Diesen Zweck erfüllt nur eine Abmahnung, welche die Beschwerden des Vermieters bestimmt bezeichnet, und nur die Fortsetzung eines diesen bestimmten Beschwerden zuwiderlaufenden Verhaltens kann das Recht zur fristlosen Kündigung begründen. Eine allgemeine Erinnerung an den ordnungsmäßigen Gebrauch der Mietsache (z. B. der nicht näher dargelegte Vorwurf unsauberer Wirtschaftsführung in dem vermieteten Gasthause, verbunden mit der unbestimmten Aufforderung, ordnungsmäßig zu wirtschaften) ist noch keine Abmahnung im Sinne des Gesetzes (**RG** 77, 117). Dem Mieter (Pächter), der einem Dritten unbefugt den Gebrauch überlassen hat, muß eine den Umständen nach angemessene Frist zur Beseitigung des vertragswidrigen Zustandes eingeräumt werden; die Kündigungsfrist, die der Mieter (Pächter) mit dem Dritten vereinbart hat, ist dabei aber nicht maßgebend (**RG** 16. 11. 23 III 847/22). — Liegt dem Mieter (Pächter), was sich nicht von selbst versteht, aber vereinbart sein kann, eine Pflicht zum Gebrauch ob, dann ist der vertragswidrige Nichtgebrauch dem vertragswidrigen Gebrauch nach § 553 gleichzustellen (**RG** 16. 10. 25 III 548/24). Die „Erheblichkeit" der Verletzung oder Gefährdung ist namentlich von Bedeutung, wenn es sich um Zuwiderhandlungen gegen die Hausordnung handelt, deren Nichtbeachtung vielfach (nach Treu und Glauben) als eine erhebliche Verletzung der Rechte des Vermieters oder als eine erhebliche Gefährdung der Mietsache nicht angesehen werden kann. Unter dem Gesichtspunkt einer erheblichen Verletzung oder Gefährdung ist z. B. auch zu beurteilen, ob ein Verstoß gegen staatliche Fischereiordnungen eine die Anwendung der §§ 553, 581 rechtfertigende Verletzung der Rechte des Fischereiverpächters enthält (**RG** JW 1925, 1121[19]). Hat der Mieter gemietete Räume unbefugt weitervermietet (§ 549), und verlangt der Vermieter die Entfernung des Untermieters, so muß nach Treu und Glauben geprüft werden, welche Maßregeln zur Entfernung des Untermieters im einzelnen Falle dem Mieter billigerweise zugemutet werden können, und nur bei Nichterfüllung der danach bemessenen Anforderungen kann man sagen, daß der Mieter dem Untermieter den Gebrauch „belassen" habe, eine fristlose Kündigung also gerechtfertigt sei (**RG** JW 1920, 140[5]). — Die Kündigung ist nicht mehr zulässig, wenn die Vertragswidrigkeit des Mieters (Pächters), sei es auch erst nach Ablauf einer dafür bestimmten Frist, noch vor dem Zeitpunkt beseitigt wird, in dem die Kündigung stattfindet (**RG** 19. 9. 24 III 165/24).

4. Die Kündigung ruft eine Rechtswirkung nur hervor, wenn sie sich auf eine im Gesetze begründete Befugnis stützt; andernfalls ist sie für sich völlig wirkungslos und erzeugt nicht nur für; sondern auch gegen den Kündigenden keinerlei Rechte. Es kann also der Mieter nicht, wenn der Vermieter fristlos gekündigt hat, diesen später an der unberechtigten Kündigung festhalten (**RG** JW 1913, 487[8]). Wird aber die unberechtigte Kündigung vom Gekündigten angenommen (vgl. §§ 146 ff.), so liegt Willensübereinstimmung vor und die Kündigung gilt. Die Kündigung ist freilich zunächst eine einseitige Willenserklärung (§ 542 A 2). Sie hat aber einen solchen Inhalt, daß der Gekündigte den Kündigenden am Wort nehmen und festhalten kann. Daß dies zulässig ist, erfordert auch die Verkehrssicherheit. Die ordnungsmäßig erfolgte Kündigung hat endgültige Rechtswirkung und führt auch wider den Kündigenden selbst die Beendigung des Mietverhältnisses herbei; diese Rechtslage kann gegenüber dem Gekündigten nicht etwa durch einseitigen Widerruf des Kündigenden verändert werden (angef. **RG**). — Nimmt der Kündigende die Kündigung mit Zustimmung des anderen Teils zurück, so liegt darin der Abschluß eines neuen Vertrags in der Regel nicht und namentlich dann nicht, wenn die Zulässigkeit und Wirksamkeit der Kündigung bestritten war (RG 28. 11. 19 III 181/19). Als Kündigung ist auch die Klage oder Widerklage des Vermieters (Verpächters) auf Rückgabe der Mietsache, insbesondere auf Räumung, zu erachten (RG 10. 10. 19 III 73/19; 4. 10. 21 III 102/21). Zur Rechtfertigung der Kündigung genügt es in solchem Falle, wenn die Voraussetzungen der Kündigungsbefugnis zur Zeit des Urteils vorliegen (RG 20. 11. 17 III 162/17).

§ 554

Der Vermieter kann ohne Einhaltung einer Kündigungsfrist das Mietverhältnis kündigen, wenn der Mieter für zwei aufeinander folgende Termine mit der Entrichtung des Mietzinses oder eines Teiles des Mietzinses im Verzug[1]) ist. Die Kündigung ist ausgeschlossen, wenn der Mieter den Vermieter befriedigt, bevor sie erfolgt[2]).

Die Kündigung ist unwirksam, wenn sich der Mieter von seiner Schuld durch Aufrechnung befreien konnte und unverzüglich nach der Kündigung die Aufrechnung erklärt[3]).

E I 528 Nr 2 II 497 Abs 1 Nr 2; M 2 417, 418; P 2 228 ff., 514 ff.; 6, 185.

1. **Außerordentliches Kündigungsrecht des Vermieters** ohne Einhaltung einer Kündigungsfrist bei **Verzug des Mieters.** Verhältnis zu § 326 s. Vorbem 3 vor § 535. Wegen der Ausschaltung des Kündigungsrechts des Vermieters durch die Vorschriften über den Mieterschutz s. Mieterschutzgesetz v. 1. 6. 23, neue Fassung v. 30. 6. 26 (RGBl I 347) und oben § 553 A 1 Abs 3. — Kein Verzug (§§ 284 ff.) des Mieters, wenn die Zahlung infolge eines Umstandes unterbleibt oder nicht rechtzeitig stattfindet, den der Mieter nicht zu vertreten hat (§ 285), z. B. wegen Abwesenheit des Vermieters am Zahlungstage (RG 22. 11. 07 III 326/07), oder wenn dem Mieter eine Einrede, z. B. der Zurückbehaltung, zusteht, die ihn zur Verweigerung der an sich geschuldeten Leistung berechtigt (RG 85, 296). Ebenso liegt aber kein Verzug vor, wenn der Mieter sich bei Beobachtung der im Verkehr erforderlichen Sorgfalt zur Verweigerung des Mietzinses für berechtigt halten darf, mag diese Annahme auch unrichtig sein, so bei irrtümlicher Annahme einer Aufrechnungsmöglichkeit, RG JW 1916, 1584[3] (die abweichende Auffassung von RG 18. 10. 07 III 93/07, vgl. § 285 A 1, ist aufgegeben). Ist der Mietzins von vornherein nicht zu dem vereinbarten Termine, sondern erst nach Empfang einer Rechnung oder eines Kontoauszugs des Vermieters berichtigt worden ohne daß der Vermieter dies gerügt hat, so kann er auf Versäumung der Zahlungstermine eine Kündigung nach § 554 erst stützen, nachdem er auf Einhaltung dieser Termine zu bestehen dem Mieter erklärt hat und dieser nachher für zwei aufeinanderfolgende Termine in Verzug geraten ist (RG 11. 11. 21 III 143/21). Anwendung des § 554, wenn der Mieter von der Veräußerung des Mietgrundstücks (§ 571) nichts weiß, s. RG 98, 88. Die Kündigungsbefugnis steht auch nach Abtretung der Mietzinsforderungen dem Vermieter zu (RG Gruch 43, 997; OLG 16, 425). — Die Vorschriften des § 554 sind im Zweifel auch dann anzuwenden, wenn vertragsmäßig dem Vermieter schon bei Rückstand eines Termins ein Kündigungsrecht eingeräumt ist (RG 82, 50; 85, 415; RG JW 1916, 1584[3]; OLG 2, 217; SeuffA 74 Nr 206). Daraus, daß im Vertrage von dem „Rückstande einer Mietrate" die Rede ist, kann nicht gefolgert werden, daß die Vertragsparteien darunter nur die Nichtzahlung der vollen Rate verstehen (RG 82, 50; OLG 33, 311). — Das Gesetz verlangt nur, daß der Mieter mit der Entrichtung des Mietzinses (oder eines Teiles) für zwei aufeinander folgende Termine im Verzug ist, nicht, daß er wiederholt in Verzug geraten ist. Der Vermieter kann daher auch dann kündigen, wenn, z. B. durch Wegfall eines Zurückbehaltungsrechtes, die Fälligkeit der Mietzinsen für beide Termine auf einmal eintritt (RG 85, 296). Der Vermieter kann nicht kündigen, wenn es sich nur um geringfügige Teile des Mietzinses handelt. Dabei ist die Geringfügigkeit eines Teilrückstandes nach dem Verhältnisse des für den einzelnen Termin rückständigen Teilbetrags zu dem an diesen Termin fällig gewordenen Mietzins, nicht nach dem Gesamtbetrag der für beide Termine rückständigen Beträge zum Gesamtbetrag der auf beide Termine treffenden Mietzinsen zu beurteilen (RG 86, 334, auch 82, 54). — Da die Kündigung die sofortige Beendigung des Mietverhältnisses bewirkt (§ 553 A 4), können Verletzungen des Mietvertrags für die Zukunft nicht mehr vorkommen. Schadensersatzansprüche aus früheren Vertragsverletzungen dagegen werden durch die Beendigung des Vertrags nicht berührt. Dies gilt nicht nur für den bis zur Vertragsbeendigung bereits erwachsenen, sondern auch für den später eintretenden und insbesondere für den durch die Kündigung selbst, also mittelbar, veranlaßten Schaden (bestr.). Voraussetzung ist nur, daß die die Ersatzpflicht begründenden Ereignisse in die Zeit des bestehenden Vertrags fallen, und daß der Schaden auf diese Ereignisse zurückzuführen ist. Vgl. RG 76, 367; LZ 1915, 1398[10]; § 542 A 1, § 628 Abs 2 A 5.

Der Vermieter kann zwar nicht den Mietzins als solchen verlangen (vgl. § 555), wohl aber den Ersatz des Schadens, der ihm durch die auf die Schuld des Mieters zurückzuführende Beendigung des Mietverhältnisses entstanden ist, also auch den Ausfall am Mietzins für die vereinbarte Dauer des Vertrags. Nur eine vertragsmäßige Festlegung dieser Ersatzpflicht bedeutet es in der Regel, wenn für diesen Fall im Vertrage der Mieter als für die Miete oder für den Ausfall bis zum Ende der Vertragszeit haftbar erklärt wird. Den Beweis des Ausfalls muß auch in diesem Falle der Vermieter führen. Er muß ferner bei Meidung der Folgen des § 254 darauf bedacht sein, die Mieträume anderweit zu vermieten, und kann, wenn ihm eingebrachte Sachen eines späteren Mieters als Pfand haften, den früheren nur dann in Anspruch nehmen, wenn er die Pfandgegenstände verwertet hat oder beweist, daß eine Verwertung nicht möglich oder (nach den Umständen) ihm nicht zuzumuten sei (**RG** SeuffA 71 Nr 230). Der Vermieter kann sich auch für den Fall, daß der Mieter in Konkurs gerät und er, der Vermieter deshalb kündigt, ausbedingen, daß ihm der Mietzins für die restliche Mietzeit als Schadensersatz zu zahlen sei (**RG** 115, 271). — Über die Befugnis des Gerichts, die gesetzlichen oder vertraglichen Folgen der Nichtzahlung oder der nicht rechtzeitigen Zahlung des Mietzinses als nicht eingetreten zu erklären, s. BRVO v. 18. 8. 14, RGBl 377, in der Fassung v. 20. 5. 15, RGBl 290, dazu RGBl 1916, 451 (Vorbem 9 vor § 535).

2. Es ist hier **vollständige Befriedigung** des Vermieters für beide Zinstermine (**RG** Warn 1916 Nr 224) vorausgesetzt. Der Barzahlung steht dabei die Einzahlung des Mietzinsrückstands gleich, die der Mieter bei einem Postamt des Erfüllungsorts auf das Postscheckkonto des Vermieters in dessen Einverständnis vornimmt; eine spätere Kündigung ist in solchem Falle ausgeschlossen, mag auch im Zeitpunkte der Kündigungserklärung der eingezahlte Betrag auf dem Konto des Vermieters noch nicht gutgeschrieben sein (**RG** 99, 257). Außerdem kann auch stillschweigender Verzicht auf die Kündigung vorliegen, wenn der Vermieter nicht bald nach Eintritt des Verzugs die Kündigung erklärt oder wenn er eine verspätete Mietzinszahlung oder eine Teilzahlung vorbehaltlos annimmt (**RG** 82, 50; **RG** Gruch 48, 103; **RG** 30. 10. 01 VI 237/01; ferner 6. 12. 01 III 302/01; 22. 3. 07 III 462/06; **RG** Gruch 47, 399; 48, 103). Es kommt dabei wesentlich darauf an, ob nach den gesamten Umständen des Falles der Wille des Vermieters, auf sein Kündigungsrecht zu verzichten und sich mit der Fortsetzung des Mietverhältnisses einverstanden zu erklären, angenommen werden kann (**RG** 82, 50). — Der Befriedigung ist für die Anwendung des § 554 ein Angebot gleichzustellen, das den Vermieter als Gläubiger in Annahmeverzug (§ 293) setzt (**RG** 85, 415). Der Vermieter, der wegen Nichtentrichtung des Mietzinses ein Räumungsurteil gegen den Mieter erwirkt hat, braucht das Angebot eines Dritten, gegen Sicherheitsleistung oder Hinterlegung des Mietzinses für die Vertragszeit den Mieter in den gemieteten Räumen zu belassen, nicht anzunehmen, und verliert seinen Schadensersatzanspruch gegen den Mieter nicht wegen der Ablehnung, es müßte denn sein, daß er nur ablehnt, um dem Mieter Schaden zuzufügen (**RG** 5. 1. 17 III 303/16).

3. Zur **Unwirksamkeit der Kündigung infolge Aufrechnung** ist — abweichend von dem allgemeinen Grundsatz der §§ 388, 389 — erforderlich, daß die an sich statthafte Aufrechnung unverzüglich nach der Kündigung erklärt wird (**RG** 14. 5. 07 III 438/06). In der Erklärung müssen die Gegenforderungen des Mieters so angegeben werden, daß der Vermieter sie auf ihren Bestand prüfen kann. Die allgemeine Erklärung, daß der Mieter sich auf § 554 Abs 2 berufe, genügt nicht (**RG** Warn 1916 Nr 224). Von Aufrechnung kann dann keine Rede sein, wenn solche, was an sich zulässig ist, im Vertrage ausdrücklich ausgeschlossen ist.

§ 555

Macht der Vermieter von dem ihm nach den §§ 553, 554 zustehenden Kündigungsrechte Gebrauch, so hat er den für eine spätere Zeit im voraus entrichteten Mietzins nach Maßgabe des § 347 zurückzuerstatten[1]).

E I 530 II 497 Abs 3; M 2 421; P 2 229 ff.

1. Vgl. § 543 A 3. **Zurückerstattungspflicht** wie im Falle des Rücktritts. — Änderung durch Parteivereinbarung (zuungunsten des Mieters) ist zulässig. Anderseits ist zum Schutze des Mieters nicht nur § 138, sondern auch, sofern es sich bei der Zurückbehaltung des im voraus bezahlten ganzen Mietzinses durch den Vermieter um eine den Mieter treffende Vertragsstrafe handelt, § 343 anwendbar (s. Oertmann § 555 Bem 3).

§ 556

Der Mieter ist verpflichtet, die gemietete Sache nach der Beendigung des Mietverhältnisses zurückzugeben[1]).

Dem Mieter eines Grundstücks steht wegen seiner Ansprüche gegen den Vermieter ein Zurückbehaltungsrecht nicht zu[2]).

Hat der Mieter den Gebrauch der Sache einem Dritten überlassen, so kann der Vermieter die Sache nach der Beendigung des Mietverhältnisses auch von dem Dritten zurückfordern[3]).

E I 520 II 498; M 2 401, 402; P 2 188 ff.

1. Die **Rückgabe,** die bei einer Wohnung auch durch Aushändigung der Schlüssel an den Hausmeister geschehen kann (vgl. OLG 5, 371), bei beweglichen Sachen aber in der Regel durch Aushändigung an den Vermieter vom Mieter zu bewirken ist (Bringschuld), findet regelmäßig in dem Zustande statt, in dem sich die Mietsache nach ordnungsmäßigem Gebrauch bei Beendigung des Mietverhältnisses befindet. Die Abnutzung und Wertminderung, die durch den zweckentsprechenden, ordnungsmäßigen Gebrauch während der Mietzeit eintritt, muß der Vermieter tragen (**RG** JW 1912, 858[15]). Wegen der Haftung des Mieters für die während der Mietzeit eingetretenen Veränderungen und Verschlechterungen s. § 548 A 1 und 2. Gibt der Mieter die Mietsache im beschädigten Zustande zurück, so muß er darlegen und beweisen, daß der Schaden auf einen von ihm nicht zu vertretenden Umstand zurückzuführen sei (SeuffA 71 Nr 256; OLG 28, 151; 33, 309). Bewegliche Sachen sind in der Regel dort zurückzugeben, wo sie vom Vermieter übergeben worden sind (vgl. OLG 16, 428). Die Rückgabe von Mieträumen muß dort geschehen, wo sie sich befinden. Dort ist daher auch der Gerichtsstand des § 29 ZPO für Schadensersatzansprüche wegen nicht gehöriger Erfüllung der Rückgabepflicht begründet (OLG 36, 5). Rückgabe und Wiederherstellung einer gemieteten Wohnung als Masseschuld (KO § 59 Nr 2) im Konkurse des Mieters (OLG 35, 253). Rückgabepflicht mehrerer Mieter s. § 535 A 3. Über die Zulässigkeit der Vertragsklage des Vermieters auf Rückgabe einer vermieteten, vom Mieter nach Abschluß des Mietvertrags in ein Grundstück eingebauten Lokomobile s. **RG** SeuffA 64 Nr 28. — Über die Verpflichtung des Mieters, den Vermieter von der Rückgabe zu benachrichtigen s. SeuffA 78 Nr 18 (Miete einer Schute). — Über den auf sein Eigentum gestützten Rückgabeanspruch des Vermieters s. §§ 985ff.; **RG** 15. 12. 06 V 352/06; und über die ihm dabei obliegende Beweislast s. OLG 7, 17. Über die Klage auf künftige Räumung eines Grundstücks, einer Wohnung oder eines anderen Raumes s. Vorbem 8 vor § 535. — Landesgesetzliche Räumungsfristen s. EG Art 93. — Über die Befugnis des Gerichts, das auf Räumung einer Wohnung erkennt, dem Schuldner auf seinen Antrag eine den Umständen nach angemessene Frist zur Räumung zu gewähren, s. ZPO § 721. Bei unverschuldeter Verzögerung des Auszugs von seiten des Mieters einer Wohnung (z. B. infolge von Krankheit oder Todesfall in der Familie) ist der Vermieter nach Treu und Glauben zur Gewährung von Nachsicht verpflichtet. — Für die Pacht s. §§ 591—594.

2. **Ausschließung des Zurückbehaltungsrechtes.** Die Vorschrift des Abs 2 bildet eine aus Zweckmäßigkeitsgründen für die Miete eines Grundstücks bestimmte (allerdings abweichender Vereinbarung zugängliche) Ausnahme von der allgemeinen Regel des § 273 und muß daher auf den im Gesetz geregelten Fall beschränkt werden, daß der Vermieter die Rückgabe des Grundstücks auf Grund des Mietvertrags verlangt, und sein Verlangen unter diesem Gesichtspunkt auch begründet ist. Es genügt also nicht, daß der Mieter zufolge des Mietvertrags in den Besitz des Grundstücks gelangt ist, dessen Rückgabe begehrt wird (**RG** JW 07, 100[2]), und der Mieter kann ein Zurückbehaltungsrecht haben, wenn er den Mietvertrag wirksam angefochten hat und nur aus andern Gründen, z. B. wegen des Eigentums des Vermieters, zur Rückgabe verpflichtet ist (**RG** 85, 133). Auch dem Mieter einer Wohnung (§ 580) steht (zur Vermeidung schikanöser Weiterungen) das Zurückbehaltungsrecht nicht zu, wohl aber hat er dieses Recht wegen seiner Verwendungen gegenüber der auf das Eigentumsrecht des Vermieters gestützten Räumungsklage (**RG** JW 07, 100[2]). Ausgeschlossen ist das Zurückbehaltungsrecht des Mieters (Pächters) auch in dem Falle, daß ihm wegen vorzeitiger Kündigung vertraglich ein Anspruch auf eine Entschädigung zusteht, die spätestens beim Auszuge zu zahlen ist (**RG** 108, 137). Ihrer Ausnahmenatur entsprechend ist die Vorschrift des Abs 2 auf Mietverhältnisse zu beschränken; bei der Überlassung einer Wohnung gegen Dienste (Werkwohnung) bleibt es bei der Regel des § 273 (**RG** 18. 1. 24 III 708/23). Dem Mieter einer beweglichen Sache steht das Zurückbehaltungsrecht nach §§ 273, 274 in jedem Falle, insbesondere wegen Verwendungen zu. — Auf Grund seines Eigentumsrechts kann der Mieter die Rückgabe — bei beweglichen und unbeweglichen Sachen — verweigern, soweit nicht seiner Geltendmachung ein persönliches oder dingliches Recht des Vermieters entgegensteht (vgl. **RG** 49, 286; JW 01, 731[29]; s. auch § 535 A 2).

3. Gesetzliche **Erweiterung** des an sich nur gegen den Mieter gegebenen vertragsmäßigen Anspruchs auf Rückgabe der beweglichen oder unbeweglichen Sache gegenüber **einem Dritten**

(Untermieter), als mitverpflichtetem Gesamtschuldner. — Wenn der Mieter oder Pächter, der das gemietete oder gepachtete Grundstück in Untermiete oder Unterpacht gegeben hat, in Konkurs verfällt, und der Konkursverwalter durch Vertrag mit dem Hauptvermieter oder Hauptverpächter den Hauptvertrag aufhebt, so kann der Untermieter oder Unterpächter, der infolgedessen das Grundstück räumen muß, seinen Entschädigungsanspruch nicht als Masseschuld nach KO § 59 Nr 1 oder 2, sondern nur als Konkursforderung nach KO § 26 geltend machen (RG 67, 372). Über die Vollstreckbarkeit eines gegen den Mieter ergangenen Räumungsurteils gegenüber dem Untermieter s. § 549 A 6b.

§ 557

Gibt der Mieter die gemietete Sache nach der Beendigung des Mietverhältnisses nicht zurück[1]), so kann der Vermieter für die Dauer der Vorenthaltung als Entschädigung den vereinbarten Mietzins verlangen. Die Geltendmachung eines weiteren Schadens ist nicht ausgeschlossen[2]).

E I 525 II 499; M 2 415; P 2 218.

1. **Vorenthaltung der Mietsache gegen den Willen des Vermieters**; zu unterscheiden von der stillschweigenden Verlängerung des Mietverhältnisses nach § 568. Der Anspruch nach § 557 tritt ohne Rücksicht darauf ein, aus welchem Grunde die Rückgabe unterbleibt, also auch, wenn den Mieter kein Verschulden trifft (RG 7. 2. 22 III 323/21; OLG 36, 56), ist aber nur dann begründet, wenn der Mieter dem Vermieter den Besitz der Mietsache nach Ablauf der Mietzeit vorenthält. Endigt das Mietverhältnis z. B. infolge der als Kündigung zu erachtenden Klage auf Rückgabe der Mietsache, so muß diese noch nach Zustellung der Klage vorenthalten worden sein (RG SeuffA 77 Nr 64). Vorenthaltung erfordert nicht Fortsetzung des Gebrauches durch den Mieter, setzt aber voraus, daß er im Besitze der Sache (RG JW 1913, 1103) oder doch in der Lage ist, ihre Rückgabe an den Vermieter herbeizuführen. Vorenthaltung liegt nicht mehr vor, wenn die gemietete Sache verlorengegangen ist. Vom Eintritte des Verlustes (nicht erst von der Anzeige an den Vermieter) an kann Entschädigung nicht mehr nach Satz 1, sondern nur nach allgemeinen Grundsätzen (A 2) verlangt werden (RG 99, 230; RG BayZ 1922, 70; RG 8. 4. 21 III 449/20; RG 9. 2. 23 III 314/22). Für die Berechnung des zu ersetzenden Wertes ist dabei der Zeitpunkt des Urteils, nicht der des Verlusteintritts oder der Klageerhebung maßgebend (RG SeuffA 77 Nr 64; RG 9. 2. 23 III 314/22). Verursacht der Mieter in anderer Weise als durch Vorenthaltung, so insbesondere auch durch Veränderung oder Beschädigung der Mieträume, daß der Vermieter diese nach Ablauf der Mietzeit nicht anderweit benutzen kann, so steht dem Vermieter nur der Anspruch des ihm tatsächlich erwachsenen Schadens zu. Dieser Anspruch verjährt gemäß § 558 (RG JW 1910, 939[15]). Verweigert der Vermieter die Rücknahme oder gibt er dem Mieter zu erkennen, daß er die Rückgabe nicht wünsche, wie z. B. wenn er die Kündigung des Mieters als unzulässig zurückweist, so hat der Mieter die gemietete Sache nicht im Sinne des § 557 vorenthalten und haftet dem Vermieter höchstens wegen ungerechtfertigter Bereicherung (RG 103, 289; OLG 36, 56). Anwendung des § 557 auf die mietweise Überlassung eines mit Mannschaft ausgerüsteten Schiffes (RG 11. 11. 16 I 85/16).

2. **Der vereinbarte Mietzins** stellt also den Mindestbetrag der dem Vermieter zukommenden Entschädigung dar. Der Anspruch auf Ersatz eines weiteren Schadens bedarf der Begründung nach allgemeinen Grundsätzen und setzt namentlich, anders wie die Entschädigung nach Satz 1, ein Verschulden des Mieters oder einen sonstigen von ihm zu vertretenden Umstand und den Nachweis des Schadens voraus (RG 99, 230; OLG 45, 149).

§ 558

[1]) Die Ersatzansprüche des Vermieters wegen Veränderungen oder Verschlechterungen der vermieteten Sache sowie die Ansprüche des Mieters auf Ersatz von Verwendungen oder auf Gestattung der Wegnahme einer Einrichtung verjähren in sechs Monaten[2]).

Die Verjährung der Ersatzansprüche des Vermieters beginnt mit dem Zeitpunkt, in welchem er die Sache zurückerhält[3]), die Verjährung der Ansprüche des Mieters beginnt mit der Beendigung des Mietverhältnisses.

Mit der Verjährung des Anspruchs des Vermieters auf Rückgabe der Sache verjähren auch die Ersatzansprüche des Vermieters[4]).

E II 500 III 551; P 2 177, 194, 271 ff.; 6 185.

1. Verjährung. S. hierzu die Übergangsbestimmung im Art 169 EG.

2. Sechsmonatsfrist behufs möglichst baldiger Auseinandersetzung zwischen Vermieter und Mieter (Prot S. 177, 194, 273). Die kurze Verjährungsfrist gilt für die hier bezeichneten Ansprüche ohne Unterschied, ob sie sich unmittelbar aus dem Gesetz oder aus besonderen Vertragsbestimmungen ergeben (RG 62, 329; 87, 281; OLG 43, 55), auch für Ansprüche anläßlich der Rückgabe von Pachtinventar, wie z. B. des Pächters auf Ersatz des von ihm angeschafften Überinventars und auf Ersatz des durch eigene Verwendungen oder auch nur durch Preissteigerung hervorgerufenen Mehrwerts des übernommenen Inventars (RG 95, 302), bei Schadensersatzansprüchen, gleichviel welche Art des Ersatzes gewählt wird (RG 26. 10. 20 III 189/20: Naturalersatz durch Zurückversetzung übermäßig entnommener Erde). Sie gilt ferner nicht nur für Ansprüche, die sich auf das Mietverhältnis gründen, sondern auch für solche, die allein oder zugleich auf einen andern Rechtsgrund, wie Auftrag, Geschäftsführung und selbst Eigentum und unerlaubte Handlung (§ 823), gestützt werden (RG 66, 363; 75, 116; RG JW 06, 135[7]). Im übrigen gilt für die beiderseitigen Ansprüche, also insbesondere des Mieters wegen Mängel der Mietsache und wegen nicht rechtzeitiger Überlassung, ingleichen wegen Entziehung des Gebrauchs, sowie des Vermieters wegen Rückgabe der Mietsache, insbesondere der gemieteten Räume — so auch wegen Fehlens mitvermieteter beweglicher Sachen, es müßte denn sein, daß sie Zubehörstücke des vermieteten Hauses waren, daher eine Veränderung oder Verschlechterung der Mietsache vorliegt (RG 10. 2. 20 III 274/19) — die regelmäßige Verjährungsfrist von 30 Jahren, §§ 195, 198, für den Anspruch des Vermieters auf rückständigen Mietzins die vierjährige Frist nach §§ 197, 198, bei gewerbsmäßigem Vermieten von beweglichen Sachen die zweijährige Frist nach § 196 Nr 6. Anderseits darf § 558 nicht in einem zu engen Sinne aufgefaßt werden. Schon der Wortlaut („vermietete Sache") schließt nicht die Anwendung der Vorschrift auf die Beschädigung solcher Räume und Anlagen aus, die zwar nicht dem Mieter übergeben, sondern im unmittelbaren Besitze des Vermieters verblieben sind, an denen den Mietern aber ein Mitbenutzungsrecht zusteht, wie z. B. der Treppen und Flure (§ 535 A 2). Auch solche gemeinsame Räume und Anlagen sind vermietete Sachen im Sinne des § 558. Zweifel können entstehen, wenn es sich nicht ausschließlich um Schäden an derartigen gemeinsamen Anlagen, sondern zugleich an solchen Sachen handelt, an denen dem Mieter keinerlei Benutzungsrecht zusteht. Man denke an den Fall, daß der Mieter den Ausbruch oder das Umsichgreifen eines in den Mieträumen ausgebrochenen Brandes verschuldet hat, durch den dann nicht nur die Mieträume, sondern auch andere Teile des Miethauses beschädigt worden sind. Mit Recht hat jedoch RG 75, 116 sich dahin ausgesprochen, daß für den Fall eines solchen durch die Verletzung der Mieterpflichten erwachsenen einheitlichen Schadens die Verjährung des Ersatzanspruchs des Vermieters nur eine einheitliche sein und nicht in betreff der Beschädigung der vermieteten Räume in sechs Monaten, im übrigen in 30 Jahren eintreten könne. Sinn und Zweck der Vorschriften des § 558 erfordern ihre Anwendung auf die Ersatzansprüche des Vermieters wegen des ganzen Schadens. Daß die Rechtsprechung bestrebt ist, dem Verkehrsbedürfnis zu folgen, das rasche Auseinandersetzung unter den Vertragsparteien verlangt, zeigt auch RG 80, 439.

3. Die Verjährung beginnt also mit dem Zeitpunkte, zu welchem der Vermieter sichere Kenntnis von etwaigen Veränderungen oder Verschlechterungen erhält. Die Rückgabe eines Pachtgrundstücks, mit der die Verjährung der Ersatzansprüche des Verpächters beginnt, kann auch stillschweigend durch ein Verhalten des Pächters geschehen, wodurch er dem Verpächter gegenüber zum Ausdruck bringt, daß er den Gebrauch des Grundstücks aufgebe und dem Verpächter überlasse, ist aber z. B. in der Einstellung des Betriebs in einer gepachteten Sandgrube unter Eröffnung des Betriebs in einer andern Grube auch dann noch nicht zu finden, wenn der Verpächter davon weiß (RG 5. 7. 18 III 137/17). Ist ein vermietetes Schiff untergegangen, vom Mieter aufgegeben und von einem Dritten gehoben, so genügt nicht, daß der Eigentümer hiervon Kenntnis hat; daß er es im Sinne des Abs 2 zurückerhalten habe, kann erst dann angenommen werden, wenn der Dritte sich dem Eigentümer gegenüber zur Herausgabe gegen Erstattung der Bergungskosten bereit erklärt und der Eigentümer dem zustimmt (RG 4. 2. 27 III 104/26). Wird die Sache vorzeitig zurückgegeben, so beginnt die Verjährung ebenfalls mit der Rückgabe, nicht erst mit der Beendigung des Mietverhältnisses (OLG 41, 117). Erhält der Vermieter die Sache in Teilen zurück, so kann die Verjährung der einzelnen Ersatzansprüche zu verschiedenen Zeiten beginnen (OLG 39, 154). Entkräftung des Verjährungseinwandes durch die Gegeneinrede der Arglist s. RG 87, 281. — Aus dem nur den Beginn der Verjährung bestimmenden Abs 2 ist eine Einschränkung des Abs 1 nicht herzuleiten (RG 75, 116). Nur wenn die Mietsache völlig untergegangen ist, der Vermieter also nichts zurückerhält, steht der Anwendung des § 558 das Bedenken entgegen, daß es an einem Anfangspunkt der Verjährung fehlt. Dagegen ist seine Anwendung unbedenklich, wenn ein vermietetes Zirkusgebäude abbrennt, das mitvermietete Grundstück aber an den Vermieter zurückgegeben werden kann (RG 96, 300; vgl. auch OLG 5, 373). — Für die Unterbrechung der Verjährung wegen des ganzen Schadens genügt es, wenn durch Klage oder was ihr gleich steht, wegen bestimmter Mängel Ersatz und zwar voller Schadensersatz verlangt wird, mag auch der zunächst verlangte Gesamtschadensbetrag sich nachträglich als unzureichend erweisen und eine Erhöhung nötig machen (RG 16. 1. 23 III 239/22). — Der Vermieter ist bei Verjährung seiner Ansprüche nicht gehindert, seine Befriedigung aus dem ihm gesetzlich zustehenden Pfandrechte (§ 559) zu suchen (§ 223).

4. Vgl. § 224. — Durch Vertrag können kurze Ausschlußfristen für die Geltendmachung von Ersatzansprüchen bestimmt werden. Sehr kurze Ausschlußfristen sind aber nach Treu und Glauben dahin zu verstehen, daß in den Fällen, in denen ihre Einhaltung nicht angängig ist, eine vom Richter zu bestimmende angemessene Frist an ihre Stelle tritt. So für einen Pachtvertrag RG JW 1917, 284[3].

§ 559

Der Vermieter eines Grundstücks hat für seine Forderungen aus dem Mietverhältnis ein Pfandrecht[1]) an den eingebrachten Sachen des Mieters[2]). Für künftige Entschädigungsforderungen und für den Mietzins für eine spätere Zeit als das laufende und das folgende Mietjahr kann das Pfandrecht nicht geltend gemacht werden[3]). Es erstreckt sich nicht auf die der Pfändung nicht unterworfenen Sachen[4]).

E I 521 Abs 1 II 501; M 2 402—407; P 2 194 ff., 212 ff.

1. Rechtliche Natur. Dieses Pfandrecht steht dem Vermieter (oder Untervermieter) eines Grundstücks oder eines Wohnraumes oder andern Raumes in einem Gebäude (§ 580) — nicht aber einer beweglichen Sache, insbesondere nicht eines Schiffsraumes (SeuffA 61 Nr 136) — zu und ist ein **gesetzliches Pfandrecht** (also ohne unmittelbaren Besitz des Vermieters), auf das jedoch, seine wirksame Entstehung nach § 559 (kein Pfanderwerb kraft guten Glaubens nach § 1207, OLG 2, 80; 4, 329) vorausgesetzt, nach § 1257 die Vorschriften über das durch Rechtsgeschäft bestellte Pfandrecht entsprechende Anwendung finden, d. h. insoweit sie nicht Besitz auf seiten des Pfandgläubigers voraussetzen; es sind mithin hier insbesondere §§ 1222, 1227—1231, 1232 Satz 2, §§ 1233—1249, 1250, 1252, 1255, 1256 anzuwenden. Über das Verkaufsrecht des Vermieters bezüglich der eingebrachten Sachen und seine Ausübung s. §§ 1228 ff. Es ist Besitzerlangung, geeignetenfalls gemäß § 561, erforderlich. Über die Verpflichtung des Vermieters, der auf Grund seines Pfandrechts Möbel des Mieters in Besitz nimmt und sie ohne Ermächtigung an Dritte vermietet, dem Mieter den Reinertrag der Nutzungen herauszugeben, s. RG 105, 408. — Das Pfandrecht entsteht mit der Einbringung der Sachen in die gemieteten Räume, nicht schon auf das Grundstück des Vermieters überhaupt (RG Gruch 26, 997), in dem Falle jedoch, wenn der Mieter mit dem Rechtsnachfolger seines ursprünglichen Vermieters unter Aufhebung des mit diesem abgeschlossenen Mietvertrags einen neuen schließt, erst mit diesem neuen Vertragsabschlusse (RG 6. 6. 05 III 541/04). Gestattet der Vermieter dem Mieter ohne besonderes Entgelt die Mieträume schon vor der im Vertrag vereinbarten Zeit zu beziehen, so beginnt das Mietverhältnis mit der tatsächlichen Benutzung, und die eingebrachten Sachen des Mieters unterliegen sofort dem gesetzlichen Pfandrecht (OLG 33, 321). Neben diesem gesetzlichen Pfandrechte kann übrigens ein rechtsgeschäftliches Pfandrecht mit den ihm zukommenden Voraussetzungen und Wirkungen bestellt werden (RG 14. 3. 05 VII 376/04). Der Vermieter kann wegen fälliger Forderungen die eingebrachten Sachen des Mieters auch im Wege der Zwangsvollstreckung pfänden; einheitliche Entscheidung des Prozeßgerichts über das Bestehen des Vermieterpfandrechts und über die Wirksamkeit der Pfändung (statt ZPO § 766) in solchem Falle s. RG Warn 1921 Nr 28. — Tritt der Vermieter einzelne Forderungen aus dem Mietverhältnis an einen Dritten ab, so erwirbt dieser auch das Pfandrecht an den Sachen, die ihm zur Zeit der Abtretung unterliegen (§§ 401, 1250). Für den Fall der Veräußerung des Grundstücks s. § 571 A 3. — Wird die zur Vermietung etwa erforderliche Zustimmung des Mieteinigungsamts erst nachträglich erteilt, so wirkt das Vermieterpfandrecht gegenüber pfändenden Gläubigern des Mieters erst von dem Zeitpunkt der Genehmigung; früher erworbene Pfändungspfandrechte gehen ihm also in jedem Falle vor (vgl. JW 1922, 627[3]).

2. Gegenstand: die eingebrachten Sachen, d. h. die auf Grund des Mietverhältnisses in das Grundstück gebrachten (OLG 39, 174), nicht nur vorübergehend eingestellten Sachen, wozu auch Geld (SeuffA 68 Nr 244), Inhaberpapiere und mit Blankoindossament versehene Orderpapiere (§§ 1292, 1295) gehören, nicht aber die auf den Namen lautenden Hypothekenbriefe, Lebensversicherungspolicen und Sparkassenbücher (Legitimationspapiere), die nicht Träger der

Forderung sind (RG 10, 40; 20, 135); vgl. auch RG Warn 1920 Nr 184 (Pfandrecht des Verpächters an einem während der Pachtzeit auf dem Pachtgrundstück errichteten Gewächshause, das für den Fall seiner Fertigstellung an einen Dritten veräußert worden ist). Unter das gesetzliche Pfandrecht fallen aber nur die eingebrachten Sachen des **Mieters** — diese auch dann, wenn ihm das Eigentum nur unter einer auflösenden Bedingung (§ 158 Abs 2) übertragen ist, nach deren Eintritt das Pfandrecht bestehen bleibt, da es nicht auf einer Verfügung des Mieters beruht; auch die von einem Vorerben eingebrachten Erbschaftssachen, da der Vorerbe wirklicher Eigentümer ist (SeuffA 71 Nr. 206) —, nicht Sachen seiner Ehefrau und seiner Kinder, ausgenommen, wenn sie mit ihm zusammen den Mietvertrag abgeschlossen haben, so auch, wenn die Frau den Mietvertrag als Mieterin neben dem Ehemann unterzeichnet hat, oder wenn die eingebrachten Sachen der Ehefrau bei allgemeiner Gütergemeinschaft, Errungenschaftsgemeinschaft oder Fahrnisgemeinschaft in das Gesamtgut fallen (§§ 1438, 1459, 1519, 1530, 1549), wozu weiter auch die Vermutung aus § 1362 (RG 80, 62) in Betracht kommt. Ebensowenig werden von dem Vermieterpfandrecht Sachen des Untermieters betroffen, welche vielmehr nur dem Pfandrechte des Untervermieters unterliegen; auch nicht Sachen eines Dritten, insbesondere nicht die dem Mieter unter einer aufschiebenden Bedingung zum Eigentum übertragenen Sachen während noch schwebender Bedingung (OLG 3, 28; 16, 429), ferner nicht die in den Mieträumen zurückgebliebenen Sachen eines früheren Mieters, der aus dem Vertragsverhältnis ausgeschieden ist (OLG 7, 462), und nicht die Sachen desjenigen, der sich das Eigentum an den im Besitze des Mieters befindlichen Sachen vorbehalten hat. Wird der Mietvertrag durch einen neuen ersetzt, der nicht nur eine Fortsetzung des alten bedeutet, und ist bis zum Beginn des neuen Mietverhältnisses das Eigentum an eingebrachten Sachen auf einen Dritten übergegangen, so hat der Vermieter kein Pfandrecht an ihnen für Forderungen aus dem neuen Mietverhältnis (OLG 39, 174). An solchen Sachen hat der Vermieter das gesetzliche Pfandrecht auch dann nicht, wenn er zur Zeit ihrer Einbringung das Eigentumsrecht des Dritten nicht kannte, die eingebrachten Sachen vielmehr für Sachen des Mieters hielt; denn der Grundsatz: „Hand wahre Hand" findet hier keine Anwendung (M 2, 405; Prot 2, 2000). Dies gilt selbst dann, wenn der Dritte in seine Mithaftung eingewilligt oder im Einverständnis mit dem Mieter dem Vermieter vorgespiegelt hat, daß der Mieter Eigentümer sei, und auch ein Vertragspfandrecht entsteht in diesen Fällen mangels der dazu erforderlichen Übergabe nicht (RG Gruch 49, 480; a. M. OLG 36, 58). Wohl aber kann der Mieter, der sich dem Vermieter gegenüber als Eigentümer der fremden Sachen ausgibt, wegen unerlaubter Handlung haftbar werden, und der Dritte, der einen vermögenslosen Mieter vorschiebt, aus dem gleichen Grund unter Umständen die Herausgabe seiner Sachen nicht vor Tilgung des Mietzinses verlangen. Erwirbt der Mieter das Eigentum an eingebrachten Sachen nach der Einbringung, z. B. durch Wegfall eines Eigentumsvorbehalts, so entsteht das Pfandrecht des Vermieters mit dem Zeitpunkt des Eigentumserwerbs (RG 60, 73).

3. Als **Forderungen**, wegen deren das Pfandrecht geltend gemacht werden kann, kommen in Betracht alle Forderungen, die aus dem Mietverhältnisse herrühren oder damit zusammenhängen, auch anders geartete Forderungen eines Vermieters eingerichteter Zimmer für persönliche Dienste und für andere Leistungen, wenn sie nur nebensächlicher Natur sind (vgl. § 535 A 2 a. E.), also für Frühstück, Aufwartung, Feuerung (OLG 26, 392), dagegen nicht selbständige, neben der Mietforderung hergehende Ansprüche, wie z. B. aus dem Bierlieferungsvertrag einer Brauerei mit ihrem Mieter oder Pächter, einem Gastwirte (RG 37, 89; RG Gruch 26, 996). Auch für die ersterwähnten Mietforderungen besteht das Pfandrecht nur mit der Beschränkung, a) daß es wegen des künftigen Mietzinses nicht für eine spätere Zeit, als für das zur Zeit der Geltendmachung (RG 54, 301) laufende und das folgende Miet- (nicht Kalender-) Jahr, bei einem auf unbestimmte Zeit abgeschlossenen Mietvertrage also nur wegen des Mietzinses für ein Jahr über das laufende Mietjahr hinaus (OLG 3, 236; 20, 110), b) daß es nur für bereits fällige, d. h. zur Zeit der ersten Geltendmachung des Pfandrechts in allen ihren Voraussetzungen feststehende und sofort beizutreibende, nicht für betagte und für erst künftig entstehende Entschädigungsforderungen ausgeübt werden kann (Prot 2, 194ff.; RG 54, 301). Als künftige Entschädigungsforderung, nicht als Pachtzinsforderung, erscheint insbesondere ein bei fristloser Aufkündigung eines Pachtverhältnisses vom Verpächter gegen den Pächter erhobener Anspruch dahin, daß er den bei einer anderweiten Verpachtung entstehenden Pachtausfall bis zum Ablauf seiner vertragsmäßigen Pachtzeit an den jedesmaligen Zinsterminen berichtige (RG 21. 5. 09 III 470/08); für Miete s. auch SeuffA 71 Nr 401; a. M. OLG 21, 202; 36, 63). — Das Pfandrecht beschränkt sich auf Forderungen aus demjenigen Mietverhältnisse, auf Grund dessen die Sachen eingebracht worden sind. Hat ein Mieter von dem nämlichen Vermieter verschiedene Räume eines Grundstücks, z. B. als Wirtschaft und als Wohnung, auf Grund selbständiger Verträge gemietet, so ergreift das Vermieterpfandrecht wegen des Mietzinses für den einen Raum nicht die in den anderen eingebrachten Sachen (OLG 38, 92).

Wegen der nach vorstehendem berechtigten Ansprüche kann das Pfandrecht nicht bloß vom Vermieter, sondern auch von seinem Sondernachfolger, selbst wenn dieser im übrigen nicht in das Mietverhältnis eingetreten ist, geltend gemacht werden, sofern nur die eingebrachten Sachen sich noch in den Mieträumen befinden, also das Pfandrecht des Vermieters daran noch besteht (vgl. § 1250; M 3, 836). Ebenso bleibt das Pfandrecht des Vermieters oder Verpächters in dem Falle, wenn die eingebrachten Sachen (Inventarstücke) vom Mieter oder Pächter veräußert, aber auf dem Miet- oder Pachtgrundstücke belassen worden sind, bestehen und verwandelt sich in dem Falle, wenn sie später im Konkurse des Mieters oder Pächters versteigert und die Versteigerungsgelder dem derzeitigen Eigentümer ausgehändigt werden, in einen Bereicherungsanspruch gegen diesen in Höhe der bis dahin aufgelaufenen Forderungen des Vermieters oder Verpächters (**RG** JW 09, 424[30]). Über die Beschränkungen des Pfandrechts gegenüber dem Pfändungspfandgläubiger und gegenüber der Konkursmasse des Mieters s. unten bei § 563.

4. Auch von den Sachen des Mieters sind diejenigen **dem Pfandrecht entzogen,** welche im Interesse des Schuldners und seiner Angehörigen nach § 811 ZPO (§ 812, der nur eine Ordnungsvorschrift enthält, findet hier keine Anwendung, a. M. Oertmann § 559 A 4 c, die Frage bleibt unentschieden in **RG** 80, 35) **der Pfändung** im Wege der Zwangsvollstreckung **nicht unterworfen** sind (vgl. z. B. **RG** Warn 1921 Nr 28). Dagegen sind Gegenstände, die der Mieter eingebracht hat, nicht deshalb dem Pfandrechte des Vermieters entzogen, weil sie als Zubehör eines anderen dem Mieter gehörigen Grundstückes nach der im Interesse der Hypothekgläubiger getroffenen Bestimmung des § 865 ZPO nicht gepfändet werden können (OLG. 27, 153). Die Vorschrift in Satz 3 enthält zwingendes Recht (**RG** 72, 181). — Abweichende Vorschrift für die Pacht in § 585 Satz 2.

Ebenso ist ein vertragsmäßiges Zurückbehaltungsrecht des Vermieters für die von der Pfändung ausgenommenen Sachen nicht anzuerkennen, da ein solches Recht inhaltlich mit dem auf § 559 beruhenden Sperr-Rechte des § 561 übereinstimmen, also gegen § 559 Satz 3 sowie auch gegen die guten Sitten verstoßen, auch keinesfalls ein eigenmächtiges Vorgehen des Vermieters nach § 561 Abs 1 rechtfertigen würde (a. M. **RG**St 35, 150; 37, 118). — S. dagegen über das Selbsthilferecht des Vermieters § 561 Abs 1.

§ 560

[1]) **Das Pfandrecht des Vermieters erlischt mit der Entfernung der Sachen von dem Grundstück[2]), es sei denn, daß die Entfernung ohne Wissen oder unter Widerspruch des Vermieters erfolgt. Der Vermieter kann der Entfernung nicht widersprechen, wenn sie im regelmäßigen Betriebe des Geschäfts des Mieters oder den gewöhnlichen Lebensverhältnissen entsprechend erfolgt oder wenn die zurückbleibenden Sachen zur Sicherung des Vermieters offenbar ausreichen[3])[4]).**

E I 521 Abs 1 Satz 3, Abs 2 Satz 1 II 502; M 2 407—409; P 2 407.

1. Besonderer Erlöschungsgrund für das Pfandrecht des Vermieters. Andere Erlöschungsgründe s. A 4. Auf die Pfandrechte aus den nach altem Rechte zu beurteilenden Miet- und Pachtverhältnissen ist § 560 (wie auch § 561) nicht anzuwenden. Das Gegenteil folgt weder aus Art 184 noch aus Art 189 des EG (**RG** 49, 56).

2. Zum **Erlöschen** des Pfandrechts ist nach dem klaren Wortlaute des § 560 die **Entfernung der Sachen vom Grundstücke** (soweit es dem Vermieter unterstellt ist) erforderlich, dagegen genügt nicht schon die Entfernung aus dem gemieteten Teile des Grundstücks (Prot 2, 207; **RG**St 10, 321; auch SeuffA 73 Nr 157). Ebensowenig erlischt das Pfandrecht durch die ohne Einwilligung des Vermieters erfolgte Fortschaffung in eine andere Mietwohnung des nämlichen Hauses. — Die Vorschrift unterscheidet nicht, ob die Entfernung durch den Mieter oder durch einen Dritten geschieht (**RG** 71, 418). — Über das Erlöschen des Pfandrechtes im Falle der Pfändung auf Betreiben eines Dritten s. A 3.

3. Nach dieser Zwangsvorschrift findet **kein Widerspruchsrecht des Vermieters** gegen die Entfernung statt, auch wenn ihm bereits fällige Forderungen zustehen. Maßgebend sind dabei der regelmäßige Geschäftsbetrieb und die gewöhnlichen Lebensverhältnisse des Mieters. Was hiervon abweicht, wird auf eine Benachteiligung des Vermieters hinauslaufen, die dieser nicht zu dulden braucht, auch wenn sie vom Mieter nicht beabsichtigt war. Beispiele zulässiger Entfernung: Mitnahme auf eine Reise, Weggabe zur Ausbesserung, Verkauf der Getreideernte durch den Pächter zur regelmäßigen Zeit, nicht aber vollständiger Ausverkauf eines Warenlagers. Widerspricht der Vermieter, wo er nach Satz 2 kein Recht zum Widerspruche hat, so ist der Widerspruch wirkungslos; durch die Entfernung der Sachen erlischt dann das Pfandrecht geradeso, wie wenn sie ohne Widerspruch geschehen wäre (**RG** 74, 247). — Nach entsprechender Anwendung dieser Vorschrift erlischt das Pfandrecht des Vermieters und damit auch der Anspruch auf vorzugsweise Befriedigung gegenüber dem Pfändungspfandgläubiger auch bezüglich der für einen Dritten gepfändeten Sachen des Mieters dann, wenn die gepfändeten Sachen im Wege der Zwangsvollstreckung vom Grundstück entfernt werden, und der Vermieter durch die zurückbleibenden, dem Mieter gehörigen Sachen ausreichend gesichert ist (**RG** 71, 418; **RG** JW 09, 657[8]; OLG 19, 2; 20, 111; 27, 175). Die zurückbleibenden Sachen müssen aber hier, wie überhaupt im dritten Falle des zweiten Satzes, zur Sicherung des Vermieters offenbar ausreichen, d. h. einen solchen Wert darstellen, daß sie ohne weitere Prüfung und ohne Vornahme einer zeitraubenden Untersuchung den Eindruck hervorrufen, der Vermieter werde durch sie für seine Forderungen hinlänglich gedeckt sein (**RG** SeuffA 69 Nr 5).

4. Andere Erlöschungsgründe. Wie das rechtsgeschäftliche Pfandrecht an beweglichen Sachen erlischt gemäß § 1257 auch das Vermieterpfandrecht in den Fällen der §§ 1242 Abs 2, 1252, 1255, 1256, sowie auch in dem Falle des § 936 (Veräußerung und Übergabe an einen gutgläubigen Dritten). — Durch die bloße Veräußerung, mit Belassung der Sachen in den Mieträumen und im Besitze des Mieters, geht es nicht unter (**RG** JW 09, 424[30]; OLG 16, 431). Auch wird in derartigen Fällen der erforderliche gute Glaube des Erwerbers meistenteils fehlen, da er bei Übernahme der einem Mieter zugehörigen Sachen regelmäßig mit dem Pfandrecht des Vermieters rechnen muß (**RG** 20. 9. 07 III 43/07). Dieses Pfandrecht findet, da es nicht auf einer Verfügung des Mieters beruht, auch nicht dadurch sein Ende, daß das Eigentum des Mieters an den eingebrachten Sachen infolge des Eintritts einer von ihm mit einem Dritten bei der Übertragung vereinbarten auflösenden Bedingung in Wegfall kommt und an den Übertragenden zurückfällt (vgl. § 161 Abs 2; M 1, 213; s. o. § 559 A 2).

§ 561

Der Vermieter darf die Entfernung der seinem Pfandrecht unterliegenden Sachen, soweit er ihr zu widersprechen berechtigt ist, auch ohne Anrufen des Gerichts verhindern und, wenn der Mieter auszieht, die Sachen in seinen Besitz nehmen[1]).

Sind die Sachen ohne Wissen oder unter Widerspruch des Vermieters entfernt worden, so kann er die Herausgabe zum Zwecke der Zurückschaffung in das Grundstück und, wenn der Mieter ausgezogen ist, die Überlassung des Besitzes verlangen[2]). Das Pfandrecht erlischt mit dem Ablauf eines Monats, nachdem der Vermieter von der Entfernung der Sachen Kenntnis erlangt hat, wenn nicht der Vermieter diesen Anspruch vorher gerichtlich geltend gemacht hat[3]).

E I 521 Abs 2 Satz 2, Abs 3 II 503; M 2 409, 410; P 2 208 ff.

1. Selbsthilferecht. Auf Grund seines Pfandrechts hat der Vermieter zur Hinderung der Wegschaffung der dem Pfandrecht unterliegenden Sachen dem Mieter oder auch einem Dritten (außer dem Pfändungsgläubiger) gegenüber zunächst ein über die Befugnisse aus §§ 229ff. erheblich hinausgehendes Selbsthilferecht (Sperr-Recht), auf Grund dessen er der Fortschaffung selbsttätig entgegentreten oder, wenn der Mieter auszieht, die Sachen in seinen Besitz nehmen kann. An Stelle der Selbsthilfe kann der Vermieter beim Vorhandensein der gesetzlichen Voraussetzungen auch eine einstweilige Verfügung, nicht aber eine polizeiliche Regelung, beantragen. Übrigens kann auch dieses Sperr-Recht nur an den der Pfändung unterworfenen Sachen des Mieters (§ 559 A 2) ausgeübt und nicht durch Vereinbarung zwischen dem Vermieter und Mieter auf die von der Pfändung ausgeschlossenen Sachen ausgedehnt werden (a. M. **RG**St 35, 150; 37, 118, 125). Schuldhafte Überschreitung der Grenzen seiner Befugnisse macht den Vermieter nach §§ 823ff. ersatzpflichtig.

2. Klagerecht. Nach geschehener Fortschaffung hat der Vermieter ein Selbsthilferecht nur nach §§ 229ff., wohl aber hat er ein Klagerecht auf Herausgabe gegen den Mieter oder gegen den dritten Besitzer, sofern dieser sich nicht als gutgläubiger Erwerber auf § 936 (vgl. §§ 1032 Satz 2, 1208) berufen kann; im Notfalle kann der Vermieter auch Arrest oder einstweilige Verfügung erwirken. Hat der Vermieter im Wege der Selbsthilfe oder sonst den Besitz der eingebrachten Sachen des Mieters erlangt, so steht er dem auf Rechtsgeschäft sich stützenden Faustpfandgläubiger (§§ 1215ff.) gleich. Wer eingebrachte Sachen eines Mieters erwirbt, kann unter Umständen zur Nachforschung nach Ansprüchen des Vermieters verpflichtet sein, vgl. § 936 Abs 2 in Verbindung mit § 932 Abs 2 (SeuffA 69 Nr 5). Der Spediteur (Möbelfuhrmann), der im Auftrage des Mieters eingebrachte Sachen aus der Mietwohnung abholt und bei sich lagert, braucht sich aber in der Regel nicht nach dem Pfandrecht des Vermieters zu erkundigen; Unterlassung der Erkundigung schließt daher den Erwerb eines Pfandrechtes im Vorrang vor dem des Vermieters nicht aus (OLG 33, 311). — Strafbestimmung gegen den Mieter, der zur Vereitelung des Pfandrechts die eingebrachten Sachen heimlich fortschafft, s. StGB § 289.

3. Die **Monatsfrist,** eine Ausschlußfrist — Berechnung §§ 187 Abs 1, 188 Abs 2 — wird durch jede Art der gerichtlichen Geltendmachung gewahrt, auch durch ein Gesuch um Erlassung einer einstweiligen Verfügung (OLG 20, 189) und durch Widerspruch gegen eine die Entfernung der Pfandgegenstände bezweckende einstweilige Verfügung (OLG 27, 156). Sie gilt nicht im Falle der Pfändung durch einen andern Gläubiger des Mieters (s. § 563). — Unterläßt der Verpächter die gerichtliche Geltendmachung seines Pfandrechts, so verliert er damit nicht den Ersatzanspruch aus unerlaubter Handlung (§ 823 Abs 1), und es könnte sich nur fragen, ob in seiner Säumnis nicht ein nach § 254 zu berücksichtigendes Mitverschulden liege (**RG** 98, 345).

§ 562

Der Mieter kann die Geltendmachung des Pfandrechts des Vermieters durch Sicherheitsleistung abwenden; er kann jede einzelne Sache dadurch von dem Pfandrechte befreien, daß er in Höhe ihres Wertes Sicherheit leistet[1]).

E I 521 Abs 4 II 504; M 2 407; P 2 209 ff.

1. Zwingende Vorschrift. Für die **Sicherheitsleistung** sind §§ 232ff. maßgebend; bei Wertpapieren nur Hinterlegung bei der zuständigen öffentlichen Hinterlegungsstelle (OLG 36, 61). Die Sicherheitsleistung entzieht dem Vermieter im Falle des ersten Halbsatzes nur die Geltendmachung des Pfandrechtes, im Falle des zweiten Halbsatzes auch das Pfandrecht an den einzelnen Sachen. Ist die Sicherheit in ausreichender Weise geleistet, so stellt sich eine trotzdem stattfindende Geltendmachung des dem Vermieter an sich nach § 561 Abs 1 zustehenden Sperr-Rechts als unerlaubte Selbsthilfe dar. — Die Höhe der Sicherheit bestimmt sich in der Regel nach dem Betrage der Forderung des Vermieters, in dem Falle aber, wenn der Wert der dem Pfandrecht unterliegenden Sachen geringer ist, nach diesem Werte.

§ 563

Wird eine dem Pfandrechte des Vermieters unterliegende Sache für einen anderen Gläubiger gepfändet, so kann diesem gegenüber das Pfandrecht nicht wegen des Mietzinses für eine frühere Zeit als das letzte Jahr vor der Pfändung geltend gemacht werden[1]).

E I 521 Abs 5 II 505; M 2 407; P 2 200 ff.

1. **Verhältnis des Vermieterpfandrechts zum Pfändungspfandrechte.** Der Vermieter kann, auch wenn sein Pfandrecht dem später entstandenen eines Pfändungspfandgläubigers vorgeht, der Pfändung nicht widersprechen, da er nicht Besitzer der in den Mieträumen befindlichen Sachen des Mieters ist (ZPO § 805); es kann auch weder vom Vermieter, noch von dem Pfändungspfandgläubiger der Anspruch erhoben werden, daß der Gerichtsvollzieher die Zwangsvollstreckung ohne Einwilligung des Schuldners im Hinblick auf die Forderung des Vermieters weiter ausdehne, als zur Befriedigung des betreibenden Gläubigers erforderlich ist (vgl. **RG** 51, 186). Der Vermieter kann vielmehr auf Grund seines fortbestehenden Pfandrechts nur den Anspruch auf vorzugsweise Befriedigung aus dem Erlöse der Pfandstücke geltend machen, jedoch wegen des Mietzinses nicht für eine frühere Zeit als das letzte Jahr vor der Pfändung, während es im übrigen rücksichtlich des Mietzinses für das laufende und folgende Jahr (von der Geltendmachung des Vorzugsrechts ab) und rücksichtlich der Entschädigungsansprüche bei der Vorschrift des § 559 Satz 2 verbleibt.

Der Vermieter hat eintretendenfalls mit dem Antrage auf Hinterlegung des Erlöses und mit der Klage gegen den Pfändungsgläubiger zwar nicht innerhalb der — hier nicht anwendbaren (OLG 9, 298; 11, 311) — einmonatigen Frist des § 561, aber jedenfalls vor Beendigung der Zwangsvollstreckung, d. h. vor Auszahlung des Erlöses an den Pfändungsgläubiger, vorzugehen, da ihm sonst die Klage bei dem Vollstreckungsgericht oder dem vorgesetzten Landgerichte verloren geht (**RG** 12, 370). Doch verbleibt in solchem Falle dem Vermieter immer noch die Bereicherungsklage (**RG** JW 09, 424[30]), bei vorsätzlicher oder fahrlässiger Verletzung seines Pfandrechtes auch ein Anspruch auf Schadensersatz (vgl. § 823). Befindet sich dagegen der Vermieter im Besitze der eingebrachten Sachen des Mieters, so ist er zum Widerspruch gegen die Pfändung befugt (ZPO §§ 805, 809), auch nicht verpflichtet, die Sachen dem ihm nachstehenden Pfändungsgläubiger herauszugeben (§ 1232).

Erlöschen des Pfandrechts des Vermieters und damit auch seines Anspruchs auf vorzugsweise Befriedigung gegenüber dem Pfandgläubiger, wenn die gepfändeten Sachen vom Grundstück entfernt werden, s. § 560 A 3.

Über das Verhältnis zwischen Vermieterpfandrecht und Pfändungspfandrecht in dem Falle, wenn der beiderseitige Schuldner die dem Vermieter haftenden und für den Gläubiger gepfändeten Sachen zunächst unter einer aufschiebenden Bedingung erworben hatte, und diese Bedingung erst nach der Pfändung eingetreten ist: nachträgliches gleichzeitiges Inkrafttreten beider Pfandrechte und verhältnismäßige Verteilung des Pfanderlöses unter beide Gläubiger, s. RG 60, 70 ff.

Im Falle der Eröffnung des Konkurses über das Vermögen des Mieters werden die Pfandgegenstände durch Besitzergreifung des Konkursverwalters der Einwirkung des Vermieters entzogen (KO § 127). Sein Pfandrecht verwandelt sich in ein Recht auf abgesonderte Befriedigung aus jenen Gegenständen (KO §§ 48, 49 Abs 1 Nr 2). Dieses Absonderungsrecht bedarf keiner besonderen Wahrung nach § 561 Abs 2 (RG LZ 1914, 1045[22]). Das Pfandrecht kann aber in Ansehung des Miet- oder Pachtzinses nicht geltend gemacht werden für eine frühere Zeit als das letzte Jahr vor der Eröffnung des Verfahrens (vgl. RG 34, 100) und nicht in Ansehung des dem Vermieter oder Verpächter infolge der Kündigung des Verwalters entstehenden Entschädigungsanspruchs (KO § 19; anders nach früherem Rechte RG 7, 19), welcher Beschränkung jedoch das Pfandrecht des Verpächters eines landwirtschaftlichen Grundstücks in Ansehung des Pachtzinses nicht unterliegt (§ 585). Kündigt der unter Geschäftsaufsicht stehende Mieter oder Pächter nach § 10 BRVO v. 14. 12. 16 (RGBl 1363), so kann der Vermieter oder Verpächter wegen seines Schadensersatzanspruchs das ihm nach §§ 559, 581, 585 zustehende Pfandrecht nicht geltend machen.

§ 564

Das Mietverhältnis endigt¹) mit dem Ablaufe der Zeit, für die es eingegangen ist²).

Ist die Mietzeit nicht bestimmt, so kann jeder Teil das Mietverhältnis nach den Vorschriften des § 565 kündigen³).

E I 522 Abs 1, 2 II 506 Abs 1, 2; M 2 410, 413; P 2 214 ff.

1. **Das Mietverhältnis endigt** auch dann, wenn der Mieter später Eigentum oder Nießbrauch an der Mietsache erlangt (RG 49, 285). Ebenso fällt der Anspruch des Verpächters auf Zahlung des Pachtzinses mit dem Zeitpunkte weg, in dem der Pächter das Eigentum am Grundstück (durch Zuschlag im Zwangsversteigerungsverfahren) erwirbt (RG 10. 3. 05 III 367/04). — In Mietverträgen, die auf eine bestimmte Zeitdauer lauten, findet sich vielfach die Vereinbarung, daß, wenn nicht ein Teil eine bestimmte Zeit vor dem zunächst vereinbarten Ende der Mietzeit kündige, das Mietverhältnis sich um eine bestimmte Zeitdauer verlängere. Dabei handelt es sich aber nicht um eine Kündigung im gewöhnlichen Sinne, die ein Vertragsverhältnis lösen soll, vielmehr bedeutet die Vereinbarung nur, daß beim Unterbleiben der sog. Kündigung dem alten Mietverhältnisse ein neues unter den Bedingungen des alten folgen solle; die Kündigung ist hier nichts anderes als die Erklärung, daß die im Vertrag in Aussicht genommene Verlängerung des Mietverhältnisses abgelehnt werde (RG 86, 60; 97, 79; 107, 300; RG 12. 12. 23 V 905/22; LZ 1922, 561¹; OLG 42, 155; a. M. OLG 38, 92). Da aber die Vertragsteile sich schon im ursprünglichen Mietvertrage dahin gebunden haben, daß ihr Schweigen über einen bestimmten Zeitpunkt vor Ablauf des Mietverhältnisses hinaus als Einverständnis mit der Erneuerung des Mietverhältnisses gelten solle, so tritt diese Erneuerung beim Vorhandensein mehrerer Vermieter oder mehrerer Mieter nur dann nicht ein, wenn alle Vermieter oder alle Mieter die sog. Kündigung erklären (RG 97, 79; vgl. SeuffA 74 Nr 132 und JW 1920, 1042⁹). Die hier erörterte „Kündigung" bedarf zu ihrer Verbindlichkeit nicht der Mitwirkung oder Genehmigung des Mieteinigungsamtes (RG 107, 300; RG Warn 1922 Nr 117). — Über das Verhältnis zwischen einer befristeten Kündigung und der Berechtigung des Mieters zu mehrjähriger Vertragsverlängerung (Option) s. RG 92, 417. Ist nach dem Mietvertrage der Mieter berechtigt, „nach Ablauf des Vertrags" ihn um bestimmte Zeit zu verlängern, so muß, wenn nicht ein anderer Vertragswille klar erkennbar ist, die Optionserklärung vor dem Ablaufe der ursprünglich festgesetzten Vertragsdauer abgegeben werden; eine spätere Erklärung bleibt auch dann unzulässig, wenn das Mietverhältnis inzwischen durch Unterbleiben einer sog. Kündigung (s. oben) stillschweigend verlängert worden ist (RG 99, 154). — Über die Fortsetzung eines für eine bestimmte Zeit eingegangenen Mietverhältnisses nach Ablauf der Mietzeit, wenn nicht der Mieter spätestens zu dem Zeitpunkte, zu dem nach § 565 eine für den Ablauf der Mietzeit zulässige Kündigung zu erfolgen haben würde, sich auf die Beendigung des Mietverhältnisses beruft,

s. Mieterschutzgesetz § 1 Abs 2 (vgl. § 553 A 1 Abs 3). Ausgeschlossen ist nach dieser Vorschrift auch, daß der Vermieter ein ihm vertraglich vorbehaltenes Rücktrittsrecht gegen den Willen des Mieters ausübt.

2. **Bestimmte Zeit.** Miete für eine genau begrenzte Kalenderzeit, aber nicht nur für eine solche, sondern z. B. auch für eine Messe, einen Jahrmarkt, eine Festlichkeit, oder: bis Ostern, Johannis, Michaelis, Weihnachten, Miete für ein Semester. Auslegung bei widerspruchsvoller Ausfüllung eines Mietvertragsformulars bezüglich der Vertragsdauer SeuffA 71 Nr 137. Das Miet- oder Pachtverhältnis kann auch durch Angabe des Zweckes für eine bestimmte Zeit eingegangen werden, z. B. bei Überlassung eines Grundstücks zur Gewinnung von Quarzitsteinen, „solange brauchbare Steine darin vorhanden sind" (**RG** JW 09, 451[2]), bei Überlassung eines Grundstücks zur Errichtung eines Anschlußgleises, solange als der Überlassende sein eigenes Anschlußgleis für den eigenen Betrieb benutzt (**RG** 23. 5. 19 III 510/18). Dauer der Miete von Waggondecken s. OLG 38, 91. Für die Beurteilung der Frage, ob der Mietvertrag auf bestimmte Zeit geschlossen ist, kommt es auf den wirklichen Willen, nicht auf den Buchstaben an (§ 133). Ein Mietvertrag folgenden Inhalts z. B. über eine Familienwohnung: „1. Wohnung vermietet für jährlich x M. vom 1. Oktober 1907 bis 1. Oktober 1908; 2. die Wohnung ist beiderseits für ein Jahr unkündbar, alsdann kann nur auf Zugtermine 1. April, 1. Juli, 1. Oktober gekündigt werden." — muß als auf unbestimmte Zeit geschlossen angesehen werden. Nr 1 enthält nichts als das Mindestmaß der Vertragsdauer, keineswegs die Vereinbarung eines Mietvertrags auf bestimmte Zeit, der mit Ablauf dieser Zeit ohne jedes Zutun der Vertragsteile zu Ende ginge. Und von einer Beschränkung der Mietdauer durch den Vertragszweck kann hier überhaupt keine Rede sein (SeuffA 64 Nr 164). Vgl. auch § 723 A 3.

3. Die **Kündigung** bedarf zu ihrer Wirksamkeit nicht der Angabe eines Grundes (**RG** 10. 3. 05 III 367/04) und kann auch alsbald bei Beginn des Mietverhältnisses erklärt werden. Wird ein Zeitpunkt, bis zu dem das Mietverhältnis endigen soll, bei der Kündigung nicht angegeben, so wirkt sie zum nächsten nach Gesetz oder Vertrag zulässigen Termin. Die Verpflichtung des Mieters einer Wohnung, nach der Kündigung die Besichtigung zu gestatten, ist nach Treu und Glauben zu beurteilen (§§ 157, 242); der Vermieter darf sein entsprechendes Recht nicht in schikanöser Weise, namentlich nicht zu unpassender Zeit, geltend machen. Verpflichtung des Mieters gegenüber dem Vermieter, der das Mietgrundstück zu veräußern beabsichtigt, die Mieträume durch Kauflustige besichtigen zu lassen, s. **RG** 106, 270. — Sind mehrere Vermieter oder Mieter vorhanden, so muß die Kündigung von allen und an alle erklärt werden. Zur Kündigung einer von beiden Ehegatten gemieteten Wohnung gilt aber im Zweifel der Ehemann als für die Ehefrau mitbefugt (KG 15, 95 ff.).

Über die rechtliche Natur der Kündigung s. § 542 A 2, über ihre Wirkung § 553 A 4, über bedingte und verspätete Kündigung § 565 A 4. Unterschied zwischen der vorzeitigen Kündigung mit gesetzlicher Kündigungsfrist (§ 565 Abs 4 und A 2c) und der außerordentlichen Kündigung mit sofortiger Wirksamkeit (§§ 542, 544, 553, 554). Über die Zulässigkeit der Beschränkung der Kündigung eines Miet- oder Pachtverhältnisses auf einen Teil des Miet- oder Pachtgegenstandes s. § 543 A 2.

Über den Schutz des Mieters gegen Kündigungen des Vermieters s. § 553 A 1. Für die Kündigung von Pachtverhältnissen enthalten die Kleingarten- und Kleinpachtlandordnung und die Pachtschutzordnung besondere Vorschriften; s. darüber § 581 A 1.

§ 565

[1]) Bei Grundstücken ist die Kündigung nur für den Schluß eines Kalendervierteljahrs zulässig; sie hat spätestens am dritten Werktage des Vierteljahrs zu erfolgen. Ist der Mietzins nach Monaten bemessen, so ist die Kündigung nur für den Schluß eines Kalendermonats zulässig; sie hat spätestens am fünfzehnten des Monats zu erfolgen. Ist der Mietzins nach Wochen bemessen, so ist die Kündigung nur für den Schluß einer Kalenderwoche zulässig; sie hat spätestens am ersten Werktage der Woche zu erfolgen[2]).

Bei beweglichen Sachen hat die Kündigung spätestens am dritten Tage vor dem Tage zu erfolgen, an welchem das Mietverhältnis endigen soll[3]).

Ist der Mietzins für ein Grundstück oder für eine bewegliche Sache nach Tagen bemessen, so ist die Kündigung an jedem Tage für den folgenden Tag zulässig.

Die Vorschriften des Abs 1 Satz 1, Abs 2 gelten auch für die Fälle, in denen das Mietverhältnis unter Einhaltung der gesetzlichen Frist vorzeitig gekündigt werden kann[4])[5]).

E I 522 Abs 3—7 II 506 Abs 3—6; M 2 411—413; P 2 214 ff.

1. **Gesetzliche Kündigungsfristen.** Sie sind nur anwendbar, wenn die Kündigungsfristen, d. h. die Fristen, die zwischen der Erklärung der Kündigung und dem damit beabsichtigten Schlusse des Vertragsverhältnisses eingehalten werden müssen, nicht vertragsmäßig bestimmt sind.

2. Bei **Grundstücken, Wohnräumen** und **anderen Räumen** in Gebäuden (§ 580) ist die Kündigung zulässig: a) im Falle der Bemessung des Mietzinses nach Tagen an jedem Tage, also auch (abweichend von § 193) an einem Sonntag oder allgemeinen Feiertag, und zwar für den folgenden Tag, d. h. für den Schluß des folgenden Tages (§ 188 Abs 1; vgl. auch oben: „für den Schluß eines Kalendermonats, einer Kalenderwoche". A. M. Planck § 565 Anm 1 a α); b) im Falle der Bemessung des Mietzinses nach Wochen spätestens am 1. Werktage (Montag, unter Umständen Dienstag), und zwar für den Schluß einer Kalenderwoche, also Sonnabend, ferner im Falle der Bemessung des Mietzinses nach Monaten spätestens am fünfzehnten des Monats (mit Beachtung von § 193), und zwar für den Schluß eines Kalendermonats. Beide Bestimmungen gelten jedoch dann nicht, wenn der Mietzins nicht nach Wochen oder Monaten, sondern in anderer Weise (z. B. 1000 Mark jährlich) bemessen und nur in Wochen- oder Monatszahlungen zu entrichten ist; vielmehr kommt alsdann § 565 Abs 1 Satz 1 zur Anwendung (**RG** 64, 270); c) in allen anderen Fällen spätestens am dritten Werktage eines Kalendervierteljahrs, und zwar für den Schluß des letzteren. Diese Kündigungsfrist gilt zugleich, ohne Unterschied der zeitlichen Bemessung des Mietzinses, für alle diejenigen Fälle, in denen das Mietverhältnis unter Einhaltung der „gesetzlichen Frist" vorzeitig gekündigt werden kann (s. § 549 Abs 1 Satz 2, §§ 567, 569, 570; 1056, 1423, 1546 Abs 3, 1550 Abs 2, 1663, 1686, 2135; KO § 19; BRVO über die Geschäftsaufsicht zur Abwendung des Konkurses vom 14. 12. 16 RGBl 1363 § 10; ZVG § 57). — Keine Entschädigungspflicht des Kündigenden bei Einhaltung der Termine unter a—c (**RG** 18, 269).

3. Bei **beweglichen Sachen** ist die Kündigung zulässig: a) im Falle der Bemessung des Mietzinses nach Tagen wie bei Grundstücken (s. o. A 2a); b) in allen anderen Fällen (auch bei Bemessung des Mietzinses nach Monaten) spätestens am dritten Tage vor dem Tage, an welchem das Mietverhältnis endigen soll, z. B. am Montage für Donnerstag. Diese Frist gilt für bewegliche Sachen zugleich als gesetzliche bei vorzeitiger Kündigung (vgl. oben A 2c). — Ist die Kündigungsfrist vertragsmäßig festgesetzt, so kann Anfang und Ende der Frist beliebig bestimmt, auch für den Vermieter und den Mieter verschieden festgesetzt sein (vgl. **RG** JW 07, 705[6]). In jedem Falle liegt dem, der die Vereinbarung einer anderen als der gesetzlichen Kündigungsfrist behauptet, die Beweislast hierfür ob (**RG** 57, 50).

4. **Besondere Arten der Kündigung.** a) Eine verspätete Kündigung ist an sich unwirksam, kann aber für den nächsten zulässigen Termin — z. B. bei vierteljährlicher Kündigungsfrist, die am 15. April für den 1. Juli erklärte wenigstens für den 1. Oktober — wirksam werden, wenn eine hierauf gerichtete Absicht des Erklärenden aus dem Inhalte seiner Erklärung oder aus den Umständen entnommen werden kann (M 2, 413; **RG** 9. 5. 08 I 329/07), insbesondere dahin, daß der Kündigende das Vertragsverhältnis auf alle Fälle lösen wolle (OLG 36, 64). Vgl. auch **RG** JW 08, 270[4]; § 723 A 2. b) Eine bedingte Kündigung ist regelmäßig im vollen Umfang unwirksam, da gerade nach der Natur dieser Willenserklärung der Eintritt ihrer Wirksamkeit von vornherein feststehen muß und nicht von einem „zukünftigen ungewissen Ereignis" abhängig gemacht werden kann (**RG** Warn 1915 Nr 103). Die Kündigungserklärung muß klar und bestimmt erkennen lassen, daß und zu welchem Zeitpunkt das Mietverhältnis aufgelöst sein soll (**RG** 22. 3. 21 III 500/20). Dagegen kann das Recht zur Kündigung und damit ihre rechtliche Wirksamkeit von dem Eintritt eines zukünftigen Ereignisses abhängig gemacht werden, dessen Tatbestand noch nicht bei der (bestimmten, unbedingten) Erklärung der Kündigung, sondern erst zum Kündigungstermin vorzuliegen braucht. So **RG** 91, 307 für eine Vereinbarung vierteljähriger Kündigung für den Fall der Geschäftsaufgabe durch den Mieter. Vgl. ferner über die Zulässigkeit einer bedingten Kündigung, wenn die Entscheidung über den Eintritt der Bedingung vom bloßen Willen des Kündungsempfängers abhängig ist, s. SeuffA 57 Nr 60; 62 Nr 248; vgl. auch 74 Nr 4 (Kündigung für den Fall, daß Vermieter nicht einen von der Polizeibehörde verlangten Nachweis erbringe). Wirksam ist eine Kündigung auch dann, wenn der Kündigende das Bestehen eines Mietverhältnisses bestreitet und nur für den Fall, daß ein solches angenommen werden sollte, kündigt (**RG** 23. 1. 23 III 274/22). c) Die Annahme einer bedingten Kündigung führt zu einem bedingten Vertrage über die Beendigung des Mietverhältnisses. Die Annahme einer verspäteten Kündigung macht diese wirksam. Vgl. § 553 A 4.

5. Über die gesetzliche Kündigungsfrist bei der Pacht von Grundstücken und von Rechten s. § 595.

§ 566

Ein Mietvertrag über ein Grundstück, der für längere Zeit als ein Jahr geschlossen wird, bedarf der schriftlichen Form[1]). Wird die Form nicht beobachtet, so gilt der Vertrag als für unbestimmte Zeit geschlossen[2]); die Kündigung ist jedoch nicht für eine frühere Zeit als für den Schluß des ersten Jahres[3]) zulässig[4]).

E II 507 III 559; P 2 147, 159, 178.

1. **Schriftliche Form des Mietvertrags.** Die Vorschrift betrifft nur Mietverträge, gemäß § 581 Abs 2 auch Pachtverträge, über Grundstücke, Wohnräume und andere Räume in Gebäuden (§ 580), nicht z. B. Jagdpachtverträge (RG 51, 280; 98, 101) oder andere Pachtverträge über Rechte, die Gebrauch und Fruchtgenuß gestatten (vgl. oben Vorbem 1 vor § 535 und unten § 581 A 1). Sie ist, weil mit Rücksicht auf einen etwaigen späteren Erwerber des Grundstücks aufgenommen, zwingenden Rechtes (Prot 2, 150) und enthält eine Ausnahme von der Regel, wonach mündliche Form beim Mietvertrage genügt, läßt jedoch als Wirkung des Formmangels nicht Nichtigkeit, sondern nur beschränkte Dauer des Mietvertrags eintreten (s. jedoch A 4). Die Vorschrift bezieht sich nicht nur auf den ursprünglichen Abschluß, sondern auch auf die spätere Abänderung und Verlängerung von Mietverträgen (RG 51, 181; 105, 60). Dagegen braucht die Aufhebung eines solchen Vertrags, auch wenn er schriftlich abgeschlossen worden ist, nicht in schriftlicher Form stattzufinden, da diese Form nur für den Abschluß des Vertrags vorgeschrieben ist. — Jeder wesentliche Punkt des Mietvertrags muß schriftlich vereinbart werden. Mündliche Nebenabreden sind damit nicht ausgeschlossen (RG 1911, 94[15]; RG LZ 1916, 1293[9]; OLG 20 S. 113, 115), unter Umständen sogar dann nicht, wenn nach dem schriftlichen Vertrag Änderungen und Zusätze nur bei schriftlicher Abfassung gelten sollen (RG 95, 175; s. auch RG SeuffA 77 Nr 113). Werden aber (im Sinne der Vertragsteile) wesentliche Punkte (z. B. die Mietzeit) nur mündlich vereinbart oder wird mündlich etwas anderes vereinbart als schriftlich niedergelegt, dann muß der ganze Mietvertrag als der gesetzlichen Form entbehrend angesehen werden (RG JW 06, 348[5]; 1911, 94[15]; RG 25. 9. 23 III 822/22). Das gleiche gilt für spätere mündliche Vereinbarungen (SeuffA 65 Nr 183); so z. B. auch für die nachträgliche Festsetzung der Vertragsdauer nach einem Ereignis, von dem unsicher ist, ob es bis zum Ablauf eines Jahres eintreten wird (vgl. OLG 40, 313). Wesentlich ist namentlich auch die Bezeichnung derer, die materiell das Geschäft schließen. Im Falle einer Vollmacht muß also der Vertretene bezeichnet werden. Entscheidend ist dabei aber, ob für die Vertragsparteien, nicht ob auch für Dritte das Geschriebene den gewollten Sinn ausreichend deutlich ergibt. Denn es handelt sich um eine Willenserklärung der Vertragschließenden, bei deren Auslegung gemäß § 133 ihr wirklicher Wille zu erforschen ist. Die Schriftform hat hier nicht den Zweck, alle Beweisschwierigkeiten zu beseitigen und die Urkunde als ein für sich stehendes Gebilde von dem Willen der Parteien, aus dem heraus sie entstanden ist, loszulösen, sondern die Schriftform hilft nur der Führung des Beweises für den wirklichen Willen der Parteien zur Zeit des Vertragsabschlusses (RG 80, 400). Sind mehrere gesamtberechtigte Vertreter vorhanden, so genügt die Unterzeichnung der Vertragsurkunde durch einen dieser Vertreter, während alles übrige Sache der formfreien Zustimmung ist (RG 81, 327). Der Schriftform ist ferner genügt, wenn in einem schriftlich abgeschlossenen Mietvertrage der Vermieter gestattet, daß für den Mieter ein Dritter in den Vertrag eintrete und auf Grund dieser Gestattung ein schriftlicher Vertrag des letzteren Inhalts nur zwischen dem Mieter und dem Dritten abgeschlossen wird (RG Gruch 57, 424; RG JW 1924, 798[5]). Rechtsgültig ist eine mündliche Abrede neben dem schriftlichen Vertrage, wenn es sich dabei nur um die Erläuterung und Auslegung einer Bestimmung des schriftlichen Vertrags handelt (RG 11. 12. 08 III 89/08). — Ein Vorvertrag über die Verpflichtung zum Abschlusse eines Mietvertrags für längere Zeit als ein Jahr bedarf nicht der Schriftform (RG 86, 30; RG JW 1922, 285[2]) und kann deshalb auch jederzeit durch mündliche Vereinbarungen geändert und ergänzt werden (RG 13. 2. 17 III 386/16). Das gleiche gilt für eine Vereinbarung, wonach sich der Mieter zur Erneuerung eines Mietvertrags verpflichtet (RG Warn 1919 Nr 163) oder der Erwerber des Mietgrundstücks auf das nach § 571 vom Vermieter auf ihn übergehende Recht der Kündigung für länger als ein Jahr verzichtet (RG 103, 381). § 566 steht auch nicht der Wirksamkeit einer neben einem mündlichen Mietvertrage getroffenen Abrede schriftlicher Beurkundung entgegen (RG 104, 131). Nichtanwendung des § 566 auf Erteilung der Erlaubnis zur Untervermietung s. § 549 A 1. Dagegen kann nicht allein auf Grund eines mündlichen, auf längere Zeit als ein Jahr geschlossenen Mietvertrags der Abschluß eines schriftlichen Vertrags gefordert werden (RG 97, 219). Ist die Vereinbarung einer Miete auf mehr als ein Jahr

wesentlicher Bestandteil eines Grundstücksveräußerungsvertrags, so teilt sie das rechtliche Schicksal dieses Hauptvertrags; sie bedarf daher nicht der Form des § 566, wohl aber der gerichtlichen oder notariellen Beurkundung nach § 313, deren Mangel durch nachfolgende Auflassung und Eintragung des Eigentumswechsels in das Grundbuch geheilt wird (**RG** 103, 381; vgl. 97, 219 und OLG 45, 183). Über das Wesen der Schriftform s. § 126 und **RG** 59, 245; 80, 400; JW 1924, 796[1]; Gruch 69, 76. Briefwechsel (§ 127) genügt nicht zur Wahrung der Form (**RG** 95, 83; Warn 1919 Nr 163; s. auch SeuffA 60 Nr 109); auch nicht die schriftliche Einverständniserklärung des einen Vertragsteils auf dem schriftlichen Vertragsantrag des andern Teiles (**RG** 105, 60). Vgl. auch A 2. Die Versäumung einer vor der Wirksamkeit des BGB gesetzlich vorgeschriebenen Form ist auch nach dem 1. 1. 00 noch nach dem früheren Rechte zu beurteilen (s. oben Vorbem 7 vor § 535).

2. Über die Gültigkeit des Vertrags für unbestimmte Zeit s. § 564 Abs 2. Für die alsdann eintretende Kündigung kommt die Kündigungsfrist des für länger als ein Jahr abgeschlossenen mündlichen Vertrags jedenfalls dann nicht zur Anwendung, wenn sie länger als die gesetzliche ist (**RG** 59, 245). § 566 enthält eine Ausnahme gegenüber §§ 125, 139. Satz 2 des § 566 — nicht § 139 mit der Folge der Nichtigkeit des ganzen Vertrags — ist daher auch dann anzuwenden, wenn die Umstände erkennen lassen, daß die Parteien einen Mietvertrag auf unbestimmte Zeit nicht geschlossen haben würden (**RG** 86, 30; **RG** Warn 09 Nr 82, ferner OLG 33, 314; SeuffA 61 Nr 199 II; 65 Nr 183; a. M. SeuffA 61 Nr 199 I und OLG 9, 302 für Fälle steigenden Mietzinses; vgl. auch **RG** JW 07, 166[3] und OLG 40, 313). Die gesetzliche Folge der Nichtbeobachtung der Form — Geltung des Vertrags für unbestimmte Zeit — kann ferner nicht durch Vereinbarung ausgeschlossen oder inhaltlich abgeändert werden, und es ist auch in der Berufung auf die Formvorschrift in der Regel ein Verstoß gegen Treu und Glauben nicht zu finden (**RG** Warn 1917 Nr 174), es müßte denn sein, daß derjenige, der sich auf den Mangel der Schriftform beruft, diesen Mangel selbst veranlaßt, z. B. in der Absicht, sich später auf den Formmangel zu berufen, die Abfassung eines formgerechten Vertrags verhindert oder auch nur ohne solche Absicht beim Vertragsschluß die Form für unnötig erklärt hat (**RG** 96, 313; s. auch **RG** Gruch 52, 1045 und **RG** SeuffA 77 Nr 114).

3. Zulässigkeit der Kündigung nicht für eine frühere Zeit als den Schluß des ersten Jahres, d. h. des ersten nach dem Vertrage laufenden Mietjahrs. Der Vertrag ist also nicht, wie in § 269 ALR I 21 vorgeschrieben war, von Anfang an nur auf ein Jahr gültig, sondern erlangt diese beschränkte Dauer nur, wenn rechtzeitig für den Schluß des ersten Mietjahrs gekündigt wird. Erfolgt solche Kündigung nicht, so bleibt der Vertrag weiter als ein auf unbestimmte Zeit geschlossener, nach § 565 zu kündigender bestehen. Im übrigen kann die Kündigung auch schon unter Beobachtung der Vorschrift in § 565 Abs 1 Satz 1 vor Ablauf des ersten Jahres für dessen Schluß geschehen (**RG** 28. 5. 07 III 452/06).

4. War die Schriftform verabredet, so ist § 566 nicht anzuwenden, vielmehr kommt bei deren Unterlassung § 125 Satz 2, § 154 Abs 2 zur Anwendung; es ist also im Zweifel Nichtigkeit oder Nichtvollendung des Vertragsabschlusses anzunehmen (**RG** JW 08 S. 105[9], 446[6]; 1912, 389[8]; **RG** Warn 09 Nr 82; **RG** LZ 1916, 1293[9]; OLG 33, 312, 313; 39, 176). Dies gilt insbesondere auch dann, wenn nach der Vereinbarung eine Partei den schriftlichen Mietvertrag binnen bestimmter Frist unterschreiben sollte, aber erst nach Ablauf dieser Frist unterschrieben hat (**RG** Gruch 52, 927).

§ 567

Wird ein Mietvertrag für eine längere Zeit als dreißig Jahre geschlossen[1]), so kann nach dreißig Jahren jeder Teil das Mietverhältnis unter Einhaltung der gesetzlichen Frist kündigen[2]). Die Kündigung ist unzulässig, wenn der Vertrag für die Lebenszeit des Vermieters oder des Mieters geschlossen ist[3]).

E I 523 II 508; M 2 413; P 2 217.

1. Für längere Zeit als dreißig Jahre. Diese Voraussetzung trifft auch dann zu, wenn bei einem auf unbestimmte Zeit abgeschlossenen Mietvertrage für beide Teile oder für einen Teil die Kündigung ausgeschlossen ist. § 567 greift aber nicht Platz, wenn nach dem Vertrage beiden Parteien unbenommen bleibt, mit gesetzlicher Frist zu kündigen und nur die kündigende Partei der andern zu einer Entschädigung verpflichtet ist, die an sich nicht unmöglich ist, auch keine übermäßige wirtschaftliche Erschwerung für den Kündigenden enthält, also nicht auf eine Umgehung des § 567 hinausläuft (**RG** 73, 341). — Mietverträge, die für mehr als dreißig Jahre oder für unbestimmte Zeit abgeschlossen sind, sind an sich gültig und erhalten nur kraft Gesetzes einen geänderten Inhalt; dies gilt auch für Vorverträge (**RG** 27. 6. 27 V 16/27). Mitverträge dieser Art können aber auch (was nach dem Vertragsinhalt und den Umständen des Falles zu prüfen ist) den guten Sitten zuwiderlaufen und deshalb nichtig sein (§ 138). Der Umstand allein, daß die Kündigung des Vermieters dauernd ausgeschlossen sein soll, macht aber den Mietvertrag noch nicht sittenwidrig (RG Gruch 59, 469). Entsprechende Anwendung des § 567 bei einer der Zeitdauer nach nicht bestimmten unentgeltlichen Überlassung des Besitzes und Genusses eines Grundstücks, z. B. zum Zwecke der Ausstattung eines Kindes (RG 13. 12. 16 V 262/16). — Anwendung des § 567 auf Pachtverträge s. RG Warn 1915 Nr 167.

2. **Die Zulässigkeit der Kündigung nach dreißig Jahren** soll im wesentlichen die Erbmiete und ähnliche Verhältnisse ausschließen, enthält mithin **zwingendes Recht,** ist aber auf die vor dem 1. 1. 00 begründeten Miet- und Pachtverhältnisse nicht (auch nicht entsprechend) anzuwenden (RG 66, 216; 95, 108). Kündigungsfrist § 565 Abs 4 in Verb. mit Abs 1 Satz 1, Abs 2.

3. Die Vorschrift des Satz 2 gilt nicht für juristische Personen.

§ 568

Wird nach dem Ablaufe der Mietzeit der Gebrauch der Sache von dem Mieter fortgesetzt, so gilt das Mietverhältnis als auf unbestimmte Zeit verlängert[1]), sofern nicht der Vermieter oder der Mieter seinen entgegenstehenden Willen binnen einer Frist von zwei Wochen dem anderen Teile gegenüber erklärt[2]). Die Frist beginnt für den Mieter mit der Fortsetzung des Gebrauchs, für den Vermieter mit dem Zeitpunkt, in welchem er von der Fortsetzung Kenntnis erlangt[3]).

E I 509; M 2 413 ff.; P 2 217 ff.

1. Die **stillschweigende Verlängerung** des Mietverhältnisses, genauer die Fiktion einer solchen Verlängerung (RG Warn 1925 Nr 23), kann sowohl bei Ablauf der im voraus bestimmten Vertragsdauer, als bei der durch Kündigung herbeigeführten Beendigung des Mietverhältnisses eintreten (M 2, 413; OLG 7, 18). Sie geschieht bei unterbleibendem Widerspruch auf unbestimmte Zeit (§§ 564 Abs 2, 565), setzt aber Geschäftsfähigkeit der Mietparteien voraus. Das ursprüngliche Vertragsverhältnis, insbesondere das gesetzliche Pfandrecht des Vermieters (OLG 4, 42), bleibt also — abgesehen von der Zeitdauer — fortbestehen.

2. Als eine der Verlängerung des bisherigen Mietverhältnisses **entgegenstehende Willenserklärung** ist auch die Forderung eines höheren Mietzinses durch den Vermieter anzusehen (OLG 36, 65). Für die Entschädigung des Vermieters bei Nichtrückgabe der gemieteten Sache ohne stillschweigende Verlängerung des Mietverhältnisses gilt § 557.

3. Hiernach trifft die sich auf die Verlängerung berufende Partei die **Beweislast** dafür, daß nach dem Ablaufe der Mietzeit der Gebrauch vom Mieter fortgesetzt worden sei. Gegenbeweis des widersprechenden Mieters dahin, daß er vor Ablauf von zwei Wochen, von der Fortsetzung ab, widersprochen habe, Gegenbeweis des widersprechenden Vermieters dahin, daß er binnen zwei Wochen nach erlangter Kenntnis, deren Zeitpunkt er ebenfalls darzutun hat, widersprochen habe.

§ 569

[1]) Stirbt der Mieter, so ist sowohl der Erbe als der Vermieter berechtigt, das Mietverhältnis unter Einhaltung der gesetzlichen Frist zu kündigen[2]). Die Kündigung kann nur für den ersten Termin erfolgen, für den sie zulässig ist[3])[4]).

E I 526 II 510; M 2 416; P 2 218 ff., 251.

1. Die §§ 569, 570 behandeln neben den §§ 549, 567 zwei weitere Fälle der **vorzeitigen Kündigung** mit gesetzlicher Frist. Die Vorschriften des § 569 sind nicht zwingend, können vielmehr durch Vereinbarung der den Mietvertrag abschließenden Parteien ausgeschlossen oder inhaltlich geändert werden (RG 74, 37). — Über das im voraus nicht verzichtbare Kündigungsrecht, das den Hinterbliebenen von Kriegsteilnehmern auch bei einer vom § 569 abweichenden Vereinbarung zusteht, s. BRVO v. 7. 10. 15, RGBl 642 (nicht anwendbar auf Pachtverhältnisse, RG 89, 116). — Nach § 19 Abs 1 Satz 1 des Mieterschutzgesetzes (§ 553 A 1) bleibt das in § 569 vorgesehene Kündigungsrecht unberührt; es wird sogar entgegenstehenden Bestimmungen des Mietvertrags die Wirksamkeit entzogen, die sie nach den Grundsätzen des BGB (s. oben) haben würden. Jedoch kann der Vermieter nicht kündigen, wenn der Erbe der Ehegatte des Mieters oder ein volljähriger Verwandter bis zum zweiten Grade ist und beim Tode des Mieters zu dessen Hausstand gehört hat (§ 19 Abs 1 Satz 2). § 19 Abs 2 trifft

Bestimmungen über den Eintritt von Familienangehörigen in die Rechte und Pflichten des Mieters, Abs 3 über die Ansprüche des Erben, der nicht Familienangehöriger des Mieters ist gegenüber den Familienangehörigen, die beim Tode des Mieters zu seinem Hausstand gehört haben. Nach § 19 Abs 4 sind auf Mietverhältnisse, die sich nur auf Geschäftsräume beziehen, Abs 1 Satz 2, sowie Abs 2, 3 nicht, Abs 1 Satz 1 nur mit der Maßgabe anzuwenden, daß der Vermieter nicht kündigen kann, wenn der Erbe das Geschäft fortführt.

2. **Das Kündigungsrecht beim Tode des Mieters** (auch durch Selbstmord) kommt sowohl bei beweglichen als bei unbeweglichen Sachen zur Anwendung (OLG 7, 464) und ist namentlich dann von Bedeutung, wenn die auf einen bestimmten Zeitraum vereinbarte Dauer des Mietverhältnisses oder die vereinbarte Kündigungsfrist länger als die gesetzliche Kündigungsfrist ist, die im Falle des § 569 an deren Stelle tritt. Sind mehrere Miterben vorhanden, so muß die Kündigung von allen oder an alle erfolgen. Gegebenenfalls ist der Testamentsvollstrecker (Nachlaßverwalter, Nachlaßkonkursverwalter), nicht der Erbe zur Kündigung berechtigt (§ 2211; RG 74, 37). Haben mehrere zusammen gemietet, z. B. die Ehefrau mit dem Ehemann oder mehrere an einem Erwerbsgeschäft beteiligte Personen, so ist aus der Einheit und Unteilbarkeit des Mietverhältnisses nicht zu folgern, daß beim Tode des einen Mieters eine Kündigung nach § 569 ausgeschlossen sei. Vielmehr ist nach den Umständen des Falles unter Beachtung des dem § 569 zugrunde liegenden Rechtsgedankens und der besonderen Natur des unter den Vertragsteilen und vor allem auch des unter den Mietern bestehenden Rechtsverhältnisses zu entscheiden, ob das nur einheitlich zu lösende Mietverhältnis vom Erben des verstorbenen Mieters, vom überlebenden Mieter und vom Vermieter mit Wirkung für alle Beteiligten gekündigt werden kann (RG 90, 328, anders herrschende Meinung). Vgl. auch OLG 33, 317 und § 2 BRVO v. 7. 10. 15 (A 1). Eines urkundlichen Nachweises der Erbeneigenschaft bedarf es zur wirksamen Ausübung des Kündigungsrechtes nicht (JW. 1918, 517; a. M. OLG 28, 154). Über die Rechtmäßigkeit der Kündigung entscheidet im Streitfalle das Gericht. Über das Widerspruchsverfahren im Falle der BRVO v. 7. 10. 15 (A 1) s. dort § 3. — § 569 gilt auch für Pachtverhältnisse; jedoch kann der Verpächter nicht kündigen (§ 596 Abs 2).

3. **Kündigungstermin.** § 565 Abs 4 in Verbindung mit Abs 1 Satz 1, Abs 2, bei Grundstücken also nur für den Schluß des Kalendervierteljahrs, auch wenn der Mietzins nach Monaten bemessen ist. Der erste zulässige Termin ist aber nicht auf Grund einer abstrakten Berechnung zu ermitteln, vielmehr nach der tatsächlichen Möglichkeit der Kündigung zu bestimmen. Stirbt z. B. der Mieter am 1. Oktober und wird sein Testament, in dem ein Testamentsvollstrecker ernannt ist, erst einige Zeit später eröffnet, so ist als der erste Kündigungstermin nicht der 31. Dezember des laufenden Jahres anzusehen, sondern es kann noch auf den 31. März des nächsten Jahres (§ 565 Abs 1 Satz 1) gekündigt werden (RG 74, 35, auch OLG 20, 117). Unter Umständen dürfen die (minderjährigen oder abwesenden und nicht vertretenen) Erben des Mieters bei tatsächlicher Unmöglichkeit einer rechtzeitigen Kündigung das Kündigungsrecht noch zum folgenden Termin ausüben; SeuffA 64 Nr 188 (str.).

4. **Der Tod des Vermieters** ist auf den Fortbestand des Mietverhältnisses ohne Einfluß.

§ 570

Militärpersonen, Beamte, Geistliche und Lehrer an öffentlichen Unterrichtsanstalten können im Falle der Versetzung[1]) nach einem anderen Orte das Mietverhältnis in Ansehung der Räume, welche sie für sich oder ihre Familie an dem bisherigen Garnison- oder Wohnorte gemietet haben, unter Einhaltung der gesetzlichen Frist kündigen[2]). Die Kündigung kann nur für den ersten Termin erfolgen, für den sie zulässig ist.

E I 527 II 511; M 2 416, 417; P 2 227.

1. **Das den Militärpersonen, Beamten, Geistlichen und Lehrern an öffentlichen Unterrichtsanstalten** (vgl. § 411; auch den akademischen Lehrern) **im Falle der Versetzung zustehende** (übrigens vertragsmäßig ausschließbare) **Kündigungsrecht** steht auch ihren Ehefrauen als Mitmietern für die erwähnten Räume zu, greift aber nicht Platz bei einer Neuanstellung oder bei einer lediglich auf dem freien Willen dieser Personen beruhenden Stellungs- und Wohnortsänderung, auch nicht beim Verluste der Stellung, wie bei Versetzung in den Ruhestand, wohl aber dann, wenn die Versetzung auf Antrag oder mit Zustimmung des Berechtigten geschieht (vgl. RG 21, 283; OLG 11, 316; 36, 114 Note 1). Die Kündigungsbefugnis tritt nur ein bei Versetzung nach einem anderen Orte, für Militärpersonen nur bei Veränderung des Garnisonsortes (JW 1916, 977[8]), besteht aber auch bei Rückversetzungen solcher Art, daß der Beamte schließlich am bisherigen Orte wohnen bleibt, ohne seine Woh-

nung verlegt zu haben (RG JW 16, 261[7]). Die Kündigungsbefugnis setzt ferner voraus, daß die Versetzung nicht nur in Aussicht genommen (OLG 36, 114 Note 1), sondern schon als amtliche Maßregel beschlossen und dem Beamten mitgeteilt worden ist. Jedoch kann die förmliche Ausfertigung der Versetzungsverfügung und ihre Behändigung an den Beamten nachfolgen (OLG 28, 155; SeuffA 69 Nr 97). — Über vertragsmäßige Kündigung bei „Versetzung" eines kaufmännischen Angestellten s. RG Warn 1915 Nr 282. — Das Kündigungsrecht gilt nicht nur für die Wohnung, sondern für alle Räume, die der Versetzte für seinen oder seiner Familie Bedarf gemietet hat, z. B. auch für eine gemietete Stallung. — Für Pachtverhältnisse gilt § 570 nicht (§ 596 Abs 3).

2. Gesetzliche Kündigungsfrist nach § 565. Die Vorschrift beruht nicht auf der Berücksichtigung der mutmaßlichen Willensmeinung der Parteien beim Vertragsabschlusse, sondern auf dem öffentlichen Interesse, welches darauf abzielt, für den Beamten sowohl als für die beteiligte öffentliche Behörde den mit der Versetzung verbundenen Aufwand möglichst zu mindern und die Versetzung überhaupt zu erleichtern. Von diesem Gesichtspunkte aus erscheint die Vorschrift auch dann anwendbar, wenn die — für das Kündigungsrecht maßgebende — Stellung, aus welcher die Versetzung erfolgt, nicht schon zur Zeit des Vertragsabschlusses, sondern erst zur Zeit der Kündigung bestanden hat, eine Auffassung, mit welcher der Wortlaut und die Entstehungsgeschichte des § 570 im Einklange stehen. (So auch JW 06, 615; OLG 12, 373; Planck § 570 A 3c; a. M. Staudinger § 570 V; Mittelstein § 73 Nr 9; RG JW 03 Beil 148[321].) Die Kündigungsbefugnis wird dem Beamten usw. auch dann zuzugestehen sein, wenn die Versetzung aus dem Dienste eines deutschen Staates in denjenigen eines andern deutschen Staates oder in den Reichsdienst erfolgt, nicht aber dann, wenn ein deutscher Beamter in den Dienst eines auswärtigen Staates übertritt, also z. B. ein deutscher Professor an eine Schweizer Universität berufen wird; denn nur den öffentlichen Dienstverhältnissen des Inlandes soll durch obige Vorschrift eine Erleichterung zuteil werden.

§ 571

[1]) **Wird das vermietete Grundstück nach der Überlassung an den Mieter von dem Vermieter an einen Dritten veräußert[2]), so tritt der Erwerber an Stelle des Vermieters in die sich während der Dauer seines Eigentums aus dem Mietverhältnis ergebenden Rechte und Verpflichtungen ein[3]).**

Erfüllt der Erwerber die Verpflichtungen nicht, so haftet der Vermieter für den von dem Erwerber zu ersetzenden Schaden wie ein Bürge, der auf die Einrede der Vorausklage verzichtet hat[4]). Erlangt der Mieter von dem Übergange des Eigentums durch Mitteilung des Vermieters Kenntnis, so wird der Vermieter von der Haftung befreit, wenn nicht der Mieter das Mietverhältnis für den ersten Termin kündigt, für den die Kündigung zulässig ist[5])[6]).

E I 509 II 512; M 2 380—390; P 2 134, 137, 169.

1. Allgemeines. Die nachstehenden (nicht zwingenden, RG 9. 2. 26 III 84/25; OLG 45, 149) Vorschriften der §§ 571—579, welche die Regel **„Kauf bricht nicht Miete"** ausgestalten, gelten auch für die Pacht, nicht aber für andere schuldrechtliche Verhältnisse, wie z. B. die Leihe (RG LZ 1921, 413[4]). Dagegen finden sie entsprechende Anwendung: a) unbeschränkte, wenn ein Erbbauberechtigter vermietet und darauf sein Recht veräußert hat (§ 1017, jetzt VO über das Erbbaurecht vom 15. 1. 19, RGBl 72, §§ 11, 38); b) mit Ausnahme von § 573 Satz 2 und § 578, wenn der Nießbraucher (§ 1056) ein seinem Nießbrauch unterworfenes Grundstück, der Ehemann als Verwalter und Nutznießer ein von der Ehefrau eingebrachtes Grundstück (§§ 1423, 1546 Abs 3, § 1550), der Vater das seiner Nutznießung unterworfene Grundstück der Kinder (§ 1663), der Vorerbe ein zur Erbschaft gehöriges und darauf an einen Nacherben fallendes Grundstück (§ 2135) über die Dauer seines Rechtes hinaus vermietet oder verpachtet, mit der Abweichung, daß in allen diesen unter b aufgeführten Fällen der an die Stelle des Vermieters oder Verpächters tretende anderweit Berechtigte das Miet- oder Pachtverhältnis unter Einhaltung der gesetzlichen, nicht der im Mietvertrag bestimmten, Kündigungsfrist kündigen kann (§ 1026 Abs 2 und A 1—3; s. § 541 A 1; § 1059 A 1; für den Fall des Nießbrauchs auch RG 22. 12. 22 III 520/22).

2. Voraussetzung für die Anwendung des hier ausgesprochenen Grundsatzes „Kauf bricht nicht Miete" ist: a) **Veräußerung** (Kauf, Tausch, Schenkung, Vermächtnis) **eines Grundstücks,** auf Grund deren das Eigentum vom Vermieter an einen Dritten übergegangen ist (RG 59, 188; 68, 12; 78, 36; 84, 411). Erforderlich ist, daß der Mietvertrag vom bisherigen

Eigentümer abgeschlossen worden oder doch für ihn verbindlich ist. Hat also z. B. der Käufer eines Grundstücks, dem dieses übergeben, aber nicht aufgelassen worden ist, das Grundstück verpachtet, so kann nach Rückgängigmachung des Kaufes der Pächter nicht vom Eigentümer Erfüllung des Pachtvertrags verlangen (SeuffA 77 Nr 126). Die §§ 571 ff. sind entsprechend anzuwenden bei Aufgabe und Aneignung des Eigentums an einem Grundstücke nach § 928 (**RG** 103, 166; SeuffA 76 Nr 79; OLG 27, 160). Auf Wohnräume und andere Räume in Gebäuden finden sie Anwendung, wenn der Vermieter das Grundstück veräußert (§ 580). Der Mieter einer beweglichen Sache, deren Erwerber nicht in das Mietverhältnis eintritt, ist schon dadurch geschützt, daß er als deren Besitzer die zum Eigentumsübergang erforderliche Übergabe hindern und auch einem auf § 931 gestützten Herausgabeanspruche des neuen Erwerbers die ihm gegen den ursprünglichen Vermieter zustehende Einrede entgegensetzen kann (§ 986 Abs 2). b) Weitere Voraussetzung ist, daß **dem Mieter** das vermietete Grundstück **zur Zeit** der Veräußerung **bereits überlassen,** d. h. zum Besitz und Gebrauch (**RG** Gruch 67, 303) übergeben war (sonst nur § 578; vgl. auch BayObLG 10 S. 280, 288), welche Überlassung auch bei einer zwischen Vermieter und Mieter vor der Veräußerung vereinbarten Verlängerung ihres Vertragsverhältnisses fortwirkt (**RG** 19. 5. 03 III 28/03; auch OLG 7, 21; 11, 144). Handlungen des Pächters, die nicht als Ausfluß seines Besitzes (oder Mitbesitzes) an dem gepachteten Grundstück erscheinen, wie z. B. bei Verpachtung zur Ausbeutung eines Braunkohlenlagers nur vorläufige Bohrungen, durch die erst bestimmt werden soll, welche Teile des Grundstücks zum Zwecke der Ausbeutung in Besitz genommen werden sollen, rechtfertigen nicht die Annahme einer Überlassung des Grundstücks im Sinne des § 571 (**RG** JW 1919, 379[6]). Der Umstand, daß der Mieter zur Zeit der Veräußerung nicht mehr im Besitze des Grundstücks ist, steht ihm regelmäßig nur dann entgegen, wenn er den Besitz dem Vermieter überlassen hat. Dagegen ist der Erwerber eines Grundstücks, auf welchem vom Vorbesitzer die Jagd verpachtet war, an diesen Vertrag, der sich nicht auf das Grundstück, sondern auf das Jagdrecht bezieht, nicht gebunden und kann dem Jagdpächter, der sich nicht im Besitze des Grundstücks befindet, die Ausübung der Jagd verbieten (**RG** 70, 70; 98, 101; OLG 12, 382; s. auch JW 1922, 233[8]). Ebenso für die Verpachtung der Fischerei in einem öffentlichen Flusse durch den fischereiberechtigten Nichteigentümer SeuffA 60 Nr 29; anders für die Verpachtung der Fischerei in geschlossenen Privatgewässern, OLG 38, 93 (Grundstückspacht; vgl. auch preuß. Fischereiges. v. 11. 5. 16 § 29). — Nur der im Besitze des Grundstücks befindliche Mieter oder Pächter hat bei der Enteignung einen Entschädigungsanspruch gegen den Unternehmer nach § 11 des preuß. Enteignungsgesetzes v. 11. 6. 74 (**RG** 74, 367). Über die Enteignungsentschädigung des Mieters s. auch **RG** 101, 148.

3. Eintritt des Erwerbers in das Mietverhältnis, insbesondere a) in die von der Zeit seines Erwerbs ab sich ergebenden, mit dem Grundstückseigentum verbundenen **Rechte,** und zwar kraft selbständigen Rechtes, als Zubehör seines Eigentums (Zustandsobligation), nicht als Rechtsnachfolger des Vermieters (**RG** 59, 188; 68, 12; anders im Sinne des § 265 ZPO **RG** 102, 177), so daß ihm die gegen den Vermieter in der Zeit nach dem Eigentumsübergang begründeten Einreden nicht entgegengesetzt werden können. Er erlangt also, abgesehen von den in §§ 573, 574 aufgeführten Ausnahmen, den Anspruch auf den von der Zeit seines Eigentumserwerbs ab fällig werdenden Mietzins, auf den von der Zeit seines Vorbesitzers her rückständigen aber nur, wenn er ihm abgetreten ist (vgl. **RG** 55, 293). Immerhin kann er den auf die Besitzdauer des Rechtsvorgängers entfallenden, aber erst nach der Veräußerung fällig gewordenen Mietzins vom Mieter mit einfordern und zum entsprechenden Teile an den früheren Vermieter aushändigen. Der Anspruch auf den Miet- oder Pachtzins steht dem Erwerber aber nur nach Maßgabe des Miet- oder Pachtvertrags zu. Ist nach diesem der Zins in einem Betrage voraus zu bezahlen und auch voraus bezahlt worden, so hat der Erwerber keinen Anspruch an den Mieter oder Pächter, ist vielmehr auf den Rückgriff gegen seinen Rechtsvorgänger nach Maßgabe des Veräußerungsvertrags beschränkt (**RG** 94, 279; **RG** SeuffA 79 Nr 23; vgl. § 573 A 1). Die Rechte gehen auf den Erwerber auch dann über, wenn der Mieter von der Veräußerung nichts weiß. Der Vermieter kann daher den Mieter nicht mehr durch Mahnung in Verzug setzen. Der Mieter kann aber wirksam den Mietzins an ihn bezahlen (§ 574). Er muß es sogar tun, wenn die Zahlungszeit nach dem Kalender bestimmt ist, der Verzug also ohne Mahnung eintritt (§ 284 Abs 2 Satz 1); sonst kann der Erwerber die Verzugsfolgen gegen ihn geltend machen (**RG** 98, 88). Die Ausübung eines Kündigungsrechts steht dem Käufer des Mietgrundstücks erst zu, wenn er als Eigentümer im Grundbuch eingetragen ist; eine frühere Kündigung wird durch nachträgliche Eintragung nicht wirksam (OLG 40, 311). Der Erwerber erlangt von dem gedachten Zeitpunkt ab auch das gesetzliche Pfandrecht (§§ 559 ff.) an den eingebrachten Sachen des Mieters. Doch bleibt daneben das Pfandrecht des Vorbesitzers (Vermieters) wegen des aus dessen Zeit rückständigen Mietzinses, und zwar, da jedes Pfandrecht von der Zeit der Einbringung der Sachen ab datiert, zu gleichem Rechte bestehen (Prot 2, 211). Recht an einer Sicherheit s. § 572. Der Erwerber erlangt auch das Recht auf Anfechtung eines über die Art der Rückgewähr des Pachtgrundstücks mit dem Pächter abgeschlossenen Vertrages (**RG** 29. 4. 18 IV 79/18). Dagegen geht das Recht aus einem von dem ursprünglichen Vermieter dem Mieter auferlegten, aus dem Mietvertrage selbst aber sich nicht unmittelbar ergebenden Wettbewerbsverbot (z. B. bei 5000 Mark Strafe nach Beendigung des Mietverhältnisses kein anderes Weingeschäft zu betreiben) auf den Käufer nicht über (**RG** JW 06, 58[10]). Wird das Grundstück an mehrere Personen veräußert, so stehen diese in ihrer Gesamtheit an Stelle des Vermieters dem Mieter gegenüber, namentlich in betreff der Kündigung und der Empfangnahme des Mietzinses (vgl. § 535 A 3). b) Eintritt des Erwerbers in die von der Zeit seines Eigentumserwerbs ab aus dem Mietverhältnisse entstehenden **Verpflichtungen,** die gleich einer Reallast als auf dem Grundstücke haftend angesehen werden und ebenso wie die Mietrechte mit dem Grundstücke auf ihn übergehen. Der Erwerber tritt, unbeschadet seines Rückgriffs gegen seinen Rechtsvorgänger nach Maßgabe des Veräußerungsvertrages (**RG** LZ 1915, 1148[13]; SeuffA 73 Nr 117), in diese Verpflichtungen, auch in die auf nachträglicher Änderung des Mietvertrags aus der Zeit des Vorbesitzers beruhenden (OLG 7, 20), ohne Rücksicht darauf ein, ob er beim Vertragsabschlusse Kenntnis davon hatte, so insbesondere in die Verpflichtung zur Gewährung des Gebrauchs und zur Haftung für Fehler und Mängel, auch für besondere Zusagen des früheren Vermieters. Er haftet dafür nicht nur mit dem Grundstücke, sondern mit seinem ganzen Vermögen. Dagegen hat er nicht für die zur Zeit seines Vorbesitzers bereits begründeten besonderen Verpflichtungen des Vermieters einzustehen, insbesondere nicht für diejenigen zur Leistung von Schadensersatz, mag auch der zu ersetzende Schaden erst später eingetreten sein (**RG** JW 05, 487[5]). Ist daher dem Mieter im Mietvertrage oder in einer andern vor dem Übergang des Grundstücks auf den Erwerber getroffenen Vereinbarung das Recht eingeräumt worden, durch einseitige Erklärung das Mietverhältnis über seine ursprüngliche Dauer hinaus zu verlängern (Optionsrecht), so tritt der Erwerber nach § 571 in die hieraus für den Vermieter sich ergebenden Verpflichtungen ein (**RG** 103, 349). Der Erwerber muß daher eine Verlängerungserklärung des Mieters auch dann gegen sich gelten lassen, wenn sie erst nach dem Erwerb des Grundstücks stattgefunden hat (**RG** Gruch 58, 945). Erklärt der Vermieter beim Abschlusse eines notariellen Mietvertrags, daß er von einem darin vereinbarten Kündigungsrechte keinen Gebrauch machen werde, so kann diese Erklärung, wenn nicht bloß als unverbindliches Inaussichtstellen, so doch nur als den Vermieter für seine Person bindend erachtet werden; die Verpflichtung geht daher nicht auf den Erwerber über (**RG** 3. 6. 21 III 23/21).

Im Sinne des § 265 ZPO ist der rechtsgeschäftliche Erwerber des vermieteten Grundstücks als Rechtsnachfolger des Veräußerers auch in seiner Eigenschaft als Vermieter und das während der Rechtshängigkeit einer Klage des Mieters aus § 536 BGB veräußerte Mietgrundstück als im Streit befangen anzusehen (**RG** 102, 177).

4. Haftung des früheren Vermieters. Er steht nach dem Eigentumsübergange dem Mieter nicht mehr als Vertragspartei gegenüber. Erfüllt aber der Erwerber die ihm obliegenden Verpflichtungen nicht, so haftet für den deshalb dem Mieter zu ersetzenden Schaden neben dem Erwerber auch der Vermieter **wie ein Bürge,** der auf die Einrede der Vorausklage verzichtet hat (§§ 767ff., 773 Nr 1). Da aber nach Abs 1 der Erwerber nur in die während der Dauer seines Eigentums aus dem Mietverhältnisse sich ergebenden Rechte und Pflichten eintritt, so scheidet auch der Vermieter nur für diese Dauer aus der unmittelbaren Haftung gegenüber dem Mieter aus. Die Verpflichtung, den Mietvertrag darüber hinaus während der ganzen vereinbarten Vertragsdauer auszuhalten, geht nicht auf den Erwerber über. Unmittelbare Haftung des Vermieters gegenüber dem Mieter tritt daher ein, wenn der infolge einer späteren Zwangsversteigerung des Grundstücks an seine Stelle tretende Ersteher, der an die Einhaltung der vertragsmäßigen Kündigungsfrist nicht gebunden ist, in Ausübung seines gesetzlichen Kündigungsrechts (ZVG §§ 57, 57a), den Mieter vor Ablauf der bedungenen Vertragsdauer zum Auszuge zwingt (**RG** 63, 66; **RG** Gruch 60, 853). Das gleiche gilt für eine von dem Konkursverwalter vorgenommene freiwillige Veräußerung des von dem Gemeinschuldner vermieteten oder verpachteten Grundstücks (KO § 21 Abs 3). Anders im Falle der Untermiete s. § 549 A 6c.

5. Befreiung von solcher Mithaftung als Bürge dadurch, daß der Vermieter (nicht der Erwerber) dem Mieter von dem Eigentumsübergange Mitteilung macht. Kündigt dann der Mieter das Mietverhältnis nicht für den ersten Termin, für den die Kündigung zulässig ist, so hört von diesem Termine ab die Haftung des Vermieters auf, so daß er nur für die bis dahin begründeten Schadensersatzansprüche des Mieters einzustehen hat. Der Vermieter wird aber schon vor diesem Termine frei, wenn der Erwerber vorher mit dem Mieter ein neues Vertragsverhältnis eingegangen ist.

6. Für die rechtliche Stellung des Mieters im Falle der **Zwangsvollstreckung** (Zwangsversteigerung) **in das Mietgrundstück** kommen die nachstehenden Vorschriften des ZVG v. 24. 3. 97: § 9 Abs 2, § 21 Abs 2, §§ 24, 57, 57a, 57b, 152 (dazu **RG** Warn 1920 Nr 58; **RG** 26. 2. 24 III 209/23), 183, sowie auch § 21 KO in Betracht. Aus diesen sind namentlich die Vorschriften der §§ 57, 57a ZVG hervorzuheben, wonach auf den Ersteher in einer Zwangsversteigerung dann, wenn das Grundstück vorher einem Mieter oder Pächter überlassen worden ist, die Vorschriften in §§ 571, 572, 573 Satz 1, sowie in §§ 574, 575 **BGB** entsprechende Anwendung finden, der Ersteher aber berechtigt ist, das Miet- oder Pachtverhältnis unter Einhaltung der gesetzlichen Frist für den ersten Termin, für den dies zulässig ist, zu kündigen, in welchem Falle der Vermieter dem Mieter schadensersatzpflichtig wird (A 4; vgl. auch OLG 33, 297: Anfechtung eines Mietvertrags wegen Verschweigens des bevorstehenden Zwangsverkaufs). Als der erste Termin, für den die Kündigung zulässig ist, kann im Sinne des ZVG § 57 nur derjenige erste zulässige Termin angesehen werden, für den der Ersteher die Kündigung nicht ohne Verschulden unterlassen darf. Ob dies zutrifft, ist nicht nach allgemeinen Grundsätzen, sondern nach den Umständen des einzelnen Falles zu beurteilen (**RG** 26. 3. 20 III 388/19). Gemäß § 571 erlangt der an die Stelle des ursprünglichen Vermieters tretende Ersteher dem Mieter gegenüber nicht nur den Anspruch des Vermieters auf den eigentlichen Mietzins, sondern auch auf die sonstigen Gegenleistungen, die vom Mieter für den Gebrauch der Mietsache dem Vermieter gegenüber übernommen worden sind, wie z. B. darauf, daß der Mieter eine ihm an dem Mietgrundstück zustehende Hypothek nicht kündige, solange er die Mieträume unter den im Vertrage festgesetzten Bedingungen in Benutzung habe (**RG** 71, 404). — War dagegen das Grundstück dem Mieter beim Zuschlage noch nicht überlassen, so ist er nicht als Beteiligter nach ZVG § 9 Nr 2 anzusehen. Auch findet in diesem Falle keine entsprechende Anwendung der angeführten Vorschriften statt. Über die Verhältnisse bei freiwilligem und Zwangsverkauf eines bereits vor dem 1. 1. 00 vermieteten oder verpachteten Grundstücks s. o. Vorbem 7b vor § 535. Über die Pfändung von Mietzinsforderungen s. ZPO § 829, sowie über deren Beschlagnahme im Wege der Zwangsvollstreckung in das unbewegliche Vermögen ZVG § 21 Abs 2, § 148 Abs 1, § 152 und BGB §§ 1123, 1124.

Im Falle der Enteignung bleiben für das zwischen dem Enteigneten und seinem Mieter zur Zeit der Enteignung bestehende Verhältnis nach Art 109 EG die einschlagenden Landesgesetze maßgebend. Wenn die als ein Fall höherer Gewalt zu betrachtende Enteignung sich auf das ganze vermietete Grundstück erstreckt, so geht von deren Durchführung ab mit dem Eigentum des Vermieters auch das Gebrauchsrecht des Mieters oder Pächters zu Ende; dafür erwächst ihnen ein Entschädigungsanspruch, der, je nach dem Inhalte der betr. Landesgesetze, entweder unmittelbar gegen den Unternehmer im Enteignungsverfahren oder gegen den Vermieter, dem für den Wegfall dieser Rechte zunächst vom Unternehmer Ersatz zu leisten ist, verfolgt werden kann (vgl. **RG** 29, 273; Gruch 50, 1217).

§ 572

Hat der Mieter des veräußerten Grundstücks dem Vermieter für die Erfüllung seiner Verpflichtungen Sicherheit geleistet, so tritt der Erwerber in die dadurch begründeten Rechte ein[1]). Zur Rückgewähr der Sicherheit ist er nur verpflichtet, wenn sie ihm ausgehändigt wird oder wenn er dem Vermieter gegenüber die Verpflichtung zur Rückgewähr übernimmt[2]).

E II 513 III 565; P 2 260 ff.

1. **Das Recht an der Sicherheit** (§§ 232 ff., 562), das namentlich bei der Pacht Bedeutung gewinnt, gehört mit zu den Rechten aus dem Vertragsverhältnis, in die der Erwerber eintritt. Der letztere kann daher von dem Vermieter die Aushändigung der Sicherheit verlangen, soweit sie diesem nicht für ihm etwa verbliebene Mietzinsforderungen noch haftet. Der Erwerber ist zu diesem Verlangen, von besonderen Ausnahmefällen abgesehen, insbesondere auch dann berechtigt, wenn die Sicherstellung durch Hingabe einer Geldsumme gegen Verzinsung zur freien Verfügung des Verpächters geschehen war (**RG** Gruch 49, 908). Über die zu bejahende Frage, ob und inwieweit der Mieter (Pächter) vom Vermieter (Verpächter) die Aushändigung der Kaution an den derzeitigen Eigentümer des Miet- oder Pachtgrundstücks verlangen kann, s. **RG** 53, 251. Als Sicherheitsleistung kommt namentlich auch die Bürgschaftsstellung in Betracht. Dagegen spricht nicht Satz 2 Halbsatz 1; denn hier wird nichts weiter gesagt, als daß, wenn die Sicherheit in zur Aushändigung sich eignenden Werten geleistet wurde, der Erwerber zur Rückgewähr nur verpflichtet ist, falls ihm die Sicherheit ausgehändigt worden ist (**RG** Warn 1913 Nr 286). Im übrigen vgl. zu § 571, insbesondere für den Fall der Zwangsversteigerung A 6 dort.

2. Zur Bestellung einer neuen Sicherheit ist der Mieter dem Erwerber auch dann nicht verpflichtet, wenn diesem die ursprünglich bestellte Sicherheit vom Vermieter nicht ausgehändigt wurde.

§ 573

[1]) **Eine Verfügung, die der Vermieter vor dem Übergange des Eigentums über den auf die Zeit der Berechtigung des Erwerbers entfallenden Mietzins getroffen hat, ist insoweit wirksam, als sie sich auf den Mietzins für das zur Zeit des Überganges des Eigentums laufende Kalendervierteljahr bezieht; erfolgt der Übergang des Eigentums innerhalb des letzten halben Monats eines Kalendervierteljahrs, so ist die Verfügung auch insoweit wirksam, als sie sich auf den Mietzins für das folgende Kalendervierteljahr bezieht. Eine Verfügung über den Mietzins für eine spätere Zeit muß der Erwerber gegen sich gelten lassen, wenn er sie zur Zeit des Überganges des Eigentums kennt**[2]) [3]).

E II 514 III 566; P 2 144 ff. — Ges v. 8. 6. 15 (RGBl 327). Entw. m. Begründung (RTB Bd 315 Anlage Nr 71).

1. §§ 573—575 enthalten teils im Interesse des Vermieters, teils zum Schutze des Mieters **Ausnahmen** von dem in § 571 aufgestellten Grundsatze, daß der Erwerber vom Eigentumsübergange ab ein selbständiges Recht auf den Mietzins erhält, und von der damit gegebenen Beschränkung der rechtsgeschäftlichen Verfügungsfreiheit der Vertragsteile. Ihr Anwendungsgebiet muß daher in der nämlichen Weise begrenzt werden wie das der Regelvorschrift und erstreckt sich nicht auf solche Vorauserhebungen und Vorauszahlungen von Mietzins, die in Übereinstimmung mit dem Mietvertrage geschehen. Unter dieser letzteren Voraussetzung muß der Erwerber auch die einmalige Vorauszahlung des Miet- oder Pachtzinses für das ganze Miet- oder Pachtverhältnis gegen sich gelten lassen (**RG** 94, 279). — Die Fassung der §§ 573, 574 beruht auf dem Gesetz vom 8. 6. 15 (RGBl. 327), das im Interesse des Grundkredits die Verfügungen über Miet- und Pachtzinsforderungen gegenüber dem bisherigen Recht durch Änderung von ZVG § 57 (jetzt §§ 57, 57a, 57b), BGB §§ 573, 574, 1123, 1124, KO § 21 einschränkt (Art. 1—3). § 573 Satz 1 lautete bisher: „Eine Verfügung, die der Vermieter vor dem Übergange des Eigentums über den auf die Zeit der Berechtigung des Erwerbes entfallenden Mietzins getroffen hat, ist insoweit wirksam, als sie sich auf den Mietzins für das zur Zeit des Überganges des Eigentums laufende und das folgende Kalendervierteljahr bezieht." § 574 Satz 1 lautete bisher: „Ein Rechtsgeschäft, das zwischen dem Mieter und dem Vermieter in Ansehung der Mietzinsforderung vorgenommen wird, insbesondere die Entrichtung des Mietzinses, ist dem Erwerber gegenüber wirksam, soweit es sich nicht auf den Mietzins für eine spätere Zeit als das Kalendervierteljahr, in welchem der Mieter von dem Übergange des Eigentums Kenntnis erlangt, und das folgende Vierteljahr bezieht." § 573 Satz 2 und § 574 Satz 2 wurden nicht geändert. Nach dem neuen Gesetze beschränkt sich die Wirksamkeit der fraglichen Verfügungen und Rechtsgeschäfte in der Regel auf den Mietzins für das im maßgebenden Zeitpunkt laufende Kalendervierteljahr und erstreckt sich nur ausnahmsweise auf die Mietzinsen des folgenden Vierteljahrs. Das Gesetz trat am 20. Juni 1915 in Kraft (Art. 6). Ausführungsbestimmungen s. PrJMBl 1915, 58; BayJMBl 1915, 116. Für die Übergangszeit sind in Art. 4 u. 5 besondere Bestimmungen getroffen; dazu OLG 34, 209; SeuffA 71 Nr 247; JW 1916, 867[4], 1037[4], 1292[3], 1547[4].

2. **Verfügungen des Vermieters über den Mietzins,** wie Abtretung, Verpfändung, aber auch ein Geschäft mit dem Mieter, das eine Verfügung über den Mietzins enthält, wie eine Zahlung, Stundung, ein Erlaßvertrag, sind, wenn vor dem Übergange des Eigentums, sei es auch nach dem Abschluß des Veräußerungsvertrags, getroffen, wirksam: a) soweit sie sich auf den Mietzins für das zur Zeit des Eigentumsübergangs laufende Kalendervierteljahr beziehen, und falls der Übergang des Eigentums innerhalb des letzten halben Monats eines Kalendervierteljahrs (d. h. innerhalb der letzten fünfzehn Tage des letzten Vierteljahrsmonats, vgl. § 189 Abs 1 — streitig, a. M. z. B. Enneccerus II 1 § 135 Anm 31) stattfindet, auch bezüglich des Mietzinses für das folgende Kalendervierteljahr, b) bezüglich des Mietzinses für eine spätere Zeit dann, wenn der Erwerber die Verfügung zur Zeit des Eigentumsübergangs kennt. Der Mieter kann sich also vor doppelter Zahlung der über das laufende und gegebenenfalls über das folgende Kalendervierteljahr hinausgehenden Mietzinsraten dadurch schützen, daß er den Erwerber vor dem Erwerbe von der darüber erfolgten Vorausverfügung des Vermieters in Kenntnis setzt. Die Vorschrift unter a gilt nicht nur für die vom Vermieter getroffene rechtsgeschäftliche, sondern auch für die von seinem Gläubiger im Wege der Zwangsvollstreckung erwirkte Verfügung, also für die Pfändung der Mietzinsbeträge (vgl. § 1124 Abs 2; **RG** 58, 181; 59, 177; 64, 418). Das Pfandrecht an einer laufenden Mietzinsforderung

wird aber gegenstandslos, wenn das vermietete Grundstück nicht an einen Dritten (§ 571), sondern an den Mieter aufgelassen wird und damit (§ 564 A 1) das Mietverhältnis endigt (OLG 13, 378; 17, 20; 33, 318). Für den Fall der Zwangsversteigerung gilt die Vorschrift unter a mit dem Unterschiede, daß an Stelle des Eigentumsüberganges die Beschlagnahme des Grundstücks maßgebend ist, und der Beschlagnahme zum Zwecke der Zwangsversteigerung die Beschlagnahme zum Zwecke der Zwangsverwaltung gleichsteht, wenn sie bis zum Zuschlag fortgedauert hat (ZVG. §§ 57, 57b Abs 1, 2). Für die Wirksamkeit von Verfügungen des Zwangsverwalters ist aber nicht der Zeitpunkt der Beschlagnahme, sondern der des Eigentumsübergangs, d. h. des Zuschlags, maßgebend (ZVG § 57b Abs 3). Vgl. auch Belehrung für den Mieter oder Pächter (PrJMBl 1915, 116; BayJMBl 1915, 55). Hat der Erwerber von den Vorausverfügungen des Vermieters zur Zeit des Eigentumsübergangs keine Kenntnis, so kann er in der Regel wegen dieser Verfügungen Schadensansprüche gegen den Vermieter erheben. Ob derjenige, dem der Vermieter Mietzinsforderungen wirksam abgetreten hat, Zahlungen an den Erwerber (Ersteher in der Zwangsversteigerung) gegen sich gelten lassen muß, bemißt sich nach § 407 (OLG 34, 99).

3. Auf Verfügungen, die der Vermieter nach dem Übergange des Eigentums getroffen hat, bezieht sich der § 573 nicht; sie haben regelmäßig keine rechtliche Wirksamkeit dem Erwerber gegenüber.

§ 574

[1]) **Ein Rechtsgeschäft, das zwischen dem Mieter und dem Vermieter in Ansehung der Mietzinsforderung vorgenommen wird, insbesondere die Entrichtung des Mietzinses, ist dem Erwerber gegenüber wirksam, soweit es sich nicht auf den Mietzins für eine spätere Zeit als das Kalendervierteljahr bezieht, in welchem der Mieter von dem Übergange des Eigentums Kenntnis erlangt; erlangt der Mieter die Kenntnis innerhalb des letzten halben Monats eines Kalendervierteljahrs, so ist das Rechtsgeschäft auch insoweit wirksam, als es sich auf den Mietzins für das folgende Kalendervierteljahr bezieht. Ein Rechtsgeschäft, das nach dem Übergange des Eigentums vorgenommen wird, ist jedoch unwirksam, wenn der Mieter bei der Vornahme des Rechtsgeschäfts von dem Übergange des Eigentums Kenntnis hat**[2])[3]).

E II 515 III 567; P 2 144, 253. — Ges. v. 8. 6. 15 (RGBl 327). Entw. m. Begründung (RTV Bd 315 Anlage Nr 71).

1. § 574 enthält eine weitere **Ausnahme** von dem in § 571 aufgestellten Grundsatze. Seine Fassung beruht auf dem Ges. vom 8. 6. 15 (RGBl. 327). Das Nähere s. in § 573 A 1.

2. **Rechtsgeschäfte zwischen Mieter und Vermieter bezüglich des Mietzinses.** a) Bei Rechtsgeschäften dieser Art, wie Vorauszahlung des Mietzinses, Annahme an Zahlungs Statt, Erlaß, Schuldumwandlung, Aufrechnung, mögen sie vor oder nach dem Eigentumsübergange vorgenommen sein, werden die in Frage kommenden Vierteljahre nicht von dem Eigentumsübergange, sondern erst von der Zeit ab berechnet, wo der Mieter von dem Eigentumsübergange Kenntnis erhält, wobei die Wirksamkeit des Rechtsgeschäfts sich in der Regel auf das im maßgebenden Zeitpunkt laufende Kalendervierteljahr beschränkt und nur ausnahmsweise, wenn der Mieter die entscheidende Kenntnis innerhalb des letzten halben Monats eines Kalendervierteljahrs (d. h. innerhalb der letzten fünfzehn Tage des letzten Vierteljahrsmonats, vgl. § 189 Abs 1 — streitig, s. § 573 A 2) erlangt, auch auf den Mietzins des folgenden Kalendervierteljahrs sich erstreckt. b) Rechtsgeschäfte, die nach dem Eigentumsübergange vorgenommen werden, sind unwirksam, wenn der Mieter bei ihrer Vornahme von dem Eigentumsübergange Kenntnis hat, während im übrigen (bei Unkenntnis des Mieters zu dieser Zeit) auch für solche Rechtsgeschäfte die Vorschrift unter a gilt. Dagegen ist für die Bestimmung unter a in dem Falle kein Raum mehr, wenn schon nach dem Mietvertrage der Mietzins für eine längere Zeit, z. B. für ein Jahr, vorauszubezahlen und die erste Rate schon vor dem Eigentumsübergange fällig war (vgl. §§ 1123, 1124). — Für den Fall der Zwangsversteigerung (vgl. § 573 A 2) gilt die Vorschrift unter a mit dem Unterschiede, daß an Stelle der Kenntnis vom Eigentumsübergange die Kenntnis von der Beschlagnahme des Grundstücks maßgebend ist. Mit der Zustellung des die Zwangsversteigerung anordnenden Beschlusses an den Mieter (Pächter) gilt die Beschlagnahme als diesem bekannt. Der Beschlagnahme zum Zwecke der Zwangsversteigerung steht die Beschlagnahme zum Zwecke der Zwangsverwaltung gleich, wenn sie bis zum Zuschlag fortgedauert hat. In diesem Falle gilt mit der Zustellung des Beschlusses, durch den dem Mieter (Pächter) verboten wird, an den Schuldner zu bezahlen, die Beschlagnahme als dem Mieter (Pächter)

bekannt (ZVG §§ 57, 57b Abs 1, 2). Auf Rechtsgeschäfte des Zwangsverwalters finden aber diese besonderen Vorschriften keine Anwendung (ZVG § 57b Abs 3). Vgl. auch Belehrung für den Mieter oder Pächter (PrJMBl 1915, 116; BayJMBl 1915, 55).

3. **Beweislast.** Die Kenntnis des Mieters von dem Eigentumsübergange ist im Streitfalle von dem Erwerber als Grundlage seines noch fortbestehenden Mietzinsanspruchs gegen den Mieter zu erweisen.

§ 575

Soweit die Entrichtung des Mietzinses an den Vermieter nach § 574 dem Erwerber gegenüber wirksam ist[1]), kann der Mieter gegen die Mietzinsforderung des Erwerbers eine ihm gegen den Vermieter zustehende Forderung aufrechnen. Die Aufrechnung ist ausgeschlossen, wenn der Mieter die Gegenforderung erworben hat, nachdem er von dem Übergange des Eigentums Kenntnis erlangt hat, oder wenn die Gegenforderung erst nach der Erlangung der Kenntnis und später als der Mietzins fällig geworden ist[2]).

E II 516 III 568; P 2 147.

1. Also in dem Falle, wenn der Erwerber gegen den Mieter Mietzinsforderungen geltend macht, die auf die Zeit von seinem Erwerb ab bis zu erlangter Kenntnis des Mieters vom Eigentumsübergange sowie auf das alsdann laufende Vierteljahr und, wenn der Mieter die entscheidende Kenntnis innerhalb des letzten halben Monats eines Kalendervierteljahrs (§ 574 A 2) erlangt, auch auf das folgende zu entrichten sind.

2. Vgl. die entsprechende Vorschrift in § 406. — Die aufzurechnende Forderung braucht nicht aus dem Mietverhältnis herzurühren, wie sich aus dem allgemeinen Wortlaute des Gesetzes und aus dem Mangel entgegenstehender innerer Gründe ergibt. — Im Falle der Zwangsversteigerung ist auch hier an Stelle der Kenntnis vom Eigentumsübergange die Kenntnis von der Beschlagnahme maßgebend. Vgl. ZVG §§ 57, 57b und oben § 574 A 2.

§ 576

Zeigt der Vermieter dem Mieter an, daß er das Eigentum an dem vermieteten Grundstück auf einen Dritten übertragen habe, so muß er in Ansehung der Mietzinsforderung die angezeigte Übertragung dem Mieter gegenüber gegen sich gelten lassen, auch wenn sie nicht erfolgt oder nicht wirksam ist[1]).

Die Anzeige kann nur mit Zustimmung desjenigen zurückgenommen werden, welcher als der neue Eigentümer bezeichnet worden ist.

E II 517 III 569; P 2 134.

1. Vgl. die entsprechende Vorschrift in § 409. Nach dieser Anzeige, für welche eine besondere Form nicht erforderlich ist, kann also der Mieter den Mietzins mit Sicherheit (gegenüber dem Vermieter) an den ihm angegebenen Erwerber zahlen, und dies selbst dann, wenn in Wirklichkeit die Abtretung nicht oder nicht in wirksamer Weise erfolgt und dies dem Mieter bekannt geworden sein sollte (M 2, 135). — Der öffentliche Glaube des Grundbuchs (§ 893) schützt den Mieter nicht. Er kann sich daher dem Vermieter gegenüber nicht darauf berufen, daß derjenige, an den er den Mietzins zahlte, als Erwerber des Grundstücks im Grundbuch eingetragen sei (bestr.).

§ 577

Wird das vermietete Grundstück nach der Überlassung an den Mieter von dem Vermieter mit dem Rechte eines Dritten belastet, so finden die Vorschriften der §§ 571 bis 576 entsprechende Anwendung, wenn durch die Ausübung des Rechtes dem Mieter der vertragsmäßige Gebrauch entzogen wird[1]). Hat die Ausübung des Rechtes nur eine Beschränkung des Mieters in dem vertragsmäßigen Gebrauche zur Folge, so ist der Dritte dem Mieter gegenüber verpflichtet, die Ausübung zu unterlassen, soweit sie den vertragsmäßigen Gebrauch beeinträchtigen würde[2]) [3]).

E I 510 II 518 III 570; M 2 386—390; P 2 159.

1. **Belastung des Grundstücks mit dem Rechte eines Dritten,** das dem Mieter den Gebrauch völlig entzieht. So bei Einräumung eines Erbbau-, Nießbrauchs- oder Wohnungsrechts an dem vermieteten Grundstücke (§ 1012, jetzt VO über das Erbbaurecht v. 15. 1. 19, RGBl 72 § 1; ferner §§ 1030, 1093). Hier tritt der Erwerber in das Mietverhältnis ein, hat dem Mieter den vertragsmäßigen Gebrauch zu gewähren, erlangt aber dagegen (und zwar auch als Inhaber eines Wohnungsrechts) von der Zeit seines Rechtserwerbs ab den Anspruch auf den Mietzins, und es gelten in betreff der Gültigkeit von Vorausverfügungen des Vermieters, sowie von Rechtsgeschäften zwischen Vermieter und Mieter die nämlichen Vorschriften wie bei einer Veräußerung des vermieteten Grundstücks. S. insbesondere über die Bestellung eines Nießbrauchs am Mietgrundstück RG 68, 12 ff.; 81, 149; 94, 279; Warn 1911 Nr 19; 1922 Nr 67; JW 1912, 870[29], auch OLG 8, 399; 20, 99; 33 S. 304, 320. Eine Ermäßigung des Mietzinses durch den Nießbraucher wirkt nicht über die Dauer des Nießbrauchs (OLG 33, 320). — Entsprechende Anwendung der §§ 577, 573, wonach der Nießbraucher Vorausverfügungen des vermietenden Eigentümers gegen sich gelten lassen muß, auf Vorausverfügungen des Nießbrauchers im Falle der Beendigung des Nießbrauches s. OLG 39, 240.

2. **Beschränkung des Mieters im vertragsmäßigen Gebrauche.** So bei Einräumung einer Grunddienstbarkeit oder einer beschränkten persönlichen Dienstbarkeit (§§ 1018, 1090, für das Wohnungsrecht jedoch A 1). Hier ist der Dritte dem Mieter gegenüber nur verpflichtet, die Ausübung seines Rechtes zu unterlassen, insoweit sie den vertragsmäßigen Gebrauch beeinträchtigen würde; er tritt aber im übrigen in das Vertragsverhältnis zwischen Vermieter und Mieter nicht ein und erlangt insbesondere gegenüber dem Mieter keinen Anspruch auf den Mietzins. Für seine Ansprüche gegenüber dem Vermieter ist das zwischen ihnen bestehende Rechtsverhältnis maßgebend.

3. War dem Mieter das Grundstück zur Zeit der rechtsgeschäftlichen Belastung durch den Mieter noch nicht überlassen, so kommt § 578 zur Anwendung.

§ 578

Hat vor der Überlassung des vermieteten Grundstücks an den Mieter der Vermieter das Grundstück an einen Dritten veräußert oder mit einem Rechte belastet, durch dessen Ausübung der vertragsmäßige Gebrauch dem Mieter entzogen oder beschränkt wird, so gilt das gleiche wie in den Fällen des § 571 Abs 1 und des § 577, wenn der Erwerber dem Vermieter gegenüber die Erfüllung der sich aus dem Mietverhältnis ergebenden Verpflichtungen übernommen hat[1]).

E I 512 II 519; M 2 391—393; P 2 162.

1. Im Falle der Veräußerung oder Belastung eines Mietgrundstücks nach Abschluß des Mietvertrags, aber **vor Überlassung des Grundstücks an den Mieter** fehlt es an einer wesentlichen Voraussetzung der §§ 571, 577. Hier ist der Erwerber an den Mietvertrag, in den er nicht eintritt, nicht gebunden, sondern kann ohne Rücksicht auf diesen Vertrag sein Eigentum oder sonstiges Recht dem Mieter gegenüber ausüben, dem alsdann ein Entschädigungsanspruch nach §§ 325, 538 an seinen Vermieter zusteht. Der Erwerber hat aber in diesem Falle auch keinen Anspruch gegen den Mieter auf Vertragserfüllung, muß also mit diesem zu solchem Zwecke noch einen Vertrag eingehen. Alles dies gilt auch im Falle einer Zwangsversteigerung. Eine Ausnahme greift jedoch dann Platz, wenn der Erwerber dem Vermieter gegenüber die Erfüllung der sich aus dem Mietvertrag ergebenden Verpflichtungen übernommen hat, und zwar vor dem Übergange des Eigentums oder vor der Belastung (bestr.). Alsdann treten, auch ohne daß die außerdem anwendbaren Bestimmungen über Erfüllungs- und Schuldübernahme beobachtet sind, oder der Mieter seine Zustimmung erteilt (OLG 8, 144), die gleichen Rechtsfolgen ein wie in den in § 571 Abs 1 und in § 577 behandelten Fällen. Es gelten also die §§ 571—576, auch § 571 Abs 2, der die bürgschaftliche Mithaftung des Vermieters bestimmt.

§ 579

Wird das vermietete Grundstück von dem Erwerber weiter veräußert oder belastet, so finden die Vorschriften des § 571 Abs 1 und der §§ 572 bis 578 entsprechende Anwendung[1]). Erfüllt der neue Erwerber die sich aus dem Mietverhältnis ergebenden Verpflichtungen nicht, so haftet der Vermieter dem Mieter nach § 571 Abs 2[2]).

E II 520 III 572; P 2 174.

1. Bei **Weiterveräußerung oder Weiterbelastung des Mietgrundstücks** tritt der neue Erwerber an Stelle des ersten Erwerbers in das Mietverhältnis ein, und die von dem ersten Erwerber vorgenommenen Vorausverfügungen über den Mietzins, sowie die zwischen ihm und dem Mieter abgeschlossenen Rechtsgeschäfte sind dem neuen Erwerber gegenüber nach Maßgabe der §§ 573ff. wirksam.

2. Bei **Nichterfüllung der dem neuen Erwerber obliegenden Verpflichtungen** haftet dem Mieter nicht der erste Erwerber (sofern er nicht etwa einen neuen Vertrag mit dem Mieter abgeschlossen hat und damit ihm gegenüber selbst Vermieter im Sinne des § 571 geworden ist), sondern der ursprüngliche Vermieter gemäß § 571 Abs 2. Auch dessen Haftung hört auf durch Mitteilung des Eigentumsübergangs an den Mieter und Nichtkündigung seitens des Mieters, es fällt also dann für diesen jeder Rückanspruch weg.

§ 580

Die Vorschriften über die Miete von Grundstücken gelten auch für die Miete von Wohnräumen und anderen Räumen[1]).

E II 480 III 573; P 2 134.

1. **Wohn- und andere Räume** (vgl. § 865), also Mühlen, Fabriken, Werkstätten, Magazine, Verkaufsläden, Viehställe, Keller, Lager oder Trockenplätze. Gemeint sind, wie sich aus der Zusammenstellung mit den Wohnräumen ergibt, nur Innenräume, nicht z. B. die Außenwände oder die Dachfläche eines Gebäudes, die vielfach zur Anbringung von Geschäftsanzeigen vermietet werden. — In Betracht kommen namentlich die Vorschriften: § 537 Abs 2 Satz 2 (Zusicherung einer bestimmten Größe bei Vermietung eines Grundstücks), § 544 (gesundheitsgefährliche Beschaffenheit der Wohnräume), § 551 Abs 2 (vierteljährliche Entrichtung des nicht nach kürzeren Zeitabschnitten bemessenen Mietzinses), § 556 Abs 2 (Befugnis des Vermieters zur Rückforderung der Sache von einem Dritten — Untermieter), §§ 559—563 (Vermieterpfandrecht und dessen Geltendmachung), § 565 Abs 1, 3, 4 (gesetzliche Kündigungsfristen), § 566 (schriftliche Form des Mietvertrags bei längerer als einjähriger Dauer), §§ 571ff. (Rechtsverhältnisse beim Verkauf eines vermieteten Grundstücks). Vgl. auch § 570 (Kündigungsrecht der Militärpersonen, Beamten usw.).

Auf Räume in beweglichen Sachen, insbesondere auf Kajüten und Schankwirtschaftsräume in einem Schiffe, ist § 580 nicht zu beziehen (SeuffA 61 Nr 78).

Über die Miete eines Schrankfaches in der Stahlkammer eines Bankhauses s. § 535 A 2.

II. Pacht

§ 581

[1]) **Durch den Pachtvertrag wird der Verpächter verpflichtet**[2]), **dem Pächter den Gebrauch des verpachteten Gegenstandes und den Genuß der Früchte, soweit sie nach den Regeln einer ordnungsmäßigen Wirtschaft als Ertrag anzusehen sind, während der Pachtzeit zu gewähren. Der Pächter ist verpflichtet, dem Verpächter den vereinbarten Pachtzins zu entrichten**[3]).

Auf die Pacht finden, soweit sich nicht aus den §§ 582 bis 597 ein anderes ergibt, die Vorschriften über die Miete entsprechende Anwendung[4])[5]).

E I 531, 532 II 521; M 2 421—423; P 2 232.

1. **Allgemeines.** Über den **Unterschied** zwischen Miete und Pacht und dessen praktische Bedeutung s. Vorbem 1 vor § 535. Die Verpachtung landwirtschaftlich genutzter Grundflächen setzt Einräumung des unmittelbaren Besitzes voraus; ein Vertrag, der dem vermeintlichen Pächter keine Einwirkung auf das fruchttragende Grundstück selbst ermöglicht, ist kein Pachtvertrag (RG 26. 2. 24 III 299/23). Kein Pachtvertrag, sondern ein Vertrag besonderer Art liegt vor, wenn bei der Übertragung des Rechtes zur Aufführung eines Dramas, eine Aufführungspflicht als Hauptleistung vertraglich aufgestellt ist (RG JW 1927, 97[3]). Die Schriftform (§ 566) ist auch bei der Pacht nur erforderlich, wenn sich der Vertrag auf ein Grundstück bezieht, während der Pachtvertrag über ein Recht, welches Gebrauch und Fruchtgenuß gestattet, wie z. B. über ein Jagdrecht (§ 835 Abs 2), ein Fischereirecht (s. jedoch Vorbem 1 vor § 535), einen gewerblichen Betrieb (§ 1822 Nr 4), ein Handelsgeschäft (HGB § 22 Abs 2) usw. formfrei ist, da § 566 ausdrücklich nur für den Mietvertrag über ein Grundstück gilt, und die Vorschriften über Miete überhaupt nur Sachen, nicht auch Rechte als Gegenstand des Vertragsverhältnisses kennen (RG 51, 279ff.). Anders bei der das Grundstück selbst betreffenden Verpachtung einer Rohrnutzung (RG 56, 83). Über die Schriftform bei Jagdpachtverträgen und Jagdpachtvorverträgen nach § 22 preuß. Jagdordnung s. RG 112, 199; RG JW 1915, 993[2];

über die Unzulässigkeit des Rechtsweges für die Klage des Jagdgenossen gegen die Jagdgenossenschaft s. RG 108, 183; ebenso für eine Klage des Jagdgenossen gegen die Mitglieder des Jagdvorstandes auf Erfüllung ihrer genossenschaftlichen Amtspflichten (SeuffA 81 Nr 51). Wegen der vormundschaftsgerichtlichen Genehmigung und wegen des Erfordernisses behördlicher Genehmigung bei der Verpachtung von Grundstücken, die der Landwirtschaft, einschließlich der Forstwirtschaft, dienen, s. Vorbem 4 a. E. vor § 535. Über die Nichtigkeit des **Pachtvertrags über eine Gastwirtschaft, der dahin geht, daß der Pächter die Wirtschaft für eigene Rechnung, aber ohne im Besitze der nach § 33 GewO erforderlichen Schankerlaubnis zu sein, betreiben solle, sog. Kastellanvertrag, s. Vorbem 5 vor** § 535. Nichtigkeit eines Pachtvertrags wegen übermäßiger Belastung des Pächters s. **RG** 103, 35. Nichtigkeit einer im Vertrage enthaltenen eidesstattlichen Versicherung der Pächter, daß die eingebrachten Sachen ihr Eigentum und nicht mit Rechten Dritter belastet seien, wegen Mißbrauchs des Eides zur Regelung vermögensrechtlicher Beziehungen s. **RG** Gruch 66, 95 (96). Anfechtung eines Pachtvertrags wegen Irrtums über die Vertrauenswürdigkeit des Pächters s. **RG** 102, 225; wegen Unkenntnis des Umstandes, daß der Pächter kurz vor Vertragsschluß wegen Untreue bestraft worden (**RG** 3. 6. 21 III 299/20) oder daß er wegen Verschwendung entmündigt ist (SeuffA 77 Nr 18). Über Kündigung eines Pachtverhältnisses wegen Störung der persönlichen Beziehungen zwischen Pächter und Verpächter s. § 553 A 1.

Für die Pacht von Kleingärten, wie Arbeiter- und Schrebergärten, Laubenkolonien, und für die Pacht von kleineren landwirtschaftlichen Grundstücken sind die besonderen Vorschriften der **Kleingarten- und Kleinpachtlandordnung,** Ges. v. 31. 7. 19, RGBl 1371 (Entw. m. Begr. Nat.-Vers. 1919 Druckf Nr 321) zu beachten. Das ernährungs- und sozialpolitischen Zwecken dienende Gesetz, mit dessen Inkrafttreten (11. August 1919) die BRV über die Festsetzung von Pachtpreisen für Kleingärten vom 4. 4. 16/12. 10. 17 außer Kraft getreten ist, gibt für Kleingärten, und zwar ohne Beschränkung auf größere Gemeinden, Bestimmungen über die Festsetzung der Pachtpreise sowie über die Kündigung bestehender und über die Erneuerung der ohne Kündigung ablaufenden Pachtverhältnisse. Nach § 1 dürfen zum Zwecke nichtgewerbsmäßiger gärtnerischer Nutzung Grundstücke nicht zu höheren als den von der unteren Verwaltungsbehörde festgesetzten Preisen verpachtet werden. Zuwiderhandlungen (s. auch § 4 Abs 2) machen den Vertrag nicht nichtig (BGB § 134), sondern führen nur zur Ermäßigung des Preises auf den Höchstpreis (vgl. **RG** 88, 250; 89, 196). Die gleiche Ermäßigung tritt ein für die künftig zu zahlenden Preise bei vor dem Inkrafttreten des Gesetzes abgeschlossenen Verträgen (§ 2). Pachtverhältnisse der fraglichen Art sind ferner, abgesehen von dem Vorliegen eines wichtigen Grundes, wie z. B. der beabsichtigten Verwendung des Grundstücks zu Bauzwecken, für den Verpächter nicht kündbar und, wenn sie ohne Kündigung ablaufen, auf Verlangen des Pächters zu erneuern (§ 3). Leihverhältnisse unterliegen der gleichen Vorschrift, sind aber auf Verlangen des Verleihers in Pachtverhältnisse umzuwandeln. Entscheidung von Streitigkeiten durch die untere Verwaltungsbehörde unter Ausschluß des Rechtswegs s. § 4. Die Befugnisse der unteren Verwaltungsbehörde können den gemeindlichen Einigungsämtern übertragen werden, die hier als Pachteinigungsämter (nicht zu verwechseln mit denen der Pachtschutzordnung s. unten) tätig sind. Das Einigungsamt (bei seinem Fehlen auch die untere Verwaltungsbehörde, § 7 Satz 2) kann nach § 6 Abs 1 ermächtigt werden, auf Anrufen des Pächters (Entleihers) über die Wirksamkeit einer Kündigung des Verpächters (Verleihers) und über die Fortsetzung des gekündigten Vertragsverhältnisses jeweils bis zur Dauer von sechs Jahren zu bestimmen und ein ohne Kündigung ablaufendes jeweils bis zur gleichen Dauer zu verlängern, ferner auf Anrufen des Verpächters (Verleihers) ein Pacht- oder Leihverhältnis vor Ablauf der festgesetzten Frist aus wichtigen Gründen aufzuheben, ebenso einen mit einem neuen Pächter (Entleiher) abgeschlossenen Vertrag, dessen Erfüllung von einer auf Anrufen des alten Pächters (Entleihers) erlassenen Entscheidung des Einigungsamts oder von einem vor diesem abgeschlossenen Vergleich betroffen wird, mit rückwirkender Kraft aufzuheben, endlich auf Anrufen des Verleihers das Leihverhältnis in ein Pachtverhältnis umzuwandeln (§ 6 Abs 2). Über die entsprechenden Vorschriften der Mieterschutzverordnung s. Vorbem 9 vor § 535 und § 553 A 1, § 564 A 1. Nach § 5 (Übergangsvorschrift § 9) dürfen Grundstücke zum Zwecke der Weiterverpachtung als Kleingärten nur durch Körperschaften oder Anstalten des öffentlichen Rechts oder ein als gemeinnützig anerkanntes Unternehmen zur Förderung des Kleingartenwesens gepachtet und nur an solche verpachtet werden. Entgegenstehende Vereinbarungen sind nichtig. Bei Zuwiderhandlungen kann die untere Verwaltungsbehörde (nicht das Einigungsamt) ein Pachtverhältnis zwangsweise festsetzen (dazu **RG** SeuffA 80 Nr 44). Für Kleinpachtland, d. h. Grundstücke bis zu einem halben Hektar Größe, die zu landwirtschaftlicher Nutzung überlassen sind oder werden sollen, ist im Gesetze zwar eine gleiche Regelung nicht getroffen, aber der Landesgesetzgebung die Ermächtigung dazu erteilt worden (§ 8). — Über die Beschaffung von Pachtland für landwirtschaftliche Arbeiter s. auch Reichssiedelungsgesetz v. 11. 8. 19 (RGBl 1429) §§ 22ff., geändert und ergänzt durch Gesetze v. 7. 6. 23 (RGBl I 364) und v.

18. 8. 23 (RGBl I 805); dazu RG 104, 42; 105, 359; 106, 320; 108 S. 66, 91, 113, 226; 110, 409; 112, 50; RG JW 1924, 1985[17]; 1925, 2245[16]; 1926, 2628[11]; 1927, 1516[2]; RG SeuffA 80 Nr 136; RG LZ 1927, 247[6].

Für die Pacht von Grundstücken, die landwirtschaftlicher, obstbaulicher oder gewerbsmäßiger gärtnerischer Nutzung dienen, kommt ferner die als Übergangsvorschrift erlassene **Pachtschutzordnung** v. 9. 6. 20, RGBl 1193 (Entw. mit Begr. Nat.-Vers. Bd. 343 Anl. Nr 3036), in Betracht, die wiederholte Änderungen erfahren hat. An die Stelle der ursprünglichen Fassung trat zunächst die des Ges. v. 29. 6. 22, RGBl 529 (Entw. mit Begr. Reichstag 1920/22 Drucks. Nr. 4187); dazu die Änderungen durch VO v. 13. 2. 24, RGBl I 68 und Ges. v. 23. 7. 25, RGBl I 151. Die gegenwärtige Regelung ergibt die neueste Fassung v. 23. 7. 25, RGBl I 152 in Verbindung mit den Änderungen zu § 2 Abs 1, § 7 Abs 3 Satz 1 und § 8 durch Ges. v. 12. 7. 27 RGBl I 179. Danach können Pachteinigungsämter errichtet werden mit der Befugnis, für Grundstücke, die zu solcher Nutzung verpachtet oder verliehen sind, oder bei denen sonst die Übertragung des Genusses der Erzeugnisse — gegen Entgelt — erfolgt ist, zu bestimmen a) für Pachtland unter 10 ha: daß gekündigte Verträge bis zur Dauer von zwei Jahren fortzusetzen sind, daß ohne Kündigung ablaufende Verträge bis zur Dauer von zwei Jahren verlängert, endlich daß Verträge vor Ablauf der vereinbarten Zeit aufgehoben werden, b) für Pachtland jeder Größe: daß Leistungen, die unter den veränderten wirtschaftlichen Verhältnissen nicht mehr gerechtfertigt sind, anderweit festgesetzt werden, soweit dies der Billigkeit entspricht. Dabei ist zur Umwandlung eines Pachtvertrags in einen Heuerlingsvertrag und umgekehrt die Zustimmung beider Teile erforderlich; das gleiche gilt für die Beseitigung von Bestimmungen über ein Arbeitsverhältnis aus dem Pachtvertrage. Über die Grundsätze, nach denen die Pachteinigungsämter ihre Befugnisse ausüben sollen, s. im näheren § 1. Die durch die Pachtschutzordnung den Pachteinigungsämtern eingeräumte Befugnis, den Pachtzins wegen Veränderung der wirtschaftlichen Verhältnisse anderweit festzusetzen, schließt eine Erhöhung des Pachtzinses aus dem gleichen Grunde im ordentlichen Rechtswege an sich nicht aus. Die Pachteinigungsämter haben ebenso wie die Mieteinigungsämter nur nach Erwägungen sozialer und wirtschaftlicher Art zu entscheiden; den Gerichten bleibt die Entscheidung der Rechtsfragen, die zu einer anderen Bemessung des Pachtzinses führen können. Demgemäß ist denn auch in der Rechtsprechung des Reichsgerichts unter der Herrschaft der Pachtschutzordnung in der Fassung v. 9. 6. 20/29. 6. 22 den Gerichten stets die Entscheidung darüber vorbehalten worden, ob nicht eine Abhilfe nach den allgemeinen Grundsätzen des bürgerlichen Rechtes möglich sei (RG 100, 129; 104, 218; RG Warn 1923/24 Nr 167; 1925 Nr 174 und § 535 A 3). Soweit freilich das Pachteinigungsamt bereits entschieden hatte, war seine Entscheidung wie eine Vereinbarung der Vertragsteile (§ 3 Abs 5) auch vom Gericht zu berücksichtigen (vgl. RG 104, 218; 107, 151; 113, 310; RG 8. 3. 27 III 180/26; OLG 43, 57). Diese Stellungnahme der Rechtsprechung steht im Einklang mit den wesentlich strengen Voraussetzungen, unter denen nach der Pachtschutzordnung in ihren früheren Fassungen ein Eingriff der Pachteinigungsämter in die Regelung der Pachtverhältnisse möglich war. Die mit der VO v. 13. 2. 24 eingetretene Erweiterung der Zuständigkeit auf jede der Billigkeit entsprechende Änderung rechtfertigt die seitdem als Abs 4 dem § 1 eingefügte, jedoch nicht rückwirkende Bestimmung, wonach zur Entscheidung der zur Zuständigkeit der Pachteinigungsämter gehörenden Pachtstreitigkeiten die ordentlichen Gerichte nicht angerufen werden können. Daß das gleiche nicht schon im Sinne der früheren Bestimmungen lag, ist in RG 113, 310 nochmals dargelegt. Sind in einem Lande Pachteinigungsämter nicht errichtet oder wieder aufgehoben, dann können die Gerichte auch jetzt noch zwecks Änderung der von den Beteiligten vereinbarten oder von einem inzwischen aufgehobenen Pachteinigungsamt festgesetzten Leistungen angerufen werden und Hilfe gewähren, wenn Änderungen eingetreten sind, die das Verhältnis zwischen Leistung und Gegenleistung als grob unbillig und deshalb gegen Treu und Glauben verstoßend (§ 242) erscheinen lassen (RG 19. 11. 26 III 309/26). Über die Rechtsverhältnisse am Inventar und über die bezüglich seiner Rückgewähr entstehenden Verpflichtungen haben die Pachteinigungsämter nicht zu entscheiden. (Bei der Aufwertung des für das zurückzugebende Inventar zu zahlenden Preises ist auch die Entwertung der Pachtzinsen zu berücksichtigen, RG 7. 7. 26 III 416/25, s. aber auch LZ 1927, 1160). Nach § 1 Abs 5 wird die Zuständigkeit der Pachteinigungsämter nicht dadurch ausgeschlossen, daß der Vertrag sich auch auf Wohn- und Wirtschaftsräume erstreckt; in diesem Falle kommt die Zuständigkeit einer andern Stelle, wie z. B. des Mieteinigungsamts, nicht in Betracht. Ausdehnung auf andere Verträge, insbesondere solche, die gleichzeitig ein Arbeitsverhältnis enthalten, s. § 2. Über Einrichtung und Verfahren der Pachteinigungsämter, insbesondere über die Notwendigkeit der Zulassung eines Rechtsmittels gegen seine Entscheidungen s. § 3. Der Inhalt eines vor dem Pachteinigungsamt oder vor der Rechtsmittelstelle oder vor deren Vorsitzenden geschlossenen Vergleichs, sowie der rechtskräftigen Entscheidungen über den Pachtstreit gilt unter den Beteiligten als Vertragsinhalt (§ 3 Abs 5). Unverzichtbarkeit der Rechte der Beteiligten

s. § 4. Nach § 5 können die Pachteinigungsämter zur anderweiten Festsetzung von Leistungen, die unter den veränderten wirtschaftlichen Leistungen nicht mehr gerechtfertigt sind (s. oben b), auch ermächtigt werden für Verträge, welche die entgeltliche Überlassung von Jagden oder Fischereien oder von Grundstücken zur Ausübung der Jagd oder Fischerei sowie die Gewinnung von Bodenbestandteilen zum Gegenstande haben. Nach § 8 in der Fassung des Ges. v. 12. 7. 27 soll die Pachtschutzordnung am 30. 9. 29 außer Kraft treten. Auf eine Verpachtung anderer Betriebe, wie z. B. Gastwirtschaften, Heilanstalten, Erholungsheime, ist die Pachtschutzordnung nicht anwendbar (**RG** 10 186).

2. **Verpflichtungen des Verpächters:** a) zur Gewährung des Gebrauchs, wie bei der Miete, an dem verpachteten Gegenstande (Sache oder Recht), b) zur Gewährung des Genusses der Früchte (§ 99), soweit sie nach den Regeln einer ordnungsmäßigen Wirtschaft als Ertrag anzusehen sind, mithin nicht der Vorteile, die zugleich die Substanz vermindern, wie bei einem Walde das infolge Windbruchs im Übermaß geschlagene Holz. Fruchterwerb s. A 4. — Der Verpächter muß Mängel, die er kennt, und von denen er weiß, daß der Pächter ihre Beseitigung verlangt, heben, auch ohne daß der Pächter ihm Anzeige macht und die Beseitigung ausdrücklich verlangt (§ 536). Anderenfalls kann der Pächter sich auf § 320 berufen (**RG** Warn 1913 Nr 193). — Neben diesen positiven Verpflichtungen liegt aber dem Verpächter auch die negative ob, alles zu unterlassen, was geeignet ist, den Pächter in der vertragsmäßigen Nutzung des Pachtgegenstandes zu stören, insbesondere keine Änderungen an diesem vorzunehmen, wodurch die Nutzung des Pächters ausgeschlossen oder geschmälert werden könnte (**RG** 10. 4. 08 III 382/07). Anspruch des Pächters eines Steinbruchs gegen den Verpächter auf Gewährung eines Abfuhrweges s. **RG** Warn 1920 Nr 106.

3. **Verpflichtungen des Pächters:** vor allem zur Zahlung des Pachtzinses. Der Zins kann auch in einer Quote der Früchte bestehen. Über die Berechnung einer in Geld zu entrichtenden Naturalpacht während des Bestehens des Umlageverfahrens s. SeuffA 77 Nr 67. Eine besondere Vorschrift über die Zahlung des Pachtzinses für landwirtschaftliche Grundstücke enthält § 584. Gänzliche oder teilweise Befreiung vom Pachtzinse kann der Pächter verlangen, wenn ihm durch Fehler, z. B. mangelhafte Beschaffenheit der Entwässerungsgräben oder der Zugangswege, des Pachtgrundstücks (§ 537), oder durch einen es treffenden und die Nutzungsgewährung des Verpächters unmöglich machenden zufälligen Umstand (wie z. B. eine Überschwemmung des Grundstücks vor Trennung der Früchte), nicht aber durch einen nur die Früchte treffenden Umstand (wie z. B. Hagelschlag) der Fruchtbezug ganz oder teilweise unmöglich gemacht wird (§ 323 Abs 1, § 325 Abs 3; Prot 2, 241). Über die Bedeutung behördlicher Maßnahmen, insbesondere kriegsrechtlicher Verbote, die die Möglichkeit des vertragsmäßigen Fruchtgenusses, nicht nur den tatsächlichen Umfang des Fruchtbezugs beeinträchtigen, für den Bestand des Pachtverhältnisses, für die Verpflichtung des Pächters zur Entrichtung des Pachtzinses und für seine Befugnis zur Kündigung ohne Einhaltung einer Kündigungsfrist s. § 537 A 2, § 542 A 1. Über die Möglichkeit einer Erhöhung des Pachtzinses wegen Veränderung der wirtschaftlichen Verhältnisse, sei es durch die Pachteinigungsämter oder durch die Gerichte, s. A 1 Abs 3. Über eine Auslegung von Pachtzinsvereinbarungen der Inflationszeit s. **RG** SeuffA 80 Nr 57; **RG** Warn 1926 Nr 156; **RG** 22. 3. 27 III 225/26. Über die Aufwertung des Pachtzinses s. **RG** JW 1924, 804[12]; Gruch 68, 509; Warn 1926 Nr 149; SeuffA 80 Nr 147, 193; ferner oben A 1 Abs 3 und allgemein zur Aufwertungsfrage § 242 A 5. Ermäßigung eines vom Pachteinigungsamt in Roggen festgesetzten Pachtzinses wegen Veränderung der wirtschaftlichen Verhältnisse durch das ordentliche Gericht s. **RG** SeuffA 81 Nr 46 (Mecklenburg). Über die Aufwertung von Pachtsicherheiten s. **RG** 117, 42; **RG** JW 1926, 2620[4]; 1927, 1466[3]; **RG** Warn 1927 Nr 44. Kann der Verpächter nach dem Vertrage über die vom Pächter gewährte Sicherheit frei verfügen, so darf er sie nicht durch den Währungsverfall wertlos werden lassen, und muß sie bei Rückgabe aufwerten (**RG** JW 1927, 1466[3]). Über die Frage, ob der Verpächter vom Vertrage zurücktreten kann, wenn der Pächter die Aufwertung des Pachtzinses verweigert s. **RG** 107, 151; **RG** Gruch 68, 509. Grundsätzlich ist davon auszugehen, daß der Verpächter gegenüber einem Pächter, der das Pachtverhältnis fortsetzen will, solange nicht dessen Lösung verlangen kann, als noch durch Angehen der Pachteinigungsämter oder der Gerichte ein gütlicher Ausgleich im Wege der Pachtzinserhöhung möglich ist (**RG** 107, 151; **RG** Warn 1926 Nr 80, 106).

Der Pächter ist auch zur ordnungsmäßigen Behandlung des Pachtgegenstandes und zur Obhut darüber verpflichtet (SeuffA 56 Nr 174, vgl. auch § 535 A 4). In dem Falle, wenn der Nießbraucher eines Grundstücks dieses verpachtet, ist der Pächter bei der Ausübung seines Nutzungsrechts den gleichen Beschränkungen wie der Nießbraucher unterworfen. § 1036 A 2. — Eine Verpflichtung des Pächters zum Gebrauch der verpachteten Sache oder des verpachteten Rechtes liegt nicht im Wesen des Pachtvertrags, kann aber, ohne die rechtliche Natur des Vertrages zu verändern, im Wege der Nebenabrede vereinbart werden, auch aus den besonderen Umständen des Falles sich ergeben (RG JW 1927, 97[3]; RG 8. 12. 11 III 69/11; 16. 10. 25 III 548/24; 29. 10. 26 III 524/25). — Anerkannt ist auch in der Rechtsprechung die Verpflichtung des Pächters zur Ausbesserung einer mangelhaften Einrichtung (Dampfkessel), die er mit Kenntnis des Mangels übernommen hatte (RG 9. 3. 06 III 265/05). — Das durch die Verpachtung einer Jagd begründete Rechtsverhältnis regelt sich nach den Grundsätzen über die Pacht, soweit nicht das durch Art 69 EG vorbehaltene Landesrecht eingreift. Nach BGB erfordert die Weiterverpachtung die Zustimmung des Verpächters (§§ 549 Abs 1, 596 Abs 1). Vgl. RG 51, 280; Warn 1910 Nr 381.

4. **Fruchterwerb des Pächters.** Er erwirbt nach § 956 (vgl § 957) das Eigentum an den Früchten regelmäßig mit deren Trennung. Hiernach und nach seiner sonstigen rechtlichen Stellung bestimmen sich auch seine Rechte gegenüber den Zwangsvollstreckungsmaßregeln seitens der Gläubiger des Verpächters dahin, daß a) bei der Zwangsvollstreckung in das verpachtete Grundstück die bereits durch die Trennung in das Eigentum des Pächters übergegangenen Früchte der Beschlagnahme so wenig, als dem Rechte des Hypothekengläubigers unterliegen (§ 1120, ZVG § 20), daß das Fruchtbezugsrecht des Pächters, dem das verpachtete Grundstück bereits überlassen ist, auch bezüglich der ungetrennten Früchte durch die Beschlagnahme nicht berührt wird (ZVG § 21 Abs 3), daß es ebenso im Falle der Zwangsverwaltung dem Verwalter gegenüber wirksam ist (ZVG § 152 Abs 2), und daß der im Besitze des Pachtgrundstücks befindliche Pächter sich dem Ersteher gegenüber auf §§ 571, 572, 573 Satz 1, §§ 574, 575 berufen kann (ZVG § 57, 57 a, 57 b; vgl. auch oben A 3 zu § 571); b) daß ferner im Falle der gegen den Verpächter ergehenden Mobiliar-Zwangsvollstreckung (ZPO §§ 810, 813, 824) der im Besitze des Grundstücks befindliche Pächter nicht bloß nach der Trennung der von ihm gezogenen und damit in sein Eigentum übergegangenen Früchte, sondern auch schon vor der Trennung die Pfändung der Früchte, die sich zu dieser Zeit in seinem Gewahrsam befinden, verbieten und, wenn sie gleichwohl erfolgt, hier gegen einen Einwand aus § 766 ZPO, sowie unter Umständen gegen den pfändenden Gläubiger auf Grund des ihm an den Früchten zustehenden Besitz- und Bezugsrechts die Widerspruchsklage nach § 771 ZPO erheben kann (RG 34, 422; JW 93, 350[32]; Gruch 38, 179; OLG 4, 340; vgl. auch RG 18, 368 und Sydow-Busch, ZPO § 771 A 3). Anderseits kann der Verpächter eine seitens der Gläubiger des Pächters in Angriff genommene Pfändung der Früchte weder vor der Trennung (§ 581; RG 18, 368), noch nach ihr hindern; er hat aber Anspruch auf vorzugsweise Befriedigung aus dem Erlöse (§ 805 ZPO; vgl. § 563 A 1, § 585 A 1).

Für die Verteilung der Früchte und auch der Lasten des Pachtgrundstücks zwischen dem Verpächter und dem an- oder abtretenden Pächter gelten §§ 101, 103.

5. **Abgeändert** oder **ergänzt** sind: § 536 durch §§ 582, 586; § 549 Abs 1 durch § 596 Abs 1; § 551 Abs 2 durch § 584; § 556 Abs 1 durch §§ 591—594; § 557 durch § 597; §§ 559, 563 durch § 585; § 565 durch § 595; §§ 569, 570 durch § 596 Abs 2, 3. Die übrigen Vorschriften (auch § 580) sind mit den durch das Wesen des Pachtvertrags gebotenen Änderungen (vgl. z. B. § 537 A 2) anwendbar.

§ 582

Der Pächter eines landwirtschaftlichen Grundstücks[1]) hat die gewöhnlichen Ausbesserungen[2]), insbesondere die der Wohn- und Wirtschaftsgebäude, der Wege, Gräben und Einfriedigungen, auf seine Kosten zu bewirken.

E I 540 II 522; M 2 429, 430; P 2 252 ff.

1. Die §§ 582—585 beziehen sich nur auf **landwirtschaftliche Grundstücke,** d. i. Wiesen, Felder, Nutzgärten usw., die in der Hauptsache einem landwirtschaftlichen Betriebe — Ackerbau, Viehzucht, Baumzucht, Waldwirtschaft — dienen. Beim Vorliegen dieser Voraussetzung ist es für die Begriffsbestimmung ohne weiteren Einfluß, daß auf dem Grundstück auch Gebäude stehen oder sog. landwirtschaftliche Nebengewerbe — Brauerei, Branntweinbrennerei, Ziegelbrennerei — betrieben werden.

2. Diese **Ausbesserungspflicht** ist infolge des Zusammenhangs mit dem Fruchtbezugsrecht, abweichend von § 536, der im übrigen (ebenso wie § 547 für den Ersatz von Verwendungen) in betreff der außergewöhnlichen Ausbesserungen auch für die landwirtschaftlichen Grundstücke gilt, dem Pächter auferlegt; das dazu erforderliche Material darf er in der Regel nicht dem Grundstücke entnehmen. Neben der Ausbesserungspflicht wird sich aus der Natur des Pachtverhältnisses regelmäßig auch die Verpflichtung zur ununterbrochenen Bewirtschaftung, insbesondere zur Bestellung der Äcker, ergeben, insofern ohne diese Bewirtschaftung das Grundstück nicht gemäß § 591 zurückgegeben werden kann.

§ 583

Der Pächter eines landwirtschaftlichen Grundstücks darf nicht ohne die Erlaubnis des Verpächters Änderungen in der wirtschaftlichen Bestimmung des Grundstücks vornehmen, die auf die Art der Bewirtschaftung über die Pachtzeit hinaus von Einfluß sind[1]).

E I 541 II 523; M 2 430; P 2 253.

1. **Keine Befugnis des Pächters** zur eigenmächtigen Vornahme von **nachhaltigen Änderungen** in der wirtschaftlichen Bestimmung des Pachtgrundstücks, z. B. zur Abholzung eines Waldes, um die Fläche in Ackerland zu verwandeln; in der Regel auch keine Befugnis zur dauernden Unterlassung der Bewirtschaftung des Grundstücks (§ 582 A 2). Vgl. § 1036 A 2. Die Umwandlung von Ackerland in Wiese wird regelmäßig gestattet sein, sofern sich der frühere Zustand bis zum Ende der Pachtzeit wieder herstellen läßt. Im Falle der Zuwiderhandlung ist Klage auf Unterlassung nach § 550 und Kündigungsbefugnis des Verpächters nach § 553, nach den Umständen auch ein Schadensanspruch gegeben (§ 550 A 3, § 553 A 2). — Begriff des landwirtschaftlichen Grundstücks s. § 582 A 1.

§ 584

Ist bei der Pacht eines landwirtschaftlichen Grundstücks der Pachtzins nach Jahren bemessen, so ist er nach dem Ablaufe je eines Pachtjahrs am ersten Werktage des folgenden Jahres[1]) **zu entrichten.**

E I 539 II 524; M 2 429; P 2 251 ff.

1. Auch hier bildet, wie nach § 551 **Nachzahlung** des Pächters, und zwar am Ende des Pachtjahrs d. h. des mit dem Beginn der Pacht anfangenden beweglichen Jahres (**RGJ**LZ 1914, 1615[4]), nicht des Kalenderjahrs, auch nicht des Wirtschaftsjahrs, nach dem Gesetze die Regel. Begriff des landwirtschaftlichen Grundstücks s. § 582 A 1. Für die Pacht von nicht landwirtschaftlichen Grundstücken verbleibt es durchweg bei § 551.

§ 585

Das Pfandrecht des Verpächters eines landwirtschaftlichen Grundstücks kann für den gesamten Pachtzins geltend gemacht werden und unterliegt nicht der im § 563 bestimmten Beschränkung. Es erstreckt sich auf die Früchte des Grundstücks sowie auf die nach § 715 Nr 5 der Zivilprozeßordnung der Pfändung nicht unterworfenen Sachen[1]).

E I 543 II 525; M 2 432, 433; P 2 258 ff.

1. **Abweichungen in bezug auf die Geltendmachung des gesetzlichen Pfandrechts des Verpächters eines landwirtschaftlichen Grundstücks** von den — im übrigen auch für die Pacht anwendbaren — Vorschriften der §§ 559—563. Die Geltendmachung kann erfolgen: a) unbeschränkt nicht nur für den rückständigen, sondern auch für den künftigen Pachtzins (jedoch nicht auch für künftige Entschädigungsforderungen, § 559 A 3), sowie einem dritten Pfändungsgläubiger gegenüber wegen des gesamten rückständigen Pachtzinses; b) auch an den Früchten des Grundstücks (§ 99) — auch am Pachtzinsanspruch des Pächters gegen einen Unterpächter § 99 Abs 3, nicht an den dem Unterpächter zufallenden natürlichen Früchten (vgl. § 559 A 2) — sowie an den nach § 715 Nr 5, jetzt nach § 811 Nr 4 ZPO der Pfändung entzogenen Sachen: dem zum Wirtschaftsbetrieb erforderlichen Gerät und Vieh nebst dem nötigen Dünger, sowie an den voraussichtlich zur Fortführung der Wirtschaft bis zur nächsten Ernte erforderlichen landwirtschaftlichen Erzeugnissen. Gutserzeugnisse, welche nicht unmittelbar in dem Wirtschaftsbetriebe Verwendung finden sollen, gehören überhaupt nicht zu den unpfändbaren Gegenständen, auch wenn ihr Erlös zur Fortführung der Wirtschaft nötig ist (**RG** Gruch 44, 188). — Das Pfandrecht an den Früchten besteht, wie der allgemeine Wortlaut („es erstreckt sich auf die Früchte des Grundstücks") ergibt, seinem Grunde nach schon vor ihrer Trennung vom Grundstück, sobald im natürlichen Wortsinne von Früchten gesprochen werden kann, jedenfalls früher als einen Monat vor der Reife, und geht deshalb dem später von einem anderen Gläubiger des Pächters durch Pfändung nach § 810 ZPO an den ungetrennten Früchten erlangten Pfandrechte vor. Denn wenn auch das Pfandrecht an den Früchten nach dem Grundsatze des § 93 erst mit ihrer Trennung vom Grundstück vollwirksam entsteht, so muß doch nach dem Zwecke der Sondervorschrift, die den Verpächter vor anderen Gläubigern des Pächters sicherstellen soll, angenommen werden, daß schon vorher eine rechtliche Gebundenheit zugunsten des Verpächters gegeben ist, die als zur Zeit der Pfändung

bereits vorhanden der Pfändungsgläubiger ebenso gegen sich gelten lassen muß, wie er selbst anderen Gläubigern gegenüber trotz des § 93 das nach § 810 ZPO vor der Trennung begründete Pfandrecht für sich in Anspruch nehmen kann. Dies entspricht auch dem Sinne der Pfändung, die die Früchte als Pfandgegenstand nur so ergreifen kann, wie sie in das Vermögen des Pfändungsschuldners, des Pächters, übergehen, also mit der zugunsten des Verpächters bestehenden Belastung. Für den Vorrang des Verpächters (mit verschiedener Begründung) OLG 19, 6, **Planck** § 585 Erl 2aα, **Oertmann** § 585 A 1d, **Dernburg** I 2 § 229 IIIa A 34, **Seuffert** ZPO § 810 Erl 3, **Petersen-Anger** ZPO § 810 Bem 3, jetzt auch **Stein** (**Gaupp**) ZPO (10. A.) § 810 II a. E. und **Jaeger** KO (5. A.) § 49 A 51; a. M. OLG 13, 202; **Staudinger** § 585 A II 1c. — Über die Bestellung eines Pfandrechts ohne Besitzübertragung bezüglich des dem Pächter gehörenden Inventars eines verpachteten landwirtschaftlichen Grundstücks s. Ges. v. 9. 7. 26, RGBl I 399. Über das Verhältnis dieses nur zugunsten eines nach diesem Gesetze zugelassenen Kreditinstituts möglichen Pfandrechts zum gesetzlichen Pfandrecht des Verpächters s. § 4 Abs 2 und § 11 des Gesetzes.

Hat ein Pächter Grundstücke von verschiedenen Personen gepachtet und schafft er die Früchte von einem Pachtgrundstück auf das Grundstück eines anderen Verpächters, so erlischt das gesetzliche Pfandrecht gemäß den Vorschriften des § 560; z. B. in dem Falle, wo der Pächter den Rübsamen vom Grundstücke des Verpächters A mit dessen Wissen in den Speicher des Verpächters B bringt, weil dort die Reinigung des Samens stattzufinden hat. Der Verpächter, welcher nur Acker ohne Wirtschaftsgebäude verpachtet, wird danach tatsächlich weniger günstig gestellt sein als der Verpächter eines Landguts. Vgl. **RG** 74, 247; § 560 A 3.

Über die Wirksamkeit dieses Pfandrechts gegenüber der **Konkursmasse** des Pächters und gegenüber einem unter Geschäftsaufsicht stehenden Pächter s. § 563 A 1 a. E. Das dem Verpächter eines Landguts im Konkurse des Pächters zustehende Absonderungsrecht an den Früchten und eingebrachten Sachen kann auch wegen des vom Pächter für die Überlassung des Inventars zum Eigentume zu zahlenden Übernahmepreises geltend gemacht werden, da auch die Vereinbarung hierüber einen Bestandteil des Pachtvertrags bildet (**RG** 38, 66), nicht aber wegen eines dem Pächter vom Verpächter gewährten Darlehns (**RG** 37, 88).

Begriff des landwirtschaftlichen Grundstücks § 582 A 1. Auf die Pacht anderer Grundstücke z. B. eines Gast- oder Schankwirtschaftsanwesens, sind die §§ 559 ff. unverändert anzuwenden.

§ 586

[1]) Wird ein Grundstück samt Inventar[2]) verpachtet, so liegt dem Pächter die Erhaltung der einzelnen Inventarstücke ob[3]).

Der Verpächter ist verpflichtet, Inventarstücke, die infolge eines von dem Pächter nicht zu vertretenden Umstandes in Abgang kommen, zu ergänzen. Der Pächter hat jedoch den gewöhnlichen Abgang der zu dem Inventar gehörenden Tiere aus den Jungen[4]) insoweit zu ersetzen, als dies einer ordnungsmäßigen Wirtschaft entspricht.

E I 535 II 526; M 2 425, 426; P 2 243.

1. Die §§ 586—590 beziehen sich auf die Pacht von landwirtschaftlichen und von nicht landwirtschaftlichen **Grundstücken** (Theater, Mühle, Gasthof, Fabrik) mit **Inventar**. Vgl. Vorbem 1 vor § 535.

2. **Begriff des Inventars:** Inbegriff aller beweglichen Sachen, welche dem wirtschaftlichen Zwecke des Grundstücks zu dienen bestimmt sind (vgl. § 98). Das Inventar eines Grundstücks kann dem Pächter überlassen werden durch Eigentumsübertragung vom Verpächter oder vom dritten Eigentümer oder durch Mitverpachtung nach § 586 oder durch pachtweise Übernahme zum Schätzungswerte nach § 587. Werden die Sachen dem Pächter bei Eingehung des Pachtvertrags vollständig zu Eigentum übertragen, so gelten die Vorschriften über den **Kauf**, unter Umständen auch diejenigen über den Wiederkauf, nicht aber die des § 586 (vgl. **RG** JW 1927, 1516[2]). Übernimmt der Pächter das Inventar zum Schätzungswerte, so gelten die besonderen Vorschriften der §§ 587 ff. Bedeutung des Inventarverzeichnisses: nicht Anerkennungsvertrag, sondern nur Beweisurkunde (**RG** Warn 1910 Nr 147).

3. Die abweichend vom § 536 dem Pächter auferlegte **Erhaltungspflicht** geht über die Ausbesserungspflicht des § 582 hinaus, da sie auch Neuanschaffungen nötig macht, wenn der Abgang vom Pächter zu vertreten ist.

4. Die **Jungen** werden als Nutzungen nach § 956 **zunächst** Eigentum des Pächters, der daraus den gewöhnlichen Abgang zu ersetzen hat. Der Verpächter wird Eigentümer, sobald der Pächter ein Junges zum Ersatz für ein aus dem Viehbestand abgegangenes Tier be-

stimmt. Vgl. auch § 1048. — Im übrigen hat der Pächter auch sonstige Inventarstücke zu ersetzen, wenn ihr Abgang auf ein von ihm zu vertretendes Verschulden (§§ 276, 278) zurückzuführen ist.

§ 587

Übernimmt der Pächter eines Grundstücks das Inventar zum Schätzungswerte mit der Verpflichtung, es bei der Beendigung der Pacht zum Schätzungswerte zurückzugewähren, so gelten die Vorschriften der §§ 588, 589[1]).

E I 544 Abs 1 II 527; M 2 433—439; P 2 259, 516.

1. Die §§ 587—589 setzen voraus, daß das **Inventar** eines Grundstücks (nicht nur eines landwirtschaftlichen, vgl. § 586 A 1) pachtweise (§ 586 A 2) zum **Schätzungswerte** nicht nur übernommen, sondern auch zurückgegeben werden soll. Soll das Inventar in das Eigentum des Pächters übergehen, so liegt Kauf vor (§ 586 A 2). Die Bestimmung eines Pachtvertrages, daß der Pächter den Schätzungswert des Inventars zu verzinsen habe, rechtfertigt aber noch nicht die Annahme käuflicher Überlassung (RG 2. 1. 23 III 819/22). Der gemeinrechtliche Eisernvieh-Vertrag ist im BGB nicht besonders geregelt. Die §§ 588, 589 können jedoch bei der selbständigen Verpachtung einer Viehherde entsprechende Anwendung finden (M 2, 439, 443). — Entsprechende Anwendung der §§ 588, 589 beim Nießbrauch s. § 1048.

§ 588

Der Pächter trägt die Gefahr des zufälligen Unterganges und einer zufälligen Verschlechterung des Inventars[1]). Er kann über die einzelnen Stücke innerhalb der Grenzen einer ordnungsmäßigen Wirtschaft verfügen[2]).

Der Pächter hat das Inventar nach den Regeln einer ordnungsmäßigen Wirtschaft in dem Zustande zu erhalten, in welchem es ihm übergeben wird[3]). Die von ihm angeschafften Stücke werden mit der Einverleibung in das Inventar Eigentum des Verpächters[4]).

E I 544 Abs 2—5 II 528; M 2 431—436; P 2 259.

1. **Gefahrübergang auf den Pächter.** Durch zufälligen Untergang der Inventarstücke wird hiernach (entgegen § 323) der Pächter von der Verpflichtung zur Entrichtung des Pachtzinses nicht befreit.

2. **Verfügungsrecht** des Pächters, obwohl er nicht Eigentümer der Inventarstücke ist. Vgl. § 1048 Abs 1 Satz 1.

3. **Ordnungsmäßige Wirtschaft.** Hieraus ergibt sich seine Verpflichtung, an Stelle unbrauchbar gewordener Stücke andere anzuschaffen; bei Nichterfüllung dieser Verpflichtung setzt er sich dem Schadensanspruche sowie dem Vorgehen des Verpächters nach §§ 550, 553 aus. Ebenso liegt dem Pächter die Sorge für die Ausbesserung schadhaft gewordener Stücke ob.

4. **Mit der Einverleibung.** Nach dieser zur Sicherung des Verpächters und der Hypothekengläubiger dienenden Bestimmung ist eine besondere Übergabe an den Verpächter (§ 929) nicht erforderlich, dessen Eigentumserwerb sich vielmehr schon kraft Gesetzes vollzieht (vgl. § 589 Abs 2; M 2, 436; RGSt 7, 44).

§ 589

Der Pächter hat das bei der Beendigung der Pacht vorhandene Inventar dem Verpächter zurückzugewähren[1]).

Der Verpächter kann die Übernahme derjenigen von dem Pächter angeschafften Inventarstücke ablehnen, welche nach den Regeln einer ordnungsmäßigen Wirtschaft für das Grundstück überflüssig oder zu wertvoll sind; mit der Ablehnung geht das Eigentum an den abgelehnten Stücken auf den Pächter über[2]).

Ist der Gesamtschätzungswert der übernommenen Stücke höher oder niedriger als der Gesamtschätzungswert der zurückzugewährenden Stücke, so hat im ersteren Falle der Pächter dem Verpächter, im letzteren Falle der Verpächter dem Pächter den Mehrbetrag zu ersetzen[3]).

E I 544 Abs 6—8 II 529; M 2 436—438; P 2 259.

1. **Rückgewähr des Inventars.** Nach Abs 1 hat der Pächter das bei Beendigung des Pachtverhältnisses vorhandene Inventar zurückzugeben, und nach Abs 3 findet die Ausgleichung bezüglich des Inventars dadurch statt, daß der Gesamtschätzungswert der übernommenen und der der zurückzugewährenden, d. h. vorhandenen Stücke verglichen wird. Der Verpächter bleibt bei dieser Art der Inventarbehandlung Eigentümer. Das Ergebnis aber ist das gleiche, wie wenn der Verpächter bei Beginn der Pachtzeit das damals vorhandene Inventar dem Pächter zum Schätzungswerte verkauft hätte und bei Beendigung der Pacht das jetzt vorhandene Inventar dem Pächter zum jetzigen Schätzungswerte wieder abkaufen würde. Veränderungen in der Zwischenzeit gehen daher, unbeschadet besonderer Schadensersatzansprüche wegen schuldhaft vertragswidrigen Verhaltens, ebenso zugunsten wie zum Nachteil des Pächters. Die Rückgewähr erstreckt sich auch auf die vom Pächter während der Pachtzeit angeschafften Stücke — selbst wenn ihre Anschaffung nach den Regeln einer ordnungsmäßigen Wirtschaft (§ 588 Abs 2 Satz 1) nicht erforderlich war — und erfordert zunächst eine Abschätzung der sämtlichen zurückzugebenden Stücke, s. Abs 3. — Erfüllungsort für die Verpflichtung aus Abs 1 ist der Ort, wo das Pachtgut liegt, und wo infolgedessen im Zweifel auch die beiderseitigen Hauptverpflichtungen zu erfüllen sind (**RG** Recht 05, 107[410]).

2. Auch hier **Eigentumsübergang kraft Gesetzes** (vgl. § 588 A 4.) — Die Voraussetzungen seines Ablehnungsrechts hat der Verpächter nachzuweisen.

3. **Ausgleich des Wertunterschieds** zwischen dem bei der Übernahme festgestellten und dem bei der Rücknahme festzustellenden Schätzungswerte. Es ist dabei sowohl die Zahl als der Wert der zurückzugewährenden Stücke in Betracht zu ziehen, wobei ein inzwischen eingetretener Preisrückgang dem Verpächter, eine Werterhöhung dem Pächter zustatten kommt (M 2, 437). Für die Schätzung des Wertes der zurückzugewährenden Stücke sind die Preise zur Zeit der Beendigung des Pachtverhältnisses maßgebend, und zwar regelmäßig auch dann, wenn sie durch den Krieg beeinflußt worden sind, es müßte denn sein, daß es sich um eine durch besondere Preistreiberei hervorgerufene, nur vorübergehende Steigerung der Preise handelt; so **RG** Gruch 62, 108; **RG** Warn 1920 Nr 191. Nach diesem Grundsatze, der auf der Entstehungsgeschichte und dem Wortlaut des Gesetzes beruht, ist auch sonst in Fällen entschieden worden, in denen Pachtverhältnisse in den ersten Zeiten des Weltkrieges endigten. Seine Anwendung versagt aber gegenüber der **wirtschaftlichen Umwälzung,** die durch den unglücklichen Ausgang dieses Krieges und das ungeheure Sinken der deutschen Währung herbeigeführt worden ist. Sie würde nicht nur zu einer sachlich unberechtigten Bereicherung der Pächter, sondern vor allem vielfach dazu führen, daß der Verpächter, um den Pächter zu befriedigen, Inventarstücke verkaufen müßte, damit aber gerade dem in § 588 Abs 2 und § 589 Abs 1, 2 ausgesprochenen Grundgedanken der Grundstückspacht mit Übernahme des Inventars zum Schätzungswerte zuwiderlaufen, wonach das Inventar zum Gute gehört und, von überflüssigen oder zu wertvollen Stücken abgesehen, auch beim Gute bleiben soll. Gegenüber der wirtschaftlichen Umwälzung versagen in der Regel auch die Bestimmungen der vor dem Kriege abgeschlossenen Pachtverträge. Es bedarf daher für solche Fälle einer Lösung, die unter Wahrung des erwähnten Grundgedankens dieser Art von Grundstückspacht und unter Berücksichtigung der Geldentwertung die wirtschaftlichen Interessen beider Teile gerecht und billig ausgleicht. Diesen Ausgleich hat **RG** 104, 394 (vgl. **RG** Warn 1923 Nr 71) in folgenden Grundsätzen gefunden: Übernimmt der Verpächter Inventarstücke, zu deren Ablehnung er nach Gesetz (§ 589 Abs 2) oder Vertrag befugt ist, so muß er deren Wert, wie er bei der Rückgewährschätzung festgestellt wird, nicht etwa nur den Preis, den der Pächter dafür bezahlt hat, diesem erstatten. Im übrigen ist das Ergebnis der Rückgewährschätzung mit dem der Anfangsschätzung in der Weise zu vergleichen, daß der Sachwert des Inventars zugrunde gelegt, d. h. der in Goldmark festgestellte Schätzungswert in Papiermark — und zwar nach der Kaufkraft des Geldes im Inlande, nicht nach dem Kurs der Goldmünzen und Goldbarren — umgerechnet wird. Den danach sich ergebenden Mehrbetrag der Rückgewährschätzung hat der Verpächter dem Pächter, einen Minderbetrag der Pächter dem Verpächter voll auszuzahlen. Dabei ist angenommen, daß die reichen landwirtschaftlichen Erträge der letzten Jahre etwaige Verluste der Pächter in den Kriegsjahren ausgeglichen und dem Pächter die Erhaltung des Inventars in der vertraglichen Höhe ermöglicht haben, ohne daß er dazu besondere Mittel aus eigenem Vermögen oder geliehenem Kapital aufwenden mußte. Für den gegenteiligen, vom Pächter zu beweisenden Fall bleibt diesem das Recht vorbehalten, eine entsprechende Summe abzuziehen. Auf den Fall, daß der Pächter das Inventar beim Beginn der Pacht gekauft und sich zum Rückverkauf beim Pachtende verpflichtet hat, bezieht sich die Entscheidung nicht; hier wird es wesentlich auf die im einzelnen Falle getroffenen Vereinbarungen ankommen. Die Pachteinigungsämter (§ 581 A 1) haben über die aus der Rückgewähr des Inventars sich ergebenden Verpflichtungen nicht zu entscheiden.

Verjährung des Ersatzanspruchs s. § 558 A 2. Anfechtung einer Schätzung als unbillig s. **RG** Warn 1922 Nr 37. Über eine vertragsmäßige Verpflichtung des Pächters zum Ersatz fehlender Inventarstücke (Vieh) neben der Rückgewähr des Inventars zum Schätzungswerte s. RG Recht 1920 Nr 3093. Anwendung der Abs 2, 3 auf die Pacht eines Landguts und auf Vorräte eines solchen s. § 594.

§ 590

Dem Pächter eines Grundstücks steht für die Forderungen gegen den Verpächter, die sich auf das mitgepachtete Inventar beziehen[1]), ein Pfandrecht an den in seinen Besitz gelangten Inventarstücken zu[2]). Auf das Pfandrecht findet die Vorschrift des § 562 Anwendung.

E I 536 II 530; M 2 426; P 2 244, 248; 4 487, 490.

1. Solche **Forderungen** können sowohl nach § 586 (Aufwendungen für Ergänzung von Inventarstücken) als nach § 589 Abs 3 (Ersatzansprüche für den vom Pächter zurückgegebenen Mehrwert von Inventar) erhoben werden. Die Vorschrift gilt nicht nur für landwirtschaftliche Grundstücke (vgl. § 586 A 1).

2. Auf Grund dieses gesetzlichen **Pfandrechts,** auf das nach § 1257 die Vorschriften über das durch Rechtsgeschäft bestellte Pfandrecht Anwendung finden (vgl. § 559 A 1), steht dem Pächter bei Beendigung der Pacht auch ein Zurückbehaltungsrecht, jedoch ebenfalls nur an den Inventarstücken (§ 586 A 2), nicht am Grundstück (§ 556 Abs 2, § 581 Abs 2) zu (vgl. auch KO § 49 Abs 1 Nr 2). — Eigentum des Verpächters an den Inventarstücken wird hier (anders für den umgekehrten Fall des Verpächterpfandrechts nach § 559, s. dort A 2) nicht vorausgesetzt. Der Pächter ist vielmehr auf diese Weise sowohl gegen die Eigentumsansprüche Dritter als gegen die von einem Gläubiger des Verpächters beabsichtigte Pfändung geschützt.

§ 591

Der Pächter eines landwirtschaftlichen Grundstücks ist verpflichtet, das Grundstück nach der Beendigung der Pacht in dem Zustande zurückzugewähren, der sich bei einer während der Pachtzeit bis zur Rückgewähr fortgesetzten ordnungsmäßigen Bewirtschaftung ergibt[1]). Dies gilt insbesondere auch für die Bestellung.

E I 545 II 531; M 2 439, 440; P 2 253.

1. Diese Verpflichtung geht weiter als die dem Mieter nach § 548 obliegende, ist aber in der Natur der Pachtsache begründet. **Ordnungsmäßige Bewirtschaftung** bildet den objektiven Maßstab für den Zustand, in dem das Grundstück zurückzugeben ist, daher kein Anspruch des Pächters **wegen Verbesserungen,** welche lediglich durch diese ordnungsmäßige Bewirtschaftung erzielt sind, während er bezüglich anderer Verbesserungen, wie z. B. für Auslagen, die er zur Beseitigung des durch eine Überschwemmung am Grundstücke verursachten Schadens gehabt hat, nach §§ 547, 581 Abs 2 Ersatz verlangen kann (vgl. auch § 592). Aus dieser Verpflichtung zur ordnungsmäßigen Rückgewähr wird sich auch in der Regel die zur ununterbrochenen Bewirtschaftung ergeben (s. § 582 A 2 a. E.), nicht minder diejenige zur unveränderten Zurücklassung von Anpflanzungen, die zur ordnungsmäßigen Bewirtschaftung gehören; der Pächter hat dafür gesetzlich keinen besonderen Ersatzanspruch. — Bei Nichterfüllung der Pflicht zur ordnungsmäßigen Bewirtschaftung entsteht Schadensersatzpflicht des Pächters oder seiner Konkursmasse. Absonderungsrecht des Verpächters nach KO § 49 Nr 2 (SeuffA 64 Nr 189). Dem Verpächter stehen bei ordnungswidriger Bewirtschaftung auch die Rechte aus §§ 550, 553 zu. Er hat aber anderseits bei ordnungsmäßiger Bewirtschaftung keinen Ersatzanspruch wegen gleichwohl eingetretener Verschlechterungen. — Entsprechende Anwendung der §§ 591 bis 593 beim Nießbrauch s. § 1055 Abs 2.

§ 592

Endigt die Pacht eines landwirtschaftlichen Grundstücks im Laufe eines Pachtjahrs, so hat der Verpächter die Kosten, die der Pächter auf die noch nicht getrennten, jedoch nach den Regeln einer ordnungsmäßigen Wirtschaft vor dem Ende des Pachtjahrs zu trennenden Früchte verwendet hat, insoweit zu ersetzen, als sie einer ordnungsmäßigen Wirtschaft entsprechen und den Wert dieser Früchte nicht übersteigen[1]).

E II 532 III 585; P 2 264.

1. **Ersatz von Kosten der Fruchtgewinnung an den Pächter.** Die Vorschrift des § 592 wird namentlich in den Fällen Anwendung finden, wo die Pacht entweder nach besonderer

Bestimmung des Pachtvertrags vor Ablauf eines Pachtjahrs (§ 584 A 1) endigt, oder wo sie nach §§ 542, 581 Abs 2 vom Pächter ohne Beobachtung der gesetzlichen Frist im Laufe des Pachtjahrs gekündigt wird. Auf die Früchte, welche in diesen Fällen bei der Beendigung der Pacht bereits hervorgebracht, aber noch nicht getrennt sind, hat der Pächter nach § 101 keinen Anspruch: er muß sie vielmehr, insoweit sie den Regeln einer ordnungsmäßigen Wirtschaft entsprechen, nach § 591 mit dem Pachtgrundstück herausgeben. Zu seiner Schadloshaltung für die auf die Hervorbringung der Früchte verwendeten Kosten ist ihm daher, insoweit diese Früchte noch vor dem Ende des Pachtjahrs zu trennen sind — aber nur unter dieser Voraussetzung (RG LZ 1914, 1615[4]) —, ein nach Einerntung der Früchte geltend zu machender Ersatzanspruch gegeben. Entsprechende Anwendung des § 592 in den Fällen der §§ 1055 Abs 2, 1421, 1663 Abs 2, 2130 Abs 1 Satz 2; ferner, wenn ein landwirtschaftliches Grundstück nicht im Wege der Verpachtung, sondern nur vergünstigungsweise auf willkürlichen Widerruf überlassen ist (OLG 40, 316). Vgl. auch § 998.

§ 593

Der Pächter eines Landguts hat von den bei der Beendigung der Pacht vorhandenen landwirtschaftlichen Erzeugnissen ohne Rücksicht darauf, ob er bei dem Antritte der Pacht solche Erzeugnisse übernommen hat, so viel zurückzulassen, als zur Fortführung der Wirtschaft bis zu der Zeit erforderlich ist, zu welcher gleiche oder ähnliche Erzeugnisse voraussichtlich gewonnen werden[1]).

Soweit der Pächter landwirtschaftliche Erzeugnisse in größerer Menge oder besserer Beschaffenheit zurückzulassen verpflichtet ist, als er bei dem Antritte der Pacht übernommen hat, kann er von dem Verpächter Ersatz des Wertes verlangen[2]).

Den vorhandenen auf dem Gute gewonnenen Dünger hat der Pächter zurückzulassen, ohne daß er Ersatz des Wertes verlangen kann[3]).

E I 547 II 533; M 2 441; P 2 265.

1. **Rückgewähr eines Landguts,** d. i. eines zum selbständigen Betriebe der Landwirtschaft bestimmten Grundstücks oder einer Grundstücksgesamtheit (M 2, 441; vgl. auch SeuffA 60 Nr 50). Für diese Rückgewähr gilt in betreff der bei Beendigung der Pacht vorhandenen landwirtschaftlichen Erzeugnisse (§ 98 Nr 2) die Besonderheit, daß der Pächter von diesen ohne Rücksicht darauf, ob und wieviel er bei Antritt der Pacht übernommen hatte, so viel zurückzulassen hat, als voraussichtlich zur Fortführung der Wirtschaft bis zur nächsten Ernte erforderlich ist. Inwieweit der Pächter für das Vorhandensein solcher Erzeugnisse zu sorgen hat, ist nach § 591 zu beurteilen. Im übrigen ist für die Frage, was der Pächter eines Landguts, der bei Beginn der Pacht Vorräte übernommen hat, an solchen bei Beendigung der Pacht zurückzulassen hat, der Vertrag entscheidend. — Entsprechende Anwendung des § 593 in den Fällen der §§ 1055 Abs 2, 1421, 1663 Abs 2, 2130 Abs 1 Satz 2.

2. Den **Beweis** dafür, daß die nach Abs 1 zurückzulassenden Erzeugnisse zur vorläufigen Fortführung der Wirtschaft erforderlich seien, hat der Verpächter; den Beweis dafür, daß der Pächter mehr Erzeugnisse zurückgelassen habe, als er bei Antritt der Pacht übernommen, hat der Pächter zu führen.

3. Durch besondere Bestimmungen des Pachtvertrags wird dem Pächter vielfach auch die Entfernung von Dünger, Stroh und Futter während der Pachtdauer schlechthin untersagt.

§ 594

Übernimmt der Pächter eines Landguts das Gut auf Grund einer Schätzung des wirtschaftlichen Zustandes mit der Bestimmung, daß nach der Beendigung der Pacht die Rückgewähr gleichfalls auf Grund einer solchen Schätzung zu erfolgen hat, so finden auf die Rückgewähr des Gutes die Vorschriften des § 589 Abs 2, 3 entsprechende Anwendung[1]).

Das gleiche gilt, wenn der Pächter Vorräte auf Grund einer Schätzung mit einer solchen Bestimmung übernimmt, für die Rückgewähr der Vorräte, die er zurückzulassen verpflichtet ist[2]).

E I 548 II 534; M 2 441; P 2 269

1. **Rückgewähr eines Landguts auf Grund einer Schätzung.** Hiernach ist im Falle des Abs 1 nicht nur der Wert des Inventars, sondern auch derjenige des Landguts abzuschätzen und mit dem Übernahmewert zu vergleichen. Der Verpächter kann dann die Übernahme derjenigen Inventarstücke, die nach den Regeln einer ordnungsmäßigen Wirtschaft für das Landgut überflüssig oder zu wertvoll sind, ablehnen. Begriff des Landguts § 593 A 1.

2. Die Bestimmung des § 589, welche nur für das Inventar gegeben ist, wird hier auf den gesamten wirtschaftlichen Zustand sowie auf die sonstigen **Vorräte eines Landguts** ausgedehnt. Demgemäß geht das Eigentum an denjenigen Vorräten, deren Übernahme der Verpächter gemäß § 589 Abs 2 ablehnt, schon kraft Gesetzes auf den Pächter über.

§ 595

Ist bei der Pacht eines Grundstücks oder eines Rechtes[1]) die Pachtzeit nicht bestimmt, so ist die Kündigung nur für den Schluß eines Pachtjahrs[2]) zulässig; sie hat spätestens am ersten Werktage des halben Jahres zu erfolgen, mit dessen Ablaufe die Pacht endigen soll.

Diese Vorschriften gelten bei der Pacht eines Grundstücks oder eines Rechtes auch für die Fälle, in denen das Pachtverhältnis unter Einhaltung der gesetzlichen Frist vorzeitig gekündigt werden kann[3]).

E I 537 II 535; M 2 426—428; P 2 246, 515.

1. **Abweichung von § 565** bei der Pacht eines Grundstücks oder eines Rechtes, während es für die Pacht beweglicher Sachen und ebenso für die Pacht eines Rechtes an beweglichen Sachen (M 2, 428) bei jener Vorschrift verbleibt. — Von der gesetzlichen Vorschrift abweichende Vereinbarungen muß der beweisen, der sich darauf beruft (SeuffA 61 Nr 242 und § 565 A 3). — Für die Kündigung durch den Verpächter von Kleingärten und von kleineren landwirtschaftlichen Grundstücken (bis zu einem halben Hektar) gelten die besonderen Vorschriften der **Kleingarten- und Kleinpachtlandordnung,** Ges. v. 31. 7. 19 (RGBl 1371). Für das Eingreifen der Pachteinigungsämter bei Grundstücken, die zu landwirtschaftlicher, obstbaulicher oder gewerbsmäßiger gärtnerischer Nutzung verpachtet sind, s. die **Pachtschutzordnung** vom 9. 6. 20, RGBl 1193, in der Fassung v. 23. 7. 25, RGBl I 152. Zu beiden Regelungen vgl. § 581 A 1.

2. **Pachtjahrs,** nicht Wirtschaftsjahrs (M 2, 428). Vgl. § 584 A 1. Berechnung der Frist §§ 188, 189.

3. Vgl. § 565 Abs 4. Fälle der vorzeitigen Kündigung mit gesetzlicher Frist: §§ 567, 569; KO §§ 19, 21 Abs 3; ZVG § 57. Die Fälle der fristlosen Kündigung (§§ 542, 552, 554) werden durch obige Vorschrift nicht getroffen.

§ 596

[1]) Dem Pächter steht das im § 549 Abs 1 bestimmte Kündigungsrecht nicht zu[2]).

Der Verpächter ist nicht berechtigt, das Pachtverhältnis nach § 569 zu kündigen[3]).

Eine Kündigung des Pachtverhältnisses nach § 570 findet nicht statt[4]).

E I 533, 538 II 536; M 2 423, 428, 429; P 2 233, 249.

1. Durch vertragsmäßige Übereinkunft können sämtliche Bestimmungen dieses Paragraphen abgeändert werden.

2. Hiermit ist gesetzlich die **Unzulässigkeit der Afterverpachtung** bestimmt (vgl. § 581 A 3). Sie kann aber im Pachtvertrage gestattet sein, und es ist dann auch eine Pfändung des Pachtrechts durch einen Gläubiger des Pächters möglich. Vgl. § 549 A 1.

3. Also **keine Kündigungsbefugnis des Verpächters** beim Tode des Pächters, während den Erben des Pächters die Kündigungsbefugnis zusteht (§§ 569, 581 Abs 2). Kündigungstermin, Kündigungsfrist s. §§ 565, 595. Die in § 569 A 1 erwähnte BRVO v. 7. 10. 15 (RGBl 642) über das Kündigungsrecht der Hinterbliebenen von Kriegsteilnehmern ist auf Pachtverhältnisse nicht anwendbar (RG 89, 116).

4. Also **kein Kündigungsrecht von Militärpersonen, Beamten** usw. im Falle der Versetzung.

§ 597

Gibt der Pächter den gepachteten Gegenstand nach der Beendigung der Pacht nicht zurück[1]), so kann der Verpächter für die Dauer der Vorenthaltung als Entschädigung den vereinbarten Pachtzins nach dem Verhältnisse verlangen, in welchem die Nutzungen, die der Pächter während dieser Zeit gezogen hat oder hätte ziehen können, zu den Nutzungen des ganzen Pachtjahrs stehen[2]). Die Geltendmachung eines weiteren Schadens ist nicht ausgeschlossen.

E I 542 II 537; M 2 431, 432; P 2 256 ff

1. **Schadensersatz bei verzögerter Rückgabe des Pachtgegenstandes,** sei es Grundstück oder bewegliche Sache oder Recht. Vgl. § 557.

2. **Abweichung von § 557** dahin, daß die Entschädigung nicht nur nach der Dauer der Vorenthaltung, sondern auch nach dem Betrage der in die Vorenthaltungszeit fallenden, vom Pächter bezogenen oder bei ordnungsmäßiger Wirtschaftsführung zu ziehen gewesenen Nutzungen zu bestimmen ist, da diese Nutzungen vom Pächter (anders wie beim Mieter) nicht während der ganzen Pachtzeit gleichmäßig bezogen werden. — Bei stillschweigender Verlängerung des Pachtvertrags gilt § 568.

Vierter Titel

Leihe

1. **Rechtliche Natur.** Die Leihe besteht in der Überlassung des Gebrauchs einer (körperlichen) Sache, und zwar unentgeltlich — hierin liegt der hauptsächliche Unterschied von der Miete, wenn auch bei dieser vielfach der Ausdruck „Leihe" gebraucht wird — und nicht zum Verbrauch — hierin der wesentliche Unterschied vom Darlehn. Die jederzeit widerrufliche Gebrauchsgestattung (das precarium des römischen Rechtes) ist daneben nicht besonders ausgebildet worden; sie wird sich meist als (frei widerrufliche) Leihe darstellen (Prot 2, 276), kann aber auch, sofern nur aus Gefälligkeit der vorübergehende Gebrauch gestattet ist, außerhalb eines den Gestattenden verpflichtenden Vertragsverhältnisses liegen und wird hier in der Regel nur dann zu rechtlichen Folgen führen, wenn der Gebrauch ein widerrechtlicher ist. In der Vereinbarung einer „Leihe" kann unter Umständen der Abschluß eines Verwahrungsvertrags oder eines ähnlichen Rechtsverhältnisses gefunden werden (**RG** JW 1910, 706[7]). Unentgeltliche Überlassung des Gebrauchs ist auch als Schenkung möglich (**RG** 19. 2. 00 VI 934/99). Nicht hierher gehört z. B. die Überlassung eines Schließfachs für Frachtbriefe bei Güterabfertigungsstellen der Eisenbahn; s. **RG** 103, 146 und § 535 A 2. Flaschenpfand s. OLG 45, 150.

Die Leihe gehört nicht, wie die Miete (§ 535 Satz 2), zu den gegenseitigen, sondern zu den **unvollkommen zweiseitigen Verträgen.** Die allgemeinen Bestimmungen über gegenseitige Verträge § 320 ff. finden daher keine Anwendung. Zunächst liegt nach § 598 nur eine einseitige Verpflichtung des Verleihers und eine entsprechende Berechtigung des Entleihers vor. Auf Grund der Überlassung der Sache entstehen dann auch für den Entleiher die in §§ 601, 603, 604 aufgeführten Verpflichtungen, die aber nicht (wie der Mietzins für die Gebrauchsgewährung) als Gegenleistung für die Gebrauchsgestattung erscheinen.

2. Für das **Zustandekommen des Vertragsverhältnisses** gelten, wie eine Vergleichung von § 535 und § 598 ergibt, bis auf das bereits hervorgehobene Unterscheidungsmerkmal der Unentgeltlichkeit, die gleichen Grundsätze wie bei der Miete; der Vertragsabschluß vollzieht sich mit der Abrede der Parteien über die unentgeltliche Gebrauchsgestattung. Zu dieser gehört außer der Gestattung des Sachgebrauchs während der Leihezeit schon die Überlassung der Sache zum Gebrauche (wie bei der Miete). Daß dies der Standpunkt des § 598 in seiner jetzigen Fassung ist, geht auch aus den Beratungen der zweiten Kommission Prot 2, 269 hervor, wonach zwischen demjenigen, der die Verleihung einer Sache zugesagt hat und dem Verleiher nicht unterschieden, vielmehr der Leihvertrag einheitlich behandelt werden soll. Die dem Verleiher obliegende Überlassung des Besitzes der verliehenen Sache an den Entleiher stellt sich daher, entsprechend der Rechtslage bei der Miete, nicht als eine für die Entstehung des Vertrags erforderliche Voraussetzung, sondern als Erfüllung der auf die Gebrauchsgestattung gerichteten Abrede dar, ohne die selbstverständlich von einer Verpflichtung des Entleihers zur Rückgabe der entliehenen Sache (§ 604 Abs 1) nicht die Rede sein kann. Vgl. auch die vom § 598 wesentlich verschiedene Fassung der §§ 607, 610, sowie des § 688, wo ausdrücklich eine als Darlehn hingegebene Geldsumme oder eine vor dem Hinterleger übergebene bewegliche Sache vorausgesetzt wird. — Zur Annahme eines

besonderen Realvertrages, wie sie von der herrschenden Meinung, insbesondere von Enneccerus I § 360 Nr 2, Oertmann Vorbem 2 vor § 598, im Anschluß an die frühere Rechtslage aufrechterhalten wird, und eines davon getrennten Vorvertrags (pactum de commodando) wird daher kein Anlaß vorliegen. Andrerseits darf nicht übersehen werden, daß die Leihe in sehr vielen Fällen die kleinen Gefälligkeiten des täglichen Lebens zum Gegenstande hat und hierbei der schlüssige Wille, sich rechtlich zu binden, oft nicht eher feststellbar ist, als die Sache zum Gebrauche wirklich hingegeben wird. Es kommt aber auch selbstverständlich eine frühere Bindung vor. Für den Charakter des Leihvertrags kann aus dem einen oder anderen überhaupt nichts hergeleitet werden.

3. Für die Leihe von Kleingärten und von kleineren landwirtschaftlichen Grundstücken sind die besonderen Vorschriften der **Kleingarten- und Kleinpachtlandordnung,** Ges. v. 31. 7. 19, RGBl 1371 (Entw. m. Begr. Nat.-Vers. 1919 Druckf Nr 321) zu beachten. Danach können Leihverhältnisse in bezug auf Grundstücke, die zum Zwecke nichtgewerbsmäßiger gärtnerischer Nutzung überlassen worden sind, abgesehen vom Vorliegen eines wichtigen Grundes, wie z. B. der beabsichtigten Verwendung des Grundstücks zu Bauzwecken, vom Verleiher nicht gekündigt werden und sind, wenn sie ohne Kündigung ablaufen, auf Verlangen des Entleihers zu erneuern (§ 3). Im näheren, insbesondere bezüglich der Befugnisse der unteren Verwaltungsbehörden und der gemeindlichen Einigungsämter s. § 581 A 1. Vorbehalt landesgesetzlicher Regelung für landwirtschaftliche Grundstücke bis zu einem halben Hektar s. § 8 des Ges. — Für die Leihe von Grundstücken zu Zwecken der Heeres- oder Marineverwaltung s. auch die Vertragsablösungsverordnung v. 8. 8. 19 (RGBl 1375).

Für Grundstücke, die zu landwirtschaftlicher, obstbaulicher oder gewerbsmäßiger gärtnerischer Nutzung verliehen sind, kommt ferner die **Pachtschutzordnung** vom 9. 6. 20 RGBl 1193 in der Fassung v. 23. 7. 25, RGBl I 152, in Betracht. Darüber § 581 A 1.

§ 598

Durch den Leihvertrag wird der Verleiher einer Sache[1]) verpflichtet, dem Entleiher den Gebrauch der Sache[2]) unentgeltlich zu gestatten[3]).

E I 549 II 538; M 2 443—446; P 2 269.

1. **Gegenstand** des Leihvertrags: eine bewegliche oder eine unbewegliche **Sache.** Leihvertrag ist z. B. das Rechtsverhältnis zwischen dem Unternehmer einer elektrischen Anlage und den Grundbesitzern, welche die Anbringung der Leitung auf ihren Dächern gestatten (OLG 9, 304). Um einen Leihvertrag, der nach §§ 930, 868 den Eigentumsübergang vermittelt, handelt es sich ferner, wenn der Eigentümer eines mit einem Elektrizitätswerk versehenen Grundstücks Zubehörstücke dieses Werkes veräußert und mit dem Erwerber vereinbart, die Stücke bis zur vereinbarungsgemäßen Übernahme des Werks durch den Erwerber unentgeltlich benützen zu dürfen (**RG** 13. 3. 18 V 147/17). Leihe eines Hypothekenbriefs **RG** 91, 155. Auch eine verbrauchbare Sache kann, z. B. zum Zweck der Schaustellung, Gegenstand des Leihvertrags sein; nicht minder eine dem Entleiher gehörige, in welchem Falle die gleichen Grundsätze wie bei der Miete einer im Eigentume des Mieters stehenden Sache gelten (s. § 535 A 2). Ein leiheähnliches Verhältnis liegt vor, wenn demjenigen, der eine Lieferung zu vergeben hat, mit einem Angebot wirtschaftlich wertvolle Muster vorgelegt werden; unbefugte Veröffentlichung der Muster macht den Vergeber der Lieferung haftbar (**RG** 83, 37; vgl. § 603 A 1). — Bei Veräußerung eines verliehenen Grundstücks tritt der Erwerber nicht ohne weiteres an Stelle des Verleihers in die aus der Leihe sich ergebenden Rechte und Verpflichtungen ein; § 571 ist weder unmittelbar noch entsprechend anzuwenden (**RG** LZ 1921, 413[4]). — Auf den unentgeltlichen Gebrauch eines Rechtes finden die Bestimmungen über den Leihvertrag nicht unmittelbare, sondern nur entsprechende Anwendung (**RG** JW 04, 228).

2. Zweck der Leihe: **Gebrauch der Sache,** nicht Verbrauch, ebensowenig, von besonderer Vereinbarung abgesehen, Fruchtziehung. Die Gestattung des Verbrauchs oder der Veräußerung im Geschäftsbetriebe schließt die Annahme eines Leihverhältnisses regelmäßig aus (SeuffA 70 Nr 58). Ist dem Entleiher die Verpfändung gestattet, so wird dadurch die Annahme eines Leihvertrags noch nicht ohne weiteres ausgeschlossen (**RG** 13, 128; 36, 164; SeuffA 37, 100). Gestattet der Verkäufer dem Käufer, die von ihm gekaufte und ihm schon übereignete Ware einstweilen, d. h. bis zur Abholung in vereinbarter oder angemessener Frist, in einem Raume des Verkäufers liegen zu lassen, so handelt es sich um eine (in der Regel) unentgeltliche Nebenleistung des Verkäufers, und seine Haftung für Mängel des Aufbewahrungsortes bemißt sich nach den Grundsätzen der Leihe (§§ 599, 600), nicht der Verwahrung (§ 690; **RG** Gruch 58, 1067).

3. Das **Gestatten** umfaßt die Verpflichtung des Verleihers: einerseits bei Beginn des Vertragsverhältnisses dem Entleiher die Sache zum Besitze zu überlassen und andrerseits

während der Dauer des Vertragsverhältnisses dem Gebrauche des Entleihers kein Hindernis in den Weg zu legen. Bedarf es zur Gebrauchsüberlassung einer Übersendung von Ort zu Ort, so hat in der Regel der Entleiher, in dessen Interesse die Übersendung geschieht, die Kosten zu tragen und dem Verleiher zu ersetzen (vgl. §§ 670, 683). Das gleiche gilt für die Kosten der Rücksendung (§ 604 A 1). Eine Pflicht zur fortdauernden „Gewährung" in dem Sinne, daß sie auch die Instandhaltung der Sache während der Vertragszeit einschlösse, wie bei dem Vermieter (§§ 535, 536), liegt dagegen dem Verleiher nicht ob. Er trägt freilich die Gefahr. — Der Entleiher wird (unmittelbarer) Besitzer der Sache wie Mieter. Vgl. § 535 A 1.

§ 599

Der Verleiher hat nur Vorsatz und grobe Fahrlässigkeit zu vertreten[1]).

E I 550 II 539; M 2 446; P 2 269.

1. **Haftpflicht des Verleihers.** Ausnahme von der Regel des § 276. Vorsatz § 276 A 2, grobe Fahrlässigkeit § 277 A 1. Vgl. die für den Schenker gegebenen Vorschriften §§ 521ff. Mit der gleichen Beschränkung haftet der Verleiher nach § 278 für Verschulden seiner gesetzlichen Vertreter und Erfüllungsgehilfen. Der Entleiher haftet dagegen nach § 276 (§ 278) für jedes Verschulden (**RG** LZ 1918, 496[5]), nicht für Zufall; die Gefahr der nicht vom Entleiher verschuldeten Entwendung, Vernichtung oder Beschädigung der geliehenen Sache trägt der Verleiher (a. M. Reichel LZ 1922, 543ff.). — Über eine entsprechende Anwendung des § 599 auf andere unentgeltliche Gefälligkeitsverträge s. **RG** 65, 17; **RG** LZ 1918, 496[5].

§ 600

Verschweigt der Verleiher arglistig einen Mangel im Rechte oder einen Fehler der verliehenen Sache, so ist er verpflichtet, dem Entleiher den daraus entstehenden Schaden zu ersetzen[1]).

E I 551 II 540; M 2 447; P 2 270.

1. **Schadenspflicht des Verleihers im Falle arglistigen Verschweigens** eines Mangels der Sache, namentlich bei Überlassung der Sache. Vgl. §§ 523, 524. — Wegen dieses Anspruchs, sowie wegen der in den folgenden Paragraphen aufgeführten steht außer der Klage dem Entleiher nach § 273 ein Zurückbehaltungsrecht zu (**RG** 65, 277). Neben der vertragsmäßigen kann auch eine Haftung aus unerlaubter Handlung nach §§ 823ff. begründet sein.

§ 601

Der Entleiher hat die gewöhnlichen Kosten der Erhaltung der geliehenen Sache, bei der Leihe eines Tieres insbesondere die Fütterungskosten, zu tragen[1]).

Die Verpflichtung des Verleihers zum Ersatz anderer Verwendungen bestimmt sich nach den Vorschriften über die Geschäftsführung ohne Auftrag[2]). Der Entleiher ist berechtigt, eine Einrichtung, mit der er die Sache versehen hat, wegzunehmen[3]).

E I 553 II 541; M 2 447; P 2 273.

1. Aus der **Verpflichtung des Entleihers zur Tragung der gewöhnlichen Kosten der Erhaltung** ergibt sich auch die Erhaltungspflicht selbst und bei deren Vernachlässigung die Pflicht zum Schadensersatz.

2. Zur Vornahme solcher **anderen Verwendungen,** auch der notwendigen, ist der Entleiher an sich nicht verpflichtet (**RG** 65, 277); doch kann ihm nach Treu und Glauben wenigstens die Verbindlichkeit obliegen, den Verleiher auf die Notwendigkeit von Verwendungen behufs Erhaltung der Sache aufmerksam zu machen. — Anderseits auch keine Verpflichtung des Verleihers zur Instandhaltung (s. oben § 598 A 3). — Verjährung der Ansprüche des Entleihers auf Ersatz von Verwendungen und auf Gestattung der Wegnahme einer Einrichtung (A 3) s. § 606.

3. **Wegnahmerecht.** Vgl. oben § 547 A 3.

§ 602

Veränderungen oder Verschlechterungen der geliehenen Sache, die durch den vertragsmäßigen Gebrauch herbeigeführt werden[1]), hat der Entleiher nicht zu vertreten[2]).

E I 554 II 542; M 2 448 ff.; P 2 275.

1. **Keine Haftpflicht des Entleihers** für die durch den vertragsmäßigen Gebrauch herbeigeführten Veränderungen oder Verschlechterungen. Vgl. § 548 A 2. Bei vertragswidrigem Gebrauch, z. B. Überanstrengung eines geliehenen Pferdes (OLG 39, 149), kommt § 276 zur Anwendung. Eine verschärfte Haftung ist dem Entleiher im Gesetze nicht auferlegt (LZ 1919, 496[9]). Er hat aber wie der Mieter (§ 535 A 4) auch die Pflicht der Obhut und muß die geliehene Sache vor Nachteilen schützen (**RG** JW 1910, 706[7]). Eine Verletzung der Pflichten des Entleihers begründet die in § 603 A 1 angegebenen Folgen. Als eine Vertragswidrigkeit kann unter Umständen, infolge stillschweigender Abrede der Parteien, auch die Unterlassung jeden Gebrauchs, wie z. B. die Nichtbenutzung eines geliehenen Reitpferdes, angesehen werden. — Verjährung der Ansprüche des Verleihers s. § 606.

2. **Beweislast** a) des Verleihers: dafür, daß während der Gebrauchszeit die geliehene Sache in bestimmter Weise beschädigt worden sei; b) des Entleihers dafür, daß dieser Schaden nicht durch einen von ihm zu vertretenden Umstand herbeigeführt worden sei.

§ 603

Der Entleiher darf von der geliehenen Sache keinen anderen als den vertragsmäßigen Gebrauch machen[1]). Er ist ohne die Erlaubnis des Verleihers nicht berechtigt, den Gebrauch der Sache einem Dritten zu überlassen[2]).

E I 549 II 343; M 2 444, 447; P 2 270.

1. **Folgen des vertragswidrigen Gebrauchs**: a) Klage des Verleihers auf Unterlassung nach vorgängiger, erfolgloser Abmahnung, wie dies für die Miete in § 550 ausdrücklich bestimmt ist. Dieses Klagerecht ist aus dem Wesen der Sache zu entnehmen, obschon es wegen der Kündigungsbefugnis des Verleihers ohne erhebliche praktische Bedeutung ist; b) Kündigungsrecht nach § 605; c) Schadensanspruch des Verleihers bei Verschulden des Entleihers (**RG** 1. 11. 04 III 153/04). Vgl. auch §§ 548, 598 A 1 und 602 A 1.

2. **Gebrauchsüberlassung an Dritte.** Geschieht sie ohne Erlaubnis des Verleihers, so haftet der Entleiher für jedes dem Dritten beim Gebrauche zur Last fallende Verschulden sowie auch für den Zufall, insofern der Schaden ohne die Gebrauchsüberlassung nicht eingetreten sein würde (vgl. § 549 A 6). Hat der Verleiher die Erlaubnis erteilt, so haftet der Entleiher immerhin für das Verschulden des Dritten. Wenn auch eine solche Haftpflicht (abweichend von § 549 Abs 2) im § 603 nicht ausdrücklich erwähnt ist, so wird sie doch regelmäßig nach § 278 aus der Stellung des Dritten, als Erfüllungsgehilfen des Entleihers, herzuleiten sein (a. M. Planck § 603 A 2; abweichend auch Enneccerus I § 361 A 3).

§ 604

Der Entleiher ist verpflichtet, die geliehene Sache nach dem Ablaufe der für die Leihe bestimmten Zeit zurückzugeben[1]).

Ist eine Zeit nicht bestimmt, so ist die Sache zurückzugeben, nachdem der Entleiher den sich aus dem Zwecke der Leihe ergebenden Gebrauch gemacht hat[2]). Der Verleiher kann die Sache schon vorher zurückfordern, wenn so viel Zeit verstrichen ist, daß der Entleiher den Gebrauch hätte machen können.

Ist die Dauer der Leihe weder bestimmt noch aus dem Zwecke zu entnehmen, so kann der Verleiher die Sache jederzeit zurückfordern[3]).

Überläßt der Entleiher den Gebrauch der Sache einem Dritten, so kann der Verleiher sie nach der Beendigung der Leihe auch von dem Dritten zurückfordern[4]).

E I 549 II 544; M 2 454; P 2 275.

1. **Verpflichtung des Entleihers zur Rückgabe** der geliehenen Sache, und zwar in demjenigen Zustande, welcher sich bei vertragsmäßigem Gebrauche (§ 602) ergibt, in der Regel mit Zuwachs, Zubehör und den während der Zeit des Gebrauchs gezogenen Früchten, sofern der Vertrag nicht ein anderes ergibt (vgl. § 598 A 2). Die Rückgabepflicht mehrerer Entleiher ist Gesamtschuld (§ 431; vgl. § 535 A 3). Daraus, daß ein Dritter das Eigentum an der geliehenen Sache erlangt hat, kann der Entleiher einen Einwand gegen die Rückgabe nicht herleiten (**RG** JW 1925, 472[15]). — Der Entleiher, der in der Regel allein einen Vorteil aus dem Vertragsverhältnisse zieht, kann die Sache, wenn ihn deren Erhaltung beschwert, auch

vor Ablauf der Zeit zurückgeben, sofern nicht der Verleiher dadurch erheblich beeinträchtigt wird (vgl. § 271 Abs 2). — Die Rückgabe stellt sich als eine Bringschuld dar und ist am Wohnsitze des Gläubigers oder an dem früheren Standorte der verliehenen Sache zu erfüllen (SeuffA 63 Nr 222). Die Kosten der Rückgabe, insbesondere einer Versendung von Ort zu Ort, hat daher der Entleiher zu tragen. — Dem Entleiher steht, auch wenn der Gegenstand der Leihe ein Grundstück ist, ein Zurückbehaltungsrecht wegen Verwendungen nach Maßgabe des § 273 zu (**RG** 65, 276). Anders für die Miete § 556 Abs 2.

Über eine Anwendung der **Mieterschutzvorschriften** auf die Wohnungsleihe s. **RG** JW 1921, 1362[5]. Das Mieterschutzgesetz vom 1. 6. 23, neue Fassung v. 30. 6. 26, RGBl I 347, ist nur auf Mietverhältnisse anwendbar. Bei Kleingärten und kleineren landwirtschaftlichen Grundstücken (bis zu einem halben Hektar) gelten für die Kündigung durch den Verleiher und für die Erneuerung ohne Kündigung ablaufender Leihverhältnisse die besonderen Vorschriften der **Kleingarten- und Kleinpachtlandordnung,** Ges. v. 31. 7. 19 (RGBl. 1371). Für die Kündigung bei Grundstücken, die zu landwirtschaftlicher oder gewerbsmäßiger gärtnerischer Nutzung verliehen sind, kommt ferner die **Pachtschutzordnung** vom 9. 6. 20, RGBl 1193, in der Fassung v. 23. 7. 25, RGBl I 152, in Betracht. Zu beiden VO vgl. § 581 A 1.

2. **Rückgabe nach gemachtem Gebrauche.** Wird ein Hypothekenbrief behufs Sicherheitsleistung durch den Entleiher gegenüber einem Dritten verliehen, so kann der Verleiher den Hypothekenbrief nicht schon deshalb zurückfordern, weil sein Interesse (z. B. Aussicht auf Anstellung im Geschäft des Entleihers) weggefallen ist, sondern, abgesehen von den Fällen des § 605, erst dann, wenn der Entleiher den vertragsmäßigen Gebrauch gemacht hat (**RG** 91, 155).

3. **Zulässigkeit jederzeitiger Rückforderung,** auch zu einer dem Entleiher ungelegenen Zeit. Ist ein fernerer Gebrauch der geliehenen Sache, aber auch deren Rückgabe infolge eines vom Entleiher zu vertretenden Umstandes ausgeschlossen (z. B. Verkauf der entliehenen Wertpapiere), so geht der Anspruch des Verleihers auf Erstattung des Wertes der geliehenen Sache (**RG** 1. 11. 04 III 153/04). Der Entleiher haftet aber auf Erstattung des Wertes nur, wenn er die Unmöglichkeit der Rückgabe (z. B. bei Untergang oder Abhandenkommen der geliehenen Sache) zu vertreten hat. Daher kann mit der Klage auf Rückgabe nicht ohne weiteres der Antrag verbunden werden, den Beklagten zum Wertersatz zu verurteilen, falls er zur Rückgabe nicht imstande sei (OLG 36, 74).

4. Vgl. § 556 Abs 3. — **Zur Geltendmachung** dieser Rückgabepflicht hat der Verleiher auch dem Dritten gegenüber sowohl die auf besonderer gesetzlicher Anordnung beruhende Vertrags- als auch beim Vorhandensein der gesetzlichen Voraussetzungen die Eigentumsklage.

§ 605

Der Verleiher kann die Leihe kündigen[1]):

1. **wenn er infolge eines nicht vorhergesehenen Umstandes der verliehenen Sache bedarf[2]);**
2. **wenn der Entleiher einen vertragswidrigen Gebrauch von der Sache macht, insbesondere unbefugt den Gebrauch einem Dritten überläßt[3]), oder die Sache durch Vernachlässigung der ihm obliegenden Sorgfalt erheblich gefährdet;**
3. **wenn der Entleiher stirbt[4]).**

E I 557 II 545; M 2 452; P 2 275.

1. **Die vorzeitige Kündigung des Verleihers** ist an irgendwelche Fristen nicht gebunden. Für den Entleiher ist eine solche Kündigung überhaupt nicht erforderlich (vgl. § 604 A 1). — Bei Kleingärten und kleineren landwirtschaftlichen Grundstücken (bis zu einem halben Hektar) gelten für die Kündigung durch den Verleiher die besonderen Vorschriften der **Kleingarten- und Kleinpachtlandordnung,** Ges. v. 31. 7. 19 (RGBl 1371). Für die Kündigung bei Grundstücken, die zu landwirtschaftlicher oder gewerbsmäßiger gärtnerischer Nutzung verliehen sind, kommt ferner die **Pachtschutzordnung** vom 9. 6. 20 RGBl 1193 in Betracht. Zu beiden VO vgl. § 581 A 1.

2. Dieser Kündigungsgrund ist auch dann gegeben, wenn das Nichtvorhersehen auf einem Verschulden des Verleihers beruht. Ein Schadensersatzanspruch steht dem Entleiher im Falle der Nr 1 nicht zu. Damit die Kündigung gerechtfertigt ist, muß aber allerdings ein wirkliches Bedürfnis im Sinne der Nr 1 (nicht eine bloße Laune des Verleihers) vorliegen, und es muß dem Entleiher auch erkennbar sein, daß es sich um eine Kündigung auf Grund eines solchen Bedürfnisses handelt. Auch müssen die Kündigung und das Vorliegen ihrer

Voraussetzungen im allgemeinen zeitlich zusammenfallen. Es genügt nicht, daß ein Bedürfnisfall zu irgendeiner früheren Zeit einmal vorhanden gewesen oder zu irgendeiner späteren Zeit eingetreten ist (**RG** Warn 1920 Nr 40).

3. S. § 603. Einer vorgängigen Abmahnung, wie bei der Miete nach § 553, bedarf es hier nicht (M 2, 452).

4. Wird vom Verleiher beim **Tode des Entleihers** nicht gekündigt, so können dessen Erben das Vertragsverhältnis fortsetzen. Der Tod des Verleihers ist kein Kündigungsgrund, soweit nicht etwa für seine Erben Nr 1 Platz greift.

§ 606

Die Ersatzansprüche des Verleihers wegen Veränderungen oder Verschlechterungen der verliehenen Sache sowie die Ansprüche des Entleihers auf Ersatz von Verwendungen oder auf Gestattung der Wegnahme einer Einrichtung verjähren in sechs Monaten[1]. Die Vorschriften des § 558 Abs 2, 3 finden entsprechende Anwendung.

E II 546 III 599; M 2 448; P 2 272.

1. Verjährungsvorschriften, übereinstimmend mit denen der Miete in § 558. Sie gelten für alle Ersatzansprüche des Verleihers wegen der durch vertragswidriges Verhalten des Entleihers entstandenen Veränderungen und Verschlechterungen, also auch für die auf das Eigentum oder auf eine unerlaubte Handlung gegründeten Ansprüche dieser Art (**RG** 66, 363; OLG 22, 311). Die im § 606 nicht erwähnten Ansprüche (z. B. des Verleihers auf Rückgabe § 604, des Entleihers nach §§ 599, 600) aus dem Leihvertrag unterliegen der gewöhnlichen Verjährung.

Fünfter Titel

Darlehen

1. Das **Darlehn,** die Hingabe von Sachen zum wirtschaftlichen Verbrauche gegen das Versprechen der Rückerstattung anderer Sachen derselben Gattung in gleicher Zahl oder Menge, ist innerlich verwandt mit den Geschäften der Leihe, der Miete und der Pacht, die die Hingabe zum wirtschaftlichen Gebrauche und die Rückgabe der besonderen Sache zum Gegenstande haben (§§ 535, 581, 598 BGB). Und zwar entspricht der Leihe das zinslose, der Miete und Pacht das verzinsliche Darlehn, mit dem Unterschiede jedoch, daß dort der Miet- und Pachtzins das Entgelt des Empfängers für den gestatteten Gebrauch, der Darlehnszins dagegen eine Entschädigung an den Darlehnsgeber für die ihm entgehende Nutzung darstellt. Äußere Berührungspunkte zeigt das Darlehn mit der uneigentlichen Verwahrung (offenes Depot, § 700 BGB), von der es sich bei äußerlich gleichem Tatbestande durch den wesentlich verschiedenen Zweck unterscheidet. Die Darlehnshingabe erfolgt im Interesse des Empfängers zu dessen Verfügung über die Sachen, die Hingabe bei der uneigentlichen Verwahrung erfolgt dagegen zur Obsorge des Empfängers wesentlich im Interesse des Gebers (**RG** 1, 204; 11, 319), woran die Gewährung eines geringen Bankzinses nichts ändert. Für die Gesellschaftseinlage, die sich von beiden unterscheidet, ist eine Gemeinsamkeit des verfolgten Zweckes maßgebend (§ 705); Merkmale sind die Beteiligung des Geldgebers an Gewinn und Verlust aus dem Unternehmen, zu dem die Hingabe des Geldes erfolgte, und insbesondere die Einräumung eines Einflusses des Geldgebers auf den Geschäftsbetrieb und eines Rechtes auf Einsicht der Bücher; bloße Gewinnbeteiligung nötigt noch nicht zur Annahme eines Gesellschaftsvertrags, sondern macht das Geschäft möglicherweise nur zu einem sog. partiarischen Darlehn, § 608 A 1 (**RG** 20, 165; 31, 33; 57, 175; 74, 13; 77, 223; JW 1912, 462[9]; 1918, 304[7]; Warn 1913 Nr 211; 1916 Nr 98; LZ 1917 S. 174[12], 802[6]; 6. 12. 24 IV 361/24); der Gebrauch des Wortes „Darlehen" ist nicht entscheidend (**RG** 92, 292; Warn 1925 Nr 167).

2. Das **eigentliche Darlehn** (§ 607 Abs 1) ist Realvertrag; durch die Hingabe der Sachen erst wird die einseitige Verpflichtung zur Rückgewähr begründet („wer . . . als Darlehn empfangen hat"; **RG** 86 S. 309 u. 323; Warn 09 Nr 481; 1910 Nr 191; 1912 Nr 49); Hingabe und Empfang des Darlehns sind nicht rechtsgeschäftliche Willenserklärung, sondern tatsächliche Grundlage der Rückerstattungspflicht (**RG** 74, 15); eine Gesamtschuld auf Rückerstattung des Darlehns kann nur entstehen, wenn es mehreren Personen gemeinschaftlich gegeben worden ist (**RG** 71, 117). Diese Hingabe wird sich in der Regel so abspielen, daß sie an einen der Empfänger auf Grund der Einigung aller Beteiligten erfolgt (**RG** 4. 7. 21 VI 166/21). Darlehnsschuldner nach Abs 1 ist also immer nur,

wer das Darlehn empfangen hat; diese Rechtstatsache kann durch einen auf einen andern Namen ausgestellten Schuldschein nicht geändert werden (RG Warn 09 Nr 481). Die Gültigkeit des abgeschlossenen Darlehnsvertrags wird nicht durch die Nichtigkeit einer zur Sicherheit des Darlehnsgebers daneben abgeschlossenen Pfand- oder Hypothekenbestellung in Frage gestellt (RG 86, 323; 108, 146). Dem eigentlichen Darlehn tritt ein **Vereinbarungsdarlehn** in § 607 Abs 2 an die Seite, bei dem die Verpflichtung zur Rückgewähr auf dieser Vereinbarung beruht (s. darüber A 6 zu § 607). Das **Darlehnsversprechen** nach § 610 ist dagegen ein Vorvertrag; es begründet die Verpflichtung zur Hingabe des Darlehns, während die Rückerstattungspflicht erst durch die Hingabe selbst entsteht (s. § 610 A 1). Vorschüsse auf künftige oder künftig fällig werdende Forderungen des Empfängers können Darlehnscharakter haben, wenn sie in der Absicht der Kreditgewährung (credendi causa) gegen die Verpflichtung der Rückerstattung gegeben sind, die auch durch Aufrechnung mit jenen Forderungen geschehen kann. Sind sie aber als Vorausleistung in Erwartung einer vertraglichen Gegenleistung, in Erfüllungs-, nicht in Verpflichtungsabsicht gegeben, so sind sie keine Darlehen und können, wenn die Gegenleistung nicht erfolgt ist, nur auf Grund ungerechtfertigter Bereicherung zurückverlangt werden (RG 3, 87; JW 07, 363[10]; 1912, 684[8]; LZ 1922, 69[2]; 16. 9. 13 III 154/13). Über die rechtliche Natur der „Vorauszahlung" auf die Versicherungssumme bei Lebensversicherungen s. RG 89, 305 (dazu Dörstling LZ 1917, 897).

3. **Besondere Erscheinungsformen** des Darlehns sind: a) das Baugelddarlehn, das in Teilbeträgen entsprechend dem Fortschreiten eines Baues zu dem bestimmten Zwecke der Förderung des Baues und mit der Verpflichtung zur Verwendung des Geldes in diesem gegeben wird. Ein Baugeldvertrag liegt nur vor, wenn die Hingabe von Geld als Darlehn für einen Bau versprochen wird. Der Baugeldvertrag ist somit eine Unterart des Darlehnsvorvertrags nach § 610; ein Darlehn nach § 607 Abs 2 kann deshalb kein Baugelddarlehn sein. Der Bau darf zur Zeit des Abschlusses des Darlehnsvertrags noch nicht vollendet sein; ein erst nachher zur Befriedigung der Baugläubiger aufgenommenes Darlehn ist kein Baugelddarlehn (BauFG v. 1. 6. 09, RGBl 449; RG 37, 336; 38, 308; 84, 188; 91, 72; Warn 08 Nr 550; 1911 Nr 15 u. 320); b) das mit dem Bierlieferungsvertrage verbundene Darlehn der Brauereien an Wirte, bei dem die Rückzahlung durch Aufschlag auf den Bierpreis erfolgt (RG 63, 390; 67, 101; JW 06, 419[3]); c) das Darlehn der öffentlichen Pfandleiher (§§ 34, 38 RGewO), vgl. RG 58, 71; 79, 361; 87, 156.

4. Der **wirtschaftliche Zweck** des Darlehns ist im allgemeinen ohne rechtliche Bedeutung. Der nach dem Inhalte des Rechtsgeschäfts bezweckte Erfolg (§ 812 Abs 1 Satz 2) ist die Entstehung eines Forderungsrechts des Geldgebers auf Rückzahlung; ist dieser Erfolg eingetreten, so hat die Nichterreichung des weiteren Zweckes, dem das Geld dienen soll, nicht die Folge, den Geldgeber auf einen bloßen Bereicherungsanspruch zu beschränken (RG 6. 12. 24 IV 361/24). Ein zu unsittlichen Zwecken gegebenes Darlehn ist nach § 138 nichtig (und erzeugt nach § 817 Satz 2 auch keine Verpflichtung aus ungerechtfertigter Bereicherung), sofern der Darlehnsgeber an der Unsittlichkeit Teil hat. Ein Darlehn, mit dessen Gelde der Empfänger ein Bordell ankaufen (RG JW 06, 331[5]) oder ein verbotenes und gemeinschädliches Einfuhrgeschäft bewirken will (RG JW 1921, 1229[1]), ist demgemäß zwar nicht schon deshalb nichtig, weil der Darleiher diese Absicht gekannt hat, wohl aber, wenn er selbst Vorteil aus dem Verwendungszweck gesucht hat. Über Darlehen zu Spielzwecken s. § 762 A 5; über gemeinen Wucher § 138 A 2ff. — Leistungswucher im Sinne des § 4 PreistrVO v. 13. 7. 23 war auch beim Darlehn möglich, und zwar nicht nur, wenn der Kredit zu geschäftlichen Zwecken gewährt wurde (RGSt 58, 321; JW 1925 S. 265[12], 2250[1]; 1926 S. 1159[7], 2624[8], 2683[13]; LZ 1926, 1135[9]), sondern unter Umständen auch, wenn dies zur Befriedigung hauswirtschaftlicher oder sonstiger persönlicher Bedürfnisse geschah (BayRpflZ 1925, 95; RGSt 60, 216). Solcher Sozialwucher bewirkte aber im Gegensatz zum Individualwucher des § 138 Abs 2 BGB nicht die Nichtigkeit des Darlehns, sondern führte nur zur Herabsetzung der übermäßigen Vergütung auf das erlaubte Maß (RG DRZ 1925 Nr 424; JW 1926, 2624[8]; 25. 11. 26 IV 551/26). Die Aufhebung der PreistrVO durch Ges. v. 19. 7. 26, RGBl I 413, hat auf dem Gebiete des bürgerlichen Rechts keine rückwirkende Kraft (RG 115, 151; LZ 1927 S. 317[14] u. 524[13]).

5. Der Darlehnsvertrag nach § 607 wie das Darlehnsversprechen nach § 610 begründen nur **einseitige Verpflichtungen.** Das Darlehnsversprechen kann indessen Bestandteil eines gegenseitigen Vertrags sein, so bei dem mit einem Bier- oder sonstigen Lieferungsvertrage verbundenen Darlehnsversprechen (RG 67, 101; JW 06, 735[2]; Gruch 53, 945). Das Darlehnsversprechen wird aber nicht schon dadurch zu einem gegenseitigen Vertrage, daß der Darlehnsnehmer dem Darlehnsgeber eine Hypothek bestellt oder zu bestellen sich verpflichtet oder eine sonstige Sicherheit gewährt; diese Leistungen sind der Regel nach nicht Gegenleistungen der Darlehnshingabe, sondern sie erfüllen die Bedingungen, unter denen das Darlehn gewährt oder versprochen wird (RG Warn 1912 Nr 207; 1914 Nr 7). Ein gegenseitiger Vertrag nach §§ 320ff., 445 liegt dagegen dann vor, wenn die Darlehnshingabe als Kapitalanlagegeschäft

erscheint, wie regelmäßig die Beleihung von Grundstücken durch Bankhäuser (RG JW 09, 309[4]; 1912, 462[9]; Gruch 53, 945). Die Frage, an welcher Stelle beim Darlehnsversprechen gegen Bestellung einer Hypothek die letztere zu gewähren ist, ist auf Grund tatsächlicher Würdigung im Einzelfalle nach Treu und Glauben und der Verkehrssitte zu entscheiden (vgl. RG 55, 128; dazu Kuhlenbeck JW 04, 377 ff.). Kann die versprochene hypothekarische Sicherheit nicht mit dem ausbedungenen Range beschafft, z. B. die Löschung der Zwischenposten erst im Wege des Aufgebotsverfahrens herbeigeführt werden, so kann der Gläubiger nach §§ 445, 433, 440 Abs 1 und dem unmittelbar oder entsprechend anwendbaren § 325 vom Vertrage zurücktreten oder Schadensersatz wegen Nichterfüllung verlangen (RG SeuffA 78 Nr 68, 9. 12. 22 V 236/22).

§ 607

Wer Geld oder andere vertretbare Sachen[1]) als Darlehen[2]) empfangen hat[3]), ist verpflichtet, dem Darleiher das Empfangene in Sachen von gleicher Art, Güte[5]) und Menge[4]) zurückzuerstatten[6]).

Wer Geld oder andere vertretbare Sachen aus einem anderen Grunde schuldet, kann mit dem Gläubiger vereinbaren, daß das Geld oder die Sachen als Darlehen geschuldet werden sollen[7])[8]).

E I 453, 454 II 547; M 2 305—312; P 2 42—43.

1. Gegenstand des Darlehns, sowohl desjenigen nach Abs 1 wie des uneigentlichen Darlehns nach Abs 2 des § 607, sind **vertretbare Sachen** (§ 91), die verbrauchbare (§ 92) oder nicht verbrauchbare sein können. Der bei weitem vorwiegende Darlehnsgegenstand ist das Geld (s. zu §§ 244, 245). Ein versprochenes Darlehn ist im Zweifel in barem Gelde zu gewähren (RG 56, 236). Andere als vertretbare Sachen können nur darlehnshalber gegeben werden, sie stellen auch nicht das Darlehn selbst dar, erst ihr Erlös ist Gegenstand des Darlehens. Erfolgt hier also die Hingabe des Darlehns erst durch Empfang des Erlöses, so ist die Hingabe einer nicht vertretbaren Sache zum Darlehnszwecke nach Schätzung ein Kaufgeschäft, bei dem die Kaufschuld durch eine Darlehnsschuld ersetzt wird; es liegt mithin ein Fall des § 607 Abs 2 vor; mit der Kaufschuld entsteht die Darlehnsschuld.

2. Als Darlehen: zu Eigentum, und zwar, um dem Empfänger den Gebrauch und Verbrauch zu verschaffen und zugleich ihn zur Rückerstattung zu verpflichten (RG JW 1919, 242[9]). Erwirbt der Empfänger kein Eigentum (§§ 929 ff.), so entsteht auch kein Darlehn (RG 103, 287). Wenn der Empfänger bestreitet, eine Summe als Darlehn erhalten zu haben, und etwa Schenkung oder Ausstattung (§ 1624) seinerseits behauptet, so ist der Geber für die Hingabe als Darlehn beweispflichtig; durch den Rechtssatz, daß Schenkungen nicht vermutet werden, wird der Beweis des Darlehns nicht erbracht (RG JW 06, 462[18]; Warn 1917 Nr 58). Es ist Tatfrage, ob mit Rücksicht auf ein verwandtschaftliches Verhältnis der Beweis nach der einen oder nach der andern Seite für geführt zu erachten ist (RG Warn 1912 Nr 336; JW 1919, 242[9]).

3. Die **Hingabe** kann nicht nur durch Zuzählen oder Zusenden, sondern durch jede Art der Übermachung erfolgen; die Darlehnsverpflichtung entsteht aber erst mit der vollendeten Zuführung, nicht schon mit der Absendung; ebenso verhält es sich mit dem Übergange der Gefahr (§ 279). Die Hingabe kann abredegemäß durch einen Dritten oder an einen Dritten geschehen: durch Zahlungsanweisung an das Bankhaus des Gebers, durch Gutschrift bei dem Bankhause des Empfängers, durch Hingabe an einen Gläubiger des Entleihenden (RG JW 1913, 264[3]; 1914, 76[8]). Die unmittelbare Auszahlung an den Dritten auf Weisung des Darlehnsnehmers macht den Dritten nicht zum Darlehnsempfänger (RG Warn 1911 Nr 429). Soweit der Darlehnsgeber selbst bereits Gläubiger des Darlehnsempfängers ist und als solcher abredegemäß die Darlehnssumme einbehält, kommt Abs 2 in Frage (RG 8. 1. 06 VI 139/05; 10. 6. 07 VI 388/05). Ein Provisionsabzug stellt sich als Aufrechnung des vereinbarten Provisionsanspruchs gegen den Anspruch auf Hingabe des Darlehns dar (RG Recht 04 Nr 2709). Die Frage, wer bei der Einzahlung von Geldbeträgen auf ein Sparkassenbuch als der Darlehnsgeber der Kasse gegenüber zu betrachten ist, entscheidet sich danach, wer nach dem erkennbaren Willen des Einzahlenden Darlehnsgeber sein und Gläubiger werden soll (RG 73, 220; Warn 1910 Nr 99; 1912 Nr 197; 1916 Nr 75; 17. 5. 20 IV 205/20). Das gleiche gilt bei der Hingabe von Darlehn mit fremdem Gelde (RG Gruch 51, 959; 62, 242). Über die Hingabe an mehrere Darlehnsempfänger s. Vorbem 2. Über die Möglichkeit eines Zwischenurteils über den Grund des Anspruchs nach § 304 ZPO für das Darlehn nach § 607 Abs 1 vgl. RG 86, 308.

4. Die Rückerstattung **in gleicher Art, Güte oder Menge** ist nur Regel; zulässig ist auch die Vereinbarung, daß in geringerer oder größerer Summe oder Menge zurückzuleisten sei.

Amortisationsdarlehn RG 85, 244. Ein in deutschem Gelde gegebenes Darlehn ist auch in solchem zurückzugeben, wenn nichts anderes vereinbart ist (RG Recht 1924 Nr 1117, wonach eine abweichende Vereinbarung darin nicht gefunden zu werden brauchte, daß im Jahre 1917 in Brüssel einem dort lebenden Deutschen von einem andern Deutschen über ein in Mark gegebenes Darlehn ein Schuldschein in Franken ausgestellt wurde). Alternative Währungsklausel, wenn die Rückzahlung nach Wahl des Gläubigers in deutscher oder in einer ausländischen Währung erfolgen soll (RG JW 1920, 373[2]; Warn 1921 Nr 134; JW 1926, 2675[4] geg. 1320[1]). Darüber, wie eine Darlehnsschuld ausländischer Währung im Inlande zurückzuzahlen ist, s. § 244 A 2, 3; über Goldklauseln § 245 A 1. — Die Vereinbarung, daß die Rückerstattung in vertretbaren Sachen anderer Art erfolgen soll, läßt die letzteren als Darlehnsgegenstand erscheinen. Bei Hingabe von Inhaberpapieren wird regelmäßig ein Darlehn auf den Geldbetrag in Höhe des Verkaufspreises oder Kurswerts anzunehmen sein (RG Warn 1914 Nr 7). Sind aber Inhaberpapiere selbst als vertretbare Sachen der Gegenstand des Darlehns, dann wird, wenn durch Einziehung oder durch Verschwinden dieser Papiere aus dem Verkehre die gleichartige Rückleistung unmöglich wird, der Empfänger von der Darlehnsschuld befreit (§ 275) und ist dem Darleiher ferner nur aus der Bereicherung (§ 812) haftbar, sofern deren Voraussetzungen vorliegen.

5. **Aufwertung.** a) Die auch für den Empfänger eines Gelddarlehns geltende Regel, daß er das Empfangene in gleicher Güte zurückzuerhalten habe, darf durch den Währungsverfall und die Währungsvorschriften nicht in einer gegen § 242 verstoßenden Weise durchbrochen werden. Eine vom Währungsverfall betroffene Darlehnsforderung ist vielmehr grundsätzlich in dem sich aus § 242 ergebenden Maße aufzuwerten (RG 107 S. 91, 372, 402; Warn 1923/24 Nr 138; Gruch 68, 65; § 242 A 5 b, d α γ). Dabei sind alle Umstände des Falles, insbesondere der Verwendungszweck, zu dem das Darlehn gegeben wurde, und die Art, in der es wirklich verwendet wurde, namentlich das Maß der Erhaltung der mit seiner Hilfe erworbenen Sachwerte zu berücksichtigen (RG Warn 1927 Nr 105). Für die im allgemeinen gebotene Berücksichtigung der gesamten beiderseitigen Verhältnisse ist auf der Gläubigerseite nach § 157 kein Raum, wenn eine Industriegesellschaft, eine öffentlich-rechtliche Körperschaft oder ein anderer sich auf offenem Markte an die Allgemeinheit oder doch einen weiteren Personenkreis wendender Kreditnehmer ein größeres „Gesamtdarlehn" in Teilbeträgen gegen gleichlautende Schuldscheine aufgenommen hat, aus denen sich ergibt, daß die Teilbeträge nach dem Verhältnis ihrer Nennwerte gleichberechtigt sein sollten; in solchem Falle kann über die Höhe der Aufwertung nicht je nach der Vermögenslage oder den sonstigen besonderen Verhältnissen der einzelnen Teilgläubiger verschieden, sondern nur gegenüber allen Gläubigern gleichmäßig entschieden werden; anderseits ist insbesondere dann, wenn auf der Schuldnerseite ein volkswirtschaftlich wichtiges Industrieunternehmen steht, sorgfältig zu prüfen, in welcher Höhe eine Aufwertung für den Schuldner wirtschaftlich tragbar ist (RG 117, 143). b) In die Möglichkeit der freien Aufwertung nach den „allgemeinen Vorschriften" haben gerade beim Darlehn das Aufwertungsgesetz und das Gesetz über die Ablösung öffentlicher Anleihen v. 16. 7. 25 in weitestgehendem Maße eingegriffen (§ 242 A 5c). Aus dem letzteren Gesetz sei hervorgehoben, daß es sich auf Markanleihen des Reiches, der Länder, der Gemeinden und Gemeindeverbände nicht nur in der Erscheinungsform von Schuldverschreibungen u. dgl., sondern in den §§ 30 Abs 3 und 40 Abs 3 auch auf verbriefte Darlehen der Länder, Gemeinden und Gemeindeverbände bezieht. Die in den Abschnitten 2—7 des AufwG geregelten Ansprüche finden häufig ihre Grundlage in einem Darlehn, so die hypothekarisch (§§ 9ff.) oder durch Schiffs- oder Bahnpfandrecht (§ 32) gesicherten Forderungen, die Schuldverschreibungen der in den §§ 33, 47 u. 51 gekennzeichneten Art und die Sparkassenguthaben (§ 55); alle solche Ansprüche werden nur nach Maßgabe der Sondervorschriften des AufwG aufgewertet. Dagegen unterliegen Darlehnsforderungen, zu deren Sicherung eine Grundschuld (Rentenschuld oder Reallast) bestellt ist, nicht dem § 31 AufwG (RG 113, 103; 117, 147; Zeiler, 250 Aufwertungsfälle Nr 323, 324, 325). Bei diesen wie bei allen andern nicht von den Vorschriften in den Abschnitten 2—7 des AufwG getroffenen Darlehnsforderungen kommt es darauf an, ob sie sich wirtschaftlich als eine Vermögensanlage darstellen (vgl. über diesen Begriff § 242 A 5c Abs 2 und A 5d γ). Handelt es sich um eine Vermögensanlage, so erfolgt die Aufwertung zwar nach allgemeinen Vorschriften; sie darf aber nach § 63 Abs 1 25% des nach den §§ 2, 3 AufwG zu berechnenden Goldmarkbetrags nicht übersteigen. Gewisse Darlehnsarten sind durch das AufwG für die Regel von der Aufwertung überhaupt ausgeschlossen, nämlich Kontokorrentforderungen (§ 65) und Bankguthaben (§ 66). Im übrigen sei wegen der Aufwertung von Darlehen nach dem AufwG (neben den zu § 242 in A 5c Abs 1 angeführten Kommentaren) auf Lang, JW 1925, 2214 hingewiesen.

Wie der völligen Veränderung der wirtschaftlichen Verhältnisse in der Zeit zwischen Abschluß und Abwicklung des Geschäfts beim Übergange von normalen zu abnormen Verhältnissen durch die Aufwertung Rechnung zu tragen ist, so kann Entsprechendes nach § 242 auch dann geboten sein, wenn umgekehrt ein „in der Zeit allgemeiner Begriffsverwirrung" abgeschlossenes Darlehnsgeschäft in der Zeit nach Eintritt der Markstabilisierung abzuwickeln ist (RG 110, 251, betr. ein am 23. 11. 23 zu einem Zinssatz von 575% auf einen Monat gewährtes Papiermarkdarlehn).

6. Anrechnung der zur **Rückerstattung** geleisteten Zahlung auf Kapital, Zinsen und Kosten § 367, Ansprüche des Darlehnsschuldners auf Quittung und Rückgabe des Schuldscheins §§ 368—371. Dem Darlehnsgläubiger, der in der Zwangsversteigerung des dafür verpfändeten Grundstücks mit seiner Hypothek ausgefallen ist und nun den ausgefallenen Betrag gegen den Darlehnsschuldner einklagt, kann nicht entgegengehalten werden, daß er das Grundstück selbst erstanden habe und durch dessen Mehrwert wegen seiner Forderung gedeckt sei; die Darlehnsschuld ist nicht getilgt (RG 80 S. 153 u. 155; JW 1919, 571[5]).

7. Das **Vereinbarungsdarlehn** des Abs 2 kann einen dreifachen Inhalt haben: a) Eine frühere anders geartete Schuld soll fortbestehen und nur hinsichtlich der Verzinsung, Kündigung usw. wie ein Darlehn behandelt werden. Hier bleiben die Einwendungen aus dem früheren Schuldverhältnis, ebenso Pfänder und Bürgen; der Gläubiger hat die Beweislast für das Bestehen der Schuld (RG JW 03 Beil Nr 219). b) In der Regel ist die Umwandlung einer alten Schuld in eine Darlehnsschuld beabsichtigt; der Umwandlungswille bedarf jedoch der Feststellung. Der frühere Schuldgrund erlischt, mit ihm erlöschen Pfänder und Bürgschaften; die Einwendungen aus dem früheren Schuldverhältnisse sind ausgeschlossen, nicht aber die, daß eine Schuld ganz oder teilweise überhaupt nicht bestand; denn ohne solche ist auch keine Umwandlung in ein Darlehn zustande gekommen (RG 95, 9; JW 1919, 311[12]; Warn 1911 Nr 232; 1914 Nr 79; 1919 Nr 115). § 364 Abs 2 gilt für das Umwandlungsdarlehn mit Rücksicht auf den Umschaffungscharakter nicht (RG 57, 320; 62, 51; 67, 262; JW 03 Beil Nr 219; 05, 318[4]; 06 S. 11[8] u. 550[18]; 07, 363[10]; 09, 460[17]; Warn 09 Nr 358; SeuffA 64 Nr 190). War das Schuldverhältnis durch Erlaßvertrag oder sonst erloschen, so kann es nur durch Neubegründung wieder ins Leben treten, nicht aber nach Abs 2 in ein Darlehn umgewandelt werden (RG 76, 59). Das vertragsmäßige Anerkenntnis der verjährten Forderung (§ 222) bedarf der Schriftform nach § 781; also ist auch die Umwandlung der verjährten Forderung in ein Darlehn nichtig, wenn sie der Schriftform ermangelt (RG 78 S. 130 u. 163). Inwiefern eine Bürgschaftsschuld in ein Darlehn nach § 607 Abs 2 umgewandelt werden kann, s. RG Warn 08 Nr 506; 1917 Nr 241; 1918 Nr 7; Baulohnforderungen RG Warn 1919 Nr 59; Maklervergütung Warn 1919, 115. Ein wegen mangelnder Form ungültiges Schenkungsversprechen kann nicht nach § 607 Abs 2 in ein Darlehn umgewandelt werden (RG Recht 1914 Nr 338, 339); ebensowenig eine nach dem Gesetz unwirksame Spielschuld (RG Warn 1915 Nr 177). c) Es kann verbunden mit der Umwandlung die Schaffung einer selbständigen Schuldverbindlichkeit nach § 781, oder ohne bestehende Schuld nach § 780 beabsichtigt sein (RG JW 1910, 704[3]; Gruch 49, 916). Hier wird die Abgabe eines schriftlichen Schuldbekenntnisses erfordert, s. A 8. Auch für erst künftig zu begründende Forderungen kann ein Darlehnsverhältnis nach § 607 Abs 2 geschaffen werden (RG JW 06, 550[19]; 1911, 151[6]; Warn 1918 Nr 7; Recht 07 Nr 2272). Da nach § 700 die Vorschriften über das Darlehn auch für den sog. uneigentlichen Verwahrungsvertrag (s. Vorbem 1) Anwendung finden, so kann eine bestehende Schuld auch in ein solches Verhältnis umgewandelt werden (RG 67, 262).

8. Der im Verkehr übliche **Darlehnsschuldschein** ist im Hinblick auf das Vereinbarungsdarlehn des Abs 2 mehr als eine bloße Beweisurkunde für die Darlehnshingabe. Er überhebt den Gläubiger jedes weiteren Beweises, auch wenn feststeht, daß ein bares Darlehn nicht gegeben war, während der Schuldschein auf ein solches lautet. Der Schuldner, der ein Schuldbekenntnis ausgestellt hat, ist in vollem Umfange beweispflichtig daß weder ein Darlehn nach § 607 Abs 1 noch ein solches nach Abs 2 vorliegt; er muß also das Nichtbestehen einer Schuld überhaupt beweisen, auf die der Schuldschein sich beziehen könnte. Dies auch dann, wenn eine selbständige (abstrakte) Verbindlichkeit nach §§ 780, 781 nicht anzunehmen ist (RG 56, 235; 57, 320; JW 05, 138[15]; 1910, 576[8]; 1922, 489[13]; Warn 09 Nr 358; 1910 Nr 428; 1912 Nr 161; 1913 Nr 90; 1914 Nr 155; Gruch 51, 939). Der Aussteller des Schuldbekenntnisses muß demnach die Umstände darlegen, die zur Ausstellung der Schuldurkunde geführt haben, und dartun, daß daraus eine Verpflichtung für ihn sich nicht ergibt. Behauptet der Gegner selbst einen bestimmten Schuldgrund, so bedarf es selbstverständlich auch für den Schuldner nur des Eingehens auf diesen (RG Warn 08 Nr 506; 1912 Nr 49). Das gilt auch, wenn der Gläubiger selbst ausdrücklich bares Darlehn behauptet. Über die Klage auf Herausgabe eines Schuldscheins, wenn das Darlehn nicht gegeben wurde, vgl. RG JW 09, 415[10].

§ 608

Sind für ein Darlehen Zinsen bedungen[1]), so sind sie, sofern nicht ein anderes bestimmt ist, nach dem Ablaufe je eines Jahres und, wenn das

Darlehen vor dem Ablauf eines Jahres zurückzuerstatten ist, bei der Rückerstattung zu entrichten[2]).

E I 456 II 548; M 2 312—313; P 2 43; 6 187.

1. **Zinsen.** Das zinslose Darlehn ist die juristische Grundform des Geschäfts. Zinsen sind nur zu zahlen, wenn sie bedungen sind (anders nach HGB §§ 353, 354 Abs 2). Die Zinspflicht (§§ 246—248 mit Ges. v. 3. 3. 23, RGBl I 163; HGB § 352) ist eine Nebenverpflichtung des Darlehnsnehmers und ist vom Bestand und der Höhe der Hauptschuld abhängig (RG 53, 294; Warn 1910 Nr 417). Die Zinsen laufen von der Hingabe oder vertragsmäßigen Bereitstellung an, womit auch das Zinsjahr des § 608 beginnt, bis zur Rückzahlung. Verjährung § 197. Eine Vergütung für das Darlehn kann auch in der Form einer Gewinnbeteiligung bedungen werden (Vorbem 1 vor § 607; RG Warn 1910 Nr 417). Über die Herabsetzung einer unter der Herrschaft des § 4 PreistrVO v. 13. 7. 23 bedungenen übermäßigen Vergütung s. Vorbem 4 vor § 607.

2. Anwendung des § 608 auf das Rechtsverhältnis der uneigentlichen Verwahrung nach § 700 RG 67, 264. — Verzugszinsen § 288. Prozeßzinsen § 291.

§ 609

Ist für die Rückerstattung eines Darlehens eine Zeit nicht bestimmt[1]), **so hängt die Fälligkeit davon ab, daß der Gläubiger oder der Schuldner kündigt**[2])[3]).

Die Kündigungsfrist beträgt bei Darlehen von mehr als dreihundert Mark drei Monate, bei Darlehen von geringerem Betrag einen Monat.

Sind Zinsen nicht bedungen, so ist der Schuldner auch ohne Kündigung zur Rückerstattung berechtigt[4]).

E I 457 II 549; M 2 313, 314; P 2 43—46.

1. Ist eine **Zeit zur Rückerstattung** bestimmt, so kann nach deren Ablauf das Darlehn unmittelbar zurückgefordert werden. Die Abmachung, der Empfänger solle zurückzahlen, wenn er dazu ohne Gefährdung seines wirtschaftlichen Bestehens imstande sei, macht das Darlehen fällig, sobald der Schuldner in die bessere Vermögenslage gelangt ist; eine Wiederverschlechterung ist bedeutungslos (RG 17. 11. 02 VI 232/02). Über die Behauptungs- und Beweislast in diesem Falle s. RG 28, 176; SeuffA 33 Nr 90. Nach Ablauf der Zeit oder der Kündigungsfrist entsteht keine stillschweigende Verlängerung des Schuldverhältnisses; diese muß besonders vereinbart werden. Ist eine Rückzahlungszeit bestimmt und ohne weitere Zeitbestimmung vereinbart, daß das Darlehn gegen höhere Zinsen über die Rückzahlungszeit hinaus behalten werden kann, so tritt nunmehr Kündigung nach § 609 ein (RG 28. 5. 07 VII 331/06). § 609 enthält nicht zwingendes Recht und gilt nur als Ergänzung des Parteiwillens (RG 104, 186; 20. 12. 18 VII 191/18).

2. Die **Kündigung** ist die formlose einseitige empfangsbedürftige Willenserklärung, daß das zwischen dem Kündigenden und dem Empfänger der Kündigungserklärung bestehende Rechtsverhältnis beendet werden solle (RG JW 1919, 242[9]). Die Bezeichnung des Zeitpunkts der Beendigung gehört nicht zum notwendigen Inhalt der Erklärung, da dieser Zeitpunkt sich aus dem Gesetz oder Vertrag ergibt (RG Warn 08 Nr 336; anders früher RG 26, 191). Die für einen bestimmten Endtermin erfolgte, für diesen aber verspätete Kündigung gilt deshalb für den nächsten zulässigen Endtermin (RG a. a. O.). Wer sich auf die gesetzliche Kündigungsfrist stützt, braucht nicht zu beweisen, daß keine andere vereinbart worden sei; Sache des Gegners ist es, eine solche darzutun (RG 57, 46; 68, 305; Warn 1910 Nr 54 u. 191; a. M. Stölzel in BuschsZ 35, 4ff.). Denn, wo das Gesetz selbst einen regelmäßigen Vertragsinhalt angenommen wissen will, ist eine abweichende Vereinbarung etwas, wogegen die gesetzliche Vermutung spricht (RG 68, 308). Die Kündigung, die auch — s. jedoch Abs 3 — gegen den Kündigenden wirksam und deshalb unwiderruflich ist (RG JW 1911, 39[21]), kann auch durch Klageerhebung erfolgen; die Prozeßvollmacht des Rechtsanwalts ermächtigt hierzu (RG 53, 212; 13. 5. 03 V 474/02). Für den Gläubiger kann die Kündigung dauernd oder wenigstens auf die Lebenszeit des Darlehnsgebers (so RG Recht 1913 Nr 666) ausgeschlossen werden, für den Schuldner dagegen unter entsprechender Anwendung der §§ 567, 1202 höchstens auf 30 Jahre (persönliche Freiheit). War ein Darlehn zur geschäftlichen Selbständigmachung des Darlehnsnehmers gegeben, so ist als Vertragsabsicht anzusehen, daß nicht sofort gekündigt werden kann; die Erreichung des Zweckes muß durch Gewährung angemessener Zeit ermöglicht werden (RG Gruch 52, 429) An die Stelle der einseitigen Kündigung kann selbstverständlich auch eine gegenseitige Fälligkeitsabrede treten (RG JW 1911, 364[14]). Die Vereinbarung „jederzeitiger" Rückforderung schließt nicht die Beibehaltung der gesetzlichen Kündigungsfrist

aus (**RG** Warn 1917 Nr 70); ein Darlehn ist immer als ein Schuldverhältnis von gewisser Dauer gedacht; eine sofortige Rückerstattung nach Hingabe steht mit dem Wesen des Darlehnsgeschäfts in Widerspruch. Doch kann die Vereinbarung einer Rückzahlung „in kürzester Frist" oder „in den nächsten Tagen" (oder Wochen) je nach den Umständen als Befreiung von der Kündigungsfrist erscheinen (**RG** 104, 186; JRdsch 1927 Nr 1516).

3. Die im Verkehr häufige **Klausel**, daß bei unpünktlicher Zinszahlung die **sofortige Fälligkeit** des Kapitals oder ein fristloses Kündigungsrecht des Gläubigers eintrete, steht unter den Auslegungsgrundsätzen der §§ 133, 157 und ist dahin zu verstehen, daß der Gläubiger von seinem Rechte auf Zahlung oder Kündigung innerhalb eines angemessenen Zeitraums nach Eintritt des Zinsverzugs Gebrauch machen muß, widrigenfalls das Recht für diesen Verzugsfall erlischt und der Vertrag in der alten Weise sich fortsetzt (**RG** JW 08, 550[11]; 1912 385[4]). Die Annahme der nachträglichen Zinszahlung allein ändert an der Fälligkeit oder Kündigungsbefugnis nichts (**RG** JW 03 Beil Nr 47; Warn 1911 Nr 11; SeuffA 63 Nr 245). Der Gläubiger muß den Verzugs- und Kündigungsfall abwarten; es kann nicht etwa vorher bedingt gekündigt werden (**RG** SeuffA 59 Nr 55). Die sofortige Fälligkeit auf Grund der Verwirkungsklausel tritt nach **RG** JW 1919, 570[4] im Zweifel nicht ein, wenn den Schuldner an der Nichterfüllung kein Verschulden trifft. Jedenfalls gilt dies, wenn der Gläubiger die Nichteinhaltung der Bedingung selbst verschuldet hat.

4. **Rückerstattung ohne Kündigung.** Das verzinsliche Darlehen kann der Schuldner nicht ohne Kündigung zurückzahlen, auch nicht nach Kündigung, wenn eine Fälligkeitszeit bestimmt ist. Ob das unverzinsliche Darlehen auch vor der festbestimmten Zeit zurückgezahlt werden kann (§ 271 Abs 2), ist streitig, aber anzunehmen. Für den Gläubiger gilt Abs 3 nicht. Im Kleinverkehr — Entleihung von Wirtschaftsbedürfnissen — wird die Anwendung des § 609 als durch stillschweigende Vereinbarung ausgeschlossen und jederzeitige Rückforderung regelmäßig als Vertragswille zu gelten haben. Ist der Darlehnsvertrag mit einem Lieferungsvertrage (Bierlieferung) verbunden, so ist das Darlehn zurückzuerstatten, wenn der Warenbezug eingestellt wird (**RG** 67, 101; Gruch 53, 945).

§ 610

Wer die Hingabe eines Darlehens verspricht[1])[2]), kann im Zweifel das Versprechen widerrufen[3]), wenn in den Vermögensverhältnissen des anderen Teiles eine wesentliche Verschlechterung eintritt, durch die der Anspruch auf die Rückerstattung gefährdet wird[4]).

E I 458 II 550; M 2 314—316; P 2 47—50.

1. Das **Darlehnsversprechen**, das § 610 behandelt, schafft die Verpflichtung des Versprechenden zur Zahlung einer Geldsumme, die nicht der Höhe nach bestimmt zu sein braucht, wenn sie nur bestimmbar ist (**RG** Warn 09 Nr 446), zum Zwecke der Begründung eines Darlehnsschuldverhältnisses (**RG** 52, 306; 66, 359; früheres Recht 32, 364); erst die Zahlung der Summe macht den Empfänger zum Darlehnsschuldner. Das Darlehnsversprechen begründet mithin noch keine Darlehnsschuld, sondern nur eine Verpflichtung zum Abschlusse eines diese begründenden Vertrages durch Hingabe der Darlehnssumme. A. M. insbes. Kohler, Lehrb. d. BR 2, 337ff. und ArchBürgR 33, 1ff., der in dem Vertrage einen gegenseitigen Vereinbarungsvertrag auf Gewährung und Rückgewähr als Vor- und Nachleistung erblickt. Zahlungsort für die Hingabe des Darlehns ist also nicht nach § 270 der Wohnsitz des Darlehnsgebers als des Schuldners für die Gewährung des Darlehns; der Darlehnsnehmer hat sich das Geld zu holen und die Zusendung geschieht auf seine Gefahr und Kosten. Der innere Zusammenhang, in dem der Vorvertrag und die Darlehnshingabe miteinander stehen, muß aber dahin führen, daß die bei beiden getroffenen Beredungen im Zweifel einheitlich und als einander ergänzend auszulegen sind (**RG** Warn 1910 Nr 191). Das gegebene Darlehn ist nicht nichtig, weil der Vorvertrag nichtig ist (**RG** 86, 323). Über ein aufschiebend bedingtes Darlehnsversprechen s. **RG** Warn 1910 Nr 307. Aus dem Zwecke des Geschäfts ergibt sich, daß gegen die Forderung auf Hingabe der Darlehnssumme nicht mit Gegenforderungen aufgerechnet werden kann (**RG** 56, 235). Dagegen kann der Darlehnsnehmer gegen eine Forderung des Darlehnsgebers aufrechnen, womit er erklärt, durch Gegenrechnung das Darlehn empfangen zu haben. Von der Verpflichtung zur Gewährung eines Darlehns, die einen klagbaren Anspruch auf Erfüllung und auf Schadensersatz im Falle des Verzugs erzeugt, ist die bloße Inaussichtstellung, die vielfach nur als gewollt anzunehmen ist, selbst wenn der Darlehnsgeber den Darlehnsschuldschein bereits entgegengenommen oder Teilzahlungen auf das Darlehn geleistet hätte, wohl zu unterscheiden. Bei Verzug in der Erfüllung des Darlehnsversprechens hat der Versprechende die geschuldete Summe nach §§ 288 Satz 1, 291 zu verzinsen, ohne dem Darlehnsempfänger den Betrag der durch die Vorenthaltung der Darlehnssumme ersparten vertrags-

mäßigen Darlehnszinsen in Abzug bringen zu dürfen (RG 92, 283). Der Darlehnsvorvertrag ist im übrigen auch in der Weise möglich, daß er auf die Verpflichtung zur Annahme eines Darlehns gerichtet ist; ebenso können die Verpflichtungen zur Hingabe und zur Annahme verbunden sein. Die letztere Verpflichtung begründet im Zweifel nach der Absicht der Vertragsparteien jedoch nur einen Schadensersatzanspruch wegen Nichterfüllung nach § 286 Abs 2 (s. PrALR I 11 § 659). Häufige Anwendungsformen des Vorvertrags auf Darlehnshingabe sind der nicht auf ein einzelnes Darlehn, sondern auf einen laufenden Kredit in bestimmter Zeit und bestimmter Höhe gerichtete Kreditvertrag (s. RG 52 S. 303, 306 u. JRdsch 1927 Nr 1387, wonach gegenüber der Berufung auf den Ablauf der vertragsmäßigen Frist für eine Kreditgewährung der Einwand der Arglist gegeben sein kann, wenn der Fristablauf durch das Verhalten des Verpflichteten herbeigeführt worden ist und vom Gegner nicht verhindert werden konnte) und der Vorbem 3 vor § 607 erwähnte Baugeldervertrag, ein auf wechselseitigem Vertrauen beruhender und regelmäßig gegenseitige Verpflichtungen erzeugender Vertrag, auf den daher die sonst für die Darlehnsverträge, auch den Darlehnsvorvertrag, nicht anwendbaren §§ 320—327 Anwendung finden. Über den Darlehnsvorvertrag als gegenseitigen Vertrag s. Vorbem 5 vor § 607. Ist ein Darlehn gegen Hypothekbestellung des Schuldners und Bürgschaftsübernahme versprochen, so können die Bürgen mit dem Gläubiger vereinbaren, daß das Darlehn erst nach der Hypothekbestellung ausbezahlt werden darf; aus § 776 ist aber kein allgemeiner Rechtsgrundsatz zu entnehmen, der eine solche Vereinbarung ersetzt (RG 7. 11. 25 IV 226/25).

2. **Übertragbarkeit.** Der Anspruch auf die Darlehnshingabe ist regelmäßig nicht abtretbar (§ 399; dazu vgl. RG 66, 359) und daher auch nicht pfändbar (§ 851 ZPO), weil es nicht in der Macht des Darlehnsempfängers liegt, dem Gläubiger ohne dessen Willen einen andern Schuldner unterzuschieben; doch kann auch das Gegenteil ausgemacht sein oder aus dem Vertrage als gewollt sich ergeben (RG 66, 359). Die Unübertragbarkeit des Anspruchs aus dem Darlehnsvorvertrage entfällt, wenn die Zahlung an den Nachgläubiger (Zessionar) nicht diesen, sondern den Vorgläubiger (Zedenten) und Versprechensempfänger zum Schuldner des Darlehns machen soll (RG 68, 355; 77, 407; JW 08, 676[6]; 09, 309[4]; Warn 1910 Nr 307). Hier liegt im Grunde nur eine Anweisung an den Darlehnsgeber vor, für Rechnung des Darlehnsnehmers dem Dritten eine gleiche Summe auszuzahlen (§ 787 Abs 1), deshalb ist beim Baugelderdarlehen die Übertragbarkeit der einzelnen Baugelderraten in diesem Sinne an sich anzunehmen (RG 66, 359; 38, 308). Maßgebend ist hier jedoch, daß durch die Abtretung die Baugelder dem Zwecke des Baugelddarlehns entsprechend der Förderung des Baues zugewendet werden; außerhalb dieses Zweckes ist jede Abtretung und Anweisung auch hinsichtlich der einzelnen Darlehnsraten unzulässig (RG JW 09, 309[4]; Warn 09 Nr 402; 1911 Nr 15 u. 320; s. auch § 1 Abs 1 des BauFG). Da der Abtretende derjenige bleibt, dem das Recht auf Gewährung des Darlehns zusteht, ist er auch zu dem Anspruche berechtigt, daß ihm durch Zahlung an den Abtretungsempfänger das Darlehn gewährt werde (RG 77, 407).

3. Da § 321 auf den Darlehnsvorvertrag bei dessen einseitig verpflichtender Natur nicht anwendbar ist, gibt § 610 eine entsprechende Vorschrift, die indessen („im Zweifel") nur als Auslegungsregel zu gelten hat. Der **Widerruf** ist kein Rücktritt im Sinne des § 346 (RG 52, 5). Wenn mehrere Personen gemeinschaftlich sich zur Darlehnshingabe verpflichtet haben, steht auch der Widerruf nur allen, nicht den einzelnen zu (RG Recht 1917 Nr 1984). Er ist im übrigen wie die Kündigung eine einseitige empfangsbedürftige Willenserklärung nach §§ 130ff. und kann auch im Prozesse erfolgen. Eine verallgemeinernde Anwendung auf andere Rechtsverhältnisse duldet § 610 nicht (RG 50, 255).

4. Das Widerrufsrecht setzt eine **wesentliche Verschlechterung** der Vermögensverhältnisse des Entleihers seit der Abgabe des Darlehnsversprechens voraus; es ist eine Einzelanwendung der clausula rebus sic stantibus, wie § 321 (RG 60, 59). Bei der Vergleichung sind nicht nur die Vermögensstücke und Schulden, sondern auch die Kreditverhältnisse in Rechnung zu ziehen (RG 12. 7. 06 VI 589/05, A 3 zu § 775). Der Ausfall einer dem Darlehnssucher gehörenden Hypothek bedeutet nicht ohne weiteres eine wesentliche Verschlechterung der Vermögensverhältnisse (RG Recht 1915 Nr 853). Auf eine allgemeine Verschlechterung der wirtschaftlichen Lage, wie seinerzeit durch den Kriegsausbruch, kann der Versprechende einen Widerruf nicht gründen, wenn nicht gerade die Verhältnisse des Darlehnssuchers davon besonders betroffen sind und gefährdet erscheinen (RG Warn 1916 Nr 5 u. 217). Das Widerrufsrecht wird durch den Verzug des Darlehnsversprechers nicht aufgehoben; ist die Verschlechterung aber gerade erst durch Vorenthaltung des versprochenen Darlehns eingetreten, so kann sich der Darleiher auf § 610 nicht berufen (replica doli; RG Recht 07 Nr 3296; Warn 09 Nr 402). Die Rückerstattung ist nicht gefährdet, wenn der Darlehnsgläubiger durch Pfänder oder Bürgschaft hinlänglich gesichert ist, und die Gefährdung wird durch Anbietung solcher Sicherung beseitigt, die nach Treu und Glauben nicht abgelehnt werden darf (vgl. § 321). Ist das Recht auf die Darlehnshingabe einem Dritten abgetreten, der die Rolle des

Empfängers übernommen hat und durch den die Rückzahlung des Darlehns erfolgen soll, so ist der Widerruf nur wegen Verschlechterung in dessen Vermögensverhältnissen seit seinem Eintritt in den Vertrag zulässig (RG Warn 09 Nr 402). Auf das Versprechen, ein bereits gewährtes Darlehn zu verlängern, ist die Bestimmung über den Widerruf des Darlehnsversprechens nicht auszudehnen (str.); ob hier ein Rücktritt wegen veränderter Umstände etwa gegeben sein soll, ist durch Auslegung aus dem Vertrage zu entnehmen (RG JW 05 168[5]).

Sechster Titel

Dienstvertrag

1. **Begriff und rechtliche Natur:** Gegenseitiger Vertrag, nach dem der eine Teil zur Leistung der versprochenen Dienste, der andere zur Gewährung der vereinbarten Vergütung verpflichtet ist. Er unterscheidet sich vom Werkvertrage dadurch, daß dieser nicht auf die Dienste an sich, sondern auf ihren Erfolg gerichtet ist (RG 72, 179; 81, 8; 86, 75; auch LZ 1918, 949[8]), von dem Auftrage vor allem durch dessen Unentgeltlichkeit. Ob Dienst- oder Werkvertrag anzunehmen ist, hängt von dem Sinn und Zweck des Vertrags, sowie von den Umständen ab, unter denen er geschlossen worden ist. Eine Vermutung für das Vorliegen eines Dienstvertrags besteht auch dann nicht, wenn es sich, wie bei der Herstellung eines Brunnens, um Arbeiten handelt, deren Erfolg unsicher ist (OLG 41, 117). Dienstvertrag, nicht Werkvertrag ist es z. B., wenn der Unternehmer eines Gleisbaus einen Ingenieur mit der Leitung und Beaufsichtigung des herzustellenden Werkes beauftragt (RG 81, 8), wenn eine Musikkapelle zu abendlichen Vorträgen in einer Wirtschaft angenommen wird (SeuffA 71 Nr 38), wenn jemand die Ausbildung eines Sängers übernimmt (OLG 28, 179), wenn jemand zu dem Zwecke angestellt wird, Versuche zur Erfindung eines Mittels zur Beseitigung oder Verhütung übler Geruchswirkungen vorzunehmen (OLG 36, 114), wenn eine Wach- und Schließgesellschaft die Bewachung von Gebäuden und Grundstücken übernimmt (RG Warn 1921 Nr 143). Vertrag über Mitbewirtschaftung und Instandhaltung eines Anwesens als Dienst-, nicht Werkvertrag s. BayObLGZ 19, 29. Dienstvertrag ist, abgesehen von besonderen Verhältnissen (RG 72, 281; vgl. Vorbem 1 vor § 631), regelmäßig auch die Anstellung als Ziegelmeister (OLG 29, 4). Aufstellung eines Bauplans durch den bauleitenden Architekten als Gegenstand eines Dienst-, nicht Werkvertrags s. RG 86, 75. Dienst-, nicht Werkvertrag ist auch der Auftrag an einen Patentanwalt, die Eintragung eines Warenzeichens herbeizuführen (RG JW 1925, 246[2]). Vgl noch § 611 A 4 und Vorbem 1 vor § 631. Die Tätigkeit des Dienstpflichtigen gleicht vielfach äußerlich der des Unternehmers eines Werkvertrags. Das darf aber nicht dazu führen, sie auch rechtlich gleich zu behandeln. Denn rechtlich (und auch wirtschaftlich) ist die Stellung des Dienstpflichtigen eine völlig andere. Die für den Werkvertrag gegebenen Vorschriften lassen sich daher nicht auf Dienstverhältnisse übertragen, so insbesondere nicht § 638, der in engem Zusammenhange mit den §§ 633ff. steht (RG JW 1911, 537[9]; auch LZ 1916, 1188[11]; 1918, 949[8]), auch nicht die Vorschrift des § 647 über das gesetzliche Pfandrecht des Unternehmers (RG 72, 281) und die Vorschrift des § 648 über den Anspruch auf Einräumung einer Sicherungshypothek (§ 648 A 1). Eigentümlich ist dem Dienstvertrage, daß bei ihm besondere sozialpolitische Rücksichten auf den Dienstpflichtigen, als den wirtschaftlich Schwächeren, hervortreten, worauf namentlich die zwingenden Vorschriften in §§ 617, 618, 619, 624, 629, 630 zurückzuführen sind. — Da der Dienstvertrag ein gegenseitiger Vertrag ist, so gelten, soweit sich nicht aus den besonderen Vorschriften dieses Titels (oder aus dem Vertrag selbst) etwas anderes ergibt, für ihn auch die allgemeinen Bestimmungen der §§ 320ff., so § 323 (RG 92, 176, auch JW 1918, 274; 1921, 349[3]), dazu § 616, dagegen nicht §§ 325, 326 neben §§ 626—628 (RG 92, 158 und §§ 626 A 3, 628 A 1). — Bei einem Dienstverschaffungsvertrage, der oft in Verbindung mit einem Mietvertrage auftritt (Vermietung eines Dampfschiffs mit Führer und Bedienungsmannschaft, eines Hafenfahrzeugs mit Schiffer, eines Kraftwagens mit Führer, einer Schreibmaschine mit Maschinenschreiberin) haftet der eine Vertragsteil, der Vermieter, im Zweifel nicht gemäß § 278 für ein Verschulden der dem anderen Teile gestellten dienstverpflichteten Person bei Leistung der einzelnen Dienste. Denn insoweit bedient er sich des Dienstverpflichteten nicht zur Erfüllung seiner Verbindlichkeit gegenüber dem Mieter. Die Verbindlichkeit des Vermieters erschöpft sich vielmehr — abgesehen von der Gewährung der Sache — darin, daß er dem Mieter eine an sich geeignete Persönlichkeit stellt und (als deren Dienstherr) sie dauernd veranlaßt, den Anweisungen des Mieters Folge zu leisten. Die einzelnen Dienstleistungen berühren nur den Mieter und liegen nicht innerhalb des Pflichtenkreises des Vermieters (RG 56, 361; 82, 427; 98, 327; OLG 28, 152; 36, 49; auch JW 1919, 940[6]). Anders in der Regel bei Überlassung einer Dampfdreschmaschine mit Maschinisten (RG Gruch 61, 633; RG LZ 1916, 235).

S. auch **RG** JW 1920, 284[5]. — Von der auf Vertrag beruhenden Dienstpflicht ist zu unterscheiden die gesetzliche Dienstpflicht der Ehefrau, § 1356 Abs 2, und der Kinder, § 1617 (**RG** 25. 2. 10 III 148/09), gegenüber dem Ehemann und den Eltern.

2. **Geltungsbereich der Vorschriften des BGB.** Diese werden ausgeschlossen oder beschränkt:

a) durch eine Reihe von **Sonderbestimmungen** der Reichs- und Landesgesetze, insbes. des HGB §§ 59—83 in der Fassung des Gesetzes v. 10. 6. 14 (RGBl 209) über die Handlungsgehilfen und Handlungslehrlinge, §§ 84—92 über die Handlungsagenten, §§ 511—555 über die Schiffer, §§ 740—753 über die Bergung und Hilfeleistung in Seenot — zu welchen Vorschriften noch diejenigen des Abänderungsgesetzes v. 2. 6. 02, §§ 547, 548, 549, 553, 553a, 553b, 749 treten —; ferner der Seemannsordnung v. 2. 6. 02, insbes. §§ 27—83, dazu **RG** 103, 397; der Strandungsordnung v. 17. 5. 74, insbes. §§ 4—25, §§ 36—41; des Gesetzes über die privatrechtlichen Verhältnisse der Binnenschiffahrt v. 20. 5. 98, insbes. §§ 7—20 über den Schiffer, §§ 21—25 über die Schiffsmannschaft, §§ 92—101 über Bergung und Hilfeleistung; des Ges., betr. die privatrechtlichen Verhältnisse der Flößerei v. 15. 6. 95, insbes. §§ 1—16 über den Floßführer, §§ 17—21 über die Floßmannschaft, §§ 24—29 über Berge- und Hilfslohn; ferner der GewO in der Fassung v. 26. 7. 00 nebst Abänderung im EG.BGB Art 36 und späteren Zusatzbestimmungen, insbes. §§ 105—139m über die gewerblichen Arbeiter, d. h. Gesellen, Gehilfen, Lehrlinge, Betriebsbeamte, Werkmeister, Techniker, Fabrikarbeiter; vgl. auch das Abänderungsgesetz v. 28. 12. 08, RGBl 667, namentlich in betreff der Beschäftigung von Arbeiterinnen und jugendlichen Arbeitern; das Ges., betr. Kinderarbeit in gewerblichen Betrieben v. 30. 3. 03 (RGBl 113), dazu Ges. v. 31. 7. 25 (RGBl I 162); das Hausarbeitsges. v. 20. 12. 11 in der Fassung v. 30. 6. 23 (RGBl I 472), dazu VO über Fachausschüsse für Hausarbeit v. 28. 11. 24 (RGBl I 757); ferner der VO v. 23. 11. 18 (RGBl 1329), VO v. 5. 2. 19 (RGBl 176) und für die Zeit der wirtschaftlichen Demobilmachung VO über die Regelung der Arbeitszeit gewerblicher Arbeiter v. 23. 11. 18 (RGBl 1334), geändert und ergänzt durch VO v. 17. 12. 18 (RGBl 1438, dazu BayObLG JW 1921, 347[2]) und VO über die Regelung der Arbeitszeit der Angestellten v. 18. 3. 19 (RGBl 315), dazu VO über die Arbeitszeit v. 21. 12. 23 (RGBl I 1249) in der Fassung des Ges. v. 14. 4. 27 (RGBl I 109), neue Fassung RGBl 1927, 110; Ges. v. 16. 7. 27 (RGBl I 183); **RG**St 60, 426; Ges. über die Beschäftigung vor und nach der Niederkunft v. 16. 7. 27 (RGBl I 184); ingleichen der Landesgesetze über die Dienstverhältnisse im Bergrecht EG Art 67 Abs 1. Alle diese Vorschriften gehen auf dem Gebiete des Dienstvertrags denjenigen in § 611ff. vor; doch ist, wo sie nicht ausreichen, eine entsprechende Anwendung der letzteren nicht ausgeschlossen. Für weibliche Angestellte in Gast- und Schankwirtschaften s. Ges. v. 15. 1. 20 (RGBl 69). Die Gesindeordnungen (EG Art 95), ebenso die Ausnahmegesetze gegen die Landarbeiter, sind aufgehoben (Aufruf des Rates der Volksbeauftragten v. 12. 11. 18 Nr 8, RGBl 1303). Vorläufige Landarbeitsordnung v. 24. 1. 19 (RGBl 111). Vgl. auch VO über die Einstellung und Beschäftigung ausländischer Arbeiter v. 2. 1. 23, neue Fassung v. 2. 1. 26 (RGBl I 5).

Aus dem **neuen Arbeitsrecht,** das weitgehend in die durch das BGB gegebene Regelung des Dienstvertrags eingreift, sind neben den Bestimmungen über Tarifverträge (§ 611 A 5) namentlich hervorzuheben: Das Betriebsrätegesetz v. 4. 2. 20 (RGBl 147), das die Betriebsvertretungen (Betriebs-, Arbeiter- und Angestelltenräte usw.) regelt und besondere Vorschriften enthält über Mitbestimmung der Arbeiter- und Angestelltenräte bei der Einstellung und Entlassung von Arbeitnehmern, §§ 78 Nr 8, 9, 81ff. (dazu **RG** 105, 132; 106 S. 238, 242; 108, 98 und Art II der VO über das Schlichtungswesen (s. unten); zu § 87 s. Ges. v. 29. 4. 23, RGBl I 258; zu § 90 s. VO v. 5. 6. 20, RGBl 1139), über Notwendigkeit der Zustimmung der Betriebsvertretung zur Kündigung des Dienstverhältnisses eines Mitgliedes einer Betriebsvertretung oder zu seiner Versetzung in einen andern Betrieb §§ 96—98; dazu **RG** 111, 412; 113, 87; 114, 174; JW 1921, 1373[6]; 1922 S. 593[6], 604[4]. Ob bei Beschlüssen einer Betriebsvertretung über die Zulässigkeit der Entlassung eines ihrer Mitglieder die Verfahrensvorschriften des § 32 beobachtet sind, haben die ordentlichen Gerichte nicht nachzuprüfen (**RG** 116, 9); ferner Gesetz über die Betriebsbilanz und die Betriebsgewinn- und Verlustrechnung v. 5. 2. 21 (RGBl 152), Gesetz über die Entsendung von Betriebsratsmitgliedern in den Aufsichtsrat v. 15. 2. 22 (RGBl 209, auch 307); dazu **RG** 107, 221; 116, 9; **RG** JW 1924, 1144[11]; über Betriebsräte bei Unternehmungen und Verwaltungen des Reiches, der Länder und größerer Gemeindeverbände s. VO v. 14. 4. 20 (RGBl 522), v. 30. 4. 20 (RGBl 902), v. 28. 9. 20 (RGBl 1689), v. 12. 8. 21 (RGBl 1199, dazu RGBl 1924, 733), v. 18. 1. 23 (RGBl 68, dazu RGBl 1924, 409), v. 26. 3. 24 (RGBl I 383, dazu RGBl 1925, 80), Unzulässigkeit des Rechtswegs für eine Klage der Arbeiter gegen den Arbeitgeber auf Duldung der Wahl und Anerkennung des zu wählenden Betriebsrats s. **RG** 107, 244; für eine Klage des Arbeitgebers, der geltend macht, der beklagte Arbeiter behaupte mit Unrecht, Betriebsratsmitglied zu sein und zu Betriebsratsgeschäften den Betrieb betreten zu dürfen, s. **RG** 108, 167. Tarifvertragliche Schlichtungsstellen als behördliche Einrichtungen s. **RG** 107, 247. Ferner die VO betr. Maßnahmen gegenüber Betriebsabbrüchen und -stillegungen v. 8. 11. 20 (RGBl 1901), dazu VO v. 15. 10. 23 (RGBl I 983); die VO über das Schlichtungswesen v. 30. 10. 23 (RGBl I 1043). Endlich das Gesetz über die Beschäftigung Schwerbeschädigter v. 6. 4. 20 (RGBl 458), das insbesondere Kündigungsbeschränkungen zu ihren Gunsten enthält, dazu VO v. 21. 4. 20 (RGBl 591), v. 17. 5. 20 (RGBl 979), v. 21. 7. 21 (RGBl 947), auch Ges. v. 22. 10. 20 (RGBl 1787), VO v. 28. 4. 21 (RGBl 494), Gesetze v. 24. 3. und 19. 7. 22 (RGBl 279, 599) und insbesondere die Änderungen durch das Gesetz v. 23. 12. 22 (RGBl 972). Die vom 1. 1. 23 ab gültige neue Fassung des Gesetzes über die Beschäftigung Schwerbeschädigter ist durch Bek v. 12. 1. 23 (RGBl I 57) veröffentlicht worden; dazu die an die Stelle der bisherigen Ausführungsbestimmungen getretene AusfVO v. 13. 2. 24 (RGBl I 73), **RG**St 60, 59, auch SeuffA 80 Nr 154 und die Änderungen durch Ges. v. 8. 7. 26 (RGBl I 398). Vgl. ferner § 620 A 2, § 626 A 1 a. E.

b) Die Dienstverhältnisse der **Staats- und Gemeindebeamten** mit den ihnen eigentümlichen Besonderheiten, dem Zwangs- und Gewaltverhältnis des Staates und der Gemeinde und der Gehorsams- und Dienstpflicht der Beamten (**RG** 28, 85), sowie die Dienstverhältnisse der Geistlichen und der Lehrer an öffentlichen Schulen, ingleichen die Versorgungsverhältnisse der Hinterbliebenen aller dieser Personen sind öffentlich-rechtlicher Natur und unterstehen daher, auch soweit es sich um vermögensrechtliche Ansprüche handelt, nicht den Vorschriften des bürgerlichen, sondern denen des öffentlichen Reichs- oder Landesrechts (**RG** 104, 59f.). Es bleiben daher namentlich auch die landesgesetzlichen Vorschriften über die vermögensrechtlichen Ansprüche und Verbindlichkeiten der Beamten, der Geistlichen und der Lehrer an öffentlichen Unterrichtsanstalten aus dem Amts- oder Dienstverhältnisse mit Einschluß der Ansprüche der Hinterbliebenen sowie die landesgesetzlichen Vorschriften über die Übertragbarkeit aller dieser Ansprüche und über die Zulässigkeit der Aufrechnung gegen sie fortdauernd in Geltung (EG Artt 80, 81). Nach den Grundsätzen des öffentlichen Rechtes (vgl. Reichsbeamtengesetz v. 31. 3. 73 §§ 149ff.) bestimmt sich auch, ob und unter welchen Voraussetzungen der Rechtsweg eröffnet ist für die vermögensrechtlichen Ansprüche der angeführten Personen auf Gehalt (Ruhegehalt), Reisekostenentschädigung und sonstige Dienstbezüge, ingleichen auf Beschaffung geeigneter Arbeitsräume und Arbeitsgeräte, soweit sie sich auf ein bestehendes Dienstverhältnis stützen (kein Rechtsweg für Ansprüche auf Gewährung einer dienstlichen Stellung, **RG** 12, 70; 49, 1; 53, 429). Die öffentlichrechtliche Natur der fraglichen Dienstverhältnisse schließt aber nicht aus, daß Grundsätze, wie sie z. B. die Schutzvorschrift des § 618 für den bürgerlichen Dienstvertrag aufstellt, auch für das Gebiet des Beamtenrechts als geltendes Recht anerkannt werden (so schon **RG** 18, 173). Nur darf nicht übersehen werden, daß, was in der Rechtsprechung nicht immer zum Ausdruck gekommen ist, es sich hierbei weder um eine unmittelbare noch um eine im gewöhnlichen Sinne entsprechende Anwendung von Rechtsnormen des bürgerlichen Rechts handelt, sondern um öffentlich-rechtliche Grundsätze (vgl. **RG** 107, 189 und die Entscheidungen in § 619 A 1). Ihre Verletzung kann daher auch die Revision nur dann begründen, wenn das öffentliche Recht, dem das Beamtenverhältnis untersteht, revisibel ist, also z. B. nicht bei Beamtenverhältnissen des badischen oder des hamburgischen Rechtes (**RG** 95, 144; Gruch 61, 663). Vermögensrechtliche Haftung des Beamten gegenüber dem Staate usw. für einen bei Ausübung seines Amtes angerichteten Vermögensschaden s. z. B. **RG** 82, 278; 92, 236; 95, 344; **RG** JW 06, 551[20]. Vermögensrechtliche Haftung der Militärpersonen gegenüber dem Reiche s. **RG** 97 S. 243, 263. — Über die Stellung der preußischen Hofbeamten vor und nach der Staatsumwälzung s. **RG** 84, 167; 101, 256 und 103, 61 (Anwendung der §§ 611ff., insbes. § 626, auf die von der preuß. VO über die Versorgung der Hofbeamten und ihrer Hinterbliebenen v. 10. 3. 19 nicht betroffenen Hofstaatsbeamten). — Über Werfthilfstechniker als Beamte vgl. **RG** 78, 1.

Ein öffentlicher Beamter ist der **Gerichtsvollzieher,** der nach § 155 GVG zur Vornahme von Zustellungen, Ladungen und Vollstreckungen berufen ist (vgl. auch das Ges. v. 1. 6. 09 betr. Änderungen des GVG). Da er — abgesehen von den von Amts wegen angeordneten Geschäften — auf Veranlassung und im Interesse einer Partei tätig wird und in der Regel von dieser auch die Gebühren für seine Tätigkeit erhält (vgl. ZPO §§ 753, 754, 755, 826, 827; GVollzGebO §§ 19, 20), so scheint er eine Doppelstellung einzunehmen. Im Anschlusse an den Beschluß der vereinigten Zivilsenate des Reichsgerichts v. 10. 6. 86 (**RG** 16, 396) war denn auch früher angenommen worden: Dem Dritten, insbesondere dem zu pfändenden Schuldner gegenüber habe der Gerichtsvollzieher die Stellung des Beamten, hafte also bei Verletzung seiner Amtspflicht nach § 839. Auch der ihn angehenden Partei gegenüber komme zunächst ebenfalls seine Beamtenstellung insoweit in Betracht, als seine Tätigkeit durch allgemeine Gesetze oder durch die Gerichtsvollzieherordnungen und Geschäftsanweisungen geregelt sei (**RG** 51, 258). Im übrigen aber stehe sein Verhältnis und seine Haftpflicht dem Auftraggeber gegenüber, dessen gesetzmäßigen Weisungen er nachzukommen habe, allgemein unter den privatrechtlichen Grundsätzen des eine Geschäftsbesorgung betreffenden Dienstvertrags (§§ 611, 675; RG 16, 396; 17, 332; 18, 389; 56, 90; RG 18. 2. 08 III 385/07. RG JW 01, 783; 07, 192[33]; RG Gruch 44 S. 1199, 1204), wobei der gänzliche oder teilweise Ausschluß der Haftpflicht durch mitwirkendes Verschulden der Partei nach § 254 zu beurteilen sei (RG 6. 4. 09 III 326/08). So wurde in Entscheidungen des Reichsgerichts die Haftpflicht des Gerichtsvollziehers seinem Auftraggeber gegenüber, und zwar nicht nur die aushilfsweise des § 839, sondern die unmittelbare, anerkannt bei unterlassener Beglaubigung der Berufungsschrift und der auf deren Abschrift befindlichen Terminsbestimmung, RG 26. 3. 09 III 551/08 (hier jedoch mitwirkendes Verschulden des Anwalts der Partei beachtlich); bei mangelhafter Protesterhebung (RG 5. 2. 07 III 273/06), bei verzögerter Versteigerung von Pfandstücken und bei Unterlassung einer zulässigen weiteren Pfändung (RG 14. 12. 06 III 189/06); bei Pfändung von gesetzlich (ZPO § 811 Nr 1) unpfändbaren und Nichtheranziehung von noch vorhandenen pfändbaren Sachen des Schuldners (RG 19. 11. 09 III 566/08); anderseits wurde auch eine nach den angeführten privatrechtlichen Grundsätzen zu beurteilende Verbindlichkeit der beauftragenden Partei zur Erstattung von Lagerkosten dem Gerichtsvollzieher gegenüber angenommen (RG 30. 1. 06 III 303/05). Diese ganze Rechtsprechung hat durch den Beschluß der vereinigten Zivilsenate v. 2. 6. 13 (RG 82, 85) eine grundsätzliche Änderung erfahren. In diesem Beschlusse wurde die Frage verneint: „Haftet der Gerichtsvollzieher dem Gläubiger für den Schaden, den er ihm bei Ausführung einer Zwangsvollstreckung schuldhaft verursacht, aus einem bürgerlichrechtlichen Vertragsverhältnisse?" Zu der neuen Prüfung dieser Frage hatte namentlich das preuß. Ges. v. 1. 8. 09 über die Haftung des Staates und anderer Verbände für Amtspflichtverletzungen von Beamten bei Ausübung der öffentlichen Gewalt Anlaß gegeben. Der Beschluß beruht im wesentlichen auf folgenden Erwägungen: In der Zwangsvollstreckung betätige sich die staatliche Zwangsgewalt durch die eigenen Organe des Staates. Ob die Zwangsgewalt den Gerichten oder den Gerichtsvollziehern zugewiesen sei, und wie auch die landesrechtliche Regelung des Gerichtsvollzieherwesens gestaltet sein möge, stets erfolge die Zwangsvollstreckung — zwar nicht von Amts wegen, sondern auf Antrag oder im Auftrage und im Interesse der Partei, aber — als Ausübung staatlicher Zwangsgewalt, kraft der der Behörde oder dem Einzelbeamten vom Staate verliehenen Gewalt. Der Antrag oder der Auftrag der Partei sei nicht die Quelle der Zwangsbefugnis, sondern nur der äußere Anlaß, der die Betätigung der Amtsgewalt auslöse. Deshalb gehöre die Tätigkeit der Organe der Zwangsvollstreckung, der Gerichtsvollzieher nicht minder wie der Gerichte, dem öffentlichen Rechte an, und zwar in ihrer Gesamtheit. Das öffentliche Recht beherrsche somit auch das Verhältnis des Gerichtsvollziehers zu dem Gläubiger, der ihn mit der Zwangsvollstreckung beauftrage. Die Stellung des Gerichtsvollziehers sei hiernach völlig verschieden von der öffentlich angestellter und besonders bevorrechtigter Gewerbetreibender. Die Anwendung des bürgerlichen Vertragsrechts auf das Verhältnis zwischen Gerichtsvollzieher (als Vollstreckungsorgan) und Gläubiger könnte nur gerechtfertigt werden, wenn und insoweit eine klare und bestimmte Vorschrift des Gesetzes sie geböte. An einer solchen Vorschrift fehle es. Die Grundsätze des eine Geschäftsbesorgung betreffenden Dienstvertrags (§§ 611, 675) sind also nicht anzuwenden, vielmehr bestimmt sich die Haftung des Gerichtsvollziehers für die Verletzung der ihm obliegenden Pflichten auch der Partei gegenüber, die seine Tätigkeit in Anspruch nimmt, nach § 839, die Haftung des Staates an Stelle des Gerichtsvollziehers nach den gemäß Art 77 EG vorbehaltenen landesgesetzlichen Vorschriften. Der Gerichtsvollzieher wird nur als Beamter tätig und ist auch nicht Vertreter des ihn mit der Pfändung beauftragenden Gläubigers (RG 90, 193). Der Beschluß v. 2. 6. 13 betrifft, wie der frühere vom 10. 6. 86, nur die Haftung des Gerichtsvollziehers für seine Tätigkeit in der Zwangsvollstreckung und befaßt sich, was in seiner Begründung ausdrücklich hervorgehoben wird, nicht mit der Frage, nach welchen Grundsätzen die Schadensersatzpflicht des Gerichtsvollziehers für ein Verschulden bei der Zustellung, bei der Vornahme einer Versteigerung in den Fällen der §§ 383, 1235ff. BGB oder bei der Vornahme von freiwilligen Versteigerungen zu beurteilen ist. Die gleiche Beurteilung — nur Beamten- oder Staatshaftung — muß aber überall da Platz greifen, wo es sich um die Erfüllung von Aufgaben handelt, die dem Gerichtsvollzieher in seiner Eigenschaft als Beamter durch Gesetz oder Dienstanweisung auferlegt sind (vgl. für die Ausführung von Zustellungen RG 87, 412; 91, 179, auch OLG 41, 140). Vgl. RG 83, 336 (vorzeitige Pfändung), RG Warn 1919 Nr 134 (verspätete und ordnungswidrige Versteigerung). Wahrung der Rechte Dritter bei der Zwangsvollstreckung als Amtspflicht des Gerichtsvollziehers s. RG 87, 294. Vgl. noch zu § 839.

Der **Notar** ist zunächst ein Beamter, und zwar ein Staatsbeamter, dem die öffentliche Beurkundung (vgl. RG Warn 09 Nr 206) im Interesse von Privatpersonen obliegt (BGB §§ 126—129, 518, 2231ff.; FGG v. 17. 5. 98, zehnter Abschnitt: gerichtliche und notarielle Urkunden; WO Art 87ff.; RStGB § 359). Da er aber regelmäßig nur auf Ersuchen einer Partei tätig wird, so wurde früher angenommen, daß der Notar zwar Dritten (RG 78, 246), daher auch dem Wechselprotestaten gegenüber, nur als Beamter mit Haftung nach § 839 zu betrachten sei, so z. B. im Falle unrichtiger Beurkundung eines Vertrags (RG 23. 1. 06 III 400/06), daß aber im Verhältnisse zu der Partei, die seine Tätigkeit in Anspruch nimmt, neben den öffentlichrechtlichen, durch Gesetz und Dienstanweisung gegebenen Vorschriften die Grundsätze des bürgerlichen Rechtes über Dienstvertrag und Geschäftsbesorgung mit unmittelbarer Haftung für etwaige Versehen anzuwenden seien, so z. B. in betreff seiner Schadenspflicht bei versäumter oder ungültiger Protesterhebung (RG 49, 26; RG 6. 2. 06 III 275/05; 29. 5. 06 III 334/05; Warn 1912 Nr 102); bei der Aufnahme eines formell ungültigen Testaments (RG 21. 12. 09 III 38/09); bei der Abfassung einer zu weitgehenden Löschungsbewilligung (RG 4. 1. 10 III 65/09). Als wesentlich oder doch als Regel wurde danach für das Verhältnis zwischen dem Notar und den Beurkundungsbeteiligten angesehen, daß beide Teile durch einen Vertrag gebunden seien, der die dem Notar schon amtlich obliegende Tätigkeit als seine vertragliche Pflicht umfasse. Diese der amtlichen Stellung des Notars nicht gerecht werdende Auffassung ist aber unter der Einwirkung des die Haftung des Gerichtsvollziehers betreffenden Beschlusses der vereinigten Zivilsenate v. 2. 6. 13 (s. oben) vom Reichsgericht aufgegeben, und es ist in RG 85, 409 (413) ausgesprochen worden, daß grundsätzlich, wenigstens beim preußischen Notar, auf den allein sich die Rechtsprechung des Reichsgerichts bezieht, die Erfüllung einer Amtspflicht nicht Gegenstand vertraglicher Bindung sein könne. Ebenso spätere Entscheidungen (vgl. RG 95, 214). Neben den Amtspflichten des Notars gibt es keine besonderen „Berufspflichten" (RG JW 1915, 119[3]), sondern nur Vertragspflichten, die er als Rechtskundiger durch Dienstvertrag, der eine Geschäftsbesorgung zum Gegenstand hat (§§ 611, 675), — im Falle der Unentgeltlichkeit durch Auftrag (§ 662) —, unter Umständen auch durch Werkvertrag (§ 631 Abs 2) übernimmt. Solche Vertragspflichten können aber nur da begründet sein, wo eine Amtspflicht nicht mehr in Frage kommt. Amtspflicht (nicht Vertragspflicht) des beurkundenden Notars ist es, den erklärten Willen der Beteiligten in klarer, gültiger Fassung und Form urkundlich festzulegen, der Urkunde den Inhalt zu geben, der dem Willen der Beteiligten und dem Zwecke der Urkundenerrichtung entspricht (RG 85, 413; 87, 232; 93, 68; RG JW 1921, 236[7]; RG LZ 1919, 46[12]; 1917, 742[5]; vgl. auch LZ 1919, 60[1] und BayObLGZ 19, 64). Dabei darf sich aber der Notar nicht immer und ohne weiteres mit äußerlich einwandfreien Erklärungen der Beteiligten begnügen, er muß vielmehr, wie in der Rechtsprechung ebenfalls anerkannt ist, ihren wirklichen Willen erforschen und danach die Beurkundung vornehmen (RG 95, 301). Soweit es diese Aufgabe mit sich bringt, ist der Notar kraft seines Amtes auch zur Aufklärung und zur Belehrung der Beteiligten verpflichtet, so z. B. wenn zweifelhaft ist, ob sie sich der Bedeutung und Tragweite ihrer (äußerlich vielleicht nicht zu beanstandenden) Erklärungen völlig bewußt sind, oder wenn die Gültigkeit des Rechtsgeschäfts, dessen Beurkundung verlangt wird, Bedenken unterliegt (vgl. preuß. AG.FGG v. 21. 9. 99 Art 40). Der Notar muß die Beteiligten insbesondere auch darüber belehren, wie sie den mit der Beurkundung erstrebten Zweck erreichen können, und ihnen das dazu taugliche Rechtsgeschäft vorschlagen (RG 95, 214). Darüber hinaus kann eine solche Pflicht durch Vertrag begründet werden (RG JW 1915, 1007[15]; 1927, 1145[7]; Warn 1911 Nr 233), so z. B. die Pflicht zur Auskunft über die Verhältnisse eines Darlehnsschuldners und über den Wert einer Sicherheit (RG 8. 7. 18 III 13/18) oder über die Güte des Käufers (RG Warn 1927 Nr 40). Amtspflicht zur Belehrung über die Gefahren der Auszahlung eines Darlehns vor Eintragung einer Hypothek s. RG 85, 337, der Auszahlung eines Kaufpreises vor Erteilung der vormundschaftsgerichtlichen Genehmigung RG JW 1922, 805[7]. Über die Grenzen amtlicher Belehrungspflicht s. ferner RG 100, 284 (Belehrung über die wirtschaftlichen Gefahren eines Vertrags); RG JW 1915, 513[11]; 1917, 600[9]; 1921 S. 169[2], 237[8]; Warn 1914 Nr 120; 1916 Nr 276; RG LZ 1911, 468; 1916, 1372[5]; 1919, 477[9]; auch SeuffA 72 Nr 56, 179 und BayObLG 19, 408. Sorgfaltspflicht des Notars bei Beurkundung der Bestellung einer Grundschuld als Forderungssicherungsmittel s. RG JW 1923, 749[2]. Zur amtlichen Tätigkeit des Notars gehört auch die Vorbereitung einer künftigen Beurkundung oder Beglaubigung, so das Entwerfen von Erklärungen, wenn es zu dem Zwecke geschieht, daß er sie später beurkunden oder auch nur beglaubigen soll (RG JW 1917, 538; 1919, 995[4]; RG SeuffA 71 Nr 254). Dagegen verletzt er nicht eine Amtspflicht, sondern höchstens eine etwa von ihm als Rechtskundigen übernommene Vertragspflicht, wenn er die Ausführung eines von ihm beurkundeten Vertrags nachträglich vereitelt (RG 3. 3. 16 III 374/15). Ebenso endet die Amtspflicht des Notars mit der Beurkundung eines Erbauseinandersetzungsvertrags, eine Mitwirkung bei der Ausführung des Vertrags fällt nicht in den Bereich seiner amtlichen Tätigkeit (RG JW 1924, 814[24]). Amtspflicht des Notars, seine Mitwirkung bei einer Beurkundung zu versagen, wenn die Beteiligten trotz Belehrung über die rechtliche Unzulässigkeit des von ihm beabsichtigten Geschäfts auf dessen Beurkundung bestehen, s. RG JW 1921, 336[5]; über seine Amtspflicht, die Beglaubigung einer Urkunde zu verweigern, wenn er die Strafbarkeit oder die Ungültigkeit ihres Inhalts kennt, s. RG 87, 232; vgl. auch RG 85, 225; 101, 155 und RG JW 1910, 1004[14]. Zur Einsicht des Grundbuchs ist der preußische Notar nur im Falle eines dahingehenden Vertrags verpflichtet (RG JW 1915, 1193[4]; 1919, 241[8]). Dagegen muß er, wenn er das Grundbuch nicht einsieht, sich auf andere Weise Gewißheit über seinen Inhalt verschaffen, und wenn er hierüber nicht genügende Klarheit gewinnt, die Beteiligten mindestens darauf aufmerksam machen, daß die Beurkundung nur auf ihre Gefahr geschehen könne (RG 24. 4. 23 III 387/22). Er hat auch die Amtspflicht, sich vor der Beurkundung eines Kaufvertrags über Grundstücke davon zu überzeugen, ob die Beteiligten, insbesondere der Käufer, zuverlässige Kenntnis vom Hypothekenstande haben (RG 95, 299). Macht der Notar von der Ermächtigung, Urkunden beim Handelsregisteramt oder beim Grundbuchamt einzureichen (FGG § 129; GBO § 15), sei es auch nur auf Ersuchen der Beteiligten, Gebrauch, so liegt ihm die sorgfältige, insbesondere rechtzeitige Ausführung als Amtspflicht ob (RG 93, 68; 114, 202; auch JW 1916, 1284). Über Rat und Auskunft als Gegenstand vertraglicher Bindung, auch wenn der Notar keine Gebühr berechnet, s. RG JW 1918, 90[11]; RG Warn 1920 Nr 197; RG LZ 1915 S. 49, 435; 1919, 154[8]. Über die Amtspflichten des Notars bezüglich der Erhebung von Wechselprotesten s. auch RG 91, 127. Verwahrung von Wertpapieren als Amtsgeschäft des Notars s. RG 114, 295. — Bezüglich der Erfüllung vertraglicher Pflichten haftet der Notar nach § 278 für das Verschulden seiner Gehilfen (vgl. RG 85, 225). Seine Amtspflichten muß er grundsätzlich in eigener Person erfüllen, wenn er sich auch zur Vorbereitung von Amtshandlungen der Hilfe anderer bedienen darf. So muß er prüfen, ob der Inhalt der von einem Gehilfen entworfenen Urkunde dem Willen der Beteiligten entspricht (RG JW 1914, 354[6]; Gruch 57, 978). Die Gehilfen sind auch nicht berufen, Rechtsauskunft zu erteilen, die Beteiligten nicht berechtigt, sich auf eine solche Auskunft zu verlassen (RG JW 1910, 1004[14]; 1919, 241[1]). Über die Haftung des preußischen Notars für seinen Vertreter nach PreußFGG Art 101 s. RG 100, 287 (anders für Mecklenburg OLG 43, 98). Vgl. noch zu § 839. — Einfluß der Nichtigkeit eines Generalversammlungsbeschlusses auf den Gebührenanspruch des beurkundenden Notars, der die Nichtigkeit durch Außerachtlassung von Formvorschriften des Aktienrechts verschuldet hat, s. RG 114, 202. Über Notariatsgebühren s. auch RG JW 1927, 1252[9].

Die Berufsstellung der **Rechtsanwälte** wird in geringerem Maße als diejenige der Beamten vom öffentlichen Rechte beeinflußt und namentlich werden ihre Beziehungen zu den ihren Beistand in Anspruch nehmenden Privatpersonen durch das Vertragsrecht des BGB bestimmt. Allerdings wird die Stellung des Rechtsanwalts in mehrfacher Hinsicht durch öffentlichrechtliche Vorschriften der RAO v. 1. 7. 78, insbes. §§ 3—25, 26—36, 39, 40, sowie der Prozeßordnungen bestimmt, so daß bei seinem Beruf wie auch bei dem des Arztes (s. unten) „nicht sowohl die Ausübung des wirtschaftlichen Erwerbs als vielmehr die Betätigung geistiger Kräfte im Dienste des Gemeinwohls in den Vordergrund tritt" (vgl. RG 39, 137; 55, 169 und namentlich 66, 150; 75, 105). Insoweit er aber von einer Privatperson zu deren Beistand zugezogen wird, liegt ein Vertragsverhältnis des bürgerlichen Rechtes vor, dem in der Regel ein Dienstvertrag, der eine Geschäftsbesorgung zum Gegenstande hat (§§ 611, 675), und nur ausnahmsweise, wenn nicht die Arbeit des Anwalts, sondern ein durch sie herbeizuführender Erfolg (§ 631 Abs 2), z. B. die Erstattung eines Gutachtens, den Gegenstand seiner Verpflichtung bildet, ein Werkvertrag zugrunde liegt (RG 75, 105; 88, 223; 110, 139; RG JW 1914, 642[4]; RG LZ 1916, 1188[11]; RG Warn 1918 Nr 75; 1926 Nr 165; a. M. Staudinger, „Allgemeiner Arbeitsvertrag", Vorbem IV 1c vor § 611). Auch die Anfertigung eines Vertrags durch einen Rechtsanwalt bildet nur unter besonderen Umständen (RG JW 1914, 642[4]) den Gegenstand eines Werkvertrags (RG 88, 223; Warn 1918 Nr 75). Kündigung des Dienstverhältnisses durch den Rechtsanwalt wegen Nichtzahlung eines Vorschusses s. RG Warn 1926 Nr 165. — In der Rechtsprechung ist eine privatrechtliche Haftpflicht des Rechtsanwalts bei Verletzung seiner vertragsmäßigen Verbindlichkeiten stets angenommen worden, so bei unrichtiger Angabe der Hypothekenverhältnisse eines vom Auftraggeber anzukaufenden Gutes (RG 2. 2. 06 III 270/05), bei nicht ausreichender Sorgfalt, die auf die Grundbucheinsicht zu verwenden war (RG Warn 1912 Nr 246), bei Nichtbelehrung über die Gefahren, die mit der Unterlassung der Benachrichtigung des Grundstückseigentümers von der Abtretung einer Hypothekenforderung verbunden sind (RG JW 1921, 336[6]), bei ungenügender Erkundigung über die Hypothekenverhältnisse eines Grundstücks vor der Zwangsversteigerung (RG 15. 5. 08 III 496/07), bei unterlassener Fürsorge für die Aufnahme eines im Zwangsversteigerungstermine abgegebenen Gebots in das Protokoll (RG 11. 12. 08 III 106/08), bei Übersehen des Sicherheitsverlangens eines Beteiligten (RG JW 1915, 654[6]) und bei unterlassener Berechnung der der Hypothek des Auftraggebers vorgehenden Ansprüche im Zwangsversteigerungstermin (RG Warn 1916 Nr 247), ferner bei Beschaffung und Benutzung eines ungültigen Wechselprotests (RG 20. 2. 06 III 295/05), bei Verzögerung einer an sich begründeten Klagestellung bis nach Ablauf der dafür bestehenden Verjährungsfrist und bei schuldhafter Herbeiführung der Verjährung durch Nichtbetrieb eines anhängigen Rechtsstreits (**RG** 9. 3. 09 III 208/08; **RG** Warn 1912 Nr 371; **RG** JW 1914, 771[16]), bei vorzeitiger Stellung von Vollstreckungsanträgen, jedoch unter Einschränkung der Haftung bei mitwirkendem Verschulden der Partei nach § 254 (**RG** 3. 4. 06 III 376/05), wegen Vereitelung von Schadensersatzansprüchen durch Erhebung der Wandlungsklage (**RG** Warn 1915 Nr 139), wegen falscher Fassung des Klageantrags bei Auseinandersetzung von Gesellschaftern einer offenen Handelsgesellschaft (JW 1917, 979[3]), wegen mangelhafter Fassung einer Anmeldung zum Handelsregister (**RG** JW 1915, 509[8]), wegen der Empfehlung eines unzulässigen Selbsthilfeverkaufs (**RG** JW 1921, 893[3]), wegen unrichtigen Rates über das von einer Partei einzuhaltende Verfahren, wenn zwischen ihr und dem Anwalt ein Vertragsverhältnis besteht (**RG** 5. 1. 05 III 264/04; 18. 2. 10 III 154/09, dagegen nicht wegen solchen Rates bei nicht bestehendem Vertragsverhältnisse **RG** 16. 3. 06 III 342/05), wegen Auskunft über tatsächliche oder rechtliche Verhältnisse, auch wenn ein Anspruch auf besondere Vergütung dafür nicht begründet ist (**RG** LZ 1915, 49[10]), wegen falscher Auskunft über das vor 1900 geltende eheliche Güterrecht (**RG** Warn 1920 Nr 195), wegen Nichtbelehrung oder irriger Belehrung über die Ausschließung der Haftung für die Schulden eines mit der Firma übernommenen Handelsgeschäfts nach HGB § 25 Abs 2 (**RG** JW 1916, 1275[5]; **RG** LZ 1916, 1239[9], auch OLG 28, 176), wegen unterlassener Belehrung über die außergewöhnliche Höhe der Kosten einer Widerklage (**RG** JW 1919, 446[7]). Über die Verpflichtung des vom Gericht beigeordneten Armenanwalts, unter Umständen auch ohne Auftrag der Partei in deren Interesse tätig zu werden, s. **RG** 115, 60. Der Berufungsanwalt hat sich innerhalb angemessener Frist mit dem Prozeßstoff bekanntzumachen und ihn daraufhin zu prüfen, ob und welche prozessualen Maßnahmen zur Wahrnehmung der Interessen seiner Partei, z. B. auch zur Unterbrechung der Verjährung des noch nicht rechtshängigen Teiles einer Schadensersatzforderung, erforderlich sind; Verschulden des erstinstanzlichen Anwalts, der nicht zugleich Verkehrsanwalt ist, entlastet ihn nicht, begründet vielmehr nur eine Gesamthaftung beider Anwälte (**RG** 115, 185). Die Übernahme der Vertretung im Zwangsversteigerungsverfahren begründet nicht ohne weiteres die Pflicht, dafür zu sorgen, daß der Auftraggeber eine möglichst geringe Wertzuwachssteuer zu bezahlen hat (**RG** JW 1917, 967[4]). Über die Ausführung des Zwangsvollstreckungsauftrags, das Girokonto eines Schuldners des Auftraggebers „sperren zu lassen", s. **RG** LZ 1915, 521[9]. Über die Verpflichtung des Rechtsanwalts, Pfändungsprotokolle der Gerichtsvollzieher nachzuprüfen, s. OLG. 45, 176. Haftung des Rechtsanwalts für die Entwendung von Akten, die einem Beteiligten zur Einsicht vorgelegt worden sind, s. **RG** LZ 1916, 1022[9]. Vorteilsausgleichung, wenn der durch die Schuld des Rechtsanwalts ausgefallene Hypothekgläubiger das Grundstück mit Gewinn ersteht, s. **RG** 84, 386. Hat der Rechtsanwalt durch sein Verhalten in einem Rechtsstreite, z. B. durch Nichteinlegung eines Rechtsmittels oder durch einen Verzicht, die Interessen seines Auftraggebers verletzt, so ist für die Frage, ob dadurch ein Schaden entstanden ist, nicht maßgebend, wie das Gericht jenes Rechtsstreits ohne das Verhalten des Rechtsanwalts entschieden haben würde, sondern wie es bei richtiger Beurteilung, also nach der Ansicht des über den Schadensersatzanspruch erkennenden Gerichts, hätte entscheiden müssen (**RG** 91, 164; JW 1912, 51; 1917, 102[3]; **RG** SeuffA 69 Nr 40). Über die Beweislast bezüglich des ursächlichen Zusammenhangs s. **RG** Warn 1916 Nr 135, 1913 Nr 413, **RG** LZ 1914, 1897. — Der Rechtsanwalt muß bei Wahrnehmung der Interessen seines Auftraggebers nach sorgfältiger Prüfung sich selbst eine Rechtsanschauung bilden und braucht nicht jeder abweichenden Meinung Rechnung zu tragen; wohl aber muß er allgemein anerkannte Ergebnisse der Rechtslehre sowie die oberstrichterliche Rechtsprechung berücksichtigen (**RG** 87, 183, dazu 89, 426). Kein Verschulden des Rechtsanwalts, wenn er einer vom Reichsgericht gebilligten, von Schriftstellern bekämpften Ansicht folgt; er braucht auch nicht mit einer Änderung der Rechtsprechung zu rechnen (**RG** JW 1915, 1259[3]). Der Rechtsanwalt muß aber Zweifel und Bedenken, zu denen die Sachlage Anlaß gibt, darlegen und darf nicht die Gefahr einer ungünstigen gerichtlichen Entscheidung dem Auftraggeber aufbürden (**RG** LZ 1916, 1006[7]). Von mehreren möglichen Maßnahmen muß er diejenige wählen, die sicherer und zweifelsfrei ist, auch wenn für eine andere, zweifelhaftere, sich angesehene Rechtslehrer aussprechen (**RG** JW 1921, 893[3]). — Über Behandlung von Fristsachen s. auch **RG** 96, 322. — Der Rechtsanwalt haftet für seine Gehilfen nach § 278 (**RG** JW 1914, 77[9]), für seinen Generalsubstituten (RAO § 25) dagegen nur nach § 664 Abs 1 Satz 2 (SeuffA 75 Nr 211). Haftung für betrügerische Mitteilungen des Bureauvorstehers **RG** 101, 248, für Unterschlagungen des Kanzleivorstandes s. JW 1920, 397[9]. Rechtsanwälte, die sich zur gemeinschaftlichen Ausübung des Anwaltsberufs verbunden haben, haften als Gesamtschuldner für den Schaden, den einer von ihnen dem Auftraggeber schuldhaft verursacht, wenn dieser, was im Zweifel anzunehmen ist, sie sämtlich mit der Wahrnehmung seiner Rechte betraut hat (**RG** 85, 306; Warn 1916 Nr 247; vgl. auch JW 1916, 519[7]; 1917, 304[7]; LZ 1916, 831[9]). Das gilt aber nur bei Handlungen, die sich innerhalb der Grenzen des Anwaltsberufs bewegen, nicht z. B. für eine Auskunft über wirtschaftliche Verhältnisse behufs Entschließung über die Gewährung eines Darlehns (RG 88, 342; vgl. auch OLG 34, 60). — Mitwirkendes Verschulden des Auftraggebers kann die Ersatzpflicht des Rechtsanwalts nach § 254 beschränken. Wenn aber der Anwalt infolge ungeschickten oder säumigen Verhaltens des Auftraggebers Veranlassung hat, sein bisheriges Vorgehen zu ändern und rasch einen andern, gesetzlich gewiesenen Weg zu beschreiten, und er unterläßt dies, so trifft grundsätzlich nur ihn die Schuld für diese Versäumung (RG Warn 1926 Nr 212). — Über die Verjährung von Schadensersatzansprüchen s. RAO § 32a und RG 88, 223; 90, 82; RG LZ 1916, 1188; Warn 1918 Nr 75. — Vertragsverhältnis des Rechtsanwalts zu anderen Beteiligten s. RG 52, 365; RG LZ 1915 S. 49[10], 435[1]; 1918, 41[6]. — Ein Abkommen zwischen dem Rechtsanwalt und seinem Auftraggeber über die Höhe der Vergütung verliert nicht ohne weiteres seine Wirksamkeit mit dem Inkrafttreten einer Gebührenordnung, die den Rechtsanwalt besserstellen würde; die Bedeutung eines solchen Abkommens muß vielmehr nach den Umständen des Falles und dem ausdrücklich oder stillschweigend erklärten Willen der Vertragsteile festgestellt werden (RG 114, 336; RG Warn 1927 Nr 27). Über die Aufwertung von Rechtsanwaltsgebühren s. RG 110, 139; 111, 372; RG Warn 1925 Nr 192, 193; 1926 Nr 131; RG JW 1927, 846[11]. Verwirkung des Gebührenanspruchs durch mißbräuchliche Ausübung des Zurückbehaltungsrechts an den Handakten s. RG 113, 264. Nichtigkeit von Gebührenvereinbarungen s. Vorbem 4 a. E. — Über das Vertragsverhältnis eines Patentanwalts zu seinem Auftraggeber s. RG JW 1925, 246[2].

Die Vorschriften des Dienstvertrags, unter Umständen die des Werkvertrags, finden auch Anwendung auf das Verhältnis des **Arztes** zum Kranken. Allerdings ist auch der Arzt dem öffentlichen Recht unterworfen, namentlich insofern nach GewO § 29 zur Bezeichnung und Anerkennung als „Arzt" ein Befähigungsnachweis und eine staatliche „Approbation" erfordert, ihm auch durch weitere Bestimmungen (StGB § 300; RG 53, 315) die Wahrung des Berufsgeheimnisses und bei gewissen ansteckenden Krankheiten eine Anzeigepflicht auferlegt wird. Vgl. außerdem noch StGB §§ 209, 277, 278; GVG §§ 35, 85; StPO § 52 Abs 1 Nr 3; ZPO § 383 Nr 5; KO § 61 Nr 4; PStG § 18 Nr 3, § 58; RGes., betr. die Bekämpfung gemeingefährlicher Krankheiten, v. 30. 6. 00 § 2. Die ärztliche Tätigkeit ist ferner ihrem inneren Wesen nach (abgesehen von gewerblich betriebenen Privatkrankenanstalten) kein gewerbliches Unternehmen und trotz §§ 29, 144 Abs 2 GewO auch keins im Sinne der GewO, sondern ein Beruf, bei dem es sich (wie bei den Rechtsanwälten) in erster Linie nicht um den wirtschaftlichen Erwerb, sondern um die Betätigung geistiger Kräfte im Dienste des Gemeinwohls handelt (RG 66, 143; 86, 186; 90, 35; vgl. auch 80, 223; anders für das Steuerrecht RG 39, 137). Der öffentlichrechtliche Charakter seiner Stellung (s. auch unten Vorbem 4) schließt aber nicht aus, daß der Arzt regelmäßig tätig wird auf Grund eines dem bürgerlichen Rechte angehörigen ausdrücklichen oder stillschweigenden Vertrags mit dem Kranken oder seinen Angehörigen und Vertretern, an deren Entschließung der Arzt mehrfach gebunden ist, namentlich wenn es sich um die Vornahme einer Operation handelt, die gefährlich und dabei in ihrem Ergebnis ungewiß ist (RG 68, 431; RGSt 25, 375; RG Warn 1911 Nr 431; SeuffA 46 Nr 189; 48 Nr 262; RG Gruch 51, 923). Eine stillschweigende Einwilligung steht der ausdrücklichen gleich. Bei Gefahr im Verzug bedarf es einer Einwilligung überhaupt nicht (RG 68, 434). Der Arzt ist nicht verpflichtet, den Kranken auf alle möglichen Folgen einer Operation aufmerksam zu machen (RG 78, 432; RG Warn 1920 Nr 109) — eine umfassende Belehrung ist unter Umständen sogar unrichtig, weil sie aufregen oder von der Einwilligung zu einem notwendigen Eingriff abschrecken kann (RG ebenda) —, er muß sich aber wenigstens im allgemeinen die Einwilligung des Kranken in die Vornahme der Operation sichern und darf ihn nicht über wesentliche Umstände im unklaren lassen (OLG 28, 182). Macht der Arzt darauf aufmerksam, es sei Gefahr im Verzug, der Kranke müsse ihm alles einzelne überlassen, und unterzieht sich nun der Kranke einer Operation, so liegt darin zugleich die Erklärung des Einverständnisses mit einer Ausdehnung der Operation über den ursprünglich beabsichtigten Umfang hinaus, falls diese Ausdehnung nach ärztlichen Grundsätzen zur Heilung des Kranken erforderlich sein sollte. So für einen Fall, in dem der Arzt einen ungefährlichen Eingriff an der Gebärmutter vornehmen sollte, bei der Operation aber Krebs vorfand und deshalb die ganze Gebärmutter entfernte (RG 21. 11. 13 III 277/13). Über die bei der Ausführung von Operationen anzuwendende Sorgfalt s. RG 83, 75 und 97, 4. Bezüglich der Beweislast in Operationsfällen hat das Reichsgericht wiederholt ausgesprochen, daß die Unmöglichkeit, die Ursache der Verletzung des Kranken festzustellen, nicht zu Lasten des behandelnden Arztes gehen dürfe (RG 78, 432; RG JW 1913, 32[20]). Dieser Grundsatz muß jedoch mit Vorsicht gehandhabt werden. Immer ist zu prüfen, ob die Sachlage einen Anhalt dafür bietet, daß ein schuldhaftes Verhalten des Arztes vorliege, das nach dem gewöhnlichen Verlauf der Dinge die Verletzung hervorgerufen haben könne, und ob dieser Anhalt so stark ist, daß eine Unmöglichkeit der Feststellung des ursächlichen Zusammenhangs nicht mehr angenommen werden kann (RG Warn 1926 Nr 155). Zu beachten ist dabei, daß nicht jeder Fehler in der Behandlung, nicht jeder Fehlgriff bei einer Operation ein zum Schadensersatze verpflichtendes Verschulden des Arztes begründet (**RG** 78, 432; **RG** SeuffA 67 Nr 57). Vgl. **RG** JW 1912, 581[1] (fahrlässiges Durchstechen der Gebärmutter); **RG** LZ 1915, 903[6]; **RG** Warn 1922 Nr 7; LZ 1920, 664[1] und BayObLGZ 19, 391 (Röntgenverbrennung); s. auch **RG** LZ 1916, 1185[8]. Bei inneren Verletzungen muß der Arzt unter Umständen die Aufnahme eines Röntgenbildes veranlassen; sonst haftet er für falsche Diagnose und dementsprechend falsche Behandlung auch dann, wenn die Diagnose dem äußeren Befund entsprach (**RG** JW 1923, 603[15]). — Über die Verpflichtung des vom Arzte Verletzten, sich einer Operation zur Heilung zu unterwerfen, s. **RG** 83, 15. Begibt sich der vom Arzt Verletzte behufs Heilung der Verletzung in die Behandlung eines anderen Arztes, und wird er von diesem ebenfalls schuldhaft falsch behandelt, so muß der erste Arzt auch für diese mittelbare Folge seines eigenen Fehlers mithaften, es müßte denn sein, daß der zweite Arzt gegen alle ärztliche Regel und Erfahrung schon die ersten Anforderungen an ein vernünftiges, gewissenhaftes ärztliches Verfahren in gröblichstem Maße außer acht gelassen hat (**RG** 102, 230; **RG** JW 1911, 754[9]). Berücksichtigung des Umstandes, daß die verletzende Handlung den Kranken von einem anderen Leiden befreite, s. **RG** JW 1913, 987[17]. — Dadurch, daß der Erkrankte sich mit einer bestimmten Art der Behandlung (z. B. nach einem Naturheilverfahren) einverstanden erklärt oder sich sogar nur zum Zwecke einer solchen an den Arzt wendet, wird dieser mangels einer abweichenden Vereinbarung nicht der Pflicht überhoben, die Richtigkeit dieser Behandlung von vornherein und in ihrem Verlaufe zu prüfen und, wenn nach den Regeln der ärztlichen Wissenschaft ihre Erfolglosigkeit oder gar Schädlichkeit anzunehmen ist, sie aufzugeben oder wenigstens von ihr abzuraten (**RG** Warn 1912 Nr 373). Vgl. auch OLG 33, 329 (Gewährung einer vom Kranken gewünschten Behandlung im Bewußtsein ihrer Sachwidrigkeit und Gesundheitsschädlichkeit als Verstoß gegen die guten Sitten § 826). — Bei der Behandlung von Kindern tritt der Arzt in der Regel in vertragliche Beziehungen nur zu den Eltern (**RG** 85, 183, aber auch **RG** JW 1919, 38[4]). — Liegt ein Vertragsverhältnis nicht vor, so kann Anspruch und Haftung des Arztes aus Geschäftsführung ohne Auftrag (§§ 677, 680) in Frage kommen. — Neben die Haftung aus Vertrag oder Geschäftsführung ohne Auftrag tritt die Haftung aus unerlaubter Handlung (§§ 823ff.), insofern der Arzt, der den Kranken gegen die anerkannten Regeln der ärztlichen Wissenschaft oder sonst vorsätzlich oder fahrlässig falsch behandelt, der allgemeinen Rechtspflicht, niemanden an seinem Körper oder an seiner Gesundheit zu verletzen, zuwiderhandelt (**RG** 88, 433; **RG** Warn 1916 Nr 226; **RG** SeuffA 67 Nr 58). Haftung eines beamteten Arztes, z. B. eines Gefängnisarztes, nach § 839. — Haftung des behandelnden Arztes für Mißgriffe seines Assistenten unter dem Gesichtspunkt der Vertragshaftung nach § 278, bei unerlaubter Handlung nach § 831 (**RG** Gruch 69, 86). — Über die Frage, ob der Arzt für die im Vorraum seiner Wohnung abgelegten Kleidungsstücke haftet, s. **RG** 99, 35.

Der Vertrag zwischen dem **Schiedsrichter** und den Parteien des schiedsgerichtlichen Verfahrens (ZPO §§ 1025ff.) ist einem Dienstvertrag (oder Auftrag, nicht einem Werkvertrag) ähnlich, aber mit Rücksicht auf die Eigenart der schiedsrichterlichen Tätigkeit als ein Vertrag besonderer Art anzusehen (**RG** 59, 247; 65, 175; 74, 321; 94, 210; **RG** Warn 1913 Nr 76; **RG** BayZ 1927, 351). Der Schiedsrichter steht ebenso wie der staatliche Richter über den Parteien, muß ebenso unbefangen und unparteilich urteilen, seine Stellung ist aber noch freier als die des staatlichen Richters (**RG** 41, 255; 59, 249; 94, 212; Warn 1913 Nr 76). Mit der Übernahme seines Amtes wird der Schiedsrichter beiden Parteien gegenüber in gleicher Weise berechtigt und verpflichtet, mag er auch nur von einer Partei ernannt worden sein (**RG** 41, 251; 59, 247; 74, 321 u. a.; für Schiedsgutachter s. **RG** 87, 191) Beide können ihn daher zur Erfüllung seiner Aufgabe anhalten (**RG** 59, 252; Kündigung **RG** 101, 392; **RG** JW 09, 694[22]; **RG** Gruch 65, 497; **RG** SeuffA 69 Nr 162), und er haftet beiden für die Ordnungsmäßigkeit der Erfüllung (jedoch keine Haftung für Fahrlässigkeit bei der Spruchtätigkeit: **RG** 65, 175; OLG 45, 178). Anderseits haften beide Parteien nach § 427 als Gesamtschuldner für die ihm zustehende Vergütung (**RG** 94, 210; SeuffA 74 Nr 77; BayZ 1927, 351). Ob dem Schiedsrichter eine Vergütung zusteht, bestimmt sich mangels besonderer Vereinbarung entsprechend den Vorschriften der §§ 612, 632 danach, ob die schiedsrichterliche Tätigkeit nach den Umständen nur gegen eine Vergütung zu erwarten ist (**RG** 94, 210; SeuffA 63 Nr 193; 66 Nr 64; auch 74 Nr 77). Die Höhe der Vergütung bestimmt sich mangels einer Vereinbarung nach dem, was üblich oder angemessen ist; nur hierauf erstreckt sich auch die Prüfung des ordentlichen Gerichts; ob der Schiedsspruch sachlich richtig und ob er rechtsbeständig ist, hat dabei außer Betracht zu bleiben (**RG** JW 1927, 1484[16]). Bestimmung des der Vergütung zugrunde zu legenden Streitwerts durch die Schiedsrichter (**RG** Warn 1926 Nr 142; 1927 Nr 39).

3. Form des Dienstvertrags. Eine besondere Form ist nicht vorgeschrieben (**RG** 24. 5. 09 III 253/08). Hat der Dienstvertrag jedoch die Übernahme der Grundstücksveräußerung an einen Dritten zum Gegenstande, so bedarf er der Form des § 313 (RG 81, 49). Über einen Dienstvertrag mit Ruhegehaltsversprechen s. RG 80, 208; 94, 157 u. § 761 A 5. Vormundschaftsgerichtliche Genehmigung s. § 1822 Nr 7. Für land- und forstwirtschaftliche Arbeiter s. die vorläufige Landarbeitsordnung v. 24. 1. 19 (RGBl 111) § 2.

4. Inhalt des Dienstvertrags. Auch der Dienstvertrag unterliegt den Grundsätzen von Treu und Glauben (§ 242) und darf nicht gegen die guten Sitten (§ 138) verstoßen. Ein solcher Verstoß liegt z. B. unter Umständen dann vor, wenn ein Handlungsgehilfe nach seinem Anstellungsvertrage in gleicher Weise am Gewinn und Verlust des Geschäfts Anteil haben und das Entgelt für seine Dienste sich nur nach dem Ergebnis der Gewinn- und Verlustrechnung bemessen, eintretendenfalls also ein Entgelt ihm überhaupt nicht zukommen soll (RG JW 1910, 5[5]), dagegen nicht schon dann, wenn der Handlungsgehilfe als Vergütung für seine Dienste an Stelle eines Gehalts nur einen Anteil am Gewinn erhält (RG Warn 1914 Nr 37). Unsittlich ist ein Vertrag, wodurch ein Angestellter sich unter Ausübung eines Druckes auf den Geschäftsherrn für die Wahrung der Vertragstreue eine Gehaltserhöhung versprechen läßt (RG JW 1916, 1185[3]). Vgl. auch § 611 A 2. Über die Frage der Unsittlichkeit eines Vertrags, der dem Theaterunternehmer die Befugnis einseitiger Verlängerung oder Kündigung eines Bühnenanstellungsverhältnisses gewährt, s. § 620 A 2. Unzulässig ist ferner die zeitlich unbegrenzte Aussperrung eines Arbeiters durch einen Arbeitgeberverband, wenn dadurch dem Arbeiter in weitgehender Weise die Erlangung von Arbeit erschwert und ihm gegenüber eine unbillige Härte betätigt wird (RG 57, 418). Ein Verstoß gegen Treu und Glauben liegt aber z. B. dann nicht vor, wenn ein Arbeitgeber die bei ihm beschäftigten Arbeiter mit Rücksicht auf den unter den Arbeitern eines anderen Arbeitgebers ausgebrochenen Streik nach vorgängiger ordnungsmäßiger Kündigung entläßt (RG 54, 255). Gegen die guten Sitten verstößt auch nicht die Nebenbestimmung eines Arbeitsvertrags, daß ein Angestellter, der ein an sich auskömmliches festes Gehalt, sowie außerdem gewisse Nebenbezüge an Provision und Tantiemen erhält, keinen Anspruch auf diese Nebenbezüge haben soll, wenn bei ihrer Fälligkeit der Vertrag bereits gekündigt ist (RG 58, 361). — Die Grundsätze der §§ 242, 138 gelten auch für Wettbewerbsverbote, d. h. für Vereinbarungen, wodurch dem Dienstverpflichteten bei Meidung einer bestimmten Strafe für die Zeit nach Beendigung des Dienstverhältnisses eine Beschränkung in der Verwertung seiner Arbeitskraft auferlegt wird. Der Verletzung einer solchen Bestimmung steht ein auf ihre Umgehung gerichtetes Verhalten gleich (RG 22. 2. 10 III 165/09). Bei unverhältnismäßiger Höhe der Strafe ist § 343 maßgebend (vgl. RG 86, 28). Die Höhe der mit einem Wettbewerbsverbot verbundenen Vertragsstrafe kann für sich allein die Annahme eines Verstoßes gegen die guten Sitten nach § 138 in der Regel nicht rechtfertigen; es muß noch etwas hinzukommen, das die Vereinbarung im ganzen als sittenwidrig erscheinen läßt, z. B. wucherische Ausbeutung, ehrenwörtliche Verpflichtung (s. unten), Häufung von Strafen für jede noch so unbedeutende Zuwiderhandlung (RG JW 1921, 1528[4]). Der Dienstberechtigte kann nach § 340 Abs 1 Satz 2 neben der Vertragsstrafe nicht auch zugleich Vertragserfüllung (Einhaltung des Wettbewerbsverbots) fordern, der Verpflichtete aber sich von der ihm auferlegten Beschränkung dann frei machen, wenn die Strafe ihrer Höhe nach dazu bestimmt erscheint, dem Berechtigten das volle Interesse an der Vertragserfüllung zu ersetzen (RG 33, 141; 40, 100; RG 2. 4. 09 III 329/08). Für Handlungsgehilfen gelten ferner die Vorschriften in §§ 74ff. (Anwendung, wenn ein selbständiger Kaufmann sein Handelsgeschäft veräußert und gleichzeitig Angestellter des Erwerbers wird, RG 101, 375), auch § 82a HGB in der Fassung des Ges. v. 10. 6. 14 (RGBl 209), dazu Ges. v. 21. 7. 22 (RGBl 652), Anwendung auf Betriebsbeamte, Werkmeister und Techniker (GewO § 133a) s. RG 59, 76. Tarifvertragliches Wettbewerbsverbot s. RG 114, 409. Für gewöhnliche Dienstverträge sind derartige ausdrückliche Vorschriften im BGB nicht enthalten, auch nicht in dem Maße wie bei Handlungs- und Gewerbegehilfen nötig. Die in den gewöhnlichen Dienstverträgen enthaltenen, den Dienstpflichtigen übermäßig beschränkenden Wettbewerbsverbote sind daher nur insoweit zu beanstanden, als sie den Grundsätzen von Treu und Glauben oder den guten Sitten zuwiderlaufen (vgl. RG 7. 6. 04 III 107/04; RG Gruch 57, 841). Unsittlichkeit von Strafbestimmungen s. RG 68, 229; 90, 181. Als den guten Sitten zuwiderlaufend ist insbesondere das von (deutschen) approbierten Ärzten und Zahnärzten (wie auch von Rechtsanwälten) mit ihren seitherigen Gehilfen vereinbarte Wettbewerbsverbot angesehen worden (RG 66, 143). Diese Beschränkung gilt jedoch nicht für eine solche Vereinbarung zwischen den nicht approbierten Zahntechnikern und ihren Gehilfen, da diese Personen lediglich Gewerbetreibende sind und ihre Zahnheiltätigkeit als ein gewerbliches Unternehmen betrachten (RG 70, 339). Über die Zulässigkeit des Verkaufs einer zahntechnischen oder zahnärztlichen Praxis s. RG 75, 120; 115, 172; RG Warn 1909 Nr 5; Verpachtung einer solchen Praxis s. RG SeuffA 79 Nr 97. Mit Rücksicht auf den öffentlichrechtlichen Charakter der Stellung der Rechtsanwälte und Ärzte (s. oben Vorbem 2) sind ferner als unsittlich erklärt worden: ein von der nicht ärztlich vorgebildeten Inhaberin einer Privat-

krankenanstalt mit dem von ihr angestellten Arzte vereinbartes Wettbewerbsverbot (RG 90, 35), das Abkommen eines Arztes mit einem Laien über dessen ärztliche Ausbildung, insofern es ausschließlich oder doch überwiegend die Ausnutzung der beruflichen Kenntnisse und Erfahrungen zum Geldverdienen bezwecke (RG JW 1915, 696[2]). Sittenwidrigkeit eines geheimzuhaltenden Abkommens, worin ein Arzt als Leiter eines Krankenhauses sich von einem von ihm als Nachfolger zu empfehlenden anderen Arzt eine Entschädigung versprechen ließ, s. RG JW 1916, 252[1]. Nichtigkeit der Vereinbarung einer übermäßigen Vergütung für die Tätigkeit eines Rechtsanwalts s. **RG** 83, 109, auch 98, 74; Nichtigkeit der Vereinbarung eines von dem Erfolg im Rechtsstreit abhängigen, nach der Höhe des zu erstreitenden Betrags abgestuften Sonderhonorars eines Rechtsanwalts s. **RG** 115, 141. — Nichtigkeit ehrenwörtlicher Verpflichtung s. **RG** 68, 229; 74, 332; 78, 258, auch 82, 222; **RG** SeuffA 67 Nr 104; 71 Nr 54; Warn 1914 Nr 178.

5. Übergangsvorschrift s. in EG Art 171.

6. Verfolgung der Ansprüche aus Dienstverträgen. Regelmäßig hat der Dienstberechtigte einen klagbaren Anspruch nur (positiv) auf Leistung der versprochenen Dienste, ohne jedoch in dieser Richtung einen gerichtlichen Zwang geltend machen zu können (ZPO § 888 Abs 2). Dagegen hat er nach dem Gesetze keinen (negativen) Anspruch dahin, daß der Verpflichtete während seiner Vertragszeit bei keinem anderen Arbeitgeber Dienste nehme (§ 611 A 1). Doch kann auch in dieser Beziehung infolge besonderer Vereinbarung ein Anspruch des Geschäftsherrn, seinem Bediensteten die Dienstleistung bei einem anderen Geschäftsherrn zu verbieten, sich ergeben (**RG** 72, 393, Plenarentscheidung), und in diesem Falle wird sich auch der gerichtliche Zwang rechtfertigen lassen; so ist z. B. gegenüber einem Schauspieler, der sich verpflichtet hat, nur auf einer bestimmten Bühne aufzutreten, ein gerichtliches Strafverbot im Falle des Auftretens auf einer Wettbewerbsbühne für zulässig erachtet worden (**RG** 29. 1. 04 III 517/03). — Im übrigen kommen aus dem Prozeßrecht für die Verhältnisse des Dienstvertrags zur Anwendung ZPO § 850, sowie Bundesgesetz v. 21. 6. 69 und RGes. v. 17. 5. 98 Art III, VO über Lohnpfändung v. 13. 12. 17/25. 6. 19, RGBl 1917, 1102; 1919, 589 und Gesetze v. 10. 8. 20, RGBl 1572, v. 23. 12. 21, RGBl 1657f., v. 26. 10. 22, RGBl 805f., s. auch RGBl 1923 I S. 153, 554, 783, 1110, 1186; 1924 I 25; Ges. v. 17. 12. 26 (RGBl I 503, Beschränkung der Beschlagnahme von Arbeits- oder Dienstlohn); Pfändung des Arbeits- und Dienstlohns für den Unterhaltsanspruch des ehelichen Kindes s. SeuffA 80 Nr 200; KO §§ 22, 23 Abs 2, 27, 61 Nr 1, 4 (rechtliche Stellung und Befriedigung der Dienstverpflichteten im Konkurse des Dienstberechtigten); ZVG §§ 10 Nr 2, 155 (Befriedigung der Ansprüche gewisser Dienstverpflichteten und Angestellten bei der Zwangsversteigerung oder Zwangsverwaltung eines land- oder forstwirtschaftlichen Grundstücks des Dienstberechtigten); ferner BRV über die Geschäftsaufsicht zur Abwendung des Konkurses v. 14. 12. 16 (RGBl 1363) §§ 9, 11, 13 Nr 5, an deren Stelle seit dem 1. 10. 27 das Gesetz über den Vergleich zur Abwendung des Konkurses (Vergleichsordnung) v. 5. 7. 27 (RGBl I 139) §§ 29, 30 getreten ist. Vgl. noch GVG § 23 Nr 2, § 202 Nr 4a; ZPO § 709 Nr 2. — Von besonderer Bedeutung waren hier für die Zuständigkeitsfrage das Gewerbegerichtsgesetz in der Fassung v. 29. 9. 01, insbesondere §§ 4 u. 6, sowie das Ges., betr. die Kaufmannsgerichte v. 6. 7. 04, insbesondere §§ 5 u. 6, mit späteren Änderungen (zur VO v. 12. 5. 20 s. **RG** JW 1921, 345[19]), zuletzt durch Ges. v. 27. 11. 22 (RGBl I 887). Nachprüfung der Frage, ob das ordentliche Gericht oder das Kaufmanns- oder Gewerbegericht zuständig sei, in der Revisionsinstanz s. **RG** 87, 82; ausschließliche Zuständigkeit der Kaufmannsgerichte beim Zusammentreffen eines Anspruchs aus dem Dienstvertrag mit einem Anspruch aus unerlaubter Handlung s. **RG** 106, 32; Zulässigkeit der Vereinbarung eines örtlich unzuständigen Gewerbegerichts bei vorhandener sachlicher Zuständigkeit s. **RG** 111, 306. Das Arbeitsgerichtsgesetz v. 23. 12. 26 (RGBl I 507), in Kraft getreten am 1. 7. 27, hat eine umfassende Gerichtsbarkeit auf dem Gebiete des Arbeitsrechts mit besonderen Arbeitsgerichtsbehörden (Arbeitsgerichte, Landesarbeitsgerichte, Reichsarbeitsgericht) und besonderem, auf eine Vereinfachung und Beschleunigung hinzielenden Verfahren gebracht. Ausschließliche Zuständigkeit s. § 2, fakultative Erweiterung § 3. Ausschließung der Zuständigkeit durch Schiedsvertrag und Vereinbarung von Vorverfahren s. §§ 4, 91ff. Über den für die Zuständigkeit erheblichen Begriff der Arbeitnehmer, denen auch andere sog. arbeitnehmerähnliche Personen gleichgestellt sind, s. § 5; keine Arbeitnehmer sind nach Abs 2 gesetzliche Vertreter von juristischen Personen und von Personengesamtheiten des öffentlichen und privaten Rechtes, ferner Personen in ihrer Eigenschaft als öffentliche Beamte sowie als Angehörige des Reichsheeres und der Reichsmarine. Die Frage, ob das Arbeitsgericht oder das ordentliche Gericht berufen ist, betrifft nicht die Zulässigkeit des Rechtswegs, sondern die sachliche Zuständigkeit (**RG** 24. 5. 27 III 485/25; vgl. **RG** 76, 176; 103, 103).

7. Kriegs- und Übergangsrecht: VO über die Freimachung von Arbeitsstellen während der Zeit der wirtschaftlichen Demobilmachung v. 28. 3. 19 (RGBl 355), neue Fassung v. 25. 4. 20 (RGBl 708), dazu VO v. 5. 3. 21 (RGBl 222), außer Kraft seit 31. 3. 22

(Ges. v. 30. 3. 22, RGBl 285 Art I); ferner VO über die Einstellung und Entlassung von Arbeitern und Angestellten während der Zeit der wirtschaftlichen Demobilmachung v. 3. 9. 19 (RGBl 1500), neue Fassung v. 12. 2. 20 (RGBl 218), dazu VO v. 28. 1. 22 (RGBl 187), Gesetze v. 30. 3. 22, v. 26. 10. 22, auch v. 17. 8. 22 (RGBl 285, 802, 717), v. 23. 3. 23, 15. 10. 23 (RGBl I 215, 983) und **RG** 104 S. 171, 231; 105, 4; **RG** Warn 1921 Nr 112; **RG** JW 1925, 225[4]. Zur VO v. 12. 2. 20 (RGBl 218) s. ferner Art II, III der VO über Betriebsstillegungen und Arbeitsstreckung v. 15. 10. 23 (RGBl I 983), die Verordnungen über Verlängerung der Geltungsdauer von Demobilmachungsverordnungen v. 29. 10. 23 (RGBl I 1036, 1037) und die VO über das Schlichtungswesen v. 30. 10. 23 (RGBl I 1043). In **RG** 104, 171 (zustimmend **RG** 105, 331; 106, 334; auch LZ 1922, 82[3]) ist die sehr bestrittene Frage, ob der Demobilmachungskommissar nach § 28 der VO v. 12. 2. 20 Schiedssprüche auch in Gesamt- (Tarif-) Streitigkeiten für verbindlich erklären kann, mit Recht bejaht worden. Zu der ebenda bejahten Frage der Nachprüfbarkeit der ordnungsmäßigen Besetzung eines Schlichtungsausschusses s. jedoch **RG** 104, 417, sowie 111, 166 und die Rechtsprechung bezüglich der Nachprüfung der Besetzung des Mieteinigungsamts § 553 A 1. Die Zuständigkeit des Schlichtungsausschusses und des Demobilmachungskommissars zum Erlasse eines Schiedsspruchs und zu seiner Verbindlicherklärung nachzuprüfen, ist Sache der ordentlichen Gerichte (**RG** 104, 175; 105, 331; 106 S. 238, 242; JW 1924, 1594[11]; 1925, 225[4]); hieran haben auch die neue SchlichtungsVO v. 30. 10. 23 (RGBl I 1043) und der Übergang der Verbindlicherklärung vom Demobilmachungskommissar auf den Schlichter nichts geändert (**RG** 115, 177). Über das gerichtliche Prüfungsrecht gegenüber Beschlüssen einer Betriebsvertretung im Sinne des Betriebsrätegesetzes s. **RG** 116, 9; dazu **RG** 25. 2. 27 III 49/26 (a. M. OLG 45, 155). Vgl. auch RPersonalabbauVO v. 27. 10. 23 (RGBl. I 999f.) Art 15ff. Nach Art 16 dieser VO finden die oben erwähnte DemobilmachungsVO v. 12. 2. 20 und § 84 Nr 4 des Betriebsrätegesetzes keine Anwendung, wenn Arbeiter und Angestellte entlassen werden, die ihre Dienstbezüge aus öffentlichen Mitteln erhalten. Das ebenda erwähnte Gesetz über die Wiedereinstellung und Kündigung in Teilen des Reichsgebiets v. 17. 7. 23 (RGBl I 648) ist mit Wirkung v. 1. 1. 24 wieder aufgehoben worden (RGBl I 1246). Über den Begriff der Gesamtstreitigkeit s. auch **RG** 111, 166. Vgl. auch VO, betr. Maßnahmen gegenüber Betriebsabbrüchen und -stillegungen v. 8. 11. 20 (RGBl 1901), dazu LZ 1922, 602[2] und oben Vorbem 2a. — Für die sog. Kriegsverträge s. VO v. 21. 11. 18 (RGBl 1323), dazu Ges. v. 30. 3. 22 (RGBl 285) Art I vorletzter Absatz, und VO über die Abgeltung von Ansprüchen gegen das Reich v. 4. 12. 19 (RGBl 2146), dazu Gesetze v. 16. 12. 21 (RGBl 1578) und v. 1. 12. 22 (RGBl 897), nicht anwendbar auf Gehaltsansprüche von Offizieren und Beamten **RG** 101, 403; 105, 77; s. auch **RG** 104, 55; **RG** JW 1927, 439[4]. Weitergehend VO über die Erweiterung des Abgeltungsverfahrens v. 24. 10. 23 (RGBl I 1010); dazu **RG** 107 S. 315, 320 (Verein. ZS).

§ 611

Durch den Dienstvertrag wird derjenige, welcher Dienste zusagt, zur Leistung der versprochenen Dienste¹), der andere Teil zur Gewährung der vereinbarten Vergütung verpflichtet²) ³).

Gegenstand des Dienstvertrags können Dienste jeder Art sein⁴) ⁵).

E I 559 II 551; M 2 455—460; P 2 276 ff.

1. Hauptleistung des Dienstpflichtigen; die versprochenen Dienste. Der Regel nach hat er dabei nur die gewöhnliche Sachkunde zu gewähren (OLG 6, 83). Übernimmt aber jemand Dienste, die eine besondere Sachkenntnis oder Fähigkeit erfordern, dann muß er auch dafür einstehen, daß er diese Eigenschaften hat (LZ 1916, 702[9]). Ob der mit der Dienstleistung verbundene Aufwand, die erforderlichen Geräte, Fahrzeuge usw. vom Dienstpflichtigen oder vom Dienstberechtigten zu beschaffen sind, hängt von den Umständen, insbesondere von der Natur der zugesagten Dienste ab (s. unten § 618 A 2). Verrichten Bedienstete kleine Arbeiten, zu denen sie vertraglich nicht verpflichtet sind, die aber mit ihren Dienstleistungen zusammenhängen (z. B. ein Kellner bringt den Speisenaufzug in Ordnung), so fallen auch diese Arbeiten unter den Dienstvertrag. Der Dienstpflichtige muß daher die erforderliche Sorgfalt anwenden, genießt aber auch den Schutz des § 618 (**RG** LZ 1915, 1001[22]). — Macht der Dienstberechtigte eine Erfindung, so gebühren die Rechte aus ihr, wie auch in der Rechtsprechung des Reichsgerichts anerkannt ist, mangels abweichender Vereinbarung dem Dienstberechtigten, wenn die Erfindung im Bereiche der dienstlichen Aufgabe des Dienstpflichtigen liegt, von ihm auf Grund der zugesagten Tätigkeit gemacht worden ist (vgl. **RG** JW 1920, 382[13]), dem Dienstpflichtigen dagegen, wenn die zur Erfindung führende Tätigkeit aus dem Rahmen der übernommenen Verpflichtung herausfällt (**RG** SeuffA 60 Nr 196; s. auch SeuffA 65

Nr 196; OLG 7, 382). Erfindungsgemeinschaft zwischen Geschäftsherrn und Angestellten s. **RG** JW 1924, 1430[8]. Gesellschaftsähnlicher Vertrag zwischen Geschäftsherrn und Angestellten über Ausbeutung einer Erfindung des letzteren s. **RG** JW 1926, 2529[4]. Auslegung der Erfindungsklausel im Anstellungsvertrage s. **RG** 84, 49. Über das Urheberrecht an Kunstwerken, die der Angestellte (Architekt) im Dienste seines Arbeitgebers hergestellt hat, s. **RG** 110, 393. Über die gesellschaftsähnliche Natur und die Auseinandersetzung eines langfristigen Dienstverhältnisses, wonach ein Ingenieur einer Fabrik seine gesamte Arbeitskraft zur Erzielung von Erfindungen zur Verfügung stellt, einen Teil seines Einkommens nach Maßgabe des durch die Verwertung der Erfindungen erzielten Umsatzes bezieht, die Vorteile der Fabrik ganz allgemein wie eigene zu wahren, bei Unterbringung der nach seinen Erfindungen hergestellten Erzeugnisse selbständig mitzuwirken hat und bezüglich der auf seine Erfindungen erteilten Patente mit den Dienstberechtigten in einer gewissen Gemeinschaft steht, s. **RG** 105, 315). — Rücktrittsrecht des Dienstherrn bei beharrlicher Abweichung des Dienstpflichtigen von einer ihm für eine Geschäftsbesorgung erteilten Anweisung (**RG** 57, 392). Verlegung seines Geschäftsbetriebs an einen anderen Ort berechtigt den Geschäftsherrn nicht ohne weiteres, den Angestellten gegen seinen Willen dorthin zu versetzen (**RG** SeuffA 70 Nr 64). Bei Unmöglichkeit der Dienste, mögen sie in der Person des Pflichtigen oder des Berechtigten oder in sonstigen Ereignissen liegen, s. §§ 323 ff., auch Vorbem vor § 611, bei zeitweiser Unmöglichkeit infolge eines in der Person des Dienstpflichtigen liegenden Umstandes s. § 616. Bei gleichzeitiger Verpflichtung gegenüber mehreren Berechtigten geht von letzteren derjenige vor, welcher seinen Anspruch zuerst gerichtlich geltend macht. Ein Vorrecht desjenigen, der mit dem Dienstpflichtigen zuerst den Vertrag abgeschlossen hat, besteht nicht. Die besonderen Vorschriften der Gesindeordnungen sind aufgehoben (Vorbem 2 vor § 611). — Im übrigen: Dienstvertrag eines Minderjährigen § 113. Dienstvertrag einer Ehefrau § 1358. Erfüllungsort § 269. Erfüllungszeit §§ 242, 271, 193. Fixgeschäfte § 361. Haftung für Gehilfen § 278; vgl. auch § 618 A 7.

Nebenleistungen des Dienstpflichtigen sind insbesondere: Unterlassung jeder der versprochenen Leistung zuwiderlaufenden Tätigkeit (**RG** 20. 9. 07 III 59/07), auch eines Wettbewerbs (s. o. Vorbem 4), Bewahrung der Geschäftsgeheimnisse, Verpflichtung zur Treue, Achtung, Berichterstattung über die übernommenen Geschäfte (vgl. § 675 in Verbindung mit §§ 665—668). Beaufsichtigung der Kleidungsstücke der Schüler als Nebenleistung bei einem auf Erteilung des Unterrichts gerichteten Dienstvertrage s. OLG 38, 99, aber auch SeuffA 58 Nr 30; Haftung des Staates für die in Schulgebäuden abgelegten Kleidungsstücke der Schüler s. OLG 41, 118. Über die Frage, ob der Arzt für die im Vorraum seiner Wohnung abgelegten Kleidungsstücke haftet, s. **RG** 99, 35. Über die Verpflichtung des Angestellten, Zuwendungen, die ihm von Dritten gemacht werden, an den Geschäftsherrn herauszugeben, s. **RG** 55, 91; 96, 53; **RG** SächsA 07, 332, und insbesondere **RG** 99, 31 (Herausgabe von Schmiergeldern); ferner SeuffA 69 Nr 141; 75 Nr 153; LZ 1920, 63[9] und § 667 A 3. Über das sog. Schmiergeldverbot des § 12 UnlWG v. 7. 6. 09 s. **RG** Gruch 65, 210.

Eine Erzwingung der Dienste im Wege der Zwangsvollstreckung ist unzulässig (ZPO § 888 Abs 2). Auch hat der Dienstberechtigte einen klagbaren Anspruch in der Regel nur auf Leistung der versprochenen Dienste, nicht darauf, daß der Dienstpflichtige es während der Vertragsdauer unterlasse, einem anderen Dienste zu leisten (**RG** Plen 72, 393; JW 1910, 585[24]). Dem Dienstpflichtigen ist es daher, unbeschadet besonderer Abreden, auch nicht verwehrt, seine vom Dienst nicht beanspruchte Zeit für sich auszunutzen, soweit dies nicht wider das Treuverhältnis zum Dienstberechtigten oder dessen Interessen verstößt (**RG** JW 1913, 333[20]).

2. Hauptleistung des Berechtigten: die vereinbarte Vergütung. Die Vergütung kann in Geld oder in der Zuwendung anderer Vermögensvorteile (freier Wohnung, Beköstigung — Pflegevertrag s. OLG 43, 70 —, auch Gegendienste) oder auch in einem Anteil am Gewinn bestehen — sog. partiarisches Geschäft, ohne daß deshalb ein Gesellschaftsvertrag vorzuliegen braucht (vgl. § 705 A 4, auch **RG** Warn 1914 Nr 37; OLG 28, 181; Vorbem 4 und GewO §§ 115, 133a). Über die Rechtswirksamkeit des Versprechens eines Gewinnanteils ohne Angabe der Höhe s. **RG** JW 1921 S. 106[2], 339[10]. Ist dem Dienstverpflichteten eine Prämie für Fertigstellung einer Arbeit innerhalb bestimmter Frist versprochen worden, so kann der Berechtigte sich zur Abwehr des Anspruchs auf die Prämie nicht auf die Nichteinhaltung der Frist berufen, wenn sie auf Umständen beruht, die der Berechtigte selbst zu vertreten hat; in solchem Falle wird vielmehr die Annahme einer Verlängerung der Frist im Sinne des Vertrags liegen (**RG** 16. 11. 20 III 156/20). Aufwertung einer vereinbarten Vergütung s. **RG** 108, 156, Aufwertung von in einem Dienstvertrag vereinbarten Versorgungsbezügen s. **RG** Warn 1925 Nr 47; **RG** SeuffA 78 Nr 169; LZ 1925, 252[2]; **RG** BayZ 1924, 124), Aufwertung freiwilliger dem Beamten außer seinem gesetzlichen Ruhegehalt bewilligter Zuschüsse s. **RG** JW 1924, 1040[3]; vgl. ferner JW 1925 S. 64, 75, 79; 1926, 1800 und A zu § 242. Ist nichts anderes bedungen, so muß die Vergütung selbstverständlich dem Dienstverpflichteten gewährt werden. Es gilt aber auch hier

Vertragsfreiheit; insbesondere kann vereinbart werden, daß die Vergütung an einen Dritten ganz oder zum Teil zu entrichten ist (§ 328). Der Dritte kann auch von vornherein zu einer solchen Vereinbarung zugezogen werden. Derartige Verträge werden häufig zwischen dem Dienstherrn und einem (von Gläubigern bedrängten) Angestellten zugunsten seiner Ehefrau abgeschlossen. Sie sind nicht zu beanstanden, insbesondere nicht als unsittlich zu bezeichnen, sofern „der Gesamtbetrag der gewährten Vergütungen nicht das Maß dessen übersteigt, was zum Unterhalte des Dienstverpflichteten und seiner Familie bei einer bescheidenen, dem Stande des Dienstverpflichteten entsprechenden Lebensführung erforderlich ist" (RG 81, 42; 69, 59; JW 1912, 689[13]; Gruch 58, 992; RG LZ 1912 S. 560, 686[13]). Dagegen verstößt es gegen die guten Sitten, wenn der Dienstpflichtige die Leistung der Dienste verweigert, bis ihm ein besonderer Vermögensvorteil versprochen wird (RG JW 08, 710[2]). Sittenwidrigkeit der Vereinbarung einer zu hohen Vergütung für ärztliche Tätigkeit s. RG LZ 1918, 374[6] (Zahnarzt). Bei unentgeltlich übernommenen Diensten kommen nicht die Vorschriften des Dienstvertrags, sondern diejenigen des Auftrags oder des Schenkungsversprechens zur entsprechenden Anwendung. Ein reiner Dienstvertrag wird auch dann nicht anzunehmen sein, wenn beide Vertragsparteien Dienste zu leisten haben; das Gesetz fordert eine Verschiedenheit der beiden Parteirollen. Dadurch jedoch, daß sich jemand überhaupt gegen ein Entgelt zur Leistung von Diensten verpflichtet, wird jedenfalls ein dem Dienstvertrag ähnliches Vertragsverhältnis geschaffen, auf das die Vorschriften der §§ 623, 624, 626 entsprechende Anwendung finden (RG 78, 423). Aus §§ 626, 723 BGB, §§ 92, 133 HGB läßt sich ferner der allgemeine Rechtssatz ableiten, daß Rechtsverhältnisse von längerer Dauer, die ein persönliches Zusammenarbeiten der Beteiligten und daher ein gutes Einvernehmen und gegenseitiges Vertrauen erfordern, beim Vorliegen eines wichtigen Grundes jederzeit gekündigt werden können. Ein wichtiger Grund zur Kündigung kann z. B. in fortgesetztem unfreundlichen Verhalten, in dauernden Zuwiderhandlungen gegen ein bestimmtes Wettbewerbsverbot gefunden werden, wodurch das gegenseitige Vertrauen auf redliche Vertragserfüllung zerstört wird. Vgl. RG 65, 37; 78 S. 385, 421; 79, 161; JW 1919, 309[10]; 1925 945[15]; Warn 1918 Nr 205; RG LZ 1920, 893[7]; auch Vorbem 3 vor § 705. Sind die Dienste aus bloßer Gefälligkeit zugesagt, so liegt überhaupt kein Vertragsverhältnis vor, so daß eintretendenfalls höchstens nur eine Haftpflicht aus unerlaubter Handlung des die Dienste schuldhaft Verrichtenden gegeben ist (RG 65, 17; RG 22. 10. 06 VI 75/06). — Vorschüsse, die der Dienstberechtigte dem Dienstpflichtigen gibt, sind regelmäßig keine Darlehen (RG SeuffA 69 Nr 36). Erfüllungsort §§ 269, 270 (bei Unterrichtserteilung nicht notwendig da, wo der Unterricht erteilt wird und der Lehrer wohnt, SeuffA 71 Nr 241). Örtliches Recht der Gegenleistung für Dienste, die einem Ausländer im Inland geleistet werden, s. SeuffA 75 Nr 179. Erfüllungszeit § 614. Zurückbehaltungsrecht des Dienstberechtigten bezüglich der vereinbarten Vergütung bei Erfüllungsverzug des Dienstverpflichteten (RG 3. 1. 05 III 256/04). Bei einer mehrfache Dienstleistungen umfassenden Tätigkeit darf dem Dienstverpflichteten die Vergütung für die vertragsgemäß geleisteten Dienste nicht aus dem Grunde verweigert werden, weil andere Dienste nicht vertragsmäßig waren, wenngleich er für die letzteren keine Vergütung verlangen und bei Verschulden sogar schadensersatzpflichtig sein kann (RG 7. 12. 20 III 439/19). Nicht zurückhalten darf der Dienstberechtigte ferner gegenüber dem Anspruche des Dienstverpflichteten auf Rechnungslegung mit Rücksicht auf eine Schadensersatzpflicht des letzteren aus dem Dienstverhältnisse (RG 102, 110). Hat der Dienstberechtigte vorschriftsgemäß Steuerabzüge vom Dienstlohn gemacht, so hat der Dienstpflichtige, wenn er die Rechtmäßigkeit der Abzüge bestreitet, sich deshalb nicht an den Dienstberechtigten zu halten, sondern mit der Finanzbehörde auseinanderzusetzen (vgl. RG LZ 1927, 170[6]). — Zweijährige Verjährungsfrist für die Ansprüche auf Dienstlohn usw. nach § 196 Nr 7—15.

Nebenleistungen des Berechtigten: Fürsorge für die Person des Dienstpflichtigen, vgl. unten §§ 617, 618. Ersatz von Aufwendungen (vgl. §§ 669, 670, 675), dagegen keine privatrechtliche Verpflichtung des Berechtigten, sofern sie nicht ausdrücklich oder stillschweigend übernommen ist, zur Verwendung der Marken, welche für die Invalidenversicherung der bei ihm beschäftigten Arbeiter erforderlich sind (RG 63, 55; a. M. Dernburg II § 306 A 11; vgl. OLG 45, 153). Ebenso kein Entschädigungsanspruch des in dem Fuhrwerksbetriebe eines kaufmännischen Geschäfts angestellten und in diesem Betriebe zu Schaden gekommenen Arbeiters gegen seinen Arbeitgeber, weil dieser die nach öffentlichem Rechte gebotene Anmeldung des Geschäfts zum Handelsregister unterlassen habe, die nach § 1 Nr 7 GewUVG v. 5. 7. 00 (vgl. jetzt RVO § 537 Nr 10) eine Voraussetzung für die Gewährung der Unfallrente bildete (RG 72, 408). Keine reinen Freigebigkeiten, deren Gewährung vom Belieben des Dienstberechtigten abhängt, sondern eine Vergütung besonderer Art neben dem Gehalt sind die Weihnachtsgratifikationen an Handlungsgehilfen (RG SeuffA 69 Nr 36). Der Dienstberechtigte kann aber auch solche Vergütungen für außergewöhnliche Leistungen, deren Bewilligung in seinem Ermessen steht, nicht nachträglich ohne Zustimmung der Angestellten diesen wieder entziehen oder herabsetzen (RG 90, 320). Ruhegehaltsversprechen s. RG JW 1919, 184[4] und § 761 A 5 (kein Leibrentenvertrag). — Zur Frage einer Haftung des Staates für die in Dienstgebäuden abgelegten Kleidungsstücke der Beamten s. SeuffA 76 Nr 50, für die Kleidungsstücke der Lehrer s. SeuffA 77 Nr 132. Der Staat, der seinen Beamten und Angestellten für Kleidung und Fahrräder einen Abstellraum zur Verfügung stellt, übernimmt damit eine Obhutspflicht für den Raum und haftet bei Vernachlässigung dieser Pflicht für das Abhandenkommen von Gegenständen, mag er auch durch allgemeine Bekanntmachung eine Gewähr für das Abhandenkommen abgelehnt haben (RG 29. 5. 23 III 512/22). Über die Verpflichtung eines Zahnarztes seinen Gehilfen eine sichere Kleiderablage zur Verfügung zu stellen, s. SeuffA 76 Nr 142. — Über die Gewährung freier Zeit zur Wahrnehmung staatsbürgerlicher Rechte und zur Ausübung öffentlicher Ehrenämter s. RV Art 160. Nach § 26 des Arbeitsgerichtsgesetzes ist den Arbeitgebern und ihren Angestellten bei Strafe untersagt, Angestellte oder Arbeiter in der Übernahme oder Ausübung des Beisitzeramts zu beschränken oder wegen der Übernahme oder Ausübung des Amtes zu benachteiligen; ein besonderer Kündigungsschutz wie nach § 96 des Betriebsrätegesetzes ist nicht vorgesehen. Für die Übernahme und Ausübung eines Ehrenamtes der Reichsversicherung s. die entsprechende Vorschrift in RVO §§ 139, 140.

3. **Ein Anspruch auf Annahme der Dienste** gegen den Dienstberechtigten ist dem Dienstpflichtigen zwar regelmäßig, aber doch nicht schlechthin versagt. Ein solcher Anspruch kann ausnahmsweise durch die Umstände begründet sein, so namentlich beim Bühnenanstellungsvertrage, nicht schon durch die Anstellung als Kassenarzt (OLG 33, 330), und in jedem Falle kann dem Dienstpflichtigen im Dienstvertrage ein klagbares Recht auf Beschäftigung zugesichert werden (RG JW 1911, 39[22]; Gruch 47, 400; 55, 1055; RG SeuffA 66 Nr 115; RG 20. 3. 12 III 381/11; s. auch OLG 20, 196; 22, 295; 24, 367).

4. **Dienste jeder Art.** Sowohl höhere Dienste (Arzt, Rechtsanwalt, Lehrer, Privatbeamter, Künstler, Schauspieler), als niedere (Feld- und Gartenarbeiter, Gehilfe im Hauswesen); anderseits sowohl auf Anstellung, mit Überordnung des Dienstberechtigten über den Dienstverpflichteten als auf freier Vereinbarung gleichstehender Vertragsparteien beruhend. Über den Lehrvertrag (HGB §§ 76ff., GewO §§ 126ff.) s. OLG 36, 256 und § 1822 Nr. 6. — Im BGB sind namentlich hervorgehoben: dauernde Dienstverhältnisse §§ 617, 629, 630; Dienstverhältnisse mit Aufnahme des Verpflichteten in die häusliche Gemeinschaft des Berechtigten §§ 617, 618 Abs 2; ferner Dienstverhältnisse der zur Leistung höherer Dienste Bestellten §§ 622, 627; und namentlich in § 675 die in Geschäftsbesorgung bestehenden Dienste (rechtsgeschäftlicher Natur oder mit vermögensrechtlichem Interesse für den Empfänger) mit entsprechender Anwendbarkeit der zunächst für den Auftrag gegebenen Vorschriften der §§ 663, 665—670, 672—674 und unter Umständen des § 671 Abs 2. Vgl. ferner zu § 664 RG 78, 313. Aus diesen Vorschriften ist diejenige des § 663 wegen der Verpflichtung gewisser Personen zur unverzüglichen Kundgebung einer Ablehnung von Dienstaufträgen hervorzuheben, womit auch die RAO § 30 übereinstimmt. Im übrigen nach dem BGB keine Verpflichtung zur Übernahme dienstlicher Verrichtungen. Vgl. dagegen für öffentlichrechtliche Dienstleistungen das PostG v. 28. 10. 71 § 3 und die EisenbVerkO v. 23. 12. 08 § 3, das TelG v. 6. 4. 92 § 5. Kein eigentlicher Dienstvertrag (sondern in der Regel ein Werkvertrag) ist der auf Beschaffung von Diensten gerichtete (Impresario-) Vertrag (OLG 3, 22; SeuffA 56 Nr 221 u. 222). — Eine besondere Art des Dienstvertrags ist der Bühnenanstellungsvertrag für den regelmäßigen Theaterbetrieb (RG 91, 328; SeuffA 72 Nr 72), während er sich bei Gastspielen als Werkvertrag gestaltet. Dienstvertrag ist auch der Vertrag zwischen einer Filmgesellschaft und einem Schauspieler auf Darstellung einer Rolle bei der Aufnahme eines Films (RG JW 1927, 848[14]); ebenso der Vertrag über die Verpflichtung eines Artisten (Illusionisten) für eine Reihe von Vorstellungen (RG 8. 5. 08 III 364/07). Dienstvertrag ist der Vertrag zwischen einem Schank- und Speisewirt und dem Leiter einer dort regelmäßig spielenden Musikkapelle (OLG 40, 317), der Vertrag zwischen dem Inhaber eines Kaffeehauses und dort auftretenden Vortragskünstlern (OLG 40, 318). Ein Dienstvertrag liegt ferner vor, wenn sich die eine Partei verpflichtet, die Theatermusik für das Theater der anderen mit einer Kapelle auszuführen, während letztere den Kapellmeister stellt (RG JW 1910, 13[20]). — Eine Unterart des Dienstvertrags bildet, wie in der Rechtsprechung des Reichsgerichts anerkannt ist, der Agenturvertrag (RG 87, 443; JW 1911, 106[40]), der jedoch die Eigentümlichkeit hat, daß hier dem Dienstverpflichteten in der ihm obliegenden Vermittlung der Geschäfte für den Geschäftsherrn eine gewisse Selbständigkeit zukommt (RG JW 08, 138[8]), außerdem regelmäßig die Gefahr ergebnisloser Bemühungen zufällt, und daß auch ein auf längere Zeit abgeschlossener Agenturvertrag von dem Geschäftsherrn bei Unmöglichkeit eines lohnenden Fortbetriebs seines Geschäfts vorzeitig gekündigt werden kann (RG JW 1911, 158[21]; 1912, 250[20]; RG Warn 1923 Nr 25; vgl. auch § 723 A 4). Haftpflicht des Agenten, der dem von ihm abgeschlossenen Vertrage zuwider Geschäfte für eine im Wettbewerb mit seinem Auftraggeber stehende Firma vermittelt hat (RG 23. 11. 09 III 559/08). Wegen der besonderen Verhältnisse der Versicherungsagenten vgl. §§ 43ff.

des Gesetzes über den Versicherungsvertrag v. 30. 5. 08. S. auch unten §§ 628 A 1, 630 A 1 und Vorbem 2 vor § 652. — Über den Kommissionsverlag vgl. noch **RG** 78, 301.

5. Eine hervorragende Bedeutung haben im modernen Verkehrsleben die **Tarifverträge** (Arbeitsnormenverträge), d. h. Verträge, die zwischen Vereinigungen von Arbeitgebern oder auch einem einzelnen Arbeitgeber einerseits und Vereinigungen von Arbeitnehmern anderseits über die Lohn- und Arbeitsbedingungen künftiger Einzelarbeitsverträge abgeschlossen werden. Vgl. Verhandlungen des 29. Deutschen Juristentags 2 S. 201—240; 5 S. 20 bis 112, 826—834. Die Tarifverträge begründen Rechte und Pflichten zunächst für die Vertragsteile, so für eine vertragschließende Vereinigung die Verpflichtung (nicht Garantie, **RG** JW 1911, 1014[4]), dahin zu wirken, daß ihre Mitglieder nur tarifmäßige Arbeitsverträge schließen und überhaupt den Bestimmungen des Tarifvertrags gemäß handeln, mit der Folge einer Schadensersatzpflicht bei schuldhaft vertragswidrigem Verhalten. Sie können aber, wie in der Rechtsprechung anerkannt ist, je nach dem Inhalt des Vertrags gemäß § 328 auch Rechte für die Mitglieder der vertragschließenden Vereinigungen begründen (vgl. **RG** 73, 92; 81, 4; 86, 152; 111 S. 105, 166; 113, 197). Über die auch ohne ausdrückliche Bestimmung mit jedem Tarifvertrag verbundene (in der Regel nur relative) Friedenspflicht der Vertragsteile und über die Schadensersatzberechtigung der Mitglieder eines vertragschließenden Verbandes gegenüber dem tarifbrüchigen Vertragsteil s. **RG** 73, 92; 86, 154; 111, 105; 113, 197. Pflichten können für Dritte nur mittelbar insofern begründet werden, als der Inhalt des Tarifvertrags in die zwischen den Arbeitgebern und den Arbeitnehmern zu schließenden Einzelarbeitsverträge übergeht. Das ist zunächst Sache der freien vertraglichen Regelung. Durch die Verordnung über Tarifverträge usw. v. 23. 12. 18 (RGBl 1416) ist aber den Tarifverträgen, d. h. ihrem normativen, nicht dem rein schuldrechtlichen Teil, insoweit aber ohne Unterschied, ob sie freiwillig vereinbart oder durch obrigkeitlichen Zwang geschaffen sind (**RG** JW 1927, 241[1]; 1924, 1594), eine unmittelbare und zwingende Einwirkung auf die in ihr Geltungsbereich fallenden Einzelarbeitsverträge beigelegt worden. Diese sind insoweit unwirksam, als sie von der tariflichen Regelung abweichen; an ihre Stelle treten ohne weiteres die entsprechenden Bestimmungen des Tarifvertrags (vgl. § 1 Abs 1 der VO; **RG** 103, 23; JW 1927 S. 241, 1636[6]). Abweichende Vereinbarungen sind jedoch wirksam, soweit sie im Tarifvertrage grundsätzlich zugelassen sind, oder soweit sie eine Änderung der Arbeitsbedingungen zugunsten der Arbeitnehmer enthalten, was nicht nach dem Interesse des einzelnen Arbeiters sondern nach dem Gesamtinteresse der Arbeiterschaft zu entscheiden ist (**RG** JW 1927, 241[1]), und im Tarifvertrage nicht ausdrücklich ausgeschlossen sind (§ 1 Abs 1). Der Tarifvertrag gilt dabei für alle Arbeitgeber und Arbeitnehmer, die Vertragsparteien des Tarifvertrags oder Mitglieder der vertragschließenden Vereinigungen sind oder bei Abschluß des Tarifvertrags gewesen sind, oder die den Arbeitsvertrag unter Berufung auf den Tarifvertrag abgeschlossen haben (§ 1 Abs 2). Das Reichsarbeitsminister kann aber Tarifverträge, die für die Gestaltung der Arbeitsbedingungen eines Berufskreises in dem Tarifgebiet überwiegende Bedeutung erlangt haben, für allgemein verbindlich erklären. Sie sind dann innerhalb ihres räumlichen Geltungsbereichs für Arbeitsverträge, die nach der Art der Arbeit unter den Tarifvertrag fallen, auch dann verbindlich im Sinne des § 1, wenn der Arbeitgeber oder der Arbeitnehmer oder beide an dem Tarifvertrage nicht beteiligt sind (§ 2). Solche Arbeitgeber und Arbeitnehmer werden dadurch nicht Vertragsteile des Tarifvertrags, und die Wirksamkeit seiner Bestimmungen für sie tritt nicht kraft des Vertrags, sondern kraft einer Rechtsnorm ein, die in der Verordnung begründet ist, aber um wirksam zu werden noch der Erklärung des Ministers bedarf. Für den Beginn der allgemeinen Verbindlichkeit eines Tarifvertrags kann auch ein der Verbindlichkeitserklärung vorausgehender Zeitpunkt bestimmt werden; doch wird dabei nicht über den Zeitpunkt des Abschlusses des Tarifvertrags zurückgegriffen werden dürfen, mag auch diesem Vertrage für die Vertragschließenden selbst rückwirkende Kraft beigelegt worden sein; vgl. **RG** 103, 23 (ebenda über den Begriff der Gesamtstreitigkeit bei tarifmäßigen Lohnforderungen der Arbeitnehmer). Die allgemeine Verbindlichkeit eines Tarifvertrags hängt aber nicht nur in ihrem Beginne, sondern auch in ihrer Dauer von dem Bestande dieses Vertrags ab. Der Tarifvertrag verliert daher im Falle einer Kündigung durch die Vertragsteile seine Wirkung auch für die an dem Vertrage nicht beteiligten Personen, ohne daß es einer Aufhebung der Verbindlichkeitserklärung bedarf (vgl. JW 1921, 1097[2]). Über das Verfahren in den Fällen des § 2 s. §§ 3, 4, Tarifregister § 5. Bei Änderungen von Tarifverträgen, die für allgemein verbindlich erklärt sind, gelten die §§ 2—5 entsprechend (§ 6). §§ 6a, 6b, Änderungen zu §§ 4, 5 s. VO v. 31. 5. 20 (RGBl 1128), zu §§ 5, 6 s. Ges. v. 23. 1. 23 (RGBl 67). Über die Frage, ob der Lehrvertrag als Arbeitsvertrag anzusehen ist, das Lehrlingsverhältnis also durch Tarifvertrag im Sinne der VO v. 23. 12. 18 geregelt werden kann, s. JW 1922, 1735[5]. Über die Fähigkeit und Berechtigung, Tarifvertragsteil zu sein s. **RG** 107, 144 (Anwaltsverein); 111, 354 (Hausbesitzerverein); 113, 169 (Holzindustrieverband, Zwangsinnung); 114, 112 (Berufsgenossenschaften); 115, 177 (Schuhfabrikantenverband); OLG 43, 72 (Innung). Darüber, daß eine Zwangsinnung einem Arbeitgeberverbande, der zum Teil aus Zwangsinnungsmitgliedern besteht, nicht den Abschluß von Tarifverträgen für diejenigen Mitglieder, die zugleich der Zwangsinnung angehören, untersagen kann, s. **RG** 113, 169. Über das Verhältnis von Tarifvertrag und Dienstordnung bei Angestellten der Unfallberufsgenossenschaften s. **RG** 114 S. 22, 112; bei Angestellten der Krankenkassen s. **RG** 117, 415; vgl. auch RKnappschaftsGes. (RGBl 1926 I 369) §§ 185, 186 und Ges. über Arbeitsvermittlung und Arbeitslosenversicherung v. 16. 7. 27 (RGBl. I 187) § 39. Über Nachwirkungen eines Tarifvertrags nach Ablauf seiner Vertragsdauer auf die Einzelarbeitsverhältnisse s. **RG** 114, 194 und JW 1925, 1922[10]. Tarifvertragliches Wettbewerbsverbot, Nachprüfung der Auslegung eines für allgemein verbindlich erklärten Tarifvertrags in der Revisionsinstanz s. **RG** 114, 409. Unzulässigkeit des Rechtswegs bei einem Streit über die Mitwirkung beim Verfahren tarifvertraglicher Schlichtungsstellen s. **RG** 107, 247. Entwurf eines Arbeitstarifgesetzes s. RArbBl 1921, 491.

Das der Förderung des Abschlusses von Gesamtvereinbarungen (Tarifverträgen, Betriebsvereinbarungen) dienende Schlichtungswesen ist in der VO v. 30. 10. 23 RGBl I 1043, dazu VO v. 29. 12. 23, RGBl 1924 I 9, neu geregelt worden; der III. Abschnitt (§§ 15 bis 30) der TarifvertragsVO v. 23. 12. 18 trat damit außer Kraft. Vgl. auch VO über Fachausschüsse für Hausarbeit v. 28. 11. 24 (RGBl I 757 §§ 25ff.).

§ 612

Eine Vergütung[1]) gilt als stillschweigend vereinbart, wenn die Dienstleistung den Umständen nach nur gegen eine Vergütung zu erwarten ist[2]).

Ist die Höhe der Vergütung nicht bestimmt, so ist bei dem Bestehen einer Taxe die taxmäßige Vergütung[3]), in Ermangelung einer Taxe die übliche Vergütung als vereinbart anzusehen[4]).

E I 559 Abs 2 II 552; M 2 459; P 2 277.

1. Daß eine **Vergütung** gewährt werden soll, kann ausdrücklich vereinbart sein. Fehlt eine ausdrückliche Vereinbarung, so ist nach Abs 1 zu prüfen, ob eine Vergütung als stillschweigend vereinbart zu gelten hat. Ist die Gewährung einer Vergütung ausdrücklich oder stillschweigend vereinbart, aber ihre Höhe nicht bestimmt, dann — aber auch nur dann — ist Abs 2 anzuwenden. — Die Vergütung kann in Stücklohn oder in Zeitlohn bestehen und wird regelmäßig in Geld gewährt.

2. Maßgebend ist dabei namentlich, ob die Dienstleistung **nach der Verkehrssitte oder nach ihrer Erwerbsmäßigkeit** regelmäßig nur gegen Entgelt geschieht, mag auch der Dienstberechtigte hiervon nichts gewußt haben (s. jedoch §§ 119ff.). Es kommt überhaupt bei der Frage, ob die Dienstleistung den Umständen nach nur gegen eine Vergütung zu erwarten, nur auf die tatsächlichen Verhältnisse, nicht auf die Meinung der Vertragsteile, insbesondere desjenigen, dem die Dienste geleistet werden, an (**RG** 7. 6. 12 III 383/11). Vergütung der Dienste eines Grundstücksmäklers, die nicht als Vermittlertätigkeit zu betrachten sind, s. OLG 34, 41. Vergütung für eine Tätigkeit zur Vorbereitung eines unter den Parteien in Aussicht genommenen Gesellschafts- oder Anstellungsvertrags, falls dieser nicht zustande kommt, s. OLG 45, 150. Ein Vertrag über die Anfertigung von Entwürfen ist, Entgeltlichkeit vorausgesetzt, seiner Natur nach ein Dienst- oder Werkvertrag (**RG** Warn 1911 Nr 113). Näheres § 632 A 2. — Als Umstände, nach denen eine Dienstleistung nur gegen Entgelt zu erwarten ist, können auch der Umfang und die lange Dauer der Dienstleistung in Betracht kommen. Werden demjenigen, der Dienste, z. B. die Pflege eines Kranken, leistet, dafür letztwillige Zuwendungen in Aussicht gestellt, so schließt dies nicht aus, daß, wenn es zu diesen Zuwendungen nicht kommt, eine Vergütung in anderer Weise gewährt werden muß (**RG** Warn 1917 Nr 202; SeuffA 70 Nr 149; aber auch OLG 39, 180; vgl. ferner **RG** LZ 1915, 521[10]), deren Höhe nötigenfalls nach Abs 2 oder nach §§ 315, 316 (unten A 4) zu bestimmen ist (**RG** Warn 1917 Nr 14). Der Umstand, daß eine Dienstleistung aus Beweggründen der Verwandtschaft übernommen wird, läßt — abgesehen von den Fällen der §§ 685 Abs 2, 1618 — noch keinen Schluß auf eine unentgeltliche Übernahme der Dienste zu (**RG** 74, 139; JW 09, 670[26]; **RG** LZ 1915, 1378[5]; s. auch BayObLG 19, 29). Daher kann trotz § 1617 eine Tochter, die im Haushalt und Geschäft ihres Vaters Dienste leistet, eine besondere Vergütung verlangen, wenn die Dienstleistung nach Art und Dauer oder nach örtlichem Gebrauche nur gegen eine über den Unterhalt hinausgehende Vergütung zu erwarten ist (**RG** LZ 1920, 298[4]). — Das Versprechen, einem Hausangestellten eine bestimmte Summe zu bezahlen, wenn er bis zum Tode des Versprechenden im Dienste bleibe, kann, wenn formlos erteilt, weder als Schenkungsversprechen (§ 518) noch als Verfügung von Todes wegen (§ 2231), wohl aber als Bestandteil des Dienstvertrags gültig sein (**RG** JW 1920, 139[4]; **RG** LZ 1921, 173[1]). Wird für bereits ge-

leistete Dienste eine Vergütung in dem Sinne zugesagt, daß dadurch die Dienstleistung wie eine Schuld bezahlt werden soll, so ist dies kein Dienstvertrag, aber noch weniger eine Schenkung, sondern ein unbenannter formfreier Vertrag (**RG** JW 1911, 94[16]; 1919, 378; Warn 1917 Nr 202). Auch bei zunächst unentgeltlich übernommenen Leistungen kann die nachträgliche Gewährung einer Vergütung nicht immer, ja nicht einmal regelmäßig als Schenkung aufgefaßt werden; denn zur Schenkung gehört die Einigung beider Teile darüber, daß die Vergütung eine unentgeltliche Zuwendung darstellen solle (**RG** 72, 191; 74, 139; 75, 327; 94, 157, auch 322 und § 516). — Verbot und Einschränkung des Trucksystems, d. i. der Gewährung des Arbeitslohns in Waren statt in barem Gelde an die gewerblichen Arbeiter sowie an die Arbeiter in Bergwerken, Salinen, Aufbereitungsanstalten und unterirdisch betriebenen Brüchen oder Gruben s. GewO §§ 115—119, § 154a Abs 1. Gültigkeit der Vereinbarung von Lohnabzügen für Arbeiterpensionskassen s. **RG** Gruch 57, 1101.

3. **Taxmäßige Vergütung**: Vgl. namentlich GewO §§ 76—79. Die nach § 80 Abs 2 GewO von den Zentralbehörden für Ärzte festgesetzten Taxen gelten beim Mangel einer Vereinbarung im Streitfalle auch für Spezialärzte bei Ausführung schwerer Operationen (JW 1919, 195). Die reichs- und die landesgesetzlichen Gebührenordnungen für Rechtsanwälte sind keine Taxen im Sinne von § 612 Abs 2, weil es sich hier um Bestimmungen des öffentlichen Rechtes handelt; Art 55 EG.BGB findet keine Anwendung (vgl. **RG** 68, 199; 75, 107). Wenn daher § 93 Abs 2 RAGebO (vgl. Art 15 des PrGes. v. 27. 9. 99 und entsprechende Landesgesetze) für die von der gesetzlichen Vergütung abweichenden Vereinbarungen Schriftform vorschreibt, so setzt diese Vorschrift die §§ 611, 612, soweit sie an sich auch auf den Dienstvertrag zwischen dem Anwalt und der Partei Anwendung finden müßten (Vorbem 2b), außer Anwendung (**RG** 75, 108). — Privatrechtliche Vorschriften der Landesgesetze über Taxen treten hinter die §§ 611, 612 zurück (Art 55 EG). Auf bestehende Taxen wird durch § 612 Abs 2 nur in dem Sinne verwiesen, daß sie eine Ergänzung des unausgesprochenen Parteiwillens bilden, also nur insoweit in Betracht kommen, als eine bestimmte Höhe der Vergütung weder ausdrücklich noch durch schlüssige Handlungen vereinbart ist (**RG** 68, 202). Vgl. § 653 A 2, § 632.

4. Die (obrigkeitliche) **Taxe** oder die **Üblichkeit** (am Orte der Dienstleistung, **RG** Gruch 48, 911; OLG 45, 152) ist von dem die Vergütung hiernach fordernden Dienstpflichtigen zu beweisen (SeuffA 55 Nr 73). Der Dienstpflichtige, der sich auf Abs 2 beruft, muß im Streitfalle auch beweisen, daß über die Höhe der Vergütung nichts vereinbart worden ist (vgl. **RG** Warn 1923/24 Nr 135 zu §§ 632 Abs 2, 653 Abs 2). Besteht keine Taxe und kann auch eine übliche Vergütung nicht festgestellt werden, so kommen §§ 315, 316 zur Anwendung. Wird ein Gewinnanteil ohne Angabe der Höhe versprochen, so ist der ortsübliche oder ein angemessener Anteil zu gewähren (**RG** JW 1921 S. 106[2], 339[10]). Zulässigkeit eines Zuschlags zum Arzthonorar valutastarker Ausländer s. SeuffA 78 Nr 69.

§ 613

Der zur Dienstleistung Verpflichtete hat die Dienste im Zweifel in Person zu leisten¹). Der Anspruch auf die Dienste ist im Zweifel nicht übertragbar²).

E II 554 III 606; M 2 456; P 2 278.

1. **In Person.** Nach dieser Auslegungsregel erlischt, wenn nichts anderes vereinbart ist, das Dienstverhältnis nach den Grundsätzen über die Unmöglichkeit der Erfüllung durch den Tod des Dienstverpflichteten. Dieser ist zur Bestellung eines Vertreters weder berechtigt noch verpflichtet ist, während ihm die Annahme eines Gehilfen, § 278, regelmäßig gestattet ist, sofern solche mit der ihm obliegenden persönlichen Dienstleistung vereinbar erscheint. Die Bestimmung, daß beim Tode eines der Vertragsteile der Vertrag auf Verlangen der Erben aufgehoben sein soll und auch von der Gegenpartei sofort gekündigt werden kann, ist mit der Natur des Dienstvertrags durchaus vereinbar (**RG** 9. 12. 02 III 278/02).

2. **Unübertragbarkeit** des Anspruchs auf die Dienste; demgemäß nach ZPO § 851 Abs 1 im Zweifel auch deren Unpfändbarkeit. Die gleichwohl bewirkte Übertragung kann unter Umständen einen wichtigen Grund zur Kündigung nach § 626 für den Dienstverpflichteten abgeben (**RG** 12. 7. 04 III 119/04). — Der Grundsatz der Unübertragbarkeit findet keine Anwendung in den öffentlichrechtlichen Beamtenverhältnissen (**RG** 20. 4. 06 III 396/05; **RG** 17. 1. 08 III 248/07: Übergang eines Gemeindebeamten in den Dienst der erweiterten Stadtgemeinde, in welche die Anstellungsgemeinde aufgenommen ist). Durch den Tod des Berechtigten wird das Dienstverhältnis nicht unbedingt und ausnahmslos beendigt (**RG** 9. 12. 02 III 278/02). Denn die Vererblichkeit des Anspruchs ist an sich zulässig, sofern nicht die Leistung durch den Eintritt eines anderen als des ursprünglichen Gläubigers eine Veränderung ihres Inhalts erfährt, so daß sie in der vereinbarten Weise unmöglich wird (vgl. § 399). Es

kann auch durch den Tod des Berechtigten für dessen Erben ein Kündigungsrecht nach § 626 entstehen (**RG** 58, 256).

§ 614

Die Vergütung ist nach der Leistung der Dienste zu entrichten[1]). **Ist die Vergütung nach Zeitabschnitten bemessen, so ist sie nach dem Ablaufe der einzelnen Zeitabschnitte zu entrichten**[2]).

E I 560 II 555; M 2 461; P 2 279.

1. Also in der Regel, wenn nichts anderes vereinbart oder sonst (durch die Verkehrssitte, durch Polizeivorschrift oder durch die Art der Vergütung) festgesetzt ist, **Vorleistung** des Dienstverpflichteten, wie bei der Miete einer Sache, § 551. Bei der vom Dienstpflichtigen übernommenen Verwaltung eines Landguts muß die (nach § 675) damit verbundene Rechnung vor Beanspruchung der Vergütung für die Verwaltungstätigkeit gelegt werden (**RG** JW 07, 479[11]). — Zurückbehaltung der Dienstleistung ist berechtigt bei Vermögensverfall des Berechtigten (§ 321) oder bei Rückstand von bereits fälligen Lohnzahlungen (§ 273). Auch § 320 Abs 2 (Gegenleistung bei verhältnismäßiger Geringfügigkeit des rückständigen Teiles der Dienstleistung) kann in Betracht kommen. — Die Aufrechnung gegen die Lohnforderungen des Verpflichteten ist, sofern diese der Pfändung nicht unterworfen sind, nach BGB § 394, ZPO § 850 Nr 1 ausgeschlossen, nicht aber das Zurückbehaltungsrecht (§ 273) gegen eine unpfändbare Lohnforderung (vgl. oben § 611 A 2), es müßte denn sein, daß die Zurückbehaltung im einzelnen Falle, wie gewöhnlich bei einander gegenüberstehenden Geldforderungen (§ 273 A 1 Abs 1) nach Zweck und Erfolg auf eine Aufrechnung hinausläuft (**RG** 85, 108, auch 83, 140; dazu über die Streitfrage einerseits Staudinger Erl II 2b, anderseits Staub HGB § 59 A 47). — Besondere Vorschriften: HGB §§ 64, 88 Abs 4; GewO §§ 115ff. Über vertragsmäßige Lohneinbehaltungen der Gewerbeunternehmer s. GewO § 119a.

2. Wegen etwaiger Lohnvorschüsse s. § 611 A 2 und Vorbem 2 vor § 607.

§ 615

[1]) **Kommt der Dienstberechtigte mit der Annahme der Dienste in Verzug, so kann der Verpflichtete für die infolge des Verzugs nicht geleisteten Dienste die vereinbarte Vergütung verlangen, ohne zur Nachleistung verpflichtet zu sein**[2]). **Er muß sich jedoch den Wert desjenigen anrechnen lassen, was er infolge des Unterbleibens der Dienstleistung erspart oder durch anderweitige Verwendung seiner Dienste erwirbt**[3]) **oder zu erwerben böswillig unterläßt**[4]).

E I 561 II 556; M 2 461—463; P 2 279.

1. Der Anspruch aus § 615, der eine Einschränkung des § 614 enthält, ist nicht ein Entschädigungs-, sondern ein **Erfüllungsanspruch,** setzt ein Verschulden auf seiten des Dienstberechtigten nicht notwendig voraus und führt an sich nicht zur Aufhebung des Vertragsverhältnisses, erfordert aber, daß sich der Dienstpflichtige, und zwar nicht bloß beim Antritte der Dienste, sondern auch nach einer vorübergehenden Unterbrechung der bereits begonnenen Dienste, zur Dienstleistung dem Dienstberechtigten gegenüber bereit erklärt (**RG** Warn 09 Nr 286); dies ist jedoch dann nicht erforderlich, wenn der Berechtigte den Verpflichteten aus dem Hause gewiesen hat, in dem er die Dienste zu verrichten hatte (**RG** JW 09, 722[12]). — In der Vereinbarung, daß der Dienstberechtigte die Dienste des Pflichtigen in Zukunft nicht mehr in Anspruch nehmen, ihm aber das Gehalt weiter bezahlen wolle, kann indessen auch die endgültige Aufhebung des Dienstverhältnisses mit Vereinbarung einer Entschädigung liegen. Dann ist weder Satz 1 noch Satz 2 des § 615 anwendbar und der Dienstpflichtige auch nicht verpflichtet, sich zur Verfügung des Dienstberechtigten zu halten (**RG** Warn 1916 Nr 219; **RG** LZ 1918 S. 384[16], 622[16]; **RG** 8. 2. 18 III 360/17; vgl. auch A 2). — Einschränkung des § 615 durch Tarifvertrag s. OLG 45, 157.

2. Bei **Annahmeverzug des Dienstberechtigten** (§§ 293ff.) bleibt der Anspruch des Verpflichteten auf die Vergütung für die infolge des Verzugs nicht geleisteten Dienste bestehen; statt dessen kann der Verpflichtete auch einen Anspruch auf Schadensersatz geltend machen. Bei Dienstverträgen mit hohen Vergütungssätzen wird nicht selten durch Vereinbarung für den Fall vorzeitiger Kündigung der Erfüllungsanspruch ausgeschlossen und durch einen im Betrage begrenzten Entschädigungsanspruch ersetzt; § 615 Satz 2 kann dann keine Anwendung finden (**RG** Warn 1913 Nr 137). Überhaupt treten bei der Verfolgung des Schadensersatzanspruchs an die Stelle von Satz 2 die Grundsätze über den Schaden. — Der Annahmeverzug des Dienstberechtigten endigt erst, wenn er sich bereit erklärt, die Dienste als Leistung auf Grund des bestehenden Vertrags anzunehmen. Bei ungerechtfertigten Entlassung genügt daher nicht die Bereitwilligkeit zu einer „Wiederanstellung" (RG Gruch 58, 929). — Wird die Leistung der Dienste dem Dienstpflichtigen unmöglich, dann finden die §§ 323ff., nicht § 615 Anwendung. Vorübergehende Unmöglichkeit kann, namentlich bei längerer Dauer, der dauernden Unmöglichkeit gleichzustellen sein, die gemäß §§ 275, 323 die Auflösung des Dienstverhältnisses zur Folge hat (vgl. z. B. JW 1922, 1059[1]). Als ein Fall der Unmöglichkeit der Dienstleistung, nicht des Verzugs mit der Annahme der Dienste ist es bei den heutigen Betriebs- und Arbeitsverhältnissen großer Unternehmungen anzusehen, wenn infolge eines Teilstreiks der ganze Betrieb eingestellt werden muß und dadurch dem arbeitswilligen Teil der Arbeiter die Beschäftigung entzogen wird; der Arbeitgeber ist also, falls ihn keine Schuld trifft, nicht verpflichtet, den Arbeitswilligen die vereinbarte Vergütung zu bezahlen (§§ 275, 323); so auch unter Betonung des Gedankens der sozialen Arbeitsgemeinschaft RG 106, 272; vgl. JW 1921, 1336[4] (bestr.). Vgl. auch RG LZ 1925, 969[6], ferner § 324 A 1 und für Fälle vorübergehender Verhinderung § 616.

3. Für die **Anrechnung** des Erwerbs wird vorausgesetzt, daß dieser Erwerb (nicht nur Lohn) vom Dienstpflichtigen durch Verwendung desjenigen Teiles seiner Arbeitskraft gemacht worden ist, den er dem Dienstberechtigten zur Verfügung zu stellen verpflichtet war (RG 58, 404; JW 03 Beil 11, 99). Über die Anrechnung bei Dienstpflichtigen, die vertraglich berechtigt sind, sich in ihrer dienstfreien Zeit einen Nebenverdienst zu verschaffen, s. LZ 1922, 337[1]. Der in einem Teile der Vertragsdauer gemachte, besonders hohe anderweite Verdienst ist auf die für die ganze Vertragszeit entfallende Vergütung anzurechnen (RG 58, 402). Für die Anrechnung trifft den Dienstberechtigten die Beweislast (RG SeuffA 61 Nr 79). Auf das öffentliche Beamtenrecht findet § 615 Satz 2 keine Anwendung (RG Warn 1916 Nr 31; RG 29. 1. 26 III 313/25; 10. 5. 27 III 321/26).

4. **Böswillig**, d. i. um den Gegner zu schaden, insbesondere durch Zurückweisung einer sich ihm darbietenden guten Arbeitsgelegenheit. Dagegen ist der Verpflichtete im übrigen zu einer positiven Tätigkeit behufs Verwertung seiner Dienste während der Verzugszeit nicht verpflichtet (RG 24. 1. 05 III 508/04).

§ 616

[1]) **Der zur Dienstleistung Verpflichtete wird des Anspruchs auf die Vergütung nicht dadurch verlustig, daß er für eine verhältnismäßig nicht erhebliche Zeit durch einen in seiner Person liegenden Grund ohne sein Verschulden an der Dienstleistung verhindert wird[2]). Er muß sich jedoch den Betrag anrechnen lassen, welcher ihm für die Zeit der Verhinderung aus einer auf Grund gesetzlicher Verpflichtung[3]) bestehenden Kranken- oder Unfallversicherung zukommt[4]).**

E I 562 II 557; M 2 463; P 2 280.

1. **Zeitweilige Verhinderung des Verpflichteten.** Diese Vorschrift setzt aus sozialpolitischen Gründen eine Ausnahme von § 323 fest, schließt indessen eine abweichende Vereinbarung nicht aus. Über die Annahme einer stillschweigend vereinbarten Abweichung, soweit durch andere Vorschriften, wie z. B. durch die Gebührenordnung für Zeugen und Sachverständige oder durch ZPO § 91, für einen Ersatz der Erwerbsversäumnis gesorgt ist, der sozialpolitische Zweck des § 616 also nicht zutrifft, s. OLG 34, 64. — Für Handlungsgehilfen usw. kommt HGB § 63, für gewerbliche Betriebsbeamte, Werkmeister, Techniker GewO § 133c Abs 2 in Betracht, neben welchen Vorschriften beim Nichtvorhandensein ihrer besonderen Voraussetzungen übrigens auch die aushilfsweise Anwendung des § 616 zulässig erscheint.

2. Der **Verhinderungsgrund** (Krankheit, militärische Übungen, Erkrankung eines Familienangehörigen, Tod eines nahen Verwandten) kommt sowohl bei Zeitlohn als bei Stücklohn und nicht bloß bei einem dauernden Dienstverhältnis in Betracht. Beruht er auf einem nicht in der Person des Verpflichteten liegenden zufälligen Ereignis (z. B. Feuersbrunst), so wird wenigstens die entsprechende Anwendung des § 616 gerechtfertigt sein, wenn dieses Ereignis auf die Person des Dienstpflichtigen zurückwirkt (vgl. RG 3, 179). — Die Frage, ob es sich um eine verhältnismäßig nicht erhebliche Zeit handelt, ist nach der tatsächlichen Lage und den beiderseitigen Interessen, nicht nach der einseitigen Auffassung eines Beteiligten zu entscheiden (OLG 34, 33). Dabei sind neben der Dauer der Verhinderung und ihrem Verhältnis zur Vertragszeit auch die besonderen Umstände zu berücksichtigen, die für den Wert der Dienste (z. B. der Tätigkeit als Reisender) gerade in der Zeit der Verhinderung von Bedeutung waren (OLG 32, 94). Längerdauernde, wenn auch unverschuldete Verhinderung (z. B. Absperrung in Feindesland) begründet den Verlust des Anspruchs auf die Vergütung (OLG 34, 334).

3. Unter **gesetzlicher Verpflichtung** ist auch die durch Ortsstatut begründete zu verstehen.

4. Auf andere als die in Satz 2 angegebenen Bezüge ist die Vorschrift nicht auszudehnen. Daher Nichtanrechnung der aus privaten Versicherungsverhältnissen (sofern für diese vertragsmäßig nichts anderes bestimmt ist) oder auch aus der Invalidenversicherung fließenden Unterstützungen; ebenso des Wertes des dem einberufenen Angestellten von der Heeresverwaltung gewährten Unterhalts (OLG 32, 94). Auch wird der Dienstberechtigte von seiner Zahlungspflicht durch das Vorhandensein von Ansprüchen des Verpflichteten gegen einen Dritten nicht befreit. — Abweichend von obiger Vorschrift HGB § 63 Abs 2.

§ 617

[1]) **Ist bei einem dauernden Dienstverhältnisse, welches die Erwerbstätigkeit des Verpflichteten vollständig oder hauptsächlich in Anspruch nimmt, der Verpflichtete in die häusliche Gemeinschaft aufgenommen, so hat der Dienstberechtigte ihm im Falle der Erkrankung die erforderliche Verpflegung und ärztliche Behandlung bis zur Dauer von sechs Wochen, jedoch nicht über die Beendigung des Dienstverhältnisses hinaus, zu gewähren, sofern nicht die Erkrankung von dem Verpflichteten vorsätzlich oder durch grobe Fahrlässigkeit herbeigeführt worden ist[2]). Die Verpflegung und ärztliche Behandlung kann durch Aufnahme des Verpflichteten in eine Krankenanstalt gewährt werden[3]). Die Kosten können auf die für die Zeit der Erkrankung geschuldete Vergütung angerechnet werden[4]). Wird das Dienstverhältnis wegen der Erkrankung von dem Dienstberechtigten nach § 626 gekündigt, so bleibt die dadurch herbeigeführte Beendigung des Dienstverhältnisses außer Betracht[5]).**

Die Verpflichtung des Dienstberechtigten tritt nicht ein, wenn für die Verpflegung und ärztliche Behandlung durch eine Versicherung oder durch eine Einrichtung der öffentlichen Krankenpflege Vorsorge getroffen ist[6]).

P 2 284—289.

1. **Fürsorge im Krankheitsfalle.** Zwangsvorschrift (§ 619) mit Rücksicht auf die Lage des wirtschaftlich Schwächeren. Die Vorschrift gilt auch für das Gesinde; die besonderen Vorschriften der Gesindeordnungen sind aufgehoben (Vorbem 2 vor § 611). Ferner ist sie in Ermanglung besonderer Vorschriften des HGB und der GewO, für Handlungsgehilfen usw. sowie für gewerbliche Arbeiter anwendbar. Vgl. auch SeemO v. 2. 6. 02 §§ 59ff. Der Dienstberechtigte haftet über den § 617 hinaus auf vollen Schadensersatz wegen eines von ihm zu vertretenden Umstandes, insbesondere wegen Verletzung der ihm nach § 618 obliegenden Pflichten.

2. **Voraussetzungen** dieser Verpflichtung des Dienstberechtigten sind also: dauerndes Dienstverhältnis mit vollständiger oder hauptsächlicher Inanspruchnahme des Verpflichteten und mit Aufnahme in die häusliche Gemeinschaft (Wohnung und Kost, **RG** 20. 1. 05 III 290/04) des Berechtigten, Ausbruch der Krankheit nach Aufnahme in diese Gemeinschaft. — Hierauf erstreckt sich auch die **Beweislast** des Verpflichteten, während der Berechtigte die Ausschlußgründe: vorsätzliche oder fahrlässige Herbeiführung der Krankheit durch den Verpflichteten, Fürsorge durch Versicherung oder eine Einrichtung der öffentlichen Krankenpflege, nachzuweisen hat.

3. **Wahlrecht** des Dienstberechtigten, ob er die Fürsorge im Hause oder in einer Krankenanstalt gewähren will. Der Dienstpflichtige hat bei Nichterfüllung der im § 617 bestimmten Pflicht außer dem Anspruche auf Fürsorge oder auf Schadensersatz im Falle eigener Deckung der Kosten den Ersatzanspruch an den Berechtigten und kann nach § 626 (Schadensersatz § 628 Abs 2) fristlos kündigen.

4. Ob für diese Zeit überhaupt eine Vergütung zu entrichten ist, bestimmt sich nach den allgemeinen Grundsätzen des § 323 sowie nach § 616.

5. Wird das Dienstverhältnis **wegen der Erkrankung von dem Dienstberechtigten** nach § 626 **gekündigt,** so bleibt der in Satz 1 angeführte Anspruch des Verpflichteten auf Verpflegung und ärztliche Behandlung bis zur Dauer von sechs Wochen, jedoch nicht über die vereinbarte Dauer des Dienstverhältnisses hinaus, bestehen.

6. Vgl. die **Reichsversicherungsordnung** v. 19. 7. 11, neue Fassung v. 15. 12. 24, RGBl I 779, insbesondere §§ 165ff., 416ff. (Krankenversicherung), §§ 537ff., 573ff. (Gewerbe-Unfallversicherung), §§ 915ff., 942ff., 161 (Land- und forstwirtschaftliche Unfallversicherung), §§ 1046ff., 1083ff. (See-Unfallversicherung). Die Vorschrift des Abs 2 findet aber auch auf private Versicherungen (anders § 616) und ohne Unterschied, wer die Beiträge zur Versicherung zahlt, Anwendung. Beweislast s. A 2.

§ 618

[1]) **Der Dienstberechtigte hat Räume**[2]), **Vorrichtungen oder Gerätschaften**[3]), **die er zur Verrichtung der Dienste zu beschaffen hat**[4]), **so einzurichten und zu unterhalten und Dienstleistungen, die unter seiner Anordnung oder seiner Leitung vorzunehmen sind, so zu regeln, daß der Verpflichtete gegen Gefahr für Leben und Gesundheit soweit geschützt ist, als die Natur der Dienstleistung es gestattet**[5]).

Ist der Verpflichtete in die häusliche Gemeinschaft aufgenommen, so hat der Dienstberechtigte in Ansehung des Wohn- und Schlafraums[6]), **der Verpflegung sowie der Arbeits- und Erholungszeit diejenigen Einrichtungen und Anordnungen zu treffen, welche mit Rücksicht auf die Gesundheit, die Sittlichkeit und die Religion des Verpflichteten erforderlich sind.**

Erfüllt der Dienstberechtigte die ihm in Ansehung des Lebens und der Gesundheit des Verpflichteten obliegenden Verpflichtungen nicht, so finden auf seine Verpflichtung zum Schadensersatze die für unerlaubte Handlungen geltenden Vorschriften der §§ 842 bis 846[7]) **entsprechende Anwendung**[8])[9].

E II 558 Abs 1 III 610 Abs 1; M 2 460; P 2 289 ff.

1. **Geltungsbereich und rechtliche Natur** der nach § 619 zwingenden Vorschrift. Sie ist auch für das Gesindeverhältnis (Vorbem 2 vor § 611) maßgebend, dagegen für die Handlungsgehilfen durch HGB § 62, für die gewerblichen Arbeiter durch GewO §§ 120a bis 120g ersetzt (vgl. **RG** 27. 10. 08 III 9/08). Über die Anwendung auf den Werkvertrag s. § 631 A 2. — Auch den öffentlichen Beamten gegenüber bestehen dem § 618 entsprechende Verpflichtungen des Staates und der Gemeinde zur Beschaffung geeigneter Arbeitsräume und Werkzeuge (**RG** 18, 173; 91, 21; 92, 178, 308; 95, 103; **RG** Gruch 48, 904; SeuffA 70 Nr 10; Warn 1917 Nr 137; **RG** 8. 12. 08 III 55/08, 12. 1. 15 III 455/14) sowie zur Erteilung der erforderlichen Anweisungen (**RG** JW 08, 448[11]); über die Haftung einer Gemeinde für die Dienstunfähigkeit eines Beamten als Folge der Anweisung eines ungesunden Arbeitsplatzes s. **RG** SeuffA 77 Nr 68. Hierher gehört auch die Rücksichtnahme auf Beamte mit geschwächter Gesundheit und verminderter Widerstandsfähigkeit gegen schädigende Einwirkungen des Dienstes, soweit es die Art des Dienstes und das Interesse des Dienstbetriebs zuläßt (**RG** 10. 3. 22 III 403/21). Ebenso entspricht die Anwendung der hier aufgestellten Grundsätze auf Dienstwohnungen der ständigen Rechtsprechung des Reichsgerichts (**RG** 71, 243; JW 08, 448[11]; 09, 439[48]; Warn 1912 Nr 250). Unmittelbare Haftung des Staates gegenüber den Familienangehörigen des Inhabers einer Dienstwohnung, die infolge gesundheitsschädlicher Beschaffenheit der Räume erkranken, s. **RG** 91, 21. Anwendung auf das ebenfalls dem öffentlichen Recht angehörende Dienstverhältnis zwischen kirchlicher Pfründe und Pfründebesitzer s. BayObLG 16, 75. Dabei handelt es sich aber (vgl. Vorbem 2b vor § 611) nicht um eine entsprechende Anwendung des nur bürgerliche Dienstverhältnisse betreffenden § 618 auf das anders geartete öffentliche Beamtenrecht, sondern um die Schöpfung einer Rechtsregel des öffentlichen Rechtes aus einem auch dem § 618 zugrunde liegenden allgemeinen Rechtsgedanken, den der Richter selbstschöpferisch in das öffentliche Recht einführt und nach dessen inneren Besonderheiten und Erfordernissen, also unabhängig vom Inhalt des § 618, entwickelt, begrenzt und anwendet (**RG** 97, 43; 104, 58; 111, 22; ferner 92 S. 178, 308; 95 S. 103, 144; vgl. **RG** Gruch 61, 663; **RG** Warn 1915 Nr 76; 1917 Nr 137; **RG** LZ 1915, 1510[5]; 1916, 1102[18]; 1917, 928). Entsprechend dem in § 278 für das bürgerliche Recht aufgestellten Grundsätze haftet auch der Staat (die Gemeinde) regelmäßig für das Verschulden der Personen, deren er (sie) sich zur Erfüllung seiner (ihrer) Verpflichtungen bedient (z. B. **RG** SeuffA 70 Nr 10; 77 Nr 68); vgl. noch **RG** JW 1927, 441[7] über eine Gefahrenhaftung des Staates bei Übertragung der Überwachung eines Gefangenen an eine Privatperson gegenüber dieser Person und ihre unterhaltsberechtigten Angehörigen. — Wird jemand in ein öffentliches Krankenhaus aufgenommen, so ist zu unterscheiden, ob die Aufnahme auf Grund einer öffentlichen Fürsorgepflicht stattgefunden hat oder nicht. Ein bürgerlich-rechtliches Vertragsverhältnis ist im ersteren Falle regelmäßig ausgeschlossen (**RG** 91, 263; 112, 290; **RG** SeuffA 69 Nr 120; s. auch **RG** 59, 197), im anderen Falle regelmäßig gegeben, so namentlich dann, wenn der Kranke als zahlungsfähige Privatperson in eine besondere Pflegeklasse aufgenommen wird (**RG** 64, 231; 83, 71; 91 S. 134, 263; 112, 290). Demgemäß bestimmen sich die Pflichten des Staates, der Gemeinde usw. gegenüber den im Krankenhaus aufgenommenen Personen und die Folgen einer Verletzung dieser Pflichten, unbeschadet einer Haftung aus unerlaubter Handlung, im einen Falle

nach öffentlichem, im andern nach bürgerlichem Recht. Auch eine nur vorläufige Gewährung von Einlaß und Unterkunft im Krankenhaus kann — für die Dauer des vorläufigen Zustandes — **vertragliche Beziehungen** (mit Anwendung der §§ 618, 278) zwischen dem Staat (der Gemeinde) **als Krankenhausunternehmer** und der aufgenommenen Person begründen (**RG** 91, 134). Der **Rechtsgedanke** des § 278 gilt übrigens, wie in der neueren Rechtsprechung wiederholt **ausgesprochen** worden ist, auch für öffentlich-rechtliche Verhältnisse (**RG** 102, 6; 112, 290). **Bei entgeltlicher Unterbringung** eines Kindes in einer Anstalt durch den Vater können dem Kinde nach § 328 unmittelbare Ansprüche gegen den Anstaltsinhaber wegen Verletzung der **Fürsorgepflicht** zustehen (**RG** JW 1919, 38). Über die Haftung des Eigentümers einer Irrenanstalt gegenüber einem Geisteskranken, der mit seiner Wärterin Geschlechtsverkehr gepflogen hat und als Erzeuger ihres außerehelichen Kindes Unterhaltsgelder zahlen muß, s. **RG** 108, 86. — Die hier dem Dienstherrn auferlegte Pflicht ist zwar dem Kreise der aus dem Dienstverhältnisse entspringenden Verpflichtungen zuzurechnen, beruht jedoch nicht ausschließlich und unmittelbar auf dem Arbeitsverhältnisse, sondern ist zugleich und vor allem im **öffentlichen Interesse** festgesetzt. Deshalb ist für einen Anspruch aus § 618 nicht das Gewerbe- oder Kaufmannsgericht, sondern das ordentliche Gericht zuständig (**RG** 87, 83; **RG** SeuffA 55 Nr 34; 64 Nr 198).

2. Räume. Die Vorschrift gilt auch außerhalb der eigentlichen Betriebsräume (**RG JW 1911, 757**[13]), für **Höfe, Treppen, Gänge** und für **Zugänge zur Arbeitsstätte** (**RG** 80, 27; JW 1910, 148[10]; 1922, 1005[2]; Warn 1916 Nr 103; Gruch 62, 111; BayZ 1922, 97); **RG** 8. 6. 26 III 603/25), sowie zu den Arbeitsräumen, z. B. zu einer Fahrstuhlöffnung (**RG** Warn 08 Nr 624), zum Souffleurkasten eines Theaters (**RG** 26, 11. 03 VI 112/03; 1. 10. 07 III 89/07; 28. 1. 08 III 277/07), ingleichen für Flure (**RG** 21. 1. 08 III 242/07), daneben auch für den Zugang zum Abort (**RG** Gruch 48, 346; JW 07, 673[7]) zum Keller (**RG** JW 1910, 280[6]), nicht für öffentliche Wege und sonstige Zugänge, auf denen der Dienstpflichtige außerhalb des seine Arbeitsstätte enthaltenden Grundstücks zu dieser gehen muß (**RG** 12. 5. 02 VI 69/02; **RG** Gruch 46, 931), wohl aber für Fabrikstraßen auf dem Gelände des dienstberechtigten Unternehmers (**RG** SeuffA 81 Nr 5: Schutz gegen ausströmende Giftgase). Haftung des Dienstherrn bei mangelhafter Verwahrung der Schachtöffnung eines noch nicht fertiggestellten Aufzugs s. **RG** Gruch 64, 476. Schutz gegen Gefahren, die aus Bränden in Geschäftsräumen entstehen, insbesondere Offenhaltung von Ausgängen, s. **RG** JW 03 Beil 57[133]. Über die an die Errichtung von Kegelbahnen in betreff des Schutzes der Kegeljungen zu stellenden Anforderungen s. **RG** Warn 1912 Nr 208. Kein Anspruch des Dienstpflichtigen wegen Ausgleitens auf einer ordnungsmäßigen, aber am Morgen (zur Zeit des Unfalls) noch nicht gesäuberten Treppe (**RG** JW 1910, 282[9]; zum Vergleiche s. auch **RG** JW 1912, 529[6]). — Auch eine an sich ordnungsmäßige Anlage kann Schutzvorkehrungen erfordern, wenn großer Verkehr, stärkere Abnutzung oder wiederholte Unfälle eine Gefahr für die dort verkehrenden Personen erkennen lassen (**RG** 27. 2. 17 III 341/16). Vertragshaftung des Hauseigentümers gegenüber einem Schornsteinfeger für die Sicherheit des Zugangs zu den Schornsteinen (**RG** 90, 408: Rechtsverhältnis zwischen Bezirksschornsteinfeger und Hauseigentümer privatrechtlich), sowie dafür, daß nicht ein zufälliges (unverschuldetes) Abweichen von dem für das Betreten des Daches bestimmten Wege die Gefahr eines Durchbrechens herbeiführt (**RG** 21. 5. 18 VII 80/18). — Nach § 618 haftet auch der **Theaterunternehmer** den Schauspielern, Sängern und anderen Angestellten für die Verkehrssicherheit der Theaterräume und der Zugänge zu ihnen, so für die Sicherheit des Bühnenraums (**RG** Warn 1919 Nr 164), des Zugangs zu den Ankleideräumen (**RG** Warn 1918 Nr 52), auch des Weges zum Verlassen des Theaters (**RG** Warn 1917 Nr 240). Dabei kann allerdings die Verhütung von Gefahren, die mit dem Betriebe und mit der Einrichtung des Theaters regelmäßig verbunden und deshalb den Angehörigen des Theaters bekannt sind, nicht verlangt werden, solange nur mit einem Verkehr solcher Personen zu rechnen ist. Wohl aber muß zu ihren Gunsten dafür gesorgt werden, daß nicht unerwartete Gefahren und Hindernisse sich dem Verkehr entgegenstellen, z. B. Gegenstände derart hingelegt werden, daß sie leicht übersehen werden und Personen zu Fall bringen können (**RG** Warn 1917 Nr 240). S. noch **RG** Warn 1920 Nr 81. — Die Haftung des Dienstberechtigten erstreckt sich nicht auf Räume, in denen der Dienstpflichtige nichts zu suchen hat oder deren Betreten ihm verboten ist (**RG** Gruch 53, 968; Warn 09 Nr 205).

3. Vorrichtungen oder Gerätschaften: Vorrichtungen beim Fensterputzen: Tritt, Fensterstuhl, mitwirkendes Verschulden des Dienstboten (**RG** 11. 4. 04 VI 552/03; 5. 1. 06 III 220/05; 21. 2. 07 III 327/06). — Mangelhaftes Geländer (**RG** 25. 1. 07 III 327/06). — Mangelhafte Leiter (**RG** 14. 2. 05; 5. 1. 06 III 202/05; 21. 12. 06 III 223/06; **RG** Warn 1917 Nr 12). (Kein eigenes Verschulden des abgestürzten Dienstboten, der mit Kenntnis der Schadhaftigkeit der Leiter diese auf besonderes Geheiß des Dienstherrn besteigt.) Fehlen von Handgriffen an einer Pendeltüre (**RG** Warn 1919 Nr 33). Ferner: Schutzbrille (**RG** 5, 101; 11, 23). Mangelnde Schutzvorrichtung beim Läuten der Kirchenglocken (**RG** JW

04, 383). Haftung einer Gemeinde für die Verwendung mangelhafter Böller beim Böllerschießen s. RG 96, 91. Untauglichkeit eines Bühnenwagens (RG Warn 1913 Nr 287); Vornahme gefährlicher Arbeiten während einer Bühnenprobe (RG Warn 1920 Nr 81). Haftung des Dienstberechtigten für die Verwendung eines bösartigen Pferdes (OLG 28, 184). Nimmt der Dienstberechtigte den Dienstverpflichteten zu einer geschäftlichen Wagenfahrt mit, dann muß er den Wagen sicher und sorgsam lenken, auch für ordnungsmäßige Beleuchtung sorgen (RG Gruch 63, 228).

4. Vorausgesetzt wird hier, daß der Dienstberechtigte **zur Beschaffung** der Räume, Vorrichtungen und Gerätschaften **verpflichtet** ist. Das schließt aber keineswegs eine Haftung des Dienstberechtigten nach § 618 in den Fällen aus, in denen der Dienstpflichtige die Sachen, deren er zur Leistung der Dienste bedarf, sich selbst beschaffen muß. Denn die Regelung der Dienstleistungen, die unter seiner Anordnung oder seiner Leitung vorzunehmen sind (A 5), liegt dem Dienstberechtigten auch in diesem Falle ob (vgl. RG JW 1917, 969[8]: Haftung des Theaterunternehmers, der die Verwendung von Schuhen mit zu hohen Absätzen bei Tanzaufführungen zuläßt). In bezug auf die von ihm zu beschaffenden Vorrichtungen und Gerätschaften muß ferner der Dienstberechtigte nicht nur für die Einrichtung und Unterhaltung sorgen, sondern er muß auch ihre Benutzung so regeln, daß der Dienstpflichtige gegen die mit ihr verbundenen Gefahren nach Möglichkeit geschützt ist (RG JW 1920, 377[7]: Verschließung der Tür eines Fahrstuhlschachts). — Ob der Dienstberechtigte zur Beschaffung, z. B. einer Einrichtung, verpflichtet ist, dafür ist maßgebend, ob nach den Anforderungen eines ordnungsmäßigen Verkehrs im einzelnen Falle eine solche Einrichtung erforderlich ist, und diese Frage ist zunächst vom Arbeitgeber zu prüfen (RG 12, 130; 19, 191; RG JW 01, 213[19]; RG 7. 11. 05 III 137/05; RG Gruch 48, 909). Nicht verlangt werden kann, daß der Dienstverpflichtete, soweit es die Natur der Dienstleistung gestattet, vor jeder Gefahr geschützt werde. In einem gewissen Umfange muß sich der Dienstverpflichtete selbst schützen. Entscheidend ist auch hier die Anschauung eines gesunden und regelrechten Verkehrs (RG JW 1911, 757[13]). Bei vorhandener Gefährlichkeit ist es Sache des Dienstberechtigten, sich nach Abhilfemaßnahmen zu erkundigen. Die Unterlassung solcher Erkundigung kann jedoch nur dann fahrlässig sein, wenn der Dienstberechtigte die Gefährlichkeit erkennt oder bei Anwendung der verkehrsmäßigen Sorgfalt erkennen muß (RG JW 1912, 529[6]). Bei Kenntnis der Gefährlichkeit hat der Dienstberechtigte auch die Verpflichtung, den Dienstverpflichteten, der die Gefahr nicht kennt, auf diese aufmerksam zu machen (RG JW 08, 449[14]; 1913, 372[4]; 1917, 969[8]) und über die Art und Weise, wie ihr begegnet werden kann, zu belehren (RG JW 08, 449[14]; 1913, 372[4]; 1920, 377[7]; RG Gruch 62, 616; RG LZ 1916, 752; 1918, 840). Verlangt der Dienstherr z. B. die Verwendung scharf ätzender Mittel, so muß er die Angestellten auf die Gefahren des Gebrauchs aufmerksam machen und über die Vermeidung von körperlichen Schäden belehren, nötigenfalls selbst über die Beschaffenheit der Mittel und ihre Wirkungen Erkundigungen einziehen (RG LZ 1916, 752[12]). — Der Dienstberechtigte muß mit dem Leichtsinn der Leute rechnen und selbst die Vorkehrungen treffen, die nötig sind, um sie gegen Gefahren für Leib und Leben zu schützen (RG Gruch 62, 111; Warn 1917 Nr 12). Ein ernstliches Verbot der Benutzung gefahrbringender Gerätschaften genügt nicht immer, um den Dienstberechtigten zu entlasten (RG JW 1917, 969[8]). Läßt der Dienstberechtigte zur Beseitigung der Gefahr eine Arbeit durch andere Personen vornehmen, z. B. eine Treppe reinigen, so muß er sich auch davon überzeugen, daß die Arbeit ordnungsmäßig vorgenommen, die Gefahr beseitigt ist (RG Warn 1916 Nr 103). Die Haftung selbst ist eine vertragsmäßige und daher auch der § 278 anwendbar. So haftet der Dienstherr nach §§ 278, 1357 für das Verschulden seiner Frau, die dem Dienstboten Anweisungen erteilt (RG JW 06, 460[15]) oder mangelhafte Gerätschaften, z. B. eine fehlerhafte Leiter zur Benutzung überläßt (RG Warn 1917 Nr 12; s. auch RG 95, 103; RG LZ 1917, 1132[5] und OLG 33, 332). Dagegen ist, wenn der Dienstherr mit einer bestimmten Arbeit, z. B. Fensterreinigen, mehrere Personen beauftragt, nicht jede dieser Personen als Erfüllungsgehilfe des Dienstherrn in bezug auf seine Pflichten aus § 618 gegenüber den anderen anzusehen (RG 106, 293). — Zur Frage der Beweislast: Der Beweis, daß der Dienstberechtigte seine Verpflichtungen nicht erfüllt und dadurch einen Schaden verursacht habe, liegt an sich dem Dienstpflichtigen ob. Steht aber fest, daß vor einem Unfall des Dienstpflichtigen ein ordnungswidriger, gefahrdrohender und zur Herbeiführung des Unfalls geeigneter Zustand vorhanden war, dann ergibt sich der Schluß auf die Ursächlichkeit des Zustandes für den Unfall von selbst, und der Dienstberechtigte muß nicht nur nachweisen, daß er und seine Hilfspersonen alles getan haben, was bei Anwendung der im Verkehr erforderlichen Sorgfalt (§§ 276, 278) zur Beseitigung der Gefahr geschehen mußte, sondern regelmäßig auch, daß besondere Umstände eine andere Ursache des Unfalls als wahrscheinlich erscheinen lassen und damit jenen Schluß auf die Ursächlichkeit entkräften (RG Warn 1916 Nr 103). Vgl. zur Frage der Beweislast auch RG Gruch 62, 616 (Ansteckung eines Dienstboten durch die Dienstherrschaft) und RG LZ 1918, 1076[24] (Herabfallen einer ungenügend befestigten elektrischen Lampe). Hat eine

Dienstwohnung Mängel, die nach dem natürlichen Lauf der Dinge geeignet sind, gewisse (tatsächlich eingetretene) Krankheiten hervorzurufen oder zu fördern, dann ist es Sache des Dienstberechtigten, besondere Umstände nachzuweisen, die nicht nur selbst Krankheitsursache sein können, sondern auch jene Mängel als Ursache oder Mitursache ausschließen (RG 95, 103). Das gleiche gilt bei Erkrankungen, die der Dienstpflichtige auf Mängel der Arbeitsstätte zurückführt (RG JW 1922, 485[6]).

5. Verpflichtung des Dienstberechtigten auch zur Erteilung der erforderlichen **Anweisung** (Warnung, Unterrichtung) für den Gebrauch der Schutzvorrichtungen (RG 4, 23). — Mithaftung des Dienstherrn für den Unfall eines Dienstboten beim Fensterputzen, wenn dieses mit Wissen des Dienstherrn vom äußeren Fensterbrett ausgeführt worden ist (RG Warn 09 Nr 447). Mitwirkendes Verschulden des Dienstpflichtigen beim Fensterputzen s. RG JW 04, 290[12]; 07, 249[10]; OLG 43, 73. Die Dienstherrschaft genügt ihrer Pflicht bei Regelung der Dienstleistungen nicht, wenn sie neben einem Verfahren, das Sicherheit gegen Gefahr bietet, ein anderes zuläßt, bei dem dies nicht der Fall ist (RG JW 07, 249[10]). Haftung des Lehrherrn bei Verletzung des Lehrlings (RG JW 1913, 372[4]) unter der Obhut eines mit der erforderlichen Anweisung nicht versehenen Gesellen (RG 34, 1) oder wegen unvorsichtigen Handelns seines Vertreters bei Beaufsichtigung des Lehrlings (RG JW 09, 685[7]; RG 77, 408). Verpflichtung des Gewerbeunternehmers zur Beseitigung einer die Gesundheit der Arbeiter gefährdenden Staubentwicklung, Haftung bei Einstellung lungenkranker Arbeiter s. RG LZ 1917, 1341[10] (GewO § 120a). Haftung eines Gasthofsbesitzers für Gesundheitsbeschädigung beim Tragen eines Flügels durch Angestellte ohne Zuziehung sachkundiger Personen s. RG Warn 1915 Nr 206. Ansteckung eines Dienstboten bei der Pflege des Dienstberechtigten s. RG Gruch 62, 116. Läßt der Dienstherr Arbeiten vornehmen, die seine in der Nähe beschäftigten Angestellten gefährden, so muß er für entsprechende Sicherungsmaßregeln sorgen (RG 20. 1. 16 VI 305/15). Anwendung des § 618 auf Ansprüche einer im Haushalt des Dienstberechtigten beschäftigten, durch eine in der Wäsche stecken gebliebene Nadel verletzten Wäscherin s. RG 103, 374. Der Dienstberechtigte haftet auch für ein gesundheitsschädliches Übermaß der Dienstleistung (RG Gruch 65, 84; RG SeuffA 70 Nr 10). Werden dem Dienstpflichtigen schwere Arbeiten (z. B. Putzen der Böden) aufgetragen, die zu seinen Dienstleistungen gehören, aber seine Kräfte übersteigen und seiner Gesundheit schaden, so muß der Dienstpflichtige unter Umständen den Dienstherrn auf die Gefahr aufmerksam machen (OLG 28, 183). Ebenso muß der Dienstpflichtige von früheren Schwindelanfällen Mitteilung machen, die ihn zum Fensterputzen ungeeignet erscheinen lassen (RG JW 04, 290[12]). — Auch dem durch seine körperliche Beschaffenheit (z. B. Nervosität) einer Gefahr besonders ausgesetzten Dienstpflichtigen gegenüber findet die Schutzpflicht des Dienstberechtigten ihre Grenze nur an der Unverträglichkeit der Abwendung der Gefahr mit der Natur der Dienstleistung (RG 22. 10. 12 III 58/12). — Haftung des Arbeitgebers gegenüber einem von einer Arbeiterin zur Feldarbeit mitgebrachten Kinde nach §§ 618, 328 s. RG JW 1919, 820[1].

6. Haftung des Dienstherrn auch für die ordnungsmäßige Beschaffenheit des **Zugangs zu den Schlafräumen** des Dienstboten (RG 20. 1. 05 III 290/04; 29. 5. 06 III 532/05) und für dessen ordnungsmäßige, nach den örtlichen Verhältnissen nötige Beleuchtung (RG 24. 3. 05 III 562/04). Aufnahme in die häusliche Gemeinschaft s. § 617 A 2.

7. Rechtliche Natur und Umfang der Ersatzpflicht. Vgl. hierzu unten §§ 842—846, über die Ansprüche Dritter §§ 844 Abs 2, 845. Nicht anwendbar bei bloßer Vertragshaftung § 847 (RG JW 07, 829[5]; Gruch 50, 980). Die Vorschriften des § 618 Abs 3 (und des § 62 Abs 3 HGB) sind dahin zu verstehen, daß die dritten Personen innerhalb der Grenzen der §§ 844, 845 ganz so gestellt sein sollen, als wenn auch sie in einem Vertragsverhältnisse mit dem Dienstherrn gestanden hätten. Daraus ergibt sich dann, daß der Dienstherr auch gegenüber jenen dritten Personen gemäß § 278 für das Verschulden von Vertretern und Erfüllungsgehilfen aufzukommen hat (RG 77, 410). Vgl. auch RG JW 08, 449[14]. Abs 3 gilt nur für Dienstverträge und ist auf andere Vertragsverhältnisse, z. B. ein Auftragsverhältnis, nicht anzuwenden (RG 20. 12. 24 IV 392/24). — Ein Verschulden des Dienstberechtigten (§ 276) oder derjenigen, deren Verschulden er zu vertreten hat (§ 278), ist in jedem Falle Voraussetzung der Haftung nach § 618. Mitwirkendes Verschulden des Verletzten ist nach § 254 zu würdigen, aber nicht ohne weiteres in der Übernahme einer gefährlichen Arbeit zu finden (RG 6. 12. 04 III 396/04). Bei der Prüfung, ob und inwieweit den Arbeitnehmer wegen der Übernahme einer solchen Arbeit ein Verschulden trifft, müssen seine Gewöhnung an die seinem Beruf eigentümlichen gefährlichen Verrichtungen und die dadurch erzeugte Abstumpfung gegen die Gefahr, seine Gepflogenheit, den Arbeitgeber bei der Arbeit für sich denken zu lassen und namentlich die Zwangslage in Betracht gezogen werden, die ihn, wenn er nicht seine Stelle verlieren will, häufig nötigt, trotz besserer Einsicht gefährliche Beschäftigungen zu übernehmen. Die Ausführung von Anweisungen des Dienstberechtigten ist daher dem Dienstpflichtigen in der Regel nicht als Verschulden anzurechnen (RG Warn 1914 Nr 249). Bei der nach § 254 erforderlichen Abwägung ist insbesondere zu beachten, daß regelmäßig den Dienstberechtigten das grundlegende Verschulden trifft, wenn er gefahrbringende Räume usw. dem Dienstpflichtigen zur Benutzung überläßt (RG Warn 1917 Nr 12; 1919 Nr 33). — Neben dem Schadensersatzanspruch nach Abs 3 steht dem Dienstpflichtigen auch das Kündigungsrecht nach § 626 zu.

8. **Auf den Umfang und die Geltendmachung der Schadensersatzpflicht** des Dienstberechtigten sind aber von Einfluß die Vorschriften der **Reichsversicherungsordnung** v. 19. 7. 11, neue Fassung v. 15. 12. 24 (RGBl I 779), mit späteren Änderungen insbesondere RGBl 1926, 9ff. a) Beschränkt wird die Ersatzpflicht zunächst insofern, als die versicherten Personen und deren Hinterbliebene, auch wenn sie keinen Anspruch auf Rente haben, einen Anspruch auf Ersatz des infolge eines Unfalls erlittenen Schadens gegen den Unternehmer, dessen Bevollmächtigte oder Repräsentanten, Betriebs- oder Arbeiteraufseher nur zu dem die Entschädigung aus der Unfallversicherung übersteigenden Betrage und nur dann geltend machen können, wenn durch strafgerichtliches Urteil festgestellt ist, daß der in Anspruch Genommene den Unfall vorsätzlich herbeigeführt hat (vgl. RVO §§ 898—907, 1042 [161], 1219). b) Nach § 1542 RVO geht, soweit die nach diesem Gesetze Versicherten oder ihre Hinterbliebenen nach anderen gesetzlichen Vorschriften Ersatz eines Schadens beanspruchen können, der ihnen durch Krankheit, Unfall, Invalidität oder durch den Tod des Ernährers erwachsen ist, der Anspruch auf die Träger der Versicherung insoweit über, als sie den Entschädigungsberechtigten nach der RVO Leistungen zu gewähren haben. Dies gilt jedoch bei den gegen Unfall Versicherten und ihren Hinterbliebenen nur insoweit, als es sich nicht um einen Anspruch gegen den Unternehmer oder die ihm Gleichgestellten (Bevollmächtigte usw.) handelt. Der Entschädigungsberechtigte kann danach nur den Mehrbetrag seines Schadens gegen den Dienstherrn geltend machen; so für den Fall einer Invalidenrente im Gegensatz zur Unfallrente RG 102, 131. Über die Bindung des ordentlichen Richters an die Entscheidung der Versicherungsbehörden und über die Aussetzung des gerichtlichen Verfahrens bis zu solcher Entscheidung s. RVO §§ 901, 1543 sowie RG 91, 94; 93, 323; 97, 206; 111, 159; RG Gruch 64, 489; RG BayZ 1922, 68; RG Warn 1925 Nr 48, 68; RG SeuffA 80 Nr 31; vgl. auch RG 60, 36; 80, 312; 84, 425; RG JW 1925, 943[12]. — Entsprechende Vorschriften s. im Angestelltenversicherungsgesetz v. 20. 12. 11, neue Fassung v. 28. 5. 24 (RGBl I 563) § 89. Vgl. auch Reichs-Unfallfürsorgegesetz für Beamte und für Personen des Soldatenstandes v. 18. 6. 01; Unfallfürsorgegesetz für Gefangene v. 30. 6. 00.

9. Neben den vorstehenden, auf dem Vertrage beruhenden Ansprüchen können auch weitergehende **außervertragliche** begründet sein, wie z. B. der Anspruch des Dienstboten gegen den Dienstherrn als Tierhalter nach § 833 (RG 50, 249; vgl. auch 58, 410), des Lehrers nach § 823 wegen ordnungswidrigen Zustandes der Dienstwohnung, in der die Gemeinde im Hinblicke auf die dienstlichen Beziehungen zwischen Lehrer, Schülern und deren Eltern einen Verkehr eröffnet hat (RG Warn 1912 Nr 250). Wie in der neueren Rechtsprechung anerkannt ist, kann eine Schadensersatzpflicht nach § 823 aber auch dann gegeben sein, wenn es sich um Örtlichkeiten handelt, an denen ein mehr oder weniger allgemeiner Verkehr nicht eröffnet ist (RG 88, 433; 89, 385). — Zur Haftung der Gemeinde gegenüber einem staatlich angestellten Volksschullehrer im Bereiche des preuß. Gesetzes, betr. die Unterhaltung der öffentlichen Volksschulen, v. 28. 7. 06 s. RG 102, 6.

§ 619

Die dem Dienstberechtigten nach den §§ 617, 618 obliegenden Verpflichtungen können nicht im voraus durch Vertrag aufgehoben oder beschränkt werden¹).

E II 558 Abs 2 III 610; P 2 290, 293.

1. **Inhalt.** Durch diese zwingende Vorschrift wird verhindert, daß der Dienstverpflichtete auf Geltendmachung des ihm nach §§ 617, 618 eingeräumten Rechtes auf Schutz gegen Gefahren für Leben oder Gesundheit im voraus, d. h. vor Eintritt des Schadens, durch Vertrag ganz oder zum Teil rechtsgültig verzichtet; wenn Ersatzansprüche bereits entstanden sind, kann darauf (auch vor Beendigung des Dienstverhältnisses) nach allgemeinen Grundsätzen verzichtet werden (KommB 1976).

§ 620

Das Dienstverhältnis endigt mit dem Ablaufe der Zeit, für die es eingegangen ist¹).

Ist die Dauer des Dienstverhältnisses weder bestimmt noch aus der Beschaffenheit oder dem Zwecke der Dienste zu entnehmen, so kann jeder Teil das Dienstverhältnis nach Maßgabe der §§ 621 bis 623 kündigen²)³).

E I 563 II 559; M 2 464; P 2 295.

1. Endigung des Dienstverhältnisses. Seine Zeitdauer (vgl. auch § 723 A 3) **kann nicht nur durch ausdrückliche Vereinbarung, sondern auch durch den Zweck und die Beschaffenheit der zu leistenden Arbeit (Abs 2)** bestimmt sein, so daß, abgesehen von §§ 626, 627, **z. B. vor Ablieferung einer gewissen nach Stücklohn zu berechnenden Arbeit, keine Endigung des Dienstverhältnisses** eintreten kann. Über die Auslegung eines Anstellungsvertrags, nach dem die Verlängerung des Dienstverhältnisses davon abhängen soll, daß das Geschäft mit einer aktiven Bilanz abschließt, s. **RG** JW 1920, 638[3]. Vgl. auch SeuffA 75 Nr 90. — Ein probeweise **eingegangenes Dienstverhältnis kann** jederzeit **innerhalb** der bestimmten **Probezeit und, wenn eine solche nicht ausdrücklich** bestimmt ist, **innerhalb** eines **angemessenen, für die Erprobung genügenden Zeitraums (SeuffA 53 Nr 148) gekündigt** werden.

2. Über die Natur und Form der **Kündigung** s. oben §§ 130, 542 A 2; über verspätete und bedingte Kündigung s. § 565 A 4. Angabe des Kündigungsgrundes bei der Kündigung **ist auch hier nicht erforderlich. Mehrere** Dienstberechtigte **müssen gemeinsam kündigen** (OLG 28, 186). **Kündigung** eines Dienstverhältnisses der **Ehefrau** durch den Ehemann s. § 1358. — **Die Kündigungsfristen können für beide Teile in verschiedener Dauer vereinbart werden (JW 04, 223[4]), sofern eine solche Vereinbarung nicht gegen § 138 verstößt (RG JW 04, 233[6]). Besondere (teilweise abweichende) Kündigungsfristen für Handlungsgehilfen im** HGB §§ 66 bis 69, dazu Ges. v. 21. 7. 22 (RGBl 652), für Handlungslehrlinge im HGB §§ 77, 78, für gewerbliche Gehilfen in der GewO § 122, für das gewerbliche Lehrlingsverhältnis in der GewO § 127b, für Betriebsbeamte, Werkmeister, Techniker in der GewO §§ 133a ff., dazu Ges. v. 21. 7. 22 (RGBl 652). Die besonderen Kündigungsfristen der landesgesetzlichen Gesindeordnungen sind mit diesen beseitigt worden (Vorbem 2 vor § 611). Eine Verlängerung der Kündigungsfristen für ältere Angestellte hat das Ges. v. 9. 7. 26 (RGBl I 399) gebracht. Das Gesetz findet Anwendung auf Angestellte, die nach § 1 VersichG. f. Angestellte versicherungspflichtig sind oder sein würden, wenn ihr Jahresarbeitsverdienst die Gehaltsgrenze nach § 3 des Ges. nicht überstiege, und bestimmt, daß ein Arbeitgeber, der in der Regel mehr als zwei Angestellte ausschließlich der Lehrlinge beschäftigt, einem Angestellten, den er (oder er und seine Rechtsvorgänger) mindestens fünf Jahre beschäftigt haben, nur mit mindestens drei Monaten Frist für den Schluß eines Kalendervierteljahres kündigen kann. Bei längerer Beschäftigung treten weitere Verlängerungen der Kündigungsfrist ein. Die verlängerte Kündigungsfrist gilt immer nur für Kündigungen durch den Arbeitgeber; der Angestellte kann in den nach Vertrag oder Gesetz ihm zustehenden kürzeren Fristen kündigen. Die Bestimmungen über fristlose Kündigungen, gleichviel von welcher Seite sie ausgehen, bleiben unberührt. — Nach dem Betriebsrätegesetz (s. Vorbem 2a vor § 611) können Arbeitnehmer im Falle der Kündigung (auch der fristlosen) seitens des Arbeitgebers aus bestimmten Gründen Einspruch erheben, der zunächst an den Arbeiter- oder Angestelltenrat geht, und wenn dieser ihn für begründet erachtet (vgl. **RG** 106 S. 238, 242), gleichwohl aber eine Verständigung mit dem Arbeitgeber nicht erreicht, auf Anrufen des Arbeiter- oder Angestelltenrats oder des Arbeitnehmers zur endgültigen Entscheidung durch das Arbeitsgericht (früher den Schlichtungsausschuß) führen kann. Wird der Einspruch gegen die Kündigung für gerechtfertigt erklärt, so muß der Arbeitgeber den Arbeitnehmer wieder einstellen oder entschädigen. Das Nähere ergeben die §§ 84 ff. des Gesetzes in der Fassung des Arbeitsgerichtsgesetzes § 112; dazu JW 1921, 1558[2] und über das Verhältnis zwischen den bürgerlich-rechtlichen Ansprüchen des Dienstpflichtigen wegen ungerechtfertigter Kündigung und einer ihm nach §§ 84 Abs 2, 87 des Betriebsrätegesetzes zugesprochenen Entschädigung **RG** 105, 132 (dazu aber auch JW 1927, 290[6]). Über die Bedeutung eines die Zulässigkeit einer fristlosen Kündigung bejahenden Spruches des Angestelltenrates und eines die sachliche Entscheidung ablehnenden Beschlusses eines Schlichtungsausschusses für die ordentlichen Gerichte s. **RG** 108, 98. Über die Notwendigkeit einer Zustimmung der Betriebsvertretung zur Kündigung des Dienstverhältnisses von Mitgliedern einer Betriebsvertretung oder zu ihrer Versetzung in einen andern Betrieb s. §§ 96—98 des Gesetzes. Um eine Kündigung im Sinne des § 96 handelt es sich auch, wenn Dienstverhältnisse, die auf bestimmte Zeit eingegangen sind, vereinbarungsgemäß sich von selbst verlängern, falls sie nicht ausdrücklich gekündigt werden (**RG** SeuffA 81 Nr 6). Die Prüfung der Frage, ob bei Beschlüssen einer Betriebsvertretung über die Zulässigkeit der Entlassung eines ihrer Mitglieder die Verfahrensvorschriften des Betriebsrätegesetzes (§ 32) beobachtet worden sind, ist den ordentlichen Gerichten entzogen (**RG** 116, 9; **RG** 25. 2. 27 III 49/26). Über das Verhältnis dieser Vorschriften zu denen der ReichspersonalabbauVO v. 27. 10. 23 (RGBl I 999) s. **RG** 108, 371. Das Verfahren hat durch das Arbeitsgerichtsgesetz v. 23. 12. 26 (RGBl I 507) wesentliche Änderungen erfahren (vgl. dort §§ 2, 10, 63, 71, 112). — Nach dem Gesetz über die Beschäftigung Schwerbeschädigter v. 6. RGBl 4534. 20, in der Fassung des Ges. v. 13. 12. 22 (RGBl I 972), neue Fassung v. 13. 1. 23 (RGBl I 57), (s. Vorbem 2a vor § 611), § 13 kann einem Schwerbeschädigten in der Regel nur mit Zustimmung der Hauptfürsorgestelle (Endgültigkeit der Zustimmung s. ReichspersonalabbauVO v. 27. 10. 23 § 3

Art 21 VIII (RGBl I 1009) gekündigt werden. Die Kündigungsfrist beträgt mindestens 4 Wochen. Die gesetzlichen Bestimmungen über fristlose Kündigung werden an sich nicht berührt. Doch muß die Zustimmung der Hauptfürsorgestelle zur Kündigung auch hier eingeholt werden, wenn es sich um eine Krankheit handelt, die eine Folge der Kriegsbeschädigung ist. Ferner sind Schwerbeschädigte, denen nur aus Anlaß eines Streits oder einer Aussperrung fristlos gekündigt worden ist, nach Beendigung des Streiks oder der Aussperrung wiedereinzustellen. Auf Reichs- und Landesbeamte sind diese Vorschriften nicht anzuwenden, wohl aber auf schwerbeschädigte kündbare Beamte anderer öffentlich-rechtlicher Körperschaften und Stiftungen. Einfluß einer Herabsetzung der Versorgungsrente auf das Kündigungsrecht des Arbeitgebers s. **RG** LZ 1925, 775[11]. Verbot der Kündigung vor und nach der Niederkunft s. Ges. v. 16. 7. 27 (RGBl I 184) § 4. — Für die Zeit der wirtschaftlichen Demobilmachung s. Vorbem 7 vor § 611. Die Frage, ob in einem Bühnenanstellungsvertrage dem Theaterunternehmer rechtswirksam die Befugnis eingeräumt werden kann, nach seinem Belieben einseitig den Vertrag zu verlängern oder jederzeit zu kündigen, ist nicht allgemein zu verneinen oder zu bejahen, sondern nach den Umständen des einzelnen Falles (BGB § 138) zu entscheiden (**RG** 91, 328).

3. Über den Einfluß des **Todes** des Dienstberechtigten und des Dienstverpflichteten s. § 613. Über die beim Konkurs des Dienstberechtigten sowie im Falle der Geschäftsaufsicht beiden Teilen mit gesetzlicher Kündigungsfrist zustehende Kündigung s. KO § 22 und BRV über die Geschäftsaufsicht zur Abwendung des Konkurses v. 14. 12. 16 (RGBl 1363) § 11. — In Betracht kommen auch die Bestimmungen über die Unmöglichkeit der Leistung in §§ 323—325. Insbesondere besteht kein Anspruch des Dienstverpflichteten auf Vergütung, wenn ein zufälliges Ereignis ihm die Leistung der Dienste vollständig, nicht bloß vorübergehend unmöglich macht und das Vertragsverhältnis aufhebt. Anders dagegen, wenn der Dienstpflichtige die Dienste leisten kann und will, der Dienstherr aber infolge eines zufälligen Ereignisses (z. B. Brand oder Explosion in seiner Fabrik) keinen Gebrauch davon machen kann: Kündigungsrecht des Dienstherrn nach § 626 mit Verpflichtung zur Leistung der dem Pflichtigen bis zur Kündigung etwa erwachsenen Vergütung (§ 628). Für den Fall eines Teilstreiks s. § 615 A 2.

§ 621

[1]) **Ist die Vergütung nach Tagen bemessen, so ist die Kündigung an jedem Tage für den folgenden Tag zulässig.**

Ist die Vergütung nach Wochen bemessen, so ist die Kündigung nur für den Schluß einer Kalenderwoche zulässig; sie hat spätestens am ersten Werktage der Woche zu erfolgen.

Ist die Vergütung nach Monaten bemessen, so ist die Kündigung nur für den Schluß eines Kalendermonats zulässig; sie hat spätestens am fünfzehnten des Monats zu erfolgen.

Ist die Vergütung nach Vierteljahren oder längeren Zeitabschnitten bemessen, so ist die Kündigung nur für den Schluß eines Kalendervierteljahrs und nur unter Einhaltung einer Kündigungsfrist von sechs Wochen zulässig.

E I 563 II 560; M 2 464; P 2 296

1. **Ordentliche Kündigung** mit gesetzlicher Kündigungsfrist. Vgl. die Anmerkungen zu § 565. — Abweichende Festsetzung der Kündigungsfrist durch Vereinbarung ist zulässig und unter Umständen schon aus der Bezeichnung einer einen längeren Zeitraum umfassenden Diensttätigkeit zu entnehmen (einjährige Kündigungsfrist wurde z. B. für angemessen erachtet bei dem als „Lebensstellung" bezeichneten Dienstverhältnis eines Anstaltsarztes, **RG** SeuffA 63 Nr 40).

§ 622

Das Dienstverhältnis der mit festen Bezügen zur Leistung von Diensten höherer Art Angestellten, deren Erwerbstätigkeit durch das Dienstverhältnis vollständig oder hauptsächlich in Anspruch genommen wird, insbesondere der Lehrer, Erzieher, Privatbeamten, Gesellschafterinnen, kann nur für den Schluß eines Kalendervierteljahrs und nur unter Einhaltung einer Kündigungsfrist von sechs Wochen gekündigt werden, auch wenn die Vergütung nach kürzeren Zeitabschnitten als Vierteljahren bemessen ist[1]).

E I 563 II 561; M 2 464; P 2 296.

1. Diese **besondere Kündigungsvorschrift für Dienste höherer Art** (§ 627 A 1), bei der also im Gegensatze zu § 621 die Bemessung der Vergütung nicht in Betracht kommt, entspricht den für Handlungsgehilfen und gewerbliche Betriebsbeamte geltenden Bestimmungen des HGB § 66 und der GewO § 133a und kann gleich jenen durch Vereinbarung abgeändert werden. Liegt keine Anstellung mit festen Bezügen vor, dann bleibt es bei der Regel des § 621. Über die Kündigungsfrist bei einer sog. Lebensstellung s. **RG** SeuffA 63 Nr 40 (§ 621 A 1).

§ 623

[1]) **Ist die Vergütung nicht nach Zeitabschnitten bemessen, so kann das Dienstverhältnis jederzeit gekündigt werden; bei einem die Erwerbstätigkeit des Verpflichteten vollständig oder hauptsächlich in Anspruch nehmenden Dienstverhältnis ist jedoch eine Kündigungsfrist von zwei Wochen einzuhalten**[2]).

E I 563 II 562; M 2 464; P 2 296.

1. Auch diese ein **Dienstverhältnis von unbestimmter Dauer** voraussetzende Vorschrift — sonst § 620 Abs 1 anzuwenden, s. A 1 dort — kann durch Vereinbarung abgeändert werden. — Über dienstvertragsähnliche Verträge s. § 611 A 2.

2. Die Zweiwochenfrist beruht auf Billigkeitsrücksichten, um diesen Dienstverpflichteten die nötige Frist zur Aufsuchung eines anderen Dienstes zu geben.

§ 624

[1]) **Ist das Dienstverhältnis für die Lebenszeit einer Person**[2]) **oder für längere Zeit als fünf Jahre**[3]) **eingegangen, so kann es von dem Verpflichteten nach dem Ablaufe von fünf Jahren gekündigt werden. Die Kündigungsfrist beträgt sechs Monate.**

E I 564 II 563; M 2 465 ff.; P 2 299.

1. **Kündigung bei einem für die Lebenszeit einer Person oder auf länger als fünf Jahre eingegangenen Dienstverhältnis.** Die Vorschrift beruht auf sozialpolitischen und volkswirtschaftlichen Gründen, insbesondere auf der Erwägung, daß eine längere als fünfjährige Gebundenheit den — meist wirtschaftlich schwächeren — Dienstverpflichteten im Widerstreite mit der modernen Entwicklung übermäßig in der persönlichen Freiheit beschränke. Die Vorschrift ist daher zwingender Natur (**RG** 80, 277) und äußert rückwirkende Kraft auch gegenüber einem unter der Herrschaft des früheren Rechtes geschlossenen Vertrage (**RG** 3. 12. 07 III 180/07). Sie ist auf dienstvertragsähnliche Verhältnisse anwendbar (**RG** 78, 424) und gilt auch für das Gesindeverhältnis (Vorbem 2 vor § 611). Die Kündigung steht nur dem Verpflichteten zu. Abgesehen von dieser Kündigungsbefugnis bleibt der Vertrag zu Recht bestehen (**RG** Warn 08 Nr 142). Verstößt aber die Länge der Dienstzeit gegen die guten Sitten, so tritt nach § 138 Nichtigkeit des ganzen Vertrags ein. Darüber, daß ein sog. Bühnenanstellungsvertrag, durch den eine Schauspielerin von dem Unternehmer auf eine lange Reihe von Jahren wirtschaftlich völlig abhängig wird, gegen die guten Sitten verstößt, vgl. **RG** Warn 1913 Nr 187.

§ 624 setzt nach Wortlaut und Zweck nur voraus, daß ein Dienstverhältnis für länger als fünf Jahre eingegangen ist. Er unterscheidet nicht, ob das Dienstverhältnis auf einem oder mehreren Verträgen beruht, und ob es letztenfalls durch den zweiten Vertrag unter den bisherigen Bedingungen verlängert ist oder ob die Vertragsbedingungen abgeändert sind; es genügt, daß der Dienstverpflichtete sich demselben Dienstberechtigten gegenüber durch die mehreren Verträge zu gleichen oder gleichartigen Diensten verpflichtet hat und die in den Verträgen vereinbarte Gesamtdauer des Dienstverhältnisses fünf Jahre übersteigt. Jedoch ist eine Einschränkung zu machen. Muß einerseits zur Vermeidung einer Umgehung des § 624 zweifellos angenommen werden, daß die Verlängerung eines fünfjährigen Dienstverhältnisses gleich nach dem Antritt des Dienstes dem § 624 untersteht, so fordern doch anderseits berechtigte Interessen der Vertragsparteien, daß die Verlängerung des Dienstverhältnisses schon eine angemessene Zeit vor dem Ablaufe der fünf Jahre zulässig sei. Welche Frist als angemessen zu erachten ist, kann nur nach den besonderen Umständen des einzelnen Falles bestimmt werden. Entscheidend ist, ob der Dienstverpflichtete bereits die für Fortsetzung oder Abbruch des Dienstverhältnisses maßgebenden Umstände zu übersehen vermag (**RG** 80, 277). In dem dieser Entscheidung zugrunde liegenden Falle ist angenommen worden, daß ein Schauspieler sich regelmäßig im fünften Vertragsjahre auf weitere fünf Jahre unkündbar binden könne.

2. **Für die Lebenszeit „einer Person“**, also entweder für die eigene Lebenszeit des Verpflichteten oder für diejenige des Dienstberechtigten oder für diejenige eines Dritten.

3. **Für längere Zeit als fünf Jahre**, sei es, daß die Zeitdauer ausdrücklich vereinbart ist oder der vertragliche Zweck der Dienste (§ 620 A 1) nicht innerhalb fünf Jahren erreicht wird. Die Kündigung nach § 624 ist auch dann zulässig, wenn der Verpflichtete die Dienste nicht in Person (§ 613) zu leisten braucht.

§ 625

Wird das Dienstverhältnis nach dem Ablaufe der Dienstzeit von dem Verpflichteten mit Wissen des anderen Teiles fortgesetzt[1]), so gilt es als auf unbestimmte Zeit[2]) verlängert, sofern nicht der andere Teil unverzüglich widerspricht[3]).

E I 565 II 564; M 2 468; P 2 301.

1. Die **stillschweigende Verlängerung** des Dienstverhältnisses ist hier insofern anders wie bei der Sachmiete in § 568 geordnet, als sie durch unverzüglichen Widerspruch (§ 121) ausgeschlossen wird. Auch hier bleibt aber für das fortgesetzte Dienstverhältnis der gesamte Vertragsinhalt, mit Ausnahme der auf die Beendigung (z. B. Kündigung) bezüglichen Vereinbarungen, bestehen. Wenn der Verpflichtete das Dienstverhältnis fortsetzt, gibt er zugleich seine hierauf gerichtete Willensmeinung zu erkennen, so daß es für die Verlängerung nur noch auf die hierauf gerichtete Willensmeinung des Berechtigten ankommt. Aus welchem Grunde die Dienstzeit abgelaufen ist (Bestimmung im Vertrag, Kündigung), begründet für die Anwendung des § 625 keinen Unterschied.

2. **Verlängerung auf unbestimmte Zeit**, also nicht nur auf die Zeit der tatsächlichen Verlängerung. Es gilt hiernach für das verlängerte Verhältnis die gesetzliche Kündigung nach §§ 621—623 (**RG** JW 08, 139[8]). — § 625 ist auch auf den Agenturvertrag anwendbar (**RG** JW 08, 139[8]).

3. Wegen der **Beweislast** s. § 568 A 2.

§ 626

Das Dienstverhältnis kann von jedem Teile ohne Einhaltung einer Kündigungsfrist gekündigt werden, wenn ein wichtiger Grund[1]) vorliegt[2])[3]).

E I 566 II 565; M 2 468; P 2 301.

1. **Die außerordentliche Kündigung wegen eines wichtigen Grundes** ist beim Vorhandensein von Umständen gegeben, unter denen dem vom Vertrage Zurücktretenden die Fortsetzung des Verhältnisses nach verständigem Ermessen nicht zugemutet werden kann (**RG** 6. 5. 04 III 470/03), auch von solchen Umständen — Tod, Änderung der Geschäftsverhältnisse u. dgl. —, die von dem anderen Teile nicht zu vertreten sind (GewO § 133b; **RG** 58, 256; JW 04, 421[41]; 1912, 250[20]; Gruch 57, 961; Warn 1919 Nr 165; **RG** 4. 1. 16 III 184/15 u. a.; s. jedoch **RG** JW 03, 11[9]). Eine gutgläubig begangene lediglich objektive Vertragsverletzung kann also die Kündigung des anderen Teiles rechtfertigen (**RG** Warn 1912 Nr 70). Auch eine Schädigung desjenigen, der kündigen will, wird nicht vorausgesetzt (**RG** 4. 1. 16 III 184/15). Grundsätzlich wird auch nicht dadurch, daß der Kündigende selbst die Umstände herbeigeführt hat, auf die er die Kündigung stützt, die Rechtmäßigkeit der Kündigung ausgeschlossen. Wie überhaupt nach der Lage des Einzelfalls zu entscheiden ist, ob ein wichtiger Grund gegeben ist, so ist auch nach der Gesamtheit der besonderen Umstände zu prüfen, ob einem Kündigungsgrunde deswegen die Anerkennung zu versagen ist, weil der Kündigende ihn durch sein eigenes Verhalten herbeigeführt hat. Danach ist es unrichtig, daß die Verheiratung einer weiblichen Dienstverpflichteten überhaupt keinen Kündigungsgrund bilden könne (vgl. **RG** 110, 297: Verheiratung einer sog. Dauerangestellten eines städtischen Elektrizitätswerks als Kündigungsgrund). Die Verheiratung einer ersten Schauspielerin ist als Kündigungsgrund nicht angesehen worden (**RG** JW 1910, 577[10]). Die Frage, ob die Umstände im einzelnen Falle einen wichtigen Grund enthalten, ist im allgemeinen tatsächlicher Natur. In der Revisionsinstanz darf nur nachgeprüft werden, ob ein bestimmtes Handeln, eine bestimmte Eigenschaft oder ein bestimmtes Ereignis an sich einen wichtigen Grund zur sofortigen Auflösung des Dienstverhältnisses bilden kann (**RG** 78, 22; 110, 297; JW 01, 209[26]; 06, 813[9]; 1911, 58[60]; 1912, 192[12]; 1915, 653[5]; 1919, 309[10]; 1919, 504; Warn 1913 Nr 91; 1914 Nr 156; 1918 Nr 205; 1925 Nr 63 u. a.). Es ist aber ein anderer Maßstab anzulegen, wenn eine Person Dienste höherer Art zu leisten hat, als wenn es sich um die Person eines zu einfachen, mehr mechanischen Dienstleistungen Verpflichteten handelt (**RG** 78, 22). Bei der Prüfung der Rechtmäßigkeit einer fristlosen Kündigung sind auch die vermögensrechtlichen Folgen der Auflösung des Vertragsverhältnisses (z. B. außergewöhnlich hohe Schadensersatzansprüche nach § 628)

zu berücksichtigen (RG 94, 166). Die Kündigung kann nachträglich auch auf andere Gründe gestützt werden (s. unten und RG 56, 372), vorausgesetzt, daß der Kündigende nicht durch sein früheres Verhalten zu erkennen gegeben hatte, daß er aus diesen Gründen nicht kündigen wolle (OLG 39, 161). Die Kündigung kann, statt mit sofortiger Wirkung, auch für einen angemesseneren späteren Termin ausgesprochen werden (vgl. für die Miete § 542 A 3) und ist, wenn nach § 626 nicht begründet, wie eine verspätete Kündigung, in der Regel als für den nächsten gesetzlichen oder vertraglichen Kündigungstermin wirksam zu erachten (vgl. § 565 A 4). Ansprüche bei wirksamer Kündigung § 628. Eine grundlose oder vorzeitige Kündigung kann für den, dem sie zugeht, einen Antrag auf Aufhebung des Dienstverhältnisses enthalten (vgl. § 553 A 4) oder einen begründeten Anlaß abgeben, nun seinerseits zu kündigen. Wird ein Dienstvertrag im gegenseitigen Einverständnis vorzeitig gelöst, dem Dienstverpflichteten aber als Abfindung die Fortzahlung des Gehalts bis zu einem bestimmten Zeitpunkt zugesagt, so tritt an die Stelle des bisherigen Dienstvertrags ein einseitiges Schuldverhältnis; für eine Anwendung des § 626 ist kein Raum mehr (RG 1. 7. 25 III 88/25).

Als **wichtige Gründe** sind in der Rechtsprechung des Reichsgerichts insbesondere anerkannt worden: a) zugunsten des Dienstpflichtigen: andauernde Kränkung und soziale Schädigung von seiten des Arbeitgebers (RG 24. 3. 05 III 8/05); Verletzung der Vertragspflicht einer Stadtgemeinde, das Ansehen der Direktoren der technischen Werke zu wahren (RG LZ 1924, 461[4]); Nichtzahlung des Gehalts (RG 1. 11. 04 III 399/03; RG Warn 1925 Nr 176); willkürlicher, ehrenkränkender Mißbrauch der Machtbefugnis einer Krankenkasse gegenüber den bei ihr angestellten wirtschaftlich schwächeren Ärzten (RG JW 1912, 348[13]). Dagegen ist es kein wichtiger Kündigungsgrund für die auf längere Zeit angestellten Ärzte einer Ortskrankenkasse, wenn einige der dieser Kasse auf kürzere Zeit angenommene Ärzte streiken und dadurch die Arbeit der ersteren vorübergehend vermehrt wird (RG 12. 2. 07 III 318/06). Ferner kann ein bloßer Gesinnungswechsel des Vertragschließenden, eine Änderung seiner Überzeugung in der Richtung, daß er den Abschluß des Vertrags — der ihm früher unbedenklich erschien — später nach gründlicherer Überlegung als unehrenhaft ansieht, keinen wichtigen, zur sofortigen Lösung des Vertragsverhältnisses berechtigenden Grund abgeben; jedenfalls dann nicht, wenn die maßgebenden Umstände von dem Vertragschließenden schon zur Zeit des Vertragschlusses in ihrer Bedeutung gewürdigt werden konnten (RG 78, 22: Kündigung eines Arztes gegenüber dem Kölner Krankenkassenverband). Kündigung der von Ärzten mit Krankenkassen abgeschlossenen Verträge wegen Änderung der wirtschaftlichen Grundlagen (Erweiterung der Versicherungspflicht durch die VO über Heraufsetzung des Grundlohns usw. v. 1. u. 30. 4. 20, RGBl 433, 769) s. RG Warn 1921 Nr 142. Über fristlose Kündigung von Kassenarztverträgen s. auch JW 1921 S. 350[4], 352[2]. Kündigung eines agenturähnlichen Verhältnisses wegen einer zwischen den Vertragsteilen ausgebrochenen Feindschaft s. RG Warn 1925 Nr 63. Über die Frage, ob sich der Verleger einer Zeitung einer die Kündigung des Hauptschriftleiters rechtfertigenden Vertragsverletzung schuldig macht, wenn er gegen dessen Willen ein neues Mitglied in die Schriftleitung beruft oder ihm einen Stellvertreter beiordnet, s. RG 112, 34. — Beachtung des Kündigungsgrundes mit Rücksicht auf ein Wettbewerbsverbot (HGB § 75 Satz 1) auch dann, wenn der vertragswidrig behandelte Gehilfe den Dienst nicht sofort, sondern unter Einhaltung der Kündigungsfrist verläßt (RG 56, 372). b) Zugunsten des Dienstberechtigten: Erkrankung des Dienstpflichtigen; schwere Ehrverletzungen, auch wenn sie wegen Wahrnehmung berechtigter Interessen nicht strafbar sind (RG 114, 174); unsittliches und Ärgernis gebendes (Konkubinats-) Verhältnis eines Fabrikdirektors (RG 38, 116), desgl. eines Handlungsgehilfen (RG 27. 11. 00 III 240/00), dagegen nicht, wenn durch das Konkubinatsverhältnis (eines Gutsverwalters) kein Ärgernis und keine Einbuße an Ansehen entsteht (RG 6. 5. 04 III 470/03; s. auch SeuffA 75 Nr 127 (Zugehörigkeit eines in einer Krankenanstalt angestellten Arztes zum Spartakusbund). Umstände, welche die Gefahr begründen, daß der Dienstverpflichtete seine Vertragspflichten ordnungsmäßig zu erfüllen nicht imstande sein werde, können die Entlassung rechtfertigen, auch wenn sich die Besorgnis später als unbegründet herausstellt (RG SeuffA 80 Nr 118). — Nicht schon allein die Tatsache der Aufgabe eines Geschäfts, wohl aber die Geschäftsaufgabe wegen der Unmöglichkeit eines lohnenden Weiterbetriebs berechtigt den Geschäftsinhaber zur Kündigung gegenüber seinem Agenten (RG JW 1911, 158[21]; 1912, 250[20]; RG Warn 1923 Nr 25). Dies beruht aber auf der Eigenart des Agenturverhältnisses und ist deshalb auf andere Dienstverhältnisse nicht ohne weiteres auszudehnen. Grundsätzlich muß vielmehr der Dienstberechtigte die wirtschaftliche Gefahr des Betriebs tragen, er kann ihn nur unbeschadet der Ansprüche seiner Angestellten einstellen (vgl. RG 87, 351). Nur ausnahmsweise kann eine ganz besondere Gestaltung der wirtschaftlichen Lage, ein den Fortbestand ernstlich bedrohender Niedergang des Gesamtunternehmens eine andere Beurteilung rechtfertigen (vgl. RG JW 1927, 245[3]). — Unzuverlässigkeit eines Wächters bei einem mit einer Wach- und Schließgesellschaft abgeschlossenen Vertrage (RG Warn 1920 Nr 152). — Grober Vertrauensbruch bei dem Vorstandsmitgliede einer Aktiengesellschaft, so z. B. Abschluß von Spekulationsgeschäften durch eine vorgeschobene Person mit der eigenen Gesellschaft (RG 75, 234). — Vom Dienstverpflichteten erhobener Vorwurf betrügerischen Verhaltens des Dienstherrn im Verhältnis zu seinen Angestellten (RG 10. 1. 08 III 239/07). Dagegen kein Grund beim Vorwurf betrügerischen Verhaltens des Dienstherrn, wenn dieser Vorwurf vom Dienstpflichtigen zur Wahrnehmung berechtigter Interessen gemacht wird und erweislich wahr ist (RG 24. 3. 06 III 389/04). Auch kein Grund zur fristlosen Kündigung gegenüber dem Kassenarzt einer Ortskrankenkasse wegen einer ihm zur Last gelegten Verfehlung in einem vereinzelten Falle (RG 1. 2. 10 III 142/09). — Bei der Beurteilung von Entlassungsgründen können beim Hinzutritt neuer Verfehlungen des Dienstpflichtigen auch ältere Vorkommnisse, denen der Dienstherr einstweilen ein größeres Gewicht nicht beigelegt hatte, herangezogen werden. Regelmäßig werden nur die bei oder nach Abschluß des Dienstvertrags vorgekommenen Tatsachen in Betracht kommen, unter Umständen aber auch solche Gründe, welche schon vor Abschluß des Dienstvertrags entstanden waren, aber nach dieser Zeit fortgedauert oder fortgewirkt haben und dem Kündigungsberechtigten erst nachträglich bekannt geworden sind (RG 24. 4. 06 III 581/05; RG JW 07, 543[4]; RG 12. 7. 11 I 198/10), in diesem Falle unbeschadet einer Anfechtung des Dienstvertrags nach §§ 119, 123. Als ausreichende Fortwirkung darf aber nicht schon die bloß subjektive Befürchtung des Dienstberechtigten, das frühere Ereignis könne ihm nachteilig sein, angesehen werden; vielmehr muß sich bei objektiver Beurteilung eine Beeinflussung des Vertragsverhältnisses ergeben, was um so weniger anzunehmen sein wird, je weiter das Ereignis, z. B. eine frühere Bestrafung des Dienstverpflichteten, zurückliegt (RG 8. 12. 26 III 92/26). Auch ein nach der Kündigung eingetretener Kündigungsgrund ist für die Zeit von seinem Eintritt an zu beachten (RG 88, 128; vgl. 32, 249). Die Entlassung eines Handlungsgehilfen kann aber nicht nachträglich damit gerechtfertigt werden, daß er, nachdem er die Entlassung für unbegründet erklärt und seine Dienste dem Dienstherrn zur Verfügung gestellt hatte, in ein Wettbewerbsgeschäft eingetreten sei und schon vorher für dieses die Kunden seines bisherigen Dienstherrn zu gewinnen gesucht habe (RG 88, 127; RG LZ 1918, 568[10] u. 696[8]). Vgl. auch OLG 28, 187: Vorbereitende Maßnahmen zur Gründung eines Wettbewerbsunternehmens in der Regel kein Entlassungsgrund. Der Dienstverpflichtete hat sich so lange vertragsmäßig zu verhalten, als er das Fortbestehen des Vertrags für sich in Anspruch nimmt. Diese Pflicht hört nicht dadurch auf, daß der Dienstberechtigte das Fortbestehen leugnet und ihm die Vertragserfüllung unmöglich macht. Für die Beurteilung der Wichtigkeit des Grundes kann freilich das bestehende „Kampfverhältnis" in Betracht kommen (RG Warn 1911 Nr 176). Dies gilt in gleicher Weise auch für das Verhalten des Dienstberechtigten. Über die Entlassung eines durch privaten Dienstvertrag nach staatlichen Grundsätzen Angestellten s. SeuffA 78 Nr 72.

Der **Ausbruch eines Krieges** ändert für sich allein nichts an den bestehenden Dienstverhältnissen, mag auch die Vertragserfüllung für den einen oder anderen Teil eine Härte bedeuten. Die Gerichte sind, regelmäßig wenigstens, auch nicht in der Lage, einen billigen Ausgleich unter den Vertragsteilen zu schaffen (vgl. RG 86, 397; 90, 374). Der Krieg gibt ferner nicht ohne weiteres einen wichtigen Grund zur Kündigung. So ist der Dienstherr zur fristlosen Kündigung nicht schon deshalb berechtigt, weil sein Geschäftsbetrieb infolge des Krieges nur erschwert oder nicht mehr lohnend ist, und er es aus diesem Grunde für geboten hält, den Betrieb einzustellen. Erst dann, wenn die Weiterführung des Betriebs mit Rücksicht auf die Folgezustände des Krieges (z. B. bei feindlichem Einfall, Zerstörung der Betriebsanlagen, militärischen Anordnungen) unmöglich oder doch so wesentlich erschwert wird, daß sie nach den tatsächlichen Verhältnissen vernünftigerweise und nach Treu und Glauben dem Dienstherrn nicht zugemutet werden kann, ist er berechtigt, seinen Angestellten fristlos zu kündigen (RG 87, 349; 91, 57; RG JW 1916, 261[8]; RG Gruch 61, 774; RG SeuffA 7 Nr 171; LZ 1915, 857[14]; OLG 31, 178; 32, 94; 38, 173; vgl. OLG 32, 318). Einberufung des Angestellten zum Heeresdienst begründet die Anwendung des § 323 (RG 105, 387), dazu jedoch § 616. Kündigung eines Agenturverhältnisses wegen persönlicher Behinderung des Agenten infolge Einberufung zum Kriegsdienst s. RG JW 1921, 744[7]. Vgl. RG Warn 1920 Nr 86; OLG 31, 360. Die Zugehörigkeit des Dienstpflichtigen zu einem feindlichen Staate kann unter Umständen (z. B. nach Art und Gegenstand der Dienstleistung) einen wichtigen Grund zur fristlosen Kündigung bilden (OLG 31, 178). Über den Einfluß politischer Unruhen auf den Bestand von Bühnenverträgen s. SeuffA 76 Nr 12. — Enthält der Dienstvertrag eine sog. **Kriegsklausel**, wonach dem Dienstberechtigten im Falle des Ausbruchs eines Krieges eine fristlose oder kurzfristige Kündigung zustehen soll, so ist (wie bei Lieferungsverträgen, (RG 88, 143) nach Treu und Glauben in billiger Abwägung der beiderseitigen Interessen zu entscheiden, ob von ihr unbeschränkt oder nur in zeitlicher Begrenzung und wie lange Gebrauch gemacht werden kann. In der Regel wird die Kündigung nur innerhalb der Zeit stattfinden können, deren der Dienstberechtigte bedarf, um einen Überblick über seine geschäftlichen Verhältnisse (z. B. bei Bühnenanstellungsverträgen darüber, ob der Theaterbetrieb fortgesetzt werden kann) zu gewinnen (**RG** 91, 57; Warn 1916 Nr 65). Kann danach die Kriegsklausel nicht mehr geltend gemacht werden, so bleibt nur noch die Möglichkeit einer Kündigung nach § 626. Diese kann bei unerwartet langer Dauer des Krieges auch dann begründet sein, wenn nach Ausbruch des Krieges die Fortsetzung des Dienstverhältnisses vereinbart worden war (**RG** 15. 6. 17 III 41/17).

Besondere Vorschriften: Für die Kündigung wegen eines wichtigen Grundes gelten beim handelsrechtlichen Dienstverhältnis die Vorschriften im HGB §§ 70—72, 77, 92 Abs 2 (Handlungsagenten), beim gewerblichen Dienstverhältnis die Vorschriften der GewO §§ 123ff. (zu § 123 Nr 3 s. **RG** SeuffA 81 Nr 34: Fernbleiben von Arbeitern am 1. Mai als Entlassungsgrund), 133b, c und d. Die besonderen Vorschriften der Gesindeordnungen sind aufgehoben (Vorbem 2a vor § 611). Zu beachten sind ferner das Betriebsrätegesetz v. 4. 2. 20 (RGBl 147), dazu **RG** 113, 87 (Stillegung eines Betriebs im Sinne des § 96 Abs 2 Nr 2 BRG); **RG** 114, 174 (amtliche Äußerungen eines Betriebsratsmitglieds als Dienstentlassungsgrund); ferner das Gesetz über die Beschäftigung Schwerbeschädigter v. 6. 4. 20 (RGBl 458) in der Fassung des Ges. v. 23. 12. 22 (RGBl 972), neue Fassung v. 13. 1. 23 (RGBl 57) vgl. Vorbem 2a vor § 611 und § 620 A 2). Für die Zeit der wirtschaftlichen Demobilmachung s. die Vorschriften in Vorbem 7 vor § 611. Anwendung des § 626 auf die Mitglieder des Vorstandes einer Aktiengesellschaft oder eines rechtsfähigen Vereins s. **RG** Warn 1914 Nr 156, auf frühere preußische Hofstaatsbeamte nach der Staatsumwälzung s. **RG** 103, 61; **RG** 6. 11. 23 III 94/23; 29. 1. 26 III 213/25. Über die Anwendung des dem § 626 zugrunde liegenden allgemeinen Rechtssatzes auf andere Rechtsverhältnisse von längerer Dauer s. § 611 A 2.

2. Ob und inwieweit auf die Kündigung wegen eines wichtigen Grundes im voraus **verzichtet** werden kann, ist streitig. Mit der herrschenden Meinung wird indessen anzunehmen sein, daß auf das Recht, ein unter das Bürgerliche Gesetzbuch fallendes Dienstverhältnis fristlos aus wichtigem Grunde zu kündigen, nicht im voraus verzichtet werden kann. Denn die Vorschrift des § 626 soll die Erwerbs- und Geschäftsfreiheit der Beteiligten wahren und ist daher zwingender Natur. So auch **RG** 69, 365; **RG** JW 1919, 240[5]; **RG** Warn 1911 Nr 175; 1914 Nr 248; 1916 Nr 290; **RG** LZ 1913, 295[24]; 1914, 1846[8]; vgl. **RG** 79, 161. Das Gesetz beruht auf dem Gedanken, daß bei dem Dienstverhältnisse nicht vorgesehene Umstände eintreten können, welche die sofortige Aufhebung des Dienstverhältnisses erheischen, wenn nicht das Interesse der einen oder anderen Partei in unbilliger Weise geschädigt werden soll. Das Gesetz will bei unvorhergesehenen Ereignissen die Billigkeit entscheiden lassen und kann es daher nicht zulassen, das Kündigungsrecht aus wichtigen Gründen im voraus auszuschließen oder zu beschränken. Das hindert zwar nicht, daß über die Wichtigkeit von Gründen zur fristlosen Kündigung des Dienstverhältnisses Vereinbarungen getroffen werden, namentlich auch nach der Richtung, daß gewisse Tatsachen nicht oder nur unter bestimmten erschwerenden Umständen einen wichtigen Grund bilden sollen, insbesondere auch, daß der Dienstverpflichtete in bezug auf Entlassungsmöglichkeiten einem Beamten gleichgestellt werden soll (**RG** Warn 1914 Nr 248; **RG** LZ 1914, 1846[6]; **RG** LZ 1925, 1154[1]; **RG** 7. 3. 24 III 359/23). Aber auch wenn die Parteien darüber einig waren, daß solche Tatsachen zur Aufhebung des Vertragsverhältnisses nicht berechtigen sollen, so können doch bei besonderer Gestaltung der Verhältnisse auch solche Gründe die Aufhebung herbeiführen; die Vereinbarung kommt dann nur als Moment bei der Entscheidung über die Frage der Wichtigkeit in Betracht. (In diesem Sinne ist **RG** JW 1910, 577[10] zu würdigen). Noch viel weniger kann aus dem Umstande, daß im Vertrage einzelne Kündigungsgründe festgelegt sind, geschlossen werden, daß nicht aus einem anderen Grunde gekündigt werden könne (**RG** Warn 1911 Nr 175). Das Kündigungsrecht darf auch nicht wesentlich beschränkt werden, insbesondere nicht durch Vertragsstrafen (**RG** 75, 238). Unzulässig ist die Beschränkung der fristlosen Kündigung gegenüber einem Krankenkassenarzt durch die Vereinbarung, daß die Kasse den Arzt nur auf den Antrag des Vertrauensausschusses und nur nach zweimaliger zeitweiser Ausschließung von der Kassentätigkeit entlassen dürfe (**RG** JW 1919, 240[5]). Zulässig ist dagegen die statutarische Bestimmung einer Aktiengesellschaft, daß der Vorstand nur auf Grund eines Beschlusses der Generalversammlung ohne Entschädigung entlassen werden könne (**RG** 82, 346). Ebenso wurde im Falle einer offenen Handelsgesellschaft, die von einer politischen Partei nur zu dem Zwecke gegründet war, das Parteiblatt nach den Weisungen der Partei herauszugeben, für zulässig erklärt, bei der Anstellung der Schriftleiter zu vereinbaren, daß sie, obgleich Angestellte der Gesellschaft, nicht von dieser, sondern ausschließlich von dem Vorstand oder einem anderen Organ der Partei entlassen werden dürfen (**RG** 96, 197). Vgl. § 723 A 7. — Dagegen erscheint ein nachträglicher, auch stillschweigender, Verzicht zulässig; er kann insbesondere dann angenommen werden, wenn der Kündigungsgrund bereits eingetreten und von dem zu einer Geltendmachung Berechtigten trotz davon erlangter Kenntnis ängere Zeit nicht geltend gemacht worden ist (RG 38, 116; RG 30. 11. 06 III 286/06); dies auch dann, wenn derjenige, gegen den ein Kündigungsgrund gegeben ist, nicht weiß, daß dieser dem Kündigungsberechtigten bekannt ist (RG 4. 1. 27 III 32/26); sofortige Geltendmachung ist nicht vorgeschrieben (vgl. HGB §§ 70, 75; RG 56, 373; RG 21. 12. 09 III 619/08).

3. Das für gegenseitige Verträge nach §§ 325, 326 bestehende allgemeine Rücktrittsrecht findet neben § 626 keine Anwendung (RG 92, 158; RG JW 1911, 106[40]; 1912, 73[12]; RG SeuffA 76 Nr 139; RG 1. 3. 26 III 455/25). Dagegen bleibt die Anwendung des § 323 (vgl. § 616) unberührt (RG 92, 176).

§ 627

Hat der zur Dienstleistung Verpflichtete, ohne in einem dauernden Dienstverhältnisse mit festen Bezügen zu stehen, Dienste höherer Art zu leisten, die auf Grund besonderen Vertrauens übertragen zu werden pflegen¹), so ist die Kündigung auch ohne die im § 626 bezeichnete Voraussetzung zulässig²).

Der Verpflichtete darf nur in der Art kündigen, daß sich der Dienstberechtigte die Dienste anderweit beschaffen kann, es sei denn, daß ein wichtiger Grund für die unzeitige Kündigung vorliegt. Kündigt er ohne solchen Grund zur Unzeit, so hat er dem Dienstberechtigten den daraus entstehenden Schaden zu ersetzen³).

E II 565 III 618; P 2 302.

1. **Kündigung bei Diensten höherer Art,** z. B. Diensten als Arzt (auch als sog. Hausarzt), Lehrer, Rechtsanwalt (RG Warn 1926 Nr 165), Künstler, Hebamme, Kommissionär (RG JW 08, 20[17]). Vgl. § 622. Die Vorschrift findet sowohl auf dauernde, als auf nicht dauernde Dienstverhältnisse Anwendung (RG 80, 30). Hierher gehört z. B. auch der Fall, daß eine große Fabrik die „gesamte Führung ihrer Feuerversicherungsgeschäfte" einem Versicherungsagenten ausschließlich überträgt (RG 26. 5. 25 III 351/24). Es genügt aber nicht, daß die Dienste eine besondere Fachkenntnis, Kunstfertigkeit oder wissenschaftliche Bildung voraussetzen und regelmäßig nur solchen Personen übertragen werden, die diese Eigenschaften besitzen oder bei denen sie erwartet werden. Es muß hinzukommen, daß die Dienste im allgemeinen — gleichgültig, ob im einzelnen Fall — nur zufolge besonderen Vertrauens übertragen zu werden pflegen. Die Vorschrift gilt daher nicht für das Dienstverhältnis des bauleitenden Architekten (RG 82, 285). Sie ist auch nicht auf Schiedsrichter anwendbar (RG 59 S. 247, 249). — § 627 greift nicht Platz bei einem dauernden Dienstverhältnisse mit festen Bezügen. Es müssen aber beide Erfordernisse erfüllt sein (RG 80, 29). Sind sie erfüllt, so gilt für die sofortige Kündigung § 626. Keine Anstellung mit „festen Bezügen", wenn die Bezüge sich in jedem Jahr nach der Verschiedenheit der Menge von abgelieferten landwirtschaftlichen Erzeugnissen verschieden gestalten (RG 17. 1. 22 III 87/20).

2. Das **Kündigungsrecht** steht beiden Teilen zu, die aber, anders wie beim § 626, auf dessen Geltendmachung vorher verzichten können. Zur Ausschließung der Vorschrift des § 627 bedarf es indessen eines hinreichend bestimmten Ausdrucks des hierauf gerichteten Parteiwillens. Ob er vorliegt, ist Frage des Einzelfalls (vgl. RG 80, 29; 105, 416 mit RG 69, 365). — Die im Zeitpunkt der Kündigung bereits entstandenen Vergütungsansprüche bleiben bestehen; für Rechtsanwälte s. § 50 RAGebO und RG Warn 1926 Nr 165 (Kündigung eines Anwaltsvertrags durch den Anwalt wegen Nichtzahlung des verlangten Vorschusses).

3. Vgl. § 671 Abs 2, 3. Im übrigen ist diese unzeitige Kündigung nicht unwirksam.

§ 628

¹) Wird nach dem Beginne der Dienstleistung das Dienstverhältnis auf Grund des § 626 oder des § 627 gekündigt, so kann der Verpflichtete einen seinen bisherigen Leistungen entsprechenden Teil der Vergütung verlangen²). Kündigt er, ohne durch vertragswidriges Verhalten des anderen Teiles dazu veranlaßt zu sein, oder veranlaßt er durch sein vertragswidriges Verhalten die Kündigung des anderen Teiles, so steht ihm ein Anspruch auf die Vergütung insoweit nicht zu, als seine bisherigen Leistungen infolge der Kündigung für den anderen Teil kein Interesse haben³). Ist die Vergütung für eine spätere Zeit im voraus entrichtet, so hat der Verpflichtete sie nach Maßgabe des § 347 oder, wenn die Kündigung wegen eines Umstandes erfolgt,

den er nicht zu vertreten hat, nach den Vorschriften über die Herausgabe einer ungerechtfertigten Bereicherung zurückzuerstatten[4]).

Wird die Kündigung durch vertragswidriges Verhalten des anderen Teiles veranlaßt, so ist dieser zum Ersatze des durch die Aufhebung des Dienstverhältnisses entstehenden Schadens verpflichtet[5]).

E I 566 II 566; M 2 468—470; P 2 301 ff.

1. Der § 628 behandelt im Abs 1 als verzichtbare Vorschrift **den Anspruch des Verpflichteten** auf Vergütung bei der außerordentlichen Kündigung nach § 626 oder § 627, mag diese Kündigung vom Berechtigten oder vom Verpflichteten erfolgt sein. Doch wird dabei vorausgesetzt, daß die Kündigung, besonders wenn sie vom Verpflichteten ausgeht, eine nach den angeführten Paragraphen gerechtfertigte war. War sie im Falle des § 626 in Ermanglung eines wichtigen Grundes ungerechtfertigt, so steht dem anderen Teile, da dadurch das Vertragsverhältnis nicht beendigt ist, ein Anspruch auf Erfüllung oder Schadensersatz zu, und namentlich ist die Bestimmung in Satz 2 des Abs 1 nicht anzuwenden. Ist ein Schaden entstanden, der über die Zeit der Vertragsdauer hinausreicht, so ist auch dieser zu ersetzen. Das Gesetz kennt keine Beschränkung des zu ersetzenden Schadens auf die Vertragszeit (vgl. M 2, 470 und **RG** JW 1912, 747[11]; Warn 1910 Nr 267). Bei Unmöglichkeit der Leistung kommen die allgemeinen Bestimmungen der §§ 323 ff. in Betracht. Doch ist für die Anwendung der §§ 325, 326 neben den Sondervorschriften der §§ 626—628 kein Raum (**RG** 92, 158; JW 1911, 106[40]; 1912, 73[12]; Gruch 56, 598). — Die Vorschrift des § 628 ist grundsätzlich auf alle Dienstverhältnisse anwendbar, insbesondere auch auf das Agenturverhältnis (**RG** JW 1911, 106[40]; Warn 1914 Nr 80).

2. **Die Teilvergütung,** die namentlich auch bei Kündigung des Dienstverhältnisses einer Ehefrau durch den Ehemann (§ 1358) praktisch wird, ist zugleich mit Berücksichtigung der für die Dienstleistung notwendig gewordenen Auslagen, bei Zeitlohn wesentlich nach der bereits verwendeten Zeit, bei Stücklohn nach dem Verhältnis der geleisteten Arbeit zu berechnen. — Besondere Vorschriften für die Rücknahme des einem Rechtsanwalt erteilten Auftrags vor Beendigung der Instanz in RAGebO § 50. Über den Gebührenanspruch des Rechtsanwalts, der die Vertretung vorzeitig niederlegt, s. LZ 1918, 654[5].

3. In den beiden hier angegebenen Fällen der vorzeitigen Kündigung steht dem Dienstpflichtigen ein Anspruch auf die Vergütung insoweit nicht zu, als seine bisherigen Leistungen infolge der Kündigung für den anderen Teil **kein Interesse haben.** Beispiel: Ein Musikdirektor in einem Badeorte nimmt für die Sommermonate einen Sologeiger zur Mitwirkung bei den Kurkonzerten gegen eine monatliche Vergütung von 400 M. an. Nachdem der Geiger zunächst eine Woche lang in Konzertproben mitgewirkt hat, muß er wegen plötzlicher Erkrankung das Vertragsverhältnis kündigen. Ein Anspruch auf einen entsprechenden Teil der monatlichen Vergütung steht ihm nicht zu, da seine auf die Proben beschränkten Leistungen für den Konzertgeber kein Interesse gehabt haben. — Der Dienstpflichtige hat zu beweisen, daß die Dienstleistung bis zur Kündigung erfolgt sei und die geforderte Vergütung ihr entspreche; den Dienstberechtigten trifft die Beweislast dafür, daß der Dienstpflichtige ohne vertragswidrigen Anlaß von seiten des Berechtigten gekündigt oder seinerseits durch vertragswidriges Verhalten dessen Kündigung veranlaßt und die bisherige Dienstleistung infolge der Kündigung für den Berechtigten kein Interesse habe.

4. Wie beim Mietvertrage; vgl. § 543 A 3 u. 4. Für Dienstverhältnisse des öffentlichen Rechtes sind dessen Grundsätze, nicht § 628 Abs 1 Satz 3 anzuwenden (**RG** 107, 189).

5. Abs 2 gibt bei **vertragswidrigem,** d. i. schuldhaft vertragswidrigem (**RG** 112, 34; Warn 1914 Nr 80; LZ 1924, 461[4]) Verhalten des Gegners des Kündigenden, mag dies der Berechtigte oder der Verpflichtete sein, dem Kündigenden einen Anspruch auf **Schadensersatz,** bei einem gemeinsamen schuldhaften Verhalten mehrerer mit Haftung als Gesamtschuldner (s. § 840 Abs 1 und **RG** 47, 246; a. M. Staudinger Erl III 3). Eine unverschuldete, aber kraft besonderer Abrede vom Gegner des Kündigenden zu vertretende Vertragswidrigkeit ist einer schuldhaften gleichzustellen (**RG** Gruch 57, 961). Die Vorschrift des Abs 2 beruht nicht auf den Besonderheiten des Dienstvertrags, sondern auf dem allgemeinen Rechtsgrundsatze, daß, wer durch sein vertragswidriges Verhalten den Grund zur Vertragsauflösung gibt, den Schaden zu tragen hat. Dies gilt insbesondere auch für den Mietvertrag, obgleich es dort nicht ausdrücklich ausgesprochen ist (**RG** 76, 370; vgl. § 554 A 1). Bei vertragswidrigem Verhalten des Dienstberechtigten (insbesondere auch bei Nichtzahlung des Gehalts) kann der Verpflichtete den vollen Lohn (Gewinnanteil, **RG** Warn 1920 N r21) auf die Dienstzeit, unter Anrechnung des von ihm in der betreffenden Zeit etwa gemachten Nebenverdienstes, gemäß § 615 Satz 2, als Schadensersatz beanspruchen, bei Dienstverhältnissen von unbestimmter Dauer aber nur bis zu dem Zeitpunkt, zu dem ihm mit gesetzlicher oder vertraglicher Frist hätte gekündigt werden

können (SeuffA 70 Nr 200). Der Schadensersatzanspruch unterliegt in diesem Falle der gleichen Verjährung wie die Lohnforderung (vgl. § 196 Nr 8 und RG JW 1918, 550). Der ungerecht Entlassene kann aber auch den Ersatz des Schadens verlangen, der ihm über die Vertragsdauer hinaus infolge der Kündigung, z. B. in der Richtung entsteht, daß er keine so vorteilhafte Stellung mehr erhält, als er im Falle einer ordentlichen Kündigung hätte erhalten können (RG JW 1912, 747[11]; Warn 1910 Nr 267). Vgl. insbesondere wegen des Schadensersatzanspruchs im Konkurse des Dienstberechtigten bei Kündigung durch den Verwalter KO § 22 Abs 2 und für die Kündigung im Falle der Geschäftsaufsicht zur Abwendung des Konkurses BRVO v. 14. 12. 16 (RGBl 1363) § 11 Abs 2. — Neben einer dem Dienstpflichtigen auf Grund der §§ 84 Abs 2, 87 des Betriebsrätegesetzes zugeflossenen Entschädigung ist für bürgerlich-rechtliche Ansprüche wegen ungerechtfertigter Kündigung kein Raum (RG 105, 132).

§ 629

Nach der Kündigung eines dauernden Dienstverhältnisses hat der Dienstberechtigte dem Verpflichteten auf Verlangen angemessene Zeit zum Aufsuchen eines anderen Dienstverhältnisses zu gewähren[1]).

KB 1978.

1. **Gewährung von Zeit zum Aufsuchen eines andern Dienstes. Zwingende** Vorschrift (OLG 22, 304), die auch in dem Falle entsprechende Anwendung findet, wenn ohne Kündigung, nur durch Zeitablauf, das Dienstverhältnis demnächst zu Ende gehen wird. Es ist dabei einerlei, wer gekündigt hat. Die Vergütung wird auch für die zum Aufsuchen eines anderen Dienstes erforderliche, nicht übermäßige Zeit in der Regel weiter zu zahlen sein. Vgl. § 616.

§ 630

[1]) Bei der Beendigung eines dauernden Dienstverhältnisses[2]) kann der Verpflichtete von dem anderen Teile ein schriftliches Zeugnis[3]) über das Dienstverhältnis[3]) und dessen Dauer fordern. Das Zeugnis ist auf Verlangen[4]) auf die Leistungen und die Führung im Dienste zu erstrecken[4]).

E II 568 III 620; P 2 307.

1. Diese **zwingende Vorschrift** gilt auch für das Gesindeverhältnis. Die besonderen Vorschriften der Gesindeordnungen sind aufgehoben (Vorbem 2 vor § 611). — § 630 kann aber trotz seines allgemeinen Wortlauts nicht auf alle dauernden Dienstverhältnisse, sondern nur auf solche angewendet werden, bei denen der Dienstberechtigte über Zeit und Arbeitskraft des Dienstpflichtigen unmittelbar verfügt und die infolgedessen eine persönliche Abhängigkeit und Unterordnung begründen. Daher ist eine entsprechende Anwendung auf Agenturverhältnisse ausgeschlossen (RG 87, 440). Dagegen kann ein gewöhnlicher Arbeiter, auch wenn er nur einen Tag als Vorarbeiter bei dem seitherigen Dienstherrn beschäftigt war, von diesem ein Zeugnis über letztere Tätigkeit verlangen (RG 9. 5. 05 III 4/05). Nachträglicher Verzicht s. OLG 22, 304.
Vgl. für Handlungsgehilfen und Handlungslehrlinge HGB §§ 73 u. 80, für gewerbliche Arbeiter GewO § 113, für Schiffsleute SeemO § 19 (OLG 28, 188).

2. Bei der **Beendigung** des Dienstverhältnisses, nicht schon von der Kündigung ab (SeuffA 57 Nr 15).

3. **Das schriftliche Zeugnis** braucht nicht beglaubigt zu sein. Jedenfalls geschieht die Beglaubigung — abweichend von den Bestimmungen HGB §§ 73, 80, GewO § 114, SeemO § 20 — nicht kostenfrei, sondern, sofern der Verpflichtete sie verlangt, auf dessen Kosten. — Aus dem Zeugnis muß das Dienstverhältnis hervorgehen, und wenn danach, wie z. B. beim Architekten, verschiedene Tätigkeiten in Betracht kommen können, muß auch die Art der Beschäftigung angegeben werden (JW 1916, 1430[5]).

4. Wird dieses **Verlangen,** das auch auf die Leistungen oder auf die Führung beschränkt werden kann (OLG 17, 414), nicht gestellt, so darf die Erstreckung nicht stattfinden (RG JW 97, 350[27]). — Die Fassung des Zeugnisses steht im allgemeinen im Ermessen des Dienstberechtigten. Nur darf er nicht Angaben machen, die mit dem Zweck des Zeugnisses nicht zusammenhängen oder, ohne durch ein berechtigtes Interesse des Dienstherrn geboten zu sein, dem Dienstpflichtigen schaden können. Das Zeugnis über die Führung muß ein zusammenfassendes Urteil über das gesamte dienstliche Verhalten des Angestellten enthalten, soweit seine Führung in Betracht kommt, nicht nur nach einzelner Richtung, sonst kann Ergänzung verlangt werden (SeuffA 69 Nr 37). Das außerdienstliche Verhalten ist im Zeugnisse nicht zu erwähnen, auch wenn es den Entlassungsgrund bildete (OLG 13, 423). Der Dienst-

pflichtige hat ferner Anspruch auf Abänderung des ausgestellten Zeugnisses, wenn diesem unwahre Tatsachen zugrunde gelegt sind (OLG 28, 188), wofür den Dienstpflichtigen die Beweislast trifft (OLG 5, 271). Wissentlich unwahre Angaben von Tatsachen mit dem Bewußtsein der Möglichkeit schädlicher Folgen verpflichten den Dienstberechtigten auch zum Schadensersatze gegenüber einem späteren Dienstherrn des Verpflichteten nach § 826 (**RG** JW 05, 369[8]). Ein falsches, die Schadensersatzpflicht gegenüber Dritten begründendes Zeugnis stellt auch derjenige aus, der es auf eine bestimmte Eigenschaft (z. B. Ehrlichkeit) nicht erstreckt und dadurch den Schein erweckt, als ob diese Eigenschaft vorhanden sei, während sie in Wirklichkeit nicht vorhanden ist (SeuffA 72 Nr 189; vgl. auch **RG** Warn 1916 Nr 76). Haftung des Dienstberechtigten für wissentlich falsche Auskunft über die Ehrlichkeit eines Angestellten gegenüber dem späteren Geschäftsherrn s. SeuffA 70 Nr 146; **RG** SeuffA 70 Nr 147, für ungünstige Auskunft über einen früheren Angestellten gegenüber diesem **RG** Warn 1914 Nr 122.

Siebenter Titel

Werkvertrag

1. Begriff und rechtliche Natur: Gegenseitiger Vertrag (§§ 320ff.), durch den sich der eine Teil (Unternehmer) zur Herstellung des versprochenen Werkes, d. h. zur Herstellung oder Veränderung einer Sache oder zur Herbeiführung eines anderen, durch Arbeit oder Dienstleistung zu bewirkenden Erfolges, der andere (Besteller) zur Gewährung der vereinbarten Vergütung verpflichtet. Aus dem Begriffe des Werkvertrags ergibt sich sein Unterschied: a) vom Dienstvertrag, bei dem die entgeltliche Dienstleistung als solche, ohne Rücksicht auf das Ergebnis, von den Parteien ins Auge gefaßt wird (s. Vorbem 1 vor § 611); b) vom Kaufvertrag, der die entgeltliche Lieferung einer bereits fertigen Sache ohne Rücksicht auf den Gang ihrer Herstellung betrifft; c) vom Auftrag, der die unentgeltliche Geschäftsbesorgung zum Gegenstande hat, und endlich d) von der Miete, welche in der entgeltlichen Gewährung des Gebrauchs einer Sache besteht, wie z. B. auch die zeitweise Überlassung eines zu erbauenden Zirkus (**RG** 13, 209) Miete ist. Über die Abgrenzung zwischen Miete und Werkvertrag bei Beförderung von Sachen des einen Vertragsteils durch Wagen und Bedienstete des andern s. OLG 40, 308. Vielfach sind die genannten Verträge miteinander verbunden, wie z. B. Werkvertrag und Kaufvertrag (**RG** 11, 263); über den Werklieferungsvertrag vgl. § 651. In ähnlicher Weise kann eine Verbindung von Werkvertrag und Miete eintreten, z. B. bei der Eisenbahnbeförderung mit Platzkarte. Die Übernahme der Verpflichtung, ein Wohngebäude mit einer Sammelheizungsanlage zu versehen, ist Werkvertrag, nicht Kauf oder Werklieferung (**RG** 14. 1. 19 VII 288/18). Der Dreschmaschinenvertrag ist in der Regel Miete mit untergeordneter Dienstleistung, nicht Werkvertrag (Vorbem 2 vor § 535). Abbruch eines Hauses als Kauf-, nicht Werkvertrag s. **RG** Warn 1922 Nr 96 Die Scheidelinien zwischen den einzelnen Vertragsarten sind unter Umständen schwer feststellbar und werden leicht überschritten. So kann sich der Bühnenanstellungsvertrag, wenn es sich um ein einzelnes Gastspiel handelt, als Werkvertrag, sonst aber als Dienstvertrag, und ferner die Lieferung einer Maschine, wenn sie schlechthin stattfinden soll, als Kaufvertrag, in dem Falle aber, wenn die Art ihrer Herstellung, die Anpassung an einen bestimmten Raum oder Betrieb vereinbart ist, als Werkvertrag sich darstellen. Die Aufstellung der Maschine ist beim Maschinenlieferungsvertrag in der Regel nur unselbständige Nebenleistung, ausnahmsweise kann sie auch den Gegenstand eines besonderen, dem Lieferungsvertrag als Hauptvertrag hinzugefügten Nebenvertrags (Werkvertrags) bilden. Soll darüber hinaus der Vertrag im ganzen mit Rücksicht auf die Vereinbarungen über die Aufstellung kein Kaufvertrag (§ 433) und kein Werklieferungsvertrag (§ 651), sondern ein Werkvertrag (§ 631) sein, so müssen ganz besondere Umstände vorliegen, die für eine solche Deutung sprechen (**RG** 23. 10. 17 VII 178/17; 14. 1. 19 VII 288/18). Vgl. dazu § 651 A 3. Eines genauen Eingehens auf die Besonderheiten des einzelnen Falles bedarf es beim Verhältnis zwischen dem Bauherrn und dem Architekten. Die Übernahme der Aufstellung eines Bauplans durch einen Architekten kann — ebenso wie die Anfertigung sonstiger Vorarbeiten und Entwürfe (**RG** 97, 122) — Werkvertrag sein, aber auch den Gegenstand eines Dienstvertrags bilden, so namentlich dann, wenn der Architekt zugleich mit der Bauleitung betraut ist, die Herstellung des Planes also nur seine spätere Dienstleistung vorbereitet. Einen typischen Architektenvertrag gibt es nicht (**RG** 86, 75). Über den Vertrag zwischen dem Schiedsrichter und den Parteien des schiedsgerichtlichen Verfahrens s. Vorbem 2 vor § 611. In einem Werkvertrags- (nicht in einem Dienstvertrags-) Verhältnis steht insbesondere auch, wer aus dem ihm von der anderen Vertragspartei zu liefernden Ton Ziegelsteine herzustellen, dabei für eigene Rechnung die hierfür erforderlichen Arbeiter anzunehmen und für die hergestellte Ware die Gefahr bis zur Abnahme zu tragen hat; bei solcher Sachlage ist das Werkvertragsverhältnis auch dann nicht ausgeschlossen, wenn er von dem anderen Teile „als Ziegelmeister“ angenommen worden ist (**RG** 72, 281; dazu Vorbem 1 vor § 611). Ist jemand in der Lage, ein Werk zum Nutzen eines anderen herstellen zu müssen, und überläßt es diesem, das Werk gegen Erstattung der Kosten unmittelbar für sich herzustellen, so liegt nicht ein Werkvertrag, sondern ein dem Subventionsvertrag ähnlicher Vertrag besonderer Art vor (**RG** 92, 168).

2. Der **Geltungsbereich** der Vorschriften des BGB über den Werkvertrag wird begrenzt durch eine Reihe von anderen reichsgesetzlichen oder auch landesgesetzlichen Bestimmungen für gewisse Arten von Werkverträgen, insbesondere: a) für den Fracht- und Beförderungsvertrag, die gewerbsmäßige Beförderung von Gütern und Personen; im einzelnen: für die Beförderung von Gütern zu Lande oder auf Flüssen und sonstigen Binnengewässern durch HGB §§ 425—452; für die Beförderung von Gütern auf Flüssen und sonstigen Binnengewässern auch durch das BinnenSchG §§ 26ff.; für die Beförderung von Gütern und Reisenden zur See durch HGB §§ 556—678; für die Beförderung von Gütern und Personen auf den Eisenbahnen durch HGB §§ 453—473 sowie durch die EisenbVerkO v. 23. 12. 08 (RGBl 09, 93); für die Beförderung von Gütern und Reisenden mittels der Post durch das PostG v. 28. 10. 71 (RGBl 347), die PostO v. 22. 12. 21 (RGBl 1609) und den Weltpostvertrag mit Nebenverträgen v. 30. 11. 20 (RGBl 1921, 1375ff.), RohrpostO vom 30. 5. 23 (RGBl I 303) vgl. HGB § 452; für den Telegrammbeförderungsvertrag s. Telegraphenordnung v. 16. 6. 04 (ZentrBl 229) und **RG** 91, 64; 107, 275; **RG** Gruch 68, 79; für die Beförderung von Auswanderern durch das AuswG, insbes. §§ 22—48; b) für den Verlagsvertrag, der die Überlassung eines Werkes der Literatur oder der Tonkunst an den Verleger zur Vervielfältigung und Verbreitung für dessen eigene Rechnung betrifft, durch das VerlG v. 19. 6. 01, sowie durch die nach EG Art 76 zum BGB in Geltung befindlichen landesgesetzlichen Vorschriften. Der Verlagsvertrag hat zwar große Ähnlichkeit mit dem Werkvertrag, ist aber vom Gesetze selbständig geregelt worden (**RG** 74, 361). Vgl. auch **RG** 78, 298. Der Kommissionsverlag unterliegt nicht dem Verlagsgesetze, sondern den Vorschriften des allgemeinen bürgerlichen Rechtes, insbesondere der §§ 611ff., 675, gegebenenfalls auch den handelsrechtlichen Regeln des Kommissionsgeschäfts gemäß HGB §§ 383ff., 406 Abs 1 (**RG** SeuffA 80 Nr 146). Kein Verlagsvertrag, auch nicht ein den Bestimmungen des Verlagsrechts entsprechend zu behandelnder, sondern eine besondere rechtliche Würdigung erfordernder Vertrag eigener Art ist der Verfilmungsvertrag zwischen Verfasser und Hersteller eines Films (**RG** 107, 62: Ablehnung eines Verfilmungszwanges). Über Herausgeberverträge s. **RG** 113, 70; 115, 358. — Aushilfsweise können für die unter a und b genannten Verhältnisse auch die Vorschriften des BGB über den Werkvertrag zur Anwendung gelangen. — Über das Rechtsverhältnis zwischen dem Teilnehmer eines Fernsprechnetzes und der Reichspost s. Vorbem 2 vor § 535.

3. Von **allgemeinen Bestimmungen** vgl. wegen des Erfüllungsorts §§ 269, 270, wegen der Erfüllungszeit § 271, wegen der Haftung für Gehilfen § 278, wegen der Übergangsbestimmungen EG Art 170; ferner aus der ZPO wegen Feststellung der Mängel eines Werkes (bedeutsam für die Unterbrechung der Verjährung) § 488, wegen vorläufiger Vollstreckbarkeit gewisser Urteile aus Werkverträgen § 709 Nr 3. Für den Fall eines Konkurses s. KO §§ 23 Abs 2, 27; für den Fall der Geschäftsaufsicht s. BRVO über die Geschäftsaufsicht zur Abwendung des Konkurses v. 14. 12. 16 (RGBl 1363) § 9.

4. Eine besondere **Form** ist für den Werkvertrag nicht vorgeschrieben. Für seinen **Inhalt** gelten die allgemeinen Grundsätze, insbesondere auch die §§ 134, 138. Über die Frage, unter welchen Umständen ein Bauvertrag über ein zu Bordellzwecken bestimmtes Haus im Sinne des § 138 gegen die guten Sitten verstößt, s. **RG** 63, 367; 71, 192. Werkverträge können auch unter § 1 Nr 1 PreistrVO fallen, wenn es sich dabei um eine Lieferung von Gegenständen des täglichen Bedarfs handelt und die damit verbundene Arbeit des Liefernden gegenüber dem zu liefernden Gegenstand von untergeordneter Bedeutung ist (BayObLGSt in JW 1922 S. 717[2], 1046[3]). Übermäßige Preissteigerung im Sinne des § 1 Nr 1 PreistrVO hat übrigens für sich allein noch nicht die Nichtigkeit des Vertrags, sondern nur die Herabsetzung des Preises zur Folge (vgl. **RG** 98, 293).

5. Kriegs- und Übergangsrecht. Über die schiedsgerichtliche Erhöhung von Preisen bei der Lieferung von elektrischer oder mechanischer Arbeit, Dampf, Gas oder Leitungswasser s. VO v. 1. 2. 19 (RGBl 135) mit Änderungen durch VO v. 11. 3. 20 (RGBl 329), dazu **RG** 107, 352; ferner Ges. v. 9. 6. 22 (RGBl I 509), neue Fassung s. Bek v. 16. 6. 22 (RGBl I 510), VO v. 16. 6. 22 (RGBl I 511) mit Bek v. 1. 2. 19 (RGBl 137), 16. 6. 22 (RGBl I 516), ferner VO v. 28. 2. 23, 28. 7. 23 und 29. 9. 23 (RGBl I 162, 759, 925); dazu die auf Grund des Ermächtigungsgesetzes v. 13. 10. 23 ergangene VO über die Berechnung des Preises bei der Lieferung von elektrischer Arbeit, Gas und Leitungswasser v. 24. 10. 23 (RGBl I 997); ferner **RG** 114, 64 (keine Nachprüfung des Verfahrens der Schiedsgerichte durch das ordentliche Gericht) und **RG** JW 116, 230 (Befugnisse eines vertraglichen Schiedsgerichts, Erhöhung der Leistungen durch Gewährung eines Baukostenbeitrags). Nur von mittelbarer Bedeutung sind die Bestimmungen über die schiedsgerichtliche Erhöhung von Beförderungspreisen der Eisenbahnen, Kleinbahnen (Lokalbahnen usw.), Straßenbahnen und Anschlußbahnen, VO v. 21. 2. 20 (RGBl 255), geändert durch VO v. 23. 3. 21 (RGBl 344), dazu Bek v. 7. 10. 20 (RGBl 1712) und v. 7. 4. 21 (RGBl 480). Über die allgemeine Frage des Einflusses der durch Krieg und Staatsumwälzung bewirkten Veränderung der wirtschaftlichen Verhältnisse s. § 631 A 3. — Für sog. Kriegsverträge s. VO v. 21. 11. 18 (RGBl 1323), dazu Ges. v. 30. 3. 22 (RGBl 285) Art I vorletzter Absatz, und VO über die Abgeltung von Ansprüchen gegen das Reich v. 4. 12. 19 (RGBl 2146), dazu Gesetze v. 16. 12. 21 (RGBl 1578) und v. 1. 12. 22 (RGBl I 897), ferner **RG** 106, 91; **RG** JW 1921, 465[7]; 1922, 622[1]; 1927, 439[4]; **RG** LZ 1921, 501[14]; 1922, 73[7]; auch **RG** 104, 55 (Zulässigkeit des Rechtswegs für Ansprüche aus einer Einigung nach Nr 3 der VO v. 21. 11. 18).

§ 631

Durch den Werkvertrag wird der Unternehmer zur Herstellung des versprochenen Werkes[1]), der Besteller zur Entrichtung der vereinbarten Vergütung[2]) verpflichtet[3]).

Gegenstand des Werkvertrags kann sowohl die Herstellung oder Veränderung einer Sache als ein anderer durch Arbeit oder Dienstleistung herbeizuführender Erfolg sein.

E I 567 Abs 1, 579 II 569; M 2 470, 506; P 2 309, 336.

1. **Hauptverpflichtung des Unternehmers: Herstellung des versprochenen Werkes,** d. i. entweder die Herstellung oder Veränderung einer Sache, insbesondere die Errichtung eines Bauwerks, auch der Vertrag wegen Übernahme eines durch fremde Arbeit herzustellenden Bauwerks (Bau Entreprisevertrag, **RG** 66, 4); oder ein durch Arbeit oder Dienstleistung herbeizuführender Erfolg, auch ein sog. immaterieller Erfolg; im einzelnen: die Beförderung von Sachen (**RG** 11. 1. 05 I 390/04); namentlich die Beförderung mittels Fähre auf einem öffentlichen Flusse, auch von seiten des Staates (**RG** 72, 53); die Beförderung von Kähnen oder Schiffen durch Schleppdampfer nach einem bestimmten Orte, auch bei staatlichem Betrieb (**RG** 59, 305; 62, 210; 67, 10; 81, 316; 105, 200; 112, 41; JW 1923, 12[1]; die Charterung auch eines ganzen Schiffes (**RG** Warn 1910 Nr 150); die gewerbsmäßige Beförderung von Personen mittels gewöhnlichen Fuhrwerks (**RG** 23, 91), mittels eines Kraftwagens (**RG** 16. 3. 06 VII 323/05), mittels einer Straßenbahn (**RG** 66, 12; s. jedoch § 638 A 1 Abs 2), mittels eines Esels mit Treiber (**RG** 18. 5. 06 VII 434/05); über die gelegentliche unentgeltliche Mitnahme einer Person auf einer Fahrt s. A 2 a. E. Übernahme der zeichnerischen Durchkonstruktion und Ausführung eines praktisch noch nicht hergestellten Arbeitsgeräts s. **RG** 100, 35. Ferner kann als Werkvertrag vorkommen: die B e s o r g u n g v o n G e s c h ä f t e n, also von Angelegenheiten, die das wirtschaftliche Interesse des Bestellers berühren (vgl. § 675 und Vorbem 2 vor § 611), so die Übernahme einer Auszahlung im Ausland oder der Überweisung des Guthabens eines Kunden ins Ausland durch eine Bank (**RG** 107, 136; Warn 1919 Nr 60; 1923/24 Nr 177; Übernahme eines Akkreditivauftrags (**RG** 107, 7; **RG** Warn 1910 Nr 108; SeuffA 78 Nr 73), der Versteigerung eines Gasthausinventars (OLG 39, 164), nicht die Übernahme eines Parzellierungsauftrags gegen Gewinnbeteiligung (**RG** SeuffA 74 Nr 105); die Übernahme des Auftrags, auf eine bestimmte Dauer Geschäftsanzeigen in Straßenbahnwagen auszuhängen (**RG** Warn 1913 Nr 138; 1916 Nr 268; Recht 1920 Nr 379; 1922 Nr 1147; **RG** 4. 3. 27 VI 555/26; s. auch JW 1916, 1295[7]; unentschieden, jedoch unter Billigung der Anwendung der für den Werkvertrag gegebenen Vorschriften, **RG** JW 1916, 583[10]), die Übernahme von Geschäftsanzeigen in Zeitungen (**RG** SeuffA 80 Nr 79, s. auch **RG** LZ 1925, 971[8]), die Übernahme der Verbreitung von Büchern, die der Geschäftsanpreisung dienen OLG 34, (39); ingleichen, soweit nicht bloße Dienstleistungen vorliegen, die Ausführung von wissenschaftlichen oder künstlerischen Unternehmungen, die Erteilung von Auskunft über die Kreditfähigkeit einer Person. So wird auch die Aufführung eines Konzerts oder einer Theateraufführung, auch bei einem städtischen oder staatlichen Unternehmen, als Werkvertrag erscheinen, wobei die Überlassung eines Platzes regelmäßig Nebenleistung ist und nur unter besonderen Umständen den Gegenstand eines Nebenvertrags (Miete) bildet (vgl. **RG** JW 1926, 14, 2443[14]; LZ 1920, 62[5]). S. auch § 611 A 4. Vertrag über Lieferung von Theatereintrittskarten an einen Händler bei Verpflichtung des Liefernden, Vorstellungen für die späteren Karteninhaber zu veranstalten, s. OLG 36, 79. Über den Anzeigenvermittlungsvertrag s. OLG 36, 74. — Nicht um einen Werkvertrag, sondern um die Besorgung fremder Geschäfte oder um die Leistung von Diensten (§ 196 Nr 7) handelt es sich, wenn sich jemand gegen Entgelt verpflichtet, sich zu bemühen, eine Aktiengesellschaft ins Leben zu rufen, ohne sich dafür haftbar zu machen, daß die Gesellschaft zustande kommt (**RG** 72, 179).

Erfüllung der Hauptverpflichtung: Die dem Unternehmer obliegende Herstellung ist regelmäßig Vorleistung, bei beweglichen Sachen mit deren Überbringung, insbesondere an den Eigentümer, der dem Unternehmer die Sache zur Bearbeitung übergeben hat (**RG** 35, 137), verbunden. Die Verarbeitung von Korn zu Mehl (von Kartoffeln zu Kartoffelflocken) ist vielfach Gattungsschuld insofern, als gleichgültig ist, ob das vom Verarbeiter Zurückgegebene aus dem vom Besteller übergebenen Stoffe hergestellt ist (OLG 36, 7). Für die Verpflichtung des Unternehmers zur Beschaffung des erforderlichen Stoffes ist der Inhalt des betreffenden Vertrags maßgebend; über den besonderen Fall der Herstellung des ganzen Werkes aus einem vom Unternehmer zu beschaffenden Stoffe (Werklieferungsvertrag) s. § 651. Für Ort und Zeit der Leistung s. §§ 269, 271. — Der Unternehmer ist, abweichend vom Dienstvertrage § 613, sofern nicht etwas anderes ausdrücklich vereinbart ist oder nach dem Inhalt des Vertrags (z. B. mit einem Künstler) seine persönliche Leistungsfähigkeit in Betracht kommt, nicht verpflichtet, das Werk durch eigene persönliche Tätigkeit herzustellen, vielmehr berechtigt, die Herstellung einer anderen Person zu übertragen (**RG** 14. 6. 19 V 53/19). Daher wird auch der Tod des Unternehmers in der Regel das Vertragsverhältnis nicht beendigen (s. § 649 A 2). Der Unternehmer darf regelmäßig auch Gehilfen verwenden. Über die Zulässigkeit einer Heranziehung wissenschaftlicher Hilfsarbeiter bei Übernahme der Bearbeitung der neuen Auflage eines wissenschaftlichen Werkes s. **RG** LZ 1915, 428[4]. Der Unternehmer hat ein Verschulden seiner Hilfspersonen gemäß § 278 zu vertreten. Zur Erfüllung der Vertragsverbindlichkeit gehört dabei alles, was aus dem Vertrage vom Vertragsschuldner überhaupt verlangt werden kann; § 278 tritt überall ein, wo der Schädiger selbst dem Verletzten nach Maßgabe des Vertrags gerecht werden muß und ihn nicht auf die Haftungsgrundsätze bei unerlaubten Handlungen verweisen kann. Das Verschulden der Hilfsperson braucht nicht bei der unmittelbaren Erfüllungshandlung vorzuliegen (**RG** Warn 1910 Nr 434). Haftung des Unternehmers für Verschulden seiner Angestellten beim Beförderungsvertrag s. **RG** 55, 335; 62, 119; BayObLGZ 13, 127. Bei einem Zusammenstoß von zwei Straßenbahnwagen kommen als Gehilfen des Straßenbahnunternehmers bei der Erfüllung des Beförderungsvertrags gegenüber dem verletzten Fahrgast nicht nur die Angestellten desjenigen Wagens in Betracht, in dem sich der Fahrgast befindet, sondern auch die Angestellten des andern Wagens (**RG** 83, 343). Eine Haftung für Schmerzensgeld (§ 847) wird aber in solchem Falle durch das Verschulden von Hilfspersonen nur aus unerlaubter Handlung und nur im Rahmen des § 831 (nicht aus dem Beförderungsvertrag und § 278) begründet (**RG** 99, 263). Muß der Unternehmer einer Werklieferung Teile der von ihm herzustellenden Sache von einem Dritten beziehen, so ist dieser Dritte nicht Erfüllungsgehilfe des Unternehmers in dessen Verhältnis zum Besteller; § 278 greift daher nicht Platz (**RG** 101, 157). Die Haftung für Verschulden der Hilfspersonen kann ebenso wie — vorbehaltlich des § 276 Abs 2 — die Haftung für eigenes Verschulden des Unternehmers im voraus wegbedungen werden. Wird aber eine solche Freizeichnung unter Ausnutzung einer rechtlichen oder tatsächlichen Monopolstellung den beteiligten Kreisen gewissermaßen aufgezwungen, so kann dies im Sinne des § 138 gegen die guten Sitten verstoßen (vgl. **RG** 102, 396; 103, 82, auch 99, 107, **RG** Gruch 65, 349 und JW 1922, 1533[4]). — Bei unverschuldeter Unmöglichkeit der Leistung des Unternehmers gelten §§ 275, 323.

Unter den vertragsmäßigen **Nebenverpflichtungen des Unternehmers** ist hervorzuheben: die Verpflichtung zur ordnungsmäßigen Instandhaltung der für die Vertragsausführung erforderlichen Maschinen, Geräte und Räume, so z. B. bei der Personenbeförderung die Verpflichtung zur Instandhaltung der Ab- und Zugänge zum Eisenbahnsteige (**RG** 55, 335; 86, 321; **RG** LZ 1916, 607[13]; **RG** 5. 10. 03 VI 367/03; 19. 5. 05 VII 603/04; 12. 3. 07 VII 275/06), der Warteräume (**RG** LZ 1916, 814) und ihrer Einrichtungsgegenstände, z. B. Stühle (**RG** Warn 1915 Nr 124), zur Sorge für die Erwärmung von Eisenbahnwagen (**RG** SeuffA 70 Nr 55), zur Prüfung der zu verwendenden Beförderungsmittel (**RG** 16. 3. 06 VII 323/05), zur Sorge für die körperliche Sicherheit der zu befördernden Personen (**RG** 66, 17; 98, 327; 116, 213), vom Beginne der Reise bis zu ihrer Beendigung, auch während des Aufenthalts auf Zwischenstationen (**RG** Warn 1916 Nr 309), überhaupt solange, als der Reisende den für die Benutzung der Bahnanlagen erlassenen besondern Vorschriften untersteht, so auch beim Verlassen des Bahnhofsgebäudes (**RG** JW 1918, 171[6]), nicht nachher beim Überschreiten des (im Eigentum des Eisenbahnunternehmers stehenden) Bahnhofsvorplatzes (**RG** Gruch 57, 941). Ist die zu befördernde Person während der Beförderung am Körper oder an der Gesundheit beschädigt worden, so haftet der Unternehmer aus dem Vertrage, wenn er nicht beweist, daß ihn und seine Erfüllungsgehilfen kein Verschulden trifft (**RG** 66, 12; 83, 343; **RG** JW 08, 196[10]; Warn 1916 Nr 309; **RG** LZ 1918, 623[14]; **RG** 18. u. 21. 12. 17 VII 347, 348/17; vgl. auch OLG 28, 191). Diese Regelung greift jedoch nur für Schäden bei der Beförderung im eigentlichen Sinne Platz, die bei Reisen auf der Eisenbahn mit dem Einsteigen in den Zug beginnt und mit dem Aussteigen endigt. Handelt es sich um die vertraglichen Nebenleistungen, die dieser Beförderung vorangehen oder ihr nachfolgen, wie die Gewährung sicherer Zu- und Abgänge zum und vom Zuge, so verbleibt die Beweislast bei dem verletzten Reisenden (**RG** 86, 321). Über die Beweisfrage bezüglich des Verschuldens bei einem Unfall durch Abgleiten einer Kraftdroschke in einen Straßengraben s. **RG** LZ 1915, 127[3]. Sturz von der Plattform eines Straßenbahnwagens s. **RG** Warn 1920 Nr 11 u. 85; Unfälle beim Aufspringen s. ebenda Nr 49, 50. Haftung des Straßenbahnunternehmers für Unfälle bei Benutzung einer Wartehalle s. OLG 45, 158 (nur wegen unerlaubter Handlung). Schadensersatzansprüche aus einem Personenbeförderungsvertrage können vertraglich ausgeschlossen werden, soweit nicht § 276 Abs 2 entgegensteht (**RG** 11. 2. 07 VI 232/06). Keine Vertragshaftung für Unfälle im Bahnhofe vor Lösung einer Fahrkarte (**RG** LZ 1914, 1530[10]). Keine Haftpflicht des Eisenbahnunternehmers aus dem Beförderungsvertrage bei Ermordung eines Reisenden durch einen Mitreisenden während der Fahrt (**RG** 69, 361), bei Beschädigung eines Reisenden durch in Brand geratenes Benzin, das ein Mitreisender bei sich geführt hat (**RG** Gruch 65, 356). Unmittelbare Haftung des Beförderungsunternehmers (auch für seine Erfüllungsgehilfen, § 278) gegenüber Frau und Kind des Bestellers, die mit diesem in dem bestellten Kraftwagen befördert werden, nach § 328 s. **RG** 87, 64. Verpflichtung des Beförderungsunternehmers, einen Schaden zu ersetzen, den nicht der Vertragsgegner, sondern ein Dritter erlitten hat, s. **RG** 87, 289. Schadensersatzpflicht eines Rollfuhrunternehmers gegenüber dem bereits Eigentümer gewordenen Käufer, dem er im Auftrage des Verkäufers die versendete Ware am Ankunftsorte zuführen soll, s. **RG** 102, 38, aber auch 105, 302. Haftung des Schiffsunternehmers für die körperliche Gesundheit und Unversehrtheit der Fahrgäste (**RG** 116, 213). — Als weitere Nebenverpflichtungen des Unternehmers kommen in Betracht: die Verpflichtung zur Prüfung der Brauchbarkeit und Durchführbarkeit der dem sachverständigen Unternehmer vorliegenden Pläne und Kostenanschläge (§ 650 Abs 2; **RG** 18. 10. 04 VII 139/04; **RG** SeuffA 79 Nr 25), zur Berichterstattung, Auskunft und Rechenschaftsablegung bei dem eine Geschäftsbesorgung betreffenden Werkvertrag, zur sorgfältigen Vermeidung von Beschädigungen der Sachen des Bestellers bei der Werkherstellung (nicht bloß bei „Gelegenheit" der Werkherstellung; **RG** 66, 402; JW 06, 460[16]; Warn 1911 Nr 168). Hierher gehört auch die Verwahrungspflicht eines Gewerbetreibenden an fremden, ihm zur Bearbeitung übergebenen Gegenständen, wobei nach § 282 der Unternehmer, z. B. ein Wäschereibesitzer, bei dem Wäschestücke durch Einbruch gestohlen worden sind, beweisen muß, daß er das Abhandenkommen nicht zu vertreten hat (SeuffA 76 Nr 6; OLG 40, 322); ferner die Verpflichtung des Theaterunternehmers, für ordnungsmäßige Unterbringung der abgelegten Kleidungsstücke zu sorgen, doch kann auch ein besonderer Verwahrungsvertrag vorliegen (**RG** 105, 80; **RG** Warn 1920 Nr 77; 1923/24 Nr 122; LZ 1920, 62[5]; SeuffA 77 Nr 25; OLG 40, 324; 43, 115). Einen Ersatz von Verwahrungskosten kann der Unternehmer, der eine Sache zur Bearbeitung übergeben erhalten hat, von dem Besteller nur verlangen, wenn dieser in Schuldner- oder Gläubigerverzug geraten ist (**RG** JW 1926, 1663[3]).

2. **Hauptverpflichtung des Bestellers: Entrichtung der vereinbarten Vergütung.** Daß sie nicht in einer Akkord- oder Pauschsumme, sondern nach Maßgabe der zur Herstellung des Werkes erforderlichen Einzelleistungen bestimmt ist, steht an sich der Annahme eines Werkvertrags nicht entgegen (**RG** Gruch 51, 947). Der Besteller hat aber in diesem Falle keinen klagbaren Anspruch gegen den Unternehmer auf Erteilung einer Abrechnung über die von diesem geleisteten Arbeiten; vielmehr gehört eine solche zu der dem Unternehmer obliegenden Begründung seines Vergütungsanspruchs, bei deren Unterlassung der Besteller zur Verweigerung der Vergütung berechtigt ist (**RG** 72, 177). Bei Ausbesserung von Bauwerken kann vereinbart werden, daß der Unternehmer den von seinen Arbeitern verdienten Lohn nebst einem prozentualen Zuschlag als Vergütung erhalten soll. Für die Annahme eines Werkvertrags ist in solchem Falle die Haftung für den Erfolg, z. B. für die Güte der Ausbesserung, maßgebend (**RG** 26. 4. 27 VI 16/27). Die Vergütung kann auch in einem Anteil an Einnahmen bestehen, ohne daß deshalb ein Gesellschaftsverhältnis vorzuliegen braucht (SeuffA 74 Nr 170). Ort der Leistung §§ 269, 270; Zeit der Leistung § 641. — Änderungen der Lohn- und Preisverhältnisse berechtigen den Unternehmer an sich nicht zum Verlangen einer höheren als der vereinbarten Vergütung. Doch ist für Verträge, bei denen die Lieferung von elektrischer oder mechanischer Arbeit, Dampf, Gas oder Leitungswasser in Frage steht, nach den in Vorbem 5 erwähnten Vorschriften die Möglichkeit einer schiedsgerichtlichen Erhöhung der Preise gegeben. Über die Möglichkeit einer Erhöhung der Vergütung auf Grund der durch den Weltkrieg und die staatliche Umwälzung hervorgerufenen Veränderung der wirtschaftlichen Verhältnisse s. unten A 3 a. E. In jedem Fall erfordern Treu und Glauben, daß der Unternehmer, der die Vergütung für das Werk wegen Steigerung der Herstellungskosten erhöhen will, hiervon unverzüglich, sobald er die Steigerung wahrnimmt oder bei ordnungsmäßiger Geschäftsführung wahrnehmen kann, den Besteller in Kenntnis setzt, damit dieser sich mit seinen geschäftlichen Berechnungen und Maßnahmen danach richten kann (**RG** 107, 106). Über die Aufwertung von Werklohn und Werklieferungspreis s. **RG** Warn 1927 Nr 23 und § 242 A. Liefert der

Unternehmer nicht ein mangelhaftes (§§ 633ff.), sondern ein anderes als das bestellte Werk, so kann er die vereinbarte Vergütung nur verlangen, wenn er beweist, daß sie (als ausdrücklich oder stillschweigend vereinbart) auch für diesen Fall gelten sollte (**RG** SeuffA 70 Nr 102). Zur Entrichtung der Vergütung tritt nach § 640 als weitere Hauptverpflichtung die **Abnahme** des vertragsmäßig hergestellten Werkes hinzu.

Als **Nebenverpflichtungen des Bestellers** kommen unter Umständen diejenigen zur Lieferung des Stoffes (§ 645), zur Erteilung der erforderlichen Anweisungen für die Ausführung und zur Mitwirkung bei dieser (§§ 642, 645) in Betracht; dagegen ist in der Regel der Besteller dem Unternehmer zur Gestattung der Ausführung des Werkes nicht verpflichtet, der Besteller eines Theaterstücks dem Verfasser auch nicht zur Aufführung (SeuffA 74 Nr 170). Keine Verpflichtung desjenigen, der einen Umzug ausführen läßt, Rechte des absendenden Beförderungsunternehmers gegenüber der Eisenbahn wahrzunehmen, mag auch vereinbart sein, daß der Empfänger den Möbelwagen selbst von der Bahn abholen soll (OLG 41, 119). Über die Verpflichtung desjenigen, der die Herstellung eines Werkes im Wege öffentlicher Ausschreibung vergibt, Untersuchungen anzustellen und genaue Angaben darüber zu machen, z. B. bezüglich des Geländes, wenn es sich um die Anlegung eines Entwässerungsgrabens für Rieselfelder handelt, s. **RG** JW 1916, 115[2]. Vertragshaftung des Bestellers, der beim Abschlusse des Werkvertrags unrichtige Angaben gemacht hat, z. B. über die Höhenlage einer Straße, in der eine Regen- und Dampfwasserableitung hergestellt werden soll, s. **RG** JW 1919, 35[2], auch **RG** JW 1912, 743[5] und § 276 A 1. — Wenn nach dem Werkvertrage der Besteller Räume, Vorrichtungen und Gerätschaften zur Verrichtung der Werktätigkeit zu beschaffen hat, so muß er, wie nach §§ 618, 619 der Dienstberechtigte im Verhältnisse zum Dienstpflichtigen, alles tun, um den Unternehmer gegen Gefahr für Leben und Gesundheit soweit zu schützen, als die Natur der Werkleistung es gestattet. Es bedarf dazu nicht einer entsprechenden Anwendung der §§ 618, 619 auf den Werkvertrag, vielmehr ergibt sich die fragliche Pflicht ohne Rücksicht auf diese Vorschriften schon aus einer die Grundsätze der §§ 157, 242 beachtenden Deutung des Vertragsinhalts (**RG** 80, 27; **RG** JW 1914, 34[3], auch 1910, 148[10]; **RG** LZ 1916, 162[10]; **RG** 29. 6. 17 VII 86/17). Schuldhafte Verletzung dieser Verpflichtung verbindet den Besteller zum Schadensersatze. Art und Umfang des Schadensersatzes (wofür beim Dienstvertrage § 618 Abs 3 maßgebend ist) folgen bei Verletzung der Werkvertragspflichten aus den allgemeinen Bestimmungen der §§ 249ff. Es steht auch nichts im Wege, dem Schadensersatzberechtigten statt einer einheitlich zu zahlenden Geldsumme eine Rente zuzusprechen, wenn dies — wie im Falle geminderter Erwerbsfähigkeit — als ein angemessener Schadensausgleich erscheint (**RG** 68, 429; 80, 27). Die allgemeine Fürsorgepflicht trifft den Besteller, der Räume zur Verrichtung der Werktätigkeit zu beschaffen hat, auch dann, wenn er nur Mieter, nicht Eigentümer der Räume ist (**RG** JW 1914, 34[3]). Dagegen ist eine bloße Gefährdungshaftung dem Besteller nicht aufzuerlegen. Daher haftet der Besitzer einer Sprengstoffabrik, der dort elektrische Anlagen herstellen läßt, mangels eines Verschuldens dem Unternehmer dieser Anlagen nicht für Explosionsschäden (**RG** JW 1921, 25[4]). — Der Bauherr als Besteller des Bauwerks hat dafür zu sorgen, daß der Bauplatz dem Bauunternehmer in einer keine Gefahr in sich bergenden Beschaffenheit zur Ausführung des Baues zur Verfügung gestellt wird (**RG** 3. 12. 18 VII 247/18). — Erstreckung der Vertragspflichten des Bestellers auf eine zur Ausführung des Werkvertrags vorgenommene Personenbeförderung s. **RG** LZ 1916, 1485[6]. — Auch bei einem Werkvertrage ist es rechtlich nicht ausgeschlossen, daß der Unternehmer neben diesem Vertrage mit der Vornahme bestimmter Verrichtungen nach Anleitung und Anweisung des Bestellers betraut wird; dies ist namentlich möglich in bezug auf Sicherungsmaßregeln, zu deren Vornahme ein Bauherr der Allgemeinheit gegenüber verpflichtet sein würde. So kann der Unternehmer von den Weisungen des Bestellers (z. B. einer Gemeinde, die Bauten ausführen läßt) unter Umständen in dem Maße abhängig sein, daß der Besteller nicht nur die Aufsicht, sondern auch die Leitung der Arbeiten ausübt, also Geschäftsherr ist. In solchen Fällen ist § 831 anzuwenden (**RG** Warn 1912 Nr 301). — Keinen Werkvertrag begründet die gelegentliche unentgeltliche Mitnahme einer Person, z. B. eines Bekannten, auf einer Fahrt. Ob dadurch überhaupt (vielleicht stillschweigend) ein Vertrag zustande kommt oder ob eine reine Gefälligkeit vorliegt, die an sich ohne rechtliche Bedeutung ist und nur unter Umständen Rechtswirkungen kraft Gesetzes zur Folge haben kann, ohne ein Vertragsverhältnis zu begründen, hängt von den Umständen des Falles ab (**RG** LZ 1915, 831[12]). Sonst bleibt nur die außervertragliche Haftung nach §§ 823ff. (**RG** 65, 17).

3. Einfluß der durch den **Weltkrieg** und die ihm folgende **staatliche Umwälzung** bewirkten **Veränderung der wirtschaftlichen Verhältnisse.** Der vom Reichsgericht zunächst für Kaufverträge anerkannte Grundsatz, daß der Verkäufer von der Lieferpflicht frei wird, wenn seine Leistung infolge der durch den Krieg hervorgerufenen Veränderung der wirtschaftlichen Verhältnisse eine völlig andere geworden ist oder, anders ausgedrückt, unter solchen Umständen stattfinden müßte, daß sie dem, was die Beteiligten beim Vertragsschluß vernünftigerweise gewollt haben, nicht mehr entsprechen, und ein Zwang zur Erfüllung mit Treu und Glauben und der Verkehrssitte unvereinbar sein würde (§§ 157, 242; vgl. RG 90, 102; 92, 87; 93, 341; 94 S. 45 u. 68; 95, 307 und § 242 A 1), ist entsprechend auch auf den Werk- und den Werklieferungsvertrag anzuwenden (RG 98, 18; 99, 115; 101, 79; 106, 327; RG JW 1919, 717[4]; 1920, 434[5]; RG Warn 1920 Nr 139; 1922 Nr 35, 36; RG SeuffA 77 Nr 21; vgl. auch SeuffA 76 Nr 134). Das gleiche gilt für die staatliche Umwälzung und ihre wirtschaftlichen Folgen (RG 98, 18; 99, 115; RG JW 1920, 434[5]). Die Befreiung des Unternehmers ist dabei an die doppelte Voraussetzung gebunden: es muß sich um eine ganz besondere und ausnahmsweise Neugestaltung und Veränderung handeln, wie sie jetzt infolge des Krieges und seines unglücklichen Ausgangs eingetreten ist, und es muß diese Neugestaltung und Änderung nicht schon beim Vertragsschlusse oder bei nachträglichen Vereinbarungen der Vertragsteile vorauszusehen gewesen sein (RG JW 1922, 1723[5]; RG Warn 1922 Nr 86, 87). Ob eine solche Änderung der wirtschaftlichen Verhältnisse vorliegt, daß dem Unternehmer die unveränderte Erfüllung nicht mehr zuzumuten ist, kann nur nach den besonderen Verhältnissen des einzelnen Falles beurteilt werden, die deshalb stets der genauen Feststellung bedürfen (RG 98, 18; 101, 79; RG Warn 1922 Nr 35; RG LZ 1921, 218[2]). Dabei ist neben den allgemeinen Arbeits- und Betriebsverhältnissen, die sich seit der staatlichen Umwälzung grundlegend verändert haben, die außerordentliche Steigerung der Löhne und Stoffpreise zu berücksichtigen. Der für den Großhandel in marktgängiger Ware ausgesprochene Satz, daß auch eine unvorhergesehene außerordentliche Steigerung des Marktpreises den Verkäufer nicht befreit (RG 88, 172; 92, 322; 95, 41), läßt sich auf den Werk- und den Werklieferungsvertrag, bei dem die Eindeckung mit Ware und Stoffen und damit der Gesichtspunkt wagender Berechnung hinter den Schwierigkeiten der Arbeits- und Betriebsverhältnisse zurücktritt, nicht übertragen (RG 98, 118; 99, 115; RG JW 1920, 434[5]). Für die Entscheidung kann auch in Betracht kommen, ob die Vertragserfüllung dem Unternehmer ohne seine Schuld geschäftlichen Zusammenbruch bringen würde, freilich nicht im Sinne einer notwendigen und alleinigen Voraussetzung für seine Befreiung, wohl aber als ein Anhalt für die Beantwortung der Frage, ob bei Abwägung der beiderseitigen Interessen dem Unternehmer eine Vertragserfüllung auch gegenüber einer unvorhergesehenen und unvorhersehbaren außerordentlichen Änderung der wirtschaftlichen Verhältnisse zugemutet werden kann. Nach dieser Richtung bewegt sich auch die allerdings nicht gleichmäßige Rechtsprechung des Reichsgerichts (vgl. RG 99, 58; 100, 134; 102, 272; 103, 177 und für den Werk- und Werklieferungsvertrag noch RG JW 1921, 833[7]; 1922, 1723[5]; RG Warn 1921 Nr 116; 1922 Nr 87; RG SeuffA 76 Nr 110; RG 13. 10. 22 III 5/22). Bei auf längere Dauer berechneten Verträgen ist entsprechend den in RG 100, 129 für die Miete aufgestellten Grundsätzen dem Unternehmer unter Umständen auch die Berechtigung zuzusprechen, eine Erhöhung der Gegenleistung bei Fortbestand des Vertragsverhältnisses im übrigen zu verlangen (vgl. § 535 A 3).

Bei der hier erörterten Rechtsprechung handelte es sich im wesentlichen um den Gedanken einer Erschwerung der Leistung des Verkäufers oder Werkunternehmers. Der Gesichtspunkt der Geldentwertung, der die neuere Rechtsprechung beherrscht, führt dazu, die Gegenleistung des Käufers oder Bestellers für derart wirtschaftlich erleichtert anzusehen, daß dem Verkäufer oder Unternehmer seinerseits nicht zugemutet werden kann, zu unveränderten Bedingungen zu leisten (RG 107, 124; vgl. 103, 329; 104, 394). Der in allen Fällen maßgebende Grundsatz von Treu und Glauben muß, soweit nicht gesetzliche Sondervorschriften eingreifen, auch in der Frage der **Aufwertung** entscheiden. Hierüber s. im näheren RG JW 1925, 1987[3] (Inseratenvertrag); 1926, 2567 (Reklame in Straßenbahnwagen), ferner RG JW 1927, 1848 und RG Warn 1927 Nr 107 (Verwirkung des Aufwertungsanspruchs durch längere Nichtgeltendmachung), sowie § 242 A 5b.

§ 632

Eine Vergütung gilt als stillschweigend vereinbart, wenn die Herstellung des Werkes den Umständen nach nur gegen eine Vergütung zu erwarten ist[1])[2]).

Ist die Höhe der Vergütung nicht bestimmt, so ist bei dem Bestehen einer Taxe die taxmäßige Vergütung, in Ermangelung einer Taxe die übliche Vergütung als vereinbart anzusehen[3]).

E I 567 Abs 2 II 570; M 2 471; P 2 309.

1. Daß eine **Vergütung** gewährt werden soll, kann ausdrücklich vereinbart sein. Fehlt eine ausdrückliche Vereinbarung, so ist nach Abs 1 zu prüfen, ob eine Vergütung als stillschweigend vereinbart zu gelten hat. Ist die Gewährung einer Vergütung ausdrücklich oder stillschweigend vereinbart, aber ihre Höhe nicht bestimmt, dann — aber auch nur dann — ist Abs 2 anzuwenden.

2. Bezüglich der **stillschweigenden Vereinbarung** einer Vergütung übereinstimmend mit dem Dienstvertrag vgl. oben § 612 A 2. Ob ein über die Ausführung des Werkes angefertigter Kostenanschlag oder eine Zeichnung besonders zu vergüten ist, hängt von den Umständen des einzelnen Falles ab. Hat insbesondere der Besteller, um sich über die Herstellung und die Kosten eines von ihm beabsichtigten Werkes zu unterrichten und darauf seine Entschließung über die Ausführung zu treffen, dem Unternehmer zur Einreichung von Kostenanschlag und Zeichnung Auftrag erteilt, so ist er zur Vergütung verpflichtet, auch wenn es nicht zur Ausführung des Werkes kommt. Anderseits ist es unzweifelhaft, daß der Verfertiger von Entwürfen und Vorarbeiten, die er lediglich freiwillig und nur in seinem eigenen Interesse, namentlich dem, einen andern zur Bestellung zu veranlassen, sei es auch auf eine Aufforderung des andern, angefertigt hat, ein Entgelt nicht beanspruchen kann, und zwar auch dann nicht, wenn keine Bestellung erfolgt (RG Warn 1911 Nr 113; RG 22. 1. 24 VII 393/23; 29. 10. 26 VI 207/26). Ebensowenig hat der Besteller, falls der Unternehmer, von ihm zur Abgabe von Geboten aufgefordert, in Verbindung mit diesen Zeichnung und Kostenanschlag eingereicht hat, damit sich der Besteller schlüssig machen kann, eine Vergütung zu leisten (SeuffA 34 Nr 114; 47 Nr 25). So namentlich, wenn derartige Arbeiten im sog. Submissionsverfahren von den Bewerbern ihren Geboten beigefügt und diese Angebote nachträglich nicht berücksichtigt werden. Ebenso, wenn ein Architekt eine Bauplatzeinteilung zu liefern verspricht, weil er Aussicht hat, die Architektenarbeiten für die Neubauten zu erhalten (OLG 34, 40). — Wenn das Gesetz sagt, eine Vergütung gelte als stillschweigend vereinbart, sofern den Umständen nach eine Vergütung zu erwarten sei, so scheidet damit eine Untersuchung darüber aus, ob tatsächlich der unausgesprochene Parteiwille auf die Entrichtung einer Vergütung gerichtet war; es ist insbesondere belanglos, wenn der Besteller den inneren Willen hatte, sich zur Bezahlung einer Vergütung nicht zu verpflichten; vielmehr gilt ohne Rücksicht auf den wirklichen Willen der Beteiligten die Entgeltlichkeit kraft Gesetzes als gewollt, wenn tatsächlich, nach den Umständen des Falles, die Herstellung des Werkes nur gegen eine Vergütung erwartet werden konnte (RG Gruch 55, 936; Warn 1911 Nr 113; 1912 Nr 338; 1914 Nr 117; SeuffA 75 Nr 128; LZ 1927, 530[4]). Dem Besteller bleibt nur der Gegenbeweis, daß die Unentgeltlichkeit der Herstellung ausdrücklich vereinbart worden sei. Für bauliche Entwürfe s. auch RG Warn 1923/24 Nr 136; SeuffA 69 Nr 236; 73 Nr 51 (Bereicherungsanspruch bei mißbräuchlicher Verwendung eingereichter Entwürfe). Über die Frage, ob Bauzeichnungen und Vorentwürfe vom Besteller zu bezahlen sind, wenn sie vom Bauamt nicht genehmigt werden, s. SeuffA 75 Nr 128. In jedem Falle setzt aber der Anspruch auf eine Vergütung voraus, daß ein Rechtsverhältnis, nicht nur eine tatsächliche Gefälligkeit vorgelegen hat (RG Warn 1915 Nr 112). Ist dem Unternehmer eine Vergütung ausdrücklich nur für einen bestimmten Fall, z. B. für eine Tiefbohrung nur bei Findigwerden von Sole versprochen worden, so kann er eine danach nicht begründete Vergütung nicht unter dem Gesichtspunkt der ungerechtfertigten Bereicherung verlangen (RG 20. 10. 20 VII 94/20). — Eine Änderung der Lohn- und Preisverhältnisse, die nach Abschluß des Vertrags eintritt, begründet an sich keine Änderung der vereinbarten Vergütung. S. jedoch § 631 A 2, 3 und Vorbem 5 vor § 631. — Bei einem Bauwerk kommen im Falle nachträglicher Abweichungen von dem ursprünglichen Bauplane die Grundsätze der auftragslosen Geschäftsführung (§§ 683ff.) zur Anwendung.

3. **Beim Mangel von Taxe oder Üblichkeit** steht die Bestimmung, wie beim § 612, im Zweifel nach § 316 dem Unternehmer zu. — Ist (was im Streitfalle der Unternehmer beweisen muß, RG Warn 1923/24 Nr 135; RG JW 07, 175[13]; OLG 28, 192), über die Höhe der Vergütung nichts ausdrücklich ausgemacht worden, so ist stillschweigende Verabredung des vom Unternehmer zu erweisenden ortsüblichen oder angemessenen Preises anzunehmen. Bei der Berechnung der Vergütung der Architekten und Ingenieure für Pläne, Zeichnungen usw. können die Sätze der sog. „Hamburger Norm" unter Umständen als übliche Vergütung in Betracht kommen, und jedenfalls geben sie einen beachtenswerten Anhalt für die Feststellung eines angemessenen Betrags. Taxen im Sinne des Abs 2 sind sie nicht. Vgl. RG JW 02, 441; 07, 175[13]; auch OLG 20, 203; 33, 196; 38, 102. — S. auch § 612 A 3, 4.

§ 633

Der Unternehmer ist verpflichtet, das Werk so herzustellen, daß es die zugesicherten Eigenschaften hat und nicht mit Fehlern behaftet ist, die den Wert oder die Tauglichkeit zu dem gewöhnlichen oder dem nach dem Vertrage vorausgesetzten Gebrauch aufheben oder mindern[1]).

Ist das Werk nicht von dieser Beschaffenheit, so kann der Besteller die Beseitigung des Mangels verlangen[2]). Der Unternehmer ist berechtigt, die

Beseitigung zu verweigern, wenn sie einen unverhältnismäßigen Aufwand erfordert[3]).

Ist der Unternehmer mit der Beseitigung des Mangels im Verzuge, so kann der Besteller den Mangel selbst beseitigen und Ersatz der erforderlichen Aufwendungen verlangen[4]).

E I 569 Abs 1 Satz 1, Abs 2 II 572; M 2 478 ff.; P 2 309 ff.

1. In den §§ 633—639 ist die **Gewährleistungspflicht des Unternehmers** z. T. abweichend von den für den Verkäufer geltenden Vorschriften §§ 459ff. (vgl. im übrigen dort) geregelt. Begriff des „Fehlers": eine vom Regelzustande nachteilig abweichende Beschaffenheit des Werkes; für den Fall einer neu zu konstruierenden Maschine s. **RG** Warn 08 Nr 208, bei künstlerischen Bildnissen nicht schon bloße Unähnlichkeit bei sonst einwandfreier Ausführung, SeuffA 76 Nr 13. Daß der Mangel eines Werkes auf Maßnahmen zurückzuführen ist, die der Besteller selbst gewünscht hat, schließt seine Geltendmachung nicht aus. So wurde die Wandlung für begründet erklärt in einem Falle, in dem ein vom Besteller gewünschter Überzug von Stühlen mit Bronzefarbe abfärbte und die Stühle zum Sitzen unbrauchbar machte. Das Verlangen des Bestellers war dahin zu verstehen, daß die bestimmungsgemäße Benutzung der Stühle nicht unmöglich gemacht werde. Wollte der Unternehmer die Gefahr nicht übernehmen, so mußte er den Auftrag ablehnen oder seine Haftung durch Vertrag ausschließen. Er kann sich auch nicht darauf berufen, daß ihm die erforderliche Sachkunde fehlte (**RG** Warn 1915 Nr 78). Vgl. § 635 A 1. Nicht mangelhafte Erfüllung, sondern Nichterfüllung ist die Lieferung eines gegenüber dem vereinbarten völlig andern Werkes (aliud), der Besteller behält daher, falls er nicht, sei es auch unter Mängelrüge, das Werk gleichwohl im Sinne des § 640 abgenommen hat, insbesondere den Anspruch auf Herstellung und Lieferung des vereinbarten Werkes (**RG** 107, 342ff.), ebenso bei Lieferung einer durch die Schuld des Unternehmers unbrauchbaren und nicht betriebsfähigen Anlage (**RG** 22. 5. 17 VII 68/17). Über das Erfordernis einer Mängelrüge bei einem Werkvertrag zwischen Kaufleuten s. LZ 1919, 655[4]. Eine Abnahme des Werkes durch den Besteller ist nicht Voraussetzung für die Gewährleistungsansprüche (**RG** 5. 3. 26 VI 456/25). Über die besonderen Verpflichtungen des Unternehmers bei den auftragsähnlichen Werkverträgen, insbesondere zur rechtzeitigen Ablehnung eines Vertragsantrags für gewisse Unternehmer, s. §§ 675, 663. Im übrigen besteht nach dem BGB in keinem Falle eine Verpflichtung des Unternehmers zur Übernahme eines ihm angetragenen Werkes. Vgl. dagegen § 611 A 4. — An Stelle der in §§ 633ff. gegebenen Ansprüche kann der Besteller auch nach allgemeinen Grundsätzen beim Vorhandensein der tatsächlichen Voraussetzungen einen Schadensanspruch wegen vertragswidrigen Verhaltens des Unternehmers während der Ausführung sowie die bei gegenseitigen Verträgen aus §§ 320ff. hervorgehenden Rechte, wie z. B. die Einrede des nicht oder nicht gehörig erfüllten Vertrags, Schadensersatz wegen Nichterfüllung, Rücktritt vom Vertrage, gegen den Unternehmer geltend machen. Ein Zeitungsunternehmer verwirkt den Werklohn für die Aufnahme von Anzeigen, wenn er durch Artikel in seinem Blatte dem Zwecke der Anzeigen in verwerflicher Weise entgegenarbeitet; des Nachweises eines Schadens bedarf es dazu nicht (**RG** LZ 1926, 1070[4]). Ist durch besonderen Garantievertrag Mängelbeseitigung zugesagt worden, so kann diese auch dann gefordert werden, wenn zugleich der Ersatz des durch die mangelhafte Herstellung bereits entstandenen Schadens verlangt wird (**RG** Warn 1911 Nr 177). Über den Unterschied zwischen der vertraglichen Zusicherung bestimmter Eigenschaften des herzustellenden Werkes und einem selbständigen Garantieversprechen bezüglich einer besonderen Leistungsfähigkeit des Werkes s. **RG** JW 1926, 2526[1]. — Übernimmt der Unternehmer die Verbreitung von Geschäftsanzeigen, z. B. durch Aushängen in Straßenbahnwagen oder durch Aufnahme in einer Zeitung (§ 631 A 1), so besteht seine Vertragsleistung nur in der vereinbarten Verbreitung, nicht in dem vom Besteller für sich erhofften wirtschaftlichen Erfolg. Der Besteller kann daher keine Rechte gegen den Unternehmer daraus ableiten, daß dieser Erfolg infolge der Kriegsverhältnisse oder anderer Umstände ausbleibt (**RG** Recht 1922 Nr 1147; **RG** SeuffA 80 Nr 79). Rücktritt des Bestellers wegen Aushängung einer zu geringen Zahl von Anzeigen in Straßenbahnwagen s. **RG** JW 1916, 583[10], Minderungsanspruch aus dem gleichen Grunde s. JW 1916, 1295[7]. — Der Ausbruch eines Krieges gibt für sich allein, selbst bei langfristigen Anzeigeverträgen, noch kein Recht zum Rücktritt (**RG** Warn 1916 Nr 268; OLG **41**, 101, aber auch JW 1919, 940[7] und LZ 1922, 131[2]). Über den Einfluß der durch den Weltkrieg und die ihm folgende staatliche Umwälzung bewirkten Veränderung der wirtschaftlichen Verhältnisse s. § 631 A 3.

2. In diesem Anspruch auf **Beseitigung des Mangels** (d. h. Herstellung des vertragsmäßigen Zustandes), dessen Verfolgung nach § 638 der kurzen Verjährung unterliegt, im übrigen aber an keine Frist gebunden ist, liegt ein wesentlicher Unterschied von den für die Mängel beim Kauf gegebenen Vorschriften. — Der Besteller, der das Werk angenommen hat, kann, abgesehen von den aus allgemeinen Grundsätzen sich ergebenden Rechtsfolgen (A 1), wegen der Mängel des Werkes nur die in §§ 633—635 vorgesehenen Rechtsbehelfe geltend **machen, z. B. die Beseitigung der Mängel, auch unerheblicher Mängel, fordern, aber nicht** die Herstellung eines neuen mangelfreien Werkes, letzteres auch dann nicht, wenn die Mängelbeseitigung unmöglich ist (**RG** 57, 275; 95, 329; 107, 339; s. auch **RG** Warn 1916 Nr 305; OLG 34, 49). Als Verlangen der Beseitigung eines Mangels ist es aber auch anzusehen, wenn der Besteller eines Gesamtwerks die Beseitigung einer vertragswidrigen Teilanlage verlangt (**RG** 95, 329). Daß der Unternehmer nicht verpflichtet ist, an Stelle des mangelhaften Werkes ein neues mangelfreies Werk herzustellen, schließt nicht sein Recht aus, die von ihm geforderte Beseitigung des Mangels durch Herstellung eines neuen mangelfreien Werkes zu bewirken (**RG** 107, 339; SeuffA 69 Nr 237; OLG 17, 424). Ist nicht ein mangelhaftes Werk geliefert, sondern ein gegenüber dem vereinbarten völlig anderes (aliud), so greifen die Vorschriften über die Mängel eines Werkes nicht ein, und es bleibt bei dem Anspruch auf Lieferung des vereinbarten Werkes (s. oben A 1). Der Unternehmer, der für die Güte des Werkes Garantie übernommen hat, kann wegen der veränderten Wirtschaftslage nicht die Beseitigung später eingetretener Mängel verweigern, sondern höchstens einen Beitrag des Bestellers zu den Kosten der Beseitigung verlangen, falls sonst diese dem Unternehmer nicht zuzumuten ist (**RG** 107, 140).

3. **Unverhältnismäßig** ist der vom Unternehmer zu leistende Aufwand, wenn der Vorteil, den die Beseitigung des Mangels dem Besteller gewährt, gegenüber dem für die Beseitigung erforderlichen Aufwand geringwertig ist, so daß die Beseitigung sich nicht lohnt (**RG** 66, 167). — Verweigert der Unternehmer die Beseitigung, so kommt § 634 Abs 2 zur Anwendung.

4. **Verzug** des Unternehmers §§ 284ff. entsprechend der Miete § 538 Abs 2. Beseitigt der Besteller Mängel, ohne daß der Unternehmer mit ihrer Beseitigung im Verzuge ist, so kann er den Ersatz von Aufwendungen nur nach den Vorschriften über Geschäftsführung ohne Auftrag (§§ 677ff.) oder über ungerechtfertigte Bereicherung (§§ 812ff.) verlangen.

§ 634

Zur Beseitigung eines Mangels der im § 633 bezeichneten Art kann der Besteller dem Unternehmer eine angemessene Frist mit der Erklärung bestimmen, daß er die Beseitigung des Mangels nach dem Ablaufe der Frist ablehne. Zeigt sich schon vor der Ablieferung des Werkes ein Mangel, so kann der Besteller die Frist sofort bestimmen; die Frist muß so bemessen werden, daß sie nicht vor der für die Ablieferung bestimmten Frist abläuft[1]). Nach dem Ablaufe der Frist kann der Besteller Rückgängigmachung des Vertrags (Wandelung)[2]) oder Herabsetzung der Vergütung (Minderung)[3]) verlangen, wenn nicht der Mangel rechtzeitig beseitigt worden ist; der Anspruch auf Beseitigung des Mangels ist ausgeschlossen.

Der Bestimmung einer Frist bedarf es nicht, wenn die Beseitigung des Mangels unmöglich ist oder von dem Unternehmer verweigert wird oder wenn die sofortige Geltendmachung des Anspruchs auf Wandelung oder auf Minderung durch ein besonderes Interesse des Bestellers gerechtfertigt wird[4]).

Die Wandelung ist ausgeschlossen, wenn der Mangel den Wert oder die Tauglichkeit des Werkes nur unerheblich mindert[5]).

Auf die Wandelung und die Minderung finden die für den Kauf geltenden Vorschriften der §§ 465 bis 467, 469 bis 475 entsprechende Anwendung[6]).

E I 569 II 572; M 2 481 ff; P 2 309 ff.

1. § 633 A 1. Die Ansprüche des Bestellers auf Wandelung oder Minderung, ebenso der Anspruch auf Schadensersatz aus § 635 haben außer in den Fällen von § 634 Abs 2 zur Voraussetzung, daß dem Unternehmer zuvor eine **angemessene Frist zur Beseitigung des Mangels** bestimmt ist. Die Fristbestimmung hat hier nicht, wie beim § 326, den Verzug des Schuldners zur Voraussetzung; sie kann daher schon vor Eintritt der Fälligkeit erklärt werden, sofern nur die Frist nicht vor Eintritt der Fälligkeit abläuft (**RG** JW 1910, 186[8]; OLG 34, 48). Eine Fristsetzung ist nicht darin zu erblicken, daß umgehende Nachbesserung verlangt wird; ein solches Verlangen steht vielmehr im Gegensatze zur Setzung einer Frist (**RG** Warn 1913 Nr 7). Vgl. § 326 A 1. Auf eine wiederholte Nachbesserung wegen des nämlichen Mangels braucht sich der Besteller nicht einzulassen. Wird aber eine Änderung auf Grund eines Ab-

kommens vorgenommen, wodurch die ursprüngliche Leistungspflicht des Unternehmers erweitert oder sonst verändert oder vergleichsweise festgestellt wird, so ist die Vornahme dieser Änderung Ersterfüllung, nicht Nachbesserung. Bei mangelhafter Ausführung der Änderung bedarf es daher der Fristbestimmung nach Abs 1, bevor Wandelung oder Minderung verlangt werden kann (SeuffA 70 Nr 239; s. auch Nr 237). Mit dem Ablauf der Frist fällt nicht nur der Anspruch auf Beseitigung des Mangels fort (Satz 3), sondern auch die Befugnis des Bestellers, den Mangel auf Kosten des Unternehmers zu beseitigen (§ 633 Abs 3). — Über die Frage des Schadensersatzes, wenn der Unternehmer den einen und der Besteller den anderen Teil einer Anlage ausgeführt hat und jeder dieser Teile Mängel an sich trägt, s. **RG** 69, 381. — Nach allgemeinen Grundsätzen liegt dem Unternehmer regelmäßig der Beweis der Mängelfreiheit sowie des mangelnden Verschuldens, in dem Falle jedoch, wenn der Besteller das Werk nach § 640 abgenommen hat, nach § 363 dem Besteller der Beweis der Mängel ob. Auch in diesem Falle aber bleibt es bei der ersterwähnten Beweislast des Unternehmers, wenn und soweit er für die ordnungsmäßige Beschaffenheit des Werkes Garantie geleistet hat.

2. Wandelung s. §§ 465—471. Die Wandelung sowohl als die Minderung setzen ein Verschulden des Unternehmers nicht voraus (**RG** 56, 81). Bei der im Wege der Wandelung endgültig erfolgten Ablehnung des Werkes kann der Besteller der Klage auf Zahlung der Vergütung gegenüber nicht mehr die Einrede des nicht erfüllten Vertrags vorschützen (**RG** 58, 176; vgl. § 640 A 2). Der Besteller muß sein Wandelungsverlangen auch dann begründen, wenn der Unternehmer in einem Vorprozesse mit seinem Vergütungsanspruche auf Grund der Wandelungseinrede abgewiesen worden ist, und der Besteller nunmehr die Rückerstattung einer vorher geleisteten Anzahlung begehrt (**RG** 69, 388). Ist zwischen einem Rechtsanwalt und der seinen Beistand in Anspruch nehmenden Person ausnahmsweise (Vorbem 2 vor § 611) ein Werkvertrag geschlossen, so kann letztere den Ansprüchen des Rechtsanwalts bei mangelhaftem Werke mit der Einrede der Wandelung oder der Minderung begegnen (**RG** JW 1914, 642[4]). Nach dem gemäß Abs 4 anwendbaren § 467 ist die Wandlung ausgeschlossen, wenn der an sich dazu berechtigte Besteller die Unmöglichkeit der ihm nach §§ 346, 467 obliegenden Herausgabe verschuldet hat (**RG** Warn 1914 Nr 52). Ist die Wandelung durch Vertrag ausgeschlossen (wie üblicherweise bei Maschinenlieferungen), so kann der Besteller gleichwohl nach § 326 zum Rücktritt berechtigt sein, wenn dessen Voraussetzungen bezüglich der Mängelbeseitigung vorliegen. Die Fristbestimmung kann hier mit der als Mahnung wirkenden Mängelanzeige verbunden werden (**RG** 18. 4. 13 VII 41/13). — Ist eine Werkleistung mehreren Bestellern gegenüber zu erfüllen, so stehen bei mangelhafter Leistung grundsätzlich jedem einzelnen die Einrede der Wandelung (ihre Erklärung durch alle Berechtigte gegenüber dem Unternehmer vorausgesetzt, vgl. Abs 4, §§ 356, 467) und der Zurückbehaltung (§ 320), wenn es für die ganze Gegenleistung gerechtfertigt ist, uneingeschränkt zu, mag auch eine dieser Einreden schon von einem anderen Berechtigten mit Erfolg geltend gemacht worden sein. Handelt es sich aber nur um die Einrede der Minderung und ist diese von einem Berechtigten schon mit Erfolg geltend gemacht worden, so kann ein anderer Berechtigter in einem anderen Rechtsstreite die von dem Unternehmer entsprechend gekürzte Vergütung nicht nochmals um den betreffenden Betrag kürzen (**RG** 13. 11. 17 VII 261/17). — Haftung des Verfrachters für die Richtigkeit der in einer Chartepartie enthaltenen Erklärung über die erwartete Ladebereitschaft des Schiffes s. **RG** 116, 156.

3. Minderung, s. §§ 465, 472—475. Minderung und Wandelung sind zwei selbständige Rechtsbehelfe. Die Abweisung des Wandelungsanspruchs gegenüber einer Teilforderungsklage in einem früheren Rechtsstreit schließt daher die Einrede der Minderung gegen die klageweise Forderung eines andern Teiles des Werklohns nicht aus (**RG** 66, 335; JW 1911, 592[41]; 1920, 647[15]). — Die Minderung hat in der Regel die rein tatsächliche Hinnahme des Werkes zur Voraussetzung (vgl. § 638 Abs 1 Satz 2; **RG** 9. 2. 07 VII 334/06). Nach § 634 Abs 4, § 472 ist dabei die Vergütung in dem Verhältnisse herabzusetzen, in dem der Wert eines mangelfreien Werkes der bestellten Art zu dem Werte eines Werkes von der mangelhaften Art des ausgeführten gestanden haben würde. Streitig ist, ob bei dieser Wertfeststellung die Zeit des Vertragsabschlusses oder die Zeit der Abnahme oder Ablieferung des Werkes zugrunde zu legen ist. Für die erste Ansicht Planck § 634 Erl 4, für die zweite Dernburg II § 320 III, Oertmann § 634 Nr 4b. Allerdings sprechen für die zweite Ansicht die §§ 634, 641 Abs 1, 644; gleichwohl wird man sich für die erste zu entscheiden haben, da nach § 634 Abs 4 auf die Minderung die für den Kauf geltenden Vorschriften der §§ 469—475 entsprechende Anwendung finden sollen, nach § 472 Abs 1 aber bei der Minderung der Kaufpreis in dem Verhältnisse, in welchem zur Zeit des Verkaufs, also des Vertragsabschlusses (nicht der Übergabe), der Wert der Sache in mangelfreiem Zustande zu dem wirklichen Werte gestanden haben würde, herabzusetzen ist und auch diese Auffassung zu einem praktisch annehmbaren Ergebnis führt.

4. Die **Verweigerung der Beseitigung** und damit die Entbehrlichkeit der Fristsetzung ist schon dann anzunehmen, wenn der Unternehmer, sei es auch erst im Laufe des Rechtsstreits, das Vorhandensein von Mängeln überhaupt bestreitet (RG 64, 294). Doch muß es sich um ein entschiedenes Bestreiten handeln, und es müssen in dieser Richtung strenge Anforderungen gestellt werden, wenn die Bestimmung einer Frist überflüssig sein soll (RG Warn 1919 Nr 159). Der Besteller handelt auf seine Gefahr, wenn er ein mangelhaftes Werk durch ein anderes ersetzt, bevor der Mangel festgestellt ist und der Unternehmer seine Beseitigung bestimmt und endgültig verweigert hat. Der Besteller kann in solchem Falle Schadensersatz wegen seiner Aufwendungen dann nicht verlangen, wenn der Unternehmer sich bereit erklärt, die Mängel selbst zu beseitigen. Verweigert aber der Unternehmer die Beseitigung, so steht dem Anspruche des Bestellers auf vollen Ersatz nichts im Wege (RG ebenda). — Kann der Mangel eines Werkes wegen unvollständiger Erfüllung in der dafür bestimmten Zeit (z. B. bei Aushängung von Geschäftsanpreisungen in ungenügender Zahl und Beschaffenheit) nicht mehr beseitigt werden, so bedarf es nach Abs 2 keiner Fristsetzung (RG 7. 10. 19 VII 136/19; s. auch JW 1916, 1295[7]).

5. Beim **Ausschluß der Wandelung** trifft für dessen tatsächliche Voraussetzung den Unternehmer die Beweislast. Stellt sich alsdann nur ein unerheblicher Mangel heraus, so kann der Besteller zwar nicht Wandelung, aber Minderung (§ 634) und, wenn der Mangel auf einem Umstande beruht, den der Unternehmer zu vertreten hat, an Stelle der Minderung Schadensersatz wegen Nichterfüllung (§ 635) verlangen (RG Warn 1920 Nr 107). Der Ausschluß der Wandelung greift übrigens nur dann Platz, wenn ein Fehler dem Werke anhaftet, nicht auch dann, wenn mangels zugesicherter Eigenschaft das Werk sich als vertragswidrig erweist (RG 66, 169; JW 1913, 481[1]; OLG 7, 477). Vgl. oben A 1 a. E.; s. jedoch § 640 A 2). — Für die Frage, ob der Mangel nur eine unerhebliche Minderung des Wertes oder der Tauglichkeit des Werkes zur Folge hat (nicht zu verwechseln mit der Geringfügigkeit der Preisminderung, die der Besteller wegen des Mangels verlangen kann), ist entscheidend, ob der Wert oder die Tauglichkeit des Werkes nach den beiden Teilen bekannten Umständen des Falles, also auch unter Berücksichtigung des Vertragszwecks als so wenig gemindert anzusehen ist, daß dem Besteller die Annahme zugemutet werden kann (RG 2. 5. 19 VII 8/19). Die Frage kann, weil nicht nur tatsächlicher Art, noch in der Revisionsinstanz geprüft werden (RG ebenda und JW 05, 339).

6. **Entsprechende Anwendung** finden also hier die für den Kauf getroffenen Vorschriften über die Vollziehung der Wandelung oder Minderung, über die vom Verkäufer an den einen Mangel behauptenden Käufer zu richtende Aufforderung zur Erklärung, ob er Wandelung verlange, über die entsprechende Anwendung der für das vertragsmäßige Rücktrittsrecht geltenden Bestimmungen (§§ 465—467); ferner über die Durchführung der Wandelung beim Verkauf mehrerer Sachen, sowie über die Durchführung der Minderung und über das einem Käufer, der wegen eines Mangels die Minderung erklärt hat, zustehende Recht, wegen eines anderen Mangels Wandelung oder von neuem Minderung zu verlangen (§§ 469—475). Die auf die Wandelungseinrede erfolgte Abweisung eines Teillohnanspruchs des Unternehmers aus dem Werkvertrage enthält noch keine die Verjährung ausschließende „Vollziehung" der Wandelung im Sinne von § 465, und der darauf vom Besteller klagend verfolgten Rückforderung eines andern Teiles des Werklohns steht daher die für die Wandelung geltende Einrede der kurzen Verjährung nach §§ 638, 639 entgegen (RG 69, 385).

§ 635

Beruht der Mangel des Werkes auf einem Umstande, den der Unternehmer zu vertreten hat[1]), so kann der Besteller[2]) statt der Wandelung oder der Minderung Schadensersatz wegen Nichterfüllung verlangen[3]).

E I 569 II 573; M 2 481; P 2 319 ff.

1. **Ein vom Unternehmer zu vertretender Umstand** kann auf einem Verschulden (Vorsatz oder Fahrlässigkeit) des Unternehmers oder seiner Hilfspersonen (§§ 276, 278) oder auf einem Garantieversprechen, also auf der Zusicherung, für die Vertragsmäßigkeit des Werkes einstehen zu wollen (RG 58, 180; 90, 415; JW 1911, 444[6]), beruhen. Die vertragliche Zusicherung einer Eigenschaft des herzustellenden Werkes (§ 633 Abs 1) genügt (anders als beim Kauf § 463) nicht, um die Schadensersatzpflicht zu begründen (RG 58, 180; Warn 1915 Nr 79; RG SeuffA 76 Nr 80; RG 14. 12. 20 VII 526/19). Dagegen hat der (sachverständige) Unternehmer auch solche Mängel zu vertreten, die auf eine besondere Anweisung des Bestellers zurückzuführen sind, sofern er den Besteller nicht auf das Sachwidrige der Anweisung aufmerksam gemacht hat (RG Warn 1919 Nr 96); unter der gleichen Voraussetzung Mängel,

die, wie z. B. eine unzureichende Stärke des Mauerwerks, der dem Werk zugrunde liegenden Zeichnung entsprachen (RG SeuffA 79 Nr 25). Wer aber ein Gewerbe betreibt, muß dafür einstehen, daß er die nötige Sachkenntnis und Kunstfertigkeit besitzt; er hat daher auch den Mangel solcher zu vertreten (vgl. OLG 40, 325 und RG Warn 1915 Nr 78 oben § 633 A 1). Bei Beurteilung der Schadensersatzpflicht des Unternehmers kann auch ein mitwirkendes Verschulden des Bestellers oder seiner Hilfspersonen gemäß §§ 254, 278 in Betracht kommen (RG 62, 106; 69, 384; OLG 40, 325).

2. Auch hier ist von seiten des **Bestellers vorgängige erfolglose Bestimmung einer Frist** (§ 634 A 1) **zur Beseitigung** erforderlich (RG 56, 81), sofern nicht einer der Ausnahmefälle des § 634 Abs 2, insbesondere die Unmöglichkeit der Beseitigung, vorliegt (RG 2. 3. 09 III 197/08). Eine solche Fristbestimmung steht also dem Schadensanspruche keinenfalls entgegen (RG JW 1910, 146[6]). Wird geltend gemacht, daß der Mangel nicht beseitigt werden könne (§ 634 Abs 2), so muß unter Umständen geprüft werden, ob nicht wenigstens durch Beseitigung der nachteiligen Folgen eines selbst nicht zu beseitigenden Mangels (z. B. der Verwendung ungeeigneter Stoffe) die Herstellung eines dem § 633 Abs 1 entsprechenden Werkes möglich ist. Ist der Mangel in diesem Sinne zu beseitigen, dann muß eine Frist zur Beseitigung nach § 634 Abs 1 bestimmt werden (RG Warn 1915 Nr 79). — Zwischen der Wandelung oder Minderung einerseits und dem Schadensersatz anderseits kann der Besteller bis zur Vollziehung der ersteren oder bis zur rechtskräftigen Verurteilung des Unternehmers wählen (keine Wahlschuld im Sinne der §§ 262, 263). Immer aber ist es der Besteller, dem die Wahl zusteht. Das Gericht darf nicht einem nur auf Wandelung gestützten Klagebegehren unter dem Gesichtspunkte des Schadensersatzes stattgeben (RG SeuffA 76 Nr 80). — Da Schadensersatz nicht nur statt der Wandelung, sondern auch statt der Minderung verlangt werden kann, wird der Ersatzanspruch nicht dadurch ausgeschlossen, daß der Mangel den Wert oder die Tauglichkeit des Werkes nur unerheblich mindert (§ 634 Abs 3 und A 5). Vgl. ferner A 3.

3. **Dieser Schadensersatzanspruch wegen Nichterfüllung,** dessen Verjährung sich nach § 638 bestimmt, und durch den zugleich der Anspruch des Unternehmers auf Vergütung beseitigt wird (RG 58, 176), setzt voraus, daß es sich um einen unmittelbar durch die Mangelhaftigkeit des Werkes hervorgerufenen, diesem unmittelbar anhaftenden und in dem Zeitpunkte der Abnahme oder Vollendung des Werkes vorliegenden Schaden handelt (RG 62, 119; 64, 41; 66, 16; 71, 173; Warn 1915 Nr 139). Dadurch werden aber andere, auf allgemeinen Grundsätzen beruhende Schadensansprüche nicht ausgeschlossen. Aus dem Rahmen des § 635 fällt heraus und ist nach allgemeinen Grundsätzen (§ 276) zu beurteilen der Ersatzanspruch wegen eines Schadens, der nicht schon aus der mangelhaften Beschaffenheit des gelieferten Werkes selbst entspringt, sondern in seiner Benutzung und einem damit verknüpften besonderen Ereignisse seinen Grund hat. Hier bedarf es zur Entstehung des Schadens noch des Hinzutritts eines besonderen selbständigen Ereignisses (z. B. eines vom Besteller erlittenen körperlichen Unfalls), und der Schaden braucht in dem Zeitpunkte der Abnahme oder Vollendung des Werkes (§§ 638, 646) noch nicht entstanden zu sein (RG 95, 2). Der aus einer solchen Schadenszufügung hergeleitete Schadensersatzanspruch unterliegt nicht der kurzen Verjährung des § 638, sondern der dreißigjährigen Verjährung nach § 195 (RG 95, 2, auch 93, 158; RG JW 08, 196[10]; 1911, 444[6]; 1912, 686[20]; Warn 1920 Nr 33). Vgl. § 638 A 1. Diese Unterscheidung zwischen Schäden, die unmittelbar aus der Mangelhaftigkeit des Werkes hervorgegangen, und solchen, die erst durch das Hinzutreten eines besonderen selbständigen Ereignisses verursacht worden sind, ist auch für das Verhältnis eines Schadensersatzanspruchs gegenüber früher oder gleichzeitig erhobenen Ansprüchen auf Wandelung oder Minderung entscheidend. Handelt es sich um einen Schaden der ersteren Art, soll also der nämliche Mangel, der die Wandelung oder Minderung rechtfertigt, für sich allein den Schadensersatzanspruch begründen, dann kann der Besteller nur einen der drei Ansprüche durchführen, Schadensersatz also zwar im Hilfsverhältnis zu Wandelung oder Minderung (RG 58, 178; 95, 2; RG Warn 1920 Nr 107), nicht aber neben und nach durchgeführter Wandelung oder Minderung geltend machen (RG ebenda; vgl. auch A 2). Ist dagegen der Schaden erst durch das Hinzutreten eines besonderen selbständigen Ereignisses vermittelt worden, so steht ein darauf gestützter Ersatzanspruch dem Besteller auch neben und nach durchgeführter Wandelung oder Minderung zu (RG 95, 2; auch 93, 158). — Über Einzelheiten der Schadensberechnung vgl. RG Warn 1911 Nr 234; JW 1912, 686[9]. Der Vertrag gilt nicht als aufgehoben, wenn Schadensersatz wegen Nichterfüllung verlangt wird; der bedungene Werklohn bildet aber nur noch einen Faktor für die Höhe der dem Gegner zustehenden Schadensersatzforderung und entfällt, wenn und soweit ein Schaden des Bestellers festgestellt wird (RG 31. 5. 27 VI 99/27). Verlangt der Besteller Schadensersatz wegen eines trotz Nachbesserung (§ 633 Abs 2) verbliebenen Minderwertes, so kann der Unternehmer nicht einwenden, dem Besteller sei von seinem eigenen Abnehmer kein Abzug gemacht worden. Für eine Vorteils-

ausgleichung ist kein Raum, da Vorteil und Nachteil nicht auf dem gleichen Ereignis beruhen. Auch kommt es für die Schadensersatzpflicht des Unternehmers nur auf den Zeitpunkt der Fertigstellung des Werkes oder der Nachbesserung an (RG JW 1919, 932[3]). Der schadensersatzberechtigte Besteller kann, statt die Beseitigung des mangelhaften Werkes, z. B. eines Gebäudes, und Rückzahlung des Werklohns zu verlangen, auch das Werk unter Anrechnung seines Wertes auf seine Schadensersatzforderung übernehmen (RG JW 1926, 985[4]).

§ 636

Wird das Werk ganz oder zum Teil nicht rechtzeitig hergestellt[1]), so finden die für die Wandelung geltenden Vorschriften des § 634 Abs 1 bis 3 entsprechende Anwendung; an die Stelle des Anspruchs auf Wandelung tritt das Recht des Bestellers, nach § 327 von dem Vertrage zurückzutreten[2]). Die im Falle des Verzugs des Unternehmers dem Besteller zustehenden Rechte bleiben unberührt[3]).

Bestreitet der Unternehmer die Zulässigeit des erklärten Rücktritts, weil er das Werk rechtzeitig hergestellt habe, so trifft ihn die Beweislast[4]).

E I 569 Abs 4 II 57; M 2 481 ff.; P 2 310 ff.; 6 384.

1. **Bei nicht rechtzeitiger Herstellung des Werkes** stehen dem Besteller schon nach allgemeinen Grundsätzen als Rechtsbehelfe zu: a) die Klage auf Vertragserfüllung oder nach § 283 auf Schadensersatz wegen Nichterfüllung; b) die Einrede des nicht erfüllten Vertrags; c) der Schadensanspruch aus einem etwaigen Garantieversprechen des Unternehmers; d) die nach § 636 Abs 1 Satz 2 unberührt bleibenden Ansprüche aus einem etwaigen Verzuge.

An Stelle des Anspruchs auf Wandelung gewährt außerdem der § 636 in Abs 1 Satz 1 ein Rücktrittsrecht (kein Minderungsrecht), das einen Verzug oder ein Verschulden des Unternehmers nicht erfordert, aber wegfällt, wenn die Verzögerung auf einen Umstand zurückzuführen ist, den der Besteller zu vertreten hat (RG 1. 12. 16 VII 216/16). Höhere Gewalt, z. B. ein Arbeiterstreik, entschuldigt den Unternehmer nicht. Nur in gewissen Ausnahmefällen (z. B. bei Kürze der Lieferungsfrist, Nichterlangbarkeit anderer Arbeiter innerhalb dieser Frist u. dgl.) kann ein solcher Streik dem Unternehmer zur Entschuldigung dienen (RG 3. 12. 07 VII 109/07). Sollen nach dem Vertrage „Arbeitseinstellungen" eine Verlängerung der Frist für die Herstellung des Werkes bewirken, so ist es Auslegungsfrage, ob darunter auch „Aussperrungen", d. h. die von einem Arbeitgeber oder von einem Arbeitgeberverband den Arbeitern aufgenötigten Arbeitseinstellungen zu verstehen sind (RG Warn 1914 Nr 181).

2. Die Vorschriften über die **Wandelung** nach erfolgloser Fristsetzung (§ 634 Abs 1—3) finden entsprechende Anwendung; nur die Rechtsfolge ist nicht Wandelung, sondern Rücktritt. — Für die Erklärung des Rücktritts ist der Besteller, wenn er infolge eines besonderen Interesses an dessen sofortiger Geltendmachung nach § 634 Abs 2 von Bestimmung einer Frist absehen darf, an eine bestimmte Frist oder an die Verjährung nicht gebunden, insbesondere nicht verpflichtet, den Rücktritt bereits im Zeitpunkte des Ablaufs der Lieferfrist oder doch der Entstehung des besonderen Interesses zu erklären. Vielmehr ist alsdann nur der Unternehmer befugt, nach § 355 dem Besteller eine Frist zur Erklärung zu setzen (RG 52, 317). Bestimmt der Besteller nach Ablauf des Lieferungstermins eine Frist nach § 634 Abs 1 „zum Beginne der Arbeiten" (z. B. für eine Schaufensteranlage), so ist damit von selbst auch eine, der Dauer nach erforderlichenfalls durch den Richter zu bemessende Frist zur Vollendung des Werkes bestimmt. Erklärt der Unternehmer sich nur unter vertragswidrigen Bedingungen (z. B. gegen Vorauszahlung des Lohnes) zum Beginne der Arbeiten bereit, so kann der Besteller schon vor Ablauf der Frist nach § 636 Abs 1 Satz 1 vom Vertrage zurücktreten. Verzug (Abs 1 Satz 2) ist dazu nicht erforderlich (RG Warn 1917 Nr 76).

3. Für den **Verzug** ist einerseits ein Verschulden des Unternehmers erforderlich (§ 285), anderseits aber auch die Wirkung (Schadensersatz) weiter erstreckt (§§ 286, 326). Hat der Unternehmer das Werk teilweise hergestellt, die Herstellung des Restes aber schuldhaft unterlassen, und beansprucht der Besteller deshalb Schadensersatz wegen Nichterfüllung nach § 326, so stehen Schadensersatzforderung und Anspruch auf einen Teil des Werklohns nicht als selbständige, aufrechenbare Forderungen einander gegenüber. Es handelt sich nicht um Aufrechnung (§§ 387 ff.), sondern um Abrechnung, d. h. Ermittelung eines rechnerischen Ergebnisses, wobei der fällige Teillohn nur die Bedeutung eines die Höhe der Schadensersatzforderung beeinflussenden Rechnungsbetrags hat (RG 83, 279).

4. Der Zurücktretende hat den Ablauf der Frist und die Erklärung des Rücktritts oder einen nach § 634 Abs 2 die Fristbestimmung erübrigenden Umstand zu beweisen.

§ 637

Eine Vereinbarung, durch welche die Verpflichtung des Unternehmers, einen Mangel des Werkes zu vertreten, erlassen oder beschränkt wird, ist nichtig, wenn der Unternehmer den Mangel arglistig verschweigt[1]).

E I 570 II 575; M 2 485, 486; P 2 311.

1. Übereinstimmend bei Kauf und Miete. Vgl. §§ 476, 540. Im übrigen kann die Vertretungspflicht des Unternehmers durch freie Vereinbarung beliebig festgesetzt werden. Der Gewährleistungsanspruch nach § 637 ist beim Vorliegen mehrerer Mängel nicht in vollem Umfange nichtig, wenn nur ein Mangel oder einzelne von den mehreren Mängeln arglistig verschwiegen sind (RG 62, 122).

§ 638

Der Anspruch des Bestellers auf Beseitigung eines Mangels des Werkes sowie die wegen des Mangels dem Besteller zustehenden Ansprüche auf Wandelung, Minderung oder Schadensersatz verjähren[1]), sofern nicht der Unternehmer den Mangel arglistig verschwiegen hat, in sechs Monaten, bei Arbeiten an einem Grundstück in einem Jahre, bei Bauwerken[2]) in fünf Jahren. Die Verjährung beginnt mit der Abnahme des Werkes[3]).

Die Verjährungsfrist kann durch Vertrag verlängert werden[4]).

E I 571, 579 Nr 2 II 576; M 2 486, 508; P 2 311.

1. **Verjährung.** Vgl. § 477. § 638 setzt für sämtliche bezeichneten Ansprüche (§§ 633—635) ohne Rücksicht darauf, wann der einzelne Mangel in die Erscheinung tritt, und ohne Rücksicht darauf, daß erst von diesem Zeitpunkte an der Besteller in der Lage ist, Ansprüche zu erheben, den Beginn der Verjährung auf den Tag der Abnahme des Werkes fest und spricht damit aus, daß für die Verjährung nicht der Zeitpunkt der Entstehung des Anspruchs auf Beseitigung eines bestimmten Schadens oder der Entstehung des Wandelungs-, Minderungs- und Schadensersatzanspruchs, sondern nur der Ablauf des mit der Abnahme beginnenden Zeitraums bestimmend ist (RG JW 1912, 1105[5]). Die Verjährung greift nicht nur bei Herstellung oder Veränderung einer Sache, sondern auch bei einer Leistung nicht körperlicher Art, der Erzielung eines Erfolges, Platz und beginnt alsdann mit der Abnahme oder (§ 646) Vollendung der Leistung. Vorausgesetzt wird aber dabei, daß der Mangel der gelieferten Leistung unmittelbar anhaftet und im Zeitpunkte der Abnahme oder Vollendung der Schaden für den Besteller erwachsen ist, was z. B. nicht der Fall ist bei einem durch eine unrichtige Wertschätzung (Taxe) nachträglich verursachten Schaden (RG 64, 43; vgl. 71, 173).

Streitig ist, ob die kurze Verjährung auch bei einem Schadensanspruch eintritt, der sich nicht auf einen bei der Abnahme hervortretenden Mangel des gelieferten Werkes, sondern auf eine durch Zuwiderhandeln gegen die pflichtmäßige Sorgfalt bei Ausführung des noch nicht vollendeten Werkes begangene Rechtsverletzung gründet, insbesondere in dem Falle, wenn bei der Ausführung eines Beförderungsvertrags der zu Lande oder zu Wasser beförderte Reisende während der Beförderung infolge mangelnder Fürsorge für seine Person oder in ähnlicher Weise, z. B. durch Senkung einer mangelhaft unterhaltenen Eisenbahnanlage als Ursache einer Zugentgleisung, durch Verschulden des Beförderungsunternehmers oder seiner Leute (§§ 276, 278) körperlich verletzt worden ist. Vgl. § 276 A 6. Diese Fürsorge ist nicht unmittelbar Gegenstand des Werkvertrags und der Abnahme; der auf Vernachlässigung der Fürsorge gegründete Anspruch unterliegt deshalb nicht der kurzen Verjährung (RG 62, 119; 64, 43; 66, 12; JW 1912, 686[10]; LZ 1924, 546[8]). Ebensowenig der Anspruch, welcher darauf gegründet wird, daß der Unternehmer oder seine Gehilfen bei den auf die Werkherstellung gerichteten Arbeiten die Sorgfalt verletzt und dadurch Sachen des Bestellers beschädigt haben (RG Warn 1911 Nr 168). Überhaupt unterliegen alle Ersatzansprüche wegen Schäden, die nicht unmittelbar aus der Mangelhaftigkeit des gelieferten Werkes hervorgegangen, sondern erst durch das Hinzutreten eines besonderen selbständigen Ereignisses vermittelt worden sind, nicht der kurzen Verjährung des § 638, sondern der dreißigjährigen Verjährung nach § 195 (vgl. außer den erwähnten Entscheidungen noch RG 93, 158; 95, 2; 115, 122; RG JW 1910, 106[5]; Warn 1913, 44; 1915 Nr 261). Unfall eines Badegastes nach Verlassen der Badezelle infolge Glätte in der Zugangshalle s. RG LZ 1924, 546[8]. Das gleiche wurde z. B. auch angenommen für den Anspruch des Bestellers auf Ersatz des Schadens, der dadurch entstanden war, daß Feuchtigkeit aus einem vom Unternehmer hergestellten Abzugsrohr in das Mauerwerk des Hauses eingedrungen war und Hausschwamm hervorgerufen hatte (RG Warn 1920 Nr 83). Dagegen wird die Anwendung dieser Vorschrift nicht dadurch ausgeschlossen, daß der dem Werk selbst unmittelbar anhaftende Mangel auf eine Verletzung der Vertragspflicht bei Herstellung des Werkes zurückzuführen ist (RG 93, 158; RG LZ 1916, 1362). So ist § 638 anzuwenden bei Ansprüchen wegen unsachgemäßen Beschlagens eines Pferdes (OLG 28, 193), wegen Nichteinhaltung der Zusicherung einer besonders sorgfältigen Ausführung oder eines Widerstandes gegen einen bestimmten Druck (OLG 28, 194). Vgl. § 635 A 3. Wird ein dem Unternehmer gewährter Vorschuß wegen mangelhafter Erfüllung zurückgefordert, so ist dies kein der allgemeinen Verjährung unterliegender Bereicherungsanspruch, weil die Zahlung nicht ohne Rechtsgrund, sondern auf Grund des Werkvertrags geleistet worden ist; § 638 ist also anwendbar (RG 15. 11. 21 VII 156/21). — Die Verjährung des § 638 bezieht sich nur auf die gesetzlichen Schadensersatzansprüche, nicht auf Fälle, in denen Schadensersatz vertraglich zugesichert ist (RG 9. 3. 23 VII 114/22). Für Ansprüche aus einem selbständigen Garantieversprechen s. A 4.

Ferner findet § 638 auch Anwendung auf den Anspruch des Bestellers auf Ersatz der Aufwendungen, die er zur Beseitigung eines Mangels bei Verzug des Unternehmers macht (§ 633 Abs 3). Dieser Anspruch ist nur als ein Ausfluß, als eine Abart des Anspruchs auf Beseitigung des Mangels anzusehen und unter diesem Anspruche mitzuverstehen. Dafür spricht die Fassung und Entstehungsgeschichte des § 633 Abs 3 sowie das Verkehrsbedürfnis (RG 80, 439; bestr.).

Die Vorschrift des § 638 ist nicht anwendbar auf den Verlagsvertrag (RG 74, 361 und Vorbem 2 vor § 631), ebenso nicht auf den Dienstvertrag, wohl aber auf den Vertrag zwischen dem Rechtsanwalt und der Partei, wenn dieser ausnahmsweise (Vorbem 2 vor § 611) ein Werkvertrag ist. § 32a RAO (fünfjährige Frist) kürzt nur die regelmäßige Verjährungsfrist von dreißig Jahren ab und läßt Sondervorschriften, wie den § 638, unberührt (RG 88, 223). Liegt, wie in der Regel, ein Dienstverhältnis vor, so ist § 32a RAO anzuwenden (RG 90, 82; RG LZ 1916, 1188).

2. **Bauwerk:** eine unbewegliche, durch Verwendung von Arbeit und Material in Verbindung mit dem Erdboden hergestellte Sache (RG 56, 41). Auch die von den mitwirkenden Bauhandwerkern eingefügten einzeln verdungenen Teilarbeiten gehören dazu (RG 57, 377; Warn 1912 Nr 339; OLG 36, 79). Dabei brauchen Teilwerke an einem Gebäude, um als Bauwerk (§§ 638, 648) gelten zu können, nicht einen äußerlich hervortretenden, körperlich abgegrenzten Teil des ganzen Baues darzustellen. Sie gehören zu den Bauwerken, wenn sie, auf Grund von Werkverträgen geleistet, materielle Bestandteile der Gesamtarbeitsleistung eines Baues bilden (RG 63, 313). Ganz unbedenklich dürfen daher auch Umarbeiten (Veränderungen oder Erneuerungen) an vorhandenen Gebäuden, z. B. die Verstärkung der Belastungsfähigkeit der die Decken tragenden Eisenkonstruktionen durch Anbringung neuer Säulenreihen und Unterzugsträger (RG JW 1913, 133[10]; vgl. auch OLG 43, 76), als Bauwerk beurteilt werden, wenn sie auf Grund ienes Werkvertrags geleistet werden und zufolge ihres bestimmungsmäßigen Inhalts und Umfangs für die Konstruktion, sei es des ganzen Gebäudes, sei es eines Gebäudeteils, von wesentlicher Bedeutung sind (angef. RG JW 1913, 133[10]; RG Warn 1916 Nr 305; 31. 5. 27. VI 99/27). Ein Werkvertrag über eine maschinelle Einrichtung und Inbetriebsetzung betrifft nur dann ein Bauwerk, wenn der Unternehmer auch die Fundamentierung und die Verbindung mit den Fundamenten zu besorgen hat (RG Gruch 50, 656; 17. 12. 09 III 590/08). Ein artesischer Brunnen oder ein Pumpbrunnen ist in der Regel kein Bauwerk (vgl. RG 30, 153). Ausnahme jedoch bei hergestellter fester und dauernder Verbindung der Röhren und Maschinenanlagen mit dem Grundstück (RG JW 02 Beil 219[70]). Auch ein Betriebswasserkanal, der aus miteinander durch Mörtel verbundenen Zementrohren und aus gemauerten Einfallschächten (unbeweglichen Sachen) besteht, mit denen die zwischen zwei Schächten liegenden einzelnen Teile der Rohrleitung unter Verwendung von Zement und Mörtel zusammengebaut sind, ist ein Bauwerk im Sinne des § 638 (RG JW 1910, 148[11]). Kein Bauwerk ist dagegen eine mit Ketten am Ufer befestigte Schiffsmühle (RG JW 08, 431[4]), ebensowenig in der Regel eine Drainage wegen der fehlenden festen Verbindung der Röhren mit dem Erdboden (RG JW 08, 657[6]; SeuffA 67 Nr 46; Gruch 53, 81). Kein Bauwerk sind aufgetürmte Sandkippen; schon deswegen nicht, weil sie einem bestimmten Zwecke nicht dienen noch einen nach gewissen Regeln der Kunst oder der Erfahrung hergestellten Gegenstand bilden (RG 60, 138 zu § 836). Keine Bauwerke sind Gartenanlagen, weil sie nur in einer Umgestaltung des Erdbodens bestehen (vgl. RG 30, 153); die Gartenterrasse kann ein Bauwerk sein. Kein Bauwerk ist die Herstellung eines Bohrlochs in Verbindung mit der Lieferung und Einführung eines Saugrohrs; ebenso kein Bauwerk, sondern nur eine kunstgerechte Veränderung des natürlichen Zustandes von Grund und Boden sind Brunnen, mögen auch die Rohre unten mit Filtern zu versehen und oben an die Saugleitung anzuschließen gewesen sein, dann, wenn die Herstellung von Mauerwerk oder ein wirkliches Bauen nicht erforderlich war (RG Gruch 59, 124). Auf den Wert einer Anlage und auf den Umfang der Arbeitsleistung kommt es für die Anwendung des § 638 nicht an (RG ebenda). Der Begriff des

Bauwerks läßt sich hiernach wie folgt bestimmen: „ein Werk, das mit einem Grundstück oder Gebäude verbunden und nach seiner typischen Zweckbestimmung unbeweglich ist; das ferner nicht in einer bloßen Umgestaltung des Bodens selbst bestehen darf" (Oertmann).

3. Abnahme des Werkes. Vgl. § 640 A 2. Bei auf längere Zeit abgeschlossenen Verträgen mit fortgesetzten Werkleistungen beginnt die Verjährung nicht erst mit dem Ende des Vertragsverhältnisses, sondern mit der Abnahme der einzelnen mangelhaften Leistungen; bei fortdauernder gleichmäßiger Leistung werden längere Zeiträume, z. B. mehrere Monate, zusammenzufassen sein (vgl. dazu OLG 41, 120: Lieferung elektrischen Stromes). — Ist nach der Beschaffenheit des Werkes seine Abnahme ausgeschlossen, so beginnt die Verjährung gemäß § 646 mit der Vollendung des Werkes.

4. Verlängerung der Verjährungsfrist abweichend von § 225. Wird in bezug auf ein Werk oder eine Werklieferung eine **Garantie** übernommen, so kommt es für die Verjährung auf die Bedeutung der Garantieübernahme an Ist in der üblichen Weise für die Brauchbarkeit und Leistungsfähigkeit, insbesondere für bestimmte Eigenschaften, des Werkes Garantie übernommen, so beginnt die Verjährung nicht erst mit dem Ablaufe der Garantiefrist; vielmehr bedeutet die Garantieübernahme hier, daß jeder innerhalb der Garantiefrist hervortretende Mangel geltend gemacht werden kann, jedoch so, daß von dem Hervortreten des Mangels oder von dem in § 639 Abs 2 erwähnten Zeitpunkte ab die gesetzliche Verjährung zu laufen beginnt (**RG** Gruch 53, 81; vgl. **RG** 65, 119). Wird vereinbart, daß der Unternehmer zur Nachbesserung verpflichtet ist, falls innerhalb einer bestimmten Frist gewisse Mängel hervortreten sollten (darin liegt auch ein Garantieversprechen), so wird einer solchen Abrede regelmäßig der Sinn beiwohnen, daß die Verjährung des Nachbesserungsanspruchs mit der Entdeckung des Mangels und nicht etwa schon mit der Abnahme des Werkes beginnen soll (**RG** Warn 1911 Nr 370; OLG 36, 79). In allen diesen Fällen bildet die Garantie einen unselbständigen Teil des Werk- oder Werklieferungsvertrags und die Verjährung bemißt sich im übrigen nach den §§ 638, 639. Wird aber nicht nur eine bestimmte Leistungenfähigkeit des Werkes, sondern darüber hinaus eine bestimmte Leistungsfähigkeit einer ganzen Anlage, für die das Werk (z. B. eine Maschine) bestimmt ist, zugesichert, also für den Eintritt eines nicht nur von den Eigenschaften des Werkes selbst abhängigen Betriebserfolgs eingestanden, dann liegt ein selbständiges neben dem Werk- oder Werklieferungsvertrag abgegebenes Garantieversprechen vor, für das nicht die kurze Verjährungsfrist des § 638, sondern die 30jährige Verjährungsfrist des § 195 gilt (**RG** JW 1919, 240[6]; 1921, 828[3]; 1926, 2526[1]; **RG** Warn 1925 Nr 21; vgl. auch JW 1912, 289[10] und Gruch 51, 942).

§ 639

Auf die Verjährung der im § 638 bezeichneten Ansprüche des Bestellers finden die für die Verjährung der Ansprüche des Käufers geltenden Vorschriften des § 477 Abs 2, 3¹) und der §§ 478, 479²) entsprechende Anwendung.

Unterzieht sich der Unternehmer im Einverständnisse mit dem Besteller der Prüfung des Vorhandenseins des Mangels oder der Beseitigung des Mangels, so ist die Verjährung so lange gehemmt, bis der Unternehmer das Ergebnis der Prüfung dem Besteller mitteilt oder ihm gegenüber den Mangel für beseitigt erklärt oder die Fortsetzung der Beseitigung verweigert³).

E II 576 Abs 2 III 629; P 2 312 ff.

1. Nach dem entsprechend anzuwendenden § 477 Abs 2, 3 wird die Verjährung durch den Antrag des Bestellers auf gerichtliche Beweisaufnahme zur Sicherung des Beweises eines Mangels unterbrochen und die eingetretene Hemmung oder Unterbrechung bezüglich der Verjährung eines der in § 638 aufgeführten Ansprüche auch auf die Verjährung der anderen Ansprüche erstreckt (vgl. auch § 634 A 6). Die Verjährung des unteilbaren Anspruchs auf Nachbesserung (§ 633 Abs 2) wird aber durch die Unterbrechung der Verjährung nur eines Teiles des den nämlichen Mangel betreffenden Geldanspruchs (z. B. durch Aufrechnung dieses Anspruchs im Rechtsstreit gegen einen niedrigeren Anspruch des Unternehmers ohne Erhebung einer Widerklage wegen des Mehrbetrags) nicht unterbrochen (**RG** 85, 365). Die Vorschrift des § 477 Abs 3 umfaßt auch Ansprüche auf Ersatz eines durch Lieferung einer mangelhaften Sache schuldhaft verursachten Schadens (vgl. **RG** 53, 200; 56, 167), ist aber nach ihrem Grund und Zweck nur da anzuwenden, wo die in Frage kommenden Ansprüche sich gegenseitig ausschließen. Durch die Erhebung einer Wandelungsklage wird also nicht die Verjährung eines Schadensersatzanspruchs unterbrochen, der neben der Wandelungsklage hätte durchgeführt werden können (**RG** 93, 158; vgl. § 635 A 3).

2. Nach den entsprechend anzuwendenden §§ 478, 479 kann der Besteller schon durch rechtzeitige Anzeige des Mangels sich die Befugnis zur Verweigerung der Vergütung, soweit er auf Grund der Wandelung oder Minderung dazu befugt sein würde, sowie die Aufrechnung des Schadensanspruchs auch für die Zeit nach Vollendung der Verjährung erhalten. Er kann aber, wie nach RG 56, 167 beim Kaufe, nur aufrechnen gegen Ansprüche aus dem nämlichen Vertrage, bei einem in Teillieferungen zu erfüllenden Werkvertrage nur gegen Ansprüche aus derjenigen Teillieferung, aus der der Ersatzanspruch entstanden ist (OLG 39, 162).

3. **Hemmung der Verjährung.** Vgl. §§ 202ff. Räumt der Käufer dem Verkäufer einer mangelhaften Sache ein Nachbesserungsrecht ein und unterzieht sich dann der Verkäufer im Einverständnisse mit dem Käufer der Beseitigung des Mangels, so ist § 639 Abs 2 entsprechend anzuwenden, die Verjährung der Ansprüche des Käufers also bis zu dem im Abs 2 angegebenen Zeitpunkt gehemmt (RG 96, 266).

§ 640

[1]) Der Besteller ist verpflichtet, das vertragsmäßig hergestellte Werk abzunehmen[2]), sofern nicht nach der Beschaffenheit des Werkes die Abnahme ausgeschlossen ist[3]).

Nimmt der Besteller ein mangelhaftes Werk ab, obschon er den Mangel kennt, so stehen ihm die in den §§ 633, 634 bestimmten Ansprüche nur zu, wenn er sich seine Rechte wegen des Mangels bei der Abnahme vorbehält[4])[5]).

E I 572, 579 II 577; M 2 489—492; P 2 315 ff.

1. Die §§ 640—643 behandeln **die Verpflichtungen des Bestellers:** Abnahme, Entrichtung der Vergütung und, soweit nötig, Mitwirkung bei der Herstellung des Werkes.

2. Die **Abnahme,** gleichbedeutend mit der Annahme der Erfüllung in § 341 Abs 3 und der Annahme der Erfüllung in § 363, ist nicht jede nur äußerliche Hinnahme der Leistung wie im Falle des § 433 Abs 2, erfordert vielmehr (vgl. „Abnahme des vertragsmäßig hergestellten Werkes"), außer jener Hinnahme, daß der Besteller bei und nach der Hinnahme ausdrücklich oder stillschweigend zu erkennen gibt, daß er die Leistung als eine in der Hauptsache dem Vertrage entsprechende Erfüllung anerkenne (RG 57, 338; 64, 240; 107, 343; 110, 404; RG 10. 3. 08 III 374/07; RG JW 08, 432[5]; RG Warn 1918 Nr 93; OLG 39, 162). Durch solche Annahme kommt der Besteller dann in die Lage, das Werk näher zu prüfen. Jene Anerkennung liegt z. B. dann vor, wenn der Besteller eine ihm gelieferte elektrische Maschinenanlage in Betrieb nimmt oder wenn der Bauherr das bestellte Haus nach seiner Fertigstellung bezieht und dauernd bestimmungsgemäß benutzt (RG Warn 08 Nr 460) oder wenn er bei gesonderter Vergebung der für einen Bau nötigen Erd- und Maurerarbeiten auf das vollendete Mauerwerk das von einem andern Unternehmer auszuführende Dachgerüst aufsetzen läßt (RG SeuffA 79 Nr 25), nicht aber dann, wenn er das Werk nur zum Zweck der Erprobung entgegennimmt (RG SeuffBl 72, 835) oder das noch nicht fertige Gebäude nur unter dem Zwange der Verhältnisse und in der nach den Umständen berechtigten Erwartung vertragsmäßiger Fertigstellung vorläufig bezieht (RG Warn 1925 Nr 61), notwendig ist vielmehr, daß das Werk überhaupt als Vertragserfüllung gegeben und genommen wird (RG Warn 1913 Nr 8). Der Besteller ist mangels einer besonderen Vereinbarung nicht verpflichtet, das abzunehmende Werk auf seine Vertragsmäßigkeit sofort zu prüfen. Die Abnahme enthält hiernach noch nicht die Anerkennung des Werkes als eines völlig vertragsmäßigen (RG 107, 343; RG 17. 12. 09 III 590/08). Sie kann gegeben sein, wenn das Werk in seinen wesentlichen Teilen fertiggestellt ist und nur geringfügige Arbeiten fehlen (OLG 34, 44), sowie wenn wegen einzelner Mängel ein Nachbesserungsverlangen vorbehalten wird (RG Warn 1918 Nr 93), und schließt auch das Recht des Bestellers, Mängel des Werkes, die ihm noch unbekannt sind, später zu rügen, nicht aus (RG JW 07, 331[6]; 08, 432[5]; 1910, 106[5]; OLG 41, 121), sondern schränkt dieses Recht nur so weit ein, als der Besteller die Mängel kannte (Abs 2). Kennenmüssen steht dabei dem Kennen nicht gleich. Im übrigen wird die Beweislast darüber, ob die Leistung dem Vertrag entspricht, umgekehrt. Doch genügt der Besteller, der das abgenommene Werk als der zugesagten Leistungsfähigkeit nicht entsprechend bemängelt, seiner Beweispflicht regelmäßig schon, wenn er darlegt, daß die zugesagte Leistung ausgeblieben ist. Sache des Unternehmers ist es dann, im Falle des § 635, zu beweisen, daß das Ausbleiben auf von ihm nicht zu vertretende Umstände zurückzuführen ist (RG LZ 1915, 904[7]). Ferner wird der Beginn der Verjährung (§ 638 Abs 1) festgelegt; auch geht die Gefahr von dem Unternehmer auf den Besteller über (§ 644 Abs 1). Der Übergang des Eigentums auf den Besteller ist aber nicht von der Abnahme des Werkes im Sinne des § 640 abhängig (RG LZ 1914, 857[3]). Die Abnahme braucht, obgleich sie das Anerkenntnis enthält, daß die Leistung wenigstens in der Hauptsache dem Vertrag entspreche, nicht notwendig vom Besteller erklärt zu werden, vielmehr können die Vertragsteile, namentlich wenn die Leistung für einen Dritten bestimmt

ist, die Abnahme durch den Dritten für maßgebend erklären, was unter Umständen sogar selbstverständlich sein kann (RG 15. 11. 21 VII 156/21). Die Abnahme und Bezahlung **kann auch wegen eines unerheblichen Mangels abgelehnt werden, es müßte denn sein, daß nach den besonderen, vom Unternehmer nachzuweisenden Umständen des einzelnen Falles die Zurückweisung des Werkes wegen des Mangels gegen Treu und Glauben verstoßen würde** (RG 24. 1. 11 VII 284/10). Absichtliche Vereitelung eines vereinbarten Abnahmeversuchs durch den Besteller bedeutet gemäß § 162 Abs 1 Genehmigung (RG SeuffA 78 Nr 19). — **Auf die Abnahme kann der Unternehmer ebenso wie auf die Entrichtung der Vergütung selbständig klagen.** Er kann sich auch darauf beschränken, die Vergütung einzuklagen. Sache des die Abnahme endgültig verweigernden Bestellers ist es dann, seine Einwendungen so zu gestalten, daß eine endgültige Regelung des Rechtsverhältnisses (z. B. durch Wandelung) möglich wird. Die Feststellung behebbarer Mängel, die nach §§ 320ff. nur eine zeitweise Verweigerung der Abnahme rechtfertigen, genügt nicht zur Abweisung der Klage (RG 58, 173; 69, 381; RG JW 06, 333; RG Warn 1910 Nr 326; RG 22. 12. 16 VII 267/16). — Die Kosten der Abnahme treffen regelmäßig den Besteller. — Ungerechtfertigte Verweigerung der Abnahme begründet für den Besteller nicht nur Annahmeverzug (§§ 293ff.), sondern auch Erfüllungsverzug (§§ 284ff.), wobei auch § 326 anwendbar ist.

3. Für die **Abnahme** ist regelmäßig dann **kein Raum,** wenn dem Werke die materielle Beschaffenheit und Körperlichkeit fehlt, außerdem auch, wenn der Besteller den Gegenstand, an dem ein Werk hergestellt werden soll, schon in seinem Besitze hat; a. M. für den letzteren Fall RG 110, 404 s. A zu § 646.

4. **Bei Abnahme des Werkes in Kenntnis des Mangels** bedarf es zur Erhaltung der Ansprüche aus §§ 633, 634 (auf Beseitigung oder Wandelung oder Minderung) **eines Vorbehalts.** Die Rechte des Annehmenden werden auch durch einen vor der Annahme erklärten Vorbehalt gewahrt, wenn er nur bei der Abnahme erkennbar aufrechterhalten wird (RG 73, 146). Dagegen bedarf es zur Erhaltung des **Schadensersatzanspruchs** aus § 635 nach dem klaren Wortlaut des Gesetzes auch bei Kenntnis des Mangels keines Vorbehalts. A. M. Dernburg II § 320 VI, weil es Treu und Glauben widerspreche wenn der Besteller, der den Mangel bei der Abnahme kennt und sich keine Ansprüche wegen des Mangels vorbehält, dennoch später Schadensersatz wegen Nichterfüllung beanspruche. Allein diese Meinung scheitert an der ausdrücklichen, nur die Ansprüche aus §§ 633, 634 erwähnenden Vorschrift des § 640. Für die Entbehrlichkeit des Vorbehalts kommt auch weiter in Betracht, daß der Anspruch nach § 635 auf einem vom Unternehmer zu vertretenden Umstande beruht. Demgegenüber läßt sich nicht ohne weiteres sagen, das Unterlassen des Vorbehalts verstoße gegen Treu und Glauben, zumal in der Abnahme des Werkes noch keine endgültige Billigung oder Gutheißung zu finden ist. Nur dann, wenn nach den Umständen des einzelnen Falles in der trotz Kenntnis der Mangelhaftigkeit erfolgten vorbehaltlosen Abnahme des Werkes der Wille zu verzichten erkennbar zutage getreten ist, gehen die aus § 635 herzuleitenden Schadensersatzansprüche unter (RG 90, 18; ebenso RG 23. 10. 17 VII 178/17 u. 4. 11. 18 VII 179/18). Ein solcher Verzicht ist aber selbst in dem fortgesetzten Gebrauch eines mangelhaften Werkes nicht unter allen Umständen zu finden. Die Fortsetzung des Gebrauchs kann im Interesse des Unternehmers liegen, insofern der Umfang des von ihm zu ersetzenden Schadens, z. B. des dem Besteller entgehenden Gewinns, dadurch gemindert wird, und sie kann mit Rücksicht auf § 254 Abs 2 sogar Pflicht des Bestellers sein (RG Gruch 57, 963).

5. Die **Beweislast** für die Kenntnis des Bestellers trifft den Unternehmer, für den Vorbehalt den Besteller. — Über die Anwendung des § 363 s. RG Warn 1910 Nr 374.

§ 641

Die Vergütung ist bei der Abnahme des Werkes zu entrichten[1]). Ist das Werk in Teilen abzunehmen und die Vergütung für die einzelnen Teile bestimmt, so ist die Vergütung für jeden Teil bei dessen Abnahme zu entrichten[2]).

Eine in Geld festgesetzte Vergütung hat der Besteller von der Abnahme des Werkes an zu verzinsen, sofern nicht die Vergütung gestundet ist[3]).

E I 537 II 578; M 2 492—494; P 2 319 ff.

1. **Fälligkeit der Vergütung.** Die Herstellung des Werkes ist vom Unternehmer regelmäßig als Vorleistung zu bewirken, die schließliche Auslieferung aber, unbeschadet einer abweichenden ausdrücklichen oder stillschweigenden Vereinbarung, Zug um Zug gegen Entrichtung der Vergütung. Bis dahin ist der Unternehmer zur Zurückhaltung des Werkes befugt, welches Zurückhaltungsrecht im Falle des § 647 sich bis zu einem Pfandrecht an dem zurückbehaltenen Werke verstärken kann. — Die Vorschrift des § 641 geht davon aus, daß das Werk vertragsmäßig hergestellt ist. Für das Recht des Bestellers, wegen eines Mangels des Werkes die Vergütung ganz oder teilweise zurückzuhalten, gilt § 320. Bei Werken kleineren

Umfangs und Wertes (z. B. bei Kleidungsstücken) braucht üblicherweise der Werklohn nicht entrichtet zu werden, bevor das Werk mangelfrei fertiggestellt ist. Bei Werken größeren Umfangs und Wertes (z. B. bei Bauten) darf, wenn nach der Abnahme noch kleine Mängel abzustellen sind, der Besteller nicht die ganze Vergütung, sondern nur einen — allerdings reichlich zu bemessenden — Teil zurückbehalten (OLG 34, 45). — An die Stelle der Abnahme (§ 640 A 2) tritt auch hier bei ihrem Ausschluß nach § 646 die Vollendung des Werkes.

2. **Teilung der Vergütung.** Ist das Werk in Teilen abzunehmen, aber die Vergütung nicht für die einzelnen Teile bestimmt, so kann der Unternehmer die Entrichtung erst bei der Ablieferung des letzten Teiles verlangen. Abs 1 Satz 2 bestimmt eine Ausnahme von der Regel des Abs 1 Satz 1. Wer sich auf die Ausnahme beruft, muß ihre Voraussetzungen dartun (RG 11. 4. 24 VII 561/23).

3. **Zinsen.** Höhe § 246, HGB § 352.

§ 642

[1]) Ist bei der Herstellung des Werkes eine Handlung des Bestellers erforderlich[2]), so kann der Unternehmer, wenn der Besteller durch das Unterlassen der Handlung in Verzug der Annahme kommt[3]), eine angemessene Entschädigung verlangen[4]).

Die Höhe der Entschädigung bestimmt sich einerseits nach der Dauer des Verzugs und der Höhe der vereinbarten Vergütung, andererseits nach demjenigen, was der Unternehmer infolge des Verzugs an Aufwendungen erspart oder durch anderweitige Verwendung seiner Arbeitskraft erwerben kann[5]).

E I 575 II 579 Abs 1; M 2 494 ff.; P 2 328 ff.

1. Die §§ 642, 643 regeln die Schadensersatzpflicht des Bestellers und das Rücktrittsrecht des Unternehmers **bei Annahmeverzug des Bestellers.** Der Besteller kommt dabei nur in seiner Eigenschaft als Gläubiger in Betracht, der zur Herstellung des vom Unternehmer geschuldeten Werkes mitwirken soll.

2. Eine **Handlung des Bestellers,** insbesondere Lieferung von Stoff oder Überlassung von Raum, Sorge für dessen gefahrlose Beschaffenheit, Erteilung von Anweisungen (Aufgabe von Geschäftsanzeigen bei Zeitungsreklame, RG SeuffA 80 Nr 79) oder sonstige persönliche Mitwirkung des Bestellers bei der Ausführung (z. B. Erscheinen zur Anprobe des bestellten Anzugs, Anwesenheit bei der Herstellung eines Bildes). Gerät der Besteller (in seiner Eigenschaft als Gläubiger A 1) durch Unterlassung einer solchen (nicht erzwingbaren, OLG 31, 129) Handlung in Annahmeverzug (A 3), so hat der Unternehmer die in §§ 642, 643 enthaltenen Rechte. Durch diese Sondervorschriften ist in dem angegebenen Falle die Anwendung des § 326, der Schuldnerverzug, hier also Verzug in der Abnahme des fertiggestellten Werkes, voraussetzt, ausgeschlossen (RG 53, 221; Warn 1918 Nr 137; JW 1921, 460[1]); es müßte denn sein, daß, was nur ausnahmsweise vorkommen wird, nach dem Inhalt des Vertrags der Besteller dem Unternehmer als Schuldner zu der erforderlichen Mitwirkung verpflichtet wäre. Im übrigen bleiben neben den in §§ 642, 643 bestimmten Rechten die aus allgemeinen Vorschriften sich ergebenden Ansprüche des Unternehmers auf Vergütung (A 4), sowie wegen Annahmeverzugs, vertraglichen Verschuldens, Unmöglichkeit der Leistung, ingleichen die Einrede des nicht erfüllten Vertrags bestehen. Begründet insbesondere die Nichtmitwirkung des Bestellers bei der Leistung des Unternehmers im einzelnen Falle nicht nur Annahmeverzug, sondern eine die Erreichung des Vertragszwecks gefährdende Vertragsverletzung, so kann der Unternehmer vom Vertrage zurücktreten, ohne daß es einer Fristsetzung bedarf, wenn nach Lage der Sache ihm nicht zuzumuten ist, daß er trotz der Gefährdung des Vertragszwecks beim Vertrage stehen bleibt (RG 104, 15; Warn 1918 Nr 137).

3. **Annahmeverzug.** Vgl. §§ 293ff. Der Verzug des Bestellers erfordert als Annahmeverzug kein Verschulden von seiner Seite (SeuffA 74 Nr 171); er wird auch nicht durch eine vorübergehende Verhinderung des Bestellers an der Vornahme der bei der Herstellung des Werkes erforderlichen Handlung, sondern nur durch ein objektives Unmöglichwerden seiner Mitwirkung ausgeschlossen (RG 100, 46; ebenso RG 16. 11. 20 VII 131/20 und 5. 7. 21 VII 561/20).

4. Der **Anspruch auf eine angemessene Entschädigung** besteht selbständig und unabhängig sowohl neben dem Anspruch auf die vereinbarte Vergütung nach §§ 631, 632, falls die Gläubigerhandlung nachgeholt und das Werk hergestellt wird, wie auch neben den Ansprüchen aus §§ 649 u. 645 Abs 1 Satz 2, falls das Werk infolge Kündigung durch den Besteller oder gemäß § 643 unvollendet bleibt. Kündigt also der Besteller nach § 649, so kann der Unternehmer neben dem ihm bis zur Kündigung entstandenen Schaden (§ 642) die vereinbarte Vergütung

unter den vorgesehenen Anrechnungen (§ 649) verlangen; das Verlangen eines Ersatzes für einen nach der Kündigung entstandenen Schaden ist ebenso wie ein Vorgehen nach § 643 ausgeschlossen (**RG** 14. 6. 19 V 53/19). Wird das Werk nach Beendigung des Gläubigerverzugs hergestellt, so kann der Unternehmer die Entschädigung aus § 642 neben dem vollen Werklohn verlangen (**RG** 100, 46).

5. Höhe der Entschädigung. Dabei handelt es sich immer nur um eine Entschädigung für die durch das Unterlassen des Bestellers bewirkte Verzögerung, nicht um eine solche für das völlige Ausbleiben der Herstellung des Werkes. — Bei der Anrechnung ist nicht nur das zu berücksichtigen, was der Unternehmer erwirbt oder zu erwerben böswillig unterläßt (vgl. §§ 324 Abs 1 Satz 2, 615 Satz 2, 649), sondern alles, was er nach Lage der Sache erwerben konnte.

§ 643

Der Unternehmer ist im Falle des § 642 berechtigt, dem Besteller zur Nachholung der Handlung eine angemessene Frist mit der Erklärung zu bestimmen, daß er den Vertrag kündige, wenn die Handlung nicht bis zum Ablaufe der Frist vorgenommen werde. Der Vertrag gilt als aufgehoben, wenn nicht die Nachholung bis zum Ablaufe der Frist erfolgt[1]).

E II 539 Abs 2 III 633; P 2 328.

1. Fristsetzung von seiten des Unternehmers. (Vgl. Fristsetzung des Bestellers § 634 A 1). Erst vom Fristablauf ab, nicht mit rückwirkender Kraft, gilt der Vertrag als aufgehoben und nur der bis zu diesem Zeitpunkt erwachsene Schaden kann (gemäß § 642) erstattet verlangt werden. — Daneben auch Anspruch des Unternehmers auf einen der geleisteten Arbeit entsprechenden Teil der Vergütung, sowie auf Ersatz der in der Vergütung nicht inbegriffenen Auslagen nach § 645 Abs 1 Satz 2. — Entsprechend der im § 634 Abs 2 für die Fristbestimmung des Bestellers gegebenen ausdrücklichen Vorschrift bedarf es im Falle des § 643 einer Fristbestimmung des Unternehmers nicht, wenn die vom Besteller vorzunehmende Handlung nach dem Verzug des Bestellers, § 642, unmöglich geworden ist (**RG** 94, 29; **RG** 16. 11. 20 VII 132/20).

§ 644

[1]) **Der Unternehmer trägt die Gefahr bis zur Abnahme des Werkes[2]). Kommt der Besteller in Verzug der Annahme, so geht die Gefahr auf ihn über[3]). Für den zufälligen Untergang und eine zufällige Verschlechterung des von dem Besteller gelieferten Stoffes ist der Unternehmer nicht verantwortlich[4]).**

Versendet der Unternehmer das Werk auf Verlangen des Bestellers nach einem anderen Orte als dem Erfüllungsorte, so finden die für den Kauf geltenden Vorschriften des § 447 entsprechende Anwendung[5]).

E I 576 II 580; M 2 497—500; P 2 329.

1. Neben den hier gegebenen **Sondervorschriften** über die Gefahrtragung bleiben die in den §§ 323—325 enthaltenen Bestimmungen (bei Unmöglichkeit der Leistung, Verschulden des Unternehmers oder Bestellers usw., dazu aber auch § 645 Abs 1) im wesentlichen bestehen, nicht minder diejenigen über die Folgen von Mängeln des Werkes nach §§ 634, 635, 640. Den Unternehmer trifft dabei regelmäßig die Beweislast dafür, daß er seinen Vertragspflichten nachgekommen sei. — An Stelle dieser Sondervorschriften kann übrigens die Gefahrtragung durch Vereinbarung der Beteiligten in anderer Weise geordnet werden (s. A 4). — Besondere Vorschriften: VerlG § 33, BinnenSchG § 64.

2. Gefahrtragung des Unternehmers bis zur Abnahme (§ 640 A 2), und wenn die Abnahme ausgeschlossen ist, bis zur Vollendung des Werkes (§ 646). Der Besteller bleibt mithin beim Untergange des Werkes von der Entrichtung der Vergütung befreit, auch wenn der Untergang vom Unternehmer und seinen Gehilfen nicht verschuldet ist; er braucht dem Unternehmer nicht einmal seine Auslagen zu ersetzen (vgl. **RG** JW 1926,1663[3]). Ausnahme zugunsten des Unternehmers s. § 645 Abs 1 Satz 1. Anderseits steht dem Besteller ein Anspruch auf Schadensersatz oder auf Wiederherstellung des Werkes nur zu, wenn er den Schadensersatzanspruch aus allgemeinen Vorschriften, den Herstellungsanspruch aus besonderen vertraglichen Bestimmungen ableiten kann, auch die Wiederherstellung noch möglich und für die Parteien von Interesse ist. Dies alles gilt auch beim Untergange des erst teilweise vollendeten (körperlichen oder unkörperlichen) Werkes. Tritt der Untergang nach der Abnahme oder der Vollendung ein, so behält der Unternehmer den Anspruch auf Vergütung, sofern solcher nicht durch einen von ihm zu vertretenden Umstand, insbesondere Mangelhaftigkeit des Werkes, ausgeschlossen wird. Vgl. § 646 A 1.

3. **Gefahrübergang auf den Besteller im Falle des Annahmeverzugs** (§§ 293ff.). Wirkt aber während dieses Annahmeverzugs bei dem Untergang oder der Verschlechterung des Werkes ein nach § 300 vom Unternehmer zu vertretender Umstand mit, so trifft der Nachteil, wie im Regelfalle, den Unternehmer. Vgl. § 324 Abs 2.

4. **Die Gefahrtragung für den Stoff** bleibt auf dem Besteller ruhen, wenn er ihn selbst geliefert hat. Doch kann wirksam vereinbart werden, daß der Unternehmer auch für den vom Besteller gelieferten Stoff haften solle (RG LZ 1926, 483[1]). Auch hat der Unternehmer im Falle seines Verzugs für den dadurch erwachsenen Schaden nach § 286 einzustehen.

5. Die **Gefahr der Versendung** geht nach § 447 auf den Besteller über, sobald der Unternehmer das fertige Werk der für die Versendung bestimmten Person oder Anstalt überliefert hat. Auch in diesem Falle hat aber der Unternehmer den Nachweis zu führen, daß er das Werk in abnahmefähiger Beschaffenheit und sachgemäßer Verpackung abgeschickt habe.

§ 645

Ist das Werk vor der Abnahme infolge eines Mangels des von dem Besteller gelieferten Stoffes oder infolge einer von dem Besteller für die Ausführung erteilten Anweisung untergegangen, verschlechtert oder unausführbar geworden, ohne daß ein Umstand mitgewirkt hat, den der Unternehmer zu vertreten hat[1]), so kann der Unternehmer einen der geleisteten Arbeit entsprechenden Teil der Vergütung und Ersatz der in der Vergütung nicht inbegriffenen Auslagen verlangen[2]). Das gleiche gilt, wenn der Vertrag in Gemäßheit des § 643 aufgehoben wird[3]).

Eine weitergehende Haftung des Bestellers wegen Verschuldens bleibt unberührt[4]).

E I 577 II 580; M 2 500 ff.; P 2 331.

1. **Vergütungsanspruch des Unternehmers** trotz Untergangs, Verschlechterung oder Unausführbarkeit des Werkes vor der Abnahme (§ 640 A 2) — falls nach der Beschaffenheit des Werkes seine Abnahme ausgeschlossen ist, vor der Vollendung des Werkes (§ 646) —, wenn der Untergang ausschließlich auf den Besteller zurückzuführen ist, den jedoch hierbei ein Verschulden nicht zu treffen braucht.

Unterläßt der Unternehmer die Prüfung des vom Besteller gelieferten Stoffes (sofern sie ihm, als Sachverständigen, obliegt) und den Hinweis auf etwaige Mängel des Stoffes, oder hat sonst ein vom Unternehmer zu vertretender Umstand mitgewirkt, so steht ihm ein Anspruch nach § 645 nicht zu (OLG 40, 328: mangelhafte, vom Unternehmer beschaffte Zutat).

2. **Umfang des Anspruchs**, also die ganze Vergütung bei vollendetem, einen entsprechenden Teil davon bei teilweise ausgeführtem Werke.

3. **Aufhebung des Vertrags** bei Nichteinhaltung der dem Besteller vom Unternehmer gesetzten Frist zur Nachholung einer Handlung.

4. **Weitergehende Haftung** des Bestellers. Vgl. insbesondere § 324. Unberührt bleibt der Entschädigungsanspruch des Unternehmers nach § 642 (OLG 36, 81).

§ 646

Ist nach der Beschaffenheit des Werkes die Abnahme ausgeschlossen[1]), so tritt in den Fällen der §§ 638, 641, 644, 645 an die Stelle der Abnahme die Vollendung des Werkes.

E I 579 Nr 1 II 582; M 2 502 ff.; P 2 336.

1. **Ausschluß der Abnahme**, insbesondere bei einem nicht körperlichen, sondern künstlerischen oder wissenschaftlichen Werke oder bei einem bereits im Besitze des Bestellers befindlichen Werke. Hier tritt in bezug auf die Verjährung der Ansprüche des Bestellers (§ 638), die Entrichtung der Vergütung (§ 641), die Gefahrtragung (§ 644), den Untergang oder die Verschlechterung des Werkes (§ 645) an die Stelle der Übernahme die Vollendung des Werkes. Wenn von einem Bauunternehmer an einem Hause einzelne Arbeiten, für die eine förmliche Abnahme nicht stattzufinden pflegt, ausgeführt worden sind und nach dieser Ausführung das Haus abgebrannt ist, so trifft die Gefahr (§ 644), da sie erst nach Vollendung der Arbeiten eingetreten ist, nicht mehr den Unternehmer (SeuffA 64 Nr 191). A. M. RG 110, 404 für den Fall, daß das Werk sich schon im Besitze des Bestellers befindet, wie z. B., wenn dieser auf

seinem Grundstücke bauen, an oder in seinem Hause Arbeiten vornehmen läßt; die Abnahme beschränke sich hier auf die Erklärung des Bestellers, daß er die Leistung als eine der Hauptsache nach dem Vertrag entsprechende Erfüllung anerkenne. — Vollendung des Werkes bei einem Schleppvertrage, sobald sich der Kahn an dem Orte befindet, an den er geschleppt werden sollte (**RG** 62, 210).

§ 647

Der Unternehmer[1]) hat für seine Forderungen aus dem Vertrag[2]) ein Pfandrecht[3]) an den von ihm hergestellten oder ausgebesserten beweglichen Sachen des Bestellers[4]), wenn sie bei der Herstellung oder zum Zwecke der Ausbesserung in seinen Besitz gelangt sind[5]).

E I 574 II 583 Abs 1; M 2 494; P 2 321 ff.

1. **Unternehmer** ist nur derjenige, der selbst mit dem Besteller einen Werkvertrag abgeschlossen hat, nicht auch derjenige, der zu dem Unternehmer in einem solchen Vertragsverhältnis steht (s. auch § 648 A 1).

2. Zu diesen **Forderungen** aus dem Werkvertrage gehören auch die durch Hinzutreten weiterer Umstände begründeten, wie die nach §§ 642, 645 erhobenen, außerdem auch Schadens- und Kostenersatzforderungen, dagegen nicht Ansprüche aus unerlaubten Handlungen.

3. Dieses **Pfandrecht** ist ein gesetzliches, auf welches § 1257 (Verkauf §§ 1233 ff.; **RG** Warn 1919 Nr 194), auch § 1210 und KO § 49 Nr 2 Anwendung finden (vgl. § 559 A 1). Über die Frage, ob demjenigen, der an den einzelnen Stücken eines nach Urheber- oder Verlagsrecht geschützten Werkes das gesetzliche Pfandrecht hat, z. B. dem Buchbinder, dem vom Verleger Bücher zum Einbinden übergeben worden sind, ein Veräußerungsrecht zusteht, s. einerseits LZ 1913, 955[5], anderseits LZ 1914, 971[7]. Das gesetzliche Pfandrecht an einem im Schiffsregister (§§ 1259 ff.) eingetragenen Schiffe wegen daran vorgenommener Ausbesserungen steht älteren eingetragenen Pfandrechten nach (**RG** DJZ 05, 122); Nichtanwendbarkeit des § 1253 auf ein solches Pfandrecht s. **RG** 108, 163. Über die Bestellung von Pfandrechten an im Bau befindlichen Schiffen s. Ges. v. 4. 7. 26 (RGBl I 367), insbes. § 3. Das Zurückbehaltungsrecht des Unternehmers aus §§ 273, 1000 besteht neben dem gesetzlichen Pfandrechte fort und ist namentlich von Bedeutung gegenüber dem Herausgabeanspruche des Eigentümers, wenn die ausgebesserte Sache dem Besteller nicht gehört.

4. Das Pfandrecht besteht auch an unpfändbaren Sachen (anders § 559 Satz 3), aber nicht an Sachen eines **Dritten**, sondern nur an Sachen des **Bestellers**, die aus Veranlassung des Werkvertrags in den Besitz des Unternehmers gelangt sind (vgl. § 559 A 2), und auch nur an den zu bearbeitenden, nicht an anderen anläßlich der Bestellung vom Besteller übergebenen Sachen, wie z. B. Werkzeugen.

5. **Besitz** (§ 854) ist erforderlich, Besitzdienerschaft (§ 855) genügt nicht. Unfreiwilliger Verlust des Besitzes hebt das einmal begründete Pfandrecht nicht auf (**RG** 72 S. 281, 285).

§ 648

Der Unternehmer[1]) eines Bauwerkes[2]) oder eines einzelnen Teiles eines Bauwerkes[2]) kann für seine Forderungen aus dem Vertrage die Einräumung einer Sicherungshypothek[3]) an dem Baugrundstücke des Bestellers[4]) verlangen. Ist das Werk noch nicht vollendet, so kann er die Einräumung der Sicherungshypothek für einen der geleisteten Arbeit entsprechenden Teil der Vergütung und für die in der Vergütung nicht inbegriffenen Auslagen verlangen[5]).

E II 583 Abs 2 III 638; P 2 321 ff.

1. Als **Unternehmer** eines Bauwerks oder eines Bauwerkteils ist zunächst derjenige zu betrachten, der auf Grund eines mit dem Besteller (Grundstückseigentümer) abgeschlossenen Werkvertrags das Werk hergestellt hat. Weiter gehören dahin auch diejenigen, die einen Teil eines Bauwerks hergestellt haben, insbesondere die Bauhandwerker, die auf Grund eines mit dem Bauherrn (Besteller) abgeschlossenen Vertrags einzelne Arbeiten für das Bauwerk geleistet und ihm eingefügt haben, wie beim Neubau eines Wohnhauses die Maurer-, Zimmerer- und Dachdeckerarbeiten (**RG** 57, 377; 58, 301; Warn 08 Nr 24; OLG 1, 433; 2, 382; 13, 427). — Dagegen gilt nicht als Unternehmer eines Bauwerks: a) wer dem Bauherrn (Grundstückseigentümer) nur Stoffe zum Bauwerk auf Grund eines Kauf- oder Werklieferungsvertrags gewährt; b) wer als Architekt, Verfertiger von Voranschlägen oder Zeichnungen, Unternehmer von Ausschachtungen nur die Vorbereitungen zum Bauwerke liefert

oder zu dessen Ausführung Dienste leistet (**RG** 63, 312; JW 06, 459[13]; SeuffA 62 Nr 83; OLG 10, 181; 12, 80; 13, 426); c) wer nicht zum Bauherrn, sondern zum Unternehmer in einem Werkvertragsverhältnis steht.

2. Über den Begriff des **Bauwerks** s. § 638 A 2. Dieser Begriff ist demnach weiter wie der des Gebäudes, umfaßt insbesondere einerseits Umbauten und Ausbesserungsbauten, andererseits auch Denkmäler, Brücken, Wegüberführungen (**RG** 56, 41).

3. Nur der persönliche **Anspruch auf die Sicherungshypothek** (§§ 1184ff.), selbstverständlich nicht schon eine Hypothek, steht hiernach dem Unternehmer eines Bauwerks als Nebenrecht zu seinem Anspruch auf die Vergütung zu. Um diesen Anspruch zu verwirklichen, also die Eintragung der Sicherungshypothek zu erwirken, hat der Unternehmer die Einwilligung des Bestellers zur Eintragung oder, wenn ihm diese verweigert wird, zweckmäßigerweise im Wege der einstweiligen Verfügung die Eintragung einer Vormerkung nach §§ 883, 885 BGB und §§ 916, 936 ZPO herbeizuführen, welche Vormerkung die Glaubhaftmachung einer Gefährdung des Anspruchs nicht erfordert, für die später einzutragende Hypothek und deren Rang maßgebend ist und im Falle einer Veräußerung des damit belasteten Grundstücks auf den neuen Erwerber mit übergeht. — Zu den zu sichernden Forderungen aus dem Vertrage gehören neben dem Anspruch auf die Vergütung auch die in § 647 A 2 erwähnten. — Bei Abtretung der Forderung aus dem Werkvertrage geht (vgl. § 401) auch der Anspruch auf die Einräumung einer Sicherungshypothek auf den neuen Gläubiger über (OLG 6, 84; 12, 82; 17, 426; a. M. OLG 4, 46).

4. Nur an dem Baugrundstücke des **Bestellers** kann die Sicherungshypothek eingetragen werden; die Eintragung ist also ausgeschlossen, wenn das Grundstückseigentum zur Zeit der verlangten Hypothekbestellung bereits in andere Hände übergegangen ist. Ist der Besteller eine offene Handelsgesellschaft, so kann die Sicherungshypothek auch dann verlangt werden, wenn das Baugrundstück nicht der Gesellschaft, sondern einem Gesellschafter gehört (OLG 34 47; SeuffA 63 Nr 257). — Der Anspruch auf Eintragung einer Sicherungshypothek umfaßt das ganze Baugrundstück, auch seine unbebauten Teile, und darf nicht durch willkürliche Teilung des Grundstücks zum Nachteil des Unternehmers geschmälert werden. Wird der bebaute Teil abgetrennt und auf ein besonderes Grundbuchblatt übertragen, so kann die Eintragung der Sicherungshypothek auch auf den unbebauten, nunmehr ein selbständiges Grundstück bildenden Teil verlangt werden, solange dieser Teil in der Hand des Bestellers bleibt (OLG 36 82; a. M. OLG 12, 83).

5. Der Anspruch auf **Eintragung der Sicherungshypothek** kann hiernach nicht schon nach Abschluß des Werkvertrags, sondern erst nach gänzlicher oder teilweiser Ausführung der danach zu leistenden Arbeit geltend gemacht werden (**RG** JW 04, 449[4]). Diese Voraussetzung gilt auch für eine etwaige Vormerkung zur Sicherung des Anspruchs auf die Hypothek (**RG** 58, 301); die Bestimmung in § 883 Abs 1 BGB, wonach die Eintragung einer Vormerkung auch zur Sicherung eines künftigen oder eines bedingten Anspruchs zulässig ist, findet keine Anwendung, da hier nach besonderer Gesetzesvorschrift von der Sicherungshypothek nur insoweit die Rede sein kann, als die Arbeit am Bauwerk geleistet und durch deren Mehrwert dem Unternehmer ein Sicherungsobjekt geboten ist (Prot 2, 326).

Daraus, daß den Bauhandwerkern der erforderliche Schutz erst nach Ausführung ihrer Arbeiten gewährt wird, zu dieser Zeit aber der Grundstücks- und Bauwerkswert vielfach durch andere, vorgehende Hypotheken erschöpft sein kann, ergibt sich, neben der Beschränkung auf das Gebiet des Werkvertrags, die Unzulänglichkeit der Gesetzesvorschrift. Zu ihrer Ergänzung ist daher durch das **Reichsgesetz über die Sicherung der Bauforderungen v. 1. 6. 09** (RGBl 449ff.), abgesehen von den in seinem ersten Abschnitt enthaltenen allgemeinen Sicherungsmaßregeln, in seinem zweiten Abschnitt für das Gebiet der durch landesherrliche Verordnung bestimmten Gemeinden im Falle eines Neubaues (wozu auch ein Ersatzbau, nicht aber auch ein Umbau oder ein Ausbesserungsbau gehört) eine erweiterte dingliche Sicherung der Bauforderungen eingeführt worden. Diese besteht im wesentlichen darin, daß bereits vor dem Beginne des Baues auf Ersuchen der Baupolizeibehörde auf dem Grundbuchblatte der Baustelle ein sog. Bauvermerk eingetragen wird. Mit der Eintragung erwerben die Baugläubiger, d. h. die an der Herstellung des Gebäudes auf Grund eines Werk-, Dienst- oder Lieferungsvertrags mit dem Eigentümer der Baustelle (unter Umständen auch mit einem dritten Unternehmer, §§ 18, 19 des Gesetzes) Beteiligten (also nicht nur Unternehmer im Sinne des § 648; s. oben A 1) den persönlichen Anspruch auf Eintragung einer Hypothek für ihre Bauforderungen. Behufs Durchführung dieser Eintragung haben sie nach Vollendung des Baues und vor dessen Ingebrauchnahme binnen einer Ausschlußfrist von einem Monat nach Veröffentlichung der Fertigstellung (§ 22) ihre Bauforderungen unter Beifügung einer schriftlichen Zustimmung des Eigentümers oder einer die Anmeldung gegen den Eigentümer zulassenden einstweiligen Verfügung des zuständigen Amtsgerichts bei dem Bauschöffenamte (einer neu zu bildenden Behörde) anzumelden. Unter Vermittlung des Bauschöffenamts wird sodann vom Grundbuchamte wegen der sämtlichen angemeldeten Bauforderungen, jedoch unter Angabe der den einzelnen Baugläubigern zustehenden, unter sich gleichen Rang habenden Teilbeträge, eine als Bauhypothek zu bezeichnende Sicherungshypothek eingetragen, deren Rang anderen Rechten gegenüber sich nach der früheren Eintragung des Bauvermerks bestimmt. Durch diese Vorschriften des Gesetzes vom 1. 6. 09 wird das durch § 648 begründete Recht des beim Bau beteiligten Werkunternehmers an sich nicht berührt. Der Anspruch auf die Sicherungshypothek des § 648 oder auf deren Vormerkung wird vor allem in dem Falle von praktischer Bedeutung bleiben, wo der Bauvermerk für den betr. Bezirk durch landesherrliche Verordnung nicht eingeführt ist (§ 9 Abs 1 des angef. Ges.), sodann auch da, wo er wegen vorliegenden Um- oder Reparaturbaues (§ 9 Abs 1 Satz 1) oder wegen Sicherheitsbestellung durch Hinterlegung seitens des Grundstückseigentümers (§ 12 Abs 1) oder wegen der persönlichen Haftung gewisser Grundeigentümer (§ 12 Abs 2) oder mangels einer wirksamen Anmeldung eines Baugläubigers (§ 27) nicht durchgeführt wird.

§ 649

[1]) **Der Besteller kann bis zur Vollendung des Werkes jederzeit den Vertrag kündigen. Kündigt der Besteller[2]), so ist der Unternehmer berechtigt, die vereinbarte Vergütung zu verlangen; er muß sich jedoch dasjenige anrechnen lassen, was er infolge der Aufhebung des Vertrags an Aufwendungen erspart oder durch anderweitige Verwendung seiner Arbeitskraft erwirbt oder zu erwerben böswillig unterläßt[3]).**

E I 578 II 584; M 2 502—506; P 2 335.

1. **Das Kündigungsrecht der Vertragsparteien** ist beim Werkvertrag abweichend vom Dienstvertrag (§ 626) geregelt. Der Unternehmer kann, abgesehen von § 643 (vgl. ferner Kündigungsrecht des Ehemanns § 1358), überhaupt nicht, auch nicht bei der Geschäftsbesorgung nach § 675, der Besteller aber bis zur Vollendung (nicht bis zur Abnahme) beliebig und ohne Angabe von Gründen (**RG** 86, 107) kündigen. Diese Kündigung hat zur Folge, daß der Vertrag für die Zukunft aufgehoben ist, der Unternehmer aber den Anspruch auf die Gegenleistung behält, während ihm ein Anspruch auf Schadensersatz wegen Nichterfüllung nicht zusteht (**RG** Gruch 51, 946; **RG** 14. 6. 19 V 53/19; OLG 39, 164). Der Anspruch auf Entschädigung nach § 642 für die Zeit bis zur Kündigung des Bestellers bleibt unberührt (§ 642 A 4). Ist die Vergütung nicht in einer Pauschsumme, sondern nach Maßgabe der zur Herstellung erforderlichen Einzelleistungen bestimmt, so kann er seinen Anspruch in Anlehnung an die Einzelleistungen begründen (**RG** 30. 4. 07 VII 304/06). Die Kündigung eines Vertrags bezweckt die Beendigung des Vertragsverhältnisses; sie liegt nur dann vor, wenn der Kündigende sich endgültig und vollständig vom Vertrage lossagen will. Erklärt der eine Teil, daß er die früher entrichteten Preise, z. B. für die Abfuhr seiner Fabrikate, nicht mehr zahlen und nur zu bestimmten herabgesetzten Preisen fahren lassen wolle, so kann darin noch keine Kündigung gefunden werden; wohl aber ist darin eine Erfüllungsweigerung zu sehen (**RG** Warn 1911 Nr 23). Entsprechende Anwendung des § 649 im Falle einer Geschäftsbesorgung nach § 675 s. **RG** 107, 136. — Der Besteller kann auf das ihm nach § 649 zustehende Kündigungsrecht im voraus verzichten, auch stillschweigend, was nach den Umständen des Falles zu beurteilen ist (**RG** 86, 107; 92, 168; **RG** LZ 1926, 1004[3]). Durch die Eröffnung des Konkurses über das Vermögen des Unternehmers wird das Kündigungsrecht des Bestellers nicht aufgehoben (**RG** JW 1911, 770[36]).

2. **Neben dieser Kündigung** bleiben die allgemeinen Endigungsgründe der Schuldverhältnisse bestehen, so die nachträglich eintretende Unmöglichkeit der Leistung. Diese tritt insbesondere mit dem Tode des Unternehmers ein, wenn es auf dessen persönliche Leistungsfähigkeit ankommt. Je nachdem die Unmöglichkeit auf einem zufälligen Ereignis oder auf einem von dem Unternehmer zu vertretenden Umstande beruht, bleibt der Besteller nur von der Entrichtung der Vergütung befreit oder erlangt er darüber hinaus nach § 325 noch einen Schadensanspruch gegen den Unternehmer. Abgesehen von dem obenerwähnten Falle (persönliche Ausführung durch den Unternehmer) ist der Tod des Unternehmers ohne Einfluß, ebenso auch der Tod des Bestellers, sofern nicht etwa auch dessen persönliche Mitwirkung zur Ausführung des Werkes unerläßlich ist. Hat der Werkvertrag eine Geschäftsbesorgung nach § 675 zum Gegenstande, so liegt im Falle des Todes des Unternehmers dessen Erben die Anzeige- und Besorgungspflicht des § 673 ob. — Wegen eines die Erreichung des Vertragszwecks gefährdenden Verhaltens des Unternehmers (z. B. der Unternehmer beleidigt oder belästigt während seiner zur Werkleistung erforderlichen Anwesenheit in den Geschäftsräumen des Bestellers dessen Angestellte) kann der Besteller nach allgemeinen Grundsätzen kündigen, ohne daß der Unternehmer für den noch ausstehenden Teil seiner Leistung die vereinbarte Vergütung verlangen könnte (**RG** 12. 10. 17 VII 177/17).

3. Der **Anspruch des Unternehmers** geht im Falle der Kündigung nach § 649 grundsätzlich auf die volle Vergütung (§ 634 A 2; § 632). Gegebenenfalls ermäßigt sich aber der Anspruch durch die Anrechnungspflicht. Ihr Wesen besteht nicht darin, daß dem Besteller ein Gegenrecht gewährt wird, auf das die Grundsätze der Aufrechnung entsprechend anwendbar wären. Dem Besteller erwächst infolge seiner Aufkündigung kein selbständiger, zur Aufrechnung geeigneter Anspruch auf Gewährung des vom Unternehmer ersparten Betrags; vielmehr ist die Anrechnungspflicht des Unternehmers so zu verstehen, daß der trotz der Aufkündigung an sich fortbestehende Anspruch auf die Vergütung um den ersparten Betrag von selbst gemindert wird. Eine ungerechtfertigte Bereicherung des Unternehmers soll ausgeschlossen werden. Er soll nicht mehr erhalten, als er gehabt haben würde, wenn er die von ihm geschuldete Gegenleistung gewährt hätte. Es handelt sich um ein ähnliches Rechtsverhältnis wie die Vorteilsausgleichung (A 5 vor § 249). Nur braucht, anders als bei Schadensersatzansprüchen, ein innerer ursächlicher Zusammenhang des anderweit erlangten Erwerbs mit dem Verhalten des Bestellers nicht vorzuliegen; anzurechnen ist vielmehr jeder Verdienst, auch ein zufällig erlangter oder erlangbar gewesener (**RG** 13. 12. 21 VII 79/21). Die Anrechnung macht sich hiernach ohne weiteres mit rückwirkender Kraft geltend; sie bildet ein Ermäßigungsrecht, das sich von selbst aus dem Werkvertrag ergibt (**RG** 74, 197). Die Voraussetzungen der Anrechnung darzulegen, ist Sache des Bestellers. Über böswilliges Unterlassen andern Erwerbs s. § 615 Abs 4 und **RG** 22. 12. 05 VII 8/05. — Da der Unternehmer mit der erwähnten Einschränkung Anspruch auf die ganze vereinbarte Vergütung hat, darf der Besteller selbstverständlich das Werk, soweit es hergestellt ist, einschließlich der in das Werk verwendeten oder sonst in sein Eigentum übergegangenen Stoffe behalten. Auf Stoffe, die für das Werk bestimmt, aber noch nicht verwendet sind, hat er selbst dann keinen Anspruch, wenn sie, z. B. bei einem Bauwerk, zum Zwecke der Verwendung auf das Grundstück des Bestellers gebracht worden sind, also schon in seinem Besitze sich befinden (**RG** 104, 93). — Über die Anwendung der Abgeltungsverordnung v. 4. 12. 19 (Vorbem 5 vor § 631) auf Ansprüche des Unternehmers im Falle des § 649 s. **RG** JW 1922, 622[1].

§ 650

Ist dem Vertrag ein Kostenanschlag zugrunde gelegt worden, ohne daß der Unternehmer die Gewähr für die Richtigkeit des Anschlags übernommen hat, und ergibt sich, daß das Werk nicht ohne eine wesentliche Überschreitung des Anschlags ausführbar ist, so steht dem Unternehmer, wenn der Besteller den Vertrag aus diesem Grunde kündigt, nur der im § 645 Abs 1 bestimmte Anspruch zu[1]).

Ist eine solche Überschreitung des Anschlags zu erwarten, so hat der Unternehmer dem Besteller unverzüglich Anzeige zu machen[2]).

E II 585; M 2 503, 504; P 2 335.

1. **Überschreitung des Kostenanschlags.** Die Vorschrift findet Anwendung, gleichviel, wer den Kostenanschlag hergestellt hat, vorausgesetzt nur, daß er dem Vertrag zugrunde gelegt worden ist. Der Unternehmer bleibt auch in diesem Falle zur Ausführung verpflichtet (§ 631 Abs 1), hat aber auf angemessene oder taxmäßige Vergütung Anspruch (§ 632), wenn er nicht — was nach den Umständen des Falles durch Vertragsauslegung nach § 157 festzustellen ist — Gewähr für die niedrigere Anschlagssumme übernommen hat, in welchem Falle er den Schaden trägt (OLG 22, 314). Nur der Besteller kann auf Grund des § 649 das Kündigungsrecht ausüben. Wenn er hierbei die Überschreitung des Anschlags als Kündigungsgrund bezeichnet oder doch diese nachweisbar den Kündigungsgrund bildet, verwandelt sich der Anspruch des Unternehmers auf volle Vergütung (§ 649) in den Anspruch auf teilweise Vergütung und Ersatz der Auslagen nach § 645 Abs 1 Satz 1. Ein Verschulden des Unternehmers wird hierbei nicht vorausgesetzt. Liegt ein solches vor, so gelten die allgemeinen Grundsätze (§§ 276 ff., 286 ff., 325).

2. **Unterlassung dieser Anzeige** begründet die Schadensersatzpflicht des Unternehmers, die indessen wegfällt, wenn der Besteller bereits in anderer Weise Kenntnis von der zu erwartenden Anschlagsüberschreitung erlangt hat.

§ 651

[1]) **Verpflichtet sich der Unternehmer, das Werk aus einem von ihm zu beschaffenden Stoffe herzustellen, so hat er dem Besteller die hergestellte Sache zu übergeben und das Eigentum an der Sache zu verschaffen**[2]). **Auf**

einen solchen Vertrag finden die Vorschriften über den Kauf Anwendung[3]); ist eine nicht vertretbare Sache herzustellen[4]), so treten an die Stelle des § 433, des § 446 Abs 1 Satz 1 und der §§ 447, 459, 460, 462 bis 464, 477 bis 479 die Vorschriften über den Werkvertrag mit Ausnahme der §§ 647, 648.

Verpflichtet sich der Unternehmer nur zur Beschaffung von Zutaten oder sonstigen Nebensachen, so finden ausschließlich die Vorschriften über den Werkvertrag Anwendung[5])[6]).

E I 568 Abs 1, 2 Satz 1 II 586; M 2 474 ff.; P 2 337 ff.

1. § 651 enthält die Bestimmungen über den im Verkehrsleben wichtigen **Werklieferungsvertrag,** welche, teilweise abweichend von dem früheren gemeinen Rechte und von HGB § 381 Abs 2, eine für die praktische Handhabung keineswegs leichte und einfache Fassung erhalten haben. Ein solcher Vertrag liegt dann vor, wenn sich der Unternehmer verpflichtet, das Werk aus einem von ihm zu beschaffenden Stoffe (z. B. auch ein Gebäude auf einem vom Unternehmer zu beschaffenden Grundstück und aus den von ihm zu beschaffenden Stoffen, RG 94, 128) herzustellen. Dies gilt indessen (außer dem in Abs 2 ausdrücklich hervorgehobenen Falle der „Zutaten und Nebensachen") dann nicht, a) wenn der Unternehmer das Werk zwar aus dem von ihm zu beschaffenden Stoffe, aber auf dem Grund und Boden des Bestellers (§ 94) herzustellen hat (RG 12. 10. 20 VII 131/19), oder b) wenn jede Partei wesentliche Stoffbestandteile zu dem herzustellenden Werke beizutragen hat. In beiden Fällen liegt ein reiner Werkvertrag vor, im ersteren insbesondere von der im § 648 vorausgesetzten Eigenart. — Übernahme der Ausführung und Einbauung einer Treppenanlage für einen Bau des Bestellers ist Werk-, nicht Werklieferungsvertrag (RG 97, 87). Lieferung einer Schaufensterbeleuchtung als ein aus Werklieferung (Lieferung der Beleuchtungskörper) und Werkvertrag (Anbringung der Beleuchtungskörper) gemischter Vertrag s. OLG 33, 260. — Übernimmt es der Verkäufer einer Sache, diese für eine bestimmte Zweckbestimmung besonders herzurichten, so handelt es sich nicht mehr um einen reinen Kaufvertrag, mag auch die Vergütung für die Umarbeitung in dem Kaufpreise mitenthalten sein. Vielmehr liegt ein Werkvertrag vor, soweit es sich für die Umarbeitung handelt. Es greift also § 651 Abs 1 Platz (RG Warn 1910 Nr 16). Kauf eines Kraftwagens mit der Zusicherung, die Betriebsfähigkeit herzustellen, als unselbständiger Nebenleistung s. RG Gruch 67, 311. — Über den Einfluß der durch den Weltkrieg und die ihm folgende staatliche Umwälzung bewirkten Veränderung der wirtschaftlichen Verhältnisse auf Werk- und Werklieferungsverträge s. § 631 A 3. Der Besteller eines Werkes hat keinen Anspruch darauf, daß der Unternehmer die zur Ausführung des Auftrags angeschafften Rohstoffe dauernd für diesen Zweck bereithält. Daher ist bei der Frage, ob dem Unternehmer wegen veränderter Umstände die Erfüllung noch zuzumuten sei, auf die inzwischen eingetretene Preissteigerung zu seinen Gunsten auch dann Rücksicht zu nehmen, wenn der Unternehmer die Rohstoffe schon vor dem Kriege angeschafft, dann aber anderweit verwendet hat (RG 106, 327).

2. Für den **eigentlichen Werklieferungsvertrag** gilt zunächst in jedem Falle der Grundsatz, daß der Unternehmer dem Besteller die herzustellende Sache zu übergeben und das Eigentum daran zu verschaffen hat wie beim Kaufvertrage. Dabei ist die Frage, wann die Herstellung so weit vorgeschritten ist, daß man von einer „hergestellten" Sache sprechen kann, deren Übergabe der Besteller verlangen kann, im einzelnen Falle nach Treu und Glauben mit Rücksicht auf die Verkehrssitte zu beantworten. Daß das Werk bereits völlig dem Vertrage entspreche, ist nicht zu fordern (RG 30. 5. 24 III 98/23). Im übrigen ist zu unterscheiden, ob den Gegenstand des Vertrags eine vertretbare oder eine nicht vertretbare Sache (§ 91) bildet.

3. Die Bestimmungen über den Kauf (§§ 433 ff.) kommen in vollem Maße zur Anwendung, wenn den Gegenstand des Werklieferungsvertrags **eine vertretbare Sache bildet.** Der Anspruch des Bestellers geht also hier in letzter Linie nicht auf Stoffbeschaffung und Herstellung, sondern auf Übergabe der hergestellten Sache; die vertragsmäßige Herstellung ist insoweit nur Gewähr einer zugesicherten Eigenschaft. Der Anspruch des Unternehmers geht auf Zahlung der vereinbarten Vergütung und Abnahme der hergestellten Sache. Unter Abnahme ist dabei nach § 433 Abs 2 die äußerliche Hinnahme, nicht eine Annahme als Erfüllung wie nach § 640 zu verstehen. Bei Sachmängeln gelten nicht die §§ 633 ff., sondern die §§ 459 ff.; insbesondere kann der Besteller nicht Nachbesserung, sondern nur Lieferung eines anderen Stückes (§ 480), Wandelung, Minderung oder Schadensersatz verlangen. Die Frage, ob bei der Lieferung einer vertretbaren Sache nicht wenigstens eine entsprechende Anwendung der §§ 642, 643, 645 stattfinden könne, erscheint gegenüber der ausdrücklichen Fassung des § 6 5 („die Vorschriften über den Kauf") nicht zweifellos, ist aber mit der herrschenden Ansicht zu bejahen. S. auch unten A 4b. — Ob der Vertrag auf die Herstellung vertretbarer oder nicht vertretbarer Sachen gerichtet ist, muß vom Standpunkte des Vertrags aus, nicht nach dem einseitigen Zwecke des Bestellers, entschieden werden (**RG** LZ 1915, 1370[6]). Ist eine Menge gleichartiger Gegenstände herzustellen und zu liefern, die, wie jede Handelsware, an beliebige Personen verkauft werden sollen, so liegt ein Vertrag über vertretbare Sachen auch dann vor, wenn die Gegenstände nach einem den Angaben des Bestellers entsprechenden Muster anzufertigen sind und der Besteller ein Schutzrecht für den Grundgedanken der Konstruktion durch Weiterveräußerung auszunutzen beabsichtigt (**RG** 19. 2. 18 II 375/17). Die Vertretbarkeit der erst herzustellenden Sache wird nicht beeinträchtigt durch die Ausbedingung einer besonderen Eigenschaft, z. B. der Leistungskraft von 120 Elementen für eine Akkumulatorenbatterie (**RG** 9. 3. 06 II 473/05). Ein Vertrag über eine Maschine kann je nach Verschiedenheit des Falles bald eine vertretbare, bald eine nicht vertretbare Sache zum Gegenstande haben. Als vertretbare Sachen erscheinen Maschinen, wenn es sich um Maschinen bekannter, gewöhnlicher Art und üblicher Beschaffenheit handelt (**RG** LZ 1915, 1370[6]). Dagegen ist eine Maschine als nicht vertretbare Sache anzusehen, wenn ihr eine auf die Betriebsverhältnisse des Abnehmers berechnete besondere Ausgestaltung gegeben ist, so daß die Ersetzbarkeit der Maschine wegen dieser eigenartigen Gestaltung durch eine andere der nämlichen Gattung nach der Anschauung des regelmäßigen Verkehrs nicht mehr bejaht werden kann, auch die Veräußerung an andere Abnehmer aus dem angeführten Grunde erheblich erschwert ist (**RG** JW 1913, 27[14]). Der Umstand, daß eine Maschine erst nach Bestellung anzufertigen ist, schließt ihre Vertretbarkeit nicht aus, jedenfalls dann nicht, wenn der Besteller das Gewicht nicht auf die Anfertigung durch den anderen Teil, sondern auf die Lieferung einer Maschine der bestellten Art überhaupt legt (**RG** 16. 4. 01 VI 82/01; 31. 3. 03 II 444/02; 15. 3. 04 VII 499/03). Sachen, die nach Preisverzeichnissen verkauft werden, sind in der Regel vertretbar; doch können Abweichungen nicht nebensächlicher Art die Unvertretbarkeit begründen (OLG 34, 49). Kraftdroschke als vertretbare Sache OLG 28, 196. Grabmal als nicht vertretbare Sache OLG 41, 121. Ein Vertrag auf Lieferung eines „Wohnsalons" nach ausgestelltem Muster ist ein Werklieferungsvertrag, der die Herstellung eines Inbegriffs nicht vertretbarer Sachen zum Gegenstande hat (**RG** 23. 6. 08 III 616/07). Um nicht vertretbare Sachen handelt es sich bei der Lieferung eines vom Unternehmer nach Angaben des Bestellers herzustellenden kunstgeschnitzten Bücherschranks (**RG** 107, 339); bei der Lieferung eines nach bestimmten Maßen vereinbarungsgemäß angefertigten Pokertisches (**RG** Warn 1923 Nr 8); bei der Lieferung einer nach einer bestimmten Zeichnung anzufertigenden Speisezimmereinrichtung (LZ 1925, 329[1]); ebenso wenn Zahnärzte künstliche Zahnersatzstücke (Gebisse, einzelne Zähne) liefern (**RG** 95, 322). — Nach bestimmten Bauvorschriften und Zeichnungen herzustellende, unter sich verschiedene Dampfer sind als nicht vertretbare Sachen anzusehen (**RG** 15. 3. 04 VII 499/03). Lieferung von Herden zu einem bestimmten Neubau, ohne nähere Individualisierung, ist Lieferung vertretbarer Sachen, die Aufstellung und Installation nur Nebenleistung (**RG** LZ 08, 68[2]).

4. Auf den **Werklieferungsvertrag über eine nicht vertretbare (bewegliche oder unbewegliche) Sache** finden sowohl Vorschriften über den Kauf, als solche über den Werkvertrag Anwendung. a) Beseitigt sind zunächst von den Vorschriften des Kaufvertrags die in § 651 Abs 1 ausdrücklich angeführten; § 433: Verpflichtung des Verkäufers einer Sache zur Übergabe und Eigentumsverschaffung, des Käufers zur Zahlung des Kaufpreises und zur Abnahme der Sache; §§ 446 Abs 1 Satz 1, 447: Übergang der Gefahr auf den Käufer im Falle der Übergabe und im Falle der Versendung (zu § 447 s. jedoch § 644 Abs 2 und unten b); §§ 459, 460, 462—464: Haftpflicht des Verkäufers für Fehler der Kaufsache, sofern der Käufer die Fehler nicht beim Kaufabschlusse kennt; Gewährleistungsansprüche des Käufers wegen Mängel der Kaufsache: Wandelung, Minderung oder Schadensersatz, Ausschluß der Ansprüche bei vorbehaltsloser Annahme der Sache seitens des Käufers mit Kenntnis vom Mangel. Für nicht anwendbar sind auch erklärt die §§ 477—479: Verjährung der Gewährleistungsansprüche und durch rechtzeitige Mängelanzeige herbeizuführende Erhaltung des Rechtes des Käufers auf gänzliche oder teilweise Verweigerung der Kaufpreiszahlung und des Rechtes zur Aufrechnung des Schadensanspruchs auch nach Vollendung der Verjährung. Da aber an die Stelle der erwähnten Vorschriften diejenigen über den Werkvertrag treten sollen (s. unten), mit ihnen auch § 639, der seinerseits in Abs 1 wieder den § 477 Abs 2, 3 und die §§ 478, 479 für entsprechend anwendbar erklärt, so sind mit dem § 639 auch diese Vorschriften anzuwenden (**RG** 87, 305; 93, 158). Ebenso ist § 447 gemäß § 644 Abs 2 anwendbar. b) An die Stelle der unter a erwähnten Vorschriften über den Kauf treten „die Vorschriften über den Werkvertrag mit Ausnahme der §§ 647, 648"; zunächst also die entsprechenden, mit den aufgehobenen Bestimmungen gleichartigen, insbesondere § 631: Verpflichtung des Unternehmers zur Herstellung des versprochenen Werkes, Verpflichtung des Bestellers zur Entrichtung der vereinbarten Vergütung, wozu noch die in § 651 Abs 1 Satz 1 vorgeschriebene Erweiterung hinzutritt: Verpflichtung des Unternehmers zur Übergabe der hergestellten Sache und Verschaffung des Eigentums zugunsten des Bestellers; ferner § 632: stillschweigende Vereinbarung der Vergütung; §§ 633—636: Verpflichtung des Unter-

nehmers zur Herstellung eines fehlerfreien Werkes, beim Vorhandensein von Fehlern Gewährleistungsansprüche des Bestellers zunächst auf Beseitigung binnen angemessener Frist, bei deren fruchtlosem Ablauf auf Wandelung (d. i. Rücktritt vom Vertrage nach § 327) oder auf Minderung oder Schadensersatz (**RG** 107, 339); §§ 638, 639: Verjährung der Gewährleistungsansprüche des Käufers mit Berechnung der Frist von der Abnahme des Werkes an (**RG** 21. 12. 06 VII 149/06; JW 1910, 659[25]); §§ 640, 641 Abs 1: Verpflichtung des Bestellers zur Abnahme des vertragsmäßig hergestellten Werkes im Sinne einer Annahme als Erfüllung (nicht nur äußerliche Hinnahme, wie nach § 433 Abs 2), Einfluß seiner Kenntnis von einem vorhandenen Mangel; weitere Verpflichtung des Bestellers zur Entrichtung der Vergütung bei der Abnahme (wogegen die Verzinsung der Vergütung nicht nach § 641 Abs 2, sondern nach § 452 eintritt); §§ 644—646: Gefahrtragung des Unternehmers bis zur Abnahme (oder Vollendung) des Werkes; Anspruch des Unternehmers auf einen der geleisteten Arbeit entsprechenden Teil der Vergütung bei gänzlicher oder teilweiser Unausführbarkeit infolge eines von dem Besteller zu vertretenden Umstandes. Außer diesen Vorschriften sind, da in § 651 allgemein „die Vorschriften über den Werkvertrag" als Ersatz für die aufgehobenen des Kaufvertrags eingeführt sind, gleichfalls anwendbar die weiteren mit den vorstehend angeführten zusammenhängenden Bestimmungen in §§ 642, 643: Verzug des Bestellers mit einer bei Herstellung des Werkes von ihm vorzunehmenden Handlung; in § 649: ausgedehntes Kündigungsrecht des Bestellers; in § 650: beiderseitige Rechte bei Überschreitung eines Kostenanschlags. c) Neben diesen Vorschriften über den Werkvertrag kommen aber bei dem Werklieferungsvertrag über nicht vertretbare Sachen auch die nach obigem Abs 1 nicht durch die Vorschriften des Werkvertrags ersetzten Vorschriften des Kaufvertrags zur Anwendung, soweit sie überhaupt auf diesen Lieferungsvertrag passen, insbesondere §§ 434—436, 439, 440, 442, 443: über die Haftung des Verkäufers für Mängel im Rechte (zu unterscheiden von Mängeln des Werkes §§ 633ff.), dagegen Nichthaftung für die Freiheit eines Grundstücks von öffentlichen Abgaben und Lasten, die zur Eintragung in das Grundbuch nicht geeignet sind; ferner § 446 Abs 1 Satz 2, Abs 2: Übergang der Nutzungen und Lasten der Kaufsache auf den Käufer; §§ 448, 449: Tragung der Kosten der Übergabe sowie der Abnahme und Versendung bei einer beweglichen Kaufsache, der Kosten der Auflassung und Eintragung bei einem verkauften Grundstück; § 450: Verpflichtung des Käufers zum Ersatze der vor der Übergabe gemachten Verwendungen des Verkäufers; § 452: Verpflichtung des Käufers zur Verzinsung des Kaufpreises; § 455: Eigentumsvorbehalt des Verkäufers einer beweglichen Sache; §§ 465—467, 469—475: Vollziehung der Wandelung und Minderung (§ 634) im einzelnen; § 476: Nichtigkeit einer die Mängelhaftung des Verkäufers ausschließenden Vereinbarung bei arglistigem Verschweigen des Mangels seitens des Verkäufers, wodurch die gleichwertige Vorschrift des § 637 gegenstandslos wird. Über die Anwendung der in § 639 Abs 1 für entsprechend anwendbar erklärten §§ 477 Abs 2, 3, 478, 479 und des in § 644 Abs 2 in Bezug genommenen § 447 s. oben a am Ende. — § 381 Abs 2 HGB unterstellt die dort bezeichneten Werklieferungsverträge nicht in jeder Hinsicht den Vorschriften über den Kauf, sondern fügt nur zu den nach § 651 anwendbaren Bestimmungen über den Kauf die der §§ 373ff. HGB (Pflicht zur unverzüglichen Untersuchung, § 377) hinzu und beläßt es im übrigen bei den Vorschriften des § 651, insbesondere auch bei der Anwendbarkeit der Verjährungsvorschriften der §§ 638, 639 (**RG** JW 1910, 659[25]).

5. Beschaffung von Zutaten und sonstigen Nebensachen seitens des Unternehmers ist zwar Stoffbeschaffung (A 1), kann aber die Anwendung der Vorschriften vom Kauf nicht begründen.

6. Durch **Vereinbarung** können die Vorschriften über den Werklieferungsvertrag **abgeändert** werden. Als eine solche Abänderung erscheint auch der sog. **unregelmäßige Werklieferungsvertrag,** wobei dem Unternehmer zwar der Stoff geliefert, aber freigestellt wird, diesen Stoff durch einen anderen (gleichartigen) zu ersetzen (M 2, 477). Die nähere Durchführung des Verhältnisses ergibt sich aus der den Umständen zu entnehmenden Parteiabsicht. Diese wird in der Regel dahin gehen, daß der Unternehmer die Gefahr des zufälligen Unterganges oder der zufälligen Verschlechterung des Stoffes zu tragen hat, aber auch über den ihm gelieferten Stoff frei verfügen kann.

Achter Titel

Mäklervertrag

1. Begriff. Im Anschluß an das HGB hat das BGB als besonderen Vertrag den Mäklervertrag aufgestellt, nach welchem der eine Teil für den anderen, ohne in dessen dauernden Diensten zu stehen, die Gelegenheit zum Abschluß eines Vertrags nachzuweisen oder einen solchen zu vermitteln, der andere Teil aber, wenn dadurch der Vertrag zustande kommt, einen

Lohn dafür zu entrichten hat. Der Mäklervertrag unterscheidet sich vom Auftrage namentlich durch die entgeltliche Tätigkeit des Mäklers, vom Dienstvertrage dadurch, daß der Mäkler seinen Lohn nur bei Herbeiführung eines bestimmten Erfolges beanspruchen kann, und vom Werkvertrage wie auch vom Gesellschaftsvertrage (**RG** JW 05, 73[7]; Warn 1919 Nr 31) dadurch, daß er zur Herbeiführung dieses Erfolges wohl berechtigt, aber in der Regel nicht verpflichtet ist (**RG** Warn 08 Nr 144). Beurteilung eines scheinbaren Kaufvertrags als Mäklervertrag s. SeuffA 77 Nr 19; einen Grenzfall zwischen Mäklervermittlung und Kommissionsgeschäft s. SeuffA 76 Nr 49. Es gehört nicht zum Wesen des Mäklervertrags, daß der Mäkler sich zu einer Tätigkeit verpflichtet (**RG** JW 1911, 758[15]) oder gar für den Erfolg seiner Tätigkeit einsteht. Die Annahme eines Mäklervertrags wird aber anderseits nicht dadurch ausgeschlossen, daß er gewisse Dienstleistungen (z. B. auch Vorarbeiten für den abzuschließenden Vertrag) übernimmt, oder daß sonstige besondere Abreden getroffen werden, die den Vertrag einem Dienst- oder Werkvertrag nähern (**RG** JW 1915, 1351[2]). Es kann sich dabei um bloße Nebenleistungen, aber auch um einen besonderen, mit dem Mäklervertrag verbundenen Nebenvertrag handeln, für den dann insbesondere § 652 Abs 2 nicht gilt. — Der Vertrag zwischen dem Mäkler und einem **Untermäkler** ist im BGB nicht besonders geregelt und nach §§ 157, 242 zu beurteilen. Aus seinem Wesen als Hilfsvertrag zur Erreichung der Ziele des Hauptmäklervertrags ergibt sich, daß gewisse Eigenheiten dieses, wie z. B. die freie Widerruflichkeit des Auftrags, auch hier gelten müssen (**RG** 88, 1). Wie der Auftraggeber des Hauptmäklers das Geschäft nicht nur deshalb abzuschließen braucht, damit dieser den Mäklerlohn verdiene, so ist auch der Hauptmäkler nicht zum Nachweise oder zur Vermittlung verpflichtet, damit der Untermäkler seinen Anteil am Lohn erhält. Der Hauptmäkler darf sich vielmehr von einer verständigen und redlichen Wahrnehmung seiner eigenen Interessen leiten lassen. Das kann unter Umständen sogar dazu führen, daß der Hauptmäkler auf den Mäklerlohn verzichtet, ohne deshalb dem Untermäkler, der vertragsmäßig einen Teil des dem Hauptmäkler zugesicherten Mäklerlohns zu beanspruchen hat, verantwortlich zu werden (**RG** JW 1918, 301[3]). Darf sich der Mäkler der Hilfstätigkeit eines Untermäklers bedienen, so muß er sich auch dessen schuldhaftes Verhalten bei Ausführung dieser Tätigkeit nach dem Grundsatze des § 278 anrechnen lassen (§§ 652 A 2a, 654 A 1). Die Tätigkeit des Untermäklers beschränkt sich aber in der Regel auf das zu vermittelnde Geschäft. Zu Erklärungen, die den Mäklervertrag unmittelbar berühren, wie z. B. zu einem Verzicht auf den dem Mäkler zustehenden Lohn, ist er ohne besondere Ermächtigung nicht berechtigt (**RG** 15. 11. 19 V 220/19). — Das Bestehen eines Mäklerverhältnisses schließt, unbeschadet des § 654, vertragliche Beziehungen des Mäklers zum Vertragsgegner seines Auftraggebers nicht aus. Empfiehlt z. B. der vom Darlehnsucher beauftragte Mäkler dem zu seiner Kundschaft gehörigen Darlehnsgeber das Geschäft als sicher, so ist er diesem zur Offenlegung der wesentlichen Verhältnisse des Darlehnsuchers vertraglich verpflichtet (**RG** 26. 5. 19 VI 97/19). Vgl. auch § 654 A 2.

2. Geltungsbereich. Die Vorschriften über den Mäklervertrag erstrecken sich nicht auf die im HGB §§ 84ff. geregelten, im übrigen nach den Grundsätzen des Dienstvertrags (§ 611 A 4) zu beurteilenden Verhältnisse der Handlungsagenten, der ständig betrauten Geschäftsvermittler im Handelsverkehr (vgl. **RG** 95, 134), und nicht auf die im HGB §§ 93ff. behandelten Verhältnisse der Handelsmäkler, der nicht ständigen Vermittler von Verträgen über Anschaffung oder Veräußerung von Waren oder Wertpapieren, über Versicherungen, Güterbeförderungen, Bodmerei, Schiffsmiete oder sonstige Gegenstände des Handelsverkehrs. Dagegen finden die Vorschriften des BGB Anwendung auf den Nachweis oder die Vermittlung anderer als der in § 93 Abs 1 HGB bezeichneten Geschäfte, insbesondere auf die Vermittlung von Geschäften über unbewegliche Sachen, auch wenn die Vermittlung durch einen Handelsmäkler geschieht (HGB § 93 Abs 2). Die genannten Vorschriften gelten ferner für den Nachweis oder die Vermittlung von Darlehns- und Hypothekengeschäften, von Eheschließungen, von Mietverträgen, sowie von Dienst-, insbesondere Gesindeverträgen. Die besonderen Vorschriften der Gesindeordnungen sind aufgehoben (Vorbem 2a vor § 611). — Ob die Tätigkeit des Mäklers eine gewerbsmäßige ist oder nicht, macht für die Anwendbarkeit der §§ 652ff. keinen Unterschied (**RG** 27. 11. 08 III 143/08); im Falle der Gewerbsmäßigkeit greifen aber die Vorschriften der GewO §§ 34 Abs 1, 35 Abs 3, 38 und für gewerbsmäßige Stellenvermittler einschließlich der sog. Gesindevermieter die Bestimmungen des die GewO ergänzenden, seit dem 1. Oktober 1910 geltenden Stellenvermittlergesetzes v. 2. 6. 10, RGBl 860 (über das Verhältnis zur GewO s. §§ 14, 19) sowie die etwaigen landespolizeilichen Vorschriften ein. Durch § 48 des Arbeitsnachweisgesetzes v. 22. 7. 22 (RGBl. 657) wurde die gewerbsmäßige Stellenvermittlung vom 1. 1. 1931 ab überhaupt verboten; schon vorher sollte eine neue Erlaubnis zu diesem Gewerbebetrieb nicht mehr erteilt, eine bestehende nicht verlängert oder übertragen werden, doch waren Ausnahmen vorbehalten. Durch § 70 des nämlichen Gesetzes wurden § 12 Nr 1, §§ 15—18 des Stellenvermittlergesetzes aufgehoben, während der Zeitpunkt, zu dem seine übrigen Bestimmungen außer Kraft treten, von der Reichsregierung mit Zustimmung des Reichsrats festgesetzt werden sollte. An die Stelle des Arbeitsnachweisgesetzes ist seit dem 1. 10. 27 das Gesetz über Arbeitsvermittlung und Arbeitslosenversicherung v. 16. 7. 27 (RGBl. I 187) getreten, dessen § 55 das Verbot der gewerbsmäßigen Stellenvermittlung für die Zeit vom 1. 1. 31 wiederholt und weitere dem § 48 des Arbeitsnachweisgesetzes entsprechende Vorschriften gibt. Die für die sog. *Zivilmäkler* geltenden §§ 652ff. enthalten keine erschöpfende Regelung dieses Vertragsverhältnisses; zur Ergänzung werden neben den allgemeinen Bestimmungen eintretendenfalls auch einzelne Vorschriften anderer Vertragsarten, namentlich die des dem Mäklervertrag am nächsten verwandten Werkvertrags, heranzuziehen sein. — Das BGB enthält keine besonderen Bestimmungen für den *Trödelvertrag*, der in der Übergabe einer Sache mit der Verpflichtung des Empfängers besteht, dem Geber entweder die Sache zurückzugeben oder die dabei festgesetzte Schätzungssumme zu zahlen, so daß der Empfänger die Sache selbst für diese Summe behalten oder beim Verkauf an einen Dritten den von diesem gezahlten Mehrerlös als seinen Gewinn verrechnen kann. Je nach der Sachlage werden hier ebenfalls in der Regel die Bestimmungen über den Dienst-, unter Umständen über den Werkvertrag oder auch über den Kaufvertrag anzuwenden sein.

3. Eine besondere **Form** ist für den Mäklervertrag nicht vorgeschrieben, auch nicht, wenn die Veräußerung eines Grundstücks vermittelt werden soll. Für seinen **Inhalt** gelten neben §§ 655, 656 die allgemeinen Grundsätze. Der Mäklervertrag ist insbesondere nichtig, wenn er gegen ein gesetzliches Verbot oder gegen die guten Sitten verstößt (§§ 134, 138, s. auch RVerf Art 152 Abs 2). Nichtig, weil gegen die guten Sitten verstoßend, ist eine Vereinbarung, wonach sich der Auftraggeber *allgemein* verpflichtet, Lieferungsbestellungen des durch den Mäkler ermittelten Bestellers, nicht durch andere Vermittler und auch nicht unmittelbar von dem Besteller, sondern nur durch Vermittlung des Mäklers entgegenzunehmen (RG Gruch 62, 778). *Unsittlich* kann auch die *Vereinbarung eines übermäßig hohen Mäklerlohns*, insbesondere für die Vermittlung von Kriegslieferungen, sein (RG 90, 400; 93 S. 27, 106, 207; RG Gruch 62, 778; 64 S. 120 u. 462; RG LZ 1919, 1229[8]; 1920 S. 301[8], 917[1]; RG Warn 1916 Nr 2; 1920 Nr 9, 145). Dabei genügt aber nicht jeder entfernte, nur mittelbare Zusammenhang des Mäklervertrags mit einer Heereslieferung, um die Vereinbarung eines höheren als des angemessenen Mäklerlohns als nichtig erscheinen zu lassen. Das Versprechen eines übermäßig hohen Lohnes für die Beschaffung eines Kapitals zur Vergrößerung einer Fabrik für Heereslieferungen verstößt daher nicht schon deshalb gegen die guten Sitten, weil anzunehmen ist, der Unternehmer werde den Mäklerlohn auf die späteren Heeresaufträge abzuwälzen (RG JW 1920, 138[2]). Nicht unsittlich ist es z. B. ferner, wenn dem Vermittler erst nach Abschluß des Vertrags mit der Heeresverwaltung von dem Lieferanten für die Beschaffung von Unterlieferanten ein Mäklerlohn versprochen wird, da hierdurch eine Erhöhung des von der Heeresverwaltung zu zahlenden Preises nicht mehr bewirkt wird (RG 10. 1. 20 V 350/19; 22. 9. 20 V 14/20). S. auch RG SeuffA 75 Nr 39. Die BRVO gegen Preistreiberei v. 8. 5. 18 (RGBl 395) § 1 Nr 2 stellt das Fordern, Sichgewähren- und Sichversprechenlassen übermäßiger Vergütungen für die Vermittlung von Geschäften über Gegenstände des täglichen Bedarfs und des Kriegsbedarfs sogar unter Strafe (dazu RGSt 56, 305; RGSt JW 1922, 1525[4]). Aus der nur gegen den Mäkler sich richtenden Strafbestimmung allein würde allerdings die Nichtigkeit des Mäklervertrags noch nicht zu folgern sein (vgl. auch RG 98, 293). An die Stelle jener VO v. 8. 5. 18 ist inzwischen die PreistreibereiVO v. 13. 7. 23 (RGBl I 700) getreten, und diese wieder ist durch Ges v. 19. 7. 26 (RGBl I 413) Art I Nr 1 aufgehoben worden. Das bloße Mißverhältnis zwischen Leistung und Gegenleistung (ohne Hinzutritt anderer Umstände) genügt nicht, um ein Mäklerlohnversprechen als unsittlich erscheinen zu lassen (RG Warn 1922 Nr 94). S. auch die VO gegen den Wucher bei der Vermittlung von Mieträumen v. 31. 7. 19 (RGBl 1364), geändert durch VO v. 31. 5. 20 (RGBl 1201). — Nach § 4 des Stellenvermittlergesetzes v. 2. 6. 10 (Vorbem 2) sind Verträge nichtig, durch die sich ein Arbeitnehmer oder Arbeitgeber verpflichtet, sich auch in späteren Fällen der Mitwirkung eines bestimmten gewerbsmäßigen Vermittlers zu bedienen. Dazu Gruch 76, 338; OLG 36, 87.

§ 652

[1]) Wer für den Nachweis der Gelegenheit zum Abschluß eines Vertrags oder für die Vermittelung eines Vertrags einen Mäklerlohn verspricht, ist zur Entrichtung des Lohnes nur verpflichtet, wenn der Vertrag infolge des Nachweises oder infolge der Vermittelung des Mäklers zustande kommt[2]). Wird der Vertrag unter einer aufschiebenden Bedingung geschlossen, so kann der Mäklerlohn erst verlangt werden, wenn die Bedingung eintritt[3]).

Aufwendungen sind dem Mäkler nur zu ersetzen, wenn es vereinbart ist. Dies gilt auch dann, wenn ein Vertrag nicht zustande kommt[4]).

E I 580 II 587; M 2 509 ff.; P 2 342.

1. **Der Mäklervertrag** stellt sich als ein zweiseitiger Vertrag dar, hat aber die Eigentümlichkeit, daß der Mäkler in der Regel zu einer bestimmten Tätigkeit wohl berechtigt, aber nicht verpflichtet und der Auftraggeber bis zum Zustandekommen des zu vermittelnden Vertrags zum Widerruf berechtigt ist (**RG** 101, 209). Diese Berechtigung kann jedoch, wie z. B. bei Übertragung des Alleinverkaufs eines Grundstücks, dahin beschränkt werden, daß der Auftraggeber, falls er ohne gerechten Grund bis zu einem gewissen Zeitpunkte widerrufen oder die Vermittlung einem anderen Mäkler übertragen würde, dem ersten Mäkler für den Mäklerlohn aufzukommen habe (**RG** 22, 381; **RG** JW 05, 339[9]; **RG** LZ 1922, 25[3]; **RG** 19. 11. 04 I 306/04; 2. 10. 06 III 56/06). Es ist eine Auslegungsfrage, ob die Erteilung eines festen Auftrags auf bestimmte Zeit nur den Verzicht auf Widerruf des Auftrags für diese Zeit oder auch die Verpflichtung des Auftraggebers bedeutet, weder selbst noch durch einen anderen Vermittler den Vertrag abzuschließen. Ein Rechtssatz, daß die Erteilung eines festen Auftrags für bestimmte Zeit stets oder auch nur im Zweifel eine solche Verpflichtung des Auftraggebers mitumfasse, läßt sich bei der Mannigfaltigkeit der Einzelfälle und bei der Verschiedenartigkeit der tatsächlichen Verhältnisse nicht aufstellen. Diese Auffassung entspricht auch der Rechtsprechung des Reichsgerichts (**RG** JW 05 S. 75[7], 339[9]; 1922, 1323[8]; **RG** 22, 381; 76, 361; Warn 1912 Nr 302; JW 1927, 1139[1]; vgl. auch OLG 8, 76; 22, 317; 36, 83). Gibt der Auftraggeber dem Mäkler ein Geschäft ohne bestimmte Frist „fest an die Hand", so liegt darin ein Verzicht auf den Widerruf nur für eine nach der Verkehrssitte und nach billigem Ermessen zu bestimmende angemessene Zeit (**RG** JW 1905, 339[9]; LZ 1919, 607[3]; 1922, 25[3]). Auch ein fest erteilter Auftrag kann beim Vorliegen eines wichtigen Grundes in der Person des Mäklers widerrufen werden (vgl. **RG** JW 05, 339[9]), so z. B. bei vertragswidrigem Verhalten des Mäklers (OLG 22, 322). Aus dem bloßen Verzicht auf den Widerruf folgt selbstverständlich nicht die Verpflichtung des Auftraggebers, auch im Falle des Nichtzustandekommens des Geschäfts den Mäklerlohn zu zahlen (**RG** Warn 08 Nr 143); vgl. aber A 2c a. E. — Ein Vertrag, durch den sich der Kläger gegen Entgelt verpflichtet, zur Herbeiführung eines Zwangsvergleichs zugunsten des im Konkurse befindlichen Beklagten Vergleichsvorschläge zu entwerfen, mit den Gläubigern zu verhandeln und vor allem die nötigen Geldmittel bereitzuhalten, ist kein Mäklervertrag, sondern entweder ein sog. unbenannter Vertrag oder möglicherweise ein auf Geschäftsbesorgung gerichteter Werkvertrag, auf den § 324 Anwendung findet (**RG** 2. 3. 09 III 320/08). — Zum Abschlusse des zu vermittelnden Geschäfts im Namen des Auftraggebers bedarf der Mäkler einer Vollmacht. § 85 HGB findet keine Anwendung (OLG 34, 335). Der das Geschäft nur vermittelnde Mäkler ist Dritter im Sinne des § 123 (**RG** 101, 97; vgl. auch **RG** JW 1921, 623[2]). Erklärungen des Mäklers binden den Auftraggeber, der das Geschäft selbst abschließt, regelmäßig nicht. Jedoch kann dem Mäkler, auch wenn er keine Abschlußvollmacht hat, dem Vertragsgegner gegenüber eine solche Stellung eingeräumt werden, daß der Auftraggeber Erklärungen des Mäklers an den Vertragsgegner gegen sich gelten lassen und Mitteilungen des letzteren an den Mäkler als ihm selbst zugegangen betrachten muß (**RG** 5. 6. 20 V 440/19). Wird das in Aussicht genommene Geschäft zwischen dem Auftraggeber und dem Mäkler von letzterem als selbständiger Vertragspartei abgeschlossen, so ist ein Mäklervertrag nicht zustande gekommen und ein Anspruch auf Mäklerlohn nicht begründet (**RG** SeuffA 65, 393). — Verjährung des Mäklerlohnanspruchs eines Kaufmanns, auch wenn er nur bei Gelegenheit vermittelt, nach § 196 Nr 1 und Abs 2 (SeuffA 73 Nr 115), bei gewerbsmäßiger Vermittlung auch durch einen Nichtkaufmann, nach § 196 Nr 7; sonst § 195.

2. **Voraussetzungen für den Anspruch auf den Mäklerlohn** (s. auch § 653).

a) Die **Tätigkeit des Mäklers,** welche je nach dem Inhalte des Vertrags auf den Nachweis der Gelegenheit zum Abschlusse des vom Auftraggeber bezeichneten Geschäfts oder auf dessen Vermittlung gerichtet sein muß. Der Nachweis setzt die Bekanntgabe einer dem Auftraggeber bis dahin unbekannt gewesenen Gelegenheit voraus. Daß der Mäkler eine bestimmte Person für den abzuschließenden Vertrag nachweist, ist nicht erforderlich (**RG** LZ 1925, 260[8]). Der Begriff der Vermittlung ist im Gesetz ebenfalls nicht bestimmt. Man versteht unter Vermittler eine Mittelsperson, die durch Verhandeln mit beiden Teilen einen Vertrag zustande zu bringen sucht. Es genügt daher zur Begründung des Anspruchs auf den Mäklerlohn nicht, daß der Vermittler seinem Auftraggeber mit Rat und Tat zur Seite steht, vielmehr muß er auch persönlich oder durch andere, deren er sich als Gehilfen — Unter- oder Zwischenmäkler — bedient, in eine Beziehung zum andern Teile treten und auf diesen (bewußt und mit Absicht, **RG** 21. 12. 21 V 304/21), sei es auch nur durch ein Angebot, in der Richtung auf einen Vertragsschluß einwirken (**RG** JW 1916, 738[3]; 1917, 538[6]; **RG** Gruch 64, 724; **RG** LZ 1917, 190[5]). Nicht aber ist umgekehrt erforderlich, daß der Vermittler seinem Auftraggeber mit Rat und Tat zur Seite steht und ihm zum Abschlusse des Vertrags rät. Es genügt, wenn er auf Grund des Auftrags mit dem anderen Teile verhandelt und diesen zum Vertragsschluß veranlaßt (RG Gruch 61, 642). War dem Mäkler die Vermittlung des Verkaufs von zwei Grundstücken aufgetragen, so ist der Lohn bezüglich des zweiten Grundstücks nicht schon dadurch verdient, daß der Auftraggeber dieses bei den Verhandlungen über den Verkauf des ersten Grundstücks an den vom Mäkler nur für dieses Grundstück nachgewiesenen Käufer verkauft (RG 4. 2. 22 V 308/21). „Besorgen" eines Käufers s. OLG 34, 50 A 1. — Dazu treten je nach Umständen als Nebenverpflichtungen mit der Folge einer Schadensersatzpflicht und der Verwirkung des Mäklerlohns (RGSt 41, 245; RG JW 1910, 284[15]; SeuffA 56 Nr 148) im Falle schuldhafter Verletzung: die treue und gewissenhafte, möglichst dem Interesse des Auftraggebers entsprechende Ausführung (RG 19. 4. 00 VI 65/00; 7. 1. 05 V 294/04), Bewahrung von Verschwiegenheit, Mitteilung über die wesentlichen Punkte des anzubahnenden Geschäfts (RG JW 1910, 284[15]; RG SeuffA 56 Nr 75), über die dem Mäkler bekannt gewordenen Vermögensverhältnisse der Gegenpartei (RG 7. 1. 05 V 294/04; 28. 10. 07 VI 7/07) und überhaupt über alle ihm bekannten Umstände, deren Kenntnis geeignet ist, auf die Entschließung des Auftraggebers einzuwirken, insbesondere ihn von einem nachteiligen Geschäftsabschlusse abzuhalten (RG Gruch 45, 1011; vgl. auch OLG 2, 119; 22, 320; 24, 387; 34, 53); Unterlassen unwahrer Mitteilungen über Tatsachen und Umstände, die für den Entschluß des Auftraggebers erheblich sind oder sein können (OLG 40, 330). Daher hat der Mäkler keinen Anspruch auf den vereinbarten Mäklerlohn, wenn er auch nur fahrlässig auf einen Vertrag hingewirkt hat, von dem er sich bei einiger Überlegung sagen mußte, daß er den vom Auftraggeber erstrebten Interessen im wesentlichen nicht gerecht werde (RG LZ 1920, 758[4]). Kein Anspruch des Mäklers auf Mäklerlohn besteht ferner z B., wenn er unter Verletzung der ihm obliegenden Treupflicht seinem Auftraggeber beim Ankaufe eines Hauses von dessen Schwammverdächtigkeit, die dem Mäkler bekannt war, keine Mitteilung gemacht hat (RG JW 1910, 284[15]). Unter Umständen muß sich der Mäkler auch nach den Verhältnissen erkundigen, so z. B. nach der Zahlungsfähigkeit des anderen Teiles (RG Recht 1911 Nr 1924; OLG 34, 53). Maßgebend sind dabei aber immer die tatsächlichen Verhältnisse des einzelnen Falles. Daß der Mäkler grundsätzlich verpflichtet sei, sich nach den Vermögensverhältnissen zu erkundigen und nur einen zahlungsfähigen Vertragsgegner (z. B. Käufer) beizubringen, ist nicht anzuerkennen (vgl. RG Gruch 43, 1166; 45, 1012). Bei arglistiger Täuschung über die Zahlungsfähigkeit des Vertragsgegners ist der Mäkler nach Vertrag und wegen unerlaubter Handlung (§ 826) zum Schadensersatze verpflichtet (RG LZ 1915, 522[11]). Hat sich der Mäkler erboten, einen guten ausländischen Verkäufer zu benennen, der für unverzügliche Lieferung und Möglichkeit der Ausfuhr nach Deutschland einstehe, so muß er bei Meidung der Schadensersatzpflicht sich darüber vergewissern, ob der benannte Verkäufer gut und die von ihm zu übernehmende Gewährleistung erfüllbar ist (RG 22. 1. 19 V 320/18). Nebenpflicht der Ratserteilung s. OLG 20, 219. Der Mäkler, der einen Mäklervertrag abschließen will, muß ferner seinem Auftraggeber alle Umstände mitteilen, die das Mäklerverhältnis wesentlich berühren, so auch den Umstand, daß nach dem ausgesprochenen Willen desjenigen, mit dem ein Vertrag vermittelt werden soll, ein solcher nur unter Ausschluß von Vermittlern abgeschlossen werden darf. Ein Verschweigen dieses Umstandes kann die Anfechtung des Mäklervertrags und den Verlust des Lohnanspruchs wegen Verletzung der Treupflicht begründen (RG LZ 1918, 686[1]). Schadensersatzpflicht und Verwirkung des Mäklerlohns bei pflichtwidrigem Entgegenwirken gegen das Zustandekommen eines Vertrags s. OLG 6, 87; 12 S. 85, 87. Verschulden seines Untermäklers ist dem Mäkler nach dem Grundsatze des § 278 anzurechnen. Auch der Nachweismakler muß bis zum Abschlusse des Vertrags dem Auftraggeber die Treue wahren; doch macht sein treuloses Verhalten den Lohnanspruch nicht hinfällig, wenn der Auftraggeber keinen Nachteil erleidet, vielmehr trotzdem seinen Zweck erreicht, z. B. als Verkäufer den Preis, unter dem er nicht verkaufen wollte (RG 26. 10. 21 V 147/21). — Schon beim Vorhandensein der Voraussetzung unter a und vor dem Eintritt derjenigen unter b—d kann der Anspruch auf Mäklerlohn einen Bestandteil des Vermögens des Mäklers bilden, dessen Abtretung der Gläubigeranfechtung unterliegt (RG Warn 08 Nr 510).

b) **Zustandekommen des vom Auftraggeber in Aussicht genommenen Vertrags** (RG Gruch 47, 927), insbesondere auch in der zu seiner Gültigkeit erforderlichen Form (RG 25, 319; 29, 230; RG JW 02 Beil 228; RG 26. 6. 03 III 85/03; 4. 1. 07 III 242/06) oder Anerkenntnis der Rechtsgültigkeit des Vertrags durch beide Parteien. Ist ein Mäklerlohn von 1% für Beschaffung einer Hypothek von 200000 Mark versprochen und weist der Mäkler nur eine solche von 190000 Mark nach, so kann er regelmäßig überhaupt keinen Lohn, auch keinen solchen von 1900 Mark fordern (RG 13. 2. 06 III 285/05). Doch kann im einzelnen Falle der Sinn des Lohnversprechens auch ein anderer sein. Macht der Auftraggeber dem Mäkler Angaben über den zu erzielenden Verkaufserlös, so kann dies den Zweck haben, dem Mäkler eine Grundlage für die Verhandlungen mit dem Käufer zu geben; es kann aber auch bedeuten, daß der Mäklerlohn nur bei Erzielung eines bestimmten Erlöses verdient sein soll (RG LZ 1915, 1150[17]). Der Anspruch des Mäklers wird nicht dadurch berührt, daß die Parteien selbst irrtümlich den Vertrag für nicht zustandegekommen ansehen oder sein Zustandekommen für so zweifelhaft halten, daß sie von seiner Ausführung absehen oder sich vergleichen (RG LZ 1914, 678[7]). Unerheblich ist es, wenn der abgeschlossene Vertrag von dem gewünschten in Nebenpunkten abweicht; es kommt immer nur darauf an, ob durch den Abschluß im wesentlichen das erreicht ist, was nach der Absicht des Auftraggebers erreicht werden sollte. Der Mäklerlohn darf deshalb auch nicht schon aus dem Grunde versagt werden, weil der abgeschlossene Vertrag mit dem in Aussicht genommenen in der rechtlichen Fassung nicht übereinstimmt. Entscheidend ist vielmehr in der Regel die wirtschaftliche Bedeutung des abgeschlossenen Vertrags. Ist er auch in dieser Beziehung für den Auftraggeber minderwertig, legt es z. B. dem Auftraggeber wesentlich schwerere Pflichten auf, so entfällt der Anspruch des Mäklers auf den versprochenen Lohn (RG 115, 266; RG LZ 1911, 547[27]; RG JW 1916, 1475[3]; RG Warn 1925 Nr 63; RG 1. 1. 14 III 294/13). Jedoch kann, wenn der Mäkler nicht das nach dem ursprünglichen Auftrag zu vermittelnde Geschäft, aber ein anderes zustande bringt, unter Umständen eine neue, stillschweigende Vereinbarung vorliegen und die Höhe des Lohnes nach § 653 zu bestimmen sein (RG Warn 1918 Nr 32). Ein wirtschaftlich anderes Geschäft kann z. B. auch vorliegen, wenn der Verkäufer zur Deckung des Kaufpreises an Stelle der bei Erteilung des Mäklerauftrags vorausgesetzten Kundenwechsel nur eigene Wechsel des Käufers erhält (RG 115, 266). Ist das ursprünglich in Aussicht genommene Geschäft abgeschlossen worden, aber unter wesentlich andern Bedingungen, als beim Mäklervertrage vorgesehen war, so kann der Mäkler den vereinbarten oder einen angemessenen Lohn nur dann verlangen, wenn es in der Absicht der Beteiligten lag, den Mäklervertrag auch auf diesen Fall auszudehnen; dies ist als stillschweigend vereinbart anzusehen, wenn der Auftraggeber sich die weitere Tätigkeit des Mäklers im Bewußtsein der von diesem erwarteten Entlohnung gefallen läßt und durch Abschluß des veränderten Vertrags billigt (RG 14. 2. 20 V 393/19). Ist der Mäklerlohn versprochen, falls infolge des Nachweises des Mäklers der Verkauf eines Grundstücks zustande kommt, so ist der Lohn noch nicht damit verdient, daß der Kaufliebhaber sich zur Zahlung einer entsprechend hohen Vertragsstrafe für den Fall der Ablehnung des gemachten Verkaufsantrags verpflichtete, der Nießbrauch an ihn übertragen und eine Vormerkung zur Erhaltung seines Rechtes auf Auflassung eingetragen wurde (RG JW 1911, 939[3]). Dagegen ist, wenn es sich um die Vermittlung eines Grundstücksverkaufs handelt, die Auflassung nicht erforderlich, vielmehr wird die Vergütung bereits mit dem Abschlusse des schuldrechtlichen Vertrags fällig (RG JW 06, 134[5]). Ob, wenn der Mäkler schlechthin mit dem „Verkauf" eines Grundstücks beauftragt ist, der Mäklerlohn unter allen Umständen erst mit der Vermittlung des Kaufabschlusses verdient wird, ist nach den Umständen des Falles zu beurteilen (RG Gruch 59, 120). Zur Auslegung eines Mäklervertrags, wonach der Mäklerlohn am Tage der Auflassung zu entrichten ist, s. LZ 1922, 417[1]. Die Nichtausführung des vermittelten Geschäfts läßt den Anspruch des Mäklers regelmäßig unberührt (LZ 1919, 1030[5]). S. jedoch unten. — Beim Darlehnsgeschäft ist der Mäklerlohn regelmäßig erst dann verdient, wenn der Darlehnsvertrag durch Auszahlung des Darlehns zustande gekommen ist (vgl. Vorbem 2 vor § 607; RG 39, 231), nicht schon mit dem Zustandekommen eines Darlehnsvorvertrags (RG 30. 6. 08 III 584/07). Davon kann indessen durch Vereinbarung abgewichen werden (RG Warn 1919 Nr 115). Dabei ist auf die Verkehrssitte (§§ 157, 242) und unter Kaufleuten auf die im Handelsverkehre geltenden Gewohnheiten und Gebräuche (§ 346 HGB) Rücksicht zu nehmen. Über den Handelsgebrauch des Berliner Grundstücks- und Hypothekenverkehrs, wonach die Provision für eine Hypothekenvermittlung schon dann als verdient gilt, wenn ein rechtsverbindlicher Darlehnsvorvertrag in dem Sinne geschlossen ist, daß der Geldgeber zur Hingabe, der Geldnehmer zur Annahme verpflichtet ist, s. RG JW 1912, 240[8]. Der Lohnanspruch ist namentlich auch in solchen Fällen als schon vor der Auszahlung des Darlehns begründet anzusehen, in denen es dem Auftraggeber weniger auf die sofortige Erlangung des Darlehnsbetrags als darauf ankommt, die bindende Verpflichtung eines sicheren Darlehnsgebers zu erlangen, wie z. B. beim Baugelddarlehn, das in Teilbeträgen je nach dem Fortschreiten des Baues zu zahlen ist (Vorbem 3 vor § 607). Mäklerlohn bei Verlängerung eines Darlehns s. LZ 1919, 166[4]. — Es handelt sich bei dem Zustandekommen des Vertrags nicht um eine wirkliche Bedingung, vielmehr ist kraft Gesetzes der Lohnanspruch von dem Eintritt einer bestimmten Tatsache, nämlich von dem Zustandekommen des Geschäfts abhängig (RG JW 1911, 758[15]). Der Lohnanspruch gehört aber zur Konkursmasse des Mäklers auch dann, wenn das vermittelte Geschäft erst nach der Eröffnung des Konkurses und nur der Mäklervertrag vorher abgeschlossen worden ist (SeuffA 73 Nr 149). — Kein Mäkleranspruch entsteht, wenn der Vertragsabschluß an den später vom Auftraggeber gestellten Anforderungen scheitert (RG 21. 3. 02 III 460/01); ebenso wenn eine Vermittlungstätigkeit des Mäklers durch das Verhalten des Auftraggebers (z. B. Nichtzahlung von Vorschüssen) unmöglich wird (OLG 34, 50); ferner bei Nichtigkeit des vermittelten Geschäfts oder im Falle seiner Anfechtbarkeit bei erfolgreicher Anfechtung (RG 76, 354; RG LZ 1920, 758[4]; RG SeuffA 78 Nr 75; RG 20. 12. 04 III 271/04; 18. 2. 10 III 154/09; OLG 4, 238); oder wenn die nach BRVO v. 15. 3. 18 oder nach dem preuß. Grundstücksverkehrsgesetz v. 10. 2. 23 erforderliche behördliche Genehmigung zu dem vermittelten Grundstückskaufvertrag fehlt (RG JW 1926, 2620[5]; 1927, 657[5]). Fehlen der Genehmigung des Vormundschaftsgerichts s. OLG 4, 240. Der auf Zahlung des Mäklerlohns Belangte kann sich auch darauf berufen, daß der vermittelte Vertrag durch seine eigene arglistige Täuschung zustande gekommen und deshalb mit Erfolg angefochten ist. Die replica doli generalis steht hier dem Mäkler nicht zu. Die das Zustandekommen des Vertrags bezweckende und erreichende Täuschung zielte nicht auf Vereitelung des Mäklerlohns. Ohne die Arglist des auf Mäklerlohn belangten Vertragschließenden wäre der durch sie bewirkte Vertrag überhaupt nicht vorhanden und daher ein Mäklerlohnanspruch noch gar nicht erwachsen. Die Arglist hat weder die Entstehung des Mäklerlohns verhindert noch einen schon entstandenen Lohnanspruch beseitigt (RG 76, 354). Ebenso ist der Anspruch ausgeschlossen, wenn der Mäkler seinen Auftraggeber über die Person der Gegenpartei im unklaren gelassen und dadurch die außerdem vermeidbare Zuziehung des Mäklers veranlaßt hat (RG 15. 1. 07 III 375/06). Nachträglicher Rücktritt vom vermittelten Vertrag läßt den Lohnanspruch des Mäklers auch dann unberührt, wenn der Rücktritt durch die Vertragsuntreue des Vertragsgegners begründet ist (RG 6. 3. 22 VI 662/21). — Voraussetzung für die Entstehung des Anspruchs auf den Mäklerlohn ist regelmäßig nur das Zustandekommen des Geschäfts, nicht seine **Ausführung**. Wird der Mäklerlohn ausdrücklich oder stillschweigend von der Ausführung abhängig gemacht (A 4), so ist der Auftraggeber gegenüber dem Mäkler nicht verpflichtet, diese Ausführung herbeizuführen. Er hat bezüglich ihrer ebenso freie Hand wie vorher bezüglich des Abschlusses, und der Anspruch des Mäklers ist unbegründet, wenn aus irgendeinem Grunde, sei es auch durch ein gegenüber dem Geschäftsgegner schuldhaftes Verhalten des Auftraggebers, das Geschäft nicht ausgeführt wird. Nur darf dieser (vgl. § 162) die Ausführung nicht in einer wider Treu und Glauben verstoßenden Weise, insbesondere nicht in der Absicht, dem Mäkler den Lohnanspruch zu entziehen, unterlassen oder vereiteln. Die Vorschrift des § 88 Abs 2 HGB ist auf den Mäklervertrag nicht entsprechend anzuwenden (RG 95, 134; RG JW 1916, 1585[4]; RG Warn 1922 Nr 18; RG 10. 2. 23 V 206/22; OLG 22, 320); auch dann nicht, wenn der Mäkler, ohne ständig damit betraut zu sein, mehrfach für den nämlichen Auftraggeber tätig gewesen ist (RG JW 1922, 487[9]). Doch ist eine Vertragsauslegung dahin nicht ausgeschlossen, daß der Mäklerlohn auch bei Nichtausführung des Geschäfts verdient sein solle, falls die Nichtausführung auf einem durch die Umstände nicht gerechtfertigten Verhalten des Auftraggebers beruht (RG LZ 1921, 61[7]). Ist der Anspruch auf den Mäklerlohn für die Vermittlung eines Kaufvertrags von der Bezahlung des Kaufpreises abhängig gemacht worden, so braucht der Auftraggeber nicht einen Rechtsstreit mit dem zahlungssäumigen Käufer zu führen, nur damit der Mäkler seinen Lohn erhält (OLG 34, 51). Die Vertragsbestimmung, wonach über den Mäklerlohn „pro rata nach Eingang der Fakturenbeträge" abgerechnet werden soll, kann auch als Festsetzung eines Fälligkeitstermins (nicht etwa nur als Bedingung) gemeint sein (RG 24. 1. 19 VII 336/18). Ist Zahlung des Lohnes bei Zahlung des Kaufpreises nur im Sinne einer Bestimmung über die Fälligkeit vereinbart worden, dann verliert der Mäkler seinen Anspruch nicht dadurch, daß es zur Zahlung des Kaufpreises infolge Aufhebung des Kaufvertrags nicht kommt (RG 24. 10. 24 VII 917/23). Über die Frage der Abhängigkeit des Mäklerlohns von der Ausführung bei Kriegsgeschäften s. LZ 1920, 179[4]. — Stirbt der Mäkler vor dem Zustandekommen des Geschäfts, so geht damit, da es regelmäßig auf die persönliche Tätigkeit des Mäklers ankommt, das Verhältnis aus dem Mäklervertrage zu Ende. Dagegen hebt der vor dem Zustandekommen des Geschäfts erfolgte Tod des Auftraggebers dieses Verhältnis nicht ohne weiteres auf. Wenn die Erben auf das in Aussicht genommene Geschäft in Kenntnis der Vermittlertätigkeit des Mäklers eingehen (wozu sie an sich nicht verpflichtet sind), so ist damit der Zusammenhang zwischen dieser und dem Geschäftsabschluß begründet (RG 47, 253).

c) **Herbeiführung des Geschäftsabschlusses durch die nachweisende oder vermittelnde Tätigkeit des Mäklers — ursächlicher Zusammenhang** (RG 6. 3. 06 III 205/05; 20. 3. 06 III 492/05; 8. 10. 07 III 54/07). Doch braucht, wenn es sich um den Nachweis der Gelegenheit zum Abschluß eines Vertrags handelt, der vom Mäkler gelieferte Nachweis weder die alleinige noch die hauptsächliche Ursache des späteren Abschlusses gewesen zu sein; genug, wenn er dazu überhaupt mitgewirkt hat (RG 10. 1. 01 VI 312/00; 24. 10. 02 III 260/02; 21. 2. 07 III 334/06; SeuffA 72 Nr 74). Auch genügt bei der Vermittlung eines Geschäfts die Tätigkeit des Mäklers als mitwirkende Ursache, selbst wenn er zu den weiteren Verhandlungen nicht zugezogen worden ist, und beim Geschäftsabschluß nicht er, sondern ein anderer Mäkler mitgewirkt hat, sofern nur dieser Geschäftsabschluß auf der vom erstgenannten Mäkler geschaffenen Grundlage zustande gekommen ist (RG

6, 187; RG JW 01, 90[31]; RG LZ 1915, 976[23]; RG 2. 5. 05 III 443/04; 26. 3. 07 III 280/06; 3. 12. 07 III 191/07). Der Anspruch auf den Mäklerlohn entfällt jedoch, wenn der Mäkler von einer Fortsetzung seiner Tätigkeit, die den Abschluß eines Vertrags herbeizuführen geeignet ist, seinerseits absieht und dadurch den Auftraggeber nötigt, einen anderen Mäkler beizuziehen (RG JW 1913, 685[3]). Ebenso, wenn es überhaupt erst durch die Bemühungen eines anderen Mäklers oder der Vertragsteile selbst zum Abschlusse gekommen ist (SeuffA 74 Nr 133). Steht fest, daß der Mäkler die Gelegenheit zum Abschlusse eines Vertrags nachgewiesen oder zwischen den Parteien vermittelt hat und daß nachher der Vertrag abgeschlossen worden ist, so ergibt sich der Schluß auf den ursächlichen Zusammenhang zwischen der Tätigkeit des Mäklers und dem Abschlusse des Vertrags von selbst, und es ist Sache des Auftraggebers, besondere Umstände darzutun, die den ursächlichen Zusammenhang ausschließen (RG JW 02, 282 Beil 236; RG Gruch 59, 124). Der Anspruch des Mäklers kann auch dann begründet sein, wenn die Verhandlungen längere Zeit unterbrochen waren und ohne seine Mitwirkung oder unter Mitwirkung eines anderen Mäklers zum Abschlusse eines Vertrags führten, vorausgesetzt, daß es sich nur um Fortsetzung der früheren, nicht um völlig neue Verhandlungen handelt (OLG 23, 49; 28, 199). Ferner kann das Erfordernis des ursächlichen Zusammenhangs wegbedungen werden. Doch bedarf dies einer deutlichen Erklärung, im Zweifel ist ein Vertrag mit dem Regelinhalt des § 652 anzunehmen (RG Warn 1914 Nr 118). Anderseits genügt das bloße Vorliegen eines ursächlichen Zusammenhangs zwischen der Tätigkeit des Mäklers und dem Vertragsschluß nicht, sondern der Mäkler muß sich, dem Geschäftsherrn erkennbar (s. unten d), bemüht haben, den Vertrag zustande zu bringen (RG JW 1911, 939[3]; RG 11. 10. 19 V 119/19; OLG 18, 17). Der Anspruch auf Mäklerlohn bleibt bestehen wenn der Auftraggeber arglistig, um dem Mäkler die ihm zukommende Provision zu entziehen, unter Umgehung und Hintansetzung des Mäklers den von ihm vermittelten Vertrag mit dem Dritten selbst abgeschlossen hat; ebenso wenn der Auftraggeber arglistig bewirkt, daß der zu vermittelnde Vertrag erst nach Ablauf der Frist abgeschlossen wird, auf die der Vermittlungsauftrag beschränkt ist (RG Gruch 64, 724). Der Auftraggeber haftet ferner nach § 826 auf Schadensersatz, wenn er durch unwahre Angaben den Mäkler von Vermittlungsversuchen zurückhält, um unter Ausschaltung seiner Person Geschäfte abschließen zu können (RG 29. 11. 18 III 254/18). Auch steht dem Mäkler ein Schadensersatzanspruch (nach § 826) gegen den Käufer zu, der behufs Ermäßigung des Kaufpreises den Verkäufer veranlaßt hat, unter Übergehung des von diesem zugezogenen Verkaufsmäklers den Kaufvertrag abzuschließen (RG Warn 09 Nr 142). Von einer arglistigen Ausschaltung kann aber immer nur dann gesprochen werden, wenn der Mäkler eine Tätigkeit bereits ausgeübt hat, und der Auftraggeber, ihn selbst umgehend, seine Vermittlertätigkeit sich zunutze macht. Hat sich jedoch der Auftraggeber verpflichtet, nicht selbst, sondern nur durch den Mäkler abzuschließen (vgl. A 1), so muß er sich in jedem Falle des Mäklers bedienen und ist bei Zuwiderhandlung nicht wegen arglistiger Ausschaltung des Mäklers, sondern wegen Verletzung einer Vertragspflicht schadensersatzpflichtig (RG 4. 2. 22 V 308/21). Ein allgemeiner Grundsatz des Inhalts, daß ein den Vereinbarungen mit dem Mäkler zuwiderlaufender Vertragsabschluß ohne dessen Vermittlung ohne weiteres und auf alle Fälle den Provisionsanspruch des Mäklers begründe, läßt sich jedoch nicht aufstellen. Möglich ist, daß der Auftraggeber, der dem Widerrufsrechte für bestimmte Frist entsagt, zugleich sich für den Fall des vertragswidrigen Geschäftsabschlusses ohne Vermittlung des Mäklers schlechthin zur Zahlung des Mäklerlohns verpflichten will, sei es als vertragsmäßige Gegenleistung für dessen Bereitschaft zur Tätigkeit und etwaige bereits entfaltete Tätigkeit, sei es in Form einer Vertragsstrafe (vgl. A 1). Aber ein solcher Vertragswille ist im Einzelfalle nach den jeweiligen Umständen darzutun. In der Regel hat der Bruch der Vereinbarung nur zur Folge, daß der Auftraggeber dem Mäkler schadensersatzpflichtig wird und den Zustand herzustellen hat, der bestehen würde, wenn der Auftraggeber seinen Vertrag gehalten hätte. Kann der Mäkler dann nachweisen, daß er durch seine Vermittlung den Abschluß eines Geschäfts der ihm aufgetragenen Art herbeigeführt hätte, so ergibt sich die Verpflichtung zur Zahlung des Mäklerlohns abzüglich etwaiger Unkosten. Die Annahme, daß in einem solchen Falle die Beweislast sich umkehre, ist nicht gerechtfertigt. Der Mäkler genügt seiner Beweislast, wenn er nachweist, daß er innerhalb der ihm gesetzten Frist einen zum Ankauf unter sachgemäßen Bedingungen bereiten und fähigen Vertragschließenden gestellt haben würde. Sache des Gegenbeweises für den Auftraggeber würde es sein, daß er gleichwohl mit dieser Person bei verständiger Würdigung der Sachlage (seine Laune ist nicht maßgebend) nicht abgeschlossen haben würde (RG 76, 361; RG JW 1911 S. 757[14], 758[15]; OLG 36, 83). Kein Anspruch dagegen auf Mäklerlohn, wenn die vom Mäkler nachgewiesene Gelegenheit zum Vertragsabschluß dem Auftraggeber schon bekannt war (RG 21. 2. 07 III 341/06) oder wenn der Vertragsabschluß durch einen anderen als den ursprünglich zugezogenen Mäkler auf veränderter Grundlage vermittelt wurde (RG 3. 7. 06 III 555/05; 20. 3. 08 III 434/07).

d) **Kenntnis des Auftraggebers beim Abschlusse des Vertrags mit dem Dritten von der dazu mitwirkenden Tätigkeit des Mäklers,** um danach bei Bestimmung des Kaufpreises usw. den dem Mäkler zu zahlenden Lohn berücksichtigen zu können (RG 31, 291; RG Gruch 48, 344; RG SeuffA 79 Nr 183; RG 18. 12. 03 III 258/03; 8. 11. 04 III 168/04; 24. 1. 05 III 552/04; 21. 10. 07 III 81/07; 30. 10. 08 III 38/08; OLG 12, 85). Der Auftraggeber braucht sich aber der Ursächlichkeit der Tätigkeit des Mäklers für den Abschluß nicht bewußt gewesen zu sein. Es genügt, wenn die Ursächlichkeit gegeben ist und der Auftraggeber weiß, daß der Mäkler für den Abschluß tätig war (RG 83, 32; vgl. SeuffA 78 Nr 20). Bedient sich der Mäkler zur Vermittlung eines Untermäklers (Vorbem 1 vor § 652), so muß der Auftraggeber auch wissen, daß der Untermäkler für den Mäkler tätig war. Ausnahmsweise ist eine Kenntnis der Vermittlertätigkeit dann nicht zu verlangen, wenn feststeht, daß der Auftraggeber auch bei ihrer Kenntnis nicht anders abgeschlossen haben würde (RG 68, 202; RG Gruch 59, 120).

3. Erst mit der **Erfüllung der aufschiebenden Bedingung** tritt nach § 158 die von der Bedingung abhängig gemachte Wirkung des Rechtsgeschäfts ein. Daher (unbeschadet abweichender Vereinbarung, A 4) kein Anspruch auf den Mäklerlohn bei Abschluß eines aufschiebend bedingten Rechtsgeschäfts und Ausfall der Bedingung (RG Warn 1919 Nr 205; SeuffA 72 Nr 73), es müßte denn sein, daß der Auftraggeber den Eintritt der Bedingung wider Treu und Glauben verhindert hat (RG Warn 1919 Nr 205; OLG 4, 241; 20, 215). In gleicher Weise ist der Fall zu behandeln, daß die Veräußerung eines Grundstücks behördlicher Genehmigung bedarf, diese Genehmigung aber versagt wird; der Auftraggeber ist dem Mäkler gegenüber nicht verpflichtet, auf die Genehmigung hinzuwirken (RG JW 1927, 657[5]). Anders dagegen beim Abschluß des Vertrags unter einer **auflösenden Bedingung.** Zunächst steht in diesem Falle so viel außer Zweifel, daß der Mäklerlohn mit dem Abschuß des unter einer auflösenden Bedingung eingegangenen Vertrags verdient und seine Fälligkeit nicht bis zu dem möglicherweise in weiter Ferne liegenden Zeitpunkte hinausgeschoben bleibt, wo der Nichteintritt der auflösenden Bedingung feststeht. So auch M 2, 513. Aber auch die fernere, sehr bestrittene Frage, ob nach dem Eintritte der Bedingung und des damit zusammenhängenden früheren Rechtszustandes der Mäklerlohn dem Mäkler verbleibt, wird zu bejahen sein; denn der unter der auflösenden Bedingung abgeschlossene Vertrag ist zunächst wirksam zustande gekommen und damit der Lohn verdient, hiermit aber der Mäklervertrag erledigt. Das Rechtsverhältnis zwischen Auftraggeber und Mäkler auch nach diesem Zeitpunkte noch in der Schwebe zu lassen und den Mäkler möglicherweise nach langer Zeit zur Rückzahlung des von ihm verdienten Lohnes zu verpflichten, entspricht weder der Rechtslage noch der vorauszusetzenden Absicht der Parteien. Die Sache steht vielmehr im Ergebnisse dem Falle gleich, wo der wirksam zustande gekommene Vertrag nachträglich durch Vereinbarung der Parteien oder durch Ausübung des einer von ihnen zustehenden Rücktrittsrechts rückgängig gemacht worden ist, in welchem Falle der Lohnanspruch unbestritten bestehen bleibt (RG 31. 5. 01 III 110/01; RG Warn 1919 Nr 31; RG LZ 1915, 504[4]; OLG 1 402; 20, 216; 28, 196). Diese Auffassung, die übrigens nur im Zweifel anzuwenden ist und eine abweichende Auslegung des Lohnversprechens nach den tatsächlichen Umständen des einzelnen Falles nicht ausschließt, steht auch im Einklang mit dem Wortlaute des Gesetzes, insofern dieses durch die Erwähnung der bei der aufschiebenden Bedingung eintretenden Hinausschiebung der Wirksamkeit des Lohnversprechens und durch die Nichterwähnung der auflösenden Bedingung zum Ausdruck bringt, daß bei der letzteren das Lohnversprechen alsbald mit dem Abschluß des Geschäfts voll und endgültig wirksam werden solle. Vgl. OLG 22, 320; 28 S. 196, 197; 32, 310; 34, 52; 36, 115[1]; 36, 267; LZ 1916, 628[8]; aber auch LZ 1918, 461[9].

4. So auch bei Zurückziehung des Auftrags (RG JW 02, 449[22]; OLG 4, 48). — Durch ausdrückliche oder auch stillschweigende Vereinbarung der Parteien können die Bestimmungen des § 652, namentlich auch zugunsten des Mäklers, **abgeändert** werden (RG JW 1911, 94[16]). So kann ihm ein Lohn auch für den Fall versprochen werden, daß der zu vermittelnde Vertrag nicht zustande kommt (RG JW 1911, 94[16]; LZ 1922, 595[2]), oder nur unter einer Bedingung, oder daß die aufschiebende Bedingung, unter der er abgeschlossen wird, ausfällt (RG Warn 1919 Nr 205; RG JW 1927, 657[5]; OLG 14, 30); vgl. auch OLG 40, 329: Lohnanspruch bei Vermittlung eines Kaufvertrags unter dem nicht erfüllten Vorbehalt „glücklicher Ankunft". Auch das Erfordernis des ursächlichen Zusammenhangs (A 2c) kann wegbedungen, dem Nachweismäkler z. B. der Lohn schon für die Nennung einer zum Vertragsschlusse geeigneten Person versprochen werden (RG Warn 1926 Nr 137; vgl. auch RG Warn 1914 Nr 118; LZ 1926, 390). Umgekehrt ist es zulässig, daß sein Anspruch von anderen als den gesetzlichen Voraussetzungen abhängig gemacht wird, wie z. B. von der Ausführung des zu vermittelnden Vertrags, insbesondere auch vom Eingang der bedungenen Gegenleistung (RG 115, 266; RG LZ 1915, 504[4]; 1920, 40[6]; 1921, 61[7]; RG SeuffA 78 Nr 74;

RG 8. 11. 19 V 167/19; 12. 6. 20 V 54/20 und oben A 3b). Für die Gebühren und Auslagen der Stellenvermittler s. jedoch Stellenvermittlergesetz v. 2. 6. 10 § 5 Abs 2, 3.

§ 653

Ein Mäklerlohn gilt als stillschweigend vereinbart, wenn die dem Mäkler übertragene Leistung den Umständen nach nur gegen eine Vergütung zu erwarten ist[1])[2]).

Ist die Höhe der Vergütung nicht bestimmt, so ist bei dem Bestehen einer Taxe der taxmäßige Lohn[3]), in Ermangelung einer Taxe der übliche Lohn als vereinbart anzusehen[4]).

E II 588 III 643; M 2 514; P 2 345.

1. Daß ein **Mäklerlohn** gewährt werden soll, kann ausdrücklich vereinbart sein. Fehlt eine ausdrückliche Vereinbarung, so ist nach Abs 1 zu prüfen, ob ein Lohn als stillschweigend vereinbart zu gelten hat. Ist die Gewährung eines Lohnes ausdrücklich oder stillschweigend vereinbart, aber seine Höhe nicht bestimmt, dann — aber auch nur dann — ist Abs 2 anzuwenden. § 653 findet keine Anwendung, wenn ein Mäklerlohn ausdrücklich und in bestimmter Höhe versprochen worden ist. Der Mäkler kann daher, wenn ihm ein der Höhe nach bestimmter Lohn unter einer Bedingung versprochen worden ist und die Bedingung nicht eintritt, weder den bestimmten Lohn noch eine angemessene Vergütung verlangen (RG 95, 137; RG LZ 1918, 385[17]); s. jedoch auch § 652 A 2b. Hat der mit der Vermittlung eines Vertrags beauftragte Mäkler nur die Gelegenheit zum Abschlusse eines solchen nachgewiesen, so kann er weder den versprochenen Lohn noch etwa eine Vergütung für den Nachweis nach § 653 beanspruchen (OLG 39, 207). Ebenso ist § 653 nicht anzuwenden, ein Lohnanspruch vielmehr überhaupt nicht begründet, wenn der Mäklervertrag z. B. wegen übermäßiger Höhe des vereinbarten Lohnes (Vorbem 3 vor § 652) nichtig ist (RG Warn 1920 Nr 9). Ist ein Mäklervertrag wegen arglistiger, durch den Mäkler verübter Täuschung mit Erfolg angefochten, so kann der Mäkler einen Anspruch auf Vergütung für seine Tätigkeit nicht aus § 653 oder aus HGB § 354 ableiten (RG 9. 10. 17 III 141/17). Lohnversprechen zugunsten des Mäklers (§ 328) im Veräußerungsvertrag s. RG LZ 1914, 941[7]. — Beweislast: Behauptet der beklagte Auftraggeber, es sei beim Abschlusse des Mäklervertrags Unentgeltlichkeit der Vermittlung vereinbart worden, so liegt darin ein Leugnen des Klagegrundes und der klagende Mäkler muß beweisen, daß Unentgeltlichkeit nicht vereinbart worden ist. Dagegen trifft die Beweislast den Auftraggeber, wenn er eine besondere, vom Mäklervertrag unabhängige Vereinbarung der Unentgeltlichkeit behauptet (RG Warn 1914 Nr 14). Ist streitig, ob der Mäklerlohn unbedingt oder nur bedingt, z. B. nur für den Fall der Ausführung des Vertrags und der Bezahlung des Kaufpreises versprochen ist, so muß der Mäkler die Unbedingtheit des Versprechens beweisen (RG LZ 1918, 499[8]). — Der Mäklerlohn braucht nicht in Geld bestimmt zu sein. Er kann bei Vermittlung eines Kaufvertrags auch in einem zugunsten des Auftraggebers zu erzielenden Überpreise bestehen (RG Warn 1919 Nr 31, auch LZ 1918, 584[5]). Über den Fall, daß eine Ware dem Mäkler mit der Klausel „rein netto" an die Hand gegeben wird, s. SeuffA 73 Nr 203 und LZ 1919, 657[6]. Ist der Mäklerlohn, wie gewöhnlich, in Hundertteilen des Kaufpreises vereinbart, so hat der Mäkler den so berechneten Lohn auch aus einer Erhöhung des Kaufpreises zu beanspruchen, es müßte denn sein, daß die Erhöhung nur als Ersatz von Mehrauslagen bewilligt ist (RG 94, 237). Anderseits kann der Mäkler mangels besonderer Vereinbarung auch nur die vereinbarten Hundertteile verlangen, nicht etwa den ganzen Mehrbetrag, den er über den ihm aufgegebenen Preis zugunsten seines Auftraggebers erzielt hat (RG SeuffA 74 Nr 172). Wird im einzelnen Falle die Höhe des Mäklerlohns (z. B. infolge Veränderung des Wertes des deutschen Geldes) durch Verzug des Vertragsgegners des Auftraggebers ungünstig beeinflußt, so ist letzterer dem Mäkler gegenüber verpflichtet, seine Schadensersatzansprüche gegen den Vertragsgegner, nötigenfalls durch Klage, zu verfolgen. Weigert sich der Auftraggeber, dies zu tun, so muß er sich dem Mäkler gegenüber so behandeln lassen, als hätte er es mit Erfolg getan (RG LZ 1918, 689[3]). — Anspruch des Mäklers auf Rechnungslegung oder Auskunft vgl. RG 53, 252.

2. **Stillschweigende Vereinbarung.** Vgl. §§ 612, 632. So regelmäßig bei gewerbsmäßigem Betriebe des Mäklergeschäfts, vorausgesetzt, daß im einzelnen Falle die Leistung dem Mäkler (rechtsverbindlich) übertragen, dieser nicht etwa unaufgefordert tätig geworden ist. Freilich wird einem gewerbsmäßigen Mäkler der Auftrag zur Vermittlung eines Vertrags nicht selten stillschweigend erteilt, insbesondere dadurch, daß der Geschäftsherr sich die Dienste des Mäklers gefallen läßt. Dies setzt aber voraus, daß der Geschäftsherr erkannte oder wenigstens erkennen mußte, der Mäkler sei für ihn und nicht etwa für die Gegenpartei tätig, und daß er die Tätigkeit des Mäklers nur gegen eine von ihm zu zahlende Ver-

gütung erwarten konnte (**RG** JW 05, 138[17]; **RG** 11. 10. 19 V 119/19; OLG 4, 47; 41, 122). Tritt der Mäkler als Beauftragter der Gegenpartei auf, so liegt regelmäßig darin, daß die Partei sich die Dienste gefallen läßt, kein Abschluß eines Mäklervertrags (**RG** Warn 1910 Nr 318; **RG** JW 1917, 101[2]; SeuffA 76 Nr 47). Nimmt aber die Partei in Kenntnis des Umstandes, daß auch von ihr Vergütung verlangt werde, die Dienste des von der Gegenpartei beauftragten Mäklers entgegen, so wird darin regelmäßig die stillschweigende Vereinbarung eines Mäklerlohns gefunden werden können (**RG** JW 1921, 1313[9]). Hat jemand, insbesondere ein Kaufmann, eine Sache, die ihm zum Verkaufe fest an die Hand gegeben war, zunächst als Selbstverkäufer einem Dritten angeboten und den Verkehr des Dritten mit dem Eigentümer vermittelt, und ist dann mit seiner Zustimmung der Kauf unmittelbar zwischen dem Eigentümer und dem Dritten abgeschlossen worden, so kann er unter Umständen von dem letzteren einen Mäklerlohn verlangen (**RG** 2. 3. 21 V 439/20). Bei der Frage, ob die Leistung des Mäklers den Umständen nach nur gegen eine Vergütung zu erwarten ist, kommt es aber in allen Fällen nur auf die tatsächlichen Verhältnisse, nicht auf die Meinung der Beteiligten an. Wer die Dienste eines Mäklers in Anspruch nimmt, ist daher unter der Voraussetzung des Abs 1 zur Bezahlung eines Lohnes auch dann verpflichtet, wenn er irrig angenommen hat, es werde ein Lohn von ihm nicht verlangt werden (**RG** 95, 137). — Das nachträgliche Versprechen einer Vergütung für eine — mit oder ohne Erfolg — bereits geleistete Vermittlertätigkeit ist keine Schenkung (**RG** JW 1911, 94[16]; **RG** LZ 1915, 436[2]). Vgl. dazu für den Dienstvertrag § 612 A 2.

3. Höhe der Vergütung. Bei Grundstücksverkäufen in der Regel ein Hundertteil der Kaufsumme. Für Vermittlung der Vermietung von Gastwirtschaftsräumen s. OLG 28, 200. Die früheren Bestimmungen der Landesgesetze, insbesondere der kurhessischen Verordnung vom 20. August 1800, über einen auch durch Parteivereinbarung nicht zu überschreitenden Höchstbetrag des Mäklerlohns, sind beim Mangel eines Vorbehalts im Einführungsgesetze nach Art 55 dieses Gesetzes für aufgehoben zu erachten (**RG** 68, 195; JW 08, 321[1]). Vgl. §§ 612 A 3, 632 und für Stellenvermittler das Ges. v. 2. 6. 10 (Vorbem 2) § 5. — Aufwertung s. JW 1925, 1104.

4. Ein solcher **üblicher Lohn** kann nicht nur für die Vergütung der Tätigkeit des gewerbsmäßigen Vermittlers, sondern auch für diejenige des nicht gewerbsmäßigen zugrunde gelegt werden (**RG** 27. 11. 08 III 143/08). Zu fragen ist bei Anwendung des Abs 2 nur, ob die Höhe des Lohnes durch Taxe bestimmt oder üblich ist, nicht, ob der Vermittler die Vermittlung gewerbsmäßig betreibt und eine besondere Tätigkeit entfaltet hat (**RG** LZ. 1927, 846[5]). Der Mäkler, der den üblichen Lohn verlangt, muß im Streitfalle auch beweisen, daß nicht ein anderer (niedrigerer) Lohn vereinbart worden ist (**RG** Warn 1923/24 Nr 135; LZ 1922, 652[5]; OLG 6, 86). Besteht keine Taxe und kann auch ein üblicher Lohn nicht festgestellt werden, so sind §§ 315, 316 anzuwenden (OLG 8, 439).

§ 654

Der Anspruch auf den Mäklerlohn und den Ersatz von Aufwendungen ist ausgeschlossen[1]), wenn der Mäkler dem Inhalte des Vertrags zuwider auch für den anderen Teil tätig gewesen ist[2]).

M 2 514 ff.; P 2 343.

1. Dieser **Ausschluß** tritt beim Vorhandensein der angegebenen Voraussetzung ipso iure ein. Eine Verwirkung des Mäklerlohns kann aber entsprechend dem Grundgedanken des § 654 auch in anderen Fällen stattfinden, in denen der Mäkler unter vorsätzlicher oder fahrlässiger Verletzung der Treu- und Sorgfaltspflicht den Interessen seines Auftraggebers in wesentlicher Weise zuwiderhandelt (vgl. auch § 652 A 2a). Der dem § 654 zugrunde liegende Rechtsgedanke ist auch auf andere Vertragsverhältnisse anzuwenden, die mit einer besonderen Treupflicht des einen Teils verbunden sind; daß dem Auftraggeber ein positiver Schade erwachsen sei, ist in Fällen der letzteren Art ebensowenig zu erfordern wie im Falle des § 654 (**RG** 113, 269: Rechtsanwalt). In allen Fällen kann neben der Verwirkung des Mäklerlohns auch eine weitergehende Schadensersatzpflicht des Mäklers begründet sein. Ein Verschulden seiner Gehilfen, z. B. eines Untermäklers, muß sich der Mäkler nach dem Grundsatze des § 278 wie eigenes Verschulden anrechnen lassen. Vertragliche Haftung des Mäklers gegenüber dem andern Teile s. **RG** JW 1917, 101[2]; OLG 36, 115.

2. Das **Tätigsein für den anderen Teil,** sowie die Annahme eines Mäklerlohns von diesem ist dem Mäkler nicht unter allen Umständen, sondern nur dann untersagt, wenn es dem Inhalte des Vertrags, insbesondere einer ausdrücklichen Abrede, oder bei vorhandenem Widerstreit der Interessen dem Interesse des Auftraggebers zuwiderläuft (**RG** 10. 12. 06 IV 222/06; 25. 10. 07 III 148/07). Ob dies zutrifft, hängt vom Einzelfalle ab (**RG** Gruch 65, 86). Dabei kommt es wesentlich darauf an, ob nach dem Inhalte des Mäklervertrags der Mäkler nur als unparteiischer Vermittler für das Zustandekommen eines Vertrags überhaupt (ohne Rücksicht auf mehr oder weniger günstige Einzelbedingungen, RG Gruch 65, 86, so vielfach bei Grundstücksvermittlungen, RG LZ 1915, 504[5]) oder (was z. B. aus der ungewöhnlichen Höhe des versprochenen Lohnes zu folgern sein kann, RGSt JW 05, 752[46]) als Vertrauensmann des einen Teiles und ausschließlich in dessen Interesse tätig sein sollte (RG JW 1913, 200[11]). Ist der Mäkler nicht Vertrauensmann des einen Teiles, so z. B. auch, wenn er nur den Nachweis der Gelegenheit zum Abschlusse eines Vertrags zu erbringen hat (vgl. RG SeuffA 56 Nr 24; RG 10. 2. 23 V 266/22), so kann er, unbeschadet seines Anspruchs auf den Mäklerlohn, auch dann für den anderen Teil tätig werden, wenn sein Auftraggeber nichts von dieser Tätigkeit weiß. Soll er aber als Vertrauensmann seines Auftraggebers tätig werden, dann kommt es regelmäßig auf dessen Kenntnis von der Tätigkeit des Mäklers an (RG 25. 1. 19 V 316/18). Handelt der Mäkler in dieser Vertrauensstellung der übernommenen Verpflichtung zuwider auch für den anderen Teil, drückt er z. B. als Vertrauensmann des Verkäufers zu dessen Ungunsten und zugunsten des Käufers den Kaufpreis herunter, so kann er einen Mäklerlohn von seinem Auftraggeber nicht beanspruchen (RG 12. 4. 07 III 415/06; 13. 12. 07 III 202/07; SeuffA 64 Nr 89). Hatte der Auftraggeber den Mäklervertrag mit Kenntnis von der für den anderen Teil in Aussicht stehenden Tätigkeit des Mäklers (z. B. mit Kenntnis eines vom anderen Teile gegebenen Lohnversprechens, RG 15. 11. 19 V 220/19) abgeschlossen, so kann er sich nachträglich auf § 654 nicht berufen (RG JW 1913, 641[4]). In gleicher Weise kann zu entscheiden sein, wenn der Auftraggeber beim Abschlusse des vermittelten Vertrags mit dem anderen Teile von einer Doppeltätigkeit des Mäklers Kenntnis hatte. Sofern indessen eine ausdrückliche Verabredung des Mäklers mit seinem Auftraggeber über die Doppeltätigkeit nicht vorliegt, ist über deren Zulässigkeit nach der gesamten Sachlage des einzelnen Falles zu entscheiden. S. angef. RG JW 1913, 200[11]. Zu weit ginge die Annahme, daß der Mäkler, wenn der Auftraggeber wissentlich ein Tätigwerden für einen anderen geschehen ließ, immer seinem Auftraggeber gegenüber im Falle des Zustandekommens des Vertrags Anspruch auf den Mäklerlohn habe. Denn selbst wenn der Mäkler mit Kenntnis seines Auftraggebers auch für den anderen Teil tätig wird, so bleibt er doch mindestens insoweit immer noch die Vertrauensperson des ersteren Auftraggebers, daß er ihn nicht durch sittenwidrige Mittel zugunsten des anderen Teiles zu einem unvorteilhaften Entschlusse verleiten darf (RG JW 1913, 641[4]; RG 15. 11. 19 V 220/19). Im übrigen ist der Mäkler, wenn seine Tätigkeit für beide Teile nicht zu beanstanden ist, nicht gehindert, beim Abschluß des Vertrags von jedem dieser Teile den vollen Lohn in Anspruch zu nehmen. S. jedoch bezüglich der Stellenvermittler § 5 Abs 2 des Stellenvermittlergesetzes v. 2. 6. 10 (Vorbem 2 vor § 652). Wenn der vom Mäkler vermittelte Vertrag zustande gekommen, der Auftraggeber aber vom Mäkler durch unwahre Angaben über die Vermögensverhältnisse der zahlungsunfähigen Gegenpatrei irregeführt und geschädigt worden ist, so geht der Anspruch des Auftraggebers gegen den Mäkler nicht auf Rückzahlung des Mäklerlohns, sondern auf Schadensersatz (SeuffA 64 Nr 128).

§ 655

Ist für den Nachweis der Gelegenheit zum Abschluß eines Dienstvertrags[1]) oder für die Vermittelung eines solchen Vertrags ein unverhältnismäßig hoher Mäklerlohn vereinbart worden, so kann er auf Antrag des Schuldners durch Urteil auf den angemessenen Betrag herabgesetzt werden[2]). Nach der Entrichtung des Lohnes ist die Herabsetzung ausgeschlossen[3]).

KB 1980.

1. **Dienstvertrag,** und zwar nicht nur der Gesindevertrag, sondern auch der **auf höhere Dienstleistungen** gerichtete Vertrag. Hierunter fällt also auch die Tätigkeit der sog. Placierungsbureaus und Artistenagenten. Bei Vermittlung anderer Verträge findet eine Herabsetzung nicht statt.

2. **Richterliches Ermäßigungsrecht.** Bei der Prüfung, ob der Mäklerlohn angemessen oder unverhältnismäßig hoch ist, muß dieser als einheitliches Ganzes betrachtet werden. Ein in Hundertteilen fortlaufender Bezüge zu entrichtender Mäklerlohn kann daher sowohl durch Ermäßigung der Hundertteile als auch durch Verkürzung der Zeitdauer herabgesetzt werden. Auch allgemein übliche (oder in polizeilich genehmigten Tarifen enthaltene) Lohnsätze können herabgesetzt werden, wenn sie unverhältnismäßig hoch sind (RG JW 07, 512[12]). — Das Versprechen eines unverhältnismäßig hohen Lohnes kann aber auch, und zwar nicht nur, wenn es sich um Dienstverträge handelt, die Nichtigkeit des Mäklervertrags begründen (Vorbem 3 vor § 652). — Bei gewerbsmäßiger Stellenvermittlung greifen die Vorschriften des Stellenvermittlergesetzes v. 2. 6. 10 §§ 4, 5 ein (Vorbem 2 vor § 652).

3. **Keine Rückforderung** gezahlter Beträge. Wird bei Teilzahlungen der angemessene Betrag des Mäklerlohns durch die bisherigen Leistungen erreicht, dann findet die Herabsetzung des Lohnes dadurch statt, daß der Anspruch auf weitere Zahlungen wegfällt (**RG** JW 07, 512[12]).

§ 656

[1]) **Durch das Versprechen eines Lohnes für den Nachweis der Gelegenheit zur Eingehung einer Ehe oder für die Vermittelung des Zustandekommens einer Ehe wird eine Verbindlichkeit nicht begründet**[2]). **Das auf Grund des Versprechens Geleistete kann nicht deshalb zurückgefordert werden, weil eine Verbindlichkeit nicht bestanden hat**[3]).

Diese Vorschriften gelten auch für eine Vereinbarung, durch die der andere Teil zum Zwecke der Erfüllung des Versprechens dem Mäkler gegenüber eine Verbindlichkeit eingeht, insbesondere für ein Schuldanerkenntnis[4]).

M 2 511.

1. **Ehemäklerlohn.** Die Vorschrift gilt auch dann, wenn dem Auftraggeber die Eheschließung nur das Mittel zur Erreichung eines wirtschaftlichen Zweckes (z. B. der Verschaffung von Geldmitteln) ist (OLG 34, 54), trifft aber anderseits nicht jede Tätigkeit, die das Zustandekommen einer Ehe möglich machen soll, z. B. nicht die Bemühungen eines Rechtsanwalts, die elterliche Einwilligung oder ihre Ersetzung durch das Vormundschaftsgericht (§§ 1305ff.) oder die Befreiung von Ehehindernissen (§ 1322) zu erwirken (**RG** JW 06, 713[10]). — Ist der Lohn vor dem Inkrafttreten des BGB versprochen, der Erfolg der Mäklertätigkeit aber, d. h. das Zustandekommen der Ehe, erst nach dieser Zeit eingetreten, so ist § 656 nicht anwendbar (**RG** 46 S. 152, 177; 57, 21; **RG** Gruch 46, 908).

2. **Kein klagbarer Anspruch** (vgl. § 762), obwohl das Versprechen an sich nicht als unsittlich gilt, sondern nur als ungeeignet zur Begründung eines klagbaren Anspruchs. Durch § 656 wird auch die Klagbarkeit eines Anspruchs auf Erstattung der durch die Ehemäklertätigkeit erwachsenen Auslagen (wozu indessen die Kosten von bloßen Heiratsanzeigen nicht ohne weiteres zu rechnen sind) ausgeschlossen (**RG** SeuffBl 71, 577). Ebensowenig kann für den Anspruch auf Ehemäklerlohn ein gültiges Pfandrecht bestellt werden. Dagegen entbehrt ein Vergleich, durch den die Parteien den Streit darüber schlichten, ob ein zwischen ihnen geschlossener Vertrag ein gültiger Dienstvertrag oder ein klagloser Ehevermittlungsvertrag sei, nicht deshalb der Wirksamkeit, weil in Wahrheit ein Vertrag der letzteren Art vorliegt (**RG** 23. 10. 06 VII 44/06). Vgl. § 762 A 4.

3. **Keine Rückforderung** gemäß §§ 812ff. Ist jedoch die Eingehung der Verbindlichkeit aus einem anderen Grunde, insbesondere wegen Betrugs und Zwanges anfechtbar, so ist die Zurückforderung zulässig.

4. **Schuldanerkenntnis.** Ist auf Grund eines derartigen unwirksamen Lohnversprechens der Auftraggeber dem Mäkler gegenüber eine Wechselverbindlichkeit eingegangen oder hat er ein schriftliches Schuldanerkenntnis abgegeben, so ist auch eine solche urkundliche Verpflichtung zur Begründung eines Rechtsanspruchs ungeeignet, weil darin eine Leistung im Sinne des § 656 Abs 1 Satz 2 nicht zu erblicken ist (vgl. **RG** SeuffBl 71, 577; OLG 4, 236). Der Auftraggeber kann daher vom Mäkler nach § 812 die Herausgabe des Wechsels oder, wenn er von einem gutgläubigen Erwerber zur Bezahlung gezwungen worden ist, die Herausgabe des vom Mäkler darauf empfangenen Wertes und, falls der Mäkler den Wechsel in der Absicht begeben hat, dem Auftraggeber den Einwand aus § 656 abzuschneiden, also einen vom Gesetz gemißbilligten Vermögensvorteil zu erlangen, nach § 826 BGB Schadensersatz beanspruchen. Vgl. § 762 A 4.

Neunter Titel

Auslobung

In betreff der rechtlichen Gestaltung der Auslobung ist streitig, ob hierbei ein Vertragsantrag an eine unbestimmte Person mit Annahme des Antrags durch die Ausführung der erforderten Handlung (Vertragstheorie), oder ein für sich rechtswirksames einseitiges Versprechen mit tatsächlicher Erfüllung der gestellten Bedingung durch den Handelnden (Pollizitationstheorie) vorliegt. Nach der unzweideutigen Fassung und namentlich nach den letzten Worten des § 657 wird man der zweiten Annahme den Vorzug geben und, als Ausnahme von § 305, ebenso wie bei der Schuldverschreibung auf den Inhaber § 793, die einseitige Erklärung als Verpflichtungsgrund anzusehen haben (s. auch M 2, 519). Zu ihrer Rechtswirksamkeit muß diese Erklärung den allgemeinen Erfordernissen genügen, darf insbesondere nicht gegen Treu und Glauben und nicht gegen ein gesetzliches Verbot oder gegen die guten Sitten verstoßen (§§ 134, 138), der erforderlichen Ernstlichkeit nicht entbehren, sich also nicht als bloße marktschreierische Ankündigung darstellen (§ 118). Die Erklärung kann auch von dem Auslobenden selbst wegen Irrtums, Betrugs und Drohung (§§ 119 ff.) angefochten werden — eine Anfechtung, die, wenn sie nicht einer bestimmten Person gegenüber geschehen kann, in der nämlichen Form wie die Auslobung selbst zu bewirken ist, und namentlich bei vorliegendem Verzicht auf den Widerruf (§ 658 Abs 2) von praktischer Bedeutung werden kann.

§ 657

Wer durch öffentliche Bekanntmachung[1]) eine Belohnung[2]) für die Vornahme einer Handlung, insbesondere für die Herbeiführung eines Erfolges[3]), aussetzt, ist verpflichtet, die Belohnung demjenigen zu entrichten, welcher die Handlung vorgenommen hat, auch wenn dieser nicht mit Rücksicht auf die Auslobung gehandelt hat[4]).

E I 581 II 589; M 2 518 ff.; P 2 347.

1. **Die Öffentlichkeit der Bekanntmachung,** d. h. die Zugänglichkeit für jedermann, ist wesentlich. Beim Mangel der Öffentlichkeit, also z. B. bei Bekanntmachung innerhalb einer geschlossenen Privatgesellschaft, ist das Versprechen nur als ein Vertragsantrag des Versprechenden, der durch nachträgliche Annahme mittels Ausführung der erforderlichen Handlung bindend wird, aufrechtzuerhalten. Im übrigen kann die Auslobung sich an bestimmte Klassen von Personen, an Künstler, Techniker usw., ja auch an einen bestimmten Kreis von Personen (z. B. Angehörige einer bestimmten Gemeinde, eines bestimmten Regiments) richten, in schriftlicher oder mündlicher Form geschehen, von einer natürlichen oder einer juristischen Person oder von einer öffentlichen Behörde, z. B. von einer Polizeibehörde (Belohnung für die Entdeckung eines Verbrechens oder für die Ergreifung eines Verbrechers), in gleich wirksamer Weise ausgehen. Durch den Tod des Auslobenden oder durch den späteren Eintritt seiner Geschäftsunfähigkeit wird die durch die Auslobung begründete Verpflichtung nicht aufgehoben; vielmehr gehen in diesen Fällen die Rechte (auch das des Widerrufs nach § 658) und die Pflichten des Auslobenden auf seine Erben oder auf den ihm bestellten gesetzlichen Vertreter über.

2. **Belohnung,** und zwar Geld oder ein sonstiger Vermögensvorteil.

3. Die Belohnung muß für die Vornahme einer **Handlung,** insbesondere für die Herbeiführung eines **Erfolgs** versprochen sein. Keine Auslobung ist daher z. B. die bei der Ausschreibung von Kriegsanleihen abgegebene behördliche Zusicherung, daß die Kriegsanleihen bei Verkäufen von Beständen der Heeresverwaltung zum Nennwert in Zahlung genommen werden würden (**RG** 16. 6. 21 IV 40/21). Daß die Handlung oder der Erfolg dem Nutzen oder auch nur dem Wunsche des Auslobenden oder einer anderen Person oder dem öffentlichen Interesse entspreche, ist nicht erforderlich. Der gewöhnliche Fall ist die Aussetzung einer Belohnung für eine Werkleistung, z. B. für die Herbeischaffung eines gestohlenen Gemäldes, für eine bestimmte Fliegerleistung; es kann aber auch irgendein beliebiges Verhalten einschließlich der Unterlassung, z. B. langjährige treue Dienstleistung bei dem nämlichen Dienstherrn, als Bedingung gesetzt werden. Dagegen läßt die Fassung des Gesetzes deutlich erkennen, daß ein Ereignis, für dessen Eintritt der einzelne nicht irgendwie, auch nicht im Zusammenwirken mit anderen, tätig zu werden vermag, bei der Auslobung keine geeignete Bedingung bilden kann. In solchen Fällen kommt namentlich der Schenkungsvertrag in Frage. — Wird die Handlung mehrmals oder von mehreren vorgenommen, so sind die §§ 659, 660 anzuwenden.

4. **Zeit der Handlung.** Im allgemeinen ist davon auszugehen, daß die Handlung auch schon vor der Auslobung vorgenommen sein kann, es sei denn, daß es dem Auslobenden gerade auf die spätere Vornahme ankam. Eine Fristbestimmung (§ 658 Abs 2) ist, abgesehen von § 661 Abs 1, nicht erforderlich. Darüber, ob die ausgesetzte Belohnung verdient sei, hat, abgesehen von § 661, im Streitfalle nicht der Auslobende, sondern das Gericht zu entscheiden.

§ 658

Die Auslobung kann bis zur Vornahme der Handlung widerrufen werden[1]). Der Widerruf ist nur wirksam, wenn er in derselben Weise wie die Auslobung bekanntgemacht wird oder wenn er durch besondere Mitteilung erfolgt[2]).

Auf die Widerruflichkeit kann in der Auslobung verzichtet werden; ein Verzicht liegt im Zweifel in der Bestimmung einer Frist für die Vornahme der Handlung.

E I 582 II 590; M 2 521 ff.; P 2 347.

1. Entscheidend ist die Vornahme, d. h. Vollendung der Handlung. Der **Widerruf** ist daher auch noch während der Vorbereitung und selbst während der Ausführung der betreffenden Handlung zulässig. Im Falle des Widerrufs kein Anspruch auf Ersatz des durch etwaige Vorbereitungshandlungen verursachten Aufwandes (M 2, 522). Wer nach dem wirksamen Widerruf die verlangte Handlung vornimmt oder vollendet, erwirbt einen Anspruch gegen den Auslobenden auch dann nicht, wenn er ohne sein Verschulden von dem Widerruf nichts weiß. — Die Anfechtung der Auslobung wegen Willensmängeln wird durch § 658 nicht berührt (vgl. Vorbem vor § 657). — Über den Einfluß des Todes des Auslobenden s. § 657 A 1.

2. **Form des Widerrufs.** Die Bekanntmachung muß „in derselben Weise wie die Auslobung" geschehen. Unwesentliche Abweichungen schaden nicht; wesentlich ist, daß der Widerruf genügend bekannt wird. Die besondere Mitteilung des Widerrufs, die nur der damit bedachten Person gegenüber wirksam ist, wird namentlich am Platze sein, wenn bereits die Auslobung dieser Person mitgeteilt oder dem Auslobenden bekannt geworden ist, daß sie an die Vorbereitung herangegangen sei. Im übrigen ist die besondere Mitteilung neben der öffentlichen Bekanntmachung des Widerrufs nicht erforderlich.

§ 659

[1]) **Ist die Handlung, für welche die Belohnung ausgesetzt ist, mehrmals vorgenommen worden, so gebührt die Belohnung demjenigen, welcher die Handlung zuerst vorgenommen hat**[2]).

Ist die Handlung von mehreren gleichzeitig vorgenommen worden, so gebührt jedem ein gleicher Teil der Belohnung. Läßt sich die Belohnung wegen ihrer Beschaffenheit nicht teilen oder soll nach dem Inhalte der Auslobung nur einer die Belohnung erhalten, so entscheidet das Los[3]).

E I 583 II 591; M 2 523; P 2 348.

1. Sowohl für den in diesem, als für den im folgenden Paragraphen geregelten Fall kann der **Auslobende eine abweichende Bestimmung** treffen, welche alsdann der gesetzlichen vorgeht.

2. **Der zeitliche Vorrang entscheidet.** Wer hiernach die Belohnung verdient hat, kann darauf nicht einseitig mit der Wirkung verzichten, daß nun ohne weiteres die Belohnung dem nachstehenden Bewerber zufällt; er kann aber diesem den erworbenen Anspruch abtreten; eine solche Abtretung kann auch unter Umständen in einem „Verzichte zugunsten des nächsten Bewerbers" zu finden sein.

3. **Mehrere Berechtigte.** Zur Verteilung und zur Vornahme der Verlosung ist der Auslobende berechtigt und verpflichtet, unbeschadet der gerichtlichen Entscheidung über die Gültigkeit seiner Verteilung.

§ 660

Haben mehrere zu dem Erfolge mitgewirkt[1]), **für den die Belohnung ausgesetzt ist, so hat der Auslobende die Belohnung unter Berücksichtigung des Anteils eines jeden an dem Erfolge nach billigem Ermessen unter sie zu verteilen**[2]). **Die Verteilung ist nicht verbindlich, wenn sie offenbar unbillig ist; sie erfolgt in einem solchen Falle durch Urteil**[3]).

Wird die Verteilung des Auslobenden von einem der Beteiligten nicht als verbindlich anerkannt, so ist der Auslobende berechtigt, die Erfüllung zu verweigern, bis die Beteiligten den Streit über ihre Berechtigung unter sich ausgetragen haben; jeder von ihnen kann verlangen, daß die Belohnung für alle hinterlegt wird[4]).

Die Vorschrift des § 659 Abs 2 Satz 2 findet Anwendung.

E II 591; M 2 523; P 2 348.

1. **Mitwirkung mehrerer,** z. B. zur Ergreifung eines flüchtigen Verbrechers (**RG** 11, 281).

2. Die **Verteilung** steht dem Auslobenden zu. Sie kann auch nur **einem der Beteiligten** gegenüber rechtswirksam geschehen. Wird sie von den Beteiligten oder durch einen von ihnen als unbillig beanstandet, so ist von diesen **untereinander,** ohne Heranziehung des Auslobenden, durch Feststellungsklage die gerichtliche Entscheidung herbeizuführen (vgl. OLG 41, 123). — Abweichende Bestimmung des Auslobenden s. § 659 A 1.

3. **Offenbare Unbilligkeit.** Vgl. § 319. Nach der Zweckbestimmung des § 660 (Durchführung der Verteilung) tritt das **Gericht** auch dann **an die Stelle des Auslobenden,** wenn er — abgesehen von den Fällen des Todes und der Geschäftsunfähigkeit (§ 657 A 1) — die Verteilung nicht vornehmen kann oder wenn er sie nicht vornehmen will und er dies ausdrücklich erklärt hat oder das von den Beteiligten gegen ihn beantragte Zwangsverfahren nach ZPO § 888 ohne Erfolg geblieben ist.

4. Der Auslobende ist auch ohnedies zur **Hinterlegung** nach § 372 befugt.

§ 661

Eine Auslobung, die eine Preisbewerbung zum Gegenstande hat[1]**, ist nur gültig, wenn in der Bekanntmachung eine Frist für die Bewerbung bestimmt wird**[2]**.**

Die Entscheidung darüber, ob eine innerhalb der Frist erfolgte Bewerbung der Auslobung entspricht oder welche von mehreren Bewerbungen den Vorzug verdient, ist durch die in der Auslobung bezeichnete Person, in Ermangelung einer solchen durch den Auslobenden zu treffen[3]**. Die Entscheidung ist für die Beteiligten verbindlich**[4]**.**

Bei Bewerbungen von gleicher Würdigkeit finden auf die Zuerteilung des Preises die Vorschriften des § 659 Abs 2 Anwendung.

Die Übertragung des Eigentums an dem Werke kann der Auslobende nur verlangen, wenn er in der Auslobung bestimmt hat, daß die Übertragung erfolgen soll[5]**.**

E I 584 II 592; M 2 523 ff.; P 2 350.

1. Die **Auslobung in bezug auf eine Preisbewerbung** (sog. Preisausschreiben) kann für eine Leistung auf dem Gebiete der Wissenschaft, der Kunst, der Technik, des Sportes usw. geschehen. Der Bewerber muß davon Kenntnis haben und daraufhin rechtzeitig seine Bewerbung erklären.

2. Die **Fristbestimmung** ist nach Inhalt der Motive für notwendig erachtet worden, weil ohne diese der Auslobende immer noch auf eine bessere Leistung warten und die Entscheidung auf unabsehbare Zeit hinausschieben könnte. Die Fristbestimmung macht die Auslobung „im Zweifel" unwiderruflich (§ 658 Abs 2). Der Fristablauf hat zur Folge, daß nunmehr einesteils der Auslobende in keinem Falle mehr widerrufen (§ 658 Abs 1), andernteils eine Bewerbung nicht mehr stattfinden kann.

3. Der **Preisrichter** und der **Auslobende** sind dabei an die Vorschriften der §§ 317—319, insbesondere auch des § 317 Abs 2, nicht gebunden. Stimmenmehrheit der Preisrichter, deren Stellung der von Schiedsrichtern ähnlich ist, muß als entscheidend angesehen werden. Der Auslobende wird auch dann einzutreten haben, wenn der Preisrichter die Entscheidung nicht treffen kann oder will (Enneccerus I § 379 IV 2).

4. Also **im Rechtswege nicht weiter anfechtbar.** Vgl. dazu die oben angeführte Entsch. des **RG** 11, 281 und JW 08, 645.

5. Die **Übertragung des Eigentums** umfaßt in dem angegebenen Falle auch das sog. geistige Eigentum, und zwar ohne weitere Vergütung von seiten des Auslobenden.

Zehnter Titel

Auftrag

1. Der 10. u. 11. Titel handeln von der **Geschäftsbesorgung,** der erstere von der Geschäftsbesorgung kraft Auftrags, der letztere von der Geschäftsbesorgung, hier Geschäftsführung genannt, ohne Auftrag. Während die §§ 662—674 des 10. Titels ferner den eigentlichen Auftrag regeln, dessen wesentlichstes Merkmal nach dem BGB die Unentgeltlichkeit ist, schließt § 675 eine Bestimmung an, die einer Reihe der Vorschriften des Titels auch für Dienst-

und Werkverträge entsprechende Anwendung verschafft, sofern diese eine Geschäftsbesorgung zum Gegenstande haben. Erst durch diesen § 675 wird den Rechtsregeln des 10. Titels eine größere Bedeutung und ein weiteres Anwendungsgebiet verliehen, da der Auftrag im Sinne des § 662 im heutigen Verkehrsleben keinen breiten Raum einnimmt. In § 676 ist dem Titel eine Regelung der Schadensersatzpflicht aus Rat und Empfehlung angehängt, die wegen einer gewissen Verwandtschaft des Stoffs hier ihre Stelle gefunden hat.

2. Der Begriff der **Geschäftsbesorgung** in den §§ 662, 675, 677 (vgl. dazu ferner §§ 831 Abs 2, 1357 Abs 1, 196 Nr 1 u. 7 BGB, § 354 Abs 1 HGB, §§ 23 u. 27 KO) ist viel umstritten. Während die einen den Begriff auf die Vornahme von Rechtsgeschäften und Rechtshandlungen für einen Dritten beschränken wollen, begreifen darunter andere jede beliebige Art einer für einen andern geleisteten Tätigkeit. Mit dem Streit hierüber hängt der andere zusammen, ob der Begriff der Geschäftsbesorgung in den §§ 662 u. 677 derselbe sei wie in § 675, oder ob er für den letzteren Paragraphen einen engeren Inhalt habe, und endlich, ob die Bestimmung des § 675 sich auf alle Dienst- und Werkverträge erstrecke oder nur für einen abgesonderten Teil von diesen Geltung beanspruche. Der Umstand, daß § 675 seine Stelle in dem Titel vom Auftrage erhalten hat, dessen Bestimmungen gleich der des § 675 eine Geschäftsbesorgung zum Gegenstande haben, spricht deutlich dafür, daß der Begriff der Geschäftsbesorgung in § 675 denselben Inhalt haben soll wie in dem Titel überhaupt, ganz abgesehen davon, daß derselbe Begriff in demselben Gesetzbuche nicht ohne Not für verschiedene Einzelbestimmungen verschieden aufgefaßt werden darf. Daraus aber, daß § 675 diejenigen Dienst- und Werkverträge, die eine Geschäftsbesorgung zum Gegenstande haben, aus dem ganzen Kreise der Dienst- und Werkverträge aussondert und von anderen Verträgen dieser Art unterscheidet, ergibt sich des weiteren, daß die Geschäftsbesorgung nicht schlechthin alle Dienstleistungen umfassen kann. Daß § 675 auf die für den Auftrag gegebenen Bestimmungen zur entsprechenden Anwendung verweist, bedeutet hiernach, daß die entgeltlichen Verträge, die dieselben Leistungen zum Gegenstande haben wie der unentgeltliche Auftrag, in gewissen Beziehungen auch rechtlich diesem gleich behandelt werden sollen. — Das Merkmal, das die Leistungen des Auftrags und der Geschäftsführung ohne Auftrag, sowie der Dienst- und Werkverträge des § 675 von anderen rechtlich erheblichen Tätigkeiten zunächst unterscheidet, ist das Handeln für einen andern (vgl. § 677). Die Besorgung einer Angelegenheit für einen andern ist die Vornahme einer Tätigkeit, die an und für sich der Sorge dieses andern obliegen würde und in dessen Interessenbereich fällt, in seinem Interesse (RG 103, 411). Nicht dagegen notwendig in seiner Vertretung, an seiner Stelle; daß der andere die Tätigkeit sonst selbst vorzunehmen hätte und vornehmen könnte, ist nicht erforderlich. Sie muß nur Gegenstand seiner Sorge sein, und diese Sorge muß ihm durch die Besorgung seitens des Handelnden abgenommen werden (RG 97, 65). Daß ferner die Angelegenheit ein Geschäft sein muß, bedeutet einmal, daß ihr eine wirtschaftliche Beziehung anhaften, sodann, daß eine Tätigkeit Gegenstand der Besorgung sein muß. Ein bloß duldendes Verhalten, ein Gewährenlassen oder ein Unterlassen sind keine Geschäfte (so die Gestattung des Mitfahrens in einem ohnehin fahrenden Wagen), auch nicht die bloße Verwahrung, bei der nicht zugleich eine Tätigkeit übernommen wird (RG 65, 17). „Geschäft" ist immer der Umkreis einer Tätigkeit, der Inbegriff des „Schaffens". Tätigkeiten ferner, die keinen wirtschaftlichen Zweck, keinen Zusammenhang mit dem Vermögen haben, sind wiederum keine Geschäfte. Im übrigen aber kann Gegenstand der Geschäftsbesorgung jede Tätigkeit rechtlicher oder tatsächlicher Natur sein; weder technische und mechanische noch wissenschaftliche Tätigkeiten sind an sich ausgeschlossen, sofern sie nur den vorgedachten Voraussetzungen entsprechen und eine Besorgung für einen Dritten zulassen. Durch das Merkmal der Sorge für einen andern, die zugleich eine Betätigung des Willens und der Überlegung einschließt, unterscheidet sich die Geschäftsbesorgung wesentlich von der bloßen Leistung von Diensten wirtschaftlicher Art, und dadurch sondern sich auch die Dienst- und Werkverträge, die eine Geschäftsbesorgung zum Gegenstande haben, von andern Dienst- und Werkverträgen: Dienste im engeren Sinne werden an einen andern geleistet, Geschäfte werden für ihn besorgt; vgl. in § 831 die Scheidung von Verrichtung — dem weiteren Begriff — in Abs 1 Satz 1 und Geschäftsbesorgung in Abs 1 Satz 2 und Abs 2 (Auswahl der Personen, Beschaffung der Gerätschaften, Leitung der Verrichtung). Geschäftsbesorgung ist hiernach eine selbständige Tätigkeit wirtschaftlichen Charakters, **die im Interesse eines andern** vorgenommen wird (RG 97, 65). Ob sie im Interesse eines andern oder im eigenen Interesse erfolgt, dafür ist in der Regel die Unentgeltlichkeit oder die Entgeltlichkeit ein wesentliches Anzeichen. Regelbeispiele der Geschäftsbesorgung sind die Tätigkeiten des Rechtsanwalts (RG JW 1914, 468[8], 870[10]), des Liquidators einer offenen Handelsgesellschaft, wenn er nicht selbst Gesellschafter ist (RG Warn 1913 Nr 160), des Aufsichtsrats einer Aktiengesellschaft (RG 81, 153; 105, 393), des Notars und des Gerichtsvollziehers, soweit deren Tätigkeit nach vertraglichen Gesichtspunkten betrachtet werden kann (vgl. darüber A 1 zu § 675), des Kommissionärs und des Agenten, des Haus- und des Gutsverwalters, des Hausmeisters und des Pförtners, des Gasthof-

leiters und des Oberkellners, des Fabrikleiters, des bauleitenden Architekten, des Werkmeisters und des Poliers. Gutsverwaltung ist bei Unentgeltlichkeit Auftrag, bei Entgeltlichkeit Dienstvertrag (RG 80, 229). Angelegenheiten der Geschäftsbesorgung sind auch Tätigkeiten in Treuhänderverhältnissen (RG 83, 71; 84, 214; 91, 12; Warn 09 Nr 84; 1913 Nr 136; 1921 Nr 130). Der Arzt, der einen Kranken behandelt, besorgt diesem gegenüber kein Geschäft; er leistet ihm Dienste; wohl aber besorgt der Arzt ein Geschäft, der für einen unterstützungspflichtigen Armenverband die Behandlung eines Kranken übernimmt, oder der in seiner Heilanstalt die Ehefrau oder ein Kind für den unterhaltspflichtigen Ehemann oder Vater behandelt und verpflegt, da er diesem eine wirtschaftliche Sorge abnimmt (vgl. RG JW 1913, 1147[4]). Der Bauleiter ist Geschäftsbesorger, nicht aber der Bauunternehmer. Der Arbeiter, der auf Bestellung des zur Straßenreinigung verpflichteten Hausbesitzers bei Glatteis streut, führt eine Verrichtung aus, kein Geschäft; zum Geschäfte wird seine Tätigkeit jedoch, wenn er zugleich die Wachsamkeit darüber übernommen hat, daß bei Eintritt des Bedürfnisses und zu rechter Zeit gestreut wird. Von der Übernahme einer Bürgschaft als Geschäftsbesorgung für den Schuldner handeln RG 59, 10 u. 207, sowie JW 07, 831[8]. Die Erteilung einer Auskunft oder eines Rates ist keine Geschäftsbesorgung; wohl aber kann dies die Beschaffung von solchen, die Einziehung einer Auskunft über die Kreditverhältnisse eines Kaufmanns, sein (RG JW 1910, 808[22]; 8. 5. 11 VI 245/10). — Bei der hier gegebenen Begriffsbestimmung der Geschäftsbesorgung fehlt es freilich für diejenigen unentgeltlichen Dienste, die nicht in den Kreis der wirtschaftlichen Tätigkeit für einen andern fallen, an einer besonderen Regelung; gegen eine entsprechende Anwendung der für die Geschäftsbesorgung gegebenen Vorschriften je nach der Sachlage wird nichts zu erinnern sein, sofern die besonderen Vertragsvereinbarungen und die allgemeinen Vertragsregeln nicht ausreichen. Wenn das RG Warn 1914 Nr 183 auch eine Hilfeleistung bei der Verfolgung eines Verbrechens als eine Tätigkeit der Geschäftsbesorgung aufgefaßt hat, so ist dem nur in diesem übertragenen Sinne zuzustimmen.

3. **Auftrag** ist nach alledem ein Vertrag, gerichtet auf die unentgeltliche Übernahme einer selbständigen Tätigkeit, sei es rechtlicher, sei es tatsächlicher Art, für den Auftraggeber, die in dessen wirtschaftlichem Interesse gelegen ist und sich auf einem seinem Schaffen zukommenden Gebiete bewegt. Für den Auftrag gelten deshalb die allgemeinen Vorschriften über Verträge (§§ 134ff., 145ff.). Der Auftrag begründet nur einseitige Verpflichtungen des Beauftragten; er ist kein gegenseitiger Vertrag. Der Beauftragte hat keinen Anspruch auf die Ausführung des Geschäfts. Verpflichtungen des Auftraggebers ergeben sich erst als **Folge aus der Ausführung des Auftrags. Durch diese Einseitigkeit der Verpflichtungen unterscheidet sich der Auftrag wesentlich vom Dienst- und Werkvertrage, durch das Merkmal des tätigen Handelns von der Verwahrung und den auf ein Unterlassen oder Gewährenlassen gerichteten Verträgen, durch die Vertragsmäßigkeit von der Geschäftsführung ohne Auftrag. Der Auftrag kann auf ein einzelnes Geschäft, aber auch auf eine Mehrheit von Geschäften gerichtet sein; auch eine Vermögensverwaltung oder die Besorgung aller geschäftlichen Angelegenheiten des Auftraggebers gehört hierher** (vgl. RG 90 S. 129, 214). Der Auftrag kann mit einer Vollmacht (§§ 164ff.) verbunden sein, und die Vollmacht zur Vertretung bei vertraglichen Handlungen schließt regelmäßig auch einen Auftrag, für den Machtgeber zu verhandeln, ein; ist es anders gemeint, so muß der Machtgeber dies zum Ausdruck bringen (RG 5. 10. 08 VI 547/07). Begrifflich sind beide durchaus verschieden. Der Auftrag bedeutet ein Schuldverhältnis, die Vollmacht ein Vertretungsverhältnis; jene erzeugt eine Verpflichtung nach innen, diese eine Berechtigung nach außen, die Berechtigung, für den Machtgeber Dritten gegenüber mit Rechtswirkung für und gegen ihn aufzutreten (RG 71, 219; Warn 1913 Nr 86). Der mit vorbereitenden Handlungen zu einem Vertragsschlusse Betraute ist Beauftragter, nicht Bevollmächtigter; Vollmacht ist immer rechtsgeschäftliche Vertretungsmacht, und diese erfordert eine rechtsgeschäftliche Willenserklärung als Gegenstand (RG 26. 1. 09 II 337/08). — Die auf Grund eines anderweiten vertragsmäßigen Dienstverhältnisses vorgenommenen einzelnen Geschäftsbesorgungen werden durch Weisungen des Dienstherrn für die Ausführung der einzelnen Geschäfte nicht zu Aufträgen im Rechtssinne, die einen auf die einzelnen Geschäfte gerichteten unentgeltlichen Vertrag voraussetzen würden. — Vom Auftrage sind endlich zu unterscheiden die gesellschaftlichen Gefälligkeiten des täglichen Lebens, die nicht in verpflichtender Absicht übernommen werden (s. die oben A 2 angezogene Entscheidung RG 65, 17; ebenso 6. 6. 07 VI 449/06).

4. Verwandte Verhältnisse sind: Dienst-, Werk-, Mäklervertrag, Verwahrungsvertrag, Gesellschaft (RG JW 1905, 682); Vollmacht (RG 71, 222); Schenkung; Kreditauftrag (§ 778); Kommissionsgeschäft (HGB §§ 383ff.).; Anweisung (Rechtspr 10, 183); Treuhandverhältnis. Der Treuhandvertrag verpflichtet den Treuhänder lediglich, die „Treumacht" nicht über den Treuzweck hinaus im eigenen Interesse zu mißbrauchen (RG Gruch 1927, 551).

§ 662

Durch die Annahme[2]) eines Auftrags[1]) verpflichtet sich[3]) der Beauftragte, ein ihm von dem Auftraggeber übertragenes Geschäft[1]) für diesen unentgeltlich[4]) zu besorgen[1]).

E I 585 II 593; M 2 525—530; P 2 351, 352.

1. Über die rechtliche Natur des **Auftrags** und der Geschäftsbesorgung s. Vorbem 2 u. 3. Aus der Begriffsbestimmung ergibt sich, daß die übernommene Tätigkeit ein Interesse des Auftraggebers verfolgen muß; sie kann daneben auch im Interesse des Beauftragten, darf aber nicht ausschließlich in dessen Interesse liegen (RG 56, 130, Kreditauftrag). Deshalb ist der Versicherungsagent, der von der Versicherungsgesellschaft bestellte Mittler und Vertrauensmann (RG 73, 302; JW 1912, 84[32]; 1913, 542[5]), insoweit er den Versicherungsantrag entgegennimmt und für den Versicherungsnehmer an die Gesellschaft zur Entschließung weitergibt, Beauftragter des Versicherungsnehmers, nicht aber der Generalagent, der als Vertreter der Gesellschaft in deren Interesse den Vertrag abschließt und den Versicherungsbrief (Police) ausfertigt (RG 21, 90; 62, 315). Ebenso wird der Mäkler, der durch Vertrag eine Geschäftsvermittlung, aber auch von der Gegenpartei des in Aussicht genommenen Geschäfts die Besorgung von vorgängigen Erkundigungen für dasselbe Geschäft übernommen hat, zugleich Beauftragter der Gegenpartei (RG 76, 250). Einen Fall des Auftrags bei gemeinschaftlichem Interesse des Auftraggebers und Beauftragten behandelt RG JW 05, 682[3] (Bieten in der Zwangsversteigerung), Fälle entsprechender Anwendung der §§ 662ff. bei Dienstleistungen im öffentlichen Interesse — die amtliche Tätigkeit schließt die Erteilung eines privatrechtlichen Auftrags nicht aus — RG 98, 195 und RG JW 1914, 676[4] (Aufforderung eines Polizeibeamten, ihm die Täter bei einer Schlägerei zu zeigen, als Auftrag der Stadtgemeinde). Die Zahlung für Rechnung eines Dritten bedeutet regelmäßig einen Auftrag an den Zahlungsempfänger, die Zahlung als Leistung des Dritten zu behandeln (RG 45, 235; 26. 6. 11 VI 378/10). Die Sicherungsübertragung von Forderungen stellt, obwohl sie wesentlich das Interesse des Zessionars verfolgt, zugleich einen Auftrag zur Wahrnehmung der Interessen des Übertragenden bei der Beitreibung und Verwertung der abgetretenen Forderung dar (RG 59, 190; Warn 1913 Nr 136; 1914 Nr 7). Dasselbe gilt selbstverständlich bei allen anderen treuhänderischen Rechtsübertragungen; so bei Verkäufen und Eigentumsübertragungen zur Sicherheit hinsichtlich der Verwahrung, Verwaltung und Rückübertragung (RG 76, 345; Warn 1912 Nr 58). Die Übertragung eines Schiedsrichteramts dagegen begründet wohl ein Vertrags-, aber kein Auftragsverhältnis, da der Schiedsrichter kein Interesse der Parteien wahrnehmen und nicht für diese eine Tätigkeit entfalten, sondern über ihnen stehend im öffentlichen Interesse der Rechtspflege handeln soll (RG 59, 247; Warn 1913 Nr 76). Ebensowenig wird der Beamte, der als solcher Anträge entgegennimmt, Beauftragter der Antragsteller. — Einen besonderen **Verwaltungsvertrag** kennt das BGB nicht; bei einer ohne Entgelt übernommenen Vermögensverwaltung kommen die §§ 662ff. zur unmittelbaren Anwendung; die entgeltlich übernommene erscheint als Dienstvertrag (RG 80, 229; 90 S. 129, 214; 102, 21; 30. 5. 10 VI 226/09).

2. Der Auftrag kommt zustande durch die **Annahme.** Es kann aber auch umgekehrt sich der Geschäftsführer erbieten und der Auftraggeber das Erbieten annehmen. In dieser Annahme des Erbietens liegt dann der „Auftrag“. Auftrag wie Annahme bedürfen keiner Form. Deshalb bedürfen auch der Auftrag zur Erwerbung eines Grundstücks für den Auftraggeber und dessen Annahme nicht der Form des § 313 (RG 54, 75; 62, 335; Warn 1920 Nr 189; LZ 1922, 407[4]; JW 1925, 1760; 1926, 257; die in JW 1921, 580 vertretene strengere Auffassung ist vom V. ZS nicht aufrechterhalten worden, RG 4. 4. 25 V 298/24. Auch RG 77, 130 steht nicht entgegen. Ferner 2. 10. 27 1 D 954/27). Die Vereinbarung, wonach der Beauftragte ein Grundstück zunächst als mittelbarer Stellvertreter des Auftraggebers in der Zwangsversteigerung erworben und es an diesen auflassen soll, ist als geschäftliche Folge des Auftrags (§ 667) auch dann formfrei, wenn die Auflassung nicht alsbald nach der Ersteigerung des Grundstücks, sondern später erfolgen soll (RG 54, 76; 64, 116; RG 3. 11. 24 IV 357/24). Die Verpflichtungen des Beauftragten, insbesondere auch auf Herausgabe des aus der Geschäftsbesorgung Erlangten (§ 667), entstehen von selbst durch die Annahme des Auftrags, die ebenso wie die Auftragserteilung auch durch schlüssige Handlungen erfolgen kann. Bez. der Formvorschrift des § 15 Abs 4 Ges. v. 20. 4. 92, über G. m. b. H. RG 50, 42. Der unwiderrufliche Auftrag zur Grundstücksveräußerung bedarf der Form des § 313 (RG 22. 4. 25 V 277/24). Die Nichtigkeit des Auftrags hat zur Folge, daß die vom Beauftragten vorgenommenen Rechtsgeschäfte als Geschäftsführung ohne Auftrag zu behandeln sind (RG 90, 215). Widerspruchsloses Dulden des Beginns der Geschäftsbesorgung, zu der der Besorger sich erboten hat, kann als Auftragserteilung angesehen werden (RG 16. 2. 07 V 284/06; 6. 6. 07 VI 449/06). Der Beginn der Aus-

führung des erhaltenen Auftrags bedeutet dessen Annahme. Auch in der Entgegennahme der Vollmachtsurkunde zur Vornahme eines Rechtsgeschäfts wird regelmäßig die Annahme des Auftrags, der mit der Vollmacht verbunden ist, zu finden sein. Bloßes Stillschweigen bedeutet in der Regel weder Annahme des Auftrags noch anderseits Auftragserteilung durch Annahme der Dienste; für Kaufleute gilt § 362 HGB (**RG** 80, 229). — Übertragung in Form der Bitte (Rechtspr 6, 87). Rein gesellschaftliche Gefälligkeit begründet kein Auftragsverhältnis (**RG** 65, 18; JW 1907, 363[11]). Ist **eine Mehrheit von Handlungen Gegenstand des Auftrags, ohne daß** diese, wie bei einer Vermögensverwaltung, sich zu einer einheitlichen Tätigkeit zusammenschließen, wird z. B. einem Rechtsanwalte die Einklagung verschiedener Ansprüche gegen denselben Beklagten übertragen, so liegt darin regelmäßig auch eine Mehrheit von Aufträgen, die demgemäß teilweise angenommen, teilweise abgelehnt werden können. Insbesondere ist dies der Fall, wenn die mehreren Ansprüche mehreren Personen jeder für sich — Schadensersatzansprüche der Familienmitglieder eines Getöteten nach § 844 — zustehen (**RG** 22. 9. 05 II 4/05). Für eine Mehrheit von Auftraggebern oder Beauftragten gelten im übrigen die allgemeinen Bestimmungen der §§ 420ff.

3. Aus der Annahme des Auftrags wird der Beauftragte zu dessen Ausführung mit Beobachtung der im Verkehr erforderlichen Sorgfalt, d. i. unter Haftung für jedes Verschulden (**RG** 80, 229), nach § 276 **verpflichtet.** Er kann, wenn er sich beim Abschlusse des ihm aufgetragenen Rechtsgeschäfts schuldhaft von dem dritten Vertragschließenden hat täuschen lassen, den Auftraggeber wegen des diesem entstandenen Schadens nicht an den Dritten verweisen. Der Bankier, der mit der Auszahlung einer Summe an einen Dritten gegen Vorzeigung eines Duplikatfrachtbriefs über versendete Ware beauftragt ist, hat die Legitimation des Empfängers und die Echtheit des Duplikatfrachtbriefs zu prüfen (**RG** LZ 1922, 510[1]); das Lieferungsgeschäft selbst geht ihn nichts an (**RG** JW 1923, 294[15]). Der Treuhänder, dem eine den Gläubigern des Eigentümers zur Sicherheit bestellte Hypothek eingetragen worden ist, ist beim Mangel ausdrücklicher Weisungen nicht verpflichtet, das Grundstück in der Zwangsversteigerung nötigenfalls für die Auftraggeber zu erstehen; er ist deshalb auch nicht gehindert, sich selbst beim Bieten zu beteiligen (**RG** JW 1918, 38[14]). Ob Beauftragter Eigentümer des vom Auftraggeber übergebenen Geldes geworden ist, ist Tatfrage und hängt vom Willen der Parteien ab (**RG** 101, 307). Es ist nicht zu vermuten, **RG** 28. 1. 09 IV 242/08. Aber anderseits **RG** 56, 149. Hat das aufgetragene Geschäft die **Abwendung** einer dem Auftraggeber drohenden dringenden Gefahr zum Gegenstande, so wird es regelmäßig richtig sein, nach der für die Geschäftsführung ohne Auftrag in § 680 gegebenen Bestimmung auch für den Beauftragten eine Beschränkung der Haftung für Vorsatz und grobe Fahrlässigkeit als gewollt anzunehmen (s. § 680 A 1); doch ist dies Frage tatsächlicher Beurteilung, die aus den Umständen des Falles zu entnehmen ist; eine allgemeine entsprechende Anwendung des § 680 auf alle Fälle des Auftrags möchte bedenklich erscheinen. — Die **Haftung des Beauftragten für das Verschulden von Gehilfen** ergibt sich aus § 278, ist aber in § 664 auch ausdrücklich ausgesprochen. Die Nichtannahme des Auftrags steht der Entstehung gewisser Pflichten gegen denjenigen, der den Auftrag erteilen wollte, dann nicht entgegen, wenn in Erwartung der Annahme von diesem schon Gegenstände ausgehändigt worden sind. Diese müssen zurückgegeben werden (**RG** 23. 10. 03 III 169/03). Geschäftsbesorgungen, die dem Auftrag nicht entsprechen, kann der Beauftragte zurückweisen. Der Beauftragte hat keinen Anspruch auf die Ausführung des Geschäfts.

4. Die **Unentgeltlichkeit** der Geschäftsbesorgung, die das bezeichnende Merkmal des Auftragsverhältnisses bildet, schließt die nachträgliche Gewährung einer Vergütung für die geleisteten Dienste nicht aus; ob darin alsdann eine nicht der Rückforderung und dem Widerrufe unterliegende Schenkung im Sinne des § 534 zu erblicken ist, ist Frage des einzelnen Falles; eine Schenkung liegt jedenfalls immer nur dann vor, wenn beide Teile über die Unentgeltlichkeit der Zuwendung einig sind (vgl. **RG** 72, 188; 74, 139). Auch dadurch, daß der Auftraggeber dem Geschäftsbesorger die Möglichkeit offen läßt, von Dritten eine Vergütung zu erhalten, wird das Vertragsverhältnis zwischen ihnen nicht zu einem entgeltlichen (**RG** 72, 188; 74, 139; Warn 1915 Nr 168). Über die Stellung des einer armen Prozeßpartei zugeordneten Rechtsanwalts zu dieser vgl. **RG** Warn 1914 Nr 204. Aus dem bloßen Verwandtschaftsverhältnis kann die Unentgeltlichkeit von Diensten nicht entnommen werden (**RG** 74, 139; JW 09, 670[26]). Bei nahem Verwandtschaftsverhältnis kann mangels der Vereinbarung einer Vergütung zunächst die Unentgeltlichkeit der Geschäftsbesorgung angenommen werden (Mutter und Sohn); der Geschäftsbesorger hat dann darzutun, daß eine Vergütung dennoch gewollt sei (**RG** Warn 1915 Nr 169). Ob Gratifikationen und Trinkgelder als Entgelt zu bewerten sind, ist Frage des einzelnen Falles.

§ 663

¹) **Wer zur Besorgung gewisser Geschäfte öffentlich bestellt ist oder sich öffentlich erboten hat²), ist, wenn er einen auf solche Geschäfte gerichteten Auftrag nicht annimmt, verpflichtet, die Ablehnung dem Auftraggeber unverzüglich anzuzeigen³). Das gleiche gilt, wenn sich jemand dem Auftraggeber gegenüber zur Besorgung gewisser Geschäfte erboten hat⁴).**

E I 587 II 594; M 2 530; P 2 353, 354.

1. Die Bedeutung des § 663, der nach § 675 auch auf die Dienst- und Werkverträge, die eine Geschäftsbesorgung zum Gegenstande haben, entsprechende Anwendung findet, beruht hauptsächlich auf dieser entsprechenden Anwendung; für die unentgeltlichen Aufträge kommt § 663 wenig in Betracht. Im Handelsverkehr gilt § 362 HGB; über dessen vom BGB abweichende Regelung vgl. Anm 3. Wo die besonderen Voraussetzungen des § 362 HGB auf Geschäftsbesorgung gerichteter Gewerbebetrieb und Geschäftsverbindung mit dem Auftraggeber, nicht vorliegen, kommt auch im Handelsverkehre § 663 BGB zur Anwendung.

2. Der Begriff der **Öffentlichkeit** ist für die bestellten und die sich erbietenden Personen der gleiche (vgl. jedoch zu der entsprechenden Vorschrift in § 407 ZPO **RG** 50, 391); sie bedeutet, daß die Personen dem Publikum, der Allgemeinheit zur Besorgung gewisser Geschäfte zur Verfügung stehen, sei es, daß sie von dritter Seite ihm zur Verfügung gestellt (bestellt) worden sind oder daß sie sich selbst zur Verfügung gestellt (erboten) haben. Die öffentliche Bestellung ist nicht notwendig eine behördliche; auch gemeinnützige Vereine können Personen zur Geschäftsbesorgung öffentlich bestellen, indem sie bekanntmachen, daß diese Personen von Vereins wegen dem Publikum für gewisse Dienste zur Verfügung gestellt sind. Nach dieser Begriffsbestimmung sind öffentlich bestellt nicht nur Rechtsanwälte (§ 30 RAO), Notare und Schiedsmänner, sondern auch Auskunftspersonen der Fremdenverkehrs- und Gebirgsvereine, der Ausstellungs- und Festspielausschüsse u. a.; öffentliches Erbieten liegt bei Patentanwälten, Mäklern, Spediteuren (**RG** 104, 267), auch Ärzten, soweit diese für die Besorgung von Geschäften in Betracht kommen, vor (s. Vorbem 2), wenn sie durch öffentliche Anzeige in den Blättern, durch Anschläge an Säulen oder durch Schilder am Hause sich dem Publikum anbieten. Für Rechtsanwälte gilt RAO § 30.

3. Eine Verpflichtung zur Annahme des Auftrags besteht auch für die in § 663 bezeichneten Personen nicht. Einen Rechtszwang zum Abschluß von Verträgen begründet die Vorschrift nicht; aber die **Ablehnung** ist dem Auftraggeber **unverzüglich**, d. i. ohne schuldhaftes Zögern (§ 121; Rechtsfrage **RG** 49, 395; JW 06, 707²), **anzuzeigen.** Das gilt auch, wenn der Auftrag an einen Dritten weitergegeben wird (**RG** 18. 1. 26 IV 392/25). Die Unterlassung der Anzeige gilt aber nicht als Annahme, wie im Handelsverkehr nach § 362 HGB, sie begründet nur eine Schadensersatzpflicht auf das negative Vertragsinteresse (§ 122; **RG** 104, 267), während § 362 HGB eine Schadensersatzpflicht auf das Erfüllungs- (positives Vertrags-) Interesse zur Folge hat. Die Schadensersatzpflicht aus § 663 ist keine vertragliche, sie erwächst auch nicht aus unerlaubter Handlung, vielmehr handelt es sich um einen Fall, in welchem das BGB die allgemein nicht geregelte Vertretung eines Verschuldens beim Vertragsschluß (culpa in contrahendo) anerkannt hat. In den Fällen, in denen das Stillschweigen als Annahme zu gelten hat, worüber § 151 sich verhält, ist auch außerhalb des Handelsverkehrs die Haftung auf das Erfüllungsinteresse begründet.

4. Auch dieses **besondere Erbieten** ist nicht rechtsgeschäftliche Willenserklärung, sondern erst Einladung zum Vertragsangebot, wie sich dies bei dem allgemeinen öffentlichen Erbieten von selbst versteht.

§ 664

¹) **Der Beauftragte darf im Zweifel die Ausführung des Auftrags nicht einem Dritten übertragen²). Ist die Übertragung gestattet, so hat er nur ein ihm bei der Übertragung zur Last fallendes Verschulden zu vertreten³). Für das Verschulden eines Gehilfen ist er nach § 278 verantwortlich⁴).**

Der Anspruch auf Ausführung des Auftrags ist im Zweifel nicht übertragbar⁵).

E I 588, 589 II 595; M 2 530—534; P 2 354—357.

1. § 664 findet entsprechende Anwendung auf den Vorstand oder die Liquidatoren eines eingetragenen Vereins (§ 27 Abs 3, § 48 Abs 2), die geschäftsführenden Gesellschafter (§ 713; dazu **RG** JW 07, 830⁶) und den Testamentsvollstrecker (§ 2218 Abs 1). Für den

Dienst- oder Werkvertrag nach § 675 ist § 664 Abs 1 Satz 2 entsprechend anwendbar, obgleich er in § 675 nicht mit angezogen ist (**RG** 78, 310; Warn 1920 Nr 8); im übrigen gelten beim Dienstvertrage § 613, beim Werkvertrage § 267. Auch die Vollmacht ist Vertrauensverhältnis wie der Auftrag. Für die mit einem Auftrage verbundene Vollmacht versteht sich die Anwendung des § 664 von selbst; aber auch ohne diese Verbindung muß die Unübertragbarkeit im Zweifel angenommen werden (**RG** JW 1912, 526[3]).

2. Satz 1 des § 664 enthält lediglich eine Auslegungsregel, wie aus den Worten **„im Zweifel"** hervorgeht. Wo ein anderer Parteiwille erhellt, ist dieser maßgebend. In vielen Fällen wird die **Übertragung** dem Parteiwillen wenigstens für den Fall entsprechen, daß der Beauftragte den Auftrag selbst auszuführen behindert sein wird. Maßgebend für die Ermittlung des Parteiwillens ist insbesondere, inwieweit etwa das den Auftrag im allgemeinen beherrschende persönliche Vertrauensverhältnis im einzelnen Falle zurücktritt. Die Einfachheit des Geschäfts, und daß dieses ebensowohl von einem Dritten ausgeführt werden kann, lassen hierauf nicht ohne weiteres schließen (**RG** JW 07, 741[7]).

3. Ist die Übertragung gestattet, so haftet der Beauftragte nur für ein **Verschulden bei der Übertragung,** d. i. in der Auswahl und in der Unterweisung des von ihm weiter Beauftragten, nicht für dessen Verschulden und nicht für seine Beaufsichtigung (**RG** Warn 1918 Nr 167 mit Hinweis auf § 408 HGB). Ist sie nicht gestattet, so hat der Beauftragte wegen des in der Unterübertragung liegenden vertragswidrigen Verhaltens allen auch sonst unverschuldeten Schaden, der aus der Übertragung entsteht, zu vertreten. Doch steht ihm der Nachweis frei, daß der Schaden auch ohne die Übertragung entstanden sein würde, wodurch der zunächst anzunehmende ursächliche Zusammenhang zwischen der Übertragung und dem Schaden ausgeschaltet wird. Das trotz der Unzulässigkeit der Übertragung auftraggemäß ausgeführte Geschäft braucht der Auftraggeber regelmäßig nicht als Erfüllung gelten zu lassen (**RG** 78, 317), es sei denn, daß er es nach dem Grundsatze von Treu und Glauben anerkennen muß. Ein unmittelbares Verhältnis entsteht auch bei zulässiger Übertragung zwischen dem Unterbeauftragten und dem Auftraggeber nicht; nur die Rechtsbeziehungen der Geschäftsführung ohne Auftrag (§§ 677ff.) können eintreten.

4. Unter der **Zuziehung von Gehilfen** ist im Gegensatze zur Übertragung der Ausführung des Auftrags im ganzen die Heranziehung Dritter zur nur unterstützenden Mitwirkung zu verstehen (**RG** 78, 310; eine Anwendung auf den Testamentsvollstrecker s. RJA 11, 271) Sie ist gestattet, wenn sie nicht ausdrücklich ausgeschlossen wurde. Ist letzteres der Fall, so hat die vertragswidrige Verwendung von Gehilfen dieselben Folgen wie die unerlaubte Übertragung (s. A 3). Für unerlaubte Handlungen des Gehilfen haftet der Beauftragte nach § 831.

5. **Im Zweifel nicht übertragbar,** daher auch nicht pfändbar, nicht verpfändbar, nicht aufrechenbar, nicht Konkursgegenstand, nicht nießbrauchbar s. zu § 399. Die Bestimmung ist, wie die des Abs 1 Satz 1, Auslegungsregel (s. zu 2)

§ 665

[1]) Der Beauftragte ist berechtigt, von den Weisungen des Auftraggebers[2]) abzuweichen[3]), wenn er den Umständen nach annehmen darf, daß der Auftraggeber bei Kenntnis der Sachlage die Abweichung billigen würde[4]). Der Beauftragte hat vor der Abweichung dem Auftraggeber Anzeige zu machen und dessen Entschließung abzuwarten[5]), wenn nicht mit dem Aufschube Gefahr verbunden ist[6]).

E I 590 II 596; M 2 535, 536; P 2 357.

1. Der Paragraph findet entsprechende Anwendung für die Geschäftsbesorgung auf Grund eines Dienst- oder Werkvertrags nach § 675, sowie auf den Vorstand oder die Liquidatoren eines Vereins (§ 27 Abs 3, § 48 Abs 2) und den geschäftsführenden Gesellschafter (§ 713). Für die Liquidatoren einer offenen Handelsgesellschaft gilt nicht § 665, sondern § 152 HGB.

2. **Die Weisungen des Auftraggebers** sind die im Vertrage enthaltenen oder vorbehaltenen Umgrenzungen der Tätigkeit des Beauftragten. Liegen bestimmte Weisungen vor, so hat der Beauftragte nicht zu prüfen, ob ihre Befolgung für den Auftraggeber vorteilhaft ist (**RG** 54, 329). Ist der Beauftragte gerade um seiner Sachkunde willen beauftragt worden, so muß er beraten und warnen (**RG** 69, 26). Die Anweisungen müssen stets genau befolgt werden (**RG** 105, 48), besonders bei einem Akkreditivvertrag (**RG** 106, 28). Beim Akkreditivauftrag ist schon eine geringfügige Abweichung unzulässig. Die Bedeutung der Weisung ist jedoch nach §§ 157, 133 zu beurteilen. Sonstige nachträgliche Weisungen braucht der Beauftragte nur zu befolgen, wenn sie die Ausführung des Auftrags nicht erschweren.

Sie stellen einen Widerruf des ursprünglichen anders gearteten Auftrags dar, verbunden mit einem neuen Auftrage, den der Beauftragte ablehnen darf. Tut er dies nicht, so muß er die neuen Weisungen befolgen. Beim Mangel bestimmter Weisungen hat der Beauftragte das Interesse des Auftraggebers nach Maßgabe der Sachlage wahrzunehmen (**RG** JW 05, 43[5]). Wie der Auftrag selbst können auch die Weisungen vom Auftraggeber jederzeit widerrufen werden (**RG** 90, 133). Wenn Auftraggeber und Beauftragter in einem Gesellschaftsverhältnis mit einem Dritten stehen, beeinflußt dies den Inhalt des Auftrags dahin, daß immer die Interessen der Gesellschaft zu wahren sind (**RG** 25. 1. 26 IV 443/25).

3. Die **Abweichung** setzt einen Widerspruch mit den Weisungen des Auftraggebers, wie sie erkennbar im Vertrage enthalten sind, voraus (**RG** JW 1912, 910[6]). Eine andersartige Ausführung, die als in der Richtung der Willensmeinung des Auftraggebers liegend angesehen werden darf, ist keine Abweichung (**RG** 56, 149). Eine Ausführung des aufgetragenen Geschäfts unter dem Auftraggeber günstigeren Bedingungen, als die Weisungen vorschrieben, ist ebenfalls regelmäßig keine Abweichung. Ebensowenig ein Handeln über die Weisungen hinaus, aber nicht ihnen zuwider, wenn der Auftraggeber in die Lage versetzt wird, das ausgeführte Geschäft, soweit es außerhalb des Auftrags liegt, abzulehnen; innerhalb der Grenzen des letzteren ist er dann gebunden. Der erstinstanzliche Rechtsanwalt, der ohne besonderen Auftrag Berufung eingelegt hat, ist zu deren Zurücknahme ohne die Zustimmung der Partei nicht berechtigt (**RG** Warn 1913 Nr 414). — Die unstatthafte Abweichung von den Weisungen ist Vertragsverschulden und macht den Beauftragten für allen, auch den zufällig daraus entstandenen Schaden haftbar. Der Auftraggeber braucht das Geschäft nicht als für ihn erfolgt gelten zu lassen; will er sich aber dessen Vorteile aneignen, so muß er auch die Abweichungen genehmigen. Ist die vertragsmäßige Ausführung noch möglich, so kann er diese verlangen; macht ihn der Beauftragte von den Nachteilen frei (vgl. § 386 Abs 2 HGB), so ist der Auftraggeber zur Genehmigung für verpflichtet zu erachten. Vgl. über alles dies **RG** 57, 392. Bei der entsprechenden Anwendung im Falle des § 675 kommen die §§ 325 u. 326 in Betracht (**RG** ebenda).

4. Die Abweichung ist gerechtfertigt, wenn die Sachlage sie sachlich vernünftig erscheinen läßt und der Beauftragte nach seiner Kenntnis von der Willensmeinung des Auftraggebers dessen Genehmigung erwarten darf. Insbesondere gilt dies, wenn durch die Abweichung Schaden von dem Auftraggeber abgewendet wird. Die Abweichung kann, wie aus dem Schlußsatze des Paragraphen hervorgeht, unter Umständen zur Pflicht werden. Ob das aufgetragene Geschäft für den Auftraggeber vorteilhaft ist, hat der Beauftragte beim Vorhandensein bestimmter Weisungen nicht selbständig zu prüfen (**RG** 54, 329; bankmäßiger Giroverkehr); doch wird, insbesondere bei der entsprechenden Anwendung nach § 675 zu gelten haben, daß der sachverständige Beauftragte, dessen Dienste in dieser Eigenschaft in Anspruch genommen werden, den nicht selbst fachkundigen Geschäftsherrn auf schwerwiegende Bedenken gegen die Ausführung des Geschäfts nach dessen Weisungen aufmerksam machen muß (vgl. **RG** JW 05, 20[18]; Werkvertrag).

5. Vorherige Anzeige und Abwartung der Entschließung (vgl. **RG** 105, 53). Die letztere erfordert in der Regel eine ausdrückliche Äußerung des Auftraggebers. Stillschweigen ist im allgemeinen nicht als Zustimmung zu erachten (vgl. **RG** 60, 187 zu § 85 HGB); dies ist aber dann anzunehmen, wenn der Beauftragte die Ausführung des Auftrags mit der Abweichung für den Fall des Ausbleibens eines Widerspruchs angekündigt hat. Wenn die Abweichung mit Recht erfolgt und auch die vorgängige Benachrichtigung wegen Gefahr im Verzug mit Recht unterblieben ist, so muß doch wenigstens nachträglich alsbald eine Benachrichtigung des Auftraggebers erfolgen. Unterbleibt sie, so haftet der Beauftragte für den Schaden, der durch die Unterlassung verursacht worden ist (**RG** 114 S. 375, 377).

6. Die Beweislast für die **Gefahr des Aufschubs** trifft den Beauftragten.

§ 666

[1]) Der Beauftragte ist verpflichtet, dem Auftraggeber die erforderlichen Nachrichten[2]) zu geben, auf Verlangen über den Stand des Geschäfts Auskunft[2]) zu erteilen und nach der Ausführung des Auftrags Rechenschaft abzulegen[3]) [4]).

E I 591 II 597; M 2 537, 538; P 2 357—360.

1. Entsprechende Anwendung findet der Paragraph nach §§ 675, 27 Abs 3, 48 Abs 2, sowie für die Geschäftsführung ohne Auftrag (§ 681 Abs 1), den geschäftsführenden Gesellschafter (§ 713) und den Testamentsvollstrecker (§ 2218 Abs 1; s. dazu **RG** Warn 1914 Nr. 8). Über eine entsprechende Anwendung bei fahrlässiger Verletzung des Urheberrechts **RG** Warn 1918 Nr 232; ferner, wenn die Ehefrau dem Manne die Verwaltung des Vorbehaltsguts überlassen hatte, wobei regelmäßig ein Auftrag anzunehmen ist (**RG** 87, 100);

weiter, wenn ein Schadensersatzberechtigter bei Erfüllung der Vertragsverpflichtungen des Ersatzpflichtigen und ohne dessen die Schadensersatzpflicht begründende Handlung einen Anspruch nach § 666 aus seiner Geschäftsführung gegen einen Dritten erworben haben würde (RG 89, 99). Wegen seiner Erstattungsansprüche hat der Beauftragte kein Zurückbehaltungsrecht an diesen Verpflichtungen (RG 102, 110). Auch nicht bei gegenseitiger Pflicht zur Rechnungslegung (RG 22. 4. 25 V 277/24).

2. Die **Auskunft** über den Stand des Geschäfts ist nur auf Verlangen zu erteilen; die erforderlichen, d. i. der Sachlage entsprechenden **Nachrichten,** namentlich über die Ausführung des Geschäfts oder über Hindernisse der Ausführung, Veränderung der Geschäftslage, Erledigung des Geschäfts (RG JW 1912, 910[6]) sowie die Notwendigkeit von Vorschüssen sind auch ohne Verlangen des Geschäftsherrn zu geben (RG Gruch 49, 834). Girobanken brauchen nicht die Zahlungseinstellung des Girokunden zu melden (RG 54, 329). Der mit der Erwirkung eines Patents beauftragte Patentanwalt hat, solange der Auftrag noch nicht vollständig ausgeführt ist, die Fälligkeit der Jahresgebühren für die Erhaltung des Patents zu überwachen und den Auftraggeber darauf aufmerksam zu machen (RG 69, 26).

3. Die Rechenschaftspflicht ist eine Folge der Besorgung fremder Angelegenheiten (RG 73, 286). Die **Rechenschaftsablegung** begreift nach § 259 auch die Rechnungslegung nebst Vorlegung der Belege, wo diese mitgeteilt zu werden pflegen, und die Leistung des Offenbarungseides. Über die Ausantwortung der Belege verhält sich § 667. Rechnung ist nach Erlöschen des Auftrags in jedem Falle zu legen, auch wenn das Geschäft nicht zu Ende geführt wurde (RG 56, 116). Sind jedoch periodische Rechnungen während der Geschäftsführung gelegt worden, so braucht nicht noch eine die ganze Geschäftsführung umfassende Schlußrechnung, sondern nur eine abschließende Rechnung für die letzte Periode gelegt zu werden (RG Gruch 49, 834). Die Rechnungslegung ist keine unteilbare Leistung (RG 20, 312). Periodische Rechnungslegung ist unter Umständen eine Pflicht, die sich schon aus der Pflicht zur Auskunfterteilung ergibt (RG JW 1916, 673; RG 26. 2. 20 IV 350/19). Eine Rechnung muß auch gelegt werden, wenn nichts eingenommen wurde. Auch eine mit Mängeln belastete Abrechnung stellt eine Rechnungslegung dar, wenn sie eine geordnete Darstellung der Einnahmen und Ausgaben unter Beifügung der Belege enthält, eine verständliche rechnungsmäßige Übersicht und die Möglichkeit gibt, an der Hand der Belege die Rechnung zu prüfen (RG LeipzZ 1917, 1251[17]). Für die Rechnungslegung an mehrere Auftraggeber gilt § 432. Im Falle der Geschäftsbesorgung auf Grund eines Dienstvertrags nach § 675 bildet die Rechnungslegung den Abschluß der Dienste; vor der ordnungsmäßigen Rechnungslegung kann der Dienstverpflichtete daher keine Vergütung der Dienste fordern (RG JW 07, 479[11]); die Verpflichtung des Beauftragten und Geschäftsführers zur Rechenschaftsablage und Rechnungslegung erscheint gegenüber Ansprüchen des Beauftragten aus der Geschäftsführung als Vorleistungspflicht; deshalb kann der Beauftragte auch eine Zurückbehaltung dieser Leistung wegen etwaiger Gegenansprüche nicht geltend machen (RG 102, 110). Entsteht dem Auftraggeber durch die Versäumung der Verpflichtungen aus § 666 ein Schaden, so ist dafür der Beauftragte ersatzpflichtig. Aber die Rechnungslegung ist nur ein Recht des Geschäftsherrn; dieser ist nicht gehindert, anstatt Rechnungslegung zu fordern, die Rechnung selbst aufzumachen (RG JW 1911, 95[18]); auch in diesem Falle trifft den Beauftragten die Beweispflicht über den Verbleib der Einnahmen; das rechtliche Verhältnis zwischen Geschäftsherrn und Beauftragten wird dadurch nicht geändert (RG Warn 1915 Nr 169; LZ 1916, 1642[9]). — Zwingendes Recht, wie Oertmann A 2 meint, enthält der Paragraph auch in der dem Beauftragten zur Pflicht gemachten Rechenschaftsablegung nicht. Über einen stillschweigenden Verzicht vgl. RG Warn 1915 Nr 277. Der Beauftragte hat nach Erledigung die Handakten herauszugeben, ebenso andere Belege (RG 3. 12. 20 115/20).

4. Für die Bemessung der Anforderungen, die an die **Vertragstreue eines Beauftragten** zu stellen sind, bieten die für den Kommissionär geltenden Vorschriften des HGB §§ 384, 387, 400 u. 401 auch in den Fällen, in denen sie nicht unmittelbar Anwendung finden können, einen naheliegenden Maßstab. Schließt der Beauftragte zu vorteilhafteren Bedingungen ab, als der Auftraggeber annahm, kauft er zu einem geringeren, wie dem ihm gesetzten Preise ein, so kommt dies dem Auftraggeber zustatten (§§ 387, 401 HGB; RG Warn 08 Nr 464). Vgl. A 3 zu § 667.

§ 667

[1]) Der Beauftragte ist verpflichtet, dem Auftraggeber alles, was er zur Ausführung des Auftrags erhält[2]) und was er aus der Geschäftsbesorgung erlangt[3]), herauszugeben[4]).

E I 592 II 598; M 2 538, 539; P 2 360—365.

1. Die Bestimmung findet **entsprechende Anwendung** nach §§ 675, 27 Abs 3, 48 Abs 2, 681 Satz 2, 713, 2218 Abs 1. Auch sie ist nicht zwingendes Recht, sondern läßt abweichender Vereinbarung Raum (RG Warn 1915 Nr 168).

2. Erhalten hat der Beauftragte, was ihm der Auftraggeber an Geld, Urkunden, Karten, Zeichnungen, Gerätschaften zum Zwecke der Ausführung des Auftrags übergeben hatte (vgl. den Fall RG JW 1912, 34[20]; RG 3, 18). Ob der Beauftragte Eigentümer erhaltenen Geldes wird, ist nach dem Willen des Auftraggebers und der Natur des Geschäfts im einzelnen Falle zu beurteilen (RG 101, 307). Insbesondere gehört zu den erhaltenen Gegenständen die zur rechtsgeschäftlichen Vertretung etwa erteilte Vollmachtsurkunde.

3. Aus der Geschäftsbesorgung **erlangt** sind die Sachen, Rechte und Ansprüche, die der Beauftragte infolge der Geschäftsführung von Dritten empfangen hat, mit den darauf bezüglichen Urkunden, Zubehörstücken, Früchten, Zinsen und Nutzungen. Auch die Belege über Einnahmen und Ausgaben sowie über die Geschäftsführung überhaupt gehören hierher, sowie die Akten, die der Beauftragte über die Geschäftsbesorgung geführt hat (RG 105, 393); über die Handakten des Rechtsanwalts s. die folgende Anmerkung. Unter den Begriff des aus der Geschäftsbesorgung Erlangten fällt grundsätzlich auch jeder für den Beauftragten persönlich bestimmte Vorteil, der ihm aus einem mit der Geschäftsführung zusammenhängenden Grunde zugewendet ist; Vermittlungsgebühren und Preisnachlässe, Sonderprovisionen und sog. Schmiergelder, die dem Beauftragten bei Abschluß eines Rechtsgeschäfts in Verbindung mit diesem von der Vertragsgegenseite bewilligt werden, sind aus der Geschäftsbesorgung also für Rechnung des Auftraggebers, erlangt und deshalb dem Auftraggeber herauszugeben; ein entgegenstehender Wille des Gebers, der Vertragsgegenseite, kommt nicht in Betracht (RG 96, 53; 99, 36). Ob der Geschäftsherr denselben Nutzen gezogen haben würde, wie der Beauftragte, ist gleichgültig. Zuwendungen dagegen, die dem Beauftragten nur **anläßlich** der Geschäftsbesorgung, insbesondere nach Abschluß des Geschäfts ausdrücklich oder nach der Sachlage schlüssig für seine eigene Person gemacht werden, verbleiben ihm und sind nicht aus der Geschäftsführung erlangt (RG 55, 86; 99, 33; Warn 1915 Nr 168). Was der Beauftragte einzuziehen hatte, aber nicht eingezogen hat, schuldet er nicht auf Grund des § 667 (RG 53, 327).

4. Das Erhaltene wie das Erlangte ist nach Beendigung des Auftrags dem Auftraggeber **herauszugeben,** soweit es nicht für die Zwecke der Geschäftsbesorgung verbraucht ist (RG 30. 10. 11 VII 203/11). — Der Beauftragte muß, wenn er Eigentum erlangt hat, das Eigentum dem Auftraggeber übertragen (RG LZ 1912, 72; RG 72, 197). Denn der Herausgabeanspruch ist ein persönlicher, kein dinglicher. Es gibt auch für Forderungen keine gesetzliche Zession. Die Herausgabepflicht ist nicht abhängig von vorgängiger Rechenschaftsablage, die nur ein Recht des Geschäftsherrn ist (RG JW 1911, 59[18]; RG 54, 75; 59, 190). Der Anspruch ist übertragbar (RG Recht 1908 Nr 734). Der Auftraggeber, der ohne solche auf Zahlung einer bestimmten Summe klagt, übernimmt damit keine Beweispflicht über den Verbleib der Einnahmen; er hat so viel anzuführen, daß sein Anspruch aus seinem Vertrage schlüssig sich ergibt, und die wirklichen oder nach der Sachlage anzunehmenden Einnahmen darzutun; wo diese geblieben sind, hat der Beauftragte nachzuweisen (RG 90, 134; Warn 1915 Nr 169; 1920 Nr 158; LZ 1916, 1642[9]). Verschuldetes Abhandenkommen erzeugt die Verpflichtung zum Schadensersatz (RG JW 06, 109[7]; RG 97, 236; 98, 100), wobei den Beauftragten die Beweislast trifft, daß er ohne Verschulden ist (RG 18. 1. 06 VI 155/05; vgl. RG 98, 100). Für zufälligen Untergang steht der Beauftragte nicht ein. — Für das Verhältnis zwischen Auftraggeber und Beauftragtem ist es im übrigen gleichgültig, ob der letztere das aufgetragene (Rechts-) Geschäft im eigenen Namen oder auf den Namen des Geschäftsherrn abschließen sollte und abgeschlossen hat; die Herausgabepflicht ist die gleiche (RG 54, 75 u. 103; 59, 190 Sicherheitsübertragung). Der unmittelbare Vertreter berechtigt und verpflichtet durch seine Geschäftsführung ohne weiteres den Auftraggeber; der mittelbare Vertreter berechtigt (vgl. RG JW 1910, 1000[5]) und verpflichtet durch das abgeschlossene Geschäft allein sich; die Herausgabepflicht schließt im letzteren Falle mithin die Pflicht der Rechtsübertragung (Auflassung, Abtretung RG JW 07, 830[6]; 1911, 581[23]), beim Treuhänderverhältnis die Rückübertragung ein (RG 54, 103; 58, 273; Warn 09 Nr 84). Sie erstreckt sich bei befugter Unterbeauftragung (§ 664) ferner auf das von dem Unterbeauftragten Erlangte. — Der Rechtsanwalt hat seine **Handakten** nicht als Ganzes dem Auftraggeber herauszugeben, sondern nur die den beiden Gruppen des § 667 entsprechenden Stücke, also nicht die Teile, die seine eigenen Arbeiten und Briefschaften enthalten; soweit die Herausgabe nicht geboten ist, tritt die Vorlegungspflicht nach §§ 810, 811 ein (RG 3. 12. 20 III 115/20). Herausgabe eines Inbegriffs nach §§ 260, 261; über verwendetes Geld s. § 668. Über Belassung an Stelle der Herausgabe, wenn der Auftraggeber den herauszugebenden Gegenstand in seinen Besitz gebracht hat, vgl. RG 72, 192. Geschenke und sonstige Vorteile sind ebenfalls herauszugeben (RG 96, 53), sogar Schmiergelder (RG 99, 31). Wenn aber Geschenke **rein persönliche** Zuwendungen sind, braucht sie der Beauftragte nicht herauszugeben. Dienen sie Bestechungszwecken, sind sie dem Staate verfallen (Planck A 2b). Die Verjährung des Herausgabeanspruchs ist die gewöhnliche des § 195, auch wenn das Verhalten des Beauftragten zugleich den Tatbestand einer unerlaubten Handlung erfüllt (RG 96, 53).

§ 668

[1]) **Verwendet der Beauftragte Geld für sich, das er dem Auftraggeber herauszugeben oder für ihn zu verwenden hat, so ist er verpflichtet, es von der Zeit der Verwendung an zu verzinsen[2]).**

E I 593 II 599; M 2 539, 540; P 2 365.

1. Entsprechend anwendbar ist der Paragraph nach § 27 Abs 3, § 48 Abs 2, §§ 675, 681, 713, 2218 Abs 1.

2. **Verzinsungspflicht.** Die Bestimmung, die in gleicher Weise für den Verwahrer (§ 698) und den Vormund (§ 1834) gegeben ist, bezieht sich nur auf **verwendetes Geld.** Die tatsächliche Verwendung genügt zu ihrer Anwendung, die Beweislast für diese trifft den Auftraggeber. Die Verzinsungspflicht schließt weitergehenden Schadensersatz bei Verschulden des Beauftragten, sei es aus dem Vertrage, sei es aus unerlaubter Handlung, nicht aus.

§ 669

[1]) **Für die zur Ausführung des Auftrags erforderlichen[2]) Aufwendungen hat der Auftraggeber dem Beauftragten auf Verlangen Vorschuß zu leisten[3]).**

E I 594 II 600; M 2 540; P 2 365

1. Der Paragraph findet entsprechende Anwendung in den Fällen der §§ 27 Abs 3, 48 Abs 2, 675, 713, ferner §§ 1694 Abs 1, 1835 Abs 1, 1915 Abs 1 (Beistand, Vormund und Gegenvormund, Pfleger).

2. Die **erforderlichen Aufwendungen** — s. darüber des näheren zu § 670 — sind die nach der Sachlage (objektiv) gebotenen.

3. Die **Vorschußpflicht** entfällt, wenn sie mit der Natur des einzelnen Auftrags nicht vereinbar und deshalb als wegbedungen anzusehen ist; so bei der Übernahme einer Bürgschaft infolge Auftrags (s. zu § 775). — **Die Verweigerung des verlangten Vorschusses** berechtigt den Beauftragten nur, von der Ausführung des Auftrags abzustehen, (RG 82, 400), sie gibt ihm aber kein Klagerecht auf die Leistung (Mot 2, 540), es sei denn, daß auch ein Recht auf die Ausführung bestände, wie beim Dienstvertrag (§ 675). So auch Planck A 1 (bestr.). Verschuldete Weigerung kann auch einen Schadensersatzanspruch des Beauftragten begründen. Die Verpflichtung des Beauftragten, von der Notwendigkeit des Vorschusses dem Auftraggeber rechtzeitig Mitteilung zu machen, ergibt sich aus § 666. Eine Verauslagungspflicht des Beauftragten besteht nicht, wenn er sie nicht vertragsmäßig übernommen hat (RG JW 08, 324[4]: Vorschußpflicht im Falle der Bestellung von Lotterielosen zum gemeinsamen Spiel durch einen von den andern beauftragten Mitspieler; RG 77, 29: der Gefälligkeitsakzeptant eines Wechsels braucht nicht mit Zahlung der Wechselsumme dem Aussteller gegenüber in Vorschuß zu gehen; des letzteren Sache ist es, Deckung zu schaffen). Die Beweislast dafür, daß Vorschuß gegeben ist, trifft den Auftraggeber (RG SeuffA 61 Nr 81).

§ 670

[1]) **Macht der Beauftragte zum Zwecke der Ausführung des Auftrags[3]) Aufwendungen[2]), die er den Umständen nach für erforderlich halten darf[4]), so ist der Auftraggeber zum Ersatze verpflichtet[5]).**

E I 595 Abs 1 II 601 Abs 1; M 2 541; P 2 365—369.

1. Entsprechende Anwendung: §§ 27 Abs 3, 86, 48 Abs 2, 450, 547, 601, 675, 683, 713, 994, 1694 Abs 1, 1216, 1835 Abs 1, 1915 Abs 1, 1959, 1978, 2218 Abs 1. Selbstverständlich enthält § 670 nachgiebiges **Recht** (RG Warn 1919 Nr 60). Die Pflichten des Auftraggebers hinsichtlich der Erstattung der Aufwendungen bestimmen sich nach deutschem Recht, wenn er in Deutschland seinen Wohnsitz hat und nichts Gegenteiliges vereinbart oder aus den Umständen zu entnehmen ist (RG LZ 1922, 512[2]).

2. **Aufwendungen** sind freiwillige Opfer an Vermögenswerten, in erster Linie Verausgabungen an Geld, dann auch übernommene Verbindlichkeiten oder die Aufgabe eigener Forderungen (durch Aufrechnung gegen Dritte RG Warn 1912 Nr 19; vgl. auch JW 1913, 264[3]). Dazu gehören auch die Aufwendungen, die der Beauftragte zur Erfüllung des Auftrags selbst

machte (Zahlung an einen Dritten zur Erfüllung eines Zahlungsauftrags (RG 106, 28; 95, 51; LZ 1922, 512[2]); sowie die Aufwendungen, die zwar nicht zum Zwecke der Ausführung des Auftrags gemacht wurden, aber eine notwendige Folge dieser Ausführung waren (Umsatzsteuer RG 75, 208). Dagegen nicht die Opfer an eigener Arbeitskraft und Abnutzung von Sachen; denn die letztere hat der Beauftragte dem Auftraggeber zur Verfügung gestellt. Auch der Verlust an Verdienst während der dem Auftrage gewidmeten Zeit ist der Regel nach nicht als Aufwendung zu betrachten, da mit der Arbeitskraft auch die Arbeitszeit in den Dienst des Auftrags gestellt ist; ein anderes kann aber unter Umständen aus der Sachlage als gewollt hervorgehen (RG 20. 1. 21 VI 415/20). Auch sind — in entsprechender Anwendung von § 1835 Abs 2 — Dienste des Beauftragten, die seinem Gewerbe oder Berufe angehören, dann als Aufwendungen anzusehen, wenn sie in der Ausführung des Auftrags erforderlich werden, ohne daß dieser sie schon an sich zum Gegenstande hat (Prozeßführung durch einen Rechtsanwalt, die in einer übernommenen Vermögensverwaltung erforderlich wird; RG 20. 1. 21 VI 415/20).

Zufällige **Schäden**, die der Beauftragte bei der Ausführung des Auftrags erleidet (z. B. infolge eines Reiseunfalls), sind als unfreiwillige Vermögensopfer keine Aufwendungen (RG JW 09, 311[7]). Für sie kann der Auftraggeber nur im Falle eines Verschuldens — so, wenn er die mit der Ausführung des Auftrags verbundene besondere Gefahr kannte, den Beauftragten aber nicht darauf aufmerksam machte (vgl. § 694) — haftbar gemacht werden (RG 23. 4. 06 IV 380/05), oder wenn er ein Aufkommen für solchen Schaden übernommen hat, was auch stillschweigend geschehen kann (RG 20. 12. 24 IV 392/24; Gruch 1927, 311). Kennt der Beauftragte die Gefahr, so muß sie als von ihm übernommen gelten; denn wenn auch der Beauftragte der Gefahr sich freiwillig ausgesetzt hat, so wird dadurch doch der Schaden, den diese im Erfolg herbeiführte, nicht zu einem gewollten Vermögensopfer (RG JW 09, 311[7]). Mit der Ausführung des Auftrags von selbst verbundene, notwendig oder doch mit größter Wahrscheinlichkeit eintretende, deshalb von beiden Seiten vorauszusehende Schäden — so die Beschädigungen an Körper und Kleidern bei Rettungstätigkeiten anläßlich eines Brandes oder in ähnlichen Lagen (Einfangen eines tollwütigen Hundes usw.) — sind indessen als freiwillige Aufwendungen anzusehen (RG 94, 169; 96, 163; 98, 195; JW 1914, 676[4]; LZ 1921, 266[2]; weitergehend Oertmann A 3, enger Staudinger A 6).

3. **Zum Zwecke der Ausführung des Auftrags:** vorbereitende und bei der Ausführung des Auftrags selbst im Dienste der Geschäftsbesorgung gemachte Verausgabungen, dagegen nicht allgemeine Geschäftsunkosten, die dem Beauftragten auch unabhängig von dem besonderen Auftrage entstanden sind (Bureauaufwand, Fernsprechgesamtgebühr); doch sind Einzelgesprächsgebühren für Benutzung eines Fernsprechers an der öffentlichen Fernsprechstelle als Aufwendungen anzusehen. Zum Zwecke der Ausführung des Auftrags sind auch solche Ausgaben aufgewendet, die nicht unmittelbar zu diesem Zwecke gemacht wurden, aber der Ausführung als notwendig damit verbundene Aufwendungen nachfolgten (Zahlung der Umsatzsteuer nach einer Auflassung RG 75, 208).

4. Nicht die **erforderlich** sind, nicht die der Beauftragte für erforderlich hält, sondern die er für erforderlich halten darf, die er ohne Verschulden, bei vernünftiger und sorgfältiger Überlegung für erforderlich halten konnte (Anwendungen RG 59, 207; 105, 52; Warn 1910 Nr 108). Ob die Tätigkeit den durch den Auftrag bezweckten Erfolg hatte, ist gleichgültig (RG Warn 1919 Nr 60); es sei denn, daß der Auftrag gerade nur in der Herbeiführung des Erfolgs bestand (RG 30. 7. 20 I 70/20).

5. Zum **Ersatze:** also zur Erstattung der wirklich aufgewendeten Gelder, zur Befreiung von den übernommenen Verbindlichkeiten (§ 257). Doch kann es dem Auftragsverhältnisse entsprechen (kaufmännische Kommission) oder in der Sachlage begründet sein, daß die Lösung der Verbindlichkeiten durch den Beauftragten selbst erfolgt und der Auftraggeber diesem dafür Deckung leistet (RG 47, 118; 55, 86; 56, 93). Der Bürge, der im Auftrage des Schuldners die Bürgschaft übernommen hatte, erlangt mit der Befriedigung des Gläubigers unabhängig von dem Rechte aus § 774 den Anspruch auf Erstattung des Aufgewendeten nach § 670 (RG JW 07, 831[8]); vor der Befriedigung des Gläubigers hat er einen Befreiungsanspruch nur nach Maßgabe des § 775. Über den Anspruch aus der Einlösung eines aus Gefälligkeit angenommenen Wechsels s. RG 77, 29; JW 08, 410[13]. Der Ersatz der Aufwendungen ist von der vollendeten Ausführung des Auftrags nicht abhängig (RG LZ 1912, 326[6]), bez. des Zwischenspediteurs (RG 109, 85). — Der Beauftragte hat die Beweislast für Aufwendungen; Sache der Einrede des Auftraggebers ist der Beweis, daß diese etwa aus Mitteln geleistet seien, die er dem Beauftragten gegeben, oder daß sie aus den vom Beauftragten gezogenen Einnahmen zu leisten seien (RG SeuffA 61 Nr 81; 13. 5. 06 VI 431/05; 13. 10. 06 V 616/05). — Der Auftraggeber ist dem Beauftragten nach § 256 zur Verzinsung der Aufwendungen verpflichtet (RG Warn 1921 Nr 121); der Beauftragte

hat wegen ihrer das Zurückbehaltungsrecht nach § 273. Wenn der Auftraggeber in Deutschland seinen Wohnsitz hat, bestimmen sich seine Pflichten nach deutschem Recht (RG 81, 274; 95, 105; 96, 263).

§ 671

[1]) Der Auftrag kann von dem Auftraggeber jederzeit widerrufen[2]), von dem Beauftragten jederzeit gekündigt werden[3])[4]).

Der Beauftragte darf nur in der Art kündigen, daß der Auftraggeber für die Besorgung des Geschäfts anderweit Fürsorge treffen kann, es sei denn, daß ein wichtiger Grund für die unzeitige Kündigung vorliegt[5]). Kündigt er ohne solchen Grund zur Unzeit, so hat er dem Auftraggeber den daraus entstehenden Schaden zu ersetzen.

Liegt ein wichtiger Grund vor, so ist der Beauftragte zur Kündigung auch dann berechtigt, wenn er auf das Kündigungsrecht verzichtet hat[5])[6]).

E I 597, 598 II 602; M 2 543—547; P 2 370, 371.

1. Entsprechende Anwendung findet der Paragraph in den Fällen der §§ 27 Abs 1, 48 Abs 2, 712 — hier nur in seinen Abs 2 u. 3 —, sowie mit Abs 2 in den Fällen des § 675, sofern der Dienst- oder Werkvertrag ohne Kündigungsfrist kündbar ist; im übrigen gelten für den Dienstvertrag die §§ 620—629, für den Werkvertrag die §§ 649, 643. Auf den Schiedsvertrag findet § 671 wegen dessen eigenartiger Natur, s. zu § 662 Anm 1, keine Anwendung (RG 59, 247).

2. Das **uneingeschränkte Widerrufsrecht** liegt im Wesen des Auftrags als eines persönlichen Vertrauensverhältnisses; es kann deshalb vom Auftraggeber nicht darauf verzichtet werden. Vgl. für das frühere Recht RG 3, 186 (GR). Der Verzicht ist nichtig (RG 30, 124). Das Widerrufsrecht wird auch dadurch nicht ausgeschlossen, daß mit dem Auftrage eine treuhänderische Übertragung von Rechten an den Beauftragten erfolgt ist (RG 53, 416). Der Widerruf des Auftrags hat in solchem Falle nicht ohne weiteres das Erlöschen der Übertragung zur Folge; er erzeugt nur die Verpflichtung des Beauftragten, das Recht zurückzuübertragen; der Schuldner des abgetretenen Rechtes kann ihm gegenüber, wenn er von der Sachlage Kenntnis hat, die Einrede der Arglist haben (RG LZ 1917, 389). Anders, wenn die Abtretung zwar zum Zwecke der Beitreibung der Forderung, aber im Interesse des Nachgläubigers (Zessionars) erfolgte; hier liegt insoweit ein Auftragsverhältnis nicht vor, sondern lediglich ein Vollmachtsverhältnis, auf das § 168 Anwendung findet (RG a. a. O. in Verbindung mit 59, 190, sowie 13. 12. 07 II 328/07; vgl. aber auch RG Warn 1913 Nr 136; s. Anm 1 zu § 662). Die Vollmacht, der ein Auftragsverhältnis zugrunde liegt, ist schlechthin widerruflich; sie erlischt mit dem Auftrage (RG Warn 1912 Nr 369 u. 418)

3. Auch der **Beauftragte** kann das Auftragsverhältnis jederzeit einseitig lösen, doch kann er auf das ihm zustehende jederzeitige **Kündigungsrecht** wirksam verzichten (Abs 2); auch dann verbleibt ihm aber das Recht der Kündigung wegen eines wichtigen Grundes (Abs 3). Anwendung des Kündigungsrechts für den Kreditauftrag § 778: RG 51, 120. Der einer armen Prozeßpartei bestellte Rechtsanwalt hat weder ein jederzeit ausübbares Kündigungsrecht, noch ein solches wegen eines wichtigen Grundes; die ihm auferlegte öffentlichrechtliche Vertretungspflicht hindert ihn daran; ebenso wie er nicht von vornherein die Wahrnehmung der Rechte der armen Partei ablehnen, sondern nur mit einem Antrage an das Gericht die Wiederaufhebung seiner Bestellung erreichen kann, kann er auch das Auftragsverhältnis nicht einseitig kündigen (RG Warn 1914 Nr 204).

4. **Widerruf wie Kündigung** sind einseitig empfangsbedürftige Willenserklärungen (RG 61, 125), eine Form ist nicht nötig. Die Anwendung des § 130 schließt nicht aus, daß die Erklärung nicht auch durch schlüssige Handlungen erfolgen kann. Ob bei mehreren Auftraggebern wie mehreren Beauftragten Widerruf und Kündigung von allen und an alle erklärt werden müssen, hat sich nach den Umständen des einzelnen Falles — Teilbarkeit oder Unteilbarkeit des Auftrags und seiner Ausführung — zu richten (bestr., Dernburg § 298 A 2 und Oertmann A 2c nehmen bei mehreren Auftraggebern an, daß die Erklärung von allen und an alle erfolgen müsse; wie hier M 2, 544). Ob die Kündigung auch unter einer Bedingung erfolgen kann, ist bestritten. M 2 S. 544 u. 547 nehmen die Zulässigkeit eines aufschiebend bedingten Widerrufs an, nicht aber die einer bedingten Kündigung, da die Kündigung dem Auftraggeber Gewißheit über die Aufhebung des Auftrags geben müsse. So auch Staudinger A 3; Planck A 3b; a. M. Oertmann A 2b. Aber nicht jede Bedingung wird die Gewißheit ausschließen; es ist Sache der Prüfung des einzelnen Falles, ob die bedingte Kündigung als eine wirkliche Kündigung wird angesehen werden können.

5. Unzeitig ist die Kündigung, die dem Auftraggeber nicht die Möglichkeit anderweitiger Fürsorge für das Geschäft beläßt. Sie verpflichtet den Beauftragten zum Schadensersatze. **Wichtige Gründe,** die eine auch unzeitige Kündigung rechtfertigen, sind Krankheit oder sonstige ernstliche Behinderung an der Ausführung des Auftrags. Auch Ehrverletzungen seitens des Auftraggebers (vgl. § 71 HGB) können als solche in Betracht kommen.

6. Ein vollzogener Auftrag kann nicht mehr widerrufen werden. Die bereits entstandenen Ansprüche, werden durch den Widerruf ebenfalls nicht beseitigt. Der Widerruf gilt immer nur für die Zukunft (**RG** 21. 5. 24 V 922/22).

§ 672

[1]) **Der Auftrag erlischt im Zweifel[2]) nicht durch den Tod[3]) oder den Eintritt der Geschäftsunfähigkeit[4]) des Auftraggebers. Erlischt der Auftrag, so hat der Beauftragte, wenn mit dem Aufschube Gefahr verbunden ist, die Besorgung des übertragenen Geschäfts fortzusetzen, bis der Erbe oder der gesetzliche Vertreter des Auftraggebers anderweit Fürsorge treffen kann[5]); der Auftrag gilt insoweit als fortbestehend[6])[7]).**

E I 599, 600 II 603; M 2 547—549; P 2 371—373.

1. Der Paragraph ist entsprechend anwendbar in den Fällen des § 675.

2. „Im Zweifel" bedeutet hier wie überall, daß der Satz eine Auslegungsregel gibt; falls nicht ein anderer Parteiwillen (ausdrücklich oder stillschweigend) erhellt, tritt die Vermutung nach § 672 ein.

3. Die Vermutung, daß der **Tod** des Auftraggebers den Auftrag nicht zum Erlöschen bringe, greift auch dann Platz, wenn die sonst berufenen Erben die Erbschaft ausschlagen und der Fiskus Erbe wird (**RG** 30. 5. 07 VI 366/06). — Entsprechendes wie beim Tode der physischen Person muß auch für den Fall der Auflösung der juristischen Person gelten, sofern das aufgetragene Geschäft für die Liquidation der juristischen Person noch ein mögliches Interesse hat (**RG** 81, 153; a. M. Oertmann A 1). — Der Satz des § 672 gilt an sich auch für eine mit dem Auftrage verknüpfte Vollmacht (§ 168). Ist jedoch für diese gesetzlich eine öffentliche Urkunde erfordert, so tritt für die rechtsgeschäftliche Tätigkeit des Beauftragten, zu der die Vollmacht ermächtigt, die Vermutung des § 672 nicht ein; die Vollmacht muß alsdann, um über den Tod des Vollmachtgebers hinaus zu wirken, für den Machtgeber und dessen Erben ausgestellt sein (**RG** 88, 348; RJA 8, 263). Handelt es sich um die Übermittlung einer schenkungsweise zuzuwendenden Leistung, so kann die Berufung auf § 672 allein die Schenkung nicht rechtsgültig machen, sofern es nicht zu deren Vollziehung gekommen ist (**RG** 83 S. 223, 230).

4. Geschäftsunfähigkeit § 104. Das gleiche gilt natürlich auch von der Beschränkung der Geschäftsfähigkeit. Ebenso wird der Wegfall des gesetzlichen Vertreters, der den Auftrag erteilt hat, sei es, daß nunmehr der Vertretene oder ein anderer gesetzlicher Vertreter an seine Stelle tritt, im Zweifel den Auftrag nicht zum Erlöschen bringen (a. M. für den Wegfall des Vormunds Dernburg § 298 I 6).

5. Treffen kann, auch wenn er sie nicht getroffen hat.

6. Der Auftrag gilt insoweit als fortbestehend: er besteht also, auch wenn das Auftragsverhältnis durch den Tod des Auftraggebers oder die ihm gleichstehenden anderen Umstände nach dem Parteiwillen erloschen ist, jedenfalls beschränkt für die einen Aufschub nicht vertragenden Tätigkeiten (Notbesorgung) weiter. Auch davon abgesehen, besteht er weiter, bis der Beauftragte von dem Erlöschen Kenntnis erlangt hat oder erlangt haben muß (§ 674).

7. Die Wirkung des **Konkurses des Auftraggebers** ist in §§ 23 Abs 1, 27 KO behandelt. Danach erlischt durch die Konkurseröffnung der Auftrag, sofern er sich nicht auf das außerhalb der Konkursmasse verbleibende Vermögen des Gemeinschuldners bezieht. Erlischt er, so soll § 672 Satz 2 entsprechende Anwendung finden. Der Beauftragte wird nach § 27 KO, soweit er im Sinne des § 672 Satz 2 BGB auch nach dem Erlöschen des Auftrags für dessen Ausführung tätig gewesen ist, Massegläubiger (§ 59 Nr 2 KO); eine weitere Tätigkeit nach Maßgabe des § 674 macht ihn dagegen zum Konkursgläubiger. Der Beauftragte schuldet seinerseits zur Masse, was er nach der Konkurseröffnung noch in Ausführung des Auftrags eingenommen hat (**RG** 53, 327; 82, 400).

§ 673

[1]) **Der Auftrag erlischt im Zweifel durch den Tod des Beauftragten[2]). Erlischt der Auftrag, so hat der Erbe des Beauftragten den Tod dem Auftraggeber unverzüglich anzuzeigen und, wenn mit dem Aufschube Gefahr**

verbunden ist, die Besorgung des übertragenen Geschäfts fortzusetzen, bis der Auftraggeber anderweit Fürsorge treffen kann; der Auftrag gilt insoweit als fortbestehend³).

E I 601; II 604; M 2 549, 550; P 2 373, 374.

1. Die Bestimmung findet entsprechende Anwendung im Falle des § 675, mit Satz 2 auch im Falle des § 2218 Abs 1 (Testamentsvollstrecker).

2. Umgekehrt wie im Falle des Todes des Auftraggebers stellt das BGB für den Fall des **Todes des Beauftragten** die Auslegungsvermutung („im Zweifel") auf, daß dieser den Auftrag zum Erlöschen bringe. Die gegenteilige Vereinbarung ist also zulässig (RG 9. 12. 02 III 278/22). Der Eintritt der Geschäftsunfähigkeit des Beauftragten ist nicht erwähnt; die Auslegungsregel des § 673 paßt dafür nicht ohne weiteres. Der Auftrag erlischt hier in der Regel, weil die Ausführung des Auftrags dem geschäftsfähigen Beauftragten nicht mehr möglich ist. Das gilt jedenfalls von einer rechtsgeschäftlichen Tätigkeit (§ 275); anders bei tatsächlichen Leistungen geringerer Art. Die bloße Beschränkung der Geschäftsfähigkeit wird dagegen in der Regel auf den Auftrag keine Wirkung äußern (vgl. § 165); es kommt hier jedoch auf die Art der Geschäftsbesorgung an; auch der Konkurs des Beauftragten ist ohne Einfluß. Es genügt hier überall das Widerrufsrecht des Auftraggebers und das Kündigungsrecht des Beauftragten nach § 671.

3. Der **Fortsetzungspflicht** (Notbesorgung) des § 672 schließt sich hier für den Erben des Beauftragten noch die Verpflichtung einer **unverzüglichen** — d. i. ohne schuldhaftes Zögern zu erstattenden (§ 121) — **Anzeige** von dem Tode des Beauftragten an; in beiden Beziehungen setzt sich das Auftragsverhältnis fort, und der Erbe macht sich durch Versäumung beider Pflichten für den Schaden haftbar.

§ 674

¹) Erlischt der Auftrag in anderer Weise als durch Widerruf³), so gilt er zugunsten des Beauftragten²) gleichwohl als fortbestehend, bis der Beauftragte von dem Erlöschen Kenntnis erlangt oder das Erlöschen kennen muß⁴).

E I 603 II 605; M 2 553, 554; P 2 375.

1. Entsprechend anwendbar bei § 675 und § 2218 Abs 1 (Testamentsvollstrecker).

2. Die gesetzliche Unterstellung des § 674 (**„gilt"**) behandelt den erloschenen Auftrag **zugunsten des gutgläubigen Beauftragten,** der von dem das Erlöschen bewirkenden Umstande keine Kenntnis erlangt hat und ihn auch nicht kennen muß, so lange als fortbestehend, bis diese Kenntnis oder das Kennenmüssen eingetreten ist, unbeschadet des Fortbestehens des Auftrags für die Notbesorgung der §§ 672, 673, die erst eintreten kann, wenn der Beauftragte das Erlöschen des Auftrags kennt. Der Auftraggeber und dessen Erben, im Falle daß der Tod des Auftraggebers den Auftrag zum Erlöschen brachte, müssen daher die in der Zwischenzeit vom Beauftragten zur Ausführung des Auftrags vorgenommenen Handlungen als im Auftrage enthalten gelten lassen und dem Beauftragten seine Aufwendungen nach § 670 erstatten. Dagegen haben sie, bis auf die Fälle der §§ 672, 673, kein Recht auf diese weitere Tätigkeit des Beauftragten und können ihn nicht wegen deren Unterlassung auf Schadensersatz in Anspruch nehmen. Wohl aber wegen schuldhaft vertragswidriger Ausführung der Auftragstätigkeit. — Von der gesetzlichen Unterstellung ist nur der Fall des Widerrufs seitens des Auftraggebers ausgenommen (Anm 3). Sie gilt also auch für die eigene Kündigung des Beauftragten, solange dieser von ihrem Empfange durch den Auftraggeber (§ 130) noch nichts wußte oder wissen konnte. Sobald er nach dem regelmäßigen Laufe der Dinge annehmen muß, die Kündigung sei zugegangen, erlischt das Recht des Beauftragten, die Geschäfte weiterzuführen. Für den Fall des Konkurses des Auftraggebers bestimmt § 23 Abs 1 KO die entsprechende Anwendung des § 674. Der Beauftragte wird Konkursgläubiger (§ 27 KO). Vgl. Anm 7 zu § 672.

3. Der **Widerruf** (§ 671) ist von der Regel des § 674 ausgenommen, weil er erst wirksam wird, wenn er dem Beauftragten zugegangen ist (§ 130), dieser mithin regelmäßig davon Kenntnis hat. Das Merkmal des Zugehens (RG 50, 191; s. zu § 130) läßt indessen die Möglichkeit offen, daß im Einzelfalle der Beauftragte von dem Widerruf, obwohl er ihm zugegangen ist, dennoch weder Kenntnis hat, noch haben müßte. Eine Ausnahme von der Behandlung des Widerrufs in § 674 kann dies nicht begründen; dem Beauftragten stehen dann nur die Rechte des auftragslosen Geschäftsführers (§§ 677ff., insbesondere § 683) zu. Für den Fall des bedingten Widerrufs — der Beauftragte hat von dem Eintreten der Bedingung ohne Verschulden keine Kenntnis erhalten — wollen M 2, 554 und Prot 2, 375 diese Ausnahme nicht Platz greifen lassen. Dem wird zuzustimmen sein; denn der Auftrag erlischt hier nicht

schon durch den Widerruf, sondern erst durch den Eintritt der Bedingung, und die Kenntnis oder Nichtkenntnis von deren Eintritt ist richtigerweise, auch im Sinne des Gesetzesgedankens des § 674, der Kenntnis oder Nichtkenntnis jeder andern das Erlöschen des Auftrags bewirkenden Tatsache gleichzustellen.

4. Die Kenntnis oder das Kennenmüssen hat der Auftraggeber zu beweisen.

§ 675

Auf einen Dienstvertrag oder einen Werkvertrag, der eine Geschäftsbesorgung zum Gegenstande hat[1]), finden die Vorschriften der §§ 663, 665 bis 670, 672 bis 674[2]) und, wenn dem Verpflichteten das Recht zusteht, ohne Einhaltung einer Kündigungsfrist zu kündigen[3]), auch die Vorschriften des § 671 Abs 2 entsprechende Anwendung[4])[5]).

E II 567 Abs 1, 606; P 2 376.

1. „Der eine Geschäftsbesorgung zum Gegenstande hat". Aus dieser Ausdrucksweise des Gesetzes ergibt sich, daß nicht alle Dienst- und Werkverträge unter § 675 fallen können und daß der Begriff der Geschäftsbesorgung nicht mit der Leistung eines Dienstes oder der Herstellung eines Werkes zusammenfällt. Siehe über den Begriff Vorbem 2 vor § 662; nach der dort gegebenen Begriffsbestimmung ist Geschäftsbesorgung eine selbständige Tätigkeit wirtschaftlicher Art, die für einen andern und in dessen Interesse vorgenommen wird, im Gegensatz zu Diensten, denen keine selbständige Betätigung des Willens und der Überlegung fordern, ferner zu Diensten, denen eine Beziehung zu dem Vermögen des Geschäftsherrn fehlt, endlich zu Diensten und Tätigkeiten, die nur an einen andern, nicht für ihn, geleistet werden; vgl. eingehend hierzu Planck A 2. Zu der Gruppe der nach § 675 zu behandelnden Verträge gehören nach der Rechtsprechung die Tätigkeiten des Rechtsanwalts, sei es als Prozeßbevollmächtigten, sei es als Beraters (RG 75, 98; 85 S. 225 u. 306; 87, 187; 88, 342; JW 08, 447[10]; 09 S. 217[4] u. 496[19]; 1910 S. 294[35] u. 332[6]; 1911 S. 537[10] u. 709[5]; 1912, 860[18]; 1914 S. 72[3] u. 77[9], 468[4] u. 870[10]; 1915, 509[8]; 1916, 1272[5]; 1917 S. 102[3], 462[5] u. 967[4]; 1918 S. 90[11] — Gegenfall zur vorigen Entscheidung —, 131[4]; Warn 08 Nr 292; 09 Nr 352; 1913 Nr 413; 1914 Nr 41 u. 204; 1916 Nr 198 u. 247; 1918 Nr 75; 1920 Nr 195; LZ 1918, 41[6]). Der Vertrag zwischen Rechtsanwalt und Partei ist regelmäßig Dienstvertrag, nur ausnahmsweise Werkvertrag, wenn ein herbeizuführender Erfolg sein Gegenstand ist (RG 88, 223; JW 1914, 642[4]; Warn 1918 Nr 75); vgl. auch RG 115, 185; mehrere mit einer Vertretung beauftragte und zur gemeinsamen Ausübung des Anwaltsberufs verbundene Rechtsanwälte sind innerhalb der Berufstätigkeit gesamtschuldnerisch verpflichtet, nicht dagegen bei Auskünften über nicht berufliche Dinge (RG 85, 306; 88, 342; JW 1914, 77[4]; Warn 1917 Nr 15). Kontrollpflicht des Rechtsanwalts der Partei gegenüber bei Führung der Fristenkalender RG JW 1923, 14[3]. Der Rechtsanwalt hat auch die Pflicht, den Richter auf einen Irrtum aufmerksam zu machen (RG 23. 4. 15 III 541/14). Ferner die Tätigkeiten des Notars, jedoch nach neuer, auf RG 82, 85; 85, 409 eingestellter Rechtsprechung nur insoweit, als seine Dienste als rechtskundiger Berater in Frage kommen, nicht soweit er als Beamter bei der Beurkundung von Rechtsgeschäften tätig ist (RG Warn 1920 Nr 196 u. 197); die Amtspflicht kann nicht zugleich Gegenstand vertraglicher Bindung sein (RG 49, 269; 85 S. 225 u. 409; 95, 214; JW 1914, 870[10]; 1916, 1116[6]; 1918, 90[11]; 1920, 378[8]; Warn 1915 Nr 234 u. 235; 1916 Nr 276; 1917 Nr 138; 1918 Nr 226); zur Grundbucheinsicht ist der Notar nur auf Grund besonderen Vertrags verpflichtet (RG 95, 299). Nicht gehören unter § 675 die Tätigkeiten des Gerichtsvollziehers, wie in Abänderung von RG 16, 396 die VZS in RG 82, 85 entschieden haben. Weiter sind nach § 675 zu behandeln die Aufträge zur Vertretung von Gläubigern in der Zwangsversteigerung gegen Vergütung (RG 57, 392; Warn 09 Nr 204); die Tätigkeiten in Treuhänderverhältnissen (Natur des Verhältnisses: RG 84, 214; 91, 12; JW 1915, 927[16]; 1918, 38[14]; Warn 09 Nr 84; 1919 Nr 82); die Tätigkeit des Schiedsrichters, wenn sie entgeltlich ist; das Vertragsverhältnis besteht hier zwischen den streitenden Parteien einerseits und dem Schiedsrichter anderseits, mag auch seine Ernennung nur von einer Partei erfolgt sein; beiden haftet er für ordnungsmäßige Erfüllung, beide gesamtschuldnerisch ihm für die Vergütung; ob eine solche zu beanspruchen ist, bestimmt sich nach §§ 612, 632 (RG 94, 210). Weiter die Tätigkeiten der Banken (RG JW 1914, 830[7]), insbesondere bei der Abwicklung von Giro- und Zahlungsaufträgen (RG 54, 329; Warn 1910 Nr 108), Auftrag einer Akkreditivzahlung (RG 114, 270), bei der Verwahrung und Verwaltung von Wertpapieren (RG Warn 1917 Nr 204); die Tätigkeit einer Zeichenstelle bei der Ausgabe von Aktien (RG JW 08, 480[13]); die Tätigkeit eines Interessentenverbandes für die Interessen seiner Mitglieder (RG Gruch 66, 222); die Tätigkeiten der Aufsichtsräte von Aktiengesellschaften

(RG JW 1913, 381[16]); Inkassoaufträge (RG JW 06, 109[7]); die Dienste der Liquidatoren (RG Warn 1913 Nr 160); des Patentanwalts (RG 69, 26); des Agenten (RG 63, 69; JW 1912, 73[12]); des Kommissionsverlegers (RG JW 1912, 545[26]); des Kunsthändlers beim kommissionsweisen Verkaufe von Kunstgegenständen (RG 83, 201) und des Kommissionärs überhaupt (vgl. § 396 Abs 2 HGB); desgleichen des Spediteurs (§ 407 Abs 2 HGB); Sanierungs- und Finanzierungsverträge (RG 72, 179); der Postanweisungsvertrag (RG 41 S. 102, 108); das Vertragsverhältnis zwischen Stadtgemeinden als Eigentümern öffentlicher Krankenhäuser und den gegen Entgelt verpflegten Kranken (RG 83, 71). Der Herausgabevertrag kann ein Dienstvertrag sein, der eine Geschäftsbesorgung darstellt (RG 113, 70). Zweifelhaft, ob nicht reiner Dienstvertrag und die Leistung der Dienste nicht als dem Geschäftsbereich des Auftraggebers angehörend anzusehen sind (RG 115, 361).

2. Entsprechend **anwendbar** sind hiernach: § 663 (Ablehnung des Auftrags durch den öffentlichen Geschäftsbesorger), § 665 (Abweichung von den Weisungen des Auftraggebers), § 666 (Auskunftspflicht des Beauftragten), § 667 (Herausgabepflicht des Beauftragten), § 668 (Verzinsung verwendeten Geldes durch den Beauftragten), § 669 (Vorschußpflicht des Auftraggebers), § 670 (Ersatzpflicht des Auftraggebers für Aufwendungen), § 672 (Tod oder Geschäftsunfähigkeit des Auftraggebers), § 673 (Tod des Beauftragten), § 674 (gesetzliches Fortbestehen eines erloschenen Auftrags). Anwendbar ist auch als Bestimmung grundsätzlichen Charakters § 664 Abs 1 Satz 2 (Haftung für Verschulden bei gestatteter Übertragung der Geschäftsbesorgung: RG 78, 310; Warn 1920 Nr 8); nicht dagegen § 664 Abs 1 Satz 1 u. Abs 2 (s. die Anm 1 zu § 664). — Ferner ist von der entsprechenden Anwendung § 671 (Widerruf des Auftrags) im allgemeinen ausgenommen. S. § 671 A 1 und die folgende Anmerkung.

3. S. §§ 623, 626, 627; in § 627 Abs 2 ist eine dem **§ 671 Abs 2** entsprechende Bestimmung für den dort behandelten Fall des Dienstvertrags bereits gegeben.

4. **Entsprechende** Anwendung, d. i. soweit die hier angezogenen Bestimmungen auf das Rechtsverhältnis des Dienst- und Werkvertrags in der Gestaltung des Einzelfalls anwendbar erscheinen (s. Prot 2, 377). Wenn dies zutrifft, gehen die Bestimmungen der in § 675 bezeichneten Gesetzesvorschriften über den Auftrag den auf das Rechtsverhältnis im allgemeinen anwendbaren des 6. u. 7. Titels vor. Über die entsprechende Anwendung des § 666 s. A 3 dort, über die des § 670 die folgende Anmerkung am Schlusse.

5. Für den Fall des **Konkurses des Dienstherrn oder Werkbestellers** gelten die §§ 23 Abs 2, 27 KO. Der auf eine Geschäftsbesorgung gerichtete Dienst- oder Werkvertrag erlischt durch die Eröffnung des Konkurses. Soweit nicht die Notbesorgung des § 672 Satz 2 oder die gesetzliche Unterstellung des § 674 Platz greifen, die dem Dienstpflichtigen oder Werkmeister im ersten Falle die Rechte von Massegläubigern, im zweiten die von Konkursgläubigern verleihen, kann nach der Konkurseröffnung ein Anspruch für sie nicht mehr entstehen. War, wie beim Werkvertrage oder Agenturvertrage (§ 88 HGB), die Vergütung erst mit der Vollendung des Werkes oder des Geschäfts verdient und war dieses bis zur Eröffnung des Konkurses nicht zur Vollendung gediehen, so ist die vertragsmäßige Vergütung verloren (RG 63, 69). Mit Rücksicht auf die entsprechende Anwendbarkeit des **§ 670** auf die Dienst- und Werkverträge des § 675 ist an sich wohl anzunehmen, daß wegen der für die Geschäftsbesorgung gemachten Aufwendungen auch in solchem Falle Ersatzansprüche erhoben werden können; doch wird der Regel nach bei Werk- und Agenturverträgen die vereinbarte Vergütung (vgl. § 90 HGB, § 652 BGB) zugleich als Entgelt für die Aufwendungen zu betrachten und deshalb ein Anspruch auf deren Ersatz außerhalb der vertragsmäßigen Vergütung und abgesehen von dem Eintritte des Erfolgs nicht gegeben sein.

§ 676

Wer einem anderen einen Rat oder eine Empfehlung[1]) erteilt, ist, unbeschadet der sich aus einem Vertragsverhältnis[2]) oder einer unerlaubten Handlung[3]) ergebenden Verantwortlichkeit, zum Ersatze des aus der Befolgung des Rates oder der Empfehlung entstehenden Schadens nicht verpflichtet[1]).

E I 604 II 607; M 2 554, 555; P 2 380, 664.

1. Der § 676 bezweckt zum deutlichen Ausdrucke zu bringen, daß die **Erteilung eines Rates** (zu einer Handlung) oder **einer Empfehlung** (empfohlen wird eine Person, eine Sache, ein Geschäft), zu denen weiter die Erteilung einer Auskunft (über eine Person oder Sache oder eine Sach- oder Rechtslage) hinzuzuzählen ist, der Regel nach keine Rechtspflichten begründen, da der Erteilende „damit keine Garantiepflicht übernehmen, sondern nur eine Gefälligkeit erweisen will" (Prot 2, 380; RG JW 1907, 363[11]; RG 1. 12. 21 VI 276/21); der Beratene, Empfehlungs- oder Auskunftsempfänger soll selbst nach-

prüfen. Daß Rat, Empfehlung und Auskunft, wenn sie in einem Vertragsverhältnisse erteilt worden sind, oder dadurch eine unerlaubte Handlung begangen worden ist, nach Maßgabe des Vertrags oder der unerlaubten Handlung zum Schadensersatze verpflichten, versteht sich von selbst und ist im Gesetze nur als Gegensatz zur Regel und zu deren Abgrenzung hervorgehoben. Die Anlehnung der Bestimmung an den Titel zum Auftrage entspringt dem Gedanken, daß es sich bei Rat, Empfehlung und Auskunft wie beim Auftrage um eine im Interesse eines andern auf dessen Veranlassung entwickelte Tätigkeit handelt. Eine Geschäftsbesorgung ist die Erteilung eines Rates, einer Empfehlung oder einer Auskunft, auch wenn sie durch Vertrag übernommen ist, nicht; sie ist vielmehr dann eine Dienstleistung an, nicht für einen andern. Wohl aber sind die Beschaffung eines Rates usw., die Erkundigung für einen Dritten, Geschäftsbesorgungen (**RG** JW 1910, 808[22]). S. die Vorbem vor § 662.

2. a) Der Rat, die Empfehlung oder die Auskunft können der Haupt- oder einzige Gegenstand des **Vertrags** sein (Vertrag auf Ratserteilung), sie können sich auch als Nebenverpflichtung aus einem allgemeinen Vertragsverhältnis ergeben (Vertrag mit Ratserteilung); der Vertrag kann ein unentgeltlicher (auftragähnliches Verhältnis) oder ein entgeltlicher (Dienst- oder Werkvertrag) sein. Er kann ausdrücklich oder stillschweigend geschlossen werden; nur muß gegenüber der Regel des § 676 ein Verpflichtungswille deutlich erkennbar sein, und ein stillschweigender Vertragsschluß durch die Erteilung des verlangten Rates ist deshalb regelmäßig nur anzunehmen, wenn die Erteilung von Rat oder Auskunft zu den Berufsgeschäften des Erteilenden gehört (Anwalt, Arzt, Auskunftei, Bankhaus) oder entgeltlich erfolgen soll (**RG** 52, 365 u. JW 05, 138[16]). In der ersteren Entscheidung ist, wenn ein Rechtsanwalt von einer Person um Erteilung einer Auskunft an einen Dritten angegangen war und daraufhin dem letzteren diese zugehen läßt, ein stillschweigender Vertragsschluß auch zwischen dem Rechtsanwalt und dem Dritten angenommen worden. Dagegen mit beachtlichen Gründen Laband, DJZ 03, 262. Auskunft über andere Personen und ihre Kreditwürdigkeit zu erteilen, gehört weder zu den gewerblichen Geschäften eines Bankkaufmanns (**RG** JW 1910, 808[22]; Warn 1916 Nr 307), noch zu den Berufsgeschäften eines Rechtsanwalts (**RG** 20. 5. 12 VI 416/11); durch die Erteilung werden Vertragspflichten der Regel nach daher nicht begründet. Zur Frage der Unsittlichkeit eines Vertrags, durch welchen jemand gegen Vergütung verspricht, über einen Gegenstand keine ungünstige Auskunft zu erteilen, vgl. **RG** Warn 09 Nr 89. b) Die **Haftung für das Vertragsverschulden** folgt den allgemeinen Regeln (§ 276, **RG** Warn 1910 Nr 111); sie kann — jedoch nicht durch einseitige Erklärung (**RG** SeuffA 45 Nr 85) — ausgeschlossen werden, soweit nicht Vorsatz in Frage kommt (§ 276 Abs 2); sie kann auch erweitert werden, indem der Erteiler des Rates, der Empfehlung, der Auskunft für deren Richtigkeit oder den Erfolg des Rates die Gewähr übernimmt; dann haftet er nach Maßgabe der Gewähr ohne Rücksicht auf ein Verschulden. Die Haftung für dritte Personen richtet sich nach § 278; wer sich aber nicht an das Bankhaus selbst, sondern an einen Beamten des Hauses wendet, will im Zweifel nur dessen Privatansicht hören, nicht eine verbindliche Auskunft des Bankhauses einziehen. Ist für die Richtigkeit oder den Erfolg die Gewähr übernommen, so begreift diese selbstverständlich auch die Handlungen des Gehilfen, und es kommt auf dessen Verschulden so wenig an wie auf das des Prinzipals (**RG** SeuffA 55 Nr 83). c) Die **Hauptfälle des Vertrags** auf Rats- oder Auskunftserteilung sind einmal der Beratungsvertrag mit einem Rechtsanwalt (**RG** 52, 365 u. JW 05, 138[16]; 1911 S. 537[10] u. 709[5] sowie Warn 08 Nr 498; 1920 Nr 195), ebenso mit einem Patentanwalt; er ist Dienstvertrag, wenn diese Personen allgemein als Berater eines Dritten bestellt sind, ihre Tätigkeit als Berater Gegenstand des Vertrags ist, Werkvertrag, wenn es sich um eine einzelne bestimmte Rats- oder Auskunftserteilung handelt (**RG** JW 05, 502[35]; vgl. § 675 A 1). Über die Haftung des Rechtsanwalts aus seiner Ratserteilung, wenn er die steuerlichen Folgen aus dem angeratenen Geschäft außer acht gelassen hat, **RG** JW 1917, 967[4] u. 1918, 90[11]; im Prozesse, wenn er unterlassen hat, die Partei auf die ganz ungewöhnlich hohen Kosten aufmerksam zu machen, die eine beabsichtigte Prozeßmaßnahme (Widerklage) verursachen würde, **RG** JW 1919, 446[7]; über die Haftung wegen unterlassener Belehrung über die Gefahren einer Rechtshandlung, **RG** JW 1921, 336[6]; über die Haftung mehrerer zu gemeinsamer Ausübung des Rechtsanwaltsberufs verbundener Rechtsanwälte aus einer von einem von ihnen fahrlässig falsch erteilten Auskunft oder Belehrung vgl. A 1 zu § 675. Den Rechtsanwalt trifft regelmäßig kein Verschulden, wenn er sich bei rechtlicher Ratserteilung an die bisher von der höchstrichterlichen Rechtsprechung vertretene Rechtsauffassung hält (**RG** Warn 1915 Nr 303; vgl. dazu **RG** 87, 187; 89, 431). Über die Stellung des Notars zur rechtsuchenden Partei vgl. A 1 zu § 675 und **RG** 52, 365; **RG** 14. 1. 27 III 52/26. Der Notar ist als solcher zur Einsicht des Grundbuchs für ein zu beurkundendes Rechtsgeschäft nicht verpflichtet (**RG** 95, 299). Für seine eigene schuldhaft unrichtig gegebene Auskunft haftet er (**RG** Warn 1920 Nr 197); für eine von seinem Bureaubeamten erteilte falsche Rechtsauskunft nur, wenn er diesen zu solcher Ratserteilung ermächtigt oder Kenntnis davon hatte (**RG** Warn 1918 Nr 226). Sodann gehört hierher der Auskunftsvertrag mit einem Auskunftsbureau; er wird, da nicht die Tätigkeit, sondern das Ergebnis der Ermittlungen, die dem Auskunftsbureau vielfach schon fertig vorliegen, Gegenstand des im Regelfalle auf eine einzelne bestimmte Auskunft gerichteten Vertrags ist, durchgängig als Werkvertrag anzusprechen sein. Wird der Aussteller einer Urkunde angefragt, ob das Papier in Ordnung gehe, so ist er nicht verpflichtet, darüber Antwort zu erteilen; erteilt er sie aber, so ist unter Umständen in Anfrage und Antwort der Abschluß eines Auskunftsvertrags zu erblicken, so daß der Antwortende für die Wahrheit seiner Auskunft haftet (RG 101, 301). Zu erwähnen ist endlich die meist unentgeltliche Auskunftserteilung über Transporteinrichtungen, Zugverbindungen usw. durch die in größeren Städten von den Eisenbahnverwaltungen eingerichteten amtlichen Reisebureaus. Die hierin tätigen Beamten sind zur Beratung des Publikums öffentlich bestellt; ihre Beratung und Auskunft verpflichtet deshalb die Eisenbahnverwaltung, die sie bestellt hat. Daß die amtlichen Auskunftsbureaus der deutschen Reichseisenbahnen eine Gewähr für die Richtigkeit ihrer Auskünfte nicht zu übernehmen erklären, schließt eine Haftung mindestens für grobes Verschulden nicht aus. d) Der Hauptfall des Vertrags mit Rats- oder Auskunftserteilung ist die Beratung durch den Bankkaufmann, sei es, daß sie in Verbindung mit einem Kaufgeschäft über ein Wertpapier erfolgt, sei es, daß sie mit einer ein Vertrauensverhältnis begründenden allgemeinen dauernden Geschäftsverbindung im Zusammenhange steht (RG JW 1910, 183[6]). Wesentlich für eine solche ist, daß die Parteien fortgesetzt Geschäfte miteinander geschlossen haben, die ein Vertrauensverhältnis zwischen ihnen schaffen (RG 27, 121; LZ 1921, 264[1]). Es entspricht der Verkehrssitte, daß der Bankkaufmann seinen Kunden bei Anlegung von Kapitalien Rat erteilt. Diese Beratung wird bei dem Bankkaufmann allgemein vorausgesetzt; sie gehört zur Ausübung seines Gewerbes; er kann sich ihrer gar nicht entschlagen. Er ist zwar nicht verpflichtet, einen unerbetenen Rat aufzudrängen und den Kunden auf wirtschaftliche Bedenken gegen ein beabsichtigtes Anschaffungsgeschäft hinzuweisen, wenn er annehmen darf, daß der Kunde selbst genügend unterrichtet ist; daß insbesondere Spekulationsgeschäfte mit Gefahren verbunden sind, weiß im allgemeinen jedermann (RG JW 05, 502[35]; Warn 1919 Nr 35; LZ 1916, 592[3]; 22. 6. 14 VI 216/14; 3. 11. 16 II 303/16). Wenn ein beabsichtigtes Spekulationsgeschäft aber einen besonders gefährlichen Charakter trägt, oder wenn es sich um einen einfachen Mann handelt, bei dem eine Einsicht in Börsengeschäfte nicht zu erwarten steht, dann hat der Bankkaufmann, zumal wenn das beabsichtigte Geschäft zu den Vermögensverhältnissen des Kunden in einem offenbaren Mißverhältnis steht, den Kunden über die Gefahren des Börsenspiels aufzuklären und vor dem Abschlusse solcher für ihn ungeeigneten Geschäfte zu warnen (RG Warn 1915 Nr 16; 1916 Nr 277). Tritt der Bankkaufmann erkennbar als Berater auf, so ist er jedenfalls verpflichtet, den Rat mit der Sorgfalt, die der Verkehr erfordert (Sorgfalt des ordentlichen Kaufmanns § 347 HGB), zu erteilen, auch wenn er nicht ausdrücklich um seinen Rat ersucht wurde (RG Warn 08 Nr 462; 09 Nr 85; vgl. dazu ferner JW 09, 360[4]). Die Vertragspflicht des Bankkaufmanns geht dahin, den Kunden auf die Bedenken gegen die Sicherheit eines Papiers aufmerksam zu machen, soweit sie ihm bekannt sind oder bekannt sein müssen (RG Warn 08 Nr 463). Für die Annahme eines Verschuldens kommt es einmal darauf an, ob ein Papier zu Gewinnzwecken oder zu dauernder Kapitalanlage gekauft wird, und weiter, wie schon bemerkt, ob der anfragende Kunde selbst im gewerblichen Leben steht, so daß der Bankkaufmann eigene Sachkunde bei ihm voraussetzen darf oder nicht (RG JW 09, 360[4] und Warn 08 Nr 146). Auch beim Vorhandensein eines Verschuldens des Bankkaufmanns kann sich gemäß § 254 seine Verantwortung mindern, sofern sich der Kunde bei gehöriger Überlegung die Unsicherheit selbst sagen mußte (RG Warn 08 Nr 463). Nicht richtig ist es, eine berufliche Ratserteilung des Bankkaufmanns anzunehmen, die ihn allein, auch abgesehen von einem abzuschließenden Kauf- oder Kommissionsgeschäft oder einem schon bestehenden Vertrauensverhältnisse zu einem Kunden verpflichtete. Denn der Bankkaufmann erteilt nicht schlechthin einem jeden unentgeltlich Rat, um damit zu entgeltlicher Tätigkeit zu gelangen; sein Gewerbe besteht aus dem Kauf und Verkauf von Wertpapieren und deren kommissionsweiser Vermittlung, und nur im Zusammenhange mit diesen Geschäften, sei es mit einem einzelnen Geschäfte, sei es mit einer Geschäftsverbindung, tritt er auch als sachverständiger Berater seiner Kunden, und nur dieser, auf. Die Rechtsprechung des RG sieht deshalb mit Recht diese Ratsleistung als eine Nebenleistung des Kauf- oder Kommissionsgeschäfts oder als eine aus dem Vertrauensverhältnis einer längeren Geschäftsverbindung entsprungene Verpflichtung an und betrachtet sie unter diesem Gesichtspunkt. Die Haftung des Bankkaufmanns bestimmt sich somit nach dem Grundverhältnisse, in welchem der Bankkaufmann zu dem Beratenen steht; nach dem Kauf- oder Kommissionsgeschäfte (RG 42, 125; 67, 394; JW 05, 502[35]; 1910, 808[22]; 1911, 809[14]; SeuffA 55 Nr 26; Warn 08 Nr 463 u. 605; 1910 Nr 110); nach dem Verhältnisse einer Geschäftsverbindung (RG 27, 118; JW 03, 151[7]; 07, 363[11]). Gelegentliche frühere Geschäfte, die keinen Zusammenhang mit der Gegenwart haben, begründen eine Beratungspflicht nicht, auch regelmäßig die dauernde Geschäftsverbindung dann nicht, wenn die erbetene Auskunft nicht in innerem Zusammenhange mit Inhalt und Art der Geschäftsverbindung steht. In solchem Falle ist im Zweifel die Inanspruchnahme einer Gefälligkeit ohne rechtliche Bindung anzunehmen (**RG** 8. 12. 21 VI 276/21). Ebenso kann von einem Beratungsvertrage nicht die Rede sein, wenn es sich nicht um einen von dem Kunden beabsichtigten Kauf handelt, sondern um die gesellschaftliche (Unterkonsortial-) Beteiligung an einem Gewinnunternehmen des Bankkaufmanns (**RG** 67, 394). Eine Auskunft über seine geschäftlichen Beziehungen zu andern Kunden und deren wirtschaftliche Verhältnisse überhaupt zu erteilen, ist der Bankkaufmann nicht verpflichtet, ja auch ohne deren Zustimmung nicht einmal berechtigt. Es hat sich aber im Verkehr die Gepflogenheit herausgebildet, solche Auskünfte nicht zu versagen, die indessen, wie sie allgemein vorsichtig und zurückhaltend gefaßt zu werden pflegen und mehr durch das besagen, was sie nicht aussprechen, auch ebenso aufgefaßt werden müssen (**RG** Warn 1916 Nr 307); jedenfalls beschränkt sich die Haftung des Bankkaufmanns aus der Auskunft hier auf den Kredit, für den die Auskunft über einen Kunden nachgesucht wurde (**RG** 3. 12. 14 VI 425/14). In ein ähnliches Beratungsverhältnis, wie der Bankkaufmann zum Kunden, tritt der Baumeister zum Bauherrn, den er als Sachverständiger auf die gegen den Bauplan wegen der Bodenbeschaffenheit, des von jenem gewählten Baustoffs, der baupolizeilichen Anforderungen usw. aufmerksam zu machen hat (M 2, 485; **RG** SeuffA 60 Nr 186). Das bloße Sichgefallenlassen von Mäklerdiensten begründet keinen Vertrag und deshalb auch keine Vertragshaftung des Mäklers für eine Auskunft über die Zuverlässigkeit des Verkäufers oder des Käufers. Aber es kann ein Vertrag auf Auskunftserteilung als geschlossen anzunehmen sein, wenn ersichtlich ist, daß die Auskunft nicht als unverbindliche Gefälligkeit erbeten wurde, sondern ernstliche Voraussetzung für die Eingehung des Geschäfts sein sollte; hier wird dann eine Vertragshaftung für Fahrlässigkeit begründet (**RG** JW 07, 363[11]; 1917, 101[2]). So haftet auch der Auktionator bei einer öffentlichen Versteigerung der Regel nach nicht für die Auskünfte, die er über die zu versteigernden Sachen gibt, weil diese nur die Bedeutung allgemeiner und unverbindlicher Äußerungen zu haben pflegen (**RG** JW 1920, 706[5]) sofern nicht § 826 in Frage kommt; darüber s. die folgende Anmerkung.

3. Da § 823 Abs 1 eine Beschädigung des Vermögens als solchen nicht zur Grundlage eines Entschädigungsanspruchs macht, kommt für die **Haftung aus unerlaubter Handlung** zumeist nur § 826, vorsätzliche Schädigung in einer wider die guten Sitten verstoßenden Weise in Betracht (**RG** 67, 394 u. 68, 278; ferner 76, 313 u. JW 1911, 584[27]; SeuffA 70 Nr 146). Sie kann begangen werden durch eine *wissentlich falsche Rats- oder Auskunftserteilung*, mag es sich dabei auch nur um das Vorgeben einer in Wahrheit nicht vorhandenen Kenntnis oder um das wissentliche Verschweigen wesentlicher Umstände (**RG** JW 1911, 43[29]; Warn 1921 Nr 23) handeln, sofern der den Rat oder die Auskunft Erteilende sich wenigstens der Möglichkeit schädlicher Folgen daraus für den Anfragenden bewußt ist (**RG** JW 02 Beil Nr 219; Warn 1910 Nr 327; Grenze zwischen Vorsatz und Fahrlässigkeit: **RG** 76, 313; s. § 826 A 3 u. 5h). § 823 Abs 2 kann vorliegen, wenn die Rats- oder Auskunftserteilung den Tatbestand einer strafbaren Handlung nach Maßgabe eines Schutzgesetzes (§ 263 StGB) erfüllt; § 824 kommt nur für den Schadensersatzanspruch der Person, über die eine ungünstige Auskunft erteilt worden ist, in Betracht. Darüber s. **RG** JW 08, 241[14]. Ferner Börsengesetz v. 8. 4. 08 § 95 Abs 1.

Elfter Titel

Geschäftsführung ohne Auftrag

1. Den Bestimmungen über den Auftrag hat das BGB diejenigen über die **Geschäftsführung ohne Auftrag** mit Rücksicht auf die innere Verwandtschaft des Stoffes beider Rechtskreise angereiht, denn der Tatbestand der Geschäftsführung ohne Auftrag ist wie der des Auftrags und der des Dienst- oder Werkvertrags nach § 675 die Geschäftsbesorgung für einen andern (§ 677); er unterscheidet sich von jenen durch die vollständig freiwillige Übernahme der Geschäftsbesorgung, durch das Fehlen eines Auftrags oder eines Vertrags oder einer sonstigen Berechtigung oder Verpflichtung zum Handeln für den Dritten. Deshalb ist die Geschäftsführung ohne Auftrag kein Rechtsgeschäft; sie ist eine Tätigkeit, die Rechtswirkungen *auf Grund des Gesetzes* erzeugt und zwischen dem Handelnden und der Person, für die er handelt, ein vertragsähnliches Verhältnis schafft. Nur dieses letztere Verhältnis regeln die §§ 677—687; über eine Vertretungsmacht des Geschäftsführers, aus der ein Dritter Ansprüche gegen den Geschäftsherrn herleiten könnte, enthalten sie nichts; die rechtsgeschäftliche Vertretung ohne Vertretungsmacht behandeln die §§ 177—180.

2. Über den Begriff der **Geschäftsbesorgung** ist in der Vorbem 2 vor § 662 gehandelt. Wie dort, so wirft sich auch hier die Frage auf, nach welchem Gesetze diejenigen freiwilligen Hilfeleistungen zu behandeln sind, die nicht in den Kreis der Geschäftsbesorgung, der selbständigen wirtschaftlichen Tätigkeit für einen andern, fallen. Handlungen des gesell-

schaftlichen Lebens erzeugen keine Rechtspflichten. Soweit es sich um Leistungen handelt, die Gegenstand eines Dienst- oder Werkvertrags sein können, wie die Behandlung eines Kranken durch einen Arzt, bieten sich die Bestimmungen über die Geschäftsführung ohne Auftrag als zur entsprechenden Anwendung geeignet dar; für andere Hilfeleistungen, die nicht eine Tätigkeit, sondern ein Geben zum Inhalte haben (Lieferung von Verbandstoffen oder Heilmitteln durch den Apotheker auf Veranlassung des Arztes), kann Ersatz nur aus dem Rechtsgrunde der ungerechtfertigten Bereicherung gefordert werden. Einen Anspruch aus nützlicher Verwendung, wie er nach gemeinem Recht und nach PrALR hier einsetzen würde (actio de in rem verso), kennt das BGB nicht (M 2, 871).

3. Die **Regelung** der Geschäftsführung ohne Auftrag nach dem BGB ist folgende: Dem Geschäftsführer erwächst aus der Geschäftsführung kein Anspruch (Bereicherung? vgl. § 685 A 1), wenn er nicht die Absicht hatte, sich den Geschäftsherrn zu verpflichten (§ 685). Ist diese Absicht vorhanden, so kommen ihm jedenfalls die Ansprüche aus der Bereicherung zu (§§ 684, 812); er gewinnt die Rechte des Beauftragten (§ 670), wenn der Geschäftsherr die Geschäftsführung nachträglich genehmigt (§ 684 Satz 2) oder, wenn die Geschäftsführung sowohl dem Interesse wie auch dem, wenn auch nur vernünftigerweise vorauszusetzenden Willen des Geschäftsherrn entsprach (§ 683), aber auch beim Fehlen dieser Übereinstimmung der Geschäftsführung mit dem Willen des Geschäftsherrn, wenn die Geschäftsführung die im öffentlichen Interesse liegende Erfüllung einer Pflicht oder einer gesetzlichen Unterhaltspflicht des Geschäftsherrn zum Gegenstande hatte (§§ 683 Abs 2, 679). Die Geschäftsführung verpflichtet den Geschäftsführer wie einen Beauftragten (§§ 681 Satz 2, 666—668); sie verpflichtet ihn ferner (§ 681 Satz 1), tunlichst die Übernahme dem Geschäftsherrn anzuzeigen und seine Entschließung abzuwarten. Die schuldhafte Versäumung dieser Pflichten wie auch der Beachtung des Interesses und des wirklichen oder vorauszusetzenden Willens des Geschäftsherrn bei der Erledigung des Geschäfts (§ 677) macht ihn schadensersatzpflichtig. Aber auch ohne weiteres Verschulden, und selbst wenn die Geschäftsführung an sich dem Interesse des Geschäftsherrn entsprach, haftet er für einen dem Geschäftsherrn aus der Geschäftsführung entstandenen Schaden, wenn er bei der Übernahme (nicht der Erledigung) der Geschäftsführung dem wirklichen oder vorauszusetzenden Willen des Geschäftsherrn zuwiderhandelte (§ 678), es sei denn wiederum, daß durch die Geschäftsführung eine der vorbezeichneten Verpflichtungen des Geschäftsherrn (§ 679) erfüllt wurde, in welchem Falle die gewöhnliche Haftung nach §§ 276, 278 eintritt. Die Haftung verringert sich, und zwar für die Übernahme wie für die Ausführung des Geschäfts, auf Vertretung von Vorsatz und grobem Versehen, wenn die Geschäftsführung die Abwendung einer drohenden Gefahr von dem Geschäftsherrn bezweckte (§ 680). Die Verjährung der Ansprüche aus der Geschäftsführung ist die dreißigjährige (§ 195), auch wenn für das Geschäft, dessen Erledigung für den Geschäftsherrn die Geschäftsführung zum Gegenstande hatte, eine kürzere Verjährung besteht (**RG** 69, 429; 7. 5. 12 III 292/11). Anders nur, wenn die Geschäftsführung in der Lieferung von Waren oder in Arbeitsleistungen bestand, deren Entgeltanspruch der kurzen Verjährung des § 196 unterliegt; § 196 setzt eine vertragsmäßige Grundlage des Anspruchs nicht voraus; der Anspruch aus der Geschäftsführung deckt sich hier mit dem Anspruch auf Bezahlung der Lieferungen oder Leistungen (**RG** 86, 96). Anders auch dann, wenn die Geschäftsführung im Interesse eines aus unerlaubter Handlung Schadensersatzpflichtigen erfolgte, nachdem die Verjährung des Anspruchs des Beschädigten gemäß § 852 bereits eingetreten war; denn nun befreite die Geschäftsführung den Ersatzpflichtigen nicht mehr von einer Schuld; diese war bereits erloschen (**RG** a. a. O.). § 687 fügt den Regeln über die Geschäftsführung ohne Auftrag einen fremden Tatbestand an; er behandelt den Fall, daß jemand ein fremdes Geschäft, sei es bewußt (Abs 2) oder unbewußt (Abs 1) als sein eigenes behandelt.

4. Ein **fremdes Geschäft** ist im Sinne der §§ 677—685 sowohl das gegenständlich (objektiv) fremde, das einen Eingriff in den Vermögens- und Rechtskreis des Geschäftsherrn voraussetzt, wie z. B. der Verkauf einer im Eigentum des Geschäftsherrn stehenden Sache, wie auch das persönlich (subjektiv) fremde, das ein fremdes nur durch die Zweckbeziehung wird, die ihm der Geschäftsführer gibt; so der Ankauf einer Sache für den Geschäftsherrn. § 687 kann ausschließlich, § 686 in der Regel nur auf gegenständlich fremde Geschäfte bezogen werden.

5. Die Bestimmungen über die Geschäftsführung ohne Auftrag finden **entsprechende Anwendung** nach §§ 450 Abs 2, 547 Abs 2, 581 Abs 2, 601 Abs 2, 994 Abs 2, 1049 Abs 1, 1216 Abs 1, 1959 Abs 1, 1978 Abs 1 u. 3, 1991, 2125 Abs 1. Über eine weitere entsprechende Anwendung für Hilfeleistungen, die keine Geschäftsbesorgung zum Gegenstande haben, vgl. oben Vorbem 2; für die Schutzvorkehrungen nach § 6 TelG **RG** Warn 1913 Nr 383.

6. **Anderweite reichsgesetzliche Normen** über Geschäftsführungen ohne Auftrag finden sich in § 89 ZPO (prozeßrechtliche Geschäftsführung ohne Auftrag), §§ 740ff. HGB (Bergung und Hilfeleistung in Seenot), sowie in den entsprechenden §§ 93ff. des BinnenSchG. In das Gebiet der Geschäftsführung ohne Auftrag schlägt äußerlich ein § 62 UWG, wonach dem Armenverbande, der einen Hilfsbedürftigen auf Grund des genannten Gesetzes unterstützt hat, ein

Ersatzanspruch gegen den Unterhaltspflichtigen in den Grenzen seiner Verpflichtung zusteht. Der rechtliche Gesichtspunkt der Geschäftsführung ohne Auftrag ist hier jedoch nicht anwendbar; es handelt sich vielmehr um einen gesetzlichen Übergang der Rechte des Unterstützten auf den Armenverband (RG 72, 334; 74, 274; 75, 84). Art 103 EG erhält die landesgesetzlichen Vorschriften aufrecht, nach welchen der Staat sowie Verbände und Anstalten, die auf Grund öffentlichen Rechtes zur Gewährung von Unterhalt verpflichtet sind, Ersatz ihrer Aufwendungen von der unterstützten Person selbst (vgl. hierzu für Preußen RG 14, 197, 75, 84 und 76, 69) sowie von den für sie nach dem BGB unterhaltspflichtigen Personen verlangen können. Soweit solche Landesgesetze nicht bestehen, ist mit Rücksicht auf die eigene öffentlich-rechtliche Verpflichtung der Armenverbände, abgesehen von dem Ersatzanspruche nach § 62 UWG, gerade wegen des in Art 103 EG für die Landesgesetze ausgesprochenen Vorbehalts ein Geschäftsführungsanspruch der Armenverbände gegen die sonst unterhaltspflichtigen Personen nicht anzuerkennen, wenngleich der Umstand allein, daß die aufgewendete Tätigkeit in Erfüllung einer öffentlich-rechtlichen Pflicht erfolgte, sofern zugleich die Absicht vorlag, von einem Dritten Ersatz zu verlangen, einen Ersatzanspruch aus auftragsloser Geschäftsführung für die dem Privatrechte unterstehenden Leistungen nicht ausschließt (RG 14, 197; 74, 274; 75, 276; 76, 69; 82, 214; JW 1910, 186[9]). Die öffentlich-rechtlichen Verpflichtungen der Beamten kommen hier nicht in Frage. Die Einmischung in fremde Angelegenheiten kann sich auch als unerlaubte Handlung darstellen, wenn die Voraussetzungen des § 823 vorliegen und verpflichtet dann auch nach diesen Vorschriften zum Schadensersatz. Aber auch schon die bloße Tatsache der Einmischung gegen den Willen eines andern, macht nach §§ 678, 679 haftbar.

§ 677

Wer ein Geschäft[1]) für einen anderen[2]) besorgt[1]), ohne von ihm beauftragt[3]) oder ihm gegenüber sonst dazu berechtigt[3]) zu sein, hat das Geschäft so zu führen[4]), wie das Interesse des Geschäftsherrn mit Rücksicht auf dessen wirklichen oder mutmaßlichen Willen es erfordert[4])[5]).

E I 749 Abs 1 II 608; M 2 854—857; P 2 725—727.

1. Der Begriff der **Geschäftsbesorgung** ist hier derselbe wie in den §§ 662 u. 675. S. die Vorbem 2 vor § 662 und vor § 677, sowie A 1 zu § 662 und A 1 zu § 675. Über die entsprechende Anwendung auf Tätigkeiten anderer Art und die schließliche Ergänzung der Lücke durch die Vorschriften über die Bereicherung s. die angezogene Vorbem 2 vor § 677. Die rechtsgeschäftliche Geschäftsbesorgung ohne Auftrag kann wie beim Auftrag im eigenen Namen des Geschäftsführers oder auf den Namen des Geschäftsherrn erfolgen; im letzteren Falle ist sie nach außen Vertretung ohne Vertretungsmacht (§§ 177ff., prozessual § 89 ZPO). Die Unentgeltlichkeit der Geschäftsbesorgung ist der Geschäftsführung ohne Auftrag nicht wesentlich (s. darüber A 5 zu § 683).

2. **Für einen andern,** nicht „eines andern". Damit ist ausgesprochen, daß die Geschäftsführung ohne Auftrag sowohl das gegenständlich (objektiv) fremde, wie das persönlich (subjektiv) fremde Geschäft umfaßt. S. die Vorbem 4 vor § 677. Das Handeln für einen andern setzt das Bewußtsein und den Willen voraus, für ihn tätig zu sein; beides kann bei dem gegenständlich fremden Geschäft auseinanderfallen; ist dann zwar das Bewußtsein vorhanden, aber nicht der Wille, so ist der Tatbestand des § 687 Abs 2 gegeben. Bei den schon nach der äußeren Erscheinung (objektiv) fremden Geschäften spricht eine Vermutung dafür, daß ihre Vornahme auch für den andern erfolgt, in dessen Geschäftsbereich sie fallen. Umgekehrt gibt es Geschäfte, die ihrer Erscheinung nach sich als eigene dessen darstellen, der sie vornimmt. Hier spricht die Vermutung dagegen, daß sie für einen andern besorgt wurden. Beide Vermutungen sind aber widerlegbar. Bei Geschäften, die ihrer Erscheinung nach weder die eine noch die andere Vermutung aufkommen lassen (Ankauf von Wertpapieren), kommt es auf den Nachweis des einzelnen Falles an. Eine bloße unverbindliche Aufforderung an einen andern, für einen Dritten Geschäfte zu besorgen, ist noch nicht selbst schon Geschäftsbesorgung. Die Richtung des Willens auf eine bestimmte Person ist nicht erforderlich; es genügt das Vorhandensein des Blankettwillens, zu handeln für den, den es angeht. Der Irrtum über die Person des Geschäftsherrn ist für den Tatbestand der Geschäftsführung ohne Auftrag unerheblich; nur der wirkliche Geschäftsherr wird berechtigt und verpflichtet (§ 686). Der „andere" kann auch eine Leibesfrucht oder eine erst im Entstehen begriffene juristische Person sein (RG SeuffA 42 Nr 112; LZ 1913, 853[23]). Ein Handeln für die eigene Person schließt das gleichzeitige Handeln für einen andern nicht aus: so kann ein Miterbe zugleich für sich und als Geschäftsführer für die übrigen Miterben tätig sein (RG 63, 280; 75, 283; 82, 214; 88, 28; LZ 1913, 853[23]; RG 7. 10. 23, V 283/22). So kann der Unterhaltspflichtige, der für den durch einen Dritten körperlich verletzten Unterhaltsberechtigten Aufwendungen macht, dabei zugleich

als Geschäftsführer für den ersatzpflichtigen Schädiger handeln (vgl. darüber § 683 A 2 u. § 843 A 8). Ebenso kann neben einer Verpflichtung zum Handeln einem andern (B) gegenüber, die auch eine vertragliche sein kann, die gleichzeitige bewußte und gewollte Tätigkeit für einen Dritten (C) bestehen, die sich als Geschäftsführung ohne Auftrag darstellt (der Miterbe A handelt für sich, als Beauftragter des Miterben B und als Geschäftsführer ohne Auftrag für den Miterben C). Wer aber lediglich auf Grund einer wirklichen oder vermeintlichen Verpflichtung einem andern (B) gegenüber eine Tätigkeit ausübt, die in Wirklichkeit im Interesse eines Dritten (C) liegt, handelt nicht als des letzteren Geschäftsführer, da er dessen Interesse nicht wahrnehmen wollte (RG JW 03 Beil Nr 310 u. Gruch 52, 997).

3. **Beauftragt** heißt hier durch Vertrag berechtigt (Auftrag, Dienstvertrag, Werkvertrag, Mäklervertrag); **sonst berechtigt** bedeutet die gesetzliche Berechtigung des Ehemanns, Vaters, Vormunds, Nachlaß- und Konkursverwalters oder eines durch Amtspflicht zum Handeln berechtigten Beamten (RG 90, 211). Der Vormund, der nach beendeter Vormundschaft weiter für das frühere Mündel tätig ist, handelt insoweit als Geschäftsführer ohne Auftrag (RG JW 1910, 233[10]); ebenso der Notar, der ohne dahingehenden Auftrag die Grundbuchbenachrichtigungen hinsichtlich eines von ihm beurkundeten Rechtsgeschäfts für die Beteiligten entgegennimmt (RG 81, 428); sowie ferner die auf Grund einer nichtigen Bestellung tatsächlich in der Stellung des Geschäftsführers einer G. m. b. H. tätig gewordene Person für die Gesellschaft (RG Warn 09 Nr 504). Ob der Geschäftsführer sich bewußt war, ohne Auftrag zu handeln, ist für die Rechte und Pflichten aus der Geschäftsführung gleichgültig (§ 686); nur darf er nicht glauben, dem Geschäftsherrn zu der Leistung verpflichtet zu sein. Über den Auftrag eines Dritten s. A 2. Ist der Auftrag oder der verpflichtende Vertrag nichtig, so bleibt, wenn die Voraussetzungen des § 677 vorliegen, die auftragslose Geschäftsführung übrig (RG 90 S. 211, 215f.). Da mangels eines Auftrags oder sonstigen Vertrags ein Rechtsverhältnis zwischen Geschäftsführer und Geschäftsherrn vor der Geschäftsbesorgung nicht besteht, kann ein Anspruch aus der Geschäftsführung ohne Auftrag nur wegen der in der Vergangenheit liegenden Geschäfte des Geschäftsführers erhoben werden (RG 84, 390; Warn 1920 Nr 161; LZ 1918, 1209[9]). Deshalb ist keine Feststellungsklage für Geschäftsführungsleistungen in der Zukunft möglich, es sei denn, daß es sich um regelmäßige, häufig wiederkehrende Leistungen handelt, deren Wiederholung dem zu erwartenden regelmäßigen Verlaufe der Dinge entspricht; hier ist eine dauernde Beziehung gegeben, die die Grundlage einer Feststellung werden kann (RG LZ a. a. O.).

4. § 677 gibt die allgemeine Regel über die **Verpflichtungen des Geschäftsführers bei der Ausführung der unternommenen Geschäftsbesorgung**; für die Verpflichtungen bei der Übernahme und die Folgen ihrer Verletzung gelten die §§ 678ff. Die Grundregel, die beide beherrscht, ist, daß die Geschäftsführung dem objektiven Interesse, sowie dem wirklichen oder vernünftigerweise vorauszusetzenden (mutmaßlichen) Willen des Geschäftsherrn, bei dessen Geschäftsunfähigkeit dem seines gesetzlichen Vertreters entsprechen soll. Während aber ein Zuwiderhandeln gegen den erkannten oder dem Geschäftsführer erkennbaren Willen des Geschäftsherrn bei der Übernahme der Geschäftsführung den Geschäftsherrn auch ohne sonstiges Verschulden für allen aus der Geschäftsführung entstandenen Schaden ersatzpflichtig macht (§ 678), steht die Ausführung, von den durch die §§ 678—680 getroffenen Fällen abgesehen, unter den allgemeinen Grundsätzen der §§ 276 u. 278. Der Geschäftsführer hat, nachdem er ohne Verschulden die Geschäftsführung übernommen, das Geschäft nach sachlichen Gesichtspunkten, nach seiner besten Kenntnis auszuführen. Das Interesse des Geschäftsherrn muß hierbei immer sein leitender Gedanke sein, auf den Willen des Geschäftsherrn ist im Rahmen dieses Interesses tunlichst Rücksicht zu nehmen; die Art und Weise, wie der Geschäftsführer das Geschäft für den Geschäftsherrn durchführt, ist im übrigen seine Sorge. Nur eine Anpassung an den Willen des Geschäftsherrn, nicht eine Unterordnung unter diesen, der einer sachlichen Erledigung und dem eigenen Interesse des Geschäftsherrn hinderlich sein kann, wird hier verlangt. Für den Erfolg hat der Geschäftsführer nach § 677 nicht einzustehen. — Über das Interesse und den wirklichen oder mutmaßlichen Willen des Geschäftsherrn s. des näheren § 683 A 2 u. 3. — Eine Verpflichtung, das begonnene Geschäft zu Ende zu führen, besteht für den Geschäftsführer grundsätzlich nicht. Aber die unternommene Geschäftsführung untersteht dem Gesichtspunkte des § 242; die Übernahme erzeugt Pflichten, die nicht durch Fallenlassen der Geschäftsführung rückwärts beseitigt werden können (RG 63, 280). So übernimmt, wer einen liegengelassenen fremden Wertgegenstand für den Berechtigten an sich nimmt, auch die Verwahrungspflicht (RG Warn 1922 Nr 12). — Besondere Normen über Pflichten des Geschäftsführers bei der Ausführung des Geschäfts sind in § 681 und den dort angezogenen §§ 666—668 enthalten. Die entstandenen Verpflichtungen des Geschäftsführers gehen auf dessen Erben über, diese sind aber zur Fortführung der Geschäfte nicht verpflichtet.

5. Die Ansprüche verjähren nach § 195, auch wenn das besorgte Geschäft eine kürzere Verjährungsfrist hat (RG 69, 429). Anders bei § 196 (RG 86, 96).

§ 678

Steht die Übernahme[1]) der Geschäftsführung mit dem wirklichen oder dem mutmaßlichen Willen des Geschäftsherrn in Widerspruch und mußte der Geschäftsführer dies erkennen[2]), so ist er dem Geschäftsherrn zum Ersatze des aus der Geschäftsführung entstehenden Schadens auch dann verpflichtet, wenn ihm ein sonstiges Verschulden nicht zur Last fällt[3]).

E I 749 Abs 2 II 609; M 2 857, 858; P 2 727.

1. Die **Übernahme der Geschäftsführung,** nicht auch die Art der Ausführung (vgl. Prot 2, 727 und oben A 4 zu § 677 sowie A 1 zu § 683). Für die Ausführung gilt § 677 in Verbindung mit §§ 276, 278. Die Bestimmung des § 678 setzt aber eine Ausnahme von der Grundregel des § 677 insofern, als unter der Voraussetzung, daß die Übernahme der Geschäftsführung dem Willen des Geschäftsherrn widersprach, die Haftung des Geschäftsführers wegen seiner ganzen Tätigkeit auch auf im übrigen unverschuldeten Schaden sich ausdehnt. Voraussetzung ist, daß der Einmischende nicht sein eigenes, sondern fremde Geschäfte besorgen wollte (RG 23. 10. 03 III 169/03; RG 103, 411; 105, 92).

2. **„Mußte der Geschäftsführer dies erkennen",** d. i. hat er es erkannt oder hätte er es bei Anwendung der im Verkehr erforderlichen Sorgfalt erkennen müssen. Das Handeln gegen bessere Kenntnis oder die auf mangelnder Sorgfalt beruhende Nichterkenntnis stellt das Verschulden dar, das den Geschäftsführer haftbar macht. Die Beweislast für das Erkennen oder Erkennenmüssen trifft den Geschäftsherrn.

3. **Ohne sonstiges Verschulden,** auch wenn die Übernahme der Geschäftsführung dem objektiven Interesse des Geschäftsherrn entsprach (RG 101, 18). Die vorwiegende Bedeutung des Interesses kommt aber zum Ausdruck in den durch die §§ 679 u. 680 anerkannten Ausnahmen von § 678. Die Genehmigung der Geschäftsführung (§ 684) beseitigt naturgemäß den Schadensersatzanspruch aus § 678. Für die Feststellung, ob und in welchem Umfange ein Schaden entstanden ist, ist das Ergebnis der ganzen Geschäftsführung maßgebend. — Daß § 678 nicht anwendbar ist, wenn der Handelnde ein fremdes Geschäft gar nicht besorgen wollte, sondern die Tätigkeit zu seinem eigenen Geschäfte machte (RG JW 03 Beil Nr 310 u. 26. 4. 08 IV 448/07), ist selbstverständlich.

§ 679

Ein der Geschäftsführung[1]) entgegenstehender Wille des Geschäftsherrn kommt nicht in Betracht[2]), wenn ohne die Geschäftsführung eine Pflicht des Geschäftsherrn, deren Erfüllung im öffentlichen Interesse liegt[3]), oder eine gesetzliche Unterhaltspflicht[4]) des Geschäftsherrn nicht rechtzeitig erfüllt werden würde[5])[6]).

E I 749 Abs 2 II 610; M 2 858, 864, 865; P 2 735—738.

1. Die Bestimmung des § 679 stellt sich als eine Ausnahme von dem Grundsatze des § 678 dar (RG 106, 354). Die Folge der Ausnahme ist, daß für die Haftung des Geschäftsführers in den Fällen des § 679 wieder gemäß § 677 die allgemeine Regel der §§ 276, 278 gilt. Unter der **Geschäftsführung** ist deshalb auch hier die Übernahme der Geschäftsführung zu verstehen, während für die Ausführung ein entgegenstehender Wille des Geschäftsherrn nur nach Maßgabe des § 677 in Betracht kommt (§ 677 A 4, § 678 A 1). Aber auch in den Grenzen, in denen der Wille des Geschäftsherrn für die Ausführung des Geschäfts nach § 677 zu berücksichtigen ist, wird er ausgeschaltet, soweit er nach § 679 durch andere Umstände ersetzt wird.

2. Der Widerspruch der Übernahme der Geschäftsführung mit dem **Willen des Geschäftsherrn,** den § 678 für das Maß der Verpflichtungen des Geschäftsführers als ausschlaggebend hinstellt, wird nach § 679 durch ein öffentliches Interesse der Geschäftsführung bedeutungslos gemacht. Dieses ersetzt den Willen, nicht aber auch das persönliche Interesse des Geschäftsherrn, das durch § 679 nicht berührt wird. Letzteres kommt zur Geltung, wenn der Geschäftsführer nach § 683 Ersatz seiner Aufwendungen vom Geschäftsherrn verlangen will, es wird aber in der Regel als mit dem öffentlichen Interesse übereinstimmend von vornherein anzusehen sein. Soweit der Wille des Geschäftsherrn nach § 679 durch andere Voraussetzungen ersetzt wird, ist auch ein ausdrückliches Verbot des Geschäftsherrn gleichgültig. Der entgegenstehende Wille des Geschäftsherrn kommt ferner auch dann nicht in Betracht, wenn er rechtswidrig oder sittenwidrig ist.

3. Nicht die Pflicht selbst, sondern deren **Erfüllung** muß im öffentlichen Interesse liegen; die Pflicht kann deshalb auch privatrechtlicher Natur, sie wird unter Umständen selbst in einem Vertrage begründet sein dürfen (ein Fabrikant hat sich verpflichtet, der Armee in einem Kriege

Gegenstände in bestimmter Frist zu liefern; er tut es nicht, und ein anderer liefert statt seiner und für ihn). Ein **öffentliches Interesse** gemäß § 679 liegt vor bei der Schaffung der in § 618 dem Dienstherrn zur Pflicht gemachten Einrichtungen, bei der Bezahlung von Steuern für den Geschäftsherrn (so die allgemeine Meinung; a. A. mit Prot 2, 738 Planck A 2a zu § 679), Verpflegung seiner Einquartierung, Wegebesserung, Stempelung von Verträgen, Bestreitung von Beerdigungskosten, Wegschaffung von Verunglückten von öffentlichen Straßen (**RG** JW 1910, 186[9]; andere Fälle s. **RG** 75 S. 188 u. 276; 77, 193; JW 1911, 992[36]; 1912, 81[27], hierher gehören auch die Aufwendungen für die Wiederherstellung von Kirchengebäuden an Stelle der baulastpflichtigen Personen (**RG** 82, 214; 102, 9). Auf der andern Seite stehen die Fälle, in denen die Erfüllung einer Pflicht des Geschäftsherrn im öffentlichen Interesse nicht anzuerkennen ist: **RG** 92, 197; LZ 1918, 1209[9]). Die Pflicht des Geschäftsherrn braucht nicht endgültig festzustehen (die Berufung gegen die bezahlte Steuer steht noch offen; Kanalbeiträge sind den Hauseigentümern durch anfechtbaren Bescheid auferlegt). Die Erfüllung sittlicher Pflichten schlechthin steht der im öffentlichen Interesse begründeten Erfüllung gesetzlicher Pflichten nicht gleich. Rechtsweg für die auf Grund des § 679 erhobenen Ansprüche, deren Grundlage auf dem öffentlichen Rechte beruht **RG** JW 1923, 78[6] und die dort angezogenen Entscheidungen. Es genügt nicht, daß die Einmischung im öffentlichen Interesse liegt, es muß auch eine Pflicht des Geschäftsherrn zur Vornahme des Geschäfts vorliegen und die Erfüllung dieser Pflicht im öffentlichen Interesse liegen (**RG** 75, 188; 77, 193; 92, 197; 113, 181).

4. **Gesetzliche Unterhaltspflicht:** §§ 1345, 1351, 1360f., 1578ff., 1601ff., 1703, 1708, 1715, 1719, 1736, 1739, 1757, 1762, 1766. Ein öffentliches Interesse wird nicht gefordert. Hierher gehören auch die Leistungen des Arztes, der ohne Auftrag die Ehefrau oder das Kind des unterhaltspflichtigen Ehemanns oder Vaters behandelt (vgl. **RG** JW 1913, 1147[4]). Ebenso die des Apothekers für denselben Zweck, der hier nicht nur Waren liefert (vgl. Vorbem 2 vor § 677), sondern dem Unterhaltspflichtigen eine wirtschaftliche Sorge abnimmt, indem er aus seinen Vorräten Gegenstände beschafft, die sonst der Unterhaltspflichtige beschaffen müßte. Die vielbehandelte Frage, ob dem Arzte, der eine Ehefrau behandelte, auch ein Anspruch gegen diese zusteht, möge hier ihre Stelle finden. Wurde der Arzt von der Ehefrau selbst zugezogen, dann erwächst ihm gegen sie der Vertragsanspruch, da von einer rechtsgeschäftlichen Verpflichtung des Ehemanns durch Ausübung der Schlüsselgewalt (§ 1357) nicht wohl die Rede sein kann; daneben hat er von der naturgemäßen Annahme aus, daß der Arzt seine Tätigkeit ausübt für den, den es angeht, gegen den unterhaltspflichtigen Ehemann den Anspruch aus auftragloser Geschäftsführung. Hat aber der Ehemann den Arzt angenommen und sich ihm dadurch vertraglich verpflichtet, so liegt der Ehefrau gegenüber keine Geschäftsbesorgung vor. Vgl. **RG** 85, 183. Vgl. auch Planck A 2[6].

5. Der **nicht rechtzeitigen Erfüllung** steht selbstverständlich die Nichterfüllung überhaupt gleich.

6. Die **Beweislast** für die Voraussetzungen des § 679 trifft den Geschäftsführer, der sich darauf beruft. Die irrtümliche Annahme, daß die Voraussetzungen gegeben seien, erfüllt den Tatbestand des § 679 nicht, kann aber gleichwohl eine Haftung nach § 678 ausschließen, soweit es sich um den mutmaßlichen Willen des Geschäftsherrn handelt und der Irrtum des Geschäftsführers diesen an dem Erkennen und Erkennenmüssen jenes Willens ohne Verschulden hindert.

§ 680

[1]) Bezweckt[2]) die Geschäftsführung die Abwendung einer dem Geschäftsherrn drohenden dringenden Gefahr[3]), so hat der Geschäftsführer nur Vorsatz und grobe Fahrlässigkeit zu vertreten[4]).

E I 750 II 611; M 2 858; P 2 727, 728.

1. Indem § 680 die Haftung des Geschäftsführers auf die **Vertretung von Vorsatz und grobem Versehen** beschränkt, setzt er eine Ausnahme nicht nur von § 678, sondern auch von §§ 677 u. 679, nach denen die Verantwortlichkeit des Geschäftsführers die regelmäßige der §§ 276, 278 ist. Der Grundgedanke der Bestimmung ist, daß ein helfendes Eingreifen Dritter in Augenblicken dringender Gefahr im allgemeinen Interesse erwünscht sein, ein Sichvergreifen in den Mitteln der Hilfe aber wegen der durch die Gefahr erforderten Schnelligkeit der Entschließung, die ein ruhiges überlegendes Abwägen ausschließt, nur zu leicht stattfinden kann. Über die Anwendbarkeit des § 680 bei vertragsmäßiger unentgeltlicher Geschäftsbesorgung s. § 662 A 3. Die Beweislast für die Voraussetzungen des § 680 trifft den Geschäftsführer. Eine Rechtsähnlichkeit zwischen den Tatbeständen von § 679 und § 680 besteht nicht; § 679 hat Interessen des allgemeinen Wohles im Auge, § 680 lediglich den Schutz von Privatinteressen; die Bedeutungslosigkeit des der Handlung des Geschäftsführers entgegen-

stehenden Willens des Geschäftsherrn nach § 679 gilt nicht über den Rahmen der dort bezeichneten Fälle hinaus und ist auf den Fall des § 680 nicht zu übertragen (**RG** 101, 18).

2. Die Geschäftsführung braucht die Abwendung der Gefahr nur zu **bezwecken**; deshalb ist nicht nur der Erfolg gleichgültig; es kommt auch nicht darauf an, ob die Gefahr wirklich bestand, sofern nur der Geschäftsführer sie bei Anwendung der im Verkehr erforderlichen Sorgfalt — in dieser Beziehung gilt die allgemeine Regel des § 276 — für gegeben annehmen durfte.

3. Eine **dringende Gefahr** ist die unmittelbar bevorstehende. Die Gefahr kann bestehen für die Person des Geschäftsherrn oder sein Vermögen, richtiger Ansicht nach (a. M. Staudinger A 1b) aber auch für die Person der Angehörigen des Geschäftsherrn, die diesem näher stehen als sein Vermögen. Dagegen scheint es zu weit zu gehen, auch das Vermögen der Angehörigen einzubegreifen.

4. **Grobe Fahrlässigkeit** ist eine besonders schwere Außerachtlassung der im Verkehr erforderlichen Sorgfalt. Wenn durch grobe Fahrlässigkeit des Geschäftsführers dem Geschäftsherrn ein Schaden erwachsen ist, so kann auch bei Anerkennung des Grundsatzes der Vorteilsausgleichung — vgl. darüber Vorbem 5 vor § 249 — dagegen nicht der Wert der etwa durch die Geschäftsführung geretteten Sache verrechnet werden; denn diese Rettung bedeutet eine Erhaltung des Vermögens, nicht aber einen Vermögenszuwachs, der dem Abgange gegenübergestellt werden könnte.

§ 681

Der Geschäftsführer hat die Übernahme der Geschäftsführung, sobald es tunlich ist, dem Geschäftsherrn anzuzeigen und, wenn nicht mit dem Aufschube Gefahr verbunden ist, dessen Entschließung abzuwarten[1]. Im übrigen finden auf die Verpflichtungen des Geschäftsführers die für einen Beauftragten geltenden Vorschriften der §§ 666 bis 668 entsprechende Anwendung[2].

E I 751 II 612; M 2 859; P 2 728.

1. **Anzeigepflicht des Geschäftsführers.** Vgl. § 665 Satz 2. Der Wille des Geschäftsherrn, der nach §§ 677, 678, 683 für die Übernahme der Geschäftsführung maßgebende Norm, für die Ausführung wenigstens tunlichst zu beachtende Richtschnur ist, soll nicht ohne Not umgangen werden (**RG** 63, 280). Wann die Anzeige tunlich war, ergibt sich aus den Umständen des Einzelfalles; so ist regelmäßig ein strengerer Maßstab anzuwenden, wenn der Geschäftsführer mit dem Geschäftsherrn am gleichen Orte wohnt und diesen deshalb leicht erreichen kann (**RG** 12. 11. 17 VI 270/17). Der mutmaßliche Wille ersetzt nicht den wirklichen und kommt erst in Betracht, wenn der letztere nicht zu ermitteln ist. Dieser Ermittlung dient der § 681. Schuldhafte Nichtachtung der Anzeige- und Abwartungspflicht verpflichtet zum Schadensersatz. Anwendung der Bestimmung auf einen Rechtsanwalt, der eine Partei in erster Instanz vertreten, dann ohne besonderen Auftrag Berufung eingelegt, diese aber, ohne die Entschließung der Partei einzuholen, wieder zurückgenommen hatte (**RG** JW 1913, 921[8]).

2. **§ 666**: Auskunft und Rechenschaft; **§ 667**: Herausgabe des Erlangten; **§ 668**: Verzinsung im eigenen Interesse des Geschäftsführers verwendeten Geldes. Streitig ist, ob auch die §§ 672 Satz 2, 673 Satz 2 (Folgen des Todes des Geschäftsherrn und des Geschäftsführers) für die Geschäftsführung ohne Auftrag entsprechend anwendbar sind. Der bejahenden Meinung (Planck, Oertmann; a. M. Staudinger Vorbem 5 vor § 677) ist wegen der Ähnlichkeit der Sachlage der Vorzug zu geben.

§ 682

Ist der Geschäftsführer[1]) geschäftsunfähig oder in der Geschäftsfähigkeit beschränkt[2]), so ist er nur nach den Vorschriften über den Schadensersatz wegen unerlaubter Handlungen und über die Herausgabe einer ungerechtfertigten Bereicherung verantwortlich[3]).

E I 752 II 613; M 2 860; P 2 729.

1. **Der Geschäftsführer:** Die Geschäftsunfähigkeit oder Beschränkung der Geschäftsfähigkeit auf der Seite des Geschäftsherrn ist für die Rechtsbeziehungen zwischen ihm und dem Geschäftsführer, auch soweit sein Wille nicht überhaupt ausgeschaltet wird (§ 679), einflußlos. An die Stelle des Willens des Geschäftsherrn selbst tritt in diesen Fällen der Wille des gesetzlichen Vertreters. Auch für den Geschäftsführer ist aber § 682 nicht anwendbar, wenn er mit Zustimmung seines gesetzlichen Vertreters gehandelt hat; dann finden vielmehr die §§ 107, 111 freilich nur entsprechend (Planck A 1) Anwendung. Denn die Geschäfts-

führung ist eben kein Rechtsgeschäft, sondern eine Tatsache, an die nur rechtliche Folgen geknüpft sind.

2. **Geschäftsunfähig:** § 104; in der Geschäftsfähigkeit beschränkt: §§ 106, 114.

3. § 682 beschränkt die Verantwortung des geschäftsunfähigen oder in der Geschäftsfähigkeit beschränkten Geschäftsführers auf die Verpflichtungen zum **Schadensersatze wegen unerlaubter Handlungen** (§§ 823ff., für den persönlichen [subjektiven] Tatbestand insbesondere §§ 827—829) und zur Herausgabe der **Bereicherung** (§§ 812ff.; vgl. RG 81, 205); in der Gleichstellung beider Klassen der nicht voll geschäftsfähigen Personen weicht die Regelung des § 682 von der der §§ 104ff. ab. — Über die Ansprüche dieser Personen, wenn sie als Geschäftsführer gehandelt haben, gibt § 682 keine Bestimmung. Der Geschäftsunfähige kann nur Ansprüche aus ungerechtfertigter Bereicherung erheben, doch wird sein gesetzlicher Vertreter die Geschäftsführung nachträglich genehmigen und den Anspruch auf Ersatz der Aufwendungen nach § 683 für ihn geltend machen können. Für den in der Geschäftsfähigkeit Beschränkten gilt § 107, wonach ihm die rechtlichen Vorteile aus seiner Handlung zukommen.

§ 683

Entspricht die Übernahme[1]) der Geschäftsführung dem Interesse[2]) und dem wirklichen oder dem mutmaßlichen Willen[3])[4]) des Geschäftsherrn, so kann der Geschäftsführer wie ein Beauftragter Ersatz seiner Aufwendungen verlangen[5]). In den Fällen des § 679 steht dieser Anspruch dem Geschäftsführer zu, auch wenn die Übernahme der Geschäftsführung mit dem Willen des Geschäftsherrn in Widerspruch steht[6]).

E I 753 II 614; M 2 860—863; P 2 729—734.

1. Wie nach § 678, so ist auch hier lediglich das Vorhandensein der in § 683 aufgestellten Erfordernisse bei der **Übernahme** der Geschäftsführung entscheidend. Eine schuldhafte Nichtbeachtung des Interesses oder des Willens des Geschäftsherrn bei der Erledigung des Geschäfts macht den Geschäftsführer gemäß §§ 677, 681 für den dadurch verursachten Schaden haftbar, nimmt ihm aber nicht den Anspruch auf Ersatz der Aufwendungen nach § 683. Diese Scheidung des Willensakts der Übernahme von den zur Ausführung des Geschäfts dienenden Handlungen und Tätigkeiten ergibt sich deutlich aus den §§ 677, 678, 681; sie liegt auch dem § 683 zugrunde. Sie ist auch innerlich berechtigt, da die vielleicht lange Reihe und verwickelte Natur der Einzelhandlungen, die sich von vornherein nicht übersehen lassen, einen Maßstab für die Rechtmäßigkeit des Anspruchs des Geschäftsführers nicht gewähren kann. Andernfalls würde bei der Einheit der ganzen Geschäftsführung jede Nichtübereinstimmung einer einzelnen Ausführungshandlung mit dem Interesse oder dem Willen des Geschäftsherrn dem Geschäftsführer den Anspruch benehmen. Die Rechte des Geschäftsherrn sind durch die §§ 677, 681 genügend gewahrt.

2. Unter dem **Interesse des Geschäftsherrn** ist die sachliche Nützlichkeit der Geschäftsführung für den Geschäftsherrn zu verstehen, die immer vorhanden sein muß, wenn dem Geschäftsführer ein Anspruch gegen den Geschäftsherrn entstehen soll. Das Interesse muß nicht notwendig ein vermögensrechtliches, es kann auch in der gesellschaftlichen Stellung usw. des Geschäftsherrn begründet sein. Die Zahlung einer Schuld des Geschäftsherrn entspricht regelmäßig seinem Interesse; dies ist aber dann nicht der Fall, wenn der Schuld eine aufrechenbare Forderung gegenüberstand. Ein Notverkauf, der von dem Käufer ohne die Voraussetzungen des § 379 Abs 1 u. 2 HGB vorgenommen wurde, kann einen Geschäftsführungsanspruch für diesen begründen, wenn der Käufer wandlungsberechtigt war und der Verkauf wegen zu befürchtenden Verderbs der Ware oder aus andern Gründen dem Interesse und dem wirklichen oder mutmaßlichen Willen des Verkäufers entsprach (RG 66, 186). Anders, wenn der Verkäufer der ihm vom Käufer angedrohten Versteigerung widersprochen hat; dann liegt eine unstatthafte Einmischung in dessen Angelegenheiten vor (RG 101, 18; vgl. zu § 678 A 3). Ferner können die Aufwendungen, die ein Entleiher für die geliehene Sache außerhalb der gewöhnlichen Kosten der Erhaltung (§ 601 Abs 1 Satz 2) gemacht hat, unter dem Gesichtspunkt des § 683 als im Interesse des Verleihers liegend einen Ersatzanspruch des Entleihers begründen (RG 65, 270). Ein neben dem Interesse des Geschäftsherrn bestehendes eigenes Interesse des Geschäftsführers — Aufwendungen, die der Pfandgläubiger zur Erhaltung oder Werterhöhung der Pfandsache macht — ist gleichgültig (RG 6. 2. 08 VI 205/07). Hierher gehören auch die Aufwendungen, die ein Unterhaltspflichtiger für die Heilung eines von einem Dritten durch unerlaubte Handlung Beschädigten machte, sofern er bei Erfüllung seiner Unterhaltspflicht zugleich in der Absicht handelte, seine Aufwendungen dem Schädiger in Rechnung zu stellen (RG JW 09, 137[15]; 1910 S. 389[6] u. 811[28]; Gruch 53, 1028; vgl. § 843 A 8).

Aufwendungen dagegen, die ein Wahlkandidat oder andere Parteigenossen zum Zwecke der Wahlagitation machen, können nicht als im Interesse der Parteiorganisation liegend angesehen werden; maßgebend ist hier das allgemeine Interesse, das die Handelnden mit der von ihnen geförderten Wahl am besten gewahrt glauben, bei dem Kandidaten auch das eigene Interesse, seine politischen Anschauungen zur Geltung zu bringen (**RG** JW 08, 37[11]). **Über eine irrige Annahme des Interesses** s. A 3.

3. Eine Person ist nur berechtigt, das Interesse eines andern zu fördern, wenn dieser es auch wirklich gefördert wissen will. Ist die erste Voraussetzung des § 683, das Interesse des Geschäftsherrn an der Übernahme der Geschäftsführung, erfüllt, so kommt es deshalb weiter auf den **Willen des Geschäftsherrn** an, daß der Geschäftsführer die Geschäftsführung übernehme, der jedoch in den Fällen des § 679 belanglos ist. Wo er in Betracht kommt, ist in erster Reihe der *wirkliche*, also geäußerte Wille des Geschäftsherrn festzustellen, der den mutmaßlichen ausschließt; erst wenn diese Feststellung versagt, kommt es auf die Ermittlung des *mutmaßlichen* Willens an. Darunter ist nicht derjenige Wille zu verstehen, den der Geschäftsführer von seiner Betrachtungsweise aus nach sorgfältiger Prüfung etwa angenommen hat und annehmen durfte (Staudinger § 683 A A 1b), sondern der bei objektiver Würdigung aller gegebenen Umstände, aus denen die Willensrichtung erkennbar sein kann, der Gewohnheiten und Anschauungen, vor allem auch der Vermögenslage des Geschäftsherrn, die gegenüber der Nützlichkeit der Geschäftsführung abzuwägen sind, erhellt, also der nach den Umständen verständigerweise vorauszusetzende Wille. Die objektive Eigenschaft des mutmaßlichen Willens ergibt sich aus § 678: soll er von dem Geschäftsführer erkannt werden oder erkannt werden können, so muß er etwas diesem Gegenüberstehendes, Fremdes sein. — Für die Ansprüche des Geschäftsführers kommt es im übrigen nicht, wie für seine Haftung nach § 678, auf das Erkennen oder Erkennenmüssen des Willens, sondern auf die sachliche Übereinstimmung der Übernahme der Geschäftsführung mit dem Willen des Geschäftsherrn an. Daher ist auch ein entschuldbarer Irrtum des Geschäftsführers über das Vorhandensein dieses Willens nicht geeignet, ihm die Ansprüche des § 683 zu sichern; das gleiche gilt von der irrigen Annahme eines Interesses des Geschäftsherrn („*Entspricht*" die Übernahme). — Ist der Geschäftsherr willensunfähig, so ist der maßgebende wirkliche oder mutmaßliche Wille der des gesetzlichen Vertreters; fehlt ein solcher, so kommt es nur auf das Interesse an.

4. Die Beweislast für die Voraussetzungen des Interesses wie des Willens des Geschäftsherrn trifft den Geschäftsführer, der Ansprüche aus der Geschäftsführung nach § 683 erhebt. Gegenüber der Behauptung eines mutmaßlichen Willens hat der Geschäftsherr den Einwand, daß sein wirklicher geäußerter Wille entgegenstand. Der Beweis des mutmaßlichen Willens aber wird in der Mehrzahl der Fälle geführt werden durch die Darlegung des Nutzens und der Zweckmäßigkeit der Geschäftsführung für den Geschäftsherrn, mit denen zunächst der mutmaßliche Wille als übereinstimmend anzunehmen ist. So wird sich im Erfolge die Beweisführung des klagenden Geschäftsführers auf den Nachweis des objektiven Interesses für den Geschäftsherrn beschränken dürfen, und letzterer mag den Gegenbeweis führen, daß aus besonderen Gründen sein Wille mit diesem Interesse nicht habe übereinstimmen können.

5. Der Geschäftsführer hat gleich dem **Beauftragten** (s. die Anmerkungen zu § 670) hiernach Anspruch auf *Ersatz der Aufwendungen*, die er nach den Umständen ohne Verschulden bei vernünftiger und sorgfältiger Überlegung für erforderlich halten konnte (**RG** 59, 207). Für die Verzinsung der Aufwendungen gilt dasselbe wie beim Auftrage (**RG** Warn 1921 Nr 121); § 256 kommt zur Anwendung. Bei Geldentwertung hat entsprechende *Aufwertung* zu erfolgen (**RG** 107, 141). Bei der Frage, inwieweit für eine zu Zwecken der Geschäftsführung aufgewendete *berufs- oder gewerbsmäßige Tätigkeit Vergütung* gefordert werden könne, ergibt sich eine Abweichung der Stellung des Geschäftsführers von der des Beauftragten. Der beim Beauftragten maßgebende Gesichtspunkt der Unentgeltlichkeit trifft bei der Geschäftsführung ohne Auftrag nicht zu; der Geschäftsführer, der seine Dienste gar nicht unentgeltlich zur Verfügung stellen will, kann für jede Tätigkeit Vergütung verlangen, die in den Kreis seiner gewerblichen oder beruflichen Geschäfte fällt (**RG** 59, 207; OLG 8, 343; a. M. **RG** 2. 7. 09 III 497/08; Staudinger A I 2a, vermittelnd Oertmann **A 3b**; vgl. auch **RG** Warn 1915 Nr 169). Der Geschäftsführer hat im übrigen wie der Beauftragte wegen seiner Aufwendungen das Zurückbehaltungsrecht nach § 273. Der Anspruch auf Ersatz der Aufwendungen entfällt, wenn der Geschäftsführer nicht die Absicht hatte, von dem Geschäftsherrn Ersatz zu verlangen. Darüber, daß regelmäßig ein Anspruch des Geschäftsführers aus der Geschäftsführung ohne Auftrag nur aus Leistungen denkbar ist, die in der Vergangenheit liegen, nicht ein Feststellungsanspruch für zukünftige Leistungen, s. A 3 zu § 677.

6. In den Fällen des § 679, nicht auch in denjenigen des § 680, da beide Bestimmungen grundverschiedene rechtliche Tatbestände zum Gegenstande haben (s. A 1 zu § 680). In den

Fällen des § 679 dagegen ist selbst ein Verbot des Geschäftsherrn einflußlos (A 2 zu § 679; **RG** 113, 181). Der Anspruch auf Ersatz der Aufwendungen besteht ferner unabhängig von den Voraussetzungen des § 683, wenn der Geschäftsherr die Geschäftsführung genehmigt (§ 684 Abs 1 Satz 2).

§ 684

Liegen die Voraussetzungen des § 683 nicht vor, so ist der Geschäftsherr verpflichtet, dem Geschäftsführer alles, was er durch die Geschäftsführung erlangt, nach den Vorschriften über die Herausgabe einer ungerechtfertigten Bereicherung herauszugeben[1]. Genehmigt der Geschäftsherr die Geschäftsführung, so steht dem Geschäftsführer der im § 683 bestimmte Anspruch zu[2].

E I 758 II 615; M 2 866—868; P 2 739—741.

1. Der Anspruch auf **Herausgabe einer ungerechtfertigten Bereicherung,** eines dem Vermögen des Geschäftsherrn durch die Geschäftsführung im ganzen zugewandten Vermögenszuwachses (**RG** Warn 1910 Nr 116) steht dem Geschäftsführer unter allen Umständen zu, soweit ihm nicht etwa die Absicht mangelte, von dem Geschäftsherrn überhaupt einen Ersatz zu verlangen (§ 685 Abs 1; **RG** JW 1915, 325[3]); er ist selbst beim Handeln gegen ein ausdrückliches Verbot des Geschäftsherrn begründet. Auch ein Bereicherungsanspruch besteht aber nicht (§§ 817, 853), wenn die Leistungen nur das Mittel zur Durchführung einer unerlaubten Handlung waren; so hat, wer widerrechtlich ein Kind der elterlichen Gewalt des Vaters entzogen hat, keinen Anspruch auf Erstattung der Unterhaltskosten aus der Bereicherung (**RG** Warn 1910 Nr 286). Ein Wegnahmerecht (s. Prot 2, 740) hat der Geschäftsführer nach allgemeinen Grundsätzen (§ 258 in Verbindung mit § 812).

2. Die **Genehmigung,** d. i. die nachträgliche Zustimmung (§ 184), ersetzt alle Voraussetzungen des § 683, das Interesse wie den Willen des Geschäftsherrn für die Übernahme der Geschäftsführung. Das BGB spricht hier nicht von der Übernahme, sondern schlechthin von der Geschäftsführung selbst; das ist gerechtfertigt: für die nachträgliche Zustimmungserklärung ist jene Unterscheidung nicht von der gleichen praktischen Bedeutung wie nach §§ 677, 678, 683; der Geschäftsherr, der die Ausführung des Geschäfts in erheblichen Punkten mißbilligt, wird die Geschäftsführung eben nicht genehmigen. Die Genehmigung bezieht sich, wenn sie ohne Einschränkung ausgesprochen ist, auf alles, was bisher geschehen ist; sie deckt die Übernahme, wenn sie nach dieser, aber vor der Ausführung des Geschäfts (vgl. § 681) erklärt ist; sie umschließt Übernahme und Ausführung, wenn sie nach Beendigung der Geschäftsführung erfolgte. Die Genehmigung auch nur der Übernahme erstreckt sich aber begrifflich auf die weitere Ausführungstätigkeit überhaupt, nur nicht auf die einzelnen Ausführungshandlungen; sie enthält die Zustimmung, daß der Geschäftsführer für den Geschäftsherrn in der Angelegenheit tätig geworden sei und sein werde. Der Geschäftsführer hat demnach, auch wenn nur die Übernahme der Geschäftsführung genehmigt wurde, dieselbe Stellung, wie sie ihm die dem Interesse und dem Willen des Geschäftsherrn entsprechende Übernahme des § 683 gewährt. Eine Genehmigung nur der Übernahme oder eine ausdrückliche Einschränkung der Genehmigung darauf bedeutet deshalb lediglich den Vorbehalt von Schadensersatzforderungen wegen einer fehlerhaften Ausführung des Geschäfts nach § 677 (§ 677 A 4, § 683 A 1), während bei schlechthin erteilter Genehmigung solche Forderungen keinesfalls insoweit bestehen können, als die Art der Ausführung dem Geschäftsherrn bekannt war. Schadensersatzansprüche des Geschäftsherrn aus § 678 werden durch die Genehmigung der Geschäftsführung immer ausgeschlossen (§ 678 A 3). — Die Genehmigung einer Geschäftsführung setzt begrifflich voraus, daß überhaupt eine Geschäftsführung ohne Auftrag vorliegt. Eine solche fehlt, wenn ein ausgeführtes Geschäft zwar den Nutzen eines andern förderte, der Handelnde aber nur für sich tätig gewesen ist und tätig sein wollte (**RG** 23. 4. 08 IV 448/07). Aus demselben Grunde kann eine gefälschte Wechselunterschrift nicht durch Genehmigung nach §§ 184, 684 Wirksamkeit erlangen; wohl aber liegt genehmigte Geschäftsführung vor, wenn die Unterschrift für den andern in Unterstellung seiner nachträglichen Genehmigung vollzogen wurde und der andere sein Einverständnis nachträglich erklärt (**RG** 17. 1. 03 I 482/02 und JW 04, 497[27]). — Die Genehmigung kann ausdrücklich oder stillschweigend erklärt werden, letzteres durch wissentliches Geschehenlassen oder durch Inanspruchnahme des Geschäftsführers auf Herausgabe des Erlangten oder auch wegen fehlerhafter Ausführung nach § 677, soweit diese als von der Genehmigung ausgeschlossen zu erachten ist. Die stillschweigende Genehmigung setzt aber immer voraus, daß ein entsprechender Wille des Geschäftsherrn erkennbar ist, und feststeht, daß dieser von den Handlungen des Geschäftsführers Kenntnis hatte (**RG** 1. 7. 04 II 405/03; 14. 11. 05 II 124/05; 26. 1. 07 II 346/06). Die Genehmigung muß sich ferner erkennbar auf die Geschäftsführung als solche, auf die Einmischung des Dritten in die eigenen

Angelegenheiten des Genehmigenden beziehen; ein Einverständnis in dem Sinne, damit nur den erlangten oder noch zu erlangenden Vorteil gutzuheißen, ist keine Genehmigung (**RG** 23. 4. 08 IV 448/07). Nachträgliche Genehmigung bedeutet eine Erweiterung der Vollmacht, es bedarf hierzu keiner neuen Form (**RG** 102, 21). — Die Beweislast für die Genehmigung trifft den Geschäftsführer.

§ 685

Dem Geschäftsführer steht ein Anspruch nicht zu, wenn er nicht die Absicht hatte, von dem Geschäftsherrn Ersatz zu verlangen[1]).

Gewähren Eltern oder Voreltern ihren Abkömmlingen oder diese jenen Unterhalt, so ist im Zweifel anzunehmen, daß die Absicht fehlt, von dem Empfänger Ersatz zu verlangen[2]) [3]).

E I 754 II 616; M 2 863, 864; P 2 734, 735.

1. Fehlte dem Geschäftsführer die **Absicht**, von dem Geschäftsherrn **Ersatz zu verlangen**, so hat er in freigebiger Absicht gehandelt, und dies hat zur Folge, daß ihm ein Anspruch auf Ersatz seiner Aufwendungen nach § 683 nicht zusteht. Dies ist nicht zu vermuten (**RG** 86, 96). Ein Anspruch auf Herausgabe der Bereicherung nach §§ 684 Satz 1 und 812 ist jedoch nur ausgeschlossen, wenn eine angenommene Schenkung vorliegt (vgl. § 662 A 4). Die freigebige Absicht ist ein der Geschäftsführung ohne Auftrag an sich fremder Tatbestand; das Natürliche ist, daß der Geschäftsführer zwar das Interesse des Geschäftsherrn fördern, nicht aber für das fremde Interesse Vermögensopfer bringen und Nachteile erleiden will. So stellt sich die freigebige Absicht des Geschäftsführers als eine rechtshindernde Tatsache dar, die, wie aus der Fassung des Abs 1 hervorgeht, der Geschäftsherr zu behaupten und zu beweisen hat (**RG** Warn 1912 Nr 104). Daß eine Leistung außerhalb der Grenzen des Abs 2 aus Gründen der Verwandtschaft übernommen wurde, schließt die Absicht, Ersatz zu verlangen, nicht aus (**RG** JW 09, 670[26] und **RG** 74, 139). Ebenso nicht, daß der Geschäftsführer in Erfüllung einer öffentlichrechtlichen Pflicht oder im öffentlichen Interesse handelte; ein Beweisumstand für die Absicht, Ersatz zu verlangen, ist der zwischen den Parteien bestehende Streit über die Verpflichtung und ihre Kostenlast (**RG** 75, 276; 77, 193).

2. Umgekehrt wie im Regelfalle des Abs 1 spricht zwischen nahen Verwandten die Natur der Sache zunächst für eine freigebige Absicht hinsichtlich der zum Besten des andern aufgewendeten Leistungen (vgl. § 1618). Abs 2 beschränkt diese Vermutung sachlich auf Leistungen zur Gewährung des Unterhalts (§§ 1601 ff.) und in Ansehung des Personenkreises auf **Eltern, Voreltern** (d. h. alle Verwandten aufsteigender Linie) und **Abkömmlinge**; in diesem Verwandtschaftsverhältnisse stehen bei Erzeugung außer der Ehe nur die Mutter und ihre Voreltern und das Kind. Eine Ausdehnung des Satzes auf andere Verwandte ist nicht zulässig (**RG** 74, 139; JW 09, 670[26]); erst recht nicht, wenn der Geschäftsführer im öffentlichen Interesse handelte (**RG** 75, 276; 77, 193). Die Bestimmung gibt sich als eine Auslegungsregel („im Zweifel"); die freigebige Absicht ist also anzunehmen, sofern nicht eine Absicht, Ersatz zu verlangen, erklärt ist oder aus den Umständen erhellt. Es bedarf nicht der Hervorhebung, daß die Bestimmung des Abs 2 sich nicht auf den Fall einer Unterhaltspflicht bezieht; soweit eine solche nach den angezogenen Bestimmungen des Familienrechts besteht, kann von einer Geschäftsführung ohne Auftrag für den Unterhaltenen überhaupt keine Rede sein. Die Vermutung des Abs 2 gilt ferner nur dem Empfänger der Leistungen gegenüber; ob dem den Unterhalt gewährenden Verwandten ein Ersatzanspruch gegen den nach dem Gesetz Unterhaltspflichtigen zusteht, richtet sich nach den allgemeinen Bestimmungen; ein Übergang der Ansprüche des Unterhaltsberechtigten gegen diesen auf den Verwandten, der den Unterhalt geleistet hat, findet nur nach Maßgabe des § 1607 Abs 2 statt (**RG** 12. 11. 06 VI 108/06). Auch die Vermutung des Abs 2 geht an sich nur auf die Annahme einer freigebigen Absicht, nicht auf eine angenommene Schenkung; sie schließt also einen Bereicherungsanspruch zunächst nicht aus. Aber sie steht auch einer Feststellung des zur Schenkung erforderlichen Einverständnisses der Unentgeltlichkeit nicht entgegen, begünstigt sie vielmehr (**RG** Warn 1912 Nr 382).

3. Sowohl Abs 1 wie Abs 2 betreffen nur die Ansprüche des Geschäftsführers; die des Geschäftsherrn (§§ 677, 678, 681 Satz 2, 682) werden dadurch nicht berührt.

§ 686

Ist der Geschäftsführer über die Person des Geschäftsherrn im Irrtume[2]), so wird der wirkliche Geschäftsherr aus der Geschäftsführung berechtigt und verpflichtet[1]).

E I 757 II 617; M 2 865, 866; P 2 739.

1. Die Geschäftsführung ohne Auftrag erfordert nicht, daß der Geschäftsführer den Willen habe, für eine bestimmte Person tätig zu sein; er kann handeln wollen für den, den es angeht; die Person des Geschäftsherrn kann an sich noch unbestimmt sein, ja sie braucht selbst noch gar nicht vorhanden zu sein (A 1 zu § 677). Sofern der Geschäftsführer das Geschäft nur als ein fremdes angesehen und ausgeführt hat, entstehen die Wirkungen der Geschäftsführung ohne Auftrag nach §§ 677—685. Im Falle eines Irrtums des Geschäftsführers über die Person dessen, dem das Geschäft zugute kommen soll, wird aus der Geschäftsführung der **wirkliche Geschäftsherr**, in dessen Interesse das Geschäft lag, berechtigt und verpflichtet; selbstverständlich kommt dann auch eine etwaige freigebige Absicht des Geschäftsführers gegenüber dem vermeintlichen Geschäftsherrn nicht in Betracht. Und nur der wirkliche Geschäftsherr wird berechtigt und verpflichtet.

2. Ein **Irrtum des Geschäftsführers über die Person des Geschäftsherrn** wird in der Regel nur den Fall eines gegenständlich fremden Geschäfts betreffen (der Geschäftsführer bessert eine Sache aus, die er für das Eigentum des B hält, die aber Eigentum des C ist); er ist möglich jedoch auch bei einem persönlich fremden. Die Meinung, einem andern (B) zu einer Leistung verpflichtet zu sein, die einem Dritten (C) zugute kommt, begründet zwar den in § 686 vorausgesetzten Irrtum über die Person des Geschäftsherrn nicht; wer eine Vertragspflicht erfüllt oder auch nur zu erfüllen meint, handelt im eigenen Interesse und besorgt zunächst nur sein eigenes Geschäft (**RG** Gruch 52, 997; s. auch JW 03 Beil Nr 310 und § 677 A 2). Die irrtümliche Meinung, dem Geschäftsherrn selbst vertraglich verpflichtet zu sein, schließt die Annahme einer Geschäftsführung gleichfalls aus; der Geschäftsbesorger hat hier nur die Ansprüche wegen ungerechtfertigter Bereicherung nach §§ 812—814, der Geschäftsherr nur die Schadensersatzansprüche aus etwaiger unerlaubter Handlung. Dagegen verträgt sich der Irrtum des Handelnden, zu der Geschäftsbesorgung für den Geschäftsherrn berechtigt zu sein, sehr wohl mit der Annahme einer Geschäftsführung (vgl. darüber A 3 zu § 677).

§ 687

[1]) **Die Vorschriften der §§ 677 bis 686 finden keine Anwendung, wenn jemand ein fremdes Geschäft in der Meinung besorgt, daß es sein eigenes sei[2]).**

Behandelt jemand ein fremdes Geschäft als sein eigenes, obwohl er weiß, daß er nicht dazu berechtigt ist[3]), so kann der Geschäftsherr die sich aus den §§ 677, 678, 681, 682 ergebenden Ansprüche geltend machen. Macht er sie geltend, so ist er dem Geschäftsführer nach § 684 Satz 1 verpflichtet[4]).

E I 761 II 618; M 2 869—871; P 2 741—743.

1. Die Geschäftsführung ohne Auftrag setzt voraus, daß der Geschäftsführer ein **fremdes Geschäft** besorgt, sei es ein gegenständlich fremdes, das dem ausschließlichen Rechtskreise des Geschäftsherrn angehört, sei es ein persönlich fremdes, das nach seinem Inhalte auch das eigene Geschäft des Handelnden sein könnte und lediglich durch dessen Absicht, es für einen andern zu besorgen, zum fremden Geschäfte wird (s. Vorbem 4 vor § 677). Die Geschäftsführung ohne Auftrag erfordert, da sie begrifflich ein Handeln für einen andern darstellt, in persönlicher Hinsicht den Willen und das Bewußtsein, für einen andern tätig zu sein (§ 677 A 1). Ist das Geschäft ein gegenständlich fremdes, will der Handelnde aber kein fremdes Geschäft besorgen, und weiß er auch nicht, daß sein Handeln in einen fremden Rechtskreis eingreift, so ist der Fall des **Abs 1** des § 687 gegeben; ist ihm der letztere Umstand gegenwärtig, will er aber trotzdem nicht für den andern, sondern für sich selbst handeln, so liegt der Fall des § 687 **Abs 2** vor. In keinem der Fälle des § 687 handelt es sich um eine Geschäftsführung ohne Auftrag; nur ein äußerlich ähnlicher Tatbestand stellt sich dar; das Hauptерfordernis der Geschäftsführung, der Wille, für einen andern tätig zu sein, fehlt. Man spricht hier schlecht von unechter Geschäftsführung. Voraussetzung der Bestimmungen beider Absätze des § 687 ist, daß ein gegenständlich fremdes Geschäft vorliegt, also ein solches, das durch seinen Inhalt eine Einmischung des Handelnden in bereits vorhandene Rechtsbeziehungen eines andern, insbesondere dessen Eigentumsrechte darstellt. Die Beziehung eines Geschäfts auf eine fremde Sache allein stellt dieses Erfordernis nicht notwendig her: so ist es kein gegenständlich fremdes Geschäft, wenn jemand Sachen, die in eines Dritten Eigentum stehen, die sich aber in seiner wirtschaftlichen Benutzung befinden, wegen dieses seines wirtschaftlichen Interesses gegen Feuersgefahr versichert (**RG** 15. 4. 08 VI 324/07); diese Versicherung ist objektiv wie subjektiv sein eigenes Geschäft. Ebensowenig bedeutet ein in fremdem Namen für eigene Rechnung geschlossener Vertrag ein fremdes Geschäft, sofern nicht damit ein Eingriff in vorhandene Rechtsbeziehungen der Person, in deren Namen der Handelnde auftritt, gegeben ist. Wenn endlich jemand ein fremdes Geschäft im Auftrage eines Dritten besorgt, so begründet dies weder den Tatbestand des § 687 Abs 1 noch den des Abs 2; es liegt hier zwar

ein fremdes Geschäft vor, aber es ist nicht als eigenes behandelt worden (**RG** JW 03 Beil Nr 310). Bei einer Weiterveräußerung der dem Eigentümer durch Dritte gestohlenen Sachen ist die Annahme einer Geschäftsführung ohne Auftrag ausgeschlossen. Auch eine Genehmigung des „Geschäftsherrn" würde daran nichts ändern (**RG** 105, 84).

2. Abs 1 des § 687 betrifft den Fall der gutgläubigen Behandlung des gegenständlich fremden Geschäfts, als sei es ein eigenes. Darauf, ob der gute Glaube des Handelnden ein unverschuldeter, ob der Irrtum, in dem er sich befindet, auf Fahrlässigkeit beruht, kommt es nicht an. Der Fall ist, da er keine Geschäftsführung ohne Auftrag enthält, auch nicht nach deren Regeln zu behandeln, wie im Gesetze ausdrücklich ausgesprochen ist. Es kommen also, soweit nicht etwa Ansprüche aus einer fahrlässig begangenen unerlaubten Handlung dem — uneigentlich sogenannten — Geschäftsherrn aus dem Eingriff erwachsen, für die beiderseitigen Ansprüche die Bestimmungen über die ungerechtfertigte Bereicherung zur Anwendung, sowie je nach dem Tatbestande die §§ 946ff., 985ff. und für den Handelnden §§ 994ff. Auch die Genehmigung des Geschäfts begründet die Anwendung der Bestimmungen über die Geschäftsführung ohne Auftrag nicht (**RG** 105, 92).

3. Der Tatbestand des Abs 2 erfordert, daß jemand ein fremdes Geschäft als ein eigenes vornimmt, **obwohl er weiß, daß das Geschäft ein fremdes** und er zu dem Eingriffe **nicht berechtigt ist** (**RG** 105, 409.) Das Wissen wird durch ein Wissenmüssen **nicht ersetzt**; das auf Fahrlässigkeit beruhende Nichtwissen fällt vielmehr unter Abs 1. Der Fall des § 687 Abs 2 liegt vor bei wissentlicher Benutzung eines fremden geistigen Eigentums oder Erfinderrechts (**RG 46, 14**; 62, 320; 70 S. 74 u. 249; 84, 49); ebenso beim Eingriff in ein alleiniges Einfuhrrecht der Zentraleinkaufsgesellschaft (**RG** 100, 145). Ob der Berechtigte das Geschäft in gleicher Weise für sich vorgenommen hätte, ist für die Anwendung des § 687 Abs 2 gleichgültig (**RG** a. a. O.). **Mit Rücksicht auf** § 35 des **PatG**, der die wissentliche und die grob fahrlässige Benutzung der fremden Erfindung gleichstellt, haben **RG 62, 320**; 70, 249 eine entsprechende Anwendung des § 687 Abs 2 auch bei grob fahrlässiger Patentverletzung gutgeheißen, die **RG** Warn 1918 Nr 232 auch auf fahrlässige Verletzung des literarischen Urheberrechts ausdehnt; die vorwiegende Wirkung dieser Anwendung ist die Gewährung des Anspruchs auf Rechnungslegung und Auskunftserteilung für den verletzten Urheber oder Erfinder. Nicht anwendbar ist § 687 Abs 2 bei wissentlicher (oder fahrlässiger) Benutzung eines für einen andern geschützten Warenzeichens; denn hier handelt es sich um ein auch objektiv eigenes Geschäft, das unter widerrechtlichem Eingriff in ein fremdes ausschließliches Recht vorgenommen wurde (**RG** 47, 100 u. 58, 323). Der verletzte Urheber oder Erfinder hat ein Recht, das Geschäft, das der andere machte, als ein eigenes vorzunehmen und als fremdes (Nachdruck und Nachahmung) zu untersagen; der Besitzer eines Warenzeichens hat jedoch kein Recht auf das von dem andern vorgenommene Geschäft und keinen Anspruch auf dessen Unterlassung; er darf nur den dabei geschehenen Eingriff in sein Zeichenrecht verbieten (**RG** 47, 100). Nicht anwendbar ist § 687 Abs. 1 auch, wenn einem Erfinder die Möglichkeit, das Patent oder sonstige Schutzrechte zu erwerben, durch das Verhalten eines andern (Veröffentlichung) entzogen wird, da es sich hier nicht um Ausnutzung, sondern um Zerstörung und Verhinderung der Entstehung eines fremden Rechtes handelt (**RG** 83, 37). Dahingestellt gelassen wurde die Anwendbarkeit des § 687 Abs 2 in den Fällen, daß ein Teilhaber einer Gesellschaft anstatt für diese für sich einen Lieferungsvertrag abgeschlossen hatte, da es zweifelhaft sei, ob hier ein objektiv fremdes Geschäft vorliege (**RG** 89, 99), und daß ein Fabrikunternehmer unter Verletzung eines Vertrags, durch welchen er einem andern das Alleinverkaufsrecht seiner Erzeugnisse für ein bestimmtes Gebiet übertragen hatte, unmittelbar Abschlüsse in dessen Absatzgebiet betätigte (**RG** 92, 201); in beiden Fällen wurde das Vertragsverhältnis allein für ausreichend erachtet, dem Verletzten zu einem Anspruch auf Auskunft und Rechenschaft zu verhelfen. Dagegen Anwendung bei Eingriffen in fremde Monopolrechte (**RG** 46, 14; 62, 320; 70, 74; 84, 49; 100, 145). — Ein inhaltlich fremdes Geschäft wird nicht dadurch ein eigenes, daß der Handelnde es im eigenen Namen abschließt (er verkauft eine fremde Sache im eigenen Namen, **RG** JW 09, 658[9]), das inhaltlich eigene aber auch nicht dadurch ein fremdes, daß es auf fremden Namen geschlossen wird (ein Bediensteter macht für sich kreditweise Einkäufe auf den Namen des Dienstherrn); der § 687 Abs 2 findet im ersteren Falle Anwendung, im letzteren nicht. Anwendung des § 687 Abs 2 auf einen Fall, in dem bei Nichtigkeit des Auftrags nach § 138 BGB der Beauftragte auftragswidrig für eigene Rechnung gehandelt hat (**RG** 96, 282). Wußte der Pfandgläubiger, daß er zur Fruchtziehung nicht berechtigt war, kommt Abs 2 ebenfalls in Betracht (**RG** 105, 408).

4. Abs 2 des § 687 gibt **dem Geschäftsherrn,** dem außerdem die Ansprüche aus ungerechtfertigter Bereicherung und unerlaubter Handlung wie nach Abs 1 zustehen (s. A 2), **das Recht,** anstatt der Geltendmachung jener Ansprüche auch **den Handelnden wie einen Geschäftsführer in Anspruch zu nehmen,** also von ihm Auskunft, Rechenschaft und Rechnungslegung, sowie Herausgabe des Erlangten (vgl. **RG** 96, 282; 105, 409; JW 09, 658[9] und die in A 3 angezogenen Entscheidungen), Verzinsung verwendeten Geldes nach §§ 681, 666—668, sowie

Schadensersatz nach §§ 677, 678 zu fordern. Dem Handelnden stehen dagegen an sich keinerlei Ansprüche wie aus einer Geschäftsführung ohne Auftrag zu; es ist ihm verboten, aus dem fremden Geschäfte für sich ohne Genehmigung des Geschäftsherrn Nutzen zu ziehen (RG 100, 145; 105, 409); nimmt ihn aber der uneigentliche Geschäftsherr auf Grund des § 687 Abs 2 wie einen Geschäftsführer in Anspruch, so hat dies zur Folge, daß jener ihm auch die Bereicherungen nach Maßgabe des § 684 Abs 1 herausgeben muß; einen Anspruch auf Ersatz seiner Aufwendungen (§ 683) überkommt er dagegen nicht. Die allgemeinen Ansprüche aus ungerechtfertigter Bereicherung (§§ 812ff.) wird man (mit Oertmann A 3c) dem uneigentlichen Geschäftsführer übrigens niemals versagen können. — Die Ansprüche aus § 687 Abs 2 unterliegen, wie diejenigen aus der Geschäftsführung, der gewöhnlichen Verjährung (Vorbem 3 vor § 677).

Zwölfter Titel

Verwahrung

1. Durch den **Verwahrungsvertrag** wird der Verwahrer zur Aufbewahrung einer ihm vom Hinterleger übergebenen beweglichen Sache verpflichtet, an welcher er unmittelbaren Besitz erhält (§ 688). Die Aufbewahrungspflicht bedingt die Rückgabepflicht nach beendigter Aufbewahrung (§§ 695—697). Der Vertrag setzt zu seinem Zustandekommen die Übergabe voraus; er ist Realvertrag Die Übernahme zur Verwahrung kann durch einen Vorvertrag vereinbart werden (pactum de deponendo), so durch Verkauf eines Theaterbilletts, wenn der Theaterunternehmer dabei als eine Nebenverpflichtung auch die Verwahrung der Überkleider des Theaterbesuchers übernimmt (RG Warn 1920 Nr 77). Der Vorvertrag begründet meist nur einen Anspruch für den Hinterleger, unter besonderen Umständen kann er aber auch eine Verpflichtung zur Hingabe für ihn zur Entstehung bringen. Der Verwahrungsvertrag erscheint nach der Begriffsbestimmung des § 688 als ein einseitig verpflichtender Vertrag. Er kann aber entgeltlich (§ 689) oder unentgeltlich (§ 690) abgeschlossen werden, und mit der Vereinbarung eines Entgelts wird er zum gegenseitigen Vertrage nach §§ 320ff. Auch dann sind jedoch die Vertragspflichten bedingt durch die Übergabe; das Entgelt ist nur Gegenleistung für die Aufbewahrung, nicht für die Übernahme (§§ 689, 699). Der wirtschaftliche Zweck ist ausschließlich das Interesse des Hinterlegers; ein Nutzen aus der Sache für den Verwahrer ist mit dem Verwahrungsvertrage unvereinbar. Der Verwahrungsvertrag berührt sich gegenständlich mit dem Mietvertrage, bei dem aber nicht die Sache, sondern der Raum, der ihrer Verwahrung dienen soll, Vertragsgegenstand ist; so namentlich im Stahlkammervertrag (Safevertrag; vgl. darüber § 535 A 2 und RG 77, 336; 94, 74) und hinsichtlich der Leistung mit Auftrag, Dienst- oder Werkvertrag, von denen er sich durch das geringere Maß der vom Verwahrer aufzuwendenden Tätigkeit unterscheidet, die sich der Hauptsache nach auf die einfache Obhut beschränkt. Die Verwahrung kann auch Nebenleistung in anderen Vertragsverhältnissen sein, so beim Leihvertrag (vgl. dazu RG Warn 1910 Nr 246), beim Auftrag, Dienst-, Werkvertrag, Kauf, Kommission, Spedition, Frachtvertrag. Hier gelten die für diese Rechtsgeschäfte gegebenen Rechtssätze. Vorschriften über eine einstweilige Verwahrung im Handelsverkehr geben die §§ 362 Abs 2, 379 Abs 1 HGB. Der Arzt hat eine Verwahrungspflicht für die im Vorraume seiner Wohnung von den Patienten abgelegten Kleidungsstücke der Regel nach auch als Nebenverpflichtung nicht übernommen (RG 99, 35). Dagegen hat der Theaterunternehmer als Nebenleistung aus dem durch den Verkauf der Theaterkarte geschlossenen Vertrage die Verpflichtung, die Überkleider der Theaterbesucher, ohne oder auch gegen besondere Gebühr, in Verwahrung zu nehmen (RG Warn 1920 Nr 77; 4. 12. 23 VII 255/23). Ebenso hat ein geselliger Verein, der beim Besuch der Gesellschaftsräume für seine Mitglieder einen Garderoberaum bereitgestellt hat, die Sorge für die Aufbewahrung der abgelegten Kleider übernommen (RG 103, 265). Über die Sorgfaltspflicht des Verwahrers hinsichtlich der in solchen Fällen üblichen Garderobemarken RG 105, 80; 113, 425; LZ 1923, 600. — *Stillschweigend* kommt der Verwahrungsvertrag zustande mit dem *Badeanstaltsbesitzer* hinsichtlich der Kleider des Badenden (RG LZ 1923, 600) und mit dem *Schank- und Speisewirt*, der in der Gaststube keine Gelegenheit zum Ablegen der Überkleider bietet und die Gäste zwingt, außerhalb der Gaststube abzulegen (RG JW 1924, 1870). Regelmäßig liegt dem Schank- und Speisewirt eine Verwahrungspflicht allerdings nicht ob (RG 109, 261). — Bei der herrschenden Vertragsfreiheit kann der Verwahrer seine *Haftung beschränken* oder in den Grenzen des § 276 Abs 2 auch ausschließen. Das Publikum darf jedoch nicht überrascht oder in eine Zwangslage gebracht werden, weil das den guten Sitten widerspricht. Das Aufdrucken der Beschränkung auf die Rückseite der Garderobemarken genügt nicht, wohl aber genügen deutlich lesbare Aushänge an in die Augen fallenden Stellen und in hinreichender Menge (RG 113, 425; 4. 12. 23 VII 255/23). Ebenso muß eine Verpachtung der Kleiderablagen bekanntgemacht werden, wenn sie den Betriebsinhaber von der Haftung befreien soll (RG JW 1924, 95).

2. **Besondere Erscheinungsformen** des Verwahrungsvertrags sind a) die Gemeinschaftsverwahrung (sog. freiwillige Sequestration), wobei eine von verschiedenen Personen in Anspruch genommene Sache einem gemeinschaftlichen Verwahrer mit der ausdrücklichen oder stillschweigenden Vereinbarung übergeben wird, daß die Rückgabe an alle Hinterleger gemeinsam oder an einen von ihnen bezeichneten gemeinsamen Bevollmächtigten erfolgen soll (M 2, 580: § 165 FGG und §§ 432, 1217, 1281, 2039 BGB); b) die Summenverwahrung oder uneigentliche Verwahrung, die dem Darlehen sich nähert (§ 700); c) das Lagergeschäft, die gewerbsmäßige Übernahme von Gütern zur Lagerung und Aufbewahrung im Handelsverkehr (§§ 416—424 HGB). Kein Verwahrungsvertrag und überhaupt kein privatrechtlicher Vertrag wird abgeschlossen, wenn der Staat im öffentlichen Interesse Sachen in amtliche Verwahrung nimmt, z. B. zu zollamtlicher Behandlung (dabei kein Eintritt in den Beförderungsvertrag!) oder wenn im Wege polizeilicher oder gerichtlicher Beschlagnahme oder wenn im Rechtsstreit Urkunden, Bücher, Karten von einer Partei überreicht werden. Die Aufbewahrungspflicht ergibt sich hier aus der Inbesitznahme des fremden Eigentums, das Rechtsverhältnis wurzelt im öffentlichen Recht. Mangels anderer Vorschriften sind aber die über den Verwahrungsvertrag sinngemäß anzuwenden, also nicht § 690 (RG 115, 421; 23. 12. 19 VII 425/19); zum Teil abweichend die älteren Entscheidungen RG 48, 256; 51, 219; 67, 335; 84, 338; Warn 08 Nr 305 (Schiff in Quarantäne). Die Zollbehörde haftet übrigens nur bis zur Rückgabe der Güter an den Empfangsberechtigten nach der amtlichen Abfertigung, nicht bis zur späteren Abholung aus dem Zollraum (RG 26. 5. 11 III 408/10).

3. **Besondere reichsrechtliche Vorschriften** neben denjenigen über den Verwahrungsvertrag finden sich a) in den Bestimmungen des BGB über die Hinterlegung, d. i. die Übergabe von Gegenständen zum Zwecke der Verwahrung bei dazu bestimmten öffentlichen Stellen und Behörden, so namentlich über die Hinterlegung durch den Schuldner bei Annahmeverzug des Gläubigers §§ 372ff. sowie über die Sicherheitsleistung durch Hinterlegung von Geld oder Wertpapieren §§ 232ff.; b) in den Bestimmungen des BGB über die Haftung der Gastwirte für die bei ihnen eingebrachten Sachen §§ 701—703; c) in den Bestimmungen des HGB §§ 388, 407 Abs 2, 417 über die Aufbewahrungspflicht des Kommissionärs, Spediteurs und Lagerhalters; d) in dem Reichsgesetz betreffend die Pflichten der Kaufleute bei Aufbewahrung fremder Wertpapiere v. 5. 7. 96 (Bankdepotgesetz, RGBl 183, jetzt mit den Änderungen und Zusätzen der VO v. 21. 11. 23, RGBl I 1119), insbesondere in den §§ 1 u. 2, die Bestimmungen über die gesonderte Aufbewahrung und Eintragung enthalten; Depot- und Depositengeschäfte dürfen geschäftsmäßig nur von Depositenbanken betrieben werden, § 4 Abs 1 des Ges. über Depot- und Depositengeschäfte v. 26. 6. 25 (RGBl I 89), gültig bis 31. 12. 29, vgl. § 1 des Ges. v. 24. 12. 26 (RGBl I 512); e) in den von der Ersatzpflicht der Postverwaltung für Verlust und Beschädigung handelnden Bestimmungen §§ 6—15 des Reichspostgesetzes v. 28. 10. 71 (RGBl 347); f) in der Bestimmung des § 31 des Hypothekenbankgesetzes v. 13. 7. 99 (RGBl 375) über die Verwahrungspflicht des Treuhänders bei den Hypothekenbanken; g) in der Bestimmung des § 39 der Eisenbahn-Verkehrsordnung über die Aufbewahrung von Reisegepäck auf den Bahnhöfen gegen eine Gebühr. Vgl. darüber RG 98, 31.

Nach Art 145 EGBGB können über die Hinterlegung (oben zu a) die Landesgesetze gewisse nähere Bestimmungen treffen. Durch die Hinterlegung bei den staatlichen Stellen wird kein privatrechtlicher Verwahrungsvertrag abgeschlossen (RG 112, 224).

§ 688

Durch den Verwahrungsvertrag[1]) wird der Verwahrer verpflichtet, eine ihm von dem Hinterleger übergebene bewegliche Sache[2]) aufzubewahren[3]).

E I 614 II 628; M 2 569—574; P 2 391—393.

1. Über die rechtliche Natur des **Verwahrungsvertrags** vgl. Vorbem 1. Zum Zustandekommen des Vertrags gehört a) die Übergabe einer beweglichen Sache seitens des Hinterlegers an den Verwahrer durch Besitzübertragung nach § 854. Erst mit der Übergabe beginnen die Pflichten aus dem Verwahrungsvertrage, auch dann, wenn er entgeltlich geschlossen ist (vgl. Vorbem 1); b) die Vertragseinigung beider Teile, daß der Verwahrer die Sache für den Hinterleger aufbewahren und diesem später zurückgeben soll. Die Willenseinigung kann auch durch schlüssige Handlungen stillschweigend getroffen werden (RG 106, 135; JW 1913, 265[4]). Der Verwahrungsvertrag kann auch dadurch zustande kommen, daß A, der für B besitzt, auf dessen Weisung dem C anzeigt, er halte die Sache nunmehr für ihn in Verwahrung, und C damit einverstanden ist (RG 7. 1. 21 VII 459/20). Das Eigentum der Sache geht auf den Verwahrer nicht über; auch die Gefahr der Sache bleibt beim Hinterleger. Daß dieser selbst Eigentümer der hinterlegten Sache sei, ist zur Gültigkeit des Vertrags nicht erforderlich. Sogar eine eigene Sache des Verwahrers kann sich in dessen

Verwahrung für einen andern befinden, sei es, daß er das Eigentum nachträglich erlangt hat, sei es, daß der Hinterleger, der die fremde Sache rechtmäßig besitzt, diese bei dem Eigentümer in Verwahrung gegeben hat (RG 1. 4. 24 VII 376/23). Der Gerichtsvollzieher, der gemäß § 885 Abs 3 ZPO Sachen des Schuldners einem Dritten in Verwahrung gibt, schließt mit diesem einen Verwahrungsvertrag im eigenen Namen, regelmäßig auch nicht nach § 328 zugunsten des Schuldners (RG 102, 80). Wer einen liegengelassenen fremden Gegenstand für den Eigentümer an sich nimmt, übernimmt mit dieser Geschäftsführung auch die Verpflichtung der Verwahrung des Gegenstandes (RG Warn 1922 Nr 12; vgl. zu § 677 A 4).

2. Der Aufbewahrung zugänglich ist nur die **bewegliche Sache.** Bei unbeweglichen Sachen kann es keine Aufbewahrung geben, da sie ihre feste Stelle im Raume haben. Die hier allein mögliche, über die Tätigkeit des § 688 hinausgehende Bewachung ist im Falle der Unentgeltlichkeit als Auftrag, im Falle der Entgeltlichkeit als Dienst- oder Werkvertrag anzusehen; sie ist Geschäftsbesorgung, während die Verwahrung als solche nicht erscheint (RG 65, 17). Über den Pfandhaltervertrag für eine Hypothek, der die Verwahrung des Hypothekenbriefs einschließt, vgl. RG 87 S. 36, 41; über das Rechtsverhältnis, wonach verkaufter Wein bis zum Eintreten milderen Versandwetters im Keller des Weinhändlers liegen bleiben soll, RG Warn 1916 Nr 83; über den Unterschied von Verwahrung und Platzleihe RG Warn 1914 Nr 77. Die eigentliche Verwahrung (§§ 688—699) hat nur einzelne bestimmte bewegliche Sachen zum Gegenstande, auch wenn es sich um vertretbare Sachen handelt. Werden diese nicht als einzeln bestimmte Sachen zur Aufbewahrung übergeben, so liegt Summenverwahrung vor (§ 700).

3. Die **Pflicht der Aufbewahrung** umfaßt einmal die Hergabe des dazu erforderlichen Raumes, sodann die **Obhut** über die hinterlegte Sache, die der Verwahrer zu erhalten und vor Nachteilen zu schützen hat (RG Warn 1910 Nr 246; BayZ 1923, 213: Fahrräder der Beamten im Abstellraum). Zur Obhut gehört als Nebenleistung bei Tieren auch die Fütterung und sachgemäße Behandlung, bei Pflanzen das Begießen. Auch ein Gebrauch der Sache kann durch die Obhut bedingt sein, wie z. B. das Ausreiten von Pferden, das zur Erhaltung dieser Tiere gehört. Aber nur ein Gebrauch der Sache zum Zwecke ihrer Erhaltung, nicht für wirtschaftliche Zwecke des Verwahrers, ist mit dem Verwahrungsvertrage vereinbar (vgl. Vorbem 1). **Ähnliche Nebenleistungen der Verwahrung** sind die Einziehung der Zinsscheine verwahrter Wertpapiere, die Überwachung von Verlosungen bei Anleihepapieren usw. Ein preußischer Notar hat die Echtheit der bei ihm hinterlegten Aktien zu prüfen (RG 114, 295). Keine Obhut und deshalb auch kein Verwahrungsvertrag stellt die bloße Verpflichtung dar, eine fremde Sache an dem der ausschließlichen Verfügung des Gestattenden unterliegenden Orte zu dulden (RG 13. 7. 20 VII 99/20), sowie die Herstellung von Einrichtungen, deren sich der Eigentümer von Sachen zu deren Aufbewahrung auf seine Gefahr selbst bedienen soll (RG 77, 336; 99, 35; Warn 1910 Nr 324). Die Obhutspflicht begreift keine Verpflichtung des Verwahrers zum Widerspruch gegen eine von einem Gläubiger des Hinterlegers erwirkte Pfändung (RG 28. 12. 06 III 199/06). Die Haftung des Verwahrers bei Beschädigungen oder Verlust der Sache regelt § 690. Eine Versicherungspflicht hinsichtlich der verwahrten Sachen hat der Verwahrer nicht, wenn sie nicht wenigstens nach den Umständen als stillschweigend vereinbart anzunehmen ist (vgl. § 390 Abs 2 HGB).

§ 689

Eine Vergütung für die Aufbewahrung gilt als stillschweigend vereinbart, wenn die Aufbewahrung den Umständen nach nur gegen eine Vergütung zu erwarten ist[1]).

E I 615 Satz 2 II 629 Satz 2; M 2 571; P 2 393.

1. Unentgeltlichkeit ist nach dem BGB keine notwendige Voraussetzung des Verwahrungsvertrags. Eine **Vergütung** kann ausdrücklich oder stillschweigend vereinbart sein, letzteres namentlich bei gewerbsmäßiger Aufbewahrung, so das Lagergeld nach §§ 354, 420 HGB. Für die Bemessung der nicht ausdrücklich vereinbarten Vergütung sind mangels einer am Aufbewahrungsorte bestehenden Übung die §§ 315, 316 maßgebend; vgl. § 612. In den oben Vorbem 2a erwähnten Fällen der §§ 432, 1217, 1281, 2039 bestimmt die Vergütung nach dem FGG § 165 das zuständige Amtsgericht. Die Vereinbarung einer Gegenleistung für die Aufbewahrung macht den Vertrag zu einem gegenseitigen. Vgl. Vorbem 1.

§ 690

Wird die Aufbewahrung unentgeltlich übernommen, so hat der Verwahrer nur für diejenige Sorgfalt einzustehen, welche er in eigenen Angelegenheiten anzuwenden pflegt[1]).

E II 630 III 677; M 2 571—573; P 2 393.

1. Die **Haftung des Verwahrers,** der die Aufbewahrung **unentgeltlich** übernommen hat, ist nach § 690 die des § 277. Dagegen haftet der Verwahrer für Fahrlässigkeit schlechthin gemäß § 276, wenn die Verwahrung gegen Entgelt übernommen ist; er hat auch ein Verschulden seiner gesetzlichen Vertreter und seiner Erfüllungsgehilfen wie eigenes zu vertreten (**RG** 98, 33; 101, 348). Unentgeltlichkeit liegt nicht vor, wenn ein Kaufmann (Pelzhändler) für seine Kunden die Aufbewahrung (der Pelzwaren für den Sommer) übernimmt; das Entgelt liegt hier im Gewinn bei den Kundengeschäften (**RG** 6. 5. 21 VII 351/20). Ähnlich liegt die Sache, wenn ein Gast sein Zimmer im Fremdenheim aufgibt, aber dort noch Sachen in Verwahrung beläßt (**RG** 17. 10. 22 VII 490/21). Die Pfandverwahrung durch den Pfandgläubiger geschieht in des letzteren Interesse und kann deshalb einer unentgeltlichen nicht gleichgestellt werden (**RG** 14. 1. 22 I 305/21). Dasselbe gilt für die Verwahrungspflicht bei der Sicherheitsübereignung; es handelt sich dabei um eine schuldrechtliche Pflicht aus dem Rechtsverhältnis, in dem der bisherige Eigentümer und Sicherheitsübereigner zu dem Sicherheitsgläubiger steht, und überhaupt nicht um einen Verwahrungsvertrag; die Verwahrung ist hier nur Nebenleistung (vgl. Vorbem 1; **RG** 25. 4. 22 VII 420/21). — Über die **weitergehende** Haftpflicht des Gastwirts s. §§ 701—703. — Der Schank- und Speisewirt haftet dagegen für die von seinen Gästen in den Gastraum mitgebrachten und dort abgelegten und an den angebrachten Garderobehaken aufgehängten Kleidungsstücke nicht; es ist Sache der Gäste, selbst auf ihre Kleidungsstücke zu achten und sich vor Verlust zu schützen; der Wirt hat auch nicht die Verpflichtung, den Gästen einen besonderen, unter Aufsicht stehenden Garderoberaum zur Verfügung zu stellen (**RG** 104, 45; 105, 203; 109, 261). Die bloße Zurverfügungstellung einer besondern Kleiderablage in einem Vorraume des Gastzimmers enthält keine stillschweigende Übernahme der Obhut seitens des Wirtes (**RG** 105, 203). Für die Haftung des Staates aus amtlicher Verwahrung, die im öffentlichen Interesse erfolgt, gilt § 690 nicht (vgl. Vorbem 2). Über Haftungsbeschränkungen vgl. Vorbem 1 u. 3. Das Maß der Haftung kann auch durch bestimmte Summen begrenzt werden, z. B. durch den vom Hinterleger angegebenen Versicherungswert (**RG** 24. 6. 24 VII 647/23). — Wer gewußt hat, wie seine Sache verwahrt wird, und damit zufrieden gewesen ist, kann aus der Art der Verwahrung keinen Schadensersatzanspruch herleiten (**RG** 24. 6. 24 VII 647/23).

§ 691

Der Verwahrer ist im Zweifel nicht berechtigt, die hinterlegte Sache bei einem Dritten zu hinterlegen. Ist die Hinterlegung bei einem Dritten gestattet, so hat der Verwahrer nur ein ihm bei dieser Hinterlegung zur Last fallendes Verschulden zu vertreten[1]**). Für das Verschulden eines Gehilfen ist er nach § 278 verantwortlich**[2]**).**

E I 616 II 631; M 2 574, 575; P 2 394, 395.

1. Der Verwahrungsvertrag begründet ein Vertrauensverhältnis, das die **Hinterlegung bei einem Dritten** dem Verwahrer in der Regel nicht gestattet. Diese verpflichtet daher den Verwahrer zur Tragung des gesamten beim Dritten entstandenen Schadens, sofern solcher nicht auch ohne diese anderweite Hinterlegung eingetreten wäre. Ist sie an sich nach den Umständen als gestattet anzunehmen, so kann die Anlegung eines dem Verwahrer übergebenen Geldbetrags bei einer von ihm für sicher gehaltenen Bank mit Vorbehalt jederzeitiger Hebung nicht als schuldhaft angesehen werden (**RG** 56, 149). Auch wo nach den Umständen anzunehmen ist, daß die Hinterlegung bei einem Dritten vom Hinterleger gestattet werden muß, hat der Verwahrer davon diesem vorher Anzeige zu machen, da es sich jedenfalls um eine Änderung der Art der Aufbewahrung handelt (§ 692). Zwischen dem Hinterleger und dem Dritten entsteht bei der sog. mittelbaren Verwahrung, sofern nicht eine anderweite Vereinbarung eingegangen ist, kein Vertragsverhältnis. Indessen wird man in entsprechender Anwendung der §§ 556 Abs 3, 604 Abs 4 dem Hinterleger den unmittelbaren Rückgabeanspruch gegen den Dritten zugestehen müssen. Eine andere Kasse desselben Staates ist kein Dritter (**RG** 103, 173).

2. Die **Zuziehung eines Gehilfen** ist dem Verwahrer im Zweifel gestattet. War sie nicht gestattet, so haftet der Verwahrer für allen während der Obhut des Gehilfen eingetretenen Schaden mit Ausnahme desjenigen, der auch ohne dessen Tätigkeit eingetreten wäre. War sie gestattet, so tritt die Haftung für den Gehilfen nach § 278 ein (**RG** 98, 33; 101, 348). Im Falle des § 690 ist die Sorgfalt des Verwahrers entscheidend, nicht die des Gehilfen.

§ 692

Der Verwahrer ist berechtigt, die vereinbarte Art der Aufbewahrung zu ändern, wenn er den Umständen nach annehmen darf, daß der Hinter-

leger bei Kenntnis der Sachlage die Änderung billigen würde. Der Verwahrer hat vor der Änderung dem Hinterleger Anzeige zu machen und dessen Entschließung abzuwarten, wenn nicht mit dem Aufschube Gefahr verbunden ist[1]**).**

E I 617 II 632; M 2 575, 576; P 2 395.

1. Regelmäßig ist der Verwahrer nur an die vereinbarte **Art der Aufbewahrung**, nicht, wie der Beauftragte nach § 665, an einseitige, auch nachträgliche Weisungen des Hinterlegers gebunden, und kann nur in dem hier bestimmten Ausnahmefalle von der vereinbarten Art abweichen. Ein solcher Ausnahmefall kann namentlich dann eintreten, wenn der zunächst zur Aufbewahrung benutzte Raum sich nachträglich als feuergefährlich erweist. Unter Umständen, wenn die Obhut dies bedingt, kann die Änderung der vereinbarten Art der Aufbewahrung zur Pflicht werden. Die Anzeigepflicht des § 692 gilt auch für die Hinterlegung bei einem Dritten (§ 691), da diese jedenfalls eine Änderung der vereinbarten Art der Aufbewahrung enthält, wo sie nicht als von vornherein gestattet anzusehen ist. — Ist die Aufbewahrung unberechtigt geändert, so haftet der Verwahrer für allen daraus sich ergebenden, auch zufälligen Schaden.

§ 693

Macht der Verwahrer zum Zwecke der Aufbewahrung Aufwendungen, die er den Umständen nach für erforderlich halten darf, so ist der Hinterleger zum Ersatze verpflichtet[1]**).**

E I 621 II 623; M 2 581; P 2 399, 400.

1. **Die Ersatzpflicht des Hinterlegers,** für die § 693 einen persönlichen (subjektiven) Maßstab aufstellt, umfaßt nicht bloß die Aufwendungen des Verwahrers für eine hinterlegte Sache selbst, wie Ausbesserungskosten bei Sachen, Futter- und Heilungskosten bei Tieren, sondern auch solche für deren Bewachung, Erhaltung, Rettung bei ungewöhnlichen Ereignissen (M 2, 581; vgl. auch § 670), Versicherungskosten und Steuern. Sie erstreckt sich jedoch nicht auf diejenigen Aufwendungen, welche der Verwahrer ausdrücklich übernommen hat oder nach dem Vertrage auf eigene Kosten zu übernehmen verpflichtet ist, wie namentlich im Falle der gewerbsmäßigen Verwahrung in der Regel die Kosten für Herstellung und Erhaltung geeigneter Räume. Die Erstattung von Aufwendungen, die nicht zum Zwecke der Verwahrung gemacht sind, bestimmt sich nach den Vorschriften der auftraglosen Geschäftsführung (§§ 677 ff.). — Wegen des dem Verwahrer zustehenden Zurückbehaltungsrechts s. u. § 697.

§ 694

Der Hinterleger hat den durch die Beschaffenheit der hinterlegten Sache dem Verwahrer entstehenden Schaden zu ersetzen[1]**), es sei denn, daß er die gefahrdrohende Beschaffenheit der Sache bei der Hinterlegung weder kennt noch kennen muß oder daß er sie dem Verwahrer angezeigt oder dieser sie ohne Anzeige gekannt hat**[2]**).**

E I 622 II 634; M 2 581, 582; P 2 400.

1. § 694 stellt eine **Schuldvermutung** zuungunsten des Hinterlegers auf. Er kann sie durch gewisse Gegenbeweise entkräften. Aus diesen ist zu entnehmen, was das Gesetz vom Hinterleger verlangt. Er soll sich um die Beschaffenheit der Sache kümmern und jede danach drohende Gefahr dem Verwahrer anzeigen. Das sind keine Vertragsleistungen, wohl aber Pflichten, die der Hinterleger bei dem Vertragsschluß und auch während des Vertragsverhältnisses nach Treu und Glauben zu erfüllen hat. Verstößt er gegen sie bei dem Vertragsschluß, so macht er sich einer culpa in contrahendo (RG 95, 60; 107, 362), verstößt er gegen sie während des Vertragsverhältnisses, so macht er sich einer culpa in contractu schuldig.

2. Die **Beweislast** regelt sich danach so: Der Verwahrer hat zu beweisen, daß der Schaden durch die gefährliche Beschaffenheit der Sache entstanden ist. Dann kann der Hinterleger beweisen, daß er diese Beschaffenheit der Sache dem Verwahrer bei oder nach der Hinterlegung — hier macht das Gesetz keinen Unterschied — angezeigt oder daß der Verwahrer sie auch ohne Anzeige gekannt hat. Damit ist dann die Schuldvermutung endgültig entkräftet. Der Hinterleger kann aber auch den Beweis führen, daß er die gefährliche Beschaffenheit der Sache bei der Hinterlegung weder gekannt hat noch hat kennen müssen. In diesem Falle bleibt dem Verwahrer der weitere Beweis offen, daß der Hinterleger nach der Hinter-

legung die gefährliche Beschaffenheit der Sache erkannt hat oder doch hätte erkennen müssen. Dann besteht wieder die Schuldvermutung und der Hinterleger kann sie nur noch dadurch entkräften, daß er beweist, er habe seiner Anzeigepflicht genügt oder der Verwahrer habe auch ohne Anzeige die gefährliche Beschaffenheit der Sache gekannt.

Der Entlastungsbeweis, daß der Verwahrer die gefährliche Beschaffenheit der Sache gekannt habe, ist ein Einwand des mitwirkenden eigenen Verschuldens des Verletzten (§ 254). Die Kenntnis wird hier durch ein Kennenmüssen nicht ersetzt; dem Verwahrer wird es nicht als Verschulden angerechnet, daß er sich um die Beschaffenheit der Sache nicht gekümmert hat. Daß dem Hinterleger im übrigen der Nachweis eines mitwirkenden Verschuldens des beschädigten Verwahrers nach § 254 Abs 1 u. 2 freisteht, ist selbstverständlich.

§ 695

Der Hinterleger kann die hinterlegte Sache jederzeit zurückfordern, auch wenn für die Aufbewahrung eine Zeit bestimmt ist[1])[2]).

E I 624 II 635; M 2 582—583; P 2 402.

1. Daß der **Hinterleger** die hinterlegte Sache **jederzeit zurückfordern** kann, entspricht der Natur des Vertrags und gilt auch dann, wenn der Vertrag entgeltlich geschlossen ist. Das Vertragsverhältnis endigt aber nicht bereits mit dieser Zurückforderung, sondern dauert bis zur tatsächlichen Zurückgabe der hinterlegten Sache fort. Der Hinterleger darf indessen die Sache nach Treu und Glauben nicht zur unangemessenen Zeit zurückfordern und muß unter Umständen auch eine angemessene Frist für die Rückgabe bewilligen. Die vertragsmäßige Änderung der Vorschrift dieses Paragraphen ist mit dem Wesen des Verwahrungsvertrags unvereinbar und daher nichtig (a. M. Planck A 2 zu § 695; sein Beispiel betrifft einen Sicherungs-, keinen Verwahrungsvertrag).

2. Den **Einwand** des eigenen Eigentums darf der Verwahrer nur machen, wenn er sofortige Rückgabe der Sache vom Hinterleger fordern dürfte (RG 1. 4. 24 VII 376/23), den Einwand des Eigentums eines Dritten darf er überhaupt nicht erheben (RG JW 1925, 472[15]). — Kann der Verwahrer die Sache nicht zurückgeben, so ist der **Entlastungsbeweis** nicht geführt, solange noch Möglichkeiten offen bleiben, für welche der Verwahrer haftbar gemacht werden könnte (RG 11. 1. 24 VII 102/23).

§ 696

Der Verwahrer kann, wenn eine Zeit für die Aufbewahrung nicht bestimmt ist, jederzeit die Rücknahme der hinterlegten Sache verlangen[1]). Ist eine Zeit bestimmt, so kann er die vorzeitige Rücknahme nur verlangen, wenn ein wichtiger Grund vorliegt[2])[3]).

E I 625 II 636; M 2 583; P 2 402.

1. Auch **beim Rücknahmeverlangen des Verwahrers** endigt regelmäßig das Verhältnis erst mit der tatsächlichen Zurücknahme. Ebenso gilt auch hier, daß der Verwahrer die Rücknahme nicht zu unangemessener Zeit verlangen kann und dem Hinterleger eine angemessene Frist für die Rücknahme gestatten muß.

2. Eine Zeit für die Aufbewahrung ist auch bestimmt, wenn Überkleider für die Dauer einer Festlichkeit in Verwahrung genommen sind (RG Warn 1924 Nr 122). — Ein **wichtiger Grund** für das Verlangen vorzeitiger Rücknahme ist z. B. anhaltende Krankheit des Verwahrers oder Verlust des Aufbewahrungsraums. Durch Unterlassen der mit Recht verlangten Rücknahme kommt der Hinterleger in Annahme- und, da er abzuholen hat, auch in Leistungsverzug, §§ 293ff., 284ff. Bei entgeltlichem und deshalb gegenseitigem Vertrage ist also der Weg des § 326 grundsätzlich gangbar. — Über das Verlangen der Rücknahme seitens des Lagerhalters HGB § 422.

3. § 696 ist **dispositiver Natur** und kann durch Vertrag abgeändert werden.

§ 697

Die Rückgabe der hinterlegten Sache hat an dem Orte zu erfolgen, an welchem die Sache aufzubewahren war[1]); der Verwahrer ist nicht verpflichtet, die Sache dem Hinterleger zu bringen[2]).

E I 620 II 637; M 2 579—581; P 2 399.

1. Als **Ort der Rückgabe** gilt der vertragsmäßig zur Aufbewahrung bestimmte Ort. Nicht maßgebend ist der Ort, wo die Sache zuletzt tatsächlich aufbewahrt worden ist.

2. Die **Rückgabeverpflichtung** ist also — auch bei Geld — Holschuld, sodaß der Hinterleger die Gefahr und die Kosten der Rückgabe zu tragen hat. Dem Verwahrer steht wegen seiner Gegenansprüche, also wegen seiner Vergütung und seiner Aufwendungen, ein Zurückbehaltungsrecht, § 273, und, wenn die sonstigen gesetzlichen Voraussetzungen, §§ 387ff., vorliegen, auch die Aufrechnungsbefugnis zu (M 2, 579; Übergangsrecht **RG** 50, 37). Wegen sonstiger Einwendungen vgl. § 695 A 2. Im Konkurse des Verwahrers steht dem Hinterleger das Aussonderungsrecht zu (§ 43 KO).

§ 698

Verwendet der Verwahrer hinterlegtes Geld für sich, so ist er verpflichtet, es von der Zeit der Verwendung an zu verzinsen[1]).

E I 619 II 638; M 2 579; P 2 399.

1. Die Bestimmung entspricht der Regelung beim Auftrag. Vgl. § 668 und die Anmerkungen dazu. — Verwendet der Verwahrer andere hinterlegte Gegenstände für sich, so hat er dem Hinterleger den dadurch verursachten Schaden zu ersetzen.

§ 699

Der Hinterleger hat die vereinbarte Vergütung bei der Beendigung der Aufbewahrung zu entrichten[1]). Ist die Vergütung nach Zeitabschnitten bemessen, so ist sie nach dem Ablaufe der einzelnen Zeitabschnitte zu entrichten.

Endigt die Aufbewahrung vor dem Ablaufe der für sie bestimmten Zeit, so kann der Verwahrer einen seinen bisherigen Leistungen entsprechenden Teil der Vergütung verlangen, sofern nicht aus der Vereinbarung über die Vergütung sich ein anderes ergibt[2]).

E I 623 II 639; M 2 582; P 2 401, 402.

1. Die **Vergütung** wird fällig bei Beendigung der Aufbewahrung, und zwar regelmäßig gegen Rückgabe der aufbewahrten Sache, sofern nicht ein anderes vereinbart ist (vgl. §§ 551, 614). Gesetzliches Pfandrecht des Lagerhalters wegen Lagergeld und Aufwendungen § 421 HGB.

2. Bei vorzeitiger Beendigung der Aufbewahrung (insbesondere §§ 695, 696) erhält der Verwahrer eine dem § 628 für den Dienstvertrag entsprechend festzusetzende **Teilvergütung**, sofern nicht aus dem Vertrage sich ein anderes ergibt, was zu beweisen hat, wer sich darauf beruft.

§ 700

[1]) **Werden vertretbare Sachen in der Art hinterlegt, daß das Eigentum auf den Verwahrer übergehen und dieser verpflichtet sein soll, Sachen von gleicher Art, Güte und Menge zurückzugewähren, so finden die Vorschriften über das Darlehen Anwendung[2]). Gestattet der Hinterleger dem Verwahrer, hinterlegte vertretbare Sachen zu verbrauchen, so finden die Vorschriften über das Darlehen von dem Zeitpunkt an Anwendung, in welchem der Verwahrer sich die Sachen aneignet[3]). In beiden Fällen bestimmen sich jedoch Zeit und Ort der Rückgabe im Zweifel nach den Vorschriften über den Verwahrungsvertrag[4]).**

Bei der Hinterlegung von Wertpapieren ist eine Vereinbarung der im Abs 1 bezeichneten Art nur gültig, wenn sie ausdrücklich getroffen wird[5])[6])[7]).

E I 618 II 640; M 2 576—578; P 2 395—399.

1. Das hier geregelte Rechtsverhältnis, die Summenverwahrung im weiteren Sinne oder **uneigentliche Verwahrung**, ist kein eigentliches Darlehen, unterscheidet sich vielmehr von diesem dadurch, daß es nicht überwiegend dem Interesse des Empfängers, sondern demjenigen des Hinterlegers dient (**RG** 1, 204). Sein Zweck ist Verwahrung für den Hinterleger, nicht Verbrauch zum Nutzen des Empfängers (vgl. Vorbem vor § 607). Wohl aber sind, abgesehen von Zeit und Ort der Rückgabe (§§ 695—697), die für das Darlehen geltenden Vorschriften, insbesondere auch in bezug auf die Verzinsung, § 608, darauf anwendbar (vgl. **RG** 67, 264). Der Zinsfuß wird hier in der Regel niedriger als beim eigentlichen Darlehen bestimmt, weil dem Zinsanspruch des Hinterlegers für den Verbrauch eine Aufbewahrungsvergütung des **Verwahrers gegenübertritt. Dieses darlehnartige Verhältnis setzt** in jedem

Falle die Hinterlegung vertretbarer Sachen (§ 91) voraus. Über die Sicherheitsübereignung des **zur uneigentlichen Verwahrung** dem **Bankkaufmann übergebenen Geldes** an den **letzteren RG** 87 S. 18, 22. Derjenige, aus dessen Mitteln die von einem Dritten hinterlegte Summe stammt, hat aus dem Verwahrungsvertrage einen Anspruch auf Herauszahlung nicht (**RG** Warn 1921 Nr 91). Über die Anwendung des § 607 Abs 2 auf die Summenverwahrung **RG** 67, 262 und A 7 zu § 607.

2. Ist alsbald bei der Hinterlegung vereinbart worden, daß das Eigentum auf den Verwahrer übergehen und dieser verpflichtet sein soll, **Sachen von gleicher Art, Güte und Menge zurückzugewähren,** so geht das Eigentum und die aus zufälligen Umständen entspringende Gefahr regelmäßig mit der Übergabe auf den Verwahrer über und der Hinterleger hat für einen durch die Beschaffenheit der hinterlegten Sachen etwa erwachsenden Schaden (§ 694) nur im Fall einer dabei von seiner Seite mitwirkenden unerlaubten Handlung einzustehen. Zurückbehaltungs- und Aufrechnungsrecht sind beim Vorhandensein der sonstigen Voraussetzungen auch hier zulässig. Dieses Summenverwahrungsgeschäft spielt gegenwärtig namentlich im kaufmännischen Verkehr eine hervorragende Rolle. Es bildet die Unterlage für den Scheckverkehr (RGes. v. 11. 3. 08), obwohl hierzu auch ein künstliches, d. h. durch Kreditgewährung geschaffenes Guthaben des Scheckkunden genügt (s. Vorbem 3 vor § 783). Über das offene Bankdepot s. des näheren Staub-Könige HGB 10. Aufl. II 2 Anh. zu § 424 A 1ff.

3. Die gleiche Wirkung hat die **nachträgliche Gestattung** des Verbrauchs hinterlegter vertretbarer Sachen von dem Zeitpunkt ab, wo der Verwahrer hiervon durch Aneignung Gebrauch macht. Bis dahin verbleibt auch dem Hinterleger im Konkurs des Verwahrers ein Aussonderungsrecht, KO § 43. Die Aneignung setzt, wie in der Rechtsprechung namentlich zu § 2 des DepotG v. 5. 7. 96 ausgeführt worden ist, eine Verfügung des Verwahrers voraus, welche mit Sicherheit auf die Absicht des Eigentumserwerbs bei demselben schließen läßt (**RG** 52, 205; 58, 290). Ein unregelmäßiger Verwahrungsvertrag kann auch in der Weise entstehen, daß eine auf Zahlung einer Geldsumme gerichtete Verpflichtung in eine solche auf Verwahrung einer jederzeit auszahlbaren Geldsumme umgewandelt wird (**RG** 67, 262).

4. **In bezug auf Zeit und Ort der Rückgabe** gelten in beiden vorerwähnten Fällen im Zweifel (A 2 u. 3) die §§ 695—697. Mit der Zurückforderung seitens des Hinterlegers oder mit dem Rücknahmeverlangen des Verwahrers hört das darlehnartige Verhältnis, insbesondere auch die Verpflichtung zur Zahlung von Zinsen auf.

5. **Ausdrückliche Vereinbarung** wird verlangt bei der Hinterlegung von **Wertpapieren.** Über die Ausdrücklichkeit vgl. **RG** 65, 179; **RGSt** 57, 381; sie ist hier als Vereinbarung in besondern unmißverständlichen Worten zu verstehen. Nach § 2 des DepotG ist dort außerdem noch schriftliche Form erforderlich (**RG** 52, 202; 58, 286). Im übrigen kann die Vereinbarung in den Fällen des Abs 1 sowohl ausdrücklich als stillschweigend erfolgen.

6. Nicht unter § 700 fällt die **Sammelverwahrung,** auf welcher das **Giro-Effekten-Depot** der Bank des Berliner Kassenvereins und der sonstigen Effektengirobanken im Reiche beruht. Der Verwahrer wird dabei nicht Eigentümer der hinterlegten Wertpapiere, er verwahrt fremdes Eigentum. Aber er braucht dem Einlieferer nicht gerade die eingelieferten Stücke zurückzugeben, er darf gleichartige Wertpapiere zurückgewähren, vgl. § 2 Abs 1 des Depotgesetzes. Diese Befugnis des Verwahrers führt dazu, daß die gleichartigen Wertpapiere, z. B. die Aktien derselben Gesellschaft, miteinander vermischt und gemeinsam aufbewahrt werden. Das hat wiederum zur Folge, daß die Eigentümer — nicht die Einlieferer — der gemeinsam aufbewahrten Stücke durch die Vermischung **Miteigentümer** der gesamten Masse werden, vgl. § 948 A 3. Nur durch Vermischung werden sie es, denn Erklärungen, welche auf eine rechtsgeschäftliche Herstellung von Miteigentum abzielen könnten, werden von den Einlieferern nach der — hier allgemein zugrunde gelegten — Geschäftsordnung der Bank des Berliner Kassenvereins nicht abgegeben. Jeder Miteigentümer kann jederzeit eine seinem Miteigentumsbruchteil entsprechende Anzahl von Stücken herausverlangen und der Verwahrer darf sie ihm aushändigen, arg. § 419 Abs 2 HGB. Übertragen wird das Miteigentum im Effekten-Giroverkehr der Mitglieder der Girobank gemäß §§ 929, 931 durch das Einigsein über den Eigentumsübergang und die Abtretung des Herausgabeanspruchs, und zwar mittels weißen Schecks zur Aushändigung und mittels roten Schecks zur Gutschrift, die natürlich, da es sich um Eigentumsübertragung handelt, nicht eine „Gutschrift auf Stückekonto" im Sinne des § 1 Abs 2 des Ges. v. 26. 6. 25 (RGBl I S. 89) ist. Verpfändet werden könnte der Miteigentumsanteil nach § 1205 Abs 2 oder § 1206. Das ist aber nicht vorgesehen. Die Verpfändung wird durch grünen Scheck angeordnet und in der Weise ausgeführt, daß einzelne Stücke ausgesondert und in regelmäßige Verwahrung genommen werden. Der Verpfänder wird Eigentümer dieser Stücke, sein Miteigentumsanteil erlischt in dem entsprechenden Umfang und der Pfandgläubiger erlangt den Pfandbesitz, der für ihn durch den Verwahrer ausgeübt wird. Neuerdings ist das Giro-Effekten-Depot auch **Nichtmitgliedern** der Girobanken zugänglich gemacht worden. Sie müssen die erforderlichen Erklärungen bei der Einlieferung

und später durch ein Mitglied der Girobank abgeben lassen. Dieses handelt dabei im eigenen Namen, aber für fremde Rechnung. Das oben gekennzeichnete Miteigentum erwirbt das Nichtmitglied von vornherein, wenn es zur Zeit der Einlieferung Eigentümer der eingelieferten Wertpapiere ist. Liefert dagegen das Mitglied eigene Wertpapiere ein, so wird es selbst Miteigentümer. Es kann jedoch dieses Miteigentum durch Besitzkonstitut nach § 930 auf das Nichtmitglied übertragen, indem es das Nichtmitglied zum weiteren mittelbaren Besitzer macht, vgl. § 930 A 2, § 871 A 1. — Die Entscheidung **RG** 21, 33, welche anläßlich einer Steuerfrage das Giro-Effekten-Depot des Berliner Kassenvereins behandelt hat, ist noch unter der Herrschaft des ALR ergangen, das eine dem § 948 Abs 2 ähnliche Bestimmung nicht kannte. Das dort (S. 38) angenommene Gemeinschaftsverhältnis der Einlieferer kann daher kaum eine Gemeinschaft der Miteigentümer, vielmehr nur eine Gemeinschaft der aus den Verwahrungsverträgen berechtigten Hinterleger sein. Mit Miteigentum und seiner Übertragung wird wenigstens im weiteren Verlauf der Entscheidung nicht gerechnet, nur mit Gattungsverkauf oder Übertragung des schuldrechtlichen Herausgabeanspruchs. Eher für das Miteigentum der an einem Sammeldepot beteiligten Hinterleger läßt sich **RG** LZ 1908, 233 verwerten. —

Nicht unter § 700 fällt auch die **Summenverwahrung im engeren Sinne,** bei welcher der Verwahrer die hinterlegten Wertpapiere in regelmäßiger Verwahrung halten muß, sie aber gegen andere von gleicher Art, Güte und Menge austauschen darf. Auch hier wird also stets fremdes Eigentum verwahrt.

7. Die **staatlichen Hinterlegungsstellen** schließen mit den Hinterlegern keine privatrechtlichen Verträge ab. Die Verbindlichkeiten des Staates zur Verwahrung und zur Herausgabe beruhen auf den gesetzlichen Bestimmungen über das Hinterlegungswesen. Der Herausgabeanspruch ist der Aufwertung nicht zugänglich (**RG** 112, 224).

Dreizehnter Titel

Einbringung von Sachen bei Gastwirten

1. Die **Gastwirte** und im wesentlichen auch die Schank- und Speisewirte (Restaurateure) haften ihren Gästen für Beschädigungen an Körper und Gesundheit, welche ihnen infolge einer mangelhaften, von dem Wirte irgendwie verschuldeten Beschaffenheit der Gasträume zustoßen, auf Grund des mit den Gästen bestehenden Vertragsverhältnisses (vgl. § 538 A 5); daneben tritt für solche Beschädigungen eine Haftung aus unerlaubter Handlung (§§ 823, 831; vgl. die A 6c zu § 823). In den §§ 701—703 wird den Gastwirten, nicht auch den Schank- und Speisewirten, eine weitergehende Haftung für die von den Gästen eingebrachten Sachen auferlegt, im Anschlusse daran in § 704 ihnen aber auch ein besonderes, ebenfalls über das Vermieterpfandrecht hinausgehendes Pfandrecht an den Sachen des Gastes gewährt. Diese privatrechtlichen Bestimmungen gelten auch dann, wenn der Gastwirt den öffentlich-rechtlichen Vorschriften für die Ausübung seines Gewerbes, insbesondere der Einholung der Erlaubnis der Verwaltungsbehörde nach § 33 und der Anbringung seines Namens an der Außenseite seiner Wirtschaft nach § 15a RGewO noch nicht nachgekommen ist. Der innere Grund für die den Gastwirten auferlegte strenge Haftung liegt darin, daß der lebhafte Verkehr wechselnder Personen für den Gast Gefahren mit sich bringt und daß der Wirt aus diesem Verkehr Nutzen zieht, **RG** 112, 58.

2. Die Grundlage der Haftung der Gastwirte für die eingebrachten Sachen der Gäste ist nicht der zwischen ihnen und den Gästen geschlossene Vertrag, sondern die tatsächliche Aufnahme der Gäste (vgl. darüber § 701 A 2). Der **Gastaufnahmevertrag** selbst ist im BGB nicht besonders geregelt. Er stellt ein eigenartiges Vertragsverhältnis gemischten Inhalts dar, auf welches teils die Vorschriften über den Wohnungsmietvertrag, teils diejenigen über den Dienst- und Werkvertrag, teils auch diejenigen über den Kauf Anwendung finden. Denn der Gastwirt übernimmt nicht nur die Verpflichtung zur Beherbergung des Gastes, sondern daneben auch noch andere Leistungen: Beköstigung, Beleuchtung, Heizung und andere Dienste. Auch ohne Beköstigung kann aber ein Gastaufnahmevertrag vorliegen (s. unten A 1 zu § 701). Über die — nur ausnahmsweise eintretenden — Entschädigungsansprüche des Gastwirts in dem Falle, daß der Gast bei ihm plötzlich stirbt oder erkrankt, s. SeuffA 58 Nr 231; 62 Nr 8. — Für die Ansprüche des Gastwirts aus dem Gastaufnahmevertrage für Wohnung und Beköstigung, sowie andere Leistungen zur Befriedigung der Bedürfnisse der Gäste mit Einschluß der Auslagen gilt nach § 196 Abs 1 Nr 4 die zweijährige, für Ansprüche der Gäste gegen den Wirt auf Grund der §§ 701—703 die gewöhnliche Verjährung. Für beiderlei Ansprüche ist gemäß § 23 Nr 2 Abs 4 GVG ohne Rücksicht auf den Wert des Streitgegenstandes das Amtsgericht zuständig. Auf Schank- und Speisewirte finden die Bestimmungen des Titels keine Anwendung (**RG** 104, 45; 105, 202).

§ 701

Ein Gastwirt, der gewerbsmäßig Fremde zur Beherbergung aufnimmt[1]), hat einem im Betriebe dieses Gewerbes aufgenommenen Gaste[2]) den Schaden zu ersetzen[3]), den der Gast durch den Verlust oder die Beschädigung eingebrachter Sachen[4]) erleidet. Die Ersatzpflicht tritt nicht ein, wenn der Schaden von dem Gaste, einem Begleiter des Gastes oder einer Person, die er bei sich aufgenommen hat, verursacht wird oder durch die Beschaffenheit der Sachen[5]) oder durch höhere Gewalt[6]) entsteht.

Als eingebracht gelten die Sachen, welche der Gast dem Gastwirt oder Leuten des Gastwirts, die zur Entgegennahme der Sachen bestellt oder nach den Umständen als dazu bestellt anzusehen waren, übergeben oder an einen ihm von diesen angewiesenen Ort oder in Ermangelung einer Anweisung an den hierzu bestimmten Ort gebracht hat.[4])

Ein Anschlag, durch den der Gastwirt die Haftung ablehnt, ist ohne Wirkung[5]).

E I 626 II 641; M 2 584—587; P 2 402—404, 413—415.

1. **Die gewerbsmäßige Aufnahme Fremder zur Beherbergung** bildet die wesentlichste Voraussetzung für die Haftung des Gastwirts nach §§ 701—703 und zugleich das unterscheidende Merkmal vom Schank- und Speisewirt (Restaurateur). Dieses Merkmal der Aufnahme zur Beherbergung trifft zu außer bei den Gasthöfen (Hotels) auch bei den sog. Hotel garnis, sowie bei den Familienpensionen, einerlei, ob sie Gäste auf längere oder kürzere Zeit aufnehmen und ob sie ihnen außer der Beherbergung auch Verpflegung gewähren (**RG** 103, 9), ferner bei den gewerbsmäßig, z. B. durch einen Pächter, bewirtschafteten Unterkunftshäusern der Alpenvereine, nicht dagegen bei gewöhnlichen Vermietern möblierter Zimmer oder Schlafstellen, nicht bei Badeanstaltsbesitzern (OLG 6, 443 und Vorbem 1 vor § 688 a. E.), bei Heilanstalten, sofern das Heilen bei ihnen die Hauptsache ist und den ganzen Betrieb beherrscht (**RG** 112, 58 betr. Lahmann auf dem Weißen Hirsch; 30. 3. 26 VI 570/25), auch nicht bei den Schlafwagengesellschaften, deren Tätigkeit nach den zwischen ihnen und den Eisenbahnverwaltungen bestehenden, auch auf das Verhältnis zu den Reisenden einwirkenden Verträgen vielmehr auf eine besondere Art der Beförderung in durch erhöhte Bequemlichkeit ausgezeichneten Abteilen gerichtet ist. Das gleiche gilt von dem Betriebe der Dampfergesellschaften. Das Merkmal der Beherbergung unterscheidet die Gasthausaufnahme von der Miete von Zimmern (**RG** Warn 1920 Nr 198), wobei der Vermieter für die Person des Mieters keinerlei Sorge übernimmt. Die Beherbergung will dem Gast einen Ersatz für das eigene Heim bieten und umfaßt die Erhaltung der Ordnung und Sauberkeit im Herbergsraum und die Bereitstellung von Bedienung (**RG** 103, 9). Auch der regelmäßige Hotelgast ist Gast, nicht Dauermieter (**RG** Warn 1920 Nr 198); der Gast bleibt Gast, auch wenn er sein Zimmer aufgegeben hat, den Gasthof aber noch weiter als Wohnaufenthalt benutzt (**RG** 27. 5. 21 VII 575/20); wer das Zimmer aufgegeben und den Gasthof verlassen hat, ist nicht mehr Gast, auch wenn er das Zimmer noch für weitere Tage bezahlt hat (**RG** SeuffA 78, 129); vorübergehende Abwesenheit hebt die Gasteigenschaft nicht auf (**RG** 103, 9).

2. Die Tatsache der **Aufnahme des Gastes** im Betriebe des Gewerbes, nicht der darauf gerichtete Vertrag zwischen Gast und Gastwirt, bildet die Grundlage der hier in Frage stehenden Haftung des Gastwirts für die eingebrachten Sachen. Es liegt somit ein Tatbestand gesetzlicher und nur vertragsähnlicher Verpflichtung vor. Nach dieser — übrigens bestrittenen — Ansicht kommt es auf eine Geschäftsunfähigkeit, sei es des Gastwirts, sei es des Gastes, die die den Vertrag nichtig macht, für die Verpflichtungen des Gastwirts nach §§ 701—703 nicht an. Dasselbe muß dann auch für dessen Rechte nach § 704 gelten. Die Aufnahme muß vor oder bei Einbringung der Sachen erfolgt sein, wie z. B. in dem Falle, daß der Gast seine Ankunft angekündigt und der Wirt zusagend geantwortet oder auch nur zur Empfangnahme des Gastes einen Wagen nach dem Bahnhof gesendet hat (**RG** 1, 83). Anders, wenn keine wirkliche Aufnahme des Gastes, sondern nur eine vorläufige Einstellung seiner Sachen erfolgt ist, der Gast noch kein Zimmer genommen hat (**RG** JW 08, 272[6]) oder erst sich angekündigt hat, ohne daß der Wirt ihm die Aufnahme versprochen hat. Keine Aufnahme im Gewerbebetriebe des Gastwirts liegt vor, wenn Verwandte oder Freunde ihn besuchen, und keine Aufnahme eines Gastes, soweit es sich um das Betriebspersonal des Gastwirts oder um von diesem bestellte Handwerker handelt. Die Aufnahme des Gastes zur Beherbergung, die § 701 voraussetzt, erfordert aber keinen Nachtaufenthalt des Gastes; nur muß er das Haus als Herberge zum, wenn auch vorübergehenden, Wohnungsaufenthalt, nicht nur dessen allgemeine Verpflegungs- und Erfrischungsräume in Anspruch nehmen.

3. Die **Ersatzpflicht** geht über die aus einem gewöhnlichen Verwahrungsvertrag entspringende weit hinaus und trifft den Gastwirt schlechthin, mag der Verlust oder die Beschädigung durch ihn, durch seine Leute, durch andere Gäste oder durch dritte Personen herbeigeführt sein. Der Gast hat daher nur die Aufnahme und Einbringung, sowie den Schaden und dessen Höhe zu beweisen, nicht aber den — vielfach unmöglichen — Beweis einer Verletzung der dem Gastwirt obliegenden Verpflichtungen zu führen, vielmehr hat der Gastwirt die seine Haftung ausschließenden Umstände darzutun. — Zur Erhebung des Ersatzanspruchs ist nur der Gast, nicht aber der mit dem Gastwirt in keinem Vertragsverhältnis stehende Eigentümer der Sachen ermächtigt. Bei mitwirkendem Verschulden des Gastes gilt § 254. Auf die Ehrlichkeit der Angestellten darf der Gast aber ohne Verschulden rechnen. S. dazu **RG** 75 386, LZ 1922, 710[1] und § 702 A 4.

4. **Eingebrachte Sachen** sind nicht bloß die vom Gaste unmittelbar in das Gasthaus eingeführten (einerlei ob sie ihm gehören oder nicht), sondern auch diejenigen, welche der Reisende am Bahnhofe dem Kutscher eines Gasthofwagens mit dem Bemerken übergibt, daß er dort einzukehren gedenke (ROHG 25, 336; **RG** 1, 83); immerhin muß aber die Abgabe an die „Leute" des Gastwirts, nicht an Dritte, erfolgt sein; eingebracht sind deshalb noch nicht die in dem vor dem Gasthaus anfahrenden Mietwagen zurückgebliebenen Gegenstände; wenn der Pförtner des Gasthauses beim Abladen des Gepäcks das Innere des Wagens nicht gehörig durchsucht hat und dadurch ein Gegenstand abhanden kommt, haftet der Gastwirt nicht aus § 701, sondern gemäß § 278 BGB für die Fahrlässigkeit des Pförtners bei Ausführung des Auftrags, das Gepäck ins Gasthaus zu schaffen (**RG** Warn 1917 Nr 133). Die Frage, ob auch der Nachtpförtner des Gasthofs als zur Entgegennahme von Wertsachen der Gäste den Umständen nach anzusehen sei, behandelt **RG** 99, 70. Eingebracht sind ferner die vom Gaste bei sich getragenen oder nachträglich während seines Aufenthalts in den Gasthof geschafften Sachen, endlich auch das Geschirr und die Tiere des Gastes, die er in dem von ihm zu seiner Unterkunft aufgesuchten Gasthause einstellt (SeuffA 59 Nr 253), während der nicht zugleich die Gäste beherbergende S t a l l w i r t für das bei ihm eingestellte Geschirr regelmäßig nur im Falle eines ihn oder seine Leute treffenden V e r s c h u l d e n s haftet (**RG** JW 1910, 750[6]). Eingebracht sind auch die Kleidungsstücke, die der Hotelgast in dem zur Einnahme der Mahlzeiten bestimmten Raume oder in einem zur Ablage der Kleidungsstücke zur Verfügung gestellten Vorraume aufgehängt hat (**RG** 105, 203). In kleineren Gasthöfen, wo die Bedienung der Hotelgäste und der Wirtschaftsgäste durch dieselben Personen besorgt werden, kommt es bei der Übergabe von Kleidungsstücken an eine Bedienungsperson darauf an, ob letztere als Gasthofs- oder als Wirtschaftsangestellte um die Verwahrung angegangen wurde. Ersteres ist der Fall, wenn z. B. ein Hotelgast dem Büfettfräulein ein Kleidungsstück zur Ausführung einer kleinen Näharbeit übergibt, die sonst die Zimmermädchen vorzunehmen pflegen; das ist eine zum Gasthofsbetriebe gehörige Handlung (**RG** JW 1923, 75[1]). Das Einbringen endigt mit der Abreise des Gastes, wenn der Gast von dem Gastwirt oder dessen Leuten seine Sachen wieder in Empfang nimmt. Es bleiben also eingebrachte Sachen, welche ein dazu berufener Gasthausangestellter im Auftrage des Gastes zur Bahn bringt, in der Obhut des Angestellten noch „eingebracht" (**RG** JW 1925, 473[16]). Nicht mehr als eingebracht gelten daher die vom Gaste bei seiner Abreise im Gasthause zurückgelassenen oder die im Gasthause aus seinem Besitze gekommenen (z. B. von ihm im Garten des Hotelrestaurants liegen gelassenen) Sachen, bezüglich welcher möglicherweise ein Verwahrungsvertrag oder auftraglose Geschäftsführung vorliegt (M 2, 586; **RG** Warn 1921 Nr 144; OLG 8, 78). Auch wenn der Gast mit dem Wirt die Nachsendung der Sachen vereinbart hat, hört dennoch mit seiner Abreise die Haftung nach § 701 auf; es tritt Haftung aus Auftrag und Verwahrungsvertrag ein. Stirbt der Gast im Gasthause, so dauert die Haftung des Gastwirts fort bis zur Übergabe der Sachen an den Erben oder bis zu deren Hinterlegung nach § 372.

5. Für den **Ausschluß der Haftung** kommt es, wenn der Schaden vom Gaste, von einem Begleiter desselben oder von einem bei sich Aufgenommenen verursacht ist, auf ein V e r s c h u l d e n dieser Personen nicht an. — Außer den vom Gastwirt zu erweisenden A u s s c h l u ß g r ü n d e n ist auch eine V e r e i n b a r u n g über den Wegfall der Haftpflicht zulässig. Diese Vereinbarung kann zwar nicht schon durch einen einseitigen Anschlag des Wirtes und bloßes Schweigen des Gastes hierzu, wohl aber durch eine auf dessen Grundlage zwischen Wirt und Gast erfolgte Verständigung herbeigeführt werden. Vielfach werden den ankommenden Gästen Erklärungen zur Unterschrift vorgelegt, in denen sie auf die strenge Haftung des Wirts ganz oder teilweise verzichten. Die so herbeigeführte Abrede kann gegen die guten Sitten verstoßen, wenn eine Zwangslage des Gastes ausgenützt, vielleicht auch durch Ringbildung erst noch geschaffen worden ist.

6. Wegen der **höheren Gewalt** s. § 203 Abs 2 und **RG** 75, 386. Nicht darunter fallen namentlich Diebstähle (**RG** a. a. O.) und im Innern des Gasthauses eintretende Brandschäden (**RG** Warn 1920 Nr 159).

§ 702

Für Geld, Wertpapiere und Kostbarkeiten haftet der Gastwirt nach § 701 nur bis zu dem Betrage von eintausend Mark[1]), es sei denn, daß er diese Gegenstände in Kenntnis ihrer Eigenschaft als Wertsachen zur Aufbewahrung übernimmt[2]) oder die Aufbewahrung ablehnt[3]) oder daß der Schaden von ihm oder von seinen Leuten verschuldet[4]) wird.

E I 627 II 642; M 2 588—590; P 2 404—410.

1. § 702 setzt eine Begrenzung der Haftung des Gastwirts **für Geld, Wertpapiere und Kostbarkeiten** fest. Die Grundsätze, die für das Eisenbahnfrachtrecht (§ 459 HGB mit § 54 EisenbVerkO) für den Begriff der Kostbarkeit von der Rechtsprechung aufgestellt sind, sind für § 702 nicht anwendbar; hier ist die allgemeine Verkehrsanschauung maßgebend, nach der ein übliches Kleidungsstück (Pelzmantel) von durchgängigem Werte nicht als Kostbarkeit erachtet wird (**RG** 105, 202; 75, 190; vgl. auch LZ 1922, 710[1]). Bei mehreren selbständigen, nur gemeinsam aufgenommenen Gästen (z. B. mehreren Teilnehmern einer Reisegesellschaft, mehreren Brüdern) haftet der Gastwirt jedem bis zur Höhe von eintausend Mark, und zwar auch dann, wenn ein Familienhaupt mit mehreren unselbständigen Familiengliedern bei ihm einkehrt. Im Falle mehrfacher Beschädigungen innerhalb einer und derselben Beherbergung wird dagegen der Wirt mehr als insgesamt eintausend Mark nicht zu zahlen brauchen. — Unter Mark sind heute Reichsmark zu verstehen.

2. **Im Falle der Übernahme zur Aufbewahrung** in Kenntnis von der Werteigenschaft der Sachen haftet der Gastwirt über die Grenze des § 702 hinaus, nicht bloß nach den Grundsätzen des Verwahrungsvertrags, sondern in Gemäßheit des § 701. Die Voraussetzung dieser strengeren Haftung hat der Gast nachzuweisen. Die Benutzung einer von dem Gastwirt den Gästen für die Aufbewahrung ihrer Sachen zur Verfügung gestellten Einrichtung begründet keine Annahme zur Aufbewahrung (**RG** 77, 336).

3. Wie die Übernahme wirkt auch die **Ablehnung der Aufbewahrung,** obwohl im übrigen der Gast behalten wird. — Der Gastwirt kann sich also der unbeschränkten Haftung nur dadurch entziehen, daß er den Gast überhaupt abweist.

4. Im Falle des **Verschuldens** ist die Haftung der Summe nach unbegrenzt. Ein Verschulden des Wirts liegt vor bei Aufnahme verdächtigen Gesindels, bei ungenügender Bewachung oder Schließung des Hauses, bei mangelhafter Verschließbarkeit der Zimmer (**RG** 75, 386), auch bei Kenntnis um die baupolizeiwidrige Beschaffenheit von Gebäudeteilen, die die Verbreitung eines ausgebrochenen Brandes begünstigte (**RG** Warn 1920 Nr 159). Das Zimmermädchen trifft in der Regel ein Verschulden, wenn es die von den Gästen offen gelassenen Zimmer nicht verschließt (**RG** 16. 11. 20 VII 260/20, vgl. aber auch **RG** JW 1924, 1977[10]). Zu seiner Entlastung kann sich der Gastwirt bei dieser vertragsähnlichen Haftung auf den nur bei Haftung aus unerlaubter Handlung anwendbaren § 831 nicht berufen, wohl aber auf ein mitwirkendes Verschulden des Gastes nach § 254, das insbesondere gegeben ist, wenn der Gast Wertsachen offen liegen läßt (**RG** a. a. O. und Warn 1922 Nr 68), aber auch dann nach § 254 Abs 2, wenn er es unterlassen hat, den Gastwirt auf die Gefahr eines ungewöhnlich hohen Schadens aufmerksam zu machen oder den Schaden abzuwenden oder zu mindern (**RG** Warn 1920 Nr 159 u. 198).

§ 703

Der dem Gaste auf Grund der §§ 701, 702 zustehende Anspruch erlischt, wenn nicht der Gast unverzüglich, nachdem er von dem Verlust oder der Beschädigung Kenntnis erlangt hat, dem Gastwirt Anzeige macht[1]). Der Anspruch erlischt nicht, wenn die Sachen dem Gastwirte zur Aufbewahrung übergeben waren[2]).

E II 643 III 690; P 2 410; 6 194.

1. **Anzeigepflicht des Gastes,** und zwar gegenüber dem Gastwirt oder dessen Vertreter. Unverzüglich s. § 121, damit der Gastwirt rechtzeitig in der Lage ist, die Behauptungen des Gastes zu prüfen und gegen seine etwa schuldigen Leute vorzugehen.

2. **Kein Erlöschen** im Fall der Übergabe an den Gastwirt persönlich oder an dessen Vertreter (Prot 2, 414). Anders, wenn die Sachen seinen Leuten übergeben waren, von deren Verhalten der Gastwirt nicht ohne weiteres Kenntnis haben muß. Die Beweislast gestaltet sich so, daß a) der Gastwirt nachzuweisen hat, daß und wann der Gast Kenntnis von dem Verlust und Schaden erhalten habe, während b) dem Gaste der Beweis der recht-

zeitigen Anzeige, gegebenenfalls der Übergabe an den Gastwirt zur Aufbewahrung, obliegt. Die Verweigerung der besonderen Übernahme (§ 702) hat hier nicht die gleiche Wirkung wie diese selbst.

§ 704

Der Gastwirt[1]) hat für seine Forderungen für Wohnung und andere dem Gaste zur Befriedigung seiner Bedürfnisse gewährte Leistungen, mit Einschluß der Auslagen[2]), ein Pfandrecht an den eingebrachten Sachen des Gastes[3]). Die für das Pfandrecht des Vermieters geltenden Vorschriften des § 559 Satz 3 und der §§ 560 bis 563 finden entsprechende Anwendung[4]).

E I 628 II 644; M 2 591; P 2 411, 412.

1. Das **Pfandrecht** des § 704 ist nur dem Gastwirte im Sinne des § 701 gegeben, der gewerbsmäßig Fremde zur Beherbergung aufnimmt, nicht dem Speise-, Schank- oder Stallwirt.

2. In Ansehung der zu sichernden **Forderungen** reicht das Pfandrecht des Gastwirts weiter als dasjenige des Vermieters, welches sich auf die Forderungen für Beköstigung, Auslagen usw. nur dann erstreckt, wenn sie nebensächlicher Natur sind (s. § 559 A 3).

3. Das Pfandrecht steht zu an **den eingebrachten Sachen des Gastes,** nicht an den im Eigentum Dritter stehenden, vom Gaste mit sich geführten Sachen, auch dann nicht, wenn sich der Gastwirt bezüglich dieser in dem guten Glauben befindet, daß sie Eigentum des Gastes seien (vgl. § 559 A 2). Insbesondere hat der Gastwirt wegen seiner Forderungen an den Gast kein Pfandrecht an den von dessen Begleitern oder Dienern eingebrachten Sachen; wohl aber an den Sachen des Gastes für die Forderungen wegen der den Begleitern des Gastes gewährten Wohnung und Beköstigung, sofern der Gast hierfür einzustehen hat. § 1207 BGB findet auf das Pfandrecht des Gastwirts als gesetzliches Pfandrecht, das einen Pfandbesitz nicht voraussetzt, keine Anwendung (**RG** 7. 7. 16 VII 138/16).

4. Es sind dies die **Vorschriften** über den Ausschluß der der Pfändung nicht unterworfenen Sachen, sowie über das Erlöschen des Pfandrechts mit der Entfernung der Sachen von dem Grundstücke, über das Widerspruchs-, Selbsthilfe- und Klagerecht des Vermieters und über das Verhältnis des Vermieterpfandrechts zum Pfändungspfandrecht anderer Gläubiger. — Im Konkurse des Gastes steht dem Gastwirt das Absonderungsrecht nach § 49 Nr 2 KO zu. Sein Verkaufsrecht außerhalb des Konkurses regeln die §§ 1228 ff. BGB

Vierzehnter Titel

Gesellschaft

1. Die Vorschriften des BGB über die Gesellschaft gelten nicht nur für die Gesellschaften des bürgerlichen Rechtes. Sie dienen zugleich **zur Ergänzung der Vorschriften des Handelsgesetzbuchs** (vgl. §§ 105 Abs 2, 161 Abs 2, 320, 335) über die offene Handelsgesellschaft, Kommanditgesellschaft und augenscheinlich auch (vgl. §§ 338 Abs 2, 339 HGB; **RG** JW 1913, 431[7]) die stille Gesellschaft. Der Inhalt vieler Vorschriften des alten HGB ist in das BGB übernommen worden. Ist beim Abschlusse eines Gesellschaftsvertrags die Geschäftsabsicht zunächst auf die Begründung einer offenen Handelsgesellschaft oder einer Kommanditgesellschaft gerichtet, steht aber die Vorschrift des § 4 Abs 2 HGB entgegen, so entsteht regelmäßig eine Gesellschaft des bürgerlichen Rechtes. Die Vorschriften des BGB finden auch grundsätzlich Anwendung auf die Aktiengesellschaft, die Gesellschaft mit beschränkter Haftung und die Genossenschaft vor der Eintragung im Handelsregister oder Genossenschaftsregister. Sie finden ferner Anwendung auf die Gelegenheitsgesellschaft: die Bestimmungen des HGB a. F. (Artt 266—270) sind in das neue HGB nicht aufgenommen worden. Zu diesen Gelegenheitsgesellschaften gehören z. B. das **Gründungskonsortium**, ferner das Bankkonsortium, das zur Begebung von Wertpapieren sich gebildet hat — vgl. **RG** 21, 67; 26, 52; 56, 206; 56, 297 (der Zeichner tritt nur zu der Bank, bei welcher er zeichnet, nicht zu dem Konsortium in ein Vertragsverhältnis); 67, 394; Gruch 48, 1039; HoldheimsMSchr 07, 25 — sowie die Unternehmerkartelle, die zum Zweck der Einhaltung bestimmter Mindestverkaufspreise oder zur Regelung des gemeinschaftlichen Absatzes ihrer Erzeugnisse zusammengetreten sind (**vgl. RG** 48, 305; 53, 19; Warn 1916 Nr 209; 20. 2. 17 II 356/16; vgl. auch **RG** 74, 33; 89, 354 und Aufsätze in JW 1911, 144; 1914, 171; 1915, 372; 1921, 301 sowie LZ 1911, 918 und Gruch 68, 15ff.). Für die Gründungsgesellschaft ist zu beachten, daß für diese in gewissem Maße die für die zu gründende Gesellschaft geltenden Grundsätze ergänzungsweise heranzuziehen sind. So ist es, wenn der Gesellschaftsvertrag einer Gesellschaft m. b. H. den Konkurs eines Gesellschafters nicht als Auflösungsgrund anerkennt, gerechtfertigt, diesen Auflösungsgrund trotz § 728

auch für die Gründungsgesellschaft nicht gelten zu lassen (**RG** 82, 288). Wird von dem Mitgliede einer handelsrechtlichen Gesellschaft durch Einräumung einer Unterbeteiligung (vgl. § 717 A 2) eine besondere Gesellschaft gegründet, so kommen für diese lediglich die Vorschriften des bürgerlichen Rechtes zur Anwendung. Ein Gesellschaftsvertrag kann zwischen Ehegatten unbeschadet des in der Ehe geltenden gesetzlichen Güterrechts geschlossen werden. Er stellt nicht einen Ehevertrag dar und bedarf deshalb nicht der in § 1434 vorgeschriebenen Form. Die aus diesem Gesellschaftsverhältnis sich ergebenden Rechtsverhältnisse sind nur nach Gesellschaftsrecht, nicht nach Güterrecht zu beurteilen (**RG** LZ 1919, 1076[7]). Ein solcher Gesellschaftsvertrag kann stillschweigend geschlossen sein, wenn die Umstände ergeben, daß die Frau nach dem Willen beider Eheleute ihre Tätigkeit dem Geschäftsbetriebe des Mannes nicht als bloße Gehilfin, sondern als gleichberechtigte Gesellschafterin mit dem Recht auf Teilung des Gewinns zugewandt hat. Über die Reederei s. §§ 489ff. HGB, über die Gesellschaft am Bergwerk bei Gewerkschaften alten Rechtes **RG** 98, 181. Nach dieser Entscheidung besteht an dem Gewerkschaftsvermögen einschließlich des Bergwerks Gesamthandseigentum, nicht eine Gemeinschaft nach Bruchteilen. Für nichtrechtsfähige Vereine gelten die Vorschriften über die Gesellschaft nach § 54. Das Wesen des Vereins besteht in seiner Unabhängigkeit von dem Wechsel der Mitglieder und in der körperschaftlichen Verfassung (vgl. § 54 A 1). Die Unterscheidung des nichtrechtsfähigen Vereins von der Gesellschaft kann im Einzelfalle Schwierigkeiten machen, da die meisten Vorschriften des Gesellschaftsrechts nachgiebiger Natur sind. Die bekannten Bohrgesellschaften können nicht nur Vereine, sondern auch Gesellschaften sein (vgl. **RG** 54, 297; 57 S. 90, 414; ferner HoldheimsMSchr 06, 255). Den Vorschriften über die Gesellschaft unterliegen ferner, soweit inländisches Recht in Betracht kommt, die nicht anerkannten ausländischen Vereine (Art 10 EG).

2. Einzelne Vorschriften des Gesellschaftsrechts leiden **entsprechende Anwendung** auf Vertragsverhältnisse, die auf eine längere Interessenverknüpfung gerichtet sind, insbesondere die Vorschriften über die Kündigung aus wichtigem Grunde (§ 723) auf Vertragsverhältnisse, die auf längere Dauer eingegangen sind und in besonderem Maße auf gegenseitigem Vertrauen beruhen (**RG** 65, 37; 78 S. 424, 385; 95, 166; JW 1925, 945[15]; 1926, 2529[4]; Warn 08 Nr 511; LZ 1920, 893[7] und mit bezug auf Miet- und Pachtverträge JW 1919, 181[1]; vgl. auch § 611 A 2 und allgemein Auff. in GoldschmidtsZtschr 79, 456ff.). Gesellschaftsähnlich sind Verlagsverträge und dem ähnliche Verträge mit Beteiligung des Urhebers am Reingewinn (**RG** 78, 301; 81, 233; 87, 215; 115, 358; LZ 1914, 862[8]; Warn 1920 Nr 157), desgleichen Kartelle und Syndikate, soweit sie nicht als Gesellschaften, als Vereine oder als Gesellschaften m. b. H. eingerichtet sind (vgl. **RG** 53, 22; auch 70, 165 über das Recht auf gleichmäßige Beteiligung an gewinnbringenden Geschäften). Ein gesellschaftsähnliches Verhältnis kann angenommen werden, wenn mehrere Anwälte oder mehrere Ärzte unter Wahrung der Selbständigkeit der Berufsausübung des einzelnen sich in gewissen Beziehungen zu einem gemeinschaftlichen Betriebe verbunden haben (vgl. Josef in HoldheimsMSchr 1917, 99ff.). Ein Gesellschaftsverhältnis, kein Dienstvertrag liegt vor, wenn ein jüngerer Arzt sich zur gemeinsamen Ausübung der ärztlichen Tätigkeit mit einem älteren Arzt verbindet; er wird dadurch nicht zum Angestellten, sondern zum beruflich und sozial gleichstehenden Mitarbeiter (**RG** 25. 9. 1923 II 878/22). Dagegen ist die Kündigungsvorschrift des § 723 auf Kaufverträge über langfristige Sukzessivlieferungen für nicht anwendbar erklärt worden in **RG** JW 07, 103[5]; vgl. auch **RG** 74, 33, während in Warn 1919 Nr 22 die Annahme eines gesellschaftsähnlichen Verhältnisses, das für die Lieferpflicht von Bedeutung ist, als möglich hingestellt wird. Der Umstand allein, daß der Vorteil der Vertragsparteien Hand in Hand geht — wie dies bei der Geschäftsverbindung zwischen dem Erzeuger und seinen Kunden der Fall ist —, begründet selbstverständlich noch kein gesellschaftsähnliches Verhältnis (**RG** V 1. 5. 12, BayZ 8, 330).

3. Für die zur Zeit des Inkrafttretens des BGB bereits bestehenden Gesellschaften und nichtrechtsfähigen Vereine, soweit es sich bei diesen nicht um das Rechtsverhältnis gegenüber Dritten aus Vorgängen seit dem 1. Januar 1900 handelt, bleiben die **bisherigen Gesetze** maßgebend (Art 170 EG; **RG** JW 1915, 450[8]). Die Verbotsbestimmung des § 723 Abs 3 hat rückwirkende Kraft (vgl. § 723 A 7).

4. Der Gesellschaftsvertrag beruht auf einem persönlichen **Vertrauensverhältnis.** Dem entsprechen die Vorschriften des § 708, wonach die Haftung des Gesellschafters sich auf die in eigenen Angelegenheiten gewohnte Sorgfalt beschränkt, ferner der §§ 717 u. 727 über die Unübertragbarkeit und Unvererblichkeit der Rechte aus der Gesellschaft. Das Vertrauensverhältnis geht aber nicht so weit wie bei der offenen Handelsgesellschaft, daß in Ermanglung anderer Vereinbarung jeder Gesellschafter allein für die Gesellschaft zu handeln berechtigt ist (HGB §§ 114, 115, 125). — Das Gesellschaftsrecht wird in besonderem Maße von dem Grundsatz von **Treu und Glauben** beherrscht. Die Gesellschafter dürfen nicht nur bei Eingehung der Gesellschaft die für Erreichung des Gesellschaftszwecks ungünstigen Umstände, die

ihnen bekannt und ersichtlich für die Entschließung des anderen Teiles von Bedeutung sind, nicht verschweigen, sie haben auch während des Bestehens der Gesellschaft die Pflicht der Treue zu wahren, insbesondere darin, daß sie Schaden von der Gesellschaft abzuwenden haben (vgl. §§ 705 A 3, 706 A 5, 710 A 1). Sittenwidrig und deshalb nichtig ist eine Vereinbarung, durch welche der Gesellschafter sich verpflichtet, das Stimmrecht anders als im Interesse der Gesellschaft auszuüben (**RG** LZ 1912, 545). Als Verletzung der Treupflicht erscheint es, wenn ein Gesellschafter sich auf Kosten der Mitgesellschafter unter Ausnützung der gesellschaftlichen Beziehungen besondere Vorteile verschafft, wenn er namentlich für die gesellschaftlichen Leistungen unter Verheimlichung vor den übrigen Gesellschaftern sich eine besondere Vergütung gewähren läßt (**RG** 82, 10; JW 1913, 29[17]) oder wenn er Abschriften und Zeichnungen, die gemeinschaftliche Fabrik- und Geschäftsgeheimnisse zum Gegenstand haben, anfertigt und in seinen Alleinbesitz bringt (**RG** 107, 171). Eine allgemeine Rechenschaftspflicht liegt ihm jedoch — abgesehen von den in Gesellschaftsangelegenheiten auftragsmäßig oder unberufen geführten besonderen Geschäften (vgl. § 666; **RG** 73, 288) — nicht ob. Über den Grundsatz der Gemeinschaft zur gesamten Hand s. §§ 718 A 1, 719, 720 A 1, 736 A 2 und 738 A 1 u. 2. Über die Stempelpflichtigkeit der Gesellschaftsverträge nach Tarifnummer 1 A e Nr 1 des RStempG v. 3. 7. 13 s. **RG** 93, 244. Es genügt die einseitige Beurkundung der Überlassung von Gesellschaftsrechten durch den Gesellschafter oder die Gesellschaft. In Geltung ist jetzt das Kapitalverkehrsteuergesetz v. 8. 4. 22 in der Fassung v. 10. 8. 25.

§ 705

[1]) **Durch den Gesellschaftsvertrag[2]) verpflichten sich die Gesellschafter[1]) gegenseitig[4])[5]), die Erreichung eines gemeinsamen Zweckes[3]) in der durch den Vertrag bestimmten Weise zu fördern[3]), insbesondere die vereinbarten Beiträge[6]) zu leisten[7]).**

E 1 629 II 645; M 2 593—595; P 2 415—417.

1. Die **Gesellschaft** ist ein auf Vertrag beruhendes einheitliches Schuldverhältnis. Es besteht bei ihr — im Gegensatze zum rechtsfähigen Verein — kein von den Gesellschaftern verschiedenes Rechtssubjekt (Gesellschaft). Ist von der Gesellschaft die Rede, so sind doch die Gesellschafter gemeint. Die **Gesellschafter** selbst sind die Träger des Gesellschaftsvermögens (§§ 718, 719). Sie können sich eines gemeinsamen Namens bedienen (**RG** 17. 3. 06, Holdheims MSchr 06, 255; vgl. **RG** JW 06, 452[4]); dieser Name kann aber nicht handelsrechtliche Firma sein. Im Grundbuche werden die Namen aller Gesellschafter eingetragen; wechselfähig (Art 1 WO) sind nur die Gesellschafter, nicht die Gesellschaft.

2. Der **Gesellschaftsvertrag** kann immer nur mit einem bestimmten Inhalt, nicht als abstrakter Begriff bestehen (**RG** 95, 149). Er bedarf keiner Form und kann auch stillschweigend geschlossen werden. Stillschweigender Abschluß eines Gesellschaftsvertrags bürgerlichen Rechts liegt vor, wenn die Gründung einer offenen Handelsgesellschaft beabsichtigt ist und die Beteiligten bis zum schriftlichen Abschluß des Vertrags vorläufig das Geschäft gemeinsam führen (**RG** 18. 9. 25 II 506/24). Bestand nach altem Recht Formzwang, und ist die unter Verletzung der Formvorschrift eingegangene „Gesellschaft" über den 1. 1. 00 hinaus betrieben worden, so ist Bestätigung nach § 141 erforderlich, die nicht ohne weiteres in der tatsächlichen Fortsetzung des Gesellschaftsbetriebs gefunden werden kann (**RG** JW 03 Beil 5, 42[87]). Wenn Grundstücke, das ganze gegenwärtige Vermögen oder ein Bruchteil davon in die Gesellschaft eingebracht werden sollen, finden die §§ 313 (s. **RG** 68, 260), 311 Anwendung. Dagegen bedarf ein Gesellschaftsvertrag, der darauf gerichtet ist, Grundeigentum zum Zwecke der Weiterveräußerung für gemeinschaftliche Rechnung zu erwerben, der Form des § 313 selbst dann nicht, wenn im Vertrage von einer Verpflichtung zur Weiterveräußerung die Rede ist, da diese Verpflichtung nicht den eigentlichen Inhalt des Gesellschaftsvertrags bildet, sondern sich als die gesetzliche Folge des dem Vertrage entsprechend vorgenommenen Eigentumserwerbs darstellt (**RG** LZ 1916, 1173). Ebenso **RG** 97, 329 für den Fall, daß im Grundstückszwangsversteigerungsverfahren ein Bieter vor der Zuschlagserteilung einen Gesellschaftsvertrag des Inhalts schließt, daß das Grundstück, wenn er den Zuschlag erhalte, für gemeinschaftliche Rechnung veräußert werden solle. Die Vereinbarung ist nicht ein Vertrag im Sinne des § 313, wenn sie die Übertragung des gemeinschaftlichen Grundstücks auf einen Gesellschafter zur Ausgleichung von Gesellschaftsverbindlichkeiten zum Gegenstand hat (**RG** LZ 1920, 889[2]) oder wenn ein Gesellschafter sich verpflichtet, ein in seinem Alleineigentum stehendes Grundstück nur zur Benutzung und dem jeweiligen Werte nach in die Gesellschaft einzubringen, also nach außen hin Alleineigentümer bleibt (**RG** 109, 380). Der einzelne schließt den — einheitlichen — Gesellschaftsvertrag mit den übrigen Vertragschließenden als Einzelperson. Im Falle der Minderjährigkeit

eines Vertragschließenden ist der zum Widerrufe berechtigte „andere Teil“ (§ 109) jeder einzelne der übrigen. Scheidet wegen eines solchen Widerrufs oder wegen ausbleibender Genehmigung (§ 108) oder deswegen, weil die Willenserklärung eines Vertragschließenden nichtig ist, ein Vertragschließender aus, so liegt „Nichtigkeit“ des Teiles eines Rechtsgeschäfts (§ 139) vor. Steht einer der Vertragsparteien ein Anfechtungsgrund gegenüber einer der mehreren anderen Vertragsparteien zur Seite (§§ 119, 123), so kann sie die Anfechtung nicht bloß gegen die eine Partei, sondern wegen der Einheitlichkeit des Gesellschaftsvertrags gegen sämtliche Vertragsschließende geltend machen. Irrtum über das Vorhandensein eines Gesellschaftsvermögens oder dessen Umfang berechtigt als ein bloßer Irrtum über den Beweggrund noch nicht zur Anfechtung. Der Gesellschaftsvertrag kann nach §§ 134, 138 (**RG** Warn 1911 Nr 9), 306, 310 nichtig sein. Wenn jemand, der eine Erfindung gemacht haben will, vor der Patentierung sich mit einem Geldgeber zu deren Ausbeutung vereinigt, so wird im Zweifel als die Vertragsmeinung anzusehen sein, daß hinsichtlich des Vorhandenseins einer Erfindung die Gefahr vom Geldgeber getragen werden soll. Es liegt dann ein gewagtes Geschäft vor, und es kann nicht auf Grund der Behauptung, daß in Wirklichkeit eine Erfindung nicht gemacht sei, geltend gemacht werden, der Gesellschaftsvertrag sei nach § 306 nichtig (**RG** 6. 10. 06 I 196/00; 13. 3. 07 I 349/06). Wegen des Erfordernisses der vormundschaftsgerichtlichen Genehmigung s. § 1822 Nr 3. Zur Abänderung des Gesellschaftsvertrags ist Einstimmigkeit erforderlich, es sei denn, daß ein anderes im Vertrage bestimmt ist. Auch wenn durch die Abänderung ein Gesellschafter nicht unmittelbar betroffen wird, die Änderung vielmehr nur für die Beziehungen der übrigen Gesellschafter von Bedeutung ist, kann dessen Zustimmung, da an der Regelung der Rechte und Pflichten der verschiedenen Gesellschafter sämtliche Gesellschafter als Vertragsschließende beteiligt sind, nicht entbehrt werden. Änderungen des Gesellschaftsvertrags — wobei jedoch die Grenzen der Änderung näher angegeben sein müssen — kann sich der Gesellschafter schon im voraus unterwerfen. So kann er in dem mit den anderen Gesellschaftern geschlossenen Vertrage im voraus sein Einverständnis dazu erklären, daß später eine bestimmte Person als Gesellschafter in die Gesellschaft aufgenommen wird. Eine Änderung des Gesellschaftsvertrags ist zulässig, selbst hinsichtlich des Gesellschaftszwecks, ohne daß die Gesellschaft aufhört fortzubestehen. Zulässig ist auch unbeschadet des Fortbestandes der Gesellschaft die Aufnahme eines weiteren Gesellschafters und die demgemäße andere Verteilung der Gesellschaftsbeiträge. Soll mit der Änderung des Gesellschaftsvertrags eine Neugründung der Gesellschaft verbunden werden, so sind Bestimmungen über die Auseinandersetzung hinsichtlich des bisherigen Gesellschaftsvermögens nötig (vgl. Entsch des Reichsfinanzhofs in JW 1922, 630[1]). Über Änderung des Gesellschaftsvertrags durch Erhöhung der Beiträge s. § 707 A 3. Verschieden von dem Gesellschaftsvertrage ist der Vorvertrag auf Abschluß eines Gesellschaftsvertrags. Er ist bindend, wenn die Abrede so bestimmt ist, daß im Streitfalle der Inhalt des versprochenen Vertrags richterlich festgestellt werden kann (**RG** 66, 120). Die Vorschrift des § 723 über Zulässigkeit sofortiger Kündigung gilt nur für den Gesellschaftsvertrag, nicht ohne weiteres für den Vorvertrag (**RG** LZ 1916, 740[10]). Der Betrieb der Gesellschaftsgeschäfte kann begonnen haben, ohne daß eine endgültige Vereinbarung über die Dauer der Gesellschaft zustande gekommen ist, während über die sonstigen Punkte die Gesellschafter sich geeinigt haben. In diesem Falle wird der Regel nach anzunehmen sein, daß der gemeinschaftliche Betrieb versuchsweise in Angriff genommen ist, daß somit die Gesellschaft auf unbestimmte Zeit mit dem Recht der jederzeitigen Kündigung (§ 723) von den Gesellschaftern eingegangen ist (**RG** 103, 73). Ein Vorvertrag zur Eingehung einer Gesellschaft, deren Form — ob Gesellschaft bürgerlichen Rechts, Aktiengesellschaft, G. m. b. H. — späterer Übereinkunft vorbehalten wird, ist unwirksam (**RG** 106, 174). Nicht ausgeschlossen wird durch Eingehung eines Gesellschaftsvertrags die Begründung andersartiger Berechtigungen und Verpflichtungen zwischen den Mitgliedern. So kann anerkanntermaßen den Mitgliedern einer Aktiengesellschaft oder einer Gesellschaft m. b. H. die Verpflichtung zu anderen Leistungen als Kapitaleinlagen gegenüber der Gesellschaft (über § 212 HGB hinaus) durch selbständige, außerhalb des Gesellschaftsverhältnisses stehende, nicht einen Teil des Gesellschaftsvertrags bildende Verträge auferlegt werden; stellen sich derartige Sonderleistungen nach dem Gesellschaftszweck als Teil der Mitgliederpflichten dar, so sind sie dem Gesellschaftsrecht unterworfen (**RG** JW 1924, 681[14]). Zu den Urkunden typischen Inhalts, die in der Revisionsinstanz frei auszulegen sind, gehören auch die Satzungen einer Aktiengesellschaft, einer Gewerkschaft, einer eingetragenen Genossenschaft (**RG** Warn 1922 Nr 100).

3. Wesentlich für den Gesellschaftsvertrag ist die Verpflichtung, die Erreichung eines gemeinsamen Zweckes zu fördern. Besteht die Verpflichtung nicht, so besteht kein Gesellschaftsvertrag; selbstverständlich kann dann ein Vertrag anderer Art gültig geschlossen sein (RG 73, 287; 77, 227; Warn 1911 Nr 9). Neben den vermögensrechtlichen kommen ideale, wissenschaftliche, soziale, religiöse, gesellige oder künstlerische Zwecke in Betracht. Zur Erreichung des gemeinsamen — nicht bloß gleichartigen — Zweckes werden, von den idealen Erfolgen abgesehen, Vorteile erstrebt,

die der Gesamtheit der Gesellschafter und dadurch auch dem einzelnen Gesellschafter zugute kommen (vgl. § 722 A 1). Ein gemeinsamer Zweck liegt nicht vor, wenn es sich bei dem Zusammenwirken um eine Angelegenheit handelt, die für den einen eine eigene, für den anderen eine fremde, z. B. einer solche seines Vertragsgegners ist (RG Gruch 66, 222). Bei den auf längere Dauer berechneten Gesellschaften wiederholt sich die Erlangung der Vorteile fortlaufend (§ 721 Abs 2), bei den **Gelegenheitsgesellschaften** (Vorbem 1) handelt es sich gegebenenfalls nur um ein einzelnes gemeinsames Geschäft mit einem einmaligen Vorteile (z. B. gemeinschaftlicher Ankauf oder Verkauf, um die Frachtkosten, die Generalunkosten, zu vermindern). Die zur Förderung des gemeinsamen Zweckes zu machenden Leistungen (Unterlassungen) brauchen nicht ausdrücklich in dem Gesellschaftsvertrage festgesetzt zu sein. Es genügt, daß diese Leistungen nach Lage der Sache unter besonderer Berücksichtigung des Gesellschaftszwecks bestimmbar sind. Als ein Gesellschaftsvertrag wird ein Vertrag anzusehen sein, durch den die Parteien sich verpflichten, den Zweck, aus dem Vermögenszusammenbruch eines gemeinschaftlichen Schuldners so viel als möglich zur Deckung ihrer Forderungen zu retten, durch ihre Handlungen zu fördern (RG 70, 33; 18. 4. 07 VI 274/06; 15. 1. 09 VII 117/08). In jedem Falle begreift die Verpflichtung, den Gesellschaftszweck zu fördern, auch die Verpflichtung in sich, alles zu unterlassen, was der Erreichung des Gesellschaftszwecks abträglich sein kann (vgl. RG JW 1913, 429[6]). Keine Voraussetzung des Gesellschaftsvertrags ist die Begründung eines Gesellschaftsvermögens, auch nicht die Leistung von Beiträgen für diesen Zweck (RG 77, 226; 80, 271; JW 09, 656[6]; Warn 09 Nr 403; LZ 1915, 1379[6]). Nicht erforderlich ist ferner, daß die Teilnehmer einen bestimmten Anteil am Gewinn oder Verlust haben. Es kann bedungen sein, daß ein Gesellschafter nur am Gewinn, nicht am Verlust teilnimmt (RG LZ 1919, 863[12]; vgl. RG 20, 163; 27, 13; 31, 35), unbeschadet natürlich der persönlichen Haftung gegenüber den Gesellschaftsgläubigern (vgl. § 718 A 5), wogegen der Gesellschafter nur insofern geschützt werden kann, als die Mitgesellschafter es übernehmen, ihn von der Haftung zu befreien oder ihn im Falle der Inanspruchnahme schadlos zu halten. Über die societas leonina s. § 722 A 1. Ein Gesellschaftsvertrag wird auch nicht dadurch ausgeschlossen, daß ein Teilnehmer statt des Anteils am Gewinn ein festes Entgelt erhält, und zwar auch dann nicht, wenn er zugleich von Tragung des Verlustes befreit ist (RG JW 1915, 1428[3]; vgl. für die offene Handelsgesellschaft RG 90, 15). — Eine Beteiligung des einen Teiles an dem Gewinn des anderen begründet noch keine Gesellschaft. Wird zwischen zwei Inhabern gleichartiger Geschäfte (z. B. nahen Verwandten) verabredet, daß jeder an dem Gewinn des anderen teilnehmen solle, ohne daß er das andere Geschäft förderte oder vertraglich verpflichtet wäre, in seinem eigenen auf die Erzielung von Gewinn hinzuwirken, so ist ein Gesellschaftsvertrag nicht gegeben. Ist aber als Sinn der Verabredung anzunehmen, daß jeder nach Möglichkeit in seinem Geschäfte auf die Erzielung von Gewinn bedacht sein muß — eine Annahme, die regelmäßig gerechtfertigt sein wird —, so ergibt sich die Verpflichtung zu gemeinsamer Zweckförderung. In einem solchen Falle wird die Feststellung eines Gesellschaftsvertrags nicht durch die Vereinbarung gehindert, daß die Geschäfte völlig getrennt betrieben werden und eine wechselseitige Einmischung des einen Geschäftsinhabers in die Geschäftsführung des anderen nicht stattfinden soll (RG 73, 286). Ein **partiarisches Darlehn**, keine Gesellschaftseinlage, liegt vor, wenn lediglich ein fester Anteil am Gewinn, aber kein Einfluß auf den Geschäftsbetrieb, auch nur ein unvollkommenes Kontrollrecht, insbesondere nicht das Recht auf Büchereinsicht eingeräumt ist (RG 57, 175; vgl. auch 74, 13; 77 S. 226 u. 228; 99, 163; Warn 1913 Nr. 211; 1925 Nr 167). Gibt der eine Vertragsteil eine Geldsumme, ohne daß der andere Teil zur Rückerstattung verpflichtet sein soll (§ 607), bestehen die Verpflichtungen des anderen Teiles vielmehr lediglich darin, dem Geldgeber einen bestimmten Anteil an dem Gewinne eines Unternehmens, z. B. eines Bergwerks, zu gewähren, so liegt ein **Hoffnungskauf** vor (RG 77, 223). Das Dienstverhältnis eines **Handlungs- oder Gewerbegehilfen** wird nicht deswegen zum Gesellschaftsverhältnis, weil ihm neben dem festen Gehalt oder an Stelle desselben als Entgelt für die zu leistenden Dienste ein Anteil an dem Reingewinn des Unternehmers zugesichert wird (commis interessé, RG 105, 315) — auch nicht deswegen, weil ihm eine Mitwirkung bei Festsetzung der Verkaufspreise eingeräumt wird (RG 9. 12. 02 III 278/02; Warn 1914 Nr 37). Ebensowenig verliert ein **Pachtvertrag** dadurch seine Eigenart, daß der Pachtzins ganz oder zum Teil nach dem wechselnden Ertrage des Pachtguts bestimmt wird. In gleicher Weise ist es zulässig, daß in einem **Kaufvertrage** neben dem festen Kaufpreise, der als die Hauptleistung des Käufers erscheint, Leistungen anderer Art als Entgelt für die Überlassung der Kaufsache in partiarischer oder ähnlicher Form bedungen werden (RG 30. 5. 07 VI 342/06). Ein **Mäkler-, nicht ein Gesellschaftsvertrag**, liegt vor, wenn jemand sich verpflichtet, einem anderen Grundstücke nachzuweisen, den Ankauf in dessen Interesse zu vermitteln, wogegen er von dem durch die Landverkäufe erzielten Gewinn einen auf bestimmte Prozente festgesetzten Anteil erhalten soll. Da der andere nach seinem Belieben den Ankauf und den Verkauf der Grundstücke vornehmen und unterlassen kann, fehlt es an der **gegenseitigen** Verpflichtung zur Zweckförderung (RG

13. 12. 07 III 202/07). Kein Gesellschaftsverhältnis ist das Rechtsverhältnis zwischen Mäkler und Untermäkler (RG 88, 1). Vgl. auch § 24 VerlG.

4. Der Gesellschaftsvertrag ist in seinem Wesen — abweichend vom rechtsfähigen Vereine (§ 38 A 2) — ein gegenseitiger Vertrag. Wirtschaftlich stellt freilich die Gesellschaft eine Vereinigung von Leistungen dar, zur Erreichung gemeinsamer Zwecke. Dabei bleibt aber bestehen, daß die Beitragsleistung des einen Gesellschafters das Entgelt für die Beitragsleistung des anderen bildet. Die Anwendung der §§ 320ff. kann daher grundsätzlich nicht verneint werden. Bei der Durchführung muß jedoch der Eigenart des Gesellschaftsverhältnisses Rechnung getragen werden. In dieser Beziehung bestehen nicht unerhebliche Meinungsverschiedenheiten (vgl. Knoke, Recht der Gesellschaft §§ 15—17; Planck A IV vor § 705; Oertmann A 4). Für das gemeine Recht hat RG JW 00, 841[9] alles auf die Untersuchung im Einzelfalle abgestellt. Was das BGB betrifft, so muß die Anwendung der §§ 320ff. auf die Leistungen beschränkt werden, die unmittelbar durch den Gesellschaftsvertrag, insbesondere hinsichtlich der Beitragspflicht begründet sind (RG 78, 303; 100, 3). Nicht darf ihre Anwendung auf die Nebenleistungen erstreckt werden, bei denen ein Gegenseitigkeitsverhältnis nicht anzuerkennen ist. Die an sich zulässige Einrede des nicht erfüllten Vertrags aus § 320 (RG 78, 305) ist bei mehr als zwei Gesellschaftern schon dann ausgeschlossen, wenn auch nur der fordernde Gesellschafter die ihm obliegende Leistung bewirkt hat (bestr.). Ist die Einziehung der Beiträge allgemein einem Gesellschafter oder einem Dritten übertragen (§ 710), so wird diesem gegenüber die Einrede, daß die Beiträge von einem Teil der Mitglieder noch nicht entrichtet seien, überhaupt nicht Platz greifen können. Beruht der Anspruch eines Gesellschafters nicht allein auf dem Gesellschaftsvertrage, wie z. B. der Anspruch auf Rechnungslegung außerdem noch die Geschäftsführung zur Voraussetzung hat, so ist die Einrede nicht gegeben (vgl. RG SeuffA 36 Nr 34; ROHG SeuffA 29 Nr 235). Die Einrede des § 321 ist grundsätzlich auch dann zuzulassen, wenn bei mehr als zwei Gesellschaftern sich die Vermögensverhältnisse im ganzen bei den übrigen Gesellschaftern, welche dem zur Vorleistung Verpflichteten gegenüberstehen, wesentlich verschlechtert haben. Die Bestimmungen der §§ 323 u. 324 müssen auch bei der aus mehr als zwei Personen bestehenden Gesellschaft Anwendung finden (bestr.). Es würde gegen alle Billigkeit verstoßen, wenn der Gesellschafter, der wegen unverschuldeter Unmöglichkeit der Erfüllung von seiner Leistungspflicht befreit ist, gleichwohl den Anspruch auf die Gegenleistung behielte, die Mitgesellschafter also genötigt wären, ihre Leistung in voller Höhe zu bewirken und dem befreiten Gesellschafter den versprochenen Gewinn ungeschmälert auszuzahlen. Gegen diese Unbilligkeit gewährt die den Mitgesellschaftern nach § 723 freistehende Kündigung, die nur für die Zukunft wirkt, keine ausreichende Abhilfe. Der Verlust des Anspruchs auf die Gegenleistung kann übrigens dazu führen, daß die Gesellschaft wegen Nichterreichbarkeit ihres Zweckes (§ 726) gänzlich endigt, braucht es aber nicht. Sind die Mitgesellschafter — wozu sie nicht unbedingt verpflichtet sind (a. A. Planck A IV 2) — zur Gewährung der ihnen nach dem Gesellschaftsvertrage obliegenden Leistungen bereit, so kann doch der befreite Gesellschafter keinen Anspruch auf den durch diese Leistungen erzielten Gewinn machen. Ebenso unbillig würde es sein, wenn der Gesellschafter, dem durch Verschulden eines Mitgesellschafters die Leistung unmöglich geworden ist, in gleicher Weise behandelt würde wie im Falle des § 323, wenn er also den Anspruch auf die Gegenleistung verlieren müßte. Es muß ihm vielmehr mit Rücksicht auf das gesellschaftliche Gemeinschaftsverhältnis das Recht zukommen, den Mitgesellschafter auf dem Wege des Schadensersatzes dazu anzuhalten, die ausgefallene Leistung für ihn an die Gesellschaft zu bewirken. Zu bezweifeln ist auch nicht, daß bei Verletzung der Pflichten aus dem Gesellschaftsvertrage die §§ 325, 326 anwendbar werden. Mit dem RG (78, 303; 81, 303; 89, 334; 89, 398; 112, 283; JW 1926, 2529[4]; LZ 1913, 579[17]; Warn 1917 Nr 289) ist aber die Einschränkung zu machen, daß die Tätigkeit der Gesellschaft nicht schon begonnen haben darf. Die Ausübung des Rücktrittsrechts aus §§ 325, 326 mit seinen das Gesellschaftsverhältnis rückwärts auflösenden Folgen würde andernfalls, da alle durch den Betrieb der Gesellschaft begründeten Rechtsverhältnisse hiervon berührt würden, zu unerträglichen Verwicklungen führen. Die Möglichkeit der Kündigung muß deshalb hier, sobald die Gesellschaft nach außen in Tätigkeit getreten ist, oder, wie dieser Gedanke auch oft ausgedrückt wird, sobald der Gesellschaftsvertrag zur Ausführung gekommen ist, als ein ausreichender Schutz angesehen werden. Das Verhältnis des § 723 zu § 326 ist nicht dahin aufzufassen, daß letztere Vorschrift die allgemein anwendbare Regel enthalte. Knüpft das Gesetz das Kündigungsrecht im § 723 (mit der nachfolgenden Auseinandersetzung gemäß §§ 730ff.) nur an einen wichtigen Grund und daher regelmäßig nur an die Voraussetzung einer vorsätzlichen oder grob fahrlässigen Verletzung einer wesentlichen Vertragspflicht, so kann dem Gesetze gewiß nicht die Absicht beiwohnen, daß es das viel einschneidendere, weil rückwärts wirkende Recht des Rücktritts ohne jene Voraussetzung lediglich nach allgemeinen Rechtsgrundsätzen hätte gewähren wollen. § 326 kann nicht zur Anwendung kommen, wenn die Leistung, mit welcher der eine Gesellschafter in Verzug gekommen ist, nicht von so wesentlicher Art oder ihr Ausbleiben nicht auf ein solches Verschulden zurückzuzuführen ist, daß nach § 723 Abs 1 ein Kündigungsgrund gegeben ist (**RG** 78, 303). Die Vorschrift des § 326 muß überhaupt hinter der des § 723, die das den besonderen Verhältnissen des Gesellschaftsrechts angepaßte Sondergesetz bildet, zurücktreten. Sie ist demgemäß nicht anwendbar, wenn die Gesellschaft ins Leben getreten ist und damit eine diesen besonderen Verhältnissen entsprechende Gestaltung erfahren hat. Sie kann auch auf positive Vertragsverletzungen des Gesellschafters, da hier § 723 eingreift, keine Anwendung finden. Bemerkt sei noch, daß das Rücktrittsrecht aus § 325 und die Fristsetzung aus § 326 von den übrigen Gesellschaftern nur gemeinsam ausgeübt werden kann, daß der einzelne Gesellschafter die Leistung von Schadensersatz wegen Nichterfüllung nur an alle Gesellschafter (an die Gesellschaftskasse) verlangen kann, daß dagegen das Recht der Kündigung (§ 723) jedem Gesellschafter für seine Person zusteht.

5. Abweichend vom Verein, bei welchem die Verpflichtungen der Mitglieder nur dem Vereine gegenüber bestehen (**RG** 29. 4. 20 IV 518/19) werden im Gesellschaftsvertrage die **Verpflichtungen** von jedem einzelnen Gesellschafter **gegenüber jedem der anderen Gesellschafter** übernommen. Aus diesem Vertragsverhältnis folgt, daß bei der Gesellschaft des bürgerlichen Rechtes — anders bei der offenen Handelsgesellschaft und der Kommanditgesellschaft (vgl. **RG** 86, 66; 28. 2. 16 VI 416/15) — ein jeder Gesellschafter Anspruch auf Erfüllung der nach dem Gesellschaftsvertrage von einem Mitgesellschafter zu bewirkenden Leistungen hat und diesen Anspruch im Klagewege (*actio pro socio*) zur Geltung bringen kann, und zwar auch dann, wenn ein Dritter mit der Geschäftsführung beauftragt ist (**RG** SeuffA 81 Nr 27). Der Anspruch geht auf Leistung an die Gesamtheit der Gesellschafter in das Gesellschaftsvermögen. Es handelt sich, auch wenn der Gegenstand der Leistung an sich ein teilbarer ist, wegen ihres Zweckes rechtlich um eine unteilbare Leistung im Sinne des § 432, indem der Schuldner nur an alle Gesellschafter leisten und kein Gesellschafter über seinen Anteil verfügen kann (**RG** 70, 32; 76, 280; 86, 68; 90, 300; 91, 34; JW 1916, 837[10]; 1927, 1090[10]; Warn 1918 Nr 53). Der Klageantrag ist, wenn ein zur Empfangnahme für sämtliche Gesellschafter berechtigtes Gesellschaftsorgan oder eine von den Gesellschaftern sonst zur Empfangnahme ermächtigte Person nicht vorhanden ist, auf Hinterlegung zu richten. Ein Bedenken gegen die Klageberechtigung des einzelnen Gesellschafters ist aus den Vorschriften der §§ 709, 714 nicht zu entnehmen, da diese, wie die in § 714 (im Zusammenhang mit § 709) gebrauchten Worte „Dritten gegenüber" ergeben, sich nicht auf die Geltendmachung der gegenseitigen Ansprüche aus dem Gesellschaftsverhältnis beziehen (**RG** Warn 1918 Nr 53). Der einzelne Gesellschafter ist in Ansehung einer solchen Forderung nicht Gesamtgläubiger im Sinne des § 428, sondern kann mit Rücksicht auf die Vergemeinschaftung der Gesellschafter nach § 432 das Gläubigerrecht nur in der Weise ausüben, daß die Leistung allen Gesellschaftern zugute kommt. Es handelt sich hierbei um eine Befugnis, die dem Gesellschafter kraft eigenen Rechtes zusteht (vgl **RG** 70, 34) und die von der Befugnis zur Vertretung der Gesellschaft wohl zu unterscheiden ist. Ein Sonderrecht ist allerdings dem Gesellschafter nicht damit eingeräumt. Die nach § 710 bestellten Geschäftsführer können ermächtigt werden — was nicht ohne weiteres zu ihren Befugnissen gehört —, auch diese Rechte unter Ausschließung des Gesellschafters auszuüben. Ist dies nicht geschehen, so hat der einzelne Gesellschafter freie Hand, ob und wann er die Ansprüche zur Verwirklichung bringen will. Er braucht mit der Geltendmachung nicht etwa bis zu der nach Auflösung der Gesellschaft stattfindenden Auseinandersetzung zu warten. — Zweifelhafter ist die Klageberechtigung des einzelnen Gesellschafters, wenn ein Mitgesellschafter durch positive Handlungen sich gegen die Gesellschaft vergangen hat. Es wird hier darauf ankommen, ob die Verfehlung mehr gegen die Gesellschaft in ihrer Allgemeinheit sich richtet, wie bei Schädigung des Gesellschaftsvermögens, dessen früherer Bestand wieder hergestellt werden muß, oder mehr gegen die Person der einzelnen Gesellschafter. Vom **RG** LZ 1913, 67[16] wird dem Gesellschafter gegen einen Mitgesellschafter, der sich von dem Vertragsgegner einen persönlichen Vorteil hat versprechen lassen, eine Klage auf Zahlung an die Gesellschaft oder, wenn kein zur Annahme berechtigtes Gesellschaftsorgan besteht, auf Hinterlegung zugestanden. Im Falle der Untreue eines Mitgesellschafters, der unter Ausnutzung der bereits von der Gesellschaft in Angriff genommenen Verhandlungen das Geschäft zu eigenem Vorteil gemacht hat, hat das **RG** 89, 104 den einzelnen Gesellschafter wegen Beeinträchtigung seines Anteils am Gewinn für selbständig klageberechtigt erklärt. Vgl. auch §§ 708 A 2, 719 A 4. Über die Geltendmachung von Forderungsrechten der Gesellschaft gegen dritte Personen s. § 709 A 4.

Gänzlich verschieden von dem vorbehandelten Recht des Gesellschafters ist das Forderungsrecht, das diesem aus einem nicht dem Gesellschaftsverhältnis angehörigen Grunde gegen die Gesellschaft erwachsen ist. In dieser Hinsicht steht er einem sonstigen Gläubiger der Gesellschaft vollständig gleich. Der Gesellschaftergläubiger kann die anderen Gesellschafter gesamtschuldnerisch in Anspruch nehmen, muß aber hierbei, da er für die seiner Forderung entsprechende Schuld selber mithaftet, sich abrechnen lassen, was er nach seinem Beteiligungsverhältnis zur Tilgung der Gesellschaftsschuld beizutragen hat (**RG** 85, 157). Eine derartige

Forderung kann er auch nach Beendigung des Auseinandersetzungsverfahrens (§ 733 A 2) noch geltend machen. Als eine dritte Art von Rechten des Gesellschafters sind endlich noch zu erwähnen die Ansprüche, die er gegen die Gesellschaft aus dem Gesellschaftsvertrage selbst erheben kann, Anspruch auf Geschäftsführung, auf Beteiligung an dem Gewinn, auf Auseinandersetzung (vgl. § 730 A 3), Anspruch auf Feststellung, daß die Gesellschaft aufgelöst ist, daß die Ausschließung eines Mitglieds zu Recht besteht usw. Besonderen Beschränkungen hinsichtlich der Geltendmachung dieser Ansprüche ist der Gesellschafter nicht unterworfen.

6. Nach festem Sprachgebrauch des Gesetzes sind **„Beiträge"** die zu bewirkenden Leistungen (§§ 705, 706, 707, 718, 735 Satz 2), dagegen „Einlagen" die bereits bewirkten Leistungen (§§ 707, 733 Abs 2, 3, 734, 735 Satz 1, 739). Vgl. **RG** 76, 278. Die Verpflichtung zur Beitragsleistung ist für den Gesellschaftsvertrag wesentlich (**RG** JW 03 Beil 42[87]; vgl. § 706 A 1).

7. Die Ansprüche aus Gesellschaftsverträgen gelten nach § 63 Abs 2 Nr 1 AufwG (§ 12 Abs 2 der 3. SteuernotVO) nicht als Vermögensanlagen i. S. des Abs 1 daselbst, unterliegen also insbesondere nicht der Beschränkung auf 25% des Goldmarkbetrags. Sie werden, soweit sie Geldforderungen sind, nach allgemeinen Grundsätzen **aufgewertet**. Dahin gehören die Ansprüche der Gesellschaft gegen ihre Mitglieder auf Leistung von Einlagen, der geschäftsführenden Gesellschafter auf Zahlung der Vergütung für ihre Tätigkeit, sofern die Forderung auf dem Gesellschaftsvertrag und nicht auf einem selbständigen Dienstvertrag beruht, der einzelnen Gesellschafter auf den Gewinnanteil, und zwar ohne weiteres, wenn dieser in bestimmter Höhe garantiert war, sonst erst nach Feststellung des Gewinns und der verteilbaren Summe, sowie die Auseinandersetzungsguthaben (**RG** 113, 201; JW 1926, 1659[1]). Frei aufzuwerten sind ferner die Zinsen der Einlagen sowie die Einlagen selbst (**RG** Warn 1925 Nr 151 und bez. einer im Sommer 1921 gemachten, im Juni 1922 zurückgezahlten Einlage JW 1927, 1515[1]). Papiermarkeinlagen in eine im Oktober 1922 errichtete Gelegenheitsgesellschaft sind bei der Auseinandersetzung in Ermangelung einer anderweiten Vereinbarung nach dem Werte zurückzuerstatten, den sie bei der Einbringung hatten (**RG** 111, 77). Für das Maß der Aufwertung ist die Entwicklung und Vermögenslage der Gesellschaft, insbesondere die Möglichkeit, wieweit sie ihr Vermögen vor der Geldentwertung schützen konnte, in Betracht zu ziehen. Über die Frage der Aufwertung der Anteile der Gesellschafter an dem in Goldmark umgestellten Kapital s. die Kommentare zur GoldbilanzVO v. 28. 12. 23. Hat der Gesellschafter einer offenen Handelsgesellschaft in dem Gesellschaftsvertrag vom Januar 1914 für den Fall seines Todes dem anderen Gesellschafter das Recht eingeräumt, das Geschäft allein zu übernehmen, so kann er gegen diesen auf eine der Verringerung des Geldwerts Rechnung tragende anderweite Festsetzung der vertraglichen Bestimmungen über die Ermittlung der Abfindungssumme zur Zeit nicht klagen, da eine endgültige Feststellung des streitigen Rechtsverhältnisses mit Wirkung für den ungewissen Zeitpunkt des Todes des Klägers nicht möglich ist (**RG** 109, 41).

§ 706

Die Gesellschafter haben in Ermangelung einer anderen Vereinbarung gleiche Beiträge[1]) zu leisten[2]).

Sind vertretbare oder verbrauchbare Sachen beizutragen, so ist im Zweifel anzunehmen, daß sie gemeinschaftliches Eigentum der Gesellschafter werden sollen. Das gleiche gilt von nicht vertretbaren und nicht verbrauchbaren Sachen, wenn sie nach einer Schätzung beizutragen sind, die nicht bloß für die Gewinnverteilung bestimmt ist.[3])

Der Beitrag eines Gesellschafters kann auch in der Leistung von Diensten[4]) bestehen[5]).

E I 630 Abs 1, 2, 631 II 646; M 2 596; P 2 417.

1. **Beitrag** wird im weitesten Sinne verstanden. Er kann ein einmaliger oder wiederholter sein, nicht bloß in der Einbringung von Geld oder geldwerten Sachen und Gegenständen, z. B. einem Patente, sondern auch bestehen in der Leistung von Diensten (Abs 3), in der Geschäftsbesorgung, ferner in der Beibringung anderer Vorteile, z. B. in der Hergabe eines kreditwürdigen Namens (**RG** 37, 61). Dagegen stellt, wie aus § 722 Abs 1 hervorgeht, Deckung des Verlustes keinen Beitrag dar (**RG** Warn 09 Nr 403). Ist ein Vertragschließender von aller Beitragspflicht befreit, aber seine Beteiligung am Gewinne vereinbart — man denke an Abmachungen unter Lieferungsmitbewerbern —, so liegt kein Gesellschaftsvertrag, sondern ein Vertrag eigener Art vor; SächsArch 06, 247. Anders, wenn nur der eine der Gesellschafter die Mittel zu beschaffen hat, im übrigen aber alle zu dem allgemeinen Zweck mitzuwirken haben (**RG** 80, 271; JW 1909, 656[6], vgl. 1905, 719[10]). **Gleiche Beiträge** kommen nur in Frage,

wenn es sich um Beiträge in vertretbaren Sachen, in Geld oder nach Geld geschätzten Leistungen handelt. Eine andere Vereinbarung liegt auch dann vor, wenn über die Beitragshöhe nichts bestimmt ist, sich aber ermitteln läßt, was der einzelne Gesellschafter zu leisten hat. Ist diese Ermittelung nicht möglich, so ist ein gültiger Gesellschaftsvertrag nicht zustande gekommen. Der Beweis, daß eine andere Vereinbarung getroffen ist, liegt demjenigen ob, der diese Vereinbarung behauptet. Vgl. noch §§ 722, 732, 733 Abs 2. Wegen der Klage auf Leistung der Gesellschaftsbeiträge s. § 705 A 5. Verschieden von der Beitragspflicht des § 706 ist es, daß die Mittel zur Tilgung der Verbindlichkeiten der Gesellschaft im Auseinandersetzungsverfahren, soweit das Gesellschaftsvermögen nicht ausreicht, von den Gesellschaftern aufgebracht werden müssen (§§ 733, 735). Für das Maß dieser Deckungspflicht ist die Beitragspflicht nicht entscheidend. Sie bestimmt sich vielmehr nach demselben Verhältnis, das für die Verteilung des Verlustes vorgeschrieben ist (§§ 722, 735 A 1).

2. Das **Leisten** der Beiträge vollzieht sich in den gewöhnlichen Rechtsformen (vgl. §§ 718 A 2, 719 A 2). Ist bei der Übertragung einer beweglichen Sache auch nur ein Gesellschafter nicht in gutem Glauben (§§ 932ff.) — einerlei, ob Übertrager oder Erwerber, denn jeder ist bei der Gemeinschaft zur gesamten Hand auch Erwerber —, so geht das Eigentum nicht über, und zwar auch nicht etwa auf einen gutgläubigen Gesellschafter zu einem Bruchteile, da Bruchteile überhaupt nicht vorhanden sind (vgl. **RG** 9, 143).

3. **Übereignung der Beiträge.** Zu Abs 2 vgl. §§ 91, 92, 269ff. Ob die Verpflichtung des Gesellschafters auf Übereignung der Sachen oder nur auf Überlassung des Gebrauchs oder der Nutzung geht, ist durch Auslegung des Gesellschaftsvertrags, im Zweifel nach der gesetzlichen Vermutung des Abs 2 festzustellen (**RG** 109, 380). Diese Feststellung dient dann wieder zur Entscheidung darüber, ob die abstrakte Übertragungshandlung Eigentumsübertragung oder Gebrauchsüberlassung ist. Die Übereignung — für welche die allgemeinen Vorschriften gelten — ist eine „Veräußerung gegen Entgelt", nämlich gegen die Leistungen der übrigen Gesellschafter, nach §§ 445, 493 finden also die Vorschriften der §§ 433—444 und §§ 459ff. entsprechende Anwendung; soweit Verschulden in Betracht kommt, ist § 708 zu berücksichtigen. Die Wandlung muß im Hinblicke auf die Dauer des Gesellschaftsverhältnisses dadurch vollzogen werden, daß die beanstandete Sache zurückgenommen und an ihrer Stelle die zu veranschlagende Gegenleistung in Geld vergütet wird. Bei der Minderung ist ein entsprechendes Aufgeld auf die im Gesellschaftsvermögen verbleibende Sache in die Gesellschaftskasse zu zahlen. Die Übereignung (vgl. § 733 Abs 2) steht im Gegensatze zur Gewährung des Gebrauchs von Sachen oder Gegenständen (vgl. § 732); hier fehlen den §§ 445, 493 entsprechende Vorschriften; inwieweit die Vorschriften über Miete und Pacht in entsprechender Anwendung heranzuziehen sind, muß nach den Umständen des Einzelfalls entschieden werden. Haben die Miteigentümer eines Grundstücks sich zu einer Gesellschaft vereinigt, so ist, damit an Stelle des Miteigentums nach Bruchteilen das gesamthänderische Miteigentum tritt, die Auflassung und Eintragung in das Grundbuch erforderlich (vgl. § 718 A 1). Soll die Einlage in einem Forderungsrecht bestehen, so ist, auch wenn dem Gesellschafter die Einbringung des Forderungsrechts bereits zur Zeit des Vertragsschlusses wegen Nichtbestehens der Forderung unmöglich ist, der Gesellschaftsvertrag nicht gemäß § 306 nichtig. Der Gesellschafter haftet vielmehr für den rechtlichen Bestand der Forderung gemäß §§ 437, 440, 445, 325 auf Schadensersatz (**RG** 28. 3. 19 II 223/18; vgl. 86, 213; 90, 244).

4. In Ansehung der **Dienste** sind die Grundsätze des Dienst- oder Werkvertrags entsprechend anwendbar.

5. Das sog. **Konkurrenzverbot** (vgl. § 112 HGB) kennt das BGB nicht. Eine entsprechende Vereinbarung kann stillschweigend oder ausdrücklich getroffen werden, eine konkurrierende Betätigung kann auch nach § 705, der die Verpflichtung zur Förderung des Gesellschaftszwecks aufstellt (vgl. M 2, 601; Prot 2, 416), und nach §§ 242, 241 als verboten anzusehen sein. Ansprüche aus Zuwiderhandlungen sind von den Gesellschaftern mit der Vertragsklage geltend zu machen.

§ 707

[3]) Zur Erhöhung des vereinbarten Beitrags[2]) oder zur Ergänzung der durch Verlust verminderten Einlage ist ein Gesellschafter nicht verpflichtet[1]).

E I 630 Abs 3 II 647; M 2 597; P 2 417.

1. **Keine Verpflichtung zur Leistungserhöhung** — zu sog. Zubußen (**RG** 77, 227). Die Regel gilt für das Verhältnis der Gesellschafter untereinander, nicht gegenüber den Gläubigern, sie gilt nur während bestehender Gesellschaft, nicht mehr für die Auseinandersetzungsgesellschaft (§ 735). Es handelt sich um eine **Hauptregel** des Gesellschaftsrechts (**RG** 68, 96; 106, 404; vgl. HGB a. F. Art 92, 252 Abs 2; HGB § 211; GenG § 7 Nr 2; **RG** 62, 312). Die Regel gilt unbedingt, mag auch die Erreichung des Gesellschaftszwecks daran scheitern

(§ 726). Aus der Regel ergibt sich die Folgerung, daß ein Gesellschafter während Bestehens der Gesellschaft seinen Anspruch auf Erstattung von Auslagen, die er im Interesse der Gesellschaft gemacht hat, nur gegen das Gesellschaftsvermögen, nicht gegen das Privatvermögen der einzelnen Gesellschafter verfolgen kann (**RG** Warn 1912 Nr 71). Der geschäftsführende Gesellschafter kann wegen seiner Aufwendungen seine Mitgesellschafter vor Auflösung der Gesellschaft auch nicht auf Zahlung zum Gesellschaftsvermögen in Anspruch nehmen, es sei denn, daß noch vereinbarte Beiträge rückständig sind (**RG** 80, 272).

2. Die Bestimmung der **Höhe des Beitrags** — über den gesetzlichen Sprachgebrauch s. § 705 A 6 — ist wesentlicher Vertragsbestandteil; daraus folgt, daß ein Gesellschafter seinen Beitrag oder seine Einlage einseitig auch nicht erhöhen kann (M 2, 597).

3. § 707 enthält **nachgiebiges Recht,** das durch den ursprünglichen Gesellschaftsvertrag oder spätere Vereinbarung — mag diese nun allgemein oder für einen bestimmten Fall ausdrücklich oder stillschweigend getroffen werden (**RG** 17. 2. 06 I 413, 414/05) — abgeändert werden kann. Insbesondere ist auch nicht ausgeschlossen, die Höhe des Beitrags insoweit zunächst unbestimmt zu lassen, als sog. Zubußen und ihre Höhe von Mehrheitsbeschlüssen der „Generalversammlung" abhängig gemacht werden (Kalibohrgesellschaften). Vgl. § 710 A 1. Die Bestimmung im Gesellschaftsvertrage, daß Abänderungen des Vertrags von einer gewissen Mehrheit beschlossen werden können, genügt jedoch nicht, um einen von einer solchen Mehrheit gefaßten Beschluß über Erhöhung der Beiträge, sei es hinsichtlich der Art oder des Maßes der Leistungen, Wirksamkeit gegenüber der Minderheit zu geben. Die Bestimmung muß vielmehr dahin gehen, daß es zulässig ist, durch Mehrheitsbeschluß gerade die Vorschrift des § 707 zu ändern. Außerdem müssen gewisse Grenzen festgesetzt sein, die durch den Erhöhungsbeschluß nicht überschritten werden dürfen, da eine schrankenlose Unterwerfung der Minderheit unter den Willen der Mehrheit gegen die guten Sitten verstoßen würde (**RG** 91, 166; Gruch 58, 965). Einen gewissen Schutz gegen ungerechtfertigte Erhöhung der Beiträge gewährt es übrigens, daß der Gesellschafter nach § 723 ein Recht der Kündigung hat (vgl. **RG** HoldheimsMSchr 1914, 152). Für den Fall der Nichtzahlung der eingeforderten Beiträge kann im Gesellschaftsvertrage festgesetzt sein, daß der Gesellschaftsanteil des säumigen Gesellschafters verfallen ist, gleichwohl aber die Gesellschaft noch die Einzahlung von ihm fordern kann. Eine solche Vereinbarung verstößt nicht gegen die guten Sitten, auch nicht gegen die Vorschriften der §§ 705 oder 707 (**RG** JW 1907, 719[32]).

§ 708

[1]) **Ein Gesellschafter hat bei der Erfüllung der ihm obliegenden Verpflichtungen[2]) nur für diejenige Sorgfalt einzustehen, welche er in eigenen Angelegenheiten anzuwenden pflegt.**

E I 633 II 648; M 2 601; P 2 418.

1. Haftungsmaßstab. Die Haftung der Gesellschafter untereinander für culpa in concreto entspricht einem alten Rechtssatze (l. 72 Dig. 17, 2; HGB a. F. Art 94; Prot 2, 420). Der in Anspruch genommene Gesellschafter hat seinerseits zu behaupten und zu beweisen, daß er in seinen eigenen Angelegenheiten keine größere Sorgfalt anzuwenden pflegt. Anderseits gehört zur Begründung des Anspruchs in vielen Fällen, z. B. wenn es sich um Ersatz des durch angeblich mangelhafte Geschäftsführung entstandenen Schadens handelt, eine genauere Darlegung der Sachlage, um erkennen zu können, in welchen Punkten der Beklagte seine Pflicht nicht erfüllt haben soll (**RG** 18. 4. 07 VI 274/06). Die Vorschrift des angeführten Art 94 Abs 2 ist als selbstverständliche nicht wieder aufgenommen worden. § 708 enthält nachgiebiges Recht. Die Vorschrift steht damit in Zusammenhang, daß die Gesellschaft normalerweise auf einem persönlichen Vertrauensverhältnis beruht. Aber auch, wenn diese Voraussetzung im einzelnen Falle nicht zutrifft, wenn z. B. die Gesellschafter infolge testamentarischer Anordnung oder infolge früherer Vereinbarung die Aufnahme des neuen Mitgliedes nicht haben verweigern können, bleibt es bei der in § 708 bestimmten Haftung. Auf die in eigenen Angelegenheiten gewohnte Sorgfalt beschränkt sich auch die Haftung des Bankiers, der in Zusammenhang mit einem Unterkonsortialvertrage, durch den er jemand an der Begebung von Wertpapieren beteiligt, ihm zugleich für dieses Geschäft Rat oder Empfehlung erteilt hat. Die Haftung hierfür bestimmt sich nach den Regeln des Hauptgeschäfts, auf das der Rat oder die Empfehlung sich bezieht (**RG** 67, 394).

2. D. h. nach dem Gesellschaftsvertrage **obliegenden Verpflichtungen.** § 708 gilt für die geschäftsführenden Gesellschafter auch dann, wenn sie eine Vergütung erhalten, findet jedoch keine Anwendung auf Geschäfte, die ein Gesellschafter nicht als solcher, sondern als Dritter, z. B. als Verkäufer mit den übrigen Gesellschaftern abschließt (M 2, 602). Aus der Sorgfaltsverletzung entspringt regelmäßig die Verpflichtung zum Schadensersatz. Eine Schadensersatzpflicht kann auch daraus entstehen, daß ein Gesellschafter pflichtwidrig ein in den Rahmen der Gesellschaft fallendes Geschäft für sich abgeschlossen hat. Er ist in solchem Falle verpflichtet, den anderen Gesellschaftern den im Gesellschaftsvertrage festgesetzten Anteil am Gewinn aus diesem Geschäft zukommen zu lassen und kann sich auch hinsichtlich dieses Geschäfts der Verpflichtung zur Auskunfterteilung und Rechenschaftslegung — worauf die Gesellschafter bei ordnungsmäßig für die Gesellschaft geschlossenem Geschäft Anspruch gehabt hätten — nicht entziehen (**RG** 89, 99). Hat der geschäftsführende Gesellschafter arglistig zu billig verkauft, um daraufhin von dem Käufer ein anderes Vermögensstück vorteilhaft für sich selbst zu erwerben, so hat er in der Weise Schadensersatz zu leisten, daß er der Gesellschaft den Erwerb überlassen muß (**RG** 82, 10). Sind in dem Vertrage über eine Preiskonvention für Zuwiderhandlungen Vertragsstrafen zugunsten der Vereinigung festgesetzt, so darf davon ausgegangen werden, daß persönliche Schadensersatzansprüche der einzelnen Mitglieder gegen den Zuwiderhandelnden haben ausgeschlossen sein sollen (**RG** 95, 192). Über die Geltendmachung des Schadensersatzanspruchs durch den Gesellschafter vgl. auch § 705 A 5.

§ 709

Die Führung der Geschäfte[1]) der Gesellschaft steht den Gesellschaftern gemeinschaftlich zu; für jedes Geschäft ist die Zustimmung aller Gesellschafter[2]) erforderlich.

Hat nach dem Gesellschaftsvertrage die Mehrheit der Stimmen zu entscheiden, so ist die Mehrheit im Zweifel nach der Zahl der Gesellschafter zu berechnen[3])[4]).

E I 634 II 649; M 2 602; P 2 420

1. Die §§ 709—713 regeln nach innen, unter den Gesellschaftern, die **Geschäftsführung** (Vornahme von Rechtsgeschäften, von tatsächlichen Verrichtungen, z. B. Buchführung, Besorgung des Schriftswechsels) innerhalb des Gesellschaftskreises, die §§ 714, 715 die Vertretung nach außen. Der Gesellschaftsvertrag kann die Geschäftsführung auf mannigfache Art ordnen, das Gesetz befaßt sich mit vier dieser Arten (§§ 709 Abs 1, 2; 710, 711). Geschäftsführung und Vertretungsmacht (Auftrag — § 713 — und Vollmacht) gehören zusammen. Nach § 714 hat die vermutete Vertretungsmacht den gleichen Umfang wie die Geschäftsführungsbefugnis.

2. Das Erfordernis der **Zustimmung aller Gesellschafter** ist die Grundregel für die Geschäftsführung in der bürgerlichen Gesellschaft (anders in der offenen Handelsgesellschaft; §§ 114, 115 HGB), sie leidet auch für den Fall, daß Gefahr im Verzuge ist (vgl. HGB § 115 a. E.) keine Ausnahme. Man wird indessen annehmen dürfen, daß in entsprechender Anwendung des § 744 Abs 2 jeder Gesellschafter berechtigt ist, die zur Erhaltung des gemeinschaftlichen Gegenstandes erforderlichen Maßregeln ohne Zustimmung der anderen zu treffen (s. § 713 A 1). Grundlose, fortdauernde Zustimmungsversagung kann Kündigungsgrund sein (§ 723), schuldhafte Weigerung (§ 708) kann auch schadensersatzpflichtig machen. Verweigert ein Gesellschafter pflichtwidrig entgegen einer aus dem Gesellschaftsvertrage zu entnehmenden Verpflichtung seine Zustimmung — wie z. B. zur Veräußerung eines Grundstücks bei einer zu diesem Zweck eingegangenen Gesellschaft (vgl. **RG** 68, 261) —, so kann die Zustimmung im Klagewege erzwungen werden, wenn der gemeinsame Zweck und das Interesse der Gesellschaft die Zustimmung erfordert (**RG** 97, 329). Soweit gegen einen Mitgesellschafter ein Anspruch geltend zu machen ist, wird dessen Zustimmung nicht gefordert (vgl. § 714 A 1). Zu einem bloßen Rechtserwerb ist die Zustimmung sämtlicher Gesellschafter nicht erforderlich. Wird der Erwerb einer der Gemeinschaft zur gesamten Hand gemachten Zuwendung von einem Gesellschafter abgelehnt, so hat dies nicht die Ungültigkeit der Zuwendung zur Folge, der Anteil des ablehnenden Gesellschafters an den betreffenden Gegenständen wächst vielmehr den übrigen Gesellschaftern zu (vgl. § 738). Von der Mitwirkung an der Geschäftsführung ist der Gesellschafter, wenn es sich um seine eigenen Angelegenheiten handelt, nach der Regel des § 181 (vgl. § 714 A 1) ausgeschlossen. Beschlußfassung kann, soweit der Gesellschaftsvertrag nicht entgegensteht, durch schriftliche Abstimmung erfolgen (vgl. **RG** 101, 78). Unbefugte Geschäftsführung kann unter den Gesichtspunkt der Geschäftsführung ohne Auftrag oder der Bereicherung fallen (vgl. auch § 744 Abs 2). Dem Geschäftsführungsrechte entspricht die Geschäftsführungspflicht.

3. Die Vereinbarung, daß die **Mehrheit der Stimmen** zu entscheiden hat, wird namentlich dann am Platze sein, wenn durch Einführung eines Vorstandes und einer Mitgliederversammlung die Gesellschaft dem Vereine angenähert ist. Abs 2 enthält den Grundsatz der **Mehrheitsbildung nach Köpfen,** nicht nach Einlagewerten; denn die bürgerliche Gesellschaft ist als Arbeits-, nicht als Kapitalgesellschaft aufgebaut (vgl. § 722). Zur Vornahme von Geschäften, die über den durch den Gesellschaftsvertrag umschriebenen Geschäftskreis hinausgehen, ist Zustimmung aller erforderlich, die unter Umständen eine Ergänzung des Gesellschaftsvertrags

enthalten wird. Der Mehrheit kann die Entscheidung über die Aufnahme eines neuen Mitgliedes übertragen werden (Gierke, Schuldrecht 857). Vgl. auch § 712 Abs 1. Die im Gesellschaftsvertrag getroffene Regelung, daß im Falle von Meinungsverschiedenheiten über geschäftliche Fragen die Mehrheit nach Köpfen entscheiden solle, gilt nicht für solche Beschlüsse, welche die Grundlagen der Gesellschaft selbst, insbesondere die Art der Auseinandersetzung betreffen (**RG** 114, 393). Ist ein Gesellschafter mit einem Sonderinteresse beteiligt, soll ihm insbesondere ein besonderer Vorteil vor den Mitgesellschaftern zugewandt werden, so ist, falls der Gesellschaftsvertrag nicht unzweideutig etwas anderes bestimmt, seine Mitwirkung ausgeschlossen und seine Stimme kann bei der Mehrheitsbildung nicht gezählt werden (**RG** LZ 07, 738[3]). Die für einen Verein geltenden Bestimmungen über Einberufung der Versammlung unter Angabe der Tagesordnung sowie über Leitung der Versammlung (vgl. § 32 A 2) sind nicht in gleicher Weise auf die Beschlüsse der Gesellschaft anzuwenden, die von Förmlichkeiten möglichst befreit bleiben sollen. Nur das ist, wenn in einer Versammlung bindende Beschlüsse gefaßt werden sollen, vorbehaltlich anderweiter Vereinbarung zu erfordern, daß den sämtlichen Mitgliedern (**RG** 6. 10. 21 IV 68/21) die Versammlung vorher bekanntgegeben wird. Hinsichtlich der Frage, ob der Minderheit vor der Beschlußfassung Gehör zu gewähren ist, verweisen die Motive (2, 603) auf die Auslegung des Vertrags. Die Auslegung wird in aller Regel dazu führen, daß das vorgängige Gehör, falls nicht unerhebliche Interessen im Spiele sind, nicht verweigert werden darf. Die Beschlußfassung kann, wenn nicht der Gesellschaftsvertrag die Abhaltung einer Mitgliederversammlung vorschreibt, auch außerhalb einer Versammlung stattfinden, sei es im Wege der Einzelbesprechung oder im Wege schriftlicher Verständigung. Die gefaßten Beschlüsse sind nichtig, wenn sie gegen die guten Sitten verstoßen, wenn insbesondere die Mehrheit ihre Rechte dazu mißbraucht, die Minderheit zugunsten eigennütziger Interessen zu vergewaltigen (**RG** HoldheimsMSchr 1913, 216). Nichtig ist der Beschluß auch dann, wenn eine Maßregel beschlossen wird, die im Grunde nur zur Schikanierung des betroffenen Mitglieds dient (**RG** LZ 1916, 1100[11]). Die Übernahme einer Verpflichtung, das Stimmrecht als Gesellschafter ganz nach den Anweisungen eines andern, also ohne Rücksicht auf das Gesellschaftsinteresse, auszuüben, würde als ein wider die guten Sitten verstoßendes Abkommen nach § 138 nichtig sein (vgl. § 32 A 3).

4. Alle **Geschäftsführung** ist **Teil des Gesellschaftsverhältnisses,** bildet nicht ein Rechtsverhältnis neben der Gesellschaft. Rechte und Pflichten des Geschäftsführers bestimmen sich daher nach Gesellschaftsrecht (vgl. auch § 708 A 1). Durch die Vorschrift des § 709 wird die aus § 426 (s. § 705 A 5) folgende Befugnis des einzelnen Gesellschafters, die aus dem Gesellschaftsverhältnis entspringenden Ansprüche gegen einen Mitgesellschafter in der Weise geltend zu machen, daß Leistung an die Gesellschaft gefordert wird, nicht ausgeschlossen. Das Klagerecht des einzelnen Gesellschafters darf aber (anders früher **RG** 70, 32, 6. ZS) nicht so weit ausgedehnt werden, daß er auch befugt wäre, zum Gesellschaftsvermögen gehörige Forderungen gegen Dritte einzuziehen oder sonst darüber zu verfügen, was unter die der Gesellschaft zustehende Geschäftsführung fallen würde (**RG** 86, 66; 26. 11. 17 IV 308/17, der betreffende Teil ist 91, 277 nicht mit abgedruckt). Keinesfalls gilt das Einzelklagerecht für Gesellschaften, für welche die Geschäftsführung und Vertretung durch besondere Gesetze oder durch Verträge in anderer Weise, als § 709 vorsieht, geregelt ist (**RG** 86, 66). Ist ein Geschäftsführer gemäß § 710 bestellt, so kann anzunehmen sein, daß diesem auch die Geltendmachung der aus dem Gesellschaftsvertrage sich ergebenden Forderungen gegen die Gesellschafter, insbesondere hinsichtlich der zu leistenden Beiträge (**RG** 76, 279) unter Ausschließung des Rechtes der Gesellschafter übertragen ist. In der Bestellung eines Gesellschafters als Geschäftsführers „nach außen hin" ist eine solche Ermächtigung nicht zu finden (**RG** Warn 1918 Nr 53). Wegen des Rechtes des einzelnen Gesellschafters auf Rechnungslegung s. § 713 A 1. Von der Übertragung der Geschäftsführung ist zu unterscheiden; die Beauftragung eines oder mehrerer Gesellschafter durch die übrigen (vgl. auch **RG** Bolze 2, 1095), oder durch die Geschäftsführer (§§ 710, 711) mit der Besorgung eines oder mehrerer bestimmter Geschäfte. Diese Geschäftsübertragung untersteht den Regeln des Auftrags, ist also namentlich jederzeit widerruflich (§ 671). — Bei Abgabe von Erklärungen genügt die Erklärung gegenüber einem der die Geschäfte führenden Gesellschafter (**RG** LZ 1924, 547).

§ 710

Ist in dem Gesellschaftsvertrage die Führung der Geschäfte einem Gesellschafter oder mehreren Gesellschaftern übertragen, so sind die übrigen Gesellschafter von der Geschäftsführung ausgeschlossen[1]). Ist die Geschäftsführung mehreren Gesellschaftern übertragen, so finden die Vorschriften des § 709 entsprechende Anwendung[2]).

E I 636 II 650; M 2 603; P 2 420.

1. Der in § 709 geordnete Rechtszustand, daß sämtliche Gesellschafter zur Geschäftsführung zusammenwirken müssen, wird oft als ein wenig befriedigender sich herausstellen. Es ist deshalb für den Fall, daß die Gesellschafter sich entschließen, die Geschäftsführung einem oder mehreren Gesellschaftern zu übertragen — welche Übertragung auch stillschweigend erfolgen kann —, vom Gesetz die ergänzende Vorschrift gegeben, daß ihnen damit die Geschäftsführung unter **Ausschließung der übrigen Gesellschafter** zugewiesen ist (vgl. § 709 A 4). Den nicht geschäftsführenden Gesellschaftern ist damit auch das Recht genommen, der Vornahme einer Handlung des geschäftsführenden Gesellschafters (vgl. § 115 HGB) zu widersprechen (**RG** 102, 412). Es verbleibt ihnen das Recht der Nachprüfung nach § 716 und das in § 712 Abs 1 gewährte Recht, die Geschäftsführungsbefugnis zu entziehen. Sie bleiben auch verpflichtet, zur Förderung des Zweckes der Gesellschaft mitzuwirken und dürfen namentlich sich der Pflicht nicht entziehen, von solchen Umständen, die der Gesellschaft erhebliche Nachteile bringen können, dem Geschäftsführer rechtzeitig Mitteilung zu machen. Die Geschäftsführung kann unbeschränkt oder mit Beschränkungen übertragen werden. Es besteht keine Vermutung für eine Beschränkung der Geschäftsführungsbefugnis auf die Geschäfte des gewöhnlichen Betriebs. Unter Umständen kann es aber nach den Grundsätzen des Auftrags (vgl. § 665) Pflicht des Geschäftsführers sein, sich vor Ausführung des Geschäfts mit den anderen Gesellschaftern in Verbindung zu setzen und deren Meinung einzuholen. Auch solche Geschäfte, welche die Grundlagen der Gesellschaft betreffen, sind von der Geschäftsführungsbefugnis nicht unbedingt ausgenommen (anders die herrschende Ansicht). Die Geschäftsführer, die oft ganz die Stellung eines Vorstandes haben, können ermächtigt sein, die Rechte der Gesellschafter hinsichtlich der Aufnahme neuer Mitglieder (Gierke, Schuldrecht 857) oder der Ausschließung eines Mitgliedes auszuüben. Der für die handelsrechtliche Gesellschaft geltende Satz, daß die Aufnahme neuer Mitglieder (eines Kommanditisten oder stillen Gesellschafters) nicht ohne Zustimmung sämtlicher Gesellschafter statthaft ist (**RG** 52, 161; JW 1921, 1239[17]), findet auf die Gesellschaft des bürgerlichen Rechts nicht ohne weiteres Anwendung. Den geschäftsführenden Gesellschaftern kann innerhalb gewisser Grenzen (vgl. § 705 A 2) die Ermächtigung zur Abänderung des Gesellschaftsvertrags gegeben sein. Unberührt bleibt von der Geschäftsführungsbefugnis das jedem einzelnen Gesellschafter nach § 723 zustehende Recht der Kündigung. Ist die Führung der Geschäfte nur zu einem Teil bestimmten Gesellschaftern übertragen, so ist die Geschäftsführungsbefugnis der Gesellschafter auch nur zu diesem Teile ausgeschlossen. Die Übertragung der Kassenführung an einen Gesellschafter (**RG** JW 1912, 193[13]) hat noch nicht die Wirkung, daß den übrigen Gesellschaftern die Geschäftsführung genommen ist. Die den Gesellschaftern erteilte Befugnis erlischt, sofern sich aus dem Gesellschaftsvertrage nichts anderes ergibt, mit der Auflösung der Gesellschaft (§ 730 Abs 2; vgl. auch § 729). Dadurch, daß der geschäftsführende Gesellschafter haftbar wird, wenn er unter Verletzung seiner Verpflichtungen aus § 713 ein dem gemeinschaftlichen Interesse der Gesellschafter zuwiderlaufendes Rechtsgeschäft vornimmt, wird die Gültigkeit dieses Geschäfts nicht berührt. Es ergibt sich hieraus nur eine Schadensersatzpflicht. Ersatzpflichtig ist auch der Dritte, der mit dem Geschäftsführer zum Nachteil der übrigen Gesellschafter arglistig zusammengewirkt hat. — Keine Anwendung findet § 710, wenn die Geschäftsführung einem Dritten, z. B. einem Angestellten, übertragen ist. Die Geschäftsführungsbefugnis der Gesellschafter bleibt hier in vollem Maße insofern erhalten, als sie insgesamt die Aufsicht zu führen haben, ihm Anweisungen erteilen können und die geschäftlichen Verrichtungen unter Widerruf der Vollmacht jederzeit selbst übernehmen dürfen.

2. Sind mehrere geschäftsführende Gesellschafter bestellt, so findet § 709 **entsprechende Anwendung;** der Unterschied gegenüber § 709 besteht nur darin, daß die Zahl der geschäftsführenden Gesellschafter kleiner ist, als die Zahl der Gesellschafter. Ist die Geschäftsführung mehreren Gesellschaftern oder sonstigen Personen übertragen, so haben diese entsprechend der Vorschrift des § 709 nur das Recht der Gesamtvertretung. Fällt einer dieser Vertreter fort oder ist er an Vornahme eines Rechtsgeschäfts rechtlich oder tatsächlich verhindert, so wird mangels einer andern Vereinbarung nicht etwa der andere Vertreter in Erweiterung seines Teilrechts zum Alleinvertreter (vgl. **RG** 103, 417).

§ 711

Steht nach dem Gesellschaftsvertrage die Führung der Geschäfte allen oder mehreren Gesellschaftern in der Art zu, daß jeder allein zu handeln berechtigt ist¹), so kann jeder der Vornahme eines Geschäfts²) durch den anderen widersprechen. Im Falle des Widerspruchs muß das Geschäft unterbleiben²).

E I 637 II 651; M 2 604; P 2 420.

1. Ist **jeder Gesellschafter allein zu handeln berechtigt** (vgl. § 115 Abs 1 HGB), so ist im Gegensatze zu § 709 Abs 1 nicht zu jedem Geschäfte Zustimmung erforderlich, sondern es genügt Nichtwiderspruch. Im allgemeinen vgl. § 709 A 2.

2. Es kann nur der Vornahme eines bestimmten Geschäfts oder bestimmter Geschäfte widersprochen werden (einseitige empfangsbedürftige Willenserklärung). Ein im allgemeinen oder erst nach Vornahme des Geschäfts erklärter **Widerspruch** ist unwirksam. Die Erhebung des Widerspruchs hat regelmäßig auch nur Bedeutung für das innere Rechtsverhältnis der Gesellschafter (bestr.). Dritten gegenüber wird die Vertretungsbefugnis nur ausgeschlossen, wenn der Widerspruch vor Vornahme des Rechtsgeschäfts in Gegenwart des hierbei beteiligten Dritten erklärt ist oder, was dem gleichsteht, die früher erfolgte Widerspruchserhebung ihm von dem Widersprechenden kundgegeben ist. Ist der Dritte ein zum Alleinhandeln berechtigter Gesellschafter, so bleibt das Rechtsgeschäft, wenn dieser mit seiner Vornahme ausgesprochenermaßen nicht einverstanden ist, wegen des hieraus zu entnehmenden Widerspruchs ohne jede Wirkung (**RG** 81, 92; das hier für die offene Handelsgesellschaft Gesagte hat auch auf die Gesellschaft des bürgerlichen Rechtes Anwendung zu finden). Auf das Widerspruchsrecht kann im Gesellschaftsvertrage wirksam verzichtet werden — vgl. § 710 — (bestr.). Gegen Mißbrauch schützen Schadensersatzpflicht und § 712.

§ 712

Die einem Gesellschafter durch den Gesellschaftsvertrag übertragene Befugnis zur Geschäftsführung[1]) **kann ihm durch einstimmigen Beschluß**[2]) **oder, falls nach dem Gesellschaftsvertrage die Mehrheit der Stimmen**[3]) **entscheidet, durch Mehrheitsbeschluß der übrigen Gesellschafter entzogen werden, wenn ein wichtiger Grund**[4]) **vorliegt; ein solcher Grund ist insbesondere grobe Pflichtverletzung oder Unfähigkeit**[4]) **zur ordnungsmäßigen Geschäftsführung**[5]).

Der Gesellschafter kann auch seinerseits die Geschäftsführung kündigen[6]), **wenn ein wichtiger Grund vorliegt; die für den Auftrag geltenden Vorschriften des § 671 Abs 2, 3 finden entsprechende Anwendung.**

E I 638 II 652; M 2 605; P 2 421.

1. Die **Entziehung der Geschäftsführung** ist die Aufhebung des Sonderrechts eines Gesellschafters (vgl. § 35). Der Gesellschafter, dem im Gesellschaftsvertrage die Geschäftsführung übertragen ist, nimmt nicht die Stellung eines bloßen Beauftragten ein, dem die Geschäftsführungsbefugnis beliebig wieder entzogen werden kann. Diese Befugnis ist vielmehr mit seinem Gesellschafterrecht fest verknüpft und kann deshalb nur in außerordentlichen Fällen zurückgenommen werden. Das Gesetz hat, wie der Ausdruck deutlich zeigt, die Fälle des § 710 und auch des § 711, nicht dagegen — bestr. — des § 709 (Abs 1, 2) im Auge.

2. Die Entziehung erfolgt durch **Beschluß der übrigen Gesellschafter**, nicht durch gerichtliche Entscheidung (§ 117 HGB). Der Beschluß wird dem Geschäftsführer gegenüber nach Maßgabe der §§ 130ff. wirksam. Im Streitfalle Feststellungsklage (Beweislast der entziehenden Gesellschafter). Nicht ausgeschlossen ist indessen die Entziehung der Geschäftsführungsbefugnis durch einstweilige Verfügung (vgl. auch **RG** 22, 169). Nur die volle Entziehung der Geschäftsführung, nicht sonstige Maßregeln (etwa Einsetzung eines Mitgeschäftsführers) stehen, von einer anderweiten Regelung im Gesellschaftsvertrage abgesehen, den übrigen Gesellschaftern zu. Mit der Befugnis zur Entziehung ist in Abs 1 nicht auch die Befugnis zur Beschränkung der Geschäftsführung gegeben (**RG** Warn 1913 Nr 51). Über das Verhältnis zwischen Geschäftsführung und Vertretungsmacht s. § 715 A 2. **Verzicht** auf das Entziehungsrecht würde dem Zwecke des § 712 zuwiderlaufen, ist daher unwirksam (bestr.). Daß umgekehrt auch ein Verzicht auf das Kündigungsrecht (Abs 2) unwirksam ist, sagt § 671 Abs 3 ausdrücklich.

3. Die Entziehung durch **Stimmenmehrheit** kann im Gesellschaftsvertrage allgemein oder besonders für den Fall des § 712 Abs 1 angeordnet sein. Die erforderliche Stimmenzahl muß gemäß den Bestimmungen des Gesellschaftsvertrags ermittelt werden, gegebenenfalls in ordnungsmäßig berufener Gesellschaftsversammlung (**RG** 26. 9. 08 I 616/07).

4. Ob ein **wichtiger Grund** vorliegt, ist am letzten Ende durch richterliches Ermessen festzustellen (vgl. HGB a. F. Artt 101, 125 Nr 2—5). Die grobe Pflichtverletzung bestimmt sich nach sachlichen und persönlichen Merkmalen (vgl. hierzu den anders gefaßten § 723 Abs 1 Satz 2). Die Unfähigkeit kann auch unverschuldet sein; mit einem gesetzlichen Vertreter brauchen die übrigen Gesellschafter sich nicht einzulassen. Auf die Zugehörigkeit zum Aufsichtsrat wird — was in **RG** 103, 186 unentschieden gelassen ist — § 712 entsprechend anzuwenden sein. Das Vorliegen eines wichtigen Grundes wird jedoch hier nur ausnahms-

weise, wie in dem Falle, daß der Gesellschafter die durch seine Stellung als Aufsichtsratsmitglied erlangten Kenntnisse böslich zum Nachteile der Gesellschaft ausgenutzt hat, angenommen werden können. — § 712 enthält wie § 723 eine Anwendung des Grundsatzes, daß bei veränderten Umständen das Verpflichtungsverhältnis aufgehoben werden kann, wenn sein Fortbestehen Treu und Glauben mit Rücksicht auf die Verkehrssitte widersprechen würde (§ 242, sog. clausula rebus sic stantibus — vgl. auch **RG** 103, 331). Dementsprechend hat **RG** JW 1924, 671[4] angenommen, daß, wenn der eine Gesellschafter die geschäftliche, der andere die künstlerische Leitung des gemeinsam betriebenen Unternehmens hat und dem letzteren die an sich aus einem wichtigen Grunde gerechtfertigte Kündigung mit Rücksicht auf den Fortbestand des Unternehmens nicht zugemutet werden kann, zu seinen Gunsten behufs anderweiter Gestaltung der Geschäftsführung § 242 BGB anzuwenden ist.

5. **Folgen der Entziehung.** Sofern sie nicht im Gesellschaftsvertrage besonders geregelt sind, kommt in allen Fällen, also auch wenn die Geschäftsführung mehreren Gesellschaftern übertragen war und nur einem von ihnen entzogen wird, die Regel des § 709, und zwar auch für den abgesetzten Geschäftsführer, wieder zur Geltung. Denn die Vereinbarung über die Geschäftsführung muß im Zweifel als eine einheitliche aufgefaßt werden, die nur als Ganzes oder überhaupt nicht bestehen soll. Zur Vergleichung s. auch § 139.

6. Befugnis zur **Kündigung** und Entziehung (A 1) entsprechen einander; Kündigung der Geschäftsführung ist also im Falle des § 709 nicht gestattet (vgl. aber § 723). Die Kündigung hat die in A 5 bezeichneten Wirkungen. Sie ändert den Gesellschaftsvertrag, sie hat gegenüber den anderen Gesellschaftern (nicht Geschäftsführern) zu erfolgen und kann einen Grund für die Kündigung der Gesellschaft (§ 723) entstehen lassen. § 712 Abs 2 betrifft nur den geschäftsführenden G e s e l l s c h a f t e r (vgl. jedoch § 723).

§ 713

Die Rechte und Verpflichtungen der geschäftsführenden Gesellschafter bestimmen sich nach den für den Auftrag geltenden Vorschriften der §§ 664 bis 670, soweit sich nicht aus dem Gesellschaftsverhältnis ein anderes ergibt[1])[2]).

E I 939 II 653; **M** 2 606—609; **P** 2 422—424.

1. Die geschäftsführenden Gesellschafter sind Gesellschafter in einer Sonderstellung. Daher gilt für sie zunächst Gesellschaftsrecht, **ergänzend** kommen die angezogenen **Vorschriften des Auftrags** zur Anwendung. Daraus ergibt sich namentlich die Haftung für culpa in concreto (§ 708). Die Übertragung der Geschäftsführung erfolgt durch Vertrag. Zur Übernahme der Geschäftsführung ist der Gesellschafter kraft Gesellschaftsrechts nicht ohne weiteres verpflichtet. Über das ihm zustehende Recht der Kündigung s. § 712 Abs 2. Auf eine V e r g ü t u n g hat er nur Anspruch, wenn ihm eine solche von den anderen Gesellschaftern zugebilligt ist. Einseitig ein Gehalt für sich zu bestimmen, ist er nicht befugt (**RG** JW 01, 406[25]). Für mehrere Geschäftsführer kommen §§ 710 Satz 2, 711 in Betracht: einer ist für den andern nach Maßgabe dieser Vorschriften mitverantwortlich; anders, wenn der Gesellschaftsvertrag eine Verteilung der Geschäfte vorsieht. W e i s u n g e n (§ 665) haben für den Geschäftsführer nur Bedeutung, wenn sie von sämtlichen übrigen Gesellschaftern ausgehen. Und auch in diesem Falle sind sie für den Geschäftsführer nicht unbedingt verbindlich, da er eine Beschränkung seiner Geschäftsführungsbefugnisse (s. § 712 A 2) sich nicht gefallen zu lassen braucht. Es könnte gegen ihn nur in der Weise vorgegangen werden, daß die Geschäftsführungsbefugnis ihm entzogen wird (§ 712 Abs 1). „Nachricht", „Auskunft" (§ 666) ist den übrigen Gesellschaftern zu erteilen. Die R e c h e n s c h a f t s a b l e g u n g fällt naturgemäß zusammen mit dem Rechnungsabschluß (§ 721). Die Rechnung ist von dem geschäftsführenden Gesellschafter den sämtlichen übrigen Gesellschaftern zu legen. Wird sie einem der Gesellschafter zugestellt, so darf angenommen werden, daß damit die Rechnungslegungspflicht im ganzen, gegenüber sämtlichen Gesellschaftern hat erfüllt werden sollen, und ebenso ist anzunehmen, daß der die Rechnung empfangende Gesellschafter sie zugleich für die übrigen Gesellschafter entgegennimmt. Das Verlangen der Rechnungslegung kann gerade so, wie das Verlangen der Gewinnverteilung oder Auseinandersetzung, welchen Zwecken die Rechnungslegung schließlich dient, von jedem e i n z e l n e n Gesellschafter gestellt werden. Es wird oft in dem Verlangen der Auseinandersetzung mit enthalten sein. In gleicher Weise wird übrigens die Sache zu beurteilen sein, wenn es sich um die Rechnungslegung durch einen Nichtgesellschafter handelt, der mit der Geschäftsführung oder als Liquidator mit der Durchführung der Auseinandersetzung betraut ist (anders **RG** 91, 34 hinsichtlich des Rechnungslegungsanspruchs gegen den bisherigen Liquidator einer offenen Handelsgesellschaft). Der geschäftsführende Gesellschafter genügt seiner Rechenschaftspflicht im Regelfall durch Vorlegung der Bücher (§ 716); ob ihm darüber hinaus die strengere Rechenschaftspflicht nach § 259 zuzumuten ist, hängt von den besonderen Umständen des Einzelfalles und billigem Ermessen (§ 242) ab (**RG** 2. 11. 26 II 594/25). Die

Pflicht zur Rechnungslegung ist nicht von der vorhergehenden Feststellung abhängig, daß Einnahmen oder Ausgaben vorgekommen sind (**RG** JW 1912, 193[13]). Ein Verzicht lediglich auf das Nachprüfungsrecht (§ 716) steht der Rechenschaftsforderung nicht entgegen. Der Geschäftsführende hat, um seiner Rechnungslegungspflicht genügen zu können, von vornherein die nötigen Aufzeichnungen zu machen. Wegen der Verpflichtung zur Führung von Büchern s. § 716 A 2. Der Pflicht zur Rechnungsführung entspricht das Recht auf Entlastung. Gegenüber einer ordnungsmäßig gelegten und mit Belegen versehenen Rechnung ist die allgemeine Behauptung der Unrichtigkeit ohne genauere Begründung der Beanstandungen nicht zu beachten. Die Herausgabe nach §§ 667, 668 besteht in der Abführung zur Gesellschaftskasse oder in der anderweiten Übereignung von im eigenen Namen erworbenen Gegenständen in das Gesellschaftsvermögen (**RG** 54, 103; Warn 1908 Nr 23). Herauszugeben sind auch alle Vorteile, die der Gesellschafter infolge der Geschäftsführung erlangt hat (vgl. **RG** 82, 10; 96, 55; 99, 32). Der Gesellschafter hat unbedingt gemäß §§ 670, 256 einen Anspruch auf Ersatz von Aufwendungen — dazu gehört auch die Bezahlung einer Gesellschaftsschuld (**RG** 17. 2. 06 I 413, 414/05) — und nach § 669 einen Anspruch auf Zahlung eines Vorschusses zur Deckung der Aufwendungen. Ersatz der Aufwendungen kann auch in der Form verlangt werden, daß Befreiung von den hierfür eingegangenen Verbindlichkeiten gefordert wird (§ 257). Im Streitfalle ist der Anspruch durch Rechnungslegung über Einnahmen und Ausgaben klarzustellen (SeuffA 36 Nr 122). Ein Anspruch auf Ersatz des Schadens, den der Geschäftsführer bei der Führung der Geschäfte erleidet, wird vom Gesetze nicht ausdrücklich gewährt (M 2, 609; Prot 424; vgl. HGB § 110), er kann nach § 670 begründet sein. Leitender Grundsatz ist, daß der Beauftragte in der Weise Ersatz für seine Aufwendungen erhalten soll, daß er vor Schaden bewahrt bleibt (**RG** JW 03 Beil 94[215]). Für alle seine Ansprüche, auch den Anspruch aus Zusicherung einer Belohnung, kann der Geschäftsführer während der Dauer der Gesellschaft (vgl. aber §§ 733, 735) Befriedigung nur aus dem Gesellschaftsvermögen suchen (§ 707 A 1). Er hat, wenigstens der Regel nach, kein Recht, wegen seiner Ansprüche die übrigen Gesellschafter, soweit sie nicht mit den an die Gesellschaft zu leistenden Beiträgen in Rückstand sind, persönlich haftbar zu machen (**RG** 80, 272; vgl. auch 31, 141; ferner JW 1912, 240[7]; anders Enneccerus § 398 A 11 und für den Fall der Zahlung einer Gesellschaftsschuld Oertmann A 5; vgl. auch das in dieser Anmerkung a. E. Gesagte). Den auf Zeit bestellten Geschäftsführern liegt es ob, vor Ablauf der Wahlzeit rechtzeitig eine Mitgliederversammlung behufs Neuwahl der Geschäftsführer einzuberufen (**RG** JW 1912, 186[1]). Die Ansprüche gegen die Geschäftsführer bilden, abgesehen von dem persönlichen Nachprüfungsrecht des § 716, Gesellschaftsvermögen (§ 718 A 2 — bestr.). Verantwortlich kann der Gesellschafter nicht schon deshalb gemacht werden, weil er das in Gesellschaftsangelegenheiten geschlossene Geschäft nicht auf den Namen der Gesellschafter, sondern auf seinen eigenen Namen gestellt hat, wofür eine genügende Veranlassung vorgelegen haben kann. Das Gesellschaftsverhältnis kann in der Art geordnet sein, daß nach außen hin nur ein Gesellschafter (die leitende Firma) handelnd auftritt, welcher die Geschäfte auf seinen Namen abschließt. Dieser ist nach den Grundsätzen des Auftrags auch dafür haftbar, daß durch seine Alleinvertretung, die es dem Dritten ermöglicht, mit Gegenforderungen nicht gesellschaftlicher Art aus seiner Person aufzurechnen, den übrigen Gesellschaftern kein Nachteil erwächst (vgl. **RG** 97, 236). Auch in diesem Falle, daß das Gesellschaftsverhältnis nach außen hin nicht in Erscheinung tritt, greift die Regel des § 181 Platz (vgl. § 714 A 1; **RG** 104, 128). Über den Umfang der Geschäftsführung vgl. §§ 709 A 4, 710 A 1, über die Beendigung der Geschäftsführung §§ 712, 730 Abs 2. Zur Klage auf Erfüllung der dem geschäftsführenden Gesellschafter gegenüber der Gesellschaft obliegenden Verpflichtungen wird ein jeder Gesellschafter zuzulassen sein. — Hat ein Gesellschafter die Geschäfte der Gesellschaft besorgt, ohne hierzu berufen zu sein, so bestimmen sich seine Rechte und Pflichten im allgemeinen nach den Grundsätzen über Geschäftsführung ohne Auftrag (§§ 677 ff.). Der Gesellschafter, der ohne Auftrag eine Schuld der Gesellschaft berichtigt oder die zur Erhaltung eines Gegenstandes notwendigen Ausgaben (vgl. § 744 Abs 2) bestritten hat, hat damit eine Aufwendung gemacht, die ihm von der Gesellschaft zu ersetzen und nach Vorschrift des § 256 von der Zeit der Aufwendung an zu verzinsen ist. Ist er auch nach § 707 zur Erhöhung seines Beitrags nicht verpflichtet, so muß er doch als Teilhaber der Gesellschaft für berechtigt erachtet werden, eine weitere Leistung freiwillig zu übernehmen (**RG** 12. 2. 06 I 413/05).

2. Ist die Geschäftsführung, was zulässig, einem Nichtgesellschafter übertragen, so kommt die unter 1 hervorgehobene Beschränkung, daß während Bestehens der Gesellschaft der Geschäftsführer wegen seiner Ansprüche Befriedigung nur aus dem Gesellschaftsvermögen und den rückständigen Beiträgen fordern kann, in Wegfall. Seine Rechte sind hier die gleichen wie die eines anderen Gläubigers. Auf das Interesse der Gesellschafter muß er allerdings insofern Rücksicht nehmen, als er, wenn er Befriedigung aus dem Gesellschaftsvermögen oder den rückständigen Beiträgen erlangen kann, keine weitergehende Haftung der Gesellschafter in Anspruch nehmen darf.

§ 714

[1]) Soweit einem Gesellschafter nach dem Gesellschaftsvertrage die Befugnis zur Geschäftsführung zusteht, ist er im Zweifel auch ermächtigt[2]), die anderen Gesellschafter Dritten gegenüber zu vertreten[3])[4]).

E I 640 Abs 1 II 654; M 2 609; P 2 424.

1. **Vertretungsmacht der geschäftsführenden Gesellschafter.** Für die Gesellschaft können die Geschäftsführer in der Weise handeln, daß sie nach außen in eigenem Namen auftreten (Innengesellschaft, § 718 A 6). Die Berechtigung und Verpflichtung aus solchen Rechtsgeschäften kann von der Gesamtheit der Gesellschafter nur durch besondere Übertragungshandlung (auch Auflassung erforderlich; vgl. § 718 A 1 a. E.) oder Schuldübernahme erworben werden. Das Regelmäßige ist, daß die Geschäftsführer in offener Vertretung der Gesellschaft handeln. Hierfür gelten die §§ 714, 715. Die Vertretung steht an sich keinem der einzelnen Gesellschafter für sich allein zu (anders § 125 HGB), so daß alle Gesellschafter zusammen handeln müssen, sollen sie Dritten gegenüber berechtigt oder verpflichtet werden (vgl. §§ 420, 427, 431). Die Gesellschafter können aber wie einen Dritten, so auch einen oder mehrere Gesellschafter mit ihrer Stellvertretung betrauen (§§ 164ff.). Die Vertretungsmacht wird sich nach den Gepflogenheiten des Verkehrs regelmäßig mit der Geschäftsführungsbefugnis vereinigen; dafür stellt § 714 eine Auslegungsregel auf. Übertragung der Geschäftsführung ist in der Regel Vollmachtserteilung. Gegebenenfalls haben die belangten Gesellschafter, wenn feststeht, daß ihnen unbeschränkte Geschäftsführungsbefugnis erteilt ist, nachzuweisen, daß die Vollmacht eingeschränkt worden, insbesondere dahin gegangen sei, der Geschäftsführer solle im eigenen Namen handeln. Der Geschäftsführer ist auch als Bevollmächtigter im Sinne von § 266 StGB anzusehen (**RG**St 43, 55). Bei Rechtsgeschäften zwischen ihm und der Gesellschaft, d. h. allen Gesellschaftern, und bei den ihn betreffenden Beschlüssen der Gesellschaft ist seine Vertretungsmacht, falls nicht ein anderes vereinbart ist, nach Maßgabe des § 181 als ausgeschlossen anzusehen (vgl **RG** 32, 256; § 713 A 1 a. E.). Nicht ausgeschlossen ist die Mitwirkung, wenn es sich um eine die gesellschaftliche Organisation betreffende Angelegenheit, um die Wahl als Geschäftsführer, als Aufsichtsratsmitglied usw. oder um die Entlassung aus dieser Stellung handelt (**RG** 104, 186; vgl. § 34 A 1). Die Regel des § 181 greift durch, wenn Rechte von der Gesellschaft gegen den einzelnen Gesellschafter, sei es auf dem Prozeßwege oder sonst, oder von ihm gegen die Gesellschaft verfolgt werden. Bei Vertragsschlüssen mit der Gesellschaft wird diese, da die Vertretungsmacht des mit ihr den Vertrag schließenden Gesellschafters wegfällt, allein von den anderen Gesellschaftern vertreten. Darüber, daß der geschäftsführende Gesellschafter sich nicht selbst ein Gehalt bewilligen kann, s. § 713 A 1. Hat ein vertretungsberechtigter Gesellschafter bei Vornahme eines Rechtsgeschäfts in arglistigem Einvernehmen mit dem Geschäftsgegner bewußt zum Nachteile der Gesellschaft gehandelt, so brauchen die anderen Gesellschafter das Rechtsgeschäft nicht als für sich verbindlich gelten zu lassen (**RG** 9, 149; 57, 391; 58, 356; 71, 222; HoldheimsMSchr 1914, 212).

2. Wie der Inhalt der Geschäftsbefugnis, so kann auch der **Umfang der Vollmacht,** der im Gegensatze zu § 126 HGB durch eine gesetzliche Regel nicht bestimmt wird, sehr verschieden sein (vgl. §§ 710 Satz 2, 711; HGB § 125). Nach herrschender Ansicht ist es auch (in Abweichung vom § 126 Abs 2 HGB) möglich, die Vollmacht der Vertreter dahin zu beschränken, daß die Gesellschafter nur mit dem Gesellschaftsvermögen (§ 718) haftbar gemacht werden können (**RG** 63, 65; 12, 229). Dadurch wird eine Annäherung an die G. m. b. H. (vgl. § 13 Abs 2) bewirkt. Gegen die Wirksamkeit einer solchen Haftungsbeschränkung läßt sich nicht einwenden, daß dadurch dem Dritten, der mit dem Geschäftsführer sich einlassen will, eine zu weitgehende Prüfung zugemutet werde. Der Dritte ist ohnedies, um sich über die Vollmachtserteilung und den Umfang der Vollmacht zu vergewissern, darauf angewiesen, sich die über die Bevollmächtigung ausgestellte Urkunde vorlegen zu lassen. Ist in dieser von einer Beschränkung nichts enthalten, so kann allerdings dem gutgläubigen Dritten (vgl. § 172) die Beschränkung nicht entgegengesetzt werden. Die Vertretungsmacht kann dahin erteilt sein, daß der geschäftsführende Gesellschafter allein oder nur in Gemeinschaft mit einem anderen Gesellschafter zur Vertretung befugt ist (Einzelvertretung und Gesamtvertretung). Auch eine Verbindung dieser beiden Arten ist nicht unzulässig (vgl. **RG** 90, 22). Ist bei einer aus zwei Gesellschaftern bestehenden Gesellschaft, die Gesamtvertretungsmacht haben, der eine rechtlich oder tatsächlich an der Ausübung der Vertretung im Einzelfall gehindert, so kann mit einer Zustimmung der andere insoweit die Gesellschaft — auch bei der Liquidation — allein vertreten (**RG** 116, 116 bez. der off. HG). Wird die Vertretungsmacht gemäß § 714 lediglich durch die Geschäftsführungsbefugnisse bestimmt, so kann es nicht vorkommen, daß der geschäftsführende Gesellschafter durch den Abschluß mit einem Dritten die anderen Gesellschafter verpflichtet, sich selbst aber diesen gegenüber gleichzeitig wegen Überschreitung der Geschäftsführungsbefug-

nis ersatzpflichtig macht (RG Warn 08 Nr 148). — Sind satzungsmäßig die Vermögensstücke der Gesellschaft auf den Namen des Vorsitzenden und eines anderen Vorstandsmitglieds einzutragen, denen es wiederum obliegt, den übrigen Vorstandsmitgliedern eine Rückzession zu erteilen, so sind bei einem Wechsel des Vorstandes die neuen Vorstandsmitglieder ermächtigt, in eigenem Namen, wenn auch als Treuhänder der Gesellschaft, gegen die bisherigen Vorstandsmitglieder auf Übertragung der Vermögensstücke zu klagen (RG 20. 10. 09 I 537/08).

3. Auf seiten des zur Vertretung ermächtigten Gesellschafters muß der **Vertretungswille**, der Wille, für die Gesellschafter zu handeln, erkennbar hervortreten, andernfalls kommt das Geschäft zwischen dem einzelnen handelnden Gesellschafter und dem andern Vertragsteile zustande (§ 164 Abs 2; RG JW 01, 163[14]; 1911, 540[14]). Ebenso haften die Gesellschafter aus den von dem Geschäftsführer eingegangenen Verpflichtungen nur, wenn der Geschäftsführer erkennbar in ihrem Namen gehandelt hat. Die Gesellschafter können allerdings, wenn das Geschäft tatsächlich in den Rahmen der Gesellschaft fällt und sie die Vorteile aus dem Geschäft in Anspruch nehmen, auch der Haftung aus diesem Geschäft sich nicht entziehen.

4. Im **Rechtsstreite** sind die Gesellschafter Partei. Eide sind von ihnen zu leisten, sie können nicht Zeugen oder Nebenintervenienten sein. Ob die Geschäftsführer zur Führung des Rechtsstreits ermächtigt sind, muß aus dem ihnen erteilten Auftrage entnommen werden; regelmäßig wird es der Fall sein. Klagen die Gesellschafter als solche und stellt sich heraus, daß der Anspruch einem Gesellschafter persönlich zusteht, oder macht umgekehrt ein Gesellschafter für seine Person einen der Gesellschaft zustehenden Anspruch geltend, so ist die Klage wegen mangelnder Sachlegitimation abzuweisen (RG JW 1912, 748[12]). — Die Klage gegen die Gesellschafter muß durch Zustellung an diese erhoben werden, soweit nicht die Geschäftsführer bevollmächtigt sind (§ 173 ZPO). Die Vertreter führen den Rechtsstreit immer im Namen der Gesellschafter, die als Kläger oder Beklagte benannt werden müssen (vgl. § 54 A 1), sie sind nicht gesetzliche Vertreter, sondern Prozeßbevollmächtigte (vgl. RG 57, 92). Verfolgen die Gesellschafter als Kläger einen zum Gesellschaftsvermögen gehörenden Anspruch, so sind sie notwendige Streitgenossen (§ 62 ZPO). Der aus der Gesellschaft ausscheidende Gesellschafter bleibt auf Grund des § 265 Abs 2 ZPO im Prozesse, wenngleich gemäß § 738 sein Anteil am Gesellschaftsvermögen den übrigen Gesellschaftern zuwächst (RG 78, 105). In notwendiger Streitgenossenschaft stehen auch die Gesellschafter, welche als zur gesamten Hand verbundene Personen nur auf das Gesellschaftsvermögen (A 2) in Anspruch genommen werden. Auch in diesem Falle bewirkt das Ausscheiden eines Gesellschafters aus der Gesellschaft nicht sein Ausscheiden aus dem Rechtsstreite. Materiell ist freilich die Klage gegen ihn nicht mehr begründet. Ein neu in die Gesellschaft Eintretender muß mitbelangt werden (§ 736 ZPO). Soweit die Gesellschafter zugleich je für sich verklagt werden, besteht gewöhnliche Streitgenossenschaft. Das Urteil (§ 736 ZPO) kann je nach der Sachlage gegen die Gesellschafter mit der Maßgabe ergehen, daß es nur in das Gesellschaftsvermögen vollstreckt werden kann, es kann aber auch gegen die einzelnen zugleich mit ihrem Privatvermögen haftenden Gesellschafter erlassen werden und ist in diesem Falle sowohl gegen das Gesellschaftsvermögen, als das Privatvermögen der einzelnen Gesellschafter vollstreckbar. Auf Grund des § 736 ZPO kann übrigens das die Zwangsvollstreckung in das Gesellschaftsvermögen ermöglichende Urteil auch wegen Schulden der sämtlichen Gesellschafter, die mit den Gesellschaftszwecken in keinem Zusammenhang stehen, erlangt werden. Über die Befugnis des einzelnen Gesellschafters, kraft eigenen Rechtes einen aus dem Gesellschaftsverhältnis entspringenden Anspruch gegen einen Mitgesellschafter geltend zu machen, s. § 705 A 5.

§ 715

[1]) Ist im Gesellschaftsvertrag ein Gesellschafter[2]) ermächtigt, die anderen Gesellschafter Dritten gegenüber zu vertreten, so kann die Vertretungsmacht nur nach Maßgabe des § 712 Abs 1 und, wenn sie in Verbindung mit der Befugnis zur Geschäftsführung erteilt worden ist, nur mit dieser entzogen werden.

E I 640 Abs 2 II 655; M 2 609; P 2 424.

1. Wie die Geschäftsführungsbefugnis bildet auch die auf Grund des Gesellschaftsvertrags dem Gesellschafter als solchem zukommende **Vertretungsmacht** ein Sonderrecht, das dem Gesellschafter nicht ohne Grund einseitig entzogen werden kann. § 715 dehnt daher die die Geschäftsführung betreffende Vorschrift des § 712 Abs 1 auf die Vertretungsmacht aus. Im übrigen beruht § 715, soweit er die Entziehung der Vertretungsmacht nicht ohne die Entziehung der Geschäftsführungsbefugnis zuläßt, auf der Einheitlichkeit des durch beide Befug-

nisse dem Gesellschafter gewährten Sonderrechts. Aus diesem Grunde wird, wenn solche Einheitlichkeit besteht, auch die alleinige Entziehung der Befugnis zur Geschäftsführung unter Belassung der Vertretungsmacht als ausgeschlossen gelten müssen. Kündigung der Geschäftsführung nach § 712 Abs 2 zieht den Verlust der Vertretungsmacht nach Maßgabe der §§ 168 Satz 1, 714 nach sich. Die Kündigung der Vertretungsmacht allein ist, da das Gesetz eine dem § 712 Abs 2 entsprechende Vorschrift nicht gibt, nicht als statthaft anzusehen.

2. Für die nicht einem Gesellschafter, sondern einem Dritten erteilte Vertretungsmacht, sowie für den Widerruf einer nicht im Gesellschaftsvertrag als Sonderrecht erteilten Vollmacht gelten die Vorschriften über Vollmacht. — Für die offene Handelsgesellschaft s. § 127 HGB.

§ 716

Ein Gesellschafter kann, auch wenn er von der Geschäftsführung ausgeschlossen ist, sich von den Angelegenheiten der Gesellschaft persönlich unterrichten, die Geschäftsbücher und die Papiere der Gesellschaft[2]) einsehen und sich aus ihnen eine Übersicht über den Stand des Gesellschaftsvermögens anfertigen[1]).

Eine dieses Recht ausschließende oder beschränkende Vereinbarung steht der Geltendmachung des Rechtes nicht entgegen, wenn Grund zu der Annahme unredlicher Geschäftsführung besteht[3]).

E I 643 II 656; M 2 613; P 2 425.

1. Das **Nachprüfungsrecht** steht dem Gesellschafter persönlich zu, wenn es nicht gemäß Abs 2 ausgeschlossen oder beschränkt ist. Das Recht ist unübertragbar (§ 717). Es kann jedoch nach allgemeiner Ansicht durch einen gesetzlichen Vertreter, auch — bestr. — durch den Ehemann als Verwalter des Frauenguts, sowie nach den Umständen unter Zuziehung eines — geeigneten, selbst zu entlohnenden — Sachverständigen ausgeübt werden (**RG** 25, 88). Die Frage, ob im einzelnen Falle das Recht durch einen Bevollmächtigten ausgeübt werden kann, wird meistens verneint. Besondere Umstände können jedoch die Zulassung eines Bevollmächtigten rechtfertigen (§§ 241, 242; s. Staudinger A 1 c). Verpflichtung zur Auskunftserteilung besteht nicht. Das Recht der Einsicht schließt das Recht auf Zutritt zu den Geschäftsräumen in sich.

2. Das Vorhandensein von **Geschäftsbüchern** und Papieren der Gesellschaft wird in § 716 vorausgesetzt. Durch diese Vorschrift ist aber nicht etwa dem geschäftsführenden Gesellschafter beim Fehlen einer andern Vereinbarung allgemein die Verpflichtung zur Buchführung auferlegt. Eine solche Verpflichtung ist im Verhältnis zu den Gesellschaftern nur anzunehmen, wenn die Buchführung, wie bei größeren Unternehmungen von längerer Dauer, üblich ist (**RG** 103, 72). Hat der geschäftsführende Gesellschafter Buchungen über die Gesellschaftsgeschäfte vorgenommen, so darf er ihre Einsicht nicht deshalb verweigern, weil in den Büchern zugleich andere Eintragungen sich befinden. Zur Sicherung gegen Mißbrauch kann solchenfalls die Beschränkung geboten sein, daß das Recht der Einsicht nur durch einen vereideten Bücherrevisor ausgeübt werden darf (**RG** 103, 73). Die nach handelsrechtlichen, gewerberechtlichen oder steuerrechtlichen Vorschriften (vgl. §§ 38ff. HGB, §§ 162ff. RAbgO v. 13. 12. 19) der Gesellschaft obliegende Buchführung bildet selbstverständlich eine besondere Verpflichtung des geschäftsführenden Gesellschafters.

3. Ein auf annehmbare Gründe sich stützender **Verdacht** genügt (anders HGB a. F. Art 105 Abs 3).

§ 717

[*]) Die Ansprüche, die den Gesellschaftern aus dem Gesellschaftsverhältnisse gegeneinander zustehen, sind nicht übertragbar[1]). Ausgenommen sind die einem Gesellschafter aus seiner Geschäftsführung zustehenden Ansprüche, soweit deren Befriedigung vor der Auseinandersetzung verlangt werden kann, sowie die Ansprüche auf einen Gewinnanteil oder auf dasjenige, was dem Gesellschafter bei der Auseinandersetzung zukommt[2])[3]).

E I 644 II 657; M 2 613—615; P 2 425.

1. Ein Gesellschafter hat grundsätzlich nicht das Recht, eine andere Person an seine Stelle zu setzen (vgl. aber A 4). Er ist demgemäß **zur Übertragung der Gesellschaftsrechte nicht befugt**, weder zur Übertragung der Mitgliedschaft (vgl. § 719 A 1), noch der Einzelansprüche aus dem Gesellschaftsverhältnis. Nicht übertragbar ist das Recht der Verfügung in Gesell-

schaftsangelegenheiten — Anspruch des Gesellschafters auf Teilnahme an der Geschäftsführung (§§ 709ff.), Mitwirkung bei dem Recht, den Geschäftsführer mit Anweisungen zu versehen (§ 713 A 1) und ihm Entlastung zu erteilen, Mitwirkung bei der Gewinnverteilung oder Auseinandersetzung — ebensowenig das Recht der Nachprüfung —, Anspruch auf Einsicht (§ 716) oder Rechnungslegung (**RG** 52, 35; 90, 20; 95, 231; Gruch 48, 914). Der persönlichen Natur des Gesellschaftsverhältnisses widerspricht die Einmischung eines Dritten in diese Angelegenheiten. Der Anspruch auf Rechnungslegung ist selbst dann nicht übertragbar, wenn dem Dritten zugleich der Anspruch auf einen seinem Betrage nach durch Rechnungslegung zu ermittelnden Gewinnanteil übertragen ist (**RG** Gruch 48, 912; LZ 1912, 558[6]). Ganz abgesehen davon, daß gar nicht feststeht, ob die Rechnung einen Geschäftsgewinn oder einen Verlust ergeben wird, erscheint es mit dem Wesen der Gesellschaft nicht wohl vereinbar, dritten Personen einen Einblick in die gesamten geschäftlichen Verhältnisse zu gewähren. Zu beachten ist, daß § 717 sich nur bezieht auf die Ansprüche der Gesellschafter untereinander, nicht auf die Ansprüche, die der Gesellschaft, d. i. den zur gesamten Hand verbundenen Gesellschaftern (§ 718 A 1) zustehen, über die demgemäß nur von der Gesellschaft selbst, nicht von dem einzelnen, auch nicht teilweise (§ 719), verfügt werden kann. Dies ist der Fall bei den Ansprüchen der Gesellschaft gegen dritte Personen. Zweifelhaft kann sein, wie es sich mit der Übertragbarkeit der Ansprüche des Gesellschafters gegen einen Mitgesellschafter auf Leistung an die Gesellschaft verhält. Aber auch hier ist Unübertragbarkeit der Ansprüche des Gesellschafters anzunehmen, soweit es sich um Leistungen handelt, die der Gesellschaft zufließen sollen, so daß diese in Wirklichkeit als die Berechtigte erscheint (vgl. §§ 705 A 5, 709 A 4). Insbesondere ist die Unübertragbarkeit der gegenseitigen Ansprüche der Gesellschafter auf Leistung von Beiträgen anerkannt vom **RG** 76, 436; Warn 1910 Nr 55; auch OLG Hamburg in SeuffA 73 Nr 10 (während die Gesellschaft selbst über die Beiträge verfügen kann, **RG** 76, 280). Wäre die Abtretung wirksam, so würde durch Zahlung an den neuen Gläubiger die ursprünglich geschuldete Leistung, die der Gesellschaftergemeinschaft dienen sollte, ihren Inhalt verändern (**RG** 76, 436). Das Veräußerungsverbot des § 717 bezweckt jedoch nur den Schutz der andern Gesellschafter, also bestimmter Personen, nicht den Schutz der Allgemeinheit, es findet deshalb § 135 Anwendung, nicht § 134. Die Mitgesellschafter sind nicht gehindert, auf den durch § 717 gewährten Schutz zu verzichten (**RG** JW 1919, 933[4]). Die Vorschrift kann demgemäß mit Zustimmung der Gesellschafter jederzeit, auch schon von allem Anfange an im Gesellschaftsvertrage außer Kraft gesetzt werden (**RG** LZ 1921, 617[4]). Nicht übertragbare Ansprüche sind auch nicht pfändbar (§ 851 ZPO), gehören als solche nicht zur Konkursmasse (§ 1 KO) und können nicht Gegenstand eines Pfandrechts (§ 1274 Abs 2) oder eines Nießbrauchs (§ 1069 Abs 2) sein. Das an dem Gesellschaftsanteil eingeräumte Pfandrecht (über das Pfändungspfandrecht vgl. § 725) ergreift den Anspruch auf Gewinnanteil und Auseinandersetzungsguthaben (§ 1274 Abs 2, § 717); daraus folgt, daß ein späteres unmittelbar an solchem Anspruche durch Pfändung oder Rechtsgeschäft erworbenes Pfandrecht dem älteren Pfandrecht am Gesellschaftsanteil nachsteht, mag auch der bezeichnete Anspruch gemäß einem inzwischen gefaßten Gesellschaftsbeschlusse nur noch auf Herausgabe bestimmter Gegenstände gerichtet sein (**RG** 67, 331). Da der Pfandgläubiger nicht die Stellung eines Gesellschafters erhält, kann er keineswegs mit der Haftung für Gesellschaftsschulden belastet werden (**RG** 60, 130).

Wegen des Pfandrechts am Gesellschaftsanteil s. § 725 A 1. Im Gesellschaftsvertrage kann bedungen werden, daß die verbotene Abtretung von Ansprüchen aus dem Gesellschaftsverhältnis das Ausscheiden des abtretenden Gesellschafters aus der Gesellschaft und den Verlust aller Ansprüche an das Gesellschaftsvermögen zur Folge hat (**RG** HoldheimsMSchr 1917, 1122[4]).

2. **Ausgenommen von der Nichtabtretbarkeit** sind die in § 717 angeführten drei Arten von Ansprüchen, welche auf Herausgabe von Vermögenswerten gerichtet sind, die aus dem Gesellschaftsvermögen ausgeschieden und in das Privatvermögen des Gesellschafters übergeführt werden sollen: a) Ansprüche des Gesellschafters aus seiner Geschäftsführung, namentlich auf Ersatz von Aufwendungen (§§ 713, 669, 670) und auf besondere Vergütung von Diensten; b) auf einen Gewinnanteil (§§ 721, 722), aber nicht auf bestimmte Entnahmen aus der Gesellschaftskasse (feste Zinsen, Vierteljahrsbezüge), sofern diese von Gewinn und Verlust unabhängig und zugleich im Einzelfalle tatsächlich durch Gewinn nicht gedeckt sind (**RG** 67, 13; 13. 3. 13 II 587/12; vgl. auch Beschluß des FS WarnJahrb. 07 Anhang Nr 1, der die Übertragung fester Bezüge in weiterem Maße gestattet); c) auf das Auseinandersetzungsguthaben (§§ 733ff., 738—740). Hat der Vorerbe Erbschaftsgegenstände in eine Gesellschaft eingebracht, so geht der Anspruch auf das, was dem Gesellschafter bei der Auseinandersetzung zukommt (vgl. § 2111), auf den Nacherben über (**RG** Warn 1920 Nr 203). Das Recht auf unmittelbare Entnahme der Bezüge aus der Gesellschaftskasse kann niemals abgetreten werden. — Auch die vorstehend zu b und c bezeichneten Forderungen sind nicht zukünftige, sondern bereits bestehende Ansprüche (**RG** 60, 130). Der Anspruch auf das Auseinandersetzungsguthaben kann zwar dem Betrage nach erst geltend ge-

macht werden, wenn dieser im Auseinandersetzungsverfahren zwischen dem abtretenden Gesellschafter und den übrigen Gesellschaftern festgestellt ist (RG 90, 19). Ebenso muß der Forderung des Gewinnanteils die Beschlußfassung der Gesellschafter über Feststellung des Gewinns vorhergehen. Das Ergebnis dieses Verfahrens muß von dem neuen Gläubiger abgewartet werden. Er ist nicht befugt, sich in die Verhandlungen einzumischen, kann weder Rechnungslegung verlangen, noch die gelegte Rechnung beanstanden oder die von den Gesellschaftern gefaßten Beschlüsse anfechten. Bevor die Gesellschafter diese Feststellung getroffen haben, ist es im ungewissen, ob überhaupt ein Gewinn oder ein Auseinandersetzungsguthaben herauskommt. Insofern handelt es sich um eine bedingte Forderung (vgl. RG 60, 130). Der Abtretungsempfänger kann die Forderung nur so geltend machen, wie sie durch den Beschluß der Gesellschafter oder bei Anfechtung des Beschlusses infolge dieser Anfechtung sich gestaltet hat (RG 98, 320. — In diesem Urteil wird übrigens bei Abtretung des Geschäftsanteils einer Gesellschaft m. b. H. ohne den Dividendenanspruch der Rechtsvorgang ohne zwingenden Grund so dargestellt, als ob der neue Gesellschafter den Dividendenanspruch bei Feststellung durch die Gesellschafterversammlung für sich erwerbe, ihn aber sofort auf den Veräußerer zurückübertrage). Die Abtretung äußert jedoch schon von der Zeit der Abtretung an darin ihre Wirkung, daß die Leistung nur noch an den neuen Gläubiger erfolgen kann — welche Wirkung auch gegenüber der Gesellschaft im Falle ihrer Kenntnis von der Abtretung eintritt —, daß ferner Verzichte auf die Forderung oder gleichstehende Verfügungshandlungen des abtretenden Gesellschafters unwirksam sind und daß dieser, wenn aus seinem Verschulden der neue Gläubiger durch verzögerte oder ungehörige Feststellung Schaden erleidet, ihm ersatzpflichtig ist (RG 90, 20, etwas abweichend 98, 322). Auch die Mitgesellschafter können auf Grund des § 826 wegen schädigender Maßnahmen ersatzpflichtig werden. Zum Nachteil des neuen Gläubigers können sie auch, sobald die Abtretung ihnen bekannt geworden, die gesetzlichen oder vertraglichen Bestimmungen über Auseinandersetzung und Gewinnverteilung nicht mehr ändern (RG 91, 431). Mit der Haftung für die Gesellschaftsschulden wird der Abtretungsempfänger, da er nicht als Gesellschafter eintritt, nicht belastet (RG 60, 130). Ist der Anspruch auf das Auseinandersetzungsguthaben abgetreten, so ist zu berücksichtigen, daß als Guthaben auch die dem Abtretenden zurückzugewährende Einlage, soweit sie nicht durch den Verlustanteil gemindert ist, in Ansatz zu bringen ist (RG 90, 21). — Der Grundsatz des § 717 steht dem nicht entgegen, daß die Gesellschaft die ihr gegen einen Gesellschafter zustehenden vermögensrechtlichen Ansprüche an einen andern, insbesondere zur Befriedigung wegen einer Schuld der Gesellschaft abtreten darf.

3. Der Gesellschafter kann mit anderen Personen, denen er eine **Unterbeteiligung** einräumt, eine besondere Gesellschaft, eine **Untergesellschaft** bilden (RG Warn 1910 Nr 9). Die Unterbeteiligten treten zu der Hauptgesellschaft in keine unmittelbaren Beziehungen. Sie sind nach Maßgabe des Untergesellschaftsvertrags nur beteiligt an dem Gewinnanteil und Auseinandersetzungsguthaben des Mitglieds der Hauptgesellschaft, das auf Grund des Geschäftsergebnisses dieser Gesellschaft Gewinn und Verlust mit ihnen zu teilen hat. Nicht verlangen können sie, daß dieses bei seiner Betätigung in den Angelegenheiten der Hauptgesellschaft unter Hintansetzung der Interessen dieser Gesellschaft — was ein pflichtwidriges Handeln darstellen würde — dem Interesse der Unterbeteiligten den Vorzug gibt.

4. Die Vorschriften des § 717 enthalten **nachgiebiges Recht.** Die Übertragbarkeit der Ansprüche kann über das Gesetz hinaus eingeschränkt werden (§ 399, vgl. aber § 851 Abs 2 ZPO) oder erweitert werden; die Mitgliedschaft der Gesellschaft kann durch den Gesellschaftsvertrag übertragbar gemacht werden (RG 92, 163; Krückmann in JheringsJ 74, 70; vgl. § 719 A 2, § 736 A 2).

§ 718

[1]) Die Beiträge der Gesellschafter[3]) und die durch die Geschäftsführung für die Gesellschaft erworbenen Gegenstände[2]) werden gemeinschaftliches Vermögen der Gesellschafter (Gesellschaftsvermögen)[5])[6]).

Zu dem Gesellschaftsvermögen gehört auch, was auf Grund eines zu dem Gesellschaftsvermögen gehörenden Rechtes oder als Ersatz für die Zerstörung, Beschädigung oder Entziehung eines zu dem Gesellschaftsvermögen gehörenden Gegenstandes erworben wird[4]).

E I 631 Abs 4 II 658; M 2 599; P 2 425—434.

1. Die Gesellschafter sind Träger der Rechte und Verpflichtungen der Gesellschaft, des gesellschaftlichen Sondervermögens, des Gesellschaftsvermögens. Ein von den Gesellschaftern verschiedenes Rechtssubjekt (juristische Person) ist nicht vorhanden. Die Gesellschafter haben kraft ihrer Zugehörigkeit zur Gesellschaft Anteil an dem ungeteilten Gesellschaftsvermögen.

An sich gebührt dem Gesellschafter nach näherer Festsetzung des Gesellschaftsvertrags (vgl. § 722 A 1) eine **Quote**. Damit ist aber ein der Quote entsprechender fester Anteil an den zum Gesellschaftsvermögen gehörigen Gegenständen nicht gegeben. Die Quote ist nur eine Rechnungsgröße, die für sich allein den Umfang des Rechtes nicht erkennen läßt. Bis zur Auseinandersetzung ist völlig im ungewissen, wie weit tatsächlich der Anteil des Gesellschafters an diesen Gegenständen reicht, was ohne Prüfung der sämtlichen aus dem Gesellschaftsverhältnis sich ergebenden Ansprüche und Gegenansprüche, wie sie bei der Auseinandersetzung stattfindet, nicht festzustellen ist. Der Anteil kann durch die Gegenansprüche vollständig aufgezehrt sein, so daß in Wirklichkeit ein Anteil nicht besteht. Hieraus folgt, daß der Gesellschafter, da er erst durch die Auseinandersetzung an den ihm hierbei zugeteilten Vermögensgegenständen ein festes Recht gewinnt, vorher nicht in der Lage ist, über seinen Anteil an den zum Gesellschaftsvermögen gehörigen einzelnen Gegenständen dinglich zu verfügen (**RG** 56, 206; 65, 230; **RG**St 39, 49; vgl. Gierke, Genossenschaftstheorie 510ff.; Oertmann Vorbem 4c vor § 705). Darüber, daß ihm auch die Verfügung über seinen Anteil am Gesellschaftsvermögen regelmäßig versagt ist, s. § 719 A 2. Anderseits erstreckt sich der Anteil, ohne daß er durch die Höhe der Quote begrenzt wird, auf das gesamte Gesellschaftsvermögen. Er ist nur beschränkt durch das Bestehen der Rechte der anderen Gesellschafter. Fallen die Anteile der anderen Gesellschafter weg, so wachsen deren Anteile ihm an. Wegen dieses gesetzlichen Zuwachsrechts ist, wenn ein Gesellschafter aus einer Gesellschaft ausscheidet (§ 737), hinsichtlich der zum Gesellschaftsvermögen gehörigen, der fortbestehenden Gesellschaft verbleibenden Vermögensstücke zum Übergang des Eigentums eine besondere Übertragungshandlung, insbesondere bei Grundstücken die Auflassung nicht erforderlich (§§ 925 A 4, 738 A 2; vgl. auch darüber, daß gleichwohl in diesem Falle nach Tarifnummer 11b Abs 2 des RStempG v. 3. 7. 13 der Auflassungsstempel zu erheben ist, **RG** Warn 1919 Nr. 138). Träger der im Gesellschaftsvermögen vereinigten Rechte und Verbindlichkeiten sind hiernach die Gesellschafter nicht als Einzelpersonen, sondern in ihrer Vereinigung. Das Gesellschaftsvermögen wird bei dieser Gebundenheit an die Gesamtheit der Gesellschafter zu einer von dem freien Privatvermögen der einzelnen Gesellschafter gesonderten rechtlichen Einheit: **Gemeinschaft zur gesamten Hand** (vgl. §§ 2032ff., Erbengemeinschaft, §§ 1442, 1483, 1519, 1549, eheliche Gütergemeinschaft, §§ 105, 161 HGB, offene Handelsgesellschaft und Kommanditgesellschaft); die Gemeinschaften zur gesamten Hand sind aber nicht in allem gleichgeregelt (**RG** 60, 129; über die rechtliche Konstruktion des Verhältnisses s. Oertmann Vorbem 4 vor § 705). Wegen der Selbständigkeit des Gesellschaftsvermögens können persönliche und dingliche Rechtsverhältnisse zwischen den zur gesamten Hand verbundenen Gesellschaftern einerseits und einem einzelnen Gesellschafter anderseits bestehen (**RG** 32, 256). Bei der Verschiedenartigkeit des Miteigentums nach Bruchteilen und des gesamthänderischen Miteigentums ist zur Umwandlung des einen Miteigentums in das andere die Auflassung des Grundstücks zu erfordern (**RG** 54, 103; 56 S. 96, 206 u. 432; 57, 432; 65, 232; 68, 417; 76, 413). Ein gesamthänderisches Miteigentum an einem Grundstück, das auf den Namen der Gesellschafter als Miteigentümer zu Bruchteilen eingetragen ist, entsteht nicht schon dadurch, daß das Grundstück von ihnen in die Gesellschaft eingebracht wird, auch nicht dadurch, daß die Gesellschafter, die sich als Miteigentümer haben eintragen lassen, das Grundstück von vornherein für die Gesellschaft erworben haben. Die Grundstücke müssen auf die Namen der einzelnen Gesellschafter unter Angabe des Gesellschaftsverhältnisses (§ 48 GBO) eingetragen werden, die Gesellschafter müssen klagen und verklagt werden (§§ 714 A 4, 54 A 1); vgl. anderseits § 124 HGB, §§ 50 Abs 2, 735 ZPO. Es gibt keinen Gesellschaftskonkurs (bestr.); vgl. § 213 KO.

2. Das **Gesellschaftsvermögen** umfaßt nicht nur die dinglichen Rechte, sondern auch die schuldrechtlichen Ansprüche, wie die Ansprüche gegen Dritte aus den für die Gesellschaft von ihren Vertretern geschlossenen Rechtsgeschäften (anders anscheinend Planck A 1 Ab). Zu dem Gesellschaftsvermögen ist auch zu rechnen der Anspruch gegen die Geschäftsführer, daß sie die zunächst im eigenen Namen erworbenen Gegenstände in das Gesellschaftsvermögen überführen (bestr.; vgl. § 714 A 3). Als ein Erwerb „für die Gesellschaft" ist, was das innere Rechtsverhältnis betrifft, ein Erwerb der Gesellschafter schon dann anzusehen, wenn sie für die Gesellschaft haben erwerben wollen, ohne daß es darauf ankommt, ob dieser Wille dem Veräußerer kundgegeben ist (**RG** 24. 1. 14 V 444/13; s. namentlich Enneccerus § 399 A 2). Ist es auch zum dinglichen Rechtserwerb für die Gesellschaft nicht gekommen, so gebührt ihr doch der schuldrechtliche Anspruch auf Herstellung dieses Zustandes.

3. Die entrichteten **Beiträge** gehören zum Gesellschaftsvermögen. Aber auch schon die Ansprüche auf die Beiträge und die Entschädigungsansprüche wegen ihrer Nichtleistung sind zum Gesellschaftsvermögen zu rechnen. Unzweifelhaft ist, daß diese Ansprüche nach Bestimmung des Gesellschaftsvertrags zu Bestandteilen des Gesellschaftsvermögens gemacht werden können (**RG** 54, 297; Warn 1910 Nr 435). Im übrigen wird vielfach angenommen, daß die Gemeinschaft zur gesamten Hand hier noch nicht wirksam sei, sondern erst die geleisteten Beiträge erfasse. Diese Auffassung, der früher auch das Reichsgericht zuneigte, kann nicht gebilligt werden. Gegen sie sprechen der Ausdruck des Gesetzes (§ 705 A 6), sein Grundgedanke und praktische Folgerungen (so auch Gierke, Dernburg, Enneccerus, Kipp, Kohler, Kisch u. a., sowie jetzt **RG** 76, 276; vgl. auch **RG** 100, 166; 111, 83; JW 1911, 809[15]; 11. 2. 25, V 112/24). Gerade die Ansprüche auf die Beiträge bilden in den meisten Fällen die ersten Bestandteile des Gesellschaftsvermögens. Die Geschäftsführer haben die Beiträge einzuziehen. Die Zwangsvollstreckung in das Gesellschaftsvermögen kann auf die Beitragsforderungen erstreckt werden. Der einzelne Gesellschafter schuldet selbstverständlich seinen Beitrag voll, nicht etwa nur zu dem Teile, zu welchem er nicht selbst am Gesellschaftsvermögen Anteil hat. Der Beitrag muß voll in die Gesellschaftskasse gelangen; er kann gegen die Gesellschaft voll beschlagnahmt werden.

4. Als Erwerb auf Grund eines Rechtes kommen in Betracht Früchte einer Sache oder eines Rechtes, Zinsen (§§ 99, 100) und sonstige Erweiterungen eines Rechtes, sowie die Gegenleistungen aus einem Veräußerungsgeschäft (**RG** 67, 331), als **Ersatz**: Schadensersatz, Versicherungsgelder, Enteignungspreis. Das bedingte Anrecht des Erwerbers eines Lotterieloses zur ersten Klasse auf dieselben Losnummern der folgenden Klassen ist bei einer Lotteriegesellschaft Bestandteil des Gesellschaftsvermögens. Wird auf Grund dieses Anrechts das neue Los erworben, so trifft Abs 2 zu (**RG** JW 04, 360[15]; **RG**St 43, 56; vgl. noch § 727 A 1 a. E.).

5. Belastet wird das Gesellschaftsvermögen durch die **Gesellschaftsschulden.** Sie entstehen in der Regel aus Verträgen der Geschäftsführer (§ 714). Die Gesellschafter haften hierfür mit dem Gesellschaftsvermögen und zugleich mit ihrem Privatvermögen als Gesamtschuldner (§ 427), falls nicht bloß eine anteilige Haftung (§ 420) oder eine auf das Gesellschaftsvermögen beschränkte Haftung vereinbart ist. Die in letzterer Beziehung für nicht rechtsfähige Vereine geltenden Grundsätze (§ 54 A 2) sind nicht ohne weiteres auf Gesellschaften anwendbar. Der Umstand allein, daß nach dem Gesellschaftsvertrage für die Gesellschaftsschulden nur das Gesellschaftsvermögen verhaftet sein soll, reicht, auch wenn dieser Umstand dem Geschäftsgegner bekannt war, zur Ausschließung der persönlichen Haftung nicht aus, da eine weitergehende Ermächtigung des Vertreters bestehen kann (vgl. § 714 A 2). Möglich ist es, eine die persönliche Haftung ausschließende Vereinbarung darin zu finden, daß die Schuld ausdrücklich als Schuld der Gesellschaft eingegangen wird. Die gesamtschuldnerische Haftung greift im Zweifel auch für Vertragsschulden Platz, die eine teilbare Leistung zum Gegenstand haben (§ 427). Eine Gesellschaftsschuld mit persönlicher Haftung der Gesellschafter kann ferner darin ihren Grund haben, daß die Gesellschafter für das rechtswidrige Tun des Geschäftsführers einstehen müssen oder ihnen selbst eine unerlaubte Handlung zur Last fällt (§§ 830, 831, 833, 836). Eine nur das Gesellschaftsvermögen treffende Gesellschaftsschuld kann aus ungerechtfertigter Bereicherung entstehen. In ganz gleicher Weise wie bei Gesellschaftsschulden wird das Gesellschaftsvermögen belastet, wenn es sich um eine Privatschuld der sämtlichen Gesellschafter handelt. Insofern besteht zwischen Gesellschaftsgläubigern und Privatgläubigern kein Unterschied. Die Privatgläubiger können, ohne daß sie vorher die Gesellschaft zu kündigen brauchen (anders bei der offenen Handelsgesellschaft, § 135), sich unmittelbar auf Grund eines gegen alle Gesellschafter erwirkten Urteils (§ 736 ZPO) an das Gesellschaftsvermögen halten (vgl. über Zwangsvollstreckung in den Geschäftsanteil der einzelnen Gesellschafter § 725).

6. Gesellschaft ohne Gesellschaftsvermögen. Die Gesellschaft als Schuldverhältnis besteht schon vor Bildung des Gesellschaftsvermögens. Hat die Gesellschaft den Zweck, ein Vermögensstück erst zu erwerben, z. B. ein Lotterielos, so entsteht das Gesellschaftseigentum erst mit dem Erwerbe des Loses, im übrigen ist die Gesellschaft mit dem Vertragsabschlusse wirksam (**RG** 31. 5. 05; BayZ 1, 348). Nach dem Vorbilde der stillen Gesellschaft (§§ 335 ff. HGB) sind auch bürgerliche Gesellschaften, ohne die Absicht, ein Gesellschaftsvermögen zu bilden, denkbar, **RG** 80, 271; Warn 1915 Nr 207 (Innengesellschaften); ein Gesellschafter führt nach außen die Geschäfte im eigenen Namen (vgl. **RG** JW 03 Beil 16[34]; Warn 1909 Nr 403). Die vereinbarten Beiträge können in das Privatvermögen des einen Gesellschafters fließen, mit dessen Mitteln das Unternehmen für Rechnung sämtlicher im Innenverhältnis beteiligter Gesellschafter betrieben wird. Dieser Gesellschafter erscheint nach außen hin als der allein Berechtigte und Verpflichtete (**RG** LZ 1924, 817[6], vgl. **RG** 77, 226/7). Eine Rechtsvermutung für das Bestehen der regelmäßigen Gesellschaftsform kann nicht anerkannt werden (**RG** JW 05, 719[10]; ungenau vorangef. **RG** JW 03).

§ 719

[1]) Ein Gesellschafter kann nicht über seinen Anteil an dem Gesellschaftsvermögen[2]) und an den einzelnen dazu gehörenden Gegenständen verfügen[3]); er ist nicht berechtigt, Teilung zu verlangen[4]).

Gegen eine Forderung, die zum Gesellschaftsvermögen gehört, kann der

Schuldner nicht eine ihm gegen einen einzelnen Gesellschafter zustehende Forderung aufrechnen[5]).

E I 645 II 658; M 2 615; P 2 425—437.

1. Das **Rechtsverhältnis der gesamten Hand** wird namentlich durch die Vorschriften der §§ 719, 725 Abs 2, 738 Abs 1 Satz 1 ausgestaltet. Der Anteil am Gesellschaftsvermögen ist eine aus der Mitgliedschaft entspringende, rechnerisch nicht bestimmte Mitberechtigung. Noch mehr ist dies der Fall bei den Anteilen an den zum Gesellschaftsvermögen gehörigen Sachen oder Rechten (vgl. § 718 A 1). Dieses Rechtsverhältnis steht in vollem Gegensatz zu den Vorschriften der §§ 741ff. über Bruchteilsrecht und Bruchteilseigentum. Die sämtlichen Gesellschafter bilden eine Einheit, deren Wille allein für das Gesellschaftsvermögen entscheidend ist. Das Gesamtgut ist für den einzelnen „wie wenn es fremdes Vermögen wäre" (Sohm).

2. Der Gesellschafter kann, wie er seine Mitgliedschaft nicht übertragen kann (§ 717 A 1) auch **über den** untrennbar hiermit verbundenen **Gesellschaftsanteil,** der die sachliche Grundlage der Mitgliedschaft bildet, **nicht verfügen** (anders bei der Erbengemeinschaft, § 2033). Die verbotswidrige Verfügung ist indes nicht nichtig, sondern nur unwirksam im Sinne des § 135 (vgl. § 717 A 1). Die Unwirksamkeit besteht demgemäß nur der Gesellschaft, nicht anderen Personen, gegenüber; dem Vertragsgegner ist der Gesellschafter durch den Abtretungsvertrag gebunden (**RG** 92, 398; 93, 294). Mit Zustimmung der übrigen Gesellschafter kann er über seinen Anteil am Gesellschaftsvermögen wirksam verfügen (**RG** 1. 10. 09 II 711/08). Ob der Abtretung des Gesellschaftsanteils nicht wenigstens die beschränkte Wirkung zuzugestehen ist, daß sie die Rechte auf den Gewinnanteil und das Auseinandersetzungsguthaben (§ 717) überträgt, ist Auslegungsfrage (vgl. § 725 A 1). Durch Gesellschaftsvertrag kann außerdem die Mitgliedschaft und damit auch der Gesellschaftsanteil uneingeschränkt oder unter Beschränkungen für übertragbar erklärt werden. Die Bestimmung des § 719 ist insofern nachgiebiger Natur (**RG** 26. 4. 18 II 33/18; s. auch § 717 A 4). Die Wirksamkeit der Übertragung kann von der Zustimmung der Gesellschaft oder eines von dieser gebildeten Beirats abhängig gemacht werden. In solchem Falle wirkt die nachträgliche Zustimmung in Ermangelung einer anderen Bestimmung auf den Zeitpunkt der Vornahme des Rechtsgeschäfts zurück. Die Rückwirkung wird nicht dadurch gehindert, daß der übertragende Gesellschafter inzwischen verstorben ist. Sie hat die Bedeutung, daß, wenn schon der in der Vergangenheit liegende tatsächliche Zustand nicht geändert werden kann, rechtlich die Übertragung der Mitgliedschaft bereits zu der früheren Zeit als bewirkt anzusehen ist (**RG** Warn 1914 Nr 179). Ist als Mitglied eines Konsortiums eine Firma beteiligt, so wird das im Konsortialvertrage aufgestellte Erfordernis, daß es zur Übertragung des Anteils außer der Eintragung in das Konsortialenbuch noch der Zustimmung des Beirats bedürfen soll, nach kaufmännischem Brauche dahin zu verstehen sein, daß diese Zustimmung entbehrlich, falls das Geschäft mit Firma veräußert wird (**RG** Warn 1918 Nr 79). Ist die Mitgliedschaft übertragbar, so wird doch allein durch den Abschluß des Übertragungsvertrags der Eintritt des Erwerbers in die Gesellschaft noch nicht herbeigeführt. Es ist weiter erforderlich, daß die übrigen Gesellschafter ausdrücklich oder stillschweigend ihn als Mitgesellschafter aufnehmen (s. hierüber und die damit zusammenhängenden Fragen der Schuldenhaftung und der Notwendigkeit der Auflassung §§ 736 A 2, 718 A 1). Ein Pfandrecht oder Nießbrauch kann an einem Gesellschaftsanteil immer nur insoweit bestellt werden, als die Übertragung zulässig ist. Eine Ausnahme ist es, daß der Gläubiger eines Gesellschafters im Zwangsvollstreckungsverfahren zur Pfändung berechtigt ist (§ 725 A 1) und daß im Konkursverfahren (§ 728 A 1) das Verfügungsrecht über den Gesellschaftsanteil auf den Konkursverwalter übergeht. Wegen der Verpfändung s. § 725 A 1. — Als eine Forderung gegen die Gesellschaft darf der Gesellschaftsanteil, in welchem sich die verschiedensten aus der Mitgliedschaft entspringenden Rechte, insbesondere ein dem Miteigentum nahestehendes dingliches Verfügungs- und Nutzungsrecht verkörpern, nicht aufgefaßt werden. Auf die Verpfändung des Gesellschaftsanteils findet demgemäß § 1280 keine Anwendung, sondern die allgemeine Vorschrift des § 1274. Zur Wirksamkeit der Verpfändung ist Anzeige an die Gesellschaft nicht unbedingt erforderlich (**RG** 57, 414).

3. Der Gesellschafter kann ferner nicht über seinen **Anteil an den zum Gesellschaftsvermögen gehörigen Sachen oder Rechten** verfügen. Es folgt dies mit einer solchen Notwendigkeit aus dem Grundgedanken der Gemeinschaft zur gesamten Hand (vgl. § 718 A 1), daß hieran auch durch eine Vereinbarung der Gesellschafter nichts geändert werden kann. Die Gemeinschaft zur gesamten Hand beruht eben darauf, daß nur die zu einer Einheit verbundene Gesamtheit der Gesellschafter über die Vermögensstücke verfügen kann. Der einzelne Gesellschafter hat keinerlei Verfügungsmacht, auch nicht zu einem Teile. Über eine zum Gesellschaftsvermögen gehörige Forderung kann er weder durch Einziehung, Mahnung, Kündigung, noch durch Stundung, Erlaß, Abtretung oder eine sonstige Änderung des Schuldinhalts verfügen. Eine dem zuwiderlaufende Verfügungshandlung ist gänzlich unwirksam (vgl. **RG**

93, 294). Die Verfügung kann immer nur von der Gesamtheit der Gesellschafter getroffen werden. Darüber, daß der einzelne Gesellschafter eine Gesellschaftsforderung auch nicht zur Aufrechnung verwenden kann, s. A 4. Die Eintragung einer Hypothek auf den Grundstücksanteil des Gesellschafters ist nach § 1114 unzulässig, sie kann auch durch die Zustimmung der Mitgesellschafter nicht zulässig werden (KG in RJA 3, 43). Unbenommen ist es dem Gesellschafter, eine Verpflichtung zur Vornahme einer Verfügung einzugehen, da hierdurch nicht das Gesellschaftsvermögen, sondern der Gesellschafter persönlich gebunden wird. Daraus, daß über die einzelnen zum Gesellschaftsvermögen gehörigen Gegenstände nur die Gesamtheit der Gesellschafter verfügen kann, folgt nicht, daß die Verfügung von sämtlichen Gesellschaftern nur einheitlich durch denselben Rechtsvorgang getroffen werden könnte. Es ist deshalb auch nicht erforderlich, daß die Klage, durch welche ein Recht an einzelnen Gesellschaftsgegenständen geltend gemacht wird, gegen sämtliche Gesellschafter gleichzeitig erhoben wird (vgl. auch hinsichtlich der Gesamthandsklage gegen Miterben jetzt **RG** 93, 295; 111, 338; 112, 132).

4. Der **Ausschluß des Teilungsanspruchs** (§ 749) bezüglich der einzelnen zum Gesellschaftsvermögen gehörigen Gegenstände gehört zum Wesen der gesamthändigen Berechtigung (**RG** 65, 232). Eine gegenteilige Vereinbarung ist ungültig. Der Gesellschafter kann nur verlangen, daß nach Auflösung der Gesellschaft eine Auseinandersetzung stattfindet, die sich grundsätzlich (vgl. jedoch § 730 A 3) auf das ganze Gesellschaftsvermögen erstreckt. Während bestehender Gesellschaft hat er nur einen Anspruch auf Teilung des Gewinns nach näherer Bestimmung des Gesellschaftsvertrags. In dem Vertrage kann bestimmt sein, daß gewisse Einnahmen ohne Aufstellung einer Gesamtrechnung über die Einnahmen und Ausgaben sogleich nach ihrem Eingang besonders zur Teilung zu bringen sind. Der Anspruch auf Teilung kann nur gegen die sämtlichen übrigen Gesellschafter erhoben werden (vgl. § 730 A 3 a. E.). Sind durch schuldhaftes Verhalten eines Gesellschafters die Einnahmen verkürzt worden, so kann ein Mitgesellschafter aller Regel nach nur auf Leistung von Ersatz an die Gesellschaft, nicht auf Auskehrung seines Anteils an dem Schadensersatzbetrage klagen. Desgleichen kann der einzelne Gesellschafter, wenn abredemäßig die Einnahmen aus dem von einem Gesellschafter für Rechnung der Gesellschaft auf eigenen Namen geschlossenen Geschäft sogleich geteilt werden sollen, beim Fehlen einer unzweideutigen anderen Vereinbarung nur die Abführung der Einnahmen an die Gesellschaftskasse, nicht unmittelbar die Auszahlung seines Anteils verlangen (**RG** 30. 11. 07 I 74/07).

5. Die **Versagung der Aufrechnung** folgt gleichfalls aus dem Gesamthandverhältnisse (§ 387). Die Aufrechnung gegen eine Gesellschaftsforderung seitens des Schuldners mit einer Privatforderung gegen den einzelnen Gesellschafter ist auch nicht zulässig hinsichtlich des Anteils dieses Gesellschafters an der Gesellschaftsforderung, da ein bestimmter Anteil vor der Auseinandersetzung nicht vorhanden ist. Der Gesellschafter darf ferner, selbst wenn er an sich zur Vertretung der Gesellschaft berechtigt ist, über eine Gesellschaftsforderung nicht verfügen, um damit aufrechnungsweise seine Privatschuld zu tilgen. Er kann auch nicht mit seinem Anteil an der Gesellschaftsforderung aufrechnen, weil ein solcher Anteil eben nicht besteht. Um die Aufrechnung zu ermöglichen, müßte die Forderung seitens der Mitgesellschafter ihm abgetreten werden. Die bloße Zustimmung der Mitgesellschafter zur Aufrechnung (wenn sie nicht im Sinne der Abtretung erfolgt) würde nicht genügen (**RG** 10, 47; LZ 1907, 427; Warn 1917 Nr 136; OLG 6, 25). Aufrechenbar ist aber gegen eine zum Gesellschaftsvermögen gehörige Forderung eine dies Vermögen belastende Gegenforderung. Dazu gehört auch eine Gegenforderung, die dem Schuldner gegen alle Gesellschafter als Gesamtschuldner, wenn auch aus einem außergesellschaftlichen Grunde, zusteht (vgl. § 718 A 5). In gleicher Weise ist, wenn der Gesellschafter wegen einer solchen Schuld in Anspruch genommen wird, ihm nicht nur die Aufrechnung mit seiner Privatforderung gestattet (**RG** 11, 118), sondern auch die Aufrechnung mit einer Gesellschaftsforderung, vorausgesetzt, daß er zur Vertretung der Gesellschaft befugt ist. Die Aufrechnung mit der Privatforderung eines Mitgesellschafters ist selbstverständlich ihm niemals gestattet. Kaum der Hervorhebung bedarf es, daß der von dem Gesellschafter wegen einer Privatforderung belangte Dritte seinen Anspruch aus der persönlichen Haftung des Gesellschafters, ebenso wie er ihn klageweise geltend machen kann, auch verteidigungsweise zur Aufrechnung gegen die Privatforderung benutzen kann.

§ 720

Die Zugehörigkeit einer nach § 718 Abs 1 erworbenen Forderung zum Gesellschaftsvermögen hat der Schuldner erst dann gegen sich gelten zu lassen, wenn er von der Zugehörigkeit Kenntnis erlangt; die Vorschriften der §§ 406 bis 408 finden entsprechende Anwendung[1]).

E II 658 Abs 3; P 2 434.

1. Auf den **Schutz des gutgläubigen Schuldners** ist in den §§ 406—408 insofern Rücksicht genommen, als ihm aus der Unkenntnis von dem Übergang der Forderung auf einen anderen Gläubiger kein Nachteil erwachsen soll. Dieser Schutz ist durch § 720 dahin erweitert, daß es dem Schuldner auch nicht schaden soll, wenn er zwar weiß, daß die Forderung auf mehrere Gläubiger übergegangen ist, aber keine Kenntnis davon hat, daß diese Gläubiger zu einer Gesamthandgemeinschaft verbunden sind, infolge deren der einzelne nicht, wie es bei einer sonstigen Gemeinschaft der Fall ist, einen bestimmten Anteil an der Forderung hat. Die Gesellschafter müssen deshalb, was die Leistung des gutgläubigen Schuldners an den einzelnen Gesellschafter, das gegen ihn verwirkte rechtskräftige Urteil und die ihm gegenüber erklärte Aufrechnung (s. § 406) betrifft, diese Rechtshandlungen zu dem Anteile, der diesem Gesellschafter nach § 420 zustehen würde, gegen sich gelten lassen. Die Kenntnis des Schuldners hat die Gesellschaft zu beweisen. — Ebenso §§ 1473 Abs 2, 2019 Abs 2, 2041.

§ 721

Ein Gesellschafter kann den Rechnungsabschluß und die Verteilung des Gewinns und Verlustes erst nach der Auflösung der Gesellschaft verlangen.

Ist die Gesellschaft von längerer Dauer, so hat der Rechnungsabschluß und die Gewinnverteilung im Zweifel am Schlusse jedes Geschäftsjahrs zu erfolgen[1])[2]).

E I 646 II 659; M 2 616; P 2 437.

1. Über die Art der **Rechnungsaufstellung** und der sich anschließenden **Gewinnverteilung** sind für die Gesellschaft des bürgerlichen Rechtes keine Vorschriften gegeben. Es ist insbesondere nicht, wie in § 121 HGB, vorgeschrieben, daß vor der Gewinnverteilung die Einlagen (Kapitalanteile) der Gesellschafter zu verzinsen sind. Hinsichtlich der Zeit der Rechnungslegung während des Bestehens der Gesellschaft begnügt sich das Gesetz mit der Auslegungsregel, daß bei Gesellschaften „von längerer Dauer" Rechnungslegung und Gewinnverteilung am Schlusse eines jeden Geschäftsjahrs gewollt ist. Dem Willen der Parteien wird es hier meist entsprechen, daß auch nach Ablauf des ersten Geschäftsjahrs, wenn die Beendigung der Gesellschaft in verhältnismäßig nicht zu langer Zeit zu erwarten ist, die Rechnungslegung bis zu diesem Zeitpunkte, sofern nicht erhebliche Interessen hierdurch verletzt werden, hinausgeschoben werden kann. Sind bereits zwei Geschäftsjahre verstrichen, so wird nur ausnahmsweise eine weitere Hinausschiebung der Rechnungslegung als im Willen der Parteien liegend angenommen werden können. Über die Rechnungslegung nach Auflösung der Gesellschaft s. § 730 A 3.

2. Nach dem Inhalt des Gesellschaftsvertrags — wobei es namentlich darauf ankommt, ob die Gesellschaft den Zwecken des Erwerbs oder vorwiegend idealistischen Bestrebungen dient — ist zu bestimmen, ob und inwieweit der Gesellschafter ein **Recht auf Auszahlung des** bei richtiger Rechnungsaufstellung sich ergebenden **Gewinnanteils** hat. Auf dieser Grundlage ist weiter zu prüfen, ob er etwa nach der geschäftlichen Lage die Zurückbehaltung des Gewinns zur Verstärkung des Betriebskapitals oder als Rücklage für besondere Bedarfsfälle sich gefallen lassen muß. Sofortige Auszahlung des Gewinnanteils je nach Erledigung der einzelnen Geschäfte kann vereinbart werden (**RG** 95, 147 a. E.). Auszahlungen, die keinen Gewinn darstellen, dürfen nur mit Zustimmung aller Gesellschafter erfolgen.

§ 722

Sind die Anteile der Gesellschafter am Gewinn und Verluste nicht bestimmt[1])**, so hat jeder Gesellschafter ohne Rücksicht auf die Art und die Größe seines Beitrags einen gleichen Anteil am Gewinn und Verluste.**

Ist nur der Anteil am Gewinn oder am Verluste bestimmt, so gilt die Bestimmung im Zweifel für Gewinn und Verlust[2]).

E I 647 II 660; M 2 616; P 2 437.

1. Das Gesetz stellt — abgesehen von der Auslegungsregel des Abs 2 — die Vermutung auf, daß die **Anteile** der Gesellschafter am **Gewinn und Verlust** die gleichen sind. Es handelt sich hierbei nicht um eine Auslegungsregel, sondern eine ergänzende Vorschrift. Die Beweislast für eine abweichende Vereinbarung fällt der Partei zu, die dies behauptet. Unter Gewinn (Verlust) ist nicht nur an den Gewinn zu denken, der während bestehender Gesellschaft als Überschuß der Einnahmen über die Ausgaben zur Verteilung zu bringen ist, sondern in weiterem Sinne auch an den Gewinn, der nach dem geschäftlichen Endergebnis bei der nach Auflösung der Gesellschaft vorzunehmenden Auseinandersetzung sich als Überschuß des Vermögensstandes

über die Einlagen der Gesellschafter herausstellt. Dieser Überschuß gebührt den Gesellschaftern nach Verhältnis ihrer Anteile am Gewinn (§ 734). In Einklang hiermit steht die Vorschrift des § 735, daß der bei der Auseinandersetzung sich ergebende Fehlbetrag nach dem für Verteilung des Verlusts vorgeschriebenen Verhältnis von den Gesellschaftern zu tragen ist. Da die Regel der Gleichheit sowohl für die Anteile am Verlust wie am Gewinn gilt, so ergibt sich der Satz, daß auch die Gleichheit der Gesellschaftsanteile zu vermuten ist, was im Falle der Übertragbarkeit des Gesellschaftsanteils (vgl. § 719 A 2) auch für den Nachfolger von Bedeutung ist. Ohne Einfluß auf die gesetzliche Regel ist die ungleiche Höhe der Gesellschafterbeiträge, was allerdings bei der Auseinandersetzung insofern berücksichtigt wird, als den Gesellschaftern zuvörderst ihre Einlagen zurückzuerstatten sind. Nur den gleichen Anteil wie die übrigen erhält mangels anderweiter Vereinbarung auch der Gesellschafter, auf dessen alleiniger Tätigkeit der Gewinn beruht (RG JW 09, 160[6]). Über die Verteilung von Gewinn und Verlust können die Gesellschafter eine besondere Vereinbarung treffen (vgl. HGB §§ 121, 168, 336). Unvereinbar mit der Verfolgung eines „gemeinsamen Zweckes" (§ 705) erscheint bei einer Erwerbsgesellschaft — im Gegensatze zu Gesellschaften mit idealen Zwecken — die Bestimmung, daß ein Gesellschafter an dem Gewinne keinerlei Anteil haben soll (**societas leonina**; vgl. RG 3, 9; Oertmann A 2); es wird hier meist eine Schenkung vorliegen. Dagegen ist es statthaft, einen Gesellschafter von der Teilnahme am Verluste zu befreien oder ihm einen bestimmten Mindestgewinn zuzusichern (vgl. § 705 A 3). — Der Anspruch auf den Gewinnanteil unterliegt der allgemeinen Verjährung von 30 Jahren, nicht der kürzeren Verjährung des § 197. Der Gewinnanteil fällt, da seine Entstehung von ungewissen Voraussetzungen abhängt, nicht unter den Begriff der regelmäßig wiederkehrenden Leistungen (RG 88, 46).

2. Die Vorschrift des Abs 2 entspricht dem regelmäßigen Parteiwillen. Was für den Anteil am Gewinn bestimmt ist, soll, wenn nicht ein anderer Wille erhellt, auch für den Anteil am Verlust gelten und umgekehrt.

§ 723

[1]) **Ist die Gesellschaft nicht für eine bestimmte Zeit eingegangen, so kann jeder Gesellschafter sie jederzeit kündigen[2]). Ist eine Zeitdauer bestimmt[3]), so ist die Kündigung vor dem Ablaufe der Zeit zulässig, wenn ein wichtiger Grund[4]) vorliegt; ein solcher Grund ist insbesondere vorhanden, wenn ein anderer Gesellschafter eine ihm nach dem Gesellschaftsvertrag obliegende wesentliche Verpflichtung vorsätzlich oder aus grober Fahrlässigkeit verletzt[4]) oder wenn die Erfüllung einer solchen Verpflichtung unmöglich wird[5]). Unter der gleichen Voraussetzung ist, wenn eine Kündigungsfrist bestimmt ist, die Kündigung[2]) ohne Einhaltung der Frist zulässig.**

Die Kündigung darf nicht zur Unzeit geschehen, es sei denn, daß ein wichtiger Grund für die unzeitige Kündigung vorliegt. Kündigt ein Gesellschafter ohne solchen Grund zur Unzeit, so hat er den übrigen Gesellschaftern den daraus entstehenden Schaden zu ersetzen[6]).

Eine Vereinbarung, durch welche das Kündigungsrecht ausgeschlossen oder diesen Vorschriften zuwider beschränkt wird, ist nichtig[7]).

E I 648, 649 II 661; M 2 617—621; P 2 437.

1. Die §§ 723—728 enthalten die gesetzlichen **Gründe der Gesellschaftsauflösung**: Kündigung (§§ 723—725; vgl. HGB §§ 131 Nr 6, 133), Erreichung oder Unmöglichwerden des Gesellschaftszwecks (§ 726), Tod eines Gesellschafters (§ 727; vgl. HGB § 131 Nr 4), Konkurs eines Gesellschafters (§ 728; vgl. HGB § 131 Nr 5). Über die Vereinbarung, daß die Gesellschaft trotz Eintritts eines Auflösungsgrundes fortbestehen soll, s. §§ 736, 737. Außer den angeführten kommen als selbstverständliche Auflösungsgründe in Betracht: Ablauf der vereinbarten Zeitdauer (vgl. HGB § 131 Nr 1), Eintritt einer auflösenden Bedingung (M 2, 617), gegenseitiges Übereinkommen (vgl. HGB § 131 Nr 2), nicht aber Veräußerung des gesamten Vermögens der Gesellschaft (RG 67, 331). Eintritt der Geschäftsunfähigkeit bildet keinen besonderen Auflösungsgrund (anders HGB a. F. Art 123 Nr 3), auch nicht ohne weiteres einen wichtigen Grund für die Kündigung (Abs 1 Satz 2; M 2, 624). Sämtliche Auflösungsgründe wirken von Rechts wegen. Die Gesellschaft wird nicht erst dadurch aufgelöst, daß durch rechtskräftiges Urteil die Auflösung ausgesprochen ist. Es entsteht damit der Anspruch auf Auseinandersetzung (§§ 730ff.), selbstverständlich nicht ohne weiteres auf Herausgabe der Einlage. Über das Verhältnis des § 723 zu den §§ 326, 325 vgl. § 705 A 4, über entsprechende Anwendung des § 723 auf gesellschaftsähnliche Verhältnisse vgl. Vorbem 2 vor § 705. Auf nicht rechtsfähige **Vereine** finden die Vorschriften der §§ 723, 724 ebenfalls Anwendung (RG 78, 134 über Austritt eines „Alten Herrn" aus einem studentischen Korps). Die willkürliche Ausschließung eines Mitglieds aus solchem Vereine ist dagegen, falls die Satzung sie nicht gestattet, unstatthaft (RG 7. 10. 11 V 604/10; vgl. § 39 A 2).

2. Für die **Kündigung** sind drei Fälle zu unterscheiden: a) Die Gesellschaft ist, ohne daß eine Kündigungsfrist bestimmt wurde, auf unbestimmte Zeit eingegangen (Abs 1 Satz 1; vgl. § 724); dann ist Kündigung jederzeit zulässig (anders HGB § 132). b) Die Gesellschaft ist für eine unbestimmte Zeit eingegangen, es ist aber eine bestimmte Kündigungsfrist vereinbart (Abs 1 Satz 3). c) Die Gesellschaft ist ohne eine solche Vereinbarung für eine bestimmte Zeit eingegangen (Abs 1 Satz 2). In den Fällen zu b und c kann aus einem wichtigen Grunde jederzeit gekündigt werden (vgl. HGB § 133). Zur Kündigung berechtigt ist auch der Gesellschafter, bei dem die Unmöglichkeit der Verpflichtungserfüllung eintritt (Abs 1 Satz 2). Hat der Gesellschafter eine wesentliche Verpflichtung grob fahrlässig verletzt, so erwächst hieraus den übrigen Gesellschaftern ein Recht der Kündigung, das jeder dieser Gesellschafter für sich ausüben kann. Außerdem ist dieser Gesellschafter, weil er durch sein pflichtwidriges Verhalten die Kündigung veranlaßt hat, den Mitgesellschaftern auch für den Schaden verantwortlich, der ihnen aus der vorzeitigen Lösung des Gesellschaftsverhältnisses entstanden ist (RG 64, 381; 76, 367; 89, 398; Warn 1917 Nr 289). — Die Kündigung ist eine einseitige empfangsbedürftige Willenserklärung (§§ 130ff.), sie muß — unbeschadet besonderer Vertragsbestimmungen — allen übrigen Gesellschaftern (s. § 729), nicht etwa nur den Geschäftsführern gegenüber erklärt werden (vgl. RG 21, 93). In dem Zeitpunkte, in welchem die Kündigung zulässigerweise **allen** Gesellschaftern zugegangen ist, erlischt die Gesellschaft für die Zukunft ohne weiteres. Die einmal erklärte Kündigung kann ohne Zustimmung der übrigen Gesellschafter nicht zurückgenommen werden. Wegen Aufhebung der Kündigung s. § 724 A 2. Eine Kündigung der ins Leben getretenen Gesellschaft kann darin gefunden werden, daß ein Gesellschafter wegen Verfehlungen eines Mitgesellschafters seinen Rücktritt vom Gesellschaftsvertrage erklärt hat. In diesem Sinne kann die Rücktrittserklärung verstanden werden, auch wenn mit ihr zugleich die Forderung von Schadensersatz verbunden ist. Da es einen Rücktritt aus § 326, nachdem die Tätigkeit der Gesellschaft begonnen hat, nicht gibt, so kann die Erklärung, wenn nicht andere Umstände entgegenstehen, verständigerweise nur so ausgelegt werden, daß hiermit die Kündigung gemeint ist (RG 89, 398; LZ 1917, 457[5]). Eine Kündigung ist auch in dem Antrage einer Widerklage zu erblicken, mit der die Verurteilung des Klägers zur Anerkennung, daß ihm aus dem Gesellschaftsvertrage keine Rechte mehr zuständen, gefordert wird. Zur Kündigung ist der Prozeßbevollmächtigte ermächtigt, wenn sie ein Verteidigungsmittel des Beklagten bildet (RG 25. 3. 07 I 516/06). Das im Streitfalle ergehende gerichtliche Urteil ist Feststellungsurteil. Eine **bedingte** Kündigung ist wirkungslos, ebenso die auf einen wichtigen Grund, der tatsächlich fehlt, gestützte Kündigung (M 2 S. 413, 619). Tatfrage ist, ob die für einen Termin verspätete Kündigung als rechtzeitige Kündigung für den nächsten Termin gilt. Von Bedeutung hierfür ist, ob die Rechtsfolgen der Kündigung zum nächsten Termine, abgesehen von der Hinausschiebung des Beginns der Wirksamkeit, die gleichen sind (vgl. RG Warn 08 Nr 616). Ist für die Kündigung eine bestimmte Frist einzuhalten, so wird die Kündigung erst wirksam mit dem Ablauf der Frist. Sie kann nicht zur Wirksamkeit gelangen, wenn schon vor Fristablauf die Gesellschaft durch Tod eines Gesellschafters oder aus anderem Grunde aufgelöst ist.

3. Für eine **bestimmte Zeit** eingegangen ist eine Gesellschaft nicht nur dann, wenn ihre Dauer durch Vereinbarung eines gewissen Zeitpunkts oder Zeitraums, insbesondere einer Kalenderzeit (deren Festlegung aber nicht unbedingt erforderlich ist, RG SeuffA 79 Nr 74), beschränkt ist (vgl. § 724 Satz 1), sondern auch dann, wenn sich diese Befristung aus den Umständen, insbesondere aus Zweck und Ziel der Gesellschaft (§ 705; M 2, 618) ergibt. Ist die Fortsetzung der Gesellschaft für die Dauer der Einziehung des einen Gesellschafters zum Heeresdienst vereinbart, so liegt der Fall vor, daß die Gesellschaft für bestimmte Zeit eingegangen ist. Ebenso bei einer Abmachung, daß der Gesellschaftsvertrag für eine Reihe von Jahren gelten und, sofern nicht gekündigt, jedesmal auf bestimmte spätere Termine unter Kündigungsvorbehalt fortgesetzt werden soll (RG 82, 395). Eine Befristung kann sich schon daraus ergeben, daß eine Gesellschaft zum Zweck des Erwerbes von Grundstücken im Zwangsversteigerungsverfahren oder zur Nutzbarmachung von Patenten, deren Schutz in bestimmter Frist abläuft, geschlossen ist (RG JW 06, 741[11]; 30. 1. 11 V 508/10). Es genügt ferner, wenn der Zweck der Gesellschaft, die ihr zur Verfügung gestellten Vermögensstücke behufs der Gläubigerbefriedigung zu verwerten, eine zeitliche Begrenzung in sich trägt oder wenn überhaupt die Dauer der Gesellschaft dadurch bestimmt werden kann, daß die Gesellschaft zum Zwecke der Vornahme bestimmter Geschäfte abgeschlossen ist; Abs 1 Satz 1 gilt daher nur, wenn der Vertrag überhaupt keine Zeitbestimmung enthält (RG Warn 1911 Nr 470; JW 1913, 28[16]; 12. 1. 24 I 119/23). A. M. Goldmann-Lilienthal § 199 A 1; Dern-

burg § 363 A 4. Immerhin muß daran festgehalten werden, daß eine Zeitgrenze aus den Umständen entnommen werden kann. Die Anforderungen an die Bestimmtheit dieser Grenze dürfen aber nicht überspannt werden; zu weit, jedenfalls dem Ausdrucke nach, geht RG JW 1911, 322[14]. Auch bei einer auf unbestimmte Zeit eingegangenen Gesellschaft kann übrigens nach Lage der Sache die Annahme gerechtfertigt sein, daß gemäß § 157 innerhalb einer bestimmten Zeit nach Treu und Glauben nicht gekündigt werden darf. Die Vorschrift des § 723 Abs 3 steht dem nicht entgegen (RG 95, 147). Ein Gesellschaftsvertrag auf unbestimmte Zeit kann vorliegen, wenn die Parteien in der bestimmten Erwartung, daß es zu einer Einigung über den endgültigen Vertrag kommen werde, vorläufig mit dem geschäftlichen Betriebe auf gemeinsame Rechnung begonnen haben (RG 103, 76). Daß die Gesellschaft auf eine bestimmte Zeit eingegangen sei, hat derjenige zu beweisen, der die Zulässigkeit der Kündigung aus diesem Grunde bestreitet (Planck A 1a).

4. Ein **wichtiger Grund** liegt dann vor, wenn nach der besonderen Lage, den gesamten Umständen des Falles dem Gesellschafter das Verbleiben in der Gesellschaft billigerweise nicht zugemutet werden kann (richterliches Ermessen; vgl. HGB a. F. Art 125; vgl. auch RG 65, 37/8). Der Eintritt des Grundes kann im allgemeinen verschuldet oder unverschuldet sein. Es braucht nicht etwa in der Person des Gesellschafters, dem gekündigt wird, eine Verfehlung vorzuliegen. Als wichtiger Grund ist es anzusehen, wenn Zerwürfnisse zwischen den Gesellschaftern entstanden sind, die in einer den gesellschaftlichen Interessen abträglichen Weise ein gedeihliches Zusammenwirken ausschließen. Der Beklagte kann sich hierbei nicht darauf berufen, daß der erste Grund zu den Zerwürfnissen vom Kläger gelegt sei, wenn er seinerseits die Zerwürfnisse (vgl. RG 98, 66) geflissentlich gesteigert hat. Die schuldhafte Verletzung einer wesentlichen Pflicht ist in § 723 besonders hervorgehoben. Darüber, daß die Befürchtung, zu den bisherigen Verlusten des gesellschaftlichen Unternehmens würden in Zukunft noch erhebliche neue Verluste treten, nicht ohne weiteres einen wichtigen Grund abgibt, vgl. RG JW 1912, 472[19]. Unter Umständen kann aber auch die mangelnde Rentabilität eines Unternehmens zur vorzeitigen Kündigung berechtigen, sofern es sich als ein unbilliges Verlangen darstellt, daß der Gesellschafter das Unternehmen mit Schaden fortführe (RG JW 1913, 265[5]; Warn 1917 Nr 289 — auch wenn die Unrentabilität auf die Nachwirkungen der Inflationszeit zurückzuführen ist, RG 28. 1. 1927 II 25/26). Haben zwei Rechtsanwälte sich zur gemeinschaftlichen Ausübung ihrer Berufstätigkeit verbunden, so kann ein wichtiger Grund zur vorzeitigen Lösung des Gesellschaftsverhältnisses schon daraus sich ergeben, daß der Berufsgenosse fortgesetzt Mißgriffe, Taktlosigkeiten und Rücksichtslosigkeiten sich hat zuschulden kommen lassen, durch welche das Ansehen und die Würde des Klägers gefährdet werden muß (RG Warn 1916 Nr 49). Ob der Rechtsbegriff des „wichtigen Grundes" verkannt ist, unterliegt der Nachprüfung des Revisionsgerichts (RG das.). Eine Kündigung, die auf Grund der Vertragsbestimmung erfolgt, daß dem einen Vertragsteil für eine bestimmte Zeit ein in sein freies Belieben gestelltes Kündigungsrecht zustehe, kann nicht nachträglich als eine solche wegen wichtigen Grundes angesehen und behandelt werden (RG 24. 11. 26 I 20/26).

5. Davon, daß die **Erfüllung einer wesentlichen Verpflichtung unmöglich** wird, ist zu unterscheiden der Fall, in dem die einem Gesellschafter als solchem gegenüber einem Dritten im Interesse der Gesellschaft obliegende Leistung von dem Dritten ohne Grund nicht angenommen wird. Hier liegt Annahmeverzug des Gläubigers, nicht Unvermögen (§ 275 Abs 2) des Schuldners (Gesellschafters) vor. Es ist, vorbehaltlich besonderer Abmachung, Sache aller Gesellschafter, den Streit mit dem Dritten auszumachen (vgl. RG Warn 08 Nr 616).

6. Eine **Kündigung zur Unzeit** liegt vor, wenn der Gesellschafter durch die schuldhaft (§ 708) getroffene — auch durch eine Bestimmung des Gesellschaftsvertrags nicht gerechtfertigte — Wahl des Zeitpunkts der Kündigungswirkung die gemeinschaftlichen Interessen der Gesellschafter verletzt. Solche Kündigung ist zwar rechtswirksam, verpflichtet aber zum Schadensersatze. Schon aus § 249 ist zu folgern, daß der geschäftsführende Gesellschafter rechnungspflichtig (§§ 713, 666) bleibt. Die arglistige Kündigung wird in der Regel unzeitig sein; ist sie es aber nicht, so kann eine Verpflichtung zum Schadensersatze nicht eintreten (RG 61, 330).

7. **Kein Ausschluß des Kündigungsrechts.** In das durch Abs 3 gewährleistete Kündigungsrecht darf auch nicht mittelbar, z. B. durch Vertragsbestimmungen, welche die Auseinandersetzung unter Belastung des Kündigenden (Abfindungsgeld, Austrittsgeld) regeln, oder durch Vertragsstrafen eingegriffen werden (RG 61, 328; vgl. 75, 238). S. auch § 626 A 2. Nichtig ist auch eine Vereinbarung, durch welche bei einem auf längere Zeit geschlossenen Gesellschaftsvertrage grundsätzlich das Recht der Kündigung gegenüber jeder Vertragsverletzung ausgeschlossen und als Ersatz der Kündigung nur das Recht auf eine vorausbestimmte, gering bemessene Entschädigung gewährt wird (RG 78, 298). Unverträglich mit § 723 Abs 3 ist ferner eine Beschränkung des Kündigungsrechts dahin, daß die Gesellschaft trotz der ihr erklärten Kündigung für eine längere Zeit das Recht behalten soll, über das von dem Kündigenden eingebrachte Urheberrecht zu verfügen (RG 87, 221; Warn 1920 Nr 157). Keine An-

wendung findet Abs 3, wenn für die Kündigung einer auf bestimmte Zeit eingegangenen Gesellschaft eine Kündigungsfrist festgesetzt ist. Die vereinbarte Zeitdauer und die Kündigungsfrist können jedoch so übermäßig lang sein, daß die Vereinbarung wegen Verstoßes gegen die guten Sitten (§ 138) nichtig ist. Die Vorschrift des Abs 3 schützt die gesellschaftliche Freiheit und hat rückwirkende Kraft (RG 61, 328; 66, 219; RG 7. 11. 05, II 93/05; SeuffA 80 Nr 185; Recht 05, 679[2820]). Keine nichtige Beschränkung des Kündigungsrechts, sondern nur eine zulässige Regelung der Art der Auseinandersetzung liegt, sofern nicht andere Vertragsbestimmungen das Unterbleiben jeder Wertausgleichung ergeben sollten, vor, wenn in dem Gesellschaftsvertrag bestimmt ist, daß für den Fall der Kündigung des einen Gesellschafters der andere die Wahl hat, welche von beiden Geschäftsabteilungen er übernehmen und fortführen will (RG 106, 128).

§ 724

Ist eine Gesellschaft für die Lebenszeit eines Gesellschafters eingegangen, so kann sie in gleicher Weise gekündigt werden wie eine für unbestimmte Zeit eingegangene Gesellschaft¹). Dasselbe gilt, wenn eine Gesellschaft nach dem Ablaufe der bestimmten Zeit stillschweigend fortgesetzt wird²).

E I 650 II 662; M 2 621; P 2 438.

1. Bei der **auf Lebenszeit eines Gesellschafters eingegangenen Gesellschaft** steht jedem Gesellschafter das Kündigungsrecht zu (vgl. HGB § 134).

2. Eine **Fortsetzung der Gesellschaft** kann auch in anderen Fällen stattfinden. Sie kann nicht ohne weiteres daraus entnommen werden, daß nach Auflösung der Gesellschaft der Betrieb in beschränktem Umfange unter Weiterverwendung der von einem Gesellschafter der Gesellschaft zur Benutzung überlassenen Gegenstände fortgeführt ist, was zur Abwicklung schwebender Geschäfte geschehen sein kann. Nach Eintritt eines Auflösungsgrundes besteht die Gesellschaft als sog. Auseinandersetzungsgesellschaft fort (§ 730). Während dieses Gesellschaftszustandes kann die Auflösung rückgängig gemacht und die Gesellschaft auf Grund eines neuen, ausdrücklichen oder stillschweigenden Gesellschaftsvertrags aller Gesellschafter unter diesen oder auch einem Teile von ihnen fortgesetzt werden. Die Gesellschaft muß dann, mag auch der Gesellschaftsvertrag nicht wesentlich von dem bisherigen abweichen, als eine neue angesehen werden, so daß Art 170 EG keine Anwendung findet (Vorbem 3 vor § 705); vermieden wird aber die endgültige Auseinandersetzung der ersten Gesellschaft und das neue Einbringen in das Gesellschaftsvermögen (§ 719 A 2). Im Falle der Kündigung ist, solange die Kündigungsfrist noch nicht abgelaufen ist, nur erforderlich, diese durch Vereinbarung wieder aufzuheben; die auflösende Wirkung tritt dann überhaupt nicht ein. Hat ein Gläubiger nach § 725 gekündigt, so ist dessen Zustimmung erforderlich (vgl. aber auch §§ 268, 725 A 2). In den Fällen des § 728 oder der Auflösung der Gesellschaft durch den Tod (§ 727) haben die Erben oder der Konkursverwalter zuzustimmen. Im Falle des § 726 muß ein neuer Zweck an die Stelle des ersten gesetzt werden. Im allgemeinen vgl. auch RG 28, 130; § 144 HGB.

§ 725

Hat ein Gläubiger eines Gesellschafters die Pfändung des Anteils des Gesellschafters an dem Gesellschaftsvermögen erwirkt¹), so kann er die Gesellschaft ohne Einhaltung einer Kündigungsfrist kündigen²), sofern der Schuldtitel nicht bloß vorläufig vollstreckbar ist.

Solange die Gesellschaft besteht, kann der Gläubiger die sich aus dem Gesellschaftsverhältnis ergebenden Rechte des Gesellschafters, mit Ausnahme des Anspruchs auf einen Gewinnanteil, nicht geltend machen³).

E II 663; P 2 436.

1. Der Gesellschafter kann nach § 719 über seinen Anteil am Gesellschaftsvermögen nicht verfügen, nur sein Anteil am Gewinn und sein Auseinandersetzungsguthaben sind abtretbar. Äußerlich steht es hiermit nicht ganz in Einklang, daß im Zwangsvollstreckungsverfahren (§ 859 ZPO) die **Pfändung und Überweisung des Anteils** statthaft ist. Aber diese Zwangsvollstreckung dient im Grunde nur dazu, dem Gläubiger den Anspruch auf die fällig werdenden Gewinnanteile und das Auseinandersetzungsguthaben behufs seiner Befriedigung zu sichern (RG 67, 331). Aus diesem Grunde wird auch die Zulässigkeit einer nur die gleichen Zwecke verfolgenden Verpfändung des Gesellschaftsanteils in den Urteilen des RG 57, 416 und 67, 332 (vgl. über die Form der Verpfändung § 719 A 2 a. E.) nicht beanstandet. Durch die Pfändung auf Grund rechtskräftigen Urteils gegen den Gesellschafter (§ 859 ZPO) —

weitere Voraussetzungen bestehen hierfür nicht (abw. § 135 HGB, § 66 GenG) — erlangt der Pfändungsgläubiger namentlich das Recht, die Gesellschaft zu kündigen und so ihre Auflösung und die Auseinandersetzung herbeizuführen. Zu diesem Zwecke kann er nötigenfalls selbst auf Auseinandersetzung, und zwar, wenn zu der Pfändung die Überweisung hinzugekommen ist, mit dem Antrage klagen, daß das bei der Auseinandersetzung sich ergebende Guthaben in der zur Tilgung der Forderung erforderlichen Höhe ihm überwiesen werde. Die Pfändung des Gesellschaftsanteils und ebenso die Verpfändung gibt ein Vorrecht vor dem erst später begründeten Pfandrecht an dem Anspruch des Gesellschafters auf Herausgabe der bei der Auseinandersetzung auf seinen Anteil ihm zuzuteilenden einzelnen Sachen oder Rechte (RG 67, 332; vgl. auch 60, 126). Dem Mitgesellschafter verbleibt das Recht, die Zwangsvollstreckung gemäß § 268 durch Befriedigung des Gläubigers abzuwenden. Der Anspruch auf einen Gesellschaftsbeitrag ist nach § 717 (vgl. § 717 A 1) nicht übertragbar und daher nach §§ 851, 859 ZPO auch nicht der Pfändung unterworfen (SeuffA 73 Nr 10).

2. Über die **Kündigung** vgl. § 723 A 2. Das Kündigungsrecht ist dem Gläubiger zum Schutze seiner Interessen gegeben, deswegen gelten für ihn nicht die aus dem Gesellschaftsverhältnisse entspringenden, den Gesellschafter als solchen bindenden Beschränkungen der Kündigung (Einhaltung einer vereinbarten Kündigungsfrist, sowie § 723 Abs 1 Satz 2, 3, Abs 2). Hat der Gesellschafterschuldner seinerseits gekündigt, und ist diese Kündigung von den Mitgesellschaftern wegen Nichtvorlegung der schriftlichen Zustimmung des Pfändungsgläubigers nicht unverzüglich zurückgewiesen (§§ 182 Abs 3, 111 Satz 2), so kann die Zustimmung noch nachträglich mit Rückwirkung auf den Zeitpunkt der Vornahme der Kündigung von dem Pfändungsgläubiger erteilt werden (RG LZ 1916, 592[6]). Auch noch nach der Kündigung können die Mitgesellschafter oder einer von ihnen gemäß § 268 den Gläubiger befriedigen und dadurch die Auflösung abwenden (bestr.). Vgl. § 724 A 2.

3. **Stellung des Pfändungsgläubigers zur Gesellschaft.** Abs 2 ergibt, daß er nicht in die Stellung des Gesellschafterschuldners eintritt; er gewinnt keinen Anteil an der Geschäftsführung. Im Verhältnis zu den Gesellschaftern stehen dem Pfändungsgläubiger keine weitergehenden Rechte zu, als sie dem Abtretungsempfänger gegeben sind. Vgl. hierüber § 717 A 2. Die Auseinandersetzung muß gemäß §§ 730ff. bewirkt werden. Dem Pfändungsgläubiger kommt nicht das Recht zu, an Stelle des Gesellschafters bei der Auseinandersetzung mitzuwirken (RG 95, 233 — anders nach § 1258 bei Pfändung des Miteigentums). Der Gesellschafterschuldner hat anderseits nicht die Macht, im Auseinandersetzungsprozesse oder außerhalb des Prozesses ohne Zustimmung des Pfändungsgläubigers irgendwelche diesem nachteilige Verfügungen zu treffen. Wird der Auseinandersetzungsprozeß von ihm selbst geführt, so muß er den Pfändungsgläubiger zu dem Rechtsstreit zuziehen. Bestimmungen des Gesellschaftsvertrags, die vor der Pfändung getroffen sind (vgl. § 731), verlieren auch dem Gläubiger gegenüber nicht ihre Kraft (a. M. Staudinger A 3 b u. a.); nur insoweit sind sie als dem Zwecke des § 725 widerstreitend und daher unwirksam anzusehen, als sie darauf gerichtet sind, für den Fall der Anteilspfändung die Rechte des Gesellschafters und dadurch zugleich die Rechte des Gläubigers zu beeinträchtigen.

§ 726

Die Gesellschaft endigt[1]), wenn der vereinbarte Zweck erreicht oder dessen Erreichung unmöglich[2]) geworden ist.

E II 651 II 664; M 2 622; P 2 439.

1. **Die Gesellschaft endigt** von Rechts wegen; gegebenenfalls ist also das gerichtliche Urteil feststellend. Für die offene Handelsgesellschaft (HGB §§ 131 Nr 6, 133) ist dieser Endigungsgrund nicht anerkannt.

2. Vgl. §§ 275, 306. Es genügt relative **Unmöglichkeit** nach Maßgabe der für die Förderung des Gesellschaftszwecks „durch den Vertrag bestimmten Weise" (§ 705) und der Mittel der Gesellschaft. Unmöglichkeit der Erreichung des Gesellschaftszwecks ist nicht schon dann anzunehmen, wenn keine Aussicht besteht, den Betrieb zu einem gewinnbringenden zu gestalten. Dieser Umstand kann nur Anlaß zur Kündigung geben.

§ 727

Die Gesellschaft wird durch den Tod eines der Gesellschafter aufgelöst, sofern nicht aus dem Gesellschaftsvertrage[1]) sich ein anderes ergibt.

Im Falle der Auflösung hat der Erbe des verstorbenen Gesellschafters den übrigen Gesellschaftern den Tod unverzüglich anzuzeigen[2]) und, wenn mit dem Aufschube Gefahr verbunden ist, die seinem Erblasser durch den

Gesellschaftsvertrag übertragenen Geschäfte fortzuführen, bis die übrigen Gesellschafter in Gemeinschaft mit ihm anderweit Fürsorge treffen können[3]). **Die übrigen Gesellschafter sind in gleicher Weise zur einstweiligen Fortführung der ihnen übertragenen Geschäfte verpflichtet**[3]). **Die Gesellschaft gilt insoweit als fortbestehend.**

E I 652 II 665; M 2 622; P 2 439.

1. **Auflösung durch den Tod eines Gesellschafters.** Das Gesetz ist nachgiebig. Aus dem Gesellschaftsvertrage kann hervorgehen, daß die Gesellschaft beim Tode eines der Gesellschafter unter den übrigen Gesellschaftern fortbestehen (§§ 736, 738—740) oder daß das Gesellschaftsverhältnis des Erblassers auf die Erben übergehen soll (vgl. HGB § 139). Im zweiten Falle tritt der Erbe (nicht etwa ein Vermächtnisnehmer, § 719) mit dem Erwerbe der Erbschaft in Ansehung der Rechte und Pflichten an die Stelle des Erblassers. Dies darf jedoch auf die übertragene — auf der Persönlichkeit beruhende — Befugnis zur Geschäftsführung, von besonderer Vertragsbestimmung abgesehen, nicht ausgedehnt werden. Abs 1 findet keine Anwendung, wenn sich die Gesellschaft auf ein einzelnes, beim Tode des Gesellschafters bereits eingegangenes Geschäft bezieht. In einem solchen Falle ist nach dem Willen der Gesellschafter der Tod kein Auflösungsgrund. Für die Lotteriegesellschaft (Lotteriespielgemeinschaft) ist zu beachten, daß die Vereinbarung, gemeinschaftlich in einer Lotterie nach Art der preußischen Klassenlotterie zu spielen, regelmäßig auf sämtliche Klassen geht, weil die Gewinnaussichten von Klasse zu Klasse ohne Erhöhung des Einsatzes für die bereits an den früheren Klassen Beteiligten erheblich wachsen und es deshalb zweckwidrig wäre, sich nur an der ersten Klasse zu beteiligen. Die Erben des Gesellschafters haben deshalb Anspruch auf den in der späteren Klasse gezogenen Gewinn, mögen sie auch die Fortsetzung der Spielgemeinschaft nicht besonders angezeigt haben (**RG** DJZ 06, 878; vgl. auch **RG** 28, 328). — Ist im Gesellschaftsvertrage bestimmt, daß das den Gegenstand des Vertrags bildende Geschäft nach dem Tode eines Gesellschafters von dem Mitgesellschafter übernommen werden soll, so verbleibt diesem das Übernahmerecht auch dann, wenn der andere Gesellschafter die Gesellschaft bereits gekündigt hatte, sein Tod aber noch vor Ablauf der Kündigungsfrist eingetreten ist (**RG** 95, 32 mit Beziehung auf die offene Handelsgesellschaft).

2. Unterlassung der **unverzüglichen Anzeige** (§ 121) macht schadensersatzpflichtig.

3. Wird schuldhaft unterlassen, **Fürsorge zu treffen,** so erlischt die Verpflichtung der Geschäftsfortführung. Die dem Erben nach Abs 2 obliegende Verbindlichkeit trifft ihn selbständig; für ihn gilt § 708. Es handelt sich nicht um eine von dem Erblasser auf ihn vererbte Verpflichtung und es kann deshalb von einer im Aufgebotsverfahren (§§ 1967, 1970) anzumeldenden Nachlaßschuld nicht die Rede sein (**RG** 92, 341). Solange die Überlegungsfrist des Erben läuft, hat er die Verpflichtung noch nicht. Eine Verpflichtung kann ihm aber, sofern er später Erbe geworden ist, daraus erwachsen, daß er mit Rücksicht auf die Möglichkeit des Erbewerdens nicht von Ergreifung der dringlichsten Maßnahmen hätte absehen dürfen. In betreff eines besonderen Auftrags (§ 709 A 4) kommt die entsprechende Vorschrift des § 673 zur Anwendung. — Zu Abs 2 vgl. § 137 HGB.

§ 728

Die Gesellschaft wird durch die Eröffnung des Konkurses über das Vermögen eines Gesellschafters aufgelöst[1]). **Die Vorschriften des § 727 Abs 2 Satz 2, 3 finden Anwendung**[2]).

E I 653; RV 715; M 2 623; P 2 439

1. Die Gesellschaft wird **durch Konkurseröffnung über das Vermögen eines Gesellschafters aufgelöst** vorbehaltlich der Vorschrift des § 736. Zur Konkursmasse gehört der Anteil des Gemeinschuldners am Gesellschaftsvermögen (§ 859 Abs 1 ZPO; § 1 KO). Verfügungen über Bestandteile des Gesellschaftsvermögens bedürfen, wenn die Gesellschaft durch die Konkurseröffnung aufgelöst ist, des Zusammenwirkens des Konkursverwalters mit den Mitgesellschaftern. Es genügt nicht, wenn die Zustimmung zur Verfügung an Stelle des Konkursverwalters von dem Gemeinschuldner erteilt wird, da das Verfügungsrecht des Gemeinschuldners nach § 6 KO auf den Verwalter übergegangen ist (**RG** HoldheimsMSchr 1913, 216). Die Auseinandersetzung erfolgt außerhalb des Konkursverfahrens (§ 16 Abs 1 KO) gemäß §§ 730ff. KO § 51 (soweit nicht zwischen den Gesellschaftern und dem Konkursverwalter besondere Abmachungen über die Auseinandersetzung getroffen werden, § 724 A 2). Bei der Auseinandersetzung werden nach § 733 die gemeinschaftlichen Schulden vorweg in Abzug gebracht, worauf indes nur die Gesellschafter, nicht die Gesellschaftsgläubiger ein Recht haben

(vgl. RG 42, 103). Die Konkursgläubiger können nur das für sich in Anspruch nehmen, was bei der Auseinandersetzung auf den Anteil des Gemeinschuldners entfallen ist. — Ein Konkurs über das Vermögen der Gesellschaft ist nicht möglich (s. § 718 A 1 a. E.). Für die offene Handelsgesellschaft vgl. § 131 Nr 5, 3 HGB.

2. Zu **Satz** 2 s. § 28 KO.

§ 729

Wird die Gesellschaft in anderer Weise als durch Kündigung aufgelöst, so gilt die einem Gesellschafter durch den Gesellschaftsvertrag übertragene Befugnis zur Geschäftsführung[1]) zu seinen Gunsten gleichwohl als fortbestehend[2]), bis er von der Auflösung Kenntnis erlangt oder die Auflösung kennen muß[3]).

E I 654 II 666; M 2 624; P 2 439.

1. **Befugnis zur Geschäftsführung** einschließlich der Vertretungsmacht gemäß § 714. Vgl. § 730 Abs 2 Satz 2. In Betracht kommen auch die in diesem Abschnitt nicht besonders hervorgehobenen Auflösungsfälle.

2. **Fortdauer der Befugnis zu seinen Gunsten** (vgl. § 674), nicht auch zu seinen Lasten bei subjektiv-pflichtwidrigem Untätigsein. Für die geführten Geschäfte gilt § 708 weiter. Zugunsten eines Dritten wirkt die vom Gesetz unterstellte Vollmacht nach Maßgabe des § 169. Gilt die Vollmacht nicht zugunsten des geschäftsführenden Gesellschafters als fortbestehend, so kann sich auch ein Dritter nicht auf sie berufen. Selbst wenn sie aber fortbesteht, wirkt sie doch nicht zugunsten eines Dritten, der seinerseits die Auflösung der Gesellschaft kennt oder kennen muß (RG LZ 09, 310). — Vgl. KO § 28.

3. Über **kennen müssen** s. §§ 122 Abs 2, 708 (vgl. §§ 1682, 1893). Nichtkenntnis von der zugegangenen Kündigung (§ 723 A 2) schützt den Gesellschafter nicht.

§ 730

[1]) Nach der Auflösung der Gesellschaft findet in Ansehung des Gesellschaftsvermögens die Auseinandersetzung unter den Gesellschaftern statt[2])[3]).

Für die Beendigung der schwebenden Geschäfte, für die dazu erforderliche Eingehung neuer Geschäfte sowie für die Erhaltung und Verwaltung des Gesellschaftsvermögens gilt die Gesellschaft als fortbestehend[2]), soweit der Zweck der Auseinandersetzung es erfordert. Die einem Gesellschafter nach dem Gesellschaftsvertrage zustehende Befugnis zur Geschäftsführung erlischt jedoch, wenn nicht aus dem Vertrage sich ein anderes ergibt, mit der Auflösung der Gesellschaft; die Geschäftsführung[4]) steht von der Auflösung an allen Gesellschaftern gemeinschaftlich zu[5]).

E I 655 II 667; M 2 625; P 2 440.

1. Die §§ 730—735 enthalten nachgiebiges Recht. Über die Vereinbarung **verfrühter Teilung** einzelner Gegenstände des Gesellschaftsvermögens vgl. § 719 A 4.

2. Die **Auseinandersetzungsgesellschaft** hat einen neuen Zweck (§ 705), nämlich den der Vermögensaufteilung. Die produktive Tätigkeit ist beendigt (vgl. auch HGB § 149). Das Gesellschaftsvermögen besteht in seiner gesamthändigen Gebundenheit (§§ 718, 719) weiter, das gesamthändige Eigentum verwandelt sich nicht in Bruchteilseigentum (bestr.). Zwangsvollstreckung in das Gesellschaftsvermögen gemäß § 736 ZPO ist nach wie vor zulässig. Der Anspruch des Gesellschafters auf sein Auseinandersetzungsguthaben ist ein abtretbares Forderungsrecht (§ 717). Bei der Auseinandersetzung ist darauf Rücksicht zu nehmen, daß die Werte des Gesellschaftsvermögens möglichst erhalten bleiben und Schädigungen vermieden werden. Aus dieser Rücksicht kann es notwendig werden, den Betrieb der Gesellschaft auseinandersetzungshalber einstweilen fortdauern zu lassen (vgl. RG Warn 1915 Nr 80). Bis zur Beendigung der Auseinandersetzung bleibt die Gesellschaft als Auseinandersetzungsgesellschaft bestehen. Neue Geschäfte, soweit sie nicht zur Durchführung der Auseinandersetzung, insbesondere zur Abwicklung schwebender Geschäfte geboten sind, darf die Gesellschaft in ihrer Eigenschaft als Auseinandersetzungsgesellschaft nicht eingehen. Die Einziehung rückständiger Gesellschafterbeiträge, soweit es dieser Beiträge zur ordnungsmäßigen Auseinandersetzung bedarf, wird durch die Auflösung der Gesellschaft nicht gehindert (RG JW 1911, 809[16]). Wegen des Fortbestehens der Gesellschaftsorgane s. A 4.

3. Nach dem Grundsatz des § 730 Abs 1 ist der Gesellschafter nach Auflösung der Gesellschaft, wenn er sein Guthaben zurückerhalten will, regelmäßig darauf angewiesen, sofern nicht

die Auseinandersetzung bereits außergerichtlich stattgefunden hat, auf **Auseinandersetzung** zu klagen, damit die Ansprüche und Gegenansprüche aus dem gesamten Gesellschaftsverhältnis, die Beitragspflichten, Schadensersatzansprüche usw. zur Erörterung und Klarstellung gebracht werden. Zur Begründung der Klage auf Zahlung einer bestimmten Geldsumme würde erforderlich sein, daß das Gesellschaftsvermögen vollständig in Geld umgesetzt ist und nach Berichtigung der Schulden noch ein Geldbetrag übrigbleibt (**RG** Warn 1918 Nr 139). Die Behauptung, daß ein bilanzmäßiger Überschuß der Gesellschaftswerte über die Schulden vorhanden sei, reicht zur Begründung der Klage nicht aus. Die Auseinandersetzung wird meist ohne vorgängige Rechnungslegung nicht möglich sein. Das Verlangen der Rechnungslegung erscheint so sehr als Teil der Klage auf Auseinandersetzung, daß in diesem Verlangen gegenüber dem ursprünglichen Antrage auf Zahlung eine Klageänderung nicht wohl zu erblicken ist (**RG** Warn 1918 Nr 139; vgl. Gruch 32, 412). Ausnahmsweise kann von der Klage auf Auseinandersetzung abgesehen werden, wenn die Verhältnisse so einfach liegen, daß sich das, was ein jeder zu beanspruchen hat, ohne besonderes Abrechnungsverfahren ermitteln läßt, in welcher Beziehung nicht zu strenge Anforderungen gestellt werden dürfen (**RG** JW 05, 430[8]; Warn 1912 Nr 105; 1917 Nr 139). Die Ansprüche, welche die Gesellschafter gegeneinander haben, sollen bei der Auseinandersetzung im einheitlichen Verfahren geltend gemacht werden. Es ist deshalb unzulässig, einzelne Ansprüche herauszugreifen und gesondert einzuklagen. Kommt nur ein Guthaben des einen Gesellschafters an den andern in Frage, ohne daß in Ansehung des Gesellschaftsvermögens noch etwas zu teilen oder zu regeln ist, so können die dies Guthaben ergebenden Umstände, ohne daß eine vorgängige Auseinandersetzung nötig ist, im Prozesse festgestellt werden (**RG** Warn 1916 Nr 73). Durch die Vorschrift des § 730 ist auch nicht ausgeschlossen, daß schon vor Durchführung der Auseinandersetzung der eine oder andere besonders dringliche Anspruch vorab im Wege besonderen Prozesses verfolgt wird (**RG** 98, 298). Diesem Urteil lag der Fall zugrunde, daß der Gesellschafter zur Vorbereitung der künftigen Auseinandersetzung die Entnahmen des andern Gesellschafters, soweit sie die Grenzen des Angemessenen überstiegen, zum Zweck der Hinterlegung als Streitmasse zurückgefordert hat. Die Dringlichkeit wurde wegen der Notwendigkeit der Schuldenzahlung und wegen der zweifelhaften Vermögenslage des Beklagten angenommen. Durch die Auseinandersetzung ist der Gesellschafter nicht gehindert, Ansprüche gegen die anderen Gesellschafter, die ihm nicht in seiner Eigenschaft als Gesellschafter erwachsen sind, im Klagewege zu verfolgen (**RG** 2. 1. 09 VII 421/08 im Recht 09 Nr 663). Dem Gesellschafter ist es ferner trotz beendeter Auseinandersetzung unbenommen, von dem geschäftsführenden Gesellschafter das aus der Geschäftsbesorgung Erlangte einzuklagen (**RG** 3. 5. 05 I 634/04). Der Auseinandersetzungsanspruch kann nur unter sämtlichen Teilhabern, soweit unter ihnen Streit besteht, zum Austrag gebracht werden. Nur bei Zuziehung dieser sämtlichen Teilhaber kann eine rechtskräftige Entscheidung über die Auseinandersetzung getroffen werden (**RG** JW 04, 61[18]; Warn 1917 Nr 139).

4. Die Befugnis zur **Geschäftsführung** und die Vertretungsmacht (§§ 710, 711, 714) erlöschen, vorbehaltlich des § 729, mit der Auflösung; sie stehen jetzt allen Gesellschaftern zu (§ 709 Abs 1). Erben (§ 727 Abs 1), Konkursverwalter (§ 728) — nicht aber der pfändende Gläubiger (§ 725) — sind Mitgeschäftsführer. Im Gesellschaftsvertrage kann ein anderes, namentlich die Bestellung von Liquidatoren angeordnet sein mit bestimmten oder nach Abs 2 Satz 1 zu bemessenden Befugnissen (vgl. über die Grenzen ihrer Vertretungsmacht **RG** 106, 72, s. auch §§ 145ff., 150 HGB). Die Bestellung eines Gesellschafters als Liquidator kann nicht willkürlich von den Gesellschaftern widerrufen werden. Zu den Befugnissen des Liquidators gehört es auch, die rückständigen Beiträge (vgl. A 2) von den Gesellschaftern einzuziehen (abw. § 149 HGB für die offene Handelsgesellschaft). An den Befugnissen der Gesellschafterversammlung und an den Kontrollbefugnissen des Aufsichtsrats, auch seinem Recht zur Einberufung einer Gesellschafterversammlung wird durch die Auflösung der Gesellschaft nichts geändert (vgl. **RG** Warn 1920 Nr 199). Von der Geschäftsführung muß die Beauftragung mit besonderen Geschäften (§ 709 A 4) unterschieden werden; diese erlischt nicht. Die Befugnis des einzelnen Gesellschafters, die an die Gesellschaft geschuldeten Leistungen, insbesondere die rückständigen Beiträge der übrigen Gesellschafter einzufordern (§§ 705 A 5, 709 A 4) kommt in Wegfall, sobald die Gesellschaft gemäß §§ 730, 726 aufgelöst ist. In diesem Falle beschränkt sich die Geschäftsführung entsprechend dem durch die Liquidation veränderten Gesellschaftszweck auf die Vornahme der zur Auseinandersetzung dienlichen Handlungen, und zwar ist das Gesellschaftsvermögen nach § 733 Abs 3 nur insoweit in Geld umzusetzen, als es zur Berichtigung der Schulden erforderlich ist. Über die Notwendigkeit einer solchen Maßnahme haben nunmehr die zur Durchführung der Liquidation berufenen Personen, also die sämtlichen Gesellschafter in gemeinschaftlichem Handeln zu befinden (**RG** 100, 165). Sind mehrere Liquidatoren bestellt, so kann in Ermangelung einer andern Vereinbarung das Recht, Rechnungslegung von den Gesellschaftern zu fordern, nur gemeinschaftlich von ihnen ausgeübt werden (vgl. **RG** JW 1921, 687[3]).

5. Mit der wirklichen (vgl. §§ 734, 735), nicht bloß vermeintlichen **Durchführung der Auseinandersetzung** erlischt das Gesellschaftsverhältnis. Dieser Satz darf aber nicht in unzweckmäßiger Weise überspannt werden. Ist eine Auseinandersetzung abgeschlossen worden und wird dann später streitig, ob ein Gesellschafter aus einem bestimmten von ihm für die Gesellschaft vorgenommenen Geschäfte noch einen Betrag schuldet, so kann nicht angenommen werden, daß der Zweck der Auseinandersetzung das Fortbestehen der Gesellschaft „erfordert". Eine Liquidationsgesellschaft besteht nicht mehr, und jeder Gesellschafter kann über seinen Teilanspruch an jenem Betrage verfügen (**RG** JW 05, 430[8]; HoldheimsMSchr 05, 263).

§ 731

Die Auseinandersetzung erfolgt in Ermangelung einer anderen Vereinbarung[1]) in Gemäßheit der §§ 732 bis 735. Im übrigen gelten für die Teilung die Vorschriften über die Gemeinschaft[2]).

E I 656 Abs 5 II 667 Abs 3; M 2 626 ff.; P 2 440 ff.

1. Durch **Vereinbarung** kann auch die Bestimmung des § 740 (Rechte des Ausgeschiedenen) ausgeschlossen werden (**RG** 17. 11. 06 I 137/06).

2. Vgl. §§ 752—758; indessen kommen die Vorschriften des § 755 gegenüber dem § 733 nicht zur Geltung. Maßgebend für die Auseinandersetzung ist (anders § 140 Abs 2 HGB) die Vermögenslage zu der Zeit, wo tatsächlich die Auseinandersetzung stattfindet, unbeschadet der durch Verzug oder Verschulden entstandenen weitergehenden Ansprüche. Die Parteien können vereinbaren, daß statt der Teilung in Natur, die nach § 752 bei teilbaren Gegenständen eintritt, ein Verkauf oder eine sonstige Verwertung der Vermögensstücke stattfindet, oder daß sie zu bestimmten Preisen von den Gesellschaftern zu übernehmen sind. Eine Vereinbarung kann ferner getroffen werden über die dem ausscheidenden Gesellschafter (vgl. § 736) zu gewährende Geldabfindung. Bei der hiernach nötig werdenden Schätzung des Wertes des Gesellschaftsvermögens sind die einzelnen Vermögensstücke nach ihrem wahren Werte, nicht bloß nach dem für die Zwecke der Gewinnverteilung angenommenen Werte, unter Berücksichtigung des aus der Zugehörigkeit zum Gesellschaftsvermögen sich ergebenden höheren Wertes anzusetzen. Es kann gerechtfertigt sein, für den Geschäfts- oder Firmenwert einen besonderen Betrag in Ansatz zu bringen (vgl. **RG** 94, 106). Die Auseinandersetzung kann unter anderem auch in der Weise vollzogen werden, daß die Gesellschafter das Vermögen der Gesellschaft in eine neu gegründete Gesellschaft m. b. H. einbringen und jeder Gesellschafter einen dem Werte seiner Einlage entsprechenden Geschäftsanteil an der neuen Gesellschaft erhält. Ein Fortbestehen der alten Gesellschaft würde hier nur in der Form möglich sein, daß die Geschäftsanteile gemeinsamer Besitz der Gesellschafter verbleiben würden. Für die Anwendung der Vorschriften der §§ 752, 753 ist kein Raum, wenn es sich um eine Gesellschaft handelt, bei der ein Miteigentum nach Bruchteilen oder zur gesamten Hand nicht besteht (**RG** 91, 431, vgl. § 718 A 6). Ist vereinbart, daß der im Alleineigentum eines Gesellschafters befindliche Gegenstand des Unternehmens nach Beendigung der Gesellschaft gemeinsam verwertet werden soll, so kann darin unter Umständen die Einigung, nach den Grundsätzen der §§ 731 Satz 2, 753 zu verfahren, erblickt werden; andernfalls ist die ortsübliche Verwertungsart zu wählen (**RG** LZ 1924, 698[5]).

§ 732

Gegenstände, die ein Gesellschafter der Gesellschaft zur Benutzung überlassen hat, sind ihm zurückzugeben[1]). Für einen durch Zufall in Abgang gekommenen oder verschlechterten Gegenstand kann er nicht Ersatz verlangen[2]).

E I 656 Abs 1 II 668; M 2 626—628; P 2 440.

1. Vgl. § 706 A 3. Sachen und Rechte sind dann nicht sofort **zurückzugeben,** wenn die Gegenstände noch während der Auseinandersetzungszeit erforderlich sind, z. B. wegen schwebender Geschäfte (§ 730 Abs 2). Wegen der übereigneten Gegenstände s. § 733 Abs 2.

2. Für die durch **Verschulden** (§ 708) abgegangenen Gegenstände haften dem Forderungsberechtigten kraft des Gesellschaftsverhältnisses die übrigen Gesellschafter als Gesamtschuldner (§ 427), nicht etwa nur die Geschäftsführer. Diese sind Gehilfen der Gesellschafter im Sinne des § 278; sie sind es auch im Falle des § 709 (vgl. auch Knoke, Recht der Gesellschaft, § 36, S. 118; abw. Planck A 2 a. E.).

§ 733

[1]) Aus dem Gesellschaftsvermögen sind zunächst die gemeinschaftlichen Schulden mit Einschluß derjenigen zu berichtigen, welche den Gläubigern

gegenüber unter den Gesellschaftern geteilt sind oder für welche einem Gesellschafter die übrigen Gesellschafter als Schuldner haften[2]). **Ist eine Schuld noch nicht fällig oder ist sie streitig, so ist das zur Berichtigung Erforderliche zurückzubehalten**[3]).

Aus dem nach der Berichtigung der Schulden übrigbleibenden Gesellschaftsvermögen sind die Einlagen zurückzuerstatten. Für Einlagen, die nicht in Geld bestanden haben, ist der Wert zu ersetzen, den sie zur Zeit der Einbringung gehabt haben[4]). **Für Einlagen, die in der Leistung von Diensten oder in der Überlassung der Benutzung eines Gegenstandes bestanden haben, kann nicht Ersatz verlangt werden**[5]).

Zur Berichtigung der Schulden und zur Rückerstattung der Einlagen ist das Gesellschaftsvermögen, soweit erforderlich, in Geld umzusetzen[6]).

E I 656 Abs 2—4 II 669; M 2 628; P 2 441—443.

1. **Auseinandersetzung.** Nach Ausscheidung der im § 732 bezeichneten Gegenstände bleibt das Gesellschaftsvermögen übrig. Nach den Vorschriften des § 733 — der sich nur auf das innere Gesellschaftsverhältnis bezieht — wird dieses Vermögen auf ein reines Ergebnis (+ oder —) zurückgeführt (§§ 734, 735). Die Gesellschafter können übrigens, und zwar ganz unabhängig von dem Willen der Gesellschaftsgläubiger, die Vermögensbereinigung auch auf andere Weise vornehmen (vgl. auch RG 67, 332). Ein Auseinandersetzungsvertrag, durch den ein Gesellschafter den Anspruch auf Übereignung eines Grundstücks gegen den im Grundbuch als Eigentümer eingetragenen gemeinschaftlichen Treuhänder erwirbt, bedarf nicht der Form des § 313 (RG 108, 60).

2. Unter **gemeinschaftlichen Schulden** sind die durch den gesellschaftlichen Betrieb zu Lasten aller Gesellschafter entstandenen Schulden, die eigentlichen Gesellschaftsschulden, zu verstehen, die das Gesellschaftsvermögen belasten, aber einschließlich „derjenigen, welche den Gläubigern gegenüber unter den Gesellschaftern geteilt sind" (vgl. § 718 A 5). Mit den Schulden, „für welche einem Gesellschafter die übrigen Gesellschafter als Schuldner haften", sind die aus dem Gesellschaftsverhältnisse unter den Gesellschaftern entsprungenen Schulden gemeint, z. B. Ansprüche aus der Geschäftsführung (§§ 713, 670) oder auf einen rückständigen Gewinnanteil (vgl. § 717), Ersatzforderungen eines Gesellschafters. Diese Schulden sind insofern gemeinschaftliche, als der forderungsberechtigte Gesellschafter zur Berichtigung der Schuld, wenn deren Betrag aus dem Gesellschaftsvermögen entnommen wird, mit beiträgt. Auf die Befolgung der Vorschrift des Abs 1 haben die Gläubiger kein Recht. Die Gesellschafter können sich hierüber anders einigen. Sie können ohne Berücksichtigung der Schulden das Gesellschaftsvermögen, und zwar selbst vor der Auflösung der Gesellschaft, ganz oder teilweise unter sich aufteilen. Der Gläubiger ist durch die persönliche Haftung der Gesellschafter gedeckt. Nicht zu den gemeinschaftlichen Schulden im Sinne des § 733 sind zu zählen die Schulden, für welche die sämtlichen Gesellschafter aus einem nicht dem Gesellschaftsbetriebe angehörigen Grunde verhaftet sind. Forderungen, die einem Gesellschafter nicht als solchem gegen die Gesellschaft erwachsen sind, kann er gegen die anderen Gesellschafter auch während der Auseinandersetzung besonders geltend machen und im Rechtsstreite verfolgen (RG 2. 1. 09 VII 421/08). Vgl. § 705 A 5 a. E.

3. In Ansehung des **Zurückbehaltenen** besteht die Auseinandersetzungsgesellschaft fort. Wegen des Rechtes auf Zurückbehaltung vgl. §§ 1475, 2046. Trotz der allgemein lautenden Vorschrift wird für eine streitige Forderung, die offensichtlich unbegründet ist und nur mißbräuchlich geltend gemacht wird (§ 226), ein Zurückbehaltungsrecht nicht anzuerkennen sein. Wegen bedingter Forderungen vgl. § 738 A 1.

4. Zu den **zurückzuerstattenden Einlagen** gehört nicht ein seitens der Gesellschaft gegen besonderes Entgelt von einem Gesellschafter erworbener Gegenstand. — Zu erstatten ist der objektive Wert zur Zeit des Einbringens. Damit sind zweckmäßigerweise alle Streitfragen über spätere Wertminderung und die Verantwortlichkeit hierfür abgeschnitten. Auch der Einleger braucht sich auf Ersatz in Natur nicht einzulassen. Oft wird schon bei Eingehung der Gesellschaft eine Schätzung vorgenommen sein (vgl. § 706 Abs 2 Satz 2; HGB. a. F. Art 143). Wegen der Aufwertung s. § 705 A 7.

5. **Überlassung der Benutzung eines Gegenstandes** umfaßt an sich nicht die Bestellung eines dinglichen Rechtes, z. B. Einräumung einer Grunddienstbarkeit. Entscheidend für die Ordnung derartiger Rechtsverhältnisse ist der Vertragswille, der meist dahin gehen wird, daß das dingliche Recht nach Auflösung der Gesellschaft zurückgewährt wird, allenfalls gilt Abs 2 Satz 2. Was die **Leistung von Diensten** anlangt, so kann im Falle der Unmöglichkeit der

Erfüllung einer wesentlichen Verpflichtung (§ 723 Abs 1 Satz 2) ein Bereicherungsanspruch nach § 323 Abs 3 entstehen (Knoke, Recht der Gesellschaft, § 17 S. 47).

6. Soweit die **Umsetzung in Geld** nicht erforderlich ist, greifen §§ 731, 749ff. (752) Platz (anders § 149 HGB). Darüber, daß im Auseinandersetzungsverfahren der einzelne Gesellschafter zur Einziehung der Gesellschaftsschulden nicht mehr befugt ist, s. § 730 A 4.

§ 734

Verbleibt nach der Berichtigung der gemeinschaftlichen Schulden und der Rückerstattung der Einlagen ein Überschuß, so gebührt er den Gesellschaftern nach dem Verhältnis ihrer Anteile am Gewinne[1]).

E I 656 Abs 3 II 670 Abs 1; M 2 629; P 2 441—443.

1. Vgl. § 722 (abw. HGB § 155). Der verbleibende **Überschuß** ist der Schlußgewinn. Das Verhältnis zur gesamten Hand bleibt bestehen, bis die Verteilung durchgeführt ist; nur § 719 Abs 1 Halbs 2 hat seine Kraft verloren (s. §§ 752ff.). Soll ein zum Gesellschaftsvermögen gehöriges Grundstück einem Gesellschafter zum Alleineigentum übertragen werden, so bedarf es der Auflassung. — Die Verteilungsgrundsätze der §§ 734, 738ff. haben Anwendung zu finden für den Fall, daß eine offene Handelsgesellschaft durch das Ausscheiden eines Gesellschafters aufgelöst und unter Ausschluß der Liquidation das Geschäft mit Aktiven und Passiven von dem andern übernommen wird, bezüglich des Gesellschaftsvermögens, das bei der Auseinandersetzung zunächst ausgenommen war (RG 114, 131).

§ 735

Reicht das Gesellschaftsvermögen zur Berichtigung der gemeinschaftlichen Schulden und zur Rückerstattung der Einlagen nicht aus, so haben die Gesellschafter für den Fehlbetrag nach dem Verhältnis aufzukommen, nach welchem sie den Verlust zu tragen haben[1]). Kann von einem Gesellschafter der auf ihn entfallende Beitrag nicht erlangt werden, so haben die übrigen Gesellschafter den Ausfall nach dem gleichen Verhältnisse zu tragen[2]).

E I 656 Abs 3 II 670 Abs 2; M 2 629; P 2 441—443.

1. Vgl. § 722. Die **Deckungspflicht** des § 735 entspricht der Beitragspflicht des § 707. Sie begründet ein Recht der Gesellschafter, daß der zur Deckung der Verbindlichkeiten aufzubringende Betrag nach Verhältnis der Anteile am Verlust auf die hiervon beteiligten Gesellschafter umgelegt wird. Die Verpflichtung des Gesellschafters zur Aufbringung seines Anteils ist nicht davon abhängig, daß ihm eine förmliche Rechnung über das ganze Verhältnis erteilt wird (RG 26. 11. 15 II 230/15 im Recht 1916 Nr 435). Aus § 735 ergibt sich, daß § 707 nur gilt, solange die Gesellschaft besteht (vgl. § 707 A 1). Das Aufkommen für Fehlbeträge könnte sowohl in Ansehung der Schulden als der Einlagen durch Einzahlung in die Gesellschaftskasse erfolgen. In betreff der Einlagen wird jedoch dem Einleger ein Anspruch unmittelbar gegen die Mitgesellschafter zustehen (vgl. § 28 KO). War ausnahmsweise für die Forderung eines Gläubigers die Haftung der Gesellschafter auf das Gesellschaftsvermögen beschränkt worden (vgl. § 714 A 2, § 718 A 5) und ist trotzdem das Vermögen ohne Berücksichtigung dieser Forderung verteilt worden, so haben die Gesellschafter dem Gläubiger das zu leisten, was ihm bei dieser Berücksichtigung zugestanden haben würde (§ 242), d. h. jeder Gesellschafter hat, was er bei der Auseinandersetzung aus dem Gesellschaftsvermögen erhalten hat (vgl. § 734), dem Gläubiger zu seiner Befriedigung herauszugeben. § 419 leidet keine Anwendung (Planck A 4; bestr. — für Herausgabe nach Bereicherungsgrundsätzen Enneccerus § 401 A 3).

2. **Tragung des Ausfalls** entsprechend der Vorschrift des § 426 Abs 1 Satz 2.

§ 736

Ist im Gesellschaftsvertrage bestimmt[1]), daß, wenn ein Gesellschafter kündigt oder stirbt oder wenn der Konkurs über sein Vermögen eröffnet wird, die Gesellschaft unter den übrigen Gesellschaftern fortbestehen soll, so scheidet bei dem Eintritt eines solchen Ereignisses der Gesellschafter, in dessen Person es eintritt, aus der Gesellschaft aus[2]).

E I 657 II 671; M 2 630; P 2 443.

1. Rechtsbegrifflich ist der **Fortbestand der Gesellschaft** nicht davon abhängig, daß keine Änderung in der Person der Gesellschafter eintritt. Die Gesellschafter brauchen sich allerdings nicht den Eintritt eines ihnen nicht genehmen Mitglieds gefallen zu lassen. Aus dieser Rücksicht ist die Unübertragbarkeit und Unvererblichkeit der Mitgliedschaft (§§ 717, 727) festgesetzt. Die Gesellschafter können aber hierüber eine andere Vereinbarung treffen. In diesem Falle hat der Eintritt des neuen Gesellschafters, auf den die Mitgliedschaft infolge Übertragung oder Vererbung übergegangen ist, nicht etwa die Folge, daß nunmehr unter Auflösung der bisherigen Gesellschaft sich eine neue Gesellschaft bildet. Die Gesellschaft bleibt vielmehr mit dem dazu gehörigen Vermögensbestande trotz des Mitgliederwechsels bestehen. Die Identität der Gesellschaft bleibt gerade so gewahrt, wie die Identität des Forderungsrechts durch Gläubiger- oder Schuldnerwechsel nicht aufgehoben wird. Das gleiche gilt, wenn durch Vereinbarung der Gesellschafter ein weiteres Mitglied in die Gesellschaft aufgenommen wird. Die früher herrschende gegenteilige Meinung, daß das Gesetz die Aufnahme eines neuen Gesellschafters unter Fortbestehen der alten Gesellschaft nicht zulasse, ist jetzt als überwunden anzusehen (vgl. **RG** 82, 160 und Planck A 2). Es besteht hiernach auch kein Hindernis, daß die Gesellschaft trotz Vorhandenseins eines Endigungsgrundes infolge Kündigung, Tod oder Konkurses in der Person eines Gesellschafters unter den übrigen Gesellschaftern in bisheriger Weise fortdauert, vorausgesetzt, daß diese — die für den Fortbestand der Gesellschaft gerade auf die Mitgliedschaft des „Ausscheidenden" besonderen Wert gelegt haben können — mit der Fortdauer, und zwar vor Eintritt des Auflösungsgrundes sich einverstanden erklärt haben (vgl. **RG** 95, 39). Selbstverständliche Voraussetzung des Fortbestehens der Gesellschaft ist in diesem Falle weiter, daß mindestens zwei Gesellschafter, welche die Gesellschaft fortsetzen, übrigbleiben.

2. Der **Eintritt des neuen Gesellschafters** vollzieht sich in der Weise, daß die übrigen Mitglieder ihn ausdrücklich oder stillschweigend als Gesellschafter anerkennen (Aufnahmevertrag). Die Aufnahme kann mit der Übertragung verbunden sein, wenn der Übertragende zur Aufnahme in Vertretung der anderen Gesellschafter ermächtigt ist. Nicht unzulässig ist es, die Aufnahme dem Ermessen des Mitgesellschafters zu überlassen (vgl. **RG** 92, 167). Die Zustimmung zur Aufnahme einer bestimmten Person als Mitglied kann auch schon im voraus erteilt werden. Durch die Aufnahme tritt in der Trägerschaft des gesamthändigen Gesellschaftsvermögens nur insoweit eine Änderung ein, als ein neuer Vermögensträger hinzukommt. Der Anteil des ausscheidenden Gesellschafters geht unverändert — soweit nicht in dieser Beziehung eine Abweichung vereinbart ist —, ohne daß es besonderer Übertragungshandlungen bedarf (vgl. **RG** 83, 315), auf den neuen Gesellschafter über. S. namentlich Gierke, Vereine ohne Rechtsfähigkeit S. 25ff. und Knoke in ArchBürgR 20, 170ff. Mit dem Anteil am Gesellschaftsvermögen geht auch die auf diesem lastende Verpflichtung über, die Tilgung der bisherigen Gesellschaftsschulden aus dem Gesellschaftsvermögen zu dulden. Eine weitergehende Haftung trifft ihn mangels besonderer Schuldübernahme nicht (anders HGB § 130). An der Haftung des bisherigen Gesellschafters gegenüber den Gläubigern wird durch sein Ausscheiden nichts geändert. Der Ausgeschiedene ist z. B. nicht davon befreit, für die Abnahme der an die Gesellschaft verkauften Ware zu sorgen. Das im Anteil enthaltene gesamthänderische Miteigentum an den zum Gesellschaftsvermögen gehörigen (im Besitz der Gesellschaft befindlichen) beweglichen Sachen wird von dem neu eintretenden Gesellschafter mit der Wirkung erworben, daß er in Gemeinschaft mit den anderen Gesellschaftern hierüber verfügen darf. Nicht anders verhält es sich mit den zum Gesellschaftsvermögen gehörigen Grundstücken. Ihre Zugehörigkeit zum Gesellschaftsvermögen setzt voraus, daß die gesamthänderische Gemeinschaft gemäß § 48 GBO im Grundbuch vermerkt ist. Die grundbuchrechtliche Legitimation erlangt der neue Gesellschafter allerdings erst dadurch, daß er als Mitberechtigter — worauf er Anspruch hat — in Berichtigung des Grundbuchs eingetragen wird. Der Wille des neu eintretenden Gesellschafters wird meist dahin gehen, daß er sich allen Bestimmungen des Gesellschaftsvertrags, denen der Ausscheidende unterworfen war, auch den Bestimmungen über Vertragsstrafen in gleicher Weise unterwirft. Ein solcher Wille kann anzunehmen sein, auch wenn der neu Eintretende die Bestimmungen des alten Gesellschaftsvertrags nicht kennt und sich hierüber mit dem Ausscheidenden nicht verständigt hat (**RG** Warn 1912 Nr 424). — Wird zu den bisherigen Mitgliedern ein weiteres Mitglied in die Gesellschaft aufgenommen, so setzt sich der ihm zukommende Anteil aus den Anteilen der bisherigen Mitglieder zusammen, indem jeder von ihnen zur Herstellung des neuen Anteils einen entsprechenden Teil seines Anteils abgeben muß. Eine solche Übertragung ist ohne weiteres, ohne daß dies besonders zum Ausdruck gebracht zu werden braucht, in dem Aufnahmevertrage zu finden.

§ 737

[1]) **Ist im Gesellschaftsvertrage bestimmt, daß, wenn ein Gesellschafter kündigt, die Gesellschaft unter den übrigen Gesellschaftern fortbestehen soll,**

so kann ein Gesellschafter, in dessen Person ein die übrigen Gesellschafter nach § 723 Abs 1 Satz 2 zur Kündigung berechtigender Umstand³) eintritt, aus der Gesellschaft ausgeschlossen werden²). Das Ausschließungsrecht steht den übrigen Gesellschaftern gemeinschaftlich zu. Die Ausschließung erfolgt durch Erklärung gegenüber dem auszuschließenden Gesellschafter⁴).

E II 672; P 2 444

1. § 736 umfaßt den Fall, daß ein Gesellschafter den übrigen Gesellschaftern kündigt. § 737 regelt den umgekehrten Fall, daß gegenüber einem Gesellschafter die übrigen Gesellschafter aus wichtigem Grunde zu kündigen berechtigt sind.

2. Die **Ausschließung eines Gesellschafters** kann in diesem Falle **durch die übrigen Gesellschafter,** nicht etwa die Geschäftsführer, und zwar durch einstimmigen Beschluß herbeigeführt werden (vgl. HGB § 140). Die Ausschließung ist eine einseitige empfangsbedürftige Willenserklärung (§§ 130ff.). Es können auch mehr als ein Gesellschafter ausgeschlossen werden, sofern nur wenigstens zwei Gesellschafter (abw. HGB § 142) übrigbleiben. Im Streitfalle Feststellungsklage.

3. Ein solcher **Umstand** (wichtiger Grund) ist zur Ausschließung erforderlich, aber andererseits auch genügend (**RG** 24, 137 beruht auf Artt 125, 128 HGB a. F.), und zwar auch bei der auf unbestimmte Zeit (§ 723 Satz 1) eingegangenen Gesellschaft.

4. § 737 enthält in Satz 3 **zwingendes,** dagegen in Ansehung des „zur Kündigung berechtigenden Umstandes" und des Satz 2 **nachgiebiges Recht.** — Ein bereits ausgeschiedener Gesellschafter kann aus der Gesellschaft nicht mehr ausgeschlossen werden (vgl. **RG** JW 05, 315¹ **über** Ausschließung aus einem studentischen Corps).

§ 738

¹) **Scheidet ein Gesellschafter aus der Gesellschaft aus, so wächst sein Anteil am Gesellschaftsvermögen den übrigen Gesellschaftern zu²). Diese sind verpflichtet³), dem Ausscheidenden die Gegenstände, die er der Gesellschaft zur Benutzung überlassen hat, nach Maßgabe des § 732 zurückzugeben, ihn von den gemeinschaftlichen Schulden zu befreien und ihm dasjenige zu zahlen, was er bei der Auseinandersetzung erhalten würde, wenn die Gesellschaft zur Zeit seines Ausscheidens aufgelöst worden wäre. Sind gemeinschaftliche Schulden noch nicht fällig, so können die übrigen Gesellschafter dem Ausscheidenden, statt ihn zu befreien, Sicherheit leisten⁴).**

Der Wert des Gesellschaftsvermögens ist, soweit erforderlich, im Wege der Schätzung⁵) zu ermitteln.

E I 658 Abs 1, 45 II 673 Abs 1; M 2 631; P 2 444—447.

1. Die §§ 738—740 regeln die **Auseinandersetzung mit dem ausscheidenden Gesellschafter.** Die Vorschriften sind im allgemeinen nachgiebiger Natur; zu beachten ist aber, daß § 738 Abs 1 Satz 1 richtiger Auffassung nach eine Folgerung aus dem Gesamthandverhältnisse darstellt (Prot 2, 446; **RG** 56, 208), die nicht abänderlich erscheint.

2. Voraussetzung für die **Anwachsung des Anteils** ist nach herrschender Ansicht, daß die Gesellschaft fortbesteht (**RG** 68, 414). Eine Folge der Anwachsung ist, daß es zur Bewirkung des Übergangs des Anteils des ausscheidenden Gesellschafters (§ 719) auf die übrigbleibenden Gesellschafter keines besonderen Übertragungsgeschäfts, für die Gesellschaftsgrundstücke nicht der Auflassung bedarf. Die Anwachsung bewirkt den Rechtsübergang ohne besondere Übertragshandlung (**RG** 68, 413). Für Anwendung der Vorschriften der §§ 313, 1821 Nr 1 ist hier kein Raum. Nach § 894 hat der Ausscheidende seine Zustimmung zur Berichtigung des Grundbuchs zu geben (vgl. § 718 A 1). Wird durch das Ausscheiden die Gesellschaft aufgelöst, so verwandelt sich das Gesamthandseigentum des Mitgesellschafters nicht ohne weiteres in Alleineigentum. Die Gesellschaft tritt vielmehr in Liquidation (vgl. JW 1921, 121²). Für die offene Handelsgesellschaft wird Anwachsung auch in dem Falle angenommen, daß der eine der beiden Gesellschafter von dem durch § 142 HGB oder durch Vereinbarung begründeten Rechte Gebrauch macht, das ganze Geschäft mit Wert und Schuld zu übernehmen (**RG** 65, 227; 68, 410; 1. 5. 12 I 250/11; vgl. JW 1925, 1750⁶). Dies ist jedoch eine den besonderen Bedürfnissen des Handelsverkehrs Rechnung tragende Eigentümlichkeit, die auf die Gesellschaft des bürgerlichen Rechtes nicht ausgedehnt werden kann. — Wegen der Weiterführung eines Rechtsstreits vgl. § 714 A 4. Über den Eintritt eines neuen Gesellschafters s. § 736 A 2.

3. Der **Ausscheidende behält** nur ein — abtretbares — **Forderungsrecht** gegen die verbleibenden Gesellschafter. Diese haften aus dem Gesellschaftsverhältnisse (§ 427) als Gesamtschuldner. Die dinglichen Rechte des Ausscheidenden am Gesellschaftsvermögen bestehen nicht mehr. Das Zurückbehaltungsrecht (§ 273) wird durch die Anwachsung nicht aufgehoben (a. M. OLG 6, 446). — Vgl. §§ 733 Abs 2, 734. — Über Nichtanwendbarkeit des § 738 gegenüber dem ausgeschiedenen Mitglied eines nicht rechtsfähigen Vereins s. § 54 A 1.

4. Die **Sicherheit** (§§ 232 ff.) wird dem Ausscheidenden geleistet, nicht etwa den Gläubigern; denn diese werden durch den inneren Gesellschaftsvorgang der Auseinandersetzung mit dem Ausscheidenden nicht berührt. Ihre Rechte werden auch dadurch nicht beeinträchtigt, daß der Ausscheidende frei wird, sofern den Gläubigern ausnahmsweise das Gesellschaftsvermögen allein haften sollte (vgl. § 718 A 5). Zweifelhaft ist, ob auch für bedingte Forderungen und für streitige Forderungen — worüber das Gesetz keine Bestimmung gibt — Sicherheit zu leisten ist. Die Frage wird nicht, wie dies meist geschieht (so hinsichtlich streitiger Forderungen **RG** 60, 155) unbedingt zu verneinen sein. Es wird vielmehr darauf ankommen, ob der Eintritt der Bedingung in naher Aussicht steht und ob trotz Bestrittenseins der Forderung mit ihrem Bestehen verständigerweise zu rechnen ist, und es wird deshalb nach Lage der Sache im einzelnen Falle zu entscheiden sein, ob eine Verpflichtung zur Sicherheitsleistung anzunehmen ist und in welcher Höhe die Sicherheit zu leisten ist.

5. Zu ermitteln ist bei der **Schätzung** der Wert des Vermögens der sog. lebenden Gesellschaft im Zeitpunkte des Ausscheidens. Es kommt nicht auf die Buchwerte, sondern auf die wahren Werte an (**RG** 106, 131; JW 99, 395[8]; 02, 590[14]); zu berücksichtigen ist daher auch der sog. Geschäfts- oder Firmenwert (**RG** 94, 106; Warn 09 Nr 138). Die schwebenden Geschäfte bleiben außer Betracht (§ 740). Vgl. auch § 731 A 2.

§ 739

Reicht der Wert des Gesellschaftsvermögens zur Deckung der gemeinschaftlichen Schulden und der Einlagen nicht aus, so hat der Ausscheidende den übrigen Gesellschaftern für den Fehlbetrag nach dem Verhältnisse seines Anteils am Verlust aufzukommen[1]).

E I 658 Abs 6 II 673 Abs 2; M 2 632; P 2 444—447.

1. **Aufkommen des Ausscheidenden für den Fehlbetrag** entsprechend der Vorschrift des § 735. Der Anteil am Fehlbetrage (§ 722) ist in die Gesellschaftskasse zu zahlen. Die Gesellschafter haben gegenüber dem Ausscheidenden an den von ihm zur Benutzung überlassenen Gegenständen (§§ 732, 738 Abs 1 Satz 2) gemäß § 273 ein Zurückbehaltungsrecht. Anderseits ist dem Ausscheidenden Zug um Zug Befreiung von den Schulden zu gewähren oder Sicherheit zu leisten (§ 738 Abs 1 Satz 2, 3).

§ 740

Der Ausgeschiedene nimmt an dem Gewinn und dem Verluste teil, welcher sich aus den zur Zeit seines Ausscheidens schwebenden Geschäften[1]) **ergibt. Die übrigen Gesellschafter sind berechtigt, diese Geschäfte so zu beendigen, wie es ihnen am vorteilhaftesten erscheint**[2]).

Der Ausgeschiedene kann am Schlusse jedes Geschäftsjahrs Rechenschaft über die inzwischen beendigten Geschäfte, Auszahlung des ihm gebührenden Betrags und Auskunft über den Stand der noch schwebenden Geschäfte verlangen[3])[4]).

E I 658 Abs 2, 3 II 674; M 2 631; P 2 444—447.

1. Die **schwebenden Geschäfte** (vgl. HGB a. F. Art 130 Abs 2—4) werden in die Auseinandersetzung (§§ 738, 739) nicht einbezogen. Über diese Geschäfte haben sich also die Gesellschafter (vorbehaltlich besonderer Vereinbarung) nachträglich auseinanderzusetzen. Die Beteiligung des Ausgeschiedenen wirkt nur nach innen; Dritten gegenüber wird er weder berechtigt noch verpflichtet (**RG** JW 02, 445[10]).

2. Daß die **Beendigung der Geschäfte** dem Ausgeschiedenen entzogen wird, ist eine Folge davon, daß er nicht mehr Gesellschafter ist. Kraft der fortdauernden Wirkung des schuldrechtlichen Verhältnisses kann er aber von den früheren Mitgesellschaftern verlangen, daß sie die Geschäfte mit pflichtmäßiger Sorgfalt (§ 708) abwickeln (vgl. § 732 A 2).

3. **Rechenschaft** gemäß § 259; **Auskunft** nach § 242, nicht nach § 260. Über etwaigen Verlust s. § 739. Das Recht des § 716 ist erloschen.

4. Die Vorschriften des § 740 leiden — unbeschadet anderweiter Vereinbarung — entsprechende Anwendung auf den durch § 738 (vgl. § 738 A 2) nicht betroffenen Fall, daß der eine von zwei Gesellschaftern ausscheidet, die Gesellschaft dadurch aufgelöst und das Geschäft mit Wert und Schuld von dem anderen Gesellschafter übernommen wird (**RG** 56, 19).

Fünfzehnter Titel

Gemeinschaft

§ 741

Steht ein Recht mehreren gemeinschaftlich zu[1], so finden, sofern sich nicht aus dem Gesetz[3]) ein anderes ergibt, die Vorschriften der §§ 742 bis 758[2]) Anwendung (Gemeinschaft nach Bruchteilen)[3])[4]).

E I 762 II 677; M 2 873; P 2 743.

1. Die **Rechtsgemeinschaft nach Bruchteilen** ist zu scheiden von dem geteilten Rechte (vgl. § 420), der Gesamthandberechtigung (vgl. § 718 A 1) und von der Gesamtberechtigung (vgl. § 428). Das nach Bruchteilen — ziffermäßig bestimmten, sog. ideellen Anteilen — gemeinsame Recht steht — an einem einzelnen Gegenstande — „mehreren derartig zu, daß jeder die Befugnisse, deren teilweise Ausübung möglich ist (insbesondere Fruchtziehung, Geltendmachung von Schadensersatzansprüchen, Veräußerung und Belastung), in bezug auf seinen Anteil ausüben kann, während die übrigen Befugnisse in der Regel nur von allen zusammen, von dem einzelnen aber nur insoweit ausgeübt werden können, als dadurch die Interessen der übrigen nicht verletzt werden" (Enneccerus § 403 I). — Das wichtigste unter den in Betracht kommenden Rechten ist das Eigentum (vgl. §§ 1008—1011, 1066, 1258; GBO § 48); daneben ist namentlich hinzuweisen auf Nießbrauch, Pfandrecht, Urheberrecht (vgl. § 6 des LitUG v. 19. 6. 01, **RG**St 48, 330; § 8 des KunstUG v. 9. 1. 07), Patentrecht (**RG** 76, 299) usw. Die Bruchteilsgemeinschaft entsteht aus Rechtsgeschäften (z. B. gemeinschaftlichem Ankauf und Erwerb) oder — communio incidens — aus anderen Tatsachen; s. insbesondere §§ 953ff. (Früchte der gemeinschaftlichen Sache), §§ 947, 948 (Verbindung, Vermischung), §§ 963, 984, 2087ff., 2157. Durch die ungetrennte Verladung mehrerer Mengen losen Getreides in demselben Schiffsraum entsteht für die mehreren Empfänger an der gesamten Getreidemenge Miteigentum, auf das grundsätzlich die §§ 741ff. anzuwenden sind (**RG** SeuffA 62 Nr 66; vgl. HGB § 419). Ebenso entsteht Miteigentum und Gemeinschaft, wenn gleichartige Ladungsteile nachträglich zu einer ununterscheidbaren Menge vermischt werden (SeuffA 70 Nr 130). Gemeinschaft bei Ersatzansprüchen wegen Beschädigung einer Schiffsladung, bei der sich die für die einzelnen Empfänger bestimmten Säcke nicht mehr ausscheiden lassen, s. **RG** LZ 1916, 326[20]. Unter mehreren gemeinschaftlichen Patentanmeldern entsteht an sich eine Bruchteilsgemeinschaft. Erfindungsgemeinschaft zwischen Geschäftsherrn und Angestellten s. **RG** JW 1924, 1430[8]). Kein Miteigentum besteht an einem Gebäude, das von einer das Grundeigentum teilenden Grenzlinie durchschnitten wird (**RG** 70, 201; **RG** JW 1911, 211[5]). Ein Recht im Sinne des § 741 ist auch der Besitz (§ 866; OLG 43, 208). Grundsätzlich muß ferner angenommen werden, daß ein bestehendes Zeitungsunternehmen Gegenstand einer Gemeinschaft sein kann, auf welche die Vorschriften über die Gemeinschaft nach Bruchteilen entsprechende Anwendung finden (**RG** Gruch 53, 982; vgl. **RG** 63, 57; 67, 86; s. anderseits abw. **RG** SeuffA 59 Nr 5). Haben sich mehrere durch Vertrag zur Förderung eines gemeinsamen Zweckes verbunden, so greift das bestimmtere Rechtsverhältnis der Gesellschaft Platz (vgl. LZ 1915, 564 und § 705 A 1ff.). Kommt infolge der Nichtigkeit des Gesellschaftsvertrags ein Gesellschaftsverhältnis nicht zustande, so kann eine Gemeinschaft nach Bruchteilen vorliegen. Dazu genügt aber nicht, daß tatsächlich Einnahmen und Ausgaben gemacht wurden, es muß vielmehr den Beteiligten gemeinschaftlich ein Recht, z. B. an den für die beabsichtigte Gesellschaft eingezahlten Werten zustehen (**RG** LZ 1914, 1369[4]). — Gegen die herrschende Meinung ist anzunehmen, daß Forderungen nur im Falle des § 432 den Gegenstand einer Bruchteilsgemeinschaft bilden (vgl. auch Kretzschmar, Sachenrecht, Vorbem 2 vor § 1008). Haben mehrere eine teilbare Leistung zu fordern, so liegen in der Regel gewöhnliche Teilforderungen ohne Gemeinschaftsverhältnis vor (§ 420), also in Wirklichkeit mehrere Forderungen mit verschiedenen Berechtigten; jeder kann über seine (Teil-) Forderung für sich verfügen (s. jedoch § 743 A 1). Wer ein anderes Verhältnis, z. B. das zur gesamten Hand, behauptet, muß dies beweisen. Die Abrede, daß eine geteilte Forderung von den mehreren Gläubigern nur gemeinsam geltend gemacht werden

soll, kann auch bei ganz verschiedenen Forderungen vorkommen, sie bewirkt kein Gemeinschaftsverhältnis (vgl. Enneccerus § 403 II, der aber — wie Sohm, Gegenstand, § 10 S. 61 A 9 — auch im Falle des § 432 die Bruchteilsgemeinschaft verneint). — Eheleute, zwischen denen keine güterrechtliche Gemeinschaft besteht, können in Ansehung einzelner Vermögensgegenstände in einer Gemeinschaft nach § 741 stehen (**RG** Gruch 63, 614; s. auch **RG** 67, 396).

2. Die **Vorschriften der §§ 742—758** regeln das Verpflichtungsverhältnis der Teilberechtigten untereinander. Die entsprechenden Forderungen können vor, bei und auch noch nach der Teilung geltend gemacht werden. Die Vorschrift des § 708 (Haftung nur für diejenige Sorgfalt, die jeder in eigenen Angelegenheiten anzuwenden pflegt) findet keine Anwendung; vielmehr gilt der Grundsatz des § 276 in Verbindung mit § 278, also Haftung der Teilhaber für jedes Verschulden, das sie oder ihre Hilfspersonen trifft (Prot 2, 768). Ein Vorkaufsrecht ist den Teilhabern durch das Gesetz nicht eingeräumt worden; ein rechtsgeschäftliches Vorkaufsrecht (vgl. §§ 504ff., 1094ff.) ist damit nicht ausgeschlossen. Besondere Vorschriften, teils obligatorischer, teils dinglicher Natur für bestimmte Gemeinschaftsverhältnisse finden sich namentlich in den §§ 432, 866, 921, 922, 947ff. (zu § 948 s. **RG** 112, 102), 963, 984, 1008—1011, 1172, 1258 Abs 1, 2047 Abs 2. Nicht geregelt ist der Fall, in dem wegen des gemeinsamen Gegenstandes verschiedener Rechte eine tatsächliche Gemeinschaft eintritt (z. B. Eigentum am ganzen Grundstück, Nießbrauch eines anderen an einem Bruchteile des Grundstücks; Prot 2, 744; vgl. § 1066 — §§ 1024, 1060 —). — Die Vorschriften der §§ 742—758 regeln ferner nur die rechtlichen Beziehungen, die aus der Tatsache der Gemeinschaft als solcher entspringen. Beruht die Gemeinschaft auf Vertrag, so ist nach den dafür geltenden Bestimmungen z. B. zu beurteilen, ob ein Teilhaber von dem Vertrage zurücktreten kann (**RG** 13. 11. 17 II 280/17: Kauf der ideellen Hälfte einer dem Verkäufer zustehenden Gerechtsame; Anwendung der §§ 440, 323ff., insbesondere § 326). — Über den Konkurs eines Teilhabers s. KO §§ 16 (Auseinandersetzung), 51 (Absonderungsrecht).

3. Die Regel, daß für ein gemeinschaftliches Recht Bruchteilsgemeinschaft eintritt, soweit nicht das Gesetz, wie es z. B. in Ansehung des Gesamthandverhältnisses (§ 718 A 1) der Fall ist, eine Ausnahme aufstellt, enthält **zwingendes Recht.** Gesamthandsgemeinschaften können daher in anderen als den vom Gesetz bestimmten Fällen nicht durch Vertrag geschaffen werden (**RG** 26. 2. 20 IV 350/19; vgl. RJA 14, 80). Die bloß verpflichtende Wirkung anderweiter Vereinbarungen der Beteiligten wird dadurch unter diesen noch nicht ausgeschlossen (vgl. auch § 137).

4. In betreff des **Übergangsrechts** und der **landesrechtlichen Vorbehalte** s. EG Artt 173, 181 Abs 2, 182; 65, 67, 83, 113, 119 Nr 2, 120 Abs 2 Nr 1, 121, 131, 164. Zu beachten ist, daß Art 173, nach dem das neue Recht auch auf eine am 1. 1. 00 bestehende Gemeinschaft nach Bruchteilen Anwendung findet, nicht Platz greift, wenn die Gemeinschaft auf einem vor 1900 geschlossenen Gesellschaftsvertrage beruht. In diesem Falle empfängt die Gemeinschaft ihre Regelung aus dem Gesellschaftsvertrage, und es gilt für das ganze einheitliche Rechtsverhältnis gemäß Art 170 EG (vgl. Vorbem 2 vor § 705) altes Recht (bestr.). Ebenso ist Art 173 nicht anzuwenden, wenn es sich um Miteigentum handelt, das auf einem unter Art 59 EG fallenden Fideikommiß beruht (**RG** LZ 1926, 1340[12]).

§ 742

Im Zweifel ist anzunehmen, daß den Teilhabern gleiche Anteile zustehen[1]).

E I 764 II 678; M 2 875; P 2 746.

1. Die **Gleichheit der Anteile** gilt nur als Auslegungsregel bei Dunkelheit des Parteiwillens oder — für die communio incidens — als widerlegbare gesetzliche Vermutung. Im Falle der Vermischung oder Vermengung bestimmen sich die Anteile nach § 948 (**RG** 112, 102). Für die Reallastenberechtigung vgl. § 1109. Nach § 48 GBO soll aus der Eintragung im Grundbuch ersichtlich sein, ob Gemeinschaft nach Bruchteilen oder ein anderes für die Gemeinschaft maßgebendes Rechtsverhältnis, insbesondere Gemeinschaft zur gesamten Hand, besteht. Die Bruchteile sind ziffermäßig anzugeben. Durch die Regel des § 742 — welche die Möglichkeit verschiedener Größe der Einzelanteile offen läßt und durch Gegenbeweis außer Kraft gesetzt wird — ist aber der Grundbuchrichter zur Eintragung gleicher Anteile nicht ermächtigt, ohne daß der notwendige urkundliche Nachweis oder die Einwilligung der Teilhaber beigebracht ist (**RG** 54, 85; s. auch SeuffA 57 Nr 149). Der Nachweis einer ungleichmäßigen Verteilung der Nutzungen und Lasten enthält noch nicht ohne weiteres den Nachweis ungleicher Anteile und die Widerlegung der Regel des § 742; denn eine von den Vorschriften der §§ 743, 748 abweichende Regelung der Nutzungs- und Lastenverteilung durch Verträge ist nach dem Gesetze nicht ausgeschlossen (**RG** 11. 12. 07 V 199/07).

§ 743

Jedem Teilhaber gebührt ein seinem Anteil entsprechender Bruchteil der Früchte[1]).

Jeder Teilhaber ist zum Gebrauche des gemeinschaftlichen Gegenstandes insoweit befugt, als nicht der Mitgebrauch der übrigen Teilhaber beeinträchtigt wird[2])[3]).

E I 765 Abs 2 II 679; M 2 877; P 2 743—747.

1. In Ansehung der **Früchte** (§ 99) ist eine selbständige Ausübung des Bruchteilsrechts durchführbar (§ 741 A 1); diese wird vom Gesetze angeordnet, sie kann durch Mehrheitsbeschlüsse nicht beeinträchtigt werden (§ 745 Abs 3 Satz 2). Jedem Teilhaber steht ein Anspruch gemäß Abs 1 gegen die übrigen Teilhaber zu; er muß die Fruchtziehungskosten mitbestreiten (§§ 748, 756). Ein Recht des einzelnen Teilhabers auf selbständige Einerntung seines Teiles der natürlichen Früchte kann nicht anerkannt werden (Goldmann-Lilienthal § 203 A 9; a. M. Oertmann A 2). Die Ernte ist Verwaltung (§§ 744, 745), die Teilung der geernteten Früchte erfolgt gemäß §§ 752ff. — Wie es sich mit der Einziehung der zivilen Früchte (§ 99 Abs 3) verhält, bestimmt sich nach dem maßgebenden Rechtsverhältnisse. Bei der Vermietung eines gemeinschaftlichen Gegenstandes ist zu unterscheiden. Vermietet ein Teilhaber, die Zustimmung der anderen vorausgesetzt, den Gegenstand der Gemeinschaft im eigenen Namen, dann ist er auch zur Einziehung des Mietzinses berechtigt und hat nur nach der Einhebung mit den anderen Teilung zu halten. Vermieten die Teilhaber gemeinschaftlich, so ist regelmäßig anzunehmen, daß der Mietzins ihnen gemeinsam zusteht und auch nur von ihnen gemeinsam eingezogen werden kann. Die Einziehung des Mietzinses und seine Verwendung zur Deckung von Lasten und Kosten bilden, namentlich bei Mietgrundstücken, den Gegenstand der gemeinschaftlichen Verwaltung (§ 744 Abs 1), und nur auf das Ergebnis dieser Verwaltung, nicht auf die einzelnen Einnahmen, hat jeder Teilhaber anteilsmäßigen Anspruch. Für eine Teilung der Mietzinsforderungen im Sinne des § 420 (vgl. § 741 A 1) ist hier kein Raum. § 743 Abs 1 steht nicht entgegen. Als Früchte, von denen dem Teilhaber ein seinem Anteil entsprechender Bruchteil gebührt, sind in solchem Falle die Mietzinsen nur in ihrem Reinertrag nach Deckung der Lasten und Kosten zu verstehen. Daraus folgt ferner, daß der einzelne Teilhaber nicht berechtigt ist, über die Mietzinsforderungen, insbesondere durch Abtretung, zu verfügen, und daß auch seine Gläubiger sie nicht (auch nicht anteilig) pfänden können. So auch die neuere Rechtsprechung OLG 17, 1; 20, 107; SeuffA 68 Nr 8; 70 Nr 124 gegen OLG 5, 26 und 12, 66. Das ist namentlich von Bedeutung für städtische Miethäuser, die im Miteigentum stehen, und wird für diesen Fall, im Ergebnisse wenigstens, auch in **RG** 89, 176 anerkannt, wo für das Verhältnis von Pfändungspfandgläubigern eines Miteigentümers gegenüber der Gemeinschaft ausgeführt ist: Die Frage, ob als Früchte im Sinne des § 743 der Rohertrag oder der nach Abzug der Kosten usw. verbleibende Reinertrag anzusehen sei, brauche nicht entschieden zu werden. In jedem Falle werde bei einem städtischen Miethause entsprechend der allgemeinen Verkehrsanschauung nicht nur die Vermietung, sondern auch die Einhebung der Mieten und ihre Verwendung zur Bestreitung der Lasten und Abgaben, sowie der sonstigen notwendigen Auslagen, insbesondere der Hypothekenzinsen, zur Verwaltung und, wenn sich das Grundstück im Miteigentum mehrerer befinde, zur gemeinschaftlichen Verwaltung zu rechnen sein. Jeder Miteigentümer müsse sich danach gefallen lassen, daß die Mietzinse von der Gemeinschaft eingehoben und zunächst für die Bestreitung der notwendigen Ausgaben für das Grundstück verwendet werden. Nur auf den als Reinertrag verbleibenden Überschuß stehe ihm ein Anspruch zu, und nur dieser (gegen die Gemeinschaft gerichtete) Anspruch könne von seinen Gläubigern zu ihrer Befriedigung beschlagnahmt und verwertet werden. — Der Rechtserwerb an Früchten bestimmt sich nach allgemeinen Grundsätzen; in betreff der natürlichen Früchte vgl. §§ 953ff. — Über die Früchte eines Grenzbaumes s. § 923 Abs 1.

2. Jedem Teilhaber ist eine unmittelbare — auch durch den Widerspruch anderer Teilhaber nicht zu beseitigende — Befugnis zum **Gebrauche des gemeinschaftlichen Gegenstandes** gegeben, vorbehaltlich anderweiter Regelung gemäß § 745. Das Gebrauchsrecht (Sonderrecht) findet seine Schranken nur in dem Mitgebrauche der übrigen Teilhaber, d. h. nicht in der bloßen Gebrauchsmöglichkeit, sondern in dem tatsächlich in Anspruch genommenen Mitgebrauche. Wie Abs 1, so betrifft auch Abs 2 das dem einzelnen Teilhaber zustehende Maß der Berechtigung; die Weise der Benutzung, die Benutzungsart, wird durch § 745 geregelt. SeuffA 57 Nr 34 (Verneinung der Befugnis, einen zugeschütteten Graben als Weg zu benutzen); OLG 34, 71 (Benutzung eines gemeinschaftlichen Grundstücks als Ablagerungsplatz). Innerhalb des in Ansehung der Benutzungsart feststehenden Nutzungskreises muß aber die Grundregel anerkannt werden, daß jeder Teilhaber zum beliebigen Gebrauche des

gemeinschaftlichen Gegenstandes befugt ist. Von dieser Regel aus ist z. B. die Benutzung eines gemeinschaftlichen Ganges zwischen verschiedenen Häusern (eines selbständigen, nicht unter § 921 fallenden Grundstücks) zu beurteilen. Entscheidend ist das billige Ermessen (vgl. §§ 242, 226). Früher beobachtete Einschränkungen der Benutzung stehen der Befriedigung neuer Bedürfnisse, sofern diese innerhalb jenes Nutzungskreises auftreten, nicht entgegen (vgl. SeuffA 62 Nr 207). Werden die Interessen der Teilhaber nicht beeinträchtigt, so ist auch eine Veränderung des gemeinschaftlichen Gegenstandes — die keine „wesentliche" im Sinne des § 745 Abs 3 ist — nicht unzulässig, z. B. die Pflasterung eines gemeinsamen Durchganges. Wenn ein Teilhaber den Mitgebrauch eines anderen hindert oder beeinträchtigt, kann ein Anspruch auf Schadensersatz oder Unterlassung entstehen. Der Besitzschutz ist versagt worden (§ 866).

3. Das Gegenbild zu § 743 enthält § 748.

§ 744

[1]) **Die Verwaltung des gemeinschaftlichen Gegenstandes steht den Teilhabern gemeinschaftlich zu[2]).**

Jeder Teilhaber ist berechtigt, die zur Erhaltung des Gegenstandes notwendigen Maßregeln ohne Zustimmung der anderen Teilhaber zu treffen[3]); er kann verlangen, daß diese ihre Einwilligung zu einer solchen Maßregel im voraus erteilen[4])[5]).

E I 765 Abs 1, 766 Satz 3 II 680; M 2 875; P 2 746 ff.

1. Die §§ 744—746 enthalten die gesetzliche **Verwaltungsordnung für gemeinschaftliche Gegenstände.** Die Verwaltung steht grundsätzlich den Teilhabern gemeinschaftlich zu (§ 744 Abs 1; vgl. § 709 Abs 1, für die Gemeinschaft fehlt aber die gesellschaftliche Verpflichtung zur gemeinsamen Zweckförderung, § 709 A 2). Die Teilhaber können durch einstimmigen Beschluß über Verwaltung und Benutzung eine Vereinbarung treffen (vgl. § 745 Abs 2); dabei werden öfter mit einem Teilhaber oder einem Dritten besondere Verträge (Auftrag, Dienstvertrag, Werkvertrag) geschlossen werden. Inwieweit Vertretungsmacht nach außen verliehen wird, muß nach den Umständen des einzelnen Falles beurteilt werden. Kommt eine Vereinbarung nicht zustande, so kann innerhalb gewisser Grenzen eine Beschlußfassung nach Stimmenmehrheit eintreten (§ 745 Abs 1, 3). Fehlt auch ein solcher Mehrheitsbeschluß — er ist bei nur zwei Teilhabern mit gleichen Anteilen von vornherein ausgeschlossen —, so gibt das Gesetz jedem Teilhaber gegen den oder die anderen einen Anspruch auf eine billigem Ermessen entsprechende Regelung (§ 745 Abs 2, 3). In gewissem Umfange gewähren auch die Vorschriften der §§ 743 u. 744 Abs 2 Hilfe. Die letzte Hilfe liegt im § 749.

2. **Verwaltung** ist Geschäftsführung zu allgemeinem, gemeinschaftlichem Besten, im Gegensatze zum Gebrauch (§ 743 Abs 2) zu jedes eigenem Besten. Vermietung eines im Miteigentum mehrerer stehenden städtischen Miethauses s. **RG** 89, 177 (§ 743 A 1).

3. Abs 2 enthält (neben § 745) eine wichtige Ausnahme von der Regel des Abs 1. Das hier begründete Recht kann dem einzelnen Teilhaber nicht durch Mehrheitsbeschluß nach § 745 entzogen werden. Eine Verpflichtung des einzelnen Teilhabers gegenüber den anderen, erhaltende Maßregeln vorzunehmen, besteht (kraft der Gemeinschaft) nicht. Notwendige Auslagen müssen die anderen Teilhaber anteilsmäßig erstatten. — **„Erhaltung des Gegenstandes"** darf nicht zu enge aufgefaßt werden. Gemeint sind die für die Erhaltung des Gegenstandes oder seines Wertes tatsächlich notwendigen Verwaltungshandlungen. Zu ihnen gehört auch die Verwertung der dem Verderben ausgesetzten Sachen; der Teilhaber ist hier in Abweichung von der Regel des § 747 Satz 2 zu einer „Verfügung" berechtigt und besitzt insoweit auch gesetzliche Vertretungsmacht nach außen. Im übrigen denke man namentlich an dringende Ausbesserungen (vgl. auch §§ 547, 994, 2381), Beschaffung von Mitteln zur Abwendung de Zwangsversteigerung. Ist eine Hypothek den mehreren Eigentümern des belasteten Grundstücks als Eigentümergrundschuld angefallen, so können sie darüber nur gemeinschaftlich verfügen (§ 747), gemäß §§ 744 Abs 2, 1011 kann aber jeder Teilhaber für sich die Klage auf Löschungsbewilligung erheben (**RG** 60, 270). Überhaupt muß anerkannt werden, daß zum Zwecke der Erhaltung des gemeinschaftlichen Gegenstandes der einzelne Teilhaber für sich als Prozeßpartei auftreten kann (vgl. **RG** 112, 361: Klage auf Unterlassung vertragswidriger Herstellung und Vertreibung von Maschinen). Und der eine Teilhaber wird durch den Rücktritt des anderen Teilhabers vom Prozesse auch nicht der sachlichen Legitimation beraubt (**RG** 76, 299). Die Prozeßführung enthält übrigens für sich allein noch keine Verfügung — § 747 Satz 2 — (**RG** 77, 34). In einem gemeinschaftlich angestrengten Prozesse sind die Teilhaber notwendige Streitgenossen — erster Fall des § 62 ZPO (**RG** 60, 269).

4. Auf die bezeichnete Einwilligung (§ 183; ZPO § 894) gewährt das Gesetz einen **Klageanspruch**, der nach innen und außen namentlich bei beabsichtigten größeren oder in Ansehung ihrer Notwendigkeit streitigen Aufwendungen von erheblicher praktischer Bedeutung ist. Nach Lage der Sache kann auch der Anspruch auf Vorschuß begründet sein (§ 748 A 1). Der Widerspruch eines Teilhabers macht aber die Klage nicht notwendig.

5. Ergänzend kommen neben Abs 2 — der den Teilhaber auch dann schützt, wenn „der wirkliche oder der mutmaßliche Wille" eines anderen Teilhabers entgegensteht (§ 683) — die allgemeinen Vorschriften über die Geschäftsführung ohne Auftrag zur Anwendung. Dadurch, daß ein Teilhaber in bezug auf den gemeinschaftlichen Gegenstand das Geschäft der anderen Teilhaber zugleich mit seinem eigenen Geschäft besorgt, wird diese Anwendung nicht ausgeschlossen (RG 63, 283)

§ 745

[1]) **Durch Stimmenmehrheit kann eine der Beschaffenheit des gemeinschaftlichen Gegenstandes entsprechende ordnungsmäßige Verwaltung und Benutzung beschlossen werden. Die Stimmenmehrheit ist nach der Größe der Anteile zu berechnen**[2]).

Jeder Teilhaber kann, sofern nicht die Verwaltung und Benutzung durch Vereinbarung oder durch Mehrheitsbeschluß geregelt ist, eine dem Interesse aller Teilhaber nach billigem Ermessen entsprechende Verwaltung und Benutzung verlangen[3]).

Eine wesentliche Veränderung des Gegenstandes kann nicht beschlossen oder verlangt werden[1]). **Das Recht des einzelnen Teilhabers auf einen seinem Anteil entsprechenden Bruchteil der Nutzungen kann nicht ohne seine Zustimmung beeinträchtigt werden**[4]).

E I 765 Abs 3, 772 Abs 1 II 681; M 2 876; P 2 743, 747.

1. § 745 Abs 1, 3 enthält für Verwaltung und Benutzung des gemeinschaftlichen Gegenstandes den **Grundsatz der Mehrheitsbildung** in bestimmten Grenzen. Die Verwaltung erstreckt sich nicht auf die „Verfügung" (§ 747 A 1) über den gemeinschaftlichen Gegenstand; darüber kann also nicht durch Mehrheitsbeschluß entschieden werden (vgl. BayObLGZ 16, 74). Im übrigen können je nach der Gestaltung des Falles die verschiedensten Maßregeln in Betracht kommen, z. B. Verpachtung, eigene Bewirtschaftung, Überlassung der Verwaltung an einen Teilhaber, Einsetzung eines Dritten als Verwalter mit bestimmten Befugnissen, Veränderung der Bewirtschaftungsart eines landwirtschaftlichen Grundstücks, ohne daß die wirtschaftliche Zweckbestimmung geändert wird (Abs 3; vgl. § 1037), auch der Wiederaufbau eines zerstörten Gebäudes (OLG 8, 82). Der Begriff der ordnungsmäßigen Verwaltung (Abs 1) deckt sich nicht mit dem Begriffe der Erhaltung und darf nicht zu eng gefaßt werden. Wesentliche Veränderung des Gegenstandes (Abs 3 Satz 1) ist z. B. der Umbau eines gemeinschaftlichen Fabrikgebäudes in ein Wohnhaus und umgekehrt, nicht schon der erweiternde Umbau des Daches (OLG 30, 184). Über die Bestellung eines Vertreters zur Verwaltung eines gemeinschaftlichen Grundstücks s. SeuffA 65 Nr 164. Vgl. § 748 A 2 a. E. — Es ist die Ansicht aufgestellt worden, § 745 regele nur das innere Verhältnis der Teilhaber, nach außen müßten alle Teilhaber handeln, auch die überstimmten; im Weigerungsfalle sei die Willenserklärung der sich Weigernden durch Urteil (§ 894 ZPO) zu ersetzen; Urkunden müßten von allen Teilhabern unterzeichnet werden (§ 126); SeuffA 63 Nr 89. Diese Auffassung kann insoweit nicht gebilligt werden, als im Einzelfalle auch die Ausübung der Vertretungsmacht nach außen, sowie die Verleihung dieser Vertretungsmacht an einzelne zur ordnungsmäßigen Verwaltung gehört. Insoweit wird die Minderheit nach außen kraft des gesetzmäßig gefaßten Beschlusses (Abs. 1, 3) durch die Mehrheit oder deren Bevollmächtigten mitvertreten (vgl. SeuffA 61 Nr 131; a. M. Planck A 3).

2. Es sind keine Vorschriften darüber gegeben, auf welche Weise der **Mehrheitsbeschluß** zustande zu bringen ist (anders § 32). Der schriftliche Weg ist daher nicht ausgeschlossen (vgl. auch § 491 HGB; RG 9, 140). Zu fordern ist aber, daß der Minderheit — von besonderer Vereinbarung abgesehen, vgl. § 709 A 3 — das Gehör nicht versagt wird. Mit Rücksicht auf die Rechtssicherheit wird man anderseits wieder annehmen dürfen, daß durch die pflichtwidrige Gehörversagung der Mehrheitsbeschluß nicht ungültig und die Vertretungsmacht der Mehrheit nach außen (A 1) nicht beeinträchtigt wird. Die Gehörversagung kann jedoch schadensersatzpflichtig machen und einen „wichtigen Grund" im Sinne des § 749 Abs 2 entstehen lassen (SeuffA 61 Nr 131; OLG 20, 186). Bei zwei Teilhabern mit gleichen Anteilen ist ein Mehrheitsbeschluß nicht möglich. Liegt eine Vereinbarung nicht

vor, so greift Abs 2 Platz (**RG** JW 06, 112[11]). Sind dagegen die Anteile verschieden groß, so verfügt ein Teilhaber von vornherein über die „Stimmenmehrheit" und die aus ihr hervorgehenden Befugnisse. Gegebenenfalls kann die Minderheit auf die Feststellung klagen, daß mangels der gesetzlichen Voraussetzungen (Abs 1, 3) der Mehrheitsbeschluß nicht rechtswirksam sei. Bloße Unzweckmäßigkeit der getroffenen Maßregel steht jedoch der Wirksamkeit nicht im Wege. Die Geltendmachung von Willensmängeln ist nicht ausgeschlossen. Die Beweislast trifft für die Voraussetzungen zu Abs 1 die Mehrheit, zu Abs 3 die Minderheit.

3. Wird der im Abs 2 geregelte **Anspruch im Prozesse** verfolgt, so muß der Antrag der Klage auf eine bestimmte Art der Verwaltung oder Benutzung gerichtet werden. Es genügt nicht, anstatt die begehrte Maßregel deutlich zu bezeichnen, im allgemeinen um eine angemessene richterliche Anordnung zu bitten (**RG** Gruch 49, 837). Die (Leistungs-) Klage ist gegen jeden widerstreitenden Teilhaber zu richten (vgl. auch **RG** 1, 319). Aufbewahrung eines gemeinschaftlichen Gegenstandes durch einen Dritten s. **RG** JW 1912, 193[13]. Schranken für den in Abs 2 geregelten Anspruch s. Abs 3.

4. Der dem einzelnen Teilhaber zukommende **Bruchteil der Nutzungen** (§§ 100, 743) darf nicht entzogen werden. Auf welche Weise aber die Nutzung erfolgen soll, ob z. B. Selbstbewirtschaftung stattfinden soll oder nicht, unterliegt der zulässigen Beschlußfassung (Abs 1, 3 Satz 1). Die Nutzungsart darf also durch Mehrheitsbeschluß geändert werden, dies selbst dann, wenn dadurch die Höhe der Nutzungen gemindert wird.

§ 746

Haben die Teilhaber die Verwaltung und Benutzung des gemeinschaftlichen Gegenstandes geregelt[1]), so wirkt die getroffene Bestimmung auch für und gegen die Sondernachfolger[2])[3]).

E II 682; P 2 752—755.

1. Die **Regelung** kann einstimmig gemäß § 744 Abs 1, durch Mehrheitsbeschluß gemäß § 745 Abs 1, 3 oder auch durch rechtskräftiges Urteil (§ 745 Abs 2) getroffen sein.

2. Sondernachfolger ist auch der Gläubiger, welcher die Pfändung des Anteils eines Teilhabers erwirkt hat (vgl. anderseits § 751 Satz 2). Die Wirkung gegen den Sondernachfolger tritt auch dann ein, wenn er die Regelung weder kannte noch kennen mußte (vgl. **RG** 78, 275). Daß sie gegen die Gesamtnachfolger wirkt, versteht sich von selbst.

3. Beim **Miteigentum an Grundstücken** wirkt die Bestimmung gegen die Sondernachfolger (im Miteigentum, **RG** 89, 179) eines Miteigentümers nur, wenn sie als Belastung des Anteils im Grundbuch eingetragen ist (§ 1010 Abs 1).

§ 747

Jeder Teilhaber kann über seinen Anteil verfügen[1]). Über den gemeinschaftlichen Gegenstand im ganzen[2]) können die Teilhaber nur gemeinschaftlich verfügen[3]).

E I 763 Satz 1, 2 II 683; M 2 874 P 2 745

1. Im Gegensatze zum Gesamthänder (vgl. § 719 A 2) kann der Bruchteilsberechtigte — und gerade darin besteht das Wesen seiner Berechtigung — unmittelbar und ohne Rücksicht auf die Teilhaber **über seinen Anteil an dem gemeinschaftlichen Gegenstande frei verfügen** (**RG** 57, 435). Die Bruchteile sind feste Anteile ohne Abwachsung und Anwachsung (vgl. § 736 A 2, § 738 A 2). — Die Verfügung ist ein Rechtsgeschäft, das unmittelbar auf das bestehende Recht, hier das Bruchteilsrecht, einwirkt, es überträgt, verändert, beendigt: Veräußerung im ganzen, Teilveräußerung, Belastung, Abtretung, Aufrechnung, Erlaß, Stundung, Kündigung. Zu den Verfügungen gehört also einerseits die Verpfändung und Belastung mit einem Nießbrauch oder einer Reallast, anderseits nicht die Verpachtung oder Vermietung (**RG** 58, 37). Über den zulässigen Verzicht auf das Eigentum oder Miteigentum an einem Grundstück oder an einer beweglichen Sache vgl. §§ 928, 959; im übrigen vgl. § 748 A 1. Die Aufrechnung mit einer Bruchteilsforderung als solcher wird nach A 1 bei § 741 nicht in Frage kommen. Über die Wirkung einer rechtsgeschäftlichen Verfügungsbeschränkung s. § 137; vgl. §§ 749, 751, 1010, 1094ff. Der eigenen Verfügung des Teilhabers steht die aus seinem Rechte abgeleitete, auf dem Wege der Zwangsvollstreckung erfolgende Verfügung gleich (§§ 857, 864 Abs 2, 866 ZPO; **RG** 59 S. 180, 186; s. auch **RG** 89, 176 und § 743 A 1). Der Anteil des Teilhabers gehört zu seiner Konkursmasse (§§ 1, 16, 51 KO). Übernimmt der Erwerber eines von mehreren Miteigentümern veräußerten Grundstücks durch Vertrag mit den Veräußerern deren Hypothekschuld, so kann jeder Veräußerer für sich allein und ohne

Zuziehung der anderen die nach § 416 zur Befreiung von seiner Schuld führende Mitteilung von der Schuldübernahme an den Hypothekgläubiger machen (**RG** 25. 9. 12 V 153/12).

2. Zur Verfügung (A 1) **über den gemeinschaftlichen Gegenstand im ganzen** müssen sämtliche Teilhaber unmittelbar oder durch einen Bevollmächtigten zusammenwirken. Mehrheitsbeschlüsse (§ 745) geben dazu keine Befugnis. Ist die Willenserklärung eines von mehreren bei einer Hypothekbestellung mitwirkenden Miteigentümers nach §§ 104 Nr 2, 105 nichtig, so ist nach § 139 zu prüfen, ob die auf eine Hypothek am gemeinschaftlichen Grundstück gerichtete Verfügung nicht als Hypothekbestellung an dem Anteil der nicht von dem Nichtigkeitsgrund betroffenen Miteigentümer aufrecht erhalten werden kann (**RG** JW 1910, 473[12]). Über die Notveräußerung auf Grund des § 744 Abs 2 sowie auch über die Prozeßführung zum Zwecke der Erhaltung des gemeinschaftlichen Gegenstandes s. dort A 3. Zur Zwangsvollstreckung in den gemeinschaftlichen Gegenstand im ganzen ist ein Schuldtitel gegen alle Teilhaber erforderlich. (Für die Gemeinschaft zur gesamten Hand vgl. § 736 ZPO.) — In Ansehung der gerichtlichen Geltendmachung des ganzen Rechtes vgl. die Sonderbestimmungen der §§ 432 (unteilbare Leistung), 1011 (Miteigentum). Nach der letzteren Bestimmung kann der Miteigentümer einer Sache die Ansprüche aus dem Eigentum Dritten gegenüber in Ansehung der ganzen Sache geltend machen, den Anspruch auf Herausgabe jedoch nur gemäß § 432 (Herausgabe an alle Miteigentümer, Hinterlegung für alle oder, wenn die Sache sich nicht zur Hinterlegung eignet, Ablieferung an einen gerichtlich zu bestellenden Verwahrer). Im übrigen müssen die Teilhaber einer Gemeinschaft gegen Dritte gemeinschaftlich vorgehen. Das gilt auch von Anfechtung, Rücktritt, Kündigung (vgl. SeuffA 74 Nr 132), es sei denn, daß es sich hierbei um die vom § 745 geregelten Verwaltungsmaßnahmen handelt. Sein eigenes Anteilsrecht kann jeder Teilhaber selbständig gegenüber Dritten vertreten (vgl. § 1011 A 1, 2).

3. Den übrigen Teilhabern stehen in Ansehung des Anteils des Mitteilhabers keine Rechte zu, ihm keine Rechte in betreff der Anteile der übrigen. Diese können die unbefugte Verfügung über die ganze Sache durch einen einzelnen Miteigentümer verbieten; das gleiche Recht steht ihnen gegen solche Übergriffe eines Gläubigers des Miteigentümers zu. Im Falle des Miteigentums an einer beweglichen Sache kann der Gläubiger des Miteigentümers nicht durch einen Gerichtsvollzieher (§§ 808ff. ZPO) die ganze Sache (**RG** 13, 180), er kann nur das Anteilsrecht des Schuldner-Miteigentümers an der Sache gemäß §§ 857, 828ff. ZPO pfänden lassen (**RG** SeuffA 61 Nr 264). Einseitige Verfügungen von Teilhabern sind Verfügungen eines Nichtberechtigten (§ 185). Rechtswirksam ist aber die in einem Grundstückskaufvertrag getroffene Bestimmung, daß, wenn der Kaufpreis nicht bis zu einem bestimmten Termin bezahlt wird, jeder der verkaufenden Miteigentümer des Grundstücks durch einseitige Erklärung den ganzen Kaufvertrag aufheben könne (**RG** 27. 6. 25 V 490/24). In betreff der §§ 13, 14 des preuß. Fluchtliniengesetzes vom 2. 7. 75 ergibt sich aus § 747, daß einzelne Miteigentümer eines Grundstücks ohne Zuziehung der übrigen nicht befugt sind, die Enteignung des ganzen Grundstücks herbeizuführen; wohl aber darf jeder einzelne Miteigentümer ohne Zuziehung der übrigen die Herbeiführung der Enteignung seines eigenen Eigentumsbruchteils verlangen (**RG** 10. 5. 07 VII 340/06). — Über den Teilungsanspruch vgl. § 749 A 1.

§ 748

Jeder Teilhaber ist den anderen Teilhabern gegenüber verpflichtet, die Lasten des gemeinschaftlichen Gegenstandes sowie die Kosten der Erhaltung, der Verwaltung und einer gemeinschaftlichen Benutzung nach dem Verhältnisse seines Anteils zu tragen[1]) [2]).

E I 766 Satz 1, 2 II 684; M 2 877; P 2 748.

1. Die **Verpflichtung** entsteht den anderen Teilhabern gegenüber. Kein Teilhaber kann sich der bereits entstandenen Verpflichtung durch späteren Verzicht auf seinen Anteil entziehen (Prot 2, 749; vgl. § 747 A 1). Es handelt sich nicht um ein gegenseitiges Schuldverhältnis, so daß die §§ 323ff. keine Anwendung finden; besondere gegenseitige Verträge können selbstverständlich vorkommen (vgl. auch § 757). Die Verpflichtung, die Lasten und Kosten zu „tragen“, schließt nach Lage des Einzelfalls die Pflicht in sich, die erforderlichen Beiträge im voraus zu entrichten. Nichterfüllung der Verpflichtung des § 748 kann Schadensersatzpflicht nach sich ziehen, im Falle des § 749 Abs 2 auch einen wichtigen Grund für das Verlangen einer (sonst ausgeschlossenen) Aufhebung der Gemeinschaft bilden. Aus § 748 folgt auch, daß ein Teilhaber, der Aufwendungen in bezug auf Lasten oder Kosten der hier bezeichneten Art gemacht hat, von den anderen Teilhabern anteilsmäßigen Ersatz verlangen kann. Auf die für ihn minder günstigen Grundsätze über Auftrag, Geschäftsführung oder Bereicherung braucht dabei nicht zurückgegriffen zu werden. Der Ersatzanspruch gemäß § 748 steht dem Teilhaber unbeschadet der aus §§ 756, 755 Abs 3 sich ergebenden Rechte zu (**RG** 109, 167). — Wer nach außen dem Berechtigten gegenüber Lastenträger ist, hängt von der Natur der einzelnen Last ab. Wer nach außen für die Kosten haftet, bestimmt sich nach den Umständen (vgl. § 427 — Gesamtschuld —; Haftung nach den Bruchteilen, alleinige Haftung, §§ 755, 756). S. auch zur Vergleichung § 718 A 5.

2. § 743 betrifft die Nutzungen, § 748 die **Lasten** und Kosten. Die Lasten (§ 103) sind Leistungen, die aus dem Grundstücke zu entrichten sind und insoweit im Gegensatze zu den Nutzungen stehen, als der Nutzungswert des Grundstücks durch sie gemindert wird (**RG** 66, 318), z. B. Hypothekenzinsen, Renten, Steuern, Einquartierungslasten. Die **Kosten** müssen durch berechtigte, zugunsten der Gemeinschaft (nicht etwa eines Teilhabers persönlich) vorgenommene Maßregeln entstehen. Wegen der Erhaltung s. § 744 Abs 2, wegen der Verwaltung und Benutzung §§ 744 Abs 1, 745; § 743 kommt hier nicht in Frage.

§ 749

Jeder Teilhaber kann jederzeit die Aufhebung der Gemeinschaft verlangen[1]).

Wird das Recht, die Aufhebung zu verlangen, durch Vereinbarung[2]) für immer oder auf Zeit ausgeschlossen, so kann die Aufhebung gleichwohl verlangt werden, wenn ein wichtiger Grund vorliegt[3]). Unter der gleichen Voraussetzung kann, wenn eine Kündigungsfrist bestimmt wird, die Aufhebung ohne Einhaltung der Frist verlangt werden[4]).

Eine Vereinbarung, durch welche das Recht, die Aufhebung zu verlangen, diesen Vorschriften zuwider ausgeschlossen oder beschränkt wird, ist nichtig[5])[6]).

E I 767 II 685; M 2 879; P 2 750—756.

1. Im Gegensatze zur gesamthändigen Gemeinschaft (§ 719 Halbs 2) kann bei der Bruchteilsgemeinschaft grundsätzlich jederzeit die **Aufhebung der Gemeinschaft**, Teilung im Sinne der §§ 752ff., verlangt werden. Der Teilungsanspruch kehrt sich gegen die übrigen Teilhaber, gegebenenfalls nur gegen die Widerstreitenden (**RG** 1, 319; 12, 198). Seine Geltendmachung ist unabhängig von der Entschließung eines Mitteilhabers (**RG** 67, 398). Er ist der Verjährung nicht unterworfen (§ 758). Der Klageantrag ist der Sach- und Streitlage unter den Beteiligten anzupassen (vgl. auch § 752 A 3 a. E.); er kann insbesondere allgemein auf Zustimmung zur Teilung oder aber zu einer bestimmten Art der Teilungsdurchführung (§§ 752, 753) gerichtet sein. Der Kläger muß die Gesetzmäßigkeit der von ihm verlangten Maßnahme, z. B. die Voraussetzungen der Teilung in Natur (§ 752), nachweisen. Das Urteil ist nicht rechtsbegründend (keine adiudicatio), es spricht die Verpflichtung des Beklagten aus, die beantragte Zustimmung zu erklären (§ 894 ZPO). Wer Teilung begehrt, kann, falls die übrigen Teilhaber in Gemeinschaft bleiben wollen, nur Abteilung zwischen sich einerseits und den übrigen zusammen anderseits verlangen (OLG 12, 92); dabei sind aber die Vorschriften der §§ 752 Satz 2, 753 zu beachten. — Die Teilung kann sich nach Belieben der Teilhaber auf einzelne von mehreren gemeinsamen Gegenständen beschränken, z. B. auf die natürlichen Früchte eines Jahres (vgl. § 743 A 1). Das gilt aber nur, wenn alle Teilhaber über eine solche nur teilweise Aufhebung einig sind. Eine von einem Teilhaber einseitig begehrte teilweise Aufhebung der Gemeinschaft brauchen sich die anderen Teilhaber nicht gefallen zu lassen (**RG** 91, 416). Solange nicht alles geteilt ist, bleibt der Teilungsanspruch bestehen. Ist eine Teilung unmöglich (z. B. ein Teilhaber hatte die gemeinschaftlich ersteigerte Ware anderweit verkauft), so kann nur auf Schadensersatz oder wegen ungerechtfertigter Bereicherung, nicht auf Aufhebung der Gemeinschaft und Herausgabe des Anteils geklagt werden (**RG** 10. 7. 23 II 185/23). — Ist ein Teilhaber nicht zugezogen worden, so ist die Teilung unwirksam (vgl. § 747 Satz 2); soweit gutgläubiger Rechtserwerb in Betracht kommt, kann nach allgemeinen Grundsätzen Ersatz gefordert werden. Der Antrag auf Aufhebung der Gemeinschaft durch Pfandverkauf oder Zwangsversteigerung (§ 753) ist keine „Verfügung" (§ 1375) über den Anteil des Mitteilhabers (**RG** 67, 398; vgl. § 747). — Der Miterbe eines Miteigentümers kann zur Aufhebung der Gemeinschaft die Versteigerung des ganzen Grundstücks, nicht nur des zum Nachlaß gehörigen Anteils betreiben (**RG** JW 1925, 609[13]).

2. Der **Ausschluß des Aufhebungsrechts durch Vereinbarung** (ebenso die Bestimmung einer Kündigungsfrist, Satz 2) wirkt für und gegen den Sondernachfolger (§ 751). Die Vereinbarung kann auch stillschweigend geschehen (**RG** 67, 397/8). Sie kann sich auf alle gemeinschaftlichen Gegenstände oder auf einzelne erstrecken, kann alle Teilhaber oder nur einzelne binden. — Im Konkurs eines Teilhabers wirken Vereinbarungen des im § 749 Abs 2 bezeichneten Inhalts nicht gegen die Konkursmasse (KO § 16 Abs 2 Satz 1); ebenso nicht

gleichartige Anordnungen, die ein Erblasser für die Gemeinschaft seiner Erben getroffen hat (KO § 16 Abs 2 Satz 2). Vgl. § 751 A 3. Ist das Recht, die Aufhebung der Gemeinschaft zu verlangen, letztwillig nicht für die Erbengemeinschaft, sondern für einen einzelnen Nachlaßgegenstand ausgeschlossen worden (s. als Beispiel RG 52, 174), so ist § 16 Abs 2 Satz 2 KO nicht anzuwenden. Die letztwillige Anordnung wird aber der Vereinbarung gleichzuachten sein (a. M. Oertmann § 753 A 2); es gilt also § 16 Abs 2 Satz 1 KO (vgl. auch § 751 Satz 2; KO § 1), im übrigen § 749 Abs 2, 3 (vgl. § 2044 Abs 1 Satz 2). S. auch Goldmann-Lilienthal § 204 A 9.

3. Ein **wichtiger Grund** liegt vor, wenn nach den Umständen des Falles dem Teilhaber die Fortsetzung der Gemeinschaft nicht zugemutet werden kann. Vgl. für die Gesellschaft § 723. Zu beachten ist aber, daß die Rechtslage bei der Gesellschaft (einer vertragsmäßigen Vereinigung zur Förderung eines gemeinsamen Zweckes) und bei der Gemeinschaft keineswegs gleich ist. Der wichtige Grund kann namentlich aus einer wesentlichen Veränderung der Umstände hervorgehen (z. B. ein gemeinschaftlicher Weg wird seinem Zwecke durch Anlegung eines öffentlichen Weges entfremdet). Ein Verschulden der anderen Teilhaber wird nicht vorausgesetzt. Vgl. noch § 750 (Tod eines Teilhabers).

4. Eine dem § 723 Abs 2 entsprechende Vorschrift über **unzeitige Kündigung** besteht hier nicht. Ein wichtiger Grund für sofortige Kündigung kann aber nur anerkannt werden, wenn die Kündigung nicht nur überhaupt, sondern auch gerade für den Zeitpunkt, für welchen sie erfolgt, gerechtfertigt erscheint; andernfalls ist die Kündigung unwirksam (vgl. Prot 2, 754). Im Streitfalle Feststellungsklage, insbesondere des Kündigungsgegners.

5. **Nichtigkeit abweichender Vereinbarungen.** Nichtig sind Vereinbarungen, die das Recht, die Aufhebung der Gemeinschaft zu verlangen, über die Grenzen des Abs 2 hinaus beschränken, so der Verzicht auf das Recht, die Aufhebung aus einem wichtigen Grunde zu verlangen, oder die Festsetzung einer Vertragsstrafe für den Fall der Geltendmachung dieses Rechtes, nicht z. B. eine vertragsmäßige Beschränkung dahin, daß zwei von mehreren Teilhabern der Aufhebung zustimmen müssen, vorausgesetzt nur, daß die Befugnis, aus wichtigem Grunde die Aufhebung zu verlangen, für alle Fälle unberührt bleibt (OLG 39, 207). — Soweit Vereinbarungen nur die Durchführung der Teilung regeln, werden sie vom Abs 3 nicht getroffen, es sei denn, daß dadurch die Rechte des Teilung Begehrenden bei der Teilung und so mittelbar sein Recht, Teilung zu verlangen, beeinträchtigt würde (vgl. § 723 A 7).

6. Zu vgl. sind noch §§ 920ff. (Grenzen), 1066 Abs 2 (Nießbrauch), 1258 Abs 2 (Pfandrecht), 2042—2045, 2047 Abs 2 (Miterben; dazu RG 110, 270); EG Artt 119 Nr 2, 131, 182 (§ 741 A 1); HGB §§ 179, 419. — Ein Veräußerungsverbot (§§ 134—136) steht auch der Vollziehung der Teilung entgegen. Über das rechtsgeschäftliche Veräußerungsverbot s. § 137.

§ 750

Haben die Teilhaber das Recht, die Aufhebung der Gemeinschaft zu verlangen, auf Zeit ausgeschlossen, so tritt die Vereinbarung im Zweifel mit dem Tode eines Teilhabers außer Kraft[1]).

E I 767 Abs 2 Satz 2 II 686; M 2 380; P 2 756.

1. Die Auslegungsregel ist aufgestellt worden, weil „erfahrungsmäßig bei solcher Veränderung der Umstände der Ausschluß der Teilung besonders drückend wirkt", das Außerkrafttreten der Vereinbarung daher regelmäßig der Parteiabsicht entsprechen wird (M 2, 880). Ist die Vereinbarung nicht in diesem Sinne zu verstehen, so kann dennoch unter Umständen der Tod des Teilhabers einen wichtigen Grund für das Verlangen einer Aufhebung der Gemeinschaft nach § 749 Abs 2 bilden. — Vgl. §§ 569, 727.

§ 751

Haben die Teilhaber das Recht, die Aufhebung der Gemeinschaft zu verlangen, für immer oder auf Zeit ausgeschlossen oder eine Kündigungsfrist bestimmt, so wirkt die Vereinbarung auch für und gegen die Sondernachfolger[1]). Hat ein Gläubiger die Pfändung des Anteils eines Teilhabers erwirkt, so kann er ohne Rücksicht auf die Vereinbarung die Aufhebung der Gemeinschaft verlangen, sofern der Schuldtitel nicht bloß vorläufig vollstreckbar ist[2]) [3]).

E II 687; P 2 752 ff.

1. Vgl. § 746. Die **Wirkung der Vereinbarung gegen Dritte** ist von praktischer — freilich durch §§ 749 Abs 2, 3, 751 Satz 2; KO § 16 Abs 2 abgeschwächter — Bedeutung bei gemeinschaftlichen Wegen, Brunnen, Hauszwischenräumen, Durchgängen, Durchfahrten (vgl. § 1009 A 2). Die Wirkung tritt auch dann ein, wenn der Sondernachfolger die Vereinbarung weder kannte noch kennen mußte (vgl. auch **RG** 78, 275). Die Wirkung gegen den Gesamtnachfolger ist selbstverständlich. Wegen des Miteigentums an Grundstücken s. §§ 1009, 1010 Abs 1. Der „Vereinbarung" steht eine die Teilhaber bindende letztwillige Verfügung gleich (vgl. § 749 A 2).

2. Satz 2 entspricht dem § 725. Augenfällig ist aber der Unterschied, daß im Gegensatze zu der Vorschrift des § 725 Abs 2 bei der Bruchteilsgemeinschaft der **Pfändungsgläubiger die Verwaltungs- und Benutzungsrechte des Teilhaber**-Schuldners (§§ 743—745, 748) **ausüben** kann (vgl. § 804 Abs 1 ZPO; §§ 1258 Abs 1, 1273 Abs 2). Über die Bewirkung der Zwangsvollstreckung s. § 857. Für die Zwangsvollstreckung in den Bruchteil eines Grundstücks gilt § 864 Abs 2 (§ 866) ZPO. Wegen des vertragsmäßigen oder gesetzlichen Pfandrechts an dem Bruchteil einer beweglichen Sache oder eines Rechtes vgl. §§ 1258, 1273 Abs 2. — Auch einzelne schuldrechtliche Ansprüche eines Teilhabers gegen die übrigen (vgl. §§ 743 Abs 1, 748) sind weder der Verpfändung noch der Pfändung entzogen. So kann auch allein der Anspruch auf Aufhebung der Gemeinschaft (ein in dem ganzen Anteilsrecht enthaltenes Teilrecht) gemäß § 857 ZPO gepfändet und zur Geltendmachung überwiesen werden. Für diesen Fall muß nach dem Zwecke des Gesetzes angenommen werden, daß dem Pfändungsgläubiger § 751 Satz 2 zur Seite steht (a. M. Drescher, Zwangsversteigerung, S. 14). S. auch § 1008 A 1 a. E. Über das Verhältnis zwischen früherem und späterem Pfandrechte vgl. auch § 717 A 1 g. E.

3. Über den **Konkurs** eines Teilhabers vgl. § 16 Abs 2 KO (§ 749 A 2). Ausschließung und Beschränkung des Rechtes, die Aufhebung der Gemeinschaft zu verlangen, fallen gegenüber der Konkursmasse auch dann weg, wenn sie nach § 1010 in das Grundbuch eingetragen waren.

§ 752

[1]) **Die Aufhebung der Gemeinschaft erfolgt durch Teilung in Natur, wenn der gemeinschaftliche Gegenstand oder, falls mehrere Gegenstände gemeinschaftlich sind, diese sich ohne Verminderung des Wertes in gleichartige, den Anteilen der Teilhaber entsprechende Teile zerlegen lassen**[2]). **Die Verteilung gleicher Teile unter die Teilhaber geschieht durch das Los**[3])[4]).

E I 769 Abs 1 II 688; M 2 881—885; P 2 757—759.

1. Die §§ 752—754 regeln die **Art der Teilung.** Über den Teilungsanspruch vgl. § 749 A 1. Das Gesetz enthält nachgiebiges Recht. Es greift nur ein, wenn nicht die Teilhaber gemeinschaftlich eine anderweite Verfügung treffen, zu der sie nach § 747 Satz 2 jederzeit befugt sind (vgl. **RG** 62, 60; 108, 290). Bevor zur wirklichen Teilung geschritten wird, schließen die Teilhaber oft einen die Durchführung der Teilung vorbereitenden Vertrag, durch den sie sich gegenseitig zu bestimmten Teilungshandlungen verpflichten. Dieser Vertrag fällt nicht unter § 746 oder § 751 Satz 1, wirkt also an sich nicht für oder gegen die Sondernachfolger. Befindet sich ein Grundstück in der Gemeinschaft, so gilt § 313. Die Vollziehung des Vertrags, die eigentliche Teilung, geschieht unter Beobachtung der für die jeweilige Rechtsübertragung vorgeschriebenen Formen (Übergabe, Auflassung, Abtretung wird regelmäßig schon in jenem Vertrage zu finden sein). Über Gewährleistung s. § 757. Für die Anfechtung von Teilungsverträgen und für Willensmängel gelten die allgemeinen Vorschriften. Der oft vorkommende Vertrag, in dem die Miteigentümer von Grundstücken durch Teilung in Natur die Gemeinschaft in der Weise aufheben, daß sie sich wechselseitig Miteigentumsbruchteile an bestimmten Teilstücken überlassen, also die Bruchteile austauschen, stellt sich seinem Wesen nach als eine einheitliche Zusammenfassung mehrerer sich gegenseitig bedingender Tauschgeschäfte über Eigentumsbruchteile dar (**RG** 12. 7. 04 VII 73/04). — **Befindet** sich ein Teilhaber im Konkurs, so geschieht die Teilung außerhalb des Konkursverfahrens (KO § 16 Abs 1).

2. Die **Teilung in Natur** hat zunächst zur Voraussetzung, daß sich gleichartige, den Anteilen der Teilhaber entsprechende Teile bilden lassen. Eine völlige Gleichartigkeit kann selbstverständlich nicht verlangt werden; es genügt Gleichartigkeit vom Standpunkte des Verkehrs aus. Die Teile müssen ferner den Anteilen entsprechen, es dürfen nicht ungleiche Teile durch Geldzulagen und Geldauflagen, mögen diese auch gering sein, ausgeglichen werden (Prot 2, 757). Weitere Voraussetzung der Teilung in Natur ist, daß keine Wertminderung eintritt: die Wertsumme der einzelnen Teile muß den Wert des Ganzen übersteigen oder doch erreichen. Die einzelnen Teile sind für sich (ohne Berücksichtigung etwaiger Vereinigungen der künftigen Alleineigentümer der Teile) zu bewerten, die Teilwerte zusammenzuziehen und in Vergleich zum Werte des ungeteilten Ganzen zu setzen (**RG** Warn 1910 Nr 113). Hiernach ist die Teilung in Natur bei Geld immer, meistens auch bei Wertpapieren möglich, wenn nämlich den Teilhabern ganze Stücke zugeteilt werden können (**RG** 91, 416), mögen die einzelnen Stücke auch einen verschiedenen Nennwert haben (500 + 500 = 1000); Prot 2, 759. Über Teilung von Kuxen s. **RG** 91, 416. Bei Bauplätzen kommt es namentlich darauf an, ob die Teile die gewöhnliche Bebauung ermöglichen. Die natürliche Teilung einer Baufläche kann unter besonderen Umständen deren Wert auch dadurch vermindern, daß nur die ganze, nicht aber ein Teil der Fläche für ein größeres Unternehmen Raum bietet (**RG** Gruch 54, 632). Mit Gebäuden besetzte Grundstücke werden regelmäßig nicht in Natur zu teilen sein (kein Stockwerkseigentum; Art 182 EG). Bei landwirtschaftlichen Grundstücken verschiedener Größe, Lage, Betriebsart wird alles auf die Verhältnisse des Einzelfalls ankommen (vgl. auch OLG 12, 92); ein Landgut mit den Wirtschaftsgebäuden erscheint nicht in Natur teilbar. Ebenso verhält es sich mit einer Fährgerechtigkeit (**RG** JW 1910, 616[7]). Bei einem Hypothekenbriefe vollzieht sich die natürliche Teilung durch Herstellung und Aushändigung eines Teilhypothekenbriefs (§ 1152; **RG** 59, 318; 69, 42). In **RG** 65, 7 wird dargelegt: Darlehnshypotheken lassen sich ohne Verminderung des Wertes in gleichartige, den Anteilen der Teilhaber (Miterben; vgl. § 2042 Abs 2) entsprechende Teile zerlegen. Jeder Miterbe kann den seinem Erbanteil entsprechenden Teilbetrag der Nachlaßforderung — zu gleichem Range mit den Teilbeträgen der übrigen Erben — überwiesen erhalten. Geht die Forderung gegen einen Miterben und ist dieser zahlungsunfähig, so kann der Schuldner-Miterbe seinen Erbanteil durch anteilige Anrechnung seiner Schuld auf den Erbteil empfangen, während die übrigen Miterben wegen der Zahlungsunfähigkeit des Schuldners keine Befriedigung erlangen. Dadurch tritt aber keine Ungleichheit unter den Teilhabern ein. Ein Schuldner-Miterbe, der sich eine wertlose Forderung (an sich selbst) auf seinen Erbteil anrechnen lassen muß, wird nicht besser und nicht schlechter gestellt als ein Miterbe, der mit der ihm überwiesenen Anteilforderung ausfällt. Unteilbarkeit eines Sparkasseguthabens bei Erbengemeinschaft SeuffA 64 Nr 10, Teilbarkeit einer Kaufgeldhypothek s. **RG** SeuffA 74 Nr 173.

3. Handelt es sich nicht um **gleiche Teile,** sondern um verschiedenen Bruchteilen entsprechende, verschieden große Teile, so ergibt sich die Verteilung von selbst. Sind auch nur zwei Teile gleich, so muß über diese **gelost** werden, z. B. bei Bruchteilen von $^1/_4$, $^1/_4$, $^1/_2$ unter den Vierteilteilhabern über die zwei kleinen Teile. An die Verlosung schließt sich bei Grundstücken die Auflassung (vgl. A 1 a. E.). Sollte sich ein Teilhaber weigern, die Verlosung mit vorzunehmen, so kann darauf geklagt werden (§ 749 A 1). Die Vollstreckung des Urteils erfolgt gemäß § 887 ZPO.

4. Vgl. noch § 749 A 6 und über beschränkte Teilungen § 749 A 1.

§ 753

[1]) Ist die Teilung in Natur ausgeschlossen, so erfolgt die Aufhebung der Gemeinschaft durch Verkauf des gemeinschaftlichen Gegenstandes nach den Vorschriften über den Pfandverkauf, bei Grundstücken durch Zwangsversteigerung, und durch Teilung des Erlöses[2]). Ist die Veräußerung an einen Dritten unstatthaft, so ist der Gegenstand unter den Teilhabern zu versteigern[3]).

Hat der Versuch, den Gegenstand zu verkaufen, keinen Erfolg, so kann jeder Teilhaber die Wiederholung verlangen; er hat jedoch die Kosten zu tragen, wenn der wiederholte Versuch mißlingt[4])[5]).

E I 769, 772 II 689; M 2 885; P 2 759, 767.

1. **Teilung durch Verkauf des gemeinschaftlichen Gegenstandes.** Über den Teilungsanspruch vgl. § 749 A 1. Sind die Voraussetzungen für die Teilung in Natur (§ 752) nicht gegeben, so kommen die Vorschriften der §§ 1233 ff., 1277 ff., bei Grundstücken die §§ 180—184 ZVG zur Anwendung. § 753 enthält jedoch nachgiebiges Recht; von den Teilhabern kann auch die Anwendung einzelner Vorschriften über den Pfandverkauf ausgeschlossen oder geändert werden (vgl. **RG** 108, 289: Anwendung des § 753 durch den Testamentsvollstrecker). — Die Teilung des Erlöses geschieht nach § 752.

2. Für die **Zwangsversteigerung zum Zwecke der Aufhebung der Gemeinschaft** ist ein vollstreckbarer Titel nicht erforderlich. Der Antragsteller muß aber als Eigentümer im Grundbuch eingetragen sein (ZVG § 181; vgl. § 742 A). Den Grundstücken stehen die Berechtigungen, für welche die sich auf Grundstücke beziehenden Vorschriften gelten, und die im Schiffsregister eingetragenen Schiffe gleich (§ 864 ZPO). Der Antrag auf Zwangsversteigerung

ist keine „Verfügung" über den Anteil des anderen Miteigentümers, steht also dem Manne bei bestehender Verwaltungsgemeinschaft in Ansehung des mit der Frau gemeinschaftlichen Grundstücks (§ 1375) zu; die Frau ist selbständig zur Wahrnehmung ihrer Rechte im Zwangsversteigerungsverfahren befugt (§ 1407 Nr 2; **RG** 67, 396). Die auf Grund eines noch nicht fälligen Anspruchs auf Teilung eingeleitete Zwangsversteigerung kann nach dem Eintritte der Fälligkeit (z. B. nach Ablauf der für den Teilungsausschluß vereinbarten Frist) fortgesetzt werden; das Verfahren braucht nicht von neuem begonnen zu werden (**RG** 47, 363). — Die Teilung des Erlöses unter die Teilhaber geschieht nicht innerhalb, sondern außerhalb des Versteigerungsverfahrens, so z. B. bei der Versteigerung eines Nachlaßgrundstücks teilungshalber im Erbauseinandersetzungsverfahren. Das Versteigerungsverfahren beschränkt sich in diesem Falle bei der Kaufgeldverteilung auf die Ermittlung des für die Erbengemeinschaft bleibenden Erlösüberschusses (**RG** JW 1919, 42[9]).

3. Daß die **Veräußerung an einen Dritten unstatthaft** ist, kann auf den verschiedensten Gründen beruhen, z. B. auf Vereinbarung der Teilhaber (§ 749 Abs 2, § 751) oder auf letztwilliger Anordnung (**RG** 52, 174). Ist wenigstens die Ausübung eines Rechtes übertragbar (§ 1059), so kann der Verkauf stattfinden. Über ein Zeitungsunternehmen vgl. § 741 A 1. Hat der Erblasser bestimmt, daß ein mehreren Personen nach Bruchteilen zugewendetes Landgut dem Meistbietenden unter den Teilhabern zugeschlagen werden soll — womit sowohl die Teilung des Gutes in Natur (§ 752) wie die Übertragung an einen Fremden ausgeschlossen ist — so hat die Aufhebung der Gemeinschaft durch Zwangsversteigerung unter den Teilhabern zu erfolgen. Der Eigentumserwerb wird durch den Zuschlag (ZVG §§ 90, 180) bewirkt. Wurde von den Teilhabern der Meistbietende sonst, z. B. auf dem Wege der freiwilligen Gerichtsbarkeit (FGG §§ 86ff.), ermittelt und diesem das Grundstück durch vertragsmäßige Vereinbarung überwiesen, so bedarf es der Auflassung (**RG** 52, 174).

4. **Wiederholung des Verkaufsversuchs und Kostentragung.** Von der Regel, daß die Teilungskosten von den Teilhabern gemeinschaftlich zu tragen sind (nach dem Verhältnisse ihrer Anteile, vgl. auch § 748), macht Abs 2 eine Ausnahme. Der Ausdruck „verkaufen" umfaßt auch die Zwangsversteigerung. Vorhergegangene außerhalb des § 753 liegende Verwertungsversuche rechtfertigen die Anwendung des Abs 2 mit der Kostenfolge nicht. Dies gilt insbesondere von einem Verkaufsversuche unter Beobachtung der Vereinbarung, daß unter einem bestimmten Preise der Zuschlag nicht erfolgen solle. Abs 2 kommt auch dann nicht zur Anwendung, so daß §§ 749 Abs 1, 753 Abs 1 ohne Einschränkung wirksam bleiben, wenn der Verkauf aus einem anderen Grunde als wegen Mangels eines Gebots erfolglos war. Ist der Verkauf nicht ausführbar, so kommen weitere Verwaltungsmaßregeln in Betracht (§§ 744, 745).

5. Vgl. noch § 749 A 6.

§ 754

Der Verkauf einer gemeinschaftlichen Forderung[1]) ist nur zulässig, wenn sie noch nicht eingezogen werden kann. Ist die Einziehung möglich, so kann jeder Teilhaber gemeinschaftliche Einziehung verlangen[2]).

E I 769 Abs 3 II 690; M 2 685; P 2 759.

1. § 754, dessen Vorschriften indessen eine Vereinbarung unter den Gemeinschaftern vorgeht, schränkt die dem Pfandgläubiger zu Gebote stehenden und nach § 753 für die Teilung gewährten Verwertungsmöglichkeiten (vgl. z. B. § 1295) in Ansehung **gemeinschaftlicher Forderungen** ein. Bei diesen geht die Teilung in Natur (vgl. § 752 A 2 g. E.) der Einziehung und dem Verkaufe, die Einziehung dann wieder nach § 754 dem Verkaufe vor (**RG** 65, 7). Die Vorschriften des § 754 haben vor allem Bedeutung für die Gesamthandgemeinschaft (§ 731 Satz 2, § 719 A 2, §§ 1477 Abs 1, 2042 Abs 2), finden aber auch Anwendung im Falle des § 432 (vgl. § 741 A 1 g. E.). Man denke auch an den eigenartigen Fall, daß in einem Wechsel mehrere Personen als Remittenten bezeichnet sind.

2. Aus der Verpflichtung zu **gemeinschaftlicher Einziehung** ergibt sich die Pflicht der anteilmäßigen Kostentragung (vgl. §§ 753 A 4, 748 A 1). Das durch die Einziehung Erlangte, Geld oder andere Gegenstände, unterliegt der Teilung gemäß §§ 752, 753.

§ 755

Haften die Teilhaber als Gesamtschuldner für eine Verbindlichkeit, die sie in Gemäßheit des § 748 nach dem Verhältnis ihrer Anteile zu erfüllen haben oder die sie zum Zwecke der Erfüllung einer solchen Verbindlichkeit eingegangen sind, so kann jeder Teilhaber bei der Aufhebung der Gemein-

schaft verlangen, daß die Schuld aus dem gemeinschaftlichen Gegenstande berichtigt wird[1]).

Der Anspruch kann auch gegen die Sondernachfolger geltend gemacht werden[2]).

Soweit zur Berichtigung der Schuld der Verkauf des gemeinschaftlichen Gegenstandes erforderlich ist, hat der Verkauf nach § 753 zu erfolgen[3])[4]).

E II 691; P 2 759—762, 764 ff

1. Die §§ 755, 756 ordnen — unter den Teilhabern, nicht nach außen — die **Berichtigung von Gemeinschaftsschulden bei der Teilung**, aber nur in beschränktem Umfange, wogegen bei der Gesellschaft eine vollständige Auseinandersetzung (vgl. §§ 733, 738) stattfindet. In Ansehung der Lasten und Kosten des gemeinschaftlichen Gegenstandes (§ 748) kann die Haftung der Teilhaber nach außen verschieden sein: a) Haftung jedes Teilhabers nach dem Verhältnisse seines Anteils (dann deckt sich die Haftung nach innen mit der Haftung nach außen); b) Verpflichtung eines einzelnen Teilhabers allein (vgl. § 756 A 1); c) Haftung aller Teilhaber als Gesamtschuldner (vgl. namentlich § 427). In betreff der Gesamtschulden verleiht § 755 Abs 1 jedem Gesamtschuldner-Teilhaber den dort näher bezeichneten Anspruch, der erstreckt wird auf gesamtschuldnerische Verbindlichkeiten, die zum Zwecke der Erfüllung einer gemäß § 748 die Teilhaber anteilsmäßig verpflichtenden Verbindlichkeit eingegangen sind, z. B. auf ein zur Bestreitung entstandener Verwaltungskosten gemeinschaftlich aufgenommenes Darlehn. Einerlei ist es, ob das Gesamtschuldverhältnis ursprünglich vorhanden war oder etwa später durch Schuldübernahme entstand. Das Gesetz muß auch dann Anwendung finden, wenn nicht alle, sondern nur einzelne Teilhaber als Gesamtschuldner oder auch nur als Bürgen haften (Planck A 2b). Von „noch nicht fälligen" oder „streitigen" Schulden (vgl. § 738 A 4) ist hier nicht die Rede. Eine entsprechende Anwendung von § 733 Abs 1 Satz 2 (vgl. § 738 Abs 1 Satz 3), § 755 Abs 3 — die meistens vertreten wird — ist nicht ohne Bedenken. Es wird aber jeder Teilhaber in Ansehung des Teiles der Gesamtschuld, welcher die Anteilspflicht (§ 748) überschreitet, auf Grund des § 257 von den übrigen Teilhabern verlangen können, daß er entweder von diesem Teile der noch nicht fälligen Schuld befreit wird oder daß ihm insoweit Sicherheit geleistet wird. Dieser Anspruch, von den Teilhabern gegenseitig ausgeübt, führt entweder zu einer gegenseitigen Teilbefreiung oder zu einer Sicherheitsleistung in Höhe der Gesamtschuld (§§ 232 ff.).

2. **Sondernachfolger**, dazu § 746 A 2, 3, § 751 A 1, und für das Miteigentum an Grundstücken § 1010 Abs 2.

3. Nur **soweit erforderlich, erfolgt Verkauf** nach § 753; im übrigen Teilung in Natur, wenn die Voraussetzungen des § 752 vorliegen. Soweit der gemeinschaftliche Gegenstand zur Deckung der Gesamtschulden nicht hinreichen sollte, verbleibt es bei der persönlichen Forderung gegen die Teilhaber (hier nicht gegen die Sondernachfolger) gemäß §§ 748, 257. — Aus Abs 3 ist nicht zu folgern, daß, wenn der gemeinschaftliche Gegenstand, aus dem die Schuld berichtigt werden soll, z. B. eine Hypothekforderung, in Natur teilbar ist (§ 752 A 2), Berichtigung durch Zuweisung eines Naturalteils verlangt werden kann. Die Vorschrift ist vielmehr dahin zu verstehen, daß zur Beschaffung der zur Befriedigung des Gläubigers nötigen Barmittel der dazu erforderliche Teil des gemeinschaftlichen Gegenstandes verkauft und nur der Rest (gegebenenfalls) in Natur geteilt werden solle, und die Fassung der Vorschrift („Soweit . . . erforderlich") erklärt sich dadurch, daß man von der Notwendigkeit eines teilweisen Verkaufs als Regel ausging und nur eine besondere Bestimmung darüber für angezeigt hielt, daß dieser Verkauf nur so weit zu erstrecken sei, bis ein zur Tilgung der Forderung ausreichender Erlös erzielt werde (**RG** SeuffA 74 Nr 173).

4. Über das Recht des Teilhabers auf abgesonderte Befriedigung im **Konkurse** des anderen Teilhabers bei der Teilung oder sonstigen Auseinandersetzung s. § 51 KO. Ein anderer Gläubiger hat ein solches Recht nicht (vgl. § 728 A 1). Im Sinne des § 51 KO hat auch der Verkauf des Miteigentumsanteils durch den Konkursverwalter als sonstige „Auseinandersetzung" zu gelten (**RG** 67, 156)

§ 756

Hat ein Teilhaber gegen einen anderen Teilhaber eine Forderung, die sich auf die Gemeinschaft gründet, so kann er bei der Aufhebung der Gemeinschaft die Berichtigung seiner Forderung aus dem auf den Schuldner entfallenden Teile des gemeinschaftlichen Gegenstandes verlangen[1]). **Die Vorschriften des § 755 Abs 2, 3 finden Anwendung**[2]).

E I 770 II 692; M 2 885—887; P 2 759—766.

1. **Berichtigung von Gemeinschaftsforderungen.** § 756 gewährt ein beschränktes Vorrecht vor den übrigen Gläubigern des Schuldner-Teilhabers, das auch im Konkurse wirksam ist (§ 51 KO). Dem Teilhaber steht nach Satz 1 das Recht auf Befriedigung aus dem Teile des anderen Teilhabers zu. Über die Art, wie diese Befriedigung zu geschehen hat, ist aber damit nichts bestimmt. Insbesondere ist aus Satz 1 nicht ein Anspruch auf Zuweisung eines Naturalteils abzuleiten, wenn der gemeinschaftliche Gegenstand in Natur teilbar ist. Ein solcher Anspruch folgt auch nicht aus Satz 2 in Verbindung mit § 755 Abs 3 (**RG** SeuffA 74 Nr 173 und § 753 A 3). Das im § 756 gegebene Recht auf vorzugsweise Befriedigung aus dem Erlöse bei Aufhebung der Gemeinschaft steht dem Gemeinschafter neben den sonst gemäß §§ 741ff. begründeten Rechten zu und schließt daher z. B. bei Gemeinschaftsforderungen im Sinne der §§ 744 Abs 2, 748 die Geltendmachung eines Zurückbehaltungsrechtes während bestehender Gemeinschaft nicht aus (**RG** 109, 167). Wegen des Miteigentums an Grundstücken s. § 1010 Abs 2. — Eine **Gemeinschaftsforderung** kann namentlich herrühren aus der Bestreitung von Lasten und Kosten (§ 748), aber auch aus den sonstigen schuldrechtlichen Beziehungen, die *in der bestehenden Gemeinschaft eine Grundlage* haben. Eine Forderung gründet sich aber nur dann auf die Gemeinschaft, wenn zu den für ihre Entstehung in der Person des Gläubigers wesentlichen Umständen die Gemeinschaft mit dem Schuldner gehört, die Forderung also dem einen Teilhaber vermöge seiner Zugehörigkeit zur Gemeinschaft gegen den anderen zusteht. Forderungen, die einem Teilhaber unabhängig von der Gemeinschaft zustehen, gehören nicht hierher (**RG** 78, 273); so auch nicht der Schadensersatzanspruch eines Teilhabers gegen den anderen wegen Betrugs beim Abschlusse des Kaufvertrags, der zur Entstehung der Gemeinschaft führte (**RG** 22. 9. 14 II 272/14). Dagegen braucht die Gemeinschaft *nicht die alleinige und ausschließliche* Grundlage der Forderung zu bilden. Dies ist namentlich wichtig für die Erbengemeinschaft, auf deren Auseinandersetzung gemäß § 2042 Abs 2 die Vorschriften des § 749 Abs 2, 3 und der §§ 750—758 Anwendung finden. Auf die Erbengemeinschaft gründen sich danach auch solche Forderungen, die ihren Entstehungsgrund zwar nicht in der Gemeinschaft selbst, sondern in einem schon bei Lebzeiten des Erblassers zwischen ihm und dem Miterben errichteten Schuldverhältnisse haben, dann aber infolge des Erbgangs gemeinschaftliche Forderungen der Erben geworden sind. Ohne das Bindeglied der Gemeinschaft würden solche Forderungen den Gemeinschaftern (Miterben) nicht zustehen (**RG** 78, 273; s. auch SeuffA 64 Nr 10; a. M. Planck § 2042 A 4g). — Die im Eingange des § 755 gesteckten Grenzen gelten hier nicht. Auch braucht die Forderung nicht unmittelbar auf Geld gerichtet zu sein. Verstellte z. B. der Miteigentümer seinen Anteil im Interesse eines Teilhabers für dessen alleinige persönliche Schuld mit zur Hypothek, so entspringt daraus für jenen Miteigentümer gegen den Teilhaber der Gemeinschaftsanspruch, daß dieser ihn bei der Aufhebung der Gemeinschaft so behandle, als wenn nur sein Bruchteil des Grundstücks verpfändet gewesen sei (**RG** 10. 10. 06 I 136/06). § 756 bezieht sich aber nicht auf Forderungen, die — abgesehen von den hierher gehörigen Teilungskosten — durch Vereinbarung der Teilhaber zum Zwecke der Auseinandersetzung der Gemeinschaft hervorgerufen sind, und die allerdings mit der Gemeinschaft zusammenhängen, aber ihren selbständigen Rechtsgrund in besonderen, für die Zukunft berechneten Abmachungen des Teilungsvertrags haben. Für derartige neue Forderungen muß sich der Teilhaber bei dem Vertragsschlusse besonders sichern (OLG 1, 251). Wegen „noch nicht fälliger" Ersatzforderungen vgl. § 257 (§ 755 A 1 a. E.).

2. Zu Satz 2 vgl. § 755 A 2, 3. Was die Vorschrift des **§ 755 Abs 3** anlangt, so „genügt es (hier), soweit zu verkaufen, daß der *ganze* Erlös zur Berichtigung der Schuld hinreicht, und den verkauften Teil bei der Teilung in Natur dem Schuldner auf seinen Teil anzurechnen. Wenn z. B. einer von drei Teilhabern einen Betrag schuldig ist, der einem Drittel des Wertes seines Anteils, einem Neuntel des Wertes der gemeinschaftlichen Sache gleichkommt, so ist nicht der dritte, sondern nur der neunte Teil der Sache zu verkaufen" (Prot 2, 761). Aus dem Erlöse ist die Schuld des einen Teilhabers an den anderen zu bezahlen; bei der Teilung in Natur erhält dann der Schuldner statt $^1/_3$ nur $^2/_9$ der gemeinschaftlichen Sache.

§ 757

Wird bei der Aufhebung der Gemeinschaft ein gemeinschaftlicher Gegenstand einem der Teilhaber zugeteilt, so hat wegen eines Mangels im Rechte oder wegen eines Mangels der Sache jeder der übrigen Teilhaber zu seinem Anteil in gleicher Weise wie ein Verkäufer Gewähr zu leisten[1]).

E I 771 II 693; M 2 887 P 2 767.

1. Die hier angeordnete **Gewährleistung** (vgl. §§ 365, 515, 2042 Abs 2) kommt nur zur Anwendung **bei der Aufhebung der Gemeinschaft,** nicht etwa dann, wenn ein Teilhaber

seinen Anteil an einen anderen (z. B. schenkungsweise) veräußert; ein solches Geschäft wäre nach eigener Regel zu beurteilen. Die Zuteilung umfaßt aber nicht nur den Fall des § 752, sondern auch den Erwerb auf dem Wege des § 753. Mit der gemeinen Meinung ist anzunehmen, daß für die — ausgleichende — Gewährleistung kein Raum ist, wenn alle zugewiesenen Teile in gleicher Art mangelhaft sind. — Über die Gewährleistung s. §§ 434 ff., 459 ff.

§ 758

Der Anspruch auf Aufhebung der Gemeinschaft unterliegt nicht der Verjährung[1]).

E I 768 II 694; M 2 881; P 2 756.

1. Der bezeichnete Anspruch (§ 749 A 1) umfaßt auch den Anspruch auf Teilung der Früchte (§ 743 A 1). Ansprüche, die zwar aus der Gemeinschaft hervorgehen, aber ihre Aufhebung nicht zum Gegenstande haben (vgl. z. B. § 748), unterliegen der gewöhnlichen Verjährung (§§ 194 ff.).

Sechzehnter Titel

Leibrente

§ 759

[1]) **Wer zur Gewährung einer Leibrente verpflichtet ist**[2]), **hat die Rente im Zweifel für die Lebensdauer des Gläubigers zu entrichten**[3]).

Der für die Rente bestimmte Betrag ist im Zweifel der Jahresbetrag der Rente[4])[5]).

E I 660, 662, 663 II 701, 703; M 2 635 ff.; P 2 486 ff.

1. Der Begriff der **Leibrente** wird im BGB nicht näher bestimmt, vielmehr als bekannt vorausgesetzt. Wie das **RG** in dem Urt v. 12. 12. 07 (**RG** 67, 204 ff.) eingehend dargelegt und seitdem in ständiger Rechtsprechung (**RG** 68, 340; 80, 208; 89, 259; 91, 6; 94, 157; 104, 272; 106, 93; 111, 286; **RG** Warn 1922 Nr 65; **RG** SeuffA 75 Nr 73; 77 Nr 118) festgehalten hat, ist unter Leibrente ein einheitliches nutzbares Recht zu verstehen, das dem Berechtigten für die Lebenszeit eines Menschen eingeräumt ist, und dessen Erträge aus in gleichmäßigen Zeitabschnitten wiederkehrenden gleichmäßigen Leistungen in Geld oder vertretbaren Sachen bestehen. Die Leistungen, die in der Regel (**RG** 63, 323; **RG** JW 07, 332[8], nicht notwendig **RG** 67, 208) auf eine längere Zeitdauer gewährt werden, müssen in Geld oder anderen vertretbaren Sachen, wie insbesondere Lebensmitteln, bestehen. Nicht in den Begriff der Rente fällt nach herkömmlicher Rechtsauffassung die Gewährung anderer schuldrechtlicher Leistungen, namentlich von Diensten, die freilich nicht selten als Nebenleistungen vorkommen (a. M. Eccius in Gruch 45, 16; Staudinger Vorbem 1 vor § 759; SeuffA 67 Nr 34). Die Vorschriften über die Leibrente sind bei der Eigenart dieses Schuldverhältnisses hier auch nicht entsprechend anzuwenden. Zu dem Erfordernisse inhaltlich gleichmäßiger, in gleichmäßigen Zeitabschnitten wiederkehrender Leistungen, muß ferner, wie die eingangs gegebene Begriffsbestimmung ergibt, ein Doppeltes hinzukommen: a) Die Leibrente (lip oder lif = Leben) muß auf die Lebenszeit eines Menschen gestellt sein (**RG** 67, 208 ff. und A 3). b) Die Leibrente besteht nicht aus einer Mehrzahl einzelner, selbständiger (aufschiebend bedingter) Ansprüche mit fortschreitend aufeinander folgenden Fälligkeitsterminen, sondern sie ist ein in sich geschlossenes einheitliches Recht, dem die Eigenschaft der Nutzbarkeit im Sinne der §§ 99 Abs 2, 100 beiwohnt (so schon **RG** 67, 210 ff.; vgl. auch § 1073 im Gegensatze zu § 1074, ferner ZPO § 832). Dieses Stammrecht, dem ein Gesamtanspruch auf die Rente entspricht (vgl. auch § 760 A 3), bringt den jedesmaligen Anspruch des Leibrentenempfängers auf Einzelgefälle allein durch sein Bestehen hervor (vgl. dazu §§ 1383, 1519, 1652). „Die Renten sind nicht Einzelschulden, sondern Ausläufer eines rentenerzeugenden Gesamtverhältnisses, welches als eine nicht künftige, sondern sofort bestehende juristische Einheit zu betrachten ist" (Kohler). Der Anspruch auf die einzelne Rente erlischt nur, wenn das Leibrentenstammrecht entweder nach Maßgabe des Vertrags zu bestehen aufhört oder wenn es nach §§ 812 ff. zurückgefordert wird. Für die aus dem Stammrechte sich auslösenden Einzelansprüche können besondere Gegenleistungen nicht ausbedungen werden und — im Unterschiede vom Leibrentenstammrechte selbst (A 3) — können sie nicht von besonderen Bedingungen abhängig gemacht werden; so insbesondere nicht davon, daß sich jedesmal in der Person des Rentengebers oder des Rentenempfängers gewisse wirtschaftliche Voraussetzungen — wie die Lei-

stungsfähigkeit des einen oder die Bedürftigkeit des anderen — erfüllen (**RG** 67, 211). Auch die Verpflichtung, gegen Gewährung des Unterhalts nach Kräften im Geschäfte des anderen Teiles mitzuarbeiten, steht mit der Annahme eines Leibrentenvertrages im Widerspruch (**RG** SeuffA 77 Nr 118). Unterhaltsverträge, bei denen die Leistungen nicht durch Vereinbarungen selbst ein für allemal fest bestimmt sind, sondern von der Bedürftigkeit des Rentenberechtigten abhängen sollen, fallen daher, auch wenn sie auf die Lebensdauer des Berechtigten sich erstrecken, nicht unter den Begriff des Leibrentenversprechens (**RG** Warn 1914 Nr 243; s. auch OLG 39, 4). Kein Leibrentenvertrag ist insbesondere der sog. Altenteilsvertrag (vgl. EG Art 96); die Formvorschrift des § 761 findet daher weder unmittelbare noch entsprechende Anwendung (**RG** 104, 272). Über die anderweite Festsetzung von Geldbezügen aus Altenteilsverträgen mit Rücksicht auf die Geldentwertung s. Ges v. 18. 8. 23 (RGBl I 815), preuß. VO v. 8. 9. 23 (GS 433), **RG** JW 1926, 801[10], ferner JW 1925, 1125[5]; LZ 1925, 660[3], 661[4]; über den Unterschied zwischen Nichterfüllung einer Gegenleistung und Nichteintritt des mit der Leistung bezweckten Erfolges beim Altenteilsvertrag **RG** BayZ 1923, 17; über die Zumutbarkeit einer Altenteilsleistung **RG** LZ 1924, 230[1]. Ebenso liegt kein Leibrentenverhältnis vor, wenn nicht der Fortbestand des Rentenrechts in seiner Gesamtheit sondern die Entrichtung der einzelnen Rentenleistungen davon abhängen soll, daß der Berechtigte eine gewisse Stellung, z. B. bei einer Bank, in der betreffenden Zeit inne hat (**RG** 91, 6). Der Leibrentenschuldner will sich mit einer einheitlichen Kapitalschuld belasten, die sich nach und nach in gleichmäßige, terminlich wiederkehrende Einzelleistungen auflösen soll. — Da es sich bei den Einzelansprüchen nicht um aufschiebend bedingte Forderungen handelt, ergibt sich die Anwendbarkeit der §§ 258, 259 ZPO (vgl. §§ 323, 324, 708 Nr 6). Daraus, daß die Leibrente ein einheitliches, nutzbares Recht ist, folgt, daß im Konkurse eine vor der Konkurseröffnung begründete Leibrente in ihrem kapitalisierten Betrage wie ein einheitliches betagtes, auf die fortlaufenden Raten gerichtetes Forderungsrecht oder als ein auflösend bedingtes Forderungsrecht gegen eine vom Konkursverwalter geltend gemachte Forderung aufgerechnet werden kann (vgl. §§ 54, 65 Abs 1, 66, 69, 70 KO; **RG** 68, 340). Im übrigen s. §§ 1, 3, 134 Nr 1, 135ff. KO. Die ganze Rente wird als eine Einheit angemeldet. Aus der bezeichneten Natur des Leibrentenrechts ergibt sich ferner in betreff der Beweislast, daß der Leibrentengläubiger nur die Entstehung des Stammrechts zu beweisen hat, wogegen dem Rentenschuldner der Nachweis des Erlöschungsgrundes, insbesondere des Todes der Person, auf deren Leben die Rente gestellt ist, zufällt (bestr.).

2. **Der Leibrentenvertrag** ist ein Vertrag eigener Art (**RG** 67, 208; 80, 208; 89, 259), insbesondere kein Tausch, Kauf oder Darlehn. Das Stammrecht, aus dem sich die Ansprüche auf die einzelnen Rentenbezüge ableiten (A 1), muß dabei unabhängig und losgelöst von den sonstigen Beziehungen und Verhältnissen der Beteiligten gewährt werden (**RG** 94, 157). Kein Leibrentenvertrag liegt daher vor, wenn im Vergleichswege und ohne Umschaffung des ursprünglichen Schuldgrundes zur Regelung eines Ersatzanspruchs aus unerlaubter Handlung eine lebenslängliche Rente versprochen oder gegen Verzicht auf ein unter Miterben streitiges Kapital ein lebenslänglicher Zinsanspruch gewährt wird (**RG** 89, 259; 91, 6; s. auch OLG 34, 140 und SeuffA 74 Nr 5). Die Bestellung einer Leibrente in einem Vergleiche ist damit aber nicht grundsätzlich ausgeschlossen (vgl. **RG** 91, 6; **RG** SeuffA 75 Nr 73). — Die Leibrente kann entgeltlich oder unentgeltlich (Leibrentenschenkung s. § 761 A 4) zugesagt sein (**RG** SeuffA 75 Nr 73). Im ersteren (gewöhnlichen) Falle handelt es sich um einen gegenseitigen Vertrag (§§ 320ff.), bei dem der eine Teil das Leibrentenstammrecht zu bestellen, der andere Teil das Entgelt dafür zu entrichten hat. Ist das Stammrecht bestellt, so ist der Vertrag von seiten des Rentenschuldners erfüllt. Der Anspruch des Rentengläubigers auf die einzelnen Renten gründet sich dann unmittelbar auf das Stammrecht, nur mittelbar auf den Vertrag. Daraus folgt, daß, wenn der Rentenschuldner demnächst mit einzelnen Rentenleistungen in Verzug gerät, nicht § 326, sondern nur §§ 284ff. zur Anwendung kommen (**RG** 106, 93; a. M. Eccius in Gruch 45, 27). Über die Möglichkeit einer Rückforderung der Gegenleistung nach den Vorschriften über ungerechtfertigte Bereicherung, wenn infolge unpünktlicher Entrichtung der Leibrente der bezweckte Erfolg einer Altersversorgung nicht eingetreten ist, s. **RG** 106, 93. Aufwertung s. **RG** Warn 1923/24 Nr 117. Es kann auch Zahlung der Leibrente an einen Dritten bedungen werden; s. darüber § 330. Der Leibrentenvertrag, den eine Versicherungsanstalt eingeht oder ein Versicherungen betreibender Privatmann, ist als Versicherungsvertrag aufzufassen; vgl. **RG** 28, 313; VersVG v. 30. 5. 08; über die Prämienzahlung insbesondere §§ 35ff. — In betreff der Form des Leibrentenvertrags des bürgerlichen Rechtes s. § 761. — Die Verpflichtung zur Gewährung der Leibrente kann außer durch Vertrag entstehen durch Gesetz (vgl. § 760 A 1), durch einseitiges Rechtsgeschäft (Auslobung), sowie durch letztwillige Verfügung, wofür besondere Vorschriften nicht gegeben sind.

3. **Dauer der Rentenentrichtung.** Das Wort „Gläubiger" ist betont. Die Leibrente braucht nur auf das Leben (irgend) eines Menschen gestellt zu sein, sei es des Leibrenten-

gläubigers, sei es des Schuldners oder auch eines Dritten. Im zweiten und dritten Falle erlischt die Rente selbstverständlich mit dem Tode des Leibrentenschuldners oder des Dritten. Stirbt nun der Leibrentengläubiger vorher, so soll die Rente im Zweifel (da sie mutmaßlich seinem Unterhalte dienen sollte) schon durch diesen Tod erlöschen. Es kann aber auch ein Vertragswille des Inhalts ermittelt werden, daß die Leibrentenberechtigung auf die Erben des Gläubigers übergehen solle (**bestr.**, vgl. auch **RG** 67, 209/10). Die Abstellung der Leibrente auf das Leben eines Menschen ist wesentlich; nebenhergehen können jedoch noch andere Bestimmungen über Anfangs- und Endtermin, die Rente kann auch von einem beliebigen ungewissen Ereignisse abhängig gemacht werden, z. B. bei einer ledigen Frau von ihrer Verheiratung. Diese Nebenbestimmungen dürfen nur nicht im Einzelfalle dem auf das Leben eines Menschen gestellten Endtermine seine Wesenheit nehmen, was z. B. dann der Fall wäre, wenn einem Kinde eine Lebensrente versprochen würde, die aber spätestens nach zehn Jahren endigen sollte. Anders, wenn die gleiche Rente einem neunzigjährigen Greise versprochen würde. Vgl. **RG** 67 S. 210, 213. — Steht das Leibrentenrecht mehreren Personen, z. B. Eheleuten, bis zum Tode des Längstlebenden von ihnen zu, so ist gemäß § 420 im Zweifel anzunehmen, daß jeder zu einem gleichen Anteile berechtigt ist. Mit dem Tode des Erstversterbenden würde also die Rente teilweise erlöschen, nicht (wie bei dem sog. Tontinenvertrage) dem Überlebenden ganz zuwachsen. Mehrere vertragsmäßige Rentenschuldner haften im Zweifel nach § 427 als Gesamtschuldner; die auf den Tod der Rentenschuldner gestellte Rente würde danach durch den Tod eines von ihnen — von anderweitem Vertragswillen abgesehen — nicht geschmälert. — Über den Begriff des Leibrentenvertrags nach dem preuß. Stempelsteuergesetz (Tarifstelle 36) vgl. **RG** 64, 133.

4. Abs 2 enthält eine Auslegungsregel über den **Betrag der Rente.** Die Regel gilt auch dann, wenn nicht bloß der Betrag, sondern auch der für die Entrichtung der Rente bestimmte Zeitabschnitt bezeichnet sind. „Betrag der Rente 4000 M., Rente zahlbar vierteljährlich" bedeutet also im Zweifel, daß vierteljährlich 1000 M. zu zahlen sind. Vgl. § 760.

5. Über die Verjährung der Leibrentenansprüche s. § 760 A 3. — Für den mit der Überlassung eines Grundstücks in Verbindung stehenden Leibgedingsvertrag gilt nach Maßgabe des Art 96 EG Landesrecht.

§ 760

Die Leibrente ist im voraus zu entrichten[1]).

Eine Geldrente ist für drei Monate vorauszuzahlen; bei einer anderen Rente bestimmt sich der Zeitabschnitt, für den sie im voraus zu entrichten ist, nach der Beschaffenheit und dem Zwecke der Rente[1]).

Hat der Gläubiger den Beginn des Zeitabschnitts erlebt, für den die Rente im voraus zu entrichten ist, so gebührt ihm der volle auf den Zeitabschnitt entfallende Betrag[2])[3]).

E I 661 II 702; M 2 639; P 2 486.

1. Die Vorschriften des § 760 ergänzen den Geschäftswillen, sie enthalten nachgiebiges Recht. Die **Vorausentrichtung** entspricht dem der Leibrente regelmäßig beiwohnenden Unterhaltszwecke. Landwirtschaftliche Erzeugnisse, die einmal im Jahre geerntet werden, pflegen nach der Ernte für ein Jahr im voraus entrichtet zu werden. Überall ist die Verkehrssitte zu beachten. — Wegen entsprechender Anwendung des § 760 und wegen ähnlicher Vorschriften vgl. §§ 528, 843—845, 1351, 1361, 1580 (1581), 1612, 1710 (SeuffA 78 Nr 33); HaftpflG (EG Art 42) § 7. Unfall-, Invaliden- und Altersrenten sind in den besonderen Gesetzen, namentlich in RVO, geregelt. — Wenn die Vorschriften des § 760 auch vor der Parteivereinbarung zurückweichen, so darf doch das Gericht bei der entsprechenden Anwendung dieser Vorschriften, beispielsweise bei Rentenansprüchen aus § 843, keine von Abs 1, 2 abweichende und den Schuldner beschwerende Zahlungsweise (z. B. nicht Zahlung im voraus für ein volles Jahr) festsetzen. Eine solche Abweichung wäre namentlich im Hinblicke auf Abs 3 von Erheblichkeit (**RG** 69, 296). Dagegen ist es nicht ausgeschlossen, auf Antrag die Rente für kürzere als dreimonatige Zeitabschnitte zuzusprechen, soweit nicht der Schuldner dadurch unbillig beschwert werden sollte.

2. Abs 3 regelt nicht die **Beweislast** (s. § 759 A 1 a. E.). Er gilt sowohl dann, wenn der Zeitabschnitt eine besondere Regelung erfahren hat, als im Falle des Abs 2.

3. Verjährung der Leibrentenansprüche. Der dem Leibrentenstammrecht entsprechende Gesamtanspruch auf die Rente verjährt gemäß §§ 195, 198 in 30 Jahren, beginnend mit der Fälligkeit der ersten Rentenleistung. Die Ansprüche auf die einzelnen Rentenleistungen verjähren gemäß §§ 197, 201 in 4 Jahren, beginnend mit dem Schlusse des Jahres, in dem die einzelne Leistung fällig wird. Ist der Gesamtanspruch verjährt, dann steht, entsprechend dem Grundsatze des § 224, die Einrede der Verjährung allen Einzelansprüchen, auch den bei Verjährung des Gesamtanspruches noch nicht fällig gewesenen, entgegen.

§ 761

Zur Gültigkeit eines Vertrags, durch den eine Leibrente versprochen[1]) wird, ist, soweit nicht eine andere Form vorgeschrieben ist[2]), schriftliche Erteilung des Versprechens erforderlich[3])[4])[5]).

RTKomm I 54.

1. Die von der Reichstagskommission eingefügte Vorschrift trifft zunächst den **Vertrag,** durch den die **Leibrente selbst versprochen,** das Stammrecht (§ 759 A 1) zugunsten des Leibrentenempfängers begründet wird. Die Formvorschrift muß aber auch für den vorausgehenden Grundvertrag gelten, durch den sich der Leibrentengeber zur Bestellung des Leibrentenrechts verpflichtet, und der dann später durch diese Bestellung (nicht durch die Entrichtung der einzelnen Renten, § 759 A 2) erfüllt werden soll (**RG** 67, 211). Die Formvorschrift des § 761 gilt nur für eigentliche Leibrentenversprechen. Eine entsprechende Anwendung auf andere, wenngleich ähnliche Verträge, namentlich auf Unterhaltsverträge, läßt sich nicht begründen (**RG** JW 1911, 449[16]; Warn 1911 Nr 266; 1914 Nr 243; 1922 Nr 65 und § 759 A 1).

2. **Soweit nicht eine andere Form vorgeschrieben ist.** Eine andere Form kommt bei der Leibrente nur für den der Bestellung des Stammrechts vorausgehenden Grundvertrag in Betracht (§§ 311, 312 Abs 2, 313, 518 Abs 1, 2371, 2385). Ist z. B. der Grundvertrag über die Gewährung einer Leibrente eine Schenkung (A 4), so ist hierfür nach § 518 Abs 1 in Ansehung des Schenkungsversprechens gerichtliche oder notarielle Beurkundung vorgeschrieben, wogegen im übrigen die Schenkung keiner Formvorschrift unterstellt ist.

3. Zur Wahrung der Form ist **schriftliche Erteilung des Leibrentenversprechens** erforderlich (vgl. dazu §§ 780, 781, 766 A 2 ff.). Die von dem Leibrentengeber unterzeichnete Urkunde (§ 126) — auch ein Brief (**RG** 67, 213; **RG** Warn 1914 Nr 166) — muß den wesentlichen rechtlichen Inhalt des Leibrentenversprechens (§ 759 A 1) unmittelbar enthalten. Immerhin darf die Urkunde, wenn sie nur nicht in einem wesentlichen Punkte ergänzt wird, unter Berücksichtigung der obwaltenden Umstände erläuternd ausgelegt werden (**RG** 67, 213/4; vgl. **RG** 57, 258). Spätere Änderungen des Leibrentenvertrags bedürfen der Schriftform dann nicht, wenn der Gläubiger von seinen Rechten etwas preisgibt (Verzicht), oder wenn das Leibrentenversprechen nur verdeutlicht wird. — Die Annahme **des Versprechens durch den** Leibrentenempfänger ist an keine Form gebunden, auch dann nicht, wenn seine Erklärung den Vertragsantrag bildet. Die Annahme kann auch stillschweigend geschehen. Für das die Leibrente begründende einseitige Rechtsgeschäft (Auslobung) enthält § 761 keine Vorschrift. Daß die Urkunde über das „Leibrentenversprechen" keine rechtsgeschäftliche Bedeutung hat, sondern nur eine persönliche Angelegenheit des Urkundenausstellers bildet, bevor dieser das Versprechen gegenüber dem Leibrentenempfänger abgibt, z. B. die Urkunde aushändigt, erhellt aus allgemeinen Rechtsgrundsätzen (vgl. **RG** 68, 409). Die mündliche Vereinbarung eines Leibrentenvertrags bindet auch den Leibrentenempfänger nicht eher, als das Leibrentenversprechen schriftlich abgegeben ist. Die spätere Abgabe des schriftlichen Versprechens bringt den bindenden Vertrag hervor, vorausgesetzt, daß sie den Vertragswillen des anderen Teiles noch als vorhandenen trifft (§§ 130, 145 ff.). — **Wird das Versprechen nicht schriftlich erteilt,** so ist der ganze Vertrag nichtig (§ 125). Das Versprechen ist nicht als ein von seinem Grunde losgelöstes, sondern als Bestandteil eines einheitlichen Vertrags gedacht; dem Versprechen der Leibrente steht (von der Schenkung abgesehen, A 4) das — an sich an keine Formen gebundene — Versprechen einer Gegenleistung gegenüber. Ist für die Verpflichtung zu der Gegenleistung nach §§ 311, 312 Abs 2, 313, 2371, 2385 gerichtliche oder notarielle Beurkundung vorgeschrieben, so bedarf der ganze Leibrentenvertrag dieser Form. Das Leibrentenversprechen ist dann Bestandteil des der Beurkundung bedürfenden Vertrags (vgl. **RG** 65, 39). Auflassung und Eintragung in das Grundbuch (§ 313 Satz 2) machen aber in diesem Falle auch den ganzen Vertrag (einschließlich des Leibrentenversprechens) gültig. Entbehrte der Grundvertrag der Form des § 761, wird aber die Formvorschrift beim Abschlusse des Erfüllungsvertrags (A 1) gewahrt, so verliert damit der erste Formmangel seine Erheblichkeit. Wird aber die Form überhaupt nicht beobachtet, so bleibt der Leibrentenvertrag nichtig trotz beiderseitiger Erfüllung. Mildernde Vorschriften, wie sie in den §§ 313 Satz 2, 766 Satz 2 enthalten sind, fehlen für den Leibrentenvertrag und sind daher nicht, auch nicht entsprechend anzuwenden (s. auch SeuffA 67 Nr 34). Die Folge ist, daß die beiderseitigen Leistungen nach den Grundsätzen über die Bereicherung,

und zwar während der Dauer der dreißigjährigen Verjährungsfrist, zurückgefordert werden können. Vgl. RG 67, 208.

4. Besonders wichtig ist die **Leibrentenschenkung.** Der Vertrag, in dem der Leibrentengeber nur Vorsatz und grobe Fahrlässigkeit zu vertreten hat (§ 521), bedarf nach §§ 518, 761 der gerichtlichen oder notariellen Beurkundung, aber nur (a. M. Sepp, Leibrentenvertrag S. 112) in Ansehung des Schenkungsversprechens. Die Schenkung wird nicht durch die Einräumung des Leibrentenstammrechts in der einfachen Schriftlichkeitsform des § 761 vollzogen, vielmehr wird die Leistung des Schenkers im Sinne des § 518 Abs 2 nur insoweit bewirkt, als die einzelnen Rentengefälle geleistet werden. Die zehnjährige Frist des § 2325 muß in diesem Falle von der Leistung der einzelnen Gefälle an berechnet werden. Wegen der Pfändung der Leibrenteneinkünfte s. § 850 Abs 1 Nr 3 ZPO, wegen des Ausschlusses der Geltendmachung im Konkurse des Schuldners § 63 Nr 4 KO. Bildet die geschenkte Rente — was regelmäßig zutrifft — eine „Unterstützung" des Rentenempfängers, so gilt § 520; daneben greift § 759 Abs 1 (vgl. A 3) Platz. Im Zweifel ist also die Unterstützungsrente weder auf seiten des Rentenschuldners noch auf seiten des Rentengläubigers vererblich. — Eine den Umständen angemessene Ausstattung gilt gemäß § 1624 nicht als Schenkung; ein dem Ausstattungszwecke dienendes Versprechen regelmäßiger Zuschüsse unterliegt daher nicht der Formvorschrift des § 518. Eine Anwendung des § 761 ist damit nicht ausgeschlossen (RG 63, 323), setzt aber voraus, daß nach den besonders zu prüfenden Umständen des einzelnen Falles wirklich ein Leibrentenversprechen vorliegt (RG 67, 213; 72, 200; RG LZ 1921, 567[2]). Diese Voraussetzung wird sich aber, wenn die Zuschüsse nicht ausdrücklich als Leibrente versprochen sind, nur selten feststellen lassen; in der Regel werden Ausstattungsrentenversprechen unter dem stillschweigenden Vorbehalt gleichbleibender Verhältnisse erteilt und fallen schon deshalb nicht unter den Begriff der Leibrente (vgl. A 1 zu § 759 und RG 111, 286). Kein Leibrentenversprechen ist daher auch das Versprechen eines Elternteils, der Tochter einen bestimmten jährlichen Zuschuß als Ausstattung zu zahlen, dann, wenn die Leistungspflicht vom Unterhaltsbedarf der Tochter oder ihres Mannes oder von der Leistungsfähigkeit des Versprechenden abhängen soll (RG 14. 2. 21 IV 103/20). Die Zusage einer Ausstattung durch Gewährung freier Wohnung bedarf nicht der Schriftform, da hierin nicht das Versprechen einer Leibrente zu finden ist (vgl. § 759 A 1; RG 26. 3. 06 IV 479/05). Zusicherung eines Nadelgeldes s. RG Warn 1914 Nr 166.

5. Wird **gegen Leistung von Diensten** als Entgelt gleichzeitig **Unterhalt** gewährt, so liegt, mögen auch die Unterhaltsleistungen ihrer Art nach Leibrentenleistungen gleichen, dennoch kein Leibrentenvertrag vor, da die Unterhaltsleistungen von den sie bedingenden Gegenleistungen abhängig sind, die aus dem Leibrentenrecht sich ergebenden Einzelleistungen aber nicht von besonderen Gegenleistungen abhängig sein dürfen (§ 759 A 1). — Streitig ist, ob auch dann ein Leibrentenvertrag vorliegt, wenn dem Dienstverpflichteten für seine Dienste von einem gewissen Zeitpunkte an leibrentenartige Leistungen, die von einer Gegenleistung, insbesondere von weiteren Dienstleistungen, unabhängig sind, als **Ruhegehalt** zugesichert werden. Die Frage ist zu verneinen. Der im Eingange angeführte Gegengrund scheidet hier allerdings aus, da die Rentenleistungen den dafür das Entgelt bietenden Dienstleistungen nachfolgen, für die Rentenleistungen also das Entgelt bereits durch die Gesamtheit der vorangehenden Dienstleistungen entrichtet worden ist. Indessen überwiegt bei Verträgen dieser Art nach Inhalt und Zweck der Gesichtspunkt des Dienstvertrags gegenüber dem des Leibrentenvertrags (§ 759 A 2). Gehalt und Ruhegehalt sind hier im wesentlichen gleich zu behandeln. Auch das Ruhegehalt wird als Gegenleistung für Dienste versprochen, freilich nicht für solche, die in den für die Ruhegehaltsbezüge bestimmten Zeitabschnitten zu leisten sind, sondern für die Gesamtheit der vor dem Übertritte in den Ruhestand geleisteten Dienste. Das Ruhegehaltsversprechen steht also im engsten Zusammenhange mit dem Dienstverhältnis und wird nicht selbständig und unabhängig von den Dienstleistungen erteilt. Ruhegehaltsversprechen der fraglichen Art als Leibrentenverträge zu behandeln, würde auch der Verkehrsauffassung (vgl. RG 91, 6) widersprechen, der für die Begriffsbegrenzung wesentliche Bedeutung besonders deshalb zukommt, weil das Gesetz den Begriff der Leibrente von sich aus nicht bestimmt hat. Für die Zusicherung eines Ruhegehalts in einem Dienstvertrage bedarf es daher nicht der Schriftform des § 761 (RG 80, 208; 94, 157; RG LZ 1921, 173[1]). Dies gilt auch dann, wenn das Ruhegehaltsversprechen nicht vor oder während der Dienstzeit, sondern bei ihrem Ablauf, vielleicht sogar nur zwecks Ablösung des Dienstvertrags erteilt wird (RG 94, 157). Die nachträgliche Gewährung einer fortlaufenden Vergütung für schon geleistete Dienste, sei es an den Dienstleistenden selbst oder an seine Rechtsnachfolger, ist weder Schenkung noch Leibrentenvertrag (RG LZ 1918, 382[14]; RG JW 1927, 1190[2]). Freilich kann sich unter dem Namen des Dienstvertrags bei besonderen Umständen ein Vertrag verbergen, der seinem Wesen nach als Leibrentenvertrag anzusehen ist. Wenn z. B. beim Übertritt aus dem öffentlichen Dienste in den Privatdienst der Dienstverpflichtete diesen Übertritt von der Zusicherung abhängig gemacht hat, daß er in Ansehung des Ruhegehalts ebenso

gestellt werde wie als Beamter, oder daß ihm nach seinem Ausscheiden aus der Beamtenstellung das Ruhegehalt selbst dann zu gewähren sei, wenn er vor dem Antritt des Privatdienstes dienstunfähig werden sollte, so liegt in Wahrheit ein Leibrentenvertrag vor; die Zusicherung des Ruhegehalts stellt sich in solchen und ähnlichen Fällen als eine sofort sich vollziehende Einsetzung in das Rentenstammrecht dar, das nur noch von der Bedingung der Dienstunfähigkeit oder der Erreichung einer bestimmten Dienstzeit abhängig ist. In solchen Fällen muß dann auch die Form des § 761 gewahrt werden. Sie sind aber Ausnahmen von der Regel (**RG** 80, 208).

Siebzehnter Titel

Spiel Wette

§ 762

Durch Spiel oder durch Wette[1]**) wird eine Verbindlichkeit nicht begründet**[2]**). Das auf Grund des Spieles oder der Wette Geleistete kann nicht deshalb zurückgefordert werden, weil eine Verbindlichkeit nicht bestanden hat**[3]**).**

Diese Vorschriften gelten auch für eine Vereinbarung, durch die der verlierende Teil zum Zwecke der Erfüllung einer Spiel- oder einer Wettschuld dem gewinnenden Teile gegenüber eine Verbindlichkeit eingeht[4]**), insbesondere für ein Schuldanerkenntnis**[5]**)**[6]**)**[7]**).**

E I 664 II 704; M 2 643 ff.; P 2 794 ff.

1. **Spiel und Wette** sind gegenseitige Verträge (§§ 320 ff.). Der Begriff von Spiel und Wette wird im Gesetze vorausgesetzt. — Die **Spiele** zerfallen in zwei Hauptarten, die beide den Vorschriften des § 762 unterstehen (**RG**St 40, 31 ff.): Glücksspiele und Geschicklichkeitsspiele. Glücksspiel ist die Vereinbarung von Gewinn und Verlust unter entgegengesetzten, vom Zufall wesentlich beeinflußten Bedingungen zu dem Zwecke des Gewinns oder der Unterhaltung (vgl. **RG** 60, 381; **RG**St 34, 392). Glücksspiel ist auch dann noch anzunehmen, wenn der Spieler insofern keine Gefahr läuft, einen Vermögensverlust zu erleiden, als er auf alle Fälle einen Gegenstand erhält, der seinem Einsatz an Wert gleichkommt, wie z. B. bei einem Automaten, der nach Einwurf von 10 Pfg. entweder ein Musikstück ertönen läßt oder im besonders günstigen Falle 20 Pfg. herausgibt (**RG**St 45, 424). Als Zufall ist hier das Wirken einer unberechenbaren, der entscheidenden Einwirkung der Beteiligten entzogenen Ursächlichkeit anzusehen. Die Entwicklung irgendwelcher Tätigkeit ist beim Spiel nicht erforderlich. Der erstrebte Gewinn beruht vor allem nicht auf wirtschaftlicher Tätigkeit. Von dem Glücksspiel unterscheidet sich das Geschicklichkeitsspiel (z. B. Billard, Kegeln, Wettlauf, Schach) dadurch, daß bei ihm nicht der Zufall, sondern körperliche oder geistige Fähigkeit entscheidend ist (vgl. **RG**St 40, 21 und dort angef. RGE). Abw. Endemann I § 187 1a. Ein Geschicklichkeitsspiel kann, von Spielunkundigen gespielt, Glücksspiel werden (**RG**St 41 S. 218, 331; 43 S. 23, 155). Zwischen das Glücks- und Geschicklichkeitsspiel stellt sich als dritte Art das gemischte Spiel. — Die **Wette** ist ein Vertrag, bei dem sich die Parteien zur Bekräftigung einander widerstreitender, auf Überzeugung gegründeter Behauptungen gegenseitig verpflichten, daß dem, dessen Behauptung sich als richtig erweist, dem Gewinner, von dem Verlierer eine bestimmte Leistung gemacht werden soll. Die Wettbehauptung betrifft regelmäßig Vergangenes oder Gegenwärtiges; doch ist dies nicht begriffsnotwendig, sie kann sich vielmehr auch auf die zukünftige Gestaltung der Dinge beziehen (a. M. Dernburg § 211 A 7; Staudinger A II 2c). Als kennzeichnendes Unterscheidungsmerkmal zwischen Spiel und Wette ergibt sich hiernach der Beweggrund des Vertrags; beim Spiel: Unterhaltung oder Gewinn, und zwar ohne Entfaltung wirtschaftlicher Tätigkeit, bei der Wette: Bekräftigung einer Überzeugung. Die scharfe Scheidung zwischen den beiden Gefahrgeschäften hat indessen ihre hauptsächliche Bedeutung verloren, weil das BGB — im Gegensatze zum gemeinen Rechte und auch zum preuß. Landrechte — Spiel und Wette rechtlich gleichgestellt hat. — Wichtiger ist die Ausscheidung dieser Verträge aus dem Gebiete der übrigen schuldrechtlichen Verhältnisse. Fehlen die bezeichneten Beweggründe (Gewinn, Unterhaltung, Behauptungsbekräftigung), so können die §§ 762 ff. keine Anwendung finden. Möglicherweise liegt dann ein anderer gültiger Vertrag vor, insbesondere kann ein gegenseitiger Versicherungsvertrag oder ein Gewährgeschäft in Frage kommen (vgl. als Beispiel **RG** 66, 222). Der Gewinn kann bei Spiel und Wette auch darin bestehen, daß der Verlierende zu eigenem Nachteile mit dem Gewinner ein diesem günstiges Geschäft, z. B. einen ihm vorteilhaften Kaufvertrag abzuschließen hat. Der Nachteil, den der Verlierende auf sich nimmt, braucht nicht für beide Teile gleich zu sein; es kann 100 gegen 5 gewettet werden. Die Wette wird

selbst dadurch nicht ausgeschlossen, daß nur der eine Teil etwas verspricht, also gegen nichts wettet: einseitige Wette (RG 61, 153; a. M. Enneccerus § 409 A 6). Die einseitige Wette hat äußere Ähnlichkeit mit der Auslobung (§§ 657ff.), unterscheidet sich von ihr aber — abgesehen von der Einseitigkeit der Auslobung (RGSt 40, 32) — dadurch, daß der Wettende nur seine Behauptung bekräftigen, der Auslobende zu einer bestimmten Tätigkeit anspornen will (vgl. auch § 657 A 3 und Vorbem). — Das Wetten auf den Sieg einzelner Pferde bei öffentlichen Pferderennen ist nach Inhalt und Zweck rechtlich nichts anderes als Glücksspiel (Spielwette); vgl. RG 40, 259; RGSt 6 S. 172, 421; 7, 21; 47, 363. Die Wette beim Buchmacher fiel daher bisher unter § 762. Jetzt hat sich dies durch das Rennwett- und Lotteriegesetz v. 8. 4. 22 (RGBl S. 372ff., 472) geändert; vgl. § 763 A 1 a. E, und § 763 A 4 a. E. Ebenda über Wetten am Totalisator. — Über das Differenzgeschäft s. § 764.

2. Eine Verbindlichkeit wird nicht begründet. Der Spiel- oder Wettforderung steht nicht etwa nur eine Einrede entgegen, die Forderung ist, abgesehen von der Erfüllbarkeit (A 3), unwirksam (RGSt 36, 207). Die Unwirksamkeit muß im Rechtsstreite, auch ohne daß ein hierauf gerichteter Einwand erhoben wird, berücksichtigt werden. Nicht bloß Klage, Einrede, Zurückbehaltungsrecht (§ 273) werden dem Spiel- oder Wettgläubiger versagt, auch Sicherheitsbestellungen für die Spiel- oder Wettschuld, Bürgschaft, Pfand sind in gleicher Weise unverbindlich wie Spiel und Wette selbst (vgl. RG 47, 48; 52, 40; 30, 214; 38 S. 238, 251; JW 01, 286[1]). Ebensowenig haben fiduziarische Rechtsübertragung oder Vertragsstrafe Gültigkeit. Die für eine Spiel- oder Wettschuld bestellte Hypothek steht dem Eigentümer zu (§ 1163; § 894). Auch die von dritten Personen eingegangenen Sicherheitsgeschäfte sowie (bestr.) die Schuldübernahme (BayObLGZ 5, 362) sind unverbindlich im Sinne des § 762 Abs 1, begründen also keine Verbindlichkeit gegenüber dem Spiel- oder Wettgläubiger. Die Übernahme einer unverbindlichen Spiel- oder Wettschuld kann aber selbstverständlich Gegenstand eines vollverbindlichen Vertrags zwischen Schuldner und Schuldübernehmer sein (RG Warn 1916 Nr 68). Eine Forderung aus Spiel und Wette kann der Gläubiger nicht gegen eine andere Forderung aufrechnen, wohl aber kann der Verlierende gegen eine Spiel- oder Wettforderung mit einer gewöhnlichen Forderung aufrechnen. Und weil die Spiel- und Wettschuld erfüllbar ist (A 3), muß jede vertragsmäßige Aufrechnung (§ 387 A 1) als wirksam angesehen werden (RG JW 96, 160[76]; 02 Beil 199; 03, 123[4], Beil S. 35[72], 46[103]; 05, 187[39]; LZ 1914, 1920[10]). Vgl. § 764 A 3. — Daraus, daß der Spiel- und Wettvertrag als solcher keine klagbare Forderung hervorbringt, kann nicht gefolgert werden, daß auch eine Haftung aus besonderen Gründen, z. B. wegen Betrugs, ausgeschlossen sei (RG 70, 4).

3. Der Spiel- oder Wettvertrag verstößt an sich nicht gegen die guten Sitten (§ 138; vgl. auch RG 43, 150; RG 4. 3. 03, HoldheimsMSchr 13, 49); er ist daher nicht ungültig, begründet vielmehr eine **natürliche oder unvollkommene Verbindlichkeit,** deren Wirksamkeit sich aber darin erschöpft, daß die Zurückforderung des Geleisteten aus dem Grunde, weil nach Abs 1 Satz 1 eine Verbindlichkeit nicht bestanden habe, ausgeschlossen ist (vgl. auch BörsG §§ 55, 64 Abs 2). Das Gesetz trifft mit dem Ausschlusse der Rückforderung nicht nur die eigentliche Erfüllung, Leistung im Sinne des § 241, sondern auch den Erfüllungsersatz (LZ 1914, 1920[10]). — Die Leistung oder Teilleistung muß in ihrem Umfange die Schuld völlig tilgen, so daß keine Verbindlichkeit zurückbleibt. Auf Grund des Spieles geleistet ist nicht nur der nach der Entscheidung gezahlte Gewinn, sondern auch der bei dem Spielbeginne als unbedingte Vorleistung (im Gegensatze zu einer bloßen Sicherung vgl. A 2 und RG 23. 6. 23 I 426/427/22) gezahlte Einsatz, wie er bei der Lotterie und Ausspielung sowie bei verschiedenen Gesellschaftsspielen vorkommt; dieser Einsatz kann daher nicht zurückverlangt werden, obgleich ein klagbarer Anspruch auf den — möglicherweise demnächst zufallenden — Gewinn nicht besteht (vgl. OLG 32, 165). Weigerung des Einsatzempfängers, das Spiel auszuführen, würde — von dem Falle des Betrugs abgesehen — einen Verstoß gegen die guten Sitten (§ 138) enthalten können und den Bereicherungsanspruch — wenn nicht aus diesem Grunde, dann doch — ob causam datorum hervorbringen. Wird jedoch nach Abschluß des schuldrechtlichen Vertrags, aber vor der Entscheidung der Betrag des bedingten Wett- oder Spielverlustes von dem einen Teile dem anderen mit dem Vorbehalte der Rückforderung im Falle des für den ersten Teil günstigen Ausgangs übereignet, so handelt es sich hier im Grunde nur um die Sicherung des bedingten Wett- oder Spielanspruchs, nicht um eine Leistung im Sinne des Gesetzes (vgl. auch RG 38, 232; JW 02, 101[50] [betrifft Vorprämie; dazu RG 79, 406]; Dernburg II § 212 I 3, Staudinger A III 2b δ; a. M. Oertmann § 762 A 1b u. a.). Solche Beträge können also zurückgefordert werden. Wollte man dies nicht annehmen, so würde der Zweck des Gesetzes gefährdet sein. Nur um Sicherung, nicht um Leistung auf Grund des Geschäfts handelt es sich regelmäßig auch bei Einschüssen, die auf Grund der für Börsengeschäfte vielfach vereinbarten Geschäftsbedingungen im Falle von Kursrückgängen zur Deckung des zu erwartenden Verlustes des Kunden durch den Verkäufer eingefordert zu werden pflegen: die eingeschossenen Beträge unterliegen daher, wenn der Einwand aus

§§ 762, 764 zulässig und begründet ist, der Rückforderung (SeuffA 73 Nr 29; vgl. § 764 A 3). Eine nach der Entscheidung getroffene Vereinbarung, wonach der Empfänger das im voraus Gezahlte auf seine Spiel- oder Wettforderung behalten soll, ist als vertragsmäßige Aufrechnung wirksam. Der Vorauszahlung würde gleichstehen die Hinterlegung bei einem Dritten. Hinterlegung nach der Entscheidung gemäß §§ 372, 376 Abs 2 ist Leistung im Sinne des Gesetzes. — Die Ersatzerfüllung (vgl. § 364 A 1) hat namentlich die Hingabe einer Sache oder die Abtretung einer Forderung an Erfüllungs Statt zum Gegenstande (§ 364). Eine von dem Spiel- oder Wettschuldner für eine an Erfüllungs Statt abgetretene Forderung übernommene Gewährleistungspflicht (vgl. Vorbem 5b vor § 765) ist nach Abs 2 unverbindlich, ohne daß dadurch die Rechtsbeständigkeit der Abtretung beeinträchtigt würde. Ganz unverbindlich ist dagegen nach Abs 2 eine Vereinbarung, durch die der verlierende Teil zur Tilgung der Spiel- oder Wettschuld eine neue Schuld, mag diese auch durch Pfand oder Hypothek gesichert sein, eingeht (vgl. RG 47, 48). Die Hingabe an Erfüllungs Statt setzt in dem vereinbarten Umfange der Erfüllung eine unbedingte und endgültige Lösung des Schuldverhältnisses voraus. Diesem Erfordernisse genügt nicht ein Abkommen, nach dem der Schuldner seine Lebensversicherungspolice unter der Verpflichtung der weiteren Prämienzahlung abtritt, wogegen der Gläubiger den Schuldner, solange er die Prämie bezahlt, nicht in Anspruch nehmen und sich nach dem Tode des Schuldners aus der Versicherung befriedigen soll (RG JW 02 Beil 254[166]). — Wer einmal auf Grund eines Spiel- oder Wettvertrags geleistet hat, kann sich nicht nachträglich darauf berufen, daß er die Unverbindlichkeit eines solchen Vertrags nicht gekannt oder daß er den Charakter des Vertrags als eines Spieles oder einer Wette verkannt habe. § 762 Satz 2 greift über § 814 hinaus. „Die Rückforderung ist demgemäß auch den Erben versagt, welche in Unkenntnis von dem wirklichen Entstehungsgrunde der Schuld geleistet haben" (M 2, 644). Abs 1 Satz 2 betrifft aber nur den aus dem Spiel- oder Wettcharakter des Vertrags hervorgehenden Mangel. Andere dem Vertrage anhaftende Mängel werden durch die Leistung nicht geheilt (RG JW 04, 38[5]). Ist der Spiel- oder Wettvertrag aus besonderen Gründen, z. B. wegen Geschäftsunfähigkeit, infolge Irrtums, Betrugs (Falschspiel) nichtig, so kann die Leistung nach den allgemeinen Grundsätzen der Bereicherung (§§ 812ff., 817) zurückgefordert werden. Vgl. auch A 6. Unter dem Gesichtspunkt des Betrugs wird ein Anspruch auf Rückforderung regelmäßig auch dann begründet sein, wenn der eine Teil über die behauptete Tatsache besondere, dem Gegner verschwiegene Nachricht besaß (Wette à coup sûr). Ausgeschlossen ist es jedoch nicht, daß nach der eigenartigen Lage eines solchen Falles der Vorwurf der Unredlichkeit unbegründet ist (M 2, 646). — Über verbotene Spiele s. A 6, anderseits über staatlich genehmigte Spiele § 763; erstere sind nichtig, letztere schlechthin gültig.

4. Eingehung einer Verbindlichkeit zum Zweck der Erfüllung einer Spiel- oder Wettschuld. Zur Erreichung des vom Gesetze verfolgten Zweckes mußten die Vorschriften des Abs 1 auf die im Abs 2 bezeichneten Verbindlichkeiten erstreckt werden, die keine selbständige Rechtsgrundlage haben, sondern auf dem Boden des vom Gesetze mißbilligten Geschäfts stehen (vgl. auch BörsG § 59). Dem als Beispiel hervorgehobenen **Schuldanerkenntnisse** (§ 781) steht das Schuldversprechen (§ 780) gleich. Schuldversprechen und Schuldanerkenntnis können nach §§ 812ff. zurückgefordert werden; die aus ihnen hervorgehenden unvollkommenen Verbindlichkeiten (A 3) können aber gemäß Abs 1 Satz 2 erfüllt werden. Bei einem Zahlungsauftrag, der in Bereicherungsabsicht zum Zwecke unmittelbarer Förderung des Glückspiels erteilt und angenommen wird, daher nach § 138 nichtig ist, gilt für ein Schuldanerkenntnis des Auftraggebers § 762 Abs 2 entsprechend (RG 11. 1. 23 VI 319/22). Weiter kommt das Vereinbarungsdarlehn nach § 607 Abs 2 (das. A 6) sowie die Novation (§ 305 A 2) in Betracht (RG JW 98, 395[32]; 02, 369[61]; 04, 124[31]). Umwandlung einer unwirksamen Spielforderung in ein Darlehn gegen Hypothekbestellung s. RG Warn 1915 Nr 117. — Von besonderer Wichtigkeit ist die Hingabe eines **Wechsels.** Sie steht auch dann der Erfüllung nicht gleich, wenn der Wechsel nicht zahlungshalber, sondern an Zahlungs Statt von dem Spiel- oder Wettschuldner an seinen Gläubiger begeben wird. Der Schuldner kann nach § 812 Abs 1 Satz 1 den Wechsel von dem Gläubiger zurückfordern oder, wenn er von einem dritten gutgläubigen Erwerber des Wechsels zur Zahlung gezwungen worden ist, den von diesem, dem Indossatar, an den Gläubiger gegebenen Gegenwert. Aus der — zu vermutenden — Zustimmung des Spiel- oder Wettschuldners zur Weiterbegebung des Wechsels und aus der Ausführung dieser Weiterbegebung ergibt sich noch nicht, daß eine Leistung gemäß Abs 1 Satz 2 als erfolgt angesehen werden müßte. RG 51, 361; 71, 292; 77, 280; JW 96, 421[59]; 04, 124[31]; HoldheimsMSchr 8, 189; 13, 131; bestr.; vgl. auch das — auf dem preuß. Landrecht beruhende — abw. RG JW 96, 420[58] und zu § 817 Satz 2 RG JW 1921, 461[3]. Nur wenn der Schuldner den in den Händen eines Dritten befindlichen Wechsel freiwillig einlöst, also freiwillig den Gläubiger der Spiel- oder Wettschuld in die Lage bringt, behalten zu können, was dieser bei der Weiterbegebung des Wechsels erlangt hat, wird die Rückforderung ausgeschlossen; nur dann ist die Rechtslage so, wie wenn der Schuldner unmittelbar an seinen Gläubiger geleistet hätte. Die Unfreiwilligkeit der Zahlung kann namentlich daraus entnommen werden, daß der Schuldner den Wechsel vorher, wenn auch erst nach der Weiterbegebung an den Dritten, zurückgefordert hat. RG 51, 156; 52, 39; 77, 280; HoldheimsMSchr 13, 27; vgl. auch abw. RG 35 196; 47, 50. Unbefugte Indossierung des für eine Spiel- oder Wettschuld gegebenen Wechsels durch den Gläubiger in der Absicht, dem Schuldner den Einwand nach § 762 abzuschneiden und so einen vom Gesetze mißbilligten Vermögensvorteil zu erlangen, kann auch nach § 826 schadensersatzpflichtig machen (RG 51, 360; 56, 321). Wird vom Schuldner ein Wechsel, der zugleich fremde Unterschriften trägt, an den Gläubiger indossiert, so hat das eigene Indossament zwar zu Lasten des Schuldners keine verpflichtende Wirkung, es setzt aber den Gläubiger in den Stand, gegen die übrigen Wechselschuldner vorzugehen. — Ein Schuldanerkenntnis der Sache nach kann in die äußere Form des **Vergleichs** gekleidet werden; ein solcher nur scheinbarer Vergleich (§ 117 Abs 2), mag er gerichtlich (RG 37, 418) oder außergerichtlich geschlossen sein, fällt unter Abs 2 (RG 49, 193). Besteht aber im Ernste eine Ungewißheit der Vertragsschließenden darüber, ob im gegebenen Falle eine gültige Verbindlichkeit entstanden sei, insbesondere ob der vorliegende Vertrag den Charakter des Spieles oder der Wette im Sinne des Gesetzes habe, z. B. ob er ein gültiges Kauf- oder Kommissionsgeschäft, ein gültiges Börsentermingeschäft oder ein klagloses Differenzgeschäft (§ 764) sei, so ist der zur Beseitigung dieser Ungewißheit geschlossene Vergleich wirksam, mochte der Vertrag auch in Wahrheit Wette oder Spiel sein und deswegen eine Verbindlichkeit nicht bestehen (vgl. RG 49, 192; JW 02 Beil 264[191]; OLG 4, 234; § 779 A 3a). Dieser Vergleich findet seine Rechtsgrundlage in dem gesetzlich gebilligten Zwecke der Streitbeilegung und kann wegen eines innerhalb des Streitgebiets liegenden Irrtums nicht mit dem Einwande aus § 779 Abs 1 oder mit der Anfechtung aus § 119 bekämpft werden (vgl. RG JW 05, 689[11]; § 779 A 6a, e). Wird durch einen Vergleich nicht die Ungewißheit darüber, ob im Hinblicke auf die Vorschriften über Spiel und Wette eine Verbindlichkeit besteht, sondern über andere Fragen beseitigt, z. B. in betreff des Zustandekommens des Vertrags überhaupt (RG JW 01, 621[13]) oder über die Art und Weise der Erfüllung (RG JW 97, 608[26]), so entsteht keine Verbindlichkeit von größerer Kraft, als sie § 762 Abs 1 verleiht (RG JW 02 Beil 255[166]). Das über den Vergleich Gesagte findet auf den selbständigen **Schiedsvertrag** (§§ 1025ff. ZPO) entsprechende Anwendung; der Schiedsvertrag als Nebenabrede eines Spiel- oder Wettvertrags ist ebensowenig verbindlich wie der Hauptvertrag (RG JW 1915, 1005[12]; vgl. § 1041 ZPO). S. ferner Vorbem vor § 779 und RG 43, 407; 56, 19; 58, 151; 27, 378; 36, 245; JW 05, 401[28]). — Die Unverbindlichkeit des Hauptvertrags ergreift auch die eine Nebenabrede bildende Zuständigkeitsvereinbarung (RG JW 1915, 791[9]). — Die Beweislast dafür, daß eine Verbindlichkeit zum Zwecke der Erfüllung einer Spiel- oder Wettschuld eingegangen ist, trifft im Zweifelsfalle denjenigen, der sich darauf beruft (RG JW 00, 157[20]).

5. **Nebenverträge in bezug auf Spiel und Wette.** Die Vorschriften des § 762 beruhen nicht nur auf dem Gedanken, daß Spiel- und Wettverträge — wenn sie auch an sich nicht gegen die guten Sitten verstoßen (§ 138) — des Rechtsschutzes nicht würdig sind, sondern auch auf der Vorstellung, daß namentlich das Spielen und Wetten auf Borg erhebliche sittliche und wirtschaftliche Gefahren mit sich bringt. Aus diesen Gründen wird jeder Zwang zur Berichtigung einer Spiel- und Wettschuld ausgeschlossen. Das ist von Bedeutung namentlich für **Auftrag** und **Geschäftsbesorgung** (§ 675) in bezug auf Spiel und Wette, sofern solche nicht etwa nach den besonderen Umständen des Falles gegen die guten Sitten verstoßen und deshalb nichtig sind (RG Gruch 67, 546). Der Zweck des Gesetzes würde vereitelt, wenn jemand, der einen anderen für sich spielen oder wetten und die Spielverluste und -einsätze oder die Wettbeträge für sich auslegen läßt, also seinerseits auf Borg spielt oder wettet, von seinem Beauftragten oder Geschäftsbesorger zur Zahlung der entstandenen Schuld (Auslagen, Vergütung) gezwungen werden könnte. Solche Ansprüche müssen daher den eigentlichen Spiel- und Wettschulden gleichgeachtet werden. Das für den Auftrag Geltende ist auch auf das Kommissionsgeschäft (HGB §§ 383ff.; vgl. Vorbem 2 vor § 662) anwendbar (RG 51, 156; RGSt 36, 205; JW 06, 228[12]; LZ 1920, 577[1]; OLG 12, 276; vgl. RG 34, 266; 40, 259; auch BörsG § 70). Was den Auftraggeber anlangt, so hat er gegen den Beauftragten keinen Anspruch auf Ausführung des Auftrags oder auf Schadensersatz wegen Nichtausführung (RG 40, 256; OLG 14, 30). Der Beauftragte ist jedoch, da das Geschäft nicht unsittlich ist, gemäß § 667 zur Herausgabe des Erhaltenen und Erlangten verpflichtet, wogegen er seine Aufwendungen abrechnen kann (§ 670); dadurch wird nicht das Spiel gefördert, sondern nur der Gewinn an den befördert, dem er gebührt (vgl. RG 40, 258; 51, 156; auch RG 58, 280; OLG 12, 276; 14, 30). Man kann also nicht sagen, daß das Gesetz unter Vereitelung seines Zweckes umgangen werde. Auch dann, wenn der Spieler, der bereits verloren hat, einen anderen beauftragt, für ihn die Spielschuld zu zahlen, erhält der Beauftragte durch die Zahlung einen klagbaren Ersatzanspruch gegen den Auftraggeber (vgl. auch RG 45, 160:

gemeines Recht). — Gleiches wie für den Auftrag gilt im allgemeinen für den **Dienstvertrag** zum Zwecke des Spieles oder der Wette. Insbesondere erscheint die Anwendung des § 762 nach seinem Zwecke auch bei Ansprüchen auf Auslagen dann geboten, wenn zur Beförderung der Spiellust besondere Veranstaltungen in Wettkommissionsbureaus u. dgl. geschaffen sind. Ob ein Unternehmen dieser Art polizeilich gestattet ist, berührt nicht die Vorschriften des bürgerlichen Rechtes über die Wirksamkeit der Geschäfte (vgl. RG JW 06, 228[12]; Gruch 47, 932). — Auch aus einem **Gesellschaftsvertrage** können Ansprüche auf Mitwirkung bei Spiel oder Wette oder auf Zahlung von Beiträgen zu Spiel- oder Wettzwecken nicht entstehen. Ist ein Gewinn bereits gemacht worden, so kann dessen Verteilung verlangt werden. Ob ein Anspruch auf Mittragung eingetretenen Verlustes anzuerkennen sei, ist streitig; die Frage wird meist (so auch frühere Auflagen) bejaht, dürfte aber, da das Gesetz eine Förderung des Spiels durch Gewährung gerichtlicher Hilfe vermeiden will, eher zu verneinen sein; doch können Verluste ebenso wie andere Auslagen von dem zu verteilenden Gewinn abgezogen werden. — Grundsätzlich zu scheiden vom Auftrag ist das **Darlehn,** welches von einem Dritten zu Spiel oder Wette gegeben wird. Denn es ist zu beachten, daß beim Darlehn der Spieler oder Wetter die Verfügung über die dargeliehene Summe erhält, und daß zwischen der Eingehung einer Darlehnsschuld, auch wenn aus dem Dargeliehenen eine Barleistung für Spiel oder Wette gemacht wird oder gemacht werden soll, und dem Spielen oder Wetten auf Borg ein erheblicher Unterschied bestehen bleibt. Das zu Spiel- oder Wettzwecken von einem Dritten gegebene Darlehn fällt daher nicht unter § 762. Anders, wenn der Gewinner dem Verlierer ein Darlehn gibt, damit er daraus die Spiel- oder Wettschuld an ihn bezahle; auf ein solches Darlehn findet die Vorschrift des § 762 Abs 2, wenn nicht unmittelbare, so doch entsprechende Anwendung (vgl. KommB zu § 748 des RTEntw; RG JW 02, 369[34]; ROHG 25, 290; OLG 8, 83). Ob ein zum Zwecke des Spieles oder der Wette gegebenes Darlehn gegen die guten Sitten verstößt, daher nach § 138 nichtig ist, muß nach den besonderen Umständen des Einzelfalls entschieden werden (RG Gruch 67, 546) und ist je nach der verschiedenen Lage des Falles z. B. in RG 70, 1 bejaht, in RG 67, 355 verneint worden. S. ferner OLG 5, 103; 6, 448; 18, 34; 20, 232; 40, 335 und Btot 2, 795ff. Die Gewährung selbst eines größeren Darlehns verstößt nicht schon allein deshalb gegen die guten Sitten weil sie dem Darlehnsnehmer die Möglichkeit verschaffen sollte, an einer öffentlichen Spielbank weiter zu spielen, um vorher dort erlittene Verluste wieder einzubringen. Besondere Umstände aber können das Geschäft als unsittlich erscheinen lassen. So verstößt es gegen die guten Sitten, wenn ein Klub, der hauptsächlich zu dem Zwecke gegründet ist, seinen Mitgliedern ein Glücksspiel mit hohen Einsätzen zu ermöglichen, diesen während des Spieles Darlehn aus der Klubkasse (oder Spielmarken, Schips) gibt, um ihre Spiellust anzuregen oder sie bei Verlust zur Fortsetzung des Spieles in den Stand zu setzen und dadurch den eigenen Gewinn zu vergrößern; und die gleiche Beurteilung wird in der Regel auch dann Platz greifen müssen, wenn das Darlehn von dem Kassierer des Klubs oder von einer anderen an dem Klub und dessen Einnahmen, z. B. durch den Bezug eines hohen Kartengeldes, beteiligten Person zu dem gleichen Zwecke gegeben wird (RG JW 1914, 296[3]; 1920, 961[2]; RG Warn 1921 Nr 11, auch 12, 13; RG Gruch 65, 68; RG 18. 2. 18 VI 417/17). Unsittlich ist auch die eigennützige Gewährung von Darlehn zur Gründung, Einrichtung und Ausstattung eines Spielklubs (RG Warn 1922 Nr 63; RG SeuffA 76 Nr 204; RG Gruch 65, 213; RG LZ 1921, 14[3]). — Die vorstehenden Bemerkungen betreffen nicht das staatlich genehmigte Spiel (§ 763 A 2).

6. Gesetzlich verbotene Spiele. In Betracht kommen hier die §§ 284ff. StGB in der Fassung des Gesetzes gegen das Glücksspiel v. 23. 12. 19, RGBl 2145 (Entw. m. Begr. Nat.-Vers. Drucks Nr 1791). Es werden bestraft nach § 285 (bisher 284) StGB das gewerbsmäßige Glücksspiel, nach § 286 die Veranstaltung einer öffentlichen Lotterie oder einer öffentlichen Ausspielung beweglicher oder unbeweglicher Sachen ohne obrigkeitliche Erlaubnis. Spielverträge, welche den in diesen Vorschriften enthaltenen Verbotsnormen zuwiderlaufen, sind nach § 134 nichtig (vgl. aber § 763 A 4). Soweit Nichtigkeit eintritt, greifen die Vorschriften der §§ 812ff. (814, 817) über ungerechtfertigte Bereicherung Platz (vgl. OLG 20, 233). Nach § 284 StGB, der die bisherigen §§ 285, 360 Nr 14 StGB ersetzt, erweitert und verschärft, wird bestraft, wer ohne behördliche Erlaubnis öffentlich ein Glücksspiel veranstaltet oder hält oder die Einrichtungen hierzu bereitstellt, nach § 284a derjenige, der sich an einem öffentlichen Glücksspiel im Sinne des § 284 beteiligt. Als öffentlich veranstaltet gelten dabei auch Glücksspiele in Vereinen oder geschlossenen Gesellschaften, in denen Glücksspiele gewohnheitsmäßig veranstaltet werden (§ 284 Abs 2). Das Gesetz will jede Veranstaltung eines Glücksspiels treffen, die über das gelegentliche, nicht gewohnheitsmäßige Spiel in geschlossener Gesellschaft hinausgeht. Da das Verbot sich gegen den Spieler ebenso richtet, wie gegen den Spielhalter, das öffentliche Glücksspiel mangels behördlicher Erlaubnis also schlechtweg verboten ist, wird auch in diesen Fällen (anders als früher nach § 360 Nr 14 StGB, s. früh. Aufl.) der Spielvertrag gemäß § 134 als nichtig anzusehen sein. Auftrag, Dienstvertrag, Gesellschaft in bezug auf verbotenes Spiel verstoßen gegen die guten Sitten (§ 138) und sind aus diesem Grunde nichtig (vgl. auch RG 18, 242).

7. Auf die vor dem 1. 1. 00 eingegangenen Spiel- und Wettverträge findet § 762 gemäß Art 170 EG keine Anwendung, § 762 hat keine rückwirkende Kraft (RG JW 03 Beil 31[61]). Ist nach dem auf einen Spiel- oder Wettvertrag anzuwendenden ausländischen Rechte die Forderung klagbar, so kann sich gemäß Art 30 EG der Schuldner dennoch auf die Klaglosigkeit berufen, da ein Zwang gegen den Zweck des § 762 verstoßen würde (vgl. auch RG 37, 266, BayObLGZ 5, 361).

§ 763

Ein Lotterievertrag oder ein Ausspielvertrag[1]) ist verbindlich, wenn die Lotterie oder die Ausspielung staatlich genehmigt ist[2]). Anderenfalls finden die Vorschriften des § 762 Anwendung[3])[4])[5]).

E I 665 II 705; M 2 648; P 2 804.

1. Die **Lotterie** ist ein Unternehmen, bei dem mehreren Personen (der Allgemeinheit oder einem beschränkten Personenkreise) gegen Entrichtung eines Einsatzes (dazu RG 115, 319; RG Warn 1915 Nr 216; RGSt 34, 447; 55, 270; 59, 347; 60, 127, versteckter Einsatz) Geldbeträge oder andere vertretbare Sachen nach einem vorher aufgestellten Plane derart ausgesetzt werden, daß Gewinne oder Nieten von einer Auslosung (Ziehung) oder einer anderen auf den Zufall gestellten Art der Ermittlung abhängig sind. Das Ermittlungsverfahren kann danach verschiedener Art sein; es muß nur der Erfolg wesentlich vom Zufall abhängen; denn die Lotterie ist im Sinne des bürgerlichen Rechtes ein Glücksspiel (§ 762 A 1). Vgl. RG 60, 381; 77, 344; RGSt 34, 392; 36, 123; 60, 357 (Sparversicherung), 385 (Preisrätsel); BayObLG LZ 1927, 749 (Preisrätsel). — Die **Ausspielung** unterscheidet sich von der Lotterie hauptsächlich dadurch, daß andere Gegenstände als Geld oder sonstige vertretbare Sachen die Gewinne bilden. Sehr oft, aber nicht immer, wird bei der Ausspielung die Entscheidung herbeigeführt durch eine dem Vergnügen oder der Erholung dienende Tätigkeit der dem Veranstalter der Ausspielung gegenüberstehenden Beteiligten. Die Ausspielung ist ein Glücks- oder Geschicklichkeitsspiel (§ 762 A 1). Die Ausspielung kann im Gegensatze zur Lotterie die mannigfachsten Formen annehmen, insbesondere auch mit einem Kaufvertrag verbunden sein; vgl. RGSt 60 S. 127, 250; über das Gellaverfahren oder Schneeballgeschäft, das Hydrasystem und das Rabattsystem Multiplex RG 60, 379; RGSt 34 S. 140, 321, 390, 403; über sog. Fahrradhilfen RGSt 59, 347; vgl. RG 115, 319 (Verkauf von Fahrrädern gegen Teilzahlungen oder Werbung neuer Käufer) und RG JW 1927, 1572[13] (Ausspielung beim Fahrradgeschäft). — Privatrechtlich stehen Lotterie und Ausspielung völlig gleich. Die Verträge werden zwischen dem Lotterie- oder Ausspielunternehmer einerseits und dem einzelnen Spieler anderseits geschlossen (vgl. A 5). Die Spieler stehen nicht infolge des Spielvertrags untereinander in einem Rechtsverhältnisse. Es können aber einige von ihnen zu einer Gesellschaft zusammentreten (Lotteriegesellschaft, Lotteriegemeinschaft; dazu PrGes. vom 19. 7. 11, GS 175); vgl. auch § 718 A 4, 6, § 727 A 1 und RG JW 08, 324[4]; RGSt 43, 55. — Das Wettunternehmen für öffentlich veranstaltete Pferderennen, **Totalisator,** ist seinem Wesen nach eine Lotterie, der Wettvertrag ist also nach § 763 verbindlich, wenn das Unternehmen staatlich genehmigt ist (ebenso Planck Erl 2a; a. M. Staudinger A 1a; auch JW 1916, 1295[1]). Nach dem Gesetz, betr. die Wetten bei öffentlich veranstalteten Pferderennen, v. 4. 7. 05 (RGBl 595) § 1 war der Betrieb eines Wettunternehmens dieser Art nur mit Erlaubnis der Landeszentralbehörde oder der von ihr bezeichneten Behörde zulässig. Wetteinsätze bei den danach behördlich genehmigten Wettunternehmern waren daher nach § 763 Satz 1 verbindlich und nicht nach den Regeln des unklagbaren Spieles zu behandeln, dies übrigens, wie in RG 93, 348 (zustimmend RG Gruch 76 Nr 81) dargelegt ist, selbst dann, wenn man, entgegen der hier vertretenen Auffassung, das Wetten an einem staatlich genehmigten Wettunternehmen nicht als Lotterie- oder Ausspielvertrag im Sinne des § 763 betrachtet. An die Stelle des Ges. v. 4. 7. 05 ist seit dem 1. 7. 22 das Rennwett- und Lotteriegesetz v. 8. 4. 22 (RGBl S. 393 ff., 472, AusfBest. RZBl 1922, 351) getreten, welches das Unternehmen des Totalisators ebenfalls von einer Erlaubnis der Landeszentralbehörde abhängig macht, unter der Voraussetzung behördlicher Erlaubnis aber (abweichend vom früheren Recht) auch die sog. Buchmacher zuläßt, die gewerbsmäßig Wetten bei öffentlichen Leistungsprüfungen für Pferde abschließen oder vermitteln (§§ 1, 2). Nach § 4 des Gesetzes ist über die Wette ein Wettschein auszustellen; bei Buchmachern genügt auch die Eintragung in ein amtlich geliefertes Wettbuch. Ist der Wettschein ausgehändigt oder die Wette in das Wettbuch eingetragen, so ist (unbeschadet vertraglicher Einschränkungen RG JW 1926, 2283[2]) die Wette für den Unternehmer des Totalisators und den Buchmacher verbindlich. Ein von dem Wettenden gezahlter Einsatz kann nicht nach § 762 zurückverlangt werden. Soweit der Einsatz nicht gezählt ist, kann er vom Gewinn (für das Pferd, für das der Einsatz gestundet ist

RG JW 1926, 2283²) abgezogen werden. Im übrigen bleiben die Vorschriften des BGB unberührt. Verbindlich ist auch ein Auftrag oder Dienstvertrag auf Geschäftsbesorgung (§ 675) zur Vornahme einer Wette bei einem behördlich genehmigten Wettunternehmen (RG 93, 348; vgl. RGSt 46, 170). S. auch SeuffA 76 Nr 83; LZ 1918, 869⁸. Rennwette ist auch die sog. Ablegewette, wobei ein Buchmacher die bei ihm gemachten Wetteinsätze zur Einschränkung der von ihm übernommenen Gefahr an einen anderen Buchmacher weiter gibt (RG Warn 1926 Nr 157).

2. Die **staatliche Genehmigung** wird durch Landesgesetz geregelt. Welcher Bundesstaat zuständig ist, bestimmt das öffentliche Recht. Staatliche Lotterien sind als solche ohne weiteres genehmigt. Ist die staatliche Genehmigung erteilt, so sind die Lotterie- und Ausspielverträge zwischen dem Unternehmer oder dessen Vertreter (Kollekteur) und dem Spieler für das ganze Gebiet des Deutschen Reiches voll wirksam, nicht minder aber nach unverkennbarem Gesetzeswillen die auf der Grundlage des eigentlichen Lotterievertrags weiter vorkommenden Geschäfte, namentlich der Verkauf, die Schenkung und Verpfändung eines Loses. Sind die Lose auf den Inhaber ausgestellt (§§ 793ff.), so ist § 763 Satz 1 auch im Falle des § 794, obgleich ein Vertrag nicht geschlossen ist, entsprechend anzuwenden (vgl. § 793 A 1). Die staatliche Genehmigung bewirkt, daß nicht nur der Unternehmer auf den noch nicht entrichteten Einsatz, sondern auch der Spieler einen klagbaren Anspruch erhält auf die vertragsmäßige (planmäßige) Vornahme der Ziehung und gegebenenfalls auf den Gewinn. Etwa nicht abgesetzte Lose mag der Unternehmer auf eigene Rechnung spielen (M 2, 649). Die mit einem gültigen Lotterie- oder Ausspielvertrag in Verbindung stehenden Nebenverträge (Auftrag, Dienstvertrag, Gesellschaft, s. § 762 A 5) sind ebenfalls gültig.

3. Die **Vorschriften des § 762** greifen auch Platz, soweit in einem Bundesstaate Lotterien und Ausspielungen der Genehmigung nicht bedürfen und deswegen auch tatsächlich nicht genehmigt werden. Die Zahlung des Kaufpreises für das Los einer nicht genehmigten Lotterie oder Ausspielung ist Erfüllung (vgl. § 762 A 3).

4. Verbotene Lotterien. In vielen Bundesstaaten (vgl. z. B. PrGes. v. 29. 8. 04, GS 255) ist das Spielen in auswärtigen Lotterien im steuerlichen Interesse verboten und unter Strafe gestellt. Diese Verbote haben nach der herrschenden Ansicht für alle in einem anderen Bundesstaate genehmigten Lotterien ihre privatrechtliche Wirkung verloren (RG 48, 178; RGSt 43, 57). Der Unternehmer kann also auf Einzahlung vereinbarter Einsätze, der Spieler auf Auszahlung des Gewinns klagen. Dagegen werden nach ebenfalls jetzt herrschender Ansicht die landesgesetzlichen Strafbestimmungen vom § 763 nicht berührt (RGSt 33 S. 196, 335; 36, 260; 39, 2). — Was die außerdeutschen Lotterien anlangt, so sind diese niemals staatlich genehmigt im Sinne des § 763 (A 2). Daraus und aus dem Verbote dieser Lotterien folgt jedoch noch nicht, daß dem in einer außerdeutschen Lotterie Spielenden keine Rechte gegen den ausländischen Unternehmer zustehen. Denn das Rechtsverhältnis zwischen den Vertragschließenden untersteht regelmäßig dem Rechte des auswärtigen Staates (vgl. auch RG Gruch 46, 1179). Entsteht hiernach ein Anspruch auf den Gewinn, so darf auch nicht grundsätzlich die Gültigkeit von Verträgen verneint werden, die das gemeinsame Spielen (A 1 a. E.) in einer solchen Lotterie betreffen. Selbstverständlich kann insoweit kein Rechtszwang stattfinden, als ein Handeln verlangt wird, durch das sich der in Anspruch Genommene der Begehung einer gesetzlich unter Strafe gestellten Handlung oder der Teilnahme an einer strafbaren Handlung schuldig machen würde. Ausgeschlossen sind also insbesondere klagbare Ansprüche darauf, das Los zu erwerben, auf Zahlung des versprochenen Anteilspreises, auf Fortsetzung des begonnenen Spieles oder auf Schadensersatz wegen Nichtausführung des Spieles. Dagegen ist nicht ausgeschlossen der Anspruch auf Auszahlung des Gewinnanteils oder auf Abtretung des Gewinnanspruchs. Auch der Erwerb des Eigentums oder Miteigentums an dem Lose oder Gewinne wird nicht gehindert (vgl. RG 58, 277 und dort angef. RGE). — In bezug auf das jeweils zur Anwendung kommende Verbotsgesetz ist durch Auslegung festzustellen, wieweit das Gesetz in die Vertragsfreiheit eingreifen will, insbesondere ob der Gesetzeszweck die Nichtigkeit des in Betracht kommenden Geschäfts verlangt (§ 134). Für das im Totalisatorgesetz v. 4. 7. 05 §§ 3, 6 enthaltene Verbot (dazu RGSt 39, 209; 44, 174; 47, 411; 48, 200) wird man annehmen dürfen, daß es als nur aus finanzpolitischen Erwägungen hervorgegangen, Geschäftsnichtigkeit nicht nach sich zog. Dagegen ist nach den auch gegen die Wettenden gerichteten Strafbestimmungen (§§ 5 ff.) des an die Stelle des Ges. v. 4. 7. 05 getretenen Rennwett- und Lotteriegesetzes v. 8. 4. 22 (A 1 a. E.) Nichtigkeit der an einem im Inland nicht erlaubten Totalisatorunternehmen oder bei einem im Inland nicht zugelassenen Buchmacher abgeschlossenen Wettvertrage anzunehmen. Von den übrigen Verbotsgesetzen s. außer StGB § 286 GewO § 148 Nr 7ab, § 56 Abs 2 Nr 5, § 56a Nr 2, § 56c; RGes. betr. Inhaberpapiere mit Prämien v. 8. 6. 71 und AbzG v. 16. 5. 94 § 7. — Sittenwidrigkeit des Vertriebs hamburgischer Lotterielose in Preußen durch Strohmänner s. OLG 30, 339.

5. Für den **Vertrag zwischen dem Losverkäufer (Kollekteur) und dem Käufer** gelten die allgemeinen Rechtsregeln. Zahlreiche Rechtsstreitigkeiten entstehen darüber, ob das Angebot des — später mit einem Gewinne gezogenen — Loses rechtzeitig angenommen ist. Im allgemeinen ist bei Losangeboten davon auszugehen, daß das Angebot hinfällig werden soll, wenn das Los gezogen wird, bevor das Angebot angenommen ist; denn nach der Ziehung kommt nicht mehr ein Hoffnungskauf (§ 433 A 2), sondern der Kauf einer entstandenen unbedingten Gewinnforderung in Betracht (RG 50, 193; 59, 298). Auch die Zusendung des Erneuerungsloses für die höhere Klasse an einen Spieler, der schon in der niederen Klasse gespielt hat, führt in der Regel zur Übertragung des Loses nur dann, wenn der Spieler das Los vor der Ziehung bezahlt. Stets bleibt aber im Einzelfalle zu prüfen, ob das Angebot einen anderen Willen des Anbietenden erkennen läßt. So ist es in dem vorangeführten Falle denkbar, daß der Kollekteur das Los dem Spieler auf Borg überlassen wollte; dazu bedarf es aber des Nachweises einer Vereinbarung, und eine stillschweigende Vereinbarung ist ausgeschlossen, wo die zugesandten Bezugsbedingungen ersehen lassen, daß ein Spielen auf Borg überhaupt nicht stattfinden solle (RG 7. 6. 02 I 63/02). Über das Nichtzustandekommen eines Lotterievertrags wegen Nichtbezahlung des Loses s. noch OLG 28, 219, auch OLG 36 S. 118, 120. Besteht bereits eine längere Geschäftsverbindung unter den Parteien, so kann unter Umständen die Annahme (§§ 145 ff.) eines vorbehaltlosen Losangebots schon durch Nichtzurücksenden geschehen (vgl. RG 48, 178). Wird ein Lotterielos in einem Zeitpunkte angeboten, wo damit gerechnet werden muß, daß die Ziehung vor der Annahme stattfinden werde (z. B. Angebot eines Ersatzloses während der Ziehung für ein mit einem geringen Gewinne gezogenes Los), so ist ohne ausdrücklichen Vorbehalt das glückliche Herauskommen des Loses kein Hindernis für die Annahme. Auch der bekannte Eigentumsvorbehalt des Kollekteurs an dem Lose (Klausel: Los bleibt bis zur Bezahlung unser Eigentum) ist in diesem Falle belanglos, weil in dem Vorbehalte keine Erklärung des Inhalts liegt, daß ein vor der Bezahlung gezogener Gewinn nicht dem Empfänger des Loses, der es demnächst zahlt, zustehen solle. (Vgl. RG 50, 194; 59, 298.) — Über eine Klage des Gewinners unmittelbar gegen das mit dem Vertrieb der Lose einer Geldlotterie betraute Bankhaus s. OLG 24, 411. — Über die Verjährung des Anspruchs der Losvertreiber s. § 196 Abs 1 Nr 5, Abs 2, § 201.

§ 764

Wird ein auf Lieferung von Waren oder Wertpapieren lautender Vertrag in der Absicht geschlossen, daß der Unterschied zwischen dem vereinbarten Preise und dem Börsen- oder Marktpreise der Lieferungszeit von dem verlierenden Teile an den gewinnenden gezahlt werden soll, so ist der Vertrag als Spiel anzusehen[1]. Dies gilt auch dann, wenn nur die Absicht des einen Teiles auf die Zahlung des Unterschieds gerichtet ist, der andere Teil aber diese Absicht kennt oder kennen muß[2][3][4].

E 2 647; P 2 804; RTKomm 55.

1. Die Vorschriften des § 764, die auf der Rechtsprechung des Reichsgerichts fußen, wie sie sich zur Zeit der Verabschiedung des Bürgerlichen Gesetzbuchs entwickelt hatte (RG 52, 251; JW 02, 257[24]), regeln das sog. **Differenzgeschäft** (von der Hamb. Neuen Falliten-Ordnung v. 1753 Art 104 als Windhandel bezeichnet, vgl. auch RG 34, 91). Das offene Differenzgeschäft kommt gegenwärtig (vgl. aber RG 34, 87) außerordentlich selten vor; denn es entspricht nicht dem Handelsbrauche, in einem späteren Zeitpunkte nach Vertragswortlaut zu liefernde Waren oder Wertpapiere (vgl. HGB § 1 Abs 2 Nr 1; RG 47, 106) unter der ausdrücklichen Abmachung zu handeln, daß sie nicht wirklich geliefert werden, sondern daß nur der Unterschied zwischen dem vereinbarten Preise und dem Börsen- oder Marktpreise (§ 385 A 1) der Lieferungszeit — des sog. Stichtages — von dem verlierenden Teile an den gewinnenden gezahlt werden solle. Es kommt aber nicht selten vor, daß die unausgesprochene Absicht der Vertragsparteien auf die Zahlung dieses Preisunterschiedes gerichtet ist: verdecktes Differenzgeschäft. Der Vertrag „lautet" nur, er ist nur zum Schein gerichtet auf wirkliche „Lieferung". Die tatsächliche Feststellung, daß ein verdecktes Differenzgeschäft vorliegt, kann im Einzelfalle schwierig sein. Die Gerichte sind oft auf Schlußfolgerungen aus begleitenden Umständen angewiesen (Unzulänglichkeit des Vermögens des Käufers oder Verkäufers, Höhe der Umsätze, fehlende Beziehung des Geschäfts zur Berufstätigkeit des Vertragschließenden, öftere Käufe und Verkäufe der nämlichen Papiere, Abwicklungsart früherer ähnlicher Geschäfte, Eigenschaft der gehandelten Papiere als bekannter Spielpapiere; die geflissentliche Bemerkung einer Vertragspartei, „sie mache nur Effektivgeschäfte", ist unter Umständen nur eine leere Rede). Vgl. z. B. RG 79 S. 234 (239) u. 381 (387). Über die Fest-

stellung der Spielabsicht aus dem Mißverhältnis zwischen den Mitteln des Termingeschäfte Abschließenden und dem Umfang seiner Geschäfte und über die Beweislast dabei s. auch **RG** Warn 1914 Nr 157. Vgl. ferner **RG** Warn 1917 Nr 207. Liegen die Voraussetzungen eines Differenzgeschäfts im angegebenen Sinne vor, so wird seine Behandlung als Spiel nach § 764 nicht dadurch ausgeschlossen, daß es nicht ausschließlich der Befriedigung der Spielsucht dient, sondern aus Gründen wirtschaftlicher Zweckmäßigkeit vorgenommen worden ist (vgl. OLG 36, 121; bestr.). — Das Differenzgeschäft darf selbstverständlich nicht mit einem Kaufgeschäfte verwechselt werden, das in der Absicht abgeschlossen wird, durch demnächstige Weiterveräußerung des Kaufgegenstandes am Preise zu verdienen. Das Gesetz will nicht zuwider der Rechtsprechung des Reichsgerichts, auf der es beruht, das gewöhnliche Lieferungsgeschäft treffen, das auf wirkliche Lieferung und auf wirklichen Empfang der **Waren oder Wertpapiere abzielt,** und bei dem die Zahlung des Preisunterschiedes nur unter besonderen Umständen, z. B. als Ersatz des abstrakten Schadens oder gemäß einer nachträglich getroffenen Vereinbarung, für die Vertragschließenden in Betracht kommt. Das Gesetz ist vielmehr allein auf solche Geschäfte abgestellt, bei denen die Absicht der Beteiligten oder doch eines Teiles (Satz 2) in erster Linie und hauptsächlich auf die Zahlung des bezeichneten Preisunterschiedes, nicht auf wirkliche Lieferung gerichtet ist. Andererseits kann aber das Differenzgeschäft nicht außerhalb des Gesetzesbereichs gestellt werden durch seine Abwicklung in der üblichen Form des Gegengeschäfts (Deckungsgeschäfts); wenn der Verkäufer nach Abschluß des Differenzgeschäfts einen entsprechenden Kauf oder der Käufer einen entsprechenden Verkauf abschließt, so wird der Charakter des ersten Geschäfts dadurch nicht geändert (vgl. auch **RG** 30, 219; 34 S. 89 187; 79, 238). Die Erledigung des ersten Geschäfts (Spekulationsgeschäft) durch ein zweites Geschäft (Realisationsgeschäft) betrifft hier nur die Form der Abwicklung der Spekulation, ohne die dem ersten Geschäfte zugrunde liegende Spielabsicht der Vertragsparteien zu beseitigen. Auch Geschäfte dieser Art sind Differenzgeschäfte und demgemäß als Spiel anzusehen, es müßte denn sein, daß es sich dabei erkennbar um die Sicherung oder Deckung anderer reeller Geschäfte oder um einen sonstigen wirtschaftlich berechtigten Zweck handelt. Die rein wörtliche Anwendung des § 764 würde seinem Sinn und Zweck nicht gerecht werden und zu Ergebnissen führen, die mit den Bedürfnissen eines gesunden Geschäftsverkehrs nicht vereinbar sind (**RG** 79, 238; 107, 22; 117, 267). Zum Zwecke der Abwicklung auf dem Wege der Skontration (§ 387 A 1) sind an bedeutenderen Börsenplätzen auf Grund von Vereinbarungen der Banken untereinander (Liquidationsvereinigungen) für den Handel mit Wertpapieren Abrechnungsstellen eingerichtet, welche die Abwicklung der Zeitgeschäfte auf Grund des vom Börsenvorstande zwei Werktage vor Ultimo im Anschlusse an den Tageskurs festgesetzten sog. Liquidationskurses vermitteln. Dieser Liquidationskurs darf nicht mit dem „Börsen- oder Marktpreise der Lieferungszeit" verwechselt werden. Jene Abwicklung (Abnahme der Wertpapiere zum Liquidationskurse von den durch die Abrechnungsstelle bestimmten Mitgliedern des Liquidationsvereins; Regelung des Unterschiedes zwischen dem Liquidationskurse und dem Vertragskurse unter den Vertragschließenden) ist keine endgültige, sondern nur eine Zwischenregelung. Denn es kann sich selbstverständlich noch ein Unterschied zwischen dem Kurse am Lieferungstage (Stichtage) und dem Liquidationskurse herausstellen. Behufs völliger Abwicklung des Geschäfts ist dann auch dieser Unterschied unter den Vertragschließenden auszugleichen.

2. Die Feststellung der zur Zeit des Vertragsabschlusses vorhandenen **auf die Zahlung des Preisunterschiedes gerichteten Geschäftsabsicht** der Vertragschließenden wird vom Gesetze durch die Vorschrift erleichtert, daß diese Absicht nur bei dem einen Teile festgestellt zu werden braucht, wogegen bei dem andern Teile ausreichend ist, daß er die Absicht kennt oder (nach den Umständen: Natur und Umfang der Geschäfte, Beruf des Gegners, Vermögensverhältnisse usw.; vgl. A 1) kennen muß, d. h. infolge von Fahrlässigkeit nicht kennt (§ 122 Abs 2). Es genügt also, die auf Zahlung des Preisunterschiedes gerichtete Absicht auf der einen und schuldhafte Nichtkenntnis dieser Absicht auf der anderen Seite nachzuweisen. Selbst von einer stillschweigenden Einigung der Parteien über den Ausschluß der wirklichen Lieferung und die Zahlung des Preisunterschiedes wird abgesehen (**RG** JW 07, 744[15]; vgl. auch JW 98, 145[17]). Man könnte hierin die eigenartige gesetzliche Regelung eines besonderen Falles aus dem Gebiete der Erklärungstheorie (**RG** 58, 235; 68, 127) finden. — Der Kaufmann, der sich bei dem Abschlusse von Zeitgeschäften auf Lieferung von Waren oder Wertpapieren der Vermittlung eines Agenten bedient, muß die Kenntnis dieses Agenten von der Spielabsicht des anderen Vertragsteils gegen sich gelten lassen, und zwar auch dann, wenn zwischen den Vertragsteilen unterschriftlich vollzogene Schlußscheine gewechselt sind und diese auf wirkliche Lieferung lauten (**RG** 30 S. 217, 28; 36, 248; 51, 151; JW 1898, 360[39]; 1899, 99[39]; 1910, 234[11]). — Der Verkehr hat sich dem Gesetze auf verschiedenen Wegen zu entziehen gesucht. § 764 trifft nicht das ernstgemeinte **Kassageschäft** (sofortige Lieferung gegen sofortige Zahlung, Tageskauf zum Tageskurse, Tagesgeschäft). Mag auch das Kassageschäft in Spekulationsabsicht geschlossen werden, mag der Käufer nicht eine dauernde Vermögensanlage in den gekauften Papieren, sondern vielmehr beabsichtigen, diese demnächst wieder zu verkaufen, so fehlt doch das wesentliche Merkmal des Differenzgeschäfts, daß durch ein einheitliches Zeitgeschäft um den Unterschied des vereinbarten Preises und des ungewissen Börsen- oder Marktpreises am späteren Stichtage gespielt wird. Bei dem Kassageschäfte fehlt dieser Stichtag, nach welchem der zweite Preis zu bestimmen ist, der zu dem ersten, dem vereinbarten Preise ins Verhältnis behufs Berechnung des Preisunterschiedes gesetzt werden könnte. Wenn auf den Kassakauf später ein Verkauf folgt, so kann zwar zwischen dem Kauf- und Verkaufspreise zugunsten oder zum Nachteile des Spekulanten ein Unterschied bestehen, aber hier ist das Spekulations- mit dem Realisationsgeschäft nur rein wirtschaftlich verbunden (vgl. **RG** 52, 250; 66, 97; JW 02 S. 257[24], 445[11], Beil 199; 03 Beil 100[225]; 07, 278[44]). Spekulation ist nicht Spiel (**RG** Warn 1915 Nr 207). Der Charakter des Differenzgeschäfts geht aber nicht dadurch verloren, daß die Bestimmung des Stichtags in das Belieben eines der Vertragschließenden gestellt wird (**RG** JW 04, 291[13]; **RG** Warn 1917 Nr 54). Der Differenzcharakter kann auch bei solchen Kassageschäften nicht als beseitigt angesehen werden, die mit der Vereinbarung verbunden sind, die gekaufte Ware solle unter Stundung des Kaufpreises an einem bestimmten Tage für Rechnung des Käufers wieder verkauft werden (Kassakontokurrentgeschäft, Kassakonto-, Kontogeschäft). Geschäfte dieser Art werden zum Scheine (§ 117) vorgenommen, um das wirklich gewollte Differenzspiel zu verdecken (z. B. Belastung mit dem Ankaufspreise am 3. April und im voraus mit den Zinsen bis Ultimo April auf der Sollseite der laufenden Rechnung, formeller Verkauf Ultimo April und Gutschrift dieses Verkaufspreises auf der Habenseite); das Kassageschäft bildet hier nur die Verkleidung eines Spielgeschäfts, das mit dem Umsatz von Waren oder Wertpapieren nichts gemein hat (vgl. auch **RG** 52, 254; 59, 321; JW 03 Beil 100[225]; 06, 14[12]). Ob auf dieses Geschäft § 764 oder unmittelbar § 762 angewendet wird, ist ohne Erheblichkeit, da die Kenntnis des einen Teiles von der Spielabsicht des anderen Teiles zum Wesen des „Kassakontokurrentgeschäfts" gehört. Auch Kassageschäfte können also Spielgeschäfte sein. Was die Beweisfrage betrifft, so ist zu beachten, daß gewisse Anzeichen, wie insbesondere die Unzulänglichkeit des Vermögens des Käufers, die Eignung der Wertpapiere als Spielpapiere und das Unterbleiben der Lieferung, beim Kassageschäft im Gegensatz zum Zeitgeschäft regelmäßig nicht genügen, die Spielnatur des Geschäfts zu beweisen. Man darf sie aber deshalb nicht als bedeutungslos bezeichnen. Vielmehr muß stets nach der Gesamtheit aller Umstände, wozu auch die erwähnten gehören, geprüft werden, ob es sich um ernstlichen Kauf und Verkauf oder nur um Spiel handelt (**RG** 91, 42; **RG** Warn 1919 Nr 35). Lediglich daraus, daß ein Kassageschäft sich zwischen vielen zweifellosen Differenzgeschäften befindet, kann noch nicht gefolgert werden, das Kassageschäft sei ebenfalls nicht ernstlich gewollt und verschleiere nur das Spielen um den Kurs (**RG** JW 02, 445[11]). Die Natur des eigentlichen Kassageschäfts wird ferner regelmäßig dadurch nicht in Frage gestellt, daß die Ware oder das Papier nicht in den Besitz des Käufers gelangt, sondern alsbald weiterverkauft wird, oder daß nur die wirkliche Lieferung hinausgeschoben wird oder daß der eine Teil den Kaufpreis dem anderen Teile gegen Zurückbehaltung der auf sofortige Lieferung gekauften Papiere einstweilen stundet (vgl. **RG** 52, 253; 59, 323; HoldheimsMSchr 14, 238). — Ein ernstlich gemeintes **Prolongationsgeschäft** ist kein Differenzgeschäft, wenn das ursprüngliche Geschäft auf wirkliche Lieferung gerichtet war (**RG** 30, 219). Wird aber bei der Prolongation die wirkliche Lieferung ausgeschlossen und an ihre Stelle die Differenzzahlung gesetzt, so ist § 764 anzuwenden (vgl. **RG** JW 93 S. 312[23], 447[7]; 00, 297[14]). — Liegt bei der **Kommission** kein eigentlicher Auftrag vor, geht vielmehr die Absicht dahin, die zu kaufenden oder zu verkaufenden Waren oder Wertpapiere nicht wirklich abzunehmen oder zu liefern, sondern nur die Preisdifferenz zu bezahlen, so ist ebenfalls § 764 anzuwenden. Ohne Belang ist es, ob der Kommissionär seinerseits mit einem Dritten ein wirkliches Lieferungsgeschäft eingeht (vgl. **RG** 34 S. 90, 264; JW 04, 291[13]). Über den Unterschied zwischen Eigengeschäf tund Kommissionsgeschäft s. **RG** 114, 9. — Liegen die Voraussetzungen für die Annahme eines Differenzgeschäfts vor, so ist § 764 auch dann anzuwenden, wenn der Differenzschuldner schon beim Abschlusse des Geschäfts die Absicht hatte, den Differenzeinwand zu erheben. Die Erhebung dieses Einwandes verstößt selbst in diesem Falle nicht gegen die guten Sitten, so daß der Differenzgläubiger auch nicht einen Schadensersatzanspruch aus § 826 erheben kann (SeuffA 73 Nr 72).

3. Ist das Differenzgeschäft von der Partei, die den Differenzeinwand erhebt, nachgewiesen (**RG** JW 93, 357[45]; 00, 157[20]) oder etwa ohne weiteres vom Richter zu erkennen und daher von Amts wegen zu berücksichtigen, so kommen **die Vorschriften des § 762 über das Spiel** zur Anwendung. Vgl. dort A 2ff. Fehlt eines der Merkmale des Differenzgeschäfts, so bleibt für den Richter noch die Prüfung übrig, ob die Merkmale des gewöhnlichen Spieles nach § 762 gegeben sind, diese Vorschrift also unmittelbar anzuwenden ist. — Über vertragsmäßige Aufrechnung s. § 762 A 2 g. E. Von Wichtigkeit ist hier ein besonderer Fall der vertragsmäßigen Aufrechnung, nämlich die — nach § 782 form-

lose, im Verkehr meistens schriftlich gegebene — **Anerkennung eines Saldos** im Kontokurrentverhältnis. Sie steht der Zahlung gleich, denn die unwirksamen Differenzgeschäfte sind nach § 762 Abs 1 Satz 2 erfüllungsfähig (vgl. **RG** 38, 240; **RG** JW 03 Beil 35[72]). Die Anerkennung des Schuldsaldos kann freilich nach § 762 Abs 2 diesen nicht klagbar machen. Finden sich auf der Sollseite außer den Differenzschulden voll wirksame Schulden, so werden nach der herrschenden Ansicht die einzelnen Schuldposten durch die vertragsmäßige Aufrechnung in demselben Verhältnisse getilgt, in welchem die kleinere Gesamtsumme der Habenseite zur Sollseite steht (§§ 366 Abs 2, 389). Jeder Sollposten wird zu einem Bruchteile getilgt, dessen Nenner der Gesamtbetrag der Sollposten und dessen Zähler der Gesamtbetrag der Habenposten war. Vgl. **RG** 56, 24; 59, 193; JW 05, 187[39]. — Die auf das Differenzgeschäft vorgenommene Zahlung von Einschüssen und Nachschüssen (original and additional margins, Margen, Depot) ist regelmäßig entsprechend dem allgemeinen Verkehrswillen Hingabe zur Sicherung einer künftigen Differenzschuld, nicht Leistung im Sinne des § 762 Abs 1 Satz 2 (§ 241). Solche Einschüsse können daher zurückgefordert werden. Vgl. **RG** 38, 232 und § 762 A 3, sowie abw. **RG** 30. 6. 09 I 359/08, DJZ 09, 1267. — Über die Zahlung einer Vorprämie s. **RG** 79, 407; die Gründe dieser Entscheidung müssen auf den besonderen Fall der Vorprämie eingeschränkt werden.

4. Der Wirkungskreis des § 764 ist wesentlich eingeschränkt worden durch das **Börsengesetz** vom 22. 6. 96, vor allem aber durch die Abänderung dieses Gesetzes v. 8. 5. 08 (neue Fassung v. 27. 5. 08, RGBl 215); Erweiterung des § 96 s. Gesetz v. 23. 12. 20 (RGBl 2317); dazu VO v. 7. 3. 25 betr. den Ausschluß der Einreden des Spiels und des Differenzgeschäfts bei Börsentermingeschäften in Devisen (RGBl I 20) und zur Frage der Rechtsgültigkeit dieser Verordnung **RG** 112, 8; ferner die Änderung des § 7 Abs 1 durch Gesetz v. 28. 12. 21 (RGBl 1922, 25). Dazu die Kommentare. Hier ist für das Verhältnis zu den §§ 762, 764 nur folgendes hervorzuheben: a) Erlaubte Börsentermingeschäfte (§§ 50—62). Nach § 58 BörsG kann gegen Ansprüche aus den gemäß den Börsenbedingungen abgeschlossenen Börsentermingeschäften in Waren oder Wertpapieren, die gemäß § 50 zum Börsenterminhandel zugelassen sind (offizieller Börsenterminhandel), von denjenigen, für die das Geschäft nach den Vorschriften der §§ 53, 54 (dazu **RG** 87, 18; **RG** JW 1921, 464[6]), 57 (dazu **RG** 82, 181; 87, 221; 90, 250; 91 S. 43, 377) verbindlich ist, also namentlich von Vollkaufleuten, die in das Handelsregister eingetragen sind, von berufsmäßigen Börsenleuten, von Börsenbesuchern und von Personen, die im Inlande zur Zeit des Geschäftsabschlusses weder einen Wohnsitz noch eine gewerbliche Niederlassung haben (börsengeschäftsfähigen Personen), ein Einwand aus den §§ 762 u. 764 BGB nicht erhoben werden (Satz 1). Und soweit dieser Einwand gegen die bezeichneten Ansprüche zulässig bleibt (bei der Beteiligung börsengeschäftsunfähiger Personen am offiziellen Börsenterminhandel), finden die Vorschriften des BörsG über Befriedigung aus einer bestellten Sicherheit und über Zulässigkeit der Aufrechnung (§§ 54, 56) Anwendung (Satz 2). Für die bei Geschäften über Wertpapiere unter Beobachtung besonderer Förmlichkeiten bestellten Sicherheiten bestimmt § 54, daß, wenn auch nur der eine Vertragsteil eingetragener Kaufmann ist, dieser aus der Sicherheit Befriedigung suchen kann. Und § 56 schreibt vor, daß gegen Forderungen aus Börsentermingeschäften eine Aufrechnung auf Grund anderer Börsentermingeschäfte auch dann zulässig ist, wenn diese Geschäfte für den Aufrechnenden eine Forderung (insbesondere gegen einen Nichtkaufmann, §§ 53, 54 Abs 1) nicht begründen. Voraussetzung für die Anwendung aller dieser Vorschriften und damit für die Ausschließung des Einwandes aus den §§ 762 u. 764 bleibt aber, daß offizielle Börsentermingeschäfte vorliegen; auf inoffizielle, wenn auch erlaubte Termingeschäfte findet § 58 keine Anwendung (**RG** 86, 406). Zu diesen inoffiziellen Börsentermingeschäften gehören nicht nur die über nicht zum Börsenhandel zugelassene Waren oder Wertpapiere abgeschlossenen Geschäfte, sondern auch solche über zugelassene Waren oder Wertpapiere, wenn sie unter anderen als den amtlich festgesetzten Bedingungen abgeschlossen worden sind, vorausgesetzt, daß die Abweichung einen wesentlichen Punkt betrifft (**RG** 86, 406; **RG** JW 1915 S. 791[9], 1005[12]; **RG** Warn 1914 Nr 157; 1916 Nr 68); ebenso allgemein Geschäfte, die an ausländischen Börsen abgeschlossen werden (**RG** 76, 371; 79, 381; 89, 358; SeuffA 67 Nr 176). Dem Spiel- und Differenzeinwand bleiben hiernach unterworfen alle Börsentermingeschäfte — auch unter eingetragenen Kaufleuten oder anderen börsengeschäftsfähigen Personen — in solchen Waren oder Wertpapieren, die zur Zeit des Geschäftsabschlusses zum Börsenterminhandel nicht zugelassen (§ 50) waren, ferner die unter (wesentlich) anderen als den amtlich festgesetzten Bedingungen und die an ausländischen Börsen abgeschlossenen Geschäfte (inoffizielle Börsentermingeschäfte); dahin gehören u. a. die Wertpapiere, bei denen die Gesamtsumme der Stücke nach ihrem Nennwerte 20 Millionen Mark nicht erreicht (§ 50 Abs 4), somit alle Kuxen, da diese überhaupt keinen Nennwert haben. Der Spiel- und Differenzeinwand bleibt ferner zulässig, wenn von nicht börsengeschäftsfähigen Personen Börsentermingeschäfte in zugelassenen Waren oder Wertpapieren abgeschlossen sind, soweit nicht die angeführten Vorschriften der §§ 54 u. 56 über Sicherheit und Aufrechnung Platz greifen. b) **Verbotene Börsentermingeschäfte** (§§ 63—70). Gegen Ansprüche aus diesen findet der Spiel- und Differenzeinwand ohne Einschränkung statt. Verboten sind Börsentermingeschäfte in Anteilen von inländischen (RG 88, 91) Bergwerks- und Fabrikunternehmungen (Aktien), soweit sie nicht durch Genehmigung des Bundesrats zugelassen sind (§ 63 Abs 1), ferner in Waren oder Wertpapieren nach ausdrücklichem Verbote des Bundesrats (§ 63 Abs 2; vgl. Bek. v. 20. 4. 99 über die Untersagung des Börsenterminhandels in Kammzug), endlich sind unbedingt verboten Börsentermingeschäfte in Getreide oder Erzeugnissen der Getreidemüllerei (§ 65). § 68 BörsG, dessen Fassung dem § 764 nachgebildet ist, will den Differenzeinwand nicht etwa für alle Börsentermingeschäfte in Getreide und Müllereierzeugnissen regeln, sondern nur das in § 67 geordnete handelsrechtliche Lieferungsgeschäft in diesen Waren treffen, sofern es zum Börsenspiel mißbraucht wird (vgl. RG 79, 234). Freilich hat der Differenzeinwand für die verbotenen Börsentermingeschäfte keine praktische Bedeutung mehr; denn bei den Termingeschäften in Getreide und Müllereierzeugnissen kann der Schuldner sogar das Geleistete gemäß § 66 Abs 2 binnen zwei Jahren zurückfordern, und die übrigen verbotenen Börsentermingeschäfte stehen dem Spiele völlig gleich (§§ 64, 69). Zu dem Begriffe des Börsentermingeschäfts überhaupt und seinem Unterschied vom handelsrechtlichen Lieferungsgeschäft s. RG 101, 361.

Verleitung zum Börsenspiel s. BörsG § 94. Die Verleitung kann auch dann, wenn der Tatbestand dieser Bestimmung nicht erfüllt ist, zur Nichtigkeit der Geschäfte nach § 138 und zu Schadensersatzansprüchen des Verleiteten aus Vertrag und wegen unerlaubter Handlung nach § 826 führen (RG 90, 250; RG Warn 1916 Nr 277).

Achtzehnter Titel

Bürgschaft

1. Das wesentliche Merkmal des **Bürgschaftsvertrags** ist die darin dem Gläubiger eines Dritten gegenüber übernommene Verpflichtung, für die Erfüllung der Schuld dieses Dritten einzustehen, persönlich aufzukommen, und die dadurch bedingte Abhängigkeit der Bürgschaftsverpflichtung von einer Hauptschuld, mit der die erstere steht und fällt (RG 71, 56; JW 1916, 904[4]; Warn 1910 Nr 378; 1917 Nr 241). Der wirtschaftliche Zweck des Bürgschaftsvertrags ist die Sicherung des Gläubigers für den Fall, daß der Schuldner nicht erfüllen wird. Die Bürgschaft begründet daher keine Gesamtschuld mit der Verbindlichkeit des Hauptschuldners, der Bürge wird vielmehr Schuldner eines eigenen Schuldverhältnisses, dessen Gegenstand nicht die Hauptschuld selbst, sondern nur die Sicherung ihrer Erfüllung ist. Vgl. § 765 A 1. Die unmittelbare Übernahme fremder Verbindlichkeiten durch Rechtsgeschäft (Interzession) wird im BGB nicht geregelt.

2. Die **Bürgschaftsverpflichtung** ist eine Nebenverpflichtung und notwendig bedingt durch den Bestand einer Hauptschuld. Dies ist wesentlich und kann durch Vereinbarung nicht geändert werden, während die übrigen Vorschriften dispositiver Natur sind. Es besteht keine Koordination, sondern Akzessorietät. Sie kann vor deren Entstehung begründet werden in dem Sinne, daß sie für eine künftig erst erwartete Schuld übernommen wird (§ 765 Abs 2; s. § 765 A 5); aber die übernommene Verpflichtung beginnt immer erst mit der Hauptschuld, deren jeweiliger Bestand für sie maßgebend ist (§ 767), deren Veränderung auch sie verändert, und deren Erlöschen auch sie zum Erlöschen bringt (RG 71, 56; JW 1916, 904[4]). Würde die Befriedigung des Gläubigers eines andern gerade für den Fall übernommen sein, daß jenes Schuldverhältnis nichtig sei oder in Wegfall kommen würde, so liegt nicht ein Bürgschafts-, sondern ein Gewährvertrag (Garantievertrag) vor (s. unten Vorbem 6). Die Hauptschuld kann selbstverständlich auch eine gesetzliche Verpflichtung oder eine solche aus unerlaubter Handlung sein. Eine nur dingliche Schuld ist aber keine Schuld im Sinne des Bürgschaftsvertrags (vgl. darüber A 8 zu § 765).

3. Der Bürgschaftsvertrag ist ein Vertrag zwischen einer Person, dem Bürgen, und dem Gläubiger einer andern (RG 57, 66; 59, 10). Das **Rechtsverhältnis**, das **zwischen** der ersteren Person **(dem Bürgen) und** der letzteren **(dem Hauptschuldner)** etwa besteht, ist für die aus dem Bürgschaftsvertrage entstehenden Rechte und Pflichten vollständig gleichgültig, wie auch eine Mitwirkung des Hauptschuldners zum Zustandekommen des Bürgschaftsvertrags nicht erforderlich ist. Der Bürge kann sich dem Hauptschuldner zur Übernahme der Bürgschaft verpflichtet haben durch Annahme eines Auftrags (§§ 662, 775), durch einen Dienstvertrag (§§ 611 ff.; Verpflichtung zur Übernahme der Bürgschaft gegen eine Provision); er kann auch als Geschäftsführer ohne Auftrag (§§ 677 ff.) handeln. Es ist rechtlich möglich und zulässig, daß die Bürgschaft namens des Bürgen durch den Schuldner selbst erklärt wird, wenn dieser zugleich Bevollmächtigter des Bürgen oder sonst für diesen vertretungsberechtigt ist (RG 71, 219;

103, 418; Warn 09 Nr 189). Infolge des Bürgschaftsverhältnisses tritt der Bürge mit dem Hauptschuldner erst in Rechtsbeziehungen durch die Befriedigung des Gläubigers, die nach § 774 den Übergang von dessen Forderung gegen den Hauptschuldner auf ihn zur Folge hat (vgl. RG 59, 10).

4. Die Bürgschaft ist ein **einseitig verpflichtender** Vertrag. Nur der Bürge übernimmt Verpflichtungen; dem Gläubiger entstehen aus dem Vertrage an sich nur Rechte, keine Pflichten (vgl. darüber § 765 A 7 und § 776 A 1). Zur Schenkung wird aber die Bürgschaft durch den Mangel einer Gegenleistung des Gläubigers nicht. Die Übernahme einer Bürgschaft kann eine Schenkung sein, aber nur dann, wenn der Gläubiger dadurch bereichert wird und beide Parteien über die Unentgeltlichkeit der Zuwendung einig sind (RG 54, 284; 90, 181). Die Bürgschaftsverpflichtung kann auch als Bestandteil eines zweiseitig verpflichtenden Vertrags erscheinen, wenn der Gläubiger darin eine Verpflichtung gegen den Bürgen übernimmt, die nicht nur Nebenverpflichtung, wie etwa eine Verpflichtung des Gläubigers, den dem Hauptschuldner zu zahlenden Darlehnsbetrag an andere Personen (Bauhandwerker und Lieferanten) auszuzahlen, sondern wirkliche Gegenleistung ist (RG 65, 46; 66, 425; 84, 232). Ist dies der Fall, dann greifen für den Vertrag die sonst für die Bürgschaft unanwendbaren Bestimmungen der §§ 320ff., insbesondere das Rücktrittsrecht des § 326, Platz, so auch Planck Vorbem 2d (bestr.). Die Bürgschaftsübernahme gegen Zusage des Kredits oder weiteren Kredits für den Hauptschuldner kann einen zweiseitig verpflichtenden Vertrag mit selbständiger Gegenleistung darstellen; sie kann aber ebensowohl auch nur als eine Bürgschaft mit Zweckbestimmung erscheinen; beim Versagen des Zwecks ist dem Bürgen dann ein Bereicherungsanspruch nach § 812 gegen den Gläubiger auf Herausgabe der durch die Bürgschaft erlangten Vorteile gegeben (RG JW 1911, 540[15]; vgl. auch JW 1912, 464[10]).

5. Besondere Erscheinungsformen der Bürgschaft sind:

a) die selbstschuldnerische Bürgschaft, die sich von der gewöhnlichen Bürgschaft nur durch den Wegfall der Einrede der Vorausklage unterscheidet (§§ 772, 773); die Bürgschaft des Vollkaufmanns ist selbstschuldnerische Bürgschaft (§§ 349, 351 HGB), ebenso die Bürgschaft aus einem Zwangsvergleich (§ 194 KO);

b) die Ausfalls- oder Schadlosbürgschaft, bei der die Verpflichtung des Bürgen erst eintritt, wenn feststeht, daß der Gläubiger durch die Zahlungsunfähigkeit und das Versagen der sonst etwa bestellten Sicherheiten einen Verlust an seiner Forderung erleidet, dieser Nachweis daher zur Klagbegründung gehört (RG 75, 186; JW 1912, 455[1]; Warn 1911 Nr 75; SeuffA 51 Nr 178). BGB enthält keine besonderen Vorschriften. Der Hinweis auf die eigene Zahlungspflicht des Schuldners und deren Nichterfüllung macht eine Bürgschaft nicht zur Ausfallsbürgschaft, da diese Beziehung jeder Bürgschaft eigen ist (RG 29. 6. 11 VI 428/10). Ausfallsbürgschaft und selbstschuldnerische Bürgschaft sind nicht notwendig Gegensätze; der Eintritt des Bürgschaftsfalls kann von einem bestimmten Ausfall abhängig gemacht und die Bürgschaft dennoch eine selbstschuldnerische im übrigen sein (vgl. RG JW 1914, 350[4]; Warn 1916 Nr 50; 1919 Nr 166; LZ 1917, 675[17]). Die Haftungsübernahme für die Güte einer in Zahlung gegebenen abgetretenen Hypothek ist keine Ausfallsbürgschaft, sondern eigene Gewährleistungspflicht aus dem Veräußerungsvertrage (RG 60, 369; JW 07, 105[6]; 1910, 231[8]; vgl. auch RG 69, 416; s. aber unten Vorbem 6b);

c) die Nach- oder Afterbürgschaft, die dem Gläubiger gegenüber für den Bürgen übernommen wird; Hauptschuldner ist indessen auch im Sinne dieser Bürgschaft der Dritte, dessen Schuld durch die Vor- und die Nachbürgschaft gesichert werden soll, nicht der Vorbürge (RG 83, 342; Warn 1917 Nr 241); BGB enthält keine besonderen Vorschriften.

d) die Rückbürgschaft, die dem Bürgen gegenüber für den Hauptschuldner wegen des Rückgriffsanspruchs gegen diesen übernommen wird (RG 61, 343);

e) die Kreditbürgschaft, die dem Schuldner beim Gläubiger laufenden Kredit zu verschaffen bezweckt (vgl. darüber § 765 A 6).

Keine Form der zivilrechtlichen Bürgschaft ist die Wechselbürgschaft (Art 81 WO; vgl. dazu RG 50, 12 u. 68, 155); der Wechselbürge übernimmt eine selbständige eigene, gesamtschuldnerische Wechselverpflichtung (RG 40, 58; 48, 155; JW 03 Beil Nr 94; 1911, 106[43]; LZ 1920, 563[2]); die Bestimmungen des BGB sind darauf nicht anwendbar.

f) Bürgschaft auf Zeit, § 777, und auf einen bestimmten Betrag, § 767.

6. Dem Bürgschaftsvertrage **verwandte Verträge** sind:

a) der Delkrederevertrag (§ 394 HGB), eine bürgschaftsähnliche Erweiterung der Haftung des Kommissionärs gegenüber dem Kommittenten für den Dritten, mit dem er das aufgegebene Geschäft abschließt;

b) der Gewähr- (Garantie-) Vertrag, der sich vielfach mit der Bürgschaft nahe berührt. Die Verpflichtung aus diesem Vertrage geht aber nicht auf die Erfüllung der Verbindlichkeit des

Hauptschuldners, auf ein Einstehen für dessen Person; ihr Gegenstand ist vielmehr die sachliche Haftung für einen bestimmten Erfolg oder auch für ein bestimmtes Verhalten des Schuldners, die Übernahme einer Gefahr oder eines Schadens, die dem Gläubiger aus dem Rechtsverhältnisse mit einem Dritten erwachsen können und noch bevorstehen müssen (RG 61, 157; 72, 138; 79, 40; 82, 337; 90, 415; 92, 121; JW 1910, 231[8]; 1912, 455[1]; 1913, 653[16]; 1916, 398[4]; Warn 09 Nr 87; 1913 Nr 9; 1914 Nr 47; 1916 Nr 130; 1923 Nr 10; Gruch 51, 191; LZ 1922, 381[4]; 711[2]; 22. 4. 11 VI 296/10). Die Grenze zwischen Gewährvertrag und Bürgschaftsvertrag kann oft zweifelhaft sein. Bei einem selbständigen Garantieversprechen muß der garantierte Erfolg ein anderer und weiterer sein, als die bloße Vertragsmäßigkeit der Leistung (RG 71, 179; JW 1912, 289[10]; RG 19. 2. 26 VI 539/25). Das Einstehen für die Güte einer Hypothek oder Grundschuld zur Zeit des Vertrags oder bis zur Rückzahlung des zu sichernden Darlehns oder bis zur Inanspruchnahme des Pfandgrundstücks ist z. B. an sich Gewährvertrag. Soll und will aber der Gläubiger im letzteren Falle von der Zwangsversteigerung gar nicht berührt sein, überläßt er vielmehr dem Gewährschuldner die Gefahr, daß die Hypothek oder Grundschuld zur Hebung gelangt, so daß dieser den Ausfall zu decken hat, dann liegt nicht Gewährvertrag, sondern Ausfallsbürgschaft vor; es handelt sich nicht mehr um das Einstehen für einen Erfolg, sondern um Ersatzerfüllung der Hauptverbindlichkeit in Höhe des Ausfalls (RG 60, 369; RG 11. 10. 06 VI 27/06). Über die Ausbietungsgarantie, daß bei der Zwangsversteigerung eines Grundstücks eine Hypothek ausgeboten werde, RG Gruch 58, 971. Die Berechtigung aus dem Garantievertrag geht auf den neuen Gläubiger bei einer Einzelrechtsnachfolge nicht über; § 401 findet keine Anwendung; doch kann ein solcher Übergang rechtsgeschäftlich vereinbart werden und gewollt sein, wodurch der Garantievertrag der Bürgschaft noch mehr sich nähert (RG Warn 1916 Nr 130);

c) der Kreditauftrag § 778. Vgl. die Anmerkungen dazu;

d) die Schuldmitübernahme (kumulative Schuldübernahme, Schuldbeitritt), der Eintritt eines Dritten in eine bestehende Schuldverbindlichkeit als Gesamtschuldner neben dem ursprünglichen Schuldner. Sie ist oft und im Zweifel nichts als eine in besonderer Fassung und Ausdrucksweise erklärte selbstschuldnerische Bürgschaft. Erhellt jedoch ein eigenes sachliches, unmittelbares Interesse des Schuldübernehmers — nicht etwa nur ein persönliches Interesse, so um einen Verwandten vor Strafanzeige zu schützen (RG 20. 9. 17 III 150/17) — an den Leistungen des Hauptvertrags und kommen dessen Vorteile auch ihm zugute, so kann daraus auf eine von der Verbindlichkeit des ursprünglichen Schuldners unabhängige Gesamtverpflichtung mit diesem im Sinne des § 421 geschlossen werden; in diesen Fällen ist die Schuldmitübernahme als selbständige Schuldverpflichtung anzuerkennen, auf welche die Vorschriften der §§ 414 ff., nicht diejenigen über den Bürgschaftsvertrag, Anwendung finden (RG 51, 120; 59, 232; 64, 318; 68, 126; 71, 113; 78, 37; 90, 415; JW 08 S. 31[6], 137[5], 676[7]; 09 S. 388[6], 459[14]; 1911 S. 449[16], 581[22]; 1913, 597[11]; 1916, 398[4]; 1921, 335[4]; Warn 09 Nr 88, 268 u. 291; 1911 Nr 171; 1913 Nr 407; 1915 Nr 113; 1916 Nr 130; 1918 Nr 7; 1920 Nr 154; RG 5. 3. 23 VI 162/22). Die Entscheidungen RG 68, 126; JW 08, 676[7]; Warn 1911 Nr 471 — vgl. dazu ferner RG 56, 130 — behandeln das im Bauverkehr häufige Eingreifen eines Dritten in das zwischen dem Bauherrn und seinen Handwerkern und Lieferanten bestehende Schuldverhältnis durch das Versprechen, ihnen aus eigenem Vermögen für die Bezahlung ihrer Leistungen aufzukommen. Hat den Dritten lediglich ein persönliches Interesse für den Bauherrn oder für die Handwerker zum Eintritt für die Bezahlung bestimmt, so ist jenes Versprechen als Bürgschaft anzusehen. Hat er aber ein eigenes sachliches, sei es rechtliches oder wirtschaftliches Interesse an den Leistungen der Handwerker, an dem Fortgange der Arbeiten, die eingestellt sind oder ohne sein Eingreifen ins Stocken geraten werden, dann stehen der Annahme einer selbständigen Schuldmitübernahme rechtliche Bedenken nicht entgegen. Ein solches Interesse hat vor allem der Hypothekengläubiger des Grundstücks, dem von der Einstellung des Baues die Entwertung seiner Hypothek droht. Die Unterscheidung ist wesentlich wegen der für den Bürgschaftsvertrag in § 766 vorgesehenen Form, die für die verwandten Geschäfte, auch für die Schuldmitübernahme, wenn sie wirklich eine solche ist, nicht Platz greift. Nach der Art des Eingreifens des Dritten kann übrigens auch ein Kreditauftrag auf weiteren dem Bauherrn zu gewährenden Kredit (§ 778), unter Umständen aber auch nur eine Zusicherung vorliegen, für die vertragsmäßige Zahlung durch den Schuldner seine Bemühungen aufzuwenden (RG 56, 130; 9. 3. 03 VI 366/02);

e) bürgschaftsähnliche Verpflichtungen, die durch Gesetz geschaffen sind, enthalten die § 571 Abs 2 (Haftung des Vermieters für den infolge einer Veräußerung des Mietgrundstücks in die Verpflichtungen des Vermieters eingetretenen Erwerber dem Mieter gegenüber) und § 1251 Abs 2 (Haftung des bisherigen Pfandgläubigers, der die durch Pfand gesicherte Forderung an einen Dritten übertragen hat, für die Erfüllung der mit dem Pfandrecht verbundenen Verpflichtungen dem Verpfänder gegenüber); ferner § 36 Abs 2 des VerlG v. 19. 7. 01;

f) die Übernahme der Verpflichtung zur Bestellung eines Pfandes für die Forderung des Gläubigers gegen einen Dritten; sie ist keine Bürgschaft und bedarf nicht der Schriftform (RG Warn 09 Nr 207);

g) Constitutum debiti alieni, Vertrag, durch den sich jemand dem Gläubiger eines Dritten selbständig verpflichtet, die Verbindlichkeit des Dritten zu erfüllen.

h) der Delkrederevertrag des HGB § 394;

i) Versicherungsvertrag. Vgl. Ges. über den Versicherungsvertrag v. 30. 5. 08 (RGBl 263);

k) Wechselbürgschaft.

§ 765

Durch den Bürgschaftsvertrag[1]) verpflichtet sich der Bürge gegenüber dem Gläubiger eines Dritten[2]), für die Erfüllung[4]) der Verbindlichkeit des Dritten[3]) einzustehen[5]).

Die Bürgschaft kann auch für eine künftige oder eine bedingte Verbindlichkeit übernommen werden[6—8]).

E I 668, 669 II 706; M 2 657—660; P 2 460—464.

1. Über die Merkmale des **Bürgschaftsvertrags** und seine Unterschiede von verwandten Verträgen s. die Vorbem. Über Form und Abschluß des Vertrags s. § 766. Eine Mitwirkung des Hauptschuldners ist nicht erforderlich. Die Bürgschaft kann ohne Wissen und gegen den Willen des Hauptschuldners eingegangen werden (RG 71, 220). Bürge kann jede natürliche oder juristische Person sein, auch Frauen. Auf den Wortlaut der Bürgschaftsübernahme kommt es nicht an (RG 62, 174; 64, 84). — Trotz der Abhängigkeit der Bürgschaftsverpflichtung von dem Bestehen einer Hauptschuld, für deren Erfüllung der Bürge mit seinem Vermögen einzutreten übernimmt, ist der Bürgschaftsvertrag ein selbständiger Vertrag mit selbständigen Rechten und Pflichten. So hat die Bürgschaft auch einen eigenen, nach § 269 zu bestimmenden Leistungsort, nach dem sich alsdann auch der Gerichtsstand des Erfüllungsorts für den Bürgen gemäß § 29 ZPO richtet (RG 71, 56; 73, 262). Nur wo die Natur des Hauptgeschäfts und seiner Leistung auf einen besonderen Leistungsort hinweist, so daß auch der Zweck der Bürgschaft die Leistung an diesem bestimmten Erfüllungsorte fordert, ist der Erfüllungsort der Hauptschuld maßgebend. Bei Geldschulden, die die Regelfälle der Bürgschaft bilden, ist dies nicht anzunehmen. Die Vereinbarung eines Erfüllungsorts im Hauptvertrage ist allein nicht genügend, diesen auch für die Leistung des Bürgen bestimmend erscheinen zu lassen, und ebensowenig begründet es einen Unterschied in dieser Beziehung, ob eine gewöhnliche oder eine selbstschuldnerische Bürgschaft vorliegt (RG JW 02, 219[26]; Gruch 44, 1071; für das frühere Recht RG 9, 185; 10, 282; 34, 15). Der Regel nach hat mithin der Bürge zu erfüllen, wo er zur Zeit der Eingehung der Bürgschaftsverpflichtung seinen Wohnsitz hatte (§ 269). Nach diesen Grundsätzen entscheidet sich auch die Frage, welchem örtlichen Rechte die Bürgschaft untersteht. „Das Recht der Hauptschuld ist maßgebend dafür, was der Bürge zu leisten hat, das Recht des Bürgschaftsvertrags dafür, ob er zu leisten hat" (RG 54, 311; 71, 59; 96, 263; RG 21. 1. 26 IV 192/25), auch dafür, wo und unter welchen Voraussetzungen er zu leisten hat und welche Wirkungen seine Leistung für ihn hat; insbesondere richtet sich nach dem Rechte des Bürgschaftsvertrags die Berechtigung der Einrede der Vorausklage und der Übergang der Hauptforderung auf den Bürgen, der gezahlt hat (RG 54, 311 [gem. R.], 61, 343; 62, 379). Auch die Form des Bürgschaftsvertrags bestimmt sich gemäß Art 11 Abs 1 Satz 1 EG zunächst nach dem Rechte, unter dem nach seinem Gegenstande das Vertragsverhältnis steht, mit der Maßgabe jedoch, daß jedenfalls die Beobachtung der Form nach den Gesetzen des Ortes des Vertragsabschlusses genügt (Art 11 Abs 1 Satz 2 EG). Vgl. darüber § 766 A 1. — Die Selbständigkeit des Bürgschaftsvertrags äußert sich ferner darin, daß der Anspruch daraus selbständiger Verjährung unterliegt, die durch die gegen den Hauptschuldner erhobene Klage nicht unterbrochen wird und umgekehrt (so die gem. Meinung; a. A. Dernburg I § 180 A 4); die Verjährung ist die dreißigjährige des § 195, mag auch für die Hauptverbindlichkeit (vgl. § 768 A 1) eine kürzere Verjährung gelten.

2. Nur **dem Gläubiger gegenüber**; ein Versprechen dem Schuldner gegenüber, daß man für seine Schuld aufkommen wolle, ist keine Bürgschaft (RG 57, 66; JW 1907, 105); es kann Schuldmitübernahme im Sinne des § 415 sein, die wirksam wird, wenn ihr der Gläubiger genehmigend beitritt, es kann auch eine Gewährübernahme bedeuten, insbesondere wenn es sich um eine bedingte oder der Höhe nach noch unbestimmte Schuld handelt (vgl. Vorbem 3 u. 6). Ein früherer Gläubiger, der die Hauptforderung rechtsgültig einem Dritten übertragen hat, kann für die Forderung einen Bürgschaftsanspruch nicht mehr erwerben (RG 52, 181). Die Berechtigung aus einer Bürgschaft geht auf den Sonderrechtsnachfolger des Gläubigers über (§§ 401, 412). Das gilt aber nur für schon entstandene Ansprüche, nicht für künftige, noch nicht entstandene Ansprüche; wurde eine Kreditbürgschaft einer Firma gegenüber über-

nommen und diese nachher veräußert, so überträgt sich die Bürgschaft nicht ohne weiteres auf das zwischen dem Erwerber der Firma und dem Hauptschuldner fortgesetzte Kreditverhältnis, das als eine neue Kreditverbindung zwischen zwei andern Personen erscheint; wohl aber kann dies vereinbart werden (RG Warn 1914 Nr 184). Die Bürgschaft für eine Wechselschuld verpflichtet auch den späteren Indossatar engegenüber; denn die Bürgschaft kann mehreren noch unbestimmten Personen gegenüber erklärt werden, die nacheinander die Forderung erwerben (RG Warn 1915 Nr 9).

3. Der Bürge verpflichtet sich, für die Erfüllung der **Verbindlichkeit eines Dritten** einzustehen. Erfordert ist hiernach zunächst eine gültige Verbindlichkeit des Hauptschuldners. Das kann jede Art von Verbindlichkeit sein, nicht nur eine Geldschuld. Wenn die Hauptschuld nicht besteht, ist auch die Bürgschaft nichtig. Deshalb ergreift die Unsittlichkeit der Hauptschuld auch die Bürgschaftsschuld (RG LZ 1921, 216¹, 450²). Doch macht die Nichtigkeit des Hauptvertrags nicht auch die auf seiner Grundlage geschlossenen selbständigen Geschäfte und die hieraus erwachsenen Verbindlichkeiten nichtig, und deshalb bleiben auch die hierfür eingegangenen Bürgschaften gültig (Darlehen und Bierlieferungen aus einem wegen Umgehung der §§ 33, 147 RGewO nichtigen Vertrage RG 63, 143). Die Verbürgung für ein „bares" Darlehen ist nicht nichtig, wenn es sich in Wirklichkeit um eine in ein Darlehen umgewandelte (§ 607 Abs 2) andere Schuld handelt; die Schuld besteht (RG 17. 6. 12 VI 550/11). Für eine erloschene Verbindlichkeit kann eine Bürgschaft nicht mehr übernommen werden, wohl aber für eine verjährte; denn die Verjährung, d. i. der Ablauf der Verjährungszeit, bringt die Verbindlichkeit nicht schon zum Erlöschen, sondern erst ihre Geltendmachung; auch die verjährte Schuld ist erfüllbar (§ 222). Daß eine Bürgschaft für die Einzelforderungen eines Kontokorrentverkehrs übernommen werden kann und trotz Aufgehens der Forderung in dem Rechnungsabschlusse wirksam bleibt, ergibt sich aus § 356 HGB (RG Warn 1922 Nr 76; Gruch 54, 407; 7. 2. 07 VI 283/06; vgl. dazu RG 76, 330). Jede gültige Verbindlichkeit kann Gegenstand eines Bürgschaftsvertrags sein, wenn auch regelmäßig die Hauptverbindlichkeit in einer Geldschuld bestehen wird. Für Geldschulden als Gegenstand der Bürgschaft gilt die besondere Vorschrift des § 772 Abs 1. Über die Bürgschaft für künftige und für bedingte Verbindlichkeiten vgl. unten A 6. Verbindlichkeit eines Dritten im Sinne des Paragraphen kann nur ein Schuldverhältnis, eine persönliche Verbindlichkeit sein; eine rein dingliche Schuld kann nicht Gegenstand einer Bürgschaftsverpflichtung sein. Die Bürgschaft für eine Hypothekenschuld bedeutet demnach immer nur das Einstehen für die mit der Hypothek verbundene persönliche Schuld; zu der Hypothek als der dinglichen Sicherung tritt die Bürgschaft als persönliche Sicherung dieser Schuld hinzu. Wird eine „Bürgschaft" für den nur dinglich, nicht zugleich persönlich haftenden Grundstückseigentümer wegen einer Hypothek übernommen, so entsteht kein Bürgschaftsverhältnis: es liegt dann vielmehr ein Garantievertrag vor (RG 93, 234; Warn 1916 Nr 130).

4. Der Bürge übernimmt die Haftung für die **Erfüllung** der Verbindlichkeit; diese muß also noch zu erwarten sein. Steht zur Zeit der Eingehung der Bürgschaftsverpflichtung die Nichterfüllung schon fest, ist die Erfüllung unmöglich geworden oder ist bei der Ausfallbürgschaft der Ausfall, für den der Bürge einsteht, bereits erfolgt, so ist die Bürgschaft nichtig; doch kann, wenn dies beabsichtigt war, in letzterem Falle ein anderes Rechtsgeschäft — selbständiges Schuldversprechen oder Schuldübernahme — vorliegen; vgl. RG 90, 415. Die Leistung des Bürgen auf Grund des Bürgschaftsvertrags ist inhaltlich die gleiche wie die Leistung des Hauptschuldners. Der Bürge haftet daher auch in Höhe der aufgewerteten Hauptforderung (RG JW 1924, 1867). Bestritten, ob der Bürge nicht für einen höheren Betrag in Anspruch genommen werden kann. Hierzu Lenz JW 1926, 1781. Sie kann freilich der Höhe nach beschränkter sein als die Hauptschuld, anderseits kann sie nie über diese hinausgehen. Wenn die von dem Hauptschuldner geschuldete Leistung eine derart persönliche ist, daß sie der Bürge nicht anstatt seiner bewirken kann, setzt sich die Verbindlichkeit des Bürgen in eine Geldleistung um.

5. Daß der Bürge dem Gläubiger für die Erfüllung der Hauptverbindlichkeit **einzustehen** hat, bedeutet, daß er dem Gläubiger das leistet, was er haben würde, wenn der Schuldner seine Verpflichtung erfüllt hätte. Der Bürge erfüllt nicht die Verpflichtung des Hauptschuldners, die durch seine Leistung überhaupt nicht erlischt, da der Anspruch auf die Leistung des Schuldners vielmehr nach § 774 auf den leistenden Bürgen übergeht; letzterer erfüllt vielmehr seine eigene Bürgschaftsverpflichtung; seine Leistung ersetzt dem Gläubiger die Erfüllung der Hauptverbindlichkeit. Ein Gesamtschuldverhältnis zwischen dem Hauptschuldner und dem Bürgen entsteht also nicht. — Das Einstehen des Bürgen für die Erfüllung der Hauptverbindlichkeit kann sich auf deren ganzen Umfang beziehen, es kann auch nur für einen Teil der Hauptschuld übernommen werden. Häufig ist die Beschränkung der Bürgschaft auf eine bestimmte Summe, bei künftigen Verbindlichkeiten auf einen Höchstbetrag. Die Bürgschaft bezieht sich dann zwar auf die ganze Hauptforderung, aber so, daß der Bürge dafür nur mit einem Teilwerte einzustehen hat. Es ist aber auch möglich, daß der festgesetzte Höchstbetrag die

Hauptforderung selbst beschränken soll, so daß für den Bürgen eine höhere Schuld nicht in Betracht kommt (**RG** 76, 195; Warn 1910 Nr 115; LZ 1921, 141[4]; vgl. auch JW 1912, 455[1] u. Warn 1914 Nr 15). Bei einer Kontokorrentbürgschaft mit in dieser Art bestimmter Kreditsumme bezieht sich die Bürgschaftsverpflichtung auf den Rechnungsabschluß zur Zeit der Inanspruchnahme des Bürgen (**RG** Warn 1910 Nr 115). Es ist nicht selbstverständlich, vielmehr Frage der Auslegung des einzelnen Vertrags, ob sich die Bürgschaft auf die Zinsen der Hauptverbindlichkeit erstreckt (**RG** 11. 10. 06 VI 27/06); wenn aber der Bürge die Verzinslichkeit der Hauptschuld gekannt und keinen Vorbehalt gemacht hat, ist in der Regel Verbürgung auch für die Zinsen anzunehmen, bei Kaufleuten auch für die üblichen Bankprovisionen; das Gegenteil muß dann der Bürge dartun (**RG** JW 1912, 343[7]). Der Regel nach erstreckt sich die Haftung des Bürgen auch auf Vertragsstrafen, mit denen es sich ähnlich verhält wie mit den Zinsen; selbstverständlich ist die Verbürgung dafür nicht. Für einen *Schaden*, den der Gläubiger durch die Nichterfüllung des Hauptschuldners erleidet, haftet der Bürge nicht. Die Bürgschaft kann *unter einer Bedingung* aufschiebender wie auflösender Art übernommen, sie kann auch *auf bestimmte Zeit beschränkt* werden, letzteres sowohl in dem Sinne, daß die Verbindlichkeiten, die der Hauptschuldner während dieser Zeit dem Gläubiger gegenüber eingeht, Gegenstand der Bürgschaft sein sollen, als auch in dem Sinne, daß die Bürgschaftsverpflichtung mit Ablauf dieser Zeit erlöschen soll (§ 777 **RG** 63, 11; 82, 382; Warn 1914 Nr 155; LZ 1917, 592[10]); vgl. des näheren zu § 777. — In welcher Weise, mit welchen Worten, die Bürgschaft, das Einstehen für die fremde Verbindlichkeit, erklärt wird, ist gleichgültig, *wenn* nur der Verpflichtungswille des Schuldners, zu zahlen, sofern dieser nicht vertragsmäßig zahlen werde, aus der Erklärung hervorgeht (**RG** Warn 09 Nr 87). In den Worten: „Wenn B (der Schuldner) nicht zahlt, zahle ich", kann eine Bürgschaft gefunden werden (**RG** 4. 1. 06 VI 134/05). Die Erklärung des Bevollmächtigten, neben dem Machtgeber für dessen Schuld haften zu wollen, kann Bürgschaft sein (**RG** JW 04, 407[14]).

6. Die Bürgschaft kann nach Abs 2 auch **für künftige oder bedingte Verbindlichkeiten** übernommen werden. Für *künftige*, also sowohl für die Erfüllung der in ihrer Höhe noch unbestimmten Verbindlichkeiten, die aus einem schon bestehenden Rechtsverhältnisse einem Gläubiger gegenüber entstehen werden, als auch für die Verpflichtungen des Hauptschuldners aus künftig erst abzuschließenden und nur der Art nach im voraus bestimmten Geschäften oder zu begründenden Rechtsverhältnissen (**RG** 56, 130; 57, 66; 62, 382; **RG** JW 1911, 940[5]; 1913, 642[9]; 13. 7. 08 VI 82/08). So ist auch eine Bürgschaft für alle Ansprüche einer Bank gegen den Hauptschuldner, „sie mögen bereits entstanden sein oder erst entstehen, Haupt- oder Nebensachen betreffen und herrühren aus welchem Rechtsgrunde immer", zulässig; die Bestimmtheit der Art nach ist hier durch den bankmäßigen Geschäftsverkehr gegeben (**RG** JW 1912, 35[22] u. 465[11]; Warn 1913 Nr 289; 29. 6. 11 VI 428/10). Eine solche allgemeine Bürgschaft begreift auch Bürgschaftsschulden des Hauptschuldners, so daß dadurch eine Nachbürgschaft entsteht (**RG** 83, 342). Der wesentlichste Fall der Bürgschaft für künftige Verbindlichkeiten ist die sog. *Kreditbürgschaft*, die dem Schuldner beim Gläubiger einen laufenden Kredit verschaffen soll und in der Regel in der Beschränkung auf *eine gewisse* Höhe entweder für alle während der Dauer der Geschäftsverbindung des Gläubigers mit dem Schuldner ersterem gegen letzteren entstehenden Forderungen (**RG** Warn 1910 Nr 115; 1915 Nr 170), oder für die während eines *bestimmten Zeitraums* erwachsenden übernommen wird (**RG** 82, 382; 27. 4. 05 VI 516/04, 8. 2. 06 VI 193/05). Die Bürgschaft für eine künftige Verbindlichkeit ist nicht wie der Kreditauftrag widerruflich. Die Leistungsverpflichtung aus der Bürgschaft entsteht in allen diesen Fällen erst mit der Begründung der Forderungen des Gläubigers (**RG** JW 1911, 447[12]; Warn 1914 Nr 184). Dasselbe gilt bei der Bürgschaft für eine *aufschiebend bedingte Forderung*, die wohl zu unterscheiden ist von der in A 5 behandelten *bedingten Bürgschaft* und auf die deshalb auch § 162 keine Anwendung findet. Hat der Bürge den Eintritt der Bedingung verhindert, so ist diese *nicht* eingetreten.

7. **Auslegung und Erfüllung** des Bürgschaftsvertrags stehen unter der Regel von Treu und Glauben nach §§ 157, 242 BGB. Der Bürge, dessen Verpflichtung dem Gläubiger die Befriedigung wegen seiner Forderung sichern soll, handelt vertragswidrig, wenn er selbst durch seine Handlungsweise die Vereitlung dieser Befriedigung herbeiführt. Das gleiche gilt aber nicht, wenn er nur für einen Teil der Hauptschuld sich verbürgt hatte und durch Verfolgung seines Rechtes auf Sicherstellung gegen den Hauptschuldner nach § 775 wegen dieses Teiles dem Gläubiger die Befriedigung wegen des durch die Bürgschaft nicht gedeckten Teiles der Forderung entzieht, sofern nicht aus dem Vertrage und den ihn begleitenden Umständen ein anderes erhellt (**RG** 11. 4. 04 VI 300/05). Der Gläubiger auf der andern Seite wird durch den Bürgschaftsvertrag zunächst nur berechtigt, nicht verpflichtet; er hat dem Bürgen gegenüber keinerlei Wachsamkeits- und Sorgfaltspflicht in bezug auf die Einziehung seiner Forderung, wenn sie nicht etwa zur Bedingung der Bürgschaft gemacht wurde (**RG** 54, 965; 87, 327; 88, 410; Warn 1916 Nr 129), auch keine Aufklärungspflicht gegenüber dem Bürgen bei Eingehung des Vertrags hinsichtlich der wirtschaftlichen und Kreditverhältnisse des Haupt-

schuldners (RG JW 1918, 876). Treu und Glauben hat aber auch er gegenüber dem Bürgen zu wahren; auch über die Bestimmung des § 776 hinaus, die ihm verbietet, anderweit bestellte Sicherheiten zum Nachteile des Bürgen aufzugeben, darf er dessen Stellung nicht willkürlich oder durch grobe Fahrlässigkeit verschlechtern (RG JW 05, 720[11]). S. des näheren zu § 776. Und der Bürge, der sich einem Geschäftsherrn gegenüber für die Ansprüche verbürgt hat, die diesem aus dem Dienstverhältnis mit einem Angestellten (Kassierer) entstehen würden, haftet nicht für die Schadensersatzforderungen aus Unterschleifen des letzteren, die durch die eigene grobe Nachlässigkeit des Geschäftsherrn in der Aufsicht über seine Angestellten erst möglich geworden sind (RG 29, 141; Warn 08 Nr 494). Für die Anfechtung eines Bürgschaftsvertrags wegen Irrtums, Arglist (RG 85, 322; JW 03 Beil Nr 237; 1916, 1270[2]; Warn 1915 Nr 189) oder widerrechtlicher Drohung wie für das Erlöschen des Bürgschaftsverhältnisses ist auf die allgemeinen Vorschriften zu verweisen. Die Anfechtung wegen Irrtums kann im Hinblick auf das Eintrittsrecht des Bürgen nach § 774 darauf gegründet sein, daß der Bürge angenommen hatte, dem Gläubiger sei vom Hauptschuldner ein Pfandrecht zur Sicherung der Forderung gültig bestellt worden, sofern der Bürge erkennbar nur mit Rücksicht auf diese anderweite Sicherheit die Bürgschaft übernahm (RG 75, 271). Eine Beerbung des Hauptschuldners durch den Bürgen läßt die Bürgschaft nicht erlöschen: die ererbte Hauptschuld ist Nachlaßschuld, die Bürgschaftsschuld persönliche Schuld des Bürgen, so daß dieser sich wegen der letzteren auf die beschränkte Erbenhaftung nicht berufen kann (RG 76, 57). Ein Verzicht des Gläubigers kann nur durch Erlaßvertrag mit dem Bürgen gemäß § 397 erklärt werden; durch eine ohne Zuziehung des Bürgen errichtete einseitige Verzichtsurkunde wird dieser nicht befreit (RG 24. 2. 02 VI 32/01). Ein Kündigungsrecht steht dem Bürgen, wenn es nicht vereinbart ist, an sich nicht zu. Doch ist ein solches bei Kreditbürgschaften von unbestimmter Dauer dem Bürgen nach Ablauf eines angemessenen Zeitraums der Regel nach nicht zu versagen; es kommt auf die Gestaltung der Umstände und den Zweck der Bürgschaft im einzelnen Falle an (RG JW 1911, 447[12]; Warn 1913 Nr 289; 1914 Nr 158). Die Kündigung muß in solchem Falle unter billiger Rücksichtnahme auf die zwischen dem Gläubiger und dem Hauptschuldner bestehende Geschäftsverbindung erfolgen (RG Warn 1913 Nr 289). Die Vereinbarung zwischen dem Bürgen und dem Gläubiger, daß dieser dem Hauptschuldner keinen Kredit mehr gewähren dürfe, kann bei einer Kreditbürgschaft auf unbestimmte Zeit als zulässige Kündigung aufgefaßt werden (RG LZ 1917, 592[10]). Die Verschlechterung der Vermögenslage des Hauptschuldners gibt dem Bürgen nur den Befreiungsanspruch gegen diesen nach § 775 unter den Voraussetzungen dieses Paragraphen, jedoch kein Kündigungsrecht gegenüber dem Gläubiger; es ist gerade der Zweck des Bürgschaftsvertrags, den Gläubiger gegen die Gefahren aus der Vermögensunzulänglichkeit des Schuldners zu decken. — Über die Verjährung der Ansprüche aus dem Bürgschaftsvertrage s. A 1 am Schlusse. Der Erfüllungsort bestimmt sich nach den allgemeinen Grundsätzen und ist nicht der der Hauptschuld, sofern sich nichts anderes aus dem Vertrag ergibt (RG 9, 185; 10, 282; 30, 299; 34, 17; 54, 315; 71, 59; 73, 262; 96, 263).

8. Zur Frage der Sicherheitsleistung im Prozeß durch Bürgschaft, ZPO § 751 Abs 2, vgl. Sonner, Festg. f. Fuchs S. 22 und Bredenkamp in JW 1927, 2452. Die bloße Hinterlegung der Bürgschaftsurkunde bei Gericht genügt nicht, sie muß dem Gegner zugehen (Wunderlich JW 1926, 2560; 1927, 2558; Arons, LZ 1927 Sp. 1192).

§ 766

Zur Gültigkeit des Bürgschaftsvertrags[1]) ist schriftliche[2]) Erteilung[3]) der Bürgschaftserklärung[4])[5]) erforderlich[6]). Soweit der Bürge die Hauptverbindlichkeit erfüllt, wird der Mangel der Form geheilt[7]).

P 2 462, 463.

1. Die Gültigkeit des Bürgschaftsvertrags ist davon abhängig, daß die Verpflichtungserklärung des Bürgen in schriftlicher Form erklärt ist; die nur für die letztere vorgesehene Form ist also insoweit zugleich notwendige **Form des Bürgschaftsvertrags** (RG 62, 379). Die beiderseitigen Vertragserklärungen brauchen nicht schriftlich zu sein. Das ist von Wichtigkeit für die Frage, nach welchem örtlichen Rechte die Form des Bürgschaftsvertrags gemäß Art 11 Abs 1 EG sich zu richten hat (s. § 765 A 1). Nach Abs 1 Satz 1 sind für die Form eines Rechtsgeschäfts grundsätzlich die Gesetze maßgebend, unter denen das seinen Gegenstand bildende Rechtsverhältnis steht, bei Verträgen nach der herrschenden Lehre, die auch vom RG 54, 311; 73, 379; JW 07 S. 359[7] u. 386[6]; 1911, 148[2] vertreten wird, die Gesetze des Erfüllungsorts, während RG 61, 343 u. 62, 379 sich für das Personalstatut des Schuldners, bei dem Bürgschaftsvertrage also des Bürgen ausgesprochen haben. Demgemäß ist unter allen Umständen die Beobachtung der in diesen Gesetzen für den Bürgschaftsvertrag vorgesehenen Form genügend, auch wenn sie die mildere ist (RG 61, 343; 62, 379). Gemäß Abs 1 Satz 2 des Art 11

soll aber auch die Form ausreichen, die die Gesetze des Ortes vorschreiben, „an dem das Rechtsgeschäft vorgenommen wird". Diese Bestimmung kommt mithin zur Anwendung, wenn die Formvorschrift der Gesetze des Abs 1 Satz 1 die strengere ist. Als den Ort, an welchem der Bürgschaftsvertrag vorgenommen wird, sieht RG 62, 379 mit Rücksicht darauf, daß der Vertrag erst durch die Annahme der Bürgschaftserklärung seitens des Gläubigers, die die Willenseinigung darstellt, geschlossen wird (s. A 3), denjenigen an, wo die Annahme erklärt oder (§ 151) für erklärt zu erachten ist. Der Bürgschaftsvertrag kommt nach dieser Auffassung formlos gültig zustande, wenn nach den Gesetzen des ausländischen Ortes, wo die Annahme erfolgte, eine Form für den Bürgschaftsvertrag überhaupt nicht vorgesehen ist, während die Form des § 766 für die Verpflichtungserklärung des Bürgen gewahrt sein muß, wenn auch nur die Annahme durch den Gläubiger im deutschen Inlande erfolgte, da sie den Ort des Vertragsschlusses bestimmt. Zutreffend wird hierfür geltend gemacht, daß es keinen Unterschied begründen könne, ob die anbietende Vertragspartei zu der annehmenden hinreise, oder ob sie dieser ihren Antrag in einer schriftlichen Erklärung übersende (a. M. Staudinger II D 3 zu Art 11 EG, die die Beobachtung der Formen beider Rechtsgebiete für erforderlich erachten. Habicht, IntPrR Art 11 EG A 5, hält, wenn nur das Gesetz des einen Rechtsgebiets eine Form, und zwar nicht für den Vertragsschluß überhaupt, sondern allein für die Erklärung der einen Vertragspartei vorsieht, die Beobachtung der Form nur für diese Erklärung erforderlich, wenn die Erklärung in dem Lande abgegeben wird, das die Form vorschreibt, wogegen der Vertragsschluß formlos ist, wenn die Erklärung in dem andern Rechtsgebiete abgegeben wird). — Verträge, die eine Bürgschaft nicht neu begründen, sondern nur eine bestehende, die sonst erlöschen würde (infolge einer Schuldübernahme § 418 Abs 1 oder infolge einer Umwandlung der Hauptschuld in ein Darlehen, § 607 Abs 2 u. a.), aufrechterhalten, unterliegen nicht der Form des § 766 (RG 70, 411). War aber die alte Bürgschaft zur Zeit des neuen Vertrags bereits erloschen, so bedeutet die Aufrechterhaltung eine neue Bürgschaft, und § 766 wird anwendbar (RG 59, 42; Warn 1910 Nr 114). Der Form des § 766 unterliegen auch Bürgschaftsvorverträge (RG 76, 303). In den Fällen, in denen die Schuldmitübernahme in Wahrheit inhaltlich als Bürgschaft erscheint (s. Vorbem 6d vor § 765), gilt die Formvorschrift des § 766 ebenso dafür (RG 51, 120; 59, 232; 64, 318; Warn 1920 Nr 154). Auf die dem Bürgschaftsvertrage nur verwandten Verträge findet die Formvorschrift jedoch keine Anwendung. Die ehemännliche Zustimmung zur Bürgschaftserklärung der Frau nach § 1399 Abs 2 bedarf nicht der Form des § 766 (RG 88, 426). Die Bürgschaft ist formfrei, wenn sie auf der Seite des Bürgen ein Handelsgeschäft eines Vollkaufmanns ist (HGB §§ 343, 349, 350, 351; RG JW 1906, 87, 691).

2. Schriftlich, d. i. durch eine von dem Aussteller eigenhändig durch Namensunterschrift oder mittels gerichtlich oder notariell beglaubigten Handzeichens unterzeichnete Urkunde (§ 126). Die Urkunde wird nicht durch telegraphische Übermittlung oder durch Briefwechsel ersetzt; denn die Bestimmung des § 127 gilt nur für die gewillkürte Schriftform; das schließt nicht aus, daß die Bürgschaft durch Brief oder Postkarte erklärt wird, sofern die schriftliche Erklärung dem § 126 entspricht (RG Warn 1915 Nr 114). Der rechtsgeschäftliche Wille muß sich unmittelbar aus demjenigen Schriftstück ergeben, durch dessen Abfassung der Form genügt wird (RG 57, 258). Erfolgt die Ausstellung der Urkunde durch einen Vertreter (Unterzeichnung mit dem Namen des Machtgebers nach RG 74, 69 gültig RG 76, 99), so bedarf die Ermächtigung zur Abgabe der Erklärung für den Vertretenen der Schriftform nicht (§ 167 Abs 2); aber sie muß erkennen lassen, daß die Vertretungsmacht dahin gehen soll, ein formgerechtes Rechtsgeschäft abzuschließen. Deshalb begründet eine Ermächtigung: „Sagen Sie den Leuten, daß sie ihr Geld bekommen werden!" keine Vertretungsmacht für die Ausstellung einer Bürgschaftsurkunde (RG JW 03 Beil Nr 184). Im übrigen ist jedoch der Auftrag zur Abgabe einer Bürgschaftserklärung zugleich als auf Vornahme des Rechtsgeschäfts in wirksamer Form gerichtet anzusehen. — Die Unterschrift des Ausstellers muß unter der Urkunde stehen, ihren Inhalt der äußeren Erscheinung nach decken; dagegen ist nicht erfordert, daß die Unterschrift erst unter den fertigen Text gesetzt werden müßte; wird der Text in die unterschriebene Urkunde dem Willen des Ausstellers entsprechend nachträglich eingerückt, so ist damit eine gültige Urkunde nach § 126 hergestellt (RG 57, 66). Die schriftliche Form wird, wenn die Bürgschaftserklärung in einem prozessualischen Verfahren erfolgt, in allen Fällen durch die prozeßmäßige Beurkundung (des Vergleichs, des Verzichts, der Anerkennung) ersetzt. Insbesondere kommt hier die im Termine zum Zwangsvergleich über den Konkurs des Hauptschuldners von einem Dritten übernommene und im Protokoll des Konkursrichters beurkundete sog. Akkordbürgschaft in Frage (RG 56, 70; 64, 82); desgleichen die Verbürgung für ein Gebot im Zwangsversteigerungsverfahren (RG Warn 08 Nr 369 u. 26. 3. 08 VI 288/07). Über den Inhalt der Urkunde s. A 4.

3. § 766 erfordert die schriftliche Form für die **Erteilung** der Bürgschaftserklärung, richtiger: die dem Gläubiger gegenüber zu bewirkende Erteilung einer in schriftlicher Form ausgestellten Bürgschaftserklärung. Erteilt ist die Erklärung noch nicht durch die

Unterzeichnung der Urkunde, sondern erst durch die Übergabe an den anwesenden oder die Zusendung an den abwesenden Gläubiger, und sie wird wirksam erst in dem Zeitpunkt, in dem sie dem Gläubiger zugeht (§ 130), er darüber die tatsächliche Verfügungsgewalt erlangt; bis dahin kann sie unter Abwesenden widerrufen, unter Anwesenden zurückgezogen werden (RG 61, 414; Warn 09 Nr 353; LZ 1918, 1067[15]; JW 1927, 38[4]). Die Bezugnahme auf eine schon in den Händen des Gläubigers befindliche, vom Bürgen ausgestellte Urkunde ist der Hingabe einer neuen Schrift gleichwertig; doch ist eine frühere Urkunde, die zum Zwecke einer andern und bereits erledigten Bürgschaft ausgestellt und gegeben war, untauglich, für eine neue Bürgschaft die Form der §§ 126, 766 zu erfüllen (RG 59, 42; Warn 1910 Nr 114).

4. Die für die **Bürgschaftserklärung** in § 766 vorgesehene Urkunde untersteht dem Auslegungsgrundsatze des § 133, auch hinsichtlich der Bedeutung ihrer Unterschriften, ob der Aussteller für sich oder als Vertreter anderer handelte (RG 71, 115; 75, 1; 95, 125; JW 1917, 154[1]); zur Auslegung dürfen in den Grenzen der Vereinbarkeit des anderweit ermittelten wirklichen Willens mit der urkundlichen Erklärung auch außerhalb der Urkunde liegende Umstände sowie in andern Urkunden enthaltene Erklärungen herangezogen werden (RG 57, 259; 59, 217; 62, 172; 71, 115; 76 S. 193, 303; 78, 37; 82, 70; 94, 89; 95, 125; JW 05, 336[3]; 06 S. 87[4] u. 685[5]; 1913, 642[6]; Warn 09 Nr 140; LZ 1920, 563[2]). Die Urkunde muß aber jedenfalls unter Zuhilfenahme dieser Umstände und Erklärungen den besonderen rechtsgeschäftlichen Inhalt der Bürgschaftsverpflichtung erkennen lassen und ihm einen wenn auch unvollkommenen Ausdruck leihen; vor allem muß das wesentliche Merkmal dieser Verpflichtung, das Einstehen für eine bestimmte fremde Schuld, darin erkennbar enthalten sein (RG 57, 258; 59, 218; 62, 379; 63, 143; 76, 195; 78, 37; 94, 85; JW 1917, 154[1]; Warn 08 Nr 506; 1910 Nr 410; 1917 Nr 288). Deshalb genügt ein selbständiges Schuldversprechen oder die Unterzeichnung eines Wechsels in der Absicht bürgschaftlicher Verpflichtung der Vorschrift des § 766 nicht (RG 51, 110; 65, 407; 94, 85; vgl. besonders über die Bedeutung der Unterzeichnung eines sog. Garantiewechsels: RG 48, 152; 51, 114; 61, 6; 94, 85; 96, 136; LZ 1916, 1378[11]); ebenso nicht die bloße Mitunterzeichnung der über die Hauptschuld ausgestellten Urkunde (RG 62, 172; 77, 378; 78, 37); wohl aber kann eine solche Mitunterzeichnung mit der Hinzufügung der Worte „als Bürge" für ausreichend erachtet werden (RG a. a. O. und 61, 343). Dagegen nicht mit dem Zusatz „in Haftung", der das Einstehen für fremde Schuld nicht erkennen läßt (RG Warn 1910 Nr 410). Aus der Urkunde muß ferner die Schuld, für die gehaftet werden soll, und deshalb auch die Person des Hauptschuldners (RG 82, 70) hervorgehen, und sie muß die Person des Gläubigers erkennen lassen (RG 62, 379), wenn auch weder die Schuld ihrem Betrage nach, noch die Person des Gläubigers und des Schuldners mit Namen bezeichnet sein muß (RG 62, 379; 63, 143; 71, 113; 76, 195; 80, 405; JW 1911, 940[5]; 1913, 642[6]). Die ausdrückliche Bezugnahme auf ein anderes Schriftstück, um die Hauptschuld zu bezeichnen, ist zulässig (RG 59, 217; 76, 305). Über die Möglichkeit der Bürgschaftserklärung für mehrere getrennte Hauptforderungen in einer zusammenfassenden Ziffer vgl. RG LZ 1919, 1231[11]. Die Urkunde hat weiter Bedingungen, unter denen die Bürgschaftsverpflichtung übernommen wird, sowie Nebenabreden über Erfüllungszeit und Erfüllungsort jedenfalls insoweit zu enthalten, als sie den Bürgen beschweren, während dem Gläubiger lästige, den Bürgen befreiende Bedingungen und Nebenabreden ohne die Form gültig sind, wenn sie neben der Urkunde bestehen sollen (RG 59, 10; 65, 46; 71, 415; 81, 414; 95, 9; JW 03 Beil Nr 240; 1911 S. 540[15], 648[17]; 1919, 311[12]; Warn 08 Nr 149; 09 Nr 340; 1910 Nr 114; 1913 Nr 366; 1917 Nr 288; sowie 29. 6. 05 VI 513/04; 25. 11. 12 VI 285/12; 27. 2. 13 VI 309/12). Die Bürgschaftsurkunde hat nach allgemeiner Regel die Vermutung der Vollständigkeit für sich, auch hinsichtlich einschränkender, dem Bürgen günstiger Nebenabreden, aber nur für die Verpflichtungen des Bürgen, nicht für den übrigen Vertragsinhalt (RG 95, 125; JW 1911, 540[15]; 1918, 367[5]). Die Beweislast für behauptete mündliche Einschränkungen der Bürgschaft trifft naturgemäß den Bürgen (RG 14. 6. 15 VI 69/15). Auch nachträgliche Abänderungen der Bürgschaftsverpflichtung bedürfen der schriftlichen Form, wenn sie sie erweitern; schwächen sie sie ab, so sind sie mündlich gültig (RG 59, 10; 81, 414; JW 03 Beil Nr 240). Über die Frage, ob die dem Zeitbürgen (§ 777) gewährte Stundung der Schriftform bedarf, weil sie die zeitliche Beschränkung aufhebt, vgl. RG 96, 133. Insbesondere muß die Bürgschaftsurkunde die Art der Bürgschaft, z. B. die selbstschuldnerische Bürgschaft erkennbar machen, wenn eine solche beabsichtigt war (RG 24. 3. 11 VII 305/10).

5. Die schriftlich erteilte Bürgschaftserklärung bedarf der **Annahme durch den Gläubiger**, wenn ein Bürgschaftsvertrag zustande kommen soll (§ 151). Für diese ist eine Form nicht vorgeschrieben; sie ist mündlich gültig und kann auch stillschweigend durch Entgegennahme der Urkunde über die Bürgschaftserklärung erfolgen (RG 57 S. 66, 261; 62, 379; 97, 163; JW 06, 714[11]; Warn 1915 Nr 49). Auch im Urkundenprozesse bedarf sie nicht eines besonderen Nachweises durch eine Urkunde; seine eigene Annahmeerklärung kann der Gläubiger gar nicht urkund-

lich nachweisen (RG 97, 162). Eine Annahme ist aber nicht möglich, wenn der Gläubiger die schriftliche Erklärung gar nicht als Bürgschaft auffaßt (RG 20. 10. 13 VI 301/13). Wird die Bürgschaftserklärung in der Weise erteilt, daß der Bürge dem Schuldner eine von ihm unterzeichnete Blankettnrkunde ohne den Namen eines Gläubigers übergibt, damit der Schuldner sich einen Gläubiger suche und diesem die von ihm ausgefüllte Urkunde überantwortet, so stellt die Empfangnahme der daraufhin mit dem Willen des Bürgen durch den Schuldner dem Gläubiger ausgehändigten Bürgschaftsurkunde den Vertragsschluß zwischen dem Bürgen und dem Gläubiger dar (RG 57, 66; 76, 195; JW 1916, 1270[2] u. 21. 5. 06 VI 362/05; 2. 7. 06 VI 566/05). Ebensowenig wie die Annahme der Bürgschaftserklärung durch den Gläubiger bedürfen von dem Gläubiger etwa dem Bürgen gegenüber übernommene Verpflichtungen, mögen sie als Nebenverpflichtungen erscheinen oder wirkliche Gegenleistungen darstellen (vgl. Vorbem 4 vor § 765), der Beurkundung (RG JW 1911, 540[15]). Dasselbe gilt von allen rechtsgeschäftlichen Erklärungen, die das Verhältnis zwischen dem Bürgen und dem Hauptschuldner regeln (RG 59, 10) und selbstverständlich ebenso von Vereinbarungen mehrerer Mitbürgen untereinander (RG JW 06, 305[10]).

6. Der **Verstoß gegen die Formvorschrift** des § 766 bewirkt nach § 125 Satz 1 die Nichtigkeit des Vertrags, die auch die Nichtigkeit von Nach- und Rückbürgschaften einschließt, aber immer nur die bürgschaftliche Verpflichtung betrifft. Dem zum Zwecke der Bürgschaft gegebenen und nach der WO gültigen Wechselversprechen kann der Mangel der Form für die Bürgschaft nicht entgegengehalten werden (RG 51, 110; 61, 6; 94, 89). Anderseits kann zwar eine nach § 766 gültige Bürgschaftsverpflichtung, nicht aber eine der Form entbehrende in ein Darlehen nach § 607 Abs 2 umgewandelt und damit die Formvorschrift umgangen werden (RG Warn 08 Nr 506). — Auf die von einem Vollkaufmann abzugebende Bürgschaftserklärung findet, wenn die Bürgschaft auf seiner Seite ein Handelsgeschäft ist, die Formvorschrift des § 766 gemäß §§ 350, 351 HGB nicht Anwendung (s. dazu RG JW 06, 691[15] u. Gruch 54, 404). Bestätigung eines nichtigen Bürgschaftsvertrags bedarf als Vornahme einer neuen Bürgschaftsverpflichtung der Form des § 766.

7. Durch die Erfüllung der Bürgschaftsverpflichtung wird der **Mangel der Form geheilt.** Der Bürge, der den Gläubiger befriedigt hat, kann mithin von ihm nicht Rückzahlung des Geleisteten wegen ungerechtfertigter Bereicheruug verlangen; die Zahlung des Bürgen aus dem formell ungültigen Geschäfte erzeugt dieselben Wirkungen, wie wenn ein gültiger Bürgschaftsvertrag von Anfang an vorgelegen hätte. Der Bürgschaftsvertrag wird aber durch die Erfüllung natürlich nur so weit gültig, wie die Erfüllung reichte (RG 76, 195). Der Erfüllung stehen die sie vertretenden Rechtshandlungen: Leistung an Erfüllungs Statt §§ 364, 365, Hinterlegung §§ 372ff., Aufrechnung §§ 387ff. (vgl. zu § 768) gleich.

§ 767

Für die Verpflichtung des Bürgen ist der jeweilige Bestand der Hauptverbindlichkeit maßgebend[1]). Dies gilt insbesondere auch, wenn die Hauptverbindlichkeit durch Verschulden oder Verzug des Hauptschuldners geändert wird[2]). Durch ein Rechtsgeschäft, das der Hauptschuldner nach der Übernahme der Bürgschaft vornimmt, wird die Verpflichtung des Bürgen nicht erweitert[3]).

Der Bürge haftet für die dem Gläubiger von dem Hauptschuldner zu ersetzenden Kosten der Kündigung und der Rechtsverfolgung[4—6]).

E I 672 II 708; M 2 663—666; P 2 466, 467.

1. Die Abhängigkeit des Bürgschaftsvertrags von der Hauptverbindlichkeit, für deren Erfüllung der Bürge einzustehen sich verpflichtet, bedingt es, daß die Bürgschaftsverpflichtung nicht besteht, wenn und soweit die Hauptverbindlichkeit nicht besteht, und daß sie in Wegfall kommt, wenn und soweit die Hauptverbindlichkeit erlischt. Unter dem **jeweiligen Bestand** der Hauptverbindlichkeit ist deshalb deren rechtliches Dasein und gegenständlicher Umfang mit den aus dem Schuldverhältnis, wie es zur Zeit der Bürgschaftsübernahme vorlag, herauswachsenden späteren Veränderungen, die die Hauptschuld sowohl erweitern wie einengen können, zu verstehen. Zum Bestande gehören die Bankbedingungen, unter denen der verbürgte Kredit bewilligt ist (RG JW 1917, 811[2]), und gehört die Verfallklausel für den Fall des Verzugs des Hauptschuldners (RG Warn 1914 Nr 328). Der jeweilige Bestand umfaßt dagegen nicht alle Rechtsbeziehungen der Hauptverbindlichkeit überhaupt; die Selbständigkeit des Bürgschaftsvertrags wird durch die Gleichheit des Gegenstandes, auf den sich die Verbindlichkeit des Hauptschuldners wie die des Bürgen richtet, nicht aufgehoben; insbesondere ist aus § 767 nichts für eine Einheit des Erfüllungsorts für die Leistungen des Bürgen und des Hauptschuldners zu

entnehmen (RG 71, 56; 73, 262; vgl. § 765 A 1). Die Bürgschaftsverpflichtung **erlischt** mit der Hauptschuld durch deren Erfüllung und die diese vertretenden Handlungen (Hingabe an Zahlungs Statt, Hinterlegung, die vom Schuldner erklärte Aufrechnung), durch Erlaß des Gläubigers gegenüber dem Hauptschuldner, auch durch eintretende Unmöglichkeit der Hauptleistung, soweit sie der Schuldner nicht zu vertreten hat (§ 275). Hat der Bürge selbst diese Unmöglichkeit schuldhaft herbeigeführt, so haftet er aus dem Bürgschaftsvertrage dem Gläubiger, dem er sich zur Sicherung der Forderung verpflichtet hat, für den ihm entstandenen Schaden. Die für eine Gesamtschuld übernommene Bürgschaft erlischt im Zweifel nicht dadurch, daß einer der Gesamtschuldner aus dem Schuldverhältnis ausscheidet; das Schuldverhältnis wird dadurch gegenständlich nicht verändert (RG Warn 1913 Nr. 286). Sind die Vertragsparteien des Hauptschuldverhältnisses dahin übereingekommen, daß der Vertrag nicht zur Ausführung kommen soll, so ist damit die Hauptverbindlichkeit weggefallen; für die Rückgewährverpflichtungen des Schuldners aus § 812 Abs 1 Satz 2, die eine neue selbständige Schuld bilden, haftet der Bürge nicht (RG 9. 4. 02 I 423/01); ebenso nicht für das negative Vertragsinteresse des Gläubigers, wenn der Schuldner das Hauptgeschäft wegen Irrtums angefochten hat. — Die Bürgschaftsverpflichtung erlischt ferner durch erfolgreiche Anfechtung des Hauptvertrags wegen Irrtums oder Betrugs, sowie durch Umschaffung der Hauptschuld in eine andere nach §§ 607 Abs 2, 779, 780—782 (RG JW 03 Beil Nr 219); über das Fortbestehen der für die Einzelforderungen eines Rechnungsverhältnisses (§ 356 HGB) eingegangenen Bürgschaft trotz der Anerkennung des Rechnungsabschlusses vgl. § 765 A 3. Die Bürgschaft erlischt weiter durch eine befreiende Schuldübernahme, wenn nicht der Bürge in diese eingewilligt hat (§ 418 Abs 1; vgl. dazu RG 70, 411). Eine Vereinbarung, daß die Bürgschaftsschuld trotz Erlöschens der Hauptschuld bestehen bleiben solle, widerspricht dem Wesen des Bürgschaftsvertrags; in einer solchen Vereinbarung kann aber eine Schuldübernahme liegen (RG JW 1913, 597[11]). Die Vereinigung von Bürgschaftsschuld und Hauptschuld durch Beerbung des Hauptschuldners seitens des Bürgen oder umgekehrt hat ein Erlöschen des Hauptschuldverhältnisses nicht zur Folge, an sich jedoch ein solches der Bürgschaftsschuld, da deren Wesen das Einstehen für eine fremde Schuld bedingt. Die Bürgschaftsschuld bleibt aber bestehen, soweit und solange ihr Fortbestand für den Gläubiger, dessen Lage nicht verschlechtert werden darf, von Interesse ist (RG 76, 57; vgl. E I § 678; M 2, 678; Prot 2, 480). Die Bürgschaftsschuld erlischt auch durch Abtrennung der Bürgschaftsforderung von der Hauptforderung. Eine Abtretung der Hauptforderung ohne die Bürgschaftsforderung ist gültig, bringt aber die Bürgschaft, die selbständig nicht bestehen kann, zum Erlöschen (RG 85, 363). Eine Abtretung der Forderung aus dem Bürgschaftsvertrage ohne die Hauptforderung kann es nach dem Gesagten nicht geben, ebensowenig eine Pfändung oder Verpfändung (RG JW 09, 685[8]; vgl. RG 15, 278; 33, 269). — Durch ein rechtskräftiges, im Prozesse des Gläubigers gegen den Schuldner ergangenes abweisendes Urteil wird die Hauptschuld zum Erlöschen gebracht. Der Bürge kann sich deshalb auf das abweisende Urteil berufen, obwohl es für ihn Rechtskraftwirkung nicht ausübt.

2. Die Bürgschaftsschuld folgt den **Veränderungen**, die der **Umfang der Hauptschuld** nach Eingehung der Bürgschaft (RG LZ 1917, 802[6]) erleidet, seien diese zwischen dem Gläubiger und dem Hauptschuldner vereinbart oder auf andere Weise, insbesondere durch Verzug oder vertragswidriges Verhalten des Schuldners entstanden (Verzugszinsen, Schadensersatz), seien sie Einengungen oder Erweiterungen der Schuld (Aufwertung, RG JW 1924, 1867[1]). Doch können spätere rechtsgeschäftliche Erweiterungen nicht zum Nachteile des Bürgen wirken (s. Satz 3 Abs 1 des Paragraphen und unten A 3; RG 56, 310; 59, 223), da sie eine neue Belastung des Schuldners darstellen, auf die die Bürgschaft sich nicht bezog. Ein Stundungsvertrag zwischen Gläubiger und Hauptschuldner wirkt auch zugunsten des Bürgen (RG 56, 310; 93, 91), es sei denn, daß er die Länge des letzteren verschlechtert (RG 56, 310; 59, 223); in diesem Falle bedarf es des Einverständnisses des Bürgen, wenn der Stundungsvertrag für seine Verpflichtungen Wirksamkeit erlangen soll (RG Warn 1914 Nr 155). Auch eine gesetzliche Stundung (Kriegsverordnungen) wirkt zugunsten des Bürgen, der nicht schlechter gestellt werden darf als der Hauptschuldner (RG 93, 91). Die Kündigung an den Schuldner macht auch die Bürgschaftsschuld fällig, eine Kündigung gegenüber dem Bürgen ist für die Hauptschuld und deshalb auch für die Bürgschaftsschuld wirkungslos (RG LZ 1918, 909[8]). Die rechtskräftige Verurteilung des Hauptschuldners wirkt nicht zuungunsten des Bürgen, gegen den sie Rechtskraft nicht schafft (RG 56, 109; 71, 56; JW 09, 419[23]); ein Zwangsvergleich im Konkurse wirkt nicht zu seinen Gunsten nach der ausdrücklichen Bestimmung des § 193 KO (vgl. dazu RG JW 1913, 597[11]); ebenso nicht der rechtskräftige Zwangsvergleich nach der Bekanntmachung v. 14. 12. 16 (RGBl 1363) über die Geschäftsaufsicht zur Abwendung des Konkurses (§ 60 Abs 2). Auf freiwillige außergerichtliche Vergleiche zur Abwendung des Konkurses, die einen Teilerlaß aussprechen, ist § 193 KO nicht entsprechend anwendbar; hier gilt, daß ohne den Bestand der Hauptforderung auch die Bürgschaftsforderung nicht bestehen kann, für den erlassenen Teil deshalb auch die

Bürgschaft wegfallen muß, wie dies dem § 767 entspricht. Lag eine solche Loslösung der Bürgschaftsschuld von der Hauptschuld durch Weiterhaftung des Bürgen auch für den erlassenen Teil der Schuld im Willen der Vertragsparteien des Bürgschaftsvertrags, so liegt in Wahrheit nicht Bürgschaft, sondern entweder Schuldübernahme oder selbständiges Schuldversprechen oder Garantievertrag vor (**RG** 90, 415; 92, 121; JW 1913, 597[11]; 1916, 398[4]; Warn 1916 Nr 50; 1919 Nr 166; **RG** SeuffA 69 Nr 51 steht nicht entgegen, da hier nur die Zulässigkeit der Vereinbarung der Weiterhaftung des Bürgen ausgesprochen, nicht aber die Natur der daraus sich ergebenden Verpflichtung behandelt wird. Der Konkurs des Hauptschuldners führt im übrigen die Fälligkeit einer betagten Forderung (§ 65 KO) dem Bürgen gegenüber nicht herbei, da § 65 die Schuld überhaupt nicht fällig macht; sie wird nur für die Zwecke des Konkurses als eine fällige behandelt. Eine nachträgliche Verminderung der Hauptschuld kommt dem Bürgen zugute, es sei denn, daß die Unmöglichkeit oder Verminderung der Leistung durch den Bürgen selbst schuldhaft herbeigeführt worden wäre.

3. Durch spätere **rechtsgeschäftliche Erweiterungen der Hauptschuld** kann die Stellung des Bürgen, für dessen Verpflichtungen das Hauptschuldverhältnis, wie es zur Zeit der Eingehung der Bürgschaftsverpflichtung war, maßgebend ist, nicht verschlechtert werden. War zur Zeit der Eingehung des Bürgschaftsvertrags der Hauptvertrag noch nicht geschlossen, so ist der Bestand der Verpflichtungen des Hauptschuldners maßgebend, der beim Abschlusse des Bürgschaftsvertrags vorgesehen war (**RG** Warn 1913 Nr 52). Der Bürge muß sich Erweiterungen gefallen lassen, die aus dem Hauptschuldverhältnis von innen heraus erwachsen (vgl. A 2), nicht aber Erweiterungen, die seinem Bestande durch neue Vereinbarungen zwischen dem Gläubiger und dem Hauptschuldner von außen her hinzugefügt worden sind: Verkürzungen der Fälligkeit, unter Umständen auch Stundungen (vgl. A 2), neue Vereinbarungen von Zinsen und Vertragsstrafen, Verzicht auf Einreden seitens des Schuldners, Vergleiche und Anerkenntnisse. Aber diese Vertragsänderungen sind für ihn nur dann nicht wirksam, wenn sie seine Lage verschlechtern, wenn sie ihm ein Mehr von Leistung auferlegen würden, nicht, wenn es sich um den Ersatz einer Verbindlichkeit des Schuldners durch eine gleichwertige andere handelt. So wird durch eine Abmachung zwischen Gläubiger und Hauptschuldner, nach der an Stelle einer in vertragswidriger Beschaffenheit gelieferten Maschine eine andere tadellose geliefert werden soll, der Kreis der Bürgschaftsverpflichtungen nicht berührt (**RG** 53, 356; ähnlich Warn 1922 Nr 97); und eine Erweiterung ist es ferner nicht, wenn der Hauptschuldner auf eine Einrede verzichtet, die nicht aus dem Schuldverhältnisse heraus entstanden, sondern die seine persönliche Angelegenheit ist und deren Geltendmachung einen Willensakt auf seiner Seite voraussetzt. Wenn der Bürge durch einen solchen Verzicht — auf Anfechtung, auf Aufrechnung oder auf Wandlung — die verzögernde Einrede aus § 770 verliert, so ist dies als eine Erweiterung der Bürgschaftsverpflichtung im Verhältnisse des Bürgen zum Gläubiger nicht aufzufassen (**RG** 62, 54). — Der Bürge, der sich auf eine nach der Bürgschaftsübernahme zwischen dem Gläubiger und dem Hauptschuldner getroffene Abmachung beruft, soweit sie seine Haftung mindert, muß auch die darin enthaltenen ihm nachteiligen Bestimmungen gegen sich gelten lassen. Die Erweiterung der Hauptschuld bringt die Bürgschaft nicht zum Erlöschen, sofern der Bürge nicht die Nichterweiterung zur Bedingung der Bürgschaft gemacht hatte; nur besteht die Erweiterung für ihn nicht (**RG** Warn 1913 Nr 52).

4. **Die Kosten der Kündigung und der Rechtsverfolgung** sind natürliche Erweiterungen der Hauptschuld, die durch Geltendmachung des Gläubigerrechts nach den Gesetzen entstehen. Auf sie findet der Grundsatz des Abs 1 Satz 1 des Paragraphen Anwendung. Die ausdrückliche Bestimmung in Abs 2 soll aber außer Zweifel stellen, daß für diese Kosten der Bürge ohne Rücksicht auf Verzug oder Verschulden des Hauptschuldners haftet. Für Kosten dieser Art, die schon zur Zeit der Bürgschaftsübernahme entstanden waren, hat dagegen der Bürge im Zweifel nicht einzustehen.

5. Die Sätze des § 767 sind **nachgiebigen Rechtes**; sie können durch Vereinbarungen zwischen dem Gläubiger und dem Bürgen zu dessen Gunsten wie zu dessen Ungunsten außer Kraft gesetzt werden. Doch erfordert das Wesen der Bürgschaftsverpflichtung, daß unter allen Umständen die gegenständliche Abhängigkeit der letzteren von der Hauptschuld gewahrt bleibt; Abmachungen, die über die letztere hinaus den Bürgen verpflichten, bewegen sich außerhalb der Bürgschaft.

6. Bei **Zwangsvergleich im Konkurse des Hauptschuldners** KO § 193; **RG** 71, 364; 78, 77. Auf freiwillige Konkursvergleiche nicht anwendbar (**RG** 92, 123).

§ 768

Der Bürge kann die dem Hauptschuldner zustehenden Einreden geltend machen[1]**). Stirbt der Hauptschuldner, so kann sich der Bürge nicht darauf berufen, daß der Erbe für die Verbindlichkeit nur beschränkt haftet**[2]**).**

Der Bürge verliert eine Einrede[5]) nicht dadurch, daß der Hauptschuldner auf sie verzichtet[3—5]).

E I 671, 672 Abs 2 Satz 2 II 707; M 2 661, 662; P 2 464—466.

1. Der Bürge hat die **Einreden gegen den Gläubiger,** die ihm der Bürgschaftsvertrag an die Hand gibt; vermöge der Abhängigkeit der Bürgschaftsverpflichtung von der Hauptverbindlichkeit, deren Erfüllung sie sichern soll, stehen ihm die aus dem Hauptschuldverhältnisse erwachsenen Einreden zu (§§ 765, 767); darüber hinaus kann er aber auch **alle Einreden des Hauptschuldners** geltend machen, die diesen zur Verweigerung der Leistung aus allgemeinen Gründen oder kraft besonderer zwischen ihm und dem Gläubiger bestehender Verhältnisse oder getroffener Vereinbarungen berechtigen, auch wenn sie der Hauptschuldner infolge rechtskräftiger Verurteilung verloren oder auf sie verzichtet hat (**RG** 56, 109; 84, 230). Nur geben ihm solche Einreden, die zu ihrer Entstehung eine persönliche Willensentschließung des Schuldners und deren Erklärung verlangen, wie die Anfechtung des Hauptvertrags, die Aufrechnung mit einer Gegenforderung des Schuldners (§ 770 Abs 1 u. 2), die Wandlung (**RG** 66, 332), nur eine verzögerliche, keine zerstörende Einrede, solange jene Erklärungen noch ausstehen; sind sie erfolgt und ihre Wirkungen auf das Schuldverhältnis damit eingetreten, so kann auch der Bürge die Einreden mit zerstörender Kraft geltend machen. — Dem Bürgen stehen mithin einmal seine Einreden aus dem Bürgschaftsvertrage sowie diejenigen allgemeiner Natur zu; insbesondere kann er die gegen ihn vollendete Verjährung geltend machen, auch wenn die Verjährung gegen den Hauptschuldner unterbrochen ist, und er kann mit eigenen Gegenforderungen gegen den Gläubiger aufrechnen, womit er nicht die Hauptschuld, aber die Bürgschaftsschuld tilgt, während die erstere auf ihn nach § 774 übergeht (**RG** 53, 403). Er hat weiter die Einreden des Hauptschuldners aus dem Hauptschuldverhältnis: die Einrede des nicht erfüllten Vertrags, mit der er die Verurteilung des Gläubigers zur Gegenleistung an den Schuldner Zug um Zug mit seiner Leistung herbeiführen kann (vgl. **RG** 84, 230, im Konkurse des Bürgen S. 232), die Einrede der vom Hauptschuldner erklärten Wandlung (**RG** 66, 332), die Einrede der Minderung, auch ohne daß der Hauptschuldner sich hierfür erklärt hat (**RG** a. a. O.), die einredeweise Geltendmachung von Schadensersatzansprüchen aus dem Hauptschuldverhältnisse selbst (Mängel der Ware, **RG** 62, 51), die Einrede der Stundung, die Einrede der rechtskräftigen Abweisung der Hauptforderung im Prozesse des Gläubigers gegen den Schuldner (vgl. § 767 A 1 u. 2; **RG** 113, 318). Der Bürge hat endlich die allgemeinen Einreden des Hauptschuldners, so insbesondere die Einrede der gegen den Hauptschuldner vollendeten Verjährung, mag diese auch gegen den Bürgen unterbrochen sein, der Zurückbehaltung nach § 273 (**RG** a. a. O.), der vom Hauptschuldner vollzogenen Aufrechnung (jedoch nicht gegenüber der nicht auf Zahlung, sondern nur auf Sicherheitsleistung gegen den Bürgen erhobenen Klage: **RG** LZ 1917, 675[16]), der von ihm erklärten Anfechtung, und die verzögerlichen Einreden des § 770. — Hat sich der Bürge für mehrere Verbindlichkeiten des Hauptschuldners demselben Gläubiger gegenüber verbürgt, so steht ihm das Bestimmungsrecht aus § 366 zu, das jedoch nicht aus dem Rechte des Hauptschuldners, sondern aus seinem Bürgenrechte sich ergibt. Das Recht des Hauptschuldners auf eine Vertragsstrafe gegen den Gläubiger begründet für jenen keine Einrede, kann also auch nicht vom Bürgen geltend gemacht werden (Planck A 1b; bestr.; a. M. **RG** 53, 356). Die vom Hauptschuldner verwirkte Vertragsstrafe kann jedoch der Bürge ermäßigt verlangen (Planck A 2c). Der Bürge kann auch geltend machen, daß die Hauptschuld noch nicht gekündigt sei.

2. Die Bürgschaft soll den Gläubiger gegen die Gefahr sichern, die sich für seine Befriedigung aus einer Vermögensunzulänglichkeit des Schuldners ergibt. Deshalb wirkt ein im Konkurse über das Vermögen des Hauptschuldners geschlossener Zwangsvergleich nicht zugunsten des Bürgen (§ 193 KO), und aus demselben Grunde kann sich der Bürge auch nicht auf die **Beschränkung der Haftung der Erben** des Hauptschuldners auf den Nachlaß gemäß §§ 1975 ff., 1993 ff. BGB, § 780 ZPO berufen.

3. Der **Verzicht des Hauptschuldners** auf eine entstandene Einrede würde eine rechtsgeschäftliche Erweiterung der Verpflichtungen des Bürgen darstellen und wirkt in Anwendung des Grundsatzes des § 767 Abs 1 Satz 3 deshalb überhaupt nicht gegen ihn. Einen Verzicht des Hauptschuldners auf die seiner Verfügungsmacht unterliegenden einredebegründenden Willenserklärungen, deren noch ausstehende Möglichkeit dem Bürgen die verzögerlichen Einreden des § 770 gewährt, also auf die Erklärung einer Anfechtung, einer Aufrechnung oder einer Wandlung, muß sich der Bürge dagegen gefallen lassen. Kraft Gesetzes eintretender Verlust von Einreden wegen eines Verhaltens des Hauptschuldners muß sich der Bürge gefallen lassen (**RG** 53, 358).

4. Ein **Verzicht des Bürgen** auf die Geltendmachung von Einreden, die aus dem Rechte des Hauptschuldners auch ihm zustehen würden, ist mit der Natur des Bürgschaftsvertrags nur insoweit vereinbar, als es sich um Einreden allgemeiner Natur handelt,

nicht um solche, die dem Schuldverhältnisse selbst entspringen. Im letzteren Falle würde er der Abhängigkeit der Bürgschaftsverpflichtung von der Hauptschuld widerstreiten und insofern nur als besondere Verpflichtung — Schuldübernahme oder Schuldversprechen oder auch Garantievertrag — Geltung haben können (vgl. **RG** 90, 415; JW 1913, 597[11]; 1916, 398[4]; Warn 1916 Nr 50; 1919 Nr 166). Inwiefern der Bürge dem Hauptschuldner gegenüber zu einem Verzicht auf Einreden berechtigt oder zu einer Geltendmachung dieser Einreden verpflichtet ist, bestimmt sich nach dem zwischen beiden bestehenden Rechtsverhältnisse (**RG** 59, 207).

5. **Einreden des Bürgen aus eigenem Recht** sind natürlich unbeschränkt zulässig (**RG** 53, 403).

§ 769

Verbürgen sich mehrere für dieselbe Verbindlichkeit, so haften sie als Gesamtschuldner, auch wenn sie die Bürgschaft nicht gemeinschaftlich übernehmen.

E I 673 II 709; M 2 666, 667; P 2 467, 468.

Die **Mitbürgschaft** im Sinne des § 769 wird allein durch die Einheit der Verbindlichkeit bedingt, für deren Erfüllung die mehreren Bürgen einzustehen sich verpflichten; gleichgültig ist, ob sie in einer oder mehreren Rechtshandlungen, gleichzeitig oder nacheinander die Bürgschaftsverpflichtung übernehmen (**RG** 77, 53; 81, 414; JW 1912, 746[9]; 27. 4. 05 IV 516/04). Die Haftbarkeit des einen Mitbürgen ist also unabhängig davon, ob dem andern etwa gegenüber dem Anspruch eine Einrede zusteht; für eine Anwendung des § 139 BGB ist im Falle der Nichtigkeit der Verpflichtung des einen Mitbürgen kein Raum, es sei denn, daß die mehreren Mitbürgen gerade gemeinschaftlich die Bürgschaft nur mit der ausdrücklichen Vereinbarung übernommen haben, daß jeder nur haften wolle, wenn auch die andern haften würden; das läuft aber dem Sicherstellungsinteresse des Gläubigers zuwider und ist deshalb nur selten als gewollt anzunehmen (**RG** 88, 412). Bei verschiedener Summenbegrenzung mehrerer Bürgschaften für dieselbe Schuld besteht eine Gesamtschuld immer nur bis zu der gemeinsamen Grenze; innerhalb dieser haften die mehreren Mitbürgen dem Gläubiger für jeden Teil der Schuld (**RG** 81, 414). Eine Einheit des Gegenstandes der Bürgschaftsverpflichtung liegt aber überhaupt nicht vor, wenn die mehreren Bürgen jeder für einen andern besonderen Teil der Hauptschuld, in summenmäßig bestimmten Teilen oder nach Bruchteilen die Haftung übernommen haben (**RG** 27. 4. 05 IV 516/04). Keine Mitbürgschaft, wenn zwei Personen, um einem Dritten Kredit zu verschaffen, dessen Wechselakzept mit ihrem Giro versehen (**RG** 48, 152). — Die Wirkung des Gesamtschuldverhältnisses dem Gläubiger gegenüber bestimmt sich nach §§ 421—425 (zu § 425 — Kündigung — vgl. **RG** Warn 1912 Nr 335), zwischen den mehreren Mitbürgen nach §§ 426 u. 774 Abs 2. Die rechtlichen Beziehungen zwischen dem Gläubiger und den mehreren Bürgen sind unabhängig von dem Innenverhältnis der Bürgen zueinander. Der Gläubiger kann einen Bürgen aus der Haftung ihm gegenüber entlassen, ohne daß dies auf jenes Innenverhältnis einwirkt, und ebenso kann im Innenverhältnis ein Bürge befreit werden, aber trotzdem dem Gläubiger verhaftet bleiben (**RG** LZ 1915, 1511[9]).

Die Vorschrift ist nachgiebigen Rechts (**RG** 81, 414).

§ 770

Der Bürge kann die Befriedigung des Gläubigers verweigern[1]), solange dem Hauptschuldner das Recht zusteht, das seiner Verbindlichkeit zugrunde liegende Rechtsgeschäft anzufechten[2]).

Die gleiche Befugnis hat der Bürge, solange sich der Gläubiger durch Aufrechnung gegen eine fällige Forderung des Hauptschuldners befriedigen kann[3])[4]).

E II 710; P 2 465, 466, 479—481.

1. In den bereits § 767 A 3 und § 768 A 1 erwähnten Fällen, in denen die Entstehung einer Einrede des Hauptschuldners durch eine Verfügung über seine Rechte, eine seiner Willkür unterstehende Entschließung bedingt ist, die an seiner Stelle zu fassen dem Bürgen verwehrt bleiben muß, gibt das BGB dem Bürgen mit Rücksicht auf die, wenn der Schuldner von seinem Rechte Gebrauch macht, das Gläubigerrecht zerstörenden Tatbestände eine verzögerliche Einrede, mit der er die Befriedigung des Gläubigers **verweigern** kann, solange dem Hauptschuldner die Befugnis zusteht, jene Zerstörung des Gläubigerrechts herbeizuführen. Macht der Hauptschuldner nachher von seiner Befugnis wirksam Gebrauch, gibt er die das Gläubigerrecht zerstörende Willenserklärung ab, so ist hierdurch auch die zerstörende Einrede für

den Bürgen begründet. Entschließt sich der Hauptschuldner endgültig, von der Verfügung über sein Recht zuungunsten des Gläubigers abzusehen, oder verliert er seine Befugnis, dann wird die Weigerung des Bürgen hinfällig und es steht ihm aus dem fraglichen Rechte des Hauptschuldners überhaupt keine Einrede mehr zu. Das BGB behandelt zwei solcher Tatbestände, den der Anfechtung und den der Aufrechnung; der in § 770 ausgesprochene Rechtsgedanke ist aber auch auf andere gleichgeartete Tatbestände anzuwenden, in denen eine Verbindlichkeit durch den Hauptschuldner, aber **nur** durch diesen, entkräftet werden kann (s. A 4).

2. Die **Anfechtung** des der Hauptverbindlichkeit zugrunde liegenden Rechtsgeschäfts durch den Hauptschuldner muß noch bestehen. Sie bedarf wegen Irrtums (§ 119) nach § 121 unverzüglicher Geltendmachung nach Erlangung der Kenntnis vom wahren Sachverhalte. Deshalb bleibt für die aufschiebende Einrede des Bürgen nach § 770 hier wenig Raum. Die Anfechtung wegen arglistiger Täuschung oder widerrechtlicher Drohung (§ 123) ist an die einjährige Frist des § 124 nach Entdeckung der Täuschung oder nach Beendigung der Zwangslage gebunden. Verläuft die Frist, ohne daß der Hauptschuldner die Anfechtung erklärt hat, so ist damit auch jede Einrede des Bürgen wegen der Anfechtbarkeit des Geschäfts beseitigt. Ebenso wird er dieser durch eine Bestätigung des anfechtbaren Geschäfts seitens des Hauptschuldners (§ 144) beraubt. Die vom Hauptschuldner wirksam erklärte Anfechtung hat zur Folge, daß das die Schuld begründende Rechtsgeschäft als von Anfang an nichtig anzusehen ist und deshalb auch der Bürge sich auf das Erlöschen der Schuld gemäß § 767 berufen kann. Hat er inzwischen gezahlt, so kann er das Geleistete wegen ungerechtfertigter Bereicherung nach §§ 812, 813 zurückfordern. Erfüllt der die Anfechtung begründende Tatbestand zugleich die Voraussetzungen einer unerlaubten Handlung (§§ 823 Abs 2, 826), so steht die das Gläubigerrecht entkräftende Einrede aus dieser (§ 853) unabhängig von der aufschiebenden Einrede des § 770 auch dem Bürgen gemäß § 768 zu. — Auf die Geltendmachung der Nichtigkeit des Hauptgeschäfts wegen Verstoßes gegen gesetzliches Verbot oder gegen die guten Sitten (§§ 134, 138) bezieht sich § 770 Abs 1 nicht; sie steht dem Bürgen nach § 767 offen.

3. Abs 2 behandelt die **Aufrechnung** einer Gegenforderung des Schuldners gegen die Forderung des Gläubigers nicht vom Standpunkte der Befreiungsbefugnis des ersteren, sondern von demjenigen der Befriedigungsbefugnis des letzteren. Vgl. die ähnliche Bestimmung § 129 Abs 3 HGB. Daß hiernach dem Bürgen die aufschiebende Einrede des § 770 Abs 2 versagt ist, wenn nur dem Hauptschuldner, nicht aber dem Gläubiger die Aufrechnungsbefugnis zusteht, so wenn die Gegenforderung aus einer unerlaubten Handlung des Gläubigers entstanden ist (§ 393) oder wenn sie unpfändbar ist (§ 394), erscheint zunächst unbillig. Der Ausweg, den Bürgen selbst an Stelle des Hauptschuldners die Aufrechnung erklären zu lassen, ist nicht gangbar (**RG** 59, 207; Warn 1912 Nr 303). Ob eine entsprechende Anwendung des Abs 2 im Falle der alleinigen Aufrechnungsbefugnis des Schuldners möglich ist, ist streitig. Die Auffassung von Oertmann (3./4. Aufl. A 4b), der mit Schulz (Gruch 50, 269ff.) in § 770 Abs 2 eine dem § 772 Abs 2 gleichartige Verweisung des Gläubigers auf einen nächstliegenden Weg der Befriedigung erblickt, stimmt mit der Prot 2, 470f. gegebenen Begründung der Antragsteller überein. Mit der überwiegenden Meinung ist sie jedoch richtiger abzulehnen, der Bürge kann sich auf die nur dem Hauptschuldner zustehende Aufrechnungsbefugnis nicht beziehen (Planck A 2b; anders 5. Aufl. dieses Komm). — Die Aufrechnungserklärung des Schuldners gibt dem Bürgen die zerstörende Einrede nach § 768; hat der Bürge vor der Erklärung gezahlt, so hat er den Gläubiger wegen seiner an sich rechtmäßigen Forderung befriedigt und diese getilgt; ein Bereicherungsanspruch nach § 813 steht ihm deshalb nicht zu. Anders, wenn er nach der Erklärung in deren Unkenntnis die Zahlung geleistet hat; denn nunmehr war die Forderung erloschen. — Verzichtet der Hauptschuldner auf die Geltendmachung der Aufrechnung, so geht die Einrede aus § 770 dem Bürgen verloren (**RG** 62, 51); dasselbe gilt, wenn der Hauptschuldner die Gegenforderung auf einen andern überträgt oder damit gegen eine andere Forderung des Gläubigers aufrechnet, oder wenn der Gläubiger, ohne von seiner Aufrechnungsbefugnis Gebrauch zu machen, den Hauptschuldner wegen der Gegenforderung befriedigt (**RG** Warn 1912 Nr 303). Neben der verzögerlichen Einrede des § 770 steht dem Bürgen auf Grund des § 768 die Zurückbehaltungseinrede des § 273 zu, mit der er auch wegen fälliger Gegenforderungen des Hauptschuldners, die nur dieser zur Aufrechnung bringen kann, die Leistung verweigern darf, wenn sie demselben rechtlichen Verhältnisse mit der Hauptforderung in dem weiteren Sinne des § 273 (s. A 2 zu diesem Paragraphen) entsprungen sind (**RG** 62, 51).

4. Der Anfechtung und der Aufrechnung gleich zu behandeln, weil auch hier ein Willensakt des Hauptschuldners in Frage kommt, den der Bürge an seiner Stelle nicht vornehmen kann sind einige andere Tatbestände, die eine **entsprechende Anwendung** des § 770 rechtfertigen: zunächst die Wandlung, während die Minderung vom Bürgen selbst geltend gemacht werden darf (**RG** 66, 332); weiter der Fall eines zu erwartenden Antrags auf Ermäßigung der Vertragsstrafe nach § 343. Endlich ist an sich hierher zu rechnen das Wahlrecht des Hauptschuldners bei alternativen Verpflichtungen nach §§ 262, 263, jedoch nur,

wenn auf eine der mehreren Leistungen geklagt ist; die wahlweise Klage muß sich der Bürge gefallen lassen und kann ihr nicht die aufschiebende Einrede des § 770 entgegensetzen; vielmehr steht ihm, wenn es zur Wahl des Gläubigers nach § 264 gekommen ist, gleich dem Hauptschuldner das Recht zu, durch die andere oder eine der andern Leistungen sich und damit auch den Hauptschuldner zu befreien.

§ 771

Der Bürge kann die Befriedigung des Gläubigers verweigern, solange nicht der Gläubiger eine Zwangsvollstreckung gegen den Hauptschuldner ohne Erfolg versucht hat (Einrede der Vorausklage)[1][2].

E I 674 Abs 1, 2 Satz 1 II 711 Abs 1; M 2 667—669; P 2 468—470.

1. Die geschichtlich überkommene, durch die Abhängigkeit der Bürgschaftsverpflichtung von einer Hauptverbindlichkeit an sich nicht bedingte aufschiebende **Einrede der Vorausklage (beneficium excussionis)** scheidet die gewöhnliche von der selbstschuldnerischen Bürgschaft (§ 772 Nr 1). Sie erfordert nicht notwendig eine Klagerhebung gegen den Hauptschuldner und dessen Verurteilung, aber einen Zwangsvollstreckungsversuch gegen ihn, der auch auf einer vollstreckbaren Urkunde oder einem Zwangsvergleiche beruhen kann, aber immer wegen der verbürgten Schuld, keiner andern, erfolgen muß (RG 3. 3. 10 VI 360/09). Eine Zwangsvollstreckung, die nicht gegen den Hauptschuldner, sondern gegen einen hinzugetretenen Schuldmitübernehmer versucht worden ist, genügt der Vorschrift nicht (RG JW 1911, 158[20]). Die von einem Vollkaufmann übernommene Bürgschaft ist, wenn sie für ihn Handelsgeschäft ist, stets eine selbstschuldnerische (§ 349 HGB). Das BGB selbst hat in den Fällen der gesetzlichen Bürgenhaftung von der Einrede der Vorausklage abgesehen (§§ 571 Abs 2, 1251 Abs 2; vgl. § 239 Abs 2). Wesentlich ist die Vorausklage nur für die sog. Schadlos- oder Ausfallbürgschaft (Vorbem 5b vor § 765), bei der sie zur Begründung der Klage des Gläubigers gehört (RG 75, 186; SeuffA 51 Nr 278). Daß über das Vermögen des Hauptschuldners das Konkursverfahren noch schwebt, bildet aber kein rechtliches Hindernis für die Belangung des Ausfallbürgen, sofern nur der Mindestbetrag des Ausfalls nachgewiesen werden kann (RG 75, 186; JW 1911, 975[5]). Von der Ausfallbürgschaft abgesehen, muß der Bürge sich auf die Vorausklage einredeweise berufen und zwingt dadurch den Gläubiger zu der Beweisführung, daß der Vorausklage Genüge geschehen oder weshalb sie nicht erforderlich sei (§ 773). Nur ein einmaliger Versuch einer Beitreibung, die bei Geldforderungen den Voraussetzungen des § 772 Abs 1 entsprechen muß, kann mit der Einrede verlangt werden (RG 92, 219). Weist der Gläubiger einen solchen nach, dann kann der Bürge nicht entgegnen, daß der Schuldner inzwischen wieder zu Kräften gekommen sei; wohl aber ist diese Entgegnung begründet und geeignet, die Einrede zur Durchführung zu bringen, wenn der Gläubiger sich auf einen der Ausschließungsgründe des § 773 Nr 2 u. 3 beruft, und der Bürge demgegenüber dartut, daß der Ausschließungsgrund nicht mehr besteht, insbesondere, daß der Konkurs über das Vermögen des Hauptschuldners aufgehoben und dieser wieder zu Vermögen gelangt ist (RG 23. 9. 07 VI 3/07). S. darüber § 773 A 3. — Der Nachbürge hat die Einrede der Vorausklage so, wie sie dem ersten Bürgen zusteht; für ihn kommt aber auch letzterer als Hauptschuldner in Betracht, da er für die Erfüllung von dessen Bürgschaftsverbindlichkeit einsteht; daraus ergibt sich, daß der Nachbürge, wenn überhaupt, auch die Vorausklage gegen den Vorbürgen verlangen kann (RG LZ 1915, 221[2]). — Die Verjährung des Bürgschaftsanspruchs wird durch die Geltendmachung der Einrede der Vorausklage nicht gehemmt (§ 202 Abs 2).

2. Bei **gesetzlicher Bürgenhaftung** ist die Einrede ausgeschlossen.

§ 772

Besteht die Bürgschaft für eine Geldforderung, so muß die Zwangsvollstreckung in die beweglichen Sachen des Hauptschuldners an seinem Wohnsitz und, wenn der Hauptschuldner an einem anderen Orte eine gewerbliche Niederlassung hat, auch an diesem Orte, in Ermangelung eines Wohnsitzes und einer gewerblichen Niederlassung an seinem Aufenthaltsorte versucht werden[1]).

Steht dem Gläubiger ein Pfandrecht oder ein Zurückbehaltungsrecht an einer beweglichen Sache des Hauptschuldners zu, so muß er auch aus dieser Sache Befriedigung suchen. Steht dem Gläubiger ein solches Recht an der

Sache auch für eine andere Forderung zu, so gilt dies nur, wenn beide Forderungen durch den Wert der Sache gedeckt werden[2]**.**

E I 674 Abs 2 Satz 2, 3 II 711 Abs 2; M 2 669—671; P 2 469, 470; 6 197.

1. In § 772 Abs 1 gibt das BGB für **Geldforderungen** eine **nähere Bestimmung des Zwangsvollstreckungsversuchs**, der nach § 771 der Inanspruchnahme des Bürgen vorausgegangen sein muß. Der Begriff Zwangsvollstreckung nach § 773 Nr 4 ist der gleiche wie hier (**RG** 92, 219). Von dem sonstigen Vermögen des Hauptschuldners wird abgesehen, nur ein Versuch der Beitreibung der Hauptforderung aus den beweglichen körperlichen Sachen des Hauptschuldners wird verlangt, und auch von diesen hat der Gläubiger nur diejenigen zu berücksichtigen, die sich am Wohnsitze des Schuldners oder an seinen mehreren Wohnsitzen (§ 7 Abs 2), am Orte seiner gewerblichen Niederlassung oder, wenn Wohnsitz und Niederlassung fehlen, an seinem Aufenthaltsorte befinden. Vgl. dazu **RG** 92, 219. Zwischen inländischem und ausländischem Wohnsitz, Niederlassungs- und Aufenthaltsort macht das Gesetz an sich keinen Unterschied; nur eine die Rechtsverfolgung erschwerende Veränderung dieser Orte seit der Bürgschaftsübernahme schließt nach § 773 Nr 2 die Einrede der Vorausklage aus.

2. Abs 2 gibt dem Bürgen, der nicht als Selbstschuldner haftet, die **Verweisung des Gläubigers auf die für die Hauptschuld bestehenden Deckungsrechte** an die Hand, soweit diese an beweglichen körperlichen Sachen des Hauptschuldners bestellt sind. Sie entspricht dem § 777 ZPO und geht von dem Gedanken aus, daß das Pfand vor dem Bürgen, die Sache vor der Person in Anspruch zu nehmen ist. Auf von Dritten für die Forderung bestellte Pfänder erstreckt das BGB jedoch die sachliche Vorausklage nicht. Die Bestimmung des Abs 2 beschränkt sich nicht auf Geldforderungen, und das Verweisungsrecht bleibt auch bestehen, wenn eine Zwangsvollstreckung gegen den Hauptschuldner aus den Gründen des § 773 Nr 2—4 im übrigen nicht verlangt werden kann (§ 773 Abs 2 und A 2 zu dem Paragraphen; a. M. Planck A 2b). Es begreift alle Arten dinglicher Sicherung durch körperliche Sachen, auch das Pfändungspfandrecht, auch eine Sicherungsübereignung. Wegen vorbehaltenen Eigentums **RG** LZ 1907, 518[3]. Die Beweislast, daß ein Deckungsrecht nach Abs 2 dem Gläubiger zu Gebote steht, und daß im Falle des Schlußsatzes die mehreren Forderungen, für die die Sicherheit bestellt ist, durch den Wert der Sache gedeckt werden, trifft den Bürgen.

§ 773

Die Einrede der Vorausklage ist ausgeschlossen[1]**:**

1. **wenn der Bürge auf die Einrede verzichtet, insbesondere wenn er sich als Selbstschuldner verbürgt hat**[2]**;**
2. **wenn die Rechtsverfolgung gegen den Hauptschuldner infolge einer nach der Übernahme der Bürgschaft eingetretenen Änderung des Wohnsitzes, der gewerblichen Niederlassung oder des Aufenthaltsorts des Hauptschuldners wesentlich erschwert ist**[3]**;**
3. **wenn über das Vermögen des Hauptschuldners der Konkurs eröffnet ist**[4]**;**
4. **wenn anzunehmen ist, daß die Zwangsvollstreckung in das Vermögen des Hauptschuldners nicht zur Befriedigung des Gläubigers führen wird**[5]**.**

In den Fällen der Nr 3, 4 ist die Einrede insoweit zulässig, als sich der Gläubiger aus einer beweglichen Sache des Hauptschuldners befriedigen kann, an der er ein Pfandrecht oder ein Zurückbehaltungsrecht hat; die Vorschrift des § 772 Abs 2 Satz 2 findet Anwendung.

E I 675 II 762; M 2 670—672; P 2 476, 477.

1. Die Beweislast für die den **Ausschluß der Einrede** der Vorausklage begründenden Umstände des § 773 trifft den Gläubiger.

2. Die unter **Verzicht auf die Einrede** der Vorausklage übernommene Bürgschaft ist nicht etwas von der selbstschuldnerischen Bürgschaft Verschiedenes, in Nr 1 soll nur ausgesprochen werden, daß der Ausdruck „ich verbürge mich als Selbstschuldner" den Verzicht auf die Vorausklage bedeutet, wie umgekehrt dieser Verzicht eine selbstschuldnerische Bürgschaft darstellt. Die Verbürgung als Selbstschuldner muß als den Bürgen beschwerende Vereinbarung aus der Bürgschaftsurkunde erkennbar hervorgehen (§ 766 A 4); wie sie ausgedrückt wird, ist gleichgültig (**RG** Recht 1911 Nr 2135). Sie ist namentlich anzunehmen, wenn der

Bürge sofortige Erfüllung zu einem bestimmten Zeitpunkte verspricht. Auch ein nachträglicher Verzicht auf die Einrede der Vorausklage bedarf hiernach der Form des § 766.

3. Für die **Ausschließungsgründe der Nr 2 u. 3** des § 773 kommt nicht in Betracht, ob die Umstände, auf denen sie beruhen, in der Vergangenheit einmal vorlagen, sondern ob sie zur Zeit der Inanspruchnahme des Bürgen vorhanden sind. Ist eine Verlegung des Wohnsitzes wieder rückgängig gemacht, ein Konkursverfahren wieder aufgehoben worden und der Hauptschuldner wieder zu Vermögen gekommen, wofür den Bürgen allerdings die Beweislast treffen muß, so ist auch die Einrede der Vorausklage wieder zulässig (**RG** 23. 9. 07 VI 3/07). Eine Verlegung des Wohnsitzes innerhalb Deutschlands genügt in der Regel nicht (**RG** 6, 156). Daß der Ausschließungsgrund zu Nr 4 sich nur auf die Gegenwart beziehen kann, ergibt sich schon aus der Fassung.

4. Die **Konkurseröffnung über das Vermögen des Hauptschuldners** läßt, wie Abs 2 ausdrücklich erklärt, die Einrede der sachlichen Vorausklage aus § 772 Abs 2 bestehen; wird der Konkurs wieder aufgehoben, so lebt aber auch die Einrede der persönlichen Vorausklage wieder auf, im Falle der Aufhebung des Eröffnungsbeschlusses (§ 116 KO) ohne weitere Voraussetzung, im Falle der Aufhebung nach der Schlußverteilung auf Grund Zwangsvergleichs oder der Einstellung (§§ 163, 190, 202 KO), wenn der Bürge nachweist, daß der Hauptschuldner wieder zu Vermögen gekommen ist (**RG** 23. 9. 07 VI 3/07 s. A 3). Im Falle der Schadlosbürgschaft muß der Gläubiger der Regel nach Ende und Ergebnis des Konkurses abwarten, ehe er von dem Bürgen Befriedigung verlangen kann; es sei denn, daß schon vorher die Mindesthöhe des Ausfalls zu übersehen ist (**RG** 75, 186; JW 1911, 975[5]).

5. Die **erkennbare Unzulänglichkeit des Vermögens des Schuldners** ist der letzte der Gründe, die den Gläubiger von der Vorausklage gegen den Hauptschuldner befreien; auch hier bleibt aber die Einrede der sachlichen Vorausklage nach § 772 Abs 2 bestehen (Abs 2 § 773). Die Unzulänglichkeit des Vermögens des Hauptschuldners kann auch aus einer dem § 771 nicht genügenden Zwangsvollstreckung gegen ihn wegen einer andern Forderung des Gläubigers entnommen werden (**RG** 3. 3. 10 VI 360/09). Handelt es sich um eine Geldforderung, so erfordert § 773 Nr 4 nur, daß die in § 772 vorgesehene Zwangsvollstreckung in die beweglichen Sachen des Hauptschuldners voraussichtlich ergebnislos sein würde, nicht aber den Nachweis, daß dessen Vermögen überhaupt keine zur Befriedigung des Gläubigers dienlichen Gegenstände biete (**RG** 92, 219).

§ 774

Soweit der Bürge den Gläubiger befriedigt[2], geht die Forderung des Gläubigers gegen den Hauptschuldner auf ihn über[1]. Der Übergang kann nicht zum Nachteile des Gläubigers geltend gemacht werden[3]. Einwendungen des Hauptschuldners aus einem zwischen ihm und dem Bürgen bestehenden Rechtsverhältnisse bleiben unberührt[4].

Mitbürgen haften einander nur nach § 426[5][6].

E I 676 II 713; M 2 672—676; P 2 477—479.

1. Für die Ersatzansprüche des Bürgen gegen den Hauptschuldner **(Rückgriff)** ist zunächst das zwischen ihnen bestehende Rechtsverhältnis maßgebend. Hat sich der Bürge im Auftrage des Hauptschuldners verbürgt, so schuldet ihm dieser Ersatz der Aufwendungen gemäß § 670; handelt der Bürge als Geschäftsführer ohne Auftrag, so kommt § 683 zur Anwendung; handelt er in freigebiger Absicht, so kommt ihm keinerlei Rückgriff gegen den Schuldner zu (vgl. **RG** Warn 1917 Nr 278). Unabhängig von den Ansprüchen aus dem zwischen ihm und dem Hauptschuldner bestehenden Rechtsverhältnisse läßt aber ferner das BGB die **Forderung des Gläubigers gegen den Hauptschuldner auf den Bürgen,** wenn und soweit er den ersteren befriedigt hat, **übergehen.** Die Hauptverbindlichkeit erlischt mithin nicht infolge der Zahlung des Bürgen, sie wechselt nur die Person des Gläubigers. Der Bürge tilgt nicht die Hauptschuld, sondern seine Bürgschaftsschuld. Der Übergang findet auch dann statt, wenn der Rückgriff ausgeschlossen ist. Auch der Nachbürge, der den Gläubiger befriedigt, rückt in dessen Forderung gegen den Hauptschuldner ein (**RG** 83, 342. Vgl. Vorbem 5c vor § 765. A. M. Gierke, Schuldrecht 776 A 39). Der Bürge hat die Wahl, ob er seinen Rückgriff gegen den Hauptschuldner auf das Rechtsverhältnis zu ihm oder auf den Übergang gemäß § 774 stützen will (**RG** 59, 207); er ist auch nicht gehindert, beide Rechtsgründe nebeneinander zu verwenden, um vollen Ersatz zu erlangen (**RG** JW 07, 831[8]). Die Hauptforderung geht in der Lage, in der sie sich zur Zeit der Befriedigung des Gläubigers befindet, auf den Bürgen über. Der Übergang umfaßt nach §§ 401, 412 alle Sicherheiten, Pfand- und Realisierungsrechte, die dem Gläubiger zustanden, nicht nur die in § 401 besonders bezeichneten (**RG** 65, 164 u. JW 07, 745[16]), sowohl diejenigen, die zur Zeit der Bürgschaftsübernahme bereits begründet waren als auch die später begründeten (§ 776 Satz 3), sowohl die vom Hauptschuldner als die von Dritten bestellten. Dies gibt dem Rückgriff aus § 774 einen Vorzug vor dem aus dem Rechtsverhältnis zwischen dem Bürgen und dem Schuldner erwachsenen. Anderseits läuft die Verjährung der übergegangenen Hauptforderung weiter, was unter Umständen einen Nachteil für den Bürgen bei der Rechtsverfolgung aus § 774 gegenüber derjenigen aus dem Rechtsverhältnisse zwischen ihm und dem Hauptschuldner bedeutet. Eine fiduziarische Eigentumsübertragung zur Sicherheit begründet kein Pfandrecht; sie überträgt sich daher auch nicht von selbst auf den zahlenden Bürgen; doch ist als Wille der Beteiligten, auch des Hauptschuldners, anzunehmen, daß der Gläubiger und Sicherungseigentümer das Recht auf den Bürgen, der ihn befriedigt hat, weiter übertragen muß (**RG** 89, 193). Über den Übergang von Wechselforderungen auf den zahlenden Bürgen vgl. **RG** 60, 191; JW 07, 745[16]; SeuffA 62 Nr 143; über den Rückgriff des zahlenden Bürgen, der Miterbe des Hauptschuldners geworden ist, gegen den Nachlaß und die Miterben **RG** 76, 57. — Die Rechte des in die Forderung eintretenden Bürgen gegen den befriedigten Gläubiger bestimmen die §§ 402—404. Auf andere Schuldhilfezahlungen, z. B. auf Grund eines Garantiewechsels, ist § 774 nicht anwendbar; eine solche Zahlung ist nach § 267 zu beurteilen und hat einen Übergang der Forderung des Gläubigers nicht zur Folge (**RG** 94, 85; 96, 136). Zwingendes Recht enthält § 774 nicht; der Übergang der Forderung auf den Bürgen kann vertragsmäßig ausgeschlossen werden, was bei Teilbürgschaften einen verständlichen Zweck hat (**RG** JW 1914, 350[4]).

2. Der Übergang der Hauptforderung auf den Bürgen erfolgt, **soweit dieser den Gläubiger befriedigt** hat; teilweise Befriedigung bewirkt teilweisen Übergang (**RG** BayZ 1918, 384); zur Zeit der Befriedigung noch nicht fällige und deshalb auch nicht berichtigte Zinsen sind in den Übergang nicht einbegriffen; in der Zukunft fällige Zinsen kann der Bürge auf Grund des Übergangs vielmehr nur in gesetzlicher Höhe gemäß §§ 246, 288 verlangen (**RG** 61, 343). Denn das alte Forderungsrecht dient nach seinem Übergange nur noch dem Rückgriffszwecke, und nur in dessen Grenzen findet auch der Übergang statt. — In welcher Weise die Befriedigung des Gläubigers erfolgt, ist gleichgültig; sie kann durch Hinterlegung, durch Hingabe an Erfüllungs Statt in den gesetzlichen Voraussetzungen, sie kann insbesondere auch durch Aufrechnung mit einer dem Bürgen gegen den Gläubiger zustehenden Gegenforderung geschehen (**RG** 53, 403; 10. 10. 18 IV 230/18; s. § 768 A 1). Hinterlegung zur Sicherheit genügt jedoch nicht (**RG** 106, 311). Es muß eine endgültige Regelung erfolgt sein. Auch der Umstand, daß die Befriedigung mit den Mitteln des Hauptschuldners erfolgt, hindert den Übergang nicht (**RG** Warn 1914 Nr 15), und gleichgültig ist es auch, ob zur Zeit der Befriedigung der Bürge von dem Hauptschuldner hätte in Anspruch genommen werden können oder ob ihm noch die Einrede der Vorausklage zustand (**RG** 10. 10. 18 IV 230/18). Der Übergang setzt aber eine Befriedigung des Gläubigers voraus. Hat der Bürge unter Bestreiten der Bürgschaft lediglich zur Abwendung der Zwangsvollstreckung aus einem vorläufig vollstreckbaren Urteile gezahlt, so ist mit dieser vorläufigen Regelung eine Befriedigung des Gläubigers nicht erfolgt; es findet deshalb auch kein Übergang auf den Bürgen statt (**RG** 98, 328). Der Übergang kann stets nur in den Grenzen der Bürgschaftsverpflichtung erfolgen; hat der Bürge, der sich nur für einen Teil der Schuld verbürgt hat, die ganze Schuld bezahlt, so geht in Höhe des Mehr die Forderung des Gläubigers auf ihn nicht über; hinsichtlich des Mehr ist der Bürge ein Dritter, der eine fremde Schuld bezahlt hat, im Sinne des § 267 (**RG** LZ 1918, 909[8]). Die Forderung geht so auf den Bürgen über, wie sie zur Zeit der Befriedigung des Gläubigers durch den Bürgen bestand, sowohl nach Bestand an sich wie nach Gegenstand und Höhe (**RG** 113, 320). Bei Wechseln bedarf es keiner Indossierung (**RG** 60, 191; JW 1907, 745[16]). Mit der Forderung gehen auch alle Nebenrechte über (**RG** 65, 164).

3. Durch den gesetzlichen Übergang der Hauptforderung auf den Bürgen in den Grenzen der erfolgten Befriedigung des Gläubigers darf **weder der Gläubiger** in seinen Rechten gegen den Hauptschuldner **noch der Hauptschuldner** in seinen Rechten gegen den Bürgen **benachteiligt** werden. Ersteres drückt Satz 2, letzteres Satz 3 des § 774 Abs 1 aus. Deshalb muß der Bürge, der nur einen Teilbetrag der durch die Bürgschaft gesicherten Schuld bezahlt hat, mit seinem auf ihn übergegangenen Rechte auf Befriedigung aus Pfändern oder aus andern Bürgschaften hinter den ursprünglichen Gläubiger bis zu dessen voller Befriedigung zurücktreten, mag er sich für die ganze Schuld verbürgt und mit der Zahlung des Teilbetrags auch seine Bürgschaftsschuld nur zum Teil erfüllt oder mag er, wenn er nur bis zur Höhe seiner Zahlung für die an sich größere Schuld sich verbürgt hatte, die Bürgschaftsverpflichtung voll erfüllt haben (**RG** 53, 403; 76, 195; 82, 135; JW 1917, 811[2]). Auf andere Forderungen desselben Gläubigers gegen denselben Schuldner erstreckt sich zunächst das Vorrecht des Gläubigers nicht (**RG** a. a. O.); doch darf der Gläubiger auch hinsichtlich solcher durch den Mitbewerb des Bürgen nicht schlechter gestellt werden, wenn er zur Zeit der Zahlung in der Lage war, an der Stelle der befriedigten Forderung andere mit denselben Sicherungen ausgestatteten Forderungen geltend zu machen (**RG** 82, 133), und sofern es sich um

Forderungen handelt, die mit der durch die Bürgschaft gesicherten in einem rechtlichen Zusammenhange stehen (RG Warn 1914 Nr 275). Die Beweislast, daß eine Geltendmachung der auf den Bürgen übergegangenen Hauptforderung durch diesen ihm, dem Gläubiger, zum Nachteile gereiche, trifft den Gläubiger. Im Konkurse des Hauptschuldners werden die entwickelten Grundsätze des § 774 durch die Besonderheiten des Konkursverfahrens beeinflußt. Der Gläubiger, dem der Bürge vor der Konkurseröffnung eine Teilzahlung gemacht hat, kann den entsprechenden Teil seiner Forderung wegen des Teilübergangs seinerseits nicht mehr zum Konkurse anmelden; vielmehr ist der Bürge insoweit forderungs- und zur Teilnahme an dem Konkurse berechtigt. Würde dieser durch § 774 Abs 1 Satz 2 gehindert sein, die Forderung auf Grund des Übergangs zum Konkurse anzumelden, würden also weder der Gläubiger noch der Bürge die Teilforderung im Konkurse geltend machen dürfen, so würde dies wesentlich eine grundlose Begünstigung der übrigen Konkursgläubiger bedeuten. Der Gläubiger mag deshalb von dem Bürgen außerhalb des Konkursverfahrens denjenigen Teil der Dividende herausverlangen, um den er durch die Teilnahme des Bürgen an dem Konkurse verkürzt worden ist (RG 83, 406). — Entsprechende Bestimmungen über einen gesetzlichen Übergang einer Forderung von dem Gläubiger auf den Zahlenden in den Grenzen der Befriedigung finden sich in §§ 268, 426, 1164, 1176, 1607 u. 1709.

4. Der Hauptschuldner hat gegen die Rückgriffsforderung des Bürgen aus dem zwischen ihnen bestehenden Schuldverhältnisse (Auftrag, Geschäftsführung ohne Auftrag, Dienstvertrag usw.) die **Einwendungen,** die ihm auf Grund dieses Rechtsverhältnisses zustehen, und nur diese (RG 102, 53). Er kann nicht der Rückgriffsforderung des Bürgen gegenüber mit einer Forderung, die ihm gegen den befriedigten Gläubiger zustand, aufrechnen; wohl aber darf er dem Bürgen, der zu ihm in einem Auftragsverhältnisse stand, entgegenhalten, daß dieser gemäß § 770 die Befriedigung des Gläubigers mit Rücksicht auf die Gegenforderung, wenn er von ihr Kenntnis hatte, hätte verweigern müssen; der Bürge hat bei der Befriedigung des Gläubigers nicht nur sein Interesse, sondern auch das seines Auftraggebers oder Geschäftsherrn zu wahren (RG 59, 207). Der aus dem Übergange der Hauptforderung auf den Bürgen erhobenen Klage gegenüber stehen dem Hauptschuldner dagegen einmal alle Einwendungen zu, die das Hauptschuldverhältnis ihm an die Hand gibt, soweit diese zur Zeit des Übergangs begründet waren (§§ 404, 412), sodann aber auch die aus dem persönlichen Rechtsverhältnisse gegen den Bürgen ihm erwachsenen. Während jedoch im Falle der Rückgriffsklage des Bürgen aus dem zwischen ihm und dem Hauptschuldner bestehenden Rechtsverhältnisse den Bürgen die Beweislast trifft, daß er vertragsgemäß gehandelt habe, hat gegenüber der Hauptforderungsklage der Hauptschuldner darzutun, daß der Bürge zur Geltendmachung der Forderung aus einem in dem beiderseitigen Rechtsverhältnisse begründeten Umstande nicht berechtigt sei (RG 85, 72). Hat der Bürge dem Gläubiger seine Forderung bezahlt in Unkenntnis des Umstandes, daß sie schon bezahlt war, so steht ihm gegen den Gläubiger ein Anspruch aus ungerechtfertigter Bereicherung zu (§§ 812ff.); er kann auch gegen den Hauptschuldner, wenn er dem ihn mit diesem verbindenden Rechtsverhältnisse entsprechend pflichtgemäß gehandelt hat, einen Rückgriff (§ 670) haben; die Hauptforderung ist jedoch auf ihn nicht übergegangen, da sie durch die frühere Zahlung bereits erloschen war. Hat der Bürge sich mit dem Gläubiger auf die Zahlung eines geringeren Betrags verglichen, so ist es Tatfrage, ob der Nachlaß nur ein dem Bürgen gewährtes Entgegenkommen bedeutet oder ob er das gesamte Schuldverhältnis umfassen sollte. Im ersteren Falle steht den Bürgen der Rückgriff auf Grund des Übergangs gegen den Hauptschuldner in voller Höhe zu, im letzteren Falle nur in Höhe seiner Zahlung, die jetzt mit dem Betrage der Hauptschuld sich deckt (RG 102, 51).

5. **Mitbürgen** haften gemäß § 769 als Gesamtschuldner. Das dadurch zwischen ihnen selbst bedingte Gemeinschaftsverhältnis führt zu der in der grundsätzlichen Bestimmung des § 426 (vgl. RG 61, 56 u. 70, 48) festgesetzten gegenseitigen Ausgleichung. Mehrere zum Rückgriff berechtigte Bürgen stehen jedem einzelnen zur Ausgleichung verpflichteten Mitbürgen als Gesamtgläubiger gegenüber. Jeder Rückgriffsberechtigte kann von jedem ausgleichspflichtigen Mitbürgen Zahlung bis zur Höhe des ihm nach dem Innenverhältnis zustehenden Anteils an der Bürgschaftsschuld verlangen (RG 4. 4. 27 IV 608/26). Die darauf verweisende Vorschrift des Abs 2 des § 774 wäre daher an sich überflüssig; ihr Schwerpunkt beruht in dem Wörtchen „nur". Der in Abs 1 bestimmte Forderungsübergang auf den Bürgen, der den Gläubiger befriedigt hat, hat an sich auch den Übergang der Ansprüche aus den für die Forderung bestellten weiteren Bürgschaften zur Folge (§§ 401, 412). Dieser Übergang der Rechte gegen die andern Bürgen wird in Abs 2 in seinem Umfange beschränkt. Die Ausgleichung findet gemäß § 426 Abs 1, „soweit nicht ein anderes bestimmt ist", nach Kopfteilen statt. Die abweichende Bestimmung kann durch ausdrückliche oder stillschweigende Vereinbarung, mithin auch durch Vertragsbestimmungen, die mit einem Ausgleichungsrechte nicht vereinbar sind, getroffen sein (RG 61, 56; 81, 414; JW 1913, 488[9]); die Beweislast für eine vereinbarte anderweite Bestimmung trifft den Mitbürgen, der sie behauptet (RG 15. 4. 08

VI 33/07). Sie kann auch aus den Verhältnissen von selbst sich ergeben, so daß den Beweis zu führen hat, wer etwas anderes behauptet. Haben z. B. die Mitgesellschafter einer G. m. b. H. sich für Schulden der Gesellschaft gemeinschaftlich verbürgt, so ist das Beteiligungsverhältnis an der Gesellschaft als die natürliche Grundlage auch für die Ausgleichung unter den Gesellschaftern anzunehmen; der Vertragswille der Gesellschaft überträgt sich von selbst auf das Ausgleichungsverhältnis (**RG** 88, 122; Warn 1914 Nr 247). — Der Nachbürge ist im Sinne der §§ 769 u. 774 Abs 2 Mitbürge; sein Bürgschaftsgläubiger ist der Gläubiger der Hauptverbindlichkeit (**RG** 83, 342; Warn 1917 Nr 241). Aber diejenigen Bürgen, für die er als Nachbürge die Haftung übernommen hat und die darum vor ihm, nicht neben ihm haften, haben keinen Ausgleichungsanspruch gegen ihn (**RG** JW 1912, 746[9]). Umgekehrt hat der Nachbürge vollen Ersatzanspruch gegen den Vorbürgen, für den er die Bürgschaft übernommen hat (**RG** 28. 5. 14 VI 173/14). Der Rückbürge, dessen Bürgschaftsgläubiger ein Bürge ist und dessen Rückbürgschaftsverpflichtung auf des letzteren Bürgschaftsverpflichtung gegen den Hauptgläubiger als ihre Hauptverbindlichkeit sich bezieht, nicht auf die Verbindlichkeit des Hauptschuldners, muß den Bürgen, der sein Bürgschaftsgläubiger ist, auch für den Verlust schadlos halten, den dieser infolge der Ausgleichungspflicht andern Mitbürgen gegenüber in seinem Rückgriff erleidet (**RG** 27. 4. 05 IV 516/04). Für den Fall, daß der Mitbürge nicht auf Grund des § 774, sondern durch Vertrag mit dem Gläubiger dessen Forderung erwirbt, führt die Anwendung des § 426 zu dem gleichen Ergebnis, daß sich der Mitbürge, der die Forderung erworben hat, den Betrag, der bei der Ausgleichung auf ihn entfallen würde, gegenüber den Mitbürgen von der Forderung kürzen lassen muß (**RG** Warn 1918 Nr 361).

6. **Entsprechende Anwendung** findet § 774 Abs 1 im Falle des § 1143 (Befriedigung des Gläubigers einer hypothekarisch versicherten Forderung durch den nur dinglich haftenden Eigentümer des belasteten Grundstücks) und der ganze § 774 im Falle der Einlösung des Pfandes durch den Drittverpfänder einer beweglichen Sache (§ 1225). Die früher vielumstrittene Frage, wie dann der Rückgriff des Bürgen gegen den Drittverpfänder und umgekehrt, die jedenfalls in einem gesamtschuldnerischen Gemeinschaftsverhältnis zueinander nicht stehen, sich gestaltet, ist mit Strohal (Arch. f. Dogm. 61, 59ff.) dahin zu lösen, daß der Bürge in jedem Falle die Last der Schuld endgültig auf das Pfand abwälzen kann. Siehe darüber § 1225 A 3. Vgl. auch **RG** 85, 363.

§ 775

Hat sich der Bürge im Auftrage des Hauptschuldners verbürgt oder stehen ihm nach den Vorschriften über die Geschäftsführung ohne Auftrag wegen der Übernahme der Bürgschaft die Rechte eines Beauftragten gegen den Hauptschuldner zu[1]), so kann er von diesem Befreiung von der Bürgschaft verlangen[2]):

1. **wenn sich die Vermögensverhältnisse des Hauptschuldners wesentlich verschlechtert haben[3]);**
2. **wenn die Rechtsverfolgung gegen den Hauptschuldner infolge einer nach der Übernahme der Bürgschaft eingetretenen Änderung des Wohnsitzes, der gewerblichen Niederlassung oder des Aufenthaltsorts des Hauptschuldners wesentlich erschwert ist;**
3. **wenn der Hauptschuldner mit der Erfüllung seiner Verbindlichkeit im Verzug ist[4]);**
4. **wenn der Gläubiger gegen den Bürgen ein vollstreckbares Urteil auf Erfüllung erwirkt hat.**

Ist die Hauptverbindlichkeit noch nicht fällig, so kann der Hauptschuldner dem Bürgen, statt ihn zu befreien, Sicherheit leisten[5]).

E I 677 II 714; M 2 676—678; P 2 479, 480.

1. § 775 behandelt das innere Verhältnis des Bürgen zum Hauptschuldner, das außerhalb des Bürgschaftsvertrags steht, und gibt eine Sonderbestimmung über die Rechte des Bürgen gegen den Hauptschuldner für den Fall, daß der erstere die **Bürgschaft im Auftrage des Hauptschuldners** (§ 662), dem ein Dienstvertrag auf Geschäftsbesorgung (§ 675) gleichzustellen ist, übernommen oder bei der auftragslosen Übernahme im Interesse und dem Willen des Hauptschuldners entsprechend gehandelt hat (§ 683). Für Auftrag und Dienstvertrag tritt das im § 775 gegebene Recht auf Befreiung oder Sicherheitsleistung unter den in dem Paragraphen aufgeführten veränderten Umständen an Stelle des Rechtes auf Vorschuß

(§ 669), das für den Auftrag zur Bürgschaftsübernahme der Natur der Sache nach unanwendbar ist, sowie des Rechtes auf Befreiung nach § 670, soweit diese vor Befriedigung des Gläubigers durch den Bürgen verlangt werden könnte, da die Bürgschaft gerade der Verschaffung und Erhaltung des Kredits des Auftraggebers zu dienen bestimmt ist. Nur unvorhergesehene, ohne sein Zutun nachträglich eingetretene Umstände, die die Stellung des Bürgen gefährden, sollen dem Bürgen einen Anspruch auf Entbindung von der auftraggemäß übernommenen Verpflichtung geben. Sobald der Bürge den Gläubiger befriedigt hat, erlischt notwendig der Befreiungsanspruch und tritt der Rückgriffsanspruch gegen den Hauptschuldner an dessen Stelle. Anderseits kann es zu einem Rückgriffsanspruch nicht kommen, wenn der Hauptschuldner den Bürgen befreit hat. Beide Ansprüche können deshalb auch gleichzeitig — im Konkurse des Hauptschuldners — nicht geltend gemacht werden.

2. Die **Befreiung von der Bürgschaft** leistet der Hauptschuldner, indem er entweder den Gläubiger befriedigt oder durch Gewährung anderweiter Sicherheiten zur Entlassung des Bürgen aus der Bürgschaftsverpflichtung veranlaßt. Der Bürge kann selbstverständlich vertragsmäßig auf den Befreiungsanspruch verzichten, und diese Beredung zwischen dem Bürgen und dem Hauptschuldner bedarf keiner Form. Der Verzicht braucht nicht ausdrücklich erklärt zu sein, sondern kann sich aus den Parteiverhandlungen ergeben. Ein solcher Verzichtswille kann daraus gefolgert werden, daß nach Übernahme der Bürgschaft der Hauptschuldner und der Gläubiger unter Zustimmung des Bürgen die Hinausschiebung des Fälligkeitstermins vereinbart haben (**RG** 59, 10); er kann aber nicht schon daraus entnommen werden, daß der Bürge vor der Fälligkeit der Hauptverbindlichkeit gemäß § 757 Abs 2 oder auf Grund besonderer Vereinbarung von dem Hauptschuldner sich hat Sicherheit leisten lassen; denn die letztere bezweckt gerade, die Befreiung des Bürgen nach Eintritt der Fälligkeit zu gewährleisten (**RG** a. a. O. u. 12. 7. 06 VI 589/05).

3. Zur Feststellung einer **Verschlechterung der Vermögensverhältnisse des Hauptschuldners** bedarf es der Vergleichung der letzteren zur Zeit der Bürgschaftsübernahme mit denjenigen zur Zeit der Erhebung der Befreiungsklage; hierbei sind nicht nur die Besitzwerte und Schulden, sondern auch die Kreditverhältnisse des Hauptschuldners zu berücksichtigen (**RG** 12. 7. 06 VI 589/05). Der Bürge kann jedoch nicht unter Berufung auf § 775 Befreiung verlangen, wenn er selbst durch vertragswidriges Verhalten die Verschlechterung der Vermögensverhältnisse des Hauptschuldners herbeigeführt hat; seinem Befreiungsanspruche steht alsdann die Einrede der Arglist entgegen (**RG** a. a. O.).

4. Dem **vollstreckbaren Urteil** steht gleich der Vollstreckungsbefehl nach § 700 Satz 1 ZPO, nicht aber andere vollstreckbare Titel nach § 794 ZPO (Vergleiche, vollstreckbare Urkunden), die der Bürge dem Gläubiger durch seine eigene Mitwirkung verschafft hat.

5. Die **Sicherheitsleistung** (§§ 232ff.) bezweckt nicht, die Rückgriffansprüche des Bürgen aus der Befriedigung des Gläubigers zu sichern, sondern lediglich, die Befreiung des Bürgen von der übernommenen Bürgschaft nach Eintritt der Fälligkeit der Hauptschuld zu schützen (**RG** 59, 10 u. 16. 3. 06 VI 313/05). Hat der Bürge daher auf den Befreiungsanspruch nachträglich verzichtet oder hat er den Gläubiger befriedigt, so ist die Sicherheitsleistung erledigt.

§ 776

[1]) Gibt der Gläubiger ein mit der Forderung verbundenes Vorzugsrecht, eine für sie bestehende Hypothek, ein für sie bestehendes Pfandrecht oder das Recht gegen einen Mitbürgen auf[2]), so wird der Bürge insoweit frei, als er aus dem aufgegebenen Rechte nach § 774 hätte Ersatz erlangen können[3]). Dies gilt auch dann, wenn das aufgegebene Recht erst nach der Übernahme der Bürgschaft entstanden ist[4]).

E I 679 II 715; M 2 678—682; P 2 780—783.

1. Die Pflichten des Gläubigers. Dem Gläubiger erwachsen an sich aus dem Bürgschaftsvertrage nur Rechte, keine Pflichten (s. A 5 zu § 765); er hat nach dem Rechte des BGB auch nicht wie nach gemeinem Rechte in der Geltendmachung und Einziehung seiner Forderung gegen den Hauptschuldner Sorgfaltspflichten zu erfüllen, wenn nicht vertragsmäßig ein anderes bestimmt ist, in welchem Falle bei Versäumung der Sorgfaltspflicht der Bürge, wenn er sonst mit einem Rückgriff Erfolg gehabt haben würde, frei wird (**RG** 65 S. 136, 397; 87, 327; 88, 410; **RG** Warn 1916 Nr 129; **RG** 31. 3. 27 621/26). Ohne solche Vereinbarung kann der Bürge weder von dem Gläubiger verlangen, daß dieser von einem Kündigungsrechte wegen Verzugs des Hauptschuldners in der Zahlung der Zinsen Gebrauch mache (**RG** 3. 12. 06 VI 123/06), noch kann er einer dem Hauptschuldner gewährten Stundung widersprechen; er ist auch nicht befugt, vom Gläubiger die Anfechtung einer Rechtshandlung zu verlangen (**RG** a. a. O.), oder daß der Gläubiger die ihm für die Forderung bestellte Hypothek in der Zwangsversteigerung des Grundstücks ausbiete (**RG** 88, 410), oder ihm zuzumuten, um eine teilweise Tilgung der Schuld durch Dritte zu erlangen, eine Sicherheit aufzugeben (RG Warn 1915 Nr 17) oder ihn zur Anmeldung seiner Forderung im Konkurse über das Vermögen des Hauptschuldners zu veranlassen. Der Gläubiger ist nicht verpflichtet, den Bürgen von einem die Vermögensverhältnisse des Hauptschuldners betreffenden Vorgange, namentlich von der Einleitung einer Zwangsvollstreckung gegen diesen zu benachrichtigen; § 1166 ist nicht entsprechend anwendbar (RG 65, 134). Treu und Glauben hat aber auch der Gläubiger dem Bürgen gegenüber zu wahren; er darf die Stellung des Bürgen nicht willkürlich verschlechtern. Befreit das BGB den Gläubiger von einer Wachsamkeitspflicht gegenüber dem Bürgen, so hat es anderseits auch den letzteren in den §§ 774, 776 unabhängig vom Gläubiger gestellt. Mit Rücksicht auf den dem Bürgen, wenn er den Gläubiger befriedigt, gesetzlich gewährten Übergang der Hauptforderung, der nach §§ 401, 412 auch den Übergang aller Sicherungen auf ihn zur Folge hat, verbietet § 776 dem Gläubiger, zum Nachteile des Bürgen von diesen Sicherungsrechten etwas aufzugeben. Aber auch über § 776 hinaus haftet der Gläubiger dem Bürgen nicht nur, wenn er arglistig die Beeinträchtigung der Interessen des Bürgen herbeiführt (RG Warn 08 Nr 370), sondern auch, wenn er fahrlässigerweise im Vertrauen auf die durch die Bürgschaft ihm gebotene Sicherheit Pfänder aus seinem Pfandbesitz hat wegbringen lassen (RG Warn 1915 Nr 17) oder Aufwendungen auf Pfänder zum Schutze gegen deren Entwertung unterläßt, die die im Verkehr erforderliche Sorgfalt oder die Sorgfalt eines ordentlichen Kaufmanns von ihm verlangt, sofern dem Bürgen das Recht zusteht, den Gläubiger zunächst auf das Pfand zu verweisen (RG JW 05, 720[11]). Bei der Ausfallsbürgschaft kann der Gläubiger deshalb vom Bürgen nicht Beträge fordern, deren Verlust er selbst durch nachlässige Betreibung der Rechtsverfolgung gegen den Hauptschuldner verschuldet hat (RG 87, 327).

2. Die **Aufgabe von Sicherheiten,** die den Bürgen nach § 776 freimacht, setzt eine Willenserklärung des Gläubigers voraus, die diese Aufgabe zur Folge hat; ein nur zusehendes Verhalten des Gläubigers, das den Verlust von Nebenrechten mit sich bringt, ist darunter nicht begriffen (RG 65, 396). Über Vorzugsrechte s. § 401 Abs 2. Der Pfandrechtstitel des § 648 für die Baugläubiger ist kein Vorzugsrecht, der Nichtgebrauch des Anspruchs auf Eintragung deshalb auch nicht Aufgabe einer Sicherheit, die den Bürgen befreit. Die Entlassung eines von mehreren Gesamtschuldnern ist keine Aufgabe einer Sicherheit (RG 10. 3. 13 VI 238/12).

3. Die Aufgabe der Nebenrechte **befreit den Bürgen** nur, wenn und insoweit das aufgegebene Recht ihm die Möglichkeit gewährt haben würde, sich gemäß § 774 daran zu erholen. Den Bürgen, der unter Berufung auf § 776 dem Gläubiger die Bürgschaft aufkündigt oder seiner Klage aus dem Bürgschaftsvertrage die Befreiung einredeweise entgegensetzt, trifft die Beweislast sowohl für die Aufgabe wie für die Tauglichkeit des aufgegebenen Rechtes, ihm Ersatz zu gewähren. Hat der Bürge in Unkenntnis davon, daß der Gläubiger ein Sicherungsrecht aufgegeben hat, den Gläubiger befriedigt, so steht ihm in Höhe des Wertes des letzteren ein Bereicherungsanspruch gegen den Gläubiger gemäß § 813 zu (RG 9. 6. 03 II 165/03). Es ist selbstverständlich, daß der Bürge auf seine Rechte aus § 776 verzichten kann, insbesondere durch ausdrückliche oder stillschweigende Einwilligung in eine Aufgabe von Sicherheiten durch den Gläubiger (RG Warn 1917 Nr 290).

4. Daß § 776 sich nur auf die Aufgabe von Sicherheiten **durch den Gläubiger** bezieht, bedarf kaum der Erwähnung. Ein Mitbürge insbesondere darf unbeschadet seines Rückgriffsrechts gegen die andern Bürgen ihm vom Schuldner oder von Dritten persönlich bestellte Vorzugs- oder Sicherheitsrechte aufgeben (RG JW 05, 486[3]). — Eine entsprechende Anwendung des § 776 auf den Gewährvertrag ist an sich denkbar. Satz 2 kann aber auf ein Gewährversprechen wegen der von der Bürgschaft abweichenden inneren Natur dieser Verpflichtung nicht angewendet werden (RG 72, 138).

§ 777

Hat sich der Bürge für eine bestehende Verbindlichkeit auf bestimmte Zeit verbürgt[1]), so wird er nach dem Ablaufe der bestimmten Zeit frei, wenn nicht der Gläubiger die Einziehung der Forderung unverzüglich nach Maßgabe des § 772 betreibt, das Verfahren ohne wesentliche Verzögerung fortsetzt und unverzüglich nach der Beendigung des Verfahrens dem Bürgen anzeigt, daß er ihn in Anspruch nehme. Steht dem Bürgen die Einrede der Vorausklage nicht zu, so wird er nach dem Ablaufe der bestimmten Zeit frei, wenn nicht der Gläubiger ihm unverzüglich diese Anzeige macht[2]).

Erfolgt die Anzeige rechtzeitig, so beschränkt sich die Haftung des Bürgen im Falle des Abs 1 Satz 1 auf den Umfang, den die Hauptverbindlichkeit zur Zeit der Beendigung des Verfahrens hat, im Falle des Abs 1 Satz 2 auf

den Umfang, den die Hauptverbindlichkeit bei dem Ablaufe der bestimmten Zeit hat[2]).

E II 716; P 2 483—485.

1. Wird einer Bürgschaftsverpflichtung eine **zeitliche Begrenzung** hinzugefügt, so kann dies, wie in § 765 A 5 bereits bemerkt ist, den Sinn haben, daß mit dem Ablaufe der Zeit die Bürgschaft erlöschen soll; es kann aber auch bedeuten, daß Gegenstand der Bürgschaft diejenigen Verbindlichkeiten sein sollen, die der Hauptschuldner innerhalb der bestimmten Zeit gegenüber dem Gläubiger eingeht. Es ist Sache der Auslegung im einzelnen Falle, wie die Zeitbestimmung zu verstehen ist; wird die Bürgschaft für eine bestehende und deshalb ihrem Umfange nach bereits feststehende Verbindlichkeit übernommen, so ist eine andere Auffassung, als daß die Zeitbestimmung eine zeitliche Schranke für die Haftung des Bürgen selbst bedeuten solle, der Regel nach nicht möglich. Bei einer Bürgschaft für künftige Verbindlichkeiten (Kreditbürgschaft) ist eine andere Auslegung nicht nur möglich, sondern es ist auch naheliegend, daß hier nicht die Bürgschaft selbst, sondern der Kreis der Forderungen, für die sie übernommen wird, zeitlich begrenzt werden soll (RG 63, 11; 82, 382). Die Bestimmung des § 777 gibt eine Sondervorschrift für den Fall, daß die Zeitbestimmung eine Schranke für die Bürgenhaftung selbst bedeutet, und legt dieser den Regelfall unter, daß die Bürgschaft für eine bestehende Verbindlichkeit übernommen ist. Der Rechtsgedanke des Paragraphen, für den Fall einer Beschränkung der Bürgenhaftung selbst auf eine bestimmte Zeit eine Ordnung zu schaffen, ob und inwieweit der Gläubiger bis zum Ablaufe der Zeit bereits die Inanspruchnahme des Bürgen eingeleitet und durchgeführt haben müsse, trifft indessen auch dann zu, wenn im Einzelfalle die Vertragsauslegung bei der Bürgschaft für künftige Verbindlichkeiten zu dem Ergebnisse führt, daß die Zeitbestimmung auch hier nicht den Kreis der Forderungen, sondern die Bürgschaftsverpflichtung selbst habe begrenzen wollen; die Vorschrift ist deshalb in solchem Falle entsprechend anzuwenden (RG 82, 382). Nötig ist nicht, daß die Zeit kalendermäßig bestimmt ist (RG 107, 194). Die Befristung der Hauptschuld bedeutet nicht auch die Befristung der Bürgschaft (RG Warn 1914 Nr 155). Wohl aber ist die Beschränkung der Bürgschaftshaftung auf bestimmte Zeit für aufgegeben zu erachten, wenn der Bürge zu einer Stundung der Hauptverbindlichkeit auf unbestimmte Zeit seine Zustimmung gibt; die Zeitbestimmung muß als geändert gelten, wenn diese Stundung mit bestimmtem Endtermin erfolgt (RG JW 03 Beil Nr 252). — Über die entsprechende Anwendung des § 777 bei zeitlich begrenzter Pfandbestellung für fremde Schuld s. RG 68, 141. Bei Interzession durch Wechselbürgschaft nicht anwendbar (RG 74, 352; JW 1903 Beil. 43.

2. **Pflichten des Gläubigers.** Vor dem Ablaufe der bestimmten Zeit hat der Gläubiger die Inanspruchnahme des Bürgen nicht einzuleiten; im übrigen scheidet das BGB für die Behandlung der Frage, wie die Inanspruchnahme des Bürgen der Zeitschranke sich anzuschließen habe, die **gewöhnliche** und die **selbstschuldnerische** Bürgschaft; der letzteren stehen die Fälle gleich, in denen die dem Bürgen an sich gegebene Einrede der Vorausklage wegen der in § 773 Nr 2—4 bezeichneten Umstände im Einzelfalle ausgeschlossen ist. In den Fällen der Bürgschaft ohne Vorausklage bestimmt sich die Haftung des Bürgen nach dem Umfange der Verbindlichkeit im Augenblicke des Zeitablaufs; der Bürge wird aber frei, wenn nicht der Gläubiger unverzüglich, d. i. ohne schuldhaftes Zögern (§ 121), nach dem Ablaufe der Zeit dem Bürgen anzeigt, daß er ihn in Anspruch nehme. Bei der Bürgschaft mit Vorausklage muß der Gläubiger nach dem Ablaufe der Zeit zunächst unverzüglich die Einziehung der Forderung gegen den Hauptschuldner betreiben; nach Beendigung dieses Verfahrens hat er dem Bürgen jene Anzeige zu machen, und der Zeitpunkt der Beendigung des Verfahrens, nicht der Zeitablauf, bestimmt zugleich den Umfang der Bürgschaft nach § 767. Die einmal erfolgte Anzeige kann nicht vom Gläubiger einseitig rückgängig gemacht werden; denn die Befreiung des Bürgen, die hierdurch bewirkt würde, kann nur durch Erlaßvertrag nach § 797 erfolgen (RG 24. 9. 02 VI 32/02). Die hier vorgeschriebene Anzeige wird durch eine vor Ablauf der bestimmten Zeit gemachte Mitteilung, daß der Gläubiger den Bürgen in Anspruch nehmen werde, nicht ersetzt (RG 96, 133; dagegen Levy JW 1919, 823 bei Nr 5). Die Beweislast, daß den Voraussetzungen der Inanspruchnahme des Bürgen nach § 777 Genüge geschehen ist, trifft den Gläubiger.

§ 778

Wer einen anderen beauftragt[1]), **im eigenen Namen und auf eigene Rechnung einem Dritten Kredit zu geben**[2]), **haftet dem Beauftragten für die aus der Kreditgewährung entstehende Verbindlichkeit des Dritten als Bürge**[3])[4]).

E I 680 II 717; M 2 682—684; P 2 485, 486.

1. Das wesentliche Merkmal der Bürgschaftsverpflichtung, das Einstehen für eine fremde Verbindlichkeit, ist an und für sich dem in § 778 behandelten **Kreditauftrage (mandatum qualificatum)** nicht eigen. Vielmehr hätten auch hier nur die Grundsätze des Auftrags Anwendung zu finden. Doch das genügt dem Verkehrsbedürfnis nicht. Wie das röm. Recht schon bestimmt deshalb auch das BGB, daß die Haftung hier wie die eines Bürgen, als Bürge von Gesetzes wegen eintreten soll. Erforderlich ist die Annahme des Auftrags (**RG** 56, 130; 87, 144). Die Aufforderung eines Dritten an den lieferungsunlustigen Verkäufer, dem Käufer die bestellte Ware zu liefern, kann als Kreditauftrag angesehen werden (**RG** 87, 144). Diese Veranlassungshandlung bildet den Rechtsgrund seiner Haftung; die letztere entsteht, wenn der Ersuchte dem Ersuchen nachkommt und dem Dritten den verlangten Kredit gewährt; der Ersuchende wird dadurch zum Nachschuldner gleich dem Bürgen. Den Streit, ob jenes Ersuchen, um einen Kreditauftrag im Sinne des § 778 darzustellen, in einem wirklichen rechtsgeschäftlichen **Auftrage** bestehen müsse, der der Annahme bedarf und im Falle der Annahme den Beauftragten verpflichtet, oder ob eine bloße Ermächtigung, ein Anheimgeben, genüge, mit dem der Angegangene nicht verpflichtet werden soll (so Eccius in Gruch 46, 55 ff., Kohler, BR II § 157), hat das Reichsgericht unter Zustimmung der überwiegenden Mehrheit der Rechtslehrer in wiederholten Entscheidungen im ersteren Sinne entschieden (**RG** 50, 160; 51, 120; 56, 130; Warn 1910 Nr 114; 1911 Nr 429; 9. 7. 06 VI 572/05; 11. 4. 07 VI 350/06). Dem ist beizutreten. Der rechtsgeschäftliche Auftrag (§ 662), dem im Sinne des Paragraphen aber auch ein entgeltlicher Geschäftsbesorgungsvertrag nach § 675 gleichzustellen ist, bildet, wenn er vom Beauftragten angenommen und ausgeführt worden ist, eine rechtliche Grundlage für die Haftung des Auftraggebers. Er bedarf auch keiner Form; hat er die Haftung des Auftraggebers zur Folge, so bedarf es nicht noch einer schriftlichen Bürgschaftserklärung nach § 766. Wird aber eine bloße Ermächtigung, die die Erfüllung in das Belieben des Ersuchten stellen soll und die weder diesen noch den Ersuchenden bindet, als genügende Veranlassungserklärung für den Kreditauftrag angenommen, so fehlt zwischen beiden Personen ein rechtsgeschäftliches Band; die Veranlassungshandlung kann, wenn sie nicht überhaupt bloß als Rat oder Empfehlung erscheint (§ 676), eine Haftung des Erklärenden nur dann bewirken, wenn sie bereits selbst als Bürgschaftserklärung für die zukünftige Schuld aufgefaßt werden kann. § 778 gewährt eine Formfreiheit für eine solche Bürgschaftserklärung nicht; es müßte also eine Erklärung der Bürgschaftsverpflichtung in der Form des § 766 verlangt werden. Dann läge aber eben eine Bürgschaft vor, nicht ein besonderes Rechtsgeschäft, dem eine Wirkung gleich der Bürgschaft beigelegt wird. Es ist zuzugeben, daß im Verkehr neben dem rechtsgeschäftlichen Auftrage zur Kreditgewährung auch die bloße Ermächtigung, Anregung, Empfehlung vorkommen kann; sie ist nach dem Gesagten aber als Kreditauftrag nicht zu erachten. Das Bedenken, daß es für den rechtsgeschäftlichen Auftrag an dem eigenen Interesse des Auftraggebers fehle, erledigt sich dadurch, daß jeder ein fremdes Interesse zu seinem eigenen machen kann, wie denn auch der Beauftragte oder der Geschäftsführer ohne Auftrag in dieser Stellung wiederum an Dritte rechtsgeschäftliche Aufträge erteilen kann; durch den Auftrag selbst bekundet er sein eigenes Interesse.

2. Der Kreditauftrag ist mithin der rechtsgeschäftliche **Auftrag** an einen andern, **einem Dritten im eigenen Namen und für eigene Rechnung Kredit zu gewähren** oder, was gleichbedeutend ist, weiter zu gewähren (**RG** 50, 160; 51, 120; 56, 130; JW 1910, 809[24]; 1912, 910[6]; Warn 1912 Nr 106; 8. 4. 07 VI 272/06). Soll der Beauftragte im Namen oder für Rechnung des Auftraggebers handeln, so kann von einem Kreditauftrage nicht die Rede sein; der Auftraggeber ist alsdann dem Dritten gegenüber selbst der Gläubiger, dem Beauftragten gegenüber selbst der Schuldner (**RG** 87, 144; Warn 1911 Nr 429). Wesentlich ist dem Kreditauftrage ferner die Verpflichtung des Aufgeforderten zur Kreditgewährung. Soll diese ausgeschlossen sein, so liegt Bürgschaft für künftige Schuld oder Gewährvertrag vor. Der Kreditauftrag ist als Auftrag nach § 662 einer Form nicht unterworfen; er bedarf der Annahme, die ebensowenig eine Form erfordert (A 2 zu § 662: **RG** 50, 162; 51, 122; 56, 130). Er ist nach § 671 seitens des Auftraggebers jederzeit widerruflich, auch nach seiner Annahme (**RG** JW 1911, 447[12]), kann aber sehr wohl gerade wegen des freien Widerrufsrechts der Höhe wie der Zeitdauer nach unbegrenzt sein (**RG** Warn 1912 Nr 106). Der Beauftragte kann seinerseits gemäß § 671 das Auftragsverhältnis kündigen; als ein wichtiger Grund nach § 671 Abs 1 erscheint insbesondere die Kreditunwürdigkeit des Dritten. Bis zur Gewährung des Kredits, die die Entstehung der Hauptschuld zur Folge hat, gelten für die Rechtsbeziehungen zwischen dem Auftraggeber und dem Beauftragten lediglich die Vorschriften über den Auftrag (§§ 664, 672, 673; § 669 ist nicht anwendbar, da der Zweck des Geschäfts die Gewährung des Kredits aus den Mitteln des Beauftragten ist, vgl. § 775 A 1). Abweichend von der Bürgschaft hat der Gläubiger als Beauftragter das Interesse des Auftraggebers wahrzunehmen, ihm Nachricht zu geben, wenn dieses bedroht erscheint, und nach seinen Weisungen zu handeln (**RG** JW 1912, 910[6]). Mit der Entstehung der Hauptschuld tritt die bürgschaftsgleiche Haftung des Auftraggebers als Nachschuldner ein (**RG** JW 1912, 910[6]).

3. Für die **Haftung des Kreditauftraggebers als Bürge** gelten alle Regeln, die über die Pflichten und Rechte des Bürgen aufgestellt sind. Er hat die Einrede der Vorausklage, wie sie dem Bürgen gegeben ist; befriedigt er den Gläubiger, so geht dessen Forderung gemäß § 774 auf ihn über. Liegt dem Kreditauftrag wiederum ein Auftrag des Schuldners zugrunde, so hat er gegen diesen den Anspruch auf Befreiung nach § 775.

4. Verschieden von dem Kreditauftrag ist die Kreditanweisung oder der Kreditbrief, er ist eine Unterart der Anweisung zur Zahlung; der Dritte erhält nicht Kredit, sondern Zahlung, die der Beauftragte auch nicht für eigene Rechnung, sondern für Rechnung des Auftraggebers leistet und durch die er keine Forderung gegen den Zahlungsempfänger erwirbt (**RG** 64, 108; 88, 134).

Neunzehnter Titel

Vergleich

1. Vom **Vergleich**, dem Vertrage, der die Verwandlung eines zwischen den Parteien bestehenden unsicheren, sei es streitigen, sei es gegenständlich oder auch nur persönlich ungewissen Rechtszustandes in einen sicheren bezweckt und diesen Zweck durch gegenseitige Aufopferung von Werten oder Gewährung von Vorteilen verwirklicht, handelt das BGB in einem einzigen Paragraphen. Dieser enthält ein Doppeltes: eine allgemeine Begriffsbestimmung und eine besondere Rechtsregel über die Wirkung des Irrtums beim Vergleichsschlusse, wenn der Irrtum ein beiderseitiger war und sich auf Tatbestände bezog, die außerhalb der zu beseitigenden Ungewißheit lagen. Aus diesen beiden Gesetzessätzen und dem Zweckgedanken des Vergleichs sind die Regeln über seinen Inhalt und seine Wirkungen zu ermitteln. Das Merkmal des gegenseitigen Nachgebens, das das BGB als wesentlich für den Begriff des Vergleichs aufstellt, hat zu Zweifeln Veranlassung gegeben, ob der Prozeßvergleich der ZPO der Begriffsbestimmung des BGB sich fügt und dessen Vorschriften unterstellt werden kann. Die Frage (vgl. **RG** 19, 362; 48, 183; 56, 333; 78, 286) ist zu bejahen. Die Merkmale des gegenseitigen Nachgebens wie des Streites oder der Ungewißheit über ein Rechtsverhältnis können unter Berücksichtigung von Abs 2 des § 779, dem Gesetzesgedanken entsprechend, genügend weit genommen werden (s. unten die A 1 u. 4 zu § 779), um den Prozeßvergleich mit zu umfassen. Eine andere Sonderform des Vergleichs ist der Zwangsvergleich im Konkurse und nach der Vergleichsordnung vom 5. 7. 27 (RGBl I 139) oder in dem früheren Geschäftsaufsichtsverfahren; auch er ist sachlich ein Vergleich im Sinne des § 779, für den nur hinsichtlich seines Zustandekommens und seiner Wirksamkeit besondere Vorschriften gelten (**RG** Warn 1911 Nr 353). Daß der sog. außergerichtliche Akkord als Vergleich im Sinne des § 779 aufzufassen ist, ist selbstverständlich. Ein dem Vergleich rechtsähnlicher Vertrag ist der Schiedsvertrag (§§ 1025ff. ZPO), der wie jener die vertragsmäßige Beilegung eines Streites über ein Rechtsverhältnis bezweckt, diesen Zweck jedoch abweichend vom Vergleiche so verwirklicht, daß nicht die Parteien selbst über die Rechte aus dem Rechtsverhältnisse verfügen, der Vertrag vielmehr die gerichtliche Entscheidung der Streitigkeit beseitigt und diese Entscheidung an Stelle des Gerichts ernannten Vertrauenspersonen überträgt (**RG** 67, 71; JW 1911, 459[37]).

2. Ob ein **Vergleich** wegen wesentlicher Änderung der ihm zugrunde liegenden Verhältnisse, z. B. des Geldwerts, auch selbst **abänderbar** ist — clausula rebus sic stantibus, vgl. A 1 zu § 242 —, entscheidet sich nach den Vertragsgrundsätzen des bürgerlichen Rechts und ist deshalb Tatfrage des einzelnen Falles. Vergleiche über Unterhalts- und Haftpflichtrenten werden regelmäßig abänderbar sein, es kann aber auch das Gegenteil vereinbart werden (**RG** 106, 233; Warn 1918 Nr 140; JW 1921, 1080[6]; LZ 1921, 78[10]). Ist dagegen das Verpflichtungsverhältnis durch Zahlung einer einmaligen, vergleichsweise festgesetzten Abfindungssumme aufgelöst, dann ist für weitere Ansprüche kein Raum mehr (**RG** 106, 396). — Durch § 323 Abs 4 ZPO wird klargestellt, daß auch ein gerichtlich geschlossener Vergleich im Sinne von § 794 Nr 1 ZPO nach den allgemeinen Grundsätzen abänderbar ist (**RG** 106, 233). — Wird eine vergleichsweise festgesetzte Rente aufgewertet, so ist von dem Vergleich auszugehen, nicht von den Ansprüchen über die sich die Parteien verglichen haben (**RG** 15. 1. 26 VI 315/25).

§ 779

Ein Vertrag[1]), durch den der Streit oder die Ungewißheit[2]) der Parteien über ein Rechtsverhältnis[3]) im Wege gegenseitigen Nachgebens[4]) beseitigt wird[5]) (Vergleich), ist unwirksam, wenn der nach dem Inhalte des Vertrags als feststehend zugrunde gelegte Sachverhalt der Wirklichkeit nicht entspricht und der Streit oder die Ungewißheit bei Kenntnis der Sachlage nicht entstanden sein würde[6])[7])[8]).

Der Ungewißheit über ein Rechtsverhältnis steht es gleich, wenn die Verwirklichung eines Anspruchs unsicher ist[2]).

E I 666, 667 II 718; M 2 649—657; P 2 519—529; 6 198.

1. Dem Vergleich ist eine gegenseitige Verpflichtung wesentlich, die als Leistung und Gegenleistung erscheint; er gehört deshalb zu den gegenseitigen **Verträgen** nach §§ 320ff. Für den Fall des Verzugs des einen Teiles gelten die §§ 326 ff., für den der eintretenden Unmöglichkeit der Leistung die §§ 323ff. (RG 93, 290; JW 03 Beil Nr 132). Der Vergleich ist an sich formlos. Dies gilt auch dann, wenn damit eine selbständige, vom ursprünglichen Schuldgrund losgelöste Verpflichtung begründet, also eine neue selbständige Verbindlichkeit im Sinne des § 780 oder ein selbständiges Anerkenntnis nach § 781 erklärt wird (§ 782, RG JW 03 Beil Nr 226; 1910, 280[3]). Doch entbindet die Formlosigkeit des Vergleichs nicht von der Einhaltung der sonst vorgeschriebenen Form, wenn die von einem Teile oder von beiden Teilen übernommenen Verpflichtungen oder Leistungen eine solche erfordern (RG 89, 259; 94, 147; Gruch 50, 662). So bedarf es der Form der §§ 311 u. 313, wenn die Übertragung eines Teiles eines Vermögens oder des Eigentums an einem Grundstücke in dem Vergleiche versprochen wird. Auch Vergleiche über die durch einen Grundstücksveräußerungsvertrag begründeten Rechtsverhältnisse sind nicht stets formfrei, wie RG 54, 907 angenommen hatte, sie bedürfen der Form des § 313, wenn in dem Vergleich die Verpflichtung zur Übertragung des Eigentums an einem Grundstück ursprünglich oder von neuem eingegangen oder wesentlich verschärft wird, nicht dagegen, wenn lediglich der Kaufpreis oder der Zeitpunkt der Eigentumsübertragung geändert wird (RG 94, 152; 109, 27; JW 1910, 575[7]; LZ 1919, 475). Formfrei ist der Vergleich, wenn die Bestellung einer Hypothek übernommen wird, § 873 bedingt für den darauf gerichteten schuldrechtlichen Vertrag keine Form (RG JW 02 Beil. Nr 105). Der Form der §§ 2371, 2385 bedarf ein Vergleich der um eine Erbschaft streitenden Personen, worin sie den Streit durch eine Verteilung der Erbschaft beseitigen (RG 72, 209; JW 1910, 998[3]). Jede nach dem bürgerlichen Rechte vorgesehene Form, die gerichtliche oder notarielle, sowohl wie die schriftliche, wird aber ersetzt durch den in der gesetzlichen prozessualischen Form vor Gericht abgeschlossenen Prozeßvergleich (RG 48, 183 u. 1. 11. 05 V 129/05). Die Auflassung eines Grundstücks (§ 925), die Bestellung eines Erbbaurechts (§ 1015) und die Eheschließung (§ 1317) kann in einem Prozeßvergleich natürlich nicht vorgenommen werden. — Der Vergleich vor dem Mieteinigungsamt, einer Verwaltungsbehörde, steht einem gerichtlichen Vergleich nicht gleich (RG 107, 284). Der als prozeßgerichtlicher formell unwirksame Vergleich kann als Vergleich nach § 779 bestehenbleiben (RG Warn 09 Nr 294). — Die Befugnis zum Vergleichsschluß für gesetzliche und rechtsgeschäftliche Vertreter ist vielfach besonders geordnet. Das BGB kennt eine in früheren Rechten vorgesehene Spezialvormacht nicht; ob die Vertretungsmacht den Vergleichsabschluß umfaßt, ist im Einzelfalle zu prüfen. Die Prozeßvollmacht berechtigt in den Grenzen des Gegenstandes des Rechtsstreits zu gerichtlichen wie außergerichtlichen (RG JW 94, 193[4]) Vergleichen (§ 81 ZPO). Der Prokurist ist nach § 49 BGB zu Vergleichen innerhalb eines Handelsgewerbes im allgemeinen, der Handelsbevollmächtigte innerhalb des besonderen Handelsgewerbes (§ 54 HGB), der Handlungsreisende zur vergleichsweisen Stundung der Preise aus den von ihm abgeschlossenen Verkäufen (§ 55 Abs 2 HGB) befugt; der Handlungsagent bedarf besonderer Ermächtigung (§ 86 Abs 1 HGB). Der Konkursverwalter ist bei Vergleichen über mehr als 300 M. an die Genehmigung des Gläubigerausschusses gebunden, falls ein solcher bestellt ist (§ 133 Nr 2 KO); der Vormund im gleichen Falle an die Genehmigung des Vormundschaftsgerichts (§ 1822 Nr 12 BGB); das gleiche gilt aber nicht vom Inhaber der elterlichen Gewalt (§ 1643 Abs 1).

2. Der Vergleich setzt als seine Unterlage entweder einen **Streit über ein Rechtsverhältnis**, der ein bewußtes Behaupten eines verschiedenen Rechtsstandpunkts, wenn auch nur zum Teil oder in Einzelpunkten, und ein dementsprechendes gegensätzliches Verhalten auf beiden Seiten bedingt, oder eine **Ungewißheit** über das Rechtsverhältnis oder eine **Unsicherheit der Rechtsverwirklichung** des daraus erwachsenden Anspruchs (Abs 2) voraus. Beides ist im weitesten Sinne zu nehmen. Als Ungewißheit genügt auch eine nur vermeintliche, in Wahrheit unbegründete; ungewiß ist auch, was nur die Parteien nicht wissen (RG JW 01, 138); und die vermeintliche Ungewißheit braucht ferner nur auf einer Seite vorzuliegen, während auf der andern Seite die Behauptung der Gewißheit gegenübersteht; die Ungewißheit kann auf tatsächlichem oder rechtlichem Gebiete liegen, und sie darf sich, wie der Streit über das Rechtsverhältnis, auf Nebenbestimmungen: Fälligkeit, Erfüllungsort, Verzinsung, eine Einrede beschränken (RG Gruch 47, 936; 15. 2. 06 IV 402/05). Gegenständlich ungewiß sind bedingte Rechte und wiederkehrende Leistungen, bei denen der Wegfall gewiß, dessen Zeitpunkt ungewiß ist. Eine Unsicherheit der Rechtsverwirklichung ist insbesondere vorhanden, wenn die Zahlungsfähigkeit des Schuldners oder sonst der Durchführbarkeit der Zwangsvollstreckung zweifelhaft ist oder auch nur dem Gläubiger zweifelhaft erscheint. Ein Streit oder eine Ungewißheit „über die Höhe des infolge der Geldentwertung zu zahlenden Be-

trags" (§ 67 Abs 1 AufwG) ist nicht gegeben, wenn die Parteien an eine Pflicht zur Aufwertung nicht wenigstens gedacht haben und der Schuldner nur aus Billigkeitsgründen einen Mehrbetrag gezahlt hat (RG 116, 143 und unten A 7).

3. a) Das **Rechtsverhältnis**, über das der Vergleich geschlossen wird, kann jeder Art sein, sofern es nur der Verfügung der Parteien untersteht. Vergleiche über Rechtsverhältnisse, die durch zwingende Rechtssätze geregelt sind, sind nichtig. So Vergleiche über den Nachlaß eines noch lebenden Dritten (§ 312), z. B. über Ansprüche aus einem wechselseitigen Testamente nach dem Tode des Erstverstorbenen (RG Gruch 50, 391). Ein Vergleich kann auch nicht geschlossen werden, wo offenbar gar kein gesetzlich anerkanntes Recht besteht. Deshalb ist ein Vergleich als gegen § 138 verstoßend nichtig, wenn der Vertrag, über den er einen Streit der Parteien beseitigen will, unsittlich ist und der Vergleich der Parteien oder einer von ihnen das verbotswidrig Erlangte ganz oder teilweise erhalten will (RG 49, 192; 83, 110; Warn 1911 Nr 388; Gruch 67, 174; LZ 1921, 57²). Anders liegt die Sache, wenn die Parteien ernstlich über die Gültigkeit gestritten haben und der Vergleich gerade die Beseitigung dieses Streites bezweckte oder der Vergleich schlechthin auf die Aufhebung des gesetz- oder sittenwidrigen Geschäfts gerichtet ist (RG a. a. O. und 25. 9. 23 VII 871/22). Unwirksam ist auch ein Vergleich über verbotene Börsentermingeschäfte (RG Warn 1919 Nr 56). Streitigkeiten über die vermögensrechtlichen Wirkungen des der privaten Verfügung entrückten Rechtsverhältnisses (Eherecht, Elternrecht) sind jedoch dem Vergleiche zugänglich, und ebenso können Vergleiche auch beim gegenständlichen Nichtbestehen eines Rechtsverhältnisses in dem Falle geschlossen werden, wenn der Streit der Parteien gerade die Frage betrifft, ob ein gesetzlich gültiges und klagbares Rechtsgeschäft vorliege oder nicht: ob die zwischen den Parteien geschlossenen Börsengeschäfte gültige Kauf- oder Kommissionsgeschäfte oder aber klaglose Spielgeschäfte seien (RG 49, 192 u. 8. 7. 02 VI 163/02), ob ein Vertrag ein gültiger Dienstvertrag oder ein klagloser Ehevermittlungsvertrag sei (RG 23. 10. 06 VII 44/06), vorausgesetzt selbstverständlich, daß der Vergleich nicht die äußere vorgeschobene Form für ein Anerkenntnis des nichtigen Geschäfts ist. — b) Sind Vergleiche zulässig über ein durch rechtskräftiges Urteil festgestelltes Rechtsverhältnis? Das rechtskräftige Urteil stellt endgültig das zwischen den Parteien streitige Rechtsverhältnis fest und beseitigt die bestehende Ungewißheit. Deshalb kann diese an und für sich nicht nochmals durch einen Vergleich beseitigt werden. Ein Vertrag, durch welchen die Parteien das durch Urteil rechtskräftig festgestellte Rechtsverhältnis anderweit ordnen, ist daher kein Vergleich, sondern die Schaffung eines neuen, die Umschaffung des alten in ein neues Rechtsverhältnis. Aber es ist sowohl möglich, daß über die Ausführung oder die Auslegung eines Urteils neue Streitigkeiten und Ungewißheiten zwischen den Parteien entstehen, als auch, daß die Verwirklichung des durch das Urteil festgestellten Anspruchs sich unsicher gestaltet; in allen diesen Fällen ist eine Grundlage für einen Vergleich trotz der Rechtskraft des Urteils gegeben. Ein solcher hebt das letztere nicht in seinem Bestande auf; aber aus dem Vergleiche ergibt sich eine den festgestellten Anspruch betreffende Einrede gegen die Vollstreckung des Urteils, die mit der Vollstreckungsgegenklage gemäß § 767 ZPO geltend zu machen ist (RG JW 00, 752[18]; 07, 394[13]). — c) Wie ein Vergleich ein Rechtsverhältnis ganz zum Gegenstande nehmen kann, obgleich nur ein Teil davon streitig oder ungewiß ist, so kann er auch über das streitige oder ungewisse Rechtsverhältnis überhaupt hinausgreifen und mit diesem zugleich andere Rechtsbeziehungen der Parteien zu lösen unternehmen, die nicht streitig oder ungewiß sind (RG JW 01, 138). Insbesondere sind Vergleiche nicht selten, die aus Anlaß eines Streites über ein Rechtsverhältnis alle gegenseitigen Forderungen zu erledigen bezwecken. Eine Vorschrift des PrALR (I 16 §§ 427, 428) bestimmte, daß auch ein solcher Vergleich im Zweifel nicht diejenigen Ansprüche umfasse, die dem Berechtigten zur Zeit des Vergleichsschlusses unbekannt waren. Das wird auch nach dem Rechte des BGB anzunehmen sein; ist aber die Absicht der Vergleichsparteien ersichtlich, schlechthin alle ihre Rechtsbeziehungen zu lösen, so erstreckt sich der Vergleich auch auf diejenigen Forderungen, deren Bestehen dem einen oder dem andern unbekannt war (RG 29. 4. 07 IV 500/06; 20. 10. 13 V 204/13).

4. Ein **gegenseitiges Nachgeben** erfordert der Vergleich. Das Nächstliegende ist, daß dieses Nachgeben sich auf das streitige oder ungewisse Rechtsverhältnis selbst bezieht. Es kann aber auch darin bestehen, daß der eine Teil auf seinen Anspruch ganz verzichtet oder den des Gegners ganz anerkennt unter Eintausch einer Abfindung oder Gegenleistung. Das gegenseitige Nachgeben ist überhaupt nach dem Sprachgebrauche des gewöhnlichen Lebens zu verstehen; es erfordert nur, daß jeder dem andern von seinem persönlichen Standpunkte aus ein Opfer bringt (Prot 2, 524; RG 89, 262; JW 03 Beil Nr 226; 1911, 648[18]; 15. 2. 06 IV 402/05; 9. 6. 06 I 12/06; 3. 4. 08 VII 315/07). Dabei ist ferner nicht erforderlich, daß die Parteien zunächst über ihre gegenseitigen Rechte feilschen (RG 116, 143; 117, 226) oder daß sie sich wechselseitig das Zugeständnis machen, daß die andere zum Teil Recht habe; jedes tatsächliche Nachgeben genügt, selbst wenn es als freiwillige Zuwendung bezeichnet

wird (RG Gruch 49, 106). Auch ein bedingtes Nachgeben widerspricht nicht dem Wesen des Vergleichs (RG 3. 2. 14 VII 447/13). Ein bloßes Anerkenntnis seitens des Schuldners, ein bloßer Verzicht seitens des Gläubigers, ein dem Erlaß gleichstehendes Anerkenntnis des Gläubigers durch Vertrag mit dem Schuldner, daß das Schuldverhältnis nicht bestehe, sowie eine bloße Stundung seitens des letzteren sind freilich keine Vergleiche, da ihnen das gegenseitige Nachgeben fehlt (RG Warn 1914 Nr 153; 6. 11. 07 V 66/07). Wie aber eine Unsicherheit der Rechtsverwirklichung als Grundlage des Vergleichs genügt, so stellt auch eine Sicherung der Rechtsverwirklichung ein Nachgeben dar. Wenn der dem Gläubiger auch nur unsicher erscheinende Schuldner die Forderung anerkennt und urkundlich zu zahlen sich verpflichtet, was sonst erst umständlich einzuklagen wäre, so gewährt er dem Gläubiger einen Vorteil, und es liegt ein tatsächliches Nachgeben auf seiner Seite vor, das beim Hinzutreten eines irgendwie gearteten Nachgebens auf der Gläubigerseite (Stundung, Bewilligung von Teilzahlungen) einen Vergleich darstellt (RG 78, 163; JW 1910, 280[3]).

5. Der Vergleich **beseitigt** einen ungewissen Rechtszustand der Vergangenheit und schafft einen sicheren für die Zukunft; er enthält Verfügungen über die aus dem streitigen oder ungewissen Rechtsverhältnisse sich ergebenden Rechte. Keine der Parteien kann ferner gegenüber der Vergleichsverpflichtung auf Ansprüche oder Einreden zurückgreifen, auf die sie ausdrücklich oder stillschweigend verzichtet hat (RG 15. 11. 07 VII 295/07). Das Rechtsverhältnis selbst läßt er jedoch, sofern nicht ein anderes als Wille der Parteien aus dem Vertragsinhalte zu entnehmen ist, bestehen; Pfandrechte und Bürgschaften bleiben deshalb, unbeschadet der Rechte, die sich für Drittverpfänder und Bürgen aus den Bestand der Hauptverbindlichkeit zuungunsten des Hauptschuldners verändernden Verträgen ergeben — vgl. § 767 A 2 —, unberührt. Der Vergleich kann aber auch, indem er das alte Schuldverhältnis durch ein neues, sei es ein selbständiges Schuldversprechen oder Schuldanerkenntnis (§§ 780, 781), sei es ein Rechtsverhältnis anderer Art — Umwandlung in ein Darlehen nach § 607 Abs 2, Umwandlung eines Kaufvertrags in einen Tauschvertrag, Vereinbarung einer Abfindung für die Aufgabe von Rechten usw. — ersetzt, umschaffend wirken (RG Gruch 51, 630; 60, 658; JW 1911, 648[19]; LZ 1926, 230; 25. 4. 22 VII 521/22); in solchem Falle erlöschen Bürgschaften und Pfänder. — Insofern der Vergleich ein neues Veräußerungsgeschäft enthält, ein Teil in dem Vergleiche sich verpflichtet hat, dem andern Sachen oder Waren zu geben oder zu liefern, können in bezug auf letzteren die Mängelansprüche gemäß §§ 459, 462 erhoben werden, nicht aber, soweit die Mängelansprüche aus dem streitig gewesenen Rechtsverhältnisse bereits gegeben gewesen wären, das durch den Vergleich gerade gegen Anfechtung gesichert werden sollte (RG 54, 165; 90, 169, wo auch über den Wegfall der kurzen Verjährung des § 477 in diesem Falle gehandelt ist). — Der Vergleich wirkt ex nunc, eine streitige und im Vergleich teilweise anerkannte Forderung entsteht erst mit dem Vergleichsabschluß.

6. Der Vergleich ist unwirksam, d. h. nicht nur anfechtbar, sondern nichtig, wenn die beiden vom Gesetz aufgestellten Voraussetzungen gegeben sind.

a) Der von den Parteien nach dem Inhalt des Vertrags als feststehend zugrunde gelegte Sachverhalt entspricht der Wirklichkeit nicht, wenn er sich anders darstellt, als die Parteien bei Abschluß des Vergleichs annehmen. Nicht erforderlich ist, daß beide Parteien den vorausgesetzten Sachverhalt hinterher als unrichtig anerkennen, es genügt, wenn er sich als gegenständlich unrichtig herausstellt (RG 112, 215). Der als feststehend zugrunde gelegte Sachverhalt ist derjenige, der sich außerhalb des Streites oder der Ungewißheit befindet (RG 61, 318; Warn 1919 Nr 189) und den beide Teile als die feste Grundlage des Vergleichs ansehen (RG 79, 271; JW 1910, 16[22]). Das Wort Sachverhalt ist dabei nicht allzu wörtlich zu nehmen, es genügt auch, wenn ein Rechtsirrtum hineinspielt, z. B. irrtümlich das Bestehen eines Versicherungsverhältnisses angenommen wird (RG 112, 215; LZ 1923, 316; 9. 7. 26 VI 626/25); jedoch darf der Irrtum nicht nur eine Rechtsfrage, immer muß er ein Rechtsverhältnis betreffen (RG 15. 3. 29 VII 517/28). Haben die Parteien dem Vergleichsabschlusse die Tatsache zugrunde gelegt, daß ein Patent bestehe, so hat dessen Vernichtung die Unwirksamkeit des Vergleichs zur Folge; das trifft aber nicht zu, wenn die Voraussetzung nur darin bestand, daß das Patent erteilt sei (RG 30. 10. 06 I 115/06). Zweifel besteht, ob die Unwirksamkeit des Vergleichs nach § 779 auch in dem Falle anzunehmen ist, daß die Parteien bei Abschluß des Vergleichs über ein inzwischen erlassenes rechtskräftiges Urteil, das den Streit entschied, in Unkenntnis waren. Die Frage ist zu bejahen, wenn sie übereinstimmend den Sachverhalt als gegeben zugrunde legten, daß der Prozeß noch schwebe, zu verneinen, wenn sie an die Möglichkeit, daß ein Urteil inzwischen erlassen sein könne, nicht dachten, oder wenn sie das Rechtsverhältnis jetzt gerade nur durch Vergleich, nicht durch ein Urteil geordnet wissen wollen (Prot 2, 523). Die Streitpunkte, über die sich die Parteien verständigen und die sie durch den Vergleich beseitigen wollen, erledigt der Vergleich endgültig. Ein, sei es tatsächlicher, sei es rechtlicher Irrtum der Vergleichsparteien hinsichtlich der streitigen oder ungewissen Tatbestände oder Rechtslagen, die der Vergleich gerade zu gewissen machen wollte, ist daher unbeachtlich (RG JW 1910, 16[22]; 1915, 190[1]; Warn 1916

Nr 272; 1918 Nr 140). So die **Unkenntnis alter Urkunden oder Richtersprüche, die den Streit ausgeschlossen haben würden; so ferner die auf einer Seite oder auf beiden Seiten bestehende Unkenntnis des Rechtssatzes, durch den die Ungewißheit zu beseitigen gewesen** wäre (**RG** 49, 106). — b) Der Streit oder die Ungewißheit, welche bei Kenntnis der Sachlage **nicht entstanden sein würden**, das ist der Streit oder die Ungewißheit, welche die Parteien durch den Vergleich beseitigen wollten und beseitigt haben, nicht irgendein Streit oder irgendeine Ungewißheit (**RG** LZ 1923, 316); es müssen streitausschließende Momente sein, auf die der gemeinsame Irrtum sich bezieht (**RG** 79, 271; JW 1910, 16[22]; 27. 4. 20 VII 8/20); so die Annahme der Gültigkeit eines Testaments, auf dessen Grundlage man sich über Erbansprüche oder Nachlaßansprüche, aktiv wie passiv, verglich, oder der Richtigkeit von Rechnungen, die die Unterlage einer gegenseitigen vergleichweisen Abrechnung bildeten; die Unkenntnis des Eigentums eines Dritten an einer Sache, über deren Eigentum die Parteien sich stritten; die Unkenntnis, daß eine Hypothek, über deren Löschung die Parteien sich verglichen, zum Teil einem Dritten zustand (**RG** 114, 120). — Nicht unbedenklich **RG** 21. 12. 26 VI 336/26; jemand hatte sich mit einer Bank über die Höhe seiner Schuld verglichen, während er bei richtiger Berechnung tatsächlich eine Forderung an die Bank hatte; auch hier ist Unwirksamkeit des Vergleichs angenommen worden, obwohl doch der Irrtum sich gerade auf das Konto bezog, über dessen Belastung gestritten wurde, und sich je nach dem Maße dieser Belastung eine Schuld oder eine Forderung des Kontoinhabers ergeben mußte. — c) Die **Unwirksamkeit** ergreift regelmäßig den ganzen Vergleich; liegen die Voraussetzungen des § 779 nur für einen Teil des Vergleichs vor, so ist — mindestens — dieser Teil unwirksam (**RG** 114, 120). Wenn und soweit der Vergleich unwirksam ist, können die auf den Vergleich hin gemachten Leistungen, die in dem Vergleiche abgegebenen Anerkenntnisse wegen ungerechtfertigter Bereicherung aus §§ 812, 821 zurückgerufen werden (**RG** 61, 318); die Erfüllung macht den nach § 779 unwirksamen Vergleich nicht wirksam (**RG** 79, 240). — d) Die Bestimmung des § 779 trifft nicht den Fall des **Betrugs** (**RG** JW 1911, 648[18]; Warn 1919 Nr 48). Im Falle einer arglistigen Täuschung ist ein Unterschied, ob es sich um die Streitpunkte selbst handelt, deren Beseitigung der Vergleich bezweckte, oder um eine außerhalb dieser liegende als feststehend angenommene Tatsache, nicht zu machen. Jede arglistige Täuschung ist Anfechtungsgrund nach § 123, sofern sie den in Irrtum Versetzten zu dem Vergleiche bestimmt hat, den er ohne die Täuschung nicht geschlossen haben würde (**RG** Gruch 49, 918). Ebenso steht die Sondervorschrift des § 779 der Anwendung des § 138 auf Vergleiche nicht entgegen (**RG** 83, 110). Bei der Prüfung, ob einer der Absätze des § 138 zutrifft, ist nicht davon auszugehen, welche Ansprüche die Parteien bei den Vergleichsverhandlungen erhoben haben, sondern davon, ob und inwieweit diese Ansprüche begründet waren (**RG** 5. 7. 27 VI 103/27). Auch ein Prozeßvergleich kann nach § 138 nichtig sein, z. B. wenn die eine Partei zur Vertragsuntreue gegen einen Dritten gezwungen werden soll (**RG** 24. 2. 25 VI 424/25). Bei einer **Drohung** handelt widerrechtlich im Sinne des § 123 nicht derjenige, der keinen Anspruch auf den Vergleichsabschluß hat, sondern derjenige, dem die Forderung nicht zusteht, über die er sich vergleichen will, oder der nicht wenigstens glaubt, daß sie ihm zustehe (**RG** 112, 226). — e) Daß neben § 779 der Geschäftsirrtum über den Inhalt der **Erklärung selbst oder über die Person des Vertragsgegners den Vergleich nach der allgemeinen Bestimmung des § 119 anfechtbar macht, bedarf keiner weiteren Ausführung. Aber der Irrtum über einen durch den Vergleich erledigten Streitpunkt erscheint nur als ein unbeachtlicher Irrtum im Beweggrunde, mag er auf beiden Seiten oder nur auf einer bestehen** (**RG** 106, 233; JW 1915, 190[1]; Warn 1916 Nr 272; 1918 Nr 140; vgl. oben unter a). Nur ein Irrtum im Beweggrunde, kein Irrtum über den Inhalt der Erklärung oder über verkehrswesentliche Eigenschaften der Sache ist es auch, wenn jemand über die Kaufkraft der Papiermark geirrt hat (**RG** JW 1925, 350[3]; 1926, 525; 1926, 975[1]; Warn 1924 Nr 140; 1926 Nr 20). — **f)** Die prozeßrechtliche Frage, ob über die Unwirksamkeit oder über die Anfechtung eines Prozeßvergleichs in dem anhängigen Rechtsstreite, den der Vergleich beendigen sollte, oder in einem besonderen Prozesse zu verhandeln und zu entscheiden sei, wird von **RG** 78, 286 (vgl. jetzt auch **RG** 96, 203 und die früheren Entscheidungen zu der Frage **RG** 65, 420; Gruch 50 S. 425 u. 428) dahin gelöst, daß der Streit über den Vergleich selbst in dem anhängigen Rechtsstreite zum Austrag zu bringen ist, wenn der Streit in einer Rechtsfrage sich erschöpft (offenbare äußere oder inhaltliche Mängel der Vergleichsurkunde oder der Vergleichserklärungen), daß dagegen die Entscheidung in einem **besonderen Rechtsstreite zu treffen und eine Fortsetzung des durch den Vergleich zunächst erledigten Rechtsstreits erst statthaft ist, wenn die Ungültigkeit des Vergleichs in dem besonderen Verfahren rechtskräftig festgestellt ist, sofern es sich um eine Anfechtung des Vergleichs nicht aus bloßen Rechtsgründen, sondern auf Grund tatsächlicher und bestrittener Behauptungen handelt, zu deren Feststellung es eines weiteren Verfahrens bedarf. Wenn beide Streitteile übereinstimmend erklären, der Prozeßvergleich solle keine Wirkung haben, steht selbstverständlich der Fortsetzung des anhängigen Rechtsstreits nichts entgegen** (**RG** a. a. O.).

7. Wegen der **clausula rebus sic stantibus,** der **Aufwertung** und der **Aufwertungsgesetzgebung** vgl. A 5 zu § 242. — Mit Vergleichen über Ansprüche, die unter das Aufwertungsgesetz fallen, beschäftigt sich § 67 daselbst. Sie sollen regelmäßig unberührt bleiben, wenn sie den Zweck hatten, den Streit oder die Ungewißheit über die Höhe des infolge der Geldentwertung zu zahlenden Betrags zu beseitigen (Abs 1 Satz 1 a. a. O.). Diese Voraussetzung ist nicht gegeben, wenn die Parteien eine rechtliche Pflicht zur Aufwertung nicht wenigstens als möglich unterstellt haben, wenn also der Schuldner nur aus Billigkeitsgründen entgegengekommen ist und deshalb einen Mehrbetrag gezahlt hat (RG 116, 143; 117, 226). Im Sommer 1923 war das Recht auf Aufwertung noch kaum anerkannt, nur unter besonderen Umständen wird angenommen werden können, daß damals Aufwertung verlangt und ein Vergleich darüber geschlossen worden ist (RG 117, 296). Ob der Streit oder die Ungewißheit nur die Höhe der Aufwertung oder sowohl die Aufwertungspflicht als auch die Höhe der Aufwertung betraf, macht keinen Unterschied (RG 117, 226; JW 1926, 2567). Die wesentlichsten Vorschriften des § 67 sind aber in Abs 2 enthalten: „Der Aufwertung nach den Vorschriften dieses Gesetzes steht ein Vergleich nicht entgegen, wenn er in der Zeit vom 15. 6. 1922 bis zum 14. 2. 1924 geschlossen ist. Dies gilt nicht, wenn der Gläubiger Kaufmann war und den Vergleich im Betriebe seines Handelsgewerbes geschlossen hat; soweit die Aufwertung zugunsten einer Teilungsmasse (Aufwertungsstock) erfolgt (§§ 48, 51 Abs 3, §§ 56, 60) bewendet es bei der Vorschrift des Satzes 1. Begünstigt wird hier nur der Gläubiger, welchem der Vergleich weniger gewährt hat, als das Gesetz es tut, nicht etwa auch der Schuldner, der sich im Vergleich zu mehr verpflichtet hat, als das Gesetz erfordert (RG 114, 49). Auch auf den § 779 kann sich der Schuldner in einem solchen Falle nicht berufen, denn die Parteien haben sich höchstens über einen dem Vergleichsschluß nachfolgenden Umstand, nämlich die künftige Gestaltung der bevorstehenden Aufwertungsgesetzgebung im Irrtum befunden, der von ihnen nach dem Inhalt des Vergleichs zugrunde gelegte Sachverhalt selbst aber entsprach der Wirklichkeit (RG 117, 310; AufwRechtspr 1926, 256).

Fällt ein Vergleich in die Rückwirkungszeit, dann ist selbst die Tatsache unerheblich, daß der Gläubiger in dem Vergleich auf jede weitere Entschädigung auch für den Fall verzichtet hat, daß künftige Gesetze ihm eine solche zubilligen sollten (RG 117, 226). Ein Vergleich fällt aber nur dann in die Rückwirkungszeit, wenn sein Abschluß in dieser Zeit liegt. Hat sich der Schuldner nach ihrem Ablauf vertragstreu verhalten, entsprechende Erklärungen abgegeben und den Vergleich erfüllt, so liegt darin kein neuer Abschluß des alten Vergleichs (RG 17. 6. 27 VI 46/27).

Ist der Vergleich von einem **Zessionar** geschlossen, so gelangt § 67 AufwG voll zur Anwendung. Regelmäßig ist also auch der Zedent an den Vergleich gebunden (RG 116, 184) und nur, wenn dieser in die Rückwirkungszeit fällt, kann der Zedent seine Aufwertungsansprüche geltend machen (RG 117, 308). Den seinerzeit empfangenen Abtretungsentgelt braucht er sich dabei nicht anrechnen zu lassen, weil es sich insoweit um keine Zahlung des Schuldners nach § 18 Abs 1 AufwG handelt (RG 116, 255). Der Schuldner, der auf Grund eines in der Rückwirkungszeit geschlossenen Vergleichs dem Zessionar mehr gezahlt hat, als ihm nach dem Gesetz gebühren würde, scheint in eine schlimme Lage zu kommen, wenn er nun auch den Zedenten wegen seiner Aufwertungsansprüche befriedigen soll. An den Vergleich bleibt er gebunden, § 779 trifft auch unter diesen Umständen nicht zu; bei dem Zedenten waren nach der Abtretung keine Aufwertungsansprüche verblieben, sie waren sämtlich auf den Zessionar übergegangen, dieser war zum Abschluß des Vergleichs über sämtliche Aufwertungsansprüche allein und voll befugt; erst der § 17 AufwG hat dem Zedenten einen gewissen Teil des in den Goldmarkbetrag umgewandelten Papiermarkbetrages zugewiesen; danach hat es sich auch hier nur um einen Irrtum über die künftige Gestaltung der Aufwertungsgesetzgebung und nicht darum gehandelt, daß der beim Vergleichsschluß zugrunde gelegte Sachverhalt der Wirklichkeit nicht entsprach (RG 116, 184; 117, 310). Aber es ist daran festzuhalten, daß der Schuldner des abgetretenen und aufzuwertenden Rechts nicht mehr zu leisten haben soll, als er zu leisten hätte, wenn keine Abtretung vorgenommen worden wäre (RG 116, 255). Das kommt zum Ausdruck im § 18 Abs 1 AufwG, wonach bei einer Aufwertung kraft Rückwirkung die vom Schuldner geleisteten Zahlungen anzurechnen sind. Es ist also die Aufwertung für den Zedenten zu berechnen nach § 18 Abs 2 AufwG, d. h. er hat zu verlangen den ihm gesetzlich zustehenden Aufwertungsbetrag abzüglich des dem Zessionar gebührenden Betrages, anzurechnen ist aber, was der Schuldner schon bezahlt hat, und zwar auf seine gesetzlichen Aufwertungsschulden, also gegenüber dem Zedenten, soweit es den dem Zessionar gesetzlich gebührenden Aufwertungsbetrag übersteigt (RG 117, 311). Wegen dieser Anrechnungsmöglichkeit gibt das Aufwertungsverlangen des Zedenten dem Schuldner auch keinen Bereicherungsanspruch gegenüber dem Zessionar, er darf die Summe, welche er ihm im Vergleichswege über das gesetzliche Maß hinausgezahlt hat, nicht gemäß § 812 Abs 1 Satz 2 zurückfordern (RG ebenda). In dieser Entscheidung ist es als zweifelhaft hingestellt, ob in dem letzten Halbsatz von § 67 Abs 2 AufwG die Teilungsmasse des den

Vergleich abschließenden Zessionars oder die des die Aufwertung begehrenden Zedenten gemeint ist. Entschieden ist die Frage nicht, sie ist aber wohl in letzterem Sinne zu beantworten, denn durch das Gesetz hat die Teilungsmasse begünstigt werden sollen, nicht derjenige, dessen Zessionar eine Teilungsmasse ansammeln muß.

Den § 67 Abs 2 AufwG auf die außerhalb dieses Gesetzes vorzunehmende Aufwertung auch nur sinngemäß anzuwenden, ist nicht angängig (**RG** JW 1926, 975[1]; Warn 1926 Nr 20; 26. 10. 26 VI 234/26).

Vergleiche in bestimmten Aufwertungsangelegenheiten aus der Zeit nach dem 14. 7. 25 stehen nach § 19 des **Gesetzes über die Verzinsung aufgewerteter Hypotheken** und ihre Umwandlung in Grundschulden sowie über Vorzugsrenten vom 9. 7. 27 (RGBl I 171) der Anwendung dieses Gesetzes nicht entgegen.

8. Die Tatsache, daß bei völlig entwerteter Währung durch Zahlung des Nennbetrages einer früher begründeten Schuld in Papiermark die geschuldete Leistung regelmäßig nicht bewirkt, das Schuldverhältnis nicht nach § 362 zum Erlöschen gebracht wurde, hat dazu geführt, den **Aufwertungsanspruch** des Gläubigers auch **gegenüber einer rechtskräftigen** Entscheidung über den Nennbetrag einer Forderung in Papiermark zuzulassen (**RG** 110, 127). Dasselbe gilt gegenüber einem in der Inflationszeit geschlossenen **Vergleich,** wenn nicht aus ganz besonderen Umständen zu folgern ist, daß die Parteien auch einen möglichen Aufwertungsanspruch in den Vergleich haben einbeziehen wollen (**RG** 20. 9. 27 VI 208/27, wird abgedr.). — War in der Inflationszeit eine Papiermarksumme eingeklagt und wurde darüber später ein Vergleich geschlossen, so kann, wenn der Vergleich den endgültigen Schuldgrund bildete, Aufwertung der Vergleichssumme nur unter Zugrundelegung ihres Werts zur Zeit des Vergleichs verlangt werden. Offen bleibt aber die Frage, ob dem Kläger nicht noch weitere Ansprüche überhaupt zustehen, weil die eingeklagte Papiermarksumme schließlich selbst nur einen Teilbetrag der Gesamtforderung darstellte (**RG** 7. 10. 27 VI 238/27). — Wegen der möglichen **Verwirkung des Aufwertungsanspruchs** durch ein gegen Treu und Glauben verstoßendes längeres Zuwarten mit seiner Geltendmachung vgl. **RG** 110, 133; 114, 404; 116, 317; 117, 211; Warn 1927 Nr 107 und 110; JW 1927, 1848 und die zum Abdr. best. Entsch. vom 20. 9. 27 VI 155/27 **RG** 118, 63, **RG** 23. 9. 27 VI 198/27 = **RG** 117, 58.

Zwanzigster Titel

Schuldversprechen Schuldanerkenntnis

1. Die regelmäßigen wirtschaftlichen Vorgänge des Güteraustausches und der Verknüpfung der wirtschaftlichen Interessen zwischen mehreren Personen gestalten aus sich heraus die ihnen entsprechenden regelmäßigen Rechtsformen. So entstehen die Regelverträge, wie sie der 7. Abschnitt des 2. Buchs des BGB behandelt: Kauf, Tausch, Darlehen, Schenkung usw. Daneben treten wegen der Mannigfaltigkeit des wirtschaftlichen Verkehrs, die in dem Rechtsgrundsatze der Vertragsfreiheit (s. § 241 A 1) ihren Ausdruck findet, zahlreiche Rechtsgeschäfte ohne regelmäßige Erscheinungsform. Ein entwickelter Verkehr zeitigt jedoch das Bedürfnis, zu besonderen Zwecken, insbesondere um dem Gläubiger die Rechtsverfolgung zu erleichtern und seine Forderung gegen Bestreiten und Einwendungen sicherzustellen (vgl. **RG** Warn 1910 Nr 276), die einzelne Verpflichtung von dem ihr zugrunde liegenden wirtschaftlichen Zusammenhange loszulösen und auf sich selbst zu stellen, sie des diesem Zusammenhange angepaßten Gewandes des besonderen oder regelmäßigen rechtlichen Grundgeschäfts zu entkleiden und ihr statt dessen ein allgemeines, gleichsam ideales Rechtsgewand umzulegen, das für alle Schuldverpflichtungen das gleiche sein kann. Diesem Bedürfnisse verdanken der Wechsel und der kaufmännische Verpflichtungsschein (§ 363 HGB) ihren Ursprung, die durch die Übertragbarkeit mittels Begebung (Indossament) und Einschränkung der Einreden gegen den Nachgläubiger (Indossatar) nach Art 82 WO und § 364 HGB die Lösung der Verpflichtung von ihrem Grundgeschäfte in weitem Maße verwirklichen. Aus diesem Bedürfnisse sind auch die in den §§ 780—782 behandelten Rechtsgeschäfte des selbständigen **Schuldversprechens** und des selbständigen **Schuldanerkenntnisses** hervorgegangen; es sind Verträge, die eine Verpflichtung „zwar mit Rücksicht auf einen bestehenden Rechtsgrund, aber unter Loslösung von diesem" (**RG** JW 03 Beil Nr 226) begründen. „Ich verpflichte mich, dem A 1000 M. zu zahlen" ist die allgemeine Formel des erstgenannten, „ich bekenne, dem A 1000 M. zu verschulden" diejenige des zweiten Vertrags.

2. Aus der **Selbständigkeit** der von dem Grundgeschäfte, in welchem sie ihre Veranlassung finden, losgelösten, auf den reinen Verpflichtungswillen abgestellten Verpflichtungen des Schuldners abgestellten Verpflichtungen des Schuldversprechens und Schuldanerkenntnisses ergibt sich a) daß diese nur eine einseitige Verpflichtung zu tragen geeignet sind; gegenseitige Verbindlichkeiten, bei denen die Leistung des einen Teiles durch die des andern bestimmt ist, können nicht Gegenstand eines selbständigen Schuldversprechens oder Schuldanerkenntnisses sein (RG 48, 133; JW 06, 463[19]; Warn 1910 Nr 277); das schließt nicht aus, daß über eine der beiden den Gegenstand eines zweiseitig verpflichtenden Vertrags bildenden Leistungen ein selbständiges Schuldversprechen oder Schuldanerkenntnis abgegeben werden kann (RG Warn 1912 Nr 251); b) daß der Unterschied von Schuldversprechen (§ 780) und Schuldanerkenntnis (§ 781) nur rein äußerlich in der Wortfassung liegen kann (§ 780: „ich verspreche zu leisten", § 781: „ich bekenne zu verschulden"), und daß ebensowohl ein Schuldversprechen für eine schon bestehende Verpflichtung wie ein Schuldanerkenntnis für eine neu begründete abgegeben werden kann (RG 61, 318; 68, 302); c) daß bei mehreren Schuldnern derselben Leistung, von denen der eine nur aus dem Grundgeschäft, der andere aus einem Schuldversprechen oder Schuldanerkenntnis verpflichtet ist, dem Gläubiger gegenüber ein Gesamtschuldverhältnis (§§ 421—425) nicht bestehen kann, da der Schuldgrund ihrer Leistungen insoweit ein verschiedener ist (RG 67, 128); dagegen ist in den inneren Beziehungen der mehreren Schuldner zueinander, für die die Loslösung vom Schuldgrunde gleichgültig ist, das Gemeinschaftsverhältnis des § 426, das den Ausgleichungsanspruch erzeugt, denkbar (RG 70, 405; 77, 323).

3. Die Selbständigkeit des Schuldversprechens und des Schuldanerkenntnisses ist indessen keine vollkommene. Jede Schuld muß einen sie rechtfertigenden Schuldgrund haben; sonst bedeutet die Schuldverpflichtung eine grundlose Bereicherung des Versprechens- oder Anerkenntnisempfängers (§ 812 Abs 1 u. 2). Unter dem Gesichtspunkte der **ungerechtfertigten Bereicherung** kann daher dem Anspruch aus dem Schuldversprechen oder Schuldanerkenntnis gegenüber von dem daraus Beklagten auf das Grundgeschäft zurückgegriffen werden (§ 821). Der Beklagte kann dartun, daß das Versprechen oder Anerkenntnis grundlos, aus einem angenommenen Rechtsgrunde, der in Wirklichkeit nicht vorhanden war, oder in Erwartung einer Leistung, die nicht erfolgte, erteilt ist, und durch diesen Nachweis den Anspruch des Versprechens- oder Anerkenntnisempfängers entkräften (RG 74, 138; JW 1910, 229[5]). Das gilt in Ansehung der §§ 404, 405 auch gegenüber dem Rechtsnachfolger des ursprünglichen Versprechens- oder Anerkenntnisempfängers (RG 86, 301). Wieweit der Schuldner Einreden aus dem ursprünglichen Schuldverhältnis, dem Grundgeschäfte, herzuleiten berechtigt ist, gestaltet sich nach dem Zwecke, den das Schuldversprechen oder Schuldanerkenntnis verfolgte, verschieden. Dieser Zweck kann, und das ist der vornehmlichste der Zwecke der selbständigen Verpflichtung, die Klagerleichterung (RG 62, 38), die Befreiung des Gläubigers von einer weiteren Klagbegründung, er kann auch in derselben Weise wie beim Vergleich die Feststellung tatsächlich oder rechtlich zweifelhafter Forderungen und ihre Sicherung gegen Einreden (vgl. RG Warn 1910 Nr 276), er kann endlich auch Umschaffung (s. § 364 A 1) des alten Schuldverhältnisses in ein neues sein. Diente das Schuldversprechen oder Schuldanerkenntnis nun lediglich dem Zwecke einer Erleichterung der Rechtsverfolgung, ohne daß an dem Rechtsbestande des Grundgeschäfts etwas geändert wurde, so hat es tatsächlich nur eine Umkehrung der Beweislast zur Folge und das Zurückgreifen auf das Grundgeschäft ist dem Schuldner im weitesten Sinne gestattet. Bezweckte das Schuldversprechen oder Schuldanerkenntnis anderseits eine Umschaffung des Grundgeschäfts, so sind aus diesem hergenommene Einreden ausgeschlossen, und nur der Einwand ist zulässig, daß das vorausgesetzte frühere Schuldverhältnis überhaupt nicht bestand; denn in diesem Falle konnte es auch nicht umgeschaffen werden (RG 62, 51; JW 06, 550[18]). In der Mitte liegen die Fälle, in denen mit dem Schuldversprechen oder Schuldanerkenntnis die Feststellung der bestehenden Schuld (Anerkennung bei zweifelhafter Schuld, RG Warn 1910 Nr 276, Einrede-, insbesondere Aufrechnungsverzicht RG 71, 184; Vergleich) beabsichtigt wurde; hier ist ein Zurückgreifen auf das ursprüngliche Schuldverhältnis nur hinsichtlich solcher Bestandteile gestattet, die außerhalb des Rahmens der Feststellung liegen und in ihrem Inhalte von dieser unberührt geblieben sind (vgl. § 779 u. A 5 dazu). In den Fällen, in denen die selbständige Verpflichtung dem Zwecke einer Umschaffung oder einer Feststellung dient, tritt neben das erste Schuldgrundverhältnis noch ein zweites, das das erste entweder ersetzt oder abändert, und nur nach Maßgabe des letzteren kann nunmehr überhaupt auf das erstere zurückgegangen werden. Auch eine schon an sich selbständige Verpflichtung kann noch mehr verselbständigt, ein Saldoanerkenntnis vom Boden der Abrechnung (§ 782) losgelöst werden; dann sind auch Einreden abgeschnitten, die aus dem Rechnungsverhältnis sich ergeben, und es ist nur noch der Nachweis möglich, daß ein Schuldgrundverhältnis überhaupt nicht bestand (RG LZ 1916, 1556[8]).

4. Schuldversprechen und Schuldanerkenntnis sind **Verträge**; zu ihrem Zustandekommen bedarf es der Willenseinigung, die sich auch darauf erstrecken muß, daß eine selbständige Verbindlichkeit begründet werden soll (RG 58, 200; 75, 4; 114, 6; JW 03 Beil Nr 226; 06, 550[18]; Warn 1910 Nr 276; 1911 Nr 232; Gruch 49, 883). Ein einseitiges, vom Gläubiger nicht angenommenes Schuldversprechen ist an sich ohne rechtliche Bedeutung; ein einseitiges Anerkenntnis kann als Beweismittel für das Bestehen der anerkannten Verpflichtung (Zeugnis des Erklärenden gegen sich selbst), auch wenn es dem Gläubiger gegenüber abgegeben ist, als Unterbrechung der Verjährung (§ 208; s. dort A 2) in Betracht kommen; es erzeugt aber keine

selbständige rechtliche Verbindlichkeit (RG JW 07, 709[15]). Das angenommene Schuldanerkenntnis endlich, bei welchem die auf Schaffung einer selbständigen Verpflichtung gerichtete Vertragsabsicht fehlte, hat die Bedeutung einer Bestätigung der bestehenden Schuld im Rahmen des alten Schuldgrunds (RG 61, 318; 68, 302; 75, 4; JW 06, 742[12]). Das Anerkenntnis im Prozesse (§ 307 ZPO) ist, von seiner prozeßrechtlichen Bedeutung abgesehen, als ein einseitiges Rechtsgeschäft in diesem Sinne aufzufassen (vgl. RG 45, 409; JW 87, 431[4]; 97, 631).

§ 780

Zur Gültigkeit[7]) eines Vertrags[1]), durch den eine Leistung[2]) in der Weise versprochen wird, daß das Versprechen die Verpflichtung selbständig[3]) begründen soll (Schuldversprechen)[6]), ist, soweit nicht eine andere Form vorgeschrieben ist[5]), schriftliche Erteilung[4]) des Versprechens erforderlich.

E I 683 II 719; M 2 687—694; P 2 489—511.

1. Das Schuldversprechen im Sinne des § 780 ist ein einseitig verpflichtender **Vertrag**, durch den vom Versprechenden die Verpflichtung zu einer Leistung übernommen und vom Versprechensempfänger dieses Versprechen angenommen wird (§ 305). Vgl. im übrigen Vorbem 2 unter a und Vorbem 4.

2. Der Gegenstand des Schuldversprechens muß irgendeine **Leistung** sein, gleichviel welcher Art, sofern sie nur Gegenstand eines Schuldverhältnisses sein kann (§ 241); auch eine Erfüllungsübernahme (§ 329) kann z. B. Gegenstand des Schuldversprechens sein (RG 58, 200), ebenso das Versprechen der Abtretung einer Forderung (Hypothek oder Grundschuld RG 27. 10. 09 V 612/08). Der hauptsächliche Gegenstand ist jedoch die Leistung einer Geldsumme. Die Leistung kann auch bedingt oder befristet übernommen werden; so kann ein Schuldversprechen auf Ersatz eines Schadensbetrags abgegeben werden für den Fall, daß ein Schaden festgestellt werden wird (RG 18. 9. 13 VI 299/13).

3. Das Versprechen soll **die Verpflichtung selbständig begründen**, d. h. es soll die Verpflichtung von ihren wirtschaftlichen und rechtlichen Zusammenhängen loslösen und rein auf den Leistungswillen des Versprechenden abstellen, so daß der Gläubiger, zu dessen Gunsten es abgegeben ist, sich zur Begründung seines Anspruchs lediglich auf das Versprechen zu berufen braucht (RG 72, 377). Über dieses Erfordernis des Tatbestands des § 780 im allgemeinen vgl. die Vorbem 1, 2 u. 4. Geschäfte, die lediglich auf der Grundlage einer bestehenden Schuldverpflichtung zu deren Sicherung oder Durchführung dienen sollen (Hilfsgeschäfte), wie Bürgschaft, Schuldübernahme, Pfandversprechen, schaffen keine selbständige Verpflichtung im Sinne des § 780 (RG JW 06, 463[19]) — doch kann eine Zinsschuld als selbständige Verpflichtung, auch zur Zahlung an einen andern als den Kapitalgläubiger, begründet werden; die Wirksamkeit eines solchen Versprechens hängt von dem Bestehen der Kapitalschuld ab (RG 94, 137) —, und die Selbständigkeit bedingt ferner, daß der versprochenen Leistung auch nicht eine Gegenleistung des andern Vertragsteils als jene bestimmend gegenübertreten kann (RG 48, 133; JW 06, 463[19]; vgl. Vorbem 2); doch kann die Verpflichtung von einer Leistung des andern Teiles in der Weise abhängig gemacht werden, daß letztere als einschränkende Bedingung der ersteren hinzugefügt wird (RG Warn 1910 Nr 277). Eine Absicht, das Schuldverhältnis von seinem bisherigen Schuldgrunde loszulösen und an seine Stelle oder daneben einen andern zu setzen, ist nicht erfordert; aus dem Willen der Vertragsparteien, die neu erklärte Verpflichtung auf sich selbst zu stellen, ergibt sich als rechtliche Folge die Loslösung (RG Warn 1910 Nr 276; 1911 Nr 232; 1919 Nr 115). **Die Absicht, eine selbständige, von einem Grundgeschäfte unabhängige Verpflichtung zu schaffen, muß in der Verpflichtungserklärung erkennbaren Ausdruck gefunden haben; eine Vermutung hierfür besteht nicht** (RG 58, 200; JW 06, 550[18]; Warn 1910 Nr 151; 1923 Nr 10; LZ 1922, 681[4]). Das Schreiben, ein Akzept sei in Ordnung und werde eingelöst werden, kann einen Gewährvertrag darstellen, enthält aber keine selbständige Verpflichtung (RG 82, 337). Auch ein schuldrechtlicher Abtretungsvertrag (pactum de cedendo) begründet eine solche nicht (RG 87, 68). Das allgemeine Merkmal für das Vorhandensein jener Absicht ist allerdings die äußere Erscheinung der Verpflichtungserklärung. Aus der Unterlassung der Angabe eines Schuldgrundes für die versprochene Leistung kann regelmäßig bis zum Beweise des Gegenteils die Vertragsabsicht, eine selbständige Verpflichtung zu schaffen, gefolgert werden (RG 48, 133; 58, 200; 61, 318; JW 06, 550[18]; Warn 09 Nr 89; LZ 1921, 57[2]; 7. 12. 21 V 513/21). Der Nichtangabe eines Schuldgrundes steht die im Verkehre häufige ganz allgemeine Bezugnahme auf einen solchen gleich (RG 71, 113; Warn 1910 Nr 151), die jedoch, wenn der angegebene Schuldgrund das Darlehen ist, ebensowohl auch auf einen Darlehnsvertrag nach § 607 Abs 2 hindeuten kann. Umgekehrt ist, wenn die Verpflichtungserklärung einen bestimmten Schuldgrund in besonderer Gestaltung bezeichnet

im Zweifel ein selbständiger Verpflichtungswille nicht anzunehmen (RG 67, 262). Er kann aber trotz der Angabe des Schuldgrundes aus andern auf die Selbständigkeit der Verpflichtung deutlich hinweisenden Umständen (Orderklausel, Massenausgabe in Form umlaufender Wertpapiere) entnommen werden (RG 74, 339). Zur Auslegung der nicht schon dem Wortlaute nach zweifellos klaren Urkunde können, wie bei der Bürgschaftserklärung (vgl. § 766 A 4) auch außerhalb der Urkunde liegende Dinge: vorgängige Verabredungen, Veranlassung und wirtschaftlicher Zweck der Verpflichtung herangezogen werden (RG Warn 1912 Nr 60). Namentlich kann die Darlegung des Zweckes des Schuldversprechens (Erleichterung der Rechtsverfolgung) als erheblicher Beweisgrund für dessen selbständigen Charakter in Betracht kommen. So, daß der Nachgläubiger (Zessionar) einer Forderung eine Bestätigung dafür haben will, daß er wirklich eine vor Einreden gesicherte Forderung gegen den Schuldner erworben habe (RG 77, 157; 83, 184; Warn 1911 Nr 232). Anderseits ist die Annahme einer selbständigen Verpflichtung nicht schon deshalb abzulehnen, weil ein bestimmter Zweck und ein bestimmter Beweggrund nicht ersichtlich ist (RG Warn 1910 Nr 151). Daß der Erklärende Zweifel hegte, ob er dem andern Teile verpflichtet sei, ist kein Umstand, der gegen die Annahme einer selbständigen Verpflichtung spricht; wie aus Vorbem 3 hervorgeht, ist gerade ein solcher Zweifel die geeignete Grundlage für die Schaffung einer selbständigen Verpflichtung (RG Warn 1910 Nr 276). Daß das Vereinbarungsdarlehen des § 607 Abs 2 die Bedeutung der Schaffung einer selbständigen Verpflichtung haben kann, ist § 607 A 6c dargelegt. Immer steht dem Schuldner aber der Nachweis frei, daß die Verpflichtungserklärung nach der Absicht der Vertragsparteien nur als eine Bestätigung des bestehenden Schuldgrundes die Urkunde als ein Beweismittel für letzteren und nicht als Begründung einer selbständigen Verbindlichkeit gedacht war (RG Gruch 49, 883; Warn 09 Nr 89; 1910 Nr 152; 30. 12. 05 VI 546/05; 29. 10. 07 VI 626/07). Hat der Schuldner im Rechtsstreite diesen Nachweis erbracht, so wird der Gläubiger nunmehr seine Klage auf das ursprüngliche Schuldverhältnis stützen müssen. Eine Klagänderung ist hierin nicht zu erblicken, da immerhin Schuldgrundgeschäft und selbständige Verpflichtung einen den Klaganspruch begründenden Gesamttatbestand bilden; der Gläubiger übernimmt nunmehr die Beweislast für die Entstehung der Forderung (RG 30. 12. 05 VI 546/05; die Entscheidung behandelt auch die prozessuale Frage der Klagänderung; a. M. Degenkolb in JheringsJ 56, 204ff.). Die Übernahme einer Akkreditierung seitens einer Bank kann als selbständiges Schuldversprechen gegenüber dem Akkreditivempfänger, dem sie mitgeteilt ist, angesehen werden (RG LZ 1920, 230[2]). Ebenso kann eine Erklärung der das Akkreditiv vermittelnden Bank (der Bank des Käufers) dem Verkäufer gegenüber, daß sie sich zu Einlösung des Duplikatfrachtbriefs verpflichte, eine selbständige Verpflichtung neben dem durch sie vermittelten und bei einer andern Bank gestellten Akkreditiv enthalten (RG LZ 1922, 712[2]). Die Annahmeerklärung auf einem Lieferschein, der auf die Herausgabe nicht vertretbarer Sachen gerichtet ist, kann eine selbständige Verpflichtung gleichfalls darstellen, auch wenn sie in die Form eines Garantievermerks gekleidet ist (RG Warn 1923 Nr 10). — Eine als selbständige Verpflichtung anderer Art (Wechsel) gewollte, als solche aber wegen Formmangels nicht gültige Verpflichtungserklärung kann nach dem Grundsatze des § 140 als selbständiges Schuldversprechen des § 780 Bestand haben; das gilt aber selbstverständlich nicht von einem erloschenen oder verjährten Wechsel (RG 48, 223). — Daß eine selbständige Verpflichtung ohne Angabe eines weiteren Schuldgrundes als rechtliche Grundlage für eine Hypothek dienen kann, ist selbstverständlich (RG Warn 1914 Nr 252).

4. Wie in § 766 für die Erteilung der Bürgschaftserklärung, ist in § 780 für die **Erteilung des Schuldversprechens die schriftliche Form** vorgeschrieben. Das Schuldversprechen muß demnach (§ 126) in einer von dem Aussteller eigenhändig durch Namensunterschrift oder mittels gerichtlich oder notariell beglaubigten Handzeichens unterzeichneten Urkunde erklärt sein, die durch Briefwechsel oder telegraphische Übermittlung nicht ersetzt, wohl aber in einem Briefe oder auf einer Postkarte enthalten sein kann, sofern nur die Erklärung dem § 126 entspricht, der rechtsgeschäftliche Wille unmittelbar aus dem Schriftstück erhellt (RG 57, 258), das auch gleich der Bürgschaftsurkunde die Bezeichnung des Gläubigers enthalten muß (RG 71, 113). Wie bei der Bürgschaft sind auch hier einschränkende Nebenabreden ohne Schriftform wirksam, wenn sie neben der Urkunde bestehen sollen (RG Warn 1910 Nr 277). Erteilt ist das Schuldversprechen noch nicht durch die Unterzeichnung der Urkunde, sondern erst durch die Überreichung an den anwesenden oder die Zusendung an den abwesenden Gläubiger; es wird wirksam mit dem Augenblick, in dem es dem Gläubiger zugeht (§ 130), er darüber die tatsächliche Verfügungsgewalt erlangt (RG JW 09, 719[5]; LZ 1918, 1067[15]); bis dahin kann es unter Abwesenden widerrufen, unter Anwesenden zurückgezogen werden (RG 61, 414; Warn 09 Nr 353). Vgl. § 766 A 2 u. 3. — Die Annahme des Schuldversprechens ist, wie im Falle des § 766, formlos. — Der Schriftform bedarf nicht das auf Grund einer Abrechnung oder im Wege des Vergleichs erteilte (§ 782), sowie das von einem Vollkaufmann als Handelsgeschäft erteilte Schuldversprechen (§§ 350, 351 HGB). Der Wille, daß eine vom Grundgeschäft losgelöste selbständige Verpflichtung begründet werden solle, braucht in der schriftlichen Er-

klärung selbst nicht zum Ausdruck gebracht zu werden (RG 3. 2. 27 IV 259/26). Ein Schuldanerkenntnis, das das Bestehen einer Schuld feststellen soll, ohne eine neue selbständige Verbindlichkeit zu begründen, bestätigendes Anerkenntnis, bedarf nicht der Form (RG 19. 11. 18 III 279/18).

5. Eine **andere Form,** nämlich die gerichtliche oder notarielle, ist vorgesehen, wenn das Schuldversprechen die Übertragung eines Vermögens oder eines Bruchteils eines solchen (§ 311) oder die Übertragung des Eigentums an einem Grundstücke zum Gegenstande hat. Eine Durchbrechung des Grundsatzes der Selbständigkeit des Schuldversprechens ist es, wenn außerdem die §§ 518 Abs 1 Satz 2 u. 2301, um Umgehungen der Formvorschrift für das Schenkungsversprechen vorzubeugen, für ein Schuldversprechen oder ein Schuldanerkenntnis die gerichtliche oder notarielle Form des Schenkungsversprechens dann verlangen, wenn das wirtschaftliche Grundgeschäft des Schuldversprechens oder Schuldanerkenntnisses eine Schenkung ist (vgl. RG 98, 127). Nach dem Sinne der Formvorschrift ist anzunehmen, daß das Schuldversprechen oder Schuldanerkenntnis der besonderen Form nicht bedarf, wenn diese für das Schenkungsgrundgeschäft gewahrt und letzterem die selbständige Verpflichtung ohne inhaltliche Abänderung hinzugefügt ist; denn dann ist diese selbst nicht „schenkweise erteilt" (§ 518; vgl. RG 71, 289).

6. Das selbständige **Schuldversprechen** erzeugt eine neue Verpflichtung und dieser entsprechend einen neuen Anspruch, den der Gläubiger lediglich auf das Leistungsversprechen des Schuldners gründet (RG JW 1910, 229[5]). Dieser tritt regelmäßig neben den Anspruch aus dem, sei es gleichzeitig begründeten, sei es bereits bestehenden, dem wirtschaftlichen Vorgang entsprechenden Schuldgrundverhältnisse (RG Warn 1911 Nr 232). Meist wird das Schuldversprechen zur Erleichterung der Rechtsverfolgung und erfüllungshalber für jene andere Schuld erteilt und lediglich ein neuer Schuldtitel für die alte Schuld dem bestehenden an die Seite gesetzt (RG 62, 38). Das Schuldversprechen kann aber auch eine bestehende Schuld gegen Zweifel der Auslegung, gegen Einreden sicherzustellen und anderweit festzustellen oder zu verändern oder endlich umzuschaffen (§ 364 Abs 2) bestimmt sein (RG 71, 184; Warn 1910 Nr 276). Verpflichtet sich der Käufer einer Sache, die sein Verkäufer einem Dritten erst abgekauft aber noch nicht bezahlt hat, diesem Dritten gegenüber den noch rückständigen Kaufpreis seines Verkäufers zu zahlen, so kann darin nicht bloß eine Schuldübernahme oder Einlösungsübernahme liegen, sondern auch eine selbständige Zahlungsverpflichtung erklärt sein. Um ein abstraktes Schuldversprechen braucht es sich dabei nicht zu handeln (RG 16. 4. 26 V 581/25). Ein abstraktes Schuldversprechen kann auch Bestandteil eines gegenseitigen Vertrags sein (RG 18. 5. 25 IV 10/25). Eine als Bezugsschein bezeichnete Urkunde, in der eine Großhandelsfirma sich verpflichtet, gegen Vorlegung des Scheins bestimmte Warenmengen zu liefern, stellt sich als ein selbständiges Schuldversprechen dar (RG 108, 410). Die Bestätigung eines Akkreditivs durch Brief der Bank an den Begünstigten kann selbständiges Schuldversprechen sein (RG 107, 7). Die Erwähnung des Schuldgrunds in der Urkunde spricht regelmäßig gegen die Annahme eines selbständigen abstrakten Schuldversprechens (RG 101, 44; RG 7. 12. 21 V 323/21). Innerhalb der Grenzen, die durch diese seine Bestimmung gezogen sind, steht dem Schuldner außer den allgemeinen, gegen jede Willenserklärung gegebenen Einreden (§§ 104ff., 116ff.), die sich gegen die Gültigkeit des Schuldversprechens selbst richten, und ferner den Einwendungen, die sich aus der Urkunde oder etwaigen Nebenabreden — vgl. A 4 zu § 766 — ergeben, gegenüber der auf das Schuldversprechen gestützten Klage die Einrede zu, daß ein das Schuldversprechen rechtfertigendes Schuldverhältnis überhaupt nicht oder nicht gültig bestehe und der Gläubiger daher durch das Schuldversprechen grundlos bereichert sei (§§ 812ff., insbesondere §§ 812 Abs 2, 821; RG 61, 318; 67, 240; 68, 302). Vgl. über alles dies Vorbem 3. Um das Schuldversprechen aus diesem Gesichtspunkte zu entkräften, muß der Schuldner den wirtschaftlichen Vorgang, dem das Schuldversprechen seine Entstehung verdankte, sowie ferner darlegen, daß dieser ein rechtlich begründetes Schuldverhältnis nicht begründet habe oder dieses später weggefallen sei. Eine Rückforderung aus Bereicherung auf Grund des ursprünglichen Schuldverhältnisses ist ausgeschlossen, wenn diesem nur eine verzögerliche Einrede entgegensteht (§ 813 Abs 2; RG 68, 302). Die Bereicherungseinrede versagt ebenso, wenn das Schuldversprechen zur Erfüllung einer Verbindlichkeit erteilt war und der Versprechende bei seiner Erteilung wußte, daß die Verbindlichkeit nicht bestand (§ 814; RG JW 1910, 704[3]). Die Beweislast für dieses Wissen trifft den Gläubiger (RG 60, 419). — Über die Anwendung von § 817 s. A 7. Alle Einreden, die dem Schuldner gegen den Versprechensempfänger gegeben sind, stehen ihm auch einem neuen Gläubiger gegenüber zu, auf den der Anspruch aus dem Schuldversprechen übertragen wird (§ 404). — Für die Verjährung des Anspruchs aus dem Schuldversprechen gilt die regelmäßige Verjährungsfrist (§ 195), ebenso für die Klage auf Befreiung von der Verbindlichkeit (Aufhebung des Schuldversprechens und Herausgabe der Urkunde) wegen Bereicherung. Ist in der Urkunde ein Schuldgrundverhältnis bezeichnet und besteht für dieses eine kürzere Verjährungsfrist, so wird diese vielfach nach § 225, als auch für den Anspruch aus dem Schuldversprechen nach der Vertragsabsicht aufrechterhalten angenommen werden können; andrerseits kann aus den Umständen hervorgehen, daß die selbständige Verpflichtung gerade den Zweck hatte, der Gefahr der kurzen Verjährung vorzubeugen (**RG** 75, 4); soweit eine abändernde Vereinbarung nicht erkennbar ist, muß deshalb die ordentliche Verjährung als maßgebend angenommen werden.

7. In den §§ 656 Abs 2 u. 762 Abs 2 wird unabhängig von einer Entkräftung aus dem rechtlichen Gesichtspunkte der Bereicherung die **Gültigkeit eines Schuldversprechens oder Schuldanerkenntnisses** verneint, wenn diese zum Zwecke der Erfüllung eines Versprechens auf Ehemäklerlohn oder einer Spiel- oder Wettschuld abgegeben wurden. Die entsprechende Bestimmung für die Börsentermingeschäfte in § 66 Abs 3 des BörsG v. 22. 6. 96 ist durch das neue BörsG v. 8./27. 5. 08 beseitigt. Der Ansicht, daß es sich in diesen Bestimmungen um grundsätzliche Vorschriften handle, die deshalb auf alle gegen das Gesetz oder die guten Sitten verstoßenden Grundgeschäfte (§§ 134, 138) auszudehnen seien, ist nicht beizustimmen. Es handelt sich auch hier um Durchbrechungen des Grundsatzes der Selbständigkeit des Schuldversprechens, die, wie im Falle des § 518 (vgl. A 5), zu dem Zwecke geschaffen sind, Umgehungen der besonderen Ungültigkeitsbestimmungen jener Paragraphen vorzubeugen. Ihrer Ausdehnung steht jener Grundsatz, aber auch die Bestimmung des § 817 entgegen, die gerade diese Fälle zu regeln bestimmt ist und in Satz 2 bei beiderseitigem Verstoße der Vertragsparteien gegen das Gesetz oder die guten Sitten zwar die Rückforderung von Erfüllungsleistungen ausschließt, die Entkräftung eines Schuldversprechens oder Schuldanerkenntnisses aber zuläßt. In der Rechtsprechung vertreten **RG** 63, 179; 64, 146 u. 71, 432 (Bordellkaufgeschäfte) den hier eingenommenen Standpunkt; **RG** 68, 97 läßt die Frage unentschieden, neigt aber offenbar derselben Ansicht zu; bei wucherischem Grundgeschäfte bekunden **RG** 57, 95 und JW 09, 696[31] eine abweichende Auffassung, weil § 138 Abs 2 auch ein Rechtsgeschäft, durch das ein wucherischer Vermögensvorteil gewährt wird, für nichtig erklärt. Über den Fall, daß aus der Schuldurkunde selbst die Unterlage eines gesetz- oder sittenwidrigen Geschäfts hervorgeht, vgl. § 781 A 3. **RG** 98, 176 hat sich über die Frage nicht näher ausgesprochen, da es die unsittliche Grundlage des behandelten Schuldversprechens verneint.

§ 781

Zur Gültigkeit eines Vertrags¹), durch den das Bestehen eines Schuldverhältnisses²) anerkannt wird (Schuldanerkenntnis)³), ist schriftliche Erteilung⁴) der Anerkennungserklärung erforderlich⁴). Ist für die Begründung des Schuldverhältnisses, dessen Bestehen anerkannt wird, eine andere Form vorgeschrieben, so bedarf der Anerkennungsvertrag dieser Form⁴).

E I 683 II 720; M 2 687—694; P 2 489—511.

1. Über das Merkmal des **Vertrags**, dem für § 781 das einseitige, nicht angenommene Anerkenntnis mit dem Charakter eines Beweismittels für eine bestehende Schuld (**RG** JW 07, 709[11]) gegenübertritt, ist in der Vorbem 4 vor und A 1 zu § 780 gehandelt.

2. Das **Bestehen eines Schuldverhältnisses**: aus dem Rahmen des § 781 scheiden somit einmal aus Verträge, durch die umgekehrt das Nichtbestehen eines Schuldverhältnisses anerkannt wird (§ 397 Abs 2; **RG** 19. 2. 09 II 422/08), sodann Verträge, durch die das Bestehen anderer Rechtsverhältnisse, die nicht Schuldverhältnisse sind (Eigentum und dingliche Rechte, Familienrechte), anerkannt wird.

3. Zu ergänzen sind hier die in § 780 hinzugefügten Worte: „in der Weise, daß das Anerkenntnis die Verpflichtung selbständig begründen soll". Denn das Gesetz hat auch in § 781 nur solche **Schuldanerkenntnisverträge** im Auge, durch die unabhängig von dem bestehenden Schuldgrunde eine neue Verpflichtung geschaffen werden soll, nicht diejenigen, die Zweifel über die Rechtsbeständigkeit oder über die Auslegung einer verpflichtenden Willenserklärung beseitigen und dabei die alte Verpflichtung mit dem alten Schuldgrunde bestätigen sollen (**RG** 61, 318; 68, 302; 70, 410; 72, 377; 75, 4; JW 06, 742[12]; 1911, 804[5]; 1916, 960[5]; 1919, 186[6]; Warn 08 Nr 457; 09 Nr 90; 1911 Nr 232; 1915 Nr 104; 1917 Nr 117; 1919 Nr 115; LZ 1918, 376[8]). Auch das bestätigende Anerkenntnis hat vertraglichen Charakter; es beabsichtigt, soweit die Anerkennung reicht, das Schuldverhältnis dem Streite der Parteien zu entrücken und schließt Einwendungen für die Zukunft aus, die der Schuldner zur Zeit seiner Abgabe kannte; § 812 Abs 2 findet darauf freilich keine Anwendung (**RG** JW 1916, 960[5]; 1919, 186[6]; LZ 1918, 376[8]). Von ihm verschieden ist das Anerkenntnis als einseitige, nicht rechtsgeschäftliche Erklärung, das nur die Bedeutung eines Beweismittels für Tatsachen hat (**RG** JW 07, 709[11]; 1919, 186[6]). Vgl. Vorbem 4 vor § 780. Das Schuldanerkenntnis des § 781 unterscheidet sich hiernach, wie schon Vorbem 2 vor § 780 bemerkt wurde, vom Schuldversprechen nur in der äußeren Form: „ich bekenne zu verschulden" anstatt: „ich

verspreche zu leisten". Die Bezugnahme auf eine bestehende Verbindlichkeit, die für das Schuldanerkenntnis des § 781 wesentlich ist, bedeutet hiernach nicht die Bezugnahme auf einen Schuldgrund. Die allgemeine Erwähnung des letzteren: „als Darlehen" „aus laufender Geschäftsverbindung" ist aber bei dem Schuldanerkenntnis häufig. Im Gegensatze zu der angegebenen Fassung: „ich bekenne als Darlehen zu verschulden", die auf eine selbständige Verpflichtung hinweist, bedeutet, „ich bekenne, als Darlehen erhalten zu haben" im Zweifel ein den Schuldgrund bestätigendes Anerkenntnis, einen Darlehnsschuldschein (RG Warn 1911 Nr 429). Doch ist selbst mit dem Anerkenntnis, ein bares Darlehen empfangen zu haben, die Annahme eines selbständigen Schuldanerkenntnisses nicht unvereinbar, zumal wenn feststeht, daß ein Darlehen nicht gegeben wurde (RG Warn 1911 Nr 232). Auf die Richtigkeit des etwa angegebenen Schuldgrundes kommt es für die Gültigkeit des Schuldanerkenntnisses als selbständiger Verpflichtung überhaupt nicht an; das Bekenntnis, eine Summe als Darlehen zu schulden, ist Schuldanerkenntnis, auch wenn der Anerkennende gar kein Darlehen empfangen hat (RG 6. 3. 05 IV 452/04). Über die Auslegung der Willenserklärung und die Feststellung der Vertragsabsicht der Parteien gilt das zu § 780 in A 3 Gesagte; für das Schuldanerkenntnis über eine der in einem zweiseitig verpflichtenden Vertrage vereinbarten Leistungen s. Vorbem 2 vor § 780. Das „vertragsmäßige Anerkenntnis" des § 222 Abs 2 ist von einem selbständigen Schuldanerkenntnis gemäß § 781 zu verstehen und bedarf der Schriftform (RG 78 S. 130 u. 163; JW 1910, 280[3]; Warn 1913 Nr 249; 1915 Nr 104; 1919 Nr 25); das Anerkenntnis ist auch dann bindend, wenn es in Unkenntnis der Verjährung abgegeben ist (RG JW 1912, 536[28]; 1915, 393[3]; Warn 1919 Nr 25). — Daß das Schuldanerkenntnis in Worten erklärt wird, die ausdrücklich ein Bekenntnis zu einer Schuld enthalten, ist nicht erforderlich; in jeder als ernstlich gemeint vom Vertragsgegner aufzufassenden (RG JW 03 Beil 21[42]) Erklärung der Bereitwilligkeit, eine als bestehend bezeichnete Schuld zu bezahlen, kann ein Anerkenntnis gefunden werden (RG 71, 102). Auch die Bewilligung, daß ein von dem Erklärenden hinterlegter Betrag an den andern Teil ausgezahlt werde, kann ein Anerkenntnis nach § 781 darstellen (RG 6. 4. 09 VII 273/08). Das Saldoanerkenntnis bei einem Kontokorrent bedeutet ein abstraktes Schuldanerkenntnis. Wird es aber auf neue Rechnung vorgetragen, so hat es nur noch die Bedeutung eines unselbständigen Rechnungspostens und kann nicht selbständig eingeklagt werden (RG 20. 10. 26 I 216/26). Ist jemand durch Anerkennung eines Saldo ungerechtfertigt bereichert, so unterliegt der Anspruch auf Herausgabe der Bereicherung der Aufwertung (Mügel, JW 1926, 2678. — Für die Wirkungen des formell gültig erteilten Anerkenntnisses gilt zunächst das gleiche, was § 780 A 6 u. 7 über das Schuldversprechen gesagt ist. Der Meinung (Oertmann A 2b zu § 781), daß anders wie bei § 780, auch abgesehen von den Fällen der §§ 656 u. 762, die Nichtigkeit des Grundgeschäfts nach § 134, 138 unmittelbar die Nichtigkeit des Schuldanerkenntnisses zur Folge habe, wenn jenes in der Anerkenntnisurkunde erkennbar bezeichnet sei, steht zwar der selbständige Charakter der Verpflichtung entgegen, die sich gleichgültig gegen den ursprünglichen Schuldgrund verhält, auch wenn letzterer angegeben ist. Offenbar unsittlichen oder gesetzwidrigen Bestrebungen darf jedoch ein Rechtsschutz nicht zuteil werden. Insoweit ist der Ansicht deshalb zuzustimmen.

4. Über die **Erteilung der Anerkenntniserklärung in schriftlicher Form** vgl. § 780 A 4, über die vorgeschriebene **andere Form** A 5 daselbst. Zu dieser ist zu bemerken, daß, während § 780 von einer andern Form für das Schuldversprechen selbst redet, § 781 die andere Form auf die Begründung des anerkannten Schuldverhältnisses abstellt. Einen sachlichen Unterschied kann dies nicht begründen, wenn festgehalten wird, daß der Gegensatz von Schuldversprechen und Schuldanerkenntnis nur ein äußerlicher ist, und ersteres ebenso bei bestehender, wie letzteres bei neu begründeter Schuldverbindlichkeit als die Form der selbständigen Verpflichtung gewählt werden kann. Da das Schuldanerkenntnis sich gerade dadurch kennzeichnet, daß es auf eine bestehende Schuld verweist, kann hier die andere Formvorschrift nur auf diese sich beziehen; über die Form des § 313 beim selbständigen Anerkenntnis s. RG LZ 1916, 221[5]. Wenn das Schuldanerkenntnis einen bestimmten Schuldgrund bezeichnet, in Wahrheit aber ein anderes Schuldverhältnis seine Unterlage war, das der „andern" Form bedurfte (Schenkung), so ist das Anerkenntnis ungültig; denn es kommt nicht auf die Angabe, sondern auf den wahren Charakter des anerkannten Schuldverhältnisses an.

§ 782

§ [1]) Wird ein Schuldversprechen oder ein Schuldanerkenntnis auf Grund[2]) einer Abrechnung[3]) oder im Wege[2]) des Vergleichs[4]) erteilt, so ist die Beobachtung der in den §§ 780, 781 vorgeschriebenen schriftlichen Form nicht erforderlich[5]).

E II 72; P 2 509, 510.

1. Die Bestimmung des § 782 schafft für zwei Fälle, wo das Schuldversprechen oder Schuldanerkenntnis dem Zwecke einer Feststellung einer Schuldverbindlichkeit mittels einer Abrechnung oder eines Vergleichs dient, zur Erleichterung des Verkehrs eine **Ausnahme von der Formvorschrift** der §§ 780, 781; wie jeder formfreie Vertrag kann auch das Abrechnungsanerkenntnis in schlüssigen Handlungen stillschweigend zustande kommen, so durch Mitteilung der Rechnungsauszüge und widerspruchslose Abzahlungen auf die Abschlüsse (Saldi) **RG** Warn 1911 Nr 76.

2. Die Abrechnung und der Vergleich sind an sich nicht von den Schuldgrundverhältnissen, die sie ordnen, losgelöste, sondern neue Schuldgrundgeschäfte, die bestehende Schuldverhältnisse zur Feststellung bringen oder abändern. Durch sie tritt also (vgl. Vorbem 3 vor § 780 am Schlusse) dem ersten Schuldgrundgeschäfte ein zweites hinzu. Wird auf der Unterlage (**„auf Grund", „im Wege"**) des Gesamttatbestandes dieser beiden Schuldgrundgeschäfte eine selbständige Verpflichtung durch ein Schuldversprechen oder ein Schuldanerkenntnis geschaffen, was nach Vorbem 2 vor und A 3 zu § 780 durch Auslegung des Vertragswillens zu ermitteln ist, dann ist der Fall des § 782 gegeben.

3. Unter einer **Abrechnung** im Sinne des § 782 ist jede unter Mitwirkung des Gläubigers und des Schuldners sich vollziehende (**RG** 49, 38 [41]) Feststellung eines Rechnungsergebnisses in bezug auf zwischen ihnen bestehende Schuldverhältnisse zu verstehen. Darunter fällt einmal die Verrechnung im eigentlichen laufenden Rechnungsverhältnis (§ 355 HGB), der die Anerkennung des Saldo als alle gegenseitigen Schuldposten der Verrechnungsperiode beseitigender, seinem Wesen nach selbständiger Verpflichtungsakt mit *umschaffender* Wirkung (**RG** 10, 53; 56, 20 [23]; 95, 20; JW 05, 186[39]; Warn 1922 Nr 76) folgt, dergestalt, daß künftig *nur* noch die Saldoforderung geltend gemacht werden kann. Nach der Sondervorschrift des § 356 HGB bleiben aber trotz der umschaffenden Wirkung der Anerkennung der Saldo Bürgschaften für die in die laufende Rechnung eingestellten Einzelforderungen bestehen (vgl. A 3 zu § 765). Darunter fällt ferner die Feststellung eines Rechnungsergebnisses im uneigentlichen Rechnungsverhältnis, bei welchem Schuldforderungen und Zahlungen sich gegenüberstehen. Hierbei kommt zwar der Anerkennung des Rechnungsergebnisses die Bedeutung einer selbständigen Verpflichtung regelmäßig ebenfalls zu, weil diese Wirkung im Sinne der Abrechnungsvereinbarung liegt, die ein Zurückgehen auf die der Abrechnung zugrunde liegenden Schuldbeziehungen *entbehrlich* machen soll (**RG** 2, 237; 26, 77; 71, 102; JW 94, 281[13]; Warn 08 Nr 501); die Anerkennung schafft hier jedoch regelmäßig nur einen neuen Schuldtitel neben dem ursprünglichen. Endlich fällt unter den Begriff der Abrechnung aber auch jede unter Mitwirkung des Gläubigers und des Schuldners vorgenommene Feststellung einer Reihe von einseitigen Schuldposten auf einen Gesamtbetrag durch deren Zusammenrechnung (**RG** 95, 18; JW 08, 31[6]); ein selbständiger Verpflichtungswille ist hier dann anzunehmen, wenn eine Willenseinigung dahin festzustellen ist, daß das Rechnungsergebnis als neue Schuld betrachtet werden und der Gläubiger befugt sein soll, dieses selbständig zur Grundlage einer Eintragung zu machen; a. M. und beiderseitige Forderungen verlangend **RG** 78, 163, im Sinne des § 782 wohl nicht zutreffend. — Ist eine Abrechnung zwischen den Parteien als endgültige Lösung ihrer Beziehungen vorgenommen worden, so ist im Zweifel anzunehmen, daß sie *alle* gegenseitigen Forderungen einschließen soll.

4. Über das Wesen und die Voraussetzungen des **Vergleichs** vgl. die Vorbem vor und die A 1—5 zu § 779.

5. **Beweislast. Bereicherungseinrede.** Der Gläubiger, der seine Klage auf das auf Grund einer Abrechnung oder eines Vergleichs vom Schuldner nach § 782 erklärte *formlose* Schuldversprechen oder Schuldanerkenntnis stützt, hat darzutun, weshalb diese gegenüber der Formvorschrift der §§ 781, 782 gültig sind, er muß also beweisen, daß ihnen ein Vergleich oder eine Abrechnung zugrunde liegt. Über die dem Schuldner zustehenden Einreden vgl. die Vorbem 3 vor § 780 und die A 6 u. 7 zu § 780 sowie § 781 A 3. Das Zurückgreifen auf das ursprüngliche Schuldverhältnis im Wege der Bereicherungseinrede ist hier nur insoweit gestattet, als nicht die hinzutretenden Geschäfte des Vergleichs oder der Abrechnung als feststellende oder abändernde neue Schuldgrundgeschäfte dieses ausschließen. Für den *Vergleich* sind die zulässigen Verteidigungen des Schuldners in dem § 779 A 5 u. 6 entwickelt. Bei der *Abrechnung* kommt zunächst in Frage, ob das auf ihrer Grundlage abgegebene Anerkenntnis umschaffenden oder nur unterstützenden (akzessorischen) Charakter als Nebenschuldtitel im Verhältnisse zu dem ursprünglichen Schuldgrunde hat. In beiden Fällen ist, in den durch § 814 gesteckten Grenzen, dem Schuldner der Nachweis gestattet, daß Schuldposten, die in der Abrechnung einbezogen waren, in Wirklichkeit nicht oder nicht gültig bestanden (**RG** 62, 51; JW 06, 550[18]; 08, 31[6]; LZ 1916, 1556[8]). Im Falle des unterstützenden Anerkenntnisses sind auch sonstige Einreden aus dem Schuldverhältnisse der einzelnen Posten zulässig, soweit nicht ein Verzicht auf sie nach der Sachlage als Zweck des Anerkenntnisses angenommen werden muß. Die Grundsätze des Vergleichs sind hier entsprechend anwendbar. — Über die Berichtigung einer Abrechnung nach erteiltem Anerkenntnis durch verhältnismäßige Verrechnung

der Soll- und Habenposten einer laufenden Rechnung nach § 355 HGB, wenn in dem Rechnungsabschlusse ungültige Posten enthalten sind, vgl. RG 56, 10 u. JW 05, 186[39]. Der Schuldner muß in solchen Fällen selbstverständlich die einzelnen ungültigen Posten darlegen und darf sich nicht auf die Behauptung beschränken, daß die Abrechnung auch unwirksame Geschäfte umfaßt hat (RG 11. 10. 09 VI 557/08).

Einundzwanzigster Titel

Anweisung

1. In höherem Grade, als das Schuldversprechen und das Schuldanerkenntnis, ist die **Anweisung** von den Grundgeschäften, die ihre Veranlassung bilden, losgelöst. Ihr Zweck ist die Erleichterung von Auszahlungen im geschäftlichen Verkehr durch Zahlungsaustausch; ihr Inhalt ist eine von der Person des Anweisenden ausgehende doppelte Ermächtigung: an eine zweite Person, den Anweisungsempfänger, eine Leistung bei einem Dritten im eigenen Namen zu erheben, und an diesen Dritten, den Angewiesenen, jene Leistung, ebenfalls im eigenen Namen, jedoch für Rechnung des Anweisenden, zu erfüllen. Ermächtigung ist nicht Bevollmächtigung. Die Anweisung schafft keine Stellvertretung, sie will nur eine Befugnis erteilen. Die Anweisung ist zwei verschiedenen Grundverhältnissen zu dienen bestimmt, die sich nur in einer der drei Personen berühren, mit denen die Anweisung es zu tun hat: dem Verhältnisse zwischen dem Anweisenden und dem Anweisungsempfänger (Gegenwert-[Valuta-]Verhältnis) und demjenigen zwischen dem Anweisenden und dem Angewiesenen (Deckungsverhältnis). Beide Schuldgrundverhältnisse können verschiedenster Art sein: der Anweisungsempfänger kann Gläubiger des Anweisenden sein, der mittels der Anweisung Befriedigung erhalten soll (z. B. der Bauhandwerker, der durch den Baugeldgeber als Angewiesenen Bezahlung wegen seiner Arbeiten erlangen soll); er kann dessen Schuldner werden sollen (Empfang eines Darlehens); er kann sein Beauftragter sein (Einziehungsauftrag in Form der Anweisung). Der Angewiesene kann Schuldner des Anweisenden sein (Anweisung auf Schuld) oder dessen Gläubiger werden sollen (Anweisung auf Kredit — so der Baugeldgeber); er ist daneben regelmäßig Beauftragter des Anweisenden, für dessen Rechnung er handelt. Die Anweisung verhält sich zu allen diesen Rechtsbeziehungen völlig gleichgültig; sie ist nur das Mittel, durch Herbeiführung einer Leistung, vom Angewiesenen an den Anweisungsempfänger, beide Beziehungen auszulösen. Durch diese eine Leistung „ist wirtschaftlich auf unmittelbarem Wege geschehen, was geschehen wäre, wenn der Angewiesene an den Anweisenden und dieser an den Anweisungsempfänger geleistet hätte" (Kohler). Nach den Schuldverhältnissen richtet es sich, ob der Anweisungsempfänger die Leistung behalten soll oder dem Anweisenden herausgeben muß, ob der Angewiesene verpflichtet ist, der Anweisung nachzukommen, und ob ihm ein Rückgriff gegen den Anweisenden gegeben ist. — Zwischen dem Angewiesenen und dem Anweisungsempfänger entsteht durch die Anweisung keine Rechtsbeziehung; diese wird erst geschaffen mit der Annahme der Anweisung seitens des Angewiesenen (§ 784), die den Charakter einer selbständigen und strengen Verpflichtung gegenüber dem Anweisungsempfänger ähnlich der Wechselverpflichtung trägt.

2. Das BGB regelt nur die Anweisung, deren **Gegenstand** Geld, Wertpapiere oder andere vertretbare Sachen sind, und die in urkundlicher **Form** erteilt wird. Damit sind indessen Anweisungen auf andere Gegenstände und in mündlicher Form nicht schlechthin ausgeschlossen (RG 101, 412). Sie spielen im Verkehre keine große Rolle, sind jedoch nach dem Grundsatze der Vertragsfreiheit im Gebiete der Schuldverhältnisse gültig und wirksam (M 2, 558). Nur die im BGB geschaffenen besonderen Einrichtungen zur Verkehrserleichterung für die Anweisung: die Annahme (§§ 784, 786) und die Übertragung (§ 792) sind der Anweisung, wie sie das BGB in § 783 umschreibt, vorbehalten. Die Annahme einer mündlichen oder einer auf einen andern Gegenstand gerichteten Anweisung kann nur als selbständige Verpflichtung in den Formen des Schuldversprechens oder Schuldanerkenntnisses nach §§ 780, 781 wirksam gemacht werden, im Handelsverkehr nach § 350 HGB. Im übrigen ist gegen eine entsprechende Anwendung der Vorschriften des Titels auf jene andern Anweisungen nichts zu erinnern; vgl. RG LZ 1922, 681[4].

3. Besondere **Unterarten der Anweisung** sind a) die kaufmännische Anweisung, die in den §§ 363—365 HGB geregelt ist. Sie muß auf einen Kaufmann als Angewiesenen ausgestellt sein, und die Leistung darf nicht von einer Gegenleistung abhängig gemacht sein; sie bedarf ebenfalls der Schriftform und ist im Interesse größerer Verkehrserleichterung durch Indossament übertragbar; auf die von einem Kaufmann auf einen Nichtkaufmann ausgestellte Anweisung finden nur die Bestimmungen des BGB in §§ 783ff. Anwendung; b) der Kreditbrief: eine Anweisung auf Zahlung, durch die der Angewiesene ermächtigt wird, für Rechnung des Anweisenden dem Anweisungsempfänger bei Vorzeigung des Briefes Auszahlungen bis zu dem darin angegebenen Höchstbetrage zu machen (**RG** 64, 108). Eine Abart ist der Rundkreditbrief, dessen Anweisung an eine Reihe von Firmen als Angewiesene gerichtet ist; vgl. § 785 A 1; c) der Scheck, der durch das RGes. v. 11. 3. 1908 (RGBl 71) seine besondere gesetzliche Behandlung gefunden hat. Er darf nur an Bankhäuser (Firmen, die gewerbsmäßig Bankgeschäfte betreiben), sowie an öffentliche oder unter staatlicher Aufsicht stehende Anstalten, die sich mit der Annahme von Geld und der Leistung von Zahlungen für fremde Rechnung befassen, als Angewiesene (Bezogene) gerichtet werden (§ 2 ScheckG), muß in besonderer, dem Wechsel ähnlicher Form ausgestellt werden, insbesondere die Bezeichnung als Scheck enthalten (§ 1) und unterscheidet sich von der Anweisung des BGB u. a. vornehmlich dadurch, daß er nur auf Zahlung einer bestimmten Geldsumme lauten darf (§ 1), daß als Anweisungs- (Zahlungs-) Empfänger sowohl eine bestimmte Person wie der Inhaber bezeichnet werden kann (§ 4), daß er im ersteren Falle durch Indossament übertragbar ist (§ 8); daß er nur auf Sicht ausgestellt werden darf (§ 7), und daß er nicht angenommen werden kann (§ 10); vgl. **RG** JW 1914, 683[12]. Die Annahmeerklärung ist schlechthin wirkungslos und besteht auch nicht als selbständige Verpflichtung nach § 780 (**RG** 105, 361). Er ist endlich von einem Guthaben abhängig, das dem Aussteller (dem Anweisenden) bei dem Bezogenen zustehen muß (§ 3), das jedoch auch durch ein Kreditverhältnis begründet werden kann. Soweit die Bestimmungen des Scheckgesetzes Raum lassen, sind die Vorschriften des BGB über die Anweisung auf den Scheck unmittelbar anzuwenden (so insbesondere § 788); über die mißbräuchliche Benutzung von Scheckformularen durch Dritte vgl. **RG** 81, 254; 92, 50; 100, 31; 104, 141 (Postscheck); JW 1919, 36[3]; 1921, 395[5]; Warn 1914 Nr 40; über den sog. Verrechnungsscheck **RG** 100, 31; 104, 37; JW 1921, 1365[8]; d) der Postscheck, der auf eine Postscheckanstalt als Bezogene ausgestellt wird (Postscheckgesetz v. 22. 3. 21, RGBl 247, und PostscheckO v. 7. 4. 21, RGBl 459/5. 12. 22, RGBl I 901) und nicht indossierbar ist („Schecke mit Indossament werden nicht eingelöst", § 9 V PostscheckO).

4. **Nicht unter den Begriff der Anweisung** fallen: a) der den Überweisungen im Giroverkehr der Reichsbank dienende sog. rote Scheck, der sich nur an eine zweite Person (die Reichsbank) wendet mit dem Auftrage, eine Summe von dem Konto des Ausstellers auf das einer dritten Person als Guthaben umzuschreiben (vgl. **RG** 54, 329); vgl. ferner über die Frage, ob der rote Scheck einen Vertrag zugunsten eines Dritten im Sinne des § 328 BGB enthält. **RG** 102, 67); b) die Postanweisung (RPostO v. 20. 3. 00, RZBl 53, § 20), die dem roten Scheck rechtlich, soweit das Verhältnis zum Zahlungsempfänger in Frage ist, gleichsteht und ebenfalls nur ein Verhältnis zwischen dem einzahlenden Absender und der Post erzeugt, während der Empfänger lediglich als Adresse, als Ziel der von der Post übernommenen Beförderung für diese in Betracht kommt (vgl. **RG** 41, 102; 60, 24; JW 05, 172[14]).

5. Das im Geschäftsleben der Gegenwart häufige (unwiderrufliche) **Akkreditiv** dient dem Zwecke, Zahlungen, hauptsächlich die Zahlung des vorzuleistenden Kaufpreises aus Kauf- und Lieferungsgeschäften („Zahlung durch unwiderrufliches Akkreditiv gegen Duplikatfrachtbrief') zu vermitteln; es soll wirtschaftlich die Stelle der Barzahlung versehen (**RG** 103, 376; 105, 32; LZ 1920, 230[2]). Selbstverständlich kann auch zu Zwecken der Krediteinräumung ein Akkreditiv gestellt werden (**RG** 88, 134). Das Akkreditiv kann Anweisung sein, wenn der Vorschrift des § 783 entsprechend die Urkunde über die Anweisung, eine Zahlung an einen Dritten zu leisten, vom Anweisenden an den Anweisungsempfänger ausgehändigt wird; in der Regel ist es ein Zahlungsauftrag (§ 662) oder bei Entgeltlichkeit, die fast ausnahmslos vorliegen wird, ein Werkvertrag (§§ 631, 675 BGB). Sowohl der Auftrag (§ 671 Abs 1) wie die Anweisung sind grundsätzlich widerruflich, letztere (§ 790) nur dann nicht mehr, wenn der Angewiesene sie dem Anweisungsempfänger gegenüber angenommen oder die Leistung bewirkt hat. Auf das als Zahlungsauftrag erscheinende Akkreditiv ist § 790 nicht, auch nicht entsprechend, anwendbar (**RG** 4. 3. 22 V 413/21). Aber auch der Auftrag kann nicht mehr widerrufen werden, nachdem er ausgeführt worden, auf das Akkreditiv also die Zahlung geleistet oder die Gutschrift für den Empfänger erfolgt ist. Im übrigen hat die Unwiderruflichkeit des Akkreditivs nur den Sinn, daß sie den den Zahlungsauftrag erteilenden Schuldner dem Gläubiger gegenüber bindet, von seinem Widerrufsrecht keinen Gebrauch zu machen; vgl. A 4 zu § 790. Liegt ein entgeltlicher Auftrag (Werkvertrag, § 675) vor, so gilt die Unwiderruflichkeit des § 671 Abs 2 für den Auftraggeber nicht; es tritt dann § 649 ein, der nachgiebiges Recht enthält. Der Regel nach wird das Akkreditivgeschäft durch zwei Banken ausgeführt: die Bank des Zahlungspflichtigen, die für dessen Rechnung, die von dem Gläubiger und Zahlungsempfänger bezeichnete Bank, regelmäßig diejenige Bank, bei der der Zahlungsempfänger seine Geldgeschäfte macht, mit der Akkreditierung beauftragt, und die letztbezeichnete Bank. Auch diese vertritt nicht den Zahlungsempfänger, so daß mit der Überweisung des Geldbetrags und des Zahlungsauftrags an sie die Leistung des Akkreditivs beendet wäre; erst durch die Mitteilung der akkreditierenden (zweiten) Bank vom Eingange des Zahlungsauftrags erlangt der Zahlungsempfänger (Verkäufer) Kenntnis von der Akkreditierung und die mit dieser erstrebte Sicherheit (**RG** 103, 376). Die vom Zahlungsempfänger bezeichnete

Bank handelt vielmehr, auch wenn sie die eigene Bank des letzteren ist, indem sie dem Akkreditierungsauftrage nachkommt, als Beauftragte und, soweit es sich um die Erfüllung einer Schuldverbindlichkeit handelt, als Erfüllungsgehilfe (§ 278) des Schuldners (**RG** 102, 155; 103, 376; 105 S. 32 u. 269; JW 1921, 1312[7]). Daraus ergibt sich, daß es zu den **Pflichten** des Akkreditivstellers (Käufers) gehört, dafür zu sorgen und dafür einzustehen, daß die akkreditierende Bank, also in vielen Fällen die Bank des Zahlungsempfängers (Verkäufers) selbst, dem letzteren rechtzeitig Mitteilung von der Bestellung des Akkreditivs und von ihrer Bereitschaft zur Zahlung macht (**RG** a. a. O.). Soll, wie in den Fällen der „Zahlung durch unwiderrufliches Akkreditiv gegen Duplikatfrachtbrief" die Bank nur gegen Aushändigung des Duplikatfrachtbriefs zahlen, so hat sie ferner auftraggemäß die Echtheit und Ordnungsmäßigkeit des letzteren zu prüfen. Das Grundgeschäft, das zu dem Akkreditiv geführt hat, berührt sie aber nicht (**RG** JW 1923, 294[15]). Mag das Akkreditiv sich **i. u.** als Zahlungsauftrag, als Kreditauftrag (§ 778) oder als Anweisung darstellen, darf der Akkreditierende von den Weisungen des Auftraggebers diesem gegenüber nicht abweichen (**RG** 106, 26; 31. 5. 18 III 64/18). Die Übernahme eines Akkreditierungsauftrags seitens einer Bank kann, wenn die Annahme dem Akkreditivgläubiger mitgeteilt worden ist, als selbständiges Schuldversprechen gegenüber dem letzteren angesehen werden (**RG** LZ 1920, 230[2]). Davon abgesehen begründet das Akkreditiv als solches ein Vertragsverhältnis zwischen dem Zahlungsempfänger (Verkäufer) und der ausführenden Bank nicht. Es ist ein Geschäft des Zahlungspflichtigen (Käufers), das mit dem Akkreditiv besorgt wird, keines des Zahlungsempfängers, dem gegenüber es vielmehr vorgenommen wird (a. M. Jacobsohn bei Gruch 66, 24 ff.). Die Rechtsprechung des Reichsgerichts hat in **RG** 88, 134 eine unmittelbare Vertragsbeziehung angenommen auf Grund tatsächlicher jahrelanger Handhabung in diesem Sinne, **RG** 84, 354; in 91, 119 und namentlich 105, 398 einen Vertrag zugunsten des Zahlungsempfängers als Dritten nach § 328; s. darüber die Anmerkung zu § 328. Gegen diese letztere Annahme sind grundsätzliche Bedenken nicht zu erheben. Ein unmittelbares Vertragsverhältnis zwischen der Akkreditivbank und dem Zahlungsempfänger kann dann angenommen werden, wenn zwischen beiden eine bankmäßige laufende Geschäftsverbindung besteht (**RG** 105, 399). Dann ist es aber diese, nicht der Akkreditivauftrag des Zahlungsschuldners, die den unmittelbaren Anspruch des Zahlungsgläubigers begründet.

§ 783

Händigt jemand eine Urkunde[1]), in der er einen anderen anweist[2]), Geld, Wertpapiere oder andere vertretbare Sachen[4]) an einen Dritten zu leisten[3]), dem Dritten aus[5]), so ist dieser ermächtigt, die Leistung bei dem Angewiesenen im eigenen Namen zu erheben[6]); der Angewiesene ist ermächtigt, für Rechnung des Anweisenden[7]) an den Anweisungsempfänger zu leisten[6]).

E I 605 II 619; M 2 555—559; P 2 380—383; 6 191.

1. Über das Erfordernis der Schriftlichkeit sowie über die Möglichkeit und die Wirkungen einer mündlichen Anweisung vgl. Vorbem 2. Für die **Urkunde** ist der Gebrauch des Wortes Anweisung unwesentlich; erforderlich ist nur, daß aus ihr die Absicht, ein selbständiges Anweisungsverhältnis — s. Vorbem 1 und die folgenden Anmerkungen — zu schaffen, erkennbar hervorgeht (**RG** Warn 1915 Nr 201). Ein wegen Formmangels ungültiger (nicht dagegen ein formell gültiger, aber erloschener) gezogener Wechsel kann als Anweisung wirksam sein (§ 140; **RG** 48, 223). Über Akkreditivverhältnisse s. Vorbem 5.

2. Die Urkunde muß die **Anweisung an einen andern,** den Angewiesenen, enthalten, eine bestimmte Leistung **an einen Dritten,** den Anweisungsempfänger, zu machen. Die Anweisung verbindet mithin drei Personen in dem Anweisungsgeschäfte. Diese Verbindung dreier bestimmter Personen ist ihr wesentlich, der Anweisende kann nicht sich selbst als Leistungsempfänger bezeichnen, auch nicht die Anweisung an eigene Order stellen, da eine Übertragung durch Indossament nicht stattfindet und die Anweisung an eigene Order daher nur die Bedeutung einer Anweisung auf den Anweisenden selbst haben könnte (**RG** 10. 10. 08 I 245/08). — Auf den Inhaber kann die Anweisung des BGB nicht ausgestellt werden (vgl. **RG**St 52, 97).

3. Die **Leistung,** auf die die Anweisung gestellt ist, kann von einer Bedingung, auch in deren Form von einer Gegenleistung abhängig gemacht werden, so auf Lieferung vertretbarer Sachen gegen Zahlung gehen (**RG** 76, 239). Die Leistung kann auf Sicht, auf den Ablauf einer Frist oder auf einen bestimmten Termin gestellt werden. Die Angabe des Schuldgrundes der Leistung (des Deckungsverhältnisses s. Vorbem 1) in der Anweisung widerspricht den Verkehrszwecken der Anweisung und läßt, da sie im Zweifel nicht auf eine selbständige Leistung, sondern nur auf eine solche nach Maßgabe der bestehenden Schuld gerichtet ist,

darauf schließen, daß nur eine Einziehungsvollmacht für den Dritten gewollt ist (**RG** Warn 1915 Nr 201).

4. Die Leistung darf, wenn eine Anweisung nach § 783 zustande kommen soll, ihrem Inhalte nach nur auf die Zahlung von **Geld** oder auf die Hingabe von **Wertpapieren oder andern vertretbaren Sachen** gehen (Lieferscheine **RG** 76, 239; Warn 1922 Nr 53; LZ 1922, 64[4]); über Lieferscheine auf nicht vertretbare Sachen s. **RG** Warn 1923 Nr 10). Unter Wertpapieren sind, wie die Verbindung mit Geld und andern vertretbaren Sachen ergibt, nur für den Handelsverkehr als Ware betrachtete und der Zahl nach bestimmte Papiere zu verstehen, die Träger des Wertes sind. — Über die Zulässigkeit und die Wirkungen einer auf andere Gegenstände gerichteten Anweisung s. Vorbem 2.

5. Die Anweisung kommt zustande durch die **Aushändigung der Urkunde an den Anweisungsempfänger,** durch welche dieser die Verfügungsgewalt über die Urkunde und damit auch über die Leistung erhält. Durch den Anweisungsempfänger wird die Anweisungsurkunde dem Angewiesenen zur Annahme (§ 784) und zur Zahlung vorgelegt. Eine Benachrichtigung seitens des Anweisenden an den Angewiesenen über die Erteilung der Anweisung (Avisbrief) ist für die Anweisung nicht wesentlich.

6. Durch die Aushändigung der Urkunde **wird der Anweisungsempfänger ermächtigt, die Leistung bei dem Angewiesenen zu erheben. Der Angewiesene,** dem er die Anweisung vorlegt, **wird ermächtigt, an den Angewiesenen zu leisten.** In dieser doppelten Ermächtigung beruht das Wesen der Anweisung (vgl. Vorbem 1). Ermächtigung ist die Übertragung einer Verfügungsgewalt, jedoch ohne daß der Übertragende die seinige aufgibt, aber auch ohne daß der Ermächtigte eine Verpflichtung übernimmt. Demgemäß kann nach wie vor der Erteilung der Anweisung der Anweisende die ihm gegen den Angewiesenen zustehende Forderung, die die Anweisung veranlaßte, gegen den Angewiesenen, der Anweisungsempfänger die seinige gegen den Anweisenden geltend machen; der Angewiesene aber darf anstatt an den Anweisungsempfänger auch fernerhin an den Anweisenden leisten: erst die Annahme der Anweisung, zu der er aber nicht verpflichtet ist, ändert dies (§ 784). Verpflichtungen für den Anweisungsempfänger, die Leistung zu erheben, für den Angewiesenen, sie zu erfüllen, können dem Anweisenden gegenüber nur durch das zwischen ihnen und diesem bestehende Grundverhältnis bedingt sein. Die Aushändigung der Urkunde begründet daher auch kein Vertragsverhältnis zwischen dem Anweisenden und dem Anweisungsempfänger (a. M. Planck A 2c unter Berufung auf § 789, der zu solcher Annahme aber nicht nötigt). Immerhin kann nach den Grundsätzen von Treu und Glauben im Verkehr der Gläubiger, der vom Schuldner einen Scheck zahlungshalber angenommen hat, nicht daraus Rechte herleiten, daß durch die Abholung des Geldes beim Scheckbezogenen eine Verzögerung der Leistung entsteht (**RG** 78, 137). Durch die Ermächtigung zur Erhebung der Leistung für den Anweisungsempfänger und zur Leistung selbst für den Angewiesenen wird von beiden Personen ferner eine Willensentschließung, eine tätige Mitwirkung an der Herbeiführung des mit der Anweisung bezweckten Erfolgs gefordert. Wo diese ausgeschaltet ist, kann von einer Anweisung nicht die Rede sein. Deshalb sind bloße Weisungen an eine andere Person, eine Leistung an einen Dritten für Rechnung des Ausstellers zu machen, ohne daß dem Dritten eine Ermächtigung erteilt wird, die Leistung zu erheben (**RG** 43, 167), oder die Einzahlung eines Betrags bei einem Bankhause für Rechnung eines andern (**RG** 45, 235) keine Anweisungen (vgl. Vorbem 4).

7. Im eigenen Namen, d. i. nicht als Vertreter und als Bevollmächtigte des Anweisenden, handeln, wenn sie die Anweisung zur Ausführung bringen, sowohl der Anweisungsempfänger wie der Angewiesene. Wo ein guter Glaube in Betracht kommt, ist ihr guter Glaube maßgebend, nicht nach § 166 Abs 2 der des Anweisenden. — Wenn die Leistung des Angewiesenen nach § 783 **für Rechnung des Anweisenden** erfolgt, so bedeutet dies einmal, daß dem Anweisungsempfänger gegenüber die Leistung des Angewiesenen als Leistung des Anweisenden angesehen werden soll, sodann daß nur gegen den letzteren ein Anspruch des Angewiesenen, der die Leistung anweisungsgemäß bewirkt hat, auf Erstattung der Aufwendung bestehen kann; ob und wie er wirklich besteht, richtet sich nach dem Grundverhältnisse zwischen ihnen. Vgl. die Anmerkungen zu § 787.

§ 784

Nimmt der Angewiesene die Anweisung an, so ist er dem Anweisungsempfänger gegenüber zur Leistung verpflichtet[1]); er kann ihm nur solche Einwendungen entgegensetzen, welche die Gültigkeit der Annahme betreffen oder sich aus dem Inhalte der Anweisung oder dem Inhalte der Annahme ergeben oder dem Angewiesenen unmittelbar gegen den Anweisungsempfänger zustehen[4]).

Die Annahme erfolgt durch einen schriftlichen Vermerk auf der Anweisung[2]**). Ist der Vermerk auf die Anweisung vor der Aushändigung an den Anweisungsempfänger gesetzt worden, so wird die Annahme diesem gegenüber erst mit der Aushändigung wirksam**[3]**).**

E I 607 II 620; M 2 559—561; P 2 384.

1. Die in der Form des § 784 von dem Angewiesenen erklärte **Annahme der Anweisung** erzeugt eine mit der Strenge des Wechselrechts ausgestattete selbständige **Verpflichtung des Angewiesenen gegenüber dem Anweisungsempfänger,** die von jedem Zusammenhange mit den Schuldgrundgeschäften, die zwischen dem Anweisenden einerseits und dem Angewiesenen oder dem Anweisungsempfänger anderseits bestehen, losgelöst ist. Sie berührt diese Schuldverhältnisse nicht und hebt sie nicht auf; die Verpflichtung aus der Annahme tritt neben diejenigen aus den Schuldgrundgeschäften; erst die Leistung aus der Anweisung wirkt auf das Bestehen der letzteren ein (§§ 787, 788). Auch die Gültigkeit der Anweisung selbst ist nicht Voraussetzung für die Gültigkeit der Annahme, die nur durch das Vorliegen einer Urkunde, die sich äußerlich als Anweisung darstellt, bedingt ist. Da zwischen dem Angewiesenen und dem Anweisungsempfänger vor der Annahme der Anweisung eine Rechtsbeziehung gar nicht bestand, ist die Verpflichtung aus der Annahme ganz allein auf diese gestellt. Deshalb macht, wenn der Anweisende vor der Leistung aus der Annahme auch die ihm gegen den Angewiesenen zustehende Schuldgrundforderung, die die Veranlassung zur der Anweisung gegeben hatte, abgetreten hat, die Erhebung der Klage daraus den Anspruch aus der Annahme nicht rechtshängig (**RG** JW 02, 606[9]). Eine Verpflichtung des Angewiesenen zur Annahme der Anweisung besteht anweisungsmäßig nicht und wird auch durch ein Schuldverhältnis des Angewiesenen zum Anweisenden nicht begründet (§ 787 Abs 2); doch kann sich der Angewiesene zur Annahme der Anweisung sowohl dem Anweisenden (s. darüber § 787 A 1), wie dem Anweisungsempfänger vertraglich verpflichten. Wie die Anweisung selbst kann auch die Annahme unter Beschränkungen (z. B. auf eine geringere Summe) erklärt und von dem Eintritt einer Bedingung abhängig gemacht werden. Die Annahme setzt keine Willenseinigung zwischen dem Angewiesenen und dem Anweisungsempfänger voraus; sie begründet deshalb auch kein Vertragsverhältnis zwischen ihnen (a. M. Planck A 1 c, Gierke Schuldrecht S. 873). Sie ist eine rein einseitige Verpflichtungserklärung. Ihre Wirksamkeit hängt zwar davon ab, daß sie dem Anweisungsempfänger zugeht (§ 130); unter dieser Voraussetzung wird sie aber selbst dann wirksam, wenn sie gegen den Willen des Annehmenden in die Hände des Anweisungsempfängers gelangt ist.

2. **Die Annahme wird erklärt durch einen schriftlichen Vermerk auf der Anweisung,** der die Unterschrift des Angewiesenen enthalten muß. Daß das Wort „angenommen" gebraucht werde, ist nicht erforderlich; nur muß der Wille einer Annahmeerklärung aus dem Vermerk hervorgehen. Dazu kann die bloße Unterschrift genügen, nicht aber mit einem Zusatze, der den Schluß auf eine Annahmeerklärung nicht rechtfertigt, so nicht mit dem Vermerke „Kenntnis genommen", der nicht auf eine Willenserklärung hinweist (**RG** 25. 11. 11 VI 622/10). Die schriftliche Annahme, getrennt von der Anweisungsurkunde, hat nicht die in § 784 an die Annahme geknüpften Wirkungen; sie kann aber als selbständiges Schuldversprechen nach § 780 Gültigkeit haben. Eine mündliche Annahme endlich kann als Vorvertrag auf Verpflichtung zur Annahmeerklärung (s. A 1) angesehen werden, oder als selbständiges Schuldversprechen nach § 780, wenn dieses einer schriftlichen Form nicht bedarf (§§ 350, 351 HGB).

3. Wie bei dem Wechsel kann auch bei der Anweisung die **Annahme vor der Aushändigung der Anweisung an den Anweisungsempfänger** erfolgen. Mit dieser letzteren ist alsdann die Annahme dem Anweisungsempfänger zugegangen und wird von diesem Zeitpunkte an wirksam. Vorher ist sie überhaupt ohne Bedeutung, da erst die Aushändigung der Anweisung den dieser wesentlichen Zusammenschluß dreier Personen zum Anweisungsgeschäft erzeugt. Auch die vor der Aushändigung der Anweisung erklärte Annahme enthält nicht eine Erklärung an den Anweisenden und eine Verpflichtung gegenüber diesem; sie richtet sich ausschließlich an den Anweisungsempfänger.

4. Die dem Angewiesenen gegenüber der Leistungsklage aus der Annahme zustehenden **Einwendungen** beschränken sich nach der dem Art 82 WO nachgebildeten Vorschrift des § 784 auf a) die Einwendungen, die sich **gegen die Gültigkeit der Annahme** richten, wie Geschäftsunfähigkeit oder Willensmängel des Annehmenden bei der Annahme, auch Fälschung der Annahme, nicht aber Fälschung der Anweisung, die die Gültigkeit der Annahme nicht berührt (vgl. A 1); b) die Einwendungen, **die sich aus dem Inhalte der Anweisung oder dem Inhalte der Annahme ergeben;** so aus Bedingungen, Befristungen und sonstigen Beschränkungen und Vorbehalten, die der Anweisung (§ 783 A 3) oder der Annahme (oben A 1) in der für sie maßgebenden Urkunde beigefügt sind; c) die Einwendungen, **die dem Angewiesenen unmittelbar gegen den Anweisungsempfänger zustehen.** Hierher gehören in erster Linie die Einreden

der Tilgung, des Erlasses, der Stundung der Annahmeschuld, sowie der Aufrechnung mit einer dem Angewiesenen gegen den Anweisungsempfänger zustehenden Gegenforderung; sodann die Betrugseinrede, wenn die Anweisung gefälscht ist (s. zu a) und der Anweisungsempfänger um die Fälschung wußte. Eine Bereicherungseinrede aus dem ursprünglichen Schuldverhältnisse, wie sie gegen die selbständigen Verpflichtungen nach §§ 780—782 gegeben ist, ist gegen die Annahmeverpflichtung an sich ausgeschlossen. Denn zwischen dem Angewiesenen und dem Anweisungsempfänger besteht ein Schuldgrundverhältnis nicht, und aus den zwischen dem Anweisenden und dem Anweisungsempfänger oder dem Angewiesenen bestehenden können Einwendungen gegen die von ihnen unabhängige Annahmeschuld (vgl. A 1) nicht hergeleitet werden. Eine Ausnahme ist mit v. Thur (JheringsJ 48, 50ff., a. M. Planck A 2a; Gierke a. a. O. S. 874 Anm 70) anzuerkennen, wenn das Valuta- und das Deckungsverhältnis mangelhaft sind oder das letztere mangelhaft ist und das Valutaverhältnis in einer freigebigen Zuwendung oder einem Einziehungsauftrage oder in einem auf seiten des Anweisenden sowohl wie des Anweisungsempfängers unsittlichen oder vom Gesetze mißbilligten Geschäfte besteht (§§ 816, 817, 822).

§ 785

Der Angewiesene ist nur gegen[2]) Aushändigung der Anweisung[1]) zur Leistung[3]) verpflichtet[4]).

E II 621; P 2 384, 385.

1. Die **Aushändigung der Anweisung** soll dem Angewiesenen den urkundlichen Ausweis gegenüber dem Anweisenden verschaffen, daß er anweisungsgemäß verfahren und somit seine Leistung für Rechnung des Anweisenden geschehen ist. Für den Scheck ist eine entsprechende Bestimmung in § 13 ScheckG enthalten. Die Aushändigung kann bei Rundkreditbriefen (Vorbem 2b vor § 783) naturgemäß erst verlangt werden, wenn die letzte Leistung erfolgt; die früheren Teilleistungen werden auf der Urkunde abgeschrieben. Das Recht auf Quittung der Leistung (§ 369) bleibt von § 785 unberührt.

2. **Nur gegen Aushändigung** der Anweisung, also Zug um Zug. Selbstverständlich kann aber der Angewiesene auch noch nach der Leistung die Aushändigung verlangen.

3. **Zur Leistung:** Mag dieser eine Annahme vorausgegangen sein oder nicht.

4. **Verpflichtet:** Leistet der Angewiesene ohne Aushändigung der Anweisung, so wird er dadurch nicht seines Rückgriffs gegen den Anweisenden beraubt; nur seine Stellung ist erschwert (A 1).

§ 786

Der Anspruch des Anweisungsempfängers gegen den Angewiesenen aus der Annahme verjährt in drei Jahren[1]).

E II 620; P 2 385—387; 6 192.

1. Die **Verjährungsbestimmung** des § 786 ist dem Art 77 WO nachgebildet, doch ist Art 83 über die Wechselbereicherungsklage nicht übernommen. Vgl. darüber Prot 2, 386. Anders beim Scheck (§ 21 ScheckG). Der Beginn der Verjährung richtet sich nach §§ 198, 202. Der Anspruch aus der Annahme entsteht mit deren Aushändigung, bei späterer Fälligkeit der Leistung mit dieser.

§ 787

Im Falle einer Anweisung auf Schuld[1]) wird der Angewiesene durch die Leistung[2]) in deren Höhe von der Schuld befreit[3]).

Zur Annahme der Anweisung oder zur Leistung an den Anweisungsempfänger ist der Angewiesene dem Anweisenden gegenüber nicht schon deshalb verpflichtet, weil er Schuldner des Anweisenden ist[1]).

E I 608 II 623; M 2 562; P 2 387.

1. § 787 gibt Bestimmungen über das Deckungsverhältnis des Anweisenden zum Angewiesenen (s. § 783 A 6). **Der Angewiesene ist** nach Abs 2 **dem Anweisenden zur Annahme der Anweisung oder zur Leistung** nach deren Maßgabe **selbst dann nicht verpflichtet, wenn er dessen Schuldner** ist. Er gerät also auch durch die Ablehnung der Anweisung nicht wegen seiner Schuld in Verzug. Hat er geleistet, so hat er einen Ersatzanspruch gegen den Anweisenden lediglich nach Maßgabe des zwischen ihnen bestehenden Verhältnisses, das er darlegen muß (Prot 6, 193), und er wird von seiner Schuld befreit, indem er dagegen mit seinem Ersatzanspruch — aus der Geschäftsbesorgung nach § 683 — aufrechnet (§ 387), nicht aber unmittelbar

durch die Leistung. Anders, wenn er sich dem Anweisenden zur Annahme der Anweisung oder Leistung auf diese verpflichtet hat, wenn der Anweisende ihm den Auftrag erteilte, den Betrag seiner Schuld für Rechnung des Anweisenden und Gläubigers an den Anweisungsempfänger zu leisten, und er diesen Auftrag angenommen hat, was auch stillschweigend durch Nichtbeantwortung des den Auftrag enthaltenden Avisbriefs und durch die Annahme der Anweisung selbst geschehen kann. Auftrag und Annahme können auch in einer bestehenden Geschäftsverbindung begründet sein. In diesen Fällen ist die sowohl objektive wie subjektive **Anweisung auf Schuld** gegeben, die Abs 1 im Sinne hat. Die Aufrechnungsvereinbarung ergibt sich hier aus dem Auftrage selbst und deshalb bestimmt Abs 1, daß die Leistung auf die Anweisung zugleich unmittelbar die Erfüllung der Schuld des Angewiesenen bewirkt. Als Schuld gilt hier selbstverständlich auch eine Leistung, die ein Gläubigerverhältnis begründen soll, wie die Darlehnsleistung aus einem Darlehnsversprechen. In der Anweisung braucht der Auftrag, der die Anweisung auf die Schuld im Sinne des § 787 darstellt, nicht ausgedrückt zu sein. Eine andere Art Anweisung auf Schuld liegt vor, wenn der Anweisende dem Anweisungsempfänger schuldet und diese Schuld durch die Anweisung getilgt werden soll. Auf diesen Fall bezieht sich die Bestimmung des § 787 nicht. Die Tilgung tritt auch hier erst durch die Leistung ein. Vgl. § 788.

2. a) Unter der **Leistung** sind hier wie anderwärts alle Erfüllungshandlungen zu verstehen, also nicht nur Zahlung, sondern auch Hingabe an Zahlungs Statt, Hinterlegung, Aufrechnung gegen eine Schuld des Anweisungsempfängers an den Angewiesenen (vgl. M 2, 563). b) Durch die Leistung wird der Angewiesene von seiner Schuld gegen den Anweisenden befreit, nicht schon durch die Annahme, die dem Anweisenden gegenüber ohne Bedeutung ist. Der Angewiesene hat sich hierdurch nur einem zweiten Gläubiger wegen der einen Schuld verpflichtet.

3. Die Leistung **befreit** im Falle des § 787 Abs 1 **den Angewiesenen von seiner Schuld** gegen den Anweisenden; die Schuld ist damit getilgt (s. A 1). Aber auch die Annahme gibt dem Angewiesenen schon eine Einrede gegenüber dem Anweisenden, der etwa anweisungswidrig seine Forderung gegen ihn einziehen will. Sie macht die Anweisung nach § 790 unwiderruflich, und der Angewiesene darf sich der Zwangsvollstreckung wegen der ursprünglichen Schuld als gegen Treu und Glauben (§ 242) verstoßend widersetzen, sofern ihm nicht die angenommene Anweisung ausgehändigt wird.

§ 788

[1]) **Erteilt der Anweisende die Anweisung zu dem Zwecke, um seinerseits eine Leistung an den Anweisungsempfänger zu bewirken**[2]), **so wird die Leistung, auch wenn der Angewiesene die Anweisung annimmt, erst mit der Leistung des Angewiesenen an den Anweisungsempfänger bewirkt**[3]).

E I 609 II 622; M 2 562, 563; P 2 387.

1. Gegenstand des § 788 ist das Verhältnis des Anweisenden zum Anweisungsempfänger (Gegenwertverhältnis), für das er den Satz aufstellt: **Anweisung ist keine Zahlung.** Im übrigen enthält das Anweisungsrecht, mit Ausnahme noch der Bestimmung des § 789, keine Regelung des beiderseitigen Verhältnisses dieser Personen. Ob der Anweisende dem Anweisungsempfänger gegenüber an die Anweisung gebunden, ob letzterer verpflichtet ist, von der ihm erteilten Ermächtigung Gebrauch zu machen, dem Angewiesenen die Anweisung zur Annahme oder Zahlung vorzulegen, und ob er einen Rückgriff an den Anweisenden hat, wenn der Angewiesene nicht zahlt, bestimmt sich nach dem zwischen ihnen bestehenden Grundverhältnisse und den die Anweisung begleitenden ausdrücklichen oder stillschweigenden Vereinbarungen. Bei der zahlungshalber erfolgten Anweisung ist es regelmäßig als Parteiwille anzusehen, daß der Anweisungsempfänger seine Befriedigung zunächst beim Angewiesenen suchen und erst, wenn dieser Zahlung weigert, sich wieder wegen der ursprünglichen Schuld an den Anweisenden zu halten befugt sein soll (**RG** 76, 239; 78, 137; JW 01, 867; 02 Beil 166). Der Anweisende ist an die Anweisung gebunden, wenn er sich diesem für ihn selbst oder für einen Dritten zur Ausstellung eines Kreditbriefs verpflichtet hat. Diese Verpflichtung macht ihn verbindlich, für die zugesagte Dauer der Akkreditierung die Anweisung aufrechtzuerhalten und alles zu unterlassen, was deren Erfolg in Frage stellt (**RG** 64, 108). Leistet der Anweisende aus dem ursprünglichen Schuldverhältnisse nach Aushändigung der Anweisung, so hat der Anweisungsempfänger ihm die letztere zurückzugeben.

2. Der Fall, daß **die Anweisung erteilt wird, um damit eine Leistung des Anweisenden an den Anweisungsempfänger zu bewirken,** liegt nicht nur dann vor, wenn es sich um eine Schuldtilgung handelt, sondern ebenso, wenn die Hingabe eines Darlehens oder einer Schenkung oder auch die Lieferung vertretbarer Sachen (**RG** 76, 239) der Zweck ist, dem die Anweisung als Zahlungsmittel oder Erfüllungsmittel dient.

3. Erst die **Leistung des Angewiesenen an den Anweisungsempfänger,** nicht schon die Aushändigung der Anweisung, die nur Mittel zum Zweck ist, auch nicht die Annahme der Anweisung durch den Angewiesenen, die lediglich dem Anweisungsempfänger einen Schuldtitel schafft, der zu seiner Befriedigung führen kann, **befreit den Anweisenden** von seiner Verpflichtung gegen den Anweisungsempfänger, wie sie nach § 787 Abs 1 den Angewiesenen von seiner Schuld gegen den Anweisenden befreit. Über die Leistung gilt das in der A 2a zu § 787 Gesagte. § 788 findet auch Anwendung auf den Scheck. Er ist entsprechend anwendbar auch im Überweisungsverkehr der Reichsbank für den roten Scheck (vgl. Vorbem 4a vor § 783) dergestalt, daß die damit an einen Dritten zu leistende Zahlung erst mit der vollzogenen Umschreibung auf das Konto des Zahlungsempfängers als bewirkt anzusehen ist, und zwar ohne daß es einer Mitteilung darüber an die Beteiligten bedarf (RG 54, 329; 5. 3. 04 I 573/03), während der Eingang des Schecks bei der Bankstelle eine Wirkung noch nicht ausübt (RG 30. 6. 08 II 68/08).

§ 789

Verweigert der Angewiesene vor dem Eintritte der Leistungszeit die Annahme der Anweisung oder verweigert er die Leistung[3]), so hat der Anweisungsempfänger dem Anweisenden unverzüglich[2]) Anzeige zu machen[1]). Das gleiche gilt, wenn der Anweisungsempfänger die Anweisung nicht geltend machen kann oder will[1]).

E I 611 II 624; M 2 564, 565; P 2 388.

1. Die Anweisung als solche erzeugt keine Pflichten, auch keine Sorgfaltspflichten des Anweisungsempfängers im Interesse des Anweisenden (vgl. § 788 A 1). Nur eine **Anzeigepflicht** ist ihm für die drei im § 789 hervorgehobenen Fälle auferlegt. Die Versäumung der Anzeige verpflichtet ihn zum Schadensersatz. Für die Wirksamkeit der Erklärung gilt § 130.

2. **Unverzüglich,** d. i. ohne schuldhaftes Zögern (§ 121).

3. **Verweigert der Angewiesene die Annahme der Anweisung:** vor Fälligkeit der Leistung; **verweigert er die Leistung:** mag eine Annahme vorausgegangen sein oder nicht.

§ 790

Der Anweisende kann die Anweisung dem Angewiesenen gegenüber[2]) widerrufen[1]), solange nicht der Angewiesene sie dem Anweisungsempfänger gegenüber angenommen oder die Leistung bewirkt hat[3]). Dies gilt auch dann, wenn der Anweisende durch den Widerruf einer ihm gegen den Anweisungsempfänger obliegenden Verpflichtung zuwiderhandelt[4])[5]).

E I 612 II 625; M 2 565, 566; P 2 388.

1. Da die Anweisung einerseits den sie veranlassenden Grundgeschäften gegenüber selbständig ist und anderseits für sich allein Verpflichtungen nicht erzeugt, auch nicht für den Anweisenden, so ergibt sich als dem Wesen der Anweisung entsprechend deren **Widerruflichkeit seitens des Anweisenden,** von dem die Ermächtigungen der Anweisung ausgehen. Mit dem **Widerruf,** der empfangsbedürftige Willenserklärung nach § 130 ist, erlischt die Anweisung. Der Widerruf kann anweisungsrechtlich nicht ausgeschlossen werden; ein Verzicht auf das Widerrufsrecht bindet den Anweisenden nicht, selbst wenn er in der Anweisungsurkunde erklärt sein sollte (RG Warn 1918 Nr 9).

2. Der Widerruf geschieht durch eine **Erklärung dem Angewiesenen gegenüber** und ist wirksam, auch wenn dem Anweisungsempfänger eine Benachrichtigung nicht erteilt wird, wie umgekehrt die Erteilung der Anweisung eine Benachrichtigung des Angewiesenen nicht erforderte (§ 783 A 5). Ein Widerruf gegenüber dem Anweisungsempfänger ist anweisungsrechtlich wirkungslos.

3. Die **Annahme der Anweisung** durch den Angewiesenen und die **Bewirkung der Leistung,** die den Gegenstand der Anweisung bildet, können durch einen Widerruf nicht rückgängig gemacht werden. Sie entsprechen dem rechtsgeschäftlichen Willen des Anweisenden, der sie deshalb gegen sich gelten lassen muß. Dies auch dann, wenn die Annahme vor der Fälligkeit der Leistung erfolgt ist; denn die Annahme ist immer anweisungsgemäß, da sie den Angewiesenen zu nichts anderem als zu der Leistung nach Eintritt der Fälligkeit verpflichtet. Macht aber die vorzeitige Annahme die Anweisung unwiderruflich, so daß der Anweisende nunmehr auch die auf Grund der Annahme geleistete Zahlung als für seine Rechnung geschehen gelten lassen muß, so muß das gleiche von der vor der Fälligkeit geleisteten Zahlung gelten. Nur wenn in der Anweisung für die Vorlegung an den An-

gewiesenen behufs Annahme oder Zahlung ein Anfangstermin bestimmt war und Annahme oder Zahlung ohne Annahme vor diesem erfolgte, braucht sie der Anweisende nicht anzuerkennen. Der nach solcher nicht anweisungsmäßigen Annahme oder Zahlung erklärte Widerruf hat demgemäß dieselbe Wirkung wie der vor der Annahme oder Zahlung erfolgte. Die Wirkung des rechtzeitig erklärten Widerrufs ist aber, daß die trotzdem erfolgte Annahme oder Zahlung — unbeschadet natürlich eines etwaigen Anspruchs aus nützlicher Geschäftsführung oder ungerechtfertigter Bereicherung — dem Angewiesenen dem Anweisenden gegenüber keinen Rückgriff gibt und den Angewiesenen bei Anweisung auf Schuld nicht gemäß § 787 von seiner Schuld gegen den Anweisenden befreit. Dem Anweisungsempfänger gegenüber ist auch die nach dem Widerruf erfolgte Annahme wirksam, da die Annahme eine gültige Anweisung zu ihrer eigenen Gültigkeit nicht voraussetzt (§ 784 A 1).

4. Das Grundverhältnis des Anweisenden zu dem Anweisungsempfänger kann es mit sich bringen, daß er sich diesem **verpflichtet** hat, **die Anweisung aufrechtzuerhalten.** Das gilt insbesondere regelmäßig bei dem Kreditbriefe für die Dauer der Akkreditierung (**RG** 64, 108). Auf Akkreditive findet § 790 keine Anwendung (**RG** 4. 3. 22 V 413/21). Den Widerruf macht nach § 790 Satz 2 eine solche Verpflichtung nicht unwirksam; ihre Verletzung begründet nur einen Schadensersatzanspruch des Anweisungsempfängers. Will dieser sich ein unwiderrufliches Einziehungsrecht verschaffen, so bietet hierfür die Einziehungsvollmacht nach § 168 oder die Abtretung der Forderung des Anweisenden gegen den Angewiesenen zur Einziehung den geeigneten Weg (**RG** 53, 416; Warn 08 Nr 123).

5. **Außer durch Widerruf erlischt die Anweisung**: a) wenn die Leistung an den Anweisungsempfänger aus irgendeinem Grunde unmöglich geworden ist (**RG** Warn 09 Nr 354); b) durch Rückgabe der Anweisungsurkunde an den Anweisenden vor der Annahme; nach der Annahme, die eine selbständige Forderung des Anweisungsempfängers erzeugt, ist deren Übertragung erforderlich; c) durch Untergang der Anweisungsurkunde vor der Vorlegung an den Angewiesenen behufs Annahme oder Zahlung, weil erst hierdurch die Zahlungsermächtigung dem Angewiesenen zugeht. Ein Untergang, nachdem die Anweisung angenommen worden ist, hat die Wirkung des § 785; der Angewiesene ist ohne Aushändigung der Urkunde nicht zur Zahlung verpflichtet. Eine Kraftloserklärung der untergegangenen Urkunde nach §§ 1003ff. ZPO findet bei der Anweisung des BGB nicht statt (a. M. Dernburg § 244 III). Anders bei der an Order gestellten kaufmännischen Anweisung nach §§ 363, 365 Abs 2 HGB (§ 1004 ZPO), sowie beim Scheck (§ 27 ScheckG).

§ 791

Die Anweisung erlischt nicht durch den Tod oder den Eintritt der Geschäftsunfähigkeit eines der Beteiligten[1])[2]).

E I 613 II 626; M 2 566—569; P 2 389.

1. Im Interesse der Sicherheit des Zahlungsverkehrs, dem die Anweisung dient, bestimmt § 791, daß die **Anweisung durch den Tod oder eine Veränderung in der Geschäftsfähigkeit** (§ 104 A 1) **eines der Beteiligten nicht berührt wird.** Dies gilt von der angenommenen wie von der nicht angenommenen Anweisung. Die Vorschrift ist jedoch nachgiebigen Rechtes und kann durch eine entsprechende Einschränkung in der Anweisung oder im Annahmevermerke außer Kraft gesetzt werden.

2. Die Anweisung erlischt auch nicht durch den **Konkurs eines der Beteiligten.** Für den Konkurs des Anweisenden ist § 23 KO nicht anwendbar, da die Anweisung kein Auftragsverhältnis darstellt; die noch nicht angenommene Anweisung mag der Konkursverwalter widerrufen. Der Angewiesene kann aber die Anweisung nicht mehr mit Wirkung für die Konkursmasse annehmen, wenn er von der Konkurseröffnung Kenntnis erlangt hat (§ 8 KO in entsprechender Anwendung. Anders v. Thur, JheringsJ 48, 26f., der die §§ 23 KO, 674 BGB entsprechend anwenden will). Im Konkurse des Angewiesenen ist die Anweisung dem Konkursverwalter zur Annahme oder Zahlung vorzulegen, wenn Befriedigung aus der Konkursmasse erstrebt wird. Nimmt der Konkursverwalter an, so geht er eine Masseschuld ein. Der Anspruch aus der bereits erfolgten Annahme ist Konkursforderung. Der Konkurs des Anweisungsempfängers hat wiederum nur die Wirkung, daß das Recht aus der Annahme wie die Befugnis zur Vorlegung der Anweisung behufs Annahme und Zahlung auf den Konkursverwalter übergehen (§§ 6, 7 KO); im Grundverhältnisse zum Anweisenden wird der Angewiesene freilich die Annahme regelmäßig verweigern müssen (a. M. v. Thur a. a. O. S. 24f., der anweisungsrechtlich die Zahlungsermächtigung für den Angewiesenen untergehen läßt). Eine in Unkenntnis der Konkurseröffnung von dem Angewiesenen geleistete Annahme oder Zahlung muß dagegen der Anweisende immer als für seine Rechnung geschehen anerkennen.

§ 792

Der Anweisungsempfänger kann die Anweisung durch Vertrag mit einem Dritten auf diesen übertragen[1]), auch wenn sie noch nicht angenommen worden ist. Die Übertragungserklärung bedarf der schriftlichen Form. Zur Übertragung ist die Aushändigung der Anweisung an den Dritten erforderlich[2]).

Der Anweisende kann die Übertragung ausschließen. Die Ausschließung ist dem Angewiesenen gegenüber nur wirksam, wenn sie aus der Anweisung zu entnehmen ist oder wenn sie von dem Anweisenden dem Angewiesenen mitgeteilt wird, bevor dieser die Anweisung annimmt oder die Leistung bewirkt[3]).

Nimmt der Angewiesene die Anweisung dem Erwerber gegenüber an, so kann er aus einem zwischen ihm und dem Anweisungsempfänger bestehenden Rechtsverhältnis Einwendungen nicht herleiten[4]). Im übrigen finden auf die Übertragung der Anweisung die für die Abtretung einer Forderung geltenden Vorschriften entsprechende Anwendung[1])[5]).

E II 627; M 2 568, 569; P 2 389—391.

1. Die **Übertragbarkeit der Anweisung,** die ihren Wert für den Verkehr erheblich erhöht, indem sie die Möglichkeit schafft, nicht nur zwei, sondern eine größere Reihe von Schuldverhältnissen durch Zahlungsaustausch zur Abwicklung zu bringen (vgl. den Fall **RG** 76, 239), versteht sich nicht von selbst. Das Recht des Anweisungsempfängers aus der Annahme ist zwar eine Forderung und kann nach §§ 398ff. abgetreten werden; die noch nicht angenommene Anweisung gibt dem Anweisungsempfänger aber nur eine Einziehungsermächtigung, worauf diese Vorschriften nicht angewendet werden können. § 792 hat zur Verkehrserleichterung eine besondere Form der Übertragung der Anweisung eingeführt, die Platz greift, mag die Anweisung bereits angenommen sein oder nicht. Vor der Annahme wird durch diese Übertragung die Einziehungsermächtigung, nach der Annahme zugleich die dem Anweisungsempfänger daraus gegen den Angewiesenen entstandene selbständige Forderung auf den Erwerber übermacht. Weil die Übertragung der Anweisung nach § 792 hiernach eine Forderung im Sinne der §§ 398ff. zwar möglicherweise übertragen kann, aber nicht übertragen muß und nicht an sich überträgt, können die Bestimmungen über die Abtretung einer Forderung (§§ 398—413), wie Abs 3 Satz 2 bestimmt, hierauf nur **entsprechende Anwendung** finden. Anwendbar sind § 402 (Auskunftserteilung des bisherigen Gläubigers an den neuen), § 405 (Abtretung einer Scheinforderung), § 406 (Aufrechnung); über § 404 (Einwendungen gegen den neuen Erwerber) s. A 4. — Die kaufmännische Anweisung (§§ 363ff. HGB) und der Scheck (§ 8 ScheckG) können durch Indossament übertragen werden, nicht aber der Postscheck (§ 9 V der PostscheckO).

2. Die Übertragung erfordert eine **schriftliche Übertragungserklärung und die Aushändigung der Anweisungsurkunde** an den Erwerber. Die schriftliche Übertragungserklärung wird regelmäßig, muß aber nicht auf der Anweisungsurkunde erfolgen. Die Übertragung der Anweisung ist ein Vertrag gleich dem Vertrage bei der Übertragung einer Forderung (§ 398). Die Übertragung bedarf mithin der Annahme, für die eine Form nicht vorgesehen ist, die vielmehr mit der Entgegennahme der ausgehändigten Urkunde stillschweigend erklärt wird.

3. **Die Übertragung kann von dem Anwesenden zwar ausgeschlossen werden,** doch muß die Ausschließung entweder auf der Anweisungsurkunde in erkennbarer Weise erklärt sein oder durch empfangsbedürftige (§ 130) Mitteilung des Anweisenden an den Angewiesenen geschehen, wenn sie den Angewiesenen binden soll. Die nur dem Anweisungsempfänger gegenüber erklärte Ausschließung der Übertragung ist für den Angewiesenen ohne Wirkung. Aber auch die Ausschließung durch Benachrichtigung des Angewiesenen ist ohne Wirkung, wenn sie erst nachträglich erfolgt und der Angewiesene, bevor sie ihm zugegangen war, bereits anweisungsgemäß Zahlung geleistet oder sich hierzu durch die Annahme der Anweisung dem Anweisungsempfänger gemäß § 784 selbständig verpflichtet hatte.

4. Wird die **Übertragung nach der Annahme der Anweisung** erklärt, so überträgt sie mit der Einziehungsermächtigung der Anweisung auch die selbständige Forderung des Anweisungsempfängers gegen den Angewiesenen aus der Annahme; der Angewiesene hat somit gegen den Erwerber in Anwendung des hier zutreffenden § 404 sowohl die Einwendungen, die ihm gegen den neuen Erwerber persönlich zustehen, als auch diejenigen, die gegen dessen Vormänner und den ersten Anweisungsempfänger zur Zeit der Weiterübertragung begründet waren. Dagegen ist nach Abs 3 Satz 1 die Anwendung des § 404 ausgeschlossen, wenn die

Übertragung der Anweisung vor der Annahme erfolgt ist. Die selbständige Verpflichtung, die die Annahme erzeugt, wird hier erst dem Erwerber gegenüber begründet, dem die Annahme erklärt wird, und die Vorschrift des Abs 3 Satz 1 des § 792 ist deshalb nur eine Entwicklung des Gesetzesgedankens des § 784: Die Einwendungen aus der Person des Anweisungsempfängers müssen, wenn die Annahme nicht diesem, sondern erst einem Nachmann erklärt ist, ebenso ausgeschlossen sein wie im Verhältnis zum Anweisungsempfänger gegenüber, wenn ihm gegenüber die Annahme erfolgte, diejenigen aus der Person des Anweisenden (vgl. § 784 A 1 u. 4).

5. Ein **Rückgriff** wird, wenn die Anweisung nicht eingelöst wird, aus der jedesmaligen Übertragung nur nach Maßgabe des ihr zugrunde liegenden Rechtsgeschäfts gegen den jedesmaligen Vormann erzeugt. Auch die kaufmännische Anweisung kennt nach § 365 HGB nur einen Rückgriff gegen den unmittelbaren Vormann aus dem Schuldgrundverhältnisse, wogegen bei dem Scheck das Indossament den wechselmäßigen Rückgriff gegen alle Vormänner einschließlich des Ausstellers (des Anweisenden) begründet (§§ 15, 18 ScheckG).

Zweiundzwanzigster Titel

Schuldverschreibung auf den Inhaber

1. Das BGB hat keinen allgemeinen Begriff der Schuldverschreibung aufgestellt, sondern beschäftigt sich nur mit der Schuldverschreibung auf den Inhaber. Die diese betreffenden Bestimmungen können weder sinngemäß auf andere Fälle ausgedehnt werden, noch kann aus ihnen ein allgemein gültiger Begriff der Schuldverschreibung entnommen werden. Das Landesrecht kann daher den Begriff der Schuldverschreibung selbständig feststellen (**RG** 13. 7. 06 VII 501/05). Es handelt sich hier um Forderungen, die im Verkehr zur Übertragung geradezu bestimmt sind und die durch ihre Verkörperung in einer Urkunde zirkulationsfähig gemacht worden sind. Um für die Übertragung im Verkehr noch größere Erleichterung zu verschaffen, wird der Urkundeninhaber als solcher zur Geltendmachung der in ihr verkörperten Forderung legitimiert. Der Aussteller gibt dem rechtmäßigen Inhaber — ohne verpflichtet und befugt zu sein, die Berechtigung zu prüfen — ein abstraktes Schuldversprechen. Gegenstand einer Inhaberverschreibung kann jede Art von Leistung sein. Die verschiedenen Erwerber der verschiedenen gleichartigen Schuldverschreibungen stehen miteinander in keinem Rechtsverhältnis, aber einer starken Interessengemeinschaft. Diese beachtet das RGes. v. 4. 12. 99 und 19. 4. 14). Die **Schuldverschreibungen auf den Inhaber** sind eine Unterart der Wertpapiere, d. i. derjenigen Urkunden vermögensrechtlichen Inhalts, bei denen der Bestand oder mindestens die Geltendmachung der darin bezeugten Rechte an den Besitz der Urkunde gebunden ist. Die Wertpapiere zerfallen in a) Namenpapiere (Rektapapiere), die auf den Namen eines bestimmten Berechtigten lauten und deren Rechte auf dem gewöhnlichen Wege der Abtretung von einem auf den andern übertragen werden dergestalt, daß gegen die Ansprüche daraus nach § 404 BGB alle Einwendungen erhoben werden können, die gegen einen Rechtsvorgänger entstanden sind. Nur die Geltendmachung, nicht das Recht selbst, ist hier an die Übergabe des Papiers gebunden. Das im Verkehr gebräuchlichste Namenpapier ist der Hypothekenbrief (vgl. §§ 1117, 1154 Abs 1 BGB). b) Orderpapiere, die ebenfalls auf den Namen ausgestellt sind, deren Forderungen aber durch die selbständigere Form des Indossaments in fortlaufender Kette von einem auf den andern übergehen mit der Beschränkung der Einreden auf solche, die aus der Urkunde hervorgehen oder dem Schuldner unmittelbar gegen den letzten Besitzer der Urkunde zustehen (Art 82 WO, § 364 HGB). Das Orderpapier ist wesentlich handelsrechtlichen Inhalts (Wechsel, kaufmännische Verpflichtungsscheine, Konnossemente, Lager- und Ladescheine an Order). c) Inhaberpapiere, in denen der Aussteller die Leistung nicht einem namentlich genannten Berechtigten, sondern allein dem Inhaber des Papiers verspricht, so daß ohne die Urkunde ein Recht auf die Leistung überhaupt nicht besteht. Die Übertragung des Anspruchs aus der Urkunde geschieht hier durch sachenrechtliche Besitzübertragung an dem Papier; das Eigentum an dem Papier trägt das Forderungsrecht. Über Berührung und Unterschiede der Order- und der Inhaberpapiere vgl. **RG** 78, 149. Die Erscheinungsformen der Inhaberpapiere sind mannigfaltig. Sie dienen teils zur Verbriefung von Ansprüchen auf eine vermögensrechtliche Leistung nach § 241 (Schuldverschreibungen auf den Inhaber), sowie von Anweisungen auf solche Leistungen, insbesondere Schecks (s. darüber Vorbem 3 vor § 783), teils zur Verbriefung von Pfandrechten: Grundschuldbriefe auf den Inhaber (§ 1195), teils zur Verbriefung von körperschaftlichen Mitgliederrechten: Inhaberaktien (§ 179 Abs 2 HGB; **RG** Warn 1914 Nr 16). Auf die Inhaberaktien finden die Vorschriften der §§ 793ff. Anwendung, soweit die Eigentümlichkeiten der Aktie dies zulassen (**RG** a. a. O.). Im vorliegenden Titel sind nur über die Schuldverschreibungen auf

den Inhaber eine Reihe von Bestimmungen getroffen, die im Zweifel auch auf andere Inhaberpapiere entsprechende Anwendung finden (vgl. Art 2 Abs 1 EG.HGB; RG 59, 374). Eine Ergänzung dieser schuldrechtlichen Bestimmungen über die Schuldverschreibungen auf den Inhaber findet sich in § 247 Abs 2 BGB, wonach die Zinsbeschränkung des § 247 Abs 1 (Kündigungsrecht) bei diesen Schuldverschreibungen nicht gilt; weiter kann bei ihnen die Verzinkung rückständiger Zinsen ausbedungen werden (§ 248 Abs 2 BGB). Geldzeichen können Schuldverschreibungen auf den Inhaber sein (RG 20. 5. 26 IV 694/25). Eine von einer Staatsbank ausgegebene Note oder ein vom Staat als Ersatz für Metallgeld in Umlauf gesetzter Geldschein sind Rechtsgebilde doppelter Art: Sachen und Träger verbriefter Rechte (RG 108, 316). Darlehnskassenscheine nach dem Ges. v. 4. 8. 14 sind Geldzeichen, keine Schuldverschreibungen auf den Inhaber (RG 103, 231).

2. Die §§ 793ff., denen aus dem Recht der Schuldverhältnisse noch der § 247 Abs 2 für den Zinssatz bei Schuldverschreibungen auf den Inhaber anzufügen ist, regeln nur das Schuldverhältnis zwischen dem Aussteller und dem Inhaber, nicht auch die **sachenrechtlichen Beziehungen** zwischen mehreren Inhabern oder sonstigen Berechtigten. Hier kommen namentlich für den Erwerb des Eigentums an Inhaberschuldverschreibungen die §§ 929, 932, 935 BGB, sowie die §§ 366, 367 HGB, für die Stellung des Besitzers und früheren Besitzers die §§ 1006, 1007 BGB, für das Verhältnis zwischen Nießbraucher und Eigentümer die §§ 1081—1084, für die Bestellung von Hypotheken zur Sicherung von Forderungen aus Inhaberschuldverschreibungen die §§ 1187—1189, für das Pfandrecht an beweglichen Sachen zur Sicherung solcher Forderungen der § 1270, für das Pfandrecht an Inhaberpapieren als beweglichen Sachen die §§ 1293, 1294, 1296 BGB zur Anwendung. Auf dem Gebiete des Familien- und des Erbrechts haben die Inhaberschuldverschreibungen Erwähnung gefunden in § 1362 Abs 1 mit der Eigentumsvermutung zugunsten des Ehemanns, in §§ 1381, 1646 mit dem zugunsten der Ehefrau und der Kinder wirksamen Eigentumserwerbe des Ehemanns und des Vaters, in §§ 1392, 1393, 1667, 1814, 1815, 1820, 1853, 2116, 2117 mit der zugunsten der Ehefrau, des Kindes oder Mündels, sowie des Nacherben dem Ehemanne, Vater, Vormund und Vorerben obliegenden Hinterlegung und Umschreibung oder Umwandlung. Soweit sonstige Reichsgesetze Bestimmungen auch für die Inhaberschuldverschreibungen enthalten, bleibt ihnen nach Art 32 EG die ihnen zukommende Geltung.

3. **Landesgesetzliche Vorschriften** über Inhaberschuldverschreibungen sind aufrechterhalten in Art 98 EG hinsichtlich der Rückzahlung oder Umwandlung verzinslicher Staatsschulden, für die Inhaberpapiere ausgegeben sind, in Art 99 EG hinsichtlich der öffentlichen Sparkassen, jedoch unter Wahrung der Vorschriften des § 808 und der Vorschriften des BGB über die Anlegung von Mündelgeld, in Art 100 EG, worin die Landesgesetzgebung ermächtigt wird, für Schuldverschreibungen des Staates oder einer ihm angehörenden öffentlichrechtlichen Körperschaft auf den Inhaber Ausnahmen von § 793 Abs 2 durch Vorschreibung einer besonderen Form und von § 804 Abs 1 (Anspruch auf Leistung bei Verlust des Papiers) zu treffen, in Art 101 hinsichtlich der Verpflichtung zur Umschreibung von Inhaberschuldverschreibungen des Staates oder einer öffentlichrechtlichen Körperschaft auf eine bestimmte Person abweichend von § 806 Satz 2, in Art 102 hinsichtlich der Kraftloserklärung und der Zahlungssperre für die in § 807 behandelten Karten und Marken sowie hinsichtlich der Kraftloserklärung der Ausweispapiere des § 808. Übergangsvorschriften enthalten die Artt 174—178 EG.

§ 793

Hat jemand eine Urkunde ausgestellt[2]), in der er dem Inhaber der Urkunde eine Leistung verspricht (Schuldverschreibung auf den Inhaber)[1]), so kann der Inhaber von ihm die Leistung nach Maßgabe des Versprechens verlangen, es sei denn, daß er zur Verfügung über die Urkunde nicht berechtigt ist[3]). Der Aussteller wird jedoch auch durch die Leistung an einen nicht zur Verfügung berechtigten Inhaber befreit[4]).

Die Gültigkeit der Unterzeichnung kann durch eine in die Urkunde aufgenommene Bestimmung von der Beobachtung einer besonderen Form abhängig gemacht werden. Zur Unterzeichnung genügt eine im Wege der mechanischen Vervielfältigung hergestellte Namensunterschrift[5]).

E I 685, 687 II 722; M 2 694—698; P 2 527—537, 559—561; 6 209.

1. Über die rechtliche Natur der **Schuldverschreibung auf den Inhaber** ist in Vorbem 1 gehandelt. Die Verpflichtung aus der Schuldverschreibung wird begründet durch das einseitige Leistungsversprechen des Ausstellers. Daß nicht ein Vertrag zwischen dem Aussteller

und dem ersten Inhaber, zugleich zugunsten der Nachmänner (Vertragslehre), auch nicht die Ausgabehandlung des Ausstellers (Begebungs- oder Emissionslehre), sondern allein das Leistungsversprechen des Ausstellers in der Urkunde (Schaffungs- oder Kreationslehre) nach dem BGB den Rechtsgrund der Verpflichtung bildet, ergeben deutlich die in den §§ 793 u. 794 enthaltenen Vorschriften (vgl. auch M 2, 695). Selbstverständlich kann aber die verpflichtende Kraft der Urkunde erst wirksam werden, wenn die Inhaberschuldverschreibung aus der Hand des Ausstellers in die eines Dritten und damit in den Verkehr gelangt ist. RG JW 1913, 200[12] läßt unentschieden, ob der Schaffungs- oder der Begebungslehre zu folgen sei (Begebung durch Aushändigung zwecks Verpfändung). — Die Urkunde braucht das Leistungsversprechen an den Inhaber nicht wörtlich zu enthalten, muß aber unzweideutig ergeben, daß der Aussteller lediglich dem Inhaber verpflichtet sein, also nicht bloß eine einfache Ausweis- oder Beweisurkunde herstellen will. Anderseits braucht die Urkunde, um als Inhaberpapier zu erscheinen, nicht notwendig ein selbständiges Schuldversprechen zu enthalten, wenn dies auch der regelmäßige Fall ist; sie kann vielmehr auch einen Schuldgrund angeben, so daß der Aussteller später die darauf gestützten Einreden, § 796, geltend machen kann. Die Leistung kann eine Geldsumme oder einen sonstigen Gegenstand betreffen. Zur Verbriefung von Geldleistungen dienen namentlich die vom Reiche ausgegebenen unverzinslichen, auf Sicht zahlbaren Reichskassenscheine, RGes. betr. die Ausgabe von Reichskassenscheinen v. 30. 4. 74, insbesondere §§ 1, 5, 6 und v. 5. 6. 06, RGBl 730, sowie die auf Grund des BankG v. 14. 3. 75 von der Reichsbank (§§ 16, 18) oder von andern Banken auf Grund reichsgesetzlicher Ermächtigung ausgegebenen, unverzinslichen, auf Vorzeigung von den Ausgabestellen sofort einzulösenden Banknoten (RG 22, 267; 114, 29, das aber zu Unrecht die Aufwertung ablehnt, vgl. auch Born, Rechtschutz für Opfer deutscher Geldentwertung [1927], ferner die zur vorübergehenden Verstärkung der Betriebsmittel der Reichshauptkasse mit bestimmter Umlaufszeit ausgegebenen Schatzanweisungen des Reiches, Reichsschuldenordnung vom 19. 3. 00 §§ 1, 7, 8, ingleichen die sonstigen verzinslichen Schuldverschreibungen des Reiches und der Einzelstaaten mit den dazugehörigen Zinsscheinen (RG 74, 339), Reichsschuldenordnung § 21, die mit staatlicher Genehmigung ausgegebenen Inhaberschuldscheine von juristischen Personen oder einzelnen Privatpersonen, insbesondere die von den preußischen Landschaften, d. i. Verbänden der Grundstückseigentümer, oder gemäß dem HypBankG v. 13. 7. 99 von Aktiengesellschaften und Kommanditgesellschaften auf Aktien (Hypothekenbanken) auf Grund der erworbenen Hypotheken und zur Beschaffung der dafür erforderlichen Mittel ausgegebenen verzinslichen Hypothekenpfandbriefe, soweit sie auf den Inhaber lauten (s. §§ 1, 6—9 des angef. Ges.), nebst zugehörigen Zinsscheinen, nicht minder die Gewinnanteil- (Dividenden-) Scheine von Aktiengesellschaften (RG 58, 10 und 77, 333). Die Reichskassenscheine und Reichsbanknoten, sowie die Darlehnskassenscheine des Ges. v. 4. 8. 14 (RGBl 340) sind nach RGes. v. 4. 8. 14 (RGBl 347) „bis auf weiteres" nicht mehr einlösbar; sie sind daher nicht mehr Schuldverschreibungen auf den Inhaber, da es an einer Verpflichtung des Ausstellers dem Inhaber gegenüber fehlt; sie sind nur noch Geldzeichen (RG 103, 234). Die von den Gemeinden während des Krieges ausgegebenen Kleingeldgutscheine sind Inhaberschuldverschreibungen, wenn sie den Vermerk enthalten, daß sie an allen städtischen Kassen jederzeit in Zahlung genommen werden und mit staatlicher Genehmigung (§ 795 Abs 1) in den Verkehr gebracht sind (RGSt 51, 410; 103, 231; 114, 30, sonst fallen sie unter § 807 (RG Warn 1923 Nr 11). Keine Inhaberschuldverschreibungen sind dagegen die Zinsscheine von den Rentenverschreibungen der preußischen Rentenversicherungsgesellschaft in Berlin, welche an das fortdauernde Leben bestimmter Versicherter geknüpft sind (OLG 5, 147), sowie die Anteilscheine der Gesellschaften mit beschränkter Haftpflicht (RGes. v. 20. 4. 92 § 15), die sich nicht als selbständige Wertträger, sondern nur als Beweisurkunden darstellen (RG 53, 109). Keine Schuldverschreibungen auf den Inhaber sind auch die Zinserneuerungsscheine (Talons), da sie eine selbständige Verpflichtung nicht enthalten; sie sind, auch wenn sie auf den Inhaber lauten, nur Ausweispapiere (RG 74, 339; vgl. zu § 808). Lotterielose haben in der Regel den Charakter von Schuldverschreibungen auf den Inhaber (RG JW 1912, 861[19]). — Unter den auf andere als Geldleistungen gerichteten Inhaberschuldverschreibungen sind hervorzuheben die Lagerscheine, welche nicht bloß auf Order (HGB § 363 Abs 2, § 424), sondern auch auf den Inhaber gestellt werden können (RG 59, 374), sowie die in § 807 angeführten Karten und Marken. Der Zusatz einer Schuldverschreibung, insbesondere eines Lager- oder Ladescheins „für Inhaber oder an Order" macht, wenn keine bestimmte Person darin als Gläubiger benannt ist, deren Order maßgebend sein soll, das Inhaberpapier nicht zum Orderpapier (RG 78, 149).

2. Der **Aussteller** der Inhaberschuldverschreibung kann das Reich, ein einzelner Bundesstaat, eine öffentlichrechtliche Körperschaft, ein mit Körperschaftsrechten ausgestatteter Verein oder auch eine einzelne Person sein. An und für sich ist die Ausstellung einem

jeden gestattet („hat jemand eine Urkunde ausgestellt"); Beschränkungen aber bestehen für im Inland ausgestellte Inhaberschuldverschreibungen, in welchen die Zahlung einer bestimmten Geldsumme versprochen wird, die nach § 795 an die staatliche Genehmigung geknüpft sind, für Inhaberpapiere mit Prämien, welche innerhalb des Deutschen Reiches nur auf Grund eines Reichsgesetzes und nur zum Zwecke der Anleihe des Reiches oder eines Bundesstaats ausgegeben werden dürfen (RGes., betr. die Inhaberpapiere mit Prämien, v. 8. 6. 71), für Banknoten, deren Ausgabe gleichfalls nur auf Grund einer durch Reichsgesetz erlangten Befugnis erfolgen darf (BankG v. 14. 3. 75 § 1). Daneben können öffentlichrechtliche Beschränkungen aus polizeilichen, verwaltungsrechtlichen oder finanzpolitischen Erwägungen bestehen, z. B. bei Lotterien (§ 763).

3. Gläubiger ist der Eigentümer der Schuldverschreibung, indem sein Forderungsrecht sich in der Urkunde, einer beweglichen Sache, als Trägerin dieses Rechtes, verkörpert und mit dieser gemäß §§ 929, 932, 935 Abs 2 übertragen wird (**RG** 58, 10). Zur Ausübung des Gläubigerrechts ist an sich schon der **Inhaber** befugt (**RG** 18. 6. 06 I 480/05), der hierbei zunächst lediglich die Urkunde vorzulegen braucht, zu dieser Vorlegung aber in allen Fällen der Ausübung (Anforderung, Mahnung, Empfangnahme der Leistung, Widerspruch gegen die Ausgabe neuer Zinsscheine im Falle des § 805) verpflichtet ist. Der Inhaber ist jedoch zur Ausübung des Forderungsrechts nur dann befugt, wenn seine Inhabung eine berechtigte, auf das Eigentum (vgl. **RG** 63, 405) oder ein anderes Recht, insbesondere ein Pfandrecht oder ein Verfügungsrecht an der Urkunde, wie das des Konkursverwalters oder des Ehemanns sich stützende ist; er ist nicht befugt, wenn er zur Verfügung über die Urkunde nicht berechtigt ist, ein Umstand, der einredeweise („es sei denn") vom Schuldner darzutun ist. Dieser Fall der Nichtberechtigung liegt namentlich dann vor, wenn der Inhaber bei Erwerb der Urkunde (oder bei Annahme derselben zum Pfande) sich nicht in gutem Glauben befand, wenn ihm insbesondere zu dieser Zeit bekannt oder infolge grober Fahrlässigkeit unbekannt war, daß die Sache nicht dem Veräußerer (oder Verpfänder) gehörte (vgl. AHGB Artt 306, 307; StGB § 259; BGB § 932; **RG** 6, 22; 28, 109; 41, 207. S. auch § 794 A 2, § 796 A 4). Der Inhaber ist auch dann nicht der Berechtigte, wenn er zwar den Besitz der Urkunde in einwandfreier Weise erlangt hat, aber auf Grund eines Rechtsverhältnisses (z. B. als Verwahrer), aus dem er die Befugnis zur Veräußerung oder Verpfändung nicht entnehmen kann. Die Eigentumsvermutung des § 1006 kommt dem Besitzer eines Inhaberpapiers zugute (**RG** JW 1913, 30[18]). Andrerseits berechtigt auch das bloße Eigentum ohne den Besitz des Papiers nicht; die Inhaberschaft ist erste und unerläßliche Voraussetzung des Rechtes aus dem Papier (**RG** Warn 1914 Nr 16).

4. Der Aussteller ist der Schuldner aus dem Inhaberpapier und hat die versprochene Leistung nach Maßgabe seines Versprechens an den Inhaber zu bewirken. Ist der Inhaber nicht Eigentümer der Urkunde oder sonst zur Ausübung des Gläubigerrechts nicht befugt, so kann der Aussteller die Leistung verweigern. Der Aussteller ist jedoch zur Prüfung der Verfügungsberechtigung des Inhabers nicht verpflichtet, wird vielmehr auch **durch die Leistung an einen nicht zur Verfügung berechtigten Inhaber befreit.** Streitig war, ob dies auch gilt, wenn dem Aussteller bei der Leistung die Nichtberechtigung des Inhabers bekannt war. Den Wortlaut des § 793 Abs 1 Satz 2 und auch die Auslassungen der Materialien zu dem entsprechenden § 687 des E I (M 2, 697; Prot 2, 536) hat die früher herrschende Lehre für sich, wonach der Aussteller auch in solchem Falle von seiner Verpflichtung aus der Urkunde befreit wird und sich nur gemäß §§ 823, 826 dem berechtigten Eigentümer des Papiers gegenüber schadensersatzpflichtig macht, wenn er durch die wissentliche Leistung an den Nichtberechtigten sich der Begünstigung einer gegen den Eigentümer verübten strafbaren Handlung, z. B. durch Einlösung eines gestohlenen Inhaberpapiers, schuldig macht oder sonst in einer gegen die guten Sitten verstoßenden Weise dem Eigentümer vorsätzlich Schaden zufügt (so Staudinger A V 4, Planck A 3, sowie die 1. Aufl. dieses Werkes). Allein richtigerweise wird aus dem Gesichtspunkte, daß offenbarer Unredlichkeit ein Rechtsschutz nicht zuteil werden darf, die Befreiung des Ausstellers von der Verpflichtung in diesem Falle zu verneinen sein. Denn Gläubiger ist nur der berechtigte Inhaber, und das Recht des Ausstellers, auch an den Nichtberechtigten ohne Prüfung der Berechtigung zu leisten, greift nicht durch, wo es sich gar nicht um die Unterlassung einer Prüfung, sondern um die Unterdrückung besseren Wissens handelt. Die Erleichterung der Leistung für den Aussteller, die das Gesetz geschaffen hat, deckt keine offenbare Unredlichkeit (so Oertmann A 4, Staub-Koenige, Anhang zu § 365 HGB A 5 u. a.). Mit dieser Frage im Zusammenhange, aber doch auch wieder von ihr verschieden ist die weitere Streitfrage, ob der Aussteller auch durch die Leistung an einen geschäftsunfähigen oder in der Geschäftsfähigkeit beschränkten Inhaber befreit wird. Die Frage ist an sich zu bejahen und mit Planck A VIe und Staudinger a. a. O. (a. M. Oertmann A 5) anzunehmen, daß nach dem Willen des Gesetzgebers der Aussteller, der von der Prüfung des Verfügungsrechts des Inhabers befreit ist, aus denselben Gründen auch von der Prüfung der Verfügungsfähigkeit entbunden sein soll. Entsprechend der hier ver-

tretenen Lösung der ersten Streitfrage wird der Aussteller jedoch nicht als befreit anzusehen sein, wenn er von der Geschäftsunfähigkeit des Inhabers Kenntnis hatte und seine Leistung an diesen sich als Unredlichkeit, als offenbarer Verstoß wider Treu und Glauben darstellt.

5. Die Inhaberschuldverschreibung muß, um gültig zu sein, den für die Herstellung von Urkunden bestehenden Erfordernissen entsprechen, insbesondere mit der **Namensunterschrift des Ausstellers** versehen sein. Hierzu genügt in Abweichung von § 126 nach Abs 2 auch eine mechanische (faksimilierte) Vervielfältigung der Namensunterschrift, nicht aber der bloße Unterdruck der Firma oder der Körperschaft. Anderseits kann durch eine in die Urkunde aufgenommene Bestimmung noch die Beobachtung einer weiteren Form, insbesondere eine Ausfertigung erfordert werden. Diese ist z. B. bei den Inhaberschuldverschreibungen des Reiches durch eigenhändige Unterschrift des Vermerks „Ausgefertigt" seitens des damit beauftragten Beamten, bei Zinsscheinen und Erneuerungsscheinen durch Aufdruck eines den Reichsadler enthaltenden Trockenstempels zu bewirken (Reichsschuldenordnung § 4), wobei es, abweichend von § 793, der Aufnahme dieser Bestimmung in die Urkunde nicht bedarf. Eine gleiche Regelung kann nach EG Art 100 Nr 1 durch landesgesetzliche Vorschrift auch für die Inhaberschuldverschreibungen eines Bundesstaats oder einer ihm angehörenden Körperschaft des öffentlichen Rechtes erfolgen.

§ 794

Der Aussteller wird aus einer Schuldverschreibung auf den Inhaber auch dann verpflichtet, wenn sie ihm gestohlen worden oder verloren gegangen oder wenn sie sonst ohne seinen Willen in den Verkehr gelangt ist[1]).

Auf die Wirksamkeit einer Schuldverschreibung auf den Inhaber ist es ohne Einfluß, wenn die Urkunde ausgegeben wird, nachdem der Aussteller gestorben oder geschäftsunfähig geworden ist[2])[3]).

E I 686 II 723; M 2 697; P 2 537.

1. Diese Vorschrift entscheidet den Streit zwischen Vertrags-, Emissions- und Kreationstheorie zugunsten der letzteren. Auch bei den **dem Aussteller gestohlenen oder verlorengegangenen oder sonst abhanden gekommenen Inhaberschuldverschreibungen** bleibt die durch das einseitige Leistungsversprechen begründete Verpflichtung desselben an sich bestehen, jedoch nur dem redlichen Erwerber gegenüber, während der unredliche Inhaber nach §§ 793, 932, 935, HGB § 366 keine Rechte daraus herleiten kann. S. unten § 796.

2. **Tod oder Geschäftsunfähigkeit** des Ausstellers sind einflußlos, wenn die vorher ausgestellte Urkunde nach einem derartigen Ereignis auf irgendeine Weise in den Verkehr gelangt ist.

3. Auf Inhaber**aktien** findet § 794 richtiger Ansicht nach keine Anwendung. Vgl. Staub-Koenige HGB 10. Aufl. A 25 zu § 223.

§ 795

Im Inland ausgestellte Schuldverschreibungen auf den Inhaber, in denen die Zahlung einer bestimmten Geldsumme versprochen wird, dürfen nur mit staatlicher Genehmigung in den Verkehr gebracht werden[1]).

Die Genehmigung wird durch die Zentralbehörde des Bundesstaats erteilt, in dessen Gebiete der Aussteller seinen Wohnsitz oder seine gewerbliche Niederlassung hat. Die Erteilung der Genehmigung und die Bestimmungen, unter denen sie erfolgt, sollen durch den Deutschen Reichsanzeiger bekanntgemacht werden.

Eine ohne staatliche Genehmigung in den Verkehr gelangte Schuldverschreibung ist nichtig; der Aussteller hat dem Inhaber den durch die Ausgabe verursachten Schaden zu ersetzen[2]).

Diese Vorschriften finden keine Anwendung auf Schuldverschreibungen, die von dem Reiche oder einem Bundesstaat ausgegeben werden.

E I 701 Abs 1—3 II 724; M 2 718—721; P 2 555—558; 6 41.

1. **Staatliche Genehmigung** ist für die auf Zahlung einer **bestimmten Geldsumme** gerichteten inländischen Schuldverschreibungen, welche im Inlande in den Verkehr gebracht werden sollen, vorgeschrieben, damit schwindelhafte Banknotenausgaben und Störungen des Staatskredits durch unbefugte Ausgabe von Privatschuldverschreibungen vermieden werden. Dies gilt auch von Grundschuldbriefen auf den Inhaber (**RG** 59, 381), aber

nicht von ausländischen oder von inländischen auf Zahlung einer unbestimmten Geldsumme oder auf eine andere Leistung als Geld gerichteten Inhaberpapieren, insbesondere nicht von Gewinnanteil- und Lagerscheinen, ferner nicht von den Inhaberschecks, solange sie nicht angenommen sind (Einlösungszusage auf dem Inhaberscheck genehmigungspflichtig RG 105, 363), den Legitimations- und Orderpapieren und den zu letzteren gehörigen Zinsscheinen. Zinsscheine auf den Inhaber sind, soweit sie zu Inhaberschuldverschreibungen ausgegeben werden, durch die für diese erteilte staatliche Genehmigung mitgedeckt; anders, wenn sie zu den auf den Namen lautenden Geldschuldverschreibungen ausgegeben werden (RG 74, 339; 106, 157; a. M. wenigstens für Zinsscheine von Orderpapieren aber Oertmann A 1). Der Dividendenschein ist in der Regel ein Inhaberpapier im weiteren Sinne, ist Träger des Dividendenrechts (RG 77, 333). — Schuldverschreibungen an Order müssen, wenn sie nicht von einem Kaufmann ausgestellt werden, durch eigenhändige Namensunterschrift des Ausstellers auch dann vollzogen werden, wenn sie in großen Mengen gleichlautender Exemplare ausgegeben werden (RG 14, 95; 74, 339). Nur für das **Inverkehrbringen** nicht auch schon für die Ausstellung ist die staatliche Genehmigung erforderlich. Über die Ausnahme bei Schuldverschreibungen des Reiches oder der Bundesstaaten s. Abs 4. Über die Kleingeldgutscheine der Stadtgemeinden vgl. unter § 793 A 1.

2. Die Schuldverschreibung ist **nichtig** und der Aussteller hat dem Inhaber den **Schaden zu ersetzen,** der diesem durch die Ausgabe des nichtigen Papiers insofern verursacht worden ist, als er beim Erwerb auf dessen Gültigkeit vertraute, also in der Regel nicht den Nennwert des Papiers, sondern den vom Inhaber dafür gegebenen Betrag. Diese Schadenspflicht kann nach § 254 gemindert oder aufgehoben werden, wenn der Inhaber beim Erwerbe den Mangel der staatlichen Genehmigung gekannt hat. — Streitig ist, ob diese Schadenspflicht auch dann eintritt, wenn die Schuldverschreibung nicht von dem Aussteller oder einem Beauftragten desselben, sondern ohne dessen Willen von einem Dritten, in den Verkehr gebracht worden ist. Diese Frage wird zu verneinen sein. Denn wenn es in § 795 Abs 3 heißt: „Der Aussteller hat dem Inhaber den durch die Ausgabe verursachten Schaden zu ersetzen", so ist darunter nach dem Wortlaut und nach den für die Schadensersatzpflicht geltenden Voraussätzen derjenige Schaden zu verstehen, den der Aussteller durch die von ihm bewirkte Ausgabe verursacht hat. Hierfür spricht weiter auch der im EG Art 34 IV in das StGB eingestellte § 145a, wonach derjenige mit einer Geldstrafe belegt werden soll, der eine Inhaberschuldverschreibung der angegebenen Art ohne die erforderliche staatliche Genehmigung ausstellt und in den Verkehr bringt. Es ist nicht anzunehmen, daß die Schadenspflicht des Ausstellers von andern Voraussetzungen abhängig gemacht sein sollte als seine Strafbarkeit, die durch das Inverkehrbringen seitens des Ausstellers mit bedingt ist. Hiermit stimmt endlich auch die Bemerkung in den Motiven zu § 795 Bd. 2 S. 720 überein: „Die erste Voraussetzung der Schadensersatzpflicht ist, daß der Aussteller das Papier ausgegeben hat. Daß das Papier in den Verkehr gelangt ist . . . . gilt nicht als genügend."

§ 796

[1]) **Der Aussteller kann dem Inhaber der Schuldverschreibung nur solche Einwendungen entgegensetzen, welche die Gültigkeit der Ausstellung betreffen**[2]) **oder sich aus der Urkunde ergeben**[3]) **oder dem Aussteller unmittelbar gegen den Inhaber zustehen**[4]).

E I 689 II 725; M 2 699—701; P 2 540, 541.

1. **Einwendungen des Ausstellers.** Infolge des für die Inhaberschuldverschreibungen geltenden Grundsatzes, daß jedem Inhaber des Papiers ein selbständiger, von dem Rechte des Vormanns unabhängiger Anspruch aus demselben zusteht, ist auch die Zahl der dem Aussteller gegen den Inhaber gegebenen Einreden im Anschluß an WO Art 82 und AHGB Art 303, sowie im Einklang mit HGB § 364 nur eine beschränkte.

2. Zugelassen sind zunächst die **Einwendungen gegen die Gültigkeit der Ausstellung.** Diese können darauf gestützt werden, daß die Urkunde überhaupt nicht vom Aussteller herrühre oder gefälscht sei, daß die Herstellung eine unvollständige sei, insbesondere der Ausfertigungsvermerk fehle, oder auch darauf, daß der Aussteller bei der Ausstellung geschäftsunfähig oder in der Geschäftsfähigkeit beschränkt gewesen sei, §§ 104ff., oder die Urkunde in erkennbarer Weise nur zum Scherze ohne ernstliche Absicht gefertigt habe. Streitig ist, ob der Aussteller dem jeweiligen Inhaber auch eine Einrede wegen eines bei der Ausstellung wirksam gewesenen Irrtums, Betrugs oder Zwanges (§§ 119, 123) entgegensetzen könne. Mit Dernburg (II 1 § 150 IIa) ist diese Frage im wesentlichen zu verneinen. Denn die Ausstellung wird nach § 142 durch die angeführten Willensmängel nicht ohne weiteres, sondern erst dann ungültig, wenn sie von dem Aussteller angefochten worden ist. Die Anfechtung

aber ist nach § 123 Abs 2, § 143 Abs 4 nur demjenigen gegenüber zulässig, welcher die ausgestellte Urkunde unmittelbar vom Aussteller erhalten oder durch die Ausstellung unmittelbar einen rechtlichen Vorteil erlangt hat. Letztere Voraussetzung trifft bei dem späteren Erwerber der Urkunde nicht zu. Anders, wenn der Inhaber zugleich der erste Erwerber der Urkunde ist oder von der gegen seinen Vormann erfolgten Anfechtung Kenntnis erhalten hat (s. hierüber unten A 4).

3. Einreden, **welche sich aus der Urkunde ergeben,** können auf die darin enthaltenen Zeitbestimmungen, Bedingungen und Vorbehalte gestützt und namentlich auch aus einem darin ausgesprochenen Schuldgrunde (s. o. § 793) hergeleitet werden.

4. Als Einreden, **welche dem Aussteller unmittelbar gegen den Inhaber zustehen,** sind zunächst diejenigen aufzuführen, welche aus den persönlichen Rechtsbeziehungen des Ausstellers zum Inhaber entnommen werden, wie diejenigen der Stundung, Zahlung, Aufrechnung. Hierher gehören auch die dem Aussteller gegen den Inhaber, wenn solcher die Urkunde unmittelbar von ihm erworben hat, zustehenden Einreden des Irrtums, Zwanges und Betrugs (s. o. A 2). Zulässig ist ferner nach § 793 Abs 1 der Einwand des Ausstellers, daß der Inhaber zur Verfügung über die Urkunde nicht berechtigt sei, diese insbesondere nicht in gutem Glauben an das Recht seines Veräußerers erworben, vielmehr den ihr anhaftenden Mangel (daß sie insbesondere dem berechtigten Eigentümer gestohlen oder verlorengegangen oder abhandengekommen sei) gekannt oder grob fahrlässig nicht gekannt habe, §§ 932, 935. Als grob fahrlässig gilt aber auch derjenige Inhaber, welcher beim Erwerbe des Papiers die Prüfung bezüglich des rechtmäßigen Besitzes seines Vormanns unterlassen hat, obschon ihn besondere Umstände, wie Angebot des Papiers ohne Erneuerungs- und Zinsscheine oder Angebot durch einen unbekannten oder in unreifem Alter stehenden Menschen, zu einer derartigen Prüfung veranlassen mußten. Wegen des Ausschlusses des guten Glaubens bei einem Kaufmanne, der Bankier- und Geldwechslergeschäfte betreibt und in diesem Betriebe Inhaberpapiere zu Eigentum oder Pfand annimmt, s. HGB § 367. Unwirksam aber ist die Kenntnis des Inhabers von dem beim Aussteller erfolgten Diebstahl oder Verlust und die darauf gestützte Einrede des Ausstellers, wenn hierüber der Rechtsvorgänger des Inhabers oder ein Vormann in gutem Glauben gewesen und hiermit das Recht des Ausstellers erloschen war (**RG** 37, 69). Im übrigen stehen dem Aussteller Einreden aus der Person eines Vormanns des Erwerbers, die mit dem Erwerb der Urkunde nicht zusammenhängen, nicht zu (M 2, 701); dies auch dann nicht, wenn der Inhaber beim Erwerb der Urkunde die der Einrede zugrunde liegenden Tatsachen gekannt haben sollte. Streitig ist, inwieweit der Aussteller aus dem Verhältnis des Inhabers zum Vormann die Einrede der Arglist herleiten kann. Der Aussteller wird hierzu nach der herrschenden Ansicht zunächst dann befugt sein, wenn der Inhaber beim Erwerb der Urkunde die dem Aussteller gegen den Vormann zustehende Einrede (z. B. des teilweisen Erlasses der im Papier verbrieften Schuld) kannte und die Urkunde gerade zu dem Zwecke, dem Aussteller diese Einrede abzuschneiden oder ihm sonst Schaden zuzufügen, an sich gebracht hat (vgl. **RG** 57, 65; Warn 1921 Nr 13). Denn hierdurch macht sich der Inhaber eines arglistigen Verhaltens unmittelbar gegen den Aussteller schuldig. Erhält dagegen der Inhaber erst nach dem Erwerb der Urkunde von einer solchen Einrede Kenntnis, so ist er dadurch an sich an der Geltendmachung des Rechtes aus der Urkunde nicht behindert und den gegen den Vormann begründeten Einwendungen des Ausstellers nicht ausgesetzt, es sei denn, daß er diese Geltendmachung nur, um dem Aussteller Schaden zuzufügen oder nur zum Schein im eigenen Namen, in Wirklichkeit aber als vorgeschobene Person für den Vormann, unternehmen würde (§§ 226, 826; **RG** 4, 101; 11, 9).

§ 797

Der Aussteller ist nur gegen Aushändigung der Schuldverschreibung zur Leistung verpflichtet[1]). Mit der Aushändigung erwirbt er das Eigentum an der Urkunde, auch wenn der Inhaber zur Verfügung über sie nicht berechtigt ist[2]).

E I 688 II 726; M 2 698; P 2 540; 6 209.

1. **Die Leistung des Ausstellers** hat, da es sich dabei regelmäßig um eine Holschuld handelt, an dem Orte zu erfolgen, wo dieser zur Zeit der Ausstellung seinen Wohnsitz oder seine gewerbliche Niederlassung hatte, und zwar zu der Zeit, die in der Urkunde angegeben ist, beim Mangel einer solchen Angabe alsbald bei Vorlegung der Urkunde, in jedem Falle aber nur (Zug um Zug) gegen Aushändigung derselben, abgesehen von ihrer Unbeibringlichkeit in den Fällen der §§ 799, 804. Bei Teilzahlungen ist der Aussteller zu einem entsprechenden Vermerk auf der Urkunde berechtigt (vgl. WO Art 39). Gibt der Aussteller die Urkunde nach erfolgter Einlösung unter Fortdauer seines Verpflichtungswillens weiter, so lebt auch seine Verpflichtung daraus wieder auf (**RG** 18, 6).

2. **Der Übergang des Eigentums auf den Aussteller** ist von der Verfügungsberechtigung des Inhabers darüber nicht abhängig. Ob er auch dann eintritt, wenn der Aussteller die Nichtberechtigung des Inhabers kennt, ist streitig; dafür Planck a. a. O. zu § 797, sowie die 1. Aufl. dieses Werkes. Dagegen Staudinger § 797 Bem 2b und Oertmann a. a. O. § 797 Bem 2, beide unter Berufung auf §§ 932, 935. Letzteren ist beizutreten. Die angezogenen §§ 932, 935 sind wenigstens entsprechend auch hier anwendbar. Vgl. im übrigen § 793 A 3 u. 4.

§ 798

Ist eine Schuldverschreibung auf den Inhaber infolge einer Beschädigung oder einer Verunstaltung zum Umlaufe nicht mehr geeignet, so kann der Inhaber, sofern ihr wesentlicher Inhalt und ihre Unterscheidungsmerkmale noch mit Sicherheit erkennbar sind, von dem Aussteller die Erteilung einer neuen Schuldverschreibung auf den Inhaber gegen Aushändigung der beschädigten oder verunstalteten verlangen. Die Kosten hat er zu tragen und vorzuschießen[1]).

E I 699 II 727; M 2 713; P 2 554.

1. **Die Ausstellung neuer Schuldverschreibungen an Stelle von beschädigten oder verunstalteten** setzt voraus, daß die Urkunde nicht gänzlich vernichtet, sondern in ihrer Eigenart (Individualität) noch erkennbar ist. Weitere Voraussetzungen hierfür sind nicht erfordert (vgl. auch HGB § 229). Abweichende Vorschriften: a) für Reichskassenscheine in § 6 Abs 2 des Ges. v. 30. 4. 74, betr. die Ausgabe von Reichskassenscheinen, wonach für beschädigte oder unbrauchbar gewordene Exemplare Ersatz zu leisten ist, wenn das vorgelegte Stück zu einem echten Reichskassenschein gehört und mehr als die Hälfte eines solchen beträgt, während in anderen Fällen die ausnahmsweise Ersatzleistung dem pflichtmäßigen Ermessen der Reichsschuldenverwaltung überlassen bleibt; b) für Banknoten in § 4 Abs 2 des BankG v. 14. 3. 75, wonach für beschädigte Noten Ersatz zu leisten ist, sofern der Inhaber entweder einen Teil der Urkunde vorlegt, welcher größer ist als die Hälfte, oder den Nachweis führt, daß der Rest der Note, von welcher er einen geringeren Teil präsentiert, vernichtet sei — wogegen im übrigen für vernichtete oder verlorene Noten kein Ersatz geleistet wird. — Die Bestimmungen dieses Paragraphen gelten nicht für Zinsscheine und Gewinnanteilscheine, dagegen nach Art 174 EG auch für die vor dem Inkrafttreten des BGB ausgegebenen Inhaberschuldverschreibungen.

§ 799

[1]) Eine abhanden gekommene oder vernichtete Schuldverschreibung auf den Inhaber kann, wenn nicht in der Urkunde das Gegenteil bestimmt ist, im Wege des Aufgebotsverfahrens für kraftlos erklärt werden[2]). Ausgenommen sind Zins-, Renten- und Gewinnanteilscheine sowie die auf Sicht zahlbaren unverzinslichen Schuldverschreibungen[3]).

Der Aussteller ist verpflichtet, dem bisherigen Inhaber auf Verlangen die zur Erwirkung des Aufgebots oder der Zahlungssperre erforderliche Auskunft zu erteilen und die erforderlichen Zeugnisse auszustellen. Die Kosten der Zeugnisse hat der bisherige Inhaber zu tragen und vorzuschießen[4])[5]).

E I 692 II 728 Abs 1; M 2 705, 706; P 2 546, 547; 6 385.

1. **Rechtsbehelfe des Inhabers bei Verlust oder Vernichtung,** nicht bloß Beschädigung oder Verunstaltung von Inhaberschuldverschreibungen sind: a) der Antrag auf Bekanntmachung im Reichsanzeiger durch eine öffentliche Behörde oder den Aussteller (HGB § 367), b) der Antrag auf Einleitung des Aufgebotsverfahrens zum Zwecke der Kraftloserklärung und auf Zahlungssperre.

2. Die **Kraftloserklärung** ist zulässig im Falle des Verlustes oder der Vernichtung bei Inhaberschuldverschreibungen, sofern in ihnen nicht das Gegenteil bestimmt ist, sowie bei den in § 808 erwähnten Legitimationspapieren mit dem unten zu erwähnenden Vorbehalte zugunsten der Landesgesetzgebung, ingleichen auch bei Schuldverschreibungen und Schatzanweisungen des Deutschen Reiches (Reichsschuldenordnung v. 19. 3. 00 §§ 17—19), bei Anteilscheinen der Reichsbank (s. VO v. 3. 9. 00, betr. Abänderung des Statuts der Reichsbank, § 8), nicht minder bei Grundschuld- und Rentenschuldbriefen (§§ 1195, 1199). Vgl. VO v. 12. 2. 24 über wertbeständige Zahlungsmittel. Das gleiche Ver-

fahren findet auch statt bei (Inhaber-) Aktien- und Interimsscheinen (HGB § 228), bei Wechseln (WO Art 73), bei den im HGB § 363 aufgeführten, an Order ausgestellten kaufmännischen Anweisungen und Verpflichtungsscheinen. Eine Bestimmung des Gegenteils in der Urkunde, also einen Ausschluß der Kraftloserklärung durch Aufgebot, enthält der Vermerk auf einem Lotterielose, daß der Gewinnanspruch in einer bestimmten Frist nach der Ziehung unter Vorzeigung des Loses geltend gemacht werden müsse, nicht (**RG** JW 1912, 861[19]).

3. **Ausgeschlossen** ist die Kraftloserklärung bei den Zins-, Renten- und Gewinnanteilscheinen, sowie bei den, den Banknoten gleichgestellten, auf Sicht zahlbaren unverzinslichen Schuldverschreibungen (jedoch mit dem unten zu erwähnenden Vorbehalt zugunsten der Landesgesetzgebung); bei den in § 807 aufgeführten Urkunden (Karten, Marken u. dgl.), bei den Reichskassenscheinen, § 6 des RGes. v. 30. 4. 74, sowie bei den Banknoten, § 4 des BankG v. 14. 3. 75. Bei den sonstigen Wertpapieren kann an die Stelle der Kraftloserklärung nach § 371 das öffentlich beglaubigte Anerkenntnis des Gläubigers treten, daß die Schuld erloschen sei.

4. **Das Verfahren bei der Kraftloserklärung** ist in der ZPO §§ 946ff. und namentlich §§ 1003—1017 geregelt. Vgl. hierzu in betreff der Schuldverschreibungen und Schatzanweisungen des Deutschen Reiches die Zusätze in §§ 16—18 der Reichsschuldenordnung v. 14. 3. 00, sowie in betreff der Anteilscheine der Reichsbank die Vorschrift in § 8 der angef. VO v. 3. 9. 00.

5. **Übergangsbestimmungen.** a) § 799 (nebst § 800) gilt auch für Kraftloserklärung und Zahlungssperre der vor dem Inkrafttreten des BGB ausgestellten Inhaberschuldverschreibungen (EG § 174), insbesondere auch der Inhaberschuldverschreibungen, Zinsscheine und Schatzanweisungen des Reiches (Reichsschuldenordnung § 21); dagegen gelten fort die bisherigen Gesetze über Kraftloserklärung und Zahlungssperre für die vor dem gedachten Zeitpunkt ausgestellten, auf Sicht zahlbaren unverzinslichen Schuldverschreibungen, Zins-, Renten- und Gewinnanteilscheine (EG Art 174). b) Erledigung eines beim Inkrafttreten des BGB anhängigen Verfahrens wegen Kraftloserklärung oder Zahlungssperre in betreff einer Inhaberschuldverschreibung oder einer in § 808 angeführten Legitimationsurkunde nach den bisherigen Gesetzen und Fortgeltung der letzteren bezüglich der Wirkung des Verfahrens und der endlichen Entscheidung (EG Art 178). c) Unzulässigkeit der ferneren Außerkurssetzung von Inhaberschuldverschreibungen nach dem Inkrafttreten des BGB und Wirkungslosigkeit der vorher erfolgten Außerkurssetzung (EG Art 176). **Vorbehalte zugunsten der Landesgesetze** über die Kraftloserklärung und Zahlungssperre in Ansehung der in § 807 erwähnten, reichsgesetzlich der Kraftloserklärung nicht unterliegenden Urkunden, ingleichen zugunsten landesgesetzlicher Bestimmung eines andern als des Aufgebotsverfahrens für die Kraftloserklärung der in § 808 erwähnten Urkunden s. im EG Art 102.

§ 800

Ist eine Schuldverschreibung auf den Inhaber für kraftlos erklärt, so kann derjenige, welcher das Ausschlußurteil erwirkt hat, von dem Aussteller, unbeschadet der Befugnis, den Anspruch aus der Urkunde geltend zu machen, die Erteilung einer neuen Schuldverschreibung auf den Inhaber an Stelle der für kraftlos erklärten verlangen. Die Kosten hat er zu tragen und vorzuschießen[1]).

E I 695 II 728 Abs 2; M 2 708, 709; P 2 548.

1. **Wirkungen des rechtskräftigen Ausschlußurteils:** a) Befugnis des Antragstellers zur Geltendmachung des Anspruchs aus der Urkunde (vgl. ZPO § 1018; WO Art 73). b) Anspruch auf Erteilung einer neuen Schuldurkunde an Stelle der für kraftlos erklärten, welcher Anspruch namentlich dann von Bedeutung ist, wenn das Recht aus der Urkunde bei der Kraftloserklärung noch nicht fällig ist. Dagegen hat der Antragsteller regelmäßig nicht die Befugnis, vor Erlaß des Ausschlußurteils die im Laufe des Verfahrens fällig werdenden Leistungen aus der Urkunde gegen Sicherheitsleistung einzufordern, was vielmehr nur vom Wechsel gilt (WO Art 73).

Im Falle der Anfechtung und Aufhebung des Ausschlußurteils sind Leistungen, die der Aussteller auf Grund des letzteren ohne Kenntnis von der Aufhebung gemacht hat, Dritten, insbesondere dem Anfechtungskläger gegenüber, wirksam (M 2, 709).

§ 801

Der Anspruch aus einer Schuldverschreibung auf den Inhaber erlischt mit dem Ablaufe von dreißig Jahren nach dem Eintritte der für die Leistung

bestimmten Zeit, wenn nicht die Urkunde vor dem Ablaufe der dreißig Jahre dem Aussteller zur Einlösung vorgelegt wird[1]). Erfolgt die Vorlegung, so verjährt der Anspruch in zwei Jahren von dem Ende der Vorlegungsfrist an[2]). Der Vorlegung steht die gerichtliche Geltendmachung des Anspruchs aus der Urkunde gleich.

Bei Zins-, Renten- und Gewinnanteilscheinen beträgt die Vorlegungsfrist vier Jahre. Die Frist beginnt mit dem Schlusse des Jahres, in welchem die für die Leistung bestimmte Zeit eintritt.

Die Dauer und der Beginn der Vorlegungsfrist können von dem Aussteller in der Urkunde anders bestimmt werden[3]).

E I 691 II 729; M 2 703—705; P 2 542 ff.

1. Infolge Nichtvorlegung der Urkunde bis zum Ablauf von dreißig Jahren nach dem Eintritt der für die Leistung bestimmten Zeit **erlischt** der Anspruch aus der Schuldverschreibung. Ist eine solche Zeit in der Urkunde nicht bestimmt, so läuft die dreißigjährige Ausschlußfrist von der, nötigenfalls vom Gläubiger zu erweisenden Zeit der Ausstellung der Urkunde ab, da mit diesem Zeitpunkt im Zweifel die Leistungspflicht des Ausstellers beginnt, vgl. §§ 271, 793. A. M. (anstatt der dreißigjährigen Vorlegungs- und zweijährigen Verjährungsfrist die gewöhnliche Verjährung nach § 195) Planck zu § 801 2b und Staudinger zu § 801 III, jedoch ohne genügenden Grund, da gerade die gewöhnliche Verjährungsfrist, als für die Inhaberschuldverschreibung ungeeignet, vermieden werden soll und die gegenteilige Annahme überdies in der Regel zur Unverjährbarkeit des Anspruchs führen würde. Bei Lotterielosen wird die Fälligkeit der Gewinne durch die kalendermäßig festgesetzte Ziehung und durch das Erscheinen der Gewinnliste erkennbar bestimmt. Die Frist zur Abholung der Gewinne stellt zugleich die Vorlegungsfrist nach § 801 Abs 3 dar (**RG** JW 1912, 861[19]). Über die Grenzen der Anwendbarkeit des Abs 1 auf Inhaberaktien s. Staub-Koenige HGB A 29 zu § 223.

2. Für die **zweijährige Verjährungsfrist**, die vom Ende der Vorlegungsfrist, nicht vom Tage der Vorlegung ab, zu berechnen ist, gelten die für die regelmäßige Verjährung bestehenden Vorschriften.

3. Die **Abänderung der Vorlegungsfrist** ist zulässig, wenn sie in der Urkunde geschieht. S. für Lotterielose A 1. Sie kann für kürzer oder länger als dreißig Jahre bestimmt, jedoch nicht ganz beseitigt werden. Im Streitfalle ist der Fristablauf vom Aussteller, die Vorlegung der Urkunde vom Inhaber zu erweisen. — **Übergangsbestimmungen** für die vor dem Inkrafttreten des BGB ausgestellten Inhaberschuldverschreibungen s. im EG Art 174 Abs 2, wonach sich für Ansprüche aus denselben die Verjährung, unbeschadet der Vorschriften des § 802, nach den früheren Gesetzen bestimmt.

§ 802

Der Beginn und der Lauf der Vorlegungsfrist sowie der Verjährung werden durch die Zahlungssperre zugunsten des Antragstellers gehemmt[1]). Die Hemmung beginnt mit der Stellung des Antrags auf Zahlungssperre; sie endigt mit der Erledigung des Aufgebotsverfahrens und, falls die Zahlungssperre vor der Einleitung des Verfahrens verfügt worden ist, auch dann, wenn seit der Beseitigung des der Einleitung entgegenstehenden Hindernisses sechs Monate verstrichen sind und nicht vorher die Einleitung beantragt worden ist. Auf diese Frist finden die Vorschriften der §§ 203, 206, 207 entsprechende Anwendung.

E I 694 II 730; M 2 707, 708; P 2 548; 6 386.

1. Die **Zahlungssperre**, welche zugunsten des Antragstellers den Beginn und Lauf der Vorlegungsfrist, sowie der Verjährung hemmt, besteht in dem auf Antrag an den Aussteller, sowie an die in dem Papier bezeichneten Zahlungsstellen zu erlassenden Verbot, an den Inhaber des Papiers eine Leistung zu bewirken, insbesondere neue Zins-, Renten- und Gewinnanteilscheine oder einen Erneuerungsschein auszugeben (ZPO § 1019). Die Zahlungssperre erfolgt entweder in Verbindung mit dem Aufgebotsverfahren und endigt alsdann mit dessen Erledigung oder sie kann, wenn die sofortige Einleitung des Aufgebotsverfahrens nach ZPO § 1015 Satz 2 nicht zulässig ist, beim Vorhandensein der übrigen Erfordernisse schon vor Einleitung des Aufgebotsverfahrens verfügt werden und endigt alsdann, wenn seit der Beseitigung des der Einleitung entgegenstehenden Hindernisses sechs Monate verstrichen sind und

nicht vorher die Einleitung beantragt worden ist (ZPO §§ 1019, 1020). — Wegen des bei der Zahlungssperre einzuhaltenden Verfahrens s. im übrigen ZPO §§ 1019—1022. Vgl. auch EG Art 174 Abs 1 u. oben § 801 A 3 a. E.

§ 803

Werden für eine Schuldverschreibung auf den Inhaber Zinsscheine ausgegeben, so bleiben die Scheine, sofern sie nicht eine gegenteilige Bestimmung enthalten, in Kraft, auch wenn die Hauptforderung erlischt oder die Verpflichtung zur Verzinsung aufgehoben oder geändert wird[1]).

Werden solche Zinsscheine bei der Einlösung der Hauptschuldverschreibung nicht zurückgegeben, so ist der Aussteller berechtigt, den Betrag zurückzubehalten, den er nach Abs 1 für die Scheine zu zahlen verpflichtet ist[2])[3]).

E I 690 II 731; M 2 701—703; P 2 541, 542.

1. **Zinsscheine,** welche für eine Schuldverschreibung auf den Inhaber ausgegeben werden, bilden selbständige, von dem Fortbestand und der Wirksamkeit der Schuldverschreibung unabhängige Inhaberpapiere (**RG** 74, 339). Sie begründen, wenn darin nichts Abweichendes bestimmt ist, für sich allein den Zinsanspruch dergestalt, daß derselbe von dem Inhaber der Hauptschuldurkunde lediglich auf Grund dieser nicht erhoben werden kann (**RG** 4, 142; 14, 154). Nur dann bedarf es bei der Einforderung der Zinsen der Vorlegung des Zinsscheins nicht, wenn der Aussteller widerrechtlich die ihm obliegende Ausfolgung neuer Zinsscheine verweigert hat; denn alsdann steht seiner auf die Nichtvorlegung der Zinsscheine gestützten Einrede die Gegeneinrede der Arglist entgegen (**RG** 31, 147). Neben der selbständigen Natur des Scheines kommt indessen der Umstand, daß er auf Zinsen von einer Hauptschuld lautet, wenigstens insofern in Betracht, als der darauf gestützte Anspruch dem Verbot des Zinseszinses §§ 248, 289, sowie der vierjährigen Verjährung nach § 197 unterliegt (**RG** 5, 257; 14, 154; 31, 147).

Andere Grundsätze als für die Zinsscheine gelten für die **Renten- und Gewinnanteil- (Dividenden-) Scheine,** sowie für die **Erneuerungsscheine** (Talons). Der Anspruch aus dem Dividendenscheine ist kein von vornherein bestimmter, sondern durch die Festsetzung eines bestimmten Gewinnanteils seitens der zuständigen Gesellschaftsorgane bedingt und an den Fortbestand der Stammurkunde dergestalt gebunden, daß er zugleich mit dem Recht aus derselben erlischt (HGB § 228 Abs 2; **RG** 15, 97; 22, 113). Der Gewinnanteilschein ist demnach nur ein Inhaberpapier im weiteren Sinne (**RG** 77, 333). § 803 kann für ihn nicht gelten wegen der Unbestimmtheit des Anspruchs. Der Erneuerungsschein ist überhaupt kein selbständiges Inhaberpapier, sondern nur ein zur Stammurkunde gehöriges Ausweispapier, durch welches die beschwerende und gefährdende Vorlegung der Urkunde bei Erhebung neuer Zinsscheine erspart werden soll. Mit der Hinfälligkeit der Haupturkunde wird daher der Erneuerungsschein ebenfalls kraftlos (**RG** 23, 269; 31, 147; 74, 339).

2. **Dieses Zurückbehaltungsrecht des Ausstellers** wird vom Gläubiger durch Nachlieferung der Zinsscheine beseitigt und auch nach § 273 Abs 3 durch Sicherheitsleistung abgewendet werden können.

3. **Übergangsbestimmungen** für Zins-, Renten- und Gewinnanteilscheine, welche nach dem Inkrafttreten des BGB für ein vor dieser Zeit ausgestelltes Inhaberpapier ausgegeben werden, s. im EG Art 175. Vgl. jedoch bezüglich der fortdauernden Anwendbarkeit des § 804 das EG Art 174.

§ 804

Ist ein Zins-, Renten- oder Gewinnanteilschein abhanden gekommen oder vernichtet und hat der bisherige Inhaber den Verlust dem Aussteller vor dem Ablaufe der Vorlegungsfrist angezeigt, so kann der bisherige Inhaber nach dem Ablaufe der Frist die Leistung von dem Aussteller verlangen[1]). **Der Anspruch ist ausgeschlossen, wenn der abhanden gekommene Schein dem Aussteller zur Einlösung vorgelegt oder der Anspruch aus dem Scheine gerichtlich geltend gemacht worden ist, es sei denn, daß die Vorlegung oder die gerichtliche Geltendmachung nach dem Ablaufe der Frist erfolgt ist. Der Anspruch verjährt in vier Jahren**[2]).

In dem Zins-, Renten- oder Gewinnanteilscheine kann der im Abs 1 bestimmte Anspruch ausgeschlossen werden[3])[4]).

E I 697 II 732; M 2 709—712; P 2 548—550.

1. Bei **abhandengekommenen oder vernichteten Zins-, Renten- oder Gewinnanteilscheinen** tritt an die Stelle des Aufgebotsverfahrens die Anzeige vom Verlust an den Aussteller, die von dem bisherigen Inhaber, und zwar vor dem Ablauf der vierjährigen Vorlegungsfrist zu erstatten ist. Wird bis zu diesem Zeitpunkte der verlorene Schein von anderer Seite nicht vorgelegt, so kann der bisherige Inhaber die Leistung von dem Aussteller verlangen, da der Anspruch eines etwaigen andern Inhabers mit dem Ablauf der Vorlegungsfrist erloschen ist. Erfolgt dagegen von anderer Seite die rechtzeitige Vorlegung an den Aussteller, so ist dieser zur Leistung an den Vorlegenden und zur Verweigerung der Leistung an den Verlustträger berechtigt; letzterer kann sich alsdann durch Beantragung einer einstweiligen Verfügung schützen. Im Streitfalle hat der Verlustträger seinen Verlust und die Anzeige davon zu erweisen, während dem Aussteller die Beweislast dafür, daß die Vorlegung oder gerichtliche Geltendmachung von anderer Seite erfolgt sei und in solchem Falle dem Verlustträger die Beweislast dafür obliegt, daß diese Maßnahme erst nach Ablauf der Vorlegungsfrist erfolgt sei.

2. **Die vierjährige Verjährungsfrist** beginnt mit dem Ablauf der Vorlegungsfrist, mit welcher der Anspruch des Verlustträgers auf Einlösung des verlorenen Scheines entsteht (§ 198). So namentlich die M 2, 712. A. M. Planck § 804 A 3 unter Bezugnahme auf § 201, welcher jedoch um deswillen außer Anwendung bleiben muß, weil hier an die Stelle des ursprünglichen Zinsenanspruchs ein eigenartiger, auf § 804 beruhender Anspruch getreten ist.

3. **Der Ausschluß des Anspruchs** ist im Zinsschein selbst zu erklären. Bei Zinsscheinen von Schuldverschreibungen oder Schatzanweisungen des Reiches ist der Anspruch ausgeschlossen, ohne daß es der ausdrücklichen Bestimmung der Ausschließung im Scheine bedarf (Reichsschuldenordnung § 16 Abs 2). Vgl. jedoch auch § 16 Abs 3. Fortdauer landesgesetzlicher Vorschriften mit gleichem Inhalt, wie der angef. § 16 Abs 2 nach EG Art 100 Ziff 2.

4. Vorbehalt für die **Landesgesetzgebung** in Art 100 EG; **Übergangsvorschriften** s. im EG Art 174 Abs 1 Satz 1; Art 175.

§ 805

Neue Zins- oder Rentenscheine für eine Schuldverschreibung auf den Inhaber dürfen an den Inhaber der zum Empfange der Scheine ermächtigenden Urkunde (Erneuerungsschein) nicht ausgegeben werden, wenn der Inhaber der Schuldverschreibung der Ausgabe widersprochen hat[1]). Die Scheine sind in diesem Falle dem Inhaber der Schuldverschreibung auszuhändigen, wenn er die Schuldverschreibung vorlegt.

E I 698 II 733; M 2 712; P 2 552 ff.; 6 143.

1. Auf Grund des **Erneuerungsscheins** (Talons) kann dessen Inhaber vom Aussteller die Aushändigung neuer Zins- oder Rentenscheine verlangen. Daneben ist aber auch der Inhaber der Schuldverschreibung, als deren Zubehör der Erneuerungsschein anzusehen ist, zur Anforderung der neuen Scheine befugt und kann der Aushändigung an den Inhaber des Erneuerungsscheins unter Vorlegung der Haupturkunde dem Aussteller gegenüber widersprechen. In diesem Falle hat der Inhaber der Schuldverschreibung den Vortritt; ihm und nicht dem Inhaber des Erneuerungsscheins sind die neuen Zinsscheine auszuhändigen. § 805 ist übrigens keine zwingende Vorschrift und bezieht sich nicht auf Gewinnanteilscheine. Rücksichtlich der Gewinnanteilscheine zu Aktien oder Interimsscheinen enthält aber das HGB § 230 eine mit § 805 übereinstimmende Vorschrift. Vgl. für Zinserneuerungsscheine **RG** 74, 339, für Gewinnanteilscheine **RG** 77, 333.

§ 806

Die Umschreibung einer auf den Inhaber lautenden Schuldverschreibung auf den Namen eines bestimmten Berechtigten kann nur durch den Aussteller erfolgen[1]). Der Aussteller ist zur Umschreibung nicht verpflichtet[2]).

E I 700 II 734; M 2 713—717; P 2 555.

1. **Die Umschreibung auf den Namen eines bestimmten Berechtigten,** welche an die Stelle der nicht mehr zulässigen Außerkurssetzung getreten ist, kann nur durch den Aussteller und auf dem Papiere selbst erfolgen (vgl. **RG** 40, 134). Von der Umschreibung ab kann das Papier, wenn es auch noch Wertpapier bleibt, nicht mehr nach den für bewegliche Sachen bestehenden Vorschriften der §§ 932, 935, sondern nur noch nach den für Namenpapiere geltenden Grundsätzen übertragen, auch nicht mehr gemäß § 799 für kraftlos erklärt werden. Bei Reichsanleihen kann die Umschreibung auf Antrag des Inhabers durch Umwandlung in Buchschulden des Reiches auf den Namen eines bestimmten Be-

rechtigten bewirkt werden (RGes. v. 6. 5. 10 zur Änderung des Ges., betr. das Reichsschuldbuch, v. 31. 5. 91 §§ 1, 3, 4, 5, 5a), s. auch das PrGes. v. 20. 7. 83. — **Übergangsbestimmung** im EG Art 174 Abs 1, wonach § 806 Satz 1 auch für die vor dem Inkrafttreten des BGB ausgestellten Schuldverschreibungen auf den Inhaber gilt.

2. **Ausnahmen hiervon kraft landesgesetzlicher Vorschrift** nach EG Art 101.

§ 807

Werden Karten, Marken oder ähnliche Urkunden, in denen ein Gläubiger nicht bezeichnet ist, von dem Aussteller unter Umständen ausgegeben, aus welchen sich ergibt, daß er dem Inhaber zu einer Leistung verpflichtet sein will[1]), so finden die Vorschriften des § 793 Abs 1 und der §§ 794, 796, 797 entsprechende Anwendung[2]).

E I 702 II 735; M 2 721, 722; P 2 561, 562.

1. **Die im Verkehr vorkommenden Karten, Marken oder ähnlichen Urkunden** mit unvollkommener Angabe des Rechtsverhältnisses, insbesondere ohne Bezeichnung des Gläubigers und ohne Namensunterschrift des Ausstellers, können verschiedenen Zwecken dienen, sich insbesondere als Ersatzmittel für Geld, wie z. B. Briefmarken, als Beweis- oder einfache Ausweispapiere, wie Garderobemarken, Gepäck- oder Aufbewahrungsscheine, aber auch, wenn nach den Umständen, unter denen die Ausgabe erfolgt, der Aussteller dem Inhaber zu einer Leistung verpflichtet sein will, als selbständige Inhaberpapiere darstellen, auf welche die für Inhaberschuldverschreibungen geltenden Vorschriften wenigstens teilweise Anwendung finden. Auch die von den Stadtgemeinden im Kriege ausgegebenen Kleingeldgutscheine gehören hierher, wenn sie nicht den Erfordernissen der Inhaberschuldverschreibungen entsprechen (**RG**St 51, 410 u. 52, 97; Warn 1923 Nr 11; vgl. § 793 A 1). Darlehnskassenscheine nach Ges. v. 4. 8. 14 sind Geldzeichen, keine Schuldverschreibungen auf den Inhaber (**RG** 103, 231).

2. Zu diesen **unvollkommenen Inhaberpapieren** sind z. B. Eintritts- und Fahrkarten verschiedener Art, ebenso auch Bade-, Bier- und Speisemarken sowie Garderobemarken zu rechnen, sofern ihnen nicht durch die Art ihrer Ausgabe oder durch einen besonderen Vermerk auf der Karte selbst diese Eigenschaft entzogen und nur diejenige einer Quittung oder eines Zahlungsausweises beigelegt ist, wie dies vielfach bei Theaterbilletts und Straßenbahnkarten vorkommt. Diese Papiere, zu deren Wirksamkeit gehört, daß mit der Ausgabe von Stücken dieser Art begonnen ist (Prot 2, 562), unterliegen den für bewegliche Sachen geltenden Grundsätzen des gutgläubigen Erwerbs und die Forderung auf die Leistung daraus wird durch Übergabe des Papiers übertragen (**RG** 12. 12. 10 IV 240/10). Sie unterstehen namentlich den für Inhaberschuldverschreibungen bestehenden Vorschriften des § 793 Abs 1 (Verpflichtung des Ausstellers durch seine einseitige Erklärung) und der §§ 794 (Verpflichtung auch aus gestohlenen oder verlorengegangenen Marken u. dgl.), 796 (beschränkte Zahl der zulässigen Einreden), 797 (Leistung des Ausstellers nur gegen Aushändigung des Papiers, mit Erwerb des Eigentums an demselben). Sie unterliegen dagegen nicht den Vorschriften über die Notwendigkeit staatlicher Genehmigung, § 795, über Ersatzurkunden im Falle der Beschädigung und über Kraftloserklärung und Zahlungssperre verlorener Urkunden, §§ 798, 799, 800, 802, über Vorlegungsfristen §§ 801, 804, Umschreibung auf den Namen § 806. S. jedoch den Vorbehalt landesgesetzlicher Vorschriften über Kraftloserklärung und Zahlungssperre im EG Art 102 Abs 1.

§ 808

Wird eine Urkunde, in welcher der Gläubiger benannt ist, mit der Bestimmung ausgegeben, daß die in der Urkunde versprochene Leistung an jeden Inhaber bewirkt werden kann[1]), so wird der Schuldner durch die Leistung an den Inhaber der Urkunde befreit[2]). Der Inhaber ist nicht berechtigt, die Leistung zu verlangen[3]).

Der Schuldner ist nur gegen Aushändigung der Urkunde zur Leistung verpflichtet. Ist die Urkunde abhanden gekommen oder vernichtet, so kann sie, wenn nicht ein anderes bestimmt ist, im Wege des Aufgebotsverfahrens für kraftlos erklärt werden. Die im § 802 für die Verjährung gegebenen Vorschriften finden Anwendung[4]).

E I 703 II 736; M 2 722, 723; P 2 562—566.

1. Den Bestimmungen über die echten Inhaberpapiere sind hier Vorschriften über die **sog. hinkenden Inhaberpapiere oder Ausweispapiere** beigefügt. Diese Papiere, zu denen insbesondere Leihhausscheine, Sparkassenbücher, Versicherungsscheine, Hinterlegungsscheine gehören, sind dadurch gekennzeichnet, daß sie a) zunächst auf den Namen eines bestimmten Gläubigers lauten, außerdem aber — wesentlich im Interesse des Ausstellers — b) mit der — in der Urkunde oder in anderer Weise dem Benannten gegenüber — zu treffenden Bestimmung ausgegeben werden, wonach der Aussteller, wie beim echten Inhaberpapier, auch an jeden Inhaber leisten kann.

2. Demgemäß wird der Aussteller **durch Leistung an den Inhaber,** dessen Sachberechtigung er nicht näher zu prüfen braucht, **befreit.** Nach der § 793 A 4 für die echten Inhaberpapiere vertretenen Auffassung, die um so mehr für die uneigentlichen des § 808 gelten muß, wird jedoch der Aussteller, der die Nichtberechtigung des Inhabers nicht bloß kennen könnte oder kennen müßte, sondern wirklich kennt und unredlicherweise gegen Treu und Glauben einem Nichtberechtigten leistet, von seiner Verpflichtung nicht befreit (RG 86, 86; 89, 401).

3. Daß nur der Aussteller an den Inhaber leisten darf, **nicht aber der Inhaber die Leistung verlangen kann,** unterscheidet dieses „hinkende" vom echten Inhaberpapier. Die Urkunde ist also hier nicht selbständige Trägerin des Forderungsrechts und die Übertragung, Verpfändung und Pfändung des letzteren ist nicht nach den für bewegliche Sachen, sondern nach den für Forderungen geltenden Grundsätzen zu bewirken (RG JW 1910, 329[2]). Zu diesem Zwecke sind also die Urkunden an sich bedeutungslos, wenn sie auch im übrigen als Ausweis- oder Beweispapiere der Eigentumsklage unterliegen können. Das Eigentum an dem Papier folgt hier gemäß § 952 dem Gläubigerrecht der Forderung und für die Eigentumsvermutung des § 1006 ist kein Raum. Vgl. hierzu für die Sparkassenbücher RG 10, 40; 11, 239; 68, 277; 73, 220; 75, 359; 89, 401; JW 1910, 329[2]; 1913, 30[18]; Warn 1910 Nr 99; 1912 Nr 197; 1916 Nr 75). Über das Gläubigerrecht der Sparkassenforderung vgl. § 607 A 3 und RG 17. 5. 20 IV 205/20). Wird ein Sparkassenbuch unter Übergabe des Buches durch mündlichen Vertrag abgetreten, so kann, falls die Sparkasse auf Anregung des Abtretenden sich unter Hinweis auf § 410 weigert, an den Empfänger (Zessionar) zu zahlen, dieser die Verurteilung des Abtretenden verlangen, einzuwilligen, daß sein auf das Sparkassenbuch bei der Sparkasse eingezahltes Guthaben an den Kläger ausgezahlt werde (RG JW 09, 413[8]; Warn 1916 Nr 74). In dem Ersuchen des Inhabers eines Sparkassenguthabens an die Sparkassenverwaltung, das Guthaben auf einen andern umzuschreiben und der Übergabe dieses Ersuchens an die Verwaltung kann eine Abtretung des Guthabens selbst dann gefunden werden, wenn das Sparkassenbuch nicht mitübergeben ist (RG 23. 6. 19 IV 108/19). Über die Lebensversicherungsscheine vgl. RG 22, 215; 29, 297; 51, 83; 66, 158; 94, 26; JW 1922, 166[10].

4. Außer der Bestimmung, daß der Aussteller auch an den Inhaber, gegen Aushändigung der Urkunde, leisten kann, kommen von den sämtlichen in betreff der echten Inhaberpapiere bestehenden Vorschriften für die in § 808 aufgeführten Legitimationspapiere beim Mangel anderweiter Bestimmung nur noch diejenigen über **die Kraftloserklärung und Zahlungssperre,** sowie über die hemmende Wirksamkeit der letzteren auf die Verjährung zur Geltung, wiewohl unter Vorbehalt der landesgesetzlichen Vorschriften über Kraftloserklärung und Zahlungssperre gemäß EG Art 102 Abs 1. Im übrigen befreit die Kraftloserklärung den Inhaber nur von der Notwendigkeit der Vorlegung der Urkunde, nicht auch von dem, auf Erfordern des Ausstellers zu erbringenden Nachweis seines Gläubigerrechts. — Wegen des Versicherungsscheins auf den Inhaber s. die besondere Vorschrift in § 4 des Ges. über den Versicherungsvertrag v. 30. 5. 08. Hiernach treten bei einem solchen Versicherungsscheine die in § 808 bestimmten Wirkungen ein; in dem Falle jedoch, wenn nach dem Vertrage der Versicherer nur gegen Rückgabe des Versicherungsscheins zu leisten hat, der Versicherungsnehmer aber dessen Verlust behauptet, genügt statt der Rückgabe das öffentlich beglaubigte Anerkenntnis des Versicherten, daß die Schuld erloschen sei — sofern nicht der Versicherungsschein der Kraftloserklärung unterliegt.

Vgl. noch den Vorbehalt zugunsten landesgesetzlicher Bestimmungen über die öffentlichen Sparkassen im EG Art 99, sowie die Übergangsbestimmungen über Kraftloserklärung im EG Artt 177, 178.

Dreiundzwanzigster Titel

Vorlegung von Sachen

1. Die §§ 809—811 BGB gestatten in möglichst bestimmt gesteckten Grenzen zur Erleichterung der Rechtsverwirklichung einen Eingriff in das Privatinteressengebiet Dritter, von denen danach die **Vorlegung von Sachen,** die sich in ihrer Verfügungsgewalt befinden, zum Zwecke der Besichtigung und Einsichtnahme gefordert werden kann. Die Bestimmungen sind insbesondere für den Bereich des Zivilprozesses von Wichtigkeit. § 371 ZPO gibt eine

Norm für die Antretung eines Beweises durch Augenschein. Ob aber die Gegenpartei oder ein Dritter, wenn sie im Besitze der in Augenschein zu nehmenden Sache sind, zu deren Vorlegung angehalten werden können, regelt sich nach den Vorschriften des bürgerlichen Rechts. Für den Urkundenbeweis bestimmen die §§ 422 u. 429 ZPO, daß der Gegner oder ein Dritter zur Vorlegung der Urkunde nur verpflichtet ist, wenn der Beweisführer nach den Vorschriften des bürgerlichen Rechtes die Herausgabe oder die Vorlegung der Urkunde verlangen kann. Diese Vorschriften sind, soweit die Vorlegung von Sachen und Urkunden in Frage kommt — die Herausgabepflicht ist in verstreuten Bestimmungen geordnet, im BGB namentlich in den §§ 371, 402, 410, 444, 445, 1145, 1267 —, allgemein in den §§ 809—811 enthalten. Besondere Vorschriften, die die Pflicht der Vorlegung von Sachen und Urkunden je nach dem einzelnen Rechtsverhältnisse betreffen, finden sich daneben noch an verschiedenen Stellen, z. B. in den §§ 79, 259, 260, 716, 867, 896, 1005, 1145.

2. Soweit die **Vorlegung von Sachen und Urkunden außerhalb eines Prozesses** verlangt wird, kann dies nur im Wege einer gegen den Besitzer anzustrengenden Klage geschehen. Auch im Prozesse gilt dasselbe in zwei Fällen: wenn es sich um die Vorlegung von Sachen handelt, die nicht Urkunden sind (vgl. Stein Vorbem III vor § 370 ZPO), und wenn ein Dritter, der nicht der Prozeßgegner ist, die vorzulegende Urkunde besitzt (§ 429 ZPO). Die Vorlegung von Urkunden durch den Prozeßgegner regelt dagegen das in den §§ 424ff. ZPO angeordnete Verfahren, in welchem die Vorlegung dem Prozeßgegner durch einen Gerichtsbeschluß aufgegeben wird.

§ 809

[1]) Wer gegen den Besitzer[3]) einer Sache[2]) einen Anspruch in Ansehung der Sache hat[4]) oder sich Gewißheit verschaffen will, ob ihm ein solcher Anspruch zusteht[5]), kann, wenn die Besichtigung der Sache aus diesem Grunde für ihn von Interesse ist[6]), verlangen, daß der Besitzer[3]) ihm die Sache[2]) zur Besichtigung vorlegt oder die Besichtigung gestattet[7]).

E I 774 II 695; M 2 889—891; P 2 770.

1. Unter der **Vorlegung einer Sache** ist die Handlung zu verstehen, wodurch dem andern der Gegenstand tatsächlich zur Hand oder doch vor Augen gestellt und seiner sinnlichen Wahrnehmung unmittelbar zugänglich gemacht wird (**RG** 56, 63). Die **Gestattung der Besichtigung** unterscheidet sich hiervon dadurch, daß der andere jene Handlung selbst vornimmt, der Besitzer hierzu nur seine Einwilligung gibt. Über die Ausführung der Vorlegung und Besichtigung s. die Anmerkungen zu § 811. Beiwohnung einer Ortsbesichtigung mit den Sachverständigen ist auch nur im Rahmen von § 809 zulässig (**RG** 28. 12. 10 V 101/10).

2. **Sache** im Sinne des § 809 ist die Sache des § 90, ein körperlicher Gegenstand, und zwar jeder körperliche Gegenstand, die bewegliche wie die unbewegliche Sache, auf welche letztere sich namentlich die „Gestattung der Besichtigung" bezieht. Der Körper eines lebenden Menschen ist keine Sache; die Person kann unter Berufung auf § 809 nicht gezwungen werden, sich einer körperlichen Besichtigung zu unterziehen (**RG** JW 03, 26[21]; SeuffA 53 Nr 127). Eine Sache ist dagegen der Leichnam eines Menschen (**RG** 54, 117; 16, 151). Die Vorlegung von Urkunden ist in § 810 zum Teile besonders geregelt, kann aber auch für § 809 in Betracht kommen, wenn der zweite Fall des Rechtes auf Vorlegung (A 5) gegeben ist.

3. **Gegen den Besitzer**: Besitzer ist hier richtiger Ansicht nach (a. M. Staudinger A I 2c u. a.) zunächst nur der unmittelbare Besitzer (§ 854), der allein zu einer Vorlegung imstande ist. Häufig wird gerade der mittelbare Besitzer derjenige sein, der von dem unmittelbaren die Vorlegung verlangt. Bei einer juristischen Person sind nicht die Personen des Vorstandes, sondern die durch sie vertretene Körperschaft unmittelbarer Besitzer (**RG** 83, 248). Der mittelbare Besitzer (§ 868) kann als Vorlegungsgegner in Frage kommen, und zwar allein, wenn der unmittelbare Besitzer zum Besitze der Sache jenem gegenüber nicht berechtigt, sondern nur verpflichtet ist (der Verwahrer).

4. § 809 gibt das Recht auf Vorlegung einer Sache in zwei Fällen. Der erste ist, daß dem Vorlegungsucher **ein Anspruch in Ansehung der Sache gegen den Besitzer** zusteht. Anspruch ist das Recht, von einem andern ein Tun oder Unterlassen zu verlangen (§ 194). Ob das Recht, das dem Anspruche zugrunde liegt, dinglicher oder persönlicher Natur, ob der Anspruch ein bedingter oder unbedingter ist, ist gleichgültig. Auch ein Vorkaufs- oder Wiederkaufsrecht ist jedenfalls im Sinne des nicht allzu eng aufzufassenden § 809 als ein (bedingter) Anspruch anzusehen (a. M. Dierschke, Vorlegung von Sachen S. 43). Der Anspruch muß nun a) gegen den Besitzer der Sache zustehen; ein Anspruch gegen einen Dritten, der nicht der Besitzer ist, begründet das Recht, von dem letzteren die Vorlegung zu verlangen, nicht. Der Anspruch muß dem Vorlegungsucher b) in Ansehung der Sache zustehen; dazu ist nicht erforder-

lich, daß die Sache selbst Gegenstand des Anspruchs ist, nur eine rechtliche Beziehung auf die Sache muß ihm zukommen (Besichtigung eines Nachbargrundstücks, von dem störende Einwirkungen auf das eigene des Vorlegungsuchers ausgehen).

5. Der zweite Fall eines Rechtes auf Vorlegung einer Sache nach § 809 ist, daß der Vorlegungsucher sich **Gewißheit verschaffen will, ob ihm ein Anspruch** gegen den Besitzer in Ansehung der Sache **zusteht.** So wenn es sich um Feststellung der Identität der im Besitze des Vorlegungsgegners befindlichen Sache mit einer dem Vorlegungsucher verlorengegangenen (verlaufene Haustiere) handelt, oder wenn die Erben eines Schriftstellers sich vergewissern wollen, ob ihnen aus dem Gesichtspunkte des Urheberrechts der Anspruch zusteht, dem dritten Besitzer von Briefschaften des Erblassers deren Benutzung und Veröffentlichung zu untersagen (**RG** 69, 401). Die Möglichkeit, daß ein Anspruch in Ansehung der Sache besteht, genügt hier. Aber die Voraussetzungen des Anspruchs müssen soweit bereits vorhanden sein, daß nur noch die Besichtigung des richtigen Gegenstandes hinzukommen muß, um den Anspruch „gewiß" zu machen. Häufig wird in diesem zweiten Falle des § 809 das Vorlegungsverlangen auf mehrere gleichartige Gegenstände oder einen ganzen Inbegriff von Sachen gerichtet sein. Auch eine Urkunde kann Gegenstand der Vorlegung aus diesem Grunde sein (s. A 1).

6. Die Besichtigung muß für den Vorlegungsucher aus einem der in den A 4 u. 5 behandelten Gründe **von Interesse** sein. Ein rechtliches Interesse ist hier nicht verlangt, auch nicht ein Vermögensinteresse, aber ein durch den Anspruch des Vorlegungsuchers oder seinen Wunsch, über einen solchen sich Gewißheit zu verschaffen, begründetes besonderes und ernstliches Interesse an der Besichtigung. Unter Umständen kann dieses aus der Natur des Anspruchs ohne weiteres hervorgehen (Besichtigung von Sachen, in bezug auf die dem Vorlegungsucher Rechte wahlweise zustehen).

7. Den Besitz der Sache durch den Beklagten, den eigenen Anspruch in Ansehung der Sache oder die feststehenden Merkmale des Anspruchs, über den er sich Gewißheit verschaffen will, wie das Besichtigungsinteresse muß der Vorlegungsucher **beweisen**; eine bloße Glaubhaftmachung genügt nicht (a. M. Staudinger A V).

§ 810

Wer ein rechtliches Interesse daran hat[2]**, eine in fremdem Besitze befindliche Urkunde**[1] **einzusehen**[2]**, kann von dem Besitzer die Gestattung der Einsicht verlangen**[2]**, wenn die Urkunde in seinem Interesse errichtet**[3] **oder in der Urkunde ein zwischen ihm und einem anderen bestehendes Rechtsverhältnis beurkundet ist**[4] **oder wenn die Urkunde Verhandlungen über ein Rechtsgeschäft enthält, die zwischen ihm und einem anderen oder zwischen einem von beiden und einem gemeinschaftlichen Vermittler**[3] **gepflogen worden sind**[5] [6]**.**

E I 775 II 696; M 2 891, 892; P 2 771—775

1. § 810 behandelt das Recht auf **Vorlegung einer im Besitz eines Dritten befindlichen Urkunde.** Er stellt eine Erweiterung gegenüber § 809 dar. Über den Begriff der Vorlegung s. § 809 A 1, über den Besitz ebenda A 3. Urkunde ist an sich jede sinnliche Verkörperung einer Gedankenäußerung in dauernden Zeichen. Für § 810 kommt jedoch allein die schriftliche Urkunde in Betracht, wie aus den weiter aufgestellten Erfordernissen hervorgeht, und zwar diejenige schriftliche Urkunde, die Aussagen über Rechtsgeschäfte oder Rechtsverhältnisse enthält. Die Vorlegung anderer Urkunden kann nur nach § 809 verlangt werden.

2. Für das Recht auf Vorlegung einer Urkunde zum Zwecke der **Einsicht,** d. i. der unmittelbaren Kenntnisnahme von ihrem Inhalt, ist in § 810 zunächst ein **rechtliches Interesse** an der Einsicht erfordert. Ein ernstliches Interesse schlechthin, wie nach § 809, genügt nicht; die Einsicht der Urkunde muß geeignet sein, den Vorlegungsucher in der Verfolgung oder Verteidigung eines Rechtes zu fördern. Ein vermögensrechtliches Interesse ist nicht notwendig, das Interesse darf vielmehr selbst im öffentlichen Recht begründet sein. Ein rechtliches Interesse an der Einsicht einer Urkunde ist für den Vorlegungsucher nicht vorhanden, wenn dieser den Inhalt der Urkunde bereits genau kennt, aber auch nicht, wenn die Vorlegung ihm erst dazu dienen soll, Unterlagen für eine Rechtsverfolgung gegen den Besitzer der Urkunde zu sammeln (**RG** Warn 1912 Nr 304; 1913 Nr 317; Gruch 49, 832). Bei Geltendmachung des Vorlegungsanspruchs müssen aber auch die Interessen des Verpflichteten billige Rücksichtnahme finden, insbesondere darf die Besichtigung nicht weiter ausgedehnt werden, als das Interesse des Berechtigten erfordert.

3. Das rechtliche Interesse des Vorlegungsuchers an der Einsicht der Urkunde vorausgesetzt, gibt § 810 diesem ein Recht auf Vorlegung in drei Fällen, in die der Begriff der Gemeinschaftlichkeit der Urkunde, der in § 387 Nr 2 der ZPO v. 30. 1. 77 aufgestellt war, auseinandergelegt worden ist. Das BGB hat hiermit nicht eine Einengung des bisherigen Vorlegungsrechts, sondern nur eine bestimmtere Umgrenzung beabsichtigt, die einer vorsichtigen entsprechenden Anwendung der Bestimmung nicht im Wege steht (Prot 2, 775). Die gemeinsame Grundlage der drei Fälle ist das Bestehen eines Rechtsverhältnisses, an dem der Vorlegungsucher beteiligt ist; ein Anspruch, wie in § 809, ist dagegen nicht erfordert. Der erste der drei Fälle ist, daß die **Urkunde im Interesse des Vorlegungsuchers errichtet** ist. Der Zweck der Errichtung, nicht der Inhalt der Urkunde, ist also maßgebend; sie muß gefertigt sein, um dem Vorlegungsucher als Beweismittel zu dienen (**RG** 69, 401); doch ist nicht erforderlich, daß sie ausschließlich dem Interesse des Vorlegungsuchers zu dienen bestimmt ist (vgl. **RG** 50, 334). Ein Beispiel für diesen ersten Fall des § 810 ist die über einen Vertrag zugunsten Dritter (Lebensversicherung) errichtete Urkunde. Die Handakten des Rechtsanwalts sind nicht im Interesse des Machtgebers errichtete Urkunden (**RG** Warn 1912 Nr 304).

4. Der zweite Fall des Vorlegungsrechts des § 810, daß **in der Urkunde ein zwischen dem Vorlegungsucher und einem andern bestehendes Rechtsverhältnis beurkundet** ist, ist im Gegensatze zu dem ersten auf eine objektive Beziehung des Urkundeninhalts zu einem Rechtsverhältnisse, an dem der Vorlegungsucher beteiligt ist, abgestellt; eine subjektive Beziehung der Errichtung der Urkunde zu dem Rechtsverhältnisse braucht nicht obzuwalten (**RG** 89, 1, Miterben). Das letztere muß ferner nicht ein zwischen dem Vorlegungsucher und dem Besitzer der Urkunde, also dem Vorlegungsgegner, bestehendes sein, wenngleich dies die Regel bilden wird; es kann auch mit einem Dritten bestehen. Der Urkunde muß also zwar ein Charakter der Gemeinschaftlichkeit zukommen, aber nur einer solchen zwischen dem Vorlegungsucher und irgendwem; der Vorlegungsucher muß die eine Partei des beurkundeten Rechtsverhältnisses sein. Daß das ganze Rechtsverhältnis in der Urkunde beurkundet sei, ist auch hier nicht notwendig; es genügt, daß ihre Beurkundung eine objektive und unmittelbare Beziehung zu dem Rechtsverhältnisse hat (Recht des Bürgen auf Vorlegung einer Urkunde, die eine Zahlung auf die Hauptschuld betrifft; **RG** 56, 109). Auch das ist nicht schlechthin erforderlich, daß das Rechtsverhältnis noch besteht und daß es rechtswirksam ist, sofern nur die Urkunde eine rechtsgeschäftliche Feststellung bezweckte und in ersterem Falle das Rechtsverhältnis noch Wirkungen in der Gegenwart äußert. Unter diesen Voraussetzungen gehören hierher alle Vertragsurkunden, Schuldscheine, Quittungen, Protokolle über Generalversammlungen von Vereinen, insbesondere aber auch die Handelsbücher eines Vollkaufmanns, die die von ihm gemachten Geschäfte zu beurkunden, in gewissem Sinne zu öffentlichem Glauben festzustellen bestimmt sind, wogegen die von einem Minderkaufmanne geführten Bücher nur den Wert privater Aufzeichnungen haben, denen der Beurkundungscharakter abgeht (**RG** 23. 10. 03 II 496/03). Das Recht auf Vorlegung der Geschäftsbücher einer Aktiengesellschaft ist zugesprochen worden einem früheren Vorstandsmitgliede der letzteren, das von ihr wegen Verletzung aktienrechtlicher Pflichten in Anspruch genommen war, weil die Bücher die urkundliche Unterlage für die Darlegung der ganzen Geschäftsführung des Vorstandes bilden (**RG** Warn 08 Nr 465), das Recht auf Vorlegung der Handelsbücher des Geschäftsherrn dem Handlungsagenten (§§ 84ff. HGB; **RG** 87, 10), dem ausgeschiedenen stillen Gesellschafter (**RG** 12. 3. 26 II 304/25), das Recht auf Vorlegung der Geschäftsbücher des Ehemanns der gütergemeinschaftlichen Ehefrau, weil sie über den gemeinschaftlichen Erwerb Auskunft geben (**RG** 50, 334), das Recht auf Vorlegung erbschaftlicher Verwaltungsbücher den Miterben (**RG** 89, 1). Keinen urkundlichen Charakter haben die Bücher, in denen ein Fabrikant über die Prüfung fertiger Ware auf ihre Güte und Brauchbarkeit zu inneren Betriebszwecken Eintragungen macht (**RG** 4. 1. 07 VII 174/06). Beurkundungswert haben die Handakten eines Rechtsanwalts für die Zwecke der Kostenerstattung, ferner gerichtliche Entscheidungen für das Rechtsverhältnis der Parteien, das Dienstregister des Gerichtsvollziehers für den Empfang eines Auftrags (**RG**St 7, 252). Bei Akten öffentlicher Behörden kommt es darauf an, ob sie lediglich dem inneren Dienste der Behörden oder den öffentlichen Interessen der Staats- oder Kommunalverwaltung dienen oder ob sie zugleich auch Urkundszwecke für private Rechtsverhältnisse haben (Akten der Gerichte, Standesämter, Auseinandersetzungsbehörden, vgl. **RG** SeuffA 49 Nr 214).

5. Unter den dritten Fall der Urkundenvorlegungspflicht, daß die Urkunde **Verhandlungen über ein Rechtsgeschäft enthält, die zwischen dem Vorlegungsucher und einem andern oder zwischen einem von beiden und einem gemeinschaftlichen Vermittler gepflogen worden sind,** gehört vornehmlich der geschäftliche Schriftwechsel eines Mäklers (vgl. hinsichtlich der Handelsmäkler § 102 HGB), aber auch jeder andere Briefwechsel über Rechtsgeschäfte, an denen der Vorlegungsucher als Partei beteiligt ist. Über Ausweisurkunden auf Grund des Stellenvermittlergesetzes v. 2. 6. 10 vgl. **RG**St 48, 55.

6. Über den Fall, daß die Vorlegung einer Urkunde verlangt wird, um sich durch deren Einsichtnahme Gewißheit über einen Anspruch in Ansehung ihrer zu verschaffen, vgl. § 809 A 1 u. 5. Wegen der Beweispflicht des Vorlegungsuchers gilt das zu § 809 A 7 Gesagte.

§ 811

[1]) **Die Vorlegung hat in den Fällen der §§ 809, 810 an dem Orte zu erfolgen, an welchem sich die vorzulegende Sache befindet. Jeder Teil kann die Vorlegung an einem anderen Orte verlangen, wenn ein wichtiger Grund vorliegt**[2]).

Die Gefahr und die Kosten hat derjenige zu tragen, welcher die Vorlegung verlangt. Der Besitzer kann die Vorlegung verweigern, bis ihm der andere Teil die Kosten vorschießt und wegen der Gefahr Sicherheit leistet[3]).

E I 776 II 697; M 2 898; P 2 770—779.

1. § 811 gibt Einzelregeln über Ort, Gefahr und Kosten der Vorlegung. Über die **Erfüllung der Vorlegungspflicht** des Besitzers und die **Ausübung des Besichtigungs- und Einsichtnahmerechts** des Vorlegungsuchers enthält sich das BGB weiterer Bestimmungen. Der Vorlegungspflichtige hat jedenfalls die vom Vorlegungsucher genau zu bezeichnende Sache oder Urkunde hervorzusuchen und zur Besichtigung oder Einsichtnahme bereitzuhalten. Ob eine Sache oder Urkunde nur dem Vorlegungsucher persönlich oder auch einem von ihm Bevollmächtigten vorzulegen ist, ist Frage des einzelnen Falles und richtet sich nach der Vertraulichkeit des Inhalts sowie nach dem den Personen zukommenden Vertrauen. Der Regel nach darf bei der Besichtigung eines Gegenstandes oder der Einsichtnahme in eine Urkunde der Vorlegungsucher nach der Verkehrsanschauung Sachverständige zuziehen. Eine Prüfung oder Untersuchung, die den Bestand der Sache oder Urkunde verändert, und eine Benutzung der Sache braucht der Vorlegungspflichtige keinesfalls zu dulden (**RG** 69, 401); unter besonders nachzuweisenden Umständen ist er auch für berechtigt zu erachten, gewisse Teile von vorzulegenden Schriftstücken der Kenntnis des Vorlegungsuchers vorzuenthalten (**RG** a. a. O.). Regelmäßig ist eine Urkunde jedoch ganz vorzulegen. Die Entnahme von Abschriften der vorgelegten Urkunden kann der Besitzer im allgemeinen nicht verwehren, da ohne sie meist die Einsichtnahme ohne Wert ist. Selbst Abschriften zu geben ist er einerseits nicht verpflichtet, anderseits genügt er mit der bloßen Erteilung einer Abschrift auch der Vorlegungspflicht nicht. Die Zwangsvollstreckung aus einem auf Vorlegung einer Sache oder Urkunde ergangenen Urteile richtet sich nach § 888 ZPO. Verzug in der Vorlegung begründet für den Berechtigten einen Anspruch auf Schadensersatz nach §§ 276, 287. Ein vorsätzliches Vorenthalten kann den Tatbestand des § 826 erfüllen, der Regel nach aber ebenfalls erst von der Geltendmachung des Vorlegungsanspruchs an.

2. Unter dem **Orte, wo sich die vorzulegende Sache befindet,** ist, wie in § 269, der geographische Ortsbezirk zu verstehen, der durch landesgesetzliche Gebietseinteilung bestimmt wird; einen reichsrechtlichen Begriff der Ortseinheit gibt es nicht (**RG** 67, 190). An welcher besonderen Stelle dieses Ortes die Vorlegung zu erfolgen hat, ist nicht vorgeschrieben und bestimmt sich gemäß § 242 nach Treu und Glauben mit Rücksicht auf die Verkehrssitte (Prot 2, 778); sie braucht nicht gerade in den Wohn- oder Geschäftsräumen des Verpflichteten zu geschehen. **Aus wichtigen Gründen** kann jeder Teil die **Vorlegung an einem andern Orte** verlangen; die wichtigen Gründe können in der Beschaffenheit der Sache oder in persönlichen Verhältnissen bestehen. Im Prozesse erfolgt die Vorlegung, auch wo sie nicht von dem Prozeßgegner zu bewirken ist, vor dem Prozeßgerichte.

3. **Die Gefahr und die Kosten der Vorlegung** hat nach § 811 A 2 in jedem Falle der Vorlegungsucher zu tragen, in dessen Interesse die Vorlegung, die immer einen Eingriff in das Privatrechtsgebiet eines andern enthält, erfolgt. Kostenvorschuß und Sicherheitsleistung, deren berechtigtes Verlangen dem Vorlegungsgegner das Recht der Verweigerung der Vorlegung bis zu ihrer Leistung gewährt, können selbstverständlich nur gefordert werden, wenn überhaupt Kosten der Vorlegung oder Gefahren der Beschädigung oder des Verlustes der Sache oder Urkunde zu erwarten stehen. Auf andere Gefahren und Kosten (so durch Gebrauchsentziehung der Sache für den Besitzer während der Dauer der Vorlegung) bezieht sich § 811 nicht.

Vierundzwanzigster Titel

Ungerechtfertigte Bereicherung

1. Abstrakte Zuwendungen charakterisieren sich durch große Unabhängigkeit gegenüber der zugrundeliegenden causa und bleiben zuweilen auch da bestehen, wo diese unwirksam ist. Dann entbehren aber die zunächst unter dem Schutze der Rechtsordnung eingetretenen Vermögensverschiebungen im Verhältnis bestimmter Beteiligten untereinander der Recht-

fertigung. Die Rechtsverschiebungen sind durch die gesetzlichen Vorschriften gerechtfertigt, nicht aber die Vermögensverschiebungen. Solche Vermögensverschiebungen brauchen nicht notwendige Eigentumsübertragungen zu sein, auch Verfügungen anderer Art gehören hierher, z. B. Forderungsabtretungen, Wechselversprechen, Auflassungserklärungen. Rücksichten der Einfachheit und leichten Handhabbarkeit des Rechts nötigen die Gesetzgebung dazu, gewisse Teilerfolge einseitig in den Vordergrund zu stellen und die der Gerechtigkeit entsprechende Ausgleichung den Betroffenen zu überlassen. Das Mittel der Ausgleichung ist der schuldrechtliche Anspruch, den das Gesetz dann verleiht, **wenn jemand auf Kosten eines andern ohne rechtlichen Grund bereichert ist.** Es handelt sich um einen einheitlichen Bereicherungsanspruch, der die römische condictio sine causa sowie deren Unterfälle umfaßt. Der anspruchbegründende Tatbestand ist geregelt in § 812, wo in Satz 1 die einzelnen Konditionsfälle unter einem gemeinschaftlichen Begriff zusammengefaßt, in Satz 2 die cond. ob causam finitam und ob causam datorum besonders hervorgehoben werden. § 812 enthält den allgemeinen Grundsatz, ihm folgen nur einzelne Anwendungsfälle. Daneben sind Vorschriften über die cond. indebiti enthalten in §§ 813, 814, über die cond. ob causam datorum in § 815, über die Kondiktion wegen unberechtigter Verfügung in § 816 sowie über die cond. ob turpem vel injustam causam in § 817 (soweit diese letztere Kondiktion nach früherem Recht zur Korrektur des beschränkten Schadensersatzbegriffs benutzt wurde, **RG** 45, 170, ist jetzt, wo nach § 249 Naturalherstellung gilt, der Deliktsanspruch an ihre Stelle getreten, **RG** 94, 3). Die §§ 818—820 betreffen den Umfang der Herausgabepflicht; § 821 regelt die Einrede der ungerechtfertigten Bereicherung; § 822 dehnt die Verpflichtung auf denjenigen aus, dem der Empfänger das Erlangte unentgeltlich zugewendet hat. Der Anspruch aus ungerechtfertigter Bereicherung ist ein Wertanspruch, wie sich aus § 818 Abs 2 und 3 ergibt. Auch wenn eine bestimmte Geldsumme hingegeben ist, handelt es sich nicht um den Ersatz dieser Summe nach ihrem Geldwerte zur Zeit der Hingabe, sondern darum, zu welchem Werte der Empfänger noch bereichert ist (**RG** 114, 344). Der Bereicherungsanspruch ist also nach seiner Höhe wandelbar und diese muß immer erst ermittelt werden. Vgl. eingehend hierüber Stoll in JW 1927, 1810 und die dort angeführte Literatur. — Anwendungsfälle des Grundsatzes finden sich über das ganze BGB verstreut (vgl. § 323 Abs 3, § 516 Abs 2, §§ 527, 528, 531 Abs 2, § 684, § 951 Abs 1, § 977, § 988, § 993 Abs 1, § 1539, § 2196, § 2287, § 2329). Vgl. Jung, Die Bereicherungsansprüche (1902) S. 121; **Plesser**, Die Grundlage der modernen Kondiktion, 1904. Auch in der bürgerlich-rechtlichen Sondergesetzgebung kommen zahlreiche Beispiele des Bereicherungsanspruchs vor, zum Teil mit abweichenden Vorschriften im einzelnen. Von allgemeinerer Bedeutung sind die erschwerten Voraussetzungen für den Anspruch bei Eingriffen in gewerbliche Immaterialgüterrechte (s. § 812 A 2 unter c). Pinzger, Der Bereicherungsanspruch im gewerbl. Rechtsschutz und Urheberrecht, GewRSchutz 1927, 269. Stark abweichend geregelt ist auch der Wechsel- und Scheckbereicherungsanspruch (WO Artt 83, 98 Nr 10; ScheckG § 21), wonach Verjährung und Präjudizierung des Wechsels oder Schecks die Bereicherung nicht rechtfertigen (vgl. dazu § 812 A 6 unter 2c), unmittelbare Vermögensverschiebung unter den Parteien nicht vorzuliegen braucht (vgl. § 812 A 3), dagegen Subsidiarität strenges Erfordernis ist (vgl. § 812 A 7 unter e) usw.

2. Bereicherungsansprüche im Gebiet des öffentlichen Rechtes (vgl. Lassar, Erstattungsanspruch im Verwaltungs- und Finanzrecht 1921). a) Unberührt bleiben nach EG Art 104 die landesgesetzlichen Vorschriften über Rückforderung zu Unrecht erhobener öffentlicher Abgaben. Vorfrage ist, ob der Schutz gegen übermäßige Abgabenbelastung durch Klage bei Gericht gewährt wird. Die heutige Gesetzgebung hat diese Aufgabe für die wichtigsten Fälle in andere Hände gelegt (RAbgO v. 13. 12. 19 § 227, vgl. §§ 127ff.; **RG** JW 1927 S. 1364[16], 1515); auch bisher schon war häufig die Zuständigkeit vor Verwaltungsbehörden oder Verwaltungsgerichten angeordnet. Überall aber, wo der Rechtsweg durch gesetzliche Vorschrift ausgeschlossen ist, kann er nicht dadurch doch wieder eröffnet werden, daß sich der Rückfordernde auf ungerechtfertigte Bereicherung des Gegners beruft (vgl. **RG** 101, 132; 103 S. 59, 134 mit Nachw.; 104, 408; 105 S. 35, 38; **RG** JW 1922, 1578[4]; **RG** 19. 2. 26 VI 536/25). Anders wenn das Gesetz, wie nach älterem Recht vor allem bei den Stempelabgaben und der Erbschaftssteuer, den Rechtsweg zuläßt (vgl. RStempG v. 3. 7. 13 § 110, preuß. StempStG v. 30. 6. 09 § 26, ErbschStG v. 3. 6. 06 § 57). Zwar wurde von der Wissenschaft auch früher schon die richtige Ansicht vertreten, daß der Anspruch auf Erstattung zu Unrecht gezahlter öffentlicher Abgaben, ohne Rücksicht auf die Form des Schutzes, seinem Wesen nach ein öffentlich-rechtlicher Anspruch ist. Das war jedoch in der Rechtsprechung noch nicht allgemein durchgedrungen, und namentlich das Reichsgericht erblickte darin überwiegend eine cond. indebiti (vgl. besonders **RG** 76, 275; 93, 272; andrerseits freilich **RG** 30, 174; 76, 121; JW 1912, 647[21]). Soweit nicht gesetzlich Abweichungen vorgeschrieben waren — so namentlich Ausschlußfristen statt der Verjährungsfrist, vgl. **RG** 67, 270, ferner das vom RStempStG a. a. O. (nicht vom preuß. StempStG und vom ErbschStG) aufgestellte Erfordernis eines Vorbehalts bei der Zahlung (vgl. dazu RG 79, 140) —, wandte es die §§ 812ff. an. Daher z. B. die Erwägungen in RG 56, 356 über das Eingreifen des § 818 Abs 3 und die Person des Bereicherten bei Zahlung von Krankenkassenbeiträgen an die unrichtige Kasse. Doch ließ das Reichsgericht nicht außer acht, daß Abgaben, die zur allgemeinen Staatskasse fließen, dem Blicke entschwinden, so daß das Schicksal der gezahlten Einzelbeträge nicht mehr festgestellt werden kann (RG 72, 153). Es gewährte deshalb nach solchen Zahlungen keinen Anspruch auf Herausgabe gezogener Zinsen (§ 818 Abs 1), sondern billigte gemäß Abs 4 des § 818 in der Regel nur Prozeßzinsen zu (vgl. RG 54, 27; 72, 152; 93, 272; RG Recht 1911 Nr 2326). Vor der Rechtshängigkeit sollte die Zinspflicht nach § 819 Abs 1 mit der Kenntnis von der Grundlosigkeit des Habens entstehen, z. B. bei der Erbschaftssteuer mit dem Zeitpunkt, in welchem dem Erbschaftssteueramt die Rechtskraft eines Urteils unter den Parteien über die Hinfälligkeit der besteuerten Zuwendung bekannt wurde (RG JW 1915, 1198[8]). Wo aber ein späteres Gesetz die auf Grund eines früheren geleistete Zahlung mit rückwirkender Kraft für Zahlung einer Nichtschuld erklärte, wie dies durch RZuwachsStG v. 14. 2. 11 § 68 geschah, wurde weder § 818 Abs 4 noch § 819 Abs 1 für maßgebend erachtet, vielmehr sollte hier der Eintritt des Verzugs den Zinsenlauf bestimmen (RG Recht 1913 Nr 2866). b) Anspruch des Fiskus auf Rückerstattung zu Unrecht gezahlter Gehaltszulagen oder sonstiger Gebührnisse. Nach RG 83, 161 finden die §§ 812ff. „unmittelbare oder doch, sofern der Anspruch, weil dem öffentlich-rechtlichen Beamtenverhältnis entspringend, als ein öffentlich-rechtlicher anzusehen sein sollte, entsprechende Anwendung". Die Folgerung ist, daß der Erstattungsanspruch, sofern nicht etwas anderes vorgeschrieben ist, mit dem Wegfall der Bereicherung erlischt (vgl. RG 83, 159; 85, 196; 90, 316; JW 1911, 323[15]; RG 19. 3. 12 III 339/11; auch RG 62, 248). Eine stillschweigende Vorschrift, daß der Wegfall der Bereicherung unerheblich sein soll, nehmen RG 81, 340; Warn 1916 Nr 286; RG 1. 7. 13 III 124/13 dann an, wenn bei einem im allgemeinen unpfändbaren und der Aufrechnung entzogenen Anspruch auf Zahlung von Geldern, die erfahrungsmäßig alsbald verbraucht werden, bestimmt wird, daß grundlos geleistete frühere Raten gegen eine geschuldete spätere aufgerechnet werden dürfen (vgl. MannschVersorgG v. 31. 5. 06 § 40 und RVersichO v. 19. 7. 11 § 622). — Nicht hierher gehört c) der Anspruch, womit der Staat sowie die Verbände und Anstalten, die nach öffentlichem Recht zur Gewährung von Unterhalt verpflichtet sind, gemäß den durch Art 103 EG aufrechterhaltenen Landesgesetzen Erstattung von dem Unterstützten fordern. Es handelt sich dabei nicht um den Fall der cond. indebiti, wenn der Unterhalt in der irrigen Annahme der Hilfsbedürftigkeit gewährt wurde (RG 72, 336); vielmehr ist an einen späteren Vermögenserwerb des Unterstützten und an Vorschriften gedacht, kraft deren die Unterstützung nur vorschußweise geleistet wird (RG 75, 84; 76, 70), ebenso im Falle des RG 106, 384.

§ 812

Wer[1]) durch die Leistung eines andern oder in sonstiger Weise auf dessen Kosten[2—5]) etwas ohne rechtlichen Grund[6]) erlangt, ist ihm zur Herausgabe verpflichtet[7]). Diese Verpflichtung besteht auch dann, wenn der rechtliche Grund später wegfällt[8]) oder der mit einer Leistung nach dem Inhalte des Rechtsgeschäfts bezweckte Erfolg nicht eintritt[9]).

[10])Als Leistung gilt auch die durch Vertrag erfolgte Anerkennung des Bestehens oder des Nichtbestehens eines Schuldverhältnisses[11]).

E I 737 Abs 1, 3, 742, 745 Abs 1, 748, 290 Abs 4, 684 Abs 1, 2 II 797; M 2 829—835, 842, 843, 846, 851—854, 115, 116, 693, 694; P 2 682—693, 696—699, 708; 6 199.

1. **Wer etwas erlangt.** Die allgemeine Fassung wird durch die Titelüberschrift und durch § 818 näher dahin bestimmt, daß eine Bereicherung vorliegen muß; dazu genügt aber jeder Vermögensvorteil. a) In erster Linie handelt es sich um den Erwerb von Rechten und die Befreiung von Pflichten. Die Erlangung von Eigentum, dinglichen Rechten, Forderungen, die Freistellung von einer Schuld, die Beseitigung von Pfandrechten, Dienstbarkeiten oder Eigentumsbeschränkungen sind die Hauptfälle. Auch Anwartschaftsrechte kommen in Betracht; z. B. kann jemand durch den Verzicht eines andern auf eine Wirtschaftskonzession in der eigenen Vermögenslage gefördert werden (RG Gruch 51, 972); ebenso durch Erlangung eines Vorrechts, wenn etwa ein zurücktretender Hypothekengläubiger ihm den Vorrang einräumt (RG 61, 42; JW 05, 434[14]; RG Recht 1917 Nr 604). Befreiung von einer Schuld führt zur Kondiktion bei grundlosem Erlaß der Schuld durch den Gläubiger (RG JW 1911, 488[11]) oder wenn ein Dritter in der irrigen Meinung, dem Schuldner hierzu verpflichtet zu sein, die Schuld gezahlt hat (vgl. § 813 A 6 unter a); dazu kommt in gewissen Fällen einer sog. unechten Gesamtschuld die Zahlung durch denjenigen Schuldner, dem sie im inneren Ver-

hältnis nicht zur Last fällt, z. B. durch den Unterhaltsverpflichteten in den Fällen des § 843 (RG JW 09, 137[15]; 1910, 389[6]; 1920, 639[4]; Warn 09 Nr 86; vgl. dazu aber RG 92, 402 mit Nachw.) oder durch den Baulastpflichtigen in RG 82, 215; JW 1915, 325[3]. Der Verzicht auf ein Pfandrecht bewirkt einen bei Grundlosigkeit der Zuwendung kondizierbaren Vermögensvorteil für den Verpfänder und damit eine Bereicherung im Sinne des § 818 (RG JW 1912, 459[6]), wenn auch nicht im Sinne des § 516 (vgl. dort A 4); entsprechend verhält es sich auf seiten des Gläubigers mit der Pfandbestellung oder Bürgschaftsübernahme. Wegen der abstrakten Versprechen vgl. A 10, wegen des vertragsmäßigen Anerkenntnisses des Bestehens oder Nichtbestehens einer Schuld A 11. Einen Vermögensvorteil bedeutet aber auch b) die Erlangung vorteilhafter Rechtsstellungen, z. B. des Rechtsscheins, den eine unrichtige Legitimation durch Eintragung im Grundbuch oder Staatsschuldbuch oder durch Erbschein verleiht (RG 51, 422; JW 1917, 34[2]), die Auflassungserklärung schon vor Eintrag ins Grundbuch (RG 108, 329). Auch der Besitz, mag man ihn auch nicht als Recht gelten lassen, ist ein solcher Vorteil (RG Recht 1918 Nr 230); Beispiele für die cond. possessionis: Rückforderung von Sachen, die der geschäftsunfähige Kläger aus der Hand gab, damit sie der Empfänger in bestimmter Weise verwendete (RG 98, 131); Rückforderung von Depotscheinen, die der Beklagte auf Grund eines nichtigen Vertrags als Sicherheit empfing (OLG 14, 32). c) Der Vorteil, der im Gebrauch oder Verbrauch fremder Sachen oder Arbeitskräfte liegt, enthält eine Bereicherung, wenn dem Benutzer dadurch eine Aufwendung erspart wird. Das trifft schon dann zu, wenn dieser bei ordnungsmäßigem Vorgehen für die Benutzung eine Entschädigung hätte zahlen müssen; er kann nicht einwenden, daß er sich, falls ihm die Benutzung verweigert wäre, anderweit beholfen haben würde (RG 97, 310; SeuffA 73 Nr 51). Daher verpflichtet vertragsloses Bewohnen fremder Räume auch außerhalb der Grenzen des § 557 zur Zahlung einer Vergütung in Höhe des ersparten Mietzinses, ohne daß es darauf ankäme, ob der Eigentümer die Räume anderweit hätte vermieten können (OLG 13, 388; 36, 58 Anm.; a. M. RG JW 03 Beil 101[227]; RG LZ 1917, 921). Grundlose Bereicherung ist schließlich d) die Nichtentstehung einer Verpflichtung oder Last, die ohne Dazwischentreten einer innerlich unberechtigten Hinderung entstanden wäre. So wenn ein Genosse zu Unrecht in der Liste gelöscht und hinterher Konkurs über die Genossenschaft eröffnet wird; nach GenG §§ 70 Abs 2, 105 Abs 1 wird dadurch die Entstehung seiner vor diesem Konkurse (vgl. RG 85, 209; 99, 139) nicht vorhandenen Nachschußpflicht verhindert.

2. **Auf dessen Kosten.** Dem Gewinn auf der einen Seite muß ein Verlust auf der andern gegenüberstehen. a) Seinem Wesen nach ist der Verlust Vermögensverlust. Die II. Kommission wählte aber die Worte „auf dessen Kosten" statt „aus dessen Vermögen", um auszudrücken, „daß das Objekt der Bereicherung, ohne bereits in das Vermögen des Kondiktionsberechtigten übergegangen zu sein, seinen Vermögensstand nur zu berühren brauche" (Prot 2, 685). In der Tat ist nicht erforderlich, daß, was der eine erlangt, schon der vollen rechtlichen Herrschaft des andern unterworfen war. Ein Anspruch des Benachteiligten auf den erlangten Gegenstand genügt. Hat der Verkäufer eines Grundstücks die Auflassung auf Anweisung des Käufers an einen Dritten vorgenommen, dem der Käufer eine Schenkung machen wollte, so ist bei Nichtigkeit der Schenkung der Dritte auf Kosten des Käufers bereichert (vgl. A 4 unter 2b). Es genügt aber auch, wenn dem Benachteiligten nur eine rechtliche Anwartschaft oder eine tatsächlich sichere Erwerbsaussicht zustand (RG 51, 422; 112, 268; RG 29. 11. 22 V 232/22). In dieser Hinsicht verhält es sich ebenso wie nach § 252 im Schadensersatzrecht; auf Kosten eines andern ist auch der Gewinn erlangt, der ihm entgeht. Daher liegt zwar keine Schenkung (§ 517), wohl aber Bereicherung vor, wenn jemand zum Vorteil eines andern auf ein angefallenes, noch nicht endgültig erworbenes Recht verzichtet oder eine Erbschaft oder ein Vermächtnis ausschlägt. Aber wenn ein Verkäufer die nicht in Rechnung gestellte Umsatzsteuer nicht zu zahlen braucht, bildet das keine Bereicherung auf Kosten des Käufers (RG 109, 94). b) Der Verlust des Klägers braucht sich mit dem Gewinn des Beklagten gegenständlich nicht zu decken. Die Fälle, in denen dies nicht zutrifft, sind überaus häufig; vgl. z. B. die Bereicherung des Schuldners durch Zahlung der Schuld, die Bereicherung des Benutzers einer fremden Sache durch Ersparung von Aufwendungen, die Bereicherung dessen, der über einen fremden Gegenstand wirksam verfügt, durch den Erwerb des Entgelts. c) Nicht notwendig ist auch, daß der Verlust des Klägers, wenn er sich gegenständlich mit dem Gewinne des Beklagten deckt, dem Umfang nach mit ihm zusammenfällt. Der Gewinn kann kleiner, er kann auch größer sein als der Verlust. Auch dieser Gedanke wurde in der II. Kommission zur Empfehlung der Fassung „auf Kosten" geltend gemacht (vgl. Prot 2, 685). Als Beispiele, in denen der Beklagte mehr gewinnt, als der Kläger verliert, wurden genannt der Erwerb des juristischen Besitzes, wenn der andere nur die Inhabung hatte, der Erwerb des Eigentums durch Ersitzung oder nach §§ 892, 932, während er Nichteigentümer war. Vor allem aber gehören hierhin die Fälle, in denen jemand unerlaubt aus einem fremden Gegenstand

Gewinn zieht. Die gesetzliche Regelung dieser Materie in §§ 292, 987, 990 Abs 1, 687 Abs 2 ist unvollständig und muß durch den Bereicherungsanspruch ergänzt werden. Der unbefugte Vermieter fremder Sachen hat dem Eigentümer die Mietzinsen zu erstatten, gleichgültig ob dieser zur Vermietung imstande gewesen wäre; er schuldet sie, weil er auf Kosten des Eigentümers, dessen Sachen abgenutzt wurden, rechtlos bereichert ist (anders **RG** 105, 408, das eine Erstattungspflicht nur demjenigen Vermieter auferlegt, der ein Pfandrecht an den Sachen hat, und sie hier durch ein arg. a fortiori aus den Bestimmungen der §§ 1213, 1214 über das Nutzpfandrecht herleiten will. Aber wenn ein Nutzpfandrecht bestellt ist, folgt die Verpflichtung, die gezogenen Nutzungen dem Verpfänder irgendwie zu erstatten, aus dem Inhalt des Vertrages; nur über die Art der Erstattung gibt § 1214 Abs 2 eine Dispositivvorschrift. Daraus läßt sich nichts für den Fall entnehmen, wenn kein Nutzungsrecht und keine Erstattungspflicht vereinbart sind). Ein weiteres Beispiel liefert das Erfinder- und Urheberrecht. Wer ein fremdes Patent oder Gebrauchsmuster verletzt, haftet dem Berechtigten auf Herausgabe des Gewinns, auch wenn der Berechtigte selber mit seinen Einrichtungen und Mitteln den Gewinn nur zum Teil hätte erzielen können (**RG** 43, 59; 50, 114; 84, 377; 95, 220), und das gleiche gilt bei Verletzung des literarischen oder künstlerischen Urheberrechts (**RG** 35, 70). Der Gesichtspunkt der unechten Geschäftsführung (§ 687 Abs 2) deckt nicht den Fall der Fahrlässigkeit und kann deshalb zur Begründung nicht herangezogen werden. Aber auch die Schadensersatzkonstruktion, die das Reichsgericht vertritt, genügt nicht, da sie dem § 249 widerspricht. Der zum Ersatz verpflichtende Umstand besteht immer nur in dem gesetzlich verbotenen Eingriff in das fremde Recht, nicht auch, wie **RG** 35, 70 meint, in der Aneignung des Gewinns. Dagegen wird der Satz erklärt, wenn man annimmt, daß die Rechtsverletzung außer dem Schadensersatzanspruch einen Bereicherungsanspruch erzeugt, und daß für diesen zwar ein Schaden der einen Partei, nicht aber ein dem Gewinn der andern gleichkommender Schaden wesentlich ist. Bei den gewerblichen Immaterialgüterrechten freilich sträubt sich das Reichsgericht mit der überwiegenden Mehrheit der Rechtslehrer gegen die Anerkennung des Bereicherungsanspruchs, weil eine Haftung aus unverschuldeten Eingriffen arg. PatG § 35, GebrMustG § 9, WarenzeichenGes., vom Gesetze nicht gewollt sei (**RG** 15, 132; 35, 70; 43, 59; 62, 320; 108, 6; 113, 424; JW 1914, 406[8]). Indes wenn man sich auf diesen Standpunkt stellt, folgt daraus doch nur, daß hier auch die Bereicherungshaftung, ebenso wie die Schadensersatzpflicht, Vorsatz oder grobe Fahrlässigkeit des Täters voraussetzt. Es ist das dann eine Abweichung von dem gewöhnlichen Recht der Kondiktion, die sich aus dem Zweck jener Vorschriften, die Bewegungsfreiheit der Industrie zu schützen, ergeben könne, aber nicht zur Verneinung der Natur des Anspruchs als Bereicherungsanspruchs überhaupt nötigt (vgl. auch **RG** 43, 60; **RG** JW 1914, 406[8]; Warn 08 Nr 658). Eingriffe in das Schrift- und Kunstwerkrecht verpflichten zur Herausgabe der Bereicherung auch ohne Verschulden (**RG** 90, 137). Für Nachdruckgesetz v. 11. 6. 78, **RG** 12, 105. Die Meinung des Reichsgerichts rechtfertigt es mit der Begründung, daß das Patent- und Warenzeichengesetz den Kreis der Vergütungsansprüche hat abschließend regeln wollen (**RG** 62, 311; 70, 75). Das ist aber eine willkürliche Annahme und steht im Widerspruch zu der sonst zugelassenen Ergänzung durch das BGB (**RG** 45, 173). Vgl. auch Pinzger, GewRuUR 1927, §§ 269 ff.

3. Da die Bereicherung des einen auf Kosten des andern geschehen sein muß, wird ein **ursächlicher Zusammenhang zwischen Gewinn und Verlust** verlangt. Und zwar muß der Zusammenhang ein direkter sein, es muß eine Vermögensverschiebung unmittelbar zwischen den Parteien stattgefunden haben. Nicht als ob durch die Verschiebung nicht auch das Vermögen Dritter berührt sein dürfte, wohl aber muß ein einheitlicher Vorgang auf der einen Seite den Gewinn, auf der andern den Verlust bewirkt haben (vgl. Gierke D. Privatrecht 3, 1004 f.). Daß das Gesetz auf diesem Standpunkt steht, beweisen die offenbar als Ausnahmen gedachten Bestimmungen des § 816 Abs 1 Satz 2 und des § 822 (vgl. **RG** 66, 80; 92, 83; 94, 192; 99, 166; **RG** 24. 9. 25 IV 183/25). Wegen der Regelung der Parteirollen bei der indirekten Vermögenszuwendung vgl. A 4 unter 2. Hat ferner der Kläger auf Grund eines mit einer Zwischenperson geschlossenen gültigen Vertrags an diese geleistet und ist der Gegenstand erst durch die Zuwendung der Zwischenperson an den Beklagten gelangt, so kann der Beklagte, falls er überhaupt ohne Rechtsgrund bereichert ist, doch niemals auf Kosten des Klägers bereichert sein. Nicht ins Gewicht fällt, ob die Zwischenperson vermögenslos ist und ob sie den Gegenstand dem Beklagten unentgeltlich zugewandt hat. Die Erfüllung der zu Recht bestehenden Verbindlichkeit des Klägers hat, da sich Leistung und Schuldbefreiung die Wage halten, keine Minderung seines Vermögens zur Folge; § 822 aber läßt nur die Erstreckung eines schon gegen den Erstempfänger begründeten Bereicherungsanspruchs zu und gestattet keine Inanspruchnahme eines Zweiten, wenn der Erste auf Grund gültiger Kausa empfing. Vgl. z. B. **RG** JW 03 Beil 24[49]; 08, 432[6]; **RG** Recht 08 Nr 1962. Die Rechtslage wird auch dadurch keine andere, daß die Zwischenperson, ohne im Namen des

Beklagten zu handeln, dessen Erwerb bewußt vermittelt, mit andern Worten indirekter Stellvertreter ist. Die Tatbestände der gemeinrechtlichen actio de in rem verso und der preußischrechtlichen Verwendungsklage decken sich nicht mit § 812; vgl. RG JW 05, 80[19]; 08, 432[6]; Gruch 51, 967; OLG 2, 505; anders Recht 1912 Nr 1779 (Klage eines Bauunternehmers, der auf Bestellung des Ehemanns Steine in das Haus der Frau eingebaut hatte, das er für Eigentum des Mannes hielt; hier hätte die Frau nur verurteilt werden dürfen, wenn der Vertrag mit dem Manne wirksam angefochten wäre). Ja selbst wenn die Vermittlertätigkeit der Zwischenperson dem Kläger geflissentlich verheimlicht wurde und der Dritte an dem Geschäfte wirtschaftlich allein interessiert war, rechtfertigt es dieser Umstand nicht, daß der Kläger neben oder statt der Vertragsklage gegen den Strohmann einen Bereicherungsanspruch gegen den Hintermann erhebt, vgl. RG 24. 11. 10 II 239/10 (A war Geschäftsinhaber, aber völlig abhängig vom Beklagten, der die für das Geschäft zu beziehenden Waren bestimmte, bezahlte und sicherungshalber zu Eigentum erwarb; Klage eines Lieferanten des A abgewiesen). Auch sonst darf es keine Mehrheit von Vorgängen oder Umständen sein, woraus Vorteil und Nachteil erwachsen sind. Der Ersteher eines Grundstücks oder Schiffes schuldet einem Dritten, der vor der Zwangsversteigerung notwendige oder nützliche Verwendungen darauf gemacht hat, keinen Ersatz (RG 97, 65; vgl. auch OLG 19, 179). Der Nachhypothekar, der infolge irrtümlicher Löschung der vorgehenden, vom Grundstückseigentümer bezahlten Hypothek aufrückt, ist zwar ohne Rechtsgrund bereichert (vgl. A 6 unter 2b), aber nur auf Kosten des Eigentümers, nicht auf Kosten dessen, der diesem gegen das Versprechen der Abtretung der Vorhypothek das zur Auszahlung nötige Geld geliehen hat (RG 73, 173). Der bei der Liquidation einer Gesellschaft m. b. H. oder eines Vereins nicht berücksichtigte Gläubiger hat keinen Anspruch gegen den Anfallberechtigten, dem der Überschuß ausgeschüttet wurde, denn der Anfallberechtigte ist auf Kosten der Gesellschaft oder des Vereins bereichert, die nur scheinbar zu bestehen aufgehört haben (RG 92, 82). Wer die Mittel zur Hinterlegung hergegeben hat, kann darum nicht von der Hinterlegungsstelle die Rückzahlung fordern, wenn ein Dritter im eigenen Namen hinterlegte (RG Warn 1921 Nr 91). Was ein Verkäufer dem Spediteur an Versendungskosten zuviel gezahlt hat, kann nur er selbst kondizieren, nicht der Käufer, mag letzterer auch die vollen Unkosten dem Verkäufer erstattet haben, so daß ihm der Unterschied gutgebracht werden muß (RG LZ 1913, 218[22]). In einem Falle unter der Herrschaft des Krankenversicherungsgesetzes waren Gemeindebeamte irrtümlich als versicherungspflichtig behandelt worden; die Gemeinde als Arbeitgeberin hatte die auf die Beamten entfallenden Beiträge an die Krankenkasse gezahlt und ihnen am Diensteinkommen gekürzt; hier konnte nur die Gemeinde, die vermeintliche Schuldnerin der Kasse, kondizieren, die Beamten auch dann nicht, wenn ihre Forderung gegen die Gemeinde inzwischen verjährt war (RG 66, 77). In andern Fällen scheint die unmittelbare Vermögensverschiebung auf den ersten Blick zu fehlen, während sie in Wirklichkeit vorhanden ist. Ist der Verkäufer eines Grundstücks arglistig getäuscht worden, so haftet ihm nach § 852 Abs 2 auf die Bereicherung auch der Dritte, der bei der Täuschung mitwirkte und von dem Erwerber auf dem Grundstück Hypothek bestellt erhielt; durch die unerlaubte Handlung ist eine unmittelbare Beziehung zwischen ihm und dem Verkäufer entstanden (RG DJZ 1913, 530). Aus demselben Grunde können, wenn ein zahlungsunfähiger Schuldner sein Vermögen in sittenwidriger Weise auf einen Gläubiger übertragen und das Abkommen geheimgehalten hat, um den Schein wirtschaftlicher Selbständigkeit vorzuspiegeln, die übrigen Gläubiger den Vermögensübernehmer, der an der unerlaubten Handlung teilnahm, nicht nur nach § 826, sondern auch wegen ungerechtfertigter Bereicherung belangen (a. M. RG Recht 1917 Nr 632). Wenn ferner der Kläger einem Geschäftsunfähigen Geld leiht und dieser es zum Nutzen des Beklagten verwendet, so findet die Vermögensverschiebung, da mit dem Geschäftsunfähigen kein gültiger Vertrag zustande kommt, unmittelbar zwischen den späteren Prozeßparteien statt (RG Warn 1917 Nr 116; Gruch 47, 940; OLG 34, 95). Ebenso verhält es sich, wenn durch die Leistung des Klägers an den Beklagten ein Vertrag erfüllt werden sollte, den ein vollmachtloser Vertreter des Beklagten mit dem Kläger geschlossen hatte; die Haftung des falsus procurator (§ 179) ändert hieran nichts (RG JW 1919, 715[1]; RG 20. 6. 06 I 60/06). Hat der Eigentümer sein für die Schuld eines Dritten verpfändetes Grundstück unter Anrechnung der Hypothek auf den Kaufpreis einem Käufer aufgelassen und bezahlt dann der Dritte selber seine Schuld, so ist der Käufer auf Kosten des Verkäufers bereichert, denn dem Verkäufer entgeht dadurch der Ersatzanspruch, den er nach § 670 gegen den Dritten gehabt haben würde (RG Recht 1918 Nr 853).

4. Es gibt zwei Hauptgruppen von Bereicherungstatbeständen: die eine ist: **Durch Leistung eines andern.** Leistung ist die an eine causa gebundene Zuwendung, die eine Veränderung der Rechtslage als ihre Folge bewirkt, eine Einwirkung auf die relativen Beziehungen des Leistenden und Leistungsempfängers hervorbringt. Sie kann in Herstellung, Veränderung und Lösung des obligatorischen Bandes bestehen. Wer äußerlich genommen die Leistung vollzieht, ist nicht notwendig der Leistende im Rechtssinn, d. h. derjenige, der die Zuwendung

(Vermögensverschiebung) bewirkt, so wenig wie die Empfangsperson im körperlichen Sinne rechtlich der Empfänger der Leistung, d. h. der darin liegenden Zuwendung zu sein braucht. 1. Nimmt der Bevollmächtigte oder der gesetzliche Vertreter im Namen des Vertretenen eine grundlose Leistung vor, so steht die Kondiktion dem Vertretenen zu; wird etwas ohne Grund an den empfangsermächtigten Vertreter des vermeintlichen Gläubigers geleistet (vgl. **RG** 79, 285: Zahlung an den Prokuristen; **RG** 81, 264: Zahlung an den Vormund; **RG** 7. 12. 22 IV 180/22: Zahlung an einen firmierenden Teilhaber der offenen Handelsgesellschaft), so richtet sich die Kondiktion gegen den Vertretenen. 2. Aber auch außerhalb des vertretungsweisen Handelns gibt es ein Auseinanderfallen von Leistung und Zuwendung. Es sind das die Fälle der indirekten Zuwendung, d. h. die Fälle, in denen X im eigenen Namen für Rechnung As an B leistet, sei es, daß er hierzu von A angewiesen (ermächtigt) oder beauftragt oder durch Vertrag zugunsten Bs verpflichtet ist. Hier vollziehen sich durch die eine Leistung zwei Zuwendungen, eine Zuwendung im Deckungsverhältnis zwischen X und A und eine andere im Valutaverhältnis zwischen A und B. Dagegen will X dem B nichts zuwenden; zwischen ihnen besteht kein Verhältnis, das als rechtlicher Grund die Leistung tragen könnte. Welche Zwecke A verfolgt, indem er X zur Leistung an B veranlaßt, wird für X meist unerheblich sein; für ihn hat B keine andere Bedeutung, als wenn er eine bloße Zahlstelle, ein solutionis causa adjectus wäre. Demgemäß erwächst, wenn eine der beiden Zuwendungen fehlerhaft ist (wenn ihr keine gültige Kausa zugrunde liegt), die Kondiktion grundsätzlich zwischen den an ihr beteiligten Personen, während X gegen B in der Regel nicht kondizieren kann. Im einzelnen ist hierzu zu bemerken: a) Ist nur das Deckungsverhältnis nicht in Ordnung, so findet der Ausgleich zwischen Angewiesenem und Anweisendem, Beauftragtem und Auftraggeber statt. Leistet X für Rechnung As an B in dem Irrtum, A hierzu verpflichtet zu sein, so steht ihm die Kondiktion gegen A zu (vgl. **RG** 87, 39; 98, 240; **RG** JW 1914, 643[5]; Warn 1911 Nr 114; **RG** Recht 1915 Nr 1996). Beispiele sind die Einlösung eines Schecks durch die bezogene Bank in dem irrigen Glauben an ein Guthaben des Ausstellers (SeuffA 69 Nr 103) oder (da der Adressat einer Postsendung keinen Auslieferungsanspruch gegen die Postanstalt hat) die Auszahlung einer nicht eingezahlten Postanweisung (**RG** 60, 24). Auch der Fall, wenn jemand in dem Irrtum, ein anderer könne dies von ihm fordern, dessen Schuld an den Gläubiger zahlt, liegt im Ergebnis ebenso (vgl. § 813 A 6 unter a); nur daß X hier nicht abstrakt (unter Gebrauch der Worte „für As Rechnung" oder „in As Auftrag"), sondern auf eine bestimmte Kausa zwischen A und B leistet und daß nach § 267 Abs 1 regelmäßig auch ein Widerspruch As die Einwirkung auf die Kausa nicht hindert. Haben A und X aber einen Vertrag zugunsten Bs mit der Wirkung geschlossen, daß B ein Recht gegen X erwarb (§ 328), so greift § 334 Platz, wonach X die Einwendungen aus dem Vertrage auch dem B entgegensetzen darf. Hat er dies aus Irrtum unterlassen, so wird ihm eine cond. indebiti gegen B zu geben sein, keine cond. sine causa gegen A (zweifelnd **RG** JW 1915, 652[4]). b) Entsprechend gestaltet sich die Sachlage bei Fehlerhaftigkeit allein des Valutaverhältnisses. Wenn X an B für Rechnung As leistet, ohne daß die beiden letzteren durch ein gültiges Kausalgeschäft verbunden sind, ist A, nicht X, der Kondiktionsberechtigte (**RG** Recht 1913 Nr 1451; **RG** 4. 1. 23 IV 68/22). Dabei wird vorausgesetzt, daß A die Zahlung veranlaßt oder die dadurch betätigte auftragslose Geschäftsführung genehmigt hat. Trifft keins von beiden zu, so hat er weder dem B eine mittelbare Zuwendung gemacht, noch schuldet er dem X Ersatz, weshalb die Kondiktion gegen B dem X gebührt. Vor allem aber ist festzuhalten, daß eine Kondiktion des A nur da in Frage kommt, wo X für As Rechnung gehandelt hat. Auch wenn die Kausa ursprünglich nur den letzteren anging, kann sie doch nachträglich eine solche des X selber geworden sein. Der Schuldübernehmer leistet nicht für fremde, sondern für eigene Rechnung, und daß im Fall einer übernommenen Nichtschuld die cond. indebiti gegen den Empfänger dem Übernehmer zusteht, folgt schon aus § 417 (vgl. **RG** 60, 287 mit fehlgehender Begründung). Die hervorgehobenen Gesichtspunkte werden in der Rechtsprechung nicht immer beachtet, was dann zu schiefen Unterscheidungen führt. Dahin gehören Sätze wie die, daß X trotz der Erklärung, für Rechnung As zu leisten, noch einen besonderen Zweck angeben und dadurch in ein Grundverhältnis zu B treten könne, oder daß es darauf ankomme, in wessen Interesse vorwiegend die Leistung geschehe (z. B. **RG** JW 1910, 752[11]; Warn 1917 Nr 116; **RG** Recht 1922 Nr 52). Man kann nur entweder für eigene oder für fremde Rechnung leisten; der Versuch aber, die Interessen gegeneinander abzuwägen, muß überall da scheitern, wo X nicht nur Beauftragter des A ist, sondern als Käufer, Verkäufer, Schenker usw. durch die Leistung an B auf eine eigene Kausalbeziehung zu A einwirken will. c) Sind beide Kausalverhältnisse fehlerhaft, sowohl das zwischen X und A wie das zwischen A und B, so findet eine direkte Ausgleichung zwischen Leistendem und Empfänger statt. So **RG** 86, 347 (X hatte ein Grundstück an den geisteskranken A verkauft und an B, dem A es weiterverkauft hatte, auf As Weisung aufgelassen: Kondiktion des X gegen B); vgl. auch den Fall SeuffA 76 Nr 143. Dasselbe Ergebnis läßt sich dann, wenn das Deckungsverhältnis grundlos ist und zugleich im Valutaverhältnis eine unentgeltliche Zuwendung stattgefunden hat, mittels entsprechender Anwendung der §§ 816, 822 begründen (vgl. § 784 A 4c).

5. In sonstiger Weise. Dahin gehört a) die Vermögensverschiebung, die auf Grund einer sei es unerlaubten, sei es erlaubten Handlung des Bereicherten, insbesondere originären Erwerbs stattfindet, wenn er z. B. die Sache des Klägers in Besitz nimmt, sie mit seinen Sachen verbindet, vermischt, verarbeitet (vgl. §§ 946ff., 951; s. hierzu Titze, Recht der Schuldverhältnisse 2. Aufl. S. 126) oder einen sonstigen Eingriff in fremde Rechte, durch rechtsgeschäftliche Verfügung (§ 816) oder durch Gebrauch oder Verbrauch, Genießenlassen einer Arbeitskraft, verübt. Wegen des Eingriffs in Immaterialgüterrechte vgl. A 2 unter c; durch Benutzung einer nicht geschützten Erfindung entsteht kein Bereicherungsanspruch, da sich damit eine ungerechtfertigte Vermögensverschiebung nicht vollzieht (vgl. **RG** 77, 81; **RG** Recht 1917 Nr 1255). Aber jeder, der ein anderes Genußgut an Stelle desjenigen, dem es zukommt, genießt, verleibt tatsächlich dessen wirtschaftlichen Wert seinem eignen Vermögen ein. Ferner gehört hierher b) die Bereicherung durch die Handlung eines Dritten. So die Bereicherung durch eine Verbindung oder Vermischung, die ein Dritter vornimmt; die Bereicherung durch unentgeltliche Zuwendung seitens des Erstbereicherten im Falle des § 822 (vgl. auch OLG 18, 49). Der Dritte kann auch ein Beamter sein, was besonders in der Zwangsvollstreckung praktisch wird. Zurücksetzungen bei der Verteilung des Versteigerungserlöses begründen für den Benachteiligten die Kondiktion, und zwar trotz ZPO § 878 Abs 2 auch ohne daß er dem Teilungsplane widersprochen hätte, **RG** 39, 379; 42, 247; 58, 156; 64, 196 u. ö. (anders wenn er die in ZVG § 37 Nr 4 vorgeschriebene Aufforderung zur Anmeldung seiner Rechte unbeachtet gelassen hat, da dies die Höhe des Meistgebotes beeinflußt, **RG** 76, 379). Auch der Konkursgläubiger, der ungeachtet seiner Anmeldung bei den Verteilungen übergangen wurde, darf sich nach Beendigung des Konkurses gegen die Zuvielempfänger wenden (**RG** 23, 61; a. M. **RG** SeuffA 41 Nr 272; OLG 11, 366). Daraus allein freilich, daß das Vollstreckungsverfahren an wesentlichen Mängeln leidet, erwächst kein Bereicherungsanspruch. Der im geringsten Gebot mit Unrecht nicht berücksichtigte Hypothekengläubiger hat keinen solchen gegen den rechtmäßig berücksichtigten nachstehenden Gläubiger (**RG** 59, 276). Namentlich kann auch der Schuldner nicht deshalb kondizieren, weil sich der Gläubiger durch Pfändung unpfändbarer Sachen oder Forderungen Befriedigung verschafft hat (ZPO §§ 811, 850; vgl. dazu **RG** SeuffA 70 Nr 206; OLG 10, 378) oder weil die Vollstreckung ohne vorherige Zustellung des Schuldtitels (ZPO § 750) oder ohne Beobachtung der Vorschriften der ZPO §§ 751, 752 vor sich ging (a. M. **RG** 25, 368). Selbst das Fehlen des Titels genügt nicht zur Begründung der Kondiktion, wenn der materielle Anspruch bestand (a. M. **RG** 56, 70, im Ergebnis zutreffend, denn ohne prozeßrechtlich wirksame Bestätigung des Zwangsvergleichs haftet der Zwangsvergleichsbürge nicht). Endlich c) kann sich die Bereicherung durch Naturvorgänge, z. B. Anschwemmen von Land, oder durch rechtlich als Zufall erscheinende Handlungen vollziehen, vgl. **RG** 51, 80 (Aussaat von Kartoffeln durch einen Geisteskranken).

6. Ohne rechtlichen Grund. Die Frage, wann die Bereicherung ungerechtfertigt ist, wird durch das Gesetz nur für einzelne Fälle beantwortet. Im übrigen hat sie ihre Lösung aus dem Grundgedanken der Bereicherungsklage heraus zu finden: gegenüber Rechtswirkungen, die das Gesetz zur Erleichterung, Vereinfachung, Beschleunigung des Verkehrs oder aus andern Ursachen nur formaler Natur zuläßt, soll den Anforderungen der Gerechtigkeit zum Durchbruch verholfen werden. Zwei Hauptgruppen von Fällen sind auseinanderzuhalten, einmal die Zuwendungsgeschäfte, in denen die Bereicherung auf einer bewußten Leistung des Benachteiligten (Übertragung von Eigentum, Bestellung oder Übertragung anderer Rechte, Leistung von Diensten, Befreiung von Verpflichtungen usw.) beruht, und sodann die Fälle einer Vermögensverschiebung ohne den Willen des Benachteiligten. 1. **Zuwendungsgeschäfte.** Hier kann die Bereicherung ungerechtfertigt sein, wenn a) die Leistung keiner gültigen Kausalvereinbarung (Zweckvereinbarung) dient. Zu einer solchen genügt jeder Zweck, der nach dem Willen der Beteiligten für das Rechtsgeschäft maßgebend war (vgl. **RG** JW 1917, 103[5]; Warn 1910 Nr 17). Beruft sich der Beklagte auf einen bestimmten Zweck der Leistung, so wird der dem Kläger obliegende Beweis des Fehlens des Rechtsgrundes regelmäßig dadurch erbracht, daß der Kläger den angeführten Zweck widerlegt (**RG** Warn 1917 Nr 221; **RG** 9. 5. 21 VI 26/21). Für die Fälle, wenn der vereinbarte Zweck gegen ein gesetzliches Verbot oder die guten Sitten verstößt, gibt § 817 besondere Vorschriften. Eine gültige Zweckvereinbarung kann auch deshalb fehlen, weil die vorgeschriebene Form nicht beobachtet ist (vgl. § 125 A 1b; **RG** 105, 382; vgl. aber **RG** 111, 98, nachträgliche Eintragung des Grundstücks heilt Formmangel) oder weil die Parteien nicht übereinstimmen. Z. B. die eine nimmt Schenkung, die andere Darlehn an; der Käufer erblickt in der Betätigung des Dritten, der ihm die Ware zusendet, ein Handeln für Rechnung des Verkäufers, während der Dritte selbst Verkäufer zu sein meint, **RG** 98, 64; ebenso **RG** JW 09, 274[7], wo der Empfänger die Zahlung auf seine Forderung an den

Prokuristen der zahlenden Gesellschaft bezog und diese sich für die Schuldnerin hielt; desgleichen **RG** 87, 41, wo eine als Dienstkaution zu bestellende Hypothek einem Dritten nur als Pfandhalter abgetreten werden sollte, der Dritte aber glaubte, einer seiner Schuldner, der zugleich Gläubiger des Abtretenden war, erfülle damit seine Schuld; vgl. auch **RG** 101, 322; **RG** Recht 1922 Nr 1399; bzw. Handschenkung **RG** 111, 151. b) Die Bereicherung ist ferner ungerechtfertigt, wenn der vereinbarte Zweck der Zuwendung nicht verwirklicht wird. Hauptfälle: es wird geleistet zur Erfüllung einer Verbindlichkeit, die nicht besteht (cond. indebiti, vgl. zu §§ 813, 814) oder zur Erreichung eines künftigen Erfolges, der nicht eintritt (cond. ob causam datorum, vgl. A 9 und zu § 815). c) Dasselbe gilt, wenn der Zweck zunächst erreicht, aber nachträglich wieder weggefallen ist (cond. ob causam finitam, vgl. A 8). 2. Bereicherung **ohne den Willen des Benachteiligten.** Zu nennen sind a) die Fälle, wenn die Vermögensverschiebung durch einen unberechtigten Eingriff des Bereicherten oder eines Dritten in das Vermögen des Benachteiligten herbeigeführt wird. So namentlich bei rechtsgeschäftlicher Verfügung über fremde Sachen und Rechte (Kondiktion wegen unberechtigter Verfügung, vgl. § 816), aber auch bei Eingriffen tatsächlicher Natur (Verbrauchen fremder Sachen, **RG** LZ 1921, 715, Düngen des Grundstücks mit fremdem Dünger, **RG** SeuffA 60 Nr 168). Über Eingriffe im Wege der Zwangsvollstreckung vgl. A 5, § 816 A 3. Ein durch unerlaubte Handlung erlangter Vermögensvorteil ist immer zugleich ohne rechtlichen Grund erlangt (vgl. § 852 Abs 2, **RG** Recht 1910 Nr 57). Das gilt auch dann, wenn nur objektiv eine unerlaubte Handlung vorliegt, der Täter aber nicht zurechnungsfähig oder durch Irrtum oder andere Umstände entschuldigt ist. b) Auch eine nicht gewollte Handlung des Benachteiligten selbst kann einen Anspruch auf die Bereicherung begründen, z. B. wenn ein bloßes Vergreifen vorlag. Hat ein Hypothekengläubiger seine Hypothek irrtümlich löschen lassen, in der Meinung, die freiwerdende Rangstelle einem Dritten zuwenden zu können, so hat er (nicht der Dritte, der infolge davon an späterer Stelle eingetragen ist, vgl. A 3) die Kondiktion gegen den aufrückenden Nachhypothekar. Anders **RG** 69, 245; 88, 287, die in der Rangordnung (§ 879) eine Rechtfertigung für die Vermögensverschiebung sehen und die zugunsten der Kondiktion sprechenden Erwägungen für bloße Billigkeitsrücksichten erklären. c) Beruht die Bereicherung auf einer kraft Gesetzes eintretenden Rechtsänderung, so muß, soweit eine besondere Bestimmung fehlt, nach Sinn und Zweck der einzelnen Vorschrift beurteilt werden, ob die Rechtswirkung nur aus formalen Gründen angeordnet ist oder ob sie dem Gesetzgeber als Forderung materieller Gerechtigkeit erscheint. Im ersten Falle ist die Ausgleichung durch den Bereicherungsanspruch am Platze, im zweiten nicht. In § 951 (Verbindung, Vermischung, Verarbeitung), § 977 (Funderwerb), §§ 996, 999 (Verwendungen des Besitzers und seines Vorgängers) sind Bereicherungsansprüche ausdrücklich anerkannt; umgekehrt geht aus den Ausnahmesätzen der §§ 988, 993 hervor, daß der gutgläubige Besitzer, der die Früchte nach § 955 zu Eigentum erwirbt, die dadurch bewirkte Bereicherung regelmäßig nicht herauszugeben braucht (vgl. **RG** JW 1912, 690[16]). Nimmt man an, daß nach dem Willen der WO das Recht des Wechselgläubigers aus dem Wechsel auch dann erlöschen soll, wenn ein ihn legitimierendes Giro aus Versehen oder von einem Unbefugten durchstrichen wird, so darf man ihm auch keine Kondiktion zugestehen (**RG** JW 1915, 1123[7]). Ebenso kann der Rechtsverlust, der durch Vollendung der Verjährung oder durch Ablauf einer Ausschlußfrist eintritt, nicht mit Hilfe eines Bereicherungsanspruchs wettgemacht werden, denn es ist der Zweck dieser Einrichtungen, nach Umfluß eines gewissen Zeitraums Ruhe zu schaffen (vgl. **RG** 70, 352; Warn 1920 Nr 151). Von der Ersitzung gilt insofern das gleiche, als der Ersitzende nicht dem früheren Eigentümer als solchem haftet; doch ist er der Kondiktion unterworfen, wenn auch ohne den den sofortigen Eigentumserwerb hindernden Mangel eine Bereicherungs- oder sonstige Rückgabepflicht für ihn bestanden haben würde (vgl. Oertmann Recht 1910, 585). Einen überraschenden Schluß aus der hier erörterten Regel glaubt neuestens Enneccerus in der 18. Aufl. § 116a ziehen zu können, indem er lehrt, daß die durch die Entwertung des deutschen Geldes entstandenen und noch entstehenden Vermögensverschiebungen nach den Vorschriften über ungerechtfertigte Bereicherung auszugleichen seien. Seine Begründung geht dahin, daß die Gesetze v. 4. 8. 14 nebst ihren Nachfolgern, die die Noteneinlösungspflicht der Reichsbank beseitigten und die Bestimmungen über die Deckung außer Kraft setzten, zwar eine Rechts-, nicht aber eine Vermögensverschiebung beabsichtigt hätten. Allein auch eine Rechtsänderung war vom Gesetzgeber nicht gewollt. Ohne die Geldentwertung würde eine solche überhaupt nicht vorliegen, und die Verdrängung der Goldmünzen durch das Papiergeld hat die Geldentwertung nur erleichtert, nicht herbeigeführt; letzten Endes beruht diese auf den wirtschaftlichen Folgen des Versailler Friedens, der Revolution und dem Verhalten der Regierung. So sehr daher auch die Verschiebungen von Vermögenswert, die sie nach sich zieht, das Rechtsgefühl verletzen, erscheint doch die Annahme unzulässig, daß dieselben im Sinne des § 812 des rechtlichen — nicht: gerechten — Grundes entbehrten (vgl. auch § 244 A 1 S. 354). Dazu kommt, daß eine Anwendung der §§ 812ff. bei der ungeheuren Verwickeltheit der Verhältnisse ohne neue Ungerechtfertigkeiten meist undurchführbar wäre. Auch für die lex ferenda hat die Verweisung auf das Konditionenrecht als Heilmittel auszuscheiden. Soweit nicht schon die Rechtsprechung und die bisherige Gesetzgebung der Nachkriegszeit abgeholfen haben, wird nichts anderes übrigbleiben, als auf dem Wege vorsichtiger Regelung von Einzelmaterien fortzufahren. d) Kann auch ein rechtskräftiges Urteil rechtsgrundlos bereichern? Die Frage muß verneint werden (vgl. dazu Reichel, Festschrift für Wach 3, 1ff.). Allerdings wird durch ein fehlgehendes Urteil der Rechtszustand geändert. Da aber das rechtskräftig Zu- oder Aberkannte nicht mehr in Frage gestellt werden darf, kann darin keine grundlose Bereicherung gefunden werden, so daß eine Kondiktion ausgeschlossen ist (vgl. **RG** 1, 95; 36, 205; 39, 142; 46, 77; 69, 279; JW 1913, 437[15]; 1915, 1123[7]; Gruch 63, 614). Lediglich in dem Falle, wenn das Urteil vom Sieger durch eine unerlaubte Handlung erwirkt wurde, ist nach dem unter a Gesagten neben der actio doli (Vorbem 8 vor § 104, § 826 A 5d) auch eine Kondiktion gegeben. Natürlich sind als Konditionsgründe nur diejenigen Tatsachen ausgeschlossen, die vor dem für die Rechtskraft maßgebenden Zeitpunkt liegen. Nachträgliche Tatsachen, d. h. solche, die nach dem Schlusse der letzten Verhandlung oder nach Ablauf der Einspruchsfrist eingetreten sind (vgl. ZPO § 767 Abs 2), können ohne Verstoß gegen die Rechtskraft zur Stütze einer Rückforderung benutzt werden. Daher kann das zufolge dem Urteil Gezahlte kondiziert werden, wenn nachträglich die Gegenleistung des Nachleistungsbefugten unmöglich wird oder eine Resolutivbedingung eintritt oder der Schadensersatzberechtigte anderweiten Ausgleich erhält (**RG** Recht 1913 Nr 1631) oder ein neues Gesetz die Pflicht, einer Person wie dem früheren Kläger Unterhalt zu gewähren, beseitigt (**RG** 46, 66; vgl. dazu aber **RG** 48, 4). Nur ist dabei zu beachten, daß ein vor dem entscheidenden Zeitpunkt begründetes Gestaltungsrecht auch bei späterer Ausübung nicht als nachträgliche Tatsache behandelt werden darf (Aufrechnung **RG** 64, 228, JW 02, 531[8], 1917, 106[8], Warn 1910 Nr 76, **RG** SeuffA 63 Nr 76, **RG** SächsArchR 1915, 264; Anfechtung **RG** JW 1913, 103[18]; Rücktritt). Auf der andern Seite läßt sich in einem besondern Falle ein solches Urteil unter Zurückgreifen auf ein früheres Ereignis unschädlich machen. Ist jemand zur Zahlung verurteilt, obwohl er bereits gezahlt hatte — sei es, daß die Einrede der Zahlung nicht vorgebracht oder nicht für bewiesen erachtet wurde —, so kann er zwar das auf Grund des Urteils zum zweitenmal Gezahlte nicht als Leistung einer Nichtschuld zurückverlangen (unrichtig OLG Düsseldorf JW 1916, 686). Wohl aber kann er nunmehr die erste Zahlung kondizieren, da ihr Zweck, die Schuld zu tilgen, infolge des Urteils weggefallen ist. Die Rechtskraft des Urteils wird hiermit nicht angetastet, denn rechtskräftig festgestellt ist nur das Bestehen der eingeklagten Forderung, nicht der Grund, warum das Gericht sie als bestehend ansah. Rechnet aber der Verurteilte gegen die Judikatforderung mit der cond. ob causam finitam auf (was zulässig ist, da diese Kondiktion erst mit der Rechtskraft entsteht) und erwirkt er eine einstweilige Anordnung nach ZPO § 769, so ist seine Lage annähernd die gleiche wie vor dem Urteil. Zu der ganzen Frage vgl. auch Oetker in Rostocker Festgabe für Windscheid (1888) S. 86; Pagenstecher, Gruchot 50, 280; Goldschmidt, Fischers Abhandlungen (1910) S. 17; Binder, Prozeß u. Recht (1927) S. 240; J. Goldschmidt, Ungerechtf. Vollstreckungsbetrieb; ferner ders., Prozeß als Rechtslage S. 131.

7. Die **Verpflichtung** dessen, der etwas grundlos erlangt hat, wird hier kurz dahin gekennzeichnet, daß sie auf **Herausgabe** des Erlangten gerichtet ist. a) Inhalt und Umfang dieser Herausgabepflicht werden näher geregelt durch §§ 818—820. Die in § 818 Abs 3 grundsätzlich vorgeschriebene Beschränkung auf die Bereicherung rechtfertigt den Ausdruck Bereicherungsanspruch. Auch ein schuldrechtlicher Berichtigungsanspruch kann als Bereicherungsanspruch geltend gemacht werden (**RG** 112, 260). b) Den Leistungsort bestimmt nach § 269 der Wohnsitz des Beklagten (**RG** 49, 424; 74, 175). Die Verpflichtung zur Herausgabe einer Sache ist da zu erfüllen, wo diese sich bei Beginn der Rechtshängigkeit oder des bösen Glaubens befindet (§ 818 Abs 4, § 819; vgl. **RG** 96, 347). c) Ist der anspruchbegründende Tatbestand bei einer Mehrheit von Personen eingetreten, so haftet jede auf das, was sie erlangt hat (**RG** Recht 1919 Nr 249). So auch dann, wenn bei einem gegenseitigen Vertrage auf der einen Seite mehrere stehen. Der Umstand, daß die mehreren im Fall der Gültigkeit des Vertrags für die Leistung nach § 427 im Zweifel als Gesamtschuldner hätten aufkommen müssen, hat, wenn der Vertrag nichtig ist, keine gesamtschuldnerische Haftung auf Herausgabe der Bereicherung zur Folge. Das wird von **RG** JW 09, 274[8]; Warn 1914 Nr 114; **RG** Recht 1911 Nr 48 für den Fall der anfänglichen Nichtigkeit anerkannt; es gilt aber auch dann, wenn der Vertrag durch Anfechtung nichtig geworden ist (a. M. **RG** 67, 260). Bestimmte der Vertrag, daß die mehreren Gläubiger Gesamtgläubiger sein sollten, so daß der Schuldner nach Belieben an jeden von ihnen leisten durfte (§ 428), so haftet als Konditionspflichtiger nur derjenige, dem tatsächlich geleistet wurde (**RG** Warn 1911 Nr 24). d) Der Bereicherungsanspruch verjährt (ab-

gesehen von Sonderfällen, vgl. z. B. §§ 977, 2287: 3 Jahre, §§ 1301, 1302: 2 Jahre) in der gewöhnlichen 30jährigen Frist des § 195, mag auch die Bereicherung durch Tilgung einer Schuld des Beklagten erfolgen, für die eine kürzere Verjährungsfrist vorgeschrieben ist. Nicht entgegensteht, daß die kurze Verjährung von Ansprüchen für Lieferung von Waren oder Ausführung von Arbeiten nach § 196 ohne Unterschied Platz greift, ob der Anspruch auf Vertrag, Geschäftsführung oder Bereicherung gestützt wird (vgl. § 196 A 1 a. A.). Hier erzeugt die bereichernde Zuwendung erst zugleich den Anspruch aus den Leistungen, dessen kurze Verjährung eine vertragsmäßige Grundlage nicht voraussetzt, wogegen in dem obenerwähnten Fall die Zuwendung eine Verpflichtung des Bereicherten schon vorfindet (vgl. **RG** 86, 96). e) Subsidiär ist der Bereicherungsanspruch nicht. Hat der Berechtigte einen anderweiten Anspruch gegen einen Dritten, so kann er gleichwohl gegen den Bereicherten klagen (**RG** 48, 139; JW 1919, 715[1]; **RG** 20. 6. 06 I 60/06). Auch dann, wenn ihm gegen diesen selber mehrere Ansprüche zustehen, läßt sich ein Vorzug des andern Anspruchs vor dem Bereicherungsanspruch nicht begründen. Natürlich kann die Frage der Subsidiarität nur aufgeworfen werden, wenn der Tatbestand außer dem andern Anspruch einen Bereicherungsanspruch auch wirklich erzeugt (z. B. Anspruch aus unerlaubter Handlung oder nützlicher Geschäftsführung und Kondiktion). Neben dem Erfüllungsanspruch aus einem gültigen Vertrage ist für den Bereicherungsanspruch kein Raum (**RG** JW 08, 403[4], vgl. auch A 9 unter 3).

8. **Späterer Wegfall des Rechtsgrundes** (condictio ob causam finitam). Die **causa** ist bei der Leistung zwar vorhanden, fällt aber später weg. Der Rechtsgrund kann wegfallen a) weil die Leistung von vornherein nur zu einem vorübergehenden Zweck bewirkt und dieser erreicht ist. Beispiele sind der Eintritt der auflösenden Bedingung oder Befristung bei dem zugrunde liegenden Geschäft (vgl. **RG** Warn 1921 Nr 43); die Draufgabe nach Aufhebung des Vertrags (§ 337 Abs 2); der Schuldschein nach Tilgung der Schuld (§§ 371, 1144); oder die Wiedergewinnung der verlorenen Sache durch den Eigentümer, dem der für den Verlust Verantwortliche, ohne sich den Eigentumsanspruch abtreten zu lassen, den Schaden ersetzt hat (vgl. § 255 A 2). Sachlich gehört hierher auch die Rückforderung des auf Grund eines Vorbehaltsurteils in der Berufungsinstanz Gezahlten, nachdem das Urteil infolge der vorbehaltenen Verteidigungsmittel aufgehoben ist (ZPO §§ 529, 541). b) Der Rechtsgrund kann kraft Gesetzes gegen den Willen der Parteien wegfallen. So wenn beim gegenseitigen Vertrag die dem einen Teil obliegende Leistung durch einen von keinem zu vertretenden Umstand unmöglich wird (§ 323 Abs 3). Natürlich muß die Verpflichtung bis dahin noch bestanden haben. Ist eine Lieferpflicht erfüllt und treten nachträglich Umstände ein, die bei früherem Eintritt die Erfüllung unmöglich gemacht hätten, so kann von Kondiktion keine Rede sein (**RG** 102, 158). c) Endlich kann der Rechtsgrund durch die Willenserklärung einer Partei beseitigt werden. In dieser Hinsicht ist zu unterscheiden: α. Wird ein Kausalgeschäft angefochten, so unterliegen die zu seiner Erfüllung gemachten Leistungen der Kondiktion, wobei nach § 142 Abs 2 die Kenntnis der Anfechtbarkeit der der Nichtigkeit gleichsteht (vgl. § 819 A 2). Da indes das Geschäft jedem, nicht nur dem Anfechtenden gegenüber, als nichtig gilt und die Nichtigkeit von jedem geltend gemacht werden kann (§ 142 Abs 1), wird man den Anspruch, der schon von der Leistung an datiert und von da an zu verjähren beginnt (§ 200), richtiger als cond. indebiti aufzufassen haben. β. Ein zweifelloses Beispiel der cond. causa finita bietet dagegen der Widerruf der vollzogenen Schenkung nach §§ 530ff., 1584. Die strengere Haftung des § 819 tritt nach Analogie des § 142 Abs 2 auch hier nicht erst mit der Kenntnis von der die Kausa beseitigenden Erklärung ein (vgl. § 531 A 2). γ. Eine cond. **causa finita** entsteht ferner nicht selten durch einen Rücktritt vom Vertrage. Allerdings ist der vertragsmäßig vorbehaltene Rücktritt in den Sondervorschriften der §§ 346ff. dahin geregelt, daß die empfangenen Leistungen immer vollständig und niemals nur in den Grenzen der Bereicherung zurückzugewähren sind. Ebenso verhält es sich nach § 327 Satz 1 mit den gesetzlichen Rücktrittsrechten, die beim gegenseitigen Vertrag durch eine vom Gegner verschuldete Unmöglichkeit der Leistung oder durch den Verzug des Gegners hervorgerufen werden (§§ 325, 326); auch bei der Wandlung eines entgeltlichen Veräußerungsvertrags oder eines Werkvertrags sind die §§ 346ff. entsprechend anwendbar (§§ 467, 493, 634). Aber schon in diesen Fällen ist Raum für eine echte cond. causa finita, wenn der Schuldner vor Abgabe der Rücktrittserklärung an den Zessionar des Gläubigers geleistet hatte. Außerdem ordnet § 327 Satz 2 für denjenigen Rücktritt, der wegen eines vom Gegner nicht zu vertretenden Umstandes erfolgt, die Haftung nach Bereicherungsrecht an. Beschränkt man diese Vorschrift wegen ihres Zusammenhangs mit Satz 1 auf die §§ 325, 326, so greift sie nach § 325 Abs 2 nur dann Platz, wenn der Schuldner die Leistung innerhalb der ihm nach § 283 bestimmten Frist infolge vorübergehender unverschuldeter Unmöglichkeit nicht bewirken kann. Jedenfalls löst auch der Rücktritt des Bestellers wegen unverschuldeter Verspätung der Herstellung des Werks eine cond. causa finita aus (§ 636). Und vor allem gilt dies von

dem durch die Wirtschaftskatastrophen unserer Zeit so überaus praktisch gewordenen Rücktritt wegen veränderter Umstände (sog. clausula rebus sic stantibus, Wegfall der Geschäftsgrundlage). Der Ausdruck „sich lossagen vom Vertrage", der in diesem Falle vielfach gebraucht wird, bedeutet (sofern nicht ein Dauerschuldverhältnis vorliegt, vgl. unter ε) nichts weiter als den Rücktritt (anders § 242 unter II S. 347); die Rechtsprechung erkennt einen solchen in steigendem Maße als berechtigt an und leitet ihn aus § 242 her. Die nähere Ausgestaltung aber, wonach für die Rückgewähr des Empfangenen die Bereicherungsgrundsätze maßgebend sind, ergibt sich schon aus dem Fehlen einer Verweisung auf die §§ 346ff., ganz abgesehen davon, daß zum mindesten der Gedanke des § 327 Satz 2 auch hier zutrifft. Über Bewertungsfragen vgl. § 818 A 6 unter 2. δ. Lehnt der Konkursverwalter bei einem beiderseits noch nicht vollständig erfüllten gegenseitigen Vertrage die Erfüllung nach KO § 17 ab, so erlischt zwar nicht der Vertrag, wohl aber erlöschen die Erfüllungsansprüche; an ihre Stelle tritt ein Anspruch des Gegners des Gemeinschuldners auf Schadensersatz wegen Nichterfüllung, der als Konkursforderung geltend zu machen ist (KO § 26). Teilleistungen des Gemeinschuldners aus der Zeit vor der Konkurseröffnung kommen regelmäßig nur insofern in Betracht, als sie diesen Schaden mindern. Wenn jedoch ausnahmsweise der Gegner durch die Nichterfüllung nicht geschädigt wird oder sein Schaden den Wert der empfangenen Teilleistungen nicht erreicht, erfordert es die Billigkeit, dem Konkursverwalter eine cond. causa finita zu geben (vgl. namentlich Jaeger KO § 17 A 46; im Ergebnis ebenso, aber mit bedenklicher Begründung, der III. ZS **RG** 73, 58; gegen jeden Rückforderungsanspruch der V. ZS **RG** 56, 238; SeuffA 64 Nr 163; OLG 4, 170; 10, 194; 23 S. 299, 300). ε. Die Kündigung eines Dauerrechtsverhältnisses, wie Miete, Dienstvertrag usw., wirkt nur für die Zukunft; soweit sich die Leistungen auf die Vergangenheit beziehen, bleiben sie unberührt. Dagegen verlieren Vorausleistungen ihren Rechtsgrund. Hat der Empfänger die Kündigung verschuldet oder war der Wegfall von Anfang an notwendig, so haftet er auf Rückgabe nach § 347; ist dies nicht der Fall, so steht dem Kündigenden gegen ihn die cond. causa finita zu (§ 543 Abs 2, § 628 Abs 1 Satz 3), vgl. § 815.

9. Nichteintritt des nach dem Inhalte des Rechtsgeschäfts bezweckten Erfolgs. 1. Gemeint ist der Fall, daß ein von der Zukunft erwarteter Erfolg nicht eintritt, **condictio ob causam datorum (cond. causa data causa non secuta)** vgl. § 815. Der Erfolg muß nach dem Inhalte des Rechtsgeschäfts von beiden Teilen bezweckt sein. Er kann rechtlicher und bloß tatsächlicher Natur sein. Eine bloße einseitige Voraussetzung genügt nicht; es genügt auch nicht, wenn der Beweggrund des Leistenden dem Gegner erkennbar oder von ihm erkannt ist. Die Windscheidsche Lehre von der Voraussetzung ist vom Gesetz nicht aufgenommen worden (**RG** 62, 267; 66, 132; anders der Fassung, wenn nicht der Sache nach **RG** Recht 09 Nr 2389; 1917 Nr 604). Vielmehr muß der Zweck Vertragsinhalt geworden sein, indem sich die Parteien über ihn als über einen wesentlichen Bestandteil des Vertrags ausdrücklich oder stillschweigend geeinigt, d. h. das Rechtsverhältnis von seiner Erreichung abhängig gemacht haben (**RG** JW 1912, 35[23]; 1915, 1117[3]; 1917, 103[5]; Warn 1916 Nr 225; 1917 Nr 112; **RG** LZ 1921, 495; **RG** Recht 1912 Nr 213; 1915 Nr 1066; 1916 Nr 1289; 1919 Nr 1416, Erlangung einer Schankkonzession für ein Grundstück **RG** 16. 2. 27 V 365/26). An diesem Erfordernis fehlt es auch beim fiduziarischen Vertrage. Da der Grund, warum ein solcher geschlossen wird, nur den Fiduzianten angeht, kann dieser den Gegenstand stets zurückfordern, ohne daß ihm der Treuhänder einwenden dürfte, daß sich der Zweck der Übertragung noch nicht erledigt habe (**RG** Recht 1922 Nr 51). Ob der bezweckte Erfolg eine Handlung des Empfängers oder ein anderes Ereignis ist, macht keinen Unterschied; es kommt auch nicht darauf an, ob der Zweck der Leistung ihrer Natur nach innewohnt oder von außen hinzutreten soll. 2. Die Rückforderung ist hiernach zulässig: a) wenn die Leistung unmittelbar durch sich selbst einen bestimmten Zweck erfüllen soll und dieser Zweck fehlschlägt. Beispiele: Quittung über erwartete, demnächst nicht geleistete Zahlung; Hingabe eines Schuldscheins über ein zugesagtes, aber später nicht gewährtes Darlehn (**RG** JW 09, 415[10]), eines Wechsels über künftige Schuld, die nicht entsteht (**RG** 56, 317); Vorschuß auf den Jahresgewinn einer Gesellschaft, wenn das Jahr mit Verlust endet (**RG** 85, 43; **RG** Recht 1915 Nr 1326); unbedingte Leistung auf aufschiebend bedingte Schuld, deren Bedingung ausfällt; Hingabe condicionis implendae gratia, sofern das letztwillig Zugewendete nicht erworben wird; Aussteuer der Braut nach späterer Auflösung der Verlobung usw. (nicht auch Zahlungen zur Sanierung notleidender Gesellschaften; sie werden à fonds perdu gegeben, **RG** 18. 2. 16 II 413/15). Ebenso liegt es, b) wenn der Empfänger das Erhaltene nicht in der bezweckten Weise verwendet. So wenn Anliegerbeiträge gezahlt werden und die geplante Straße nicht hergestellt wird (**RG** 75, 145); so bei der Zahlung von Baugeld, wenn das Geld anderweit verbraucht wird (**RG** 21. 9. 11 IV 682/10); bei der Schenkung, die der Beschenkte nicht annimmt (§ 516 Abs 2); bei Schenkung oder letztwilliger Verfügung unter einer Auflage, wobei jedoch die Voraussetzungen der Rückforderung besonders geregelt sind (§§ 527, 2196). Die Kondiktion ist nicht minder zulässig, c) wenn vergeblich versucht wurde, den Empfänger durch die Leistung zu einem gewissen Verhalten zu bestimmen. Z. B. Zahlung des unterschlagenen Betrags durch Angehörige des Täters, um Strafanzeige zu verhüten (**RG** JW 02 Beil 220[71]; 1912, 35[23]; SeuffA 59 Nr 102; OLG 23, 54); Bürgschaft, um dem Schuldner Stundung oder ein weiteres Darlehen zu verschaffen oder den Konkurs abzuwenden (**RG** JW 03 Beil 106[237]; 1911, 540[15]; Warn 1913 Nr 360; 1916 Nr 225); Zahlung auf einen formnichtigen Vertrag in der Annahme, der Gegner werde erfüllen (**RG** 53, 237; 98, 237; **RG** Recht 09 Nr 822); Leistung von Diensten in Erwartung der Adoption oder der Überlassung des Gutes (**RG** JW 03 Beil 142[312]) oder in Erwartung letztwilliger Zuwendungen (**RG** Warn 1911 Nr 267; **RG** SeuffA 70 Nr 149; **RG** 26. 2. 23 IV 289/22); Vorrangseinräumung für eine Baugelderhypothek, auf welche das Baugeld nicht gezahlt wird (**RG** 61, 37).

10. Nicht hierher gehört der Fall, daß ein gültiger **gegenseitiger Vertrag vom anderen Teile nicht erfüllt** wird. Die Leistung erfolgt in solchem Falle zur Erfüllung einer bestehenden Verpflichtung, nicht bloß zu dem Zweck, damit der andere seinerseits leistet. Dem Leistenden steht der Anspruch auf Erfüllung sowie unter den gesetzlich (§§ 325, 326) oder vertragsmäßig bestimmten Voraussetzungen das Rücktrittsrecht nach §§ 346 ff. zu, während eine Kondiktion nur in besonderen Ausnahmefällen (vgl. A 8 unter c) Platz greift. — Einzelne Urteile sprechen von der Möglichkeit, daß ein über die Gegenleistung hinausgehender Erfolg bezweckt sein könne (**RG** 66, 134; Warn 1917 Nr 112; OLG 20, 243 Anm.). Derartiges kann in der Tat vorkommen; man denke etwa an den Fall, wenn jemand seinem künftigen Schwiegersohn behufs Ausstattung der Tochter ein Landgut billig verkauft und das Verlöbnis aufgelöst wird (vgl. die cond. ob causam finitam in **RG** SeuffA 76 Nr 26). In der Regel aber ist für eine Kondiktion weder Raum noch Bedürfnis, wenn man nur den Begriff der Gegenleistung weit genug faßt und den Vertrag zutreffend auslegt (vgl. z. B. **RG** 10. 1. 21 IV 527/20 und 7. 3. 26 V 327/25). Etwas bedenklich **RG** 106, 93.

11. Eine Gruppe für sich im Gegensatz zu den realen Leistungen bilden die Zuwendungen, die durch **Begründung einer abstrakten Forderung** geschehen (vgl. v. Tuhr Allg. Teil II 2, 126 ff.). Dahin gehören das Schuldversprechen des § 780 mit dem Unterfall des kaufmännischen Verpflichtungsscheins (HGB § 363), das Anweisungsakzept (§ 784), die wechsel- und scheckmäßigen Schuldnererklärungen (Ausstellervermerk, Indossament, Wechselakzept usw.), die Schuldverschreibung auf den Inhaber (§ 793); auch das abstrakte Schuldanerkenntnis des § 781 kann von den Parteien als Form für die Begründung einer abstrakten Forderung benutzt werden (vgl. A 11). Das abstrakte Versprechen dient vorwiegend der Erfüllung einer kausalen Forderung, ist aber auf diesen Fall nicht beschränkt, sondern kommt auch credendi oder donandi causa vor. Die causa donandi hat das Besondere, daß ein schenkweise erteiltes abstraktes Versprechen mangels gerichtlicher oder notarieller Form nichtig ist (§ 518 Abs 1 Satz 2). Eine ähnliche direkte Einwirkung der Kausa findet sich in § 656 Abs 2, § 762 Abs 2, § 764 und BörsG §§ 55, 59; das abstrakte Versprechen, das über einen Ehemäklerlohn, eine Spiel- oder Differenzschuld oder eine Schuld aus einem nicht verbotenen Börsentermingeschäft gegeben wird, ist unverbindlich, aber erfüllbar. Im übrigen werden die Mängel der Kausa, wie bei den realen Leistungen, durch konditionsmäßige Ausgleichung geltend gemacht; vgl. z. B. **RG** 67, 240 (abstraktes Versprechen unentgeltlicher Abtretung eines Grundstücksstreifens zum Zweck der Beseitigung eines in Wahrheit nicht bestehenden Bauverbotes); Recht 1919 Nr 1087 (Schuldversprechen an ein Stiefkind in der Meinung, es sei pflichtteilsberechtigt) und zu § 814 **RG** JW 1910, 704[3]; Gruch 58, 977. Bei der Rückforderung aus verbotenem oder unsittlichem Grunde ist der Fall des beiderseitigen Verstoßes gegen Gesetz oder gute Sitten (§ 817 Satz 2) abweichend von dem, was für reale Leistungen gilt, geregelt (vgl. § 817 A 4). Als Mittel für die konditionsmäßige Ausgleichung gewährt das Gesetz außer dem Bereicherungsanspruch (condictio obligationis, cond. indebiti promissi, auch cond. liberationis genannt) die Bereicherungseinrede (§ 821). Der Inhalt des Anspruchs ist nach § 821 auf „Befreiung" des Versprechenden von der Verbindlichkeit, d. h. auf den Abschluß eines Erlaßvertrags (§ 397) gerichtet; außer der Befreiung kann arg. § 371 Rückgabe des Schuldscheins verlangt werden. Hat der Empfänger des abstrakten Versprechens die Forderung abgetreten, so steht die Bereicherungseinrede nach § 404 auch dem neuen Gläubiger entgegen (vgl. § 821 A 1). Der Anspruch kann nach der Abtretung gegen den Erstgläubiger überhaupt nicht mehr, gegen den neuen Gläubiger nach § 822 nur dann geltend gemacht werden, wenn die Abtretung unentgeltlich geschah (nicht abweichend **RG** 86, 301 und **RG** Recht 1916 Nr 56, die nur den aus § 1169 hergeleiteten Anspruch auf Löschung der Hypothek betreffen). Hat aber der Versprechende in Unkenntnis der Bereicherungseinrede an den Zessionar gezahlt, so steht ihm eine doppelte Möglichkeit offen, insofern er nach § 813 gegen den Zessionar die condictio indebiti hat oder nach § 818 Abs 2 vom Zedenten den Wert der Forderung, d. h. regelmäßig das dafür empfangene Entgelt, herausverlangen kann. Ist mit Hilfe des einen Anspruchs der Verlust ausgeglichen, so erlischt der andere; kondiziert der Versprechende gegen den Zedenten, so muß er ihm die condictio indebiti gegen den Zessionar abtreten. — Anders verhält es sich bei den Forderungen aus indossablen Papieren oder Inhaberpapieren. Das Indossament und die Übergabe des Papiers sind keine Übertragung, sondern Neubegründung einer Forderung. § 404 findet keine Anwendung, vielmehr schließen § 796 und WO Art 82 die Einwendungen aus der Person eines Vormanns grundsätzlich aus; Ausnahmen in den Fällen des § 826, des Inkassomandats und der sonstigen unentgeltlichen Begebung des Papiers.

12. Vertragsmäßige Anerkennung des Bestehens oder Nichtbestehens eines Schuldverhältnisses.

1. **Positives Schuldanerkenntnis.** Gemeint ist das abstrakte Anerkenntnis des § 781. Bei einem Anerkenntnis, das Bestandteil eines gegenseitigen Vertrags ist, soll nach Oertmann und Locher und RG 108, 105 für eine Kondiktion kein Raum (RG Recht 1914 Nr 195) sein; wie ein unselbständiges Schuldversprechen (RG Recht 1912 Nr 573; 1916 Nr 671) stehe und falle es mit dem Vertrage. So auch frühere Auflage. Materielle Bedeutung hat ein solches bloß bestätigendes Anerkenntnis allerdings nur insofern, als es das ursprüngliche Geschäft abändert oder einen stillschweigenden Verzicht auf Einreden oder auf Aufrechnung enthält (RG JW 06, 742[12]; 1916, 960[5]). Immerhin hat es insoweit rechtliche Bedeutung und es liegt kein zwingender Grund vor, die Kondiktion einer kausalen Verpflichtung — nicht des ganzen Kausalgeschäfts — zu versagen. So Krückmann LZ 1927, 753ff.: Klagantrag und Urteil bei der Kondiktion einer kausalen Verpflichtung. Ein abstraktes Schuldversprechen kann auch über eine von den Gegenleistungen abgegeben werden und Bestandteil eines gegenseitigen Vertrags sein (RG 18. 5. 25 IV 10/25). Anders das abstrakte Schuldanerkenntnis, das a) unter Umständen wegen Unrichtigkeit des Anerkannten kondiziert werden kann. Zwar ist nicht gesagt, daß die Kondiktion im Falle der Unrichtigkeit die ausnahmslos notwendige Folge wäre. Das Anerkenntnis kann so gemeint sein, daß die Schuld ohne Rücksicht darauf anerkannt werden soll, ob sie besteht oder nicht; alsdann ist, auch wenn sie nicht besteht, die Kondiktion ausgeschlossen (RG Recht 1915 Nr 2267; RG 8. 11. 17 IV 253/17). In diesem Sinne ist das nach ZPO § 307 im Prozeß abgegebene Anerkenntnis aufzufassen, so daß schon deshalb, abgesehen von Gründen prozessualer Art, an Kondiktion nicht zu denken ist (OLG 13, 150; 18, 57; 29, 223; JW 1917, 820). Aber keineswegs immer entspricht eine solche Auslegung dem Willen der Parteien. Namentlich für das Anerkenntnis, das auf Grund einer Abrechnung ergeht, nimmt die Rechtsprechung an, daß es kondiziert werden kann, wenn einbezogene Schuldposten ganz oder teilweise nicht bestanden haben (vgl. RG 101, 122; RG JW 06, 351[10]; 08, 31[6]; 1919, 568[1]; RG Recht 1913 Nr 2289; 1916 Nr 55; 1920 Nr 890). Im übrigen ist von Fall zu Fall zu prüfen, in welchem Sinne das Anerkenntnis gemeint war; vgl. die Urteile RG JW 1910, 752[12] (Anerkenntnis der Unterhaltspflicht gegenüber einem unehelichen Kinde im Glauben, gesetzlich als Vater zu gelten; s. dazu RG JW 1917, 103[5]); RG LZ 1915, 523 (Schuldanerkenntnis in der irrigen Meinung, aus einer formlos eingegangenen Bürgschaft verpflichtet zu sein); RG 83, 184 (Schuldanerkenntnis gegenüber einem zweiten Zessionar in Unkenntnis der Abtretung an den ersten; s. § 407 A 1). Wird das Anerkannte erst durch ein nachträgliches Ereignis unrichtig, so greift die Kondiktion Platz, wenn das Anerkenntnis isoliert, nicht, wenn es auf Grund einer Abrechnung erging (RG Recht 1920 Nr 2384). Die Unrichtigkeit des Anerkannten ist anderseits nicht der einzige Grund der Kondiktion. Denkbar ist ferner b) eine Kondiktion, weil der Anerkennende irrig geglaubt hat, gerade zur Anerkennung verpflichtet zu sein, während er die Richtigkeit des Anerkannten dahingestellt läßt (vgl. Mot 2, 693). c) Sehr häufig endlich kommt es vor, daß die Parteien die Unrichtigkeit des Anerkannten (d. h. die Tatsache, daß der Anerkennende bisher noch nichts schuldet) kennen und die Anerkennung nur als Ausdruck für ein abstraktes Schuldversprechen wählen. Die Worte lauten dabei möglicherweise sogar auf Empfang eines Darlehns (vgl. RG JW 1910, 704[3]; Warn 1911 Nr 232; Gruch 49, 916), während freilich in der Regel mit dem Darlehnsbekenntnis eine Schuld eingegangen werden soll, die durch das Bestehen einer früheren Schuld im technischen Sinne bedingt ist (vgl. RG 62, 52; 76, 60; Gruch 51, 941; § 607 A 6). Ist ein abstraktes Schuldanerkenntnis als Form für ein Schuldversprechen beabsichtigt, so kann eine Kondiktion aus dem Grunde der Mangelhaftigkeit der in der Anerkennung liegenden Zuwendung gegeben sein, wie z. B. in dem Falle, wenn ein Anerkenntnis zur Erfüllung eines nach § 779 unwirksamen Vergleichs erfolgt (vgl. RG 61, 321). Wegen des Kondiktionsanspruchs und der Kondiktionseinrede in allen Fällen unter 1 s. A 10. —

2. **Negatives Schuldanerkenntnis,** d. h. das abstrakte vertragsmäßige Anerkenntnis des Nichtbestehens der Schuld, wie es in § 397 Abs 2 geregelt ist. Das Beweismittel für die Tatsache der erfolgten Zahlung, als welches sich die Quittung im Zweifel darstellt (§ 368 A 1), beruht

auf Wissens-, nicht auf Willenskundgabe, ist daher nicht vertragsmäßig und kann nicht kondiziert werden. Um ein bloßes Empfangsbekenntnis handelt es sich oft auch dann, wenn der Wortlaut dem § 397 Abs 2 angepaßt ist (vgl. **RG** Warn 1919 Nr 113). Sind aber die Parteien über das Vorhandensein eines negativen Anerkenntnisses einverstanden, so kann, ebenso wie bei dem positiven des § 781, eine Kondiktion stattfinden **a)** wegen Unrichtigkeit des Anerkannten (z. B. **RG** 10. 3. 22 III 350/21: irrige Erklärung, keine Ansprüche an den Nachlaß zu haben, enthalten in der Anerkennung des Testaments). Auch hier ist die Kondiktion ausgeschlossen, wenn die Parteien die Rechtslage eventuell auch ändern wollten, so daß der Gläubiger für den Fall, wenn die Schuld wider Erwarten dennoch bestehen sollte, gewillt war, sie aufzuheben (vgl. **RG** Warn 1910 Nr 437; **RG** Recht 1911 Nr 318; 1912 Nr 2035). Da eine solche Willensmeinung möglich ist und nach der Fassung des § 397 Abs 2 sogar als Regel gilt, ist die Beweislast anders zu verteilen als nach dem gewöhnlichen Recht der condictio indebiti (§ 814 A 4): der klagende Gläubiger hat neben dem Bestehen der Schuld zugleich zu beweisen, daß es ihm um Klärung der Rechtslage zu tun war, d. h. daß er geirrt hat. **b)** Kondiktion wegen Nichtverpflichtung zur Erteilung des Anerkenntnisses. Der frühere Mündel, der in dem irrigen Glauben, dazu verpflichtet zu sein, den Vormund entlastete, braucht nicht darzutun, daß dieser noch Vermögen aus der Verwaltung hinter sich hat, sondern kann (kraft Kondiktion) Abrechnung verlangen (**RG** JW 02 Beil 255[168]; **RG** Recht 1915 Nr 1527; § 1892 A 2). **c)** Kannten die Parteien das Bestehen der Schuld und gebrauchten sie das Anerkenntnis nur als Form für einen Erlaß, so wird eine Kondiktion durch die Mangelhaftigkeit der in dem Erlasse liegenden Zuwendung begründet (vgl. **RG** 53, 293; Gruch 57, 959; **RG** Recht 1914 Nr 2411). Der gegen das negative Schuldanerkenntnis gerichtete Anspruch, der durch Wegfall der Bereicherung des Anerkenntnisempfängers ausgeschlossen wird (§ 818 Abs 3), geht grundsätzlich auf Wiederherstellung der Forderung und Herausgabe der Quittung (condictio acceptilationis). Wegen der Möglichkeit, einfach die alte Forderung geltend zu machen, vgl. § 818 A 2.

13. **Ausgeschlossen** ist die Rückforderung im Falle § 815, **beschränkt,** wo es sich um Rückforderung einer Schenkung wegen nicht vollzogener Auflage handelt (§ 527).

§ 813

Das zum Zwecke der Erfüllung einer Verbindlichkeit[1]) Geleistete[2]) kann auch dann zurückgefordert werden, wenn dem Anspruch eine Einrede entgegenstand, durch welche die Geltendmachung des Anspruchs dauernd ausgeschlossen wurde[3]). Die Vorschrift des § 222 Abs 2 bleibt unberührt[4]).

Wird eine betagte Verbindlichkeit vorzeitig erfüllt, so ist die Rückforderung ausgeschlossen; die Erstattung von Zwischenzinsen kann nicht verlangt werden[5])[6]).

E I 737 Abs 2, 738 II 738; M 2 831—835; P 2 682, 686—688, 693, 694.

1. **Rückforderung einer gezahlten Nichtschuld.** Erste Voraussetzung der **condictio indebiti** ist, daß **zum Zwecke der Erfüllung einer Verbindlichkeit geleistet wurde.** Über diesen Zweck müssen die Leistungsbeteiligten einig gewesen sein. Gingen ihre Erklärungen auseinander, indem die des Empfängers auf Schenkungsannahme, die des Leistenden auf Schuldtilgung gerichtet war, so greift die allgemeine condictio sine causa (§ 812 A 6 unter 1 a), nicht die condictio indebiti Platz. Kommen mehrere Schulden in Betracht, so entscheidet nach § 366 die Bestimmung des Schuldners, welche von ihnen getilgt sein soll. Hat dieser seinen Willen erklärt und ist zwar nicht die bestimmte Schuld, aber eine andere rechtsbeständig, so kann der Gläubiger, wenn die Voraussetzungen dafür gegeben sind, gegenüber der Kondiktion des Schuldners aufrechnen, nicht aber einfach eine andere Anrechnung bestimmen. Wurde eine Bestimmung vom Schuldner nicht getroffen, so liegt Zahlung einer Nichtschuld so lange nicht vor, als überhaupt eine Forderung besteht. — Die Verbindlichkeit, zu deren Erfüllung geleistet ist, kann eine eigene oder die eines Dritten sein; über die Kondiktion dessen, was der Dritte nicht schuldete, s. A 6 unter a, § 812 A 1. In der Regel handelt es sich um eine Verbindlichkeit schuldrechtlicher Art. Es genügt aber auch, wenn der Leistende einem dinglichen Anspruch nachkommen, z. B. eine vermeintliche Grundschuld tilgen wollte. Keine condictio indebiti ist gegeben, wenn ein Grundstückseigentümer sich abstrakt zur Zahlung verpflichtet, weil er irrig glaubt, mit dem Grundstück dinglich bereits zu haften; die in dem Versprechen liegende Leistung bezweckt hier nicht die Erfüllung einer Verbindlichkeit (**RG** Recht 1914 Nr 2258). Wegen unvollkommener Verbindlichkeiten vgl. A 4, wegen öffentlich-rechtlicher Vorbem 2.

2. Zur Erfüllung der Verbindlichkeit muß **geleistet** sein. Ob gerade der vermeintlich geschuldete Gegenstand geleistet wird oder an Erfüllungs Statt (§ 364 Abs 1) oder erfüllungs-

halber ein anderer, ist gleichgültig. Auch ein novierendes Versprechen, d. h. die Hingabe eines Versprechens an Erfüllungs Statt, kann kondiziert werden (vgl. § 812 A 10, 11). Wie die Erfüllung, ist ferner die Hinterlegung unter Verzicht auf die Rücknahme zu behandeln (§ 378); im Falle der Nichtschuld wird der Verzicht kondiziert, d. h. die Einwilligung des angeblichen Gläubigers in die Rücknahme des Hinterlegten verlangt. Hat dagegen der vermeintliche Schuldner aufgerechnet, so ist es ebenso, wie wenn nur er, nicht der andere Teil Schuldner war. Da nicht beide Personen einander Leistungen schuldeten, ist die Aufrechnung unwirksam; für eine Rückforderung wegen ungerechtfertigter Bereicherung bleibt kein Raum (vgl. § 387 A 4). Auch bei der vertragsmäßigen Aufrechnung muß als Parteiabsicht gelten, daß die eine Forderung nicht ohne die andere aufgehoben sein soll (**RG** JW 1910, 752[10]; 1916, 484[4]; Warn 1920 Nr 160; **RG** Recht 1914 Nr 2408; a. M. **RG** 63, 190).

3. Die Schuld muß **nicht bestanden** haben, sei es, daß sie von Anfang an nicht bestand oder zur Zeit der Leistung erloschen war. Dem stellt das Gesetz es gleich, wenn dem Anspruch eine dauernde Einrede entgegengesetzt werden konnte. Nur dauernde Einreden, nicht bloß vorübergehende, machen die Schuld praktisch zur Nichtschuld (**RG** 62, 54; 68, 304); wurde z. B. bei Zahlung des Werklohns ein Mangel übersehen, der sich beseitigen läßt, so kann der Besteller nicht kondizieren (**RG** 22. 12. 16 VII 267/16). Einreden, die hierhin gehören, sind die Einrede gegen eine Forderung, welche ohne rechtlichen Grund oder durch eine unerlaubte Handlung des Gläubigers entstanden ist (§§ 821, 853); die Einrede des mit einer anfechtbaren letztwilligen Verfügung Beschwerten nach Versäumung der Anfechtungsfrist (§§ 2083, 2345); die Einrede des persönlichen Schuldners gegen den Hypothekengläubiger, der ihn nicht gehörig von der Zwangsversteigerung benachrichtigt hat (§ 1166); ferner Einreden aus dem Recht zum Besitz gegenüber dem Eigentumsanspruch, z. B. die auf § 667 gestützte Einrede des Auftraggebers gegen den vindizierenden Beauftragten in **RG** 72, 192. Bei andern Einreden ist es ungeachtet ihres dauernden Charakters nicht so sicher, ob wirklich die in Unkenntnis erfolgte Zahlung die Kondiktion begründet. So wird in Fällen der beschränkten Haftung zu prüfen sein, ob die Beschränkung auch die Schuld und nicht allein die Haftung betrifft, wie etwa wenn der Erbe an den im Aufgebotsverfahren Ausgeschlossenen oder bei geringfügigem Nachlaß im Irrtum über diese Umstände voll gezahlt hat (§§ 1973, 1990). Nicht zur Kondiktion führt jedenfalls die Einrede des § 478. Die §§ 477, 478 lassen deutlich den Willen des Gesetzes erkennen, daß nach Verjährung des Wandlungs- oder Minderungsanspruchs nur noch eine verteidigungsweise Geltendmachung des Mangels zulässig sein soll (**RG** 74, 292); es wäre hiermit unvereinbar, wollte der Käufer, der den Kaufpreis im voraus zahlte und den Gewährleistungsanspruch verjähren ließ, auf Grund einer Mängelanzeige kondizieren (vgl. OLG 12, 266; LZ 07, 234). — Zahlung einer Nichtschuld kann schließlich vorliegen, obgleich die Forderung an sich zu Recht bestand und auch nicht mit einer Einrede behaftet war. Wenn der Schuldner in Unkenntnis eines ihm zustehenden Anfechtungsrechts geleistet hat, so eröffnet die nachträgliche Anfechtung die Bahn nicht für die cond. ob causam finitam, sondern, da das Geschäft nunmehr als nicht geschlossen gilt (§ 142), für die cond. indebiti (vgl. § 812 A 8 unter c α). Ein Rückforderungsrecht hat aber auch derjenige Schuldner, der bei der Zahlung nicht wußte, daß er aufrechnen konnte. Die Aufrechnungsmöglichkeit bedeutet eine facultas alternativa, eine Abfindungsbefugnis, kraft deren der Schuldinhalt anders beschaffen war, als der Zahlende glaubte (vgl. A 6 unter c). Es erscheint auch billig, daß der Schuldner die nur aus Irrtum über sein Recht entrichteten Zinsen und Vertragsstrafgelder wiedergewinnt. Hat jemand, der der einen Kasse des Fiskus schuldet und von einer andern zu fordern hat, mit Rücksicht auf § 395 auf seine Schuld Zinsen gezahlt und rechnet dann die andere Kasse gegen ihn auf, so kann er die Zahlung kondizieren (**RG** 101, 111). Zahlung bei bestehendem Zweifel an der Schuld, um der Ungewißheit ein Ende zu machen, bedeutet Verzicht auf die Rückforderung (**RG** 97, 140).

4. Die Einrede der Verjährung (§ 222 Abs 1) ist eine dauernde Einrede und würde nach Abs 1 Satz 1 des § 813, wenn der Schuldner geleistet hat, ohne sie zu kennen, die Kondiktion begründen. Der in Satz 2 angezogene § 222 Abs 2 schreibt aber eine Ausnahme vor. Das zur Befriedigung eines verjährten Anspruchs Geleistete kann nicht zurückgefordert werden, auch wenn die Leistung in Unkenntnis der Verjährung bewirkt wurde; das gleiche gilt von einem vertragsmäßigen Anerkenntnis sowie von einer Sicherheitsleistung des Verpflichteten. Dem entspricht es, daß Leistung in Kenntnis der Verjährung nicht als unentgeltliche Zuwendung zu behandeln ist, insbesondere nicht nach KO § 32 angefochten werden kann. Dem Fall der durch Verjährungseinrede entkräftbaren Forderung steht sachlich nahe die Restschuld, die nach Beendigung des Konkurses durch Zwangsvergleich verbleibt. Erzeugt der Zwangserlaß auch nicht nur eine Einrede, so vernichtet er doch die Restforderung nicht vollständig, sondern läßt eine unvollkommene (natürliche) Verbindlichkeit zurück (**RG** 71, 364), die sich in der Forthaftung der Bürgen, Pfänder und sonstigen Sicherungen (KO § 193 Satz 2; **RG** Gruch 54, 1174) sowie darin äußert, daß sie die Grundlage für eine neue Sicherung oder Anerkennung bilden kann (**RG** SeuffA 65 Nr 20; 69 Nr 190). Das ist der Grund, warum eine condictio indebiti ausgeschlossen ist. Da das in Kenntnis des Zwangserlasses Geleistete die Erfüllung einer Rechtspflicht darstellt (**RG** LZ 08, 608), ist es irreführend, wenn bei Verneinung der Kondiktion des in Unkenntnis Gezahlten mitunter auf die bloß moralischen Pflichten (Anstandspflichten) des § 814 Halbs. 2 Bezug genommen wird (vgl. z. B. **RG** 78, 77; **RG** SeuffA 65 Nr 20). Die übrigen unvollkommenen Verbindlichkeiten, bei denen das Gesetz den Erfüllungszwang wegen der Art der Schuld mißbilligt (namentlich die in §§ 656, 762, 764 sowie im BörsG §§ 55, 59 geregelten Fälle der Ehevermittlung, des Spieles, Differenzgeschäfts und des unverbindlichen Börsentermingeschäfts), haben schwächere Rechtswirkungen. Ein Schuldversprechen oder eine sonstige abstrakte Verpflichtung begründet hier ebensowenig den Leistungsanspruch wie der ursprüngliche Vertrag (vgl. dazu § 812 A 10); vorgeschrieben ist überall nur der Ausschluß der Rückforderung des Gezahlten. Dabei wird eine Vorauszahlung als bloße Sicherheitsleistung zu behandeln sein (vgl. § 762 A 3, § 764 A 3). Außerdem ist zu beachten, daß, wer über eine solche Schuld einen Wechsel akzeptiert, noch nicht dadurch zahlt, daß er der Weiterbegebung des Wechsels, wodurch der Gläubiger die Valuta empfängt, zustimmt. Er kann deshalb doch kondizieren, es sei denn, daß er den Wechsel freiwillig und nicht nur mit Rücksicht auf WO Art 82 eingelöst hat (**RG** 51, 361; 77, 277; vgl. § 762 A 4). Und selbstverständlich greift die Kondiktion Platz, wenn der unvollkommenen Verbindlichkeit außer ihrer Unerzwingbarkeit noch eine andere, dem Zahlenden unbekannt gewesene Einwendung entgegenstand (**RG** JW 1919, 568[1]).

5. **Die vorzeitige Erfüllung einer betagten Verbindlichkeit ist keine Leistung einer Nichtschuld.** Die Bestimmung, daß Zwischenzinsen (und damit auch Früchte der Sache) nicht zu erstatten sind, entspricht dem § 272, wonach bei wissentlich vorzeitiger Leistung ein Abzug von Zwischenzinsen nicht erlaubt ist. Doch gilt Abs 2 nur für „betagte" Schulden im eigentlichen Sinn, d. h. für solche, die rechtlich bestehen und nur noch nicht fällig sind. Auf Schulden, deren Entstehung auf einen späteren Zeitpunkt hinausgeschoben ist („befristete" Schulden), darf die Vorschrift nicht erstreckt werden. Überläßt der Vermieter dem Mieter die erst von 1922 an vermietete Wohnung aus Irrtum ein Jahr zu früh, so kann er nach § 818 Abs 2 den Wert der Überlassung für das Jahr 1921, die überhaupt nicht geschuldet war, ersetzt verlangen (vgl. auch den Fall **RG** Recht 09 Nr 260). Voraussetzung der Vorschrift ist ferner, daß der Leistende voll geschäftsfähig ist. Andernfalls kann bis zur Fälligkeit die ganze Leistung, nachher der Zwischenzins zurückgefordert werden, ohne daß der Gläubiger, wie sonst bei Erfüllungsleistungen geschäftsunfähiger oder geschäftsbeschränkter Schuldner, ein Zurückbehaltungsrecht geltend machen dürfte. — Hat der bedingt Verpflichtete vorzeitig geleistet, ohne zu wissen, daß die Bedingung noch schwebt (vgl. § 814), so steht ihm, bis sie eintritt (nicht nach dem Eintritt, da **dolo facit qui petit quod statim redditurus est**), die cond. indebiti offen. Fällt die Bedingung aus, so hat er ein Rückforderungsrecht (cond. ob causam datorum) auch dann, wenn die Leistung in Erwartung des Eintritts der Bedingung als Vorauserfüllung gegeben und genommen wurde (vgl. **RG** 71, 316).

6. Den Fällen der schlichten Nichtschuld reihen sich die andern Fälle an, **in denen eine Schuld zwar bestand, aber nicht zu Lasten des Leistenden oder nicht zugunsten des Empfängers oder mit einem von der Leistung abweichenden Inhalt.** a) Zahlung durch Dritte. Zahlt ein Dritter an den Gläubiger in der irrigen Meinung, selber Schuldner oder Mitschuldner zu sein, so kann er von ihm zurückfordern (**RG** 44, 143; 87, 251; 98, 64; OLG 34, 58). Über die Frage, ob hierbei die Zahlungsfähigkeit des Schuldners zur Zeit der Leistung des indebitum eine Rolle spielt, sowie über den nachträglichen Wegfall der Bereicherung des Gläubigers durch Zahlungsunfähigwerden des Schuldners vgl. § 818 A 7 unter 2 **b** δ. Zahlt der Dritte dagegen die fremde Schuld nach § 267 als fremde, weil er sich fälschlich dem Schuldner dazu verpflichtet glaubt, so ist es ebenso, wie wenn er sich über das zwischen dem Schuldner und dem Empfänger bestehende Rechtsverhältnis überhaupt keine Gedanken macht; er hat die Kondiktion nur gegen den Schuldner (**RG** JW 03 Beil 8[19]; 1912, 690[16]; **RG** Recht 1922 Nr 1555; SeuffA 61 Nr 204; 76 Nr 143; vgl. hierzu auch § 812 A 4 unter 2 **a**). b) Zahlung an den falschen Gläubiger. Weiß der Schuldner, daß der Empfänger nicht der wahre Gläubiger ist und rechnet er auf dessen Genehmigung, so erwächst ihm aus der Vereitlung der Erwartung die cond. ob causam datorum. Anders wenn er den Empfänger irrtümlich für den Gläubiger oder für dessen Bevollmächtigten ansah; unter solchen Umständen ist der Empfänger, vorausgesetzt, daß der Gläubiger nicht wider Erwarten genehmigt, kraft der cond. indebiti zur Rückzahlung verpflichtet. Der Anspruch hierauf steht dem Schuldner zu, der gezahlt hat; über das Verhältnis zur Kondiktion des Gläubigers wegen unberechtigter Verfügung s. § 816 A 1. c) Leistung eines andern Gegenstandes. Wird etwas anderes als das Geschuldete geleistet, so kann der Schuldner zurückfordern; der Gläubiger hat aber ein Zurückbehaltungsrecht, bis ihm die wirklich gebührende Leistung erbracht wird (§ 273 Abs 1). Ebenso verhält es sich, wenn bei einer Wahlschuld oder einer Gattungsschuld ein bestimmter Gegenstand in dem irrigen Glauben geleistet wird, daß er allein der geschuldete sei (vgl. § 263 A 2c). Kondizieren kann ferner auch derjenige Schuldner, der in Unkenntnis seines Rechtes, den Gläubiger mit einer

andern Leistung abzufinden, die Schuld erfüllte (facultas alternativa). Hat der Schuldner, während er nach seiner Wahl einen von zwei Gegenständen leisten mußte, aus Irrtum beide geleistet, so darf er wählen, welchen er zurück haben will.

§ 814

Das zum Zwecke der Erfüllung einer Verbindlichkeit Geleistete kann nicht zurückgefordert werden, wenn der Leistende gewußt hat, daß er zur Leistung nicht verpflichtet war[1])[2]), oder wenn die Leistung einer sittlichen Pflicht oder einer auf den Anstand zu nehmenden Rücksicht entsprach[3])[4]).

E I 734 Abs 4 II 739; M 2 831—835; P 2 694—696.

1. **Kenntnis des Nichtschuldigseins.** Die Vorschrift ist nur für das Gebiet der Rückforderungsfälle anwendbar, die der röm. rechtl. condictio indebiti entsprechen, nicht für das Gebiet der condictio ob turpem causam (**RG** 99, 162). Ferner muß bereits wirklich geleistet sein (**RG** 98, 237). Weiß der Leistende bei der Leistung (**RG** Recht 1918 Nr 231; **RG** 16. 5. 25 V 416/24), daß er nichts schuldet, so steht ihm die condictio indebiti nicht zu, vgl. die Beispiele in **RG** JW 04, 407[13]; 08, 467[39] (Börsentermingeschäft). Die Rückforderung wird nicht gestattet, ohne Unterschied, ob sie die Wiedergewinnung realer Leistungen oder die Entkräftung eines abstrakten Versprechens oder Anerkenntnisses bezweckt. Doch schließt nur positive Kenntnis der Rechtslage die Rückforderung aus. Kennenmüssen genügt nicht, auch wenn die Unkenntnis auf grober Fahrlässigkeit beruht (**RG** 44, 141; 60, 521), ebensowenig bloßer Zweifel, und die Rückforderung ist auch dann nicht ausgeschlossen, wenn zwar die Tatsachen bekannt sind, aber aus Rechtsirrtum nicht der zutreffende Schluß daraus gezogen wird (**RG** SeuffA 75 Nr 193; **RG** Recht 1922 Nr 431). Kenntnis der Nichtschuld liegt auch dann nicht vor, wenn der Zahlende eine Einwendung gegen die Forderung kennt, eine andere Einwendung aber, die der Forderung gleichfalls entgegensteht, ihm unbekannt ist. Er kann in diesem Falle kondizieren, es sei denn, daß er durch die Zahlung auf alle Einwendungen verzichten wollte (**RG** 21, 199; JW 04, 38[5]). Dagegen versagt die Kondiktion, wenn sein Irrtum nur darin bestand, daß er die ihm bekannte Einwendung nicht beweisen zu können glaubte (**RG** 59, 354; a. M. **RG** 21, 198). Ob der Leistende in Schenkungsabsicht handelte oder welcher Beweggrund ihn sonst bestimmte, kommt nicht in Betracht. Anderseits ist zu beachten, daß mit der condictio indebiti nicht notwendig jede anders begründete Kondiktion entfällt. Wer auf einen formwidrigen gegenseitigen Vertrag, dessen Nichtigkeit er kennt, in Erwartung freiwilliger Erfüllung des Gegners leistet, kann ob causam kondizieren, sofern die Erwartung fehlschlägt (vgl. § 812 A 9 unter 2c); ebenso der Käufer, der die Ware trotz Kenntnis ihrer Beschlagnahme durch die Militärbehörde in der vergeblichen Hoffnung bezahlt hat, daß die Beschlagnahme wieder aufgehoben werde (**RG** Recht 1920 Nr 891); vgl. auch **RG** 71, 317. Entscheidend ist immer das Wissen als solches; ein Irrtum des Leistenden spielt keine Rolle. Weder bildet der Irrtum den eigentlichen Grund der Kondiktion, noch darf er auch nur mit **RG** JW 1910, 109[8] als negative Voraussetzung (condicio sine qua non) bezeichnet werden. Der Leistende braucht die Schuld nicht für rechtsbeständig gehalten zu haben; er kann auch dann kondizieren, wenn er hinsichtlich ihres Bestehens Zweifel hatte (**RG** 59, 354; 72, 199; 112, 358; JW 04, 38[5]; 1919 720[6]; Warn 1920 Nr 95). Doch ist in Fällen dieser Art zu prüfen, ob nicht die Leistung in der erkennbaren Absicht bewirkt und angenommen wurde, daß es dabei bewenden solle, auch wenn die Schuld nicht bestehe. Eine solche Vereinbarung, gewöhnlich als Verzicht, d. h. Erlaß der Kondiktion (§ 397) aufgefaßt, schließt die Rückforderung aus (vgl. **RG** 56, 354; 71, 317; 72, 199; 95, 349; JW 1919, 720[6]; Warn 1920 Nr 95). Ob sie vorliegt, muß meistens aus den Umständen des Falles entnommen werden, wobei der Verkehrsanschauung Rechnung zu tragen ist (**RG** 97, 140). — Erfolgte die Leistung durch einen Vertreter des Schuldners, so entscheidet nach § 166 Abs 1 das Wissen des Vertreters. Bei einer juristischen Person mit mehreren Organen ist nur auf das mit der Leistung befaßte Organ zu sehen. Hat dieses von dem Nichtbestehen der Schuld keine Kenntnis gehabt, so findet Rückforderung statt, auch wenn einem andern Organe die Kenntnis beiwohnte (vgl. **RG** 13, 28; 79, 287; **RG** Recht 1918 Nr 231). Wo nach der Organisation des Schuldners mehrere Beamte zu der Leistung zusammenwirken, kommt es auf denjenigen an, der die Leistung anordnet, nicht auf den, dem nur die unselbständige Ausführung obliegt (**RG** 95, 126).

2. **Rückforderung trotz Kenntnis der Nichtschuld.** Der Satz, daß eine Leistung nicht als nichtgeschuldet zurückgefordert werden kann, wenn der Leistende um das Nichtbestehen der Schuld wußte, gilt nicht ganz ausnahmslos. Eine Ausnahme greift im Falle der Vorbehaltszahlung Platz. Darüber, ob eine solche Zahlung vom angeblichen Gläubiger angenommen zu werden braucht, s. § 362 A 4. Nimmt er sie aber an, so kann er gegenüber dem Rückforderungsanspruch nicht einwenden, der Leistende habe den Sachverhalt gekannt (**RG** Warn 1914 Nr 240;

RG LZ 08, 312[4]). Ebenso ist, da § 814 nur für freiwillige Zahlungen gilt, eine Ausnahme zu machen für Zahlungen, die zur Abwendung obrigkeitlicher Gewaltmaßregeln erfolgen (Zahlungen zur Vermeidung einer gerichtlichen oder Verwaltungszwangsvollstreckung). Wegen des RStempStG v. 3. 7. 13 § 110, das auch hier einen Vorbehalt forderte, vgl. Vorbem 2 unter a.

3. Sittliche Pflicht, Anstandspflicht. Die Begriffe sind erläutert in § 534 A 2. Das Verhältnis des § 534 zu § 814 Halbs. 2 ist das, daß dort Schenkungen, d. h. einverständlich unentgeltliche Zuwendungen vorausgesetzt werden, während § 814 Halbs. 2 den Fall betrifft, wenn die Leistung zum Zwecke der Erfüllung einer als rechtlich bindend vorgestellten Verpflichtung geschah. Bestand die angenommene Verpflichtung nicht, entsprach aber die Leistung einer Sittlichkeits- oder Anstandspflicht, so findet cond. indebiti nicht statt. Es ist hiernach schief, wenn es mitunter heißt, der Leistende brauche nicht die Absicht gehabt zu haben, eine Sittenpflicht zu erfüllen, es genüge das objektive Bestehen einer solchen Pflicht. Vielmehr darf eine derartige Absicht gar nicht vorhanden gewesen sein, wenn § 814 Halbs. 2 zur Anwendung kommen soll. Erkannte der Leistende die Pflicht als bloße Sitten- oder Anstandspflicht, so wußte er, daß er rechtlich zur Leistung nicht verpflichtet war, und kann schon nach Halbs. 1 nicht kondizieren (vgl. RG 78, 78; Gruch 58, 977). Da das in Kenntnis der Rechtslage Geleistete unentgeltliche Zuwendung ist, sind die hierhin gehörigen Fälle von den unvollkommenen Rechtsverbindlichkeiten zu unterscheiden (vgl. § 516 A 4, § 813 A 4). — Sittliche Pflicht verlangt die Unterstützung von Angehörigen über die gesetzlichen Grenzen hinaus (vgl. RG 63, 42). Wer seinen armen Geschwistern durch schriftliches abstraktes Versprechen eine jährliche Rente zusagt, ist gebunden, wenn er dies in der irrigen Meinung tut, zu ihrer Unterhaltung gesetzlich verpflichtet zu sein. Würden die Vertragschließenden die Rechtslage kennen, also über die Unentgeltlichkeit der Zuwendung einig sein, so wäre das Versprechen nach § 518 Abs 1 wegen Formmangels nichtig. Wo das Angehörigkeitsverhältnis selbst irrig angenommen wird, liegt auch keine sittliche Verpflichtung vor. Daher keine Sittenpflicht des außerehelichen Beischläfers der Mutter zur Gewährung von Unterhaltsgeldern für das Kind, wenn die Beiwohnung vor der kritischen Zeit geschah, so daß Vaterschaft nicht in Frage kommt (RG JW 1910, 752[12]). Was sodann die Berufung auf Verstöße gegen gesetzliche Formvorschriften betrifft, so steht sie, auch wo der Formzwang dem Volksempfinden fremd ist, mit den guten Sitten grundsätzlich nicht in Widerspruch (vgl. Prot 2, 696; RG 52, 5; 58, 218; 70, 20; 72, 343; 73, 209; 96, 313; 105, 155; Warn 09 Nr 537; RG DJZ 03, 31[5]). Doch können besondere Umstände eine abweichende Beurteilung rechtfertigen (vgl. RG Warn 1911 Nr 162; 1912 Nr 189: letztwillige Bedenkung nur eines von mehreren Angehörigen gegen dessen formloses Versprechen, die andern zu entschädigen; RG JW 1917, 480[23]: formloses Versprechen von Pflegeeltern, die Pflegetochter auszustatten; vgl. auch RG Warn 08 Nr 38). Auch auf den Ablauf einer gesetzlichen Frist darf man sich in der Regel berufen, ohne Sitte und Anstand zu verletzen. Der Wechselregreßschuldner, der vom Inhaber des Wechsels Valuta erhielt, wird dadurch allein nicht sittlich verpflichtet, den verfallenen Wechsel einzulösen (RG 48, 143 gegen OLG 2, 43). Vgl. aber RG Recht 1914 Nr 196, das bei Versäumung des Einspruchs gegen einen Fluchtlinienplan eine Sittenpflicht der Gemeinde annimmt, den durch den Plan zugefügten Schaden einem Grundbesitzer zu ersetzen. Hierher gehört ferner der Gegensatz, der zwischen den Bestimmungen des Börsengesetzes und den Anschauungen der Bankwelt obwaltet. Sollen die Zwecke des Gesetzes erreicht werden, so wird eine sittliche Pflicht zur Erfüllung verbotener Börsentermingeschäfte regelmäßig nicht anzuerkennen sein (vgl. RG JW 04, 38[5]; 09, 59[32]; Warn 1910 Nr 344; RG Recht 04 Nr 2478); anders verhält es sich aber, wenn der Rückfordernde früher aus solchen Geschäften Gewinne eingestrichen hat. Die Wiedereinziehung einer zu Unrecht ausgezahlten Teuerungszulage widerspricht auch dann keiner sittlichen Pflicht, wenn es sich um eine durch Verwaltungsverfügung ausgleichbare Härte handelt (RG Recht 1920 Nr 2387, vgl. dazu jedoch JW 1921, 590).

4. Beweislast bei der condictio indebiti. Der Kläger hat zu beweisen, daß er geleistet hat, daß die Leistung zum Zwecke der Erfüllung einer Verbindlichkeit geschah und daß die Verbindlichkeit nicht bestand. Der letztere Beweis liegt ihm auch dann ob, wenn der Beklagte als Hypothekengläubiger Zahlung erhielt und die Unrichtigkeit des im Grundbuch angegebenen Schuldgrundes feststeht (RG 49, 300). Dagegen braucht der Kläger nicht auch einen Irrtum zu beweisen, der ja überhaupt nicht zu den Voraussetzungen der Rückforderung gehört (A 1). Der Beweis der Klagausschließungsgründe des § 814 ist Sache des Beklagten; er hat also darzutun, daß der Kläger das Nichtbestehen der Schuld kannte (RG 60, 420; 90, 316; JW 1910, 109[8]; Warn 08 Nr 151; RG Recht 04 Nr 2377; 09 Nr 2248) oder daß die Zahlung Sitten- oder Anstandspflicht war. Auch zur Entkräftung eines auf Grund einer Abrechnung erklärten Schuldanerkenntnisses genügt der Nachweis des Nichtbestehens der Schuld, während der Versprechensempfänger die Kenntnis des Versprechenden von dem Nichtbestehen dartun muß (RG JW 06, 351[10]; 08, 31[6]; RG Recht 1913 Nr 2289). Im übrigen ist zu beachten, daß das positive und das negative Schuldanerkenntnis häufig als Ausdruck für ein abstraktes Schuldversprechen oder einen Erlaß benutzt werden, weshalb der Kondizierende hier seine Absicht, die Rechtslage zu klären, d. h. seinen Irrtum zu beweisen hat (s. § 812 A 11). Von einem Bankier, der gewerbsmäßig verbotene Börsentermingeschäfte betreibt, setzt **RG** Recht 06 Nr 547 ohne weiteres voraus, daß er das gesetzliche Verbot und die daraus entspringende Nichtigkeit der Geschäfte kennt. — Der Umstand, daß unter Vorbehalt gezahlt worden ist, ändert nichts an der Beweislast des Klägers für das Nichtbestehen der Schuld, denn der Vorbehalt hat regelmäßig nur die Bedeutung einer Verwahrung des Zahlenden dagegen, daß die Tatsache der Zahlung zu seinen Ungunsten ausgelegt, ihm namentlich die Absicht untergeschoben wird, die Schuld als bestehend gelten zu lassen (so Koenige LZ 1919, 401; **RG** Warn 1914 Nr 240; **RG** LZ 07, 658[2]; SeuffA 66 Nr 207; vgl. auch zum früheren preuß. Recht **RG** 7 S. 182 und 186; Bolze 13 Nr 436). Ist streitig, ob ein Vorbehalt hinzugefügt wurde, so trifft den Beklagten, der aus der Kenntnis des Gegners von der Nichtschuld das Recht, die Zahlung behalten zu dürfen, herleitet, die Beweislast für die Vorbehaltslosigkeit (**RG** 29, 118).

§ 815

[1]) Die Rückforderung wegen Nichteintritts des mit einer Leistung bezweckten Erfolges ist ausgeschlossen, wenn der Eintritt des Erfolges von Anfang an unmöglich war und der Leistende dies gewußt hat[2]) oder wenn der Leistende den Eintritt des Erfolges wider Treu und Glauben verhindert hat[3])[4]).

E I 743 Nr 2 II 740; M 2 844; P 2 699—702.

1. Der Paragraph bezieht sich auf die **condictio ob causam datorum, condictio causa data causa non secuta.** Auch wenn deren sonstige Voraussetzungen vorliegen (vgl. § 812 A 9), wird sie in den beiden im Text angegebenen Ausnahmefällen vom Gesetz versagt. Das ist entsprechend anzuwenden auf die cond. ob causam finitam (§ 812 A 8): die Rückforderung ist ausgeschlossen, wenn der Wegfall des rechtlichen Grundes von Anfang an notwendig war und der Leistende dies gewußt oder wenn er den Wegfall wider Treu und Glauben herbeigeführt hat.

2. **Ist der bezweckte Erfolg nach der eigenen Vorstellung des Leistenden von Anfang an rechtlich oder tatsächlich unmöglich** und leistet er dennoch, so kann er den Zweck nicht ernstlich verfolgen. Daher wird ihm wie in dem gleichliegenden Falle der cond. indebiti (§ 814 Halbs. 1) die Kondiktion entzogen. Beispiele: Leistung zur Erfüllung der Bedingung eines Vermächtnisses, dessen Nichtigkeit man kennt; Ausstattungsversprechen für eine bekanntermaßen schlechthin verbotene Ehe. Eine bloß vorübergehende Unmöglichkeit gehört nicht hierhin; der Leistende muß die Hebung des Hindernisses abwarten und kann dann der Regel gemäß bei Nichtverwirklichung des Erfolgs kondizieren. Die Voraussetzung des Halbs. 1 trifft auch dann nicht zu, wenn die Unmöglichkeit erst später eintritt, mochte auch der Leistende mit dem Eintritt rechnen; desgleichen dann nicht, wenn er bei anfänglichem Vorhandensein der Unmöglichkeit nur Zweifel über die Erreichbarkeit des Erfolges hegte. Doch ist in derartigen Fällen zu prüfen, ob nicht ein eventueller Verzicht auf die Rückforderung vorliegt oder statt des angegebenen Erfolgs in Wahrheit ein anderer bezweckt war (vgl. **RG** 56, 354; 71, 317).

3. **Vereitlung des Erfolgs.** Daß die Kondiktion ausgeschlossen ist, wenn der Leistende den Eintritt des Erfolgs wider Treu und Glauben verhindert hat, entspricht dem für die Bedingung geltenden § 162 Abs 1 (vgl. dort A 1). Ein schlechthin unlauteres Handeln ist hierzu nicht erforderlich, auch braucht nicht die Absicht (der Vorsatz) auf Vereitlung des Erfolgs gerichtet zu sein. Es genügt, daß der Leistende ohne stichhaltigen Grund eine Handlung vornimmt, die bewußtermaßen dazu angetan ist, den Erfolg zu verhindern (**RG** 20. 5. 22 V 614/21). Ob er sich jeder Einwirkung auf die schwebende Lage enthalten muß, ist nach den Umständen zu beurteilen. Die Frage ist zu verneinen z. B. für den Vermächtnisnehmer, der condicionis implendae causa geleistet hat; er darf das Vermächtnis nachträglich ausschlagen. Ebenso verstößt derjenige, welcher einen formbedürftigen Vertrag formlos verabredet hat, nicht wider Treu und Glauben, wenn er eine Aufforderung, die Form nachzuholen und den Vertrag zu erfüllen, ablehnt (**RG** 72, 343; JW 1910, 17[23]; vgl. auch das eine cond. indebiti betreffende Urteil **RG** Gruch 51, 977). § 815 ist auch auf Geschenke unter Verlobten anwendbar (**RG** 7. 2. 24 IV 210/23). Die Berufung auf einen wichtigen Grund aus BGB § 1298 ist nicht Voraussetzung.

4. **Beweislast bei der cond. ob causam datorum.** Der Rückfordernde hat jedenfalls die Leistung und den mit ihr verfolgten Zweck zu beweisen. Z. B. hat er, wenn er seinen Darlehnsschuldschein zurückverlangt und der Empfänger zugesteht, daß bares Geld nicht gegeben wurde, aber ein Vereinbarungsdarlehn nach § 607 Abs 2 behauptet, darzutun, daß der Schein in Erwartung eines Darlehns ausgestellt wurde (**RG** JW 09, 415[10]). Streitig

ist, wie es sich mit der Frage des Eintritts oder Nichteintritts des Erfolgs verhält. **RG** JW 1911, 485[1] (anders für das gemeine Recht **RG** 14, 225) belastet mit Recht den Rückfordernden auch in dieser Beziehung mit dem Beweise. Das Nichteintreten des Erfolgs gehört zur Begründung des Anspruchs; überdies entspricht es der regelmäßigen und zu unterstellenden Absicht der Parteien, daß das Geleistete einstweilen beim Empfänger verbleibt. Fordert der Kläger es zurück, so muß er dartun, nicht nur, daß die Entscheidung gefallen, sondern auch, daß sie in dem Sinne gefallen ist, der die Rückforderung rechtfertigt. Den letzteren Punkt, d. h. das Wie der Entscheidung, hat er mithin auch dann aufzuklären, wenn das Ob, sei es durch Geständnis des Gegners oder durch Ablauf einer für den Eintritt des Erfolgs bestimmten Frist, feststeht. Etwaigen Mißlichkeiten dieser Regelung hat die Beweiswürdigung abzuhelfen. Der Beweis der Einwendungen aus § 815 liegt dem Empfänger ob.

§ 816

[1]) Trifft ein Nichtberechtigter über einen Gegenstand eine Verfügung, die dem Berechtigten gegenüber wirksam ist, so ist er dem Berechtigten zur Herausgabe des durch die Verfügung Erlangten verpflichtet[2])[3]). Erfolgt die Verfügung unentgeltlich, so trifft die gleiche Verpflichtung denjenigen, welcher auf Grund der Verfügung unmittelbar einen rechtlichen Vorteil erlangt[4]).

Wird an einen Nichtberechtigten eine Leistung bewirkt, die dem Berechtigten gegenüber wirksam ist, so ist der Nichtberechtigte dem Berechtigten zur Herausgabe des Geleisteten verpflichtet[5]).

E I 839, 880, 2081 Nr 3 II 812, 850, 2232; M 3 224, 225, 350; P 3 87, 88, 215, 216; 5 711; 6 199, 200.

1. Es wird die rechtliche Grundlage des Bereicherungsanspruchs behandelt. **Kondiktion wegen unberechtigter Verfügung.** a) Zahlreiche Bestimmungen des Gesetzes schützen **im Interesse des Verkehrs das Vertrauen auf den Rechtsschein.** Damit wird eine Abweichung vom Grundsatz des röm. Rechts, nemo plus iuris transferre potest quam ipse habet, für das Sachenrecht im BGB anerkannt. Die mangelnde Verfügungsmacht des Veräußerers wird ersetzt durch den guten Glauben des Erwerbers. Ohne Einbuße der wirklich Berechtigten ist dieses Ziel nicht zu erreichen. Hier einen Ausgleich zwischen Verkehrssicherheit und materieller Gerechtigkeit zu finden, ist der § 816 bestimmt, wonach zwar dem Vertrauenden die gewonnene Rechtsstellung belassen, aber dem Berechtigten ein Bereicherungsanspruch eingeräumt wird. Der Anspruch richtet sich in den Fällen der entgeltlichen Verfügung (Abs 1 Satz 1 und Abs 2) gegen den, der verfügt hat, in den Fällen der unentgeltlichen Verfügung (Abs 1 Satz 2) gegen den Erwerber. Der Abs 2 enthält keine neue Vorschrift, sondern spricht der Deutlichkeit halber nur aus, was auch aus Abs 1 Satz 1 folgen würde. Da zu den „Gegenständen" auch eine Forderung gehört, die Annahme der Erfüllung aber, wie § 362 Abs 2 und § 1812 Abs 1 verb. mit § 1813 beweisen, eine Verfügung über die Forderung darstellt, wäre Abs 2 entbehrlich. So wie das Gesetz lautet, muß bei Abs 1 an Vorschriften zum Schutze des redlichen Erwerbers, bei Abs 2 an solche zum Schutze des gutgläubigen Schuldners gedacht werden. Die hauptsächlichsten Beispiele aus beiden Gruppen s. in A 2 u. 5. b) Damit ist indes das Anwendungsgebiet des § 816 nicht erschöpft. Nach § 185 kann eine an sich unwirksame Verfügung des Nichtberechtigten durch Genehmigung des Berechtigten wirksam werden. Die Genehmigung hat rückwirkende Kraft (§ 184); ist sie erteilt, so „ist" mithin die Verfügung dem Berechtigten gegenüber von Anfang an wirksam. Eine Genehmigung liegt aber schon dann vor, wenn der Berechtigte auf das durch die Verfügung Erlangte Klage erhebt. Eine solche Klagerhebung ist nur so zu verstehen, daß die Verfügung (ob unbedingt oder nur für den Fall, wenn der Klaganspruch befriedigt wird, mag unter Umständen zweifelhaft werden) wirksam sein soll. Ob der Kläger sich dessen bewußt ist, tut nichts zur Sache; er muß sein Verhalten so gelten lassen, wie es Treu und Glauben entspricht. Danach steht bei unwirksamer Veräußerung die Vindikation gegen den Dritten und die Kondiktion gegen den Verfügenden zur Wahl. Vindiziert der Eigentümer, so verzichtet er auf den Kaufpreis; verlangt er den Kaufpreis, so genehmigt er die Veräußerung und schafft damit die Grundlage für die Kondiktion. Ähnlich verhält es sich bei anfänglicher Unwirksamkeit der Erfüllungsannahme; der Gläubiger darf wählen zwischen der Geltendmachung seiner ursprünglichen Forderung an den Schuldner und der Kondiktion gegen den Scheingläubiger. Bei dieser zweiten Fallgruppe kommt der Genehmigung auch noch die weitere Bedeutung zu, daß sie der cond. indebiti des Schuldners (§ 813 A 6 unter b) den Boden entzieht (§ 362 Abs 2, § 185 Abs 2). Nimmt man mit **RG** 83, 188 an, daß es dem Schuldner nach der Zahlung

freisteht, auf den ihm durch eine Schutzvorschrift (A 5) gewährten Schutz zu verzichten und zu kondizieren, so kann die letzterwähnte Wirkung auch dann eintreten, wenn er durch die Leistung befreit wurde. — Die hier erörterte Möglichkeit, das Ergebnis einer zunächst unwirksamen Veräußerung oder Erfüllungsannahme durch Genehmigung an sich zu ziehen, enthält einen wichtigen Fortschritt des BGB gegenüber dem bisherigen Recht (vgl. aus früherer Zeit **RG** 7, 191; 10, 241). Namentlich bei der Veräußerung springt das in die Augen. Ist es dem Eigentümer mehr um den Wert der Sache als um ihren Besitz zu tun, so wird er oft lieber den Verfügungsertrag herausverlangen, als vindizieren um selbst zu veräußern. Anderseits schützt den Verfügenden die Herausgabe des Entgelts an den bisherigen Eigentümer vor den weitergehenden Schadensersatzansprüchen des Dritten (§§ 440, 325ff.), während sie für seinen eigenen Rückgriff den Tatbeständen des § 440 Abs 2 offenbar gleichsteht. Das Recht der Geschäftsführung ohne Auftrag (§§ 681, 667) ist keineswegs imstande, dem Bedürfnis zu genügen, da es überall da versagt, wo der Nichtberechtigte bei der Verfügung von dem Irrtum, berechtigt zu sein, geleitet worden ist (§ 687 Abs 1). Obgleich aber die Wissenschaft von Anfang an auf die §§ 185, 184 aufmerksam machte (vgl. Hellwig Anspruch und Klagrecht 104, Freund Eingriff in fremde Rechte 43, 68, Beyer Surrogation 110, Schulz Eingriffserwerb 338, Oertmann Komm. § 816 A 1a, v. Tuhr Allg. Teil II 2 S. 227, 239), fand die neue Lehre in die Rechtsprechung überaus schwer Eingang. Immer wieder kamen Urteile vor, die die Klage des Gläubigers gegen den Nichtgläubiger einfach deshalb abwiesen, weil dessen Zahlungsempfang für sich allein den Schuldner nicht befreite (vgl. **RG** 64, 30; **RG** SeuffA 70 Nr 206; OLG 34, 99; zutreffend OLG 9, 15). In **RG** 98 S. 143, 149, wo der Konkursverwalter eine fremde Forderung zur Masse eingezogen hatte, ohne daß der Schuldner nach § 407 befreit wäre, und wo geprüft werden mußte, ob dem Gläubiger nach KO § 46 Satz 2, § 59 Nr 3 ein Recht auf Ersatzaussonderung oder ein Masseschuldanspruch zustand, konnte die Begründung wegen Verkennung des entscheidenden Gesichtspunkts nicht überzeugen. Das gleiche gilt von **RG** 89, 27 (der Versicherte war durch den Versicherer befriedigt; nichtsdestoweniger zahlte der Hauptschuldner, wie unterstellt wird in Kenntnis des gesetzlichen Forderungsübergangs, nochmals an ihn; Klage des Versicherers gegen den Versicherten auf Herausgabe). Die Ignorierung des § 185 durch die Praxis dauerte auch fort, nachdem die 3. Aufl. dieses Kommentars der Literatur beigetreten war. Z. B. hätte **RG** JW 1922, 1126[8], das eine nach dem Okkupationsleistungsges. v. 2. 3. 19 an den Unrichtigen ausgezahlte Entschädigung betraf, auf § 816 gestützt werden müssen (anders das nach dem Kriegsschädenges. v. 3. 7. 16 ergangene Urteil **RG** 29. 11. 22 V 232/22; da nach diesem Gesetz § 15 auch die Feststellung der Entschädigung keinen Anspruch für den Beschädigten erzeugt, ein Berechtigter im Sinne des § 816 also fehlt, wurde hier zutreffend der Satz in § 812 A 2 unter a verwertet). Erst neuerdings ist eine Änderung erfolgt durch das Urteil des IV. ZS **RG** 106, 44, das sich der dargelegten Auffassung angeschlossen hat. Vgl. auch **RG** 111, 301; 115, 34.

2. Wirksame Verfügungen des Nichtberechtigten mit Ausnahme der Erfüllungsannahme. a) Unter Verfügungen versteht das Gesetz diejenigen Rechtsgeschäfte, wodurch der Rechtszustand der Sache geändert wird (Vorbem 7 vor § 104). Wer fremde Sachen ohne Erlaubnis des Eigentümers vermietet, verfügt nicht über sie (vgl. **RG** 106, 111 f.); mit § 816 läßt sich daher der Anspruch auf Herausgabe des Mietzinses nicht begründen (**RG** 105, 409; vgl. dazu § 812 A 2 unter c). Die Hauptfälle, in denen solche Verfügungen auch ohne Genehmigung des Berechtigten gegen ihn wirken, sind die Übertragung von Eigentum und die Bestellung oder Übertragung anderer dinglicher Rechte durch den grundbuchmäßig Legitimierten (§§ 892—894, 1138, 1155ff., 1192, 1200) oder durch den Besitzer der beweglichen Sache (§§ 932ff., 1032, 1207, 1262, 1272) sowie die Verfügung über Nachlaßgegenstände durch den mittels Erbscheins oder sonstigen Zeugnisses des Nachlaßgerichts ausgewiesenen Scheinerben, Testamentsvollstrecker oder Ehegatten bei fortgesetzter Gütergemeinschaft (§§ 2353ff., 2366, 2368, 1507); vgl. ferner HGB §§ 365ff., WO Art 36. b) Haftpflichtig ist immer der Verfügende. Liefert ein Lagerhalter auf Anweisung des Einlagerers das Gut an dessen Kunden aus, so ist es der Einlagerer, der über das Gut verfügt, so daß er, wenn es fremdes Gut war und der Kunde es gutgläubig zu Eigentum erwarb, dem bisherigen Eigentümer den Kaufpreis herausgeben muß (**RG** JW 1912, 584[5]). Verfügen mehrere hintereinander und kann nur die Genehmigung des Berechtigten die Wirksamkeit herbeiführen (z. B. eine gestohlene Sache geht durch die Hände verschiedener Verkäufer), so haftet zunächst der erste, dessen Verfügung genehmigt wird. Seine Vormänner sind haftfrei, da die Genehmigung ihre Kraft aus sich selbst, nicht aus der Wirksamkeit vorausgehender Verfügungen schöpft; ein Nachmann haftet nur für den Fall, daß sich die Genehmigung auch auf ihn bezieht und nicht schon sein Vorgänger, dem Genehmigung zuteil wurde, den Berechtigten befriedigt. c) Berechtigt zur Kondiktion ist nur der Rechtsträger, dessen Recht eine Einbuße erlitten hat, nicht jeder an der Aufhebung der Verfügung Interessierte (vgl. den Fall **RG** JW 1911, 278[7]). d) Der Anspruch geht auf Herausgabe dessen, was durch die Verfügung erlangt ist, mithin, wenn sie in Vollzug eines gegenseitigen Vertrags erfolgte, auf Herausgabe der empfangenen Gegenleistung. Das gilt auch für den Tauschvertrag; wer für die Sache, über die er wirksam verfügt, eine andere eintauscht, hat die erworbene Sache, nicht etwa deren Wert herauszugeben. Alles Erlangte betrachtet das Gesetz als „auf Kosten" des Berechtigten erlangt (vgl. § 812 Abs 1 Satz 1), auch wenn Geschick oder Glück zur Steigerung beigetragen haben (RG 88, 359; vgl. OLG Königsberg JW 1919, 517). Doch bleibt der Anspruch Bereicherungsanspruch und ist den Bestimmungen des § 818 unterworfen (vgl. dort A 1). Wie er sich daher nicht auf dasjenige erstreckt, was der Verfügende durch ein weiteres Rechtsgeschäft mit Mitteln des zunächst Erlangten erworben hat, so erlischt er mit dem Wegfall der Bereicherung. Ob und wann hieraus ein Recht des Verfügenden folgt, den von ihm seinerseits gezahlten Kaufpreis abzuziehen, darüber vgl. § 818 A 7 unter 2b γ und A 8. e) Ist der kausale Vertrag, auf dem die Verfügung beruht, nichtig, so versagt die Kondiktion. „Durch die Verfügung" erlangt ist nur, was durch einen ihr zugrunde liegenden rechtsgültigen Vertrag erlangt ist. In RG 105 S. 84, 90 wird unterstellt, daß die aufeinander folgenden Erwerber des gestohlenen Leders mit Bezug auf die Eigentumsfrage gutgläubig waren, die Kaufverträge zwischen ihnen aber wegen Verstoßes gegen das Kettenhandelsverbot oder gegen sonstige Verbotsvorschriften der Gültigkeit entbehrten. Für diesen Fall hätte die Klage abgewiesen werden müssen. Der Veräußerer — nur der erste kommt in Betracht, vgl. unter b — hatte dann den Kaufpreis nicht durch seine Verfügung, d. h. nicht durch den von ihm geschlossenen Kaufvertrag erlangt, sondern infolge davon, daß sein Abkäufer irrig glaubte, zur Zahlung verpflichtet zu sein. Es erscheint auch unangemessen, dem Berechtigten einen Anspruch auf dasjenige zu geben, was der Verfügende einem Dritten herausgeben muß oder diesem gegenüber nur wegen § 814 oder § 817 Satz 2 behalten darf (das Urteil des Reichsgerichts, das der Klage auch für den bezeichneten Fall stattgeben will, ist übrigens nicht auf § 816, sondern auf § 281 gestützt; vgl. dagegen § 985 A 5).

3. Zwangsvollstreckung (vgl. Wolff, Festgabe für Hübler 63 ff.). a) § 816 Abs 1 Satz 1 und § 812 dienen der herrschenden Meinung gleichmäßig als Stütze für die Lehre, wonach ein Gläubiger, der seinem Schuldner nicht gehörige bewegliche Sachen hat versteigern lassen, dem Eigentümer auf Herausgabe des Erlöses haftet. Namentlich das Reichsgericht nimmt an, daß der Gläubiger, der durch die von ihm betriebene Versteigerung mangels eines gültigen Pfändungspfandrechts rechtlos, aber dem gutgläubigen Ersteher gegenüber wirksam über die Sachen verfügt, durch die Verfügung den Erlös erlange (RG JW 06, 15[13]; Warn 1918 Nr 224; vgl. auch RG 88, 356; 97, 42 f.; RG JW 1911, 941[7]; RG 19. 4. 21 VII 410/20; OLG 2, 353; 11, 366; 31, 99; JW 1919, 517; SeuffA 67 Nr 80; BayZ 3, 50 und nach früherem Rechte besonders RG 40, 288). Richtig ist, daß die Versteigerung fremder beweglicher Sachen zu einer Bereicherungshaftung des Gläubigers führt, ebenso wie dies bei Pfändung und Wegnahme fremden Geldes der Fall ist (RG Gruch 53, 1042; vgl. früher RG 43, 180). Mit Unrecht verweist man demgegenüber auf ZPO § 819, wonach die Empfangnahme des Erlöses durch den Gerichtsvollzieher, sofern nicht Hinterlegung nachgelassen ist, als Zahlung von seiten des Schuldners gilt. Die daraus gezogene Schlußfolgerung, der Gläubiger habe seine Forderung verloren, sei mithin nicht bereichert, der Dritte müsse sich mit einem Anspruch aus § 812 gegen den Schuldner wenden, der seiner Schuld ohne eigene Aufwendungen ledig geworden sei, geht fehl. ZPO § 819 und § 815 Abs 3 setzen ein Pfändungspfandrecht voraus und wollen nur den Zeitpunkt bestimmen, mit dem bei der Versteigerung von Sachen oder bei der vollstreckungsweisen Wegnahme von Geldstücken, die dem Schuldner gehören, die Gefahr auf den Gläubiger übergeht (vgl. RG 40, 291; 43, 180; BayZ 3, 50). Es ist auch nur gerecht, wenn unter der Unsicherheit des Schuldners der Gläubiger, der einen rechtswidrigen Eingriff in fremdes Eigentum beging, und nicht der Dritteigentümer zu leiden hat. Dazu kommt, daß der Dritte den Bereicherungsanspruch vielfach als Eventualanspruch erhebt für den Fall, daß die in erster Linie geltend gemachte Schadensersatzforderung (vgl. § 992 A 2) wegen Nichterweislichkeit eines Verschuldens des Gläubigers nicht durchdringt. Nach der gegenteiligen Meinung, nach der von der Frage des Verschuldens die Passivlegitimation abhängt, wäre diese Art zu klagen nicht möglich. Wenn aber so dem Reichsgericht im Ergebnis beigetreten werden muß, so gilt doch nicht das gleiche von der Begründung. Soweit nicht die ZPO etwas anderes bestimmt, steht das Pfändungspfandrecht unter den Vorschriften des BGB (RG 57, 324; 60, 72; 61, 333; 87, 416; 97, 41). Aus § 1247 Satz 2 aber ergibt sich, daß der Erlös, da nur eine Beschlagnahme, kein Pfandrecht erwirkt wurde, kraft dinglicher Surrogation dem früheren Sacheigentümer zufällt (vgl. übrigens auch RG 80, 185). Erst dadurch also, daß der Gläubiger das Geld mit dem seinigen vermengt (§§ 947, 948, 951) oder daß er es ausgibt (§ 816), erlischt das Eigentum des Dritten und tritt die Bereicherungshaftung des Gläubigers ins Leben. Bis dahin ist die Rechtslage dieselbe wie bei der Immobiliarzwangsvollstreckung, wo ZVG § 37 Nr 5, § 92 Abs 1 die dingliche Surrogation des Erlöses aus mitversteigerten fremden Sachen ausdrücklich vorschreiben und deshalb der zuletzt zur Hebung gelangende Gläubiger herausgabepflichtig ist (vgl. **RG** 76, 212; 88, 356; JW 1911, 611[42]; **RG** 19. 4. 21 VII 410/20; OLG 22, 408). — Hier wie in jedem andern Falle, wo fremde Sachen mit solchen des Schuldners zusammen versteigert werden, bedarf es einer Ermittlung des Betrags, der von dem Erlöse auf sie entfällt. Läßt sich nicht nachweisen, wieviel weniger der Ersteher ohne die Mitversteigerung der fremden Sachen geboten haben würde, so ist deren Anteil am Gesamterlös entsprechend § 471 nach dem Verhältnis ihres Wertes zu dem Wert der gesamten Versteigerungsgegenstände zu bestimmen (vgl. die soeben angeführten Urteile und **RG** Warn 1911 Nr 352). Hat der Gläubiger selber eine fremde bewegliche Sache ersteigert, so kann der frühere Eigentümer nach § 1247 Satz 2 nur Zahlung des Erlöses, nicht Herausgabe der Sache verlangen (vgl. Recht 1913 Nr 343). b) Läßt der Gläubiger eine seinem Schuldner gehörige, aber mit einem älteren Pfandrecht (z. B. einem Vermieterpfandrecht) belastete Sache versteigern und vermischt oder verausgabt er den Erlös, ehe der Vormann nach ZPO § 805 vorzugsweise Befriedigung daraus gefordert hat, so haftet er nach § 1247 Satz 2 verb. mit § 951 oder § 816 auf die Bereicherung. Die Pfandrechte hatten sich mit dem früheren Range am Erlöse fortgesetzt. Die Behauptung, ZPO § 805 beschränke die Rechte der Vormänner im Falle der Pfändung auf den Anspruch auf Vorwegbefriedigung aus dem Erlös, ist willkürlich (vgl. OLG 2, 352; 3, 357; 19, 153; SeuffA 63 Nr 154; Recht 06 Nr 931; s. auch **RG** 97, 43). Kommt doch auch ZPO § 771 nicht die Bedeutung zu, den Dritteigentümer auf die Widerspruchsklage zu beschränken (**RG** 40, 289).

4. Unentgeltliche Verfügung. Während ältere Gesetze dem gutgläubigen Geschäftsgegner des Nichtberechtigten nur dann dinglichen Rechtsschutz gewährten, wenn das Geschäft ein entgeltliches war, hat das BGB diese Unterscheidung um der leichteren Handhabung des Rechtes willen beseitigt und läßt auch den Schenknehmer Eigentum erwerben. Da aber doch sein Interesse hinter das des früher Berechtigten zurücktreten muß, soll er wenigstens schuldrechtlich zur Herausgabe des Erlangten verbunden sein. Dem Anspruch auf die Herausgabe entspricht die Einrede; der Besitzer, dessen Sache ein Nichtberechtigter verschenkt hat, kann die Eigentumsklage des Beschenkten abwehren (vgl. § 821 A 1). Ähnlich wie hier schreibt § 988 vor, daß der gutgläubige Besitzer einer fruchttragenden Sache, der den Besitz unentgeltlich erlangt hat, dem Eigentümer der Sache gegenüber verpflichtet ist, auch die vor der Rechtshängigkeit gezogenen, nach § 955 zu Eigentum erworbenen Früchte nach Bereicherungsgrundsätzen herauszugeben. Da § 816 Abs 1 Satz 2 ein Ausfluß des allgemeineren Gedankens ist, daß ein unentgeltlicher Erwerb nicht auf Kosten des Geschädigten aufrechterhalten bleiben soll, darf er auch zur Begründung der Lehre herangezogen werden, wonach Einwendungen eines Wechselschuldners aus der Person des Indossanten gegen den unentgeltlichen Indossatar wirken (vgl. § 784 A 4c, § 812 A 3 u. 10 a. E.). — Unter der Verfügung, die Satz 2 im Auge hat, ist dieselbe Verfügung zu verstehen wie in Satz 1 (**RG** Recht 1913 Nr 342); über den Fall, wenn mehrere Verfügungen vorliegen, so daß schon der Schenker selbst den verschenkten Gegenstand rechtsgrundlos erlangte, vgl. § 822 A 2. Keine Verfügung ist die Prozeßversäumnis, wenngleich sie materiell-rechtliche Folgen hat. Läßt der Kläger Versäumnisurteil gegen sich ergehen, so kann sich derjenige, der nach der Klagerhebung sein Rechtsnachfolger geworden ist und gemäß ZPO § 265 die Prozeßführung dulden muß, gegen die Berufung des Beklagten auf die Rechtskraft des Urteils (ZPO § 325) nicht mit einer Gegeneinrede der ungerechtfertigten Bereicherung schützen (**RG** Recht 1914 Nr 1870).

5. Wirksame Erfüllungsannahme des Nichtberechtigten. Von Bestimmungen über den Schutz des gutgläubigen Schuldners sind zu nennen diejenigen über die Leistung des Schuldners an den ursprünglichen Gläubiger in Unkenntnis der Übertragung der Forderung oder, wenn der Gläubiger die Forderung hintereinander an mehrere abgetreten hat, über die Leistung an den späteren Erwerber in Unkenntnis des früheren (§§ 407, 408, 412, 413); die Vorschriften über die Miet- oder Pachtzinszahlung an den bisherigen Vermieter oder Verpächter in Unkenntnis der Veräußerung des Grundstücks oder der sonstigen Beendigung des Gläubigerrechts (§§ 574 ff., 579, 1056, 1423, 1663, 2135); die Vorschriften über die Leistung gemäß unrichtiger Zessions- oder Veräußerungsanzeige (§§ 409, 576, 577, 579; vgl. **RG** JW 1914, 528[6]); die Vorschriften über die Leistung auf Forderungen, die ohne Wissen des Schuldners in ein Gesellschaftsvermögen oder in die eheliche Gütergemeinschaft eingebracht sind (§§ 720, 1473, 1497, 1524); die Vorschriften über die Leistung an den nicht berechtigten Vorzeiger eines Inhaber- oder Legitimationspapiers (§§ 793, 808) oder an eine durch Erbschein oder Testamentsvollstreckerzeugnis fälschlich ausgewiesene Person (§§ 2367, 2368); endlich die Vorschrift des § 851 über die Entschädigungsleistung an den besitzenden Nichteigentümer einer beweglichen Sache. Dazu kommt bei an sich nicht befreiender Leistung an den falschen Gläubiger die Möglichkeit, daß die Leistung dem wahren Gläubiger gegenüber durch dessen Genehmigung wirksam wird (A 1 unter b

RG 111, 301). Immer muß ein Nichtberechtigter da sein, an den geleistet wird, und ein Berechtigter, gegen den die Leistung wirkt. Trifft beides zu, so versagt die Kondiktion nicht deshalb, weil der Empfänger gegen einen andern als den Leistenden einen Anspruch auf die Leistung hat (a. M. OLG 22, 355). Über den Beweis der Berechtigung bei Sparkassenbüchern vgl. RG JW 1913, 30[8], § 516 A 9, § 518 A 1. Ist aber überhaupt kein Berechtigter vorhanden, indem die angebliche Verpflichtung des Leistenden gegen niemand besteht, so ist für § 816 Abs 2 kein Raum. Unrichtig daher RG JW 1913, 862[7] im Falle einer wegen Geisteskrankheit des Zedenten nichtigen Abtretung einer Versicherungsforderung, wo der Versicherer an den Zessionar als Inhaber der Police gezahlt hatte. War hier, wie behauptet wurde, auch der Versicherungsvertrag wegen der Geschäftsunfähigkeit des Zedenten nichtig, so durfte der Kondiktion des Zedenten nicht stattgegeben werden, da vielmehr nur eine cond. indebiti des Versicherers begründet war. Die Bestreitung der Aktivlegitimation war um so weniger Einrede aus dem Recht eines Dritten, als der Zessionar bei seiner Kenntnis von der Nichtigkeit des Versicherungsvertrags durch Herausgabe an den Zedenten von der Forderung des Versicherers nicht einmal frei wurde (vgl. § 819 Abs 1).

§ 817

War der Zweck einer Leistung in der Art bestimmt, daß der Empfänger durch die Annahme gegen ein gesetzliches Verbot oder gegen die guten Sitten verstoßen hat, so ist der Empfänger zur Herausgabe verpflichtet[1])[2]). Die Rückforderung ist ausgeschlossen, wenn dem Leistenden gleichfalls ein solcher Verstoß zur Last fällt[3]), es sei denn, daß die Leistung in der Eingehung einer Verbindlichkeit bestand; das zur Erfüllung einer solchen Verbindlichkeit Geleistete kann nicht zurückgefordert werden[4—6]).

E I 743 Nr 1, 747 Abs 1, 3, 684 Abs 3 II 741; M 2 844, 849—851, 693, 694; P 2 510, 686—688, 702.

1. Der Paragraph behandelt die Kondiktion, die daraus erwächst, **daß der Empfänger infolge des vereinbarten Zweckes der Leistung durch deren Annahme gegen ein Verbotsgesetz oder gegen die guten Sitten verstößt (condictio ob turpem vel injustam causam).** Es soll dann zwar ein Herausgabeanspruch gegen ihn gegeben sein, der Anspruch soll aber entfallen, wenn das Geschäft für den Leistenden gleichfalls verwerflich war. a) Voraussetzung der Kondiktion ist, daß der Empfänger gerade durch die Annahme der Leistung verwerflich handelt. In der großen Mehrzahl der Fälle macht dieses Erfordernis keine Schwierigkeiten. Ist der Kausalvertrag für die Partei, für welche eine Leistung ausbedungen wird, mit einem Makel behaftet, so erstreckt sich dieser meistens auch auf ihre Mitwirkung zur Erfüllung, so daß auch das abstrakte Erfüllungsgeschäft nichtig ist (vgl. z. B. mit Bezug auf das Kettenhandelsverbot der Preistreibereiverordnung RG 101, 44; 109, 202; 111, 246. Die Überschreitung gesetzlich festgesetzter Pachtpreise führt zwar Nichtigkeit des Kaufvertrags nicht herbei. Jedoch sind die vereinbarten Preise auf die erlaubte Höhe herabzusetzen. Für diejenigen Beträge, die die Überschreitung darstellen, gilt § 134 und ist für die Rückforderung § 817 anwendbar (RG 88, 251; 89, 198; RG 8. 1. 23 VI 514/22). RG Recht 1922 Nr 1400). Doch kommen Verbotsgesetze vor, die sich ausschließlich gegen die Kausa richten. So wird durch §§ 65, 66 des BörsG v. 27. 5. 08 nur der Abschluß der näher bezeichneten Börsentermingeschäfte, nicht die Entgegennahme der Leistung verboten; vgl. (zu § 50 des früheren Ges. v. 22. 6. 96) RG JW 04, 407[13]; Warn 1910 Nr 344. Die Rückforderung kann hier nur auf § 812 gestützt werden und steht unter der Herrschaft des § 814, ist also ausgeschlossen, wenn der Leistende seine Nichtverpflichtung gekannt hat (RG JW 05, 186[38]; 08, 467[39]; Gruch 54, 615) oder wenn die Leistung dem Anstand entsprach (vgl. dazu § 814 A 3 a. E.). Noch weniger als diese Vorschriften des BörsG haben die sog. gesetzlichen Veräußerungsverbote mit § 817 zu tun. Sie sind in Wirklichkeit gar keine Verbote; weder das Kausalgeschäft noch die Veräußerung wird vom Gesetz untersagt, vielmehr wird letztere einfach für nichtig oder unwirksam erklärt. Bei Sachen greift der Eigentumsanspruch Platz, unter Umständen auch die Kondiktion des § 816; Forderungen und sonstige Rechte haben den Inhaber nicht gewechselt. Den äußeren Tatbestand des der Wirksamkeit entkleideten Geschäfts noch besonders zu verbieten, liegt nicht im Sinne des Gesetzes, so daß für § 817 kein Raum ist (vgl. RG JW 1910, 810[25] zu GewO § 89b; RG JW 1917, 34[2] zu § 400, ZPO § 850). Anders verhält es sich mit den Verordnungen der Kriegs- und Nachkriegszeit, die eine Enteignungsbeschlagnahme enthalten oder zulassen. Außer tatsächlichen Maßnahmen, wie Verarbeitung, Beschädigung, Verbringung an einen andern Ort, pflegen sie auch den Abschluß von Veräußerungsverträgen über die beschlagnahmten Sachen mit Strafe zu bedrohen (vgl. als Muster die Reichsgetreideverordnung v. 28. 6. 15 § 9 und die VO über die Sicherstellung von Kriegsbedarf v. 24. 6. 15/26. 4. 17 § 6; zu letzterer RG

95, 347; RG JW 1923, 371[7]). b) Voraussetzung der Kondiktion ist ferner, daß sich der Empfänger des Verstoßes bewußt ist; andrerseits ist die Rückforderung nur bei bewußtem Verstoß des Leistenden ausgeschlossen. Das steht zwar nicht ausdrücklich im Gesetz und wurde deshalb für gesetzliche Verbote von RG 72, 46 (I. ZS) unter Aufgabe der in JW 04, 39[5] geäußerten Ansicht bestritten, aber mit Unrecht. Ohne Kenntnis des Verbots auf seiten des Empfängers ist die Kondiktion, ohne die gleiche Kenntnis auf seiten des Leistenden ist ihre Ausschließung nicht verständlich, denn beide sind offenbar als Strafe gedacht. Übereinstimmend damit verlangen die Mot 2, 849 eine verwerfliche Gesinnung. Daher kehrte RG 95, 347 (II. ZS) der Sache nach zu der früheren Ansicht zurück: zum mindesten sei Kenntnis überall da zu fordern, wo es sich nicht um Verbote handle, die vermöge ihrer inneren Bedeutung und der langen Dauer ihrer Geltung in das Allgemeinbewußtsein des Volkes übergegangen seien. Damit wird also die Kenntnis präsumiert und somit erfordert. So nun die ständige Rechtsprechung, vgl. RG 104, 54 und 105, 272, beide mit Nachweisen; ferner RG JW 1923, 371[7]; Warn 1922 Nr 82; RG SeuffA 77 Nr 134—136; RG Recht 1922 Nr 840; 1923 Nr 30; OLG Düsseldorf JW 1921, 1368. Auch der Verstoß gegen die guten Sitten muß von dem Bewußtsein unsittlich zu verfahren begleitet sein (a. M. OLG 20, 247). Zeitlich genügt Vorhandensein der Kenntnis im Augenblick der Leistung, auch wenn die Aufklärung erst nach Abschluß des vorausgegangenen Kausalvertrags erfolgt ist (RG 100, 159). c) Ob wegen eines zukünftigen Erfolges geleistet wird oder zur Belohnung schon erwiesener Dienste, ist unerheblich. Die Zweckvereinbarung kann sich auf Gegenwart, Vergangenheit oder Zukunft beziehen. Ebenso unerheblich ist, ob der Zweck bei der Leistung vereinbart wird oder ob diese zur Erfüllung einer vorausgegangenen Vereinbarung erfolgt. Auch darauf kommt es nicht an, ob das Kausalgeschäft nach §§ 134, 138 nichtig ist oder nicht. Notwendig ist die Nichtigkeit nicht. Es kann sehr wohl der eine oder andere Vertragschließende gegen ein Verbotsgesetz oder die guten Sitten verstoßen, ohne daß dadurch der Vertrag in seiner Gültigkeit berührt würde (vgl. RG 60, 276; 78 S. 283, 353). Das ist auch bei dem Empfänger einer Leistung mit Bezug auf die Annahme möglich, und auch derartige Fälle werden von § 817 mitumfaßt (RG 96, 345; vgl. die Beispiele in A 2). Das gewöhnliche ist freilich die Nichtigkeit des Kausalgeschäfts. Folgt nun auch überall, wo sie vorliegt, die Rückgabepflicht des Empfängers schon aus § 812 (Erlangen der Leistung ohne rechtlichen Grund), so darf doch daraus nicht geschlossen werden, daß der Kläger bei solcher Begründung des Anspruchs den Einwand aus Satz 2 des § 817 nicht zu fürchten brauchte. Vielmehr greift dieser Einwand gleichmäßig Platz, mag § 812 oder § 817 von der Klage angerufen sein (vgl. RG 63, 354; 70, 4; 78, 284; 99, 166; 105, 271; JW 1917, 34[2]; Warn 08 Nr 44; 1911 Nr 115; 1912 Nr 98; 1920 Nr 103; 1921 Nr 58; 1923 Nr 30). d) Größere Bedeutung für die Kondiktion hat die Frage der Gültigkeit oder Nichtigkeit der Zuwendung, des Leistungsgeschäfts. Grundsätzlich ist die Leistung ein abstraktes Geschäft und wird als solches — d. h. weil die Rücksicht auf den Zweck ausgeschaltet ist — von der Nichtigkeit der Zweckvereinbarung, auch wenn diese auf Verletzung des Verbotsgesetzes oder der guten Sitten beruht, nicht betroffen. Das ist bei Verfügungen das natürliche, denn bei ihnen führt das Gesetz die Ausschaltung herbei (vgl. RG 63, 185; 68, 100; 75, 74; 78, 285; RGSt JW 07, 548[1]; RG JW 1911, 317[2]; 1913, 683[1]; Warn 09 Nr 183; 1911 Nr 167; 1914 Nr 253; 1921 Nr 58; Gruch 59, 901; 62, 635; anders § 125 A 1 unter c a. E.). Mit Bezug auf Verpflichtungen könnte man zweifeln, ob auch der private Wille die Kraft hat, die Einwirkung der Verbots- oder Sittenverletzung auf das Leistungsgeschäft fernzuhalten; doch unterwirft sie § 817 derselben Behandlung. Wenn nach Satz 2 Halbs 2 das (abstrakte) Versprechen zurückgefordert werden kann, muß es gültig sein. Die abstrakte Natur der Leistung ist aber nur die Regel; auch bei Verfügungen haben es die Parteien vielfach in der Hand, dem unterliegenden Rechtsgrund einen Einfluß einzuräumen. Zwar werden an den rechtsgeschäftlichen Willen zu große Anforderungen gestellt, wenn man im Einzelfall fragt, ob sie die Leistung mit der Zweckvereinbarung als Teile eines einheitlichen Geschäfts zusammenfassen wollten (a. M. RG 78, 44). Wohl aber können sie den Zweck, soweit dies zulässig ist — bei der Auflassung von Grundstücken ist es unzulässig (§ 925 Abs 2) —, zur Bedingung der Leistung erheben (RG 57, 96; Warn 1913 Nr 129). Und kraft Gesetzes gilt eine Besonderheit für den Wucher. Da die wucherische Absicht nur verwirklicht wird, wenn auch noch die Leistung des Bewucherten eine Ausbeutung der Notlage, des Leichtsinns oder der Unerfahrenheit enthält (RG Warn 09 Nr 295, vgl. auch RG 29. 10. 21 V 168/21), muß diese Leistung selbst nichtig sein, was denn auch § 138 Abs 2 durch die Worte „versprechen oder gewähren läßt" anerkennt (vgl. RG 57, 95; 63, 184; 72, 63; 75, 76; 93, 75; JW 1913, 540[3]; Warn 1913 Nr 353). — Wo der Verstoß gegen § 134 oder § 138 die Leistung nichtig macht, bleibt für § 817 nahezu kein Raum. Nur für eine Kondiktion des Besitzes kommen seine Vorschriften in Betracht; der Anspruch auf Herausgabe des Schuldscheins oder eines über die Schuld ausgestellten Wechsels findet seine Stütze in dem entsprechend anwendbaren § 371 (anders freilich dort A 1). Allerdings kann der Fortgang der Ereignisse auch eine auf Geldzahlung gerichtete Kondiktion ins Leben rufen, indem nach Verfügung über den geleisteten Gegenstand der Erlös (§ 816), nach Vermischung des geleisteten Geldes der Wert (§ 951) gefordert werden kann. § 817 Satz 2 greift hier aber nirgends Platz, denn was gefordert wird, ist nicht durch die Leistung des Klägers erlangt (nicht abweichend die unter c a. E. angeführten Urteile, da die Leistung des Klägers dem Anspruche nicht zugrunde liegt). Es ist auch kein Widerspruch, wenn der Kondiktion der Sache selbst die eigene Verwerflichkeit des Klägers entgegengehalten werden kann, der Kondiktion ihres Wertes oder Erlöses aber nicht. Der Unterschied liegt darin, daß in den letzteren Fällen die Kondiktion an die Stelle der Vindikation getreten ist, der gegenüber (vgl. A 3 unter d) jener Einwand versagt. e) Über den Umfang der Herausgabepflicht bestimmt § 819 Abs 2. Hiermit ist das Verhältnis erschöpfend geregelt. Die Vorschriften anderer Reichsgesetze, die für den Fall der Auflösung des Geschäfts schlechthin die beiderseitige Rückgabe anordnen, z. B. AbzG § 1, kommen gegen § 817 nicht auf (RG 63, 349). Das gleiche gilt von § 814; soweit er dem § 817 widersprechen würde, ist er nicht anwendbar. Hat allein der Empfänger verwerflich gehandelt, so hindert es die Rückforderung nicht, wenn der Leistende, wie dies in den meisten hierhin gehörigen Fällen naheliegt, die Ungültigkeit des Kausalgeschäfts gekannt hat (RG 97, 82; 99, 165; Warn 1913 Nr 183; 1923 Nr 7); nur ein unbedingter und rechtswirksamer Verzicht würde die Rückforderung beseitigen (vgl. RG 36, 204). Auf der anderen Seite kann der Leistende bei eigener Verwerflichkeit (z. B. der Verkäufer, der unter Verstoß gegen ein Verbotsgesetz geliefert hat) der Berufung auf § 817 Satz 2 nicht durch eine replicatio doli entgehen. Das Behalten der Ware ohne Vergütung ist gerade die vom Gesetze gewollte Folge, nachdem beide Teile sich durch verbotswidriges oder unsittliches Verhalten außerhalb der Normen des Rechts gestellt und insoweit jeden Anspruch auf Rechtsschutz verloren haben; selbstverständlich läßt sich dieser Rechtsschutz nicht auf dem Umwege der Arglistreplik wieder erzwingen (RG Recht 1923 Nr 511).

2. **Beispiele für die Kondiktion** bieten die Erpressung und der Empfang von Lohn für die Erfüllung einer Amtspflicht oder für die Nichtbegehung eines Verbrechens. Ebenso die Entgegennahme von Bezahlung für den Verzicht auf Ausübung des elterlichen Erziehungsrechts (RG Warn 1913 Nr 183); die während des Krieges erfolgte Entgegennahme von Geldern eines feindlichen Staatsangehörigen, um sie dem Zugriff der deutschen Regierung zu entziehen (RG 89, 65); das Verhalten des Verkäufers von Gegenständen des Kriegsbedarfs, der sich im Widerspruch mit seinem der Militärbehörde gegebenen Versprechen einen die festgesetzten Richtpreise überschreitenden Kaufpreis zahlen läßt (RG 97, 82); der Fall, wenn der Leistende als Werkzeug der Polizei tätig wird, um den Empfänger zu überführen (RG Warn 1921 Nr 58; RG 12. 12. 22 VII 20/22). Regelmäßig liegt eine Sittenverletzung auch in der Annahme von Schweigegeld für die Unterlassung einer Strafanzeige, nur daß im Einzelfall geprüft werden muß, ob nicht auch der Zahlende unsittlich handelt (vgl. RG 58, 204; Warn 09 Nr 63; 1915 Nr 41; SeuffA 58 Nr 94). Auch mit der Annahme von Vermögensvorteilen für die Eingehung einer Ehe kann es sich ähnlich verhalten (RG Warn 09 Nr 19).

3. **Ausschluß der Kondiktion bei verwerflicher Leistung.** Die Vorschrift des Satzes 2 enthält eine für alle Bereicherungsansprüche maßgebende Regel (RG 99, 166; 105, 271; 111, 153). a) Die Beispiele sind hier viel häufiger. Verwerflichkeit sowohl des Empfangs wie der Leistung liegt vor, wenn Geld zur Begehung eines Verbrechens gegeben ist; vgl. ferner die Belohnung einer Frauensperson für den gewährten und noch zu gewährenden Geschlechtsverkehr (RG 111, 154; JW 1913, 683[1]), den Verkauf von Abtreibungsmitteln (RGSt 44, 239; 47, 67), den Gesellschaftsvertrag zum Betriebe eines Bordells (SeuffA 51 Nr 259), die Bordellvermietung (RG 38, 199; RG LZ 1916, 689), den Bordellverkauf (s. dazu A 5), die Bestechung, den Schmiergeldervertrag (RG 77, 98; RG Recht 06 Nr 3191; 1912 Nr 2002; 1915 Nr 1934), den zur Umgehung der Schankkonzessionspflicht (GewO §§ 33, 147) geschlossenen sog. Kastellanvertrag (RG 67, 322), den Titel- und Ordensschacher (RG 86, 98; JW 1919, 447[8]; vgl. auch RG LZ 1922, 548). Dazu kommen Verbote der Kriegsgesetzgebung, vgl. z. B. RG 95, 347; 100 S. 161, 246; 101, 44; 150, 67 usw. b) Haben beide Teile verwerflich gehandelt, so kann sich der Leistende nicht darauf berufen, daß den Empfänger ein stärkerer Vorwurf treffe; eine Abwägung des Grades der Unsittlichkeit ist dem Gesetze fremd (RG 78, 285; vgl. OLG Jena JW 1920, 980). Erst recht aber muß die Kondiktion ausgeschlossen sein, wenn der Empfänger überhaupt nicht gegen Gesetz oder gute Sitten verstoßen hat. Es wäre sinnlos, den Leistenden in solchem Falle gegenüber dem Fall der par turpitudo zu bevorzugen. Daher haben RG 70, 4 und Warn 1910 Nr 286, die hierfür freilich nur auf RG 63, 354 verweisen (Maßgeblichkeit des § 817 Satz 2 gegenüber einem unter Heranziehung nur des § 812 begründeten Bereicherungsanspruch, vgl. A 1 unter c), mit Recht angenommen, daß die Rückforderung auch bei bloß einseitiger Unlauterkeit des Leistenden entfällt. Doch wird man dann auch zu der Folgerung gedrängt, dem Wucherer die Kondiktion seiner eigenen Leistung abzusprechen. So jeden-

falls beim gegenseitigen Vertrag; wegen des Darlehns vgl. unter e. Gewiß haben die Gesetzesverfasser das Rückforderungsrecht des § 3 des WucherG v. 24. 5. 80/19. 6. 93 trotz EG Art 47 für fortbestehend gehalten; aber das entscheidet nicht. Auch wenn der Wucherer die Nichtigkeit des Vertrags ausnahmsweise nicht kennt, also erfüllen will, leistet er doch zugleich in der Absicht, den Gegner zur Gewährung oder Belassung der zugesagten unverhältnismäßigen Vorteile zu bestimmen; kennt er die Nichtigkeit, so bildet dies seinen alleinigen Leistungszweck. Es ist deshalb gerade auch die Leistung, wodurch er gegen die guten Sitten verstößt. In der Theorie hat man vergebliche Mühe aufgewandt, um dieser unerwünschten Folgerung zu entgehen (vgl. auch § 138 A 2 a. E.). Die Praxis (RG JW 1915, 918[7]) hilft sich mit entsprechender Kürzung der Kondiktion des Bewucherten. c) Die Rückforderung ist ausgeschlossen, sowohl wenn der Leistende wie wenn sein Vertreter verwerflich gehandelt hat (RG 100, 246); ebenso schadet der Klage des Vertreters oder des Rechtsnachfolgers die Verwerflichkeit des Vertretenen oder des Vorgängers. Das durch die Sittenwidrigkeit der Leistung in der Person des Leistenden begründete Hindernis der Rechtsverfolgung steht auch dessen Rechtsnachfolgern, insbesondere seinen Erben entgegen. Da diese kraft der Rechtsnachfolge lediglich in die Rechtsstellung ihres Vorgängers einrücken (RG 48, 293 S. 297; 99, 161); selbst wenn sich die Unsittlichkeit der Handlung gerade gegen die Erben richtete (RG 111, 155). Diese haben möglicherweise dann einen Schadenanspruch aus § 826. — Vgl. aber hierzu Löwenwarter JW 1926, 239. Dagegen soll nach dem Urteil des VII. ZS RG 99, 161 der Konkursverwalter des Leistenden unbekümmert um die gegen diesen zu erhebenden Vorwürfe kondizieren können. Allein nach einer Grundregel des Konkurses kann der Verwalter nicht mehr Rechte für die Masse beanspruchen, als dem Gemeinschuldner zustehen (RG 46, 167; 61, 43; 72, 197). Der Versuch, die Kondiktion hiermit in Einklang zu bringen, ist mißlungen (gleichwohl scheint sich der IV. ZS RG 105, 31 dem VII. anzuschließen). d) Die Vorschrift des Satz 2 gilt nur für die Kondiktion. Das Sprichwort **turpitudinem suam allegans non auditur** hat in dieser Allgemeinheit keine Geltung (vgl. RG 101, 308; RG JW 1913, 734[2]; Warn 1920 Nr 145; 1922 Nr 64). Nicht ausgeschlossen durch die Verwerflichkeit des Leistenden ist der Wandlungsanspruch (RG 105, 67), der Eigentumsanspruch (§ 986 A 1) oder ein Anspruch auf Schadensersatz wegen unerlaubter Handlung. Wer sein Grundstück zu Bordellzwecken vermietet hat, kann mit der Vindikation Räumung verlangen und braucht die Fortsetzung des schändlichen Treibens nicht zu dulden (RG Warn 1911 Nr 115; OLG 8, 423); wer einem Minderjährigen, der sich betrügerisch für volljährig ausgab, in unsittlicher Weise durch Herleihung von Geld zum Glückspiel verholfen oder ihn bewuchert hat, scheitert mit seiner Schadensersatzklage vielleicht an § 254, nicht aber an § 817 Satz 2 (vgl. RG 70, 5; 85, 293; JW 1917, 34[2]; Warn 1914 Nr 74 a. E.; RG Recht 1917 Nr 195; 1922 Nr 53; a. M. OLG Köln JW 1920, 396). e) Die Rechtsprechung schränkt den Satz 2 insofern ein, als sie Leistungen, die nicht bestimmt sind, das Vermögen des Empfängers dauernd zu vermehren, sondern nur zu einem vorübergehenden Zwecke gemacht werden, wie Sicherungsübereignungen oder sonstige fiduziarische Zuwendungen, ohne Rücksicht auf eine turpitudo des Leistenden der Rückforderung unterwirft (RG 67, 326; RG JW 1912, 862[20]; 1921, 461[4]; Warn 1911 Nr 115; 1917 Nr 206; 1920 Nr 82; Gruch 58, 891 RG LZ 1916, 689; 1917, 792; RG BayZ 1918, 387; SeuffA 70 Nr 216). Zur Begründung wird teils geltend gemacht, daß derartige Leistungen auf einem nur folgeweis nach § 139 nichtigen Nebenvertrage beruhten (vgl. RG 67, 325), teils und hauptsächlich wird darauf verwiesen, daß der Empfänger das Eigentum von vornherein belastet mit einer Rückgabepflicht erlange (z. B. JW 1912, 862[20]; Gruch 58, 896). Von hier aus würde es nicht fern liegen, auch ein zu verwerflichen Zwecken gegebenes Darlehen für rückforderbar zu erklären (so wirklich OLG Dresden SeuffA 59 Nr 81). Beim wucherischen Darlehen könnte das als billigenswert erscheinen, wenn nicht die verschiedene Behandlung des gegenseitigen und des einseitig verpflichtenden Vertrags der inneren Berechtigung entbehrte. In der Tat ist die angeführte Rechtsprechung dem geltenden Gesetz gegenüber höchstens da zu verteidigen, wo bloße Hilfsgeschäfte in Frage stehen, nicht wo es sich, wie beim Darlehen, um eine Hauptleistung handelt. Das Reichsgericht hat denn auch anerkannt, daß der Geber eines gegen die guten Sitten verstoßenden Spieldarlehens die Rückzahlung weder aus dem Vertrage noch wegen ungerechtfertigter Bereicherung des Gegners fordern kann (vgl. RG 70, 4; RG 12. 5. 21 VI 33/21); auch dem wucherischen Darleiher hat es kürzlich die Bereicherungsklage abgesprochen (RG LZ 1922, 461). f) Fehlt dem Leistenden wegen Ausschlusses der freien Willensbestimmung oder wegen jugendlichen Alters die zur Erkenntnis der Verwerflichkeit seines Handelns erforderliche Geistesbeschaffenheit, so greift Satz 2 nicht Platz (arg §§ 827, 828). Dagegen setzt die Vorschrift keine unbeschränkte Geschäftsfähigkeit voraus, denn der Verlust der Kondiktion ist keine Folge eines rechtsgeschäftlichen Verzichts (RG 105, 270). g) Die Beweislast für die Verwerflichkeit des Leistenden trifft den Empfänger (RG Warn 1921 Nr 59). Die Vergleichsnatur einer Abrechnung schließt ein Zurückgreifen auf die Nichtigkeit der dem Vergleichsabschluß zugrunde liegenden Rechtsgeschäfte in der Regel nicht aus, wenn der Vergleich nicht gerade den Streit über ihre Gültigkeit beseitigen wollte (RG 49, 192; 64, 148; 83, 113; RG 8. 1. 23 VI 514/22).

4. **Leistungen, die in der Eingehung einer Verbindlichkeit bestehen,** sind nur die in § 812 A 10 u. 11 aufgeführten abstrakten Schuldversprechen und Schuldanerkenntnisse. Kausale Schulden sind bei Verstoß gegen das Gesetz oder die guten Sitten nichtig, lassen also nur für eine Feststellungsklage Raum (RG 64, 148). Die Sondervorschrift, wonach abstrakte Verpflichtungen im Gegensatz zu realen Leistungen bei par turpitudo rückforderbar sind, war notwendig, da das Gesetz einen Zwang zur Durchführung noch unfertiger, auf verwerfliche Ziele gerichteter Geschäfte nicht dulden kann (vgl. RG 73, 144). Dem Versprechenden steht mithin nicht nur eine Einrede (§ 821), sondern auch ein Befreiungsanspruch zu (cond. liberationis, vgl. dazu § 821 A 1). Mit der Erfüllung des abstrakten Versprechens entfällt die Kondiktion. Der Erfüllung muß es aber gleichgestellt werden, wenn über die beiderseits verwerfliche Kausa ein Wechsel oder Scheck gegeben und vom Empfänger indossiert worden ist. Es verhält sich hier anders als in den in § 813 A 4 erwähnten Fällen, wo dem Orderpapier eine unvollkommene Verbindlichkeit zugrunde liegt. Hier entscheidet der Umstand, daß das verwerfliche Geschäft nach der Weitergabe des Papiers kein unfertiges mehr ist und die Kondiktion den Erstempfänger zu einer realen Leistung nötigen würde (vgl. OLG 39, 183). Auch wenn übrigens der verwerfliche Vertrag unmittelbar zwischen Akzeptanten und Inhaber geschlossen wurde, die sonstigen Wechselzeichner aber nicht sämtlich daran beteiligt sind, ist die Herausgabe des Papiers nicht zu verlangen (vgl. RG JW 1921, 461[3]); sie würde den Anspruch gegen die Nichtbeteiligten zerstören. Hat in diesem Falle ein Nichtbeteiligter den Wechsel ausgestellt oder indossiert, so kann aus dem gleichen Grunde auch die Streichung des Akzepts nicht gefordert werden (anders wenn der einzige Nichtbeteiligte Akzeptavalist ist, da ein solcher unbedingt haftet und durch den Erlaß nur der Akzeptschuld nach § 423 nicht befreit wird). Natürlich scheitert eine Wechselklage des Inhabers stets an der Einrede aus dem unterliegenden Geschäft (§§ 817, 821 = WO Art 82). Wird eine Geldsumme als Sicherheit für eine Schuld hingegeben derart, daß das Hingegebene nicht von vornherein endgültig in das Vermögen des Empfängers übergehen soll, so liegt keine Leistung nach § 762 Abs 2 und § 817 vor (RG 67, 321; RG 23. 6. 23 I 427/22). — Die Leistung, die im Erlaß einer Verbindlichkeit oder im Verzicht auf ein sonstiges Recht besteht, folgt der Regel. Sie kann bei beiderseitiger Unsittlichkeit nicht zurückgefordert werden, d. h. das Recht bleibt erloschen (RG 58, 204; 100, 162; SeuffA 67 Nr 193).

5. Ist das Kausalgeschäft wegen beiderseitigen Verstoßes gegen ein Verbotsgesetz oder die guten Sitten nichtig, so folgt aus dieser Nichtigkeit in Verbindung mit der Gültigkeit und Unkondizierbarkeit der realen Leistung, daß, wer vorleistet, auf eigene Gefahr handelt. Es kann geschehen, daß der andere Teil das Empfangene behält und sich seinerseits der Erfüllung entzieht. Das hat sich hauptsächlich beim **Bordellverkauf** fühlbar gemacht. Das Reichsgericht geht mit Recht davon aus, daß der Verkauf eines Hauses, worin ein Bordell betrieben wird, zwar noch nicht wegen der Verwendungsabsicht des Käufers, mag diese auch dem Verkäufer bekannt sein, wohl aber dann nach § 138 nichtig ist, wenn geradezu das Bordellgeschäft verkauft wird; den Beweis hierfür erblickt es, abgesehen von örtlicher Lage, Einrichtung und Vergangenheit des Grundstücks (RG 78, 45), vor allem in der den gewöhnlichen Wert desselben weit übersteigenden Höhe des Kaufpreises (vgl. RG 29, 109; 63 S. 182 und 350; 68, 99; 71, 433; 75, 70; 78, 283; 86, 192; Gruch 62, 635; Warn 1922 Nr 121). Hat nun der Verkäufer das Grundstück aufgelassen, so erlangt er als Gegenleistung das, was der Käufer bar bezahlt oder an schon vorhandenen Belastungen in Anrechnung auf den Kaufpreis übernimmt. Er erwirbt auch die für das Restkaufgeld bestellte Grundschuld, denn die Grundschuld, die von dem Bestande der persönlichen Forderung unabhängig ist, stellt eine in sich vollendete Vermögenszuwendung dar und unterliegt nach Satz 2 nicht der Rückforderung (RG 73, 143; Warn 1918 Nr 10). Dagegen ist bei einer Restkaufgeldhypothek nur die dingliche Einigung gültig; da die Forderung nicht entstanden ist, gehört die Belastung nach §§ 1163 Abs 1, 1177 Abs 1 als Eigentümergrundschuld dem Käufer (RG JW 1911, 317[2]; 1912, 853[4]; 1913, 540[3]; 1914, 929[15]; 1920, 707[6]; Warn 1914 Nr 253; 1919 Nr 24; Gruch 59, 899; 63, 484). Nichts hindert den Käufer, diese Tatsache durch Feststellungsklage oder durch Klage auf Einwilligung in die Umschreibung oder Löschung der Hypothek oder auf Herausgabe des Hypothekenbriefs (vgl. § 952) geltend zu machen. Es ist nicht zu billigen, wenn RG 71, 436; JW 1912, 632[1] derartigen Klagen mit Hilfe einer exc. doli generalis entgegengetreten sind. Solange der Käufer nur den durch § 817 geschaffenen Zustand zur Anerkennung bringen will, ist für eine solche Einrede grundsätzlich kein Raum. Kann er doch auch ohne Bewilligung des Verkäufers die Eintragung eines Widerspruchs (§§ 894, 899) und, wenn er den Vorschriften der GBO § 29 Satz 2, § 42 zu genügen vermag, die Umschreibung und Löschung der Hypothek durchsetzen (GBO § 22). Daher haben RG 75, 78; JW 1911, 317[2]; 1912, 853[4] unter ähn-

lichen Umständen die Arglisteinrede des Verkäufers mit Recht verworfen. Entsprechend verhielt es sich aber auch in dem Falle **RG** JW 1916, 180[1], in welchem ein Bordellkäufer, dem das Grundstück nicht aufgelassen war, der Vindikation des Verkäufers gegenüber die Herausgabe weigerte, bis ihm seine Zahlungen abzüglich der gezogenen Nutzungen erstattet würden; vgl. dazu den Fall **RG** 86, 191, wo der ebenfalls auf Räumung verklagte Bordellkäufer schon längere Zeit nichts mehr gezahlt hatte. In beiden Fällen, nicht nur in dem letzteren, hätte der Klage stattgegeben werden müssen. Die Verteidigung des Beklagten läuft immer darauf hinaus, daß dem Kläger die Ausübung eines Rechtes verwehrt sein soll, wenn er nicht freiwillig auf einen nach § 817 Satz 2 erlangten Vorteil verzichtet. Das geht nicht an. Der Grundsatz der Vertragstreue, dessen Durchführung die Einrede der Arglist bezweckt, greift da nicht Platz, wo das Gesetz wegen Unlauterkeit beider Teile die Sonderregel aufstellt: in pari causa melior est condicio possidentis. — Nicht hierhin gehört, obgleich es auf die beanstandeten Urteile verweist, **RG** Warn 1917 Nr 16. Ein Erbvertrag zwischen Ehegatten, worin die Frau mit einem Vermächtnis bedacht war, war durch einen beiderseits unsittlichen Vergleich der Gatten unter Zahlung einer Abfindung an die Frau aufgehoben worden; nach dem Tode des Mannes klagte sie gegen den Testamentserben auf Erfüllung des Vermächtnisses. Hier konnte die Klage allerdings keinen Erfolg haben, aber nicht aus dem Grunde des Reichsgerichts (Einrede der Arglist bis zur freiwilligen Rückgabe der Abfindung), sondern weil die Aufhebung des Erbvertrags ebensogut wie die Zahlung der Abfindung eine abstrakte Leistung war, die von der Nichtigkeit des kausalen Vergleichs nicht ergriffen wurde und nach Satz 2 nicht kondiziert werden konnte.

6. Gesetzgeberisch ist der § 817 verfehlt. In den meisten und wichtigsten Fällen eines die guten Sitten oder ein Verbotsgesetz verletzenden Empfanges ist der kausale Vertrag nach § 138 oder § 134 nichtig, so daß nach § 812 schon die Rechtsgrundlosigkeit des Habens zur Rückerstattung zwingt. Daneben und darüber hinaus, wie § 817 Satz 1 es tut, noch eine Kondiktion wegen der Verletzung als solcher zu geben, ist kein Bedürfnis. Das Schwergewicht der Bestimmung liegt denn auch in Satz 2, der dem verwerflich Leistenden die ihm sonst zustehende Kondiktion entzieht. Diese nur dem römischen Vorbild zuliebe aufgenommene Strafvorschrift widerstrebt aber dem modernen Rechtsgefühl. Wie peinlich die zu weit gehende Entrechtung des Wucherers empfunden wird, beweisen die Anstrengungen, die man gemacht hat, um das Ergebnis zu vermeiden (vgl. A 3 unter b und e). Auch daß der Konkursverwalter die Leistung des Gemeinschuldners nicht zur Befriedigung der Gläubiger zurückfordern darf (A 3 unter c), erscheint unbillig, und ähnliche Härten zeitigt die Versagung der Klage angesichts zahlreicher Verbote der heutigen Wirtschaftsgesetzgebung, deren Übertretung von der Verkehrsanschauung milde beurteilt wird. Den größten Anstoß aber erregt Satz 2 dann, wenn zugleich der Empfänger der Leistung verwerflich gehandelt hat und die Gegenleistung verweigert. Die rechtliche Ordnung des Bordellverkaufs, wie sie aus A 5 erhellt, ist ein Hohn auf die Gerechtigkeit, die die Rückgängigmachung der auf unsittlichem Grunde beruhenden Vermögensverschiebung, jedenfalls aber die Gleichbehandlung beider Parteien verlangt. Die dort vom Standpunkte der lex lata bekämpfte Arglisteinrede könnte, weil nur negativ wirkend, zur besseren Regelung des Verhältnisses nichts beitragen. Näher liegt es, die Abhilfe in der Richtung zu suchen, daß durch unterschiedslose Anwendung der Nichtigkeitsgrundsätze auch auf das Leistungsgeschäft der § 817 beiseite geschoben wird. Allein wenn man auch von der abstrakten Verpflichtung absehen wollte, dem Wesen und der Bedeutung der abstrakten Verfügung würde man hiermit nicht gerecht (vgl. A 1 unter d). Daß das Eigentum übergeht ohne Rücksicht auf einen von den Vertragschließenden verfolgten verwerflichen Zweck, ist eine Folge des anerkennenswerten Strebens des Gesetzes nach klarer Herausstellung des Grundeigentums. Auch würde der Grundbuchrichter oft gar nicht imstande sein, die Frage der Sittlichkeit oder Unsittlichkeit des Kausalvertrags zu lösen (vgl. v. Tuhr ArchZivPrax 120, 1 ff.). Daher darf an der abstrakten Verfügung nicht gerüttelt werden. Die Hilfe kann nur von einem Eingriff des Gesetzgebers in das Kondiktionsrecht kommen: § 817 muß aufgehoben und § 814 mit Rücksicht auf das in § 817 A 1 unter e Gesagte geändert werden.

§ 818

[1]) Die Verpflichtung zur Herausgabe[2]) erstreckt sich auf die gezogenen Nutzungen[3]) sowie auf dasjenige, was der Empfänger auf Grund eines erlangten Rechtes oder als Ersatz für die Zerstörung, Beschädigung oder Entziehung des erlangten Gegenstandes erwirbt[4]).

Ist die Herausgabe wegen der Beschaffenheit des Erlangten nicht möglich oder ist der Empfänger aus einem anderen Grunde zur Herausgabe außerstande[5]), so hat er den Wert zu ersetzen[6]).

Die Verpflichtung zur Herausgabe oder zum Ersatze des Wertes ist ausgeschlossen, soweit der Empfänger nicht mehr bereichert ist[7])[8]).

Von dem Eintritte der Rechtshängigkeit an haftet der Empfänger nach den allgemeinen Vorschriften[9])[10]).

E I 739, 740, 744, 745 Abs 2, 748 Abs 3 II 742; M 2 836—840, 845—847, 853, 854; P 2 683, 702—711.

1. Es wird der Umfang des Bereicherungsanspruchs bestimmt. Der **Bereicherungsanspruch** zielt ab auf den Unterschied im Vermögensstande des Verpflichteten vor und nach der ungerechtfertigten Vermögensverschiebung. Dieser Unterschied ist eine veränderliche Größe, die sich gewöhnlich (§ 818 Abs 4) erst mit der Rechtshängigkeit des Anspruchs, ausnahmsweise (§§ 819, 820) mit einem früheren Zeitpunkt fixiert. Hervorgebracht wird sie durch eine Reihe von Aktiv- und Passivposten, von denen jene in § 818 Abs 1 und 2 aufgezählt, diese aus Abs 3 zu entnehmen sind. Allerdings ist das Verhältnis nicht so geregelt, daß ohne weiteres ein in Geld berechneter Betrag zu zahlen wäre. Ähnlich wie beim Schadensersatz (§ 249) geht das Gesetz von der naturalen Rückgewähr aus, indem es die Herausgabe des Erlangten vorschreibt (§ 818 Abs 1, § 812 Abs 1 Satz 1, § 816 Abs 1 Satz 1 Abs 2, § 817 Satz 1). Doch wird der Grundsatz hier in viel geringerem Maße durchgeführt. Überall, wo dem Bereicherten durch Nötigung zur Herausgabe mehr als der Gewinn abgenommen würde, tritt der Ersatz des Wertes an die Stelle (§ 818 Abs 2, vgl. A 5). Die so bestimmte Verpflichtung gilt ohne Unterschied der verschiedenen Gründe der Kondiktion (**RG** 63, 355). Auch bei einem Eingriff in fremdes Vermögen hat der unberechtigt Verfügende den Eingriffserwerb (§ 816 Abs 1 Satz 1) nicht schlechthin, sondern nur in den Grenzen der Bereicherung herauszugeben (**RG** JW 1911, 152[7]; SeuffA 67 Nr 80). Das Gesetz bietet auch keinen Anhalt dafür, daß in diesem Falle der Bereicherungsbegriff anders als sonst verstanden werden sollte. Im Gegenteil wurde eine unterscheidende Behandlung bei der Beratung ausdrücklich abgelehnt (Prot 2, 707). Wenn der verfügende Nichtberechtigte mitunter milde angefaßt wird, so mag das als Ausgleich dafür gelten, daß er unter Umständen, sofern er durch besonders geschickte und glückliche Berechnung einen außergewöhnlich hohen Preis erzielte, Spekulationsgewinn herausgeben muß (vgl. § 816 A 2). — Abweichend von der Regel geht der Bereicherungsanspruch in den Sonderfällen des § 951 Abs 1 stets auf Wertersatz (**RG** Recht 07 Nr 1654), und nach § 528 Abs 1 Satz 2, § 1973 Abs 2 Satz 2, § 2329 Abs 2 kann der Verpflichtete die geschuldete Herausgabe durch Zahlung des Wertes abwenden. Natürlich kann auch ein Vertrag der Parteien die Folgen der ungerechtfertigten Bereicherung anders ordnen als das Gesetz (**RG** JW 1912, 850[2]).

2. In erster Linie ist **das Erlangte herauszugeben.** A. Das bezieht sich zunächst auf den Gegenstand selbst. I. a) Die Handlungen, die hierzu notwendig sind (Rückübergabe der beweglichen Sache, Rückauflassung des Grundstücks, Rückabtretung der Forderung usw.), richten sich nach der Art des Erlangten; bei beweglichen Sachen kann die Herausgabe auch durch Abtretung des Anspruchs nach § 931 vollzogen werden. Über den Inhalt des Anspruchs bei der cond. possessionis gegen den mittelbaren Besitzer vgl. **RG** Recht 1920 Nr 2386, 2388. Eine Forderung, die auf einem grundlosen abstrakten Versprechen beruht, ist zu erlassen (§ 812 A 10). Ist umgekehrt der Erlaß einer Forderung oder der Verzicht auf ein sonstiges Recht ohne Grund erlangt, so muß das aufgegebene Recht wiederhergestellt werden (**RG** 53, 296; JW 1912, 459[6]; Gruch 57, 959; **RG** Recht 1914 Nr 2411). Die Forderung wird hierbei unmittelbar geltend gemacht, indem der Gläubiger der Berufung auf den Erlaß mit der Replik der ungerechtfertigten Bereicherung begegnet (so **RG** JW 02 Beil 255[168]; **RG** Recht 1915 Nr 1527; **RG** 10. 1. 21 IV 527/20; zu dem gleichen Ergebnis führt bei Schadensersatzpflicht des Schuldners der § 249, vgl. **RG** 84, 135). b) Hat der Bereicherte die grundlos erlangte Sache mit einem Rechte belastet, so hat er sie mit der Belastung und dem dafür etwa empfangenen Entgelt herauszugeben. Dies gilt auch dann, wenn er ein Grundstück mit einer Hypothek belastet hat (darüber, daß er von der persönlichen Verpflichtung, die er einging, zu befreien ist, vgl. A 7 unter 2 b β). c) Ist nicht alles ohne rechtlichen Grund erlangt, so ist nur das grundlos Erlangte herauszugeben. Eine Teilung findet auch dann statt, wenn alles grundlos erlangt ist, aber nur zum Teil auf Kosten des Klägers. Doch kann hier nach den Umständen des Falles, wenn eine beschränkte Herausgabe an die einzelnen Benachteiligten unmöglich ist, jeder von ihnen die Herausgabe an alle oder die Hinterlegung zugunsten aller fordern (§ 432). Führt auch das nicht zum Ziele, so wird der Gegenstand dem einen herausgegeben, während die Ausgleichung unter den Benachteiligten vorbehalten bleibt.

II. **Nutzungen,** d. h. die natürlichen und Zivilfrüchte sowie die Vorteile, die der Gebrauch der Sache oder des Rechtes gewährt (§§ 99, 100; vgl. **RG** Warn 1922 Nr 122). In Betracht kommen aus der Zeit vor der Rechtshängigkeit (Abs 4) oder den in §§ 819, 820 bestimmten

Zeitpunkten nur wirklich gezogene Nutzungen, also auch von Zinsen nur die empfangenen; § 452 ist nicht entsprechend anwendbar (RG Recht 1916 Nr 1292). Anderseits handelt es sich, außer um die Nutzungen des ursprünglich Erlangten, auch um diejenigen Nutzungen, die aus dem herauszugebenden Surrogat gezogen sind (OLG 18, 54). Die Vorschriften der Abs 2 und 3 (Werterſatz und Wegfall der Bereicherung) gelten auch für die Nutzungen; die Gewinnungskosten sind daher auch über § 102 hinaus abzurechnen. Daß Nutzungen gezogen wurden, hat der Kläger zu beweisen (RG JW 1910, 17[24]), soweit es sich nicht, wie bei einem Bankier, der Geld empfangen hat (RG 53, 371), oder wenn zinstragende Wertpapiere herauszugeben sind (RG Warn 1918 Nr 182; RG 28. 10. 16 V 185/16), von selbst versteht.

III. **Surrogate.** Auf Grund eines erlangten Rechtes ist erworben, was in bestimmungsgemäßer Ausübung des Rechtes erlangt ist, also der Gegenstand der eingezogenen Forderung, der Pfanderlös, die Ablösungssumme der Grundschuld. Nicht hierhin gehört, was der Schuldner durch Vertrag an Stelle des ursprünglich Erlangten eintauscht, z. B. der Kaufpreis für die grundlos erworbene, von ihm weiterveräußerte Sache oder der mit dem grundlos empfangenen Geld angeschaffte Gegenstand. Die abweichende Fassung der Vorschriften des ehelichen Güterrechts und des Erbrechts (§ 1370, § 2019 Abs 1) läßt keinen Zweifel daran, daß das Gesetz hier wie bei der Gesellschaft (§ 718 Abs 2) den Surrogationsgrundsatz absichtlich nicht weiter ausdehnen wollte (vgl. Prot 2, 709; RG 86, 347; 101, 391; RG 13. 12. 18 II 352/18; RG 18. 2. 21 II 433/20). Der Fall des § 816 Abs 1 Satz 1 ist ein anderer. Dort hat ein Nichtberechtigter verfügt; hier handelt es sich um die Verpflichtung des dinglich Berechtigten, der nur ohne rechtfertigenden Grund erworben hat. Übrigens haftet auch der Verfügende nach § 816 nur auf das Ergebnis der ursprünglichen Verfügung, nicht auf das, was er für das zunächst Erlangte durch ein weiteres Rechtsgeschäft erwarb. Herauszugeben ist mithin der Haupttreffer, der auf das ohne rechtlichen Grund erworbene Los entfallen ist, nicht der Haupttreffer, der auf das Los entfiel, das mit grundlos erlangten Mitteln erworben wurde; im letzteren Falle wird nur der Wert der Mittel erstattet. Der Ersatz für die Beschädigung, Zerstörung oder Entziehung des Gegenstandes, der gleichfalls herauszugeben ist, kann auf Vertrag (Versicherungsgelder), unerlaubter Handlung oder auf rechtmäßigem Eingriff beruhen. An Ersatzstücke, die der Schuldner, wie im Falle des § 1382, selbst angeschafft hat, ist nicht gedacht.

B. Bei **Unmöglichkeit, Unvermögen, Untunlichkeit** hat der Verpflichtete den Wert zu ersetzen, soweit ein solcher in seinem Vermögen zurückgeblieben ist. **a)** Objektive Unmöglichkeit der Herausgabe kann in der Beschaffenheit des Erlangten ihren Grund haben. So bei geleisteten Diensten (RG LZ 1915, 521), genossenen Gebrauchsvorteilen, Befreiung von einer Schuld gegenüber einem Dritten; vgl. auch den Fall RG 97, 245, wo die Klägerin, der das Grundstück von vornherein gehörte, auf Kosten der Beklagten die darauf errichteten Fabrikanlagen erlangt hatte und der Grund der Erlangung nachträglich weggefallen war. Die Unmöglichkeit der Herausgabe kann ferner darin liegen, daß der erlangte Gegenstand oder das an seine Stelle getretene Surrogat (A 4) untergegangen oder untrennbar verbunden, vermischt oder verarbeitet ist (§§ 946ff.). Diesen Fällen wird das subjektive Unvermögen des Schuldners schon durch den Wortlaut des Abs 2 gleichgestellt. Überhaupt aber geht der Gedanke des Gesetzes dahin, daß dem Schuldner nur die Bereicherung abgenommen werden soll. Wer daher eine grundlos erlangte Sache veräußert hat, braucht sie nicht zwecks Herausgabe zurückzuerwerben, auch wenn ihm dies möglich wäre; er ersetzt den Wert (RG 56, 387). Das gleiche muß gelten, wenn der Schuldner das grundlos Erlangte infolge enger Verbindung mit seinem übrigen Vermögen nicht herausgeben könnte, ohne durch die Ausscheidung mehr als den Wert des Erlangten einzubüßen. In diesem Sinne genügt schon Untunlichkeit der Herausgabe in Natur, um an deren Stelle den Werterſatz treten zu lassen. — Teilweise Unmöglichkeit, z. B. bei Beschädigung oder Belastung der Sache, bildet kein Hindernis, die Sache herauszugeben (vgl. A 2). Keinen Unterschied begründet es, ob der Schuldner eine Unmöglichkeit schuldhaft herbeigeführt hat (RG Warn 1917 Nr 140). Er braucht nur herauszugeben, was er noch hat; erst mit der Rechtshängigkeit (A 9) oder mit den in §§ 819, 820 bezeichneten Zeitpunkten tritt eine Steigerung seiner Verpflichtung ein.

b) Die Vorschrift, daß in den Fällen der A 5 der Wert ersetzt werden muß, ist zwingend auch gegen den Kläger, der nicht statt des Wertes sein Interesse oder das, was der Beklagte vertragsmäßig mit dem ursprünglich Erlangten erwarb, beanspruchen kann. Sie gilt auch für den Fall, wenn der Beklagte vertretbare Sachen erlangt hat. Unter Wert versteht das Gesetz den objektiven Wert, den gemeinen Verkehrswert. Die Unbilligkeit, die hierin für den Beklagten liegen könnte, wird durch den Grundsatz des Abs 3 unschädlich gemacht. In RG 97, 252 wird der Wert einer mehrjährigen vertragslosen Benutzung von Fabrikanlagen als ihr Pachtwert bezeichnet. Bei genossenen Dienstleistungen kommt es auf die angemessene Vergütung an (RG SeuffA 70 Nr 149); doch kann, wenn ein Dienstvertrag geschlossen war und nichtig ist, mitunter als Wert die bedungene Gegenleistung betrachtet werden (vgl. auch OLG 36, 57). Stets ist bei Diensten nur diejenige Zeit in Rechnung zu stellen, während deren sie tatsächlich geleistet wurden, nicht etwa die Zeit bis zu dem der Beendigung des Verhältnisses folgenden nächsten Kündigungstermin. Ging der Anspruch nur auf Herausgabe des **Besitzes** (cond. possessionis), so darf dessen Wert nicht dem Werte der Sache gleichgesetzt werden (RG 98, 135; 115, 34). Ist ein herauszugebender Gegenstand zugleich mit andern Gegenständen um einen Gesamtpreis veräußert worden, so findet, ähnlich wie nach § 471, eine verhältnismäßige Berechnung statt (RG 75, 361; vgl. § 816 A 3 unter a). — c) Fragen, die durch die **Geldentwertung** brennend geworden sind (vgl. dazu namentlich RG 114, 344 und auch § 812 A 6 unter 2c). Die Grundsätze der Aufwertung, wie sie aus § 242 entwickelt worden sind, kommen hier nicht zur Anwendung (Mügel JW 1927, 38). Immerhin haben die Wirkungen der Geldentwertung nicht auszuscheiden bei Berücksichtigung der Feststellung des im Vermögen des Bereicherten jetzt noch verbliebenen Wertes (RG 16. 2. 27 V 202/26; RG JW 1927, 980[13]). Vgl. Stoll, Berücksichtigung der Geldentwertung bei Bereicherungsansprüchen JW 1927, 1810 ff. In RG 108 S. 110, 120 wird dagegen die Anwendbarkeit der Aufwertungsgrundsätze anerkannt, ebenso RG JW 1926, 2359[2], freilich mit der Einschränkung, daß es dem zu einem Bereicherungsanspruch Berechtigten gelungen wäre, den geschuldeten Betrag trotz Entwertung der Papiermark in seinem früheren Werte zu erhalten. aa) Hat jemand grundlos ausländisches Geld erlangt und verbraucht, so schuldet er nicht **tantundem ejusdem generis**, sondern muß den Wert in deutschem Gelde ersetzen. Auch hier handelt es sich um vertretbare Sachen, nämlich um die konkreten Münzen oder Scheine, die erlangt wurden. Können sie nicht mehr herausgegeben werden, so greift Abs 2 des § 818 Platz. Mit Unrecht nimmt daher das Reichswirtschaftsgericht JW 1922, 1150; 1923, 141 unter solchen Voraussetzungen Valutaforderungen der Ausländer an, für deren Tilgung das Reich nach dem Ges. v. 24. 4. 20 § 44, § 46 Abs 2 Entschädigung gewähren müßte. bb) Nicht selten ist zu prüfen, nach welchem Zeitpunkt sich der Wertersatz bestimmt. α. In den Fällen, wenn deutsches Geld ohne Grund erlangt wurde, kann diese Frage nicht aufgeworfen werden. Auf den ersten Blick freilich scheint der Begriff einer Wertersatz- (Wertleistungs-) Schuld dazu zu nötigen, den inneren Wert der Mark statt des Nennwerts entscheiden zu lassen. Danach würde man auf ihre Kaufkraft im Inlande Rücksicht nehmen, also dem Gläubiger so viel zusprechen, daß er damit an dem kritischen Tage (sei dies nun der Tag des Verbrauchs des Empfangenen oder der Tag der Entstehung der Kondiktion oder der ihrer Befriedigung) die gleiche Menge Waren anschaffen könnte wie mit dem erlangten Gelde zur Zeit der Erlangung. Auch daran ließe sich denken, die Ersatzpflicht nach dem Kurse der Mark am Tage der grundlosen Erlangung in die Währung eines valutastarken Landes (Dollar) umzurechnen und den so gefundenen Betrag nach dem Kurse des Stichtages in Mark zurückzurechnen. Aber alle solche Versuche scheitern an der gesetzlichen Fiktion der Wertbeständigkeit der deutschen Währung, d. h. an dem Rechtssatz, daß die Mark, soweit nicht (wie in dem Ges. v. 21. 7. 19 über die Zahlung der Zölle in Gold) etwas anderes vorgeschrieben ist, als wertbeständig behandelt werden soll. Die Wertersatzpflicht ist eine gewöhnliche Geldschuld (Summenschuld), gerichtet auf Zahlung von deutschem Gelde nach seinem Nennwert. Das war auch in dem Falle des LG Stuttgart JW 1923, 135 zu beachten. Ein Fabrikant hatte im März 1917 einen Kraftwagen zur Lieferung drei Monate nach Friedensschluß für 21 000 Mark verkauft und 7000 Mark angezahlt erhalten, die in seinem Geschäfte verbraucht waren; als er im Oktober 1919 wegen veränderter Umstände vom Vertrage zurücktrat, forderte der Besteller unter Hinweis auf die inzwischen gesunkene Kaufkraft der Mark Erstattung von 70000 Mark. Auf das Recht der cond. ob causam finitam (vgl. § 812 A 8 unter cγ) und § 818 Abs 2 konnte diese Forderung nicht gestützt werden. (Eher auf das Vertragsrecht, das das Landgericht a. a. O. auch in erster Linie zur Begründung seiner der Klage stattgebenden Entscheidung heranzieht. Hat ein Fabrikant den vollen Preis des Werkes bei Vertragsschluß vorausgezahlt erhalten, so kann er überhaupt nicht wegen einer nachträglichen Geldentwertung zurücktreten, RG JW 1923, 457[2], und das gleiche wird bei besonderer Höhe des empfangenen Vorschusses anzunehmen sein. Ist aber der Rücktritt zulässig, so dürfte aus § 242 die Verpflichtung folgen, den zurückzuerstattenden Vorschuß entsprechend dem Sinken des Binnenwerts der Mark aufzuwerten. Jedenfalls ist die Vollwertigkeit des Vorschusses bei Berechnung der Summe zur Geltung zu bringen, die der Besteller nach RG 103, 329; 106, 10 anbieten muß, um dem Rücktritt des Fabrikanten zu entgehen. Nur der Rest des Preises braucht aufgewertet zu werden.) β. Im übrigen wurde in den früheren Auflagen und in RG 101, 391 als maßgebender Zeitpunkt für den Wertersatz der Tag des grundlosen Erlangens genannt, der jedoch nicht auf alle Fälle paßt. Richtiger wird auf den Tag der Entstehung der Wertersatzpflicht abgestellt. Ist die Herausgabe des Erlangten von Anfang an unmöglich (Empfang von Dienstleistungen, Befreiung von einer Schuld usw.), so fallen beide Tage zusammen. Wenn aber ausländisches Geld oder etwas anderes als Geld (eine individuelle Sache, eine Forderung, ein sonstiges Recht) ohne Grund erlangt ist, muß auf den Zeitpunkt gesehen werden, mit dem die primäre Herausgabepflicht durch Verbrauch oder aus andern Gründen unerfüllbar wurde. Für ausländisches Geld ist dann so viel in Mark zu zahlen, wie der Kurs des Tages des Verbrauchs ergibt. Bei einer Sache, die der Bereicherte deshalb nicht mehr herausgeben kann, weil er sie an einen Dritten veräußert hat, entscheidet zwar nicht schlechthin der erzielte Kaufpreis (vgl. A 4), wohl aber der Marktwert zur Zeit der Veräußerung. Ein späterer Zeitpunkt als der des Wegfalls der Herausgabepflicht kommt für die Wertberechnung nicht in Betracht. c) Ist der Bereicherte verklagt oder bösgläubig geworden, so steigert sich seine Verpflichtung nach Maßgabe der Verzugsgrundsätze (vgl. A 9 a. E.).

7. **Beschränkung auf die Bereicherung.** 1. Die Verpflichtung zur Herausgabe oder zum Werterſatz besteht nur, soweit der Empfänger bereichert ist, sie fällt weg, wenn dies nicht mehr der Fall ist. Der Anspruch aus §§ 812 ff., 818 ist kein strictum judicium wie die Kondiktion des römischen Rechtes, sondern hat einen in mancherlei Hinsicht zunächst ungewissen, dem Kläger unerkennbaren Inhalt. Der Gedanke des Gesetzes ist der, daß der Empfänger durch die ungerechtfertigte Vermögensverschiebung wie keinen Vorteil, so keinen Schaden haben soll. Er soll keinen Vorteil davon haben. Ist das ursprünglich Erlangte zwar untergegangen, hat sich aber ursächlich daraus eine anderweite Vermögensverbesserung entwickelt, so ist, soweit dies zutrifft, die Bereicherung erhalten geblieben; wie aus Abs 1 und 2 zusammengenommen folgt, muß der Wert des Erlangten erstattet werden. Auf der andern Seite bestimmt Abs 3, daß die Verpflichtung in der Bereicherung ihre Grenze finden soll. Nur insoweit tritt die Herausgabe- oder Ersatzpflicht ein, als das Vermögen unter Berücksichtigung der mit dem Erwerb verbundenen Schmälerungen gebessert ist. Die Bereicherung besteht in dem Überschuß der Aktiv- über die Passivposten, also in einem Saldo. Dabei werden alle Kondiktionen gleichmäßig behandelt, die Kondiktion wegen unberechtigter Verfügung nicht anders als die cond. indebiti (vgl. A 1). Dem Empfänger wird jeder Nachteil gutgebracht, der mit dem grundlosen Erwerb in ursächlichem Zusammenhange steht (vgl. RG 54, 141; 60, 293; 75, 362; 86, 344; 106, 7; 114, 346). 2. Im einzelnen sind folgende Möglichkeiten einer Minderung der Bereicherung zu erwähnen: a) Der an sich herauszugebende Gegenstand ist im Vermögen des Empfängers nicht mehr vorhanden und hat auch keine Werterhöhung hinterlassen. So wenn das ganze Vermögen nicht mehr dem Betrage des Erlangten gleichkommt oder wenn der erlangte Gegenstand durch Unterschlagung seitens des empfangenden Vertreters wieder ausgeschieden ist (RG 65, 298; JW 08, 403 [4]; vgl. auch den Fall RG Recht 1921 Nr 2174). Hat der Empfänger den Gegenstand unter seinem Werte veräußert, so haftet er auf Zahlung des Wertes nur insoweit, als dieser durch das empfangene Entgelt gedeckt wird (RG 75, 362; JW 1915, 711[14]). b) Das grundlos Erlangte ist noch vorhanden, aber das sonstige Vermögen des Empfängers hat einen Verlust erlitten, der mit dem Erwerb zusammenhängt. Auch dies muß berücksichtigt werden, und deshalb sind abzuziehen: α. alle Verwendungen auf die erlangte Sache, nicht nur die notwendigen oder nützlichen, die dem Kläger zugute kommen (RG Warn 1919 Nr 196); β. die nach der Verkehrsanschauung als Lasten des Erwerbs geltenden und daher eng mit diesem verbundenen Aufwendungen, z. B. die Fracht, die Mäklergebühren (RG 72, 1; a. M. OLG 38, 126), die Kosten der Beurkundung des Vertrags (a. M. OLG 38, 126), die Fruchtgewinnungskosten (A 3; vgl. auch RG Recht 1911 Nr 320). Hat der Beklagte ein Grundstück herauszugeben, so ist er von der persönlichen Haftung für die beim Erwerb übernommenen Hypotheken zu befreien (RG JW 1914, 301[8]). γ. Die Bereicherung wird sodann gemindert durch Aufwendungen anderer Art, die im Hinblick auf den vermeintlichen Vermögenszuwachs gemacht worden sind. Hauptsächlich kommt der allgemeine Lebensaufwand in Betracht. Wurde der Beklagte durch das Vertrauen auf den Erwerb zu Ausgaben verleitet, die er andernfalls vermieden haben würde, so hat er nichts erspart, ist also nicht bereichert. Bei wirtschaftlich unnützen Ausgaben (Vergnügungsreise nach vermeintlichem Lotteriegewinn) liegt dieser Beweggrund oft zutage; selbst wenn der Empfänger geisteskrank ist, wird der Nachweis solcher Ausgaben nicht selten genügen, um die Kondiktion zu entkräften. Auch andere Fälle kommen vor, in denen der Zusammenhang zwischen Erwerb und Aufwendung unterstellt werden darf. Bei Unterhaltsgeldern ist es z. B. die Regel, daß sie bestimmungsgemäß verwendet werden. Erhält ein Beamter mehr Gehalt, als er zu beanspruchen hat, so pflegt er auch mehr auszugeben, wodurch dann die Bereicherung wegfällt (vgl. RG 63, 41; 83 S. 159 und 161; JW 1911, 323[15]; Warn 1919 Nr 147; Gruch 48, 1090; zu eng RG 62, 248). Nur wenn das ganze Gehalt ohne Rechtsgrund gezahlt wurde, ist eine Fortdauer der Bereicherung in der Höhe anzunehmen, in der sich das Gezahlte mit den Kosten seiner gewöhnlichen Lebensführung deckt. War anderseits das grundlos gezahlte Geld nicht der Natur nach zur Verausgabung bestimmt, so genügt es zum Beweise des Wegfalls der Bereicherung nicht, daß der Beklagte große Ausgaben gemacht und unglücklich gewirtschaftet hat; das Geld kann deshalb doch nutzbringend angelegt sein (RG 68, 270). — Daß die Aufwendung den Vermögenszuwachs zeitlich begleiten oder ihm nachfolgen müßte, ist nicht erforderlich. Auch vorangegangene Ausgaben können mit ihm zusammenhängen, wenn sie in Erwartung des Erwerbs geleistet wurden. Kein solcher Zusammenhang besteht aber zwischen dem, was der Verfügende im Falle des § 816 Abs 1 Satz 1 von seinem Nachmann erlöst, und dem, was er vorher zwecks Erwerbs der Sache an einen andern als den Eigentümer gezahlt hatte. Das kann

praktisch werden, wenn ein geschäftsunfähiger Besitzmittler oder ein nicht bevollmächtigter Vertreter des Eigentümers ihm die Sache verkaufte und den Preis empfing. Da hier der Eigentümer mit beiden Verträgen, auch mit demjenigen, worin der Verfügende Käufer war, nichts zu tun hat, darf dieser den herauszugebenden Erlös nicht um das seinerseits Gezahlte kürzen, sondern muß sich an seinen Vormann halten (vgl. RG SeuffA 66 Nr 132, OLG Hamburg HansRZ 1921, 674 und wegen § 440 Abs 2 RG 106, 45. Anders wenn der Verfügende von dem Eigentümer selbst gekauft hat und dessen Geschäftsunfähigkeit seinen Eigentumserwerb hinderte; vgl. A. 8). Das gleiche gilt für den Erwerb des Eigentums an abhanden gekommenen Sachen durch Verarbeitung seitens des Käufers (§§ 935, 950): der Kaufpreis bildet keinen Minderungsposten des nach §§ 951, 818 Abs 2 zu ersetzenden Werts (RG 106, 4). Keine abzugsfähige Aufwendung liegt auch vor, wenn die Einbuße durch einen rechtlichen Vorteil ausgeglichen wird. So wenn das Geld zur Tilgung gültiger Schulden des Beklagten verbraucht wurde (vgl. RG 72, 4; RG Recht 1912 Nr 1295; RG 5. 3. 06 IV 20/05) oder wenn eine Forderung gegen einen Dritten den Ausgleich bewirkt. In RG 98, 64, wo der klagende Eigentümer bei Lieferung der Ware an den beklagten Käufer sich selbst für den Verkäufer hielt, während der Kaufvertrag von seinem Angestellten im eigenen Namen geschlossen war, hat die Rücksicht auf den von dem Beklagten an den Angestellten gezahlten Kaufpreis mit Unrecht zur Abweisung der Kondiktion geführt. Die Bereicherung des Beklagten um die Ware oder deren Wert war durch die Zahlung nicht weggefallen, denn der Angestellte hatte durch die Lieferung des Klägers, die nicht für seine Rechnung erfolgt war, nicht erfüllt und war nach wie vor zur Lieferung verpflichtet. δ. Ferner müssen alle Schädigungen in Absatz gebracht werden, die der Beklagte infolge der Vermögensverschiebung erlitten hat, wie etwa, wenn sein Vieh durch das vom Kläger gelieferte Tier angesteckt ist (vgl. hierzu auch RG JW 1911, 40[24]; 1912, 690[16]; 1918, 132[5]). Besonders hervorzuheben sind die Fälle, in denen ein ihm zustehendes Recht dadurch, daß er auf die Unwiderruflichkeit seines Erwerbes rechnete, untergegangen oder entwertet ist. Z. B. da der Wechsel von einem Bezogenen, der fälschlich akzeptiert zu haben glaubte, eingelöst wurde, hat der Gläubiger durch Versäumung der Protestfrist den Rückgriff gegen die Vormänner eingebüßt (ROHG 17, 1); weil der Gläubiger von einem Pseudoschuldner ein indebitum empfing, hat er die Forderung gegen den wahren Schuldner verjähren lassen (RG 44, 145; 70, 352; a. M. OLG 22, 356; SächsArchR 08, 481), die dafür bestimmte Ausschlußfrist nicht gewahrt (RG Warn 1920 Nr 151), oder er hat Bürgen entlassen, auf Pfandrechte verzichtet. Vor allem kann die Verwirklichung seines Rechtes durch eine in der Zwischenzeit eingetretene Verschlechterung der Vermögensverhältnisse des Schuldners unsicher geworden sein. Die Frage des Wegfalls der Bereicherung wirft sich hier ebenso auf wie in dem Falle, wenn der Beklagte das empfangene Geld einem Dritten geliehen oder zu Leistungen, für die ihm ein Dritter ersatzpflichtig ist, verwandt hat und der Dritte zahlungsunfähig ist oder wird. Während RG Gruch 51, 922 (VII 454/06; vgl. dazu RG 86, 349) und RG 56, 356 den Punkt nicht erwähnen, beidemale aber auch an der Zahlungsfähigkeit des Dritten kein Zweifel bestand, gehen RG JW 1912, 788[1], Warn 1917 Nr 140 (vgl. auch RG 72, 4) mit Recht davon aus, daß der Beklagte nicht als bereichert gelten kann, wenn und soweit seine Forderung wertlos ist. Hierüber Beweis anzuordnen, erscheint aber nicht angemessen, zumal sich der Wert täglich ändern kann. Das richtige ist, den Beklagten, sofern die Zahlungsfähigkeit des ersatzpflichtigen Dritten bzw. des ursprünglichen Schuldners nicht außer Streit ist, nur zur Abtretung der Forderung an den Kläger zu verurteilen (vgl. dafür auch RG 86, 348; SeuffA 70 Nr 150). — Nach einzelnen Entscheidungen soll dadurch allein schon, daß der Gläubiger die Schuldsumme von einem Dritten ohne Grund empfängt, seine Forderung gegen den Schuldner untergehen (vgl. RG JW 09, 274[7]; 1912, 788[1]; 1914, 79[11]; Warn 1911 Nr 25). Dem ist nicht beizutreten. Da der Dritte nicht nach § 267 die Leistung des Schuldners bewirken wollte, erlischt die Forderung hierdurch nicht, vielmehr stellt sich, wenn klar wird, daß der Gläubiger das Empfangene nicht behalten darf, heraus, daß sie unberührt geblieben ist (vgl. RG 44, 144; 70, 352; Warn 1920 Nr 151; annähernd ebenso RG 40, 292, das die Forderung mit der Herausgabe des Empfangenen an den Zahler wiederaufleben läßt). Die gegenteilige Meinung ist auch praktisch sehr bedenklich. Jene Urteile verlangen Beweiserhebung über die Zahlungsfähigkeit des Schuldners zur Zeit der Leistung des indebitum, weil, wenn die Forderung vollwertig gewesen sei, der Gläubiger im Ergebnis nichts gewonnen habe. Ganz abgesehen indes von den Schwierigkeiten einer solchen Untersuchung wird der formell anerkannte Satz, daß gegen den Gläubiger kondizieren kann, wer in dem Irrtum, selbst Schuldner zu sein, die Schuld eines andern als eigene Schuld gezahlt hat (vgl. § 813 A 6), auf diese Weise wieder zurückgenommen. Auch die von der Rechtsprechung vertretene Bereicherungshaftung desjenigen Gläubigers, der sich durch Zwangsvollstreckung aus Sachen eines Nichtschuldners befriedigt hat (vgl. § 816 A 3), würde hiermit unvereinbar sein. ε. Die Bereicherung wird gemindert oder ausgeschlossen durch Schäden, die mit der Herausgabe an den Kläger verbunden sind. Vor allem hat die Herausgabe auf Kosten des Klägers zu erfolgen (vgl. RG 96, 347). Hat sich ferner der Beklagte bei Meidung von Vertragsstrafe zur Veräußerung des Erlangten an einen Dritten verpflichtet, so muß er von der Verpflichtung befreit werden. Ebenso ist es zu berücksichtigen, wenn durch die Herausgabe sein Geschäft oder seine sonstige Wirtschaft eine Störung erfährt.

8. Schwierigkeiten bereitet die **Behandlung der Gegenleistung.** Eine doppelte Möglichkeit bietet sich dar, die hier durch die Bezeichnungen Saldotheorie und Zweikondiktionentheorie veranschaulicht werden mag. Man kann die Gegenleistung, ebenso wie die in A 7 erwähnten Posten, als bloßen Abzugsposten (Rechnungsfaktor) auffassen, so daß der Empfänger der Leistung nur auf dasjenige haftet, um was ihr noch vorhandener Bestand oder Wert die Gegenleistung oder deren Wert übersteigt. Alsdann ist nur ein Vertragsteil mit einem Bereicherungsanspruch belangbar, nämlich der, bei dem sich ein Überschuß ergibt. Leistung und Gegenleistung werden nicht erst durch den Beklagten und nicht mittels Aufrechnung oder Zurückbehaltung miteinander verknüpft, vielmehr ist die Gegenleistung auch dann zu berücksichtigen, wenn sie aus dem Vortrage des Klägers hervorgeht. Der Anspruch ist „in sich selbst beschränkt" (Saldotheorie). Die andere Möglichkeit ist die, gegen jeden Vertragsteil einen selbständigen Bereicherungsanspruch auf die empfangene Leistung zu geben, soweit sie sich noch in Natur oder dem Werte nach bei ihm befindet, und eine Verbindung zwischen den beiden Ansprüchen nur nach den Regeln der Aufrechnung oder Zurückbehaltung zuzulassen (Zweikondiktionentheorie). Das Reichsgericht vertritt überwiegend die erstere Auffassung (vgl. RG 54, 141; 60, 291; 72, 65; 86, 344; 94, 253; 105, 31; JW 1910, 283[11], 1911, 583[24]; 1915, 918[7]; 1918, 132[5]; Warn 1918 Nr 24; 1921 Nr 43; SeuffA 76 Nr 26; Gruch 55, 963; Recht 1911 Nr 3309; 1916 Nr 393, 1334; 1918 Nr 701). In der Literatur wird ihm von verschiedenen Seiten der Vorwurf ungenügender Analysierung des Tatbestandes gemacht. Habe bei einem nichtigen Kaufvertrage, so wird ausgeführt, der Käufer den Preis für die Sache gezahlt, so sei nicht der Erwerb der Sache die Ursache der Zahlung, vielmehr sei die Zahlung erfolgt, weil sich der Käufer irrig für verpflichtet angesehen habe. Sei, wie bei Geschäftsunfähigkeit des Verkäufers, auch das Erfüllungsgeschäft nichtig und habe der Käufer den Wert der Sache erst durch Weiterveräußerung erlangt, so sei sie bis dahin der Vindikation ausgesetzt gewesen, wobei der Verkäufer nur insoweit, als er durch den Preis noch bereichert sei, eine Einrede der Zurückbehaltung habe gewärtigen müssen. Warum sich seine Lage durch die Weiterveräußerung verschlechtern solle, leuchte nicht ein (vgl. v. Tuhr Festgabe für Bekker 307, Allg. Teil II 1, 358, Schneider JheringsJahrb 61, 179, Oertmann Komm. § 818 A 3aα, DJZ 1915, 1063 sowie in JW 1918, 132; 1919, 377). Diese Erwägungen, denen sich die 3. Aufl. des Kommentars angeschlossen hatte, können bei nochmaliger Prüfung nicht gebilligt werden. Daß für die Vindikation etwas anderes gilt als für die Bereicherungsklage, hat nichts Befremdliches (vgl. Maenner DJZ 1916, 282). Wird die Bereicherung durch jede Ausgabe und jeden Nachteil gemindert, der mit dem Erwerb in ursächlichem Zusammenhange steht (vgl. A 7 unter 1), so liegt ein solcher Zusammenhang auch bei der Gegenleistung vor. Es ist nicht richtig, daß der Käufer im Fall eines nichtigen Kaufvertrags den Preis nur zu dem Zwecke zahle, um seine vermeintliche Verpflichtung zu erfüllen; er zahlt ihn zugleich, um der Sache teilhaftig zu werden oder um sie, wenn er sie schon empfing, zu behalten. Ohne die Aussicht hierauf würde er die Zahlung nicht vornehmen. Übrigens beschränkt sich die Frage nicht auf das nichtige Kausalgeschäft, sondern kommt, wenngleich seltener, auch beim gültigen vor, wo der Anspruch jedes Teiles auf die Leistung von der Bewirkung der Gegenleistung rechtlich abhängt. Dahin gehören von den angeführten Entscheidungen die Fälle der cond. ob causam datorum, wenn die auflösende Bedingung des gegenseitigen Vertrags eintritt (Warn 1921 Nr 43) oder sein Zweck sich erledigt (SeuffA 76 Nr 26). Was aber die Nichtigkeit des Erfüllungsgeschäfts angeht, so wird dadurch an der Kausalität nichts geändert. Gewiß erlangt derjenige, der eine Sache von einem unerkannt Geschäftsunfähigen kauft und gegen Zahlung des Kaufpreises übergeben erhält, hierdurch nur den Besitz, und ebenso gewiß wird durch den Wert, den ihm die Weiterveräußerung einbringt, nicht der Besitz, sondern das Eigentum ersetzt (vgl. RG 98, 135). Bestehen bleibt aber, daß nach der Absicht der Vertragschließenden schon die Zahlung des Kaufpreises an den geschäftsunfähigen Eigentümer dem Käufer den bezeichneten Wert verschaffen sollte. Das Gesetz versagt diesem Willen die rechtliche Anerkennung; die Tatsache, daß das Geld aufgeopfert und dem Eigentümer geleistet wurde, um den Wert von ihm zu erlangen, muß es hinnehmen. Bilden somit für die hier zu entscheidende Frage die beiden Kaufverträge ein einheitliches Geschäft, so erledigen sich die Angriffe, die in der Literatur gegen die Saldotheorie erhoben sind (vgl. auch Enneccerus § 441 A 1). Auf der andern Seite wird diese Theorie durch Gründe rechtspolitischer Natur stark unterstützt. Der praktische Unterschied zwischen den beiden Auffassungen tritt hervor, wenn die Gegenleistung des Beklagten ganz oder zum Teil untergegangen oder minderwertig geworden ist. Würde man die Zweikondiktionentheorie zugrunde legen, so wäre dies der Schaden des Beklagten, der nunmehr

einen Gegenanspruch nur noch insoweit erheben könnte, als der Kläger bei Erlangung der Kenntnis von der Grundlosigkeit seines Erwerbs bereichert wäre (§ 819). Nach der Saldotheorie dagegen steht die Höhe des Abzugspostens durch den Wert der Gegenleistung im Zeitpunkt ihrer Hingabe fest und wird durch ihre weiteren Schicksale nicht berührt (unklar und widerspruchsvoll **RG** 94, 253). Gerade dies entspricht den Anforderungen der Billigkeit, die freilich bei der römischen condictio ohne Beachtung blieben, für den modernen Bereicherungsanspruch aber schon vor dem BGB durch das Reichsgericht zur Geltung gebracht worden sind (vgl. wegen des preußischen Rechtes **RG** 32, 319, wegen des gemeinen **RG** 44, 144). Da die Klage keine certa res (certa pecunia) und noch weniger den Schaden des Klägers ins Auge faßt, vielmehr einzig und allein die Bereicherung des Beklagten ausgekehrt wissen will, muß der Beklagte alles abziehen dürfen, was er durch das Geschäft verloren hat, gleichgültig ob dem Verlust ein Gewinn des Klägers gegenübersteht oder nicht. Namentlich bei Verträgen mit heimlich Geisteskranken, womit sich ein großer Teil der Entscheidungen beschäftigt (vgl. **RG** 32, 319; 60, 284; 72, 61; 86, 343; JW 1910, 283[11]; 1918, 132[5]; Gruch 55, 963), wäre ohne diesen Satz der Geschäftsgegner völlig schutzlos. Nun scheinen zwar in den Fällen der Anfechtung eines Vertrags wegen arglistiger Täuschung ebenso dringende Gründe für die entgegengesetzte Behandlungsweise zu sprechen. In einer Reihe von Urteilen wird hervorgehoben, man habe es dem mit der Kondiktion belangten Betrüger zu überlassen, seine Rechte geltend zu machen, die er dann nur auf das richten könne, was von der Gegenleistung beim Kläger noch vorhanden oder (zu ergänzen ist: nachdem der Kläger von der Anfechtungsmöglichkeit Kenntnis erlangt hatte, vgl. §§ 142 Abs 2, 819) durch dessen Verschulden verlorengegangen sei (vgl. **RG** 49, 424; 59, 92; 94, 310; **RG** JW 1910, 799[3]; 1919, 377[4]; Warn 1910 Nr 406; 1915 Nr 304; 1918 Nr 181). Obgleich diese Urteile nicht grundsätzlich von der Saldotheorie abweichen wollen, befolgen sie doch in Wahrheit die Zweikondiktionentheorie. Irgendeine Nötigung dazu liegt aber nicht vor. Das praktische Bedürfnis, dem sie dienen möchten, wird durch die Deliktsklage befriedigt. Der Betrogene, der angefochten hat, ist auf die Kondiktion nicht beschränkt; nach § 823 Abs 2 verb. mit StGB § 263 oder nach § 826 kann er Schadensersatz beanspruchen, also (vgl. § 249) verlangen, so gestellt zu werden, wie wenn er den Vertrag nicht geschlossen hätte (vgl. § 123 A 5 unter a; Vorbem vor §§ 823 ff. A 4 e). Alles, worum ihn der Abschluß des Vertrags und dessen Erfüllung geschädigt haben, ist ihm hiernach zu ersetzen, während er sich die Gegenleistung nur soweit sie ihm zugute gekommen ist anzurechnen braucht. Eine Klage, mit der solches gefordert wird, muß als Schadensersatzklage aufgefaßt werden, mag sie sich auch als Kondiktion bezeichnen. Wegen dieses Scheinbedürfnisses einen Zwiespalt in das einheitliche Recht des Bereicherungsanspruchs hineinzutragen, ist verfehlt. — In prozessualer Beziehung folgt aus der Saldotheorie, daß der Beklagte die Gegenleistung, auch wenn sie in Geld besteht, der auf Geldzahlung gerichteten Klage noch in der Berufungsinstanz entgegensetzen kann. Handelte es sich um Aufrechnung, so bedürfte er hierzu der Zustimmung des Klägers (ZPO. § 529 Abs 3). Ist ferner nur ein Teil des behaupteten Guthabens beansprucht, so darf der Kläger den Beklagten wegen eines Gegenpostens auf den nicht eingeklagten Teil des Anspruchs verweisen (**RG** Recht 1918 Nr 701; bei Aufrechnung wäre ihm dies nach der herrschenden Ansicht nicht erlaubt, vgl. **RG** 66, 266; 80, 394). Daß ein Teilurteil über den Empfang des Beklagten unzulässig ist (**RG** 54, 142; **RG** Recht 1916 Nr 1334), ergibt sich nach beiden Theorien aus ZPO §§ 301, 302.

9. Eine Verschärfung der Haftung tritt ein mit der Rechtshängigkeit, also mit der Klagerhebung und, wenn der Anspruch erst im Laufe des Prozesses erhoben wird, mit der Geltendmachung in der mündlichen Verhandlung (ZPO §§ 263, 281). Zwar kann die Bereicherung auch später noch mit befreiender Wirkung wegfallen (**RG** JW 1918, 133[6]; Warn 08 Nr 45). Aber der Beklagte haftet von nun an nach den allgemeinen Vorschriften, d. h. nach §§ 291, 292 und den darin angezogenen Gesetzesstellen; er wird durch den Wegfall der Bereicherung nur befreit, wenn sich nicht aus diesen Vorschriften das Gegenteil ergibt. Hat er eine bestimmte Sache herauszugeben, so muß er jetzt für den Schaden aufkommen, der dadurch entsteht, daß infolge seines Verschuldens die Sache verschlechtert wird, untergeht oder aus anderm Grunde von ihm nicht herausgegeben werden kann (§§ 292, 989). Nur durch unverschuldete Unmöglichkeit der Herausgabe wird er frei, und auch dies nur dann, wenn er den erhobenen Anspruch in entschuldbarem Irrtum für unbegründet ansah, mithin nicht in Verzug geriet (§ 292, § 990 Abs 2, § 285); andernfalls ist § 287 maßgebend. Außerdem haftet er für fructus percipiendi und kann nur notwendige Verwendungen nach den Grundsätzen der auftraglosen Geschäftsführung ersetzt verlangen (§§ 292, 987, 989, 994 ff.; vgl. **RG** Warn 1919 Nr 196.) Geht seine Verpflichtung auf Geldzahlung, so hat er die zu zahlende Summe zu verzinsen (§ 291), während vor der Rechtshängigkeit Verzugszinsen (§ 288 Abs 1) auch durch Mahnung nicht begründet werden können, es sei denn, daß die Mahnung zur mala fides superveniens führt (§ 819; vgl. **RG** 93, 271). Die Höhe der Zinsen beträgt immer 4%, mag auch zwecks Erfüllung einer vermeintlichen Schuld aus einem beiderseitigen Handelsgeschäft geleistet worden sein (§ 246, HGB § 352; vgl. **RG** 96, 57; Warn 1921 Nr 58). Wo der

Geldschuldner nach § 818 Abs 4 oder nach § 819 so haftet, wie wenn er im Verzuge wäre, wird bei der jetzt herrschenden Geldentwertung auch § 288 Abs 2 von der größten Bedeutung (RG JW 1927, 980[13]). Ist anzunehmen, daß der Kläger die ihm geschuldete Summe bei rechtzeitiger Leistung in Sachwerte umgesetzt haben würde, so kann er nach Eintritt der Rechtshängigkeit (oder, wenn ihm eine vorhergehende Mahnung die Kenntnis von der Grundlosigkeit seines Erwerbs verschaffte, von der Mahnung an) Erhöhung der Summe entsprechend der gesunkenen Kaufkraft der Mark im Inland verlangen (vgl. § 244 A 1 unter a).

10. Beweislast hinsichtlich des Vorhandenseins einer Bereicherung (sonstige Beweislastfragen: vgl. § 812 A 6 unter 1a wegen der Grundlosigkeit des Empfangs im allgemeinen, § 812 A 11 unter 2a und § 814 A 4 zur condictio indebiti, § 815 A 4 zur cond. ob causam datorum, § 817 A 3 unter g zum Ausschluß der Kondiktion wegen Verwerflichkeit des Leistenden, § 819 A 2 zur Steigerung der Haftung wegen Bösgläubigkeit, § 822 A 4 zur Verteidigung des Zweitempfängers). Der Kläger hat zu beweisen, daß der Beklagte etwas erlangt hat. (Bei einem eingetragenen Verein oder einer Gesellschaft m. b. H. genügt der Beweis, daß etwas an den vorausgegangenen nicht eingetragenen Verein oder die Gründungsgesellschaft gekommen ist, RG 87, 249.) Demgegenüber liegt es dem Beklagten ob, den Wegfall der Bereicherung darzutun (RG 65, 298; 93, 230; JW 1915, 711[14]; Gruch 48, 1090; RG SeuffA 60 Nr 168). Das ist aber nicht mit RG 68, 270, JW 1917, 465[8] so zu verstehen, als ob der Beklagte beweisen müßte, daß er schon bei Eintritt der Rechtshängigkeit nicht mehr bereichert war. Da die Bereicherung wirksam auch später noch wegfallen kann (vgl. A 9), darf er sich auf die Darlegung beschränken, daß er jetzt nicht mehr bereichert ist; Sache des Klägers ist es dann, darzutun, daß die Bereicherung zur Zeit der Rechtshängigkeit noch vorhanden war und der Beklagte wegen Verzugs oder nach §§ 987, 989, 994 ff. haftet. Eine Umkehrung der Beweislast bei Leistungen an Geschäftsunfähige oder Geschäftsbeschränkte, kraft deren der Kläger den Nachweis erbringen müßte, daß der Beklagte durch den Verbrauch des Erlangten bereichert wurde, läßt sich nicht rechtfertigen (OLG Dresden JW 1921, 175; vgl. RG JW 1917, 465[8]; a. M. OLG 11, 79; 22, 356 und die früh. Aufl.). Immerhin kommen Fälle vor, in denen sich der Wegfall der Bereicherung auch ohne besondere Beweisführung aus dem ganzen Sachverhalt ergibt (RG 83, 160 und 162; Warn 1911 Nr 26). — Rechenschaftspflichtig (§ 259) ist der Bereicherte im allgemeinen nicht (RG 47, 102; JW 1912, 72[9]). Indes nimmt die Rechtsprechung bei Patentverletzungen (vgl. § 812 A 2 unter c), auch wenn nur grobe Fahrlässigkeit vorliegt, § 687 Abs 2 mithin nicht zutrifft, eine Pflicht zur Rechnungslegung an (RG 70, 252; Warn 1915 Nr 61; vgl. auch RG 46, 18; 62, 320); ähnlich bei Verletzung sonstiger ausschließlicher Verwertungsrechte (RG 84, 150; Warn 1918 Nr 232). Ebenso kann Auskunftserteilung (§ 260) zwar nicht ohne weiteres gefordert werden (RG JW 1912, 72[9]); sind aber, wie namentlich im Immaterialgüterrecht (§ 812 A 2 unter c), gezogene Nutzungen herauszugeben, die der Berechtigte im einzelnen nicht bezeichnen kann, so wird der Anspruch als auf Herausgabe eines Inbegriffs im Sinne des § 260 gerichtet aufgefaßt (RG 90, 137; vgl. auch RG Recht 1923 Nr 32).

§ 819

[1]) Kennt der Empfänger den Mangel des rechtlichen Grundes bei dem Empfang oder erfährt er ihn später, so ist er von dem Empfang oder der Erlangung der Kenntnis an zur Herausgabe verpflichtet, wie wenn der Anspruch auf Herausgabe zu dieser Zeit rechtshängig geworden wäre[2]).

Verstößt der Empfänger durch die Annahme der Leistung gegen ein gesetzliches Verbot oder gegen die guten Sitten, so ist er von dem Empfange der Leistung an in der gleichen Weise verpflichtet[3]).

E I 741, 744, 745 Abs 2, 747 Abs 2, 748 Abs 3 II 743; M 2 840—842, 845—847, 849, 850, 853, 854; P 2 683, 711, 712.

1. In zwei Fällen läßt § 819 schon vor der Rechtshängigkeit (§ 818 Abs 4) die strengere Haftung Platz greifen: bei **Bösgläubigkeit des Empfängers** (Abs 1) und bei **verwerflichem Empfang** (Abs 2). Der Empfänger haftet in beiden Fällen vom Empfange, wenn aber im ersten Falle die Bösgläubigkeit später eintrat, von ihrem Eintritt an nach den allgemeinen Vorschriften. Darüber, was die Haftung nach den allgemeinen Vorschriften bedeutet, vgl. § 818 A 9. Doch ist zu beachten, daß sich der Empfänger unter den Voraussetzungen des § 819, mag bösgläubiger Empfang, mala fides superveniens oder verwerflicher Empfang vorliegen, von dem entscheidenden Zeitpunkt an zugleich im Leistungsverzuge befindet. Soll es so angesehen werden, „wie wenn der Anspruch auf Herausgabe zu dieser Zeit rechtshängig geworden wäre" (Abs 1 a. E.), so gilt damit zugleich eine Mahnung als erfolgt (§ 284 Abs 1

Satz 2); da ferner den Empfänger hier stets ein Verschulden trifft, ist er im Verzug (§§ 284, 285). Er ist daher auch für Zufall verantwortlich, es sei denn, daß der Schaden auch bei rechtzeitiger Leistung entstanden wäre (§ 287); auch hat er nunmehr Schadensersatz wegen Entwertung des geschuldeten Geldes zu zahlen (vgl. § 818 A 9 a. E.). Die Voraussetzungen der gesteigerten Haftung sind vom Kläger, der sich darauf beruft, zu beweisen (**RG** 72, 155; JW 05, 391[9]); sie gehören zum Grunde des Anspruchs und dürfen nicht dem Verfahren über den Betrag vorbehalten werden (**RG** JW 1910, 240[25]). — Trifft eine nach § 819 gesteigerte Kondiktion mit einer Haftung aus § 826 zusammen, so bleibt sie nach Verjährung des Schadensersatzanspruchs bestehen (§ 852 Abs 2). Die Kondiktion selbst kann nur dann als Forderung aus unerlaubter Handlung aufgefaßt werden, wenn sie sich lediglich auf § 817 und nicht zugleich auf § 812 gründet. Nur dann greift das Aufrechnungsverbot des § 393 auch ihr gegenüber Platz (vgl. **RG** Warn 09 Nr 179; **RG** Recht 1917 Nr 586; **RG** ElsLothZ 32, 161; OLG 21, 194).

2. **Bösgläubigkeit des Empfängers.** a) Der Empfänger — in Vertretungsfällen nach § 166 Abs 1 sein Vertreter, **RG** 79, 287, vgl. auch Warn 1918 Nr 224 (Zwangsverwalter) — muß den Mangel des Rechtsgrundes kennen; Zweifel und Kennenmüssen genügen nicht (**RG** 72, 152; Warn 1918 Nr 224; **RG** 5. 1. 20 IV 292/19). Zu der Kenntnis muß ferner noch das Bewußtsein hinzukommen, daß dem Leistenden der Mangel bestimmt oder doch möglicherweise unbekannt ist. Dieses im E I § 741 hervorgehobene Erfordernis wurde von der II. Kommission nur aus Gründen der Beweislastverteilung gestrichen: der Empfänger hat darzutun, daß er beim Leistenden Kenntnis voraussetzte (Prot 2, 711; vgl. OLG 21, 194; 38, 128). Nimmt daher derjenige, der zur Tilgung einer, wie er weiß, nicht bestehenden Forderung etwas empfängt, irrig eine Schenkungsabsicht des Leistenden an, so ist er von der strengeren Haftung befreit. Ebenso liegt es bei Empfang zur Verwirklichung eines zukünftigen, unmöglich erreichbaren Zweckes. b) Bei einem anfechtbaren Geschäft kennt nach § 142 Abs 2 auch derjenige den mangelnden Rechtsgrund, der die Anfechtbarkeit kennt, vorausgesetzt, daß die Anfechtung demnächst erfolgt. Die Ungewißheit darüber, ob das Anfechtungsrecht ausgeübt werden wird, kommt nicht in Betracht (vgl. **RG** 20. 3. 08 II 577/07). Hat z. B. ein Käufer, der den Verkäufer durch arglistige Täuschung zum Abschluß des Vertrags bestimmt hatte, die Kaufsache weiterveräußert, so haftet er nach erfolgter Anfechtung auf Ersatz des dem Verkäufer durch die Weiterveräußerung entstandenen Schadens. Ist der Käufer selber der getäuschte Teil, so wird der Fall, daß er nach Entdeckung des Betruges über die Sache verfügt und erst dann anficht, nicht vorkommen, da die Verfügung eine Bestätigung des Geschäfts enthalten würde (§ 144). Wenn er aber die Anfechtung erklärt hat, muß er die Verfügung unterlassen, weil sonst auch er sich dem Verkäufer schadensersatzpflichtig macht. Die Kenntnis vom Mangel des Rechtsgrundes hängt nicht davon ab, daß der Gegner die Anfechtung als berechtigt anerkennt oder das Gericht die Berechtigung feststellt. Mit Unrecht meint daher **RG** 101, 389, der betrogene Käufer werde durch die Anfechtung an der Weiterveräußerung nicht gehindert. Eine Gesetzesänderung, wie sie zu § 142 A 1 S. 225f. vorgeschlagen wird, ist nicht erforderlich, um dieses anstößige Ergebnis zu vermeiden. c) Ist der Empfänger nicht voll geschäftsfähig und beim Empfange nicht vertreten, so folgt aus dem Schutzgedanken, auf dem die gesetzliche Vertretung beruht, daß seine Kenntnis von der Grundlosigkeit des Empfangs nicht ohne weiteres zu einer Steigerung der Haftung führen darf (**RG** JW 1917, 465[8]; vgl. **RG** 93, 230). Doch könnte eine entsprechende Anwendung der §§ 828, 829 in Frage kommen. d) Mala fides superveniens steht der von vornherein vorhandenen Bösgläubigkeit vom Zeitpunkt ihres Eintritts an gleich. Zu denken ist sowohl an die Fälle, in denen der Rechtsgrund von Anfang an fehlte, der Empfänger dies aber erst später erfuhr (vgl. z. B. OLG 23, 55), wie an den Fall, wenn mit Kenntnis des Empfängers der Rechtsgrund selbst erst später wegfiel (cond. ob causam finitam, vgl. § 812 A 8). Ist es jedoch ein neues Gesetz, das sich rückwirkende Kraft beilegt und dadurch einer der Vergangenheit angehörigen Leistung ihren Grund entzieht, so wird im Zweifel anzunehmen sein, daß der Empfänger das zurückzuzahlende Geld erst von dem Augenblick an, wo er mit der Rückerstattung in Verzug kommt, zu verzinsen hat (vgl. dazu Vorbem 2 unter a a. E.).

3. **Verwerflicher Empfang** (§ 817). Es genügt der objektive Verstoß gegen Gesetzes- oder Sittenverbot. Kenntnis davon ist nur insoweit erforderlich, als sie zum Tatbestande der Kondiktion gehört, mithin nur dann, wenn der Verstoß den kausalen Vertrag nicht nichtig macht (vgl. § 817 A 1 unter b und c). Nachträgliche Erlangung der Kenntnis hat hier keine Bedeutung.

§ 820

War mit der Leistung ein Erfolg bezweckt, dessen Eintritt nach dem Inhalte des Rechtsgeschäfts als ungewiß angesehen wurde, so ist der Emp-

fänger, falls der Erfolg nicht eintritt, zur Herausgabe so verpflichtet, wie wenn der Anspruch auf Herausgabe zur Zeit des Empfanges rechtshängig geworden wäre. Das gleiche gilt, wenn die Leistung aus einem Rechtsgrunde, dessen Wegfall nach dem Inhalte des Rechtsgeschäfts als möglich angesehen wurde, erfolgt ist und der Rechtsgrund wegfällt[1]).

Zinsen hat der Empfänger erst von dem Zeitpunkt an zu entrichten, in welchem er erfährt, daß der Erfolg nicht eingetreten oder daß der Rechtsgrund weggefallen ist; zur Herausgabe von Nutzungen ist er insoweit nicht verpflichtet, als er zu dieser Zeit nicht mehr bereichert ist[2])[3]).

E II 744; P 2 683, 712, 713.

1. Der Paragraph bezieht sich auf **gewisse Fälle der condictio ob causam datorum und der condictio causa finita.** Hat der Empfänger beim Empfang gewußt, daß der bezweckte künftige Erfolg unmöglich eintreten konnte oder daß der gegenwärtige Rechtsgrund der Leistung notwendig wegfallen mußte, so unterliegt er, sofern nicht wegen Kenntnis auch des Leistenden seine Verpflichtung ausgeschlossen ist (§ 815), der strengen Haftung nach § 819 Abs 1. Fehlte ihm diese Kenntnis, so tritt an sich nur die gewöhnliche Bereicherungshaftung nach § 818 ein. Eine mittlere Art der Haftung aber ist für diejenigen Fälle vorgeschrieben, in denen die Parteien nach dem Inhalt des Rechtsgeschäfts den Eintritt des Erfolgs als ungewiß oder den Wegfall des Rechtsgrundes als möglich angesehen haben. Hier wird der Empfänger, wenigstens was das Kapital betrifft, wie ein Verwalter fremden Gutes behandelt. Voraussetzung dafür aber ist nicht nur die objektive Ungewißheit des Erfolgs oder Wegfalls, sondern die subjektive Unsicherheit der Parteien, die sich aus dem Inhalt des Rechtsgeschäfts selber ergeben muß. Dieses Erfordernis ist nicht schon dann erfüllt, wenn aus dem Rechtsgeschäft hervorgeht, daß der mit der Leistung bezweckte Erfolg erst von der Zukunft erwartet wird. Vielmehr muß mit der Möglichkeit eines Mißerfolgs gerechnet sein; die Parteien müssen sich die Ungewißheit der zukünftigen Entwicklung vor Augen gestellt und dürfen nicht den Eintritt des Erfolgs für sicher gehalten haben. Beispiele sind die Zahlung von Gehalt an einen Kommunalbeamten, die der Regierungspräsident unter der Bedingung erlaubt, daß die städtischen Körperschaften damit einverstanden sind (JW 1919, 517); die Hingabe von Geld für ein Unternehmen, dessen Zustandekommen von einer behördlichen Genehmigung abhängt (vgl. **RG** 25. 4. 06 I 519/05); die Zahlung auf die künftige Einlage bei einer Gesellschaft, wenn der Beitritt zur Gesellschaft noch offenbleibt (**RG** 25. 9. 16 VI 216/16); die vorschußweise Entrichtung der Mäklerprovision (**RG** SeuffA 74 Nr 174). Hat ein Vormund oder Inhaber der elterlichen Gewalt ein Mündelgrundstück veräußert, so gehört auch die Zahlung des Kaufpreises hierhin, die in Erwartung der Genehmigung des Vormundschaftsgerichts geleistet wird. Doch ist zu beachten, daß mit der Verweigerung der Genehmigung zugleich die Vertretungsmacht des Vormundes oder Vaters zur Empfangnahme der Zahlung entfällt (§ 1643, § 1821 Nr 1, 3, § 1829); der Bereicherungsanspruch kann daher nicht ohne weiteres gegen das Kind gerichtet werden (**RG** 81, 262).

2. Die **Verschärfung der Haftung,** die § 820 anordnet, hat zum Gegenstand das herauszugebende Kapital. Insoweit haftet der Empfänger, wie wenn der Herausgabeanspruch zur Zeit des Empfangs rechtshängig geworden wäre (vgl. im einzelnen § 818 A 9). Für zufälligen Schaden ist er aber, anders als in den Fällen des § 819, nicht verantwortlich. Da sein Gegner damit einverstanden war, daß er die Leistung bis zur Entscheidung der Ungewißheit behielt, trifft ihn bis dahin kein Verschulden (§ 285). Die Erwägung, daß absichtlich eine Schwebezeit gewollt war, hat auch zur Folge, daß es bezüglich der auf diese Zeit entfallenden Nutzungen bei der gewöhnlichen Bereicherungshaftung bewendet. Zinsen hat der Empfänger erst von dem Augenblick an zu entrichten, wo nicht nur die Entscheidung eingetreten ist, sondern er auch Kenntnis davon erlangt hat. Für sonstige Nutzungen, die er in der Zwischenzeit hätte ziehen können, haftet er nicht; gezogene braucht er nur insoweit herauszugeben, als er bei Erlangung der Kenntnis noch bereichert ist. Erst von diesem Augenblick an gelten auch für die Ziehung von Nutzungen die gewöhnlichen Vorschriften (vgl. **RG** BayZ 1911, 424).

3. § 820 muß auch auf einen Fall der condictio indebiti entsprechend angewendet werden. Wird nämlich eine **Vorbehaltszahlung** ausnahmsweise mit der Erklärung geleistet, daß nachgeprüft werden soll, ob die Schuld auch wirklich besteht, so hat der Empfänger, wenn das Gegenteil zutrifft, ebenso zu haften, wie wenn er etwas für einen zukünftigen Zweck, mit dessen Nichterreichung gerechnet wurde, erhalten hätte. Die Parteien haben dann den Nichtbestand der Forderung „nach dem Inhalte des Rechtsgeschäfts" als möglich

unterstellt. Anders wenn der Zahlende sich nur einseitig die Rückforderung vorbehält (vgl. § 814 A 4 a. E.).

§ 821

Wer ohne rechtlichen Grund eine Verbindlichkeit eingeht, kann die Erfüllung auch dann verweigern, wenn der Anspruch auf Befreiung von der Verbindlichkeit verjährt ist[1])[2]).

E I 684 Abs 1 II 745; M 2 693, 694; P 1 236—238; 2 510, 511, 683, 713—717; 6 200.

1. Aus der ungerechtfertigten Bereicherung erwächst für den Benachteiligten außer der Kondiktion auch eine **Einrede,** denn dolo facit qui petit quod redditurus est. Abhängig von den gleichen Voraussetzungen wie die Kondiktion, entkräftet diese Einrede jeden Anspruch, durch den der Kläger ohne Rechtsgrund auf Kosten des Beklagten bereichert ist. So die Eigentumsklage dessen, der durch Verfügung eines Nichtberechtigten unentgeltlich Eigentum erwarb; der frühere Eigentümer, der die Sache besitzt, kann die Herausgabe nach §§ 816 Abs 1 Satz 2, 821, 986 verweigern. Auch wenn der Beklagte selbst die Sache ohne rechtlichen Grund übertragen hat, wehrt er die Eigentumsklage mit der Bereicherungseinrede ab. Hauptsächlich gehören hierher die Fälle eines grundlos erteilten abstrakten Versprechens oder Schuldanerkenntnisses (vgl. **RG** 59, 354; 61, 321; 67, 243; 82, 338; 86, 301; **RG** SeuffA 63 Nr 147). Da hier Zweifel an der Selbständigkeit der Einrede möglich sind, bestimmt das Gesetz, daß die Einrede auch nach Verjährung des Befreiungsanspruchs in Kraft bleiben soll (vgl. die ähnlichen Bestimmungen in §§ 853, 2083, 2345). Die Vorschrift wird praktisch, wenn der Befreiungsanspruch verjährt, die Verjährung des Anspruchs aus dem Schuldversprechen aber unterbrochen worden ist. Sie findet auch dann Anwendung, wenn der Bereicherte nach § 223 Abs 1 trotz Verjährung seines Anspruchs in der Lage sein würde, aus einer Hypothek oder einem Pfande Befriedigung zu suchen; der Benachteiligte kann dann den Verzicht auf die Hypothek oder die Rückgabe des Pfandes verlangen (§§ 1169, 1254). Wie jede Einrede, ist die Bereicherungseinrede nur zu beachten, wenn sie vom Beklagten vorgeschützt wird. Außer dem Bereicherten steht sie dessen Zessionar entgegen (§§ 404, 405; vgl. **RG** 86, 301; **RG** Recht 1916 Nr 56); anderseits kann sich auch derjenige auf sie berufen, der die Einreden des Schuldners geltend machen kann (Schuldübernehmer, Bürge, Hypothekenschuldner, Drittverpfänder, unmittelbarer Besitzer, §§ 417, 768, 1137, 1211, 986 Abs 1 Satz 1). Mit dem Wegfall der Bereicherung erlischt die Einrede (§ 818 Abs 3; vgl. **RG** 11. 6. 17 IV 46/17). Macht der Empfänger des grundlosen Schuldversprechens im Vertrauen auf den Bestand des Versprechens Aufwendungen, die den Wert des Erlangten aufzehren, so verliert der Aussteller das Recht, die Erfüllung des Versprechens abzulehnen (vgl. § 818 A 7 unter 2 b γ). Entsprechend § 818 Abs 4 ist aber anzunehmen, daß Aufwendungen, die nach Erhebung der Einrede im Prozeß gemacht werden, diesen Verlust nicht mehr nach sich ziehen; und wenn der Empfänger verwerflich gehandelt hat, kommen seine Aufwendungen überhaupt nicht in Betracht (§ 819 Abs 2; vgl. § 817 A 4).

2. Streitig ist, ob der Schuldner einem abstrakten Schuldversprechen gegenüber auf die Einrede aus § 821 beschränkt ist oder ob er unabhängig von den Voraussetzungen des Bereicherungsanspruchs einwenden darf, daß sich die Geltendmachung des formellen Rechtes als Mißbrauch darstelle. Die Frage ist im ersteren Sinne zu beantworten. Steht die **allgemeine Arglisteinrede** in der Rechtsprechung des Reichsgerichts auch vielfach in Übung (vgl. § 242 A 1, § 826 A 6), so muß sie doch gegenüber der ausdrücklichen Regelung eines Tatbestandes durch das Gesetz zurücktreten. Übrigens kommt der Streitfrage nur geringe Bedeutung zu. Es handelt sich ausschließlich um den Fall, daß der Schuldner unter Übersehen einer aufschiebenden Einrede vorzeitig einen abstrakten Schuldschein gegeben hat. Die aus §§ 813 Abs 2, 821, 271 zu entnehmende Folgerung, daß er sofort erfüllen muß, darf nicht mit Hilfe der Arglisteinrede umgangen werden. War aber die aufschiebende Einrede die des nichterfüllten Vertrags (§ 320) und gerät der Gegner in Leistungsverzug, so kann der Schuldner nach Maßgabe des § 326 vom Vertrage zurücktreten, womit er nach § 346 das Recht gewinnt, das Versprechen zurückzuverlangen.

§ 822

[1])Wendet der Empfänger das Erlangte unentgeltlich einem Dritten zu[2]), so ist, soweit infolgedessen die Verpflichtung des Empfängers zur Herausgabe der Bereicherung ausgeschlossen ist[3]), der Dritte zur Herausgabe verpflichtet, wie wenn er die Zuwendung von dem Gläubiger ohne rechtlichen Grund erhalten hätte[4]).

P 6 211, 212.

1. Der Bereicherungsanspruch erfordert grundsätzlich eine unmittelbare Vermögensverschiebung unter den Parteien. Wendet derjenige, der auf Kosten eines andern etwas grundlos erwirbt, das Erlangte einem Dritten zu, so hat der Verlustträger gegen den Dritten keinen Anspruch (vgl. § 812 A 3). Hiervon ordnet § 822 eine **Ausnahme** an **für den Fall, daß die Zuwendung an den Dritten unentgeltlich erfolgt und die Verpflichtung des ersten Empfängers infolge davon ausgeschlossen ist.** Alsdann soll es so angesehen werden, wie wenn der Dritte den Gegenstand ohne Rechtsgrund unmittelbar von dem Verlustträger erworben hätte. Die Zurücksetzung des unentgeltlichen Erwerbs, die hierin liegt, entspricht dem Wesen der Sache, wie es namentlich im Konkurse des Schuldners zutage tritt (vgl. KO § 63 Nr 4, § 226 Abs 2 Nr 5 und die Anfechtungsvorschriften des § 32 KO, § 3 Nr 3, 4 AnfG); nemo liberalis nisi liberatus. Näher verwandt mit der Vorschrift des § 822 ist die des § 816 Abs 1 Satz 2, insofern nach beiden der unentgeltlich Erwerbende zugunsten desjenigen zurückgesetzt wird, der durch den gutgläubigen Erwerb sein Recht verloren hat. Während er aber im Falle des § 816 Abs 1 Satz 2, wo der Verlust erst durch die Verfügung der Zwischenperson eintritt, als erster Kondiktionsschuldner haftet, kommt er nach § 822, da hier schon die Zwischenperson rechtsgrundlos erworben hat, nur an zweiter Stelle, nachdem die Verpflichtung des Erstbereicherten erloschen ist.

2. **Empfänger** und **Dritter** müssen rechtlich auseinanderfallen; wer als Vertreter des Dritten etwas empfängt, ist nicht Empfänger im Sinne der Vorschrift (**RG** LZ 1917, 1342). Auch muß zwischen beiden ein Zuwendungsgeschäft geschlossen sein. Was der Nacherbe durch die Nacherbfolge erwirbt, wird ihm nicht vom Vorerben zugewendet (vgl. **RG** 15. 12. 04 IV 207/04). Ein Bedürfnis, die Vorschrift auf den Fall des Diebstahls auszudehnen, den der Dritte dem Empfänger gegenüber verübt, besteht nicht, da hier der Empfänger nach § 818 Abs 1 seinen Ersatzanspruch abzutreten hat. Unentgeltliche Zuwendung, also namentlich Schenkung und Vermächtnis. Ob der Gegenstand sofort verschenkt oder erst schenkweise versprochen und dann geleistet wird, macht keinen Unterschied; die Erfüllung des Schenkungsversprechens ist praktisch als unentgeltliche Zuwendung zu behandeln (vgl. § 516 A 4). Bei der gemischten Schenkung haftet der Dritte in Höhe desjenigen Teiles der Zuwendung, der als Schenkung gilt (vgl. § 516 A 7). Auch die Pfandbestellung ist unentgeltliche Zuwendung, wenn sie ohne Gegenleistung erfolgt (vgl. § 516 A 4). Wie der Empfänger das grundlos Zugewendete erlangt hat, ist im allgemeinen unerheblich, nur darf nicht trotz der Weitergabe an den Dritten seine Verpflichtung fortdauern (vgl. A 3). Nicht nur, was nach § 812, sondern auch, was nach § 816 ohne Rechtsgrund erlangt ist, kann, wenn es unentgeltlich weitergegeben wird, dem Dritten abgefordert werden. § 816 in Verbindung mit § 822 greift Platz, wenn der verfügende Nichtberechtigte das durch die Verfügung Erlangte unentgeltlich einem Dritten zuwendet (vgl. **RG** 98 S. 131, 136); desgleichen, wenn der durch Verfügung eines Nichtberechtigten unentgeltlich Erwerbende das Erlangte seinerseits unentgeltlich einem Dritten zuwendet; nicht minder, wenn der Nichtgläubiger einem Dritten unentgeltlich zuwendet, was er durch Leistung des Schuldners wirksam empfangen hat. — Die Worte, daß gerade das Erlangte zugewendet sein muß, sind zu eng. Zweifellos genügt die Zuwendung der Nutzungen oder Surrogate, die der Empfänger nach § 818 herauszugeben hat. Es genügt aber auch, wenn die rechtsgeschäftliche Gegenleistung zugewendet worden ist, obgleich sie (vgl. § 818 A 4) der Empfänger, der schon den entgeltlich veräußerten Gegenstand erwarb, nicht herauszugeben brauchte (a. M. Recht 02 Nr 1998). Der Empfänger hätte doch den Wert des Erlangten erstatten müssen und ist hiervon durch die Schenkung frei geworden. Haftet der Beschenkte, sofern der Schmuck, den er bekam, von einem gutgläubigen Schenker mit fremdem Gelde angeschafft war, so kann es sich nicht wohl anders verhalten, wenn dieser schon die Geldstücke, nur ohne rechtlichen Grund, zu Eigentum erworben hatte. Doch hat der Dritte das Geschenk nur insoweit herauszugeben, als dessen Wert den Wert des vom Schenker erlangten Geldes nicht übersteigt.

3. Der Dritte haftet nur **hilfsweise,** wenn und soweit infolge der unentgeltlichen Zuwendung die Verpflichtung des Empfängers ausgeschlossen ist. Damit letzteres zutrifft, muß der Empfänger, ohne von Anfang an nach § 819 oder § 820 verschärft zu haften, die Zuwendung zu einer Zeit vorgenommen haben, bevor er selber mit dem Bereicherungsanspruch belangt wurde (vgl. § 818 Abs 4). Erfolgt die Zuwendung erst nach der Rechtshängigkeit, war der Empfänger bösgläubig, hatte er durch seinen Empfang gegen die guten Sitten oder ein gesetzliches Verbot verstoßen oder empfing er unter den Voraussetzungen des § 820, so dauert seine Haftung fort und verhindert die Entstehung einer Verpflichtung des Dritten. Den Schmuck, den ein Dieb mit gestohlenem Gelde anschafft und verschenkt, braucht der Beschenkte, der ihn in gutem Glauben empfing, nicht herauszugeben (Konkurs- und Einzelanfechtung natürlich vorbehalten, KO § 32, AnfG § 3 Nr 3, 4); vgl. auch **RG** Recht 1913 Nr 344 mit 342 (die Beklagte hatte von der untreuen Haushälterin des Klägers Geld, wie unterstellt wurde, geschenkt erhalten, das diese durch Verkauf von Wertpapieren des Klägers erlöst hatte; Klage abgewiesen). Daher kann zwar der Bereicherungsanspruch

bei mehrmaliger Sondernachfolge gegen mehrere begründet sein, gegen einen Späteren aber immer nur dann, wenn der gegen die Vorgänger entstandene Anspruch infolge der Zuwendungen an die Nachmänner erlosch. Beachtet werden muß jedoch, daß der bösgläubige Schenknehmer einer durch den Schenker gestohlenen Sache wegen unerlaubter Handlung nach § 826 auf Herausgabe haftet (vgl. RG 94, 191; auf eine Einrede aus §§ 826, 249 hätte auch die Entscheidung RG 48, 293 gestützt werden sollen). — Auf das Erlöschen des Anspruchs kommt es an, nicht darauf, ob der rechtlich weiterbestehende Anspruch tatsächlich verwirklicht werden kann. Die Zahlungsunfähigkeit des Empfängers ruft einen Anspruch gegen den Dritten ebensowenig ins Leben, wie wenn sich jener etwa im Ausland aufhält und deshalb unangreifbar ist; die Verpflichtung des Empfängers ist in beiden Fällen nicht ausgeschlossen. — Infolgedessen, d. h. infolge der Zuwendung, muß die Verpflichtung ausgeschlossen sein. Der Anspruch wird auf den Dritten nicht erstreckt, wenn der Empfänger schon vor der Zuwendung frei geworden war. Hatte er, ehe er den Gegenstand dem Dritten zuwendete, mit Rücksicht auf den Empfang Aufwendungen gemacht, wodurch seine Bereicherung aufgezehrt wurde, so haftet der Dritte nicht. Das gleiche gilt, wenn der Empfänger den Gegenstand erst nach Verjährung des gegen ihn gerichteten Herausgabeanspruchs weitergegeben hat. Daß die Verjährung nach § 222 nur eine Einrede erzeugt, nicht aber den Anspruch im technischen Sinne ausschließt, ändert daran nichts. — Endlich haftet der Dritte nur, soweit infolge der Zuwendung die Verpflichtung des Empfängers ausgeschlossen ist. Erlischt sie durch die Zuwendung nur teilweise, so entspricht dem eine teilweise Haftung des Dritten, sei es nun, daß ihm der Gegenstand nur zum Teil zugewendet oder daß die Verpflichtung des Empfängers bei Weitergabe des ganzen Gegenstandes durch Aufwendungen gemindert war.

4. Sind die Voraussetzungen gegeben, so haftet der Dritte, **wie wenn er die Zuwendung unmittelbar vom Kläger erhalten hätte.** Der Umfang seiner Haftung bestimmt sich nach § 818; die Tatbestände der §§ 819 und 820 können in der Person des Dritten nicht eintreten. Zu beweisen hat der Kläger die Unentgeltlichkeit der Zuwendung. Behauptet der beklagte Dritte, daß der Anspruch gegen den ersten Empfänger trotz der Weitergabe des Gegenstandes fortdauere oder daß er schon vor der Weitergabe erloschen sei, so hat er dies darzutun. Ebenso ist es, wie immer, Sache des Beklagten, den Wegfall seiner Bereicherung zu beweisen.

Fünfundzwanzigster Titel

Unerlaubte Handlungen

1. **Begriff der unerlaubten Handlung nach dem BGB.** Das gemeinsame Merkmal aller unerlaubten Handlungen[1]), das ihren rechtlichen Charakter bestimmt, liegt auf der gegenständlichen (objektiven) Seite des Tatbestandes; es besteht in der widerrechtlichen Verletzung der allgemeinen, zwischen allen Personen bestehenden, gewissermaßen nachbarlichen Rechtsbeziehungen, die von jedermann zu beachten sind, weil sie die Grundlage des menschlichen Gemeinschaftslebens bilden. Ihren Gegensatz bilden die besonderen, zwischen bestimmten Personen geknüpften Rechtsbeziehungen, die den Gegenstand der Verträge und vertragsähnlichen Rechtsverhältnisse ausmachen. Freilich kann auch durch die Verletzung eines solchen bestimmten persönlichen Rechtsverhältnisses, durch die Verletzung eines Vertrags, und ebenso durch die Verletzung besonderer familienrechtlicher Pflichten eine u. H. begangen werden, wenn sie gleichzeitig eine Verletzung jener allgemeinen Rechtspflichten enthalten, die jedem gegen jeden obliegen: Der Vater ist seinem Kinde, der Lehrherr seinem Lehrling gegenüber wegen einer körperlichen Verletzung — soweit nicht etwa ein Züchtigungsrecht der Handlung den Charakter der Widerrechtlichkeit nimmt — aus u. H. ebenso verpflichtet, wie er es einem fremden Kinde gegenüber sein würde (s. wegen des Vertrags Vorbem 4a, wegen der familienrechtlichen Verpflichtungen RG 75, 251; JW 1912, 190[7]; Warn 1913 Nr 53). U. H. ist mithin der widerrechtliche Eingriff in den fremden Rechtskreis im allgemeinen. Unterlassungen sind u. H. nur dann, wenn eine Rechtspflicht zum Handeln besteht und schuldhaft verletzt wird (RG 97, 12). Ein berechtigtes Tun ist niemals u. H. (s. A 10 zu § 823). Die gegenständliche Widerrechtlichkeit ist auch noch vorhanden, wenn sich ein Handeln hinterher als von Anfang an ungerechtfertigt und widerrechtlich erweist, wie im Falle des § 945 ZPO (vgl. Vorbem 2); dagegen kann eine polizeiliche Verfügung, eine staatliche Anordnung, etwa auf Grund des § 51 RGewO oder des § 75 Einl z. PrALR, wenn sie auch in Privatrechte störend eingreifen und Schadensersatzverpflichtungen erzeugen, niemals als u. H. angesehen werden (RG 78, 202). Nach der persönlichen (subjektiven)

---

[1]) Des weiteren in diesem Titel immer abgekürzt mit u. H.

Seite des Tatbestandes der u. H. fehlt es an einem einheitlichen Merkmale. Wohl geht das BGB grundsätzlich davon aus, daß der gegenständlichen Widerrechtlichkeit auch eine rechtswidrige Willensrichtung des Handelnden entsprechen, ein Verschulden vorliegen muß (§§ 823—826; **RG** 50, 408; 58, 130; 60 S. 300, 344; 63, 374; 95, 268). Eine Abweichung von diesem Grundsatze ist es noch nicht, wenn für eine Reihe von Tatbeständen das festgestellte durch ein vermutetes Verschulden ersetzt wird (§§ 831, 832, 833 Satz 2, 834, 836—838). Unter den allgemeinen Begriff der u. H. werden aber auch Tatbestände einbezogen, die von einem Verschulden völlig absehen und schon aus der gegenständlichen Rechtswidrigkeit eine Verantwortung entstehen lassen (§§ 829, 833 Satz 1, 835). Auch sie sind u. H. und nehmen an der Ordnung der Rechtsfolgen, wie sie der 25. Titel getroffen hat, in gleicher Weise teil wie die vorgenannten. Daraus ergibt sich, daß in den Rechtsbegriff der u. H. als einheitliches Merkmal nur die gegenständliche Rechtswidrigkeit eines Geschehnisses, für dessen Eintritt nach dem Gesetz eine Person verantwortlich gemacht wird, aufgenommen werden kann (**RG** 53, 114; 60 S. 300, 344; 70, 150; 74, 249; 78, 202; JW 09, 724[17]; abweichend von **RG** 50, 408, wo ein wenigstens vermutetes Verschulden als zweites Merkmal der u. H. hingestellt worden war). Die allen Tatbeständen der u. H. gemeinsame Rechtsfolge ist die Verpflichtung der für das Geschehnis verantwortlichen Person zum Schadensersatze (§§ 249—253). Über den Kreis der Fälle hinaus, in denen das BGB eine Schadensersatzpflicht aus u. H. ohne Verschulden der verantwortlichen Person anerkennt, hat die Rechtsprechung, einem unverkennbaren Rechtsschutzbedürfnisse folgend, für widerrechtliche Eigentumsverletzungen den Satz aufgestellt, daß auch ohne Verschulden des Schädigers eine Schadensersatzpflicht besteht, wenn dem Verletzten, wie nach § 26 RGewO, die Befugnis entzogen ist, den widerrechtlichen Eingriff abzuwehren; das gilt insbesondere für Beschädigungen des Eigentümers durch Funkenflug aus den Lokomotiven der Eisenbahn, ist aber darauf nicht beschränkt (**RG** 58, 130; 63, 374; 70, 150; 81, 216; 86, 232; 93, 100; 97, 290; 98, 347; 99, 97; 101, 102; 104 S. 18 u. 84; Gruch 66, 475; JW 04, 360[16]; 05, 503[36]; 06, 554[24]; 07, 299[1]; 1910, 580[15]; 1925, 2446[3]; Warn 1911 Nr 331, 404, 405; 1912 Nr 342; 1913 Nr 226; 1914 Nr 89; 1915 Nr 81, 141; 1918 Nr 55; vgl. auch **RG** JW 1926, 364[2]: Haftung für Schädigung durch die nach dem Versailler Vertrag erforderlichen Munitionszerstörungen). Die Entscheidungen **RG** 105, 213; Warn 1915 Nr 81, 1919 Nr 172, Gruch 50, 411 schränken die Schadensersatzpflicht ohne Verschulden auf künftige Störungen und Eingriffe ein, weil nur insoweit die Schadensersatzklage an die Stelle der versagten Klage auf Einstellung des Betriebes trete. Wenn aber dem Verletzten auch in der Vergangenheit bereits auf Grund des § 62 RGewO die Klage auf Einstellung des Gewerbebetriebes entzogen war, möchte diese Einschränkung nicht gerechtfertigt sein. Auf Schädigungen durch eine städtische Wasserleitung ist diese Haftung ohne Verschulden nicht auszudehnen; der Betrieb dieser gemeinnützigen Einrichtung gehört nicht zu den mit einer besondern Gefährdung Dritter verbundenen Betrieben, die eine solche Gefährdungshaftung bedingen (**RG** 99, 99). Ebenso nicht auf den Fall, daß beim Legen einer neuen Fernsprechleitung ein Vorübergehender zu Schaden kommt, wie man überhaupt nicht ganz allgemein sagen kann, daß, wo immer ein Rechtsgut infolge einer Handlungsweise verletzt wird, die der Geschädigte zu dulden gezwungen ist, eine Haftung auch ohne Verschulden begründet sei (**RG** JW 1927, 1590[24]). Eine entsprechende Anwendung der Grundsätze über die Schadensersatzhaftung ohne Verschulden auf Grund des § 26 RGewO hat dagegen die Rechtsprechung (**RG** 100, 72) für Eigentumsbeschädigungen durch die Luftschiffahrt anerkannt, weil auch hier der Eigentümer außerstande ist, das Überfliegen seines Grundstücks zur Abwendung eigener Gefährdung zu verbieten, ein Abwehranspruch nach § 905 Satz 1 hier undurchführbar, auch im allgemeinen Interesse ausgeschlossen erscheint. Das gilt wenigstens insoweit, als eine Schädigung oder Störung, die der Betrieb der Luftschiffahrt nach menschlicher Erfahrung gewöhnlich mit sich bringt, also eine typische Betriebsgefahr, in Frage steht (**RG** 100, 72; 108, 310). Auf Personenschäden ist dies jedoch nicht zu beziehen; hier hafteten die Flugfahrzeughalter nur nach den Regeln über unerlaubte Handlungen, mithin nur wegen Verschuldens (**RG** 78, 171; 97, 25; **RG** JW 1927, 184[14]). Jetzt kommt für die Haftung der Flugfahrzeughalter das Luftverkehrsgesetz v. 1. 8. 22 (RGBl I, 681) in Betracht. Die Entscheidungen **RG** 101, 102 und 104, 84 haben aus den in der Rechtsprechung gewonnenen Grundsätzen über eine Schadensersatzpflicht ohne Verschulden den allgemeinen Satz abgeleitet, daß überall, wo die Ausübung von Privatrechten hinter höheren Interessen der Allgemeinheit zurückstehen muß, der zur Aufopferung des Rechtes Genötigte einen Anspruch auf Schadensersatz erhalten muß, der vom Nachweis eines Verschuldens auf seiten des Schädigers unabhängig ist.

2. Verhältnis zu anderen Reichsgesetzen. Das BGB stellt zusammen mit dem in Art 32 EG aufrechterhaltenen bisherigen Reichsrecht ein einheitliches Gesetzgebungswerk dar, so daß auch ohne besondere Verweisung, soweit nicht der besondere Zweck und der gesetzgeberische Gedanke der Einzelgesetze dem entgegensteht, die allgemeinen Vorschriften des BGB die in den Einzelgesetzen geregelten Rechtsgebiete erfassen (**RG** 53, 75; 60, 300; 74 S. 249 u. 434). Daraus erhellt, daß sich der Begriff der u. H. im Sinne des 25. Titels nicht in den Tatbeständen des 25. Titels erschöpft (so Staudinger Vorbem XII vor § 823), sondern daß u. H. durch alle Tatbestände des BGB wie anderer Reichsgesetze dargestellt werden, die mit denen des 25. Titels die in A 1 aufgestellten Merkmale der u. H. teilen: also einen gegenständlich rechtswidrigen Eingriff in den allgemeinen Rechtskreis einer Person enthalten, mit dem durch das Gesetz die Rechtswirkung einer Schadensersatzpflicht verknüpft wird, mag der Eingriff des weiteren nach dem jeweiligen Gesetzestatbestand ein Verschulden des Täters erfordern oder nicht. Solche anderweitige u. H. finden sich auch außerhalb des 25. Titels im BGB selbst vor. Darunter fallen zwar nicht die zahlreichen verstreuten Schadensersatzverpflichtungen, die bestimmte bereits vorhandene Rechtsbeziehungen zwischen zwei Personen voraussetzen und aus diesen entspringen, wie nach den §§ 42 Abs 2, 122, 160, 133, 179, auch 1833 u. a., wohl aber diejenigen der §§ 228, 231, sowie die in Vorbem 1 am Schlusse erwähnten Schadensersatzverpflichtungen aus Eigentumsverletzung, wenn dem Verletzten die Befugnis entzogen ist, den rechtswidrigen Eingriff abzuwehren (vgl. BGB § 904). Schadensersatzansprüche aus u. H. sind weiter die aus den §§ 302 Abs 4, 600 Abs 2, 717 Abs 2, 945 ZPO sich ergebenden, die Durchbrechungen des Verschuldensgrundsatzes enthalten und nur den gegenständlich rechtswidrigen Eingriff in einen fremden Rechtskreis zur Voraussetzung haben (**RG** 58, 236; 74, 249; 78, 202; 106, 289; JW 05, 430[9]; 1913, 438[17]; Warn 1911 Nr 82; 1913 Nr 265; über die Nichtanwendbarkeit des § 945 ZPO bei Steuerarresten nach § 351 der Reichsabgabenordnung s. **RG** 108, 253). U. H. stellen ferner dar die Tatbestände der §§ 1 u. 2 des RHaftpflG (für § 1 früher nicht anerkannt **RG** 50, 408; dagegen später in feststehender Rechtsprechung **RG** 53, 114; 57, 52; 58, 335; 60, 300; JW 09, 724[17]) sowie des KraftFahrG v. 3. 5. 09 in der Fassung des Ges. v. 21. 7. 23 (RGBl I 743) §§ 7ff.; des Luftverkehrsgesetzes v. 1. 8. 1922 (RGBl I 681) §§ 19 ff.; die zum Schadensersatz verpflichtenden Tatbestände der Urheberrechts- und der gewerblichen Schutzgesetze einschließlich des UnlWG (vgl. **RG** 70, 74; JW 05, 214[24]), des HGB, der KO, des BinnenSchG usw. Die Bestimmung des § 8 EisenbVerkO, die die Eisenbahn für ihre Leute haften läßt, setzt keinen Tatbestand einer u. H. (**RG** JW. 1916, 488[7]). Über § 11 des Postgesetzes vgl. **RG** Warn 1913 Nr 318. An leitenden Grundsätzen für das Verhältnis dieser außerhalb des BGB stehenden u. H. zu dem BGB überhaupt und den besondern Bestimmungen des 25. Titels können folgende aufgestellt werden:

a) Die **allgemeinen Bestimmungen des BGB**, insbesondere §§ 249 ff., 254, 273, finden überall Anwendung, wo diese nicht nach dem Gesetzesgedanken des Sondergesetzes ausnahmsweise als ausgeschlossen angesehen werden muß (für RHaftpflG und § 254 **RG** 53 S 75, 394; 63, 332 u. a.; für § 945 ZPO und die §§ 249ff., 254 BGB **RG** 74, 249; Warn 09 Nr 282; 1911 Nr 82; für das KraftFahrG vgl. § 9 des Ges., für das Luftverkehrsgesetz vgl. § 20 des Ges.). Keine Anwendung findet § 278 BGB, der auf das Gebiet der Schuldverhältnisse beschränkt ist (**RG** 75, 257; 77, 211; 79, 319; 99, 263; vgl. des näheren A 1 zu § 831).

b) Die Anwendung der **allgemeinen Bestimmungen für die unerlaubten Handlungen im 25. Titel:** über Ausschluß der Verantwortlichkeit (§§ 827, 828), Haftung mehrerer verantwortlicher Personen (§§ 830, 840), Haftung für Dritte (§ 831), Art und Umfang des Schadensersatzes (§§ 842—846; über § 847 s. § 847 A 1), Verjährung (§§ 852, 853), entfällt, wo und insoweit das Sondergesetz selbst eine erschöpfende Regelung gegeben oder beabsichtigt hat; deshalb ist für die Tatbestände des RHaftpflG der § 840 BGB anwendbar, wobei im Falle des Abs 3 nach der Rechtsprechung des Reichsgerichts der Eisenbahnunternehmer als „Dritter" anzusehen ist (**RG** 53, 114; 58, 335; 61, 56; JW 05, 317[3]; 1911, 220[25]; 1912, 71[8]; 1914, 922[7]; 1915, 324[2]); dagegen sind nicht anwendbar die §§ 842—847, weil sie durch die erschöpfende Regelung des Umfangs des Schadensersatzes in den §§ 3, 3a (EGBGB Art 42) 7, 7a (Ges v. 8. 7. 23, RGBl I 615) des RHaftpflG ausgeschlossen sind (**RG** 57, 52; JW 08, 196[10]; 09, 483[1]; 1911, 742[42]; 1913, 99[15]); ebenso § 852, weil die Verjährung in § 8 des Ges. selbständig geordnet ist. Die gleichen Grundsätze gelten für das KraftFahrG, das den Umfang des Schadensersatzes, soweit nur der Tatbestand des Sondergesetzes in Frage kommt (§ 16 des Ges.), in den §§ 10—13 selbständig und erschöpfend ordnet (zu § 12 s. die Änderung durch Ges v. 23. 12. 22, RGBl 1923, I 1) und auch in § 14 eine besondere Verjährungsbestimmung, in § 17 eine Ausgleichungsvorschrift enthält. Für das Luftverkehrsgesetz s. §§ 21 ff. des Ges. Über die allgemeine Anwendbarkeit des § 852 auf Tatbestände u. H. außerhalb des BGB im übrigen s. **RG** 67, 141; 70, 150; 74, 249; 78, 302; JW 1911, 153[10]; 1912, 31[15]; 1913, 438[17].

c) Was die **Tatbestände der unerlaubten Handlungen** selbst anbetrifft, schließt der engere Tatbestand eines Sondergesetzes, der mit einem allgemeineren des BGB zusammentrifft, so daß die Tatbestände im übrigen sich decken (sog. Gesetzeskonkurrenz), die Anwendung des BGB aus (**RG** 70, 74 und JW 05, 214[24] für das GebrMustG, **RG** JW 1926, 561[5] für das MustSchG v. 11. 1. 76, **RG** 73, 294 für das Urheberrechtsgesetz). Wo die gesetzlichen Merkmale der Tatbestände nur teilweise sich decken (sog. Ideal-, auf zivilrechtlichem Gebiete Anspruchskonkurrenz), sind, sofern dies nicht dem Zwecke des Sondergesetzes widerstrebt, beide Gesetze nebeneinander anzuwenden. Das gilt insbesondere von den Gesetzen über den unlauteren Wettbewerb (**RG** 74, 434) und zum Schutze der Warenbezeichnungen, die des abschließenden Charakters entbehren, gegenüber den §§ 823 Abs 2 und 826 BGB (**RG** 48 S. 114 u. 238; **RG**St 41, 78). Über das Zusammentreffen von Tumultschadenshaftung und unerlaubter Handlung vgl. **RG** 102, 151.

d) Die Tatbestände der **Gläubigeranfechtung** nach der KO und dem AnfG sind nicht schlechthin solche von u. H.; für die §§ 31 Nr 1 u. 2 KO, 3 Nr 1 u. 2 AnfG ist dies im Sinne des § 32 ZPO, dessen Begriff der u. H. sich aber mit dem des BGB deckt, angenommen worden (**RG** 48, 401; 60, 300; 74, 224). Jedenfalls haben die Bestimmungen über die Gläubigeranfechtung in den genannten Gesetzen abschließenden Charakter; sie wollen die Rechtsfolgen der von ihnen getroffenen Handlungen erschöpfen. Soweit daher die der Anfechtung unterliegenden Rechtshandlungen im Einzelfalle nur die Merkmale der gesetzlichen Tatbestände der KO und des AnfG aufweisen, ist daneben für die Anwendung der §§ 823 u. 826 BGB kein Raum (**RG** 69, 143; 74, 224; JW 04, 499[32]; 09, 697[32]; 1910, 38[61]; 1911 S. 97[23] u. 650[22]; 1912, 854[5]; 1914, 834[12]; LZ 1917, 1070[14]). Nicht ganz im Einklange damit steht anscheinend die Entscheidung **RG** Warn 08 Nr 516, die jedoch den besondern Fall betrifft, daß der Schuldner durch den anfechtbaren Vertrag sein gesamtes pfändbares Besitztum dem Dritten zugespielt hatte). Soweit ein unerlaubtes Verhalten vorliegt, das über die Tatbestände der KO und des AnfG hinausführt, z. B. bei einer treuhänderischen Übereignung von Vermögensteilen des Schuldners oder bei Sicherheitsverkäufen eines gesamten Warenlagers und Abtretung aller Außenstände an einen Dritten unter Verschleierung des wahren Sachverhalts nach außen zur Täuschung und Schädigung der Gläubiger, ist auch die Anwendung der Bestimmungen des 25. Titels, insbesondere des § 826, gegeben (**RG** 74, 224; 85, 343; JW 04, 499[32]; 1910, 38[61]; 1911 S. 97[33] u. 650[22]; Warn 1920 Nr 103; die Entscheidung Warn 08 Nr 516 ist hier einzureihen).

3. Unerlaubte Handlungen nach Landesgesetzen. Vorbehalte für die Landesgesetzgebung finden sich in EG Artt 69—72 (Wildschaden), 77—79 (Haftung der Beamten oder des Staates für den von Beamten in Ausübung der öffentlichen Gewalt andern zugefügten Schaden), 95 (Gesinderecht mit Einfügung der Geltung der §§ 831, 840 Abs 2 BGB), 105 (Haftung des Eisenbahnunternehmers für außervertragliche Sachbeschädigung; vgl. dazu **RG** 70, 174 und JW 06, 376[1]), 106 (Haftung von Betriebsunternehmern, die für ihre Zwecke ein dem öffentlichen Gebrauche dienendes Grundstück benutzen), 107 (Zuwiderhandlung gegen zum Schutze von Grundstücken erlassene Strafgesetze), 108 (Haftung für Schaden, der bei Zusammenrottungen, Auflauf oder Aufruhr entsteht). Die allgemeinen Vorschriften des BGB einschließlich der allgemeinen Vorschriften des 25. Titels über die Rechtsfolgen der u. H. gelten hier nach dem Grundsatze des Art 55 EG so weit, als die Landesgesetze den Rechtsstoff in Verbindung mit dem allgemeinen Recht regeln wollen und zu ihrer Ergänzung auf dieses hinweisen; sie gelten nicht, wenn das Landesgesetz in sich eine einheitliche erschöpfende Regelung enthält oder geben will (vgl. für § 25 des preuß. Eisenbahngesetzes v. 3. 11. 38 und § 254 BGB **RG** 63, 270; JW 09, 271[4]; 1911 S. 468[53] u. 944[9], aber auch **RG** 66, 402). Über die fortdauernde Geltung der Bestimmung des § 75 Einl z. PrALR s. u. a. **RG** 89, 207; 105, 328; JW 1917, 548[20] und Warn 1917 Nr 227.

4. Vertrag und unerlaubte Handlung.

a) **Zusammentreffen einer Vertragsverletzung mit einer unerlaubten Handlung gegenüber dem anderen Vertragsteile.** In allen Fällen, wo nicht durch die Verletzung einer Vertragspflicht, sondern nur bei Gelegenheit einer in den Vertragskreis fallenden Tätigkeit, im äußeren, aber nicht im inneren Zusammenhange mit dem Vertrage, der Tatbestand einer u. H. erfüllt wird, wo also Vertragsverpflichtung und die allgemeine Rechtspflicht, deren Verletzung die u. H. bildet, überhaupt nicht zusammenfallen, ist die Haftung aus letzterer selbstverständlich. Aber auch, wo jener innere Zusammenhang vorliegt, ist die Haftung zugleich aus u. H. grundsätzlich anzuerkennen (vgl. Vorbem 1), sofern die den Vertragspflichten zuwiderlaufende Handlung zugleich alle gesetzlichen Merkmale einer u. H. enthält (**RG** 67, 182; 83, 183; 85, 185; 86, 321; 87 S. 64 u. 289; 88 S. 317 u. 433; 89 S. 338 u. 384; 90, 408; 92, 152; 99, 263; JW 08, 432[7]; 1910 S. 148[10] u. 748[5]; 1912, 338[2]; 1913, 376[7]; 1914, 926[12]; 1916, 488[7]; 1920, 284[6]; 1927, 1248[3]; Warn 1911 Nr 27 u. 42; 1912 Nr. 245; 1913 Nr 411; 1914 Nr 268; 1915 Nr 124; 1920 Nr 11; LZ 1917, 1069[13]; 1918, 44[9]). Die allgemeine Rechtspflicht, deren Verletzung die u. H. darstellt (vgl. Vorbem 1), besteht immer und gegenüber jeder Person, mag diese ohne Vertrag oder durch das Mittel eines Vertrags in den Handlungsbereich des Verletzers gekommen sein. Diese allgemeine Rechtspflicht kann nicht dadurch beseitigt werden, daß es ein Vertrag war, der erst die Möglichkeit der rechtswidrigen Einwirkung auf den andern gegeben hat. Der Vertrag verstärkt die allgemeine Rechtspflicht; nicht aber beseitigt er sie (so **RG** 88, 433 in grundsätzlicher Ausführung). Der Dienstherr, der die Sorgfaltspflicht für die Dienstpersonen nach § 618 außer acht läßt (RG Warn 1912 Nr 250; entsprechend der Staat, der in einem dem Dienstvertrag ähnlichen Verhältnisse die Sorgfaltspflichten seinen Beamten gegenüber hinsichtlich der Beschaffenheit der Dienstwohnungen vernachlässigt, RG 91, 21; 95, 103); der Gastwirt, der in den Räumen seiner Gastwirtschaft auf die Sicherheit seiner Gäste nicht Bedacht nimmt (RG 85, 185 — zu eng, vgl. die folgenden Entsch. und RG 88, 317 — 88, 433; 103, 263; JW 1911, 182[7]; Warn 1911 Nr 27; LZ 1919, 532[7]); der Hausbesitzer und Vermieter, der die Zugänge der vermieteten Wohnungen unbeleuchtet läßt oder sonst den verkehrssicheren Zustand der vermieteten und mitvermieteten Räume vernachlässigt (RG 89, 384; 90, 65; 106, 135; JW 04, 141[9]; 1910, 1003[13]; 1920, 284[6]; Warn 1913 Nr 411; 1921 Nr 96); der Eisenbahn- oder Fuhrwerksunternehmer, der die Beförderung von Personen oder Sachen übernommen hat und dabei die Verletzung der Personen, die Beschädigung oder den Verlust der Sachen schuldhaft herbeiführt (RG 55, 335; 67, 182; 86, 321; 87 S. 64 u. 289; 88, 317; 89, 338; JW 1911 S. 360[7] u. 824[42]; 1912, 686[13]; 1913, 376[7]; 1916, 488[7]; Warn 1911 Nr 179; 1912 Nr 245; 1914 Nr 268; 1915 Nr 124; LZ 1916, 633[17]; 1925, 94[10]; über die Sorgfaltspflicht hinsichtlich der Zu- und Abgänge und der Warteräume der Eisenbahnen aus dem Beförderungsvertrage und die Beweislast in diesen Fällen RG 86, 321; JW 1911 S. 360[7] u. 824[42]; Warn 1914 Nr 268; 1915 Nr 124); die Post bei nachlässiger Beförderung (Warn 1913 Nr 318); der Reeder, der nicht für die körperliche Sicherheit der Fahrgäste während einer stürmischen Seereise sorgt (RG 116, 213); der Besteller eines Werkes oder einer Dienstleistung, der dem Unternehmer eine gefährliche Arbeitsstätte zuweist (RG 83, 137; 90, 408; JW 1910, 148[10]); der Arzt, der einen Kranken vertragswidrig unter Verletzung ärztlicher Kunstregeln behandelt RG 85, 183; JW 1911, 182[7]; Warn 1916 Nr 226; 1922 Nr 7 (Haftung für Hilfspersonen nach § 278) — zu einem Kinde, das er im Auftrage der Eltern behandelt, steht der Arzt nicht im Vertragsverhältnis RG 85, 183; dagegen ist Warn 1918 Nr 113 ein Vertrag zugunsten Dritter als möglich angenommen); der Kaufmann, der als Verkäufer einem Kunden an Stelle des begehrten Genußmittels schuldhaft einen gesundheitsgefährlichen Stoff verabreicht (RG JW 08, 236[9]); sie alle haften für den dem andern Vertragsteile zugefügten Schaden sowohl aus dem Vertrage, wie nach Maßgabe der §§ 823, 831 oder eines sonstigen, den Tatbestand einer u. H. aufstellenden Gesetzes aus u. H. Über Verträge zugunsten Dritter und das Zusammentreffen der Vertragsverletzung mit einer u. H. gegen die Dritten vgl. RG 87, 64; 91, 21; JW 1922, 1325[10] (Vertrag zwischen Knappschaft und Krankenhaus); Warn 1918 Nr 113; 1921 Nr 96; LZ 1922, 618[3]. Von den hier ausgeführten und in RG 88, 433 entwickelten Grundsätzen weichen einzelne Entscheidungen des RG ab, indem sie, wo die Sorgfaltspflicht erst durch den Vertrag begründet wird, nur eine Vertragshaftung anerkennen, so RG JW 04, 166[4]; 1910, 112[13]; Warn 09 Nr 393; 1911 Nr 27, auch RG 85, 185; ihre einschränkenden Sätze sind als aufgegeben anzusehen; vgl. RG 88 S. 317 u. 433, sowie JW 1920, 284[6]. Die allgemeine Rechtspflicht muß ohne Ausnahme jedem gegenüber erfüllt werden, und ihre Verletzung verpflichtet jeden und jedem gegenüber, auch wenn es ohne den Vertrag nicht zu der Verletzung gekommen sein würde. Über die Beweislast bei Vertrag und u. H. vgl. RG JW 1923, 286[3]. — Der vertragsmäßige Ausschluß der Gewährleistungspflicht aus dem Vertrage befreit nicht an sich von der Haftung für die u. H. (RG 88, 317); doch kann auch dieser Ausschluß oder eine Minderung der Haftung, soweit sie zulässig sind (vgl. unten 4 b und RG 88, 436), im Sinne der Vertragsabmachungen liegen. Allgemeine Bedingungen, die die Haftung aus dem Vertrage für gewisse Fälle ausschließen oder einschränken sollen, erstrecken sich ebenso nicht auf die Haftung aus u. H., es sei denn, daß der andere Vertragsteil sich ihnen ausdrücklich oder stillschweigend unterworfen hat (RG 63, 308; 102 S. 44 u. 48). Wo das Gesetz, wie in § 599 (Leihe) oder wie in § 690 in Verbindung mit § 277 (Verwahrung) eine Vertragshaftung nur für Vorsatz und grobes Versehen eintreten läßt, kann eine strengere Haftung auch wegen der zugleich begangenen u. H. nicht Platz greifen, die den Einschränkungen ihre Bedeutung rauben würde; in diesem Falle fehlt es infolge der Einschränkung der Sorgfaltspflicht in der Sonderbestimmung an der Rechtswidrigkeit des Handelns (RG 66, 363; 11. 10. 10 III 132/10; a. M. Planck, Vorbem 5 vor § 823). Einen Hauptfall gesetzlicher Einschränkung der Vertragshaftung, die auf die Haftung aus u. H. zurückwirkt, bilden die Bestimmungen in den §§ 11 u. 12 des Postgesetzes vom 28. 10. 71, die eine weitere Haftung der Post für einen dem Reisenden bei der Beförderung zugefügten Schaden, als auf Ersatz der Kur- und Verpflegungskosten, ausschließen (RG 67, 182, für beförderte Sachen ist die Haftung durch die §§ 8 u. 12 des Ges. eingeschränkt; vgl. dazu RG 70, 314). Die Haftung des Posthalters, wo sie besteht, wird selbstverständlich durch das Postgesetz nicht berührt.

b) **Kann durch Vertrag die Haftung für eine unerlaubte Handlung, die der eine Vertragsteil dem andern zufügen könnte, ausgeschlossen werden?** Der Ausschluß der Haftung aus u. H. durch ausdrückliche oder stillschweigende Vertragsberedung ist an sich, mag es sich um bloße Gefährdungshaftung oder um Schuldhaftung handeln, zulässig (**RG** 81, 316; 117, 102; JW 07, 287[50]; 1911 S. 28[5], 30[8], 714[14]); er ist begrenzt durch den Grundsatz des § 276 Abs 2, wonach die Haftung wegen Vorsatzes keinem Schuldner im voraus erlassen werden kann, sowie durch § 138: der Vertrag darf nicht gegen die guten Sitten verstoßen (vgl. **RG** 89, 6 und für die Haftung des Flugzeughalters **RG** 117, 102). Aus diesem Grunde kann namentlich eine die Einwilligung des Verletzten in die u. H. enthaltende Vertragsberedung, die den Ausschluß der Haftung in sich begreift, für nichtig zu erachten sein (vgl. § 823 A 10). Endlich ist der vertragsmäßige Ausschluß der Haftung aus u. H. da nicht für zulässig zu erachten, wo er nach dem Gesetze für die aus demselben Tatbestande sich ergebende Vertragshaftung untersagt ist; so in §§ 618, 619 BGB sowie in § 471 HGB (vgl. **RG** JW 07, 287[50]). Die Entscheidung **RG** 68, 358, die den vertragsmäßigen Ausschluß der Haftung aus § 823 nach Maßgabe der Betriebsordnung für den Kaiser-Wilhelm-Kanal für unzulässig erklärt, entnimmt ihre Begründung dem Gesetze, betr. die Herstellung dieses Kanals, v. 16. 3. 86 und ist nicht grundsätzlicher Natur (**RG** 81, 316). Ein Fall vertragsmäßigen Ausschlusses der Haftung aus u. H. ist, daß jemand, der sich einem andern zur Beförderung anvertraut, die Gefahr der Reise übernimmt und auf Ersatz eines Schadens, der ihm durch den andern Vertragsteil und seine Hilfspersonen selbst schuldhafterweise zugefügt werden könnte, verzichtet; ein solcher Verzicht umfaßt in gleicher Weise die Haftung aus dem Vertrage wie aus der u. H. So kann durch ausdrückliche oder stillschweigende Vereinbarung zwischen den Teilnehmern einer Fahrt und dem Fuhrwerkshalter oder Fuhrwerksführer deren Haftung für etwaige Unfälle, sei es aus § 823, § 831 oder § 833 ausgeschlossen werden (**RG** 65 S. 17 u. 313; JW 07 S. 287[50] u. 308[9]; 1911 S. 28[5] u. 714[14]; Warn 08 Nr 157 u. 158). Ebenso für das Verhältnis zwischen dem Halter oder Führer eines Kraftfahrzeugs und dem Teilnehmer an einer Kraftwagenfahrt (**RG** 15. 4. 26 IV 647/25). Eine stillschweigende Übereinkunft ist aber in der Regel nur in den Fällen der Gefährdungshaftung anzunehmen (**RG** JW 1911 S. 28[5], 714[14]; 1915, 275[8]; 10. 2. 21 VI 236/20). Sie ist noch nicht mit dem Umstande allein gegeben, daß der Fahrgast aus Gefälligkeit unentgeltlich mitgenommen wird; das ist an sich ein bloß tatsächlicher Vorgang ohne rechtliche Bedeutung (**RG** 65, 17; 67, 431; 68, 429; JW 1910, 234[12]; 1911, 28[5]; 1912, 857[10]; Warn 08 Nr 477; 09 Nr 22, 100; 1914 Nr 259). So verzichtet auch der Mitfahrer bei einer Dauerprüfungsfahrt für Kraftwagen nicht ohne weiteres auf Schadensersatzansprüche aus einem Verschulden des Wagenlenkers (**RG** JW 1926, 2534[9]). Noch weniger ist ein stillschweigender Ausschluß der Haftung anzunehmen, wenn es sich nicht um eine Gefälligkeitsleistung des sonst Schadensersatzpflichtigen, sondern um eine solche des Beschädigten handelt oder die Übernahme einer durch Verschulden des Schädigers erst begründeten Gefahr in Frage kommt (**RG** JW 1911, 714[14]). Andere Fälle vertragsmäßigen Ausschlusses der Haftung aus u. H. bilden die Verträge, in denen dem Tierhalter gegenüber ein anderer sich zu gewissen mit besondern Gefahren vom Tiere her verbundenen Arbeitsleistungen verpflichtet; hier liegt die Übernahme der Gefahr im Inhalte des Vertrags, in der Natur der Vertragsleistung; es bedarf keiner weiteren Vereinbarung darüber (so für den Trainer und Zureiter **RG** 58, 410; JW 05, 143[22]). Davon zu unterscheiden sind die Fälle, in denen lediglich Dienstleistungen hinsichtlich des Tieres übernommen werden, mit denen die allgemeine Tiergefahr verknüpft ist (Leistungen des Tierarztes und des Hufschmieds); damit wird die Haftung des Tierhalters nicht ausgeschlossen; doch hat der durch das Tier verletzte Dienstverpflichtete aus dem Vertrage den Nachweis zu führen, daß ihn bei der Ausführung der übernommenen Leistung kein Verschulden trifft (**RG** 61, 54; JW 05 S. 392[10] u. 528[7]; 06, 553[22]; 07, 710[17]; Warn 08 Nr 495; 09 Nr 212; 1911 Nr 29). Vgl. darüber § 833 A 7. — Über die Revisibilität der allgemeinen Beförderungsbedingungen des Aero-Lloyd-Konzerns über den Ausschluß der Haftung des Flugzeughalters bei Flugunfällen s. **RG** 117, 102.

c) **Daß durch die Verletzung von Vertragspflichten zugleich eine unerlaubte Handlung gegen eine vertragsfremde Person begangen erden kann,** ist nicht fraglich und gibt zu Zweifeln nur Anlaß, wenn die Vertragsverletzung in der Unterlassung einer durch den Vertrag gebotenen Handlung besteht; sie wird zu § 823 A 10 bei der Bestimmung des Merkmals der Widerrechtlichkeit der u. H. erörtert. Einen Fall schuldhafter Körperbeschädigung (§ 823) einer Dienstperson durch den Verkauf einer sicherheitsgefährlichen Gerätschaft an den Dienstherrn behandelt **RG** Gruch 60, 1011.

d) **Die Verletzung eines Vertragsverhältnisses durch die unerlaubte Handlung einer vertragsfremden Person,** also die Verletzung persönlicher Forderungsrechte Dritter durch eine u. H., ist von der Begriffsbestimmung des „sonstigen Rechtes" in § 823 Abs 1 abhängig und findet § 823 A 9 ihre Erledigung.

e) **Schadensersatzklage aus unerlaubter Handlung neben oder anstatt der Anfechtung eines Vertrags wegen arglistiger Täuschung oder widerrechtlicher Drohung gemäß §§ 123, 124 BGB.** Weder arglistige Täuschung noch widerrechtliche Drohung begründen notwendig den Tatbestand einer u. H. Zur u. H. werden sie erst, wenn die Schutzgesetze der §§ 263, 253 StGB verletzt sind (§ 823 Abs 2), oder wenn eine mit dem Bewußtsein der Schädigung (des Vertragsgegners verbundene sittenwidrige Schadenszufügung nach § 826 vorliegt (**RG** Warn 1913 Nr 42). Wie die allgemeine Rechtspflicht gegen jedermann, sich der rechtswidrigen Einwirkungen auf den fremden Rechtskreis zu enthalten, durch eine gleichzeitige Vertragspflicht nicht aufgehoben wird (s. unter 4a), so bleiben auch die Anfechtung eines Vertrags wegen arglistiger Täuschung oder widerrechtlicher Drohung nach §§ 123, 124 und der Schadensanspruch aus u. H. selbständig nebeneinander bestehen. Mag der Getäuschte oder Bedrohte von dem Anfechtungsrechte Gebrauch machen oder nicht, der Schadensersatzanspruch aus u. H., wenn der Tatbestand einer solchen vorliegt, kann ihm nicht genommen werden. Die Entscheidung **RG** 63, 268, die dem Betrogenen diesen Schadensersatzanspruch versagte, wenn er die Anfechtungsfrist des § 124 hatte verstreichen lassen, weil letztere Bestimmung alsdann gegenstandslos sein würde (ebenso noch **RG** 79, 430), ist deshalb unrichtig und von der späteren Rechtsprechung des RG aufgegeben worden; grundsätzlich muß dem durch eine arglistige Täuschung oder eine widerrechtliche Drohung beim Vertragsschlusse beschädigten Vertragsteile der Schadensersatzanspruch aus § 823 Abs 2 in Verbindung mit § 263 oder mit §§ 240, 253 StGB oder aus § 826 in gleicher Weise zustehen, mag er die Anfechtung erklärt oder die Anfechtungsfrist versäumt oder auf die Anfechtung verzichtet haben und bei dem Vertrage stehenbleiben wollen (**RG** 79, 194; 84, 131; 103, 159; JW 1918, 815[2]; Warn 1915 Nr 275; 1918 Nr 181). Im letzteren Falle wird nur vielfach die durch die eigene Willensentschließung geschaffene Rechtslage bei Anwendung der Grundsätze der §§ 249, 251 die Verwirklichung des Schadensersatzanspruchs verhindern. Die rechtzeitig erklärte Anfechtung hat die Wirkungen des § 142; sie führt zur Rückgewähr nach Maßgabe des § 812 (**RG** 74, 1). Insoweit bedarf es nicht mehr der Schadensersatzklage aus der u. H., die dem Beschädigten aber auch nicht verwehrt ist (**RG** 54, 137; Warn 1910 Nr 313, sowie die insoweit unbedenklichen Urteile **RG** 59, 155; 63, 110), und die für den Ersatz des Schadens an Kosten und Aufwendungen für den Vertrag neben die Bereicherungsklage tritt. Hat der Beschädigte die Anfechtungsfrist verstreichen lassen, so geht er dadurch des Rückgewähranspruchs aus der Anfechtung verlustig, nicht aber des gleichfalls auf Rückgewähr (§ 249) gehenden Anspruchs aus u. H. (**RG** 79, 194 und die oben mitgeteilten weiteren Entscheidungen). Dem Beschädigten endlich, der bei dem Vertrage stehenbleiben will oder der den Vertrag nach § 144 bestätigt und auf das Recht der Anfechtung verzichtet hat (**RG** JW 1911, 398[4]), ist ein Schadensersatzanspruch aus u. H. an und für sich ebenfalls gegeben (**RG** 56, 47; 59, 155; 61, 250; 62, 384; 63, 110; 66, 335; 83, 245; 84, 131; 86, 334; 92, 295; JW 09, 309[2]; 1910, 934[4]; 1911, 213[8]; 1912 S. 137[10], 237[4]; 1915, 1191[3]: Warn 1915 Nr 7, 14, 74, 109, 166, 275; 1916 Nr 274; LZ 1921, 373[1]). Über Art und Umfang des Schadensersatzes aus u. H. im Falle des § 123 (sog. negatives Vertragsinteresse), über die Ausdehnung der Vertragsklage nach § 463 Satz 2 durch entsprechende Anwendung der Bestimmung auf betrüglich vorgespiegelte Eigenschaften der Kaufsache und auf die kaufähnlichen Geschäfte des § 493, sowie über die Anwendung der §§ 249, 251, wenn der Getäuschte oder Bedrohte bei dem Vertrag stehenbleiben will, vgl. § 123 A 5 und die Anmerkungen zu den genannten Paragraphen.

5. Ursächlicher Zusammenhang zwischen Handlung und Schaden.

a) **Ursache** ist die Summe von Bedingungen, von denen der Eintritt eines Ereignisses abhängt. Das Zusammenwirken aller Glieder der Ursachenkette zu überschauen, ist der menschlichen Erkenntnis nur selten möglich; noch weniger ist der menschliche Wille imstande, alle Bedingungen des Geschehens maßgebend zu bestimmen. Für die Frage, ob ein menschliches Tun oder ein Geschehnis für ein eingetretenes Ereignis ursächlich geworden sei, muß es deshalb genügen, daß durch dieses Tun oder Geschehnis eine der Bedingungen gesetzt worden ist, ohne die das Ereignis nicht eingetreten wäre (**RG** 50, 219; 63, 341; 69, 57; 73, 289; 93, 1; JW 05 S. 486[4] u. 690[12]; 09, 312[9]; 1912, 581[1]; 1913, 986[15]; 1914, 980[5]; 1916, 1115[2]; Gruch 49, 616; LZ 1922, 617[2]). Aber nicht alle Bedingungen, die im Einzelfalle mitgewirkt haben, einen Erfolg herbeizuführen und deshalb zu diesem auch notwendig wirkend geworden sind, können für die rechtliche Betrachtung als Ursachenglieder dieses Erfolgs angesehen werden. Die rechtliche Beurteilung kann nicht rückschauend von der Wirkung aus die Ursache bestimmen, sie muß von den Ursachen aus die mögliche Wirkung ins Auge fassen. Nur diejenigen Glieder der Ursachenkette können deshalb als bestimmend für den Erfolg in Betracht gezogen werden, deren maßgebende Wirksamkeit für dessen Eintreten zur Zeit der Handlung, die als Ursache eines Erfolgs in Anspruch genommen wird, nach allgemein menschlicher Erfahrung erkennbar war und deshalb auch vom Handelnden übersehen werden konnte, und außerdem diejenigen, deren Wirksamkeit zwar allgemein nicht erkennbar, aber dem Handelnden bekannt war, und die er erwartet und benutzt hat (sog. adäquate Verursachung; vgl. Vorbem 3 vor § 249). Ein ungewöhnlicher Verlauf der Dinge, der nicht vorausgesehen werden konnte, kann deshalb rechtlich als Kette von Ursache und Wirkung nicht angesehen werden (**RG** 50, 219; 69, 57;

72, 324; 81, 359; 91, 347; JW 03 Beil 250; 05 S. 16[9] u. 486[4]; 08 S. 405[5] u. 526[4]; 09, 358[3]; 1911 S. 95[19], 153[9] u. 399[6], 579[17], 754[9]; Warn 1912 Nr 199; 1920 Nr 100). Hinzukommende Handlungen oder Unterlassungen Dritter unterbrechen den ursächlichen Zusammenhang nicht (RG JW 1921, 741[3]; LZ 1921, 267[3]). Ob aber die für den Erfolg nach diesen Leitsätzen maßgebende Bedingung diesen unmittelbar oder mittelbar, allein oder in Verbindung mit andern Umständen, eine Gefahr schaffend oder nur steigernd herbeigeführt hat, ist gleichgültig (RG 73, 289; JW 03 Beil 32; 05, 486[4]; 09 S. 136[10] u. 312[9]; 1911 S. 319[4], 399[6] u. 754[9]; 1912, 581[1]; 1914, 980[5]; 1916, 1115[2]; Warn 1911 Nr 363; SeuffA 81 Nr 23; LZ 1921, 267[3]). Bei vorsätzlichen Handlungen kann ein mittelbarer Schaden nur dann dem Täter zugerechnet werden, wenn er diesen wenigstens als möglich vorausgesehen hat; es genügt nicht, daß er ihn hätte voraussehen können (RG 79, 55; JW 03 Beil 313). Die Ursächlichkeit einer Körperverletzung für einen Gesundheitsschaden wird auch durch eine diesen begünstigende krankhafte Anlage nicht ausgeschlossen (RG JW 05, 690[12]; 06, 204[25]; 08, 41[16]; 1924, 464[8]; Warn 1911 Nr 363), es sei denn, daß die krankhafte Anlage auch ohne die Verletzung mit Sicherheit die Krankheit selbst ausgelöst haben würde; dann fällt mit ihrem von der Anlage aus von vornherein zu erwartenden Eintritt die Ursächlichkeit der Körperverletzung hinweg, und diese besteht nur insoweit, als die krankhafte Anlage durch die Körperverletzung in die Entwicklung zum Schlimmeren oder zur Beschleunigung ihrer Entwicklung gebracht wurde (RG JW 1911 S. 319[4] u. 650[21]; Warn 1911 Nr 363; LZ 1917, 861[6]). Anderseits sind auch Krankheiten als Wirkungen einer Körperverletzung anzusehen, zu denen diese nur den Keim legte, und die sich dann aus diesem heraus infolge hinzutretender anderer Ursachen entwickelt haben. Hierher gehören die nervösen Krankheitserscheinungen, die unmittelbar in den Aufregungen des Prozesses zur Erkämpfung des Schadensersatzes ihre Ursache haben, die aber dennoch als Wirkungen der Körperverletzung dann angesehen werden können, wenn die letztere gerade eine nervöse Erkrankung, wenn auch nur im Keime, hervorgerufen oder eine vorhandene nervöse Reizung verschlimmert hat; der Prozeß selbst stellt ein verbindendes Mittelglied der Ursachenkette nicht dar; er ist keine Folgewirkung der Verletzung, sondern nur durch diese äußerlich und zufällig veranlaßt. Überall, wo nicht die Körperverletzung, in der Regel der Unfall, selbst eine nervöse Erkrankung hervorgerufen hat, aus welcher dann in weiterer Folge die Begehrungsvorstellungen nach der Rente, verbunden mit der Einbildung, ganz erwerbsunfähig geworden zu sein, in dem Verletzten sich entwickelt haben, sondern wo nur ein äußerer Zusammenhang durch das Erleben des Unfalls und die Erinnerung an ihn besteht und das Rentenbegehren nachträglich durch einen Mangel an Widerstandskraft gegen die auftretenden Begehrungsvorstellungen zur Entfaltung gekommen ist, ist ein ursächlicher Zusammenhang nicht mehr gegeben; ob dies oder jenes anzunehmen ist, ist Sache der Feststellung im Einzelfalle (RG 75, 19; JW 06, 231[15]; 08, 526[11]: 1910, 1003[11]; 1915, 1436[10]; Warn 1914 Nr 51 u. 104; 1915 Nr 12; 1916 Nr 199; RG JW 1924, 464[8] über das mitwirkende eigene Verschulden des Beschädigten durch Erhebung maßloser Ansprüche im Falle der Bejahung des ursächlichen Zusammenhangs RG 75, 19; auch JW 1915, 1436[10]). Der ursächliche Zusammenhang zwischen der durch eine unerlaubte Handlung einer Person zugefügten Körperverletzung und ihrem Tode ist auch dann vorhanden, wenn die Person wegen der Verletzung in ein Krankenhaus gebracht wurde, dort infolge der in solchen Häusern durch das Zusammensein mit andern Kranken erhöhten Ansteckungsgefahr an der Grippe erkrankte und diese wieder infolge der durch die Verletzung geschwächten Widerstandskraft des Körpers den Tod der Person herbeiführte (RG 105, 264). Durch ärztliche Kunstfehler bei der Behandlung einer Körperverletzung und deren Folgen, die auf der Unvollkommenheit der ärztlichen Wissenschaft und ihrer Ausübung beruhen, und mit denen deshalb überall gerechnet werden muß, wird der ursächliche Zusammenhang zwischen der Verletzung und dem Schaden nicht aufgehoben; auch die dadurch eingetretenen etwaigen Verschlimmerungen des Krankheitszustandes des Verletzten müssen von dem Schädiger vertreten werden, auf den die Verletzung zurückzuführen ist (RG JW 1911, 754[9]; 1913, 322[7]; 1921, 741[3]; 7. 1. 13 VI 305/12).

b) **Laufen mehrere Tatsachen oder Tatsachenreihen nebeneinander,** die nach menschlicher Erfahrung sowohl jede für sich, wie im Zusammenwirken miteinander einen Erfolg ursächlich herbeigeführt haben können, so ist im Zweifel, wenn nicht zu ermitteln ist, welche dieser ursächlichen Verknüpfungen in Wirklichkeit stattgehabt hat, das Zusammenwirken aller anzunehmen (RG JW 08, 299[5]; 09, 361[7]; 1911, 399[6]; 1912, 581[1]); ein Abwägen des Maßes der Verursachung, wie bei § 254, findet dem Beschädigten gegenüber nicht statt; jeder Urheber einer Ursachenverknüpfung ist für den ganzen Erfolg verantwortlich (RG JW 1911, 399[6]). Wenn aber mehrere Ursachen nur eine jede für sich, die eine oder die andere den Erfolg herbeigeführt haben können, ohne daß eine von ihnen als die tätige Ursache mit größerer Wahrscheinlichkeit (s. unter c) festgestellt werden kann, und wenn nur eine bestimmte von ihnen der haftbar gemachten Person zugerechnet werden kann, dann kann diese letztere als Urheber des schädlichen Erfolgs nicht angesehen werden (RG 29. 11. 09 VI 553/08); anders, wenn diese Person die mehreren Möglichkeiten hätte in Rechnung ziehen können oder müssen und deshalb für sie verantwortlich gemacht werden kann (**RG** JW 04, 486[9]). Über mehrere Teilursachen mit Teilwirkungen vgl. **RG** JW 1914, 980[5]. Das Zusammenwirken mehrerer Ursachen zu demselben schädlichen Erfolge hat seine besondere Wichtigkeit für das Gebiet der u. H., wenn die eine Ursache von dem in Anspruch genommenen Schädiger, die andere vom Beschädigten selbst gesetzt wird (§ 254). Über mehrere Miturheber derselben Ursache handelt § 830, über mehrere Urheber selbständiger Ursachen § 840. Wenn eine u. H. die Begünstigung oder Hehlerei zu der u. H. eines andern zum Gegenstande hat, die einen Schaden bereits abgeschlossen bewirkt hatte, so ist die Begünstigung oder Hehlerei zum Schadensersatze nur verpflichtend, wenn sie einen neuen besondern Schaden verursacht hat (**RG** 15. 2. 12 VI 273/11).

c) Bei der Unzugänglichkeit der wirklichen und vollständigen Ursachenverknüpfung für das menschliche Erkennen kann ein zwingender **Beweis der Ursächlichkeit** einer Handlung oder Unterlassung für ein eingetretenes Ereignis nicht verlangt werden. Ein hoher Grad von Wahrscheinlichkeit muß sowohl für die Feststellung der Verursachung der Verletzung durch das Tun wie für die Feststellung der Verursachung des Schadens durch die Verletzung ausreichen (**RG** JW 08, 196[10]; 1911, 276[3]; Warn 1910 Nr 5). Ist eine zur Erklärung des eingetretenen Erfolgs geeignete, dem natürlichen Laufe der Dinge entsprechende Ursache wahrscheinlich gemacht, so ist es Sache des Gegners, darzutun, daß trotzdem nicht diese, sondern andere, wenn auch minder wahrscheinliche Ursachen ihn herbeigeführt und die Mitwirkung jener andern ausgeschlossen haben (**RG** 76, 313; 95 S. 103 u. 249; Warn 1910 Nr 5; 1911 Nr 219; 1915 Nr 50; LZ 1919, 1014[6]). Aber die Wahrscheinlichkeit kann nicht die richterliche Feststellung des Ursachenzusammenhangs selbst darstellen; sie ist nur Hilfsmittel für die Gewinnung der richterlichen Überzeugung von diesem, die niemals entbehrt werden kann und in der Entscheidung ihren Ausdruck finden muß (**RG** 95, 249; 98, 58).

6. Die Klage auf Unterlassung.

I. Die abwehrende Eigentumsklage. Das BGB nennt als Rechtswirkung der u. H. ausdrücklich nur einen Schadensersatzanspruch des Verletzten. Ein Anspruch auf Unterlassung widerrechtlicher Störungen und Eingriffe ist nur anerkannt zum Schutze des Namensrechts (§ 12), des Besitzes (§ 862) und des Eigentums (§ 1004), sowie durch Verweisung auf diese Bestimmungen weiter in den §§ 1017 (Erbbaurecht), jetzt § 11 Abs 1 der VO über das Erbbaurecht v. 15. 1. 19 (RGBl 72), ferner 1027 (Grunddienstbarkeit), 1068 (Nießbrauch), 1090 (andere persönliche Dienstbarkeiten), 1227 (Pfandrecht); endlich gegen Mißbrauch der Mietsache durch den Mieter beim Mietvertrage (§ 550). Daß die angezogenen Bestimmungen eine entsprechende Anwendung bei allen ausschließlichen (sog. absoluten) Rechten gestatten, insbesondere bei den Urheber- und gewerblichen Schutzrechten, soweit die diese regelnden Sondergesetze nicht eine Unterlassungsklage ausdrücklich gewähren, also bei allen Rechten, die unter den Begriff des „sonstigen Rechtes" aus § 823 Abs 1 fallen (vgl. § 823 A 9), ist außer Zweifel und wird allgemein angenommen. Diese Klage auf Unterlassung weiterer ernstlich zu befürchtender Störungen ist die ausgestaltete Eigentumsfreiheitsklage (actio negatoria) und setzt nur einen gegenständlich (objektiv) widerrechtlichen Eingriff in das ausschließliche Recht voraus, dem der Berechtigte mit der aus seinem Recht entspringenden Klage entgegentreten kann (**RG** 60, 6; 109, 276). Ja, sie wird zuzugestehen sein, auch wenn eine Rechtsverletzung noch nicht stattgefunden hat, aber erkennbar ernstlich vorbereitet ist (vgl. Dernburg-Kohler, BR VI § 77). Aus diesem Gesichtspunkte sind, da der eingerichtete und ausgeübte Gewerbebetrieb zu den „sonstigen Rechten" des § 823 Abs 1 gezählt wird (vgl. § 823 A 9), die Entscheidungen **RG** 65, 210; JW 05, 174[15]; 08, 133[1]; 1911, 572[2]; 1913, 34[23]; Warn 1915 Nr 82 begründet.

II. Die Unterlassungsklage auf Wiederherstellung. Weiter kann eine Klage auf Unterlassung von Eingriffen in den allgemeinen Rechtskreis eines andern von diesem dann erhoben werden, wenn die durch die u. H. bewirkte Rechtsverletzung und der hieraus entspringende Schaden nicht durch die einmalige Vornahme der Handlung abgeschlossen ist, durch die u. H. vielmehr ein den andern dauernd schädigender Zustand geschaffen wurde, der durch den Zwang zur Unterlassung weiterer Störungen beseitigt wird. Es handelt sich hier in Wahrheit um einen Beseitigungsanspruch (**RG** Warn 1915 Nr 127); die Unterlassung bedeutet hier die Wiederherstellung des früheren Zustandes im Sinne des § 249 (vgl. **RG** 77, 218; 82, 59; 88, 130; 91, 265). Wo die begangene u. H. in ihren Folgen fortwirkt oder wo die zu erwartende Wiederholung des Eingriffs den Charakter der Fortsetzung der Verletzung und der Schadenszufügung trägt, ist diese Klage auf Unterlassung an sich gegeben, so z. B. bei Aussperrungen und Boykotthandlungen. Sie setzt die Erfüllung des vollen Tatbestandes der u. H. in der Vergangenheit nach der gegenständlichen wie nach der persönlichen Seite als Unterlage des Anspruchs für die Zukunft voraus; sie erfordert also, daß der Tatbestand einer u. H. bereits fertig vorliegt und die Fortsetzung der Beschädigung durch die Wiederholung von Handlungen derselben Art ernstlich zu befürchten steht. Diese Klage auf Unterlassung kann alle Tatbestände der u. H. betreffen; sie findet namentlich auf diejenigen der §§ 824, 826 Anwendung (vgl. zu § 826 **RG** 105, 4; 113, 33). Die Wiederholungsgefahr, für die den Kläger die Beweislast trifft, sofern sie nicht offen zutage liegt (**RG** 78, 210; 96, 244; Warn 1913 Nr 320), muß eine ernstliche und auf Tatsachen gegründete sein; auch eine weniger große Wahrscheinlichkeit reicht für ihre Annahme aus (ob sie begründet ist, ist regelmäßig Tatfrage **RG** 96, 245; 98 S. 36 u. 269; Warn 1913 Nr 320 u. 416); sie muß noch zur Zeit des Urteilserlasses bestehen (**RG** a. a. O.; JW 1911, 586[31]; 1913 S. 34[23], 543[8]; Warn 1914 Nr 122; 1915 Nr 20; 13. 7. 10 VI 459/09; 16. 1. 13 VI 287/12). Es handelt sich in den Fällen dieser Unterlassungsklage indessen vornehmlich weniger um künftige Unterlassungen, als um die Zurücknahme von noch fortdauernden Eingriffen; so von Sperrmaßregeln gegen Gewerbetreibende (**RG** 48, 114; 56, 271; 82, 59; 88, 130; 91, 265; JW 05, 715[2]; Warn 1913 Nr 416), Beseitigungen von Druckschriften, die unwahre Mitteilungen über Geschäftsverhältnisse enthalten (**RG** 57, 157; 60, 12; JW 08, 333[16]), Unterlassung der öffentlichen Ausstellung von Waren zu illoyalen Zwecken (**RG** JW 03 Beil 23), Aufhebung eines schädigenden Verbots (**RG** 72, 251), Zurücknahme öffentlicher Angriffe auf die Ehre oder den Kredit des Klägers (**RG** 88, 129; Warn 1913 Nr 449). Wird daran festgehalten, daß diese Klage nur gegeben sein kann, wo die fernere Unterlassung in der Tat eine Wiederherstellung des früheren Zustandes bedeutet (§ 249), so sind ihr naturgemäß enge Grenzen gesteckt. Begangene u. H. werden nicht dadurch ungeschehen und unschädlich gemacht, daß sie nicht wiederholt werden. Wiederherstellend kann die Unterlassung nur wirken, wo es sich nicht sowohl um eine Abwehr der Wiederholung als um eine Beseitigung störender Eingriffe in den Rechtskreis eines andern handelt, wie bei der Abstandnahme von Sperrmaßregeln und Verrufserklärungen. Bei der weitaus größten Zahl der Unterlassungsklagen ist in Wahrheit nicht eine Wiederherstellung des früheren Zustandes in Frage, die durch eine fernere Unterlassung von Eingriffen gar nicht geleistet werden kann, sondern die Abwehr künftiger Beeinträchtigungen gleicher Art.

III. Die vorbeugende Unterlassungsklage. a) In erweiternder Übertragung der Grundsätze der unter I behandelten abwehrenden Eigentumsklage nach §§ 12, 862, 1004 BGB hat die Rechtsprechung, einem Bedürfnisse des Rechtsverkehrs entgegenkommend, auch zur Abwehr künftiger rechtswidriger Eingriffe in alle vom Recht geschützten Lebensgüter und Interessen nicht dinglichen und ausschließlichen, sondern rein persönlichen Charakters eine sog. vorbeugende Unterlassungsklage anerkannt, wie sie für das besondere Rechtsgebiet des Wettbewerbs in verschiedenen Bestimmungen des UnlWG geschaffen worden ist. Diese Unterlassungsklage setzt ebenso wie die abwehrende Eigentumsklage nicht den erfüllten Tatbestand einer u. H., sondern nur einen gegenständlich widerrechtlichen Eingriff in das geschützte Recht oder Rechtsgut und für die Zukunft den Nachweis einer ernstlichen, durch Tatsachen begründeten Besorgnis weiterer Eingriffe (Wiederholungsgefahr; vgl. unter II, ferner **RG** 115, 416; **RG** JW 1925, 1393[23]) voraus; auch ein ernstlich drohender erstmaliger Eingriff kann zur Begründung der Unterlassungsklage genügen (**RG** 101, 339). Die Grundlage der Entwicklung bildeten die Entscheidungen **RG** 48, 114; 60, 6 u. 61, 366. In **RG** 77, 217 erscheinen die Unterlassungsklage auf Wiederherstellung (unter II oben) und die hier besprochene vorbeugende Unterlassungsklage nicht vollständig scharf geschieden; es ist darin, wie aus S. 219 hervorgeht, eine Unterlassungsklage auf Wiederherstellung im Sinne des § 249 BGB angenommen und für diese mit Recht der volle gegenständliche wie persönliche Tatbestand der u. H. in der Vergangenheit gefordert; der entschiedene Fall selbst scheint jedoch auf die vorbeugende Unterlassungsklage hinzuweisen. Die Entscheidung stellt jedenfalls nicht, wie vielfach angenommen wurde, eine Aufgabe der in den vorbezeichneten Urteilen aufgestellten Grundsätze dar (vgl. **RG** SeuffA 69 Nr 105 sowie Warn 1916 Nr 105), die in einer Reihe späterer Entscheidungen in dem gleichen Sinne weiter ausgestaltet worden sind (**RG** 78 S. 210 u. 256; 82, 59; 88, 130; 91 S. 265 u. 350; 95 S. 273 u. 339; 101, 335; JW 1911 S. 572[3] u. 760[19], 1912, 587[7]; 1913, 34[23]; 1915, 29[13]; Warn 1914 Nr 17; 1915 Nr 20; 1916 Nr 105; 1918 Nr 95; SeuffA 69 Nr 105; LZ 1919, 1015[4]). Diese Klage ist zwar der abwehrenden Eigentumsklage nachgebildet; da sie aber auf rein persönliche Rechtsgüter oder Interessen sich bezieht, einen Eingriff in ein durch die Vorschriften des 25. Titels geschütztes Rechtsgut oder Interesse zur Grundlage hat und eine Ergänzung der Schadensersatzklage bildet, ist sie ebenfalls als Klage aus u. H. oder wegen u. H. anzusprechen. Der dingliche Charakter der abwehrenden Eigentumsklage geht ihr ab; der Unterlassungsanspruch entspringt hier nicht, wie bei der Eigentumsfreiheitsklage, dem verletzten ausschließlichen Recht, sondern der widerrechtlichen Störung des allgemeinen Rechtskreises des Beschädigten (vgl. **RG** 88, 130). b) Geschützte Rechtsgüter, denen die vorbeugende Unterlassungsklage dienen soll, sind einmal die in § 823 Abs 1 genannten: Leben, Körper, Gesundheit und Freiheit; ferner die Interessenkreise des § 824: Kredit, Erwerb und Fortkommen, weiter auch die mittelbar durch Schutzgesetze im Sinne des § 823 Abs 2 geschützten Rechtsgüter in den Grenzen dieses Schutzes (vgl. bes. **RG** 82, 59). Auch die Ehre gehört mit Rücksicht auf die Schutzgesetze der §§ 185—187 StGB zu den geschützten Rechtsgütern, deren Verletzung die Grundlage eines Unterlassungsanspruchs bilden kann. An sich allerdings nur mit der Beschränkung des § 193 StGB. Die Wahrnehmung eines berechtigten Interesses nimmt nach § 193 StGB wie nach § 824 Abs 2 BGB der Behauptung oder Verbreitung nicht erweislich wahrer Tatsachen den Charakter der gegenständlichen Widerrechtlichkeit. Ist jedoch die Unwahrheit der behaupteten oder verbreiteten Tatsachen festgestellt, dann ergibt sich daraus ohne weiteres ihre Widerrechtlichkeit. Deshalb ist auch eine Klage auf Unterlassung der weiteren Behauptung oder Verbreitung ehr- oder kreditverletzender Tatsachen zulässig, wenn der Kläger den Nachweis der Unwahrheit der behaupteten Tatsachen erbringt (RG 78, 256; 82, 59; 88, 130; 91 S. 265 u. 350; 95, 339; JW 1913, 34[23]; 1915, 29[13]; 1919, 993[3]; 1925, 1393[23]; Warn 1914 Nr 17; 1915 Nr 20; 1918 Nr 95; SeuffA 69 Nr 105; OLG 45, 173). Dies gilt jedoch dann nicht, und der Unterlassungsanspruch entfällt mithin, wenn es sich um die Ausübung im öffentlichen Recht begründeter Rechte oder um die Erfüllung öffentlich-rechtlicher Pflichten (Zeugnispflicht, Beamtenpflicht) handelt (RG 78, 210; JW 1912 S. 290[11] u. 587[7]; SeuffA 69 Nr 105). Anspruch der Frau gegen ihren Mann, daß er unterlasse, eine andere weibliche Person, mit der er ein Liebesverhältnis unterhält, als seine Frau auszugeben, s. RG LZ 1927, 1116[3]. Das V e r m ö g e n ist ein geschütztes Rechtsgut, soweit es durch § 263 StGB oder andere Strafgesetze besondern rechtlichen Schutz genießt, sowie auch als Gegenstand einer Schädigung wider die guten Sitten nach § 826; insoweit kann also auch die vorbeugende Unterlassungsklage auf Vermögensbeschädigungen gegründet sein und deren Wiederholung abwehren (vgl. RG 91, 350; Warn 1918 Nr 95). Im Falle des § 826 ist jedoch der gegenständliche Tatbestand vom persönlichen nicht zu lösen, so daß eine abwehrende Unterlassungsklage nicht wohl anders als auf Grund des erfüllten Tatbestandes der u. H. in der Vergangenheit denkbar ist. c) Die erweiterte vorbeugende Unterlassungsklage soll einem dringenden R e c h t s s c h u t z b e d ü r f n i s s e dienen. Daraus hat die Rechtsprechung des Reichsgerichts, im besonderen des früheren 6. ZS, gefolgert, die Unterlassungsklage sei nur zuzulassen, wenn im Einzelfalle der Schadensersatz für die begangene u. H. nicht ausreiche, das angegriffene Rechtsgut für die Zukunft gegen Beeinträchtigungen gleicher Art zu schützen, und ein anderer gesetzlicher Schutz nicht gegeben sei, und hat angenommen, daß ein solcher die Unterlassungsklage ausschließende Schutz regelmäßig dann bestehe, wenn die u. H., deren Tatbestand in Frage stand, durch ein Strafgesetz unter öffentliche Strafe gestellt sei. Gleichviel ob die Strafverfolgung im Wege der öffentlichen Klage oder durch Privatklage zu geschehen habe, sei der Regel nach kein Rechtsschutzbedürfnis anzuerkennen, durch Urteil auf die Unterlassungsklage eine bereits durch ein Strafgesetz verbotene Handlung nochmals zu verbieten und der Androhung der öffentlichen Strafe im Strafgesetz eine zivilrechtliche Strafandrohung hinzuzufügen. Aus dem Gesichtspunkte, daß letzten Endes das Rechtsschutzbedürfnis im einzelnen Falle für die Zulassung der vorbeugenden Unterlassungsklage maßgebend sein müsse, bleibe es dem Kläger unbenommen, darzutun, daß die Androhung der öffentlichen Strafe ihm einen genügenden Rechtsschutz nicht gewähre, sei es, daß der Strafverfolgung Hindernisse entgegenstehen (Ausland), oder daß bei der Privatklage die jedesmalige Strafverfolgung ihm die Abwehr ungebührlich erschwere oder einen ausreichenden Schutz gegen die zu erwartende hartnäckige Wiederholung der Angriffe nicht bieten würde. Auch die kurze Verjährungszeit namentlich nach § 22 PreßG und die Antragsfrist des § 61 StGB für die Verfolgung von Beleidigungen könne für die Zulassung der Unterlassungsklage ins Gewicht fallen. Vgl. hierzu aus der Rechtsprechung RG 71, 85 (hier ist die Klage auf Unterlassung eines weiteren ehebrecherischen Verkehrs mit der Ehefrau des Klägers aber vornehmlich wegen der besondern sittlichen Natur des ehelichen Verhältnisses für unstatthaft erklärt worden); 77, 217 (vgl. oben unter a); 82, 59; 88, 130; 91 S. 265 u. 350; 95 S. 268 u. 339; JW 1912, 587[7]; 1913, 34[23]; 1919 S. 993[3] u. 594[6]; Warn 1918 Nr 95; über die Privatklage besonders RG 77, 217; JW 1913, 34[23] (hier ist die Frage, ob die Einschränkung des Rechtsschutzbedürfnisses auch im Falle der Zulässigkeit nur der Privatklage für die Strafverfolgung Platz zu greifen habe, noch offengelassen); RG 82, 59; 88, 130; 91 S. 265 u. 350 (Bedeutung der Verjährung der Strafklage und des Ablaufs der Antragsfrist); 95 S. 273 u. 339; 98, 36 (Privatklage). Diese weitgehende Einschränkung der Unterlassungsklage hat jedoch im Schrifttum überwiegend Widerspruch gefunden und wird gegenüber den fortschreitenden Forderungen des Verkehrslebens kaum aufrechtzuerhalten sein, da sie der Verschiedenartigkeit des zivilrechtlichen und des strafrechtlichen Rechtsschutzes nicht genügend Rechnung trägt. Der strafrechtliche Schutz bewegt sich nicht nur in anderen Formen, er dient auch anderen Bedürfnissen und Zwecken als der zivilrechtliche, und es läßt sich deshalb die Notwendigkeit eines privatrechtlichen Rechtsschutzes nicht damit verneinen, daß für den Schutz des bedrohten Privatrechts auch der Weg der Strafklage offenstehe. Vielmehr ist für die Regel davon auszugehen, daß beide Wege selbständig nebeneinander laufen, und daß es dem Berechtigten überlassen bleiben muß, zu bestimmen, ob er zum Schutze seines Rechts den einen oder den andern

Weg beschreiten oder auch von beiden gleichzeitig Gebrauch machen will. Es wird also für die Unterlassungsklage nichts weiter zu fordern sein, als ein objektiv rechtswidriger Eingriff in ein vom Gesetz geschütztes Rechtsgut und die durch Tatsachen begründete ernstliche Gefahr der Wiederholung. In diesem Sinne hat bei der Beurteilung eines auf dem Gebiete des unlauteren Wettbewerbs liegenden Falles im Urteil v. 15. 2. 27 II 317/26 (**RG** 116, 155) auch der 2. ZS des Reichsgerichts sich ausgesprochen und den Unterlassungsanspruch ausdrücklich auch für den Fall als berechtigt anerkannt, daß er nicht schon nach der Sondervorschrift des § 13 UnlWG begründet sei. In der eingehenden Begründung ist auch zutreffend hervorgehoben, daß der strafrechtliche Schutz regelmäßig nur der Verstärkung des Rechtsschutzes dient, nicht aber dem Verletzten andere ihm sonst zu Gebote stehende Rechtsbehelfe nehmen will, und daß anderseits die Unterlassungsklage, wo das Gesetz sie zuläßt, bestimmt ist, nicht den strafrechtlichen Schutz, wo dieser versagt, sondern den gesetzlichen Schadensersatzanspruch zu ergänzen.

7. Internationales Privatrecht. Über das auf u. H. zur Anwendung kommende örtliche Recht enthält das EG nur die eine, durch den allgemeinen Vorbehalt in Art 30 (vgl. dazu **RG** JW 05, 320[9]) ergänzte Bestimmung des Art 12, wonach aus einer im Auslande begangenen u. H. gegen einen Deutschen bei den deutschen Gerichten nicht weitergehende Ansprüche erhoben werden können, als nach den deutschen Gesetzen begründet sind. Dieser Satz schließt im übrigen die Anerkennung des Grundsatzes ein, daß u. H. nach dem Gesetze des Ortes zu beurteilen sind, wo sie begangen wurden. Danach richtet sich sowohl die Frage, ob eine Handlung als u. H. anzusehen ist, wie auch die, welche Rechtsfolgen sie nach sich zieht (**RG** 96, 96; JW 06, 297[1]). Der Tatbestand der u. H. begreift die Tätigkeit des Handelnden und die Verletzung, die Willenshandlung und das durch sie vollbrachte Geschehnis, die Rechtsverletzung, nicht aber auch deren Schadensfolgen. Tatort ist jeder Ort, an dem sich auch nur ein Teil des Tatbestandes der u. H. verwirklicht hat. Sind dies für die verschiedenen Teile des Tatbestandes verschiedene Orte, so wird die u. H. von einem jeden der in Betracht kommenden örtlichen Rechte beherrscht, so daß das eine oder das andere Recht (das dem Beschädigten günstigere **RG** 22. 12. 02 VI 280/02) zur Anwendung zu bringen ist; das trifft namentlich zu bei u. H., die durch Versendung von Briefen aus einem Rechtsgebiet in das andere begangen werden (**RG** 23, 305 in teilweiser Abweichung von **RG** 19, 382; ferner **RG** SeuffA 62 Nr 257 und die vorher angeführte Entscheidung). Insoweit es sich bei der u. H. um die Verletzung des Eigentums oder eines nach § 823 Abs 1 geschützten sonstigen Rechtes handelt, erstreckt sich dieser Schutz auch auf die nach ausländischem Recht begründeten Rechte, soweit der deutsche Richter für das Bestehen des Rechtes die Maßgeblichkeit der ausländischen Gesetze anzuerkennen hat (**RG** JW 1913, 202[14]). Über das örtliche Recht bei Schiffszusammenstößen vgl. aus der Rechtsprechung **RG** 21, 136; 29, 90; 49, 182; über nach dem Gesetz zum Schadensersatz verpflichtende Tatbestände **RG** 57, 142.

8. Übergangsrecht. Das auf u. H., die vor dem Inkrafttreten des BGB begangen sind, anzuwendende Recht bestimmt Art 170 EG: für ein Schuldverhältnis, das vor dem gedachten Zeitpunkt entstanden ist, bleiben die bisherigen Gesetze maßgebend. Entscheidend für die Entstehung des Schuldverhältnisses aus der u. H. ist die Erfüllung ihres persönlichen und gegenständlichen Tatbestandes. Beide Merkmale gehören zusammen und machen vereint die unerlaubte Handlung aus, wo nicht ausnahmsweise eine u. H. ohne persönliches Schuldmoment vom Gesetz anerkannt wird (§§ 829, 833 Satz 1, 835 BGB; § 1 RHaftpflG.; § 7 KraftFahrG; § 19 Luftverkehrsgesetz; s. oben Vorbem 1). Die Frage, ob überhaupt eine u. H. vorliegt, entscheidet sich nach der Seite des persönlichen Schuldmoments aber notwendig nach dem zur Zeit der Begehung der Handlung geltenden Rechte (**RG** 99, 225). Die Auswirkung der Handlung folgt dem Rechte der gegenständlichen Erfüllung des Tatbestandes. Bei denjenigen u. H., deren Tatbestand die Verletzung eines bestimmten Rechtes oder Rechtsguts erfordert (§§ 823 Abs 1, 825, 833 bis 838), ist die u. H. vollendet mit der Verletzung des geschützten Rechtsguts, während der vom Handelnden zu vertretende Schaden für das Vermögen des Verletzten außerhalb des Tatbestandes liegt. Wo der Verstoß gegen ein Schutzgesetz den Tatbestand der u. H. begründet (§ 823 Abs 2), ist dieser erfüllt erst mit dem Eintritt eines schädlichen Erfolges; ebenso bei Verletzungen der Amtspflicht (§ 839; vgl. **RG** 99, 224); vorher besteht keine Rechtsbeziehung zwischen dem Täter und dem Dritten, die ein Schuldverhältnis begründet. Das gleiche gilt, wo eine schädigende Handlung schlechthin ohne Rücksicht auf die Verletzung eines bestimmten Rechtes oder Rechtsguts als u. H. hingestellt wird (§ 826). „Wer vorsätzlich einen Schaden zufügt", heißt es in § 826; ohne Eintritt eines schädlichen Erfolges gibt es in beiden Fällen keine u. H.; auch die Übertretung des Schutzgesetzes ist ohne einen aus ihr sich entwickelnden Schaden zivilrechtlich ohne Bedeutung. Erst die Schadenszufügung stellt hier den gegenständlichen Eingriff in den fremden Rechtskreis dar, den die u. H. voraussetzt. Wo es sich um die Behauptung oder Verbreitung von Tatsachen handelt, die eine Gefährdung herbeizuführen geeignet sein müssen (§ 824), ist die Mitteilung der Tatsache an den Dritten entscheidend. Je nach der Verschiedenheit der Merkmale und Voraussetzungen der u. H. ist demgemäß auch der Zeitpunkt der Entstehung des Schuldverhältnisses verschieden (ähnlich RG 52, 119; 99, 221). In den Fällen der Verletzung eines Rechtes oder Rechtsguts (§§ 823 Abs 1, 824, 825, 833—838) bestimmt sich das anzuwendende Recht nach dem Eintritt der Rechtsverletzung (Eigentums-, Körperverletzung). So kommt bei einer Eigentumsverletzung durch fahrlässige Brandstiftung das Recht zur Anwendung, unter dessen Herrschaft das Feuer entstanden ist, mag auch die Fahrlässigkeitshandlung (Kunstfehler in der Feuerungsanlage) weiter zurückliegen, und bei einer Körperverletzung infolge Ablösung von Teilen eines Gebäudes (§ 836) ist nicht der Zeitpunkt der fehlerhaften Errichtung oder der Säumnis in der ordentlichen Unterhaltung, sondern der Zeitpunkt der Ablösung des Teiles und der dadurch herbeigeführten Verletzung entscheidend. In den andern Fällen (§§ 823 Abs 2, 826) ist das alte Recht maßgebend, wenn der schädliche Erfolg vor dem Inkrafttreten des neuen Rechtes eintrat, während dieses anzuwenden ist, wenn dieser Erfolg erst unter seiner Herrschaft sich einstellte. Ist die schädigende Handlung unter der Herrschaft des alten Rechtes abgeschlossen, der Schaden aber teils unter diesem, teils unter dem neuen Recht eingetreten, so ist der erstere Schaden nach altem, der letztere nach neuem Recht zu beurteilen (RG 3. 2. 13 VI 441/12). Bei einer Ehrverletzung durch Brief oder durch Eingabe bei einer Behörde ist der Zeitpunkt des Eingangs des Briefes oder der Eingabe bei dem Empfänger oder der Behörde maßgebend, der die u. H. vollendet (RG 16. 2. 06 III 241/05; 13. 10. 08 II 92/08). Bei einer fortgesetzten Tätigkeit einheitlicher Art, die aus dem früheren in das neue Recht hinüberläuft, kommt das letztere zur Anwendung, weil selbst das wirkende Handeln des Täters erst unter der Herrschaft des neuen Rechtes zum Abschlusse gelangt ist (RG 48, 114; 56, 271; JW 1910, 109[9]; RG 19. 2. 06 VI 213/05). Das gleiche gilt bei einer fortgesetzten Unterlassung einer gebotenen Handlung, wie z. B. der dauernden Vorenthaltung von Eigentumsgegenständen (RG JW 07, 495[38]). Auf einen nur fortdauernden Zustand, der durch die abgeschlossene Tätigkeit des Handelnden unter dem früheren Recht bereits verwirklicht war, findet dies keine Anwendung; hier ist das bisherige Recht maßgebend (RG 5. 1. 01 V 256/00).

9. Gerichtsstand der unerlaubten Handlung. Für Klagen aus u. H. ist nach § 32 ZPO, jedoch nicht ausschließlich, das Gericht zuständig, in dessen Bezirke die Handlung begangen wurde. Der Begriff der u. H. ist ein Rechtsbegriff des materiellen Rechtes und bestimmt sich auch für die Auslegung des § 32 ZPO jetzt nach dem BGB. Als u. H. des § 32 ZPO ist mithin jeder Tatbestand anzusehen, der die in Vorbem 1 entwickelten Merkmale aufweist (RG 72, 41), so der Tatbestand nicht nur des § 2, sondern auch des § 1 RHaftpflG (RG 60, 300); nicht dagegen die Tatbestände der Gläubigeranfechtung (RG JW 1915, 251[13]; vgl. Vorbem 2d). Die Klage muß sich auf eine begangene u. H. stützen, d. h. die zur Begründung behaupteten Tatsachen müssen einen Tatbestand der u. H. ergeben; die bloße Rechtsbehauptung, daß ein Tatbestand als u. H. anzusehen sei, genügt nicht (RG 95, 268; JW 1912, 643[15]; Warn 1920 Nr 60). Die abwehrende Eigentumsklage wegen Störung eines ausschließlichen Rechtes (Vorbem 6 zu I) ist keine Klage aus u. H.; sie entspringt nicht der Rechtsverletzung, sondern dem angegriffenen Rechte selbst (s. Stein, ZPO, 10. Aufl., A III); wohl aber gehören die Unterlassungsklagen nach Vorbem 6 II u. III hierher (Unterlassungsklage aus Patentverletzung, RG Warn 1915 Nr 246). Über den Tatort der u. H. ist in Vorbem 7 gehandelt. Der Gerichtsstand der u. H. ist mithin in jedem Gerichtsbezirke begründet, in welchem ein wesentlicher Vorgang aus dem Gesamttatbestande der u. H. sich abgespielt hat (RG Gruch 45, 1045), bei Preßerzeugnissen, wo dieses hergestellt, von wo aus es verbreitet worden ist, und wo die Verbreitung selbst stattgefunden hat; § 7 Abs 2 StPO läßt sich nicht auf die ZPO übertragen (RG 60, 363; 78, 256). Die Einheitlichkeit des Handlungstatbestandes hat zur Folge, daß bei dem Gericht eines jeden dieser Bezirke der ganze aus der u. H. entstandene Schaden geltend gemacht werden kann (RGVZS 72, 41 gegen RG 60, 363). Der erhobene Anspruch muß nach Maßgabe des deutschen Rechtes den Tatbestand einer u. H. erfüllen, mag der Anspruch selbst auch von einem Ausländer erhoben werden (RG JW 1913, 202[14]). Daß der Gerichtsstand der u. H. nicht zugleich die Zuständigkeit des Gerichts der letzteren für einen andern Klagegrund (Vertrag, Bereicherung) begründet, ist RG 27, 385 und JW 1910, 23[39] ausgesprochen.

§ 823

[1]) **Wer vorsätzlich**[2]) **oder fahrlässig**[3]) **das Leben**[4]), **den Körper, die Gesundheit**[5]) [6]), **die Freiheit**[7]), **das Eigentum**[8]) **oder ein sonstiges Recht**[9]) **eines anderen widerrechtlich verletzt**[10]), **ist dem anderen**[11]) **zum Ersatze des daraus entstehenden Schadens verpflichtet**[12]) [13]).

Die gleiche Verpflichtung trifft denjenigen, welcher gegen ein den Schutz eines anderen bezweckendes Gesetz[14]) **verstößt**[15]). **Ist nach dem Inhalte des**

Gesetzes ein Verstoß gegen dieses auch ohne Verschulden möglich, so tritt die Ersatzpflicht nur im Falle des Verschuldens ein[16]).

E I 704 II 746; M 2 724—730; P 2 566—574; 6 200—201.

1. Allgemeines. Abs 1 des § 823 zählt als Gegenstände allgemeinen Rechtsschutzes zunächst mehrere Lebensgüter: das Leben selbst, die körperliche Unversehrtheit, die Gesundheit und die Freiheit des Menschen, auf, die durch diesen Rechtsschutz als Rechtsgüter anerkannt werden. Wirkliche Rechte sind sie nicht, als Beispiele von solchen auch vom Gesetze nicht gedacht. Eine Ausdehnung des Schutzes auf andere Lebensgüter ist nicht statthaft; die Aufzählung in § 823 Abs 1 ist erschöpfend (**RG** 51, 369; 95, 173). Diesen Lebensgütern wird ein ausschließliches Recht, das Eigentum (§§ 903ff.), und weiter „ein sonstiges Recht" angeschlossen, so daß durch Abs 1 vor Eingriffen Dritter alle dinglichen oder sonst ausschließlichen Rechte (vgl. A 8), und außerdem jene vier Lebensgüter geschützt sind. Abs 2 ergänzt und erweitert diesen Rechtsschutz dahin, daß zu den gegen Eingriffe gesicherten Gegenständen des Abs 1 alle menschlichen Lebensinteressen hinzutreten, denen ein besonderes strafrechtliches oder zivilrechtliches Gebot oder Verbot schützend zur Seite steht. Da viele derartige gesetzliche Gebote und Verbote die Lebensgüter und Rechte des Abs 1 zum Gegenstande haben (so im StGB die §§ 211ff., 201ff. das Leben, §§ 223ff. Körper und Gesundheit, §§ 234ff. die Freiheit, §§ 242ff. u. 303ff. das Eigentum), kann ein Schadensersatzanspruch nach Maßgabe beider Absätze des § 823 begründet sein, sowohl in der Art, daß ein Zusammentreffen der Gesetze, wenn die Tatbestandsmerkmale sich vollständig decken, als in der Art, daß ein Zusammentreffen des Anspruchs, wenn die Tatbestände teilweise auseinanderfallen, vorliegt. Eine Beschädigung des Vermögens der Person im allgemeinen als u. H. kennt das BGB nicht. Der Vermögensschaden muß nach § 823 Abs 1 die Folge einer widerrechtlichen Verletzung der bestimmten geschützten Rechtsgüter und Rechte, oder nach § 823 Abs 2 die Folge einer Zuwiderhandlung gegen Schutzgesetze sein, oder es muß einer der sonstigen besonderen Tatbestände einer u. H. (§§ 824, 826, 839) gegeben sein, wenn ein Anspruch auf Ersatz des Schadens bestehen soll (**RG** 51, 92; 56, 271; 57, 353; 58 S. 24 u. 296; 62, 315; 63, 54; 65 S. 210 u. 292; 72, 61; 95, 173; 97, 89; JW 05, 367[6]; 07, 249[11]; 09, 684[3]; 1913, 34[23]; 1927, 262[14]; Warn 08 Nr 214; 1914 Nr 130; 1920 Nr 200 u. a.; anders nur **RG** 50, 191 und JW 03 Beil 115[253]). Weil danach eine Haftung für fahrlässige Vermögensbeschädigung nicht anzuerkennen ist, kann es auch aus dem Gesichtspunkte der u. H. weder einen Anspruch aus einem fahrlässig falsch erteilten Rat oder einer solchen Auskunft (**RG** 67, 394; 68, 278), noch einen Anspruch aus fahrlässiger Schädigung bei Verhandlungen zum Zwecke eines Vertragschlusses (culpa in contrahendo) geben (**RG** 62, 315; 76, 35; JW 09, 684[3]; 1919, 36[2]; vgl. A 3 zu § 676).

2. Vorsätzlich. Das BGB stellt im Abs 1 des § 823 den Verschuldungsgrundsatz an die Spitze der gesetzlichen Regelung der Voraussetzungen und Rechtswirkungen der u. H. und hält an diesem Erfordernis auch für die u. H. des Abs 2 fest. Vorsatz und Fahrlässigkeit begreifen nach § 276 die beiden Erscheinungsarten des Verschuldens, während eine Abstufung des Verschuldens nach Graden, wie sie die früheren Rechte aufwiesen, von wenigen Bestimmungen abgesehen (vgl. über deren Bedeutung für das Rechtsgebiet der u. H. Vorbem 4a), dem BGB unbekannt ist. Vorsatz bedeutet den Willen, eine Handlung vorzunehmen oder zu unterlassen, mit dem Bewußtsein, daß die Handlung oder Unterlassung einen für einen andern schädlichen Erfolg haben werde; dieser, ein schädlicher Erfolg, nicht schlechthin der Schadenserfolg, muß also von dem Handelnden vorausgesehen sein (**RG** 57, 239; 58, 214). Wo die u. H. selbst in der Zufügung eines Vermögensschadens besteht (§§ 826, 839), muß zwar das Bewußtsein und die Voraussicht des Handelnden hierauf sich beziehen (**RG** JW 05, 369[8]; 07, 201[5]); wo aber der Schaden, wie in § 823 Abs 1 nur die Folge der untersagten Verletzung eines Lebensguts oder Rechtes ist, hat der Vorsatz nur die Wirkung der Handlung auf das getroffene Lebensgut oder Recht zu begreifen; an einen daraus entspringenden Vermögensschaden braucht der Handelnde nicht gedacht zu haben; für ihn wird gehaftet, auch wenn er ganz außerhalb des Vorstellungskreises des Täters lag. Zum Vorsatze des Brandstifters gehört nur das Bewußtsein, daß seine Handlung das Eigentum des andern zerstören werde, nicht die Voraussicht und das Bewußtsein der Vermögensminderung. Auch wenn er glaubte, der Betroffene werde vollauf versichert sein und aus dem Brande eher Vorteil als Nachteil haben, und selbst wenn er ihm diesen Vorteil durch seine Handlung zu verschaffen beabsichtigte, wird dadurch die Vorsätzlichkeit der Handlung nicht berührt. Der Arzt, der eine Operation vornimmt, obwohl er weiß, daß eine gültige Einwilligung des Kranken oder seines gesetzlichen Vertreters (**RG** JW 1911, 748[2]) fehlt, begeht eine vorsätzliche Körperverletzung, auch wenn er des Glaubens ist, er erweise dem Kranken eine Wohltat (**RG** 68, 431 und JW 1911, 748[2]). Der Vorsatz erfordert aber die Erkenntnis der Rechtswidrigkeit des Handelns (**RG** 72, 4), so daß die Überzeugung, in Ausübung eines Rechtes zu handeln, den Vorsatz der u. H. ausschließt (vgl. über das Bewußtsein der Rechtswidrigkeit bei dem operierenden Arzte **RG** 68, 431; 88, 436; JW 1911, 748[2];

über das Bewußtsein der Rechtswidrigkeit bei Patentverletzungen RG 75, 225 und Warn 1911 Nr 159). Das Bewußtsein der Rechtswidrigkeit kann in besonderen Fällen auch durch Rechtsunkenntnis ausgeschlossen sein, so, wenn es sich um ein neues, noch wenig bekanntes Gesetz polizeilichen Charakters handelt (RG 72, 4; 84, 194). Eine *Absicht*, einem andern Schaden zuzufügen, verlangt der Rechtsbegriff des Vorsatzes nicht (RG 57, 238; 58, 214; JW 05, 369[8]; 07, 201[5]); auch nicht die Richtung gegen die bestimmte Person, deren Rechtsgut verletzt oder der ein Schaden zugefügt wird, sofern nur überhaupt die Verletzung des Rechtsguts oder der Schaden eines andern gewollt war (RG JW 06, 780[48]). Ein zur Verantwortung ausreichender Vorsatz ist der bedingte Vorsatz (*dolus eventualis*), bei welchem der Täter in dem Bewußtsein handelt, daß seine Handlung den andern verletzen *könne*, diesen möglichen, wenngleich von ihm nicht gewünschten Erfolg aber für den Fall seines Eintritts um des von ihm verfolgten Zweckes willen in seinen Willen aufnimmt und billigt, indem er die vorausgesehenen Folgen vorsätzlich unbeachtet läßt; doch darf es sich hierbei nicht um die Vorstellung einer entfernten Möglichkeit handeln, die der Täter ernstlich nicht erwartet (RG 56, 73; 68, 431; 75, 225; 76, 313; 79, 55; JW 06, 780[48]; 1911 S. 30[8], 213[7], 324[18], 650[22]; 1912, 36[25]; Warn 1911 Nr 159; 1912 Nr 166; Gruch 52 Nr 1040); s. A 3 zu § 826). Ein Erkennenmüssen ohne wirkliche Erkenntnis des schädlichen Erfolgs ist immer nur Fahrlässigkeit und vermag den Vorsatz nicht zu ersetzen (RG 57, 238; 76, 313; JW 1911, 213[7]). — *Besondere Wirkungen der vorsätzlich begangenen unerlaubten Handlung* sind der Ausschluß des Zurückbehaltungsrechts nach § 273 Abs 2 (vgl. dazu RG 72, 61) und § 1000, sowie der Verlust der Aufrechnungsbefugnis (§ 393; dazu RG Warn 09 Nr 179; 1911 Nr 69).

3. **Fahrlässig** handelt nach § 276, wer die im Verkehr erforderliche, d. i. die gewissen allgemeinen Anforderungen entsprechende und deshalb von allen gewissenhaften und besonnenen Menschen ohne Rücksicht auf persönliche Veranlagung anzuwendende Sorgfalt bei seinem Tun und Lassen außer acht läßt. Der Maßstab ist also ein allgemeiner, gegenständlicher, derjenige eines gesunden ordnungsmäßigen Verkehrs, aber doch desjenigen Verkehrs, der für die Kreise der Beteiligten in Betracht kommt. Eine Übung kann nur Berücksichtigung finden, wenn sie sich diesem Maßstabe fügt. Auf persönliche Verhältnisse ist deshalb zwar nicht Rücksicht zu nehmen, wohl aber auf die Anschauungen der Gruppen und Kreise von Menschen, die sich zu einem festen bestimmten Typus entwickelt haben, sofern diese Anschauungen in den Grenzen der Ordnung und des gesunden Verkehrs sich bewegen (RG 95, 16). Ob die Sorgfaltspflicht auf einem allgemeinen Verkehrsbedürfnis beruht oder durch eine besondere Vertragsvereinbarung begründet ist, macht für die Bewertung des fahrlässigen Verhaltens keinen Unterschied (RG LZ 1917, 1069[13]; vgl. A 10). In der Anwendung auf die u. H. nach § 823 besteht die Fahrlässigkeit des Täters darin, daß er die Handlung vornimmt oder unterläßt, obwohl er bei gehöriger Sorgfalt die Gewißheit oder auch nur Möglichkeit des schädigenden Erfolgs seiner Handlungsweise im Hinblick auf die Verletzung des betroffenen Rechtsguts, nicht ihrer weiteren Schadensfolgen (vgl. A 2) hätte erkennen können und erkennen müssen. Nach den Regeln über den ursächlichen Zusammenhang (s. Vorbem 5) kommt jedoch nur der natürliche Verlauf der Dinge in Betracht; wenn nach diesem ein schädigender Erfolg nicht erwartet werden konnte, liegt ein Verschulden nicht vor. Entfernte Möglichkeiten in Betracht zu ziehen verlangt die im Verkehr erforderliche Sorgfalt nicht (RG JW 04, 357[9]; 05, 16[9]; 07, 505[2]; 1911, 95[19]; 1914, 470[11]; Warn 1910 Nr 13; 1912 Nr 74). Die Voraussehbarkeit braucht sich nicht auf den besonderen schädlichen Erfolg zu erstrecken, der nachher eingetreten ist; es genügt die Erkennbarkeit einer Gefahr aus der Handlung in der Richtung auf diesen Erfolg überhaupt (RG 66, 251; 69, 344; Gruch 67, 567; JW 03 Beil Nr 280; 06, 740[9]; 09, 358[3]; 1910, 747[4]; 1912, 865[24]; 1913, 917[2]; 1915, 577[9]; Warn 1912 Nr 429; SeuffA 81 Nr 23; LZ 1922, 617[2]). Folgen, die, wenn auch nur selten und ausnahmsweise eintretend, doch als solche erkennbar sind, liegen nicht jenseits der Erfahrung und Berechnung und müssen in Betracht gezogen werden (RG 72, 326; 81, 361; JW 1921, 1601[4]). Besondere Fälle: Fahrlässigkeitsverschulden auf der Jagd RG JW 1911, 319[6]; Warn 1918 Nr 207; LZ 1919, 43[8]; RG 20. 12. 26 IV 470/26; Verschulden des Gläubigers bei der Zwangsvollstreckung gegenüber dritten Eigentümern der Pfändungsgegenstände RG Warn 1911 Nr 268; 1912 Nr 72; Außerachtlassung der Unfallverhütungsvorschriften der Berufsgenossenschaft RG 95 S. 180 u. 238; JW 1911, 335[41]; 1913, 197[7]; Aufsichtsverschulden von Eltern, Lehrern und andern Personen gegenüber Kindern RG JW 75, 251; 1911, 758[16]; 1912 S. 36[24] u. 190[7]; 1914, 470[11]; 1916, 1272[4]; fahrlässige Überschreitung des Züchtigungsrechts des Lehrers RG JW 1916, 189[7]; Warn 1912 Nr 163; ärztliche Kunstfehler RG 85, 183; JW 1911, 449[17]; 1913, 32[20]; 1915, 577[9]; JW 1921, 741[3]; Warn 1916 Nr 79 u. 226; über die Haftung eines Arztes, dessen schuldhaftes Versehen die Zuziehung eines zweiten Arztes veranlaßte, für Fehler dieses zweiten Arztes vgl. RG 102, 230. Fälle ärztlicher Behandlung, in denen die Ursache einer Schädigung des Kranken nicht aufgeklärt werden kann, sind i. ü. nicht selten, und die Unmöglichkeit, die Ursache

einer Verletzung festzustellen, kann nicht zu Lasten des Arztes gehen (RG 78, 432; JW 1913, 32[20]; Warn 1922 Nr 7). Von dem einzelnen kann in Verkehrsverhältnissen regelmäßig nicht gefordert werden, daß seine Erkenntnis weitergehe als die durchschnittliche der Fachleute und der zur Überwachung der Verkehrseinrichtung bestellten Personen (RG JW 05, 20[20]; 1910, 753[13]; Warn 1911 Nr 374), doch kann anderseits niemand, wenn die Gefährlichkeit seines Handelns erkennbar war, sich damit decken, daß die polizeilichen Überwachungsorgane gegen sein Verhalten nicht eingeschritten sind (RG JW 09, 432[40]); noch weniger kann er sich auf eine Übung der beteiligten Kreise berufen, vermöge deren eine behördliche Sicherheitseinrichtung unbeachtet geblieben ist (RG 23. 1. 13 VI 405/12). Besonders verkehrsgefährliche Handlungen verlangen eine erhöhte Sorgfalt (RG JW 06, 681[2]; 08 S. 106[3] u. 405[7]; Warn 08 Nr 310 u. a.). Hierher gehören die Gefahren der Luftschifffahrt. Soweit hier nicht eine Haftung ohne Rücksicht auf Verschulden eintritt (s. Luftverkehrsgesetz v. 1. 8. 22 und Vorbem 1 vor § 823), ist wegen der großen Gefahren, die sie für Dritte mit sich bringt, eine besonders große Vorsicht und Sorgfalt zu verlangen; diese ist gewahrt, wenn alle bisherigen Erfahrungen achtsam benutzt sind (RG 78, 171; 100, 70; Warn 1914 Nr. 142). Eine besonders erhöhte Sorgfalt, eine überlegene gesammelte Aufmerksamkeit fordert für den Entlastungsbeweis des Kraftfahrzeughalters als „jede nach den Umständen des Falles gebotene Sorgfalt" aus diesem Gesichtspunkte § 7 Abs 2 KraftFahrG, vgl. dazu RG Warn 1915 Nr 294 und die dort angezogenen weiteren Entscheidungen; sowie ferner RG 86, 149; 92, 38; Warn 1917 Nr 215; 1919 Nr 15 u. 121. Besonders strenge Anforderungen sind wegen der großen Gefährlichkeit einer jeden Hantierung mit Sprengstoffen an den Leiter von Steinsprengungen zu stellen (RG 17. 5. 23 VI 606/22). Anderseits kann der Unternehmer einer Einrichtung, mit deren in jedermanns Belieben gestellter Benutzung gewisse Gefahren notwendig verbunden sind, ja im Sportinteresse geradezu geschaffen werden (Sportplätze, Rennbahn, Reitbahn), in den Grenzen dieser von allen Benützern erkannten und gewollten Gefahr nicht für einen eingetretenen Schaden verantwortlich gemacht werden (RG JW 05 S. 46[13] u. 528[8]). Das Bestehenlassen eines an sich unbedeutenden Mangels einer Einrichtung, der sich bisher als verkehrsgefährlich nicht erwiesen hat, die Anordnung einer alltäglichen, an sich ungefährlichen Verrichtung ohne besondere Weisung und Warnung stellen kein Fahrlässigkeitsverschulden dar (RG JW 1914, 678[6]; Warn 08 Nr 213; 09 Nr 209); doch kann die fortdauernde Verwendung alter Verkehrsgegenstände mit fehlerhaften überholten Einrichtungen dann als schuldhaft angesehen werden, wenn die Beseitigung der Mängel ohne erhebliche Kosten und Schwierigkeiten erreicht werden konnte (RG JW 1916, 586[12]). Kein Fahrlässigkeitsverschulden ist ferner das Nichterkennen dem Auge sich verbergender und bei gewöhnlichen Aufsichtshandlungen nicht wahrnehmbarer Mängel (RG JW 06, 546[12]). Ein unrichtiges Verhalten in einer Zwangslage, die raschen Entschluß und tatkräftiges Handeln erfordert, kann dem Handelnden als Verschulden nur angerechnet werden, wenn er dabei ohne jede Vorsicht und Überlegung verfahren ist (RG 86, 149; 92, 38; JW 04, 287[7]; 05, 528[8]; 07, 678[8]; 1911, 982[17]); anders beim Halter oder Führer eines Kraftwagens; vgl. die oben angezogenen Entscheidungen. Ein entschuldbarer, nicht selbst durch Fahrlässigkeit verschuldeter Irrtum endlich, sei er Rechtsirrtum, sei er tatsächlichen Inhalts, schließt jedes Fahrlässigkeitsverschulden aus (RG 68 S. 431 u. 437; 73, 337; JW 06, 711[6]; 07, 251[12]); doch wird ein Rechtsirrtum nur unter besonderen Umständen als entschuldbar anzuerkennen sein (RG 73, 333; JW 07, 251[12]; 1912, 26[6]; 1913, 373[5]; 1915, 511[10]; Warn 1911 Nr 268; Gruch 55, 357). Die Beweislast, daß die auf Ersatz eines Schadens in Anspruch genommene Person durch ihr Verschulden den Schaden verursacht habe, trifft den Kläger. Hat dieser aber einen ordnungswidrigen Zustand nachgewiesen, der die tatsächliche Folgerung rechtfertigt, daß nur eine Versäumung der Verkehrssorgfalt ihn herbeigeführt haben kann, so muß der Sorgfaltspflichtige seinerseits den Beweis übernehmen, daß er seiner Verkehrspflicht genügt habe (RG 53, 276; 89, 136; 95, 68; 97, 116; JW 04, 486[9]; 08, 543[1]; 1912, 348[14]; 1913, 923[10]; 1919, 505[12]; 1921, 748[12]; Warn 08 Nr 183; 1910 Nr 278; 1915 Nr 18; 1916 Nr 125; 1917 Nr 242; 1920 Nr 12 u. 76; LZ 1918, 378[10]; 1919 S. 245[9] u. 531[6]; 1922, 615[1]). Die juristische Person hat in solchem Falle darzutun, daß keinen ihrer Vertreter ein Verschulden trifft, daß insbesondere auch sachgemäße Vorschriften und die gehörige Aufsicht ihrer Erfüllung nicht vernachlässigt worden sind (RG JW 1913, 923[10]; Warn 1916 Nr 125; 1919 Nr 89 u. 187). Ein gelegentliches, formell zwar erlassenes, aber tatsächlich nicht beachtetes und aufrechterhaltenes Verbot mißbräuchlicher Übungen befreit nicht von der Verantwortung dafür (RG Warn 1917 Nr 240; LZ 1918, 378[10]).

4. Das Rechtsgut des **Lebens** kann nur durch seine Zerstörung, durch Tötung, verletzt werden. Tötung ist hier jede Handlung, durch die der Tod eines Menschen unmittelbar oder mittelbar herbeigeführt wird, auch wenn er nur die tatsächliche, von dem Handelnden nicht voraussehbare und nicht verschuldete Folge einer schuldhaften Verletzung des Körpers oder der Gesundheit ist (RG 66, 251; 69, 340; JW 07, 514[14]). Die Voraussehbarkeit, die zur schuldhaften Handlung gehört, muß sich dementsprechend nicht auf die vernichtende Folge für das Leben, sondern nur auf die verletzende Folge für Körper oder Gesundheit des andern erstrecken (RG ebenda sowie 17. 11. 11 III 611/10). Die Einwilligung in die Tötung schließt die Widerrechtlichkeit der Tötungshandlung nicht aus; eine solche Einwilligung in die eigene Tötung verstößt gegen die guten Sitten (RG 66, 306). Wegen des ursächlichen Zusammenhangs zwischen der unerlaubten Handlung und dem Tode des Verletzten vgl. Vorbem 5a.

5. **Verletzung des Körpers** ist jeder äußere Eingriff in die körperliche Unversehrtheit, **Verletzung der Gesundheit** die Verursachung einer Störung der inneren Lebensvorgänge. Es gibt keine allgemeine Rechtspflicht, gegen die Gefährdung fremder Gesundheit tätig zu sein. Die Berufstätigkeit des Arztes oder des Tierarztes verpflichtet diese Personen aber, bei ihrer Berufsausübung geeignete Vorkehrungen gegen die Gefährdung der menschlichen Gesundheit durch Ansteckung zu treffen (RG 102, 372; vgl. A 8 a. E. und RG 102, 42). Der Eingriff in die körperliche Unversehrtheit durch den Arzt, der eine Operation vornimmt (RG 68, 431; JW 07, 505[2]; vgl. oben A 2), sowie die Züchtigung eines Kindes durch den Vater, Lehrer oder Lehrmeister, über die in A 9 zu handeln ist (Widerrechtlichkeit der Handlung), sind an sich Körperverletzungen. Haftung des Lehrers einer Privatschule für Verletzung eines Schülers durch eine Explosion beim chemischen Unterricht s. RG JW 1925, 2445[2] (ebenda über die Mithaftung des Schulunternehmers auf Grund des Schulvertrages gemäß § 278). Verletzungen der Gesundheit kommen als Folgen schuldhaft falscher ärztlicher Behandlung (RG JW 1911, 449[17]; 1913, 32[20]; Warn 1920 Nr 109, Haftung des Arztes für Behandlung mit Salvarsan, wann?) oder der Behandlung durch Kurpfuscher (RG Warn 1910 Nr 411), durch Verabfolgung gesundheitsschädlicher Stoffe anstatt eines Genußmittels (RG 97, 116); Zuleitung gesundheitsschädlichen Wassers durch die städtische Wasserleitung (RG 99, 96); als Wirkungen körperlicher oder seelischer Einflüsse, wie Ansteckung mit Krankheiten, Erregung von Angst und Schrecken, von seelischen Ängsten (RG 85, 335; Warn 1911 Nr 259; 1915 Nr 12); geschlechtliche Ansteckung (RG 1923/24 Nr 114; 1926 Nr 90) in Betracht. Auch eine Gesundheitsbeschädigung durch Preßangriffe und Zeitungsartikel ist, sofern der ursächliche Zusammenhang im rechtlichen Sinne dargetan ist (s. Vorbem 5), nicht grundsätzlich abzulehnen. Endlich treten Gesundheitsbeschädigungen als mittelbare Wirkungen von Körperverletzungen (sog. traumatische Neurose) auf; über die durch die Prozeßaufregungen des Schadensersatzstreits ausgelösten Gesundheitsfolgen vgl. Vorbem 5a. Die uneheliche Beiwohnung als solche ist keine Körperverletzung und u. H. (RG 96, 224).

6. **Die Verkehrspflichten** (Anhang zu A 4 und 5). Im täglichen Leben nehmen von allen Ansprüchen aus u. H. diejenigen wegen erlittener Unfälle auf Straßen und in Häusern den breitesten Raum ein. Die in der Rechtsprechung für die Haftung aus solchen entwickelten allgemeinen Leitsätze sind folgende:

a) **Wer auf dem ihm gehörigen oder seiner Verfügung unterstehenden Grund und Boden** (RG 54, 53; JW 07, 332[9]; Warn 1910 Nr 438) **einen Verkehr für Menschen eröffnet,** muß auch für die Verkehrssicherheit Sorge tragen; die Zweckbestimmung erzeugt die Verantwortlichkeit (RG a. a. O.; 68, 358; JW 1911 S. 42[28] u. 759[17]; 1913, 736[4]; Warn 1912 Nr 383). Der Satz gilt für Orts- und Landstraßen, für Plätze und Brücken, aber auch für das Innere von Gebäuden, die ihrer Bestimmung nach dem Verkehr von Menschen geöffnet sind. Die Eröffnung des Verkehrs setzt einen Willensakt des Verfügungsberechtigten, vermöge dessen der Grund und Boden dem Verkehrszwecke gewidmet und bestimmt wird, voraus, der aber auch durch stillschweigende Willenserklärung, die in der tatsächlichen Widmung liegt, erfolgen kann (RG a. a. O.; 19. 1. 12 VII 315/11). Der Widmung steht eine bloße freundnachbarliche oder unverbindliche und widerrufliche Duldung nicht gleich; doch kann beim Obwalten eines anerkannten Verkehrsbedürfnisses in der fortgesetzten Duldung die stillschweigende Willenserklärung einer Widmung gefunden werden (RG 54, 53; JW 07, 364[12]; 08, 744[13]; Warn 08 Nr 373; 1911 Nr 117). Daß der Verkehr ein allgemeiner sei, wird nicht erfordert; auch die Eröffnung eines nur beschränkten Verkehrs verpflichtet in dem Umfange, in dem das Grundstück dem Verkehr bestimmt wurde (RG 88, 433; JW 1916, 263[9]; LZ 1918, 44[9]); die Vermietung oder Verpachtung von Räumen zum Zwecke der Benutzung erzeugt dem Mieter oder Pächter und seinen Angehörigen und Dienstleuten gegenüber ohne weiteres die Rechtspflicht, auch für eine sichere Benutzung Sorge zu tragen (vgl. Vorbem 4a; RG Warn 1915 Nr 233 und die vorangeführten Entsch.). Das Maß der anzuwendenden Sorgfalt richtet sich nach der Lebhaftigkeit des Verkehrs und nach den örtlichen Verkehrsverhältnissen, wobei auch die wirtschaftliche Leistungsfähigkeit des Unterhaltungspflichtigen in Rücksicht zu ziehen ist; an Landgemeinden und bäuerliche Wirte sind nicht dieselben Anforderungen zu stellen, wie an größere Stadtgemeinden und städtische Hausbesitzer (RG an den vorangeführten Orten; 28. 2. 13 III 398/12). Eine völlige Gefahrenfreiheit gibt es nicht und kann überall nicht verlangt werden (RG 10. 7. 11 VI 393/10 u. 557/10); der Verkehrssicherungspflicht wird genügt, wenn die nach dem jeweiligen Stande der Erfahrungen und der Technik geeignet und genügend erscheinenden Sicherungseinrichtungen getroffen werden, wobei auch eine vernünftige Übung zu berücksichtigen ist. Nach der wirtschaftlichen Leistungsfähigkeit des Unterhaltungspflichtigen ist zu entscheiden, ob in Straße und Haus die Ersetzung älterer, unvollkommener Einrichtungen durch bessere neuere gefordert werden kann (RG JW 1916, 586[12]; 30. 11. 11 VI 51/11). Für den Kraftfahrzeugverkehr s. auch VO über die Aufstellung von Warnungstafeln v. 25. 4. 25 (RGBl I 51).

b) Nach diesen Grundsätzen haben vor allem die **politischen Gemeinden** für den verkehrssicheren Zustand der Ortsstraßen einschließlich der Plätze und Brücken zu sorgen; die öffentliche Straße ist für jede erlaubte Verkehrshandlung frei; auf ihre Verkehrssicherheit darf gerechnet werden (RG 89, 136; 95, 154; JW 03 Beil Nr 137 u. 241; 04, 232[2]; 05, 199[6]; 06 S. 378[4], 539[4] u. 746[17]; 08, 715[11]; 09, 161[8]; 1910, 618[10]; 1911, 759[17]; 1915, 395[7]; Warn 08 Nr 630; 09 Nr 264; 1910 Nr 438). Maßgebend für die Bestimmung, wann eine Straße dem öffentlichen Verkehr übergeben ist, ist vor allem der Zusammenhang ihrer Anbauten (RG 48, 297; JW 09, 161[8]); eine völlige Bebauung ist nicht erforderlich; der Einzelfall entscheidet, ob eine Widmung für den öffentlichen Verkehr stattgehabt hat; jeder Fürsorge kann sich aber auch bei einer noch unfertigen Straße die Gemeinde nicht entschlagen, nachdem sie die Errichtung von Wohnhäusern an ihr genehmigt und die Ingebrauchnahme der fertiggestellten zugelassen hat (RG a. a. O.; 3. 11. 19 VI 195/19); auch nicht angebaute Wege sind je nach den Umständen verkehrssicher zu erhalten, wenn sie eine notwendige oder vom Verkehr regelmäßig benutzte Verbindung zwischen mehreren Ortsteilen oder Straßen darstellen (RG JW 1910, 618[10]; Warn 08 Nr 373). Die Verkehrssicherungspflicht begreift die Instandhaltung des Pflasters oder sonstigen Belags (RG JW 03 Beil Nr 241; 04, 232[2]; 06, 378[4]; 1910, 618[10]; 1911, 759[17]). Doch dürfen an den verkehrssicheren Zustand einer Ortsstraße keine zu weitgehenden Anforderungen gestellt werden, kleine Unebenheiten sind nicht zu vermeiden, geringfügige Senkungen nicht immer sofort zu beseitigen, begründen daher noch kein Verschulden (RG JW 04, 232[2]; 06, 378[4]; 3. 11. 11 III 572/10; 24. 2. 27 IV 549/26). Die Verkehrssicherungspflicht erstreckt sich ferner auf die Anbringung von Geländern oder sonstigen Verwahrungen an Brücken und Abhängen (RG 55, 24; JW 1911, 446[9]; 759[17]; 1912, 864[23]; Warn 1910 Nr 5 u. 438; 8. 10. 06 VI 40/06), die aber wegfällt, soweit der Zweck einer Anlage (Hafenkai) eine Sicherung nicht gestattet (RG JW 05, 340[10]); auf die Beleuchtung vom Eintritt der Dunkelheit bis zum Aufhören des regelmäßigen Verkehrs (RG 54, 53; 55, 24; JW 05, 199[1]; 1911, 759[17]; über die Beleuchtung wenig begangener Wege s. RG JW 08, 744[13]), auf das Bestreuen der Bürgersteige und der notwendigen Straßenübergänge (nur ausnahmsweise bei besonderem Bedürfnis auch des Fahrdammes: RG 6. 1. 27 IV 441/26) mit abstumpfenden Stoffen bei Glatteis oder Schneeglätte (RG 54, 53; JW 1910, 618[10]; 1911 S. 583[25], 759[17]; 1912, 194[15]; Warn 08 Nr 47; 09 Nr 264; 1913 Nr 318), soweit die Verpflichtung hierzu nicht rechtsgültig durch Observanzen, Ortsstatut oder Polizeiverordnungen den Anliegern auferlegt worden ist (RG 52, 423; JW 04, 470[8]; 07, 251[12]; 1910, 152[19]; Warn 09 Nr 264 u. 476; über Observanzbildung in Preußen RG 52, 423; 76, 113; JW 1910 S. 662[30] u. 944[25]; 1910, 1012[33]; 1911, 323[16]; Warn 1912 Nr 23; Gruch 55, 97; die Entscheidungen RG 76, 164; JW 1911 S. 649[20], 980[23] u. 1015[8]; 1912, 864[22]; 1913, 91[6]; 1914, 244[6], die für Preußen die Gültigkeit der die Streupflicht festsetzenden Polizeiverordnungen auch ohne Grundlage einer Observanz anerkannten, haben durch das seit dem 1. April 1913 geltende preuß. Ges. über die Reinigung öffentlicher Wege vom 1. Juli 1912 (GS S. 187) ihre Bedeutung verloren; vgl. darüber RG 87, 159; Warn 1918 Nr 106. Das Maß und die Wiederholung des Streuens richtet sich nach dem Bedürfnisse des Verkehrs; ein erhöhtes Maß gilt bei besonders regem Verkehr, wie an Markttagen (RG 12. 10. 08 VI 535/07; 3. 7. 11 VI 567/10), ein vermindertes Maß für Streuen wie für Beleuchtung in ländlichen Gemeinden (RG JW 1913, 859[5]; Warn 1915 Nr 18; 29. 9. 04 VI 10/04; 11. 6. 08 VI 466/07; 3. 7. 11 VI 567/10). Da die Gemeinden mit ihrem Personal nicht gleichzeitig in allen Teilen des Ortes zum Streuen im Bedarfsfalle zur Stelle sein können, ist ihnen für die Ausführung nach Eintritt des Glatteises oder nach Aufhören des Schneefalls ein angemessener Zeitraum offenzulassen, der bei der den Anliegern obliegenden Streupflicht geringer zu bemessen ist (RG JW 1911, 583[25]; 1912, 194[15]). Die Übertragung der Streupflicht auf private Reinigungsinstitute befreit nicht von eigener Sorgfalt (RG Warn 1918 Nr 106; Gruch 54, 977); auch durch Polizeiverordnung kann die Verantwortung nicht dem Streupflichtigen genommen und auf die Reinigungsinstitute übertragen werden (RG 102, 269). Auf Straßendämme ist die Streupflicht nicht allgemein zu erstrecken; nur belebte und unerläßliche Straßenübergänge sind gleich den Bürgersteigen zu bestreuen (RG JW 1913, 859[5]). Die Verkehrssicherungspflicht der Gemeinden begreift weiter die Anordnung von Sicherungsmaßregeln bei der Vornahme öffentlicher Arbeiten (Neupflasterung, Anlage von Kanälen und Leitungen), die die Gemeinden nicht auf die Unternehmer der Arbeiten abwälzen können; auch wo diese die Ausführung der Sicherheitsvorkehrungen vertragsmäßig übernommen haben, müssen die Gemeindeverwaltungen sich selbst darum kümmern (RG JW 05 S. 284[8] u. 486[4]; 06, 539[4]; 1913, 642[7]; 1915, 395[7]; Warn 08 Nr 630; 1911 Nr 180; LZ 1917, 1067[10]; 1919, 245[9]). Auch auf die Verkehrssicherheit der Notbürgersteige vor Neubauten hat die Stadtgemeinde ihr Augenmerk zu richten (RG 22. 3. 17 VI 18/17). Eine nur beschränkte Verkehrssicherungspflicht für Beleuchtung wie für Streuen besteht bei lediglich den Spaziergängern dienenden Lustwegen, sowie bei nur den Verkehr erleichternden Verbindungswegen: sie brauchen nicht bei jedem Wetter und zu jeder Jahreszeit geschützt zu werden (RG JW 00, 164[38]; 1910, 618[10]; 14. 1. 07 VI 196/06). Über die Verkehrsfürsorgepflicht der Gemeinden auf Gemeindefriedhöfen vgl. RG JW 1911, 981[14]; in städtischen Badeanstalten und Badeanlagen RG JW 1911, 42[28]; Warn 1913 Nr 133; der Eisenbahnverwaltungen bei Zugängen zum Bahnhof RG 53 S. 53 u. 276; 55, 335; JW 08, 715[11]; Warn 1917 Nr 242; 1919 Nr 187; zum Zuge JW 1915, 703[8]; die mangelhafte Beleuchtung eines Bahnhofs ist aber kein Verschulden, wenn sie durch die Knappheit der Beleuchtungsmittel bedingt ist (RG JW 1920, 491[3]); der Kirchengemeinden auf Kirchenvorplätzen RG JW 09, 218[5]; 1910, 944[23]; endlich des Staates oder der größeren Kommunalverbände bei öffentlichen Landstraßen und auf öffentlichen Wasserstraßen RG 62, 31; 68, 358; 106, 340; JW 1911, 759[17]; 1915, 1119[4]; Warn 1912 Nr 383; Kanalunterhaltungspflicht des Staates als Eisenbahnunternehmer, wenn er für seine Zwecke den den öffentlichen Weg kreuzenden und bei mangelhafter Unterhaltung dessen Verkehrssicherheit gefährdenden Kanal angelegt hatte, RG LZ 1920, 233[4]; Verpflichtung des Reiches als Eisenbahnunternehmer dafür zu sorgen, daß durch die Ausführung der Transporte (Bewegung der Eisenbahnwagen auf den Schienen) nicht Personen oder Sachen zu Schaden kommen (RG 29. 6. 23 III 828/22). Für die Verletzung eines Fußgängers durch einen auf abschüssiger Ortsstraße fahrenden Rodelschlitten kann die Gemeinde nicht nach § 823, wohl aber nach Art 131 RVerf haftbar gemacht werden, wenn sie versäumt hat, in Ausübung der Sicherheitspolizei dem Rodelunfug entgegenzuwirken (RG 2. 2. 25 IV 451/24). Die Anbringung und Unterhaltung von Warnungstafeln auf öffentlichen Wegen ist (nach preuß.-hannov. Wegerecht) Sache des Wegebaupflichtigen; unterläßt die Wegebaupolizeibehörde fahrlässigerweise ihn dazu anzuhalten, so kann der Staat nur dann haftbar gemacht werden, wenn von dem Wegebaupflichtigen Schadensersatz nach § 823 nicht zu erlangen ist (RG JW 1927, 1265[21]). Haftung einer Kleinbahn für Sicherungsmaßnahmen (Anordnung langsamen Fahrens, Beleuchtung) bezüglich eines nicht mit einer Schranke versehenen Überganges (RG 20. 6. 27 IV 834/26).

c) Auch der **Privatmann,** der **durch Vermietung seines Hauses** einen größeren oder, wenn er es allein bewohnt, damit einen kleineren Verkehr für andere zu dem Hause und in ihm eröffnet, übernimmt dadurch Verkehrspflichten. Er muß, mag er selbst im Hause wohnen oder nicht, die Flure und Treppen, wie die Zugänge zu dem Hause (RG JW 1911, 446[9]; Warn 1910 Nr 438) in verkehrssicherem Zustande erhalten (RG 74, 124; 90, 408; JW 05, 80[20]; 1912, 142[19]; 1913, 917[2]; 1914 S. 677[5] u. 678[6]; Warn 1919 Nr 33; LZ 1922, 713[4]; OLG 43, 94); sie in den Verkehrsstunden des Abends beleuchten (RG JW 06, 110[8]; 09, 415[11]; 1912, 142[19]; 1914 S. 677[5] u. 678[6]); Kellereingänge, die gefährlich werden können, verwahren und Kellertüren, die mit Wohnungseingängen verwechselt werden können, verschlossen halten oder wenigstens deutlich kenntlich machen (RG JW 06 S. 710[5] u. 738[6]; Warn 08 Nr 309; 1910 Nr 329; LZ 1920, 566[4]; 1. 11. 11 III 552/10), die äußeren Zugänge zu den Räumen, wie Vorgartenwege, Vortreppen, Wege über den Hof beim Vermieten von Hintergebäuden, unter Umständen auch Teile des Hausflures, bei Winterglätte bestreuen (RG JW 1912, 194[15]; 3. 1. 10 VI 158/09). Die Mietsräume selbst sind dem Mieter nicht nur für seine Person zur Benutzung eingeräumt, sondern auch allen Angehörigen seines Hauswesens; ganz abgesehen vom Vertrage, kraft allgemeiner Verpflichtung hat daher der Vermieter auch den Mitgliedern des Hausstandes des Mieters für den verkehrssicheren Zustand der dem Verkehr übergebenen Räume einzustehen (RG JW 1910 S. 282[9] u. 1003[13]). Für die Eigentümerin, die mit ihrem Ehemann in gesetzlichem Güterstande lebt, hat diese Verkehrspflichten nach § 1363 der Ehemann zu erfüllen (RG JW 09, 415[11]); dasselbe gilt nach §§ 1443, 1519 bei gütergemeinschaftlicher Ehe. Die Verpflichtungen des Hauseigentümers gehen auf den Mieter über, wenn das Haus nicht in einzelnen Teilen oder Stockwerken, sondern im ganzen vermietet ist; denn dann ist es der Mieter, der den Verkehr für sich und seine Familie oder für sein Geschäft eröffnet (RG 68, 161; JW 05, 80[20]). Dem letzteren Falle steht es gleich, wenn bestimmte Teile eines Hauses von dessen allgemeinem Verkehre abgesondert, ausschließlich einzelnen Mietern überlassen sind (RG JW 06, 738[6]). Während danach der Kaufmann und der Gastwirt, die derart gesonderte Miet- oder Pachträume innehaben, der Regel nach Dritten allein haften, wenn es sich um den besonderen durch ihren Gewerbebetrieb bedingten Verkehr handelt (RG LZ 1917, 1068[11]), kann auch neben ihnen der Eigentümer verantwortlich sein, wenn mangelhafte bauliche Einrichtungen zu einer Beschädigung geführt haben (RG 92, 359; 95, 61). Was als Pflicht des bürgerlichen Hausbesitzers anzunehmen ist, gilt in noch höherem Grade für **öffentliche Behörden** in Ansehung ihrer Dienstgebäude und Diensträume, die einem Verkehr nicht nur geöffnet, sondern dafür geradezu bestimmt sind, wie Bahnhofsräume, Postgebäude, Gerichtsgebäude, Schulräume (RG 102, 6; JW 03 Beil Nr 294;

1910, 468[5]; 1911, 450[18]; 1912, 792[7]; Gruch 49, 635; 50, 361). Dahin gehören auch Kirchenräume (RG JW 1911, 182[8]); öffentliche Schlachthäuser (RG JW 1911, 958[36]). Über Theater s. RG Warn 1917 Nr 240; 1918 Nr 52; Erholungsgesellschaftsräume RG JW 1915, 578[12]; Ausstellungsräume (Grenzen der zu erfordernden Sorgfalt RG 96, 96); Eisbahnen (RG JW 1914, 926[12]). Über die öffentlich-rechtliche Verbindlichkeit der Gemeinden bei Unterhaltung der Schulräume, die über die allgemeine Verkehrssicherheitspflicht hinausgeht, vgl. RG 102, 6 und A 1 u. 3 zu § 839. Besondere Sorgfaltspflichten treffen, auch abgesehen von dem bereits behandelten Falle der abgesonderten Mietsräume neben dem Eigentümer den **Kaufmann** und den **Gastwirt,** die einen allgemeinen Verkehr für ihre besonderen Geschäftszwecke eröffnet haben und deshalb auch als Mieter für die Verkehrssicherheit der Zugänge und der der Allgemeinheit zugänglichen Räumlichkeiten zu sorgen verpflichtet sind (Kaufleute RG 95, 61; JW 09, 493[15]; 1912, 586[6]; 1913, 23[10]; Gastwirte, auch Nichtgästen gegenüber RG 58, 333; 65, 11; 85, 185; 87, 128; 95, 359; JW 05 S. 44[7], 45[9] u. 48[16]; 07, 332[9]; 08, 451[16]; 09, 357; 1910 S. 65[13], 112 u. 281[7]; 1911 S. 40[25] u. 182[7]; 1912 S. 30[14], 530[7], 792[7] u. 793[9]; 1919, 241[7]; 1923, 76[2]; Warn 08 Nr 630; 09 Nr 393; 1911 Nr 27 u. 118; 1916 Nr 106 u. 245; LZ 1917 S. 1065[7] u. 1068[11], 1919, 532[7]). Pflicht einer Bank für einen gefahrlosen Zugang der Kunden zu den Schaltern zu sorgen, s. RG LZ 1926, 921[8]. Über das Zusammentreffen mit der Vertragshaftung in solchen Fällen s. RG 54, 53; 58, 333; 65, 11; 74, 124; 85, 185; 90, 408; 103, 263; JW 04, 383[4]; 1911 S. 40[25] u. 182[7]; 1912, 142[19]; Warn 08 Nr 640; 1911 Nr 27; 1914 Nr 13; 1916 Nr 245; 1918 Nr 52; 1919 Nr 33, sowie Vorbem 4a). Sorgfaltspflichten besonderer Art treffen ferner die Unternehmer von gewerblichen Betrieben und Anlagen, die mit besonderen Gefahren verknüpft sind, namentlich wenn die gefährlichen Teile Kindern zugänglich sind (RG JW 06, 547[13]; 08, 745[14]; 1914 S. 758[5] u. 1037[2]; Warn 08 Nr 469 u. 515; 09 Nr 92 u. 205; 1914 Nr 13; LZ 1922, 617[2]; Grenzen RG JW 09, 461[19] und Warn 09 Nr 205). Widerrechtlich zum Zwecke von Diebstählen und ähnlichen Handlungen eingedrungenen Personen haftet auch der Unternehmer gefährlicher Anlagen nicht wegen Vernachlässigung von Sicherungsmaßregeln (RG LZ 1918, 1577).

d) Diesen Verkehrspflichten, die durch eine Verkehrseröffnung geschaffen werden, treten diejenigen zur Seite, die die **Teilnahme am öffentlichen Verkehr oder dessen Nachbarschaft** erzeugt. Die öffentlichen Verkehrswege RG 48, 297; 76, 257; JW 1921, 895[5] sind für die Allgemeinheit da; wer darauf sich bewegt oder sie für seine Zwecke in Benutzung nimmt, muß auf die Allgemeinheit Rücksicht nehmen und Sorge tragen, daß er nicht Gefahren für andere schafft. Der Fuhrherr muß die Fuhrwerke, die er in den öffentlichen Straßen laufen läßt, in ordnungsmäßigem Stande erhalten und den Betrieb dauernd überwachen (RG JW 06, 740[15]; 08, 524[9]; Warn 1917 Nr 87; LZ 1918, 625[19]); der Wagenlenker hat die Pflicht, auf den Verkehr der Straße und seine Wirrungen und Hindernisse sorgsam zu achten und danach seine Fahrbahn und die Geschwindigkeit seiner Fahrt einzurichten (RG JW 05, 492[17]; 06, 465[22]; 1911, 152[8]; 1912, 385[5]; Warn 09 Nr 280; 1910 Nr 328). Die gleiche Verpflichtung trifft natürlich auch den Reiter (RG Warn 09 Nr 94). Aber auch der Fußgänger muß acht geben, daß er nicht durch unvernünftiges Laufen andere Fußgänger anrenne, umstoße und verletze (RG JW 1912, 908[3]). Erhöhte Sorgfalt haben bei den gesteigerten Geschwindigkeitsleistungen ihrer Fahrzeuge und der dadurch bedingten besonderen Gefahr von Zusammenstößen die Radfahrer, namentlich die Kraftradfahrer zu beachten (RG JW 08 S. 106[3] u. 680[12]), vor allem aber die Lenker von Kraftwagen (RG 84, 415; JW 06, 681[2]; 08 S. 524[9] u. 678[9]; 1914, 353[5]; 1915, 275[3]; Warn 09 Nr 130; 1914 Nr 68), neben denen auch die Eigentümer der Kraftwagen als die Geschäftsherren der Wagenführer, wenn sie im Wagen sitzen, die Gefahr erkannt haben oder schlechthin hätten erkennen müssen, ohne besondere Aufmerksamkeit anzuwenden und fortdauernd auf den Führer zu achten, und in der Lage waren, sie abzuwenden, verantwortlich sein können (RG JW 05, 287[11]; 08, 405[7]; 09, 276[11]; 1910 S. 105[3] u. 148[12]; 1911 S. 40[26] u. 218[22]; 1921, 627[8]; Warn 1913 Nr 209; 1915 Nr. 19 u. 151; 1917 Nr 28). Den Verkehr mit Kraftfahrzeugen regelt jetzt das RGes. v. 3. 5. 09, RGBl S. 437, das aber in § 16 die weitergehende Haftung nach §§ 823, 831 BGB unberührt läßt. Über Sportfahrten auf öffentlichen Landstraßen s. RG JW 1915, 1119[4]. Die Eisenbahn- und Straßenbahnunternehmer haften nach BGB, wenn sie in ihren Vertretern ein wirkliches oder (§ 831) vermutetes Verschulden trifft (vgl. RG JW 1911, 324[17]; Warn 1919 Nr 199: Mangel an Aufsichtspersonal, zu ausgedehnter Verkauf von Bahnsteigkarten; 1920, 11: kein Verschulden, daß die Straßenbahn keine Maßregeln gegen Überfüllung der vorderen Plattform des Anhängewagens trifft). Über die Pflicht der Eisenbahnverwaltungen, an Wegeübergängen, wo es der Verkehr erfordert, Schranken anzubringen s. RG Warn 1910 Nr 57. — Den Hauseigentümern und den Bauunternehmern, die an der öffentlichen Straße Bauarbeiten oder sonstige den Verkehr beeinträchtigende Arbeiten ausführen lassen, obliegt die Pflicht, Vorkehrungen zur Sicherung des Verkehrs zu treffen: für gefahrlose Beschaffenheit der Baugerüste und des Bauzauns (RG JW 07, 10[11]; LZ 1918, 624[18]; 1921, 268[4]), für Schutzmaßregeln bei Dachausbesserungen (RG JW 05, 20[20]; 07, 673[7]; 1910, 747[4]; Warn 1919 Nr 169) für Vermeidung der Verkehrsstörung durch Verkehrshindernisse (RG LZ 1922, 159[2]) Sorge zu tragen. Der Hausbesitzer ist aber regelmäßig gedeckt, wenn er die Arbeit einem als zuverlässig geltenden Handwerksmeister übertragen hatte (RG JW 1910, 747[4]; vgl. unter e). Ebenso haften Grundstückseigentümer und Bauunternehmer für Schaden, wenn sie Gegenstände an der Straße aufstellen, die durch Umfallen gefährlich werden können (RG 59, 203; Warn 1910 Nr 330), oder Wagen zur Nachtzeit unbeleuchtet auf den Straßen stehen lassen (RG JW 09, 134[8]). Auch der Eigentümer, der sein Grundstück andern zur Ausnutzung überläßt, wird dadurch seiner Verpflichtungen, für die Verkehrssicherheit zu sorgen, nicht schlechthin überhoben (RG LZ 1921, 58[3]). Die zu b behandelte Verkehrssicherungspflicht der Gemeinden betrifft den Zustand der in ihrem Eigentum stehenden oder ihrer Verfügung unterstehenden öffentlichen Straßen, Plätze und Brücken, nicht aber das Tun und Treiben der auf der Straße verkehrenden Menschen. Gegen ein verkehrsgefährliches Verhalten einzelner Personen auf der Straße einzuschreiten, ist nicht Sache der Gemeinden als solcher, sondern der Ortspolizeibehörde, die allerdings vielfach mit der Gemeindeverwaltung verbunden ist (RG JW 1911, 759[17]; 1915, 1119[4]). — Bei der Anlage und dem Betrieb einer elektrischen Leitung muß die im Verkehr erforderliche Sorgfalt angewendet werden, um andere gegen die von der Leitung ausgehenden besonderen Gefahren zu schützen (RG SeuffA 79 Nr 168).

e) Die unter a bis d geschilderten Verkehrspflichten werden ergänzt durch eine **allgemeine Pflicht der Aufsicht,** die die für die Erfüllung verantwortliche Person aufzuwenden hat, wenn sie die Ausführung der Schutzmaßnahmen zur Sicherung des Verkehrs Dritten überläßt. Diese allgemeine Aufsichtspflicht entspricht den menschlichen Verhältnissen; im Staats- und Gemeindeleben wie in Privatbetrieben und im kleinen in der häuslichen Wirtschaft wird das ordnungsmäßige Ineinandergreifen aller Glieder, die pflichtmäßige Erledigung der den einzelnen übertragenen Geschäfte nur durch eine regelmäßige Aufsichtstätigkeit gewährleistet. Diese Aufsicht fällt nicht zusammen mit der in § 831 als Pflicht des Geschäftsherrn erwähnten Leitung einer Verrichtung, also der einzelnen Arbeitsleistung eines Angestellten (vgl. über den Unterschied beider Begriffe RG 53 S. 53 u. 276; JW 02 Beil Nr 75; 03 Beil Nr 21; 06 S. 547[21] u. 745[16]; 07, 674[9]; 1910, 11[14]; 1911 S. 95[20] u. 218[22], 487[9]; Warn 08 Nr 184; 1910 Nr 19; 1915 Nr 124; 20. 1. 21 IV 342/20). Sie ist eine allgemeine, fortlaufende Überwachungstätigkeit, deren Maß und Umfang sich nach den Umständen zu richten hat und die bald eine regelmäßige Kontrolle, bald nur ein gelegentliches Nach-dem-Rechten-Sehen erheischt (RG 95, 180; JW 03 Beil Nr 294; 05, 144[24]; 06 S. 113[12] u. 427[13]; 08, 673[1]; 1910, 17[25]; 1911, 95[20]; 1914, 678[6]; 1915, 27[11]; 1920, 775[3]; Warn 1911 Nr 260; 1914 Nr 35; 1916 Nr 125; 1918 Nr 168; 1919 Nr 13 u. 36; LZ 1918 S. 369[1] u. 625[19]), aber niemals ganz entbehrt werden kann, und deren Versäumung den Aufsichtspflichtigen für den einzelnen Fall eines durch seine Leute angerichteten Schadens mittelbar verantwortlich macht, wenn anzunehmen ist, daß der Schaden bei ordnungsmäßiger Aufsicht vermieden worden wäre (RG JW 06, 547[15]; 1910, 17[25]; 1911, 487[8]). Gerade die in regelmäßiger Wiederkehr vorzunehmenden Verrichtungen mechanischer Art bedürfen einer gelegentlich auszuübenden aber stetigen Aufsicht (RG JW 1911 S. 487[9] u. 542[17]; 1912, 194[25]), von der auch die Übertragung der Aufsichtstätigkeit auf andere Personen den Geschäftsherrn nicht gänzlich befreit (RG 95, 180; Warn 1912 Nr 164). Der Natur dieser Aufsichtspflicht entspricht es, daß sie nicht erst eintritt, wenn sich Zweifel an der Zuverlässigkeit der Angestellten regen (RG JW 09, 659[10]; 1920, 775[3]); wohl aber müssen solche Zweifel die Aufsichtstätigkeit verschärfen (RG 53, 53; JW 1920, 775[3]). Je nach den Umständen begreift die Aufsichtspflicht auch eine Pflicht der Unterweisung für die vorzunehmende Tätigkeit (RG JW 04, 165[3]; 06, 339[20]; 1914, 678[6]; Warn 09 Nr 356; 1910 Nr 204; 1919 Nr 13). Unter dem gleichen Gesichtspunkt ist eine allgemeine Überwachungs- und Unterweisungspflicht einer Stadtgemeinde anzunehmen, die in Erfüllung ihrer öffentlich-rechtlichen Aufgaben auf dem Gebiete der Armenfürsorge unbemittelten Kranken in ihren Krankenhäusern unentgeltlich ärztliche Behandlung sei es allein, sei es neben freier Kost und Wohnung gewährt (RG 112, 290). Aufsichtspflicht einer Stadtgemeinde in bezug auf das Verschlossenhalten eines auf freiem Platze stehenden Transformatorhäuschens ihres Elektrizitätswerkes s. RG SeuffA 79 Nr 93. Eine Stadtgemeinde kann ihre Obsorge für den Verkehr nicht schlechthin auf den Unternehmer übertragen, den sie mit Straßenbauarbeiten betraut hat (s. oben unter a und RG JW 05, 486[4]; 06, 539[4]; Warn 08 Nr 471 u. 630; 1911 Nr 180); im übrigen besteht einem fachkundigen Unternehmer gegenüber eine weitere Aufsichtspflicht nur unter besonderen Umständen, wenn mit den ihm übertragenen Arbeiten besondere Verkehrsgefahren verknüpft sind, die auch von dem Nichtfachmann erkannt und abgestellt werden können (RG 76, 260; 90, 408; JW 08, 269[1]; Warn 08 Nr 471 u. 630; 09 Nr 407; 1919; Nr 169), oder wenn er erfahren hat, daß der Unternehmer die Sicherheitsmaßregeln vernachlässigt (RG 12. 5. 11 VI 399/10, 4. 1. 12 VI 146/11). Ein Bauunternehmer kann wiederum, ohne eine weitere besondere Aufsicht betätigen zu müssen, alltägliche, regelmäßig vorkommende Arbeiten einschließlich der zum Schutze des Verkehrs erforderlichen Sicherheitsvorkehrungen einem tüchtigen Polier überlassen; nur bei außergewöhnlichen und besondere Vorsicht heischenden Umständen muß er ihm Anweisung erteilen und nach dem Rechten sehen (RG 59, 203; JW 06, 113[12]; 1910, 111[12]; 1913, 33[22]; Warn 08 Nr 212; LZ 1922, 159[2]); es kommt hierbei alles auf die Umstände, auf die größere oder geringere Gefährdung, an. Ähnliches gilt gegenüber den Angestellten von Zweigniederlassungen eines größeren Geschäfts (RG JW 1913, 23[10]). Über die Aufsichtspflicht des kraft öffentlichen Rechts streupflichtigen Grundstückseigentümers s. RG 113, 293. Über die Aufsichtspflicht der Eisenbahn als Unternehmer von Güterbeförderungen s. RG 102, 38; RG SeuffA 80 Nr 174. § 278 ist in Fällen einer solchen Haftung aus § 823 nicht anwendbar (RG JW 1923, 1026[5]). Der Wohnungsinhaber haftet für das Herabfallen eines Blumentopfes auf die Straße schon dann, wenn er die Aufsichtspflicht in bezug auf seine Wohnung und die sie versorgenden Hilfspersonen fahrlässig nicht erfüllt hat (RG 5. 10. 25 IV 47/25). Die **Beweispflicht**, daß der Beklagte seine Aufsichtspflichten verletzt habe, trifft an sich den Beschädigten; ist aber ein ordnungswidriger Zustand von längerer Dauer nachgewiesen, der zunächst nur in der Versäumung der allgemeinen Aufsicht seine Erklärung findet, und bei gehöriger Überwachung der Wahrnehmung des Aufsichtspflichtigen nicht hätte entgehen können, so ist es Sache des Beklagten, darzutun, daß die Verletzung ohne sein Verschulden erfolgte und er seiner Aufsichtspflicht genügt habe (RG 53, 276; JW 06, 378[4]; 1910 S. 37[60] u. 333[9]; 1911, 95[20]; Warn 08 Nr 183; 09 Nr 208; 1912 Nr 383; 1916 Nr 125; LZ 1918, 369[1]).

f) Endlich muß nach heutiger Rechtsanschauung **jeder, der einer selbständigen Wirtschaft vorsteht,** für verpflichtet gelten, bei der Regelung der auf die Außenwelt wirkenden Angelegenheiten des täglichen Lebens auf fremde Rechtsgüter Rücksicht zu nehmen und sein Verhalten so einzurichten, daß dabei Verletzungen anderer möglichst vermieden werden. Er muß Sorgfalt darauf verwenden, daß die Personen seines Hausstandes, auch soweit eine Aufsichtspflicht nach § 832 nicht begründet ist, aber eine Verfügungsmacht über sie ihm zukommt, nicht Dritte verletzen können (Ansteckung durch kranke Hausgenossen; Schaden, den geisteskranke Angehörige anrichten RG 70, 48; 92, 125; Haftung für einen Angestellten, der infolge von Geisteskrankheit einen andern getötet hat RG JW 1910, 652[10]), und daß auch seine Eigentumsgegenstände nicht anderen gefährlich werden (RG 52, 373; 54, 53; 89, 120; JW 05, 370[10]; 1914, 757[4]; Warn 08 Nr 374; 1918 Nr 117 u. 168). Daß durch an sich ungefährliche Eigentumsgegenstände Dritte (auch Kinder) bei besonders unvorsichtiger und unvernünftiger Handhabung sich verletzen können, begründet für ihren Eigentümer jedoch eine Schadensersatzpflicht nicht (RG JW 09, 461[19]; Warn 09 Nr 205; 1. 3. 13 VI 492/12). Die Anwendung des Satzes im einzelnen ist wesentlich von den tatsächlichen und rechtlichen Beziehungen zwischen dem Besitzer der Sache und dem Dritten abhängig (RG 81, 216).

7. Unter **Verletzung der Freiheit** sind im Sinne des § 823 Abs 1 nicht alle Beeinflussungen der freien Selbstbestimmung eines Menschen zu verstehen, zu denen der Handelnde kein besonderes Recht hat (so Staudinger A II A 2c; Dernburg Bd 2[2] § 390 II), insbesondere nicht die Verfolgung der eigenen Interessen im Widerstreit mit dem Willen des andern und mit dem vorausgesehenen Erfolge, daß dadurch das Gebiet der freien wirtschaftlichen Betätigung des andern eingeschränkt wird. Der Begriff muß vielmehr auf Aufhebung der Freiheit durch körperlichen oder geistigen Zwang, Anwendung von Gewalt oder den Willen beugender Drohung eingeschränkt werden. Es fällt darunter die Entziehung der körperlichen Bewegungsfreiheit, sowie die Nötigung zu einer Handlung durch Gewalt oder Bedrohung (RG 48 S. 114 u. 123; 58, 24; JW 08, 679[11]); ferner die Unterbringung einer Person in einer Irrenanstalt gegen ihren und ihrer gesetzlichen Vertreter Willen (RG JW 1910, 753[13]). Weiter geht RG 97, 343, indem es die Frage, ob eine unkörperliche Einwirkung auf die freie Willensbetätigung unter den Begriff der Freiheitsverletzung fällt, der Würdigung des Einzelfalles überweist. Gegen vorsätzliche Handlungen ist ein Schutz der Person bereits durch die §§ 234—241 StGB in Verbindung mit § 823 Abs 2 gegeben; Abs 1 erweitert diesen Schutz auf fahrlässig verursachte Entziehungen der Freiheit (Einschließung von Bergarbeitern durch Einsturz eines kunstwidrig angelegten Schachtes oder Stollens).

8. Das **Eigentum** wird verletzt durch Zerstörung oder Beschädigung, aber auch durch dauernde oder vorübergehende Entziehung der Sache, die der Gegenstand des Eigentumsrechts ist. Die Verletzung kann durch tatsächliche Einwirkung auf die fremde Sache oder durch rechtliche Verfügung darüber, auch unter Zuhilfenahme behördlichen Zwanges (Pfändung und Zwangsvollstreckungsverkauf) erfolgen. Nicht unter § 823 fallen **Verletzungen des Eigentumsanspruchs** auf Herausgabe der Sache gegen den Besitzer; die Beziehungen zwischen Eigentümer und Besitzer sind in den §§ 989—993 besonders geordnet; nur verbotene Eigenmacht oder strafbare Handlung (§ 992) machen den Besitzer dem Eigentümer gegenüber aus u. H. nach § 823 Abs 1 haftbar (RG 56, 313; 72, 192; JW 1910, 110[10]; Warn 1920 Nr 200; LZ 1922, 288[1]; 1926, 1071[5]; vgl. LZ 1921, 338[3]). Der Fremdbesitzer ist aber für Eigentumsverletzungen aus § 823 verantwortlich, wenn er die Grenze des Besitzrechts überschreitet, das er zu besitzen glaubt, so der Mieter, wenn er die ihm zum Gebrauch überlassenen Mietsachen veräußert (RG 101, 309). Eigentumsverletzungen durch Beschädigung sind die Beeinträchtigungen nach §§ 906, 1004 (RG 60, 130; JW 04, 360[16]), deren Abwehr nach Maßgabe der angezogenen Bestimmungen durch die Eigentumsfreiheitsklage erfolgt, während ein Schadensersatzanspruch daraus nur nach Maßgabe des § 823 gegeben ist (RG JW 04, 360[16]; Warn 1911 Nr 405). Wenn dem Eigentümer die Befugnis fehlt, den widerrechtlichen Eingriff selbst abzuwehren (§ 26 GewO), steht ihm ein Schadensersatzanspruch daraus jedoch auch ohne Verschulden des Störers zu (RG 58, 130; 63, 374; 70, 150; 81, 216; 86, 232; 93, 100; 101, 102; 104, 84; JW 04, 360[16]; 05, 503[36]; 06, 554[24]; 07, 299[1]; 1910, 580[15]; Warn 1911 Nr 331, 404 u. 405; 1912 Nr 342; 1914 Nr 89; 1915 Nr 81 u. 141; 1918 Nr. 55; vgl .Vorbem. 1 am Schlusse). Eine Beschädigung der Eigentumssache durch Verunstaltung behandelt RG JW 09, 275[9], durch Seuchenansteckung von Pferden infolge vernachlässigter Absperrung RG JW 08, 543[1], die Beschädigung eines Gebäudes durch ungenügende Sicherheitsvorkehrungen bei Kanalisationsbauten und Vertiefungsarbeiten auf dem Nachbargrundstück RG JW 08, 269[1]; 1910, 330[3]; Warn 1911 Nr 405; durch vorsätzliche Wegnahme eingebauter und dadurch zum Bestandteil des Gebäudes gewordener Baustoffe RG 73, 333; Warn 1910 Nr 403; Beschädigung von Dampfkesseln und in einer Fabrik zu verarbeitenden Stoffen durch Zuführung verunreinigten Wassers RG Warn 1910 Nr 420. Eine Gefährdung (feuergefährlicher Gewerbebetrieb auf dem Nachbargrundstück) ist noch keine Beschädigung (RG 50, 225). Keine Verletzung des Eigentums, weil keine rechtswidrige Einwirkung auf dessen Gegenstand, die Sache, ist der Bordellbetrieb auf einem Nachbargrundstück (RG 57, 239; a. M. Oertmann A 3a), der jedoch aus dem Gesichtspunkte des § 826 als gegen den Nachbar begangene u. H. betrachtet werden kann (vgl. § 826 A 5i). Keine Beschädigung des Eigentums, weil bloßes Vertragsunrecht, ist die Lieferung schlechter Baustoffe für das im Bau begriffene Haus des Eigentümers (RG JW 05, 367[6]). Verletzungen des Eigentums durch Entziehung der Sache sind Diebstahl und Unterschlagung, die zugleich u. H. nach Maßgabe des Abs 2 darstellen, sowie jede rechtswidrige Wegnahme (RG 57, 138); Wegnahme von Sachen unter dem Titel eines in Wahrheit nicht begründeten Pfandrechts, sowie die gesetzwidrig vorgenommene Veräußerung von Pfandstücken (RG 77, 201); Wegnahme entbehrlicher Hausbestandteile durch eine Gemeinde bei Herrichtung beschlagnahmter Räume zu Wohnzwecken (RG 106, 150). Die wider den Willen des Verkäufers erfolgte Inbesitznahme verkaufter Ware durch den Käufer kann eine Verletzung des Eigentums des ersteren darstellen (RG LZ 1918, 258[9]); ferner die unberechtigte Wegnahme von Ware durch den Käufer über die vertragliche Menge hinaus (RG JW 1925, 476[20]); ebenso die unbefugte Verfügung des Empfängers über eine ihm irrtümlich übermittelte Ware (RG Gruch 68, 521). Die im guten Glauben an die Richtigkeit des Grundbuchs (§ 892) erfolgte Belastung eines Grundstücks mit Hypotheken und anderen Rechten ist mit Rücksicht auf den Schutz des Grundbuchs keine widerrechtliche Verletzung des Eigentums des wahren, nicht eingetragenen Eigentümers (RG 85, 61; 90, 395). Eine schuldhaft unrichtige Auskunft über einen Handlungsgehilfen verursacht die Eigentumsverletzung nicht, die der letztere nachher durch Unterschlagung dem Anfragenden gegenüber begeht (RG JW 05, 369[8] dahingestellt gelassen); der ursächliche Zusammenhang reicht hier nur für eine Vermögensbeschädigung im allgemeinen aus, für die bei wissentlich falsch erteilter Auskunft wiederum § 826 Schutz bietet (vgl. § 826 A 5h). Unter die Eigentumsverletzungen durch Entziehung der Sache fallen rechtswidrige Zwangsvollstreckungen in fremdes Eigentum, sofern dem Gläubiger das Nichteigentum des Schuldners bekannt war oder bekannt sein mußte (RG 61, 430). Der Gläubiger ist aber noch nicht im Verschulden, wenn ihm mitgeteilt wird, daß die Pfandstücke einem Dritten gehören; er darf erwarten, daß der Eigentümer die erforderlichen gesetzlichen Schritte nach §§ 769, 771 ZPO ergreift; erst eine Glaubhaftmachung, die dem § 769 ZPO genügt, setzt auch den Gläubiger in Verschulden (RG JW 1911, 978[10]). Eine allgemeine Rechtspflicht, fremdes Eigentum gegen Gefahren zu schützen und es vor Beschädigung und Zerstörung zu bewahren, besteht nicht; die Unterlassung eines solchen Schutzes ist eine u. H. daher nicht, die Verpflichtung zu solchem Schutze kann nur durch ein besonderes Rechtsverhältnis begründet werden und ist nach diesem zu beurteilen (RG 97, 12; 102, 82). Eine Sorgfaltspflicht hinsichtlich der Obhut und Überwachung über fremdes Eigentum ist aber durch einen Gewerbebetrieb begründet: Wer es sich zur Aufgabe macht, zum Zwecke des eigenen Erwerbs fremdes Eigentum zu verwahren (Lagerhalter) oder von einem Ort zum andern zu befördern (Spediteur, Rollfuhrmann u. a.), überkommt vermöge dieses Gewerbebetriebs, auch abgesehen von den einzelnen geschlossenen Verträgen, eine Obhutsverpflichtung an allen in seinem Gewerbebetrieb an ihn gelangenden, in fremdem Eigentum stehenden Sachen, deren Verletzung sich als u. H. nach § 823 Abs 1 darstellt (RG 102, 42). Auf eine Verletzung der Pflichten aus dem von dem Spediteur usw. mit einem Dritten abgeschlossenen Vertrag kann sich der Eigentümer zur Begründung einer Haftung aus § 823 natürlich nicht berufen (RG 105, 302).

9. Was unter dem **„sonstigen Recht“** des § 823 Abs 1 zu verstehen sei, kann zweifelhaft sein. Leben, Körper, Gesundheit und Freiheit sind Lebensgüter, aber keine Rechte, und es

spricht nichts dafür, daß das BGB sie als solche aufgefaßt habe (a. M. u. a. Staudinger A II A 2e; Gierke Schuldrecht S. 886). Sie sind Lebensgüter, die mit der Persönlichkeit verbunden sind und den allgemeinen Rechtskreis der Person umschreiben, der von jedermann geachtet werden muß. Erst das hinter ihnen in § 823 Abs 1 genannte Eigentum ist ein wirkliches, andere ausschließendes Recht, das einer Person zusteht. Da das „sonstige Recht" im Anschluß an das Eigentum genannt wird, ist es begrifflich als ein Recht zu fassen, das mit dem Eigentum den rechtlichen Charakter, mit dem Eigentum und den vorher aufgeführten Rechtsgütern das gemeinsam hat, daß es von jedermann beachtet werden muß. Es sind dies die von der Rechtsordnung besonders ausgestatteten und umschriebenen ausschließlichen Rechte (RG 51, 369; 57, 353; 58, 28; 59, 49; 82, 206; 95, 283), die alle Personen binden und deshalb auch von allen verletzt werden können. Dahin gehören einmal alle dinglichen Rechte, Erbbaurecht, Grundgerechtigkeiten (RG Warn 1911 Nr 331) und persönliche Gerechtigkeiten an Grundstücken, Hypotheken- und andere Pfandrechte (Schadensersatzanspruch der Hypothekengläubiger wegen Verschleuderung oder Entfernung von Zubehör des Pfandgrundstücks RG 69, 85; JW 07, 332[10]; Warn 1911 Nr 268; 1915 Nr 52 u. Nr 118; 1917 Nr 17; ebenso wegen Wegnahme von zum Bestandteil des Grundstücks gewordenen Baustoffen RG 73, 333; Warn 1910 Nr 403); Verletzung des Pfandrechts des Verpächters durch Fortschaffung von Inventarstücken vom Landgut (RG 98, 345). Ein sonstiges Recht ist auch der Geschäftsanteil an einer Gesellschaft m. b. H. (RG 100, 278). Desgleichen das durch Pfändung und Überweisung von Forderungen begründete Einziehungsrecht (RG 85, 89). Verletzung des durch Pfändung eines Anspruchs auf Herausgabe von Wertpapieren begründeten Pfandrechts durch Veräußerung der Wertpapiere s. RG 108, 318. Ferner die aus dem Familienverhältnis entspringenden ausschließlichen Rechte des Ehemanns (RG 72, 128; vgl. dazu jedoch Oertmann A 3dγ; zweifelnd Warn 1917 Nr 118) und der Eltern (RG JW 1913, 202[14]); das ausschließliche Recht der Ehefrau auf Bezeichnung als solche gemäß § 1355 (RG LZ 1927, 1116[3]); das ehemännliche Nutznießungs- und Verwaltungsrecht an den eingebrachten Sachen der Ehefrau (RG Warn 1922 Nr 41; RG SeuffA 77 Nr 73); weiter das Namensrecht (§ 12), das Firmenrecht (§§ 17ff., insbesondere § 37 HGB; RG JW 1910, 120[31]); die Urheber- (RG 63, 394) und die gewerblichen Erfinderrechte (RG 57, 38) — inwieweit auch vor Erteilung des gesetzlichen Erfinderschutzes, darüber vgl. RG 77, 81 —, sowie die übrigen gewerblichen Schutzrechte (Musterschutz und Warenzeichen, RG JW 05, 174[15]; vgl. RG JW 1926, 561[5]). Auch Auszeichnungen (Medaillen, Diplome, Preise), die für ausgestellte Waren verliehen werden, gewähren ein höchstpersönliches Recht, das den Schutz des § 823 Abs 1 genießt (RG 108, 50). Weiter gehören hierher die ausschließlichen Aneignungsrechte, das Bergwerkseigentum (RG 72, 303; 110, 1), Jagd- und Fischereirecht (RG JW 39, 429; Warn 1915 Nr 299), sowie Wassergebrauchsrechte; nicht aber das Recht auf den Gemeingebrauch an öffentlichen Sachen oder Gewässern, auch wenn er, wie z. B. die Benutzung von Schiffahrtskanälen, polizeilich geregelt ist (RG Gruch 68, 75; RG 10. 6. 20 VI 122/20). Der Besitz ist zwar kein Recht, wird aber von der Rechtsordnung gleich einem ausschließlichen Rechte gegen jedermann geschützt und ist deshalb auch im Sinne des § 823 Abs 1 den Rechten anzuschließen (RG 59, 326; 91, 60; 102, 347; 105, 218; Warn 1915 Nr 299; 1922 Nr 41). Nicht unter den Begriff des sonstigen Rechtes fallen die Forderungsrechte, die im Gegensatze zu den ausschließlichen Rechten nur die bestimmten Personen binden, die sich selbst gebunden haben, und die von dritten Personen gar nicht verletzt werden können (M 2, 727; RG 57 S. 138 u. 353; 82, 189; 95, 283; 111, 302; JW 05, 367[6]; 1912 S. 129[2] u. 135[7]; 1925, 2245[16]; Warn 08 Nr 46; a. A. teilweise Planck II 1fε zu § 823). Auch die der Unfallversicherungsgesetzgebung entspringenden Rechte des Verletzten auf Leistungen dieser Versicherung sind nur persönliche Forderungsrechte (RG 95, 283). Das Mietrecht und ebenso das Pachtrecht sind zwar Forderungsrechte im letzteren Sinne; durch die Übertragung des Besitzes an der Mietsache erlangt es aber Dritten gegenüber einen ausschließlichen Charakter (RG 59, 326; 105, 218; Warn 1915 Nr 299). Aus demselben Grunde wird von der Rechtsprechung des Reichsgerichts, obgleich diese ein allgemeines Persönlichkeitsrecht als Gegenstand des Rechtsschutzes nicht anerkennt (RG 73, 107; JW 1915, 913[3]; Warn 09 Nr 505), der eingerichtete und ausgeübte Gewerbebetrieb als verkörperter Wille im Gegensatze zu der bloßen Freiheit der wirtschaftlichen und gewerblichen Willensbetätigung zu den „sonstigen Rechten" gezählt (RG 48, 114; 56, 271; 58, 24; 64, 52; 65, 210; 92, 132; 94, 248; 100, 214; 101, 337; 102, 225; 109, 276; Gruch 68, 75; JW 05, 430[9]; 07, 505[1]; 08 S. 133[1] u. 482[15]; 09, 493[16]; 1915, 913[3]; 1917, 712[1]; Warn 1915 Nr 82; 1927 Nr 55; LZ 1927, 905[3]; dagegen Planck A II 1fγ). Eine Verletzung dieses eingerichteten und ausgeübten Gewerbebetriebs als eines Rechtes kann aber nur dann angenommen werden, wenn der Eingriff sich unmittelbar gegen den Bestand des Gewerbebetriebs richtet (nicht nur seinen Ertrag mindert), sei es, daß die Betriebshandlungen tatsächlich gehindert werden, wie durch Bedrohung oder gewaltsame Abhaltung von Kunden vom Besuch eines boykottierten Geschäfts, oder daß seine rechtliche Zulässigkeit verneint und seine Schließung oder Einschränkung verlangt wird (RG 58, 24; 64, 52; 65, 210; 73 S. 107 u. 253; 76, 35; 77, 217; 79, 224; 92, 132; 94, 248; 101, 337; 102, 225; JW 1915, 913[3]; 1917, 712[9]; Warn 1910 Nr 420; 1912 Nr 428; 1915 Nr 82; LZ 1924, 34[3]; OLG 43, 101). Der wirtschaftliche Wettkampf ist, soweit er mit erlaubten Mitteln (s. § 826 A 5n) geführt wird, niemals ein widerrechtlicher Eingriff in den fremden Gewerbebetrieb; die Aussicht auf Erwerb und auf Gewinnung von Kundschaft fällt nicht zusammen mit dem Gewerbebetriebe und ist nicht geschützt (RG 58, 24; 64, 52; 65, 210; 77, 217; 79, 224; 92, 132; JW 07, 251[13]; 09 S. 109[6] u. 493[16]; 1911, 712[12]; 1912, 290[11]; 1915, 913[3]; Warn 09 Nr 505). Die Entscheidungen RG JW 08, 133[1] u. 1911, 760[18], ebenso aus früherer Zeit JW 05, 174[15], wo aber § 824 angewendet ist, gehen anscheinend über die nach dem vorstehenden gezogenen Grenzen hinaus. Die Ausübung des ärztlichen Berufs ist dem eingerichteten und ausgeübten Gewerbebetriebe nicht gleichzustellen, soweit nicht damit das Unternehmen einer Privatkrankenanstalt zum Zwecke der Gewinnerzielung verbunden ist, das sie zum Gewerbebetriebe macht (RG 64, 155; 94, 109; JW 02 Beil Nr 88; 07, 491[34]; 08, 249[23]; Warn 1912 Nr 108). Die Ehre ist kein Recht, sondern ein Lebensgut gleich Gesundheit und Freiheit; sie wird durch § 823 Abs 2 in Verbindung mit §§ 185 ff. StGB und teilweise durch § 824, nicht als sonstiges Recht nach § 823 Abs 1 geschützt (RG 51, 369; 60, 1; JW 1913, 34[23]). Daß das Vermögen nicht als besonderes Recht oder Rechtsgut unter einen Rechtsschutz gegen Verletzungen gestellt wird, ist A 1 ausgeführt; unter den Begriff eines „sonstigen Rechtes" kann es keinesfalls gebracht werden (RG JW 1915, 913[3]). Die „Arbeitskraft" ist kein Recht und wird es auch nicht durch den Schutz des Reichs nach Art 157 der Verfassung v. 11. 8. 1919; sie ist lediglich die Betätigungsmöglichkeit der Person.

10. Das Merkmal der **Widerrechtlichkeit** der Verletzung bedeutet, wie die Hinzufügung der persönlichen Schuldmerkmale „vorsätzlich oder fahrlässig" deutlich ergibt, die sachliche (objektive) Widerrechtlichkeit (RG 50, 60; 103, 187). Ein Eingriff in einen fremden Rechtskreis ist immer widerrechtlich, wenn ihm nicht eine besondere Befugnis zur Seite steht, oder wenn die Handlung die Grenzen einer vorhandenen Befugnis überschreitet (RG JW 1926, 364[2]). Über die Grenzen erlaubter Interessenvertretung beim Eingriff in einen fremden Gewerbebetrieb vgl. RG 92, 132 (137). Eine Rechtsverletzung kann auch durch eine Unterlassung begangen werden. Eine Unterlassung kann aber nur widerrechtlich sein, wenn die unterlassene Handlung durch eine Rechtspflicht geboten war (RG 52, 373; 54, 53; JW 03 Beil 39[81]; 05, 370[10]; Warn 08 Nr 374). Das gilt insbesondere für die in A 6 behandelten Verkehrspflichten, und es begründet des weiteren keinen Unterschied, ob die außer acht gelassene Sorgfalt jemandem durch Gesetz oder durch Vertrag auferlegt war. „Wer es einem andern gegenüber vertraglich übernimmt, an dessen Stelle Obliegenheiten zu erfüllen, deren Vernachlässigung geeignet ist, das Leben, den Körper oder die Gesundheit dritter Personen zu verletzen, macht sich einer u. H. im Sinne des § 823 schuldig, wenn er vorsätzlich oder fahrlässig unterläßt, für die Erfüllung jener Obliegenheiten zu sorgen." So RG JW 06, 59[11] übereinstimmend mit RG 63, 308 und neuerdings Warn 1911 Nr 28 u. 1912 Nr 383; LZ 1917, 1069[13]; 1918, 623[17]; Gruch 55, 970; 17. 3. 10 VI 186/09; vgl. auch RGSt 10, 100. Er kann sich nicht darauf berufen, daß er die Verpflichtung nicht der Allgemeinheit, sondern nur dem Vertragsgegner gegenüber übernommen habe; er hat vielmehr dem anderen Vertragsteil gegenüber eine Pflicht gegen die Allgemeinheit übernommen. Das ist auch der Rechtsstandpunkt der Bestimmungen der §§ 831 Abs 2, 832 Abs 2, 834, 838. Wie die Verletzung von Vertragsrechten kann auch die Verletzung familienrechtlicher — gesetzlicher — Fürsorge- und Aufsichtspflichten sich als unerlaubte Handlung nach § 823 darstellen, wenn sie gleichzeitig eine Verletzung der allgemeinen Rechtspflichten enthält, die jedermann gegen jeden obliegen (RG 75, 251). — Der Eingriff in den fremden Rechtskreis ist berechtigt, wenn dem Handelnden eine Befugnis, beruhe diese auf dinglichem (unwesentliche Beeinträchtigungen des Eigentums nach § 906), familienrechtlichem oder forderungsrechtlichem, privatrechtlichem oder öffentlichrechtlichem Grunde (Freiheitsentziehungen, Eigentumsverletzungen durch Amtspersonen in Ausübung ihres Amtes), zur Seite steht (vgl. RG 81, 216; 101, 322 Schutzhaft; Militärhoheitsrecht Warn 1915 Nr 255, 1919 Nr 1). Unter diesen Gesichtspunkt gehört das Recht der körperlichen Züchtigung unerwachsener Personen. Nach Reichsrecht steht ein Züchtigungsrecht den Eltern (§§ 1631, 1684—1686; vgl. RGSt 49, 388), dem Vormunde (§ 1800), sowie dem gewerblichen Lehrmeister (§ 127a RGewO) zu, nicht dem Dienstherrn gegen das Gesinde (Art 95 Abs 3 EG), nicht dem Ehemanne gegen die Ehefrau. Ob ein Züchtigungsrecht des Lehrers begründet ist, richtet sich nach Landesrecht (aus der Rechtsprechung: RG 105, 226; RGSt 2, 10; 5, 193; 9, 302; 15, 376; 16, 34; 19, 265; 20, 93; 22, 264; 23, 161; 26, 142; 28, 85; 30, 126; 31, 267; 33, 72; 34 S. 95 u. 118; 35, 182; 40, 132; 41, 98; 42 S. 142 u. 221; 45, 1; RG JW 06, 85[4]; 1916, 189[7]; Warn 1912 Nr 163; für Zwangserziehungsanstalten vgl. Art 135 EG mit RGSt 40, 91 u. 42, 347). Über das Recht des Waffengebrauchs der Polizeibeamten vgl. RG JW 06, 745[15]. Notwehr (§ 227; die Beweislast der Notwehr trifft den, der sich darauf beruft, RG JW 03 Beil Nr 125; 05, 14[6]; 07, 138[20]; Gruch 51, 907; LZ 1921, 218[3]; auch den Beamten s. unten), ein Notstand (§ 228) oder erlaubte Selbsthilfe (§§ 229, 230, 859) schließen die Widerrechtlichkeit der

Handlung aus. Überschreitung der Notwehr ist widerrechtlich, wenn sie verschuldet ist (RG JW 02 Beil 192; JW 1911 S. 578[12] u. 578[16]; LZ 1921, 218[3]); die schuldhafte Überschreitung hat derjenige zu beweisen, der sie behauptet. Putativnotstand s. RG JW 1926, 1145[2]. Auch die Ausübung der Festnahmebefugnis des § 127 StPO schließt die Widerrechtlichkeit der Handlung aus (RG 64, 385). Daß der Verletzte in einem unerlaubten Handeln begriffen ist, berührt selbstverständlich die Widerrechtlichkeit der Schädigung nicht (RG Warn 1910 Nr 420). Die Einwilligung des Verletzten macht die Handlung zu einer befugten, wenn dem Einwilligenden über das verletzte Rechtsgut nach sittlicher Anschauung die Verfügungsmacht zustand; wo dies nicht der Fall ist, verstößt die Einwilligung gegen die guten Sitten und hebt die Widerrechtlichkeit der Handlung nicht auf (RG 66, 306). Unsittlich ist die Einwilligung in die eigene Tötung, Verstümmelung, Gesundheitsbeschädigung, Freiheitsberaubung; unbedenklich, aber nötig, um der Handlung die Widerrechtlichkeit zu nehmen, die Einwilligung in eine ärztliche Operation (RG 68, 431; 88, 433; JW 07, 505[2]; 1911, 748[2]; Warn 1911 Nr 431); unbedenklich die Einwilligung in Verletzungen des Eigentums (vgl. RG JW 05, 493[18]); unbedenklich sind endlich Abmachungen über die Übernahme der Gefahren für Körper, Gesundheit, Eigentum, die aus einer eigenen oder der Tätigkeit eines anderen hervorgehen können und die nicht eine Einwilligung in die Verletzung, sondern nur einen Verzicht auf Schadensersatzansprüche daraus darstellen (vgl. darüber Vorbem 4b). Über das Recht des Jagdberechtigten, einen in seinem Jagdgebiet betroffenen fremden Jagdhund zu töten, s. RG SeuffA 81 Nr 70 (PrALR). — Die Beweislast für die Widerrechtlichkeit der Handlung trifft ebenso wie für das Verschulden des Täters an und für sich den Beschädigten. Doch ist die Rechtsverletzung selbst von vornherein widerrechtlich und deshalb sind die Umstände, die sie nach der besonderen Sachlage berechtigt erscheinen lassen, besonderes Recht, Notwehr, Notstand, erlaubte Selbsthilfe, Einwilligung, von dem Täter nachzuweisen; für Notwehr, Notstand und Selbsthilfe ist dies im Gesetze selbst ausgesprochen. Das gleiche muß auch bei einer in Ausübung eines Amtes vorgenommenen Handlung (des Lehrers, des Polizeibeamten) gelten. Die in RG JW 1906, 740[15] vertretene Auffassung, die Widerrechtlichkeit müsse in solchen Fällen besonders nachgewiesen werden, sofern nicht die Art der Rechtsverletzung eine Überschreitung der amtlichen Befugnisse von vornherein außer Zweifel stelle, ist schon in RG JW 1907, 138[20] wieder aufgegeben und an dem im letzteren Urteil vertretenen Standpunkt ist auch später festgehalten worden (RG SeuffA 81 Nr 50; vgl. auch RG Warn 1926 Nr 112).

11. Der **Ersatzberechtigte** ist nur der unmittelbar Verletzte (RG 57, 353; 80, 48; 82, 189; 92 S. 401 u. 404; 97, 89). Das gilt auch im Falle des § 823 Abs 2 (RG 73, 30; 82, 189; 92, 404; 97, 89; Warn 1911 Nr 372). Schadensersatzansprüche dritter Personen aus einer gegen einen anderen begangenen u. H. sind nur in den Fällen der §§ 844, 845 gegeben, von denen § 844 nicht eigentlich eine Ausnahme von der Regel, sondern eine Ordnung innerhalb der Regel bildet, denn der Schaden der Tötung eines Menschen trifft unmittelbar die Hinterbliebenen (RG 55 S. 24 u. 30; 82, 189; 92, 404; 97, 89). So kann nicht der Theaterdirektor, dessen Unternehmen durch die Körperverletzung eines Künstlers benachteiligt worden ist, und nicht die Versicherungsgesellschaft wegen Tötung des Versicherten gegen den Täter Schadensersatzansprüche erheben, auch nicht eine Witwe den Schaden ersetzt verlangen, der ihr durch den Übergang der Unterhaltspflichten auf sie infolge der Tötung ihres Ehemanns entstanden ist (RG 64, 144; nicht der Dienstherr, der gegen einen durch die u. H. eines Dritten Verletzten die Ansprüche auf die Dienste verloren hat und diesem noch Ruhegehalt zahlen muß (RG 82, 189; 92, 401); nicht der Bauherr, dem die Fertigstellung seines Baues durch den von einem Dritten verschuldeten Unfall eines Bauhandwerkers verzögert worden ist, den durch diese Verzögerung ihm erwachsenen Vermögensschaden gegen den Dritten einklagen (RG 97, 89). Von mehreren durch eine u. H. innerhalb eines Personenkreises verletzten Personen kann eine jede nur ihren eigenen Schaden geltend machen (RG 56, 271). Wenn durch dieselbe Eigentumsverletzung mehrere Personen unmittelbar beschädigt werden dergestalt, daß eine Ersatzleistung den allen entstandenen Schaden ausgleicht, kann die gutgläubige Leistung des Schadensersatzes an einen Beschädigten, den Besitzer, den Schädiger von weiteren Schadensersatzansprüchen befreien (§ 851). — Mit Ausnahme des Anspruchs auf Ersatz des nicht vermögensrechtlichen Schadens (§ 847) sind die Schadensersatzansprüche vererblich und mit der durch §§ 843, 844 im Zusammenhange mit § 850 Abs 1 Nr 2 u. Abs 3 ZPO und § 400 BGB gegebenen Beschränkung übertragbar. Über den Übergang der Schadensersatzansprüche aus Körperverletzung und Tötung auf die Reichsversicherungsanstalten vgl. § 1542 RVO, auch BayZ 1927, 237; Rückübergang ohne Rückübertragung auf den ursprünglichen Ersatzberechtigten, wenn die Leistungen der Versicherungsanstalt wieder wegfallen RG 72, 430.

12. **Ersatzverpflichtet** für die u. H. ist nur der, der sie begangen hat. Der Vollmachtgeber haftet nicht für u. H. des Bevollmächtigten (RG JW 08, 678[10]), der Vertretene nicht für die u. H. seines gesetzlichen Vertreters (M 4, 1083; RG 61, 207; 62, 346; 67, 151; JW 1910, 280[5]). Eine Ausnahme macht die in §§ 30, 31, 89 bestimmte Haftung der Körperschaften des privaten

und öffentlichen Rechtes für die von ihren verfassungsmäßig berufenen Vertretern in Ausübung der ihnen zustehenden Verrichtungen begangenen u. H. (§ 31 A 1 u. 2; § 89 A 1 u. 2). Hier haftet die juristische Person aus der schadenzufügenden Handlung ihrer Vertreter, weil sie als ihre Handlung erscheint. Nach ständiger Rechtsprechung erstreckt sich diese Haftung auch auf die offenen Handelsgesellschaften für u. H. ihrer vertretungsberechtigten Gesellschafter (RG 76, 35; JW 1911, 97[23]), nicht aber auf nicht rechtsfähige Vereine; deren Vertreter kommen nach außen nur als zu einer Verrichtung bestellte Personen nach § 831 in Betracht (RG Warn 1912 Nr 428; 1913 Nr 319 u. 449; 11. 12. 11 VI 36/11). Neben der juristischen Person haften selbstverständlich die Vertreter aus der von ihnen verübten u. H. selbst (RG 91, 75; JW 1911, 939[2]). Ob die Vertreter bei der von ihnen verübten u. H. in den Grenzen ihrer Vertretungsmacht handelten oder ihre Befugnisse überschritten und im inneren Verhältnisse zur juristischen Person zu der Handlung nicht berechtigt waren, kommt für die Haftung der juristischen Person nicht in Betracht (RG JW 1919 S. 593[1] u. 594[2]; Warn 1916 Nr 125). Die Haftung der juristischen Person setzt eine von ihren Vertretern begangene u. H. in ihrem vollen gegenständlichen und persönlichen Tatbestande voraus; die §§ 30, 31 u. 89 begründen einen selbständigen Tatbestand u. H. nicht (RG LZ 1918, 369[1]). Die Haftung für die gesetzlichen Vertreter gilt für die Körperschaften des öffentlichen Rechtes nicht, soweit es sich um einen von ihren Beamten in Ausübung der ihnen anvertrauten öffentlichen Gewalt anderen zugefügten Schaden handelt (§ 89 A 3). Hier ist in Art 77 EG ein Vorbehalt für die Landesgesetzgebung geschaffen. Den Bestimmungen der Landesgesetze unterlagen früher auch die von Reichsbeamten in Ausübung der öffentlichen Gewalt begangenen u. H., da es an einer reichsrechtlichen Regelung fehlte (RG 54, 198; 55, 171). Das PrGes. v. 1. 8. 09 (GS 691) führte die Haftung des Staates für die von den unmittelbaren Staatsbeamten in Ausübung der ihnen anvertrauten öffentlichen Gewalt durch Verletzung der Amtspflicht begangenen Handlungen ein. Ein gleiches Gesetz für das Reich wurde am 22. 5. 10 erlassen (RGBl 798). S. darüber A 1 zu § 839. Die deutsche Reichsverfassung v. 11. 8. 19 hat in Art 131 grundsätzlich die Haftung des Staates oder der öffentlichen Körperschaften für die von ihren Beamten in Ausübung der öffentlichen Gewalt begangenen Verletzungen der Amtspflicht ausgesprochen. Für die Rechtsgebiete, die bisher keine Staatshaftungsvorschrift hatten, ist dadurch die Verantwortlichkeit des Staates oder der öffentlichen Körperschaft als unmittelbar wirkendes Recht eingeführt (RG 102, 166). Über die Begrenzung der Ausübung privatrechtlicher Befugnisse und staatlicher Hoheitsrechte bei Körperschaften des öffentlichen Rechtes vgl. RG 52, 369; 55, 364; 67, 117; JW 03 Beil 59[138]; Warn 1910 Nr 232 (Polizeigewalt); RG 54, 198; JW 06, 163[7]; Warn 1915 Nr 255; 1919 Nr 61 (militärische Übungen); RG 55, 171; JW 09, 654[2]; Warn 1919 Nr 1 (Verwaltung der Munitionsbestände durch den Militärfiskus und Marinefiskus); RG 56, 84 (Zwangsvollstreckungsgewalt des Gerichtsvollziehers); RG 56, 215; 78, 325 (Strafvollstreckung); RG 68, 278 (Sparkassenverwaltung einer Stadtgemeinde); RG 72, 44 (Anordnungen einer preuß. Landwirtschaftskammer über Abdeckereiverhältnisse); ferner A 1 zu § 839.

13. a) Über den zu leistenden **Schadensersatz** enthält das BGB für die Fälle der gegen die Person gerichteten u. H., insbesondere Körperverletzung, Gesundheitsbeschädigung und Tötung in den §§ 842—847, sowie hinsichtlich der Entziehung oder Beschädigung von Sachen in den §§ 848—851 besondere Bestimmungen. Im übrigen gelten die allgemeinen Bestimmungen der §§ 249—253. Eine vermögensrechtliche Schädigung setzt § 823 nicht voraus, wie sich aus § 847 ergibt; der Schaden kann auch auf rein ideellem Gebiete liegen (RG 94, 1; Warn 1913 Nr 53). Soweit ein Schaden noch nicht entstanden, sein Eintritt aber zu erwarten oder auch nur möglich ist (insbesondere bei Körperverletzungen von Kindern, die ein erwerbsfähiges Alter noch nicht erreicht haben), dient die Feststellungsklage der Verfolgung der Ansprüche (RG JW 06 S. 16[14] u. 359[21]; 07, 832[9]; Warn 1911 Nr 179; LZ 1919, 46[12]). Über die Wiederherstellung durch fernere Unterlassung von Beeinträchtigungen ist in Vorbem 6 gehandelt. Schadensersatz in der Gestalt des Verlustes von Rechten auf seiten des Schädigers behandelt RG 70, 193; 90, 350; JW 1913, 539[1]; 1919, 498[2]; Gruch 58, 901. Öffentlicher Widerruf und Abbitte sind kein Ziel des Schadensersatzes, da sie den Charakter einer Strafe an sich tragen (RG 60, 12; s. dagegen Dernburg JW 05, 161). Die Zurücknahme von beleidigenden Ausstreuungen nach § 823 Abs 2 und § 824 kann dagegen, wenn dadurch ein dauernder Zustand geschaffen wurde, der für den Betroffenen eine stetig sich erneuernde Quelle der Ehrverletzung oder Vermögensschädigung bildete, sehr wohl als Wiederherstellung nach § 249 in Frage kommen (RG 88, 129; 97, 343; vgl. OLG 45, 173); sie ist, wo ein Vermögensschaden nicht entstanden und Wiederholung der verletzenden Ausstreuungen nicht zu besorgen ist, sogar der einzige Anspruch, der erhoben werden kann (RG JW 1919, 993[3]; Warn 1913 Nr 449). Ebenso ist bei Boykott- und Sperrmaßregeln die Aufhebung der verletzenden Maßregel das geeignete Mittel der Wiederherstellung des früheren Zustandes nach § 249 (RG JW 1915, 1424[1]; Warn 1914 Nr 160; 1916 Nr 193); wo die verletzende Kundgebung veröffentlicht worden war, ist auch die Veröffentlichung der Wiederaufhebung oder Zurücknahme am Platze (RG JW 1915,

1424¹). Über einen Schadensersatz durch Herausgabe der genommenen Abschriften und Vervielfältigungen eines widerrechtlich erbrochenen Briefes oder einer entzogenen Urkunde vgl. RG 94, 1. Ist die Herstellung des Zustandes, wie er vor der unerlaubten Handlung bestand (§ 249), nicht möglich, so ist der Schadensersatz nach § 251 in Geld zu leisten. Der Schadensersatz in Geld hat die Ausgleichung der Vermögensminderung zum Gegenstande, die das Vermögen des Beschädigten unmittelbar oder mittelbar durch die Verletzung im Verhältnisse zu dem Bestande, wie er vor der Verletzung war, erlitten hat; auch entgangener Gewinn ist vom Schadensersatz aus unerlaubter Handlung nicht ausgeschlossen (RG 76, 147; 77, 101; 91, 60; 103, 419; JW 1912 S. 137¹⁰, 863²¹; 1917, 104⁶; Warn 08 Nr 577; 1915 Nr 7 u. 141; 1920 Nr 23; LZ 1919, 1015⁷). Als Zeitpunkt für die Bemessung des Schadensersatzes ist nicht schlechthin derjenige der Schadenszufügung maßgebend; der Schaden zu diesem Zeitpunkte bildet nur das Mindestmaß des zuzusprechenden Schadensersatzes. Auch der Zeitpunkt der Klageerhebung ist nicht zugrunde zu legen. Der Beschädigte soll durch den Schadensersatz so gestellt werden, daß er mit dem ihm zuerkannten Schadensbetrage die wirtschaftliche Lage wiederherstellen kann, wie sie vor der Verletzung bestand; es ist daher die gesamte Sachlage zu berücksichtigen, wie sie sich zur Zeit des Urteils, d. h. zur Zeit der letzten mündlichen Verhandlung vor dessen Fällung darstellt; der ursächliche Zusammenhang zwischen Verletzung und Schaden wird durch eine wesentliche Veränderung der wirtschaftlichen Verhältnisse zwischen der Handlung und der Urteilsfällung nicht unterbrochen, die auf den Verletzten nicht einwirken würden, wenn die u. H. nicht erfolgt wäre oder er seinen Schadensersatz im Zeitpunkte des Schadenseintritts erlangt hätte (RG 98, 56; 100, 257; 101, 418; 102 S. 143 u. 383; 105, 117; JW 1923, 174² u. 457³). Bei der Ausgleichung der Vermögensminderung sind aber zugleich mit den Vermögensabgängen aus der u. H. alle aus derselben Wurzel entsprungenen Vermögenszugänge in Betracht zu ziehen (RG 34, 137; 80, 155; 100, 257; 103, 406). Doch brauchen Schaden und Vorteil nicht schlechthin aus demselben Ereignis hervorgegangen zu sein; es genügt, daß beide in demselben Zusammenschluß der Tatsachen ihren Grund haben, daß also der Tatbestand, der den Schaden verursacht hat, nach dem regelmäßigen Verlaufe der Dinge auch zu einem Vorteile für den Beschädigten führte (RG 80, 155; 103, 406). Der ausgefallene Hypothekengläubiger, der durch eine u. H. der in A 9 bezeichneten Art geschädigt ist, muß sich, wenn er das Pfandgrundstück selbst erstanden hat, der Regel nach auf den Ausfallschaden den Mehrwert des Grundstücks, den es über den Erstehungspreis hinaus hat, als Vorteil anrechnen lassen (RG 73, 333; 84, 386; JW 1916 S. 577⁵ u. 1016³; Warn 1910 Nr 403; 1911 Nr 168). Das gilt aber nicht unbedingt und nicht einem jeden gegenüber in gleichem Maße; vgl. den Fall RG 80, 155; es gilt auch nur, wenn das Grundstück zur Zeit des Hypothekenausfalls und der Erstehung an Wert den Erstehungspreis überstieg; ist erst später eine Werterhöhung eingetreten, so kann nicht von einem gleichzeitig erlangten Vorteile gesprochen werden. Das steht nicht im Widerspruch zu dem Grundsatze, daß der Schadensersatzanspruch nach dem Zeitpunkte der letzten mündlichen Verhandlung vor der Urteilsfällung sich richtet; denn hier handelt es sich um den Zeitpunkt, in welchem der Vorteil dem Schaden gegenübertreten muß, um diesen aufzuheben oder zu mindern (RG 100, 255). Als Zugänge dürfen nicht auch Vorteile angesehen werden, die nicht ihre Ursache, sondern nur ihren Anlaß in der u. H. gefunden haben; so die Leistungen aus einer privaten (Unfall-) Versicherung (vgl. RG 10, 50; 65, 57; JW 07, 23²⁶; SeuffA 42 Nr 120). Bei der Beschädigung einer Sache besteht der Schaden in der Verminderung ihres Verkehrswerts (RG JW 09, 275⁹; Warn 1915 Nr 141); die Wiederherstellung der beschädigten Sache kann nach § 249 Satz 2 der Beschädigte verlangen, der Ersatzpflichtige aber nicht anbieten; er muß den Beschädigten in Geld entschädigen, wenn letzterer diese Art der Entschädigung wählt (vgl. RG LZ 1921, 139²). Über die Geldentschädigung aus der widerrechtlichen Entziehung der ein Vertragsangebot enthaltenden Urkunde (Telegramm) RG 91, 60. Der Schadensersatz aus u. H. geht, wo die u. H. den Bestand und die Wirksamkeit eines Vertrags beeinflußt, immer nur auf das sog. negative Vertragsinteresse, niemals auf das Erfüllungsinteresse; auch der durch betrügliche Täuschung beim Vertragsschluß geschädigte Vertragsteil kann aus dem Gesichtspunkte der u. H. das Erfüllungsinteresse nicht beanspruchen; der Vertrag mit seinen Rechten und Pflichten ist bei einer als u. H. anzusehenden Täuschung gerade die im Wege des Schadensersatzes zu beseitigende Folge der u. H.; er kann deshalb nicht die Grundlage für den Schadensersatz aus der u. H. bilden (s. § 123 A 5; aus der Rechtsprechung RG 83, 245; 103 S. 159 u. 419; JW 1916, 1533⁸; Warn 1915 Nr 7; 1917 Nr 100; 1920 Nr 149; LZ 1921, 373¹; im Gesellschaftsverhältnis RG 99, 103). Dieses negative Vertragsinteresse kann, wenn der Getäuschte bei dem Vertrage stehen bleiben will, in dem Unterschiede zwischen der vereinbarten Vertragsleistung und derjenigen, zu der er sich ohne die Täuschung nur verstanden haben würde, nur dann gefunden werden, wenn er nachweist, daß der Vertrag auch unter den ihm günstigeren Bedingungen geschlossen worden wäre (RG 83, 245; Warn 1910 Nr 383; 1915 Nr 230; Gruch 55, 350; LZ 1921, 373¹). Ausnahmsweise kann das Erfüllungsinteresse gefordert werden in entsprechender Anwendung des § 162, wenn eine Vertragsbedingung von vornherein nicht eintreten konnte und der Vertragsgegner den Beschädigten darüber arglistig täuschte (RG Warn 1915 Nr 200); über die Ausdehnung der Vertragsklage in entsprechender Anwendung des § 463 Satz 2 auf betrüglich vorgespiegelte Eigenschaften der Kaufsache s. RG 66, 335; 82, 242; 92, 295 und die Vorbem 4c vor § 823. Die Zuerkennung einer **Buße** bei Beleidigungen und Körperverletzungen im Strafverfahren schließt nach §§ 188, 231 StGB die Geltendmachung eines weiteren Schadensersatzanspruchs aus; nach RG 79, 148 aber nur demjenigen Ersatzpflichtigen gegenüber, der im Strafverfahren verurteilt wurde (a. M. BayObLG in SeuffA 57 Nr 215). Umgekehrt schließt die Zuerkennung eines Schadensersatzes im Zivilprozeß das Verlangen einer Buße im Strafverfahren nicht aus; nur ist bei Zuerkennung der Buße auf eine sonst geleistete oder zuerkannte Entschädigung Rücksicht zu nehmen (RGSt 9, 223).

b) **Prozeßrechtliches.** Nach § 287 ZPO entscheidet über die Entstehung und über die Höhe eines Schadens das Gericht unter Würdigung aller Umstände nach freiem Ermessen; es ist hierbei unabhängiger vom vorgetragenen Prozeßstoffe gestellt, als nach der allgemeinen Bestimmung des § 286 ZPO, indem es alle ihm zu Gebote stehenden Erkenntnismittel benutzen, angebotene Beweise — jedoch nicht willkürlich (RG 40, 422; 83, 65; JW 1912, 694[22]; 1914, 757[3]; 1916, 423[18]; Warn 1915 Nr 275; 1917 Nr 9) — ablehnen und ohne Beweisaufnahme entscheiden kann, dergestalt, daß der Revision, soweit sie überhaupt auf eine Verletzung der bezeichneten Vorschriften gestützt werden kann (s. unten), nur die Nachprüfung überlassen bleibt, ob das Gericht einerseits der Freiheit seiner Stellung, anderseits der Schranken des freien Ermessens sich bewußt war, und ob nicht etwa irrige Rechtssätze der Schätzung zugrunde gelegt wurden (RG 6, 356; 51, 248; 76, 174). Diese seine freie Stellung bringt es mit sich, daß das Gericht, wenn es nur im allgemeinen zu der Überzeugung gelangt ist, daß ein Schaden entstanden sei, nicht wegen mangelnder tatsächlicher Begründung eines bestimmten Schadensbetrags die Klage abweisen darf, es sei denn, daß alle Unterlagen für eine Schätzung fehlen (RG 76, 174; 77, 201; 79, 55; JW 1919, 382[10]; Warn 09 Nr 534). Nach feststehender Rechtsprechung erstreckt sich das freie Ermessen des § 287 auch auf den ursächlichen Zusammenhang eines Schadens mit der die Grundlage des Anspruchs bildenden schädigenden Tatsache oder Handlung (RG 6, 356; 9, 416; 10, 64; 19, 432; 75, 120; 95, 103; JW 03, 30[32]; 04, 407[15]; 09 S. 463[24], 670[26] u. 692[24]; 1912 S. 694[22] u. 800[18]; 1915, 1199[9]; Warn 1912 Nr 73; 1915 Nr 50; 1916 Nr 226; Gruch 54, 1143; 60, 697). Für die Feststellung des Tatbestandes der schädigenden Handlung selbst, des Vorgangs oder der Vorgänge, die dem Schadensersatzanspruch zugrunde liegen, gilt dagegen § 286 ZPO (RG 45, 356; 46, 407; 98, 58; JW 1912, 800[18]; Warn 1912 Nr 73; Gruch 60, 697), wobei, wie die angezogenen Entscheidungen ergeben, die Grenze dessen, was zum Tatbestande der u. H. gehört und was ihre Schadensfolgen darstellt, nicht immer in gleicher Weise gezogen worden ist. Nach richtiger Ansicht (vgl Vorbem 8 vor § 823) gilt z. B. bei einer Körperverletzung für die Ermittelung des körperlichen Zustandes des Verletzten, der Wirkungen der Tat für den Körper oder die Gesundheit § 286 ZPO, da ohne solche Körperfolgen eine u. H. überhaupt nicht vorliegt, sie also einen Bestandteil des Tatbestandes bilden, während für die Feststellung der sich aus diesem Zustand ergebenden wirtschaftlichen Folgen in Ansehung der Erwerbsfähigkeit oder der Vermehrung der Bedürfnisse, die im Sinne der §§ 823, 842, 843, 696 den Schaden ausmachen, § 287 zur Anwendung kommt (RG Warn 1912 Nr 73; VI 197/18 v. 28. 11. 18; vgl. RG 97, 120 sowie 98, 58). Zur Entlastung des Reichsgerichts kann gegenwärtig eine Revisionsrüge auf die Verletzung der §§ 286, 287 ZPO überhaupt nicht gestützt werden (vgl. VO v. 15. 1. 24, RGBl I 29; Ges. v. 21. 12. 25, RGBl I 475; Ges. v. 17. 12. 26, RGBl I 503). — Über eine Auskunftspflicht des Schädigers bei Schadensersatzansprüchen auf dem Gebiete des gewerblichen Rechtsschutzes und des unlauteren Wettbewerbs s. RG 108, 1 und RG LZ 1927, 742[13].

14. I. Was ist **ein den Schutz eines anderen bezweckendes Gesetz?** Alle Gesetze, die die zum Staate geordnete Gesamtheit schützen, kommen auch dem einzelnen zugute, und alle Gesetze, die dem einzelnen einen Schutz gewähren, nützen auch der Gesamtheit. Deshalb können aber doch nicht alle zum Schutze der Gesamtheit erlassenen Gesetze als den Schutz eines anderen bezweckend angesehen werden, umgekehrt aber auch nicht nur die Gesetze, die lediglich auf den Schutz des einzelnen abzielen. Allerdings muß ein Gesetz, das der Anforderung des § 823 Abs 2 entsprechen soll, dem Schutze des einzelnen im Gegensatze zur Gesamtheit dienen und dienen sollen (RG 51, 177; 100, 146; JW 05, 142[21]; 1916, 38[4]); es darf ihm nicht nur die Wirkung zukommen, dem einzelnen zu nützen, sondern es muß auch die Bestimmung haben, gerade dem einzelnen einen Rechtsschutz zu verleihen; es muß also zum mindesten neben dem Schutze der Gesamtheit unmittelbar auch den Schutz des einzelnen im Auge haben, worüber der Inhalt des Gesetzes meist klare Auskunft gibt (vgl. RG 51, 177; 59 S. 49 u. 236; 63, 324; 70, 201; 79, 85; JW 04, 554[11]; 06, 780[48]). Es ist auch nicht nötig, daß das Gesetz den Schutz einer Mehrheit von einzelnen Personen im Auge hat; es kann den Schutz einer individuell bestimmten Person bezwecken (RG 100, 146; JW 1916, 38[4]). Nur Gesetze, die die Ordnung der Gesamtheit, das Staatsganze als solches, seine äußere Unversehrtheit, seine innere Verfassung und Verwaltung, zu schützen bestimmt sind, wie die Strafgesetze über Hoch- und Landesverrat, über Widerstand gegen die Staatsgewalt, über Verfassungsbruch (§ 105 StGB) und andere, fallen vollständig außerhalb des Rahmens eines solchen Schutzgesetzes. Ein Gegensatz besteht nur zwischen der zur Staatsordnung zusammengeschlossenen Gesamtheit und dem einzelnen, während die Gesamtheit der Staatsbürger schlechthin (das Publikum) keinen Gegensatz zu dem einzelnen, sondern vielmehr deren Summe bildet. Gesetze, die die Gesamtheit in letzterem Sinne schützen, wie z. B. die Gesetze zum Schutze der Verkehrssicherheit, der öffentlichen Ruhe, über den Verkehr mit Nahrungsmitteln oder den Verkehr mit Sprengstoffen, sind also stets auch zum Schutze des einzelnen bestimmt. Wie schon in A 1 bemerkt, können Gegenstand dieses besonderen Schutzes alle Rechte der Person und alle menschlichen Lebensgüter und Interessen sein, die Lebensgüter und Rechte des Abs 1, die Ehre, die freie wirtschaftliche und gewerbliche Betätigung, auch das Vermögen schlechthin.

II. **Gesetz** im Sinne des Abs 2 ist, wie in Art 2 EG bestimmt ist, jede Rechtsnorm. Dazu gehören Normen des Privatrechts, auch des BGB selbst (**RG** 51, 177; 53, 312; 63, 324; 79, 85), die zahlreichen öffentlichrechtlichen Bestimmungen des StGB und anderer Einzelgesetze, Reichsgesetze und, innerhalb des diesen vorbehaltenen Rechtsgebiets, ebenso Landesgesetze einschließlich der örtlichen Polizeiverordnungen (**RG** 55, 316; JW 02 Beil 221[75]). In **RG** JW 1916, 38[4] werden dazu auch die Genehmigungen gerechnet, die auf Grund der §§ 16ff. GewO für gewerbliche Anlagen und Betriebe von den Verwaltungsbehörden erteilt werden, da sie als Rechtsverordnungen mit rechtserzeugender Kraft erscheinen. Inhaltlich können als Schutzgesetze nur solche gesetzliche Bestimmungen angesprochen werden, die ein bestimmtes Gebot oder Verbot aussprechen, nicht allgemeine Grundsätze, die nur die Unterlage eines Schutzgesetzes abgeben können (**RG** JW 06, 780[48]). Deshalb kann auch Art. 157 der RVerf. vom 11. 8. 1919 nicht als Schutzgesetz angesprochen werden; nur das hier in Aussicht gestellte einheitliche Arbeitsrecht vermag Schutzgesetze zu schaffen. Die Form eines Gebots oder Verbots ist freilich gleichgültig; wesentlich ist nur der Inhalt (**RG** 79, 85).

III. Im einzelnen sind in der **Rechtsprechung des Reichsgerichts** als Schutzgesetze erklärt worden:

a) Aus dem BGB: § 226 Schutz gegen Schikane **RG** 58, 214; — § 394 Schutz der Diensteinkommensberechtigten gegen Aufrechnung **RG** 85, 118; — § 858 Besitzesschutz **RG** 59, 326; Gruch 51, 985; **RG** SeuffA 77 Nr 73; — §§ 906, 907, 909, 1004 Schutz gegen Eigentumsbeeinträchtigungen **RG** 51, 177; JW 1921, 1362[5]; JW 04, 360[16]; Warn 1910 Nr 18; 1912 Nr 385; — § 1027 Schutz der Grundgerechtigkeiten **RG** Warn 1911 Nr 331; — §§ 1134, 1135 Schutz der Hypothekengläubiger **RG** JW 09, 416[5]; Warn 1910 Nr 281; 1914 Nr 287;

b) aus dem StGB: § 137 Arrestbruch **RG** Warn 08 Nr 46; — § 153 Meineid **RG** Warn 08 Nr 211; — § 163 Fahrlässiger Falscheid **RG** 59, 236; — § 172 Ehebruch; aber nur zum Schutze der ehelichen Lebensgemeinschaft, nicht wirtschaftlicher Interessen **RG** 72, 128; — § 182 Verführung zum Beischlaf **RG** Warn 1921 Nr 14; — §§ 185—187 Ehrverletzung, mit der Beschränkung des § 193 und mit der Erweiterung des § 192, zum Schutze natürlicher Personen **RG** 51, 369; 56, 271; 57, 157; 60 S. 1 u. 12; 82, 59; 91, 350; 98, 38; 101, 338; 115, 74; Gruch 67, 567; JW 1912 S. 290[11] u. 1105[6]; 1915, 1424[1]; Warn 1910 Nr 280; **RG** 30. 5. 27 IV 851/26; — § 189 Beschimpfung des Andenkens Verstorbener **RG** 91, 350; — §§ 223, 223a Körperverletzung **RG** 66, 251; — § 239 Freiheitsberaubung **RG** Warn 1917 Nr 118; — § 241 Bedrohung **RG** Gruch 67, 567; — § 253 Erpressung **RG** 48, 114; — §§ 257, 258 Begünstigung, aber nicht soweit die Begünstigung den Täter nur der Bestrafung entziehen will **RG** 94, 191; JW 09, 161[9]; 1914, 192[9]; Warn 1914 Nr 52; — § 259 Hehlerei **RG** 94, 191; — § 263 Betrug **RG** 62, 315; 63, 110; 67, 146; 71, 184; 85, 293; JW 03 Beil Nr 70; Warn 1913 Nr 50; — § 299 Verletzung des Briefgeheimnisses **RG** 94, 1; — §§ 306—309 Brandstiftung, zum Schutze der Eigentümer und der dinglich Berechtigten **RG** 82 S. 206, 213; — § 340 Körperverletzung im Amte **RG** JW 06, 745[13]; — § 366[2] Übermäßig schnelles Fahren usw. **RG** JW 05, 242[21]; 1911, 759[17]; — § 366[5] Stehenlassen usw. von Tieren **RG** 20. 9. 02 VI 399/01; — § 366[7] Werfen mit Steinen usw. auf Menschen usw. **RG** 30. 6. 04 VI 483/03; — § 366[8] Fahrlässiges Aufstellen oder Aufhängen von Sachen ohne Befestigung **RG** Warn 09 Nr 101; — § 366[9] Verkehrshinderung durch Aufstellung usw. von Sachen **RG** 47, 228; 11. 2. 09 VI 73/08; 30. 11. 12 VI 273/12; — § 366[10] Übertretung von Verkehrsverordnungen **RG** LZ 1921, 303[4]; **RG** 11. 4. 00 VI 57/00; 25. 9. 02 VI 158/02; 2. 6. 04 VI 423/03; — § 367[3] Feilhalten von Giften und nicht freigegebenen Arzneien, aber nicht zum Schutze der Apotheker **RG** 77, 217; — § 367[6] Gefährliche Aufbewahrung entzündlicher Gegenstände **RG** 21. 12. 02 VI 281/02; — § 367[7] Feilhalten verdorbener oder verfälschter Genußwaren **RG** Warn 1918 Nr 115; s. jetzt Lebensmittelgesetz v. 5. 7. 27 (RGBl I 134) §§ 12, 13; — § 367[8] Abbrennen von Feuerwerkskörpern usw. **RG** JW 08, 525[10]; — § 367[11] Halten wilder oder Umherlaufenlassen bösartiger Tiere **RG** Warn 1918 Nr 168; 14. 5. 00 VI 91/00; 5. 12. 01

VI 272/01; — § 367[12] Unverdeckt- oder Unverwahrtlassen von Öffnungen, Gruben usw **RG** 54, 53; 87, 334; JW 01, 127[23]; 04, 165[3]; 05, S. 340[10] u. 388[5]; 06 S. 59[11], 137[9] u. 710[5]; 08, 744[13]; 1910, 286[18]; 1911, 713[13]; 1912 S. 30[14], 86[37] u. 348[14]; 1913 S. 33[21] u. 33[22], 864[10]; 1915, 395[7]; 1920, 775[3]; Warn 08 Nr 311; 1910 Nr 329; 1911 Nr 239; 1916 Nr 16 (Tages- und Nachtzeit) u. 163; — § 367[14] Vornahme von Bauten ohne die erforderlichen Sicherungsmaßregeln **RG** 51, 177; 54, 53; 70, 200; JW 1910, 11[14]; 1913, 33[22]; Warn 1912 Nr 383; 30. 11. 12 VI 273/12; 5. 12. 14 VI 282/14; — § 367[15] Ausführung von Bauten ohne polizeiliche Genehmigung **RG** 23. 3. 01 V 13/01; 8. 1. 08 V 186/07; — § 368[4] Unterlassung der Reinigung von Feuerstätten **RG** 21. 3. 01 VI 12/01; — § 368[6] Anzünden von Feuer an gefährlichen Orten **RG** Warn 09 Nr 96; — § 368[7] Schießen oder Abbrennen von Feuerwerk an gefährlichen Orten **RG** JW 08, 525[10];

c) aus anderen Reichsgesetzen: ZPO § 829 gegen den Schuldner, nicht gegen andere Gläubiger **RG** 12. 7. 11 V 23/11; — HGB § 314 **RG** 16. 9. 08 I 628/07; — KO § 243, aber nur für Konkursgläubiger **RG** 28. 6. 10 III 475/09; — RGewO §§ 135, 154 **RG** 64, 52; 105, 336; GenG §§ 8 Abs 4, 152 **RG** JW 1927, 1471[11], §§ 146 u. 147 **RG** 81, 269; 87, 306; JW 1910, 109[9]; Warn 1914 Nr 130; — Kaiserl. VO v. 22. 10. 01 über den Verkehr mit Arzneimitteln **RG** 77, 217; **RG** 20. 6. 27 IV 860/26; — NahrMittelG §§ 14, 12 Nr 1 **RG** LZ 1924, 84[2]; — die Bestimmungen des UnlWG **RG** JW 05, 174[15]; 17. 9. 07 II 214/07; — § 4 Abs 2 WarenZG **RG** 12. 11. 06 II 85/06; — § 49 KrankVG gegen Inanspruchnahme der Kasse durch Unberechtigte **RG** 73, 211; — § 25 LitUG für das ideelle und das Vermögensinteresse **RG** 81, 120; — § 94 BörsG **RG** Warn 1918 Nr 208; — § 1 BaufordSichG **RG** 84, 415; Warn 1915 Nr 106; — SeestrO v. 5. 2. 06 **RG** 73, 8; — § 7 des Kinderschutzgesetzes v. 30. 5. 03 **RG** JW 1914, 644[6]; — EisenbBetrO §§ 78 u. 81 **RG** 3. 7. 13 VI 137/13; — §§ 1, 23 des Ges. über den Verkehr mit Kraftfahrzeugen v. 3. 5. 09 **RG** 5. 2. 25 IV 421/24; § 24 des nämlichen Ges. **RG** JW 1926, 2533[8]; Warn 1927 Nr 17 (Schutzgesetz auch zugunsten der im Kraftwagen beförderten Personen); VO über den Verkehr mit Kraftfahrzeugen v. 3. 2. 10 **RG** 84, 415; Warn 1914 Nr 318. — Die zugunsten der Arbeitnehmer wie der Arbeitgeber im Betriebsrätegesetz v. 4. 2. 20 getroffenen Vorschriften, soweit ihre Befolgung durch Strafbestimmungen gesichert ist (§§ 99, 100) **RG** JW 1927, 253[8]. — Die VO des Reichspräsidenten, betr. Verbot der Arbeitsniederlegung durch Beamte der Reichsbahn, v. 1. 2. 22 (RGBl 187) **RG** SeuffA 79 Nr 208; **RG** JW 1927, 1248[4]; — zu §§ 10, 14 des Scheckgesetzes s. SeuffA 77 Nr 72; 78 Nr 185;

d) aus Landesgesetzen: § 270 PrStGB **RG** Warn 1911 Nr 181; — die gemeinrechtlichen Flußinterdikte **RG** 64, 249; JW 1915, 102[20]; — § 43 Abs 1 des preuß. Fischereigesetzes v. 30. 5. 74 **RG** Warn 1915 Nr 299; LZ 1920, 159[9]; — § 1 des preuß. Deichgesetzes v. 28. 1. 48 **RG** JW 1912, 391[12]; — Eisenbahnbetriebsvorschriften **RG** JW 04, 407[15]; — Vorschriften über den Waffengebrauch der Polizeibeamten **RG** JW 06, 745[15]; — Feuerlöschvorschriften in Polizeiverordnungen **RG** JW 1913, 863[9].

IV. Verneint wurde die Eigenschaft von Schutzgesetzen für § 313 **RG** 24. 10. 18 VI 199/18; — §§ 832, 1627 **RG** 57, 239; — § 907 BGB **RG** Warn 1915 Nr 239; — §§ 29, 31, 58, 106 HGB über die Anmeldungen zum Handelsregister **RG** 72, 408; — §§ 241, 249 HGB **RG** 63, 314; 73 S. 30, 392; 81, 271; 115, 296; JW 06, 463; — §§ 11, 15, 41, 42, 64, 83, 84 GmbHG **RG** 73, 30; — § 52 ebenda **RG** 73, 392; — §§ 180, 361[6] StGB zum Schutze fremden Eigentums **RG** 57, 239; — § 34 GenG **RG** Warn 1914 Nr 130; — §§ 120a—c RGewO **RG** 48, 127; — § 3 Nr 1 AnfG **RG** 74, 224; 5. 4. 06 IV 433/05; 19. 9. 10 VI 403/09; — §§ 126 Abs 2, 128 PrBerggeS. **RG** JW 06, 780[48]; — § 12 Abs 1 PrWasserstraßenG und §§ 113 bis 115 PrWasserG **RG** 19. 6. 24 IV 906/23; — für die Unfallverhütungsvorschriften der Berufsgenossenschaften, die im Interesse der Berufsgenossenschaften selbst, um Vermögensopfer von ihnen abzuwenden, erlassen sind, **RG** 48, 327; 95 S. 180 u. 235; JW 02 Beil 172; 1911, 335[41]; Warn 1910 Nr 13 u. 384 (ihre Außerachtlassung kommt für das persönliche Schuldmoment einer sonst gegebenen u. H. in Betracht, vgl. A 3); aus demselben Grunde für die Vorschriften des InvVG über die Mitwirkung der Arbeitgeber beim Einziehen der Versicherungsbeiträge **RG** 63, 53, und § 32 KrankVG v. 15. 6. 83 **RG** 97, 196. Unentschieden blieb die Frage für §§ 1627, 1631 BGB **RG** JW 1912, 190[7]; § 360[8] StGB **RG** 95, 268; § 10 RGewO **RG** 79, 224; für die Disziplinarordnungen der Universitäten **RG** Warn 1913 Nr 449. Kein Gesetz zum Schutze der Berufsvereinigungen gegen Dritte ist Art 159 in Verbindung mit Art 165 Abs 1 Satz 2 RVerf; Ansprüche auf Schadensersatz und Unterlassung unzulässiger Einwirkungen können nur unter den Voraussetzungen des § 826 gegeben sein (**RG** 113, 33).

15. Der **Verstoß gegen das Schutzgesetz** verpflichtet den Handelnden zum Schadensersatze, wenn dadurch die Gefahr verwirklicht worden ist, die die Schutzvorschrift verhüten wollte, wenn das Rechtsgut oder Interesse verletzt ist, zu dessen Schutze sie erlassen wurde, und wenn die Person durch den Verstoß geschädigt worden ist, die sie schützen wollte (**RG** 63, 324; 73, 30; 82, 206, 213). Nur der unmittelbar durch das Schutzgesetz geschützte

„andere", der durch die Verletzung des Schutzgesetzes unmittelbar Beschädigte, hat den Schadensersatzanspruch nach § 823 Abs 2 (RG 73, 30; 82, 213; Warn 1911 Nr 372). Der Tatbestand der Verletzung des Schutzgesetzes muß nach seinen gegenständlichen (objektiven) und persönlichen (subjektiven) Merkmalen vollständig erfüllt sein (RG 51, 369). Das Erfordernis der Widerrechtlichkeit des Handelns, ohne das eine u. H. nicht denkbar ist, besteht auch für die u. H. nach Abs 2 (vgl. darüber oben A 10 u. RG LZ 1919, 205[13]); deshalb kann kein Verstoß gegen §§ 185—187 StGB den Tatbestand einer u. H. darstellen, wenn ein berechtigtes Interesse nach § 193 der Ehrverletzung den Charakter der Widerrechtlichkeit nimmt (RG 51, 319; 56, 271; 57, 157; 60, 1; 60, 12). Der ursächliche Zusammenhang zwischen dem Verstoße gegen das Schutzgesetz und der Entstehung des Schadens muß von dem Beschädigten nachgewiesen werden; eine Vermutung zu seinen Gunsten, wie nach § 26 Teil I Tit 6 ALR, besteht nicht (RG 52, 119; JW 02 Beil 212[54]; 03 Beil 126[281]; 04, 407[15]; 1926, 2533[8]). Prozeßrechtlich unterliegt die Würdigung dieses ursächlichen Zusammenhangs dem freien Ermessen des § 287 ZPO (s. A 13b). Der ursächliche Zusammenhang wird nicht dadurch ausgeschlossen, daß der schädliche Erfolg möglicherweise auch bei Befolgung des Schutzgesetzes eingetreten wäre, wenn nur die letztere dem Zwecke des Schutzgesetzes gemäß eine erhöhte Sicherheit gegen den Schaden geboten hätte (RG JW 09, 135[9]; LZ 1921, 303[4]; 20. 2. 13 IV 375/12).

16. Auch die u. H. nach § 823 Abs 2 setzt ein **Verschulden** des Täters voraus, selbst dann, wenn das Schutzgesetz, wie dies bei Vorschriften polizeilichen Charakters zuweilen der Fall ist, von einem solchen Tatbestandsmerkmal absieht. Aber das Verschulden gestaltet sich nach Abs 2 anders wie für die u. H. des Abs 1. Da der Tatbestand der u. H. nach Abs 2 in dem Verstoße gegen das Schutzgesetz erschöpft ist, kann das Verschulden des Täters sich auch nur auf diesen selbst beziehen, und die Voraussicht oder Voraussehbarkeit des rechtsverletzenden Erfolgs, wie der Vorsatz oder die Fahrlässigkeit nach Abs 1 sie erfordern (vgl. A 2 u. 3), scheidet für Abs 2 aus. Nur darauf kommt es an, ob der Täter schuldhafterweise gesetzwidrig gehandelt hat (RG 66, 251; 69, 344; Gruch 67, 567; JW 02 Beil 172; 04, 407[15]; 05, 142[21]; 09 S. 134[8] u. 313[10]; 1910, 1003[12]; 1916, 38[4]; Warn 09 Nr 86). Die Übertretung ist schuldhaft, wenn der Übertreter bewußtermaßen die gebotene Handlung unterließ oder die verbotene ausführte, sowie wenn er aus schuldhafter Vergeßlichkeit gegen die ihm bekannte Vorschrift handelte; sie ist auch schuldhaft, wenn er sich unter Außerachtlassung der im Verkehr erforderlichen Sorgfalt über das Bestehen des Schutzgesetzes zu unterrichten unterließ (RG Warn 09 Nr 297; 7. 1. 13 VI 450/12). Ein entschuldbarer Rechtsirrtum (s. darüber oben A 3) über das Bestehen oder die Rechtsgültigkeit des Schutzgesetzes vermag ihn dagegen zu entlasten (RG JW 07, 251[12]; 1910, 1003[12]; RG 5. 3. 08 VI 261/07). Doch sind bloße Zweifel in dieser Beziehung noch kein Entschuldigungsgrund (vgl. RG SeuffA 79 Nr 208: Haftung von Eisenbahnbeamten für den durch ihren Streik verursachten Schaden, Hinwegsetzung über das in der VO v. 1. 2. 22 [RGBl 187] enthaltene Verbot). Bei im Erfolge ungenügender Ausführung der durch das Schutzgesetz gebotenen Handlung ist ein schuldhafter Verstoß vorhanden, wenn der Handelnde sich sagen mußte, daß seine Art und Weise der Befolgung des Gesetzes die Gefahr nicht beseitigen würde, der vorzubeugen das Gesetz bestimmt war (RG JW 05, 142[21]); ein Verschulden ist nicht vorhanden, wenn die Art und Weise der Ausführung bei vernünftiger und umsichtiger Würdigung der Verhältnisse eine Gefahr nicht befürchten ließ (RG JW 04, 165[3]). Ein Verschulden kann fehlen, wenn ein Angestellter auf Anweisung des Dienstherrn handelte und voraussetzen durfte, daß dieser bei der Anordnung die gebührende Rücksicht auf bestehende Vorschriften nehmen würde (RG Warn 09 Nr 96); es kann bei dem Dienstherrn fehlen, wenn er einem tüchtigen Angestellten die gebotene Verrichtung übertragen, diesen gehörig unterwiesen und es an gehöriger Aufsicht über ihn nicht hatte fehlen lassen (RG JW 1911, 487[9]; 1912 S. 390[10], 536[14]). Die Beweislast für das Verschulden des Übertreters trifft zwar, wie nach Abs 1, den Beschädigten. Doch begründet die Unterlassung einer durch Polizeigesetz gebotenen Tätigkeit zunächst regelmäßig die tatsächliche Folgerung, daß sie auf einem Verschulden beruhe; dem Beklagten liegt dann der Widerlegungsbeweis ob, daß er dasjenige getan habe, was geeignet war, die Ausführung des Gesetzes zu sichern (RG 91, 76; 113, 293; JW 09 S. 134[8] u. 687[12]; 1911 S. 542[17] u. 980[13]; 1912 S. 348[14], 390[10] u. 536[14]; 1913, 864[10]; 1915 S. 395[7] u. 1119[4] — hier Beweis der Unbekanntschaft mit dem Polizeigesetz zur Ausräumung des Verschuldens —; 1916, 38[4]; Warn 1910 Nr 329; 1911 Nr 474; 1912 Nr 21).

§ 824

[1]) Wer der Wahrheit zuwider [3]) eine Tatsache behauptet oder verbreitet [2]), die geeignet ist, den Kredit eines anderen zu gefährden oder sonstige Nachteile für dessen Erwerb oder Fortkommen herbeizuführen [4]), hat dem anderen

den daraus entstehenden Schaden auch dann zu ersetzen[6]), **wenn er die Unwahrheit zwar nicht kennt, aber kennen muß**[5]).

Durch eine Mitteilung, deren Unwahrheit dem Mitteilenden unbekannt ist[8]), **wird dieser nicht zum Schadensersatze verpflichtet, wenn er oder der Empfänger der Mitteilung an ihr ein berechtigtes Interesse hat**[7])[9]).

E II 748; P 2 637—638.

1. **Kreditgefährdung.** In den Grenzen der §§ 185—187 StGB wird die Ehre einschließlich des eine Seite der Geschäftsehre darstellenden Kredits, sowie als weiterer Folgezustand der Unversehrtheit des Rufes der Erwerb und das Fortkommen einer Person durch § 823 Abs 2 geschützt. Allein die genannten strafrechtlichen Bestimmungen setzen für die Behauptung oder Verbreitung unwahrer Tatsachen über einen anderen entweder ein Handeln wider besseres Wissen (§ 187) oder zum mindesten das Bewußtsein von dem ehrenkränkenden Charakter der aufgestellten Behauptung (§ 186) voraus. Damit kann sich das Strafrecht, nicht aber das bürgerliche Recht begnügen. § 824 füllt diese Lücke aus, indem er auch die fahrlässige Behauptung oder Verbreitung von Tatsachen, wenn sie geeignet sind, den Kredit, den Erwerb oder das Fortkommen des Betroffenen zu gefährden, als Unterlage eines Schadensersatzanspruchs anerkennt, während Abs 2 die Haftungsbefreiung des § 193 StGB, jedoch unter Erweiterung dieser Bestimmung auch auf das Interesse des Empfängers der Mitteilung für den neu geschaffenen Tatbestand des Abs 1 in das BGB aufnimmt, weil ein berechtigtes Interesse das für die u. H. wesentliche Merkmal der Widerrechtlichkeit des Verhaltens aufhebt (**RG** 51, 369; 56, 271; 57, 157; 60, 1; 60, 12; 115, 79). Die Bestimmung des Abs 1 macht nicht eigentlich die Ehre zum Gegenstand ihres Schutzes und zu einem Rechtsgut im Sinne der im § 823 Abs 1 besonders aufgeführten Rechtsgüter. Sie stellt als geschützte Rechtsgüter diesen vielmehr den Kredit, den Erwerb und das Fortkommen des Benachteiligten an die Seite (vgl. **RG** 60, 6 und 61, 366; ebenso 29. 1. 12 VI 131/11). Die Verletzung der Ehre kommt nur als Mittel zur Verletzung dieser Güter in Betracht. Zum Tatbestande des § 824 gehört jedoch nicht, wie nach § 823 Abs 1, die Verletzung der Rechtsgüter, sondern nur deren Gefährdung, und ersetzt wird der aus dieser **Gefährdung** erwachsende Schaden. **Die Bestimmung des § 824 schützt nicht**, wie die §§ 185—187 StGB, nur die natürliche, sondern auch die juristische Person (**RG** 96, 350; Warn 1918 Nr 95).

2. Das erste Merkmal des Tatbestandes des § 824 ist die **Behauptung oder Verbreitung einer Tatsache,** also die Aufstellung der Wahrheit oder die Weitergabe der von einer anderen Person gemachten Aufstellung der Wahrheit einer Tatsache. Einer Tatsache, d. i. eines bestimmten äußeren oder inneren Geschehnisses oder Zustandes, nicht eines Urteils (**RG** 51, 369; 60, 1; 84, 294; 88, 437; 94, 271; 98, 36; 101, 337; JW 1911, 780[49]; 1919, 453[16]; Warn 1909 Nr 296; 1914 Nr 17). Doch kann sich unter der Form eines Urteils die Behauptung einer Tatsache verstecken, wenn damit zugleich über eine bestimmte Person oder bestimmte Leistungen eines anderen etwas als geschehen oder vorhanden ausgesagt wird, so daß erst nach Maßgabe dieser tatsächlichen Aussagen das Urteil aufgestellt wird, und das scheinbare Urteil so als abfällige Äußerung über ein bestimmtes Verhalten einer Person, nicht als Ausdruck persönlicher Anschauung erscheint (**RG** 58, 207; JW 09, 670[25]; 1921, 1530[7]; Warn 09 Nr 296). Die Äußerung, jemand komme auf einem bestimmten Gebiet als Gutachter nicht in Betracht, ist ein abfälliges Werturteil, keine Tatsache (**RG** JW 1921, 1530[7]). Die Behauptung oder Verbreitung der Tatsache muß einem Dritten gegenüber erfolgt sein; wenn eine Behauptung nur dem Betroffenen gegenüber aufgestellt worden ist und nur er Kenntnis davon erlangt hat, liegt der Tatbestand des § 824 nicht vor (**RG** 101, 338).

3. Die Tatsache muß **der Wahrheit zuwider** behauptet oder verbreitet sein; sie muß mithin sachlich unwahr sein. Die sachliche Wahrheit oder Unwahrheit wird durch den Inhalt der Äußerung, wie er bei natürlicher Auffassung erscheint, bestimmt, nicht danach, was vielleicht jemand herauslesen könnte (**RG** Warn 1915 Nr 20). Sachlich unwahr kann auch eine übertreibende oder durch Umkleidung der wahren Tatsache mit unwahrer Schilderung von nicht schlechthin unwesentlichen Nebenumständen entstellende Darstellung sein (**RG** 75, 61; 1. 12. 10 VI 33/10); doch machen einzelne übertreibende Wendungen, wenn sie nicht den Tatsachen ein anderes Gesicht geben, noch keine wahrheitswidrige Entstellung aus (**RG** JW 1912, 290[11]). Die Unwahrheit der Tatsache muß bestehen zu der Zeit, wo der Täter die Mitteilung macht (**RG** 66, 227). Zur Frage des Wahrheitsbeweises s. auch **RG** 115, 74.

4. Die behauptete oder verbreitete Tatsache muß **geeignet sein, den Kredit eines anderen zu gefährden oder sonstige Nachteile für dessen Erwerb oder Fortkommen herbeizuführen.** Es ist nicht erforderlich, daß die behauptete Tatsache einen ehrenrührigen Charakter hat (**RG** 56, 271; **RG**St 44, 158); auch Ausstreuungen anderer Natur: daß jemand krank und arbeitsunfähig oder daß er Ausländer sei oder daß er einer bestimmten Religion, Rasse, Partei angehöre, ferner: ein gewerblicher Unternehmer habe Arbeiter entlassen, weil sie an einem

Ausstande teilgenommen (RG 61, 366), ein Arzt sei (lediglich) Arzt für Naturheilverfahren (RG 57, 157); in einer Heilanstalt sei eine ansteckende Krankheit ausgebrochen u. dgl., gehören hierher; ebenso kann die Verfolgung eines grundlosen Argwohns gegen eine Person von untadelhafter Lebensführung durch Überwachung seitens dazu bestellter Personen (Detektivs) den Tatbestand des § 824 darstellen (RG JW 1912, 1105[6]). Es ist auch nicht nötig, daß ein Nachteil für die bedrohten Rechtsgüter, für das allgemeine Vertrauen in die Zahlungsfähigkeit (Kredit) oder die wirtschaftliche Stellung (Erwerb) oder die wirtschaftlichen Zukunftsaussichten (Fortkommen) bereits eingetreten sei. Die Tatsache muß lediglich nach der allgemeinen Erfahrung als Ursache von Benachteiligungen jener Art gedacht und von der Allgemeinheit, an die die Mitteilung gerichtet ist, als von Einfluß für die öffentliche Meinung über den Betroffenen aufgefaßt werden können (RG 56, 271; 23. 4. 07 II 479/06). Behauptung eines Vertragsbruchs als einer kreditgefährdenden Tatsache (RG Warn 1913 Nr 416).

5. Die u. H. nach § 824 setzt ein Verschulden des Täters voraus, nicht Vorsatz — denn bei dessen Vorhandensein treten § 823 Abs 2 in Verbindung mit §§ 186, 187 StGB oder § 826 ein, so daß es des § 824 nicht mehr bedarf —, aber Fahrlässigkeit; es ist erfordert, **daß der Täter die Unwahrheit der Tatsache zwar nicht kennt, aber kennen müßte,** wenn er die im Verkehr erforderliche Sorgfalt angewendet hätte, sich über ihre Wahrheit oder Unwahrheit zu vergewissern, ehe er sich zu ihrem Mundstücke hergab (RG 83, 366; Warn 1915 Nr 20; 1918 Nr 95). Die Frage, ob sich dieses Verschulden auch auf die Nichterkenntnis der den Kredit, den Erwerb oder das Fortkommen des andern gefährdenden Eigenschaft der behaupteten oder verbreiteten Tatsache zu erstrecken habe, ist nicht von Bedeutung. Denn wenn die Feststellung dieser gefährdenden Eigenschaft der Behauptung davon abhängt, ob auf Grund allgemeiner Erfahrung ein ursächlicher Zusammenhang zwischen der Behauptung und jenem benachteiligenden Erfolge gedacht werden kann, dann ist die Nichterkenntnis dieser erfahrungsgemäß möglichen Wirkung der Behauptung oder Verbreitung nach dem Regelmaßstabe des § 276 für den Begriff der im Verkehr erforderlichen Sorgfalt (RG JW 06, 160[2]; 1910, 37[60]) eine Fahrlässigkeit. Einer ausdrücklichen Feststellung bedarf diese Fahrlässigkeit danach keinesfalls. Daß die Fahrlässigkeit sich nicht weiter auf die möglichen Schadensfolgen der Gefährdung oder Benachteiligung der Rechtsgüter des § 824 zu erstrecken hat, ergibt sich aus dem in § 823 unter A 3 Gesagten.

6. Über die **Verpflichtung zum Schadensersatze** vgl. § 823 A 13; über die Klage auf Unterlassung der Wiederholung der Behauptung oder der weiteren Verbreitung der Tatsache Vorbem 6 vor § 823, in der besonderen Anwendung auf § 824 RG 91, 350; JW 1915, 29[13], Warn 1914 Nr 17; 1915 Nr 20; 1918 Nr 95; über die Klage auf Zurücknahme der aufgestellten Behauptungen A 13a zu § 823; über die Verurteilung zur öffentlichen Bekanntmachung des Zurücknahmeurteils im Falle öffentlicher Ausstreuung ebenda. Ein Schadensersatz in Geld kann nur verlangt werden, wenn ein Vermögensschaden eingetreten ist (§§ 253, 847), was § 824 nicht notwendig voraussetzt.

7. Abs 2 des § 824 entspricht im allgemeinen dem § 193 StGB. Die Abweichungen bestehen einmal darin, daß § 824 unter allen Umständen ein in sich (objektiv) **berechtigtes Interesse** verlangt (RG 51, 369; 56, 271; 85, 440; RG JW 1925, 1393[23]), während für § 193 StGB auch die irrige Annahme eines solchen genügt, sodann darin, daß § 824 dem Schutze des berechtigten Interesses des Behaupters oder Verbreiters der Tatsachen den gleichen Schutz für den Empfänger der Mitteilung hinzufügt. Der Schadensersatzanspruch des Abs 1 ist sonach ausgeschlossen, wenn für den Behaupter oder Verbreiter der Tatsache oder für den Empfänger der Mitteilung ein Interesse daran besteht, dessen Wahrnehmung rechtlich erlaubt ist und nicht den guten Sitten zuwiderläuft (RG a. a. O.). Ein berechtigtes Interesse wird namentlich begründet durch die öffentlich rechtliche Pflicht, über tatsächliche Vorgänge vor Gericht oder anderen Behörden Zeugnis abzulegen (RG JW 1912, 587[7]; 29. 1. 12 VI 131/11), oder durch andere öffentliche Pflichten, z. B. die des Seelsorgers (RG JW 1912, 290[11]), ferner auch durch die Zwecke der Rechtsverfolgung oder der Rechtsverteidigung im Prozesse, ohne Rücksicht darauf, ob das Vorbringen im besonderen Falle für die Entscheidung des Rechtsstreits von maßgebender Bedeutung ist (RG 85 S. 440, 443). Auch abgesehen vom Interesse des Empfängers ist die Wahrnehmung fremder Interessen im Sinne des Abs 2 gestattet, wenn der Handelnde dazu berufen war oder die Angelegenheit ihn irgendwie persönlich nahe berührte (RG 51, 369). Ein **Recht der Tagespresse**, allgemeinhin Rechte und Interessen dritter Personen zu wahren und vermeintliche Übelstände in der Öffentlichkeit zu rügen, ist nicht anzuerkennen; ein anderes ist es, wenn in Fachzeitschriften das besondere Fach berührende Vorgänge zum Gegenstande der Erörterung gemacht werden (RG 83, 362; LZ 1919, 1015[7]; 4. 3. 04 I 337/03). Die Handelsbeilage einer politischen Zeitung macht aber diese Abteilung der Zeitung nicht zu einem Fachblatt (RG 83, 362). Über die Befugnis des Verlegers eines Buches, worin üble Nachrede enthalten ist, sich auf Wahrnehmung berechtigter Interessen zu berufen, s. RG 115, 74. § 824

Abs 2 hat nicht den Satz des § 193 StGB aufgenommen, daß der an sich gegebene Schutz des berechtigten Interesses entfällt, wenn das Vorhandensein (die Absicht) der Beleidigung aus der Form der Äußerung oder aus den begleitenden Umständen hervorgeht. Der Satz gilt gleichwohl auch hier, und selbst, wenn das berechtigte Interesse nicht bei dem Urheber oder Verbreiter der Mitteilung, sondern bei dem Empfänger vorliegt (**RG** 21. 11. 04 VI 24/04); denn eine in beleidigender Absicht verbreitete oder in der Form gehässige, den Betroffenen persönlich herabwürdigende Darstellung der Tatsachen verstößt gegen die guten Sitten (§ 826; **RG** JW 07, 333[11]; 1919, 993[3]). Daß die beleidigende Äußerung „durchaus unnötig“, „höchst überflüssig“ gewesen sei, genügt übrigens nicht zur Annahme der beleidigenden Absicht (**RG** 18. 10. 23 VI 962/22). Daß neben dem berechtigten Interesse ein persönlicher Beweggrund, etwa der Rache, zur Geltung kommt, schließt an sich das erstere nicht aus (**RG**St 20, 164; JW 1919, 993[3]). Der Zweck der Wahrnehmung berechtigter Interessen schließt auch die Zulässigkeit einer Unterlassungsklage wegen unwahrer kreditgefährdender Behauptungen nicht aus; s. darüber **RG** JW 1925, 1393[23] und Vorbem 6 IIIb vor § 823. Dasselbe muß von der Klage auf Zurücknahme einer beleidigenden oder kreditgefährdenden Behauptung oder Verbreitung gelten (**RG** JW 1919, 993[3]).

8. Für die Berücksichtigung eines berechtigten Interesses ist nur Raum, **wenn die Unwahrheit der behaupteten oder verbreiteten Tatsache dem Mitteilenden unbekannt ist.** Ist sie ihm bekannt, so liegt der Tatbestand des § 824 Abs 1 nicht eigentlich vor (**RG** 29. 1. 12 VI 175/11, vgl. oben A 5). Die Mitteilung ist auch dann wissentlich falsch, wenn der Mitteilende etwas zu wissen behauptet, wovon er innerlich selbst keine sichere Überzeugung hat, sofern er sich der Unsicherheit seines Wissens bewußt ist (**RG** 76, 313; JW 1911, 213[7]; 1912, 1105[6]; Warn 08 Nr 214 u. 518; 21. 11. 04 VI 24/04; 10. 2. 13 VI 476/12), und sie ist ebenso dann wissentlich falsch, wenn durch geflissentliches Verschweigen wesentlicher Umstände oder durch übertreibendes Ausmalen begleitender Umstände der Sachverhalt in seinem Zusammenhange vorsätzlich entstellt wird (**RG** 75, 61; 12, 290[11]; 27. 4. 05 VI 351/04). Dem Falle, daß die Unwahrheit der behaupteten Tatsache dem Mitteilenden bekannt war, steht aber auch der Fall gleich, daß jemand eine ihm bekannte wahre Tatsache der Wahrheit gemäß mitteilen wollte, aus Fahrlässigkeit aber der Mitteilung eine der Wahrheit widersprechende Fassung gibt, so daß die mitgeteilte Tatsache von der Allgemeinheit und von dem Empfänger in einem anderen Sinne aufgefaßt werden mußte, als sie gemeint war (**RG** 14. 3. 27 IV 631/26). Auch hier kannte der Mitteilende die Unwahrheit der Tatsache, die er in Wirklichkeit mitgeteilt hat, und ein berechtigtes Interesse für die Verbreitung dieser Mitteilung ist nicht denkbar (**RG** 57, 157).

9. Beweislast. Die Haftung aus § 824 beruht auf Fahrlässigkeit, also auf einem Verschulden des Mitteilenden. Eine Vermutung für ein Verschulden beim Behaupten oder Verbreiten einer unwahren Tatsache ist nicht aufgestellt. Der Kläger muß somit das Verschulden des Beklagten beweisen; er muß dartun, daß der Beklagte bei Anwendung der im Verkehr erforderlichen Sorgfalt die Unwahrheit der Tatsache hätte erkennen müssen. Dieser Beweis schließt aber notwendig den anderen ein, daß die Tatsache selbst unwahr sei, so daß sich auch hierauf die Beweislast des Klägers erstreckt (**RG** 51, 369; 56, 271). Anders bei der in den Tatbestandsmerkmalen ähnlichen, mit der u. H. aus § 824 vielfach zusammentreffenden Zuwiderhandlung aus § 14 UnlWG (§ 6 der Fassung des Ges. v. 27. 5. 96), die dem Kläger insofern günstiger ist, als er nur die kreditgefährdende Eigenschaft der Tatsache nachzuweisen hat, wogegen dem Beklagten der Nachweis der Wahrheit seiner Behauptung obliegt (**RG** 58, 207; 61, 366; JW 05, 174[15]; 09, 670[25]). Das Vorhandensein eines berechtigten Interesses für ihn oder den Mitteilungsempfänger hat der Beklagte zu beweisen (**RG** 56, 271).

§ 825

[1]) **Wer eine Frauensperson**[2]) **durch Hinterlist**[3]), **durch Drohung**[4]) **oder unter Mißbrauch eines Abhängigkeitsverhältnisses**[5]) **zur Gestattung der außerehelichen Beiwohnung bestimmt**[6]), **ist ihr zum Ersatze des daraus entstehenden Schadens verpflichtet**[7]).

1. Der erst durch den Reichstag in das BGB eingefügte § 825 setzt gleich dem § 824 einen Sondertatbestand einer unerlaubten Handlung, der nicht durch den § 823 gedeckt wird. § 823 Abs 1 ist nur anwendbar, wenn durch die gestattete geschlechtliche Beiwohnung die Frauensperson widerrechtlich körperlich verletzt worden ist (Übertragung einer Geschlechtskrankheit); § 823 Abs 2 trifft die Fälle der §§ 174, 176, 177, 179, 182 StGB. § 825 erweitert den durch diese Bestimmungen den Frauenspersonen gebotenen Geschlechtsschutz. Daneben gibt § 1300 der unbescholtenen Verlobten, die ihrem Verlobten die Beiwohnung gestattet hat, einen Anspruch auf billigen Ersatz des Nichtvermögensschadens.

2. Darauf, ob die **Frauensperson** unbescholten ist (§ 1300 BGB, § 182 StGB), kommt es nicht an; auch das Alter ist gleichgültig.

3. Hinterlist ist ein vorbedachtes, die wahre Absicht verdeckendes Handeln zu dem Zwecke, den unvorbereiteten Zustand eines andern zur Verwirklichung eines Vorhabens zu benutzen (**RG** JW 06, 352[12]). Die Anwendung von Kunstgriffen (§ 181 Nr 1 StGB) wird in § 825 nicht erfordert (**RG** ebenda). Beispiele von Hinterlist sind die Versetzung der Frauensperson in trunkenen Zustand, um sie in diesem gefügig zu machen (**RG**St 22, 311), sowie die Verschweigung des ehelichen Standes des Mannes, wenn dabei eine Täuschungsabsicht erkennbar, insbesondere, wenn das Verschweigen mit einem Eheversprechen an die Frauensperson verbunden ist (**RG** JW 06, 352[12]; 09, 415[12]). Das bloße Verschweigen des verheirateten Standes ist dagegen noch keine Hinterlist (**RG** a. a. O.); auch nicht das bloße nicht ernstlich gemeinte Eheversprechen, dieses aber dann, wenn es nur vorgespiegelt war, um die Duldung der Beiwohnung herbeizuführen; so etwa im Falle der Verschweigung einer noch bestehenden früheren Verlobung mit der Absicht, an diesem Verlöbnis festzuhalten (**RG** 105, 245).

4. Unter **Drohung** (vgl. § 123) ist jede Inaussichtstellung eines Übels, das den Willen der Frauensperson zu bestimmen geeignet ist, zu verstehen.

5. Der Mißbrauch eines Abhängigkeitsverhältnisses: eine, wenn auch nur tatsächliche Überlegenheit der Stellung muß zu dem Zwecke ausgenützt werden, eben dadurch einen maßgebenden Einfluß auf die Entschließung der Frauensperson auszuüben. Nicht erforderlich ist, daß ihr für den Fall der Weigerung Nachteile in Aussicht gestellt werden. Solche Abhängigkeitsverhältnisse sind dasjenige des Dienstboten zum Dienstherrn, der Schülerin zum Lehrer, des Mündels zum Vormund, auch der Patientin zum Arzt. Eine bloße wirtschaftliche Überlegenheit genügt nicht. Das Abhängigkeitsverhältnis kann auch ein mittelbares sein: so, wenn der Täter der Arbeitgeber des Vaters der Frauensperson ist.

6. Die **außereheliche Beiwohnung** (geschlechtliche Vereinigung) muß stattgefunden haben und die Frauensperson muß zu ihrer Gestattung durch die vorangeführten Mittel **bestimmt** worden sein; diese müssen also angewendet sein mit dem Vorsatze, dadurch auf die Willensentschließung der Frauensperson einzuwirken und sie müssen diesen beabsichtigten Erfolg auch herbeigeführt haben dergestalt, daß die Frauensperson ohne die Anwendung jener Mittel die Beiwohnung zu gestatten sich nicht entschlossen haben würde (**RG** Warn 1915 Nr 236).

7. Der **Schaden** ist vorwiegend Nichtvermögensschaden (§ 847); im Falle der Schwangerschaft auch der hierdurch der Frauensperson erwachsende Vermögensschaden (Erwerbsverlust u. a.). Für den Schadensersatzanspruch aus § 825 kommt, wenn der Geschlechtsverkehr zur Geburt eines Kindes geführt hat, die Vermutung des § 1717 nicht zur Anwendung (**RG** JW 09, 415[12]). — **Prozeßrechtlich** ist zu bemerken, daß für Ansprüche aus § 825 die Bestimmung des § 23 Nr 2 GVG, wonach ohne Rücksicht auf den Wert des Streitgegenstandes das Amtsgericht zuständig ist, nicht Anwendung finden kann, da es sich nicht um einen Anspruch aus außerehelichem Beischlaf handelt.

§ 826

[1]) Wer in einer gegen die guten Sitten verstoßenden Weise [2]) einem anderen vorsätzlich [3]) Schaden zufügt [4]) [5]), ist dem anderen zum Ersatze des Schadens verpflichtet [6]) [7]).

E I 705 II 749; M 2 726, 727; P 2 575—578; 6 202.

1. Allgemeines. Den engbegrenzten Tatbeständen der §§ 823 Abs 1 u. 824 fügt § 826 eine Bestimmung weiten Umfangs und allgemeiner Natur hinzu. Wie die §§ 157 u. 242 den Vertragsverkehr auf den beherrschenden Grundsatz von Treu und Glauben stellen, so soll durch § 826 auch der allgemeine nachbarliche Rechtsverkehr der Personen zueinander (vgl. Vorbem 1 vor § 823) unter den die Verfolgung der gegensätzlichen Interessen begrenzenden, die Freiheit des einen durch die Rücksicht auf die gleichen Rechte des anderen beschränkenden Gesichtspunkt der guten Sitte gebracht werden. § 826 trifft jeden gegen die Grundsätze der Sittlichkeit verstoßenden Gebrauch, sei es eines gegebenen Rechtes, sei es der allgemeinen menschlichen Betätigungsfreiheit zum Schaden eines anderen (**RG** Warn 1911 Nr 79). Die Frage, ob die nach § 826 zum Schadensersatz verpflichtende Handlung dadurch zugleich zu einer rechtswidrigen werde, ist in bejahendem Sinne zu beantworten (vgl. **RG** 58, 214). Wie § 138 ein gegen die guten Sitten verstoßendes Rechtsgeschäft in gleicher Weise für nichtig, also rechtlich unwirksam erklärt, wie ein gegen gesetzliche Verbote verstoßendes (§ 134), so ist auch eine gegen die guten Sitten verstoßende Handlung in gleicher Weise rechtswidrig, wie die gegen ein bestimmtes Rechtsgut des andern oder gegen bestimmte Gesetze gerichtete. Die Rechtsordnung schützt den Gebrauch der Rechte, aber nicht ihren Mißbrauch; dieser ist schlechthin widerrechtlich. § 826 ist nicht anwendbar auf vorsätzliche Amtspflichtverletzungen; die Haftung wegen einer u. H., die eine von § 839 betroffene Amtspflichtverletzung enthält, bestimmt sich allein nach § 839 (**RG** 87, 348; 94, 103; 100, 287; JW 1921, 236[7]). Durch

Sondergesetze wird zwar die Anwendung des § 826 nicht ausgeschlossen. Wo aber ein Sondergesetz für einen gewissen Tatbestand rechtswidrigen Handelns ausdrücklich und absichtlich einen weitergehenden Schutz ausschließt, wo es selbst erschöpfend regeln will, kann ein solcher Schutz nicht aus dem BGB abgeleitet werden (**RG** 73, 294; 77, 431; 79, 415; 83, 384; 101, 1; JW 1913, 1106[7]; Warn 1911 Nr 80 und die vorher angezogenen Entscheidungen). Das gilt nicht von dem UnlWG, mit dem sich in der Richtung auf den Schutz des allgemeinen Rechtsverkehrs gegen Schädigungen durch Mißbrauch der allen Personen zustehenden Betätigungsfreiheit § 826 eng berührt, dessen nicht zu geschlossener Einheit zusammengefaßte Einzelbestimmungen aber durch die allgemeinere Vorschrift des § 826 in wirksamer Weise ergänzt werden. In einem ähnlichen Verhältnisse steht § 826 zu mehreren Bestimmungen des Warenzeichengesetzes (vgl. über das Verhältnis des § 826 zu beiden Gesetzen **RG** 48, 114; 66, 236; 78, 78; 79, 415; 92, 133; JW 05 S. 237[25] u. 743[11]; Warn 09 Nr 452; 1911 Nr 79, 119, 401, 432; SeuffA 60 Nr 174; Gruch 53, 1155). Anders ist das Verhältnis zum Anfechtungsgesetz (vgl. darüber Vorbem 2 vor § 823). Aus der weiten Fassung des § 826 ergibt sich, daß unter dessen Tatbestand auch viele Handlungen fallen (so alle betrüglichen oder diebischen Schädigungen eines anderen), die bereits durch § 823 Abs 2 betroffen werden (vgl. **RG** JW 06, 60[12]). Ein dem ordentlichen Rechtsweg entzogener öffentlichrechtlicher Anspruch kann nicht in Gestalt eines Schadensersatzanspruchs aus § 826, wegen unsittlichen Handelns des den Staat vertretenden öffentlichen Beamten, vor den ordentlichen Richter gebracht werden (**RG** 87 S. 114, 119).

2. Das gegenständliche (objektive) Merkmal der u. H. des § 826 ist der **Verstoß gegen die guten Sitten**. Der Maßstab für die Beurteilung, was die guten Sitten erlauben oder verbieten, ist ein allgemeiner und durchschnittlicher, der aus dem herrschenden Volksbewußtsein, oder, sofern die Handlung nur in einem bestimmten Volkskreise vorzukommen pflegt, aus der sittlichen Anschauung dieses bestimmten Volkskreises entnommen wird (**RG** 48, 114; 58, 214; 73, 107; JW 06, 16[15]). Es ist, wie die erstangezogene Entscheidung sich ausdrückt, „das Anstandsgefühl aller billig und gerecht Denkenden". Von der Anschauungsweise der auf der Höhe sittlicher Bildung stehenden Personen von vornehmer Denkart und verfeinertem Anstandsgefühl ist hierbei ebenso abzusehen, wie anderseits offenbare Unsitten im Geschäftsleben keine Rücksicht beanspruchen können (**RG** 55, 367; 58, 214; 73, 107). Eine bloße Unbilligkeit des Handelns genügt nicht, um einen Verstoß wider die guten Sitten annehmen zu können (**RG** 86 S. 191, 195). Die Äußerung eines abfälligen, aber berechtigten Urteils über einen andern, z. B. daß er auf bestimmtem Gebiete als Sachverständiger sich nicht eigne, verstößt niemals gegen die guten Sitten (**RG** JW 1921, 1530[7]). Wie in § 276 die Besonnenheit und Überlegung des verständigen Durchschnittsmenschen als Maß für die im Verkehr erforderliche Sorgfalt genommen ist, so in § 826 die Ehrbarkeit und Gewissenhaftigkeit des anständigen Durchschnittsmenschen. Der Maßstab ist wie in § 276 ein allgemeiner und unpersönlicher (**RG** 48, 114; 58 S. 214 u. 219; 65, 423; 74, 224; 76, 313; 79, 17; JW 1911, 761[19]; 1912, 290[11]). Die gegen die guten Sitten verstoßende Handlung kann, wie bei den Tatbeständen des § 823, ebensowohl in einer Tätigkeit bestehen, wie in der Unterlassung einer solchen; letzteres dann, wenn die unterlassene Handlung einem sittlichen Gebote entsprach. Die Nichterfüllung einer jemandem gesetzlich oder vertraglich obliegenden Verpflichtung verstößt an sich nicht wider die guten Sitten (**RG** 100, 158). Beispiele einer sittlich verwerflichen Unterlassung mögen sein die vorsätzliche Unterlassung der Warnung eines andern vor einem gegen ihn seitens eines Dritten geplanten Verbrechen; das arglistige Verschweigen wesentlicher Umstände bei einem Vertragsschlusse (vgl. A 5b); das Verschweigen einer Fälschung, die dem dadurch Getäuschten Schaden bringt, auf dessen Anfrage, wann eine sittliche Pflicht zur Aufklärung anzuerkennen ist (**RG** JW 1910, 470[7]); anders, wenn erlaubte Rücksichten das Verschweigen rechtfertigen (**RG** JW 1911, 761[19]). Gegen die guten Sitten verstößt es nicht, wenn jemand seine eigene Beteiligung an strafbaren Handlungen verschweigt; denn niemand ist verpflichtet, sich selbst bloßzustellen (**RG** LZ 1921, 453[4]). Sittlich verwerflich kann eine Handlung erscheinen ihrem Ziele nach oder in Ansehung der Mittel, mit denen die an sich sittlich erlaubten, selbst die an sich billigenswerten Ziele verfolgt werden (**RG** JW 1914, 460[2]; Warn 1916 Nr 250). Die Verfolgung des eigenen Rechtes oder Interesses ist, für sich betrachtet, niemals eine Handlung wider die guten Sitten, auch wenn sie einem andern zum Schaden gereicht; denn niemand hat die Pflicht, sein eigenes erlaubtes Interesse dem eines andern nachzusetzen oder die Ausübung eines Rechtes zu unterlassen, weil dadurch das Interesse eines andern geschädigt wird (**RG** 58, 214; 63, 14[illegible]; 71, 170; 86, 191; 92 S. 133 u. 143; 98 S. 15 u. 70; 100 S. 79 u. 215; 101, 63; Warn 1919 Nr 63; 1920 Nr 147). Deshalb ist auch die Ausnutzung einer durch die Verhältnisse gebotenen Sachlage zu eigenem Vorteile nicht wider die guten Sitten (**RG** JW 1913, 489[11]; Warn 1919 Nr 63). Anders, wenn das Recht, um dessen Ausübung es sich handelt, von vornherein nur zu dem Zwecke erworben wurde, dem Gegner einen rechtswidrigen Nachteil zuzufügen (**RG** 74, 230; 98, 73). Sittlich verwerflich dem Ziele nach ist die absichtliche planmäßige

Schadenszufügung innerhalb wie außerhalb von Vertragsverhältnissen (RG 51, 357; 56, 317; 58, 219; 74, 224; JW 08, 653[2]; 1914, 460[2]; Warn 1916 Nr 250; Gruch 49, 902), sei es durch Mißbrauch von Rechten, wobei die Schranke des § 226, daß die Handlung nur den Zweck haben kann, einem andern Schaden zuzufügen, nicht besteht (RG 58, 214; Warn 1911 Nr 79), oder in Betätigung der allgemeinen Freiheit (RG 58, 214). Über planmäßige Prozeßverzögerung mittels wissentlich unrichtiger Einwendungen s. RG 95, 310. Sittlich verwerflich ist es nicht, wenn jemand durch Rechtsgeschäft Eigentum erwirbt, obwohl ihm eines andern Recht auf Eigentumsübertragung bekannt gewesen ist; wohl aber, wenn Veräußerer und Erwerber komplottmäßig zur Schädigung des andern zusammengewirkt haben (RG 62, 137; 83, 240; JW 1922, 1390[6]; s. auch A 5e). Sittlich verwerflich ist ferner die bewußte Unwahrheit in Mitteilungen, wenn damit das Bewußtsein der Schädigung (s. A 3) verknüpft ist. Auch selbst die auf grober Fahrlässigkeit beruhende Verbreitung einer unwahren Tatsache kann den Tatbestand des § 826 erfüllen, wenn die Berufsstellung des Verbreiters der Mitteilung ein besonderes Ansehen gibt: so wenn ein Arzt ohne tatsächliche Unterlagen die Behauptung verbreitet, eine Person sei geisteskrank (RG 72, 175), oder wenn ein Bankkaufmann in äußerster Leichtfertigkeit eine falsche Auskunft über Kreditverhältnisse gibt (RG JW 1911, 584[27]); nicht dagegen, wenn ein Rechtsanwalt eine Auskunft über die Kreditwürdigkeit einer Person in grob fahrlässiger Weise erteilt, da zu dessen Berufstätigkeit eine Auskunftserteilung in solchen Dingen nicht gehört, auch nicht in Beziehung steht (RG 20. 5. 12 VI 416/11). Auch im wirtschaftlichen Kampfe kann durch frevelhaft in grober Fahrlässigkeit verbreitete unwahre Mitteilungen ein Verstoß gegen die guten Sitten begangen werden (RG JW 1912, 749[14]). Eine fahrlässige Handlungsweise kann aber den Tatbestand der Handlung wider die guten Sitten nur erfüllen, wenn sie eine besonders große Fahrlässigkeit, nicht nur Leichtfertigkeit, sondern Gewissenlosigkeit ist (RG 90, 106; JW 1917, 540[8]; 1922, 1390[5], wo zwar nur von Fahrlässigkeit schlechthin die Rede ist, aber durch die Anziehung der Urteile RG 72, 175; 90, 106 bezeugt wird, daß auch hier eine besonders grobe Fahrlässigkeit gemeint ist; Warn 1914 Nr 122; 1916 Nr 254; 1917 Nr 291). Die bloße Weiterverbreitung einer jemand unter dem Siegel der Verschwiegenheit mitgeteilten Tatsache ist eine Verletzung des gesellschaftlichen Anstands, aber nicht der guten Sitten (RG Warn 08 Nr 472). Sittlich verwerflich durch die Mittel der Verfolgung berechtigter Ziele sind vor allem die in bewußter Überschreitung der Grenzen der erlaubten Kampfmittel im wirtschaftlichen Wett- und Lohnkampf vorgenommenen Maßregeln. Vgl. im einzelnen zu allem vorstehenden die reichhaltige Rechtsprechung in A 5. Daß der Handelnde sich bewußt sei, er verstoße mit seiner Handlung gegen die guten Sitten, gehört nicht zum Tatbestande des § 826 (RG 79, 17; JW 1910, 18[26]; 1915, 913[3]; 1924, 1513[2]; Warn 1914 Nr 122; 10. 7. 11 IV 634/10); er muß nur die Tatumstände gekannt haben, die sein Handeln sittlich verwerflich machen (RG 10. 1. 25 IV 382/24). Auch kommt, wenn die Handlung selbst nach dem allgemeinen Sittenmaßstabe als unerlaubt nicht angesehen werden kann, ein sittenwidriger Beweggrund des Handelns, wie etwa der Rache für erlittene Unbill, nicht in Betracht; nur die rein feindselige Gesinnung, neben der die Wahrnehmung berechtigter Interessen keinen Raum mehr findet, die Absicht der Schädigung, begründet ohne weiteres die Anwendung des § 826 (RG 71, 170; 74, 224; 79, 415; 101, 325; JW 1911, 402[15]; 1912, 290[11]; Warn 1910 Nr 286; LZ 1919, 1015[7]; 18. 6. 12 VI 95/12). So verstößt eine objektiv begründete Anzeige an die zuständige Behörde niemals gegen die guten Sitten, mag auch ihr Beweggrund Selbstsucht oder Schadenfreude gewesen sein (RG 101, 325). Gleichgültig ist für den Tatbestand des § 826 die innere Gesinnung des Täters aber dennoch nicht. Einerseits kann von der sittlichen Verwerflichkeit einer Handlung nicht mehr die Rede sein, wenn der Handelnde sie in der zu dem Bewußtsein der Unsittlichkeit gegensätzlichen redlichen Überzeugung vornimmt, daß er rechtmäßig in Verfolgung seines erlaubten Interesses oder gar einer rechtlichen oder sittlichen Pflicht so handeln dürfe und müsse (RG 71, 108; 79, 17; 91, 350; JW 1912, 290[11]; 1915, 913[3]; 1925, 2245[16]; Warn 09 Nr 506). Hierher gehört auch der in RG JW 1925, 1874[1] erörterte Fall einer Feier des 1. Mai durch die Arbeiter eines Betriebs im guten Glauben, daß nach dem Sinne der Arbeitsverträge dieser Tag arbeitsfrei sei. Auf der andern Seite vermag ein Mißbrauch der Stellung oder der wirtschaftlichen Übermacht zum Schaden anderer rein aus feindseliger, gehässiger Gesinnung, wie schon bemerkt, eine an sich erlaubte Handlung zu einer sittlich verwerflichen zu stempeln (RG 74, 224; JW 1911, 402[15]; 1917, 713[10]; Warn 1910 Nr 286; 1916 Nr 250). Ein Verstoß gegen die guten Sitten kann liegen in der verbotenen Eigenmacht zur Erlangung einer Erbschaftssache (RG Warn 1920 Nr 200); in der Vermögensentäußerung, die der Mann zum Zwecke der Schädigung seiner unterhaltsberechtigten geschiedenen Frau (RG SeuffA 77 Nr 6); in der Mitteilung einer Auskunftei über die Vorstrafen einer Person (RG 115, 416). — Ob eine Handlung einen Verstoß gegen die guten Sitten enthält, ist Rechtsfrage (RG 51, 369; 58 S. 214 u. 219; 86, 191; JW 05, 370[9]).

3. Die Schadenszufügung im Sinne des § 826 muß **vorsätzlich**, der Wille des Handelnden muß darauf gerichtet sein. Hierin besteht das persönliche (subjektive) Merkmal des Tatbestandes

des § 826. Grobe Fahrlässigkeit genügt hier dem Erfordernis des Tatbestandes nicht, wie der Wortlaut des Gesetzes klar besagt. Sie kann das gegenständliche Merkmal der Sittenwidrigkeit erfüllen, aber nicht den Vorsatz der Schädigung ersetzen (RG 90, 106; JW 1917, 540[8]; 1927, 892[3]). Doch ist nicht erforderlich, daß der Handelnde von der Absicht der Schädigung geleitet werde; er muß sich nur bewußt sein, daß die Handlung den schädlichen Erfolg haben werde, und diese dennoch wollen (RG 58 S. 214 u. 219; 63, 146; 79, 55; 91, 350; Gruch 67, 180; JW 05, 369[8]; 07, 201[5]; 1911, 324[18]; 1927, 892[3]; Warn 1914 Nr 122; 1917 Nr 291; s. über den Vorsatz im allgemeinen § 823 A 2). Das Merkmal der Vorsätzlichkeit der Schädigung wird auch schon durch das Bewußtsein des Täters erfüllt, daß infolge seiner Handlungsweise der andere Schaden leiden könne, sofern er diesen möglichen Erfolg in seinen Willen aufgenommen und für den Fall seines Eintritts gebilligt hat (dolus eventualis; RG 56, 73; 68, 431; 76, 313; 79, 55; 90, 106; JW 06, 780[48]; 1911, 650[22]; 1914, 678[7]; 1927, 892[3]; Warn 1912 Nr 166; 1914 Nr 122; 1916 Nr 271; 1917 Nr 291; 1919 Nr 63; Gruch 52, 1040; 54, 972); nur darf sich der mögliche Erfolg dem Täter nicht als eine so entfernte Möglichkeit darstellen, daß er im Ernste nicht damit rechnen zu müssen glaubt (RG JW 06, 780[48]; 1911, 650[22]; 1912, 36[25]; Warn 1917 Nr 291). Über die Grenze des sog. dolus eventualis und der Fahrlässigkeit, insbesondere bei der Erteilung unwahrer Auskünfte und der Aufstellung ehrverletzender Behauptungen — mit Bewußtsein ohne Überzeugung abgegebene Urteile einerseits, leichtfertig gewonnene und ausgesprochene andererseits — vgl. RG 76, 313; 90, 106; JW 1911, 213[7]; 1917, 34[1]; Warn 1914 Nr. 109 u. Nr 122. Sind Folgen eingetreten, die der Täter nicht in den Kreis seiner Vorstellungen aufgenommen hatte, dann fehlt es insoweit an dem Vorsatze (RG 2. 5. 07 VII 417/06). Darauf, ob der Täter die Höhe des Schadens vorausgesehen hat, kommt nichts an (RG JW 03 Beil 142[313]; Warn 08 Nr 605). Der Vorsatz kann sich auch gegen eine andere Person richten, als gegen diejenige, welche den Schaden erleidet, wenn dieser letztere nur in der Richtung des Vorsatzes liegt (RG Gruch 54, 972; 25. 10. 06 VI 47/06; 7. 7. 10 IV 446/09, 10. 2. 13 IV 476/12). Ist durch dieselbe Handlung mehreren Personen ein Schaden erwachsen, so ist dieser dem Täter als vorsätzlich zugefügt insoweit zuzurechnen, als ihm zum Bewußtsein gekommen ist, daß der Schaden sich weiter fortpflanzen oder werde weitergetragen werden (RG JW 03 Beil 142[313]). Der Annahme einer vorsätzlichen Schadenszufügung steht auch nicht im Wege, daß der Handelnde nicht weiß, wer der durch seine Handlung Geschädigte sein werde (RG Gruch 67, 180: bewußte Lieferung mangelhafter Ware). Auf die Sittenwidrigkeit der Handlung braucht sich das Bewußtsein des Täters nicht zu erstrecken (s. oben A 2).

4. § 826 spricht von der **Zufügung eines Schadens** schlechthin, mag die Beschädigung unmittelbar das Vermögen oder ein Recht oder Rechtsgut der Person treffen, durch dessen Verletzung mittelbar der Vermögensschaden besteht. Deshalb ist nach § 826 jeder schadensersatzberechtigt, der durch die Handlung einen Schaden erleidet, der ihm vorsätzlich zugefügt ist, auch der mittelbar Beschädigte (RG 79, 55; 84, 332). Auch ein nicht vermögensrechtlicher Schaden ist möglich (RG 7. 7. 10 IV 532/09), für seinen Ersatz gilt § 253; es kann Wiederherstellung, aber nicht Entschädigung in Geld verlangt werden (RG 94, 1; Warn 1913 Nr 53). Davon abgesehen ist Schaden jede Vermögensminderung, auch die Beeinträchtigung einer bloß tatsächlichen Erwerbsaussicht, z. B. als künftigen Erben eines andern, des Kundschaftsverhältnisses, die Abschneidung von Bezugsquellen für Waren u. a. (RG 48, 114; 58, 219; 75, 61; 79, 55; 111, 151; JW 02 Beil Nr 237; 05, 20[19]; 06, 198[15]; 1911, 111[50]), doch ist eine wirkliche Schädigung erforderlich; es genügt nicht, daß der Kläger einen Schaden erleiden kann (RG Warn 08 Nr 632). Eine freiwillige Aufwendung ist an sich niemals ein Schaden; wurde der Wille aber durch arglistige Täuschung bestimmt, so war er nicht frei, und die Aufwendung erscheint als Schaden (RG 88, 406).

5. Ob in einer Handlung eine vorsätzliche Schädigung eines andern gegen die guten Sitten zu erblicken ist, kann nur aus der Sachlage des einzelnen Falles, der Betrachtung der Ziele der Handlung und des Verhältnisses zu den Mitteln, mit denen der Handelnde diese verfolgt, entschieden werden. Die reichhaltige **Rechtsprechung des RG** kommt hier mehr als Wegweiser zu den wesentlichen Betrachtungspunkten, als für die grundsätzliche Auslegung des Gesetzes in Betracht. Von diesem Gesichtspunkt aus ist die nachfolgende Darstellung der hauptsächlichen Entscheidungen des RG zu dem Paragraphen zu würdigen.

a) Die **Berufung auf ein Gesetz,** das jemand zur Seite steht, verstößt nicht gegen die guten Sitten; es ist nicht angängig, das Gesetz dadurch wirkungslos machen zu wollen, daß der dadurch geschützten Partei der Vorwurf des Handelns gegen die guten Sitten gemacht wird (RG 58, 214; 77, 277; JW 09, 59[32]). Aus dem gleichen Grunde ist auch an sich ein Verstoß gegen die guten Sitten nicht darin zu finden, daß sich jemand auf den Mangel der gesetzlichen Form eines Vertrags beruft und deshalb seine Erfüllung weigert (RG 52, 5; 72, 342; 82, 199; 96, 315; Warn 1917 Nr 174). Dasselbe gilt, wenn die Form auch nur vereinbart war (RG 58, 214), und auch dann, wenn der Zurücktretende weiß, daß der Vertragsgegner für die Ausführung des Vertrags bereits Aufwendungen gemacht hat, die nun nutzlos werden (RG Warn 09 Nr 537). Anders jedoch, wenn der eine Teil absichtlich den Abschluß des Vertrags in der gehörigen Form verhinderte, um sich später gegebenenfalls auf den Mangel berufen zu können (RG 82, 199; 96, 315; Warn 1917 Nr 174); aber auch schon dann, wenn er überhaupt die Schuld daran trägt, daß der Vertrag nicht formgerecht abgeschlossen wurde, so, wenn von der andern Seite die Erfüllung der Form vorgeschlagen, von ihm aber für unnötig erklärt worden war: es ist wider die guten Sitten, wenn er später aus diesem eigenen Verhalten einen Vorteil herleiten will (RG 82, 299; 6, 315; Warn 08 Nr 38; dagegen Oertmann Recht 1914, 8ff.). Der Wechsel des Rechtsstandpunkts bei Verfolgung seiner Rechte kann niemand zum Vorwurf gemacht werden, auch wenn er dem Gegner nachteilig ist, es sei denn, daß damit die Absicht verbunden ist, die Lage zum Schaden des Gegners auszunutzen (RG JW 06, 15[13]; Warn 09 Nr 451). Kein Verstoß wider die guten Sitten ist es, wenn jemand ihm an sich zustehende Ansprüche erhebt, auf die er in einem nach § 138 BGB nichtigen Rechtsgeschäfte verzichtet hatte, indem er sich auf diese Nichtigkeit beruft (RG Warn 1914 Nr 273); doch darf er wiederum nicht aus der Nichtigkeit des Geschäfts Vorteile sich verschaffen wollen; er handelt arglistig und wider die guten Sitten, wenn er behalten will, was er auf Grund des nichtigen Geschäfts erhalten hat, aber auch noch das fordert, was er zur Erlangung der Vorteile dieses Geschäfts aufgegeben hatte (RG Warn 1917 Nr 16). Ebenso darf kein Schuldner aus der Nichtigkeit einer von ihm bestellten Sicherheit das Recht herleiten, sich der Erfüllung der Verpflichtung, für die die Sicherheit bestellt war, überhaupt zu entziehen; will der Gläubiger trotz der verlorengegangenen Sicherheit an dem Vertrage festhalten, so muß sich der Schuldner dem fügen (RG JW 1916, 390[1]). Über die Frage, wann demjenigen, der sich auf die Nichtigkeit eines Vertrags beruft, die Einrede der allgemeinen Arglist entgegengehalten werden kann, s. § 125 A 1. Ausstellung einer nach § 10 des Scheckgesetzes unwirksamen Annahmeerklärung bezüglich eines Schecks seitens einer Bank als Verstoß gegen die guten Sitten zum Nachteil des künftigen Erwerbers des Schecks s. SeuffA 78 Nr 185. Ebensowenig wie die Berufung auf das Gesetz begründet die Ausübung von Vertragsrechten einen Verstoß gegen die guten Sitten. Wer sich einem Vertrage unterworfen hat, der ihm Opfer auferlegt, und ihn Schädigungen aussetzt (Tarifvertrag mit Schaden bei Vertragsverletzungen), hat diese Wirkungen selbst gewollt (RG 81, 4; 88, 406). Nicht gegen die guten Sitten verstößt es z. B. auch, wenn der Käufer auf der Aushändigung eines durch ein Versehen des Verkäufers viel zu billig erstandenen Gegenstandes besteht, vorausgesetzt nur, daß er nicht schon beim Vertragsschlusse das Versehen des Verkäufers erkannt hatte (RG LZ 1926, 1063[1]). Eine planmäßig mittels wissentlich unrichtiger Einwendungen bewirkte Prozeßverzögerung verstößt gegen die guten Sitten, wenn nicht besondere Umstände eine andere Beurteilung rechtfertigen (RG 95, 310). Wider die guten Sitten ist es ferner, wenn ein Gläubiger sich einen Geldbetrag durch Überweisung zahlen läßt, von dem er weiß, daß der Zahlende ihn unrechtmäßig erworben hat; daß ihm das Geld nicht körperlich übergeben wurde, schützt ihn gegen die Eigentumsklage; das darf ihm jedoch nicht dazu verhelfen, die Beute in Sicherheit zu genießen (RG 94, 191). Ein Gewerbeunternehmer haftet nicht schon deshalb aus § 826, weil er bei Errichtung einer für die Nachbargrundstücke gefährlichen und lästigen Anlage die Entwertung dieser Grundstücke mit Sicherheit voraussehen konnte; wohl aber, wenn er die den Gewerbebetrieb zulassende polizeiliche Genehmigung arglistig durch Täuschung der Behörde erschlichen hatte (RG Warn 1914 Nr 251). Gemäß § 826 haftet auf Schadensersatz dem Käufer der Verkäufer, der durch unwahre Angaben über den Käufer die Erteilung der nach VO v. 15. 3. 18 für einen Grundstückskauf erforderlichen behördlichen Genehmigung arglistig hintertrieben hat (RG 110, 356). Eine Anhäufung eingetragener Warenzeichen auf Vorrat, um andere von der Eintragung ähnlicher Zeichen auszuschließen, kann gleichfalls nicht als sittenwidrig erachtet werden (RG 97, 90). Über die Vollstreckung einwandfrei erlangter Urteile vgl. zu d.

b) Über die **arglistige Täuschung beim Vertragsschlusse** und deren Rechtsfolgen ist § 123 A 2 u. 5, sowie Vorbem 4e vor § 823 gehandelt. Sie erfüllt nicht notwendig den Tatbestand einer u. H. Derjenige des § 826 setzt zum mindesten einen Schaden des Getäuschten und das Bewußtsein der Schädigung bei dem Täuschenden voraus. Ersterer fehlt z. B., wenn jemand einen Geldmann bestimmt, einem Dritten Kredit zu geben unter der falschen Angabe, dieser habe eine große Erbschaft gemacht, sofern der Dritte auch ohne die Erbschaft kreditwürdig und zahlungsfähig ist (RG 1. 7. 12 VI 112/12). Eine Schädigung des andern Teils liegt auch nicht notwendig schon in der Begebung eines noch nicht gedeckten Schecks (RG JW 1927, 892[3]; Warn 1927 Nr 30). Das Bewußtsein der Schädigung fehlt, wenn der Täuschende seine ins Blaue hinein abgegebene Versicherung unwahrer Tatsachen (so des Feuerkassenwerts eines Grundstücks) nur in der Absicht abgibt, dadurch den Vertrag zustande zu bringen, ohne dabei an eine mögliche Schädigung des Getäuschten zu denken (RG Warn 1913 Nr 42). Die arglistige Täuschung wider die guten Sitten kann begangen werden durch Erregung eines Irrtums oder durch Ausnutzung eines solchen, ferner sowohl durch die Versicherung unwahrer wie durch die Verschweigung wahrer Tatsachen; so durch Zusicherung der Beschlagnahmefreiheit von Waren, deren Beschlagnahme, wie dem Verkäufer bekannt war, bevorstand (RG Warn 1920 Nr 41). Fälle der Erregung eines Irrtums durch arglistige Versicherung unwahrer Tatsachen bei Grundstücks- und Hypothekenverkäufen s. RG JW 1912, 536[15]; Warn 1911 Nr 31; 1914 Nr 49; 1918 Nr 181; beim Warenkauf Warn 1916 Nr 77; Vortäuschung von Börsentermingeschäftsfähigkeit bei der Eingehung von Börsentermingeschäften Warn 1917 Nr 207. Wer als Strohmann für einen Dritten ein Grundstück kauft, handelt sittenwidrig, wenn er auf ausdrückliche Frage im Einverständnis mit dem Dritten, von dem der Verkäufer einen höheren Preis verlangt hätte, den Sachverhalt verleugnet (RG 29. 9. 24 IV 996/23). Übertreibende, beschönigende, verschleiernde Redensarten sind im kaufmännischen Verkehr gang und gäbe und verstoßen noch nicht wider die guten Sitten, wenn nicht damit eine Täuschung über wesentliche Bedingungen des abzuschließenden Vertrags bezweckt wird (RG JW 06, 60[12]). Mit der Ausnutzung eines vorhandenen Irrtums handelt noch nicht sittlich verwerflich, wer ein Vertragsangebot in der Erkenntnis annimmt, daß der Anbietende sich in der Ansetzung des Angebotspreises nach Maßgabe der geltenden Wertverhältnisse geirrt habe, und diesen Irrtum zu seinem Vorteil benutzt; er hat nicht die Pflicht, den Vertragsgegner auf den Irrtum aufmerksam zu machen. Wer eine rechtsgeschäftliche Erklärung abgibt, muß selbst aufmerksam sein (RG 55, 367). Ein Verstoß wider die guten Sitten liegt jedoch dann in der Benutzung des Irrtums des andern, wenn der Unterschied des bedungenen Preises und des wirklichen Verkaufwerts ein ganz unverhältnismäßig großer ist, so daß aus seiner bewußten Ausnutzung auf einen Schädigungsvorsatz geschlossen werden muß (RG JW 1910, 187[10]; 12. 6. 11 VI 281/10). Eine arglistige Täuschung durch Stillschweigen wird begangen, wo die Umstände nach Treu und Glauben das Reden forderten (RG 62, 149; 69, 13; 77, 309; 91, 80; Warn 1914 Nr 38 u. 185; 1919 Nr 168; LZ 1917, 1071[15]). Freilich besteht keine allgemeine Offenbarungspflicht über alle Verhältnisse, die für einen Vertragsschluß von Bedeutung sein können; namentlich ist kein Kaufmann verpflichtet, einem Dritten, der als Bü ge für einen Schuldner des Kaufmanns einzutreten bereit ist, seine Geschäftsbeziehungen zu diesem aufzudecken (RG 91, 80; LZ 1917, 1071[15]); arglistig und wider die guten Sitten ist nur die vorsätzliche Unterlassung derjenigen Mitteilungen, die der Vertragsgegner nach der Verkehrsauffassung erwarten durfte (RG a. a. O.; JW 1911 S. 213[8], 324[18], 575[7]). So das Verschweigen des Kredit begehrenden Warenkäufers, daß sein ganzes Warenlager einem andern Gläubiger übereignet ist (RG JW 1911, 324[18]); des Verkäufers eines Grundstücks, daß eine darauf lastende Hypothek gekündigt ist (RG 15. 6. 10 V 321/09); das Verschweigen bei der Abtretung einer Hypothek, daß die Zwangsverwaltung und Zwangsversteigerung über das Pfandgrundstück eingeleitet ist (RG JW 1911, 213[8]); das Verschweigen der wahren Geschäftslage, wenn bei einem Anstellungsvertrage der Anzustellende verpflichtet wird, Gesellschaftsanteile zu erwerben, die in Wirklichkeit wertlos sind (RG Warn 1912 Nr 166). Das Schweigen des Rechtsanwalts, der einen Vergleich vermittelt, von dem Umstande, daß ihm von der Vergleichssumme ein Sonderhonorar von seiner Partei versprochen worden ist, verstößt nicht gegen die guten Sitten; denn sein eigenes Interesse an dem Vergleichsabschluß brauchte der Rechtsanwalt dem Gegner seiner Partei nicht zu offenbaren; ohne Wissen und Willen der letzteren ist er dazu nicht einmal berechtigt (RG 98, 77). Gegen die guten Sitten verstößt endlich die Ausbeutung eines Geistesschwachen, der zu einem ihm schädlichen Vertrage bestimmt wird (RG 67, 393; 72, 61).

c) Die **Verletzung bestehender Vertragspflichten** durch Nichterfüllung ist nicht schlechthin unsittlich. Nur darf keine Vertragspartei darauf ausgehen, den Vertragszweck für den andern Vertragsteil zu vereiteln (RG Warn 09 Nr 89). Ein Gesellschafter handelt unsittlich, wenn er hinter dem Rücken der übrigen für sich selbst Geschäfte macht und deren Abschluß für die Gesellschaft vereitelt (RG JW 1917, 104[6]), nicht dagegen, wenn er in Verfolgung seines erlaubten Interesses den Gesellschaftsvertrag rechtsgültig kündigt und dann darauf hinarbeitet, die Lieferanten und Kunden der Gesellschaft an sich allein heranzuziehen (RG JW 1917, 217[5]). Unsittlich ist der Vertragsbruch eines Treuhänders, der bestellt ist, die Interessen aller Gläubiger zu schützen, und sich als Gläubiger Sondervorteile vom Schuldner ohne Wissen der anderen ausbedingt (RG 79, 194). Unsittlich ist auch die Verletzung eines durch Gemeinschaft — gemeinschaftlichen Erwerb eines Grundstückes — begründeten Vertrauensverhältnisses durch Sichausbedingen einer Sonderprovision (RG LZ 1923, 227[7]). Der Schuldner hat nicht die Verpflichtung, nur für seinen Gläubiger zu leben und zu arbeiten. Es ist nicht wider die guten Sitten, wenn ein Schuldner, um mit seiner Familie wirtschaftlich bestehen zu können, in einem Anstellungsvertrage die Entlohnung für zukünftige Dienste sich in der Weise versprechen läßt, daß ein kleinerer Gehaltsbetrag ihm gezahlt, daneben eine größere Leistung seiner Ehefrau gemacht wird, sofern die Höhe des der Ehefrau zugewiesenen Gehaltsteils in angemessenen Grenzen bleibt und einer standesgemäßen bescheidenen Lebensführung des Schuldners sich anpaßt (Fünfzehnhundert-Mark-Vertrag; RG 69, 59; 81, 41; JW 1912, 689[13]); ebenso nicht, wenn ein Schuldner sein Geschäft auf seine Ehefrau überträgt und ihr in dem Geschäfte seine Dienste unentgeltlich zu widmen sich verpflichtet (RG 67, 169). Aber es ist gegen die guten Sitten, wenn der Schuldner das vorhandene Hab und Gut durch treuhänderische Veräußerungsgeschäfte in nach außen nicht erkennbarer Weise an Dritte als Vertreter überträgt und übereignet, um es den Gläubigern zu entziehen (RG 74, 224; JW 04, 499[32]; 1911 S. 324[18], 576[10], 650[22]; 1913, 318[4]; Warn 1912 Nr 155). Auf seiten des Gläubigers ist dementsprechend ein Verstoß gegen die guten Sitten gegeben, wenn er sich das ganze gegenwärtige und zukünftige Warenlager, sowie alle gegenwärtigen und zukünftigen Außenstände des Schuldners übereignen und übertragen läßt, wodurch er diesen seiner wirtschaftlichen Selbständigkeit beraubt, andere Gläubiger darüber notwendig täuscht und sie um die Mittel ihrer Befriedigung bringt, mag selbst seine Absicht die gewesen sein, dem Schuldner aufzuhelfen (Knebelvertrag; RG 85, 343; JW 1911, 576[10]; 1913, 916[1]; 1914, 83[15]; 1915, 191[2]; 1917, 460[2]; 1919, 443[1]; 1921, 1363[6]; Warn 1913 Nr 400; 1915 Nr 134; 1916 Nr 271; 1919 Nr 189; 1923 Nr 6). Es ist nicht sowohl der Umfang der Sicherungsübereignung, die den Schuldner seiner geschäftlichen Selbständigkeit beraubt und ihm die Mittel zur Befriedigung anderer Gläubiger nimmt, als die geflissentliche Geheimhaltung der Sicherungsübereignungen, die notwendig andere Gläubiger über die wahre Geschäfts- und Kreditlage des Schuldners täuscht, die die Sittenwidrigkeit dieser Geschäfte begründet (RG a. a. O.). Der Gläubiger handelt ferner wider die guten Sitten, wenn er, um dem Schuldner die, wie er weiß, begründeten Einreden abzuschneiden, gegen eine ausdrückliche Vereinbarung oder auch ohne eine solche, die ihm vom Schuldner gegebenen Wechsel auf dritte gutgläubige Erwerber überträgt (RG 51, 357; 56, 317; Warn 1912 Nr 386). Noch mehr, wenn der Gläubiger durch eine Reihe ineinandergreifender planmäßiger Handlungen seinem Schuldner selbst den allgemeinen Kredit abschneidet und ihm die Möglichkeit verlegt, ihn, den Gläubiger, zu befriedigen, um in der Zwangsversteigerung die Grundstücke des Schuldners billig an sich zu bringen (RG 58, 219), oder wenn er sonst durch sein Verhalten die rechtliche oder wirtschaftliche Lage seines Schuldners zu verschlechtern trachtet (RG 58, 425). Es ist eine im Bauverkehr nicht seltene hierher gehörige Erscheinung, daß der Baugeldgeber, wenn der Bau zum größeren Teile fertiggestellt ist, mit seinen weiteren Vertragsleistungen unter nichtigen Vorwänden zurückhält, um das Baugrundstück, für das im unfertigen Bauzustande nur schwer Kauflustige sich finden, zur Zwangsversteigerung und darin an sich zu bringen. Gegen die guten Sitten handelt ferner der Vermieter, der gegen den Mieter mit einer Räumungsklage vorgeht, nachdem er ihn vorher durch vertragswidrige Weigerung der Zustimmung zu einer Untervermietung außerstand gesetzt hatte, den Mietzins zu zahlen (RG 22. 11. 07 III 326/07). Nicht gegen die guten Sitten handelt ohne hinzukommende andere Tatbestandsmomente der Darlehnsgläubiger, der die ausgefallene Forderung gegen den persönlichen Schuldner beitreibt, obwohl er selbst das Pfandgrundstück so billig erstanden hat, daß der Mehrwert seine Forderung deckt; denn er handelt in erlaubter Verfolgung seines Rechts (RG 80, 153 u. a.); vgl. darüber auch unter g. Kein Verstoß wider die guten Sitten ist die Vereitelung des Zustandekommens eines Vertrags, für den ein bindendes Vertragsangebot noch nicht vorlag (RG Warn 1914 Nr. 3).

d) Die Schadensersatzpflicht aus § 826 wird auch durch ein **rechtskräftiges Urteil** zugunsten des Schädigers nicht grundsätzlich gehindert. Zwar kann die Geltendmachung eines rechtskräftigen Urteils, auch in Kenntnis seiner sachlichen Unrichtigkeit (z. B. wenn es auf einer falschen Zeugenaussage beruht), noch nicht als ein Verstoß gegen die guten Sitten angesehen werden, wie RGSt 34, 279 anzunehmen scheint; denn dadurch, daß jemand angehalten wird, eine ihm aus einem rechtskräftigen Urteil obliegende Verbindlichkeit zu erfüllen, wird ihm kein Schaden zugefügt, und zur Beseitigung eines auf falscher Beweisgrundlage beruhenden rechtskräftigen Urteils bietet die ZPO die Mittel, von denen der Benachteiligte Gebrauch machen kann (§§ 580ff. ZPO; RG 67, 151; 80, 153; Gruch 63, 611; 22. 2. 12 VI 231/11). Ein Schadensersatzanspruch aus § 826 entsteht auch dann nicht, wenn die Prozeßpartei bei der Urteilserwirkung gegenüber dem Prozeßgegner ganz offen handelte und nur den Richter täuschte (RG Warn 1914 Nr 273). Das gleiche gilt von der Geltendmachung der Rechte aus einem Vergleiche, dessen Forderungsgrundlage nicht besteht, wenn dieses Nichtbestehen der Forderung beim Abschlusse des Vergleichs dem andern Teile ebensowohl bekannt war (RG Gruch 52, 1027). Anders jedoch, wenn der Gläubiger des rechtskräftigen Urteils dieses selbst hinter dem Rücken des Schuldners in Kenntnis des Nichtbestehens seiner Forderung in der Art erwirkt hatte, daß der Schuldner sich nicht verteidigen konnte, so z. B. durch öffentliche Zustellung, von der er wußte, daß sie den Gegner nicht erreichen würde, und obwohl er wußte, wo dieser sich aufhielt, oder durch planmäßiges Zusammenwirken mit den Zeugen (RG JW 1926, 1148[6]). Ebenso, wenn jemand arglistig durch Täuschung der Sachverständigen, deren Gutachten zur Grundlage eines Urteils diente, ein seinem angeblichen Anspruche günstiges Urteil erschlichen hat (RG Warn 1922

Nr 45). Dem Urteile steht hier gleich ein nicht auf Grund kontradiktorischer Verhandlung ergangener Entmündigungsbeschluß (RG Warn 1922 Nr 46). „Die Wirkung der Rechtskraft hört auf, wo sie bewußt rechtswidrig zu dem Zwecke herbeigeführt ist, dem, was nicht Recht ist, den Stempel des Rechtes zu geben" (RG 46, 75; 61, 359; 75, 213; 78, 389; JW 05, 234[16]; 12, 37[26]; 1916, 1195[15]; Warn 1920 Nr 110). Der Schadensersatz geht in solchem Falle auf Herausgabe des Vollstreckungstitels und Einstellung der Zwangsvollstreckung. Keine Prozeßpartei ist aber verpflichtet, dem Gegner durch Aufdeckung ihr ungünstiger, jenem unbekannter Tatsachen die Rechtsverfolgung oder -verteidigung an die Hand zu geben (RG Warn 1920 Nr 110). Einen Fall der arglistigen Erwirkung eines rechtskräftigen Zuschlagsurteils in der Zwangsversteigerung zum Nachteil eines Hypothekengläubigers behandelt RG 69, 277. Ein gegen die guten Sitten verstoßender Mißbrauch der Rechte aus einem rechtskräftigen Urteile ist es, wenn der obsiegende Teil die Verurteilung des Gegners in einer über ein vernünftiges Maß hinausgehenden Weise öffentlich bekanntmacht, während ihm in gehörigen Schranken das Recht einer solchen Mitteilung an den dabei interessierten Personenkreis nicht zu versagen ist (RG JW 07, 527[39]).

e) **Die zwischen andern Personen bestehenden persönlichen Schuldverhältnisse** können von einem Dritten nicht verletzt (vgl. § 823 A 9) und brauchen von ihm nicht beachtet zu werden (RG Gruch 51, 987). Dadurch wird aber nicht ausgeschlossen, daß ein planmäßiges Zusammenwirken des einen Vertragsteils mit einem Dritten zum Schaden des andern Vertragsteils nicht nur den verräterischen Vertragsteil, sondern auch den Dritten gegenüber dem beeinträchtigten Vertragsteile nach § 826 verantwortlich macht (RG 62, 137; 83, 237; 88, 361; 90, 350; 108, 58; JW 1910, 390[7]; 1921, 1311[6]; 1922, 1390[6]; 1927, 1407[2]; Gruch 51, 987). Sittlich verwerflich ist deshalb der in planmäßigem Zusammenwirken mit einem Wechselgläubiger erfolgte Erwerb von Wechseln, um dem Schuldner Einreden abzuschneiden (RG Warn 1912 Nr 386; die bloße Kenntnis der Einreden macht den Erwerb nicht sittenwidrig, RG 57 S. 65 u. 391; JW 08, 151[25]). So wird dem geschädigten Vertragsteile ferner haftbar, wer von dem Mißbrauch einer Vertretungsmacht zu Geschäften, für die sie im inneren Verhältnisse nicht erteilt war, Kenntnis hat (RG 58, 356; Warn 09 Nr 481; JW 03 Beil 74[170]; vgl. SeuffA 79 Nr 138, 185; 81 Nr 49); ebenso dem Gläubiger der Schuldner, der trotz Kenntnis der Untreue des Treuhänders diesem (an sich wirksam) Zahlung leistet (RG JW 1925, 1685[7]). Wer sich in Kenntnis des vertragsmäßigen Rechtes eines Dritten auf Bestellung einer Hypothek an einem Grundstücke wegen einer für ihn bestehenden Forderung vorher eine Hypothek eintragen läßt, handelt noch nicht unsittlich (RG JW 1910, 390[7]; Gruch 51, 987; vgl. RG 73, 50); ebenso nicht schon, wer in Kenntnis eines älteren persönlichen Anspruchs auf Eigentums- oder Besitzübertragung sich das Eigentum oder andere dingliche Rechte an Sachen einräumen läßt (RG 83, 237; RG JW 1925, 1752[9]); wohl aber, wer, mag er auch nebenbei eigene erlaubte Zwecke verfolgen, im arglistigen planmäßigen Zusammenwirken mit dem Eigentümer eine Auflassung entgegennimmt, um dadurch diesem einen unliebsamen Veräußerungsvertrag mit einem Dritten beseitigen (RG 62, 137; 83, 237; 88, 366; JW 1922, 1390[6]; 1926, 986[5]; SeuffA 79 Nr 139) oder die Begründung einer Grunddienstbarkeit hintertreiben zu helfen, zu der er sich verpflichtet hatte (RG Gruch 50, 971); ebenso wer im planmäßigen Zusammenwirken mit dem Verkäufer eines Grundstücks die zur Heilung des Formmangels gemäß § 313 Satz 2 erforderliche Auflassung vereitelt, um selbst das Grundstück zu erwerben (RG Warn 1925 Nr 18). Ebenso verstößt gegen die guten Sitten die Übertragung einer Hypothek und deren Annahme durch ein Scheingeschäft zu dem Zwecke, das Recht eines Dritten auf Vorrechtseinräumung zu vereiteln (RG 95, 160). Ein sittenwidriger Eingriff in ein zwischen anderen Personen bestehendes Schuldverhältnis liegt auch vor, wenn der Käufer den Verkäufer veranlaßt, an ihn unter Umgehung des Verkaufsmaklers zu verkaufen, dem der Verkäufer die Verkaufsvermittlung gegen einen Mäklerlohn übertragen hatte (RG Warn 09 Nr 142), oder wenn jemand den beauftragten Geschäftsführer eines andern durch Bestechung gewinnt, hinter dem Rücken seines Auftraggebers zu dessen Nachteile tätig zu sein und ihm Kauflustige abwendig zu machen, anstatt sie ihm zuzuführen (RG Warn 09 Nr 97). Anwendung des § 826 in dem Falle, daß von den Gesellschaftern einer G. m. b. H., um einen von dieser mit einem Dritten abgeschlossenen, auf längere Dauer berechneten Vertrag zu beseitigen, die Auflösung der bisherigen Gesellschaft und die Gründung einer neuen G. m. b. H. unter den nämlichen Gesellschaftern mit dem gleichen Geschäftszweck vorgenommen wird, s. RG 114, 68. Ausnutzung der unter Verletzung der Tarifvereinbarungen für den Verbandsverkehr der oberschlesischen Eisenbahnen erfolgten Unterlassung der Veröffentlichung einer Tariferhöhung als Verstoß gegen die guten Sitten, s. RG SeuffA 81 Nr 72. Maßnahmen eines Gläubigers zur eigenen Sicherung sind nicht schon deshalb unsittlich, weil sie zu einer Schädigung anderer Gläubiger führen; sie mögen zur Gläubigeranfechtung führen, begründen aber noch keinen Schadensersatzanspruch aus § 826 (RG Warn 1915 Nr 134; 1918 Nr 1; LZ 1917 S. 1070[14] u. 1254[9]). Sittlich verwerflich kann es sein, wenn sich ein Gläubiger, der sich gleich den übrigen mit dem

Schuldner auf einen Prozentsatz der Forderung verglichen hat, hinterher und hinter dem Rücken der anderen die Zahlung der ganzen Forderung versprechen läßt (RG 79, 194). Die **Verleitung** eines Vertragspflichtigen **zum Vertragsbruch**, insbesondere eines Angestellten zur vertragswidrigen Auflösung des Dienstverhältnisses, aber auch eines Verkäufers, die verkaufte Sache ihm oder einem Dritten nochmals zu verkaufen und zu übergeben, verstößt dagegen ohne anderweite Schädigungsabsicht nicht schlechthin gegen die guten Sitten, sofern nicht Umstände hinzutreten, die das Verhalten verwerflich erscheinen lassen (RG 78, 14; 81, 91; 103, 421; JW 06, 465[23]; 1910, 705[5]; 1913, 866[11]; Warn 1910 Nr 183; 1913 Nr 322; 12. 4. 11 VI 417/10; zu weit geht RG JW 1913, 325[10], wo abweichend hiervon **jede** Verleitung eines bei einem Dritten unter Konkurrenzverbot Angestellten zum Vertragsbruch für unsittlich erklärt wird; ähnlich weitgehend in der Begründung RG JW 1916, 413[13]; in beiden Fällen handelt es sich aber um **unlauteren Wettbewerb**, was die Entscheidungen annehmbar macht; vgl. anderseits die angezogene Entscheidung Warn 1913 Nr 322). Nicht unsittlich ist regelmäßig die Verleitung zur Lösung eines Vertragsverhältnisses auf dem ordentlichen Wege der Kündigung (RG JW 1916, 1115[4]; vgl. dazu JW 1917, 217[5]). Über die Berufung auf ein nach dem Anfechtungsgesetz anfechtbares Rechtsgeschäft durch den Erwerber gegenüber dem Gläubiger des Veräußerers vgl. Vorbem 2 d vor § 823. Über **Knebelverträge**, die zugleich den Schuldner wie dessen übrige Gläubiger schädigen, s. A 3c. Beihilfe zur Begründung eines äußerlich glänzend ausschauenden, in Wahrheit nicht lebensfähigen Geschäfts eines Schuldners durch einen Gläubiger in eigennütziger Absicht RG JW 1917, 37[4].

f) Eine Handlung wider die guten Sitten ist es, **wenn bei Vertragsverhandlungen ein Dritter, der nicht Vertragspartei ist, in Unterstützung der einen Vertragspartei den andern Vertragsteil durch arglistige Täuschung zum Abschlusse des Vertrags bestimmt** (RG 61, 250; 63, 146). So, wenn der Makler bei Kaufverhandlungen dem Verkäufer einen Kauflustigen zuführt und ihm über dessen Zahlungsfähigkeit wissentlich falsche Angaben macht (RG Warn 08 Nr 49); wenn ein Dritter bei Gründung einer G. m. b. H. durch wissentliche Überwertung der Sacheinlage eines Gesellschafters die Gesellschaft schädigt (RG 84, 332). Hierher gehört ferner der Fall, daß jemand einen andern zur Eingehung einer Wechselbürgschaft für die Wechselverpflichtung eines Dritten an bestimmter Stelle veranlaßt unter dem Vorgeben, daß er vor ihm als Bürge zeichnen werde und, nachdem jener unterzeichnet hat, seine Unterschrift erst hinter ihm abgibt, während an die vordere Stelle eine zahlungsunfähige Person geschoben wird (RG Warn 08 Nr 517). Oder daß bei einem auf bestimmte Unternehmer beschränkten Ausschreiben von Arbeiten oder Lieferungen (Submission) ein Unternehmer die anderen durch Abfindungen bestimmt, nur Scheingebote abzugeben, damit er der Mindestfordernde bleibt (RG Warn 08 Nr 50; Gruch 52, 1037). Keinen Verstoß wider die guten Sitten bedeutet es, wenn ein Rechtsanwalt bei Vergleichsverhandlungen mit dem Gegner seiner Partei die Vereinbarung eines Sonderhonorars, das ihm diese zugesichert hat, verschweigt; es besteht keine Verpflichtung, die eigenen Verhältnisse dem Gegner zu offenbaren (RG 98, 74).

g) Der letztbehandelte Fall leitet hinüber zu den Maßregeln, die **bei der Zwangsversteigerung eines Grundstücks** von Hypothekengläubigern oder sonstigen Kauflustigen zum Nachteile anderer Hypothekengläubiger oder des Eigentümers vorgenommen werden. Kein Hypothekengläubiger hat die Verpflichtung, bei der Zwangsversteigerung des Pfandgrundstücks mitzubieten; deshalb enthält auch eine Vereinbarung mehrerer Gläubiger, sich des Bietens zu enthalten, an sich nichts Unsittliches. Sie wird jedoch zu einem Verstoße gegen die guten Sitten, wenn sie bezweckt, alle in Betracht kommenden Bieter überhaupt auszuschalten, so daß zum Schaden des Eigentümers oder anderer Hypothekengläubiger der Zweck der gesetzlichen Zwangsversteigerung, durch Erzielung eines möglichst dem Grundstückswert entsprechenden Gebots bei freiem Wettbewerb der Bieter die Deckung der auf dem Grundstücke ruhenden Lasten herbeizuführen, vereitelt wird (RG 58, 393; JW 07, 201[5]). Gegen die guten Sitten handelt ein nachstehender Hypothekengläubiger, der dem vorstehenden gegenüber übernommen hat, ihn herauszubieten, wenn er zum Nachteile des daraufhin im Versteigerungstermine nicht vertretenen Vorgläubigers eine diesem unbekannte Sachlage ausnützt, ohne ihn nach Treu und Glauben von dieser Sachlage, soweit dies ohne Schwierigkeit möglich, zu benachrichtigen (RG 69, 277; Warn 1911 Nr 326). Kein Verstoß gegen die guten Sitten ist es aber, wenn ein Hypothekengläubiger in der Zwangsversteigerung von einem Bieter nach § 67 ZVG wegen seines Gebots Sicherheit verlangt, auch wenn er vorher diesen Bieter als Hypothekengläubiger selbst bewogen hatte, mit seiner vorstehenden Hypothek hinter die seinige zurückzutreten (RG 58, 214). Kein Verstoß gegen die guten Sitten ist es auch wenn der **Gläubiger bei der Versteigerung des Grundstücks** oder der für ihn gepfändeten **beweglichen Sachen** diese ersteht, beim Weiterverkauf einen seine Forderung übersteigenden Erlös erzielt, gleichwohl aber seine Forderung geltend macht (RG 80 S. 153, 161; JW 1916, 400[5]; 1917, 812[3]).

h) **Rat, Auskunft und Empfehlung** bilden, wenn sie wissentlich unwahr erteilt werden, die Grundlage für einen Schadensersatzanspruch nach § 826 (vgl. § 676 A 3). Nach dem in A 2 u. 3 Ausgeführten kann aber auch die in besonders grober Fahrlässigkeit erteilte Auskunft, wenn sie mit dem Vorsatz der Schädigung, d. i. wenigstens mit dem Bewußtsein verbunden ist, daß der Betroffene dadurch Schaden leiden könne, ausreichen, die Haftung aus § 826 zu begründen (**RG** JW 1911, 584[27]; 1922, 1390[5]). Über die Grenze von Vorsatz und Fahrlässigkeit bei Auskünften s. **RG** 76, 313; Warn 1914 Nr 109. Einen Fall grob fahrlässigen Verschweigens eines wesentlichen Umstandes behandelt **RG** JW 1922, 1390[5]. Hierher gehört insbesondere die wider besseres Wissen oder wenigstens mit dem Bewußtsein, daß sie falsch sein könne, erstattete Auskunft über die Kreditwürdigkeit eines Kaufmanns (**RG** 94, 318; JW 1911 S. 43[29], 584[27]; 1917, 285[5]; Warn 08 Nr 214 u. 518; 1910 Nr 327). Auch vorsätzliches Verschweigen von für die Frage der Kreditgewährung erheblichen Umständen verstößt gegen die guten Sitten, wenn jemand im geschäftlichen Leben einen andern als kreditwürdig empfiehlt (**RG** 24. 6. 24 IV 59/26). Fälle grob fahrlässiger Beauskunftung behandeln JW 1911, 584[27] und JW 1922, 1390[5]. Eine Auskunft ist aber zusammenhängend als Ganzes zu würdigen; eine Bank kann nach der bestehenden Übung einer erbetenen Auskunft nicht wohl ausweichen, braucht aber auch ihre eigenen Beziehungen zu dem Geschäftsmann, über den Auskunft begehrt wird, nicht aufzudecken; das nötigt sie zu vorsichtiger Zurückhaltung in ihrer Auskunft, auf die der Anfragende sich einstellen muß (**RG** JW 1916, 36[3]; Warn 1917 Nr 110). Eine gelegentliche Auskunft bei zufälligem Zusammentreffen, die der Befragte nicht für verbindlich erachten muß, begründet keine Schadensersatzpflicht nach § 826 (**RG** Warn 1915 Nr 84). Über die Pflicht einer Berichtigung hinsichtlich einer gegenständlich unwahren, persönlich gutgläubigen Auskunft nach erlangter Kenntnis von der Unrichtigkeit handelt **RG** JW 1917, 285[5]. In ähnlicher Weise ist die Auskunft des Kaufmanns oder das Zeugnis über einen früheren Angestellten zu beurteilen, wobei namentlich die Verschweigung von Unehrlichkeiten in Betracht kommt (**RG** JW 05, 308[8]; 1916, 1190[9]; Warn 1916 Nr 76; 1917 Nr 88), ebenso die wissentlich unwahre Empfehlung eines Angehörigen für eine Stellung unter Verschweigung früherer Veruntreuungen (**RG** Warn 1912 Nr 24; vgl. aber auch JW 1913, 431[8]). Ferner ist hierher zu rechnen die wissentlich falsche Auskunft des Bankkaufmanns über Wertpapiere (**RG** JW 03 Beil 142[313]) oder die des Maklers über die Zahlungsfähigkeit eines Käufers, den er seinem Auftraggeber zuführt (**RG** Warn 08 Nr 49); die Verleitung zum Abschlusse von gewagten Börsenspielgeschäften durch den Bankkaufmann und den Dritten, der diesen die Spiellustigen zuführt (**RG** 1916 Nr 277). Wider die guten Sitten verstößt es weiter, wenn ein Hauseigentümer, der das Haus verkaufen will, mit einem Mieter vereinbart, daß dieser bei Besichtigungen des Hauses den Kauflustigen wahrheitswidrige günstige Auskünfte über das Haus erteilen oder wahrheitswidrig ungünstige Umstände verschweigen soll, wogegen die bloße Abrede, daß der Mieter keine ungünstigen Auskünfte gebe, nicht schlechthin die guten Sitten verletzt (**RG** Warn 09 Nr 89). Darüber, was als wissentlich unwahr anzusehen ist, vgl. § 824 A 8; über die Haftung dritten Personen gegenüber, an welche die Auskunft weitergegeben wird, oben A 3 am Schlusse und **RG** JW 1912, 293[12]. — Auch eine wahre Auskunft kann unter Umständen gegen die guten Sitten verstoßen, wie z. B. die Mitteilung von Vorstrafen einer Person, durch eine Auskunftei, wenn diese ungeprüft läßt, ob die berechtigten Interessen des Auskunft begehrenden Kunden die Mitteilung erfordern, und eine solche Prüfung zur Verneinung der Frage hätte führen müssen (**RG** 115, 416).

i) Eine Haftung aus § 826 kann durch den **Mißbrauch des Eigentums und anderer ausschließlicher Rechte** zum Schaden eines andern begründet werden. Die Entziehung von Licht und Luft für den Nachbar durch eigene Veranstaltungen ist nicht wider die guten Sitten, wenn sie im erlaubten Interesse, nicht in Schädigungsabsicht erfolgt (**RG** 98, 15). Der Bordellbetrieb in einem Hausgrundstück ist an sich gegen die guten Sitten; wenn er auch in natürlichem Sinne (physisch) in das Eigentum der Nachbargrundstücke nicht hinübergreift, kann er doch eine Entwertung der letzteren durch Sinken der Mietpreise und des Verkaufswerts bedingen, die ihre Eigentümer schädigt. Wenn der Bordellbesitzer sich dessen bewußt ist, wird er den Nachbarn nach Maßgabe des § 826 schadensersatzpflichtig (**RG** 50, 225; 57, 239; Warn 08 Nr 312). Einen die Anwendung des § 826 begründenden Mißbrauch ausschließlicher Rechte enthält die mit vorsätzlicher Schädigung anderer verbundene Benutzung von Warenzeichen, die an sich in gesetzmäßiger Weise erworben sind, zum Zwecke der Täuschung über Herkunft oder Beschaffenheit von Waren; einzelne Fälle s. **RG** 66, 236; 77, 433; 81, 330; 85, 197; 106, 250 (Schutz des Ausstattungsberechtigten gegen den eingetragenen Zeicheninhaber); 111, 192; JW 08, 281[23]; 1911, 111[50]; 1915, 1262[7]; 1925, 2759[3]; nicht aber schon das Erwirken der Eintragung des Warenzeichens in dem Bewußtsein, daß ein anderer vorher das gleiche Zeichen benutzt habe, und die Untersagung der Weiterführung des Zeichens gegen den andern auf Grund der erwirkten Eintragung (**RG** Warn 09 Nr 40). Die Auffrischung von Warenzeichen auf auflackierten Nähmaschinen stellt, wenn diese als neue in den Verkehr gebracht werden und die Auffrischung zu Täuschungszwecken erfolgt, eine sittenwidrige Handlung dar (RG 103, 367). Über die Eintragung von Warenzeichen auf Vorrat vgl. RG 97, 90. Verstoß gegen die guten Sitten durch Ausnutzung des Ergebnisses fremder Arbeit zur Herstellung und zum Vertrieb von Waren, die mit den älteren Erzeugnissen eines andern verwechselt werden können (RG 111, 254; 115, 180; vgl. auch RG JW 1926, 565[10], 566[11]); durch Benutzung widerrechtlich erworbener Zeichnungen und sonstiger Konstruktionspapiere durch frühere Angestellte einer Maschinenfabrik zum Zwecke des unlauteren Wettbewerbs (RG 109, 272). Mißbrauch des eigenen Namens zur Schädigung eines andern behandeln RG Warn 1911 Nr 401 und RG JW 1925, 2757[1]. Der Verkauf der Pfandsache durch den Pfandgläubiger, um einem Dritten zum Erwerbe der Sache zu verhelfen, ist nicht wider die guten Sitten, sofern er nicht aus Schikane erfolgt; er ist die Ausübung eines Rechts (RG 98, 70). Aus dem gleichen Grunde verstößt es auch nicht gegen die guten Sitten, wenn das für die Zeit nach Ablauf der Schutzdauer geplante Erscheinen eines Werkes von einem Verleger, dem urheberrechtliche Befugnisse nicht zustehen, bereits vorher den Sortimentsbuchhändlern bekanntgegeben wird (RG 107, 277).

k) Durch einen **Mißbrauch der persönlichen Stellung** handelt wider die guten Sitten der Ehemann, der seine Schuld ohne Zustimmung der Ehefrau aus deren Vermögen bezahlt, mit ihm der Gläubiger, der in voller Kenntnis der Sachlage die Zahlung entgegennimmt (RG JW 05, 391[9]); der Vater, der aus nichtigen und verwerflichen Gründen seine zunächst in Aussicht gestellte Einwilligung in die Eheschließung der Tochter verweigert, gegenüber dem Verlobten, der bereits kostspielige Aufwendungen für die künftige eheliche Wirtschaft gemacht hat (RG 58, 248); der Vorerbe, der Nachlaßforderungen lediglich zu dem Zwecke einzieht, den Wert seiner Ehefrau und deren Verwandten zuzuwenden, damit die Nacherben nichts bekommen (RG 70, 332); nicht dagegen der Vormund, der die Versagung der vormundschaftsgerichtlichen Genehmigung betreibt (vgl. RG SeuffA 77 Nr 8). Im wirtschaftlichen und Berufsleben ist es keine Handlung wider die guten Sitten und kein Mißbrauch des Ansehens, daß ein Ärzteverein, eine freigeschaffene Vereinigung der Berufsgenossen zur Wahrung der Standesinteressen, in deren Wahrnehmung und ohne Verletzung des öffentlichen Interesses (RG 68, 186) den Mitgliedern zur Pflicht macht, ihre Dienstleistungen den Krankenkassen nicht unter einem Mindestsatze zu gewähren (RG JW 03 Beil 40[83]), oder ihnen mit bestimmten Personen des ärztlichen Standes die gegenseitige Vertretung und den Beratungsverkehr untersagt (RG 64, 155), und wenn er Gegner der von ihm verfolgten Berufsinteressen von der Mitgliedschaft des Vereins ausschließt, um sie von dessen Wirkungskreise fernzuhalten (RG 93, 302; JW 1912, 294[13]; 1914, 35[5]). Sittlich verwerflich ist es aber, wenn der Ärzteverein einem Arzte ein Verbot des Verkehrs mit einem andern Arzte unter Androhung der Verrufserklärung auferlegt und die letztere dann auch ausspricht und neben den Mitgliedern Krankenhäusern und medizinischen Fakultäten mitteilt, ohne den Arzt über die Gründe des Verbots aufzuklären und in den Mitteilungen den Sachverhalt darzulegen (RG 79, 17); ferner wenn er gegen seinen Satzungen nicht unterworfene Berufsgenossen, um sie dem Vereinswillen gefügig zu machen, planmäßig mit Maßregeln vorgeht, so, wenn er die bereits aus dem Verein freiwillig ausgetretenen Ärzte aus diesem ausschließt, um ihnen den beruflichen Verkehr mit anderen Ärzten abzuschneiden (RG JW 1914, 460[2]), oder wenn er einem Arzte die Verpflichtung auferlegt, sich innerhalb einer längeren Zeit ohne seine Genehmigung nicht an einem andern Orte, als seinem derzeitigen Wohnorte, niederzulassen (RG 68, 186). Sittenwidrig kann, auch bei satzungswidrigem Verhalten, die Ausschließung eines Arztes aus einem Kassenarztverein mit Rücksicht auf die seine Existenz gefährdenden Folgen sein (RG 107, 386). In ähnlicher Weise ist es kein Mißbrauch der Machtstellung einer Reederei, wenn sie von ihren Angestellten verlangt, daß sie einem Verbande von Seeleuten fernbleiben, der die Stellung und die Rechte der Reedereien ihren Beamten und Angestellten gegenüber herabzudrücken sich zum Ziele gesetzt hat (RG Warn 09 Nr 556).

l) Über den **Mißbrauch einer Vertretungsmacht** zum Nachteile des Vertretenen s. oben unter e. Bestimmungen über einen Mißbrauch der Stellung gesetzlicher Vertreter wirtschaftlicher Körperschaften enthalten § 314 HGB, § 147 GenG, § 82 GmbHG. Die wissentlich falsche Darstellung oder die wissentliche Verschleierung der Vermögenslage der Gesellschaften nach diesen Gesetzen enthält, wenn sie zum Zwecke der Täuschung Dritter erfolgt, die der Gesellschaft Kredit gewähren sollen, zugleich eine Zuwiderhandlung gegen § 826, dessen Tatbestand an die engeren Merkmale jener Paragraphen hinsichtlich des Gegenstandes der unwahren Darstellung nicht gebunden ist, und macht die Vertreter den geschädigten Dritten haftbar (RG JW 08, 149[23]). Im inneren Verhältnisse der Gesellschaft und ihrer Vertretung zu den Mitgliedern kann eine Ausbeutung der Mehrheitsrechte gegenüber der Minderheit und die Verfolgung eigener Interessen hierbei unter bewußter Hintansetzung des Wohles der Gesellschaft einen Verstoß gegen die guten Sitten enthalten (RG 68, 314; 107 S. 72, 262; 113, 6; 115 S. 289, 296, 383; RG JW 1916, 575[3]); so z. B. bei Beschlüssen über Entlastung des Vorstandes und des Aufsichtsrats einer Aktiengesellschaft (RG 68, 314), bei Beschlüssen über die Erhöhung des Grundkapitals einer Aktiengesellschaft (RG 107, 72), bei Beschlüssen über Auflösung einer Gewerkschaft mit Verkauf des Unternehmens zu einem unverhältnismäßig niedrigen Preise (RG 107, 202). Ein Verstoß gegen die guten Sitten liegt aber nicht ohne weiteres darin, daß der Mehrheitsbeschluß willkürlich und in den Augen der Minderheit dem Gesellschaftsinteresse schädlich erscheint (RG 68, 235; Hiberniafall). Über die Zuteilung von Vorzugsaktien mit mehrfachem Stimmrecht an Vorstand und Aufsichtsrat einer Aktiengesellschaft s. RG 108, 322; über die Schaffung von Schutzaktien und ihre Überweisung an die Verwaltung s. RG 113, 188. Die Schiebung von Aktien, denen für eine Beschlußfassung der Generalversammlung nach § 252 Abs 3 HGB das Stimmrecht entzogen ist, an Dritte zu dem Zwecke, daß sie im Sinne des Veräußerers an der Abstimmung teilnehmen, ist dann wider die guten Sitten, wenn eine Bindung des Willens stattfand oder das Geschäft gar nicht ernstlich gemeint war (RG 85, 170).

m) Ein gegen die guten Sitten verstoßender **Mißbrauch der Dienststellung** ist es, wenn gewerbliche Angestellte eines gewerblichen Unternehmers während des Dienstverhältnisses anderen Unternehmern, die mit dem Dienstherrn jener im Wettbewerbsverhältnis stehen, über Geschäftsgeheimnisse des Unternehmens ihres Dienstherrn (Verfahren, Maschinen, Verarbeitungsstoffe, Bezugsquellen) Mitteilungen machen (RG 65, 333). Mitteilungen über die geschäftlichen Verhältnisse des Unternehmens an eine Organisation der Angestellten zum Zwecke der Beratung der letzteren bei der Stellenbewerbung sind dagegen innerhalb der Grenzen erlaubter Interessenvertretung ebensowenig sittenwidrig wie das Ersuchen um solche Mitteilungen (RG 92, 132). Nach Beendigung des Dienstverhältnisses besteht eine Verpflichtung des Angestellten, Geschäftsgeheimnisse seines früheren Dienstherrn zu bewahren, an und für sich nur, wenn sie vertraglich übernommen war. Dem Interesse des Betriebsinhabers steht das Interesse des früheren Angestellten am eigenen Fortkommen ebenso berechtigt gegenüber, und es ist ihm nicht verwehrt, hierbei, was er in dem Betriebe des früheren Dienstherrn gelernt und erfahren hat, für sich zu benutzen (RG a. a. O.). Anders, wenn der frühere Angestellte eine besondere Vertrauensstellung einnahm, für die er dementsprechend entlohnt wurde, oder wenn er sich die Kenntnis der Geheimnisse nicht aus der eigenen Beobachtung des Betriebs erwarb, sondern auf unlauterem Wege hinter dem Rücken des Dienstherrn sich verschaffte (RG JW 1912, 697[27]; 11. 3. 04 II 493/03). — Über den Einfluß der Bestechung kaufmännischer Angestellter auf die Gültigkeit eines Kaufvertrags s. RG 107, 208.

n) Die erfolgreiche Betätigung des eigenen geschäftlichen Interesses im **wirtschaftlichen Wettkampfe** der Gewerbeunternehmer ist regelmäßig mit einer Schädigung der anderen Wettbewerber verbunden. Wie in A 2 ausgeführt, ist niemand verpflichtet, sein eigenes Interesse einem fremden hintanzusetzen, und niemand hat einen Anspruch, in seiner wirtschaftlichen Betätigung nicht gestört zu werden; die Freiheit des einen findet an der Freiheit des andern ihre natürliche Schranke. Selbst das Bewußtsein der Schädigung der anderen Wettbewerber kann deshalb, solange ein jeder das erlaubte Interesse mit erlaubten Mitteln verfolgt, einen Verstoß wider die guten Sitten nicht begründen (RG 58, 214; 63, 146; 71, 170; Warn 1912 Nr 253; 1914 Nr 186; 1916 Nr 66; 1919 Nr 63; RG JW 1926, 1982[9]; RG SeuffA 80 Nr 168). Die Betätigung vornehmer Gesinnung ist im Wettbewerbe nicht zu verlangen und nicht zu erwarten. Was dem Wettkampfe den Stempel des Unerlaubten und Sittlichverwerflichen aufdrückt, sind die Kampfmittel, die über das zur Erreichung der eigenen Zwecke erforderliche Maß hinausgehen, die wirtschaftliche Vernichtung des Gegners herbeizuführen bestimmt und geeignet sind oder ihm so schweren Schaden zufügen, daß dieser zu den erstrebten Vorteilen in keinem erträglichen Verhältnisse steht (RG 64, 158; 93, 304; RG JW 1926, 1982[9]; 1927, 112[14]). In der Regel wird vorausgesetzt, daß Mitteilungen an Dritte die Grenzen der Wahrheit überschreiten. Die Mitteilung wahrer Tatsachen verstößt nur unter besonderen Umständen, so wenn ein Interesse an der Mitteilung für das Publikum nicht besteht, gegen die guten Sitten (RG 76, 112; Warn 1914 Nr 186; 1916 Nr 66). Sittenwidrigkeit der Warnung eines Händlerverbandes an seine Mitglieder vor einer Geschäftsverbindung mit einer Fabrik, als einer Firma, die nicht nur an Händler, sondern auch unmittelbar an Private verkaufe, s. RG JW 1926, 1982[9]. Die bloße Erschwerung des Geschäftsbetriebs eines andern, die bei an sich berechtigtem Ziele mit einer Maßregel des Wettkampfes verbunden ist, reicht zur Erfüllung des Tatbestandes des § 826 nicht aus (RG 56, 271; 71, 170; JW 1927, 112[15]; Gruch 52, 1023). Wenn aber der angreifende Wettbewerber planmäßig darauf ausgeht, den unbequemen Gegner durch gehässige Herabsetzung seiner Leistungen unmöglich zu machen, ihn seiner Kundschaft zu berauben und durch Vernichtung seiner geschäftlichen Beziehungen vollständig lahmzulegen, so ist damit ein Verstoß wider die guten Sitten gegeben (RG 48, 114; 60, 64; 76, 110; JW 02 Beil Nr 237; RG Warn 1926 Nr 184). Als sittenwidrig ist auch die zu Wettbewerbszwecken geschehene Mitteilung von der gerichtlichen Bestrafung eines Konkurrenten anzusehen (RG JW 1925, 2327[4]). Auch der Zweck der Abwehr rechtfertigt nicht die Wahl unzulässiger Mittel. Aber Mittel, die ohne den Abwehrzweck als Wettbewerbshandlungen nicht mehr zulässig wären, können als Abwehrhandlungen zulässig sein (**RG** 19. 10. 23 II 689/22). Preisunterbietungen auf Grund von Arbeitslöhnen, die unter den Sätzen eines den Unternehmer bindenden, für allgemeinverbindlich erklärten Tarifvertrags liegen, können sittenwidrig sein und Unterlassungs- und Schadensersatzansprüche tariftreuer Wettbewerber rechtfertigen (**RG** 117, 16). Planmäßiges Zusammenwirken zur Verdrängung anderer Wettbewerber mit unlauteren Mitteln behandelt **RG** 95, 44. Sittenwidrig handelt auch, wer als Kaufmann den Reisenden einer andern Firma auch für sich reisen läßt (**RG** Warn 1926 Nr 18; JW 1926, 563[7]). Die Nachahmung fremder Erzeugnisse ist ohne Hinzutreten anderer Umstände noch nicht wider die guten Sitten; wohl aber, wenn sie mit Ausnutzung der Arbeitsleistung und des Kostenaufwandes des ersten Erzeugers verbunden ist (**RG** 73, 294) und der Nachahmer durch die Ausnutzung der fremden Arbeitsleistung sich in den Stand setzt, die Ware ohne erhebliche Aufwendungen billiger als der Erzeuger in den Handel zu bringen und so den Erzeuger um die Früchte seines mit Mühe und Kosten hergestellten Erzeugnisses bringt (**RG** 101, 1; 114, 144; vgl. über die Anwendung des § 826 neben den gewerblichen Schutzgesetzen A 1); oder wenn der Nachahmer sich die Erzeugnisse nebst Mitteilung der Verkaufspreise von dem ersten Erzeuger unter der Täuschung verschafft hatte, daß er eine Bestellung machen wolle (**RG** Warn 1911 Nr 80). Ein Bewerber um die Ausführung technischer Leistungen handelt nicht wider die guten Sitten, wenn er den ihm bekannten Plan eines Mitbewerbers auch seinerseits benutzt, soweit es sich nicht um eine eigentümliche Schöpfung handelt und er sich nicht einer Verletzung gewerblicher Urheberrechte schuldig macht (**RG** Warn 1914 Nr 269); anderseits ist es wider die guten Sitten, wenn der Veranstalter des Wettbewerbs die eigentümliche Lösung der Aufgabe durch einen Bewerber einem Mitbewerber zugänglich macht, um ihm die Bestellung zuzuwenden (**RG** 83, 37), oder wenn ein Fabrikant Modelle eines Kunden, der bei ihm danach Werke oder Werkteile herstellen ließ, nach Beendigung des Vertragsverhältnisses zu Wettbewerbszwecken für sich verwertet (**RG** 83, 384). Sittenwidrige Herstellung und Vertreibung von Puppen, die mit den bekannten, künstlerischen Ruf genießenden Käthe Kruse-Puppen verwechselt werden können, s. **RG** 111, 254; vgl. auch **RG** 115, 180. Nachahmung des fremden Fabrikats zugleich mit einer das Publikum täuschenden Nachahmung der Bezeichnung ist wider die guten Sitten (**RG** JW 1915, 579[13]). Ebenso die zum Zwecke der Täuschung erfolgte Nachahmung der äußeren Ausstattung oder Bezeichnung fremder Erzeugnisse für die eigene Ware (**RG** 77, 431; Warn 1917 Nr 80; **RG** JW 1925, 1285[18]; 1926, 46[1]; **RG** 19. 12. 12 II 344/12). Unlautere Nachahmung der Bildreklame eines gleichartigen Geschäfts s. **RG** 117, 318. Sittlich verwerflich ist es, wenn ein Gewerbetreibender eine andere Person als Gesellschafter in sein Geschäft aufnimmt, um zum Zwecke des Wettkampfs seinen dem eines Wettbewerbers gleichen Namen in seine Firma einfügen zu können (**RG** Warn 1910 Nr 441), oder wenn er seinen eigenen Namen oder die eigene Firma unter denselben Umständen zum Zwecke der Täuschung zur Bezeichnung seiner Ware verwendet (**RG** Warn 1911 Nr 401; 1917 Nr 80). Eine wahrheitsgemäße Vergleichung der eigenen Ware mit der des Wettbewerbers oder eine wahrheitsgemäße Darstellung des Geschäftsgebarens des letzteren ist nicht gegen die guten Sitten, es sei denn, daß in Schadensabsicht längst vergessene frühere Geschehnisse von neuem aufgedeckt werden (**RG** 76, 110; JW 08 S. 272[7], 333[16] u. 482[15]; Warn 1911 Nr 402); wohl aber verstößt eine unter Entstellung der Wahrheit das fremde Geschäft herabsetzende Darstellung bei solcher Vergleichung in Mitteilungen an Dritte gegen die guten Sitten (**RG** JW 02 Beil Nr 23; 05, 209; 06, 198[15]; Warn 09 Nr 210; 1910 Nr 280; nicht aber schon der Gebrauch scharfer Ausdrücke in einer sonst nicht wahrheitswidrigen Darstellung Warn 1913 Nr 225). Jeder darf ferner seine Ware zu billigeren Preisen als ein anderer anbieten und verkaufen (**RG** 63, 394; SeuffA 60 Nr 174); aber er handelt wider die guten Sitten, wenn er sich die Waren, die er sonst nicht erhalten haben würde, unter Täuschung über den Zweck des Ankaufs von der Fabrik verschafft hat (**RG** 63, 394; Warn 1910 Nr 183). Er verstößt ferner gegen die guten Sitten, wenn er Ausschußwaren, die nicht als solche kenntlich sind, mit ungewöhnlich billigen Preisbezeichnungen in das Schaufenster legt, um die Allgemeinheit in den Glauben zu versetzen, die in seinem Geschäft geführten Waren würden überhaupt zu diesen Preisen verkauft (**RG** JW 05, 507[27]). Sittenwidrig, nicht nur als öffentliche Ausspielung mangels obrigkeitlicher Genehmigung nach § 286 Abs 2 StGB strafbar, ist auch der Verkauf von Waren in der Art, daß fast der gesamte Kaufpreis außer in Ratenzahlungen auch in der Weise beglichen werden kann, daß der Käufer neue Käufer wirbt und diese oder die von diesen neu geworbenen Käufer fortlaufend, in geometrischer Progression, die ihnen obliegenden Ratenzahlungen bar an den Verkäufer entrichten (**RG** 115, 319; vgl. auch **RG** JW 1927, 1572[13]). Es ist kein sittlich verwerflicher Wettbewerb, wenn ein Unternehmer elektrischer Anlagen (Überlandzentrale) die Stromabnehmer verpflichtet, die Einführung und Anbringung von ihm vornehmen zu lassen und die Beleuchtungskörper von ihm zu beziehen; aber es ist wider die guten Sitten, wenn er dabei ungewöhnlich hohe Preise fordert und unbillige Bedingungen setzt (**RG** 79, 224). Auch Abkommen zwischen

Unternehmern zum Schutze gegen das Unterbieten bei öffentlichen Verdingungen sind nicht als solche unsittlich, wenn sie nicht auf Erzielung unberechtigter Vorteile gerichtet sind (RG Warn 1913 Nr 397). Irreführen des Publikums in bezug auf Preisfestsetzung durch den Gebrauch von zwei Firmen des nämlichen Inhabers s. RG JW 1926, 1549[4]. Verstoß gegen die guten Sitten durch Verkäufe seitens eines Konsumvereins an Nichtmitglieder s. RG JW 1927, 1471[11]. Über sog. persönliche Reklame s. RG 116, 277. **Kartelle der Gewerbetreibenden**, d. i. Vertragsvereinigungen, die durch Festsetzung der von allen Mitgliedern gleichmäßig zu fordernden Preise oder durch Festsetzung der Höhe der Erzeugung oder durch Zuweisung bestimmter Absatzgebiete an die einzelnen Mitglieder den Markt zu beherrschen und den freien Wettbewerb auszuschließen suchen, sind an sich erlaubt. Wer sich einem solchen Verbande freiwillig anschließt, hat kein Recht, sich zu beklagen, wenn ihm im Falle des Vertragsbruchs schwere Schäden zugefügt werden, die er selbst gewollt hat (RG 28, 244; 28, 238; 38, 155; 81, 4; Warn 1912 Nr 253; 1913 Nr 82). Aber ein solcher Verband hat kein Recht darauf, daß alle Gewerbegenossen ihm beitreten, und wider die guten Sitten verstößt es, wenn diese durch Zwangsmittel, durch Arbeiter-, Kunden- und Lieferanten**sperre** zum Beitritt genötigt werden sollen, die ihre wirtschaftliche Vernichtung herbeiführen oder ihnen unerträgliche und unverhältnismäßige Nachteile zufügen (RG 81, 4; 85, 177; JW 1913, 134[11]; 1916, 906[5]; 1924, 1155[10]; Warn 1912 Nr 253; 1913 Nr 82; 1916 Nr 193; LZ 1922, 584[1]). Eine Schädigung Dritter durch einen Unternehmerverband, indem er die Eigentümer von Geschäftsräumen der freien Verfügung beraubt, behandelt RG 93, 19, die Verweigerung der Lieferung von Waren zu festgesetzten Vorzugspreisen durch einen Verband RG JW 1924, 1592[8]. Über den **Boykott**, der vornehmlich in den gewerblichen Kämpfen zwischen Arbeitgebern und Arbeitnehmern in die Erscheinung tritt, ist unter o gehandelt. Zulässigkeit einer Boykotterklärung gegen einen Außenseiter, der die angemessenen Tarifsätze des boykottierenden Verbandes unterbietet, s. RG JW 1927, 112[15]. Boykottandrohung gegen Buchhändler, die „Schundliteratur" verlegen und verkaufen s. RG LZ 1924, 34[3]. Der **Kettenhandel**, d. i. der Zwischenhandel unter Großkaufleuten, der die Ware dem Verbraucher nicht näher bringt, ist sittlich verwerflich, wenn dabei verwerfliche Mittel angewendet werden, z. B. eine Notlage ausgebeutet wird (RG JW 1919, 304[2]). Der Kettenhandel mit Gegenständen des täglichen Bedarfs war durch die Vorschriften über Preistreiberei unter Strafe gestellt; es kann insoweit auf die reichhaltige Rechtsprechung der Straf- und Zivilsenate des Reichsgerichts verwiesen werden. Die PreistreibereiVO v. 13. 7. 23 ist durch das RGes. v. 19. 7. 26 (RGBl I 413) aufgehoben worden (vgl. § 134 A 1). Über eine sittenwidrige Ausnutzung der Monopolstellung der **Rechtsanwälte** zum Nachteil der Rechtskonsulenten s. RG JW 1926, 562[6].

o) Die gleichen Grundsätze gelten **im gewerblichen Lohnkampfe und im Kampfe um die Arbeitsbedingungen.** Es liegt in der Natur der Sache, daß die Maßregeln der Arbeiter wie der Arbeitgeber im Streit um Arbeitslohn und Arbeitsbedingungen, die darauf berechnet sind, den Widerstand des Gegners zu überwinden und deshalb einen wirtschaftlichen Druck auf ihn auszuüben, mit Schädigungen des Gegners verbunden sind, die noch nicht als gegen die guten Sitten verstoßend angesehen werden können, weil damit der ganze Kampf unmöglich gemacht würde (RG 51, 369; 54, 255; 76, 35). Die guten Sitten verletzen diese Maßregeln nur dann (RG JW 08, 679[11]), wenn entweder die zur Erreichung des Zweckes angewandten Mittel an sich unsittlich sind, wie wahrheitswidrige und aufhetzende Darstellungen, oder wenn der dem Gegner zugefügte Nachteil so erheblich ist, daß dadurch dessen wirtschaftliche Vernichtung herbeigeführt wird, oder wenn dieser Nachteil wenigstens zu dem angestrebten Vorteil in keinem erträglichen Verhältnisse steht; endlich auch, wenn der Erfolg, der durch das Druckmittel herbeigeführt werden soll, nach Lage der Sache als ein berechtigtes Ziel nicht mehr erscheint (RG 54, 255; 57, 418; 64, 52; 66, 379; 104, 327; 105, 4; JW 1912, 810[34]; 1913 S. 35[24], 43[30], 91[7]; LZ 1923, 107[5]). Die Druckmittel, die im gewerblichen Arbeitskampf hauptsächlich zur Anwendung kommen, sind auf seiten der Arbeiter einmal der **Streik**, d. i. die gleichzeitige gemeinsame Einstellung der Arbeit seitens einer größeren Anzahl von Lohnarbeitern eines gewerblichen Unternehmers oder eines ganzen Gewerbszweigs mit dem Zwecke, dadurch von ihnen gestellte Forderungen hinsichtlich des Arbeitslohns oder der Arbeitszeit (Befreiung von Überstunden RG JW 1913, 146[26]) oder sonstigen Arbeitsbedingungen durchzusetzen. Auf seiten der Arbeitgeber entspricht dem Streik die **Aussperrung**, die gleichzeitige Entlassung aller oder eines Teiles der Arbeiter eines oder mehrerer Betriebsunternehmer in der Absicht, die Arbeiter dadurch zur Annahme der von den Unternehmern gewollten Arbeitsbedingungen zu bewegen. Als Mittel zur Durchführung dieser Maßregeln, aber auch als selbständiges Druckmittel, dient der **Boykott**, die Verrufserklärung gegen gewerbliche Unternehmer, derzufolge niemand bei ihnen Arbeit nehmen oder Waren kaufen soll, wodurch teils die Erzeugung, teils der Absatz der Waren des Unternehmers unterbunden wird, und zu deren wirksamer Durchführung die Kampfgenossen sich an die Mitwirkung fremder Kreise, sei es von Berufsgenossen, sei es der breiteren Öffentlichkeit, wenden (vgl. RG 54, 255; 64, 52; 105, 4: öffentliche Warnung vor einem Arbeitgeber in einer die Interessen der Angestellten vertretenden Zeitschrift; JW 1915, 913[3]). Sittenwidrigkeit der Verhängung der Sperre gegen einen Betrieb ohne vorgängige Benutzung der durch das Betriebsrätegesetz gewählten Behelfe s. SeuffA 77 Nr 74. Unsittlich ist es auch, wenn ein Arbeiterausschuß unter Androhung des Streiks von dem Arbeitgeber die Entlassung eines nichtorganisierten Arbeiters fordert. Es muß jedem Arbeiter freistehen, ob er sich einer Organisation anschließen will oder nicht (RG 104, 327). Ein gewaltsames Hinausdrängen des nicht organisierten Arbeiters durch Druck auf den Arbeitgeber, der zu der unzulässigen Entlassung gezwungen wird, verstößt deshalb gegen § 826 (RG Warn 1923 Nr 48; JW 1923, 293[14]; s. auch JW 1927, 289[5]). Doch kann unter besonderen Umständen, so z. B. wenn es nur zur Abwehr eigenen Schadens geschieht, auch ein solches Hinausdrängen anderer Arbeiter mit den guten Sitten vereinbar sein (RG JW 1924, 1041[4]). Der Streik ist als erlaubtes Kampfmittel nicht auf die in § 152 RGewO aufgeführten Ziele beschränkt. Wieweit andere Ziele für erlaubt zu erachten sind, ist im Einzelfalle nach dem bürgerlichen Recht und sonstigen Gesetzesvorschriften, sowie nach den Verhältnissen, unter denen er stattfindet, zu prüfen. Der Streik enthält einen Vertragsbruch, wenn er ohne Einhaltung der vereinbarten oder gesetzlichen Kündigungsfristen erfolgt; diese Vertragsverletzung macht ihn aber nicht schlechthin unsittlich. Unsittlich ist der unter Vertragsbruch veranstaltete Streik aber, wenn das angestrebte Ziel ihn nicht rechtfertigt, wenn der Streik, wie unten beim Boykott erörtert wird, lediglich als Machtmittel dient, um den Unternehmern den Willen der Streikenden, z. B. die Entlassung nicht gewerkschaftlich organisierter Arbeiter aufzuzwingen (vgl. Oertmann § 830 A 7). Deshalb wird auch regelmäßig ein unter Vertragsbruch eingeleiteter Streik, der zu politischen Zwecken und als politisches Druckmittel dienen soll, sittlich zu beanstanden sein; das sind fremde Ziele, die eine so tief eingreifende wirtschaftliche Schädigung der Unternehmer nicht rechtfertigen. Unsittlich wird der Streik ferner wegen seiner Schadensfolgen, wenn der dadurch dem Arbeitgeber zugefügte Schaden nicht in erträglichem Verhältnisse zu dem für die Streikenden angestrebten Nutzen steht (RG JW 1913, 146[26]). Arbeitsverweigerung am 1. Mai als Verstoß gegen die guten Sitten s. SeuffA 80 Nr 119. Unsittlich ist an sich nicht das Ausstellen von Streikposten, solange sie nicht durch Drohungen oder Beschimpfungen oder durch körperliche Gewalt die Arbeitswilligen von dem Eintritt in die Arbeit abzuhalten unternehmen (vgl. auch OLG 43 S. 92, 101). Der Vorsitzende eines Betriebrats, der den Fabrikbetrieb rechtswidrig stillegt, handelt damit nicht gegen die guten Sitten, wenn er des guten Glaubens ist, daß die Maßregel behufs Durchführung der zum Schutze der Arbeiter erlassenen Vorschriften geboten und gerechtfertigt sei (RG SeuffA 80 Nr 183). Für die Frage, ob eine Arbeiteraussperrung als wider die guten Sitten verstoßend anzusehen ist, ist es entscheidend, ob den Arbeitern durch die damit verbundenen Maßregeln nur die Arbeitsgelegenheit erschwert oder ob sie ihnen für länger Dauer und vollständig entzogen wird (schwarze Listen, Versagung des Handzettels RG 51, 369; 57, 418; 65, 423), und ob die Tatsachen, woraufhin die Aussperrung erfolgte, gehörig geprüft waren und nicht zu der Maßregelung ohne genügende Unterlage geschritten wurde (RG 57, 418; 71, 108). Das gefährlichste Kampfmittel ist der Boykott, in den häufig weitere Bevölkerungskreise hineingezogen werden, und für den deshalb ganz besonders ein zureichender Anlaß vorliegen muß, wenn er nicht als unsittlich erscheinen soll (RG JW 1913, 91[7]; 1915, 913[3]). Er ist für unsittlich seinem Ziele nach zu erachten, wenn er nicht sowohl der Durchsetzung einer bestimmten und in angemessenen Grenzen sich haltenden Forderung in Ansehung des Arbeitsverhältnisses dient, sondern als Machtmittel erscheint, dem Gegner den Willen der Boykottierenden aufzuzwingen und schwerwiegende Fragen der Wirtschaftspolitik zum Schaden anderer Volksteile auf dem Wege des Zwanges nach dem Willen einzelner Gruppen auszutragen (Verlangen an Unternehmer, die Heimarbeit abzuschaffen RG JW 1912, 810[34]; Verlangen der Gesellen an die Handwerksmeister, unter Bruch ihrer Innungsverpflichtungen ausschließlich die Arbeitsnachweise des gewerkschaftlichen Verbandes zu benutzen RG JW 1913 S. 35[24], 91[7]). In Ansehung der Mittel ist der Boykott unsittlich, wenn er den wirtschaftlichen Bestand des in Verruf erklärten Geschäfts zu untergraben bestimmt und geeignet ist, oder wenn die Schädigung des Betroffenen nicht in einem erträglichen Verhältnisse zu dem angestrebten Erfolge steht (RG JW 1911, 43[30]; 1912, 810[34]; 1913 S. 35[24], 43[30]); wenn die Flugblätter und Druckschriften, mit denen die Boykottierenden sich an die Berufsgenossen oder an die Allgemeinheit wenden, um sie von dem Verkehr mit dem in Verruf erklärten Geschäft abzuhalten, die Wahrheit entstellende Darstellungen der Sachlage enthalten oder sich in aufreizenden Ausführungen ergehen (RG 64, 52; 66, 379; JW 08 S. 38[14], 679[11]; 1912, 749[14]; 1913, 35[24]); endlich, wenn die ausgestellten Boykottposten tätlich Personen von dem boykottierten Geschäft abhalten, ihnen den Eintritt verwehren und die Besucher bedrohen (RG 76, 35). Über die Frage, ob darin, daß ein Arbeitgeber seine Angestellten unter Zuwiderhandlung gegen Art 159 RVerf veranlaßt, aus einer Berufsvereinigung auszutreten, eine unerlaubte Handlung liegt, die einen Unterlassungsanspruch für die Berufsvereinigung begründet, s. **RG** 113, 33. Über Tarifverträge zwischen Arbeitgebern und Arbeitnehmern vgl. oben unter a.

p) In das Gebiet des **politischen Kampfes** führen **RG** 53, 171: vorsätzliche Schädigung des politischen Gegners, indem ihm die Herausgabe einer Zeitung unterbunden wird, ferner **RG** 76, 35 und JW 09, 109[6]: Boykottierung von Sälen und Wirtschaften, um deren Inhaber zu zwingen, ihre Räume zu politischen Versammlungen der den Verruf erklärenden Partei zu überlassen. Auch in diesen Fällen ist das Bestreben selbst, das zu den Maßregeln führte, als erlaubt angesehen und nur gefragt worden, ob der dem Gegner zugefügte Nachteil in billigem Verhältnisse zu den Interessen stand, die gewahrt werden sollten

6. Für die **Schadensersatzpflicht** (vgl. A 4) gelten die allgemeinen Bestimmungen der §§ 249 ff. Über die Schadensersatzklage aus u. H. im allgemeinen vgl. A 13 zu § 823; in den Fällen arglistiger Täuschung beim Vertragsschlusse außerdem § 123 A 5. Die auch hier in Betracht kommende Klage auf Unterlassung und ihre Voraussetzungen sind Vorbem 6 vor § 823 eingehend behandelt worden. Macht der Gegner den Verstoß gegen die guten Sitten im Rechtsstreite im Wege der Einrede geltend, so ersetzt diese in Verbindung mit § 249 die im BGB ausdrücklich nicht anerkannte allgemeine **Einrede der Arglist,** die in Vertragsverhältnissen aus den Grundsätzen von Treu und Glauben in §§ 157, 242 BGB herzuleiten ist, außerhalb des Vertragsgebiets aber in §§ 226, 826 ihre gesetzliche Grundlage findet (**RG** JW 1917, 460[2]; Warn 1915 Nr 277). Die Einrede dient nicht dazu, Unbilligkeiten in der Rechtsausübung auszugleichen; sie setzt einen den anderen Teil schädigenden Mißbrauch der Rechtsausübung voraus (**RG** 86, 191; 102, 87; Warn 1915 Nr 208). Die Einrede und die ihr entsprechende Gegeneinrede der Arglist (daß der Beklagte sich arglistig verteidige, **RG** 20, 93), sind in der Rechtsprechung des Reichsgerichts in zahlreichen Entscheidungen anerkannt; die nach § 249 zu leistende Wiederherstellung besteht darin, daß der arglistige Teil von seinem Anspruche nie Gebrauch machen darf oder der arglistig erschlichene Vorteil rückgängig gemacht wird (**RG** 57, 372; 58 S. 356 u. 425; 63, 179; 64, 220; 68, 97; 70, 193; 71, 432; 75, 338; 76, 354; 78, 347; 84, 131; 86, 191; 100, 158; 102, 87; JW 1910 S. 63[7] u. 187[10]; 1916 S. 180[1] u. 390[1]; 1917, 460[2]; 1918, 42[19]; 1919 S. 102[2] u. 304[4]; 1921, 1232[8]; Warn 08 Nr 38, 53, 122; 09 Nr 189; 1910 Nr 281; 1914 Nr 273 u. 326; 1915 Nr 208 u. 277; 1917 Nr 16 u. 130). Die Einrede kann aber bei gegenseitigen Verträgen nicht schon darauf gestützt werden, daß der andere Teil selbst den Vertrag verletzt habe (vgl. insbes. **RG** JW 1921, 1232[8]). Die Entscheidungen **RG** 63, 179; 68, 97; 71, 432; 86, 191; JW 1916, 180[1] behandeln die Einrede der Arglist gegenüber den aus einem Kaufvertrage über ein Bordellgrundstück vom Verkäufer erhobenen Ansprüchen. Auf Grund des unsittlichen Charakters des Vertrags nach § 138 muß der Verkäufer das Haus zurücknehmen und die Kaufpreisleistungen zurückgeben. Dem Käufer, der gestützt auf § 817 das Bordell behalten, aber den Kaufpreis nicht zahlen, also das auf unsittliche Weise Erlangte unentgeltlich behalten will, steht die Einrede der Arglist entgegen. Den Grundsatz, daß arglistig handelt, wer fordert, was er wieder herausgeben muß, spricht **RG** Warn 1917 Nr 130 aus; auch **RG** 85, 108 ist hierher zu rechnen. Eine die Erfordernisse des § 826 erfüllende Arglist kann eine Gegeneinrede gegen die Einrede der Verjährung begründen, wenn der auf die Verjährung sich berufende Schuldner den Gläubiger durch Versprechungen oder durch in die Länge gezogene Vergleichsverhandlungen oder durch wahrheitswidrige Darstellung des Sachverhalts vorsätzlich abgehalten hat, rechtzeitig seine Ansprüche geltend zu machen (**RG** 57, 372; 64, 220; Warn 08 Nr 53), aber auch schon dann, wenn der Schuldner durch sein Verhalten überhaupt den Gläubiger veranlaßt hat, von einer Unterbrechungshandlung Abstand zu nehmen, ohne daß er bei diesem Verhalten schon an die Verjährungseinrede und deren Verhinderung gedacht hätte (**RG** 84, 131; 87, 281; JW 1919 S. 102[2] u. 304[4]). Einwand aus § 826 gegenüber der Berufung auf den guten Glauben des Grundbuchs s. **RG** 117, 180.

7. Das BGB kennt zwar keinen Satz, daß der vorsätzlichen Schadenszufügung gegenüber die **Einrede des mitwirkenden eigenen Verschuldens des Beschädigten** gemäß § 254 nicht erhoben werden könne. Unbedenklich wird die Einrede insoweit zuzulassen sein, als die Abwendung oder Minderung des Schadens nach Begehung der u. H. in Frage kommt (vgl. **RG** 62, 34: die u. H. erzeugt ein Schuldverhältnis zwischen dem Schädiger und dem Beschädigten und damit in gewissem Umfange auch Sorgfaltspflichten des letzteren, die ihm in ausdrücklicher Bestimmung Abs 2 des § 254 auferlegt); soweit es sich aber um ein mitwirkendes Verschulden bei der Verursachung des Schadens überhaupt (§ 254 Abs 1) handelt, schließt der Vorsatz des Schädigers die Berücksichtigung eines mitwirkenden Verschuldens des Beschädigten, wenn es nicht ebenfalls auf Vorsatz beruht, regelmäßig aus (**RG** 69, 277; 76, 313; 78, 389; JW 08, 9[10]; 1919, 305[6]; Warn 08 Nr 446; 1911 Nr 64; 1914 Nr 49 u. 119; 1915 Nr 275), wie andrerseits der Vorsatz des Beschädigten den Anspruch aus fahrlässiger Schadenszufügung gegen den Schädiger aufhebt (**RG** JW 05, 717[6]).

§ 827

Wer im Zustande der Bewußtlosigkeit oder in einem die freie Willensbestimmung ausschließenden Zustande krankhafter Störung der Geistestätigkeit[1]**) einem anderen Schaden zufügt**[2]**), ist für den Schaden nicht verantwortlich**[3]**). Hat er sich durch geistige Getränke oder ähnliche Mittel in einen vorübergehenden Zustand dieser Art versetzt, so ist er für einen Schaden, den er in diesem Zustande widerrechtlich verursacht, in gleicher Weise verantwortlich, wie wenn ihm Fahrlässigkeit zur Last fiele**[4]**); die Verantwortlichkeit tritt nicht ein, wenn er ohne Verschulden in den Zustand geraten ist**[5]**)**[6]**).**

E I 708 II 750; M 2 731, 732; P 2 579—590.

1. § 827 behandelt die Aufhebung der Verantwortlichkeit für eine widerrechtliche Handlung infolge Aufhebung der Willensfreiheit (vgl. § 51 StGB). **Bewußtlosigkeit** ist ein vorübergehender, ausnahmsweiser, an sich nicht notwendig krankhafter Zustand, der die Willensfreiheit ausschließt: Schlaf, Ohnmacht, Schlaftrunkenheit, Trunkenheit, hypnotische Zustände. Eine **krankhafte Störung der Geistestätigkeit** bilden Geisteskrankheit, aber auch Körperkrankheiten, die die geistige Tätigkeit beeinflussen (Fieberzustände); vgl. § 104 Nr 2. Die Zustände können dauernd oder vorübergehend sein. Die krankhafte Störung muß **die freie Willensbestimmung ausschließen**; eine bloße Minderung der Verstandes- und Willenskraft genügt zur Anwendung des § 827 nicht (**RG** 74, 110; JW 08, 210[32]; 11. 12. 06 III 170/06), ebenso nicht krankhafte Gleichgültigkeit gegen die Folgen des eigenen Handelns, Unfähigkeit diese ruhig und vernunftgemäß abzuschätzen (**RG** 108, 87). Auch die Entmündigung des Schädigers wegen Geisteskrankheit oder Geistesschwäche ersetzt nicht den Nachweis der in § 827 vorausgesetzten Geistesstörung; eine dem § 104 Nr 3 entsprechende Bestimmung fehlt hier, auch der wegen Geisteskrankheit Entmündigte vermag u. H. im Rechtssinne zu begehen und kann wegen der Folgen in Anspruch genommen werden (**RG** 108, 87; JW 1912, 24[4]; 18. 1. 13 VI 438/12); doch kann die Entmündigung einen tatsächlichen Anhalt für das Vorhandensein eines krankhaften Geisteszustandes gewähren.

2. Im Zustande der Bewußtlosigkeit oder der krankhaften Störung der Geistestätigkeit muß ein **Schaden** zugefügt sein, wenn § 827 Anwendung finden soll; die den freien Willen aufhebenden Hemmungen oder Störungen müssen also im Augenblicke der Tat vorhanden gewesen sein; die Zeit des Eintritts der Schadensfolge ist dagegen ohne Bedeutung. Ein Handeln in lichten Zwischenräumen der Geisteskrankheit macht den Handelnden in gewöhnlicher Weise verantwortlich.

3. Für den in einem der Zustände des Satz 1 einem andern zugefügten Schaden ist der Täter **nicht verantwortlich,** mag es sich um Vorsatz oder Fahrlässigkeit, bei letzterer um ein wirkliches oder vermutetes Verschulden (§§ 831, 832, 833 Satz 2, 834, 836—838), um ein Tun oder Unterlassen (Nichtbeleuchtung der Treppen, Nichtstreuen bei Glatteis) handeln. § 827 findet auch Anwendung, wenn ein mitwirkendes Verschulden des Verletzten in Frage steht und dieser dabei in einem der in Satz 1 bezeichneten Zustände sich befunden hat (**RG** JW 02 Beil 212[15]). Dem Gesetzesgedanken nach tritt die Freiheit von der Verantwortlichkeit jedoch nicht ein, wenn ein Verschulden, auch nur ein vermutetes, nicht zur Begründung der Schadensersatzpflicht gehört (§§ 833 Abs 1, 835).

4. Der zweite Satz des § 827 bestimmt eine Ausnahme von der Verantwortungsfreiheit des Satz 1, **wenn der Täter sich selbst,** schuldhafterweise, wie der Schlußsatz des Paragraphen ergibt, **in einen vorübergehenden Zustand der Aufhebung der freien Willensbestimmung versetzt hat.** Die schuldhafte Selbstverursachung des Zustandes setzt auch voraus, daß der Täter von der berauschenden Wirkung der genossenen geistigen Getränke Kenntnis hatte oder bei Anwendung der im Verkehr erforderlichen Sorgfalt haben mußte. Er ist dann für einen von ihm in dem Zustande der Willenlosigkeit angerichteten Schaden verantwortlich, **wie wenn ihm Fahrlässigkeit zur Last fiele:** d. h. er steht für die schädlichen Folgen derjenigen widerrechtlichen Handlungen ein, die entweder nur fahrlässig, oder die sowohl vorsätzlich als fahrlässig begangen werden können: er bleibt dagegen frei von der Haftung für Handlungen, die erst durch den rechtswidrigen Vorsatz unerlaubte werden, wie die u. H. nach § 826. Das gilt jedoch nicht, wenn der Täter sich vorsätzlich in den Zustand der Willensunfreiheit versetzt hat, gerade um in diesem Zustande die u. H. zu begehen; in diesem Falle hat er in Wirklichkeit die Tat vorsätzlich verübt. Auch Satz 2 findet ebenso bei eigenem Verschulden des Verletzten Anwendung (**RG** Warn 1913 Nr 132).

5. Ohne Verschulden ist der Täter in den Zustand der Willensunfreiheit geraten, wenn er die Wirkung des berauschenden Getränks oder der Hypnose weder kannte noch kennen mußte. Die Fassung des Satz 2 mit dem den Schluß des Paragraphen bildenden Nachsatze ist im Hinblick auf die Beweislast gewählt. Der Beschädigte beweist die Handlung und den durch sie zugefügten Schaden; der Schädiger wendet ein, daß er die Handlung in einem der Zustände des Satz 1 begangen habe; Sache der Erwiderung des Verletzten ist der Nachweis, daß er sich selbst in den Zustand versetzt habe, Sache der Gegenerwiderung des Täters, daß er ohne Verschulden in diesen Zustand geraten sei.

6. Satz 2 gilt, wie die §§ 827 u. 828 überhaupt, zwar **nicht nur für das Gebiet der unerlaubten Handlungen,** wie die Heranziehung der Paragraphen bei der Regelung der allgemeinen Verantwortlichkeit in Schuldverhältnissen in § 276 beweist (vgl. **RG** 59, 221); die Bestimmungen dieser Paragraphen finden daher Anwendung für die Schuldverantwortlichkeit im Reichshaftpflicht- und im Kraftfahrzeuggesetz, auch für die Verantwortlichkeit in Vertragsverhältnissen, sowie in den Fällen, in denen jemand unter den Voraussetzungen der §§ 827, 828 nicht einen Dritten geschädigt, sondern bei einer Schädigung seiner eigenen Person oder seines Vermögens, für die ein anderer verantwortlich ist, mitgewirkt hat (**RG** 108, 86 und § 828 A 1). Doch kann sich eine Versicherungsgesellschaft nicht unter Berufung auf § 827 ihrer Versicherungspflicht entziehen, weil der Versicherte, der im Zustande der Trunkenheit einen Unfall erlitten hat, sich schuldhafterweise in diesen Zustand versetzt hatte. Denn hier handelt es sich nicht um ein Vertragsverschulden des Versicherten, sondern um die Voraussetzungen, unter denen die Versicherungssumme zu leisten ist; über diese Frage entscheidet die Auslegung des einzelnen Versicherungsvertrags (**RG** 8. 5. 08 VII 408/07).

§ 828

¹) Wer nicht das siebente Lebensjahr vollendet hat, ist für einen Schaden, den er einem anderen zufügt, nicht verantwortlich ²).

Wer das siebente, aber nicht das achtzehnte Lebensjahr vollendet hat, ist für einen Schaden, den er einem anderen zufügt, nicht verantwortlich ⁴), wenn er bei der Begehung der schädigenden Handlung nicht die zur Erkenntnis der Verantwortlichkeit erforderliche Einsicht hat ³). Das gleiche gilt von einem Taubstummen ⁵).

E 1 709 II 751; M 2 732—734; P 2 579—590.

1. Verantwortlichkeit nach dem Lebensalter. a) Für die Bestimmungen des § 828 sind die §§ 55—58 StGB vorbildlich gewesen. Doch ist als die untere Altersgrenze für die rechtliche Verantwortlichkeit nicht mit § 55 StGB das vollendete 12. Lebensjahr, sondern entsprechend dem in § 104 BGB für den Beginn der Geschäftsfähigkeit angenommenen Alter das 7. Lebensjahr festgesetzt worden, während die obere Altersgrenze nicht der Zeit des Eintritts der vollen Geschäftsfähigkeit (§§ 2, 106 BGB) sich anpaßt, sondern den §§ 56, 57 StGB folgt. Bis zum vollendeten 7. Lebensjahre ist danach eine Person für die von ihr begangene u. H. unbedingt unverantwortlich, vom vollendeten 18. Lebensjahre an ist sie unbedingt verantwortlich, in der Zwischenzeit ist sie bedingt verantwortlich. Der Schlußsatz des § 828 stellt, in Übereinstimmung mit § 58 StGB, die Taubstummen den bedingt verantwortlichen jugendlichen Personen gleich. b) Auch § 828 findet, wie § 827 (s. dort A 6) über das Gebiet der unerlaubten Handlung hinaus Anwendung auf jede Verantwortlichkeit in Schuldverhältnissen, insbesondere auch vertraglichen, soweit sie für die behandelten Personenkreise überhaupt in Frage kommen kann (so im Lehrlingsverhältnis §§ 110—113). Insbesondere gilt § 828, wie § 827, nicht nur für die gegen einen andern begangene schädigende Handlung, sondern auch für die Frage, ob ein eigenes mitwirkendes Verschulden des Beschädigten nach § 254 angenommen werden kann oder nicht (**RG** 51, 75; 54, 404; 59, 221; 76, 187; 108, 86; JW 03 Beil 101[228]; 05, 15[2]; 06, 686[6]; 08, 522[6]; Warn 08 Nr 314 u. 579; 1910 Nr 19; 16. 6. 21 VI 124/21). c) § 828 bezieht sich nicht auf Unterlassungsverstöße gegen durch Schutznormen gesicherte oder sonst bestehende Verpflichtungen (z. B. der Treppenbeleuchtung, des Streuens bei Glatteis für den Hauseigentümer), die ihrer Natur nach nicht den Minderjährigen, sondern dessen gesetzlichen Vertreter treffen (M 2, 734).

2. Die in A 1 erörterte Anwendung des § 828 auf das eigene mitwirkende Verschulden der Beschädigten hat zur Folge, daß ein eigenes **mitwirkendes Verschulden eines beschädigten Kindes,** das das 7. Lebensjahr nicht vollendet hatte, unter keinen Umständen angenommen werden kann (**RG** 54, 404; 59, 221; JW 06, 55[6]). Handelt es sich um ein Verhalten des Verletzten, das zeitlich nach der schädigenden Handlung liegt (Unterlassung der Abwendung oder Minderung des Schadens nach § 254 Abs 2), so kommt das Alter zur Zeit dieses Verhaltens in Betracht.

3. Die §§ 56, 57 StGB machen die strafrechtliche Verantwortlichkeit der in dem Zwischenalter von zwölf bis achtzehn Lebensjahren befindlichen Personen von dem Vorhandensein der zur Erkenntnis der Strafbarkeit der begangenen Handlung erforderlichen Einsicht abhängig. Für die zivilrechtliche Haftbarkeit spricht § 828 von der **zur Erkenntnis der Verantwortlichkeit erforderlichen Einsicht.** Hierbei ist aber nicht gegensätzlich zur Erkenntnis der Strafbarkeit an eine Erkenntnis der zivilrechtlichen Vergeltungspflicht zu denken. Der Begriff ist weiter zu fassen, wie sich schon daraus ergibt, daß die dazu erforderliche Einsicht im Zweifel allen Personen beigelegt wird, die das 7. Lebensjahr vollendet haben. Die zur Erkenntnis der Verantwortlichkeit erforderliche Einsicht ist vielmehr „diejenige geistige Entwicklung, die den Handelnden in den Stand setzt, das Unrecht seiner Handlung gegenüber den Mitmenschen und zugleich die Verpflichtung zu erkennen, in irgendeiner Weise für die Folgen seiner Handlung einstehen zu müssen" (RG 53, 157; JW 04, 202[13]). Sie fällt nicht zusammen mit der Erkenntnis der Verantwortlichkeit selbst, also des Unrechts und der Vergeltungspflicht hierfür; sie ist vielmehr nur die Fähigkeit dazu. Eine bestimmte Vorstellung des Handelnden, in welcher Weise die Vergeltung von ihm verlangt und erzwungen werden könnte, wird nicht verlangt, nur das Verständnis für die Pflicht der Vergeltung dem Verletzten oder der Allgemeinheit gegenüber überhaupt (RG 53, 157). Das Verständnis für die Pflicht der Vergeltung wird vermittelt durch die Einsicht zur Erkenntnis des Unrechts der Handlung, und die Grundlage der letzteren Einsicht ist bei allen Fahrlässigkeitshandlungen wiederum die Einsicht für die Erkenntnis der Gefährlichkeit der Handlung, ohne die hier die Erkenntnis des Unrechts nicht denkbar ist (RG 53, 157; 1. 3. 06 VI 231/05; 31. 5. 06 VI 384, 393/05; 7. 4. 21 VI 526/20). Deshalb vermag der Nachweis vom Vorhandensein der zur Erkenntnis der Gefährlichkeit der Handlung erforderlichen Einsicht tatsächlich in allen Fällen fahrlässigen Handelns, insbesondere für das mitwirkende eigene Verschulden des Verletzten, den unmittelbaren Nachweis der zur Erkenntnis der Verantwortlichkeit erforderlichen Einsicht zu ersetzen, indem er den Schluß auf die Einsicht des Handelnden gestattet, daß ihm sein Handeln zum Verschulden anzurechnen sei und ihn zur Vergeltung verpflichte (RG JW 04, 202[13]; 06, 472[33]; Warn 08 Nr 579). Die zur Erkenntnis der Verantwortlichkeit erforderliche Einsicht ist ein allgemeines Verständnis für die Folgen einer Handlung und die Vertretungspflicht dafür; deshalb kommt es auf eine bestimmte Vorstellung, welche besondere Gefahr durch ein Handeln ausgelöst werde (besondere Gefahr einer Maschine) und welcher besondere Schaden entstehen könne (RG 51, 30; JW 06, 472[33]), ebensowenig an, wie darauf, welche bestimmte Vergeltung zu erwarten ist. Innerhalb der Altersgrenzen des Abs 2 § 828 muß in jedem einzelnen Falle die geforderte Einsicht nach den Umständen geprüft, der Grad der geistigen Entwicklung des Täters und sein Verhältnis zum Verständnis der Verantwortlichkeit für die in Frage kommende u. H. ermittelt werden. Auf das höhere Alter allein darf daher die Feststellung der Einsicht nicht gestützt werden (RG JW 03 Beil 101[228]; 05, 48[17]); doch ist die Erwägung zulässig, daß in einem gewissen Alter regelmäßig und erfahrungsmäßig für eine gewisse Handlung die verlangte Einsicht vorhanden zu sein pflege und deshalb auch bei dem Täter des fraglichen Falles angenommen werden könne (RG 51, 30; Warn 1912 Nr 13); nur darf dabei die individuelle Entwicklung des einzelnen Täters nicht außer Betracht gelassen werden (RG JW 03 Beil 101[228]; 06 S. 686[6], 747[18]; Warn 08 Nr 314). Beim Tertianer eines Gymnasiums ist im Zweifel die Einsicht für die Erkenntnis der Gefährlichkeit einer Maschine anzunehmen (RG 27. 2. 05 VI 198/04). Ob vorausgegangene Verbote, Mahnungen und Warnungen für die Feststellung der Einsicht ausschlaggebend ins Gewicht fallen, hängt von den Umständen ab (RG 76, 187; JW 06, 686[6]; 19. 9. 04 VI 533/03). Die Furcht vor der in Aussicht stehenden Schulstrafe wegen Übertretung eines Schulverbots beweist noch nicht die Fähigkeit zur Erkenntnis einer Vergeltungspflicht (RG JW 04, 202[13]). — Ist der jugendliche Täter verantwortlich, dann kommt er auch als Beteiligter nach § 830 Abs 1 Satz 2 in Betracht (RG 74, 143).

4. Der jugendliche Täter ist nicht verantwortlich, **wenn er bei Begehung der Tat nicht die zur Erkenntnis der Verantwortlichkeit erforderliche Einsicht besaß.** Diese Fassung weist nach dem Sprachgebrauche des BGB darauf hin, daß die Behauptungs- und Beweispflicht für die mangelnde Einsicht dem jugendlichen Schädiger zur Last fällt. Das BGB behandelt im Zweifel jedes über sieben Jahre alte Kind als für seine Schaden verursachenden Handlungen verantwortlich. Der Mangel an Einsicht muß vom Schädiger geltend gemacht werden, wenn er in Betracht gezogen werden soll; eine Klage kann also nicht abgewiesen werden, weil ein Kind, das das 7. Lebensjahr vollendet hatte, seinem Alter nach noch nicht die geistige Reife habe, das Unerlaubte seiner Handlung einzusehen (RG 51, 30; 61, 239; 74, 143; JW 06, 472[23]; 1911, 440[10]; Warn 08 Nr 579; SeuffA 77 Nr 29; 5. 10. 22 VI 23/22). Ist der Mangel an Einsicht nicht behauptet oder nicht nachgewiesen, so ist der jugendliche Täter für seine Handlung haftbar gleich dem Erwachsenen; der Tatbestand der u. H. oder des mitwirkenden Verschuldens ist objektiv wie subjektiv derselbe wie bei dem Erwachsenen. Insbesondere ist für die Frage, ob ein Verschulden (§ 276) vorliegt, nicht nochmals die Jugend des Täters in Rechnung zu stellen. Die im Verkehr erforderliche Sorgfalt nach § 276 ist ein allgemeines Regelmaß der von einem ordent-

lichen Menschen in den besonderen Verhältnissen des Verkehrs anzuwendenden Sorgfalt. Wohl aber fallen bei Abwägung des Verschuldens des jugendlichen Schädigers oder Verletzten gegen dasjenige des Gegenteils nach § 254 die besonderen Umstände, die durch Alter und Geschlecht bedingt werden, die geringere Überlegungsfähigkeit und Besonnenheit des jugendlichen Alters wieder erheblich ins Gewicht (RG 68, 422; JW 1911, 1016[13]; Warn 08 Nr 314; 09 Nr 281; 1910 Nr 19; 7. 3. 12 VI 412/11; nicht ganz richtig JW 1911, 446[10], wo die Jugend für das Vorhandensein des Verschuldens in Betracht gezogen wird).

5. Abs 2 Satz 1 findet Anwendung auf die **Taubstummen,** also Personen, die zugleich taub und stumm sind; auf solche, die nur taub oder nur stumm sind, erstreckt sich die Bestimmung nicht; sie sind unbedingt verantwortlich.

§ 829

Wer in einem der in den §§ 823 bis 826 bezeichneten Fälle[1]) für einen von ihm verursachten Schaden[3]) auf Grund der §§ 827, 828 nicht verantwortlich ist[2]), hat gleichwohl, sofern der Ersatz des Schadens nicht von einem aufsichtspflichtigen Dritten erlangt werden kann[4]), den Schaden insoweit zu ersetzen, als die Billigkeit nach den Umständen, insbesondere nach den Verhältnissen der Beteiligten, eine Schadloshaltung erfordert[5]) und ihm nicht die Mittel entzogen werden, deren er zum standesmäßigen Unterhalte sowie zur Erfüllung seiner gesetzlichen Unterhaltspflichten bedarf[6]) [7]).

E II 752; P 2 589—593.

1. Die Bestimmung des § 829 setzt, indem sie eine Billigkeitshaftung aus nur gegenständlich (objektiv) u. H. einführt, eine offenbare Ausnahme von dem im allgemeinen geltenden Verschuldungsgrundsatze des BGB; sie beschränkt diese Ausnahme zugleich ausdrücklich auf die vier **Tatbestände der §§ 823 bis 826.** Diese Beschränkung schließt aber die Anwendung des § 829 auf die Fälle der §§ 831, 833 Satz 2, 836 nicht aus, da hier nicht sowohl andere Tatbestände von u. H., sondern nur eine Umkehrung der Beweislast für den Tatbestand des § 823 vorliegt (RG JW 1915, 580[14]; Warn 1916 Nr 278). Noch weniger stehen Bedenken der Anwendung des § 829 im Falle des § 844 entgegen; hier handelt es sich um bestimmte Schadensfolgen bestimmter u. H., überhaupt nicht um deren Tatbestände, die vielmehr vorausgesetzt werden (RG 94, 220). Entsprechende Anwendung auf andere u. H. ist ausgeschlossen (RG 74, 143); noch weniger kann eine solche außerhalb des Gebiets der u. H. bei Schuldverhältnissen überhaupt stattfinden, wie auch § 276 nur die Bestimmungen der §§ 827, 828, nicht die des § 829 anzieht. Deshalb kann ebenso einer Ausdehnung des § 829 auf das eigene mitwirkende Verschulden nach § 254 nicht zugestimmt werden, die denn auch RG JW 03 Beil 122[70] mit Entschiedenheit verwirft, während RG JW 06, 55[6] die Frage offen läßt. Der Wortlaut des § 829 steht dieser Erstreckung deutlich entgegen und der dafür angeführte Grund: wenn das Gesetz den Nichtverantwortlichen für einen von ihm anderen zugefügten Schaden haften lasse, müsse um so mehr eine Vertretung für den Schaden angenommen werden, den er mit der Verursachung einer durch einen andern ihm gegenüber begangenen u. H. mitwirkend sich selbst zufüge, ist nicht zutreffend. Der widerrechtliche Eingriff in ein fremdes Rechtsgebiet ist ein vergeltungsbedürftigeres Geschehnis als das von jemand an sich selbst begangene Unrecht, das eine objektiv rechtswidrige Handlung gar nicht darstellt (vgl. RG 53, 312 am Schlusse). Nur wenn auch der Schädiger eine nach §§ 827, 828 von der Verantwortlichkeit befreite Person ist, die allein auf Grund des § 829 zum Schadensersatze herangezogen werden kann (ein Kind fügt einem andern beim Spiel eine Körperverletzung zu), ist die Anwendung des § 829 auch auf das eigene Verhalten des Beschädigten in der Weise gerechtfertigt, daß bei dem Billigkeitsermessen des Gerichts die Mitwirkung des Beschädigten an der Verursachung des Schadens berücksichtigt wird. Eine Anwendung des Grundgedankens des § 829 in Sondergesetzen findet sich in § 1 Abs 2 des RGes. über die Haftung des Reiches für seine Beamten v. 22. 5. 10, RGBl 798, und in § 1 Abs 2 des entsprechenden preuß. Ges. v. 1. 8. 09, GS 691.

2. Auf Grund der §§ 827, 828 nicht verantwortlich sind die Bewußtlosen, die Geistesgestörten, die Kinder unter sieben Jahren, ferner die jugendlichen Personen zwischen sieben und achtzehn Jahren und die Taubstummen, wenn sie den Nachweis führen, daß sie bei Begehung der schädigenden Handlung die zur Erkenntnis der Verantwortlichkeit erforderliche Einsicht nicht besessen haben.

3. Voraussetzung der Anwendung des § 829 ist nicht allein die von dem Nichtverantwortlichen ausgehende **Verursachung eines Schadens,** sondern die Schadenszufügung unter Umständen, die ihn, von der Frage der Zurechnungsfähigkeit abgesehen, für den Schaden haftbar machen würde; es ist äußerlich also der volle gegenständliche (objektive) und persönliche (subjektive) Tatbestand der u. H. erfordert; § 829 versagt, wo auch den Zurechnungsfähigen ein Verschulden und eine Verantwortung nicht treffen würde (**RG** 11. 12. 02 VI 192/02). Daher ist z. B. auch getrennt zu beurteilen, ob der Täter die im Verkehr erforderliche Sorgfalt verletzt, und ob er die zur Erkenntnis der Verantwortlichkeit erforderliche Einsicht besessen hat; ein Anspruch aus § 829 kommt nur in Betracht, wenn die erste Frage bejaht, die zweite verneint wird (**RG** 25. 10. 23 VI 169/23).

4. Die Voraussetzung: **„sofern der Ersatz des Schadens nicht von einem aufsichtspflichtigen Dritten verlangt werden kann"**, verweist auf die Haftung der Aufsichtspersonen über Minderjährige oder wegen ihres geistigen oder körperlichen Zustandes der Beaufsichtigung bedürfende Personen nach § 832. Sie ist erfüllt sowohl, wenn ein aufsichtspflichtiger Dritter nicht in Frage kommt, als auch wenn er sich nach § 832 gerechtfertigt hat, endlich auch, wenn nur tatsächlich wegen der Vermögenslage des Dritten dessen Inanspruchnahme nicht zum Ziele führt und den Beschädigten nicht voll wegen seiner Schadensersatzforderung befriedigt. Da, bevor diese Voraussetzung feststeht, ein Anspruch aus § 829 nicht gegeben ist, kann seine Verjährung nach § 852 — soweit es sich um die dreijährige Verjährung handelt — erst beginnen, wenn der Beschädigte von dem Versagen des Anspruchs gegen den erstverpflichteten Dritten Kenntnis erlangt hat (vgl. § 852 A 4). **RG** 94, 220 nimmt an, daß der Beschädigte auch von der Unzurechnungsfähigkeit des Täters Kenntnis erlangt haben müsse. Wohl mit Recht; denn ohne diese Kenntnis kann er gar nicht auf den Gedanken kommen, daß ein anderer als Erstverpflichteter in Anspruch genommen werden müsse. Eine Klage auf Feststellung des (aufschiebend bedingten) Anspruchs ist aber auch vor dem Feststehen der Voraussetzung zulässig (**RG** JW 1910, 824[48]).

5. Für Bestand und Umfang der Schadensersatzpflicht nach § 829 ist maßgebend, ob und inwieweit **die Billigkeit nach den Umständen eine Schadloshaltung erfordert.** Darüber entscheidet das Gericht nach freiem Ermessen. Insbesondere sind die **Verhältnisse der Beteiligten,** des Schädigers wie des Beschädigten, und zwar nicht zur Zeit der Handlung, sondern zur Zeit der Urteilsfällung, zunächst die Vermögensverhältnisse, aber auch die sonstigen Lebensverhältnisse und Bedürfnisse (z. B. eine dauernde Vermehrung der Bedürfnisse eines körperlich Verletzten) in Betracht zu ziehen. Bei einer Feststellungsklage ist auch die in der Zukunft voraussichtlich eintretende Gestaltung jener Verhältnisse mitzuberücksichtigen (**RG** 26. 3. 23 VI 558/22; 25. 10. 23 VI 169/23). Daß die Umstände der Handlung selbst nicht unberücksichtigt bleiben können, ob der Schädiger mit Absicht oder nur unbesonnen — entsprechend dem Vorsatz oder der Fahrlässigkeit bei verantwortlichen Personen — handelte, und wie nahe der jugendliche Täter der Grenze sich befand, wo die Einsicht für die Erkenntnis der Verantwortlichkeit beginnt, braucht kaum bemerkt zu werden. Unter Umständen kann die billige Schadloshaltung vollen Schadensersatz bedeuten (so bei Reichtum des Schädigers und Armut des Beschädigten). Auch die Art der Entschädigung, ob sie in Gestalt einer Rente oder durch Zahlung eines Kapitals zu leisten ist, untersteht hier dem Billigkeitsermessen des Gerichts. Maßgebender Zeitpunkt für die Bemessung der Schadloshaltung ist die Zeit des Urteilserlasses. Bei nachträglicher Veränderung der Verhältnisse ist, wenn eine Rente zugesprochen wurde, § 323 ZPO anwendbar. Von diesem Fall abgesehen, kann eine Änderung des rechtskräftigen Urteils wegen Veränderung der ihm zugrunde liegenden Verhältnisse ebensowenig verlangt werden, als sie sonst zulässig ist (a. M. Oertmann A 2b mit Schwartz, Das Billigkeitsurteil nach § 829 S. 38ff.). Für den Beginn der dreijährigen Verjährung gemäß § 852 kann nur die Kenntnis der Umstände maßgebend sein, die für den Bestand des Anspruchs, nicht solche, die nur für dessen Bemessung Bedeutung haben; die Grenzlinie zu finden ist Sache des Richters. **Über die Ausgleichung zwischen dem Aufsichtspflichtigen nach § 832 und dem Aufsichtsbedürftigen, wenn letzterer auf Grund des § 829 zum Schadensersatz herangezogen wird, vgl. A 6 zu § 840.**

6. Die Schadloshaltung aus § 829 findet ihre Grenze an dem eigenen Lebensbedarf des Schädigers für sich und die ihm gegenüber unterhaltsberechtigten Personen. Der **standesmäßige Unterhalt** ist nach § 1610 der für den gesamten Lebensbedarf einschließlich der Erziehung und der Vorbildung zu einem Berufe nach der Lebensstellung der Person erforderliche Betrag. Die **gesetzlichen Unterhaltspflichten** bestimmen die §§ 1360, 1361, 1608, 1609, 1345, 1351 (Ehegatten), 1578ff. (geschiedene Ehegatten), 1601ff. (Eltern und Kinder), 1708ff. (außereheliche Kinder), 1699 (Kinder aus nichtigen Ehen). Wegen der nach Rechtskraft des Urteils eintretenden Veränderungen der Unterhaltspflichten s. A 5.

7. Die **Beweislast** trifft den Beschädigten außer für die allgemeinen Voraussetzungen des Schadensersatzanspruchs dafür, daß von einem Dritten Ersatz nicht zu erlangen sei und daß die Billigkeit seiner Forderung zur Seite stehe; Sache der Verteidigung des Schädigers ist der Nachweis der Beeinträchtigung des eigenen Lebensbedarfs oder der Leistungen gesetzlicher Unterhaltspflichten bei einer Ersatzleistung an den Beschädigten. Daraus ergibt sich, daß § 829 nur anwendbar ist, wenn ein Anspruch daraus erhoben, das Vorhandensein seiner tatsächlichen Voraussetzungen behauptet ist (**RG** 74, 143).

§ 830

[1]) **Haben mehrere durch eine gemeinschaftlich begangene unerlaubte Handlung**[2]) **einen Schaden verursacht**[3]), **so ist jeder für den Schaden verantwortlich**[6]). **Das gleiche gilt, wenn sich nicht ermitteln läßt, wer von mehreren Beteiligten den Schaden durch seine Handlung verursacht hat**[4]).

Anstifter und Gehilfen stehen Mittätern gleich[5]).

E I 714 II 753; M 2 738; P 2 606.

1. Die beiden Sätze des Abs 1 des § 830 behandeln einen wesentlich verschiedenen Tatbestand. Während der erste Satz die Mittäter einer u. H. im Sinne des § 47 StGB im Auge hat, also ein bewußtes Zusammenwirken mehrerer Personen in objektiver und subjektiver Gemeinschaftlichkeit voraussetzt, ist der Fall des zweiten Satzes, der dementsprechend auch nicht von Mittätern, sondern von Beteiligten spricht, gegeben, wenn die mehreren Personen bei demselben Vorfall ohne subjektive Gemeinschaft sich gleichzeitig betätigt haben (so RG Warn 1913, 363; 15. 10. 06 VI 34/06). Über das Verhältnis des § 830 zu § 840 vgl. RG 96, 224 u. A 2 zu § 840.

2. Die **von mehreren gemeinschaftlich begangene unerlaubte Handlung** ist nach dem in A 1 Gesagten, wie in § 47 StGB, die in bewußtem und gewolltem Zusammenwirken ausgeführte, daher immer vorsätzliche u. H. (RG Gruch 67, 187). Satz 1 erfordert zum Unterschiede von Satz 2 einen rechtlichen Zusammenhang in dem unerlaubten Handeln mehrerer (RG JW 09 S. 136[11], 687[11]; Warn 1914 Nr 159), der nur durch ein inneres Band hergestellt, nur durch die Gemeinschaftlichkeit des Bewußtseins und des Wollens geschaffen werden kann. Von der gemeinschaftlichen Begehung oder Ausführung (§ 47 StGB) einer Handlung seitens mehrerer Personen kann nur die Rede sein, „wenn die mehreren Personen die fragliche Handlung, die sich äußerlich aus einer Anzahl von Handlungen der einzelnen zusammensetzt, in ihrer eigenen Vorstellung als gemeinschaftliche erfassen und entsprechend ausführen wollen" (Bierling, Jur. Prinzipienlehre III S. 151). Der abweichenden Meinung (Planck A 1, Oertmann A 2, Kohler BR II 485), der beiläufig auch die zu Satz 2 ergangene Entscheidung RG 58, 357 sich angeschlossen hatte, daß auch ein nur tatsächliches Zusammenwirken oder ein Zusammenwirken fahrlässiger Handlungen mehrerer unter Satz 1 falle, wenn nur der eingetretene Schaden sich als das Ergebnis der Gesamtwirkung der Handlungen der einzelnen darstellt, kann nicht zugestimmt werden. Das Gesetz spricht nicht von einem durch das Zusammenwirken der u. H. mehrerer, sondern von dem durch eine von mehreren gemeinschaftlich begangene u. H. verursachten Schaden. Die mehreren fahrlässigen Urheber eines einheitlichen Schadens (z. B. mehrere Beamte, von denen ein jeder durch Erfüllung seiner Pflicht den schädlichen Erfolg abgewendet haben würde RG 51, 258; mehrere Miteigentümer eines Hauses, die ihrer Beleuchtungs- oder Streupflicht nicht nachkommen, mehrere Fabrikanten, die giftige Abwässer in einen Bach leiten und dadurch Schaden anrichten RG 16, 144; ferner der verbotswidrig Schießpulver an eine unerwachsene Person abgebende Kaufmann und der mit Schießpulver hantierende Knabe im Falle RG 33, 348) oder die mehreren ohne Verschulden für einen Schadenserfolg verantwortlichen Personen (mehrere Tierhalter desselben Tieres oder mehrerer an der Verursachung eines Schadens beteiligter Tiere, oder der Tierhalter und der Beaufsichtiger des Tieres) handeln nicht miteinander, sie haften nur nebeneinander, ein jeder selbständig für seine Handlung oder Gefährdung. Die Fahrlässigkeit ist ein Willensfehler der Einzelperson, ein Mangel an Überlegung und rein verneinenden Charakters; ihr Wesen schließt einen gemeinsamen bejahenden Willensentschluß aus, der zur Begründung der Mittäterschaft, Anstiftung oder Beihilfe erforderlich ist (vgl. RG 65, 160; LZ 1923, 107[5]). Daß sowohl die Teilnehmer einer gemeinschaftlichen u. H. als auch die Personen, die in mehreren Handlungen, jede für sich, einen und denselben Schaden herbeigeführt haben, als Gesamtschuldner haften, bestimmt § 840 Abs 1, der alle Formen des Zusammenwirkens mehrerer Personen zu einer u. H. wie auch des Zusammenwirkens mehrerer u. H. zu einem schädlichen Erfolge umfaßt. Auch eine Vorbereitungshandlung kann nach den Umständen des Falles Mittäterschaft begründen (RG Gruch 67, 187).

3. Bei der gemeinschaftlich begangenen Handlung des Satz 1 erzeugt der gemeinschaftliche Wille die **gemeinschaftliche Verursachung,** so daß es gleichgültig ist, wieviel der einzelne Mittäter zu dem **schädlichen Erfolge** beigetragen hat. Nur das ist erforderlich, daß jeder tätig geworden ist; seine Mitwirkung kann aber eine bloß geistig bestimmende (intellektuelle) sein. Wer von den mehreren Mittätern den endlichen Erfolg auch herbeigeführt haben mag, durch die Einheit des Willens erscheint der durch die Handlung der einzelnen verursachte Erfolg als das Ergebnis ihrer Gesamtwirksamkeit (RG 58, 357; JW 09, 416[15]; Warn 1915 Nr 52; 1917 Nr 17; Gruch 51, 990; 15. 10. 06 VI 34/06; 3. 12. 03 VI 174/03; 12. 3. 06 VI 247/05 u. a. m.). So haben mit dem Eigentümer eines zum Schaden der Hypothekengläubiger ausgeplünderten

Landgutes auch die Abkäufer der einzelnen Inventarstücke, die sich vorsätzlich an dem „kalten Abkommen“ beteiligt haben, für den vollen Schaden einzustehen (**RG** Warn 1915 Nr 52; **1917 Nr 17**). Nur was einer der mehreren Täter bei dem im übrigen gemeinschaftlichen Tun nicht mitgewollt hat, auch nicht in der Weise, daß er es billigen wird, wenn es von den anderen doch ausgeführt wird (dolus eventualis), ist ihm nicht zuzurechnen (**RG** JW 90 416[15]; 15. 10. 06 VI 34/06); denn insoweit ist Mittäterschaft nicht vorhanden. Aus der nur durch die Einheit des Willens vermittelten gemeinschaftlichen Verursachung des Schadens ergibt sich weiter, daß eine Gleichzeitigkeit des Handelns und eine Einheit des Tatorts der mehreren Mittäter nicht erforderlich ist (**RG** 15. 2. 05 V 372/04). Über Anstiftung und Beihilfe, sowie über Begünstigung und Hehlerei s. A 5 u. 6.

4. Mehrere Beteiligte. Im Gegensatz zu Satz 1 hat Satz 2 einen Tatbestand zur Voraussetzung, bei dem die äußere zeitliche und örtliche Einheitlichkeit des Vorgangs für die gleichartigen, aber an und für sich selbständigen Handlungen mehrerer eine gewisse unechte, rein tatsächliche Gemeinschaftlichkeit zwar nicht der u. H. selbst, aber der Gefährdung schafft und eine dieser gefährlichen Handlungen, also die Handlung eines von mehreren Handelnden, einen schädlichen Erfolg herbeigeführt hat. Der Fall des Satz 2 ist gegeben, wenn jede einzelne der von mehreren begangenen Handlungen im allgemeinen, nach den über den ursächlichen Zusammenhang geltenden Regeln den schädlichen Erfolg herbeizuführen geeignet war, eine von ihnen den Erfolg herbeigeführt hat, aber nicht ermittelt werden kann, wer von den mehreren Handelnden der Urheber ist (**RG** 58, 357; 15. 10. 06 VI 34/06; 17. 3. 21 VI 530/20). Die handelnden Personen bei einer solchen äußerlich zusammenhängenden Mehrheit gleichartiger, aber ohne innere Gemeinschaft ausgeführter Handlungen nennt das Gesetz Beteiligte (**RG** a. a. O., ferner JW 09 S. 136[11], 687[11]; Warn 08 Nr 633). Der Begriff wird mithin bestimmt gegenüber der Mittäterschaft, Anstiftung, Beihilfe des Satz 1 und des Abs 2 durch das Fehlen eines inneren rechtlichen Zusammenhangs in dem Handeln der mehreren Personen, anderseits gegenüber einem nur zufälligen gleichzeitigen Nebeneinander einzelner Handlungen durch die tatsächliche zeitliche und räumliche Einheit des Vorgangs und durch die gleichartige Gefährdung durch die Handlungen der mehreren (**RG** JW 09, 136[11]; Warn 08 Nr 315; 1912 Nr 387). Beispiele von Satz 2 sind: eine Schlägerei (§ 227 StGB); die Mißhandlung einer Person durch mehrere andere, die ohne Gemeinschaftlichkeit des Willens handeln (**RG** Warn 08 Nr 633); das gleichzeitige unvorsichtige Abgeben von Schüssen seitens mehrerer Teilnehmer einer Jagdgesellschaft (**RG** 98, 58; JW 09, 687[11]; 19. 3. 08 VI 241/07); das Werfen mit Steinen nach Menschen durch mehrere Personen (**RG** JW 09, 136[11]); das Werfen mit Knallerbsen in einem mit vielen Menschen besetzten geschlossenen Raume (**RG** 58, 357). Zweifelhaft erscheint der **RG** Warn 1912 Nr 387 behandelte Fall, in dem vielleicht richtiger nur ein zufälliges Nebeneinander oder Nacheinander ohne äußere Einheitlichkeit anzunehmen gewesen wäre; richtig dagegen **RG Warn 1913 Nr 363**, wo die Anwendung von Satz 1 wie Satz 2 des § 830 auf den Fall verneint ist, daß eine Frauensperson, die mit mehreren Männern geschlechtlich verkehrt hatte, geschlechtlich erkrankt, aber nicht zu ermitteln war, durch wen die Ansteckung erfolgt sei. Ebenso **RG** 96, 224. Keine Beteiligung liegt vor, wenn zwei Wilderer, die voneinander nichts wissen, von verschiedenen Seiten gleichzeitig nach dem Förster schießen und einer ihn verwundet, oder wenn eine Glatteisbildung, die einen Unfall herbeigeführt hat, auf die Handlungen oder Unterlassungen mehrerer Personen zurückzuführen sein kann, ohne daß sich aber feststellen läßt, welche der verschiedenen Ursachen die Glatteisbildung bewirkt haben (**RG** Warn 08 Nr 315). — Von dem einzelnen Handelnden fordert die Beteiligung im Sinne des Satz 2, daß jedem ein schuldhaftes vorsätzliches oder fahrlässiges Tun zur Last fällt, das den schädlichen Erfolg herbeiführen konnte, das also die Gefahr erzeugte, durch welche, sei es infolge seiner Handlung, sei es infolge der Handlung eines der anderen Beteiligten, der Schaden auch wirklich herbeigeführt wurde (**RG** 58, 357; 96, 224; JW 09, 687[11]; 19. 3. 08 VI 241/07). Kann festgestellt werden, auf wessen Handlung der schädliche Erfolg wirklich zurückzuführen ist, so tritt eine Haftung der übrigen Beteiligten nicht ein (a. A. Kohler, BR II § 177 III). — Satz 2 des § 830 gilt nur für das Gebiet der u. H.; eine entsprechende Anwendung darüber hinaus ist nicht zulässig (**RG** 67, 261; 102, 319).

5. Die **Anstiftung** ist im Sinne des § 47, die **Beihilfe** im Sinne des § 49 StGB zu verstehen (**RG** Warn 1917 Nr 17). Abweichend vom Strafrecht bestimmt das BGB für die zivilrechtliche Verantwortung die volle Haftung des Gehilfen. Anstiftung wie Beihilfe erfordern ein vorsätzliches Handeln im bewußten und gewollten Zusammenwirken mit dem Haupttäter wie bei der Mittäterschaft zum Zwecke der Herbeiführung oder Unterstützung des unerlaubten Handelns des Haupttäters (**RG** 65, 157; 84, 192; 99, 90; 15. 6. 05 VI 517/04; 7. 12. 16 VI 238/16). Was Anstifter und Gehilfe nicht ebenfalls gewollt haben, kann ihnen so wenig angerechnet werden wie dem Mittäter (vgl. A 3). Begrifflich sind Anstiftung und Beihilfe auch bei dem unerlaubten Handeln des Abs 1 Satz 2 nicht ausgeschlossen, sofern es sich dabei um vorsätzliche Handlungen und um die Bestimmung oder Unterstützung eines oder mehrerer Beteiligter handelt, ohne daß diese unter sich zu einem gemeinsamen Handeln verbunden sind. Der Regel nach werden Anstiftung und Beihilfe jedoch nur im Falle des Abs 1 Satz 1 in Betracht kommen. Gegenüber den nach §§ 827, 828 für ihr Tun nicht verantwortlichen Personen sind, ebenso wie im Strafrecht, Anstiftung und Beihilfe nicht denkbar. Aber die Handlungen des Anstifters oder des Gehilfen erscheinen in diesem Falle als selbständige u. H., die sie für die Folgen der von ihnen gewollten und von ihnen auch durch die unverantwortlichen Personen gewirkten u. H. verantwortlich machen. Das gleiche gilt von den Handlungen der Begünstigung und Hehlerei, die im § 830 nicht genannt sind, auch nicht von selbst darunterfallen (vgl. SeuffA 78 Nr 21). Sie sind strafrechtlich (§§ 257 bis 261 StGB) wie zivilrechtlich selbständige u. H., deren Schadensfolgen besonders zu ermitteln sind (**RG** JW 1921, 1582[8]; 16. 10. 11 VI 211/10). Fällt der hierdurch bewirkte Schaden mit dem durch die Haupttat bewirkten zusammen, so ist gesamtschuldnerische Haftung mit dem Haupttäter nach § 840 Abs 1 begründet.

6. Die mehreren Mittäter des Abs 1 Satz 1, sowie die mehreren Beteiligten des Abs 1 Satz 2, einschließlich der Anstifter und Gehilfen nach Abs 2 sind **jeder für den ganzen Schaden verantwortlich,** der durch die Tat verursacht wurde, d. h. sie haften für den schädlichen Erfolg als Gesamtschuldner nach §§ 421, 840 Abs 1, einerlei, wieviel der einzelne zu diesem Erfolge tatsächlich beigetragen hat; das in A 3 in dieser Beziehung für die Mittäter Ausgeführte trifft auch für die Anstifter und Gehilfen zu (**RG** 7. 12. 16 VI 238/16). Untereinander steht ihnen der Ausgleichungsanspruch nach §§ 426, 840 zu. Die Frage, ob die Haftung sich auf bestimmte meßbare Teile des Schadens ermäßige, wenn festgestellt werden kann, inwieweit der Schaden auf die Tätigkeiten der einzelnen zurückgeführt werden kann, darf für den Tatbestand des Abs 1 Satz 1 nicht aufgeworfen werden; denn der gemeinschaftliche auf die Handlung gerichtete Wille erzeugt hier auch die Verantwortung für den ganzen Schaden; soweit der Wille nicht gemeinschaftlich war, ist auch der Erfolg als gemeinschaftlich verursachter nicht zuzurechnen (vgl. A 3 und 5), und insoweit kann die Verantwortung einzelner für einen Teilschaden wohl in Betracht kommen. Für Abs 1 Satz 2 aber ist, sofern ein bestimmter Teilschaden als Erfolg der einzelnen Handlungen der Beteiligten feststeht, der Fall, daß sich nicht ermitteln läßt, welcher der Beteiligten durch seine Handlung den Schaden verursacht hat, nicht gegeben; in erster Linie haftet nach Abs 1 Satz 2 jeder für den Schaden, den er selbst nachweislich angerichtet hat (vgl. A 4 am Schlusse).

§ 831

[1]) Wer einen anderen zu einer Verrichtung bestellt [2]), ist zum Ersatze des Schadens verpflichtet, den der andere in Ausführung der Verrichtung [3]) einem Dritten widerrechtlich zufügt [4]). Die Ersatzpflicht tritt nicht ein, wenn der Geschäftsherr bei der Auswahl der bestellten Person [5]) und, sofern er Vorrichtungen oder Gerätschaften zu beschaffen oder die Ausführung der Verrichtung zu leiten hat [6]), bei der Beschaffung oder der Leitung die im Verkehr erforderliche Sorgfalt beobachtet oder wenn der Schaden auch bei Anwendung dieser Sorgfalt entstanden sein würde [7]) [8]).

Die gleiche Verantwortlichkeit trifft denjenigen, welcher für den Geschäftsherrn die Besorgung eines der im Abs 1 Satz 2 bezeichneten Geschäfte durch Vertrag übernimmt [9]).

E I 711 II 754; M 2 736, 737; P 2 597—604.

1. Allgemeines. Verhältnis zu § 278. Dem äußeren Anscheine nach nimmt § 831 eine Parallelstellung zu § 278 ein. Wie hiernach der Geschäftsherr für ein Verschulden der Vertreter und Hilfspersonen einzustehen hat, deren er sich zur Erfüllung einer Verbindlichkeit in Vertrags- und vertragsähnlichen Verhältnissen bedient (**RG** 98, 327; JW 1911, 360[6]), so scheint § 831 eine Haftung des Geschäftsherrn für die widerrechtlichen Eingriffe in einen fremden Rechtsbereich festzusetzen, deren sich seine Hilfspersonen bei den ihnen vom Geschäftsherrn aufgetragenen Tätigkeiten schuldig machen. Eine Ähnlichkeit zwischen beiden Bestimmungen ist aber nur in deren Zwecke und Erfolge gegeben; die rechtliche Grundlage des § 831 ist von der des § 278 verschieden. Während nach § 278 der Geschäftsherr wirklich für ein Verschulden der Hilfspersonen aufzukommen hat und sein eigenes Verhalten dabei gar nicht in Frage kommt, ist es nach § 831 nicht das unerlaubte Verhalten der Gehilfen, sondern das eigene Verschulden des Geschäftsherrn, das er zu vertreten hat; die Handlung, für die er einzustehen hat, ist die der Hilfsperson; das Verschulden, das diese Haftung begründet, ist sein eigenes (**RG** 78, 107; 99, 263; **JW 1911, 979[11]; Warn 1912 Nr 74; a. M. v. Gierke, Deutsches Schuldrecht** S. 957, der in §§ 831, 833 Satz 2, 836 nicht eine Verschuldenshaftung mit **Umkehrung der**

Beweislast, sondern eine abgeschwächte Verursachungshaftung erblickt). Dieses Verschulden besteht in der schuldhaft untüchtigen Auswahl der Hilfspersonen oder schuldhaft versäumten Beschaffung der für eine Arbeit der Hilfspersonen erforderlichen Vorrichtungen oder Gerätschaften, oder endlich der schuldhaft unterlassenen Leitung einer Verrichtung, die einer Leitung bedurfte. Indem § 831 aber weiter dem Geschäftsherrn die Beweislast aufbürdet, daß er nach allen diesen Richtungen die im Verkehr erforderliche Sorgfalt beobachtet, also einer Fahrlässigkeit sich nicht schuldig gemacht habe, oder daß der Schaden auch bei Anwendung dieser Sorgfalt entstanden sein würde, stellt er eine doppelte, von dem Geschäftsherrn zu entkräftende Vermutung auf: einmal, daß der Geschäftsherr seine Hilfsperson, die bei Ausführung eines Geschäfts oder einer Arbeit einem andern widerrechtlich einen Schaden zugefügt hat, schuldhafterweise untüchtig ausgewählt oder ungenügend mit Arbeitsmitteln ausgestattet habe (**RG** 60, 300) und sodann, daß durch diese untüchtige Auswahl oder Ausstattung der dem Dritten zugefügte Schaden verursacht worden sei (**RG** Warn 08 Nr 310; 1913 Nr 93). Wird dieser Beweis vom Verletzten geführt, so ergibt sich die Haftung des Geschäftsherrn aus § 823; des § 831 bedarf es dann nicht (vgl. **RG** JW 1913, 737[7]; Warn 1920 Nr 30). Die Haftung aus § 831 erfordert im übrigen nicht, daß der Schaden gerade durch die untüchtige Eigenschaft des Bestellten verursacht sei (vgl. darüber A 5b u. A 7); es genügt, daß dieser gegenständlich zu der Verrichtung ungeeignet war; der Gegenbeweis des Geschäftsherrn muß sich, wenn dies feststeht, dahin richten, daß der schädliche Erfolg auch bei voller Tüchtigkeit des Bestellten eingetreten sein würde (**RG** Warn 08 Nr 310; 1913 Nr 93; s. A 7 a. E.). Da § 831 eine Haftung aus dem Verschulden des Geschäftsherrn, nicht des Bestellten, festsetzt ergibt sich, daß die Haftung nach § 831 ausgeschlossen ist, wenn dem Geschäftsherrn die freie Willensbestimmung oder die zur Erkenntnis seiner Verantwortlichkeit erforderliche Einsicht (§§ 827, 828) fehlte; § 829 ist jedoch, weil § 831 nur eine Umkehrung der Beweislast für einen Tatbestand des § 823 darstellt, anwendbar (vgl. A 1 zu § 829). Wenn die von der Hilfsperson bei Ausführung der ihr aufgetragenen Verrichtung begangene widerrechtliche Verletzung zugleich eine Vertragsverletzung in Erfüllung einer vertraglichen Verpflichtung des Geschäftsherrn gegen den andern enthält (vgl. Vorbem 4a vor § 823), so können sowohl § 278 als auch § 831 zur Anwendung kommen (**RG** 88, 433; 99, 263; Warn 1910 Nr 434; 15. 2. 11 V 220/10). Weist der durch eine Vertragsverletzung Geschädigte ein Verschulden der Hilfsperson nach, so darf er nach § 278 den Geschäftsherrn in Anspruch nehmen, ohne daß diesem ein Entlastungsbeweis zustünde, daß ihn bei Bestellung der Hilfsperson kein Verschulden treffe (**RG** 62, 119; JW 04, 141[9]; Warn 1910 Nr 434; Gruch 48, 882). Kann oder will er diesen Beweis nicht führen, so verbleibt die Berufung auf § 831 wegen der widerrechtlichen Schadenszufügung, die der Geschäftsherr jedoch durch den Gegenbeweis in Satz 2 des § 831 Abs 1 zu entkräften vermag (**RG** JW 06, 377[3]). Nur § 831, nicht § 278 ist anwendbar, wenn der Verletzte nicht selbst der Gläubiger des Vertrags oder des gesetzlichen Schuldverhältnisses ist, sondern zu letzterem seinerseits wieder in vertraglichen oder sonstigen Rechtsbeziehungen steht (**RG** Warn 1911 Nr 260). Über die Haftung des Reichspostfiskus bei Beschädigungen von Reisenden oder beförderter Sachen s. Vorbem 4a vor § 823, über die Bedeutung des § 5 EisenbVerkO v. 23. 12. 08 s. **RG** Warn 1916 Nr 82. Über die Unanwendbarkeit des § 831 im Falle des § 136 GewUVG — jetzt §§ 903—906 RVO — s. **RG** 69, 340; JW 06, 403[37]; im Falle des § 2 RHaftpflG s. **RG** SeuffA 79 Nr 93; des § 13 Abs 3 UnlWG s. **RG** 116, 33; ferner bei Handlungen, die in Ausübung staatlicher Hoheitsrechte oder sonst öffentlich-rechtlicher Funktionen vorgenommen werden **RG** Warn 1910 Nr 232 Feuerwehr; 1914 Nr 239 militärische Arbeiten; 1918 Nr 200 Feuerwehr. In dem Verhältnis zwischen Eisenbahn und Reichspostverwaltung im Falle der Beschädigung eines im Eisenbahnpostdienst beschäftigten Reichspostbeamten kommt § 831 nicht zur Anwendung, da nach Art 8 des Eisenbahnpostgesetzes v. 20. 12. 75 eine Haftung der Eisenbahn der Post gegenüber nur bei wirklichem, von der Postverwaltung nachzuweisendem Verschulden des Eisenbahnbetriebsunternehmers oder seiner Angestellten, nicht auf Grund des vermuteten Verschuldens des § 831 geltend gemacht werden kann (**RG** JW 1921, 337[7]). — Die Sondervorschrift im HGB § 485 (Haftung des Reeders) schließt die Anwendung des § 831 aus (**RG** 116, 213).

2. **Zu einer Verrichtung bestellt** ist jeder, dem von einem andern, von dessen Weisungen er mehr oder minder abhängig ist, eine Tätigkeit übertragen worden ist. Die Tätigkeit kann tatsächlichen oder rechtlichen Charakters (**RG** 73, 434), entgeltlich oder unentgeltlich, dauernd oder vorübergehend, niederer oder höherer Art sein und die Bestellung auf einen ganzen Geschäftskreis oder eine einzelne Tätigkeit sich beziehen; sie kann bei Geschäften rechtlicher Art mit einer Vertretungsmacht verbunden sein oder ohne solche sich vollziehen (**RG 53, 276; 91, 363;** 92, 345; Warn 1915 Nr 6). Eine allgemeine Bestellung begreift auch die einzelnen im Rahmen des Auftrags liegenden Handlungen (**RG 73, 434; 91, 363; 92, 345; JW 1915, 704[9]**). Ein rechtsgeschäftlicher Akt der Übertragung ist nicht erfordert, auch nicht Geschäftsfähigkeit des Bestellten. Nicht erforderlich ist auch, daß der Bestellte äußerlich erkennbar als Geschäfts-

besorger auftritt (a. M. Dernburg, BR II 2 § 387 II 1). Unter § 831 fallen die Tätigkeiten sowohl des Dienstboten und Arbeiters wie des gewerblichen Leiters einer großen Fabrik oder des Prokuristen eines Handlungshauses, der übrigens, falls der Geschäftsherr ein Verein oder eine Körperschaft oder auch eine offene Handelsgesellschaft ist, unter Umständen als besonderer Vertreter nach § 30 angesehen werden kann (RG 76, 35 [48]; Warn 08 Nr 572; 12. 4. 11 VI 576/10). Auch die Tätigkeit des Rechtsanwalts im Rahmen der Prozeßvollmacht im Prozesse und in der Zwangsvollstreckung fällt unter § 831; die anscheinend entgegenstehende Bestimmung des § 85 ZPO regelt nur die prozeßrechtlichen Wirkungen, die die Handlungen des Rechtsanwalts als Prozeßhandlungen für den Rechtsstreit erzeugen, und spricht nur den Grundsatz der unmittelbaren Stellvertretung des § 164 BGB für die Prozeßhandlungen des Rechtsanwalts aus (RG 96, 177; a. M. früher RG Warn 1915 Nr 6). Der Ehemann kann als Verwalter des Frauenvermögens als zu einer Verrichtung bestellt erscheinen, wenn die Ehefrau im Güterstande der Gütertrennung ihm diese Verwaltung freiwillig überträgt; nicht im gesetzlichen Güterstande, wobei er in eigenem Recht handelt (RG 91, 363). Unter § 831 fallen auch die Tätigkeiten der Vorstandspersonen eines nicht rechtsfähigen Vereins (RG 91, 74; JW 1913, 737[7]; Warn 1912 Nr 438; 1913 Nr 319; 1917 Nr 263; LZ 1922, 584[1]; 11. 12. 11 VI 36/11); niemals dagegen, abweichend von § 278, die der gesetzlichen Vertreter einer natürlichen oder juristischen Person, deren Handlungen rechtlich als die des Vertretenen gelten (RG 61, 207; 91, 74). Eine Haftung natürlicher Personen aus u. H. ihrer gesetzlichen Vertreter ist dem BGB fremd (§ 823 A 12); die Haftung juristischer Personen ist in den §§ 30, 31, 89 geordnet. Die Grenze der gesetzlichen Vertretung, insbesondere nach § 30, und der Verrichtung eines bestellten Beamten im Sinne des § 831 ist nicht immer leicht zu bestimmen; maßgebend ist, ob die Personen zu ihrer Tätigkeit innerhalb eines Geschäftsbereichs durch die Satzungen der Körperschaft, der bei Körperschaften öffentlichen Rechtes die die Verwaltungsgliederung regelnden Bestimmungen entsprechen, berufen sind, oder ob sie ihren Dienstauftrag erst wiederum von den so berufenen Personen herleiten (RG 53, 276; 62, 31; 74, 21; 79, 101; JW 06, 82; 1912 S. 282[1], 338[2], 849[1]); erstere sind die Vertreter, letztere die nach § 831 zu behandelnden Angestellten. Aber nur auf den Dienstauftrag kommt es an; die Anstellung kann beim Vertreter wie beim Angestellten auf einen zuständigen Vertreter zurückgehen (RG 53, 276; 55 S. 271, 229; 62, 31; JW 03 Beil 117[260]; 04, 165[3]; 06, 8[2] u. a.). Des näheren vgl. §§ 30, 31, 89 und die A daselbst. Als zu Verrichtungen bestellte Personen sind nach diesen Grundsätzen in der Rechtsprechung angesehen worden: der Bahnhofsvorsteher (RG JW 03 Beil Nr 260; 1911, 450[18]; Warn 1917 Nr 242; 1919 Nr 89), der Bahnmeister (RG 53, 276; 55, 229; JW 1911, 450[18]; Warn 1917 Nr 242) und das Zugpersonal (RG JW 06, 377[3]; Warn 09 Nr 507) in der preuß. Eisenbahnverwaltung; der Kanallotse (RG 74, 250; 79, 101; 81, 316); der Postassistent (RG JW 06, 706[1]); ein Postbeamter, der in dienstlicher Eigenschaft einem Postscheckkunden Auskunft gibt (RG 18. 6. 26 III 281/25); der Hausmeister eines Postgebäudes (RG JW 04, 165[3]); der Schuldiener (RG JW 06, 427[13]); der Leiter einer städtischen Gasanstalt (RG 74, 21; JW 1915, 395[7]) oder eines städtischen Schlachthauses (RG LZ 1922, 615[1]); der Leutnant in der Militärverwaltung (RG 55, 171). Zweifelhaft und im einzelnen Falle zu prüfen ist die Rechtsstellung bei Beamten höherer und selbständiger Berufstätigkeit: beim Vorsteher einer Reichsbanknebenstelle (RG 76, 179); beim Vorsteher eines Stadtbauamts, der bloßer Beamter, aber auch Magistratsmitglied oder besonderer Vertreter nach § 30 sein kann (RG JW 1912, 849[1]; 1920, 775[3]; Warn 1914 Nr 35); dagegen ist der (Kommunal-) Kreisbaumeister in Preußen Angestellter nach § 831 (RG JW 1915, 395[7]); beim Betriebsdirektor einer städtischen Straßenbahn (RG JW 1911, 640[1]; Warn 1916 Nr 125); beim Leiter der einer Körperschaft gehörenden Heilanstalt (RG JW 1912, 338[2]); beim Rendanten einer Gemeindesparkasse (RG JW 1912, 282[1]). Die Leiter der Zweigniederlassungen von Aktienbanken können Vertreter nach § 31 sein, wenn sie dem Gesamtvorstande angehören; sie können besondere Vertreter nach § 30 sein, wenn ihre Bestellung satzungsmäßig vorgesehen ist; es genügt, daß die Zweigniederlassung ausdrücklich satzungsmäßig vorgesehen ist und die Stellung ihres Leiters durch Auslegung aus der Satzung ermittelt wird; sie können aber auch lediglich Angestellte im Sinne des § 831 sein; die Satzung ist dafür Maßstab und Grundlage (RG Warn 1915 Nr 317; 1917 Nr 110); ähnlich ist die Stellung von Depositenkassenvorstehern der Banken (RG 94, 318; JW 1917, 285[5]; Warn 1918 Nr 208). Wesentlich ist für die Bestellung zu einer Verrichtung nach § 831, wie sich aus Abs 1 Satz 2 ergibt, daß dem Besteller die Eigenschaft des Geschäftsherrn im Verhältnisse zum Bestellten zukommen muß. Der zu einer Verrichtung Bestellte muß die Anordnungen des Bestellers für die Ausführung der Verrichtung zu befolgen haben, von dessen Willen bei der Ausführung abhängig sein; wer die aufgetragene Tätigkeit als selbständiger Unternehmer ausführen soll, über seine Person frei zu verfügen und Zeit und Umfang seiner Tätigkeit selbst zu bestimmen hat, ist nicht im Sinne des § 831 zu einer Verrichtung bestellt (RG 51, 199; 53, 276; 86, 424; 92, 345; JW 09 S. 276[12] u. 416[13]; 1910, 747[4]; 1912 S. 37[27], 138[12]; Warn 08 Nr 56 u. 471; 1910 Nr 232; 1911 Nr 180 1912 Nr 301; LZ 1922, 68[1]; a. M.

Planck A 1a, der es maßgebend sein läßt, ob dem Besteller eine Prüfung der Zuverlässigkeit der bestellten Person möglich oder nach der Auffassung des Lebens anzusinnen sei, und Oertmann A 2a, der sich gegen jede Einschränkung aus dem Verhältnisse des Bestellers zu dem Bestellten erklärt). Der selbständige Bauunternehmer oder Handwerksmeister, der ein Werk auszuführen übernommen hat, ist also nicht Angestellter, nicht zu einer Verrichtung bestellt (RG 86, 424; JW 1910, 747[4]; 1912 S. 37[27], 138[12], 142[19]; 1914, 1039[5]; Warn 1912 Nr 301). Einen zweifelhaften Fall, in dem die Anwendbarkeit des § 831 bejaht wurde, behandelt RG 96, 81: eine Stadtgemeinde hatte als Kriegsfuttermittelstelle eine Firma mit dem Vertriebe der Futtermittel an die Händler betraut; hier wurde ein Geschäftsherrnverhältnis der Stadtgemeinde zu der Firma angenommen. Ein großes Maß von Selbständigkeit und Bewegungsfreiheit, nach eigenem Ermessen und eigener Sachkunde zu handeln, kann auch der Angestellte im Sinne des § 831 haben; schon der Kutscher und der Kraftwagenführer handeln nach eigener Sachkunde und Erfahrung; aber sie haben über sich und ihre Tätigkeit nicht frei zu bestimmen. Der Unterschied des selbständigen Unternehmers und des zu einer Verrichtung Bestellten wird vielfach mit dem von Werk- und Dienstvertrag zusammenfallen (RG JW 1910, 747[4]; 1912 S. 37[27], 142[19]; Warn 1912 Nr 301). Der Fahrgast ist nicht Geschäftsherr des Führers der Kraftdroschke, die er zu einer Fahrt bestellt hat (RG LZ 1917, 1339[8]). Mitgesellschafter und Mitgeschäftsführer einer G. m. b. H. stehen nebeneinander, nicht im Verhältnis von Geschäftsherrn und Angestellten (RG 91, 73; RG SeuffA 80 Nr 167); ein Gesellschafter einer o. HG. — und ebenso einer G. m. b. H. — **kann** aber als von den übrigen zu einer Verrichtung bestellt in Frage kommen, wenn er für seine Person, nicht innerhalb seiner Vertretungsmacht gehandelt hat, so wenn er durch arglistige Täuschung einen Dritten zum Eintritt in die Gesellschaft bestimmte (RG 91, 412). So steht die Tätigkeit der zu einer Verrichtung bestellten Person, rechtlich betrachtet, in der Mitte zwischen derjenigen des Vertreters einer Körperschaft, dessen Handlung als die *eigene* des Vertretenen gilt, und derjenigen des selbständigen Unternehmers, dessen Handlung für den Besteller der Tätigkeit eine *fremde* ist. Die Handlung des zu einer Verrichtung Bestellten aber ist *sowohl fremde als eigene* des Bestellers und Geschäftsherrn (vgl. RG 74, 250). Das begründet nach § 831 seine Haftung, soweit sein Anteil an der Handlung reicht (A 5—8). Die Bestellung kann durch eine Zwischenperson erfolgen; sie muß nicht unmittelbar auf den Geschäftsherrn oder dessen gesetzlichen Vertreter zurückführen; auch wer vom Angestellten zur Hilfeleistung zugezogen wurde, ist, wenn die Zuziehung im Geschäftskreise des Zuziehenden lag, vom Geschäftsherrn bestellt (RG 55, 171; Warn 08 Nr 475; 09 Nr 538; 1912 Nr 109); wie sich der Entlastungsbeweis der sorgfältigen Auswahl in diesem Falle gestaltet, darüber s. A 5. Die Stellung des Bestellers als Geschäftsherr wird an und für sich nicht dadurch beeinträchtigt, daß die aufgetragene Tätigkeit für einen Dritten geleistet werden soll. Wenn aber dem Dritten überlassen wird, die einzelnen Verrichtungen dem Gehilfen zuzuweisen und dieser sie nach der Weisung des Dritten ausführen soll, dann ist letzterer hinsichtlich dieser Verrichtungen der Geschäftsherr: so, wenn ein Eigentümer dem Unternehmer, der für ihn einen Bau ausführt, seine Arbeiter zum Anfahren von Baustoffen zur Verfügung stellt (RG Warn 08 Nr 56). Im Verhältnisse des Geschäftsherrn steht der Handwerksmeister zum Lehrling. Wird aber der Lehrling nur als solcher, als Lernender beschäftigt, der nach den Unterweisungen des Meisters oder der Gesellen unter deren Aufsicht an den Arbeiten beteiligt wird, so liegt die Bestellung zu einer Verrichtung nicht vor; anders, wenn dem Lehrling untergeordnete Hilfeleistungen übertragen werden, die auch ein anderer ausführen könnte, der dem Fache nicht angehört, oder wenn der schon vorgeschrittene Lehrling mit selbständigen Tätigkeiten betraut wird (RG 13. 3. 05 VI 456/04). Unter dem Gesichtspunkt einer allgemeinen Aufsichtspflicht kann die Haftung eines Zentralverbandes der Arbeitnehmer für Streikschäden begründet sein, wenn der Streik von einer Ortsstelle ohne die erforderliche Genehmigung des Zentralverbandes eingeleitet, von diesem aber demnächst gebilligt worden ist (RG 29. 4. 26 IV 558/25).

3. **In Ausführung der Verrichtung,** die ihr aufgetragen wurde, muß die Hilfsperson gehandelt haben, wenn für den Schaden, den ihre Handlung angerichtet hat, der Geschäftsherr in Anspruch genommen werden soll. Den Gegensatz bildet die Zufügung eines Schadens *bei Gelegenheit* der Ausführung der Verrichtung. Die schädigende Handlung, die auch in der *Unterlassung* einer auftrag- oder pflichtgemäß vorzunehmenden Handlung bestehen kann (RG JW 1900. 333[10]; 1911, 182[9]), muß in den Kreis der Tätigkeiten fallen, die die Ausführung der Verrichtung darstellen; sie muß mit diesen Tätigkeiten in einem inneren Zusammenhange stehen (RG 73, 434; 79, 312; 104, 144; JW 09 358[3]; 1910, 333[10]; Gruch 53, 924). Das ist der Fall, wenn Handwerksgesellen, von ihrem Meister mit der Einrichtung von Beleuchtungsgegenständen in einem Hause beauftragt, bei der Arbeit die Kronleuchter usw. beschädigen, es ist auch der Fall bei einem Kutscher oder Straßenbahnwagenführer oder bei dem Zug- oder Maschinenführer eines Eisenbahnzugs, die mit einer Fahrt beauftragt sind und dabei jemanden überfahren (RG a. a. O.; JW 06, 377[3]; auch 07, 16[18]; Warn 09 Nr 507);

bei Bahnangestellten, die, mit der Beförderung des abhanden gekommenen Gutes dienstlich befaßt, an dessen Beseitigung sich beteiligen (RG SeuffA 80 Nr 174). Das trifft ferner zu, wenn (Unterlassung) Angestellte auftragswidrig Unbefugte von dem Betreten eines dritten Personen Gefahren bietenden Arbeitsplatzes nicht abhalten (RG JW 1911, 182[9]). Eine willkürliche oder irrtümliche Überschreitung der Grenzen des Auftrags stellt die Handlung noch nicht außerhalb des Kreises der aufgetragenen Verrichtungen, wenn der innere Zusammenhang in Wirklichkeit vorhanden ist (RG Warn 1916 Nr 125). So wenn ein angestellter Kraftwagenführer ohne den Willen des Geschäftsherrn oder auch gegen dessen Weisungen eine andere Person mit in den Wagen nimmt und mit ihr die aufgetragene Fahrt, der Bestellung gemäß oder auch mit einem selbstwilligen Umwege, ausführt und dabei diese Person verletzt (RG JW 1913, 327[11]; Warn 1913 Nr 55). Liegen die Voraussetzungen für die Haftung eines Kraftwagenhalters für den von ihm angestellten Wagenführer nach § 831 vor, so ist unerheblich, ob im Sinne des § 7 Abs 3 KraftFG die Fahrt, bei der die schadenstiftende Handlung begangen wurde, ohne Wissen und Willen des Wagenhalters gemacht worden ist (RG 14. 10. 26 IV 328/25). Dagegen genügt eine bloß irrtümliche Annahme, in Ausführung eines Auftrags zu handeln, wenn die innere Beziehung zu diesem tatsächlich fehlt, nicht; der zugewiesenen Verrichtung ganz fremde Handlungen können die Grundlage für eine Haftung des Geschäftsherrn aus § 831 nicht abgeben. Hier ist die Handlung nicht in Ausführung der Verrichtung, sondern nur bei deren Gelegenheit verübt (RG JW 1910, 652[10]). So auch, wenn in dem oben angeführten Beispiele einer der mit der Einrichtung von Beleuchtungsgegenständen in einem Hause betrauten Gesellen bei einem Bewohner des Hauses einen Diebstahl ausführt; oder wenn der Kassierer einer Genossenschaft, der zum Abschlusse von Verträgen nicht ermächtigt ist, ein Darlehn für die Genossenschaft aufgenommen, das Geld entgegengenommen und unterschlagen hat (RG 65, 292); ebenso wenn ein Kutscher, den der Geschäftsherr einem Dritten zur Beförderung von Waren zur Verfügung gestellt hat, diesem gegenüber eine Unterschlagung begeht (RG JW 1920, 284[5]). Die Kenntnis von der diebischen oder (bei Körperverletzungen) gewalttätigen Neigung oder von der gefährlichen Geisteskrankheit eines Angestellten kann dagegen eine Haftung des Geschäftsherrn aus § 823 Abs 1 begründen (RG JW 1910, 652[10]). Der Kanzleivorsteher eines Rechtsanwalts oder Notars, der zur Hinterlegung oder zur Abführung an Dritte bestimmte Gelder für den Geschäftsherrn in Empfang nimmt und unterschlägt, kann letzteren durch seine Handlung nach § 831 ersatzpflichtig machen; zur Empfangnahme von Gebührenzahlungen ist er regelmäßig als ermächtigt anzusehen; durch deren Unterschlagung wird daher nicht ein Dritter, sondern der Geschäftsherr selbst geschädigt. Ein Postangestellter, der die ihm in Ausführung der ihm übertragenen Verrichtungen zugänglichen Vordrucke, Umschläge, Stempel sowie die Kenntnis eines Kundenkontos des Postscheckamts einem Dritten zur Verübung eines Betrugs mitteilt, hat in Ausführung der ihm übertragenen Verrichtungen dann gehandelt, wenn er mit der Bearbeitung des Postscheckkontos betraut war (RG 104, 145). Mitwirkung von Eisenbahnangestellten bei einem mittels gefälschter Frachtbriefduplikate ausgeführten Betrug s. RG JW 1924, 1714[5]. Kommen mehrere Personen, die in bezug auf denselben Vorgang mit Verrichtungen beauftragt waren, als Täter der schädigenden Handlung in Frage, so hat der Beschädigte, der auf § 831 gestützt seinen Schaden gegen den Geschäftsherrn geltend macht, Ort, Zeit und begleitende Umstände des Vorgangs so genau anzugeben, daß der Geschäftsherr daraus die Person oder die Personen der beteiligten Angestellten entnehmen kann; diese selbst mit Namen zu bezeichnen, kann dem verletzten Kläger nicht zugemutet werden; die fragliche Ermittlung ist Sache des Entlastungsbeweises des Geschäftsherrn (RG 70, 379; 87, 1; 89, 136; JW 06, 196[13]; Warn 09 Nr 507; 1914 Nr 53; s. im übrigen unten A 5). Den ursächlichen Zusammenhang zwischen der Verrichtung und der Verletzung hat dagegen der Kläger nachzuweisen (RG JW 05, 20[20]).

4. Weitere Voraussetzung der Haftung aus § 831 ist, daß der zu einer Verrichtung Bestellte **einem Dritten** einen Schaden **widerrechtlich** zufügt. Dritter ist hier eine jede vom Geschäftsherrn und vom Täter verschiedene Person; auch ein anderer Angestellter desselben Geschäftsherrn, der bei derselben Verrichtung in dessen Auftrage selbst mitwirkt, kann als Dritter in Betracht kommen (RG JW 1912, 296[14]). Der Begriff der Widerrechtlichkeit ist hier derselbe wie in § 823 Abs 1 (vgl. § 823 A 10); es muß der sachliche (objektive) Tatbestand einer u. H. vorliegen, der wie nach § 823 Abs 1 in einem Handeln oder in dem Unterlassen einer gebotenen Handlung (Unterlassung der Beleuchtung der Treppen oder des Bestreuens des Bürgersteigs durch den Hausmeister, dem dies aufgetragen ist), bestehen kann (RG JW 1910, 333[10]; 1911, 182[9]; Warn 09 Nr 98; 1916 Nr 304). Durch dieses Handeln oder Unterlassen muß ein Schaden zugefügt sein; auf ein Verschulden der zu der Verrichtung bestellten Person bei der schädigenden Handlung kommt es nicht an und kann es nicht ankommen, da § 831 nicht eine Haftung aus fremdem Verschulden, sondern aus eigenem Verschulden bei fremder Handlung festsetzt (RG 49, 26; JW 03 Beil Nr 24 u. 294; 1911, 979[11]; 1913, 23[10]; 1914, 353[5]; Warn 09 Nr 98 u. 484; 1912 Nr 410; 1914 Nr 53, 1916 Nr 304; LZ 1917, 866[11]);

über die Bedeutung des Fehlens eines Verschuldens des Bestellten für den Entlastungsbeweis des Geschäftsherrn s. unten A 7. Die Vorschrift des § 831 bestimmt keine Haftung des Geschäftsherrn für eine u. H. des von ihm zu einer Verrichtung Bestellten, sondern schlechthin für eine unrechte Tat des Bestellten, für die der Geschäftsherr kraft seines eigenen Verschuldens verantwortlich ist (s. oben A 1). Daraus folgt aber nicht, wie **RG** Warn 09 Nr 484 und in der 1. Auflage dieses Werkes angenommen wurde, daß § 831 unanwendbar ist, wo eine Rechtswidrigkeit nur bei vorsätzlicher und grob fahrlässiger Verletzung eines Rechtes oder Rechtsguts vom Gesetz anerkannt wird, so insbesondere, wenn eine u. H. nach § 826 vorliegt. Freilich ist im Falle des § 826 und in einer Reihe von Fällen des § 823 Abs 2 die Zufügung eines Schadens nur unerlaubt und widerrechtlich, wenn sie auf der persönlichen Seite des Tatbestandes mit Vorsatz verknüpft ist, und deshalb kann auch für die Anwendung des § 831 hier vom Vorsatze des mit der Verrichtung betrauten Täters nicht abgesehen werden; daß auf seiner Seite kein Verschulden vorzuliegen brauche, kann hier nicht gelten. Die vorsätzlich begangene Schädigung nach § 826 ist aber dann auch widerrechtlich im Sinne des § 831 (so **RG** 71, 217; 73, 434; JW 1911 584[27]; Warn 1912 Nr 428; 1918 Nr 208, 1919 Nr 35)

5. a) Der Grund der Haftung aus § 831 ist das vermutete Verschulden des Geschäftsherrn, das die an sich für ihn fremde Handlung der von ihm zu einer Verrichtung bestellten Person zu seiner eigenen macht. Er hat diese Vermutung zu widerlegen. Für diesen Entlastungsbeweis sind in § 831 bestimmte Richtungen vorgezeichnet. Die erste dieser Richtungen ist, daß der Geschäftsherr den Nachweis erbringt, daß er **bei der Auswahl der bestellten Person** die im Verkehr erforderliche Sorgfalt beobachtet hat. Er muß zu diesem Nachweise bestimmte Tatsachen dartun, die ein Urteil darüber ermöglichen, ob die bestellte Person gerade zu der Verrichtung oder zu dem Kreise von Verrichtungen, die ihr aufgetragen waren, nach ihrer Befähigung und Verläßlichkeit geeignet war oder von ihm bei gewissenhafter Überlegung als geeignet angesehen werden konnte (**RG** 59, 203; JW 04, 361[17]; 06 S. 199[6] u. 706[1]; 07, 16[18]; 1913, 737[7]; Warn 08 Nr 514; 1920 Nr 30; Gruch 51, 600). Bei der Übertretung von Schutzgesetzen durch bestellte Personen wird sich der Entlastungsbeweis aus § 831 regelmäßig mit dem Widerlegungsbeweis (§ 823 A 16) gegen das zunächst vorliegende Verschulden des Geschäftsherrn decken (**RG** JW 1911, 594[47]; 1912, 536[14]). Der durch bestimmte Tatsachen zu erbringende Beweis wird nicht durch allgemeine Erwägungen ersetzt, daß der in Frage stehende staatliche Betrieb oder Großbetrieb eines geachteten Unternehmers die Sorgfalt bei der Auswahl der Angestellten als selbstverständlich erscheinen lasse (**RG** 87, 1; JW 04, 361[17]; 1911, 594[47]; 1912, 194[15]; Warn 1912 Nr 388; 1917 Nr 242); ebenso nicht durch einen allgemeinen Hinweis auf die durch die Kriegsverhältnisse gegebenen Schwierigkeiten, tüchtige Angestellte zu bekommen (**RG** Warn 1919 Nr 170). Andrerseits kann aber der Entlastungsbeweis auch dem Geschäftsherrn nicht mit der andern allgemeinen Erwägung abgeschnitten werden, daß aus dem unvorsichtigen Verhalten des Bestellten bei der rechtswidrigen Handlung die mangelnde Sorgfalt des Geschäftsherrn bei der Bestellung von selbst sich ergebe (**RG** JW 05, 340[11]; 1910, 11[14]); denn der Entlastungsbeweis soll gerade dartun, daß dieses rechtswidrige Verhalten nicht auf ein Verschulden des Geschäftsherrn zurückzuführen ist. Der Beweis der Sorgfalt in der Auswahl des Angestellten wird zunächst dadurch geführt, daß der Geschäftsherr bei dessen Einstellung in seinen Dienst je nach den Umständen sich schriftliche Zeugnisse früherer Dienstherren über seine Befähigung und seine Dienstführung vorzeigen ließ oder mündliche Erkundigungen einzog, die geeignet waren, seine Überzeugung von der Tauglichkeit der Person zu begründen (**RG** Warn 1910 Nr 443; 1914 Nr 54; Gruch 51, 600; 27. 9. 06 VI 610/05; 6. 11. 07 I 33/07). Dabei wird für untergeordnete Tätigkeiten die Prüfung der körperlichen Fähigkeit und der allgemeinen Zuverlässigkeit der bestellten Person genügen, während für Verrichtungen höherer Art oder solcher, mit deren Ausführung leicht Gefahren für andere verbunden sein können, nicht nur die Kenntnisse des Faches, in dem die Verrichtung sich bewegt, sondern auch sittliche Eigenschaften erforderlich sind, nach deren Vorhandensein sich der Geschäftsherr erkundigen muß, wenn er den Entlastungsbeweis sorgfältiger Auswahl führen will (**RG** JW 04, 288[8]). Gehörige Unterweisung und Einarbeitung im eigenen Betriebe kann die Erkundigung bei dritten Personen ersetzen (**RG** Warn 1919 Nr 170; 22. 11. 13 VI 465/13). Der Kutscher, der in den verkehrsreichen Straßen einer größeren Stadt ein Gefährt lenken soll, muß nicht nur mit Pferd und Wagen umzugehen wissen; er muß auch ein gewisses Maß von Vorsicht und Besonnenheit besitzen und damit die Achtung vor der öffentlichen Ordnung und vor der Persönlichkeit der Mitmenschen verbinden, die ihn vor leichtfertiger Gefährdung des Verkehrs und anderer Personen behüten (**RG** JW 04, 471[10]; 06, 199[6]; 08, 408[2]; 1911, 152[8]; 1919, 824[7]; 1921, 526[6]; Warn 09 Nr 356; 1920 Nr 162; Gruch 51, 600). Noch mehr gilt dies von dem Führer eines Kraftwagens, dem daneben auch die polizeilichen Bestimmungen über den Verkehr mit Kraftfahrzeugen bekannt sein müssen (**RG** 84, 423; JW 04, 288[8]; 08, 405[7]; 1910, 105[3]; 1911, 40[26]; Warn 08 Nr 310 u. 634; 09 Nr 539), und eines Straßenbahnwagens (**RG** JW 06, 377[3]; 1920, 492[4]; Warn 09 Nr 507).

Der Beweis der Sorgfalt bei der Auswahl von Fachleuten kann nicht durch Berufung auf beliebige unsachverständige Zeugen und Auskünfte unbestimmter und allgemeiner Art oder nur für kurze Dienstdauer erbracht werden (RG 59, 203; 70, 379; JW 06, 199[16]; 1921, 526[6]; Warn 1912 Nr 211); wohl aber ist für die Verläßlichkeit eines untergebenen Arbeiters das Zeugnis seines Vorgesetzten geeignet, der seine Dienstführung kennenzulernen die Gelegenheit und die Verpflichtung hatte (RG Warn 1912 Nr 211). Einem Maurer- oder Zimmerpolier können, wenn seine Tüchtigkeit im allgemeinen dargetan ist, gewisse regelmäßige Geschäfte, wie die Aufstellung eines Bauzaunes oder die Vornahme von Ausschachtungsarbeiten unter gewöhnlichen Verhältnissen ohne Verschulden aufgetragen werden (RG JW 1910, 111[12]; Warn 08 Nr 212; LZ 1922, 159[2]). Da der Nachweis der Sorgfalt in der Auswahl ein allgemeines Erfordernis für zu einer Verrichtung bestellte Personen aller Art ist, ist weder der Staat für seine Beamten davon befreit, noch etwa der Ehemann, der seine Ehefrau, der Vater, der seine Söhne zu Verrichtungen bestellt; daraus, daß die letzteren Personen zu Leistungen im Hauswesen und im Geschäfte des Familienhaupts nach §§ 1356 Abs 2, 1617 verpflichtet sind, folgt nicht, daß sie zu allen Leistungen ohne Prüfung der Befähigung verwandt werden dürfen (vgl. RG JW 06, 59[11]). Das gilt indessen nicht von der Leitung des innern Hauswesens durch die Ehefrau, die nach § 1356 Abs 1 nicht nur ihre Pflicht, sondern auch ihr Recht ist, so daß es insoweit keiner Bestellung zu deren Verrichtungen bedarf. Ist die Ehefrau im besonderen Falle dazu untauglich, so kann der Ehemann, dem letzten Endes nach § 1354 die Entscheidung und die Verantwortung in allen ehelichen Angelegenheiten zusteht, wegen Versäumung eines Einschreitens sich nach § 823 Abs 1 für einen von der Ehefrau angerichteten Schaden verantwortlich machen (vgl. RG 70, 48; Warn 1918 Nr 323). — Wenn eine Mehrheit von Personen an einem Kreise von Verrichtungen beteiligt war, in deren Ausführung der Schaden zugefügt wurde, ohne daß der Verletzte den einzelnen Täter bezeichnen kann (vgl. A 3), so hat der Geschäftsherr entweder seinerseits die bestimmte Person nachzuweisen, auf die der Schaden zurückzuführen ist, und seine Auswahlsorgfalt hinsichtlich dieser Person darzutun, oder er muß den Sorgfaltsbeweis für alle die Angestellten führen, aus deren Mitte die schädigende Handlung kam (RG 87, 1; JW 06, 196[13]; 1914, 759[6]; Warn 09 Nr 507). So muß sich auch, wenn ein als Reisegepäck auf der Eisenbahn aufgegebenes Stück durch Diebstahl von Bahnangestellten abhanden gekommen ist, der Entlastungsbeweis des Eisenbahnunternehmers auf alle möglicherweise als Täter in Frage kommenden Personen erstrecken (RG 10. 2. 23 I 91/22).

b) Der Angestellte muß noch zur Zeit der Verrichtung, in deren Ausführung der Schaden zugefügt wurde, die Befähigung dazu besessen, der Geschäftsherr die ihm auferlegte Sorgfaltspflicht geübt haben (RG 53, 53; 78, 107; 79, 101; 87, 1; JW 06, 196[13]; 1910 S. 287[20] u. 468[5]; 1912, 194[15]; 1920, 492[4]; Warn 08 Nr 51; 09 Nr 356; 1910 Nr 204; 1911 Nr 30 u. 32; 1913 Nr 93; 1915 Nr 19; 1920 Nr 162; 1921 Nr 96). Der Geschäftsherr genügt in vielen Fällen, wenn die Verhältnisse dieselben geblieben sind wie bei der zeitlich nicht weit zurückliegenden Einstellung des Bestellten in seine Dienste, vorerst seiner Beweispflicht, wenn er die Beobachtung der gehörigen Sorgfalt bei der früheren Anstellung in der oben angegebenen Weise dartut; sobald aber die Führung des Angestellten in der Zwischenzeit bis zur Ausführung der Verrichtung, bei der der Schaden zugefügt wurde, Bedenken wegen seiner Tauglichkeit ergeben mußte, hat er den Beweis der Sorgfalt auch auf die spätere Zeit zu richten (RG a. a. O., insbes. 78, 107; 79, 101; JW 1910, 287[20]; 1911, 652[21]; Warn 1910 Nr 443; 1919 Nr 121; 1920 Nr 162). Da der Geschäftsherr aber bei gehöriger Sorgfalt sich fortdauernd über die Berufstüchtigkeit, Zuverlässigkeit und allgemeine Dienstführung seiner Angestellten auf dem laufenden erhalten muß, hat jedenfalls dann, wenn seit der ersten Anstellung ein längerer Zeitraum verstrichen ist, der Entlastungsbeweis auch von selbst sich auf eine regelmäßige Aufsichtsführung zu erstrecken, die den Anforderungen der A 6e zu § 823 entspricht, sich nach den Umständen zu richten hat, selbstverständlich aber nicht eine undurchführbare unausgesetzte Überwachung voraussetzt (RG 78, 107; 79, 101; 87, 1; JW 1913 S. 750[20], 864[10]; 1920, 492[4]; Warn 1913 Nr 93; 1920 Nr 30; 1921 Nr 96; abweichend in dem Sinne, daß § 831 nur eine „Leitung der Verrichtung" kenne, die mit einer allgemeinen Aufsicht sich nicht decke — vgl. darüber unter A 6 —, und daß eine solche nur aus § 823, nicht aus § 831 abgeleitet werden könne: RG JW 1915, 397[8]; aber § 831 führt überhaupt auf § 823 zurück und kehrt nur die Beweislast um; s. oben A 1; für den Nachweis sorgfältiger Auswahl zur Zeit der Verrichtung kann auch nach § 831 der Nachweis einer geordneten Aufsicht nicht entbehrt werden). Es reicht nicht aus, daß der Angestellte nachweislich bis dahin noch niemand einen Schaden zugefügt hat, und daß dem Geschäftsherrn Nachteiliges über ihn nicht bekannt geworden ist, wenn es ihm bei ordnungsmäßiger Aufsicht hätte bekannt werden müssen (RG Warn 1910 Nr 443; 1911 Nr 30; 1912 Nr 388). Hätte bei gehöriger regelmäßiger Aufsichtsführung der Geschäftsherr Ordnungswidrigkeiten des Angestellten, wie z. B. häufiges übermäßig schnelles Fahren des Kutschers, entdecken müssen, so muß der Entlastungsbeweis versagen, und es kommt nicht darauf an, ob gerade auf diese Ordnungswidrigkeit der in Ausführung der späteren Verrichtung einem Dritten zugefügte Schaden zurückzuführen ist (RG JW 1920, 492[4]; ebenso LZ 1921, 141[5]; vgl. A 7 am Schluß). Die Sorgfalt in der Auswahl des Bestellten zur Zeit der Verrichtung ist auch dann verletzt, wenn dieser zwar in jeder Beziehung tüchtig und zuverlässig ist, von ihm aber wegen der Last der übrigen ihm aufgetragenen Geschäfte eine pünktliche und gehörige Ausführung der einzelnen Verrichtung nicht erwartet werden kann (RG JW 1910, 468[5]; 24. 11. 04 VI 28/04; 13. 2. 13 VI 391/12). Diese Grundsätze gelten auch, wenn es sich bei den Angestellten um staatliche Beamte handelt. Ob der Staat nach Maßgabe der bestehenden Beamtengesetze in der Lage ist, einen für seine Verrichtungen unbrauchbar gewordenen oder als untüchtig nachträglich erwiesenen Beamten aus seinem Amte zu entfernen, kann für den Entlastungsbeweis aus § 831 nicht in Betracht kommen (RG 79, 101). Die Sorgfalt der Auswahl für die spätere Einzelverrichtung erfordert übrigens auch nicht, daß ein Angestellter, nachdem er sich Ordnungswidrigkeiten hatte zuschulden kommen lassen, schlechterdings aus seiner Stellung entfernt werde, was selbst in vielen anderen Betrieben, als staatlichen, undurchführbar sein müßte: eine schärfere Überwachung, in manchen Fällen schon eine ernste Ermahnung kann unter Umständen der nachzuweisenden Sorgfalt genügen (RG 78, 107; 79, 101; JW 1912, 194[15]). Nur muß dafür Sorge getragen sein, daß der Geschäftsherr über Leistungen und Amtsführung eines jeden Angestellten ständig unterrichtet wird und irgendwie erheblichere Ordnungswidrigkeiten zu seiner Kenntnis kommen; auf die zu diesem Zwecke getroffenen Einrichtungen ist der Entlastungsbeweis zu richten (RG a. a. O.). Langjährige Dienststellung des Angestellten bei dem Geschäftsherrn genügt allein nicht, den Beweis der Sorgfalt in der Auswahl zur Zeit der Verrichtung zu erbringen; sie kann in Gutmütigkeit, persönlicher Verpflichtung oder Leutenot, nicht in der Tüchtigkeit des Angestellten ihren Grund haben (RG 2. 10. 13 VI 220/13).

c) Die Vermutung eines Verschuldens des Geschäftsherrn muß eine Grenze da finden, wo nach den gegebenen Verhältnissen die Möglichkeit eines Verschuldens aufhört. Ist in einem großen Betriebe eine Mehrheit von Personen in der Weise beschäftigt, daß die eine der andern nachgeordnet ist, und der mit einem Kreise von Verrichtungen betraute höhere Angestellte zur Ausführung gehörige niedere Verrichtungen einem Untergebenen nach seiner Auswahl überträgt, vielleicht auch überhaupt ermächtigt ist, die unteren Hilfspersonen nach seiner eigenen Prüfung und seinem Ermessen anzustellen (vgl. A 2), so richtet sich der Sorgfaltsbeweis des Geschäftsherrn zunächst auf die Auswahl des von ihm selbst ausgewählten höheren Angestellten; dem Geschäftsherrn ist es unter solchen Verhältnissen nicht möglich und nicht zuzumuten, daß er das ganze Personal des Betriebs selbst auswähle und selbst beaufsichtige; dazu muß der Nachweis einer ausreichenden Organisation kommen, die die ordentliche Geschäftsführung und Beaufsichtigung gewährleistet (RG 87, 1; JW 06, 547[13]; 1911, 982[16]; 1913, 919[6]; 1914, 759[6]; Warn 08 Nr 475; 1913 Nr 364; 1914 Nr 35; 7. 3. 04 VI 284/03; 6. 3. 1910 VI 435/10). Die Zuverlässigkeit des untergeordneten Beamten und Arbeiters kommt alsdann nicht für den Entlastungsbeweis der sorgfältigen Auswahl, sondern für die Entkräftung der Vermutung des ursächlichen Zusammenhangs zwischen der Auswahl der höheren Person und dem Schaden in Betracht (s. A 7). Konnte aber der Geschäftsherr bis zu der Verrichtung, bei der der Schaden zugefügt wurde, Kenntnis von der Untüchtigkeit des so bestellten Arbeiters erlangt haben, dann haftet er für den Schaden sowohl aus § 831 wegen mangelnder Sorgfalt in der Auswahl des Arbeiters, wie nach § 823 Abs 1 wegen Vernachlässigung der allgemeinen Aufsicht, wenn er nicht eingegriffen hat (RG Warn 1920 Nr 30). Die besondere unmittelbare persönliche Aufsicht liegt hier regelmäßig dem höheren Angestellten ob; die allgemeinen Aufsichtsanordnungen bleiben aber die Aufgabe des Geschäftsherrn; insoweit ein Mangel in diesen in Frage kommt, kann er sich mit dem Nachweise sorgfältiger Auswahl seiner Aufsichtsbeamten nicht decken (RG 78, 107; 79, 101; 87, 1; JW 1911, 982[16]; 1914, 759[6]; Warn 1913 Nr 364; 1914 Nr 35; 1920 Nr 30). War dem höheren Angestellten aber nicht die Auswahl der Arbeiter übertragen, wurden diese zu ihrer Verrichtung vom Geschäftsherrn selbst bestellt, so kann der letztere sich nicht damit entlasten, daß an der Spitze des Betriebszweigs ein tüchtiger Beamter stehe (RG JW 1915, 395[7]). Dieselben Grundsätze kommen zur Anwendung, wenn es sich nicht um einen Großbetrieb handelt, der Geschäftsherr aber durch Alter, Krankheit, Abwesenheit gehindert ist, selbst seine Geschäfte überall zu leiten und zu beaufsichtigen, sondern gezwungen ist, Aufsicht und selbst Auswahl des Dienstpersonals anderen zu überlassen.

d) Wie die Schadensvermutung des § 831 da aufhört, wo nach der Sachlage ein Verschulden des Geschäftsherrn ausgeschlossen ist, so ist anderseits für einen Entlastungsbeweis der sorgfältigen Auswahl des Angestellten kein Raum, wo die schädigende Handlung gerade in der Willensmeinung des Geschäftsherrn liegt, und jener ausgewählt wurde, um derartige Handlungen, wodurch er Dritte schädigte, auf die Gefahr einer solchen Schadenszufügung hin, auf seine Art vorzunehmen (Auswahl des Redakteurs bei Schadenszufügung durch beleidigende und aufreizende Zeitungsartikel RG 13. 2. 11 VI 652/09). Hier handelt es sich nicht mehr um § 831, sondern um unmittelbare Verantwortung des Geschäftsherrn aus eigener u. H. (dolus eventualis).

6. Ein weiteres vermutetes Verschulden des Geschäftsherrn, das seine Haftung begründet, selbst wenn die Sorgfalt der Auswahl des Bestellten dargetan ist, stellt der **Mangel gehöriger Sorgfalt bei Beschaffung der Vorrichtungen und Gerätschaften oder in der Leitung der Verrichtung** dar, aber nur, **sofern die Ausführung der Verrichtung solche Beschaffungen oder eine Leitung erforderlich macht.** Daß dies der Fall ist, hat zunächst der Verletzte nachzuweisen; es ergibt sich nicht aus § 831; erst wenn dieser Beweis geführt ist, setzt der Entlastungsbeweis des Geschäftsherrn ein, daß er auch in dieser Richtung seiner Sorgfaltspflicht genügt habe (RG 53, 123; JW 1911 S. 403[16], 939[1]; 7. 7. 21 IV 85/20). Zu den Vorrichtungen gehört besonders die Vorbereitung der Arbeitsstätte, so beim Eisenbahnbetrieb auch die Gleisanlage, zu den Gerätschaften zählen die Stoffe für Gerüst und Bauzaun, Leitern und das Bauhandwerkszeug, die Laternen zur nächtlichen Beleuchtung von Verkehrshindernissen bei Bauarbeiten, bei den Verrichtungen von Fuhrleuten die Bremsketten, die Laternen zur Beleuchtung von Fuhrwerken, aber auch Wagen und Pferde selbst (RG Warn 1914 Nr 53; 1916 Nr 165 u. 304; 1919 Nr 36; 14. 5. 03 VI 481/02; 15. 3. 06 VI 253/05). Die Beschaffung verlangt nicht, daß der Geschäftsherr die einzelnen Gerätestücke selbst auswählt; dies kann auch dem sachkundigen Ermessen des Bestellten (z. B. eines Poliers) überlassen werden; nur müssen die tauglichen Gerätschaften zur Stelle sein (RG 53, 123; JW 1915, 704[9]; Warn 1915 Nr 124; 1916 Nr 165; 6. 7. 12 VI 53/12). Ob eine Leitung der Verrichtung erforderlich ist, richtet sich, ebenso wie der Maßstab, der an diese Pflicht anzulegen ist, nach den Umständen des Falles und einer vernünftigen Verkehrsanschauung mit Rücksicht auf Erfahrung und Übung (RG 11. 10. 23 VI 1165/22). Bei allen außergewöhnlichen Tätigkeiten im Handwerks- und Gewerbebetriebe, aber auch bei den ersten selbständigen Arbeiten eines Lehrlings wird sie anzunehmen sein. Wo eine Leitungspflicht besteht, ist der Beweis zu führen, daß die erforderlichen Leitungsmaßnahmen getroffen wurden, die nicht schlechthin die Anwesenheit des Geschäftsherrn bei der Verrichtung erfordern und auch durch einen tüchtigen Vertreter ausgeübt werden können, für den dann wieder der Beweis der Sorgfalt in der Auswahl zu führen ist; auch eine vorherige sorgsame Unterweisung kann der Leitungspflicht genügen (RG JW 1910, 111[12]; 1911 S. 403[16], 939[1]; 9. 10. 02 VI 180/02). Ob in dem Falle RG 96, 81 eine Pflicht zur Leitung der Verrichtung mit Recht angenommen wurde, kann zweifelhaft erscheinen; es dürfte sich hier mehr um eine Beaufsichtigung handeln. Eine Beaufsichtigung von Verrichtungen im allgemeinen aber schreibt § 831 nicht vor; die durch die besondere Sachlage bedingte Leitung einer bestimmten Verrichtung ist deshalb wohl zu unterscheiden von der allgemeinen Aufsichtspflicht, die jedem Geschäftsherrn über seine Angestellten und ihre Dienstverrichtungen obliegt, die außerhalb und neben der Leitungspflicht des § 831 besteht und nicht nach dieser Bestimmung, sondern nach § 823 zu beurteilen, deren Vernachlässigung daher vom Verletzten zu beweisen ist (RG 53 S. 53 u. 123 sowie 276; 82, 218; JW 03 Beil S. 9[21] u. 132[294]; 04, 165[3]; 07, 649[9]; 09, 659[10]; 1913, 203[15]; Warn 1910 Nr 19; 1911 Nr 28. Vgl. darüber § 823 A 6). Der Beweis der Sorgfalt in der Auswahl des Bestellten wird dagegen, wie A 5b ausgeführt wurde, oft, namentlich bei länger dauerndem Dienstverhältnis des Angestellten, mit dem einer allgemeinen Aufsichtsführung zusammenfallen. Auch von dem hinsichtlich der Vorrichtungen, Gerätschaften und der Leitung der Verrichtung zu führenden Entlastungsbeweise gilt das zu 5a Gesagte, daß allgemeine Erwägungen über die Ordnung in einem Betriebe nicht genügen, sondern der Beweis auf die einzelnen Dinge gerichtet werden muß (vgl. RG Warn 1914 Nr 53).

7. Der Entlastungsbeweis nach dem Schlußsatze des Abs 1 Satz 2, **daß der Schaden auch bei Anwendung der Sorgfalt** in der Auswahl der zu der Verrichtung bestellten Person, bei der Beschaffung der notwendigen Vorrichtungen und Gerätschaften oder bei der notwendigen Leitung der Verrichtung **entstanden sein würde,** der die Sorgfaltsbeweise nach A 5 u. 6 überflüssig macht, dient zur Entkräftung der in § 831 aufgestellten Vermutung eines ursächlichen Zusammenhangs des Verschuldens der mangelnden Sorgfalt in den vorbehandelten Richtungen mit dem Schaden. Er kann auf eine doppelte Weise geführt werden: entweder, daß der schädliche Erfolg auch eingetreten sein würde, wenn der Geschäftsherr einen zuverlässigen Menschen mit der Verrichtung betraut und alle Sorgfalt in der Auswahl angewandt hätte; oder daß der Geschäftsherr auch bei Aufwendung aller tatsächlich nicht angewandten Sorgfalt in der Auswahl vernünftigerweise diesen Angestellten beauftragt haben würde, weil dieser ihm mit Recht zuverlässig erschienen wäre (RG JW 1911, 979[11]; 1921, 526[6]; Gruch 51, 600). Der erstere Fall ist gegeben, wenn der, obwohl untüchtige, Angestellte bei der schädigenden Handlung sachgemäß, besonnen und vernünftig, gerade wie eine tüchtige und zuverlässige Person gehandelt hat (RG Warn 1913 Nr 104; LZ 1917, 866[11]; 4. 1. 06 VI 135/05), oder wenn bei einer mittelbaren Bestellung (A 5 a. E.) der Beweis sorgfältiger Auswahl hinsichtlich der Mittelsperson nicht erbracht werden kann, die Person, die die Verrichtung ausführte, aber zuverlässig war (RG JW 06, 547[13]; Warn 1914 Nr 53). Der zweite Fall liegt

vor, wenn die untüchtige Person auch einem sorgfältigen Menschen auf der Grundlage ihrer Zeugnisse und der Auskünfte, die über sie von früheren Dienstherren erteilt worden wären, als tüchtig und zuverlässig erscheinen mußte. Der Nachweis des fehlenden ursächlichen Zusammenhangs nach Maßgabe dieser Bestimmung kann nicht durch den Nachweis ersetzt werden, daß die Schadenszufügung seitens des Angestellten nicht durch denjenigen Mangel verursacht worden sei, der ihn bei der Prüfung seiner Fähigkeiten als ungeeignet zu der Verrichtung erscheinen lassen mußte (RG JW 1920, 492[4]; Warn 08 Nr 310; 1913 Nr. 93; LZ 1921, 141[5]), und die Beweisführung muß sich dahin richten, daß derselbe schädliche Erfolg auch bei Anwendung aller Sorgfalt entstanden sein würde; daß er auch dann möglicherweise hätte eintreten können, genügt nicht (RG JW 07, 333[12]; Warn 1914 Nr 53; 1916 Nr 304).

8. Werden von dem Geschäftsherrn die Entlastungsbeweise zu 5 und 6 oder zu 7 nicht geführt, so steht dadurch infolge der in § 831 aufgestellten Vermutungen fest, daß er durch sein **Verschulden** den Schaden, der unmittelbar seitens der von ihm zu der Verrichtung bestellten Person zugefügt worden ist, verursacht hat. Es ist dabei nicht nötig, daß gerade die fehlerhafte Eigenschaft des Bestellten zu dem Schaden ursächlich geworden ist (RG Warn 08 Nr 310; 1913 Nr 93; vgl. die vorige Anmerkung und die dort angezogenen Entscheidungen). Daneben kann der unmittelbare Täter sich, wenn er schuldhaft gehandelt hat, einer u. H. nach § 823 schuldig gemacht haben. Beide haften dann als Gesamtschuldner nach § 840. Daß der verantwortliche Geschäftsherr sich dem Schadensersatzanspruche des Verletzten gegenüber auf dessen eigenes mitwirkendes Verschulden nach § 254 berufen kann, ist selbstverständlich (RG 71, 217; JW 03 Beil 92[213]; 04, 288[8]), und zwar kommt dieses mitwirkende Verschulden des Verletzten auch dann dem Geschäftsherrn gegenüber in Betracht, wenn etwa der Angestellte bei der Schadenszufügung vorsätzlich gehandelt hat (vgl. § 826 A 7), da der Geschäftsherr nicht für die u. H. des Angestellten, sondern für die von ihm in vermuteter Fahrlässigkeit begangene einzustehen hat (RG 71, 217). Bei der Abwägung des beiderseitigen Verschuldens nach § 254 ist aber nicht nur das Verschulden des Geschäftsherrn, sondern auch die Art der Verletzung durch die Tat des Angestellten in Betracht zu ziehen, die beide zusammen den Tatbestand der u. H. nach § 831 ausmachen. Ob § 831 in entsprechender Anwendung in den § 254 hineingetragen werden kann dergestalt, daß dem Beschädigten entgegengehalten werden könnte, eine von ihm zu einer Verrichtung bestellte Person habe bei der Entstehung oder Mehrung des Schadens mitgewirkt, ließ RG 56, 154 (am Schlusse) und 75, 257 dahingestellt. In einer Reihe späterer Entscheidungen ist die Frage bejaht und ausgesprochen worden, daß der Rechtsgedanke des Schlußsatzes in § 254 Abs 2 für das Gebiet der u. H. auf die entsprechende Anwendung des § 831 hinweise (RG 77, 211; 79, 312; JW 1911, 979[11]; 1912, 138[12]; Warn 1915 Nr 28; LZ 1923, 106[4]). Der Beschädigte hat bei dieser entsprechenden Anwendung für seine Hilfspersonen in der gleichen Weise einzustehen wie der Schädiger, was der Gerechtigkeit entspricht; § 831 tritt an die Stelle des in Vertragsverhältnissen anzuwendenden § 278.

9. Der **Vertrag** des Abs 2, durch den jemand für den Geschäftsherrn die Besorgung der Sorgfaltspflichten des Abs 1 übernimmt, erfordert ein gültiges Rechtsgeschäft, das aber nicht gerade mit dem Geschäftsherrn abgeschlossen zu sein braucht (RG 82, 206; a. A. Staudinger A 2b). Eine Geschäftsführung ohne Vertrag (ohne Auftrag §§ 677ff.) erfüllt den Tatbestand nicht. Die Haftung aus Abs 2 besteht neben der des Geschäftsherrn aus Abs 1; beide Personen können, wenn sie den ihnen obliegenden Entlastungsbeweis nicht führen, für den Schaden als Gesamtschuldner nach § 840 verhaftet sein. Für die Ausgleichung unter ihnen ist das zwischen ihnen bestehende Vertragsverhältnis maßgebend.

§ 832

[1]) **Wer kraft Gesetzes zur Führung der Aufsicht über eine Person verpflichtet ist[5]), die wegen Minderjährigkeit[2]) oder wegen ihres geistigen oder körperlichen Zustandes[3]) der Beaufsichtigung bedarf[4]), ist zum Ersatze des Schadens verpflichtet, den diese Person einem Dritten widerrechtlich zufügt[6]). Die Ersatzpflicht tritt nicht ein, wenn er seiner Aufsichtspflicht genügt[7]) oder wenn der Schaden auch bei gehöriger Aufsichtsführung entstanden sein würde[8]).**

Die gleiche Verantwortlichkeit trifft denjenigen, welcher die Führung der Aufsicht durch Vertrag übernimmt[9]).

E I 710 II 755; M 2 734—736; P 2 593—596.

1. a) In ähnlicher Weise wie § 831 schafft § 832 eine Haftung für den von einem andern einem Dritten widerrechtlich zugefügten Schaden aus dem Gesichtspunkt eines vermuteten Verschuldens des für haftbar Erklärten. Wie im Falle des § 831 ist auch hier nur eine gegenständlich widerrechtliche, keine schuldhafte Handlung des Täters (der zu beaufsichtigenden Person) erforderlich. In § 832 ist es die Verletzung einer gesetzlichen (Abs 1) oder vertragsmäßig übernommenen (Abs 2) **Aufsichtspflicht,** die die Vermutung eines Verschuldens bei der Verursachung des Schadens erzeugt. § 832 umfaßt jedoch keineswegs alle Aufsichtsverhältnisse; er beschränkt die Haftung der Aufsichtspersonen auf die Fälle der Beaufsichtigung von Minderjährigen oder wegen ihres körperlichen oder geistigen Zustandes der Beaufsichtigung bedürfenden Personen, weil von diesen Personen wegen ihres Zustandes Gefahren für andere drohen und die Aufsichtsführung sich daher auf die Pflicht erstrecken muß, diesen Gefahren vorzubeugen, was bei anderen Aufsichtsverhältnissen (im Arbeits- und Dienstverhältnis, im Heeresdienst und Beamtenverhältnis) nicht der Fall ist (Prot 2, 594). b) Die Regelung der Haftung von Aufsichtspersonen in § 832 ist erschöpfend (**RG** 53, 312); eine entsprechende Anwendung der Bestimmung ist ausgeschlossen (**RG** 70, 48). Auch geht es nicht an, eine Erweiterung der Haftung in der Weise zu rechtfertigen, daß man die die Aufsichtspflicht bestimmenden Gesetze als Schutzgesetze im Sinne des § 823 Abs 2 ansieht (**RG** 53, 312). Selbstverständlich ist dadurch eine Schadenshaftung im § 832 nicht aufgeführter Aufsichtspersonen aus u. H. nach § 823 Abs 1, sofern einer der Tatbestände dieses Gesetzes vorliegt, nicht ausgeschlossen (**RG** 70, 48). c) Wie nach § 831 ist es Sache der Person, die für die Handlung des anderen einzustehen hat, die Vermutung ihres Verschuldens durch den Nachweis zu entkräften, daß sie ihrer Verpflichtung genügt habe. Daß ebenso der Nachweis sie befreit, daß der Schaden auch bei gehöriger Aufsichtsführung entstanden sein würde, bedurfte ebensowenig wie in § 831 der ausdrücklich hinzugefügten Bestimmung; denn in diesem Falle fehlt zwischen dem vermuteten Verschulden des Aufsichtspflichtigen und dem Schaden der ursächliche Zusammenhang.

2. Personen, die **wegen Minderjährigkeit** der Beaufsichtigung bedürfen, sind nicht die Minderjährigen, wenn sie der Beaufsichtigung bedürfen, sondern alle Minderjährigen, weil sie der Beaufsichtigung bedürfen. „Aufsichtsrecht und Aufsichtspflicht über einen Minderjährigen bestehen wegen seines Zustandes, weil er eben minderjährig ist" (**RG** 52, 69). Ob es sich um Kinder unter sieben Jahren (§ 828 Abs 1), um Minderjährige zwischen sieben und achtzehn Jahren (§ 828 Abs 2) oder um Minderjährige über achtzehn Jahre (§ 2) handelt, ist gleichgültig (**RG** 50, 60).

3. Unter den Personen, **die wegen ihres körperlichen oder geistigen Zustandes** der Beaufsichtigung bedürfen, sind körperlich oder geistig erkrankte Personen, vornehmlich Geistesgestörte und Epileptiker, aber auch Blinde oder Taubstumme zu verstehen, wenn sie im Einzelfalle der Beaufsichtigung bedürfen.

4. **Beaufsichtigung** (vgl. § 1631) im Sinne des § 832 ist derjenige Teil der Sorge für eine Person, der neben deren eigenem Interesse auch das Interesse Dritter im Auge hat, denen jene Person wegen ihres Zustandes, wenn ihr die Freiheit gelassen wird, ihrem Willen oder ihren Trieben nachzugeben, gefährlich werden kann (vgl. M 4, 753; Prot 2, 594). Gerade der Schutz Dritter kommt für § 832 in Betracht; mit dem Erziehungszwecke und der Fürsorge für den zu Beaufsichtigenden hat § 832 nichts zu tun (**RG** Warn 1914 Nr 217; 1916 Nr 166). Die Beaufsichtigung eines Minderjährigen fällt demnach nicht mit dessen Erziehung zusammen, wie auch § 1631 deutlich ergibt, der die Erziehungspflicht und die Beaufsichtigungspflicht der Eltern als besondere Teile der Sorge für die Person des Kindes aufführt. Die Fortschritte der Erziehung der geistigen und sittlichen Ausbildung des Kindes nach Maßgabe seiner Verhältnisse und Anlagen (M 4, 750) geben vielmehr einen Maßstab für das Bedürfnis der Beaufsichtigung; je mehr ein Kind bereits erzogen ist, desto weniger bedarf es der Aufsicht und umgekehrt (**RG** Warn 1910 Nr 60; 1911 Nr 33 u. 241; 1912 Nr 28; 1914 Nr 217; 16. 2. 05 VI 184/04; 22. 5. 11 VI 399/10). Für den Grad der bereits vollendeten Erziehung können als Beweisstücke gute Schulzeugnisse in Führung und Betragen in Betracht kommen (**RG** JW 04, 202[13]; 05, 21[21]; 11. 12. 04 VI 249/03).

5. **Kraft Gesetzes,** d. i. nach Reichs- oder Landesgesetz **zur Führung der Aufsicht über eine Person verpflichtet** sind reichsgesetzlich in erster Linie die Eltern über ihre minderjährigen Kinder, und zwar zunächst der Vater (§§ 1627, 1631); neben dem Vater (§ 1634) und nach dessen Tode, nach dem Aufhören seiner elterlichen Gewalt oder bei seiner tatsächlichen Behinderung (§§ 1684—1686), sowie über uneheliche Kinder (§ 1707 Satz 2) allein die Mutter (**RG** JW 1914, 198[14]); der Vormund (über Minderjährige §§ 1793, 1797, 1800; über Volljährige §§ 1896, 1901) und der Pfleger (§§ 1909, 1910, 1915) über ihre Mündel; der gewerbliche Lehrherr (§§ 127, 127a GewO, 52, 69) über den minderjährigen Lehrling, auch wenn dieser nicht in Kost und Pflege bei dem Lehrherrn steht (**RG** a. a. O.). Dasselbe ist, wenngleich in etwas beschränkterem Maße, wegen der gleichen Stellung zum Lehrling für den kaufmännischen Lehrherrn anzunehmen, obwohl in § 76 HGB eine ausdrück-

liche Bestimmung nach Art des § 127a GewO fehlt (**RG** 97, 229; a. M. Planck A 1a). Landesgesetzlich können die Lehrer, sowohl Volksschullehrer als Lehrer höherer Schulen (**RG** 65, 290; Warn 08 Nr 316) hinsichtlich ihrer minderjährigen Schüler, die Dienstherrschaften hinsichtlich des minderjährigen Gesindes zur Aufsichtsführung verpflichtet sein. Keine Aufsichtspflichten bestehen für den Ehemann gegenüber der minderjährigen oder geisteskranken Ehefrau (**RG** 70, 48), für den Leiter einer Schule (Schulrektor) in dieser Eigenschaft (**RG** Warn 08 Nr 316) gegenüber den Schulkindern; für den Beistand (§§ 1687, 1689) und den Gegenvormund (§ 1799). Nach dem preuß. Ges. über die Fürsorgeerziehung Minderjähriger vom 2. 7. 00 geht die elterliche Aufsichtspflicht während der Dauer einer Fürsorgeerziehung auf den zur Ausführung der Fürsorgeerziehung verpflichteten Kommunalverband über (**RG** 75, 276); ist der Zögling ins Elternhaus beurlaubt oder auch unbefugt ohne Erlaubnis der Erziehungsanstalt dahin zurückgekehrt, so tritt die Aufsichtspflicht der Eltern von selbst wieder in Kraft (**RG** 98, 246). Vgl. hierüber jetzt RGes. für Jugendwohlfahrt v. 9. 7. 22 (RGBl 633 ff.) §§ 62 ff. und preuß. AusfG. dazu v. 29. 3. 24 (GS 180), durch dessen § 35 das Ges. v. 2. 7. 00 aufgehoben worden ist.

6. a) Wie in § 831 ist auch in § 832 nur eine gegenständliche (objektive) **Widerrechtlichkeit** der von dem Aufsichtsbefohlenen begangenen u. H., kein Verschulden erfordert (**RG** 50, 60; LZ 1918, 501[10]). Für den von dem Aufsichtsbefohlenen angerichteten Schaden können sowohl mehrere Aufsichtspersonen nebeneinander verantwortlich sein (Vater, Mutter oder Vormund und Lehrherr); wie der zu beaufsichtigende Täter nach §§ 828, 829 und eine Aufsichtsperson, wobei jedoch im Falle des § 829 der Täter nur hilfsweise (subsidiär) herangezogen werden kann. Sie haften dann nach Maßgabe des § 840 als Gesamtschuldner; für ihre Ausgleichung untereinander ist § 840 Abs 2 zu beachten. War von der Handlung der Aufsichtsbefohlenen der eingetretene schädliche Erfolg nicht zu erwarten, so ist mit der (adäquaten) Verursachung auch die gegenständliche Rechtswidrigkeit ausgeräumt und deshalb eine Haftung aus § 832 nicht gegeben (**RG** LZ 1918, 501[10]). b) § 832 bezieht sich nur auf den von dem Aufsichtsbefohlenen **einem Dritten widerrechtlich** zugefügten Schaden; für einen Schaden, den der Aufsichtsbefohlene sich selbst zufügt, kann aber der Aufsichtspflichtige gemäß § 823 wegen Vernachlässigung der Sorge für die Person des Aufsichtsbefohlenen haftbar sein. c) Einem Verletzten, der zu den im Sinne des § 832 kraft Gesetzes zu beaufsichtigenden Personen gehört, kann ebensowenig wie dem wegen seiner Aufwendungen an Heilungskosten usw. aus dem Gesichtspunkte der Geschäftsführung oder der Bereicherung mitklagenden aufsichtspflichtigen Vater auf Grund des § 832 entgegengehalten werden, daß letzterer es an der erforderlichen Aufsicht habe fehlen lassen und dadurch den Schaden mitverursacht habe. Denn § 832 dient lediglich dem Schutze Dritter gegen Schäden, die ihnen von Aufsichtsbefohlenen durch rechtswidrige Handlungen infolge der Vernachlässigung der Aufsicht über sie zugefügt werden können, nicht dem Schutze der Aufsichtsbefohlenen selbst (**RG** 53, 312; vgl. A 4).

7. Die Ersatzpflicht entfällt, **wenn der Aufsichtspflichtige seiner Aufsichtspflicht genügt hat,** wofür er beweispflichtig ist, wie sich aus der Fassung des § 832 und aus dem Gesetzesgedanken — vermutetes Verschulden des Aufsichtspflichtigen — ergibt (vgl. A 1c). Für die Frage, ob er inhaltlich seiner Aufsichtspflicht genügt hat, kommen einerseits die Eigenschaften der Aufsichtsbefohlenen, das Maß der von ihm ausgehenden, dritten Personen drohenden Gefahr, wie anderseits die eigenen Verhältnisse des Aufsichtspflichtigen in Betracht. So bestimmt sich das Maß der von den Eltern zu leistenden Aufsicht nach dem, was nach Alter und Entwicklung der Kinder von verständigen Eltern in Berücksichtigung ihrer wirtschaftlichen Lage und ihrer eigenen Geschäfte und Berufspflichten erwartet werden kann (**RG** 52, 69; 98, 246; JW 04, 202[13]; 05, 21[21]; Warn 08 Nr 374; 1911 Nr 241). Eine Überwachung des Aufsichtbefohlenen auf Schritt und Tritt ist in der Regel nicht angängig und bei reiferem Alter der Kinder überhaupt nicht erforderlich (**RG** 50, 60; JW 05, 21[21]; Warn 1914 Nr 217). Wesentlich sind für das Maß der Aufsichtspflicht vor allem die Eigenschaften der Kinder, gleichviel in welchem Alter sie stehen (**RG** JW 1926, 1149[7]). Höhere Anforderungen an die Aufsicht sind daher z. B. zu stellen, wenn der zu Beaufsichtigende sich bereits als zuchtlos und unbotmäßig erwiesen hat (**RG** 98, 248). Über die Beaufsichtigung von Spielen und Spielgeräten der Kinder vgl. **RG** 50, 60; JW 04, 202[13]; Warn 1916 Nr 166. Ein Spielzeug ist danach nicht schon deshalb als gefährlich anzusehen, weil es unter besonders unglücklichen Verhältnissen einmal Schaden angerichtet hat; es ist zu prüfen, inwieweit eine Belehrung über das Spielzeug erforderlich war und die Aufsichtsperson Grund zu der Annahme hatte, daß durch dessen Benutzung am Spielorte Schaden gestiftet werden könnte. Ein Spielwerkzeug, aus dem Geschosse entsendet werden, ist in gewissem Grade aber immer gefährlich, und das Spielen damit bedarf deshalb immer einer besonderen Aufsicht (**RG** JW 1912, 539[18]; Warn 1912 Nr 28; 1913 Nr 94; 1916 Nr 136; LZ 1919, 695[8]; 6. 10. 10 VI 569/10). Ein Vater, der seinem 11jährigen Sohn Bogen und Pfeil zum Spielen überläßt, ist in der Regel verpflichtet, ihn über die Gefahren des Schießens zu belehren und ernstlich zur Vorsicht zu mahnen; hat er dies unterlassen, so ist von ihm eine gesteigerte Überwachung zu verlangen (RG 25. 10. 25 VI 169/23). Den Gebrauch von Schußwaffen wird der Aufsichtspflichtige dem minderjährigen Aufsichtsbefohlenen nur gestatten dürfen, wenn er ihn darüber unterrichtet hat oder unterrichtet weiß, von seiner Besonnenheit, seinem Geschick und Verständnis für den Gebrauch und für die Gefahren der Schußwaffen sich überzeugt hat, und wenn dafür gesorgt ist, daß die Benutzung nur an einem sicheren Orte und ohne Verletzung polizeilicher Schutzvorschriften (§ 367 Nr 8 StGB) erfolgt (RG 52, 69; 98, 246; JW 05, 21[21]; Gruch 46, 949; Warn 09 Nr 298; 1916 Nr 136; LZ 1919, 695[8]; RG SeuffA 77 Nr 75; 17. 1. 07 VI 217/06). Ein Verbot oder eine Mahnung genügt zur Erfüllung der Aufsichtspflicht nur, wenn der Verpflichtete von deren Wirkung überzeugt sein konnte (RG 52, 69; JW 08, 673[1]; Warn 08 Nr 374). Die Aufsichtspflicht verschärft sich, wenn der Aufsichtspflichtige wußte, daß der Aufsichtsbefohlene nicht bloß zu gewöhnlichen Unarten, sondern auch zu ernsteren üblen Streichen geneigt ist (RG 98, 248; Warn 09 Nr 298; 1911 Nr 33 u. 241); seine Nichtkenntnis von früheren Streichen des Aufsichtsbefohlenen fällt in die Beweislast des Aufsichtspflichtigen (RG 15. 12. 10 VI 582/09). Ob der in erster Linie aufsichtspflichtige Vater die Obhut der Mutter überlassen kann, ist Frage des einzelnen Falles (RG Warn 1910 Nr 60; 1911 Nr 241; LZ 1919, 695[8]; 16. 2. 05 VI 184/04). Wie der Aufsichtspflichtige immer entlastet ist, wenn er nachweist, daß für ihn die Möglichkeit fehlte, seine Aufsichtspflicht auszuüben, so ist er anderseits wegen deren Verletzung regelmäßig haftbar, wenn er von der gefährlichen Handlung des Aufsichtsbefohlenen Kenntnis hatte, was jedoch der Verletzte zu beweisen hat (RG 50, 60). Für den Erfolg seiner Aufsichtstätigkeit hat der Aufsichtspflichtige niemals einzustehen; es genügt, daß er das Seinige getan hat, einen guten Erfolg herbeizuführen (RG a. a. O.; Warn 1911 Nr 33; 1913 Nr 94; 1914 Nr 217).

8. Der Nachweis, **daß der Schaden auch bei gehöriger Aufsichtsführung entstanden sein würde** (vgl. § 831 Abs 1 Schlußsatz), bedeutet inhaltlich den Wegfall des ursächlichen Zusammenhangs des nach § 832 vermuteten Verschuldens des Aufsichtspflichtigen in der Aufsichtsführung mit dem entstandenen Schaden. Die deshalb an sich entbehrliche Bestimmung hat den Zweck, außer Zweifel zu stellen, daß dem Aufsichtspflichtigen auch für das Nichtbestehen des bezeichneten ursächlichen Zusammenhangs die Beweislast obliegt. Die Vermutung des § 832 erstreckt sich also auch auf diesen ursächlichen Zusammenhang (RG Warn 1912 Nr 28; 17. 1. 07 VI 217/06). Die Möglichkeit, daß der Unfall auch bei gehöriger Aufsichtsführung sich hätte ereignen können, genügt deshalb nicht, um die Ersatzpflicht auszuschließen (RG Warn 1910 Nr 60; 1912 Nr 28; 26. 1. 22 VI 444/21).

9. Die Übernahme der Führung einer Aufsicht durch Vertrag setzt einen rechtsgültigen Vertrag voraus, denn ein anderer verpflichtet nicht; ein nicht rechtsgültiger steht gleich einer einseitigen freiwilligen bloß tatsächlichen Übernahme, etwa seitens Familienangehöriger, die ebenso den Tatbestand des § 832 Abs 2 nicht erfüllen kann (RG JW 05, 202[6]). Die Aufsichtsführung braucht aber in dem Vertrage nicht ausdrücklich bedungen zu sein, wenn nur der sonstige Inhalt des Vertrags sie als selbstverständlich erscheinen läßt (RG a. a. O.). Beispiele für eine vertragsmäßige Übernahme der Aufsicht sind die Verhältnisse von Kost- und Pflegeeltern, Krankenwärtern, Leitern einer Heilanstalt oder einer privaten Erziehungsanstalt. Aus der Rechtsprechung: das Verhältnis des Aufsehers einer städtischen Kinderarbeitsschule (RG JW 08, 673[1]). Nicht erforderlich ist, daß der Vertrag gerade mit dem gesetzlich Aufsichtspflichtigen geschlossen ist und daß überhaupt eine gesetzliche Aufsichtspflicht neben der vertragsmäßigen besteht. Ist letzteres der Fall, so können beide Aufsichtspflichtige nebeneinander nach § 840 Abs 1 für den Schaden verantwortlich sein. Ob der Vertrag entgeltlich oder unentgeltlich, auf dauernde oder vorübergehende Leistung geschlossen ist, ist gleichgültig. Vgl. im übrigen A 9 zu § 831.

§ 833

[1]) Wird durch ein Tier[2]) ein Mensch getötet oder der Körper oder die Gesundheit eines Menschen verletzt oder eine Sache beschädigt[3]), so ist derjenige, welcher das Tier hält[4]), verpflichtet, dem Verletzten den daraus entstehenden Schaden zu ersetzen[5]) [6]) [7]). Die Ersatzpflicht tritt nicht ein, wenn der Schaden durch ein Haustier verursacht wird[8]), das dem Berufe, der Erwerbstätigkeit oder dem Unterhalte des Tierhalters zu dienen bestimmt ist[9]), und entweder der Tierhalter bei der Beaufsichtigung des Tieres die im Verkehr erforderliche Sorgfalt beobachtet oder der Schaden auch bei Anwendung dieser Sorgfalt entstanden sein würde[10]).

Satz 1: E I 734 Abs 1 II 756; M 2 809—814; P 2 646—648.
Satz 2: RGes. vom 30. 5. 08, RGBl 313. Begr. RTB 1905/06 Nr 255.

1. Allgemeines. Satz 1 des § 833, der die ursprüngliche Vorschrift des BGB über die Haftung des Tierhalters enthält, während Satz 2 durch das Nachtragsgesetz vom 30. 5. 08 hinzugefügt worden ist, schafft eine Ausnahme von dem Verschuldungsgrundsatze, der im allgemeinen das BGB bei der Setzung der Normen über die Haftung aus u. H. beherrscht (vgl. Vorbem 1, 2 vor § 823), und setzt an dessen Stelle den Grundgedanken der Gefährdung. Es ist ein der heutigen Rechtsanschauung entsprechender und auch im BGB, so in den §§ 836—838, zum Ausdrucke gekommener Satz, daß jeder, der einer selbständigen Wirtschaft vorsteht, dafür sorgen muß, daß seine Eigentumsgegenstände nicht anderen gefährlich werden (RG 52, 373; 54, 53; JW 05, 370[10]; Warn 08 Nr 374; vgl. § 823 A 6d und f; § 836 A 1). Den Tieren kommt aber an sich wegen der durch die Vernunft nicht geregelten Willkür ihres Tuns und der körperlichen Kraft, die sie dabei entfalten, eine Gefährlichkeit zu, so daß, wer in seinem Interesse Tiere hält, auch den Schaden ersetzen soll, der infolge dieser Gefährdung entstanden ist (Prot 2, 647). Wie die an und für sich gefährliche Natur eines Eisenbahnbetriebs den Unternehmer nach § 1 HaftpflG haftbar macht, ohne daß es auf sein Verschulden bei einem durch die Gefährlichkeit dieses Betriebs einem Menschen entstandenen Schaden ankommt, so soll nach § 833 Satz 1 auch derjenige, der in seinem Interesse Tiere hält, für den durch deren besondere Gefährlichkeit Dritten zugefügten Schaden haften, ohne daß ein Verschulden seinerseits vorliegt (RG 80, 237). Während aber die Haftung aus § 1 RHaftpflG der Regel nach einen wirtschaftlich Starken, einen Großbetrieb, trifft, für den ein haftungerzeugender Unfall einen vielleicht empfindlichen Verlust, aber keine Lebensfrage bedeutet, belastete die Gefährdungshaftung des § 833 in besonderem Maße den mittleren und kleinen landwirtschaftlichen und gewerblichen Betrieb. Die Härten, die die Anwendung des Gesetzes für diese zeitigte (vgl. RG 54, 73), die indessen durch die spätere Rechtsprechung wesentlich gemildert wurden (vgl. RG 65, 313; 67, 431; Warn 09 Nr 357), gaben den Anstoß zur Ergänzung und Abschwächung des strengen Grundsatzes des § 1 im Wege eines neuen Gesetzes, dessen Wortlaut in einem Satz 2 dem ursprünglichen § 833 hinzugefügt wurde, und das für Haustiere, wenn sie dem Berufe, der Erwerbstätigkeit oder dem Unterhalte des Tierhalters zu dienen bestimmt sind, die Gefährdungshaftung durch eine Verschuldungshaftung mit vom Tierhalter zu widerlegenden Verschuldensvermutung in der Weise der §§ 831, 832, 834, 836—838 ersetzt (RG JW 1911, 762[20]; Warn 1910 Nr 445). Das neue Gesetz ist am 6. Juni 1908 verkündet und nach Art 2 RV am 20. Juni 1908 in Kraft getreten. Rückwirkende Kraft hat es nicht.

2. Durch ein Tier muß eine Verletzung zugefügt sein, wenn § 833 zur Anwendung kommen soll. a) Was ein Tier sei, bestimmt sich zunächst nach der naturwissenschaftlichen Lehre; für § 833 kommen aber nur Tiere in Betracht, die durch ihre Tätigkeit auf die Außenwelt einzuwirken befähigt, mit Sinneswerkzeugen und Nervensystem ausgestattet sind. Den Tieren niederster Ordnung, deren Leben dem der Pflanzen sich nähert, fehlen diese. Mögen Bazillen daher an sich als Tiere anzusprechen sein, die Gefahr, gegen die § 833 Personen und Sachen schützen will, geht von ihnen nicht aus (für Haftung für Bazillen Oertmann A 3a). Diese besondere Tiergefahr besteht darin, daß das Tier zwar nach einem Willen handelt, dieser aber nicht durch eine Vernunft geleitet und beherrscht, sondern entweder durch äußere Einwirkungen oder durch dem Menschen sich verbergende Vorstellungen ausgelöst wird. Vorwiegend sind es die Haustiere, die für die Anwendung des § 833, auch im Satz 1, in Frage kommen; doch bezieht sich Satz 1 auch auf andere Tiere, die gehalten werden, so Bienen, so wilde Tiere in Tierbuden und zoologischen Gärten. b) Durch ein Tier ist eine Verletzung verursacht, wenn ein der tierischen Natur entsprechendes selbsttätiges, in einem übertragenen Sinne willkürliches Verhalten des Tieres sie verursacht hat. Dahin gehört das Scheuen und Durchgehen, das Ausschlagen und Beißen der Pferde, das Anspringen gegen Menschen und andere Tiere und das Beißen der Hunde (RG 50 S. 180 u. 219; 54 S. 73 und 407; 60, 65; 61, 316; 65 103; 69, 399; 80, 237; JW 05 S. 318[5], 392[10], 531[12]; 09, 218[6]; 1911 S. 45[21], 215[13], 366[18], 982[17]; 1912, 797[14]; 1914, 36[6]; Warn 08 Nr 377 u. 582; 09 Nr 21; 1911 Nr 328; Gruch 50 S. 668 u. 973). Auch dann noch verhält sich das Tier selbsttätig und willkürlich, wenn es durch einen äußern Anreiz zu einer jähen, gewaltsamen Bewegung veranlaßt wird; so, wenn ein Pferd, wie es in seiner furchtsamen und reizbaren Natur begründet ist, durch Lokomotivpfiffe, Geräusche, flatternde Wäsche, durch vor seinen Augen fallende Gegenstände, oder infolge von Schmerzempfindungen, weil es von Fliegen gestochen oder vom Striegel unsanft berührt wurde, scheut, in die Höhe steigt und ausschlägt; denn daß es auf diese Weise zu jähen Bewegungen fortgerissen wird, ist gerade die Betätigung der tierischen Natur (RG 60, 65; 61, 316; 82, 112; JW 05 S. 318[6], 392[10], 531[12]; 1911 S. 45[21], 215[13], 366[18]; 1912, 797[14]; 1914, 36[6]; 1922, 286[3]; Warn 09 Nr 21; 1911 Nr 328). Einen Gegensatz zu den selbsttätigen Bewegungen des Tieres bildet einmal der Fall, daß es als bloßes mechanisches Werkzeug wirkt, wie wenn ein Tier von einem Menschen dem andern ins Gesicht geworfen und dieser dadurch verletzt wird, oder daß nur seine Größe, seine Masse und sein Gewicht Menschen oder Sachen beschädigt, z. B. wenn ein Pferd oder Rind stürzt und auf einen Menschen fällt, es sei denn, daß der Sturz wiederum nur die Folge eines willkürlichen Verhaltens, wie des Durchgehens des Pferdes, ist (RG JW 1911, 366[18]; 1914, 36[6]). In solchen Fällen ist das Tier überhaupt nicht selbsttätig. Ebenso ist das Tier nur unwillkürlich und gleich einem Werkzeug tätig, wenn es auf ein anderes Krankheitskeime überträgt und es dadurch beschädigt, mag selbst diese Übertragung durch willkürliche Bewegungen des Tieres (Beschnüffeln des andern Tieres) vermittelt werden (RG 80, 237). Ein willkürliches und selbsttätiges Tun des Tieres ist auch in den außergewöhnlichen Fällen ausgeschlossen, wenn auf den Körper oder auf die Sinne des Tieres ein äußeres Ereignis mit übermäßiger Gewalt nach Art einer mechanischen Ursache derart einwirkt, daß ihm gar keine Freiheit gelassen wird, sich anders zu verhalten (RG 54, 53; 60, 65; 61, 316; 69, 399; JW 05 S. 318[6], 392[10], 531[12], 691[14]; 09, 313[11]; 1910, 579[13]; 1911 S. 45[31], 215[13], 366[18]; 1912, 797[14]; Warn 1911 Nr 328). Nur in seltenen Fällen hat die Rechtsprechung solche Zwangsbewegungen eines Tieres angenommen (RG 69, 399; JW 09, 313[11]); auch diese Fälle aber sind zweifelhaft; zumeist liegt ein auf heftigen äußeren Anreiz erfolgtes selbsttätiges Verhalten des Tieres vor. Die richtige Umgrenzung dieser Zwangsbewegungen legen die neueren Entscheidungen RG JW 1911 S. 45[31], 215[13], 366[18]; 1912, 797[14]; 1922, 286[3]; Warn 1911 Nr 328 dar. Auf die naturwissenschaftliche Auffassung des Verhaltens der Tiere kommt es für die Darlegung der Begriffe des Gesetzes nicht an (vgl. RG JW 1912, 797[14]). Den Beweis, daß eine solche Einwirkung außergewöhnlicher Art stattgefunden habe, der das Tier auf keine Weise widerstehen konnte, hat der Tierhalter zu führen; es gehört nicht zur Klagebegründung, daß ein willkürliches Tun des Tieres vorliegt. Der Kläger genügt seiner Beweispflicht, wenn er dartut, daß er durch ein Tier beschädigt ist (RG JW 05, 392[10]; 1914, 36[6]). Den zweiten und wichtigeren Gegensatz zum selbsttätigen und willkürlichen Verhalten bilden die unselbständigen Tätigkeiten, wenn das Tier dem Willen und der Leitung des Menschen folgt, wie das Reitpferd und das Maultier der Zügellenkung des Reiters, das eingespannte Pferd der Leitung des Kutschers. Hier ist nicht das Tier, sondern der es nach seinem Willen leitende Mensch der Handelnde (RG 50 S. 180 u. 219; 61, 316; 65, 103; JW 09, 218[4]; Warn 08 Nr 377). Das Tier folgt dem Willen des Menschen aber nicht unbedingt und wird von ihm nicht gezwungen; und so schließt die Leitung des Kutschers oder Reiters keineswegs willkürliche Bewegungen des Tieres (Seitensprünge, Hochsteigen, Beißen, Schlagen der Pferde) aus, die alsdann unter § 833 fallen (RG JW 09, 218[6]; Warn 08 Nr 582 u. 636; 13. 10. 10 IV 56/10), wie es auf der andern Seite nicht willkürlich handelt, wenn es dem Willen des Menschen nicht aus Widerspenstigkeit, sondern weil es ihm nicht möglich ist, die bisherige Bewegung plötzlich abzubrechen, nicht sofort Folge leistet (RG Warn 08 Nr 377 u. 582). In der Gewalt des Lenkers kann sich ein Pferd auch dann noch befinden, wenn der Kutscher die Zügel nicht in der Hand hält: Pferde können mit einem Zurufe geleitet werden, und das Nebenhergehen des Kutschers neben dem Fuhrwerke genügt vielfach, es in der Gewalt zu behalten (RG 65, 103). c) Die Feststellung des ursächlichen Zusammenhangs zwischen einer eingetretenen Verletzung und einem auf der Tiergefahr beruhenden Tun des Tieres folgt den in Vorbem 5 vor § 823 entwickelten Grundsätzen (sog. adäquate Verursachung: RG 2. 10. 05 IV 165/05; 5. 10. 05 IV 173/05). Der Zusammenhang braucht nicht ein unmittelbarer zu sein; die Verletzung kann auch mittelbar auf jene Tätigkeit zurückführen (RG 50, 219; JW 1914, 36[6] u. 471[13]), sei es, daß diese zunächst auf einen von dem Tier in Bewegung gesetzten Gegenstand einwirkt, so auf den von den Pferden gezogenen Wagen, und mittels dieses Gegenstandes die Verletzung erfolgt (RG 50, 219; vgl. weiter den Fall JW 1911, 366[18]), sei es, daß durch das Tun des Tieres die beschädigte Person in Schrecken versetzt, infolgedessen gestürzt ist und verletzt wurde: so, wenn ein bissiger Hund gegen einen Menschen anläuft, dieser erschrickt, stolpert und stürzt (RG JW 06, 379[7]; 08, 680[12]; 1914, 471[13]; 3. 7. 11 IV 679/10). Doch muß eine ernste Gefahr vorliegen; ein harmloses Anspringen und Bellen eines gutartigen und offenbar nicht zu fürchtenden Hundes begründet einen ursächlichen Zusammenhang nicht; wenn eine besonders nervenschwach veranlagte Person davor erschrickt und fällt, so ist dies nicht Wirkung einer Tiergefahr (RG JW 08, 41[16]). Der ursächliche Zusammenhang zwischen dem Tun des Tieres und der Verletzung wird ferner nicht dadurch aufgehoben, daß der Beschädigte selbst durch eine auf freier Selbstbestimmung beruhende Handlung eingreift, wie, daß er beim Durchgehen der Pferde, um sich zu retten, vom Wagen springt und sich dabei Verletzungen zuzieht (RG JW 07, 307[8]), oder daß er, um andere vor der Gefahr zu behüten, die durchgehenden Tiere aufhalten will und hierbei von ihnen verletzt wird (RG 50, 219; 19. 10. 03 VI 47/03; 29. 11. 06 IV 198/06). Inwiefern ein solches Handeln des Beschädigten ein mitwirkendes Verschulden an der Verursachung des Schadens begründen kann, darüber vgl. unten A 6. Kommt das Verhalten mehrerer Tiere, von denen das eine auf die Sinne des anderen einwirkte, als ursächlich für eine Verletzung in Frage (ein Hund springt gegen Pferde an, die dann scheuen und Unheil anrichten), so ist der Schaden durch das einwirkende Tier verursacht worden, wenn die Einwirkung derart war, daß sie das schadenstiftende Verhalten des anderen Tieres nach dem gewöhnlichen Laufe der Dinge entsprechend der Natur dieser Tiergattung mit Wahrscheinlichkeit auslösen mußte (**RG** JW 05, 691[14]; Gruch 50 S. 668 u. 973). Eine Berufung auf höhere Gewalt kann es gegenüber der Inanspruchnahme aus § 833 nur insoweit geben, als infolge einer äußeren Einwirkung ein willkürliches Tun des Tieres ausgeschlossen ist; dann ist aber eben im Sinne des § 833 der Schaden nicht durch das Tier verursacht (**RG** 54, 407).

3. Die Haftung nach § 833 tritt nur ein, wenn durch das Tier **ein Mensch getötet oder der Körper oder die Gesundheit eines Menschen verletzt oder eine Sache beschädigt** wird. Über die Tötung eines Menschen vgl. § 823 A 4, über die Verletzung des Körpers und der Gesundheit ebenda A 5. Unter der Beschädigung einer Sache (§ 90) ist ebenso wie bei der Verletzung des Eigentums in § 823 Abs 1 (vgl. dort A 7) auch die Entziehung der Sache (Verschleppung eines Gegenstandes durch ein Tier) zu verstehen. Nur für die Schäden, die aus der Verletzung der hier bezeichneten Rechtsgüter entstehen, haftet der Tierhalter nach § 833; für andere Schäden gelten die allgemeinen Grundsätze der §§ 823, 831; der Tierhalter kann also nur aus einem Verschulden oder aus einer rechtswidrigen Handlung seines Angestellten in Ausführung einer Verrichtung in Anspruch genommen werden.

4. Als **Tierhalter** ist, wie in Erweiterung der in den Urteilen **RG** 52, 11 und JW 06, 197[14] gegebenen Begriffsbestimmung, die auf die Sorge für Obdach und Unterhalt des Tieres entscheidendes Gewicht legte, die Rechtsprechung des Reichsgerichts angenommen hat (**RG** 62, 79; 66, 1; JW 1911 S. 218[23] u. 279[8]), anzusehen, wer das Tier in seinem Hausstande oder Wirtschaftsbetriebe verwendet. Das Eigentum sowie die Sorge für Obdach und Unterhalt können Umstände sein, aus denen auf die Tierhaltereigenschaft im einzelnen Falle zu schließen ist; wesentlich für den Begriff sind sie nicht (**RG** 55, 163; JW 1916, 907[6]; 1917, 287[7]; Warn 1915 Nr 208 u. 237; 1918 Nr 187; 20. 6. 10 IV 524/09). Das Tierhalterverhältnis ist ein tatsächliches, kein rechtliches. Ohne mittelbaren oder unmittelbaren Besitz ist es nicht wohl denkbar, und schlechthin wesentlich ist das Merkmal des eigenen Interesses (**RG** 62, 79; 66, 1). Tierhalter ist der Posthalter, der die Postpferde vertragsmäßig der Postverwaltung zur Verfügung zu stellen hat; sie dienen seiner Wirtschaft (**RG** JW 1910, 470[8]; Warn 1916 Nr 201). Tierhalter ist ebenso der Inhaber eines Reitinstituts, der gewerbsmäßig Reitpferde gegen Entgelt vermietet; sie scheiden durch den Austritt nicht aus seiner Wirtschaft aus, werden vielmehr gerade durch die Vermietung dafür verwendet und bleiben seiner Verfügung unterworfen (**RG** Warn 1912 Nr 254); Tierhalter bleibt der Landwirt, wenn er unentgeltlich vorübergehend aus Entgegenkommen sein Pferd an Dritte verleiht (**RG** JW 1915, 917); Tierhalter ist der Nießbraucher oder Pächter eines Gutes, der Ehemann hinsichtlich der zum eingebrachten, bei der Gütergemeinschaft der zum Gesamtgut gehörigen Tiere. Auch mehrere Personen können gleichzeitig Tierhalter derselben Tiere sein; so, wenn der Vater das Landgut, dessen Wirtschaftsbetriebe die Pferde dienen, seinem Sohne übergeben, sich aber deren Benutzung für seine Wirtschaft gleichfalls vorbehalten hat; er ist dann Tierhalter, sobald sie in seiner Wirtschaft verwendet werden und in seiner Verfügung stehen (**RG** JW 1911, 279[8]). Dienen Tiere den wirtschaftlichen Zwecken eines nichteingetragenen Vereins, so sind alle Mitglieder der Vereinigung als Tierhalter anzusehen (**RG** JW 1911, 218[23]). Eine vorübergehende Besitzentziehung (Entlaufen des Tieres) hebt die Tierhaltereigenschaft nicht auf, wohl aber eine dauernde Entziehung, durch die das Tier seiner Bestimmung für den Tierhalter entfremdet wird (Diebstahl). Tierhalter sind aber auch der Schlächter, der Tiere kauft und bei sich einstellt, um sie am nächsten Tage zu schlachten, oder der Viehhändler, der dasselbe tut, um die Tiere am nächsten Tage zum Markt zu führen und zu verkaufen; sie dienen beider Gewerbetriebe. Eine Landgemeinde ist Tierhalter des Zuchtstieres, der zu Zuchtzwecken für die Gemeinde angeschafft und bei einem Bauern im Stalle untergebracht ist, der dem Tiere gegen Vergütung Fütterung und Wartung gewährt (**RG** JW 1917, 287[7]); ebenso ist Tierhalter, wer vertragsmäßig einer Bergwerksverwaltung die Grubenpferde stellt, die, solange sie in der Grube verwendet werden, dort eingestallt werden; die Aufgabe der unmittelbaren Verfügungsgewalt über die Tiere auf Zeit bedeutet nicht den Verlust der Tierhaltereigenschaft (**RG** Warn 1915 Nr 237; JW 1917, 287[7]). Der Unzurechnungsfähige (§§ 827, 828) kann Tierhalter sein, aber nicht durch eigenen Willensentschluß werden; er wird es jedoch, wenn sein gesetzlicher Vertreter ihn durch seine Handlung in das Verhältnis des Tierhalters versetzt. Zu welchem Zwecke das Tier im Augenblicke des Unfalls benutzt wird, ist gleichgültig (**RG** 55, 163; JW 06, 197[14]); für die Tierhaltereigenschaft ist nur die Bestimmung des Tieres zur Verwendung in der eigenen Wirtschaft und im eigenen Interesse maßgebend. Der Gutsverwalter, der die für die Gutswirtschaft bestimmten Pferde zu einer Spazierfahrt benutzt, wird dadurch nicht Tierhalter (**RG** 52, 117; Gruch 47, 404); desgleichen nicht die Landwirtschaftskammer, die durch ihre Geschäftsstelle den Absatz von Schlachtvieh vermittelt, sich das Vieh zusenden, tierärztlich besichtigen und in die Verkaufshalle bringen läßt (**RG** 66, 1); nicht der Staat, dem bei dem Pferdemusterungsgeschäft in Erfüllung einer gesetzlichen Verpflichtung die Tiere zur Auswahl vorgeführt werden (**RG** JW 04, 408[17]; 06, 466[24]); nicht der Kauflustige, der zu einer Probefahrt zwecks Entschließung über einen Ankauf das Pferd bei sich einstellt und die Probefahrt ausführt (RG JW 06, 197[14]; 7. 11. 07 IV 120/07); auch nicht der Bereiter (Trainer) oder der Stallmeister, denen zum Zwecke des Zureitens das Rennpferd oder das Reitpferd übergeben wird; sie nutzen das Tier nicht für ihr Interesse; die Vergütung, die sie für das Zureiten erhalten, ist nicht Nutzung des Tieres, sondern Entlohnung ihrer im fremden Interesse geleisteten Arbeit (RG Warn 08 Nr 317); ferner nicht der bloße Verwahrer, mag auch nebenher eine Benutzung des Tieres durch ihn vorgesehen sein (RG JW 1913, 431[9]), wie sie in vielen Fällen im Interesse des Hinterlegers (Ausreiten von Pferden) selbst zu den Pflichten des Verwahrers gehört (vgl. § 688 A 3). Tierhalter bleibt dagegen bis zur kurzzeitigen Abholung der Verkäufer eines Tieres, das bisher seiner Wirtschaft diente und in seinem Stalle steht (RG JW 1910, 706[6]). Tierhalter ist aber wiederum aus den gleichen Gründen wie die vorgenannten Personen nicht der Tierarzt, dem das Tier zur Behandlung zugeführt wird, und nicht der Viehkommissionär, dem ein Tier zum Verkauf übergeben worden ist (RG 11. 12. 11 IV 142/11). Wohl aber ist Tierhalter der Beamte oder die Militärperson, die beruflich verpflichtet sind, selbst ein Pferd zur Benutzung im Berufe sich zu beschaffen (Gendarmenpferd in Preußen, RG 55, 163; Landbriefträger, RG Warn 1918 Nr 187); und Tierhalter ist der Landwirt, dem zur selbständigen Verwendung in seiner Wirtschaft Tiere vom Eigentümer, wenn auch nur auf kurze Zeit, geliehen werden (RG 62, 79). Über den Tierhalter gefangener oder gezähmter (§ 960 BGB) wilder Tiere vgl. RG JW 1916, 907[6]).

5. Der Tierhalter haftet für den einem anderen aus der Verletzung eines der bezeichneten Rechtsgüter entstehenden **Schaden.** Für den Schadensersatz aus der Verletzung von Leben, Körper oder Gesundheit eines Menschen gelten die §§ 842—847. Mehrere Tierhalter des Tieres, das den Schaden angerichtet hat, haften als Gesamtschuldner nach § 840 Abs 1; ebenso der Tierhalter und der Aufsichtspflichtige nach § 834 (der Tierhüter, RG 60, 313). Für die Ausgleichung dieser mehreren Ersatzpflichtigen untereinander ist das zwischen ihnen bestehende Rechtsverhältnis maßgebend. Auch die verschiedenen Tierhalter mehrerer Tiere, die zusammenwirkend einen Schaden angerichtet haben, sind gesamtschuldnerisch verhaftet; für deren Ausgleichung untereinander gilt § 840 Abs 1 in Verbindung mit § 426 (RG JW 05, 691[16]). Gesamtschuldnerische Haftung tritt ferner ein, wenn die Verletzung auf ein Tier und zugleich auf die u. H. eines Dritten zurückzuführen ist (das Pferd scheut infolge des unerlaubt schnellen Vorüberfahrens eines Kraftwagens oder infolge eines Betriebsvorgangs der Eisenbahn; vgl. RG 53, 114; 58, 335; 61, 56; Gruch 47, 405; 48, 928); bei der Ausgleichung untereinander kann sich hier aber der Tierhalter auf die Bestimmung des § 840 Abs 3 berufen, wonach im inneren Verhältnisse ein dritter Haftpflichtiger gegenüber dem Tierhalter den ganzen Schaden trägt; dies gilt nach der Rechtsprechung des Reichsgerichts auch dann, wenn die Haftung des Dritten, wie die des Eisenbahnunternehmers aus § 1 HaftpflG ebenfalls nicht auf einem Verschulden, sondern auf Gefährdung beruht, weil die Vorschrift des § 840 Abs 3 nur die Ersatzpflichtigen aus den §§ 833—838 gegenüber anderen begünstigt (RG 53, 114; 58, 335; 61, 56; vgl. § 840 A 7), und es gilt weiter selbst dann, wenn der Tierhalter selbst der Beschädigte ist (RG 71, 7; JW 05, 734[32]; Warn 1910 Nr 120; 18. 5. 05 VI 417/04; 19. 10. 05 VI 68/05). Beim **Zusammenwirken eines** Tieres und eines Kraftfahrzeugs zur Verursachung eines Schadens der in § 833 bezeichneten Art (vgl. § 7 KraftFahrG) gilt für die Ausgleichung zwischen dem Tierhalter und dem Fahrzeughalter § 17 Abs 2 **KraftFahrG, abgesehen von dem Falle des § 833 Satz 2, der die Tierhalterhaftung ausschaltet** (RG 82, 112; 96, 130; Warn 1922 Nr 69; LZ 1921, 145[10]; 1922, 682[5]). **Trifft den Tierhalter ein Verschulden bei der Verursachung der Verletzung, das den § 823 anwendbar macht, so kann er sich für die Ausgleichung gegenüber dem dritten Haftpflichtigen auf die Befreiung des § 840 Abs 3 nicht berufen.** Hat er für die rechtswidrige Verursachungshandlung eines Angestellten (§ 831) einzustehen, so kommt ihm, falls diesen ein Verschulden trifft, das auch ihn ersatzpflichtig macht, im inneren Verhältnisse zwar nicht § 840 Abs 3, aber § 840 Abs 2 zugute. Einen A n s p r u c h auf U n t e r l a s s u n g der u. H. nach § 833 kann es nicht geben, da die Haftung begründende Gefährdung schon mit dem Halten des Tieres gegeben ist, das für sich eine u. H. nicht darstellt.

6. Daß ein **mitwirkendes Verschulden des Beschädigten** an der Verletzung und ihren Folgen (§ 254) wie bei allen anderen u. H. auch bei der Haftung des Tierhalters den Ersatzanspruch ausschließen oder im Umfange mindern muß, ist selbstverständlich. Die Abwägung nach § 254 hat auf der Seite des Tierhalters die Tiergefahr, auf der Seite des Verletzten das Maß seines Verschuldens und dessen Bedeutung für die Verursachung des Schadens in Betracht zu ziehen (RG 51, 275; JW 02 Beil 274; 03 Beil S. 42[90], 66[153], 143[314]; 04, 57[10]; 06, 808[2]; Warn 1911 Nr 327; 1912 Nr 61). Über das mitwirkende schädliche Verhalten eines verletzten Kindes oder Unzurechnungsfähigen gilt das § 827 A 3, § 828 A 1, 2 Gesagte: mangels der Möglichkeit eines Verschuldens entfällt ihre Verantwortlichkeit (vgl. RG 67, 120). Ein eigenes mitwirkendes Verschulden des Verletzten liegt vor, wenn er sich leichtsinnig selbst der Tiergefahr ausgesetzt hat: so, wenn er den Hof betritt, auf welchem ein bissiger Hofhund gehalten wird, obwohl durch eine Tafel an der Hoftür vor dem Betreten des Hofes mit einem

Hinweise auf den Hund gewarnt war (RG JW 06, 349[7]); ähnlich, wenn ein Hundebesitzer seinen Hund vor den Angriffen eines anderen Hundes schützen will, in ihren Kampf eingreift und dabei selbst verletzt wird (RG Warn 1914 Nr 161); oder wenn er ohne Not dicht an Pferden vorbeigeht (RG JW 06, 739[7]; 09, 136[13]; Warn 08 Nr 290; 1916 Nr 201); das trifft indessen nicht zu bei einem Stallknechte oder dem Hufschmied, dessen Arbeit es mit sich bringt, daß er sich den Tieren nähern muß (RG JW 06, 740[8]; 1911, 215[13]); oder wenn der Verletzte ein krankes Tier nur ohne Veranlassung berührt hat (RG JW 08, 235[7]). Ein mitwirkendes Verschulden des Verletzten ist ferner gegeben, wenn der verletzte Radfahrer durch übermäßig schnelles Fahren in Ortschaften die Hunde aufregt und das Anspringen von Hunden an das Rad für sich selbst gefährlich macht (RG JW 08, 680[12]); wenn der Tierarzt oder der Hufschmied bei der Behandlung oder beim Beschlagen der Pferde die nötigen Vorsichtsmaßregeln versäumen (RG JW 04, 57[10]; Warn 09 Nr 212). Ein eigenes Verschulden des Verletzten liegt aber nicht darin, daß der Insasse eines Wagens beim Durchgehen der Pferde, um sich aus der größeren Gefahr zu retten, selbst ungeschickt, abspringt (RG JW 07, 307[8]). Noch weniger kann ein Vorwurf eigenen Verschuldens gegen den Verletzten daraus hergeleitet werden, daß er in Erfüllung einer sittlichen Pflicht, um eine größere Gefahr von der Allgemeinheit abzuwenden, den durchgehenden Tieren sich entgegenstellt, um sie zum Stehen zu bringen; überhaupt ist eine ungeeignete Maßregel noch kein Verschulden, sofern der Verletzte bei dem Versuche nur nicht jede Vorsicht und Besonnenheit außer acht ließ; das muß besonders bei Rettungshandlungen gelten, die ein schnelles Eingreifen erfordern (RG 50, 219; JW 04, 356[6]; Gruch 49, 931; Warn 09 Nr 99; vgl. § 823 A 3). Daß der Verletzte durch das eigene Tier verletzt wird dergestalt, daß er, wenn der Verletzte ein Dritter wäre, diesem selbst als Tierhalter haften würde, begründet für den schuldhaft handelnden Verursacher des Unfalls einen Einwand des mitwirkenden Verschuldens des Verletzten nicht; eine entsprechende Anwendung des § 254 ist hier durch die Vorschrift des § 840 Abs 3 (s. die vorige Anmerkung) ausgeschlossen (RG 71, 7; Warn 1910 Nr 120; 18. 5. 05 VI 417/04). Dagegen ist eine solche rechtsähnliche Anwendung des § 254 zulässig und dem Sinne des Gesetzes entsprechend, wenn auch der in Anspruch genommene Ersatzpflichtige nur als Tierhalter haftet, also nicht er, sondern sein Tier den Schaden mitverursacht hat (RG 67, 120 in dieser Beschränkung richtig; vgl. § 840 A 7 u. 8). Über eine Umkehrung der Beweislast beim Einwande des eigenen Verschuldens bei Dienstpersonen vgl. A 7b.

7. **Einwirkung eines Vertragsverhältnisses auf die Haftung des Tierhalters.** a) Wie regelmäßig schon die Fahrlässigkeitshaftung aus u. H., kann um so mehr die ohne Verschulden des Haftpflichtigen eintretende Gefährdungshaftung des § 833 durch Vertrag ausgeschlossen werden (vgl. Vorbem 4b vor § 823). Ein solcher Vertrag beseitigt dann nicht nur die Ansprüche des Verletzten, sondern auch die der Unterhaltsberechtigten nach § 844 (RG 65, 313). Eine ausdrückliche Vertragsvereinbarung auf Ausschluß der Tierhalterhaftung wird im täglichen Leben selten vorkommen; der Ausschluß kann sich aber aus dem sonstigen Inhalt des Vertragsverhältnisses als dem Willen der Vertragsparteien entsprechend ergeben. Das ist der Fall, wenn dem Verletzten durch Dienst- oder Werkvertrag eine in seinen Berufskreis gehörige Arbeitsleistung bezüglich des Tieres übertragen worden ist, die als solche mit einer besonderen Tiergefahr verbunden ist; hier muß diese Gefahr mit der Übernahme der Leistung als übernommen gelten. Der hauptsächlichste Anwendungsfall ist der Vertrag auf Zureiten eines Rennpferdes durch den Bereiter (Trainer), eines Reitpferdes durch einen Stallmeister, der eine selbständige Gewalt dieser Personen über das Tier bedingt (RG 58, 410; JW 05, 143[22]; Warn 1910 Nr 153). Beim Tierarzt, der eine ärztliche Verrichtung an dem Tiere vornimmt, beim Hufschmiede, der das Pferd beschlägt, ist eine solche Gefahrübernahme nicht anzunehmen; ihre Vertragsleistungen weisen auf einen derartigen Vertragswillen nicht hin; ihnen wird eine Verfügung über das Tier nicht übertragen (RG 61, 54 läßt für den Hufschmied die Frage offen, während JW 06, 553[22] die Übernahme der Gefahr verneint und den Unterschied vom Bereiter und Stallmeister betont; ebenso JW 1911, 89[7] und Warn 1912 Nr 61; unter besonderen Umständen ist Ausschlußvertrag beim Hufschmied angenommen, Warn 1912 Nr 430; JW 04, 57[10]; 1912, 797[14]). Noch weniger kann an eine vertragsmäßige Übernahme der Tiergefahr bei den unselbständigen Dienstverrichtungen der von den Weisungen des Dienstherrn abhängigen Gesindepersonen: Kutscher, Reitknecht, Stallknecht, gedacht werden (RG 50, 244; JW 05 S. 202[6], 392[10], 393[11], 528[7]; 07, 710[17]; 1911, 215[13]; Warn 08 Nr 318 u. 477; 1910 Nr 153). Frage des einzelnen Falles ist die Übernahme der Tiergefahr bei den Leistungen des Beförderungsunternehmers (RG Warn 08 Nr 495; 30. 10. 07 IV 111/07) oder beim Abschneiden (Kupieren) von Pferdeschweifen (RG Warn 09 Nr 212). Über die Beweispflicht s. unter b.

b) Das Vertragsverhältnis zu allen diesen Personen, die die Tiergefahr nicht übernommen haben, sowie zu dem bestellten Tierhüter nach § 834, ist indessen, wenn diese Personen selbst bei Erfüllung ihrer Vertragsverpflichtungen von dem Tiere verletzt worden sind, immerhin nicht ohne Wirkung. Denn in diesem Falle erscheint zunächst die von dem Hufschmied, Kutscher, Beförderungsunternehmer, Stallknecht bei der Vertragsleistung zu beobachtende Sorgfaltspflicht verletzt, und es trifft daher sie die Beweislast, daß sie ihrer Sorgfaltspflicht genügt haben, daß der Schaden durch das Tier ohne ihr Verschulden angerichtet wurde, oder daß er auch bei Anwendung dieser Sorgfalt entstanden sein würde (RG 50, 244; JW 05 S. 202[6], 392[10], 393[11], 528[7]; 07, 710[17]; Warn 08 Nr 318, 477; 09 Nr 212; 1910 Nr 153; 1912 Nr 61 u. 430; 9. 2. 05 VI 167/04). Dieser Beweis kann auch allgemein dahin geführt werden, daß der Verletzte bei derselben Verrichtung bisher stets sorgfältig und vorsichtig zu Werke gegangen sei (RG JW 05, 392[10]), und er ist als geführt zu erachten, wenn der Dienstverpflichtete die ihm von dem Dienstherrn gemachten Vorwürfe sachwidrigen Verhaltens widerlegt (RG 13. 7. 08 IV 83/08). Ist von dem Geschäfts- oder Dienstherrn gar nicht geltend gemacht, daß den Verletzten ein eigenes mitwirkendes Verschulden an dem Schaden treffe, so bedarf es auch nicht des Sorgfaltsbeweises des Verletzten. Die **Beweispflicht** für ein Vertragsverhältnis, das in den Fällen zu a eine Ausschließung, in den Fällen zu b eine Beschränkung der Haftung des Tierhalters zur Folge hat, trifft den Tierhalter (RG 5. 3. 08 IV 341/07).

c) Besondere Veranlassung zur Annahme eines stillschweigenden Ausschlusses der Tierhalterhaftung bieten die Fälle, in denen der Tierhalter oder sein Angestellter in ihr Fuhrwerk **aus Gefälligkeit** einen Fahrgast aufgenommen haben. Während RG 54, 73 in einem solchen Falle die volle Strenge der Haftung aus § 833 zur Anwendung brachte, suchte und fand die spätere Rechtsprechung einen Weg, die Härten jener Entscheidung zu beseitigen. Grundsätzlich ließ sich zwar an der Haftung des § 833 nichts ändern. Aber man entnahm für den einzelnen Fall aus dem Verhalten der Beteiligten und den begleitenden Umständen einen Vertrag auf Ausschließung der Haftung des Tierhalters, ohne daß die Beteiligten eine solche Willenseinigung erklärt zu haben brauchten, ja ohne daß sie auch nur an Gefahr und Unfall gedacht hatten (RG 65, 313; 67, 431; JW 08, 108[6]; Warn 08 Nr 157; 09 Nr 100). Der Vertragsschluß ist zwar nicht ohne weiteres aus der Gefälligkeit des Mitfahrenlassens zu entnehmen, die selbst einen Vertrag an sich nicht darstellt (RG 65, 18; JW 08, 108[6]; 1911, 28[5]; Warn 08 Nr 157; 09 Nr 357); er bedarf besonderer Feststellung; aber diese darf schon auf die Bitte um Mitnahme und die Einwilligung dazu gestützt werden (RG a. a. O., ferner Warn 08 Nr 353; 09 Nr 100). Bei der Annahme einer solchen Willenseinigung muß aber die Kenntnis der Sachlage durch den Verzichtenden vorausgesetzt werden; ein Ausschluß der Haftung ist auch bei einer Gefälligkeitsfahrt nicht anzunehmen, wenn der Tierhalter ein ungewöhnlich scheues Pferd eingespannt hatte (RG 10. 10. 10 IV 138/10). Die Entgeltlichkeit der Beförderung schließt einen solchen Vertrag zwar nicht aus, ist aber ein tatsächlicher Umstand, der gegen die Annahme eines Vertrags spricht, so daß er in diesem Falle besonderer Begründung bedarf (RG JW 08, 108[6]; 09, 313[11]; Warn 08 Nr 157 u. 477; 09 Nr 22). Als ein anderer gegen den Enthaftungsvertrag sprechender Umstand ist die Tatsache angesehen worden, daß der Tierhalter, wie dem Fahrgaste bekannt war, gegen die Tiergefahr versichert ist (RG Warn 09 Nr 22 und 100); und endlich wurde die Annahme eines solchen Vertrags mit Recht abgelehnt, wenn das Mitfahren des Verletzten nicht auf einer Gefälligkeit des Tierhalters, sondern auf einer Gefälligkeit des Verletzten **gegenüber** dem Tierhalter beruhte (RG Warn 1910 Nr 153; vgl. die Fälle JW 1911 S. 319[5] u. 714[14]). Die Entscheidung RG Warn 09 Nr 357 (vgl. auch JW 1911, 28[5]) weist auf die Bedenken gegen die Annahme eines solchen nicht nur unausgesprochenen, sondern auch unausgedachten und unausgewollten Vertrags hin, für dessen Feststellung es vielfach an einer wirklichen tatsächlichen Unterlage fehle, und setzt an die Stelle des stillschweigenden Vertrags das **Handeln auf eigene Gefahr**: Wer bewußterweise außerhalb eines Vertragsverhältnisses und ohne eine sonstige rechtliche oder sittliche Verpflichtung (vgl. oben A 6) einer bestimmten Gefahr sich aussetzt, nimmt diese Gefahr auf sich. Die Verwendung dieses zwar im BGB nicht ausgedrückten, aber einer im Leben herrschenden Anschauung entsprechenden Rechtsgedankens sei, spricht das Urteil aus, wohl geeignet, einer gerechten, im Sinne des Gesetzes selbst liegenden Ausgleichung gegenüber einer Gefährdungshaftung, wie sie § 833 dem Tierhalter auferlegt hat, zu dienen. Dem möchte zuzustimmen sein (so auch v. Gierke, Deutsches Schuldrecht S. 946 u. A 55).

8. **Haustiere** sind die zahmen Tiere, die von den Menschen zu ihrem Nutzen in ihrer Hauswirtschaft gehalten zu werden pflegen, als: Pferd, Maultier, Esel, Rind, Schaf, Ziege, Schwein, Hund, Katze, Geflügel. Den Gegensatz zu den Haustieren bilden die wilden und die gezähmten wilden Tiere (gezähmtes Reh, Affe u. a.), die dadurch, daß sie in einer Hauswirtschaft gehalten werden, nicht Haustiereigenschaft erlangen. Tiere, die zwar ihrer Gattung nach Haustiere sein können, aber nicht als solche verwendet werden (Versuchstiere des Professors, Tiere zur Heilserumerzeugung in den Serumanstalten), kommen im Sinne des Gesetzes als Haustiere nicht in Betracht (RG 79, 246). Die Biene ist kein Haustier; sie ist ein „wilder Wurm" und entzieht sich der menschlichen Aufsicht und Verfügung (a. M. Oertmann A 9b α zu § 833).

9. Der Schutz des Satz 2 erstreckt sich nur auf solche Haustiere, **die dem Berufe, der Erwerbstätigkeit oder dem Unterhalte des Tierhalters zu dienen bestimmt sind.** Ausge-

schlossen sind damit diejenigen Haustiere, die zu anderen Zwecken, für den Sport oder zur Annehmlichkeit (Luxusreitpferd, Schoßhund) gehalten werden (RG 79, 246; JW 1911, 45[32]). Das vom Landwirt zu Zuchtzwecken gehaltene Vollblutpferd ist seinem Erwerbe zu dienen bestimmt; es wird Luxustier, wenn es in den Rennstall eines Sportsmannes oder in den Stall eines Rentners übergeht, der es zu Spazierfahrten benutzt (RG 79, 246). Die Tiere sollen jenen Zwecken zu dienen bestimmt sein; sie müssen daher diese Bestimmung zur Zeit der Zufügung einer Verletzung haben; daß sie ausschließlich den hervorgehobenen Zwecken dienen, wird nicht gefordert (RG JW 1911, 45[32]), auch nicht, daß sie bei der Schadensverursachung ihnen gerade gedient haben; maßgebend ist ihre allgemeine Zweckbestimmung (RG JW 1917, 286[6]). Daß die Bestimmung äußerlich erkennbar sei (Begr.), wird nicht zu verlangen sein. Gelegentliche Benutzung eines Tieres zu Erwerbszwecken, das im allgemeinen dem Vergnügen des Besitzers zu dienen bestimmt ist, genügt dem Erfordernis des Satz 2 nicht (RG JW 1911, 45[32]). Beruf ist die an eine öffentliche oder private Anstellung oder an eine Prüfung gebundene, nicht unmittelbar dem Erwerbe dienende Lebensstellung; Beamte, Militärpersonen, Geistliche, Ärzte, Rechtsanwälte, aber auch Gutsverwalter, Förster, Ingenieure im Privatdienst haben einen Beruf. Dem Berufe sind demnach zu dienen bestimmt die Dienstpferde der Offiziere, der Gendarmen, die Kutschpferde des Landarztes, je nach Umständen auch des Landrats, die Jagdhunde des Försters. Für die Annahme einer Berufsbestimmung der Haustiere wird der Umstand maßgebend sein, ob die Ausübung der Berufstätigkeit die regelmäßige Benutzung von Tieren erforderlich macht, oder diese, wie es bei Militärpersonen und Beamten der Fall ist oder sein kann, sogar vorgeschrieben wird. Zum Berufe gehört auch die sog. Repräsentation hoher Würdenträger, wo sie nicht gesellschaftliche Übung, sondern im öffentlichen Interesse gelegene Pflicht der Dienststellung ist (diplomatische Vertreter des Staates). Dem Berufe sind ferner die Tiere bestimmt, die für Berufszwecke vom Staate, von den Gemeinden oder von sonstigen Körperschaften, in deren Dienst die Berufspersonen stehen, gehalten werden: die Armeepferde (RG 76, 225), die Feuerwehrpferde, die Polizeihunde. Der Erwerbstätigkeit dienen die in gewerblichen oder landwirtschaftlichen Betrieben als Zug-, Last-, Schlacht- (RG 79, 246), aber auch als Zuchtvieh zur Verwendung kommenden Haustiere; sowohl das vom Landwirt oder Viehhändler zu Verkaufszwecken, wie das vom Metzger zum Schlachten erworbene und gehaltene Vieh sind der Erwerbstätigkeit dieser Personen bestimmte Haustiere (RG a. a. O.; Warn 1912 Nr 389; 30. 9. 12 IV 162/12). Hierher gehören auch die in Gestüten oder Hundezuchtanstalten gehaltenen Tiere, wenn aus der Aufzucht ein Gewerbe gemacht wird (RG 79, 246). Die zur Bewachung und Sicherheit gehaltenen Hunde können der Erwerbstätigkeit zu dienen bestimmt sein (der Schäferhund, der Hofhund des Landwirts (RG JW 1917, 286[6]), der Wachhund auf einem Holz- oder sonstigen Lagerplatze oder in einem einsam gelegenen Betriebe); sie können auch Berufszwecken dienen (z. B. bei Kassenbeamten auf dem Lande); werden sie nur zur Bewachung privater Wohnhäuser gehalten, so fallen sie unter die Bestimmung des Satz 1. Dem Unterhalt endlich sind zu dienen bestimmt die Milchkuh oder Milchziege, sowie das im Haushalt zu verwendende Schlachtschwein. Dem Ausnahmecharakter des Satz 2 entspricht es, daß, wer sich darauf beruft, den Tatbestand des Satz 2 nachzuweisen hat (RG JW 1917, 286[6]; Warn 1910 Nr 445).

10. Der Tierhalter kann sich in den Fällen des Satz 2 von der Haftung durch den Nachweis befreien, **daß er bei der Beaufsichtigung des Tieres die im Verkehr erforderliche Sorgfalt beobachtet habe oder der Schaden auch bei Anwendung dieser Sorgfalt entstanden sein würde.** Auch hier ist, wie in den §§ 831, 832, 834, mithin die doppelte Vermutung aufgestellt, daß der Tierhalter die Aufsicht über das Tier vernachlässigt habe, und daß auf diese Vernachlässigung der entstandene Schaden ursächlich zurückzuführen sei. Vgl. darüber §§ 831 A 1 u. 7, 832 A 1 u. 8. Die Haftung aus § 833 Satz 2 ist, wie diejenige des § 831, Verschuldenshaftung; sie greift also nicht Platz bei schuldunfähigen Personen (§§ 827, 828 Abs 1), deren Verschulden auch nicht durch ein solches ihrer gesetzlichen Vertreter ersetzt werden kann, die nicht die Tierhalter sind; dagegen steht der Anwendung des § 829 auch für § 833 Satz 2 nichts im Wege (RG JW 1917, 38[5]; Warn 1916 Nr 278; s. A 1 zu § 829). — Der Beweis für eine gehörige Beaufsichtigung des Tieres umfaßt die Sorge für die Verwahrung, den Unterhalt und die Leitung des Tieres. Er hat sich, wie grundsätzlich auch in den Fällen der §§ 831 u. 832, auf den Zeitpunkt zu beziehen, in welchem die Schadenszufügung durch das Tier erfolgte; er erstreckt sich aber auch auf die allgemeine Fürsorge vor diesem Zeitpunkte, wenn deren Vernachlässigung für den Unfall und Schaden ursächlich sein kann (Unterlassung der Absperrung von Hunden bei Tollwut). Der Sorgfaltsbeweis des § 833 Satz 2 berührt sich hiernach mit demjenigen des § 831, fällt aber, auch wo sich der Tierhalter der Hilfe von zur Überwachung der Tiere bestellten Personen (Tierhüter) bedient, nicht schlechthin mit ihm zusammen. Über die Anstellung des tauglichen Tierhüters hinaus hat er nicht nur, was bei § 831 ebenfalls verlangt wird, bei der Beaufsichtigung dieser Person die im Verkehr erforderliche Sorgfalt aufzuwenden (vgl. § 831 A 5b); § 833 Satz 2 verlangt von ihm alles, was zur Sorgfalt bei der Beaufsichtigung

des Tieres gehört (vgl. RG 76, 225; JW 1914, 36[6]; Warn 1915 Nr 21; 1917 Nr 141). Bleibt dabei ein Umstand unaufgeklärt, der für die Frage, ob bei der Beaufsichtigung des Tieres die gebotene Sorgfalt beobachtet wurde, von Bedeutung ist, so geht dieser Umstand zu Lasten des im vollen Umfange beweispflichtigen Tierhalters (RG Warn 1911 Nr 403; 1914 Nr 19 u. 250; LZ 1918, 1214[11]; 27. 9. 24 IV 11/24). Von dem Sorgfaltsbeweis des § 834 unterscheidet sich der des § 833 Satz 2 wiederum dadurch, daß er sich nicht auf die unmittelbare Beaufsichtigung des Tieres beschränkt, sondern auch die des Tierhüters oder sonstigen Angestellten umfaßt (vgl. RG JW 1911, 218[23]). Für den Umfang des Sorgfaltsbeweises kommt es wesentlich auf das Tier und seine Eigenschaften, die Art seiner Verwendung und die besonderen Umstände der Beaufsichtigung an; so verlangt z. B. die längere Beförderung eines Tieres mit der Eisenbahn besondere Aufsichtsmaßregeln (RG Warn 1912 Nr 389). Bei ruhigen Tieren und unter gewöhnlichen Umständen ist der in § 833 Satz 2 erforderten Sorgfalt durch die Bestellung eines zuverlässigen Tierhüters zur Zeit der Schadenszufügung, die also die regelmäßige Beaufsichtigung des Tierhüters von seiner Anstellung an in sich schließt, genügt (RG 76, 225; Warn 1911 Nr 327). Hat das Tier aber gefährliche Eigenschaften oder kommt es voraussichtlich in Lagen, in denen es ungebärdig wird, so muß der Tierhalter den Tierhüter darauf aufmerksam machen und ihm die erforderlichen Unterweisungen zur Verhütung von Unfällen geben oder die sonstigen zur Abwendung der Gefahr gebotenen Maßregeln ergreifen (RG 76, 225; JW 1911 S. 218[23], 586[28], 653[24]; 1914, 36[6]; Warn 1911 Nr 327; 1912 Nr 77 u. 389; 1914 Nr 19 u. 296; 11. 3. 12 VI 348/11; 1. 2. 13 IV 440/12). Für die Verhältnisse eines großen Betriebs, oder wenn sich wegen persönlicher Behinderungen der Tierhalter um die Leitung seiner Wirtschaft nicht selbst kümmern kann, muß sich, wie im Falle des § 831, der Beweis des § 833 Satz 2 darin erschöpfen, daß er nach bestem Können für die Beaufsichtigung der Tiere durch tüchtige Angestellte und für die etwa erforderliche Beaufsichtigung der niederen Angestellten durch höhere, die an seiner Stelle den Betrieb leiten, gesorgt hat (vgl. § 831 A 5c und RG Warn 1916 Nr 201). — Über den Beweis, daß der Schaden auch bei Anwendung der erforderlichen Sorgfalt entstanden sein würde, s. RG Warn 1912 Nr 77 und im allgemeinen § 831 A 7.

§ 834

[1]) Wer für denjenigen, welcher ein Tier hält, die Führung der Aufsicht über das Tier[2]) durch Vertrag übernimmt[3]), ist für den Schaden verantwortlich, den das Tier einem Dritten in der im § 833 bezeichneten Weise zufügt[4]). Die Verantwortlichkeit tritt nicht ein, wenn er bei der Führung der Aufsicht die im Verkehr erforderliche Sorgfalt beobachtet oder wenn der Schaden auch bei Anwendung dieser Sorgfalt entstanden sein würde[5]).

E I 734 Abs 2 II 757; M 2 812, 813; P 2 646—648.

1. Der Tatbestand des § 834 ist ähnlich dem des § 831 Abs 2 und des § 832 Abs 2. Der rechtliche Gesichtspunkt, aus welchem die Haftung des Aufsichtsführers über das Tier (des Tierhüters) angeordnet wird, ist wie in jenen Bestimmungen ein vermutetes Verschulden, das er durch den nach Satz 2 ihm gestatteten Entlastungsbeweis in derselben Weise, wie der Geschäftsherr nach § 831 Abs 1 Satz 2, der zur Aufsicht über einen Menschen Verpflichtete nach § 832 Abs 1 Satz 2 zu widerlegen hat.

2. Unter der **Führung der Aufsicht über das Tier** ist die Obsorge zu verstehen, daß das Tier keinen Schaden anrichtet. Die nach § 834 rechtserhebliche Aufsicht muß sich auf die Verhütung der Gefahren beziehen, wegen deren eine Haftung für Handlungen des Tieres überhaupt bestimmt ist. Die Aufsichtsführung erfordert eine gewisse Selbständigkeit in der Ergreifung von Maßnahmen, die gegen die von dem Tiere drohenden Gefahren schützen. Wer, wie dies bei Gesindedienstpersonen der Fall ist, nur auf Anweisung der Dienstherrschaft handelt, hat keine Aufsicht. Auch ein Pferdeknecht oder Kutscher ist nicht schlechthin als zur Aufsicht über das Pferd bestellt anzusehen. Diese Personen haben Hantierungen mit dem Pferde vorzunehmen, es zu reinigen und mit Futter zu versehen, es ein- und auszuspannen, es während des Ausreitens oder Fahrens zu lenken; eine selbständige allgemeine Gewalt und Aufsicht über das Tier ist ihnen in der Regel nicht übertragen (RG 50, 244; JW 05, 392[10]). Dagegen hat eine Aufsicht der Verwahrer, der Entleiher, der Mieter des Tieres, der Begleiter eines Viehtransports (RG JW 05, 202[6]).

3. Haftbar für einen durch das Tier angerichteten Schaden ist nach § 834, wer die Führung der Aufsicht über das Tier **durch Vertrag übernommen** hat. Auf gesetzliche Aufsichtspflichten, wo solche bestehen, bezieht sich § 834 nicht, auch nicht auf eine bloß tatsächliche freiwillige Übernahme. Aber die Aufsichtsführung braucht in dem Vertrage nicht ausdrücklich bedungen zu sein; sie kann sich und wird sich regelmäßig aus dem sonstigen Inhalte des Vertrags von selbst ergeben. Wem ein Tier zur Verwahrung, zur Wartung, zur Jagdabrichtung, zum Zu-

reiten vertragsmäßig überlassen und in seine Gewalt überliefert wird, wer die Begleitung eines Viehtransports vertragsmäßig übernimmt, hat damit auch die Aufsicht über das Tier oder über die Tiere überkommen und übernommen (**RG** 58, 410; JW 05, 202[6]). Durch den Vertrag muß der Tierhüter die Aufsichtsführung für den Tierhalter, also an dessen Stelle übernommen haben; daß der Vertrag auch mit diesem geschlossen sei, ist nicht erforderlich.

4. Die Aufsichtsführung macht den Tierhüter **für den Schaden verantwortlich, den das Tier in der in § 833 bezeichneten Weise einem Dritten zufügt,** d. i. durch Tötung oder körperliche Verletzung eines Menschen oder Beschädigung einer Sache (s. darüber § 833). Neben dem Aufsichtsführer haftet dem Dritten der Tierhalter als Gesamtschuldner (**RG** 60, 313). Auf den Schaden, den das Tier dem Aufsichtsführer selbst zufügt, findet § 834 keine Anwendung; diesem haftet der Tierhalter an und für sich nach § 833. Das Vertragsverhältnis zu letzterem legt aber regelmäßig dem Aufsichtsführer die Beweispflicht auf, daß er seine Vertragspflicht erfüllt und das Tier ohne sein Verschulden seiner Aufsicht sich entzogen habe, oder daß der Mangel an Aufsicht für den Eintritt des Schadens nicht ursächlich geworden sei; vgl. A 7b zu § 833. Fällt ihm selbst ein Verschulden zur Last, so kann ihm ein Schadensersatz nur unter Berücksichtigung des § 254 zugesprochen werden (**RG** 58, 410; JW 05 S. 202[6], 393[11], 518[7]). Unter Umständen, so bei der mit besonderen Gefahren vom Tiere her verbundenen Übernahme eines Pferdes zum Zureiten, wird nach der Verkehrssitte als Absicht der Vertragsparteien anzunehmen sein, daß der Bereiter diese Gefahr zu tragen hat, und deshalb jede Haftung des Tierhalters als der Vertragsgegenpartei für den ihm, dem Bereiter, entstandenen Schaden wegzufallen hat (**RG** 58, 410).

5. Der Aufsichtspflichtige haftet mithin nicht unbedingt, wie der Tierhalter im Falle des § 833 Satz 1; ihm steht, wie dem Geschäftsherrn nach § 831, dem Aufsichtspflichtigen nach § 832, dem Tierhalter über ein Haustier nach § 833 Satz 2, der Entlastungsbeweis zu, entweder **daß er seiner Aufsichtspflicht genügt habe oder daß der Schaden auch bei gehöriger Sorgfalt entstanden sein würde.** Ihm steht die Vermutung entgegen, daß er seine Aufsichtspflicht verletzt habe und diese Pflichtverletzung für den Schaden ursächlich geworden sei. Es liegt ihm ob, diese Vermutung durch den von ihm zu führenden Gegenbeweis zu widerlegen. Den Verletzten trifft die Beweislast, daß der Schaden durch ein Tier entstanden ist und daß der Beklagte über das Tier die Aufsicht für den Tierhalter vertragsmäßig übernommen habe.

§ 835

[1]) **Wird durch Schwarz-, Rot-, Elch-, Dam- oder Rehwild oder durch Fasanen[2]) ein Grundstück beschädigt[3]), an welchem dem Eigentümer das Jagdrecht nicht zusteht[4]), so ist der Jagdberechtigte[5]) verpflichtet, dem Verletzten[6]) den Schaden zu ersetzen[7]). Die Ersatzpflicht erstreckt sich auf den Schaden, den die Tiere an den getrennten, aber noch nicht eingeernteten Erzeugnissen des Grundstücks anrichten[3]).**

Ist dem Eigentümer die Ausübung des ihm zustehenden Jagdrechts durch das Gesetz entzogen, so hat derjenige den Schaden zu ersetzen, welcher zur Ausübung des Jagdrechts nach dem Gesetze berechtigt ist. Hat der Eigentümer eines Grundstücks, auf dem das Jagdrecht wegen der Lage des Grundstücks nur gemeinschaftlich mit dem Jagdrecht auf einem anderen Grundstück ausgeübt werden darf, das Jagdrecht dem Eigentümer dieses Grundstücks verpachtet, so ist der letztere für den Schaden verantwortlich[8]).

Sind die Eigentümer der Grundstücke eines Bezirkes zum Zwecke der gemeinschaftlichen Ausübung des Jagdrechts durch das Gesetz zu einem Verbande vereinigt, der nicht als solcher haftet, so sind sie nach dem Verhältnisse der Größe ihrer Grundstücke ersatzpflichtig[9]).

E II 758; P 2 648, 649, 806—842.

1. Das Jagdrecht, d. i. das Recht, mit Ausschluß anderer auf freier Wildbahn sich bewegende Tiere zu erlegen und sich anzueignen, ist reichsgesetzlich nicht geregelt, sondern unbeschadet der Vorschriften der §§ 958, 960 über den Eigentumserwerb der Regelung durch die Landesgesetzgebung vorbehalten (EG Art 69). Auch das **Wildschadensrecht,** die Ordnung der Schadensersatzpflicht des Jagdberechtigten für von dem Wild angerichteten Schaden, ist der besonderen Ausgestaltung durch Landesgesetze überlassen (EG Art 71), die ebenso die Grundsätze, nach welchen ein Wildschaden festzustellen ist und nach welchen ein Anspruch auf Ersatz des Wildschadens in bestimmter Frist geltend zu machen ist, aufstellen dürfen (EG Art 70).

Das BGB beschränkt sich darauf, in § 835 einheitlich eine Ersatzpflicht für Wildschaden, der durch bestimmte Gattungen von Jagdwild an Grundstücken und deren noch nicht weggeschafften Erzeugnissen angerichtet wird, festzusetzen. Die Landesgesetze können nach EG Art 71 Nr 1 die Haftung auf andere Gattungen von Wild ausdehnen; sie können die Ersatzpflicht bei bestimmten kostbareren Nutzbarmachungen der Grundstücke von unter gewöhnlichen Umständen ausreichenden Schutzvorrichtungen, die der Grundstückseigentümer herzustellen hat, abhängig machen (EG Art 71 Nr 4); sie können ferner Abweichungen von § 835 Abs 3 schaffen (EG Art 71 Nr 5). Eine Ergänzung des § 835 enthält Art 72 EG (s. unten A 6). Die Haftung für Wildschaden ist eine reine Gefährdungshaftung; sie beruht nicht auf der Vermutung eines Verschuldens. § 835 enthält nachgiebiges Recht; durch Vertrag zwischen Grundeigentümer und Jagdberechtigten kann der Wildschadensersatz anders geordnet oder auch ganz ausgeschlossen werden.

2. Die Wildschadensersatzpflicht des § 835 ist auf die im Gesetze bezeichneten **Wildgattungen** eingeschränkt. Die Landesgesetzgebung kann den Schutz des Eigentums gegen Wildschaden jedoch auf andere Wildgattungen — insbesondere kommen die Hasen in Betracht — ausdehnen (EG Art 71 Nr 1). Voraussetzung der Anwendbarkeit des § 835 ist, daß das Wild als jagdbares freies Tier anzusehen ist, das in niemandes Eigentum steht (§ 960) und nicht im Sinne von § 833 von einem „Tierhalter" gehegt wird. Tiere in Parkgehegen fallen nicht unter § 835; dagegen ist es gleichgültig, ob der Jagdbezirk, worin sich das Wild frei bewegt, durch Wildgatter eingezäunt ist oder nicht (Prot 2, 840). Die Landesgesetze können nach EG Art 71 Nr 2 für den Wildschaden, der durch aus einem Gehege ausgetretene jagdbare Tiere angerichtet wird, bestimmen, daß nicht der Jagdberechtigte des beschädigten Grundstücks, sondern der Eigentümer oder Besitzer des Geheges zu haften hat.

3. Der Schaden muß **an einem Grundstück** angerichtet sein. Ausgeschlossen ist somit von der Regelung des § 835 der Schaden an Personen oder an beweglichen Sachen. Die Benutzungsart der Grundstücke ist gleichgültig; der Wildschadensersatz ist nicht auf land- oder forstwirtschaftlich benutzte Grundstücke beschränkt (Prot 2, 829). Auch Gärten, Baumschulen, Weinberge kommen in Frage; doch ist wiederum der Landesgesetzgebung nach EG Art 71 Nr 4 gestattet, den Ersatz des an Gärten, Obstpflanzungen, Weinbergen, Baumschulen und einzelnstehenden Bäumen angerichteten Schadens dann auszuschließen, wenn die Herstellung unter gewöhnlichen Umständen ausreichender Schutzvorrichtungen unterblieben ist. Gleichgültig ist auch, auf welche Weise das Wild den Schaden angerichtet hat; durch Abfressen der Pflanzen, durch Zertreten oder Aufwühlen des Bodens u. dgl. Zu den Grundstücken gehören als wesentliche Bestandteile nach § 94 auch die mit dem Boden noch zusammenhängenden Erzeugnisse; durch die Bestimmung in Abs 1 Satz 2 des § 835 sind diesen für den Wildschadensersatz auch **die bereits vom Boden getrennten, aber noch nicht eingeernteten Erzeugnisse** gleichgestellt, mögen diese in Diemen oder Mieten zusammengebracht sein oder nicht.

4. **Ob dem Eigentümer das Jagdrecht auf seinem Grundstücke zusteht,** bestimmt sich nach den Landesgesetzen (Art 69 EG). Ist dies der Fall, so ist jeder Anspruch auf Wildschaden von selbst ausgeschlossen, sofern dem Eigentümer nicht die Ausübung des Jagdrechts aus jagdpolizeilichen Gründen gesetzlich untersagt ist; diesen Fall regelt der Abs 2. Die freiwillige Verpachtung der Jagd durch den dazu berechtigten Eigentümer macht den Jagdpächter nicht nach § 835 wildschadensersatzpflichtig, da sie diesem kein Jagdrecht gewährt und nur ein Schuldverhältnis zwischen ihm und dem Verpächter begründet (vgl. **RG** 51, 279; 70, 70).

5. Der **Jagdberechtigte** ist derjenige, dem landesgesetzlich (Art 69 EG) das Jagdrecht auf dem Grundstücke zusteht. Grundsätzlich ist dies nach den meisten Landesgesetzen der Grundeigentümer selbst; nur die Ausübung der Jagd durch ihn wird darin von besonderen Voraussetzungen (Größe des Grundstücks) abhängig gemacht. Auf diesen Fall bezieht sich Abs 2. Vereinzelt (Mecklenburg) besteht aber auch ein Jagdrecht auf fremdem Grund und Boden als vom Eigentum losgelöstes dingliches Nutzungsrecht, das für Abs 1 Satz 1 in Betracht kommt.

6. Als **Verletzter** erscheint in erster Linie der Eigentümer, dann aber auch jeder, der das Grundstück für sich nutzt: der kraft dinglichen Rechtes Nutzungsberechtigte, wie der Erbpächter (Art 72 EG), der Nießbraucher, der bloße Pächter. Doch steht dem Pächter gegen den Eigentümer, der selbst jagdberechtigt und auch zur Ausübung der Jagd berechtigt ist, und gegen den, der von diesem die Jagd gepachtet hat, kein Wildschadensanspruch zu; denn § 835 Abs 1 schließt die Anwendung des Paragraphen ausdrücklich aus, wenn der Eigentümer selbst der Jagdberechtigte ist. Das Verhältnis zwischen dem Grundstückspächter und dem jagdberechtigten Eigentümer richtet sich allein nach dem zwischen ihnen geschlossenen Vertrage; der Pächter des Jagdrechts aber ist überhaupt nicht jagdberechtigt (vgl. A 4).

7. Die **Schadensersatzpflicht** des Jagdberechtigten ist nicht davon abhängig, daß diesen ein Verschulden trifft; seine Haftung ist reine Gefährdungshaftung. Sie wird deshalb auch durch die Tatbestände der §§ 827, 828 nicht berührt (§ 827 A 3). Der Verletzte hat zu beweisen, daß der Schaden durch Tiere der gesetzlich festgestellten Wildgattungen (A 2) angerichtet worden ist. Der Jagdberechtigte hat den Einwand, daß der Schaden ganz oder zum Teil durch das

mitwirkende Verschulden des Verletzten (§ 254) verursacht worden sei. Ein solches kann darin gefunden werden, daß der Verletzte in der Einerntung seiner Erzeugnisse den in der Landwirtschaft geltenden Grundsätzen zuwider säumig gewesen sei; insbesondere kommt als eigenes Verschulden aber die Unterlassung von Schutzvorrichtungen gegen den Wildschaden in Betracht. Dies einmal, wenn landesgesetzliche Bestimmungen im Sinne des Art 71 Nr 4 EG einen Schadensersatzanspruch bei wertvolleren Bepflanzungen des Grundstücks ausschließen, sofern der Grundeigentümer sein Eigentum unbeschützt läßt; unter Umständen aber selbst ohne solche gesetzliche Bestimmungen. An sich ist der Grundeigentümer zur Herstellung von Schutzvorrichtungen nicht verpflichtet; er darf es dem Jagdberechtigten überlassen, seinerseits geeignete Maßregeln zu treffen, um Schadenszufügungen vorzubeugen. Dies gilt aber dann nicht, wenn der Grundeigentümer wider Treu und Glauben, „pochend auf die Schadensersatzpflicht eines andern, jede Maßregel zur Abwendung oder Minderung eines ihm drohenden Schadens unterläßt" und dann den leicht vermeidlich gewesenen Schaden von dem Jagdberechtigten ersetzt verlangt (RG 52, 349; JW 05, 367[4]). Welche Abwehrmaßregeln dem Eigentümer billigerweise zuzumuten sind, richtet sich nach den Umständen des Falles. Namentlich verstößt es gegen Treu und Glauben und begründet den Einwand eigenen Verschuldens nach § 254 Abs 2, wenn der Eigentümer bestehende Schutzvorrichtungen eingehen läßt, ohne den Jagdberechtigten davon in Kenntnis zu setzen (RG 52, 349). — Mehrere Jagdberechtigte haften als Gesamtschuldner, soweit nicht Abs 3 eingreift. Ist neben dem Jagdberechtigten ein Dritter auf Grund Verschuldens verantwortlich, so gilt für ihr Verhältnis zueinander § 840 Abs 3. Ein Rückgriffsrecht gegen den Jagdberechtigten eines andern Bezirks kann landesgesetzlich bestehen (EG Art 71 Nr 7). — Für die anzustellende Klage ist nach § 23 Nr 2 GVG die Zuständigkeit des Amtsgerichts ohne Rücksicht auf den Wert des Streitgegenstandes begründet.

8. Abs 2 regelt die Fälle, in denen nach den Landesgesetzen das Jagdrecht zwar grundsätzlich dem Grundeigentümer zusteht, **die Ausübung ihm aber entzogen ist,** sei es, daß die Eigentümer der kleineren Grundstücke zu einer Jagdgemeinschaft sich zusammenschließen müssen, sei es, daß das Jagdrecht von der politischen Gemeinde ausgeübt wird, sei es endlich, daß jene Eigentümer die Ausübung dem Eigentümer eines größeren Nachbargrundstücks überlassen müssen. Vgl. die Vorbehalte für die Landesgesetzgebung in Art 71 Nr 3 u. 6 EG. In allen diesen Fällen tritt der zur Ausübung der Jagd an Stelle des Grundeigentümers Berechtigte dem Eigentümer wie ein dritter Jagdberechtigter gegenüber und ist ihm nach Abs 2 gleich einem solchen für Wildschaden ersatzpflichtig.

9. In Abs 3 wird ein besonderer, an sich unter Abs 2 einzureihender Fall behandelt. Wenn die nach dem Landesgesetze für die Ausübung des Jagdrechts an die Stelle des Grundeigentümers tretende **Jagdgemeinschaft** keine selbständige Persönlichkeit bildet und nicht selbst ersatzpflichtig ist, sollen die einzelnen Mitglieder des Verbandes nicht gesamtschuldnerisch, sondern nach Verhältnis der Größe der Fläche, mit der sie beteiligt sind, haften (vgl. Prot 2 S. 834, 835). Der Landesgesetzgebung ist auch hier eine abweichende Regelung gestattet (Art 71 Nr 5 EG).

§ 836

[1]) Wird durch den Einsturz[4]) eines Gebäudes oder eines anderen mit einem Grundstücke verbundenen Werkes[2]) oder durch die Ablösung[4]) von Teilen des Gebäudes oder des Werkes[3]) ein Mensch getötet, der Körper oder die Gesundheit eines Menschen verletzt oder eine Sache beschädigt[5]), so ist der Besitzer des Grundstücks[6]), sofern der Einsturz oder die Ablösung die Folge fehlerhafter Errichtung oder mangelhafter Unterhaltung ist[7]), verpflichtet, dem Verletzten den daraus entstehenden Schaden zu ersetzen[5]). Die Ersatzpflicht tritt nicht ein, wenn der Besitzer zum Zwecke der Abwendung der Gefahr die im Verkehr erforderliche Sorgfalt beobachtet hat[8]).

Ein früherer Besitzer des Grundstücks ist für den Schaden verantwortlich, wenn der Einsturz oder die Ablösung innerhalb eines Jahres nach der Beendigung seines Besitzes eintritt, es sei denn, daß er während seines Besitzes die im Verkehr erforderliche Sorgfalt beobachtet hat oder ein späterer Besitzer durch Beobachtung dieser Sorgfalt die Gefahr hätte abwenden können[9]).

Besitzer im Sinne dieser Vorschriften ist der Eigenbesitzer[6]).

E I 735 Abs 1 II 759; M 2 814—819; P 2 650—656.

1. Bauschaden. Wie die §§ 831, 832, 833 Satz 2, 834 beruht auch die Bestimmung des § 836 auf dem Verschuldungsgrundsatze mit einer von dem zunächst Haftpflichtigen zu widerlegenden Vermutung des Verschuldens. § 836 behandelt die Haftung für den durch Gebäude oder andere mit dem Grund und Boden verbundene Werke durch Einsturz oder Ablösung von Teilen für Personen oder Sachen entstandenen Schaden und geht von dem Grundsatze aus, daß auch die Sorge für einen Gefährdungen Dritter ausschließenden Zustand von Eigentumsgegenständen ein Erfordernis des bürgerlichen Verkehrs und Rechtslebens ist und die Außerachtlassung dieser Fürsorge ein Verschulden darstellt (**RG** 52, 373; 54, 53; JW 05, 370[10]; LZ 1922, 232[8]). Die Entscheidung **RG** 52, 373 wendet diesen, dem § 836 entnommenen Rechtssatz auf einen an einem öffentlichen Wege stehenden morschen Baum an. Das bedeutet jedoch nicht eine entsprechende Anwendung des § 836 selbst, dessen Schuldvermutung auf andere Verhältnisse nicht übertragen werden kann; jener ihm entnommene Rechtssatz wird vielmehr nur der allgemeinen Norm des § 823 Abs 1 unterstellt (**RG** 52 S. 373, 377). Da die Haftung aus § 836 auf einem, wenn auch vermuteten Verschulden des Haftpflichtigen beruht, sind schuldunfähige Personen (§§ 827, 828) von ihr frei; § 829 findet dagegen Anwendung s. § 829 A 1; **RG** JW 1915, 580[14]; Warn 1914 Nr 334). Auch eine Haftung dieser Personen für ihre gesetzlichen Vertreter unter entsprechender Anwendung des § 278 (Planck a. a. O.) findet im Gesetze keine Stütze (**RG** JW 1915, 580[14]; Warn 1914 Nr 334; 1916 Nr 278). § 278 ist in Fällen der Haftung aus § 836 überhaupt nicht anwendbar (**RG** SeuffA 78 Nr 128).

2. Gebäude sind zum Aufenthalte von Menschen oder Tieren oder zur Aufbewahrung von Sachen bestimmte, nach Regeln der Kunst oder der Erfahrung hergestellte, mit dem Grund und Boden verbundene, umschlossene Behältnisse. In ähnlicher Weise ist ein **mit einem Grundstück verbundenes Werk** im Sinne des § 836 als ein einem bestimmten Zwecke dienender, nach Regeln der Kunst oder der Erfahrung unter Verbindung mit dem Erdkörper hergestellter Gegenstand zu beschreiben (**RG** 60, 138; 76, 260). Ein solches Werk ist z. B. eine in einem Garten hergestellte Treppe (**RG** 14. 6. 06 IV 127/06), eine ein Grundstück abschließende Mauer und die darin befindlichen Tore oder Türen, die Torpfeiler einer Umfriedigung (**RG** 16. 3. 08 IV 368/07), ein im Erdboden befestigtes eisernes oder hölzernes Staket, ein Brunnen, eine befestigte Bank, ein Eisenbahndamm (**RG** JW 08, 196[10]) und eine Böschung (**RG** 60, 138), ein Deich (**RG** JW 05, 310[10]; Warn 1913 Nr 417), Staudämme (**RG** 97, 112), eine Schleuse als Teil einer Deichanlage (**RG** 22. 10. 06 IV 131/06), ein auf einer Ausstellung oder Festveranstaltung aufgestelltes, durch Einlassen von Pfählen mit dem Grund und Boden verbundenes Wirtschaftszelt oder eine Schaubude oder ein Verkaufsstand (**RG** JW 1916, 1019[7]; Warn 09 Nr 23), ein Signalmast (**RG** Warn 1913 Nr 365), ein Baugerüst (**RG** JW 1910, 288[21]; Warn 1910 Nr 154; OLG 45, 176), eine Baugrube (**RG** Warn 09 Nr 302), ein mit Platten bedeckter Durchlaß zur Ableitung des Regenwassers (**RG** 76, 260), ein ebenso bedeckter Kellerschacht (OLG 45, 175), eine unter dem Straßenpflaster liegende Rohrleitung (**RG** SeuffA 78 Nr 128). Ein Firmenschild kann in Rücksicht auf seine Größe, die Zusammenfügung seiner Bestandteile und die Art seiner Befestigung als ein mit einem Grundstücke verbundenes Werk sich darstellen (**RG** JW 06, 423[8]; 1916, 1019[7]). Starkstromleitung als ein mit einem Grundstück verbundenes Werk (**RG** SeuffA 79 Nr 168). Kein Werk bilden die bei Erdarbeiten zusammengeschütteten ausgeschachteten Schlamm- und Erdmassen (**RG** 60, 138), ebenso nicht eine zur Aufnahme solcher Massen dienende, über einem Graben durch kreuzweise übereinandergelegte Hölzer gebildete Tragbühne (**RG** 8. 3. 06 IV 240/05) oder eine bewegliche, zum Gebrauche bald hier bald da bestimmte Leiter oder Treppe, mag sie auch vorübergehend etwa mittels Ketten an einem Gebäude befestigt sein (**RG** 10. 10. 07 VI 34/07). Bäume und andere natürliche Bepflanzungen des Bodens sind niemals Werke (s. oben A 1). Ob im übrigen das Werk zu dauernder Bestimmung oder nur zu vorübergehendem Zwecke hergestellt ist, begründet keinen Unterschied (**RG** Warn 09 Nr 23). Auch ein unvollendetes, nur im Rohbau fertiges Bauwerk ebenso wie ein in Verfall geratenes sind Gebäude oder Werke im Sinne des § 836 (**RG** Warn 1912 Nr 78).

3. Als Teile des Gebäudes oder des Werkes hat die Rechtsprechung nicht nur in sich einheitliche größere Stücke oder Bestandteile im Sinne des § 93 anerkannt, die für den Bestand des Gebäudes oder Werkes wesentlich sind, sondern auch alle Gegenstände, die mit diesem in eine derartige tatsächliche Verbindung gebracht sind, daß die dem Besitzer obliegende Fürsorge für die gefahrensichere Beschaffenheit des Gebäudes oder Werkes „die Vermeidung einer fehlerhaften Einrichtung bei der Herstellung der Verbindung oder einer mangelhaften Unterhaltung während deren Dauer mitumfaßt" (**RG** 60, 421; 21. 1. 07 IV 258/06). So sind als Teile eines Gebäudes angesehen worden: nicht nur Erker, Balkone, Schornsteine, Gesimsstücke (**RG** JW 03 Beil 115[254]; 04, 287[11]; LZ 1921, 454[5]), einzelne Steine (**RG** JW 04, 91[10]), Dachziegeln (**RG** 17. 10. 04 VI 583/03), Stufen und Geländer einer Treppe (**RG** JW 08, 480[12]; 1911, 450[18]; Warn 1913 Nr 13; 14. 5. 04 VI 342/03), die Balken oder Dielen eines Fußbodenbelags (**RG** 52, 236; JW 04, 486[9]; 1912, 242[10]), die Galeriebrüstung eines Theatersaals (**RG** JW 09, 275[10]), die Stellvorrichtung eines Fahrstuhls (**RG** Warn 1914 Nr 334); eine tönerne Schmuckvase auf einem Mauerpfeiler (**RG** 13. 4. 08 IV 524/07), sondern auch Türflügel (**RG** 15. 1. 06 IV 338/05), Fenster (**RG** 113, 292; **RG** JW 07, 45[4]; Warn 1910 Nr 333; 1914 Nr 55), in Angeln drehbare Fensterläden (**RG** 60, 421) oder Rolläden (**RG** Warn 09 Nr 101 u. 21. 1. 07 IV 258/06); eine an der Wand befestigte Schultafel (**RG** LZ 1921, 226[10]), **selbst ein zur Befestigung dienender Nagel** (**Vorstecker, RG** Warn 1913 Nr 365). Doch wird man in der Ausdehnung des Begriffes nicht zu weit gehen dürfen, vielmehr nach dem Zwecke des Gesetzes, wie nach dem Sprachgebrauch und der Verkehrsauffassung den Gesichtspunkt einer baumäßigen Verbindung in den Vordergrund stellen und deshalb in der Regel fordern müssen, daß eine Sache zur Herstellung des Gebäudes eingefügt oder sonstwie aus baulichen Gründen oder zu baulichen Zwecken an ihm angebracht ist. So auch **RG** 107, 337, wo zutreffend ein schwerer Spiegel, der nicht in die Wand eingelassen, sondern nur an ihr aufgehängt, wenn auch am unteren Rande durch eiserne Klammern gestützt ist, nicht als Teil eines Gebäudes im Sinne des § 836 anerkannt wird. Eine feste Verbindung **des Teiles mit dem Ganzen des Gebäudes oder Werkes erfordert** § 836 nicht (**RG** 60, 421); Gegenstände aber, die noch nicht baumäßig mit dem Gebäude verbunden sind, sind keine Teile des Gebäudes (**RG** Warn 1912 Nr 78); ebenso nicht solche, die schon vor dem Einsturz aus dem Zusammenhange gelöst waren (**RG** Warn 1920, 12; LZ 1921, 268[4]).

4. Der Tatbestand des § 836 setzt entweder den **Einsturz** eines Gebäudes oder eines mit einem Grundstücke verbundenen Werkes oder die **Ablösung von Teilen** von diesen voraus. Der Einsturz ist der Zusammenbruch des ganzen Werkes infolge Lösung der Verbindungen, die es zusammenhalten; die Ablösung von Teilen, eine Trennung oder Lockerung der Verbindung des Teiles mit dem im übrigen unversehrt bleibenden Ganzen (vgl. **RG** 52, 236) oder auch nur in seinem eigenen inneren Zusammenhange (**RG** JW 1912, 242[10]). Entsteht ein Schaden, ohne daß der Gebäude- oder Werkteil in seinem eigenen inneren Zusammenhalt irgendwie verändert oder im Zusammenhange mit dem Ganzen gelöst oder auch nur gelockert ist, so kann von Anwendung des § 836 nicht die Rede sein (Herabgleiten eines Rolladens in den Führungen, **RG** Warn 09 Nr 101; Zuschlagen einer Tür u. a.). Eine teilweise Zerstörung oder Vernichtung des Werkes gehört nicht zum Begriff der Ablösung von Teilen; auch nicht, daß diese ohne Mitwirkung menschlicher Kräfte erfolgt ist (**RG** Warn 1913 Nr 365; 1919 Nr 169).

5. Durch den Einsturz des Gebäudes oder Werkes oder die Loslösung von Teilen dieser, muß **ein Mensch getötet, der Körper oder die Gesundheit eines Menschen verletzt oder eine Sache beschädigt sein,** wenn eine Schadensersatzpflicht aus § 836 entstehen soll. Auf andere Schäden, z. B. wenn ein Mensch infolge des Einsturzes eines Gebäudes in den verschütteten Keller eingeschlossen und seiner Freiheit beraubt wird, erstreckt sich § 836 nicht. Die Schadensfolge für das Leben, den Körper oder die Gesundheit eines Menschen oder die beschädigte Sache muß nicht unmittelbar und auch nicht zeitlich sofort auf den Einsturz oder die Ablösung zurückzuführen sein, indem die Trümmer einen Menschen begraben, ein sich ablösender Stein ihm auf den Kopf fällt; der ursächliche Zusammenhang ist auch gegeben, wenn infolge der Ablösung, z. B. der Unterlagen eines Bodenbelags oder einer Luken- oder Falltürdecke der Mensch oder die Sache abstürzt und durch diesen Sturz verletzt wird (**RG** 52, 236; 97, 112; JW 05, 370[10]; Warn 1913 Nr 365 u. 417; 21. 1. 07 IV 258/06), oder wenn durch die Beseitigung des Befestigungsmittels ein Zustand geschaffen wurde, der mit Notwendigkeit in kürzerer oder längerer Frist den Einsturz oder die Loslösung bewirken muß (**RG** Warn 1913 Nr 365). Immerhin muß es aber die bewegend wirkende Kraft des Einsturzes oder der Loslösung von Teilen sein, die die Verletzung herbeiführt (**RG** 3. 10. 10 VI 366/09); es fällt nicht unter § 836, wenn infolge des Ausströmens von Gas aus einer geborstenen Gasleitung ein Feuerschaden entsteht oder durch Einatmen des Gases ein Mensch an Leben oder Gesundheit beschädigt wird, wohl aber, wenn infolge eines Deichbruches einströmendes Wasser den Schaden bewirkt, den zu verhüten der Deich bestimmt war (**RG** Warn 1913 Nr 417). Ein Vertragsverhältnis zwischen dem Besitzer und dem Beschädigten schließt die Haftung des ersteren aus § 836 nicht aus.

6. Entschädigungspflichtig nach § 836 ist nicht der Eigentümer, dem unter Umständen die Möglichkeit der Fürsorge für die Sache fehlt, sondern der **Eigenbesitzer,** die Person, die das Gebäude oder das Werk als ihr gehörend oder wie ihr gehörend besitzt (§ 872; **RG** JW 1916, 39[5]) die sowohl mittelbarer als unmittelbarer Besitzer (§ 868) sein kann. Mehrere Eigenbesitzer haften nach § 840 Abs 1 als Gesamtschuldner. Ist noch eine andere Person etwa aus § 823 oder aus § 831 für den Schaden verantwortlich, so gilt dasselbe; für die Ausgleichung untereinander gilt dann jedoch § 840 Abs 3; der Dritte hat im Verhältnisse zu dem Besitzer den Schaden allein zu tragen. Zur Abwendung einer von dem Gebäude oder Werke erst drohenden Gefahr gibt § 908 das Mittel an die Hand.

7. Zu der Verursachung des Schadens durch den Einsturz des Gebäudes oder Werkes oder durch die Ablösung von Teilen von ihnen muß zur Anwendung des § 836 hinzukommen, daß der Einsturz oder die Ablösung **die Folge fehlerhafter Errichtung oder mangelhafter Erhaltung** ist. Nicht vorausgesetzt ist, daß die fehlerhafte Errichtung oder mangelhafte Erhaltung die alleinige Ursache des Einsturzes oder der Ablösung war (**RG** JW 1912, 242[10]); es kann und wird häufig die Einwirkung menschlicher Tätigkeit hinzukommen, damit die Ablösung sich vollzieht (Anlehnen an eine ungenügend befestigte Säule usw. **RG** Warn 1913 Nr 365; 1920 Nr 12). Die durch § 836 geforderte Fürsorge für eine gefahrlose Beschaffenheit von Eigentumsgegenständen (vgl. A 1) ist daher näher dahin zu bestimmen, daß, wer ein Gebäude oder ein Werk im Sinne des § 836 herstellen läßt, bei dessen Errichtung wie bei dessen Unterhaltung die im Verkehr erforderliche Sorgfalt aufzuwenden hat, daß es bei ordnungsmäßiger Benutzung oder bei der nach Lage der Sache vorauszusehenden Behandlung nach seiner Beschaffenheit genügende Widerstandsfähigkeit gegen die Ablösung von Teilen biete (**RG** a. a. O.). Der Beschädigte hat aber nur zu beweisen, daß der Einsturz oder die Loslösung gegenständlich (objektiv) die Folge fehlerhafter Errichtung oder mangelhafter Erhaltung war, nicht auch, daß dieser Fehler auf ein Verschulden des in Anspruch genommenen Eigenbesitzers oder überhaupt auf ein Verschulden von irgend jemand zurückzuführen ist (**RG** JW 03 Beil 115[254]; 04 S. 91[10] u. 487[11]; 07, 16[19]; 1912, 242[10]; Warn 1920 Nr 12; 18. 6. 06 IV 590/05; 17. 5. 07 III 427/06). Wird z. B. festgestellt, daß ein Gesimsstück des Gebäudes bei dessen Herstellung durch die Maurer nicht genügend verkeilt und an die Lagerfugen angeschlossen war, so liegt ein Fehler bei der Errichtung des Gebäudes nach § 836 vor (**RG** JW 03 Beil 115[254]; 04, 487[11]). Ist der Einsturz des Gebäudes oder Werkes oder die Loslösung von Teilen unmittelbar durch Witterungseinflüsse herbeigeführt, so kommt es darauf an, ob diese Witterungseinflüsse regelmäßige Einwirkungen sind, auf die nach der Erfahrung zu rechnen war und denen ein Gebäude oder Werk bei fehlerloser Errichtung und ordnungsmäßiger Unterhaltung standhalten muß, oder ob es sich um ein außergewöhnliches Naturereignis handelt (**RG** a. a. O.; LZ 1921, 454[5]); dem auch ein fehlerlos errichtetes und ordnungsmäßig unterhaltenes Werk nicht standzuhalten vermöchte (**RG** 76, 262; Warn 1913 Nr 365; 1920 Nr 12). Im ersteren Falle beweist gerade die Lösung der Verbindung des Gebäudes oder Werkes oder Gebäude- oder Werkteils infolge der Witterungseinwirkung die Mangelhaftigkeit der Anlage oder der Unterhaltung; im andern Falle fehlt es an der Voraussetzung des § 836 (**RG** JW 08, 196[10]; Warn 1913 Nr 417). Ein Schaden, der bei der Niederreißung eines Gebäudes infolge dieser Arbeit herbeigeführt wird, ist nicht durch einen fehlerhaften Zustand des Gebäudes verursacht (**RG** 26. 4. 12 III 357/11).

8. a) Der zur Widerlegung der Schuldvermutung von dem in Anspruch genommenen Besitzer zu führende Beweis, daß ihn ein Verschulden nicht treffe, hat sich darauf zu richten, daß er **zum Zwecke der Abwendung der Gefahr die im Verkehr erforderliche Sorgfalt beobachtet** hat. Dieser Beweis geht weiter, als der aus § 831 BGB zu führende; er steht der in § 833 Satz 2 geregelten Haftung des Halters von Haustieren gleich (**RG** JW 1913, 867[12]; Warn 1916 Nr 278; LZ 1921, 226[10]). Der gegenwärtige Besitzer genügt seiner Beweispflicht, wenn er dartut, daß er während seiner Besitzzeit die zur Verhütung von Gefahren verkehrsüblichen und erforderlichen Maßnahmen getroffen hat; auf die Sorgfalt des Vorbesitzers erstreckt sich seine Beweispflicht nicht (**RG** JW 04, 487[11]; 8. 11. 06 IV 157/06). Hat er selbst das Gebäude oder das Werk errichten lassen, so hat sich der von ihm zu führende Beweis auf die Sorgfalt bei der Errichtung wie bei der Unterhaltung zu beziehen; hat er es fertig übernommen, so kommt nur die letztere in Frage. Die Sorgfalt bei der Errichtung wird sich für den Besitzer, der nicht selbst Sachverständiger ist, in der Auswahl tüchtiger Sachverständiger zur Herstellung des Gebäudes oder Werkes erschöpfen (**RG** 76, 260; JW 1912, 242[10]; Warn 09 Nr 302; 1920 Nr 12; LZ 1921, 226[10]; 1922, 232[8]); ist er selbst Sachverständiger, so kann ihn ein Verschulden treffen, wenn er auf einen Fehler des Bauplans oder der Ausführung nach Lage der Umstände hätte aufmerksam werden müssen. Die ordnungsmäßige Unterhaltung erfordert die regelmäßige Durchsicht der Gebäude und Werke durch zuverlässige Sachverständige, deren Wiederkehr sich nach der Beschaffenheit und örtlichen Lage der Gebäude und Werke zu richten hat: bei besonders Wind und Wetter ausgesetzten, nach der Straßenseite belegenen Gebäudeteilen ist eine öftere Durchsicht erforderlich als unter gewöhnlichen Verhältnissen (**RG** JW 04, 91[10]; 1916, 190[8]; Warn 1920 Nr 12). Es ist unter gewöhnlichen Umständen kein Verschulden, wenn der Besitzer das erst ein halbes Jahr vor dem Unfall errichtete Gebäude in der Zwischenzeit nicht durch einen Sachverständigen hat untersuchen lassen und die Überwachung einem zuverlässigen Mieter übertragen hatte (**RG** JW 07, 45[4]; ähnlich LZ 1918, 843[12]). Die Beauftragung eines an sich fachtüchtigen Sachverständigen mit regelmäßigen Nachprüfungen genügt nicht, wenn der Besitzer nicht überzeugt ist und sein kann, daß jener den Auftrag auch gehörig ausführt (**RG** JW 06, 336[12]). Der Besitzer kann sich nicht durch Berufung auf Sachverständige oder auf den Bescheid einer Baubehörde entlasten, wenn er den gefahrdrohenden Zustand selbst kannte (**RG**

7. 5. 06 IV 321/05); nach erlangter Kenntnis von der Gefahr sind unter Umständen sofortige Schritte zu deren Abwendung geboten (RG Warn 1914 Nr 55). Eine fachmännische Nachprüfung der Arbeitsleistung des mit gründlicher Ausbesserung eines Schadens beauftragten Handwerkers ist von dem Besitzer, wenn sich der Fehler in der Ausführung der Arbeit seinem Auge verbarg, aber nicht zu verlangen (RG JW 08, 480[12]). Die baupolizeiliche Abnahme enthebt weder hinsichtlich der Errichtung noch hinsichtlich der Unterhaltung den Besitzer schlechthin der Verantwortung; sie bietet lediglich eine gewisse Gewähr, daß die baupolizeilichen Vorschriften beobachtet sind (RG JW 09, 275[10]; LZ 1921, 226[10]). Erhöhte Sorgfalt kann geboten sein mit Rücksicht auf die besondere Beschaffenheit des Gebäudes und seiner Einrichtungen; ein Gebäude, das dem ständigen Verkehr des Publikums (Gerichtsgebäude, Postgebäude, Bahnhofsgebäude) oder von Kindern (Schulgebäude) dient, muß in allen seinen Teilen den diesen Zwecken entsprechenden Anforderungen genügen; öftere Besichtigungen durch Sachverständige sind hier geboten (vgl. RG a. a. O.; LZ 1921, 454[5]). Ist der Besitzer eine Körperschaft, so ist es für den nach § 836 zu führenden Entlastungsbeweis gleichgültig, ob der Beamte, dem das Verschulden bei der mangelhaften Errichtung oder Unterhaltung zur Last fallen würde, ein Vertreter nach §§ 30, 31, 89 oder ein Angestellter im Sinne des § 831 ist; der Inhalt des zu führenden Nachweises zur Widerlegung der Schuldvermutung des § 836 bleibt in beiden Fällen der gleiche (RG JW 1913, 867[12]; 4. 3. 07 IV 350/06). Es ist selbstverständlich, daß ein abwesender oder sonst verhinderter Besitzer die Überwachung, wenn eine Durchsicht oder eine Ausbesserung des Gebäudes erforderlich wird, auch einem zuverlässigen Hausverwalter übertragen und durch den Beweis der Sorgfalt in dessen Auswahl und Unterweisung den Nachweis der von ihm erforderten Sorgfalt führen kann (RG Warn 1910 Nr 333). Daß dem Besitzer auch der Einwand mitwirkenden eigenen Verschuldens des Beschädigten nach § 254 offensteht, bedarf kaum der Erwähnung. Bei von dem Kläger nachgewiesenen Verschulden des Besitzers haftet dieser auch nach § 823 Abs 1.

b) Der Entlastungsbeweis des Abs 1 Satz 2 des § 836 ist abweichend von den §§ 831, 832, 833, 834 nur dahin gerichtet, daß der Besitzer zur Abwendung der Gefahr die im Verkehr erforderliche Sorgfalt beobachtet hat, nicht auch darauf, daß der Schaden auch bei Anwendung dieser Sorgfalt entstanden sein würde. Nach dem § 832 A 1c Gesagten ist auch dieser Nachweis dem Besitzer selbstverständlich nicht verwehrt, der den ursächlichen Zusammenhang seines Verschuldens mit dem eingetretenen Schaden aufhebt. Ist z. B. zwar nachgewiesen, daß die Ablösung eines Gebäudeteils auf einen Fehler in der Errichtung zurückzuführen ist, und ist der beklagte Besitzer den Nachweis schuldig geblieben, daß er auf die Unterhaltung die gehörige Sorgfalt verwendet habe, tut er aber dar, daß der Fehler verborgen und auch bei regelmäßiger sorgfältiger fachmännischer Nachprüfung nicht hätte entdeckt werden können, so muß die Klage gegen ihn ebenso versagen, wie wenn er den Nachweis der regelmäßigen Nachprüfungen geführt hätte. Dieser ursächliche Zusammenhang fällt nicht mit demjenigen zwischen dem vermuteten Verschulden und dem Schaden zusammen, wie das angeführte Beispiel zeigt (vgl. RG LZ 1922, 232[8]).

9. Der **Haftung** des gegenwärtigen Besitzers des Gebäudes oder Werkes, wenn er sich nicht durch den Nachweis nach Abs 1 Satz 2 entlasten kann, fügt Abs 2 noch die weitere **der früheren Besitzer** hinzu, die an die vom Beschädigten nachzuweisende Voraussetzung gebunden ist, daß der Einsturz oder die Ablösung innerhalb eines Jahres nach Beendigung ihrer Besitzzeit (§§ 187, 188) eingetreten ist. Auch der frühere Besitzer muß Eigenbesitzer gewesen sein. Die Verantwortlichkeit des gegenwärtigen und der früheren Besitzer stehen selbständig nebeneinander; sie haften als Gesamtschuldner nach § 840 Abs 1; ihre Ausgleichung untereinander regelt § 426, da § 840 Abs 3 hier nicht Anwendung findet. Jeder frühere Besitzer kann sich durch den Nachweis befreien, daß er während seiner Besitzzeit bei der Errichtung des Gebäudes oder Werkes, wenn sie von ihm ausging, und bei deren Unterhaltung die im Verkehr erforderliche Sorgfalt beobachtet habe, oder daß der Unfall und Schaden vermieden worden wäre, wenn ein späterer Besitzer seine Schuldigkeit in der Unterhaltung des Gebäudes oder Werkes getan hätte; er muß mithin die Verabsäumung der Sorgfalt durch den späteren Besitzer dahin dartun, daß dieser in der Lage war, für die Abwendung der Gefahr Sorge zu tragen. Daß er dies unterlassen, ist nicht nachzuweisen, da feststeht, daß die Gefahr nicht abgewendet wurde.

§ 837

Besitzt jemand auf einem fremden Grundstück in Ausübung eines Rechtes ein Gebäude oder ein anderes Werk, so trifft ihn an Stelle des Besitzers des Grundstücks die im § 836 bestimmte Verantwortlichkeit[1]).

E I 735 Abs 2 II 760; M 2 819; P 2 657.

1. § 837 setzt eine Ausnahme von der Regel des § 836, indem er an der Stelle des Eigenbesitzer des Grundstücks, auf dem ein Gebäude oder ein mit dem Grundstücke verbundenes Werk

sich befindet, **die Person** haften läßt, **die auf einem fremden Grundstück in Ausübung eines Rechtes ein Gebäude oder ein anderes Werk besitzt.** Voraussetzung für den Tatbestand des § 836 ist mithin einmal, daß ein getrennter Besitz (Eigenbesitz) des Grundstücks und des darauf errichteten Gebäudes oder Werkes stattfindet (**RG** 59, 8; JW 1910, 653[11]; 1916, 39[5]; Warn 1910 Nr 242; 22. 1. 06 IV 491/05), und ferner, daß der Besitzer des Gebäudes oder Werkes dieses in Ausübung eines Rechtes besitzt. Ob dieses Recht ein dingliches oder persönliches ist, ist an sich gleichgültig; nur muß es so geartet sein, daß die Verantwortung der fehlerhaften Errichtung oder mangelhaften Unterhaltung anstatt dem Eigenbesitzer des Grundstücks dem Besitzer des Gebäudes oder Werkes zufällt. Für den Mieter eines Hauses trifft keine dieser Voraussetzungen zu, da er weder zur Unterhaltung des gemieteten Gebäudes verpflichtet ist (§ 536), noch das Gebäude abgesondert von dem Grundstücke besitzt (**RG** 59, 8). Doch haftet der Hausbesitzer als solcher nur dafür, daß die Einrichtungen seines Hauses brauchbar sind und bleiben, für ihre Handhabung ist der Benutzer verantwortlich; ist der Hausbesitzer zugleich Benutzer, so müssen beide Eigenschaften auseinandergehalten werden (**RG** 113, 286). Der Hauptfall des § 837 ist der, daß jemand in Ausübung eines Rechtes an einem fremden Grundstücke (Nießbrauch §§ 1030ff., Erbbaurecht §§ 1012ff., jetzt VO über das Erbbaurecht v. 15. 1. 19 [RGBl 72], Grunddienstbarkeit in den Fällen der Errichtung und Erhaltung einer baulichen Anlage durch den Berechtigten nach §§ 1020, 1022) ein Gebäude oder ein Werk gemäß § 95 mit diesem verbunden hat. Doch beschränkt sich die Anwendung des § 837 keineswegs auf diesen Fall. Der Unternehmer eines Baues auf fremdem Grund und Boden ist Besitzer des Baugerüstes, das er mit dem Grundstück verbunden hat, und er besitzt das Gerüst in Ausübung der aus dem Bauvertrage sich ergebenden Vertragsrechte, an denen es nichts ändert, daß die Errichtung des Gerüstes zugleich in Betätigung der aus dem Bauvertrage folgenden Verpflichtungen erfolgte; solange der Bauvertrag besteht, hat er ein Recht zum Halten des Gerüstes auf dem fremden Grundstück (**RG** Warn 1910 Nr 154). Das gleiche gilt für den Maler, der ein Gerüst zum Anstreichen eines Hauses errichtet hat (LZ 1924, 239[1]). Der Mieter oder Pächter eines Grundstücks, der auf Grund des ihm eingeräumten Vertragsrechts ein Gebäude oder Werk auf dem Grundstück errichtet, das nur er, nicht der Eigenbesitzer des Grundstücks besitzt: so der Pächter eines Landguts, der für seine Vertragszeit auf Grund der Vertragsrechte für seine wirtschaftlichen Zwecke auf dem Pachtgut Anlagen trifft, die unter den Begriff des Gebäudes oder Werkes fallen (**RG** JW 1910, 653[11]); ein Mieter eines Platzes, der für eine Ausstellung oder Festveranstaltung ein Wirtschaftszelt oder eine Verkaufs- oder Schaubude in Verbindung mit dem Grundstück aufstellt (**RG** JW 1916, 1019[7]; Warn 08 Nr 23); der Besitzer einer elektrischen Leitungsanlage auf fremdem Grundstück (**RG** JW 1916, 39[5]; **RG** SeuffA 79 Nr 168); sie sind Besitzer der Gebäude oder Werke in Ausübung eines Rechtes im Sinne des § 837, sofern sie diese abgesondert von dem Besitz am Grundstücke als Eigenbesitzer innehaben; der bloße Mietbesitz genügt nicht, selbst wenn der Mieter die Unterhaltung übernommen hat (**RG** JW 1916, 1019[7]).

§ 838

Wer die Unterhaltung eines Gebäudes oder eines mit einem Grundstücke verbundenen Werkes für den Besitzer übernimmt[1]) oder das Gebäude oder das Werk vermöge eines ihm zustehenden Nutzungsrechts zu unterhalten hat[2]), ist für den durch den Einsturz oder die Ablösung von Teilen verursachten Schaden in gleicher Weise verantwortlich wie der Besitzer[3]).

E I 735 Abs 3 II 761; M 2 819; P 2 657.

1. Während § 837 eine andere Person anstatt des Eigenbesitzers des Grundstücks für den durch einen Einsturz herbeigeführten Schaden haften läßt, schafft § 838 die Haftung eines Dritten neben der des Grundstücksbesitzers aus dem Gesichtspunkte der Unterhaltungspflicht des Dritten für das Gebäude oder das Werk. Der erste Fall dieser Unterhaltungspflicht ist, **daß ein Dritter die Unterhaltung eines Gebäudes oder eines mit einem Gebäude verbundenen Werkes für den Besitzer übernommen hat.** Wie in den Fällen der §§ 831 Abs 2, 832 Abs 2, 834 kann hier nur an eine Übernahme der Unterhaltung durch Vertrag gedacht werden; eine einseitige, freiwillige, bloß tatsächliche Übernahme genügt nicht. Auch eine beschränkte Vertragsverpflichtung, ein Werk in Ordnung zu halten, ohne daß eine Verantwortung für Bau- und Werkschäden übernommen wird, genügt nicht (**RG** 1916, 1019[7]). Unter den § 838 gehört insbesondere die Übernahme der Unterhaltung eines Hauses durch einen Pächter oder Mieter oder durch einen Hausverwalter. Für landwirtschaftliche Baulichkeiten vgl. § 582. Daß der Vertrag mit dem Besitzer des Grundstücks geschlossen sei, ist nicht schlechthin erforderlich (vgl. § 832 A 9).

2. Der zweite Fall der Unterhaltungspflicht des § 838 ist der, daß sie dem Dritten obliegt **vermöge eines ihm zustehenden Nutzungsrechts,** das an dem Gebäude allein oder zugleich an dem Grundstücke bestehen kann. Solche Nutzungsrechte sind das Recht des Nießbrauchers (§§ 1030ff., namentlich § 1041), das Recht des Ehemanns am Vermögen der Ehefrau (§§ 1363, 1373), des Vaters oder der Mutter am Vermögen der Kinder (§§ 1649, 1654, 1684, 1686), auch das Recht des Grunddienstbarkeitsberechtigten in dem Falle, daß ihm an den seinem Rechte dienenden Anlagen kein Besitz zusteht, aber die Unterhaltungspflicht obliegt (§ 1021).

3. Die in Halbsatz 1 u. 2 bezeichneten Personen sind für den durch Einsturz oder Ablösung von Teilen verursachten Schaden **in gleicher Weise verantwortlich wie der Besitzer;** beide können nebeneinander verantwortlich sein und haften dann nach § 840 Abs 1 als Gesamtschuldner. Der Besitzer kann aber möglicherweise den nach § 836 ihm obliegenden Beweis dahin führen, daß er sich auf den unterhaltungspflichtigen Dritten habe verlassen dürfen. Dieser hat, da er in gleicher Weise verantwortlich ist wie der Besitzer, den Beweis seines Nichtverschuldens ebenso wie der Besitzer nach § 836 zu führen (**RG** Warn 1913 Nr 13). Für die Ausgleichung der mehreren verantwortlichen Personen untereinander gilt § 426; § 840 Abs 3 kommt nur zur Anwendung, wenn ein außerhalb des Personenkreises der §§ 836—838 stehender Dritter (so der Erbauer des Gebäudes) mit haftbar ist.

§ 839

[1]) Verletzt ein Beamter[2]) vorsätzlich oder fahrlässig[4]) die ihm einem Dritten gegenüber obliegende Amtspflicht[3]), so hat er dem Dritten den daraus entstehenden Schaden zu ersetzen[5]). Fällt dem Beamten nur Fahrlässigkeit zur Last, so kann er nur dann in Anspruch genommen werden, wenn der Verletzte nicht auf andere Weise Ersatz zu erlangen vermag[6]).

Verletzt ein Beamter bei dem Urteil in einer Rechtssache seine Amtspflicht, so ist er für den daraus entstehenden Schaden nur dann verantwortlich, wenn die Pflichtverletzung mit einer im Wege des gerichtlichen Strafverfahrens zu verhängenden öffentlichen Strafe bedroht ist. Auf eine pflichtwidrige Verweigerung oder Verzögerung der Ausübung des Amtes findet diese Vorschrift keine Anwendung[7]).

Die Ersatzpflicht tritt nicht ein, wenn der Verletzte vorsätzlich oder fahrlässig unterlassen hat, den Schaden durch Gebrauch eines Rechtsmittels abzuwenden[8])[9]).

E I 736 Abs 1 II 762; M 2 819—828; P 2 658—664; 6 202—205.

1. **Schadensersatzpflicht der Beamten.** Die Beamten des Staates und der öffentlichen Körperschaften haften für die in Ausübung des Amtes begangenen u. H. den dadurch beschädigten Personen zunächst nach Maßgabe der allgemeinen Bestimmungen der §§ 823 Abs 1 und 2, 826, unter Umständen (Notare, Rentamtmänner in Bayern, die ihre Gehilfen selbst wählen) auch des § 831, der gemäß Art 78 EG nach dieser Richtung landesgesetzlich erweitert werden kann. Und zwar gilt dies an sich sowohl von den mit der Verwaltung des Staats- oder Gemeindeguts betrauten oder in Unternehmerbetrieben des Staates oder der Gemeinden (Eisenbahnen, Elektrizitätswerke, Bergwerke u. a.) beschäftigten Beamten, für deren Handlungen daneben auch der Staat oder die öffentliche Körperschaft nach den §§ 30, 31, 89, 823 oder nach § 831 einzustehen hat, wie von den in der Regierung des Staates oder des Gemeindeganzen tätigen und mit öffentlicher Gewalt bekleideten Beamten. Für beide Arten von Beamten hat § 839 eine Erweiterung der Haftung dahin geschaffen, daß sie, auch wenn nicht eins der in § 823 bezeichneten Rechtsgüter eines Dritten oder ein Schutzgesetz im Sinne des § 823 Abs 2 verletzt ist, und wenn es am Tatbestande des § 826 fehlt, für denjenigen Schaden haften, welchen sie durch die Verletzung einer Amtspflicht, die ihnen Dritten gegenüber oblag, diesen Dritten schuldhaft zugefügt haben. Die Erweiterung schließt die engeren Tatbestände der bezeichneten Gesetze ein, so daß auch die u. H. der Beamten nach §§ 823, 826 unter § 839 fallen, sofern sie die Verletzung einer dem Beamten Dritten gegenüber obliegenden Amtspflicht enthalten (so auch **RG** 74, 250 zunächst für die fahrlässig begangenen u. H.; allgemein dann **RG** 87, 348; 94, 103; 100, 287). Andrerseits wird durch die Tatbestandsmerkmale des BGB eine Einschränkung der nach dieser Richtung allgemeinen Tatbestände der §§ 823, 826 gesetzt. Hinsichtlich des in *Ausübung einer ihnen anvertrauten öffentlichen Gewalt* (s. darüber **RG** 84, 27; 91 S. 273 u. 347 sowie § 89 A 3) von Beamten verursachten Schadens enthält Art 77 EG einen Vorbehalt für die Landesgesetzgebung, der dieser sowohl die Regelung einer Haftung des Staates, der Gemeinde oder des Kommunalverbandes für ihre Beamten, wie auch der Haftung der Beamten selbst, sofern eine Haftung des Staates oder des Kommunalverbandes landesgesetzlich eingeführt ist, überlassen hat. Der Landesgesetzgebung ist nach Maßgabe des Art 77

auch das Reich unterworfen (RG 54, 198). Reichsrechtlich geregelt war zunächst nur die Haftung des Bundesstaats oder der Körperschaft, der der Beamte angehört, für die von Grundbuchbeamten begangene schuldhafte Verletzung der Amtspflicht (§ 12 GBO; vgl. dazu RG 57, 277; 66, 107; 72, 324; 99, 221; JW 05, 239[18]; 07, 395[17]). Nachdem Preußen durch das am 1. 10. 09 in Kraft getretene Ges. v. 1. 8. 09 (GS 691) für die von unmittelbaren Staatsbeamten in Ausübung der ihnen anvertrauten öffentlichen Gewalt begangene schuldhafte Verletzung einer ihnen Dritten gegenüber obliegenden Amtspflicht die Haftung des Staates und ebenso für die Verletzung solcher Amtspflichten seitens ihrer Beamten die Haftung der Kommunalverbände eingeführt hatte — durch ein Nachtragsgesetz v. 14. 5. 14 (GS 117) ist diese Haftung auf die Lehrer und Lehrerinnen ausgedehnt worden —, ist auch das Deutsche Reich zu einer gleichen Regelung der Haftung für die Reichsbeamten geschritten, die durch Ges. v. 22. 5. 10 (RGBl 798) erfolgt ist. § 839 kommt in den unter diese Gesetze gehörigen Fällen, wie nach § 12 GBO nunmehr nur als Voraussetzung für die Haftung des Reiches und Staates (RG JW 1911, 227[44]), sowie für deren Rückgriff gegen den Beamten zur Anwendung (vgl RG 96, 147). Zum ersteren Gesetz vgl aus der Rechtsprechung RG 84, 27; 85, 22; 87, 114; 88 S. 256 u. 417; 89, 13; 91 S. 341 u. 381; 100, 6; JW 1915, 663[16]; 1917 S. 594[29] u. 663[21]; 931[9] u. 972[13]; Warn 1917 Nr 119 u. 208; zum Reichsgesetz RG 82, 317; 86, 117; 87, 347; 89, 247; 91 S. 9 u. 273; 93, 198; 94, 102; 96, 164; 98, 208; 102, 30; 103, 59; 104, 141; 105 S. 178 u. 230; Warn 1919 Nr 186. Ein Verschulden des für seine Beamten haftenden Reiches oder Staates außer dem Amtsvergehen des Beamten setzt die Haftung nach diesen Gesetzen nicht voraus (RG 105, 174). Die Haftung des preußischen Staates wie des Reiches nach diesen Gesetzen ist ausgeschlossen bei Beamten, die auf den Bezug von Gebühren angewiesen sind, nach dem Pr. Ges. auch bei Amtshandlungen anderer Beamten, für die diese eine besondere Vergütung von den Beteiligten zu beziehen haben (§ 1 Abs 3 Pr. Ges., § 5 RGes.). Die Gerichtsvollzieher gehören nicht zu den auf Gebühren angewiesenen Beamten, das Pr. Ges v. 1. 8. 09 findet auf sie Anwendung (RG 87, 294; JW 1916, 738[5]). Die Grundlage des gegenwärtigen Rechtszustandes bildet Art 131 RVerf, der die Haftung des Staates oder der Körperschaft, in deren Dienst der Beamte steht, für die in Ausübung öffentlicher Gewalt begangenen Verletzungen der einem Dritten gegenüber obliegenden Amtspflicht grundsätzlich feststellt und insoweit, wie das Reichsgericht in ständiger Rechtsprechung anerkannt hat, nicht nur ein Programm für die künftige Gesetzgebung, sondern unmittelbar anwendbares Recht gibt und nur die nähere Regelung der zuständigen Gesetzgebung vorbehält (RG 102 S. 166, 391; 106, 34; 107, 41; 108, 249; LZ 1923, 218[1]). Mit dieser Verfassungsvorschrift ist für alle Rechtsgebiete, die bisher keine Staatshaftungsvorschrift hatten, diese eingeführt und verwirklicht worden. Das Reichsgesetz v. 22. 5. 10 und die landesgesetzlichen Haftungsvorschriften — die künftig zu erlassenden wie die bereits erlassenen — können an den Grundsätzen des Art 131 nichts ändern und kommen daneben als Rechtsnorm nur noch insoweit in Betracht, als sie die verfassungsmäßigen Grundsätze durch Regelung im einzelnen ergänzen, wie z. B. durch eine ausnahmsweise Regelung für besonders geartete Beamtenklassen, so für die Beamten, die wie die Notare, ausschließlich auf den Bezug von Gebühren angewiesen sind (RGes § 5 Nr 1, PrGes § 1 Abs 3) und für die Beamten des auswärtigen Amtes (RGes § 5 Nr 2; RG 102, 166). Auch die die Ansprüche von Ausländern beschränkenden Vorschriften (§ 7 des preuß. und des RGes) sind neben Art 131 in Kraft geblieben (RG 109, 212; 111 S. 294, 375). Dem Art 131 allein ist jetzt auch der Begriff des Beamten zu entnehmen, für den der Staat oder die Körperschaft einzutreten hat, in deren Dienst der Beamte steht. Die Haftung kann also auch bei Personen begründet sein, denen das sonst maßgebende Beamtenrecht die Beamteneigenschaft abspricht (vgl. RG 105, 334: lübeckische Sicherheitswehr). Auch Art 131 setzt voraus, daß es sich um Amtspflichtverletzungen in Ausübung öffentlicher Gewalt handelt. Der Begriff beschränkt sich, wie bisher, nicht auf die Ausübung obrigkeitlichen Zwanges, sondern umfaßt auch das Gebiet der öffentlichen Fürsorge, z. B. auch die Erteilung von Unterricht (RG 84, 30; RG 24. 5. 27 III 370/26). Doch gibt seine Anwendung im einzelnen vielfach zu Zweifeln Anlaß. Anerkannt ist z. B. die Haftung des Reiches für die Amtstätigkeit des Zwangslotsen (RG 87, 347; 93, 35; 96, 164; 105, 99; 110, 349; für die besonderen hamburgischen Verhältnisse jedoch LZ 1925, 994[4], bestätigt durch RG 114, 197). Im Betriebe der Eisenbahnen und der Post handelt es sich im wesentlichen um eine der privatwirtschaftlichen gleichstehende Tätigkeit des Reiches, eine Ausübung öffentlicher Gewalt ist nur ausnahmsweise, wie etwa bei der Ausstellung von öffentlichen Urkunden, z. B. Frachtbriefduplikaten, anzunehmen (RG 91, 273; 104, 141; 107, 272; 109, 209; JW 1924, 1714[5]; 1926, 2295[11]; 1927, 1352[4]; SeuffA 79 Nr 208; Warn 1925 Nr 67; 29. 6. 23 III 828/22; OLG 43, 99). Ein Beamtenverschulden, das für die Haftung des Reiches im Rahmen des Postgesetzes (vgl. dort §§ 6ff.) rechtlich unerheblich ist, vermag sie übrigens auch nicht auf dem Umwege über Art 131 RVerf zu begründen (RG 107, 41; vgl. 57, 150; 67, 182; 70, 314). Der Begriff des Vorsatzes und der Fahrlässigkeit ist hier, wie schon vor dem Inkrafttreten der Reichsverfassung bei der Haftung des Staates ebenso wie bei der Haftung der Beamten gemäß § 839 der reichsrechtliche des § 276, seine Anwendung daher auch im Rechtszug der Revision nachzuprüfen, auch wenn im übrigen irrevisibles Landesrecht in Frage kommt (RG 7. 12. 20 III 195/20; 16. 10. 23 III 41/23; 30. 6. 25 III 405/24). Haftung des Reiches für Amtspflichtverletzungen von Finanzbeamten bei der Behandlung von Steuersachen s. RG 108, 253 (unberechtigter Steuerarrest); 111, 64 (verzögerte Steuervergütung); LZ 1924, 639[11]; bei Verwahrung von Zollgut in einer öffentlichen Niederlage RG 115, 419; für Maßnahmen des Reichsministers für Wiederaufbau RG SeuffA 79 Nr 110; für Beamtenverschulden bei Verfallerklärung und Behandlung eingeführter Waren RG 106, 406; nach § 3 IV der EinfuhrVO v. 16. 1. 17/22. 3. 20, RGBl. 1917, 41; 1920 354; für Dienstpflichtverletzungen von Militärpersonen s. RG 101, 355; 104, 286; 105 S. 230, 338; 107, 270; 108, 387. Die Haftung für Amtspflichtverletzungen der Demobilmachungskommissare traf die Länder, nicht das Reich (RG JW 1924, 297[12]). Über einen Fall der Staatshaftung bei Verfügung des Kriegszustandes s. RG 107, 396. Über die Haftung für Handlungen der anläßlich der Staatsumwälzung des Jahres 1918 gebildeten Organisationen s. A 2. Die folgerichtige Durchführung des Grundgedankens der Reichshaftung, daß die unmittelbare Verantwortlichkeit für die Ausübung der öffentlichen Reichsgewalt das Reich treffen soll, nicht seine Beamten, erfordert, daß, wenn das Reich die Ausübung seiner öffentlichen Gewalt einer selbständigen juristischen Person des öffentlichen Rechts übertragen hat, diese entsprechend den für das Reich geltenden Grundsätzen für Pflichtwidrigkeiten ihrer Beamten und Angestellten haften muß; so für die Kriegsgesellschaften RG 106, 373; LZ 1924, 125[7]; für die Reichsversicherungsanstalt für Angestellte RG 112, 335; für die Reichstreuhandgesellschaft RG 111, 403. Haftung des preußischen Staates für Amtspflichtverletzungen, die der Vorsitzende eines nach § 356 WasserG gebildeten Schauamts bei Ausübung seiner wasserpolizeilichen Befugnisse begeht (RG 5. 4. 27 III 227/26). Für Amtspflichtverletzungen eines Amtsvorstehers in Preußen haftet der Amtsverband, nicht der Staat, auch wenn es sich um die Ausübung polizeilicher Befugnisse handelt (RG 111, 12). Für den preußischen Landrat haftet zufolge seiner Doppelstellung der Staat oder der Kreis, je nachdem die Amtspflichtverletzung in den Bereich der den Kreis betreffenden staatlichen Geschäfte oder in den der Kommunalverwaltung des Kreises fällt (RG 100, 188). Die Zulässigkeit des Rechtswegs für die hier in Frage stehenden Ansprüche war schon unter dem bisherigen Recht unbeschränkt, insbesondere auch für den Fall einer Verletzung der Amtspflicht in Ausübung staatshoheitlicher Amtsbefugnisse, anerkannt (RG 92 S. 240 u. 304; 99, 254; 102 S. 72 u. 391; 103, 429; 105, 196; 111, 64; JW 1921, 743[4]; 1922, 807[8]; 1923, 78[6], 174[3]; 1926, 2083[1]; Warn 1922 Nr 106). In Art 131 Abs 1 Satz 3 RVerf ist dieser Grundsatz nunmehr verfassungsmäßig festgelegt. Vgl. auch RG JW 1926, 805[3] (Haftung der preuß. Landesschulkasse).

Die Haftung des Beamten für Verletzungen der Amtspflicht wird durch § 839 in dreifacher Weise beschränkt: a) indem der Beamte aus einer fahrlässigen Verletzung der Amtspflicht nur hilfsweise, nach der sonst etwa für denselben Schaden verantwortlichen Person haftet (Abs 1 Satz 2; s. unten A 6); b) indem der Spruchrichter für die Verletzung einer Amtspflicht bei Erlaß eines Urteils in einer Rechtssache nur einzustehen hat, wenn die Pflichtverletzung mit öffentlicher Strafe bedroht ist (Abs 2; s. unten A 7); c) indem die Haftung des Beamten entfällt, wenn der Verletzte schuldhafterweise den Gebrauch eines Rechtsmittels gegen die Amtshandlung des Beamten, der den Schaden abgewendet haben würde, unterlassen hat (Abs 3; vgl. A 8).

Die Verjährung der Ansprüche aus § 839 bemißt sich nach § 852. Werden zur Begründung eines Schadensersatzanspruchs mehrere Amtspflichtverletzungen behauptet, die verschiedene selbständige unerlaubte Handlungen darstellen, so ist in bezug auf jede besonders zu prüfen, ob die Voraussetzungen des § 852 vorliegen (RG 29. 3. 27 III 22/27). Im Falle des Abs 1 Satz 2 beginnt die Verjährung nicht früher, als der Verletzte weiß, daß kein anderer Ersatzpflichtiger da ist (vgl. § 852 A 4b). Soweit ein Beamter Schadensersatzansprüche gegen den Staat auf Vernachlässigung der diesem (dem Beamten gegenüber) obliegenden Fürsorgepflicht stützt, handelt es sich um Ansprüche aus dem öffentlichen Dienstverhältnisse und die Verjährung aus § 852 findet keine Anwendung (RG BayZ 1924, 171).

2. Beamte im Sinne des § 839 sind nur die öffentlichen Beamten, die unmittelbaren Reichsbeamten (§§ 1, 156 RBG v. 18. 5. 07), sowie die unmittelbaren und mittelbaren Beamten der Einzelstaaten des Reiches, deren Anstellung und Amtsgewalt sich landesgesetzlich regelt. Das Merkmal der Beamteneigenschaft im allgemeinen ist das auf Anstellung gegründete öffentlichrechtliche Dienstverhältnis und die Unterstellung des Dienstverpflichteten unter eine besondere Dienstgewalt (RG 6, 105; 28, 80; 37, 225; 67, 117; JW 1911, 42[28]). Einer Aufzählung der Beamtenklassen, die für § 839 in Betracht kommen, bedarf es nicht. Beamte sind landesgesetzlich auch die Notare in ihrer Eigenschaft als Urkundspersonen (vgl. für Preußen RG 49, 269; 78, 241; 81, 125; JW 01, 582[27]; 06, 467[25]; 1910, 1004[14]); Beamte sind die Gerichtsvollzieher (über ihre Beamtenstellung gegenüber dem sie beauftragenden Gläubiger

vgl. RG 56, 84 und, das Vertragsverhältnis überhaupt verneinend, RGVZS 82, 85). Keine Beamten sind die Rechtsanwälte, ferner die Ärzte, soweit sie nicht Amtsärzte sind. Beamteneigenschaft haben landesgesetzlich die Schiedsmänner (Preußen: RG 60, 321; 88, 51), nicht dagegen die Schiedsrichter (RG 65, 175; über ihre Haftung für den abgegebenen Schiedsspruch s. unten A 5), nicht die Schöffen, Geschworenen, Vormünder und Pfleger, Testamentsvollstrecker, Nachlaß- und Konkursverwalter (RGSt 19, 85; 10. 5. 12 III 334/11). Über die Feldmesser in Preußen s. RG 79, 85; Beamte sind im Sinne des § 839 auch die Offiziere, sofern sie öffentliche Dienstverrichtungen ausüben (vgl. RG 91, 9; 92 S. 240 u. 304; 99, 254; JW 1912, 638[10]). Über die Stellung der Volksschullehrer in Preußen vgl. RG 85, 22; JW 1915, 663[16]; über das Züchtigungsrecht der Lehrer vgl. § 823 A 10; über die Stellung der Lehrer an höheren Lehranstalten RG 84, 27; über die Stellung der Gemeindevorsteher bei der Aufnahme von Dorftestamenten RG 84, 29; Warn 1917 Nr 119 u. 243; LZ 1924, 469[9]. Die nach der Staatsumwälzung vom 9. 11. 18 eingesetzten Arbeiter- und Soldatenräte sind als Beamte anzusprechen; ob für die in Verletzung ihrer Amtspflicht Dritten zugefügten Schäden das Reich oder die deutschen Einzelstaaten oder auch Gemeinden haftbar sind, richtet sich danach, ob sie in Ausübung der Reichsgewalt, in Erledigung von Aufgaben der Einzelstaaten oder von Gemeindeverwaltungen tätig gewesen sind (Reich: RG 99, 285; 100, 25; 102, 423 Staatsgerichtshof; 104 S. 257 u. 346; Warn 1921 Nr 2; s. auch SeuffA 77 Nr 186; Einzelstaaten: RG 104, 257 (vgl. auch 112, 95; RG Warn 1921 Nr 1 u. 56; 1923/24 Nr 92; Kommunalverbände: RG 104 S. 257, 362); über Mannschaften eines militärischen Kommandos RG 105, 238, der freiwilligen Volkswehr im Sinne des Ges. v. 12. 12. 18, RGBl 1424, RG JW 1923, 174[3]. Haftung des Staates für Beschlagnahmen durch den Marinesicherungsdienst im Dezember 1918 RG Warn 1926 Nr 21. Haftung der Gemeinden für Handlungen der „Revolutionären Aktionsausschüsse", die im Frühjahr 1920 vorübergehend die Herrschaft in den rheinischen und westfälischen Gemeinden in den Händen hatten RG JW 1925, 2434[4]. Haftung des Staates, nicht des Reiches für Amtspflichtverletzungen eines Regierungspräsidenten in seiner Eigenschaft als Demobilmachungskommissar RG LZ 1924, 124[6]. Als Beamter kann für die Haftung aus § 839 immer nur die Einzelperson in Betracht kommen. Geht die Amtshandlung, die eine Verletzung der Amtspflicht enthält, von mehreren Beamten aus, die hierbei nach gesetzlicher Ordnung zusammenwirken müssen (Kollegium), so können nur die schuldigen Einzelbeamten, die die Mehrheit bildeten, in Anspruch genommen werden (RG 89, 13). Die Feststellung der Einzelpersönlichkeit des Beamten ist indessen bei den gegen das Reich oder einen Staat oder eine Gemeinde erhobenen Klagen ebensowenig erforderlich, wie die des Angestellten im Falle des § 831 (RG 100, 102).

3. Die Haftung des Beamten aus § 839 setzt die **Verletzung einer ihm Dritten gegenüber obliegenden Amtspflicht** voraus. Der Anspruch aus § 839 steht nur einem solchen Verletzten zu, dem gegenüber die Amtspflicht bestand. § 839 regelt nur die privatrechtliche Haftung der Beamten; der Umfang ihrer Amtspflichten bestimmt sich nach den das Amtsverhältnis und die Amtsgewalt der Beamten regelnden Gesetzen des öffentlichen Rechtes (RG JW 08, 653[2]; 26. 9. 04 VI 550/03). Die Amtspflichten umfassen die sorgfältige Beobachtung sowohl der in die Amtsverwaltung einschlagenden Gesetzesbestimmungen, wie auch der besonderen von den übergeordneten Behörden erlassenen Dienstvorschriften. Den Gegensatz zu den Amtspflichten, die den Beamten Dritten gegenüber obliegen, bilden einmal die Amtspflichten, die im inneren Verhältnis zu den übergeordneten, nebengeordneten und untergeordneten Behörden und Beamten zu beobachten sind (Ordnungs- und Aufsichtsvorschriften), sodann auch die Pflichten, die dem Beamten zwar nach außen, aber unmittelbar im öffentlichen Interesse, zum Schutze der öffentlichen Ordnung auferlegt sind. Hierhin gehört auch die Verleihung von Beamtenstellen; wegen schuldhafter Nichtverleihung einer Beamtenstelle kann deshalb auf Schadensersatz auf Grund des § 839 nicht geklagt werden (RG Warn 1921 Nr 106). Hat die Amtspflicht aber den Zweck, das Interesse des einzelnen wahrzunehmen, so liegt sie dem Beamten einem Dritten gegenüber ob (RG 78, 241; JW 1916, 739[5]; RG 22. 6. 23 III 517/22). Im einzelnen ist dies aus der Betrachtung des Amtskreises des Beamten und der Art des Geschäftes, das er verrichtet (RG 24. 6. 27 III 428/26), zu bestimmen. Soweit die Beamten zur Verwirklichung derjenigen Staatsaufgaben berufen sind, die den Schutz und die Förderung der Zwecke und Interessen der einzelnen zum Gegenstande haben, liegen ihnen im allgemeinen auch Amtspflichten dem Dritten gegenüber ob, mit denen ihre Amtstätigkeit sie in Berührung bringt. Als ein natürliches, jedoch nicht wesentliches Merkmal für das Bestehen einer Amtsobliegenheit Dritten gegenüber ist die Einrichtung von Rechtsmitteln gegen die Amtshandlung anzusehen. Die Verletzung einer Amtspflicht Dritten gegenüber kann, wie regelmäßig die u. H., sowohl in der Vornahme einer unzulässigen, wie in der Unterlassung einer gebotenen Amtshandlung bestehen (RG 56, 84 a. Schl.), und sie kann die Verletzung allgemeiner Pflichten, die Zuwiderhandlung wider besondere Gesetze, wie gegen rechtsgültige

Dienstvorschriften zum Gegenstande haben, die das Amtsverhältnis Dritten gegenüber bestimmen. Unter § 839 fallen demnach, was für die Bestimmungen in Abs 1 Satz 2 und in den Abs 2 u. 3 von Wichtigkeit ist, einmal die schon nach den allgemeinen Bestimmungen der §§ 823 u. 826 als unerlaubt anzusehenden Handlungen (hinsichtlich der vorsätzlich begangenen u. H. vgl. jedoch **RG** 74, 250, dazu oben A 1), insbesondere die Verletzungen der Schutzgesetze der §§ 331 ff. StGB, vgl. im allgemeinen **RG** JW 08, 653[2]; im einzelnen: für Amtsunterschlagung **RG** 56, 84; Fälschung amtlicher Urkunden **RG** 66, 107; Körperverletzung oder Sachbeschädigung durch Mißbrauch der Waffe seitens einer Militärperson oder eines Polizeibeamten **RG** 104 S. 203 u. 286; Gruch 51, 1001, ferner **RG** 111, 1 (Fluchtversuch eines Festgenommenen), **RG** JW 1926, 1150[2] (Verfolgung flüchtiger Personen); fahrlässige Körperverletzung eines Gefangenen durch den Strafvollstreckungsbeamten **RG** 56, 215; durch Überschreitung des Züchtigungsrechts der Lehrer (vgl. **RG** 105, 226 und § 823 A 10); nicht minder die besonderen Amtsverfehlungen durch Nichtbeachtung von Dienstvorschriften, die den Charakter von Schutzgesetzen nicht haben, aber die Amtstätigkeit des Beamten nach außen regeln. Die Verletzung der Pflicht der Amtsverschwiegenheit in Angelegenheiten, die die Interessen Dritter berühren, gehört hierher (**RG** 87, 419; 88, 171; Grenzen der Schweigepflicht des Richters über den Inhalt der Beratung des Gerichtshofs **RG** 89, 13); weiter die Unterlassung geeigneter Vorschriften zur Verhütung des Waffenmißbrauchs (**RG** 91 S. 9 u. 381); der Erlaß eines unzulässigen Haftbefehls (**RG** 89, 13) und die unzulässige Festnahme einer Person (**RG** JW 1918, 220[8]); eine Amtspflicht, die dem vorgesetzten Beamten gegenüber dem Untergebenen als Drittem obliegt, ist, in dienstlichen Berichten sich wahrheitswidriger Äußerungen über den Untergebenen zu enthalten (**RG** 105, 196). Die Haftung der Beamten nach § 839 setzt nicht voraus, daß der Beamte zu der Amtshandlung, in deren Ausübung er einer Pflichtverletzung sich schuldig machte, verpflichtet ist; es genügt, daß er zu der Handlung befugt ist (Erteilung einer Auskunft, **RG** 68, 278; JW 02 Beil 214[57]); ja selbst eine Überschreitung der Amtsbefugnisse durch Vornahme von amtlichen Handlungen, zu denen der Beamte nicht zuständig ist, kann die Verletzung einer Amtspflicht Dritten gegenüber darstellen (**RG** 71, 63; 93, 261; 99, 288; 104 S. 263 u. 348; **RG** Warn 1923/24 Nr 92); so auch, wenn ein Beamter (Schiedsmann, Gemeindevorsteher), der dazu nicht befugt ist, die Beglaubigung von Unterschriften in der Form amtlicher Urkunden vornimmt und dabei schuldhaft Falsches beurkundet (**RG** 71, 60; JW 09, 494[17]; 1911, 452[20]; 1917, 931[9] in Abweichung von **RG** 60, 321; vgl. auch LZ 1927, 926[7]). Nicht unter § 839 und nicht unter die Staatshaftungsgesetze fallen dagegen Handlungen, die ein Beamter aus rein persönlichen Beweggründen, ohne innere Beziehung zu seinen amtlichen Befugnissen und besonderen Amtspflichten, sei es auch während der Dienststunden, begeht (**RG** 104, 286). Die innere Beziehung ist aber vorhanden, wenn der Beamte sich selbst an solchen Handlungen beteiligt, die zu verhindern und zu verhüten ihm dienstlich oblag (**RG** 104, 304). Dritte im Sinne des § 839 sind nicht nur die bei dem Amtsgeschäft unmittelbar Beteiligten, wie die Parteien des Rechtsstreits, die Rechtsanwälte, Zeugen, Sachverständigen gegenüber dem Prozeßrichter, die Vertragsparteien gegenüber dem Notar oder dem Richter der freiwilligen Gerichtsbarkeit, sondern alle Personen, deren Interessen nach der besonderen Natur des Amtsgeschäfts durch dieses berührt werden und in deren Rechtskreis dadurch eingegriffen wird (**RG** 72, 324; 78, 241; 86, 105; JW 1921, 336[5]; Warn 09 Nr 180; 1915 Nr 140; 1917 Nr 243; Gruch 52, 696; 19. 4. 07 III 385/06): so die Personen, die ein letztwillig Verfügender in seinem Testamente bedacht hat, gegenüber dem das Testament beurkundenden Testamentsrichter, Notar oder Gemeindevorsteher (**RG** 58, 296; 74, 421; Warn 09 Nr 180; 7. 1. 13 III 151/12), bei Grundbuchgeschäften die Personen, in deren Interesse die Eintragung vorgenommen werden soll (**RG** 72, 324); aber auch weiter alle diejenigen, die im Vertrauen auf die richtige Handhabung der Grundbuchgeschäfte und die dadurch geschaffene Rechtslage im Rechtsverkehr tätig werden; der Begriff des Dritten im Sinne des § 839 fällt hier zusammen mit dem der Beteiligten im Sinne des § 12 GBO (**RG** 78, 241; Warn 1912 Nr 390). Die Obhutspflicht bezüglich der in amtliche Verwahrung gelangten Sachen liegt dem Beamten nicht nur gegenüber dem Einlieferer, im Falle der Beschlagnahme gegenüber demjenigen, bei dem sie beschlagnahmt worden sind, ob, sondern auch gegenüber dem dritten Eigentümer (**RG** 108, 249). Über Amtspflichten in Fällen der Beschlagnahme s. ferner **RG** Warn 1921 Nr 1; **RG** SeuffA 77 Nr 90; 78 Nr 131; 80 Nr 80. Bei der Beschlagnahme von Silbermünzen, deren Metallwert den Nennbetrag übersteigt, hat der zur Verfügung zuständige Beamte dem Eigentümer gegenüber die Amtspflicht, für eine unveränderte Aufbewahrung der Münzen zu sorgen (**RG** 4. 5. 23 III 427/22; über die Frage des Verschuldens in solchen Fällen **RG** JW 1925, 2600[12]). Amtspflichten gegenüber Dritten, nicht nur gegenüber dem Staate begründen auch die in den Geschäftsordnungen für die Gerichtsschreibereien enthaltenen Vorschriften über die Behandlung der sog. Asservaten (**RG** JW 1925, 956[26]). Die sorgfältige Prüfung der gesetzlichen Voraussetzungen für ein Zeitungsverbot ist eine Amtspflicht, die der Behörde gegenüber dem vom Verbote Betroffenen obliegt (RG 107, 115; 110, 286). Dem Schutzmann, der einen Verdächtigen verfolgt, liegt die Amtspflicht zu sorgfältigem Vorgehen, nicht nur gegenüber dem Verfolgten, sondern gegenüber allen denjenigen ob, deren Weg er bei der Verfolgung berührt; fahrlässiges Umrennen eines Unbeteiligten erfüllt daher den Tatbestand des § 839 (RG 108, 366). Bei der Ausfertigung von Urkunden ist dagegen Dritter nur der, der das Recht auf die Ausfertigung hat (RG JW 1910, 234[13]). Dritter ist dem Gerichtsvollzieher gegenüber bei Vollstreckungshandlungen nicht nur der Schuldner, sondern auch der Gläubiger (RG 56, 84; vgl. § 675 A 1). Nichtanhörung des Steuererstschuldners als Verletzung einer Amtspflicht des Veranlagungsbeamten gegenüber dem Steuerzweitschuldner s. RG LZ 1924, 639[11]. Die Verhaftung eines Beschuldigten und die auf ihre Aufrechterhaltung gerichteten Maßregeln geschehen nur im öffentlichen Interesse; ihre Unterlassung kann daher keine Amtspflicht gegenüber dem durch die Straftat Geschädigten begründen (RG 108, 289). Amtspflicht der Wegebaubehörde gegenüber den einzelnen Staatsbürgern, die Wegebaupflichtigen zu Sicherungsmaßregeln, z. B. zur Anbringung von Warnungstafeln an gefährlichen Stellen, zu veranlassen, s. RG JW 1927, 1265. Als Dritter kann endlich auch der Staat in Betracht kommen, wenn der Beamte dessen Vermögensinteressen zu wahren hat; so wenn ein Steuerbeamter (Kommunalbeamter) den staatlichen Steueranspruch schuldhaft verjähren läßt (RG 7. 5. 09 II 490/08). Dagegen ist § 839 nicht anwendbar für den Rückgriff des Staates gegen den schuldigen Beamten (RG 78, 243; 92, 237; RG JW 1927, 1591[25]); die Haftung eines Reichsbeamten bemißt sich gegenüber dem Reich gemäß § 19 RBG nach dem am Wohnort des Beamten geltenden Beamtenrecht (RG 3. 7. 23 III 756/22). Der geschädigte Dritte kann selbstverständlich auch selbst ein Beamter sein (RG 100, 188; 105, 196). — Über die Beweislast in bezug auf die Frage der Widerrechtlichkeit s. § 823 A 10 a. E. Gegenüber der Schadensersatzklage wegen Körperverletzung liegt dem Beamten oder der nach Art 131 RVerf an seiner Stelle haftenden Körperschaft (Staat usw.) der Beweis dafür ob, daß die Verletzung nicht widerrechtlich, z. B. durch Notwehr geboten war (RG SeuffA 81 Nr 50).

4. Vorsatz und Fahrlässigkeit bei der Verletzung der Amtspflicht bedeuten ein schuldhaftes Handeln im Hinblick auf diese Verletzung; der Beamte muß sich also bewußt über gesetzliche oder Dienstvorschriften hinweggesetzt oder er muß bei gehöriger Aufmerksamkeit, bei Beobachtung der für einen Beamten im Verkehr erforderlichen Sorgfalt in der Lage gewesen sein, seine Handlungsweise als einen Verstoß gegen die Amtspflicht zu erkennen. Hatte der Beamte nach seinem pflichtmäßigen Ermessen zu entscheiden, ob eine bestimmte Handlung zweckmäßig sei, so kann ein Verschulden nur unter besonderen Umständen angenommen werden, wie etwa, wenn er ohne jede Prüfung der Sachlage oder rein willkürlich gehandelt hat (RG 99, 255; 106, 219; RG JW 1925, 1875[2]; RG 26. 2. 26 III 112/25). Das Verschulden des Beamten hat der Kläger nach dem allgemeinen Grundsatz darzutun; eine tatsächliche Vermutung dafür besteht nicht (RG JW 1917, 931[9]); damit steht nicht in Widerspruch, daß den Beamten die Pflicht der Entlastung trifft, wenn es sich um den Verlust von Geld oder andere Sachen handelt, die dem Beamten amtlich zur Aufbewahrung übergeben waren (entsprechende Anwendung des § 282 BGB, RG 74, 342). Daß der Beamte den aus der Pflichtverletzung entstehenden Schaden voraussah oder voraussehen konnte, ist nicht erfordert (RG JW 07, 828[4]). Nicht jedes Versehen ist aber ein zum Schadensersatze verpflichtendes Verschulden (Entschuldigung durch Kriegsüberlastung, RG JW 1917, 972[13]). Eine offenbar unrichtige Gesetzesauslegung durch den Richter oder Notar stellt immer ein Verschulden dar, nicht aber eine unrichtige Stellungnahme bei Gesetzesbestimmungen, die für die Auslegung Zweifel in sich tragen, zumal wenn die Gesetzesbestimmungen noch neu, die Zweifelsfragen noch unausgetragen sind und der Beamte für seine Auffassung namhafte Rechtslehrer auf seiner Seite hat (RG 59, 381; 60, 392; 85, 72; 91, 127; 107, 118; JW 06 S. 53[3], 132[3], 162[6]; 09, 11[4]; 1922, 901[1]; Warn 09 Nr 171; 1911 Nr 271; 1913 Nr 140; 1914 Nr 188; SeuffA 61 Nr 175; Gruch 50, 832; für Verwaltungsbeamte s. OLG 43, 100). Regelmäßig pflegt ferner das Reichsgericht ein Verschulden zu verneinen, wenn es zwar selbst die Handlung des Beamten für unrechtmäßig und deshalb auch objektiv pflichtwidrig erachtet, aber ein Kollegialgericht, z. B. das Landgericht oder Oberlandesgericht nach mündlicher Verhandlung und der gebotenen sorgfältigen Prüfung die nämliche Handlung für objektiv berechtigt erklärt hat (RG 19. 6. 23 III 331/22; 5. 4. 27 III 229/26), und nach der gleichen Regel ist auch in einem Fall entschieden worden, in dem das Reichswirtschaftsgericht eine Amtshandlung (Verfallerklärung nach der VO zur Regelung der Einfuhr) für rechtmäßig erklärt hatte (RG 106, 406). Doch wird es immer auf die Umstände dds Falles ankommen. Geringere Anforderungen sind an einen ein Nottestament beurkundenden Gemeindevorsteher zu stellen, dem als Laien die Aufgabe der Auslegung eines Gesetzes zufällt (RG JW 09, 727[23]; 1911, 714[15]; Warn 1917 Nr 119 u. 243; 1. 2. 04 VI 233/03). Ein Verschulden liegt aber in jedem Falle vor, wenn der Gemeindevorsteher an die Testamentserrichtung herantritt, ohne sich um die bestehenden Vorschriften überhaupt zu kümmern (RG Warn 1925 Nr 30). Über die bei der Beglaubigung von Unterschriften aufzuwendende Sorgfalt zur Feststellung der Person vgl. **RG** 81, 128; JW 09, 494[17]; 1910, 628[31]; 1911, 452[20]; 1913, 1044[14]; 1917, 931[9]). Eine schuldhafte Verletzung der Amtspflicht Dritten gegenüber fällt nach der Rechtsprechung des Reichsgerichts beispielsweise zur Last:

a) dem **Amtsrichter,** der im Privatklageverfahren die Zustellung des verurteilenden Erkenntnisses an den Angeklagten zu verfügen unterläßt (**RG** JW 1913, 2 66[6]);

b) dem **Vollstreckungsrichter** (und Gerichtsschreiber), der den Zwangsversteigerungstermin abhält und den Zuschlag erteilt, obwohl die ordnungsmäßige Zustellung des Versteigerungsbeschlusses an den Schuldner nicht bewirkt oder sonst eine vorgeschriebene Bekanntmachung nicht erfolgt ist (**RG** JW 07, 828[4]; Warn 08 Nr 215; LZ 1924, 747[15]); der die Versteigerungsbedingungen unrichtig aufstellt (**RG** 15. 1. 03 VI 306/02), insbesondere bei der Festsetzung des geringsten Gebots zu berücksichtigende Forderungen unberücksichtigt läßt (**RG** JW 1914, 864[4]; Warn 1916 Nr 167) oder übersieht, daß von einem Bieter Sicherheit verlangt worden war (**RG** JW 1915, 654[6]) oder der den Versteigerungstermin vor der gesetzlich festgelegten Zeit (§ 73 ZVG) schließt (**RG** JW 06, 539[2]), sowie der bei der Kaufgelderverteilung den § 117 ZVG — Zahlung an den Berechtigten — übersieht und den Betrag einer Buchhypothek dem zur Zeit der Eröffnung des Verfahrens eingetragen gewesenen Gläubiger auszahlt, obwohl Abtretung und Eintragung eines neuen Gläubigers zu den Zwangsversteigerungsakten bekanntgegeben war (**RG** 73, 298);

c) dem **Grundbuchrichter,** der eine Eintragung ohne gehörige rechtliche Prüfung oder Prüfung der Personen- und Vertreterbefugnis (**RG** JW 1912, 866[25]; Warn 1915 Nr 140) oder ohne die dafür erforderliche vormundschaftsrichterliche Genehmigung (**RG** Gruch 52, 696) vornimmt oder der eine beantragte Eintragung unterläßt (**RG** 72, 324; Warn 1913 Nr 196, 197, 198); der ferner entgegen dem § 17 GBO eine später beantragte Eintragung ohne Erledigung der früher beantragten in unrichtiger Reihenfolge vornimmt (**RG** 57, 277; 60, 392; 65, 98; einen Fall fehlenden Verschuldens in Ansehung des § 17 GBO behandelt **RG** Warn 1913 Nr 14); oder der die Bestimmung in § 42 Abs 1 Satz 1 GBO außer acht läßt (**RG** Warn 1917 Nr 277); oder der unter Verstoß gegen Art 7 PrAG.GBO die Ausfertigung des Hypothekenbriefs nicht mit dem Entwurfe und dem Grundbuche verglichen hat (**RG** 77, 423); auch der den Beteiligten eine falsche Rechtsbelehrung über die Stempelpflicht eines Geschäfts (**RG** Warn 1913 Nr 140) oder sonst eine falsche Auskunft erteilt, auch wenn er zu ihrer Erteilung nicht verpflichtet war (**RG** JW 1914, 151[15]); über die Verpflichtung des Grundbuchrichters zur Prüfung von Urkunden, die dem Grundbuchamt überreicht sind innerhalb des Zweckes, zu dem sie erkennbar übergeben sind, aber nicht darüber hinaus s. **RG** Warn 1916 Nr 279; zur Belehrung der Parteien **RG** 85, 409; verspätete Eintragung des Eigentumsübergangs **RG** Warn 1927 Nr 31; zu § 19 Abs 2 ZwVG s. **RG** LZ 1924, 747[15];

d) dem **Vormundschaftsrichter** (vgl. §§ 1837—1848), der ohne gehörige Prüfung eine vorgeschriebene Genehmigung zur Anlage oder zur Abhebung von Mündelgeldern oder zur Löschung einer Mündelhypothek erteilt (**RG** 85, 416; 88, 264; Warn 08 Nr 486; 1917 Nr 178; 24. 5. 10 III 323/09), oder der von einer vorschriftswidrigen Anlegung von Mündelgeldern durch den Vormund Kenntnis erhalten hat oder erhalten haben muß und nicht einschreitet (**RG** 21. 4. 04 VI 583/03; 1. 5. 06 III 537/05; über die Grenzen der Nachprüfungspflicht vgl. **RG** 67, 408); weiter der für die Anlegung von Mündelgeldern einen falschen Rat erteilt (**RG** 84, 92); ferner der seine Aufsichtspflicht bei der Hinterlegung von Inhaberpapieren des Mündels durch den Vormund versäumt (**RG** JW 1910, 288[22]), oder der einen Abfindungsvertrag trotz der Gefahr der weiteren Geldentwertung genehmigt (**RG** Warn 1923 Nr 30), auch nicht darauf hinwirkt, daß ein der Möglichkeit fortschreitender Preissteigerung Rechnung tragender Vorbehalt in den Vertrag aufgenommen werde (**RG** SeuffA 80 Nr 151); eine Amtspflicht und deshalb eine Haftung des Vormundschaftsrichters besteht nur gegenüber dem Mündel (vgl. § 1848 A 1).

e) dem **Nachlaßrichter,** der bei Beaufsichtigung des Nachlaßverwalters etwas versieht; der Nachlaßrichter ist dabei nicht nur den Erben, sondern auch den Nachlaßgläubigern verantwortlich (**RG** 88, 264); oder der fahrlässig eine unrichtige Auskunft erteilt (**RG** Warn 1915 Nr 264);

f) dem **Staatsanwalt,** der eine Verlängerung der Haftfrist nicht rechtzeitig beantragt und das dem Beschuldigten abgenommene Geld nicht sicherstellt (**RG** 108, 249) oder bei der Beschlagnahme und Veräußerung von Waren wegen Verdachts der Preistreiberei vorschriftswidrig handelt (**RG** 113, 19; **RG** 18. 3. 27 III 203/26) oder die Richtigkeit der von ihm erlassenen öffentlichen Bekanntmachungen nachzuprüfen und für Beseitigung etwaiger Fehler zu sorgen unterläßt (**RG** 113, 104);

g) dem **Gerichtsschreiber,** der eine angemeldete Konkursforderung nicht in die Konkurstabelle einträgt (**RG** 14. 12. 03 VI 567/03); der gegen die Vorschriften der preußischen Geschäftsordnung für die Gerichtsschreibereien der Amtsgerichte die Eintragung der gestohlenen, in amtliche Verwahrung genommenen Sachen in die Liste der Überführungsstücke oder doch eines kurzen Hinweises in die Spalte „Bemerkungen" des Registers anzuordnen unterläßt (RG JW 1925, 956[26] = Warn 1925 Nr 60), oder der die zur Unterbrechung der Verjährung erforderliche unverzügliche Zustellung eines Schriftsatzes nicht gehörig überwacht (RG 105, 422); über weitere Verfehlungen des Gerichtsschreibers s. zu b, h und k;

h) dem **Gerichtsvollzieher,** der bei Zustellung der Klage dem Beklagten eine Klageschrift übergibt, auf der die Terminsbestimmung fehlt (neben dem Gerichtsschreiber RG 51, 258); der in eiliger Fristsache eine Zustellung durch die Post vornimmt, ohne sich um deren Erledigung und den Verbleib der Zustellungsurkunde weiter zu kümmern (RG JW 1918, 135[9]); der eine Zustellung der Benachrichtigung von bevorstehender Pfändung gemäß § 845 ZPO durch Niederlegung bei der Post bewirkte, obgleich eine Ersatzzustellung (§§ 181 Abs 2, 182 ZPO) möglich war (RG 87, 412); der eine Zwangsvollstreckung gröblich verzögert, so daß es dem Schuldner gelingt, zur Pfändung geeignete Vermögensstücke beiseite zu schaffen (RG 79, 241), der eine Pfändung vornimmt unter Nichtbeachtung der Frist des § 798 ZPO (RG 83, 336), oder bei der Zwangsvollstreckung wegen einer Wechselforderung, ohne im Besitze des Wechsels zu sein (RG JW 1916, 739[5]); der bei der Pfändung von im Gewahrsam eines Dritten befindlichen Sachen dessen Herausgabebereitschaft zu Unrecht feststellt (RG SeuffA 81 Nr 73), der bei zwangsweiser Räumung einer Wohnung nicht die Mitwirkung der Polizei wegen anderweitiger Unterbringung der Bewohner erbittet (RG LZ 1924, 468[8]); der bei der Zwangsvollstreckung in bewegliche Sachen die Pfändung nicht oder nicht in ausreichender Weise durch Pfandzeichen kenntlich macht (RG LZ 1925, 1085[24]; RG 14. 12. 06 III 184/06); der der Pfändung entzogene Sachen in Kenntnis dieser Eigenschaft pfändet und andere geeignete ungepfändet läßt (RG 72, 181); der infolge ungenauer Prüfung des Vollstreckungstitels für eine zu geringe Forderung pfändet (OLG 45, 176); der nicht neu pfändet, wenn sich die erste Pfändung als unzureichend erweist (RG LZ 1927, 461[12]); der die Versteigerung von Pfandstücken weiter ausdehnt, als zur Befriedigung des Gläubigers und zur Deckung der Kosten erforderlich ist (§ 818 ZPO; RG 51, 186); der Flugzeuge pfändet, ohne für ihre gefahrfreie Verwahrung zu sorgen (RG 23. 6. 25 III 3/25); der den Versteigerungserlös auszahlt, obwohl er von dem Bevorstehen einer gerichtlichen Einstellungsanordnung zugunsten eines Dritten (Vermieterpfandrecht) Kenntnis erhalten hat (RG 87, 294). Dagegen handelt der Gerichtsvollzieher nicht schuldhaft, wenn er von einer Vollstreckungshandlung nicht auf Grund einer vom Schuldner aufgestellten Behauptung, deren Richtigkeit die Vollstreckung unzulässig machen würde, Abstand nimmt (RG 10. 3. 02 VI 431/01), oder wenn er den Schuldner im Auftrage des Gläubigers zur nochmaligen Ableistung des Offenbarungseides nach § 903 ZPO verhaftet hat: die Prüfung, ob der Schuldner zur nochmaligen Ableistung des Eides verpflichtet ist, steht dem Gerichtsvollzieher nicht zu (RG 9. 10. 06 III 34/06);

i) dem **Notar** (vgl. Vorbem 2b vor § 611), der bei der Aufnahme eines Rechtsgeschäfts sich nicht über die Persönlichkeit der vor ihm zur Beurkundung Erschienenen in genügender Weise Gewißheit verschaffte (RG 78, 241; 81 S. 125 u. 157) und der lediglich auf die Angaben der eine Beglaubigung beantragenden Person hin ohne nähere Prüfung eine Beglaubigung erteilt (RG JW 07, 87[16]); der gegen § 183 FGG seine Namensunterschrift als Blankobeglaubigung unter einen unausgefüllten Vordruck abgibt (RG 86, 102); der einen nichtigen Vertrag zum Gegenstande seiner Beurkundung macht (RG JW 1921, 336[5]; LZ 1919, 46[12]; s. auch RG 87, 232 und 93, 68) oder durch mangelhafte Abfassung des Vertrags die falsche Wiedergabe des Vertragswillens verschuldet (RG JW 1916, 1116[6]; 1919, 995[4]); der es unterläßt, die Beteiligten über die wirtschaftlichen Gefahren des beabsichtigten Vertrags aufzuklären (RG 100, 284; JW 1922, 805[7]); der bei Erhebung eines Wechselprotests die Prüfung unterläßt, ob der Wechsel den Auftraggeber als Wechselgläubiger ausweist (RG JW 06, 467[15]); der ein von ihm aufgenommenes Testament mit unrichtiger Tagesangabe versehen hat (RG 74, 421) und der bei einer Testamentsaufnahme es unterlassen hat, den Erblasser auf die Unfähigkeitsgründe für die Testamentszeugen (§§ 2234—2236) aufmerksam zu machen (RG 7. 1. 13 III 151/12); der auftragswidrig die Eintragung einer Hypothek an falscher Stelle veranlaßt (RG 16. 1. 07 V 206/06) und der die Ausfertigung einer von ihm aufgenommenen Urkunde verzögert (RG JW 1910, 234[13]); endlich der in der Aufbewahrung der amtlichen Siegel und Stempel sorglos verfährt und dadurch deren mißbräuchliche Benutzung ermöglicht (RG 81, 130). K e i n e Pflichtverletzung des Notars ist es, wenn er vor der Aufnahme einer Handlung der freiwilligen Gerichtsbarkeit das Grundbuch nicht darauf einsieht, ob die Voraussetzungen, von denen die Beteiligten ausgehen, richtig sind; zur Einsicht des Grundbuchs ist der Notar ohne besonderen Vertrag nicht verpflichtet (RG 95, 299; JW 07, 514[15]; 1913, 1152[8]; Warn 1918 Nr 226); oder wenn er bei der Stempelverwendung ohne weitere eigene Prüfung sich an die gemeinsame Wertangabe der Vertragsparteien hält (RG JW 07, 176[14]; selbstverständlich kann bei ersichtlich zu niedriger Wertangabe daraus aber eine Haftung des Notars dem Staate gegenüber bestehen). Wo nur die Beglaubigung einer Unterschrift von dem Notar begehrt wird, erstreckt sich die Amtstätigkeit des Notars nicht auf den Inhalt der Urkunde (**RG** JW 1910, 1004[14]); kennt er aber den Inhalt und weiß, daß die Urkunde ein offenbar ungültiges Geschäft enthält, so darf er auch die Unterschriften nicht beglaubigen (**RG** 87, 232 u. 93, 68). Zu einer Rechtsbelehrung ist der Notar bei Aufnahme eines Rechtsgeschäfts insoweit verpflichtet, als sie für das Zustandekommen einer rechtswirksamen Urkunde erforderlich ist; er muß den wahren Willen der Vertragsparteien erforschen und sie über die Bedeutung der zu beurkundenden Erklärung und das für den Zweck taugliche Rechtsgeschäft aufklären, selbst dann, wenn ihm Zweifel an der Einsicht der Parteien erst nach der Beurkundung entstehen (**RG** 85, 337; 95, S. 214 u. 299; 100, 284; JW 1912 195[16]; 1913 S. 490[12] u. 1152[8]; 1914 S. 194[10] u. 354[5]; 1915, 513[11]; 1917 S. 358[7] u. 600[9]); 1921, 236[7]; 1922, 805[7]; Warn 1911 Nr 233; LZ 1919, 477[9]); auch über die Stempelfolgen des beabsichtigten Geschäfts besteht die Aufklärungspflicht (**RG** JW 1915, 513[11]; 1917, 600[9]); die Haftung für eine unrichtige Belehrung darüber entfällt aber, wenn der Notar das Rechtsgeschäft rechtlich anders beurteilt hatte und beurteilen konnte und dann die Angabe des Notars richtig gewesen wäre (**RG** JW 1921, 169[2]). Gegenüber geschäftskundigen Personen, bei denen eine genügende Rechtskenntnis auch ohne Belehrung vorauszusetzen ist, besteht, insoweit dies der Fall ist, eine Belehrungspflicht nicht (**RG** JW 1921, 237[8]). Die Entgegennahme grundbuchamtlicher Mitteilungen über Eintragungen aus den von ihm beurkundeten Rechtsgeschäften gehört nicht zu den Amtspflichten des Notars; hierbei handelt er als Beauftragter der Partei oder als Geschäftsführer ohne Auftrag (**RG** 81, 428). Die Mitwirkung des Notars bei der Ausführung eines von ihm beurkundeten Erbauseinandersetzungsvertrags gehört nicht zu seiner amtlichen Tätigkeit; Amtsgeschäft und Amtspflicht endigen mit der Beurkundung des Vertrags (**RG** SeuffA 78 Nr 129). Eine Haftung des Notars für Verfehlungen seiner Angestellten besteht nach Maßgabe des § 839 nicht (**RG** JW 1910, 1004[14]; Warn 1918 Nr 226); immer kann nur seine eigene Verfehlung in Frage kommen; diese kann aber darin bestehen, daß er eine nicht ganz einfache Angelegenheit dem rechtsunkundigen Bureauvorsteher zur Bearbeitung überläßt (**RG** JW 1914, 354[6]; Warn 1913 Nr 195). Für den Notarvertreter haftet aber in Preußen der vertretene Notar nach Art 101 preuß. FGG (**RG** 100, 287). Darüber, daß die Erfüllung der Amtspflicht des Notars nicht zugleich Gegenstand vertraglicher Bindung sein kann, vgl. **RG** 85, 409; 93, 68; 95, 214; JW 1920, 370[8] und Vorbem 2 b vor § 611. In den Amtsbereich des Notars gehört aber auch das Entwerfen der Urkunden, deren Unterschriften nachher beglaubigt werden sollen; es ist nicht Gegenstand besonderen Vertrags (**RG** 87, 232 u. 93, 68; JW 1917, 358[7]). Über die Klarlegung, zweckentsprechende und richtige Gestaltung und Fassung des Parteiwillens in der Beurkundung geht die Amtspflicht des Notars nicht hinaus; hat er es an der etwa erforderlichen Belehrung nicht fehlen lassen und dem erforschten wahren Willen der Parteien des Rechtsgeschäfts gemäß dieses beurkundet, so ist seine amtliche Fürsorgepflicht erschöpft (**RG** JW 1915, 1193[4]; Warn 1915 Nr 235); nur die Einreichung der von ihm aufgenommenen oder beglaubigten Urkunden bei Gericht zwecks Eintragung in das Grundbuch oder in das Handelsregister gehört noch in den Amtsbereich (**RG** 93, 68); eine Verpflichtung, den Vertragsparteien seinen Vertragsentwurf auszuhändigen, liegt dem Notar nicht ob (**RG** 100, 284);

k) dem **Gerichtskalkulator** in Preußen, der die Nachprüfung einer Vormundschaftsrechnung schuldhaft verzögert (**RG** 80, 406);

l) dem **Postbeamten**, der einen Eilbrief fehlleitet (**RG** JW 1911, 46[33]; 1912, 1061[3]), der eine telegraphische Postanweisung nicht weiterbefördert hat (**RG** Warn 1912 Nr 307), und dem Telegraphenbeamten, der unter Außerachtlassung der Vorschriften der Dienstanweisung die Verstümmelung oder Entstellung eines Telegramms herbeiführt (**RG** 18. 2. 13 III 365/12; vgl. zu diesen Fällen aber Reichert in JW 1913, 525ff.);

m) dem **Lehrer**, der sich eine Überschreitung seines Züchtigungsrechts zuschulden kommen läßt (vgl. darüber § 823 A 3 u. 10), sowie der durch mangelnde Beaufsichtigung der Schüler beim Spiel die Verletzung Dritter verschuldet (**RG** Warn 1916 Nr 80). Dem Lehrer steht als Ausfluß der ihm anvertrauten öffentlichen Gewalt das Recht der Schulzucht zu; seine Aufsichtspflicht erstreckt sich auch über die Schulzeit und die Schulräumlichkeiten hinaus. Kraft dieser Amtspflicht hat er seinerseits alles zu vermeiden, was zu einer Schädigung der Kinder führen kann (**RG** JW 1920, 1032[9]).

5. Für den **Ersatz des aus der Verletzung der Amtspflicht entstandenen Schadens** gelten die allgemeinen Bestimmungen der §§ 249ff. Über den ursächlichen Zusammenhang zwischen Handlung und Schaden vgl. die Vorbem 5 vor § 823 sowie für einen Fall des § 839 **RG** 91, 347; einen Fall fehlenden Ursachenzusammenhangs behandelt **RG** Warn 08 Nr 215 (vgl. oben A 4 b). Die Erwägung, daß ein anderes, schwerer schädigendes Ereignis hätte eintreten können, kann nicht dazu führen, den durch schuldhaftes Verhalten bereits eingetretenen geringen Schaden nicht als einen solchen im Rechtssinne anzusehen; nur bezüglich des Umfangs des Schadens kann jener Umstand möglicherweise berücksichtigt werden (**RG** 1. 4. 24 III 342/23). Wenn mehreren Beamten eine Verletzung der Amtspflicht zur Last fällt und jede für den

Eintritt des Schadens ursächlich geworden ist, dann haften die mehreren Beamten nebeneinander und somit gemäß § 840 Abs 1 als Gesamtschuldner (**RG** 51, 258). Die Vergünstigung des Abs 1 Satz 2 kommt ihnen nicht zugute, es sei denn, daß von den mehreren Beamten ein Teil fahrlässig, ein anderer vorsätzlich handelte (vgl. A 6). Für ihren Ausgleich untereinander gilt § 840 Abs 1 in Verbindung mit § 426 (vgl. § 840 A 2 u. 3). Einen Sonderfall der Ausgleichung zwischen dem Beamten, der durch Verletzung einer amtlichen Aufsichtspflicht sich schadensersatzpflichtig gemacht hat, und dem mitverantwortlichen dieser Aufsicht unterstellten Geschäftsführer behandelt § 841. Schadensersatzberechtigt ist nach Maßgabe des § 839 nur die Person, der gegenüber die Amtspflicht zu erfüllen war (A 3). Die §§ 843—845 gelten für die Fälle der Tötung, Körperverletzung, Gesundheitsbeschädigung und Freiheitsentziehung auch für den Bereich des § 839 (**RG** 91, 9; 94, 102). Daß bei einem mitwirkenden Verschulden des Geschädigten § 254 zur Anwendung zu kommen hat, ist selbstverständlich. Einen besonderen Fall des eigenen mitwirkenden Verschuldens des Verletzten bei der Entstehung des Schadens hat Abs 3 herausgehoben, der dem Verletzten unter Beiseitesetzung des Abwägungsgrundsatzes des § 254 jeden Schadensersatzanspruch gegen den Beamten abspricht, wenn er die Einlegung eines Rechtsmittels gegen die ihn schädigende Amtshandlung des Beamten schuldhaft unterlassen hat (vgl. A 8). § 254 Abs 2 ist anwendbar, wenn der Beschädigte schuldhaft unterlassen hat, den Schaden, dessen Ersatz er von dem Beamten fordert, durch rechtzeitige Inanspruchnahme des in erster Reihe zum Schadensersatze Verpflichteten abzuwenden oder zu mindern (**RG** 80, 252).

6. Der Beamte haftet für eine **fahrlässige Verletzung der Amtspflicht** nur hilfsweise; er kann erst dann in Anspruch genommen werden, **wenn der Verletzte nicht auf andere Weise Ersatz zu erlangen vermag.** Dieser Fall ist sowohl dann gegeben, wenn ein anderer Ersatzpflichtiger nicht vorhanden ist, wie dann, wenn der vorhandene andere Ersatzpflichtige nicht zahlungsfähig ist (**RG** Warn 1917 Nr 278). Auf die Möglichkeit eines anderweiten Ersatzes in der Zukunft braucht sich der Beschädigte, der ein Recht auf alsbaldigen Schadensersatz hat, nicht verweisen zu lassen (**RG** 80, 254; Warn 1917 Nr 178). Die anderweitige Ersatzmöglichkeit kann insbesondere auch dann als ausgeschlossen angesehen werden, wenn die Zwangsvollstreckung im Auslande stattfinden müßte (**RG** SeuffA 81 Nr 73). Die Beweislast, daß von einem andern Ersatz nicht zu holen ist, trifft an sich den Verletzten; die Behauptung, daß der Verletzte nicht auf andere Weise Ersatz zu erlangen vermöge, gehört zur Klagebegründung (**RG** 81, 430; 86, 286; 91, 232; JW 1913, 598[12]; 1915, 594[29]; 1926, 2284[3]; Warn 1914 Nr 121). Seiner Beweispflicht genügt der Verletzte nicht schon, wenn er die jetzige Unmöglichkeit eines anderweitigen Ersatzes dartut; er muß auch nachweisen, daß er eine früher vorhandene Ersatzmöglichkeit nicht schuldhaft versäumt habe (**RG** 86, 286; 100, 128 in Einklang mit **RG** 79, 12; abweichend **RG** 80, 254). Anderseits kann dem Verletzten der Beweis eines reinen Nichtvorhandenseins nicht angesonnen werden; ergibt sich aus der Sachlage kein Anhalt dafür, daß ein anderer Ersatzpflichtiger in Frage kommt, so ist es Sache des Beklagten, darzutun, daß dennoch eine andere haftbare Person vorhanden ist (**RG** 51, 186). Hat der Verletzte ohne Verschulden versäumt, von dem anderen Ersatzpflichtigen Ersatz zu erlangen, so kann ihm die Versäumung nicht schaden (**RG** 86, 286). Der Verletzte kann den ihm obliegenden Beweis, daß von anderen Ersatzpflichtigen ein Ersatz nicht zu erlangen sei, im Rechtsstreit gegen den Beamten oder den an seiner Stelle haftenden Staat führen; er braucht die als ersatzpflichtig in Betracht kommenden Personen nicht vorher zu verklagen (**RG** 96, 168; **RG** JW 1926, 2284[3]). Den Beweis, daß ihm nur Fahrlässigkeit zur Last fällt, hat der Beamte zu führen. Hat er ihn erbracht, so scheidet er als Ersatzpflichtiger aus, bis ihm nachgewiesen wird, daß nicht von anderer Seite Ersatz zu erlangen ist (**RG** Warn 1914 Nr 121). Ist ein anderer Ersatzpflichtiger vorhanden, so ändert es nichts an der Befreiung des Beamten nach Satz 2, daß letzterer etwa auch diesem andern wieder auf Schadensersatz haftet (**RG** 91, 96). Von mehreren aus der Verletzung einer Amtspflicht für denselben Schaden ersatzpflichtigen Beamten kann der wegen Fahrlässigkeit verantwortliche auf Grund des Satz 2 seine Haftpflicht ablehnen, solange nicht der aus Vorsatz verantwortliche herangezogen ist; haben die mehreren Beamten sämtlich nur fahrlässig gehandelt, so kann nicht unter Berufung auf Satz 2 der eine die Verantwortung auf den andern abwälzen. Hier versagt die Anwendung des Satz 2 und gilt § 840 Abs 1, der im übrigen durch § 839 Abs 1 Satz 2 zugunsten des Beamten ausgeschaltet wird, weil dieser den Beschädigten ganz an den andern Ersatzpflichtigen verweisen kann (**RG** 51, 258; 81, 428; Warn 1916 Nr 279). Nach den Ausführungen in A 1 u. 3 ist unter der Verletzung einer Amtspflicht nicht nur die Außerachtlassung von Dienstvorschriften außerhalb der allgemeinen Haftung der §§ 823 u. 826 zu verstehen; auch solche Handlungen fallen darunter, die den Beamten schon nach den allgemeinen Bestimmungen dieser Paragraphen haftbar machen, sofern die Handlung, die die Pflichtverletzung enthält, in den Amtsbereich des Beamten fällt. Daraus ergibt sich, daß der Beamte, dem nur Fahrlässigkeit zur Last fällt, sich auf die Vergünstigung des Satz 2 auch in den Fällen berufen kann, in denen seine Haftung aus § 823 Abs 1 oder 2 begründet ist (**RG** 74, 250;

JW 08, 653[2]). Dagegen bedarf es kaum der Erwähnung, daß der Beamte (Gerichtsvollzieher, Notar) insoweit die Vergünstigung des Satz 2 nicht genießt, als er dem Geschädigten auch aus einem Vertragsverhältnis (Auftrag, Dienstvertrag) haftet. Satz 2 ist auch dann anzuwenden, wenn der andere Ersatzpflichtige der Dienstherr des Beamten, der Staat selbst ist (§§ 31, 89; RG 74, 250; Warn 1911 Nr 329). Inwiefern die Kosten des gegen einen Dritten als ersatzpflichtig in Anspruch genommenen geführten Prozesses dem von dem Beamten zu ersetzenden Schaden zuzuschlagen sind, darüber vgl. RG 91, 232, aber auch Warn 1912 Nr 390. Die dreijährige Verjährung des § 852 beginnt für den Schadensersatzanspruch gegen den Beamten erst von da an, wo feststeht und dem Verletzten bekannt ist, daß ein vorverhafteter Ersatzpflichtiger nicht in Anspruch genommen werden kann (RG JW 1915, 594[29]; 1926, 2284[3]; 17. 4. 09 V 485/08; vgl. § 852 A 4 b). Über den Rückgriff des Beamten, der den Geschädigten befriedigt hat, gegen den in erster Reihe Verpflichteten vgl. RG 80, 252.

7. a) Die zweite Beschränkung der Haftung des Beamten aus der Verletzung der Amtspflicht betrifft den Spruchrichter, der sich **bei dem Urteil in einer Rechtssache** einer Amtspflichtverletzung schuldig macht. Auf einen Spruchrichter, der nicht Beamter ist, kann sich die Bestimmung naturgemäß nicht erstrecken. Beamter ist der Handelsrichter (§ 116 GVG), nicht dagegen der Schöffe und der Geschworene. Was unter dem Urteil in einer Rechtssache zu verstehen ist, bestimmt sich nach der Begriffssprache der Prozeßordnungen; danach ist Urteil diejenige richterliche Entscheidung, die auf Grund vorgeschriebener mündlicher Verhandlung ergeht, ein Rechtsverfahren ganz oder teilweise (Endurteil, Teilurteil, Zwischenurteil) zur Erledigung bringt und regelmäßig sich selbst mit dem die Erledigung ausdrückenden Namen „Urteil" bezeichnet; ein Berichtigungsbeschluß nach § 319 ZPO bildet einen Bestandteil des Urteils und ist deshalb im Sinne des Abs 2 diesem gleich zu achten (RG 90, 228); andere Entscheidungen, wenn sie auch in gewissem Sinne eine selbständige, rechtsfeststellende Bedeutung haben, fallen nicht darunter (RG 62, 367); so z. B. auch nicht Beschlüsse, die das Landgericht auf die Rechtsbeschwerde einer Partei gegen die Beschlüsse eines Mieteinigungsamts in einer Wohnungsmangelsache erläßt (RG 116, 90). Zu den Urteilen im Sinne des § 839 Abs 2 gehören auch die Versäumnis- und Anerkenntnisurteile im Zivilprozeß (Erlaß eines Versäumnisurteils vor der Terminsstunde RG Warn 1914 Nr 82), die eine öffentlich-rechtliche Streitsache erledigenden Urteile der Verwaltungsgerichte, sowie die Urteilsentscheidungen der Schiedsgerichte in Unfall- und Invaliditätsversicherungssachen. Die Entscheidungen RG 62, 637 u. 89, 13 verneinen den Urteilscharakter bei einem Haftbefehle des Untersuchungsrichters; er ist nach denselben Grundsätzen auch bei Beschlüssen, die einen Arrest oder eine einstweilige Verfügung anordnen oder ablehnen, zu verneinen, während die mit demselben Inhalt auf Grund mündlicher Verhandlung ergehenden Entscheidungen, sowie diejenigen über die Rechtmäßigkeit oder die Aufhebung des Arrests oder der einstweiligen Verfügung unter § 839 Abs 2 fallen (§§ 921, 922, 925, 927, 936, 937 ZPO). Der Unterschied ist gewiß ein äußerlicher, er ist aber in der gesetzlichen Vorschrift begründet, deren Entstehungsgeschichte und Ausnahmenatur dazu nötigen, ihr Anwendungsgebiet streng auf die durch den Wortlaut gezogenen Grenzen zu beschränken (RG 116, 90). Zur Urteilsfällung gehört nicht nur die eigentliche Entscheidung und ihre Begründung, sondern auch die Feststellung des Tatbestandes; das Urteil ist ein Ganzes und kann nicht in Stücke gerissen werden. Nicht unter § 839 Abs 2 fallen die von Schiedsrichtern gemäß §§ 1029ff. ZPO getroffenen Entscheidungen, obwohl sie den Inhalt von Urteilen haben und Rechtsstreitigkeiten zur Erledigung bringen, weil die Schiedsrichter nicht Beamte sind (vgl. A 2). Aber die streitenden Parteien geben dem von ihnen durch Schiedsvertrag bestellten Schiedsrichter die Stellung eines ordentlichen Richters in ihrer Rechtssache, und es muß als stillschweigende Vertragsbedingung, ohne die der Schiedsrichter den Auftrag nicht annehmen würde, angesehen werden, daß eine Haftung des Schiedsrichters für die Fahrlässigkeit ebenso ausgeschlossen sein soll, wie sie bei dem ordentlichen Richter ausgeschlossen ist (RG 65, 175). b) Die Voraussetzung, von der Abs 2 Satz 1 die Ersatzpflicht des Spruchrichters abhängig macht, daß **die Pflichtverletzung mit einer im Wege des gerichtlichen Strafverfahrens zu verhängenden öffentlichen Strafe bedroht ist,** erfordert eine Strafandrohung durch die allgemeinen Strafgesetze (§§ 334, 336 StGB); den Gegensatz bildet die Dienststrafverfolgung (Disziplinarstrafe). Vorsätzlichkeit der Handlung genügt mithin allein nicht, die Ersatzpflicht des Beamten als Spruchrichters zu begründen. c) Die Bestimmung in Satz 2 des Abs 2, **daß die pflichtwidrige Verweigerung oder Verzögerung der Ausübung des Amtes** von der Einschränkung der Haftung des Spruchrichters ausgeschlossen ist, soll etwa entstehende Zweifel beseitigen und besagt im übrigen etwas Selbstverständliches: denn die Verweigerung oder Verzögerung des Rechtsspruchs ist keine Spruchtätigkeit. d) Wie Abs 1 Satz 2, so findet auch Abs 2 auf alle die Tatbestandsmerkmale erfüllenden Pflichtverletzungen der Beamten Anwendung, auch auf solche, die schon nach den allgemeinen Bestimmungen als u. H. erscheinen würden; vgl. die A 1, 3 u. 6 (a. M. Staudinger A 6d). e) Beweispflichtig für die Voraussetzungen der Ersatzpflicht des Spruchrichters nach Abs 2 ist der Verletzte.

8. Die dritte Einschränkung der Haftung des Beamten in Abs 3 des § 839 behandelt einen besonderen Fall des mitwirkenden eigenen Verschuldens des Verletzten, dem das Gesetz die Wirkung beimißt, daß er den Verletzten jedes Schadensersatzanspruchs beraubt: den Fall, **daß der Verletzte vorsätzlich oder fahrlässig unterlassen hat, den Schaden durch Gebrauch eines Rechtsmittels abzuwenden.** Abs 3 bezieht sich auf alle Tatbestände des Abs 1 wie des Abs 2. Rechtsmittel im Sinne der Bestimmung sind alle Rechtsbehelfe, die nach gesetzlicher Ordnung die Beseitigung oder Berichtigung der schädigenden Amtshandlung oder Unterlassung ermöglichen, also nicht nur die gegen Urteile der Spruchbehörden gegebenen ordentlichen Rechtsmittel (Berufung, Revision, Einspruch), sondern auch Beschwerde, Widerspruch gegen Arrestbefehle, einstweilige Verfügungen; die Nichtigkeits- und Restitutionsklage im Zivilprozeß, die Wiederaufnahme des Verfahrens im Strafprozeß; auch die Aufsichtsbeschwerde in Grundbuchsachen (RG Warn 1927 Nr 31). Die Möglichkeit des Rechtsmittels genügt aber nicht, dem Verletzten den Anspruch aus § 839 zu nehmen; es muß ein Verschulden hinsichtlich der Anwendung oder Nichtanwendung des Rechtsmittels hinzukommen (RG JW 1911, 227[44]) nnd es muß die Nichteinlegung des Rechtsmittels für den Schaden ursächlich geworden sein (RG 20. 4. 26 III 277/25; 12. 11. 26 III 575/25). Die Beweislast für das Verschulden des Verletzten nach Abs 3 trifft den beklagten Beamten. Die Entscheidung RG 86, 286 läßt die Ausschaltung der Vorschrift des § 254 Abs 2 im Falle des § 839 Abs 3 auch für die schuldhafte Versäumung der Geltendmachung des Schadensersatzanspruchs gegen den Erstverpflichteten nach Abs 1 Satz 2 gelten. Soweit § 839 Abs 3 nicht zutrifft, bleibt immer noch die Anwendung des § 254 zu prüfen.

9. **Prozeßrechtlich** ist hinzuweisen:

a) auf den Vorbehalt für die Landesgesetzgebung in § 11 Abs 2 EG.GVG, wonach die Verfolgung öffentlicher Beamten wegen Amtspflichtenverletzung von einer Vorentscheidung, ob der Beamte sich einer Überschreitung seiner Amtsbefugnisse oder der Unterlassung einer ihm obliegenden Amtshandlung schuldig gemacht habe, durch besondere Behörden und in besonderem Verfahren abhängig gemacht werden kann (vgl. dazu RG 64, 249 und 70, 102; 52, 107 und 67, 77; JW 03 Beil 66 Nr 152; 06, 754[26]; Warn 09 Nr 513, wobei es gleichgültig ist, ob der Beamte oder an seiner Stelle der Staat in Anspruch genommen wird (RG 87, 114); vgl. jedoch auch RG 106, 34.

b) auf § 71 Abs 2 Nr 2 GVG, wonach für die Ansprüche gegen Reichsbeamte wegen Überschreitung ihrer amtlichen Befugnisse oder wegen pflichtwidriger Unterlassung von Amtshandlungen die Landgerichte ohne Rücksicht auf den Wert des Streitgegenstandes ausschließlich zuständig sind, und Abs 3 desselben Gesetzes, der einen Vorbehalt gleichen Inhalts für die Landesgesetze wegen der Ansprüche gegen die Staatsbeamten enthält (Preußen: § 39 AG.GVG Nr 3);

c) auf § 154 RBG, wonach örtlich für Vermögensansprüche gegen Reichsbeamte wegen Überschreitungen ihrer amtlichen Befugnisse oder pflichtwidriger Unterlassung von Amtshandlungen sowohl das Gericht zuständig ist, in dessen Bezirk der Beamte zur Zeit der Verletzung der Amtspflicht seinen Wohnsitz hatte, als dasjenige, in dessen Bezirk er zur Zeit der Erhebung der Klage seinen Wohnsitz hat. Daneben tritt in allen Fällen § 32 ZPO, wonach das Gericht örtlich zuständig ist, in dessen Bezirke die u. H. begangen wurde;

d) über den ausnahmslos zulässigen Rechtsweg vgl. A 1.

§ 840

Sind für den aus einer unerlaubten Handlung[1]) entstehenden Schaden mehrere nebeneinander verantwortlich[2]), so haften sie, vorbehaltlich der Vorschrift des § 835 Abs 3[4]), als Gesamtschuldner[3]).

[5]) Ist neben demjenigen, welcher nach den §§ 831, 832 zum Ersatze des von einem anderen verursachten Schadens verpflichtet ist, auch der andere für den Schaden verantwortlich, so ist in ihrem Verhältnisse zueinander der andere allein, im Falle des § 829 der Aufsichtspflichtige allein verpflichtet[6]).

Ist neben demjenigen, welcher nach den §§ 833 bis 838 zum Ersatze des Schadens verpflichtet ist, ein Dritter für den Schaden verantwortlich, so ist in ihrem Verhältnisse zueinander der Dritte allein verpflichtet[7]) [8]).

E I 713, 714, 736 Abs 2 II 764; M 2 737, 738; P 2 606, 663.

1. Der Paragraph regelt die Beziehungen **mehrerer, die für einen Schaden aus unerlaubter Handlung verantwortlich** sind, sowohl dem Verletzten gegenüber, als auch unter-

einander. Die Bestimmungen des § 840 sind allgemeiner Natur. Der Begriff der u. H. ist hier in demselben weiteren Sinne zu nehmen, wie in der Überschrift des Titels; er umfaßt sowohl alle Haftungen aus wirklichen oder vermuteten Verschulden, wie die reinen Gefährdungshaftungen der §§ 833 Satz 1 u. 835, und ferner sowohl die aus den Einzelbestimmungen des 25. Titels, wie aus anderen, den Tatbestand u. H. setzenden Vorschriften außerhalb des BGB. Als Haftung aus u. H. im Sinne des § 840 ist deshalb insbesondere auch die im § 1 HaftpflG dem Eisenbahnunternehmer auferlegte Haftung anzusehen (RG 53, 114; 58, 335; 60, 313; 61, 56; JW 09, 724[17]; 1911, 220[25]; Warn 1912 Nr 74). Insoweit mehrere Kraftfahrzeuge oder ein Kraftfahrzeug und eine Eisenbahn oder ein Kraftfahrzeug und ein Tier als verursachend für einen Schaden in Betracht kommen und der Kraftwagenhalter und der Kraftwagenführer für diesen nach dem Gesetz schadensersatzpflichtig sind, sind für die Ausgleichung die §§ 17, 18 Abs 3 KraftFahrG zu beachten. Vgl. dazu RG 82, 112; 84, 415; 92, 143; 96 S. 68 u. 130. Für das Luftverkehrsgesetz s. dessen §§ 27, 28.

2. **Nebeneinander sind mehrere verantwortlich,** wenn sie durch gemeinschaftlich begangene vorsätzliche Handlung als Mittäter, Anstifter, Gehilfen einen Schaden verursacht haben (§ 830 Abs 1 Satz 1), oder wenn sie aus schuldhafter Beteiligung, aus gemeinschaftlicher Gefährdung im Sinne des § 830 Abs 1 Satz 2 in Anspruch genommen werden können (RG 69, 422), oder wenn sie ein jeder selbständig aus demselben oder aus verschiedenen Rechtsgründen wegen schuldhaften Handelns oder wegen Gefährdung für einen Schaden einzustehen haben (RG 96, 224). So sind nebeneinander verantwortlich mehrere Beamte, die die ihnen obliegende Amtspflicht verletzt haben, wenn die Pflichtverletzung eines jeden für den Schaden ursächlich geworden ist (RG 51, 258; JW 07, 828[4]), mehrere Tierhalter eines Tieres oder mehrerer Tiere oder der Tierhalter und der Aufsichtspflichtige nach § 834 für den durch das Tier oder die Tiere angerichteten Schaden (RG 60, 313), mehrere Eisenbahnunternehmer im Falle des § 1 RHaftpflG (RG 61, 56; 82, 84; 93, 96; Warn 1920 Nr 194), ein Eisenbahnunternehmer und ein Tierhalter (RG JW 1915, 324[2]). Gleichgültig ist, ob einer der mehreren Haftverpflichteten auch aus einem Vertrage (Beförderungsvertrag bei der Eisenbahn) für den Schaden verantwortlich ist, wenn er nur auch aus u. H. haftet (RG a. a. O.). Auf denjenigen, welcher nur aus einem Vertrage für einen Schaden verantwortlich ist, findet § 840 keine Anwendung; wohl aber kann § 426 zur Anwendung kommen, sofern nur ein innerer Zusammenhang der Schuldgründe besteht (RG 77, 317; Warn 1913 Nr 318, sowie ferner RG 79, 290; 82, 436; 84, 429f; 92, 408; JW 1915, 22[7]). Nebeneinander verantwortlich für denselben Schaden sind nicht mehrere Personen, die je nur einen bestimmten Teil des Schadens verursacht und deshalb auch nur zu erstatten haben; auf Mittäter, Anstifter, Gehilfen einer gemeinschaftlich begangenen Handlung trifft dies aber nicht zu (vgl. § 830 A 5). Haben mehrere Handlungen verschiedener Personen zusammen einen Schaden verursacht, von denen nur eine als u. H. sich erweist, so ist deren Urheber allein für den ganzen Schaden verantwortlich (RG 73, 289). Dasselbe gilt, und Gesamtschuld wie Ausgleichung werden hinfällig, wenn die Haftung des einen an sich verantwortlichen Urhebers des Schadens in zulässiger Weise durch Vertrag ausgeschlossen wurde (RG JW 1910, 952[36]; vgl. Vorbem 4b vor § 823).

3. a) Die mehreren Verantwortlichen haften **als Gesamtschuldner.** Das bedeutet einmal, daß sie dem Beschädigten ein jeder für den ganzen Schaden aufzukommen haben (§ 421), sodann daß sie im Verhältnisse zueinander nach § 426, „soweit nicht ein anderes bestimmt ist", zu gleichen Anteilen verpflichtet sind. Die letztere Wirkung des Gesamtschuldverhältnisses wird dann in Abs 2 u. 3 für einzelne Gruppen u. H. abweichend bestimmt; eine weitere Abweichung setzt § 841. Für die gesamtschuldnerische Haftung dem Beschädigten gegenüber begründet es keinen Unterschied, ob eine der mehreren für den Schaden verantwortlichen Personen bereits rechtskräftig zu dessen Ersatze verurteilt ist (§ 425 Abs 2; RG 51, 258); für die Ausgleichung der mehreren Ersatzverpflichteten untereinander ist es ebenso gleichgültig, ob die Klage gegen eine der mehreren verantwortlichen Personen bereits rechtskräftig abgewiesen ist, da in jedem Falle das zwischen dem Beschädigten und einem Gesamtschuldner ergangene Urteil nur zwischen diesen Personen Rechtskraft schafft. b) Werden von dem Beschädigten die mehreren für den Schaden verantwortlichen Personen gleichzeitig auf Leistung von Schadensersatz wegen Aufhebung oder Minderung der Erwerbsfähigkeit in Anspruch genommen (§ 843), dann ist die Art und Weise des Schadensersatzes (Rente oder Kapitalabfindung) einheitlich nach den Verhältnissen des Berechtigten und aller Verpflichteten zu bestimmen (RG 68, 429); bei einer Inanspruchnahme nacheinander muß dementsprechend nach dieser Richtung die Bestimmung des zuerst gesprochenen Urteils maßgebend bleiben, da anders die Einheitlichkeit der Entschädigung nicht gewahrt werden kann. Der Umfang der Ersatzpflicht kann sich für die mehreren für den Schaden verantwortlichen Personen verschieden gestalten, sei es infolge der Anwendung des § 254 bei einem mitwirkenden Verschulden des Beschädigten, das den mehreren Ersatzpflichtigen gegenüber in verschiedener Weise zu werten sein kann (RG 16. 10. 22 VI 85/22), sei es infolge verschiedenartiger Bestimmungen über den Umfang

der Haftung (§ 829; RHaftpflG, KraftfahrG; insbesondere Wegfall des Schmerzensgeldes); in diesem Falle besteht eine Gesamtschuld der mehreren Ersatzpflichtigen nur in Höhe der geringeren Ersatzpflicht (RG JW 09, 724[17]; 1913, 31[19]). Daß sich der Beschädigte gegenüber den andern Ersatzpflichtigen anrechnen lassen muß, was er von einem von ihnen bereits erhalten hat, ergibt sich aus § 422 (RG 1. 7. 07 VI 479/06). Die Kosten des von einem Gesamtschuldner mit dem Verletzten durchgefochtenen Vorprozesses gehören nicht zum Schaden und sind nicht Gegenstand der Ausgleichung (RG 92, 148). c) Der **Ausgleichungsanspruch** ist durchaus selbständig und nicht davon abhängig, daß jeder Schuldner vom Gläubiger tatsächlich zur Leistung herangezogen wird; das gegen einen der mehreren Gesamtschuldner ergangene Urteil übt weder Rechtskraftwirkung noch Rückwirkung (Reflexwirkung) für den andern aus; auch die Verjährungsvorschrift des § 852 findet auf den Ausgleichungsanspruch keine Anwendung (RG 69, 422; 77, 317; 84, 421; JW 1910, 235[14]; vgl. § 852 A 2). Selbstverständlich reicht aber die Ausgleichungspflicht nicht weiter als die Schadensersatzverpflichtung selbst; der Ausgleichungsanspruch hat die Schadensersatzverpflichtung des Ausgleichungsklägers wie des Ausgleichungsbeklagten zur notwendigen Grundlage (RG 84 S. 421, 431); wo daher nach den unter b entwickelten Sätzen einer der Ersatzverpflichteten dem Beschädigten nur in geringerem Umfange haftet, kann er auch von den übrigen Ersatzpflichtigen nur im Verhältnisse seiner Haftung auf Ausgleichung in Anspruch genommen werden. Innerhalb dieser Grenzen sind die mehreren Ersatzpflichtigen nach § 426 zu gleichen Anteilen einander verpflichtet, jedoch nur, „soweit nicht ein anderes bestimmt ist". Eine solche anderweite Bestimmung des Ausgleichungsverhältnisses kann sich aus dem Vertragsverhältnisse zwischen den mehreren Ersatzverpflichteten ergeben (RG 75, 251; JW 1912, 865[24]); sie kann aber auch aus dem Sachverhalt selbst, der die Schadensersatzpflicht begründet, in entsprechender Anwendung des § 254 auf die Handlungen der mehreren sich gegenübertretenden Ersatzpflichtigen geschöpft werden, so daß ähnlich wie im Falle des § 17 des KraftfahrG die verschiedenartige Beteiligung der Gesamtschuldner an der Verursachung des Schadens und die Schwere des Verschuldens den Maßstab abgibt (RG 84, 430; JW 1912 S. 71[8], 190[6] u. [7]; 1915, 22[7]; Warn 1911 Nr 394; 1913 Nr 318; 1920 Nr 194; 20. 5. 12 VI 424/11). Diese entsprechende Anwendung des § 254 kann nun auch dahin führen, daß im inneren Verhältnis einem Gesamtschuldner der ganze Schaden auferlegt, ein anderer ganz befreit wird (RG JW 1915, 22[7]; Warn 1911 Nr 394 u. a.). Die Vorschrift der gleichanteiligen Haftung in § 426 erscheint demgemäß nur als eine Hilfsregel, die eintritt, wo ein besonderer, in den Einzelverhältnissen begründeter Maßstab fehlt (RG 75, 251; 92, 147; Warn 1912 Nr 74). Die Ausgleichung ist eine Aufteilung der gemeinsamen Schuld unter den mehreren gesamtschuldnerisch haftenden Ersatzpflichtigen; daraus ergibt sich, daß der Ausgleichungsanspruch nicht wiederum auf gesamtschuldnerische Haftung gehen kann (RG 84, 432; JW 1914, 922[7]); wenn aber die entsprechende Anwendung des § 254 dahin führt, daß im inneren Verhältnis ein Gesamtschuldner von der Ausgleichungspflicht seinerseits völlig befreit wird, wird sein Ersatzanspruch gegen die übrigen Gesamtschuldner mit Recht auch auf gesamtschuldnerische Haftung gerichtet, da hier eine Aufteilung nicht mehr in Frage ist (RG 87, 64).

4. **Der Vorbehalt aus § 835 Abs 3** betrifft den Fall, daß mehrere Grundstückseigentümer für einen Wildschaden nach dem Verhältnisse der Größe ihrer Grundstücke ersatzpflichtig sind. Hier tritt eine gesamtschuldnerische Haftung überhaupt nicht ein (vgl. § 835 A 9).

5. Abs 2 u. 3 des § 840 ändern für das Gebiet der u. H. **im inneren Verhältnisse der mehreren für denselben Schaden ersatzpflichtigen Personen** den an sich auch hier geltenden Grundsatz des § 426 (s. A 3) teilweise ab. Der Grundgedanke der Abänderung ist, daß, wer aus wirklichem Verschulden haftet, keine Ausgleichung bei demjenigen suchen soll, der nur aus vermutetem Verschulden ersatzpflichtig ist, und beide nicht bei demjenigen, den nur die von ihm zu vertretende Gefährdung verantwortlich macht (RG 71, 7). Der Umstand, daß dieser Grundgedanke nicht unmittelbar und allgemein, sondern nur in den bestimmten Einzelanwendungen der Abs 2 u. 3 ausgesprochen ist, hat in der Rechtsprechung dazu geführt, eine entsprechende Ausdehnung der Bestimmungen auf ähnliche, in § 840 nicht aufgeführte Haftungsunterschiede (§ 1 RHaftpflG) zu verneinen (RG 53, 114; 58, 335; 61, 56; JW 1911, 220[25]; 1912, 71[8]; unentschieden gelassen Warn 1912 Nr 74, aber festgehalten JW 1914, 922[7] u. 1915, 324[2]). Die letztgenannte Entscheidung begründet diese nach der gegenwärtigen Lage der Gesetzgebung nicht abzuweisende Auffassung damit, daß die Abs 2 u. 3 des § 840 den Grundgedanken, daß im inneren Verhältnis das wirkliche Verschulden das vermutete und die Gefährdungshaftung, das vermutete Verschulden die letztere als ausgleichungspflichtig ausschalteten, nicht allgemein und nicht in gleichartigen Tatbeständen durchführen (gleichartig sind die Haftungen aus §§ 831 u. 832; aber nicht diejenigen aus § 833 Satz 1 und Satz 2, 834—838, bei denen bald Gefährdungshaftung, bald vermutetes Verschulden den Haftungsgrund bildet), so daß man richtiger sagen würde, Abs 2 enthalte die Fälle der Haftung aus rechtswidrigen Handlungen von Personen, Abs 3 diejenige für den durch Sachen angerichteten Schaden. Diese Ungleichartigkeit der Tatbestände hindert daran, einen festen allgemeinen Grundsatz den Bestimmungen zu entnehmen und ihre Anwendung über die aufgezählten

Tatbestände hinaus, namentlich auf § 1 RHaftpflG, auszudehnen, dessen Haftung, von der zuletzt aufgestellten Scheidung der Abs 2 u. 3 des § 840 aus gesehen, beiden Gruppen angehört, denn der Betrieb der Eisenbahn erfolge durch persönliche Tätigkeit, die das Sachmaterial der Bahn in Bewegung setzt. Soweit § 17 KraftFahrG Platz greift (s. A 1), dessen Anwendung auch eintritt, wenn der Kraftfahrzeughalter oder -führer nicht nach dem KraftFahrG, sondern nach den Bestimmungen des BGB über u. H. verantwortlich sind („kraft Gesetzes"; **RG** 82, 436; 84, 429; 87, 64), erfolgt die Ausgleichung unter erweiternder Ausgestaltung des Grundsatzes des § 254 BGB; die Verteilung des Schadens hängt also hier von den Umständen, insbesondere von der vorwiegenden Schadensverursachung ab. Erscheint § 17 KraftFahrG wegen der einschränkenden Bestimmungen des § 8 nicht anwendbar, dann stehen nach dem Ausgeführten für die Ausgleichung Kraftfahrzeughalter, Eisenbahnunternehmer und der für denselben Schaden nach § 823 BGB Ersatzpflichtige in gleicher Verantwortung nebeneinander, und nicht § 840 Abs 2 u. 3, sondern § 840 Abs 1 ist maßgebend (**RG** JW 1911, 753[8]; 1912, 190[7]; 1913, 919[6]; 1915, 324[2]). Die nach den Ausführungen in A 3c unter allen Umständen eintretende Ergänzung des § 426 Abs 1 Satz 1 durch den Grundsatz des § 254 mildert die Härten dieser Ausgleichung, wenn sie sie auch insofern nicht beseitigen kann, als die in § 840 Abs 2 u. 3 begünstigten Ersatzpflichtigen völlig auszuscheiden haben. Vgl. A 5 zu § 833. Daß die Vorschriften von Abs 2 u. 3 denselben Tatbestand wie Abs 1 voraussetzen, daß nämlich für jeden der mehreren Verantwortlichen eine Schadensersatzpflicht aus u. H. begründet ist (**RG** 53, 114; 58, 335), ist selbstverständlich.

6. Die erste Abweichung vom Grundsatze des § 426 ist, daß der **Geschäftsherr** (§ 831) und der über eine aufsichtsbedürftige Person **Aufsichtspflichtige** (§ 832) im inneren Verhältnisse zu dem mit einer Verrichtung betrauten Angestellten oder zu dem Aufsichtsbedürftigen im vollen Umfange, nicht nur nach gleichen Teilen, einen Rückgriffsanspruch haben, vorausgesetzt, daß der Angestellte oder der Aufsichtsbedürftige nicht nur in der Sache (objektiv) rechtswidrig, sondern auch schuldhaft gehandelt und sich somit selbständig für den Schaden verantwortlich gemacht haben. Der Geschäftsherr und der Aufsichtspflichtige haften dagegen allein und haben gegen den Angestellten oder den Aufsichtsbedürftigen keinerlei Ausgleichungsanspruch, wenn diese nur sachlich rechtswidrig gehandelt haben, weil es dann bei ihnen an einer u. H. überhaupt fehlt. Das gilt auch, wenn der an sich schuldlose Aufsichtsbedürftige auf Grund des § 829 aus Gründen der Billigkeit zu einem Schadensersatz gegenüber dem Beschädigten herangezogen wird. — Über die Anwendung des Abs 2 im Gesinderecht s. Art 95 Abs 2 EG.

7. Die zweite Abweichung, die § 840 von der gleichanteiligen Ausgleichung des § 426 bestimmt, besteht darin, daß **im Verhältnisse zu den aus §§ 833—838 für einen Schaden ersatzpflichtigen Personen ein Dritter,** der für denselben Schaden verantwortlich ist, allein verpflichtet ist. Aus dem Gesamtinhalte des Paragraphen ergibt sich, daß unter dem dritten Ersatzpflichtigen nur ein solcher verstanden werden kann, der aus irgendeinem Tatbestande einer u. H., diesen Begriff im weiteren Sinne genommen (A 1), für den Schaden haftbar ist (**RG** JW 1911, 552[41]). Da die zugelassenen Ausnahmen von dem Grundsatze des § 426 in der Rechtsprechung (vgl. oben A 5) nicht für erweiterungsfähig erachtet worden sind, muß nach Maßgabe dieser Rechtsprechung trotz der Ähnlichkeit des Rechtsgrundes seiner Haftung mit derjenigen aus den angezogenen §§ 833—838 der Eisenbahnunternehmer, dessen Haftung nach § 1 RHaftpflG richtigerweise auf reine Gefährdung zurückzuführen ist, im Sinne des Abs 3 des § 840 als Dritter erscheinen, der dem Tierhalter gegenüber, wenn der Eisenbahnbetrieb und ein Tier denselben Schaden verursachen, den ganzen Schaden zu tragen hat (**RG** 53, 114; 58, 335; 61, 56; JW 1911, 220[25]; 1912, 71[8]; 1914, 922[7]; 1915, 324[2]). Dies gilt auch dann, wenn der Tierhalter selber der Beschädigte ist (**RG** 71, 7; JW 05, 734[32]; 1911, 220[25]; 1912, 190[6]; Warn 1910 Nr 120; 18. 5. 05 VI 417/04; vgl. die folgende A). Wenn diesen ein mitwirkendes eigenes Verschulden trifft, kommt selbstverständlich § 254 zur Anwendung, der durch § 840 Abs 2 u. 3 nicht ausgeschaltet wird. Über § 17 KraftFahrG s. A 1 u. A 5.

8. Der Fall der Ausgleichung im Sinne der Abs 2 u. 3 liegt auch vor, wenn der Ersatzpflichtige, der von dem Beschädigten in Anspruch genommen wird, seinerseits auf Grund des § 254 von dem Beschädigten begehrt, daß er den Schaden ganz oder zum Teil auf sich nehme, weil er selbst nach §§ 833—838 ersatzpflichtig sei. Die **entsprechende Anwendbarkeit des § 254,** wenn auf seiten des Beschädigten kein mitwirkendes Verschulden, aber eine mitwirkende Gefährlichkeit vorliegt, ist **RG** 67, 120 ausgesprochen. In dem hier entschiedenen Falle handelt es sich um zwei Tierhalter, deren Tiere zusammen den Schaden, den einer der Tierhalter erlitten hat, diesem zugefügt hatten. In solchem Falle wird § 254 mit Recht herangezogen. Ebenso, wenn zwei nach Maßgabe des § 1 des RHaftpflG ersatzpflichtige Eisenbahnunternehmer zur Entstehung des Schadens zusammengewirkt haben (**RG** 93, 96). Anders, wenn dem beschädigten Tierhalter als weiterer Ersatzpflichtiger, der den Schaden mitverursacht hat, ein Dritter im Sinne des Abs 3 gegenübersteht. Dann muß die Ausgleichungsvorschrift des Abs 3 eintreten, nach welcher im inneren Verhältnisse mehrerer, die für einen Schaden verantwortlich sind, der Dritte diesen allein zu tragen hat. Er kann

somit eine Entlastung von seiner Ersatzpflicht durch Berufung auf § 254 in erweiterter Anwendung dieses Paragraphen nicht herbeiführen. In **RG** 71, 7 ist dies zunächst nur für den Fall ausgesprochen, daß eine schuldhafte Handlung des Dritten vorliegt. Der Satz gilt aber im Sinne der A 5 u. 7 behandelten Rechtsprechung auch dann, wenn die Haftung des Dritten auf Gefährdung beruht (**RG** 82, 112; 84, 415; 96 S. 68 u. 130; JW 05, 734[32]; 1911, 220[25]; 1912, 190[6]; Warn 1910 Nr 120 u. 18. 5. 05 VI 417/04).

§ 841

Ist ein Beamter, der vermöge seiner Amtspflicht einen anderen zur Geschäftsführung für einen Dritten zu bestellen oder eine solche Geschäftsführung zu beaufsichtigen oder durch Genehmigung von Rechtsgeschäften bei ihr mitzuwirken hat, wegen Verletzung dieser Pflichten neben dem anderen für den von diesem verursachten Schaden verantwortlich, so ist in ihrem Verhältnisse zueinander der andere allein verpflichtet[1]).

E I 736 Abs 2 II 764 Abs 3; M 2 825; P 2 663.

1. Neben den Abweichungen von dem Regelsatze des § 426 in § 840 Abs 2 u. 3 bestimmt § 841 eine weitere für das innere Verhältnis eines nach § 839 aus der Verletzung seiner Amtspflicht ersatzpflichtigen Beamten zu einem Dritten, der für denselben Schaden verantwortlich ist. Die Ausnahme beschränkt sich auf eine bestimmte Beamtengruppe: solche **Beamte**, zu deren Amtskreise die **Bestellung anderer zur Geschäftsführung für einen Dritten** oder die **Beaufsichtigung einer solchen Geschäftsführung** oder die Mitwirkung dazu durch die **Genehmigung von Rechtsgeschäften** gehört. Darunter fällt in erster Linie der Vormundschaftsrichter, dann aber auch der Nachlaß-, Konkurs- und Vollstreckungsrichter. Wenn diese neben den von ihnen bestellten oder zu beaufsichtigenden Geschäftsführern (Vormund, Pfleger, Nachlaß-, Konkurs-, Zwangsverwalter) für denselben Schaden dem beschädigten Dritten, wenn auch nur in zweiter Linie (§ 839 Abs 1 Satz 2), verantwortlich sind, soll in ihrem inneren Verhältnis der Nichtbeamte den Schaden allein zu tragen haben (Vormundschaftsrichter und Gegenvormund **RG** 80, 252). Eine ähnliche Bestimmung trifft § 1833 Abs 2 zugunsten des Gegenvormundes oder Mitvormundes gegenüber dem Vormunde, dessen Geschäftsführung jene zu beaufsichtigen haben. Für alle nicht unter diese Ausnahmen fallenden Beamten gilt nach § 840 Abs 1 der Grundsatz des § 426.

§ 842

Die Verpflichtung zum Schadensersatze wegen einer gegen die Person gerichteten unerlaubten Handlung[1]) **erstreckt sich auf die Nachteile, welche die Handlung für den Erwerb oder das Fortkommen des Verletzten herbeiführt**[2]).

E II 765; P 2 635—637.

1. Die Bestimmung des § 842 ist nicht sowohl eine Erweiterung als eine Erläuterung des allgemeinen Grundsatzes über den Umfang eines zu leistenden Schadensersatzes in § 249 für seine Anwendung auf einen bestimmten Kreis von **Verpflichtungen zum Schadensersatze**, nämlich die **aus einer gegen die Person gerichteten unerlaubten Handlung.** Darunter fallen die Verletzungen von Leben, Körper, Gesundheit und Freiheit nach § 823 Abs 1, ferner die u. H. der §§ 824, 825, aber auch diejenigen nach §§ 833, 834, 836—838, soweit eine Verletzung der Person in Frage kommt, und unter derselben Voraussetzung die Amtspflichtverletzungen nach § 839 (**RG** 91, 9; 94, 102), endlich diejenigen aus § 823 Abs 2, soweit das Schutzgesetz den Schutz der Person bezweckt. Auf das HaftpflG ist § 842 nicht anzuwenden, da dieses die Schadensersatzpflicht aus seinen Tatbeständen selbständig erschöpfend regelt und damit insoweit die Anwendung der allgemeinen Normen des BGB ausschließt (**RG** 57, 52). Dasselbe gilt vom KraftFahrG und vom LuftverkehrsG. Entsprechende Anwendung findet der Paragraph im Falle des § 618. Damit wird eine noch weitere entsprechende Anwendung des Grundgedankens des § 842 auf andere, nicht unmittelbar gegen die Person gerichtete, aber im Erfolge auf sie wirkende u. H. oder auf noch andere vertragliche Schadensersatzverpflichtungen keineswegs ausgeschlossen, die von der Auffassung aus, daß § 842 den allgemeineren § 249 nur für die Anwendung nach einer bestimmten Richtung entwickelt und erläutert, nicht von der Hand zu weisen ist (a. M. Staudinger A 1).

2. § 842 steht in enger Verbindung mit § 843, der hinsichtlich der **Nachteile für den Erwerb des Verletzten** die Art und Weise des zu leistenden Schadensersatzes des näheren bestimmt. Aus dieser engen Verbindung beider Vorschriften ergibt sich, daß die Aufhebung oder Minderung der Erwerbsfähigkeit in § 843 nicht anders zu verstehen ist wie die Nach-

teile für den Erwerb in § 842: in beiden hat das Gesetz den besonderen wirklich erlittenen Nachteil im Auge, nicht einen ohne Rücksicht auf die bisherigen und künftigen Lebensverhältnisse des Verletzten aus allgemeiner Schätzung der Fähigkeiten zum Erwerbe gefundenen (sog. abstrakten) Schaden, der höher, aber auch geringer sein kann als der wirkliche (**RG** 63, 195; JW 08, 273[8]; 1910, 19[27]; 1911, 325[19]; LZ 1919, 367[4]; vgl. zu § 843 A 2a u. 3c). Dem Erwerbsschaden im allgemeinen fügt § 842 die **Nachteile für das Fortkommen des Verletzten** hinzu. Darunter sind die besonderen Vermögensschäden zu verstehen, die aus einer Erschwerung des Erwerbs und des wirtschaftlichen Fortschritts, aus Kreditentziehung, etwa auch Mindererlös eines durch die Verletzung nötig gewordenen Verkaufs des Geschäfts (**RG** 95, 173; JW 08, 455[23]), sowie Verlust der Anwartschaft auf die Leistungen aus der Angestelltenversicherung nach dem RGes. v. 20. 12. 11 (RGBl 989; **RG** JW 1916, 193[10]), oder aus einer Privatversicherung, für die der Dienstherr die Prämien zahlte, oder der Anwartschaft auf ein Ruhegehalt (**RG** 5. 7. 26 IV 654/25: Ersatz durch Gewährung einer Rente), bei Frauen aus der Verkümmerung der Heiratsaussichten (**RG** Warn 1912 Nr 256), sich ergeben. Aber die verschiedenen Leistungen, die aus der Verpflichtung zum Ersatze des Vermögensschadens aus derselben u. H. entspringen, sind nicht Gegenstand verschiedener Ansprüche, sondern Teile eines Schadensersatzanspruchs, der nach verschiedenen Richtungen sich erstreckte. Daraus ergibt sich, daß es nicht unzulässig ist, solange der vom Kläger verlangte Gesamtbetrag an gleichartigen Leistungen nicht überschritten wird, einzelne Posten zu seinem Vorteile zu erhöhen (**RG** JW 1910, 1007[22]; 1912, 147[28]; Warn 1914 Nr 9), und prozeßrechtlich, daß die Prüfung ihres Bestehens im einzelnen bei Erlaß eines Zwischenurteils über den Grund des Anspruchs aus § 304 ZPO, sofern nur eine Schadenswirkung in der geltend gemachten Richtung überhaupt feststeht, dem Nachverfahren über den Betrag überlassen werden kann (**RG** 69, 296; JW 08, 455[23]). Vgl. § 843 A 2c. Der Anspruch auf Schmerzensgeld (§ 847) ist jedoch ein besonderer, neben den vermögensrechtlichen Schadensersatzanspruch aus §§ 842, 843 tretender Anspruch mit besonderen Voraussetzungen und rechtlichen Eigenschaften; diese sind nur verschiedene Rechnungsposten eines einheitlichen Anspruchs; der Anspruch auf Schmerzensgeld bildet mit ihm keine Einheit, so daß eine Auswechslung zwischen jenen Ansprüchen und dem auf Schmerzensgeld, wenn nur der Gesamtbetrag nicht erhöht wird, nicht stattfindet (**RG** JW 1921, 1230[3]).

§ 843

[1]) **Wird infolge einer Verletzung des Körpers oder der Gesundheit die Erwerbsfähigkeit des Verletzten aufgehoben oder gemindert oder tritt eine Vermehrung seiner Bedürfnisse ein[2]), so ist dem Verletzten durch Entrichtung einer Geldrente Schadensersatz zu leisten[3])[4]).**

Auf die Rente finden die Vorschriften des § 760 Anwendung[5]). Ob, in welcher Art und für welchen Betrag der Ersatzpflichtige Sicherheit zu leisten hat, bestimmt sich nach den Umständen[6]).

Statt der Rente kann der Verletzte eine Abfindung in Kapital verlangen, wenn ein wichtiger Grund vorliegt[7]).

Der Anspruch wird nicht dadurch ausgeschlossen, daß ein anderer dem Verletzten Unterhalt zu gewähren hat[8]).

E I 724, 726 II 766; M 2 784—795; P 2 627—631.

1. **Allgemeines.** Im Anschlusse an § 842 (vgl. § 842 A 2) bestimmt § 843 für die Fälle der Verletzung des Körpers oder der Gesundheit eines Menschen die Art und Weise des Schadensersatzes, soweit durch die Verletzung dauernde Nachteile für den Betroffenen entstanden sind. Daneben bestehen die Ersatzleistungen für vorübergehende Schäden und Aufwendungen, insbesondere für Heilungs- und Pflegekosten, die sich nach §§ 249 ff. bestimmen. Daß der Verletzte für Heilung und Pflege den erforderlichen Geldbetrag verlangen kann und sich nicht auf ein Erbieten der Herstellung einzulassen braucht, bestimmt § 249 Satz 2. Auch hinsichtlich der dauernden Nachteile setzt aber § 843 nicht eigentlich eine Ausnahme von den allgemeinen Vorschriften der §§ 249ff. Denn die Rente, auf die nach § 843 regelmäßig zu erkennen ist, ist nur eine Form der Entschädigung in Geld (§ 251; vgl. **RG** 68, 429; 77, 213, Unterbrechung der Verjährung). Als die zur Ausgleichung von dauernden Nachteilen für die Erwerbstätigkeit des Verletzten oder einer dauernden Vermehrung seiner persönlichen Bedürfnisse geeignetste Form der Entschädigung soll die Rente in den Fällen der §§ 843—845 (vgl. auch § 7 HaftpflG) die Regel bilden, von der nur aus besonderen Gründen abgewichen werden darf. Die Zuerkennung einer Rente ist aber auch bei der Vertragshaftung, wenn die Vertragsverletzung dauernde Schäden für den Erwerb oder den Unterhalt des verletzten Vertragsgläubigers zur Folge hat, keineswegs ausgeschlossen. Deshalb ist, wenn für den-

selben Schaden mehrere Personen zum Teil aus einem Vertrage, zum Teil aus u. H. haften, eine einheitliche Festsetzung der Schadensansprüche nicht nur zulässig, sondern sogar geboten, die in Berücksichtigung der §§ 249ff. u. 843 diejenige Form der Entschädigung auszusprechen hat, welche nach den Verhältnissen der Beteiligten als die geeignetste erscheint (**RG** 68, 429). **Die Art der Entschädigung, ob Kapital ob Rente, steht jedoch nicht im freien Ermessen des Gerichts**; die Festsetzung einer Rente ist nicht auf die Fälle der §§ 843—845 und der ähnlichen Bestimmungen des RHaftpflG, des KraftFahrG und des LuftverkehrsG beschränkt, aber doch nur da angebracht und zulässig, wo es sich um Schadensfolgen handelt, die ihrer Natur nach fortlaufend sich erneuern (**RG** a. a. O., ferner JW 1917, 713[10]; 1918, 86[5]). Für das Gebiet des HaftpflG trifft dieses in §§ 3a und 7, für dasjenige des KraftFahrG letzteres in §§ 11—13, für das des LuftverkehrsG dieses in §§ 21 ff. selbständig dem § 843 entsprechende erschöpfende Bestimmungen; § 843 findet deshalb nicht Anwendung, soweit seine Bestimmungen nicht für anwendbar erklärt sind.

2. Die dauernden Nachteile für die Person des Verletzten, die aus einer Beschädigung des Körpers oder der Gesundheit hervorgehen, und für die § 843 als Form der Entschädigung für die Regel die Geldrente bestimmt, sind die **Aufhebung oder Minderung der Erwerbsfähigkeit und die Vermehrung der Bedürfnisse.**

a) Nach dem Wortlaute des § 843 ist für die Aufhebung oder Minderung der Erwerbsfähigkeit dem Verletzten Schadensersatz zu leisten. Es wäre aber unrichtig, daraus den Schluß zu ziehen, daß es die allgemeine (abstrakte) Erwerbsfähigkeit sei, für die Entschädigung zu leisten ist, ohne Rücksicht darauf, ob der Verletzte von seiner Erwerbskraft vor der Verletzung Gebrauch gemacht hat und ohne die Verletzung jemals Gebrauch gemacht haben würde. Die Erwerbsfähigkeit ist allerdings das wirtschaftliche Gut, dessen Verlust oder Minderung zu ersetzen ist; der Erwerbsfähigkeit entspringt die Erwerbsquelle; aber Ersatz ist immer in dem Umfange zu leisten, als ein Schaden wirklich entstanden ist (**RG** 63, 195; 92, 57; JW 08 S. 273[8], 451[17]; 1910, 19[27]; 1911, 773[41]; Warn 08 Nr 169; 1911 Nr 387; LZ 1919, 367[4]; 14. 1. 07 VI 190/06). Daß dies der Sinn des § 843 ist, ergibt einmal der Zusammenhang mit § 842 (vgl. § 842 A 2), dann aber auch gerade die in § 843 vorgesehene Art und Weise der Entschädigung durch eine Rente, die die wirtschaftliche Einbuße des Verletzten infolge des Verlustes der Arbeitsrente ausgleicht, nicht aber das Kapital an Arbeitskraft ersetzt, das dem Verletzten verlorengegangen ist. Auch § 323 ZPO geht offenbar von dieser Auffassung aus. Über die Bedeutung der abweichenden Rechtsprechung des Reichsversicherungsamts bei Auslegung der Unfallversicherungsgesetze vgl. **RG** JW 08, 273[8] u. 1910, 19[27]. Immerhin aber ist es die Gestaltung der Zukunft, die § 843 im Auge hat. Es kommt deshalb nicht gerade darauf an, ob der Verletzte bis zu der Verletzung tatsächlich eine Erwerbstätigkeit ausgeübt und daraus einen Verdienst gezogen hat; entscheidend ist für die Zuerkennung und Bemessung der Entschädigung vielmehr, ob und wie der Verletzte ohne die Verletzung fernerhin seine Erwerbsfähigkeit ausgenützt und welchen Erwerb er daraus voraussichtlich und nach dem regelmäßigen Verlaufe der Dinge gezogen haben würde. Der tatsächliche Erwerb, den der Verletzte vor der Verletzung ins Verdienen gebracht hat, bildet dafür nur einen mehr oder weniger wesentlichen Anhalt und den natürlichen Ausgangspunkt (**RG** 63, 195; JW 08, 273[8]; 1910, 19[27]; 1911, 584[26]; Warn 08 Nr 169; 17. 11. 04 VI 19/04; 2. 3. 05 VI 374/04; 14. 1. 07 VI 190/06; 25. 6. 08 VI 188/07). Demgemäß bleibt der Rentner, der ohne Arbeit von den Erträgnissen seines Vermögens lebt und der deshalb trotz des Verlustes der allgemeinen Erwerbsfähigkeit einen wirklichen Schaden nicht erleidet, für die Dauer dieser Lebensführung ohne Entschädigung für die Aufhebung oder Minderung der Erwerbsfähigkeit (**RG** JW 08, 273[8]; 1910, 19[27]; Warn 1911 Nr 387); so bleibt auch eine verletzte Ehefrau nach dieser Richtung ohne Entschädigung, wenn sie für sich von ihrer Erwerbsfähigkeit keinen Gebrauch gemacht hat, sondern lediglich im Hauswesen und im Geschäfte des Mannes tätig war und dieses Verhältnis auch voraussichtlich fortgedauert haben würde (vgl. darüber § 845 A 4). Beide sind für den Fall, daß die Zukunft sie in die Lage bringen möchte, für ihren Erwerb selbst zu sorgen, auf den Weg der Feststellungsklage gewiesen (**RG** 47, 88; 63, 195; JW 05, 341[12]; 08, 273[8]; Warn 08 Nr 169; 09 Nr 507); soweit die Verhältnisse für den Eintritt dieses Falles zu überschauen sind, ist natürlich auch die Leistungsklage zulässig (**RG** JW 05, 341[12]). Das verletzte Kind ist noch nicht erwerbsfähig; wie es, nachdem es das erwerbsfähige Alter erreicht haben wird, seine Arbeitskraft verwerten wird und welche Einbuße es in seinem Erwerb und Fortkommen durch die Verletzung erleidet, ist der Regel nach für eine fernere Zukunft nicht zu überschauen, namentlich dann nicht, wenn es sich nicht um einen völligen Verlust, sondern nur um eine Minderung der Erwerbsfähigkeit als Folge der Verletzung handelt. Auch hier ist daher in den meisten Fällen der Weg der Feststellungsklage geboten (**RG** JW 06 S. 236[23], 359[21], 438[28], 718[19]; 17. 10. 04 VI 57/04; 6. 4. 05 VI 296/04); die Leistungsklage ist jedoch nicht ausgeschlossen und ist immer dann zulässig, wenn nur der gewöhnliche Durchschnittslohn für Hand-, Haus- oder Fabrikarbeit gefordert wird (**RG** JW 06 S. 236[23], 359[21]). Wer endlich nach der Verletzung seine bisherige Stellung mit der gleichen Arbeitsvergütung behalten hat, erleidet in seinem Erwerbe keinen Schaden

(RG JW 08, 451[7]), es sei denn, daß er zwar zunächst in der bisherigen Stellung verblieben ist, aber das Aufhören dieses Verhältnisses zu erwarten steht. Zum Schaden aus der Minderung der Erwerbsfähigkeit gehört nicht nur der Verlust der unmittelbaren Bezüge für den Entgelt der Arbeit, sondern auch der Vergütungen, Provisionen und Anteile am Geschäftsgewinn, die mit Rücksicht auf die Arbeitsleistung gewährt werden (RG 92, 55).

b) Die Entschädigung für Vermehrung der Bedürfnisse begreift den Ausgleich der Nachteile, die dem Verletzten infolge dauernder Störung des körperlichen Wohlbefindens entstehen: die Kosten für bessere Verpflegung, die zur Herbeiführung einer Besserung oder zur Abwendung einer Verschlimmerung des körperlichen Zustandes erforderlichen Mehraufwendungen, die Kosten für Erholungskuren, bei Kindern unter Umständen für einen notwendig werdenden Privatunterricht; die Beschaffung und Erneuerung künstlicher Gliedmaßen. Die meisten dieser Aufwendungen gehören zu den Heilungskosten, wenn sie nur zeitweilig und vorübergehend erforderlich sind; sie begründen aber den Anspruch auf eine Rente wegen Vermehrung der Bedürfnisse, wenn der Folgezustand der Verletzung sich dauernd und regelmäßig nötig macht (RG JW 06, 438[28]; 07, 373[25]; 1914, 408[10]; Warn 1914 Nr 13).

c) Der Anspruch auf Entschädigung wegen Verlusts oder Minderung der Erwerbsfähigkeit und wegen Vermehrung der Bedürfnisse bilden nicht zwei verschiedene Schadensersatzansprüche; die Rentenentschädigung des § 843 ist eine einheitliche; bei ihrer Festsetzung ist auf beide Schadensrichtungen Rücksicht zu nehmen; beide Schadensersatzteile vertreten sich gegenseitig und können im Laufe des Rechtsstreits untereinander ausgewechselt werden, ohne daß eine Verjährungseinrede gegen die Erhöhung des einen oder des andern Anspruchs erhoben werden könnte (RG 47, 405; 69, 296; 74, 131; JW 06 S. 236[23], 359[21], 718[19]; 1914, 408[10]; 1921, 1230[3]; LZ 1921, 59[4]; 14. 12. 12 VI 42/12). Da der Anspruch auf Entschädigung wegen Vermehrung der Bedürfnisse auch den Personen zusteht, die in ihrem Erwerbe einen Schaden nicht erlitten haben, dem beschäftigungslosen Rentner, der nicht selbst erwerbenden Ehefrau und den noch nicht erwerbsfähigen Kindern, so haben diese mit der Leistungsklage wegen Vermehrung der Bedürfnisse nicht notwendig eine Feststellungsklage wegen des etwaigen späteren Verlusts oder der Minderung der Erwerbsfähigkeit zu verbinden: soweit überhaupt eine Rente aus § 843, wenn auch nur wegen Vermehrung der Bedürfnisse, zugesprochen wird, kann der spätere Eintritt eines Erwerbsschadens vielmehr nach § 323 ZPO geltend gemacht werden. Aus der Einheitlichkeit der Rente folgt, daß keine spätere Herabsetzung der Rente nach § 323 ZPO gefordert werden kann, wenn die Erwerbsverhältnisse sich verbessert, die Bedürfnisse aber auch sich entsprechend vermehrt haben (RG 74, 131), wie umgekehrt keine Erhöhung der Rente. Vgl. A 2 zu § 842. Indessen ergibt sich bei Schadensersatzansprüchen einer verletzten Ehefrau eine Verschiedenheit der rechtlichen Beurteilung, die die Rente wegen Aufhebung oder Minderung der Erwerbsfähigkeit und wegen Vermehrung der Bedürfnisse unter Umständen auseinanderzuhalten gebietet. Während nämlich die Rente wegen Vermehrung der Bedürfnisse — beim gesetzlichen Güterstande — zum eingebrachten Gute der Ehefrau gehört und der Verwaltung und Nutznießung des Mannes unterworfen ist (§ 1363 BGB), ist die Rente wegen Verlusts oder Minderung der Erwerbsfähigkeit, wenn die Ehefrau einen selbständigen Erwerb ausgeübt hat, nach §§ 1365, 1367, 1370 als Vorbehaltsgut anzusprechen und der Verwaltung des Ehemanns entzogen (RG JW 1921, 393[3]).

3. Dem Verletzten ist **durch Entrichtung einer Geldrente** Schadensersatz zu leisten. Die Rente des § 843 ist also:

a) ein besonders gearteter Schadensersatz, eine Form der Entschädigung in Geld (§ 251; s. oben A 1). Wegen der Ähnlichkeit mit dem Unterhaltsanspruche, nicht dem Ursprunge, aber dem Zwecke nach, ist sie hinsichtlich der vorläufigen Vollstreckbarkeit des auf ihre Leistung ergehenden Urteils (§ 708 Nr 6 ZPO), sowie hinsichtlich der Pfändbarkeit (§ 850 Abs 3 ZPO) den Unterhaltsansprüchen in gewissem Maße gleichgestellt, in § 708 Nr 6 ZPO überhaupt, in § 850 Abs 3 ZPO insoweit, als die Pfändung des Rentenanspruchs der Höhe nach beschränkt ist (vgl. RG 52, 49). Über die Behandlung bezüglich der Gerichtskosten s. jetzt § 10 des GKG in der Fassung des Ges. v. 28. 1. 27 (RGBl I 53) Art I Nr 2.

b) Die Rente des § 843 ist Schadensersatz für aus vergangener Ursache in der Zukunft zu erwartende Nachteile. Deshalb sind für die Festsetzung der Rente die körperlichen wie die Berufs- und Erwerbsverhältnisse des Verletzten, wie sie sich ohne die Verletzung in der Zukunft gestaltet haben würden und wie sie sich nunmehr nach der Verletzung voraussichtlich entwickeln werden, ins Auge zu fassen, soweit sie zu übersehen sind (RG JW 1911, 584[26]). Die Bestimmung des § 323 ZPO sieht zwar einen Weg vor, auf dem eine wesentliche Änderung der Verhältnisse, die für die Verurteilung zur Entrichtung von Leistungen zur Zeit des Urteilserlasses maßgebend waren, von seiten des Verletzten wie des Ersatzpflichtigen zur Anerkennung gebracht werden kann (vgl. A 2c). Aus Sinn und Zweck dieser Vorschrift ergibt sich aber, daß der nach der allgemeinen Erfahrung unter Berücksichtigung der besonderen Verhältnisse, der Anlagen und Aussichten des Verletzten zu erwartende Lauf der Dinge zunächst zur Grundlage der Entscheidung gemacht werden muß. Eine abweichende Entwicklung wird dann den Anstoß zu einer Klage nach § 323 ZPO geben (**RG** 63, 195; 83, 65; 86 S. 181 u. 377; JW 05, 283[4]; 1913, 272[13]; 1914, 358[10]; 1917, 604[15]; Warn 08 Nr 169; 1913 Nr 143 u. 292; 1914 Nr 32; 1916 Nr 203; 1917 Nr 26; 1919 Nr 79). S. darüber des näheren A 4c. Den Ausgangspunkt für die Bemessung der Rente bieten (vgl. A 2a) die Verhältnisse zur Zeit der Verletzung; sie sind der Regel nach zugrunde zu legen, sofern sie sich nicht als nur vorübergehend und deshalb für die Gestaltung der Zukunft nicht maßgebend darstellen (**RG** Warn 1913 Nr 56). Sie stellen aber nur das Mindestmaß des zuzusprechenden Schadensersatzes dar. Da es sich um eine Gestaltung der Zukunft handelt, muß für die Bemessung der Rente der Zeitpunkt der Urteilsfällung zugrunde gelegt werden, der die Verhältnisse der Zukunft am besten überschauen läßt. Von den Erwerbsverhältnissen des Verletzten zur Zeit der Beschädigung aus muß berechnet werden, welchen Erwerb nach den zur Zeit der Urteilsfällung zu überblickenden wirtschaftlichen Verhältnissen der Ersatzberechtigte in Zukunft ohne die Verletzung gehabt haben würde. Vgl. § 823 A 13a. Von diesen Gesichtspunkten aus muß der Verletzte, der von seiner Arbeitskraft bisher keinen Gebrauch gemacht hat und eine Rente wegen Minderung der Erwerbsfähigkeit fordert, dartun, daß er jene in Zukunft verwertet haben würde, wie umgekehrt, wenn der Verletzte vorher einen Erwerb gezogen hat, der den Anspruch bestreitende Ersatzpflichtige nachweisen mag, daß der Verletzte in Zukunft auch ohne die Verletzung wenig oder nichts verdient haben würde (**RG** JW 1911, 584[26]; Warn 08 Nr 169; 1913 Nr 56). Über den Einwand des Ersatzpflichtigen, ohne den Unfall würde der Verletzte zum Kriegsdienst eingezogen worden und um seinen Erwerb gekommen sein, vgl. **RG** 95 S. 1, 66 u. 87, sowie JW 1920, 774[2]. Vor allem muß, soweit es sich um die Entschädigung für Verlust oder Minderung der Erwerbsfähigkeit handelt, der natürliche und regelmäßige Gang der Dinge dahin zur Erwägung gezogen werden, ob der Verletzte ohne die Verletzung in der Lage gewesen sein würde, bis in das hohe Greisenalter seine Arbeitskraft zu verwerten, und es muß, wo dies nicht anzunehmen ist, für die Dauer der Rente eine Altersgrenze festgesetzt werden (**RG** 63, 195; 98, 222; JW 05 S. 283[4], 493[19]; 06 S. 308[13], 548[15]; 09 S. 271[4], 686[10]; 1910 S. 65[14], 471[9], 812[29] u. [30]; 1911, 325[19]; Warn 08 Nr 57; 1913 Nr 141; Gruch 50, 673). Eine Rente wegen Aufhebung oder Minderung der Erwerbsfähigkeit auf die ganze Lebenszeit ist nur zuzuerkennen, wenn nach den persönlichen und Berufsverhältnissen des Beschädigten eine Erwerbstätigkeit bis ins hohe Greisenalter mit Zuverlässigkeit angenommen werden kann, was insbesondere bei geistiger Berufstätigkeit vielfach zutrifft (**RG** JW 05, 493[19]; 06 S. 308[13] u. 548[15]; 08, 140[10] u. [11]; 1910, 812[30]; 9. 11. 03 VI 120/03 Hausdame; 3. 12. 06 VI 127/06 Arzt), sowie wenn die Beschädigung den noch rüstigen, arbeits- und erwerbsfähigen Verletzten erst im hohen Alter traf (**RG** Warn 08 Nr 57). Eine Bemessung der Rente als Bruchteil einer Gesamtvergütung für die Minderung der Erwerbsfähigkeit dergestalt, daß sie für die ganze Lebenszeit, aber in geringerem Jahresbetrage festgesetzt wird, ist nicht unzulässig (**RG** JW 08, 140[11]), aber wegen der damit möglicherweise verbundenen Unbilligkeit kaum zu empfehlen. Für die Feststellung der Schadensfolgen in der Erwerbsfähigkeit des Verletzten und deren Abänderungen nach § 323 ZPO im Prozesse gilt überall § 287 ZPO (**RG** 83, 65).

c) Die Rente des § 843 ist, wie in A 2 ausgeführt wurde, soweit die Aufhebung oder Minderung der Erwerbsfähigkeit in Betracht kommt, zwar Schadensersatz für den Verlust der Arbeitskraft, aber im Rahmen des nach den Verhältnissen anzunehmenden *wirklichen wirtschaftlichen Nachteils*, der den Verletzten infolge der schädigenden Handlung getroffen hat. Eine Geldrente wegen Verlusts der Erwerbsfähigkeit ist dem Verletzten nicht zuzubilligen, wenn er keinen Schaden erlitten hat. Bei einem selbständigen Kaufmann, Gewerbetreibenden oder Landwirt kommt in Frage, wieweit für den wirtschaftlichen Ertrag seines Unternehmens die aufgehobene oder verminderte persönliche Arbeitskraft in Ansatz zu bringen ist. Unter Umständen ist seine persönliche Tätigkeit durch Annahme einer Hilfsperson zu ersetzen, und in diesem Falle ist die Rentenentschädigung auf den notwendigen Aufwand für die Hilfsperson zu beschränken (**RG** 19. 3. 06 VI 257/05; 23. 5. 06 VI 370/05). Kamen einem beschädigten Ehemanne beim Betriebe des Erwerbsgeschäfts, das er infolge der Verletzung aufgeben muß, Dienste der Ehefrau oder der Kinder zustatten, die die Geschäftsunkosten verringerten, so ist dies bei der Festsetzung der Rente zu berücksichtigen; es können ihm nicht Geschäftsunkosten belastet werden, die er nicht gehabt hat (**RG** JW 1911, 773[41]). Der Umstand, daß das Erwerbsgeschäft nach außen auf den Namen der Ehefrau betrieben und versteuert wurde, ist gleichgültig, wenn festgestellt ist, daß in Wirklichkeit der beschädigte Ehemann das Geschäft betrieben hat (**RG** JW 1912, 32[16]). Ob ein Berufswechsel dem Verletzten angesonnen werden kann, um den ihm nach der Verletzung verbleibenden Teil seiner Arbeitskraft ertragsfähig zu machen, hat sich nach den Umständen (Alter, Berufsart) zu richten; Sache des Ersatzpflichtigen ist es der Regel nach, nachzuweisen, daß der Verletzte einen andern ihm zuzumutenden Erwerb finden kann; falls der vorgeschlagene neue Beruf eine neue Ausbildung erheischt, hat er ihm die Mittel hierzu zur Verfügung zu stellen (**RG** 53, 48;

JW 09, 495[18]; 1912, 597[20]; LZ 1918, 691[4]). Ist die Beschädigte eine Ehefrau, so ist dabei auch zu berücksichtigen, daß sie die eheliche Wirtschaft zu führen verpflichtet ist und nicht einem Erwerbe nachgehen kann, der sie den ganzen Tag vom Hause fernhält (RG JW 1912, 597[20]). Der nach § 843 dem Beschädigten zu ersetzende Erwerbsverlust muß nicht notwendig dem von den Ärzten festgesetzten Prozentsatz der Minderung der Erwerbsfähigkeit entsprechen. Der Arzt begutachtet die körperliche Fähigkeit zum Erwerbe, nicht aber dessen wirtschaftliche Bedingungen, die der Richter berücksichtigen muß. Es kommt darauf an, ob und wieweit der Beschädigte von dem ihm verbliebenen Reste körperlicher Arbeitskraft in seiner bisherigen oder in einer ihm zuzumutenden andern Erwerbstätigkeit noch Gebrauch machen kann (RG JW 1911, 325[19]). Bei einem durch die Verletzung dienstunfähig gewordenen Beamten ist für die Ermittlung der Rente auch das normale gesetzliche Ruhegehalt, das er ohne die Verletzung später bezogen haben würde, zu berücksichtigen (RG JW 1910, 471[9]).

d) Auf die nach § 843 dem Verletzten zuzuerkennende Rente sind die ihm etwa freiwillig oder auf Grund einstweiliger Verfügungen zur vorläufigen Befriedigung seiner Ansprüche gemachten Leistungen anzurechnen (RG 69, 296; 14. 12. 12 VI 42/12). Anzurechnen sind ferner nach dem Grundsatze der Ausgleichung von Vorteil und Nachteil die dem Verletzten infolge des Verlusts oder der Minderung der Erwerbsfähigkeit anderweit zukommenden Geldleistungen. Dahin gehören die Rentenleistungen der gesetzlichen Kranken-, Unfall- und Invaliditätsversicherung (RG 64, 350; 92, 402; JW 06 S. 172[18], 686[7]); das gesetzliche Ruhegeld eines Beamten, das als ein Teil des Gehalts anzusehen ist und deshalb in seiner Höhe einen Schaden überhaupt nicht entstehen läßt (RG 64, 350; 82, 192), auch die aus einer vertraglichen Unfallversicherung, die der Arbeitgeber zugunsten seiner Arbeiter genommen hat, einem verletzten Arbeiter zugewendeten Versicherungsleistungen, die gleichfalls als eine Form der Entlohnung der Arbeitsdienste erscheinen (RG 70, 101). Dagegen sind nicht anzurechnen die aus vertraglichem Boden entspringenden Leistungen von Unfallversicherungsanstalten oder Knappschaftskassen, auf die der Verletzte durch die vertraglichen oder satzungsmäßigen Gegenleistungen ein eigenes Recht erworben hat (RG a. a. O.; 68, 45; 69, 188 u. 196; Warn 1910 Nr 418; 5. 10. 12 VI 118/12). Soweit Ruhegelder, Unfallrenten und ähnliche Leistungen auf die Entschädigungsrente des § 843 anzurechnen sind, ist bei Verteilung des Schadens gemäß § 254 selbstverständlich ihr ganzer Betrag von dem zuerkannten Bruchteile der Entschädigung in Abzug zu bringen (RG 62, 148; JW 09, 471[42]).

4. Prozeßrechtliches. a) Die Leistungsklage auf die Rente des § 843 kann nur erhoben werden (§ 258 ZPO), wenn der zukünftige körperliche Zustand und die zukünftigen Erwerbsverhältnisse des Verletzten sich mit solcher Wahrscheinlichkeit übersehen lassen, wie sie für die Gewinnung einer richterlichen Überzeugung genügt. Sind die Schadenswirkungen noch nicht abgeschlossen, die Einflüsse der Verletzung auf das körperliche Wohlbefinden und auf die Erwerbsverhältnisse der Verletzten noch in der Entwicklung begriffen oder gewisse nachteilige Wirkungen erst in einer ferneren Zukunft zu erwarten (vgl. oben A 2), so ist anstatt der Leistungsklage die Feststellungsklage (§ 256 ZPO) der gebotene Weg für den Verletzten, seinen Schadenersatzanspruch zunächst grundsätzlich geltend zu machen. Wo die Feststellungsklage hinsichtlich des möglichen zukünftigen Schadens allein angängig ist, kann sie auch auf denjenigen Teil des Schadens mit erstreckt werden, welcher an sich schon mit der Leistungsklage gefordert werden könnte (RG JW 08, 685[21]; Warn 1911 Nr 179; Gruch 48, 1102). Die Feststellungsklage kann erhoben werden, wenn eine Vermögensbeschädigung als Folge der Verletzung auch nur möglich erscheint (RG JW 06, 16[14]); sie ist aber ohne besondere Begründung des Feststellungsinteresses nicht zulässig, wenn die Leistungsklage nach allen Richtungen des Schadens bereits angestellt werden kann (RG 19. 9. 07 IV 3/07). Von der Feststellungsklage kann im Laufe des Rechtsstreits zur Leistungsklage übergegangen werden und umgekehrt (RG 23, 416; Warn 09 Nr 44).

b) Die Leistungsklage, die der Regel nach die Forderung einer Rente in bestimmter Höhe und auf bestimmte Zeit, auf die Lebensdauer des Verletzten oder bis zu einer Altersgrenze, bei noch nicht erwerbsfähigen Personen auch von einem bestimmten späteren Zeitpunkt an, zu enthalten hat, kann zulässigerweise auch in der Art erhoben werden, daß die Rente in das richterliche Ermessen gestellt wird (RG JW 09, 495[18]), oder daß die Rente auf solange gefordert wird, als Kläger in dem Maße wie zur Zeit erwerbsunfähig sein wird (RG JW 08, 140[11]).

c) Über die Bedeutung des § 323 ZPO für den Rentenanspruch aus § 843 ist in A 3b gehandelt. Bei Zuerkennung des Schadensersatzes in der Form eines Kapitals (Abs 3) ist § 323 nicht anwendbar (RG 73, 418). § 323 ist auch nicht anwendbar, wenn lediglich ein Feststellungsurteil ergangen ist (RG 74, 121). Zur Verwirklichung des festgestellten Anspruchs muß der Verletzte nach Eintritt des Schadens oder wenigstens, nachdem dessen Überblick möglich geworden ist, die Leistungsklage erheben, der gegenüber der Ersatzpflichtige die nach dem Erlaß des Feststellungsurteils etwa eingetretenen Veränderungen in dem Zustande des Verletzten geltend zu machen in der Lage, aber auch genötigt ist (RG 30. 5. 10 VI 268/09). Nach dem klaren Wortlaute des § 323 ZPO ist die Abänderungsklage nicht gegeben, wenn nicht eine Verurteilung, sondern die Abweisung der auf Rentenleistungen erhobenen Schadensersatzklage ausgesprochen war; hier kann nur eine neue Klage helfen, soweit sie noch zulässig ist. Die Verurteilung kann dagegen durch ein Anerkenntnis des Ersatzpflichtigen ersetzt werden (RG 73, 131), und durch RGes. v. 13. 8. 19 (RGBl 1448) ist die Bestimmung des § 323 ZPO auch auf die Vollstreckungstitel des § 794 Nr 1, 2, 5 ZPO ausgedehnt worden (s. Vorbem 2 vor § 779). Die Abänderungsklage setzt die Rechtskraft der früheren Entscheidung voraus (RG 47, 405; Warn 1913 Nr 123); die nach Erlaß eines rechtskräftigen Zwischenurteils über den Grund des Anspruchs eingetretenen veränderten Umstände, die in Anwendung des § 323 ZPO die Abänderungsklage rechtfertigen würden, können und müssen in dem Verfahren über den Betrag noch geltend gemacht werden; denn das Zwischenurteil über den Grund des Anspruchs ist, wenn es auch selbständig anfechtbar ist, doch nur gleich dem Zwischenurteil nach § 303 ein Element der Endentscheidung (RG 86, 181; 89, 117; JW 1921, 1082[7]; Warn 1913 Nr 123). Die Einheitlichkeit der Rente ist auch für die Abänderungsklage nach § 323 ZPO festzuhalten (vgl. A 2c). Für die Abänderung bildet nach § 323 Abs 3 der Zeitpunkt der Klagerhebung die Anfangsgrenze; dieser Zeitpunkt bleibt maßgebend, auch wenn in Anpassung an die Beweisaufnahme der Antrag im Laufe des Verfahrens erhöht wird (RG 75, 24). Die Verjährungsfrist für den Anspruch aus der u. H. gilt auch für Erhöhungen des Schadensersatzes, die mit der Klage aus § 323 ZPO verfolgt werden; die Verjährung beginnt also nach § 852 erst mit dem Zeitpunkte, in dem die wesentliche Änderung der Verhältnisse dem Verletzten bekannt geworden ist (RG 86 S. 181 u. 384; JW 1921, 1082[7]); handelt es sich um einen nach dem RHaftpflG zu beurteilenden Schaden, so hat die Verjährung mit dem Eintritt der Veränderung begonnen (RG 108, 38; JW 06, 767[39]; Warn 1913 Nr 4; LZ 1923, 349; a. M. über die ganze Frage Oertmann, ArchZivPrax 109, 318 u. a.). Über die Verjährung von Rentenansprüchen aus dem RHaftpflG, die im Laufe eines Rechtsstreits wegen der Geldentwertung erhöht werden, s. RG 108, 38. Die Abänderungsklage eröffnet nicht von neuem den früheren Rechtsstreit; sie ist eine neue selbständige Klage, mit der ein neuer selbständiger Tatbestand geltend gemacht wird; sie folgt auch hinsichtlich des Gerichtsstandes den allgemeinen Regeln (RG 52, 345; JW 1911, 548[22]; Warn 1921 Nr 149). Sachlich ist sie nicht nur gegeben für Veränderungen in der Höhe der Rente, sondern auch in deren Dauer (RG 86, 377; Warn 1919 Nr 79). Auch die infolge des Krieges und der Revolution eingetretene wirtschaftliche Umwälzung und Geldentwertung stellt den Tatbestand der veränderten Verhältnisse her, auf die die Klage aus § 323 ZPO gestützt werden kann (RG 114, 192; JW 1921 S. 1080[5] u. 1082[7]; 1926, 52[3]; Warn 1921 Nr 99 u. 149; LZ 1922, 294[7]). Über Einzelanwendungen der Bestimmung vgl. RG 68, 352 (Besserung des Zustandes des Beschädigten, die hätte eintreten müssen, aber infolge eigenen Verschuldens des Verletzten nicht eingetreten ist); JW 06 S. 767[39] u. 768[40] (Erhöhung des Diensteinkommens der Beamtenklasse eines verletzten Beamten); JW 09, 194[14] (nachträglich eingetretene Änderung); JW 1911, 658[35] (neuer Unfall); JW 1912, 594[15] u. 1917, 604[15] (Verheiratung der verletzten Frauensperson); RG 95 S. 66 u. 87 (Umwandlungsklage des Ersatzpflichtigen, weil der Unfall den Verletzten vom Kriegsdienste und dessen Gefahr befreit habe); JW 1918, 220[10] (Notwendigkeit des ursächlichen Zusammenhangs der Veränderung der Verhältnisse mit dem Unfall). Anwendung des § 323 ZPO, wenn eine Rente ursprünglich zugesprochen, dann wegen Fortfalls der Erwerbsbeschränkung nach § 323 ZPO aberkannt worden war und jetzt wegen neu eingetretener Minderung der Erwerbsfähigkeit wieder verlangt wird, s. RG 108, 413.

d) Die ZPO gestattet in § 304, über Grund und Betrag des Schadensersatzanspruchs aus den §§ 843—845 gesondert zu entscheiden. Der Erlaß eines Zwischenurteils nach § 304 ZPO setzt der Regel nach voraus, daß eine Leistungsklage und in dieser ein der Höhe nach bestimmter Anspruch antragsgerecht erhoben oder wenigstens, wenn der Antrag die Entscheidung über die Höhe in das richterliche Ermessen stellt, im Klagevortrage behauptet wird; nur dann kann davon die Rede sein, daß der Anspruch nach Grund und Betrag streitig ist (RG 58, 39; JW 05, 178[24]: 06, S. 313[20] u. [22], 339[22], 570[42], 718[19]; 1912, 78[21]; Warn 1913 Nr 340). Aber auch für eine Feststellungsklage ist der Erlaß eines Zwischenurteils nach § 304 ZPO nicht grundsätzlich ausgeschlossen, sofern nur der Anspruch, dessen Feststellung begehrt wird, beziffert oder doch bestimmt auch der Höhe nach in seinem Gegenstande gekennzeichnet ist, und die Feststellungsklage erkennbar das Ziel verfolgt, auch einen Betrag zur Feststellung zu bringen (RG 93, 152; Warn 1913 Nr 340; 1915 Nr 124). Das Zwischenurteil über den Grund des Anspruchs muß den Schadensersatzanspruch selbst seinem Bestande nach außer Zweifel stellen und deshalb alle den Anspruch selbst treffenden Einwendungen erledigen (RG Warn 1911 Nr 387; 1919 Nr 78 u. 196). Deshalb muß es darüber Entscheidung treffen, ob ein mitwirkendes Verschulden des Verletzten anzunehmen ist und in welchem Umfange (Quote) dieses den Schadensersatzanspruch des Beschädigten aufhebt (RG 53, 117; JW 04 S. 211[25], 448[2] u. [3]; 05, 645[13]; 07, 199[2]; 08, 558[22]). Neuere Entscheidungen haben es für zulässig erklärt, die Prüfung dieser Frage durch einen Vorbehalt im Grundurteile dem Nachverfahren zu überlassen; so RG JW 1915, 148[15]; Warn 09 Nr 128; 1910 Nr 222 u. 477. Das ist dann zu billigen, wenn außer Zweifel ist, daß das mitwirkende Verschulden des Verletzten nicht seinen ganzen Anspruch aufzehrt; so insbesondere, wenn es sich nicht um ein mitwirkendes Verschulden bei der Entstehung des Schadens (§ 254 Abs 1), sondern um die schuldhafte Unterlassung seiner Minderung handelt (RG 81, 269). Ist der Vorbehalt nicht gemacht, so ist die Einrede aus § 254 BGB im Nachverfahren nicht mehr zulässig (RG JW 1915, 148[15]). Das Zwischenurteil muß ferner Aufrechnungseinreden erledigen, und zwar selbst dann, wenn sie den Klageanspruch nur teilweise aufzehren (RG JW 1917, 815[8]; Warn 1916 Nr 223; 1919 Nr 196); im Nachverfahren sind solche nur zulässig, wenn sie erst nach Erlaß des Zwischenurteils entstanden sind (RG Warn 1915 Nr 36 u. 280), oder wenn das Zwischenurteil einen Vorbehalt ausspricht (RG Warn 1915 Nr 280). Ebenso muß das Zwischenurteil darüber Entscheidung treffen, ob von dem eingeklagten Anspruche Ruhegelder oder Unfallrenten abzuziehen sind und der entsprechende Teil des Schadensersatzanspruchs des Verletzten auf eine öffentlichrechtliche Versicherungsanstalt (Berufsgenossenschaft, Krankenkasse, Invalidenversicherungsanstalt) oder auf den Staat (Fürsorgegesetze) gesetzlich übergegangen ist, weil insoweit der Anspruch des Verletzten nicht mehr besteht (RG 62, 337; JW 06 S. 172[18], 686[7]; 08, 451[17]; Warn 08 Nr 413); im Nachverfahren kann wiederum dieser Übergang nur dann noch berücksichtigt werden, wenn beide Teile einverstanden sind (RG 28. 1. 07 VI 166/06) oder wenn das Zwischenurteil die Entscheidung darüber erkennbarerweise dem Nachverfahren vorbehalten hat, was angängig ist, wenn der dem Grunde nach für gerechtfertigt erachtete Anspruch die abzuziehenden Beträge übersteigt. Über Vorteilsausgleichung vgl. RG 103, 408. Das Zwischenurteil muß endlich darüber Entscheidung treffen, sofern eine Rente auf Lebenszeit verlangt ist, ob dieser Anspruch für begründet zu erachten oder eine Altersgrenze zu setzen ist (RG 64, 33; 98, 222: JW 08, 109[7]). Auch hier kann aber die ziffermäßige Altersbegrenzung entweder in der Weise, daß zunächst eine Höchstdauer der Rente festgesetzt wird (RG Warn 08 Nr 677) oder überhaupt dem Verfahren über den Betrag vorbehalten werden (RG JW 06, 710[5]; 07, 366[14]; 08, 107[7]; 09, 316[16]; Warn 1913 Nr 123; 1914 Nr 32; LZ 1921, 61[8]). Ebenso kann die Bestimmung des Zeitpunkts für den Beginn des Rentenanspruchs dem Nachverfahren überlassen werden (RG JW 04, 575[7]). In welchem Verfahren die Entscheidungen nach Abs 2 Satz 2 und Abs 3 zu treffen sind, darüber vgl. unten A 6 u. 7. Über die rechtliche Natur des Zwischenurteils nach § 304 ZPO s. oben unter 4c.

5. Die **Vorschriften des § 760** für die Leibrente, die auf die Rente nach § 843 entsprechend anzuwenden sind, bestimmen, daß die Rente im voraus in dreimonatlichen Zeitabschnitten zu entrichten ist, und daß dem Berechtigten der volle Betrag des Rententeiles gebührt, wenn er den Beginn des Zeitabschnitts erlebt hat, für den die Rente zu entrichten ist. Diese Bestimmungen des § 760 sind für die Leibrente nachgiebigen Rechtes. Für die entsprechende Anwendung auf die Rente des § 843 gilt dies nicht; der Richter ist an die Vorschrift gebunden; er darf nicht andere Zahlungsabschnitte festsetzen und nicht statt der Vorauszahlung Nachzahlung anordnen; ein Ermessen besteht in dieser Beziehung nicht; es würde der gesetzlichen Regel ihren Wert nehmen (RG 69, 296).

6. Eine **Sicherheitsleistung** durch den Ersatzpflichtigen kann nach § 843 Abs 2 Satz 2 nicht schlechthin gefordert werden; es ist dem freien Ermessen des Gerichts überlassen, je nach den Umständen zu bestimmen, sowohl ob, als in welcher Weise und für welchen Betrag eine Sicherheit zu leisten ist. Die Art der Sicherheitsleistung hat sich aber in den Grenzen der gesetzlichen Sicherheitsarten der §§ 232—240 zu halten (RG JW 06, 438[28]). Die Prüfung, ob eine Sicherheitsleistung angebracht ist, hängt wesentlich von der Höhe der zuerkannten Entschädigung ab; eine Sicherheitsleistung kann deshalb in Verbindung mit einer Feststellungsklage überhaupt nicht gefordert werden (RG 60, 416), und die Entscheidung darüber gehört, wenn sie bei einer Leistungsklage in Frage kommt, bei Scheidung des Verfahrens über Grund und Betrag des Schadensersatzanspruchs in das Nachverfahren (RG 10. 12. 06 VI 189/06). Nach Erlaß des Urteils, in dem eine Sicherheitsleistung nicht vorgesehen war, kann der Verletzte eine solche verlangen bei Verschlechterung der Vermögensverhältnisse des Ersatzpflichtigen, unter der gleichen Voraussetzung auch auf Erhöhung der angeordneten Sicherheit antragen (§ 324 ZPO).

7. Anstatt der Geldrente kann nach Abs 3 der Verletzte **eine Abfindung in Kapital verlangen, wenn ein wichtiger Grund vorliegt.** Als wichtiger Grund kann besonders die Schwierigkeit der Erhebung und Beitreibung des Rentenanspruchs gegen den im Auslande wohnenden oder seinen Wohnsitz oft verlegenden Ersatzpflichtigen in Betracht kommen. Als wichtiger Grund ist es aber auch angesehen worden, daß nach dem Gutachten der Ärzte eine einmalige Abfindung von günstigem Einfluß auf den Zustand des Verletzten sein würde (RG 73, 418; JW 09, 137[14]). Über die einheitliche Entscheidung, ob Kapital oder Rente zuzusprechen sei, in dem Falle, daß neben dem aus u. H. Ersatzverpflichteten ein anderer wegen Verletzung einer Vertragspflicht für denselben Schaden verantwortlich ist, vgl. oben A 1. Die Entschei-

dung, ob statt der Rente dem Verletzten ein Kapital zuzusprechen sei, gehört bei Scheidung des Verfahrens über Grund und Betrag des Anspruchs grundsätzlich in das erstere (**RG** JW 06 S. 359[21], 686[7]; 07, 388[5]; 1911, 185[13]; Warn 08 Nr 634; 1911 Nr 292; 1913 Nr 177). Die Entscheidung kann aber auch aus Zweckmäßigkeitsgründen, insbesondere wenn die Feststellung der Höhe für die Wahl der Entschädigungsart von maßgebender Bedeutung ist, durch erkennbaren Vorbehalt dem Nachverfahren überlassen werden (**RG** JW 1911, 185[13]; Warn 08 Nr 634; 1911 Nr 292; 1913 Nr 177; 1914 Nr 134). Gegenüber einer Kapitalabfindung ist die Abänderungsklage des § 323 ZPO ausgeschlossen (**RG** 73, 418).

8. Abs 4 enthält in der Bestimmung, daß **der Anspruch gemäß § 843 nicht dadurch ausgeschlossen wird, daß ein anderer dem Verletzten Unterhalt zu gewähren hat,** eine Vorschrift von grundsätzlicher Bedeutung, die sich nicht nur auf die Rente, sondern auch auf die Heilungskosten erstreckt (**RG** 47, 211; 65, 162; JW 1911, 774[42]; 1913, 1147[4]; Warn 08 Nr 635; 1919, 195). Für den Rentenanspruch ist sie vorwiegend von Bedeutung bei den Ersatzansprüchen von unterhaltsberechtigten Abkömmlingen und Eltern, nicht bei denen der Ehefrau, weil der letzteren, soweit sie nur im Hauswesen oder im Geschäfte des Ehemanns tätig war, ein Erwerbsschaden nicht entstanden ist (vgl. § 845 A 4); nur für die Entschädigung wegen Vermehrung der Bedürfnisse und wegen der Heilungskosten kommt auch hier Abs 4 des § 843 in Betracht (**RG** Warn 1915 Nr 208 gütergemeinschaftliche Ehefrau). Daß der Unterhaltsberechtigte die Heilungskosten oder sonstige Aufwendungen bereits aus eigenen Mitteln bestritten hat, schließt die Anwendung des Abs 4 nicht aus (**RG** a. a. O.). Ein Ersatzanspruch des Unterhaltspflichtigen, der den Aufwand getragen hat, gegen den Schädiger kann aus dem rechtlichen Gesichtspunkte der auftragslosen Geschäftsführung gegeben sein, wenn der Unterhaltspflichtige von der Schädigung Kenntnis hatte und mit dem Vorsatze handelte, seinen Aufwand dem Schädiger in Rechnung zu stellen; der Ersatzanspruch kann weiter auch aus ungerechtfertigter Bereicherung wegen Befreiung des Schädigers von seiner Schuld hergeleitet werden (**RG** 47, 211 u. 65, 162; JW 09, 137[15]; 1910 S. 389[6] u. 811[28]; Warn 09 Nr 86; 1914 Nr 13). Wegen erst künftig zu machender Aufwendungen kann selbstverständlich ein Anspruch aus dem Rechtsgrunde der Geschäftsführung oder der Bereicherung nicht erhoben werden (**RG** 84, 390; JW 1910, 811[28]; 1920, 639[4]; LZ 1918, 209[9]; 1919, 695[8]). Gegen eine doppelte Anforderung schützt den Schädiger die gemeinschaftliche Klage des Verletzten und des Unterhaltspflichtigen (vgl. **RG** LZ 1919, 695[8]). – Über die Bestimmung des Abs 4 hinaus führt der ihr zugrunde liegende Rechtsgedanke dazu, daß der Ersatzpflichtige ganz allgemein sich nicht darauf berufen kann, daß der von ihm verursachte Schaden von einem Dritten, so z. B. durch Dienste, die ein Kind gemäß § 1617 dem verletzten Elternteil leistet, ausgeglichen werde (**RG** JW 1924, 1426[4]).

§ 844

[1]) Im Falle der Tötung[2]) hat der Ersatzpflichtige die Kosten der Beerdigung demjenigen zu ersetzen, welchem die Verpflichtung obliegt, diese Kosten zu tragen[3]).

Stand der Getötete zur Zeit der Verletzung zu einem Dritten in einem Verhältnisse, vermöge dessen er diesem gegenüber kraft Gesetzes unterhaltspflichtig war oder unterhaltspflichtig werden konnte[4]), und ist dem Dritten infolge der Tötung das Recht auf den Unterhalt entzogen[5]), so hat der Ersatzpflichtige dem Dritten durch Entrichtung einer Geldrente insoweit Schadensersatz zu leisten, als der Getötete während der mutmaßlichen Dauer seines Lebens zur Gewährung des Unterhalts verpflichtet gewesen sein würde[6]); die Vorschriften des § 843 Abs 2 bis 4 finden entsprechende Anwendung[7]). Die Ersatzpflicht tritt auch dann ein, wenn der Dritte zur Zeit der Verletzung erzeugt, aber noch nicht geboren war[4]).

E I 722, 723 II 767; M 2 766—784; P 2 612—627.

1. **Allgemeines zu den §§ 844 u. 845.** Die §§ 844 u. 845 bestimmen die Voraussetzungen, unter denen das BGB einen Ersatzanspruch dritter Personen, die infolge der Verletzung einer andern Person einen Schaden erlitten haben, anerkennt. Während § 845 eine eigentliche Ausnahme von dem Grundsatze enthält, daß nur der unmittelbar Verletzte aus der u. H. ersatzberechtigt ist (vgl. § 823 A 11), kann davon für § 844 in Wirklichkeit nicht gesprochen werden. Denn durch die Tötung einer Person kann dieser selbst ein Schaden nicht mehr zugefügt werden (vgl. **RG** 55, 24). Wenn ihr selbst bei nicht sofort eintretendem Tode noch Vermögensnachteile aus der tödlichen Verletzung entstehen, so können diese nicht als Folgen der Tötung, sondern nur als solche einer körperlichen Verletzung angesehen werden, die nachmals

den Tod des Verletzten herbeiführte, dadurch neben dem unmittelbar Verletzten die in § 844 bezeichneten Personen schädigte und ihnen deshalb die Ansprüche des § 844 gibt. Die Ansprüche der §§ 844 u. 845 sind selbständiger Natur und entstehen nicht erst in der Person des unmittelbar Verletzten, von der sie dann auf die Hinterbliebenen des § 844 oder die Ersatzberechtigten des § 845 übergingen (**RG** 55, 24; 69, 186). Gleichwohl sind die Ansprüche aus §§ 844, 845 ihrer Entstehung nach abhängig von dem Verhalten des unmittelbar Verletzten, und sie kommen nicht zur Entstehung, wenn ein Schadensersatzanspruch auch dem unmittelbar Verletzten nicht entstanden sein würde, sofern er der Beschädigte wäre. Hinsichtlich des eigenen mitwirkenden Verschuldens des unmittelbar Verletzten spricht dies § 846 ausdrücklich aus. Auch der Ausschluß der Haftung durch Vertrag, insbesondere der Tierhalterhaftung (Vorbem 4b vor § 823; § 833 A 7), beseitigt deshalb die Ansprüche der mittelbar Ersatzberechtigten, namentlich der Hinterbliebenen nach § 844 (**RG** 65, 313; 69, 186; 117, 102). Vergleiche und Verzichte, die der Getötete nach der Verletzung mit dem Schädiger über die Ansprüche aus der Verletzung abschließt, binden dagegen die nach §§ 844, 845 Berechtigten nicht; hier tritt die Selbständigkeit ihrer Ansprüche zutage. Die §§ 844 u. 845 gelten nur für das Gebiet der u. H.; einschließlich der aus § 839 BGB in Verbindung mit den Staatshaftungsgesetzen erhobenen Schadensersatzansprüchen (**RG** 91, 9; 94, 102); mit der Vertragsklage können, abgesehen von § 618, Ansprüche daraus nicht erhoben werden (**RG** JW 07, 710[18]; 08 S. 9[9] u. 449[14]; 1910, 112[13]; Gruch 51, 380). Eine Ausdehnung auf andere durch den Tod oder die Verletzung einer Person geschädigten Personen, als die in §§ 844, 845 bezeichneten, und auf andere Schäden dieser Personen findet nicht statt. So kann auch die Witwe nicht einen Schadensersatzanspruch daraus herleiten, daß auf sie infolge des Todes ihres Ehemanns die Unterhaltspflicht gegen die gemeinschaftlichen Kinder übergegangen ist (**RG** 64 S. 344, 350; JW 07, 388[5]; 1911, 185[13]). Die Bestimmung des § 829 ist auch auf die Ansprüche aus §§ 844 u. 845 anwendbar (**RG** 94, 220). Für das Rechtsgebiet des HaftpflG — und des KraftFahrG — gelten die §§ 844, 845 nicht, da diese in den §§ 3, 3a, 7 und bzw. §§ 11—13 den Umfang der Schadensersatzpflicht erschöpfend geregelt und in engeren Grenzen gehalten (**RG** 57, 52; JW 09, 483[1]; 1914, 45[14]) und die Rechtswirkungen des Todes des Verletzten für die Hinterbliebenen insbesondere in den §§ 3, 7 und bzw. § 12 selbständig bestimmt haben. Dagegen ist eine Anwendung der in den §§ 844, 845 zum Ausdruck gelangten Rechtsgedanken auf öffentlich-rechtliche Verhältnisse nicht ausgeschlossen (vgl. **RG** 112, 290 zu § 844). Für das Luftverkehrsgesetz s. §§ 21 ff. dort. Über die Anwendung des § 844 Abs 2 in Verbindung mit § 618 auf den Fall, daß der Staat durch Verletzung der ihm seinen Beamten gegenüber obliegenden Fürsorgepflicht den Tod eines Beamten herbeigeführt hat, s. **RG** 111, 22. Insofern eine Klage aus § 844 und eine solche aus § 845 dieselben klagbegründenden Tatsachen zur Grundlage haben, bedeutet ein Übergang von der einen zur andern keine Klageänderung (**RG** Warn 1911 Nr 291).

2. Tötung ist hier wie in § 823 jede widerrechtliche Handlung (vgl. § 823 A 10), die die Zerstörung des menschlichen Lebens unmittelbar oder mittelbar tatsächlich herbeiführt, mag der Schädiger diesen Erfolg vorausgesehen haben oder haben voraussehen können oder nicht. Das Verschulden, wo der Tatbestand der u. H. ein solches für die Verletzung selbst erfordert (§ 823 Abs 1), braucht sich mithin nur auf eine Körperverletzung zu erstrecken (**RG** 66, 251; 69, 340; JW 07, 514[14]; 17. 11. 11 III 611/10; vgl. § 823 A 4. A. M. Staudinger A IV). Der demnach nur erforderliche tatsächliche (objektive) ursächliche Zusammenhang zwischen Verletzung und Tod ist auch gegeben, wenn eine sog. traumatische Neurose, die die Folgewirkung einer Körperverletzung war, zum Selbstmorde des Verletzten führt (**RG** 8. 10. 06 VI 31/06).

3. Wem die **Verpflichtung obliegt, die Kosten der Beerdigung zu tragen,** bestimmen die §§ 1968, 1580 Abs 3, 1615 Abs 2. Ob auch eine vertragliche Verpflichtung unter § 844 fällt, ist streitig, möchte aber bei der allgemeinen Fassung des § 844 zu bejahen sein (a. M. Planck A 3). Die Kosten einer Reisebeförderung der Leiche können zu den Beerdigungskosten gehören, wenn sie nach den Umständen als eine gebotene Aufwendung für eine standesmäßige Beerdigung (§ 1968) sich darstellen (**RG** 66, 306). Die Kosten einer Beförderung des tödlich Verletzten zum Krankenhause können auf Grund des § 844 nicht gefordert werden (**RG** JW 05, 144[24]); sie gehören gleich den Kosten einer versuchten Heilung zu den Schäden, die noch dem unmittelbar Verletzten entstanden sind; der Anspruch auf ihre Erstattung geht demgemäß auf die Erben über. Die Witwe kann Erstattung nur verlangen, wenn sie Erbin des Mannes geworden ist oder wenn sie die Kosten bezahlt oder sie zu bezahlen sich verpflichtet hat (Geschäftsführung ohne Auftrag oder Bereicherung; vgl. **RG** JW 02, 284[8]).

4. Abs 2 des § 844 gibt im Falle der Tötung einer Person denjenigen Personen einen dem Anspruche aus § 843 gleichgearteten Anspruch gegen den Schädiger, **denen der Getötete kraft Gesetzes unterhaltspflichtig war oder werden konnte.** Die gesetzlichen Unterhaltspflichten regeln die §§ 1360, 1361, 1345, 1351, 1578, 1583, 1601, 1700, 1703, 1705, 1708, 1739, 1765. Als unterhaltsberechtigt sind auch die Personen anzusehen, denen gegenüber der Getötete unterhaltspflichtig gewesen oder geworden wäre, wenn sie zur Zeit der Verletzung bereits gelebt hätten, **wenn sie zur Zeit der Verletzung bereits erzeugt, aber noch nicht geboren waren;** nicht dagegen solche, die erst nach der Verletzung erzeugt wurden. Die Feststellung, ob der Dritte zur Zeit der Verletzung bereits erzeugt war, erfolgt auf Grund des § 286 ZPO in freier Beweiswürdigung. Der Unterhaltsanspruch setzt auf seiten des Unterhaltsberechtigten Bedürftigkeit (die Unmöglichkeit, sich selbst zu erhalten, § 1602), auf seiten des Unterhaltsverpflichteten Leistungsfähigkeit (§ 1603) voraus; nur die Ehefrau hat einen unbedingten Unterhaltsanspruch gegenüber dem Ehemann (§§ 1360, 1361), der nicht von ihrer Bedürftigkeit abhängig ist und der auch nicht dadurch erlischt, daß sie von dem Ehemanne getrennt und in ehebrecherischem Umgange lebt (**RG** Warn 08 Nr 639; hier u. U. notdürftiger Unterhalt nach § 1611). Bedingung für die Entstehung des Ersatzanspruchs des unterhaltsberechtigten Dritten ist nicht, daß dessen Unterhaltsbedürftigkeit zur Zeit der Verletzung bereits bestand, auch nicht, daß der Getötete vor der Verletzung tatsächlich für den Unterhalt des Dritten gesorgt hat; es genügt, daß er zu den gesetzlich verpflichteten Personen gehört und zur Leistung imstande war (**RG** 74, 274; JW 07, 480[13]; 4. 2. 07 IV 299/06). Bevor aber eine Bedürftigkeit des Unterhaltsberechtigten nicht eingetreten ist, hat er gegen den Ersatzpflichtigen nicht eine Leistungsklage auf Zahlung einer Rente, sondern nur die Feststellungsklage auf Anerkennung der Ersatzpflicht für den Fall, daß die gesetzliche Voraussetzung später eintreten sollte (**RG** JW 07, 710[8]; 09, 314[12]; 1911, 153[9]; Warn 1910 Nr 206). Die tatsächliche Gewährung des Unterhalts durch einen dazu nicht verpflichteten Dritten hebt den Anspruch aus § 844 Abs 2 nicht auf (**RG** 92, 57). Eine Feststellungsklage des Verletzten, daß im Falle seines Todes der Ersatzpflichtige den unterhaltsberechtigten Hinterbliebenen nach § 844 Abs 2 den Schaden zu ersetzen habe, ist mangels eines Feststellungsinteresses unzulässig (**RG** 95, 248).

5. Dem Dritten ist das **Recht auf den Unterhalt infolge der Tötung entzogen,** wenn die Unterhaltspflicht des Getöteten mit seinem Tode erlischt, wie die Unterhaltspflicht der Ehegatten, Eltern und Abkömmlinge, nicht dagegen an sich, wenn die Unterhaltspflicht auf die Erben übergeht, wie diejenige des Erzeugers eines unehelichen Kindes (§ 1712). Eine Schadensersatzforderung des unehelichen Kindes kann aber gleichwohl aus § 844 Abs 2 begründet sein, wenn die Erben tatsächlich nicht oder nicht voll zu leisten in der Lage sind (**RG** 74, 375; 12. 12. 07 VI 112/07); rechtlich sind sie in dem Maße zu leisten verpflichtet, in dem die Verpflichtung des außerehelichen Vaters zur Zeit des Todes bestand; vgl. § 1712 A 1.

6. Der Ersatzpflichtige ist dem Dritten insoweit zum Schadensersatz verpflichtet, **als der Getötete während der mutmaßlichen Dauer seines Lebens ihm zur Gewährung des Unterhalts verpflichtet gewesen sein würde.**

a) Auch für die Bestimmung der Ersatzpflicht nach § 844 gilt es, eine Wahrscheinlichkeitsfeststellung für eine zukünftige Entwicklung zu treffen, wie sie sich gestaltet haben würde, wenn das schädigende Ereignis und der Tod des Unterhaltspflichtigen nicht dazwischengekommen wäre. Die Unterhaltsverhältnisse des Berechtigten auf Grund der Leistungen, die der Getötete zur Erfüllung seiner Unterhaltspflicht zu machen imstande gewesen wäre, sind zu vergleichen mit den Unterhaltsverhältnissen, wie sie sich nach dem Wegfalle des Rechtes auf jene Leistungen voraussichtlich stellen werden. Die mutmaßliche Lebensdauer des Getöteten ohne den Unfall bildet die äußerste zeitliche Grenze für seine Unterhaltsverpflichtung und damit auch für die von dem Ersatzpflichtigen wegen des entzogenen Unterhalts zu leistende Entschädigung; sie muß schlechterdings nach § 287 ZPO festgestellt werden; es ist nicht angängig, der Witwe die Rente etwa bis zu ihrem Lebensende mit der Begründung zuzusprechen, daß nicht zu vermuten sei, daß der Getötete vor ihr verstorben sein würde (**RG** 90, 226; Warn 1919 Nr 74). Innerhalb dieser vom Richter zu bestimmenden Grenze (**RG** 64, 33) ist nach dem Maßstabe der gesetzlichen Verpflichtung zu ermessen, welche Leistungen der Getötete hätte aufwenden müssen, um seinen Unterhaltspflichten gerecht zu werden. Ist der Getötete ein Ehemann, so war er seiner Ehefrau zum Unterhalte verpflichtet bis an sein Lebensende, und nur das Maß des Unterhalts wird durch seine eigene Erwerbsfähigkeit bestimmt (**RG** JW 09, 687[13]), während die Unterhaltspflicht der Eltern gegen die Kinder und der Kinder gegen die Eltern in der Bedürftigkeit der Berechtigten ihre Schranke findet, im ersteren Falle aufhört, sobald die Kinder wirtschaftlich auf eigenen Füßen stehen können, im letzteren Falle beginnt, sobald die Eltern der wirtschaftlichen Unterstützung durch die Kinder bedürftig werden. Der regelmäßige Verlauf der Dinge, die voraussichtliche Lebensstellung der unterhaltsberechtigten wie auch der unterhaltsverpflichteten Kinder und die Wahrscheinlichkeit ihrer Verheiratung mit ihrem Einflusse auf Unterhaltspflichten sind zu berücksichtigen (**RG** JW 05 S. 143[23], 154[38]; 08, 109[7]; 09, 660[10]; 1911, 153[9]). Eine Wiederverheiratung der Witwe, die nicht notwendig, aber je nach den Umständen der neuen Ehe den Unterhalts- und damit auch den Schadensersatzanspruch endigt, ist regelmäßigerweise nicht von vornherein in Betracht zu ziehen (**RG** JW 05, 143[23]). Wenn die tatsächliche Entwicklung der Zukunft von dem regelmäßigen Verlaufe abweicht, gibt § 323 ZPO auch hier das Mittel in die Hand, sowohl hinsichtlich des Umfangs wie hinsichtlich der Dauer der Verpflichtung, den veränderten Umständen zur Anerkennung zu verhelfen (**RG** JW 05, 152[38]).

b) Bei Teilung des Prozeßverfahrens nach Grund und Betrag des Anspruchs gilt für § 844 das zu § 843 in A 4 Ausgeführte. Die Prüfung, ob die geforderte Rente sich in den gesetzlichen Grenzen hält, vor allem die Bestimmung der mutmaßlichen Dauer des Lebens des Getöteten gehört in das Verfahren über den Grund des Anspruchs (RG 77, 408; 98, 222; JW 08 S. 9[9] u. 109[7]); die zahlenmäßige Abgrenzung kann dabei dem Nachverfahren vorbehalten werden (RG 69, 186; 98, 222; JW 08, 109[7]; 1910, 812[31]; 1911, 488[10]; LZ 1921, 230[13]). Da die Voraussetzungen für die Entschädigungsansprüche der Witwe und der Kinder eines Getöteten verschieden sind, können sie nicht in einen Rentenanspruch zusammengefaßt werden, auch wenn die Witwe als Inhaberin der elterlichen Gewalt die Kinder im Rechtsstreit über den Schadensersatz vertritt (RG JW 1911, 185[13]; 25. 9. 05 VI 575/04).

c) Für die Anrechnung von gesetzlichen Witwengehältern und Erziehungsgeldern für die Kinder, der öffentlichrechtlichen Rentenleistungen der Unfallversicherungsanstalten und die Nichtanrechnung vertragsmäßig erworbener Versicherungsleistungen gilt dasselbe wie zu § 843; vgl. § 843 A 3d. So ist insbesondere die auf vertragsmäßiger Grundlage beruhende, nach dem Tode des Verunglückten den Unterhaltsberechtigten ausgezahlte Lebensversicherung nicht anzurechnen (RG Warn 1917 Nr 266). Der Anspruch aus § 844 Abs 2 kann ferner wegfallen oder sich mindern infolge eigenen mitwirkenden Verschuldens des Getöteten (§ 846; vgl. die A dazu), aber auch infolge eigenen mitwirkenden Verschuldens des Ersatzberechtigten (RG 55, 24; 18. 12. 05 VI 117/05; 11. 1. 07 III 231/06). Was den Ersatzberechtigten aus dem Vermögen des Getöteten durch Erbanfall zuwächst, berührt den Entschädigungsanspruch des § 844 an sich nicht (RG 64, 350). Insoweit aber dasselbe Vermögen der Witwe und den Kindern für ihren Lebensunterhalt zur Verfügung steht wie zur Lebenszeit des Getöteten, ist ihnen ein Schaden nicht entstanden. Es handelt sich also bei dieser Anrechnung nicht um eine Vorteilsausgleichung, sondern lediglich um die Feststellung des Schadens, der den Ersatzberechtigten durch den Tod ihres Ernährers entstanden ist. Das gilt einmal für den Vermögensübergang beim ehelichen Güterstande der Gütergemeinschaft (RG JW 1911, 35[12]). Der Unterhalt der Ehefrau ist zwar vom Ehemann auch hier zu gewähren; er fällt aber dem Gesamtgute zur Last (§§ 1458, 1389), und auch die Kinder sind nach § 1468 Abs 3 in der Lage, ihren Anteil am Gesamtvermögen zum Zwecke ihres Unterhalts freizumachen. Der Vermögensnachteil, für den in diesem Falle Ersatz zu leisten ist, besteht in dem Wegfalle des aus der Arbeitskraft des Getöteten gezogenen Gewinns, soweit dieser für den Unterhalt der Ehefrau und der Kinder zur Verwendung gekommen wäre und soweit der Anspruch auf Unterhalt berechtigterweise ging; die Feststellung dieses Betrages wird durch die Lebensgewohnheiten und die Arbeitsamkeit des Getöteten, durch die Zahl der Kinder und die sonstigen Verhältnisse bestimmt (RG 64 S. 344 u. 350; 69, 292; JW 07, 130[10]; Warn 1910 Nr 155). Unter Umständen wird dann die Entschädigung auf die Erstattung der Kosten für eine tüchtige Ersatzkraft in dem auf die Witwe und die Kinder übergegangenen Gut oder Geschäft sich beschränken (vgl. § 843 A 3c). Auch ohne die Einwirkung gütergemeinschaftlicher Verhältnisse ist aber ein zu ersetzender Schaden zu verneinen, wenn das Erwerbsunternehmen, dessen Erträgnisse die Quelle für den Unterhalt der Ehefrau und des Kindes bildeten (Handelsgeschäfte, landwirtschaftliches Gut) durch Erbgang auf diese übergegangen ist und von ihnen fortgeführt wird, und insoweit die Einkünfte des durch Erbgang auf sie gekommenen Vermögens des Getöteten dem Unterhaltsanspruche gleichkommen (RG 69, 292; 72, 437; JW 07, 130[10]; 18. 1. 13 VI 350/12). Ihre Vermögenslage ist insoweit nicht verschlechtert, und es kommt nur der Nachteil in Frage, der etwa durch den Wegfall der persönlichen Arbeit und Leitung des Getöteten die Ersatzberechtigten trifft. Diese Gründe treffen aber nicht zu auf einen Vermögensübergang, der gar nicht infolge des Todes des Verletzten stattgefunden hat, sondern etwa durch Beerbung eines der Ersatzberechtigten durch den andern oder auf einen durch Verkauf des Geschäfts des Getöteten erzielten Gewinn (RG 91, 398).

7. Die Vorschriften des § 843 über die **Form der Entschädigung** (Abs 2), die **Kapitalsabfindung anstatt der Rente** (Abs 3), sowie über das Bestehen des Schadensersatzanspruchs trotz der **Unterhaltspflicht eines Dritten** (Abs 4) finden für den Schadensersatzanspruch nach § 844 entsprechende Anwendung. Vgl. darüber § 843 A 5—8. Abs 4 des § 843 ist gerade hier von Bedeutung, insofern daraus folgt, daß auf Unterhaltsverpflichtungen anderer Personen gegenüber den nach § 844 ersatzberechtigten Personen der Ersatzverpflichtete sich nicht berufen kann. Die rechtliche Natur der nach § 844 zu beanspruchenden Rente ist dieselbe wie die der Rente aus § 843; sie ist Schadensersatz-, nicht Unterhaltsleistung. Abweichend von dem Rentenanspruch aus § 843 ist aber derjenige aus § 844, da er den unmittelbaren Ersatz für Unterhaltsleistungen zum Gegenstande hat, gemäß § 850 Abs 1 Nr 2 ZPO überhaupt nicht pfändbar, daher auch nicht übertragbar (§ 400), nicht verpfändbar (§ 1274 Abs 2), nicht der Aufrechnung fähig (§ 394), nicht dem Konkurse des Berechtigten unterworfen (§ 1 KO). — Die Umwertung von Rentenansprüchen, die in ausländischer Währung zu bemessen sind, in Reichsmark richtet sich nach dem Geldwert zur Zeit der Fälligkeit (RG JW 1926, 360[4]). Umrechnung von Vergleichsrenten zufolge der Geldentwertung s. RG 106, 233; 110, 100.

§ 845

Im Falle der Tötung, der Verletzung des Körpers oder der Gesundheit sowie im Falle der Freiheitsentziehung[1]) hat der Ersatzpflichtige, wenn der Verletzte kraft Gesetzes einem Dritten zur Leistung von Diensten in dessen Hauswesen oder Gewerbe verpflichtet war[2]), dem Dritten für die entgehenden Dienste durch Entrichtung einer Geldrente[5]) Ersatz zu leisten[3])[4]). Die Vorschriften des § 843 Abs 2 bis 4 finden entsprechende Anwendung[5]).

E II 768; P 2 631, 632.

1. § 845 fügt den Ansprüchen der dritten Personen, die einem durch u. H. Getöteten gegenüber kraft Gesetzes unterhaltsberechtigt waren (§ 844), **für den Fall der Tötung, der Verletzung des Körpers oder der Gesundheit, sowie im Falle der Freiheitsentziehung einer Person** einen weiteren Anspruch dritter mittelbar verletzter Personen hinzu, der aus deren gesetzlichem Rechte auf Dienstleistungen des unmittelbar Verletzten entspringt. Für die allgemeine Bedeutung des § 845 und die Natur der daraus hergeleiteten Ansprüche vgl. § 844 A 1. Über die Beschädigungen der Rechtsgüter, auf die § 845 sich beschränkt, vgl. § 823 A 4, 5, 7. Gleichgültig ist, ob die Verletzung auf wirklichem oder vermutetem Verschulden oder auf einem andern Rechtsgrunde der Haftung (§ 833 Satz 1) beruht (**RG** 50, 244). Daß für das Anwendungsgebiet des HaftpflG und des KraftFahrG § 845 nicht gilt, ist in § 844 A 1 behandelt.

2. **Kraft Gesetzes sind einem Dritten zur Leistung von Diensten in dessen Hauswesen oder Gewerbe verpflichtet:** die Ehefrau dem Ehemanne nach § 1356 und die Kinder den Eltern nach § 1617 (angenommene Kinder § 1757, uneheliche § 1705). Dem Ehemanne und den Eltern steht mithin, und zwar allein, ein Anspruch aus § 845 zu; eine entsprechende Anwendung des Paragraphen bei anderen, vertraglichen oder auf Amtsbestellung beruhenden Dienstpflichten (Stellvertretungskosten des Staates für die entzogenen Dienste eines durch die u. H. eines Dritten verletzten Beamten **RG** 61, 293) ist nicht zulässig.

3. Der Anspruch des Dritten nach § 845 geht nur **auf Ersatz für die entgehenden Dienste;** er begreift nicht einen andern Schaden, den der Ehemann oder Vater durch die Tötung oder die Verletzung der Ehefrau oder des Kindes erlitten hat (**RG** JW 04, 357[9]). Für die Ermittlung des Schadens, die prozeßrechtlich dem § 287 ZPO untersteht, bietet der Umfang der Dienste, die der Getötete oder Verletzte während der Dauer des Lebens des Dienstberechtigten diesem ohne die Verletzung voraussichtlich geleistet haben würde, und für diese Feststellung wiederum der Umfang der Dienste einen Anhalt, die er vor der Verletzung tatsächlich geleistet hat. Wie lange eine Ehefrau dem Ehemanne ihre häuslichen Dienste zu leisten imstande und deshalb auch verpflichtet wäre, ist nach den Lebensverhältnissen der Eheleute und nach der Gesundheit und Rüstigkeit der Frau zu beurteilen. Rüstige Hausfrauen sind oft bis in das hohe Alter im Hause tätig, und der Ausfall ihrer Arbeit ist alsdann auch eine Vermögenseinbuße für den Ehemann (**RG** JW 1910, 811[28]). Daß der Verletzte unter allen Umständen dem Dienstberechtigten bereits wirklich Dienste geleistet haben müßte (so Staudinger A 3b), ist nicht erforderlich; denn der Anspruch geht auf Ersatz der entgangenen Dienste für die Zukunft. Für die Bemessung der Höhe der Entschädigung kann als ungefährer Maßstab der Lohn oder Gehalt dienen, der einem an Stelle des Getöteten oder Verletzten anzunehmenden Gehilfen oder Dienstboten nach den ortsüblichen Lohnverhältnissen gezahlt werden muß, unter Berücksichtigung der etwaigen Gegenleistungen, die dem Dritten familienrechtlich für den Empfang der Dienste obgelegen haben (M 2, 632). Künftige und mögliche Veränderungen (Wiederverheiratung des Ehemanns) sind für die Zuerkennung der Entschädigung nicht in Betracht zu ziehen; der Weg, sie zur Geltung zu bringen, ist durch § 323 ZPO gewiesen (**RG** 4. 4. 07 VI 278/06). Der Grundsatz der Anrechnung anderweitigen ausgleichenden Ersatzes (vgl. A 3d zu § 843 und A 6c zu § 844) gilt selbstverständlich auch für § 845 (Anrechnung von Unfallrenten, die der Gütergemeinschaft zugeflossen sind, **RG** JW 1911, 35[12]).

4. Einer besonderen Erörterung bedarf das **Verhältnis des nach § 845 dem Ehemanne zustehenden Ersatzanspruchs zu den eigenen Ansprüchen der verletzten Ehefrau gemäß § 843.** Nach einer Entscheidung **RG** 11. 2. 07 VI 225/06 und anderen Urteilen verteilen sich die Ansprüche in folgender Weise: a) Der verletzten Ehefrau steht nach den §§ 842, 843 der Anspruch auf Ersatz der Kur- und Pflegekosten zu, die sie unabhängig von der tatsächlichen Verausgabung, also auch dann erhalten kann, wenn der Ehemann die fraglichen Kosten auf Grund seiner Unterhaltspflicht gezahlt hat; sie hat weiter den Anspruch auf Schmerzensgeld nach § 847. Diese Teile des Schadensersatzanspruchs gehören zum eingebrachten Gute der Ehefrau (§§ 1363, 1365 BGB; **RG** JW 1921, 393[3]). b) Sie hat ferner nach denselben gesetzlichen Bestimmungen den Anspruch auf eine Rente wegen Verminderung ihrer Erwerbsfähigkeit und Vermehrung der Bedürfnisse. Der Anspruch wegen Verminderung der Erwerbsfähigkeit ist aber, da ein Schadensersatzanspruch einen entstandenen Schaden voraussetzt, eingeschränkt

auf den selbständigen Erwerb, dem die Ehefrau außerhalb des Haushalts und Geschäfts ihres Ehemanns nachgeht (§ 1367; Einnahme aus Zimmervermietung **RG** Warn 1913 Nr 22), und auf die etwaige Einbuße in einer möglichen künftigen Ausnutzung ihrer Erwerbskraft nach Auflösung der Ehe, deren Geltendmachung **nur im Wege der Feststellungsklage** erfolgen kann (**RG** JW 05, 341[12]; 08, 273[8]). Der Rentenanspruch wegen Vermehrung der Bedürfnisse ist Bestandteil des eingebrachten Gutes, derjenige wegen Verlusts oder Minderung des selbständigen Erwerbs Vorbehaltsgut (§§ 1367, 1370; **RG** JW 1921, 393[3]); beide Teile der Rente sind also hier zu sondern. Hat die Ehefrau ferner tatsächlich vor der Verletzung die Kosten des Haushalts aus den Einkünften ihres Vorbehaltsguts bestritten, so ist sie auch selbst trotz § 845 klageberechtigt (**RG** 85, 81). Dagegen steht c) der Anspruch auf Ersatz des durch Wegfall der sämtlichen Dienste und der Hilfstätigkeit der Ehefrau im Gewerbe des Ehemanns entstandenen Schadens nach § 845 dem Ehemanne, und nur diesem zu; ein Anspruch der Ehefrau selbst wegen verminderter Erwerbsfähigkeit infolge der notwendig gewordenen Einstellung oder Einschränkung dieser Tätigkeit besteht daneben nicht (**RG** 63, 195; 64, 323; 73, 309; 85, 61; JW 05 S. 341[12], 469[26]; 06, 385[12]; 08, 273[8]; 1911, 810[17]; JW 1921, 393[3]; Warn 08 Nr 520; 09 Nr 300; abweichend Warn 08 Nr 640). Lediglich insoweit, als d) die Vermehrung der Ausgaben für den Haushalt und das Geschäft eine Rückwirkung auf das Maß des von dem Ehemanne der Ehefrau zu gewährenden Unterhalts (§ 1360) möglicherweise ausüben wird, kann auch ihr eine Vermögenseinbuße entstehen und deshalb von einem eigenen Schadensersatzanspruche der Ehefrau die Rede sein, der aber selbstverständlich durch den vom Ehemanne wegen seines Schadens erhobenen Anspruch aufgezehrt wird (**RG** 47, 84; 63, 195; JW 05, 341[12]; 06 S. 385[12], 469[26], 751[23]; 09, 483[1], 1911, 810[17]; 1913, 99[15]; Warn 08 Nr 520; 1910 Nr 197). Eine gemeinschaftliche Klage der Eheleute wegen ihrer beiderseitigen Ansprüche ist zulässig und zu empfehlen, weil dadurch der Gefahr einer Erhebung doppelter Ansprüche wegen desselben Schadens begegnet wird (**RG** JW 1911, 810[17]; 1913, 376[7]; Warn 09 Nr 300; 1911 Nr 83; Gruch 49, 944; 19. 4. 05 VI 349/04; 29. 1. 06 VI 173/05). Die Zustimmung des Ehemanns zur Klage der Ehefrau, die im Klagevortrage auszusprechen ist, macht die letztere auch allein klageberechtigt, selbst insoweit an sich der Anspruch nur dem Ehemanne zusteht (**RG** Warn 1916 Nr 156). e) Das Vorstehende gilt beim gesetzlichen Güterstande, für dessen Geltung die Vermutung streitet (**RG** JW 1913, 99[15]). Bei dem Güterstande der allgemeinen Gütergemeinschaft, der Errungenschaftsgemeinschaft oder der Fahrnisgemeinschaft erwirbt die Frau in der Ehe nicht dem Manne, sondern dem Gesamtgute, dem auch der eheliche Aufwand zur Last fällt; das Gesamtgut wird aber von dem Ehemanne verwaltet und vertreten (§§ 1438, 1443, 1458, 1519, 1529, 1549), so daß dieser nach allen oben bezeichneten Richtungen den Rechtsstreit für das Gesamtgut zu führen hat (**RG** 73, 309; JW 1911, 810[17]; Warn 1910 Nr 389; 1911 Nr 83). Das gilt dann auch für das Gebiet des RHaftpflG und des KraftFahrG, weil hier das eheliche Güterrecht die Grundlage der Klageberechtigung bildet; was die Ehefrau, sei es im Hauswesen oder im Gewerbe des Mannes, erwirbt, gehört zu gesamter Hand beiden Eheleuten, und der Verlust ist unmittelbar auch ein Schaden der Frau (**RG** JW 1914, 43[11]). Das gleiche ist von der Fahrnisgemeinschaft zu sagen (**RG** Warn 1914 Nr 258). Auch hier ist aber die gemeinschaftliche Klage oder selbst die Klage der Ehefrau allein mit Zustimmung des Ehemanns unbedenklich, da diese Zustimmung die Beschränkung der Frau in der Verwaltung des Gesamtguts aufhebt (**RG** 60, 146; 73, 309; JW 1911, 810[17]; Warn 09 Nr 300; 1911 Nr 83). Der höchstpersönliche Anspruch auf ein Schmerzensgeld (§ 847) gehört bei der allgemeinen Gütergemeinschaft zum Sondergut (§ 1439), beim gesetzlichen Güterstande (**RG** 90 S. 65 u. 96; JW 1921, 393[3]) sowie bei der Errungenschaftsgemeinschaft und Fahrnisgemeinschaft zum eingebrachten Gut (§§ 1363, 1365, 1522, 1552); für dessen Vertretung gilt nach §§ 1525 u. 1549 der § 1380.

5. Die **Rente**, auf die auch für den Anspruch aus § 845 regelmäßig erkannt werden soll, unterliegt nicht den Pfändungsbeschränkungen der §§ 708 Nr 6 u. 850 Abs 1 Nr 2 und Abs 3 ZPO; sie ist mithin auch übertragbar, aufrechenbar und verpfändbar (§§ 400, 394, 1274 Abs 2 BGB).

§ 846

Hat in den Fällen der §§ 844, 845 bei der Entstehung des Schadens, den der Dritte erleidet, ein Verschulden des Verletzten mitgewirkt, so finden auf den Anspruch des Dritten die Vorschriften des § 254 Anwendung[1]).

E II 769; P 2 639, 640.

1. Die Bestimmung des § 846 enthält zunächst eine Ausdehnung der Anwendung des § 254 auf die Fälle der §§ 844, 845: die selbständigen Schadensersatzansprüche Dritter nach diesen Paragraphen durch **das mitwirkende Verschulden des unmittelbar Verletzten** in gleicher Weise aufgehoben oder gemindert werden, als wenn es sich um dessen eigene Ansprüche

handelte (RG 51, 275). Der allgemeine in der Gesetzesvorschrift enthaltene Gedanke ist, daß in demselben Maße, wie die eigenen Ansprüche des unmittelbar Verletzten in ihrer Entstehung von seinem Verhalten beeinflußt werden können, auch die Ansprüche der mittelbar Geschädigten diesen von seinem Verhalten ausgehenden Einwirkungen unterliegen (RG 62, 313; 69, 186). So erscheint trotz aller Selbständigkeit der Schadensersatzansprüche der §§ 844, 845 der unmittelbar Verletzte als Rechtsvorgänger des ersatzberechtigten Dritten. Daraus folgt, daß über das mitwirkende Verschulden des unmittelbar Verletzten nach § 445 ZPO dem Dritten der Eid zugeschoben werden kann (RG 69, 186); daraus folgt weiter materiellrechtlich, daß, wenn der unmittelbar Verletzte, auch ohne daß ein Verschulden auf seiner Seite vorliegt, den Ersatzpflichtigen von seiner Haftung befreit und die Gefahr ihm gegenüber übernommen hatte, dadurch auch der Anspruch des dritten Ersatzberechtigten aufgehoben wird, der davon abhängig ist, daß die Voraussetzungen eines Schadensersatzanspruchs in der Person des unmittelbar Verletzten gegeben waren (RG 65, 313; 69, 186; JW 05, 143[22]). Dem mittelbar verletzten und aus § 844 klagenden Kinde einer getöteten Mutter kann aber nicht das Verschulden des durch denselben Unfall getöteten Vaters entgegengehalten werden (RG Warn 1910 Nr 461). Daneben wird der Anspruch des mittelbar Verletzten nach dem allgemeinen Grundsatze des § 254 auch durch sein eigenes mitwirkendes Verschulden, das naturgemäß hauptsächlich ein solches nach § 254 Abs 2 — Unterlassung der Abwendung oder Minderung des Schadens — sein wird, aufgehoben oder gemindert, da zwar die Entstehung seines Anspruchs von dem Verhalten des unmittelbar Verletzten beeinflußt wird, der Anspruch aber im übrigen von dem des Verletzten unabhängig ist (RG 55, 24; 18. 12. 05 VI 117/05; 11. 1. 07 III 231/06). Über eine entsprechende Anwendung des Grundsatzes des § 846 bei der Vertragsklage des Mieters gegen den Vermieter auf Ersatz des seiner Ehefrau durch einen vom Vermieter verschuldeten Mangel der Mietsache entstandenen Schadens s. RG 81, 214.

§ 847

[1]) Im Falle der Verletzung des Körpers oder der Gesundheit sowie im Falle der Freiheitsentziehung[2]) kann der Verletzte auch wegen des Schadens, der nicht Vermögensschaden ist[4]), eine billige Entschädigung in Geld verlangen[5]). Der Anspruch ist nicht übertragbar und geht nicht auf die Erben über, es sei denn, daß er durch Vertrag anerkannt oder daß er rechtshängig geworden ist[6]).

Ein gleicher Anspruch steht einer Frauensperson zu, gegen die ein Verbrechen oder Vergehen wider die Sittlichkeit begangen oder die durch Hinterlist, durch Drohung oder unter Mißbrauch eines Abhängigkeitsverhältnisses zur Gestattung der außerehelichen Beiwohnung bestimmt wird[3]).

E I 748 II 770; M 2 799—803; P 2 640, 641.

1. Dem Schadensersatze, der den Ausgleich der Verluste herbeiführen soll, die eine u. H. für das Vermögen des Verletzten zur Folge gehabt hat (§§ 249, 842, 843), fügt § 847 für gewisse Verletzungen persönlicher Rechtsgüter eine weitere Entschädigung hinzu, die nicht dem Vermögen des Beschädigten etwas ihm Entzogenes wieder zuführen, sondern sein Vermögen vermehren soll, indem sie ihm in Geld eine Vergütung bietet für erlittene körperliche Schmerzen, Verunstaltungen und Schmälerungen des körperlichen oder seelischen Wohlbefindens, mit denen eine Schädigung des Erwerbs nicht verbunden ist. Diese Entschädigung, das sog. **Schmerzensgeld**, kann nur in den bestimmten vom Gesetz hervorgehobenen Fällen beansprucht werden; eine entsprechende Anwendung der Vorschrift ist ausgeschlossen, wie in § 253 ausdrücklich erklärt ist. Ein Schmerzensgeld kann deshalb unter Berufung auf § 847 bei einem lediglich durch Verletzung von Vertragspflichten der Person eines andern zugefügten Schaden nicht verlangt werden (RG 65, 17; 99, 263; 112, 294; JW 08, 196[10]; 1910, 112[13]; 1911, 824[42]; 1916, 488[7]; Warn 08 Nr 445; 09 Nr 102). Ebensowenig ist eine Ausdehnung des § 847 auf das Gebiet des Haftpflichtgesetzes, des Kraftfahrzeuggesetzes oder des Luftverkehrsgesetzes zulässig, da diese Gesetze den Umfang der dem Verletzten zu gewährenden Entschädigung selbständig und erschöpfend regeln (RG 57, 52; 99, 263; JW 08, 196[10]; 1911, 824[42]). Auf § 5 der EisenbVerkO (RGBl 09, 93) kann ein Anspruch auf Schmerzensgeld nicht gestützt werden, da diese Bestimmung lediglich die Haftpflicht der Eisenbahnen aus dem Beförderungsvertrage regelt (RG JW 1916 S. 488[7] u. 1276[8]). Die Ausnahmenatur der Bestimmung des § 847 verbietet auch eine sinngemäße Anwendung auf schuldhafte Verstöße gegen öffentlich-rechtliche Verpflichtungen (RG 112, 294). Selbstverständlich wird der Anspruch auf Schmerzensgeld nicht dadurch ausgeschlossen, daß neben der u. H. auch der Beförderungsvertrag den Schadensersatzanspruch überhaupt begründet (RG JW 1916, 1276[8]). Das Schmerzensgeld

bildet, als auf besonderen Voraussetzungen beruhend, nicht mit den Schadensersatzansprüchen aus §§ 842, 843 eine rechtliche Einheit, nicht einen Rechnungsposten des Gesamtschadensersatzes mit Heilungskosten und Rente, der mit andern Rechnungsposten ausgewechselt werden könnte (**RG** JW 1921, 1230[3]).

2. Voraussetzung des Anspruchs auf ein Schmerzensgeld ist nach Abs 1 eine **Verletzung des Körpers, der Gesundheit oder der Freiheit einer Person** durch eine u. H. Daß die u. H. eine schuldhafte sei, wird nicht gefordert; § 847 bezieht sich auf alle vom BGB den u. H. beigezählten Tatbestände, sofern sie die Verletzung der bezeichneten Rechtsgüter zum Gegenstande haben (**RG** 50, 244). Bei Amtspflichtverletzungen (§ 839) haftet der Beamte und ebenso der an seiner Stelle haftende Staat auch auf Schmerzensgeld im Rahmen des § 847 (**RG** 113, 104). Verletzungen der Ehre geben den Anspruch aus § 847 nicht. Daß neben der Schadensersatzpflicht aus der u. H. eine vertragliche Ersatzpflicht wegen derselben Verletzung besteht, die u. H. also zugleich den Tatbestand einer Vertragsverletzung erfüllt, kann den Anspruch auf den Nichtvermögensschaden aus § 847 nicht berühren (**RG** JW 07, 829[5]; 1910, 1003[13]; 1. 10. 07 III 89/07; 14. 3. 11 III 112/10).

3. Der Anspruch auf ein Schmerzensgeld steht nach Abs 2 ferner den **Frauenspersonen** zu, **gegen die ein Verbrechen oder Vergehen gegen die Sittlichkeit verübt worden ist.** Hierunter fallen in Verbindung mit § 823 Abs 2 die Verfehlungen der §§ 174, 176, 177, 179, 182 StGB, zu denen sich das Verbrechen gegen § 48 des RGes. über das Auswanderungswesen v. 9. 6. 1897 (RGBl 463) gesellt. Außerdem begründet nach Abs 2 den Anspruch auf ein Schmerzensgeld der **Tatbestand des § 825.**

4. Beim Vorliegen eines der Tatbestände, die in den A 2 u. 3 behandelt sind, gibt § 847 **dem Verletzten** einen **Anspruch auch wegen des Schadens, der nicht Vermögensschaden ist.** Unter dem Verletzten ist hier nur der unmittelbar Verletzte zu verstehen; den durch eine u. H. mittelbar verletzten Personen kommen nur die im Gesetze ihnen ausdrücklich gewährten Ansprüche (§§ 844, 845) zu. **Schaden, der nicht Vermögensschaden ist,** sind alle Benachteiligungen des Verletzten, die nicht mit einer Minderung des Vermögens in Gegenwart oder Zukunft verbunden sind, keine Aufwendungen veranlassen und den wirtschaftlichen Erwerb nicht beeinträchtigen (vgl. A 1). Körperliche Verunstaltungen (**RG** 5. 2. 06 VI 188/05) und die damit verbundene Verschlechterung der Heiratsaussichten für Frauenspersonen (**RG** 11. 5. 05 VI 396/04), sowie Verkümmerungen des körperlichen und geistigen Wohlbefindens können nach der wirtschaftlichen Seite als Erschwerung des Fortkommens im Sinne des § 842, wie nach der Richtung des § 847 in Betracht kommen; ebenso die Folgen der u. H. nach Abs 2. Unter den Voraussetzungen der Abs 1 u. 2 hat jeder Verletzte, ohne daß das Gesetz einen Unterschied zwischen den verschiedenen Bevölkerungsklassen gelten läßt (**RG** 76, 174), einen Rechtsanspruch auf Zahlung eines Schmerzensgeldes, der durch „reichliche" Bemessung des vermögensrechtlichen Schadensersatzes nicht befriedigt wird (**RG** 69, 296; JW 1913, 543[7]; 1915, 89[5]). Eines besonderen Nachweises, daß ein Schaden entstanden sei, der nicht Vermögensschaden ist, bedarf es deshalb nicht; das Schmerzensgeld ist stets zuzusprechen, wenn eine u. H. vorliegt, die in einer Körperverletzung, Gesundheitsbeschädigung oder Freiheitsentziehung besteht; seine Ausmessung ist Sache tatsächlicher Würdigung (**RG** a. a. O.). Daraus ergibt sich weiter prozeßrechtlich, daß es prozessualisch für den Erlaß eines Zwischenurteils nach § 304 ZPO nicht einer besonderen Feststellung bedarf, daß der Verletzte überhaupt einen Nichtvermögensschaden erlitten habe (**RG** JW 07, 202[6]; 1911 S. 279[9], 754[9]; 1913, 543[7]; Warn 1914 Nr 18; abweichend früher JW 06, 339[20]).

5. Die Vergütung des Nichtvermögensschadens soll in einer **billigen Entschädigung in Geld** bestehen. Bei Bestimmung ihrer Höhe, die nach § 287 ZPO dem freien Ermessen des Gerichts unterliegt, sind vor allem Dauer und Heftigkeit der Schmerzen, Bedeutung einer bleibenden oder vorübergehenden Entstellung, außerdem die beiderseitigen Vermögensverhältnisse, insbesondere auch die gute Vermögenslage des Ersatzberechtigten, in Betracht zu ziehen (**RG** 63, 104; 76, 174; JW 1911, 279[9]; 1913, 543[7]; 1915, 920[9]; Warn 1921 Nr 25; 19. 2. 06 VI 213/05); dabei darf aber nicht eine Versicherungssumme in Anschlag gebracht werden, die dem Ersatzpflichtigen gerade wegen dieser besonderen Schadensersatzverpflichtung Schadloshaltung gewähren soll, nachdem ihr Betrag festgesetzt ist (**RG** 63, 104). Eine die Nachprüfung in der Revisionsinstanz rechtfertigende Verkennung des Begriffs einer billigen Entschädigung liegt in der einseitigen Bemessung nach den guten Vermögensverhältnissen des Ersatzberechtigten ohne Berücksichtigung der Verhältnisse des Verpflichteten (**RG** 28. 5. 25 IV 69/25). Ist der Staat (Fiskus) der Ersatzpflichtige, so fällt freilich die Rücksichtnahme auf seine Vermögensverhältnisse weg; denn das Vermögen des Fiskus dient den öffentlichen Staatszwecken und kann nicht zu dem Vermögen des Ersatzberechtigten in ein Verhältnis gebracht werden (**RG** JW 1915, 920[9]). Berücksichtigung der seit der Verletzung eingetretenen Geldentwertung s. **RG** JW 1922, 174[2]. Der vermögensrechtliche Schaden des Verletzten ist bei der Bemessung des Schmerzensgeldes schlechthin außer Berücksichtigung zu lassen (vgl. A 4; **RG** 76, 174; JW 08, 550[12]; 1913, 543[7]); ebenso kommt der Grad des

Verschuldens des Ersatzpflichtigen für diese Bemessung nicht in Betracht. Der Natur der Sache nach wird als Schmerzensgeld regelmäßig ein Kapital, nicht eine Rente zuzusprechen sein; doch ist bei dauernden Nachteilen auch die Zubilligung in Gestalt einer Rente, die doch nur eine besondere Form der Entschädigung und auf die Ansprüche der §§ 843 bis 845 keineswegs beschränkt ist (**RG** 68, 429; vgl. für das Schmerzensgeld dazu Warn 1917 Nr 99), zulässig. Auch für die Bemessung des Schmerzensgeldes sind die wirtschaftlichen Verhältnisse zur Zeit der Urteilsfällung zugrunde zu legen (**RG** JW 1923, 174[2]).

6. Der Anspruch auf Schmerzensgeld ist **nicht übertragbar und nicht vererblich.** Weil er nicht übertragbar ist, ist er auch nicht pfändbar (§ 851 ZPO), nicht verpfändbar (§ 1273 Abs 2), nicht mit einem Nießbrauch belastbar (§ 1069 Abs 2), nicht aufrechenbar (§ 394 Abs 1), nicht Konkursgegenstand (§ 1 Abs 1 KO). Diese Beschränkungen entfallen, wenn der Anspruch durch vertragliche Anerkennung zu einer gewöhnlichen Forderung oder wenn er rechtshängig geworden ist. Der Schmerzensgeldanspruch der Ehefrau im gesetzlichen Güterstande gehört zum eingebrachten Gut (§§ 1363, 1365 BGB) und kann deshalb nach § 1380 vom Ehemann im eigenen Namen geltend gemacht werden (**RG** 90, 65; 96, 96; JW 1921, 393[3]). Vgl. A 4 zu § 845.

§ 848

Wer zur Rückgabe einer Sache verpflichtet ist, die er einem anderen durch eine unerlaubte Handlung entzogen hat, ist auch für den zufälligen Untergang, eine aus einem anderen Grunde eintretende zufällige Unmöglichkeit der Herausgabe oder eine zufällige Verschlechterung der Sache verantwortlich[1]), es sei denn, daß der Untergang, die anderweitige Unmöglichkeit der Herausgabe oder die Verschlechterung auch ohne die Entziehung eingetreten sein würde[2]).

E I 716 II 771; M 2 740; P 2 607.

1. Die dem § 287 nachgebildete Vorschrift läßt denjenigen, **der einem andern durch eine unerlaubte Handlung eine Sache entzogen hat** und ihm deshalb nach § 249 zur Rückgabe verpflichtet ist, auch für den Zufall einstehen, der die Sache trifft, sie zerstört, verschlechtert oder dem Ersatzberechtigten dauernd entzieht. Sache ist auch hier jede körperliche Sache und nur diese (§ 90). Der Zufall muß die Sache als solche treffen: so kann wohl eine Entwertung der Sache als Verschlechterung in Betracht kommen, nicht aber eine solche Wertminderung, die nicht die Sache erleidet, sondern nur ein mit ihr verknüpftes Recht, wie der Kurssturz einer Aktie (**RG** 6. 2. 07 I 311/06). Eine Mahnung ist nicht Voraussetzung des Rechtes aus § 848; die Haftung des Ersatzpflichtigen für die Sache erlischt aber, nachdem der Beschädigte gemäß § 250 den Ersatz seines Schadens in Geld verlangt hat. Darüber, wann Herausgabe und wann statt ihrer Geldzahlung verlangt werden kann, entscheidet § 848 nichts (**RG** Warn 1911 Nr 81).

2. Der Rückgabeverpflichtete ist von der Haftung für Zufall entlastet, wenn der Untergang, die Verschlechterung, die Unmöglichkeit der Herausgabe **auch ohne die Entziehung** die Sache getroffen haben würde. Die Beweislast hierfür trifft den Herausgabeverpflichteten. Daß derselbe Zufall, der die entzogene Sache getroffen hat, sie auch bei dem Beschädigten getroffen haben würde, ist nicht erfordert; auch irgendein anderer Zufall, der dieselbe Wirkung gehabt haben würde, genügt (M 2, 607). Deshalb muß sich der Grundstückseigentümer, dem ein Eisenbahnunternehmer widerrechtlich ein Stück Landes weggenommen und zur Eisenbahnanlage gezogen hat, mit dem Wertersatze begnügen, den er bei der Enteignung erhalten haben würde, wenn ohne die Entziehung die Enteignung zugunsten des Bahnbaues eingeleitet worden sein würde (**RG** 13. 5. 08 V 415/07).

§ 849

Ist wegen der Entziehung einer Sache der Wert oder wegen der Beschädigung einer Sache die Wertminderung zu ersetzen, so kann der Verletzte Zinsen des zu ersetzenden Betrags von dem Zeitpunkt an verlangen, welcher der Bestimmung des Wertes zugrunde gelegt wird[1]).

E I 717 II 772; M 2 740, 741; P 2 607.

1. Die hier festgesetzte **Verzinsungspflicht** für den Betrag des Wertersatzes an Stelle der Rückgabe einer entzogenen Sache (§ 90) entspricht der ähnlichen Regelung für den Fall des Verzugs in der Herausgabe einer Sache in § 290. Den Nachweis eines Schadens setzt sie nicht voraus, schließt aber die Geltendmachung eines nachzuweisenden höheren Schadens

nicht aus. Wird dem Ersatzberechtigten ein entgangener Gewinn zugesprochen, den er aus der Sache gezogen haben würde, so kann daneben selbstverständlich nicht Verzinsung des Wertersatzes verlangt werden. Der Zinsfuß ist der gesetzliche (§ 246); den Zeitpunkt, der der Wertbestimmung zugrunde gelegt wird, setzt das Gericht nach der Sachlage in freiem Ermessen (§ 287 ZPO) fest. § 849 trifft auch den Fall der Entziehung von Geld durch eine u. H., die in der Entfremdung von Geldstücken besteht (M 2, 740).

§ 850

Macht der zur Herausgabe einer entzogenen Sache Verpflichtete Verwendungen auf die Sache, so stehen ihm dem Verletzten gegenüber die Rechte zu, die der Besitzer dem Eigentümer gegenüber wegen Verwendungen hat[1]).

E I 718 II 772; M 2 741; P 2 607.

1. **Die Rechte, die der Besitzer dem Eigentümer gegenüber wegen Verwendungen hat,** sind in den §§ 994—1003 bestimmt. Über notwendige Verwendungen handeln die §§ 994, 995, über nützliche § 996, über die Wirkung einer Genehmigung der Verwendungen § 1001. Wegen der Verwendungen, die ihm zu ersetzen sind, steht dem Besitzer auch das Recht der Zurückbehaltung der Sache nach § 273 zu, es sei denn, daß er die Sache durch eine vorsätzlich begangene u. H. erlangt hat (§ 273 Abs 2, § 1000 Satz 2).

§ 851

[1]) Leistet der wegen der Entziehung oder Beschädigung einer beweglichen Sache zum Schadensersatze Verpflichtete den Ersatz an denjenigen, in dessen Besitze sich die Sache zur Zeit der Entziehung oder der Beschädigung befunden hat, so wird er durch die Leistung auch dann befreit[2]), wenn ein Dritter Eigentümer der Sache war oder ein sonstiges Recht an der Sache hatte, es sei denn, daß ihm das Recht des Dritten bekannt oder infolge grober Fahrlässigkeit unbekannt ist[3]).

E II 774; P 2 607—609.

1. Auch wer wegen einer u. H. zum Schadensersatze verpflichtet ist, soll des **Schutzes seines guten Glaubens bei der Leistung des Schadensersatzes** nicht verlustig gehen. Er muß wissen, an wen er diesen leisten soll und soll vor Doppelzahlungen gesichert sein, wenn er an denjenigen geleistet hat, den er für den richtigen Empfänger der Ersatzleistung angesehen hat und ansehen durfte.

2. Die dem Schutze dieses guten Glaubens dienende Bestimmung des § 851 beschränkt sich auf den Fall der **Entziehung oder Beschädigung einer beweglichen Sache.** Der Besitz ist ein äußerlich erkennbarer Zustand, nicht aber das Eigentumsrecht oder sonstige Recht an der Sache, das dessen Träger zu dem eigentlich durch die u. H. Beschädigten macht. Es ist das natürliche, daß der Schädiger Schadensersatz an denjenigen leistet, der zur Zeit der Entziehung oder der Beschädigung der Besitzer der Sache war. Diese Leistung soll den Schädiger daher befreien, wie wenn sie an den eigentlich Berechtigten erfolgt wäre. Selbstverständlich kann nur diejenige Ersatzleistung für den angerichteten Schaden, welche diesen im ganzen deckt, den Schädiger auch ganz befreien. Die Befreiung hat die Wirkung, daß die weitere endgültige Ausgleichung zwischen dem Besitzer und dem eigentlich Berechtigten stattzufinden hat (§ 816). Eine ausdehnende Anwendung des Paragraphen auf unkörperliche Gegenstände, an denen kein Besitz besteht, ist nicht zulässig.

3. Die Befreiung tritt nicht ein, wenn der zum Schadensersatz Verpflichtete **das bessere Recht eines Dritten** an der Sache **kannte oder nur infolge grober Fahrlässigkeit nicht kannte.** Die grobe Fahrlässigkeit des § 851 (vgl. § 277) ist eine besonders schwere Außerachtlassung der im Verkehr erforderlichen Sorgfalt (§§ 276, 277). Der Begriff ist ein Rechtsbegriff (**RG** JW 04, 406[9]). Maßgebend für die Kenntnis oder grob fahrlässige Unkenntnis des Rechtes des Dritten ist die Zeit der Ersatzleistung. Den bösen Glauben (die Kenntnis oder grob fahrlässige Unkenntnis des besseren Rechtes des Dritten) auf seiten des Schadensersatzpflichtigen hat der Verletzte zu beweisen.

§ 852

[1]) Der Anspruch auf Ersatz des aus einer unerlaubten Handlung[2]) entstandenen Schadens[3]) verjährt in drei Jahren von dem Zeitpunkt an, in welchem der Verletzte von dem Schaden und der Person des Ersatzpflichtigen

Kenntnis erlangt[4]), ohne Rücksicht auf diese Kenntnis in dreißig Jahren von der Begehung der Handlung an[5])[6])[7]).

Hat der Ersatzpflichtige durch die unerlaubte Handlung auf Kosten des Verletzten etwas erlangt, so ist er auch nach der Vollendung der Verjährung zur Herausgabe nach den Vorschriften über die Herausgabe einer ungerechtfertigten Bereicherung verpflichtet[8]).

E I 719, 720 II 775; M 2 741—744; P 2 609—612.

1. Das BGB sieht für die Ansprüche aus einer u. H. eine **zweifache Verjährung** von drei und von dreißig Jahren vor, deren Beginn für beide Fälle abweichend von der allgemeinen Regel des § 198 festgesetzt ist. Bei keiner der beiden Verjährungen des § 852 ist der Zeitpunkt der Entstehung des Anspruchs für den Beginn der Verjährungsfrist maßgebend. Der Beginn der kurzen Verjährung richtet sich nach der Kenntnis des Verletzten von dem Schaden und der Person des Täters, der Beginn der längeren nach dem Zeitpunkt der Begehung der u. H.

2. Der Begriff der **unerlaubten Handlung** ist in § 852 in demselben weiteren Sinne zu fassen, in dem die Titelüberschrift ihn versteht. Die Verjährungsvorschrift des § 852 erstreckt sich deshalb auf alle Tatbestände, die diesem weiteren Begriffe zu unterstellen sind (**RG** 67, 141), mögen sie im BGB oder in einem andern Gesetze geregelt sein, sofern nicht hierfür eine besondere Verjährungsvorschrift geschaffen ist (vgl. Vorbem 1 u. 2 vor § 823). So ist § 852 auch auf die Ansprüche aus einer Eigentumsverletzung nach §§ 906, 1004 anzuwenden (**RG** 70, 150; JW 1912, 31[15]; 1926, 1151[10]; Warn 1910 Nr 365; 1914 Nr 189; Gruch 69, 105), ebenso auf Schadensersatzansprüche aus §§ 302 Abs 4, 600 Abs 2, 717 Abs 2, 945 ZPO (**RG** 74 S. 249, 434; 106, 289; JW 1911, 153[10]; 1913, 438[17]; **RG** 31. 1. 27 IV 625/26; a. M. Staudinger § 852 A 8e); nicht dagegen auf Ersatzansprüche des Eigentümers nach §§ 985 ff. (**RG** 117, 425). Wenn der Tatbestand einer u. H. im besonderen Falle zugleich eine Vertragsverletzung enthält, so zieht die kürzere Verjährung des Anspruchs aus der u. H. nicht auch das Erlöschen des Vertragsanspruchs nach sich, für den eine längere Verjährung gilt (**RG** 66, 86; 96, 53), so des Anspruchs aus dem Beförderungsvertrage, ferner aus § 618, aus §§ 62, 76 HGB, aus § 463 Satz 2 BGB (**RG** Warn 1913 Nr 282; 1914 Nr 180). Da die Amtstätigkeit des Notars nicht zugleich Vertragsgegenstand sein kann (vgl. A 1 zu § 675, Abs 4[2] zu § 839), regelt sich die Verjährung der Ansprüche gegen den Notar wegen Amtspflichtversehen allein aus § 852 (**RG** Warn 1915 Nr 115). Bei Ansprüchen aus mehrfacher Amtspflichtverletzung nach § 839 können mehrere selbständige unerlaubte Handlungen vorliegen, für welche die Voraussetzungen der Verjährung nach § 852 besonders festzuhalten sind (**RG** 29. 3. 27 III 22/27). Dagegen zehrt die kürzere Verjährung der Ansprüche aus Vertragsverletzungen besonderer Art, wie in §§ 558, 606, auch den Anspruch aus der u. H. auf, weil die Bestimmung, die die kürzere Verjährung anordnet, sonst bedeutungslos werden und ihren Zweck nicht erfüllen würde (**RG** 66, 363). Aus demselben Grunde findet die kürzere Verjährung aus § 1057 (Anspruch des Eigentümers wegen Verschlechterung der Sache durch den Nießbraucher) auch dann Anwendung, wenn die Verschlechterung auf eine u. H. des Nießbrauchers zurückzuführen ist (**RG** Warn 08 Nr 320). Die Pflichtverletzung des Vormundes (§ 1833) erscheint nicht als u. H., sondern als Verletzung der Pflichten aus einem familienrechtlichen Schutzverhältnisse; auf Rückgriffsansprüche des Mündels gegen den Vormund erleidet daher § 852 keine Anwendung (**RG** 8. 7. 07 IV 29/07). Ebenso gehören die Ansprüche des Staates gegen seine Beamten wegen Verletzung ihrer Dienstpflichten nicht hierher (**RG** JW 1927, 1249[4]). Die Ansprüche der Genossenschaft gegen die Mitglieder des Aufsichtsrats aus § 41 GenG sind keine Ansprüche aus u. H., sondern beruhen auf vertraglicher Grundlage und unterliegen lediglich der Verjährung nach § 41 Abs 4 d. Ges. (**RG** 87, 306). Auch Ansprüche aus § 75 Einl z. PrALR sind keine Ansprüche aus u. H., auf die § 852 Anwendung finden kann (**RG** 78, 202; LZ 1919, 107[5]). § 852 gilt ferner nicht für die Ausgleichungsansprüche der mehreren Personen, die für denselben Schaden aus u. H. nebeneinander verantwortlich sind (§§ 830, 840, 426; **RG** 69, 422; 77, 317; JW 1910, 235[14]; vgl. dazu für § 8 HaftpflG **RG** JW 1910, 235[14]); denn hier handelt es sich um Ansprüche aus dem Gesamtschuldverhältnisse, nicht aus der u. H. Über die Verjährung des Abänderungsanspruchs aus § 323 ZPO vgl. § 843 A 4c und unten A 4c. Ansprüche aus der Geschäftsführung ohne Auftrag oder der Bereicherung wegen Aufwendungen Dritter zur Beseitigung eines aus u. H. herrührenden Schadens, die gegen den Ersatzpflichtigen erhoben werden, sind selbständig und unterliegen nicht der kurzen Verjährung des § 852 (**RG** 86, 96).

3. Wie die sämtlichen Bestimmungen des 25. Titels spricht auch § 852 nur von dem **Schadensersatzanspruche** (§§ 249, 842, 843 ff.) des Verletzten, nicht von dem daneben bestehenden Anspruch auf Unterlassung der rechtswidrigen Eingriffe (vgl. darüber Vorbem 6 vor § 823). Selbstverständlich zieht aber die Verjährung der Schadensersatzklage auch die Ver-

jährung der Unterlassungsklage nach sich (RG 22. 5. 08 II 5/08), und zwar nicht nur der Unterlassungsklage auf Wiederherstellung (Vorbem 6 II vor § 823), sondern auch der vorbeugenden Unterlassungsklage (Vorbem 6 III ebenda), da auch diese Klage einen gegenständlich widerrechtlichen Eingriff in ein durch die Bestimmungen über die u. H. geschütztes Rechtsgut (§§ 823, 824) voraussetzt und als eine Klage aus oder wegen u. H. erscheint (vgl. ebenda).

4. Der Beginn der kürzeren dreijährigen Verjährung des § 852 setzt die **Kenntnis des Verletzten von dem Schaden und von der Person des Ersatzpflichtigen** voraus, die durch verschuldete Unkenntnis nicht ersetzt wird (RG 76, 61; JW 1912, 38[28]; Warn 1912 Nr 308; LZ 1917, 599[4]). Der Verletzte ist im Sinne des § 852 der Ersatzberechtigte; im Falle des § 844 kommt es also auf die Kenntnis der unterhaltsberechtigten Hinterbliebenen eines Getöteten, im Falle des § 845 auf diejenige des Ehemanns, nicht der Ehefrau, an (RG 94, 220; JW 1914, 195[11]). Verletzt ist nicht nur der unmittelbar, sondern auch der mittelbar Beschädigte, sofern ihm nach dem Gesetz Ersatzansprüche zustehen. Der Verletzte ist aber weiter nur derjenige, in dessen Person der Schadensersatzanspruch entstanden ist, nicht also die Berufsgenossenschaft oder die Versicherungsanstalt, auf die nach § 1542 RVO im Umfange ihrer Leistungen der Schadensersatzanspruch übergeht, mag auch dieser Übergang nach RG 60, 200 sofort nach der Entstehung stattfinden; der Übergang ist auf den Beginn und Lauf der Verjährung ohne Einfluß (RG 63, 388).

a) Die **Kenntnis von dem Schaden** ist die Kenntnis der schädlichen Folgen der u. H. im allgemeinen dergestalt, daß auf ihrer Grundlage eine Klage auf Schadensersatz, wenn auch nur als Feststellungsklage (RG Warn 09 Nr 103), mit einigermaßen sicherer Aussicht auf Erfolg angestellt werden kann; bloße Vermutungen und Befürchtungen genügen nicht (RG JW 1915, 193[3]; 1918, 303[6]). Wer durch eine u. H. nur mittelbar insofern geschädigt wird, als er Dritten z. B. für eine Beschädigung ihrer Sachen ersatzpflichtig ist, erlangt die Kenntnis von dem Schaden im Sinne des § 852 erst mit der Kenntnis von seiner Ersatzpflicht (RG JW 1927, 1249[4]). Der gesamte aus einer u. H. entspringende Schaden stellt dabei eine Einheit dar und erscheint nicht als eine Summe einzelner selbständiger unzusammenhängender Schäden; die Ungewißheit über den Umfang und die Höhe des Schadens schließt deshalb den Beginn der Verjährung nicht aus; alle Folgezustände, die in dem Zeitpunkte der erlangten Kenntnis von dem Schaden überhaupt auch nur als möglich vorauszusehen waren, sind mit dieser allgemeinen Kenntnis dem Verletzten bekannt geworden (RG 70, 150; 85, 424; 86 S. 181 u. 384; JW 07 S. 302[5] u. 832[10]; 08, 10[11]; 09 S. 724[18] u. 725[19]; 1912 S. 38[28] u. 751[16]; 1913, 686[4]; 1914, 355[7]; 1915, 193[3]; 1918, 303[6]; 1926, 1151[10]; Warn 09 Nr 103, 301, 509; 1912 Nr 29 u. 432; 1913 Nr 143; 1914 Nr 56, 83; 1916 Nr 137 u. 281; LZ 1918, 1133[2]; 1919, 107; Anwendung auf gütergemeinschaftlichen Schaden RG 73, 309). Nur, wenn später neue Nachteile aus der u. H. entstehen oder ersichtlich werden, die vorher sich nicht voraussehen oder erwarten ließen, beginnt für diese eine besondere Verjährung mit ihrer Kenntnis und der Kenntnis ihres ursächlichen Zusammenhangs mit der u. H. (RG 70, 150; 85, 424; 86, 181; JW 07, 832[10]; 08, 10[11]; 09, 725[19]; 1914 S. 195[11] u. 355[7]; 1915, 655[7]; 1918, 303[6]; Warn 09 Nr 103, 301; 1912 Nr 432; 1913 Nr 143; 1914 Nr 84; 1916 Nr 137). War an einem Gebäude infolge einer u. H. eine Lockerung der Grundmauern entstanden und erkennbar geworden, so sind die einzelnen nach und nach sich bildenden Risse der Gebäudewände nicht neue Schäden, sondern Folgeerscheinungen des früher erkannten Schadens (RG JW 09, 724[18]; 1912, 751[16]). Die nach dem Kriegsausgang einsetzende ungeheure Verteuerung der Stoffe und Arbeitslöhne, die die Kosten für die Wiederherstellung einer beschädigten Sache um das Vielfache in die Höhe schnellen ließ, war eine Schadensfolge der Sachbeschädigung, deren mögliche Entstehung nicht vorhergesehen werden konnte; sie begründete deshalb den Beginn einer neuen Verjährung (RG 102, 143). Ebenso ist gegenüber der Erhöhung eines Anspruchs auf Schadensersatz die Einrede der Verjährung dann nicht begründet, wenn die Erhöhung nur auf der inzwischen eingetretenen Geldentwertung beruht (RG 106, 184; 108, 38; RG Warn 1923/24 Nr 114; RG 18. 2. 25 V 123/24). Bei Aufhebung oder Minderung der Erwerbsfähigkeit infolge einer Verletzung des Körpers genügt für den Beginn der Verjährung die Kenntnis von der Beeinträchtigung der Erwerbsfähigkeit überhaupt (RG JW 09, 725[19]; 1912, 38[28]; Warn 09 Nr 301; 1913 Nr 143); spätere Verschlimmerungen der durch die Verletzung hervorgerufenen Leiden, die von vornherein mit in Rechnung zu ziehen waren, begründen keine neue Verjährung (RG ebenda und Warn 1916 Nr 137; LZ 1918, 1133[2]). Wohl aber tun dies Leiden anderer Art, die sich erst später einstellten, innere Erkrankungen oder schwere dauernde (chronische) Zustände, während die Verletzung zunächst als Folgen nur äußere oder leichtere vorübergehende (akute) Störungen erkennen ließ (RG 86 S. 181 u. 384; JW 1914 S. 195[11]; 1915, 355[7]; 1918, 303[6]; Warn 09 Nr 301; 1914 Nr 84; 1916 Nr 137; LZ 1921 S. 19[6] u. 227[11]). Eine wesentliche Verschlimmerung des Leidens, die der Arzt dem Verletzten als außerhalb der Erwartung stehend bezeichnet hat, kann auch dem Verletzten selbst nicht wohl als erkennbar erscheinen, so daß er eine Klage nach verständiger Erwägung darauf bauen konnte; der Ausspruch des Arztes hindert in solchem

Falle die Kenntnis des Verletzten und läßt die Verjährung nicht eintreten; doch darf es sich nicht um einen allgemeinen Trostzuspruch des Arztes handeln; es muß ein bestimmter Ausspruch des Arztes vorliegen, der die nachher eingetretene Verschlimmerung dem Verletzten als ausgeschlossen erscheinen läßt (RG JW 1921, 1532[9]). Für den Beginn der Verjährung ist es nicht von Einfluß, wenn der Verletzte zunächst eine Einbuße am Erwerbe überhaupt nicht erleidet (Beamter, der Gehalt bezieht und im Dienste verbleibt; Ehefrau, die im Hauswesen oder Geschäfte des Mannes tätig ist), sofern nur die Kenntnis von der Beeinträchtigung der Erwerbsfähigkeit erlangt war, die einen einigermaßen sicheren Ausblick auf die Erwerbsverhältnisse der Zukunft gestattet (RG 73, 309; Warn 09 Nr 509). Hinsichtlich der Steigerung aller Preise infolge des Kriegsausgangs und der staatlichen Umwälzung muß dasselbe gelten für den Schaden an der Person, was vorher für die Beschädigung einer Sache gesagt wurde; diese außerordentliche Entwicklung der Dinge war nicht vorherzusehen; der durch sie bedingten Erhöhung der Schadensersatzansprüche steht Verjährung deshalb nicht entgegen; es handelt sich um eine neue Schadensfolge (RG JW 1921, 1230[3]; Warn 1921 Nr 149). Für den Beamten, der infolge einer Körperverletzung oder Gesundheitsbeschädigung in den Ruhestand versetzt wird und dadurch sein bisheriges Diensteinkommen verliert, beginnt hinsichtlich dieses Schadens die Verjährung mit dem Zeitpunkte, wo ihm die Unausbleiblichkeit dieses Erwerbsverlustes bekannt wird. War diese Folge bei der Schwere der Verletzung von vornherein vorauszusehen und mußte sie mit in Rechnung gezogen werden, so fällt ihre Kenntnis mit der allgemeinen Kenntnis vom gesamten Schaden zusammen (s. oben); ist der Beamte zunächst in Stellung und Gehalt verblieben und trat die Notwendigkeit seiner Versetzung in den Ruhestand erst später hervor, so ist die Kenntnis des Ersatzberechtigten hiervon für den Beginn der Verjährung maßgebend (RG 85, 424; JW 1915, 655[7]; Warn 1912 Nr 29). Der Anspruch aus § 945 ZPO (Vorbem 2 vor § 823 und oben A 2) setzt nur voraus, daß durch die Vollziehung der zur Sicherung einer unbegründeten Forderung angeordneten einstweiligen Verfügung dem Gegner ein Schaden entstanden ist, und die Verjährung beginnt zu laufen, sobald diese den Ersatzanspruch begründenden Tatsachen dem Geschädigten bekannt geworden sind; die Anhängigkeit eines Rechtsstreits über die durch die einstweilige Verfügung gesicherte Forderung ist ohne Einfluß. Die Frage, ob die einstweilige Verfügung von Anfang an ungerechtfertigt war, kann im Schadensersatzprozeß entschieden werden (RG 106, 289; RG LZ 1926, 281[5]; JW 1927, 1153[19]). — Daß die Wiederholung der schädigenden Handlung selbst immer eine neue Beschädigung erzeugt und deshalb auch eine neue Verjährung in Lauf setzt, ist selbstverständlich. Von der fortgesetzten Wiederholung der u. H. mit steter Erneuerung der schädlichen Folgen ist aber wohl zu unterscheiden die Fortdauer eines aus einer einmaligen, in sich abgeschlossenen u. H. hervorgegangenen schädlichen Zustandes, wobei die Kenntnis von dem Eintritt dieses Zustandes maßgebend ist (RG JW 07, 832[10]; 1912, 31[15]; 1917, 39[6]; 1926, 1151[10]; 1927, 893[4]; Gruch 69, 105; Warn 1914 Nr 189; LZ 1918 S. 107[5], 322[4]). Anders wieder, wenn die Fortdauer eines schädlichen Zustandes nicht auf eine einmalige u. H., sondern darauf zurückzuführen ist, daß der Verpflichtete schuldhaft unterläßt, den Zustand zu beseitigen; der Lauf der dreijährigen Verjährungsfrist aus § 852 beginnt hier für jeden infolge der Nichtbeseitigung eintretenden Schaden besonders mit dem Zeitpunkt, in dem der Beschädigte von diesem Schaden Kenntnis erlangt (RG 106, 283). Die Kenntnis vom Schaden setzt natürlich die Kenntnis von der u. H. selbst voraus. Bei einem auf Arglist des Beklagten gestützten Schadensersatzanspruche nach § 826 ist also zum Beginne der Verjährung Kenntnis von der arglistigen Handlungsweise erforderlich.

b) Die **Kenntnis von der Person des Ersatzpflichtigen** kann, wenn mehrere Personen für denselben Schaden nebeneinander verantwortlich sind (§ 840), hinsichtlich der einzelnen zu verschiedenen Zeiten erlangt werden, und die Verjährung beginnt dann gegen die mehreren Ersatzpflichtigen dementsprechend an verschiedenen Zeitpunkten. Wenn mehrere Personen nacheinander haften — hilfsweise Haftung des Unzurechnungsfähigen nach § 829 und des Beamten nach § 839 Abs 1 Satz 2 —, so beginnt die Verjährung gegen den Nachverhafteten erst mit der Kenntnis, daß ein vorverhafteter Ersatzpflichtiger nicht vorhanden ist (RG 94, 220; JW 1915, 594[29]; 4. 5. 26 III 388/25). Die Kenntnis von der Person des Ersatzpflichtigen muß so weit reichen, daß der Beschädigte eine Klage gegen die Person zu begründen in der Lage ist; bei Haftung aus Vorsatz gehört dazu die Kenntnis von der arglistigen Handlungsweise (s. oben unter a), bei Verschuldenshaftung die Kenntnis von einem schuldhaften Handeln der Person, das den Schaden verursacht haben kann, nicht aber eine sichere Überzeugung von dieser Verursachung (RG 76, 61; JW 1912, 640[12]; Warn 1912 Nr 308 u. 432); für eine Rechtsverfolgung gegen einen Geschäftsunfähigen ist die Kenntnis von der Person des gesetzlichen Vertreters erforderlich (RG Warn 1913 Nr 143). Die nach diesen Sätzen an sich vorhandene Kenntnis von der Person des Ersatzpflichtigen wird nicht dadurch berührt, daß der Beschädigte wegen der Unfallrente mit zwei verschiedenen Berufsgenossenschaften in Streit war; wohl aber bewirkt ein Bescheid der Berufsgenossenschaft, der der Verfolgung des Anspruchs entgegenstand, eine Hemmung der Verjährung nach § 202 (RG 80, 212). Ob die Kenntnis von der Person des Ersatzpflichtigen auch die Kenntnis der Person des Rechtsnachfolgers (Erben) bedingt, auf den die Ersatzpflicht nach ihrer Entstehung übergegangen ist, läßt **RG** JW 07, 302[5] unentschieden; die Frage ist nach richtiger Ansicht zu verneinen; der Rechtsnachfolger wird ersatzpflichtig nur aus der Person des Rechtsvorgängers; dem Interesse des Gläubigers dient für den Fall der Erbfolge die Bestimmung des § 207.

c) Wie sich die Kenntnis von dem Schaden und von der Person des Ersatzpflichtigen für die **einzelnen Tatbestände der u. H.** gestalten muß, ist zum Teil schon berührt. Die Tatbestände der §§ 823—826 bieten nach dieser Richtung nichts Besonderes. Für § 829 ist die Kenntnis, daß ein an erster Stelle zum Ersatze Verpflichteter nicht vorhanden sei, sowie die Kenntnis von der Nichtverantwortlichkeit des Hilfsersatzpflichtigen erforderlich (**RG** 94, 220; s. oben unter b, sowie A 4 zu § 829). Für § 831 ist die Kenntnis von der rechtswidrigen Handlung einer zu einer Verrichtung bestellten Person und von der Person des dafür verantwortlichen Geschäftsherrn zu verlangen, wogegen es auf die Kenntnis der zu der Verrichtung bestellten Person nicht ankommt; **RG** JW 1913, 686[4] fordert außerdem die Kenntnis, daß keiner der Umstände vorliege, durch deren Nachweis sich der Geschäftsherr von seiner Ersatzpflicht befreien kann. Das dürfte zu weit gehen; denn sein Verschulden wird vermutet, und die Entlastung, deren tatsächliche Grundlagen dem Verletzten meist unbekannt und auch für ihn schwer erkundbar sind, ist Sache der Einrede und gehört nicht zur Klagebegründung (**RG** 70, 379; 87, 1; Warn 1914 Nr 53; vgl. A 3 u. 5 zu § 831). Folgt man der Entscheidung, so wird dasselbe von den gleichgearteten Tatbeständen der §§ 832, 833 Satz 2, 834, 836—838 gelten müssen. Für § 839 ist gleichwie für § 829 die Kenntnis erforderlich, daß ein erstverhafteter Ersatzpflichtiger nicht in Anspruch genommen werden kann (**RG** JW 1915, 594[29]; 1926, 2284[3]; s. oben zu b und A 6 zu § 839). Für die Klage aus § 323 ZPO ist, soweit § 852 in Betracht kommt, auf seiten des Verletzten, der die Erhöhung oder die weitere Erstreckung der Rente der Dauer nach verlangt, die Kenntnis von der wesentlichen Veränderung erforderlich (**RG** 86 S. 181 u. 384; soweit die Verjährung nach § 8 HaftpflG sich regelt, vgl. A 4c zu § 843). Der Anspruch des Ersatzverpflichteten auf Aufhebung oder Minderung der Rente, auf den die Verjährungsvorschriften des § 852 wie des § 8 HaftpflG und des § 194 BGB nicht passen, ist der Verjährung überhaupt entrückt. Bei dem Verletzten handelt es sich um eine Erweiterung seines Schadensersatzanspruches; bei dem Ersatzpflichtigen aber im strengen Sinne überhaupt um keinen Anspruch, sondern um ein neues, vom Gesetze zugelassenes Bestreiten des gegnerischen Anspruchs für die Forderungen in der Zukunft unter Führung des Gegenbeweises.

5. Die **dreißigjährige Verjährung,** die ohne Rücksicht auf die Kenntnis nach A 4, d. i. wenn diese Kenntnis überhaupt nicht oder erst innerhalb der letzten drei Jahre des dreißigjährigen Zeitraums erlangt wurde, ihren Lauf nimmt, beginnt mit der Begehung der u. H. Begangen ist im Sinne des § 852 die u. H., wenn die die Verletzung herbeiführende Ursache gesetzt ist, mag auch der Anspruch selbst noch gar nicht entstanden sein (vgl. M 2, 780). Die Bestimmung setzt also eine Ausnahme von dem Grundsatze des § 198. Hier begreift also die „Begehung der Handlung" nicht den gesamten gegenständlichen und persönlichen Tatbestand der u. H.; vielmehr will das Gesetz den Beginn der längeren Verjährung auf das zeitlich am ehesten bestimmbare Ereignis der verursachenden äußeren Handlung abstellen, ähnlich wie § 8 HaftpflG den Tag des Unfalls entscheiden läßt. Wie sich hiernach für die einzelnen Tatbestände der u. H. der Beginn der dreißigjährigen Verjährung stellt, ist zur Zeit noch für die Rechtsprechung ohne Interesse. Ein Unterschied zwischen Grundhaftung und Hilfshaftung (§§ 829, 839 Abs 1 Satz 2; vgl. A 4) besteht für die dreißigjährige Verjährung nicht; sie beginnt unbedingt und ausnahmslos mit dem Zeitpunkte der begangenen Handlung im obigen Sinne.

6. Für die Vollendung, die Erneuerung, die Unterbrechung der Verjährung gelten **die allgemeinen Vorschriften der §§ 202ff.** Eine Teilklage unterbricht die Verjährung nur für den geltend gemachten Teil, nicht für den ganzen Anspruch; ein Vorbehalt der Erweiterung in der Klage ist belanglos (**RG** 57, 372; 65, 398; JW 07, 302[5]; 08, 10[11]). Kann zur Zeit der Klagerhebung der ganze Schaden nicht übersehen werden, so muß zur Unterbrechung der Verjährung mit der Teilleistungsklage eine Feststellungsklage wegen des übrigen Schadens verbunden oder überhaupt eine Feststellungsklage (vgl. darüber § 843 A 4a) erhoben werden (**RG** 75, 302; 11. 5. 08 VI 479/07). Die Unterbrechung wirkt nach § 211 fort bis zur Erledigung oder rechtskräftigen Entscheidung des Rechtsstreits. Die Entscheidung über den Grund des Anspruchs nach § 304 ZPO ist in diesem Sinne nur eine Zwischenentscheidung; ihre Rechtskraft hat nicht die Wirkung, eine neue Verjährung nach § 218 in Lauf zu setzen (**RG** 66 S. 10 und 12; 27. 5. 07 VI 402/06). Die Wirkung der Unterbrechung endigt, wenn der Rechtsstreit nicht weiter verfolgt wird, was auch nach Rechtskraft eines erlassenen Zwischenurteils nach § 304 ZPO geschehen kann, mit der letzten Prozeßhandlung (§ 211 Abs 2; **RG** 66 S. 12 u. 365; Warn 1916 Nr 99; 27. 5. 07 VI 402/06).

7. **Zeitliches Recht.** Für den Übergang der alten Rechte in das Recht des BGB gilt Art 169 EG. War die u. H. vor dem 1. 1. 00 begangen, so begann die gegenüber den bisherigen

Gesetzen kürzere dreijährige Verjährung des § 852 gemäß Art 169 Abs 2 Satz 1 mit dem 1. 1. 00, sofern auch die Kenntnis von dem Schaden und von der Person des Ersatzpflichtigen vor diesem Zeitpunkt erlangt war (RG 67, 141); sie beginnt mit dem Zeitpunkt der erlangten Kenntnis, wenn dieser erst nach dem 1. 1. 00 eingetreten ist, vorbehaltlich der Vorschrift des Art 169 Abs 2 Satz 2. Über den Fall, daß die Verjährungsfrist des älteren Rechtes länger ist als die des BGB, dieses aber für den Beginn der Verjährung strengere Anforderungen stellt, vgl. RG 73, 434.

8. Wenn Abs 2 des § 852 bestimmt, daß **auch nach Vollendung der Verjährung des Schadensersatzanspruchs** aus einer u. H. der Ersatzpflichtige nach den Vorschriften über die **ungerechtfertigte Bereicherung** zur Herausgabe dessen verpflichtet sei, was er durch die u. H. auf Kosten des Verletzten erlangt habe, so ist damit nicht nur der selbstverständliche Satz ausgesprochen, daß dem Beschädigten außer dem Schadensersatzanspruch auch ein Bereicherungsanspruch gegen den Schädiger zustehen könne, der einer andern Verjährung unterworfen ist. Der Gedanke der Bestimmung ist vielmehr, daß, wo derselbe Tatbestand den Schadensersatzanspruch wie den Bereicherungsanspruch begründet, der letztere in Wirklichkeit nur eine Einschränkung des Schadensersatzanspruchs bedeutet: die Bereicherung ist derjenige Teil des dem Verletzten infolge der u. H. entstandenen Schadens, hinsichtlich dessen sein Vermögensverlust zugleich mit einem Vermögenszuwachs für den Schädiger verbunden ist. Der Übergang von der Schadensersatzklage zur Bereicherungsklage als Erwiderung auf die Verjährungseinrede des Beklagten stellt deshalb, wie RG 71, 358 ausführt, prozeßrechtlich nicht eine unzulässige Klageänderung dar, sondern ist lediglich eine Rechtsverteidigung gegenüber der Verjährungseinrede, die erst durch deren Erhebung erforderlich wurde. Die Verjährung des Bereicherungsanspruchs ist die dreißigjährige nach § 195

§ 853

Erlangt jemand durch eine von ihm begangene unerlaubte Handlung eine Forderung gegen den Verletzten, so kann der Verletzte die Erfüllung auch dann verweigern, wenn der Anspruch auf Aufhebung der Forderung verjährt ist[1]).

E II 776; P 2 612, 715—717.

1. Die Bestimmung des § 853 enthält keine Ausnahmevorschrift, sondern ist eine besondere Anwendung der im BGB nicht ausdrücklich anerkannten (vgl. darüber besonders RG 58, 356; 71, 432 u. 75, 338; 87, 281; sowie § 826 A 6), aber noch weniger zu entbehrenden Einrede der Arglist (exceptio doli generalis), die auf dem Rechtsgedanken der Herrschaft von Treu und Glauben im Rechtsverkehr beruht (RG 87, 284). Der vornehmlichste Anwendungsfall ist der durch arglistige Täuschung oder widerrechtliche Drohung seitens des einen Vertragsteils gegen den andern zustande gebrachte Vertrag. Ob die **Weigerung der Erfüllung,** die § 853 dem Schuldner einer auf solchem Wege erlangten Forderung auch nach Verjährung des Anspruchs auf Aufhebung der Forderung gestattet, auch dann zulässig ist, wenn es sich nicht um Verjährung des Anspruchs auf Aufhebung der Forderung handelt, sondern um den Ablauf der Anfechtungsfrist nach § 124, läßt RG 60, 294 unentschieden. Wenn nach Versäumung der Anfechtungsfrist des § 124 der Getäuschte oder Bedrohte die Aufhebung des Vertrags auf Grund der §§ 826, 249 nicht mehr verlangen kann, wie RG 63, 268 annahm, würde sinngemäß die Anwendung des § 853 auch in diesem Falle anerkannt werden müssen, wenn die Bestimmung einen wirklichen Wert für die Rechtsausübung haben soll (vgl. RG 79, 194; 84, 131; sowie in Anwendung auf die Frist in § 41 Abs 1 KO RG 84, 225). Richtigerweise (vgl. Vorbem 4e vor § 823) ist aber der Schadensersatzanspruch aus u. H. von dem Anfechtungsanspruch vollständig zu trennen (vgl. RG a. a. O.; Warn 1913 Nr 42); damit entfällt auch die Veranlassung zu der ausdehnenden Auslegung des § 853. Der Verletzte kann nicht nach § 853 die von ihm geschuldete Leistung aus einem gegenseitigen Vertrage verweigern, wenn er nicht die Auflösung des ganzen Vertrags herbeiführen, die erhaltenen Gegenleistungen nicht zurückgeben will (RG 60, 294; vgl. 71, 432); es steht ihm dann die Gegeneinrede der Arglist entgegen.

Kolibri 360 GmbH
Ferdinand-Jühlke-Straße 7
99095 Erfurt, Deutschland
produktsicherheit@kolibri360.de